Ulrich Eisenberg
Beweisrecht der StPO

Beweisrecht der StPO

Spezialkommentar

von

Dr. jur. Ulrich Eisenberg

o. Professor an der
Freien Universität Berlin

2., wesentlich erweiterte und vollständig überarbeitete Auflage
des Buches „Persönliche Beweismittel in der StPO"

C. H. BECK'SCHE VERLAGSBUCHHANDLUNG
MÜNCHEN 1996

Die Deutsche Bibliothek – CIP-Einheitsaufnahme

Eisenberg, Ulrich:
Beweisrecht der StPO : Spezialkommentar / von Ulrich Eisenberg. – 2., wesentlich erw. und vollst. überarb. Aufl. – München : Beck, 1996
   1. Aufl. u. d. T.: Eisenberg, Ulrich: Persönliche Beweismittel in der StPO
ISBN 3 406 40702 1

ISBN 3 406 40702 1

Satz und Druck: Appl Wemding
Gedruckt auf säurefreiem, alterungsbeständigem Papier
(hergestellt aus chlorfrei gebleichtem Zellstoff)

Vorwort

Das vorliegende Buch stellt im Zweiten, Dritten und Vierten Teil eine 2., vollständig überarbeitete und in mehreren Bereichen erheblich erweiterte Neuauflage der Anfang 1993 erschienenen kommentierenden Erläuterungen zu den Vorschriften über „Persönliche Beweismittel in der StPO" dar; thematisch ergänzend sind als Erster bzw. Fünfter Teil Erläuterungen zu den Vorschriften über Beweisgrundsätze, Beweisantrag und Beweisverbote bzw. über die Sachlichen Beweismittel hinzugekommen. Die Arbeit ist in ihrer Verbindung von strafprozessualer Judikatur und Literatur mit empirischen Erkenntnissen zum Beweisrecht im Strafverfahren vorrangig für die Praxis konzipiert, die sich dessen bewußt ist, daß ein Erkennen eines Lebenssachverhaltes mit beruflicher Erfahrung und Routine allein nicht immer erreichbar ist und daß es auch im Rahmen von Beweisgewinnung und -würdigung zu ggf. vermeidbaren Fehlern kommen kann. Indes vermag die Darstellung wegen des Materialreichtums der einschlägigen Gebiete einerseits und der gebotenen umfangmäßigen Begrenzung andererseits nicht annähernd Anspruch auf Vollständigkeit zu erheben.

Soweit im Text im allgemeinen die männliche Form (z.B. der Angeklagte, der Zeuge, der Sachverständige) verwendet wird, geschieht dies in Anlehnung an die StPO. Zitierte Paragraphen ohne Angabe des Gesetzes sind solche der StPO. Verweise innerhalb der Darstellung beziehen sich auf Randnummern.

Neben zahlreichen persönlichen Mitteilungen von Damen und Herren aus der Praxis ist das Buch durch Sorgfalt und Geduld der Sekretärinnen sowie Vorarbeiten einzelner Assistentinnen und Assistenten am Lehrstuhl, darunter insbesondere Dr. jur. Henning Ernst Müller, bevor er im Herbst 1994 eine Habilitandenstelle übernahm, unterstützt worden.

Das Manuskript wurde Anfang Februar 1996 abgeschlossen; Nachträge waren noch bis März 1996 möglich.

Berlin-Dahlem, im März 1996   Ulrich Eisenberg

Inhaltsverzeichnis

Vorwort V
Abkürzungsverzeichnis (einschließlich Literaturverzeichnis) XV
Gesetzestext 1

Erster Teil. Beweisgrundsätze, Beweisantrag, Beweisverbote

Erstes Kapitel. Beweisgrundsätze 53

I. Amtsermittlung 53
   1. Bedeutung im Verfahren 53
   2. Gegenstand und Umfang der Aufklärungspflicht 54
   3. Streng- und Freibeweis 63
   4. Absprachen im Strafprozeß 66
   5. Revision 71

II. Mündlichkeit und Unmittelbarkeit 73
   1. Begriffliches 73
   2. Bedeutung und Auswirkungen 74
   3. Durchbrechungen 79

III. Beweiswürdigung 81
   1. Richterliche Überzeugung 82
   2. Kriterien der Beweiswürdigung 85

IV. in dubio pro reo 90
   1. Bedeutung 90
   2. Anwendungsbereich 91
   3. Revision 96

Zweites Kapitel. Beweisantrag 97

I. Voraussetzungen, Abgrenzungen und besondere
   Ausgestaltungen 97
   1. Voraussetzungen 97
   2. Abgrenzungen 101
   3. Bedingter Beweisantrag, Hilfsbeweisantrag 103

II. Antragstellung 104
   1. Antragsberechtigung und Mißbrauch 104
   2. Form und Zeitpunkt 107
   3. Fürsorgepflicht 108
   4. Rücknahme, Verzicht 109
   5. Protokollierung 109

III.	Bescheidung des Antrags	110
	1. Auslegung	110
	2. Entscheidungsträger	110
	3. Begründung ablehnender Entscheidung	111
	4. Zeitpunkt der Bekanntgabe, Änderung der Entscheidung	111
IV.	Ablehnung des Antrags	112
	1. Verbot der Beweisantizipation	112
	2. Ablehnung wegen Unzulässigkeit der Beweiserhebung	113
	3. Ablehnungsgründe des § 244 Abs 3 S 2	114
	4. Ablehnung des Sachverständigenbeweises	127
	5. Ablehnung des Augenscheinbeweises und des Beweises mit Auslandszeugen	131
V.	Beweisantrag bei präsenten Beweismitteln	132
	1. Umfang der Beweisaufnahme nach § 245 Abs 1	133
	2. Beweisantrag und Ablehnungsgründe nach § 245 Abs 2	136
VI.	Revision	139
	1. Rügeberechtigung	139
	2. Rügevortrag	140
	3. Revisionsgerichtliche Prüfung	142

Drittes Kapitel. Beweisverbote ... 147

I.	Allgemeines	147
	1. Verhältnis zur Wahrheitserforschung	147
	2. Zur Systematik	148
II.	Beweiserhebungsverbote	149
	1. Zuordnung	149
	2. Beweisthemaverbote	149
	3. Beweismethodenverbote	151
	4. Beweismittelverbote	151
	5. Relative Beweisverbote	152
III.	Beweisverwertungsverbote	153
	1. Gesetzliche Regelungen	153
	2. Sonstige (ungeschriebene) Beweisverwertungsverbote	154
	3. Rechtswidrige Erlangung von Beweismitteln durch Private	164
	4. Fernwirkung, hypothetische Ermittlungsverläufe	166
	5. Verwertung nicht rechtskräftig abgeurteilter (mutmaßlicher) Straftaten	169

Zweiter Teil. Beschuldigter

Erstes Kapitel. Beschuldigter (Vorverfahren) ... 175

I.	Allgemeines	175
	1. Tragweite des Vorverfahrens, Beschuldigter	175
	2. Recht, sich des Beistandes eines Verteidigers zu bedienen (§ 137)	179
	3. Anwesenheit sonstiger Personen bei der Beschuldigtenvernehmung	182

II. (Verantwortliche) Beschuldigtenvernehmung 184
1. Vorbereitung und Beginn der Vernehmung; Verhältnis zu prozessualer Wahrheitspflicht 184
2. Beweisantragsrecht 189
3. Belehrungspflicht 191
4. Vernehmung zur Sache, Vernehmungstechnik 197

III. Verbotene Vernehmungsmethoden 212
1. Entstehungsgeschichte, Bedeutung und Zweck des § 136 a 212
2. Anwendungsbereich 214
3. Beeinträchtigung der Willensentschließung und -betätigung, des Erinnerungsvermögens und der Einsichtsfähigkeit 217
4. Beispiele unzulässiger körperlich wirksamer Beeinträchtigungen 219
5. Beispiele unzulässiger seelisch-geistiger Einwirkungen 223
6. Unbeachtlichkeit der Einwilligung 243
7. Feststellung des Verfahrensverstoßes 243
8. Verwertungsverbot 246
9. Revision 249

IV. Würdigung des Ergebnisses der Beschuldigtenvernehmung 250
1. Würdigung durch den Vernehmenden unter besonderer Berücksichtigung der Geständnisproblematik 250
2. Würdigung durch die Staatsanwaltschaft (bzw. das Gericht) anhand der Ermittlungsakten 256

V. Gerichtliche Vernehmung bei Untersuchungshaft 258

Zweites Kapitel. Angeschuldigter (Zwischenverfahren) 261

I. Allgemeines 261
1. Aufgabenverteilung 261
2. Gerichtliche Prüfungspflicht 262
3. Institutionelle Einschränkungen 263

II. Vernehmung 264
1. Zuständigkeit 265
2. Verfahrensregelungen 266

Drittes Kapitel. Angeklagter (Hauptverfahren) 267

I. Allgemeine Rechte und Pflichten des Angeklagten 267
1. Anwesenheit des Angeklagten in der Hauptverhandlung 267
2. Rechte bei sprachbedingten Verständigungsschwierigkeiten 282
3. Frage- und Erklärungsrecht des Angeklagten 283
4. Das letzte Wort 289

II. Durchführung der Vernehmung 293
1. Pflicht zu Angaben über persönliche Verhältnisse 293
2. Recht auf Verlesung des Anklagesatzes 295
3. Aussagefreiheit 296
4. Zur Vernehmungsgestaltung 299

III. Mittelbare Verwertbarkeit früherer Aussagen des Angeklagten 306
   1. Verlesung richterlicher Protokolle gemäß § 254 306
   2. Formloser Vorhalt 309
   3. Vernehmung der vormaligen (nichtrichterlichen) Verhörsperson in der Hauptverhandlung 313
IV. Würdigung der Aussage des Angeklagten 314
   1. Die Aussage des Angeklagten in der Beweiswürdigung 314
   2. Würdigung des Schweigens 319
   3. Zusammenhänge verfehlter Würdigung 323

Viertes Kapitel. Mitbeschuldigter und Mitangeklagter 329

I. Der Mitbeschuldigte als Beweismittel 329
   1. Art des Beweismittels 329
   2. Verfahrenstrennung 330
   3. (Nicht-)Verwertbarkeit von Aussagen und Vernehmungsprotokollen 332
II. Kronzeugenregelungen 334
   1. Allgemeines 334
   2. § 31 BtMG 335
   3. Bei terroristischen Straftaten 336
   4. § 73 d StGB bei krimineller Vereinigung 337

Dritter Teil. Zeuge

Erstes Kapitel. Voraussetzungen und Gestaltung der Zeugenvernehmung 339

I. Begriff des Zeugen und seine Abgrenzung von anderen Prozeßbeteiligten 339
   1. Zeugnisfähigkeit 339
   2. Gegenstand der Aussage des Zeugen 339
   3. Abgrenzung des Zeugen von anderen persönlichen Beweismitteln . . 340
   4. Vereinbarkeit der Zeugenrolle mit sonstigen Verfahrensrollen 341
   5. Der Zeuge vom Hörensagen und die Verwertung von Angaben seitens V-Personen bzw. Verdeckten Ermittlern 348
II. Allgemeine Pflichten und Rechte des Zeugen 358
   1. Erscheinenspflicht und ihre Durchsetzung 358
   2. Aussagepflicht und ihre Durchsetzung 367
   3. Auskunftsverweigerungsrecht 375
   4. Beeidigungspflicht und ihre Durchsetzung 381
   5. Nebenpflichten 405
   6. Zeugenentschädigung 411
III. Zeugnisverweigerungsrechte bestimmter Zeugen 413
   1. Aus persönlichen Gründen (§ 52) 413
   2. Aus beruflichen Gründen (§§ 53, 53 a) 420

3. Aus beamtenrechtlichen Gründen (§ 54) 427
4. Zur Verwertbarkeit früherer Angaben eines in der Hauptverhandlung von seinem Zeugnisverweigerungsrecht Gebrauch machenden Zeugen (§ 252) 431
5. Revision 435

IV. Durchführung der Vernehmung 437
1. Belehrungspflichten 437
2. Vernehmungsvorschriften, formloser Vorhalt 438
3. Vernehmungsgestaltung 439
4. Revision 457

Zweites Kapitel. Aussagewürdigung 461

I. Aussagefähigkeit 461
1. Einschränkungen 461
2. Wahrnehmung 463
3. Gedächtnis 467
4. Spezielle Probleme bei der Identifizierung von Personen bzw. Personenmerkmalen 472
5. Besonderheiten bei bestimmten Personengruppen 484

II. Glaubwürdigkeit 491
1. Kriterien zur Glaubwürdigkeitsbeurteilung 492
2. Motiv bei der Aussage 506
3. Begleiterscheinungen der Aussage 508
4. Beurteilungsvorgang 510

III. Revision 513
1. Allgemeine Grundsätze 513
2. Beurteilung der Aussagefähigkeit 515
3. Beurteilung der Glaubwürdigkeit 518

Vierter Teil. Sachverständiger

Erstes Kapitel. Voraussetzungen und Gestaltung der Tätigkeit 523

I. Begriff und Stellung des Sachverständigen 523
1. Aufgaben gegenüber StA und Gericht 523
2. Abgrenzung zum Zeugen, zum sachkundigen Zeugen, zum Augenscheinsgehilfen und zum Dolmetscher 527

II. Auswahl sowie Ablehnung eines Sachverständigen 530
1. Auswahl 530
2. Ablehnung 540

III. Pflichten und Rechte des Sachverständigen 550
1. Pflichten und ihre Durchsetzung 550
2. Rechte 558
3. Vereidigung 561

Inhaltsverzeichnis

IV. Leitung des Sachverständigen und Würdigung des Gutachtens durch StA bzw. Gericht	565
1. Leitung des Sachverständigen	565
2. Entscheidungsbezogene Würdigung des Gutachtens	567

Zweites Kapitel. Einzelne Aufgabenbereiche 574

I. Körperliche Untersuchung	574
1. Körperliche Untersuchung des Beschuldigten	574
2. Untersuchung anderer Personen	589
3. Untersuchung durch einen Arzt oder eine Person des gleichen Geschlechts	600
II. Schuldfähigkeitsuntersuchung	601
1. Unterbringung zur Beobachtung und Sicherungsverfahren	601
2. Psychische Krankheiten und Störungen mit Relevanz für die Schuldfähigkeit (§§ 20, 21 StGB)	611
3. Vorbereitung und Erstattung des Gutachtens zur Schuldfähigkeit	646
III. Untersuchung der Gefährlichkeit sowie der rauschbedingten Nicht-Fahrsicherheit bzw. der Ungeeignetheit zum Führen von Kraftfahrzeugen	653
1. Gefährlichkeitsuntersuchung	653
2. Untersuchung der rauschbedingten Nicht-Fahrsicherheit bzw. der Ungeeignetheit zum Führen von Kraftfahrzeugen	668
IV. Glaubwürdigkeitsuntersuchung	679
1. Allgemeines	679
2. Zur Durchführung der Untersuchung	684
3. Beurteilung der allgemeinen Glaubwürdigkeit	686
4. Beurteilung der Glaubhaftigkeit der Aussage	687
V. Untersuchungen (überwiegend) sächlicher Art	692
1. Kriminaltechnische Untersuchung	692
2. Leichenschau und Leichenöffnung	719
3. Untersuchung bei Verdacht einer Vergiftung	725
4. Untersuchung bei Geld- oder Wertzeichenfälschung	725
5. Schriftuntersuchung	735
6. Forensisch-linguistischer Text- bzw. Sprachvergleich	

Fünfter Teil. Sachliche Beweismittel

Erstes Kapitel. Urkunden 744

I. Begriff und allgemeine Zulässigkeit	744
1. Begriff	744
2. Allgemeine Zulässigkeit des Urkundenbeweises	747
II. Form des Urkundenbeweises	748
1. Verlesung gemäß § 249 Abs 1 S 1	748
2. Das Selbstleseverfahren gemäß § 249 Abs 2	749
3. Bericht des Vorsitzenden als Verlesungsersatz	751

4. Vorhalt 753
   5. Revision 754
 III. Verlesungsverbot des § 250 und gesetzliche Durchbrechungen 756
   1. Unzulässigkeit der Verlesung gemäß § 250 757
   2. Ausnahmen zum Verlesungsverbot gemäß § 251 762
   3. Protokollverlesung zur Gedächtnisunterstützung nach § 253 774
   4. Verlesung von Behördengutachten nach § 256 776
   5. Urkundenbeweis in der Berufungsverhandlung 782

Zweites Kapitel. Augenschein 785
 I. Begriff und Bedeutung 785
 II. Richterlicher Augenschein 786
   1. Entscheidung über die Beweiserhebung 786
   2. Verfahren 789
   3. Revision 792
 III. Nichtrichterlicher Augenschein 795
   1. Augenscheinseinnahme als Teil des Sachverständigenbeweises 795
   2. Augenscheinsgehilfe 795
 IV. Einzelne Augenscheinsobjekte 800
   1. Tonträger 801
   2. Filme, Lichtbilder und andere bildliche Darstellungen 808
   3. Modelle und Pläne 809
   4. Personen 809
   5. Urkunden und technische Aufzeichnungen 812

Gesetzes- und Paragraphenverzeichnis 815

Rechtsprechungsverzeichnis 831

Sachverzeichnis 903

Abkürzungs- und Literaturverzeichnis

Zeitschriften werden, soweit nicht anders angegeben, nach Jahr und Seite zitiert.

aA	anderer Ansicht
abl	ablehnend
Abs	Absatz
Abschn	Abschnitt
aE	am Ende
Aengenendt	Aengenendt, Josef, Die Aussage von Kindern in Sittlichkeitsprozessen. Bonn 1955
aF	alte Fassung
AfP	Archiv für Presserecht. Zs. Düsseldorf
AfPsych	Archiv für Psychologie. Zs. Bonn
AG	Amtsgericht
Ag Str DAV	Arbeitsgemeinschaft Strafrecht des Deutschen Anwaltsvereins (Hrsg), Wahrheitsfindung und ihre Schranken. Karlsruhe 1988, Essen 1989
Ag Str DAV 92	Arbeitsgemeinschaft Strafrecht des Deutschen Anwaltsvereins (Hrsg), Verkehrsstrafverfahren unter Berücksichtigung des Sachverständigenbeweises. Bonn 1992
AK	Wassermann, Rudolf (Hrsg), Kommentar zur Strafprozeßordnung in der Reihe Alternativkommentare (zitiert nach Bearbeiter, Randnummer und Paragraph)
AK StGB	Wassermann, Rudolf (Hrsg), Kommentar zum Strafgesetzbuch in der Reihe Alternativkommentare (zitiert nach Bearbeiter, Randnummer und Paragraph)
AKrim	Archiv für Kriminologie, Monatsschrift für naturwissenschaftliche Kriminalistik und Polizeiarchiv; vormals: Archiv für Kriminalanthropologie und Kriminalistik. Zs. Berlin ua
allg	allgemein
Alsberg	Die strafprozessualen Entscheidungen der Oberlandesgerichte, herausgegeben von Alsberg und Friedrich (1927/28; zitiert nach Band und Nummer)
Alt, Altern	Alternative
Altavilla	Altavilla, Enrico, Forensische Psychologie. Hrsg und unter Zugrundelegung der 4. ital. Ausgabe übersetzt von Gotthold Bohne und Walter Sax. Graz ua 1955
aM	anderer Meinung
Amelung	Amelung, Knut, Rechtsschutz gegen strafprozessuale Grundrechtseingriffe. Berlin 1976
Amelung 90	Amelung, Knut, Informationsbeherrschungsrechte im Strafprozeß. Dogmatische Grundlagen individualrechtlicher Beweisverbote. Berlin 1990
AmJForPsy	American Journal of Forensic Psychology. Zs. Laguna Hills, CA. (USA)
AmJPsy	American Journal of Psychology. Zs. Urbana, Ill. (USA)
AmPsy	American Psychologist. The professional journal of the American Psychological Association. Zs. Washington, DC
ÄndG	Änderungsgesetz
ÄndVO	Änderungsverordnung
Angekl	Angeklagter
ANM	Alsberg, Max/Nüse, Karl-Heinz/Meyer, Karlheinz, Der Beweisantrag im Strafprozeß. 5. Aufl Köln ua 1983 (zitiert nach Seitenzahl)

Abkürzungs- und Literaturverzeichnis

Anm	Anmerkung(en)
AnwBl	Anwaltsblatt. Zs. Bonn
AO	Abgabenordnung
AöR	Archiv des öffentlichen Rechts (zitiert nach Band, Jahr und Seite). Tübingen
ApplCogPsy	Applied Cognitive Psychology. Zs. Chichester ua
Arloth	Arloth, Frank, Geheimhaltung von V-Personen und Wahrheitsfindung im Strafprozeß. München 1987
Arntzen	Arntzen, Friedrich, Vernehmungspsychologie. Psychologie der Zeugenvernehmung. 3. Aufl München 1993 (unter Mitwirkung von E. Michaelis-Arntzen)
Arntzen Psychologie	Arntzen, Friedrich, Psychologie der Zeugenaussage. 3. Aufl München 1993 (1. Aufl Göttingen 1970, 2. Aufl München 1983)
Art	Artikel
ASOG	Allgemeines Gesetz zum Schutz der öffentlichen Sicherheit und Ordnung
AsylVerfG	Asylverfahrensgesetz
Aufl	Auflage
AuslG	Ausländergesetz
BA	Bundesanzeiger
Bachmann	Bachmann, Gregor, Probleme des Rechtsschutzes gegen Grundrechtseingriffe im strafrechtlichen Ermittlungsverfahren. Berlin 1994
BÄO	Bundesärzteordnung
BAG	Bundesarbeitsgericht
BAK	Blutalkoholkonzentration
Banscherus	Banscherus, Jürgen, Polizeiliche Vernehmung: Formen, Verhalten, Protokollierung. Wiesbaden 1977
BApothO	Bundesapothekerordnung
Barbey	Barbey, Ilse, Das forensisch-psychiatrische Interview. – Untersuchung zur Problematik psychiatrischer Begutachtung. Berlin 1980 (zugleich Habil-Schrift)
Barton	Barton, Stephan, Der psychowissenschaftliche Sachverständige im Strafverfahren. Heidelberg 1983
Barton Zeugenbeweis	Barton, Stephan (Hrsg), Redlich aber falsch. Baden-Baden 1995
Bauer	Bauer, Günther, Moderne Verbrechensbekämpfung, Band 1. Lübeck 1970
Baumann/Weber/Mitsch	Baumann, Jürgen/Weber, Ulrich/Misch, Wolfgang, Strafrecht AT. 10. Aufl Bielefeld 1995 (9. Aufl. Baumann/Weber 1985)
Baumbach/Lauterbach	Zivilprozeßordnung mit Gerichtsverfassungsgesetz und anderen Nebengesetzen, begründet von Baumbach, fortgeführt von Lauterbach, nunmehr verfaßt von Albers und Hartmann, 53. Aufl München 1995 (zitiert nach Bearbeiter, Anm und Paragraph)
Bay	Bayerisches Oberstes Landesgericht. Mit Zahlen: Sammlung von Entscheidungen in Strafsachen (alte Folge zitiert nach Band und Seite, neue Folge nach Jahr und Seite)
BayJMBl	Bayerisches Justizministerialblatt (zitiert nach Jahr und Seite)
BayVBl	Bayerische Verwaltungsblätter. Zs. München
BayVerfGH	Bayerischer Verfassungsgerichtshof
BayVerfGHE	Entscheidungen des Bayerischen Verfassungsgerichtshofes (zitiert nach Band und Seite)
BBG	Bundesbeamtengesetz
Bd	Band
BDiszH	Bundesdisziplinarhof
BehResTherapy	Behavior Research and Therapy. Zs. Elmsford, NY
Beih	Beiheft
bej	bejahend

Abkürzungs- und Literaturverzeichnis

Beling	Beling, Ernst, Deutsches Reichsstrafprozeßrecht mit Einschluß des Gerichtsverfassungsrechts. Berlin und Leipzig 1928
Beling Beweisverbote	Beling, Ernst, Die Beweisverbote als Grenzen der Wahrheitsforschung im Strafprozeß, 1903
Bender	Bender, Hans-Udo, Merkmalskombinationen in Aussagen. Tübingen 1987
Bender/Nack	Bender, Rolf/Nack, Armin, Tatsachenfeststellung vor Gericht I. Glaubwürdigkeits- und Beweislehre II. Vernehmungslehre. 2. Aufl München 1995 (1. Aufl, *Bender ua,* 1981) (zitiert nach Randnummern)
Beneke	Beneke, Bernhard, Das falsche Geständnis als Fehlerquelle im Strafverfahren unter kriminologischen, speziell kriminalpsychologischen Aspekten. Frankfurt/M ua 1990
Benfer	Benfer, Jost, Grundrechtseingriffe im Ermittlungsverfahren. 2. Aufl Köln ua 1990
Berkowitz	Berkowitz, Leonard (Hrsg), Advances in experimental social psychology, Vol 17. New York 1984
bes	besonders
betr	betreffend *oder* betrifft
Bettermann ua	Bettermann, Karl August ua (Hrsg) Die Grundrechte. Handbuch der Theorie und Praxis. Berlin 1958 ff
Beulke	Beulke, Werner, Der Verteidiger im Strafverfahren, Funktionen und Rechtsstellung. Frankfurt/M 1980
Beulke StP	Beulke, Werner, Strafprozeßrecht. Heidelberg 1994. Zitiert nach Randnummern
Beyerlein	Beyerlein, Walter, Praxishandbuch Sachverständigenrecht. München 1990
BGB	Bürgerliches Gesetzbuch
BGBl	Bundesgesetzblatt I Teil 1, II Teil 2, III Teil 3
BGH	Bundesgerichtshof. Entscheidungen des Bundesgerichtshofs in Strafsachen
BGHR	BGH-Rechtsprechung in Strafsachen. Loseblattsammlung
BGHZ	Entscheidungen des BGH in Zivilsachen
Bierbrauer ua	Bierbrauer, Günter/Gottwald, Walther, Birnbreier – Stahlberger, Beatrix (Hrsg), Verfahrensgerechtigkeit. Köln 1995
Birnbaum	Birnbaum, Karl, Die psychopathischen Verbrecher. 2. Aufl Leipzig 1926
BKA	Bundeskriminalamt
BKAG	Gesetz über die Errichtung eines Bundeskriminalamts
BKA 90	BKA Vortragsreihe Bd 35. Technik im Dienste der Straftatenbekämpfung. Wiesbaden 1990
Blackburn	Blackburn, Ronald, The Psychology of Criminal Conduct. Chichester 1993
B/K/Wetterich	Burchardi, Karl/Klempahn, Gerhard/Wetterich, Paul, Der Staatsanwalt und sein Arbeitsgebiet. 5. Aufl Münster 1982
BlAlk	Blutalkohol. Wissenschaftliche Zs für die Praxis. Hamburg
Blankenburg ua	Blankenburg, Erhard ua, Die Staatsanwaltschaft im Prozeß strafrechtlicher Kontrolle. Berlin 1978
Bleuler	Bleuler, Eugon, Lehrbuch der Psychiatrie. 15. Aufl, neubearbeitet von Manfred Bleuler ua, Berlin ua 1983 (13. Aufl 1975)
BMinG	Gesetz über die Rechtsverhältnisse der Mitglieder der Bundesregierung
BMVG	Bundesminister für Verteidigung
BND	Bundesnachrichtendienst
BNotO	Bundesnotarordnung
Bocker	Bocker, Thomas. Der Kronzeuge. Pfaffenweiler 1991

Abkürzungs- und Literaturverzeichnis

Böker/Häfner	Böker, Wolfgang/Häfner, Heinz, Gewalttaten Geistesgestörter. Eine psychiatrisch-epidemiologische Untersuchung in der Bundesrepublik Deutschland. Berlin ua 1973
Bövensiepen	Bövensiepen, Michael, Der Freibeweis im Strafprozeß, Diss iur, Bonn 1978
Bohnert	Bohnert, Joachim, Die Abschlußentscheidung des Staatsanwalts. Berlin 1992
Bohnert Beschränkungen	Bohnert, Joachim, Beschränkungen der strafprozessualen Revision durch Zwischenverfahren. Frankfurt/M 1983
Bohnsack	Bohnsack, Ralf, Handlungskompetenz und Jugendkriminalität. Neuwied/Berlin 1973
Born	Born, Birgit. Wahrunterstellung zwischen Aufklärungspflicht und Beweisablehnung wegen Unerheblichkeit. Spardorf 1984
BPsychS	Psychonomic Society. Bulletin. Zs. Austin, TX
Brack/Thomas	Brack, Jürgen/Thomas, Norbert, Kriminaltaktik. Stuttgart ua 1983
BRAK-Mitt	Mitteilungen der Bundesrechtsanwaltskammer
BRAO	Bundesrechtsanwaltsordnung
Brbg	Brandenburg
BremPolG	Bremisches Polizeigesetzt
Brenner	Brenner, Harald, Die strafprozessuale Überwachung des Fernmeldeverkehrs mit Verteidigern. Tübingen 1994
Briesen	Briesen, D.P., Gutachten und Urteil. Zur Frage der Bewertung psychiatrischer Schuldfähigkeitsgutachten. Diss med Hannover 1986
BrJPsy	British Journal of Psychology. Zs. London ua
Brown/Herrnstein	Brown, Roger/Herrnstein, Richard J., Grundriß der Psychologie. Berlin ua 1984
BRRG	Beamtenrechtsrahmengesetz
Brunner	Brunner, Rudolf, Kommentar zum JGG. 9. Aufl Berlin 1991
Bruns	Bruns, Hans-Jürgen, Strafzumessung, Gesamtdarstellung. 2. Aufl Köln ua 1979
Bruns Neue Wege	Bruns, Hans-Jürgen, Neue Wege zur Lösung des strafprozessualen „V-Mann-Problems" durch „schriftliche Befragung des Zeugen" nach § 251 II StPO? Baden-Baden 1982
BSHG	Bundessozialhilfegesetz
Bspr	Besprechung
BT-Drucks, BT-Dr	Bundestagsdrucksache (erste Zahl bezeichnet die Wahlperiode)
BtMG	Betäubungsmittelgesetz
Buchst	Buchstabe
Burghardt	Burghardt, Angelika, Der diagnostische Prozeß im strafrechtlichen Unterbringungsverfahren. Diss phil Berlin 1985
Burr	Burr, Kai, Das DNA-Profil im Strafverfahren unter Berücksichtigung der Rechtsentwicklung in den USA. Diss Jur, Bonn 1990
Busam	Busam, Gerhard, Das Geständnis im Strafverfahren. Diss Freiburg/Br 1983
BVerfG	Bundesverfassungsgericht
BVerfG [VorprüfA]	BVerfG Vorprüfungsausschuß
BVerfGE	Entscheidungen des BVerfG (zitiert nach Band und Seite)
BVerwG	Bundesverwaltungsgericht
BVerwGE	Entscheidungen des BVerwG (zitiert nach Band und Seite)
bzgl	bezüglich
bzw	beziehungsweise
CanJBSc	Canadian Journal of Behavioural Science. Zs. Toronto, Ontario
Ceci ua	Ceci, Stephen J./Ross, David F./Toglia, Michael P., Children's eyewitness memory. New York, NY ua 1987

Ceci ua 92	Ceci, Stephen J. ua (Hrsg), Cognitive and Social Factors in Early Deception; Hillsdale/NJ 1992
CogPsy	Cognitive Psychology. Zs. New York, NY ua
Corsini	Corsini, Raymond J., Handbuch der Psychotherapie. 2. Aufl München/Weinheim 1987
CR	Computer und Recht. Zs. Köln
Criminologie	Criminologie. Zs. (vormals: acta criminologica). Montreal
CrimJ&B	Criminal Justice and Behaviour
Crisand	Crisand, Ekkehard, Psychologie der Gesprächsführung. 3. Aufl Heidelberg 1990
Dahs	Dahs, Hans, Handbuch des Strafverteidigers. 5. Aufl Köln 1983 (zitiert nach Randnummern)
Dahs/Dahs	Dahs, Hans/Dahs, Hans, Die Revision im Strafprozeß, NJW-Schriftenreihe Heft 16; 5. Aufl München 1993
Dalakouras	Dalakouras, Theoharis, Beweisverbote bzgl der Achtung der Intimsphäre. Berlin 1988 (Diss Köln 1986)
Dalcke/Fuhrmann/Schäfer	Dalcke, Albert/Fuhrmann, Ernst/Schäfer, Karl, Strafrecht und Strafverfahren. 37. Aufl Berlin 1961
DAR	Deutsches Autorecht. Zs. Düsseldorf ua
Degkwitz ua	Degkwitz, Rudolf ua, Diagnosemerkmal und Glossar psychiatrischer Krankheiten. 5. Aufl Berlin ua 1980
Delventhal	Delventhal, Holger, Die strafprozessualen Vereidigungsverbote unter Berücksichtigung des offensichtlich falsch aussagenden Zeugen. München 1990
Delvo	Delvo, Matthias, Der Lügendetektor im Strafprozeß der USA. Königstein/Ts 1981
dementspr	dementsprechend
demggü	demgegenüber
Dencker	Dencker, Friedrich, Verwertungsverbote im Strafprozeß. Köln ua 1977
Denmark	Denmark, Florence L. (Hrsg), Social/ecological psychology and the psychology of women. Amsterdam ua 1985
Dent/Flin	Dent, Helen/Flin, Rhona (Hrsg), Children as Witnesses. Chichester ua 1992
Der Krim	Der Kriminalist. Zs. Berlin
ders	derselbe
Dessecker	Dessecker, Axel, Suchtbehandlung als strafrechtliche Sanktion. Eine Empirische Untersuchung zur Anordnung und Vollstreckung der Maßregel nach § 64 StGB. Wiesbaden 1996 (im Erscheinen)
Dettenborn ua	Dettenborn, Harry/Fröhlich, Hans H./Szewczyk, Hans, Forensische Psychologie. 2. Aufl Berlin 1989
DevPsy	Developmental Psychology. Zs. Richmond, VA ua
dh	das heißt
Diesinger	Diesinger, Ingrid, Der Affekttäter. Eine Analyse seiner Darstellung in forensisch-psychiatrischen Gutachten. Berlin ua 1977
Dilling ua	Dilling, Horst ua, Internationale Klassifikation psychischer Störungen, Bern ua 1991
Dippel	Dippel, Karlhans, Darstellung des Sachverständigen im Strafprozeß. Heidelberg 1986
Diss	Dissertation
DJ	Deutsche Justiz. Zs. Berlin
DJT	Deutscher Juristentag
46. DJT	Ständige Deputation des DJT (Hrsg), Verhandlungen des 46. DJT, Bd I (Gutachten) München 1966, Bd II (Sitzungsberichte) München 1967

Abkürzungs- und Literaturverzeichnis

60. DJT	Ständige Deputation des DJT (Hrsg), Verhandlungen des 60. DJT, Bd I (Gutachten) München 1994, Bd II/1 (Sitzungsberichte) München 1994
DJZ	Deutsche Juristenzeitung. Zs. Berlin
Döhring	Döhring, Erich, Die Erforschung des Sachverhalts im Prozeß. Berlin 1964
Dölling	Dölling, Dieter, Polizeiliche Ermittlungstätigkeit und Legalitätsprinzip. 1. Halbband. Wiesbaden 1987
DÖV	Die Öffentliche Verwaltung. Zs. Stuttgart
zu Dohna	zu Dohna, Alexander Graf, Das Strafprozeßrecht, 3. Aufl Berlin 1929
DR	Deutsches Recht. Zentralorgan des National-Sozialistischen Rechtswahrerbundes. Zs. Berlin ua
Dreher/Tröndle	Dreher, Eduard/Tröndle, Herbert, Strafgesetzbuch und Nebengesetze, erläutert von Tröndle. 47. Aufl München 1995 (zitiert nach Randnummer und Paragraph)
DRiG	Deutsches Richtergesetz
DRiZ	Deutsche Richterzeitung. Organ des Deutschen Richterbundes, Bund der Richter und Staatsanwälte in der Bundesrepublik Deutschland eV. Köln, Berlin (zitiert nach Jahr und Nummer, ab 1950 nach Jahr und Seite)
DRZ	Deutsche Rechtszeitschrift
DSM-III	American Psychiatric Association, Washington DC 1980; Diagnostic and statistical manual of mental disorders, 3rd edn (DSM-III). Deutsche Bearbeitung und Einführung von Koehler, K./Saß, H., Weinheim 1984
DSM-III-R	American Psychiatric Association, Washington DC (1987); Diagnostic and statistical manual of mental disorders, 3rd edn revised, Deutsche Bearbeitung und Einführung von Wittchen, U./Saß, H./Zaudig, M./Koehler, K., Weinheim 1989
DSM-IV	American Psychiatric Association, Washington DC 1993; Diagnostic and statistic manual of mental disorders, 4th edn (DSM-IV)
DStR	Deutsches Strafrecht. Zs.
DtBT	Deutscher Bundestag
DtmedWschrift	Deutsche medizinische Wochenschrift. Zs. Stuttgart
DtRT	Deutscher Reichstag
Dürkop	Dürkop, Marlies, Der Angeklagte. Eine sozial-psychologische Studie zum Verhalten vor Gericht. München 1977
Düwel	Düwel, Peter, Das Amtsgeheimnis. Berlin 1965
DVBl	Deutsches Verwaltungsblatt. Zs. Köln ua
Dzendzalowski	Dzendzalowski, Horst, Die körperliche Untersuchung. Lübeck 1971
DZgerichtlMed	Deutsche Zeitschrift für die gesamte gerichtliche Medizin. Zs. Berlin ua
EAG	Europäische Atomgemeinschaft
EBE/BGH	Eildienst: Bundesgerichtliche Entscheidungen. Zs.
Eb Schmidt	Eberhard Schmidt, Lehrkommentar zur StPO und zum GVG. Teil I 2. Aufl Göttingen 1964 (zitiert nach Randnummer), Teil II 1957, Teil III 1960 (zitiert nach Randnummer und Paragraph)
Eb Schmidt Nachtr	Eberhard Schmidt, Nachträge und Ergänzungen zu Teil II des Lehrkommentars. Göttingen 1967
Eb Schmidt Nachtr II	Eberhard Schmidt, Nachträge und Ergänzungen zu Teil II des Lehrkommentars. Göttingen 1970
EG BGB	Einführungsgesetz zum Bürgerlichen Gesetzbuch
EG-Heusinger	Glanzmann, Roderich (Hrsg), Ehrengabe für Bruno Heusinger. München 1968

Egg . . . . Egg, Rudolf (Hrsg), Brennpunkte der Rechtspsychologie. Polizei – Justiz – Drogen. Bonn 1991
EGGVG . . . . Einführungsgesetz zum Gerichtsverfassungsgesetz
EGMR . . . . Europäischer Gerichtshof für Menschenrechte
EGStGB . . . . Einführungsgesetz zum Strafgesetzbuch
Einf . . . . Einführung
Einl . . . . Einleitung
einschr . . . . einschränkend
Eisen . . . . Eisen, Georg, Handwörterbuch der Rechtsmedizin Bd III. Stuttgart 1977
Eisenberg . . . . Eisenberg, Ulrich, Kriminologie. 4. Aufl Köln ua 1995
Eisenberg JGG . . . . . . Eisenberg, Ulrich, Jugendgerichtsgesetz mit Erläuterungen. 6. neubearbeitete Aufl München 1995
Eisenberg, Minderjährige . Eisenberg, Ulrich, Minderjährige in der Gesellschaft. Über Zusammenhänge zwischen institutionalisierten Beeinträchtigungen und Delinquenz. Köln ua 1980
Eisenberg ua . . . . Eisenberg, Ulrich ua, Verkehrsunfallflucht. Eine empirische Untersuchung zu Reformmöglichkeiten. Berlin ua 1989
EKMR . . . . Europäische Kommission für Menschenrechte
Ellersiek . . . . Ellersiek, Dirk, Die Beschwerde im Strafprozeß. Berlin 1981
Endriß/Malek . . . . Endriß, Rainer/Malek, Klaus, Betäubungsmittelstrafrecht. München 1986
entspr . . . . entsprechend
Erg . . . . Ergebnis
erg . . . . ergänzend
etc . . . . et cetera
EuAbg . . . . Europaabgeordnetengesetz
EuGRZ . . . . Europäische Grundrechte. Zs. Kehl, Strasbourg
evt . . . . eventuell(e)
EWG . . . . Europäische Wirtschaftsgemeinschaft
EzSt . . . . Entscheidungssammlung zum Straf- und Ordnungswidrigkeitenrecht (Loseblattsammlung)

f . . . . folgende
FAG . . . . Gesetz über Fernmeldeanlagen
FamRZ . . . . Ehe und Familie im privaten und öffentlichen Recht. Zs. Bielefeld
Farrington ua . . . . Farrington, David P./Hawkins, Keith/Cloyd-Bostock, Sally M. (Hrsg), Psychology, law and legal processes. London ua 1979
Feisenberger . . . . Feisenberger, Albert, Strafprozeßordnung und Gerichtsverfassungsgesetz unter besonderer Berücksichtigung der Rechtsprechung. Berlin, Leipzig 1926
Feuerpeil . . . . Feuerpeil, Lothar, Der Beweisablehnungsgrund der Offenkundigkeit gemäß § 244 Abs 3 S 2, 1. Var. StPO, Pfaffenweiler 1987
Fezer . . . . Fezer, Gerhard, Strafprozeßrecht. Juristischer Studienkurs. 2. Aufl., München 1995 (zitiert nach Fallnummer und Randnummern)
Fezer Grundfragen . . . . Fezer, Gerhard, Grundfragen der Beweisverwertungsverbote, 1995
Fezer Revision . . . . . . Fezer, Gerhard, Möglichkeiten einer Reform der Revision in Strafsachen, 1975
ff . . . . fortfolgende
FG-*v Lübtow* . . . . Harder, Manfred/Thielmann, Georg, De iustitia et iure. Festgabe für Ulrich von Lübtow zum 80. Geburtstag. Berlin 1980
FG-*Peters* . . . . Wasserburg, Klaus/Haddenhorst, Wilhelm (Hrsg), Wahrheit und Gerechtigkeit im Strafverfahren. Festgabe für Karl Peters aus Anlaß seines 80. Geburtstages. Heidelberg 1984
Fischer . . . . Fischer, Johann, Die polizeiliche Vernehmung. Wiesbaden 1985

Abkürzungs- und Literaturverzeichnis

Fishman	Fishman, Joshua Aaron (Hrsg), Readings in the sociology of language. Paris, Den Haag 1968 (deutsch: München 1975)
Fn	Fußnote
Foldenauer	Foldenauer, Wolfgang. Genanalyse im Strafverfahren. Berlin 1995
Forensia	Forensia. Zs. Berlin
ForR	Foreign Review
Frank/Harrer	Frank, Christel/Harrer, Gerhart (Hrsg), Der Sachverständige im Strafrecht. Berlin ua 1990
Freund	Freund, G., Normative Probleme der „Tatsachenfeststellung". Heidelberg 1987
FS	Festschrift
FS-*Baumann*	Arzt, Gunther ua (Hrsg), FS für Jürgen Baumann zum 70. Geburtstag. Bielfeld 1992
FS-*Blau*	Schwind, Hans-Dieter (Hrsg), FS für Günter Blau zum 70. Geburtstag am 18.12. 1985. Berlin ua 1985
FS-*Bockelmann*	Kaufmann, Arthur/Bemmann, Günter (Hrsg), FS für Paul Bockelmann zum 70. Geburtstag am 7.12. 1978. München 1979
FS-*Bruns*	Frisch, Wolfgang/Schmid, Werner (Hrsg), FS für Hans-Jürgen Bruns zum 70. Geburtstag. Köln ua 1978
FS-*Dreher*	Jescheck, Hans-Heinrich ua (Hrsg), FS für Eduard Dreher zum 70. Geburtstag. Berlin ua 1977
FS-*Dünnebier*	Hanack, Ernst-Walter/Rieß, Peter/Wendisch, Günter (Hrsg), FS für Hans Dünnebier zum 75. Geburtstag am 12. 6. 1982. Berlin ua 1982
FS-*Eb Schmidt*	Bockelmann, Paul/Gallas, Wilhelm (Hrsg), FS für Eberhard Schmidt zum 70. Geburtstag. Aalen 1971
FS-*Engisch*	Bockelmann, Paul/Kaufmann, Arthur/Klug, Ulrich (Hrsg), FS für Karl Engisch zum 70. Geburtstag. Frankfurt/M 1969
FS-*Gallas*	Lackner, Karl (Hrsg), FS für Wilhelm Gallas zum 70. Geburtstag am 22.7. 1973. Berlin 1973
FS-*Hanack*	Ebert, Udo (Hrsg), Aktuelle Probleme der Strafrechtspflege. Berlin 1991
FS-*Heinitz*	Lüttger, Hans/Blei, Hermann/Hanau, Peter (Hrsg), FS für Ernst Heinitz zum 70. Geburtstag am 1.1. 1972. Berlin 1972
FS-*H Mayer*	Geerds, Friedrich/Naucke, Wolfgang (Hrsg), FS für Hellmuth Mayer zum 70. Geburtstag am 1.5. 1965. Berlin 1966
FS-*Honig*	Juristische Fakultät der Georg-August Universität Göttingen (Hrsg), FS für Richard M. Honig zum 80. Geburtstag
FS-*Jescheck*	Vogler, Theo (Hrsg), FS für Hans-Heinrich Jescheck zum 70. Geburtstag. Berlin 1985
FS-*Kleinknecht*	Gössel, Karl-Heinz/Kaufmann, Hans (Hrsg), Strafverfahren im Rechtsstaat – FS für Theodor Kleinknecht zum 75. Geburtstag. München 1985
FS-*Klug*	Kohlmann, Günter, FS für Ulrich Klug zum 70. Geburtstag. Köln 1983
FS-*Kolb*	Matzel, Klaus/Roloff, Hans-Gert (Hrsg), FS für Herbert Kolb zum 65. Geburtstag. Bern, Frankfurt aM 1989
FS-*Krause*	Schlüchter, Ellen/Laubenthal, Klaus (Hrsg), Recht und Kriminalität. FS für Friedrich-Wilhelm Krause zum 70. Geburtstag. Köln ua 1990
FS-*Lange*	Warda, Günter/Waider, Herbert/v. Hippel, Reinhard/Meurer, Dieter, FS für Richard Lange zum 70. Geburtstag. Berlin, New York 1976
FS-*Leferenz*	Kerner, Hans-Jürgen/Göppinger, Hans/Streng, Franz (Hrsg), Kriminologie, Psychiatrie, Strafrecht. FS für Heinz Leferenz zum 70. Geburtstag. Heidelberg 1983

Abkürzungs- und Literaturverzeichnis

FS-*Maurach*	Schroeder, Friedrich-Christian/Zipf, Heinz (Hrsg), FS für Reinhard Maurach zum 70. Geburtstag. Karlsruhe 1972
FS-*Mezger*	Engisch, Karl/Maurach, Reinhard (Hrsg), FS für Edmund Mezger zum 70. Geburtstag, 15.10.1953. München 1954
FS-*Michel*	Conrad, U./Stier, B. (Hrsg), Grundlagen, Methoden und Ergebnisse der forensischen Schriftuntersuchung. FS für Lothar Michel, Lübeck 1989
FS-*Möhring*	Hefermehl, Wolfgang/Nipperdey, Hans Carl (Hrsg), FS für Philipp Möhring zum 65. Geburtstag. München 1965
FS-*Oehler*	Herzberg, Rolf Dietrich (Hrsg), FS für Dietrich Oehler zum 70. Geburtstag. Köln ua 1985
FS-*Peters*	Baumann, Jürgen, Tiedemann, Klaus (Hrsg), Einheit und Vielfalt des Strafrechts. FS für Karl Peters zum 70. Geburtstag. Tübingen 1974
FS-*Pfeiffer*	von Gamm, Otto Friedrich Freiherr/ Raisch, Peter (Hrsg), Strafrecht, Unternehmensrecht, Anwaltsrecht. FS für Gerd Pfeiffer zum Abschied aus dem Amt als Präsident des BGH. Köln ua 1988
FS-*Pribilla*	Klose, Wolfgang/Oehmichen, Manfred (Hrsg), Rechtsmedizinische Forschungsergebnisse. FS zum 70. Lebensjahr für Prof. Dr. med. Dipl.-Chem. Otto Pribilla. Lübeck 1990
FS-*Rasch*	Leygraf, N. ua (Hrsg), Die Sprache des Verbrechens. FS für Wilfried Rasch. Stuttgart ua 1993
FS-*Rebmann*	Eyrich, Heinz/Odersky, Walter/Säcker, Franz Jürgen (Hrsg), FS für Kurt Rebmann zum 65. Geburtstag. München 1989
FS-*Salger*	Eser, Albin ua (Hrsg), FS für Hannskarl Salger zum Abschied aus dem Amt als Vizepräsident des BGH. Köln ua 1995
FS-*Sauer*	FS für Wilhelm Sauer zu seinem 70. Geburtstag. Berlin 1949
FS-*Schäfer*	Hasenpflug, Hellwig (Hrsg), FS für Karl Schäfer. Berlin ua 1980
FS-*Schewe*	Schütz, Harald/Kaatsch, Hans-Jürgen/Thomsen, Holger (Hrsg), Medizinrecht, Psychopathologie, Rechtsmedizin. Diesseits und jenseits der Grenzen von Recht und Medizin. FS für Günther Schewe. Berlin ua 1991
FS-*Schmidt-Leichner*	Hamm, Rainer/Matzke, Walter (Hrsg), FS für Erich Schmidt-Leichner zum 65. Geburtstag. München 1977
FS-*Schmitt*	Geppert, Klaus/Bohnert, Joachim/Rengier, Rudolf (Hrsg), FS für Rudolf Schmitt. Tübingen 1992
FS-SchwKrimG	Gauthier, J. ua (Hrsg), FS zum 50jährigen Bestehen der Schweizerischen Kriminalistischen Gesellschaft. Bern 1992
FS-*Spendel*	Seebode, Manfred (Hrsg), FS für Günter Spendel zum 70. Geburtstag. Berlin ua 1992
FS-*Stock*	Spendel, Günter (Hrsg), FS Ulrich Stock. Würzburg 1966
FS-*Stutte*	Remschmidt, Helmut/Schüler-Springorum, Horst, Jugendpsychiatrie und Recht. FS für Hermann Stutte. Köln ua 1979
FS-*Tröndle*	Jescheck, Hans-Heinrich/Vogler, Theo (Hrsg), FS für Herbert Tröndle zum 70. Geburtstag. Berlin ua 1989
FS-*Venzlaff*	Pohlmeier, Hermann/Deutsch, Erwin/Schreiber, Hans-Ludwig (Hrsg), Forensische Psychiatrie heute. Ulrich Venzlaff zum 65. Geburtstag gewidmet. Berlin ua 1986
FS-*Wassermann*	Broda, Christian/Deutsch, Erwin (Hrsg), FS für Rudolf Wassermann zum 60. Geburtstag. Neuwied 1985
FS-*Weißauer*	Heberer, Georg/Opderbecke, Hans Wolfgang/Spann, Wolfgang (Hrsg), Ärztliches Handeln. Verrechtlichung eines Berufsstandes. FS für Walther Weißauer zum 65. Geburtstag. Berlin ua 1986
G	Gesetz
GA	Goltdammer's Archiv für Strafrecht (bis 1952 zitiert nach Band und Seite, danach nach Jahr und Seite). Hamburg

Abkürzungs- und Literaturverzeichnis

GBA	Generalbundesanwalt
Gebauer	Gebauer, Michael, Die Rechtswirklichkeit der Untersuchungshaft. München, Parensen 1987
Geerds	Geerds, Friedrich, Handbuch der Kriminalistik Band I. 10. Aufl Berlin 1977
Geerds Vernehmungstechnik	Geerds, Friedrich, Vernehmungstechnik. 5. Aufl Lübeck 1976
Geisler	Geisler, Erika, Das sexuell mißbrauchte Kind. Göttingen 1959
gem	gemäß
Geppert	Geppert, Klaus, Der Grundsatz der Unmittelbarkeit im deutschen Strafverfahren. Berlin 1979
Gerlach	Gerlach, Götz, Absprachen im Strafverfahren. Frankfurt aM 1992
Gerland	Gerland, Heinrich, Der deutsche Strafprozeß. Neudruck der Ausgabe Mannheim 1927. Aalen 1977
Gerling	Gerling, Andreas, Informatorische Befragung und Auskunftsverweigerungsrecht. Bochum 1987
GerS	Der Gerichtssaal (zitiert nach Band, Jahr und Seite)
GeschA LPolDir	Geschäftsanweisung des Landespolizeidirektors
GewO	Gewerbeordnung
GewVerbrG	Gewohnheitsverbrechergesetz
GG	Grundgesetz für die Bundesrepublik Deutschland
ggf	gegebenenfalls
ggü	gegenüber
Giese	Giese, Hans ua (Hrsg), Psychopathologie der Sexualität. Stuttgart 1962
Girtler	Girtler, Roland, Polizei-Alltag. Strategien, Ziele und Strukturen polizeilichen Handelns. Opladen 1980
Glatzel	Glatzel, Johann, Forensische Psychiatrie. Der Psychiater im Strafprozeß. Stuttgart 1985
GMBl	Gemeinsames Ministerialblatt
Göhler	Göhler, Erich (Hrsg), Gesetz über Ordnungswidrigkeiten. 11. Aufl München 1995 (zitiert nach Randnummer und Paragraph)
Gössel	Gössel, Karl Heinz, Strafverfahrensrecht. Stuttgart ua 1977
Gössweiner-Saiko	Gössweiner-Saiko, Theodor, Vernehmungskunde. Graz 1979
Graßberger	Graßberger, Roland, Psychologie des Strafverfahrens. 2. Aufl Wien, New York 1968
Graumann ua	Graumann, Carl F. ua (Hrsg), Enzyklopädie der Psychologie. Themenbereich B, Serie II, Bd I. Göttingen ua 1982
Grdl	Grundlagen
grds	grundsätzlich
Grewendorf	Grewendorf, Günther (Hrsg), Rechtskultur als Sprachkultur. Frankfurt aM 1992
Grünwald	Grünwald, Gerald. Das Beweisrecht der Strafprozeßordnung. Baden-Baden 1993
Gruhle	Gruhle, H.W., Gutachtentechnik. Berlin ua 1955
Gruneberg ua	Gruneberg, M.M./Morris, P.E./Sykes, R.N. (Hrsg), Practical aspects of memory: current research and issues. Vol 1. Chichester ua 1988
GS	Entscheidung des Großen Senats
GS	Gedächtnisschrift (mit Namensangabe)
GS-A Kaufmann	Dornseifer, Gerhard ua (Hrsg), GS für Armin Kaufmann. Köln ua 1989
GS-H Kaufmann	Hirsch, Hans Joachim/Kaiser, Günther/Marquart, Helmut, GS für Hilde Kaufmann. Berlin ua 1986
GS-Küchenhoff	Just, Manfred/Wollenschläger, Manfred (Hrsg), Recht und Rechtsbesinnung. GS für Günther Küchenhoff. Berlin 1987

Abkürzungs- und Literaturverzeichnis

GS-*Meyer*	Geppert, Klaus/Dehnicke, Dieter (Hrsg), GS für Karlheinz Meyer. Berlin ua 1990
GS-*Schröder*	Stree, Walter/Lenckner, Theodor (Hrsg), GS für Horst Schröder. München 1978
Gudjonsson	Gudjonsson, Gisli H., The Psychology of Interrogations, Confessions and Testimony. Chichester 1992
Gundlach	Gundlach, Rainer, Die Vernehmung des Beschuldigten im Ermittlungsverfahren. Frankfurt/M ua 1984 (Diss Göttingen 1983)
Guradze	Guradze, Heinz, Die Europäische Menschenrechtskonvention. Berlin 1968
GVBl	Gesetz- und Verordnungsblatt
GVG	Gerichtsverfassungsgesetz
HandwO	Handwerksordnung
Hahn	Hahn, Manfred, Die notwendige Verteidigung. Berlin 1975
Hartmann	Kostengesetze, Kurz-Kommentar von Hartmann und Albers, 26. Aufl München 1995 (zitiert nach Anm und Paragraph)
Harvey ua	Harvey, John H./Ickes, William J./Kidd, Robert F. (Hrsg), New directions in attribution research Vol 3. Hillsdale, NJ 1981
Hassemer/Lüderssen	Hassemer, Winfried/Lüderssen, Klaus (Hrsg), Sozialwissenschaften im Studium des Rechts. 3. Strafrecht München 1978
HbForPsychiatr	Göppinger, Hans/Witter, Hermann (Hrsg), Handbuch der forensischen Psychiatrie. Bd I und II. Berlin ua 1972
Hbg	Hamburg
HebG	Hebammengesetz
Hecker	Hecker, M.R., Forensische Handschriftenuntersuchung. Heidelberg 1993
Heinz	Heinz, Günter, Fehlerquellen forensisch-psychiatrischer Gutachten. Heidelberg 1982
Heissler	Heissler, Udo, Die Unmittelbarkeit der Beweisaufnahme im Strafprozeß unter besonderer Berücksichtigung des Zeugnisses vom Hörensagen. Tübingen 1973
Helgerth	Helgerth, Roland, Der „Verdächtige" als schweigeberechtigte Auskunftsperson und selbständiger Prozeßbeteiligter neben dem Beschuldigten und dem Zeugen. Diss Erlangen-Nürnberg 1976
Hellwig	Hellwig, Albert, Psychologie und Vernehmungstechnik bei Tatbestandsermittlungen. 4. Aufl Stuttgart 1951
Henkel	Henkel, Heinrich, Strafverfahrensrecht. 2. Aufl Köln ua 1968
Herdegen	Herdegen, Gerhard, Beweisantragsrecht, Beweiswürdigung, strafprozessuale Revision. Baden-Baden 1995
Hergenröder	Hergenröder, Carmen Silvia, Das staatsanwaltschaftliche Verfahren. Frankfurt/M ua 1986
Herkner	Herkner, Werner, Lehrbuch Sozialpsychologie. 5. erw Aufl Bern ua 1991
Hermes	Hermes, Willy, Der § 136 a StPO unter besonderer Berücksichtigung des darin enthaltenen Verwertungsverbotes. Diss Köln 1954
Hess	Hess, Christian, Die Zulässigkeit aufgedrängter Fürsorge gegenüber dem Beschuldigten im Strafprozeß. Frankfurt/M 1989
HESt	Höchstrichterliche Entscheidungen. Sammlung von Entscheidungen der Oberlandesgerichte und der Obersten Gerichte in Strafsachen 1948–49 (zitiert nach Band und Seite)
Hetzer	Hetzer, W., Wahrheitsfindung im Strafprozeß. 1982
v. Heydebreck	von Heydebreck, Tessen, Die Begründung der Beschuldigteneigenschaft im Strafverfahren. Diss 1974

Abkürzungs- und Literaturverzeichnis

Hiegert	Hiegert, Egon, Die Sphäre der Offenkundigkeit in der Strafprozeßordnung. Frankfurt aM ua 1989
Hilland	Hilland, Bernhard, Das Beweisgewinnungsverbot des § 136 a. Diss Tübingen. Stuttgart 1981
Himmelreich/Hentschel	Himmelreich, Klaus/Hentschel, Peter, Fahrverbot. Führerscheinentzug. 8. Aufl Düsseldorf 1995
v. Hippel	von Hippel, Robert, Der deutsche Strafprozeß. Marburg 1941
Hirschberg	Hirschberg, Max, Das Fehlurteil im Strafprozeß. Stuttgart 1960
hM	herrschende Meinung
L. Hoffmann	Hoffmann, Ludger, Kommunikation vor Gericht. Tübingen 1983
P. Hoffmann	Hoffmann, Paul, Der unerreichbare Zeuge im Strafverfahren. Berlin 1991
Höra	Höra, Knut, Wahrheitspflicht und Schweigebefugnis des Beschuldigten. Eine Analyse der Rechtstellung des Beschuldigten im Strafprozeß. Diss Frankfurt/M 1977
Holtappels	Holtappels, Peter, Die Entwicklungsgeschichte des Grundsatzes „in dubio pro reo". Hamburg 1965
HRR	Höchstrichterliche Rechtsprechung (zitiert nach Jahr und Nummer)
Hs	Halbsatz
Huber	Huber, Gerd, Psychiatrie. 5. Aufl Stuttgart, New York 1994
Hummel	Hummel, Konrad (Hrsg), Die medizinische Vaterschaftsbegutachtung mit biostatischem Beweis. Stuttgart 1961
HV	Hauptverhandlung
Hz	Hertz
ICD 9	Diagnoseschlüssel und Glossar psychiatrischer Krankheiten. Deutsche Ausgabe der internationalen Klassifikation des WHO, ICD (= International Classification of Diseases), 9. Revision von 1975, Kapitel V. Hrsg von Degkwitz, R. ua; Berlin 1980
ICD 10	Internationale Klassifikation psychischer Störungen. WHO. ICD 10, Kapitel V (F). Klinisch-diagnostische Leitlinien. Hrsg von Dilling, H. ua, Bern ua 1991
ICrimLegPsy	Issues in Criminological & Legal Psychology. Zs. Leicester (UK)
idF	in der Fassung
idR	in der Regel
idZ	in diesem Zusammenhang
ieS	im engeren Sinne
im Erg	im Ergebnis
im Zw	im Zweifel
insbes	insbesondere
IRapplPsy	International Review of Applied Psychology. Zs. London ua
iS/iSd/iSv	im Sinne/im Sinne des *bzw* der/im Sinne von
iVm	in Verbindung mit
iZm	im Zusammenhang mit
JA	Juristische Arbeitsblätter. Für Ausbildung und Examen. Zs. Frankfurt/M
Jabel	Jabel, H.-P., Die Rechtswirklichkeit der Untersuchungshaft in Niedersachsen. Lingen 1988
JAb&SocPsy	Journal of Abnormal and Social Psychology. Zs. Washington, DC
JAbnPsych	Journal of Abnormal Psychology. Zs. Boston, Mass. (USA)
JAcSAm	Acoustical Society of America. Journal. Zs. New York, NY
Jaeger	Jaeger, Michael, Der Kronzeuge unter besonderer Berücksichtigung des § 31 BtMG. Frankfurt/M 1986

Janoschek	Janoschek, Christian, Strafprozessuale Durchsuchung und Beschlagnahme bei juristischen Personen. Göttingen 1990
JApplDevPsy	Journal of Applied Developmental Psychology. Zs. Norwood
JApplGer	Journal of Applied gerontology. Zs. Newbury Park, CA (USA)
JApplPsy	Journal of Applied Psychology. Zs. Lancaster, PA
JApplSocPsy	Journal of Applied Social Psychology. Zs. Washington, DC
Jarass/Pieroth	Jarass, Hans D./Pieroth, Bodo, Grundgesetz für die Bundesrepublik Deutschland. 3. Aufl München 1995
JBl	Justizblatt
JBl Rhl-Pf	Justizblatt des Landes Rheinland-Pfalz
Jb Rechtssoz	Jahrbuch für Rechtssoziologie und Rechtstheorie. Düsseldorf, Opladen
JCChPsy	Journal of Clinical Child Psychology. Zs. St. Louis (USA)
JC&CPsy	Journal of Consulting and Clinical Psychology. Zs. Lancaster, PA ua
JChAdPsy	Journal of the American Academy of Child & Adolescent Psychiatry. Zs. Baltimore (USA)
jdf	jedenfalls
Jescheck/Triffterer	Jescheck, Hans-Heinrich/Triffterer, Otto (Hrsg), Ist die lebenslange Freiheitsstrafe verfassungswidrig? Dokumentation. Baden-Baden 1978
Jessnitzer/Frieling	Jessnitzer, Kurt/Frieling, Günter, Der gerichtliche Sachverständige. Ein Handbuch für die Praxis. 10. Aufl Köln ua 1992 (zitiert nach Randnummern)
jew	jeweils
JExpChPsy	Journal of Experimental Child Psychology. Zs. New York ua
JExpPsy	Journal of Experimental Psychology. Zs. Washington, DC ua
JExpPsy: HumL&M	Journal of Experimental Psychology: Human Learning and Memory. Zs. Washington, DC ua
JExpPsy: LM&C	Journal of Experimental Psychology: Learning, Memory and Cognition. Zs. Washington, DC ua
JExpRPer	Journal of Experimental Research in Personality. Zs. New York, NY ua
JExpSocPsy	Journal of Experimental Social Psychology. Zs. New York, NY ua
JGenPsy	Journal of General Psychology. Zs. Provincetown, Mass
JGG	Jugendgerichtsgesetz vom 4.8. 1953 idF vom 30.8. 1990
JGH	Jugendgerichtshilfe
JMBl	Justizministerialblatt
JNonvB	Journal of Nonverbal Behavior. Zs. New York, NY
JP&SocPsy	Journal of Personality and Social Psychology. Zs. Washington, DC ua
JPolSc&Ad	Journal of Police Science and Administration. Zs. Gaithersburg (USA)
JR	Juristische Rundschau. Zs. Berlin
JSocPsy	Journal of Social Psychology. Zs. Provincetown, Mass
JStV	Jugendstrafverfahren
Julius	Julius, Karl-Peter, Die Unerreichbarkeit von Zeugen im Strafprozeß. Köln ua 1988
Jung/Müller-Dietz	Jung, H., Müller-Dietz, H. (Hrsg), Reform der Untersuchungshaft. Bonn-Bad Godesberg 1983
Jura	Juristische Ausbildung. Zs. Berlin ua
Jur Büro	Das juristische Büro. Flensburg (zitiert nach Jahr und Spalte)
JuS	Juristische Schulung. Zs. München ua
Justiz	Die Justiz. Amtsblatt des Justizministeriums Baden-Württemberg (zitiert nach Jahr und Seite)
JVA	Justizvollzugsanstalt

Abkürzungs- und Literaturverzeichnis

JVBl	Justizverwaltungsblatt (zitiert nach Jahr und Seite)
JVL&VB	Journal of Verbal Learning and Verbal Behavior. Zs. New York, NY ua
JW	Juristische Wochenschrift. Zs. Leipzig
JZ	Juristenzeitung. Zs. Tübingen
Kagehiro/Laufer	Kagehiro, Dorothy/Laufer, William S. (Hrsg), Handbook of Psychology and Law. New York ua 1992
Kahneman ua	Kahneman, Daniel/Slovic, Paul ua, Judgement under uncertainty. Heuristics and biases. Cambridge ua 1982
Kaiser ua	Kaiser, Günther ua (Hrsg), Kriminologische Forschung in den 80er Jahren. Freiburg 1988
Kap	Kapitel
Kasper	Kasper, S.G., Freie Beweiswürdigung und moderne Kriminaltechnik. Hamburg 1975
Katholnigg	Katholnigg, Oskar, Strafgerichtsverfassungsrecht. 2. Aufl Köln ua 1995 (1. Aufl 1990)
KBA	Kraftfahrt-Bundesamt und Bundesanstalt für den Güterverkehr (Hrsg): Statistische Mitteilungen, Heft 1–4
Kelnhofer	Kelnhofer, Evelyn. Hypothetische Ermittlungsverläufe im System der Beweisverbote. Berlin 1994
Kemmer	Kemmer, Frank, Befangenheit von Schöffen durch Aktenkenntnis. Frankfurt aM ua 1989
Kemper	Kemper, Werner, Horizontale Teilrechtskraft des Schuldspruchs und Bindungswirkung im tatrichterlichen Verfahren nach der Zurückweisung. Frankfurt aM 1993
Kerr/Bray	Kerr, Norbert L./Bray, Robert M. (Hrsg), The psychology of the courtroom. New York ua 1982
KG	Kammergericht
Kijewski	Kijewski, Harald, Die forensische Bedeutung der Mineralstoffgehalte in menschlichen Kopfhaaren. Lübeck 1993
KK	Karlsruher Kommentar zur Strafprozeßordnung, hrsg v Pfeiffer. 3. Aufl München 1993 (zitiert nach Bearbeiter, Randnummer und Paragraph)
Kleinknecht/Janischowsky	Kleinknecht, Theodor/Janischowsky, Georg, Das Recht der Untersuchungshaft, NJW-Schriftenreihe. Heft 30 München 1977
Klöhn	Klöhn, Wolfhard, Der Schutz der Intimsphäre im Strafprozeß. Göttingen 1984
Klug	Klug, Ulrich, Juristische Logik. 4. Aufl Berlin ua 1982
K/M-G	Kleinknecht, Theodor/Meyer-Goßner, Lutz, Strafprozeßordnung. 42. neubearbeitete Aufl 1995
KMR	Loseblattkommentar zur Strafprozeßordnung, begründet von Kleinknecht/Müller/Reitberger. 8. Aufl 1990, hrsg von Fezer und Paulus, jew mit Ergänzungslieferungen (zitiert nach Randnummer und Paragraph)
Kniffka	Kniffka, Hannes (Hrsg), Texte zu Theorie und Praxis forensischer Linguistik. Tübingen 1990
Knuf	Knuf, Joachim, Polizeibeamte als Zeugen vor Gericht. Eine kommunikationswissenschaftliche Untersuchung. Wiesbaden 1982
Köhnken	Köhnken, Günter, Glaubwürdigkeit. Untersuchungen zu einem psychologischen Konstrukt. München 1990
Köhnken KI	Köhnken, Günter, Glaubwürdigkeitsbeurteilung und das Kognitive Interview. Vortrag, gehalten auf der 4. Arbeitstagung der Fachgruppe Rechtspsychologie der Deutschen Gesellschaft für Psychologie eV. Berlin, 10.–12. Oktober 1991

Köhnken/Sporer — Köhnken, Günter/Sporer, Siegfried L. (Hrsg), Identifizierung von Tatverdächtigen durch Augenzeugen. Stuttgart 1990
Körner — Körner, Harald Hans, Betäubungsmittelgesetz. Deutsches und Internationales Betäubungsmittelrecht. 4. Aufl München 1994
KonsG — Gesetz über die Konsularbeamten, ihre Aufgaben und Befugnisse
KostVGKG — Kostenverzeichnis (Anlage 1 zum Gerichtskostengesetz)
Kraheck-Brägelmann — Kraheck-Brägelmann, Sibylle (Hrsg), Die Beschuldigten- und die Zeugenvernehmung. Rostock, Bornheim-Roisdorf 1994
Kranz — Kranz, Heinrich, Psychopathologie heute. Stuttgart 1962
Krause — Krause, Dietmar, Die Revision im Strafverfahren. 4. Aufl 1995
Krause/Nehring — Krause, Dietmar/Nehring, Günther, Strafverfahrensrecht in der Polizeipraxis. Köln ua 1978 (zitiert nach Randnummer)
Krekeler — Krekeler, Wilhelm, Der Beweiserhebungsanspruch des Beschuldigten im Ermittlungsverfahren de lege lata und de lege ferenda, Diss Münster 1990
Kremer — Kremer, St. H., Absprachen zwischen Gericht und Verfahrensbeteiligten im Strafprozeß. Diss Jur Bonn 1994
Kreuzer/Hürlimann — Kreuzer, Arthur/Hürlimann, Michael (Hrsg), Alte Menschen als Täter und Opfer, Freiburg iBr 1992
Krey — Krey, Volker, Strafverfahrensrecht Bd I 1988, Stuttgart, Bd II 1990, Stuttgart (zitiert nach Randnummer)
v. Kries — von Kries, August, Lehrbuch des deutschen Strafprozeßrechts. Freiburg 1892
Krim — Kriminalistik. Zs. Heidelberg
KrimForensWiss — Kriminalistik und Forensische Wissenschaften. Zs. Berlin
Krim Ggfr — Kriminologische Gegenwartsfragen (Vor 1968: Kriminalbiologische Gegenwartsfragen). Zs. Stuttgart
KrimJ — Kriminologisches Journal. Zs. München
krit — kritisch(e)
Krümpelmann — Krümpelmann, Justus, Affekt und Schuldfähigkeit. Wiesbaden 1988 (1972)
K. Schneider — Schneider, Kurt, Die psychopathischen Persönlichkeiten. 9. Aufl Wien 1950
Kube/Leineweber — Kube, Edwin/Leineweber, Heinz, Polizeibeamte als Zeugen und Sachverständige. 2. Aufl Köln ua 1980
Kube ua — Kube, Edwin ua (Hrsg), Wissenschaftliche Kriminalistik. Grundlagen und Perspektiven. Teilband 1. Wiesbaden 1983
Kube ua 94 — Kube, Edwin ua (Hrsg), Kriminalistik. Handbuch für Praxis und Wissenschaft. Band 2, Stuttgart ua 1994
Kühne — Kühne, Hans-Heiner, Strafprozeßlehre. 4. Aufl Heidelberg 1993 (zitiert nach Randnummer)
Kühne, Beweisverbote — Kühne, Hans-Heiner, Strafprozessuale Beweisverbote und Art. 1 I GG. Köln ua 1970
Kühne 78 — Kühne, Hans-Heiner, Strafverfahrensrecht als Kommunikationsproblem. Prolegomena zu einer strafverfahrensrechtlichen Kommunikationstheorie. 1978
Künzel — Künzel, Hermann Josef, Sprechererkennung. Grundzüge forensischer Sprachverarbeitung, Heidelberg 1987

L — Leitsatz
Lackner — Lackner, Karl, Strafgesetzbuch mit Erläuterungen. 21. Aufl München 1995
Lange — Lange, Regina, Fehlerquellen im Ermittlungsverfahren. Heidelberg 1980
Langelüddecke/Bresser — Langelüddecke, Albrecht/Bresser, Paul H., Gerichtliche Psychiatrie, 4. Aufl Berlin 1976

Abkürzungs- und Literaturverzeichnis

Law&HumB	Law and Human Behavior. Zs. New York, NY
LBerufsG	Landesberufsgericht
Lbj	Lebensjahr(en)
LEB	Law Enforcement Bulletin. Zs. Washington, D.C. (USA)
Lehmann	Lehmann, Burghard, Die Behandlung des zweifelhaften Verfahrensverstoßes im Strafprozeßrecht. Diss Bielefeld ua 1983
Leodolter	Leodolter, Ruth, Das Sprachverhalten von Angeklagten vor Gericht. Kronberg/Ts. 1975
Lewrenz	Lewrenz, Herbert, Die Eignung zum Führen von Kraftfahrzeugen. Stuttgart 1964
Leygraf	Leygraf, Norbert, Psychisch kranke Straftäter. Epidemiologie und aktuelle Praxis des psychiatrischen Maßregelvollzuges. Berlin ua 1988
lF	lebenslange Freiheitsstrafe
LG	Landgericht
Lienert	Lienert, Gustav A., Testaufbau und Testanalyse. 4. Aufl 1989
Lindner	Lindner, Bernd, Täuschung in der Vernehmung des Beschuldigten. – Ein Beitrag zur Auslegung des § 136a StPO. Tübingen 1988
LK	Strafgesetzbuch (Leipziger Kommentar) herausgegeben von Jähnke, Laufhütte und Odersky, 11. Aufl. 1994 ff (10. Aufl. 1978 ff, herausgegeben von Jescheck, Ruß und Willms) (zitiert nach Bearbeiter, Randnummer und Paragraph)
Lloyd-Bostock/Clifford	Lloyd-Bostock, Sally M./Clifford, Brian R. (Hrsg), Evaluating witness evidence. Chichester 1983
LM	Entscheidungen des BGH im Nachschlagewerk des BGH von Lindenmaier/Möhring (zitiert nach Nummer und Paragraph). München
LMBG	Lebensmittel- und Bedarfsgegenständegesetz idF vom 8.7.1993, letztes ÄndG vom 2.8.1994
Löffler	Löffler, Martin, Presserecht. Kommentierte Erläuterung unter Mitarbeit von K.-E. Wenzel u K. Sedelmeier, 3. Aufl Bd 1, Die Landespressegesetze der Bundesrepublik Deutschland mit Textanhang. München 1983
Löhr	Löhr, Holle Eva, Der Grundsatz der Unmittelbarkeit im deutschen Strafprozeß. Neue strafrechtl Abhandlungen Band 8, Berlin 1972
Lösel ua	Lösel, Friedrich/Bender, Doris/Bliesener, Thomas (Hrsg), Psychology and Law. International Perspectives. Berlin, New York 1992
Long/Baddeley	Long, John B./Baddeley, Alan D. (Hrsg), Attention and Performance. Vol 9. Hillsdale, NJ 1981
LPG	Landespressegesetz
LR	Löwe/Rosenberg, Die Strafprozeßordnung und das Gerichtsverfassungsgesetz mit Nebengesetzen, Großkommentar, bearbeitet von Dahs/Gollwitzer/Gössel/Hanack/Lüderssen/Rieß/G. Schäfer/K. Schäfer/Wendisch. 24. Aufl Berlin 1984 ff (jeweils zitiert mit Angabe des Verf nach Paragraph und Randnummer)
LRE	Sammlung lebensmittelrechtlicher Entscheidungen (zitiert nach Band und Seite)
Lüdeke	Lüdeke, Achim M., Der Zeugenbeistand. Frankfurt/M 1995
LZ	Leipziger Zs für Deutsches Recht (zitiert nach Jahr und Spalte)
Maeffert	Maeffert, Uwe, Polizeiliche Zeugenbetreuung. Frankfurt/M 1981
Malek	Malek, Klaus, Verteidigung in der Hauptverhandlung. Heidelberg 1994

v. Mangoldt/Klein	von Mangoldt, Hermann/Klein, Friedrich, Das Bonner Grundgesetz, Band I. 3. Aufl München 1985
Marshall	Marshall, James, Law and psychology in conflict. New York 1966
Matuscheck	Matuscheck, W., Untersuchungen zum Leichenschauwesen und der daraus resultierenden Todesursachenstatistik. Diss med Düsseldorf 1986
Maunz ua	Maunz/Dürig/Herzog/Scholz, Grundgesetz, Kommentar, Loseblattsammlung. München
Mauz	Mauz, Gerhard, Die Justiz vor Gericht, 2. Aufl München 1991
MDR	Monatsschrift für Deutsches Recht. Zs. Köln ua
MedR	Medizinrecht. Zs. München, Frankfurt/M
MedSach	Der medizinische Sachverständige. Zs
Mehner	Mehner, Ingo, Die Vernehmung von Verhörspersonen im deutschen Strafprozeß. Köln 1975
Meinert	Meinert, Franz, Aussagefehler und Zeugenprüfung in der kriminalistischen Praxis. Hamburg 1948
Mem&Cog	Memory and Cognition. Zs. Austin, TX
MEPolG	Musterentwurf eines einheitlichen Polizeigesetzes des Bundes und der Länder idF des Beschlusses der Innenministerkonferenz vom 25.11.1977
Meurer/Sporer	Meurer, Dieter, Sporer, Siegfried L. (Hrsg), Zum Beweiswert von Personenidentifizierungen: Neuere empirische Befunde. Marburg 1990
Meyer/Wolf	Meyer, Hubert/Wolf, Klaus, Kriminalistisches Lehrbuch der Polizei. 4. Aufl Hilden/Rhld. 1994
Meyer ua	Meyer, Paul/Höver, Albert/Bach, Wolfgang, Entschädigung von Zeugen und Sachverständigen. 19. Aufl 1995 (18. Aufl Meyer/Höver, 1992)
Michel	Michel, Lothar, Gerichtliche Schriftvergleichung. Berlin 1982
Milhahn	Milhahn, Ilsabe, Das letzte Wort des Angeklagten. Diss München 1971
Mj	Minderjährige(r)
MKrim	Monatsschrift für Kriminologie und Strafrechtsreform. Zs. Köln ua
Mönkemöller	Mönkemöller, Otto, Psychologie und Psychopathologie der Aussage. Heidelberg 1930
Montenbruck	Montenbruck, Axel, In dubio pro reo aus normtheoretischer, straf- und strafverfahrensrechtlicher Sicht. Berlin 1985
Morton	Morton, Andrew Queen, Literary Detection. How to prove authorship and fraud in literature and documents, Epping 1978
mph	miles per hour (Meilen pro Stunde)
MRK	Konvention zum Schutz der Menschenrechte und Grundfreiheiten
MRVG	Maßregelvollzugsgesetz
MRVG NRW	MRVG des Landes Nordrhein-Westfalen
H. E. Müller	Müller, Henning Ernst, Behördliche Geheimhaltung und Entlastungsvorbringen des Angeklagten. Tübingen 1992
K. Müller	Müller, Klaus, Der Sachverständige im gerichtlichen Verfahren. Handbuch des Sachverständigenbeweises. 3. Aufl Heidelberg 1988 (zitiert nach Randnummer)
v. Münch	von Münch, Ingo (Hrsg), Grundgesetz-Kommentar Band I 4. Aufl 1992 Band II 3. Aufl 1995 Band III 2. Aufl 1983 München

Abkürzungs- und Literaturverzeichnis

Müncheberg	Müncheberg, Eckart, Unzulässige Täuschung durch Organe der Strafverfolgungsbehörden, Münster 1966
mwN	mit weiteren Nachweisen
n	näher
Nachw	Nachweis, Nachweise
Nds	Niedersachsen
Nds Rpfl	Niedersächsische Rechtspflege. Zs. Celle
Nds SOG	Gesetz über die öffentliche Sicherheit und Ordnung des Landes Niedersachsen
Neisser	Neisser, Ulric, Cognition and reality. San Francisco 1976 (deutsch: Stuttgart 1979)
Nell	Nell, Ernst Ludwig, Wahrscheinlichkeitsurteile in juristischen Entscheidungen. Berlin 1983
Nervenarzt	Der Nervenarzt. Zs. Berlin ua
nF	neue Fassung
Nickl	Nickl, Rolf, Das Schweigen des Beschuldigten und seine Bedeutung für die Beweiswürdigung. Diss München 1978
NJ	Neue Justiz. Zs für Recht und Rechtswissenschaft. Berlin
NJCrimDef	National Journal of Criminal Defense. Zs. Houston, TX
NJW	Neue Juristische Wochenschrift. Zs. München, Frankfurt/M
Nr	Nummer
NStE	Neue Entscheidungssammlung für Strafrecht (zitiert nach Paragraph und Nummer)
NStZ	Neue Zs für Strafrecht. Frankfurt/M
NVwZ	Neue Zs für Verwaltungsrecht. München, Frankfurt/M
NZV	Neue Zs für Verkehrsrecht. München, Frankfurt/M
oä	oder ähnlich(es)
Ochott	Ochott, G., Daktyloskopie. Handbuch für die Polizeipraxis. Karlsfeld 1987
Odenthal	Odenthal, Hans-Jörg, Die Gegenüberstellung im Strafverfahren. 2. Aufl. Stuttgart ua 1992 (1. Aufl 1986)
öffentl	öffentlich(en)
Oevermann	Oevermann, Ulrich, Sprache und soziale Herkunft. 4. Aufl Frankfurt/M 1977
OGH	Oberster Gerichtshof: Entscheidungen des OGH für die britische Zone in Strafsachen (zitiert nach Jahr und Seite)
OLG	Oberlandesgericht
OLGSt	Entscheidungen der Oberlandesgerichte zum Straf- und Strafverfahrensrecht (zitiert nach Paragraph und Seite, ab 1983 nach Paragraph und Nummer)
OrgKG	Gesetz zur Bekämpfung des illegalen Rauschgifthandels und anderer Erscheinungsformen der Organisierten Kriminalität v 15.7.1992 (BGBl I 1302)
Osburg	Osburg, Susanne, Psychisch kranke Ladendiebe, Heidelberg 1992
Osmer	Osmer, Jan-Dierk, Der Umfang des Beweisverbotes nach § 136 a StPO. Hamburg 1966
Ostendorf	Ostendorf, Heribert, Kommentar zum JGG, 3. Aufl Neuwied, Darmstadt 1994
OWi	Ordnungswidrigkeit
OWiG	Gesetz über Ordnungswidrigkeiten
Partsch	Partsch, Karl Joseph, Die Rechte und Freiheiten der europäischen Menschenrechtskonvention. Berlin 1966
PatAnwO	Patentanwaltsordnung
Pb; Pben	Proband; Probanden

Abkürzungs- und Literaturverzeichnis

PDV	polizeiliche Durchführungsverordnung *oder* Dienstvorschrift
Pelz	Pelz, Christian, Beweisverwertungsverbote und hypothetische Ermittlungsverläufe. München 1993
Peres	Peres, Holger, Strafprozessuale Beweisverbote und Beweisverwertungsverbote und ihre Grundlagen in Gesetz, Verfassung und Rechtsfortbildung. München 1991
Perron	Perron, Walter. Das Beweisantragsrecht des Beschuldigten im deutschen Strafprozeß. Berlin 1995
pers	persönlich
Pers&SocPsyB	Personality and Social Psychology Bulletin. Zs. Washington, DC
Peters	Peters, Karl, Strafprozeß, 4. Aufl Heidelberg 1985
Peters Beweisverbote	Peters, Karl, Beweisverbote im deutschen Strafverfahren. Gutachten für den 46. DJT, 1966
Peters Fehlerquellen	Peters, Karl, Fehlerquellen im Strafprozeß, Band I–III. Karlsruhe 1970, 1972, 1974
Petry	Petry, Horst, Beweisverbote im Strafprozeß. Diss Saarbrücken 1971
Pfäfflin	Pfäfflin, Friedemann, Vorurteilsstruktur und Ideologie psychiatrischer Gutachten über Sexualstraftäter. Stuttgart 1978
Pfeiffer/Fischer	Pfeiffer, Gerd/Fischer, Thomas. Strafprozeßordnung, Kommentar; München 1995
Piller/Herrmann	Piller, Richard/Herrmann, Georg (Hrsg), Justizverwaltungsvorschriften. Loseblattsammlung. München 1953 ff
Pohl	Pohl, Günter, Praxis des Strafrichters. Heidelberg 1987 (zitiert nach Randnummer)
K.D. *Pohl*	Pohl, Klaus Dieter, Handbuch der naturwissenschaftlichen Kriminalistik. Heidelberg 1984
PolG	Polizeigesetz
Polizei	Die Polizei. Zentralorgan für das Sicherheits- und Ordnungswesen, Polizeiwissenschaft, -recht und -praxis. Zs. Köln
PolPräs	Polizeipräsident
PolSt	Bundeskriminalamt (Hrsg), Polizeiliche Kriminalstatistik. Wiesbaden
Ponsold	Ponsold, Albert (Hrsg), Lehrbuch der gerichtlichen Medizin. Stuttgart 1967
PostG	Gesetz über das Postwesen idF vom 3. 7. 1989
Prantke	Prantke, Helmut, Die Personenerkennung. Daktyloskopie gestern – heute – morgen. Wiesbaden 1982
PraxisKiPsychPsychiatr	Praxis der Kinderpsychologie und Kinderpsychiatrie. Zs. Göttingen ua
Prittwitz	Prittwitz, Kornelius, Der Mitbeschuldigte im Strafprozeß. Frankfurt/M 1984
Prüfer	Prüfer, Hans, Aussagebewertung in Strafsachen. Köln ua 1986
Pryzwanski	Pryzwanski, Eugen, Auswirkungen des Vorhalte- und Verwertungsverbotes des Bundeszentralregisters im Strafrecht. Diss iur, Göttingen 1977
PsychB	Psychological Bulletin. Zs. Washington, DC
PsychiatrGg	Psychiatrie der Gegenwart. Hrsg von Kisker, Karl Peter ua, 3. Aufl Berlin ua, Bd 1: 1986; Bd 2–5: 1987, Bd 6: 1988
PsychR	Psychologische Rundschau. Zs. Göttingen
PVG	Polizeiverwaltungsgesetz
RA	Rechtsanwalt
Rabe	Rabe, Claus, Die Wahrunterstellung im Strafprozeß. München 1994
Ranft	Ranft, Otfried, Strafprozeßrecht, 2. Aufl. Stuttgart ua 1995 (zitiert nach Randnummern)

Abkürzungs- und Literaturverzeichnis

Ransiek	Ransiek, Andreas, Die Rechte des Beschuldigten in der Polizeivernehmung. Heidelberg 1990
Rasch	Rasch, Wilfried, Forensische Psychiatrie. Stuttgart ua 1986
Raskin	Raskin, David C. (Hrsg), Psychological methods in criminal investigation and evidence. New York 1989
RdSchr BJM	Rundschreiben des Bundesjustizministers
Rebmann/Uhlig	Rebmann, Kurt/Sigmar Uhlig, Bundeszentralregistergesetz. München 1985
Recht	Das Recht. Zs. Bonn
Reinecke	Reinecke, Jan, Die Fernwirkung von Beweisverwertungsverboten. Diss München 1990
Rengier	Rengier, Rudolf, Das Zeugnisverweigerungsrecht im geltenden und künftigen Strafverfahrensrecht. Paderborn ua 1979
Rennig	Rennig, Christoph, Die Entscheidungsfindung durch Schöffen und Berufsrichter in rechtlicher und psychologischer Sicht. Marburg 1993
RG	Reichsgericht Mit Zahlen: Entscheidungen des RG in Strafsachen (zitiert nach Band und Seite)
RGRspr	Rechtsprechung des Reichsgerichts in Strafsachen (1879–1888)
M. Rieß	Rieß, Michael, Beweismittel Schriftvergleichung. Lübeck 1989
Rimau	Rimau, Thomas, Die Absprache im Strafprozeß. Baden-Baden 1990
RiStBV	Richtlinien für das Strafverfahren und das Bußgeldverfahren in der ab 1.10. 1988 (bundeseinheitlich) geltenden Fassung
Rn	Randnummer
Rogall	Rogall, Klaus, Der Beschuldigte als Beweismittel gegen sich selbst. Berlin 1977
Roggemann	Roggemann, Herwig, Das Tonband im Verfahrensrecht. Göttingen 1962
Röhrich	Röhrich, Christian, Rechtsprobleme bei der Verwendung von V-Leuten. Nürnberg 1974
Roschmann	Roschmann, Christian, Das Schweigerecht des Beschuldigten im Strafprozeß – seine rechtlichen und faktischen Grenzen. Diss Bremen 1983
Rosenthal	Rosenthal, Robert (Hrsg), Quantitative assessment of research domains. San Francisco 1980
Rossmanith	Rossmanith, Werner, Die Verfassungsmäßigkeit von körperlichen Eingriffen nach § 81a StPO. Diss Würzburg 1969
Rottenecker	Rottenecker, Richard, Modelle der kriminalpolizeilichen Vernehmung des Beschuldigten. Diss Freiburg 1976
Rotter	Rotter, Frank (Hrsg), Psychotherapie und Recht. Diskurse und vergleichende Perspektiven. Frankfurt aM ua 1995
Rousche	Rousche, Jens, Die Bedeutung des Art 103 I GG für die Stellung des Angekl in der HV in der Tatsacheninstanz. Diss Hamburg 1967
Roxin	Roxin, Claus, Strafverfahrensrecht. Ein Studienbuch: 24. Aufl 1995 (23. Auf 1993)
Rpfl	Der Deutsche Rechtspfleger. Zs. Bielefeld
RPflG	Rechtspflegergesetz
Rspr	Rechtsprechung
Rüping	Rüping, Hinrich, Das Strafverfahren, 2. Aufl München 1983
Rüping Theorie	Rüping, Hinrich, Theorie und Praxis des Strafverfahrens. Bonn 1979 (zitiert nach Randnummer)
RuP	Recht und Psychiatrie. Zs. Bonn
RuPol	Recht und Politik. Zs. Berlin
Rupp	Rupp, Erwin, Der Beweis im Strafverfahren. Freiburg/Tübingen 1894

Abkürzungs- und Literaturverzeichnis

S	Satz *oder* Seite
s	siehe
Salgo	Salgo, L. (Hrsg), Vom Umgang der Justiz mit Minderjährigen. Neuwied ua 1995
Sarstedt/Hamm	Sarstedt, Werner/Hamm, Rainer, Die Revision in Strafsachen. 5. Aufl Berlin ua 1983
Saß	Saß, Henning, Psychopathie, Soziopathie, Dissozialität. Berlin ua 1987
Sch/Sch	Schönke/Schröder, Strafgesetzbuch, bearbeitet von Lenckner, Cramer, Eser, Stree. 24. Aufl München 1991 (zitiert nach Bearbeiter, Randnummer, Paragraph)
Schäfer	Schäfer, Gerhard, Die Praxis des Strafverfahrens. 5. Aufl Stuttgart 1992 (zitiert nach Randnummern)
Schairer	Schairer, Martin, Der befangene Staatsanwalt. Berlin 1983
Schlenker	Schlenker, Barry R (Hrsg), The self and social life. New York 1985
Schleyer ua	Schleyer, F. ua (Hrsg), Humanbiologische Spuren: Heidelberg ua 1995
SchlHA	Schleswig-Holsteinische Anzeigen. Zs. Kiel
Schlüchter	Schlüchter, Ellen, Das Strafverfahren. 2. Aufl Berlin ua 1983 (zitiert nach Randnummer)
Schlüchter, StP	Schlüchter, Ellen, Strafprozeßrecht, 2. Aufl Thüngersheim/Nürnberg 1995
Schlüchter, Wahrunterstellung	Schlüchter, Ellen, Wahrunterstellung und Aufklärungspflicht bei Glaubwürdigkeitsfeststellungen. Karlsruhe 1992
Schmid	Schmid, Werner, Die „Verwirklichung" von Verfahrensrügen im Strafprozeß. Frankfurt/M 1967
Schmidt-Hieber	Schmidt-Hieber, Werner, Verständigung im Strafverfahren. 2. Aufl München 1991
Schmitt	Schmitt, Bertram. Die richterliche Beweiswürdigung im Strafprozeß. 1992
Schmitz	Schmitz, Hans Walter, Tatgeschehen, Zeugen und Polizei. Wiesbaden 1978
Schneider	Schneider, Hans Joachim, Die Psychologie des 20. Jahrhunderts, Bd XIV. Auswirkungen auf die Kriminologie. Zürich 1981
Schneider/Maxeiner	Schneider, Udo/Maxeiner, Helmut (Hrsg), Die Spur aus der Sicht des medizinischen und technischen Sachverständigen. Institut für Rechtsmedizin der FU Berlin, Berlin 1991
Schöch	Schöch, Heinz, Strafzumessungspraxis und Verkehrsdelinquenz. Stuttgart 1973
Schorn	Schorn, Hubert, Der Schutz der Menschenwürde im Strafverfahren. Bingen a. Rh. 1963
Schorsch	Schorsch, Eberhard, Sexualstraftäter. Stuttgart 1971
Schroeder	Schroeder, Friedrich-Christian, Strafprozeßrecht. München 1993
Schröder	Schröder, Svenja, Beweisverwertungsverbote und die Hypothese rechtmäßiger Beweiserlangung im Strafprozeß. Berlin 1992
Schubert	Schubert, Oskar, Die Vernehmung im Ermittlungsverfahren. Karlsfeld 1983
Schüler-Springorum	Schüler-Springorum, Horst, Kriminalpolitik für Menschen. 2. Aufl Frankfurt/M 1994
Schünemann	Schünemann, Bernd, Absprachen im Strafverfahren? Grundlagen, Gegenstände und Grenzen, in: Verhandlungen des 59. DJT, Bd I Gutachten. München 1990
Schumann	Schumann, Vera, Psychisch kranke Rechtsbrecher. Stuttgart 1987
SchwZStR	Schweizer Zs für Strafrecht (zitiert nach Band, Jahr und Seite)
Searle	Searle, John Rogers, Speech Acts. An essay in the philosophy of language. Cambridge 1969 (deutsch: Frankfurt aM 1976)

Abkürzungs- und Literaturverzeichnis

Sek	Sekunden
Seligman	Seligman, M.E.P., Helplessness. San Francisco 1975
Sellke	Sellke, Siegfried, Die Revisibilität der Denkgesetze. Diss Marburg 1961
Sendler	Sendler, Horst, Die Verwertung rechtswidrig erlangter Beweismittel im Strafprozeß mit Berücksichtigung des angloamerikanischen und des französischen Rechts. Diss Berlin 1956
Sexmed	Sexualmedizin. Zs. Wiesbaden
Siegman/Feldstein	Siegman, Aron W./Feldstein, Stanley (Hrsg), Multichannel integrations of nonverbal behavior. Hillsdale, NJ 1985
SGB I	Sozialgesetzbuch – AT
Siolek	Siolek, Wofgang, Verständigung in der Hauptverhandlung. Baden-Baden 1993
SJZ	Süddeutsche Juristen-Zeitung. Zs. Heidelberg
SK	Systematischer Kommentar zur Strafprozeßordnung und zum Gerichtsverfassungsgesetz, bearbeitet von Rudolphi, Frisch, Rogall, Schlüchter, Wolter. Loseblattkommentar (zitiert nach Bearbeiter, Randnummer und Paragraph)
SK StGB	Systematischer Kommentar zum Strafgesetzbuch, bearbeitet von Rudolphi, Horn und Samson (zitiert nach Bearbeiter, Randnummer und Paragraph)
Skwirblies	Skwirblies, Ulrich, Nichteheliche Lebensgemeinschaft und Angehörigenbegriff im Straf- und Strafprozeßrecht. Baden-Baden 1990
SocBeh	Social Behavior. Zs. Chichester
Social Science Quarterly	Social Science Quarterly. Zs. Austin, TX
sog	sogenannte(n)
SoldG	Soldatengesetz
Sozialpsychiatrie	Sozialpsychiatrie. Zs. Berlin ua
Spaniol	Spaniol, Margret, Das Recht auf Verteidigerbeistand im Grundgesetz und in der Europäischen Menschenrechtskonvention. Berlin 1990
SpMon	Speech Monographs. Zs. New York, NY ua
Sporer/Meurer	Sporer, Siegfried L., Dieter Meurer (Hrsg.), Die Beeinflußbarkeit von Zeugenaussagen. Marburg 1994
StA	Staatsanwaltschaft *oder* Staatsanwalt
StA-Stat	Staatsanwaltschaftsstatistik
StatJB	Statistisches Bundesamt Wiesbaden (Hrsg), Statistisches Jahrbuch für die Bundesrepublik Deutschland
StBerG	Steuerberatungsgesetz
Steffen	Steffen, Wiebke, Analyse polizeilicher Ermittlungstätigkeit aus der Sicht des späteren Strafverfahrens. Schriftenreihe BKA. Wiesbaden 1976
Stein	Stein, Friedrich, Das private Wissen des Richters. Leipzig 1893 (Neuauflage Tübingen 1979)
Steller	Steller, Max, Psychophysiologische Aussagebeurteilung. Göttingen ua 1987
stg	ständig(e)
StGB	Strafgesetzbuch
Störmer	Störmer, R., Dogmatische Grundlagen der Verwertungsverbote. 1992
StPÄG	Gesetz zur Änderung der Strafprozeßordnung und des Gerichtsverfassungsgesetzes
str	strittig
StRÄndG	Strafrechtsänderungsgesetz
Streng	Streng, Franz, Strafmentalität und juristische Ausbildung. Heidelberg 1979

Abkürzungs- und Literaturverzeichnis

st Rspr	ständige Rechtsprechung
StV	Strafverteidiger. Zs. Frankfurt/M
StVG	Straßenverkehrsgesetz
StVollstrO	Strafvollstreckungsordnung
StVollzG	Strafvollzugsgesetz
1. StVRG	Erstes Gesetz zur Reform des Strafverfahrensrechts vom 9.12. 1974
StVZO	Straßenverkehrszulassungsordnung
Suppert	Suppert, Hartmut, Studien zur Notwehr und „notwehrähnlichen Lage". Bonn 1973
Sv	Sachverständiger
Sydow	Sydow, Fritz, Kritik der Lehre von den „Beweisverboten". Würzburg 1976
Taschke	Taschke, Jürgen, Die behördliche Zurückhaltung von Beweismitteln im Strafprozeß. Frankfurt/M 1989
Tenckhoff	Tenckhoff, Jörg, Die Wahrunterstellung im Strafprozeß. Berlin 1980
Teufel	Teufel, Manfred, Taschenbuch für Kriminalisten. Hilden 1989
Thole	Thole, Ulrich, Der Scheinbeweisantrag im Strafprozeß. Berlin 1992
Tölle	Tölle, Rainer, Psychiatrie. Berlin 10. Aufl 1994 (7. Aufl 1985, 8. Aufl 1988, 9. Aufl 1991)
Tolksdorf	Tolksdorf, Klaus, Mitwirkungsrecht für den befangenen Staatsanwalt. Berlin 1989
Trankell	Trankell, Arne, Reconstructing the past. The role of psychologists in criminal trials. Stockholm 1982
Trankell Realitätsgehalt	Trankell, Arne, Der Realitätsgehalt von Zeugenaussagen. Methoden der Aussagepsychologie. Göttingen 1971
Tremml	Tremml, Bernd, Die Rechtswirkungen der Straftilgung. Das Verwertungsverbot des § 49 BZRG. Diss iur, Mannheim 1975
Trudgill	Trudgill, Peter, Sociolinguistics. An introduction to language and society. Revised edition, Harmondsworth (England) 1983
Tscherwinka	Tscherwinka, Ralf, Absprachen im Strafprozeß. Frankfurt aM ua 1995
ua	unter anderem *oder* und andere
Ulbricht	Ulbricht, Ellen, Rauschmittel im Straßenverkehr. Eine Untersuchung über Medikamente als Rauschmittel iSd §§ 315e, 316 StGB. Marburg 1990
Undeutsch	Undeutsch, Udo (Hrsg), Forensische Psychologie (= Handbuch der Psychologie, 11. Bd). Göttingen 1967
unveröfftl Ms	unveröffentlichtes Manuskript
usw	und so weiter
uU	unter Umständen
UVollzO	Untersuchungshaftvollzugsordnung
va	vor allem
VE	Verdeckter Ermittler
ter Veen	ter Veen, Heino, Beweisumfang und Verfahrensökonomie im Strafprozeß. Heidelberg 1995
Velden	Velden, Manfred, Die Signalentdeckungstheorie in der Psychologie. Stuttgart ua 1982
Velten	Velten, Petra, Befugnisse der Ermittlungsbehörden zu Information und Geheimhaltung. Berlin 1995

Abkürzungs- und Literaturverzeichnis

Venzlaff/Förster	Venzlaff, Ulrich/Klaus Förster, Psychiatrische Begutachtung. 2. Aufl Stuttgart ua 1994 (1. Aufl *Venzlaff*, 1986)
VereinhG	Gesetz zur Wiederherstellung der Rechtseinheit auf dem Gebiet der Gerichtsverfassung, der bürgerlichen Rechtspflege, des Strafverfahrens und des Kostenrechts vom 12. 9. 1950
Verf	Verfasser
VerfSchAmt	Verfassungsschutzamt
VerkMitt	Verkehrsrechtliche Mitteilungen. Zs. Bonn
vern	verneinend
VersR	Versicherungsrecht. Zs. Karlsruhe
VersMed	Versicherungsmedizin. Zs. Karlsruhe
Vert	Verteidiger
vgl	vergleiche
VGT	Deutscher Verkehrsgerichtstag; ferner Veröffentlichungen der auf dem Verkehrsgerichtstag gehaltenen Referate und Entschließungen (zitiert nach Jahr und Seite)
VMBl	Ministerialblatt des Bundesministeriums für Verteidigung
VndsStV	Vereinigung Niedersächsischer Strafverteidiger eV (Hrsg), 11. Strafverteidigertag. München 1988
Volk	Volk, Klaus, Wahrheit und materielles Recht im Strafprozeß. Konstanz 1980
Vollstr	Vollstreckung
VormG	Vormundschaftsgericht
VorprüfA	Vorprüfungsausschuß
Vp	Versuchsperson
VRS	Verkehrsrechts-Sammlung (zitiert nach Band und Seite)
VV	Verwaltungsvorschrift
VwGO	Verwaltungsgerichtsordnung
Wagner	Wagner, Heinz, Polizeirecht. Berlin 2. Aufl 1985
Walder	Walder, Hans, Die Vernehmung des Beschuldigten. Hamburg 1965
Walter	Walter, Gerhard, Freie Beweiswürdigung. Tübingen 1979
Wasserburg	Wasserburg, Klaus. Die Wiederaufnahme des Strafverfahrens. 1983
Wassermann	Wassermann, Rudolf, Menschen vor Gericht. Neuwied 1979
Weber	Weber, Klaus, Der Verteidiger als Vertreter in der Hauptverhandlung. Diss Augsburg 1982
Wegener	Wegener, Hermann, Einführung in die forensische Psychologie. Darmstadt 1981
Wegener ua	Wegener, Hermann/Lösel, Friedrich/Haisch, Jochen (Hrsg), Criminal behavior and the justice system. Psychological perspectives. New York, NY ua 1989
Wegner	Wegner, Wolfgang, Täterschaftsermittlung durch Polygraphie. Berlin ua 1981
Weihmann	Weihmann, Robert, Kriminalistik. 2. Aufl Hilden 1994
Weihrauch	Weihrauch, Matthias, Verteidigung im Ermittlungsverfahren. 4. Aufl Heidelberg 1995 (3. Aufl. 1985)
Weißmann	Weißmann, Ulrich, Die Stellung des Vorsitzenden in der Hauptverhandlung. Göttingen 1982
Weitbrecht	Weitbrecht, Hans Jörg, Psychiatrie im Grundriß. 3. Aufl Berlin ua 1973 (4. Aufl 1979, neubearbeitet von Glatzel, J. ua)
Wells/Loftus	Wells, Gary L./Loftus, Elizabeth F. (Hrsg), Eyewitness testimony. Psychological perspectives. Cambridge ua 1984
Wenskat	Wenskat, Wolfgang, Der richterliche Augenschein im deutschen Strafprozeß. Frankfurt aM 1988

Abkürzungs- und Literaturverzeichnis

Wetterich/Plonka	Wetterich, Paul/Plonka, Helmut, Beweis und Beweisverbote. München ua 1985
Wigger	Wigger, B., Kriminaltechnik. Wiesbaden 1980
Wiggins	Wiggins, Jerry S., Personality and prediction. Principles of personality assessment. Reading, Mass. ua 1973
Wistra	Zs für Wirtschaft, Steuer, Strafrecht. Heidelberg
Witter	Witter, Hermann, Grundriß der gerichtlichen Psychologie und Psychiatrie. Berlin ua 1970
wN	weitere Nachweise
WpflG	Wehrpflichtgesetz
WRV	Weimarer Reichsverfassung
Wulf	Wulf, Peter, Strafprozessuale und kriminalpraktische Fragen der polizeilichen Beschuldigtenvernehmung auf der Grundlage empirischer Untersuchungen. Heidelberg 1984
Wyer/Srull	Wyer jr, Robert S./Srull, Thomas K. (Hrsg), Handbook of social cognition. Vol I, Hillsdale, N.J. 1984
Yuille	Yuille, John C. (Hrsg), Credibility assessment. Proceedings of the NATO advanced study institution credibility assessment. Dordrecht 1989
Zachariä	Zachariä, A., Die Gebrechen und die Reform des deutschen Strafverfahrens. Göttingen 1846
ZahnHKG	Gesetz über die Ausübung der Zahnheilkunde
Zanna ua	Zanna, Mark P./Olson, James U./Herman, C. Peter (Hrsg), Social influence: The Ontario Symposium, Vol 5. Hillsdale, NJ 1987
ZAP	Zs für die Anwaltspraxis
ZAPsych	Zs für angewandte Psychologie. Leipzig
zB	zum Beispiel
Zellwanger	Zellwanger, Werner, Die Motive bei Tötungsdelikten Jugendlicher und Heranwachsender. Diss Tübingen 1989
ZEPP	Zeitschrift für Entwicklungspsychologie und Pädagogische Psychologie. Zs. Göttingen
ZexPsych	Zs für experimentelle und angewandte Psychologie. Göttingen
ZfJ	Zentralblatt für Jugendrecht und Jugendwohlfahrt; vormals: Zentralblatt für Vormundschaftswesen, Jugendgerichte und Fürsorgeerziehung. Organ des Deutschen Instituts für Vormundschaftswesen. Zs. Köln, Bonn
ZfRSoz	Zs für Rechtssoziologie. Opladen
ZfSch	Zs für Schadensrecht. Essen
ZfStrVo	Zs für Strafvollzug und Straffälligenhilfe; vor 1975: Zs für Strafvollzug. Darmstadt
Ziegert	Ziegert, U., Vorsatz, Schuld und Vorverschulden. Berlin 1987
Ziff	Ziffer
ZKiJPsychiatr	Zeitschrift für Kinder- und Jugend-Psychiatrie. Zs. Bern ua
ZPO	Zivilprozeßordnung
ZRechtsmed	Zeitschrift für Rechtsmedizin. Zs. München
ZRP	Zs für Rechtspolitik. München ua
Zs	Zeitschrift
ZSEG	Gesetz über die Entschädigung von Zeugen und Sachverständigen
ZStW	Zs für die gesamte Strafrechtswissenschaft (zitiert nach Band, Jahr und Seite). Berlin ua
ZSW	Zs für das gesamte Sachverständigenwesen. Köln ua
Zuberbier	Zuberbier, Gerhard, Einführung in die staatsanwaltschaftliche Praxis. Stuttgart ua 1991

Abkürzungs- und Literaturverzeichnis

zust	zustimmend
Zw; zw	Zweifel; zweifelhaft
v. Zwehl	von Zwehl, Herwig, Der Einsatz von V-Leuten und die Einführung von von V-Leuten in das Strafverfahren. Kiel 1987
ZVR	Zeugnisverweigerungsrecht
ZZP	Zeitschrift für Zivilprozeß (zitiert nach Band, Jahr und Seite)
zZt	zur Zeit

Strafprozeßordnung (StPO)*

In der Fassung der Bekanntmachung vom 7. April 1987
(BGBl. I S. 1074, ber. S. 1319)

(BGBl. III 312-2)

– Auszug –

Erstes Buch. Allgemeine Vorschriften

Sechster Abschnitt. Zeugen

§ 48. [Ladung der Zeugen] Die Ladung der Zeugen geschieht unter Hinweis auf die gesetzlichen Folgen des Ausbleibens.

§ 49. [Vernehmung des Bundespräsidenten] ¹Der Bundespräsident ist in seiner Wohnung zu vernehmen. ²Zur Hauptverhandlung wird er nicht geladen. ³Das Protokoll über seine gerichtliche Vernehmung ist in der Hauptverhandlung zu verlesen.

§ 50. [Vernehmung von Abgeordneten und Ministern] (1) Die Mitglieder des Bundestages, des Bundesrates, eines Landtages oder einer zweiten Kammer sind während ihres Aufenthaltes am Sitz der Versammlung dort zu vernehmen.

(2) Die Mitglieder der Bundesregierung oder einer Landesregierung sind an ihrem Amtssitz oder, wenn sie sich außerhalb ihres Amtssitzes aufhalten, an ihrem Aufenthaltsort zu vernehmen.

(3) Zu einer Abweichung von den vorstehenden Vorschriften bedarf es
für die Mitglieder eines in Absatz 1 genannten Organs der Genehmigung dieses Organs,
für die Mitglieder der Bundesregierung der Genehmigung der Bundesregierung,
für die Mitglieder einer Landesregierung der Genehmigung der Landesregierung.

(4) ¹Die Mitglieder der in Absatz 1 genannten Organe der Gesetzgebung und die Mitglieder der Bundesregierung oder einer Landesregierung werden, wenn sie außerhalb der Hauptverhandlung vernommen worden sind, zu dieser nicht geladen. ²Das Protokoll über ihre richterliche Vernehmung ist in der Hauptverhandlung zu verlesen.

§ 51. [Folgen des Ausbleibens] (1) ¹Einem ordnungsgemäß geladenen Zeugen, der nicht erscheint, werden die durch das Ausbleiben verursachten Kosten auferlegt. ²Zugleich wird gegen ihn ein Ordnungsgeld und für den Fall, daß dieses nicht beigetrieben werden kann, Ordnungshaft festgesetzt. ³Auch ist die zwangsweise

---

* Zuletzt geändert durch Gesetz vom 4. 11. 1994 (BGBl. I S. 3346)

Vorführung des Zeugen zulässig; § 135 gilt entsprechend. ⁴Im Falle wiederholten Ausbleibens kann das Ordnungsmittel noch einmal festgesetzt werden.

(2) ¹Die Auferlegung der Kosten und die Festsetzung eines Ordnungsmittels unterbleiben, wenn das Ausbleiben des Zeugen rechtzeitig genügend entschuldigt wird. ²Erfolgt die Entschuldigung nach Satz 1 nicht rechtzeitig, so unterbleibt die Auferlegung der Kosten und die Festsetzung eines Ordnungsmittels nur dann, wenn glaubhaft gemacht wird, daß den Zeugen an der Verspätung der Entschuldigung kein Verschulden trifft. ³Wird der Zeuge nachträglich genügend entschuldigt, so werden die getroffenen Anordnungen unter den Voraussetzungen des Satzes 2 aufgehoben.

(3) Die Befugnis zu diesen Maßregeln steht auch dem Richter im Vorverfahren sowie dem beauftragten und ersuchten Richter zu.

§ 52. [Zeugnisverweigerungsrecht aus persönlichen Gründen] (1) Zur Verweigerung des Zeugnisses sind berechtigt

1. der Verlobte des Beschuldigten;
2. der Ehegatte des Beschuldigten, auch wenn die Ehe nicht mehr besteht,
3. wer mit dem Beschuldigten in gerader Linie verwandt oder verschwägert, in der Seitenlinie bis zum dritten Grad verwandt oder bis zum zweiten Grad verschwägert ist oder war.

(2) ¹Haben Minderjährige wegen mangelnder Verstandesreife oder haben Minderjährige oder Betreute wegen einer psychischen Krankheit oder einer geistigen oder seelischen Behinderung von der Bedeutung des Zeugnisverweigerungsrechts keine genügende Vorstellung, so dürfen sie nur vernommen werden, wenn sie zur Aussage bereit sind und auch ihr gesetzlicher Vertreter der Vernehmung zustimmt. ²Ist der gesetzliche Vertreter selbst Beschuldigter, so kann er über die Ausübung des Zeugnisverweigerungsrechts nicht entscheiden; das gleiche gilt für den nicht beschuldigten Elternteil, wenn die gesetzliche Vertretung beiden Eltern zusteht.

(3) ¹Die zur Verweigerung des Zeugnisses berechtigten Personen, in den Fällen des Absatzes 2 auch deren zur Entscheidung über die Ausübung des Zeugnisverweigerungsrechts befugte Vertreter, sind vor jeder Vernehmung über ihr Recht zu belehren. ²Sie können den Verzicht auf dieses Recht auch während der Vernehmung widerrufen.

§ 53. [Zeugnisverweigerungsrecht aus beruflichen Gründen] (1) Zur Verweigerung des Zeugnisses sind ferner berechtigt

1. Geistliche über das, was ihnen in ihrer Eigenschaft als Seelsorger anvertraut worden oder bekanntgeworden ist;
2. Verteidiger des Beschuldigten über das, was ihnen in dieser Eigenschaft anvertraut worden oder bekanntgeworden ist;
3. Rechtsanwälte, Patentanwälte, Notare, Wirtschaftsprüfer, vereidigte Buchprüfer, Steuerberater und Steuerbevollmächtigte, Ärzte, Zahnärzte, Apotheker und Hebammen über das, was ihnen in dieser Eigenschaft anvertraut worden oder bekanntgeworden ist;

3a. Mitglieder oder Beauftragte einer anerkannten Beratungsstelle nach § 3 des Gesetzes über Aufklärung, Verhütung, Familienplanung und Beratung vom 27. Juli 1992 (BGBl. I S. 1398) über das, was ihnen in dieser Eigenschaft anvertraut worden oder bekanntgeworden ist;

3b. Berater für Fragen der Betäubungsmittelabhängigkeit in einer Beratungsstelle, die eine Behörde oder eine Körperschaft, Anstalt oder Stiftung des öffentlichen Rechts anerkannt oder bei sich eingerichtet hat, über das, was ihnen in dieser Eigenschaft anvertraut worden oder bekanntgeworden ist;

4. Mitglieder des Bundestages, eines Landtages oder einer zweiten Kammer über Personen, die ihnen in ihrer Eigenschaft als Mitglieder dieser Organe oder denen sie in dieser Eigenschaft Tatsachen anvertraut haben sowie über diese Tatsachen selbst;

5. Personen, die bei der Vorbereitung, Herstellung oder Verbreitung von periodischen Druckwerken oder Rundfunksendungen berufsmäßig mitwirken oder mitgewirkt haben, über die Person des Verfassers, Einsenders oder Gewährsmanns von Beiträgen und Unterlagen sowie über die ihnen im Hinblick auf ihre Tätigkeit gemachten Mitteilungen, soweit es sich um Beiträge, Unterlagen und Mitteilungen für den redaktionellen Teil handelt.

(2) Die in Absatz 1 Nr. 2 bis 3 b Genannten dürfen das Zeugnis nicht verweigern, wenn sie von der Verpflichtung zur Verschwiegenheit entbunden sind.

§ 53 a. [Zeugnisverweigerungsrecht der Berufshelfer] (1) ^{1}Den in § 53 Abs. 1 Nr. 1 bis 4 Genannten stehen ihre Gehilfen und die Personen gleich, die zur Vorbereitung auf den Beruf an der berufsmäßigen Tätigkeit teilnehmen. ^{2}Über die Ausübung des Rechtes dieser Hilfspersonen, das Zeugnis zu verweigern, entscheiden die in § 53 Abs. 1 Nr. 1 bis 4 Genannten, es sei denn, daß diese Entscheidung in absehbarer Zeit nicht herbeigeführt werden kann.

(2) Die Entbindung von der Verpflichtung zur Verschwiegenheit (§ 53 Abs. 2) gilt auch für die Hilfspersonen.

§ 54. [Aussagegenehmigung für Richter und Beamte] (1) Für die Vernehmung von Richtern, Beamten und anderen Personen des öffentlichen Dienstes als Zeugen über Umstände, auf die sich ihre Pflicht zur Amtsverschwiegenheit bezieht, und für die Genehmigung zur Aussage gelten die besonderen beamtenrechtlichen Vorschriften.

(2) Für die Mitglieder des Bundestages, eines Landtages, der Bundes- oder einer Landesregierung sowie für die Angestellten einer Fraktion des Bundestages und eines Landtages gelten die für sie maßgebenden besonderen Vorschriften.

(3) Der Bundespräsident kann das Zeugnis verweigern, wenn die Ablegung des Zeugnisses dem Wohl des Bundes oder eines deutschen Landes Nachteile bereiten würde.

(4) Diese Vorschriften gelten auch, wenn die vorgenannten Personen nicht mehr im öffentlichen Dienst oder Angestellte einer Fraktion sind oder ihre Mandate beendet sind, soweit es sich um Tatsachen handelt, die sich während ihrer Dienst-, Beschäftigungs- oder Mandatszeit ereignet haben oder ihnen während ihrer Dienst-, Beschäftigungs- oder Mandatszeit zur Kenntnis gelangt sind.

§ 55. [Auskunftsverweigerungsrecht] (1) Jeder Zeuge kann die Auskunft auf solche Fragen verweigern, deren Beantwortung ihm selbst oder einem der in § 52 Abs. 1 bezeichneten Angehörigen die Gefahr zuziehen würde, wegen einer Straftat oder einer Ordnungswidrigkeit verfolgt zu werden.

(2) Der Zeuge ist über sein Recht zur Verweigerung der Auskunft zu belehren.

§ 56. [Glaubhaftmachung des Verweigerungsgrundes] ^{1}Die Tatsache, auf die der Zeuge die Verweigerung des Zeugnisses in den Fällen der §§ 52, 53 und 55 stützt, ist auf Verlangen glaubhaft zu machen. ^{2}Es genügt die eidliche Versicherung des Zeugen.

§ 57. [Zeugenbelehrung] ^{1}Vor der Vernehmung sind die Zeugen zur Wahrheit zu ermahnen und darauf hinzuweisen, daß sie ihre Aussage zu beeidigen haben, wenn keine im Gesetz bestimmte oder zugelassene Ausnahme vorliegt. ^{2}Hierbei sind sie über die Bedeutung des Eides, die Möglichkeit der Wahl zwischen dem Eid mit religiöser oder ohne religiöse Beteuerung sowie über die strafrechtlichen Folgen einer unrichtigen oder unvollständigen Aussage zu belehren.

§ 58. [Vernehmung; Gegenüberstellung] (1) Die Zeugen sind einzeln und in Abwesenheit der später zu hörenden Zeugen zu vernehmen.

(2) Eine Gegenüberstellung mit anderen Zeugen oder mit dem Beschuldigten im Vorverfahren ist zulässig, wenn es für das weitere Verfahren geboten erscheint.

§ 59. [Vereidigung] ^{1}Die Zeugen sind einzeln und nach ihrer Vernehmung zu vereidigen. ^{2}Die Vereidigung erfolgt, soweit nichts anderes bestimmt ist, in der Hauptverhandlung.

§ 60. [Verbot der Vereidigung] Von der Vereidigung ist abzusehen
1. bei Personen, die zur Zeit der Vernehmung das sechzehnte Lebensjahr noch nicht vollendet haben oder die wegen mangelnder Verstandesreife oder wegen einer psychischen Krankheit oder einer geistigen oder seelischen Behinderung vom Wesen und der Bedeutung des Eides keine genügende Vorstellung haben;
2. bei Personen, die der Tat, welche den Gegenstand der Untersuchung bildet, oder der Beteiligung an ihr oder der Begünstigung, Strafvereitelung oder Hehlerei verdächtig oder deswegen bereits verurteilt sind.

§ 61. [Absehen von Vereidigung] Von der Vereidigung kann nach dem Ermessen des Gerichts abgesehen werden
1. bei Personen, die zur Zeit der Vernehmung das sechzehnte, aber noch nicht das achtzehnte Lebensjahr vollendet haben;
2. beim Verletzten sowie bei Personen, die im Sinne des § 52 Abs. 1 Angehörige des Verletzten oder des Beschuldigten sind;
3. wenn das Gericht der Aussage keine wesentliche Bedeutung beimißt und nach seiner Überzeugung auch unter Eid keine wesentliche Aussage zu erwarten ist;

4. bei Personen, die wegen Meineids (§§ 154, 155 des Strafgesetzbuches) verurteilt worden sind;
5. wenn die Staatsanwaltschaft, der Verteidiger und der Angeklagte auf die Vereidigung verzichten.

§ 62. [Vereidigung in Privatklageverfahren] Im Privatklageverfahren werden Zeugen nur vereidigt, wenn es das Gericht wegen der ausschlaggebenden Bedeutung der Aussage oder zur Herbeiführung einer wahren Aussage für notwendig hält.

§ 63. [Eidesverweigerungsrecht] Die in § 52 Abs.1 bezeichneten Angehörigen des Beschuldigten haben das Recht, die Beeidigung des Zeugnisses zu verweigern; darüber sind sie zu belehren.

§ 64. [Protokollvermerk bei Nichtvereidigung] Unterbleibt die Vereidigung eines Zeugen, so ist der Grund dafür im Protokoll anzugeben.

§ 65. [Vereidigung im vorbereitenden Verfahren] Im vorbereitenden Verfahren ist die Vereidigung nur zulässig, wenn
1. Gefahr im Verzug ist,
2. der Eid als Mittel zur Herbeiführung einer wahren Aussage über einen für das weitere Verfahren erheblichen Punkt erforderlich erscheint oder
3. der Zeuge voraussichtlich am Erscheinen in der Hauptverhandlung verhindert sein wird.

§ 66. *(weggefallen)*

§ 66a. [Protokollvermerk bei Vereidigung] Wird ein Zeuge außerhalb der Hauptverhandlung vereidigt, so ist der Grund der Vereidigung im Protokoll anzugeben.

§ 66b. [Vereidigung bei kommissarischer Vernehmung] (1) Wird ein Zeuge durch einen beauftragten oder ersuchten Richter vernommen, so entscheidet zunächst dieser über die Vereidigung.

(2) [1]Die Vereidigung muß, soweit sie zulässig ist, erfolgen, wenn es in dem Auftrag oder in dem Ersuchen des Gerichts verlangt wird. [2]Der vernehmende Richter kann die Vereidigung aussetzen und einer neuen Entschließung des beauftragenden oder ersuchenden Gerichts vorbehalten, wenn bei der Vernehmung Tatsachen hervortreten, die zu uneidlicher Vernehmung berechtigen würden. [3]Diese Tatsachen sind in das Protokoll aufzunehmen.

(3) Die Vereidigung darf nicht erfolgen, wenn die uneidliche Vernehmung verlangt wird.

§ 66c. [Eidesformel] (1) Der Eid mit religiöser Beteuerung wird in der Weise geleistet, daß der Richter an den Zeugen die Worte richtet:

„Sie schwören bei Gott dem Allmächtigen und Allwissenden, daß Sie nach bestem Wissen die reine Wahrheit gesagt und nichts verschwiegen haben"

und der Zeuge hierauf die Worte spricht:

„Ich schwöre es, so wahr mir Gott helfe."

(2) Der Eid ohne religiöse Beteuerung wird in der Weise geleistet, daß der Richter an den Zeugen die Worte richtet:

„Sie schwören, daß Sie nach bestem Wissen die reine Wahrheit gesagt und nichts verschwiegen haben"

und der Zeuge hierauf die Worte spricht:

„Ich schwöre es."

(3) Gibt ein Zeuge an, daß er als Mitglied einer Religions- oder Bekenntnisgemeinschaft eine Beteuerungsformel dieser Gemeinschaft verwenden wolle, so kann er diese dem Eid anfügen.

(4) Der Schwörende soll bei der Eidesleistung die rechte Hand erheben.

§ 66d. [Eidesgleiche Bekräftigung] (1) ¹Gibt ein Zeuge an, daß er aus Glaubens- oder Gewissensgründen keinen Eid leisten wolle, so hat er die Wahrheit der Aussage zu bekräftigen. ²Die Bekräftigung steht dem Eid gleich; hierauf ist der Zeuge hinzuweisen.

(2) Die Wahrheit der Aussage wird in der Weise bekräftigt, daß der Richter an den Zeugen die Worte richtet:

„Sie bekräftigen im Bewußtsein ihrer Verantwortung vor Gericht, daß Sie nach bestem Wissen die reine Wahrheit gesagt und nichts verschwiegen haben"

und der Zeuge hierauf spricht:

„Ja".

(3) § 66c Abs. 3 gilt entsprechend.

§ 66e. [Eidesleistung Stummer] (1) ¹Stumme leisten den Eid in der Weise, daß sie die Worte:

„Ich schwöre bei Gott dem Allmächtigen und Allwissenden, daß ich nach bestem Wissen die reine Wahrheit bekundet und nichts verschwiegen habe"

niederschreiben und unterschreiben. ²Stumme, die nicht schreiben können, leisten den Eid mit Hilfe eines Dolmetschers durch Zeichen.

(2) § 66c Abs. 2, 3 und § 66d gelten entsprechend.

§ 67. [Berufung auf den früheren Eid] Wird der Zeuge, nachdem er eidlich vernommen worden ist, in demselben Vorverfahren oder in demselben Hauptverfahren nochmals vernommen, so kann der Richter statt der nochmaligen Vereidigung den Zeugen die Richtigkeit seiner Aussage unter Berufung auf den früher geleisteten Eid versichern lassen.

§ 68. [Vernehmung zur Person] (1) ¹Die Vernehmung beginnt damit, daß der Zeuge über Vornamen und Zunamen, Alter, Stand oder Gewerbe und Wohnort befragt wird. ²Zeugen, die Wahrnehmungen in amtlicher Eigenschaft gemacht haben, können statt des Wohnortes den Dienstort angeben.

(2) ¹Besteht Anlaß zu der Besorgnis, daß durch die Angabe des Wohnortes der Zeuge oder eine andere Person gefährdet wird, so kann dem Zeugen gestattet werden, statt des Wohnortes seinen Geschäfts- oder Dienstort oder eine andere ladungsfähige Anschrift anzugeben. ²Unter der in Satz 1 genannten Voraussetzung kann der Vorsitzende in der Hauptverhandlung dem Zeugen gestatten, seinen Wohnort nicht anzugeben.

(3) ¹Besteht Anlaß zu der Besorgnis, daß durch die Offenbarung der Identität oder des Wohn- oder Aufenthaltsortes des Zeugen Leben, Leib oder Freiheit des Zeugen oder einer anderen Person gefährdet wird, so kann ihm gestattet werden, Angaben zur Person nicht oder nur über eine frühere Identität zu machen. ²Er hat jedoch in der Hauptverhandlung auf Befragen anzugeben, in welcher Eigenschaft ihm die Tatsachen, die er bekundet, bekanntgeworden sind. ³Die Unterlagen, die die Feststellung der Identität des Zeugen gewährleisten, werden bei der Staatsanwaltschaft verwahrt. ⁴Zu den Akten sind sie erst zu nehmen, wenn die Gefährdung entfällt.

(4) Erforderlichenfalls sind dem Zeugen Fragen über solche Umstände, die seine Glaubwürdigkeit in der vorliegenden Sache betreffen, insbesondere über seine Beziehungen zu dem Beschuldigten oder dem Verletzten, vorzulegen.

§ 68 a. [Fragen nach entehrenden Tatsachen und Vorstrafen] (1) Fragen nach Tatsachen, die dem Zeugen oder einer Person, die im Sinne des § 52 Abs. 1 sein Angehöriger ist, zur Unehre gereichen können oder deren persönlichen Lebensbereich betreffen, sollen nur gestellt werden, wenn es unerläßlich ist.

(2) Der Zeuge soll nach Vorstrafen nur gefragt werden, wenn ihre Feststellung notwendig ist, um über das Vorliegen der Voraussetzungen des § 60 Nr. 2 oder des § 61 Nr. 4 zu entscheiden oder um seine Glaubwürdigkeit zu beurteilen.

§ 69. [Vernehmung zur Sache] (1) ¹Der Zeuge ist zu veranlassen, das, was ihm von dem Gegenstand seiner Vernehmung bekannt ist, im Zusammenhang anzugeben. ²Vor seiner Vernehmung ist dem Zeugen der Gegenstand der Untersuchung und die Person des Beschuldigten, sofern ein solcher vorhanden ist, zu bezeichnen.

(2) Zur Aufklärung und zur Vervollständigung der Aussage sowie zur Erforschung des Grundes, auf dem das Wissen des Zeugen beruht, sind nötigenfalls weitere Fragen zu stellen.

(3) Die Vorschrift des § 136 a gilt für die Vernehmung des Zeugen entsprechend.

§ 70. [Grundlose Zeugnis- oder Eidesverweigerung] (1) ¹Wird das Zeugnis oder die Eidesleistung ohne gesetzlichen Grund verweigert, so werden dem Zeugen die durch die Weigerung verursachten Kosten auferlegt. ²Zugleich wird gegen ihn ein Ordnungsgeld und für den Fall, daß dieses nicht beigetrieben werden kann, Ordnungshaft festgesetzt.

(2) Auch kann zur Erzwingung des Zeugnisses die Haft angeordnet werden, jedoch nicht über die Zeit der Beendigung des Verfahrens in dem Rechtszug, auch nicht über die Zeit von sechs Monaten hinaus.

(3) Die Befugnis zu diesen Maßregeln steht auch dem Richter im Vorverfahren sowie dem beauftragten und ersuchten Richter zu.

(4) Sind die Maßregeln erschöpft, so können sie in demselben oder in einem anderen Verfahren, das dieselbe Tat zum Gegenstand hat, nicht wiederholt werden.

§ 71. [Zeugenentschädigung] Der Zeuge wird nach dem Gesetz über die Entschädigung von Zeugen und Sachverständigen entschädigt.

Siebenter Abschnitt. Sachverständige und Augenschein

§ 72. [Anwendung der Vorschriften für Zeugen] Auf Sachverständige ist der sechste Abschnitt über Zeugen entsprechend anzuwenden, soweit nicht in den nachfolgenden Paragraphen abweichende Vorschriften getroffen sind.

§ 73. [Auswahl] (1) ^{1}Die Auswahl der zuzuziehenden Sachverständigen und die Bestimmung ihrer Anzahl erfolgt durch den Richter. ^{2}Er soll mit diesen eine Absprache treffen, innerhalb welcher Frist die Gutachten erstattet werden können.

(2) Sind für gewisse Arten von Gutachten Sachverständige öffentlich bestellt, so sollen andere Personen nur dann gewählt werden, wenn besondere Umstände es erfordern.

§ 74. [Ablehnung] (1) ^{1}Ein Sachverständiger kann aus denselben Gründen, die zur Ablehnung eines Richters berechtigen, abgelehnt werden. ^{2}Ein Ablehnungsgrund kann jedoch nicht daraus entnommen werden, daß der Sachverständige als Zeuge vernommen worden ist.

(2) ^{1}Das Ablehnungsrecht steht der Staatsanwaltschaft, dem Privatkläger und dem Beschuldigten zu. ^{2}Die ernannten Sachverständigen sind den zur Ablehnung Berechtigten namhaft zu machen, wenn nicht besondere Umstände entgegenstehen.

(3) Der Ablehnungsgrund ist glaubhaft zu machen; der Eid ist als Mittel der Glaubhaftmachung ausgeschlossen.

§ 75. [Pflicht zur Erstattung des Gutachtens] (1) Der zum Sachverständigen Ernannte hat der Ernennung Folge zu leisten, wenn er zur Erstattung von Gutachten der erforderten Art öffentlich bestellt ist oder wenn er die Wissenschaft, die Kunst oder das Gewerbe, deren Kenntnis Voraussetzung der Begutachtung ist, öffentlich zum Erwerb ausübt oder wenn er zu ihrer Ausübung öffentlich bestellt oder ermächtigt ist.

(2) Zur Erstattung des Gutachtens ist auch der verpflichtet, welcher sich hierzu vor Gericht bereiterklärt hat.

§ 76. [Gutachtenverweigerungsrecht] (1) ^{1}Dieselben Gründe, die einen Zeugen berechtigen, das Zeugnis zu verweigern, berechtigen einen Sachverständigen zur Verweigerung des Gutachtens. ^{2}Auch aus anderen Gründen kann ein Sachverständiger von der Verpflichtung zur Erstattung des Gutachtens entbunden werden.

(2) ¹Für die Vernehmung von Richtern, Beamten und anderen Personen des öffentlichen Dienstes als Sachverständige gelten die besonderen beamtenrechtlichen Vorschriften. ²Für die Mitglieder der Bundes- oder einer Landesregierung gelten die für sie maßgebenden besonderen Vorschriften.

§ 77. [Folgen des Ausbleibens oder der Weigerung] (1) ¹Im Falle des Nichterscheinens oder der Weigerung eines zur Erstattung des Gutachtens verpflichteten Sachverständigen wird diesem auferlegt, die dadurch verursachten Kosten zu ersetzen. ²Zugleich wird gegen ihn ein Ordnungsgeld festgesetzt. ³Im Falle wiederholten Ungehorsams kann neben der Auferlegung der Kosten das Ordnungsgeld noch einmal festgesetzt werden.

(2) ¹Weigert sich ein zur Erstattung des Gutachtens verpflichteter Sachverständiger, nach § 73 Abs. 1 Satz 2 eine angemessene Frist abzusprechen, oder versäumt er die abgesprochene Frist, so kann gegen ihn ein Ordnungsgeld festgesetzt werden. ²Der Festsetzung des Ordnungsgeldes muß eine Androhung unter Setzung einer Nachfrist vorausgehen. ³Im Falle wiederholter Fristversäumnis kann das Ordnungsgeld noch einmal festgesetzt werden.

§ 78. [Richterliche Leitung] Der Richter hat, soweit ihm dies erforderlich erscheint, die Tätigkeit der Sachverständigen zu leiten.

§ 79. [Sachverständigeneid] (1) ¹Der Sachverständige kann nach dem Ermessen des Gerichts vereidigt werden. ²Auf Antrag der Staatsanwaltschaft, des Angeklagten oder des Verteidigers ist er zu vereidigen.

(2) Der Eid ist nach Erstattung des Gutachtens zu leisten; er geht dahin, daß der Sachverständige das Gutachten unparteiisch und nach bestem Wissen und Gewissen erstattet habe.

(3) Ist der Sachverständige für die Erstattung von Gutachten der betreffenden Art im allgemeinen vereidigt, so genügt die Berufung auf den geleisteten Eid.

§ 80. [Vorbereitung des Gutachtens] (1) Dem Sachverständigen kann auf sein Verlangen zur Vorbereitung des Gutachtens durch Vernehmung von Zeugen oder des Beschuldigten weitere Aufklärung verschafft werden.

(2) Zu demselben Zweck kann ihm gestattet werden, die Akten einzusehen, der Vernehmung von Zeugen oder des Beschuldigten beizuwohnen und an sie unmittelbar Fragen zu stellen.

§ 80 a. [Zuziehung im Vorverfahren] Ist damit zu rechnen, daß die Unterbringung des Beschuldigten in einem psychiatrischen Krankenhaus, einer Entziehungsanstalt oder in der Sicherungsverwahrung angeordnet werden wird, so soll schon im Vorverfahren einem Sachverständigen Gelegenheit zur Vorbereitung des in der Hauptverhandlung zu erstattenden Gutachtens gegeben werden.

§ 81. [Unterbringung zur Beobachtung des Beschuldigten] (1) Zur Vorbereitung eines Gutachtens über den psychischen Zustand des Beschuldigten kann das Gericht nach Anhörung eines Sachverständigen und des Verteidigers anordnen, daß der Beschuldigte in ein öffentliches psychiatrisches Krankenhaus gebracht und dort beobachtet wird.

(2) ¹Das Gericht trifft die Anordnung nach Absatz 1 nur, wenn der Beschuldigte der Tat dringend verdächtig ist. ²Das Gericht darf diese Anordnung nicht treffen, wenn sie zu der Bedeutung der Sache und der zu erwartenden Strafe oder Maßregel der Besserung und Sicherung außer Verhältnis steht.

(3) Im vorbereitenden Verfahren entscheidet das Gericht, das für die Eröffnung des Hauptverfahrens zuständig wäre.

(4) ¹Gegen den Beschluß ist sofortige Beschwerde zulässig. ²Sie hat aufschiebende Wirkung.

(5) Die Unterbringung in einem psychiatrischen Krankenhaus nach Absatz 1 darf die Dauer von insgesamt sechs Wochen nicht überschreiten.

§ 81 a. [Körperliche Untersuchung; Blutprobe] (1) ¹Eine körperliche Untersuchung des Beschuldigten darf zur Feststellung von Tatsachen angeordnet werden, die für das Verfahren von Bedeutung sind. ²Zu diesem Zweck sind Entnahmen von Blutproben und andere körperliche Eingriffe, die von einem Arzt nach den Regeln der ärztlichen Kunst zu Untersuchungszwecken vorgenommen werden, ohne Einwilligung des Beschuldigten zulässig, wenn kein Nachteil für seine Gesundheit zu befürchten ist.

(2) Die Anordnung steht dem Richter, bei Gefährdung des Untersuchungserfolges durch Verzögerung auch der Staatsanwaltschaft und ihren Hilfsbeamten (§ 152 des Gerichtsverfassungsgesetzes) zu.

§ 81 b. [Lichtbilder und Fingerabdrücke] Soweit es für die Zwecke der Durchführung des Strafverfahrens oder für die Zwecke des Erkennungsdienstes notwendig ist, dürfen Lichtbilder und Fingerabdrücke des Beschuldigten auch gegen seinen Willen aufgenommen und Messungen und ähnliche Maßnahmen an ihm vorgenommen werden.

§ 81 c. [Untersuchung anderer Personen] (1) Andere Personen als Beschuldigte dürfen, wenn sie als Zeugen in Betracht kommen, ohne ihre Einwilligung nur untersucht werden, soweit zur Erforschung der Wahrheit festgestellt werden muß, ob sich an ihrem Körper eine bestimmte Spur oder Folge einer Straftat befindet.

(2) ¹Bei anderen Personen als Beschuldigten sind Untersuchungen zur Feststellung der Abstammung und die Entnahme von Blutproben ohne Einwilligung des zu Untersuchenden zulässig, wenn kein Nachteil für seine Gesundheit zu befürchten und die Maßnahme zur Erforschung der Wahrheit unerläßlich ist. ²Die Untersuchungen und die Entnahme von Blutproben dürfen stets nur von einem Arzt vorgenommen werden.

(3) ¹Untersuchungen oder Entnahmen von Blutproben können aus den gleichen Gründen wie das Zeugnis verweigert werden. ²Haben Minderjährige wegen mangelnder Verstandesreife oder haben Minderjährige oder Betreute wegen einer psychischen Krankheit oder einer geistigen oder seelischen Behinderung von der Bedeutung ihres Weigerungsrechts keine genügende Vorstellung, so entscheidet

der gesetzliche Vertreter; § 52 Abs. 2 Satz 2 und Abs. 3 gilt entsprechend. ³Ist der gesetzliche Vertreter von der Entscheidung ausgeschlossen (§ 52 Abs. 2 Satz 2) oder aus sonstigen Gründen an einer rechtzeitigen Entscheidung gehindert und erscheint die sofortige Untersuchung oder Entnahme von Blutproben zur Beweissicherung erforderlich, so sind diese Maßnahmen nur auf besondere Anordnung des Richters zulässig. ⁴Der die Maßnahmen anordnende Beschluß ist unanfechtbar. ⁵Die nach Satz 3 erhobenen Beweise dürfen im weiteren Verfahren nur mit Einwilligung des hierzu befugten gesetzlichen Vertreters verwertet werden.

(4) Maßnahmen nach den Absätzen 1 und 2 sind unzulässig, wenn sie dem Betroffenen bei Würdigung aller Umstände nicht zugemutet werden können.

(5) Die Anordnung steht dem Richter, bei Gefährdung des Untersuchungserfolges durch Verzögerung, von den Fällen des Absatzes 3 Satz 3 abgesehen, auch der Staatsanwaltschaft und ihren Hilfsbeamten (§ 152 des Gerichtsverfassungsgesetzes) zu.

(6) ¹Bei Weigerung des Betroffenen gilt die Vorschrift des § 70 entsprechend. ²Unmittelbarer Zwang darf nur auf besondere Anordnung des Richters angewandt werden. ³Die Anordnung setzt voraus, daß der Betroffene trotz Festsetzung eines Ordnungsgeldes bei der Weigerung beharrt oder daß Gefahr im Verzuge ist.

§ 81 d. [Untersuchung einer Frau] (1) ¹Kann die körperliche Untersuchung einer Frau das Schamgefühl verletzen, so wird sie einer Frau oder einem Arzt übertragen. ²Auf Verlangen der zu untersuchenden Frau soll eine andere Frau oder ein Angehöriger zugelassen werden.

(2) Diese Vorschrift gilt auch dann, wenn die zu untersuchende Frau in die Untersuchung einwilligt.

§ 82. [Gutachten im Vorverfahren] Im Vorverfahren hängt es von der Anordnung des Richters ab, ob die Sachverständigen ihr Gutachten schriftlich oder mündlich zu erstatten haben.

§ 83. [Neues Gutachten] (1) Der Richter kann eine neue Begutachtung durch dieselben oder durch andere Sachverständige anordnen, wenn er das Gutachten für ungenügend erachtet.

(2) Der Richter kann die Begutachtung durch einen anderen Sachverständigen anordnen, wenn ein Sachverständiger nach Erstattung des Gutachtens mit Erfolg abgelehnt ist.

(3) In wichtigeren Fällen kann das Gutachten einer Fachbehörde eingeholt werden.

§ 84. [Sachverständigenentschädigung] Der Sachverständige wird nach dem Gesetz über die Entschädigung von Zeugen und Sachverständigen entschädigt.

§ 85. [Sachverständige Zeugen] Soweit zum Beweis vergangener Tatsachen oder Zustände, zu deren Wahrnehmung eine besondere Sachkunde erforderlich war, sachkundige Personen zu vernehmen sind, gelten die Vorschriften über den Zeugenbeweis.

§ 86. [Richterlicher Augenschein] Findet die Einnahme eines richterlichen Augenscheins statt, so ist im Protokoll der vorgefundene Sachbestand festzustellen und darüber Auskunft zu geben, welche Spuren oder Merkmale, deren Vorhandensein nach der besonderen Beschaffenheit des Falles vermutet werden konnte, gefehlt haben.

§ 87. [Leichenschau, Leichenöffnung] (1) [1]Die Leichenschau wird von der Staatsanwaltschaft, auf Antrag der Staatsanwaltschaft auch vom Richter, unter Zuziehung eines Arztes vorgenommen. [2]Ein Arzt wird nicht zugezogen, wenn dies zur Aufklärung des Sachverhalts offensichtlich entbehrlich ist.

(2) [1]Die Leichenöffnung wird von zwei Ärzten vorgenommen. [2]Einer der Ärzte muß Gerichtsarzt oder Leiter eines öffentlichen gerichtsmedizinischen oder pathologischen Instituts oder ein von diesem beauftragter Arzt des Instituts mit gerichtsmedizinischen Fachkenntnissen sein. [3]Dem Arzt, welcher den Verstorbenen in der dem Tode unmittelbar vorausgegangenen Krankheit behandelt hat, ist die Leichenöffnung nicht zu übertragen. [4]Er kann jedoch aufgefordert werden, der Leichenöffnung beizuwohnen, um aus der Krankheitsgeschichte Aufschlüsse zu geben. [5]Die Staatsanwaltschaft kann an der Leichenöffnung teilnehmen. [6]Auf ihren Antrag findet die Leichenöffnung im Beisein des Richters statt.

(3) Zur Besichtigung oder Öffnung einer schon beerdigten Leiche ist ihre Ausgrabung statthaft.

(4) [1]Die Leichenöffnung und die Ausgrabung einer beerdigten Leiche werden vom Richter angeordnet; die Staatsanwaltschaft ist zu der Anordnung befugt, wenn der Untersuchungserfolg durch Verzögerung gefährdet würde. [2]Wird die Ausgrabung angeordnet, so ist zugleich die Benachrichtigung eines Angehörigen des Toten anzuordnen, wenn der Angehörige ohne besondere Schwierigkeiten ermittelt werden kann und der Untersuchungszweck durch die Benachrichtigung nicht gefährdet wird.

§ 88. [Identifizierung] [1]Vor der Leichenöffnung ist, wenn nicht besondere Hindernisse entgegenstehen, die Persönlichkeit des Verstorbenen, insbesondere durch Befragung von Personen, die den Verstorbenen gekannt haben, festzustellen. [2]Ist ein Beschuldigter vorhanden, so ist ihm die Leiche zur Anerkennung vorzuzeigen.

§ 89. [Umfang der Leichenöffnung] Die Leichenöffnung muß sich, soweit der Zustand der Leiche dies gestattet, stets auf die Öffnung der Kopf-, Brust- und Bauchhöhle erstrecken.

§ 90. [Neugeborenes Kind] Bei Öffnung der Leiche eines neugeborenen Kindes ist die Untersuchung insbesondere auch darauf zu richten, ob es nach oder während der Geburt gelebt hat und ob es reif oder wenigstens fähig gewesen ist, das Leben außerhalb des Mutterleibes fortzusetzen.

§ 91. [Verdacht einer Vergiftung] (1) Liegt der Verdacht einer Vergiftung vor, so ist die Untersuchung der in der Leiche oder sonst gefundenen verdächtigen Stoffe durch einen Chemiker oder durch eine für solche Untersuchungen bestehende Fachbehörde vorzunehmen.

(2) Es kann angeordnet werden, daß diese Untersuchung unter Mitwirkung oder Leitung eines Arztes stattzufinden hat.

§ 92. [Gutachten bei Geld- oder Wertzeichenfälschung] (1) ¹Liegt der Verdacht einer Geld- oder Wertzeichenfälschung vor, so sind das Geld oder die Wertzeichen erforderlichenfalls der Behörde vorzulegen, von der echtes Geld oder echte Wertzeichen dieser Art in Umlauf gesetzt werden. ²Das Gutachten dieser Behörde ist über die Unechtheit oder Verfälschung sowie darüber einzuholen, in welcher Art die Fälschung mutmaßlich begangen worden ist.

(2) Handelt es sich um Geld oder Wertzeichen eines fremden Währungsgebietes, so kann an Stelle des Gutachtens der Behörde des fremden Währungsgebietes das einer deutschen erfordert werden.

§ 93. [Schriftgutachten] Zur Ermittlung der Echtheit oder Unechtheit eines Schriftstücks sowie zur Ermittlung seines Urhebers kann eine Schriftvergleichung unter Zuziehung von Sachverständigen vorgenommen werden.

Achter Abschnitt. Beschlagnahme, Überwachung des Fernmeldeverkehrs, Rasterfahndung, Einsatz technischer Mittel, Einsatz Verdeckter Ermittler und Durchsuchung

§ 94. [Objekt der Beschlagnahme] (1) Gegenstände, die als Beweismittel für die Untersuchung von Bedeutung sein können, sind in Verwahrung zu nehmen oder in anderer Weise sicherzustellen.

(2) Befinden sich die Gegenstände in dem Gewahrsam einer Person und werden sie nicht freiwillig herausgegeben, so bedarf es der Beschlagnahme.

(3) Die Absätze 1 und 2 gelten auch für Führerscheine, die der Einziehung unterliegen.

§ 95. [Vorlegungs- und Auslieferungspflicht] (1) Wer einen Gegenstand der vorbezeichneten Art in seinem Gewahrsam hat, ist verpflichtet, ihn auf Erfordern vorzulegen und auszuliefern.

(2) ¹Im Falle der Weigerung können gegen ihn die in § 70 bestimmten Ordnungs- und Zwangsmittel festgesetzt werden. ²Das gilt nicht bei Personen, die zur Verweigerung des Zeugnisses berechtigt sind.

§ 96. [Ausnahmen bei amtlichen Schriftstücken] ¹Die Vorlegung oder Auslieferung von Akten oder anderen in amtlicher Verwahrung befindlichen Schriftstücken durch Behörden und öffentliche Beamte darf nicht gefordert werden, wenn deren oberste Dienstbehörde erklärt, daß das Bekanntwerden des Inhalts dieser Akten oder Schriftstücke dem Wohl des Bundes oder eines deutschen Landes Nachteile bereiten würde. ²Satz 1 gilt entsprechend für Akten und sonstige Schriftstücke, die sich im Gewahrsam eines Mitglieds des Bundestages oder eines Landtages bzw. eines Angestellten einer Fraktion des Bundestages oder eines Landtages befinden, wenn die für die Erteilung einer Aussagegenehmigung zuständige Stelle eine solche Erklärung abgegeben hat.

§ 97. [Ausnahmen für Zeugnisverweigerungsberechtigte] (1) Der Beschlagnahme unterliegen nicht

1. schriftliche Mitteilungen zwischen dem Beschuldigten und den Personen, die nach § 52 oder § 53 Abs. 1 Nr. 1 bis 3 b das Zeugnis verweigern dürfen;
2. Aufzeichnungen, welche die in § 53 Abs. 1 Nr. 1 bis 3 b Genannten über die ihnen vom Beschuldigten anvertrauten Mitteilungen oder über andere Umstände gemacht haben, auf die sich das Zeugnisverweigerungsrecht erstreckt;
3. andere Gegenstände einschließlich der ärztlichen Untersuchungsbefunde, auf die sich das Zeugnisverweigerungsrecht der in § 53 Abs. 1 Nr. 1 bis 3 b Genannten erstreckt.

(2) ¹Diese Beschränkungen gelten nur, wenn die Gegenstände im Gewahrsam der zur Verweigerung des Zeugnisses Berechtigten sind. ²Der Beschlagnahme unterliegen auch nicht Gegenstände, auf die sich das Zeugnisverweigerungsrecht der Ärzte, Zahnärzte, Apotheker und Hebammen erstreckt, wenn sie im Gewahrsam einer Krankenanstalt sind, sowie Gegenstände, auf die sich das Zeugnisverweigerungsrecht der in § 53 Abs. 1 Nr. 3 a und 3 b genannten Personen erstreckt, wenn sie im Gewahrsam der anerkannten Beratungsstelle nach § 3 des Gesetzes über Aufklärung, Verhütung, Familienplanung und Beratung vom 27. Juli 1992 (BGBl. I S. 1398) sind. ³Die Beschränkungen der Beschlagnahme gelten nicht, wenn die zur Verweigerung des Zeugnisses Berechtigten einer Teilnahme oder einer Begünstigung, Strafvereitelung oder Hehlerei verdächtig sind oder wenn es sich um Gegenstände handelt, die durch eine Straftat hervorgebracht oder zur Begehung einer Straftat gebraucht oder bestimmt sind oder die aus einer Straftat herrühren.

(3) Soweit das Zeugnisverweigerungsrecht der Mitglieder des Bundestages, eines Landtages oder einer zweiten Kammer reicht (§ 53 Abs. 1 Nr. 4), ist die Beschlagnahme von Schriftstücken unzulässig.

(4) Die Absätze 1 bis 3 sind entsprechend anzuwenden, soweit die in § 53 a Genannten das Zeugnis verweigern dürfen.

(5) ¹Soweit das Zeugnisverweigerungsrecht der in § 53 Abs. 1 Nr. 5 genannten Personen reicht, ist die Beschlagnahme von Schriftstücken, Ton-, Bild- und Datenträgern, Abbildungen und anderen Darstellungen, die sich im Gewahrsam dieser Personen oder der Redaktion, des Verlages, der Druckerei oder der Rundfunkanstalt befinden, unzulässig. ²Absatz 2 Satz 3 gilt entsprechend.

§ 98. [Anordnung der Beschlagnahme] (1) ¹Beschlagnahmen dürfen nur durch den Richter, bei Gefahr im Verzug auch durch die Staatsanwaltschaft und ihre Hilfsbeamten (§ 152 des Gerichtsverfassungsgesetzes) angeordnet werden. ²Die Beschlagnahme nach § 97 Abs. 5 Satz 2 in den Räumen einer Redaktion, eines Verlages, einer Druckerei oder einer Rundfunkanstalt darf nur durch den Richter angeordnet werden.

(2) ¹Der Beamte, der einen Gegenstand ohne richterliche Anordnung beschlagnahmt hat, soll binnen drei Tagen die richterliche Bestätigung beantragen, wenn

bei der Beschlagnahme weder der davon Betroffene noch ein erwachsener Angehöriger anwesend war oder wenn der Betroffene und im Falle seiner Abwesenheit ein erwachsener Angehöriger des Betroffenen gegen die Beschlagnahme ausdrücklichen Widerspruch erhoben hat. ²Der Betroffene kann jederzeit die richterliche Entscheidung beantragen. ³Solange die öffentliche Klage noch nicht erhoben ist, entscheidet das Amtsgericht, in dessen Bezirk die Beschlagnahme stattgefunden hat. ⁴Hat bereits eine Beschlagnahme, Postbeschlagnahme oder Durchsuchung in einem anderen Bezirk stattgefunden, so entscheidet das Amtsgericht, in dessen Bezirk die Staatsanwaltschaft ihren Sitz hat, die das Ermittlungsverfahren führt. ⁵Der Betroffene kann den Antrag auch in diesem Fall bei dem Amtsgericht einreichen, in dessen Bezirk die Beschlagnahme stattgefunden hat. ⁶Ist dieses Amtsgericht nach Satz 4 unzuständig, so leitet der Richter den Antrag dem zuständigen Amtsgericht zu. ⁷Der Betroffene ist über seine Rechte zu belehren.

(3) Ist nach erhobener öffentlicher Klage die Beschlagnahme durch die Staatsanwaltschaft oder einen ihrer Hilfsbeamten erfolgt, so ist binnen drei Tagen dem Richter von der Beschlagnahme Anzeige zu machen; die beschlagnahmten Gegenstände sind ihm zur Verfügung zu stellen.

(4) ¹Wird eine Beschlagnahme in einem Dienstgebäude oder einer nicht allgemein zugänglichen Einrichtung oder Anlage der Bundeswehr erforderlich, so wird die vorgesetzte Dienststelle der Bundeswehr um ihre Durchführung ersucht. ²Die ersuchende Stelle ist zur Mitwirkung berechtigt. ³Des Ersuchens bedarf es nicht, wenn die Beschlagnahme in Räumen vorzunehmen ist, die ausschließlich von anderen Personen als Soldaten bewohnt werden.

§ 98a. [Datenabgleich] (1) ¹Liegen zureichende tatsächliche Anhaltspunkte dafür vor, daß eine Straftat von erheblicher Bedeutung

1. auf dem Gebiet des unerlaubten Betäubungsmittel- oder Waffenverkehrs, der Geld- oder Wertzeichenfälschung,
2. auf dem Gebiet des Staatsschutzes (§§ 74a, 120 des Gerichtsverfassungsgesetzes),
3. auf dem Gebiet der gemeingefährlichen Straftaten,
4. gegen Leib oder Leben, die sexuelle Selbstbestimmung oder die persönliche Freiheit,
5. gewerbs- oder gewohnheitsmäßig oder
6. von einem Bandenmitglied oder in anderer Weise organisiert

begangen worden ist, so dürfen, unbeschadet §§ 94, 110, 161, personenbezogene Daten von Personen, die bestimmte, auf den Täter vermutlich zutreffende Prüfungsmerkmale erfüllen, mit anderen Daten maschinell abgeglichen werden, um Nichtverdächtige auszuschließen oder Personen festzustellen, die weitere für die Ermittlungen bedeutsame Prüfungsmerkmale erfüllen. ²Die Maßnahme darf nur angeordnet werden, wenn die Erforschung des Sachverhalts oder die Ermittlung des Aufenthaltsortes des Täters auf andere Weise erheblich weniger erfolgversprechend oder wesentlich erschwert wäre.

(2) Zu dem in Absatz 1 bezeichneten Zweck hat die speichernde Stelle die für den Abgleich erforderlichen Daten aus den Datenbeständen auszusondern und den Strafverfolgungsbehörden zu übermitteln.

(3) ¹Soweit die zu übermittelnden Daten von anderen Daten nur mit unverhältnismäßigem Aufwand getrennt werden können, sind auf Anordnung auch die anderen Daten zu übermitteln. ²Ihre Nutzung ist nicht zulässig.

(4) Auf Anforderung der Staatsanwaltschaft hat die speichernde Stelle die Stelle, die den Abgleich durchführt, zu unterstützen.

(5) § 95 Abs. 2 gilt entsprechend.

§ 98 b. [Anordnungsbefugnis] (1) ¹Der Abgleich und die Übermittlung der Daten dürfen nur durch den Richter, bei Gefahr im Verzug auch durch die Staatsanwaltschaft angeordnet werden. ²Hat die Staatsanwaltschaft die Anordnung getroffen, so beantragt sie unverzüglich die richterliche Bestätigung. ³Die Anordnung tritt außer Kraft, wenn sie nicht binnen drei Tagen von dem Richter bestätigt wird. ⁴Die Anordnung ergeht schriftlich. ⁵Sie muß den zur Übermittlung Verpflichteten bezeichnen und ist auf die Daten und Prüfungsmerkmale zu beschränken, die für den Einzelfall benötigt werden. ⁶Die Übermittlung von Daten, deren Verwendung besondere bundesgesetzliche oder entsprechende landesgesetzliche Verwendungsregelungen entgegenstehen, darf nicht angeordnet werden. ⁷Die §§ 96, 97, 98 Abs. 1 Satz 2 gelten entsprechend.

(2) Ordnungs- und Zwangsmittel (§ 95 Abs. 2) dürfen nur durch den Richter, bei Gefahr im Verzug auch durch die Staatsanwaltschaft angeordnet werden; die Festsetzung von Haft bleibt dem Richter vorbehalten.

(3) ¹Sind die Daten auf Datenträgern übermittelt worden, so sind diese nach Beendigung des Abgleichs unverzüglich zurückzugeben. ²Personenbezogene Daten, die auf andere Datenträger übertragen wurden, sind unverzüglich zu löschen, sobald sie für das Strafverfahren nicht mehr benötigt werden. ³Die durch den Abgleich erlangten personenbezogenen Daten dürfen in anderen Strafverfahren zu Beweiszwecken nur verwendet werden, soweit sich bei Gelegenheit der Auswertung Erkenntnisse ergeben, die zur Aufklärung einer in § 98 a Abs. 1 bezeichneten Straftat benötigt werden.

(4) ¹§ 163 d Abs. 5 gilt entsprechend. ²Nach Beendigung einer Maßnahme gemäß § 98 a ist die Stelle zu unterrichten, die für die Kontrolle der Einhaltung der Vorschriften über den Datenschutz bei öffentlichen Stellen zuständig ist.

§ 98 c. [Datenabgleich zu Ermittlungszwecken] ¹Zur Aufklärung einer Straftat oder zur Ermittlung des Aufenthaltsortes einer Person, nach der für Zwecke eines Strafverfahrens gefahndet wird, dürfen personenbezogene Daten aus einem Strafverfahren mit anderen zur Strafverfolgung oder Strafvollstreckung oder zur Gefahrenabwehr gespeicherten Daten maschinell abgeglichen werden. ²Entgegenstehende besondere bundesgesetzliche oder entsprechende landesgesetzliche Verwendungsregelungen bleiben unberührt.

§ 99. [Postbeschlagnahme] Zulässig ist die Beschlagnahme der an den Beschuldigten gerichteten Briefe und Sendungen auf der Post sowie der an ihn gerichteten Telegramme auf den Telegraphenanstalten; ebenso ist zulässig an den bezeichneten Orten die Beschlagnahme solcher Briefe, Sendungen und Telegramme, bei denen Tatsachen vorliegen, aus welchen zu schließen ist, daß sie von dem Beschuldigten herrühren oder für ihn bestimmt sind und daß ihr Inhalt für die Untersuchung Bedeutung hat.

§ 100. [Zuständigkeit] (1) Zu der Beschlagnahme (§ 99) ist nur der Richter, bei Gefahr im Verzug auch die Staatsanwaltschaft befugt.

(2) Die von der Staatsanwaltschaft verfügte Beschlagnahme tritt, auch wenn sie eine Auslieferung noch nicht zur Folge gehabt hat, außer Kraft, wenn sie nicht binnen drei Tagen von dem Richter bestätigt wird.

(3) ¹Die Öffnung der ausgelieferten Gegenstände steht dem Richter zu. ²Er kann diese Befugnis der Staatsanwaltschaft übertragen, soweit dies erforderlich ist, um den Untersuchungserfolg nicht durch Verzögerung zu gefährden. ³Die Übertragung ist nicht anfechtbar; sie kann jederzeit widerrufen werden. ⁴Solange eine Anordnung nach Satz 2 nicht ergangen ist, legt die Staatsanwaltschaft die ihr ausgelieferten Gegenstände sofort, und zwar verschlossene Postsendungen ungeöffnet, dem Richter vor.

(4) ¹Über eine von der Staatsanwaltschaft verfügte Beschlagnahme entscheidet der nach § 98 zuständige Richter. ²Über die Öffnung eines ausgelieferten Gegenstandes entscheidet der Richter, der die Beschlagnahme angeordnet oder bestätigt hat.

§ 100 a. [Überwachung und Aufzeichnung des Fernmeldeverkehrs] ¹Die Überwachung und Aufzeichnung des Fernmeldeverkehrs darf angeordnet werden, wenn bestimmte Tatsachen den Verdacht begründen, daß jemand als Täter oder Teilnehmer

1. a) Straftaten des Friedensverrats, des Hochverrats und der Gefährdung der äußeren Sicherheit (§§ 80 bis 82, 84 bis 86, 87 bis 89, 94 bis 100a des Strafgesetzbuches, § 20 Abs. 1 Nr. 1 bis 4 des Vereinsgesetzes),
   b) Straftaten gegen die Landesverteidigung (§§ 109 d bis 109 h des Strafgesetzbuches),
   c) Straftaten gegen die öffentliche Ordnung (§§ 129 bis 130 des Strafgesetzbuches, § 92 Abs. 1 Nr. 8 des Ausländergesetzes),
   d) ohne Soldat zu sein, Anstiftung oder Beihilfe zur Fahnenflucht oder Anstiftung zum Ungehorsam (§§ 16, 19 in Verbindung mit § 1 Abs. 3 des Wehrstrafgesetzes), Straftaten gegen die Sicherheit der in der Bundesrepublik Deutschland stationierten Truppen der nichtdeutschen Vertragsstaaten des Nordatlantikvertrages oder der im Land Berlin anwesenden Truppen einer der Drei Mächte (§§ 89, 94 bis 97, 98 bis 100, 109 d bis 109 g des Strafgesetzbuches, §§ 16, 19 des Wehrstrafgesetzes in Verbindung mit Artikel 7 des Strafrechtsänderungsgesetzes),
2. eine Geld- oder Wertpapierfälschung (§§ 146, 151, 152 des Strafgesetzbuches),
   einen schweren Menschenhandel nach § 181 Abs. 1 Nr. 2, 3 des Strafgesetzbuches, einen Mord,
   einen Totschlag oder einen Völkermord (§§ 211, 212, 220a des Strafgesetzbuches),
   eine Straftat gegen die persönliche Freiheit (§§ 234, 234a, 239a, 239b des Strafgesetzbuches),

einen Bandendiebstahl (§ 244 Abs. 1 Nr. 3 des Strafgesetzbuches) oder einen schweren Bandendiebstahl (§ 244a des Strafgesetzbuches),

einen Raub oder eine räuberische Erpressung (§§ 249 bis 251, 255 des Strafgesetzbuches),

eine Erpressung (§ 253 des Strafgesetzbuches),

eine gewerbsmäßige Hehlerei, eine Bandenhehlerei (§ 260 des Strafgesetzbuches) oder eine gewerbsmäßige Bandenhehlerei (§ 260a des Strafgesetzbuches),

eine gemeingefährliche Straftat in den Fällen der §§ 306 bis 308, 310b Abs. 1 bis 3, des § 311 Abs. 1 bis 3, des § 311a Abs. 1 bis 3, der §§ 311b, 312, 313, 315 Abs. 3, des § 315b Abs. 3, der §§ 316a, 316c oder 319 des Strafgesetzbuches,

3. eine Straftat nach § 52a Abs. 1 bis 3, § 53 Abs. 1 Satz 1 Nr. 1, 2, Satz 2 des Waffengesetzes, § 34 Abs. 1 bis 6 des Außenwirtschaftsgesetzes oder nach § 19 Abs. 1 bis 3, § 20 Abs. 1 oder 2, jeweils auch in Verbindung mit § 21, oder § 22a Abs. 1 bis 3 des Gesetzes über die Kontrolle von Kriegswaffen oder

4. eine Straftat nach einer in § 29 Abs. 3 Satz 2 Nr. 1 des Betäubungsmittelgesetzes in Bezug genommenen Vorschrift unter den dort genannten Voraussetzungen oder eine Straftat nach §§ 29a, 30 Abs. 1 Nr. 1, 2, 4, § 30a oder § 30b des Betäubungsmittelgesetzes oder

5. eine Straftat nach § 92a Abs. 2 oder § 92b des Ausländergesetzes oder nach § 84 Abs. 3 oder § 84a des Asylverfahrensgesetzes

begangen oder in Fällen, in denen der Versuch strafbar ist, zu begehen versucht oder durch eine Straftat vorbereitet hat, und wenn die Erforschung des Sachverhalts oder die Ermittlung des Aufenthaltsortes des Beschuldigten auf andere Weise aussichtslos oder wesentlich erschwert wäre. ²Die Anordnung darf sich nur gegen den Beschuldigten oder gegen Personen richten, von denen auf Grund bestimmter Tatsachen anzunehmen ist, daß sie für den Beschuldigten bestimmte oder von ihm herrührende Mitteilungen entgegennehmen oder weitergeben oder daß der Beschuldigte ihren Anschluß benutzt.

§ 100b. [Zuständigkeit und Durchführung] (1) ¹Die Überwachung und Aufzeichnung des Fernmeldeverkehrs (§ 100a) darf nur durch den Richter angeordnet werden. ²Bei Gefahr im Verzug kann die Anordnung auch von der Staatsanwaltschaft getroffen werden. ³Die Anordnung der Staatsanwaltschaft tritt außer Kraft, wenn sie nicht binnen drei Tagen von dem Richter bestätigt wird.

(2) ¹Die Anordnung ergeht schriftlich. ²Sie muß Namen und Anschrift des Betroffenen enthalten, gegen den sie sich richtet. ³In ihr sind Art, Umfang und Dauer der Maßnahmen zu bestimmen. ⁴Die Anordnung ist auf höchstens drei Monate zu befristen. ⁵Eine Verlängerung um jeweils nicht mehr als drei weitere Monate ist zulässig, soweit die in § 100a bezeichneten Voraussetzungen fortbestehen.

(3) ¹Auf Grund der Anordnung hat jeder Betreiber von Fernmeldeanlagen, die für den öffentlichen Verkehr bestimmt sind, dem Richter, der Staatsanwaltschaft und ihren im Polizeidienst tätigen Hilfsbeamten (§ 152 des Gerichtsverfassungsgesetzes) die Überwachung und Aufzeichnung des Fernmeldeverkehrs zu ermöglichen. ²§ 95 Abs. 2 gilt entsprechend.

(4) ¹Liegen die Voraussetzungen des § 100a nicht mehr vor, so sind die sich aus der Anordnung ergebenden Maßnahmen unverzüglich zu beenden. ²Die Beendigung ist dem Richter und dem Betreiber von Fernmeldeanlagen, die für den öffentlichen Verkehr bestimmt sind, mitzuteilen.

(5) Die durch die Maßnahmen erlangten personenbezogenen Informationen dürfen in anderen Strafverfahren zu Beweiszwecken nur verwendet werden, soweit sich bei Gelegenheit der Auswertung Erkenntnisse ergeben, die zur Aufklärung einer der in § 100a bezeichneten Straftaten benötigt werden.

(6) ¹Sind die durch die Maßnahmen erlangten Unterlagen zur Strafverfolgung nicht mehr erforderlich, so sind sie unverzüglich unter Aufsicht der Staatsanwaltschaft zu vernichten. ²Über die Vernichtung ist eine Niederschrift anzufertigen.

§ 100c. [Geheime Ermittlungen] (1) Ohne Wissen des Betroffenen
1. dürfen
   a) Lichtbilder und Bildaufzeichnungen hergestellt werden,
   b) sonstige besondere für Observationszwecke bestimmte technische Mittel zur Erforschung des Sachverhalts oder zur Ermittlung des Aufenthaltsortes des Täters verwendet werden, wenn Gegenstand der Untersuchung eine Straftat von erheblicher Bedeutung ist und

   wenn die Erforschung des Sachverhalts oder die Ermittlung des Aufenthaltsortes des Täters auf andere Weise weniger erfolgversprechend oder erschwert wäre.

2. darf das nichtöffentlich gesprochene Wort mit technischen Mitteln abgehört und aufgezeichnet werden, wenn bestimmte Tatsachen den Verdacht begründen, daß jemand eine in § 100a bezeichnete Straftat begangen hat, und die Erforschung des Sachverhalts oder die Ermittlung des Aufenthaltsortes des Täters auf andere Weise aussichtslos oder wesentlich erschwert wäre.

(2) ¹Maßnahmen nach Absatz 1 dürfen sich nur gegen den Beschuldigten richten. Gegen andere Personen sind Maßnahmen nach Absatz 1 Buchstabe a zulässig, wenn die Erforschung des Sachverhalts oder die Ermittlung des Aufenthaltsortes des Täters auf andere Weise erheblich weniger erfolgversprechend oder wesentlich erschwert wäre. ²Maßnahmen nach Absatz 1 Buchstabe b Nr. 2 dürfen gegen andere Personen nur angeordnet werden, wenn auf Grund bestimmter Tatsachen anzunehmen ist, daß sie mit dem Täter in Verbindung stehen oder eine solche Verbindung hergestellt wird, daß die Maßnahme zur Erforschung des Sachverhalts oder zur Ermittlung des Aufenthaltsortes des Täters führen wird und dies auf andere Weise aussichtslos oder wesentlich erschwert wäre.

(3) Die Maßnahmen dürfen auch durchgeführt werden, wenn Dritte unvermeidbar betroffen werden.

§ 100d. [Anordnungsbefugnis] (1) ¹Maßnahmen nach § 100c Abs. 1 Nr. 2 dürfen nur durch den Richter, bei Gefahr im Verzug auch durch die Staatsanwaltschaft und ihre Hilfsbeamten (§ 152 des Gerichtsverfassungsgesetzes) angeordnet werden. ²§ 98b Abs. 1 Satz 2, § 100b Abs. 1 Satz 3, Abs. 2, 4 und 6 gelten sinngemäß.

(2) Personenbezogene Informationen, die durch die Verwendung technischer Mittel nach § 100c Abs. 1 Nr. 2 erlangt worden sind, dürfen in anderen Strafverfah-

ren zu Beweiszwecken nur verwendet werden, soweit sich bei Gelegenheit der Auswertung Erkenntnisse ergeben, die zur Aufklärung einer in § 100c bezeichneten Straftat benötigt werden.

§ 101. [Benachrichtigung der Beteiligten] (1) Von den getroffenen Maßnahmen (§§ 99, 100a, 100b, 100c Abs.1 Nr.1 Buchstabe b Nr.2, § 100d) sind die Beteiligten zu benachrichtigen, sobald dies ohne Gefährdung des Untersuchungszwecks, der öffentlichen Sicherheit, von Leib oder Leben einer Person sowie der Möglichkeit der weiteren Verwendung eines eingesetzten nicht offen ermittelnden Beamten geschehen kann.

(2) ¹Sendungen, deren Öffnung nicht angeordnet worden ist, sind dem Beteiligten sofort auszuhändigen. ²Dasselbe gilt, soweit nach der Öffnung die Zurückbehaltung nicht erforderlich ist.

(3) Der Teil eines zurückbehaltenen Briefes, dessen Vorenthaltung nicht durch die Rücksicht auf die Untersuchung geboten erscheint, ist dem Empfangsberechtigten schriftlich mitzuteilen.

(4) ¹Entscheidungen und sonstige Unterlagen über Maßnahmen nach § 100c Abs.1 Nr.1 Buchstabe b, Nr.2 werden bei der Staatsanwaltschaft verwahrt. ²Zu den Akten sind sie erst zu nehmen, wenn die Voraussetzungen des Absatzes 1 erfüllt sind.

§ 110a. [Verdeckte Ermittler] (1) ¹Verdeckte Ermittler dürfen zur Aufklärung von Straftaten eingesetzt werden, wenn zureichende tatsächliche Anhaltspunkte dafür vorliegen, daß eine Straftat von erheblicher Bedeutung

1. auf dem Gebiet des unerlaubten Betäubungsmittel- oder Waffenverkehrs, der Geld- oder Wertzeichenfälschung,
2. auf dem Gebiet des Staatsschutzes (§§ 74a, 120 des Gerichtsverfassungsgesetzes),
3. gewerbs- oder gewohnheitsmäßig oder
4. von einem Bandenmitglied oder in anderer Weise organisiert

begangen worden ist. ²Zur Aufklärung von Verbrechen dürfen Verdeckte Ermittler auch eingesetzt werden, soweit auf Grund bestimmter Tatsachen die Gefahr der Wiederholung besteht. ³Der Einsatz ist nur zulässig, soweit die Aufklärung auf andere Weise aussichtslos oder wesentlich erschwert wäre. ⁴Zur Aufklärung von Verbrechen dürfen Verdeckte Ermittler außerdem eingesetzt werden, wenn die besondere Bedeutung der Tat den Einsatz gebietet und andere Maßnahmen aussichtslos wären.

(2) ¹Verdeckte Ermittler sind Beamte des Polizeidienstes, die unter einer ihnen verliehenen, auf Dauer angelegten, veränderten Identität (Legende) ermitteln. ²Sie dürfen unter der Legende am Rechtsverkehr teilnehmen.

(3) Soweit es für den Aufbau oder die Aufrechterhaltung der Legende unerläßlich ist, dürfen entsprechende Urkunden hergestellt, verändert und gebraucht werden.

§ 110b. [Zustimmungserfordernis] (1) ¹Der Einsatz eines Verdeckten Ermittlers ist erst nach Zustimmung der Staatsanwaltschaft zulässig. ²Besteht Gefahr im Verzug und kann die Entscheidung der Staatsanwaltschaft nicht rechtzeitig eingeholt werden, so ist sie unverzüglich herbeizuführen; die Maßnahme ist zu beenden, wenn nicht die Staatsanwaltschaft binnen drei Tagen zustimmt. ³Die Zustimmung ist schriftlich zu erteilen und zu befristen. ⁴Eine Verlängerung ist zulässig, solange die Voraussetzungen für den Einsatz fortbestehen.

(2) ¹Einsätze,

1. die sich gegen einen bestimmten Beschuldigten richten oder
2. bei denen der Verdeckte Ermittler eine Wohnung betritt, die nicht allgemein zugänglich ist,

bedürfen der Zustimmung des Richters. ²Bei Gefahr im Verzug genügt die Zustimmung der Staatsanwaltschaft. ³Kann die Entscheidung der Staatsanwaltschaft nicht rechtzeitig eingeholt werden, so ist sie unverzüglich herbeizuführen. ⁴Die Maßnahme ist zu beenden, wenn nicht der Richter binnen drei Tagen zustimmt. ⁵Absatz 1 Satz 3 und 4 gilt entsprechend.

(3) ¹Die Identität des Verdeckten Ermittlers kann auch nach Beendigung des Einsatzes geheimgehalten werden. ²Der Staatsanwalt und der Richter, die für die Entscheidung über die Zustimmung zu dem Einsatz zuständig sind, können verlangen, daß die Identität ihnen gegenüber offenbart wird. ³Im übrigen ist in einem Strafverfahren die Geheimhaltung der Identität nach Maßgabe des § 96 zulässig, insbesondere dann, wenn Anlaß zu der Besorgnis besteht, daß die Offenbarung Leben, Leib oder Freiheit des Verdeckten Ermittlers oder einer anderen Person oder die Möglichkeit der weiteren Verwendung des Verdeckten Ermittlers gefährden würde.

§ 110c. [Befugnisse des Verdeckten Ermittlers] ¹Verdeckte Ermittler dürfen unter Verwendung ihrer Legende eine Wohnung mit dem Einverständnis des Berechtigten betreten. ²Das Einverständnis darf nicht durch ein über die Nutzung der Legende hinausgehendes Vortäuschen eines Zutrittsrechts herbeigeführt werden. ³Im übrigen richten sich die Befugnisse des Verdeckten Ermittlers nach diesem Gesetz und anderen Rechtsvorschriften.

§ 110d. [Aufdecken der Tätigkeit] (1) Personen, deren nicht allgemein zugängliche Wohnung der Verdeckte Ermittler betreten hat, sind vom Einsatz zu benachrichtigen, sobald dies ohne Gefährdung des Untersuchungszwecks, der öffentlichen Sicherheit, von Leib oder Leben einer Person sowie der Möglichkeit der weiteren Verwendung des Verdeckten Ermittlers geschehen kann.

(2) ¹Entscheidungen und sonstige Unterlagen über den Einsatz eines Verdeckten Ermittlers werden bei der Staatsanwaltschaft verwahrt. ²Zu den Akten sind sie erst zu nehmen, wenn die Voraussetzungen des Absatzes 1 erfüllt sind.

§ 110e. [Verwendung der Daten] Die durch den Einsatz des Verdeckten Ermittlers erlangten personenbezogenen Informationen dürfen in anderen Strafverfahren zu Beweiszwecken nur verwendet werden, soweit sich bei Gelegenheit der Auswertung Erkenntnisse ergeben, die zur Aufklärung einer in § 110a Abs. 1 bezeichneten Straftat benötigt werden; § 100d Abs. 2 bleibt unberührt.

Zehnter Abschnitt. Vernehmung des Beschuldigten

§ 133. [Schriftliche Ladung] (1) Der Beschuldigte ist zur Vernehmung schriftlich zu laden.

(2) Die Ladung kann unter der Androhung geschehen, daß im Falle des Ausbleibens seine Vorführung erfolgen werde.

§ 134. [Vorführung] (1) Die sofortige Vorführung des Beschuldigten kann verfügt werden, wenn Gründe vorliegen, die den Erlaß eines Haftbefehls rechtfertigen würden.

(2) In dem Vorführungsbefehl ist der Beschuldigte genau zu bezeichnen und die ihm zur Last gelegte Straftat sowie der Grund der Vorführung anzugeben.

§ 135. [Sofortige Vernehmung] [1]Der Beschuldigte ist unverzüglich dem Richter vorzuführen und von diesem zu vernehmen. [2]Er darf auf Grund des Vorführungsbefehls nicht länger festgehalten werden als bis zum Ende des Tages, der dem Beginn der Vorführung folgt.

§ 136. [Erste Vernehmung] (1) [1]Bei Beginn der ersten Vernehmung ist dem Beschuldigten zu eröffnen, welche Tat ihm zur Last gelegt wird und welche Strafvorschriften in Betracht kommen. [2]Er ist darauf hinzuweisen, daß es ihm nach dem Gesetz freistehe, sich zu der Beschuldigung zu äußern oder nicht zur Sache auszusagen und jederzeit, auch schon vor seiner Vernehmung, einen von ihm zu wählenden Verteidiger zu befragen. [3]Er ist ferner darüber zu belehren, daß er zu seiner Entlastung einzelne Beweiserhebungen beantragen kann. [4]In geeigneten Fällen soll der Beschuldigte auch darauf hingewiesen werden, daß er sich schriftlich äußern kann.

(2) Die Vernehmung soll dem Beschuldigten Gelegenheit geben, die gegen ihn vorliegenden Verdachtsgründe zu beseitigen und die zu seinen Gunsten sprechenden Tatsachen geltend zu machen.

(3) Bei der ersten Vernehmung des Beschuldigten ist zugleich auf die Ermittlung seiner persönlichen Verhältnisse Bedacht zu nehmen.

§ 136 a. [Verbotene Vernehmungsmethoden] (1) [1]Die Freiheit der Willensentschließung und der Willensbetätigung des Beschuldigten darf nicht beeinträchtigt werden durch Mißhandlung, durch Ermüdung, durch körperlichen Eingriff, durch Verabreichung von Mitteln, durch Quälerei, durch Täuschung oder durch Hypnose. [2]Zwang darf nur angewandt werden, soweit das Strafverfahrensrecht dies zuläßt. [3]Die Drohung mit einer nach seinen Vorschriften unzulässigen Maßnahme und das Versprechen eines gesetzlich nicht vorgesehenen Vorteils sind verboten.

(2) Maßnahmen, die das Erinnerungsvermögen oder die Einsichtsfähigkeit des Beschuldigten beeinträchtigen, sind nicht gestattet.

(3) [1]Das Verbot der Absätze 1 und 2 gilt ohne Rücksicht auf die Einwilligung des Beschuldigten. [2]Aussagen, die unter Verletzung dieses Verbots zustande gekommen sind, dürfen auch dann nicht verwertet werden, wenn der Beschuldigte der Verwertung zustimmt.

Zweites Buch. Verfahren im ersten Rechtszug

Zweiter Abschnitt. Vorbereitung der öffentlichen Klage

§ 158. [Strafanzeige; Strafantrag] (1) ¹Die Anzeige einer Straftat und der Strafantrag können bei der Staatsanwaltschaft, den Behörden und Beamten des Polizeidienstes und den Amtsgerichten mündlich oder schriftlich angebracht werden. ²Die mündliche Anzeige ist zu beurkunden.

(2) Bei Straftaten, deren Verfolgung nur auf Antrag eintritt, muß der Antrag bei einem Gericht oder der Staatsanwaltschaft schriftlich oder zu Protokoll, bei einer anderen Behörde schriftlich angebracht werden.

§ 159. [Unnatürlicher Tod; Leichenfund] (1) Sind Anhaltspunkte dafür vorhanden, daß jemand eines nicht natürlichen Todes gestorben ist, oder wird der Leichnam eines Unbekannten gefunden, so sind die Polizei- und Gemeindebehörden zur sofortigen Anzeige an die Staatsanwaltschaft oder an das Amtsgericht verpflichtet.

(2) Zur Bestattung ist die schriftliche Genehmigung der Staatsanwaltschaft erforderlich.

§ 160. [Ermittlungsverfahren] (1) Sobald die Staatsanwaltschaft durch eine Anzeige oder auf anderem Wege von dem Verdacht einer Straftat Kenntnis erhält, hat sie zu ihrer Entschließung darüber, ob die öffentliche Klage zu erheben ist, den Sachverhalt zu erforschen.

(2) Die Staatsanwaltschaft hat nicht nur die zur Belastung, sondern auch die zur Entlastung dienenden Umstände zu ermitteln und für die Erhebung der Beweise Sorge zu tragen, deren Verlust zu besorgen ist.

(3) ¹Die Ermittlungen der Staatsanwaltschaft sollen sich auch auf die Umstände erstrecken, die für die Bestimmung der Rechtsfolgen der Tat von Bedeutung sind. ²Dazu kann sie sich der Gerichtshilfe bedienen.

§ 161. [Ermittlungen] ¹Zu dem im vorstehenden Paragraphen bezeichneten Zweck kann die Staatsanwaltschaft von allen öffentlichen Behörden Auskunft verlangen und Ermittlungen jeder Art entweder selbst vornehmen oder durch die Behörden und Beamten des Polizeidienstes vornehmen lassen. ²Die Behörden und Beamten des Polizeidienstes sind verpflichtet, dem Ersuchen oder Auftrag der Staatsanwaltschaft zu genügen.

§ 161a. [Vernehmung von Zeugen und Sachverständigen durch die Staatsanwaltschaft] (1) ¹Zeugen und Sachverständige sind verpflichtet, auf Ladung vor der Staatsanwaltschaft zu erscheinen und zur Sache auszusagen oder ihr Gutachten zu erstatten. ²Soweit nichts anderes bestimmt ist, gelten die Vorschriften des sechsten und siebenten Abschnitts des ersten Buches über Zeugen und Sachverständige entsprechend. ³Die eidliche Vernehmung bleibt dem Richter vorbehalten.

(2) ¹Bei unberechtigtem Ausbleiben oder unberechtigter Weigerung eines Zeugen oder Sachverständigen steht die Befugnis zu den in den §§ 51, 70 und 77 vorgesehenen Maßregeln der Staatsanwaltschaft zu. ²Jedoch bleibt die Festsetzung der Haft dem Richter vorbehalten; zuständig ist das Amtsgericht, in dessen Bezirk die Staatsanwaltschaft ihren Sitz hat, welche die Festsetzung beantragt.

(3) ¹Gegen die Entscheidung der Staatsanwaltschaft nach Absatz 2 Satz 1 kann gerichtliche Entscheidung beantragt werden. ²Über den Antrag entscheidet, soweit nicht in § 120 Abs. 3 Satz 1 und § 135 Abs. 2 des Gerichtsverfassungsgesetzes etwas anderes bestimmt ist, das Landgericht, in dessen Bezirk die Staatsanwaltschaft ihren Sitz hat. ³Die §§ 297 bis 300, 302, 306 bis 309, 311 a sowie die Vorschriften über die Auferlegung der Kosten des Beschwerdeverfahrens gelten entsprechend. ⁴Die Entscheidung des Gerichts ist nicht anfechtbar.

(4) Ersucht eine Staatsanwaltschaft eine andere Staatsanwaltschaft um die Vernehmung eines Zeugen oder Sachverständigen, so stehen die Befugnisse nach Absatz 2 Satz 1 auch der ersuchten Staatsanwaltschaft zu.

§ 162. [Richterliche Untersuchungshandlungen] (1) ¹Erachtet die Staatsanwaltschaft die Vornahme einer richterlichen Untersuchungshandlung für erforderlich, so stellt sie ihre Anträge bei dem Amtsgericht, in dessen Bezirk diese Handlung vorzunehmen ist. ²Hält sie richterliche Anordnungen für die Vornahme von Untersuchungshandlungen in mehr als einem Bezirk für erforderlich, so stellt sie ihre Anträge bei dem Amtsgericht, in dessen Bezirk sie ihren Sitz hat. ³Satz 2 gilt nicht für richterliche Vernehmungen sowie dann, wenn die Staatsanwaltschaft den Untersuchungserfolg durch eine Verzögerung für gefährdet erachtet, die durch einen Antrag bei dem nach Satz 2 zuständigen Amtsgericht eintreten würde.

(2) Die Zuständigkeit des Amtsgerichts wird durch eine nach der Antragstellung eintretende Veränderung der sie begründenden Umstände nicht berührt.

(3) Der Richter hat zu prüfen, ob die beantragte Handlung nach den Umständen des Falles gesetzlich zulässig ist.

§ 163. [Aufgaben der Polizei] (1) Die Behörden und Beamten des Polizeidienstes haben Straftaten zu erforschen und alle keinen Aufschub gestattenden Anordnungen zu treffen, um die Verdunkelung der Sache zu verhüten.

(2) ¹Die Behörden und Beamten des Polizeidienstes übersenden ihre Verhandlungen ohne Verzug der Staatsanwaltschaft. ²Erscheint die schleunige Vornahme richterlicher Untersuchungshandlungen erforderlich, so kann die Übersendung unmittelbar an das Amtsgericht erfolgen.

§ 163 a. [Vernehmung des Beschuldigten] (1) ¹Der Beschuldigte ist spätestens vor dem Abschluß der Ermittlungen zu vernehmen, es sei denn, daß das Verfahren zur Einstellung führt. ²In einfachen Sachen genügt es, daß ihm Gelegenheit gegeben wird, sich schriftlich zu äußern.

(2) Beantragt der Beschuldigte zu seiner Entlastung die Aufnahme von Beweisen, so sind sie zu erheben, wenn sie von Bedeutung sind.

(3) ¹Der Beschuldigte ist verpflichtet, auf Ladung vor der Staatsanwaltschaft zu erscheinen. ²Die §§ 133 bis 136a und 168c Abs.1 und 5 gelten entsprechend. ³Über die Rechtmäßigkeit der Vorführung entscheidet auf Antrag des Beschuldigten das Gericht; § 161a Abs.3 Satz 2 bis 4 ist anzuwenden.

(4) ¹Bei der ersten Vernehmung des Beschuldigten durch Beamte des Polizeidienstes ist dem Beschuldigten zu eröffnen, welche Tat ihm zur Last gelegt wird. ²Im übrigen sind bei der Vernehmung des Beschuldigten durch Beamte des Polizeidienstes § 136 Abs.1 Satz 2 bis 4, Abs.2, 3 und § 136a anzuwenden.

(5) Bei der Vernehmung eines Zeugen oder Sachverständigen durch Beamte des Polizeidienstes sind § 52 Abs.3, § 55 Abs.2 und § 81c Abs.3 Satz 2 in Verbindung mit § 52 Abs.3 und § 136a entsprechend anzuwenden.

§ 163 b. [Feststellung der Identität] (1) ¹Ist jemand einer Straftat verdächtig, so können die Staatsanwaltschaft und die Beamten des Polizeidienstes die zur Feststellung seiner Identität erforderlichen Maßnahmen treffen; § 163a Abs.4 Satz 1 gilt entsprechend. ²Der Verdächtige darf festgehalten werden, wenn die Identität sonst nicht oder nur unter erheblichen Schwierigkeiten festgestellt werden kann. ³Unter den Voraussetzungen von Satz 2 sind auch die Durchsuchung der Person des Verdächtigen und der von ihm mitgeführten Sachen sowie die Durchführung erkennungsdienstlicher Maßnahmen zulässig.

(2) ¹Wenn und soweit dies zur Aufklärung einer Straftat geboten ist, kann auch die Identität einer Person festgestellt werden, die einer Straftat nicht verdächtig ist; § 69 Abs.1 Satz 2 gilt entsprechend. ²Maßnahmen der in Absatz 1 Satz 2 bezeichneten Art dürfen nicht getroffen werden, wenn sie zur Bedeutung der Sache außer Verhältnis stehen; Maßnahmen der in Absatz 1 Satz 3 bezeichneten Art dürfen nicht gegen den Willen der betroffenen Person getroffen werden.

§ 163 c. [Freiheitsentziehung zur Feststellung der Identität] (1) ¹Eine von einer Maßnahme nach § 163b betroffene Person darf in keinem Fall länger als zur Feststellung ihrer Identität unerläßlich festgehalten werden. ²Die festgehaltene Person ist unverzüglich dem Richter bei dem Amtsgericht, in dessen Bezirk sie ergriffen worden ist, zum Zwecke der Entscheidung über Zulässigkeit und Fortdauer der Freiheitsentziehung vorzuführen, es sei denn, daß die Herbeiführung der richterlichen Entscheidung voraussichtlich längere Zeit in Anspruch nehmen würde, als zur Feststellung der Identität notwendig wäre.

(2) ¹Die festgehaltene Person hat ein Recht darauf, daß ein Angehöriger oder eine Person ihres Vertrauens unverzüglich benachrichtigt wird. ²Ihr ist Gelegenheit zu geben, einen Angehörigen oder eine Person ihres Vertrauens zu benachrichtigen, es sei denn, daß sie einer Straftat verdächtig ist und der Zweck der Untersuchung durch die Benachrichtigung gefährdet würde.

(3) Eine Freiheitsentziehung zum Zwecke der Feststellung der Identität darf die Dauer von insgesamt zwölf Stunden nicht überschreiten.

(4) Ist die Identität festgestellt, so sind in den Fällen des § 163b Abs.2 die im Zusammenhang mit der Feststellung angefallenen Unterlagen zu vernichten.

§ 163 d. [Schleppnetzfahndung] (1) ¹Begründen bestimmte Tatsachen den Verdacht, daß

1. eine der in § 111 bezeichneten Straftaten

oder

2. ein der in § 100 a Satz 1 Nr. 3 und 4 bezeichneten Straftaten

begangen worden ist, so dürfen die anläßlich einer grenzpolizeilichen Kontrolle, im Falle der Nummer 1 auch die bei einer Personenkontrolle nach § 111 anfallenden Daten über die Identität von Personen sowie Umstände, die für die Aufklärung der Straftat oder für die Ergreifung des Täters von Bedeutung sein können, in einer Datei gespeichert werden, wenn Tatsachen die Annahme rechtfertigen, daß die Auswertung der Daten zur Ergreifung des Täters oder zur Aufklärung der Straftat führen kann und die Maßnahme nicht außer Verhältnis zur Bedeutung der Sache steht. ²Dies gilt auch, wenn im Falle des Satzes 1 Pässe und Personalausweise automatisch gelesen werden. ³Die Übermittlung der Daten ist nur an Strafverfolgungsbehörden zulässig.

(2) ¹Maßnahmen der in Absatz 1 bezeichneten Art dürfen nur durch den Richter, bei Gefahr im Verzug auch durch die Staatsanwaltschaft und ihre Hilfsbeamten (§ 152 des Gerichtsverfassungsgesetzes) angeordnet werden. ²Hat die Staatsanwaltschaft oder einer ihrer Hilfsbeamten die Anordnung getroffen, so beantragt die Staatsanwaltschaft unverzüglich die richterliche Bestätigung der Anordnung. ³Die Anordnung tritt außer Kraft, wenn sie nicht binnen drei Tagen von dem Richter bestätigt wird.

(3) ¹Die Anordnung ergeht schriftlich. ²Sie muß die Personen, deren Daten gespeichert werden sollen, nach bestimmten Merkmalen oder Eigenschaften so genau bezeichnen, wie dies nach der zur Zeit der Anordnung vorhandenen Kenntnis von dem oder den Tatverdächtigen möglich ist. ³Art und Dauer der Maßnahmen sind festzulegen. ⁴Die Anordnung ist räumlich zu begrenzen und auf höchstens drei Monate zu befristen. ⁵Eine einmalige Verlängerung um nicht mehr als drei weitere Monate ist zulässig, soweit die in Absatz 1 bezeichneten Voraussetzungen fortbestehen.

(4) ¹Liegen die Voraussetzungen für den Erlaß der Anordnung nicht mehr vor oder ist der Zweck der sich aus der Anordnung ergebenden Maßnahmen erreicht, so sind diese unverzüglich zu beenden. ²Die durch die Maßnahmen erlangten personenbezogenen Daten sind unverzüglich zu löschen, sobald sie für das Strafverfahren nicht oder nicht mehr benötigt werden; eine Speicherung, die die Laufzeit der Maßnahmen (Absatz 3) um mehr als drei Monate überschreitet, ist unzulässig. ³Über die Löschung ist die Staatsanwaltschaft zu unterrichten. ⁴Die gespeicherten personenbezogenen Daten dürfen nur für das Strafverfahren genutzt werden. ⁵Ihre Verwendung zu anderen Zwecken ist nur zulässig, soweit sich bei Gelegenheit der Auswertung durch die speichernde Stelle Erkenntnisse ergeben, die zur Aufklärung einer anderen Straftat oder zur Ermittlung einer Person benötigt werden, die zur Fahndung oder Aufenthaltsfeststellung aus Gründen der Strafverfolgung oder Strafvollstreckung ausgeschrieben ist.

(5) Von den in Absatz 1 bezeichneten Maßnahmen sind die Personen, gegen die nach Auswertung der Daten weitere Ermittlungen geführt worden sind, zu be-

nachrichtigen, es sei denn, daß eine Gefährdung des Untersuchungszwecks oder der öffentlichen Sicherheit zu besorgen ist.

§ 163 e. [Ausschreibung zur polizeilichen Beobachtung] (1) ¹Die Ausschreibung zur Beobachtung anläßlich von polizeilichen Kontrollen, die die Feststellung der Personalien zulassen, kann angeordnet werden, wenn zureichende tatsächliche Anhaltspunkte dafür vorliegen, daß eine Straftat von erheblicher Bedeutung begangen wurde. ²Die Anordnung darf sich nur gegen den Beschuldigten richten und nur dann getroffen werden, wenn die Erforschung des Sachverhalts oder die Ermittlung des Aufenthaltsortes des Täters auf andere Weise erheblich weniger erfolgversprechend oder wesentlich erschwert wäre. ³Gegen andere Personen ist die Maßnahme zulässig, wenn auf Grund bestimmter Tatsachen anzunehmen ist, daß sie mit dem Täter in Verbindung stehen oder eine solche Verbindung hergestellt wird, daß die Maßnahme zur Erforschung des Sachverhalts oder zur Ermittlung des Aufenthaltsortes des Täters führen wird und dies auf andere Weise erheblich weniger erfolgversprechend oder wesentlich erschwert wäre.

(2) Das Kennzeichen eines Kraftfahrzeugs kann ausgeschrieben werden, wenn das Fahrzeug für eine nach Absatz 1 ausgeschriebene Person zugelassen ist oder von ihr oder einer bisher namentlich nicht bekannten Person benutzt wird, die einer Straftat mit erheblicher Bedeutung verdächtig ist.

(3) Im Falle eines Antreffens können auch personenbezogene Informationen eines Begleiters der ausgeschriebenen Person oder des Führers eines ausgeschriebenen Kraftfahrzeugs gemeldet werden.

(4) ¹Die Ausschreibung zur polizeilichen Beobachtung darf nur durch den Richter angeordnet werden. ²Bei Gefahr im Verzug kann die Anordnung auch durch die Staatsanwaltschaft getroffen werden. ³Hat die Staatsanwaltschaft die Anordnung getroffen, so beantragt sie unverzüglich die richterliche Bestätigung der Anordnung. ⁴Die Anordnung tritt außer Kraft, wenn sie nicht binnen drei Tagen von dem Richter bestätigt wird. ⁵Die Anordnung ist auf höchstens ein Jahr zu befristen. ⁶§ 100 b Abs. 2 Satz 5 gilt entsprechend.

§ 164. [Festnahme von Störern] Bei Amtshandlungen an Ort und Stelle ist der Beamte, der sie leitet, befugt, Personen, die seine amtliche Tätigkeit vorsätzlich stören oder sich den von ihm innerhalb seiner Zuständigkeit getroffenen Anordnungen widersetzen, festnehmen und bis zur Beendigung seiner Amtsverrichtungen, jedoch nicht über den nächstfolgenden Tag hinaus, festhalten zu lassen.

§ 165. [Richterliche Nothandlungen] Bei Gefahr im Verzug kann der Richter die erforderlichen Untersuchungshandlungen auch ohne Antrag vornehmen, wenn ein Staatsanwalt nicht erreichbar ist.

§ 166. [Beweisanträge des Beschuldigten] (1) Wird der Beschuldigte von dem Richter vernommen und beantragt er bei dieser Vernehmung zu seiner Entlastung einzelne Beweiserhebungen, so hat der Richter diese, soweit er sie für erheblich erachtet, vorzunehmen, wenn der Verlust der Beweise zu besorgen ist oder die Beweiserhebung die Freilassung des Beschuldigten begründen kann.

(2) Der Richter kann, wenn die Beweiserhebung in einem anderen Amtsbezirk vorzunehmen ist, den Richter des letzteren um ihre Vornahme ersuchen.

§ 167. [Weitere Verfügung der Staatsanwaltschaft] In den Fällen der §§ 165 und 166 gebührt der Staatsanwaltschaft die weitere Verfügung.

§ 168. [Protokoll] [1]Über jede richterliche Untersuchungshandlung ist ein Protokoll aufzunehmen. [2]Für die Protokollführung ist ein Urkundsbeamter der Geschäftsstelle zuzuziehen; hiervon kann der Richter absehen, wenn er die Zuziehung eines Protokollführers nicht für erforderlich hält. [3]In dringenden Fällen kann der Richter eine von ihm zu vereidigende Person als Protokollführer zuziehen.

§ 168a. [Protokollierung richterlicher Untersuchungshandlungen] (1) [1]Das Protokoll muß Ort und Tag der Verhandlung sowie die Namen der mitwirkenden und beteiligten Personen angeben und ersehen lassen, ob die wesentlichen Förmlichkeiten des Verfahrens beobachtet sind. [2]§ 68 Abs. 2, 3 bleibt unberührt.

(2) [1]Der Inhalt des Protokolls kann in einer gebräuchlichen Kurzschrift, mit einer Kurzschriftmaschine, mit einem Tonaufnahmegerät oder durch verständliche Abkürzungen vorläufig aufgezeichnet werden. [2]Das Protokoll ist in diesem Fall unverzüglich nach Beendigung der Verhandlung herzustellen. [3]Die vorläufigen Aufzeichnungen sind zu den Akten zu nehmen oder, wenn sie sich nicht dazu eignen, bei der Geschäftsstelle mit den Akten aufzubewahren. [4]Tonaufzeichnungen können gelöscht werden, wenn das Verfahren rechtskräftig abgeschlossen oder sonst beendet ist.

(3) [1]Das Protokoll ist den bei der Verhandlung beteiligten Personen, soweit es sie betrifft, zur Genehmigung vorzulesen oder zur Durchsicht vorzulegen. [2]Die Genehmigung ist zu vermerken. [3]Das Protokoll ist von den Beteiligten zu unterschreiben oder es ist darin anzugeben, weshalb die Unterschrift unterblieben ist. [4]Ist der Inhalt des Protokolls nur vorläufig aufgezeichnet worden, so genügt es, wenn die Aufzeichnungen vorgelesen oder abgespielt werden. [5]In dem Protokoll ist zu vermerken, daß dies geschehen und die Genehmigung erteilt ist oder welche Einwendungen erhoben worden sind. [6]Das Vorlesen oder die Vorlage zur Durchsicht oder das Abspielen kann unterbleiben, wenn die beteiligten Personen, soweit es sie betrifft, nach der Aufzeichnung darauf verzichten; in dem Protokoll ist zu vermerken, daß der Verzicht ausgesprochen worden ist.

(4) [1]Das Protokoll ist von dem Richter sowie dem Protokollführer zu unterschreiben. [2]Ist der Inhalt des Protokolls ohne Zuziehung eines Protokollführers ganz oder teilweise mit einem Tonaufnahmegerät vorläufig aufgezeichnet worden, so unterschreiben der Richter und derjenige, der das Protokoll hergestellt hat. [3]Letzterer versieht seine Unterschrift mit dem Zusatz, daß er die Richtigkeit der Übertragung bestätigt. [4]Der Nachweis der Unrichtigkeit der Übertragung ist zulässig.

§ 168b. [Protokoll über staatsanwaltschaftliche Untersuchungshandlungen] (1) Das Ergebnis staatsanwaltschaftlicher Untersuchungshandlungen ist aktenkundig zu machen.

(2) Über die Vernehmung des Beschuldigten, der Zeugen und Sachverständigen soll ein Protokoll nach den §§ 168 und 168a aufgenommen werden, soweit dies ohne erhebliche Verzögerung der Ermittlungen geschehen kann.

§ 168c. [Anwesenheit bei richterlichen Vernehmungen] (1) Bei der richterlichen Vernehmung des Beschuldigten ist der Staatsanwaltschaft und dem Verteidiger die Anwesenheit gestattet.

(2) Bei der richterlichen Vernehmung eines Zeugen oder Sachverständigen ist der Staatsanwaltschaft, dem Beschuldigten und dem Verteidiger die Anwesenheit gestattet.

(3) ¹Der Richter kann einen Beschuldigten von der Anwesenheit bei der Verhandlung ausschließen, wenn dessen Anwesenheit den Untersuchungszweck gefährden würde. ²Dies gilt namentlich dann, wenn zu befürchten ist, daß ein Zeuge in Gegenwart des Beschuldigten nicht die Wahrheit sagen werde.

(4) Hat ein nicht in Freiheit befindlicher Beschuldigter einen Verteidiger, so steht ihm ein Anspruch auf Anwesenheit nur bei solchen Terminen zu, die an der Gerichtsstelle des Ortes abgehalten werden, wo er in Haft ist.

(5) ¹Von den Terminen sind die zur Anwesenheit Berechtigten vorher zu benachrichtigen. ²Die Benachrichtigung unterbleibt, wenn sie den Untersuchungserfolg gefährden würde. ³Auf die Verlegung eines Termins wegen Verhinderung haben die zur Anwesenheit Berechtigten keinen Anspruch.

§ 168d. [Teilnahme am richterlichen Augenschein] (1) ¹Bei der Einnahme eines richterlichen Augenscheins ist der Staatsanwaltschaft, dem Beschuldigten und dem Verteidiger die Anwesenheit bei der Verhandlung gestattet. ²§ 168c Abs. 3 Satz 1, Abs. 4 und 5 gilt entsprechend.

(2) ¹Werden bei der Einnahme eines richterlichen Augenscheins Sachverständige hinzugezogen, so kann der Beschuldigte beantragen, daß die von ihm für die Hauptverhandlung vorzuschlagenden Sachverständigen zu dem Termin geladen werden, und, wenn der Richter den Antrag ablehnt, sie selbst laden lassen. ²Den vom Beschuldigten benannten Sachverständigen ist die Teilnahme am Augenschein und an den erforderlichen Untersuchungen insoweit gestattet, als dadurch die Tätigkeit der vom Richter bestellten Sachverständigen nicht behindert wird.

§ 169. [Ermittlungsrichter des OLG und des BGH] (1) ¹In Sachen, die nach § 120 des Gerichtsverfassungsgesetzes zur Zuständigkeit des Oberlandesgerichts im ersten Rechtszug gehören, können die im vorbereitenden Verfahren dem Richter beim Amtsgericht obliegenden Geschäfte auch durch Ermittlungsrichter dieses Oberlandesgerichts wahrgenommen werden. ²Führt der Generalbundesanwalt die Ermittlungen, so sind an deren Stelle Ermittlungsrichter des Bundesgerichtshofes zuständig.

(2) Der für eine Sache zuständige Ermittlungsrichter des Oberlandesgerichts kann Untersuchungshandlungen auch dann anordnen, wenn sie nicht im Bezirk dieses Gerichts vorzunehmen sind.

§ 169 a. [Vermerk über Abschluß der Ermittlungen] Erwägt die Staatsanwaltschaft, die öffentliche Klage zu erheben, so vermerkt sie den Abschluß der Ermittlungen in den Akten.

§ 170. [Erhebung der öffentlichen Klage; Einstellung des Verfahrens]
(1) Bieten die Ermittlungen genügenden Anlaß zur Erhebung der öffentlichen Klage, so erhebt die Staatsanwaltschaft sie durch Einreichung einer Anklageschrift bei dem zuständigen Gericht.

(2) ¹Andernfalls stellt die Staatsanwaltschaft das Verfahren ein. ²Hiervon setzt sie den Beschuldigten in Kenntnis, wenn er als solcher vernommen worden ist oder ein Haftbefehl gegen ihn erlassen war; dasselbe gilt, wenn er um einen Bescheid gebeten hat oder wenn ein besonderes Interesse an der Bekanntgabe ersichtlich ist.

§ 171. [Bescheidung des Antragstellers] ¹Gibt die Staatsanwaltschaft einem Antrag auf Erhebung der öffentlichen Klage keine Folge oder verfügt sie nach dem Abschluß der Ermittlungen die Einstellung des Verfahrens, so hat sie den Antragsteller unter Angabe der Gründe zu bescheiden. ²In dem Bescheid ist der Antragsteller, der zugleich der Verletzte ist, über die Möglichkeit der Anfechtung und die dafür vorgesehene Frist (§ 172 Abs.1) zu belehren.

§ 172. [Klageerzwingungsverfahren] (1) ¹Ist der Antragsteller zugleich der Verletzte, so steht ihm gegen den Bescheid nach § 171 binnen zwei Wochen nach der Bekanntmachung die Beschwerde an den vorgesetzten Beamten der Staatsanwaltschaft zu. ²Durch die Einlegung der Beschwerde bei der Staatsanwaltschaft wird die Frist gewahrt. ³Sie läuft nicht, wenn die Belehrung nach § 171 Satz 2 unterblieben ist.

(2) ¹Gegen den ablehnenden Bescheid des vorgesetzten Beamten der Staatsanwaltschaft kann der Antragsteller binnen einem Monat nach der Bekanntmachung gerichtliche Entscheidung beantragen. ²Hierüber und über die dafür vorgesehene Form ist er zu belehren; die Frist läuft nicht, wenn die Belehrung unterblieben ist. ³Der Antrag ist nicht zulässig, wenn das Verfahren ausschließlich eine Straftat zum Gegenstand hat, die vom Verletzten im Wege der Privatklage verfolgt werden kann, oder wenn die Staatsanwaltschaft nach § 153 Abs.1, § 153 a Abs.1 Satz 1, 6 oder § 153 b Abs.1 von der Verfolgung der Tat abgesehen hat; dasselbe gilt in den Fällen der §§ 153 c bis 154 Abs.1 sowie der §§ 154 b und 154 c.

(3) ¹Der Antrag auf gerichtliche Entscheidung muß die Tatsachen, welche die Erhebung der öffentlichen Klage begründen sollen, und die Beweismittel angeben. ²Er muß von einem Rechtsanwalt unterzeichnet sein; für die Prozeßkostenhilfe gelten dieselben Vorschriften wie in bürgerlichen Rechtsstreitigkeiten. ³Der Antrag ist bei dem für die Entscheidung zuständigen Gericht einzureichen.

(4) ¹Zur Entscheidung über den Antrag ist das Oberlandesgericht zuständig. ²§ 120 des Gerichtsverfassungsgesetzes ist sinngemäß anzuwenden.

§ 173. [Verfahren des Gerichts] (1) Auf Verlangen des Gerichts hat ihm die Staatsanwaltschaft die bisher von ihr geführten Verhandlungen vorzulegen.

(2) Das Gericht kann den Antrag unter Bestimmung einer Frist dem Beschuldigten zur Erklärung mitteilen.

(3) Das Gericht kann zur Vorbereitung seiner Entscheidung Ermittlungen anordnen und mit ihrer Vornahme einen beauftragten oder ersuchten Richter betrauen.

§ 174. [Verwerfung des Antrags] (1) Ergibt sich kein genügender Anlaß zur Erhebung der öffentlichen Klage, so verwirft das Gericht den Antrag und setzt den Antragsteller, die Staatsanwaltschaft und den Beschuldigten von der Verwerfung in Kenntnis.

(2) Ist der Antrag verworfen, so kann die öffentliche Klage nur auf Grund neuer Tatsachen oder Beweismittel erhoben werden.

§ 175. [Beschluß auf Anklageerhebung] [1]Erachtet das Gericht nach Anhörung des Beschuldigten den Antrag für begründet, so beschließt es die Erhebung der öffentlichen Klage. [2]Die Durchführung dieses Beschlusses liegt der Staatsanwaltschaft ob.

§ 176. [Sicherheitsleistung] (1) [1]Durch Beschluß des Gerichts kann dem Antragsteller vor der Entscheidung über den Antrag die Leistung einer Sicherheit für die Kosten auferlegt werden, die durch das Verfahren über den Antrag voraussichtlich der Staatskasse und dem Beschuldigten erwachsen. [2]Die Sicherheitsleistung ist durch Hinterlegung in barem Geld oder in Wertpapieren zu bewirken. [3]Die Höhe der zu leistenden Sicherheit wird vom Gericht nach freiem Ermessen festgesetzt. [4]Es hat zugleich eine Frist zu bestimmen, binnen welcher die Sicherheit zu leisten ist.

(2) Wird die Sicherheit in der bestimmten Frist nicht geleistet, so hat das Gericht den Antrag für zurückgenommen zu erklären.

§ 177. [Kosten] Die durch das Verfahren über den Antrag veranlaßten Kosten sind in den Fällen der §§ 174 und 176 Abs. 2 dem Antragsteller aufzuerlegen.

Vierter Abschnitt. Entscheidung über die Eröffnung des Hauptverfahrens

§ 198. *(weggefallen)*

§ 199. [Entscheidung über Eröffnung des Hauptverfahrens] (1) Das für die Hauptverhandlung zuständige Gericht entscheidet darüber, ob das Hauptverfahren zu eröffnen oder das Verfahren vorläufig einzustellen ist.

(2) [1]Die Anklageschrift enthält den Antrag, das Hauptverfahren zu eröffnen. [2]Mit ihr werden die Akten dem Gericht vorgelegt.

§ 200. [Inhalt der Anklageschrift] (1) [1]Die Anklageschrift hat den Angeschuldigten, die Tat, die ihm zur Last gelegt wird, Zeit und Ort ihrer Begehung, die gesetzlichen Merkmale der Straftat und die anzuwendenden Strafvorschriften zu bezeichnen (Anklagesatz). [2]In ihr sind ferner die Beweismittel, das Gericht, vor dem die Hauptverhandlung stattfinden soll, und der Verteidiger anzugeben. [3]Bei der Benennung von Zeugen genügt in den Fällen des § 68 Abs. 1 Satz 2, Abs. 2 Satz 1 die Angabe der ladungsfähigen Anschrift. ⁴Wird ein Zeuge benannt, dessen Identität ganz oder teilweise nicht offenbart werden soll, so ist dies anzugeben; für die Geheimhaltung des Wohn- oder Aufenthaltsortes des Zeugen gilt dies entprechend.

(2) ¹In der Anklageschrift wird auch das wesentliche Ergebnis der Ermittlungen dargestellt. ²Davon kann abgesehen werden, wenn Anklage beim Strafrichter erhoben wird.

§ 201. [Mitteilung der Anklageschrift] (1) Der Vorsitzende des Gerichts teilt die Anklageschrift dem Angeschuldigten mit und fordert ihn zugleich auf, innerhalb einer zu bestimmenden Frist zu erklären, ob er die Vornahme einzelner Beweiserhebungen vor der Entscheidung über die Eröffnung des Hauptverfahrens beantragen oder Einwendungen gegen die Eröffnung des Hauptverfahrens vorbringen wolle.

(2) ¹Über Anträge und Einwendungen beschließt das Gericht. ²Die Entscheidung ist unanfechtbar.

§ 202. [Anordnung einzelner Beweiserhebungen] ¹Bevor das Gericht über die Eröffnung des Hauptverfahrens entscheidet, kann es zur besseren Aufklärung der Sache einzelne Beweiserhebungen anordnen. ²Der Beschluß ist nicht anfechtbar.

§ 203. [Beschluß über die Eröffnung] Das Gericht beschließt die Eröffnung des Hauptverfahrens, wenn nach den Ergebnissen des vorbereitenden Verfahrens der Angeschuldigte einer Straftat hinreichend verdächtig erscheint.

§ 204. [Ablehnung der Eröffnung] (1) Beschließt das Gericht, das Hauptverfahren nicht zu eröffnen, so muß aus dem Beschluß hervorgehen, ob er auf tatsächlichen oder auf Rechtsgründen beruht.

(2) Der Beschluß ist dem Angeschuldigten bekanntzumachen.

Sechster Abschnitt. Hauptverhandlung

§ 226. [Ununterbrochene Gegenwart] Die Hauptverhandlung erfolgt in ununterbrochener Gegenwart der zur Urteilsfindung berufenen Personen sowie der Staatsanwaltschaft und eines Urkundsbeamten der Geschäftsstelle.

§ 227. [Mehrere Staatsanwälte und Verteidiger] Es können mehrere Beamte der Staatsanwaltschaft und mehrere Verteidiger in der Hauptverhandlung mitwirken und ihre Verrichtungen unter sich teilen.

§ 228. [Aussetzung und Unterbrechung] (1) ¹Über die Aussetzung einer Hauptverhandlung oder deren Unterbrechung nach § 229 Abs. 2 entscheidet das Gericht. ²Kürzere Unterbrechungen ordnet der Vorsitzende an.

(2) Eine Verhinderung des Verteidigers gibt, unbeschadet der Vorschrift des § 145, dem Angeklagten kein Recht, die Aussetzung der Verhandlung zu verlangen.

(3) Ist die Frist des § 217 Abs. 1 nicht eingehalten worden, so soll der Vorsitzende den Angeklagten mit der Befugnis, Aussetzung der Verhandlung zu verlangen, bekanntmachen.

§ 229. [Höchstdauer der Unterbrechung] (1) Eine Hauptverhandlung darf bis zu zehn Tagen unterbrochen werden.

(2) [1]Hat die Hauptverhandlung bereits an mindestens zehn Tagen stattgefunden, so darf sie unbeschadet der Vorschrift des Absatzes 1 einmal auch bis zu dreißig Tagen unterbrochen werden. [2]Ist die Hauptverhandlung sodann an mindestens zehn Tagen fortgesetzt worden, so darf sie ein zweites Mal nach Satz 1 unterbrochen werden. [3]Zusätzlich zu den Unterbrechungen nach Absatz 1 und Absatz 2 Satz 1 und 2 kann eine Hauptverhandlung nach Ablauf von zwölf Monaten seit ihrem Beginn jeweils einmal innerhalb eines Zeitraumes von zwölf Monaten bis zu dreißig Tagen unterbrochen werden, wenn sie davor an mindestens zehn Tagen stattgefunden hat.

(3) [1]Kann ein Angeklagter zu einer Hauptverhandlung, die bereits an mindestens zehn Tagen stattgefunden hat, wegen Krankheit nicht erscheinen, so ist der Lauf der in den Absätzen 1 und 2 genannten Fristen während der Dauer der Verhinderung, längstens jedoch für sechs Wochen, gehemmt; diese Fristen enden frühestens zehn Tage nach Ablauf der Hemmung. [2]Beginn und Ende der Hemmung stellt das Gericht durch unanfechtbaren Beschluß fest.

(4) [1]Wird die Hauptverhandlung nicht spätestens am Tage nach Ablauf der in den vorstehenden Absätzen bezeichneten Frist fortgesetzt, so ist mit ihr von neuem zu beginnen. [2]Ist der Tag nach Ablauf der Frist ein Sonntag, ein allgemeiner Feiertag oder ein Sonnabend, so kann die Hauptverhandlung am nächsten Werktag fortgesetzt werden.

§ 230. [Ausbleiben des Angeklagten] (1) Gegen einen ausgebliebenen Angeklagten findet eine Hauptverhandlung nicht statt.

(2) Ist das Ausbleiben des Angeklagten nicht genügend entschuldigt, so ist die Vorführung anzuordnen oder ein Haftbefehl zu erlassen.

§ 231. [Anwesenheitspflicht des Angeklagten] (1) [1]Der erschienene Angeklagte darf sich aus der Verhandlung nicht entfernen. [2]Der Vorsitzende kann die geeigneten Maßregeln treffen, um die Entfernung zu verhindern; auch kann er den Angeklagten während einer Unterbrechung der Verhandlung in Gewahrsam halten lassen.

(2) Entfernt der Angeklagte sich dennoch oder bleibt er bei der Fortsetzung einer unterbrochenen Hauptverhandlung aus, so kann diese in seiner Abwesenheit zu Ende geführt werden, wenn er über die Anklage schon vernommen war und das Gericht seine fernere Anwesenheit nicht für erforderlich erachtet.

§ 231 a. [Hauptverhandlung bei vorsätzlich herbeigeführter Verhandlungsunfähigkeit] (1) [1]Hat sich der Angeklagte vorsätzlich und schuldhaft in einen seine Verhandlungsfähigkeit ausschließenden Zustand versetzt und verhindert er dadurch wissentlich die ordnungsmäßige Durchführung oder Fortsetzung der Hauptverhandlung in seiner Gegenwart, so wird die Hauptverhandlung, wenn er noch nicht über die Anklage vernommen war, in seiner Abwesenheit durchgeführt oder fortgesetzt, soweit das Gericht seine Anwesenheit nicht für unerläßlich hält. ²Nach Satz 1 ist nur zu verfahren, wenn der Angeklagte nach Eröffnung des Hauptverfahrens Gelegenheit gehabt hat, sich vor dem Gericht oder einem beauftragten Richter zur Anklage zu äußern.

(2) Sobald der Angeklagte wieder verhandlungsfähig ist, hat ihn der Vorsitzende, solange mit der Verkündung des Urteils noch nicht begonnen worden ist, von dem wesentlichen Inhalt dessen zu unterrichten, was in seiner Abwesenheit verhandelt worden ist.

(3) ¹Die Verhandlung in Abwesenheit des Angeklagten nach Absatz 1 beschließt das Gericht nach Anhörung eines Arztes als Sachverständigen. ²Der Beschluß kann bereits vor Beginn der Hauptverhandlung gefaßt werden. ³Gegen den Beschluß ist sofortige Beschwerde zulässig; sie hat aufschiebende Wirkung. ⁴Eine bereits begonnene Hauptverhandlung ist bis zur Entscheidung über die sofortige Beschwerde zu unterbrechen; die Unterbrechung darf, auch wenn die Voraussetzungen des § 229 Abs. 2 nicht vorliegen, bis zu dreißig Tagen dauern.

(4) Dem Angeklagten, der keinen Verteidiger hat, ist ein Verteidiger zu bestellen, sobald eine Verhandlung ohne den Angeklagten nach Absatz 1 in Betracht kommt.

§ 231 b. [Hauptverhandlung nach Entfernung des Angeklagten aus dem Sitzungszimmer] (1) ¹Wird der Angeklagte wegen ordnungswidrigen Benehmens aus dem Sitzungszimmer entfernt oder zur Haft abgeführt (§ 177 des Gerichtsverfassungsgesetzes), so kann in seiner Abwesenheit verhandelt werden, wenn das Gericht seine fernere Anwesenheit nicht für unerläßlich hält und solange zu befürchten ist, daß die Anwesenheit des Angeklagten den Ablauf der Hauptverhandlung in schwerwiegender Weise beeinträchtigen würde. ²Dem Angeklagten ist in jedem Fall Gelegenheit zu geben, sich zur Anklage zu äußern.

(2) Sobald der Angeklagte wieder vorgelassen ist, ist nach § 231 a Abs. 2 zu verfahren.

§ 231 c. [Beurlaubung von Angeklagten] ¹Findet die Hauptverhandlung gegen mehrere Angeklagte statt, so kann durch Gerichtsbeschluß einzelnen Angeklagten, im Falle der notwendigen Verteidigung auch ihren Verteidigern, auf Antrag gestattet werden, sich während einzelner Teile der Verhandlung zu entfernen, wenn sie von diesen Verhandlungsteilen nicht betroffen sind. ²In dem Beschluß sind die Verhandlungsteile zu bezeichnen, für die die Erlaubnis gilt. ³Die Erlaubnis kann jederzeit widerrufen werden.

§ 232. [Hauptverhandlung trotz Ausbleibens] (1) ¹Die Hauptverhandlung kann ohne den Angeklagten durchgeführt werden, wenn er ordnungsgemäß geladen und in der Ladung darauf hingewiesen worden ist, daß in seiner Abwesenheit verhandelt werden kann, und wenn nur Geldstrafe bis zu einhundertachtzig Tagessätzen, Verwarnung mit Strafvorbehalt, Fahrverbot, Verfall, Einziehung, Vernichtung oder Unbrauchbarmachung, allein oder nebeneinander, zu erwarten ist. ²Eine höhere Strafe oder eine Maßregel der Besserung und Sicherung darf in diesem Verfahren nicht verhängt werden. ³Die Entziehung der Fahrerlaubnis ist zulässig, wenn der Angeklagte in der Ladung auf diese Möglichkeit hingewiesen worden ist.

(2) Auf Grund einer Ladung durch öffentliche Bekanntmachung findet die Hauptverhandlung ohne den Angeklagten nicht statt.

(3) Die Niederschrift über eine richterliche Vernehmung des Angeklagten wird in der Hauptverhandlung verlesen.

(4) Das in Abwesenheit des Angeklagten ergehende Urteil muß ihm mit den Urteilsgründen durch Übergabe zugestellt werden, wenn es nicht nach § 145a Abs. 1 dem Verteidiger zugestellt wird.

§ 233. [Entbindung des Angeklagten von der Pflicht zum Erscheinen] (1) ¹Der Angeklagte kann auf seinen Antrag von der Verpflichtung zum Erscheinen in der Hauptverhandlung entbunden werden, wenn nur Freiheitsstrafe bis zu sechs Monaten, Geldstrafe bis zu einhundertachtzig Tagessätzen, Verwarnung mit Strafvorbehalt, Fahrverbot, Verfall, Einziehung, Vernichtung oder Unbrauchbarmachung, allein oder nebeneinander, zu erwarten ist. ²Eine höhere Strafe oder eine Maßregel der Besserung und Sicherung darf in seiner Abwesenheit nicht verhängt werden. ³Die Entziehung der Fahrerlaubnis ist zulässig.

(2) ¹Wird der Angeklagte von der Verpflichtung zum Erscheinen in der Hauptverhandlung entbunden, so muß er durch einen beauftragten oder ersuchten Richter über die Anklage vernommen werden. ²Dabei wird er über die bei Verhandlung in seiner Abwesenheit zulässigen Rechtsfolgen belehrt sowie befragt, ob er seinen Antrag auf Befreiung vom Erscheinen in der Hauptverhandlung aufrechterhalte.

(3) ¹Von dem zum Zweck der Vernehmung anberaumten Termin sind die Staatsanwaltschaft und der Verteidiger zu benachrichtigen; ihrer Anwesenheit bei der Vernehmung bedarf es nicht. ²Das Protokoll über die Vernehmung ist in der Hauptverhandlung zu verlesen.

§ 234. [Vertretung des abwesenden Angeklagten] Soweit die Hauptverhandlung ohne Anwesenheit des Angeklagten stattfinden kann, ist er befugt, sich durch einen mit schriftlicher Vollmacht versehenen Verteidiger vertreten zu lassen.

§ 234a. [Informations- und Zustimmungsbefugnisse des Verteidigers] Findet die Hauptverhandlung ohne Anwesenheit des Angeklagten statt, so genügt es, wenn die nach § 265 Abs. 1 und 2 erforderlichen Hinweise dem Verteidiger gegeben werden; der Verzicht des Angeklagten nach § 61 Nr. 5 sowie sein Einverständnis nach § 245 Abs. 1 Satz 2 und nach § 251 Abs. 1 Nr. 4, Abs. 2 sind nicht erforderlich, wenn ein Verteidiger an der Hauptverhandlung teilnimmt.

§ 235. [Wiedereinsetzung in den vorigen Stand] ¹Hat die Hauptverhandlung gemäß § 232 ohne den Angeklagten stattgefunden, so kann er gegen das Urteil binnen einer Woche nach seiner Zustellung die Wiedereinsetzung in den vorigen Stand unter den gleichen Voraussetzungen wie gegen die Versäumung einer Frist nachsuchen; hat er von der Ladung zur Hauptverhandlung keine Kenntnis erlangt, so kann er stets die Wiedereinsetzung in den vorigen Stand beanspruchen. ²Hierüber ist der Angeklagte bei der Zustellung des Urteils zu belehren.

§ 236. [Anordnung des persönlichen Erscheinens] Das Gericht ist stets befugt, das persönliche Erscheinen des Angeklagten anzuordnen und durch einen Vorführungsbefehl oder Haftbefehl zu erzwingen.

§ 237. [Verbindung mehrerer Strafsachen] Das Gericht kann im Falle eines Zusammenhangs zwischen mehreren bei ihm anhängigen Strafsachen ihre Verbindung zum Zwecke gleichzeitiger Verhandlung anordnen, auch wenn dieser Zusammenhang nicht der in § 3 bezeichnete ist.

§ 238. [Verhandlungsleitung] (1) Die Leitung der Verhandlung, die Vernehmung des Angeklagten und die Aufnahme des Beweises erfolgt durch den Vorsitzenden.

(2) Wird eine auf die Sachleitung bezügliche Anordnung des Vorsitzenden von einer bei der Verhandlung beteiligten Person als unzulässig beanstandet, so entscheidet das Gericht.

§ 239. [Kreuzverhör] (1) ¹Die Vernehmung der von der Staatsanwaltschaft und dem Angeklagten benannten Zeugen und Sachverständigen ist der Staatsanwaltschaft und dem Verteidiger auf deren übereinstimmenden Antrag von dem Vorsitzenden zu überlassen. ²Bei den von der Staatsanwaltschaft benannten Zeugen und Sachverständigen hat diese, bei den von dem Angeklagten benannten der Verteidiger in erster Reihe das Recht zur Vernehmung.

(2) Der Vorsitzende hat auch nach dieser Vernehmung die ihm zur weiteren Aufklärung der Sache erforderlich scheinenden Fragen an die Zeugen und Sachverständigen zu richten.

§ 240. [Fragerecht] (1) Der Vorsitzende hat den beisitzenden Richtern auf Verlangen zu gestatten, Fragen an den Angeklagten, die Zeugen und die Sachverständigen zu stellen.

(2) ¹Dasselbe hat der Vorsitzende der Staatsanwaltschaft, dem Angeklagten und dem Verteidiger sowie den Schöffen zu gestatten. ²Die unmittelbare Befragung eines Angeklagten durch einen Mitangeklagten ist unzulässig.

§ 241. [Zurückweisung von Fragen] (1) Dem, welcher im Falle des § 239 Abs. 1 die Befugnis der Vernehmung mißbraucht, kann sie von dem Vorsitzenden entzogen werden.

(2) In den Fällen des § 239 Abs. 1 und des § 240 Abs. 2 kann der Vorsitzende ungeeignete oder nicht zur Sache gehörende Fragen zurückweisen.

§ 241 a. [Vernehmung von Zeugen] (1) Die Vernehmung von Zeugen unter sechzehn Jahren wird allein von dem Vorsitzenden durchgeführt.

(2) ¹Die in § 240 Abs. 1 und Abs. 2 Satz 1 bezeichneten Personen können verlangen, daß der Vorsitzende den Zeugen weitere Fragen stellt. ²Der Vorsitzende

kann diesen Personen eine unmittelbare Befragung der Zeugen gestatten, wenn nach pflichtgemäßem Ermessen ein Nachteil für das Wohl der Zeugen nicht zu befürchten ist.

(3) § 241 Abs. 2 gilt entsprechend.

§ 242. [Zweifel über Zulässigkeit von Fragen] Zweifel über die Zulässigkeit einer Frage entscheidet in allen Fällen das Gericht.

§ 243. [Gang der Hauptverhandlung] (1) ¹Die Hauptverhandlung beginnt mit dem Aufruf der Sache. ²Der Vorsitzende stellt fest, ob der Angeklagte und der Verteidiger anwesend und die Beweismittel herbeigeschafft, insbesondere die geladenen Zeugen und Sachverständigen erschienen sind.

(2) ¹Die Zeugen verlassen den Sitzungssaal. ²Der Vorsitzende vernimmt den Angeklagten über seine persönlichen Verhältnisse.

(3) ¹Darauf verliest der Staatsanwalt den Anklagesatz. ²Dabei legt er in den Fällen des § 207 Abs. 3 die neue Anklageschrift zugrunde. ³In den Fällen des § 207 Abs. 2 Nr. 3 trägt der Staatsanwalt den Anklagesatz mit der dem Eröffnungsbeschluß zugrunde liegenden rechtlichen Würdigung vor; außerdem kann er seine abweichende Rechtsauffassung äußern. ⁴In den Fällen des § 207 Abs. 2 Nr. 4 berücksichtigt er die Änderungen, die das Gericht bei der Zulassung der Anklage zur Hauptverhandlung beschlossen hat.

(4) ¹Sodann wird der Angeklagte darauf hingewiesen, daß es ihm freistehe, sich zu der Anklage zu äußern oder nicht zur Sache auszusagen. ²Ist der Angeklagte zur Äußerung bereit, so wird er nach Maßgabe des § 136 Abs. 2 zur Sache vernommen. ³Vorstrafen des Angeklagten sollen nur insoweit festgestellt werden, als sie für die Entscheidung von Bedeutung sind. ⁴Wann sie festgestellt werden, bestimmt der Vorsitzende.

§ 244. [Beweisaufnahme] (1) Nach der Vernehmung des Angeklagten folgt die Beweisaufnahme.

(2) Das Gericht hat zur Erforschung der Wahrheit die Beweisaufnahme von Amts wegen auf alle Tatsachen und Beweismittel zu erstrecken, die für die Entscheidung von Bedeutung sind.

(3) ¹Ein Beweisantrag ist abzulehnen, wenn die Erhebung des Beweises unzulässig ist. ²Im übrigen darf ein Beweisantrag nur abgelehnt werden, wenn eine Beweiserhebung wegen Offenkundigkeit überflüssig ist, wenn die Tatsache, die bewiesen werden soll, für die Entscheidung ohne Bedeutung oder schon erwiesen ist, wenn das Beweismittel völlig ungeeignet oder wenn es unerreichbar ist, wenn der Antrag zum Zweck der Prozeßverschleppung gestellt ist oder wenn eine erhebliche Behauptung, die zur Entlastung des Angeklagten bewiesen werden soll, so behandelt werden kann, als wäre die behauptete Tatsache wahr.

(4) ¹Ein Beweisantrag auf Vernehmung eines Sachverständigen kann, soweit nichts anderes bestimmt ist, auch abgelehnt werden, wenn das Gericht selbst die erforderliche Sachkunde besitzt. ²Die Anhörung eines weiteren Sachverständigen kann auch dann abgelehnt werden, wenn durch das frühere Gutachten das Gegen-

teil der behaupteten Tatsache bereits erwiesen ist; dies gilt nicht, wenn die Sachkunde des früheren Gutachters zweifelhaft ist, wenn sein Gutachten von unzutreffenden tatsächlichen Voraussetzungen ausgeht, wenn das Gutachten Widersprüche enthält oder wenn der neue Sachverständige über Forschungsmittel verfügt, die denen eines früheren Gutachters überlegen erscheinen.

(5) ¹Ein Beweisantrag auf Einnahme eines Augenscheins kann abgelehnt werden, wenn der Augenschein nach dem pflichtgemäßen Ermessen des Gerichts zur Erforschung der Wahrheit nicht erforderlich ist. ²Unter derselben Voraussetzung kann auch ein Beweisantrag auf Vernehmung eines Zeugen abgelehnt werden, dessen Ladung im Ausland zu bewirken wäre.

(6) Die Ablehnung eines Beweisantrages bedarf eines Gerichtsbeschlusses.

§ 245. [Umfang der Beweisaufnahme] (1) ¹Die Beweisaufnahme ist auf alle vom Gericht vorgeladenen und auch erschienenen Zeugen und Sachverständigen sowie auf die sonstigen nach § 214 Abs. 4 vom Gericht oder der Staatsanwaltschaft herbeigeschafften Beweismittel zu erstrecken, es sei denn, daß die Beweiserhebung unzulässig ist. ²Von der Erhebung einzelner Beweise kann abgesehen werden, wenn die Staatsanwaltschaft, der Verteidiger und der Angeklagte damit einverstanden sind.

(2) ¹Zu einer Erstreckung der Beweisaufnahme auf die vom Angeklagten oder der Staatsanwaltschaft vorgeladenen und auch erschienenen Zeugen und Sachverständigen sowie auf die sonstigen herbeigeschafften Beweismittel ist das Gericht nur verpflichtet, wenn ein Beweisantrag gestellt wird. ²Der Antrag ist abzulehnen, wenn die Beweiserhebung unzulässig ist. ³Im übrigen darf er nur abgelehnt werden, wenn die Tatsache, die bewiesen werden soll, schon erwiesen oder offenkundig ist, wenn zwischen ihr und dem Gegenstand der Urteilsfindung kein Zusammenhang besteht, wenn das Beweismittel völlig ungeeignet ist oder wenn der Antrag zum Zwecke der Prozeßverschleppung gestellt ist.

§ 246. [Verspätete Beweisanträge] (1) Eine Beweiserhebung darf nicht deshalb abgelehnt werden, weil das Beweismittel oder die zu beweisende Tatsache zu spät vorgebracht worden sei.

(2) Ist jedoch ein zu vernehmender Zeuge oder Sachverständiger dem Gegner des Antragstellers so spät namhaft gemacht oder eine zu beweisende Tatsache so spät vorgebracht worden, daß es dem Gegner an der zur Einziehung von Erkundigungen erforderlichen Zeit gefehlt hat, so kann er bis zum Schluß der Beweisaufnahme die Aussetzung der Hauptverhandlung zum Zweck der Erkundigung beantragen.

(3) Dieselbe Befugnis haben die Staatsanwaltschaft und der Angeklagte bei den auf Anordnungen des Vorsitzenden oder des Gerichts geladenen Zeugen oder Sachverständigen.

(4) Über die Anträge entscheidet das Gericht nach freiem Ermessen.

§ 246a. [Ärztlicher Sachverständiger] ¹Ist damit zu rechnen, daß die Unterbringung des Angeklagten in einem psychiatrischen Krankenhaus, einer Entziehungsanstalt oder in der Sicherungsverwahrung angeordnet werden wird, so ist in der Hauptverhandlung ein Sachverständiger über den Zustand des Angeklagten und die Behandlungsaussichten zu vernehmen. ²Hat der Sachverständige den Angeklagten nicht schon früher untersucht, so soll ihm dazu vor der Hauptverhandlung Gelegenheit gegeben werden.

§ 247. [Entfernung des Angeklagten] ¹Das Gericht kann anordnen, daß sich der Angeklagte während einer Vernehmung aus dem Sitzungszimmer entfernt, wenn zu befürchten ist, ein Mitangeklagter oder ein Zeuge werde bei seiner Vernehmung in Gegenwart des Angeklagten die Wahrheit nicht sagen. ²Das gleiche gilt, wenn bei der Vernehmung einer Person unter sechzehn Jahren als Zeuge in Gegenwart des Angeklagten ein erheblicher Nachteil für das Wohl des Zeugen zu befürchten ist oder wenn bei einer Vernehmung einer anderen Person als Zeuge in Gegenwart des Angeklagten die dringende Gefahr eines schwerwiegenden Nachteils für ihre Gesundheit besteht. ³Die Entfernung des Angeklagten kann für die Dauer von Erörterungen über den Zustand des Angeklagten und die Behandlungsaussichten angeordnet werden, wenn ein erheblicher Nachteil für seine Gesundheit zu befürchten ist. ⁴Der Vorsitzende hat den Angeklagten, sobald dieser wieder anwesend ist, von dem wesentlichen Inhalt dessen zu unterrichten, was während seiner Abwesenheit ausgesagt oder sonst verhandelt worden ist.

§ 248. [Entlassung der Zeugen und Sachverständigen] ¹Die vernommenen Zeugen und Sachverständigen dürfen sich nur mit Genehmigung oder auf Anweisung des Vorsitzenden von der Gerichtsstelle entfernen. ²Die Staatsanwaltschaft und der Angeklagte sind vorher zu hören.

§ 249. [Verlesung von Schriftstücken] (1) ¹Urkunden und andere als Beweismittel dienende Schriftstücke werden in der Hauptverhandlung verlesen. ²Dies gilt insbesondere von früher ergangenen Strafurteilen, von Straflisten und von Auszügen aus Kirchenbüchern und Personenstandsregistern und findet auch Anwendung auf Protokolle über die Einnahme des richterlichen Augenscheins.

(2) ¹Von der Verlesung kann, außer in den Fällen der §§ 253 und 254, abgesehen werden, wenn die Richter und Schöffen vom Wortlaut der Urkunde oder des Schriftstücks Kenntnis genommen haben und die übrigen Beteiligten hierzu Gelegenheit hatten. ²Widerspricht der Staatsanwalt, der Angeklagte oder der Verteidiger unverzüglich der Anordnung des Vorsitzenden, nach Satz 1 zu verfahren, so entscheidet das Gericht. ³Die Anordnung des Vorsitzenden, die Feststellungen über die Kenntnisnahme und die Gelegenheit hierzu und der Widerspruch sind in das Protokoll aufzunehmen.

§ 250. [Grundsatz der persönlichen Vernehmung] ¹Beruht der Beweis einer Tatsache auf der Wahrnehmung einer Person, so ist diese in der Hauptverhandlung zu vernehmen. ²Die Vernehmung darf nicht durch Verlesung des über eine frühere Vernehmung aufgenommenen Protokolls oder einer schriftlichen Erklärung ersetzt werden.

§ 251. [Verlesung von Protokollen] (1) Die Vernehmung eines Zeugen, Sachverständigen oder Mitbeschuldigten darf durch Verlesung der Niederschrift über seine frühere richterliche Vernehmung ersetzt werden, wenn

1. der Zeuge, Sachverständige oder Mitbeschuldigte verstorben oder in Geisteskrankheit verfallen ist oder wenn sein Aufenthalt nicht zu ermitteln ist;
2. dem Erscheinen des Zeugen, Sachverständigen oder Mitbeschuldigten in der Hauptverhandlung für eine längere oder ungewisse Zeit Krankheit, Gebrechlichkeit oder andere nicht zu beseitigende Hindernisse entgegenstehen;
3. dem Zeugen oder Sachverständigen das Erscheinen in der Hauptverhandlung wegen großer Entfernung unter Berücksichtigung der Bedeutung seiner Aussage nicht zugemutet werden kann;
4. der Staatsanwalt, der Verteidiger und der Angeklagte mit der Verlesung einverstanden sind.

(2) ¹Hat der Angeklagte einen Verteidiger, so kann die Vernehmung eines Zeugen, Sachverständigen oder Mitbeschuldigten durch die Verlesung einer Niederschrift über eine andere Vernehmung oder einer Urkunde, die eine von ihm stammende schriftliche Erklärung enthält, ersetzt werden, wenn der Staatsanwalt, der Verteidiger und der Angeklagte damit einverstanden sind. ²Im übrigen ist die Verlesung nur zulässig, wenn der Zeuge, Sachverständige oder Mitbeschuldigte verstorben ist oder aus einem anderen Grunde in absehbarer Zeit gerichtlich nicht vernommen werden kann.

(3) Soll die Verlesung anderen Zwecken als unmittelbar der Urteilsfindung, insbesondere zur Vorbereitung der Entscheidung darüber dienen, ob die Ladung und Vernehmung einer Person erfolgen sollen, so dürfen Vernehmungsniederschriften, Urkunden und andere als Beweismittel dienende Schriftstücke auch sonst verlesen werden.

(4) ¹In den Fällen der Absätze 1 und 2 beschließt das Gericht, ob die Verlesung angeordnet wird. ²Der Grund der Verlesung wird bekanntgegeben. ³Wird die Niederschrift über eine richterliche Vernehmung verlesen, so wird festgestellt, ob der Vernommene vereidigt worden ist. ⁴Die Vereidigung wird nachgeholt, wenn sie dem Gericht notwendig erscheint und noch ausführbar ist.

§ 252. [Unstatthafte Protokollverlesung] Die Aussage eines vor der Hauptverhandlung vernommenen Zeugen, der erst in der Hauptverhandlung von seinem Recht, das Zeugnis zu verweigern, Gebrauch macht, darf nicht verlesen werden.

§ 253. [Protokollverlesung zur Gedächtnisunterstützung] (1) Erklärt ein Zeuge oder Sachverständiger, daß er sich einer Tatsache nicht mehr erinnere, so kann der hierauf bezügliche Teil des Protokolls über seine frühere Vernehmung zur Unterstützung seines Gedächtnisses verlesen werden.

(2) Dasselbe kann geschehen, wenn ein in der Vernehmung hervortretender Widerspruch mit der früheren Aussage nicht auf andere Weise ohne Unterbrechung der Hauptverhandlung festgestellt oder behoben werden kann.

§ 254. [Verlesung von Geständnissen und bei Widersprüchen] (1) Erklärungen des Angeklagten, die in einem richterlichen Protokoll enthalten sind, können zum Zweck der Beweisaufnahme über ein Geständnis verlesen werden.

(2) Dasselbe kann geschehen, wenn ein in der Vernehmung hervortretender Widerspruch mit der früheren Aussage nicht auf andere Weise ohne Unterbrechung der Hauptverhandlung festgestellt oder behoben werden kann.

§ 255. [Protokollierung der Verlesung] In den Fällen der §§ 253 und 254 ist die Verlesung und ihr Grund auf Antrag der Staatsanwaltschaft oder des Angeklagten im Protokoll zu erwähnen.

§ 256. [Verlesung von Behörden- und Ärzteerklärungen] (1) ¹Die ein Zeugnis oder ein Gutachten enthaltenden Erklärungen öffentlicher Behörden sowie der Ärzte eines gerichtsärztlichen Dienstes mit Ausschluß von Leumundszeugnissen sowie ärztliche Atteste über Körperverletzungen, die nicht zu den schweren gehören, können verlesen werden. ²Dasselbe gilt für Gutachten über die Auswertung eines Fahrtschreibers, die Bestimmung der Blutgruppe oder des Blutalkoholgehalts einschließlich seiner Rückrechnung sowie für ärztliche Berichte zur Entnahme von Blutproben.

(2) Ist das Gutachten einer kollegialen Fachbehörde eingeholt worden, so kann das Gericht die Behörde ersuchen, eines ihrer Mitglieder mit der Vertretung des Gutachtens in der Hauptverhandlung zu beauftragen und dem Gericht zu bezeichnen.

§ 257. [Befragung des Angeklagten, des Staatsanwalts und des Verteidigers] (1) Nach der Vernehmung eines jeden Mitangeklagten und nach jeder einzelnen Beweiserhebung soll der Angeklagte befragt werden, ob er dazu etwas zu erklären habe.

(2) Auf Verlangen ist auch dem Staatsanwalt und dem Verteidiger nach der Vernehmung des Angeklagten und nach jeder einzelnen Beweiserhebung Gelegenheit zu geben, sich dazu zu erklären.

(3) Die Erklärungen dürfen den Schlußvortrag nicht vorwegnehmen.

§ 257a. [Anordnung schriftlicher Antragstellung] ¹Das Gericht kann den Verfahrensbeteiligten aufgeben, Anträge und Anregungen zu Verfahrensfragen schriftlich zu stellen. ²Dies gilt nicht für die in § 258 bezeichneten Anträge. ³§ 249 findet entsprechende Anwendung.

§ 258. [Schlußvorträge] (1) Nach dem Schluß der Beweisaufnahme erhalten der Staatsanwalt und sodann der Angeklagte zu ihren Ausführungen und Anträgen das Wort.

(2) Dem Staatsanwalt steht das Recht der Erwiderung zu; dem Angeklagten gebührt das letzte Wort.

(3) Der Angeklagte ist, auch wenn ein Verteidiger für ihn gesprochen hat, zu befragen, ob er selbst noch etwas zu seiner Verteidigung anzuführen habe.

§ 259. [Dolmetscher] (1) Einem der Gerichtssprache nicht mächtigen Angeklagten müssen aus den Schlußvorträgen mindestens die Anträge des Staatsanwalts und des Verteidigers durch den Dolmetscher bekanntgemacht werden.

(2) Dasselbe gilt von einem tauben Angeklagten, sofern nicht eine schriftliche Verständigung erfolgt.

§ 260. [Urteil] (1) Die Hauptverhandlung schließt mit der auf die Beratung folgenden Verkündung des Urteils.

(2) Wird ein Berufsverbot angeordnet, so ist im Urteil der Beruf, der Berufszweig, das Gewerbe oder der Gewerbezweig, dessen Ausübung verboten wird, genau zu bezeichnen.

(3) Die Einstellung des Verfahrens ist im Urteil auszusprechen, wenn ein Verfahrenshindernis besteht.

(4) ¹Die Urteilsformel gibt die rechtliche Bezeichnung der Tat an, deren der Angeklagte schuldig gesprochen wird. ²Hat ein Straftatbestand eine gesetzliche Überschrift, so soll diese zur rechtlichen Bezeichnung der Tat verwendet werden. ³Wird eine Geldstrafe verhängt, so sind Zahl und Höhe der Tagessätze in die Urteilsformel aufzunehmen. ⁴Wird die Strafe oder Maßregel der Besserung und Sicherung zur Bewährung ausgesetzt, der Angeklagte mit Strafvorbehalt verwarnt oder von Strafe abgesehen, so ist dies in der Urteilsformel zum Ausdruck zu bringen. ⁵Im übrigen unterliegt die Fassung der Urteilsformel dem Ermessen des Gerichts.

(5) ¹Nach der Urteilsformel werden die angewendeten Vorschriften nach Paragraph, Absatz, Nummer, Buchstabe und mit der Bezeichnung des Gesetzes aufgeführt. ²Ist bei einer Verurteilung, durch die auf Freiheitsstrafe oder Gesamtfreiheitsstrafe von nicht mehr als zwei Jahren erkannt wird, die Tat oder der ihrer Bedeutung nach überwiegende Teil der Taten auf Grund einer Betäubungsmittelabhängigkeit begangen worden, so ist außerdem § 17 Abs. 2 des Bundeszentralregistergesetzes anzuführen.

§ 261. [Freie Beweiswürdigung] Über das Ergebnis der Beweisaufnahme entscheidet das Gericht nach seiner freien, aus dem Inbegriff der Verhandlung geschöpften Überzeugung.

§ 262. [Zivilrechtliche Vorfragen] (1) Hängt die Strafbarkeit einer Handlung von der Beurteilung eines bürgerlichen Rechtsverhältnisses ab, so entscheidet das Strafgericht auch über dieses nach den für das Verfahren und den Beweis in Strafsachen geltenden Vorschriften.

(2) Das Gericht ist jedoch befugt, die Untersuchung auszusetzen und einem der Beteiligten zur Erhebung der Zivilklage eine Frist zu bestimmen oder das Urteil des Zivilgerichts abzuwarten.

§ 263. [Abstimmung] (1) Zu jeder dem Angeklagten nachteiligen Entscheidungen über die Schuldfrage und die Rechtsfolgen der Tat ist eine Mehrheit von zwei Dritteln der Stimmen erforderlich.

(2) Die Schuldfrage umfaßt auch solche vom Strafgesetz besonders vorgesehene Umstände, welche die Strafbarkeit ausschließen, vermindern oder erhöhen.

(3) Die Schuldfrage umfaßt nicht die Voraussetzungen der Verjährung.

§ 264. [Gegenstand des Urteils] (1) Gegenstand der Urteilsfindung ist die in der Anklage bezeichnete Tat, wie sie sich nach dem Ergebnis der Verhandlung darstellt.

(2) Das Gericht ist an die Beurteilung der Tat, die dem Beschluß über die Eröffnung des Hauptverfahrens zugrunde liegt, nicht gebunden.

§ 265. [Veränderung des rechtlichen Gesichtspunktes] (1) Der Angeklagte darf nicht auf Grund eines anderen als des in der gerichtlich zugelassenen Anklage angeführten Strafgesetzes verurteilt werden, ohne daß er zuvor auf die Veränderung des rechtlichen Gesichtspunktes besonders hingewiesen und ihm Gelegenheit zur Verteidigung gegeben worden ist.

(2) Ebenso ist zu verfahren, wenn sich erst in der Verhandlung vom Strafgesetz besonders vorgesehene Umstände ergeben, welche die Strafbarkeit erhöhen oder die Anordnung einer Maßregel der Besserung und Sicherung rechtfertigen.

(3) Bestreitet der Angeklagte unter der Behauptung, auf die Verteidigung nicht genügend vorbereitet zu sein, neu hervorgetretene Umstände, welche die Anwendung eines schwereren Strafgesetzes gegen den Angeklagten zulassen als des in der gerichtlich zugelassenen Anklage angeführten oder die zu den im zweiten Absatz bezeichneten gehören, so ist auf seinen Antrag die Hauptverhandlung auszusetzen.

(4) Auch sonst hat das Gericht auf Antrag oder von Amts wegen die Hauptverhandlung auszusetzen, falls dies infolge der veränderten Sachlage zur genügenden Vorbereitung der Anklage oder der Verteidigung angemessen erscheint.

§ 265 a. [Auflagen oder Weisungen] ¹Kommen Auflagen oder Weisungen (§§ 56b, 56c, 59a Abs. 2 des Strafgesetzbuches) in Betracht, so ist der Angeklagte in geeigneten Fällen zu befragen, ob er sich zu Leistungen erbietet, die der Genugtuung für das begangene Unrecht dienen, oder Zusagen für seine künftige Lebensführung macht. ²Kommt die Weisung in Betracht, sich einer Heilbehandlung oder einer Entziehungskur zu unterziehen oder in einem geeigneten Heim oder einer geeigneten Anstalt Aufenthalt zu nehmen, so ist er zu befragen, ob er hierzu seine Einwilligung gibt.

§ 266. [Nachtragsanklage] (1) Erstreckt der Staatsanwalt in der Hauptverhandlung die Anklage auf weitere Straftaten des Angeklagten, so kann das Gericht sie durch Beschluß in das Verfahren einbeziehen, wenn es für sie zuständig ist und der Angeklagte zustimmt.

(2) ¹Die Nachtragsanklage kann mündlich erhoben werden. ²Ihr Inhalt entspricht dem § 200 Abs. 1. ³Sie wird in die Sitzungsniederschrift aufgenommen. ⁴Der Vorsitzende gibt dem Angeklagten Gelegenheit, sich zu verteidigen.

(3) ¹Die Verhandlung wird unterbrochen, wenn es der Vorsitzende für erforderlich hält oder wenn der Angeklagte es beantragt und sein Antrag nicht offenbar mutwillig oder nur zur Verzögerung des Verfahrens gestellt ist. ²Auf das Recht, die Unterbrechung zu beantragen, wird der Angeklagte hingewiesen.

§ 267. [Urteilsgründe] (1) ¹Wird der Angeklagte verurteilt, so müssen die Urteilsgründe die für erwiesen erachteten Tatsachen angeben, in denen die gesetzlichen Merkmale der Straftat gefunden werden. ²Soweit der Beweis aus anderen Tatsachen gefolgert wird, sollen auch diese Tatsachen angegeben werden. ³Auf Abbildungen, die sich bei den Akten befinden, kann hierbei wegen der Einzelheiten verwiesen werden.

(2) Waren in der Verhandlung vom Strafgesetz besonders vorgesehene Umstände behauptet worden, welche die Strafbarkeit ausschließen, vermindern oder erhöhen, so müssen die Urteilsgründe sich darüber aussprechen, ob diese Umstände für festgestellt oder für nicht festgestellt erachtet werden.

(3) ¹Die Gründe des Strafurteils müssen ferner das zur Anwendung gebrachte Strafgesetz bezeichnen und die Umstände anführen, die für die Zumessung der Strafe bestimmend gewesen sind. ²Macht das Strafgesetz Milderungen von dem Vorliegen minder schwerer Fälle abhängig, so müssen die Urteilsgründe ergeben, weshalb diese Umstände angenommen oder einem in der Verhandlung gestellten Antrag entgegen verneint werden; dies gilt entsprechend für die Verhängung einer Freiheitsstrafe in den Fällen des § 47 des Strafgesetzbuches. ³Die Urteilsgründe müssen auch ergeben, weshalb ein besonders schwerer Fall nicht angenommen wird, wenn die Voraussetzungen erfüllt sind, unter denen nach dem Strafgesetz in der Regel ein solcher Fall vorliegt; liegen diese Voraussetzungen nicht vor, wird aber gleichwohl ein besonders schwerer Fall angenommen, so gilt Satz 2 entsprechend. ⁴Die Urteilsgründe müssen ferner ergeben, weshalb die Strafe zur Bewährung ausgesetzt oder einem in der Verhandlung gestellten Antrag entgegen nicht ausgesetzt worden ist; dies gilt entsprechend für die Verwarnung mit Strafvorbehalt und das Absehen von Strafe.

(4) ¹Verzichten alle zur Anfechtung Berechtigten auf Rechtsmittel oder wird innerhalb der Frist kein Rechtsmittel eingelegt, so müssen die erwiesenen Tatsachen, in denen die gesetzlichen Merkmale der Straftat gefunden werden, und das angewendete Strafgesetz angegeben werden; bei Urteilen, die nur auf Geldstrafe lauten oder neben einer Geldstrafe ein Fahrverbot oder die Entziehung der Fahrerlaubnis und damit zusammen die Einziehung des Führerscheins anordnen, kann hierbei auf den zugelassenen Anklagesatz, auf die Anklage gemäß § 418 Abs. 3 Satz 2 oder den Strafbefehl sowie den Strafbefehlsantrag verwiesen werden. ²Den weiteren Inhalt der Urteilsgründe bestimmt das Gericht unter Berücksichtigung der Umstände des Einzelfalls nach seinem Ermessen. ³Die Urteilsgründe können innerhalb der in § 275 Abs. 1 Satz 2 vorgesehenen Frist ergänzt werden, wenn gegen die Versäumung der Frist zur Einlegung des Rechtsmittels Wiedereinsetzung in den vorigen Stand gewährt wird.

(5) ¹Wird der Angeklagte freigesprochen, so müssen die Urteilsgründe ergeben, ob der Angeklagte für nicht überführt oder ob und aus welchen Gründen die für erwiesen angenommene Tat für nicht strafbar erachtet worden ist. ²Verzichten alle zur Anfechtung Berechtigten auf Rechtsmittel oder wird innerhalb der Frist kein Rechtsmittel eingelegt, so braucht nur angegeben zu werden, ob die dem Angeklagten zur Last gelegte Straftat aus tatsächlichen oder rechtlichen Gründen nicht festgestellt worden ist. ³Absatz 4 Satz 3 ist anzuwenden.

(6) ¹Die Urteilsgründe müssen auch ergeben, weshalb eine Maßregel der Besserung und Sicherung angeordnet oder einem in der Verhandlung gestellten Antrag entgegen nicht angeordnet worden ist. ²Ist die Fahrerlaubnis nicht entzogen oder

eine Sperre nach § 69a Abs. 1 Satz 3 des Strafgesetzbuches nicht angeordnet worden, obwohl dies nach der Art der Straftat in Betracht kam, so müssen die Urteilsgründe stets ergeben, weshalb die Maßregel nicht angeordnet worden ist.

§ 268. [Urteilsverkündung] (1) Das Urteil ergeht im Namen des Volkes.

(2) ¹Das Urteil wird durch Verlesung der Urteilsformel und Eröffnung der Urteilsgründe verkündet. ²Die Eröffnung der Urteilsgründe geschieht durch Verlesung oder durch mündliche Mitteilung ihres wesentlichen Inhalts. ³Die Verlesung der Urteilsformel hat in jedem Falle der Mitteilung der Urteilsgründe voranzugehen.

(3) ¹Das Urteil soll am Schluß der Verhandlung verkündet werden. ²Es muß spätestens am elften Tage danach verkündet werden, andernfalls mit der Hauptverhandlung von neuem zu beginnen ist. ³§ 229 Abs. 3 und 4 Satz 2 gilt entsprechend.

(4) War die Verkündung des Urteils ausgesetzt, so sind die Urteilsgründe tunlichst vorher schriftlich festzustellen.

§ 268a. [Strafaussetzung oder Aussetzung von Maßregeln zur Bewährung] (1) Wird in dem Urteil die Strafe zur Bewährung ausgesetzt oder der Angeklagte mit Strafvorbehalt verwarnt, so trifft das Gericht die in den §§ 56a bis 56d und 59a des Strafgesetzbuches bezeichneten Entscheidungen durch Beschluß; dieser ist mit dem Urteil zu verkünden.

(2) Absatz 1 gilt entsprechend, wenn in dem Urteil eine Maßregel der Besserung und Sicherung zur Bewährung ausgesetzt oder neben der Strafe Führungsaufsicht angeordnet wird und das Gericht Entscheidungen nach den §§ 68a bis 68c des Strafgesetzbuches trifft.

(3) ¹Der Vorsitzende belehrt den Angeklagten über die Bedeutung der Aussetzung der Strafe oder Maßregel zur Bewährung, der Verwarnung mit Strafvorbehalt oder der Führungsaufsicht, über die Dauer der Bewährungszeit oder der Führungsaufsicht, über die Auflagen und Weisungen sowie über die Möglichkeit des Widerrufs der Aussetzung oder der Verurteilung zu der vorbehaltenen Strafe (§ 56f Abs. 1, §§ 59b, 67g Abs. 1 des Strafgesetzbuches). ²Erteilt das Gericht dem Angeklagten Weisungen nach § 68b Abs. 1 des Strafgesetzbuches, so belehrt der Vorsitzende ihn auch über die Möglichkeit einer Bestrafung nach § 145a des Strafgesetzbuches. ³Die Belehrung ist in der Regel im Anschluß an die Verkündung des Beschlusses nach den Absätzen 1 und 2 zu erteilen. ⁴Wird die Unterbringung in einem psychiatrischen Krankenhaus zur Bewährung ausgesetzt, so kann der Vorsitzende von der Belehrung über die Möglichkeit des Widerrufs der Aussetzung absehen.

§ 268b. [Fortdauer der Untersuchungshaft] ¹Bei der Urteilsfällung ist zugleich von Amts wegen über die Fortdauer der Untersuchungshaft oder einstweiligen Unterbringung zu entscheiden. ²Der Beschluß ist mit dem Urteil zu verkünden.

§ 268c. [Belehrung über Beginn des Fahrverbots] ¹Wird in dem Urteil ein Fahrverbot angeordnet, so belehrt der Vorsitzende den Angeklagten über den Beginn der Verbotsfrist (§ 44 Abs. 4 Satz 1 des Strafgesetzbuches). ²Die Belehrung wird im Anschluß an die Urteilsverkündung erteilt. ³Ergeht das Urteil in Abwesenheit des Angeklagten, so ist er schriftlich zu belehren.

§ 269. [Sachliche Unzuständigkeit] Das Gericht darf sich nicht für unzuständig erklären, weil die Sache vor ein Gericht niederer Ordnung gehöre.

§ 270. [Verweisung an höheres zuständiges Gericht] (1) ¹Hält ein Gericht nach Beginn einer Hauptverhandlung die sachliche Zuständigkeit eines Gerichts höherer Ordnung für begründet, so verweist es die Sache durch Beschluß an das zuständige Gericht; § 209a Nr. 2 Buchstabe a gilt entsprechend. ²Ebenso ist zu verfahren, wenn das Gericht einen rechtzeitig geltend gemachten Einwand des Angeklagten nach § 6a für begründet hält.

(2) In dem Beschluß bezeichnet das Gericht den Angeklagten und die Tat gemäß § 200 Abs. 1 Satz 1.

(3) ¹Der Beschluß hat die Wirkung eines das Hauptverfahren eröffnenden Beschlusses. ²Seine Anfechtbarkeit bestimmt sich nach § 210.

(4) ¹Ist der Verweisungsbeschluß von einem Strafrichter oder einem Schöffengericht ergangen, so kann der Angeklagte innerhalb einer bei der Bekanntmachung des Beschlusses zu bestimmenden Frist die Vornahme einzelner Beweiserhebungen vor der Hauptverhandlung beantragen. ²Über den Antrag entscheidet der Vorsitzende des Gerichts, an das die Sache verwiesen worden ist.

§ 271. [Sitzungsprotokoll] (1) ¹Über die Hauptverhandlung ist ein Protokoll aufzunehmen und von dem Vorsitzenden und dem Urkundsbeamten der Geschäftsstelle zu unterschreiben. ²Der Tag der Fertigstellung ist darin anzugeben.

(2) ¹Ist der Vorsitzende verhindert, so unterschreibt für ihn der älteste beisitzende Richter. ²Ist der Vorsitzende das einzige richterliche Mitglied des Gerichts, so genügt bei seiner Verhinderung die Unterschrift des Urkundsbeamten der Geschäftsstelle.

§ 272. [Inhalt des Protokolls] Das Protokoll über die Hauptverhandlung enthält
1. den Ort und den Tag der Verhandlung;
2. die Namen der Richter und Schöffen, des Beamten der Staatsanwaltschaft, des Urkundsbeamten der Geschäftsstelle und des zugezogenen Dolmetschers;
3. die Bezeichnung der Straftat nach der Anklage;
4. die Namen der Angeklagten, ihrer Verteidiger, der Privatkläger, Nebenkläger, Verletzten, die Ansprüche aus der Straftat geltend machen, der sonstigen Nebenbeteiligten, gesetzlichen Vertreter, Bevollmächtigten und Beistände;
5. die Angabe, daß öffentlich verhandelt oder die Öffentlichkeit ausgeschlossen ist.

§ 273. [Beurkundung der Hauptverhandlung] (1) Das Protokoll muß den Gang und die Ergebnisse der Hauptverhandlung im wesentlichen wiedergeben und die Beobachtung aller wesentlichen Förmlichkeiten ersichtlich machen, auch die Bezeichnung der verlesenen Schriftstücke oder derjenigen, von deren Verlesung nach § 249 Abs. 2 abgesehen worden ist, sowie die im Laufe der Verhandlung gestellten Anträge, die ergangenen Entscheidungen und die Urteilsformel enthalten.

Gesetzestext

(2) Aus der Hauptverhandlung vor dem Strafrichter und dem Schöffengericht sind außerdem die wesentlichen Ergebnisse der Vernehmungen in das Protokoll aufzunehmen; dies gilt nicht, wenn alle zur Anfechtung Berechtigten auf Rechtsmittel verzichten oder innerhalb der Frist kein Rechtsmittel eingelegt wird.

(3) [1]Kommt es auf die Feststellung in der Hauptverhandlung oder des Wortlauts einer Aussage oder einer Äußerung an, so hat der Vorsitzende von Amts wegen oder auf Antrag einer an der Verhandlung beteiligten Person die vollständige Niederschreibung und Verlesung anzuordnen. [2]Lehnt der Vorsitzende die Anordnung ab, so entscheidet auf Antrag einer an der Verhandlung beteiligten Person das Gericht. [3]In dem Protokoll ist zu vermerken, daß die Verlesung geschehen und die Genehmigung erfolgt ist oder welche Einwendungen erhoben worden sind.

(4) Bevor das Protokoll fertiggestellt ist, darf das Urteil nicht zugestellt werden.

§ 274. [Beweiskraft des Protokolls] [1]Die Beobachtung der für die Hauptverhandlung vorgeschriebenen Förmlichkeiten kann nur durch das Protokoll bewiesen werden. [2]Gegen den diese Förmlichkeiten betreffenden Inhalt des Protokolls ist nur der Nachweis der Fälschung zulässig.

§ 275. [Frist und Form der Urteilsniederschrift; Ausfertigungen] (1) [1]Ist das Urteil mit den Gründen nicht bereits vollständig in das Protokoll aufgenommen worden, so ist es unverzüglich zu den Akten zu bringen. [2]Dies muß spätestens fünf Wochen nach der Verkündung geschehen; diese Frist verlängert sich, wenn die Hauptverhandlung länger als drei Tage gedauert hat, um zwei Wochen, und wenn die Hauptverhandlung länger als zehn Tage gedauert hat, für jeden begonnenen Abschnitt von zehn Hauptverhandlungstagen um weitere zwei Wochen. [3]Nach Ablauf der Frist dürfen die Urteilsgründe nicht mehr geändert werden. [4]Die Frist darf nur überschritten werden, wenn und solange das Gericht durch einen im Einzelfall nicht voraussehbaren unabwendbaren Umstand an ihrer Einhaltung gehindert worden ist. [5]Der Zeitpunkt des Eingangs und einer Änderung der Gründe ist von der Geschäftsstelle zu vermerken.

(2) [1]Das Urteil ist von den Richtern, die bei der Entscheidung mitgewirkt haben, zu unterschreiben. [2]Ist ein Richter verhindert, seine Unterschrift beizufügen, so wird dies unter der Angabe des Verhinderungsgrundes von dem Vorsitzenden und bei dessen Verhinderung von dem ältesten beisitzenden Richter unter dem Urteil vermerkt. [3]Der Unterschrift der Schöffen bedarf es nicht.

(3) Die Bezeichnung des Tages der Sitzung sowie die Namen der Richter, der Schöffen, des Beamten der Staatsanwaltschaft, des Verteidigers und des Urkundsbeamten der Geschäftsstelle, die an der Sitzung teilgenommen haben, sind in das Urteil aufzunehmen.

(4) Die Ausfertigungen und Auszüge der Urteile sind von dem Urkundsbeamten der Geschäftsstelle zu unterschreiben und mit dem Gerichtssiegel zu versehen.

Siebenter Abschnitt. Verfahren gegen Abwesende

§ 276. [Begriff und Verfahren] Ein Beschuldigter gilt als abwesend, wenn sein Aufenthalt unbekannt ist oder wenn er sich im Ausland aufhält und seine Gestellung vor das zuständige Gericht nicht ausführbar oder nicht angemessen erscheint.

§§ 277–284. *(weggefallen)*

§ 285. [Beweissicherungszweck] (1) [1]Gegen einen Abwesenden findet keine Hauptverhandlung statt. [2]Das gegen einen Abwesenden eingeleitete Verfahren hat die Aufgabe, für den Fall seiner künftigen Gestellung die Beweise zu sichern.

(2) Für dieses Verfahren gelten die Vorschriften der §§ 286 bis 294.

§ 286. [Verteidiger] (1) [1]Für den Angeklagten kann ein Verteidiger auftreten. [2]Auch Angehörige des Angeklagten sind, auch ohne Vollmacht, als Vertreter zuzulassen.

(2) Zeugen sind, soweit nicht Ausnahmen vorgeschrieben oder zugelassen sind, eidlich zu vernehmen.

§ 287. [Benachrichtigung des Abwesenden] (1) Dem abwesenden Beschuldigten steht ein Anspruch auf Benachrichtigung über den Fortgang des Verfahrens nicht zu.

(2) Der Richter ist jedoch befugt, einem Abwesenden, dessen Aufenthalt bekannt ist, Benachrichtigungen zugehen zu lassen.

§ 288. [Aufforderung zum Erscheinen] Der Abwesende, dessen Aufenthalt unbekannt ist, kann in einem oder mehreren öffentlichen Blättern zum Erscheinen vor Gericht oder zur Anzeige seines Aufenthaltsortes aufgefordert werden.

§ 289. [Kommissarische Beweisaufnahme] Stellt sich erst nach Eröffnung des Hauptverfahrens die Abwesenheit des Angeklagten heraus, so erfolgen die noch erforderlichen Beweisaufnahmen durch einen beauftragten oder ersuchten Richter.

§ 290. [Beschlagnahme statt Haftbefehl] (1) Liegen gegen den Abwesenden, gegen den die öffentliche Klage erhoben ist, Verdachtsgründe vor, die den Erlaß eines Haftbefehls rechtfertigen würden, so kann sein im Geltungsbereich dieses Bundesgesetzes befindliches Vermögen durch Beschluß des Gerichts mit Beschlag belegt werden.

(2) Wegen Straftaten, die nur mit Freiheitsstrafe bis zu sechs Monaten oder mit Geldstrafe bis zu einhundertachtzig Tagessätzen bedroht sind, findet keine Vermögensbeschlagnahme statt.

§ 291. [Bekanntmachung der Beschlagnahme] Der die Beschlagnahme verhängende Beschluß ist durch den Bundesanzeiger bekanntzumachen und kann nach dem Ermessen des Gerichts auch durch andere Blätter veröffentlicht werden.

§ 292. [Wirkung der Bekanntmachung] (1) Mit dem Zeitpunkt der ersten Bekanntmachung im Bundesanzeiger verliert der Angeschuldigte das Recht, über das in Beschlag genommene Vermögen unter Lebenden zu verfügen.

(2) ¹Der die Beschlagnahme verhängende Beschluß ist der Behörde mitzuteilen, die für die Einleitung einer Pflegschaft über Abwesende zuständig ist. ²Diese Behörde hat eine Pflegschaft einzuleiten.

§ 293. [Aufhebung der Beschlagnahme] (1) Die Beschlagnahme ist aufzuheben, wenn ihre Gründe weggefallen sind.

(2) Die Aufhebung der Beschlagnahme ist durch dieselben Blätter bekanntzumachen, durch welche die Beschlagnahme selbst veröffentlicht worden war.

§ 294. [Verfahren nach Anklageerhebung] (1) Für das nach Erhebung der öffentlichen Klage eintretende Verfahren gelten im übrigen die Vorschriften über die Eröffnung des Hauptverfahrens entsprechend.

(2) In dem nach Beendigung dieses Verfahrens ergehenden Beschluß (§ 199) ist zugleich über die Fortdauer oder Aufhebung der Beschlagnahme zu entscheiden.

§ 295 [Sicheres Geleit] (1) Das Gericht kann einem abwesenden Beschuldigten sicheres Geleit erteilen; es kann diese Erteilung an Bedingungen knüpfen.

(2) Das sichere Geleit gewährt Befreiung von der Untersuchungshaft, jedoch nur wegen der Straftat, für die es erteilt ist.

(3) Es erlischt, wenn ein auf Freiheitsstrafe lautendes Urteil ergeht oder wenn der Beschuldigte Anstalten zur Flucht trifft oder wenn er die Bedingungen nicht erfüllt, unter denen ihm das sichere Geleit erteilt worden ist.

Sechstes Buch. Besondere Arten des Verfahrens

Zweiter Abschnitt. Sicherungsverfahren

§ 413. [Voraussetzungen des Antrags] Führt die Staatsanwaltschaft das Strafverfahren wegen Schuldunfähigkeit oder Verhandlungsunfähigkeit des Täters nicht durch, so kann sie den Antrag stellen, Maßregeln der Besserung und Sicherung selbständig anzuordnen, wenn dies gesetzlich zulässig ist und die Anordnung nach dem Ergebnis der Ermittlungen zu erwarten ist (Sicherungsverfahren).

§ 414. [Verfahren] (1) Für das Sicherungsverfahren gelten sinngemäß die Vorschriften über das Strafverfahren, soweit nichts anderes bestimmt ist.

(2) ¹Der Antrag steht der öffentlichen Klage gleich. ²An die Stelle der Anklageschrift tritt eine Antragsschrift, die den Erfordernissen der Anklageschrift entsprechen muß. ³In der Antragsschrift ist die Maßregel der Besserung und Sicherung zu bezeichnen, deren Anordnung die Staatsanwaltschaft beantragt. ⁴Wird im Urteil eine Maßregel der Besserung und Sicherung nicht angeordnet, so ist auf Ablehnung des Antrages zu erkennen.

(3) Im Vorverfahren soll einem Sachverständigen Gelegenheit zur Vorbereitung des in der Hauptverhandlung zu erstattenden Gutachtens gegeben werden.

§ 415. [Hauptverhandlung ohne Beschuldigten] (1) Ist im Sicherungsverfahren das Erscheinen des Beschuldigten vor Gericht wegen seines Zustandes unmöglich oder aus Gründen der öffentlichen Sicherheit oder Ordnung unangebracht, so kann das Gericht die Hauptverhandlung durchführen, ohne daß der Beschuldigte zugegen ist.

(2) ¹In diesem Falle ist der Beschuldigte vor der Hauptverhandlung durch einen beauftragten Richter unter Zuziehung eines Sachverständigen zu vernehmen. ²Von dem Vernehmungstermin sind die Staatsanwaltschaft, der Beschuldigte, der Verteidiger und der gesetzliche Vertreter zu benachrichtigen. ³Der Anwesenheit des Staatsanwalts, des Verteidigers und des gesetzlichen Vertreters bei der Vernehmung bedarf es nicht.

(3) Fordert es die Rücksicht auf den Zustand des Beschuldigten oder ist eine ordnungsgemäße Durchführung der Hauptverhandlung sonst nicht möglich, so kann das Gericht im Sicherungsverfahren nach der Vernehmung des Beschuldigten zur Sache die Hauptverhandlung durchführen, auch wenn der Beschuldigte nicht oder nur zeitweise zugegen ist.

(4) ¹Soweit eine Hauptverhandlung ohne den Beschuldigten stattfindet, können seine früheren Erklärungen, die in einem richterlichen Protokoll enthalten sind, verlesen werden. ²Das Protokoll über die Vorvernehmung nach Absatz 2 Satz 1 ist zu verlesen.

(5) ¹In der Hauptverhandlung ist ein Sachverständiger über den Zustand des Beschuldigten zu vernehmen. ²Hat der Sachverständige den Beschuldigten nicht schon früher untersucht, so soll ihm dazu vor der Hauptverhandlung Gelegenheit gegeben werden.

§ 416. [Übergang zum Strafverfahren] (1) ¹Ergibt sich im Sicherungsverfahren nach Eröffnung des Hauptverfahrens die Schuldfähigkeit des Beschuldigten und ist das Gericht für das Strafverfahren nicht zuständig, so spricht es durch Beschluß seine Unzuständigkeit aus und verweist die Sache an das zuständige Gericht. ²§ 270 Abs. 2 und 3 gilt entsprechend.

(2) ¹Ergibt sich im Sicherungsverfahren nach Eröffnung des Hauptverfahrens die Schuldfähigkeit des Beschuldigten und ist das Gericht auch für das Strafverfahren zuständig, so ist der Beschuldigte auf die veränderte Rechtslage hinzuweisen und ihm Gelegenheit zur Verteidigung zu geben. ²Behauptet er, auf die Verteidigung nicht genügend vorbereitet zu sein, so ist auf seinen Antrag die Hauptverhandlung auszusetzen. ³Ist auf Grund des § 415 in Abwesenheit des Beschuldigten verhandelt worden, so sind diejenigen Teile der Hauptverhandlung zu wiederholen, bei denen der Beschuldigte nicht zugegen war.

(3) Die Absätze 1 und 2 gelten entsprechend, wenn sich im Sicherungsverfahren nach Eröffnung des Hauptverfahrens ergibt, daß der Beschuldigte verhandlungsfähig ist und das Sicherungsverfahren wegen seiner Verhandlungsunfähigkeit durchgeführt wird.

§ 417. [Antragstellung] Im Verfahren vor dem Strafrichter und dem Schöffengericht stellt die Staatsanwaltschaft schriftlich oder mündlich den Antrag auf Entscheidung im beschleunigten Verfahren, wenn die Sache aufgrund des einfachen Sachverhalts oder der klaren Beweislage zur sofortigen Verhandlung geeignet ist.

§ 418. [Ladung, Anklage, Verteidigung] (1) Stellt die Staatsanwaltschaft den Antrag, so wird die Hauptverhandlung sofort oder in kurzer Frist durchgeführt, ohne daß es einer Entscheidung über die Eröffnung des Hauptverfahrens bedarf.

(2) ¹Der Beschuldigte wird nur dann geladen, wenn er sich nicht freiwillig zur Hauptverhandlung stellt oder nicht dem Gericht vorgeführt wird. ²Mit der Ladung wird ihm mitgeteilt, was ihm zur Last gelegt wird. ³Die Ladungsfrist beträgt vierundzwanzig Stunden.

(3) ¹Der Einreichung einer Anklageschrift bedarf es nicht. ²Wird eine solche nicht eingereicht, so wird die Anklage bei Beginn der Verhandlung mündlich erhoben und ihr wesentlicher Inhalt in das Sitzungsprotokoll aufgenommen.

(4) Ist eine Freiheitsstrafe von mindestens sechs Monaten zu erwarten, so wird dem Beschuldigten, der noch keinen Verteidiger hat, für das beschleunigte Verfahren vor dem Amtsgericht ein Verteidiger bestellt.

§ 419. [Entscheidung über den Antrag] (1) ¹Der Strafrichter oder das Schöffengericht hat dem Antrag zu entsprechen, wenn sich die Sache zur Verhandlung in diesem Verfahren eignet. ²Eine höhere Freiheitsstrafe als Freiheitsstrafe von einem Jahr oder eine Maßregel der Besserung und Sicherung darf in diesem Verfahren nicht verhängt werden. ³Die Entziehung der Fahrerlaubnis ist zulässig.

(2) ¹Die Entscheidung im beschleunigten Verfahren kann auch in der Hauptverhandlung bis zur Verkündung des Urteils abgelehnt werden. ²Der Beschluß ist nicht anfechtbar.

(3) Wird die Entscheidung im beschleunigten Verfahren abgelehnt, so beschließt das Gericht die Eröffnung des Hauptverfahrens, wenn der Angeschuldigte einer Straftat hinreichend verdächtig erscheint (§ 203); wird nicht eröffnet und die Entscheidung im beschleunigten Verfahren abgelehnt, so kann von der Einreichung einer neuen Anklageschrift abgesehen werden.

§ 420. [Hauptverhandlung] (1) Die Vernehmung eines Zeugen, Sachverständigen oder Mitbeschuldigten darf durch Verlesung von Niederschriften über eine frühere Vernehmung sowie von Urkunden, die eine von ihnen stammende schriftliche Äußerung enthalten, ersetzt werden.

(2) Erklärungen von Behörden und sonstigen Stellen über ihre dienstlichen Wahrnehmungen, Untersuchungen und Erkenntnisse sowie über diejenigen ihrer Angehörigen dürfen auch dann verlesen werden, wenn die Voraussetzungen des § 256 nicht vorliegen.

(3) Das Verfahren nach den Absätzen 1 und 2 bedarf der Zustimmung des Angeklagten, des Verteidigers und der Staatsanwaltschaft, soweit sie in der Hauptverhandlung anwesend sind.

(4) Im Verfahren vor dem Strafrichter bestimmt dieser unbeschadet des § 244 Abs. 2 den Umfang der Beweisaufnahme.

Erster Teil. Beweisgrundsätze, Beweisantrag, Beweisverbote

Erstes Kapitel. Beweisgrundsätze

I. Amtsermittlung

1. Bedeutung im Verfahren

Übersicht

	Rn		Rn
a) Inhalt des Ermittlungsgrundsatzes	1	c) Verhältnis zum Beweisantragsrecht	3–5
b) Zweck der Aufklärungspflicht	2		

a) Zentrales Anliegen und damit **beherrschendes Prinzip** des deutschen Strafprozesses ist die Ermittlung des wahren Sachverhalts (BVerfGE 33 383; 57 275; 63 61; BVerfG MDR 84 284; NStZ 87 419; BGH 1 96; 10 118; 23 187). Das Gericht ist verpflichtet, von Amts wegen selbständig (§ 155 Abs 2), dh ohne Bindung an Anträge oder Erklärungen der Prozeßbeteiligten, die die Entscheidung tragende Tatsachengrundlage umfassend zu untersuchen und aufzuklären (§ 244 Abs 2).¹ Diese **Aufklärungspflicht** bezieht sich auf sämtliche Verfahrensabschnitte (*Roxin* § 15 Rn 5), also nicht nur auf die HV selbst, sondern auch auf deren Vorbereitung und das Zwischenverfahren (dazu 745 ff). 1

b) Das Ziel, die **materielle Wahrheit** zu erforschen, dient der Verwirklichung des materiellen Schuldprinzips und der Durchsetzung des staatlichen Strafanspruchs (BVerfGE 57 275; BVerfG NStZ 87 419). Im Rahmen eines rechtsstaatlichen Strafverfahrens muß (im Interesse des Beschuldigten) idealiter das Bemühen darum sichergestellt sein, daß jede Strafverfolgung und strafrechtliche Verurteilung auf wahrer materieller Grundlage beruht – wenngleich unstreitig ist, daß in der Praxis zu einem zumindest nicht vernachlässigungsfähigen Anteil der Verfahren aufgrund (partiell oder gänzlich) *falscher Tatsachenfeststellungen* beschuldigt bzw angeklagt und auch verurteilt wird (s auch 913).² 2

---

¹ Der Amtsermittlungsgrundsatz, der auch als Untersuchungsgrundsatz oder Instruktions- bzw Inquisitionsprinzip bezeichnet wird, steht im Gegensatz zu der im Zivilprozeß geltenden Verhandlungsmaxime, wonach den Parteien die Bestimmung des Prozeßstoffes im wesentlichen überlassen bleibt – Prinzip der formellen Wahrheit (ebenso statt vieler *Beulke* StP 21; *Ranft* 1540, 1542).

² Methodisch läßt sich zur zahlenmäßigen Größe dieses Anteils eine auch nur einigermaßen verläßliche Angabe schwerlich machen, zumal es sich bei erfolgreichen Wiederaufnahmeverfahren nur um einen Extrembereich handelt. Nach Befragungen von Strafgefangenen, die allerdings in gewisser Hinsicht auch eine Extremgruppe darstellen und deren Angaben von der Haftsituation nur unter bestimmten Voraussetzungen unbeeinflußt sind, soll etwa jede zehnte Verurteilung auf falschen tatsächlichen Feststellungen beruhen. Einschätzungen aus der strafjustitiellen Praxis selbst lauten gemäß persönlichen Mitteilungen dahin, daß vermutlich jede zweite Entscheidung auf partiell unwahrer Grundlage ergehe.

Die Amtsaufklärungspflicht ist **notwendiges Gegenstück** zu den Kriterien der **Beweiswürdigung**, die nur auf der Grundlage einer umfassenden Aufklärung möglich ist (s auch LR-*Gollwitzer* 45 zu § 244). Richterliche Überzeugung in Form von persönlicher Gewißheit (zu § 261 s 89 ff) muß auf objektivierbarem Wissen, auf einer darlegbaren Tatsachengrundlage beruhen.

3   c) Die Amtsaufklärungspflicht ist Grundlage eines *unverzichtbaren Beweiserhebungsanspruchs* der Prozeßbeteiligten, der sich auf alle tauglichen und erlaubten Beweismittel erstreckt, von denen vernünftigerweise eine weitere Sachaufklärung erwartet werden kann (K/M-G 11 zu § 244; ANM 21; vgl auch BGH **1** 96).

4   aa) Das Aufklärungsgebot richtet sich an das Gericht und besteht völlig **unabhängig von** den **Anträgen** der Prozeßbeteiligten, so daß ggf auch gegen den Willen von StA oder Beschuldigtem (zB auch bei Vorliegen eines Geständnisses) be- und entlastendes Beweismaterial ausgeschöpft werden muß (BGH NJW **66** 1524; StV **81** 164; K/M-G 11, KK-*Herdegen* 20, beide zu § 244; ANM 21; vgl auch BGH NJW **67** 299; StV **91** 245). Sofern dem Gericht unabhängig von dem Verhalten der Prozeßbeteiligten eine Aufklärungsmöglichkeit bekannt oder erkennbar ist, ist es zur Beweiserhebung verpflichtet, auch wenn ein Beweisantrag nicht gestellt wird. Deshalb kann eine Aufklärungsrüge auch nicht allein wegen Fehlens eines Beweisantrages zurückgewiesen werden. Allerdings wird in der Praxis das Versäumnis, einen Beweisantrag zu stellen, als Anhaltspunkt dafür (mit-)herangezogen, ob im konkreten Fall weitere Aufklärung von Amts wegen geboten war (BGH bei *Holtz* MDR **85** 629; Koblenz VRS **42** 279; **53** 186; KK-*Herdegen* 20, SK-*Schlüchter* 30, beide zu § 244).

5   bb) Wenngleich idR Beweiserhebungen, die durch einen Antrag erzwungen werden können, auch durch die Aufklärungspflicht geboten sind, besteht **keine** völlige **Übereinstimmung** zwischen **Sachaufklärungspflicht** und **Beweisantragsrecht** (s n 139) (aA *Engels* GA **81** 22; *Wessels* JuS **69** 3 f; wohl auch *Gössel* 248; weitere Nachw ANM 26 ff). So kann es Fälle geben, in denen das Gericht über die nach § 244 Abs 2 gebotene Aufklärung hinaus Beweise erheben muß, weil es zwar von der Nutzlosigkeit eines Beweisantrages so überzeugt sein darf, daß es von sich aus keine weitere Sachaufklärung betreiben müßte, ein Ablehnungsgrund nach § 244 Abs 3 oder 4 aber nicht eingreift (LR-*Gollwitzer* 59 zu § 244; *Roxin* § 43 Rn 4; ANM 29 ff m Nachw und Beisp; vgl auch BGH **21** 124; *Frister* ZStW **105** [1993] 360; *Grünwald* 106; aA KMR-*Paulus* 237 zu § 244). Umgekehrt kann ausnahmsweise eine Beweiserhebung nach § 244 Abs 2 erforderlich sein, obwohl ein entspr Beweisantrag formal rechtsfehlerfrei (etwa nach § 244 Abs 4 S 2) abgelehnt werden könnte (BGH **10** 118; **23** 187 f; KMR-*Paulus* 234 zu § 244; ANM 32 f).

2. Gegenstand und Umfang der Aufklärungspflicht

Übersicht

	Rn		Rn
a) Beweisgegenstand		c) Fehlende Beweisbedürftigkeit	
aa) Allgemeines	6, 7	aa) Glaubhaftes Geständnis	15, 16
bb) Kategorien von Beweistatsachen	8–10	bb) Offenkundigkeit	
		(1) Begriff	16–28
b) Umfang der Aufklärungspflicht		(2) Offenkundigkeit bei Kollegialgerichten	29–32
aa) Vollständige und erschöpfende Beweiserhebung	11, 12	d) Schätzklauseln	
bb) Bestmögliche Beweiserhebung	13	aa) Umfang der Aufklärungspflicht	33
cc) Verbot der überschießenden Aufklärung	14	bb) Behandlung von Beweisanträgen	34

I. Amtsermittlung

Die Aufklärungspflicht erstreckt sich auf alle für die Entscheidung über die in   6
der Anklage bezeichnete Tat (§ 155 Abs 1) **erheblichen Tatsachen**, soweit diese eines Beweises bedürfen.

a) aa) Das Gericht hat alle äußeren[3] und inneren[4] Tatsachen festzustellen, die **verfahrens**rechtlich oder für die **Schuldfrage** bzw die **Rechtsfolgenentscheidung** erheblich sind.

Aufzuklären sind auch Umstände, die für die Beurteilung der Person des Angekl von Bedeutung sind. Dies umfaßt zB die Beiziehung von Straf- oder Verkehrszentralregisterauszügen, die Feststellung von Richtigkeit oder Tilgungsreife einer vermerkten Vorstrafe (LR-*Gollwitzer* 41 zu § 244) oder aber Ermittlungen nach § 43 JGG (zur Revisibilität *Eisenberg* JGG, 60 ff zu § 43). Objektive Bedingungen der Strafbarkeit sind von Amts wegen auch bzgl negativer Tatsachen zu überprüfen, so daß nicht etwa der Angekl die Last der Beweisführung zB für die (Nicht-) Erweislichkeit der ehrenrührigen Tatsache bei übler Nachrede (§ 186 StGB) trägt (*Peters* 305; *Ranft* 1543).

Gegenstand des Beweises können auch die zur Schlußfolgerung herangezogenen **Erfahrungssätze** sein. Erfahrungssätze sind empirische Allgemeinurteile zur Feststellung und Bewertung von Tatsachen[5] (ANM 552 f; KMR-*Paulus* 169 zu § 244 m Beisp 171 ff; speziell betr Kriminaltechnik *Schmitt* 229 ff), wobei zwischen solchen mit Allgemeingültigkeit (sog deterministische Erfahrungssätze) und bloßen Wahrscheinlichkeitsregeln (statistische Erfahrungssätze) zu unterscheiden ist (KK-*Herdegen* 5 zu § 244; s n 23).   7

Fragen der Geltung und Auslegung inländischen Rechts scheiden als Beweisgegenstand aus (BGH NJW **66** 1364; ANM 137, 428; s auch 1501). Ebensowenig kann über allein dem Gericht zustehende Wertungsfragen Beweis erhoben werden (vgl Celle JR **80** 256 f m Anm *Naucke*; ANM 428 f).

bb) Die beweisbedürftigen Tatsachen lassen sich unterteilen in **Haupttatsachen**,   8
Indizien und **Hilfstatsachen**, wobei die Unterscheidung den Grad der Beweiserheblichkeit, nicht aber etwa die Verläßlichkeit des Beweises betrifft.

(1) Zu den *Haupttatsachen* oder **unmittelbar beweiserheblichen** Tatsachen gehören alle Umstände, die aus sich selbst heraus die Subsumtion unter einen Rechtssatz – wie Merkmale des gesetzlichen Tatbestandes, Rechtfertigungs-, Schuldausschließungs-, Strafausschließungs- oder Strafaufhebungsgründe, Umstände iSd § 46 StGB (s n ANM 577 mwN) – ermöglichen (SK-*Schlüchter* 6 zu § 244).[6]

(2) (a) *Indizien* sind **mittelbar beweiserhebliche** Tatsachen, die allein oder iVm   9
weiteren Zwischengliedern den positiven oder negativen Schluß auf eine unmittelbar erhebliche Tatsache ermöglichen (KK-*Herdegen* 4 zu § 244; ANM 578 f).[7] Ein Indizbeweis kann, insbes wenn er mit sachlichen Beweismitteln (s 2000 ff) geführt wird, durchaus verläßlicher sein als ein unmittelbarer Beweis.

---

[3] Insbes Umstände oder Geschehnisse, die von Dritten unmittelbar wahrnehmbar sind.
[4] Insbes etwa Vorstellungsinhalte (zB Bereicherungsabsicht, Kenntnis von Tatumständen) und psychische Fähigkeiten (zB Steuerungsfähigkeit).
[5] Namentlich der Schluß iS eines Ursache-Wirkungs-Zusammenhangs (zB Einfluß chemischer Stoffe auf Körperfunktionen). Daß ein Fingerabdruck (s 1936) stets nur *einer* Person zugeordnet werden kann, ist ein (mittlerweile) offenkundiger (s 17 ff) Erfahrungssatz.
[6] Zum Beispiel die Bekundung eines Zeugen über ein Verhalten, das ein Tatbestandsmerkmal erfüllt.
[7] Etwa das Auffinden von Giftresten in Räumen des der Giftbeibringung Verdächtigen; zu Besonderheiten des Alibibeweises s n 125.

10 (b) *Hilfstatsachen* stellen eine Untergruppe der Indiztatsachen dar (SK-*Schlüchter* 8, KK-*Herdegen* 4, beide zu § 244). Darunter sind Tatsachen zu verstehen, die einen Schluß auf die Qualität eines Beweismittels zulassen.[8] Auch für sie gelten § 244 Abs 2 bis 6 (vgl BGH NStZ 81 310).

b) Der Umfang der Aufklärungspflicht richtet sich nach dem Prozeßgegenstand, dh der angeklagten Tat (§ 155 Abs 2; vgl auch § 264 Abs 1). Innerhalb dieses vorgegebenen Rahmens ist die materielle Wahrheit vollständig und bestmöglich zu erforschen.

11 aa) (1) Die Pflicht zur **vollständigen** und **erschöpfenden** Wahrheitsermittlung bedeutet, daß das Gericht vom Vorliegen sämtlicher entscheidungserheblicher Tatsachen überzeugt sein muß und zu diesem Zweck Beweismittel zur Bildung oder aber Überprüfung einer Überzeugung heranziehen muß, soweit dazu ein *Anlaß* besteht. Maßgeblich ist, inwieweit bekannte oder erkennbare Umstände[9] zu weiteren Nachforschungen oder der Heranziehung weiterer Beweismittel *drängen* oder dies jedenfalls *nahelegen* (BGH **3** 175; **10** 119; StV **81** 165; Koblenz VRS **53** 187; K/M-G 12, KMR-*Paulus* 223, LR-*Gollwitzer* 46, alle zu § 244; ANM 20). Nach der (neueren) Rspr des BGH muß von jedem bekannten oder erkennbaren Beweismittel Gebrauch gemacht werden, wenn auch nur die *entfernte Möglichkeit* besteht, daß die durch die bisherige Beweisaufnahme begründete Vorstellung von dem zu beurteilenden Sachverhalt eine verfahrenserhebliche Änderung erfahren könnte (BGH **23** 188; **30** 143; StV **81** 164 f; **89** 518 f; NStZ **85** 325; **90** 384; **91** 399; K/M-G 12 zu § 244; ANM 20). Dies sollte jedoch nicht so ausgelegt werden, daß jede gedanklich nicht völlig ausschließbare, rein abstrakte Möglichkeit einzubeziehen ist. Grundlage muß vielmehr die verständige Würdigung und Beweisprognose sein, wobei es darauf ankommt, ob sich bei sorgfältiger Abwägung der bisherigen Sach- und Beweislage vernünftige Zw an dem bisher festgestellten Sachverhalt ergeben (SK-*Schlüchter* 37 zu § 244; eingehend LR-*Gollwitzer* 46, KK-*Herdegen* 21, beide zu § 244).

12 (2) Vollständige Sachverhaltserforschung bedeutet auch, daß herangezogene Beweismittel *erschöpfend auszuwerten* sind. Urkunden müssen umfassend verwertet, Personen mit dem Ziel vollständiger Wissensoffenbarung vernommen werden (LR-*Gollwitzer* 51 f, SK-*Schlüchter* 38, beide zu § 244; zur Vernehmung von Zeugen s § 69, dazu 1327, 1329 ff).

13 bb) Das Gericht hat sich zudem um den **bestmöglichen** und **sachnächsten** Beweis zu bemühen, Originalbeweise – soweit verfügbar – sind Beweissurrogaten vorzuziehen, die höherwertige Beweisstufe hat Vorrang gegenüber einer geringwertigeren[10] (BGH [GS] **32** 123; KK-*Herdegen* 25 zu § 244, vgl BGH **17** 384).

Dies begründet aber kein Verbot, sachfernere Beweismittel heranzuziehen oder eine Beweisaufnahme auf geringwertigerer Beweisstufe durchzuführen, sei es als Ergänzung, sei es, daß eine Beweiserhebung mit sachnäheren Beweismitteln oder auf höherwertigerer Beweisstufe nicht möglich ist (BVerfGE **57** 277; BGH NJW **66** 1524; NStZ **86** 520; KK-*Herdegen* 25, SK-*Schlüchter* 39, K/M-G 12, alle zu § 244; vgl auch BGH NJW **93** 804).[11]

---

[8] Zum Beispiel die allg Glaubwürdigkeit eines Zeugen (s 1426).
[9] Etwa der Inhalt der Akten, Anträge oder Äußerungen der Verfahrensbeteiligten (K/M-G 12 zu § 244; ANM 20; vgl auch BGH **30** 140).
[10] Zum Beispiel Vernehmung in der HV anstelle einer kommissarischen Vernehmung.
[11] Zur Sonderproblematik der Zeugen vom Hörensagen und V-Personen s 1027 ff, 1034 ff.

I. Amtsermittlung

In Fällen mittelbarer Beweiserhebung ist die geringere Beweisqualität zu würdigen. Dabei erfordert die eingeschränkte Beweiskraft mittelbarer Beweise idR, daß Beweisanzeichen hinzukommen, um den Nachweis einer Tatsache führen zu können (BGH **17** 386; **33** 88; **33** 181; **36** 166; vgl. BVerfGE **57** 277 f.).

cc) Die Aufklärungspflicht endet bei feststehender „Entscheidungsreife" (SK-*Schlüchter* 40 zu § 244), eine **überschießende Aufklärung** überschreitet den Zweck des Verfahrens und ist daher zu unterlassen (KMR-*Paulus* 115, K/M-G 13 beide zu § 244). Steht beispielsweise fest, daß der Angekl freigesprochen werden muß, weil ihm die Tat nicht nachzuweisen ist oder jdf der Schuldvorwurf entfällt, ist kein Raum mehr für eine weitere Aufklärung zum – positiven – Beweis seiner Unschuld. 14

Jedoch wird uU aus Gründen der Fürsorgepflicht die Heranziehung präsenter (§ 245) oder sofort und leicht erreichbarer Beweismittel zulässig und geboten sein, um zB von dem Angekl den „Makel" eines Freispruchs „nur" wegen erwiesener Schuldunfähigkeit zu nehmen (s dazu auch K/M-G 13, KMR-*Paulus* 116 f, beide zu § 244; vgl zudem LR-*Schäfer* Einl Kap 11 Rn 56 zu Verfahrenshindernissen; aA SK-*Schlüchter* 40 zu § 244).

c) Die Pflicht zur weiteren Sachverhaltserforschung entfällt für Tatsachen, die – obwohl erheblich – **nicht beweisbedürftig** sind, zB weil sie bereits erwiesen oder offenkundig sind (SK-*Schlüchter* 32 zu § 244; s § 244 Abs 3, 4). 15

aa) Soweit der Angekl ein **glaubhaftes Geständnis** abgelegt hat, kann eine Beweisaufnahme über die darin enthaltenen Tatsachen entbehrlich sein; das Geständnis, das der Beweiswürdigung (§ 261) unterliegt, kann im Einzelfall dann sogar ausschließliche Grundlage einer Verurteilung sein, sofern es Schuld- und Strafausspruch zu tragen vermag (BGH **39** 310). Hierzu gebietet die Aufklärungspflicht in Hinblick auf die vielfältigen und nicht selten *verborgenen* Möglichkeiten von (auch teilweisen) *Falschgeständnissen* jedoch eine krit Würdigung seines Beweiswertes (LR-*Gollwitzer* 33 zu § 244; G *Schäfer* StV **95** 150; s n 726 ff, 897).

Insofern bestehen rechtstatsächlich erhebliche Bedenken ggü einzelnen kriminalpolitischen Erwägungen, dem Geständnis formelle Wirkung dergestalt beizulegen, daß die Beweisaufnahme zum Schuldvorwurf entfallen würde (vgl krit etwa auch *Bohlander* NStZ **92** 578 f).

Indes muß ein *außerhalb der HV* vorgebrachtes Geständnis in der HV bestätigt werden, wobei die krit Prüfung prinzipiell *besonders gründlich* zu geschehen hat; ansonsten ist es als belastende Tatsache selbst Gegenstand der Beweisaufnahme (BGH **14** 311 f.; LR-*Gollwitzer* 33 zu § 244). 16

bb) (1) Auch **offenkundige**[12] Tatsachen (§ 244 Abs 3 S 2, 1. Alt) bedürfen keines Beweises. Gleiches gilt, wenn das *Gegenteil* der unter Beweis gestellten Tatsache offenkundig ist.[13] Hierbei handelt es sich zwar um eine Durchbrechung des Verbots der Beweisantizipation, die Verteidigungsinteressen des Angekl werden dadurch jedoch nicht unangemessen beeinträchtigt. Denn die Offenkundigkeit einer Tatsache

---

[12] Offenkundigkeit, die sowohl bei *Tatsachen* als auch bei *Erfahrungssätzen* vorliegen kann, gilt als Oberbegriff für Allgemeinkundigkeit und Gerichtskundigkeit (s nur BGH **26** 59; SK-*Schlüchter* 85 zu § 244; ANM 534 auch mit Nachw zu anderen Einteilungen).

[13] BGH **6** 296; Bay **66** 4; Celle NJW **67** 588; Hamburg NJW **68** 2304; Düsseldorf StV **92** 314; ANM 531 f; LR-*Gollwitzer* 227, K/M-G 50, KMR-*Paulus* 440, alle zu § 244; *Keller* ZStW **101** [1989] 384 ff; 392 f (vgl auch Düsseldorf MDR **80** 868 f, eine Entscheidung, deren Erg jedoch bedenklich ist, da die Offenkundigkeit auf die Berichterstattung der Medien gestützt wird [dazu 20] und zudem fraglich erscheint, inwieweit der unter Beweis gestellten Tatsache nicht zumindest in Hinblick auf die Strafzumessung unmittelbare Bedeutung bei-

17 beweist noch nicht deren Richtigkeit, sondern ist nur *Indiz für ihre Wahrheit*. Gibt ein Beweisantrag Anlaß zu vernünftigen Zw an der Richtigkeit einer als offenkundig behandelten Tatsache, so gebietet die Aufklärungspflicht, diesem stattzugeben (SK-*Schlüchter* 92, KK-*Herdegen* 69, beide zu § 244; ANM 568; *Sarstedt/Hamm* 375; vgl auch BGH **6** 295; Celle NJW **67** 588;[14] krit *Feuerpeil* 71). Dabei sind insbes Beweiswert und Beweismöglichkeit der die Offenkundigkeit begründenden Erkenntnisquellen denen des angebotenen Beweismittels gegenüberzustellen (vgl Hamburg NJW **68** 2304). – Eine Beweisaufnahme über offenkundige Tatsachen ist überflüssig, aber nicht unzulässig (LR-*Gollwitzer* 227 zu § 244).

Unerheblich ist, wo und wann das Wissen des Richters um die Offenkundigkeit erworben wurde, so daß insoweit nicht nur die HV Erkenntnisquelle ist (LR-*Gollwitzer* 227 zu § 244; ANM 532 f; *Geppert* 154).

18 *Unmittelbar beweiserhebliche* Tatsachen, insbes Tatbestandmerkmale der aufzuklärenden Tat, dürfen *nicht* als offenkundig behandelt werden. Über diese muß in prozeßordnungsgemäßer Weise unter Beachtung der Grundsätze der Unmittelbarkeit, Mündlichkeit und des rechtlichen Gehörs in der HV Beweis erhoben werden (RG **16** 331 f; BGH **6** 295; KMR-*Paulus* 209, K/M-G 51 f, beide zu § 244).

19 (a) **Allgemeinkundig** sind Tatsachen oder Erfahrungssätze, von denen verständige und erfahrene Personen regelmäßig Kenntnis haben oder über die sie sich aus allg zugänglichen und verläßlichen Erkenntnisquellen[15] ohne bes Fachkunde zuverlässig unterrichten können (BVerfGE **10** 183; BGH **6** 293; **26** 59; VRS **58** 374; KMR-*Paulus* 210 zu § 244; vgl auch *Stein* 147).

Soweit das Revisionsgericht an der Allgemeinkundigkeit teilhat, kann es die inhaltliche Richtigkeit dessen, was das Tatgericht als „allgemein bekannt" beurteilt hat, nachprüfen (Düsseldorf NJW **93** 2453).

(aa) Die Allgemeinkundigkeit kann in örtlicher, zeitlicher oder persönlicher Hinsicht *beschränkt* sein (allg Meinung, s nur K/M-G 51 zu § 244).[16] In diesem Fall muß der Richter, der die Tatsache als allgemeinkundig behandeln will, selbst dem Kreis angehören, auf den die Allgemeinkundigkeit beschränkt ist, oder aber sich wiederum aus allg zugänglichen und zuverlässigen Quellen die entspr Kenntnis verschaffen können. Andernfalls muß über diese Tatsache oder jdf über ihre (beschränkte) Allgemeinkundigkeit (als Indiz für ihre Wahrheit) Beweis erhoben werden (ANM 543 f; KK-*Herdegen* 69 zu § 244).

20 (bb) Werden *Zeitungen*, Zeitschriften oder andere Medienberichte als Erkenntnisquelle herangezogen, ist zu differenzieren. IdR wird nur zuverlässig feststellbar sein, daß und ggf von wem eine bestimmte Tatsache bzw ein bestimmtes Geschehen behauptet worden ist,

---

zumessen gewesen wäre); **aA** *Engels* GA **81** 29 f; *Born* 113 f; *Feuerpeil* 106 f, 132 ff, 150 ff; *Grünwald* 93 f.

[14] S auch Düsseldorf StV **92** 314 f; *Roxin* § 24 Rn 12, wonach neue und bisher nicht bekannte Umstände vorgebracht werden müssen.

[15] Zum Beispiel Lexika und andere Nachschlagewerke, Stadtpläne, Landkarten, Kalender, Fahrpläne oder Telefonbücher.

[16] Zum Beispiel Straßenverhältnisse in einer kleinen Gemeinde, Vorgänge, die einer bestimmten Generation oder zu einer bestimmten Zeit geläufig waren, Kenntnisse eines bestimmten Kollegenkreises oder von Mitgliedern einer religiösen Gemeinschaft (BGH **6** 293; VRS **58** 374; ANM 536 f). Ebenso kann eine Tatsache in der ersten Instanz, nicht aber beim höheren Gericht allgemeinkundig sein (ANM 536 mwN).

nicht aber die inhaltliche Richtigkeit dieser Behauptung (KG NJW **72** 1910). Bei übereinstimmender Berichterstattung kann Allgemeinkundigkeit bestimmter nicht angezweifelter Vorkommnisse[17] vorliegen (ANM 537f; KK-*Herdegen* 69, SK-*Schlüchter* 87, beide zu § 244). Auch im übrigen sind herangezogene Quellen stets *kritisch* auf ihre *Verläßlichkeit* hin – auch in Bezug auf etwaige Fehler bei Übertragung und Druck – zu prüfen (*Sarstedt/Hamm* 372f mit Beisp).

(cc) Allgemeinkundig können insbes Naturvorgänge, geographische Gegebenheiten oder biographische Daten sein; auch der Kurs eines Wertpapiers zu einem bestimmten Zeitpunkt, die Ziele einer politischen Partei oder der allg Charakter einer periodischen Druckschrift sollen ggf als allgemeinkundig behandelt werden können (ANM 538f mit Nachw und weiteren Beisp). Das Nichtvorliegen von Tatsachen kann ebenfalls allgemeinkundig sein, wenn im Falle ihres Eintritts dieses auf jeden Fall allg hätte bekannt werden müssen wie zB der Eintritt von Naturkatastrophen (ANM 539). Bei *geschichtlichen* Ereignissen kommt es darauf an, inwieweit sie historisch zuverlässig festgestellt worden sind und ohne bes Spezialwissen ermittelt werden können (LR-*Gollwitzer* 229 zu 244; ANM 539f, vgl zB RG **53** 65; **56** 259; **58** 308).[18] **21**

(dd) *Erfahrungssätze*, die auf der allg Lebenserfahrung beruhen, sind allgemeinkundig,[19] ebenso wissenschaftliche Erfahrungssätze, die zum Bestandteil des Allgemeinwissens gerechnet werden können oder über die sich verständige Personen ohne bes Fachkenntnisse leicht unterrichten können[20] (KK-*Herdegen* 70 zu § 244; ANM 555). **22**

Allgemeinkundigkeit kommt nicht in Betracht, wenn zum Verständnis des Erfahrungssatzes eine bes Ausbildung oder bes praktische Erfahrung erforderlich ist, wobei die Abgrenzung der Allgemeinbildung zur bes Sachkunde im Einzelfall schwierig sein mag (ANM 556f mit Beisp).[21]

Über nicht allgemeinkundige Erfahrungssätze muß durch Vernehmung eines Sv in der HV Beweis erhoben werden, es sei denn, das Gericht verfügt über eine bes eigene Sachkunde (§ 244 Abs 4 S 1, dazu n 1524).

Neben *allgemeingültigen* (sog deterministischen) Erfahrungssätzen, die ausnahmslos gelten und an deren zwingende Schlußfolgerungen das Gericht gebunden ist,[22] können auch *nicht allgemeingültige* (statistische) Erfahrungssätze[23] allgemeinkundig sein. Da diese aber nur Wahrscheinlichkeitsregeln enthalten, muß ihre Anwendbarkeit *im konkreten Fall* festgestellt werden (BGH **31** 89f). In Hinblick auf die stetige Weiterentwicklung in Wissenschaft und Forschung und die Möglichkeit neuer, die bisherige Ansicht *revidierender Erkenntnisse* darf ein Beweisantrag nicht abgelehnt werden, wenn er geeignet ist, vernünftige Zw an dem Vorliegen der Voraussetzungen oder der Fortgeltung eines als allgemeinkundig angesehenen Erfahrungssatzes zu wecken (SK-*Schlüchter* 89, KK-*Herdegen* 70, beide zu § 244; s auch 103ff). **23**

---

[17] Insbes Natur- und Sportereignisse oder der faktische Kern einer Nachricht.
[18] Zur Allgemeinkundigkeit von Tatsachen aus der Zeit des Zweiten Weltkrieges und des Nationalsozialismus zB BVerfG (VorprüfA) NJW **82** 1803; BGH **1** 397; **2** 241; **3** 127; NStZ **94** 140; Düsseldorf StV **92** 314f.
[19] Soweit sie im Urteil eingesetzt werden, bedürfen sie jedoch der kritischen interpersonalen Erörterung (s auch *Hetzer* 286).
[20] Auch hierbei muß es sich um allg zugängliche Quellen handeln. Die „informatorische" Befragung eines Sv außerhalb der HV zB kommt nicht in Betracht (ANM 558 mwN; s aber Hamm NJW **78** 1210; vgl auch 1521).
[21] Zur Auswirkung von Alkohol auf die Fahrtüchtigkeit zB BGH **5** 170f; **21** 157; Hamm VRS **32** 279f.
[22] Zum Beispiel Gesetz der Schwerkraft.
[23] Erkenntnisse über den regelmäßigen, aber nicht zwingenden Ablauf von Vorgängen, zB über typische Verhaltensweisen (ANM 562 mit Beisp).

24 (b) Als offenkundig sollen nach hM auch **gerichtskundige** Tatsachen behandelt werden (s nur LR-*Gollwitzer* 227 zu § 244; aA *Grünwald* 93 f; *Keller* ZStW **101** [1989] 405 ff, 408; zur Erörterung in der HV s 77). Darunter werden solche Tatsachen verstanden, die ein Richter iZm seiner – derzeitigen oder früheren (KMR-*Paulus* 212 zu § 244) – amtlichen Tätigkeit zuverlässig in Erfahrung gebracht hat (allg Meinung; s nur BVerfGE **10** 183; BGH **6** 293; K/M-G 52 zu § 244). Wegen naheliegender *Gefahren* der Perpetuierung falscher Feststellungen wie auch der Nähe zur Heimlichkeit des Verfahrens sind demggü enge Grenzen angezeigt.

(aa) Maßgeblich ist zunächst, daß der Richter die Kenntnis von der Tatsache in *amtlicher* Eigenschaft erlangt hat. Die Benutzung privater Informationsquellen kommt nicht in Betracht (LR-*Gollwitzer* 230, KK-*Herdegen* 71, KMR-*Paulus* 215, alle zu § 244), so daß allg ein Rückgriff auf derart erlangtes Wissen – etwa Ortskenntnis – unzulässig ist (Köln VRS **44** 211; **65** 451; Frankfurt StV **83** 193; Köln VRS **88** 379 f; ANM 547; aA *Walter* 262 ff, 283 f).

Bloße Aktenkundigkeit der Tatsache reicht ebensowenig aus (LR-*Gollwitzer* 230 zu § 244) wie die Einholung formloser Auskünfte von Außenstehenden (Karlsruhe MDR **76** 247; KMR-*Paulus* 215 zu § 244; ANM 546).

25 (α) Soweit Gerichtskundigkeit einer Tatsache nach hM zB bejaht wird, wenn das Gericht seine Kenntnis aus Vorgängen in einem *anderen* (*eigenen*) Verfahren gewonnen hat (vgl BGH **6** 293; **26** 59; Bay VRS **66** 33; KG JR **56** 387 f; SK-*Schlüchter* 91 zu § 244), bestehen Bedenken. Diese erhöhen sich qualitativ, soweit es zudem zulässig sein soll, daß das Gericht Feststellungen aus Verfahren, die von *anderen Richtern* geführt worden sind, als gerichtskundig behandelt, sofern es sich davon in amtlicher Eigenschaft Kenntnis verschafft[24] hat.[25]

Schon durch die Übernahme früherer, eigener Feststellungen werden die Regeln des förmlichen Beweisrechts, insbes der Grundsatz der Unmittelbarkeit durchbrochen und der Entscheidung uU Tatsachen zugrundegelegt, die der Nachprüfung durch die Prozeßbeteiligten entzogen sind. Daher müssen als gerichtskundig zu erörternde Tatsachen zum *Gegenstand der Verhandlung* gemacht worden sein, etwa dergestalt, daß das Gericht darauf hinweist, es werde diese möglicherweise in einschlägiger Weise seiner Entscheidung zugrundelegen (BGH NStZ **95** 247; KK-*Herdegen* 72 zu § 244).

Allenfalls ausnahmsweise mag aus Gründen bes Sachkunde des Gerichts wie auch der Prozeßökonomie ein Unterlassen hinzunehmen sein, sofern es um stets gleichbleibende Feststellungen geht, mit denen sich das erkennende Gericht – zB aufgrund einer Spezialzuständigkeit[26] – regelmäßig in einer Mehrzahl von Verfahren zu beschäftigen hat.

26 Die Übernahme von Feststellungen *anderer Richter* als „gerichtskundig" kommt dagegen *nicht* in Betracht (so auch KMR-*Paulus* 214 zu § 244; *Peters* 309; *Stein* 159 f).[27]

---

[24] Zum Beispiel durch Studium der Akten, amtliche Mitteilungen oder auch mündliche Erklärungen, falls es sich dabei nicht lediglich um Privatgespräche gehandelt hat (ANM 546 mwN).
[25] BGH **6** 294; KG JR **84** 393; ANM 546; K/M-G 52, SK-*Schlüchter* 91, LR-*Gollwitzer* 230, KK-*Herdegen* 71, *Eb Schmidt* 44, alle zu § 244; vgl auch Stuttgart MDR **83** 153.
[26] Vgl BGH **26** 59 f zum Kartellsenat mit Hinweis darauf, daß die Sachaufklärungspflicht einem an sich nicht unzulässigen Zurückgreifen auf gerichtskundige Tatsachen Grenzen setzt (S 61).
[27] Feststellungen aus anderen Urteilen oder schriftliche amtliche Mitteilungen können im übrigen ohne großen Aufwand durch Verlesung in die HV eingeführt werden.

(β) Unbedenklich ist es jedoch, Gerichtskundigkeit zu bejahen für Tatsachen, die nicht nur einzelnen Richtern, sondern allen Mitgliedern des Gerichts allg bekannt sind oder von ihnen zuverlässig festgestellt werden können[28] (vgl *Geppert* 158 zur Abgrenzung von Gerichtskundigkeit und Privatwissen; s auch *Peters* 309; *Schmidt-Hieber* JuS **85** 296). Dabei handelt es sich letztlich um einen Fall persönlich beschränkter Allgemeinkundigkeit (s 19).

(bb) Gerichtskundigkeit soll nach hM bei allen Tatsachen denkbar sein, die nicht unmittelbar beweiserheblich sind (Karlsruhe MDR **76** 247; Stuttgart MDR **83** 153; ANM 550 mwN), insbes aber für sog **Hintergrundtatsachen** in Betracht kommen (BGH **6** 296; K/M-G 52, KK-*Herdegen* 71, beide zu § 244). Angesichts der mit der Annahme von Gerichtskundigkeit verbundenen Einschränkung des Unmittelbarkeitsgrundsatzes unter Hinweis auf ein – für die Prozeßbeteiligten kaum nachprüfbares – „Expertenwissen" (vgl *Keller* ZStW **101** [1989] 406) sollte die Möglichkeit der Ablehnung von Beweisanträgen in diesen Fällen jedoch *restriktiv* gehandhabt werden (vgl SK-*Schlüchter* 90 zu § 244). Daher sollten auch Tatsachen, die zwar nur mittelbar beweiserheblich sind, denen aber für die Entscheidung *wesentliche Bedeutung* beigemessen wird, *nicht* als gerichtskundig behandelt werden. Allein aus gerichtskundigen Indizien darf nicht auf eine entscheidungserhebliche Tatsache geschlossen werden (so auch KK-*Herdegen* 71, SK-*Schlüchter* 93, beide zu § 244). **27**

(cc) Beweisergebnisse aus dem anhängigen Verfahren selbst können nie gerichtskundig sein, so daß nach Aussetzung der HV in der neuen Verhandlung nicht auf die früheren Erkenntnisse zurückgegriffen werden darf, sondern erneut selbständig Beweis erhoben werden muß (LR-*Gollwitzer* 230 zu § 244; ANM 551; *Ranft* 1562). **28**

(dd) *Erfahrungssätze* können gerichtskundig sein, wenn das Gericht zB aufgrund einer Spezialzuständigkeit oder einer Vielzahl gleichgelagerter Fälle eine bes Sachkunde erworben hat, die ihm das Verständnis des Erfahrungssatzes ermöglicht (SK-*Schlüchter* 90, KK-*Herdegen* 71, beide zu § 244).

(2) Zw ist, unter welchen Voraussetzungen ein **Kollegialgericht** eine Tatsache (einen Erfahrungssatz) als offenkundig behandeln darf. **29**

(a) Bei **allgemeinkundigen** Tatsachen (Erfahrungssätzen) entscheidet die **Mehrheit**.[29] Da allgemeinkundig nur das ist, worüber sich jedermann aus allg zugänglichen Quellen leicht unterrichten kann (s 19), steht es jedem Mitglied des Spruchkörpers frei, sich im Zweifelsfalle selbst von der Allgemeinkundigkeit und Wahrheit der unter Beweis gestellten Tatsache zu überzeugen, so daß grds jeder Richter eigenständig zu einer Feststellung kommen kann. Ausreichend ist es dann, wenn die Mehrheit der Richter Kenntnis von dieser Tatsache hat und überzeugt ist, daß die Minderheit unschwer zu demselben Wissen gelangen kann (vgl auch *Keller* ZStW **101** [1989] 413 ff).

Eine *Ausnahme* ist allerdings anzunehmen, wenn es sich um eine *in persönlicher Hinsicht beschränkte* Allgemeinkundigkeit (s 19) handelt und die Minderheit der Richter (zB die Laienrichter) nicht zum Kreis der potentiell Kundigen gehören. Da ihnen in diesem Fall keine andere Erkenntnisquelle außer der Information durch die Mehrheit des Spruchkörpers offen- **30**

---

[28] Etwa der Name des Gerichtspräsidenten, die Dienstzeiten der Gerichtsbeamten (*Sarstedt/Hamm* 379) oder allg Verhältnisse der Gerichtsorganisation und der Geschäftsverteilung.

[29] RG JW **29** 48 m insoweit abl Anm *Goldschmidt*; KK-*Herdegen* 72, SK-*Schlüchter* 94, K/M-G 53, alle zu § 244; ANM 564; **aA** [Einstimmigkeit] *Geppert* 156; *Nüse* GA **55** 74 f; *Spendel* JuS **64** 468; *v Hippel* 381; KMR-*Paulus* 208 zu § 244; *Eb Schmidt* I 383.

steht, ist dieser Fall vergleichbar mit dem Vorliegen gerichtskundiger Tatsachen, von denen die Schöffen typischerweise nicht aufgrund amtlicher Tätigkeit Kenntnis erlangen konnten (dazu 24, 32).

31   (b) Bei **gerichtskundigen** Tatsachen (Erfahrungssätzen) soll nach hM ebenfalls die Kenntnis der Mehrheit der Gerichtsmitglieder ausreichen (BGH **34** 210; SK-*Schlüchter* 94, K/M-G 53, beide zu § 244; LR-*Gollwitzer* 233 zu § 244 und 28 zu § 261; *Sarstedt/Hamm* 379; *Roxin* § 24 Rn 10; ANM 565 f.; *Stein* 154; *Feuerpeil* 40), wobei es zT genügen soll, wenn ein Richter den übrigen die Kenntnis von einer für ihn gerichtskundigen Tatsache vermittelt und die Mehrheit des Kollegiums davon überzeugt (*Roxin* § 24 Rn 10; *Schmidt-Hieber* JuS **85** 296; *Ranft* 1561; *Meyer-Goßner* FS-Tröndle 558 f; *Kühne* 444). Soweit dabei auf die Abstimmungsvorschrift des § 196 Abs 1 GVG (Entscheidung mit abs Mehrheit) verwiesen wird, vermag dies nicht zu überzeugen. Eine Abstimmung setzt voraus, daß jeder Stimmberechtigte überhaupt in der Lage ist, eine sachgerechte Entscheidung zu treffen, und somit über eine Entscheidungsgrundlage verfügt.[30]

Häufig werden die Vorgänge in der HV eine für alle Gerichtsmitglieder einheitliche Basis der Beurteilung bieten; die Voraussetzung ist aber auch erfüllt, wenn – wie bei allgemeinkundigen Tatsachen – bei grds gleicher Möglichkeit der Kenntniserlangung einzelne Richter die anderen von nachprüfbaren Tatsachen in Kenntnis setzen, über die dann zu entscheiden ist.

32   Bei gerichtskundigen Tatsachen fehlt es idR bereits an der Möglichkeit der unkundigen Richter, sich selbst das entspr Wissen anzueignen. Hier sind sie allein auf Information und Versicherungen der anderen Gerichtsmitglieder angewiesen, über die sie mangels einer nachprüfbaren Tatsachengrundlage nicht selbständig urteilen können. Die zentrale Bedeutung, die der *Aufklärungspflicht* im deutschen Strafprozeß zukommt (s 1), verlangt aber, daß jeder Richter, der die Entscheidung über Schuldspruch und Rechtsfolge treffen soll, die Möglichkeit vollständiger Tatsachenfeststellung hat. Daher erfordert die Behandlung einer Tatsache (eines Erfahrungssatzes) als gerichtskundig durch ein Kollegialgericht, daß **alle Mitglieder des Gerichts** davon in amtlicher Tätigkeit Kenntnis erlangt haben.[31] Andernfalls ist darüber Beweis zu erheben.[32]

33   d) Eine Einschränkung und *Modifikation der Aufklärungspflicht* bewirken die sog **Schätzklauseln** namentlich in Vorschriften des materiellen Strafrechts.[33] Diese räumen dem Gericht die Befugnis ein, die Bemessungsgrundlagen bestimmter Rechtsfolgen zu schätzen (§§ 40 Abs 3, 73 b, 73 d Abs 2, 74 c Abs 3 StGB; 8 Abs 3 WiStG), um es von der Notwendigkeit zu entlasten, in der HV über alle für den Rechtsfolgenausspruch maßgeblich Details Beweis erheben zu müssen.

---

[30] Vgl auch *Keller* ZStW **101** (1989) 414, der im übrigen das nur Gerichtskundige gerade nicht als offenkundig behandeln will (408, 416).

[31] So auch noch BGH **6** 297; VRS **5** 541 ff.; RG JW **29** 1051; **30** 715; **32** 2729, jeweils m Anm *Alsberg*; KG JR **56** 387; Hamm NJW **56** 1730; Hamburg JR **55** 309; OGH JR **50** 567; KK-*Herdegen* 72, *Eb Schmidt* 45, KMR-*Paulus* 216, alle zu § 244; *Peters* 308 f; *Dahs* 549; s auch *Geppert* 156; *Nüse* GA **55** 74 f; vgl auch BGH NJW **55** 153; VRS **5** 385; Köln VRS **44** 212.

[32] Soweit es sich dabei um den Inhalt schriftlicher amtlicher Mitteilungen oder eines Urteils in einem anderen Verfahren handelt, kann dies idR ohne großen Aufwand durch Verlesung des Schriftstückes geschehen.

[33] Im übrigen darf das Gericht im *Adhäsionsverfahren* nach §§ 403 ff entspr § 287 ZPO im Bereich der haftungsausfüllenden Kausalität und der Schadenshöhe Schätzungen vornehmen (K/M-G 15 zu § 244 und 11 zu § 404; KK-*Herdegen* 34 zu § 244; ANM 852).

I. Amtsermittlung

Hiervon zu unterscheiden sind besondere Fallkonstellationen, bei denen eine Bestimmung des *Schuldumfangs* im Wege der *Schätzung* geschieht, da eine nähere Aufklärung unmöglich geworden ist (vgl BGH NStZ **95** 203 [betr Serienhehlerei]). Allerdings ist dabei der Zweifels-Grundsatz (s allg 118) zu beachten.

Speziell im Steuerstrafrecht darf der Tatrichter Schätzungen der Finanzbehörde bzw der Steuerfahndungsstellen nur unter Berücksichtigung der vom Besteuerungsverfahren abweichenden Grundsätze des Strafverfahrens übernehmen, und die Grundlagen der Schätzung müssen nachprüfbar mitgeteilt werden (Bay StV **93** 529).

aa) Die Schätzungsbefugnis setzt daher *nicht* die *Ausschöpfung* aller Aufklärungsmöglichkeiten voraus (Bay VRS **60** 104; Celle JR **83** 204 m Anm *Stree; Dreher/Tröndle* 26 a zu § 40; KK-*Herdegen* 34 zu § 244). Die grds Fortgeltung der Aufklärungspflicht verbietet jedoch reine Mutmaßungen. Das Gericht hat nach den Regeln des Strengbeweises (LR-*Gollwitzer* 22 zu § 244) konkrete Anhaltspunkte zu ermitteln – und auch im Urteil darzulegen (BGH NJW **76** 635; KMR-*Paulus* 233 zu § 244) –, die nach Vernunft und Lebenserfahrung die Grundlage einer hinreichend sicheren Schätzung bilden können (Celle JR **83** 204 m krit Anm *Stree*; K/M-G 15, LR-*Gollwitzer* 22, beide zu § 244; *Grebing* JR **78** 143), und es entscheidet nach *pflichtgemäßem Ermessen*.

Unter Berücksichtigung des Gebots aus § 244 Abs 2 ist jeweils im Einzelfall zu prüfen, ob eine weitere Beweisaufnahme nach (zeitlichem) Aufwand, Umfang und Eingriffsintensität im Verhältnis zur Bedeutung der Sache und dem erhofften Aufklärungserfolg noch angemessen ist (Bay bei *Rüth* DAR **78** 206; Celle JR **83** 204 m Anm *Stree*; ANM 849; KK-*Herdegen* 34 zu § 244; vgl BGH NStZ **89** 361). Präsente (§ 245) oder leicht erreichbare Beweismittel müssen herangezogen werden (LR-*Gollwitzer* 24, 32, K/M-G 15, beide zu § 244), insbes wenn von ihnen eine wesentliche Konkretisierung der Bemessungsgrundlagen zu erwarten ist (SK-*Schlüchter* 33 zu § 244).

Stützt sich das Gericht auf Angaben *des Angekl*, bedarf es keiner Schätzung (ANM 848), es sei denn, die Angaben werden für ungenügend oder unglaubhaft gehalten (Bay VRS **60** 104).

bb) **Beweisanträge**, die *unverzichtbare Grundlagen der Schätzung* betreffen, dürfen **34** nur unter den Voraussetzungen des § 244 Abs 3–5 abgelehnt werden (K/M-G 15 zu § 244). Dabei gewährt das Gesetz dem Gericht einen gewissen *Spielraum* bei der Bestimmung der heranzuziehenden Anknüpfungstatsachen (LR-*Gollwitzer* 28 zu § 244), der von der Aufklärungspflicht begrenzt wird.

Soweit das Gericht in diesem Rahmen auf die Feststellung der unter Beweis gestellten Tatsache verzichten darf, wird angenommen, es dürfe durch begründeten Gerichtsbeschluß (LR-*Gollwitzer* 31 zu § 244) Beweisanträge ablehnen, die dem Zweck der Schätzklauseln – dh der Verfahrenserleichterung – zuwiderlaufen (SK-*Schlüchter* 81, KK-*Herdegen* 34, LR-*Gollwitzer* 27, alle zu § 244; dazu 286 ff).

Für Beweismittel, die die Antragsteller zuvor herbeigeschafft haben, gilt § 245 Abs 2 (K/M-G 15 zu § 244; dazu 286 ff).

3. Streng- und Freibeweis

Übersicht

	Rn		Rn
a) Strengbeweis	35	(2) Beweisverwertungsverbote	40
b) Freibeweis			
aa) Verfahren	36, 37	(3) Doppelrelevante Tatsachen	41
bb) Anwendungsbereich			
(1) Allgemeines	38, 39		

35 a) Soweit in der HV Tatsachen festgestellt werden (sollen), auf die es bei der Entscheidung über die Schuldfrage (Tathergang und Schuld des Angekl) oder die sog Straffrage (Art und Höhe der Rechtsfolgen) ankommt, verlangt das Gesetz die Einhaltung *strenger Förmlichkeit* der Beweiserhebung (**Strengbeweisverfahren**). Dies bedeutet, daß nur die gesetzlichen Beweismittel – Zeuge (§§ 48–71),[34] Sv (§§ 72–85), Augenschein (§§ 86–93), Urkunden (§§ 249–256) – zulässig sind und diese nur unter Beachtung der Vorschriften der §§ 244–257 sowie des Mündlichkeits-, Unmittelbarkeits- und des Öffentlichkeitsprinzips (§ 261; § 169 GVG) verwendet werden dürfen.

Nicht zu verwechseln ist das Strengbeweisverfahren mit dem Grundsatz der freien Beweiswürdigung (§ 261), der nur insoweit gilt, als das Beweismaterial auch zulässiger Gegenstand der Beweisaufnahme ist (s n 98).

36 b) aa) Im übrigen gilt das – in der StPO nicht ausdrücklich benannte[35] – **Freibeweisverfahren**. Das Gericht ist dabei bei Wahl und Heranziehung von Beweismitteln freier gestellt und darf nach *pflichtgemäßem Ermessen* (KK-*Herdegen* 10, SK-*Schlüchter* 20, beide zu § 244) alle ihm zugänglichen Erkenntnisquellen ausschöpfen,[36] ohne an die Grundsätze der Mündlichkeit, Unmittelbarkeit und Öffentlichkeit gebunden zu sein (K/M-G 9, KMR-*Paulus* 350, beide zu § 244; ANM 142).[37] Die Grenze bildet jedoch die *Aufklärungspflicht*, der das Gericht auch im Freibeweisverfahren stets *unterworfen* ist (BVerfG NJW **86** 768). Geltung behalten auch der Grundsatz des rechtlichen Gehörs (Art 103 Abs 1 GG), so daß das Erg des Beweisverfahrens zum Gegenstand der Verhandlung gemacht werden muß (BGH bei *Spiegel* DAR **79** 186; SK-*Schlüchter* 22, 24, LR-*Gollwitzer* 7, beide zu § 244), ebenso wie Bestimmungen, die dem bes Schutz einzelner Prozeßbeteiligter dienen wie die Zeugnis- (und Eides-)verweigerungsrechte nach §§ 52 ff, 63 einschließlich des Verwertungsverbots nach § 252, die Vereidigungsverbote des § 60, die Aussagefreiheit des Angekl nach § 136 Abs 1 S 2 und die Beweiserhebungsverbote des § 136 a Abs 1, 2 (KK-*Herdegen* 12, K/M-G 9, SK-*Schlüchter* 24, alle zu § 244; ANM 151).

37 Der Beweiserhebungsanspruch der Prozeßbeteiligten reicht hier nur so weit wie die Aufklärungspflicht des Gerichts, Anträge können nur zu weiteren Ermittlungen anregen, §§ 244 Abs 3–5, 245 finden keine Anwendung (BGH **16** 166; Frankfurt NJW **83** 1209; Nürnberg MDR **84** 75; LR-*Gollwitzer* 7 zu § 244; ANM 142, 147 f mwN; krit KK-*Herdegen* 12 zu § 244).

Eines *Gerichtsbeschlusses* nach § 244 Abs 6 bedarf es daher ebenfalls nicht (SK-*Schlüchter* 25, KMR-*Paulus* 365, beide zu § 244), allerdings ist erforderlich, daß der Vorsitzende die Ablehnung des Antrags im Freibeweisverfahren bekanntgibt und begründet (K/M-G 9, SK-*Schlüchter* 25, beide zu § 244; ANM 148 f),[38] Nur wenn diese Entscheidung nach § 238

---

[34] Es gilt zB auch für Bewährungshelfer (Celle StV **95** 292).
[35] Ein Hinweis findet sich in § 251 Abs 3.
[36] Zum Beispiel Hinzuziehung des Akteninhalts (RG **51** 70; **71** 261), (fern)mündliche Rückfragen (vgl BGH NStZ **84** 134; Köln NJW **82** 2617), Einholung dienstlicher Äußerungen von Beamten oder Richtern (vgl BGH **12** 403; **13** 359), anwaltliche Versicherungen, Verlesung von Schriftstücken ohne die Beschränkungen der §§ 249 ff (RG **38** 324; KK-*Mayr* 3 zu § 249; vgl RG **55** 231 – s allg auch KK-*Herdegen* 10, LR-*Gollwitzer* 7, beide zu § 244).
[37] Nach SK-*Schlüchter* 21 f zu § 244 gelten diese Grundsätze nur eingeschränkt.
[38] KK-*Herdegen* 12 zu § 244 läßt offen, ob § 244 Abs 6 oder § 238 Abs 2 anzuwenden ist.

Abs 2 beanstandet wird, muß ein Gerichtsbeschluß ergehen (SK-*Schlüchter* 25 zu § 244; vgl auch KMR-*Paulus* 365 zu § 244).³⁹

bb) (1) Der **Anwendungsbereich** des Freibeweisverfahrens erstreckt sich zunächst auf alle Beweiserhebungen *außerhalb der HV*, auch wenn es um die Ermittlung des (dringenden/hinreichenden) Tatverdachts geht (KK-*Herdegen* 6 zu § 244; ANM 111). Im Rahmen der HV gilt es für die Feststellung von nicht mit der Hauptentscheidung zusammenhängenden Tatsachen zu *Kosten* und *Auslagen* oder der *Entschädigung* des Angekl (s nur LR-*Gollwitzer* 5 zu § 244; ANM 133 ff mwN)⁴⁰ sowie allg für (nur) *prozessual erhebliche* Fragen. Die hM läßt das Freibeweisverfahren ausreichen für die Ermittlung von Prozeßvoraussetzungen und alle sonstigen verfahrenserheblichen Fragen, selbst wenn sie die Urteilsgrundlagen unmittelbar beeinflussen (BGH **16** 166, K/M-G 7 zu § 244; *Krause* Jura **82** 230; vgl auch BGH NJW **83** 404 f; aA [zu Prozeßvoraussetzungen] *Roxin* § 21 Rn 22; *Többens* NStZ **82** 185 ff; *Bövensiepen* 156 ff).

38

Im einzelnen kann dies zB das Alter des Zeugen (s §§ 60 Nr 1, 61 Nr 1), das Vorliegen eines Vereidigungsverbots, die Rechtzeitigkeit des Strafantrages – soweit nicht die Tatzeit betroffen ist – (BGH bei *Dallinger* MDR **55** 143; RG **38** 40; **45** 128 f; **51** 72; **62** 263), die Verhandlungsunfähigkeit des Angekl, die Frage genügender Entschuldigung eines in der HV ferngebliebenen Angekl (s 763), die Voraussetzungen des Ausschlusses der Öffentlichkeit (RG **66** 113) oder des Vert (BGH **28** 117 f), die Rechtmäßigkeit einer Sperrerklärung (BGH NStZ **85** 468), die Erreichbarkeit eines Zeugen (RG **38** 323) bzw die informatorische Befragung eines Zeugen zwecks Feststellung, ob er überhaupt etwas von dem zu klärenden Vorgang weiß (Celle StV **95** 292), oder Feststellungen zu der vermuteten Sachkunde eines in Betracht gezogenen Sv (s dazu 1526 ff) betreffen (sonstige Beisp bei LR-*Gollwitzer* 4, SK-*Schlüchter* 11, beide zu § 244; ANM 122 ff).

39

Ohnehin gilt das Freibeweisverfahren der Sache nach auch, soweit das *Revisionsgericht* eigene Ermittlungen (zu Prozeßvoraussetzungen oder zu schlüssigen Verfahrensrügen) betreiben darf.

(2) Eine **Ausnahme** ist – entgegen der hM (BGH **16** 166; KMR-*Paulus* 357, KK-*Herdegen* 7, beide zu § 244; K/M-G 32, SK-*Rogall* 83, beide zu § 136 a; ANM 124) – für die Ermittlung der tatsächlichen Voraussetzungen eines **Beweisverwertungsverbotes** nach § 136 a Abs 3 S 2 anzunehmen (s n 358 ff, 706 f). Angesichts der verfahrensrechtlichen Bedeutung dieser Vorschrift und des materiellen Beweiswerts, der der Aussage im Falle ihrer Verwertung beigemessen wird, ist eine Aufklärung im Strengbeweisverfahren mit Bindung an die Abs 3 bis 6 des § 244 zu verlangen (so im Erg auch *Peters* 339; SK-*Schlüchter* 10 a zu § 244 sowie *dies* schon 474; *Ranft* 1536; *Hanack* JZ **71** 170 f).⁴¹

40

(3) Sog **doppelrelevante Tatsachen**, die sowohl für eine prozessuale als auch für eine sachliche Entscheidung zur Schuld- und Rechtsfolgenfrage erheblich sind,⁴²

41

---

³⁹ Anders ANM 148 f, wonach ein Antrag nach § 238 Abs 2 nicht zulässig sei.
⁴⁰ S aber BGH **26** 31 für Fälle, in denen die Hauptsacheentscheidung nur mit der Revision angegriffen werden kann.
⁴¹ Differenzierend *Fezer* JZ **89** 349, wonach der Freibeweis jdf für eine revisionsgerichtliche Überprüfung eines Geständnisses gilt, das der Tatrichter ohne Prüfung des § 136 a verwertet hat, wenn der Verstoß mit der Revision erstmals gerügt wird.
Vgl auch LR-*Hanack* 68 zu § 136 a, der eine doppelrelevante Tatsache annimmt.
⁴² Zum Beispiel die Tatzeit für Schuldfrage und Verjährung oder Strafantrag, das Alter des Angekl für das anzuwendende materielle Recht und die Gerichtszuständigkeit, das Ver-

müssen im Strengbeweisverfahren festgestellt werden (s nur BGH StV **91** 149 mwN). Dabei ist es jedoch zulässig, zur Klärung nur der prozeßrechtlichen Frage zunächst im Freibeweisverfahren zu ermitteln. Weicht das später für die Sachentscheidung im Strengbeweisverfahren gewonnene Erg von den Feststellungen im Freibeweis ab, ist es auch für die prozessuale Entscheidung maßgebend (LR-*Gollwitzer* 6, K/M-G 8, beide zu § 244; ANM 132; *Többens* NStZ **82** 185). Das Revisionsgericht ist an die im Strengbeweisverfahren ermittelten doppelrelevanten Tatsachen gebunden (RG **69** 320; vgl BGH bei *Dallinger* MDR **55** 143). Eine Ausnahme gilt nur, wenn die Tatsache im Einzelfall für die Schuldfrage nicht von Bedeutung ist (BGH **22** 91 zur Tatzeit; SK-*Schlüchter* 13, KK-*Herdegen* 8, beide zu § 244; aA ANM 158).

4. Absprachen im Strafprozeß

Übersicht

	Rn		Rn
a) Begriff und Inhalt	42	cc) Rechtliche Bedenken	50–52
b) Zur Rechtswirklichkeit	43–45	dd) Rechtstatsächlich begründete Bedenken	53–55
c) Zulässigkeit und Grenzen			
aa) Judikatur	46–49	ee) Zusammenfassung	56
bb) Lehre	50	d) Ausblick	57

42 a) Ein in der Rechtswissenschaft (zeitweilig) vielfach diskutiertes „Phänomen" ist die Absprache im Strafverfahren, zumal es im **Gesetz keine Grundlage** findet. Ebenso vielfältig wie sonstige hierzu verwendete Bezeichnungen[43] sind ihre möglichen Erscheinungsformen. Gemeint ist eine Form der **Einigung**, des Konsenses, Zugeständnisses oder der „Leistung und Gegenleistung" der einander gegenüberstehenden Prozeßsubjekte – je nach Verfahrensstand[44] Vert/Angekl einerseits, StA und/oder Gericht andererseits – über das weitere Verfahren, wobei sowohl Verlauf wie auch Erg des Prozesses zum Inhalt der Absprache gemacht werden können. Als Gegenstand der Absprache werden auf Seiten des Beschuldigten bzw seines Vert insbes das Ablegen eines (Teil-)Geständnisses, Aufklärungshilfe, Verzicht auf bzw Rücknahme von Beweisanträgen und Rechtsmittel(n)[45] (s § 267 Abs 4: „abgekürztes Urteil") eingebracht, auf Seiten der Justiz vor allem die (Teil-)Einstellung, Verzicht auf Inhaftierung bzw Gewährung von Haftverschonung und die Verhängung eines geringeren Strafmaßes bzw die Bewilligung der Strafaussetzung zur Bewährung.[46]

43 b) In der **Rechtswirklichkeit** scheint diese Vorgehensweise vergleichsweise weit verbreitet zu sein.

---

wandtschaftsverhältnis für den Tatbestand des 173 Abs 1 StGB und für § 52 (weitere Beisp bei ANM 131).

[43] Zum Beispiel „Verständigung", „Vergleich", „Deal", „Handel mit der Gerechtigkeit" (s dazu die Übersichten bei SK-*Schlüchter* 26 vor § 213; *Siolek* 44 ff.).

[44] Speziell zur Verständigung im Ermittlungsverfahren *Schmidt-Hieber* 23 ff.

[45] Vgl nur *Siolek* 50; *Rönnau* 33. – Die Maßstäbe des BVerfG bzw des BGH (s n 47 ff) finden daher auf die tatgerichtliche Praxis weniger Niederschlag.

[46] S dazu nur *Bussmann/Lüdemann* MKrim **88**, 85; *Hassemer/Hippler* StV **86** 362; *Rückert* NStZ **87** 303 f; s auch die Fallschilderungen bei „Deal" (anonym) StV **82** 546 ff.

I. Amtsermittlung

Berichten aus der Praxis zufolge soll in 30–40% aller Strafverfahren zumindest der Versuch einer Absprache unternommen werden (*Dahs* NStZ **88** 153); nach einer 1987 durchgeführten Repräsentativumfrage unter ca. 1.200 deutschen Strafrichtern, StAen und Vert sollen zwischen 10 und 27% aller Erledigungen durch Urteil infolge einer Verständigung – verfahrensabkürzendes Geständnis gegen moderate Verurteilung – zustande kommen (*Schünemann* NJW **89** 1896; krit dazu *Kintzi* JR **90** 312).

Ein Schwerpunkt liegt dabei im Bereich der *Wirtschaftsstrafsachen*,[47] Absprachen kommen aber allg in allen Verfahrenstypen, Gerichtsbezirken und Deliktsbereichen[48] vor (*Schünemann* NJW **89** 1896). Von Bedeutung sind dabei jedoch nur die erstinstanzlichen Verfahren, nicht dagegen die Berufungsverfahren (*Siolek* 33 f). Die *Gründe* für eine Verständigung sind in erster Linie *prozeßökonomischer* Art.

Genannt werden insbes eine drohende langwierige und aufwendige Beweisaufnahme sowie eine unklare Rechts- und Beweislage. Auch Verfahrensbeschleunigung und die Vermeidung eines Revisionsrisikos sind wichtige Aspekte. Eine hohe arbeitsmäßige Belastung und unzureichende personelle bzw technische Ausstattung erhöhen die Verständigungsbereitschaft der justitiellen Organe.[49]

Von bes Bedeutung für das Zustandekommen einer „Einigung" ist die *interpersonale* **44** *Vertrauensbeziehung* (vgl *Bussmann/Lüdemann* MKrim **88** 84). Da eine rechtliche Bindung iS eines einklagbaren Rechts oder Anspruchs nicht erzeugt wird, kommt es auf die Verläßlichkeit der Beteiligten an. Der Beschuldigte selbst wird dabei idR nicht als tauglicher Verhandlungspartner angesehen (s aber GenStAe StV **93** 280), obwohl seine Person unter dem Gesichtspunkt der Sympathieverwertung durchaus Bedeutung gewinnen kann (*Hassemer/Hippler* StV **86** 361 f; „*Deal*" StV **82** 549). Maßgebend ist die Beziehung und Vertrautheit zwischen dem Vert und den befaßten Justizorganen. Dem Vert obliegt dann in der Regel die Einbeziehung seines Mandanten in das „informatorische Rechtsgespräch" zumindest insoweit, als es um die Rückversicherung geht, daß das in Aussicht gestellte Verhalten auch erfolgen wird.[50] Während unter dem Gesichtspunkt des anwaltlichen Vertrauensverhältnisses eine weitgehende Information des Angekl (unter Respektierung seiner Entscheidungsfreiheit) durch seinen Vert gefordert wird („*Deal*" StV **82** 551; *Dahs* NStZ **88** 157, der insbes auch auf außerstrafrechtliche Konsequenzen hinweist), scheint in der Praxis eine Unterrichtung über Strategie und Inhalt der Verständigung häufig nur eingeschränkt zu geschehen oder sogar ganz zu unterbleiben (*Schünemann* NJW **89** 1901; *ders* Gutachten B 44 ff; *Rückelt* NStZ **87** 298; s auch *Widmaier* StV **86** 359).

Demggü empfiehlt zB auch der Strafrechtsausschuß der Bundesrechtsanwaltskammer eine frühzeitige Aufklärung (Nr 40 der „Thesen zur Strafverteidigung", Nachw bei *Böttcher ua* NStZ **93** 376).

---

[47] *Bussmann/Lüdemann* MKrim **88** 82 gehen von einer Ubiquität in diesem sowie im Bereich der Steuerdelinquenz aus; ähnlich *Hassemer/Hippler* StV **86** 363 zur Wirtschafts- und Drogenkriminalität; s auch *Siolek* 31 ff.
[48] Einschränkend *Hassemer/Hippler* StV **86** 361 für schwere Gewaltkriminalität und politisch motivierte Delikte.
[49] S ausführlich zu Merkmalen und Bedingungen der Ausgangssituation informeller Absprachen *Bussmann/Lüdemann* MKrim **88** 84; *Hassemer/Hippler* StV **86** 361; *Siolek* 56 ff; *Schünemann* Gutachten B 27 ff; *Tscherwinka* 26 ff; s zudem *Kintzi* JR **90** 313, der auch den Aspekt der Wiederherstellung des Rechtsfriedens nennt.
[50] Nach *Hassemer/Hippler* StV **86** 362 ist eine „geplatzte" Absprache zumeist auf abredewidriges Verhalten des Angekl zurückzuführen.

45 Was die erwarteten *Ergebnisse* und Wirkungen einer Absprache anbelangt, so wird teilweise bezweifelt, daß der vom Angekl/Vert erhoffte Vorteil zB einer Strafmilderung tatsächlich gewährt wird, soweit unbekannt ist, ob das Strafmaß ohne die Abrede höher gewesen wäre (s *Schünemann* NJW **89** 1901; *Bussmann/Lüdemann* MKrim **88** 91; zu sonstigen Faktoren *Eisenberg* § 31 Rn 50 ff). Das Verhalten der Vert und ihre verstärkte Auseinandersetzung mit Möglichkeiten und Strategien der Verständigung sprechen allerdings durchaus dafür, daß sie in dieser Praxis Vorteile für ihre Mandanten sehen.

46 c) Die Praxis informeller Absprachen begegnet sowohl in rechtlicher wie in tatsächlicher Hinsicht erheblichen **Bedenken**, wobei **Zulässigkeit** und **Grenzen** im einzelnen umstritten sind. Das deutsche Strafprozeßrecht ist vergleichsfeindlich ausgestattet (*Seier* JZ **88** 683), das Gesetz selbst sieht nur wenige Ausnahmen vor (vgl §§ 153 a, 265 a, 470 S 2; s auch *Kintzi* JR **90** 314; *Tscherwinka* 51 ff). Ein gerichtlicher Vergleich ist zwar zwischen dem Angekl und dem Privatkläger oder dem Nebenklageberechtigten zulässig (K/M-G 119 zu Einl; s auch *Gerlach* 34), eine entspr Dispositionsfreiheit besteht für die öffentlichen Strafverfolgungsorgane jedoch nicht.

aa) In der höchstrichterlichen **Judikatur** ist die Problematik seither unter verschiedenen rechtlichen Gesichtspunkten Gegenstand von Entscheidungen gewesen.

47 (1) Das **BVerfG** (NStZ **87** 419 m Anm *Gallandi*) hat Absprachen über Erg eines Strafverfahrens nicht für grds unzulässig erklärt, im konkret zu beurteilenden Fall wurden durchgreifende verfassungsrechtliche Bedenken nicht erhoben.

Die (grund-)rechtliche Prüfung sei zu messen am Recht des Angekl auf ein *faires rechtsstaatliches Verfahren* (Art 2 Abs 1 iVm Art 20 Abs 3 GG), maßgebliche Grenzen einer Verständigung bildeten die **Aufklärungspflicht** des Gerichts (§ 244 Abs 2), das **Schuldprinzip** als Gebot schuldangemessenen Strafens und die Freiheit der Willensentschließung und Willensbetätigung des Angekl (**§ 136 a**). Die Handhabung der richterlichen Aufklärungspflicht, die Subsumtion und die Grundsätze der Strafbemessung dürften nicht „ins Belieben oder zur freien Disposition der Verfahrensbeteiligten und des Gerichts" gestellt werden. Das Prinzip der Ermittlung der materiellen Wahrheit verbiete daher die Verurteilung aufgrund eines infolge einer Verständigung abgegebenen Geständnisses, wenn dieses keine ausreichend gesicherte Grundlage für die Tatsachenfeststellungen bietet und Zw an der Glaubhaftigkeit bestehen läßt. Auf eine Sachaufklärung dürfe in einem solchen Fall nicht verzichtet werden. Im Hinblick auf § 136 a dürfe der Angekl „nicht durch ein gesetzlich nicht vorgesehenes Vorteilsversprechen oder durch Täuschung zu einem Geständnis gedrängt werden" (BVerfG NStZ **87** 419).[51]

48 (2) Soweit der **BGH** entschieden hat, es sei „dem Gericht untersagt, sich auf einen ‚Vergleich' im Gewande des Urteils, auf einen ‚Handel mit der Gerechtigkeit' einzulassen" (BGH **37** 305 unter Bezugnahme auf BVerfG NStZ **87** 419), kann daraus nicht auf die Beurteilung jeglicher Art von Absprachen als grds unzulässig geschlossen werden; so betraf der Vorwurf des BGH im konkreten Fall in erster Linie die Vertraulichkeit der Absprache ohne Mitwirkung aller Prozeßbeteiligten einschließlich des Angekl und der Schöffen. Den Gesichtspunkt der Beachtung des Rechts auf Gewährung **rechtlichen Gehörs** betont auch BGH **38** 102 insofern,

---

[51] S auch BGH NJW **90** 1921 ff, wonach im konkreten Fall ebenfalls weder eine Verletzung des § 136 a noch des § 244 Abs 2 festgestellt wurde.

als das Gericht, das „einem Angekl für den Fall eines Geständnisses einen best Strafrahmen in Aussicht stellen" will, „zuvor allen Verfahrensbeteiligten Gelegenheit zur Äußerung geben" müsse.

Der Ausschluß einzelner Prozeßbeteiligter und mangelnde Offenlegung werden **49** nach BGH auch im Hinblick auf Richterablehnungen bedeutsam. Eine außerhalb der HV erfolgte Absprache zwischen Gericht und Mitangekl über den weiteren Verfahrensgang ohne zuverlässige Unterrichtung des Angekl begründe die **Besorgnis der Befangenheit** (BGH **37** 99, 104f; s auch BGH StV **84** 318; NStZ **85** 36). IdZ komme es nicht auf die Verbindlichkeit einer Absprache oder „Zusage" an, vielmehr bewirke bereits der Anschein einer Bindung vor dem letzten Wort des Angekl (s 808ff) die Befangenheit des Gerichts (BGH **37** 303f m Anm *Weider* StV **91** 241ff). Zudem schaffe jede Inaussichtsstellung eines best Erg zwar keine rechtl Bindungswirkung, wohl aber einen Vertrauenstatbestand, so daß der Angekl nach dem Gebot des **fairen Verfahrens** einen Anspruch darauf habe, „vom Gericht, bevor es zu seinen Ungunsten von der in Aussicht gestellten Entscheidung abweicht, auf dieses Vorhaben hingewiesen zu werden" (BGH **38** 105; zur Nichtfeststellbarkeit des Inhalts der Absprache BGH NStZ **94** 186 mit zust Anm *Krekeler*). Schutzwürdiges Vertrauen werde allerdings nicht begründet, wenn der Inhalt der „Zusicherung" die Kompetenz des Gericht überschreitet oder offensichtlich rechtswidrig ist (s BGH **36** 210ff = NStZ **89** 438 m abl Anm *Strate*; dagegen *Greeven* StV **90** 53).

Macht die StA die „Zusage", eine best Tat im Fall des Rechtsmittelverzichts in einer anderen Sache nicht zu verfolgen, so soll, wenn es dennoch zu einer Anklage kommt, dies kein Verfahrenshindernis begründen, wohl aber strafmildernd zu berücksichtigen sein (BGH **37** 10).

bb) Die umfängliche Diskussion in **Wissenschaft und Schrifttum** reicht von **50** (eingeschränkter) Zustimmung bis zur völligen Ablehnung (*Schünemann* NJW **89** 1896ff; *Zschockelt* FS-Salger 439ff; sehr zurückhaltend auch *Baumann* NStZ **87** 160; *Siolek* 207).[52] Im einzelnen bleibt **str**, ob die Absprachepraxis mit wichtigen strafprozessualen Grundsätzen **vereinbar** ist.

cc) (1) So gebietet das **Legalitätsprinzip** eine Strafverfolgung, und die §§ 153ff legen die Grenzen fest, innerhalb derer ein Absehen von der öffentlichen Strafverfolgung bzw eine Einstellung des Verfahrens zulässig sind. Ein Verfolgungsverzicht infolge einer Absprache birgt die Gefahr einer Überdehnung der gesetzlichen Voraussetzungen (s auch *Siolek* 109ff).

(2) Die **Aufklärungspflicht** des Gerichts kollidiert mit dem prozeßökonomi- **51** schen Interesse an einer baldigen Verfahrenserledigung unter Vermeidung einer umfangreichen Beweisaufnahme. Damit wird ein Hauptzweck der Absprache (s 43) in Frage gestellt (zutreffend *Weigend* JZ **90** 777; zur Problematik auch *Schlüchter* FS-Spendel 743ff). Die Grenzen einer im wesentlichen auf dem Geständnis des Angekl beruhenden Verurteilung[53] werden gerade in Fällen mit komplexer Sachlage (wie zB Wirtschaftsstrafsachen) deutlich, die wiederum als prädestiniert für Absprachen gelten. Hier wird es mitunter auch dem Angekl selbst nicht leicht fallen, eine substantiierte Sachverhaltsschilderung zu geben.

---

[52] Zur – allerdings nur in Ausnahmefällen bejahten – Strafbarkeit von Absprachen vgl *Schünemann* Gutachten B 131ff; *Siolek* 208ff.
[53] Vgl *Schünemann* NJW **89** 1898 „qualifiziertes Geständnis"; zur Verzichtbarkeit der Instruktionsmaxime *Eser* ZStW **104** (1992) 388ff; s aber rechtstatsächlich *Siolek* 116ff.

52 (3) Die Initiierung eines Geständnisses durch das Gericht tangiert die **Unschuldsvermutung**, da damit die Schuld des Angekl impliziert wird (vgl *Nestler-Tremel* DRiZ **88** 294; *Siolek* 120 ff; s auch KK-*Pfeiffer* Einl 29 f). Zudem ist stets die Grenze des **§ 136 a** zu beachten (s 642 ff; *Seier* JZ **88** 638 ff; *Gerlach* 70 ff; *Schünemann* Gutachten B 98 ff; *Tscherwinka* 132 ff).

(4) Beruht ein Urteil auf einer außerhalb der HV getroffenen Absprache, sind die Grundsätze der **Unmittelbarkeit** und **Öffentlichkeit** betroffen (dazu *Bussmann/Lüdemann* M Krim **88** 88; *Baumann* NStZ **87** 158).

(5) Bzgl der „Gegenleistung" des Gerichts – etwa betr das in Aussicht gestellte Strafmaß – ergibt sich das Dilemma der faktischen Bindungswirkung im Spannungsverhältnis zwischen Vertrauensgrundsatz und „fair trial"-Gebot einerseits (s 49, 416 f) und dem Grundsatz der unabhängigen richterlichen **Überzeugungsbildung** andererseits (vgl dazu auch *Niemöller* StV **90** 37 f).

(6) Der Grundsatz des **rechtlichen Gehörs** ist betroffen, wenn der Angekl von den Verständigungsgesprächen ausgeschlossen ist und daher seine Interessen nicht persönlich wahrnehmen kann.

(7) Schließlich setzt auch das **Schuldprinzip** (in der Ausgestaltung des Gebots der Verhängung einer schuldangemessenen Strafe) einer Absprache über das zu verhängende Strafmaß Grenzen.

53 dd) (1) Die Vertraulichkeit, die Ausmaß und Inhalt einer Absprache häufig nicht (deutlich) erkennen läßt, und die besondere Abhängigkeit von der jeweiligen Verfahrenssituation und den Beziehungen der Verfahrensbeteiligten zueinander wecken **Bedenken** hinsichtlich einer **ungleichen**, *willkürlichen* **Praxis** der Verfahrenserledigung (vgl *Schmidt-Hieber* NJW **90** 1884; *Terhorst* DRiZ **88** 297), zumal Kriterien einer einheitlichen rechtlichen Beurteilung fehlen.

(2) Die Häufigkeit von Absprachen gerade im Bereich der Wirtschaftskriminalität birgt die Gefahr einer **Bevorzugung** solcher Beschuldigter, die allg einen relativ hohen sozio-ökonomischen Status innehaben (s n *Eisenberg* § 58 Rn 59 ff). Soweit diese Angekl auch von qualifizierten Vert vertreten werden, die wiederum die für die Aufnahme „informatorischer" Gespräche erforderliche Erfahrung und Reputation bei der Strafjustiz genießen, wird erneut eine Personengruppe privilegiert, die auch in anderen Bereichen des gesellschaftlichen Lebens begünstigt ist (vgl *Bussmann/Lüdemann* M Krim **88** 90 f). Dies mag durchaus geeignet sein, dem Ansehen der Justiz in der Bevölkerung zu schaden oder gar das Empfinden einer „Klassenjustiz" zu stützen (vgl *Eser* ZStW **104** [1992] 394 f; *Schmidt-Hieber* NJW **90** 1886).

54 (3) Weitere Bedenken werden in Hinblick auf die **Machtverteilung** zwischen den „Partnern" einer Absprache sowie auf **strategische Konsequenzen** für die Vert erhoben. IdR wird ein Übergewicht der Strafjustiz bestehen mit der Folge, daß ein „Kompromiß" ungleich stärker die Interessen zB der StA berücksichtigen wird als diejenigen des Angekl (*Schünemann* NJW **89** 1902; s auch *Schmidt-Hieber* NJW **90** 1885). Der Vert befindet sich zudem in einer heiklen Situation insofern, als die Aufnahme von Verständigungsgesprächen gleichbedeutend mit der Aufgabe des Ziels eines Freispruchs ist. Ist ein Geständnis einmal in Aussicht gestellt worden, verliert eine auf die Unschuld des Angekl gestützte Verteidigungsstrategie ihre Überzeugungskraft. Aus diesem Grund wird die Situation des Vert auch als *„point of no return"* umschrieben.[54] In Bezug auf den Angekl wiederum besteht die Gefahr, daß seine verfahrensmäßigen Rechte entwertet und unterlaufen werden.

---

[54] *Dahs* NStZ **88** 156; *Schünemann* NJW **89** 1899 f; vgl auch *Widmaier* StV **86** 358 f; *Rückelt* NStZ **87** 299.

Bedenken mangelnder Einbeziehung werden auch in Hinblick auf Stellung und Rechte der *Laienrichter* und des *Verletzten* erhoben (vgl *Kintzi* JR **90** 312).

(4) Aus der Vertraulichkeit der Absprache, die in aller Regel keinen Eingang in die Akten und das Sitzungsprotokoll findet, folgt zudem das praktische Problem der **Nachweisbarkeit** des Inhalts einer Verständigung. Dies kann immer dann relevant werden, wenn eine „mißglückte" Absprache Gegenstand eines (Rechtsmittel-)Verfahrens ist.

ee) Trotz der erhobenen Bedenken haben Absprachen deshalb Eingang in die strafprozessuale Praxis gefunden, weil die Interessen der Verfahrensbeteiligten an dieser Form der Verfahrensbeschleunigung und -beendigung häufig übereinstimmen. Vorrangiges Ziel ist es daher, unabdingbare Grenzen der Absprachemöglichkeiten aufzuzeigen und einer willkürlichen Handhabung in der Rechtswirklichkeit vorzubeugen.
Wichtigste Kriterien für die Zulässigkeit einer Absprache sind danach die materiellrechtliche Vertretbarkeit des Erg, die Einbeziehung aller Prozeßbeteiligten in die Erörterung, die Bekanntgabe des Absspracheinhalts spätestens im Schußplädoyer, die Überprüfung von Geständnissen, wobei sich aufdrängende Beweiserhebungen nicht unterbleiben dürfen, sowie die Einhaltung von Absprachen bzw ein entspr Hinweis, falls aus triftigem Grung ein Abweichen für erforderlich gehalten wird.[55]

d) Verschiedentlich wurde empfohlen, der praeter legem entwickelten Praxis von Absprachen eine **gesetzliche Grundlage** zu verschaffen und die rechtlichen Grenzen festzuschreiben.[56]
Dabei wurde die gesetzliche Einführung eines Rechtsgesprächs (*Baumann* NStZ **87** 157; *Schmidt-Hieber* NJW **90** 1887 f)[57] bzw eines „einvernehmlichen Verfahrens" (*Wagner/Rönnau* GA **90** 387 ff) oder die Einführung eines „nicht-streitigen" Verfahrens mit niedrigerem Strafrahmen im Falle des Einräumens des Tatvorwurfs bis zu Beginn der Vernehmung zur Sache (*Meyer-Großner* NStZ **92** 167; dagegen *Bohlander* NStZ **92** 578) erörtert. Einen zusammenfassenden Gesetzesentwurf legte *Siolek* (283 ff) vor.

5. Revision

Mit der **Revision** kann die Verletzung der Aufklärungspflicht gerügt werden, wenn das Gericht von einem zulässigen, bekannten oder zumindest erkennbaren und erreichbaren Beweismittel keinen Gebrauch gemacht hat, obwohl sich die Be-

---

[55] Vgl aus der *Praxis* hierzu schon *Thesen* des Deutschen Richterbundes (abgedruckt bei *Kintzi* JR **90** 309 ff) und des Strafrechtsausschusses der Bundesrechtsanwaltskammer (besprochen von *Böttcher ua* NStZ **93** 375 ff) sowie *Richtlinien* des Hess GenStA (StV **92** 347 f) bzw *Hinweise* einer Arbeitsgruppe der GenStAe (StV **93** 280).
[56] Vgl etwa *Roxin* § 15 Rn 8; *Schünemann* Gutachten B 141 ff.; auch *Koch* ZRP **90** 251. Gegen ein Handeln des Gesetzgebers zZt aber *Dahs* NStZ **88** 155; *Hanack* StV **87** 504; *Landau* DRiZ **95** 132, 140 mit der Empfehlung von Richtlinien speziell zu Absprachen auch im Ermittlungsverfahren.
[57] Zust auch *Bode* DRiZ **88** 286 f, der zugleich eine vorläufige gerichtliche Entscheidung durch „Strafbescheid" befürwortet sowie *Kremer* 275 ff, 300 ff, 352: Erklärung erst *nach* Eröffnung des Hauptverfahrens.

weiserhebung aufdrängte oder jdf nahelag und (möglicherweise) zur Klärung einer entscheidungserheblichen Tatsache beigetragen hätte (KK-*Herdegen* 37 zu § 244).[58]

59 a) Die Aufklärungsrüge wegen **Nichterhebung** beantragter Beweise kann neben der Rüge der Verletzung des § 244 Abs 3–6 (dazu n 297 ff) erhoben werden (KK-*Herdegen* 109 zu § 244; ANM 868; vgl auch BGH NStZ **84** 330). Sie kommt aber auch und gerade dann in Betracht, wenn ein Beweisantrag nicht gestellt worden ist.

60 Der Revisionsantrag genügt den Anforderungen des *§ 344 Abs 2 S 2* nur, wenn dargelegt wird, welche best und relevante Tatsache hätte geklärt und welches genau bezeichnete Beweismittel hätte benutzt werden müssen, aufgrund welcher konkreten Umstände diese Beweiserhebung aus Sicht des Tatgerichts nahegelegen hätte und welches Erg zu erwarten gewesen wäre (K/M-G 81 zu § 244; zu Einzelheiten LR-*Gollwitzer* 345, KK-*Herdegen* 38, beide zu § 244).

61 b) Die **mangelnde Ausschöpfung** eines verwendeten Beweismittels[59] kann nach der Rspr im allg nur mit Erfolg gerügt werden, wenn sich das beanstandete Unterlassen aus dem Urteil oder dem Protokoll selbst ergibt, da das Revisionsgericht andernfalls die Beweisaufnahme rekonstruieren müßte.[60]

Hiernach seien Widersprüche zwischen dem Inhalt der Akten bzw dem Urteil (sogen *Aktenwidrigkeit* der Urteilsgründe) weder wegen Nichteinführung dieses Akteninhalts in die HV (§ 244 Abs 2) noch wegen Nichterörterung des Widerspruchs in den Urteilsgründen (§ 261) revisionsrechtlich beanstandungsfähig (BGH NJW **92** 2840 [krit dazu *Herdegen* FS-Salger 318]; *Foth* NStZ **92** 446; *G. Schäfer* StV **95** 157). Bei Besonderheiten des Falles läßt die Rspr allerdings Ausnahmen zu (vgl etwa BGH NStZ **91** 449; s n 79 f, 885, 1358 ff, 1471, 1610).

62 Die Aufklärungsrüge kann auch nicht darauf gestützt werden, die Urteilsfeststellungen stünden im Widerspruch zum Inhalt des Sitzungsprotokolls[61] oder zu Aufzeichnungen der Prozeßbeteiligten über die „tatsächlichen Bekundungen" eines Zeugen, Sv oder des Angekl. Feststellung und Würdigung des Erg der HV ist allein Sache des Tatgerichts (BGH **21** 151; **38** 15).

---

[58] Zum Beispiel Unterlassen einer Verlesung nach § 253 Abs 1 (BGH StV **91** 337), Unterlassen der Einführung einer früheren Aussage durch Vorhalt (BGH StV **89** 423; **92** 2).

[59] Etwa Unterlassen einer erneuten Vernehmung oder eines Vorhalts bei widersprüchlicher/lückenhafter Zeugenaussage; Nichtstellen einer bestimmten Frage; speziell zur Nichtbeachtung wissenschaftlicher Erkenntnisse der Aussage- und Vernehmungspsychologie s 1359 f.

[60] BGH **4** 126; **17** 352 f; NJW **92** 2840; StV **84** 231; bei *Pfeiffer* NStZ **81** 96; bei *Pfeiffer/Miebach* NStZ **83** 210; Zweibrücken StV **94** 545; Hamburg StV **94** 643; LR-*Gollwitzer* 342, SK-*Schlüchter* 179, beide zu § 244 (nach BGH **22** 26 ff darf das Revisionsgericht bei Prüfung eines Verstoßes gegen Art 103 Abs 1 GG auch eine dienstliche Erklärung des Richters verwerten, wenn es zu prüfen hat, ob eine im Urteil erwähnte Urkunde zB durch Vorhalt zum Gegenstand der Verhandlung gemacht worden ist); **aA** – allerdings unter zw Verallgemeinerung von BGH **22** 26 ff – KK-*Herdegen* 40, 11 zu § 244 [sowie *ders* StV **92** 596], der dem Revisionsgericht die Prüfung der Begründetheit der Rüge im Freibeweisverfahren eröffnen will.

[61] BGH MDR **66** 164; bei *Dallinger* MDR **66** 384 und **74** 369; KG JR **68** 195; K/M-G 82, LR-*Gollwitzer* 344, beide zu § 244; krit LR-*Hanack* 81 f zu § 337.

II. Mündlichkeit und Unmittelbarkeit

1. Begriffliches

Übersicht

	Rn		Rn
a) Allgemeines	63	c) Unmittelbarkeitsgrundsatz	
b) Mündlichkeitsgrundsatz	64	aa) Formelle Unmittelbarkeit	65
		bb) Materielle Unmittelbarkeit	66

a) Ziel der Beweisaufnahme in der HV ist die *Rekonstruktion des Tatgeschehens*, wobei von vornherein eine Vielzahl möglicher Fehlerquellen die Verläßlichkeit des Erg beeinträchtigen kann. In Hinblick auf ein (möglichst) zuverlässiges und auch nachvollziehbares Erg muß die Überzeugungsbildung und damit die Urteilsfindung gem **§ 261** ihre Grundlage in dem „Inbegriff der Verhandlung" finden. In dieser Vorschrift kommen die Grundsätze der Mündlichkeit und Unmittelbarkeit in der HV zum Ausdruck. **63**

b) Der Grundsatz der **Mündlichkeit**, der seinen Niederschlag in den §§ 250, 261, 264 gefunden hat, bedeutet, daß nur derjenige Prozeßstoff dem Urteil zugrunde gelegt werden darf, der in der HV mündlich[62] vorgetragen und auch erörtert wurde. Der Grundsatz trägt dem Anspruch auf rechtliches Gehör (Art 103 Abs 1 GG) Rechnung und bildet zugleich eine wichtige Voraussetzung für den Grundsatz der Öffentlichkeit der Verhandlung (§ 169 GVG, Art 6 Abs 1 MRK), denn nur das Erfordernis des gesprochenen Wortes ermöglicht es den Zuhörenden, der HV vollständig zu folgen. **64**

c) Der Grundsatz der **Unmittelbarkeit** besagt, daß sich das Gericht einen möglichst *direkten* und *unvermittelten eigenen Eindruck* von dem zu beurteilenden Sachverhalt verschaffen soll. Dies verlangt, daß die zur Entscheidung berufenen Richter die Beweisaufnahme selbst und idR unter Verwendung der sachnächsten Beweismittel durchzuführen haben. **65**

aa) Um der **formellen Unmittelbarkeit** genüge zu tun, muß die Entscheidung des Gerichts auf **eigener sinnlicher Wahrnehmung** der erkennenden Richter beruhen. Dies erfordert, daß sie gem § 226 in der HV **ununterbrochen anwesend** sind und die Durchführung der Beweisaufnahme nicht auf dritte Personen übertragen (zu Ausnahmen s 81 ff). Fällt ein Richter während einer (fortgesetzten) Verhandlung etwa wegen Krankheit aus, so ist die gesamte HV zu wiederholen, wenn nicht ein Ergänzungsrichter bestellt worden ist (§ 192 Abs 2 GVG).

bb) Die **materielle** Komponente der **Unmittelbarkeit** verlangt, daß das Gericht die Tatsachen aus der Quelle selbst schöpft und sich grds **nicht** mit **Beweissurrogaten** begnügt (vgl BVerfGE **57** 277 f). Gem § 250 gilt der *Grundsatz der persönlichen Vernehmung*, dh die Vernehmung eines Zeugen, Sv oder auch des Angekl darf nicht durch die Verlesung eines Vernehmungsprotokolls oder einer schriftlichen Erklärung ersetzt werden (dazu n 2078 ff). Daraus ergibt sich der Vorrang des Personalbe- **66**

---

[62] Und in deutscher Sprache, § 184 GVG – zum Dolmetscher s §§ 185 ff GVG.

weises vor dem Urkundenbeweis (BGH **15** 254; K/M-G 2 zu § 250), sofern die Urkunde ein Surrogat des Zeugen- oder Sv-Beweises ist. Im übrigen folgt die Pflicht zur Verwendung des bestmöglichen und sachnächsten Beweismittels aus der Aufklärungspflicht (LR-*Gollwitzer* 22 zu § 261, *Geppert* 184 ff; s n 13).

2. Bedeutung und Auswirkungen

Übersicht

	Rn		Rn
a) Anwesenheit und Aufnahmefähigkeit des Richters		b) Beschränkung auf Erkenntnisse aus der HV	
aa) Taubheit, Stummheit, Geisteskrankheit	67	aa) Aktenkenntnis	73–75
bb) Blindheit	68, 69	bb) Akteninhalt	76
cc) Unaufmerksamkeit	70, 71	cc) Dienstliches Wissen	77
dd) Revision	72	dd) Privates Wissen	78
		ee) Auffassung Dritter	78
		ff) Revision	79, 80

67 a) Dem Erfordernis **ununterbrochener Gegenwart** der zur Entscheidungsfindung berufenen Richter ist nicht bereits dann genügt, wenn diese **körperlich** anwesend sind. Eine ordnungsgemäße Überzeugungsbildung setzt vielmehr voraus, daß sie auch **geistig** in der Lage sind, dem Prozeßgeschehen aufmerksam zu folgen.

aa) In Hinblick auf den Mündlichkeitsgrundsatz ist die Mitwirkung eines *tauben* (BGH **4** 193; LR-*Gollwitzer* 36, AK-*Maiwald* 4, beide zu § 261) oder *stummen* (K/M-G 12 zu § 338) Richters ausgeschlossen. Entspr gilt für einen Richter, der infolge einer *Geisteskrankheit* nicht verhandlungs- oder erkenntnisfähig ist (KK-*Pikart* 49 zu § 338; *Roxin* § 44 Rn 30).

68 bb) Nicht einheitlich zu beurteilen ist die Frage nach der Mitwirkung eines **blinden** Richters.[63]
(1) Die Mitwirkung ist ohne Zw unzulässig, wenn es in der HV zu einer Augenscheinseinnahme kommt, bei der die optische Wahrnehmung von Bedeutung ist (BGH **18** 51; **34** 237; KK-*Pikart* 50, LR-*Hanack* 39, beide zu § 338; *Schlüchter* 727; *Hanack* JZ **72** 315).
(2) Ansonsten soll ein blinder Richter in der *Tatsacheninstanz* zwar nicht den Vorsitz führen (BGH **35** 164),[64] als Beisitzer eines Kollegialgerichts aber an der HV teilnehmen dürfen (BGH StV **89** 143; vgl auch BGH **4** 191; **5** 355; **11** 78).[65] Dagegen bestehen erhebliche *Bedenken*.

69 Zwar ist zuzugeben, daß mangelndes Sehvermögen im allg mit einer Schärfung der übrigen Sinne verbunden sein kann, so daß im Einzelfall die fehlende optische

---

[63] Nach BVerfG NStZ **92** 246 verstößt die Mitwirkung eines blinden Richters weder gegen den Grundsatz des gesetzlichen Richters (Art 101 Abs 1 S 2 GG) noch gegen den Anspruch auf rechtliches Gehör (Art 103 Abs 1 GG), den Anspruch auf ein faires Verfahren oder den Gleichheitsgrundsatz; vgl auch BVerfGE **20** 55.

[64] AA Zweibrücken MDR **91** 1083 m Anm *Schulze* und NStZ **92** 50 für den Vorsitz in einer Berufungskammer; *Schulze* MDR **88** 736 ff.

[65] Vgl einschränkend auch *Schulze* MDR **88** 743, wonach es darauf ankommen soll, ob der blinde Richter die Wahrnehmungen, die Sehende gewöhnlich mit den Augen machen, ebenso gut mit seinen besonders geübten intakten Sinnesorganen – evtl unter Einsatz technischer Hilfsmittel – machen konnte, was in Protokoll und Urteil dargelegt werden müsse; ähnlich auch *Wolf* ZRP **92** 15 ff.

Aufnahmefähigkeit durchaus ausgeglichen werden mag. Mitunter mag der blinde Richter deshalb sogar Einzelheiten bemerken, die seinen sehenden Kollegen verborgen bleiben. Häufig aber wird ein adäquater Ersatz nicht möglich sein. So kann beispielsweise die Würdigung einer akustisch aufgenommenen Aussage die Berücksichtigung auch des visuellen Eindrucks von der aussagenden Person und ihres Aussageverhaltens erfordern. Das Gericht hat aber grds den Gesamteindruck der HV zu berücksichtigen, dem blinden Richter werden jedoch häufig nicht alle Erkenntnismöglichkeiten zugänglich sein (vgl KK-*Hürxthal* 19 zu § 261). Die persönliche Wahrnehmung kann auch nicht dadurch ersetzt werden, daß die Mitrichter ihre Beobachtungen dem blinden Kollegen in der Beratung mitteilen (so aber BGH **5** 357), da das Unmittelbarkeitsprinzip im Interesse einer zuverlässigen Aufklärung von jedem einzelnen Berufs- und Laienrichter eigene Wahrnehmungen als Grundlage der Überzeugungsbildung verlangt.

IdR wird auch zu Beginn eines Prozesses die Notwendigkeit einer optischen Wahrnehmung nicht mit Sicherheit auszuschließen sein. Im Laufe der Verhandlung könnte das Gericht ggf dazu tendieren, eine naheliegende Augenscheinseinnahme zu unterlassen, um eine Aussetzung der Verhandlung zu vermeiden (BGH **34** 238 m Anm *Fezer* NStZ **87** 335).[66]

Aus diesen Gründen wird die Mitwirkung von blinden Richtern in der Tatsacheninstanz unterbleiben und sich auf die *Revisionsinstanz beschränken* müssen.[67]

cc) Auch eine *zeitweilige Einschränkung der Aufnahmefähigkeit* kann die Grundsätze **70** der Mündlichkeit und Unmittelbarkeit verletzen, da der in der HV schlafende oder sonst unaufmerksame Richter seine Überzeugung nicht aus dem Inbegriff der Verhandlung (§ 261) schöpfen kann. Dies kann zB der Fall sein bei Übermüdung oder Ablenkung durch Studium von Akten oder Gefangenenbriefen. Voraussetzung soll allerdings sein, daß dem Richter dadurch *wesentliche Teile der HV* entgehen (BGH NJW **62** 2212 m krit Anm *Marr* NJW **63** 309 und *Seibert* NJW **63** 1044; KK-*Hürxthal* 18, LR-*Gollwitzer* 33, beide zu § 261).[68] Diese Einschränkung mag zwar pragmatisch und prozeßökonomisch sein, nach dem Grundgedanken des § 261 haben jedoch alle Vorgänge in der HV Gegenstand der ungeteilten Aufmerksamkeit des Gerichts zu sein (vgl *Eb Schmidt* JZ **70** 340; krit auch *Hanack* JZ **72** 315).

Bedenklich ist daher auch die Auffassung des BGH, das Niederschreiben der Urteilsfor- **71** mel während der Schlußvorträge der Beteiligten sei kein Verstoß gegen § 261 oder den Grundsatz des rechtlichen Gehörs, da es den Richter nicht unfähig mache, die Schlußvorträge in sich aufzunehmen (BGH **11** 76; zust wohl KK-*Pikart* 51, KMR-*Paulus* 33, beide zu § 338). Abgesehen davon, daß der Plädierende aufgrund des Eindrucks mangelnder Aufmerksamkeit des Richters veranlaßt werden könnte, seinen Vortrag abzukürzen und ggf einige Aspekte auszulassen, liegt ein Verstoß gegen § 261 jdf nahe, wenn der Beratungs- und Entscheidungsprozeß bereits während der HV einsetzt, da nicht auszuschließen ist, daß die

---

[66] Vgl auch BGH **35** 170: Bedenkliche Folge, daß die Prozeßbeteiligten durch Stellung eines auf Augenscheinseinnahme gerichteten Beweisantrages Einfluß auf die Zusammensetzung des Gerichts nehmen könnten.
[67] Vgl BGH **34** 238 m Anm *Fezer* NStZ **87** 335; BGH bei *Miebach/Kusch* NStZ **91** 122; K/M-G 11 zu § 338; *Roxin* § 44 Rn 31; *Geppert* 148 f; *Wimmer* JZ **53** 671 f; *Schorn* JR **54** 299; *Siegert* NJW **57** 1622; *Eb Schmidt* JZ **70** 340; s auch RG **60** 64. – S. auch BGH **35** 164 ff für den Vorsitzenden einer (erstinstanzlichen) Strafkammer mit Gründen, die größtenteils ebenso die Mitwirkung eines Beisitzers betreffen; s auch Anm *Fezer* NStZ **88** 375.
[68] S BGH **2** 15; NStZ **82** 41: Schlafen während eines „*nicht unerheblichen Zeitraums*".

Schlußvorträge keine Berücksichtigung mehr finden (krit auch AK-*Maiwald* 7 zu § 261; *Schlüchter* 727 Fn 463; *Roxin* § 44 Rn 33; *Geppert* 150 Fn 68; *Eb Schmidt* JZ **70** 340; vgl zudem schon *Sarstedt* JR **56** 274).[69]

72 dd) Die Mitwirkung eines nach diesen Grundsätzen nicht hinreichend verhandlungs- oder aufnahmefähigen Richters begründet nach ganz hM bereits die **Revision** wegen fehlerhafter Besetzung nach **§ 338 Nr 1** (s nur BGH **18** 55; K/M-G 10 ff zu § 338).[70] Daneben kann eine Verletzung des § 261 (iVm § 337) gerügt werden (s auch LR-*Gollwitzer* 34 f, KK-*Hürxthal* 18, beide zu § 261).

73 b) Das Gericht darf seiner Entscheidung nur die **Erkenntnisse** zugrunde legen, die es **durch die HV und in der HV** gewonnen hat (BGH **19** 195).

aa) (1) Die **Aktenkenntnis** der *Berufsrichter* wird in der StPO vorausgesetzt.[71] Sie widerspricht von vornherein dem Ideal einer unmittelbar aus dem „Inbegriff der Verhandlung" geschöpften Überzeugung und birgt vielfältige Gefahren einer Beeinflussung, auch wenn unterstellt wird, daß Berufsrichter bei Beweiswürdigung und Urteilsfindung die Kenntnis des Akteninhalts gedanklich gewissermaßen beiseite lassen und so dem Grundsatz der Unmittelbarkeit und Mündlichkeit (noch) entspr können (RG **72** 272).[72]

74 (2) Ob auch *Laienrichtern* ein Akteneinsichtsrecht zusteht,[73] ist str.

Die Rspr und Teile der Literatur verneinen dies unter Hinweis auf den Unmittelbarkeitsgrundsatz.[74] Gegen eine Gleichstellung mit den Berufsrichtern wird mitunter angeführt, Berufsrichter könnten „kraft ihrer Schulung und Erfahrung" zwischen den Eindrücken aufgrund der Anklageschrift und denen aufgrund der HV unterscheiden (RG **69** 124), während bei Laienrichtern die Gefahr unbe-
75 wußter Beeinflussung größer sei.[75] Indes fehlt es an empirischen Belegen dafür, daß Laienrichter aufgrund Aktenkenntnis eher oder in größerem Maße voreingenommen wären, als es sich bei Berufsrichtern verhält (vgl *Weißmann* 228; Nachw bei *Kemmer* 207; s auch *Haisch* MKrim **79** 157 ff).[76]

---

[69] Nach *Hanack* JZ **72** 315 ist in diesem Fall die unwiderlegliche Vermutung eines Verstoßes gegen § 261 begründet, mindestens aber eine Beeinträchtigung des rechtlichen Gehörs bzw eine unzulässige Beschränkung der Vert anzunehmen.

[70] Nach *Seibert* NJW **63** 1046 geht es allein um das Problem des rechtlichen Gehörs.

[71] Dies ergibt sich aus § 199 (iVm §§ 203 ff) sowie für den Vorsitzenden (und ggf für den Berichterstatter) auch aus der Pflicht zur Vorbereitung (§§ 219, 221) und Leitung der Verhandlung (§ 238).

[72] S allg zur Voreingenommenheit und psychologischen Zwangslage durch Aktenkenntnis *Schünemann* in Bierbrauer u. a. S. 215 ff; *Weißmann* 16 ff. m Nachw.

[73] Nach Nr 126 Abs 3 RiStBV darf den Schöffen die Anklageschrift nicht zugänglich gemacht werden.

[74] RG **69** 123 f; BGH **13** 73 ff m zust Anm *Eb Schmidt* JR **61** 31; vgl auch BGH **5** 261 f; RG **32** 318 f; **53** 178; offen gelassen in BGH NJW **87** 1209 f (mit der Begründung, im zu entscheidenden Fall sei jedenfalls auszuschließen, daß die umfangreiche und komplizierte Anklage durch einmalige Verlesung eine überzeugungsbildende Wirkung entfaltet habe); zust KMR-*Paulus* 9 zu § 261; *Beulke* StP 408; *Roxin* § 44 Rn 4; *Peters* 557; *Sarstedt/Hamm* 315.
Vgl zudem ebenso *Ranft* 1662 unter Hinweis auf die historische Entwicklung des Selbstleseverfahrens im Urkundenbeweisrecht; für ein generelles Verbot der Akteneinsicht durch Schöffen auch *Rennig* 586.

[75] Der Schöffe muß aber auch tatsächlich vom Inhalt Kenntnis genommen haben, die bloße Möglichkeit genügt nicht (BGH bei *Dallinger* MDR **73** 19).

[76] Diese Studie spricht jdf gegen die These größerer Befangenheit gerade der Laienrichter.

II. Mündlichkeit und Unmittelbarkeit

Von daher läßt sich entgegen der Rspr argumentieren, daß in Hinblick auf §§ 30 Abs 1, 77 Abs 1 GVG den Schöffen auch bzgl der Akteneinsicht die gleichen Rechte wie den Berufsrichtern zugestanden werden sollten,[77] zumal sie mit der *gleichen* Verantwortung in der Verhandlung *mitwirken* und entscheiden sollen. Eine geeignete Mitwirkung etwa bei Ausübung des Fragerechts oder Beurteilung eines Beweisantrages wird aber nicht selten Aktenkenntnis voraussetzen. Zw bzgl der intellektuellen Kompetenz der Laienrichter wäre im Rahmen des Auswahlverfahrens zu begegnen. Die pauschale Unterstellung größerer Beeinflußbarkeit bei Akteneinsicht widerspricht im übrigen dem Modell des gleichberechtigt urteilenden Schöffen.

bb) Der **Akteninhalt** darf als solcher nicht verwertet werden; berücksichtigungsfähig ist nur, was in prozeßordnungsgemäßer Weise in die HV eingeführt wurde. **76**

Ein Verstoß gegen § 261 liegt zB vor, wenn im Urteil ein bei den Akten befindliches, aber nicht in der HV vorgetragenes Gutachten oder die nicht verlesene Niederschrift eines in der HV nicht vernommenen Zeugen berücksichtigt wird (BGH StV **85** 401 m Anm *Sieg*; bei *Martin* DAR **71** 122; s auch Koblenz VRS **65** 379; Celle VRS **30** 199f).
Unbeschadet spezieller Vorschriften (§§ 77a, 78 OWiG) ist es auch im *OWi-Verfahren* unzulässig, die Beweisaufnahme durch den Akteninhalt zu ersetzen (Düsseldorf StV **94** 532).

cc) **Dienstliches Wissen**, das ein Richter außerhalb der HV erlangt, darf grds **77** nicht bei der Entscheidungsfindung verwertet werden, es sei denn, es wurde in zulässiger Weise – etwa durch Vernehmung der Informationsperson – in die HV eingeführt. Unverwertbar sind daher zB Äußerungen eines Angekl vor der HV (Koblenz GA **77** 313), nachträgliche telefonische Ergänzungen einer Zeugenaussage,[78] Erläuterungen eines Sv im Beratungszimmer (KK-*Hürxthal* 9 zu § 261; s auch Stuttgart NJW **68** 2022),[79] Angaben einer (nicht als Zeuge in der HV) vernommenen „Auskunftsperson" bei einer gerichtlichen Augenscheinseinnahme (BGH NJW **86** 390), die (nicht verlesene) gutachterliche Stellungnahme eines Ministeriums (Koblenz VRS **65** 379), Angaben von Zuhörern über Beobachtungen in der HV (BGH NStZ **95** 609) oder die Beweisergebnisse, die das Gericht in einer allein gegen einen Mitangekl durchgeführten Verhandlung gewonnen hat (BGH NJW **84** 2172; vgl auch BGH NJW **85** 1175).
(Tat-)Ortsbesichtigungen einzelner oder aller Richter sind noch kein Verstoß gegen § 261. Daraus resultierende Erkenntnisse müssen aber zum Gegenstand der HV gemacht werden, wenn sie verwertet werden sollen (BGH bei *Dallinger* MDR **66** 383; Frankfurt StV **83** 192 f). Unzulässig ist eine Tatortsbesichtigung im Rahmen der Beratung (LR-*Gollwitzer* 23, KMR-*Paulus* 8, beide zu § 261; RG **66** 28).[80]

---

[77] S KK-*Kissel* 2, K/M-G 2, beide zu § 30 GVG; AK-*Maiwald* 5 zu § 261; *Schreiber* FS-Welzel 953 ff; *Volk* FS-Dünnebier 382 ff; *Terhorst* MDR **88** 809 ff; *Klemmer* 212 ff; *Rüping* 115; krit auch *Hanack* JZ **72** 314 f.
[78] Vgl RG **71** 328, wonach es jedoch zulässig sein soll, durch ein nachträgliches Gespräch die Erinnerung an die HV aufzufrischen, sofern nicht Lücken des Sachverhalts ausgefüllt werden – abl dazu *Eb Schmidt* 4 zu § 261.
[79] Vgl RG **17** 287 ff, wonach in diesem Fall § 377 Nr 5 aF = § 338 Nr 5 vorliegt.
[80] Zugleich liegt eine Verletzung der §§ 226, 230 vor mit der Folge des § 338 Nr 5; vgl auch Hamm NJW **59** 1192.

Bei *gerichtskundigen* Tatsachen (s 24 ff) müssen sowohl die Tatsache wie auch ihre Gerichtskundigkeit in der HV erörtert werden (BGH StV **88** 514; StV **94** 527; Bay VRS **66** 33; Hamm StV **85** 225).

78 dd) **Privates Wissen** darf der Richter – anders als bes Sachkunde – nur im Ausnahmefall der Allgemeinkundigkeit (s 19 ff) verwerten. In anderen Fällen kann er es zum Gegenstand eines Vorhaltes machen, zu berücksichtigen ist dann jedoch allein die Erwiderung darauf. Eine Bekanntgabe nicht allgemeinkundiger Tatsachen durch den Richter ist nur im Wege der Zeugenaussage (mit der Folge des § 22 Nr 5) zulässig (LR-*Gollwitzer* 24 zu § 261).

ee) Ein Verstoß gegen § 261 liegt auch vor, wenn der Richter die **Auffassung Dritter** oder die öffentliche Meinung[81] ohne eigene Prüfung und Feststellungen dem Urteil zugrunde legt (KK-*Hürxthal* 13, KMR-*Paulus* 9, beide zu § 261; vgl auch Saarbrücken JZ **68** 309).

79 ff) (1) Mit der **Revision** kann gerügt werden, es seien Tatsachen verwertet worden, die nicht Gegenstand der Verhandlung waren. Erfolg hat diese Verfahrensrüge nur dann, wenn *ohne Rekonstruktion der Beweisaufnahme* der Nachweis geführt werden kann, daß die im Urteil getroffenen Feststellungen nicht durch die in der HV verwendeten Beweismittel und auch sonst nicht aus den zum Inbegriff der Verhandlung gehörenden Vorgängen gewonnen worden sind (BGH StV **93** 115). Dies ist zB der Fall, wenn der Wortlaut einer verlesenen Urkunde im Urteil falsch wiedergegeben oder ihr in den Urteilsgründen ein eindeutig anderer Inhalt gegeben wird (BGH **29** 21; bei *Spiegel* DAR **88** 233; vgl auch BGH StV **83** 321; Bay **85** 226; Köln StV **95** 630); das gleiche gilt, wenn im Urteil der Wortlaut einer nicht verlesenen Urkunde wiedergegeben wird[82] und es in Anbetracht des Umfanges des Zitats ausgeschlossen ist, daß das Gericht seine Überzeugung im Wege des Vorhalts gewonnen hat (BGH bei *Holtz* MDR **91** 704; vgl auch BGH **11** 160 f; s n 2064 ff). Auch feststehende Lücken bzw Auslassungen in der Beweiswürdigung können uU erfolgreich gerügt werden (Zweibrücken StV **94** 545; Hamburg StV **94** 643; s n *Krause* 94). Ebenso verhält es sich, wenn Schlußfolgerungen aus angeblichen Vorgängen in der HV gezogen werden, die (so) nicht geschehen sind – zB aus einer (jdf nach dem Inhalt des Sitzungsprotokolls, § 274) tatsächlich unterbliebenen Belehrung oder Vereidigung (BGH bei *Dallinger* MDR **55** 397 f; LR-*Gollwitzer* 171 zu § 261).

80 (2) IdR *keinen Erfolg* hat dagegen die Rüge, die in der HV erhobenen Beweise führten inhaltlich zu anderen als den vom Tatrichter getroffenen Feststellungen (vgl allg 98 ff mwN). So kann zB die Revision nicht darauf gestützt werden, ein Zeuge habe etwas anderes ausgesagt oder eine Aussage oder Urkunde sei jdf auf andere Weise zu interpretieren (BGH NStZ **90** 35; StV **93** 115; K/M-G 38 a, KK-*Hürxthal* 53, beide zu § 261). Der innere Vorgang der Überzeugungsbildung kann nicht angegriffen werden, solange er die notwendige äußere Grundlage hat (vgl BGH bei *Holtz* MDR **86** 625); eine Rekonstruktion der HV ist im Revisionsverf grds ausgeschlossen.

Hingegen ist in engen Grenzen eine Kontrolle der Überzeugungsbildung des Tatrichters gemäß der *Verfahrensrüge*[83] dann möglich, wenn „das wirkliche Beweiser-

---

[81] Zum Beispiel, daß der Angekl in der Öffentlichkeit „als Schläger bekannt" sei (vgl BGH bei *Dallinger* MDR **73** 190).

[82] Gerügt wird in diesem Fall nicht die falsche inhaltliche Interpretation der verlesenen Urkunde, sondern die Berücksichtigung einer anderen (als der verlesenen) Urkunde, die selbst nicht Gegenstand der Verhandlung war (s im übrigen *Pelz* NStZ **93** 363).

[83] Lassen bereits die Urteilsgründe erkennen, daß ein entspr Mangel vorliegt, so kann auch die Sachrüge genügen.

gebnis" (*G Schäfer* StV **95** 155) revisionsrechtlich zuverlässig und einfach feststellbar[84] ist (BGH StV **91** 549; **93** 115; s n 885, 1358 ff, 1471, 1610).

Dabei ergibt sich hinsichtlich der Mängel unterlassener Verwertung bzw Nichtausschöpfung des Beweisgehalts zwangsläufig, daß gemäß § 344 Abs 2 S 2 auch darzulegen ist, daß die Beweiserheblichkeit bzw der Aufklärungsbedarf auch noch zZt der Urteilsfällung bestand.

3. Durchbrechungen

Übersicht

	Rn		Rn
a) Kommissarische Beweisaufnahme		dd) Berücksichtigung von Beobachtungen und Bewertungen	85, 86
aa) Zweck und Voraussetzungen	81	b) Ausnahmen vom Verlesungsverbot des § 250 (Überblick)	87
bb) Anordnung	82		
cc) Durchführung	83, 84		

a) aa) Die **kommissarische Beweisaufnahme** nach §§ 223–225 stellt eine Ausnahme vom Unmittelbarkeitsgrundsatz dar, wobei die Durchbrechung entweder darin gesehen werden kann, daß ein Teil der Beweisaufnahme und damit der HV gleichsam vorweggenommen wird (betr formelle Unmittelbarkeit, *Roxin* § 44 Rn 2; K/M-G 1 zu § 223; vgl BGH **9** 27), oder darin, daß ein Teil der HV vorbereitet wird, indem dann gem § 251 vom Grundsatz des § 250 (materielle Unmittelbarkeit) abgewichen werden soll (vgl KMR-*Paulus* 2, LR-*Gollwitzer* 1, beide zu § 223; *Ranft* 1404 f, 1657). Nach § 223 kann ein Zeuge oder Sv[85] durch einen (als Mitglied des erkennenden Gerichts) beauftragten oder (im Wege der Rechtshilfe nach § 157 GVG) ersuchten Richter vernommen werden, wenn seinem Erscheinen – dh seiner Vernehmung (KK-*Treier* 3 zu § 223) – in der HV nicht zu beseitigende Hindernisse entgegenstehen oder ihm ein Erscheinen wegen großer Entfernung nicht zuzumuten ist. *Zweck* der Vorschrift ist es, ein gem § 251 Abs 1 Nr 2, 3 oder 4 in der HV verlesbares Vernehmungsprotokoll zu errichten. Die Voraussetzungen entsprechen denen des § 251 Abs 1 Nr 2 (s n 2111 f) bzw Nr 3 (s n 2119 f). **81**

bb) Der anordnende *Gerichtsbeschluß*, der von Amts wegen oder auf Antrag der Verfahrensbeteiligten oder der Beweisperson selbst schon im Eröffnungsverfahren (BGH VRS **36** 356) oder während der laufenden HV ergehen kann, muß Namen und Anschrift der Beweisperson (Ausnahme § 68 Abs 2, 3) aufführen sowie angeben, welcher Fall des § 223 angenommen wird (KK-*Treier* 14 zu § 223). Auch das Beweisthema ist zu nennen, wenn es nicht bereits aus den Umständen bzw aus Hinweisen auf frühere Vernehmungen deutlich wird. Zusätzliche, das Beweisthema konkretisierende Fragen kann der Vorsitzende in der Verfügung aufführen. **82**

cc) (1) *Durchgeführt* wird die Vernehmung von dem beauftragten oder dem nach dem Geschäftsverteilungsplan des ersuchten Gerichts zuständigen Richter. Auch mehrere oder alle Berufsrichter des erkennenden Spruchkörpers sollen beauftragt werden dürfen (KMR-*Paulus* 23; LR-*Gollwitzer* 28, beide zu § 223; vgl BGH NStZ **83** 182 und 421; aA *Peters* 548). **83**

---

[84] Hierzu kommen am ehesten Schriftstücke oder Abbildungen in Betracht.
[85] Nicht aber der Mitbeschuldigte (K/M-G 1 zu § 223), anders § 251 Abs 1 Nr 2.

Unzulässig ist dagegen eine Vernehmung durch das Gericht in der vollen Besetzung der HV, also einschließlich der Schöffen (SK-*Schlüchter* 37, KK-*Treier* 17, K/M-G 15, alle zu § 223), da die Bezeichnung als kommissarische Vernehmung nicht dazu führen darf, die Anwesenheitsrechte der Verfahrensbeteiligten zu umgehen. Der BGH sieht daher darin einen Teil der HV mit der Folge, daß die Revision nach § 338 Nr 5 begründet sein kann (BGH **31** 236 = JR **83** 474 m Anm *Meyer*, StV **89** 187; zw LR-*Gollwitzer* 28 zu § 223). Der beauftragte Richter muß später nicht notwendig in der HV mitwirken (BGH **2** 2 f).

84 (2) Die Vernehmung ist nicht öffentlich. Es gelten die *allg Bestimmungen* der §§ 48 ff, 72 ff und entspr auch §§ 240 Abs 2, 241 Abs 2. Nach § 180 GVG sind die sitzungspolizeilichen Vorschriften anzuwenden. Die Verfahrensbeteiligten sind idR zur Teilnahme berechtigt, notwendig ist ihre Anwesenheit jedoch nicht (§ 224 Abs 1, s aber auch § 224 Abs 2; zum Anwesenheitsrecht des Vert s auch 1043).
Der Angekl darf nach § 247 S 1–3 vorübergehend ausgeschlossen werden (vgl BGH **32** 37 = JZ **84** 46 m Anm *Geerds*). In diesen Fällen soll keine Unterrichtungspflicht nach § 247 S 4 bestehen (BGH NJW **67** 405), da der Angekl in der HV durch Verlesung der Vernehmungsniederschrift nach § 251 vom Inhalt der Vernehmung Kenntnis erlangt. Hierzu können schon wegen des Zeitfaktors bei der Herstellung forensischer Wahrheit Bedenken bestehen.
Nach § 69 ist die Beweisperson zu veranlassen, zunächst eine zusammenhängende Darstellung abzugeben (zu § 68 s 1088, zur Vereidigung s 1137).

85 dd) Str ist, ob und ggf auf welche Weise **persönliche Beobachtungen und Bewertungen** des ersuchten bzw beauftragten Richters, insbes sein persönlicher Eindruck von der Glaubwürdigkeit der Beweisperson in den Strafprozeß eingeführt und im Urteil verwertet werden können. Nach Ansicht des BGH sind derartige Feststellungen und Wertungen dann verwertbar, wenn sie in dem Vernehmungsprotokoll vermerkt und durch Verlesung in die HV eingeführt worden sind (BGH **2** 3; bei *Holtz* MDR **77** 108; NStZ **83** 182; **89** 382; RG **37** 212; zust KK-*Treier* 22, K/M-G 24, beide zu § 223). Demggü wird zu differenzieren und einzuschränken sein.

86 Geht es um die Feststellung äußerer, objektivierbarer *Tatsachen*,[86] dh um objektive Wahrnehmungen, die die Vernehmung begleiten, so darf die Beobachtung ebenso wie die Aussage selbst im Protokoll festgehalten und in der HV verlesen werden (so auch KMR-*Paulus* 37, AK-*Keller* 17, beide zu § 223). Denn insoweit handelt es sich nur um die Vermittlung von Feststellungen, die jede Vernehmungsperson – also auch das erkennende Gericht – in dieser Situation in gleicher Weise hätte machen können (vgl auch § 225, kommissarische Augenscheinseinnahme). Etwas anderes muß jedoch für *persönliche Schlußfolgerungen oder Eindrücke* des kommissarischen Richters gelten (ebenso *Ranft* 1413; AK-*Keller* 17, KMR-*Paulus* 37, beide zu § 223; aA LR-*Gollwitzer* 34 zu § 223). Diese können – ebenso wie im Falle von Vernehmungen durch Polizeibeamte oder Beamte der StA – durch zeugenschaftliche Vernehmung des Richters in die HV eingeführt werden (aA *Foth* MDR **83** 718). Die Würdigung der Beweise ist jedoch ausschließlich dem erkennenden Gericht vorbehalten.[87] Die Verwertung oder gar Übernahme fremder Würdigung ohne die Möglichkeit der Nachprüfung und Hinterfragung ist mit diesem Grundsatz unvereinbar.

---

[86] Zum Beispiel Äußerung des Zeugen erst auf Vorhalt, vgl RG **37** 213.
[87] Sehr bedenklich daher Stuttgart MDR **80** 692, wonach der ersuchte Richter als „verlängerter Arm" des Prozeßgerichts fungiere, so daß seine Beurteilung des Ergebnisses einer Beweisaufnahme zugleich als eine des erkennenden Gerichts anzusehen sei.

III. Beweiswürdigung

Ist die kommissarische Vernehmung von einem beauftragten Richter durchgeführt worden, folgt aus dessen Vernehmung als Zeuge in der HV nach § 22 Nr 5 allerdings sein Ausschluß als erkennender Richter. Diese vom Gesetz zur Sicherung einer objektiven und distanzierten Beweiswürdigung vorgesehene Konsequenz darf jedoch nicht durch Protokollierung und Verlesung der in Rede stehenden Entäußerungen umgangen werden. Erst recht ist es unzulässig, wenn der kommissarische Richter seine Eindrücke den Kollegen in der Beratung mitteilt (vgl BGH **2** 2 f; Koblenz MDR **80** 689). Auch eine Verwertung von Beobachtungen aus der kommissarischen Vernehmung als gerichtskundig kommt nicht in Betracht[88] (so auch KMR-*Paulus* 37, AK-*Keller* 17, beide zu § 223; *Ranft* 1414; aA *Foth* MDR **83** 718; *Itzel* NStZ **89** 383 f; s auch LR-*Gollwitzer* 42, KK-*Treier* 22, beide zu § 223; SK-*Schlüchter* 37 zu § 223 für Hintergrundinformationen). Abgesehen davon, daß nach hier vertretener Ansicht Gerichtskundigkeit die Kenntnis aller Gerichtsmitglieder erfordert (s 31 f), eine kommissarische Vernehmung aber nicht in voller Gerichtsbesetzung erfolgen darf (s 83), scheitert die Annahme von Gerichtskundigkeit bereits daran, daß Beweisergebnisse aus dem anhängigen Verfahren selbst nie gerichtskundig sein können (s 28).

b) Kommt es bei der Beweisaufnahme auf die Wahrnehmung einer Person an, verbietet es § 250 grds, die Zeugen- bzw Sv-Vernehmung in der HV durch Verlesung früherer Vernehmungsprotokolle oder schriftlicher Erklärungen zu ersetzen. Das Gesetz sieht jedoch zahlreiche **Ausnahmen vom Verlesungsverbot des § 250** vor (s n 2076 ff). **87**

§ 251 Abs 1 erlaubt in bestimmten Fällen, in denen der Personenbeweis in der HV unverhältnismäßig erschwert oder unmöglich ist, die Verlesung von richterlichen Vernehmungsprotokollen. In noch engeren Grenzen ist gem § 251 Abs 2 die Verlesung von nichtrichterlichen Vernehmungsprotokollen und schriftlichen Erklärungen zulässig. § 253 regelt die Protokollverlesung zur Gedächtnisunterstützung und Aufklärung von Widersprüchen bei Aussagen von Zeugen und Sv, § 254 die Einführung von protokollierten richterlichen Geständnissen des Angekl. § 256 enthält eine Sondervorschrift für behördlich erstellte Zeugnisse oder Gutachten. Weitere Ausnahmen enthalten die §§ 49, 50 (Vernehmung des Bundespräsidenten oder von Parlaments- und Regierungsmitgliedern), §§ 232, 233 (Vernehmung des Angekl bei Abwesenheit in späterer HV), § 249 Abs 1 S 2 (Verlesung insbes von früheren Strafurteilen und richterlichen Augenscheinsprotokollen), § 325 (Verlesung von Schriftstücken in der Berufungsverhandlung) und § 77 a OWiG. Im Rahmen des (im Jahre 1994 neu eingeführten)[89] sog beschleunigten Verfahrens ermöglicht § 420 (s n 2076) die Verlesung von Vernehmungsniederschriften, bestimmten Urkunden und behördlichen Erklärungen ohne Bindung an die engen Voraussetzungen der §§ 251, 256.

III. Beweiswürdigung

Die geltenden Grundsätze der Beweiswürdigung haben sich entwickelt, seitdem im Laufe des 19. Jh das formale, gesetzlich fixierten Regeln unterworfene (vgl *Schmitt* 134 ff; *Jerouschek* GA **92** 497 ff) Beweisrecht des gemeinen deutschen Straf- **88**

---

[88] Da unmittelbar beweiserhebliche Tatsachen nie gerichtskundig sein können (s 27), kommt diese Überlegung von vornherein nur für Hintergrundtatsachen in Betracht.
[89] Durch Gesetz zur Änderung des StGB, der StPO und anderer Gesetze vom 28. Oktober 1994.

prozesses abgelöst wurde.⁹⁰ Sie besagen, daß das Gericht aufgrund eigener, persönlicher **Überzeugung** zwar unabhängig von Beweisregeln der erwähnten Art zu entscheiden hat (**§ 261**),⁹¹ daß es dabei jedoch an (im Folgenden erörterte) **inhaltliche Voraussetzungen gebunden** ist.

Demggü handelt es sich bei dem Wort „frei" in § 261 um eine historische, der vormaligen Bindung an die genannten Beweisregeln geschuldete Reminiszenz (vgl auch *Peters* 300; ähnlich *Fezer* StV **95** 95 f, 101: hinwegzudenken). Die vielfach in dieses Wort hineingelegte inhaltliche Bedeutung verträgt sich zudem nicht mit der Pflicht, den Schuldspruch ggü dem Angekl zu legitimieren⁹² und demgemäß, wenngleich § 267 Abs 1 S 2 dies nicht ausdrücklich verlangt, eine Beweiswürdigung vorzunehmen und diese im Urteil darzustellen.

1. Richterliche Überzeugung

Übersicht

	Rn		Rn
a) Subjektive Gewißheit	89, 90	c) Höchstpersönliches Urteil ...	92–95
b) Objektive Tatsachengrundlage	91	d) Revision	96

89   a) Unter Überzeugung iSd § 261 ist die persönliche **subjektive Gewißheit** des Richters von der objektiven Wahrheit der entscheidungserheblichen Tatsachen zu verstehen (BGH NStZ **83** 277; s nur LR-*Gollwitzer* 7 zu § 261). Bloße objektive Wahrscheinlichkeit, sei sie auch von hohem Grad, genügt nicht (s nur KK-*Hürxthal* 2, LR-*Gollwitzer* 9, beide zu § 261; zumindest mißverständlich RG **61** 206). Auch die „an Sicherheit grenzende Wahrscheinlichkeit" bedarf zusätzlich der inneren Gewißheit des Richters von der Wahrheit des Geschehens, um die Entscheidung zu tragen (vgl BGH **10** 209; VRS **62** 121; LR-*Gollwitzer* 9 zu § 261 mwN; einschränkend BGH NStZ **90** 28).

Hingegen umfaßt die subjektive Komponente des sogen „Gewißheitserlebnisses" keinen Beurteilungsspielraum bzw keine Ermessensausübung (*Fezer* StV **95** 100; aA *Schmitt* 412 ff).

90   Solange der Richter nur leise Zw an Täterschaft oder Schuld hegt, fehlt es an der für eine Verurteilung notwendigen Überzeugung (BGH VRS **39** 103; **62** 121; RG **66** 164; vgl auch Bay bei *Bär* DAR **88** 368). Geeignet sind dabei aber nur auf konkreten Umständen beruhende vernünftige Zw (BGH VRS **39** 103; NStZ **88** 237; Bay **71** 129; Koblenz VRS **67** 268), nicht dagegen abstrakte, rein theoretische Zw, die sich im Hinblick auf die allg Unzulänglichkeit menschlichen Erkenntnisvermögens ergeben könnten. Es bedarf *keiner objektiven*, absoluten oder mathematischen *Gewißheit*, die jede Möglichkeit eines abweichenden Geschehens ausschließt (BGH VRS **39** 103; GA **54** 152; NJW **51** 83; **67** 360; NStZ **88** 237; RG **61** 206; **66** 164; Koblenz VRS **67** 268).

Dem entspricht es, daß die StPO die Möglichkeit von Fehlurteilen einkalkuliert, indem sie unter bestimmten Voraussetzungen die *Wiederaufnahme* eines durch rechtskräftiges Urteil ab-

---

⁹⁰ Abgeleitet gelten die Grundsätze für alle Strafverfolgungsorgane, also auch für StA und Polizei.
⁹¹ Zu Entstehungsgeschichte und historischen Inhalt dieses Prinzips s *Küper* FG-Peters 23 ff sowie *Schmitt* 134 ff, 149 ff.
⁹² Vgl auch BGH StV **90** 439, wonach mit der Beweiswürdigung eine für den Schuldspruch tragfähige Grundlage zu schaffen ist.

III. Beweiswürdigung

geschlossenen Verfahrens vorsieht (§§ 359 ff, 373 a; speziell zur Verteidigung *Stern* NStZ **93** 409, 411 ff). Die Wiederaufnahme dient grds nur der Überprüfung der *tatsächlichen* Grundlagen des Urteils (Ausnahme: § 79 Abs 1 BVerfGG sowie §§ 359 Nr 3, 362 Nr 3).

Die richterliche Überzeugung muß nicht auf zwingenden Schlüssen beruhen, ausreichend sind logische; das gleiche darf jedoch nicht für nach der Lebenserfahrung zwar mögliche Erwägungen gelten, sofern durchaus auch die naheliegende Möglichkeit eines anderen Sachverhalts besteht, und zwar unabhängig davon, ob der Richter selbst nicht zweifelt (s auch 100 sowie *Herdegen* StV **92** 532 ff; vgl aber BGH **10** 209; **26** 63; VRS **30** 101; **32** 198; NStZ **82** 478).

Auch wird (iSe normativen Beweistheorie) die Auffassung vertreten, eine Verurteilung sei unzulässig, so lange das Entlastungsvorbringen des Angekl nicht als Lüge entlarvt werden kann (*Freund* 17 ff; s auch Rn 92).

b) Um der Gefahr einer willkürlichen Entscheidung vorzubeugen, muß die Überzeugung des Richters **objektiv** eine **tragfähige tatsächliche Grundlage** haben (LR-*Gollwitzer* 13 zu § 261; vgl BGH JR **81** 304 m Anm *Peters*; NStZ **90** 501; Bay **71** 129 = JR **72** 30 m Anm *Peters*) und auf einer logischen, nachvollziehbaren Beweiswürdigung beruhen, die einer rationalen Argumentation standhält (BGH NStZ **82** 478; **88** 237; s auch *Herdegen* NStZ **87** 198 f sowie StV **92** 531 f). Bloße Vermutungen oder Intuition tragen eine Verurteilung nicht (BGH StV **82** 256; **86** 61; NStZ **86** 373; **87** 474; bei *Pfeiffer/Miebach* NStZ **86** 208; vgl auch StV **93** 116; krit zur Überprüfung durch das Revisionsgericht AK-*Maiwald* 10 zu § 261), da sie „letztlich nicht mehr als einen Verdacht" (BGH StV **95** 453) zu begründen vermögen. **91**

c) Die Überzeugung des Richters ist **höchstpersönlich** und nicht austauschbar. Sie muß auf seiner eigenen Gewißheit beruhen und darf nicht lediglich die Auffassung Dritter wiedergeben (s auch 78). Unerheblich sei, ob ein anderer Richter an Stelle des entscheidenden noch gezweifelt hätte; die Freiheit der Überzeugung beinhalte auch die Freiheit, mögliche Zw zu überwinden (BGH GA **54** 152; NJW **67** 360). Hierbei wird offensichtlich (s nur *Perron* 48: „Unsicherheitsfaktor ersten Ranges"), daß Geeignetheitskriterien für fachliche Aussagen – zB *Gültigkeit* und *Zuverlässigkeit* (vgl *Eisenberg* § 13 Rn 14) –, wie sie in der empirischen Forschung vom Menschen unabdingbar sind, insoweit *keinen Platz* haben (s aber 97 ff). **92**

aa) So eröffnet das Abstellen auf die subjektive Beurteilung den Raum auch für die Berücksichtigung ganz *individueller Einstellungen* und Leitvorstellungen, und es birgt damit uU die Gefahr intuitiver, irrationaler, kaum kontrollierbarer Einflüsse (s dazu 913 ff sowie *Eisenberg* § 31 Rn 32 ff).[93] **93**

bb) Auch innerhalb eines *Kollegialgerichts* bleibt die subjektive Gewißheit maßgebliches Kriterium, die Überzeugungsbildung findet hier jedoch im Rahmen der sozialen Interaktion zwischen den Mitgliedern statt. Detaillierte empirische Untersuchungen über die Entscheidungsfindung innerhalb eines Spruchkörpers fehlen (und sind im Hinblick auf das Beratungsgeheimnis auch kaum durchführbar). Allg wird angenommen, daß eine besondere Kompromißbereitschaft und die Tendenz zur Harmonisierung und Vermeidung extremer Standpunkte erkennbar sind. Die gewisse Anonymität, die der einzelne Richter bei Entscheidungen des Kollegiums genießt, mag zudem das Ausmaß der persönlichen Verantwortlichkeit des Einzelnen abschwächen. Besondere Bedeutung wird auch dem Einfluß des Bericht- **94**

---

[93] Vgl dazu auch *Peters* 298 ff, der deshalb für eine Objektivierung der Überzeugungsbildung eintritt; ähnlich auch *Herdegen* StV **92** 530 ff, der zusätzlich als objektives Beweismaß „hohe Wahrscheinlichkeit" verlangt. Zu Aspekten der richterlichen Entscheidungsfindung s *Berkemann* JZ **71** 538 mit Nachw.

erstatters (und ggf des Vorsitzenden) zugeschrieben (zum Ganzen n *Berkemann* JZ **71** 539 f; *Schreiber* ZStW **88** [1976] 159 f, *Eisenberg* § 31 Rn 17 f, jeweils mwN).

95 cc) Im übrigen vermag gerade die Einräumung subjektiver Beurteilung einer Einflußnahme durch (formelle und materielle) *behörden-* oder *gerichtsinterne Handlungsnormen* (s systematisch *Eisenberg* § 40 Rn 1 ff, 13 ff) schwerlich zu wehren.[94] Dies ist umso abträglicher, als diese Normen – im Unterschied zB zu den Beweisregeln des gemeinrechtlichen Strafprozesses – überwiegend nicht schriftlich fixiert bzw der Vert zugänglich sind. So ist ggf zB auch eine Anpassung des Maßstabes der Überzeugungsbildung an die faktischen prozeßrechtlichen Verhältnisse zu besorgen (vgl dazu *H.E. Müller* 19 f).

96 d) aa) Im Rahmen der **Revision** wird überprüft,[95] ob der Entscheidung tatsächlich eine persönliche, zweifelsfreie Gewißheit des Tatrichters zugrundeliegt (BGH NJW **51** 325), ob diese Gewißheit auf einer ausreichenden objektiven Grundlage ruht und ob das Gericht die rechtlichen Anforderungen an die Überzeugungsbildung richtig erkannt hat (LR-*Gollwitzer* 177 ff zu § 261).

Um diese Prüfung zu ermöglichen, müssen im Urteil die objektiven Grundlagen der Überzeugungsbildung offengelegt werden; dies gilt jeweils auch bei sogen „Serienstraftaten" zumindest insoweit, als nicht alle wesentlichen tatsächlichen Umstände gleichgestaltet sind (s betr „Warentermingeschäfte" etwa BGH NStZ **92** 603 mit zust Anm *Molketin*). Je weniger konkrete Tatsachen über den Schuldvorwurf ermittelt wurden, umso zw ist, ob das Gericht von der Tat überzeugt sein kann (BGH StV **94** 114; 173).

Wird in einer Entscheidung zB eine Identifizierung aufgrund eines Radarfotos als Fahrer eines Kfz festgestellt, muß das Gericht, zumal § 267 Abs 1 S 3 schwerlich anwendbar ist (s n 2259), einen Vergleich individueller Merkmale darlegen (BGH NStZ **96** 150 [LS]; Bay NZV **95** 163; Celle NStZ **95** 243). Auch bei Anwendung von § 267 Abs 1 S 3 hängt es von Qualität und Aussagekraft des Lichtbildes ab, wie ausführlich übereinstimmende Identitätsmerkmale darzustellen sind (Karlsruhe DAR **95** 336 [betr unscharfes Bild und Sonnenbrille des Fahrers]; Hamm DAR **95** 415 [betr Vergleich von Radarfoto mit sonstigem Lichtbild]).

bb) Das Revisionsgericht darf dagegen nicht die tatrichterliche Überzeugung durch seine eigene ersetzen (s, allerdings unter Bejahung eines subjektiv-persönlichen Freiraums, BGH **10** 210; **29** 20 = JR **80** 168 mit krit Anm *Peters*). Mit der Revision kann daher nicht gerügt werden, die rechtsfehlerfrei gewonnene Überzeugung des erkennenden Gerichts sei nicht zwingend, ein anderer hätte dieselbe Gewißheit nicht gewonnen oder aber verbliebene Zw nicht gehabt (BGH bei *Holtz* MDR **78** 281). Jedoch kann eine für eine Überzeugungsbildung ausreichende Grundlage aus Rechtsgründen ausgeschlossen sein, wenn die Beweiswürdigung rational-objektive Mängel aufweist (BGHR StPO, Beweiswürdigung 8).

---

[94] Daher erscheint die Auffassung, es komme auf die Nachvollziehbarkeit durch andere Richter an (s etwa *Roxin* § 15 Rn 13), kaum zureichend.
[95] Nicht abschließend geklärt ist, ob ein prinzipieller Unterschied hinsichtlich des Stellenwerts der Überzeugung danach besteht, ob die Nichtverurteilung oder die Verurteilung gerügt wird (s aber *G Schäfer* StV **95** 149).

III. Beweiswürdigung

2. Kriterien der Beweiswürdigung

Übersicht

	Rn		Rn
a) Bedeutung	97	d) Einschränkungen und Durchbrechungen	108
b) Grundlage		aa) Beweisverwertungsverbote	109
aa) Gesamteindruck in der HV	98	bb) § 190 StGB	110
bb) Ausgeschiedene Taten/Tatteile	99	cc) § 274 StPO	111
c) Grenzen		dd) Verfahrensrechte	112
aa) Erschöpfende Beweiswürdigung	100, 101	ee) Vorfragen aus anderen Rechtsgebieten	113, 114
bb) Denkgesetze, Erfahrungssätze, wissenschaftliche Erkenntnisse	102–107	ff) Beweisvermutungen	115

a) Die geltenden Grundsätze der Beweiswürdigung sind dadurch gekennzeichnet, daß das Gericht seine Entscheidung auf **rational-objektiver Grundlage** und in (intersubjektiv) nachvollziehbarer Weise (vgl dazu *Peters* 298; *Hetzer* 253 ff; *Herdegen* StV **92** 531) zu treffen hat (BGHR § 261 StPO, Beweiswürdigung 8; StV **93** 510). Das Gesetz enthält keine Vorschriften darüber, unter welchen Voraussetzungen eine Tatsache als erwiesen bzw nicht erwiesen anzusehen ist (BGH **29** 20 = JR **80** 168 m Anm *Peters*; NJW **82** 2883); auch kann zB das Kriterium hoher Wahrscheinlichkeit (bej *Herdegen* NStZ **87** 198; StV **92** 527 sowie BGH StV **93** 510; **95** 453; vern *Foth* NStZ **92** 445) trügerisch sein (s n 919 ff, 1942 ff). Das Gericht darf und muß daher jedes Beweismittel selbst würdigen, wobei es den Wert des einzelnen Beweismittels jeweils *konkret* im Einzelfall zu bestimmen hat; insbes sind pauschale Schlüsse (etwa in Hinblick auf das Alter einer Auskunftsperson oder ihre Stellung im Verfahren) fehlerhaft (s n 1483 sowie KK-*Hürxthal* 29 zu § 261). Der Grundsatz gilt auch für die Würdigung der Aussage des Angekl (BGH v 16.8.95 [2 StR 94/95]; Düsseldorf StV **95** 459), wobei an die Darlegung und Begründung der Beweiswürdigung besonders hohe Anforderungen zu stellen sind, wenn Aussage gegen Aussage steht (zur Würdigung der Aussage des Angekl s 885 ff sowie betr Zeugen 1470 ff, erg allg 1362 ff).

b) aa) § 261 verpflichtet das Gericht zu einer **umfassenden Beweiswürdigung**. **Grundlage** der Würdigung sind alle in der **HV** erhobenen Beweise (sofern kein Verwertungsverbot entgegensteht) und allg alles, was – verfahrensrechtlich zulässig – *Gegenstand der Verhandlung* war (s 6 f), vom Aufruf der Sache bis zu den Schlußvorträgen und dem letzten Wort des Angekl. Dabei ist nicht nur das Ergebnis der förmlichen Beweisaufnahme, sondern der in der HV gewonnene *Gesamteindruck* zu bewerten. Dies umfaßt zB Äußerungen aller Verfahrensbeteiligten,[96] ihr Erscheinungsbild oder beobachtete Reaktionen und Verhaltensweisen (BGH bei *Dallinger* MDR **74** 368; LR-*Gollwitzer* 16, KK-*Hürxthal* 19, beide zu § 261 mwN). Hierbei ist nicht zu verkennen, daß das Gericht mit einer nach *Maßstäben* der *empirischen* Forschung vom Menschen auch nur einigermaßen gültigen und zuverlässigen Beurtei-

97

98

---

[96] S zu Äußerungen des Privatklägers Bay **53** 28, des Nebenklägers LR-*Gollwitzer* 15 zu § 261, des Mitangekl BGH **3** 385, des Vert KK-*Hürxthal* 19 und LR-*Gollwitzer* 15, beide zu § 261 (vgl aber auch Hamm VRS **57** 428; Köln VRS **59** 350).

lung in einem nicht unerheblichen Teil der Fälle *überfordert* sein wird (s n 1428 ff, 1458 ff), ganz abgesehen davon, daß die HV bzgl eines Großteils der Angekl und Zeugen eine zur Beurteilung der Persönlichkeit eher ungeeignete Veranstaltung ist.

99   bb) Verfahrensstoff, den eine Einstellung nach *§ 154 Abs 2 oder § 154a Abs 2* erfaßt, darf nach hM unter bestimmten Voraussetzungen bei der Beweiswürdigung berücksichtigt werden (s n nebst Bedenken 416 f).

Zumindest muß der Verfahrensstoff zuvor in prozeßordnungsgemäßer Weise festgestellt und der Angekl auf die Möglichkeit der Berücksichtigung hingewiesen worden sein.[97] Dieser dem Vertrauensschutz Rechnung tragende Hinweis sei jedoch entbehrlich, wenn der Angekl durch den Ablauf der HV unmißverständlich erkennen konnte, daß das Gericht den ausgeschiedenen Stoff für erheblich hielt (BGH NStZ **87** 133 f) oder wenn auszuschließen ist, daß das Verteidigungsverhalten des Angekl durch die Beschränkung beeinflußt wurde (BGH NJW **85** 1479; NStZ **87** 134 m Anm *Rieß*; bei *Kusch* NStZ **92** 225).

100   c) aa) Der eigenen richterlichen Beweiswürdigung sind jedoch **Grenzen** gesetzt. Das Gericht ist nicht nur verpflichtet, alle in der HV gewonnenen Erkenntnisse bei der Entscheidungsfindung zu berücksichtigen, es hat auch jede Beweistatsache und jedes Beweisanzeichen **erschöpfend** und unter Berücksichtigung aller für die Urteilsfindung wesentlichen Gesichtspunkte zu würdigen, wobei es nicht auf die isolierte Bewertung einzelner Vorgänge und Erkenntnisse ankommt, sondern eine Gesamtwürdigung vorzunehmen ist (BGH NJW **80** 2423; bei *Pfeiffer/Miebach* NStZ **83** 358; KK-*Hürxthal* 49, LR-*Gollwitzer* 56, beide zu § 261). Bestehen verschiedene Möglichkeiten der Deutung einer Tatsache, so muß das Gericht sich vor einer Entscheidung mit allen naheliegenden, dh nach der gegebenen Sachlage mit den Beweiserkenntnissen ebenso gut zu vereinbarenden Möglichkeiten auseinandersetzen (BGH **25** 367 = JR **75** 381 m zust Anm *Gollwitzer*, bei *Holtz* MDR **77** 284; bei *Pfeiffer/Miebach* NStZ **83** 358; **84** 17; wistra **93** 334 [betr Diskrepanzen zwischen zwei gesellschaftsrechtlichen Vereinbarungen]; StV **95** 341; Köln NZV **95** 454: auffällige Lücken; Nichterörterung sich aufdrängender Umstände). Die erschöpfende Beweiswürdigung muß – im Hinblick auf die revisionsgerichtliche Überprüfbarkeit – *in den Urteilsgründen* niedergelegt werden (BGH NJW **80** 2423; StV **83** 360).

Da das Revisionsgericht insoweit die Beweiswürdigung des Tatrichters in eigener Wertung nachvollzieht, kommt es – etwa bei der Beurteilung der Beruhensfrage – mitunter zu „Grenzüberschreitungen" (*G Schäfer* StV **95** 153) ggü der Aufgabe des Tatrichters (s dazu BGH NStZ **93** 395; vgl auch 322 ff).

Kann die Möglichkeit alternativer Geschehensabläufe nicht entkräftet werden, so ist ein Strafanspruch ggü dem Angekl nicht legitimierbar (s auch 88, 90); dabei muß erkennbar sein, daß sich das Tatgericht anderer, ebenfalls möglicher Schlüsse jdf bewußt war und alle Umstände, die geeignet waren, die Entscheidung zugunsten oder zuungunsten des Angekl zu beeinflussen, erkannt und in seine Überlegungen einbezogen hat (BGH StV **87** 428; **89** 423; vgl auch StV **88** 8).[98]

101   Diese Grundsätze gelten auch und in bes Maße für den **Indizienbeweis** (§ 267 Abs 1 S 2; s 124 sowie speziell betr kriminaltechnische Methoden 1940 ff).

---

[97] BGH **31** 303 f = JR **84** 170 m krit Anm *Terhorst*; NJW **85** 1479; StV **88** 191; BGHR § 154 Abs 2 Hinweispflicht 1; K/M-G 2 zu § 154a, 25 zu § 154; dagegen AK-*Schöch* 37 f zu § 154.
[98] Weitere Beisp zum Ganzen bei *Niemöller* StV **84** 438 f.

III. Beweiswürdigung

Ein Beweisanzeichen muß unzweifelhaft festgestellt werden, bevor Schlüsse daraus gezogen werden können (BGH JR **54** 468; **75** 34m Anm *Peters*; K/M-G 25 zu § 261). Die Gewißheit des Gerichts von der Wahrheit eines Sachverhalts muß auf einer *Gesamtwürdigung* aller Indizien beruhen, wobei es nicht darauf ankommt, ob die Anzeichen auch isoliert betrachtet diese Überzeugung tragen könnten (BGH NStZ **83** 133; **91** 597; bei *Pfeiffer/Miebach* NStZ **88** 19).

bb) Zusätzliche Grenzen der richterlichen Beweiswürdigung bilden die **Denk-** **102** **gesetze, Erfahrungssätze und wissenschaftlichen Erkenntnisse**, die revisionsrechtlich im Rahmen der allg Sachrüge überprüft werden können.

Zumindest bzgl der Denkgesetze gilt dies auch für das *Wiederaufnahme*verfahren (§ 368), dh es besteht keine Bindung an eine „denkgesetzlich unmögliche" (BVerfG NJW **95** 2736) Beweiswürdigung des Tatrichters (vgl auch K/M-G 9 zu § 368; weitergehend LR-*Gössel* 141 ff zu § 359).

(1) Unter *Denkgesetzen* sind die Regeln der Logik zu verstehen. Die Beweiswürdigung muß folgerichtig, vollständig und widerspruchsfrei sein, und sie darf keine Rechenfehler, Verwechslungen oder Zirkelschlüsse enthalten (KK-*Hürxthal* 47 zu § 261 mit Beisp; zu Beisp s zudem *Niemöller* StV **84** 435 f; s auch *Schmitt* 217 ff; vgl auch 894 f). Ebenso denkfehlerhaft ist die Annahme einer nur möglichen Schlußfolgerung als zwingend (BGH bei *Herlan* MDR **55** 19).

(2) Zudem hat das Gericht *Erfahrungssätze* (s 7, 22 f) richtig zu erkennen und in **103** ihrer Gültigkeit richtig zu bewerten. An zwingende Erfahrungssätze ist das Gericht gebunden, mit nicht allgemeingültigen Erfahrungssätzen muß es sich in Hinblick auf die darin zum Ausdruck kommende Wahrscheinlichkeitsaussage auseinandersetzen. So können zB DNA-Analysen (s 1638) zwar mit absoluter Beweiskraft eine Täterschaft ausschließen, für den positiven Nachweis enthalten sie aber lediglich eine statistische Wahrscheinlichkeitsaussage, die eine Würdigung aller Beweisumstände nicht entbehrlich macht (BGH **38** 320 ff; s allg dazu *Kimmich ua* NStZ **93** 23 ff).

Ein Beweis des „ersten Anscheins" (prima facie), der nicht auf der Gewißheit, sondern auf **104** der Wahrscheinlichkeit eines typischen Geschehensablaufs beruht, ist im Strafprozeß (im Gegensatz zum Zivilprozeß) nicht zulässig.[99]

Ein mit der Revision angreifbarer Verstoß kann sowohl darin liegen, daß das Ge- **105** richt einen anerkannten Erfahrungssatz verkannt hat, als auch darin, daß es fälschlich einen nicht oder nicht in dieser Form existierenden Erfahrungssatz angenommen hat (BGH JR **83** 83; Karlsruhe StV **95** 13; vgl auch BGH NStZ **93** 95; s auch 896, 1481, 1620).

(3) Allgemeingültige Erfahrungssätze und Denkgesetze können sich so verdich- **106** ten, daß von einer **gesicherten wissenschaftlichen Erkenntnis** (s zum Folgenden auch 1619) gesprochen werden kann, die einen Gegenbeweis ausschließt. Über derartige Erkenntnisse darf sich der Tatrichter nicht hinwegsetzen, selbst wenn er persönlich diese nicht für wahr halten sollte (BGH **10** 211; **29** 21).[100] Über das Vor-

---

[99] Vgl etwa BGH **25** 365 = JR **75** 381 m Anm *Gollwitzer* zum Schluß von der Haltereigenschaft auf das Führen eines privaten Pkw (allg krit zu dieser Terminologie *Kühne* 428 ff).
[100] Zum Beispiel BGH **5** 36 ff zum erbkundlichen Vergleich; **6** 72 ff zum Ausschluß der Vaterschaft aufgrund eines Blutgruppengutachtens; **21** 159 u **25** 248 ff zur Feststellung der Fahruntüchtigkeit aufgrund eines best BAK-Wertes; s auch BGH **17** 385 zu Zeugenpsychologie und Zeugen vom Hörensagen; Karlsruhe NStZ **93** 555 zur Atemalkoholmessung.

liegen gesicherter Erkenntnis muß das Gericht allerdings selbst entscheiden; nicht selten wird es dazu der Beiziehung eines Sv bedürfen (KK-*Hürxthal* 46 zu § 261).

Wird eine Erkenntnis in der Wissenschaft allg als verbindlich bezeichnet, ist ein *Abweichen davon* nur zulässig, wenn der Richter seine Gegenmeinung auf sorgfältige und überzeugende Gegenuntersuchungen und die Zustimmung anerkannter wissenschaftlicher Autoren stützen kann (BGH bei *Dallinger* MDR **52** 275; LR-*Gollwitzer* 52 zu § 261).

107 Zw ist, ob der Tatrichter seine Entscheidung auf naturwissenschaftliche Zusammenhänge und Gegebenheiten stützen darf, wenn deren Existenz in den maßgebenden Fachkreisen umstritten oder nicht mit Sicherheit nachgewiesen ist (s auch 1619 f). Hier geht es typischerweise um die Ursächlichkeit eines bestimmten Stoffes für gesundheitliche Beeinträchtigungen. Zum Teil wird eine Anwendung des Grundsatzes „in dubio pro reo" (s 119 ff) befürwortet (*Born* 141 f; *Kaufmann* JZ **71** 572 ff; AK-*Maiwald* 17 zu § 261; krit zur Gültigkeit einschlägiger Erkenntnisse *Puppe* JZ **94** 1150 f). Letztlich wird es darauf ankommen, ob im Einzelfall die vorhandenen naturwissenschaftlichen Erkenntnisse eine tragfähige Grundlage für die Entscheidung bilden. Eine in weiten Fachkreisen vertretene Ansicht kann auch ohne letzte empirische Nachweise die richterliche Überzeugung stützen, sofern eine sorgsame Auseinandersetzung mit möglichen Alternativen stattgefunden hat (vgl zB LG Aachen JZ **71** 510 ff zur Ursächlichkeit von Thalidomid für Mißbildungen bei Embryonen). Auch hier wird wieder das Kriterium des „vernünftigen Zweifels" anzulegen sein. Gründet sich die Skepsis allein auf das Fehlen eines naturwissenschaftlichen Nachweises, ohne daß andere plausible Theorien zur Erklärung eines Phänomens vorliegen, so wird es zulässig sein, den möglichen und durch gewisse Tatsachen oder Indizien erhärteten Schluß zu ziehen und einer wissenschaftlich fundierten Ansicht zu folgen (vgl BGH MDR **95** 1153; krit dazu *Volk* NStZ **96** 108 f; s aber auch *Puppe* JZ **96** 318 ff). Wird eine Ursächlichkeit angenommen, weil andere Schadensursachen auszuschließen sind, so bedarf es keiner wissenschaftlichen Analyse zur Feststellung des Zusammenhangs im einzelnen (vgl BGH NJW **90** 2562; s auch *Ranft* 1634).

108 d) Das Gericht unterliegt bei seiner Aufgabe, den Sachverhalt zu erforschen und die Ergebnisse zu würdigen, der Bindung an das Gesetz. Positive gesetzliche Bestimmungen und übergeordnete (Verfahrens-)Grundsätze können daher die Grundsätze der Beweiswürdigung **einschränken** oder **durchbrechen** mit der Folge, daß bestimmte Fragen oder Bereiche einer eigenständigen Beweiswürdigung des Gerichts nicht (mehr) zugänglich sind oder daß bestimmte Beweisergebnisse nicht oder nicht zu Lasten des Angkl verwertet werden dürfen.

109 aa) Das Gebot umfassender Beweiswürdigung erfährt immer dann eine Ausnahme, wenn ein **Beweisverwertungsverbot** eingreift. Dieses kann ausdrücklich gesetzlich normiert sein (s inbes § 136a Abs 3 S 2 [dazu 712 ff] und § 51 BZRG [dazu 343 ff]), aus einem Verstoß gegen ein Beweiserhebungsverbot folgen oder sich aus der Verfassung ableiten (s 384 ff sowie zum Ganzen Drittes Kapitel). Von dem Verbot erfaßte Sachverhalte und Beweisergebnisse dürfen nicht zum Gegenstand der Beweiswürdigung und zur Grundlage der Entscheidungsfindung gemacht werden mit der Folge, daß der Richter derartige Kenntnisse gleichsam „ausblenden" muß.

110 bb) **§ 190 StGB** (dazu 341) enthält zwei Regelungen zum Wahrheitsbeweis durch rechtskräftiges Strafurteil. Diese Einschränkung der von gesetzlich fixierten (s 88) Beweisregeln freien Beweiswürdigung soll das Wiederaufrollen abgeschlossener Strafsachen im Rahmen von Beleidigungsverfahren verhindern.

111 cc) Gem **§ 274** kommt dem Sitzungsprotokoll ausschließliche Beweiskraft zu für die Frage, ob die für die HV vorgeschriebenen Förmlichkeiten beachtet wurden. Diese formelle Beweiskraft gilt für das anhängige Strafverfahren und nur im Hinblick auf die Überprüfung

III. Beweiswürdigung

der Rechtmäßigkeit des bisherigen Verfahrens durch das Rechtsmittelgericht (vgl BGH **26** 282), so daß zB die für den Vorwurf des Meineids materiellrechtlich relevante Frage der Vereidigung eines Zeugen trotz eines entspr Protokollvermerks in einem späteren Strafprozeß selbständig geprüft werden muß (*Sarstedt* FS-Hirsch 186). Soweit aber die Beweisregelung des § 274 reicht, kann der Inhalt des Protokolls nur durch den Nachweis der Fälschung widerlegt werden (§ 274 S 2), für andere Beweismittel und -ergebnisse ist grds kein Raum (vgl BGH **2** 126; NStZ **93** 51 f.). Der aus dem Protokoll ersichtliche Sachverhalt gilt als wahr, auch wenn etwas anderes bewiesen werden könnte (BGH **26** 283).

dd) Auch die Kollision mit anderen **Verfahrensrechten und -grundsätzen** **112** kann zu einer Einschränkung der Beweiswürdigung führen. So darf das Schweigerecht des Angekl (§§ 136 Abs 1 S 2, 243 Abs 4 S 1) oder das Zeugnisverweigerungsrecht eines Zeugen (§§ 52 ff) nicht dadurch ausgehöhlt werden, daß aus dem Schweigen des Angekl bzw Zeugen ohne weiteres Schlüsse gezogen werden (s zur Würdigung des Schweigens des Angekl 899 ff; zur Zeugnisverweigerung 1258, 1317 ff und zur Auskunftsverweigerung nach § 55 s 1130 ff).

ee) (1) Der Strafrichter entscheidet grds auch selbst über **Vorfragen aus ande-** **113** **ren Rechtsgebieten** nach den Grundsätzen der Beweiswürdigung. Dies ergibt sich aus § 262 für zivilrechtliche Vorfragen, gilt aber entspr auch für Fragen aus dem verwaltungs-, finanz-, arbeits- oder sozialrechtlichen Bereich (vgl § 154 d; RG **43** 377; K/M-G 1, LR-*Gollwitzer* 2, beide zu § 262). Das Gericht ist berechtigt – jedoch nicht verpflichtet (s aber LR-*Gollwitzer* 35 f zu § 262) – das Verfahren auszusetzen, wenn die Strafbarkeit von der Beurteilung eines außerstrafrechtlichen Rechtsverhältnisses abhängt (s dazu KK-*Hürxthal* 7 ff zu § 262). An rechtskräftige Entscheidungen anderer Gerichte ist der Richter idR nicht gebunden. Er hat *eigenverantwortlich* (erneut) darüber zu befinden, ob er das andere Urteil seiner Entscheidung zugrunde legt, wenn er es für richtig hält (ein Ermessen bei KK-*Hürxthal* 3, AK-*Moschüring* 6, beide zu § 262). Dies folgt aus der Aufklärungspflicht des Strafgerichts, die mit der Übernahme einer Entscheidung, die wie das Zivilurteil nur die „formelle Wahrheit" des Parteivorbringens berücksichtigt, nicht vereinbar wäre.

(2) Eine *Bindung* – mit der Folge, daß insoweit kein Raum für eine strafrichter- **114** liche Würdigung bleibt – besteht ausnahmsweise für Urteile mit Wirkung für und gegen alle[101] oder mit rechtsgestaltender Wirkung.[102] Gleiches gilt für rechtsgestaltende Verwaltungsakte.[103]

ff) **Beweisvermutungen** oder widerlegbare Beweisregeln[104] stellen *keine* Einschränkung **115** der Beweiswürdigung dar. Sie ändern nur das Beweisthema und die Grenzen der notwendigen Beweiserhebung und geben einen anderen Beziehungspunkt für die Beweiswürdigung, ohne daß dem Angekl die Beweislast auferlegt würde (KG NStZ **86** 560; K/M-G 23, KK-*Hürxthal* 38, beide zu § 261).

---

[101] Zum Beispiel Feststellung der Vaterschaft, § 1600 a BGB, §§ 640 ff ZPO (BGH **26** 113; LG Zweibrücken NStZ **93** 300; LR-*Gollwitzer* 11 zu § 262; insoweit ist BGH **5** 106 überholt).
[102] Etwa Ehescheidung (KK-*Hürxthal* 5 zu § 262; vgl auch RG **14** 374 f).
[103] Zum Beispiel Verleihung der Staatsangehörigkeit oder Ernennung zum Beamten (AK-*Moschüring* 9, K/M-G 8, beide zu § 262 mwN).
[104] Etwa § 69 Abs 2 StGB.

IV. in dubio pro reo

1. Bedeutung

116 Der Grundsatz, daß sich Zw zugunsten des Angekl auswirken müssen, ist gesetzlich nicht ausdrücklich festgeschrieben. Nach zumindest überwiegender Meinung beherrsche er aber den gesamten Entscheidungsprozeß im Strafverfahren als **„rechtsstaatlicher Fundamentalsatz"** (vgl statt vieler LR-*Gollwitzer* 103 zu § 261; zw KMR-*Paulus* 288 ff zu § 244).[105] Der Grundsatz besagt, daß Zw im tatsächlichen Bereich bei der Anwendung materiellen Rechts, die trotz Ausschöpfung aller Beweismittel nicht behoben werden können, nur zugunsten des Angekl bewertet werden dürfen, das Gericht also nur die Tatsachen zum Nachteil des Angekl verwerten darf, die zu seiner Überzeugung feststehen (vgl BGH **10** 208).

117 Historische Herleitung und Rechtsnatur dieses Grundsatzes sind im einzelnen str;[106] seine Geltung wird zumindest gewohnheitsrechtlich begründet (vgl Hamm NJW **51** 286; *Roxin* § 15 Rn 34; zu Tendenzen der Beweislastumkehr s *Heine* JZ **95** 651, 654 f). Der Grundsatz wird allg als Ausdruck des Rechtsstaatsprinzips und als Ergänzung des Schuldprinzips (nulla poena sine culpa) sowie des Grundsatzes der freien Beweiswürdigung (§ 261) gewertet (LR-*Gollwitzer* 103 zu § 261; KK-*Pfeiffer* 19 der Einl).[107] Eine enge Verbindung besteht auch zur Unschuldsvermutung, Art 6 Abs 2 MRK (vgl nur AK-*Maiwald* 28 zu § 261). Beide Prinzipien sind Ausdruck des Schutzes der Menschenwürde und der Verbürgung rechtsstaatlicher Garantien, wenn auch die Unschuldsvermutung Bezug nimmt auf den Nachweis der Schuld, während der in dubio-Grundsatz dessen Zustandekommen betrifft (gegen eine Ableitung aus der Unschuldsvermutung daher *Montenbruck* 67 ff; *Kühne* 571.1 Fn 2).

118 Der in dubio – Grundsatz ist keine Regelung zur Würdigung der Beweise, **keine Beweisregel** in diesem Sinne, sondern kommt erst *nach Abschluß der Beweiswürdigung* zur Anwendung. Nicht die Überzeugungsbildung wird geregelt, sondern die Frage, welcher Sachverhalt zugrunde zu legen ist, wenn das Gericht gerade keine Überzeugung gewinnen kann.

---

[105] Nach der systematischen Analyse und Rückführung von *Montenbruck* (59 ff, 187 ff) indes wird der Grundsatz als weitgehend entbehrlich beurteilt.
[106] Zur Geschichte s *Holtappels*; *Sax* FS-Stock 146 ff.; zur jüngeren Entwicklung *Montenbruck* 17 ff.
[107] Ob dem Grundsatz Verfassungsrang zukommt, ist str (bej KK-*Hürxthal* 56 zu § 261; *Wasserburg* ZStW **94** [1982] 922 ff; vgl auch BayVerfGH NJW **83** 1600; offen gelassen in BVerfG MDR **75** 469; NJW **88** 477).

2. Anwendungsbereich

Übersicht

	Rn		Rn
a) Tatsächliche Fragen	119	c) Verfahrensrechtlich erhebliche Tatsachen	
b) Materiellrechtlich erhebliche Tatsachen		aa) Grundsätzliches	127–129
aa) Tatbestand und Rechtsfolge	120–122	bb) Rechtsbehelfsverfahren	130, 131
bb) Angaben des Angeklagten	123	d) Alternative Gesetzesverstöße	
cc) Indizienbeweis	124, 125	aa) Stufenverhältnis	132, 133
dd) Prognosen	126	bb) Auffangtatbestand	134
		cc) Wahlfeststellung	135

a) Der Grundsatz in dubio pro reo gilt **nur** für Zw im **tatsächlichen Bereich**, auf **rechtliche** Zweifelsfragen ist er **nicht** anwendbar (s nur K/M-G 37 zu § 261). Er beeinflußt daher nicht die richterliche Auslegung von Gesetzen (BGH **14** 73; RG **62** 372f), die Beurteilung rechtlicher Vorfragen – etwa die Auslegung einer Vertragsurkunde (vgl BGH bei *Dallinger* MDR **72** 572) – oder die Subsumtion eines festgestellten Sachverhalts unter eine Norm (BGH VRS **45** 364). Derartige rechtliche Fragen sind nach den jeweiligen normspezifischen Gesichtspunkten und Auslegungskriterien vom Gericht zu entscheiden.[108]

119

b) Der in dubio-Grundsatz gilt umfassend für alle Tatsachen, die **materiellrechtlich** für die Schuld- und Straffrage unmittelbar erheblich sind.

120

aa) Alle objektiven und subjektiven **Merkmale des gesetzlichen Tatbestandes** müssen zur Überzeugung des Gerichts feststehen, um eine Verurteilung zu tragen, jeder Zw wirkt sich zugunsten des Angekl aus. Dies gilt für die Tatbestandsmerkmale des *Besonderen Teils* des StGB wie für Fragen des *Allg Teils*, für die Feststellung von Tatbestandsmäßigkeit, Rechtswidrigkeit und Schuld wie auch für das Vorliegen von Strafausschließungs-, Strafaufhebungs- und Strafmilderungsgründen (K/M-G 29 zu § 261; LR-*Schäfer* 50 zu Einl Kap 13).[109]

Hiernach findet der in dubio-Grundsatz zB auch Anwendung bei der Feststellung der (tatsächlichen) Voraussetzungen für die Verhängung von *Maßregeln* der Besserung und Sicherung (LR-*Gollwitzer* 119, K/M-G 29, beide zu § 261) oder bei der Frage der bes Umstände des § 56 Abs 2 StGB (BGH bei *Dallinger* MDR **73** 900 zu § 23 Abs 2 aF). Läßt sich nicht klären, ob *Tateinheit oder Tatmehrheit* vorliegt und liegen die Zw im tatsächlichen Bereich und nicht in der rechtlichen Bewertung, so ist zugunsten des Angekl von Tateinheit auszugehen (vgl BGH NStZ **83** 364; StV **88** 202; **92** 54).

121

---

[108] Bei der Auslegung von Grundrechten folgt aus ihrer Funktion als Abwehrrechte, daß derjenigen Auslegung der Vorzug zu geben ist, die dem Bürger einen Rechtsanspruch einräumt (vgl BVerfG **15** 281; **30** 162).

[109] Der Grundsatz gilt zB für die Frage, ob ein Tatbestandsirrtum iSd § 16 StGB (vgl RG **64** 26) oder die tatsächlichen Grundlagen eines Verbotsirrtums iSd § 17 StGB (Bay NJW **54** 811; KK-*Hürxthal* 58 zu § 261) gegeben sind, ob verminderte Schuldfähigkeit oder Schuldunfähigkeit (§§ 21, 20 StGB) anzunehmen ist (BGH **8** 124; NStZ **87** 70; s auch BGH **36** 291 ff) oder ob ein entschuldigender Notstand (K/M-G 30 zu § 261) oder die Voraussetzungen eines strafbefreienden Rücktritts nach § 24 StGB (LR-*Schäfer* 51 zu Einl Kap 13) vorliegen.

122 Bestehen Zw, ob die Voraussetzungen des § 105 Abs 1 JGG für die Anwendung von *Jugendstrafrecht* vorliegen, soll nach Ansicht des BGH grds nach Jugendstrafrecht zu entscheiden sein (BGH **5** 366; **12** 119; StV **82** 27; **83** 377; **84** 254; **85** 418; NJW **89** 1491). Die Anwendung von Jugendstrafrecht kann sich jedoch im Einzelfall auch einmal belastender für den Heranwachsenden auswirken als dies nach allg Strafrecht der Fall wäre, so daß der Grundsatz in dubio pro reo einen Vergleich der im konkreten Fall zu verhängenden Rechtsfolgen nach Jugendstrafrecht und allg Strafrecht erfordert (dazu *Eisenberg* JGG 36 zu § 105).

123 bb) Die **Angaben des Angekl** dürfen nur dann als Entscheidungsgrundlage dienen, wenn das Gericht von ihrer Richtigkeit überzeugt ist oder ein dem Angekl günstigerer Sachverhalt in jedem Fall auszuschließen ist, nicht aber, wenn das Gericht sie nur für „nicht widerlegt" erachtet (BGH NJW **67** 2367; bei *Holtz* MDR **79** 637; NStZ **87** 474; KK-*Hürxthal* 57 zu § 261; vgl auch BGH NJW **51** 532). Wird eine Tatsache zugunsten des Angekl als wahr unterstellt, dürfen aus ihr keine für den Angekl (oder einen Mitangekl) nachteiligen Rechtsfolgen hergeleitet werden (BGH StV **83** 140 m Anm *Strate*; **83** 321; **94** 633).

Dies kann dazu führen, daß im Einzelfall dem Urteil *wechselnde, sich widersprechende Feststellungen* zugrunde zu legen sind, wobei sowohl das Verhältnis mehrerer Mitangekl zueinander[110] wie auch der Vorwurf in Bezug auf einen Angekl[111] betroffen sein kann (KK-*Hürxthal* 57, LR-*Gollwitzer* 120, beide zu § 261).

124 cc) Nach einigen Judikaten soll der in dubio-Grundsatz im Rahmen des Indizienbeweises insoweit gelten, als belastende Beweisanzeichen und -tatsachen, die nur für möglich gehalten werden bzw nicht sicher feststehen, nicht zulasten des Angekl herangezogen werden dürfen (vgl BGH JR **54** 468; **75** 34; bei *Dallinger* MDR **69** 194; KK-*Hürxthal* 65 zu § 261). Zwar kann es als vernünftige normative Beweisregel gelten (*Volk* NStZ **83** 423; *H.E.Müller* 61; anders K/M-G 29 zu § 261: Denkgesetz; vgl krit *Grünwald* FS-Honig 59; *Montenbruck* 143 f), daß belastende Schlußfolgerungen nur aufgrund feststehender Tatsachengrundlage erfolgen dürfen (vgl auch LR-*Gollwitzer* 114 zu § 261). Dies ist jedoch nicht Folge des Grds in dubio pro reo, der erst nach Abschluß der Beweiswürdigung eingreift, und daher nicht bewirken kann, daß einzelne Indizien schon vorher aus dem Beweisstoff ausgeschieden werden.[112] Da die Nicht-Erweislichkeit eines entlastenden Umstandes zugleich einen belastenden Umstand darstellt, würde sonst jede im Einzelfall unwiderlegbare Entlastungsbehauptung das Beweisergebnis vorwegnehmen (*Volk* NStZ **83** 423). Da Indizien mithin nicht isoliert zu bewerten sind (s 9), wirken sich Zw über die Aussagekraft und Bedeutung des einzelnen Indizes nicht zugunsten des Angekl aus; entscheidend ist vielmehr, ob derartige Zw im Rahmen einer Gesamtwürdigung überwunden werden können.

---

[110] ZB Bestrafung beider Mitangekl jeweils wegen Beihilfe zur Haupttat des anderen, obwohl einer Täter sein muß (vgl RG **71** 365; s auch BGH StV **92** 260).
[111] Etwa Feststellung des Alkoholisierungsgrades bei einer Trunkenheitsfahrt: zugunsten des Angekl ist bei der Prüfung der Fahrtüchtigkeit bzw der Geeignetheit zum Führen von Kfz (s 1857 f) ein möglichst geringer, bei der Frage der Schuldfähigkeit ein möglichst hoher BAK-Wert (s 1748) zu unterstellen.
[112] Anders offenbar KK-*Hürxthal* 65 f zu § 261, der die Behandlung des Alibibeweises (dazu im Text 125) insofern als Ausnahme aus „kriminalpolitischen Gründen" ansieht, bei der „Zweifel zu Lasten des Angekl" gingen.

IV. in dubio pro reo

Im einzelnen ist betr Feststellung der **Alkoholisierung zur Tatzeit** als Indiz für die Beurteilung nach §§ 20, 21 StGB mangels anderer Anhaltspunkte bei Errechnung der BAK zugunsten des Angekl von theoretisch minimalen Abbauwerten auszugehen (s 1748ff [s zur umgekehrten Berechnung bei Beurteilung der Nicht-Fahrsicherheit n 1850 c ff]). In der Gesamtwürdigung zur Schuldfähigkeit kann jedoch dieses Indiz von anderen Anzeichen (etwa zum Verhalten des Angekl) verdrängt werden, so daß der BAK-Maximalwert nicht notw auf das Beweiserg durchschlägt (vgl BGH **35** 316; **36** 290 [1.Senat]; strenger BGH NJW **89** 1043 [4.Senat]: Maximalwert muß als erwiesen zugrundegelegt werden; dazu abl Anm *Blau* JR **89** 337). 125

Betr einen **Alibibeweis** geht es darum, den Nachweis der Täterschaft zu entkräften, nicht aber darum, ein Alibi zu beweisen. Daher hat das Gericht die vorgetragenen Umstände und Beweismittel umfassend zu bewerten und zu entscheiden, ob die Alibibehauptung unter Berücksichtigung des gesamten Beweisergebnisses geeignet ist, Zw an der Täterschaft zu wecken (vgl BGH NStZ **83** 422 m Anm *Volk*). Ist es danach davon überzeugt, daß der Angckl die Tat begangen hat, ist die Alibibehauptung insoweit durch die die richterliche Überzeugung tragenden Umstände „widerlegt". Verbleiben Zw, ob der Angekl am Tatort war, darf er nicht verurteilt werden. Mißlingt der Alibibeweis, so darf dies wiederum aber nicht als Anzeichen der Täterschaft und Schuld des Angekl gewertet werden (BGH **25** 287; NStZ **83** 422 m Anm *Volk*; BGH StV **92** 259; LR-*Gollwitzer* 115 zu § 261; s zum Ganzen auch 890ff).

dd) Im Rahmen von **Prognosen** wirkt sich der in dubio-Grundsatz nach hM bei der Feststellung der Basis**tatsachen**, auf die sich die Prognose stützt, nicht aber bei der Prognose als solcher aus (KMR-*Paulus* 325 zu § 244; K/M-G 27 zu § 261; vgl BGH **27** 301 f; krit dazu *Montenbruck* 100ff). Wie sich Zw über die Prognose, die ja nur eine Wahrscheinlichkeitsbewertung beinhaltet, auswirken, bestimmt sich hingegen nach der jeweiligen Norm. 126

Verlangt das Gesetz zB im Rahmen einzugehenden Risikos eine gewisse „positive Sozialprognose" (wie etwa bei der Strafaussetzung zur Bewährung, § 56 StGB), so gehen Zw zulasten des Angekl (Koblenz NJW **78** 2044; LR-*Schäfer* 54 zu Einl Kap 13; s im übrigen LR-*Gollwitzer* 119 zu § 261 mwN).

c) aa) Ob und inwieweit der Grundsatz in dubio pro reo auf **verfahrensrechtlich erhebliche Tatsachen** (analog) anwendbar ist, ist im einzelnen umstritten. Nach der Rspr kann die Frage, wie bei Zw über das Vorliegen von **Prozeßvoraussetzungen bzw Prozeßhindernissen** zu verfahren ist, nicht einheitlich entschieden werden. Die Grundsätze der Gerechtigkeit und der Rechtssicherheit verlangten eine den besonderen Umständen des Einzelfalles angemessene Entscheidung (BGH **18** 277). 127

Danach ist nunmehr allg anerkannt, daß Zw tatsächlicher Art über die *Verjährung* einer Tat zugunsten des Angekl wirken (BGH **18** 274; s nur LR-*Schäfer* 43 zu Einl Kap 11). Gleiches gilt bei tatsächlichen Zw hinsichtlich des *Verbrauchs der Strafklage* (BGH StV **89** 190; Bay **68** 75), der Rechtzeitigkeit (BGH **22** 93; RG **47** 239) oder der Erforderlichkeit eines *Strafantrages* (KK-*Hürxthal* 62 zu § 261; s Bay **61** 66ff zu § 247 StGB). Bestehen Zw an der *Verhandlungsfähigkeit* des Angekl, so ist zu unterscheiden: Geht es um die Entscheidung des Tatrichters, so stehen Zw der Durchführung der HV entgegen; wird dagegen mit der Revision gerügt, der Angekl sei nicht verhandlungsfähig gewesen, so muß dieser Verstoß gegen § 230 erwiesen sein (BGH NStZ **84** 520).[113] Ein *Straffreiheitsgesetz* soll nicht eingreifen, wenn Zw über die formellen Voraussetzungen (Stichtag-Tatzeitpunkt) bestehen (BGH GA **56** 350f.; KK-*Hürxthal* 62 zu § 261; aA KMR-*Paulus* 337 zu § 244 mwN); Amnestie wird jedoch gewährt, wenn 128

---

[113] Vgl auch BGH NStZ **84** 329; bei *Pfeiffer/Miebach* NStZ **85** 207; bei *Miebach* NStZ **88** 213, wonach bei der Prüfung eines Rechtsmittelverzichts Zw an der Verhandlungsfähigkeit des erklärenden Angekl sich nicht zu dessen Gunsten auswirken.

schulderhöhende Umstände, die die Straffreiheit wiederum einschränken, im Zw bleiben (BGH JR **54** 351 m Anm *Nüse*; AK-*Maiwald* 32, K/M-G 34, beide zu § 261).

129 Der in dubio-Grundsatz sollte allg immer dann zur Anwendung kommen, wenn in tatsächlicher Hinsicht zw ist, ob ein durchsetzbarer staatlicher *Strafanspruch* gegen den Angekl (noch) besteht (vgl KMR-*Paulus* 331 zu § 244; LR-*Schäfer* 52 zu Einl Kap 11; *Gössel* 132).[114,115]

130 bb) Im Rahmen des **Rechtsmittelverfahrens** hängt die Beurteilung dessen, wie bei Zw über die wirksame Einlegung eines Rechtsmittels (oder Rechtsbehelfs) zu verfahren ist, davon ab, worauf der Zw sich bezieht (s zum Ganzen LR-*Schäfer* 46 ff zu Einl Kap 11). Bleibt zw, ob eine Rechtsmittelschrift überhaupt bei Gericht eingegangen ist, wird das Rechtsmittel als unzulässig behandelt (Hamm NStZ **82** 43; Stuttgart MDR **84** 512 f; Düsseldorf JZ **85** 300; MDR **91** 986). Steht die Rechtzeitigkeit in Frage, so wird teils eine Entscheidung stets zugunsten des Rechtsmittels (so BGH NJW **60** 2203; Stuttgart MDR **81** 424; Karlsruhe NJW **81** 138; Düsseldorf MDR **85** 784; KMR-*Paulus* 340 ff zu § 244), teils eine stets zugunsten der Rechtskraft (so KG JR **54** 470 m abl Anm *Sarstedt*; Celle NJW **67** 640 f) befürwortet. Zutreffend erscheint es, in diesen Fällen zu differenzieren: Zuungunsten des Angekl eingelegte Rechtsmittel sind wegen dessen schützenswerten Vertrauens in die Rechtskraft des Urteils als unzulässig zu verwerfen; zugunsten des Angekl eingelegte Rechtsmittel sind dagegen im Zw zulässig, da der Angekl durch das Verbot der refomatio in peius geschützt ist oder bewußt das Risiko einer höheren Sanktion auf sich genommen hat (so auch K/M-G 35, AK-*Maiwald* 33, beide zu § 261; LR-*Schäfer* 51 zu Einl Kap 11; s Hamburg NJW **75** 1750; Düsseldorf JZ **85** 300; MDR **91** 986).[116]

131 Bei der Prüfung von *Verfahrensfehlern* lehnt die hM eine Anwendung des in Rede stehenden Grundsatzes ab, da derartige Verstöße erwiesen sein müßten (BGH **16** 167; **17** 353; **21** 10; KK-*Hürxthal* 63 zu § 261; *Montenbruck* 163 ff; zum Verfahrensverstoß nach § 136 a s 708 f).
Im *Wiederaufnahmeverfahren* kommt der in dubio-Grundsatz im Rahmen der Zulässigkeitsprüfung (§ 368) schwerlich in Betracht (s nur KMR-*Paulus* 12, LR-*Gössel* 159, beide zu § 359; aA *Schünemann* ZStW **84** [1972] 870; *Wasserburg* 189 ff: mittelbare Berücksichtigung). Bei der Begründetheitsprüfung (§ 370) ist er bzgl der Frage einer für den Verurteilten günstigeren Entscheidung in der neuen HV unstreitig anwendbar (Bremen NJW **57** 1730; Karlsruhe Die Justiz **84** 308; Stuttgart StV **90** 539). Jedoch wird für das Ergebnis der Begründetheitsprüfung von der hM eher ein Grundsatz „in dubio contra reum" (*Peters* Fehlerquellen 74 84 ff) verwandt, indem sie den Gesetzeswortlaut („genügende Bestätigung") als Wahrscheinlichkeit einer für den Verurteilten günstigen Entscheidung in der neuen HV auslegt (Karlsruhe GA **74** 250; Die Justiz **84** 308; Frankfurt StV **96** 139; LR-*Gössel* 24 zu § 370); demggü gebietet die Konzeption der StPO (s 90) eine Bejahung bei „ernstlichen Zw" (*Hanack* JZ **73** 403; s weitergehend *Schünemann* ZStW **84** [1972] 870; zum Ganzen *Wasserburg* 189).

---

[114] Zu einem entspr Ergebnis kommt auch K/M-G 34 zu § 261, der zwar den in Rede stehenden Grundsatz nicht für anwendbar hält, ein weiteres Prozedieren aber nur für zulässig erachtet, wenn die Prozeßvoraussetzungen sicher (und nicht nur möglicherweise) vorliegen. Ähnlich argumentiert auch *Kühne* 574.1, der den Grundsatz der Rechtsstaatlichkeit des Verfahrens heranzieht.

[115] Nach *Sax* FS-Stock 165 ff, 169 kann es für prozessual erhebliche Zw keine einheitliche Lösung geben. Insbes aber komme der Grundsatz in dubio pro reo nicht in Betracht.

[116] *Montenbruck* 152 ff hält auch hier den Rückgriff auf den in dubio-Grundsatz für entbehrlich und befürwortet eine (ggf analoge) Heranziehung der Vorschriften über die Wiedereinsetzung in den vorigen Stand.

d) Der in dubio-Grundsatz wird auch bemüht, wenn (im Tatsächlichen begründete) Zw bestehen, **gegen welches (Straf-)Gesetz verstoßen** worden ist. Dies betrifft die Fälle, in denen nach Erschöpfung aller Erkenntnismöglichkeiten zwei oder mehr Geschehensabläufe in Betracht kommen, die jeweils einen Straftatbestand erfüllen, und weitere Sachverhaltsalternativen, nach denen der Angekl sich nicht strafbar gemacht hätte, nach Überzeugung des Gerichts auszuschließen sind[117] (vgl BGH NStZ **87** 474: „exklusive Alternativität"). 132

aa) Stehen die in Frage kommenden Tatbestände in einem **Stufenverhältnis** zueinander, so ist der Angekl nach dem milderen Gesetz zu verurteilen (in dubio mitius). Ein derartiges Stufenverhältnis besteht zB zwischen Grundtatbestand und Qualifizierung bzw Privilegierung. Bei Zw über ein straferschwerendes Merkmal ist daher nach dem (sicher feststehenden) Grundtatbestand, bei Zw über ein strafmilderndes Merkmal nach dem nicht auszuschließenden Privilegierungstatbestand zu verurteilen.

Dies gilt etwa im Verhältnis des einfachen Diebstahls (§ 242 StGB) zum Diebstahl mit Waffen und Bandendiebstahl (§ 244 StGB) oder aber Haus- und Familiendiebstahl (§ 247 StGB), im Verhältnis zwischen Raub (§ 249 StGB) und schwerem Raub bzw Raub mit Todesfolge (§§ 250, 251 StGB), aber auch zwischen uneidlicher Falschaussage (§ 153 StGB) und Meineid (§ 154 StGB) oder zwischen Versuch und Vollendung (BGH **22** 156; StV **89** 48; vgl RG **41** 352; s auch BGH **11** 102; **22** 156 f).

Über die Fälle eines gesetzessystematischen Stufenverhältnisses hinausgehend, wendet die Rspr den Zweifelsgrundsatz (direkt oder analog) auch an, wenn die alternativen Verhaltensweisen vergleichbar, dabei aber nicht gleichwertig sind, sondern eine *bewertende, „normativ ethische" Abstufung* ermöglichen (also im Verhältnis des „Mehr" zum „Weniger" stehen). Bejaht wird dies für das Verhältnis zwischen (Mit-)Täterschaft und Beihilfe (BGH **23** 207; **31** 138; RG **71** 365; s auch Bay **66** 140 f: „Auffangtatbestand der Beihilfe"),[118] Anstiftung und Beihilfe (BGH **31** 138), Vorsatz und Fahrlässigkeit (KMR-*Paulus* 319 zu § 244; LR-*Gollwitzer* 134 zu § 261)[119] oder auch Tun und Unterlassen (KMR-*Paulus* 314 zu § 244; LR-*Gollwitzer* 136 zu § 261). 133

bb) Eine ähnliche Argumentation liegt auch der Annahme eines **Auffangtatbestandes** zugrunde. Auffangtatbestände sollen nach dem (durch Auslegung zu ermittelnden) Willen des Gesetzgebers eingreifen, wenn die Verwirklichung eines (meist) schwereren Tatbestandes nicht nachweisbar ist. Die Rspr bejaht dies zB für den Vollrauschtatbestand des § 323a StGB, wenn nicht geklärt werden kann, ob der Täter vermindert schuldfähig oder aber schuldunfähig war, so daß eine Bestrafung für die im Rausch begangene Tat in dubio pro reo nicht in Betracht kommt (BGH [GS] **9** 390; **16** 189; BGH **32** 55 ff wendet nunmehr den in dubio-Grundsatz an).[120] 134

cc) Greift weder der Grundsatz in dubio pro reo noch ein Auffangtatbestand ein, so kommt eine Verurteilung aufgrund mehrdeutiger Tatsachenfeststellungen (**Wahlfeststellung**) in Betracht, sofern die alternativ möglichen Verhaltensweisen 135

---

[117] Ansonsten muß der Angekl freigesprochen werden.
[118] Noch aA dagegen BGH bei *Dallinger* MDR **53** 21: „Wahlfeststellung".
[119] BGH **17** 212 sieht in dem Fahrlässigkeitstatbestand einen Auffangtatbestand.
[120] Vgl zur Problematik nur *Lackner* FS-Jescheck 645 ff und *Tröndle* FS-Jescheck 665 ff sowie krit *Alwart* GA **92** 550 ff).

rechtsethisch und psychologisch gleichwertig sind (BGH [GS] **9** 394; **21** 153; **25** 183; allg dazu *Lackner* 9 ff zu § 1 mwN).

3. Revision

136   Ein Verstoß gegen den Grundsatz in dubio pro reo kann revisionsrechtlich mit der allg Sachrüge geltend gemacht werden (LR-*Gollwitzer* 103 zu § 261). Die Revision kann darauf gestützt werden, daß das Gericht trotz in den Urteilsgründen erkennbarer Zw verurteilt hat, nicht dagegen darauf, daß es hätte zweifeln müssen oder ein anderer Verfahrensbeteiligter noch Zw gehegt hat (BVerfG MDR **75**
137   469; NJW **88** 477). Gerügt werden kann auch, daß das Gericht seiner Entscheidung nicht die mildeste von mehreren in Betracht gezogenen Möglichkeiten zugrundelegt oder aber aus einer nur für möglich gehaltenen Sachverhaltsaltern auch Schlußfolgerungen zulasten des Angekl gezogen hat (Beisp für Verstöße bei KK-*Hürxthal* 60 zu § 261).

Zweites Kapitel. Beweisantrag

I. Voraussetzungen, Abgrenzungen und besondere Ausgestaltungen

1. Voraussetzungen

Übersicht

	Rn		Rn
a) Allgemeines		b) Behauptung einer bestimmten	
aa) Begriff	138	Beweistatsache	143–147
bb) Beweisantrag und Aufklärungspflicht	139	c) Angabe eines bestimmten Beweismittels	148–150
cc) Beweisantrag in gesonderten Verfahrensarten	140–142	d) Vermutung der Richtigkeit	151–153
		e) Beweisverlangen	154
		f) Fürsorgepflicht	154

a) Das Beweisantragsrecht im **Strengbeweis**verfahren bestimmt sich nach den §§ 244 Abs 3–6, 245 Abs 2; Beweisanträge im Freibeweisverfahren (s dazu 36 ff) hingegen werden wie Beweisanregungen (s 157 f) behandelt. **138**

aa) Ein Beweisantrag iSd § 244 Abs 3 liegt vor, wenn ein Prozeßbeteiligter in der HV (zum Ermittlungsverf s 553 ff, zum Zwischenverf 747 f) eine **konkrete Tatsache** behauptet und verlangt, mittels eines **bestimmt bezeichneten Beweismittels** darüber Beweis zu erheben.

bb) Das Gericht kann durch einen Beweisantrag gezwungen werden, über die in § 244 Abs 2 formulierte *Sachaufklärungspflicht* hinaus (BGH **21** 124; ANM 28 ff; LR-*Gollwitzer* 59, KK-*Herdegen* 42, beide zu § 244; *Widmaier* NStZ **94** 415 f; aA *Wessels* JuS **69** 3; *Engels* GA **81** 24 ff; *Gössel* Gutachten 60. DJT C 66) eine Beweiserhebung vorzunehmen, wenn nicht einer der in § 244 Abs 3 bis 5 genannten Ablehnungsgründe vorliegt. **139**

Das Beweisantragsrecht *kompensiert* durch das Verbot der Beweisantizipation, das nur in den formalisiert geregelten Fällen durchbrochen werden darf, die strukturellen wie individuellen *Gefahren*, die sich daraus ergeben können, daß das Gericht (im wesentl) selbst sowohl über den Umfang als auch über das Ergebnis der Beweisaufnahme befindet (*Schulz* NStZ **91** 449; *Herdegen* NJW **96** 27; grds *Perron* 124 ff).[1] Diese Gefahren zu bestreiten, kommt einer Selbstüberschätzung gleich (s auch *Basdorf* StV **95** 312). Indes ist rechtstatsächlich nicht nur eine zurückhaltende Handhabung seitens der Vert (s schon *Barton* StV **84** 395), sondern auch – und zwar in gewissem Kontrast zu dem aufgrund veröffentlichter Urteilsaufhebungen der Revisionsgerichte vermittelten Bild –, bezogen auf das Kriterium der Aufhebung, nur eine verhaltene revisionsgerichtliche Kontrolle zu verzeichnen.[2] Auch deshalb scheinen Bestrebungen der Justizverwaltungen, die Kontrolle der Revisionsgerichte im Beweisan-

---

[1] Vgl etwa *Fezer* StV **95** 268: „unerläßliche Gegengewicht, das der HV den Charakter des reinen Inquisitionsprozess nimmt".

[2] Nach Schätzung von *Basdorf* (StV **95** 311) werde zwar bei etwa 1/4 der beim BGH anfallenden Revisionen eine Verletzung des Beweisantragsrechts beanstandet, jedoch hätten weniger als 1% der einschlägigen Rügen Erfolg (zumal von den etwa 15% erfolgreicher Revisionen nur knapp 10% auf Verfahrensrügen entfielen; vgl zu größeren Anteilen hierbei je-

tragsrecht zu beschneiden (vgl etwa StV **82** 331; DRiZ **93** 361), eher von arbeitsökonomischen Eigenbelangen getragen zu sein (krit *Fezer* StV **95** 269; zum Einfluß rechtsanwendender Institutionen im Gesetzgebungsverfahren *Eisenberg* § 23 Rn 44; zu verfahrensökonomischen Aspekten *ter Veen*, schon 35 ff).

Allerdings kann die Aufklärungspflicht auch eine Beweiserhebung gebieten, die aus den Gründen des § 244 Abs 3 bis 5 abgelehnt werden könnte (vgl BGH **10** 118; **23** 187 f; s schon 5) – insbes beim Ablehnungsgrund der Wahrunterstellung ist wegen der gerichtlichen Untersuchungspflicht Zurückhaltung geboten (s 242 f).

140 cc) (1) Im *Privatklageverfahren* (§ 384 Abs 3), im *beschleunigten Verfahren* vor dem Strafrichter (§ 420 Abs 4),[3] im Verfahren *nach Einspruch gegen einen Strafbefehl* (§ 411 Abs 2 S 2) sowie im *Bußgeldverfahren* (§ 77 OWiG) gilt **kein** über § 244 Abs 2 hinausgehender **Beweiserhebungsanspruch**; zwar können Beweisanträge auch insoweit uneingeschränkt gestellt werden (*Loos/Radtke* NStZ **95** 570), jedoch kann der Strafrichter, ohne an die strengen Ablehnungsgründe des § 244 Abs 3–5 gebunden zu sein, den Umfang der Beweisaufnahme allein nach seiner Aufklärungspflicht bestimmen.[4] Gemäß diesen Sonderregelungen ist es somit zulässig, Beweisanträge auch unter Vorwegnahme der Beweiswürdigung abzulehnen.

141 Äußerst problematisch erscheint dies im beschleunigten Verfahren (*Scheffler* NJW **94** 2191 ff) – als einer Form des *Offizial*verfahrens – deshalb, weil bei Unterschreiten der Rechtsfolgenhöhe des § 313 dem Angekl die Führung eines (seinerseits als erheblich erachteten) Entlastungsbeweises ggf versagt bleibt.

Ebenso bedenklich ist die Regelung im Bereich des Verfahrens nach Einspruch gegen den Strafbefehl, zumal in diesem seit dem RPflEntlG nunmehr auch *Freiheitsstrafe* bis zu einem Jahr bei Aussetzung der Vollstreckung verhängt werden darf, und soweit in der Praxis des Strafbefehlsverfahrens Ermittlungen ohnehin weniger zuverlässig durchgeführt werden.

142 (2) Entgegen teilweise vertretener Meinung (ANM 838; *Dallinger/Lackner* 15 zu §§ 76–78 JGG) sind die §§ 244 Abs 3 bis 5, 245 jedoch nicht gemäß § 78 Abs 3 S 1 JGG beschränkt, dh sie gelten auch im *vereinfachten Jugendverfahren* (*Eisenberg* 23 zu §§ 76–78 JGG [ab 7. Aufl]; *Ostendorf* 15 zu § 76–78 JGG; im Erg ähnlich *Brunner* 20 zu §§ 76–78 JGG).

143 b) Notwendiger Inhalt eines Beweisantrags ist zunächst die Behauptung einer **hinreichend bestimmten Beweistatsache**.

Die Forderung der Bestimmtheit der Beweistatsache folgt vor allem aus der notwendigen Bezogenheit der Ablehnungsgründe; nur ein Antrag, auf den diese sinnvollerweise angewendet werden können, kann als Beweisantrag gelten (KK-*Herdegen* 45 f, SK-*Schlüchter* 57, beide zu § 244). Dies ist bei Angabe nur des Beweisziels nicht der Fall (BGH NStZ **95** 96).

---

doch Auswertungen aus den Jahren 1979–1981 durch *Rieß* [NStZ **82** 49 ff] bzw für die Jahre 1983 und 1988 durch *Perron* 348, 350 ff).

[3] Nach allg Auffassung nicht also im Berufungsverfahren gegen ein im einschlägigen Verfahren ergangenes Urteil. – Die Ablehnung durch den Strafrichter geschieht auch hier durch Beschluß (§ 244 Abs 6), dessen Begründung immerhin dazu Aufschluß geben muß, daß es wegen der Klärung des Sachverhalts der Beweiserhebung nicht mehr bedurfte (K/M-G 11 zu § 420). Antrag und Beschluß sind in das Protokoll aufzunehmen.

[4] Nachzugehen ist Beweisanträgen also zB, wenn die Beweiserhebung zumindest naheliegt (vgl Düsseldorf NStE Nr 3 und 7, Karlsruhe NStE Nr 2, jew zu § 77 OWiG), etwa wenn ein Sv oder (andere) Zeugen die Aussage des einzigen Belastungszeugen widerlegen sollen (Bay NStE Nr 6 und 8 zu § 77 OWiG).

I. Voraussetzungen, Abgrenzungen und besondere Ausgestaltungen

aa) Grds sind – mit einer den Umständen des Einzelfalles angemessenen Genauigkeit – zB *Ort und Zeit* des behaupteten Ereignisses zu benennen (Köln VRS **64** 281; K/M-G 20 zu § 244).

bb) (1) Werden allg übliche *Verkürzungen* und *Schlagworte* benutzt, steht dies nicht **144** generell einer Wertung als Beweisantrag entgegen (BGH **1** 137; **39** 144 = JR **94** 250 mit Anm *Siegismund*; ANM 41; LR-*Gollwitzer* 105, K/M-G 20, jeweils zu § 244), allerdings sind wegen zu unbestimmter Beweistatsache teilweise Anträge auf Vernehmung von Zeugen oder Sv mit wertenden Verkürzungen und Deutungen[5] (s auch 1003) nicht als Beweisantrag behandelt worden. Erforderlich ist nach Ansicht des BGH die Angabe einer dem Beweis durch das bezeichnete Beweismittel zugänglichen *Tatsachenbasis* für diese Umstände (BGH **37** 164), wobei diese Basis auch außerhalb der Antragserklärung, etwa in weiteren Äußerungen des Antragstellers oder sonstigen in der HV zutage getretenen Umständen, zu finden sein könne (BGH StV **82** 55 f).

(2) Im Antrag angeführte Behauptungen oder rechtliche Schlußfolgerungen, die **145** dem *Beweis* durch das angeführte Beweismittel *nicht zugänglich* sind, gehören nicht zur Beweisbehauptung (vgl SK-*Schlüchter* 61 zu § 244), dh sie sind etwa beim Ablehnungsgrund der Wahrunterstellung nicht zu berücksichtigen.

(3) Werden nur Beweistatsachen genannt, die zwar nicht dem angeführten Beweismittel, wohl aber uU anderen Beweismitteln zugänglich sind, kommt nicht die Disqualifizierung als Beweisantrag, sondern die Ablehnung wegen *Ungeeignetheit des Beweismittels* (s 215 ff) in Betracht. So kann die behauptete Unglaubwürdigkeit eines Zeugen uU zwar nicht durch Zeugen, aber durch Sv bewiesen werden (vgl *Schulz* NStZ **91** 450).

cc) Str ist, inwieweit das Erfordernis der Bestimmtheit der Beweisbehauptung **146** verlangt, daß auch die *Art und Weise*, in der ein benannter *Zeuge* von der bezeichneten Tatsache *Kenntnis erlangt hat*, mitzuteilen ist (BGH **39** 253 f mit Anm *Widmaier* NStZ **93** 602 = StV **93** 454 mit abl Anm *Hamm*; BGH **40** = NStZ **94** 247 mit insoweit zust Anm *Widmaier* = StV **94** 169 mit abl Anm *Strate* = JR **94** 288 mit krit Anm *Wohlers*; krit auch *Perron* 199). Hinsichtlich positiv behaupteter Tatsachen kann es eine „Überspannung der Anforderungen" (LR-*Gollwitzer* zu § 244; *ders* JR **91** 473) an einen Beweisantrag darstellen, wenn jeweils angegeben werden muß, auf welcher konkreten Wahrnehmung die in das Wissen des Zeugen gestellte Tatsache beruht (vgl BGH StV **81** 167).

Die Art und Zuverlässigkeit der Wahrnehmung festzustellen ist typischerweise eine Aufgabe der Beweisaufnahme und -würdigung (vgl auch KG StV **93** 120: keine Darlegungspflicht des Antragstellers bei etwaigen Zw an der Tauglichkeit des Zeugen), wobei Gegenstand der Beweisaufnahme ohnehin nur die vom Zeugen noch erinnerten Umstände sein können und die Mitteilungen des Zeugen notwendigerweise von Wertungen durchsetzt sind (insoweit zutr *Hamm* StV **93** 456 f). Vom Antragsteller kann insbes nicht verlangt werden, sich vorher Wissen über den Kenntnisstand des Zeugen und dessen Quellen zu verschaffen (*Strate* StV **94** 171; vgl auch ANM 41).

---

[5] So zB „unglaubwürdig", „betrunken" (s n KK-*Herdegen* 45 f zu § 244); „schuldunfähig wegen Heroinabhängigkeit" (BGH StV **92** 218; zw); vgl auch BGHR § 244 Abs 6, Beweisantrag 4 und 13.

147 Fehlt es jedoch an jeglichem Anhaltspunkt, in welcher Beziehung der genannte Zeuge zu dem behaupteten Wissen steht, ist eine hinreichend bestimmte Tatsachenbehauptung zu verneinen (*Widmaier* NStZ **93** 602 f).

Letzteres ist insbes dann zu beachten, wenn eine **negative Tatsache** in das Wissen eines Zeugen gestellt wird.[6] Die Behauptung der Nichtexistenz ist hier wie oben bb) als eine wertende Verkürzung bzw Schlußfolgerung anzusehen, mit der Folge, daß eine Tatsachenbasis, auf der dieses Wissen beruht (zB Zeuge war am Tatort und hat Beobachtungen gemacht; Zeuge hat das Gespräch verfolgt), anzugeben ist, sofern sich dies nicht schon aus den bereits im Verfahren deutlich gewordenen Umständen ergibt (vgl auch BGHR StPO 244 III 2 Bedeutungslosigkeit 16).

148 c) Desweiteren ist ein **bestimmtes Beweismittel** anzugeben, und zwar so konkret, daß das Beweismittel von anderen unterschieden, ermittelt und zur HV herbeigeschafft werden kann (ANM 48).

aa) Ist zB Name und/oder Adresse eines **Zeugen** nicht genannt, müssen diese Angaben jdf vom Gericht ermittelbar sein. Auf die Schwierigkeit der Ermittlung (oder deren Verhältnis zur Bedeutung des Zeugen in der Sache) kommt es nicht an (KG StV **93** 349).

Es reicht aus, wenn eine namentlich benannte Person mit einem früheren Wohnsitz oder nur dem Wohnort bezeichnet wird (hM, BGH MDR **60** 329; **71** 547 bei *Dallinger*, **77** 984 bei *Holtz*; NStZ **81** 310; StV **95** 59; LR-*Gollwitzer* 108 zu § 244; ANM 48; aA [obiter dictum] BGH **40** 3 = NStZ **94** 247m abl Anm *Widmaier* = StV **94** 169 mit abl Anm *Strate* = JR **94** 288 mit krit Anm *Wohlers*). Läßt sich die Anschrift bzw der Aufenthaltsort trotz angestrengten Bemühens nicht ermitteln, liegt Unerreichbarkeit vor (s 277 f). Ebenso hinreichend ist der Zeuge individualisiert, wenn er nur in seiner Funktion bezeichnet ist (zB zur Tatzeit Inhaber eines bestimmten Geschäfts oder eines bestimmten Amtes bzw Leiter eines Einsatzes [Düsseldorf VRS **84** 454], Patient in einem Krankenhaus [Köln VRS **84** 102] oder Beteiligter an der Tat [KG StV **93** 349]), sofern seine Ermittlung aufgrund der Angabe möglich ist.

149 Mangelt es hingegen – etwa wegen der Alltäglichkeit der Namens-bzw Funktionsangabe bei fehlender Anschrift – schon an einem Anhaltspunkt für die Ermittlung des Zeugen (vgl ANM 619), liegt kein Beweisantrag vor. Ist erst zu ermitteln, wer aus einem Personenkreis als Zeuge für die behauptete Tatsache in Betracht kommt, liegt ebenfalls lediglich ein *Beweisermittlungsantrag* (s 156) vor.

bb) Aus § 73 folgt, daß der **Sv** nicht bestimmt zu werden braucht (KK-*Herdegen* 48 zu § 244 mwN).

150 cc) Bei Benennung von Schriftstücken zum **Urkundenbeweis** muß das einzelne Schriftstück und der Aufbewahrungsort (bzw Besitzer) so benannt sein, daß dem Gericht die Beiziehung möglich ist. Beweismittel ist jeweils der einzelne Vorgang bzw das einzelne Schriftstück; ist dies in Akten oder Aktensammlungen enthalten, so ist der Fundort genau zu bezeichnen. Der Antrag auf „Beiziehung von Akten" ist demnach kein Beweisantrag, es sei denn, mit dem gesamten Inhalt der Akte soll eine Tatsache unter Beweis gestellt werden (BGH **6** 128; **30** 132; vgl auch BGH **37** 172).

151 d) aa) **Nicht** erforderlich ist, daß der Antragsteller **sichere Kenntnis** von der behaupteten Tatsache bzw ihrer Bestätigung durch das Beweismittel hat oder geltend macht. Nach der Judikatur genügt es, wenn er eine erfolgreiche Beweiserhebung

---

[6] Zum Beispiel eine Person sei nicht am Tatort gewesen; ein Gespräch bestimmten Inhalts habe nicht stattgefunden (vgl BGH StV **93** 455).

I. Voraussetzungen, Abgrenzungen und besondere Ausgestaltungen

für möglich hält oder vermutet (BGH StV **81** 166; NStZ **87** 181; StV **88** 185; NStZ **89** 334; **93** 144 sowie 248).

Ein formal als Beweisantrag zu qualifizierendes Verlangen darf deshalb nicht als gegenstandslos angesehen oder zur bloßen Beweisanregung herabgestuft werden, weil nach Ansicht des Gerichts der Antragsteller selbst an der *Richtigkeit* seiner *Behauptung* oder der Möglichkeit einer erfolgreichen Beweisführung *zweifelt*.

bb) Da das Beweisantragsrecht streng formalisiert ist, darf das Vorliegen eines Beweisantrags auch nicht deshalb verneint werden, weil der Antragsteller (auf Befragen) keine Anhaltspunkte für die Richtigkeit seiner Vermutung angeben will oder kann (vgl schon RG JW **24** 1251 Nr 5; *Schulz* StV **85** 312; *Gollwitzer* StV **90** 424; *Herdegen* StV **90** 519; anders offenbar BGH StV **85** 311; vgl aber auch BGH NStZ **93** 144; **94** 592; ANM 45 f). Die Gegenansicht würde bedeuten, daß ohne gesetzliche Grundlage ein allg Mißbrauchsvorbehalt eingeführt würde (s n 173 ff) oder unter Umgehung der Voraussetzungen für die Annahme einer Verschleppungsabsicht iSd § 244 Abs 3 S 2 (s 235 ff) eine solche schon vorweg angenommen werden könnte. 152

cc) Indes wird angenommen, es liege kein Beweisantrag vor, wenn der Antragsteller die *erfolgreiche Beweisführung* für *ausgeschlossen* erachte (BGH NStZ **92** 397 [mit krit Anm *R.Peters* NStZ **93** 293]: „aufs Geratewohl angestellte Vermutung"; *Gollwitzer* StV **90** 424; *Herdegen* StV **90** 519 f), wobei das Fehlen einer Tatsachenbasis für die Behauptung indiziell herangezogen werden könne. Allerdings wird eine Grenzziehung zur vorerwähnten Fallkonstellation in der Praxis auf erhebliche Schwierigkeiten stoßen (vgl BGH StV **86** 419; NJW **83** 127; NStZ **93** 144 sowie 148; ausführlich dazu KK-*Herdegen* 44 zu § 244). Insbes kommt diese Auffassung einer mit der Förmlichkeit des Beweisantragsrechts kaum zu vereinbarenden Beweisantizipation gleich (vgl 198 ff). In Einzelfällen wird keine hinreichend bestimmte Beweistatsache vorliegen (s 143 ff) oder es wird Verschleppungsabsicht angenommen werden können (vgl BGH NStZ **89** 36). Eine grds Ablehnung oder Nichtbehandlung dieser Anträge extra legem erscheint jedoch als nicht anerkennungsfähig (*Thole* 196; s 173 ff). 153

e) Aus dem Antrag muß deutlich werden, daß die **Beweiserhebung verlangt** und nicht nur in das gerichtliche Ermessen gestellt wird (ANM 38 f; s 155). 154

f) Bei Anträgen oder Vorbringen, denen eine der genannten notwendigen Voraussetzungen fehlt bzw die mehrdeutig oder unklar sind (**mangelhafte Beweisanträge**), ist zunächst unter dem Gesichtspunkt der gerichtlichen Fürsorgepflicht (s 180 f) auf eine Vervollständigung hinzuwirken (LR-*Gollwitzer* 113 zu § 244).

2. Abgrenzungen

Übersicht

	Rn		Rn
a) Beweiserbieten	155	c) Beweisanregung	157, 158
b) Beweisermittlungsantrag	156	d) Bescheidung	159, 160

a) Erfüllt ein Vorbringen eines Prozeßbeteiligten zwar die sachlichen Voraussetzungen eines Beweisantrags, fehlt es jedoch an dem Verlangen der Beweiserhebung, wird überwiegend von einem **Beweiserbieten** gesprochen.[7] Ist ein Antragscharakter des Vorbringens nach sorgfältiger Prüfung auszuschließen, kann die 155

---

[7] Im einzelnen ist die Terminologie zT unterschiedlich.

förmliche Bescheidung durch das Gericht entfallen sowie die erbotene Beweiserhebung auch ohne Vorliegen eines der Ablehnungsgründe des § 244 Abs 3 unterbleiben. Ein Beweisbieten konkretisiert jedoch, wie jedes sachbezogene Vorbringen im Verfahren, die gerichtliche Aufklärungspflicht.

156 b) Ein **Beweisermittlungsantrag** liegt vor, wenn der Antragsteller Aufklärung durch das Gericht begehrt, aber entweder ein Beweismittel (noch) nicht bestimmen kann oder keine hinreichend bestimmte Beweistatsache behauptet. Typischerweise wird ein Beweisermittlungsantrag dann gestellt, wenn erst geeignetes Beweismaterial aufgefunden (oder beigezogen[8]) werden muß oder etwa noch nicht feststeht, welches von mehreren in Betracht kommenden Beweismitteln zur Aufklärung beitragen kann, bzw wenn keine bestimmte Tatsache als Ergebnis der Erhebung eines Beweises behauptet werden kann (LR-*Gollwitzer* 116 zu § 244).

So stellt es regelmäßig einen Beweisermittlungsantrag und keinen Beweisantrag dar, wenn der Antrag lautet, Beweis darüber zu erheben, „ob" eine Tatsache zutreffe, oder wenn beantragt wird, aus einer Gruppe in Betracht kommender Personen Zeugen für eine Beweisbehauptung zu ermitteln.

Allerdings hängt die Beurteilung nicht von der Formulierung ab. Die gerichtliche Fürsorgepflicht (s auch 180 f) gebietet es (gerade auch bei rechtsunkundigen Antragstellern), festzustellen, ob ein mit einer Beweisfrage („ob") verbundener Antrag nicht doch die Behauptung einer bestimmten Tatsache („daß") unter Beweis stellt bzw stellen soll.

157 c) Alle übrigen sich auf die Beweisaufnahme beziehenden Anträge und Anregungen, die nicht die sachlichen und förmlichen Voraussetzungen eines Beweisantrags erfüllen, werden als **Beweisanregungen** bezeichnet (SK-*Schlüchter* 71, K/M-G 26, LR-*Gollwitzer* 127 ff, jeweils zu § 244).

aa) Hierunter fallen etwa Anträge auf Sicherstellung von Beweismitteln, Durchführung bestimmter Untersuchungen (s 1690), Anträge auf Gegenüberstellung (s 1223 f, 1399 ff) oder andere Modalitäten der Beweiserhebung.

158 bb) Da ein Beweiserhebungsanspruch mit Durchführung der Beweisaufnahme erlischt, ist der Antrag, mit Hilfe eines bereits in der HV verwendeten Beweismittels eine bereits erörterte Tatsache zu ermitteln, als bloße **Anregung**, eine **Beweisaufnahme zu wiederholen**, zu behandeln (BGH NJW **60** 2156; vgl auch BGH **14** 22; s ausführlich LR-*Gollwitzer* 132 ff zu § 244; ANM 94 ff; KMR-*Paulus* 392, 469 zu § 244).

Dies gilt freilich nicht, wenn die abermalige Vernehmung eines Zeugen zum Beweis einer neuen Tatsache beantragt wird (BGH StV **95** 567).

159 d) Soweit ein Antragsteller nicht auf eine förmliche Bescheidung verzichtet, sind Beweisanregungen und Beweisermittlungsanträge als prozessuale Anträge gem § 273 Abs 1 zu protokollieren und **in der HV vom Vorsitzenden zu bescheiden** (K/M-G 27 zu § 244; *Schulz* GA **81** 301 ff; aA BGH **6** 129; NStZ **82** 296: kein Beschluß in der HV). Maßstab der Entscheidung ist die gerichtliche Aufklärungspflicht. Gegen die Entscheidung des Vorsitzenden kann nach § 238 Abs 2 das Gericht angerufen werden (hL; vgl KK-*Herdegen* 55; K/M-G 27, beide zu § 244; aA ANM 90).

---

[8] Vgl zB betr die Akten über den Einsatz verdeckter Ermittler und V-Personen BGH StV **95** 248, wonach die Aufklärungspflicht eine Beiziehung gebieten kann.

Wird ein „Beweisantrag" gestellt, dieser aber vom Gericht als Beweisermittlungsantrag **160**
qualifiziert, ist ein Beschluß nach § 244 Abs 6 erforderlich, in dem begründet wird, warum
kein Beweisantrag vorliegt und warum die Aufklärungspflicht keine Nachforschung veranlaßt (KK-*Herdegen* 55 zu § 244; vgl auch *Gössel* 250 f).

3. Bedingter Beweisantrag, Hilfsbeweisantrag

Übersicht

	Rn		Rn
a) Bedingte Beweisanträge	161	bb) Eventualbeweisantrag . . .	163
aa) Prozessual bedingter An-		cc) Hilfsbeweisantrag	164, 165
trag	162	b) Abänderung	166

a) Beweisanträge können auch in der Weise gestellt werden, daß die Beweiser- **161**
hebung nur für den Fall des Eintritts einer bestimmten Sach-oder Prozeßlage verlangt wird. Das Gericht muß den Beweisantrag dann nur bei Eintritt der **Bedingung** prüfen und bescheiden. Es kann den Antrag aber auch ohne Beachtung der
Bedingung als unbedingten Antrag behandeln (BGH **32** 13; ANM 59). Je nach
Art der Bedingung wird ein bedingter Beweisantrag als prozessual bedingter Beweisantrag, Eventualbeweisantrag oder Hilfsbeweisantrag[9] bezeichnet (zum Ganzen KK-*Herdegen* 50 ff zu § 244; ANM 58 f; einschr *Niemöller* JZ **92** 890).

aa) Ein Beweisantrag kann in Abhängigkeit von einer bestimmten prozessualen **162**
Lage, etwa von
– einer bestimmten Zeugenaussage zum tatsächlichen Geschehen,
– der Erhebung eines anderen Beweises durch das Gericht,
– der Vornahme einer Vereidigung,
gestellt werden (vgl BGH NStZ **82** 477) – sogen **prozessual bedingter Beweisantrag**.

bb) Wird ein Antrag unter der Bedingung gestellt, daß das Gericht zu einer be- **163**
stimmten Auffassung gelangt, etwa
– zur Echtheit einer Urkunde,
– zur Glaubwürdigkeit eines Zeugen,
– zur Schuldfähigkeit des Angekl,
spricht man von einem **Eventualbeweisantrag**.

cc) (1) Praktisch bedeutsam vor allem aus verteidigungstaktischen Gründen[10] ist **164**
der (meist im Schlußvortrag gestellte) sogen **Hilfsbeweisantrag** unter der Bedingung, daß das Gericht zu einer bestimmten verfahrensabschließenden Entscheidung gelangt, sei es im Schuldspruch oder hinsichtlich der Rechtsfolge, wobei die
Beweisbehauptung sich jedoch auf den unter die Bedingung gestellten Ausspruch
beziehen muß.[11] Durch die Bezugnahme auf die (bzw Teile der) Urteilsbegründung wirkt ein solcher Antrag in die Urteilsberatung hinein.

---

[9] In der Lit ist die Terminologie unterschiedlich, vgl *Schrader* NStZ **91** 224.
[10] S dazu *Dahs* 557; *Hamm* FS-Peters 174; *Widmaier* FS-Salger 433 f; *Schlothauer* StV **88** 542;
krit *Sarstedt* DAR **64** 309.
[11] Unzulässigkeit des Hilfsbeweisantrags nehmen BGH NStZ **95** 202 mit zust Anm *Herdegen* sowie BGH NStZ **95** 246 an, wenn die Beweisbehauptung den Schuldspruch, die Bedingung hingegen den Rechtsfolgenausspruch betrifft.

Nicht jeder im Schlußvortrag gestellte Beweisantrag ist ein Hilfsbeweisantrag (KG JR **54** 192 mit Anm *Sarstedt*; vgl aber BGH MDR **51** 275 bei *Dallinger*). Sind Zw über die Absichten des Antragstellers auch durch Nachfrage nicht zu klären, ist der Antrag als unbedingter Antrag zu behandeln (ANM 62).

165 (2) Da Hilfsbeweisanträge in Abhängigkeit von einer erst nach Abschluß der Beweisaufnahme zu treffenden Entscheidung gestellt werden, liegt gleichzeitig ein *Verzicht* auf *Bekanntgabe* der Entscheidung über den Beweisantrag *in der HV* vor (BGH **32** 13; KK-*Herdegen* 50 a zu § 244; aA K/M-G 44 a zu § 244). Zw ist, ob der Antragsteller durch ausdrückliche Erklärung (sogen Bescheidungsklausel) die Bekanntgabe noch in der HV verlangen kann (**bej** KG StV **88** 518; ANM 769; LR-*Gollwitzer* 170 zu § 244; einschr BGH NStZ **91** 47 mit abl Anm *Scheffler* 348 = StV **91** 349 mit abl Anm *Schlothauer*; **aA** BGH NStZ **95** 98; K/M-G 44 a zu § 244; *Niemöller* JZ **92** 884 ff; *Widmaier* FS-Salger 433). Auch wenn das Gebot verfahrensrechtlicher Offenheit dem Angekl kein Recht verschafft, vorzeitig (und mehr als bei unbedingtem Beweisantrag) wesentliche Bestandteile der Urteilsbegründung zu erfahren, sollte ein entspr Argwohn des Gerichts hier zurückstehen, da er das Ziel der Wahrheitsermittlung nicht berührt.

Beim Ablehnungsgrund der Prozeß*verschleppung* (s 235 ff) ist in jedem Fall die Bekanntgabe noch in der HV erforderlich (BGH **22** 124; NStZ **86** 372; StV **90** 394).

(3) Ein Hilfsbeweisantrag ist in den *Urteilsgründen* nach den gleichen Regeln zu bescheiden wie sonstige Beweisanträge.

Da es für die Zurückweisung keines besonderen Entscheidungssatzes bedarf, soll es allerdings ausreichen können, wenn sich die Erwägungen der Ablehnung aus den Urteilsgründen im Ganzen zweifelsfrei entnehmen lassen (Frankfurt StV **95** 346 ff; LR-*Gollwitzer* 167).

166 b) Der Antragsteller kann jederzeit einen ursprünglich bedingt bzw hilfsweise gestellten Beweisantrag in einen unbedingten **abändern**, so daß ein Beschluß in der HV unabhängig vom Eintritt einer Bedingung erforderlich wird.

II. Antragstellung

1. Antragsberechtigung und Mißbrauch

Übersicht

	Rn		Rn
a) Grundsätzliches	167	d) Mißbräuchliche Antragstellung	172–175
b) Berechtigte	168, 169		
c) Gemeinschaftliche Antragstellung	170, 171		

167 a) Das **Recht, Beweisanträge zu stellen**, folgt grds aus dem Anspruch auf rechtliches Gehör (Art 103 Abs 3 GG; vgl BVerfGE **65** 305). Jeder Beweisantrag muß vom Gericht angenommen und beschieden werden.

168 b) aa) **Antragsberechtigt** sind StA, Privatkläger (§ 385 Abs 1 S 1; s aber § 384 Abs 3), Nebenkläger (§ 397 Abs 1), Angekl und Vert.

Im Adhäsionsverfahren nach §§ 403 ff hat der Antragsteller ein Beweisantragsrecht betr seine vermögensrechtlichen Ansprüche (BGH NJW **56** 1767).

II. Antragstellung

Im JStV sind Erziehungsberechtigte und gesetzliche Vertreter (§ 67 Abs 1 JGG) sowie Beistände (§ 69 JGG) antragsberechtigt.

bb) Um Beweisanträge stellen zu können, *muß* der *Angekl nicht geschäftsfähig* sein. **169**

Das Antragsrecht des *Vert* hängt nicht vom Willen des Angekl ab, dh zur Vert können auch den – bisherigen – Angaben des Angekl widersprechende Beweisanträge gestellt werden (BGH MDR **77** 461 bei *Holtz*).

c) **Gemeinschaftliche Antragstellung** mehrerer Prozeßbeteiligter ist zulässig; **170** sie wird als einzelne Antragstellung jedes der daran Beteiligten behandelt. Sie kann ausdrücklich durch „Anschluß" an den Beweisantrag eines anderen erfolgen oder durch eindeutige konkludente Handlung; allein aus Interessenkonkordanz kann indes noch nicht gemeinschaftliche Antragstellung gefolgert werden (so aber BGH NJW **52** 273; BGH NStZ **81** 96 bei *Pfeiffer*; wie hier ANM 385f; LR-*Gollwitzer* 98 zu § 244).

aa) Die *Revisions*rüge bei fehlerhafter Behandlung eines Beweisantrages steht je- **171** doch auch denjenigen Prozeßbeteiligten zu, die sich nicht angeschlossen haben, sofern ihr Interesse an der Beweiserhebung mit dem des Antragstellers übereinstimmt (ANM 386; s auch 298).

Das Gericht sollte im Zw durch Befragen klären, welche Prozeßbeteiligten den Antrag stellen, da dies für die Ablehnungsbegründung gem § 244 Abs 3 S 2 bedeutsam sein kann (vgl *Gollwitzer* FS-Sarstedt 29).

bb) Eine Rücknahme (s allg 182f) des gemeinschaftlichen Antrags durch einen der Antragsteller wirkt sich nicht auf die Beantragung durch die anderen aus (ANM 405; KK-*Herdegen* 51, LR-*Gollwitzer* 99, 136, jeweils zu § 244).

d) aa) Die Annahme eines Antrages darf grds nicht mit der Begründung abge- **172** lehnt werden, daß **Mißbrauch** vorliege; auch darf das Antragsrecht nicht als Reaktion auf angeblichen vorherigen Mißbrauch entzogen werden (BGH JR **80** 218). Ebensowenig darf ein Beweisantrag ohne inhaltliche Prüfung als „unzulässig" verworfen werden (BGH **29** 149; Brbg NStZ **95** 53). Dies ergibt sich schon daraus, daß in dem gesetzlich geregelten Mißbrauchsfall der Prozeßverschleppung ein nach § 244 Abs 6 zu bescheidender Antrag anzunehmen ist.

bb) Eine Ausnahme (hierzu schon BGH NStZ **86** 371) von dem genannten Grundsatz hat BGH **38** 111 ff (= JR **93** 169 mit Anm *Scheffler:* „Schikaneverbot") bei einer anzahlmäßig exzessiven Antragstellung (im konkreten Fall: mehrere tausend Beweisanträge des Angekl) angenommen, dh für eine Konstellation, bei der selbst eine inhaltl Prüfung, die die Annahme des Ablehnungsgrundes der Prozeßverschleppung (s 235 ff) voraussetzt, nicht mehr möglich ist: Der Angekl dürfe Anträge nur noch über seinen Vert stellen (krit KK-*Herdegen* 68 zu § 244).

cc) (1) Ob neben den in § 244 Abs 3 genannten Ablehnungsgründen eine **173** *außergesetzliche* Kategorie **„Scheinbeweisantrag"** zur Abweisung als mißbräuchlich beurteilter Anträge sinnvoll bzw erforderlich ist, ist – entgegen verbreiteter Ansicht[12] – zw (s auch schon 151 ff; wie hier: *Thole* 196). In den meisten der angeführten Beispiele ist eine Ablehnung innerhalb des Systems der gesetzlichen Ablehnungsgründe zulässig. So richtet sich ein Antrag, der ausschließlich sachfremde Ziele verfolgt, idR auf eine bedeutungslose Beweis-

---

[12] KK-*Herdegen* 67f zu § 244: „unzulässiger Beweisantrag"; ebenso *Pfeiffer/Fischer* 25 zu § 244; SK-*Schlüchter* 63f zu § 244: „kein Beweisantrag".

erhebung.[13] In anderen Fällen kommt eine Ablehnung wegen Prozeßverschleppung in Betracht (s 235ff; ANM 637f), wobei es nicht unbedenklich ist, etwa wegen einer als zu eng empfundenen diesbezgl Rspr eine zusätzliche, im Gesetz nicht

174 vorgesehene Ablehnungskategorie einzuführen. – Entspr Einwände bestehen ggü der Figur eines **allg Mißbrauchsvorbehalts**, da ein solcher wegen seiner Konturenlosigkeit im Gegensatz zum formalisierten Beweisantragsrecht stünde (vgl auch BGH JR **80** 218 m Anm *Meyer*; *Weber* GA **75** 299 f; *Kühne* 134.2; grds für strikte Regelung *Herdegen* GS-Meyer 187 sowie FS-Salger 301 f).

Soweit mitunter ausgeführt wird, der „Mißbrauch" von Verfahrensrechten – insbes des Beweisantragsrechts – durch Vert und Angekl behindere eine effektive Strafrechtspflege (*Brause* NJW **92** 2865; vgl auch SK-*Schlüchter* 1, 53 zu § 244; abl statt vieler *Widmaier* NStZ **94** 416f), liegt entspr Vorwürfen eine aus amtsbezogener Perspektive gewonnene Mißbrauchsdefinition (zum Mißbrauch durch Richter vgl *Herdegen* NJW **96** 28) zugrunde, die die Dynamik des Strafverfahrens als ständige Variation der (Re-)Konstruktion eines Geschehensablaufs weniger berücksichtigen (s dazu etwa *Eisenberg* NJW **91** 1257). Dabei bereitet zB schon die Abgrenzung ggü einer intensiven Wahrnehmung der gesetzlich dem Vert zugewiesenen Verfahrensrolle als einseitiger Vertreter der Interessen des Angekl gelegentlich Schwierigkeiten, zumal sich die Definition als mißbräuchlich nicht statisch, sondern stets nur im Verhältnis zu gesetzgeberischen Maßnahmen vornehmen läßt (*Richter II* StV **94** 454ff; zum Ganzen Erklärung dt Strafrechtslehrer StV **91** 398; *Herzog* StV **94** 167f). Auch fehlt es zur Frage nach der Häufigkeit angeblich mißbräuchlicher Verhaltensweisen bislang an empirischen Belegen; vielmehr scheint der Bereich im Hinblick auf Verzögerungen nur in bezug auf Einzelfälle (*Hamm* StV **94** 456:"extreme Ausreißerfälle"), nicht aber betr die Strafrechtspflege insgesamt relevant sein (vgl dazu die von *Gössel* 60.DJT Gutachten C 11 ff vorgelegten Zahlen).[14]

Das Beweisantragsrecht, wie es nach zwischenzeitlicher Abschaffung während der NS-Herrschaft – unter Verpflichtung der Prozeßsubjekte auf ein angeblich gemeinsames Ziel – wieder gesetzlich normiert wurde, stellt im übrigen einen zur **Wahrheitsfindung** notwendigen **Ausgleich** dafür da, daß die Ausgestaltung der Teilnahme des Beschuldigten und des Vert im „entschieden inquisitorisch geprägten" (*Fezer* StV **95** 268) Ermittlungsverfahren offensichtlich nicht waffengleich ist (vgl schon *Schünemann* FS-Baumann 377; *Bandisch* AnwBl **91** 312) und der Amtsermittlungsgrundsatz (auch iZm richterlichem Aktenstudium) den Angekl einer *systemspezifischen Fehlverurteilungsgefahr* (*Perron* JZ **94** 830 mNachw) aussetzt. Daher verbietet sich eine starre, nur gewisse Ausnahmen zulassende zeitliche Präklusion zu diesem oder jenem formellen Verfahrensabschnitt (vgl *Widmaier* NStZ **94** 417: „Planungspanzer"; zu kontraproduktiven Nebenfolgen *Perron* JZ **94** 826), die den immer wieder vorkommenden Beurteilungsänderungen hinsichtlich Entscheidungserheblichkeit sowie (veränderter bzw erhöhter) Beweisbedürftigkeit nicht Rechnung tragen.

Verschiedentlich wird zudem die Auffassung vertreten, daß das Beweisantragsrecht schon **funktionell** notwendig die Möglichkeit des Mißbrauchs in sich trage (*Schulz* StV **91** 362).

---

[13] Die häufige Bezugnahme auf BGH **17** 28 ist für die heutige Gesetzeslage nicht mehr tragfähig, da die Entscheidung auf § 245 aF beruht; s dazu noch 209 ff.
[14] Daher bestünden ggü einer behutsamen, Fälle der Antragstellung *nur* zwecks Zeitgewinnung statt Wahrheitsermittlung betr formalisierten Begrenzung etwa hinsichtlich des Zeitpunkts der Antragstellung (s im Text 178) keine durchgreifenden Bedenken (vgl etwa den Vorschlag zur Neufassung des § 246 Abs 1 bei *Basdorf* StV **95** 314 f).

II. Antragstellung

(2) Jdf ist auch unter der – nach hiesiger Auffassung nicht anzuerkennenden – **175** Annahme, die genannten Anträge seien solche nur des Scheins bzw mißbräuchlich gestellt und daher nicht als Beweisanträge zu behandeln, ein **Beschluß** nach **§ 244 Abs 6** notwendig (ANM 636; aA *Eb Schmidt* II 31 zu § 244).

2. Form und Zeitpunkt

a) Hinsichtlich der **Form** ist zu unterscheiden zwischen den allg Regelungen **176** und dem Ausnahmeverfahren gemäß § 257a.

aa) (1) *Im allg* sind Beweisanträge **in der HV** grds **mündlich** zu stellen. Vorher gestellte Anträge müssen in der HV wiederholt werden. Im Einzelfall kann sich jedoch wegen der Verletzung der gerichtlichen Fürsorgepflicht (s 180f) ergeben, daß ein solcher Antrag als wirksam gestellt anzusehen ist (s n 561).

Bei der Vernehmung nach § 233 Abs 2 S 1 gestellte Beweisanträge gelten als in der HV gestellt (ANM 390f).

(2) Wird im allg ein Beweisantrag **schriftlich** eingereicht, ist der Vorsitzende im Interesse der anderen Verfahrensbeteiligten verpflichtet, den Antrag in der Verhandlung zu verlesen bzw auf die Verlesung durch den Antragsteller hinzuwirken (LR-*Gollwitzer* 103 zu § 244; ANM 382; *Sarstedt* DAR **64** 310; BGH NJW **53** 35).

Wenngleich die Einreichung einer schriftlichen Fassung empfehlenswert ist (KK-*Herdegen* 48 zu § 244), ist der Antragsteller im allg dazu nicht verpflichtet. Allerdings besteht kein Anspruch darauf, daß ein mündlich gestellter Antrag in das Protokoll diktiert wird (Köln VRS **70** 370; ANM 400).

bb) (1) Nur zur „strafferen Durchführung" von sogen *Groß- und Umfangsstrafver-* **177** *fahren* (BT-Dr 12/6853 S 60, 102 f) kann, falls Zahl oder Umfang von Anträgen oder Anregungen zu *Verfahrensfragen* bei mündlichem Vortrag den Verfahrensablauf um (mehrere Stunden oder) Tage verlängern würden, für einen oder mehrere Anträge oder Anregungen (maschinen- oder hand-) schriftliche Stellung aufgegeben werden (§ 257a, teleologische Reduktion).

Zw ist, ob eine entspr Anordnung pauschal sämtliche künftigen Anträge und Anregungen betreffen darf (bej K/M-G 2 zu § 257a, sofern ein vorausgegangener Mißbrauch des Antragsrechts festgestellt wird [s aber 172 ff]), da dies eine (stets nur als Wahrscheinlichkeit mögliche) Prognose voraussetzen würde, so daß die Beschneidung von Grundprinzipien des Strafverfahrensrechts schwerlich begründbar wäre; keinesfalls darf die Vorschrift als Sanktion eingesetzt werden.

Ermessenswidrig wäre die Anordnung, sofern dem Verfahrensbeteiligten die Schriftform nicht möglich oder nicht zumutbar ist (BT-Dr 12/6853, S 103).

Nicht anwendbar ist die Anordnung bei den Anträgen gemäß § 258 (einschließlich des gesamten Schlußvortrages) sowie denjenigen auf Ablehnung des Gerichts (§ 26 Abs 1 S 1).

Ebensowenig können der Vorschrift zB die Verlesung der Anklage und Äußerungen des Angekl dazu (§ 243 Abs 3, 4) oder Erklärungen der Verfahrensbeteiligten (etwa gemäß §§ 61 Nr 5, 251 Abs 1 Nr 4 oder § 257) unterfallen.

(2) Um den Verfahrensbeteiligten Gelegenheit zur schriftlichen Antragstellung zu geben, muß – als Verfahrensverzögerung – die *HV* ggf *unterbrochen* werden (K/M-G 9 zu § 257a). Die schriftliche Einreichung muß im *Protokoll* der HV vermerkt

werden (§ 273 Abs 1); das gleiche gilt für die zu verkündende (§ 35 Abs 1 S 1) Entscheidung des Gerichts. Gemäß § 257a S 3 ist das Selbstleseverfahren (s 2033 ff) zulässig, schwerlich jedoch ein zusammenfassender Bericht des Vorsitzenden (s n 2052 ff; bej K/M-G 10 zu §§ 257 a).

(3) Eine *Beschwerde* gegen die Anordnung ist unzulässig (§ 305 S 1). Lagen die Voraussetzungen für eine zulässige Anordnung nicht vor, so kann die *Revision* begründet sein (§ 337 bzw § 338 Nr 8); ggf kommt auch die Aufklärungsrüge in Betracht.

178 b) aa) Ein Beweisantrag kann **bis** zum **Beginn** der **Urteilsverkündung** gestellt werden (BGH **16** 391; **21** 124; NStZ **82** 41; vgl § 246), also auch noch, nachdem das Gericht zur Verkündung des Urteils im Gerichtssaal erschienen ist (BGH NStZ **92** 346). Dies gilt auch, wenn es sich um einen gesondert anberaumten Verkündungstermin handelt (BGH NStZ **81** 311), oder wenn nach unterbrochener Urteilsverkündung erneut von vorne mit ihr begonnen werden soll (BGH NStZ **92** 248).

Verweigert der Vorsitzende vor Beginn der Urteilsverkündung unzulässigerweise die Erteilung des Worts zur Stellung von Beweisanträgen, ist für die Geltendmachung in der Revision die Anrufung des Gerichts nicht erforderlich (vgl BGH NStZ **81** 311; **92** 248; aA BGH NStZ **92** 346; s auch *Scheffler* MDR **93** 5).

179 bb) Wird ein Beweisantrag **nach Beginn** der Urteilsverkündung gestellt, liegt es im *Ermessen des Vorsitzenden*, ob er wieder in die HV eintritt, um den Antrag zu bescheiden; § 244 Abs 2 ist zu beachten (BGH MDR **75** 24 bei *Dallinger*). Die Ablehnung der Annahme bedarf keiner Begründung (BGH NStZ **86** 182); die Anrufung des Gerichts ist ausgeschlossen.

Wird jedoch in die HV wieder eingetreten, liegt ein gemäß §§ 244 Abs 3 bis 6, 245 zu behandelnder Beweisantrag vor (LR-*Gollwitzer* 102 zu § 244).

Ein Wiedereintritt in die HV liegt noch nicht darin, daß der Vorsitzende dem Antragsteller das Wort erteilt und zur Prüfung, ob § 244 Abs 2 einen Wiedereintritt erfordert, die Urteilsverkündung unterbricht (BGH MDR **75** 24 bei *Dallinger*; mißverständlich BGH StV **85** 398).

3. Fürsorgepflicht

180 a) Eine **Fürsorgepflicht** des Gerichts, die Prozeßbeteiligten – insbes wenn sie nicht rechtskundig sind oder nicht beraten werden – bei der Stellung von Anträgen zu unterstützen, ergibt sich aus § 244 Abs 2 (BGH **22** 122; ANM 393). Dies bedeutet, daß auf die Stellung von Anträgen zum richtigen Zeitpunkt und auf deren **Vollständigkeit** hingewirkt werden muß. Liegen Anhaltspunkte dafür vor, daß dem Antragsteller eine konkrete(re) Bezeichnung von Beweismitteln bzw Beweistatsachen möglich ist, muß durch Nachfrage ein Antrag vervollständigt werden (BGH MDR **51** 659 bei *Dallinger*; StV **81** 330; NStZ **95** 356; Köln VRS **64** 279, 281; ANM 396); scheitert dies, muß das Gericht versuchen, den Antrag im Wege der Auslegung zu vervollständigen (Bay VRS **62** 451; Köln StV **95** 294). Erst wenn auch dies mißlingt, darf der Antrag als bloßer Beweisermittlungsantrag oder als Beweisanregung behandelt werden.

181 b) Ist ein **vor der HV gestellter** Beweisantrag (s 553 ff) nicht beschieden worden oder wurde eine Bescheidung in der HV zugesagt, gebietet die Fürsorgepflicht, auf die Notwendigkeit einer erneuten Antragstellung in der HV hinzuweisen (ANM 360 f). Dasselbe gilt dann, wenn ein auf Antrag des Angekl geladener Zeuge nicht in der HV erscheint (LR-*Gollwitzer* 101 zu § 244).

Ist dem Angekl vor der HV (unzulässigerweise) durch den Vorsitzenden die **Wahrunterstellung** der von ihm behaupteten Tatsachen durch das erkennende Gericht zugesagt worden, muß ihm Mitteilung gemacht werden, wenn das Gericht zu einer anderen Auffassung gelangt, damit der Antrag wiederholt werden kann (ANM 363).

4. Rücknahme, Verzicht

a) aa) Beweisanträge können jederzeit vom Antragsteller **zurückgenommen** 182 werden. Bei gemeinschaftlicher Antragstellung (s 170 f) muß die Rücknahme von jedem Antragsteller erklärt werden.

bb) Auf die beantragte Beweiserhebung kann auch noch nach einem gerichtlichen Beschluß **verzichtet** werden, wenn nicht das Beweismittel bereits präsent ist.

b) Rücknahme und Verzicht können auch durch schlüssige Handlung gesche- 183 hen, wobei jedoch ein enger Maßstab anzulegen ist. **Keine Rücknahme** eines Beweisantrages liegt etwa darin, daß ein Antragsteller sich mit dem Schluß der Beweisaufnahme einverstanden erklärt (BGH StV **87** 189; Köln NJW **54** 46; Zweibrücken StV **95** 348; K/M-G 37), auf weitere Beweisaufnahme verzichtet (ANM 403) oder gar schon darin, daß er einen versehentlich nicht beschiedenen Antrag nicht wiederholt (K/M-G 37 zu § 244).

Eine stillschweigende Rücknahme ist aber darin gesehen worden, daß ein Antrag nach dem Hinweis des Gerichts, man sehe den Antrag durch eine andere Beweisaufnahme als erledigt an, nicht ausdrücklich aufrechterhalten wurde (BGH NStZ **93** 28 bei *Kusch*).

5. Protokollierung

a) Ein Beweisantrag muß in der Sitzungsniederschrift **protokolliert** werden 184 (§ 273). Dies gilt *auch* für *hilfsweise* gestellte Beweisanträge, für Beweis*ermittlungs*anträge (LR-*Gollwitzer* 174; ANM 89, 91) und Anträge zu den *Modalitäten* von Beweiserhebungen (LR-*Gollwitzer* 174 zu § 244; *Bergmann* MDR **76** 982). Bei Beweisanträgen müssen alle Antragsteller und der Inhalt des Antrags angeführt werden (BGH GA **60** 315; zu Lücken s BGH NStZ **95** 356), bei schriftlicher Antragstellung (s 177) genügt der Hinweis auf den Schriftsatz, der dem Protokoll beigefügt wird (ANM 401).

Die *Zurücknahme* des Antrags bzw der *Verzicht* auf die Beweiserhebung ist in das 185 Protokoll aufzunehmen.

b) Der *Beschluß* des Gerichts, mit dem die beantragte Beweiserhebung abge- 186 lehnt wird, ist mit vollem Inhalt zu protokollieren, ebenso die Verkündung dieses Beschlusses (LR-*Gollwitzer* 175 zu § 244).

III. Bescheidung des Antrags

1. Auslegung

187 a) Weist ein Antrag etwa bei der Benennung von Beweistatsachen oder Beweismitteln Unklarheiten auf, ist durch **Auslegung** (BGH JR **51** 509; StV **82** 414; LR-*Gollwitzer* 111 zu § 244; ANM 749; *Hanack* JZ **70** 561) dessen Sinn und Zweck (BGH NJW **68** 1293; NStZ **85** 376) zu ermitteln, sofern nicht durch eine *zunächst* vorzunehmende *Befragung* des Antragstellers Aufschluß zu erhalten ist. Wird ein Beweisantrag diesbzgl fehlerhaft behandelt, etwa wenn aufgrund zu enger Auslegung der Beweistatsache die Ablehnung des Antrags durch Wahrunterstellung oder Bedeutungslosigkeit ermöglicht wurde, begründet dies die Revision (s n 249 f).

188 b) Bei der Auslegung können, vom Wortlaut des Antrags ausgehend, geeignete *Schlüsse* aus dem Gang des Verfahrens, dem Stand der HV oder aus den übrigen Äußerungen des Antragstellers oder seines Vert gezogen werden (BGH NJW **51** 36; LR-*Gollwitzer* 111 zu § 244; ANM 750 f). Wird bei der Auslegung zulässigerweise (KK-*Herdegen* 48 zu § 244; ANM 751; aA BGH StV **82** 56) auf Schriftsätze oder Akteninhalte Bezug genommen, ist zur Wahrung des *Mündlichkeits*prinzips und der Interessen der nicht aktenkundigen Verfahrensbeteiligten der relevante Inhalt der Schriftstücke in der Verhandlung zu referieren (ANM 751).

189 c) Bei mehreren Auslegungsvarianten darf nicht diejenige gewählt werden, die eine Ablehnung des Beweisantrages ermöglicht (KK-*Herdegen* 47 zu § 244), es ist vielmehr die jeweils **für** den **Antragsteller günstigste Version** zugrundezulegen (ANM 751).

2. Entscheidungsträger

190 a) Der **Vorsitzende** kann dem **Antrag stattgeben** und die beantragte Erhebung des Beweises anordnen (§ 238 Abs 1) (BGH NStZ **82** 432; KK-*Herdegen* 57 zu § 244). Bei stattgebenden Entscheidungen ist nur dann ein Gerichtsbeschluß notwendig, wenn die Aussetzung oder Unterbrechung der Verhandlung erforderlich wird (§ 228 Abs 1 S 1) oder wenn das Gericht gem § 238 Abs 2 gegen die Anordnung der Beweiserhebung angerufen wird.

191 b) Die **Ablehnung eines Beweisantrages** kann nur durch begründeten **Gerichtsbeschluß** erfolgen (§§ 244 Abs 6, 34); nicht zulässig ist eine ablehnende Entscheidung durch den Vorsitzenden, auch nicht bei Zustimmung der Beteiligten (BGH MDR **57** 268 bei *Dallinger*, NStZ **83** 422). Auch ein Mitglied des Gerichts, das in dem Antrag als Zeuge benannt wird, wirkt bei der Entscheidung über den Antrag mit (BGH **7** 330; BGH **11** 206).

Ein Gerichtsbeschluß ist auch dann erforderlich, wenn nach Ansicht des Gerichts kein Beweisantrag vorliegt, weil wesentliche Bestandteile unvollständig sind oder fehlen (BGH StV **94** 173; *Gössel* 250 f; KK-*Herdegen* 57 zu § 244).

3. Begründung ablehnender Entscheidung

a) Eine **Begründung** des Ablehnungsbeschlusses ist immer erforderlich (§§ 244 **192** Abs 6, 34), und zur Beurteilung kommt es auf die Verkündung in der HV (§ 35 Abs 1) an, die nebst wesentlichem Inhalt zu protokollieren (§ 273 Abs 1) ist (BGH StV **94** 635). Eine Begründung ist auch dann nicht erläßlich, falls der Beweisantrag nur zT abgelehnt wird, zB wenn zum Beweis der Behauptung des Antragstellers ein anderes Beweismittel herangezogen wird (s 200; aA BGH StV **83** 6 mit abl Anm *Schlothauer*), es sei denn, der Austausch von Beweismitteln ist nach § 244 Abs 4 und 5 zulässig (s 200, aber auch 267).

b) Die Begründung hat zum einen die Funktion, dem Antragsteller Gelegenheit **193** zu geben, auf die Ablehnung noch im Prozeß zu reagieren, etwa durch das Stellen weiterer Anträge (BGH **19** 26; NStZ **83** 568; StV **82** 253; KK-*Herdegen* 58 zu § 244). Zum anderen wird dadurch die rechtliche Überprüfung der ablehnenden Entscheidung in der Revision ermöglicht (BGH **2** 284; NJW **53** 35; StV **81** 4; Brbg NStZ **95** 53). Deshalb muß der Beschluß grds die **rechtlichen und tatsächlichen** Erwägungen ausführlich darlegen (KK-*Herdegen* 58, LR-*Gollwitzer* 145 f, beide zu § 244; s im einzelnen die Erläuterungen beim jew Ablehnungsgrund). Nur im Einzelfall, wenn die Entscheidungsgründe des Gerichts allen Prozeßbeteiligten deutlich erkennbar sind, kann eine unzulängliche Begründung unschädlich sein (BGH NStZ **82** 170; NStZ **86** 207 bei *Pfeiffer/Miebach*).

Auch im *Bußgeldverfahren* (s 140) gilt bei Ablehnung eines (nicht lediglich hilfsweise gestellten) Beweisantrags (§ 77 Abs 3 OWiG) die Begründungspflicht; ein diesbzgl Mangel kann revisionsrechtlich neben der Verletzung der Aufklärungspflicht ebenso geltend gemacht werden (Köln VRS **88** 203) wie der Mangel, daß über einen Beweisantrag überhaupt nicht entschieden wurde (Oldenburg NStZ **95** 196). Wird die Ablehnung auf § 77 Abs 2 Nr 1 OWiG gestützt, soll zwar ausnahmsweise die bloße Feststellung, daß die Erforschung der Wahrheit eine Beweiserhebung nicht erfordert, genügen (Köln VRS **88** 203), jedoch darf dies nicht zum „Abblocken" jeglichen Beweisbegehrens führen (ausf Köln VRS **88** 378).

c) Der Gerichtsbeschluß muß den Beweisantrag in seinem vollen Inhalt, dh **194** ohne Umdeutung oder Verkürzung, erfassen (BGH NStZ **81** 96 bei *Pfeiffer*; s n 189). Mehrere Beweisanträge oder Teile eines Beweisantrags dürfen nicht pauschal mit nur einer Begründung abgelehnt werden (BGH **21** 124; NJW **64** 2118; MDR **70** 560 bei *Dallinger*; LR-*Gollwitzer* 148 zu § 244); das gleiche gilt bei der Benennung verschiedener Beweismittel für eine Beweistatsache (BGH StV **87** 236).

4. Zeitpunkt der Bekanntgabe, Änderung der Entscheidung

Der **Beschluß** muß möglichst bald nach Antragstellung bekanntgegeben werden **195** (KK-*Herdegen* 60 zu § 244; *Hanack* JZ **70** 561; enger ANM 764 f), jdf aber so **frühzeitig**, daß der Antragsteller noch in der HV die durch den Beschluß entstandene Verfahrenslage berücksichtigen kann (LR-*Gollwitzer* 144 zu § 244).

a) Das Gericht genügt **nicht** den Anforderungen an einen begründeten Ablehnungsbeschluß, wenn **erst** in den **Urteilsgründen** zureichende Ablehnungsgründe genannt sind (BGH **19** 26; BGH **29** 152; NStZ **82** 432, **84** 16; LR-*Gollwitzer* 150 f zu § 244; ANM 758), auch nicht, wenn in den Urteilsgründen nachträglich die Wahrunterstellung der Beweisbehauptung erfolgt oder die Offenkundigkeit des

Gegenteils festgestellt wird (anders Düsseldorf MDR **80** 868; vgl KK-*Herdegen* 59, SK-Schlüchter 191, jew zu § 244 mwN; ANM 909; s n 322). Denn es kommt darauf an, daß ein Antragsteller seine Prozeßführung auf die rechtzeitige und korrekte Ablehnungsbegründung einstellen kann (KK-*Herdegen* 58 zu § 244).

Anders ist es, wenn der Antragsteller (etwa bei einem Hilfsbeweisantrag) auf die *Bekanntgabe* in der HV *verzichtet* hat (s dazu 165). Hingegen ist gerade beim Eventualbeweisantrag (s 163) bei Eintritt der Bedingung gemäß § 244 Abs 6 zu beschließen (Zweibrücken StV **95** 348; ANM 57; LR-*Gollwitzer* 164 zu § 244; einschr KK-*Herdegen* 50a zu § 244).

196 b) Gelangt das Gericht nach Bekanntgabe eines ablehnenden Beschlusses zu der Erkenntnis, es müsse den **Beschluß** in seiner Begründung **ändern oder ergänzen**, sind die Prozeßbeteiligten davon noch vor der Urteilsverkündung zu unterrichten (BGH **19** 26; **21** 39; **32** 44). Das gleiche gilt, wenn eine bereits beschlossene Beweiserhebung nunmehr **entfallen** soll. Kein förmlicher Beschluß ist erforderlich, wenn entgegen vorheriger Entscheidung nun doch Beweis erhoben werden soll (K/M-G 45 zu § 244).

IV. Ablehnung des Antrags

197 Ein Antrag auf **Zeugen-** oder **Urkundenbeweis** darf *ausschließlich* aus den in *§ 244 Abs 3* genannten Gründen abgelehnt werden. Für den Antrag auf Beweis durch **Sv** gelten die in *§ 244 Abs 4* genannten Gründe *zusätzlich*, während der Antrag auf Einnahme von **Augenschein** nach *§ 244 Abs 2* zu behandeln ist (vgl § 244 Abs 5 S 1).

Sind die benannten Beweismittel am Gerichtsort **präsent**, sind nur die in *§ 245 Abs 2* genannten Ablehnungsgründe zulässig (s dazu 292 ff).

1. Verbot der Beweisantizipation

198 a) Ein Beweisantrag darf grds nicht mit der Begründung abgelehnt werden, das Gegenteil der behaupteten Tatsache sei bereits erwiesen (RG **1** 190; BGH **8** 181; NStZ **87** 17 bei *Pfeiffer/Miebach*; Düsseldorf VRS **84** 454; LR-*Gollwitzer* 182 ff zu § 244; KK-*Herdegen* 42 zu § 244) – **Verbot der Beweisantizipation** (Vorwegnahme der Beweiswürdigung). Die Annahmen, das Beweismittel werde die Beweisbehauptung nicht stützen, der Zeuge werde sich nicht erinnern bzw sei nicht glaubwürdig oder die Beweistatsache sei nicht beweisbar, sind keine zulässigen Ablehnungsgründe (BGH NJW **83** 404; NStZ **83** 468; **84** 42 f; **88** 324; MDR **85** 796; StV **86** 419; BGHR zu § 244 Abs 3 S 2 Bedeutungslosigkeit 6; ANM 413). Unzulässig ist es auch, den Beweisantrag abzulehnen, weil die Beweisbehauptung einer früheren Aussage des benannten Zeugen (BGH StV **84** 450) oder den Angaben des antragstellenden Angekl widerspreche (BGH MDR **77** 461 bei *Holtz*). Eine beschränkte
199 Durchbrechung des Verbots der vorweggenommenen Beweiswürdigung wird lediglich durch einige der in § 244 Abs 3 bis 5 genannten Ablehnungsgründe gewährt.

200 b) Eine **unzulässige** Beweisantizipation liegt auch vor, wenn eine bestimmte Beweisaufnahme deshalb abgelehnt wird, weil das *Beweisthema* bereits durch andere Beweismittel *erschöpfend behandelt* sei, ohne daß die behauptete Tatsache bestätigt worden sei.

IV. Ablehnung des Antrags

Ein solcher Fall ist gegeben, wenn der Beweisantrag auf Zeugen- oder Urkundenbeweis mit der Begründung abgelehnt wird, die Benutzung eines anderen als das vom Antragsteller benannten Beweismittels führe zum Erlöschen des Beweiserhebungsanspruchs – sogen **Austausch von Beweismitteln** (dazu ANM 420; *Hanack* JZ **70** 561; LR-*Gollwitzer* 157 ff zu § 244; *Schulz* StV **83** 341; *Perron* 208 ff). Nach der Regelung in § 244 Abs 4 kann der Antragsteller zwar nicht die Vernehmung eines bestimmten Sv durchsetzen (s n 252). Dasselbe gilt wegen § 244 Abs 5 S 1 für den Beweis durch Augenscheineinnahme mit nachträglicher Vernehmung eines „Augenscheingehilfen" als Zeugen; da dem Gericht hierbei auch die mittelbare Inaugenscheinnahme durch Dritte (s dazu BGH NStZ **85** 468 f m Anm *Danckert*) erlaubt ist, kann es in solchen Fällen auch zur Vernehmung von anderen als etwa vom Antragsteller vorgeschlagenen Dritten kommen (s auch 2236). Keine gesetzliche Grundlage hat jedoch der Satz, ein Austausch von Beweismitteln sei beim Zeugenbeweis generell gestattet, wenn es nicht auf eigenes Erleben, sondern auf von subjektiven Vorstellungen und Beobachtungsgabe unabhängige Aussagen ankomme (so aber BGH **22** 347; NJW **83** 126; K/M-G 47 zu § 244; wie hier: KK-*Herdegen* 63 zu § 244; *Hanack* JZ **70** 561).[15]

c) Nicht gegen das Verbot der vorweggenommenen Beweiswürdigung verstößt **201** es, wenn zur Klärung, ob eine Beweistatsache erheblich ist (s n 209 ff), auf das bisherige Beweisergebnis zurückgegriffen wird. Denn hierbei wird nicht das Gelingen bzw der Beweiswert der beantragten Beweiserhebung vorweg beurteilt, sondern ihre Bedeutung für den Fall des Gelingens in Beziehung zum Prozeßgegenstand gesetzt (zutr ANM 667 Fn 101 gegen *Grünwald* FS-Honig 61).

2. Ablehnung wegen Unzulässigkeit der Beweiserhebung

Das Gericht ist verpflichtet (anders in § 244 Abs 3 S 2: „darf"), den Antrag auf **202** eine **unzulässige Beweiserhebung** abzulehnen.

a) Das Ablehnungsgebot gem § 244 Abs 3 S 1 besteht im Hinblick auf die Unzulässigkeit der Beweiserhebung, nicht bzgl der Unzulässigkeit bzw Mißbräuchlichkeit der Antragstellung selbst (ANM 425; K/M-G 49 zu § 244; vgl BGH NStZ **86** 371; s n 172 ff; anders BGH **7** 331; StV **91** 99; *Eb Schmidt* 32 ff zu § 244; LR-*Gollwitzer* 186 u 206 f zu § 244).

Ein selbständiger Ablehnungsgrund „mißbräuchliche Antragstellung" bzw eine Kategorie nicht als Beweisanträge zu behandelnder sog Scheinbeweisanträge ist nicht anzuerkennen (s 173 f).

b) Abzulehnen ist ein Beweisantrag, der die Verwendung eines nach der StPO **203** **nicht zulässigen Beweismittels** vorsieht. Dies ist der Fall, wenn Personen als Zeugen benannt werden, die etwa als (Mit-)Angekl oder Privatkläger keine Zeugenrolle einnehmen können.

Wird ein Richter des erkennenden Gerichts als Zeuge benannt, darf der Beweisantrag nur aus den gesetzlich geregelten Gründen abgelehnt werden. Bei Vorliegen einer dienstlichen Erklärung des Richters, zum Beweisthema keine Angaben machen zu können, kommt neben Verschleppungsabsicht auch die Ablehnung wegen völliger Ungeeignetheit des Beweismittels in Betracht.[16] Der als Zeuge benannte Richter wirkt bei der Entscheidung über den

---

[15] In keinem Fall kann eine freibeweisliche Erhebung zum Fortfall des Beweiserhebungsanspruchs im Strengbeweisrecht führen (so jetzt auch BGH StV **95** 339); ein solcher „Austausch" bedeutete die Ablehnung des Beweisantrags und erforderte einen Beschluß nach § 244 Abs 6 (anders offenbar noch BGH StV **83** 6 mit abl Anm *Schlothauer*).

[16] Ungeeignetheit nehmen an: *Nüse* JR **55** 392; *Kleinknecht* JZ **56** 32; *Michel* MDR **92** 1026; Unzulässigkeit: BGH **7** 331; StV **91** 99; KK-*Herdegen* 67a zu § 244; Verschleppungsabsicht: ANM 638; LR-*Gollwitzer* 207, K/M-G 67, beide zu § 244; s auch im Text 204 und 1007 ff.

Beweisantrag mit (allg Auffassung, s nur BGH **11** 206; SK-*Rudolphi* 20 zu § 22; s n 1007 f). – Eine Sperrerklärung gemäß § 96 führt nicht zu einem Beweisverbot (BGH **39** 141 = JR **94** 250 mit Anm *Siegismund* = JZ **93** 1012 mit einschr Anm *Beulke/Satzger*; s n 231 ff, 1035 ff, 1041).

204   c) Unzulässig ist die Erhebung von Beweisen über **Themen**, die nicht Gegenstand einer Beweisaufnahme sein können (s 7, 1501).

Kein zulässiges Beweisthema sind insbes auch die Vorgänge in der laufenden HV, da diese der unmittelbaren Würdigung des Gerichts unterliegen und keiner mittelbaren Beweiserhebung bedürfen (BGHR zu § 244 Abs 3 S 1 Unzulässigkeit 7; Köln OLGSt Nr 1 zu § 244; *Rissing-van Saan* MDR **93** 311). Desgleichen sei die Beweiserhebung dazu unzulässig, ob ein Richter ein Urteil aus anderen als den in dem Urteil angeführten Gründen getroffen hat (BGH bei *Kusch* NStZ **94** 24: ähnlich den durch das Beratungsgeheimnis geschützten Vorgängen).

205   d) Eine Beweiserhebung ist unzulässig, wenn sie gegen ein **Beweisverbot** (s n 329 ff) verstoßen würde.

Die Erklärung eines Zeugen, sein Zeugnisverweigerungsrecht auszuüben, macht die weitere Beweiserhebung unzulässig. Allerdings ist ein Beweisantrag auf Zeugenvernehmung erst dann wegen Unzulässigkeit abzulehnen, wenn der Zeuge die Zeugnisverweigerung *in der HV* erklärt hat (vgl LR-*Gollwitzer* 290 zu § 244; anders noch RG **38** 257; ANM 452 f; K/M-G 49 zu § 244). Ein zeugnisverweigerungsberechtigter Zeuge ist also zunächst zu laden, wenn der Beweisantrag nicht aus anderen Gründen (etwa wegen völliger Ungeeignetheit) abgelehnt werden darf (s 215 ff).

3. Ablehnungsgründe des § 244 Abs 3 S 2

Übersicht

	Rn		Rn
a) Grundsätzliches	206	cc) Auslandszeugen	229
b) Offenkundigkeit		dd) Krankheit	230
aa) Beweis einer offenkundigen Tatsache	207	ee) Weigerung des Zeugen	230
		ff) Behördliche Geheimhaltung	231–234
bb) Beweis des Gegenteils der offenkundigen Tatsache	208	g) Verschleppungsabsicht	
c) Bedeutungslosigkeit	209	aa) Allgemeines	235
aa) Rechtlich unerheblich	210	bb) Wesentliche Verzögerung	236
bb) Tatsächlich unerheblich	211, 212	cc) Objektive Aussichtslosigkeit	237
cc) Begründung des Beschlusses	213	dd) Absicht des Verschleppens	238, 239
dd) Behandlung im Urteil	213	ee) Begründung des Beschlusses	240
d) Erwiesensein	214	h) Wahrunterstellung	
e) Völlige Ungeeignetheit	215	aa) Allgemeines	241
aa) Abstrakt-objektive Gründe	216	bb) Anwendungsbereich	242, 243
bb) Konkret-objektive Gründe	217–220	cc) Pflicht zur Unterrichtung	244–247
cc) Keine Ungeeignetheit bei mangelndem Beweiswert	221–223	dd) Wahrunterstellung bei Glaubwürdigkeitsfeststellungen	248
f) Unerreichbarkeit	224		
aa) Allgemeines	225, 226		
bb) Zeuge unbekannten Aufenthalts	227, 228	ee) Behandlung der Wahrunterstellung im Urteil	249–251

206   a) § 244 Abs 3 S 2 benennt **fakultative** Ablehnungsgründe. In keinem der Fälle ist das Gericht aus dieser Norm verpflichtet, einen Beweisantrag abzulehnen, vielmehr kann bei Vorliegen der Voraussetzungen eine Entscheidung nach gerichtlichem Ermessen je nach Prozeßsituation getroffen werden (LR-*Gollwitzer* 208 zu

§ 244). Eine Pflicht zur Ablehnung kann sich im Einzelfall bei prozeßverschleppenden Anträgen aus dem Gesichtspunkt der Prozeßbeschleunigung ergeben (vgl LR-*Gollwitzer* 208 zu § 244). Umgekehrt kann selbst bei Vorliegen der Voraussetzungen eines Ablehnungsgrundes eine Pflicht zur Beweiserhebung aus der *vorrangigen Aufklärungspflicht* nach § 244 Abs 2 folgen (ANM 32 f; vgl BGH **10** 118; **23** 187 f).

Die Ablehnungsgründe Offenkundigkeit, völlige Ungeeignetheit, Verschleppungsabsicht sowie in bestimmten Fällen Unerreichbarkeit setzen in der Anwendung jeweils eine erlaubte Durchbrechung des Beweisantizipationsverbots (s dazu 198 ff) voraus.

b) Die Beweiserhebung über eine **offenkundige**, dh eine allgemeinkundige 207 oder gerichtskundige **Tatsache** (zur Definition s n 16 ff) darf abgelehnt werden. Allerdings muß über eine unmittelbar erhebliche Tatsache, dh eine solche, die ganz oder zT ein Merkmal des Straftatbestands ausfüllt, auch dann Beweis erhoben werden, wenn sie offenkundig ist (ANM 548; LR-*Gollwitzer* 231 zu § 244).

Im übrigen ist die Offenkundigkeit der Tatsache in der HV zu erörtern, um *rechtliches Gehör* zu gewähren (BVerfGE **10** 183; BGH **6** 295 f).

aa) Bei einem Antrag, der den *Beweis einer offenkundigen Tatsache* zum Ziel hat, ist das Entfallen des Beweises unbedenklich, da das Ergebnis einer Beweiserhebung von allen Verfahrensbeteiligten in gleicher Weise vorausgesehen werden kann und das Beweisziel zwischen den Verfahrensbeteiligten unstr ist.

bb) Nach hM erlaubt § 244 Abs 3 S 2, Var 1 auch, einen Antrag, der zum *Beweis* 208 *des Gegenteils einer offenkundigen Tatsache* gestellt wird, abzulehnen (BGH **6** 292; *Keller* ZStW **101** [1989] 386; KK-*Herdegen* 69 zu § 244; ANM 531 f mwN). Da Offenkundigkeit lediglich Indiz für die Wahrheit einer Tatsache ist (LR-*Gollwitzer* 231 zu § 244), ist jedoch fraglich, ob bei widerstreitendem Beweisziel von der „Überflüssigkeit" der Beweiserhebung ausgegangen werden kann *(Grünwald* 94; *Engels* GA **81** 29; s n 17 f).

Insbes dann, wenn für die Allgemeinkundigkeit eines den Anlaß der angeklagten Handlung bietenden Vorgangs die Medienberichterstattung herangezogen wird (so etwa Düsseldorf MDR **80** 868), ergeben sich durchgreifende Bedenken.

Allerdings spricht bei (formal-)terminologischer Auslegung der in § 245 Abs 2 gewählte abweichende Wortlaut für den Willen des Gesetzgebers, im Rahmen des § 244 auch den Beweis des Gegenteils einer offenkundigen Tatsache grds als überflüssig behandeln zu lassen.

Jdf ist aber immer dann eine Beweiserhebung notwendig, wenn der Beweisantrag bzw seine Begründung „vernünftige Zw" an der Wahrheit der offenkundigen Tatsache weckt (ANM 568).

c) Die Beweiserhebung über eine für die Straf- und Schuldfrage **bedeutungslo-** 209 **se** Tatsache, dh eine solche, die in keinem Zusammenhang zu dem Prozeßgegenstand steht oder die trotz eines solchen Zusammenhangs die Entscheidung nicht beeinflussen kann (BGH NJW **61** 2070; NStZ **82** 126; **85** 516), ist entbehrlich.

aa) Aus **Rechtsgründen unerheblich** ist eine Tatsache, wenn es auf das rechtli- 210 che Merkmal, das die Tatsache ausfüllen oder zu dessen Erfüllung sie Hinweise geben soll, für die Entscheidung nicht ankommt.[17]

---

[17] Die Definition der rechtlichen Unerheblichkeit ist uneinheitlich, vgl BGH NJW **53** 36; LR-*Gollwitzer* 220, KK-*Herdegen* 74, KMR-*Paulus* 114, jeweils zu § 244; wie hier: ANM 580;

Dies kann insbes der Fall sein, wenn lediglich zum Rechtsfolgenausspruch bedeutsame Tatsachen benannt werden, eine Verurteilung aber ohnehin ausscheidet. Dasselbe gilt, wenn die Erfüllung eines Tatbestands oder Regelbeispiels in einer anderen Alternative bereits feststeht, es sei denn, die Verwirklichung mehrerer Alternativen habe Einfluß auf die Rechtsfolgenwahl (zum Ganzen ANM 586 mwN). Ist ein Teil der Anklage gem § 154 Abs 2 eingestellt worden, so können gleichwohl Tatsachen, die zum ausgeschiedenen Anklageteil vorgebracht werden, bedeutsam sein (vgl BGH StV **94** 356f).

211   bb) (1) Aus **tatsächlichen Gründen unerheblich** sind zunächst solche Tatsachen, denen *jeglicher Sachzusammenhang* mit dem Prozeßgegenstand *fehlt*, wobei der Ablehnungsgrund insoweit mit dem in § 245 Abs 2 S 2 genannten Begriff des fehlenden Sachzusammenhangs übereinstimmt (s 295f).

(2) Aus tatsächlichen Gründen ohne Bedeutung für die Entscheidung sind auch *Indiztatsachen*, auf die es *generell nicht ankommen kann*, etwa weil sie entgegen der Auffassung des Antragstellers keine Indizwirkung für die rechtlich bedeutsame Tatsache haben. Ebenso ist es, wenn die Beweiserhebung eine tatsächliche Annahme (etwa Glaubwürdigkeit einer Beweisperson) entkräften soll, von der das Gericht ohnehin nicht ausgehen will (ANM 588 mwN), oder umgekehrt, wenn das Gericht bereits von dem Ergebnis einer Beweiserhebung überzeugt ist, das durch die beantragte weitere Hilfstatsache bestätigt werden soll (LR-*Gollwitzer* 223 zu § 244)

212   (3) Hinzu kommen *Indiztatsachen*, die zwar im Sachzusammenhang stehen, die aber im konkreten Fall deshalb *keinen Einfluß auf die Entscheidung* gewinnen können, weil der vom Antragsteller gewünschte, nicht zwingende Schluß auf die Erfüllung eines rechtlichen Merkmals vom Gericht nicht gezogen wird (BGH NJW **88** 502; GA **64** 77; NStZ **82** 126; **83** 211 bei *Pfeiffer/Miebach*; **85** 516; **94** 24 bei *Kusch*; ANM 587).

Das Tatgericht darf hierbei aber keine Abstriche an der Beweisbehauptung vornehmen, indem es sie in einer Richtung interpretiert, für die es an einer ausreichenden Tatsachengrundlage fehlt (BGH StV **94** 62).

Über die Erheblichkeit von Indiztatsachen kann endgültig erst in der Urteilsberatung entschieden werden. Über die Bedeutungslosigkeit ist daher *ggf* in einer *Zwischenberatung* zu befinden, die das bisherige Beweiserg würdigt und dabei die behauptete Tatsache berücksichtigt, um zu prüfen, ob das Ergebnis vom Gelingen der Beweiserhebung beeinflußt würde. Nur wenn im Zeitpunkt der Beschlußfassung jede Bedeutung der Sache ausgeschlossen werden kann, greift der Ablehnungsgrund.

Dabei kommt es nicht darauf an, welche Bedeutung der Antragsteller selbst der Tatsache geben will. Auch dann ist grds Beweis zu erheben, wenn die Tatsache zwar nicht für die Tatbestandsverwirklichung, wohl aber für die Rechtsfolgenbestimmung bedeutsam sein kann (ANM 593). In der genannten Zwischenberatung liegt keine unzulässige Beweisantizipation, soweit nicht aus dem bisherigen Beweisergebnis auf das Mißlingen oder den geringen Beweiswert der beantragten Beweiserhebung geschlossen wird (ANM 589; AK-*Schöch* 87 zu § 244).

213   cc) Aus der **Begründung** des ablehnenden Beschlusses muß sich – jeweils für den konkreten Fall – ergeben, warum das Gericht die Tatsache für bedeutungslos

---

K/M-G 55 zu § 244. Die weiterreichenden anderen Auffassungen erlauben keine eindeutige Abgrenzung zur tatsächlichen Unerheblichkeit, da sich in der Subsumtion rechtliche und tatsächliche Aspekte notwendig überschneiden.

IV. Ablehnung des Antrags

hält, damit sich die Verfahrensbeteiligten darauf einstellen können (BGH 2 286f; StV 81 394; 87 45; 90 246; 91 408; KK-*Herdegen* 74 zu § 244). Dazu ist der Beweisantrag in seinem ganzen Sinngehalt auszuschöpfen (s 187ff). Es ist jeweils anzugeben, ob die Tatsache aus rechtlichen oder aus tatsächlichen Gründen unerheblich ist (BGH NStZ 93 144; wistra 95 31 [betr Indiztatsachen]). In letzterem Fall muß das Gericht auch darlegen, *warum* kein Sachzusammenhang besteht bzw die Schlußfolgerung im konkreten Fall nicht gezogen wird (BGH NStZ 93 144; Saarbrücken wistra 93 159, Köln VRS 84 103, Frankfurt StV 95 346, Düsseldorf VRS 89 44, jeweils betr Unglaubwürdigkeit eines Zeugen), schon damit der Antragsteller auf die dadurch geschaffene Verfahrenslage reagieren kann (BGH wistra 95 31); die Begründung, aus der behaupteten Tatsache folge der Schluß nicht zwingend, genügt nicht (KG StV 88 380; ANM 593).

dd) Das Tatgericht muß sich an der Annahme tatsächlicher Bedeutungslosigkeit festhalten lassen und darf seine Beweiswürdigung *im Urteil* zB nicht (zum Nachteil des Antragstellers) auf das Gegenteil der als bedeutungslos behandelten Tatsache stützen (BGH StPO § 244 Abs 3 S 2, Bedeutungslosigkeit 18; StV 93 173; Frankfurt MDR 93 1002). Die Urteilsbegründung darf der Beurteilung als bedeutungslos weder widersprechen (BGH NStZ 88 38) noch mit dem Sinn der Beweisbehauptung unvereinbar sein (ANM 594).

Kommt das Gericht in der Beratung zu dem Schluß, die Tatsache sei doch erheblich, ist entweder Beweis zu erheben oder – unter Wiedereintritt in die HV – ein neuer Beschluß über den Beweisantrag zu treffen. Lediglich im Urteil einen anderen Ablehnungsgrund anzuführen, genügt nicht (s n 323f).

d) Ist die behauptete Tatsache bereits **erwiesen**, ist eine Bestätigung durch weitere Beweiserhebungen unnötig. Erwiesen sein muß die Behauptung aufgrund des bisherigen Beweisergebnisses. Insofern ist eine Vorwegberatung (ANM 592f) notwendig. **214**

aa) Der Ablehnungsgrund bezieht sich nicht auf das Erwiesensein des Gegenteils der Beweisbehauptung (RG 47 105; s 198ff).

So darf ein auf die Entlastung des Angekl zielender Beweisantrag des Vert nicht wegen Erwiesenseins abgelehnt werden, weil bereits ein gegenteiliges Geständnis des Angekl vorliege (KMR-*Paulus* 441 zu § 244). Ebenso verstößt es gegen die gerichtliche Aufklärungspflicht und gegen das Verbot der Wahrunterstellung belastender Tatsachen (s n 250), wenn eine (in der Würdigung des Gerichts) belastende Beweistatsache deshalb als erwiesen angesehen wird, weil sie der Angekl im Beweisantrag selbst ernsthaft behauptet hat (ANM 598f; KK-*Herdegen* 76 zu § 244).

bb) Die als erwiesen erachtete Tatsache muß in vollem Umfang und ohne Einengung, Akzentverlagerung oder Modifizierung den Feststellungen *im Urteil* zugrundegelegt werden (BGH StV 93 234; 95 347).

e) Ein Beweismittel ist **völlig ungeeignet**, wenn sicher ist (s 216ff), daß sich mit ihm die behauptete Tatsache nicht beweisen läßt (BGH NJW 52 191; StV 90 98). Eine solche, von vornherein für die Sachaufklärung nutzlose Beweiserhebung braucht nicht durchgeführt zu werden. Die Ungeeignetheit kann im Freibeweis unter Berücksichtigung des Akteninhalts festgestellt werden (ANM 603; LR-*Gollwitzer* 277 zu § 244). **215**

Die in der vorgezogenen Einschätzung der Geeignetheit liegende *Ausnahme zum Beweisantizipationsverbot* ist jedoch nur unter *engen Voraussetzungen* zulässig. Weder darf die Ungeeignetheit aus dem bisherigen Beweisergebnis geschlossen werden (BGH GA **56** 385; MDR **81** 338; NStZ **81** 32; StV **81** 394 f; LR-*Gollwitzer* 279 zu § 244), noch darf das Gericht die Ungeeignetheit lediglich damit begründen, daß es dem Ergebnis der Beweiserhebung wegen des (voraussichtlich) mangelnden Beweiswerts des Beweismittels ohnehin nicht folgen werde (str; s 221 f).

216 aa) Die beantragte Beweiserhebung darf aus **abstrakt-objektiven** Gründen unabhängig vom konkret benannten Beweismittel wegen völliger Ungeeignetheit abgelehnt werden. Das ist der Fall, wenn die behauptete Tatsache objektiv *von keinem Beweismittel der benannten Art* bewiesen werden könnte, beim **Zeugen** etwa, wenn die Tatsache dem Zeugenbeweis überhaupt nicht zugänglich ist.[18] Beim **Sv** ist dies gegeben, wenn für die Bekundung Sachverstand nicht erforderlich ist (vgl ANM 606), wenn der Vorgang wegen mangelnder Rekonstruierbarkeit nicht sachverständig beurteilt werden kann,[19] wenn für das Beweisthema kein Sv gefunden werden kann oder wenn dem Sv die für das Gutachten erforderlichen tatsächlichen Grundlagen nicht verschafft werden können (BGH **14** 342; LR-*Gollwitzer* 284 zu § 244 mwN).[20] Eine **Augenscheinseinnahme** ist völlig ungeeignet, wenn diese keinerlei Aufschluß über die Beweistatsache geben kann, etwa weil zur Beurteilung besonderer Sachverstand erforderlich wäre. Der **Urkundenbeweis** ist objektiv ungeeignet zum Beweis dafür, daß der Inhalt der Urkunde unwahr ist (ANM 609).

217 bb) Unter Anlegung eines strengen Maßstabs können benannte Beweismittel völlig ungeeignet sein, denen nach **konkret-objektiven** Einzelumständen keinerlei Beweiseignung zukommt.

(1) So ist ein blinder bzw ein tauber **Zeuge** völlig ungeeignet für die Bekundung gesehener bzw gehörter Wahrnehmungen. Dasselbe gilt, wenn feststeht, daß der benannte Zeuge aufgrund einer anderen physischen oder einer psychischen Störung zur Wahrnehmung oder zur Wiedergabe einer Wahrnehmung nicht in der Lage ist (LR-*Gollwitzer* 281 zu § 244; ANM 603; s aber auch 1363 f). Wird ein Zeuge für ein lange zurückliegendes Ereignis benannt, kann er völlig ungeeignet sein, wenn wegen der mangelnden Bedeutung des Vorgangs für diesen Zeugen ausgeschlossen werden kann (vgl erg 1374 ff, 1394, 1411 ff), daß er sich zuverlässig erinnert (BGH bei *Dallinger* MDR **73** 372; DAR **83** 203 bei *Spiegel*; BGH NStZ **93** 296; K/M-G 60 zu § 244; vgl aber auch zu Einschr RG **56** 135; BGH 4 StR 174/54 bei ANM 618; BGH GA **56** 385; Hamm DAR **57** 132). Ergibt sich schon aus dem Beweisantrag – ohne Berücksichtigung des bisherigen Beweisergebnisses –, daß der Zeuge die behauptete Tatsache von seinem Standort nicht wahrgenommen haben kann, kann ebenfalls völlige Ungeeignetheit angenommen werden (vgl Düsseldorf VRS **57** 290; ANM 605; KMR-*Paulus* 134 zu § 244).

---

[18] Allerdings kann auch eine Auskunft über innerpsychische Vorgänge einer anderen Person Gegenstand des Zeugenbeweises sein, wenn der Zeuge äußere Anzeichen bekunden kann, BGH StV **84** 61; **87** 236 f; zur Auskunft über Tatsachen, die nur ein Sv beurteilen kann, vgl BGH VRS **21** 431 f.

[19] Betr individuellen Blutalkoholabbauwert zur Tatzeit vgl BGH VRS **50** 115.

[20] Demggü scheidet dieser Ablehnungsgrund aus, wenn der Sv zwar keine sicheren Schlüsse zieht, seine Folgerungen aber die unter Beweis gestellte Behauptung wahrscheinlich erscheinen lassen (BGH bei *Kusch* NStZ **94** 24; StV **94** 358); entspr gilt, falls trotz der Möglichkeit zwischenzeitlicher Veränderungen an einem Gegenstand der Sv möglicherweise Rückschlüsse auf den früheren Zustand ziehen kann (BGH NStZ **95** 98).

IV. Ablehnung des Antrags

Ein Zeuge kann auch völlig ungeeignet sein, wenn er zuvor dem Gericht erklärt **218** hat, daß er – in Ausübung eines ihm zustehenden *Zeugnisverweigerungsrechts* – nicht aussagen werde, aber nur, wenn wegen unveränderter Sachlage *ausgeschlossen* werden kann, daß der Zeuge in der HV doch *aussagen will* (BGH **21** 13; LR-*Gollwitzer* 290 zu § 244; aA RG **38** 257; ANM 452, 620: „Unzulässigkeit").

Entspr gilt für die erklärte Ausübung eines Auskunftsverweigerungsrechts (§ 55); jedoch genügt die frühere Berufung auf ein solches nicht (BGH DAR **81** 198; StV **90** 394).

Völlige Ungeeignetheit wird sich nach diesen Maßstäben **nicht** bei einem Zeugen annehmen lassen, für den unberechtigte Zeugnisverweigerung aus seinem *bisherigen* „staats- oder justizfeindlichen Verhalten" für den Fall der Ladung prognostiziert wird (so aber BGH MDR **83** 4 bei *Schmidt*; K/M-G 59 zu § 244).

(2) (a) Der Beweis durch **Sv** kann aus konkret-objektiven Gründen völlig ungeeignet sein, **219** wenn die allein in Betracht kommende Untersuchungsmethode unausgereift ist oder ihr sonst nach wissenschaftlicher Erkenntnis (noch) kein Beweiswert zukommt (Parapsychologie, BGH NJW **78** 1207; *Wimmer* NJW **76** 1131 ff; NStZ **85** 515). Ist für das Sv-Gutachten die Untersuchung eines Zeugen notwendig, ist der Sv-Beweis ungeeignet, wenn der Zeuge mit Sicherheit nicht in die Untersuchung einwilligt und die benötigten Tasachen nicht auf andere Weise ermittelt werden können (BGH StV **90** 247; StV **91** 405 und 406m Anm *Blau*; SK-*Schlüchter* 104 zu § 244).

(b) Da die Benennung eines bestimmten Sv im Beweisantrag lediglich Anregungscharakter hat (s 157), kann der Beweisantrag **nicht** mit der Begründung abgelehnt werden, der benannte Sv sei wegen fehlender Sachkunde völlig ungeeignet (wohl anders K/M-G 59a zu § 244). Der Antrag, von einem Sv ein bestimmtes Experiment durchführen zu lassen, ist kein Beweisantrag, sondern lediglich Beweisanregung (s 157), so daß § 244 Abs 3 S 2 nicht einschlägig ist.

(3) Hat sich das **Augenschein**objekt seit dem für die Feststellung erheblichen **220** Zeitpunkt so verändert, daß eine Beweisführung nicht mehr möglich ist, ist die Augenscheinseinnahme völlig ungeeignet (ANM 609; vgl auch BGH DAR **62** 74 bei *Martin*).

(4) Der **Urkundenbeweis** mit einer Ablichtung oder Abschrift kann völlig ungeeignet sein, wenn nicht festgestellt werden kann, daß die Kopie mit dem Original übereinstimmt (ANM 609; differenzierend nach be-und entlastendem Material *Wömpner* MDR **80** 890).

cc) Die Prognose, das Gericht werde dem Beweismittel wegen seines **221** **ungenügenden konkreten Beweiswerts**[21] oder wegen der Eindeutigkeit der bisherigen Beweislage ohnehin nicht folgen, führt dagegen **nicht** zur völligen Ungeeignetheit (zT anders in besonderen Fällen: RG **5** 313; BGH **14** 342; JR **54** 310; ANM 602; wie hier: *Hanack* JZ **72** 115f; KMR-*Paulus* 127 zu § 244; krit ter *Veen* 135ff; zw LR-*Gollwitzer* 291 zu § 244; SK-*Schlüchter* 102 zu § 244).

Grds darf jedoch auch nach der Rspr geminderter, geringer oder zweifelhafter Beweiswert nicht mit völliger Ungeeignetheit gleichgesetzt werden (BGH StV **93** 508; KG StV **93** 120).

(1) Insbes darf völlige Ungeeignetheit nicht wegen der Beurteilung eines **Zeu-** **222** **gen** als allg unglaubwürdig angenommen werden. Zum einen widerspräche es ele-

---

[21] Vgl etwa BGH StV **95** 5, wonach die benannten Zeugen zu dem Beweisantrag, daß es im Umfeld des Angekl keine Person eines von der Zeugin genannten Namens gebe, zwar nur „nach ihrer Kenntnis" aussagen können, dadurch aber gleichwohl uU die Aussage der Zeugin in Zw zu ziehen vermögen.

mentaren Grundsätzen des Strengbeweises, wenn die Ungeeignetheit eines Zeugen aus einer aus den Akten gewonnenen Einschätzung seiner allg Glaubwürdigkeit geschlossen wird. Zum anderen läßt sich ohnehin nicht verläßlich prognostizieren (s 1875), daß ein als allg unglaubwürdig beurteilter Zeuge zur Beweistatsache nicht die Wahrheit sagen werde, da es keinen Menschen gibt, der immer die Unwahrheit sagt; daher vermag niemand im vorhinein auszuschließen, daß die Beweiserhebung trotz einer allg Unzuverlässigkeit des Zeugen im Einzelfall glaubhaft und sachdienlich ist (zur Prüfung der speziellen Glaubwürdigkeit der Zeugenaussage s 1426 ff).

Auch beim Zusammentreffen mehrerer Umstände, die in der Beweis*würdigung* gegen die Wahrhaftigkeit der Zeugenaussage sprechen könnten (etwa [Verdacht der] Tatbeteiligung, enge verwandtschaftliche oder freundschaftliche Beziehungen oder ggf bestimmte Vorstrafen oä), kann daher nicht völlige Ungeeignetheit angenommen werden (Köln StV **95** 294 f). Insbes läßt zB eine frühere Verurteilung wegen Meineids den Zeugen nur zum relativ ungeeigneten Beweismittel werden.[22]

223 (2) Ein **Sv** bzw seine Methode ist zum Beweis auch dann geeignet, wenn das Gutachten nur Möglichkeiten oder Wahrscheinlichkeiten aufzeigen kann (BGH NJW **83** 404; NStZ **84** 564; **90** 227 bei *Miebach*; s auch BGH NStZ **95** 98; LR-*Gollwitzer* 286 zu § 244).

224 f) Eine beantragte Beweiserhebung kann nicht durchgeführt werden, wenn das Beweismittel nicht vor Gericht erscheint bzw nicht auf strafprozessual zulässige Weise beigebracht werden kann, also **unerreichbar** ist.

225 aa) (1) Unerreichbarkeit setzt die Erfolglosigkeit *aller* der Bedeutung des Beweismittels *angemessenen Versuche* voraus, es beizubringen, voraus sowie die Aussichtslosigkeit, es *in absehbarer Zeit* herbeizuschaffen (allg Auffassung, s nur BGH NStZ **82** 78; *ter Veen* 156 ff; K/M-G 62 zu § 244). Die bloße Möglichkeit, daß das Beweismittel irgendwann zur Verfügung steht, macht es nicht erreichbar.

226 Die Unerreichbarkeit des Beweismittels stellt grds eine faktische Beweisbeschränkung dar, aus der die Ablehnung des Beweisantrags notwendig folgt. Die Frage, welche Maßnahmen das Gericht zu treffen hat, um ein Beweismittel erreichbar zu machen, ist dagegen rechtlicher Art. **Tatsächliche** und **rechtliche** Begründung der **Unerreichbarkeit** greifen daher notwendig ineinander, so daß eine Differenzierung weder möglich noch sinnvoll ist.[23]

(2) *Hauptsächlich* betrifft der Ablehnungsgrund den *Zeugenbeweis*, aber auch Augenscheinsgegenstände und Urkunden können unerreichbar sein. Da der Sv-Beweis grds austauschbar ist, wird Unerreichbarkeit nur vorliegen, wenn aus dem relevanten Spezialgebiet kein Sv (von ggf nur wenigen) auf absehbare Zeit verfügbar ist (LR-*Gollwitzer* 261 zu § 244).

Bei der Erforderlichkeit von Bemühungen, das Beweismittel beizubringen, ist die *Aufklärungspflicht*, die durch die Bedeutung des zu erwartenden Beweisergebnisses wesentlich mitbestimmt wird, mit dem Interesse an einem schleunigen Verfahrensablauf *abzuwägen* (BGH **22** 120). So ist für die Erreichbarkeit von Zeugen, die für einen schwerwiegenden Vorwurf entscheidende Bedeutung haben können,

---

[22] Vgl noch BGH NStZ **84** 42; DAR **81** 198 bei *Spiegel*; KG JR **83** 479; ANM 611; LR-*Gollwitzer* 291 f zu § 244, die die Ablehnung jeweils aber in besonderen Ausnahmefällen zulassen wollen.

[23] Anders *Arzt* FS-Peters 224 f und KMR-*Paulus* 459 zu § 244; wie hier ANM 620 Fn 10.

IV. Ablehnung des Antrags

auch eine Verzögerung von längerer Dauer hinzunehmen (LR-*Gollwitzer* 262 zu § 244; ANM 622).

bb) Ein *Zeuge* ist unerreichbar, wenn er *unbekannten Aufenthalts* ist und den Umständen angemessene gerichtliche Bemühungen, seinen Aufenthalt zu ermitteln, nicht fruchten. **227**

Das Fehlen einer Anschrift allein reicht nicht aus, Unerreichbarkeit anzunehmen, wenn es Anhaltspunkte zur Ermittlung derselben gibt. Ebensowenig genügt es, daß der Zeuge von der angegebenen Adresse postalisch „unbekannt verzogen" oder auf Ladung nicht erschienen ist (vgl BGH NStZ **82** 78; NStZ **83** 181).

IdR sind (fruchtlose) Bemühungen, den Aufenthaltsort festzustellen, so lange fortzusetzen, bis ein Erfolg nicht mehr wahrscheinlich ist (LR-*Gollwitzer* 263 zu § 244). Unterbleiben dürfen Aufenthaltsermittlungen nur dann, wenn mangels jeglicher Anhaltspunkte von der Aussichtslosigkeit solcher Bemühungen ausgegangen werden kann (BGH GA **68** 19; ANM 621; LR-*Gollwitzer* 264 zu § 244) – zB weil der Zeuge sich mit unbekanntem Ziel und ohne Rückkehrdatum in das Ausland begeben hat. **228**

In Fällen, in denen lediglich ein (Allerwelts-)Name ohne nähere Merkmale, die der Aufenthaltsermittlung dienen könnten, benannt ist, liegt idR schon kein Beweisantrag vor (s 149).

cc) Wird ein Zeuge benannt, der im Ausland zu laden wäre, ist vor Prüfung der Erreichbarkeit zunächst festzustellen, ob die Aufklärungspflicht sein Erscheinen gebietet.[24] Im übrigen begründet *Aufenthalt im Ausland* allein in keinem Falle die Unerreichbarkeit. Vielmehr ist das Gericht verpflichtet, den Zeugen zu laden (vgl etwa § 37 Abs 2 aF) – ggf im Wege der Rechtshilfe (BGH StV **81** 5 mit Anm *Schlothauer*; s betr fehlende Aussagewilligkeit des Zeugen BGH NStZ **93** 50; zum Ganzen ausführlich KK-*Herdegen* 82, LR-*Gollwitzer* 266, beide zu § 244), auch wenn kein Rechtshilfeabkommen besteht (BGH NStZ **83** 276; **90** 27 bei *Miebach*). **229**

Im Falle des Verdachts der Tatbeteiligung ist die Ladung mit der Zusicherung freien Geleits gem § 12 EuRHÜbk zu verbinden (BGH **32** 74). Zumindest bei wichtigen Zeugen ist bei zunächst erfolgloser Ladung darüber hinaus zu klären, ob grds die Bereitschaft besteht, vor Gericht zu erscheinen, bevor der Beweisantrag abgelehnt werden kann (vgl BGH NStZ **85** 281). Durfte der Tatrichter zu der Überzeugung gelangen, der Zeuge könne auch durch förmliche Ladung nicht zum Erscheinen bewegt werden, so soll die Ladung ausnahmsweise entbehrlich sein (BGH NStZ **93** 295).

Im übrigen setzt die Bejahung von Unerreichbarkeit die vorherige Prüfung dessen voraus, ob eine Vernehmung durch einen ersuchten Richter durchzuführen ist, wobei eine konsularische Vernehmung derjenigen eines inländischen Gerichts gleichsteht (§ 15 Abs 4 KonsG; BGH StV **92** 548). Ein Antrag auf kommissarische Vernehmung darf abgelehnt werden, falls von vornherein abzusehen ist, daß nur die Vernehmung vor dem erkennenden Gericht Beweiswert hätte und zur Aufklärung beitragen könnte (st Rspr, BGH **13** 302; **22** 122); allerdings darf im Falle der Ablehnung eine frühere Vernehmung dieses Zeugen – vor einem Richter, der StA oder der Polizei – nicht als Beweisgrundlage für eine dem Angekl nachteilige Entscheidung verwertet werden (KK-*Herdegen* 83 zu § 244: „ausgeschlossen"), es sei

---

[24] Es handelt sich um eine durch das RPflEntlG v 11.1.1993 eingeführte Durchbrechung des Beweisantizipationsverbots (s n 267 f).

denn, die Diskrepanz in der Beurteilung – jeweils fehlt es an einem persönlichen Eindruck – ist nachvollziehbar dargelegt (BGH StV **93** 232; Köln StV **95** 575).

230 dd) *Unerreichbarkeit* kann bei einem Zeugen auch vorliegen, wenn er etwa wegen *Krankheit* auf unabsehbare Zeit *vernehmungsunfähig* ist (KMR-*Paulus* 457, LR-*Gollwitzer* 263, beide zu § 244).

ee) Die schlichte *Weigerung* eines Zeugen, zu erscheinen, oder das Nichtbeachten einer ordnungsgemäßen Ladung genügen nicht zur Annahme der Unerreichbarkeit. Es sind zunächst die Zwangsmittel des § 51 (s n 1056 ff), insbes die Vorführung des Zeugen anzuordnen (ANM 628). Daß der Zeuge unter Berufung auf § 55 die Aussage bereits früher verweigert hat, macht ihn nicht unerreichbar (BGH NStZ **81** 32).

231 ff) (1) Unerreichbarkeit kann daraus resultieren, *daß behördlicherseits* Name und/ oder Anschrift eines Zeugen *geheim- bzw zurückgehalten* werden, und eine anderweitige Beschaffung der Ladungsadresse nicht möglich ist (vgl 227 f; s zum Ganzen auch 1035 ff, 1041).

Der Begriff „rechtliche Unerreichbarkeit" für diesen Sachverhalt (vgl KK-*Herdegen* 84, KMR-*Paulus* 459, beide zu § 244) ist jedoch irreführend, da auch hier nur die tatsächliche Unmöglichkeit des Gerichts, den Zeugen zu laden, relevant ist. Die Frage, ob eine rechtmäßige Sperrerklärung vorliegt, ist nur dafür bedeutsam, welche weiteren Nachforschungen das Gericht auf behördlichem Wege betreiben muß. Wird dagegen etwa durch Angaben im Beweisantrag oder auf andere Weise bekannt, wie die Beweisperson ohne die Auskunft von der Behörde zu erreichen ist, so muß eine Ladung bzw die Ermittlung der ladungsfähigen Anschrift auf diesem Wege versucht werden. Erscheint der „gesperrte" Zeuge daraufhin, darf der Beweisantrag nicht wegen Unerreichbarkeit abgelehnt werden, auch dann nicht, wenn der Zeuge unter Hinweis auf seine Gefährdung nicht aussagen will. Möglicherweise ist seine Vernehmung dann jedoch unzulässig (BGH **17** 347 f; **33** 74; **39** 141; s n 1035 ff).

232 Wird hingegen ein benanntes Beweismittel, etwa eine Behördenakte, unmittelbar nach § 96 gesperrt, so ist der Antrag ohnehin nicht wegen Unerreichbarkeit, sondern wegen Unzulässigkeit der Beweiserhebung abzulehnen.

233 (2) Das *Gericht* hat zunächst auf eine von der nach § 96 zuständigen Behörde abzugebende einzelfallbezogene Sperrerklärung hinzuwirken und ist vor Ablehnung des Beweisantrags *verpflichtet*, die Behörde zum Einverständnis zu einer Vernehmung aufzufordern, die unter Abstimmung mit den behördlichen Sicherheitsbedenken stattfinden kann (Ausschluß der Öffentlichkeit, ggf Identitätsverschweigung nach § 68 Abs 2 bzw 3). Eine die Beweiserhebung hindernde Unerreichbarkeit ist freilich auch gegeben, wenn trotz gerichtlicher Bemühungen gar keine oder eine nur unzureichende Sperrerklärung abgegeben wird.

234 (3) Welche Konsequenzen die behördliche Geheimhaltung für die Behandlung des Beweisantrags, die Beweisaufnahme sowie die Beweiswürdigung hat, wird unterschiedlich und zT in Abhängigkeit von einer Beurteilung der Rechtmäßigkeit der Sperrerklärung beantwortet (s im einzelnen 1042 ff, 1046 f).

Wegen der durch die geheimhaltende Behörde und damit von staatlicher Seite selbst verursachten Begrenzung der Beweisaufnahme („Steuerung durch die Exekutive"; *Preuß* StV **81** 312; dazu auch *Arloth* 171 ff) wird teilweise gefordert, bei Beweisanträgen zur *Entlastung des Angekl* genüge die Annahme der Unerreichbarkeit nicht zur Ablehnung. Es müsse vielmehr, unter bestimmten Modifikationen, eine Wahrunterstellung der Beweistatsache erfolgen (*Lüderssen* FS-Klug 538; *Grünwald* FS-Dünnebier 362; *Kühne* 447.2; grundlegend

IV. Ablehnung des Antrags

H.E.Müller 75 ff; vgl auch BGH **20** 191; aA *Frenzel* NStZ **84** 40; *Herdegen* NStZ **84** 101; LR-*Schäfer* 54 zu § 96). Der von der hM für ausreichend gehaltene Ausgleich durch „vorsichtige Beweiswürdigung" ist allenfalls im Bereich von entlastenden Hilfstatsachen praktikabel, nicht aber bei direkten Entlastungstatsachen (*H.E.Müller* 66 f; vgl zur Kritik auch *Fezer* JZ **85** 497; s n 1048 ff).

g) aa) Abgelehnt werden darf ein Antrag, der zum Zweck der **Prozeßver- 235 schleppung** gestellt ist. Voraussetzung ist **objektiv** die Aussichtslosigkeit des Antrags auf eine tatsächlich das Verfahren *wesentlich verzögernde* (BGH NJW **58** 1789; NStZ **92** 551; Köln NStZ **83** 90 m Anm *Dünnebier*; aA KK-*Herdegen* 87 zu § 244: jede Verzögerung genügt) Beweiserhebung und **subjektiv**, daß der Antragsteller mit seinem Antrag kein Beweisziel verfolgt, sondern nur eine Verfahrensverzögerung beabsichtigt (vgl BGH NStZ **90** 350 m Anm *Wendisch*; ter Veen 248–286). In der Praxis hat der Ablehnungsgrund wegen der von den Revisionsgerichten gestellten strengen Anforderungen bislang eher geringe Bedeutung (KK-*Herdegen* 86 zu § 244), woraus sich teilweise Versuche zur Bildung der Figur eines allg Mißbrauchsvorbehalts erklären lassen (s n 173 f; krit auch *Perron* 201 ff).

bb) Eine **wesentliche Verzögerung** liegt dann vor, wenn das Verfahren wegen **236** der durchzuführenden Beweisaufnahme nicht in angemessener Zeit zu Ende gebracht werden könnte. Dies kann angenommen werden, wenn die Beweiserhebung eine Unterbrechung der HV für länger als zehn Tage notwendig machte (vgl Karlsruhe Justiz **76** 440 f; ANM 639 f; LR-*Gollwitzer* 212 zu § 244; anders BGH **21** 121: nur bei Verzögerung auf unbestimmte Zeit).

Eine kürzere Unterbrechung läßt sich nur ausnahmsweise als wesentlich ansehen. IdR wird deshalb bei der Benennung von Zeugen, die am Ort des Gerichts aufhältlich sind und geladen werden können, keine relevante Verzögerung eintreten (BGH NStZ **85** 494 bei *Pfeiffer/Miebach*; K/M-G 67 zu § 244)

cc) Die **objektive Aussichtslosigkeit** des Antrags festzustellen, setzt – als zuläs- **237** sige Beweisantizipation – eine gerichtliche Prognose des Resultats der beantragten Beweiserhebung voraus. Es muß dabei zweifelsfrei zur Überzeugung des Gerichts feststehen, daß die Beweiserhebung nichts erbringen kann (BGH **21** 121; Hamburg JR **80** 32 ff m Anm *Gollwitzer*).

dd) Zudem muß das Gericht überzeugt sein, daß auch der **Antragsteller aus- 238 schließlich** die **Verzögerung** des Prozesses **bezweckt** (BGH **21** 123; Karlsruhe StV **93** 406), also selbst davon ausgeht, daß die Beweiserhebung kein ihm günstiges Ergebnis erbringen kann.

Grds kommt es dabei auf die Person des Antragstellers selbst an, dh zumeist auf den Vert. Verteidigt sich der Angekl allerdings im wesentlichen selbst und übernimmt der Vert nur dessen Anträge, soll es genügen, daß der Angekl die entspr Absicht hegt (BGH NStZ **84** 466; **93** 229 bei *Kusch*).

Die Feststellung der Verschleppungsabsicht ist notwendig auf *Indizien* angewie- **239** sen, wobei das gesamte Prozeßverhalten des Antragstellers berücksichtigt werden kann. Als Indizien, die zwar nicht allein eine Verschleppungsabsicht begründen, aber iZm anderen Indizien relevant sein können, sind in der Rspr angesehen worden
– das erneute Stellen eines wegen offenbarer Aussichtslosigkeit zuvor bereits zurückgenommenen Antrags (BGH JR **83** 35),

- ein unerklärlicher oder mehrfacher Wechsel der Vert-Strategie mit widersprüchlichen Angaben (Karlsruhe Justiz **76** 440f; BGH NStZ **92** 552),
- die Weigerung, ein aus der Luft gegriffen erscheinendes Beweisbegehren näher zu erläutern (BGH StV **89** m abl Anm *Michalke* und abl Anm *Frister* 380; vgl aber BGH StV **85** 311: schon kein Beweisantrag, dazu s 138),
- die frühere Verzögerung der HV durch Flucht (BGH NStZ **92** 552).

Hingegen ist, wie sich schon aus § 246 ergibt, allein die späte Antragstellung kein Indiz für Verschleppungsabsicht (BGH NStZ **82** 41 u 292; **84** 230; KK-*Herdegen* 89 zu § 244; vgl auch 173f; vgl aber BGH NStZ **90** 350 mit Anm *Wendisch* sowie *Basdorf* StV **95** 317: doppelte Verzögerung; Karlsruhe StV **93** 405: wenn „jedes andere Motiv für den späten Zeitpunkt der Antragstellung" ausgeschlossen werden kann).

240 ee) Im regelmäßig aufwendig zu begründenden Beschluß ist auszuführen, warum das Gericht von der Aussichtslosigkeit der beantragten Beweiserhebung ausgeht, und es ist die Annahme der Verschleppungsabsicht zu begründen (BGH JR **83** 35 m Anm *Meyer*). Hierzu müssen sichere Tatsachengrundlagen für die Überzeugung des Gerichts angegeben werden, wobei sich das Gericht auch mit Möglichkeiten, die gegen die Verschleppungsabsicht sprechen, auseinanderzusetzen hat (BGH NStZ **82** 293; **84** 230).

Nicht erst in den Urteilsgründen darf ein Hilfsbeweisantrag wegen Verschleppungsabsicht abgelehnt werden, da der Antragsteller die Möglichkeit haben soll, noch in der HV die Annahme des Gerichts zu entkräften (BGH **22** 124; NStZ **86** 372).

241 h) aa) Die Zusage, die zur Entlastung des Angekl behauptete Tatsache im Urteil als **wahr zu unterstellen**, erlaubt die Ablehnung des Beweisantrags, da die Beweiserhebung durch die Fiktion ihres Gelingens überflüssig gemacht wird. Der Ablehnungsgrund dient im wesentlichen der Prozeßbeschleunigung (ANM 652; ausf *Bringewat* MDR **86** 356f; aA *Kühne* 447.2). Die Wahrunterstellung soll ermöglichen, den Beweisstoff zu begrenzen, ohne daß dem Angekl ein Nachteil daraus entsteht (s krit *ter Veen* 109ff).

242 bb) (1) Aus der Norm ergibt sich nicht unmittelbar, welchen **Anwendungsbereich** der Ablehnungsgrund hat. Da eine Wahrunterstellung entscheidungserheblicher Entlastungstatsachen, die durch die Beweisaufnahme noch widerlegt werden können, grds der *Aufklärungspflicht* widerspricht (LR-*Gollwitzer* 238 zu § 244; SK-*Schlüchter* 123 zu § 244; vgl BGH **13** 326), kommt der Ablehnungsgrund bei wortlautgetreuer Auslegung nur in Betracht, wenn sich die zugunsten des Angekl unter Beweis gestellte Tatsache nach Prognose des Gerichts ohnehin nicht widerlegen läßt.[25] Ein mit der Konzentrationsmaxime im Einklang stehendes *Überschreiten* dieser Grenze ist jedoch zulässig (s schon *Herdegen* NStZ **84** 341), so daß – etwa zur Beweisstoffbegrenzung in Großverfahren – auch Beweisanträge abgelehnt werden dürfen, wenn der Aufwand der Widerlegung im Verhältnis zur Erheblichkeit der Tatsache unverhältnismäßig erscheint (*H.E. Müller* 72).

---

[25] „Vorwegnahme des Grundsatzes in dubio pro reo", vgl KK-*Herdegen* 91 zu § 244; *Schröder* NJW **72** 2109; SK-*Schlüchter* 123 zu § 244. Soweit in der Literatur daraus geschlossen wird, die Wahrunterstellung sei nur im Anwendungsbereich des in dubio-Grundsatzes zulässig (*Tenckhoff* 120; *Grünwald* 95 mit unterschiedlichen Folgerungen), steht dem entgegen, daß die betr Institute in unterschiedlichen Verfahrensstadien mit unterschiedlichem Ziel relevant werden (vgl ANM 664; *H.E. Müller* 74f).

IV. Ablehnung des Antrags

(2) Die Bedeutung der Wahrunterstellung in der Praxis ergibt sich daraus, daß nach hM auch Indiztatsachen als wahr unterstellt werden dürfen,[26] deren *Erheblichkeit* zum Zeitpunkt der Entscheidung über den Beweisantrag *nicht ausgeschlossen* werden kann, die sich aber in der Urteilsberatung **als unerheblich herausstellen**, weil das Gericht den Schluß auf die indizierte Haupttatsache nicht zieht (RG **65** 330; BGH NJW **61** 2070; GA **72** 272; Hamm NStZ **83** 523; *Willms* FS-Schäfer 279; ANM 656 ff; aA *Grünwald* FS-Honig 57 ff). 243

Dabei bedarf es nicht einer neuen Kategorie „potentiell erheblicher" Tatsachen, da die Erheblichkeit im Zeitpunkt der Beschlußfassung zu beurteilen ist, wobei unerheblich nur diejenigen Beweisbehauptungen sind, deren Bedeutung für die Urteilsfindung bereits ausgeschlossen werden kann (s n 212). Beschränkt ist daher der Anwendungsbereich der Wahrunterstellung beim Hilfsbeweisantrag, da Urteilsfindung und Beschluß über den Beweisantrag (s n 164 f) hierbei zusammenfallen. Die Wendung im Urteil: „selbst wenn man die Tatsache X wahrunterstellt, ergibt sich nichts anderes", weist auf die Bedeutungslosigkeit der Tatsache hin. Eine Wahrunterstellung scheidet dann aus.

cc) (1) **Str** ist, ob das *Gericht verpflichtet* ist, die Verfahrensbeteiligten *zu unterrichten*, wenn sich die wahrunterstellte Beweisbehauptung im Verlauf der HV oder bei der Urteilsberatung *als für das Urteil unerheblich herausstellt*, um ihnen Gelegenheit zu weiteren Beweisanträgen zu geben. Eine generelle Pflicht wird von Rspr und Teilen der Literatur abgelehnt.[27] 244

Nur im Einzelfall hat die Rspr eine Pflicht zur Unterrichtung aus dem Grundsatz der Prozeßfairneß gefolgert, nämlich dann, wenn erkennbar sei, daß wegen der Wahrunterstellung weitere Beweisanträge nicht gestellt werden (BGH **30** 385; vgl Hamm NStZ **83** 522; vgl auch BGH **32** 44).

Der wohl überwiegende Teil des Schrifttums nimmt im Gegensatz dazu an, die Verfahrensbeteiligten seien in der genannten Fallkonstellation immer in der HV zu informieren, um ihnen Gelegenheit zu weiteren Anträgen zu geben.[28] Dies gebiete sowohl der Grundsatz des fairen Verfahrens als auch die Prozeßökonomie, die durch die vermehrte Stellung „absichernder" Hilfsanträge beeinträchtigt werde.

(2) In Würdigung der Argumente wird eine generelle Pflicht zumindest beim *verteidigten* Angekl schwerlich zu bejahen sein. Einem *Vert* sollte aus der Praxis iSd hM bekannt sein, daß eine Zusage, die Tatsache als wahr zu unterstellen, nicht zugleich die Zusage der Erheblichkeit für den Zeitpunkt der Urteilsfällung bedeutet, so daß ein schützenswertes Vertrauen insoweit nicht gegeben ist. Vielfach wird der Vert eine Wahrunterstellung deshalb sogar als „Signal" verstehen, daß das Gericht eine andere als die dem Beweisantrag zugrundeliegende Tatversion in Be- 245

---

[26] Nach der Aktenauswertung von *Rabe* für Hamburg in 97% der Wahrunterstellungsfälle (S 70, allerdings bei unsystematischer Aktenauswahl [S 63 f]).
Hiermit mag auch zusammenhängen, daß nach der BGH-Judikatur der Jahre 1983 und 1988 Verfahrensrügen wegen Ablehnung des Beweisantrags deutlich am häufigsten bei Wahrunterstellung bejaht wurden (s *Perron* 366 ff [nebst methodischen Vorbehalten S 344 f]).
[27] RG **65** 330; BGH NJW **61** 2069; GA **72** 273; MDR **79** 282 bei *Holtz*; Hamm NStZ **83** 523; *Raacke* NJW **73** 495; *Willms* FS-Schäfer; K/M-G 70 zu § 244; ANM 658 f.
[28] *Schröder* NJW **72** 2105; *Schlothauer* StV **86** 227; *Bringewat* MDR **86** 357; *Schlüchter* Wahrunterstellung 15 f; KMR-*Paulus* 451; LR-*Gollwitzer* 255, beide zu § 244; *Rabe* 92.

tracht zieht.²⁹ Da im übrigen im Urteil zB auch von der Erheblichkeit einer stattgefundenen Beweiserhebung ohne weiteres abgerückt werden darf, ist nicht ersichtlich, warum ein wahrunterstelltes Beweisergebnis anders behandelt werden sollte (*Raacke* NJW **73** 495 f, der auch die Unpraktibilität einer Hinweispflicht nach bzw während der Urteilsberatung betont; s auch *Bauer* MDR **94** 955 ff). Den Verfahrensbeteiligten ist jederzeit die Stellung weiterer Beweisanträge möglich, die Gefahr der Prozeßverzögerung durch „absichernde" Anträge sei dennoch in der Praxis nicht zu beobachten (ANM 659 Fn 58).

246 Der Grundsatz des fairen Verfahrens gebietet jedoch eine rechtzeitige Mitteilung, wenn das Gericht im Urteil von dem Tatzeitpunkt oder anderen bestimmten tatrelevanten Umständen abweichen will, die (allein) Gegenstand der Erörterung in der HV waren (vgl *Schlothauer* StV **86** 224 f). Eine „Überraschung" der Verfahrensbeteiligten mit einer „neuen Version" des Tathergangs widerspräche auch dem Grundsatz des rechtlichen Gehörs. Eine Hinweispflicht ist hier unabhängig vom Stellen eines Beweisantrages oder vorheriger Wahrunterstellung gegeben. Zudem darf bei Wahrunterstellung die Beweistatsache ohnehin nicht mit zwar möglichen, aber in der HV nicht erörterten Geschehensabläufen „umgangen" werden (s 249).

247 Dem *nicht verteidigten Angekl* ist schon aus der gerichtlichen Fürsorgepflicht die Bedeutung einer Wahrunterstellung bei Bekanntgabe des Beschlusses nach § 244 Abs 6 eingehend zu erläutern; anderenfalls entsteht eine Hinweispflicht aus Vertrauensschutzgründen.

248 dd) Ob die Wahrunterstellung einer Beweistatsache zulässig ist, die die **Glaubwürdigkeit eines Zeugen** oder die **Glaubhaftigkeit seiner Aussage** in Frage stellen sollen, wenn der betr Zeuge die Tatsache bestreitet, ist bislang nicht eindeutig beantwortet (vgl BGH MDR **80** 631, **90** 98, jew bei *Holtz*; BGH NStZ **87** 218; **92** 28; Hamm NStZ **83** 522; ANM 672; LR-*Gollwitzer* 253 zu § 244). IdR gebietet die Aufklärungspflicht, den Beweis zu erheben, da eine Würdigung der Aussage ohne entspr Aufklärung kaum möglich erscheint (vgl BGH NStZ **87** 218; anders Hamm NStZ **83** 522).

Nach *Schlüchter* (Wahrunterstellung 34 ff) kommt eine Wahrunterstellung weder im personenbezogenen Bereich (allg Glaubwürdigkeit; s n 1426 ff) in Betracht, noch hinsichtlich des tatbezogenen Kernbereichs der Aussage. Da jedoch für die Beurteilung der Aussagekonstanz Angaben im tatbezogenen Randbereich letztlich zu vernachlässigen seien, könnten Anträge, die diesbzgl das Gegenteil der Zeugenaussage behaupten, durch Wahrunterstellung abgelehnt werden (*Schlüchter* Wahrunterstellung 37 ff). Eine derartige Differenzierung liege unausgesprochen auch der Rspr zugrunde (*Schlüchter* Wahrunterstellung 43 ff mwN; zust *Basdorf* StV **95** 318). Diesem Lösungsansatz steht aus empirischer Sicht allerdings entgegen, daß er weitgehend auf dem anderweit infragegestellten Konstanzkriterium beruht (s dazu 1432 und zu Einwänden 1446). Im übrigen stellt sich die Frage nach der Definition des Kernbereichs.

---

²⁹ Dies wird zB der Entscheidung BGH **30** 385, der im Grundsatz zu folgen ist, konkret entgegengehalten werden können (krit auch ANM 659 Fn 58; KK-*Herdegen* 92 zu § 244). Eine professionelle Strafverteidigung hätte die Wahrunterstellung als Hinweis verstanden, daß das Gericht möglicherweise den von der Zeugin in der HV geschilderten Tatzeitpunkt in Betracht zieht. Daraufhin hätte auf die in der Revision genannten Beweisanträge aus verteidigungstaktischer Sicht nicht verzichtet werden dürfen. Anders wäre es, wenn in der HV nur der im Beweisantrag zugrundegelegte Zeitpunkt erörtert worden wäre – ein Abweichen im Urteil wäre dann überraschend gewesen.

IV. Ablehnung des Antrags

ee) (1) Die im abgelehnten Beweisantrag behauptete Tatsache ist **uneinge-** 249
schränkt und unverändert in ihrem vollen Sinngehalt im Urteil **zu behandeln,
als wäre sie wahr.** Dabei ist unter Auslegung des Beweisantrags zunächst dessen
Sinn zu ermitteln. Der Aufhebung unterliegt ein Urteil, das auf einer zu eng bestimmten wahrunterstellten Beweistatsache beruht (vgl BGH JR **51** 509; NJW **68**
1293; NStZ **84** 564; **85** 376; StV **81** 167 sowie 604 f; **82** 356; **94** 357; GA **84** 21).

Es darf im Urteil auch nicht ein weder im Beweisantrag genannter noch in der HV erörterter Geschehensablauf angegeben werden, um der Beweistatsache ihre Bedeutung zu nehmen (vgl Beisp bei ANM 683 f).

Es genügt insbes nicht, wenn das Gericht nur die Bestätigung der Tatsache durch das benannte Beweismittel unterstellt (RG **49** 46; BGH StV **95** 6 sowie 173), nicht aber die Wahrheit der Tatsache selbst.

Wird im Beweisantrag zur Erschütterung der Aussage eines Belastungszeugen behauptet, dieser habe sich ggü dem benannten Zeugen zum Geschehen abw geäußert, genügt es nicht, lediglich als wahr zu unterstellen, der Belastungszeuge habe sich zwar dem genannten Zeugen ggü so geäußert, habe dies aber wohl anders gemeint bzw sich mißverständlich ausgedrückt (vgl BGH StV **94** 356).

(2) Das Gericht hat sich idR in den Urteilsgründen mit der wahrunterstellten 250
Tatsache auseinanderzusetzen (*Willms* FS-*Schäfer* 281 f; KMR-*Paulus* 448 zu
§ 244; vgl auch BGH **28** 311), es sei denn, es ist ohne weiteres ersichtlich, daß Wahrunterstellung und Urteil in Einklang stehen (BGH StV **84** 142; **88** 91; LR-*Gollwitzer* 256 zu § 244).[30] Die Urteilsfeststellungen dürfen der wahr unterstellten Tatsache nicht widersprechen, sie darf aber **keinesfalls zum Nachteil des Angekl** oder
eines Mitangekl verwertet werden.

(3) Ergibt sich in der Urteilsberatung oder zuvor, daß die *Zusage* der Wahrunter- 251
stellung *nicht eingehalten* werden kann, ist entweder die beantragte Beweiserhebung
vorzunehmen oder der Beweisantrag – ggf unter Wiedereintritt in die HV – neu
zu bescheiden.

4. Ablehnung des Sachverständigenbeweises

Übersicht

	Rn		Rn
a) Allgemeines	252	c) Erwiesensein des Gegenteils duch vorherige(s) Gutachten	
b) Eigene Sachkunde			
aa) Voraussetzungen	253	aa) Voraussetzungen	256
bb) Sachkunde durch vorheriges Gutachten	254	bb) Ausschluß bei Zweifeln am bisherigen Gutachten	257–261
cc) Begründung	255	cc) Begründung	262, 263

a) Ursprünglich hat die Rspr die Frage, ob Sv hinzuzuziehen seien, völlig in das 252
richterliche Ermessen gestellt und die Einschätzung eigener Sachkunde des Tatgerichts als nicht revisibel behandelt (s zur Entwicklung ANM 689 ff). Mit der Ent-

---

[30] Nach der Aktenauswertung von *Rabe* für Hamburg wurden in 66% der Wahrunterstellungsfälle die einschlägigen Beweistatsachen in den Urteilsgründen ausdrücklich erwähnt
(S 79, allerdings bei unsystematischer Aktenauswahl [S 63 f]).

scheidung RG **61** 273 wurde die Grundlage für die gesetzliche Regelung gebildet, nach der eigene Sachkunde und gutachtlicher Beweis des Gegenteils der Beweistatsache als **zusätzliche Ablehnungsgründe** in **§ 244 Abs 4** angeführt sind und der revisionsgerichtlichen Überprüfung unterliegen. Trotz Eingreifens eines der gesetzlichen Ablehnungsgründe kann allerdings die Aufklärungspflicht die Vernehmung eines weiteren Sv gebieten (s n 1541).

Ist der Sv als Beweismittel präsent, gilt hingegen nicht § 244 Abs 4, sondern nur § 245 (s n 269 ff).

253   b) aa) Das Gericht kann Beweisanträge auf Vernehmung eines Sv neben den Gründen aus § 244 Abs 3 auch wegen vorhandener **eigener Sachkunde** (§ 244 Abs 4 S 1) ablehnen (vgl zur Frage der Glaubwürdigkeit 1520 sowie n 1860 ff [bzw 1426 ff] oder aber der Schuldfähigkeit 1520 sowie n 1714 ff); dabei kommt es nicht darauf an, in welcher Weise das Gericht (zu Kollegialgerichten s 1518) die Sachkunde erlangt hat (zB dienstlich oder außerdienstlich), es sei denn, es geschah unter Umgehung prozessualer Vorschriften.

So darf das Gericht nicht etwa außerhalb der HV bzw freibeweislich einen Sv befragen, um einen Beweisantrag mit der Begründung eigener Sachkunde ablehnen zu können (K/M-G 73 zu § 244; aA Hamm NJW **78** 1210).

254   bb) Die eigene Sachkunde kann das Gericht insbes auch **durch** ein (oder mehrere) andere(s) **Gutachten erlangt** haben (BGH bei *Spiegel* DAR **78** 157, **82** 205 sowie **87** 203; EzSt § 244 Nr 11; bei *Dallinger* MDR **72** 925 sowie **75** 24; bei *Pfeiffer* NStZ **82** 189). Dies gilt auch, wenn mehrere bereits vernommene Sv zu unterschiedlichen Ergebnissen gelangt sind (RG HRR **39** 603; BGH MDR **80** 662) oder wenn ein Gutachter zur Beweisfrage zu keinem eindeutigen Ergebnis gekommen ist (vgl ANM 724).

Auch wenn das Gericht dem zuvor erstatteten Gutachten im Ergebnis nicht folgen will, kann es ihm die erforderliche Sachkunde entnehmen (BGH **21** 62; VRS **67** 264; NStZ **85** 84 mit Anm *Eisenberg*; ANM 724 f nebst Fußn 29). Allerdings wird bei einer solchen Konstellation einem Antrag auf Zuziehung eines weiteren Sv in aller Regel stattzugeben sein (vgl BGH MDR **55** 369; bei *Spiegel* DAR **78** 178; ausführlich KK-*Herdegen* 32 zu § 244).

Es handelt sich nicht um einen Fall des § 244 Abs 4 S 2, da dieser den Beweis des Gegenteils „durch das Gutachten" voraussetzt.

Stellt das Gericht auf solche Umstände ab, die dem Sv unbekannt waren, so ist es im Interesse der Aufklärung grds verpflichtet, dem Sv Gelegenheit zu geben, sich mit diesen Umständen iSv Anknüpfungstatsachen auseinanderzusetzen und sie in seine Begutachtung einzubeziehen (BGH NStZ **95** 201; s auch 1542).

255   cc) Wird der Beweisantrag abgelehnt, muß – soweit es sich nicht um solches Fachwissen handelt, über das Strafrichter in aller Regel verfügen – dargelegt werden, **aus welchen Gründen** das Gericht eigene Sachkunde annimmt; dies hat aus Gründen der Transparenz schon im Ablehnungsbeschluß,[31] jdf aber in den Urteilsgründen (BGH NStZ **83** 325; StV **84** 235; ANM 715) zu geschehen. Die An-

---

[31] KMR-*Paulus* 465 zu § 244; *Dahs/Dahs* 327; **aA** die hM BGH **12** 20 = JZ **59** 130 mit Anm *Eb Schmidt*; bei *Spiegel* DAR **78** 157; Zweibrücken VRS **61** 435; *Hanack* JZ **72** 116; LR-*Gollwitzer* 146, 302 zu § 244; K/M-G 43d zu § 244.

forderungen an Ausführlichkeit und Überprüfbarkeit der Gründe richten sich nach der Schwierigkeit der Beweisfrage sowie nach Art und Ausmaß der auf dem fremden Fachgebiet beanspruchten (nicht nur theoretischen)[32] Sachkunde; im übrigen sind bes Darlegungen dann erforderlich, wenn das Gericht zuvor durch eigenes Verhalten (gar Bestellung eines Sv) selbst Zw hinsichtlich eigener Sachkunde zum Ausdruck gebracht hat (LR-*Gollwitzer* 304, K/M-G 73, beide zu § 244).

c) aa) Die Vernehmung eines *weiteren Sv* darf das Gericht auch dann ablehnen, wenn **durch das Gutachten** eines anderen (oder mehrerer) Sv[33] (BGH VRS **35** 207; Bay bei *Rüth* DAR **69** 236 f; K/M-G 75 zu § 244) das **Gegenteil** der behaupteten Tatsache **bereits erwiesen** ist (§ 244 Abs 4 S 2 Hs 1). Diese ausdrückliche Ausnahme vom grds Verbot der Vorwegnahme einer Beweiswürdigung setzt allerdings voraus, daß das Gericht ein hinreichend gesichertes eigenes Fachwissen bzgl der Beweisfrage erlangt hat; andernfalls ist zur Kontrolle ein weiteres Gutachten erforderlich (BGH **5** 36; LR-*Gollwitzer* 308 f, KK-*Herdegen* 99 [„Kontrollwissen" des Gerichts ist erforderlich], beide zu § 244). **256**

„Weiterer Sv" ist jedoch nicht ein Sv einer anderen Fachrichtung oder eines anderen Fachgebietes (RG JW **31** 949 mit Anm *Beling*; ANM 720; LR-*Gollwitzer* 306 Fn 923 zu § 244; aA BGH **34** 355 = NStZ **88** 85 mit Anm *Meyer*, BGH **39** 53 = JR **93** 335 mit Anm *Graul* sowie Anm *Herzog* StV **93** 343; BGH NJW **90** 2945: Sexualwissenschaft ggü Psychiatrie).

bb) Bestehen **Zw an der Sachkunde des bisherigen Gutachters**, so ist dem Beweisantrag ohnehin stattzugeben (§ 244 Abs 4 S 2 Hs 2); dabei können die Zw auf Einwänden allg Art oder solchen iSd in § 244 Abs 4 S 2 Hs 2 im einzelnen genannten Umständen[34] beruhen. **257**

(1) Allg *Zw an der Sachkunde* bestehen dann, wenn die Auffassung des Gutachters mit den Erkenntnissen der Wissenschaft nicht in Einklang steht (BGH StV **89** 335 mit Anm *Schlothauer*, s betr Dauer und Menge eines Nachtrunks *Goecke* AgStr DAV **92** 50 [unter Hinweis auf *Zink/Reinhardt* BlAlk **80** 400 f]), wenn das Gutachten hinsichtlich der methodischen Überprüfbarkeit Mängel (zB wegen Nichtoffenlegung der benutzten Verfahren) aufweist (BGH bei *Dallinger* MDR **76** 17; KMR-*Paulus* 473, KK-*Herdegen* 33, LR-*Gollwitzer* 310, alle zu § 244) oder wenn die erforderliche fachliche Qualifikation nicht nachgewiesen ist (vgl betr Gerichtsärzte 1534).

Im einzelnen bestehen Zw an der Verläßlichkeit namentlich dann, wenn der Sv sein Ergebnis als „sicher" bezeichnet bzw ohne Einschränkungen präsentiert hat, obwohl ihm nur unzureichende Quellen zur Verfügung standen (vgl etwa Braunschweig Nds Rpfl **53** 149; ANM 732; zu sonstigen Fehlern s speziell betr die Schuldfähigkeit 1811 ff). Hingegen hängt es von der Beweisfrage ab, ob Zw bereits dann bestehen, wenn der Gutachter es versäumt hat oder nicht in der Lage dazu ist, bestimmte Untersuchungsmethoden anzuwenden (BGH GA **61** 241; betr Psychiater, der nicht zugleich Psychologe bzw Neurologe ist, s **258**

---

[32] Setzt die Beantwortung der Beweisfrage zB Anwendungs- und Auswertungswissen voraus, das nur in praktischer Tätigkeit und Ausbildung erlangt werden kann, so reichen eher nur theoretische Informationen des Gerichts nicht aus (BGH NJW **59** 2316; bei *Pfeiffer/Miebach* NStZ **83** 357 sowie **84** 211; vgl aber auch BGH StV **84** 61 mit Anm *Glatzel*).
[33] Nicht also aufgrund anderer Beweismittel (BGH **39** 52 f = JR **93** 335 mit Anm *Graul*).
[34] Diese Umstände begründen, auch wenn sie vorliegen, nicht bereits aus sich selbst heraus die Zw, dh ausnahmsweise kann es dennoch an hinreichenden Zw fehlen (LR-*Gollwitzer* 308 zu § 244; *Sarstedt* NJW **68** 178; weitergehend *Schreiber* FS-Baumann 393 f).

BGH NStZ **90** 400 bzw BGHR § 244 Abs 2, Sv 8) oder wenn er Schwierigkeiten bei dem Verständnis einer gerichtlichen Entscheidung hat (BGH **23** 185).

259 (2) Geht das Gutachten von *unzutreffenden tatsächlichen Voraussetzungen* aus, so ist § 244 Abs 4 S 2 Hs 2 dann nicht erfüllt, wenn es genügt, daß der Sv auf einen entspr Hinweis des Gerichts das Gutachten auf die vom Gericht als erwiesen angesehenen Tatsachen umstellt bzw entspr ergänzt (KMR-*Paulus* 475, KK-*Herdegen* 101, LR-*Gollwitzer* 315, alle zu § 244); dies wird vor allem hinsichtlich *Zusatztatsachen* (KK-*Herdegen* 101 zu § 244; vgl BGH NStZ **85** 421) der Fall sein können. Im Bereich von *Befundtatsachen* hingegen begründen unzutreffende tatsächliche Grundlagen des Gutachtens in aller Regel zugleich Zw an Kenntnisstand, Verständnis oder Verläßlichkeit des Gutachters (KK-*Herdegen* 101, LR-*Gollwitzer* 315, beide zu § 244).

260 (3) Vom Gutachter nicht hinreichend erklärbare *Widersprüche* sind dann ein einschlägig geeigneter Einwand, wenn sie sich innerhalb des mündlich erstatteten Gutachtens oder im Verhältnis zu dem schriftlichen Gutachten finden (BGH **23** 185; bei *Spiegel* DAR **88** 230; ANM 733). Weniger wesentliche Abweichungen genügen nicht (BGH **8** 116); es muß sich um zentrale Aussagen (allerdings nicht notwendigerweise iSd „entscheidenden Punktes" [so aber BGH NStZ **90** 244]) handeln.

261 (4) *Überlegene Forschungsmittel* sind nicht persönliche Eigenschaften (wie Ausmaß an Kenntnissen, Fähigkeiten, Berufserfahrung, Lebensalter, wissenschaftliche Veröffentlichungen [BGH **34** 358; Koblenz VRS **45** 367]), sondern Hilfsmittel und Verfahren,[35] deren sich der weitere Gutachter zur Erfüllung seines Auftrages bedient (BGH **23** 186; bei *Spiegel* DAR **78** 157; GA **61** 241 sowie **62** 371 f). Die Überlegenheit ist jeweils beweisthemabezogen festzustellen (KMR-*Paulus* 476 zu § 244). Ob ein Sv über bestimmte Forschungsmittel verfügt, läßt sich indes nicht ohne weiteres daraus schließen, daß er solche eingesetzt hat oder nicht (BGH GA **61** 242; StV **85** 489).

262 cc) Der ablehnende **Beschluß** ist zu **begründen**, wobei sich Ausführlichkeit und Konkretheit vorrangig danach richten, inwieweit in dem Antrag bestimmte Tatsachen genannt sind (BGH **10** 118; bei *Pfeiffer/Miebach* NStZ **85** 494; Celle NJW **74** 616), zB speziell betr überlegene Forschungsmittel bzw neuere wissenschaftliche Erkenntnisse (vgl BGH NJW **51** 412; Düsseldorf NJW **70** 1985; allg ANM 764; KMR-*Paulus* 473, KK-*Herdegen* 103, beide zu § 244); wird hingegen nur allg die Vernehmung eines weiteren Sv beantragt (und sind den Antrag veranlassende einschlägig geeignete Tatsachen nicht offensichtlich), so kann eine knappe Begründung genügen (vgl aber BGH bei *Meyer* NJW **58** 617 rechte Spalte).

263 Das *Verbot* der *Vorwegnahme* der *Beweiswürdigung* wirkt hier noch insofern, als die Ablehnung eines Antrages nicht allein unter Hinweis auf Darlegungen und Ergebnis des Gutachtens begründet werden darf, wenn der Antrag davon ausgeht, der bisherige Sv habe (für die gezogenen Folgerungen) unzutreffende Tatsachen verwendet oder es sei ihm in den Folgerungen ein (etwa durch Einsatz überlegener Forschungsmittel erkennbarer) Irrtum unterlaufen (RG DRiZ **31** Nr 215; LR-*Gollwitzer* 322 zu § 244).

---

[35] Die Anstaltsunterbringung nach § 81 eröffnet nicht schon aus sich heraus überlegene Forschungsmittel; vielmehr wären solche nach den konkreten Umständen darzulegen (BGH **8** 77; **23** 312; s n 1688 ff, 1798).

5. Ablehnung des Augenscheinbeweises und des Beweises mit Auslandszeugen

Die Ablehnungssystematik des § 244 Abs 3 S 2 unter weitgehendem Verbot der **264** Beweisantizipation gilt nach § 244 Abs 5 S 1 nicht für den Augenscheinbeweis bei *nicht präsentem Beweismittel* und für den Beweis durch Zeugen, deren Ladung im Ausland zu bewirken ist. Für *präsente* Augenscheinsobjekte gilt hingegen nur § 245 (s 292), nicht § 244 Abs 5.

a) Den Antrag auf **Einnahme des Augenscheins** kann das Gericht gem § 244 **265** Abs 5 S 1 *nach pflichtgemäßem Ermessen* und damit lediglich unter Beachtung der *Aufklärungspflicht* bescheiden (grundlegend RG **47** 100 ff gegen die damals hL, vgl Nachw bei ANM 740 Fn 8). Diese Beschränkung des Beweisantragsrechts hat zur Grundlage, daß die Unmittelbarkeit der Beweisaufnahme für den Augenschein nicht vorgeschrieben und damit eine Surrogation grds zulässig ist (ANM 224, 739; vgl BGH NStZ **81** 310; s n 2233 f). So kann etwa statt einer Ortsbesichtigung die Betrachtung von Landkarten, Plänen, Fotografien oder Filmen der Aufklärungspflicht genügen (s n zu den Gegenständen 2301 ff).

Beweisanträge zur Augenscheinseinnahme können demnach sowohl mit den **266** Gründen aus § 244 Abs 3 (LR-*Gollwitzer* 329 zu § 244) als auch unter Zugrundelegung einer hier zulässigen Beweisantizipation abgelehnt werden, wenn das Gericht aufgrund der bisherigen Beweislage überzeugt ist, daß der Augenschein nicht erforderlich ist (BGH **8** 180; NStZ **81** 310; SK-*Schlüchter* 143 zu § 244; krit 2234).

Wird die Augenscheinseinnahme allerdings zur Überprüfung der Verläßlichkeit einer Zeugenaussage beantragt, darf sie nicht unter Hinweis auf die Glaubhaftigkeit eben dieser Aussage abgelehnt werden (BGH **8** 181; NStZ **84** 565; StV **94** 411; SK-*Schlüchter* 144, LR-*Gollwitzer* 330, beide zu § 244). Es bedarf in diesem Falle zumindest der Stützung durch andere – von der Zeugenaussage unabhängige – Beweisergebnisse (KMR-*Paulus* 481 zu § 244).

b) aa) Nach § 244 Abs 5 S 2 (eingeführt durch RPflEntlG v 11.1.1993) gilt die **267** erweiterte Ablehnungsmöglichkeit auch für sog **Auslandszeugen**.

Mit der Neuregelung sollte vor allem der Ablehnungsgrund Unerreichbarkeit (vgl KK-*Herdegen* 85 zu § 244) entlastet werden, da bei Benennung von Auslandszeugen zT (s aber § 37 Abs 2 nF) aufwendige und den Prozeß erheblich verzögernde Bemühungen erforderlich sein können, bevor von Unerreichbarkeit ausgegangen werden kann (s n 224 ff). Zudem erübrigt sich mit dem Ablehnungsgrund die Prüfung, ob mit dem Antrag eine Prozeßverschleppung beabsichtigt ist.

Allerdings ist die Anwendung auf diejenigen Fälle beschränkt, in denen die Zeugenladung nicht ohnehin durch die *Aufklärungspflicht* geboten ist (vgl zu § 251 Abs 3 im Freibeweis BGH StV **95** 173). Der Anwendungsbereich ist daher eher eng (vgl *Schomburg/Klip* StV **93** 210; *Fezer* StV **95** 266, aber auch Anm *Perron* JZ **95** 211; s auch schon Begr BT-Dr 12/1217 S 36). Insbes darf die – systematisch wenig überzeugende – gesetzliche Plazierung nicht dazu Anlaß geben, den Amtsaufklärungsgrundsatz weniger sorgfältig zu wahren, da § 244 Abs 5 S 1 darauf beruht, daß es gerade beim Augenscheinsbeweis ggf zuverlässige andere Beweismöglichkeiten gibt (s 265, 2233 ff), und da wegen § 250 eine Surrogation des Zeugenbeweises – anders als beim Augenscheinbeweis – nicht ohne weiteres zulässig ist. Im übrigen wird zu berücksichtigen sein, daß der Angekl von dem Selbstladerecht

(§§ 220, 38) bei Auslandszeugen keinen Gebrauch machen kann (*Siegismund/Wikkern* wistra **93** 86f). Bei bedeutsamen Entlastungsbehauptungen hat Art 6 Abs 3d MRK Gewicht (insgesamt zur ggü Art 103 Abs 1 GG begrenzten Bedeutung in der Praxis *Perron* 33–36; speziell einschr *Basdorf* StV **95** 314 bzgl des Zeitpunkts der Antragstellung).

Kriminalpräventiv widerspricht die Neuregelung den anderweit zu beobachtenden Tendenzen zu einer Internationalisierung sowohl von Straftatenbegehung als auch deren Verfolgung, zumindest auf europäischer Ebene (vgl etwa *Eisenberg* § 27 Rn 47ff, § 57 Rn 74 bzw § 22 Rn 111). Insofern erscheint es als nicht unbedenklich, einen Zeugen allein aufgrund seines Aufenthalts im Ausland abzuwerten (vgl krit *Siegismund/Wickern* wistra **93** 87; *Schomburg/Klip* StV **93** 208).[36]

268   bb) Die Zeugenladung im Ausland kann danach mit der (beweisantizipierenden) Begründung abgelehnt werden, auch eine Beweiserhebung könne die bestehenden Sachverhaltsannahmen aufgrund der überragenden Bedeutung der bisherigen gegenteiligen Beweisergebnisse und/oder aufgrund den Beweiswert (der erwarteten Zeugenaussage) mindernder Umstände nicht mehr ändern (BGH **40** 60 = NStZ **94** 448 mit Anm *Kintzi* = JZ **95** 209 mit Anm *Perron;* vgl *KK-Herdegen* 85 zu § 244).[37]

Die Ablehnung ist im Gerichtsbeschluß detailliert zu begründen (§ 244 Abs 6), wobei die für die Beurteilung nach den Grundsätzen der Aufklärungspflicht maßgeblichen Umstände darzulegen sind (BGH **40** 60); keinesfalls genügt eine Wiederholung oder Paraphrasierung des Gesetzestextes. Darauf, ob der Zeuge erreichbar ist bzw ob und mit welchen gerichtlichen Bemühungen er erreicht werden könnte, kommt es bei der Ablehnung nicht an.

V. Beweisantrag bei präsenten Beweismitteln

269   Steht ein Beweismittel im Gerichtssaal zur sofortigen Beweiserhebung zur Verfügung, sind die vom Gesetz genannten **Ablehnungsmöglichkeiten eingeschränkt**. Nach der ursprünglichen Regelung war die Beweisaufnahme von vornherein auf alle – nicht nur vom Gericht bereitgestellten bzw herbeigeschafften – im Gerichtssaal verfügbaren Beweismittel zu erstrecken (vgl ANM 777ff zur Rechtsentwicklung). Das StVÄG 1979 hat zur heutigen Regelung geführt, in der die Beweisvorführung durch StA und Angekl bzw Vert zwar begrenzt wurde, der Beweiserhebungsanspruch bei präsenten Beweismitteln jedoch nach wie vor weiter reicht als bei nicht präsenten.

---

[36] S auch zur Ablehnung der vom Bundesrat vorgeschlagenen Regelung BT-Dr 12/1217 S 67.

[37] Zwischen den Senaten nicht abschließend geklärt ist, ob die vom Gesetz zugelassene Beweisantizipation derjenigen beim Augenschein exakt entspricht oder die Beweismittelqualität eine (weniger eingeschränkte) Abweichung impliziert (vgl BGH NStZ **94** 554 [1.Senat] einerseits, StV **94** 283 und NStZ **94** 593 [5.Senat] andererseits).

V. Beweisantrag bei präsenten Beweismitteln

1. Umfang der Beweisaufnahme nach § 245 Abs 1

Übersicht

	Rn		Rn
a) Präsente persönliche Beweismittel	270	c) Verzicht	
aa) Vorgeladen	271	aa) Allgemeines	277, 278
bb) Erschienen	272–274	bb) Erklärung	279
b) Herbeigeschaffte sachliche Beweismittel		cc) Teilverzicht	280
aa) Benutzungswille des Gerichts	275	dd) Verzicht unter Vorbehalt	281
		ee) Widerruf	282
		d) Entfallen der Beweiserhebung	
		aa) Unzulässigkeitsbegriff	283
bb) Beweisantragsähnliches Begehren	276	bb) Mißbrauchsvorkehrungen	283, 284
		cc) Beanstandung	285

Der Umfang des Beweisantragsgebots nach § 245 Abs 2 S 1 hängt davon ab, inwieweit das Gericht schon nach § 245 Abs 1 zur Beweiserhebung verpflichtet ist. **270**

a) Hinsichtlich der „vom Gericht **vorgeladenen und auch erschienenen Zeugen und Sv**" gilt, daß diese grds ohne weiteres Begehren in die Beweisaufnahme einzubeziehen sind.

aa) Vor Gericht **vorgeladen** sind alle Beweispersonen, die auf richterliche An- **271** ordnung (nach § 214 Abs 1 oder aufgrund Gerichtsbeschlusses) zur HV geladen sind. Die Form der Ladung (schriftlich, mündlich, telefonisch oder durch Boten) ist unerheblich. Auch eine Ladung während der schon laufenden HV genügt.

Nicht präsent ist eine ungeladen erschienene Beweisperson, eine, die ursprünglich geladen war, aber wieder abbestellt wurde, oder eine solche, die versehentlich infolge einer Verwechslung geladen wurde (ANM 784).

bb) Eine Beweisperson ist **erschienen**, wenn sie zu dem für ihre Vernehmung **272** vorgesehenen Zeitpunkt erkennbar anwesend und zur Beweisaufnahme verfügbar ist.

(1) Es kommt auf die *objektive Erkennbarkeit* an, nicht darauf, ob das Gericht die Anwesenheit der Beweisperson tatsächlich wahrgenommen hat (ANM 785). Einen Verstoß gegen § 245 Abs 1 S 1 stellt es deshalb dar, wenn die „Verwendung" trotz erkennbarer Anwesenheit versehentlich unterbleibt.

Danach besteht eine Pflicht des persönlichen Aufrufs der Beweisperson – ein allg Aufruf „aller Zeugen in der Sache X" genügt nicht (BGH **24** 282). Ein zu Beginn der HV erfolglos gebliebener Aufruf ist zu wiederholen, wenn die Vernehmung der Beweisperson erfolgen soll (LR-*Gollwitzer* 17; SK-*Schlüchter* 6, beide zu § 245).

Ein anwesender Zeuge, der sich trotz Aufrufs nicht meldet, ist nicht erkennbar erschienen (ANM 785).

(2) Nach allg Auffassung kommt es darauf an, daß die *Beweisperson* auch *als solche* **273** *erschienen* ist, nicht etwa, weil sie in ihrer Eigenschaft als Richter oder Staatsanwalt bzw als Vert anwesend ist (RG **42** 3f; BGH StV **95** 567; SK-*Schlüchter* 7 zu § 245).

Dem widerspricht es allerdings, den zur Berufungsverhandlung als Mitangekl Geladenen nach Rücknahme seiner Berufung als vorgeladenen und erschienenen Zeugen zu behandeln (so Celle NJW **62** 2315; ANM 782; LR-*Gollwitzer* 15 zu § 245).

274 (3) Eine geladene Beweisperson ist auch dann nach § 245 Abs 1 zu vernehmen, wenn sie verspätet erscheint, die Beweisaufnahme jedoch noch nicht abgeschlossen ist (ANM 784).

> Eine Beweisperson, die *bereits entlassen* ist, abgeführt wurde oder *sich* eigenmächtig wieder *entfernt* hat, braucht nicht mehr nach § 245 Abs 1 vernommen zu werden.

(4) **Erscheint** eine Beweisperson **nicht**, besteht auch dann keine Beweiserhebungspflicht nach § 245 Abs 1, wenn das Ausbleiben auf einem Verschulden des Gerichts beruht (ANM 784); es gilt § 244.

275 b) Die gesetzliche Regelung hinsichtlich der vom Gericht und der StA **herbeigeschafften sachlichen Beweismittel** (Augenscheinsobjekte, Urkunden) hat zu unterschiedlichen Auslegungen geführt. Daß nach dem Wortlaut der Vorschrift alle im Gerichtssaal wahrnehmbaren Beweisstücke (also auch ganze Urkundensammlungen) einbezogen seien und daher jedes individualisierende Beweisbegehren zur Beweiserhebungspflicht führe, wird allg im Hinblick auf mögliche mißbräuchliche Beweisbegehren abgelehnt (vgl KK-*Herdegen* 5 zu § 245 mwN).

aa) Nach Ansicht des BGH besteht die Beweiserhebungspflicht gemäß § 245 Abs 1 – aus Vertrauensschutzgründen – nur dann, wenn neben der faktischen Verfügbarkeit ein **Benutzungswille des Gerichts** bzgl individualisierter Beweismittel erklärt sei (BGH **37** 172 unter Hinweis auf BT-Dr 8/976 S 51; zust *Fezer* JR **92** 36). Insofern wird die im Gesetzeswortlaut vorhandene systemwidrige Bevorzugung der StA vor dem Angekl (vgl *Köhler* StV **92** 4: „prinzipienwidrige Waffenungleichheit") durch die nur dem Gericht zustehende Erklärung des Beweiserhebungswillens beseitigt und zugleich die Problematik sachfremder Beweisbegehren im Rahmen des § 245 Abs 1 (s 284) gelöst.

276 bb) Allerdings ist unter „Herbeischaffung" kaum das Erfordernis eines gerichtlichen Benutzungswillens zu subsumieren, zumal diesbzgl im Gesetzestext zwischen StA und Gericht gerade nicht unterschieden ist. Durch eine solche Auslegung würde zudem die vom Gesetz bei präsenten Beweismitteln den Verfahrensbeteiligten eingeräumte Autonomie weitgehend beseitigt (vgl *Köhler* StV **92** 4). Zur Beschränkung der Beweiserhebungspflicht wegen der Gefahr des **Mißbrauchs** wird in der Literatur deshalb vorgeschlagen, von StA und Angekl bzw Vert sei neben der Individualisierung des Beweisstücks zu verlangen, die Beweisthematik zu nennen (*Köhler* StV **92** 4; ANM 792; KK-*Herdegen* 6, SK-*Schlüchter* 13, jew zu § 245). Auf einen gerichtlichen Benutzungswillen komme es dagegen nicht an. Nach dieser vorzugswürdigen Ansicht ist also im Rahmen des § 245 Abs 1 ein beweisantragsähnliches Begehren (vgl LR-*Gollwitzer* 25 zu § 245; anders ANM 792: „Beweisantrag") erforderlich, das aber bzgl der von Gericht und StA herbeigeschafften Beweismittel grds nicht abgelehnt werden kann.

277 c) aa) Die Beweiserhebung nach § 245 Abs 1 kann entfallen, wenn die genannten Verfahrensbeteiligten und ggf Nebenbeteiligten (§§ 434, 442, 444) oder der Beistand (iSd § 69 JGG) auf ihr prozessuales Recht auf Nutzung der Beweismittel **verzichten**.

> Einverständnis des Nebenklägers ist nicht erforderlich (K/M-G 9 zu § 245; anders noch KK-*Herdegen* 9 zu § 245; BGH **28** 274 zu § 397 aF). Von mehreren Vert eines Angekl müssen alle den Verzicht erklären, von mehreren Angekl alle, deren

Tatvorwurf (prozessualer Tatbegriff) von der Beweiserhebung betroffen wäre (LR-*Gollwitzer* 33, KK-*Herdegen* 9, beide zu § 245).

Der Verzicht ist wesentlicher Teil der HV, so daß er grds nur in Anwesenheit des Angekl **278** erfolgen kann (BGH StV **95** 623; s zur Anwesenheitspflicht n 755 ff). Ist der unverteidigte Angekl gem § 233 vom Erscheinen entbunden, darf nicht ohne sein Einverständnis von der Beweiserhebung abgesehen werden (LR-*Gollwitzer* 35 zu § 233). Sein Einverständnis ist jedoch nicht erforderlich, wenn zulässigerweise ohne ihn verhandelt wird, weil er seine Abwesenheit selbst zu vertreten hat (s nur KK-*Treier* 7 zu § 234a, betr §§ 231 Abs 2, 231 a, 231 b, 232, 329 Abs 2 S 1; ausf s 768 ff). Ist in diesen Fällen für den abwesenden Angekl ein Vert anwesend, gilt § 234a Hs 2.

bb) Es ist eine **Verzichtserklärung** zu verlangen, wobei diese auch durch **279** schlüssige Handlung abgegeben werden kann, etwa wenn der Angekl durch vorherige Verfahrenshandlungen sein Recht kennt, eine Beweiserhebung zu verlangen (BGH NJW **78** 1815; vgl auch Hamm VRS **45** 123) oder wenn der Angekl zum Verzicht seines Vert schweigt (vgl Bay NJW **78** 1817) bzw umgekehrt der Vert zum Verzicht seines Mandanten (ANM 806). Schweigen genügt sonst grds nicht,[38] so daß auch im widerspruchslosen Hinnehmen des Schlusses der Beweisaufnahme kein Verzicht zu sehen ist (ANM 808).

cc) Es kann auf alle (weiteren) präsenten Beweismittel, sofern ihr Vorhanden- **280** sein bekannt ist, verzichtet werden, auf einzelne von ihnen oder auf **Teile** einer einzelnen Beweiserhebung (etwa bei Verlesung von Gutachten). Auf Teile einer Zeugenaussage kann grds nicht verzichtet werden, da jeder Zeuge verpflichtet ist, umfassend auszusagen und die Vollständigkeit seiner Aussage ggf beeiden muß (LR-*Gollwitzer* 39 zu § 245; weniger streng KK-*Herdegen* 10 zu § 245). Anderes kann unter engen Voraussetzungen nur bei völlig abgeschlossenen Tatkomplexen gelten. Sobald demnach eine Vernehmung zu einem Tatkomplex begonnen hat, ist diese auch zu Ende zu führen (LR-*Gollwitzer* 39 zu § 245).

dd) Das Einverständnis mit dem Entfallen der Beweiserhebung kann nicht an **281** Bedingungen, die die Schuld- und Rechtsfolgenfrage betreffen, geknüpft werden. Ein solcher Verzicht entfaltet keine Wirkung (ANM 811). Ein **Vorbehalt** kann jedoch ausgesprochen werden, so daß die Beweiserhebung zunächst zurückgestellt werden kann. Kommt im Laufe der HV niemand mehr auf das Beweismittel zurück, darf das Gericht von allseitigem endgültigen Verzicht ausgehen (LR-*Gollwitzer* 40 zu § 245; ANM 811).

ee) Der Verzicht gilt für die Beweiserhebungspflicht nach § 245 Abs 1 und für **282** zuvor gestellte Beweisanträge, wirkt sich jedoch nur im laufenden Rechtszug aus. Insoweit ist der Verzicht **unwiderruflich**. Er enthebt das Gericht allerdings nicht seiner *Aufklärungspflicht*, so daß die Beweiserhebung nach § 244 Abs 2 geboten sein kann (BGH bei *Pfeiffer/Miebach* NStZ **84** 211).

Das Verlangen, entgegen vorheriger Erklärung doch Beweis zu erheben, wird nach § 244 Abs 2 bis 6 behandelt. Es ist also idR ein Beweisantrag erforderlich, selbst wenn die Beweisperson noch anwesend ist (LR-*Gollwitzer* 41 zu § 245).

d) aa) Nach dem Gesetz entfällt die Beweiserhebung gemäß § 245 Abs 1 nur, **283** wenn diese **unzulässig** ist. Weder Unerheblichkeit noch Überflüssigkeit der Beweiserhebung verdrängen die Pflicht nach § 245 Abs 1. Vom Begriff der Unzuläs-

---

[38] Nicht ganz unbedenklich deshalb BGH GA **76** 115.

sigkeit ist die völlige Bedeutungslosigkeit bzw Sachfremdheit der Beweistatsache nicht umfaßt (vgl zu § 245 aF BGH **17** 30; zutr ANM 799 ff).

bb) Die seit dem StVÄG 1979 bestehende Differenzierung in § 245 Abs 1 und Abs 2 und damit die gleichzeitige Beschränkung von Ablehnungsmöglichkeiten auf die Fälle des § 245 Abs 2 wird allg als gesetzgeberischer Fehler aufgefaßt (s schon *Köhler* NJW 79 351; ANM 801), dessen Korrektur in der Praxis unumgänglich sei, um ein **mißbräuchliches** Beharren auf sinnlosen Beweiserhebungen verhindern zu können (s zB KG NJW **80** 953).

284 Dazu wird teils vorgeschlagen, contra legem den Begriff der Unzulässigkeit in § 245 Abs 1 abweichend auszulegen und damit Fälle sachfremder Beweisbegehren mitzuerfassen (KG NJW **80** 953; KK-*Herdegen* 8, KMR-*Paulus* 18, jew zu § 245). Nach anderer Meinung sollen die Ablehnungsgründe des § 245 Abs 2 analog heranzuziehen sein (LR-*Gollwitzer* 31 zu § 245). Eine dritte Auffassung greift auf den allg Rechtsgedanken des Verbots mißbräuchlichen Prozeßverhaltens zurück (ANM 802; SK-*Schlüchter* 16, K/M-G 7, beide zu § 245). Dem letztgenannten Lösungsweg ist – trotz Bedenken gegen den Gebrauch allg Grundsätze im abschließend geregelten Ablehnungskatalog der §§ 244, 245 – der Vorzug zu geben, denn er bietet am ehesten die Möglichkeit, nur extremen Fällen vorbehalten zu bleiben, nämlich bei eindeutig schikanöser Nutzung der in § 245 Abs 1 normierten Beweiserhebungspflicht (ähnlich ANM 802).

Auch ist es nicht Aufgabe der Praxis, durch umfassende Berichtigung in klarer Abweichung von Gesetzeswortlaut und -systematik einer als notwendig empfundenen Änderung des Gesetzes vorzugreifen. Trotz seither mehrfacher gesetzgeberischer Eingriffe in das Strafverfahrensrecht ist eine Korrektur an dieser Stelle unterblieben. Allerdings entfällt das Problem, wenn man in § 245 Abs 1 einen erklärten Benutzungswillen des Gerichts voraussetzt (BGH **37** 172; dazu 275 f), da dieser für völlig sachfremde Beweiserhebungen kaum angenommen werden wird.

285 cc) Wird eine Beweiserhebung wegen Unzulässigkeit oder aus den in bb) genannten Gründen nicht durchgeführt, kann gegen die (zweckmäßigerweise in das Protokoll aufzunehmende) Entscheidung des Vorsitzenden nach § 238 Abs 2 **Gerichtsbeschluß** herbeigeführt werden (K/M-G 7 zu § 245).

2. Beweisantrag und Ablehnungsgründe nach § 245 Abs 2

Übersicht

	Rn		Rn
a) Persönliche Beweismittel		d) Ablehnungsgründe	
aa) Geladen	287	aa) Unzulässigkeit	292
bb) Erschienen	288	bb) Mit § 244 Abs 3 bis 5 übereinstimmende Ablehnungsgründe	292, 293
b) Sachliche Beweismittel	289		
c) Beweisantragsgebot		cc) Abweichende Ablehnungsgründe	294–296
aa) Bestimmtheit der Beweistatsache	290		
bb) Zeitpunkt	291		

286 Nach § 245 Abs 2 S 1 ist für Beweismittel, deren Präsenz von StA oder Angekl herbeigeführt wird, die Stellung eines Beweisantrags vorgeschrieben, der nur unter den (ggü § 244 Abs 3 S 2 wesentlich engeren) Voraussetzungen des § 245 Abs 2

V. Beweisantrag bei präsenten Beweismitteln

abgelehnt werden kann. Die vom Gesetzgeber der Vorschrift zugedachte Ausgleichsfunktion ggü rechtsstaatlichen Lücken in § 244 Abs 3–5 (vgl BT-Dr 8/976 S 51; *Grünwald* 112 f) hat sich wegen der Dominanz des Amtsermittlungsgrundsatzes (s 4 f) kaum entfalten können (vgl auch *Perron* 375: „eher ein Feigenblatt"; zur faktischen Abwertung betr Sv s 1528; zur Kostentragung vgl 1235, 1528).

a) aa) Die StA kann ebenso wie das Gericht **Beweispersonen** formlos (dh auch mündlich oder telefonisch während laufender Hv) **laden**, die dann bei ihrem Erscheinen iSd § 245 Abs 2 präsent sind. Die Ladung *durch andere Verfahrensbeteiligte*, insbes Angekl und Vert (s n 1057) bedarf dagegen der Form nach §§ 220, 38, dh der Zustellung durch den Gerichtsvollzieher (ganz überwiegende Auffassung, KK-*Herdegen* 11 zu § 245; ANM 815 mwN; aA *J.Meyer* MDR **62** 540). Die ordnungsgemäße Ladung ist nachzuweisen. **287**

Das Versäumnis, die Beweisperson rechtzeitig namhaft zu machen (§ 222 Abs 2), hat nicht den Verlust der Vorzüge des § 245 zur Folge, sondern begründet ggf einen Aussetzungsanspruch des Prozeßgegenübers (vgl § 246 Abs 2).

bb) Für die erforderliche **Anwesenheit** der präsentierten Beweispersonen gilt das oben Gesagte (s 272 ff). **288**

b) Für die **sachlichen Beweismittel** gilt, daß diese formlos herbeigeschafft und in der HV vorgelegt werden können, wobei das Vorlegen von Fotokopien nicht die Präsenz des Originals herstellt (BGH NStZ **94** 593). Für die **StA** gilt das Beweisantragsgebot des § 245 Abs 2 zumindest betr diejenigen Beweisgegenstände, die nicht schon vor der HV beschafft wurden, nach BGH **37** 172 auch für die von der StA vorher herbeigeschafften Beweisgegenstände, deren Benutzung gerichtlicherseits nicht vorgesehen ist (s 275). **289**

c) Der Beweiserhebungsanspruch der so präsentierten Beweismittel ist – wenn nicht die Aufklärungspflicht die Beweiserhebung ohnehin gebietet (vgl BGH NStZ **81** 401) – an das **Stellen** eines **Beweisantrags** geknüpft. Der Beweisantrag entspricht in Form und Inhalt grds dem nach § 244 Abs 3. Ist ein Beweisantrag zuvor nach § 244 Abs 3 abgelehnt worden, kann er bei Präsenz des Beweismittels noch einmal mit gleichem Inhalt gestellt werden. **290**

aa) Da Wahrunterstellung und Unerheblichkeit als Ablehnungsgründe ausscheiden und deshalb eine entspr Korrespondenz zu diesen Ablehnungsgründen nicht hergestellt werden muß, sind allerdings geringere Anforderungen an die **Bestimmtheit der Beweistatsache** zu stellen.[39]

bb) Da die Präsenz spätestens zum Schluß der Beweisaufnahme festgestellt sein muß, ist dies auch der späteste **Zeitpunkt** für einen Beweisantrag, der nach § 245 Abs 2 behandelt werden soll. Ein danach gestellter Antrag bis zum Beginn der Urteilsverkündung ist auch bei Anwesenheit der Beweisperson bzw Vorlegung des sachlichen Beweismittels nach § 244 Abs 3 bis 6 zu behandeln (ANM 823 f). **291**

---

[39] KK-*Herdegen* 13 zu § 245 hält die Beweisantragspflicht bei präsenten Zeugen und Sv für eine gesetzgeberische Fehlentscheidung; vgl auch *Köhler* NJW **79** 350; *Peters* 315 f; *Richter* NJW **81** 1823; anders ANM 823, wobei allerdings allg geringere Anforderungen gestellt werden. Zu sachlichen Beweismitteln vgl KG NJW **80** 952.

Der Antrag kann schon vor Erscheinen der Beweisperson gestellt werden; es besteht aber kein Anspruch des Antragstellers, daß der Antrag vor Erscheinen der Beweisperson schon im Rahmen des § 245 beschieden wird (ANM 824).

292 d) aa) **Abzulehnen** ist der Beweisantrag bei *Unzulässigkeit* der Beweiserhebung, wobei der Begriff der Unzulässigkeit dem des § 244 Abs 3 S 1 entspricht (K/M-G 23 zu § 245; anders KK-*Herdegen* 15 zu § 245; s ausführlich 202 ff). Unzulässig ist speziell im Rahmen des § 245 Abs 2 der Beweis mit einem zuvor in HV schon erfolgreich abgelehnten Sv.

bb) **Abgelehnt** werden **darf** der Beweisantrag nach § 245 Abs 2 **nur** aus den dort angeführten Gründen.

(1) Damit scheiden die praktisch häufigsten Ablehnungsgründe des § 244, nämlich die Unerreichbarkeit (s 224 ff), die Wahrunterstellung (s 241 ff) sowie die eigene Sachkunde des Gerichts (s 253 ff) bei präsenten Beweismitteln aus (vgl betr eigene Sachkunde BGH StV **94** 358).

293 (2) Auch soweit die Ablehnungsgründe mit denen aus § 244 Abs 3 bis 5 übereinstimmen, ergeben sich in der praktischen Behandlung Unterschiede. So wird *völlige Ungeeignetheit* (s 215 ff) zumindest bei präsenten Zeugen, deren Eignung sich unmittelbar aus der Vernehmung ergeben kann, selten zur Ablehnung führen dürfen (AK-*Schöch* 30 zu § 245); *Prozeßverschleppung* (s 235 ff) wird mangels wesentlicher Verzögerung wegen der sofort möglichen Beweiserhebung nur in extremen Fällen (große Anzahl präsenter Zeugen oder Sachbeweismittel) anzunehmen sein (K/M-G 27 zu § 245).

294 cc) (1) **Eingeschränkt** ggü § 244 Abs 3 S 2 ist die Ablehnung wegen *Offenkundigkeit*, da nach dem abweichenden Wortlaut bei präsenten Beweismitteln zum Beweis des Gegenteils einer offenkundigen Tatsache Beweis erhoben werden muß (vgl 208).

(2) Das Gleiche gilt bei *präsenten Sv*, die gehört werden müssen, auch wenn das Gericht sich auf eigene Sachkunde oder den Beweis des Gegenteils durch ein bereits erstattetes Gutachten beruft.

295 (3) Zudem ist mit dem Ablehnungsgrund des *fehlenden Sachzusammenhangs* eine ggü der Bedeutungslosigkeit in § 244 Abs 3 S 2 wesentlich eingeschränkte Ablehnung bei unerheblichem Beweisvorbringen gegeben. Danach darf ein Beweisantrag nur abgelehnt werden, wenn dieser schon ohne Blick auf die konkrete gerichtliche Entscheidung rein äußerlich keinerlei Beziehung zum Urteilsgegenstand hat.

Beweis ist also zu erheben, wenn zwar die Beweistatsache kein rechtliches Merkmal der angeklagten Tat berührt, aber dennoch im Sachzusammenhang mit ihr steht (ANM 828). Präsente Beweise für die Unschuld des Angekl nach § 245 Abs 2 sind auch dann zu erheben, wenn das Verfahren aus anderen Gründen ohnehin eingestellt werden muß (ANM 827).

296 Eine weitere Differenzierung, um „völlig heterogene, unzweifelhaft außer allem Zusammenhang" stehende Beweisbegehren dem Ablehnungsgrund der Unzulässigkeit zu unterstellen (KK-*Herdegen* 15 zu § 245; vgl BGH **17** 30 zu § 245 aF), erscheint nicht nur unpraktikabel und nach Neufassung des § 245 unnötig, sondern findet auch keine Stütze im Gesetz (s schon ANM 799 ff).

VI. Revision

1. Rügeberechtigung

a) aa) Generell ist **derjenige**, der einen Beweisantrag **gestellt** hat, berechtigt, 297
eine **fehlerhafte Behandlung** als Verletzung einer Verfahrensnorm zu rügen. Dabei werden *Angekl* und *Vert* als *Einheit* betrachtet (ANM 870).

Allerdings fehlt es schon an der Beschwer des Angekl, wenn die zuvor als unerheblich behandelte Tatsache im Urteil zu seinen Gunsten als wahr unterstellt wird.

bb) Zudem sind **Verfahrensbeteiligte** grds rügeberechtigt, soweit sie **beschwert** 298
sind, dh auch ihnen ggü eine gerichtliche Pflicht zur korrekten Bescheidung des
Beweisantrags bestand; einer Anschlußerklärung bedarf es insoweit nicht
(ANM 871 f; s schon 171).

Demnach ist der Angekl auch rügeberechtigt bei fehlerhafter Behandlung eines Beweisantrags der StA, der (auch) zu seinen Gunsten gewirkt hätte. Auch besteht ein Rügerecht des Angekl bzgl eines Verstoßes gegen das Gebot fairen Verfahrens, wenn das Gericht von einer zur Ablehnung des Beweisantrags der StA führenden Zusage (Unerheblichkeit) im Urteil zu Lasten des Angekl abrückt, ohne vorher darauf hinzuweisen (BGH NStZ 88 38).

cc) Die **StA** kann grds **unabhängig** von einer **Beschwer** die Verletzung der 299
§ 244 Abs 3 bis 6, 245 rügen.

Legt die StA allerdings Revision zugunsten des Angekl ein, ist eine Beschwer des Angekl Voraussetzung. Die fehlerhafte Anwendung von Rechtsnormen, die nur den Angekl schützen sollen (so etwa die Wahrunterstellung von Tatsachen zu seinen Gunsten nach § 244 Abs 3 S 2), kann nicht mit dem Ziel einer Aufhebung zuungunsten des Angekl gerügt werden (BGH NStZ **84** 564; LR-*Gollwitzer* 349 zu § 244; ANM 870 f).

b) Die Rügeberechtigung ist **nicht an** ein bestimmtes **Verhalten** des Revisions- 300
führers während der **HV** geknüpft. Weder eine Beanstandung der gerichtlichen
Behandlung bzw Nichtbehandlung eines Beweisantrags, noch eine Gegenvorstellung gegen einen Ablehnungsbeschluß ist Voraussetzung für die Zulässigkeit der Revision (KK-*Herdegen* 108 zu § 244; einschr BGH StV **89** 465 m abl Anm *Schlothauer*; s n zur Frage des Rügeverlustes aufgrund [Nicht-]Verhaltens des Vert *Maaß* NStZ **92** 517 f sowie krit *Widmaier* NStZ **92** 519, 521 f).

Demggü hat die Rspr verschiedentlich Revisionen den Erfolg mit der Begründung versagt, der Antragsteller habe die Revisibilität gleichsam verwirkt (*Basdorf* StV **95** 318), da er dem Mißverstehen (BGHR StPO § 244 Abs 6, Beweisantrag 3) bzw der unvollständigen (Düsseldorf VRS **85** 358) oder veränderten Befolgung des Antrags (BGHR StPO § 244 Abs 6, Entscheidung 2) oder der Wahrunterstellung (BGHR StPO § 244 Abs 2, Wahrunterstellung 4) vor dem Tatgericht nicht entgegengetreten sei. Diese Konstruktion trägt indes den Bedingungen und Einflüssen, die zB auch ein (neuerliches) Entgegentreten in der HV bei dem Gericht auslösen kann, nicht hinreichend Rechnung. So mag der Antragsteller vielfältige andere Motive als solche mangelnder Offenheit oder dergleichen haben, wenn er nicht (erneut) entgegentritt, zumal die HV sowie Schuld- und Rechtsfolgenausspruch von irreversiblen Machtstrukturen gekennzeichnet – und nicht etwa einem Spiel zwischen Partnern vergleichbar (s aber *Basdorf* StV **95** 319) – ist.

Auch wenn das Gericht präsente Beweismittel nicht benutzt hat, ist eine Anrufung des Gerichts nach § 238 Abs 2 nicht Voraussetzung für die Erhebung der entspr Revisionsrüge (LR-*Gollwitzer* 87, SK-*Schlüchter* 45, jew zu § 245).

In Fällen des Austauschs von Beweismitteln hat die Rspr jedoch teilweise in unzutreffender Weise zur Voraussetzung einer Rüge gemacht, daß der Austausch als Ausübung der Sachleitungsbefugnis des Vorsitzenden vom Beschwerdeführer in der HV nach § 238 Abs 2 beanstandet worden ist (BGH StV **83** 6 mit abl Anm *Schlothauer*, abl auch KK-*Herdegen* 108 zu § 244), oder daß auf den gerichtlichen Hinweis, ein Austausch des Beweismittels habe stattgefunden, der Beweisantrag ausdrücklich aufrechterhalten worden ist (BGH StV **92** 454; zutreffend dagegen Koblenz OLGSt Nr 6 zu § 244).

2. Rügevortrag

Übersicht

	Rn		Rn
a) Allgemeines		c) Anforderung an den Vortrag im einzelnen	
aa) Schlüssiger Tatsachenvortrag	301	aa) Verletzung der Fürsorgepflicht	306
bb) Anforderungen der Judikatur	302, 303	bb) Fehlerhafte Ablehnung	307–309
cc) Entbehrliche Ausführungen	304	cc) Präsente Beweismittel	310
b) Differenzierung nach Fehlerarten	305		

301 a) aa) Im allg sind die den Mangel enthaltenden Tatsachen (§ 344 Abs 2 S 2) in der Revisionsbegründungsschrift so genau und vollständig mitzuteilen, daß das Revisionsgericht allein aufgrund dessen prüfen kann, ob ein Verfahrensfehler vorliegt, wenn die behaupteten Tatsachen sich als richtig herausstellen (**schlüssiger Tatsachenvortrag**; BGH **3** 214; **21** 340; **29** 203).

302 bb) Die **Judikatur** stellt an den Vortrag der den Mangel enthaltenden Tatsachen **Anforderungen**, deren Ausmaß zT zu Bedenken Anlaß gibt (krit *Dahs* in FS-Salger 224 ff; KK-*Herdegen* 36 zu § 244; *Ventzke* StV **92** 338).

(1) *Bezugnahmen auf Schriftstücke* außerhalb der Revisionsbegründungsschrift selbst sind allg *unzulässig*, unabhängig davon, ob sie in den Akten enthalten sind oder nicht (ANM 878). Eine Ausnahme gilt bei gleichzeitig erhobener zulässiger Sachrüge für die Urteilsgründe (BGH **36** 385; KK-*Pikart* 55 zu § 344), wenn diesen die erforderlichen Angaben zu entnehmen sind.

(2) Die Tatsachen müssen bestimmt behauptet werden. Die Darlegung, ein Vorgang sei rechtsfehlerhaft nicht protokolliert worden oder ein Protokoll fehle überhaupt, ist als bloße *Protokollrüge unzulässig*, da das Urteil nicht auf Unrichtigkeit des Protokolls beruhen kann (BGH **7** 162; BGH NStZ **91** 502 f).

303 (3) Soweit verlangt wird, auch das Nichtvorhandensein von den Verfahrensfehler neutralisierenden und damit *der Revision entgegenstehenden Umständen* im einzelnen *anzuführen* (vgl BGH NStZ **86** 520; **91** 197; vgl erg BGH StV **95** 565), weist eine solche Ausweitung des § 344 Abs 2 S 2, eine zT an „Rechtsverweigerung grenzende Strenge" (KK-*Herdegen* 36 zu § 244) auf.

Insbes gilt dies dann, wenn Revisionsgerichte an einzelne Hinweise in den Urteilsgründen Spekulationen über den Verlauf der HV knüpfen (*Basdorf* StV **95** 318: ggf unzulässige Verbindung mit Elementen der Beruhensprüfung), die den Revisionsführer zu einer näheren Darlegung hätten veranlassen sollen (vgl BGH StV **94** 5; dazu *Dahs* FS-Salger 227).[40]

---

[40] Sollte sich eine solche Ausweitung durchsetzen, so würde dies allenfalls dazu führen, daß Revisionsführer zukünftig den Ausschluß aller auch nur entfernt in Betracht kommen-

cc) (1) **Entbehrlich** sind **Ausführungen** dazu, wie der Verfahrensverstoß *rechtlich* zu *beurteilen* ist; auch die Benennung der (richtigen) verletzten Norm ist nicht erforderlich (allg Auffassung, s nur BGH **20** 98).   304

(2) Ebenso kann auf Ausführungen zur *Beruhensfrage* (§ 337 Abs 1) verzichtet werden.

Der Revisionsführer braucht also nicht mitzuteilen, welche Folgen in Bezug auf sein weiteres Prozeßverhalten und auf das Urteil eine einwandfreie Behandlung des Beweisantrags gehabt hätte; empfohlen wird jedoch, das Revisionsgericht ggf auf eine anhand des Urteils nicht naheliegende Folgerung hinzuweisen (ANM 881 f). Als inkonsequent abzulehnen ist es jedoch, die Zulässigkeit der Rüge davon abhängig zu machen, daß mitgeteilt wird, welche weiteren Anträge im Falle einer rechtsfehlerfreien Ablehnungsbegründung gestellt worden wären (so aber KG StV **88** 519).

b) In der Revisionsbegründung ist darzulegen, welche **Art von Fehler** des Gerichts gerügt wird; keineswegs genügt es, lediglich zu rügen, daß das Gericht einem Beweisantrag nicht gefolgt sei (ANM 875; vgl Hamm JR **71** 517).   305

Es ist zwischen folgenden Fehlerarten zu differenzieren:
– Mißachtung der Fürsorgepflicht bei der Stellung von Anträgen,
– fehlende oder zu späte Bescheidung von Beweisanträgen,
– fehlende oder fehlerhafte Ablehnungsbegründung,
– Widersprüche zwischen Ablehnungsbeschluß und Urteilsgründen,
– Unterbleiben der beantragten Beweiserhebung trotz Anordnung,
– Unterbleiben von Beweiserhebungen nach § 245 Abs 1.

c) Je nach Fehlerart sind **unterschiedliche Rechtsnormen** über das Verfahren betroffen, was – gemäß Ausdifferenzierung durch umfangreiche Rspr – unterschiedliche Anforderungen an den Vortrag nach § 344 Abs 2 S 2 stellt.   306

aa) Wird gerügt, das Gericht habe seine **Fürsorgepflicht** ggü dem Verfahrensbeteiligten verletzt, der einen Beweisantrag stellen wollte, so ist dies eine Rüge der Verletzung des § 244 Abs 2 (*Aufklärungsrüge*; Hamm VRS **40** 205; s dazu auch 59 f). Es müssen die (tatsächlichen) Gründe vorgetragen werden, aus denen sich im konkreten Fall eine Fürsorgepflicht ergeben hat, auf die Stellung eines (vollständigen) förmlichen Beweisantrags hinzuwirken.

bb) Wird die **fehlerhafte Ablehnung** eines Beweisantrags gerügt, hat der Beschwerdeführer den Antrag und den gerichtlichen Ablehnungsbeschluß in aller Regel inhaltlich vollständig vorzutragen (BGH NStZ **86** 519; **87** 36) und darüberhinaus ggf die (zusätzlichen) Tatsachen, aus denen sich die Fehlerhaftigkeit des Beschlusses ergibt.   307

Das Weglassen einzelner Elemente, etwa des Beweismittels oder Beweisthemas, kann uU unschädlich sein, wenn sie für die Fehlerhaftigkeit ohne Belang sind (vgl BGH MDR **53** 692; StV **82** 208; ANM 880; einschr LR-*Gollwitzer* 348, 348a, KK-*Herdegen* 108, K/M-G 85, jew zu § 244; Saarbrücken VRS **38** 59). Sind die Urteilsgründe bei gleichzeitiger (zulässiger) Erhebung der Sachrüge in die revisionsrechtliche Prüfung einbezogen, kann eine Wiedergabe von Urteilspassagen für den Vortrag der Verfahrensrüge entbehrlich sein (KK-*Herdegen* 108 zu § 244: Hinweis erforderlich; ANM 879: stillschweigende Bezugnahme). Dies gilt insbes für die Beanstandung der Ablehnung von Hilfsbeweisanträgen.

den rügevernichtenden Umstände „in der Art einer Litanei" (*Dahs* in FS-Salger 229) vortragen müßten.

308 (1) Im einzelnen gilt, daß derjenige, der die *Ablehnung wegen Unerheblichkeit* rügt, die Tatsachen, aus denen sich die Erheblichkeit ergibt, angeben muß.

(2) Wer die *Nichteinhaltung einer Wahrunterstellung* rügt, muß idR (auch) die Urteilspassagen mitteilen, aus denen der Widerspruch zur unterstellten Tatsache folgt (zur Ausnahme bei gleichzeitiger Erhebung der Sachrüge s 302).

309 Da in der Nichteinhaltung der Wahrunterstellung neben einer fehlerhaften Behandlung des Beweisantrags auch ein Verstoß gegen das Gebot des *fairen Verfahrens* liegt, gelten die Anforderungen iSd § 344 Abs 2 S 2 als herabgesetzt. In diesem Fall genügt die Rüge auch dann, wenn Beweisantrag und Ablehnungsbeschluß nicht angegeben werden (BGH **32** 46m abl Anm *K.Meyer* JR **84** 173; *Willms* FS-Schäfer 282). Bestehen andererseits Anhaltspunkte dafür, daß das Gericht den Beweisantrag später mit einer anderen Begründung zurückgewiesen hat, so soll der Vortrag sich auch darauf erstrecken müssen (BGH StV **94** 5).

(3) Wird die Ablehnung der *Anhörung eines weiteren Sv* als fehlerhaft gerügt, muß ggf dargelegt werden, worin die überlegen Forschungsmittel bestehen bzw welche Tatsachen zur Unzuverlässigkeit des bisherigen Gutachtens führen.

310 cc) Wer rügt, ein **präsentes Beweismittel** sei entgegen § 245 Abs 1 nicht benutzt worden, muß die Ladung und das Erscheinensein der Beweisperson darlegen. Er muß jedoch nicht mitteilen, zu welchen Ergebnissen eine Beweiserhebung geführt hätte bzw haben könnte. Auch bedarf es nicht der Darlegung, daß kein allseitiger Verzicht erfolgt sei (ANM 914).

3. Revisionsgerichtliche Prüfung

Übersicht

	Rn		Rn
a) Prüfungsgrundlage		bb) Prüfungsumfang bei einzelnen Ablehnungsgründen	315–321
aa) Allgemeines	311, 312	c) Beruhen	
bb) Beweiskraft des Sitzungsprotokolls	313	aa) Grundsatz	322
cc) Entfallen der Beweiskraft	314	bb) Austausch von Ablehnungsgründen	323–326
b) Prüfungsumfang		cc) Beruhen bei Verstoß gegen	
aa) Unbeachtlichkeit nicht gerügter Fehler	315	§ 245	327, 328

311 a) aa) Das Revisionsgericht prüft zur Begründetheit der Verfahrensrüge zunächst, **ob** aufgrund des Revisionsvortrags ein **Verfahrensfehler** erkennbar ist. Hinsichtlich der Ablehnungsgründe ist nur der *Beschluß* nach *§ 244 Abs 6* maßgeblich, nicht etwa kommt es hierzu auf im Urteil nachgeschobene Begründungen an (SK-*Schlüchter* 190 zu § 244). Nur ein erwiesener Verfahrensfehler kann zur Aufhebung des Urteils führen; der in dubio pro reo-Grundsatz findet grds keine Anwendung (BGH **16** 167 = JR **62** 108m Anm *Eb Schmidt*; vgl auch BVerfG bei *Spiegel* DAR **83** 208; s dazu allg 131; zur Ausn betr § 136a s n 706ff).

312 Ob die Tatsachenbehauptungen des Revisionsführers zutreffen, ist weitgehend auf **Grundlage** des *Sitzungsprotokolls* zu ermitteln. Soweit ein Umstand nicht als wesentliche Förmlichkeit im Sitzungsprotokoll beurkundet werden muß – etwa das Erscheinensein einer Beweisperson als Voraussetzung des § 245 –, trifft das Revisionsgericht seine Feststellungen auf Grundlage des *Freibeweises*.

bb) (1) Das **Sitzungsprotokoll** entfaltet bzgl der Frage, ob ein Beweisantrag   313
(oder auch Hilfsbeweisantrag) in der HV gestellt wurde, sowohl positive als auch
negative **Beweiskraft** (vgl § 274).

Soweit die Revisionsbegründung dem Sitzungsprotokoll widerspricht, ist sie demnach unbeachtlich (ANM 884). Soweit eine Protokolleintragung vorliegt, ist diese allerdings der Auslegung zugänglich, wozu vom Revisionsgericht auch andere Quellen (etwa dienstliche Äußerungen, Akteninhalt, Urteil) herangezogen werden können (ANM 885).

(2) Auch das *berichtigte* Protokoll entfaltet die volle Beweiskraft. Allerdings ist eine Berichtigung, die erst geschehen ist, nachdem der Beschwerdeführer sich auf einen Verfahrensverstoß berufen hat (regelmäßig also nach Eingang der Revisionsbegründung bei Gericht) und die zum Fortfall des gerügten Umstands führen würde, nicht wirksam ggü der Revision (st Rspr, s nur BGH **34** 12 mwN).

cc) (1) Die **Beweiskraft** des Protokolls **entfällt** allerdings mit der Folge, daß der   314
betr Vorgang im Freibeweis zu klären ist, wenn die *Urkundspersonen* über die Richtigkeit des Protokolls *verschiedener Meinung* sind.

Das ist insbes auch der Fall, wenn der Vorsitzende eine dem Protokoll widersprechende dienstliche Erklärung abgibt (BGH **4** 365; GA **63** 19; StV **88** 45; K/M-G 16 zu § 274).

(2) Die gleiche Folge tritt ein, wenn das Protokoll nachweislich gefälscht ist (§ 274 S 2) oder erkennbare *Lücken und Unrichtigkeiten* enthält.

Ist ein Beweisantrag zwar protokolliert, fehlt allerdings ein konstitutives Element, dann ist dies idR kein Beweis mangelnder Antragstellung (BGH StV **95** 356; ANM 891 f). Ist anhand anderer Umstände (etwa Ablehnungsbeschluß, Urteilsgründe) erkennbar, daß ein vollständiger Antrag gestellt war, ist dieser der Prüfung zugrundezulegen.[41]

b) aa) Das Revisionsgericht prüft grds **nur die in der Rüge angeführten Tatsachen** auf Verfahrensfehler (§ 352 Abs 1), so daß evtl andere erkennbare, aber ungerügt gebliebene Verfahrensverstöße unbeachtlich sind.   315

bb) Soweit dem Tatrichter in seiner Tatsachenwürdigung auch bzgl der tatsächlichen Voraussetzungen von Verfahrensnormen ein Freiraum eingeräumt ist (vgl ANM 158 ff; KK-*Pikart* 11 zu § 351), ist die revisionsgerichtliche Prüfung auf rechtliche Umstände beschränkt (vgl BGH **22** 267; **28** 386; K/M-G 86; SK-*Schlüchter* 190 zu § 244). Allerdings ist hinsichtlich des **Prüfungsumfangs** zu den einzelnen Ablehnungsgründen eine Abgrenzung teilweise schwierig vorzunehmen und auch in der Judikatur nicht immer einheitlich getroffen worden.

(1) Hinsichtlich des Ablehnungsgrundes der *Offenkundigkeit* unterliegt die Tatsache der   316
Allgemeinkundigkeit der vollen Überprüfung, soweit die Revisionsrichter an der Allgemeinkundigkeit teilhaben (BGH VRS **58** 374; ANM 898). Bei beschränkter Allgemeinkundigkeit und Gerichtskundigkeit kann nur die richtige Anwendung des Rechtsbegriffes geprüft werden (BGH **6** 296; **26** 59).

(2) Nur die Ablehnung wegen *rechtlicher Unerheblichkeit* unterliegt der vollen Überprüfung (ANM 899). Soweit das Tatgericht einen Beweisantrag wegen *tatsächlicher* Unerheblichkeit ablehnt, kann die Rüge, die Tatsache sei doch erheblich gewesen, nur auf eine Verletzung

---

[41] Ist der Beweisantrag nach Auffassung des Revisionsgerichts unzulänglich, hat der Tatrichter dies jedoch anders beurteilt oder nicht bemerkt und ihn nach § 244 Abs 3 abgelehnt, so soll die Rüge bereits an dem Mangel des Beweisantrages scheitern (*Basdorf* StV **95** 316; zw). Dies gilt zumindest bei Wahrunterstellung (s im Text 309) nicht, da die Nichteinhaltung den Anspruch des Angekl auf ein faires Verfahren verletzen würde (BGH NJW **94** 424).

der Denkgesetze gestützt werden oder darauf, daß das Gericht die Tatsache in den Urteilsgründen doch als erheblich behandelt habe (vgl BGH GA **64** 77).

317 (3) Weitgehend der revisionsgerichtlichen Prüfung entzogen soll auch der Ablehnungsgrund der *völligen Ungeeignetheit* des Beweismittels sein (ANM 900 f). Nach der hier vertretenen Auffassung ist allerdings die Annahme der Ungeeignetheit aus subjektiven Gründen nicht zuzulassen (s 218, 221 f), so daß ein Beurteilungsspielraum des Tatrichters weitgehend entfällt (anders aber ANM 900).

(4) Hinsichtlich der *Unerreichbarkeit* einer Beweisperson ist revisionsgerichtlich zu überprüfen, ob der Tatrichter die zur Verfügung stehenden *rechtlichen* Möglichkeiten genutzt hat und ob *zumutbare* Nachforschungen betrieben wurden. Die Würdigung des Tatrichters, weitere Ermittlungen versprächen keinen Erfolg bzw eine Vernehmung im Wege der Rechtshilfe sei der Aufklärung nicht dienlich, unterliegt dagegen nicht der revisionsrechtlichen Überprüfung (BGH **13** 302; ANM 901).

318 (5) Die revisionsgerichtliche Prüfung beim Ablehnungsgrund der *Prozeßverschleppung* soll nach teilweise vertretener Auffassung ebenfalls auf rechtliche Fehler beschränkt sein (s BGH JR **83** 35 m Anm *Meyer*; ANM 902 f), überwiegend wird jedoch eine auch tatsächliche Prüfung bejaht (s BGH **21** 123; GA **68** 19; 21; Hamm VRS **42** 117; Hamburg VRS **56** 462; KMR-*Paulus* 434, LR-*Gollwitzer* 216, beide zu § 244). Eine eigene tatsächliche Würdigung des Revisionsgerichts scheint immer dann angezeigt und auch zulässig, wenn die Revisionsbegründung Zw an den vom Tatgericht dargelegten Gründen fördert (ähnl KK-*Herdegen* 90 zu § 244).

319 (6) Wird beanstandet, eine *Wahrunterstellung* habe nicht erfolgen dürfen, ist dies eine Rüge der Verletzung der Aufklärungspflicht. Das Revisionsgericht prüft, inwieweit eine weitere Aufklärung möglich und naheliegend gewesen wäre. Die Rüge, die Wahrunterstellung beziehe sich auf eine unerhebliche Tatsache, wird idR nicht erfolgreich sein, da es für die Erheblichkeitsfeststellung nicht auf den Zeitpunkt der Urteilsberatung, sondern auf den des Ablehnungsbeschlusses ankommt (s 243). Das Revisionsgericht überprüft in vollem Umfang auf entspr Verfahrensrüge, ob eine Wahrunterstellung eingehalten wurde (bezogen auf die BGH-Judikatur der Jahre 1983 und 1988 lag hierin besonders häufig der Aufhebungsgrund [*Perron* 367]). Nur auf die Sachrüge prüft das Revisionsgericht hingegen, wenn der Beschwerdeführer vorträgt, der Tatrichter habe sich bei der Urteilsfindung nicht mit der wahrunterstellten Tatsache auseinandergesetzt oder naheliegende Schlüsse nicht gezogen (ANM 904).

320 (7) Hinsichtlich der Ablehnung eines Beweisantrags auf Anhörung eines Sv aufgrund *eigener Sachkunde* überprüft das Revisionsgericht gemäß der Urteilsgründe, ob sich der Tatrichter die Sachkunde zutrauen durfte (BGH **12** 20). Beschränkt auf die Überprüfung rechtlicher Fehler soll das Revisionsgericht hingegen sein, wenn es um die Ablehnung der Anhörung eines weiteren Sv geht (ANM 905). Die Beantwortung der Frage, ob dem benannten Sv überlegene Forschungsmittel zur Verfügung stehen, stehe im pflichtgemäßen Ermessen des Tatrichters (BGH GA **62** 371; bei *Spiegel* DAR **78** 157; Hamm NJW **71** 1956).

321 (8) Nicht voll überprüfbar ist schließlich die Ausübung des Ermessens bei der Ablehnung von *Augenscheinsbeweisen*; ein Fehler ist nur dann festzustellen, wenn sich aufdrängte, daß eine Besichtigung zu besseren Beweisergebnissen geführt hätte (vgl BGH NStZ **81** 10).

322 c) aa) IdR wird, da schon ein *möglicher* Ursachenzusammenhang genügt, das Urteil auf einem **Fehler** hinsichtlich der **Behandlung von Beweisanträgen** auch **beruhen**. Dies gilt schon deshalb, weil das Beweisantragsrecht die Funktion hat (s n 139), den Verfahrensbeteiligten die auch noch so geringe Möglichkeit einer Beeinflussung der Urteilsfindung durch die Erhebung beantragter Beweise zu ermöglichen, und dem Revisionsgericht eine vorweggenommene Beweiswürdigung selbstverständlich ebensowenig zusteht wie dem Tatgericht.

Soweit die Rspr bei der Beruhensprüfung *hypothetische* Ermittlungs- bzw Verfahrens*abläufe* berücksichtigt, wird das Kriterium der Sicherheit nicht immer in hinreichender Weise gewürdigt. So führte die tatrichterlich unzulängliche Begründung der Unerreichbarkeit eines Zeugen nicht zur Urteilsaufhebung, weil eine einfache Nachfrage bei diesem ergeben habe, daß er sich auf sein Zeugnisverweigerungsrecht berufen hätte (BGHR StPO § 244 Abs 3 S 2, Unerreichbarkeit 16). Dies ist deshalb zw, weil schon wegen des Zeitablaufs sowie der gänzlich unterschiedlichen Art der Konfrontation der Zeugenperson der vorgenommene Rückschluß trügerisch sein mag. – Entspr Bedenken bestehen bzgl einer Nachfrage bei Sv hinsichtlich der Geeignetheit bestimmter Untersuchungsmethoden, sofern in der HV ein Gutachten fehlerhaft nicht eingeholt wurde (BGH NStZ **93** 395; NJW **93** 866); denn hierdurch wird faktisch eine allein dem Tatrichter vorbehaltene Beurteilung (s n 1607 ff) ersetzt und dem Antragsteller die Möglichkeit genommen, die Antwort des befragten Sv in Zw zu ziehen.

bb) (1) Ein Beruhen ist auch dann gegeben, wenn die Ablehnung des Beweisantrags zwar nicht aus dem im Beschluß nach § 244 Abs 6 genannten Grund, aber aus einem anderen der in § 244 Abs 3 bis 5 erwähnten Begründungen gerechtfertigt gewesen wäre. Dies ergibt sich daraus, daß der Antragsteller bei rechtzeitiger Kenntnis des richtigen Ablehnungsgrundes noch in der HV einen weiteren bzw korrigierten Beweisantrag hätte stellen können (BGH **19** 26; **29** 152; bei *Dallinger* MDR **71** 18; ANM 911). Deshalb ist auch ein **Austausch der Ablehnungsgründe** durch das Revisionsgericht grds ausgeschlossen. **323**

Allerdings wird dieser Grundsatz in der Judikatur nicht immer einheitlich gewahrt, und zwar vor allem in Fällen, in denen die fehlerhafte Ablehnung eines Beweisantrags auf Anhörung eines Sv deshalb als für die Urteilsfindung unmaßgeblich behandelt wird, weil der Tatrichter den Antrag auch wegen eigener Sachkunde hätte ablehnen können (BGH GA **81** 228; NStZ **82** 432). Eine Beurteilung der Sachkunde des Tatrichters steht dem Revisionsgericht jedoch nicht zu. Unstimmig ist es auch, die fehlerhafte Ablehnungsbegründung wegen Prozeßverschleppung mit der Annahme des Grundes aus § 244 Abs 5 S 2 zu „heilen" (so aber BGH StV **94** 635 m abl Anm *E. Müller*) oder damit, daß im Revisionsurteil die Offenkundigkeit des Gegenteils der Beweisbehauptung festgestellt wird (so aber Hamm VRS **32** 280; Düsseldorf MDR **80** 869; zutreffend SK-*Schlüchter* 191 zu § 244), oder deren aus den Urteilsgründen resultierende Bedeutungslosigkeit (so aber BGH StV **87** 46 m abl Anm *Schlüchter*). **324**

(2) Umstritten ist, ob ein Beruhen des Urteils auf dem Verfahrensfehler dann ausgeschlossen werden kann, wenn das Tatgericht die Beweisbehauptung *im Urteil* als *offenkundig zutreffend* oder sonst *als wahr* behandelt hat. Der Auffassung, das Ziel einer Beweiserhebung sei damit erreicht und die fehlerhafte Ablehnung oder Nichtbescheidung des Beweisantrags beeinträchtige deshalb nicht das Urteil (ANM 881 f, 908 f; K/M-G 86, SK-*Schlüchter* 191, jew zu § 244), steht ggü, daß die rechtzeitige Mitteilung der richtigen Ablehnungsbegründung das Prozeßverhalten des Antragstellers (potentiell) beeinflußt haben könnte (KK-*Herdegen* 59 zu § 244; *Scheffler* NStZ **89** 159). Es ist davon auszugehen, daß im genannten Fall regelmäßig keine Beeinträchtigungen festzustellen sind; anders verhält es sich jedoch dann, wenn ein Hinweis des Gerichts möglicherweise zu noch günstigerem Beweisvorbringen hätte führen können (LR-*Gollwitzer* 150 zu § 244). **325**

(3) Bei der Ablehnung von *Hilfsbeweisanträgen*, die zulässigerweise erst in den Urteilsgründen beschieden worden sind (s dazu 164 f), gilt der oben genannte Grundsatz nicht, da der Antragsteller ohnehin in der HV nicht mehr auf die Benennung des richtigen Ablehnungsgrundes hätte reagieren können. Das Revisionsgericht darf demnach idR eine fehlerhafte Ablehnungsbegründung durch eine richtige ersetzen und so das Beruhen ausschließen (ANM 911, SK-*Schlüchter* 191 zu § 244). Dies gilt jedoch nicht in Fällen, in denen eine Ablehnungsbegründung eine (zulässige) Vorwegnahme der Beweiswürdigung beinhaltet, denn eine solche steht nur dem Tatrichter zu. Die Ersetzung durch den Ablehnungsgrund der Prozeßverschleppung scheidet hier schon deshalb aus, weil für diesen auch bei Hilfsbeweisanträgen der Wiedereintritt in die HV notwendig ist (BGH **22** 124; NStZ **86** 372; s 165). **326**

327 cc) (1) Hinsichtlich einer Nichtbeachtung des § 245 ist ebenfalls ein Beruhen in aller Regel zu bejahen (ANM 915: betr persönl Beweismittel „nahezu zwingender Aufhebungsgrund").

Anderes soll nur ganz ausnahmsweise gelten, wenn sich eine Auswirkung der Beweiserhebung auf das Urteil mit Sicherheit ausschließen lasse (BGH GA **85** 566; bei *Dallinger* MDR **75** 369; bei *Holtz* MDR **78** 459). Demggü wird zu berücksichtigen sein, daß die gesetzliche Pflicht zur Beweiserhebung bei präsenten Beweismitteln nach § 245 Abs 2 nur entfällt, wenn ein völlig sachfremder Antrag gestellt wird (insoweit zw BGH GA **85** 566). Dem wird beim Maßstab des Beruhens auch hinsichtlich einer Verletzung des § 245 Abs 1 entspr Rechnung zu tragen sein (ANM 915; SK-*Schlüchter* 49 zu § 245).

328 (2) Bzgl der Rüge der Verletzung des § 245 Abs 2 wird im übrigen auf die Ausführungen zur fehlerhaften Behandlung von Beweisanträgen Bezug genommen (292 ff).

Drittes Kapitel. Beweisverbote

I. Allgemeines

1. Verhältnis zur Wahrheitserforschung

a) Auch wenn das Strafverfahren die Aufgabe hat, die materielle Wahrheit zu **329** erforschen (s n 2, 6 ff), so ist diese Aufgabe im Strafprozeß doch kein absoluter Wert (allg Ansicht, s nur KK-*Pfeiffer* Einl 117; *Roxin* 16 zu § 24).

Der **Wahrheitsermittlung** sind **rechtliche Grenzen** gesetzt: Sie darf grds nur mit den prozessual zulässigen Mitteln und in prozessual zulässiger Weise unter Berücksichtigung anderer Werte erfolgen (BGH **14** 365; **19** 329; **31** 308). Verschiedentlich *fördern* diese Einschränkungen der Ermittlungstätigkeit allerdings *zugleich* die Aufgabe der Wahrheitserforschung; so beugen zB die Regelungen des § 136a wie auch Zeugnisverweigerungsrechte solchen Konfliktlagen vor, in denen der Betroffene sich gezwungen sehen könnte, dem auf ihm lastenden Druck durch unwahre Angaben zu entgehen[1] (vgl dazu auch 625).

b) Die *Beweisverbote* sind rechtsstaatlich elementar, um die strafverfahrensrechtli- **330** che Aufklärungspflicht zur Wahrung *vorrangiger* anderer *Werte* notwendig einzuschränken.[2] Zu den Prinzipien, die dem Zweck der Aufklärung und ggf der Ahndung von Straftaten vorrangig sein können, zählen insbes der Schutz der Menschenwürde (Art 1 Abs 1 GG), der Verhältnismäßigkeitsgrundsatz und die Wahrung des Ansehens des Rechtsstaates bzw der rechtsstaatlichen Integrität des Verfahrens sowie das Grundrecht auf freie Entfaltung der Persönlichkeit (Art 2 Abs 1 iVm Art 1 Abs 1 GG).

Im Interesse der Erhaltung dieser Gemeinschaftswerte muß in Kauf genommen **331** werden, daß die Wahrheitsermittlung sich uU verzögert oder sogar ganz verhindert werden kann oder aber gleichwohl gewonnene Erkenntnisse – obwohl sie materiell der Wahrheit entsprechen – aufgrund von Beweisverboten keine Berücksichtigung im Strafverfahren finden dürfen (s n 358 ff).

In diesen zuletzt genannten Fällen muß der Richter hinsichtlich der Beweiswürdigung bestimmte Umstände aus seinem Wissen ausklammern.[3] Doch auch bei größter Vorsicht ist eine zumindest unbewußte Beeinflussung der richterlichen Wertungen nicht auszuschließen (vgl dazu *Arzt* FS-Peters 230 ff; *Kühne* 530).[4]

---

[1] Zur Wahrheitsgefährdung als möglicher Erklärungsgrundlage s Peters 46 DJT 93 f.
[2] Sie stellen nicht (mehr), wie *Beling* im Jahre 1903 in seiner Tübinger Antrittsvorlesung formulierte, Grenzen iSv Ausnahmen eines uneingeschränkten Aufklärungsgebotes dar (S 2).
[3] Dadurch wird jedoch nicht die richterliche Unabhängigkeit (Art 97 Abs 1 GG) betroffen. Die Beweisverbote stellen sich insoweit lediglich als deren Ausgestaltung im Rahmen der Bindung des Richters an das Gesetz dar (BVerfGE **36** 174, 185; vgl auch KK-*Pfeiffer* Einl 117).
[4] Zu der Frage, ob die Kenntnis unverwertbarer Beweisergebnisse sich dergestalt auf die Entscheidungsfreiheit des Richters auswirken könnte, daß dieser sich für befangen erklären müßte oder sogar eine Einstellung des Verfahrens zu erwägen wäre, zust Peters 46. DJT S 135, 161; abl *Rogall* ZStW **91** [1979] 43 f.

2. Zur Systematik

Übersicht

	Rn		Rn
a) Konzeptionelle Unterschiede .	332	bb) Revisionsrechtliche Kriterien	334
aa) Unabhängige Rechtsinstitute	333	b) „Formelle" Unterteilung	335

332 In Literatur wie Rspr **fehlt** es sowohl in terminologischer als auch in dogmatischer Hinsicht an einer **einheitlich anerkannten Systematik** bzw umfassenden Konzeption des Beweisverbotsrechts.[5]

a) Innerhalb der Beweisverbotslehre unterscheiden sich bereits die **theoretischen Zugangswege** erheblich (vgl nur *Gössel* GA **91** 483 f mwN), je nach dem, ob die Betrachtung *retrospektiv* von den prozessualen Folgen einer Mißachtung von Beweisverboten und damit von der Frage der Revisionserheblichkeit aus geschieht, *oder* aber ob gegenwärtig von einer prozessualen Eigenständigkeit der Beweisverbote im *Zeitpunkt* der *Beweiserhebung* ausgegangen wird.

333 aa) Ein Teil der Lehre sieht die Beweisverbote als vom Revisionsrecht zunächst einmal grds **unabhängige Rechtsinstitute** eigener Art an (so ua *Rogall* ZStW **91** [1979] 7 f; *Dalakouras* 111 ff), als prozessual eigenständige Normen, deren Bedeutung und Umfang sich nach ihrem jeweiligen Zweck oder Inhalt bestimmt. Doch auch innerhalb dieses Zugangsweges werden vielfältigste Ansätze vertreten, was insbes Auswirkungen auf die Annahme von Beweisverwertungsverboten hat (s 366 ff).

334 bb) Dem entgegengesetzten Zugangsweg nach sind die Beweisverbote als **unselbständiger Teil des Revisionsrechts** zu betrachten (vgl dazu, insbes auch zum Standpunkt der Judikatur, *Gössel* GA **91** 486 ff). Anknüpfungspunkt der Fragestellung ist demzufolge insbes die allg Revisionsrüge des § 337. Deren gesetzliche Voraussetzungen und nicht etwa das (ungeschriebene) Recht der Beweisverbote seien ausschlaggebend dafür, ob ein Verwertungsverbot vorliegt (*Schöneborn* GA **75** 35 f). Ist davon auszugehen, daß nach Erlaß des Urteils eine *Revisionsrüge Erfolg* haben würde, so sei dies bereits in der HV grds zu berücksichtigen (*Sydow*, insbes 75; *Schünemann* MDR **69** 102).[6]

Grenzen der Tragweite dieser Ansicht ergeben sich daraus, daß die Beweisverbote uU nicht erst im Hauptverfahren, sondern bereits während des gesamten Ermittlungsverfahrens relevant werden und im übrigen über die revisionsrechtlichen Folgen hinaus von Bedeutung sein können (vgl 358 mN).

335 b) Trotz der teilweise recht uneinheitlichen **Terminologie** (vgl dazu die Übersichten von *Strate* JZ **89** 176 und ANM 431 f)[7] wird im allg der von *Beling* geprägte Oberbegriff der Beweisverbote sozusagen „*formell*" (vgl *Gössel* GA **91** 484) in solche bzgl der **Erhebung** und in andere, die **Verwertung** betreffende, unterteilt.

---

[5] Demgemäß kommt mitgeteilten Ergebnissen nur vorläufige Bedeutung zu.
[6] Nach *Schöneborn* zwingen (nur) prozeßökonomische Gründe dazu, um „einen unnützen Verfahrensabschnitt zu vermeiden" (GA **75** 36).
[7] S aber auch *Amelung* **90**, der den Begriff „Beweis" für zu einengend erachtet und insoweit „**Information**serhebung" bzw „-verwertung" vorschlägt (S 11 ff).

II. Beweiserhebungsverbote

1. Zuordnung

Beweiserhebungsverbote betreffen hinsichtlich der Gewinnung von Beweisen 336
sowohl die strafverfahrensrechtliche *Aufklärungspflicht* als auch die Grenzen der *Beweiswürdigung*.

Sie lassen sich weiterhin nach ihrem jeweiligen Anknüpfungspunkt in **Beweis-** 337
themaverbote, Beweismethodenverbote, Beweismittelverbote und **relative Beweisverbote**[8] untergliedern (so zB *Roxin* § 24 Rn 14; KK- *Pfeiffer* Einl 119; *Gössel* GA **91** 484; K/M-G Einl 51).[9] Die Zuordnung einzelner Beweiserhebungsverbote zu diesen Untergruppen wird jedoch ebenfalls nicht immer einheitlich gehandhabt.[10] Tatsächlich ist mit dieser Einteilung der Beweiserhebungsverbote außer einer besseren Übersichtlichkeit noch nichts gewonnen, dh die Kategorisierung hat weitgehend eine (nur) ordnende Funktion, ohne substantielle Aussagen zu erlauben. Insbes gibt sie keinen Aufschluß über die prozessualen Folgen eines Verstoßes gegen einzelne – dieser oder jener Gruppe zugehörige – Verbote. Eine Einteilung, die eine Regelmäßigkeit hinsichtlich daraus resultierender Fragen der Verwertbarkeit, der Heilungsmöglichkeiten bzw der Revisionserheblichkeit begründet, konnte seither nicht entwickelt werden.

2. Beweisthemaverbote

Die Beweisthemaverbote untersagen, bestimmte Tatsachen zum Gegenstand der 338
Beweisführung zu machen.

a) Zu den Beweisthemaverboten zählen Tatsachen, die **gesetzlichen Geheimhaltungspflichten** unterliegen. Darunter fallen diejenigen, für die das Verbot der Aufklärung von *Staats-* (§ 93 StGB) und *Amtsgeheimnissen* (§ 54 iVm §§ 61 f BBG, 39 BRRG, 14 SoldG) gilt, soweit für sie keine Aussagegenehmigung erteilt wird (s n 1299).

Unzulässig ist ferner die Beweiserhebung über dem *richterlichen Beratungsgeheimnis* 339
unterworfene Tatsachen nach §§ 43, 45 DRiG (aA *Spendel* NJW **66** 1102, 1105; zu möglichen Ausnahmen vgl ANM 440 ff),[11] sowie über solche, die das *Abstimmungsverhalten* bei geheimen demokratischen *Wahlen* betreffen (s dazu Art 28 Abs 1 S 2, Art 38 Abs 1 S 1 GG).[12] Im Schrifttum wird teilweise auch aus dem gerichtlichen

---

[8] Die relativen Beweisverbote werden zT als Beweismethodenverbote (vgl KK-*Pelchen* 25 vor § 48) und nicht als selbständige Untergruppe behandelt (s dazu auch *Kühne* 524).
[9] Eine zusätzliche Untergliederung in Beweis*verfahrens-* und Beweis*verfolgungs*verbote nimmt *Peters* vor (Beweisverbote 46. DJT S 95 ff); ähnlich auch LR-*Schäfer* Einl Kap 14 Rn 8 ff (zu sogen „Belastungsverboten" aaO Rn 2).
[10] Hierzu wird etwa ausgeführt, sie „stiftet dadurch mehr Verwirrung als sie Nutzen bringt" (*Beulke* StP 55).
[11] Die Entscheidung darüber, ob Gründe vorliegen, die eine Aufhebung des Schweigegebotes rechtfertigen, wird von den Richtern selbst getroffen (vgl *Henkel* 206).
[12] Verschiedentlich wird in diesem Fall ein Beweismittelverbot angenommen (so K/M-G Einl 52, sowie unter Hinweis auf die Entscheidungsfreiheit des Wählers, über sein Abstimmungsverhalten Auskunft zu geben, ANM 451).

Schweigegebot des § 174 Abs 3 GVG ein Beweisthemaverbot abgeleitet (so KMR-*Paulus* 487 zu § 244).

340   b) Zu den Beweisthemaverboten gehören zudem **bindende Feststellungen zum Tatgeschehen** *innerhalb des Verfahrens*. Dies gilt zB dann, wenn ein Rechtsmittel zulässigerweise auf die Rechtsfolgen der Verurteilung beschränkt ist (§ 327), so daß das Rechtsmittelgericht an den rechtskräftigen Schuldspruch gebunden ist (sogen **horizontale Teilrechtskraft**; vgl BGH **5** 252; **10** 73; **10** 383; **24** 188; **28** 121; für eine lediglich innerprozessuale Bindungswirkung ANM 434 mwN; umfassend dazu *Kemper*, insbes 435 ff). Wenngleich nur Entscheidungen, nicht aber Tatsachen in Rechtskraft erwachsen, wird davon ausgegangen, daß sich der Tatrichter nicht in Widerspruch zu solchen Feststellungen setzen darf, die einer in Rechtskraft erwachsenen Entscheidung zugrunde liegen (BGH **7** 283; **24** 274; **28** 119 = JR **79** 299 mit Anm *Grünwald*).

341   *Andere Strafurteile* begründen lediglich in dem (Ausnahme-)Fall ein Beweisthemaverbot, daß ein iSd §§ 185 ff StGB Beleidigter bereits vor der Behauptung wegen des Vorwurfs einer Straftat rechtskräftig freigesprochen (bzw verurteilt) worden ist (§ 190 StGB). Insoweit ist die Feststellung des früheren rechtskräftigen Urteils für das Gericht bindend (vgl *Dreher/Tröndle* 2 zu § 190; LR-*Schäfer* Einl Kap 14 Rn 5; s 109, 114).

342   Auch rechtskräftige *Zivilurteile* entfalten nur in eingeschränktem Maße Bindungswirkung (vgl § 262 Abs 1). Nur allgemeinverbindliche Entscheidungen, zB über Rechtsverhältnisse in Ehe- und Kindschaftssachen, hindern die Beweiserhebung (vgl *Ranft* FS-Spendel 726).

343   c) Ein weiteres Beweisthemaverbot folgt aus §§ 51, 63 Abs 4 **BZRG** (zu Ausnahmen s §§ 51 Abs 2, 52 BZRG; zum Ganzen *Tremml* 33 ff). Dementspr darf nach **Tilgung bzw Tilgungsreife** der Eintragung einer Verurteilung im BZR diese in einem neuen Verfahren weder bei der Beweiswürdigung noch in der Strafzumessung (vgl BGH **24** 378)[13] zum Nachteil des Betroffenen verwertet werden, es sei denn, der Beschuldigte beruft sich selbst zu seiner Entlastung auf die frühere Verurteilung (BGH **27** 108; s auch LR-*Schäfer* Einl Kap 14 Rn 5). Dies betrifft sowohl die Verurteilung an sich, als auch den der Verurteilung zugrundeliegenden Lebenssachverhalt (*Rebmann/Uhlig* § 51 Rn 4; KMR-*Paulus* 584 zu § 244). – Entspr gilt hinsichtlich der Entfernung von Eintragungen in das *Erziehungsregister* (§ 63 Abs 4 BZRG).

344   Aus verfassungsrechtlicher Sicht wurde diese Regelung nicht beanstandet (BVerfGE **36** 174). Dabei ist vor allem auf den (Wieder-)Eingliederungsgedanken als vorrangigen Normzweck hingewiesen worden, demggü die Wahrheitsermittlung zurücktreten müsse. Dagegen nimmt *Willms* (in FS-Dreher 143 f) neben einer Verletzung des Gleichheitsgrds auch einen Verstoß gegen Art 92 GG an (krit auch *Creifelds* GA **74** 129, insbes 138 ff). Zudem wird aus der Praxis auf verfahrenserschwerende Konsequenzen hingewiesen (vgl *Tepperwien* FS-Salger 189 ff, insbes 190).

345   Bzgl solcher *Strafverfahren*, die *nicht* zu einem *Urteil* geführt haben – also nicht in das BZR eingetragen wurden –, läßt sich ein Beweisverbot aus §§ 51, 63 Abs 4 BZRG im Hinblick auf die Eindeutigkeit des Wortlautes wie auch den Normzweck indes schwerlich ableiten (aA OLG Köln **73** 378; BGH NJW **73** 289; *Pry-*

---

[13] Das gleiche gilt bei Bemessung der Geldbuße betr getilgte oder tilgungsreife Eintragungen im VZR (§ 17 OWiG; vgl nur Celle NZV **94** 332).

zwanski 158 f). Zur (Un-)Verwertbarkeit nicht rechtskräftig abgeurteilter Straftaten s jedoch 411 ff.

d) Ohnehin einem Beweisthemaverbot unterliegen Befragungen, mit denen **mißbräuchliche Zwecke iSv § 241 Abs 2** verfolgt werden (vgl SK-*Schlüchter* 9 zu § 241 mwN). 346

3. Beweismethodenverbote

Beweismethodenverbote untersagen eine bestimmte **Art und Weise**[14] der *Wahrheitsermittlung*, wobei die Aufklärung des Beweisthemas möglich und zulässig bleibt (vgl KK-*Pfeiffer* Einl 119). 347

Diese Verbote betreffen insbes die gemäß § 136a unzulässigen Methoden der Beweiserhebung[15] (s eingehend dazu 625ff), die zugleich zwingend ein Beweisverwertungsverbot nach sich ziehen (s 358 sowie 712–722), und zwar unabhängig davon, ob die so gewonnene Aussage der Wahrheit entspricht (BGH **5** 290; K/M-G 27, KK-*Boujong* 38, beide zu § 136a; s n 713) oder der Beschuldigte einer Verwertung zustimmt (§ 136a Abs 3 S 2).

Eine Heilung des Verstoßes ist nicht möglich; denkbar ist nur eine erneute Vernehmung in zulässiger Weise, wobei weder die nunmehr gemachte Aussage noch deren Würdigung von dem vorangegangenen Verstoß beeinflußt werden darf (vgl auch *Blau* Jura **93** 519).

4. Beweismittelverbote

Die Beweismittelverbote schließen **bestimmte sachliche** wie auch **persönliche Beweismittel** von einer an sich zulässigen Beweiserhebung aus. 348

a) Diese Verbote ergeben sich vor allem **aus den Beweisvorschriften** der **StPO**.

aa) Hierzu zählt das Verbot der Vernehmung von Personen, die von ihrem *Zeugnis-* (§§ 52 ff)[16] oder ihrem *Auskunftsverweigerungsrecht* (§ 55) Gebrauch gemacht haben (s 378 sowie ausführlich 1258, 1284, 1124, 1126); desgleichen scheiden neben dem Beschuldigten selbst auch Mitbeschuldigte (s 927 ff) und Privatkläger (s 1024) aufgrund ihrer Stellung im Verfahren als Zeugen aus. 349

bb) Weitere Beweismittelverbote ergeben sich aus *§ 81c* für mangels Einwilligung unzulässige Untersuchungen (s n 1658 ff), sowie aus den *Beschlagnahmevor-* 350

---

[14] Strenggenommen beinhaltet jede Regelung der Modalitäten einer Beweisgewinnungsform ihrem Grunde nach auch das Verbot einer dagegen verstoßenden Beweiserhebung (vgl *Grünwald* 143). Zum Teil werden die Beweismethodenverbote (terminologisch) als eigenständige Kategorie für verzichtbar gehalten (ohne daß dies weitergehende Konsequenzen hätte): Jede gegen ein Beweisverbot verstoßende Beweisgewinnung stelle zugleich eine verbotene Beweismethode dar (vgl KMR-*Paulus* 537 zu § 244) bzw es könne die nach § 136a verbotene Art und Weise der Beweiserhebung ebenso als Beweismittelverbot bezeichnet werden (so AK-*Kühne* 48 vor § 48; s aber *Kühne* 524 unter Verneinung einer Eigenständigkeit der Beweisthema- und der relativen Beweisverbote und Zuordnung zu den Beweismittelverboten).

[15] Nach LR-*Schäfer* sind hier auch die Beweiserhebungsverbote nach §§ 81a, 81c einzuordnen (Einl Kap 14 Rn 6).

[16] AK-*Kühne* (48 zu § 48) klassifiziert § 53 Abs 1 Nr 1 als Beweisthemaverbot.

schriften (§§ 95 ff). So dürfen zB Urkunden, für die gemäß § 96 eine Sperrerklärung vorliegt, nicht als Beweismittel eingeführt werden (s n 2115 f; K/M-G Einl 53; zur Frage der Zulässigkeit diesbzgl Beschlagnahme s BGH NStZ **92** 394 mit grds Anm *Amelung* NStZ **93** 48 ff sowie Anm *Taschke* NStZ **93** 94; *H.E. Müller* 49 ff; *Arloth* NStZ **93** 467 ff). Gleiches gilt auch für *Urkundenverlesungen*, die nach §§ 250, 252 unzulässig bzw nur in Ausnahmefällen zulässig (§§ 251, 256; s n 2076 ff und 2099 ff) sind (KMR-*Paulus* 488 zu § 244).

351 cc) Ebenfalls eine Beweisbeschränkung enthält § 274, da nach dieser Vorschrift über die Beachtung der für die HV vorgeschriebenen Förmlichkeiten grds nur durch das *Sitzungsprotokoll* Beweis geführt werden darf (*Ranft* 1592; *Kühne* 527).

352 dd) Gemäß § 7 Abs 3 des *Gesetzes* zur *Beschränkung* des *Brief- und Fernmeldegeheimnisses* (G 10) dürfen Erkenntnisse und Unterlagen, die durch Maßnahmen aufgrund dieses Gesetzes erlangt wurden, – abgesehen von Fällen des § 138 StGB – nur zur Erforschung und Verfolgung der in § 2, § 3 Abs 3 dieses Gesetzes genannten Handlungen benutzt werden. Diese Einschränkung betrifft sowohl die Beweiserhebung als auch die Verwertung und erstreckt sich ebenfalls auf solche Beweismittel, deren Gewinnung erst aufgrund einer unzulässigen Maßnahme erfolgt ist (BGH **29** 244; BGH NStZ **90** 348 sowie BGH **37** 30, jeweils mit Anm *Schroeder* JZ **90** 1033; s zur Fernwirkung allg 403 ff, 714 ff).

Diese Begrenzung darf auch faktisch nicht etwa durch eine extensive Auslegung der seit Ende 1994 (Gesetz v. 28.10., BGBl I 3816) bestehenden Pflicht unterlaufen werden, die bei Überwachung nach § 3 Abs 1 G 10 erlangten personenbezogenen Daten, falls sie die in § 3 Abs 3 G 10 genannten Handlungen betreffen, gemäß § 3 Abs 5 G 10 den StAen und (vorbehaltlich von deren Leitungsbefugnis) der Polizei zu übermitteln, soweit dies zur Erfüllung ihrer Aufgaben erforderlich ist.

353 b) Beweismittelverbote können sich aber auch **aus Beweisverwertungsverboten** ergeben. Steht nämlich bereits im Zeitpunkt der Beweiserhebung fest, daß das Beweismittel einem Verwertungsverbot unterliegen würde, ist schon die Einführung in die HV unzulässig (BVerfG **57** 250; ANM 477; *Peres* 13). Besteht also ein *verfassungsrechtliches* Verwertungsverbot (da zB die Verwendung bestimmter Aufzeichnungen, Lichtbilder oder Tonbandaufnahmen die Privat- oder Intimsphäre verletzt), so liegt gleichfalls ein Beweismittelverbot vor, das schon die Beweiserhebung untersagt (BGH **14** 360; KMR-*Paulus* 488 zu § 244; *Störmer* Jura **94** 395; *Grünwald* 143).

354 Auch diese Beweismittelverbote betreffen jedoch nur die Zulässigkeit *staatlicher* Beweiserhebung, dh das Ausgeführte gilt nicht hinsichtlich rechtswidrig erlangter Beweismittel durch Private (s 395 ff).

5. Relative Beweisverbote

355 Diese Verbotsgruppe bezieht sich auf eine zulässige Beweisgewinnung, die jedoch hinsichtlich der Voraussetzungen der **Anordnung und Durchführung** beschränkt wird. Entweder darf die Gewinnung nur von bestimmten Personen angeordnet oder nur von bestimmten Personen oder in bestimmter Art und Weise durchgeführt werden (s §§ 81 a, 98, 100 ,105, 111 e, 111 n).

Nach aA handelt es sich hierbei nicht um Beweisverbote ieS, sondern um schlichte Beweisregelungen (vgl KK-*Pfeiffer* Einl 122; KMR-*Paulus* 491 f zu § 244; s zur unterschiedlichen Kategorisierung auch 336 f).

III. Beweisverwertungsverbote

Die Beweisverwertungsverbote haben zur Folge, daß bestimmte Informationen **356** und Beweisergebnisse nicht in die **Beweiswürdigung** bzw die **Urteilsfindung** einfließen dürfen. Sie sind jedoch nicht nur in der HV, sondern vielmehr während des gesamten Strafverfahrens von Bedeutung. So stellt sich die Frage eines Verwertungsverbotes uU bereits während des *Ermittlungsverfahrens* (vgl zB betr erforderlichen Tatverdachts für prozessuale Zwangsmaßnahmen; BGH **36** 396 mit Anm *Schroeder* JZ **90** 1034; *Rogall* ZStW **91** [1979] 7 f.).

1. Gesetzliche Regelungen

a) Ein gesetzliches und ausnahmslos zwingendes Verwertungsverbot weist die **357** StPO nur in **§ 136a Abs 3 S 2** auf (s dazu im einzelnen 712 ff). Danach ist die Verwertung von Aussagen, die unter Verstoß gegen § 136a gewonnen wurden, unter allen Umständen – selbst wenn der Beschuldigte zustimmt – untersagt.

b) In den §§ 98b Abs 3 S 3, 100b Abs 5, 100d Abs 2, 110e finden sich ebenfalls **358** ausdrückliche strafprozessuale Verwertungsverbote, die jedoch hinsichtlich bestimmter (Katalog-)Straftaten Ausnahmen vorsehen, vgl dazu §§ 98a, 100a (s n 2294, 2296), 110a Abs 1. Bestand von vornherein nicht der Verdacht einer solchen (Katalog-)Straftat, so ist grds von Nichtverwertbarkeit der Informationen auszugehen (vgl statt vieler nur K/M-G 11 zu § 98b, 21 zu § 100a, 15 zu § 100c, 16 zu § 110a; AG Koblenz StV **95** 518), wenngleich das zugestehen eines Beurteilungsspielraums (s betr § 100a BGH NStZ **95** 511 mit krit Anm *Bernsmann* sowie ausführlich abl *Störmer* StV **95** 653 ff) diese Konsequenz einzuschränken geeignet ist (vgl n 2301).

Informationen, die ein VE bei einem Einsatz ohne Zustimmung gemäß § 110b Abs 1, 2 und damit unzulässig (§ 110b Abs 1 S 1) erlangt hat, sind *nicht verwertbar* (K/M-G 11, KK-*Nack* 7, beide zu § 110b).[17] Der Verstoß gegen eine Formvorschrift (zB § 110b Abs 1 S 3) sei jedoch unschädlich (BGH StV **95** 398 mit abl Anm *Sieg* StV **96** 3). – Liegt bei Einsätzen gemäß § 110a Abs 2 (auch) keine nachträgliche Zustimmung des Richters binnen 3 Tagen vor, so wird eine von der StA erteilte Zustimmung (§ 110b Abs 2 S 2) nur ab diesem Zeitpunkt unwirksam, nicht jedoch für die Zwischenzeit (BGH NStZ **95** 516 mit Anm *Krey/Jaeger* sowie Anm *Weßlau* StV **95** 506 und Anm *Rogall* JZ **96** 260 [264]; aA *Zaczyk* StV **93** 496).

Wenngleich die §§ 110a ff nicht für V-Personen gelten, kann ein Beweisverwertungsverbot ggf dann vorliegen, wenn deren Einsatz zur *Umgehung* dieser Vorschriften geschah (offen gelassen in BGH NStZ **95** 514 mit krit Anm *Lilie/Rudolph* [besonders S 515 f] = JZ **95** 970 mit krit Anm *Fezer*; zu V-Personen und VE vgl 1034 ff).

c) § 81c Abs 3 S 5 macht dagegen die Verwertbarkeit von Untersuchungs- und **359** Blutprobenergebnissen bei Minderjährigen und Betreuten in solchen Fällen, in denen gemäß S 2 die Entscheidung dem ges Vertreter obläge, aber nach S 3 nicht eingeholt werden konnte, von dessen Einwilligung abhängig (s n 1677).

d) In Ergänzung zu den §§ 52 ff bestimmt zudem § 252 ein umfassendes Ver- **360** wertungs- (und nicht nur Verlesungs-) Verbot bzgl früherer Aussagen von Zeugen, die erst in der HV von ihrem Zeugnisverweigerungsrecht Gebrauch machen (K/

---

[17] Eine Fernwirkung (403 ff) wird insofern jedoch abgelehnt (BGH StV **95** 398).

M-G 12 zu § 252; zu den besonderen Problemen des § 252 s ausführlich 1127 ff, 1258, 1301–1316 mit Nachw).

361 e) Zahlreiche Beweisverbote enthält auch das Gesetz betr Stasi-Unterlagen vom 20.12.91 (StUG), namentlich bzgl der darin enthaltenen personenbezogenen Daten (vgl dazu § 4 StUG).

f) Andere Beweisverbote finden sich in §§ 51 Abs 1, 63 Abs 4 BZRG (s 345 ff), § 393 Abs 2 AO, §§ 3 Abs 2, 7 Abs 3 G 10 (s Rn 354) und § 34 Abs 1 StVollzG.

2. Sonstige (ungeschriebene) Beweisverwertungsverbote

Übersicht

	Rn			Rn
a) Ausgangspunkt	362	d) Norm- bzw Fallgruppen		
b) Bewußte Beweisverbotsverletzungen	363	aa) Normen der StPO		372
c) Sonstige Beweisverbotsverletzungen		(1) § 136		373–375
		(2) §§ 52 ff		376–379
aa) Rechtskreistheorie	364, 365	(3) § 97 Abs 1		380
bb) Abwägungstheorie	366	(4) § 81a		381, 382
cc) Sonstige theoretische Ansätze	367–369	(5) § 168c Abs 5 S 1		383
		bb) Verfassungsrecht		384
dd) Zusammenfassung	370, 371	(1) Allgemeines		385
		(2) Allgemeines Persönlichkeitsrecht		386–389
		(3) Bestimmte Fallgruppen		390–394

362 a) Soweit der Gesetzgeber keine ausdrücklichen Regelungen geschaffen hat, folgt nach ganz überwiegender Ansicht[18] nicht aus jedem Verstoß gegen ein Beweiserhebungsverbot automatisch ein Verwertungsverbot für die nicht rechtmäßig gewonnenen Beweisergebnisse (BGH **11** 214 [GS]; **38** 219; LR-*Schäfer* Einl Kap 14 Rn 14, KK-*Pfeiffer* Einl 120, jeweils mwN).

363 b) Ging bereits die Beweiserhebung mit Beweis*verbotsverletzungen* seitens der Behörden einher, die die *rechtsstaatlichen Grundlagen* des Verfahrens (vgl BGH **11** 214 [GS]) betreffen bzw *bewußt* oder gar absichtlich geschehen sind, so begründet allein die Rechtswidrigkeit der Beweisgewinnung ein sogen **unselbständiges Verwertungsverbot** (LG Darmstadt StV **93** 573 f in Bestätigung von AG Offenbach StV **93** 407 f, jeweils betr Hausdurchsuchung). Dem liegt neben dem Anspruch des Beschuldigten auf ein faires Verfahren auch das Präventionsziel rechtmäßigen dienstlichen Verhaltens zugrunde (vgl zum Kriterium der Schwere des Verstoßes auch BGH **24** 131; *Roxin* § 24 Rn 31; *Schroeder* 125).[19]

---

[18] Nach gegenteiliger Auffassung begründet die Verletzung jeder zwingenden Verfahrensvorschrift ein Verwertungsverbot bzw dem Wortlaut des § 337 zufolge die Revision, soweit das betr Urteil darauf beruht (so AK-*Kühne* 52a vor § 48; *Eb Schmidt* in JZ **58** 596; *Spendel* NJW **66** 1108). Gegen eine solche Intention des Gesetzgebers spricht jedoch, daß insoweit die Normierung einzelner, die (Un-)Verwertbarkeit betreffender Vorschriften nicht notwendig gewesen wäre.

[19] Soweit im OWi-Verfahren wegen des Opportunitätsprinzips eine Übertragung von Ermittlungs- und Verfolgungsaufgaben auf private Dritte unzulässig ist, steht der Verwertung von deren Ermittlungsergebnissen ggf ein Verfahrenshindernis wegen fehlender Zuständig-

c) Inwieweit jedoch im übrigen die Verletzung eines Beweiserhebungsverbots 364
ein Beweisverwertungsverbot zwingend nach sich zieht, gehört zu den umstrittensten Problemen der Beweisverbotslehre (vgl auch *Pelz* 2). Ein allg gültiger Lösungsweg mit verbindlichen Abgrenzungskriterien ist bisher nicht anerkannt.

aa) Die Rspr stellt bzgl der Verwertbarkeit bzw Revisibilität weithin darauf ab, ob „die (Verbots-)Verletzung den *Rechtskreis* des Beschwerdeführers wesentlich berührt oder ob sie für ihn nur von untergeordneter oder von gar keiner Bedeutung ist", wobei „für die Bestimmung des Rechtskreises der Schutzzweck der entspr Verfahrensvorschrift maßgeblich ist" (BGH **11** 215 [GS]; krit schon *Eb Schmidt* JZ **58** 596; *Grünwald* JZ **66** 490). Daher könne der Angekl die Revision weder auf einen Verstoß gegen die §§ 55 Abs 2, 81 c stützen, da diese nur dem Schutz des Zeugen dienten, noch gegen die §§ 54, 96, die nur den Staat, nicht aber den Rechtskreis des Angekl wesentlich beträfen (so BGH **17** 245; BGH bei *Pfeiffer* NStZ **85** 493; KG StV **95** 349; K/M-G Einl 55; KK-*Pikart* 44 zu § 337).[20]

Indes ist diese Auffassung – entwickelt als Stützargument einer restriktiven Auslegung des § 337 (vgl *Peres* 25) – in mehrfacher Hinsicht Bedenken ausgesetzt (zu 365 Auswirkungen auf Beweisverbote im einzelnen bzw den Streitstand vgl 1131, 1317). Zum einen hat der Angekl einen Anspruch auf ein justizförmiges Verfahren und damit auch ein Recht darauf, daß zwingende Verfahrensvorschriften auch dann eingehalten werden, wenn sie nicht speziell seinem Schutz dienen (*Eb Schmidt* JZ **58** 601; *Geppert* Jura **88** 313), insbes wenn sie über einen bloßen Ordnungscharakter hinausgehen. Zum anderen kann nicht jede noch so geringfügige Unkorrektheit einer den Rechtskreis des Angekl berührenden Beweiserhebung die Aufhebung veranlassen (zum Ganzen *Roxin* § 24 Rn 20 ff; *Rudolphi* MDR **70** 93).

Im übrigen läßt sich die Rechtskreistheorie auf Beweiserhebungsverbote anderer Art schwerlich anwenden.[21] Auch der BGH stützt Entscheidungen, die sonstige Verwertungsfragen betreffen, auf andere Bewertungsmaßstäbe (s zB BGH **25** 329; **38** 220; vgl dazu 368, 370 ff; vgl auch *Rogall* ZStW **91** [1979] 25 f).[22] Da die in Rede stehende Theorie derart begrenzt ist, sollte allg auf andere Bewertungsansätze zurückgegriffen werden (so auch *Beulke* StP 459; *Hauf* NStZ **93** 460 f).

bb) Mangels allgemeinverbindlicher Kriterien wird eine sachgerechte Entschei- 366
dung nur **im Einzelfall** aufgrund einer **umfassenden Abwägung** der widerstreitenden Interessen getroffen werden können (vgl insoweit BGH **14** 358; **19** 332; **38** 214; K/M-G Einl 55; KK-*Pelchen* 27 vor § 48; LR-*Schäfer* Einl Kap 14 Rn 13). Dabei sind die besonderen Umstände der jeweiligen Fallgestaltung zu berücksichtigen (BGH **24** 125, 130). Maßgeblich ist das Interesse des Staates an der Tataufklä-

---

keit entgegen (anders [betr Geschwindigkeitsmessung im Straßenverkehr] AG Alsfeld NStZ **95** 457: Verwertungsverbot bzw Frankfurt/M NJW **95** 2570: Erhebungsverbot; krit *Radtke* NZV **95** 430 f).

[20] S auch Bay NStZ **94** 250 f: keine Fortwirkung der Unverwertbarkeit gemäß §§ 163 a Abs 4, 136 Abs 1 S 2 in einem späteren Verfahren, in dem der nicht Belehrte lediglich Zeuge ist.

[21] Insbes kann auch § 136 a Abs 3 S 2 einer konsequenten Anwendung auf die Bewertung aller Beweiserhebungsverbote entgegen stehen (*Rogall* ZStW **91** [1979] 26).

[22] Die Einschätzung von *Rogall* ZStW **91** [1979] 25 f, die Rechtskreistheorie sei in Zukunft nicht mehr von Bedeutung, da der BGH sich in seinen neueren Entscheidungen von ihr abgewandt habe, ist nicht ganz überzeugend, da die genannten Judikate andere Beweisverbote betreffen (vgl aber auch BGH **38** 220).

rung einerseits und das geschützte Interesse des Betroffenen an der Wahrung seiner Individualrechtsgüter andererseits (ANM 480). Als Abwägungskriterien sind vor allem von Bedeutung die Schwere der zu erforschenden (mutmaßlichen) Tat – soweit dies in dem jeweiligen Verfahrensstadium beurteilt werden kann (BGH **19** 333) –, und die Intensität bzw das Gewicht des Verfahrensvorstoßes für die Persönlichkeitssphäre des Betroffenen. Danach ist ein Verwertungsverbot naheliegend, wenn „die verletzte Verfahrensvorschrift dazu bestimmt ist, die Grundlagen der verfahrensrechtlichen Stellung des Beschuldigten oder Angekl im Strafverfahren zu sichern" (BGH **38** 220).

367 cc) (1) Ein Teil der Lehre hebt dagegen – methodisch ähnlich dem Grundgedanken der Rechtskreistheorie – ausschließlich auf den *Schutzzweck* der Beweiserhebungsvorschrift ab (so ua *Grünwald* JZ **66** 489; KMR-*Paulus* 516 f zu § 244; *Rudolphi* MDR **70** 93), zT mit der Begründung, der Gesetzgeber habe, soweit eine Regelung besteht, bereits eine ausdrückliche Wertung getroffen, so daß für eine weitere Abwägung kein Raum sei.

In den Fällen, in denen das Beweiserhebungsverbot nicht gesetzlich normiert ist (s 384 ff), führt indes auch dieser Ansatz allein nicht weiter.[23] Doch auch über den Schutzzweck einzelner Beweiserhebungsvorschriften bestehen vielfach unterschiedliche Auffassungen (vgl dazu ANM 479 Fn 386 mN). Letztendlich geht der Feststellung des Normzwecks wiederum eine gewisse Abwägung voraus, aufgrund derer sich auch aus der Schutzzwecklehre keine allgemeinverbindlichen Aussagen ableiten lassen.

(2) Nach der *Rechtsmitteltheorie* soll dem Betroffenen des Beweisverbotsverstoßes ein wirksames Rechtsmittel an die Hand gegeben werden (s *Otto* GA **70** 290). Dies mag allerdings insofern Bedenken begegnen, als der Betroffene kaum Einfluß – zB durch „Verzicht" – auf die Verwertungsverbote hat (vgl § 136 a Abs 3 S 2) und Wirksamkeit nur durch ein absolutes Verwertungsverbot hinsichtlich jeglicher Beweisverbotsverletzungen gewährleistet wäre.

(3) Empirisch schwerlich zu überzeugen vermag eine pauschale Orientierung an Zielen iSv *Generalprävention*,[24] derzufolge selbst bei einem nur geringfügigen prozessualen Verstoß gegen ein Individualrechtsgut ein Verlust der einschlägigen Beweisfunktion eintrete (s *Dencker* 59 ff), abgesehen davon, daß die immerhin zu erreichende Befriedungsfunktion dadurch vereitelt werden könnte (dazu krit *Rogall* ZStW **91** [1979] 14).[25] Im übrigen ist eine Verkürzung auf die Verletzung von Individualrechtsgütern ohnehin nicht zureichend (*Ranft* FS-Spendel 723 f).

---

[23] So wird insoweit zumeist auf die Abwägungslehre zurückgegriffen (vgl *Beulke* ZStW **103** [1991] 663 f).

[24] Vgl zu den methodischen Problemen etwa *Eisenberg* § 15 Rn 7–12, § 41.

[25] Soweit sogen *Disziplinierungs*belangen ggü den Ermittlungsbehörden (s abl *Ranft* FS-Spendel 725 [gegen *Dencker* 52 ff]) dadurch entsprochen werden soll, daß aufgrund von Verwertungsverboten unrechtmäßige Beweiserhebung nichts erbringe, müßte konsequentermaßen jedes Beweisverbot ein absolutes Verwertungsverbot nach sich ziehen. Abgesehen davon, daß die einschlägige rechtstatsächliche Unterstellung eines entspr Effekts empirisch nur teilweise belegt ist, wird durch die genannte Forderung die Existenz von Beweisverboten mitnichten zureichend erklärt (s auch 664). Im übrigen ist das Disziplinierungsbedürfnis bereits aufgrund der Struktur des deutschen Strafverfahrens ein anderes als zB im anglo-amerikanischen Recht, dem diesem Gedanken eine tragende Rolle zukommt, zumal die Anklagebehörde dort Partei des Prozesses ist (vgl dazu *Harris* StV **91** 321; *Herrmann* JZ **85** 608 f; s auch 403 ff). Zudem würde damit das eine Unrecht (die zu ermittelnde mutmaßliche Straftat) gegen ein anderes, sachlich vollkommen unabhängiges (die Beweisverbotsverletzung) aufgehoben (*Rogall* ZStW **91** [1979] 15) – eine gerade aus Opfersicht nur schwer nachvollziehbare Folge.

III. Beweisverwertungsverbote

(4) Nach *Amelung* (**90** 27) sind dogmatische Grundlagen von Verwertungsverboten die in den jeweiligen Beweiserhebungsvorschriften anerkannten *Informationsbeherrschungsrechte*, deren Verletzung einen subjektiven, öffentlich-rechtlichen Folgenbeseitigungsanspruch[26] begründe (aaO 38f), dessen Durchsetzung (als Beschwer) von dem Fortbestand des rechtswidrigen Zustandes abhänge (aaO 71f). **368**

Demggü mag konzeptionell zu erwägen sein, daß Verwertungsverbote (zumindest im Urteil) von Amts wegen zu berücksichtigen und also schwerlich nur individualrechtlich begründbar sind. So wichtig es ist, eine Aufgabe der Beweisverwertungsverbote in der *Erhaltung der Straflegitimation* (vgl *Amelung* **90** 20) zu erkennen, so sehr können innerhalb dieses Argumentationszusammenhangs andere Belange eines (auch) durch Verwertungsverbote angestrebten rechtsstaatlichen Verfahrens wie zB der Schutz Dritter (etwa bei Verletzung des § 55) gefährdet werden.

(5) Soweit Beweisverbote – und nicht nur die Beweisverwertungsverbote (dazu krit *Gössel* NJW **81** 651) – als „*Schutzinstrumente der Individual- und Grundrechte*" bzw als „*Schutzinstrumente des Einzelnen ggü der staatlichen* Strafverfolgung" verstanden werden (s *Rogall* ZStW **91** [1979] 9, 21), ist ein zentraler Inhalt hervorgehoben, von dem aus auch solche Verwertungsverbote erklärt werden können, mit denen ein erneuter Eingriff in Individualrechtsgüter nicht verbunden ist (aA *Ranft* FS-Spendel 721).

Gleichwohl mögen auch hier Bedenken dahingehend bestehen, ob dieser Ansatz als umfassende Basis der Beweisverbotslehre trägt.[27]

(6) Ausgehend von den gesetzlichen Beweiserhebungsvorschriften und deren Grenzen gelangt *Fezer* (Grundfragen) zur Interpretation unselbständiger Verwertungsverbote als Ausdruck der *Selbstbeschränkung des Staates* bei der Wahrheitsfindung. Die Frage der Verwertbarkeit erschließe sich jeweils aus der Auslegung der verletzten Beweiserhebungsnorm. Es komme also darauf an, ob diese Norm ganz oder teilweise die Funktion hat, die genannte Selbstbeschränkung inhaltlich zum Ausdruck zu bringen, oder aber ob diese Norm einem außerhalb einer solchen Beschränkungsfunktion liegenden Zweck dienen soll. **369**

So einleuchtend diese auf die Besonderheiten speziell strafprozessualer Normverletzungen gerichteten Erwägungen sind, so sehr bleibt deren Umsetzung von dem Ringen um Auslegungstechniken und dahinter stehenden Belangen der Verfahrensbeteiligten bzw jeweiligen Organisationen abhängig.

dd) (1) **Zusammenfassend** ergibt sich, daß aus den vorliegenden Lösungsmodellen am ehesten die sogen Abwägungslehre den Vorzug verdient, da sie Raum für unterschiedlichste (einzelfallbezogene) Erwägungen bietet und die bisher entwickelten Lösungsversuche (ihrer fehlenden Allgemeingültigkeit zum Trotz) im Rahmen ihrer (begrenzten) Anwendbarkeit vereint. So fließen das Prinzip des fairen Verfahrens[28] und der Grundsatz, daß die Wahrheit nicht um jeden Preis er- **370**

---

[26] Auf allg Grundsätze öffentlich-rechtlicher Abwehransprüche nimmt auch *Störmer* (223 ff) Bezug, dh die rechtswidrige Beweisgewinnung im Strafverfahren wird gleichsam als eine Fallgruppe rechtswidrigen hoheitlichen Eingriffs in subjektiv-öffentliche Rechte gesehen.
[27] Zur Wahrheitsgefährdung als möglicher Erklärungsgrundlage s *Peters* 46 DJT 93 f.
[28] Weitreichendere Konsequenzen zieht *Bottke* aus dem fair-trial-Gedanken, Jura **87** 356, 366: Überall dort, wo eine nicht rechtmäßige Beweiserhebung wegen ihrer auf sofortigen Vollzug oder Heimlichkeit angelegten Eigenart nicht mit formellen Rechtsbehelfen verhindert werden kann, sei ein (revisibles) Verwertungsverbot zwingend erforderlich.

forscht werden darf bzw muß (dazu 329 ff), ebenso in den Abwägungsvorgang ein, wie die eher gegensätzlichen Bedenken, daß dem Staat die Gewährleistung einer funktionstüchtigen Strafrechtspflege obliegt (BVerfGE **44** 353, 374) und jedes Verwertungsverbot die Wahrheitsermittlung beeinträchtigen kann (BGH **28** 122, 118; **37** 30, 32; **38** 214, 220). Im einzelnen finden auch die Fragen danach, ob das Beweismittel auf *rechtmäßigem Wege* ebenfalls hätte erlangt werden können (hypothetischer Ermittlungsverlauf, s etwa 576, 1319, 1673 sowie speziell 409 f) oder inwieweit der sachliche und persönliche *Schutzzweck* der verletzten Beweiserhebungsvorschrift betroffen ist, auf diese Weise Berücksichtigung.

Die Nachteile eines solch umfassenden Lösungsversuches sind allerdings nicht zu verkennen: Die *Unschärfe* der Abwägungskriterien (vgl *Rogall* ZStW **91** [1979] 35) und vor allem die *individuellen Vorstellungen* der Personen, die eine solche Wertung im Einzelfall vorzunehmen haben, können einheitliche, vorhersehbare Ergebnisse nicht in jedem Fall gewährleisten. Jedoch ist die Entwicklung einer objektiven und zugleich den Besonderheiten des konkreten Lebenssachverhaltes gerecht werdenden Lösung bis auf weiteres nicht abzusehen.

371 (2) Hiernach besteht infolge der Rechtsgüterabwägung ein Verwertungsverbot immer dann, wenn **höherwertige Rechtsgüter den Verzicht** auf Beweismittel und Beweisergebnisse, mit denen die Überführung einer Person als Straftäter gelingen könnte, **unabweislich** machen (s schon ANM 480 Fn 394 mit Nachw).

Dabei ist zu beachten, daß Verwertungsverbote generell nur Belastungsverbote darstellen, so daß eine Verwertung zugunsten eines Angekl zulässig bleibt (s nur *Rogall* ZStW **91** [1979] 38).

372 d) Vor allem in den nachstehenden **Fallgruppen** haben sich – zumeist auf Grundlage der Abwägungstheorie – in Literatur und Judikatur gefestigte Ansichten herausgebildet.

aa) Inwieweit Verwertungsverbote **aus der StPO** resultieren, läßt sich im Detail iZm der jeweiligen Norm erfassen.

373 (1) **§ 136 Abs 1 S 2** begründet *zwingend* eine Belehrungspflicht ggü dem Beschuldigten (s 562).

(a) Soweit der Beschuldigte über sein **Aussageverweigerungsrecht nicht belehrt** worden ist, besteht im Hinblick auf die wesentliche Bedeutung der Selbstbelastungsfreiheit (BVerfGE **56** 37, 42 f) grds ein Verwertungsverbot, und zwar unabhängig davon, ob die Vernehmung bereits im Ermittlungsverfahren oder erst in der HV stattfindet (so inzwischen auch die Rspr, BGH **38** 214 ff; s n 572).

Dies gilt speziell hinsichtlich der *auditiven Gegenüberstellung* (s n 1224) auch für diejenige Konstellation, bei der Strafverfolgungsorgane den Beschuldigten unter Umgehung des Einwilligungserfordernisses zum Sprechen bringen (nicht ganz eindeutig insoweit BGH NStZ **94** 295 mit Anm *Eisenberg* NStZ **94** 599).

Wird der nemo-tenetur-Grundsatz dagegen *nicht berührt*, sei es, daß *positiv feststeht*, daß der Beschuldigte sein Schweigerecht kannte bzw auch in Kenntnis seiner Rechte ausgesagt hätte, so bleibt die Aussage verwertbar (s auch 567 ff).[29]

374 (b) Bezieht sich der Verstoß gegen die Belehrungspflicht allein auf das **Recht, einen Vert zu konsultieren**, so zieht dies regelmäßig ein Verwertungsverbot nach

---

[29] Dementspr ist auch die Heilung des Verfahrensfehlers durch nachträgliche Zustimmung des Beschuldigten möglich.

III. Beweisverwertungsverbote

sich (s n 568; anders noch LR-*Hanack* 53 zu § 136). So hat der BGH (**38** 372 = JZ **93** 425 mit zust Anm *Roxin*) ein Verwertungsverbot bejaht, wenn dem Beschuldigten die Hinzuziehung eines Vert entgegen § 137 Abs 1 S 1 verweigert bzw nicht ermöglicht wird (s dazu n 568). Dies aber wird dahingehend zu interpretieren sein,[30] daß auch nach BGH ein Verwertungsverbot (erst recht) dann besteht, wenn schon die Belehrung unterblieben ist (s *Roxin* § 24 Rn 35, *Beulke* StP 469; wohl auch KK-*Boujong* 14 zu § 136).

(c) Ein Verstoß gegen § 136 Abs 1 S 3 und 4, Abs 2, Abs 3 begründet dagegen nach hM kein Verwertungsverbot (K/M-G 20a zu § 136). **375**

(2) Ein weiteres Problemfeld bilden die **Zeugnis- und Auskunftsverweigerungsrechte**, §§ 52 ff. **376**

(a) Den **Angehörigen** des Beschuldigten steht gemäß § 52 Abs 1 ein umfassendes Zeugnisverweigerungsrecht zu, mit dem der im Falle einer Aussage zu befürchtenden familiären Konfliktsituation Rechnung getragen wird (zum ganzen n 1241–1262). Ein Verstoß gegen die *Belehrungspflicht* aus **§ 52 Abs 3 S 1** (n 1259ff) zieht grds ein Verwertungsverbot nach sich (s n 1318–1320).

(b) Hinsichtl der zeugnisverweigerungsberechtigten **Angehörigen der in §§ 53, 53a abschließend aufgeführten Berufsgruppen**, deren Arbeitsbereich naturgemäß eine vertrauliche Behandlung beruflich erlangter Informationen erfordert (s 1263–1286), besteht keine (gesetzliche) Belehrungspflicht,[31] so daß das Unterlassen einer Belehrung die Verwertbarkeit der Aussage nicht berührt (ANM 498). Nicht einheitlich beurteilt werden jedoch die Folgen einer Aussage, wenn der Berufsgeheimnisträger sich damit zugleich nach § 203 StGB strafbar macht. Die überwiegende Ansicht lehnt ein Verwertungsverbot ab, da die Entscheidung ausschließlich dem Verantwortungsbereich des Zeugen unterliege (dazu im einzelnen 1265; vgl auch 1321). **377**

(c) Gemäß § 55 Abs 2 ist der Zeuge, dem ein *beweisthemabezogenes* **Auskunftsverweigerungsrecht** zusteht, hierüber zu belehren (n 1113–1132). Gleichwohl bejaht die überwiegende Ansicht, auch wenn der Zeuge nicht oder nicht ordnungsgemäß belehrt wurde, die Verwertbarkeit seiner Aussage iSd der Rechtskreistheorie (zu Einwänden und Bedenken 364ff mN).[32] **378**

(d) § 252 behandelt den Fall, daß ein Zeuge, der im Rahmen einer früheren Vernehmung bereits ausgesagt hatte, erst in der HV von seinem Aussageverweigerungsrecht Gebrauch macht. Entgegen ihrem Wortlaut begründet die Vorschrift nach nahezu einhelliger Ansicht über das bloße Verlesungsverbot hinaus ein **allg Verwertungsverbot** (s n 1301ff, insbes 1317), das die Zeugnisverweigerungsrechte der §§ 52, 53, 53a (entspr auch § 76) zusätzlich absichert.[33] Dagegen soll § 252 auf das Auskunftsverweigerungsrecht iSd § 55 nach überwiegender Ansicht keine Anwendung finden. Dieser Auffassung steht jedoch der Schutzzweck des § 252 entgegen (str, s n 1127–1129). **379**

---

[30] Dafür spricht der Leitsatz der vorgenannten Entscheidung („auch dann unverwertbar", wenn der Beschuldigte zuvor ordnungsgemäß belehrt worden war).
[31] Eine solche kann sich nur im Einzelfall aus der Fürsorgepflicht des Gerichts ergeben, wenn sich der Zeuge über sein Schweigerecht ersichtlich im Unklaren ist (K/M-G 44 zu § 53 mwN).
[32] Hinsichtlich § 54 s 1311, 1322.
[33] Dies gilt nicht für § 54, da dieser lediglich öffentliche Interessen schützt (n 366; 1287–1300; 1322).

380 (3) Ebenfalls in Ergänzung zu §§ 52, 53, 53a begründet auch das Beschlagnahmeverbot des **§ 97 Abs 1** ein zusätzliches Verwertungsverbot, das die Umgehung der Zeugnisverweigerungsrechte – über den Umweg der Beschlagnahme entspr Schriftstücke oder Gegenstände – verhindert (s auch 1242 zu § 52; 1263 zu §§ 53, 53a).

381 (4) Ein Verstoß gegen § 81a schließt dagegen die Verwertung von Untersuchungsergebnissen idR **nicht** aus. Bei der Abwägung wird vor allem der Umstand berücksichtigt, daß die Vorschrift primär den Schutz des Betroffenen vor gesundheitlichen Risiken eines Eingriffs bezweckt und nicht die Verläßlichkeit des Untersuchungsergebnisses erhöhen soll (KK-*Pelchen* vor § 48 Rn 32 mwN). Daher begründet die Vornahme des Eingriffs durch einen Nichtarzt (dazu grdl BGH **24** 125 ff), wie zB einen Medizinalassistenten oder eine Krankenschwester, ebensowenig ein Verwertungsverbot wie eine fehlerhafte Anordnung (zB durch einen Polizeibeamten, der nicht Hilfsbeamter der StA ist). **Unverwertbar** sind die gewonnenen Ergebnisse jedoch, wenn eine *Anordnung ganz unterblieben* ist und der Betroffene nicht eingewilligt hat (Bay bei *Rüth* DAR **66** 261), sowie grds im Falle eines *bewußten* und damit den Grundsätzen des fair trial zuwiderlaufenden *Verfahrensverstoßes* (BGH **24** 131; vgl auch 335). S zu Einzelfragen ausführl 1654–1657.

382

383 (5) Ein weiteres Beweisverwertungsverbot begründen die Anwesenheitsrechte der §§ 168c, 168d für den Fall, daß der Beschuldigte unter **Verstoß gegen die Benachrichtigungspflicht, §§ 168c Abs 5 S 1** (beachte jedoch S 2), 168d Abs 1 S 2, nicht von einer richterlichen Vernehmung oder Augenscheinseinnahme unterrichtet wurde und mit einer Verwertung der Beweisergebnisse nicht einverstanden ist (vgl n 525 mwN).

384 bb) Eine Anzahl von Beweisverwertungsverboten, die vor allem den *Schutz der Intimsphäre* des einzelnen gewährleisten, läßt sich bereits **unmittelbar aus der Verfassung** herleiten (vgl BVerfGE **34** 238; BGH **14** 358; **19** 325; **31** 304).

385 (1) Hierbei kommen insbes die *Grundrechte* des Angekl, eines Zeugen, aber auch eines unbeteiligten Dritten (s Bay **78** 152 = JZ **80** 432 mit Anm *Hanack*), sowie das *Rechtsstaatsprinzip* (n ANM 528 mwN; abl *Störmer* Jura **94** 396) in Betracht. Maßgeblich dafür ist die Frage, ob die Verwertung eines Beweismittels einen (selbständigen) Verfassungsverstoß darstellt – und zwar unabhängig davon, ob dem bereits ein Verstoß gegen ein Beweiserhebungsverbot vorausgegangen ist oder das Beweismittel in zulässiger Weise gewonnen wurde (vgl dazu BGH **27** 355; BVerfGE **34** 238, 248; SK-*Wolter* 195 vor § 151).[34]

Ist allerdings der hoheitliche Beweisgewinnungsakt unrechtmäßig, so geht ein sich daraus ergebendes Verwertungsverbot der Prüfung eines verfassungsrechtlichen Verwertungsverbots vor (vgl dazu *Fezer* Grundfragen 33).

386 (2) Im einzelnen kann ein verfassungsrechtliches Verwertungsverbot vor allem dann entgegenstehen, wenn das **allg Persönlichkeitsrecht** des Betroffenen aus **Art 2 Abs 1 iVm Art 1 Abs 1 GG**, das dem Einzelnen einen unantastbaren Kernbereich privater Lebensgestaltung garantiert, der staatlichen Einwirkung entzogen

---

[34] AA *Sax* (JZ **65** 1, 6), der ein Verwertungsverbot bei zulässiger Beweiserhebung kategorisch verneint: „... eine prozessuale Beweisverwertung ist immer zulässig, wenn die Beweisgewinnung zulässig oder aufgrund konkreter Interessenabwägung nicht unzulässig war oder wenn das Beweisgewinnungsverbot ... die Verwertung ... nicht verbietet."

III. Beweisverwertungsverbote

bleibt (BVerfGE **6** 32, 41; **27** 1, 6; **32** 373, 378 f), durch die Verwertung bestimmten Beweismaterials tangiert ist.

(a) Das BVerfG hat dazu in einer grds Entscheidung die sogen **Dreistufen- oder auch Sphärentheorie** entwickelt (BVerfGE **34** 238). Demzufolge richtet sich die Rechtmäßigkeit eines solchen Eingriffs – und damit auch die Verwertbarkeit des in Frage stehenden Beweismittels – danach, welcher Teil des Privatbereiches berührt ist:

Die *1. Stufe* bildet die sogen *Intimsphäre*, der absolut geschützte Kernbereich des Grundrechts. Selbst überwiegende Interessen der Allgemeinheit, wie vorliegend ein gesteigertes staatliches Strafverfolgungsinteresse, rechtfertigen einen solchen Eingriff nicht, so daß auch Verhältnismäßigkeitserwägungen keine Berücksichtigung finden dürfen (**34** 245). Daraus folgt im Strafverfahren ein *absolutes Verwertungsverbot*. **387**

In seinem übrigen Privatbereich muß der Einzelne als Mitglied der Gemeinschaft uU Einschränkungen im Interesse der Allgemeinheit dulden. Dies betrifft die *„schlichte Privatsphäre" (2. Stufe)*, innerhalb derer der Bürger staatliche Maßnahmen, also auch die Verwertung persönlichkeitsnaher Beweismittel, (nur) insoweit hinnehmen muß, als das Strafverfolgungsinteresse das Individualinteresse überwiegt und der Verhältnismäßigkeitsgrundsatz gewahrt bleibt (vgl BVerfG **34** 238, 249 f; NStZ **90** 89 f). Dies wird bei als besonders schwer zu wertenden Verbrechen idR der Fall sein.

Die *3. Stufe* bildet der Bereich *allg sozialer Kontakte*, der keines außerordentlichen Schutzes bedarf.

(b) Die *praktische Anwendung* der Sphärentheorie bereitet jedoch erhebliche Schwierigkeiten, so daß Rechtssicherheit in diesem Bereich kaum erreicht wurde (vgl auch *Wolter* StV **90** 175). **388**

So kann die Frage, ob und inwieweit ein Beweismittel einer bestimmten Stufe zuzuordnen ist, ohnehin nur im Einzelfall geklärt werden, zumal die Übergänge eher fließend sind und schon der Begriff der „Intimsphäre" keine scharfen Konturen aufweist. Auch die Gesichtspunkte, die für eine Abwägung außerhalb des unangreifbaren Kernbereichs maßgeblich sind, werden unterschiedlich angegeben bzw gewichtet (s dazu auch *Küpper* JZ **90** 418).

Ein zweites Problem tatsächlicher Art ergibt sich daraus, daß die Intensität des Grundrechtseingriffes idR nur nach *inhaltlicher Würdigung* des Beweismittels (zB durch Einsichtnahme in Tagebücher oder Videoaufnahmen) beurteilt werden kann. Ist danach tatsächlich die Intimsphäre berührt, so wird der Betroffene zwar vor der Verwertung persönlicher Umstände im Verfahren geschützt; deren Offenlegung ggü denjenigen fremden Personen, die diese Bewertung vornehmen, bleibt ihm dennoch nicht erspart, auch wenn das BVerfG idZ „größtmögliche Zurückhaltung" und die Wahl „geeigneter Maßnahmen" fordert (BVerfGE **80** 367).

Zusätzlich stellt sich das Problem der *Fernwirkung* des Beweisverbotes, falls anläßlich einer solchen Einsichtnahme weitere beweiserhebliche Informationen erlangt werden (s n 403 ff). **389**

Bis zu seiner Änderung im Jahr 1974[35] behielt **§ 110 Abs 1** die Durchsicht persönlicher Papiere konsequenterweise dem (Ermittlungs-)Richter vor. Im Zuge der Verfahrensvereinfachung gehören diese Ermittlungen nunmehr in den Zuständigkeitsbereich der StA.[36] Der

---

[35] 1. Gesetz zur Reform des Strafverfahrensrechts vom 9.12.1974 (BGBl I 3393).
[36] Jedoch schließt § 110 Abs 1 nF die Zuständigkeit des Richters trotz des Wortlautes nicht aus (vgl KK-*Nack* Rn 1, LR-*Schäfer* Rn 8, einschr K/M-G Rn 3, alle zu § 110), so daß

Grundrechtsschutz erfährt dadurch eine weitere Einschränkung zugunsten der Prozeßökonomie (krit SK-*Rudolphi* 1 zu § 110).[37]

390 (3) Umstritten ist idZ die Verwertbarkeit **privater Tagebücher** und vergleichbarer[38] schriftlicher Aufzeichnungen (zB persönliche Notizen auf losen Blättern uä)[39] gegen den Willen des Betroffenen in den (Ausnahme-) Fällen (mutmaßlicher) *schwerster Deliktsbegehung.*[40] Die einzelnen Auffassungen, aber auch die jeweils dafür herangezogenen Argumente in der Literatur und innerhalb der Rspr differieren.

(a) (aa) Die Rspr und ein Teil der Lehre halten eine Verwertung für grds zulässig, soweit der Tatverdacht eine „außerordentlich schwerwiegende strafbare Handlung" (idR einen Mord) betrifft. Das **Allgemeine Persönlichkeitsrecht** zwinge insoweit trotz des höchstpersönlichen Charakters derartiger Schriftstücke bei einer Interessenabwägung nicht zur Annahme eines absoluten Verwertungsverbotes.[41]

Soweit dazu etwa ausgeführt wurde, die Grundrechte schützten nur „die Entfaltung der Persönlichkeit, nicht aber ihren Verfall" (vgl BGH **19** 331;[42] ANM 515), bestehen Bedenken. Zum einen wurde nicht zu der Frage Stellung genommen, inwieweit eine Verwertung möglicherweise den unantastbaren Kernbereich des Grundrechts berührt (Verlust des Grundrechtsschutzes durch mutmaßliche Begehung eines Verbrechens). Zum anderen setzt eine solche Argumentation gleich einem Zirkelschluß für die Zulässigkeit der Verwertung einen

---

dessen Einschaltung auch gegenwärtig als „geeignete Maßnahme" in Betracht gezogen werden kann und sollte.

[37] Kriminalpolitisch ist daher die Wiedereinführung des Richtervorbehaltes im Interesse eines umfassenden Schutzes der Intimsphäre zu erwägen, wenn nicht sogar verfassungsrechtlich geboten (so auch *Störmer* NStZ **90** 398; *Wolter* StV **90** 117; *Amelung* NJW **88** 1006).

[38] Nach BGH NStZ **95** 79 nicht beim Abschiedsschreiben eines zum Suizid Entschlossenen an eine dritte Person, da es „über die Rechtssphäre des Verfassers hinaus" weise.

[39] Unerheblich ist hierbei freilich die formale Bezeichnung einer schriftlichen Äußerung als „Tagebuch", dh es muß sich tatsächlich um höchstpersönliche Aufzeichnungen iSe gedanklichen Auseinandersetzung handeln (zur Problematik einer diesbzgl Prüfung und Bewertung s im Text 391 f). Andernfalls bräuchte zB der Hehler seine Einnahmequellen nur in Tagebuchform zu notieren, um sie ggf vor strafprozessualer Verwertung zu schützen.

[40] Nicht also zB bei einem Vergehen geheimdienstlicher Agententätigkeit (BGH JR **94** 43 mit krit Anm *Lorenz* [ua unter Hinweis auf den Grundsatz der Selbstbelastungsfreiheit]; BGH NStZ **94** 350) oder bei einem BtM-Delikt (Bay NJW **92**, 2370 [allerdings betr eines noch nicht abgesandten vertraulichen Briefes]).

[41] Vgl dazu BGH **34** 397 = JR **88** 469 mit krit Anm *Geppert* = NStZ **87** 569 mit Anm *Plagemann*, wobei allerdings die Entscheidungsgründe nicht darauf eingehen, ob die Umstände des konkreten Falles eine Abwägung ausnahmsweise auch im Kernbereich des Allgemeinen Persönlichkeitsrechts zulassen oder ob Tagebuchinhalte mit Straftatbezug nicht mehr der Intimsphäre zuzuordnen und daher einer Abwägung ohnehin zugänglich seien (für eine deutliche Zuordnung zur „schlichten Privatsphäre" *Beulke* StP 437). Die Verfassungsbeschwerde führte zu einer nur knapp bestätigenden 4-zu-4-Entscheidung (BVerfGE **80** 367), derzufolge das Tagebuch nicht dem Schutz des Kernbereiches unterliege, da sein Inhalt „über die Rechtssphäre des Verfassers hinausweist und Belange der Allgemeinheit nachhaltig berührt" (376). Eine Verletzung der Menschenwürde sei nicht gegeben, wenn die Auswertung privater Schriftstücke die für ein rechtsstaatliches Strafverfahren unerläßlichen Untersuchungen in dem Umfang ermöglichte, „wie sie durch das nicht zuletzt in Art 1 Abs 1 GG wurzelnde materielle Schuldprinzip gefordert wird" (aaO 379). – Vgl ähnl BGH NStZ **95** 79 betr Tatvorwurf des versuchten Mordes.

[42] In dieser Entscheidung (BGH **19** 325) wurde eine Nichtverwertbarkeit von Tagebuchaufzeichnungen über eine intime Beziehung zum Beweis eines Meineides angenommen.

sich in der Äußerung zeigenden „Persönlichkeitsverfall" als gegeben voraus, obwohl dieser erst durch die Verwertung selbst bewiesen werden kann.

Der Verwertung zum Beweis ist entgegenzuhalten, daß es sich bei Tagebuchaufzeichnungen um eine persönliche Auseinandersetzung des Verfassers mit seiner Gedanken- und Gefühlswelt handelt. Anders als Briefe (oder auch Telefongespräche) sollen sie einer anderen Person idR gerade nicht zugänglich gemacht werden (vgl dazu auch *Geppert* JR **88** 474). Sie dienen vielmehr gleich einem *Selbstgespräch* der Verarbeitung von Empfindungen und Erlebnissen und damit der freien Entfaltung der Persönlichkeit. Es darf dem einzelnen daher nicht verwehrt werden, persönlichste Gedanken zu diesem Zwecke frei von *jeglicher* Möglichkeit staatlicher Einflußnahme auch schriftlich niederzulegen, ohne sich dadurch seiner Intimsphäre zu entäußern. Eine Verwertung würde somit in den unantastbaren Kernbereich des Allgemeinen Persönlichkeitsrechts eingreifen. **391**

Jede Einschränkung birgt zudem – je nach Art des mutmaßlichen Deliktes und der Beweislage im Einzelfall – die Gefahr der Aufweichung des absoluten Grundrechtsschutzes der Intimsphäre in sich. Dies erscheint umso bedenklicher, als die von der Rspr zur Begründung herangezogene Verknüpfung zwischen Tagebuchinhalt und Tatverdacht erst bewirkt, daß die Frage der Verwertbarkeit relevant wird (vgl dazu *Küpper* JZ **90** 420). Der Verwertung „echter" Tagebuchaufzeichnungen steht daher *unabhängig von* der Schwere der zu ermittelnden *Tat* ein absolutes grundrechtliches Verbot entgegen (vgl BVerfGE **80** 380ff [4 Richter des Senats]; *Wolter* StV **90** 175 [auch zur Frage präventiver Verwertung]).

(bb) Nach in der Literatur zT vertretener aA folgt die Unzulässigkeit der Verwertung aus dem Schutzbereich des **Art 4 Abs 1 GG** als speziellerer Grundrechtsgewährleistung (vgl *Amelung* NJW **88** 1004; *Lorenz* GA **92** 276ff). Dies würde jedoch eine schriftliche *Gewissens*entscheidung voraussetzen, die über die bloße Darstellung bzw Auseinandersetzung mit potentiell beweiserheblichen Gedanken oder Begebenheiten hinausginge, da die Gewissensfreiheit wohl keinen umfassenden Schutz höchstpersönlicher Aufzeichnungen gewährt (vgl *Störmer* Jura **94** 396 unter Hinweis auch auf Art 5 Abs 1 GG; zum Vergleich mit dem Schutz des Beichtgeheimnisses krit *Amelung* NJW **88** 1005f). **392**

(b) (aa) Hinsichtlich der Verwertbarkeit von **Tonband-**, **Foto-** oder **Videoaufnahmen** findet sich eine gesetzliche Grundlage (nunmehr) in §§ 100c, 100d. Eine bewußte Umgehung dieser Vorschriften von staatlicher Seite führt nach den allg Grundsätzen zu einem Verwertungsverbot (SK-*Rudolphi* 19, K/M-G 15, beide zu § 100c). Die Frage eines speziell aus Grundrechten folgenden Verwertungsverbotes erhebt sich daher vor allem dann, wenn es sich um Aufnahmen handelt, die von *Privatpersonen* hergestellt wurden. Insoweit ist die Verwertbarkeit in der HV, je nach dem Ausmaß der Beeinträchtigung der Privatsphäre des Betroffenen, durch Abwägung der widerstreitenden Interessen zu ermitteln (im einzelnen s 2296).[43] **393**

(bb) Ein zusätzliches Problem betrifft idZ sogen **Zufallserkenntnisse**, dh solche, die für andere Verfahren von Bedeutung sind. § 100d Abs 2 regelt nur die Verwert- **394**

---

[43] Vgl auch betr Tonbänder: BVerfGE **34** 238; BGH **14** 358; Bay NStZ **90** 101; NJW **94** 1671; *Schmitt* JuS **67** 19; ähnl unter Berücksichtigung von Art 10 GG betr einer auf Veranlassung Privater gelegten Fangschaltung: Saarbrücken NStZ **91** 386 mit Anm *Krehl*; betr Videoaufnahmen durch Privatpersonen: *Joerden* Jura **90** 633. – Vgl auch zur Rechtslage vor Inkrafttreten des § 100c Abs 1 Nr 1 betr von der Polizei gefertigter Aufnahmen BGH NStZ **92** 44 mit Anm *Rogall*; *Wolter* Jura **92** 520.

barkeit von Ton-, nicht aber von Bildaufnahmen. Im Umkehrschluß ist davon auszugehen, daß diese als Zufallsfunde auch in anderen Verfahren, deren Gegenstand keine Katalogtat iSd § 100a ist, grds verwertet werden dürfen (vgl *Hilger* NStZ **92** 463 Fn 117). Zur Wahrung des Allgemeinen Persönlichkeitsrechts muß insoweit dann eine Abwägung iSd Sphärentheorie maßgeblich sein (vgl auch *Beulke* StP 747).

3. Rechtswidrige Erlangung von Beweismitteln durch Private

395 a) Die Beweisvorschriften richten sich ausschließlich an die mit der Strafverfolgung befaßten Staatsorgane (hM; aA *Gössel* § 23 B II c). Wenn jedoch **Privatpersonen Nachforschungen** vornehmen und deren Ergebnisse schließlich den Strafverfolgungsorganen zur Verfügung stellen, ist zw, ob und inwieweit in unzulässiger Weise erlangte Informationen[44] dieser Art im Strafverfahren verwertet werden dürfen.

396 In den am häufigsten behandelten Fällen geht es dabei um *abgepreßte Geständnisse* bzw *rechtswidrig erlangte Tonbandaufnahmen* belastender Äußerungen des Beschuldigten, weshalb sich das Problem zumeist iZm verbotenen Vernehmungsmethoden iSd § 136a stellt (vgl dazu auch 630 ff).[45]

397 b) aa) Die **hM läßt** eine **Verwertung** mit der Begründung, daß die Beweisverbote sich nicht an Privatpersonen wenden, **grds zu** (BGH **27** 357; **36** 172; EGMR NJW **89** 654; KK-*Pelchen* 52 vor § 48; *Roxin* § 24 Rn 45). Der Tatrichter sei jedoch verpflichtet, diese Beweismittel mit besonderer Vorsicht und Zurückhaltung zu würdigen (Oldenburg NJW **53** 1237). Eine *Ausnahme* von diesem Grundsatz wird nur in Einzelfällen anerkannt, in denen die Beweiserlangung in extrem menschenrechtswidriger Weise oder unter schwerer Verletzung der Menschenwürde erfolgte (*Kleinknecht* NJW **66** 1543; K/M-G 3 zu § 136a; wN bei LR-*Hanack* 10 zu § 136a) bzw in denen die Verwertung des Beweismittels selbständig die Rechtsordnung, insbes die Verfassung, verletzen würde (BGH **14** 358; *Schlüchter* 100; KK-*Boujong* 27 zu § 136a).

398 bb) Die **Gegenauffassungen** betonen insbes die **staatliche Schutzpflicht** zur Wahrung der Menschenwürde auch ggü den Angriffen Dritter. Zudem bestehe gerade im Falle erfolgloser staatlicher Ermittlungstätigkeit die Gefahr, daß diese „nunmehr durch unkontrollierte private gewaltsame Ermittlungstätigkeit ersetzt wird" (so *Gössel* § 23 B II c, der infolgedessen § 136a auf Privatpersonen ebenfalls

---

[44] Zur Ungenauigkeit des Begriffs Beweismittel im einschlägigen Zusammenhang s *Grünwald* 162.

[45] Unberührt bleibt die Verantwortlichkeit der Privatperson nach materiellem (Straf-)Recht, sofern die Art der Informationsbeschaffung entspr Tatbestände erfüllt. Im Hinblick auf Tonbandaufnahmen ist vor allem § 201 StGB von Bedeutung.
Dabei ist zu beachten, daß auch Beweissicherungszwecke uU durch einen *Rechtfertigungsgrund* iSv Notwehr, Notstand oder einer notwehrähnlichen Lage legitimiert sein können (vgl dazu etwa Bay StV **95** 66; *Suppert* S 210 ff). War die Informationserlangung demzufolge rechtmäßig *und besteht* der Rechtfertigungsgrund auch zum Zeitpunkt der HV *fort*, so ist das „privat" gewonnene Beweismittel uneingeschränkt verwertbar (*Tenckhoff* JR **81** 258; auch *Beulke* StP 480 mwN).

anwenden will). Eine Durchsetzung des staatlichen Strafanspruchs mit Hilfe von Individualrechtsgüter verletzenden Methoden Dritter stelle eine grundlegende Beeinträchtigung des Rechtsstaatsprinzips dar. Im Ergebnis gelangen diese Auffassungen zu einem weitreichenden oder gar umfassenden **Verwertungsverbot** (s zur Übersicht LR-*Hanack* 10 zu § 136 a; *Störmer* 113 ff).

cc) Sachgerecht erscheint eine **differenzierende** Betrachtungsweise unter Abwägung der widerstreitenden Belange (vgl auch *Schroeder* 127), dh der staatlichen Pflichten zur Gewährleistung eines effektiven Grundrechtsschutzes einerseits und einer effektiven Strafrechtspflege nebst Durchsetzung des staatlichen Strafanspruchs (vgl BVerfGE **47** 239, 250; **51** 324, 346) andererseits. **399**

Auch die Rspr hat diesen Weg verschiedentlich beschritten, indem das Problem auf die (staatliche) Einführung des Beweismittels in die HV und damit auf die Frage eines *selbständigen Beweisverbotes* verlagert worden ist (BGH **14** 358; **36** 167). Bzgl heimlich durch Private gefertigter *Tonbandaufnahmen* muß nach Ansicht des BVerfG eine strikt am Verhältnismäßigkeitsgrundsatz orientierte *Abwägung* zwischen der Stärke des Eingriffs in die Intimsphäre und dem in Betracht kommenden Tatunrecht erfolgen. Im Ergebnis müsse das Interesse an der Nichtanwendung dann zurücktreten, wenn es sich um „schwere" Kriminalität, um existentielle Grundlagen der freiheitlich demokratischen Grundordnung oder um die Entlastung zu Unrecht Beschuldigter handele (BVerfG **34** 249 f; BGH MDR **89** 832 [betr eine Videoaufnahme]; vgl auch Bay StV **95** 61 mit krit Anm *Preuß*; *Otto* FS-Kleinknecht 319 f; *Roggemann* 95 ff). Anerkannt ist, daß der Inhalt einer Tonbandaufnahme, die nach diesen Kriterien nicht als Augenscheinbeweis verwertet werden kann, auch nicht durch Vernehmung eines Dritten eingeführt werden darf (vgl Bay StV **89** 522 ff).

(1) Bei Verletzung der **Selbstbelastungsfreiheit** liegt in der Verwertung des Beweismittels stets eine Verletzung des Menschenwürdegehalts des Persönlichkeitsrechts, so daß in solchen Fällen grds ein *Verwertungsverbot* besteht (SK-*Rogall* 15 zu § 136 a; *Otto* FS-Kleinknecht 326 ff). **400**

Zumindest in Fällen, in denen das im Normverstoß zum Ausdruck kommende Verhaltens- und Erfolgsunrecht nicht per se die Nichtverwertbarkeit indiziere, soll indes auch das Gewicht des konkreten Strafverfolgungsinteresses berücksichtigt werden dürfen (so SK-*Rogall* 15 zu § 136 a).

(2) Ist der Akt der staatlichen Beweisbeschaffung „extrem menschenrechtswidrig" bzw „entwürdigend" (SK-*Rogall* 15 zu § 136 a), so wird der **Kernbereich** des **Grundrechtsschutzes** berührt, „auf dessen Verletzung eine rechtsstaatliche Strafrechtspflege nicht aufbauen kann" (LR-*Hanack* 10 zu § 136 a). Bei folterähnlichen Maßnahmen bzw nachhaltigen Eingriffen in die *körperliche Unversehrtheit* ist dies stets anzunehmen, wobei die Verwertung eines auf diese Weise zustandegekommenen Geständnisses schon im Hinblick auf seine Glaubhaftigkeit idR ausscheiden dürfte (dazu krit KK-*Pelchen* 52 vor § 48). **401**

(3) Soweit ein **Beweismittelverbot** bereits an sich zur **Unverwertbarkeit** führen würde, darf auch das „privat" gewonnene (verbotene) Beweismittel nicht berücksichtigt werden, da es insofern nicht darauf ankommen kann, durch wen es erlangt worden ist (*Roxin* § 24 Rn 45). Dies gilt erst recht für Privatpersonen, die *im Auftrag* des Staates ermittelnd tätig werden, da sonst der Schutz der Beweisverbote auf diesem Wege umgangen würde (*Beulke* StP 481). Aber auch auf *Eigeninitiative* beruhende, unrechtmäßige Einwirkungen Dritter dürfen die Strafverfolgungsbehörden nicht (bewußt) ausnutzen; sie haben vielmehr (zunächst) die beeinträchti- **402**

4. Fernwirkung, hypothetische Ermittlungsverläufe

Übersicht

	Rn		Rn
a) Fernwirkung	403	b) Hypothetische Ermittlungsverläufe	409, 410
aa) Verneinung	404–406		
bb) Bejahung	407		
cc) Einzelfallorientierung...	408		

403 a) Umstritten ist, ob bzw unter welchen Voraussetzungen dasjenige Beweismaterial, das erst *aufgrund* solcher Informationen gewonnen wurde, die ihrerseits einem unverwertbaren Beweisergebnis entstammen, gleichfalls dem betr Verwertungsverbot unterliegt (**Fernwirkung** iS eines mittelbaren Verwertungsverbotes).

Das Problem einer solchen Fernwirkung betrifft vor allem die Konstellation, bei der der Beschuldigte unter Anwendung verbotener Vernehmungsmethoden iSv § 136a Informationen preisgibt, die zur Auffindung weiterer Beweismittel führen (s 714–722).

404 aa) Vielfach wird eine rechtliche Relevanz iS einer Fernwirkung grds **verneint** (BGH **27** 358; **32** 71; **34** 364f; BGHR StPO 110a, Fernwirkung 1 [zust *Zaczyk* StV **93** 497]; BGH StV **95** 398 mit abl Anm *Sieg* StV **96** 3; weniger eindeutig BGH NStZ **95** 411; Hamburg MDR **76** 601; Stuttgart NJW **73** 1941 f; LR-*Schäfer* Einl Kap 14 Rn 49; ANM 486 Fn 436f mwN). Zum Teil wird immerhin die Möglichkeit seltener *Ausnahmefälle*, in denen – abhängig von der Art des Beweismittels und den Umständen des konkreten Falles – auch das einschlägig erlangte Beweismaterial einem Verwertungsverbot unterliege, nicht gänzlich ausgeschlossen (vgl K/M-G Einl 57). Der BGH hat eine Fernwirkung bislang nur für das Beweisverbot aus § 7 Abs 3 G 10 angenommen (BGH **29** 244; auch Köln NJW **79** 1216ff, vgl 352), nicht jedoch grds betr (andere) selbständige Verwertungsverbote iSd Verwertungsbeschränkung aufgrund Zweckbindung (s etwa § 98b Abs 3 S 3, 100b Abs 5, 100d Abs 2, 110e; vgl 358 sowie *Dix* Jura **93** 973) anerkannt (unerörtert zB betr landespolizeigesetzlich begründeten „Lauschangriff" in BGH NStZ **95** 601 mit abl Anm *Welp* im Anschluß an *Kutscha* NJW **94** 85, 88).

(1) Gegen eine Fernwirkung werden vor allem *kriminalpolitisch* orientierte Bedenken vorgebracht.

405 So wird im Hinblick auf eine möglicherweise gravierende Behinderung der Wahrheitsfindung eingewandt, ein Verfahrensfehler, der ein Verwertungsverbot nach sich zieht, dürfe „nicht ohne weiteres dazu führen, daß das gesamte Strafverfahren lahmgelegt wird" (BGH **34** 364 = JZ **87** 936m krit Anm *Fezer*). Demgü geht es nicht darum, einen Verfahrensverstoß als Prozeßhindernis zu behandeln (vgl *Mehle* AG StrR DAV **88** 176f; *Grünwald* StV **87** 472; SK-*Wolter* 205 vor § 151), sondern darum, ob Beweismittel, die mittelbar aufgrund einer Verletzung von Verwertungsverboten erlangt wurden, verwertet werden dürfen oder nicht, auch (und gerade) wenn es auf sie ankommt.

Ähnlich verhält es sich auch mit der Annahme, die Ablehnung der Fernwirkung sei zu einer „wirksamen Verbrechensbekämpfung" erforderlich (BGH **34** 364). Diesbzgl fehlt nicht nur jeder empirische Beleg, sondern schon eine Definition der Begriffe „Verbrechensbekämpfung" (etwa iSd § 12 StGB) und "Wirksamkeit" (s zur empirischen Bestandsaufnahme betr General- und Spezialprävention *Eisenberg* §§ 41, 42).

Weiterhin wird gegen eine Fernwirkung argumentiert, das Strafrecht habe ua die Aufgabe, die primitivsten Rachegefühle abzufangen. Dies aber dürfe in Fällen, in denen niemand Zw an der Schuld des (mutmaßlichen) Täters haben kann, nicht unmöglich gemacht werden, zumal solches in der Bevölkerung weitgehend auf Unverständnis stoßen würde (*Sarstedt* DJTStDep **67** 23; ähnlich auch LR-*Schäfer* Einl Kap 14 Rn 49, der zudem auf Belange der Gerechtigkeit hinweist). Derartige Überlegungen scheinen in der Praxis, wie verschiedenste informelle Mitteilungen nahelegen, häufiger angestellt als ausformuliert zu werden. Dem ist jedoch entgegenzuhalten, daß es der Strafjustiz nicht gestattet ist, sich dergestalt leiten zu lassen.

(2) Die Position des BGH hat zur Konsequenz, daß eine Fernwirkung zumeist **406** gerade dann verneint wird, wenn dadurch ein entscheidendes Beweismittel betroffen ist. Dies widerspricht aber dem Sinngehalt der Beweisverbote, der ua darin besteht, die Rechtsstaatlichkeit des Strafverfahrens ggf auch ggü kriminalpolitischen Zweckmäßigkeitserwägungen zu wahren.

Im übrigen können durchaus auch kriminalpolitische Erwägungen *für* die Annahme einer Fernwirkung sprechen, soweit es zB darum geht, strafbarem Verhalten der Strafverfolgungsorgane iSd § 343 StGB vorzubeugen bzw entgegenzuwirken.

bb) Nach entgegengesetzter Auffassung ist generell eine Fernwirkung zu **bejahen**, da sich die Beweisverbote andernfalls zu leicht umgehen ließen (vgl nur *Haffke* **407** GA **73** 80ff; *Henkel* 271f; *Kühne* 541; *Roxin* § 24 Rn 44).

Diese Auffassung lehnt sich an die US-amerikanische *fruit of the poisonous tree doctrine* an, derzufolge Beweismittel, deren Gewinnung auch nur mittelbar auf einen Verstoß gegen ein Beweisverbot zurückzuführen ist, grds nicht verwertbar sind (vgl zur US-amerikanischen Judikatur *Harris* StV **91** 313ff). Gemäß Unterschieden zum deutschen Strafverfahren ist diese Lehre indes nicht ohne weiteres übertragbar (vgl dazu bereits 367 Fn 25).

Im einzelnen sind Situationen zu gewärtigen, in denen das Gewicht des von einem Verwertungsverbot erfaßten Verfahrensverstoßes gegenüber der (mit Hilfe der mittelbar erlangten Ermittlungsergebnisse) beweisbaren (mutmaßlichen) Straftat unverhältnismäßig gering erscheinen würde.

So wird zT eine Verwertbarkeit mittelbar erlangter Beweismittel ausnahmsweise dann befürwortet, wenn sie im weiteren Verlauf der Ermittlungen höchstwahrscheinlich – und nicht nur möglicherweise – auf prozessual zulässigem Wege ebenfalls erlangt worden wären (*Roxin* § 24 Rn 44; auch *Henkel* 271 f; s n 409 ff).

cc) Somit vermögen die beiden extremen Ansichten der Problematik nicht in **408** vollem Umfang gerecht zu werden. Sachgerecht erscheint auch hier nur eine **einzelfallorientierte** Handhabung, die sich allerdings wiederum entgegenhalten lassen muß, daß die konkrete Entscheidung maßgeblich von der Person des Abwägenden abhängen und infolgedessen nicht zu einer Erhöhung der Rechtssicherheit in diesem Bereich beitragen wird (vgl auch 722).

Hauptabwägungskriterien sind dabei die Schwere des Verstoßes einerseits und des staatlichen Strafverfolgungsinteresses andererseits (so, mit zT differierender Gewichtung, KK-*Pelchen* vor § 48 Rn 45 ff; *Rogall* NStZ **88** 392; ders ZStW **91** [1979] 39 f).

Maiwald (JuS **78** 384) bejaht grds eine Fernwirkung, will jedoch Ausnahmen für Fälle der Schwerkriminalität zulassen. Ähnlich ist, jedoch ausgehend von der Schutzzwecklehre, die Position von *Beulke* (ZStW **103** [1991] 657 ff).

Eine Fernwirkung wird daher grds anzunehmen sein, soweit die Gewinnung des mittelbaren Beweismittels auf einem Verstoß gegen die Menschenwürde (Art 1 Abs 1 GG) oder einer anderen schwerwiegenden Grundrechtsverletzung basiert (LG Hannover StV **89** 522; *Rogall* ZStW **91** [1979] 40). Bereits aus diesem Grunde kommt dem Verwertungsverbot des § 136a, aber auch der Verletzung des nemo tenetur Grundsatzes wohl stets **uneingeschränkte** Fernwirkung zu (bej betr Verletzung des § 136 Abs 1 S 2 Oldenburg NStZ **95** 412; vgl auch SK-*Wolter* 207 vor § 151 mwBsp).

409 b) Als Abwägungsgesichtspunkt sind (im Rahmen der Vermeidung unbilliger Vorteile aus einem Verstoß) unter engen Voraussetzungen auch **hypothetische Ermittlungsverläufe**[46] grds berücksichtigungsfähig (s etwa 322, 370, 576, 1319, 1673, 2300; vgl *Grünwald* JZ **66** 489 f; StV **87** 472 Fn 9; *Wolter* NStZ **84** 278; *Rogall* NStZ **88** 392 f; *Fezer* 50 zu Fall 16; AK-*Gundlach* 85 zu § 136a; zum Ganzen *Kelnhofer* 301 f), sofern nicht von vornherein Belange des präventiven Rechtsschutzes die Aufrechterhaltung des Verwertungsverbots wegen der Schwere des Verfahrensverstoßes verlangen (s insbes 363 bzw 408 [Fälle uneingeschränkter Fernwirkung; s auch *Wolter* GS-A Kaufmann 778; *Schröder* 80]), wobei im Einzelfall abzuwägen ist (370; für Verbot speziell zB betr Hausdurchsuchung AG Darmstadt StV **93** 408 sowie LG Darmstadt StV **93** 574; *Krekeler* NStZ **93** 264). Im übrigen ist die Verwertung eines mittelbar infolge eines Verbotsverstoßes erlangten Beweismittels (nur) dann aufgrund hypothetischer Erwägungen zulässig, *wenn* frei von begründeten Zw *feststeht*, daß sie auch im Falle ordnungsgemäßer Ermittlungstätigkeit erlangt worden wären oder sind (vgl zur „inevitable discovery" im US-amerikanischen Recht *Harris* StV **91** 317 mwN).

410 Die bloße abstrakte, dh spekulative Möglichkeit reicht hierfür nicht aus. Um insoweit eine faktische Aushöhlung der Beweisverbote zu verhindern, müssen diese Voraussetzungen besonders gründlich geprüft werden. Hinsichtlich des Grades der Gewißheit ist zu trennen zwischen den der Verlaufshypothesenbildung zugrunde liegenden Tatsachen einerseits und dem Eintritt der Hypothese bzgl der Auffindung des Beweismittels andererseits. Während die Tatsachenbasis dem Nachweis zugänglich ist, so daß diese Voraussetzung **mit Sicherheit** vorliegen muß, kann die zweite Frage notwendigerweise nur iSe **ex post-Prognose**, dh einer Wahrscheinlichkeit beantwortet werden (s auch *Kelnhofer* 286 ff). Insofern aber ist höchste (vgl etwa *Roxin* § 24 Rn 44) bzw an Sicherheit grenzende Wahrscheinlichkeit unerläßlich, wobei der Nachweis der Nichtursächlichkeit den Strafverfolgungsorganen obliegt und verbleibende Zw zugunsten des Beschuldigten wirken.

---

[46] S n dazu *Pelz* sowie *Schröder*; vgl auch schon *Beulke* ZStW **103** [1991] 657 ff.

5. Verwertung nicht rechtskräftig abgeurteilter (mutmaßlicher) Straftaten

Übersicht

	Rn
a) Problemstellung	411
b) Verwertung als Indiz	412–417
c) Einwände	417–425

a) Gemäß §§ 51, 63 Abs 4 BZRG darf nach Tilgung bzw Tilgungsreife einer **411** Eintragung weder die Tat noch die Verurteilung in einem neuen Verfahren verwertet werden (s 345 ff).[47]
Damit stellt sich die Frage, ob und inwieweit auch der Berücksichtigung von Taten oder Tatteilen, die nicht zu einer Verurteilung geführt haben, möglicherweise ein Beweiverwertungsverbot entgegensteht.

b) Nach gefestigter Rspr und der überwiegenden Literaturansicht ist eine Ver- **412** wertung als **Indiz** für die *Schuldfeststellung* sowie als Gesichtspunkt für die *Strafzumessung* grds **zulässig** (BGH 5 StR 181/61; BGH NStZ **81** 99, 100; BGH **30** 165 = StV **82** 17 mit Anm *Bruns* = JZ **82** 247 mit Anm *Terhorst*;[48] KK-*Hürxthal* 24, K/M-G 11, LR-*Gollwitzer* 3, alle zu § 264; s n 418).

Dabei sei *unerheblich*, *aus welchen Gründen* es nicht zu einer rechtskräftigen Verur- **413** teilung gekommen ist: ob infolge Verjährung, Amnestie, einer Einstellung durch die StA oder dadurch, daß einzelne Taten oder Tatteile gemäß §§ 154, 154 a aus dem Verfahren ausgeschieden werden. Auch Taten, die (noch) nicht angeklagt worden sind, bzw in denen ein Verfahren noch anhängig ist oder sogar durch einen Freispruch beendet wurde, dürften demnach herangezogen werden.[49] Der Richter sei sogar dazu verpflichtet, da er gemäß § 244 Abs 2 *alle* zur Verfügung stehenden *Informationsquellen*, also auch die in Rede stehenden, zu berücksichtigen habe, soweit sie zumindest mittelbar für die *Beurteilung der* (mutmaßlichen) *Tat oder des* (mutmaßlichen) *Täters* von Bedeutung sind (BGH NJW **51** 769 f; BGH JR **88** 341 mit Anm *Gollwitzer* = **34** 209; BGH NStZ **81** 99).

Die Rspr knüpft die Einbeziehung allerdings – soll eine Verwertung nicht als (*ausnahmsweise*) *unzulässig* ausscheiden – an folgende Voraussetzungen:

aa) Der nicht rechtskräftig abgeurteilte Tatkomplex muß wie alle in die Urteils- **414** findung (Schuldnachweis und Strafzumessung) einfließenden Tatsachen iSv § 261 **prozeßordnungsgemäß erwiesen** sein, dh zur persönlichen Überzeugung des Gerichts feststehen und konkret festgestellt sein (BGH MDR **95** 121 bei *Holtz*). Denn andernfalls würde eine Verwertung zu einer unzulässigen Verdachtsstrafe

---

[47] Vor diesem Zeitpunkt dürfen rechtskräftige Verurteilungen, soweit es für die Wahrheitsermittlung und die Beurteilung des Angekl erforderlich ist, unbedenklich mit herangezogen werden.

[48] Allerdings lassen vor allem die Strafzumessung betr Judikate und Beiträge oftmals nicht eindeutig erkennen, ob daraus auch Rückschlüsse zur Frage der Schuldfeststellung gezogen werden bzw sollen gezogen werden dürfen.

[49] Vgl dazu *Terhorst* MDR **79** 18 nebst Fn 14; BGH NStZ **87** 127 mit abl Anm *Vogler*; betr **§ 170 Abs 2** s BGH 1 StR 658/76; bzgl eines noch anhängigen Verfahrens vgl BGH NStZ **82** 326; betr Verwertung eines **Freispruchs** sowie einer Einstellung durch die StA als nachteilige Schuldfeststellungs- und Strafzumessungsindizien s BGH 5 StR 181/61.

führen. Als ausreichend wird angesehen, daß das Gericht innerhalb des laufenden Verfahrens aufgrund eigenständiger Beurteilung zu der Überzeugung gelangt, der Betroffene habe die nicht (mehr) angeklagte Tat begangen (BGH NStZ **82** 17 = BGH **30** 165; BGH NStZ **82** 326; BGH bei *Kusch* NStZ **94** 230; K/M-G 11 zu § 264; vgl auch BVerfG NStZ **88** 21).[50] Demggü werden die Anforderungen an die Überzeugungsbildung aufgrund verzerrender Umstände eher erhöht sein müssen (s 913 ff), und zwar um so mehr, je länger (s etwa 422–424) das mutmaßliche Tatgeschehen zurückliegt (vgl 1374 ff, 1417).

415 bb) Es muß sichergestellt werden, daß die Einbeziehung keinesfalls – auch nicht faktisch – zu einer **Mitbestrafung** der nicht angekl Tat führt (s BGH bei *Dallinger* MDR **70** 199, **75** 195 f). Die Tat darf daher nur *indiziell verwertet* werden (dazu n 418 f).

416 cc) Ist der Tatkomplex durch eine Einstellung nach **§ 154 Abs 2** oder **§ 154 a Abs 2** aus dem Verfahren ausgeschieden worden (s auch 99), so ist zusätzlich ein **förmlicher** und vor allem **rechtzeitiger Hinweis** für den Angekl auf die Möglichkeit einer zulässigen Verwertung außerhalb des laufenden Verfahrens liegender Taten erforderlich. Denn das Verhalten des Gerichts[51] sowie der Sinn und Wortlaut der Einstellungsvorschriften lassen den Angekl darauf *vertrauen*, daß ihm aus den eingestellten Tatteilen in dem laufenden Verfahren *keine Nachteile* mehr erwachsen werden und beeinflussen uU auch sein Verteidigungsverhalten. Der Grundsatz des *fairen Verfahrens* gebietet daher einen entspr Hinweis und somit auch die Chance einer umfassenden Vert hinsichtlich aller möglicherweise urteilsrelevanten Umstände (BGH **30** 165 = NJW **81** 2422 = StV **82** 17; BGH StV **82** 19; BGH NStZ **81** 22 sowie 100; BGH JR **86** 165 mit Anm Pelchen; BGH **31** 302 = JR **84** 170 mit Anm *Terhorst*, der sich gegen die Hinweispflicht wendet). Ohne den entspr Hinweis ist eine Verwertung nur nach förmlicher Wiedereinbeziehung bzw Nachtragsanklage der ausgeschiedenen Tat zulässig.[52]

Anderes soll indes gelten, wenn die Einstellung nach den vorgenannten Normen erst gegen Ende oder sogar nach Schluß der Beweisaufnahme geschieht, so daß sich der Angekl (bzw sein Vert) nahezu während des gesamten Verfahrens mit dem Vorwurf konfrontiert sah. In diesen Fällen soll der Vertrauensschutz gewahrt und ein Hinweis folgerichtig entbehrlich sein (s auch 99).[53]

417 Unter dem Aspekt eines fairen Verfahrens erscheint es aber **widersprüchlich**, daß dem Vertrauensschutz mit einem bloßen Hinweis Genüge getan werden soll,

---

[50] Zumindest ist eine „ordnungemäße Vernehmung" erforderlich, eine nur „informatorische Erörterung" ist unzulässig (BGH StV **94** 526 [betr Jugendstrafe]).

[51] Uneinheitlich wird dagegen die Frage beurteilt, ob auch eine Einstellung **durch die StA** vor Anklageerhebung (§ 154 Abs 1) ein schutzwürdiges Vertrauen des Angekl begründet, da auch die StA an diese Verfügung nicht gebunden ist und die Ermittlungen jederzeit wieder aufnehmen kann (vern BGH [3. Senat] StV **82** 17, bej BGH [2. Senat] StV **83** 15, jeweils mit Anm *Bruns*).

[52] *Revisions*rechtlich soll die Beanstandung jdf dann, wenn die Urteilsgründe keinen Aufschluß dazu geben, ob ein Hinweis erfolgt ist oder nicht, nur mit einer (den Anforderungen des § 344 Abs 2 S 2 entspr) Verfahrensrüge geltend gemacht werden können (BGH NStZ **93** 501; anders noch BGH NStZ **83** 20; *Schimansky* MDR **86** 283; LR-*Rieß* 77 zu § 154).

[53] Weitergehend *Pelchen* (Anm zu BGH JR **86** 166 mwN): „Vielmehr genügt es, wie auch in anderen Fällen, daß sich die beabsichtigte Verwertung aus dem Gang der Verhandlung ergibt, wobei es auch darauf ankommen kann, ob der Angekl einen Vert hat oder nicht".

wenn das Gericht (im Falle des § 154 Abs 1 durch Zulassung der Anklage) einerseits die Tat bzw Tatteile als nicht beträchtlich ins Gewicht fallend ausnimmt, andererseits aber bei der Schuldfeststellung oder der Strafzumessung nicht darauf verzichtet. Konsequent wäre es demggü, den in Rede stehenden Tatkomplex ebenfalls mitabzuurteilen, zumal eine den Voraussetzungen des § 261 entspr „prozeßordnungsgemäße" Tatfeststellung den gleichen Aufwand mit sich brächte. Eine Einbeziehung würde daher vielmehr dem Sinn der §§ 154, 154a, der Vereinfachung und Beschleunigung des Verfahrens durch Reduzierung des Prozeßstoffes, zuwiderlaufen (ebenso *Beulke* StP 340; *Haberstroh* NStZ 84 292; krit auch *Rieß* GA 80 314).

c) **Gegen** die **Verwertung** nicht rechtskräftig abgeurteilter Straftaten bestehen indes verschiedene **Bedenken**.

aa) Zum einen können Zw bestehen, ob die abzuurteilende Tat unter diesen Umständen noch der alleinige **Gegenstand** der **Urteilsfindung** iSv §§ 155 Abs 1, 264 Abs 1 ist. Dieser Grundsatz hindert das Gericht nach überwiegender Ansicht jedoch nicht, auch andere Tatsachen, die außerhalb der angekl Tat liegen, zu ermitteln und festzustellen, wenn diese zumindest mittelbar für die Beurteilung der Tat oder des Täters von Bedeutung sind (BGH NStZ 81 99 f; KK-*Hürxthal* 24 zu § 264 mwN). Gemäß § 46 Abs 2 StGB ist in der Strafzumessung ausdrücklich auch das Vorleben des Täters und sein Verhalten nach der Tat zu berücksichtigen. Soweit eine uneingeschränkte Verwertung infolge möglichen Nichtverbrauchs der Strafklage gegen den Grundsatz **ne bis in idem** (Art 103 Abs 3 GG) verstoßen würde (Verbot der Doppelbestrafung; vgl n *Bruns* StV 82 19), ist sie zwar unstr nicht zulässig. Um die *Gefahr der Doppelbestrafung* zu verhindern, wird daher nur eine ausschließlich **indizielle** Verwertung nicht mitangekl Straftaten für zulässig erachtet (s 412). **418**

Dies bedeutet, daß sie lediglich als Indiz zu einer umfassenden Würdigung der angekl Straftat sowie der als Täter beurteilten Persönlichkeit herangezogen werden dürfen, ohne daß eine „gesonderte Bewertung" strafrechtlich erheblicher Verhaltensweisen außerhalb der Anforderungen eines geordneten Strafverfahrens geschehen darf (s BGH bei *Dallinger* MDR 75 196), da sich eine solche Verfahrensweise als *faktische (Mit-)Bestrafung* darstellen würde (vgl dazu auch KMR/*Paulus* 48, SK-*Schlüchter* 5, beide zu § 264; *Rieß* GA 80 313; zum Meinungsstand s *Bruns* NStZ 81 83 f).

Weithin **ungeklärt** bleibt dabei jedoch, in welcher Weise eine klare und allgemeinverbindliche **Abgrenzung** zwischen bloßer Indizfunktion und „gesonderter Bewertung" vorgenommen werden könnte (krit auch *Vogler* FS-Kleinknecht 435). **419**

bb) Zum anderen wird teilweise eingewandt, die Verwertung einer (noch) nicht rechtskräftig abgeurteilten Straftat verstoße gegen die **Unschuldsvermutung (Art 6 Abs 2 MRK;** *Vogler*, Anm NStZ 87 127; ders FS- Kleinknecht 429 ff; ders FS-Tröndle 423 ff; krit auch *Haberstroh* NStZ 84 289). Diese Auffassung wird von der ganz überwiegenden Meinung abgelehnt (LR-*Gollwitzer* 156, 158, K/M-G 14, beide zu Art 6 MRK; SK-*Schlüchter* 5 zu § 264; *Meyer* FS-Tröndle 61, 69 ff). Dazu wird angeführt, die Unschuldsvermutung zwinge nicht zu der Unterstellung, daß der Sachverhalt einer strafbaren Handlung sich solange nicht zugetragen habe, bis er rechtskräftig festgestellt worden ist (BGH **34** 209 = JR **88** 340 mit zust Anm *Gollwitzer* = Jura **88** 356 mit krit Anm *Frister*). **420**

Die Unschuldsvermutung solle zwar verhindern, daß ein Beschuldigter ohne einen (rechtskräftigen) Schuldnachweis in einem gesetzlich geregelten Verfahren als schuldig behandelt wird (K/M-G 12 zu Art 6 MRK), sie schütze dagegen nicht davor, daß ein strafbares Verhalten in einem anderen *gerichtlichen* Verfahren festgestellt wird und hieraus für dieses Verfahren bestimmte Folgerungen gezogen werden. Der Schuldnachweis brauche sich nicht in einer gerichtlichen Verurteilung niederzuschlagen, es genüge vielmehr, daß er in einem gesetzlich geregelten Verfahren – also auch dem laufenden – erbracht worden ist (BVerfG NStZ **88** 21 bzgl Prognoseentscheidung betr Strafrestaussetzung).

421 In Anbetracht des unbestritten besonderen Ranges der Unschuldsvermutung sind jedenfalls an das Erfordernis **„prozeßordnungsgemäßer Tatsachenfeststellung"** (*Bruns* StV **82** 18; *Gollwitzer* JR **88** 342) hohe Anforderungen zu stellen. Sie muß den *Vorgaben des § 261* entsprechen, was sich uU als schwieriger und zeitraubender darstellen könnte als die Feststellung der angeklagten und abzuurteilenden Tat selbst, hinsichtlich der idR bereits vor Eröffnung des Hauptverfahrens umfangreiche Ermittlungen getätigt wurden. Ggf wirft auch ein Fehlen zeitlicher und sachlicher Nähe des Verfahrens zu dem einzubeziehenden Sachverhalt Probleme auf. Der Gefahr eines Verstoßes gegen die genannte Voraussetzung läßt sich daher in der Praxis mitunter nur schwer begegnen (krit vor allem *Haberstroh* NStZ **84** 289).

422 cc) Die Möglichkeit einer Einbeziehung steht im übrigen in deutlichem **Widerspruch** zu den Regelungen des BZRG (§ 51, 63 Abs 4 BZRG, s auch 345 ff): Während die Verwertbarkeit rechtskräftig abgeurteilter und eingetragener Straftaten durch die Tilgungsvorschriften zeitlich begrenzt ist, soll bzgl nicht abgeurteilter Straftaten eine Heranziehungsmöglichkeit weit über diesen Zeitraum hinaus bestehen.

So wird der Beschuldigte zB eines nach § 153 oder § 153a eingestellten *Vergehens* uU dadurch, daß geringe Schuld und fehlendes öffentliches Interesse eine Einstellung rechtfertigen, ggü Personen, bei denen es aufgrund der Tatschwere oder evtl Vorstrafen zur Verurteilung kam, benachteiligt.

(1) Eine *analoge* Anwendung des registerrechtlichen Verwertungsverbotes wird in Literatur und Rspr mit unterschiedlicher Begründung weitgehend *abgelehnt* (s n *Tepperwien* FS-Salger 192 f mwN) – allerdings nicht zuletzt deshalb, weil die Vorschriften ohnehin zT für grds verfehlt gehalten werden (s auch 344). Als Analogie *zugunsten* des Betroffenen wäre dies nicht schlechthin unzulässig (aA BGH **25** 64 f), jedoch in der Praxis nur unter erheblichen Schwierigkeiten und damit einhergehender Rechtsunsicherheit umsetzbar; denn zunächst müßten sowohl die Höhe der Strafe als auch der Zeitpunkt der Verurteilung fiktiv angenommen werden, um dann ebenfalls fiktiv die Tilgungsreife nach §§ 45 ff BZRG zu prüfen (vgl dazu auch Hamm NJW **74** 1717, *Tremml* 17).

423 (2) Im Zuge der Gleichbehandlung sollten dennoch jedenfalls solche Straftaten, die eindeutig der *Tilgung unterlägen*, nicht mehr miteinbezogen werden.

424 dd) Besondere Bedenken bestehen ggü der Berücksichtigung **verjährter Straftaten**. § 78 Abs 1 StGB schließt die Ahndung der Tat aus, beinhaltet also einen Verfolgungsverzicht bezüglich der verjährten Tat. Eine Ahndung erfolgt durch die indizielle Verwertung zwar nicht (s 412, 418). Jedoch wird gemäß Sinn und Zweck der Verjährung, der Wiederherstellung des Rechtsfriedens, zu erwägen sein, daß durch Zeitablauf zum einen das Strafbedürfnis, zum anderen auch die Beweismöglichkeiten schwinden (vgl dazu auch *Jähnke* FS-Salger 48 f) und damit das erhöhte Risiko eines Fehlurteils einhergeht. Auch die Art bzw der Schuldgehalt der verjährten Tat werden demggü schwerlich für die Notwendigkeit ihrer Einbeziehung sprechen können, da der Gesetzgeber der Tatschwere durch unterschiedliche Verjährungsfristen Rechnung getragen hat.

III. Beweisverwertungsverbote

ee) Abzulehnen ist eine belastende Berücksichtigung in solchen Fällen, in denen das Verfahren mit einem **Freispruch** geendet hat. Dieser beinhaltet als Ergebnis eines explizit mit dieser Frage befaßten Verfahrens die Feststellung, daß die gesetzliche Unschuldsvermutung nicht widerlegt werden konnte (K/M-G 31 zu § 267). Somit kommt auch einem Freispruch „mangels Beweises" eine gegenüber der Vermutung des Art 6 Abs 2 MRK verstärkte Aussagekraft zu. **425**

Zur Begründung der gegenteiligen Auffassung wurde ausgeführt, straferschwerend sei zu berücksichtigen, daß sich „der Angekl die früheren Verfahren nicht zur Warnung hat dienen lassen" (BGH 5 Str 181/61). Eine zu Unrecht erlittene Strafverfolgung beinhaltet für den Betroffenen ohnehin folgenschwere Belastungen. Ihm entgegenzuhalten, man habe ihm damit zugleich nachdrücklich die möglichen Folgen einer strafbaren Handlung vor Augen geführt, wirkt beinahe zynisch. Eine *vorwerfbare* Warnfunktion, die im Falle künftiger Tatbegehung eine Strafschärfung rechtfertigen würde, kommt einem Freispruch angesichts der schuldlos erlittenen Beeinträchtigungen nicht zu (vgl auch *Tepperwien* FS-Salger 196).

Zweiter Teil. Beschuldigter

Erstes Kapitel. Beschuldigter (Vorverfahren)

I. Allgemeines

1. Tragweite des Vorverfahrens, Beschuldigter

Übersicht

	Rn		Rn
a) Tragweite des Vorverfahrens	501–504	c) Informatorische Befragung, Zweck der Beschuldigtenvernehmung	509, 510
b) Begriff des Beschuldigten	505–508	d) Ladung	511–513

a) Die Abschlußverfügung der StA iS einer Anklageerhebung oder der Einstellung des Verfahrens nach § 170 bzw nach den §§ 153 ff wird auf Grundlage der Ermittlungstätigkeit im Vorverfahren (= Ermittlungsverfahren) getroffen. Das Ermittlungsverfahren stellt in der Mehrzahl der Fälle zugleich das letzte Verfahrensstadium dar. Für die übrigen Fälle kommt ihm schon durch die Auswahl der vorzunehmenden Ermittlungen sowie die Art und Weise ihrer Durchführung im allg eine gleichsam „weichenstellende" und daher kaum zu überschätzende Bedeutung für das gesamte Strafverfahren zu. **501**

Ohnehin gilt dies im allg in der Praxis des Strafbefehlsverfahrens, soweit das Gericht den Antrag der StA (§ 407) – zumeist (nur) aufgrund des Ergebnisses des Ermittlungsverfahrens, dh „nach Aktenlage" – für sachgerecht hält, und der Angekl den Strafbefehl akzeptiert; hier findet keine Kontrolle durch eine Beweisaufnahme in der HV statt. Aber auch dann, wenn es zu einer HV kommt, ist diese im allg (zumindest) *geprägt durch* das im *Vorverfahren* gewonnene Ergebnis der Ermittlungen (s dazu *Krause* StV **84** 169, 174 f; *Müller* NJW **81** 1805 f), ohne daß etwaige fehlgehende Ermittlungen oder Defizite aus dem Vorverfahren vom Gericht vollständig erkannt und behoben werden können. **502**

Wie sich aus der Auswertung einer Vielzahl von Wiederaufnahmeverfahren ergibt, können einschlägige Ermittlungsfehler vielmehr zu Fehlurteilen zugunsten oder zu Lasten des Angekl führen (vgl nur *Peters* Fehlerquellen I, 71 ff, 517, s im übrigen *Peters* Fehlerquellen II, 211 f; vgl auch *Lange* 7 ff m Nachw), und zwar selbst bei der Aufklärung von Kapitalverbrechen, bei welchen Beweiserhebung und -würdigung durch das Gericht in aller Regel mit besonderem Aufwand geschieht (vgl beispielhaft *Peters* Fehlerquellen I, insbes 71–74, 77, 80 ff, 93 ff).

Es hängt auch, aber nicht nur von der Erfahrung, der Arbeitsbelastung und der weithin damit verknüpften Aufmerksamkeit des erkennenden Gerichts ab, ob Mängel bei Vornahme der Ermittlungen schließlich zu (rechtskräftigen) Fehlurteilen führen. **503**

504 Zugleich ist zu berücksichtigen, daß eine unmittelbare sinnliche Wahrnehmung der Beweismittel im Vorverfahren zumindest im Bereich der „allgemeinen Kriminalitätsbekämpfung" regelmäßig nur durch die Polizei geschieht, während sich die Tätigkeit der StA insoweit zumeist auf die Würdigung ihr zur Kenntnis gebrachter Ermittlungsinhalte und ggfs die Anordnung weiterer Ermittlungen beschränkt (s näher *Eisenberg* § 27 Rn 6f; *Dölling* 177f, 210, 251, 299); von der StA durchgeführte Beschuldigtenvernehmungen etwa bleiben, oft auch durch die Arbeitsbelastung bedingt, die Ausnahme (s LR-*Rieß* 45 zu § 161). Die gesetzliche Konstruktion der strafprozessualen Funktion der Polizei als Hilfsbeamte der StA (§ 152 GVG) wird durch diese Praxis insofern nicht bestätigt, zumal polizeiliche bzw staatsanwaltschaftliche Tätigkeit sich ua nach unterschiedlichen organisationsinternen Handlungsregeln und Zielsetzungen bestimmen (zB „Erfolgsdenken" bzw „Erledigungsdenken", s dazu etwa schon *Steffen* 70ff, 79ff; *Schünemann* DRiZ **79** 103 m Nachw).

505 b) aa) Der **Begriff des Beschuldigten** (s auch 928ff) wird in der StPO verschiedentlich vorausgesetzt (s nur §§ 112 Abs 1, 127a Abs 1, 131, 132, 132a–137, 140, 153a, 157), jedoch im Gegensatz zu den Begriffen des Angeschuldigten und Angekl (vgl § 157) nicht definiert. Mit der ganz hM ist davon auszugehen, daß die Beschuldigteneigenschaft nicht von selbst entsteht, etwa wenn sich gegen eine konkrete Person zureichende tatsächliche Anhaltspunkte zu einem Verdacht verdichten und zur Kenntnis eines Strafverfolgungsorgans gelangen (so aber *Peters* 200f). Sie wird vielmehr erst durch einen **Willensakt der Strafverfolgungsbehörde** als „Produkt eines Zuschreibungsprozesses" begründet (BGH **10** 11f; **34** 140; Frankfurt NStZ **88** 485f; Karlsruhe Justiz **86** 144; *Fincke* ZStW **95** [1983] 918f, 945: „Inkulpation"; K/M-G Einl 77; LR-*Hanack* 4 zu § 136). Ein solcher Willensakt wird zwar häufig in der Einleitung eines Ermittlungsverfahrens bestehen, er kann (gemäß dem Rechtsgedanken des § 397 Abs 1 AO) jedoch in jeder Maßnahme eines Strafverfolgungsorgans liegen, die erkennbar darauf abzielt (zB Anordnung nach § 81a, vorläufige Festnahme nach § 127 oder Beschlagnahme nach §§ 99, 111b), gegen jemanden wegen einer Straftat vorzugehen (vgl grundlegend *Rogall* 31; s ferner *Roxin* 10 zu § 25 m Nachw; LR-*Hanack* 4 zu § 136; *Geppert* FS-Oehler 328; *Beulke* StV **90** 181; Karlsruhe Justiz **86** 144; s auch BGH StV **85** 397f; LG Stuttgart NStZ **85** 569; abl hierzu *Wieczorek* Krim **86** 170ff; anders auch GeschA LPolDir Berlin 5/89 I-3), ohne daß es auf eine ausdrückliche „Bezichtigung" ankäme (vgl *Roxin* 10 zu § 25).

506 bb) **Ob** und ggfs **wann** die StA und ihre Hilfsbeamten (§ 161, § 152 GVG) durch einen solchen Willensakt jemanden zum Beschuldigten machen, ist nicht in ihr Belieben gestellt. Vielmehr sind sie gemäß dem **Legalitätsprinzip** verpflichtet, sobald sich **zureichende** tatsächliche Anhaltspunkte (§ 152 Abs 2) für den **Verdacht** einer Straftat (§ 160 Abs 1) gegen eine Person ergeben, gegen diese wegen der in Betracht kommenden Straftat vorzugehen; unterlassen sie dies, so kann ihnen neben disziplinarrechtlichen Konsequenzen auch eine strafrechtliche Verfolgung wegen Strafvereitelung im Amt (§ 258a StGB) drohen.

Die Feststellung, wann ein zureichender Verdacht besteht, obliegt (in Ausfüllung dieses unbestimmten Rechtsbegriffs) nach pflichtgemäßer Beurteilung den Strafverfolgungsbehörden (BGH **37** 48ff; *Fincke* ZStW **95** [1983] 935; LR-*Hanack* 4 zu § 136). Besteht ein zureichender Verdacht, so darf der Willensakt nicht etwa aus

I. Allgemeines

„kriminaltaktischen" Überlegungen, zB um den Beschuldigten in der Zeugenrolle zu belassen, hinausgezögert werden (vgl BGH 10 12: „sachfremd" und daher rechtswidrig; s auch BGH 37 48 ff, wonach die Strafverfolgungsbehörde die Grenzen ihres Beurteilungsspielraums überschreitet, wenn sie trotz eines starken Tatverdachts nicht von der Zeugen- zur Beschuldigtenvernehmung übergeht; s zudem Hamburg StV **95** 589 betr die unterschiedliche Verdachtslage bei Verfolgung verschiedener Taten; vgl auch *Wetterich/Plonka* 76).

cc) **Kinder** dürfen nicht Beschuldigte sein (s näher *Eisenberg* StV **89** 554 ff; s auch *Fincke* ZStW **95** [1983] 943; zu Zurechnungsunfähigen und Exterritorialen s Nachw bei LR-*Hanack* 6 zu § 136), da das Verfahrenshindernis der Strafunmündigkeit in jeder Verfahrenslage zu beachten ist. Gleichwohl wird es sich in der Praxis mitunter nicht vermeiden lassen, daß gegen sie zunächst ermittelt wird, bis sich das Verfahrenshindernis herausstellt (*Frehsee* ZfJ **91** 225 f). Jedenfalls stehen auch einem Kind, sofern es (unzulässigerweise) als Beschuldigter behandelt wird, die vollen Beschuldigtenrechte zu (vgl K/M-G Einl 76; LR-*Hanack* 6 zu § 136). 507

dd) Die Beschuldigteneigenschaft **endet** mit der Erledigung der Beschuldigung, sei es durch Einstellung des Ermittlungsverfahrens durch die StA (nach § 170 oder §§ 153 ff), sei es durch rechtskräftigen Abschluß des Erkenntnisverfahrens (vgl *Rogall* 24). 508

c) aa) Von der Polizei (am Tatort) vorgenommene **informatorische Befragungen** sind nach Ansicht der Rspr zulässig (BGH NStZ **83** 86; Stuttgart MDR **77** 70; vgl auch BGH StV **90** 194 f m krit Anm *Fezer*; al *Haas* GA **95** 323 f), solange es sich bei der Auskunftsperson (noch) nicht um einen Beschuldigten handelt (vgl auch *Gerling* 1, 13; *ter Veen* StV **83** 293; *Geppert* FS-Oehler 324; *Schubert* 17);[1] die genannten Befragungen sind der Sache nach Zeugenanhörungen (vgl *Rogall* MDR **77** 978 f; s auch K/M-G Einl 79) und gesetzessystematisch nur dann unbedenklich, wenn die Vernehmungsperson sich aus (völliger) Unkenntnis der Lage einen Informationszugang verschaffen will, etwa um daraufhin geeignete Sofortmaßnahmen einzuleiten. Insoweit darf uU auch ein ohne Belehrung über des Aussageverweigerungsrecht zustandegekommenes sog *Spontangeständnis* verwertet werden (zur Abgrenzung ggü der Vernehmung s BGH **38** 227 f; s näher Karlsruhe NZV **94** 122; AG Delmenhorst StV **91** 254 bzw AG Homburg ZfS **94** 29: Unverwertbarkeit bei Suggerieren einer gelockerten Atmosphäre bzw am Unfallort; zur Vorverlegung der Grenze im JStV *Eisenberg* JGG 6 zu § 2; vgl auch 636 ff). 509

Ist die Auskunftsperson (bereits) Beschuldigter, ist für „informatorische Befragungen" oder „formlose Vorgespräche" vor Eröffnung des Tatvorwurfs und ohne Belehrung des Beschuldigten kein Raum. Aus *vernehmungspsychologischer* Sicht hingegen bestehen wegen der fehlenden Rekonstruktionsmöglichkeit (zB Protokoll oder elektronische Aufnahme) Bedenken unabhängig davon, ob es sich bei der befragten Person (bereits) um einen Beschuldigten handelt,[2] da in die (spätere, formell protokollierte) Vernehmung naturgemäß idR die Effekte der zuvor gestellten Fragen und Antworten mit eingehen; insbes vermag eine in der HV abgegebene Erklärung der vernehmenden Person, der Inhalt der informatorischen Befragung

---

[1] Speziell zu Initiativ-oder Vorfeldermittlungen vgl *Rogall* ZStW **103** (1991) 945 f.
[2] Vgl *Wegener* FS-Schewe 317, der darin eine „drohende Fehlerquelle für die Wahrheitsermittlung" erkennt.

habe dem der Vernehmung entsprochen, wegen mehrerer möglicher (sozial-)psychologischer Mechanismen (s näher 87 ff) diese Bedenken nicht zu entkräften.

510 bb) (1) Der Begriff der **Vernehmung** setzt voraus, daß die vernehmende Person dem Beschuldigten „in amtlicher Funktion" gegenübertritt und „in dieser Eigenschaft" ihn befragt (vgl BGH **40** 213 [betr den Zeugen]; BGH NStZ **95** 410).³ Hiervon zu unterscheiden sind vernehmungsähnliche Gespräche etc (krit auch zur Abgrenzbarkeit *Haas* GA **95** 234 f).⁴

(2) Die Vernehmung des Beschuldigten im Ermittlungsverfahren (im Gegensatz zur Zeugenvernehmung) hat eine **Doppelfunktion**. Sie dient einerseits, und zwar vorrangig (s § 163 a Abs 1; vgl näher LR-*Hanack* 35 zu § 136 m Nachw), Verteidigungszwecken, ua dadurch, daß dem Beschuldigten durch die Vernehmung rechtliches Gehör gewährt wird (BGH **25** 332). Andererseits dient sie auch der Sachverhaltsaufklärung (KK-*Boujong* 19 zu § 136).

Diese Doppelfunktion wird insbes in der polizeilichen Praxis mitunter verkannt, indem einseitig nur die Sachverhaltsaufklärung als Vernehmungszweck ausgegeben wird (vgl etwa GeschA LPolDir Berlin 5/89 IV-51).

511 d) aa) Der Beschuldigte ist zu seiner (sog verantwortlichen) Vernehmung grds **schriftlich** durch verschlossenen Brief **zu laden**, wobei die Ladung zum einen die Absicht erkennen lassen soll, ihn als Beschuldigten zu vernehmen und zum anderen, soweit möglich, den Gegenstand der Beschuldigung kurz anzugeben hat (§ 133 und Nr 44 RiStBV). Wenn in der kriminalistischen Literatur mitunter darauf hingewiesen wird, daß damit „*zwangsläufig* eine *Täterwarnung* verbunden" sei (*Schubert* 55), so läßt dies eine verfrühte Festlegung auf den Beschuldigten als Täter und entspr einseitig geführte Ermittlungen besorgen (zur praktischen Relevanz der Unschuldsvermutung s *Bohnert* 242 ff [248]).

512 bb) Der Beschuldigte braucht einer Ladung zu einer **polizeilichen** Vernehmung nicht Folge zu leisten, da ihn das Gesetz nur verpflichtet, zur staatsanwaltschaftlichen oder richterlichen Vernehmung zu erscheinen (§§ 163 a Abs 3 S 1; 133). Aus seinem Anspruch auf rechtliches Gehör (Art 103 Abs 1 GG) folgt jedoch nur, daß der Beschuldigte vor Abschluß des Ermittlungsverfahrens Gelegenheit zur Stellungnahme erhalten muß, nicht aber, daß er sein Vernehmungsorgan wählen kann (vgl *Krause* StV **84** 174). Ignoriert der Beschuldigte eine polizeiliche Ladung, sollte er sich also des Umstandes bewußt sein, daß die StA „nach Aktenlage" entscheiden wird.

513 cc) Kommt der Beschuldigte einer **staatsanwaltschaftlichen** oder **richterlichen** Ladung, in welcher gem § 133 Abs 2 die Vorführung angedroht worden war (s auch Nr 44 Abs 2 RiStBV), unentschuldigt nicht nach, so kann sein Erscheinen durch Vorführung erzwungen werden; dies gilt auch für Maßnahmen, bei denen der Beschuldigte als Beweismittel gegen sich selbst herangezogen wird (s 834). Das Verhältnismäßigkeitsgebot wird einer richterlichen **Vorführung** praktisch nie (vgl LR-*Hanack* 13 zu § 133 m Nachw) und einer staatsanwaltschaftlichen Vorführung nur in sehr seltenen Fällen (des Rechtsmißbrauchs) entgegenstehen (vgl LR-*Rieß* 60, 53 zu § 163 a).

---

³ Anders etwa *Seebode* JR **88** 427 f: funktionaler Vernehmungsbegriff; vgl im übrigen aber auch SK-*Rogall* 155 vor § 48; *Neuhaus* Krim **95** 787 ff.

⁴ Vgl zur Relevanz des Vernehmungsbegriffs betr § 136 Abs 1 S 2 im Text 571; betr § 136 a 636 ff, 658 f.

I. Allgemeines

Darüber hinaus kann die richterliche Vorführung auch ohne vorausgegangene Ladung mit Vorführungsandrohung vom Richter verfügt werden, wenn ein Haftbefehl erlassen werden könnte (§ 134 Abs 1).

2. Recht, sich des Beistandes eines Verteidigers zu bedienen (§ 137)

Übersicht

	Rn		Rn
a) Grundsätzliches	514, 515	c) Anwesenheit des Vert bei Vernehmungen durch Gericht bzw StA	521–525
b) Anwesenheit des Vert bei der polizeilichen Vernehmung	516–520		

a) Das Recht des Beschuldigten, sich in jeder Lage des Verfahrens (also auch im Vorverfahren) des Beistands eines Vert zu bedienen, ergibt sich schon aus der Verfassung (vgl BVerfGE **26** 66, 71; **34** 293, 302; **38** 105, 111 f; **39** 238, 243; **66** 313, 319) als Konkretisierung des Rechts auf ein faires Verfahren (BVerfGE **68** 237, 255), welches aus Art 2 Abs 1 GG iVm dem Rechtsstaatsprinzip hergeleitet wird (BVerfGE **39** 156, 163; **66** 313, 318 f). **514**

Der bei der Beschuldigtenvernehmung anwesende Vert hat das Recht, Fragen zu stellen und Hinweise zu geben, da die Beschränkung auf eine bloße Zuhörerrolle einem Vert nicht zumutbar ist und seiner Funktion nicht gerecht wird (K/M-G 16 zu § 163). **515**

b) aa) Mangels einer klaren gesetzlichen Regelung ist umstritten, ob der **Vert** auch bei **polizeilicher Beschuldigtenvernehmung** des Mandanten ein **Anwesenheitsrecht** hat. Die Judikatur hat ein solches Recht bislang nicht anerkannt, und auch ein Teil der Literatur lehnt es ab (vgl *Roxin* 62 f zu § 19; LR-*Rieß* 95 zu § 163a; aA etwa *Sieg* NJW **75** 1009 und MDR **85** 195; *Goessel* ZStW **94** (1982) 34; *Schäfer* MDR **77** 980 f; zumindest beim nicht in Freiheit befindlichen Beschuldigten auch LR-*Lüderssen* 71 f zu § 137). **516**

1) Auch wenn sich aus den Grundsätzen des § 137 Abs 1 S 1 und des § 136 Abs 1 S 2 („jederzeit") de lege lata nicht eindeutig ein **Anwesenheitsrecht** ableiten läßt, legen diese Normen es doch nahe, die Anwesenheit des Vert **im Regelfall** zu **gestatten**. Dafür spricht auch die Auffassung des BVerfG, nach der die Anwesenheit eines RA bei „der richterlichen oder sonstigen Vernehmung" ein für jeden selbstverständliches Recht sei, welches nur bei „Zweckgefährdung der Vernehmung ausgeschlossen werden könne" (BVerfGE **38** 112; *Wagner* 191 f und *Spaniol* 285 f folgern daraus ein Anwesenheits*recht*). Zudem wäre es angesichts der gesetzlich vorgegebenen Struktur des Ermittlungsverfahrens mit der StA als dessen „Herrin" und der Polizei als deren Hilfsbeamte (§ 152 GVG) ungereimt, wenn die StA die Anwesenheit gestatten muß, die Polizei jedoch nicht (*Schäfer* MDR **77** 981; ihm folgend *Riegel* Polizei **78** 103).

2) Bedenken begegnen insoweit zB die Ausführungen in der GeschA LPolDir Berlin 5/89 IV-51, worin es heißt: „Macht der zu Vernehmende seine Aussage von der Anwesenheit eines Vert und/oder anderer Personen abhängig, ist im Einzelfall abzuwägen, ob die Vernehmung unter dieser Bedingung durchgeführt werden kann. Dabei ist ein besonders strenger Maßstab anzulegen". **517**

Die Anweisung könnte dazu führen, die Bereitschaft der polizeilichen Vernehmungsbeamten zu senken, Vert zur Vernehmung zuzulassen. Auffällig ist zumindest, daß keinerlei Unterschied zwischen dem Vert als einem Rechtspflegeorgan mit der Aufgabe, „auf die Wahrung von Gesetz und Gerechtigkeit durch die Strafverfolgungsbehörden ausschließlich ggü dem Beschuldigten hinzuwirken" (*Gössel* ZStW **94** [1982] 31), und anderen Personen gemacht wird. Wer in dem Vert von vornherein einen Störfaktor der Ermittlungstätigkeit vermutet, verkennt möglicherweise, daß der deutsche Strafprozeß nach der StPO gerade nicht als Parteiprozeß angelegt ist, und die Strafverfolgungsorgane gemäß § 160 Abs 2 verpflichtet sind, auch nach entlastenden Umständen zu forschen. Zudem ist nicht zu übersehen, daß die Anwesenheit des Vert das in seinem Beisein erlangte Vernehmungsergebnis vor etwaiger späterer Beanstandung (zB dem Vorwurf, verbotene Vernehmungsmethoden iSd § 136a seien verwandt worden) tendenziell ebenso schützt wie vor einem Widerruf.

518   bb) Schweigt der Beschuldigte bei Abwesenheit des Vert und erklärt er, daß er **nur in Gegenwart seines Vert aussagen** wolle oder gibt sein Vert diese Erklärung für ihn ab, so wird es in aller Regel sachgerecht sein, darauf einzugehen (vgl *Sieg* MDR **85** 196; *Schäfer* MDR **77** 980; LR-*Rieß* 96 zu § 163a mit Nachw; aus kriminalistischer Sicht *Fischer* 134). Lehnt die Polizei dies trotz ihrer Verpflichtung zu umfassender Sachverhaltsaufklärung (§ 150 Abs 2) ab und leitet sie die Akten an die StA weiter, so hat diese darüber zu entscheiden, in welcher Form der Beschuldigte vernommen werden soll. Da der Beschuldigte nicht die Aussage verweigert, sondern nur von einer (zumutbaren) Bedingung – der Anwesenheit seines Vert – abhängig macht, verpflichten der Anspruch des Beschuldigten auf rechtliches Gehör und der Untersuchungsgrundsatz (§ 160 Abs 1 und 2) die Strafverfolgungsorgane, eine Vernehmung im Vorverfahren durchzuführen, sofern das Verfahren nicht eingestellt werden soll (§ 163a Abs 1 S 1). Mithin hat die StA nur die Wahl, eine richterliche Vernehmung zu beantragen, den Beschuldigten selbst zu vernehmen oder die Polizei um die Vernehmung zu ersuchen und dazu ihr Einverständnis mit der Anwesenheit des Vert zu erklären. Da die solchermaßen „ersuchte" Polizei an das staatsanwaltschaftliche Einverständnis gebunden ist, muß sie in diesem Fall nach allg Ansicht die Anwesenheit des Vert bei der Beschuldigtenvernehmung zulassen.

519   cc) 1) Ergänzend sei darauf hingewiesen, daß der Beschuldigte das Recht hat, sich jederzeit auch im Ermittlungsverfahren, an Stelle einer mündlichen Vernehmung oder auch diese ergänzend, **schriftlich** – zu den Akten – **zu äußern**. Dieses Recht leitet sich aus seinem Anspruch auf rechtliches Gehör und seiner Stellung als Verfahrenssubjekt ab und besteht ungeachtet der (davon zu trennenden) Frage, wann eine schriftliche Äußerung von den Strafverfolgungsbehörden an Stelle einer mündlichen für ausreichend erachtet wird (§ 163a Abs 1 S 2) bzw wann der Beschuldigte ausdrücklich auf dieses Recht hinzuweisen ist (§ 163 Abs 1 S 4).

520   2) Eine zusammenfassende Würdigung des Tatvorwurfs im Interesse des Beschuldigten kann auch in einer Verteidigungsschrift (oder „Schutzschrift") erfolgen. In der Praxis ist dies für den Vert insbes dann empfehlenswert, wenn eine Einstellung des Verfahrens erreicht werden kann, besonders bei rechtlich und/oder tatsächlich komplizierten Sachverhalten oder iZm „Vereinbarungen" (*Hamm* StV **82** 490ff; instruktiv zum Ganzen *Weihrauch* 167ff; s n 42ff). Da die Verteidigungsschrift mit der Gefahr verbunden ist, die Verteidigungsstrategie für eine evtl stattfindende HV zu offenbaren (zurückhaltend deshalb *Dahs* 355f), sind Vor- und Nachteile sowie Zeitpunkt (dazu *Hamm* StV **82** 495) im Einzelfall abzuwägen. Ge-

I. Allgemeines

warnt wird insbes vor einer Verteidigungsschrift ohne vorherige Akteneinsicht des Vert (*Weihrauch* 172; *Hamm* StV **82** 494).

c) Für **richterliche** und **staatsanwaltschaftliche Vernehmungen** ist die Anwesenheit des Vert ausdrücklich gesetzlich vorgesehen (§§ 168c Abs 1, 163a Abs 3 S 2). Einschränkungen bestehen nur nach Maßgabe des § 168c Abs 4, sowie in den extremen Ausnahmefällen der Kontaktsperre (§ 34 Abs 3 Nr 2 S 2, Nr 3 EGGVG). **521**

aa) Um eine gesetzlich nicht vorgesehene faktische Einschränkung zu vermeiden, besteht grundsätzlich die Pflicht, den Vert des Beschuldigten von solchen Vernehmungsterminen zu **benachrichtigen** (§§ 168c Abs 5 S 1, 163a Abs 3 S 2). **522**
Eine Ausnahme hiervon wird nur nach § 168c Abs 5 S 2 zugelassen.

1) Der in § 168c Abs 5 S 2 verwendete unbestimmte Rechtsbegriff „Gefährdung des Untersuchungserfolges" ist dann erfüllt, wenn der **Untersuchungserfolg durch Zeitablauf gefährdet** wäre. Demgemäß darf auf eine Benachrichtigung nur dann verzichtet werden, wenn die Vernehmung derart dringlich ist, daß der durch eine ggf telefonisch oder telegrafisch vorzunehmende Benachrichtigung – die rechtzeitig genug wäre, um dem Vert die Anwesenheit nicht nur zu gestatten, sondern auch tatsächlich zu ermöglichen – eintretende Zeitverlust den Untersuchungszweck vereiteln könnte (vgl LR-*Rieß* 39–41 zu § 168c). **523**
Eine materielle Gefährdung des Untersuchungszweckes durch Anwesenheit des Vert bei einer Beschuldigtenvernehmung wird hingegen die Ausnahme des § 168c Abs 5 S 2 nicht rechtfertigen können. Zu bedenken ist hierbei auch, daß Beschuldigte häufig nur bereit sind, in Anwesenheit ihres Vert zur Sache auszusagen und ohne ihn eher von ihrem Recht Gebrauch machen, zum Tatvorwurf zu schweigen.
Immerhin hat der BGH (**29** 14 f; zust K/M-G 5 zu § 168c; LR-*Gollwitzer* 19 zu § 224; abl *Welp* JZ **80** 134 ff; LR-*Rieß* 44 f zu § 168c) § 168c Abs 5 S 2 in einem Fall richterlicher Zeugenvernehmung für anwendbar erklärt, bei dem in der Person des Vert konkrete Anhaltspunkte eine materielle Gefährdung des Untersuchungsergebnisses deshalb besorgen ließen, weil der Vert versucht habe, die Zeugin zu einer entlastenden aber unwahren Aussage zu bewegen.

2) Unterläßt es der Richter (oder der StA), den Vert des Beschuldigten von einer Beschuldigtenvernehmung zu benachrichtigen, so setzt dies eine entsprechende Entschließung voraus, deren Gründe **aktenkundig** zu machen sind (vgl BGH **31** 142 = StV **83** 51 mit zust Anm *Temming*; KG StV **84** 68). **524**

bb) Unterbleibt die gebotene Benachrichtigung eines Vert und ist dieser bei der Vernehmung des Beschuldigten nicht anwesend oder wird ihm die Teilnahme gar zu Unrecht verwehrt, so führt dies zur *Unverlesbarkeit* der richterlichen Vernehmungsniederschrift in der HV (s n 856 ff), falls der Mangel nicht zuvor geheilt wird und der Vert der Verlesung widerspricht (BGH **26** 332; **31** 144 = JZ **83** 354 mit insow zust Anm *Fezer* = StV **83** 351 mit zust Anm *Temming*). In solchen Fällen darf der vernehmende Richter auch nicht als Zeuge in der HV gehört werden, da mangels zulässiger Einflußnahme des Vert auch inhaltliche Mängel entstanden sein könnten (BGH **26** 332; KG StV **84** 68; K/M-G 6 zu § 168c; LR-*Rieß* 58 zu § 168c). **525**

Ein **Verstoß** gegen § 168c führt mithin zu einem umfassenden **Verwertungsverbot** (s allg 362 ff). Verwertet der Tatrichter das Vernehmungsergebnis dennoch in der HV, so stellt dies einen Verfahrensverstoß dar, der, wenn das Urteil das Erg berücksichtigt, die Revision begründen kann (BGH **26** 332; KG StV **84** 68; ferner BGH **29** 3; **31** 140 sowie BGH bei *Holtz* MDR **76** 814; vgl zu Besonderheiten *Krause* StV **84** 169 ff, 173).

3. Anwesenheit sonstiger Personen bei der Beschuldigtenvernehmung

Übersicht

		Rn
a)	Allgemeines	526
b)	Bei Jugendlichen	527
c)	Bei Sprachunkundigen	528–532

526 a) Im allg kann auf Antrag des Beschuldigten auch einer **Person** seines **Vertrauens** die Anwesenheit während seiner Vernehmung gestattet werden (vgl LR-*Rieß* 99 zu § 163 a).

527 b) Bei der Vernehmung eines **jugendlichen Beschuldigten** (auch durch die Polizei) ist zu beachten, daß dessen *Erziehungsberechtigte* gem § 67 Abs 1 JGG ein Anwesenheits*recht* haben (vgl LR-*Rieß* 99 zu § 163 a; LR-*Hanack* 50 zu § 136; *Eisenberg* JGG 11 zu § 67; *ders* NJW **88** 1250; *Ostendorf* 10 zu Grdl §§ 67–69; s auch BVerfG NJW **88** 1256 ff) und grds von dem Vernehmungstermin zu benachrichtigen sind.

Demggü geht die PDV 382 Ziff 3.6.5. davon aus, daß Erziehungsberechtigte kein Anwesenheitsrecht haben. Gemäß der Arbeitsanweisung PolPräs Berlin Dez VB 114-OG 6341/15 vom 29. Nov 1990 soll diese Ziffer – bis zu einer Änderung – als Anregung verstanden werden, darauf hinzuwirken, daß die Erziehungsberechtigten freiwillig auf ihre Teilnahme verzichten, um einer umfassenden und wahrheitsgemäßen Äußerung des Beschuldigten nicht entgegenzustehen; sollten die Erziehungsberechtigten nicht verzichten, sei im Einzelfall zu prüfen, ob die polizeiliche Vernehmung überhaupt durchgeführt werden solle oder ob sie nicht für die Sachaufklärung wertlos erscheine. Hierzu erhebt sich die Frage, welche Art der Sachaufklärung durch die Anwesenheit der Erziehungsberechtigten ausgeschlossen wird. Auch wird idZ zu berücksichtigen sein, daß die im allg erhöhte Beeinflußbarkeit jugendlicher Beschuldigter durch Vernehmungssituation und Vernehmungsbeamte auch die Gefahr falscher Geständnisse erhöhen kann (vgl zu Nachw *Eisenberg* JGG 24 zu § 45).

Die in (sonstigen) polizeilichen Dienstvorschriften enthaltene Zielvorgabe, jugendliche Beschuldigte grundsätzlich „im Interesse der Sachaufklärung in Abwesenheit ihrer Erziehungsberechtigten zu vernehmen", widerspricht dem Gesetz (s auch *Ostendorf* 10 zu Grdl §§ 67–69 JGG) sowie dem gesetzmäßigen Vernehmungszweck (vgl dazu LR-*Rieß* 99 zu § 163 a; LR-*Hanack* 35 zu § 136).

528 c) aa) Beschuldigte, bei denen nicht feststeht, daß sie der deutschen Sprache (§ 184 GVG) hinreichend mächtig sind, sind grds unter **Zuhilfenahme eines Dolmetschers** zu vernehmen. Dies folgt bereits aus der Natur der Sache, ist jedoch auch durch Art 3 Abs 3 und 103 Abs 1 GG sowie auch Art 6 Abs 3e MRK geboten (vgl Nr 181 Abs 1 RiStBV). Es kommt nach allg Auffassung nicht darauf an, ob es sich um eine polizeiliche, staatsanwaltschaftliche oder richterliche Vernehmung handelt, da der Beschuldigte, der die Gerichtssprache nicht beherrscht, für das gesamte Strafverfahren – nicht etwa nur in der HV (dazu näher 790 f) – der Hilfe eines Dolmetschers bedarf (LG Hamburg StV **90** 16, 219; Frankfurt StV **86** 24 f; zust *Paeffgen* NStZ **89** 423; LG Berlin AnwBl **80** 30; StV **90** 449 f; der Sache nach ebenso auch KG NStZ **90** 402 mit Anm *Hilger*; Hamm StV **94** 475).

I. Allgemeines

Demgemäß ist bei Beschuldigten, deren Mutter- oder Vatersprache nicht Deutsch ist, eine besondere Prüfung der deutschen Sprachkenntnisse angezeigt (vgl Nr 181 Abs 1 RiStBV). Sie reichen nur dann aus, wenn der Beschuldigte auch in der Lage ist, verfahrensrechtliche Gegebenheiten zu verstehen (vgl *Katholnigg* 1 zu § 185) und sich zu verteidigen (s n 790); im Zw ist ein Dolmetscher beizuziehen (vgl *Katholnigg* 1 zu § 185). Ein Verzicht des Beschuldigten auf die als erforderlich beurteilte Zuziehung ist unwirksam (vgl *Katholnigg* 1 zu § 185); jedoch kann im Einzelfall ein bestimmter Dolmetscher abgelehnt werden (LG Darmstadt StV **90** 258; StV **95** 239; s auch 1517).

bb) **Nichtdeutsche** Beschuldigte, bei denen noch nicht festgestellt wurde, daß 529 sie die deutsche Sprache hinreichend beherrschen, sind vorsorglich (auch) in einer ihnen verständlichen Sprache zu **laden** (vgl Nr 181 Abs 2 RiStBV). Wenngleich sich der Wortlaut dieser VV nur auf gerichtliche Ladungen bezieht, gilt dies im Hinblick auf den Anspruch auf rechtliches Gehör bereits im Vorverfahren (vgl Art 103 Abs 1 GG, § 163a Abs 1 S 1) auch für staatsanwaltschaftliche oder polizeiliche Ladungen.

Dem entspricht es, daß zB eine nur in deutscher Sprache abgefaßte Rechtsmittelbelehrung ggü einem der deutschen Sprache nicht hinreichend mächtigen Nichtdeutschen keine Rechtswirkung entfaltet (vgl BVerfGE **40** 95; BVerfG NStZ **91** 446).

Hiermit nicht vereinbar wäre es, wenn in der Praxis zu polizeilichen Vernehmungen teilweise nur unter Verwendung eines in deutscher Sprache gehaltenen Vordrucks geladen würde, der allenfalls noch durch den (ebenfalls in Deutsch) gehaltenen Hinweis ergänzt wäre, der Geladene solle, falls er die deutsche Sprache nicht hinreichend beherrsche, frühzeitig Bescheid geben (damit ein Dolmetscher bestellt werden könne) oder eine sprachkundige Hilfsperson zur Vernehmung mitbringen.

cc) Gem Nr 181 Abs 1 RiStBV ist bei der **ersten verantwortlichen Vernehmung** 530 eines Nichtdeutschen **aktenkundig** zu machen, ob der Beschuldigte über hinreichende Deutschkenntnisse verfügt, so daß ein Dolmetscher entbehrlich erscheint (s auch *Kühne* StV **90** 102 ff).

Demggü besteht bei polizeilichen Vernehmungen aus fiskalischen Erwägungen 531 heraus mitunter die Praxis, anstelle eines Dolmetschers eine – zumeist vom Beschuldigten beigebrachte – Hilfsperson einzusetzen. Dies ist jedoch schon deshalb nicht unbedenklich, weil bei solchen Hilfspersonen die erforderliche Qualifikation weder von vornherein gewährleistet noch von dem Vernehmungsbeamten überprüfbar sein wird. Zum anderen ist ggf zu besorgen, daß solche Personen ein Interesse am Ausgang des Verfahrens haben könnten (vgl n 1340).

In Anbetracht dieser Umstände sollte schon bei der ersten verantwortlichen Vernehmung von Beschuldigten, die über keine ausreichenden Deutschkenntnisse verfügen, grds ein Dolmetscher hinzugezogen werden (so im Erg aus kriminalistischer Sicht auch *Schubert* 217). Auch kann von sprachunkundigen Beschuldigten nicht verlangt werden, sich selbst um einen Dolmetscher zu kümmern.

dd) Bei der **Auswahl** des Dolmetschers ist einerseits zu beachten, daß der Tätig- 532 keit von Dolmetschern nicht ganz selten ein funktionsüberschreitender und unkontrollierter, zugleich aber bestimmender Einfluß auf die Vernehmung zukommt (vgl etwa *Eisenberg* § 28 Rn 8 m Nachw), dh daß die vernehmende Person vom Dolmetscher gleichsam abhängig ist (vgl aber *Donk* ZRSoz **94** 42: „Hilfspolizist") und speziell zB bei mehreren Beschuldigten, deren Belange gefährdet sein können (Düsseldorf StV **93** 144). Andererseits kann es von der Marktsättigung und dem Interesse an Verdienst abhängen, inwieweit der Dolmetscher sich an etwaigen Erwartungen der Ermittlungsbehörden orientiert (vgl etwa LG Berlin StV **94** 180) oder gar den Beschuldigten zu einem Geständnis auffordert.

ee) Die Beiziehung eines Dolmetschers hat für den Beschuldigten **unentgeltlich** zu erfolgen. Dies wird auch für verfahrensvorbereitende Gespräche mit dem *Wahlvert* (Frankfurt StV **91** 457; Hamm StV **94** 475; LG Bamberg NStZ **92** 500; aA Düsseldorf NJW **89** 677; K/M-G 25 zu § Art 6 MRK) bzw für den Verkehr mit dem Wahlvert zu gelten haben (KG NStZ **90** 402 mit Anm *Hilger*; LG Düsseldorf StV **94** 122; LG Köln StV **94** 492; aA K/M-G 25 zu Art 6 MRK mwN).

Durch die Beiziehung entstandene Kosten dürfen vom Beschuldigten auch später keinesfalls eingefordert werden (grundlegend EGMR NJW **78** 477 f; NJW **79** 1091 f; s schon AG Tiergarten NJW **78** 2462 gegen die – inzwischen allg aufgegebene – vormals hM in Rspr und Lit).

II. (Verantwortliche) Beschuldigtenvernehmung

1. Vorbereitung und Beginn der Vernehmung; Verhältnis zu prozessualer Wahrheitspflicht

Übersicht

	Rn		Rn
a) Vorbereitung	533–538	c) Verhältnis zu prozessualer Wahrheitspflicht	550–552
b) Beginn	539–549		

533 a) aa) 1) Schon bei der Wahl des **Vernehmungstermins** ist es (nicht zuletzt aus kriminaltaktischen Erwägungen) ratsam und sachgerecht, soweit wie möglich auf die persönlichen Lebensverhältnisse des Beschuldigten (zB Schul- oder Arbeitszeit) Rücksicht zu nehmen (vgl *Schubert* 54; *Fischer* 62; *Bender/Nack* 539).

Während bei staatsanwaltschaftlichen und richterlichen Vernehmungen der Vernehmende durch die Zuständigkeit bestimmt wird, sollte bei polizeilichen Vernehmungen bereits im Vorfeld geprüft werden, ob nicht im Einzelfall auch durch die Wahl der vernehmenden Person die Grundlage für sachförderliche Voraussetzungen geschaffen werden kann (vgl *Schubert* 29 f).

534 2) Auch sollte ein möglichst störungsfreier Raum als **Vernehmungsort** gewählt werden (vgl *Geerds* Vernehmungstechnik 85).[5]

Aus kriminalistischer Sicht wird eine „behagliche Atmosphäre, die ein konzentriertes Nachdenken (ermöglicht oder) begünstigt und kommunikationsfördernd wirkt", empfohlen (*Schubert* 63 f). Während etwa das Sitzen an einem Tisch im allg eher einen gewissen inneren Halt und damit ggf ein Gefühl der Sicherheit vermitteln mag, wird das Sitzen auf einem frei im Raum stehenden Stuhl bei den meisten Beschuldigten eher verunsichernd wirken, da das Gefühl entstehen kann, von Kopf bis Fuß beobachtet zu werden (*Schubert* 63 f).

---

[5] Vgl auch *Schubert* 61 f, der auf kommunikationshemmende Wirkungen von zugigen, unfreundlichen Amtsräumen hinweist.

Als regelmäßig empfehlenswerter Abstand zwischen vernehmender und beschuldigter **535** Person werden aus kriminalistischer Sicht etwa 1,5–2 m genannt, um weder den Gesprächskontakt noch die nötige Distanz zu gefährden (vgl *Geerds* Vernehmungstechnik 86; *Schubert* 63). Die vernehmende und die beschuldigte Person sollten einander auch möglichst in gleicher (Augen-)Höhe gegenübersitzen, da einerseits die Verdeutlichung des zwangskommunikativen Charakters einer Vernehmung durch ein gleichsam „von oben herab" – Vernehmen wenig gesprächsfördernd wirkt, andererseits ein Hinaufschauen der vernehmenden zu der beschuldigten Person als wenig sachdienlich beurteilt wird (vgl *Geerds* Vernehmungstechnik 86 f).

Durch die Plazierung innerhalb des Raumes ergeben sich ebenfalls Einflußmöglichkeiten zur Gestaltung der kommunikativen Atmosphäre.

Meist wird in der einschlägigen Literatur geraten, die Aussageperson mit dem Gesicht zur Lichtquelle zu plazieren (*Schubert* 63, *Brack/Thomas* 158), damit ihre Reaktionen gut beobachtbar, die des Vernehmenden dagegen weniger deutlich (oder gar im Schatten) sind. Solange das Licht nicht störend wirkt, ist dagegen grds nichts einzuwenden; allerdings ist diese Plazierung (insbes des Beschuldigten oder eines als unkooperativ oä eingeschätzten Zeugen) geradezu ein durch Kriminalromane, Filme usw verbreitetes Klischee, dessen Einhaltung uU aversive Gefühle bei der Aussageperson hervorrufen kann.

3) Von besonderer Wichtigkeit (wenngleich in der Praxis oft am schwierigsten **536** zu erreichen) ist, daß für die Vernehmung **genügend Zeit** eingeplant wird und tatsächlich auch zur Verfügung steht.[6] Denn gerade Zeitdruck verführt den Vernehmenden häufig dazu, die Vernehmung zu „dominieren", verstärkt die Gefahr einer „verfrühten Prägnanz" (*Müller-Luckmann,* in Wassermann 74) und der Wahrnehmungsverzerrung (auch) aufgrund von (in gewissem Maße stets vorhandener) Voreingenommenheit und gefährdet daher sowohl die Wahrheitsfindung als auch den Vernehmungszweck iSd § 136 Abs 2.

bb) 1) Der Vernehmende sollte sich durch gründliches Studium, insbes der Er- **537** mittlungsakte(n), falls möglich aber auch sonstiger vorhandener Vorgänge betr den Beschuldigten auf die Vernehmung **vorbereiten** (vgl *Fischer* 63 ff; *Schubert* 56 ff; *Geerds,* Vernehmungstechnik 80 ff; *Eisenberg* § 28 Rn 15). Falls der Tatörtlichkeit eine besondere Bedeutung zukommt, sollte sie vor der Vernehmung vom Vernehmungsbeamten in Augenschein genommen werden (so *Krause/Nehring* 221; *Fischer* 48 f; *Schubert* 59). Im Einzelfall bzw bei bestimmten Deliktsgruppen ist es zudem nicht selten angezeigt, sich in fremde Fachgebiete einzuarbeiten, wozu auch ein Gespräch mit (einschlägig nicht befaßten) Spezialisten des betr Faches gehören kann (vgl *Fischer* 51 f). – In den Fällen, die eine besondere Sachkenntnis erfordern, muß diese früher oder später ohnehin erworben werden. Je früher dies geschieht, desto eher werden zeitaufwendige Nachermittlungen oder gar zwischenzeitlich eintretende Beweismittelverluste vermieden.

2) Bei sämtlichen hier erwähnten Vorbereitungen, insbes bei dem Durcharbei- **538** ten der Ermittlungsakten, ist von vornherein darauf zu achten, daß der Vernehmende ebenso wie der Beschuldigte und nicht zuletzt auch die Wahrheitsfindung nicht zu „Opfern der Ermittlungsakten" werden. Voreingenommenheit wie **Vorurteilsbildung** können zu **Wahrnehmungsverzerrungen** bis hin zu Fehlern in den Vernehmungsprotokollen führen (*Banscherus* 251; zur Gefahr, daß aus einem

---

[6] Aus kriminalistischer Sicht anschaulich *Fischer* 63 ff; für die gerichtl Vernehmung *Bender/Nack* 539.

Verdacht eine „sich selbst erfüllende" Prognose wird, s *Schmitz* 208 ff betr polizeiliche Zeugenvernehmungen einschließlich von Geschädigten). Dies ist insbes dann zu besorgen, wenn der Vernehmende einen Verdacht nicht nur als eine Hypothese betrachtet, die auch falsch sein könnte, sondern die gesamte Vernehmungsführung (einschließlich der eingesetzten Verfahrens- und Interpretationsweisen) auf die Erhärtung dieses Verdachts ausrichtet.

Am geeignetsten, dieser Gefahr entgegenzuwirken, ist eine selbstkritische Haltung des Vernehmenden, mithin das Bemühen, sich solcher Vorurteile bewußt zu werden (und zu bleiben), die dem rationalen Urteilsvermögen, der möglichst vollständigen Wahrheitsermittlung sowie der Erreichung des Vernehmungszweckes iSd § 136 Abs 2 abträglich sein können. Eine solche Haltung wird ihn auch eher befähigen, die Täterschaft des Beschuldigten (nur) als eine *mögliche Tatversion* zu erfassen, neben der andere in Betracht kommen könnten (etwa die Unschuld [auch des mehrfach einschlägig vorbestraften Beschuldigten] oder eine weniger schwere Deliktsart bzw Beteiligungsform als zunächst angenommen). Hiernach gehört zur Vorbereitung auf die Beschuldigtenvernehmung nicht zuletzt auch das krit Hinterfragen des bisherigen Ermittlungsergebnisses (s auch *Bender/Nack* 535 ff).

539 b) aa) Die Beschuldigtenvernehmung **beginnt** mit der Vernehmung zur Person, die der **Identitätsfeststellung** dienen soll. Dabei ist str, ob eine Rechtspflicht des Beschuldigten zur Angabe seiner Personalien besteht. Die Judikatur bejaht dies unter Herleitung aus § 111 OWiG (BGH **21** 334; 364; **25** 17; Stuttgart Justiz **87** 73; so auch K/M-G 5 zu § 136; wohl auch LR-*Hanack* 12 f zu § 136; aA *Seebode* JR **70** 71; *Peters* 207). Der Beschuldigte hat danach grds Angaben über Vor-, Familien- und Geburtsnamen sowie Ort und Tag der Geburt zu machen (LR-*Hanack* 11 zu § 136), nicht jedoch über Familienstand, Beruf, Wohnung und Staatsangehörigkeit, da solche zur Identitätsfeststellung nicht erforderlich sind (LR-*Hanack* 12 f zu § 136; aA K/M-G 5 zu § 136). Zwar besteht Einigkeit darin, daß sich Angaben des Beschuldigten zur Person verfahrensrechtlich nicht erzwingen lassen; jedoch gibt § 163b den Strafverfolgungsbehörden die zur Identitätsfeststellung erforderlichen Befugnisse, so daß angesichts der Datenerfassungs- und Datenübermittlungs-

540 techniken (zumindest in Deutschland) die Identifizierung idR möglich ist. – Unstreitig braucht der Beschuldigte im Rahmen der Identitätsfeststellung keine Fragen zu beantworten, die für die Schuld- und Straffrage von Bedeutung sein können und also zur Sachvernehmung gehören. Im Einzelfall kann dies auch für bestimmte Personalien gelten, da die Selbstbelastungsfreiheit im Konflikt (bußgeldbewerten) Äußerungspflichten vorgeht (vgl KMR-*Müller* 2 zu § 136; SK-*Rogall* 71 vor § 133; *Roxin* 9 zu § 25; *Müller-Dietz* ZStW **93** [1981] 1226 mwN; aA K/M-G 5 zu § 136; KK-*Boujong* 7 zu § 136; LR-*Hanack* 13 zu § 136).

541 bb) Ggf nach Feststellung der Identität des Beschuldigten, jedoch zwingend vor seiner Belehrung über die Aussagefreiheit und den Eintritt in die Vernehmung zur Sache (allg Auffassung) muß dem Beschuldigten gem § 136 Abs 1 S 1 **eröffnet** werden, welche **Tat** ihm **zur Last** gelegt wird. Nur so wird einerseits dem Willen des Gesetzgebers entsprochen, dem Beschuldigten umfassend rechtliches Gehör zu gewähren (vgl LR-*Hanack* 16 zu § 136), andererseits das verfassungsrechtliche Gebot befolgt, den Beschuldigten als Verfahrenssubjekt zu akzeptieren.

542 (1) (a) Schon die Eröffnung des **Tatvorwurfs** sollte in einer einfachen, klaren und für die Aussageperson **verständlichen Sprache** unter weitestgehender Vermeidung abstrakter Begriffe, Fremdwörter und juristischer Ausdrücke erfolgen (vgl auch *Arntzen* 18f, 64; *Eisenberg* § 28 Rn 20). Kommt im Sprachverhalten der Vernehmungsperson Geringschätzung und Taktlosigkeit zum Ausdruck, so wirkt dies regelmäßig wenig förderlich auf die Aussagebereitschaft des Beschuldigten (*Eisenberg* § 28 Rn 44); im kriminalistischen Schrifttum werden zugleich „Menschlichkeit, Freundlichkeit und Sachlichkeit" empfohlen (*Geerds* Vernehmungstechnik 49f).

(b) Die Eröffnung des Tatvorwurfs muß so **bestimmt** sein, daß der Beschuldigte **543** keinen Zw über den Gegenstand der Vernehmung haben kann. Schlagwortartige Angaben genügen nicht. Der Sachverhalt ist dem Beschuldigten zumindest insoweit bekanntzugeben, daß er sich gegen ihn verteidigen kann (*Fincke* ZStW **95** [1983] 959f). Die Fähigkeit, sich sachgerecht zwischen Reden und Schweigen als Formen der Verteidigung zu entscheiden, setzt die Kenntnis des Tatvorwurfs voraus.

(c) Eine **unzutreffende Eröffnung** des Tatvorwurfs kann eine unzulässige Täu- **544** schung des zu Vernehmenden iSd § 136a darstellen und die davon betroffene Aussage unverwertbar machen (s dazu BGH **37** 48ff; vgl auch LR-*Hanack* 19 zu § 136).

(d) Soll der Beschuldigte zu **mehreren Taten** vernommen werden, so ist zw, ob **545** ihm von Beginn an alle Taten zu eröffnen sind (bej *Fincke* ZStW **95** [1983] 959; abl KMR-*Müller* 4 zu § 136; K/M-G 6 zu § 136; LR-*Hanack* 18 zu § 136). Unstreitig unzulässig ist es jedoch, die Vernehmung über die eine Tat zu benutzen, um vom Beschuldigten Angaben über eine andere, die ihm noch nicht eröffnet wurde, zu erlangen (s LR-*Hanack* 18 zu § 136 m Nachw).

(2) (a) Bei seiner *richterlichen* oder *staatsanwaltschaftlichen* Vernehmung ist der Be- **546** schuldigte gem § 136 Abs 2 S 1 bzw § 163a Abs 3 S 2 bei der Eröffnung des Tatvorwurfs auch auf die in Betracht kommenden **Strafvorschriften hinzuweisen**. Soweit es das Verständnis erfordert, sollen diese dem Beschuldigten langsam vorgelesen und ggf erläutert werden (vgl KK-*Boujong* 8f zu § 136; LR-*Hanack* 20 zu § 136).

Ergibt sich erst im Laufe der Vernehmung, daß hinsichtlich der Tat, die den Gegenstand des Verfahrens bildet, möglicherweise weitere oder gar schwerere Strafvorschriften einschlägig sein könnten (als die dem Beschuldigten bereits eröffneten), so ist der Beschuldigte (entspr Sinn und Zweck des § 136 Abs 1 S 1) unverzüglich darauf hinzuweisen (vgl auch *Fincke* ZStW **95** [1983] 957, 961; KK-*Boujong* 9 zu § 136; LR-*Hanack* 20 zu § 136; aA K/M-G 6 zu § 136).

(b) Für *polizeiliche* Vernehmungsbeamte besteht, wie sich aus § 163a Abs 4 S 1 **547** und 2 iVm § 136 ergibt, *keine gesetzliche Pflicht*, den Beschuldigten auch auf die in Betracht kommenden Strafvorschriften hinzuweisen (vgl auch GeschA PolDir Berlin 5/89 IV-37). Ergeht ein solcher Hinweis dennoch – was vielfach sachgerecht sein wird –, so muß er vollständig und richtig sein, da der Beschuldigte einen Anspruch auf die Richtigkeit von Rechtsauskünften hat. So kann ein Verwertungsverbot gem § 136a Abs 3 S 2 vorliegen, wenn ein Geständnis des Beschuldigten etwa Folge der (irrtümlich oder absichtlich) falschen Rechtsauskunft ist, die Tat sei nicht strafbar oder allenfalls mit Geldbuße ahndbar (LR-*Hanack* 42 zu § 136a).

(c) Eine entspr Pflicht, den Tatvorwurf zu eröffnen, besteht auch für Ermittlun- **548** gen durch die *JGH* etwa im Rahmen von § 160 Abs 3 S 2, § 38 (ggf iVm § 107) JGG, da auch die JGH als Prozeßhilfsorgan tätig wird (vgl *Bottke* MKrim **81** 69ff,

71; *Roxin* 11 zu § 25, LR-*Hanack* 2 zu § 136 mwN; aA LR- *Meyer-Goßner* [23.A.] 43 zu § 160). Indes ist dem Betroffenen idR zum Zeitpunkt der Ermittlungen durch die JGH der gegen ihn erhobene Tatvorwurf schon bekannt; idZ ist allerdings nicht unbedenklich, daß die (Jugend-)StA ihre Abschlußentscheidung idR ohne Kenntnis des Berichtes der JGH trifft, obgleich dieser Bericht ua für die Rechtsfolgenerwartung – und damit auch für die Bestimmung des sachlich zuständigen Gerichts – von Bedeutung ist.

549 cc) Gem § 136 Abs 1 S 2 Hs 1 ist der Beschuldigte zum Zeitpunkt der ersten Vernehmung zur Sache auf seine **Aussagefreiheit** hinzuweisen (s näher 562 ff). Die Aussagefreiheit ergibt sich zwingend daraus, daß die Angaben eines Beschuldigten zu seinen Lasten verwendet werden können, daß aber während des gesamten Strafverfahrens niemand gezwungen werden darf, ein Beweismittel gegen sich selbst zu liefern und damit an seiner eigenen Strafverfolgung mitzuwirken (vgl auch §§ 115 Abs 3 S 1, 128 Abs 1 S 2, 243 Abs 4 S 1). Sie folgt als rechtsstaatlicher Grundsatz aus der „Verpflichtung aller staatlichen Gewalt", die Menschenwürde „zu achten und zu schützen" (Art 1 Abs 1 S 2 GG) (BGH **5** 333; **14** 364). Dem Schutz der Aussagefreiheit dient das absolute Verbot bestimmter Vernehmungsmethoden (§ 136 a), dessen Verletzung das absolute Verwertungsverbot der davon betroffenen Aussage zur Folge hat (s 712 ff); zugleich wird die Aussagefreiheit durch § 343 StGB geschützt, und zwar über die Rechtskraft des Urteils hinaus (§ 359 Nr 3).

Die Aussagefreiheit bietet dem Beschuldigten eine ganze Reihe von Verteidigungsmöglichkeiten. Zwischen den Polen der vollständigen Stellungnahme zu allen Tatkomplexen und Belastungspunkten in allen Verfahrensabschnitten einerseits und vollständigem Schweigen andererseits hat er auch die Möglichkeit, nur teilweise und/oder nur in bestimmten Verfahrensabschnitten zu schweigen bzw auszusagen. Auch kann er seine Bereitschaft, zur Sache auszusagen, von bestimmten Bedingungen abhängig machen, wie zB der Anwesenheit seines Vert (s 516 ff, 521 ff) oder der (Nicht-)Durchführung der Vernehmung durch einen bestimmten Beamten, zu dem der Beschuldigte (kein) Vertrauen hat. Zudem kann er sich auf eine schriftliche Stellungnahme beschränken.

550 c) aa) Eine **Wahrheitspflicht** des Beschuldigten im Strafprozeß läßt sich **aus dem Gesetz nicht** herleiten (BGH **3** 152; Hamm NJW **57** 152), zumal die §§ 57, 66 c nur für Zeugen gelten, und es eine dem § 138 Abs 1 ZPO entspr Norm in der StPO nicht gibt. Soweit eine ethische Wahrheitspflicht auch des Beschuldigten anerkannt wird (vgl etwa *Peters* 207; *Rogall* 52 mwN), ist daraus keine prozessuale abzuleiten (vgl LR-*Hanack* 14 zu § 136; ausführlich *Rogall* 53 f; aA *Peters* 207).

Allg anerkannt ist, daß auch eine *Lüge* des Beschuldigten keine prozessualen Sanktionen (wohl aber ggf solche aufgrund materieller Straftatbestände wie zB §§ 164, 187 StGB) nach sich ziehen kann; ob der Beschuldigte daher prozessual ein „Recht zur Lüge" hat, ist str (bej *Rogall* 54 mwN; aA K/M-G 18 zu § 136). Zumindest kann der einer Lüge überführte Beschuldigte unabhängig davon, ob sie einen Straftatbestand erfüllt, tatsächlich einen Verlust an Glaubwürdigkeit (auch in anderen Punkten oder gar insgesamt) erleiden (*Rieß* JA **80** 297; LR-*Hanack* 42 zu § 136 m Nachw; krit zu entspr Pauschalisierungen *Bender/Nack* 666 ff).

551 Als strafschärfender Gesichtspunkt iSd § 46 Abs 2 StGB oder als negativer Faktor im Rahmen einer Prognoseentscheidung wird die Lüge eines Beschuldigten nach der Judikatur (nur) dann berücksichtigt, wenn sie den Schluß auf eine „rechts-

II. (Verantwortliche) Beschuldigtenvernehmung

feindliche Gesinnung" oder „mangelnde Unrechtseinsicht" zulasse (vgl BGH **1** 103, 105; **1** 107; BGH NStZ **81** 257); das „einfache" wahrheitswidrige Leugnen reicht dafür keinesfalls aus, da vom (leugnenden) Beschuldigten bzw Angekl nicht verlangt werden kann, seine eigene Verteidigungsposition zu gefährden (BGH StV **81** 122 f; NStZ **87** 465, 495 bei *Theune;* NStZ **89** 175; s auch BGH StV **83** 102, 105; NStZ **90** 222 bei *Detter,* NStZ **93** 37). Wann jedoch ein Fall „einfachen" bzw „qualifizierten" Leugnens vorliegt, läßt sich aus der einschlägigen Judikatur nicht immer klar erkennen (vgl zur Kasuistik *Bruns* 602 f). Zumindest liegt eine Qualifizierung nicht schon darin, daß der leugnende Beschuldigte bzw Angekl auch die Glaubwürdigkeit der Zeugen in Frage stellt oder diese der Unwahrheit bezichtigt (BGH StV **81** 620; vgl auch BGH JZ **80** 335).

bb) **Mangels prozessualer Wahrheitpflicht** ist der allg Hinweis einer Vernehmungsperson, „der Beschuldigte müsse die Wahrheit sagen", irreführend und unstatthaft, und er kann als eine Täuschung iSd § 136 a ein Verwertungsverbot nach sich ziehen (LR-*Hanack* 43 zu § 136). Auch darf das Fehlen einer prozessualen Wahrheitspflicht nicht dazu führen, einer nicht geständigen Aussage grds mit Mißtrauen zu begegnen. Daß der Beschuldigte prozessual die Unwahrheit sagen darf, bedeutet nicht, daß er es auch tut. Schon im Hinblick auf die Unschuldsvermutung ist daher die übliche Praxis nicht unbedenklich, bei der Aussage der Beschuldigten – im Gegensatz zu dem der Wahrheitspflicht unterliegenden Zeugen – von „Einlassung" zu sprechen, da dieser Begriff eine herabsetzende, den Wahrheitsgehalt in Zw ziehende Bedeutung haben kann (vgl *Prüfer* 3; *Eisenberg* § 28 Rn 22). 552

2. Beweisantragsrecht

Übersicht

	Rn		Rn
a) Allgemeines	553, 554	c) Entscheidungskompetenz	558–560
b) Bedeutung der Beweiserhebung	555–557	d) Rechtsmittel	561

a) Der **Beschuldigte** – und mit ihm sein Vert (vgl *Nelles* StV **86** 76; LR-*Rieß* 111 zu § 163 a) – haben bereits im Ermittlungsverfahren das **Recht**, zur Entlastung dienende Beweisanträge zu stellen. Dieses Recht folgt aus der Subjektstellung des Beschuldigten (in §§ 115 Abs 3 S 2, 128 Abs 1 S 3, 136 Abs 1 S 3, 163 a Abs 2 und 166 wird es vorausgesetzt), jedoch leistet dessen Ausgestaltung verfassungsrechtlichen Anforderungen nicht zureichend Folge (s n *Perron* 141 ff, 166 ff, 171 ff). 553

Dieses Antragsrecht konkretisiert nicht nur die (aus § 160 Abs 2 folgende) Amtsermittlungspflicht der Strafverfolgungsbehörden (so aber wohl KK-*Wache* 8 zu § 163 a; LR-*Hanack* 31 zu § 136), sondern begründet für diese auch eine Prüfungs- und Befassungs- sowie grds auch Bescheidungspflicht (so LR-*Rieß* 108 zu § 163 a; KK-*Wache* 9 zu § 136 a: Unterrichtung; aA ANM 337).

Allerdings hat ein Beweisantrag im Vorverfahren rechtstatsächlich (vgl dazu *Perron* 292 ff) wie auch rechtlich **nicht** dieselbe Bedeutung wie ein in der HV gestellter; weder gilt der numerus clausus der Ablehnungsgründe gem **§ 244 Abs 3 bis 5** (ANM 336), noch kann in aller Regel eine fehlerhafte Ablehnung die Revision begründen (vgl BGH **6** 326, 328; KK-*Pikart* 5 zu § 336; KK-*Wache* 22 zu § 160).

554   aa) Ein **Beweisantrag** iSd § 163a Abs 2 setzt Beweisthema, Beweismittel sowie das Verlangen voraus, den Beweis zu erheben, wobei der Unterschied zum Beweisermittlungsantrag nur Bedeutung im Rahmen des § 244 Abs 3 hat, so daß auch solche Anträge gem § 163a Abs 2 zu behandeln sind (LR-*Rieß* 109 zu § 163a).

Der Antrag kann (auch durch den Vert) formfrei insbes auch dann gestellt werden, wenn der Beschuldigte im übrigen auf eine Mitwirkung in dem Ermittlungsverfahren verzichtet (K/M-G 8 zu § 163a; LR-*Rieß* 111 zu § 163a; LR-*Hanack* 32 zu § 136 m Nachw).

bb) Ein bei einer Vernehmung gestellter Antrag ist (möglichst protokolliert) **aktenkundig** zu machen (ANM 336).

555   b) aa) Nach dem klaren Wortlaut des § 163a Abs 2 muß dem Beweisantrag entsprochen werden, wenn die Beweise **von Bedeutung** sind; es handelt sich insoweit um die Auslegung eines unbestimmten Rechtsbegriffs, nicht um eine Ermessensentscheidung der Strafverfolgungsbehörden. Daher hat der Beschuldigte bei Vorliegen der Tatbestandsvoraussetzungen einen **Beweiserhebungsanspruch** (*Nelles* StV **86** 77 unter Bezugnahme auf BVerwGE **35** 73; AK-*Achenbach* 8, LR-*Rieß* 107, beide zu § 163a; grundlegend *Krekeler* 55ff, 147ff; ohne Begründung abl K/M-G 15 zu § 163a).

556   bb) Ziel des Vorverfahrens ist die Erforschung des Sachverhaltes zur Klärung der Frage, ob ein für eine Anklageerhebung hinreichender Tatverdacht besteht; hierzu sind alle für diese Frage möglicherweise bedeutsamen Beweise zu erheben. Die beantragte Beweiserhebung ist nur dann „**ohne Bedeutung**", wenn die „unter Beweis gestellten Tatsachen mit dem Gegenstand des Ermittlungsverfahrens in **keiner Beziehung** stehen" (vgl LR-*Rieß* 112 zu § 163a) und die dargelegten Fakten die „Richtung oder den Umfang der weiteren Sachverhaltserforschung" in keinem Fall zugunsten des Beschuldigten beeinflussen können (*Nelles* StV **86** 77), so daß sie für das der Abschlußverfügung zugrunde liegende Wahrscheinlichkeitsurteil der StA völlig unerheblich sind.

557   cc) Darüber hinaus geben die Ablehnungsgründe aus § 244 Abs 3 und 4 Anhaltspunkte dafür, wann Beweisanträge im Vorverfahren abgelehnt werden können – etwa bei Unerreichbarkeit oder Ungeeignetheit der Beweismittel (vgl LR-*Rieß* 113 zu § 163a; s n *Krekeler* 92ff).

558   c) aa) (1) **Zuständig** für die Entscheidung über die beantragte oder auch nur angeregte Beweiserhebung ist grds die **StA**.

Die Polizei kann von sich aus (etwa im Rahmen des § 163 Abs 1) dem Antrag oder der Anregung entsprechen und die Entlastungsbeweise erheben, wenn sie dies für sachgerecht hält; sie ist aber nicht berechtigt, den Antrag abzulehnen (vgl K/M-G 15 zu § 163a). Entspricht die Polizei einem Antrag nicht, soll sie daher (spätestens) bei der Aktenübersendung an die StA – zweckmäßigerweise im Schlußbericht – darauf hinweisen.

559   (2) Wird der Beweisantrag bei einer **richterlichen** Vernehmung (etwa im Rahmen der §§ 115 Abs 3, 118a Abs 3, 128 Abs 1 S 2) gestellt, so ist zunächst der vernehmende Richter selbst mit der Entscheidung befaßt. Hält er die Beweistatsache für nicht unerheblich und droht ein Beweisverlust oder kann die Beweiserhebung zur Freilassung des Beschuldigten führen, so hat er selbst die Beweise zu erheben (§ 166 Abs 1; s n *Borowsky* StV **86** 455; *Schlothauer* StV **95** 158ff), sofern er dabei nicht (über einzelne Beweiserhebungen hinausgeht und so) die Lei-

II. (Verantwortliche) Beschuldigtenvernehmung

tungsbefugnis der StA für das Ermittlungsverfahren beeinträchtigt (vgl LR-*Rieß* 9 zu § 166).

In der Praxis scheint der Vorschrift eher eingeschränkte Anwendung zuteil zu werden (s aber auch 744; vgl im übrigen *Schlothauer* StV **95** 163 f: Recht des Beschuldigten, zum Zweck der Stellung entlastender Beweisanträge seine richterliche Vernehmung durchzusetzen; zw).

bb) **Wann** und in welcher **Form** die Strafverfolgungsbehörde die beantragten **560** Beweise erhebt, soll in ihrem **Ermessen** (vgl K/M-G 15, LR-*Rieß* 115, KK-*Wache* 8, alle zu § 163 a) liegen, wenngleich zumindest in Haftsachen eine vorrangige Behandlung geboten ist (s KK-*Wache* 8 zu § 163 a).

cc) Werden die beantragten Beweiserhebungen von den Strafverfolgungsbehör- **561** den bzw (im Rahmen des § 166 Abs 1 von dem vernehmenden Richter) nicht vorgenommen, so steht dem Beschuldigten im Ermittlungsverfahren zumindest de lege lata **kein** ordentlicher **Rechtsbehelf** zur Verfügung (aA betr § 166 Abs 1 *Schlothauer* StV **95** 164 f); er kann allenfalls versuchen, im Rahmen einer sachlichen Dienstaufsichtsbeschwerde an die vorgesetzte StA eine Beweiserhebung noch im Ermittlungsverfahren durchzusetzen (vgl nur LR-*Rieß* 117 zu § 163 a, 13 zu § 166).

Dies hindert ihn jedoch nicht, seine Anträge im Zwischenverfahren, in welchem er in der Praxis zumeist erst erfahren wird, daß seinem Antrag nicht entsprochen wurde, gem § 201 Abs 1 erneut zu stellen (LR-*Rieß* 177 zu § 163 a). Der im pflichtwidrigen Unterlassen der Beweiserhebung liegende Verfahrensfehler wird durch die Beweiserhebung in der HV geheilt. Der Beweisantrag muß in der HV neu gestellt werden (vgl KK-*Herdegen* 49 zu § 244 m Nachw; vgl aber zur gerichtlichen Fürsorgepflicht 181).

Ist zwischenzeitlich Beweisverlust eingetreten, so kann es im Einzelfall erforderlich sein, die Entlastungstatsache als wahr zu unterstellen, da sonst der Verfahrensfehler im Urteil fortzuwirken droht (*Nelles* StV **86** 78).

Kriminalpolitisch schlägt *Fezer* (GS-Schröder 414 ff) de lege ferenda die Stärkung der Beschuldigtenstellung zur Durchsetzung des Beweiserhebungsanspruchs vor (ebenso *Schreiber* FS-Baumann 392; grds *Perron* 497 ff); auch wird die Begründung von Verfahrenshindernissen erwogen (*Krekeler* AnwBl **86** 62 sowie *ders* 206 ff).

3. Belehrungspflicht

Übersicht

	Rn		Rn
a) Allgemeines	562, 563	c) Folgen der Nichtbelehrung	567–579
b) Art der Belehrung	564–566		

a) Nach Eröffnung des Tatvorwurfs (vgl 541 ff), aber vor Vernehmung zur Sache **562** (sowie etwaiger „Vorgespräche", vgl LR-*Rieß* 78 zu § 163 a; zutreffend auch aus kriminalistischer Sicht *Schubert* 146) muß der Beschuldigte durch den Vernehmenden – und nicht von einem Dritten – (vgl LR-*Hanack* 22 zu § 136) über seine Rechte nach § 136 Abs 1 S 2 und 3 informiert werden; für Richter gilt diese Vorschrift unmittelbar, für die StA gem § 163 a Abs 3 S 2, für die Polizei gem § 163 a Abs 4 S 2, für Sv entspr (s näher 1580). Nach dem Wortlaut der Norm („ist") wie ihrer Entstehungsgeschichte (vgl nur *Eb Schmidt* NJW **68** 1213 ff, insbes 1216) handelt es sich nicht um eine bloße Ordnungsvorschrift, sondern um **zwingendes Recht** (vgl LG Verden StV **86** 97f; AG Tiergarten StV **83** 277f; AG Hameln NStZ **90** 293f; wohl auch schon BGH **31** 398f; *Beulke* StV **90** 181; *Roxin* 33 zu § 24; *Rogall* 213f).

Für die staatsanwaltschaftliche Vernehmung setzt zudem Nr 45 Abs 1 RiStBV „die Belehrung des Beschuldigten vor seiner ersten Vernehmung" voraus.

Die GeschA LPolDir Berlin 5/89 besagt in Ziff IV-37 Abs 3, daß „der Beschuldigte über seine Aussagerechte sowie über sein Recht zur Verteidigerkonsultation und zu Entlastungsbeweisanträgen zu belehren" ist, und gem Ziff 10 Abs 1 gilt diese Belehrungspflicht ggü Beschuldigten für jede Art von Vernehmung/Anhörung, gleichgültig, ob sie in mündlicher oder schriftlicher Form erfolgt.

563 Bei der ersten richterlichen Vernehmung muß der Beschuldigte in jedem Fall belehrt werden, unabhängig davon, ob er bei polizeilichen oder staatsanwaltschaftlichen Vernehmungen bereits ordnungsgemäß belehrt wurde (vgl LR-*Rieß* 62 zu § 163a; LR-*Hanack* 9 zu § 136). Ebenso hat die StA bei ihrer ersten Vernehmung den Beschuldigten auch dann zu belehren, wenn dieser zuvor bereits polizeilich und/oder (gar) richterlich belehrt wurde (KK-*Wache* 17, 25 zu § 163a; KMR-*Müller* 9 zu § 163a).

564 b) Die **Belehrung** hat nach ihrer **Art** eindringlich und sorgfältig (LR-*Rieß* 80 zu § 163a) sowie in verständlicher Weise (vgl *Schubert* 146; zu besonderen Anforderungen ggü Jugendlichen *Ransiek* 86ff) zu erfolgen. Da sie alsbald nach Identitätsfeststellung und Eröffnung des Tatvorwurfs zu geschehen hat, prägt sie bereits die Vernehmungsatmosphäre; insoweit mag sie den Beschuldigten, so er sich als gleichgestelltes Verfahrenssubjekt akzeptiert fühlt, zu kooperativem Verhalten ermutigen (aus kriminalistischer Sicht *Fischer* 134; *Schubert* 147; s zudem *Eisenberg* § 28 Rn 42–44).

565 aa) Es ist nicht generell unzulässig, den Beschuldigten auf mögliche Nachteile seines Aussageverzichtes hinzuweisen, etwa bei eindeutig gegen ihn sprechender Beweislage, wenn nur er entlastende Umstände kennen kann und insoweit Beweisverlust drohen könnte (vgl K/M-G 8 zu § 136; SK-*Rogall* 34 zu § 136; LR-*Rieß* 80 zu § 163a). – Im Einzelfall kann dies bei der richterlichen Vernehmung sogar durch die richterliche Fürsorgepflicht geboten sein (LR-*Hanack* 24 zu § 136; K/M-G 8 zu § 136).

Keinesfalls darf der Beschuldigte aber **zu einer Aussage überredet** oder dazu „beraten" werden, was für ihn (aus polizeilicher Sicht) „das Beste" sei (vgl auch *Schubert* 146f). Ohnehin darf bei den Bemühungen um die Aussagebereitschaft des Beschuldigten nicht die geringste unzulässige Einwirkung auf dessen Willen iSd § 136a stattfinden (zutr aus kriminalistischer Sicht *Fischer* 134f).

Die Entscheidung des Beschuldigten, (vorläufig) nicht zur Sache auszusagen, hat die vernehmende Person zu akzeptieren, ohne daß daraus – direkt oder indirekt – für den Beschuldigten nachteilige Schlußfolgerungen gezogen werden dürfen (vgl *Schubert* 146).

566 bb) Erklärt der Beschuldigte, zunächst einen **Vert konsultieren** zu wollen, so ist ihm dies zu ermöglichen. Die Vernehmung darf bis zu einer solchen Besprechung nicht fortgesetzt werden (BGH **38** 373; BGH v 12.01.96 [5 StR 756/94]; LR-*Rieß* 81 zu § 163a; *Strate/Ventzke* StV **86** 30ff; zum Verwertungsverbot s 568).

Das Bemühen eines in amtlichem Gewahrsam befindlichen Beschuldigten, Kontakt mit einem Vert aufzunehmen, darf nicht erschwert werden (LR-*Rieß* 81 zu § 163a).

II. (Verantwortliche) Beschuldigtenvernehmung

Im einzelnen ist dem Beschuldigten (zumindest bei der polizeilichen Vernehmung) die Benutzung des Diensttelefons auch zur Führung von Ferngesprächen zu gestatten; die Gebühren werden im Kostenbeiblatt erfaßt (s *Schubert* 147).
Die Polizei hat sich jeglicher Mithilfe bei der Auswahl des Vert zu enthalten.
Dem Vert ist, nachdem seine Identität festgestellt wurde, Gelegenheit zu geben, mit dem Beschuldigten unter vier Augen zu sprechen; dabei bleiben Maßnahmen zur Eigensicherung (zB bzgl Flucht, Geiselnahme) zu beachten (*Schubert* 147).

c) **Wurde** der Beschuldigte vor seiner Vernehmung zur Sache[7] **nicht** iSd § 136 Abs 1 S 2 und 3 iVm § 163a Abs 3 S 2 oder Abs 4 S 2 **belehrt**, so ist stets die **Frage der Verwertbarkeit** der so gewonnenen Aussage (bzw ggf eines einschlägig bedeutsamen Handelns [vgl *Haas* GA **95** 232f]) berührt (s allg 373ff). Unerheblich ist, ob die Vernehmungsperson davon ausgeht, der Beschuldigte werde die Belehrung ohnehin nicht verstehen (vgl LG Verden StV **86** 97ff). 567

aa) Der Verstoß gegen die **Belehrungspflicht** bzgl des Rechts zur **Konsultation eines Vert** zieht regelmäßig ein **Verwertungsverbot** nach sich (vgl *Strate/Ventzke* StV **86** 30; AK-*Achenbach* Rn 31 zu § 163a; *Beulke* StP 469; *Roxin* 35 zu § 24)[8]. So kann (insbes bei rechtlich unerfahrenen Beschuldigten) die aufgrund mangelnder Belehrung unterbliebene Verteidigerkonsultation für die Aussagetätigkeit ebenso ursächlich sein wie die unterbliebene Belehrung über die Aussagefreiheit.
Gleichfalls tritt ein Verwertungsverbot dann ein, wenn dem Beschuldigten sein Recht, sich des Beistandes eines Vert zu bedienen, **faktisch verwehrt** wird (BGH **38** 375 = JR **93** 332 mit Anm *Rieß* = JZ **93** 425 mit zust Anm *Roxin*; vgl auch *Ransiek* StV **94** 343; zuvor schon *Strate/Ventzke* StV **86** 30) bzw wenn eine effektive Hilfe zur Herstellung des Kontakts zu einem Vert unterbleibt (BGH v 12.01.96 [5 StR 756/94] betr zur Verfügungstellen des Branchentelefonbuchs ggü der deutschen Sprache nicht mächtigem Beschuldigten: „Scheinaktivität"). 568

bb) Von den näheren Umständen abhängig ist, inwieweit der Verstoß gegen die **Belehrungspflicht** bzgl der **Aussagefreiheit** ein Verwertungsverbot nach sich zieht. 569

(1) Hat der Vernehmende dem Beschuldigten eine **Aussagepflicht vorgespiegelt** oder es trotz seiner gesetzlichen Belehrungspflicht unterlassen, einen diesbzgl erkennbaren Irrtum des Beschuldigten zu beseitigen, liegt eine Täuschung iSd § 136a vor, der zur absoluten Unverwertbarkeit der Aussage führt (vgl AG München StV **90** 104f; LG Verden StV **86** 97ff; LR-*Hanack* 54 zu § 136 sowie 34, 36 zu § 136a). 570

(2) **Unterläßt** der Vernehmende **absichtlich die Belehrung** des Beschuldigten über seine Aussagefreiheit, so führt dieser absichtliche Verstoß gegen § 136 Abs 1 S 2 zumindest dann, wenn ein ursächlicher Zusammenhang zwischen der Nichtbelehrung und der Aussage im konkreten Einzelfall nicht mit Sicherheit ausgeschlossen werden kann, dazu, daß die so gewonnene Aussage grds nicht verwertet werden darf (LG Verden StV **86** 97ff; AG Hameln NStZ **90** 293f mit zust Anm *Paulus*; LR-*Hanack* 55 zu § 136). 571

---

[7] Vgl zum Vernehmungsbegriff im einzelnen 510, 571, 636f sowie zur „informatorischen Befragung" 505.
[8] Ansonsten war die Frage bis zu den Entscheidungen BGH **38** 214 sowie **38** 375 in der Lit weniger ausdrücklich behandelt worden (s zu Nachw LR-*Hanack* 55 zu § 136).

Dem gleichzustellen⁹ ist der Trick, gleichsam hinterhältig zu veranlassen, daß eine Bezugs- oder Kontaktperson des (als Beschuldigter zu beurteilenden) Verdächtigten mit diesem ein fernmündliches Gespräch (über bereits begangene Taten) führt, um dieses mitzuhören oder eine dritte Person zu veranlassen, mitzuhören und anschließend darüber zu berichten, da es sich hierbei um eine *Umgehung* der (Vernehmung nebst) Belehrungspflicht handelt (BGH NStZ **95** 410 [5. Senat] mit abl Anm *Seitz* NStZ **95** 519; *Roxin* NStZ **95** 466 f; *Herdegen* 223; anders BGH **39** 347 [2. Senat] mit abl Bespr *Lisken* NJW **94** 2069 sowie abl auch *Wolter* ZStV **107** [1995] 794; BGH NStZ **95** 557 [1. Senat]). Zwar erkennt der irregeführte Verdächtigte nicht, daß er sich in einer vernehmungsähnlichen Situation befindet, und er ist nicht im Zw über die Freiwilligkeit seiner Äußerungen;¹⁰ jedoch handelt der Gesprächspartner gleichsam als Gehilfe der Ermittlungsbehörden, die den Gegenstand des Gesprächs (teilweise mit-)bestimmen, so daß objektiv nicht nur die Aussagefreiheit (darauf abstellend BGH **39** 347), sondern auch der nemo tenetur-Grundsatz¹¹ durchaus betroffen ist, zumal andernfalls auch das Recht auf Beratung mit einem Vert (§ 136 Abs 1 S 2, Altern 2; s 568) verweigert würde.¹² – Entspr hat bei von VE herbeigeführten „vernehmungsähnlichen Gesprächen" über bereits begangene Taten (vgl im übrigen 637) zu gelten, da die gesetzlichen Vorschriften nicht gestatten, daß Schutznormen bzgl der offenen Vernehmung durch verdeckte Vernehmung unterlaufen werden (bej KK-*Nack* 8 zu § 110 c; aA K/M-G 2 zu § 110 c). Eine Billigung der in Rede stehenden Verfolgungsstrategien stellt im übrigen eine gesetzlich nicht vorgesehene Reduktion von Kontrolle polizeilicher Macht durch Annäherung der Judikatur an die Exekutive dar.

572 (3) (a) Einigkeit über die Nichtverwertbarkeit besteht (inzwischen auch) für den (Sonder-)Fall, daß die (regelmäßig polizeiliche) Belehrung des Beschuldigten über seine Aussagefreiheit **„versehentlich" unterblieben** ist.¹³ Schwerlich nachvollziehbar ist allerdings, daß Zw daran, ob eine Belehrung stattgefunden hat, zu Lasten des

---

⁹ Eine unmittelbare Verletzung des § 136 Abs 1 S 2 liegt deshalb nicht vor, weil es sich nicht um eine Vernehmung handelt (s 510; weitere Beisp 636 ff; 658 f).

¹⁰ Aus diesem Grunde scheidet eine entspr Anwendung des § 136 a aus (s n 636 ff), wenngleich eine Täuschung sehr wohl vorliegt (und zB in dem in BGH **39** 335 ff entschiedenen Fall – entgegen der Auffassung des BGH [aaO S 348] – durch den Telefonanruf ein Irrtum erst ausgelöst worden ist).

¹¹ Vgl etwa *Roxin* NStZ **95** 466: Verhinderung „staatlich veranlaßter irrtumsbedingter Selbstbelastung".

¹² Soweit das Verwertungsverbot sich jedoch lediglich auf diese Äußerungen selbst beziehen soll, dh eine Fernwirkung (s n 403 ff) „hier jdf nicht" (BGH NStZ **95** 411) in Betracht komme, fehlt es an näherer Begründung. Wenn eine mittelbare Umgehung des § 136 Abs 1 S 2 zugelassen wird, könnte dies einschlägige Tricks seitens Vernehmender geradezu provozieren (s auch *Neuhaus* Krim **95** 787 ff).

¹³ BGH **38** 214 ff = JZ **92** 918 mit Anm *Roxin* (auch zur Gefahr einer Ausdehnung informatorischer Befragung [s im Text 509]) = JR **92** 381 mit Anm *Fezer* = NStZ **92** 294 mit Anm *Bohlander* [zust auch *Kiehl* NJW **93** 501] auf erneute Vorlegung durch Celle StV **91** 249 ff mit Anm *Amelung* StV **91** 454; Hamburg StV **95** 589; AG Hameln NStZ **90** 293 f mit zust Anm *Paulus*; LR-*Hanack* 53 ff zu § 136; SK-*Rogall* 180–185 vor § 133; *Schlüchter* 398; *Beulke* StV **90** 181; *Roxin* 33 zu § 24; *Ransiek* 88; aA noch BGH **31** 395 ff = NStZ **83** 565 f mit abl Anm *Meyer* = JZ **83** 716 f mit abl Anm *Grünwald* = JR **84** 340 f mit abl Anm *Fezer*; abl auch *Kratzsch* JA **84** 179; *Geppert* FS-Oehler 337; vgl auch betr Beschuldigtenvernehmung in der DDR BGH **38** 263 = NStZ **92** 344.

II. (Verantwortliche) Beschuldigtenvernehmung

Angekl gehen sollen (BGH **38** 224; zust *Bauer* wistra **93** 49; abl K/M-G 20 zu § 136; einschr *Fezer* JR **92** 386; krit *Roxin* JZ **92** 923; *Bohlander* NStZ **92** 505 f).

Der Nichtbelehrung gleichzustellen ist der Fall, daß der Beschuldigte die Belehrung infolge seines seelisch-geistigen Zustandes *nicht verstanden* hat (BGH **39** 349, wobei allerdings – unter verfehltem Hinweis auf § 257 – im Erg eine Verwertung zT zugelassen wurde [abl insoweit *Fezer* JZ **94** 686]; s auch *Kiehl* NJW **94** 1267).

(b) Bemerkenswert ist, unter welchen (eher geringen) Voraussetzungen Teile der Judikatur eine solche „versehentliche" Unterlassung anzunehmen bereit waren, obgleich Polizeibeamte auch dienstrechtlich (s hierzu 562) zur ordnungsgemäßen Belehrung des Beschuldigten verpflichtet sind, sie dazu entspr ausgebildet wurden und in der Praxis sogar eine größere Übung bei der Vernehmung von Beschuldigten haben werden, als ein Großteil der Staatsanwälte oder auch der Richter. Rechtspolitisch ist zu beachten, daß ein Unterbleiben ordnungsgemäßer Belehrung bei polizeilichen Beschuldigtenvernehmungen in der Praxis nicht nur ein Problem des Einzelfalles sein mag.

(aa) Immerhin wurde im Rahmen einer (von Mai 1979 bis Februar 1980 in Hamburg durchgeführten) teilnehmenden Beobachtung bei 100 polizeilichen Beschuldigtenerstvernehmungen festgestellt, daß eine ordnungsgemäße Belehrung nur in 9% der Fälle stattfand (vgl *Wulf* 524, 102 f). Nach einer kriminalistischen Untersuchung gaben zwei Drittel der befragten Kriminalbeamten an, daß sie die vorgeschriebenen Belehrungen für überflüssig hielten oder gar ablehnten; es handele sich bei diesen um ein „notwendiges Übel, das die Geständnisfreudigkeit verringere" und für die Aufklärung „hinderlich" bis „schädlich" sei; denn wer über seine Rechte belehrt werde, wolle „oft mit seinem Rechtsanwalt sprechen" und danach oder auch gleich „die Aussage verweigern" (vgl die Wiedergabe bei *Gerling* 4; s auch *Steffen* 188 f). **573**

(bb) Eine verschiedentlich reservierte **Haltung von Polizeibediensteten** ggü der Belehrungspflicht wird ua auf **Rollenkonflikte** und **Erfolgszwänge** zurückzuführen sein (vgl auch 600), zumal das gesetzliche Leitbild des „objektiv", dh nach belastenden wie entlastenden Umständen gleichermaßen ermittelnden Polizeibeamten (§§ 160 Abs 2, 136 Abs 2, § 152 Abs 1 GVG) nicht dem Leitbild der Praxis entspricht. Vielmehr gilt als Bestandteil polizeiinterner Handlungs- und Bewertungsnormen die polizeiliche Aufklärungsquote – und nicht etwa die Verurteilungsquote oder gar die Quote erfolgreicher Wiederaufnahmeverfahren – als wichtigster Maßstab zur Erfolgsbeurteilung (vgl hierzu ausführlich *Steffen* 79 ff; *Lange* 188 ff), und zwar sowohl hinsichtlich der Polizei als Institution als teilweise auch des einzelnen Beamten (vgl *Brusten/Malinowski* KrimJ **75** 5 f).

Dem entspricht es, daß schon im kriminalistischen (Ausbildungs)Schrifttum mehr oder weniger deutlich das (mit legalen Vernehmungspraktiken erlangte oder zumindest gerichtsverwertbare) „glaubwürdige Geständnis" als Ziel der Beschuldigtenvernehmung bezeichnet wird (vgl *Geerds*, Vernehmungstechnik 182 ff; *Schubert* 153 ff), unter Hinweis darauf, daß bei der Beschuldigtenvernehmung „immer mit Unwahrheiten und nicht selten mit hartnäckigem Leugnen zu rechnen" sei (*Geerds*, Vernehmungstechnik 178). Dabei ist nicht auszuschließen, daß die Erläuterungen, denen zufolge sich der „weniger erfahrene Beamte" nicht „hinters Licht führen lassen soll", während der „geschickte Kriminalist" schließlich doch ein Geständnis auch des „erfahrenen Ganoven" erlangt (s *Geerds*, Vernehmungstechnik 178–186), auf Beschuldigte schlechthin übertragen werden und dabei weniger deutlich Beachtung findet, daß der Beschuldigte auch unschuldig sein kann (vgl *Geerds*, Vernehmungstechnik 186; s auch *Schubert* 145; anschaulich *Hudalla* Krim **92** 47 ff; s zudem *Lange* 84 ff, 93 ff; näher *Ransiek* 17 ff mit Beisp; vgl zudem *Rüping* JR **74** 139 f: „wahre Subkultur der Kriminaltaktik").

574 (cc) Auch der **Zeitdruck**, der für den einzelnen Polizeibeamten oft eine unerträgliche Arbeitsbelastung bewirkt (vgl *Brusten/Malinowski* KrimJ **75** 7), wird die Gefahr geständnisorientierter Vernehmung, um den Fall „zügig und erfolgreich abschließen zu können", erhöhen (vgl dazu *Steffen* 187 f; *Müller-Luckmann* in: Wassermann 74 f; vgl auch 536 f).

575 (c) Die (inzwischen) einheitliche Auffassung entspricht der **Intention des Gesetzgebers**, der (trotz der dagegen vom Deutschen Richterbund vorgetragenen Bedenken) durch Neufassung der §§ 136 Abs 1 und 243 Abs 4 (4. StPÄG) die Belehrungspflicht in der heutigen Form einführte. Inhaltlich wird nur die grds Annahme eines Verwertungsverbotes der Bedeutung des verfassungsrechtlichen Schutzes vor Selbstbelastung gerecht, so daß bereits die verfassungskonforme Auslegung der §§ 136 Abs 1, 243 Abs 4 zur Annahme eines Verwertungsverbotes zwingt (vgl *Rogall* 214 f). Seitdem der BGH (**25** 325 ff [1. Strafsenat]) für die Hinweispflicht nach § 243 Abs 4 S 1 anerkannt hat, daß das Unterlassen der Belehrung einen revisiblen Verfahrensfehler darstellen kann, war eine abweichende Auffassung zu § 136 Abs 1 S 2 ohnehin kaum mehr haltbar (vgl *Meyer* NStZ **83** 566), da eine unterschiedliche Behandlung der §§ 136 Abs 1 S 2 und 243 Abs 4 S 1 (im Hinblick auf die Frage eines Verwertungsverbotes im Falle der Verletzung der dort geregelten Belehrungspflichten) im Gesetz keine Stütze findet und auch nicht sachgerecht wäre, zumal der Hinweis auf die Aussagefreiheit im Ermittlungsverfahren regelmäßig noch wichtiger ist als in der HV (s näher BGH **38** 214 ff).

576 cc) (1) Ein Verwertungsverbot besteht jedoch nicht, wenn der Verstoß gegen § 136 Abs 1 S 2 **nicht ursächlich für die Aussagebereitschaft** des Beschuldigten gewesen sein konnte, insbes wenn positiv feststeht, daß dieser seine Aussagefreiheit kannte. Entspr gilt, wenn der Beschuldigte erklärt, daß er auch nach ordnungsgemäßer Belehrung ausgesagt hätte, und an der Richtigkeit dieser Erklärung keine Zw bestehen. In diesen (Ausnahme-)Fällen ist nur die Prozeßnorm verletzt, ohne daß der hinter dieser stehende Schutz vor Selbstbelastung berührt wäre (vgl *Rogall* 216 f; *ders* SK 167, 178 vor § 133; LR-*Hanack* 55 zu § 136; aA *Grünwald* 150; *Kiehl* NJW **94** 1267). Das Vorliegen eines derartigen Falles muß von den Strafverfolgungsbehörden nachgewiesen werden (*Rogall* 221), dh insoweit zu erwartende Beweisprobleme dürfen *nicht* zu einer „faktischen *Beweislastumkehr*" zu Lasten des Beschuldigten führen (*Grünwald* JZ **83** 719; *Rogall* 220; s auch BGH **38** 224; aA im Erg jedoch wohl noch BGH **31** 400), zumal das Gesetz von der Unkenntnis des Beschuldigten ausgeht und von den Vernehmenden die Beseitigung dieser Unkenntnis verlangt (vgl *Eb Schmidt* NJW **68** 1216). Ist der Beschuldigte in mehreren anderen Ermittlungs- und Strafverfahren belehrt worden, so erlaubt dies nicht ohne weiteres, für die nunmehrige konkrete Situation ein Bewußtsein von der Aussagefreiheit zu unterstellen (AG Mannheim StV **93** 182).

577 (2) Ferner kann der **Verfahrensfehler** – sofern nicht gar ein Verstoß gegen § 136a vorliegt – **geheilt** werden, indem der nunmehr belehrte und auch auf die grds Unverwertbarkeit seiner früheren Aussage hingewiesene Beschuldigte („qualifizierte Belehrung"; vgl *Rogall* 218; *Geppert* GS-Meyer 93; LR-*Hanack* 56 zu § 136; *ter Veen* StV **83** 296; s auch AG Tiergarten StV **83** 277 f; aA jedoch BGH **22** 134 f) der Verwertung ausdrücklich zustimmt (LR-*Rieß* 55 zu § 163 a; LR-*Hanack* 56 zu § 136) oder darauf verzichtet, diese zu rügen (vgl *Rogall* 218) oder die Aussage sogar wiederholt (vgl LR-*Rieß* 55 zu § 163 a). Gleichfalls wird ein Verwertungsverbot

II. (Verantwortliche) Beschuldigtenvernehmung

entfallen, wenn ein Vert in der HV mitgewirkt und in Kenntnis der Nichtbelehrung (*Fezer* JR **92** 386 f) der Verwertung zugestimmt oder (bis zu dem in § 257 genannten Zeitpunkt) nicht widersprochen hat (BGH **38** 225; BGH v 12.01. 96 [5 StR 756/94]; einschränkend betr „Altfälle" Celle MDR **92** 796).

dd) (1) Der im Vorverfahren begangene Rechtsverstoß iSd § 136 wirkt bis zum **578** Urteil fort (LR-*Hanack* 62 zu § 136; LR-*Rieß* 120 zu 163 a) und kann daher **revisi**onsrechtlich relevant sein. Dies ist zwar dann nicht der Fall, wenn das Gericht die fehlerhaft gewonnene Aussage in der HV oder im Urteil für unverwertbar erklärt (*Rogall* 218). Wird die fehlerhafte Beschuldigtenvernehmung aus dem Ermittlungsverfahren jedoch im Urteil verwertet, ohne daß ein Verstoß gegen § 136 Abs 1 S 2, der ein Verwertungsverbot zur Folge hat, geheilt worden wäre, so kann dies die Revision begründen (vgl *Rogall* 218 ff; LR-*Hanack* 57 ff, 61 f zu § 136; LR-*Rieß* 120, 122 zu § 163 a). Voraussetzung dafür ist, daß das Urteil auf dieser Vernehmung beruht. Eine Beeinflussung des Beweisergebnisses der HV wird sowohl bei der Verlesung eines Geständnisses nach § 254 als auch bei Verlesung der Aussage eines Mitbeschuldigten gem § 251 wie auch bei Vernehmung der Verhörsperson über die fehlerhaft erlangte Beschuldigtenaussage regelmäßig anzunehmen sein.

(2) Zur **Revisionsbegründung** muß dargelegt werden, daß eine Belehrung des **579** Beschuldigten über seine Aussagefreiheit unterblieb und die Aussage – ohne Zustimmung bzw trotz Widerspruchs – verwertet wurde (vgl LR-*Hanack* 63 zu § 136). Im einzelnen verlangt dies, zumal bei mehreren Vernehmungen, auch die Mitteilung des Inhalts der Aussage sowie die Umstände der Verwertung der Aussage (BGH NStZ **93** 399).

Nicht ganz einheitlich ist die Judikatur hinsichtlich der Frage, ob die zulässige Rüge des Verfahrensverstoßes außerdem den Vortrag erfordert, der Beschuldigte habe (ggf trotz früherer ordnungsgemäßer Belehrung über die Aussagefreiheit bei anderen Verfahren oder Vernehmungen bzw trotz Beistandes eines Vert) an das Bestehen einer Aussagepflicht geglaubt und deshalb ausgesagt (vern KK-*Boujong* 30 zu § 136; eher vern BGH **38** 226; eher bej vgl BGH **25** 325; weitergehend BGH **31** 400). Da zur Revisionsbegründung die Möglichkeit des Beruhens ausreicht, mithin die Revision diesbzgl nur dann unbegründet ist, wenn der Beschuldigte seine Aussagefreiheit mit Sicherheit kannte (LR-*Hanack* 61 zu § 136), wird der hL zu folgen sein, daß den Revisionsführer keine Darlegungslast bzgl seiner Unkenntnis von der Aussagefreiheit trifft (LR-*Hanack* 61, 63 zu § 136; *Grünwald* JZ **83** 718; *Rogall* 218 ff).

4. Vernehmung zur Sache, Vernehmungstechnik

Übersicht

	Rn		Rn
a) Vorgespräch	580–582	d) Vernehmungsdauer	604–609
b) Bericht	583–586	e) Protokollierung	610–624
c) Befragung	587–603		

a) aa) Gegen ein (vor allem im kriminalistischen Schrifttum empfohlenes, den **580** Beschuldigten „aufschließendes") **Kontakt- oder Vorgespräch** (vgl etwa *Fischer* 25 f; *Schubert* 18; *Krost* Der Krim **86** 174; krit dazu SK-*Rogall* 166 vor § 48) ist aus verfahrensrechtlicher Sicht **nichts einzuwenden**, sofern beachtet wird, daß dieses bereits einen Teil der Vernehmung darstellt und mithin Identitätsfeststellung, Eröffnung des Tatvorwurfs sowie Belehrung vorauszugehen haben. Wird der Beschuldigte darüber getäuscht, daß auch ein solches „Vorgespräch" bereits zur Vernehmung gehört, so kann darin ein Verstoß gegen § 136 a liegen, welcher zur Unverwertbarkeit der so erlangten Angaben führt (vgl AG Delmenhorst StV **91** 254).

Nach kriminalistischer Auffassung bietet das Kontaktgespräch am ehesten eine Möglichkeit, das Vertrauen des Beschuldigten zu gewinnen, indem sich der Vernehmende nicht als bloße Verkörperung der Staatsgewalt, sondern von seiner „menschlichen", „verständnisvollen", vielleicht sogar „persönlichen" Seite zeigt und so ein mitteilungsförderndes „Sympathieklima" schafft (*Fischer* 25 f; *Geerds*, Vernehmungstechnik 49 f; *Bender/Nack* 501 ff; *Schubert* 46). Die durch den zwangskommunikativen Charakter der Vernehmung (oftmals) entstehende Hemmschwelle soll gesenkt werden, indem der (oftmals trügerische) Eindruck einer symmetrischen Kommunikation erweckt wird (vgl hierzu 1343; *Banscherus* 52 f, 114; *Schubert* 43); diesem Bestreben sei die Protokollierung eher abträglich (vgl *Krost* Der Krim **86** 174).

581 So dient das Kontakt- oder Vorgespräch der allg anerkannten Vernehmungsregel, daß möglichst der Beschuldigte „reden und seine Wahrnehmungen bekunden soll, nicht der Vernehmende seine (vorläufigen) Ermittlungsergebnisse oder Meinungen" (*Schubert* 76). Ein (nicht protokolliertes) Kontakt- oder Vorgespräch darf jedoch nicht die förmliche (verantwortliche) Vernehmung zur Sache vorwegnehmen, denn das liefe darauf hinaus, daß diese gleichsam zu einer Abschlußfeierlichkeit verkümmerte, während das Kontakt- oder Vorgespräch den Vernehmungszweck erfüllte (vgl ähnlich *Fincke* ZStW **95** [1983] 949; s AG Delmenhorst StV **91** 254).

582 bb) Aus kriminalistischer Sicht wird empfohlen, das Einführungs- oder Vorgespräch auch zur Beurteilung der Aussageperson zu nutzen, um darauf gestützt einen entspr **Vernehmungsplan** zu erstellen (vgl etwa *Krost* Der Krim **86** 174). Insoweit scheint jedoch Zurückhaltung geboten, da kaum mehr als ein erster Eindruck gewonnen werden kann, so daß die Gefahr besteht, daß die Vernehmung weniger durch eine nüchterne Beurteilung als (etwa zufällig) durch Vorurteile (vgl hierzu aus psychologischer Sicht *Müller-Luckmann* in: Wassermann 74 f) geprägt würde. Insbes sind kriminalistische Versuche, aus der konstitutionellen Beschaffenheit bestimmter Körperteile Schlüsse auf den Charakter der betreffenden Person zu ziehen (vgl Nachw bei *Geerds* Vernehmungstechnik 63 ff [speziell zur Nase S 65 f]), nicht weiterführend. Stets wird der Vernehmende bemüht sein müssen, etwaigen (eigenen) Vorurteilen, die durch bestimmte Gegebenheiten des Beschuldigten (zB Aussehen, Kleidung, gesellschaftliche Stellung, störende Angewohnheiten) aktiviert werden könnten, bewußt entgegenzuwirken, um Gefahren der selektiven oder verzerrenden Wahrnehmung zu verringern (vgl *Müller-Luckmann* in: Wassermann 74 f; *Krost* Der Krim **86** 175; vgl dazu 538).

583 b) aa) (1) Sowohl nach (vernehmungs-)psychologischer als auch gemäß kriminalistischer Auffassung gilt es als empfehlenswert, anzustreben, daß der Beschuldigte zu Beginn der Vernehmung zur Sache eine geschlossene und **zusammenhängende Darstellung aus seiner Sicht** abgibt, wobei er möglichst nicht unterbrochen werden soll (vgl *Hellwig* 254 f; *Müller-Luckmann* in: Wassermann 76 f; *Gundlach* 156 ff; *Schubert* 77; *Schmitz* 379 ff; *Krost* Der Krim **86** 178; *Eisenberg* § 28 Rn 18), denn es gilt im allg als erheblich schwieriger, frei und zusammenhängend – ohne „Hilfe" des Vernehmenden – einen (aus eigener Sicht) nicht realitätsgerechten

Sachverhalt darzustellen, als auf konkrete Fragen zu lügen (*Müller-Luckmann* in: Wassermann 76; vgl auch zur Zeugenvernehmung § 69 Abs 1 S 1). Auch werden schädliche Suggestionswirkungen seitens des Vernehmenden oder gar Verunsicherungen bzw „Blockaden" der Aussageperson[14] zumindest reduziert (*Schubert* 77), und es wird ersichtlich, was der Beschuldigte (ggf im Vergleich zu früheren Vernehmungen) von sich aus für wichtig hält (*Müller-Luckmann* in: Wassermann 76). Die unbeeinflußte Aussage des Beschuldigten kann ferner für seine spätere Glaubwürdigkeitsbewertung besonders bedeutsam werden (*Schubert* 77), und der Beschuldigte erleichtert es durch seine freie, persönliche Wortwahl und Körpersprache, eine gemeinsame Kommunikationsebene zu finden (*Schubert* 77; *Müller-Luckmann* in: Wassermann 76). Nicht zu übersehen ist allerdings die Gefahr, daß durch einen solchen Ablauf die aussagende Person eine gewisse Dominanz erlangen kann, so daß die Vernehmungsperson die Kontrolle über Inhalt und Richtung der Vernehmung verliert (s auch 601).

(2) Darüber hinaus erfordert auch der Verteidigungszweck der Beschuldigtenvernehmung (§ 136 Abs 2), den Beschuldigten zu einem Bericht aufzufordern und ihm zu einem solchen auch Gelegenheit zu geben (vgl 842); denn „dem Beschuldigten, dem es verwehrt wird, sich im Zusammenhang zu verteidigen", wird die „Vert dadurch außerordentlich erschwert" (*Hellwig* 255). So kann die Revision begründet sein, wenn dem Angekl in der HV nicht Gelegenheit gegeben wird, „sich vor Eintritt in die Beweisaufnahme zur Sache im Zusammenhang zu äußern" (BGH StV **90** 245 zu § 243 Abs 4 S 2). Danach wird aus § 136 Abs 2 auch für die polizeiliche Beschuldigtenvernehmung das **Recht des Beschuldigten** zu einer **geschlossenen Sachdarstellung** und damit korrespondierend die Pflicht des Vernehmungsbeamten, den Beschuldigten berichten zu lassen, abzuleiten sein (ebenso *Gundlach* 170 f).

bb) (1) Da die geschlossene Sachdarstellung allerdings nicht selten zeitaufwendig ist, besteht bei ihr die **Gefahr**, daß die (etwa aufgrund hoher Arbeitsbelastung unter Zeitdruck stehende) **Vernehmungsperson ungeduldig** und somit **fehlerhaft** reagiert (*Müller-Luckmann* in: Wassermann 76; *Schubert* 46 ff). Insoweit werden in der Praxis häufig hohe Anforderungen an die Selbstdisziplin der Vernehmenden gestellt, denen offenbar nicht alle gleichermaßen gerecht werden können (vgl näher *Schubert* 46 f). **584**

Verschiedentlich wird angeraten, Vernehmungspersonen sollten – zB mit Hilfe krit beobachtender Kollegen – darauf hinarbeiten, sich ihrer eigenen Wirkung insbes auch hinsichtlich etwaiger störender und daher kommunikationshemmender Verhaltensweisen (zB Kritzeln, mit den Fingern trommeln, häufiges auf die Uhr sehen oder gar Gähnen) bewußt zu werden und dem entgegenzuwirken (*Bender/Nack* 525).

(2) Im einzelnen kann eine Beeinflussung des Berichts ua durch Gestik, Mimik und sonstige Körpersprache bzw schlechthin dadurch geschehen, daß die Vernehmungsperson durch **kommunikationshemmende** oder aber **-fördernde Signale** ihre Ablehnung oder aber Zustimmung erkennen läßt (vgl *Müller-Luckmann* in: Wassermann 77; *Bender* StV **84** 129; aA wohl *Schubert* 45, 82); dabei ist zu berücksichtigen, daß die Vernehmung für den (gar erstmalig) Beschuldigten ohnehin **585**

---

[14] Vgl zu sog „Killerphrasen" *Hermanutz* Krim **94** 220: „Immer schön der Reihe nach, und die Reihenfolge müssen Sie schon mir überlassen", „Das ist doch lächerlich", etc.

eine „suggestible Ausnahmesituation" (*Gössweiner-Saiko* 32 insbes bzgl der HV) darstellt. Das gesamte Ausdrucksverhalten sollte (aber auch) nicht routinemäßig kühl, regungslos, steril oder gar desinteressiert sein (*Müller-Luckmann* in: Wassermann 77; *Schubert* 46), sondern gleichmäßig und gleichbleibend dem eines aufmerksamen Zuhörers entsprechen (zB durch dem Beschuldigten zugewandte Körperhaltung, häufigen Blickkontakt usw [vgl *Bender/Nack* 510]).

Als gesprächsaktivierende Methode wird im kriminalistischen Schrifttum zB auch empfohlen, der Vernehmende solle einzelne Worte oder auch ganze Sätze der zuletzt gemachten Aussage des Beschuldigten aufgreifen und wörtlich wiederholen (sog „Spiegelantwort"). Hierdurch soll bei der Aussageperson ein unbewußter „Rede-Zugzwang" erzeugt werden, indem ihm das Gefühl vermittelt werde, wieder „an der Reihe zu sein", etwas zu sagen (*Schubert* 81); dabei kann dieser „Frage-Impuls" durch das Anheben der Stimme noch verstärkt werden (*Schubert* 81, 83). Um nicht zu erkennen zu geben, was ihr wichtig ist, müßte die vernehmende Person von dieser Methode, wenn sie überhaupt eingesetzt wird, allerdings möglichst gleichmäßig bzw in stereotyper Weise Gebrauch machen. Schon hieraus ergeben sich Grenzen der Geeignetheit, ganz abgesehen davon, daß der Beschuldigte sich nicht ernst genommen fühlen oder zB die Vernehmungsperson für einfältig halten und einen etwaigen Respekt vor ihr verlieren könnte.

586 (3) Der Vernehmende sollte sich während des Berichts, falls dieser nicht aufgezeichnet bzw wörtlich stenografiert oder protokolliert wird, in unauffälliger Form möglichst **wortlautgetreu Notizen** von den wesentlichen Inhalten machen, und zwar auch für Anknüpfungsfragen (vgl *Krost* Der Krim **86** 178; *Fischer* 118; *Müller-Luckmann* in: Wassermann 77; ausführlich im Text 610 ff).

587 c) An den Bericht schließt sich (soweit noch erforderlich) regelmäßig die **Befragung** des Beschuldigten an.

aa) (1) Hinsichtlich der Fragetechnik besteht im (aussage-)psychologischen und jüngeren kriminalistischen Schrifttum weitestgehend Einigkeit darin, daß **„offene Fragen"**, dh Fragen ohne Antwortvorgabe (zB: „Was geschah wann?" Wie kam es dazu?") grds vorzugswürdig sind (vgl *Müller- Luckmann* in: Wassermann 78 f; *Undeutsch* in: Kube ua 391; *Schubert* 87; s auch *Bender/Nack* 598).

(a) Ihre Vorteile bestehen insbesondere darin, daß ihr **Suggestionsgehalt** relativ **gering** ist, sie die Aussageperson vergleichsweise wenig einengen, einen möglichst breiten Informationsfluß erlauben und zugleich eine verfrühte Aufklärung des Beschuldigten über das zu dem Zeitpunkt vorhandene Ermittlungsergebnis vermieden wird. Indem die Vernehmungsperson im Idealfall so fragt, als wisse sie vom gesamten Sachverhalt nichts, wird auch die Gefahr einer „verfrühten Prägnanz" (iSv Festlegung) verringert (*Müller-Luckmann* in: Wassermann 78; anschaulich *Fischer* 38).

(b) Die Vernehmungsperson muß sich ohnehin des Umstandes bewußt sein, daß bereits die **Wortwahl** innerhalb **der Fragestellung** sowohl auf die Erinnerungsfähigkeit als auch auf die Antwort suggestiv wirken kann (vgl *Undeutsch* in: Kube ua 391 ff; *Eisenberg* § 28 Rn 26).

So wurde in experimentellen Untersuchungen zB nachgewiesen, daß Versuchspersonen, denen zunächst die Filmaufnahme eines Verkehrsunfalles vorgeführt wurde, sowohl bei ihrer Geschwindigkeitsschätzung als auch hinsichtlich der Beantwortung der Frage, ob sie Glassplitter gesehen hätten, signifikant dadurch beeinflußt wurden, ob der Kontakt zwischen den Fahrzeugen als „Berührung, Zusammenstoß, Kollision" oder gar „Aufeinanderkrachen" bezeichnet wurde (*Undeutsch* in: Kube ua 391 ff; s näher auch 1375 ff).

II. (Verantwortliche) Beschuldigtenvernehmung

(2) Die Gefahr, daß die Vernehmung mehr der Bestätigung des (vorläufigen) Ermittlungsergebnisses als der Sachverhaltserforschung dient, ist bei Verwendung **„geschlossener Fragen"**, dh solchen, bei denen dem Beschuldigten (zwei oder mehrere) Antwortvorgaben alternativ angeboten werden, ungleich größer; je weniger (gleichwertige) Antwortvorgaben gemacht werden bzw je deutlicher die Erwartungshaltung der Vernehmungsperson erkennbar wird (Extremfall: „rhetorische Frage"), desto größer ist die suggestive Wirkung. Diese hat zur Folge, daß die objektive Sachverhaltsermittlung von zwei Seiten beeinträchtigt zu werden droht, soweit zum einen (möglicherweise falsche) Tatsachen in die Aussage „hineingefragt" werden, zum anderen aber auch einzelne Sachverhalte unaufgeklärt bleiben, weil an ihnen „vorbeigefragt" wurde (*Schubert* 89). **588**

(a) Im einzelnen sind **suggestive Formulierungen**, die deutlich eine Erwartungshaltung der Vernehmungsperson erkennen lassen (zB „doch, wohl, etwa", oder konkret: „Sie müssen doch gesehen haben, daß das Signal eingeschaltet war"), zu vermeiden, da starke Erwartungshaltungen schon bei der Vernehmungsperson, aber insbes auch bei der Aussageperson zu Autosuggestionen führen können (vgl *Schubert* 95); klingt die Frage gar vorwurfsvoll, wirkt sie zudem kommunikationshemmend (*Schubert* 79, 95; *Bender/Nack* 595; *Krause/Nehring* 221). Deshalb wird empfohlen, auch für Sachverhalte, die ein negatives Licht auf den Beschuldigten werfen können, eher neutrale oder milde Ausdrücke zu gebrauchen, um so eine Aktivierung seines Abwehrverhaltens zu vermeiden und ihm – gesprächs- und ggf geständnisfördernd – gleichsam „Brücken zu bauen" (vgl *Bender/Nack* 595; *Schubert* 174; *Fischer* 148f; *Wernz/Scottong*, in: Rotter 41f, 46f, 51ff). Wenngleich Suggestivfragen (zum Begriff *Hilland* 122) nur in besonderen Einzelfällen verbotene Vernehmungsmethoden iSd § 136a darstellen (vgl *LR-Hanack* 43 zu § 136a; s auch 672f), besteht ihre Hauptgefahr in der *Verfälschung der Wahrheit* (vgl *Fischer* 148; *Bender/Nack* 623ff; *Geerds* Vernehmungstechnik 105). Demggü haben empirische Erhebungen (für den Bereich der polizeilichen Beschuldigtenvernehmung) ergeben, daß (zumindest regional) die Anwendung von Suggestivfragen weit verbreitet ist und „gelegentlich ganze Vernehmungsabschnitte zusammenhängend mittels Suggestivfragen geführt" (*Wulf* 391) wurden. **589**

(b) Äußerste Vorsicht ist insbes bei **„Voraussetzungsfragen"** geboten, bei denen erstmals seitens der Vernehmungsperson Thesen als feststehende Tatsachen in die Vernehmung eingeführt und nicht zuletzt von unsicheren Aussagepersonen (vgl auch 734) übernommen und ihren weiteren Aussagen zugrunde gelegt werden (zB: „Hatte der Geschädigte das Messer in der linken oder rechten Hand?", obgleich die Aussageperson zuvor von sich aus [allenfalls allg] eine Waffe erwähnt hatte [*Schubert* 94; *Bender/Nack* 627; *Müller-Luckmann* in: Wassermann 78f]; vgl auch 594). **590**

(c) Hiervon zu unterscheiden sind **„Anknüpfungsfragen"**, bei denen zuvor durch die Aussageperson tatsächlich gemachte Feststellungen aufgegriffen werden und der Beschuldigte veranlaßt werden soll, Angaben zu bestimmten Themenbereichen zu machen (zB: „Sie sagten, daß Frau X sich Ihnen ggü ablehnend äußerte. Vielleicht wissen Sie noch, was genau sie gesagt hat? Wie haben Sie darauf reagiert?"). **591**

(d) Bei der Vernehmung muß stets, schon um die Wertigkeit der Angaben gewichten und ihre Glaubhaftigkeit beurteilen zu können, geklärt werden, welche **592** von ihnen auf unmittelbaren, eigenen (mehr oder weniger) zuverlässigen Wahrnehmungen beruhen und bei welchen der Beschuldigte mittelbar Erfahrenes wiedergibt bzw gar Vermutungen äußert. Soweit die Aussageperson von sich aus keine klare Trennung vornimmt, ist es erforderlich, daß die Vernehmungsperson dies mit Hilfe von **„Filterfragen"** („Haben Sie selbst einen Knall gehört? War der Flur beleuchtet? Trugen Sie Ihre Brille?") ermittelt (s auch *Schubert* 87; *Bender/Nack* 597).

593 (3) Mitunter wird empfohlen, Fragen in schneller und zeitlich ungeordneter Folge nach Art eines **„Zick-Zack-Verhöres"** zu stellen (vgl *Müller-Luckmann* in: Wassermann 77; *Bender/Nack* 634). Der Vorteil dieser Methode wird darin gesehen, daß es dem Beschuldigten erschwert wird, an einem vorbereiteten, erfundenen Konzept festzuhalten. Er benötigt zumindest eine verlängerte Reaktionszeit (*Müller-Luckmann* in: Wassermann 77) und verwickelt sich leichter in einfach zu widerlegende Widersprüche (*Bender/Nack* 634). Indes ist die Ausgangsüberlegung iSd sogen *Homogenitätsprinzips*[15] insofern nur eingeschränkt tragfähig, als bei raschen, unerwarteten Fragen, die keinen Zusammenhang erkennen lassen, auch unabhängig von dem Wahrheitsgehalt der Aussage eine längere Reaktionszeit benötigt wird. Ohnehin enthält das (empirisch nicht abgesicherte) Homogenitätsprinzip Elemente eines *Zirkelschlusses* insofern, als die Frage danach, ob die Vernehmungsperson sich von einem bestimmten Sachverhalt als einer (feststehenden) Wahrheit überzeugen zu lassen vermag oder nicht, nicht selten von der Art der Schilderung abhängig ist; so werden zB pseudologische Aussagepersonen durch diese Methode nicht ohne weiteres gefährdet, sondern sie gibt ihnen (je nach Befähigung) möglicherweise sogar bevorzugt Gelegenheit, die Vernehmungsperson falsche Tatsachen glauben zu lassen. Andererseits werden durch ein derartiges „Zick-Zack-Verhör" derart hohe Anforderungen an die Aussagefähigkeit gestellt, daß die Aussageperson leicht überfordert werden kann, wobei Anzeichen einer derartigen Überforderung mit Indizien mangelnder Aussageehrlichkeit verwechselt werden könnten. Dem entspricht die bei allen Beteiligten vorhandene Gefahr des Mißverständnisses als eines der Hauptprobleme dieser Vernehmungsform (*Schubert* 193 f), weshalb diesbzgl sowohl für die Sicherung der Fragen, Antworten und des Vernehmungsverlaufes als auch für die Rekonstruktion einer Aussage zur richterlichen Glaubwürdigkeitsbewertung grds eine Tonbandaufzeichnung (s näher 616 ff) oder zumindest eine wortlautgetreue Protokollierung als erforderlich gilt.

594 (4) **„Taktisches Vorgehen"** bei der Vernehmung soll sich allg an der Beweislage orientieren, aber auch an den Reaktionen der Aussageperson. Weiterhin sollen die taktischen Maßnahmen sowohl den Intellekt als auch das (soziale) emotionale Verhalten ansprechen (*Schubert* 181). Im einzelnen handelt es sich idR gleichsam um „Marschrouten", die auf bestimmte, stark typisierte Konstellationen, die sich in der Vernehmung herausbilden, Anwendung finden sollen.

(a) Als *Überraschungstaktik* (auch: Überrumpelungsstrategie; *Schubert* 182; *Geerds* Vernehmungstechnik 96; *Gundlach* 146 f) soll dem Beschuldigten in einer für ihn überraschenden Situation bzw immer dann, wenn er „noch unter dem Eindruck des Geschehens steht" (*Meyer/Wolf* 300), „die Tat auf den Kopf zugesagt" werden;

---

[15] *Bender/Nack* 634 vermuten, wer das geschilderte Erlebnis wirklich hatte, könne auch losgelöst vom Zusammenhang widerspruchsfrei berichten. Dies mag überwiegend der Fall sein, muß indes im umgekehrten Sinne nicht zutreffen.

II. (Verantwortliche) Beschuldigtenvernehmung

uU soll zusätzlich die Bemerkung vorausgeschickt werden, daß „Leugnen ohnehin sinnlos" sei (*Schubert* 183). Ziel dieser Taktik ist offenbar, den Beschuldigten in der Hoffnung, so schnell falle ihm keine Ausrede ein, zum Ablegen eines Geständnisses zu bewegen (s krit dazu 727 ff). Zu erhöhten Bedenken gibt Anlaß, daß die Überraschungstaktik nicht nur in Fällen mit eindeutiger, sondern auch (unter Einschränkungen) in Fällen schwacher Beweislage empfohlen wird (*Schubert* 183), da unklar ist, worin sich insoweit die (doch wohl mindestens notwendige) Zuversicht des Vernehmenden gründen soll, den tatsächlichen Täter zu konfrontieren.

(b) Mit der Festlege-, Verstrickungs- und *„Zermürbungs*taktik" (*Gundlach* 148 f; **595** *Schubert* 185 f; *Meyer/Wolf* 300; *Geerds* Vernehmungstechnik 97) wird versucht, den Beschuldigten zunächst auf seine – vermeintlich lügenhafte – Aussage im Detail festzulegen und ihn dabei auch über Vorgeschichte, Begleitumstände etc zu befragen. Danach sollen seine Aussagen Punkt für Punkt durchgegangen und, wenn möglich, widerlegt werden; die Hoffnung ist, daß sich der (zu Recht) Beschuldigte mit der Zeit in seinem „eigenen Lügengebäude verfängt". Insbes das hartnäckige Konfrontieren mit Widersprüchen und verfügbarem Beweismaterial gilt dann als sog Verunsicherungs- oder „Zermürbungstaktik" (*Schubert* 190 ff).

Grds erscheint diese Taktik insofern bedenklich, als mit ihr ein Geständnis *verdeckt* angestrebt werden könnte und sie also geeignet ist, den nemo tenetur-Grundsatz zu untergraben (s dazu *Ransiek* StV **94** 345) – von etwaigen Angriffen auf Würde und Subjektstellung des Beschuldigten („zermürben") mitnichten abgesehen. Liegen im konkreten Fall jedoch keine Anhaltspunkte für diese Einwände vor und wird auch strikt darauf geachtet, daß keine Müdigkeits- oder Erschöpfungszustände auftreten (iSv § 136 a), ist dem Beschuldigten zuzumuten, bei einer bis ins Detail gehenden, auch wiederholten Klärung des Aussagegegenstandes mitzuarbeiten. Fraglich könnte uU werden, ob Dauer und Ausweitung einer Vernehmung oder einer Folge von Vernehmungen noch hinreichend vom Strafverfolgungsauftrag der Polizei gedeckt werden oder ob sie eine ggü diesem Auftrag unverhältnismäßige Einschränkung der Persönlichkeitsrechte des Beschuldigten darstellen.

(c) Bei der sog „Beichtvater-Taktik" (auch *„Gefühlstour"* bzw „Brücken bauen" **596** [*Meyer/Wolf* 300] genannt) präsentiert sich der Vernehmende als verständnisvoller Gesprächspartner, dessen menschlich-gefühlvolle Art den Beschuldigten zu einem „ethisch motivierten Geständnis" führen soll (*Schubert* 187).

Vergleichbares gilt bzgl der (auf Erkenntnissen der Attributionspsychologie aufbauenden) Technik, die Erklärbarkeit der Deliktbegehung durch Motive und Hintergründe zu erörtern (vgl etwa *Tousignant* LEB **91** 14 ff; *Füllgrabe*, in: Kraheck-Brägelmann 49 f), wodurch eine psychische Entlastung bewirkt und Hemmschwellen der Kommunikation reduziert werden sollen. Denn labile und/oder erregte Aussagepersonen können solches als Ausdruck von Wohlwollen mit Auswirkungen auf die weitere Strafverfolgung interpretieren; so sind Übergänge zur Täuschung (s 654 ff) fließend.

Eine besondere Spielart der Taktik besteht in der Vernehmung zu zweit, in der ein Vernehmender die „harte", ein anderer die „weiche" Linie praktiziert (*Schubert* 190); ist nur ein Vernehmender anwesend, werden auch „Wechselbäder" zwischen den beiden Vernehmungsstilen empfohlen. – Als besonders erfolgversprechend gilt im übrigen der Einsatz nach einem „zermürbenden" (s 595) Vernehmungsabschnitt.

Bedenklich könnte daran insbes sein, daß – für sensible Aussagepersonen – subjektiv eine Zwangslage entsteht, aus der die emotional ansprechende Beichtvater-Taktik einen Ausweg in Form eines Geständnisses (Zugeben aller Vorwürfe) anbietet (vgl zu Falschgeständnissen 731 ff).

597 (d) Als *Reaktions*taktik[16] wird der Versuch bezeichnet, mittels Fragen und Behauptungen (die in erster Linie die Kommunikation aufrechterhalten und vorantreiben, in zweiter Linie sukzessive die Glaubwürdigkeit des Beschuldigten anzweifeln sollen) sog „aussage- und geständnisfördernde Motive" bei der beschuldigten Aussageperson auszulösen (*Schubert* 187). Hintergrund wie auch Vorgehensweise der Taktik bleiben teilweise unklar. Offenbar soll ein als psychisch (*Brack/Thomas*) oder kommunikativ (*Schubert*) verstandener Zwang, auf Nachfragen etc angemessen zu reagieren und damit (mehr oder weniger unwillkürlich) die eigene Aussage durch das (Zu-)Geben weiterer Informationen zu ergänzen, ausgenutzt werden.

598 bb) Unbeschadet der jeweils verwandten Fragetechnik ergeben sich **Fehlleistungen** der Vernehmungsperson besonders häufig aus dem Bemühen, „das Ermittlungsergebnis stimmig zu machen" und (dabei) „die Aussage des Beschuldigten den Tatbestandsmerkmalen des in Betracht gezogenen Delikts anzupassen" (*Krost* Der Krim **86** 175).

Nach einer Auswertung zB von 43 polizeilichen Erstvernehmungsprotokollen betr Tötungsdelikte in Berlin (*Rasch/Hinz* Krim **80** 371 ff) bestehe bei den vernehmenden Beamten die Tendenz, einen möglichst abgerundeten eindeutigen Sachverhalt herauszuarbeiten, der an den Kriterien des § 211 StGB orientiert ist. Soweit ein nach Tat und Verhaftung psychisch gestörter mutmaßlicher Täter einem in beruflicher Routine handelnden Vernehmungsbeamten gegenübersitzt, der sich mit seinen Deutungsmustern, die dann Protokolltext werden, durchsetzt, laufe die Vernehmung zwangsläufig auf eine höhere Belastung des Beschuldigten hinaus. Damit erhöhe sich die Wahrscheinlichkeit, daß als „Mörder" Personen erfaßt und verurteilt werden, deren Handlungen eben nicht von Absichten und Einstellungen bestimmt gewesen seien, die der Gesetzgeber iSd § 211 StGB erfaßt hat. – Dabei ist (mitnichten nur iS einer Relativierung) zu berücksichtigen, daß Beschuldigtenvernehmungen iZm Tötungsdelikten idR von besonders erfahrenen Beamten durchgeführt werden, deren vernehmungstaktische Fähigkeiten polizeiintern hoch angesehen sind (vgl auch die Aktenauswertung von *Zeltwanger*, die zu ähnlichen Ergebnissen führte).

599 (1) Grds fehlerförderlich ist die Vorstellung, die Beschuldigtenvernehmung sei gleichsam ein Kampf, in dem es gelte, der Aussageperson „die Wahrheit" iSd vorläufigen Ermittlungsergebnisses zu entlocken bzw durch ein *Geständnis* „bestätigen" zu lassen.[17] Eher fehlhinderlich ist das Bewußtsein, daß während der Ermittlungen und speziell der Beschuldigtenvernehmung Vergangenes rekonstruiert und **Wahrheit** erst **„geschaffen"** wird (*Ransiek* 94). Dementspr ist eine fehlende Geständnisbereitschaft des Beschuldigten nicht etwa als Ineffizienz der Verneh-

---

[16] Es wird auch von „Entzug der Glaubwürdigkeit" (*Schubert* 187) oder „Vervollständigungstaktik" (*Brack/Thomas* 167) gesprochen.

[17] Krit aus kriminalistischer Sicht *Hudalla* Krim **92** 47, wonach es in der Praxis „meist darum" gehe, „einem irgendwie Verdächtigen ein Geständnis abzuringen". Verfahrensökonomisch ist die Auffassung nicht zu übersehen, daß Geständnisse (oder funktionale Äquivalente wie zB Verzicht auf Rechtsmittel) den „Normalfall" bilden (vgl *Arzt* FS-SchwKrimGes 234 f, 244 f). Nach einer Untersuchung aus Großbritannien hatten die Vernehmungspersonen in etwa 80% der Fälle das Hauptziel, ein Geständnis zu erreichen, während zusätzliche Erwägungen „sehr selten" gewesen seien (*Moston ua* BritJCrim **92** 33 f).

II. (Verantwortliche) Beschuldigtenvernehmung

mungsperson zu verstehen, zumal ein anhaltendes Bestreiten nicht immer auf „überlegene Widerstandsenergie, Widerstandsintelligenz und Widerstandswillen" des Beschuldigten zurückzuführen ist, vielmehr ihren Grund in der Unschuld des Beschuldigten haben kann. Wird aber von einem unschuldigen Beschuldigten ein Geständnis erlangt (zu Strategien s allg 594 ff), so ist dies nicht Ausdruck kriminalistischer Effizienz, sondern eine Niederlage für den Rechtsstaat (zum Problem falscher Geständnisse s näher 730 ff; vgl auch *Stern* StV **90** 563).

Das systematische *Hinarbeiten* auf ein Geständnis ist dann *abzulehnen*, wenn Alternativen bzgl des Tathergangs und der Tatbegehung als dem Vernehmungsziel „Geständnis" hinderlich verstellt werden. Zumindest als Gefahr für die Wahrheitsermittlung nicht zu verkennen ist im Spannungsfeld zwischen gesetzlichen (Schutz-) Bestimmungen (insbes zugunsten des Beschuldigten) und kriminalpolizeilichem Alltag, daß die Polizei mit Teilen ihrer (gewohnheitsmäßigen) Klientel zu internen Vereinbarungen kommen kann, die sich der Reglementierung und Charakterisierung mittels gesetzlicher Bestimmungen und ihrer Auslegung weitgehend entziehen. Eine solche Praxis wird selten anderen als den unmittelbar Beteiligten zur Kenntnis gebracht, ist also idR einer Kritik nicht zugänglich. Hingegen kann das Selbstbild der Polizei in unverhältnismäßig starkem Maße durch solche Vorgänge geprägt werden. Die (mögliche) Herausbildung eines Gruppengefühls[18] kann uU dazu führen, daß gesetzliche Schutzbestimmungen betr die Arbeit der Strafverfolgungsbehörden ausgehöhlt und im Extremfall sinnentleert werden. Allg kann das tägliche Erleben organisierter und/oder „professioneller" Kriminalität, in deren Rahmen bei Kontakt mit den Strafverfolgungsbehörden gesetzliche Schutzbestimmungen (legitimerweise) systematisch ausgenutzt werden, auf eine innere Abgrenzung zwischen „Praktikern" und „Theoretikern" hinwirken; es handelt sich um ein (allerdings ernstzunehmendes) psychisches Problem für die ermittelnden bzw vernehmenden Beamten. Insbes zur Auseinandersetzung mit aus der Sicht der Polizei „schwierigen" Beschuldigten werden diverse Taktiken bzgl Gesprächsführung und Verhalten in der Vernehmungssituaton empfohlen, deren Spannbreite von der sachlichen Vernehmung bis hin zur dramaturgisch anmutenden Inszenierung reicht (vgl zB *Geerds* Vernehmungstechnik 96).

(2) Wird die Vernehmung als ein Kommunikationsprozeß verstanden, in welchem zwischen Vernehmungsperson und Aussageperson gleichsam „ausgehandelt" wird, was sich in der Vergangenheit in welcher Weise zugetragen haben soll (vgl *Schmitz* 353 ff, 358, insbes S 364 ff; ähnlich *Krost* Der Krim **86** 173 ff), wird auch die Bedeutung ersichtlich, welche die **Handlungs(in)kompetenz** bzw die Dominanz (vgl etwa *Schröer* KrimJ **92** 133, 148 Fn 11; s auch *Hahn/Schicht* Krim **92** 294 betr strategisches Verhalten) der beteiligten Personen in der Praxis für das (Produkt des Prozesses, das) Vernehmungsergebnis gewinnen (s *Giehring* in: Hassemer/Lüderssen 189 ff; *Brusten/Malinowski* KrimJ **75** 259 ff; *Bohnsack/Schütze* KrimJ **73** 271).

(a) Die **Fähigkeit des Beschuldigten**, eine der (etwa erkennbaren) Erwartungshaltung der Vernehmungsperson widersprechende Sachverhaltsdarstellung in die Vernehmung und insbes das Protokoll einzubringen, ist von einer Vielzahl von

---

[18] Etwa iSv „wir" – die polizeilichen Praktiker, gegen „sie" – die juristischen Theoretiker (die „keine Ahnung" haben und den Opfern sowie „uns" mit „ihren" Bestimmungen das Verfahren schwermachen).

Faktoren und deren Einzelausprägungen abhängig (zB Selbstsicherheit, sprachliches Ausdrucksvermögen, [soziale] Intelligenz, juristische Kenntnisse und insbes „Beschwerdemacht" [vgl etwa *Bohnsack* 103 ff; *ders* KrimJ **73** 273; *Girtler* 86 f; *Brusten/Malinowski* KrimJ **75** 13 f; vgl zur Handlungskompetenz eines an der Vernehmung teilnehmenden Vert *Wulf* 462 f]).

603 (b) Als Personengruppen tendenziell eher **geringer** einschlägiger **Handlungskompetenz** gelten im allg Jugendliche, Heranwachsende, Angehörige unterer sozio-ökonomischer Schichten oder sozial randständiger Bevölkerungsgruppen sowie – ggf aufgrund sprachlicher Schwierigkeiten – nichtdeutsche Beschuldigte, zumal diese überwiegend ohnehin auch schon anderen der vorgenannten Kriterien zuzuordnen sind.

Bei Aussagepersonen mit niedriger Handlungskompetenz hat die Vernehmungsperson besonders vorsichtig vorzugehen und sich um eine Auflockerung der zwangsweisen Interaktion zu bemühen (vgl auch *Banscherus* 259), um nicht selbst die Wahrheitsfindung zu vereiteln oder zu gefährden. Auf Suggestivfragen (s krit 589; speziell bzgl Kindern 1415) sollte weitestmöglich verzichtet werden.

Geerds (Vernehmungstechnik 168) hält Suggestivfragen bei der Vernehmung von Kindern für grds unzulässig. *Schubert* (92) lehnt ihre Verwendung bei Kindern und Jugendlichen sowie bei einzelnen anderen Personengruppen ab, und zwar auch als Fangfragen (s ebenso *Fischer* 148). Eine gewisse Ausnahme mag allerdings zur Prüfung der Suggestibilität der Aussageperson zugelassen werden, sofern die Frage bewußt zu diesem Zweck gestellt ist und nur Nebensächliches betrifft, so daß sie das Aussageergebnis nicht beeinträchtigt (vgl *Müller-Luckmann* in: *Wassermann* 78) bzw die Tatsache, nach der „gefragt" wird, tatsächlich als bereits **eindeutig** geklärt gilt (*Schubert* 92).

604 d) Die Frage nach der Geeignetheit der **Dauer** einer Vernehmung zur Erreichung des Vernehmungszwecks iSd § 136 Abs 2 bzw der Sachverhaltsaufklärung ist unabhängig davon zu prüfen, ob die von der Judikatur gesteckten Grenzen des Zulässigen iSd § 136a Abs 1 S 1, 2. Alt überschritten sind oder nicht (s dazu 646 f). So kann zB Ermüdung sowohl des Beschuldigten als auch des Vernehmenden dazu führen, daß mit nachlassender Konzentration und Denkfähigkeit die Gefahr (auch) ungewollter Verfälschung der Wahrheit anwächst (vgl etwa auch *Fischer* 85).

605 Soweit demgü im kriminalistischen Schrifttum ausgeführt wird, eine „lediglich" ermüdende Vernehmung könne mitunter erforderlich erscheinen (*Geerds* Vernehmungstechnik 137), und die „Widerstandsintelligenz" der meisten Menschen reiche zwar aus, um zwei oder drei Stunden lang geschickt lügen zu können, nicht aber, um eine sechsstündige Vernehmung ohne Widersprüche in der Aussage zu überstehen (*Geerds* Vernehmungstechnik 94), ist auf die Gefahr hinzuweisen, daß sich zB durch den Druck stundenlanger Verhöre anscheinend auch Unschuldige zu falschen Geständnissen drängen ließen, die zudem, soweit die jeweiligen Tatgerichte zT trotz späteren Widerrufs keinen vernünftigen Zw an der Richtigkeit der so erlangten geständigen Angaben sahen, zu Fehlurteilen führten (vgl dokumentierte Fälle bei *Lange* 85, 87 f, 89, 95 f, 98 nebst Hinweis auf ein etwa beträchtliches Dunkelfeld, 90).

606 aa) Als Richtwert für die **zulässige Dauer** einer Vernehmung ohne Pause gelten aus (aussage-)psychologischer Sicht (allerdings betr die Zeugenvernehmung) 45 Minuten bis höchstens eine Stunde (*Müller-Luckmann* in: *Wassermann* 80). Soweit stattdessen in der kriminalistischen Literatur eine Vernehmungsdauer von 3 bis 4 Stunden („wie sie in der Praxis vorkomme") für die polizeiliche Beschuldig-

II. (Verantwortliche) Beschuldigtenvernehmung

tenvernehmung noch als angemessen erachtet wird (*Fischer* 86), erscheint dies vor dem Hintergrund auch solcher Erkenntnisse bedenklich, die im Rahmen einer teilnehmenden Beobachtung erlangt wurden.

Banscherus (114) hat bei den von ihm beobachteten polizeilichen Vernehmungen, die im Durchschnitt knapp zwei Stunden, die längste sogar ohne Pause über drei Stunden andauerten, festgestellt, daß weder die Vernehmenden noch die Vernommenen den Anforderungen gewachsen waren. Bei ersteren traten idR nach etwa einer Stunde Konzentrationsschwierigkeiten auf, die sich in zunehmender Ungeduld und zunehmendem Gebrauch von Suggestivfragen zeigten. Weitere Folgen waren Mißverständnisse und Widersprüche. Pausen wurden in keinem der beobachteten Fälle eingelegt; einmal wurde die Aussageperson gar aufgefordert, „sich jetzt endlich wieder zusammenzureißen".

bb) Stets ist die **individuelle Verfassung** der Aussageperson zu berücksichtigen. **607** Es genügt idZ (auch um die Niederschrift vor späteren Angriffen bzgl ihres Zustandekommens zu sichern) nicht, Angaben zum zeitlichen Vernehmungsverlauf, zu den letzten Schlafpausen des Beschuldigten, sowie dessen Erklärungen zu seinem Ermüdungsgrad aktenkundig zu machen. Vielmehr ist darüber hinaus stets erforderlich, daß der Vernehmende die Reaktionen des Vernommenen krit beobachtet und testet, um beurteilen zu können, wie dieser dem Fragegeschehen folgen kann und welche Anzeichen[19] für bzw gegen eine Ermüdung der Aussageperson sprechen (*Schubert* 69 f; Frankfurt VRS **36** 366); daher ist in Zweifelsfällen eine Pause einzulegen (vgl *Fischer* 86; *Schubert* 70). – Soweit auf Vernehmungen zur Nachtzeit nicht verzichtet werden kann, weil mit hoher Wahrscheinlichkeit Beweis- und Aufklärungsmittel verloren gehen würden (vgl *Hilland* 40f), sollten diese auch aus kriminalistischen Zweckmäßigkeitserwägungen heraus von möglichst kurzer Dauer sein (vgl *Fischer* 89ff, 92; s auch 647, 652).

Neben einer ggf schon bestehenden Übermüdung (etwa bei Vernehmungen in der Nacht bzw bei beginnendem Morgen) können auch andere Faktoren zu berücksichtigen sein wie zB Schmerzzustände aufgrund von Verletzungen oder aufkommende Entzugserscheinungen bei Drogen-, Alkohol- oder Medikamentenabhängigkeit. Erforderlich ist insoweit, sofort einen Arzt zu Rate zu ziehen; insbes dürfen Alkohol und/oder Medikamente nicht eigenmächtig verabreicht werden.

Empirische Anhaltspunkte lassen darauf schließen, daß in der polizeilichen Pra- **608** xis verschiedentlich trotz auftretender Konzentrationsschwierigkeiten auf Pausen verzichtet wird, und gerade bei unter starkem Zeitdruck stehenden Beamten der Wunsch dominiert, die Vernehmung „durchzuziehen" (vgl *Banscherus* 115), obgleich Pausen bei einer Gesamtbetrachtung des Vernehmungsverlaufs sogar eine zeitsparende Funktion zukommen kann (vgl *Fischer* 86; *Banscherus* 114 f).

Wulf (439 ff) wiederum hat bzgl der von ihm beobachteten polizeilichen Beschuldigtenvernehmungen berichtet, daß in keinem der Fälle, in denen zT massive Anhaltspunkte für eine Vernehmungsunfähigkeit des Beschuldigten vorhanden gewesen seien, von einer Vernehmung abgesehen oder eine solche abgebrochen worden sei (und zwar teilweise auch dann nicht, wenn die Vernehmungspersonen selbst der Auffassung gewesen seien, die Beschuldigten seien „krank" bzw „nicht richtig im Kopf" [*Wulf* 436 bzw 438]).

---

[19] In BGH **1** 379, **13** 60f wird iZm § 136a auf den objektiven Zustand abgestellt. *Glatzel* 141 ff äußert sich speziell zur Vernehmungs(un)fähigkeit bei Drogenabhängigen.

609 Zur Erklärung entspr verfehlter Praxis wird zwar im Einzelfall auf Persönlichkeitsmerkmale des Vernehmenden Bezug zu nehmen sein, insgesamt betrachtet handelt es sich jedoch um eine Nebenfolge der behördeninternen Handlungsnorm, effizient (etwa iS der sog Aufklärungsquote) zu sein (s allg *Eisenberg* § 40 Rn 1 ff).

610 e) aa) Wenngleich eine (den §§ 168a, 168b Abs 2 entspr) Protokollierungspflicht für die polizeiliche Beschuldigtenvernehmung gesetzlich nicht ausdrücklich vorgeschrieben ist, besteht Einigkeit, daß regelmäßig eine Niederschrift anzufertigen ist (vgl nur LR-*Rieß* 100 zu § 163 a; K/M-G 31 zu § 163 a: analoge Anwendung des § 168 b Abs 1 und 2). Die *Bedeutung* des *Protokolls* der Beschuldigtenvernehmung im Ermittlungsverfahren ergibt sich vor allem aus seinen Funktionen (zB polizeiinternes Informationsmittel für die weiteren Ermittlungen, Relevanz für die Abschlußverfügung der StA iS einer Anklageerhebung oder einer Einstellung bzw für die gerichtliche Entscheidung über die Eröffnung des HV ebenso wie ggf für die Vorbereitung der HV sowie für das Akteneinsichtsrecht des Vert [§ 147], Einführung in die bzw Verwertung in der HV); demgemäß sind an den Inhalt des Protokolls hohe Anforderungen zu stellen (vgl auch Thesen StV **94** 519). Tatsächlich indes ist die Qualität der Niederschrift weithin von Fleiß und Selbstdisziplin der protokollierenden Person abhängig, zumal die Regelungen über die Protokollführung aus aussagepsychologischer Sicht „unzulänglich" (*Bender/Nack* 839) sind.

611 In erster Linie ist es Aufgabe der protokollierenden Person, die Äußerungen des Beschuldigten (sowie etwa die Fragen und Hinweise der Vernehmungsperson [vgl 613]) (möglichst) **unverfälscht** und **wahrheitsgetreu** wiederzugeben (vgl LR-*Rieß* 103 zu § 163 a), nicht hingegen, die Aussage „hart" oder „rund" zu machen, um sie gegen einen etwaigen Widerruf abzusichern. Zu (unbeabsichtigten) Verfälschungen durch Auslassungen, Modifikationen (wie Moduswechsel oder falscher Paraphrasierung) oder Hinzufügungen (vgl zu Beisp *Banscherus* 225 ff) kommt es insbes, wenn die Vernehmungsperson an Stelle des Vernommenen dessen Aussage diktiert – unabhängig davon, ob hierfür die „Ich"-Form gewählt wird (wenngleich es dadurch dem Beschuldigten zusätzlich erschwert wird, sich in einer HV von der protokollierten Aussage zu distanzieren, vgl hierzu *Fischer* 184 f).

612 (1) (a) Aus Gründen der Authentizität und damit des Beweiswertes ist eine **wortgetreue Protokollierung** der gesamten Aussage in direkter Rede anzustreben, und zwar einschließlich solcher Teile, die aus der Sicht der Vernehmungsperson als unbeholfene Formulierungen oder (typische) Dialekt- oder „Slang"-Ausdrücke erscheinen. Maßgeblich ist der Sprachgebrauch der Aussageperson, der nicht mit dem Ziel einer sprachlich „glatteren" Fassung oder einer vermeintlich subsumtionsfähigen Tatsachenschilderung verändert werden darf (LR-*Rieß* 103 zu § 163 a; vgl auch *Bender/Nack* 828 ff; *Hinz/Rasch* Krim **80** 377 ff; *Eisenberg* § 28 Rn 37). Das Protokoll hat darüber Aufschluß zu geben, was der Beschuldigte gesagt und nicht, was die Vernehmungsperson verstanden hat (oder verstanden zu haben glaubt). Dabei ist eine Trennung zwischen (unbedingt wortgetreu zu protokollierenden) wichtigen Passagen und anderen Passagen im Einzelfall nicht immer hilfreich, zumal sie Wertungen durch die Aussageperson impliziert.

613 (b) Bei **Suggestivfragen** und bei **Vorhalten** ist die wörtliche Niederschrift von Fragen und Antworten in jedem Fall unerläßlich (vgl *Bender/Nack* 624 f; *Schubert* 92; *Eisenberg* § 28 Rn 38), zumal sich nur so rekonstruieren läßt, inwieweit Teile

II. (Verantwortliche) Beschuldigtenvernehmung

der Antwort als sogen „Überhangsantworten" verwertbar sind, die zwingendes Tat- oder Täterwissen enthalten (vgl hierzu Beisp bei *Wieczorek* Krim **86** 153 f; *Bender* StV **84** 129; s auch *Bender/Nack* 747 dazu, welche Fülle von relevanten Tatinformationen aufmerksame Beschuldigte von den Vernehmenden erfahren können, ohne daß es diesen selbst stets bewußt wird; vgl ferner *Lange* 90 ff).

(c) Empirische Untersuchungen in Form teilnehmender Beobachtungen (vgl **614** *Banscherus* 223 ff; *Wulf* 478 ff) sowie Vergleiche von Vernehmungsprotokollen mit der Tonbandaufnahme jener Vernehmungen (s etwa *Bender/Nack* 832) belegen, daß es insbes bei polizeilichen Vernehmungen in der Praxis nicht selten zu **Protokollierungsfehlern** iSv Auslassungen, Verfälschungen und Hinzufügungen durch die Vernehmungsperson kommt; dennoch erkennen die Aussagepersonen in der Mehrzahl der Fälle auch derartige (fehlerhafte) Vernehmungsprotokolle durch ihre Unterschrift als die Wiedergabe ihrer Aussage an. Zudem ergab sich, daß Widerspruch des Vernommenen gegen vom Vernehmenden in „dessen Namen" gewählte Formulierungen (generell krit zu „Formulierungshilfen" *Hinz/Rasch* Krim **80** 381; *Lempp* ZfJ **75** 45), nicht immer ersichtlich gemacht wurde (vgl *Wulf* 491).

Vor diesem Hintergrund gewinnen (spätere) Beteuerungen des Angekl, er sei vom Vernehmenden „mißverstanden" oder seine Aussage sei falsch wiedergegeben worden bzw er hätte eine bestimmte Aussage, so wie in der Niederschrift fixiert, nicht gemacht, an Nachvollziehbarkeit; zumindest werden sie allein durch die Unterschrift unter dem Protokoll nicht widerlegt (s *Banscherus* 244; *Gundlach* 187; vgl auch *Zeltwanger* 239 ff). Zugleich veranlassen diese Befunde besondere Vorsicht bei der Verwertung von Vernehmungsprotokollen durch Verlesung, Vorhalt oder letztlich auch Vernehmung der Verhörsperson mit Hilfe von Vorhalten in solchen Fällen.

(2) Neben den Aussageinhalten sollten auch das Zustandekommen der Aussage, **615** der **Vernehmungsverlauf** (vgl *Schubert* 112 ff) mitsamt der Tateröffnung (s näher 541 ff) und der Belehrung (s näher 562 ff) sowie äußere Umstände wie zB Dauer der Vernehmung(en) und etwaige Pausen (s n 607; *Eisenberg* § 28 Rn 38) aus dem Protokoll ersichtlich sein. Das gleiche gilt für Ort und Zustandekommen der Vernehmung (insbes ob vorläufig festgenommen, vorgeladen oder von sich aus erschienen), die Bezeichnung derjenigen Personen, die während der Vernehmung oder Teilen derselben anwesend waren, Hinweise auf die körperliche und psychische Verfassung des Vernommenen (zB etwa vorhandene Anzeichen für Medikamenten-, Alkohol- oder sonstigen Drogeneinfluß, Konsum von Nahrungs- und Genußmitteln, Aufnahmefähigkeit des Vernommenen, Anzeichen von Überforderung und Müdigkeit, besondere Reaktionen in besonderen Situationen). Ferner ist festzuhalten, ob „Formulierungshilfen" gegeben wurden, wer die Aussage tatsächlich diktiert hat, wie das Protokoll durchgelesen wurde und ob und ggf in welcher Form der Beschuldigte reagierte (vgl zum Ganzen *Schubert* 112 ff).

Über diese Tatsachen ist erforderlichenfalls ein gesonderter Aktenvermerk zu fertigen, sofern nur dadurch die protokollierte Aussage vom Gericht oder auch gutachterlich hinreichend gewürdigt werden kann.

bb) Die Bedeutung des Vernehmungsprotokolls (s 610) und die Häufigkeit von **616** Protokoll- und vor allem Protokollierungsfehlern[20] haben verschiedentlich zu der

---

[20] *Banscherus* 244 bezeichnet dies als latenten Konfliktstoff für das weitere Verfahren und insbes eine spätere HV.

Erwägung einer **vollständigen Aufzeichnung** und schriftlichen Übertragung jeder Vernehmung geführt (vgl statt vieler *Undeutsch* 393). Als Mittel zur vollständigen Aufzeichnung kommt, neben einer Videoaufnahme, der Einsatz von „Steno-Maschinen" sowie die vollständige Originaltonaufnahme in Betracht.

Einer vollständigen, mit ausdrücklicher Einwilligung aller Beteiligten entstandenen Videoaufnahme, welcher der größtmögliche Beweiswert zukäme (s auch 1393; vgl zudem *Gudjonsson* 304), wird vor allem der Kostengesichtspunkt entgegengehalten werden. Auch der Einsatz von „Steno-Maschinen", der ein Mitschreiben im Redetempo und somit die wortlautgetreue Niederschrift ermöglicht, ist in der Praxis nicht zu erwarten; zum einen hätte der Beschuldigte ohne Stenokenntnisse keine Möglichkeit, in eigener Person die inhaltliche Richtigkeit des so entstandenen Stenogrammes zu prüfen, so daß eine Genehmigung erst nach einer erfolgten Übertragung in Normalschrift erfolgen könnte, zum anderen fehlt es sowohl an den Geräten selbst, als auch an Personen, die im Umgang mit ihnen ausgebildet wären.

617 Als realistische Möglichkeit, um in der Praxis zu einer wortlautgetreuen vollständigen Vernehmungsniederschrift zu gelangen, bietet sich mithin vor allem die **Originaltonaufnahme** an (befürwortend RiStBV Nr 5a; s auch GeschA LPolDir Berlin 5/89 II-12 Abs 3).

(1) Für die **rechtliche Zulässigkeit** einer solchen genügt es, wenn der Beschuldigte von der beabsichtigten Aufnahme unterrichtet wird und aussagt (vgl *Gundlach* 204; *Fischer* 204).[21] Ein solches Band kann als Augenscheinsbeweis in die HV eingeführt und zu Vorhalten benutzt werden (BGH 14 339).

618 (2) Gegen den Einsatz von Tonaufnahmegeräten zur vorläufigen Aufzeichnung von Vernehmungen werden indes verschiedene **Bedenken** erhoben.

(a) Zum einen wird aufgrund psychologischer Explorationsgespräche berichtet, sowohl die Aussageperson als auch der Psychologe würden durch ein Tonband, welches jedes gesprochene Wort aufnimmt, **gehemmt;** es sei anzunehmen, daß ähnlich auch eine Vernehmung nachteilig beeinflußt werde (*Arntzen* 40f).[22] Dem wird entgegengehalten, die Beteiligten würden schon nach kurzer Zeit das aufnehmende Tonbandgerät nicht mehr wahrnehmen bzw es vergessen, so daß eine Hemmung nicht festgestellt werden könne (*Bender/Nack* 833; vgl auch *Geerds* Vernehmungstechnik 232). Aus kriminalistischer Sicht wird teilweise berichtet, durch dieses Verfahren entstünden mitunter weniger Hemmungen, als wenn der Redefluß sogleich durch eine Schreibmaschine gestört würde oder eine weitere Person (als Protokollführer) anwesend wäre (*Fischer* 201f); auch verringere der Umgang mit der Schreibmaschine des öfteren die Aufmerksamkeit der Vernehmungsperson (sofern sie selbst das Protokoll führt) für das gesprochene Wort mit der Folge einer Erhöhung von Fehlern (*Banscherus* 225, 227).

619 (b) Zum anderen wird auf die **Manipulierbarkeit** von Tonbandaufzeichnungen hingewiesen (*Gössweiner-Saiko* 142; *Walder* 184f). Diesem gewichtigen Einwand ist jedoch entgegenzuhalten, daß die Verfälschungsmöglichkeiten bei schriftlichen

---

[21] Nach LR-*Rieß* 102 zu § 163a soll es für ein konkludentes Einverständnis ausreichen, wenn die Aufnahme offen und damit für den Beschuldigten erkennbar erfolgt.
[22] Abl ggü dieser Folgerung *Bender/Nack* 832f, schon weil die Zweierbesprechung zwischen Sv und Pb in besonderer Weise Vertraulichkeit erfordere.

Protokollen kaum geringer sein dürften (*Wulf* 486f), zumal bei diesen die in der Praxis sich sehr viel häufiger realisierende Gefahr der unbeabsichtigten, ja unbewußten Verfälschung kumulativ hinzutritt.

(c) Weiterhin wird der Arbeits-, Kosten- und Verwaltungs**aufwand**, der (im Falle regelmäßiger Aufnahme der Vernehmungen) mit der Anschaffung einer zureichenden Zahl geeigneter Geräte nebst Registrierung, Aufbewahrung und Asservierung der Bänder verbunden wäre, von einzelnen Autoren als unverhältnismäßig angesehen (vgl *Gundlach* 207ff, 211ff: Verwendung nur bei Verbrechensvorwurf). **620**

(d) Soweit aus **kriminalistischer Sicht** darüber hinaus bemängelt wird, die Tonbandaufnahme oder eine ähnliche Fixierung könne die Vernehmung nur so wiedergeben, wie sie sich tatsächlich abgespielt habe, so daß eine „sorgfältige und geschickte Protokollierung", welche die Beweiskraft dieser Niederschrift so weit wie möglich erhöhe, vorzugswürdig sei (*Geerds* Vernehmungstechnik 214), bestehen Bedenken; denn Sinn und Zweck der Vernehmungsniederschrift ist es gerade, die Vernehmung so wiederzugeben, wie sie sich tatsächlich abgespielt hat, während die Gefahr einer Beweiswürdigung durch die Protokollführung möglichst ausgeschlossen werden muß. **621**

(3) Die tontechnische Aufnahme weist eine Reihe von **Vorteilen** auf. Zunächst ermöglicht sie die (Selbst-)Kontrolle der Vernehmungsperson (die sich störender eigener Angewohnheiten und [suggestiver] Wirkungen mitunter gar nicht bewußt ist). Sodann beugt sie unberechtigten späteren Vorwürfen bzgl des Zustandekommens oder des Inhaltes der Aussage vor bzw belegt berechtigte Vorwürfe und erhöht den Beweiswert des Protokolls. Auch wird durch den Wegfall der sofortigen Protokollierung zunächst Zeit erspart, so daß manche Vernehmungen noch zu Ende geführt werden können, die bei zeitaufwendigerer sofortiger schriftlicher Protokollierung wegen Übermüdung abgebrochen werden müßten; dieser Vorteil wird nicht davon betroffen, daß der Zeitgewinn nur vorläufiger Natur ist, da die spätere wortlautgetreue Übertragung der Aufnahme in eine Niederschrift noch hinzukommt. Der Nachteil, daß Vorhalte nur mit Hilfe des Tonbandes unpraktikabel sind (vgl *Schubert* 122), kann durch handschriftliche Notierung entspr Passagen wie (vermeintlicher) Widersprüche ausgeglichen werden. **622**

(4) Indes gewährleistet auch der Einsatz von Tonbandaufnahmegeräten noch **nicht per se** ein **authentisches** Vernehmungsprotokoll. Vielmehr kommt es darauf an, wie diese eingesetzt werden. So liegen zB Anhaltspunkte dafür vor, daß bei polizeilichen Vernehmungen etwas aus Gründen der Zeitersparnis von dem Tonband teilweise nur in der Art eines Diktiergerätes und unter Verwendung eigener Formulierungen der Vernehmungsperson Gebrauch gemacht wird, also gerade nicht die ganze Vernehmung aufgenommen wird (*Wulf* 489 f). Soweit das Tonaufnahmegerät idS nur zur Arbeitserleichterung und etwaigen (vermeintlichen) Erhöhung des Beweiswertes eingesetzt wird, werden die tatsächlichen Gesprächsinhalte aber nicht besser fixiert als bei herkömmlicher schriftlicher Protokollierung. Demggü werden die vorhandenen Möglichkeiten zur qualitativen Verbesserung von Vernehmungsniederschriften nur bei vollständiger Aufzeichnung der gesamten Vernehmung mitsamt (zunächst) weniger bedeutsam erscheinender Passagen voll ausgeschöpft. **623**

Um zur späteren Verwertung Klarheit zu schaffen, könnte es sich empfehlen, in jedem Fall eine vollständige beglaubigte Gesprächsabschrift zu fertigen, welche als Vernehmungsprotokoll zu den Akten genommen wird. Einschränkend wird aus kriminalistischer Sicht bei Anwendung besonderer Vernehmungstaktiken (zB der „Verunsicherungstaktik") empfohlen, auf die Fertigung einer wortgetreuen Gesprächsabschrift zu verzichten und die Protokollierung in solchen Fällen, trotz der Tonbandaufnahme, in der herkömmlichen Weise erfolgen zu lassen (vgl *Schubert* 120 ff).

624 (5) Es wird empfohlen, das **Aufnahmegerät** und insbes das Mikrophon möglichst unauffällig zu plazieren.[23] Die Aufzeichnung sollte neben den Angaben zu Gegenstand sowie Ort, Tag und Uhrzeit der Vernehmung (einschließlich Uhrzeit und Grund etwa notwendig werdender Unterbrechungen sowie Uhrzeit bei Weiterführung der Vernehmung) ua eine eigene Wiederholung der Einverständniserklärung zur Gesprächsaufzeichnung des Vernommenen sowie die Belehrung und die Erklärung des Beschuldigten enthalten, aussagen zu wollen; hinzu kommt die Benennung akustisch etwa nicht eindeutig erkennbarer Geräusche (zB Anzünden einer Zigarette).

III. Verbotene Vernehmungsmethoden

1. Entstehungsgeschichte, Bedeutung und Zweck des § 136 a

625 Die in Anlehnung an das schwedische Strafprozeßrecht (vgl *Simson* MDR **50** 282) im Jahre 1950 in die StPO eingefügte Vorschrift des § 136 a (s näher zur Entstehungsgeschichte insbes *Lindner* 62 ff; SK-*Rogall* 2 zu § 136 a) enthält einen nicht abschließenden (Kern-)Katalog verbotener Vernehmungsmethoden. Die Norm basiert auf den *Grundrechten* auf Achtung der Menschenwürde (Art 1 Abs 1 GG) und auf körperliche Unversehrtheit (Art 2 Abs 2 S 1 und Art 104 Abs 1 S 2 GG), dem „Folterverbot" gem Art 3 MRK, dem allg Persönlichkeitsrecht aus Art 2 Abs 1 iVm Art 1 Abs 1 GG, dem nemo-tenetur-Prinzip sowie dem fair-trial Grundsatz (vgl SK-*Rogall* 3 zu § 136 a; *Osmer* 9 f). § 136 a trägt dabei dem Grundsatz Rechnung, daß (auch) im Strafverfahren eines Rechtsstaates die Wahrheit nicht um jeden Preis erforscht werden darf oder gar muß, sondern nur auf justizförmigem Wege gewonnen werden darf (vgl BVerfG NStZ **84** 82; BGH **14** 358, 365; **31** 309; LR-*Hanack* 3 zu § 136 a; s allg zu Beweisverboten 329 ff). Die Vorschrift schützt darüber hinaus auch das Ansehen des Staates und der Strafrechtspflege, indem sie bestimmte Vernehmungsmethoden verbietet, die mit dem Wesen und der Würde eines Rechtsstaates (Art 20 Abs 3 GG) unvereinbar wären; zugleich trägt sie dazu bei, die Legitimität des staatlichen Strafanspruches zu gewährleisten und die Funktionsbedingungen der Rechtspflege, dh eines kollektiv bedeutsamen Rechtsgutes, vor Beeinträchtigungen zu bewahren (vgl SK-*Rogall* 4 zu § 136 a).
Nicht unmittelbarer Schutzzweck des § 136 a ist die Wahrheitsfindung iSd Sicherheit der Tatsachenfeststellung, denn eine Verletzung der Norm hat ein zwingendes Beweisverwertungsverbot zur Folge (§ 136 a Abs 3 S 2), selbst wenn die

---

[23] *Schubert* 122 f rät zu einer Plazierung außerhalb des engeren Blickfeldes der Vernehmungsbeteiligten und gibt Hinweise zur Aufnahmetechnik.

III. Verbotene Vernehmungsmethoden

mit verbotenen Mitteln herbeigeführte Aussage der Wahrheit entspricht (vgl SK-*Rogall* 5 zu § 136 a; *Rogall* ZStW **91** [1979] 33). Gleichwohl schützt die Norm faktisch zugleich auch die Wahrheitsfindung vor Gefährdungen, da zB eine erpreßte oder erschlichene Aussage oft mehr von Resignation oder Angst des Beschuldigten in der Vernehmungssituation als durch die Wahrheit (isd Realität des Aussagegegenstandes) bestimmt sein wird (vgl n auch 593 ff, 598 ff; s zudem *Kühne* 534).

a) In der Praxis kommt es **selten** dazu, daß **Gerichte** die Anwendung durch § 136 a verbotener **Vernehmungsmethoden rügen** und auf die Verwertung solcherart unzulässig erlangter Beweise verzichten (vgl etwa *Kühne* 534). **626**

Wegen der aus dem Beweisverwertungsverbot sich ergebenden Relevanz der Norm nimmt sie im kriminalistischen (Ausbildungs-)Schrifttum jedoch vergleichsweise breiten Raum ein. Nicht zuletzt wegen der bei einem nachgewiesenen Verstoß gegen § 136 a drohenden Konsequenzen (zB Beweismittelverlust, persönlicher und institutioneller Achtungsverlust, dienstaufsichtsrechtliche und disziplinarrechtliche Verfahren) gilt es bei Polizeibeamten als wesentlich, hinsichtlich dieser Norm keine Angriffsflächen zu bieten; verschiedentlich mag auch der Appell wirksam sein, iVm „berufsethischen Prinzipien durch die Träger der Staatsgewalt beispielsweise die Achtung der Menschenwürde" zu verwirklichen (*Schubert* 67). Im allg indes läßt sich (auch in der kriminalpolizeilichen Praxis) eine Tendenz dazu erkennen, die durch die Judikatur im Interesse einer „funktionstüchtigen Strafrechtspflege" (vgl etwa BVerfGE **57** 250, 280) gezogenen Grenzen (noch) tolerierter Ermittlungstätigkeit voll auszuschöpfen (vgl etwa auch *Wulf* 409, 413).

b) Soweit **empirische Untersuchungen** durchgeführt wurden, war im Rahmen des selektiven Fallmaterials zu erkennen, daß mit zunehmender Schwere des vorgeworfenen Deliktes die Bereitschaft des Vernehmungsbeamten auch zum Einsatz durch § 136 a verbotener Vernehmungsmethoden wuchs (vgl etwa *Rasch/Hinz* Krim **80** 373; *Kühne* 534 mwN). **627**

Wulf teilte mit, er habe bei 100 von ihm unstrukturiert „teilnehmend" beobachteten polizeilichen Vernehmungen in 15 unterschiedlichen Dienststellen des Hamburger Polizeipräsidiums (S 72 f, 97 f) in mehreren Fällen die Anwendung verbotener Vernehmungsmethoden selbst erlebt (S 407); im übrigen seien ihm Verstöße gegen § 136 a von Polizeibeamten in Gesprächen berichtet worden (S 407 f).

Verläßliche und überregionale empirische Aussagen etwa als Ergebnis von Aktenanalysen sind ua wegen der für den Beschuldigten typischerweise ungünstigen Beweislage nur eingeschränkt möglich. Immerhin läßt sich begründet annehmen, daß hinsichtlich der Anwendung einschlägig verbotener Vernehmungsmethoden (vor allem ggü Beschuldigten mit niedriger Handlungskompetenz) ein nicht unerhebliches Dunkelfeld besteht (*Kühne* 534; *Lindner* 78; vgl zu Erwägungen iS einer Einschränkung des § 136 a in der Praxis *von Mangoldt-Klein* Bd I Anm 5 a zu Art 1 GG; *Hilland* 152 ff; n insbes betr Ermittlungsverfahren *Degener* GA **92** 446 ff).

2. Anwendungsbereich

Übersicht

	Rn		Rn
a) Normadressaten		d) Geltungsbereich der verbotenen Vernehmungsmethoden	
aa) Strafverfolgungsorgane	628	aa) Vernehmung	636
bb) Sachverständige und Augenscheinsgehilfen	629	bb) Informationsbeschaffung durch Verdeckte Ermittler	637
cc) Sonstige Verfahrensbeteiligte und private Dritte	630–633	cc) „Hörfalle"	638
b) Geschützter Personenkreis	634	dd) Lockspitzeleinsatz	639
c) Geltungsbereich des Verwertungsverbots	635	ee) Prüfung weiterer Beweisverbote	640
		e) Anwendung auf prozessuale Willenserklärungen	641

628 a) aa) § 136a richtet sich an die **mit der Strafverfolgung beauftragten Staatsorgane** (vgl statt aller K/M-G 2 zu § 136a; LR-*Hanack* 6 zu § 136a), dh Richter, Staatsanwälte (§ 163a Abs 3 S 2) und Polizeibeamte einschließlich Verdeckter Ermittler (§§ 110aff, 163a Abs 4 S 2).

629 bb) Eine unmittelbare Anwendung auf **Sv** und **Augenscheinsgehilfen** scheidet zwar aus (*Fincke* ZStW **86** [1974] 658; *Kühne* 514.1; SK-*Rogall* 8, AK-*Gundlach* 8 ff, beide zu § 136a; anders die hM, BGH **11** 211; BGH VRS **29** 204; *Eb Schmidt* NJW **62** 665; LR-*Hanack* 6 zu § 136a; K/M-G 2 zu § 136a), da sie nicht als Strafverfolgungsorgane fungieren, sondern Beweismittel sind. Indes besteht im Ergebnis Einigkeit darüber, daß jedenfalls die vom Sv mittels verbotener Vernehmungsmethoden erlangten Erkenntnisse nicht verwertet werden dürfen, zumal die Maßnahmen einer im Auftrag einer Strafverfolgungsbehörde handelnden Person dem Auftraggeber zuzurechnen sind.

630 cc) **Sonstige Verfahrensbeteiligte** wie Zeugen, Vert, Nebenkläger und Dolmetscher gehören ebensowenig zu den Normadressaten des § 136a wie verfahrensunbeteiligte Dritte (LR-*Hanack* 9 zu § 136a; vgl aber LG Frankfurt StV **88** 482, das in einem besonders gelagerten Fall § 136a auch auf eine Täuschung durch den Vert des Beschuldigten angewendet hat).

Wendet ein frageberechtigter Prozeßbeteiligter im Rahmen einer richterlichen Vernehmung in Ausübung seines Fragerechtes unlautere Methoden an, so verdichtet sich das richterliche Zurückweisungsrecht (§ 241; s 798) zu einer Zurückweisungspflicht (LR-*Hanack* 7 zu § 136a).

(1) Die Verantwortlichkeit „sonstiger Verfahrensbeteiligter" wegen der Anwendung der in § 136a genannten Mittel richtet sich ebenso wie bei verfahrensunbeteiligten Dritten nach materiellem Recht (vgl SK-*Rogall* 10 zu § 136a; LR-*Hanack* 9 zu § 136a). Werden Private (als Polizeispitzel) von Strafverfolgungsorganen eingesetzt, um als Mitgefangene das Vertrauen eines in U-Haft befindlichen Beschuldigten zu erschleichen und diesem Angaben zum Tatgeschehen zu entlocken, so sind solcherart erlangte Angaben nicht verwertbar (vgl BGH **34** 362ff; *Schorn* 111f; KK-*Boujong* 27 zu § 136a; vgl noch 571).

631 (2) Zw ist jedoch, inwieweit durch – ohne staatlichen Auftrag handelnde – **Private** auf solche Art erlangte Beweise von Strafverfolgungsorganen im Prozeß verwertet werden dürfen. Die hM läßt, abgesehen von seltenen Ausnahmen, die Verwertung grds zu (s n 395 ff; vgl auch Oldenburg NJW **53** 1237; KK-*Boujong* 3, 27 zu § 136 a), während die Gegenauffassung zu einem weitreichenden oder gar völligen Verwertungsverbot gelangt (s n 398; vgl zur Übersicht LR-*Hanack* 10 zu § 136 a). **632**

De lege lata sachgerecht erscheint eine differenzierende Betrachtungsweise unter Abwägung der widerstreitenden Interessen (s n 399 ff). **633**

b) Zu dem durch § 136 a **geschützten Personenkreis** gehören neben dem Beschuldigten auch Zeugen (§ 69 Abs 3) und Sv (§ 72), und zwar gem § 161 a Abs 1 S 2 auch für die staatsanwaltschaftliche sowie gem § 163 a Abs 5 die polizeiliche Vernehmung. Mithin schützt die Vorschrift den Personenbeweis umfassend. **634**

c) Das **Verwertungsverbot** des § 136 a gilt, wie sich aus seiner systematischen Stellung im „Allgemeinen Teil" der StPO und auch speziell aus § 163 a ableiten läßt, für das **gesamte Verfahren** (vgl AK-*Gundlach* 7 zu § 136 a). Da ein bereits bestehendes Verfahren vorausgesetzt ist, gilt das Verwertungsverbot jedoch nicht für die Einleitung eines Ermittlungsverfahrens. **635**

d) Von seinem sachlichen Geltungsbereich her bezieht sich § 136 a, wie sich aus seiner Stellung im Gesetz ergibt, **nur auf Vernehmungen** und nicht auf andere Arten der Beweismaterialbeschaffung. **636**

aa) Indes ist str, **ob** (im Interesse einer [auch im Hinblick auf §§ 69 Abs 3 und 72] erforderlichen einheitlichen Abgrenzbarkeit) unter **Vernehmung** nur jede innerprozessuale Veranlassung einer Person durch eine ihr offen als Strafverfolgungsorgan gegenübertretende Vernehmungsperson zur Abgabe prozeßrelevanter Informationen zu verstehen ist (BGH **40** 213; BGH NStZ **95** 410; SK-*Rogall* 6 zu § 136 a), oder ob der Begriff Vernehmung weitergehend alle Aussagen umfaßt, „die ein Staatsorgan direkt oder indirekt herbeigeführt hat" (vgl BGH **17** 19; BGH NJW **83** 1570; LG Darmstadt StV **90** 104; LR-*Hanack* 13, KK-*Boujong* 6, K/M-G 4, jeweils zu § 136 a).

Die **Judikatur** scheint insoweit mehr an der **Einzelfallgerechtigkeit** als an der Rechtssicherheit orientiert zu sein. So liegt nach Ansicht des BGH keine Vernehmung vor, wenn der Beschuldigte bei angeordneter Überwachung seines Fernmeldeverkehrs zu einem selbstbelastenden Ferngespräch veranlaßt wird (BGH **33** 224; zust SK-*Rogall* 19 zu § 136 a), während das LG Darmstadt (StV **90** 104) ein auf Veranlassung der Ermittlungsbehörden mit einem nahen Verwandten geführtes und von einem Ermittlungsbeamten heimlich mitangehörtes Telefongespräch anscheinend als Vernehmung gewertet und ein Verwertungsverbot angenommen hat. Keine Vernehmung wiederum hat der BGH (**31** 304 ff; zust SK-*Rogall* 19 zu § 136 a; aA *Meyer* NStZ **83** 468) darin gesehen, daß ein V-Mann einen Tatverdächtigen durch einen Anruf gezielt zum Zwecke der Beweismittelgewinnung zu selbstbelastenden Angaben verleitete.

Die Streitfrage verliert jedoch diesbezgl an Relevanz, wenn – wie hier angenommen wird – auch eine (ggf trickreiche) Umgehung der Vernehmungsvorschriften ein Verwertungsverbot auslöst (s betr Einsatz privater Dritter 630; betr „Vernehmung" durch Sv 629, 1589; betr Vortäuschung „normaler" Kommunikation 571, 637 f, 658 f) bzw § 136 a entspr Anwendung findet.

bb) Die bloße **Informationsbeschaffung** durch **Verdeckte Ermittler** oder V-Personen muß (noch) keine Vernehmung darstellen (vgl *Schumann* JZ **86** 67; *Rogall* JZ **87** 850 f; s auch *Lüderssen* Jura **85** 118), wenn es im Rahmen präventiver Tätigkeit nicht um die Aufklärung bereits begangener Straftaten geht. Besondere Vorsicht ist **637** jedoch stets in den Fällen geboten, in denen durch Verdeckte Ermittler (gem §§ 110a ff) oder mit Hilfe von V-Personen (bzw Polizeispitzeln) gegen bestimmte Tatverdächtige zur Aufklärung bereits abgeschlossener Straftaten Ermittlungen geführt werden.[24] Soweit von einem abstrakt bestimmten Vernehmungsbegriff ausgegangen wird (s 510), besteht die Gefahr, daß durch Vermeidung einer (idS „förmlichen") Vernehmung auch der Schutz des § 136a unterlaufen wird (s krit *Neuhaus* NJW **90** 1221). Daher wird in „vernehmungsähnlichen Situationen" (SK-*Rogall* 21 zu § 136a),[25] in denen die jeweilige Vorgehensweise der Strafverfolgungsbehörde eine „ordentliche" Vernehmung rechtsmißbräuchlich ersetzen soll (s auch 571), § 136a analog anzuwenden sein. Eine solche Analogie wurde von der hM bereits ausdrücklich in den Fällen anerkannt, in denen Strafverfolgungsbehörden mit verbotenen Mitteln auf den Beschuldigten einwirkten, damit er ggü einer Privatperson, die dann als Zeuge vernommen werden soll, bestimmte Angaben zu einer im Zeitpunkt der Äußerung bereits abgeschlossenen Tat macht (vgl BGH StV **87** 283; LR-*Hanack* 13 zu § 136a; ANM 483; KK-*Boujong* 6 zu § 136a; s auch LG Hannover StV **86** 521 f).

638 cc) Auch der Einsatz einer sog **„Hörfalle"** stellt eine „vernehmungsähnliche Situation" dar, welche die entspr Anwendung des § 136a erfordert (vgl dazu auch BGH NStZ **94** 295 mit krit Anm *Eisenberg* NStZ **94** 599; abl Anm *Achenbach/Perschke* StV **94** 577; SK-*Rogall* 21 zu § 136a). Dies gilt etwa, wenn der Vernehmende den unzutreffenden Eindruck erweckt, der Vernommene könne in einer Vernehmungspause ungehört mit einem Dritten sprechen (vgl LR-*Hanack* 13 zu § 136a; KK-*Boujong* 6 zu § 136a; *Döhring* 205), oder indem er „nach Beendigung seiner Vernehmungstätigkeit", bei welcher der Beschuldigte von seinem Schweigerecht Gebrauch gemacht hatte, diesen in ein „zwangloses Privatgespräch" verwickelt, welches von einem Kollegen mitgehört wird (vgl LR-*Hanack* 13, KK-*Boujong* 6, SK-*Rogall* 21, alle zu § 136a; *Döhring* 205; aA jedoch LG Verden MDR **75** 950). Ein derartiges Vorgehen wird als eine unzulässige Täuschung[26] der Aussageperson zu bewerten sein, da der irrige Eindruck erweckt wird, es könne ohne Kontrolle der Strafverfolgungsorgane mit einer anderen Person gesprochen werden. Bleibt der Vernehmungsbeamte zur Kontrolle eines Privatgesprächs mit Kenntnis der Beteiligten im Raum, ist weder eine Täuschung noch ein sonstiger Fall einer „Hörfalle" ersichtlich (vgl BGH NStZ **88** 233 mit abl Anm *Hamm*).

In der Judikatur teilweise für zulässig gehalten wird die Verwertung von Gesprächsinhalten allerdings, wenn einer der beiden Teilnehmer eines Telefongesprächs einem Ermittlungsbeamten das Mithören gestattet hat (BGH **39** 347; NStZ **95** 557; anders BGH NStZ **95** 410; zum Ganzen mwN im Text 571; vgl auch Hamm NStZ **88** 515 mit krit Anm *Amelung*). Dies gilt indes dann nicht, wenn es sich beim Gesprächspartner um einen nahen Verwandten des Beschuldigten handelt und mithin durch das Telefonat ein bestehendes familiäres Vertrauensverhältnis ausgenutzt wird (LG Darmstadt StV **90** 104).

639 dd) Überwiegend abgelehnt wird eine analoge Anwendung der Norm demggü in Bereichen und Fällen, in denen es nicht um die Aufklärung bereits begangener

---

[24] *Beulke* StV **90** 183 warnt vor einem (partiellen) Abweichen von § 136a, da sonst ein „durch richterliche Rechtsfortbildung entwickeltes Sonderrecht" geschaffen würde.
[25] Unter Hinweis auch auf die Voraussetzung, daß sich der Beschuldigte der Befragung nicht ohne weiteres entziehen kann.
[26] Zum Täuschungsverbot im einzelnen s näher 654 ff.

III. Verbotene Vernehmungsmethoden

Straftaten, sondern um den sog **Lockspitzeleinsatz** geht (vgl BGH GA **81** 89 f; *Schumann* JZ **86** 67; wohl auch *Schünemann* StV **85** 430 f).²⁷ Für ein umfassendes Beweisverwertungsverbot spricht jedoch die mangels gesetzlicher Grundlage sich ergebende Unzulässigkeit der polizeilichen Tatprovokation (vgl *Fischer/Maul* NStZ **92** 7 ff, 12 f, die ein solches Verbot unmittelbar aus Art 2 Abs 1 und Art 1 Abs 1 GG ableiten; s aber zum Gesetzesvorbehalt *Rogall* ZStW **103** (1991) 907, 913 ff).

ee) Sind die Voraussetzungen für die direkte oder entspr Anwendung des § 136 a **640** nicht erfüllt, bleibt im übrigen stets zu prüfen, ob eine Maßnahme nicht aus anderen Gründen **gegen rechtsstaatliche Grundsätze verstößt** und/oder einem Beweisverbot unterliegt (vgl *Kühl* StV **86** 188; SK-*Rogall* 22 zu § 136 a; s aber auch krit [„Flucht aus § 136 a in allg Beweisverbote"] *Beulke* StV **90** 183).

e) Da § 136 a nach Wortlaut und Zweck Fragen der Willensfreiheit ausschließ- **641** lich im Rahmen der Sachverhaltsforschung regelt, ist die Norm auf **prozessuale Willenserklärungen** (zB Rechtsmittelverzicht oder -rücknahme) weder direkt noch entspr anwendbar (allg Auffassung). Jedoch ist anerkannt, daß prozessualen Willenserklärungen, welche durch objektiv unwahre Erklärungen oder gar rechtswidrige Drohungen des Gerichts oder der StA veranlaßt wurden, ein Mangel anhaftet, auf dem das staatliche Verfahren nicht aufbauen darf, so daß sogar ausnahmsweise der Gesichtspunkt der Rechtssicherheit zurücktritt (vgl LR-*Hanack* 14 zu § 136 a). Zur Beurteilung der Frage, ob im Einzelfall aus solchen Gründen die Unwirksamkeit der prozessualen Erklärung folgt, können auch die Grundgedanken des § 136 a zu berücksichtigen sein (LR-*Hanack* 14 zu § 136 a; KK-*Boujong* 7 zu § 136 a; BGH **17** 18), wenngleich die Judikatur in solchen Fällen bevorzugt auf eine Verletzung des fair-trial-Prinzips oder der gerichtlichen Fürsorgepflicht abstellt (BGH StV **83** 268; SK-*Rogall* 23 zu § 136 a mwN). Erwägenswert erscheint in solchen Konstellationen auch die sinngemäße Anwendung des § 123 BGB (vgl LR-*Hanack* 14 zu § 136; s aber auch LR-*Gollwitzer* 42 zu § 302; zum Ganzen LR-*Schäfer*, Einl Kap 10, 27 ff).

3. Beeinträchtigung der Willensentschließung und -betätigung, des Erinnerungsvermögens und der Einsichtsfähigkeit

Der Verhaltensspielraum des Beschuldigten wird unzulässig reduziert, wenn die- **642** ser nicht mehr imstande ist, **frei** über das Ob, den Umfang und den Inhalt seiner Aussage zu **entscheiden** bzw gemäß seiner Entscheidung zu handeln. Da selbst bei zurückhaltendster Vernehmungsführung eine gewisse Beeinflussung des Aussageverhaltens (evt auch gerade durch die Zurückhaltung) nicht auszuschließen ist, kann nicht in jeder Beeinflussung eine Beeinträchtigung iSd Gesetzes erkannt werden (vgl BGH **1** 387 f; LR-*Hanack* 5 zu § 136 a). Ob die Beeinflussung des Beschuldigten durch das gewählte Vernehmungsmittel normativ bedeutungslos erscheint oder eine nicht unerhebliche Beeinträchtigung darstellt, ist eine Tatfrage, die nicht generalisierend, sondern nur durch Würdigung der Umstände des jeweiligen Einzelfalles entschieden werden kann (s hierzu BGH **5** 291; LG Marburg MDR **93**

---

²⁷ Für eine entspr Anwendung auch in diesem Bereich vor allem *Lüderssen* FS-Peters 361 ff sowie Jura **85** 118.

566 [betr Captagon]; *Hilland* 88 f; *LR-Hanack* 5 zu § 136 a), wie schon im Hinblick zB auf nikotin-, alkohol- oder sonstige drogensüchtige Beschuldigte deutlich wird.

643 a) aa) Str ist, ob § 136 a die Vernehmung eines Beschuldigten verbietet, der sich **selbst in den Zustand der Vernehmungsunfähigkeit** versetzt hat. In der Praxis ist diese Frage vor allem für die Verwertbarkeit der Angaben etwa hochgradig alkoholisierter oder unter Drogeneinfluß stehender Beschuldigter bedeutsam.[28]

Nach Köln StV **89** 520 f macht die Vernehmung eines trunkenheitsbedingt Vernehmungsunfähigen die so erlangte Aussage gem § 136 a unverwertbar, und zwar unabhängig davon, wer die Trunkenheit verursacht hat und ob der Vernehmende die dadurch bewirkte Beeinträchtigung der Willensfreiheit erkannt hat oder nicht (vgl auch Frankfurt VRS **36** 366; KMR-*Müller* 9 zu § 136 a; K/M-G 10 zu § 136 a). Die Gegenmeinung nimmt an, daß der selbst beigebrachte Zustand der beeinträchtigten Willensentschließungs- und -betätigungsfreiheit nicht von § 136 a erfaßt sei, da die Norm nur die „Verabreichung von Mitteln" und die aktive „Beeinträchtigung" durch Strafverfolgungsorgane betreffe (vgl Celle VRS **41** 206 f); im kriminalistischen Schrifttum wird sogar argumentiert, ein Verzicht auf solche Vernehmungen könne zu einer „Paralysierung möglicher Aufklärungsschritte führen" und die Strafverfolgungsorgane lieferten sich praktisch dem Beschuldigten aus, wenn man die Selbsteinnahme des Mittels für § 136 a genügen ließt, „da dieser es dann vollkommen in der Hand hätte, ob er die Unzulässigkeit der Vernehmung herbeiführt" (*Kramer* Krim **91** 311).

Zu berücksichtigen ist, daß der Beschuldigte ohnehin keinerlei Angaben zur Sache machen muß, und daß § 136 a gerade die Wahrnehmung dieses Rechts schützen soll. Zwar ist die betr Fallgestaltung nicht schon vom Wortlaut des § 136 a erfaßt (so aber die wohl überwiegende Ansicht in Judikatur und Schrifttum, vgl Frankfurt VRS **36** 366; Köln StV **89** 520 f; LG Marburg MDR **93** 566; AG Verden StV **87** 527; K/M-G 8, 10, KK-*Boujong* 16, KMR-*Müller* 9, *Krause/Nehring* 6, alle zu § 136 a; *Hilland* 87 f). Jedoch hat die Aufzählung verbotener Vernehmungsmethoden in § 136 a keinen abschließenden Charakter und unstr (s zB 695) sind auch andere, nicht ausdrücklich genannte Beeinträchtigungen der Aussagefreiheit durch die Vorschrift erfaßt. § 136 a schützt die Willensfreiheit des Vernommenen (Willensentschließungs- und Willensbetätigungsfreiheit) vor Beeinträchtigungen von einiger Erheblichkeit, die konkret geeignet sind, seinen Verhaltensspielraum nachhaltig einzuschränken. Freiheit aber setzt Willen und Bewußtsein voraus (*Peters* 333). Fehlt es daran, da der Vernommene aktuell nicht in der Lage ist, unbeeinflußt und frei über das „Ob" und das „Wie" seiner Aussage zu entscheiden bzw diese Entscheidung umzusetzen, so läßt es § 136 a nicht zu, daß ein Strafverfahren unmittelbar auf einer so erlangten Aussage aufbaut. Also darf eine Aussageperson, sofern sie nicht vernehmungsfähig ist, auch nicht vernommen werden (so auch LG Mannheim NJW **77** 346 f; *Dahs/Wimmer* NJW **60** 2218; der Sache nach wohl auch LR-*Hanack* 27 zu § 136 a).

bb) Von der **Definition** her liegt Vernehmungsunfähigkeit jedenfalls vor, wenn die Aussageperson verhandlungsunfähig ist (vgl SK-*Rogall* 40 zu § 136 a; wohl auch LR-*Hanack* 27 zu § 136 a; zum Begriff der Verhandlungsunfähigkeit s 759 mwN).

---

[28] Nach *Hilland* 87 ist zumindest jenseits der Grenze absoluter Nicht-Fahrsicherheit (s 1850 ff) ein Vernehmungs- bzw Verwertungsverbot anzunehmen. Betr die Aussagefähigkeit bei Drogenabhängigen s eher verallgemeinernd *Täschner* NStZ **93** 322 ff; krit dazu *Glatzel* StV **94** 46 f.

cc) Nach hM verpflichtet die Norm den Vernehmenden zwar nicht dazu, stets zunächst zu ermitteln, ob der Vernommene im Besitz seiner körperlichen und geistigen Fähigkeiten ist (vgl *Eb Schmidt* NJW **62** 666; SK-*Rogall* 25 zu § 136a mwN; LR-*Hanack* 5 zu § 136a). Liegen jedoch Anhaltspunkte für eine Vernehmungsunfähigkeit vor, so ist diesen nachzugehen.

b) Der ausdrückliche Schutz des (vom Willen gerade unabhängigen [vgl KK-*Boujong* 35, LR-*Hanack* 57, beide zu § 136a]) Erinnerungsvermögens und der Einsichtsfähigkeit vor jeglichen zu ernsthaften Beeinträchtigungen geeigneten Einwirkungen (§ 136a Abs 2) ist in besonderem Maße mit dem Erkenntnisstand einschlägiger empirischer Wissenschaften (insbes der Vernehmungs- und Aussagepsychologie) verbunden, wenngleich eine präzise Abgrenzung zu den in § 136a Abs 1 angesprochenen Beeinträchtigungen kaum erreichbar ist. Vielmehr betrifft auch § 136a Abs 2 in erster Linie die § 136a Abs 1 unterfallenden Maßnahmen. **644**

aa) Hinsichtlich einer Beeinträchtigung des **Erinnerungsvermögens** fallen sowohl Maßnahmen zur Verschlechterung als auch zur Verbesserung (s näher 851) der in Rede stehenden Fähigkeit unter das Verbot (s *Erbs* NJW **51** 389; KK-*Boujong* 35 zu § 136a; aA *Fuchs* Krim **83** 6). So läßt die hM Vorhalte, das Vorlegen von Beweisstücken, Fang- und Suggestivfragen grds zu, sofern ihr Einsatz nicht das Erinnerungsbild des Beschuldigten für einen relevanten Vernehmungszeitraum „zerstört" (LR-*Hanack* 58 zu § 136a; vgl auch *Erbs* NJW **51** 389; SK-*Rogall* 26 zu § 136a). Demggü legen es psychologische Erkenntnisse nahe, zumindest auch eine vorübergehende Verdeckung der Erinnerung einzubeziehen (s näher 1376), während betr die mögliche Wirkung insbes von Voraussetzungsfragen und wiederholten Vorhalten auf das Erinnerungsvermögen zu differenzieren sein wird (s näher 589f).

bb) Unter **Einsichtsfähigkeit** iSd § 136a Abs 2 ist die Fähigkeit des Beschuldigten zu verstehen, die inhaltliche und wertmäßige Bedeutung der Aussage zu erkennen (vgl *Erbs* NJW **51** 389; SK-*Rogall* 228 zu § 136a mwN). Jede Veränderung der Einsichtsfähigkeit des Vernommenen ist durch § 136a Abs 2 verboten (vgl LR-*Hanack* 59 zu § 136a).

4. Beispiele unzulässiger körperlich wirksamer Beeinträchtigungen

Übersicht

	Rn		Rn
a) Mißhandlung	645	c) Körperliche Eingriffe	648
b) Ermüdung	646, 647	d) Verabreichung von Mitteln	649, 650

a) Unter **Mißhandlung** durch Tun oder Unterlassen ist (wie im Rahmen des § 223 StGB) jede mehr als unerhebliche Beeinträchtigung des körperlichen Wohlbefindens oder der körperlichen Unversehrtheit zu verstehen (vgl *Hilland* 29; *Krause/Nehring* 4, SK-*Rogall* 32, beide zu § 136a). Dazu gehören neben unmittelbaren Einwirkungen (insb Schlägen, Fußtritten oder dem Beibringen von Verletzungen)[29] auch mittelbare Einwirkungen auf den körperlichen Zustand (Anstrahlen **645**

---

[29] Zu konkreten Fällen s *Missliwetz/Denk* AKrim **91** 4–9.

mit grellem Licht, andauernde Lärmbelästigung, ständiges Stören im Schlaf, Verabreichung von Elektroschocks, Aussetzen körperlich unzuträglicher Hitze oder Kälte, Unterbringung in Dunkel- oder Stehzellen, Maßnahmen der sensorischen Deprivation oder Nahrungsentzug). Ein einschlägig unzulässiges Unterlassen liegt etwa vor, wenn der Beschuldigte trotz Verletzung oder Krankheit medizinisch unversorgt vernommen wird oder der Vernehmende ihn hungern oder dursten läßt oder ihn in einer Situation beläßt, in der er unter erheblichen Entzugserscheinungen leidet (vgl LR-*Hanack* 18, SK-*Rogall* 32, beide zu § 136a mwN).

Zusammen mit der Quälerei (s 651ff) stellt die Mißhandlung die schwerste Form der nach Art 3 MRK verpönten unmenschlichen und demütigenden Behandlung dar und unterfällt wie diese dem menschenrechtlichen Folterverbot. Die Grenze zur Quälerei ist mitunter fließend.

646   b) Dem Sinn und Zweck des § 136a entspr wird unter **Ermüdung** ein Zustand zu verstehen sein, in dem Willenskraft und Konzentrationsfähigkeit des Vernommenen aufgrund seines Schlaf- oder Ruhebedürfnisses derart beeinträchtigt sind, daß die Freiheit seiner Willensentscheidung oder -betätigung ernsthaft gefährdet scheint (vgl BGH **1** 379; **12** 333; **13** 60f; LR-*Hanack* 19 zu § 136a; ähnlich *Hilland* 34f); das Verbot einer die Willensfreiheit beeinträchtigenden Ermüdung gilt auch für die HV (vgl BGH **12** 332f; LR-*Hanack* 22, SK-*Rogall* 36, beide zu § 136a; aA K/M-G 8 zu § 136a). Vor allem nach der Judikatur kommt es nur auf den *objektiven* Zustand der Ermüdung an, nicht aber darauf, ob der Vernehmende ihn herbeigeführt, bewußt ausgenutzt oder überhaupt erkannt hat (vgl BGH **1** 379; **12** 333; Frankfurt VRS **36** 366; LG Münster StV **81** 613ff; AG Verden StV **87** 527; K/M-G 8 zu § 136a; *Hilland* 35ff; LR-*Hanack* 19 zu § 136a).[30] Ein Abstellen auf den subjektiven Eindruck des Vernehmenden oder eines anderen Angehörigen der vernehmenden Institution würde wegen deren Involvierung in das prozessuale Geschehen bei gleichzeitiger Eingebundenheit in behördeninterne Handlungsnormen (s *Eisenberg* § 40) bzw der etwa erforderlichen Selbstbezichtigung eines dienstpflichtwidrigen Verhaltens schwerlich sachgerecht sein (s anschaulich *H.W.Schmidt* MDR **62** 359).

Da ermüdende oder anstrengende Vernehmungen als solche weder unzulässig noch vermeidbar sind (s 595; vgl LR-*Hanack* 19 zu § 136a), ist es stets eine Tatfrage, (ab) wann eine Beeinträchtigung der Willensfreiheit durch Übermüdung anzunehmen ist (BGH **1** 379; **12** 333; SK-*Rogall* 34 zu § 136a; *H.W. Schmidt* MDR **62** 359; aus medizinischer Sicht *Konrad* RuP **95** 2ff); auch deshalb ist die nachträgliche Feststellung etwa im Rahmen einer revisionsgerichtlichen Überprüfung oder der Prüfung einer Verwertungssperre (bereits) durch das Tatgericht nur aufgrund objektiver Anhaltspunkte möglich.[31] Aus dem Umstand, daß der Vernommene die

---

[30] Anders *Erbs* NJW **51** 386, SK-*Rogall* 33 zu § 136a, die unter Berufung auf den Gesetzeswortlaut von einem Verbot der Herbeiführung eines Ermüdungszustandes ausgehen, praktisch jedoch wohl zum gleichen Erg kommen, da auch die Vernehmung eines von vornherein übermüdeten und daher vernehmungsunfähigen Beschuldigten unzulässig sei und solcherart erlangte Angaben unverwertbar zu bleiben hätten (s im übrigen zur Steigerung der Übermüdung *Hilland* 36).

[31] Dazu gehören: wann und wie lange der Vernommene vor der Vernehmung das letzte Mal geschlafen hatte, was er zwischen dieser Schlafphase und der Vernehmung tat, ob er unter Medikamenten oder Drogeneinfluß stand, wann und wie lange die Vernehmungen

Vernehmung nicht von sich aus abgelehnt oder abgebrochen hat, kann nichts hergeleitet werden (ebenso LR-*Hanack* 21 und SK-*Rogall* 34 jeweils zu § 136a; aA wohl BGH **12** 333; s auch MDR **92** 888).[32] – Endlich ist das Kriterium des objektiven Zustandes auch deshalb eher geeignet, weil bei der Prüfung eines einschlägigen Verstoßes ohnehin von einer „typischerweise für den Vernommenen ungünstigen Beweislage" (vgl *Kühne* 534; s auch *Mehle* 179) auszugehen sein wird, zumal nach ständiger Judikatur der Verstoß als solcher zur Überzeugung feststehen muß (BGH **16** 167; BGH **29** 204; s ausführlich 708 f).

Im Einzelfall wurde eine die Willensfreiheit beeinträchtigende Übermüdung bei einem Beschuldigten angenommen, der vor der Vernehmung mangels Gelegenheit 30 Stunden lang nicht geschlafen hatte (vgl BGH **13** 60 f; zust *Hanack* JZ **71** 170; SK-*Rogall* 35 zu § 136a; Frankfurt VRS **36** 366; LG Münster StV **81** 613 ff; AG Verden StV **87** 527);[33] demggü wurde in einem anderen Fall bei einem an wenig Schlaf gewöhnten Schichtarbeiter eine Wachzeit von 24 Stunden hingenommen (BGH bei *Pfeiffer/Miebach* NStZ **84** 15; zust SK-*Rogall* 35 zu § 136a; zw).

Nächtliche Vernehmungen sind durch § 136a nicht grds ausgeschlossen (vgl K/ **647** M-G 8, KK-*Boujong* 12, SK-*Rogall* 35, alle zu § 136a[34]; zu weitgehend BGH **1** 376 ff = JZ **52** 86 mit krit Anm *Bader;* dagegen auch *v Holstein* MDR **52** 340 f), sofern sie sachlich gerechtfertigt sind und nicht nur Ermüdungszwecken dienen[35] (s aber zu Quälerei 652).

c) Unter **körperlichen Eingriffen** iSd § 136a ist jede sich unmittelbar auf den **648** Körper einer Person auswirkende Maßnahme zu verstehen. Neben solchen, welche die körperliche Unversehrtheit oder das körperliche Wohlbefinden beeinträchtigen (nicht jedoch der Einsatz des Lügendetektors oder die Phallometrie [s aber 693 ff, 702 ff]), sind auch völlig schmerz- und folgenlose Eingriffe einzubeziehen, da die Regelung sonst keinen eigenständigen Sinn hätte. Ohnehin hat sie in der Praxis neben der Mißhandlung, der Verabreichung von Mitteln oder der Quälerei kaum eigenständige Bedeutung (vgl zum Ganzen jeweils mwN LR-*Hanack* 23, SK-*Rogall* 37, beide zu § 136a).

d) aa) Unter **Verabreichung von Mitteln** ist die Beibringung von festen, flüssi- **649** gen oder gasförmigen Stoffen in den menschlichen Körper zu verstehen, ohne daß es auf die konkrete Anwendungsweise ankäme[36] (vgl *Erbs* NJW **52** 387; KK-*Boujong* 16 zu § 136a). Das Vorenthalten steht der Verabreichung nicht gleich (vgl *Hilland* 90; SK-*Rogall* 38, LR-*Hanack* 29, beide zu § 136a), kann aber uU eine Quä-

---

durchgeführt wurden, welche Ruhemöglichkeiten der Beschuldigte zB bei Unterbrechungen hatte (vgl LR-*Hanack* 21, SK-*Rogall* 34, beide zu § 136a).

[32] S auch *H.W.Schmidt* MDR **62** 359: „... es sei denn, daß er gerade wegen seines übermüdeten Zustandes nicht in der Lage war, entspr Hinweise zu geben".

[33] S auch BGH MDR **92** 888 f, wonach die „geistige Leistungsfähigkeit" schon durch Ruhezeiten ohne Schlaf sichergestellt werden könne (obgleich dieses Kriterium den Willensbereich weniger abdeckt).

[34] S aber *Hilland* 38: „problematisch"; LR-*Hanack* 19 zu § 136a: „suspekt".

[35] Zum Beispiel Vernehmungen oder gar HV (vgl BGH **12** 332 f), die zur Besichtigung der Unfallstelle in Verkehrsstrafsachen zur Nachtzeit durchgeführt werden müssen, oder wenn andernfalls „mit hoher Wahrscheinlichkeit der Verlust von Sicherungs- oder Beweismitteln droht" (*Hilland* 41).

[36] Zum Beispiel innerlich, äußerlich, Eingeben, Einspritzen, Einatmen(lassen), Einreiben oder Einführen in Körperöffnungen.

lerei (s 651 ff) darstellen (vgl *Hilland* 93, 95; LR-*Hanack* 29, SK-*Rogall* 38, beide zu § 136 a). Die Norm untersagt die Verabreichung von Mitteln, soweit diese den körperlichen oder geistigen Zustand des Vernommenen und seine Willensfreiheit beeinträchtigen (vgl KK-*Boujong* 16, K/M-G 10, LR-*Hanack* 24, alle zu § 136 a). Zu diesen zählen vor allem Rausch- und Betäubungsmittel, hemmungslösende und einschläfernde Präparate,[37] sowie Weckmittel[38] (vgl LR-*Hanack* 24 zu § 136 a); hingegen ist es grds zulässig, die zu vernehmende Person ihrer Stärkung oder Erfrischung dienende Mittel (zB Kaffee, Tee oder auch Cola) zu sich nehmen zu lassen (vgl KK-*Boujong* 15, LR-*Hanack* 24, SK-*Rogall* 39, alle zu § 136 a), und auch Tabak darf ihr grds angeboten werden (vgl BGH **5** 290; SK-*Rogall* 39, LR-*Hanack* 24, beide zu § 136 a), da dies idR die Willenskraft nicht zu beeinflussen vermag. Ausnahmslos verboten ist die sog Narkoanalyse, bei welcher der Vernommene durch Verabreichung (schnell wirkender) betäubender bzw einschläfernder Mittel (wie Evipan oder Nembutal) in einen Zustand erhöhter Mitteilungsbereitschaft versetzt wird, zumal bei diesen die Kraft zur gelenkten Willensbetätigung aufgehoben (oder doch beeinträchtigt) wird (vgl schon *Hamm* DRZ **50** 212; *Radbruch* FS-Sauer 123 ff; SK-*Rogall* 38, LR-*Hanack* 25, KK-*Boujong* 17, KMR-*Müller* 9, alle zu § 136 a; *Hilland* 77, 80 f; aA *Sauer* JR **49** 501 f, für den Fall, daß der Vernommene in die Narkoanalyse einwilligt; s auch *Kühne* [Beweisverbote 129 iVm 101 f], wonach die Narkoanalyse bei Einwilligung des Betroffenen jedenfalls nicht gegen Art 1 Abs 1 GG verstoße).

Grds zulässig ist es, der zu vernehmenden Person aus *medizinischen* Gründen Stoffe, die sie zur Wiederherstellung oder Aufrechterhaltung ihrer Gesundheit braucht, zu verabreichen[39] (KK-*Boujong* 15, SK-*Rogall* 38, LR-*Hanack* 26, alle zu § 136 a). Unzulässig wird eine Vernehmung jedoch, wenn als Nebenwirkung des verabreichten Mittels die freie Willensentschließungs- und -betätigungsfähigkeit der zu vernehmenden Person ernsthaft beeinträchtigt wird (vgl SK-*Rogall* 38 und LR-*Hanack* 26, jeweils zu § 136 a); idR wird es empfehlenswert sein, unter solchen Umständen auf eine Vernehmung zu verzichten (vgl LR-*Hanack* 26 zu § 136 a), zumindest aber, falls dies aus besonderen Gründen ausnahmsweise einmal nicht vertretbar ist, einen Arzt hinzuzuziehen (vgl SK-*Rogall* 38 zu § 136 a).

650 bb) Das Vernehmungsverbot setzt lediglich voraus, daß durch die Verabreichung der Mittel objektiv eine Beeinträchtigung eintritt, ohne daß es hierfür auf die Absicht oder auch nur Kenntnis des Vernehmenden ankäme (vgl LR-*Hanack* 27 zu § 136 a).

Zw ist jedoch, ob diese Tatbestandsalternative auch dann erfüllt ist, wenn der Vernommene ohne Beteiligung eines Strafverfolgungsorgans *selbst* den Zustand *herbeigeführt* hat, in welchem infolge des Genusses bestimmter (insbes toxischer Substanzen) seine Willensfreiheit beeinträchtigt ist (bej die wohl überwiegende Ansicht in Judikatur und Schrifttum, vgl Frankfurt VRS **36** 366; Köln StV **89** 520 f; AG Verden StV **87** 527; K/M-G 10, KK-*Boujong* 16, KMR-*Müller* 9, *Krause/Nehring* 6, alle zu § 136 a; *Hilland* 87 f). Im Hinblick auf den eindeutigen Wortlaut der

---

[37] Zum Beispiel Amytal, Eunarken, Evipan, Penthotal und Skopolamin.
[38] Zum Beispiel Benzulsin und Pervitin.
[39] Dies gilt zB für Kopfschmerztabletten, Injektionen gegen Herz- und Kreislaufschwäche oder Medikamente, derer sie regelmäßig bedarf (etwa Insulin).

Norm, der mit „Verabreichen" gerade ein aktives Handeln der Strafverfolgungsorgane voraussetzt, ist jedoch die Gegenansicht vorzugswürdig (vgl im Erg Celle VRS **41** 206 f; insbes SK-*Rogall* 40 zu § 136 a; *Kramer* Krim **91** 310). Dies bedeutet indes nicht, daß § 136 a die Vernehmung eines Vernehmungsunfähigen, der diesen Zustand selbst verursacht hat, zuließe (s dazu 643).

5. Beispiele unzulässiger seelisch-geistiger Einwirkungen

Übersicht

	Rn		Rn
a) Quälerei	651–653	ee) Exkurs: Heimliche Tonbandaufnahme bzw auditive Gegenüberstellung, Verletzung der Vertraulichkeit des Wortes	675–677
b) Täuschung	654		
aa) Begriff	655		
bb) Gegenstand der Täuschung			
(1) Tatsachen	656, 657	c) Hypnose	
(2) Rechtsfragen	658	aa) Begriff; grundsätzliches Verbot	678
(3) Behördliche Funktion des Vernehmenden	659	bb) Hypnose zur Beseitigung posthypnotischer Hemmungen	679
(4) Verfahrenssituation	660, 661		
cc) Mittel der Täuschung		cc) Exkurs: Projektive psychologische Tests	680
(1) Falschbehauptung	662–665		
(2) Irrtumserregung durch wahre Behauptung	666	d) Drohung mit unzulässigen prozessualen Maßnahmen	681–684
		e) Versprechen gesetzlich nicht vorgesehener Vorteile	685–690
(3) Irrtumserregung durch schlüssiges Verhalten	667	f) Zwang	691, 692
(4) Unterlassen	668–671	g) Einzelne Ermittlungsgeräte	
(5) Suggestivfragen	672, 673	aa) Polygraph	693–701
dd) Ursächlichkeit der Täuschung für die Aussage	674	bb) Phallograph	702, 703

a) Der dem Tierschutzgesetz entnommene Begriff der **Quälerei** (vgl *Erbs* NJW **651** **51** 387; SK-*Rogall* 41 zu § 136 a) bezeichnet die Zufügung länger dauernder oder sich wiederholender körperlicher oder seelischer Schmerzen (vgl *Krause/Nehring* 7, K/M-G 11, KK-*Boujong* 18, SK-*Rogall* 41, alle zu § 136 a)[40] durch Tun oder Unterlassen. Eine Quälerei kann durch Wort oder Tat begangen werden (SK-*Rogall* 42 zu § 136 a). Dazu zählen namentlich die über einen gewissen Zeitraum andauernde entwürdigende Behandlung durch schwere Kränkung (zB durch Beschimpfungen, Anschreien, Dunkelhaft, Erzeugung von Angst und Hoffnungslosigkeit; vgl LR-*Hanack* 31 zu § 136 a; der Sache nach auch Köln StV **87** 537 f) oder auch das gezielte Anstrahlen mit grellem Licht (*Krause/Nehring* 7 zu § 136 a). Das gleiche gilt für den Vorhalt von Tatsachen (zB die Ehefrau sei verhaftet und/oder die Kinder seien unversorgt [vgl *Erbs* NJW **51** 387; KK-*Boujong* 18 zu § 136 a], der Lebensgefährte habe [wegen des dem Vernommenen unterstellten Fehlverhaltens] einen Nervenzusammenbruch erlitten, einen Suizidversuch unternommen oder „die Scheidung eingereicht" oder die Verbreitung ähnlicher „Schreckensnachrichten"

---

[40] Enger dagegen *Hilland* 90, der den Begriff auf die Zufügung seelischer Schmerzen beschränkt.

[SK-*Rogall* 41, LR-*Hanack* 31, beide zu § 136 a; *Hilland* 91]) bzw für die Drohung etwa mit einer identifizierenden Personenveröffentlichung.

652 Wiederholte nächtliche Vernehmungen, die ohne Beweismittelverlust oder erhebliche Verfahrensverzögerung auch am Tag hätten durchgeführt werden können, kommen als Quälerei ebenfalls in Betracht (vgl *von Holstein* MDR **52** 340 f; KK-*Boujong* 18, KMR-*Müller* 7, beide zu § 136 a). Im Einzelfall, insbes ggü dem in Unfreiheit befindlichen Beschuldigten, kann auch die Verweigerung der Kontaktaufnahme mit Angehörigen Quälerei sein (vgl *Hilland* 95 ff; LR-*Hanack* 31, SK-*Rogall* 41, beide zu § 136 a). Eine Quälerei durch Unterlassen kann auch im Vorenthalten notwendiger Medikamente (vgl *Hilland* 95) oder auch bestimmter Genußmittel liegen (zB bei starken Rauchern die Vorenthaltung von Zigaretten insbes bei einer langen Vernehmung; vgl BGH **5** 290 f; KK-*Boujong* 18, *Krause/Nehring* 7, LR-*Hanack* 29, 31, alle zu § 136 a; *Hilland* 94).

653 Von der höchstrichterlichen Rspr anerkannt ist, daß zur Vermeidung einer Quälerei auch auf die besondere seelische Schmerzempfindlichkeit des Vernommenen Rücksicht genommen werden muß (vgl BGH **15** 191 betr das Hinführen des Beschuldigten gegen dessen Willen zur Leiche des Opfers mit dem Ziel, von ihm Erklärungen auf die Beschuldigung zu erlangen; zust *Hilland* 102 mwN; SK-*Rogall* 42, LR-*Hanack* 32 mwN, beide zu § 136 a; distanzierend K/M-G 11 zu § 136 a; krit *Kühne* 534; abl aus kriminalistischer Sicht *Wenzky* Krim **61** 240 f).

654 b) Bei dem Begriff der **Täuschung** handelt es sich um das Tatbestandsmerkmal des § 136 a, welches Lehre und Praxis gleichermaßen die größten Schwierigkeiten bereitet (vgl LR-*Hanack* 33 zu § 136 a; zur Einzelfallgeprägtheit vgl etwa *Lindner* 81 ff sowie die Übersicht bei SK-*Rogall* 47 zu § 136 a). Beruhend auf der Annahme, eine funktionstüchtige Strafrechtspflege könne sich ein umfassendes Täuschungsverbot nicht leisten, wird ganz überwiegend eine einschränkende Auslegung dieses Verbots gefordert, „um den Bedürfnissen der Praxis gerecht zu werden" (vgl hierzu die Übersichten bei *Puppe* GA **78** 289 Fn 1; LR-*Hanack* Fn 68 zu § 136 a; s auch *Roxin* 23 zu § 25).

655 aa) Die Versuche, dieses Ziel zu erreichen, indem bereits der Täuschungs**begriff** selbst einengend ausgelegt und der verbotenen Täuschung die noch erlaubte List gegenübergestellt wird (vgl *Roxin* 23 zu § 25; K/M-G 15, KK- *Boujong* 19, beide zu § 136 a; *Schlüchter* 95 f; *Puppe* GA **78** 289 ff), stoßen jedoch auf erhebliche Bedenken (vgl insbes *Dencker* 39; *Lindner* 29 ff; *Hilland* 108 f; SK- *Rogall* 45 zu § 136 a; *Beulke* StV **90** 182; wohl auch LR-*Hanack* 33 zu § 136 a; Bay JR **90** 165).
Geht man von dem Schutzzweck des Täuschungsverbots aus, dessen Hauptaufgabe darin besteht, im Rahmen des verfassungsrechtlich Zulässigen und Gebotenen die geistige (Aussage-) Freiheit der Aussageperson in der Vernehmung zu schützen (vgl *Lindner* 80), erscheint es widersinnig, dies nicht auch ggü der zumeist besonders einwirkungsintensiven „feinen List" anzustreben (vgl LR-*Hanack* 33 zu § 136 a). Auch würde Besorgnis erweckenden Wertungen im kriminalistischen Schrifttum[41] ggf Vorschub geleistet, und wegen der begrifflichen Unbestimmtheit der Rechtssicherheit möglicherweise mehr geschadet als genützt (vgl *Lindner* 30; *Müncheberg* 3). Vorzugswürdig erscheint daher ein zunächst ungeschmälerter (der Auslegung im Rahmen des § 123 BGB vergleichbarer) Täuschungsbegriff, wobei den Belangen einschränkender Auslegung des Täuschungsverbotes dadurch Rechnung getragen wird, daß systemkonform auf einer zweiten Stufe geprüft wird, ob

---

[41] Vgl etwa *H. Schmidt* Krim **71** 315, der List als eine „kavaliersmäßige Täuschung" bezeichnet, die „eher bewundernswert als verdammenswert" sei.

durch eine festgestellte Täuschung die Willensfreiheit der getäuschten Aussageperson beeinträchtigt wurde (vgl *Müncheberg* 38 f; *Lindner* 84 f; der Sache nach auch Köln GA **73** 119 f).

Hiernach kann eine Täuschung iSd § 136 a Abs 1 durch jedes vorsätzliche, auf Irrtumserregung abzielende aktive Verhalten des Vernehmenden ebenso wie durch fahrlässige Falschbehauptung mittels sprachlich eindeutiger Erklärungen oder Zeichen, die nach allg Regeln eine bestimmte Bedeutung haben, bewirkt werden (*Lindner* 84 f; ebenso zB *Puppe* GA **78** 293 f;[42] s dazu 667); unter bestimmten Umständen (vgl 668 ff) kann die Täuschung auch durch ein Unterlassen, dh Schweigen, verwirklicht werden (vgl dazu auch *Lindner* 143).

bb) (1) Als **Gegenstand** einer Täuschung kommt vor allem die unrichtige Behauptung von **Tatsachen** iSv „konkreten vergangenen oder gegenwärtigen Geschehnissen oder Zuständen der Außenwelt und des menschlichen Zusammenlebens" (Sch/Sch-*Cramer* 8 zu § 263 StGB) in Betracht. **656**

Betr **äußere** Tatsachen stellt es nach der Rspr anerkanntermaßen eine unzulässige Täuschung dar, wenn ein Vernehmungsbeamter wider besseren Wissens dem Beschuldigten ggü pauschal (und ohne bestimmte Beweismittel vorzuspiegeln) von einer erdrückenden Beweiskette spricht, die diesem „keine Chance" lasse (vgl BGH **35** 330 = JR **90** 164 f mit im Erg zust Anm *Bloy* = JZ **89** 347 mit zust Anm *Fezer*). Das gleiche gilt, wenn der Vernehmungsbeamte wider besseres Wissen in einer Verkehrsstrafsache leugnenden Beschuldigten ggü behauptet, ein Zeuge habe ihn einwandfrei als Fahrer wiedererkannt (vgl Köln VRS **44** 41). Ebenso verhält es sich, wenn der Aussageperson vorgespiegelt wird, sie werde in einer Vermißtensache vernommen, obwohl die Leiche bereits aufgefunden ist und wegen eines Tötungsdelikts ermittelt wird (vgl BGH **37** 52 ff). Gleiches gilt für die wahrheitswidrigen Behauptungen, ein Mitbeschuldigter habe gestanden (vgl nur SK-*Rogall* 51, LR-*Hanack* 34, *Krause/Nehring* 8, alle zu § 136 a; *Peters* 337), Fingerabdrücke des Beschuldigten seien am Tatort gefunden worden (vgl *Krause/Nehring* 8 zu § 136 a) oder das vom leugnenden Beschuldigten behaupete Alibi sei widerlegt (vgl Köln GA **73** 119 f). Nicht weniger handelt es sich um Täuschung iSd § 136 a, wenn die Aussageperson durch vorgebliche Tatsachen „geschockt" (zB das tatsächlich verletzte Unfallopfer sei verblutet)[43] oder der eingetretene Schaden „verharmlosend" zu gering angesetzt wird, um so ein Geständnis zu erleichtern (vgl *Lindner* 84).

Bzgl **innerer** Tatsachen (zB die Absichten des Vernehmenden, vgl SK-*Rogall* 51; im Erg wohl auch LR-*Hanack* 34, beide zu § 136 a; *Lindner* 85; *Müncheberg* 38) stellt es eine unzulässige Täuschung der Aussageperson dar, wenn ihr ggü wahrheitswidrig geäußert wird, man habe nicht die Absicht, deren Aussage zu ihren Lasten zu verwerten (vgl BGH bei *Dallinger* MDR **54** 17; SK-*Rogall* 51 zu § 136 a mwN; s auch Hamm StV **84** 456 f); daß hierdurch zugleich gegen das Verbot verstoßen wird, einen gesetzlich nicht vorgesehenen Vorteil zu versprechen, schließt eine Täuschung nicht aus (vgl *Lindner* 86; Hamm StV **84** 456 f; wegen des Inaussicht- **657**

---

[42] Anders insbes SK-*Rogall* 48 und LR-*Hanack* 41, beide zu § 136 a, die im Hinblick auf ein – ihrer Ansicht nach – dem Täuschungsbegriff innewohnendes „finales Moment" im Erg unter Inkaufnehmen „aller Mißbrauchsmöglichkeiten" (LR-*Hanack* 42 zu § 136 a) nur vorsätzliches Handeln des Vernehmenden als Täuschung gelten lassen wollen.

[43] Vgl auch den in BGH NStZ **88** 419 f erörterten Fall, wonach dem Beschuldigten mit dem Ziel, diesem die Identität des noch unbekannten Mittäters zu entlocken, wider besseres Wissen vorgespiegelt worden war, dieser habe „möglicherweise" bei einem Schußwechsel mit der am Tatort eingetroffenen Polizei eine Verletzung erlitten und könne jetzt irgendwo liegen und verbluten.

stellens von Vorteilen ggü einem schweigenden Angekl für den Fall eines Geständnisses ohne Erwähnung zusätzlicher Bedingungen s etwa 687).

658 (2) Als Gegenstand einer Täuschung iSd § 136a Abs 1 kommen ferner **Rechtsfragen** in Betracht.

Im einzelnen ist es unzulässig, wenn dem Beschuldigten das Bestehen einer Aussagepflicht (vgl Oldenburg NJW **67** 1098; Bay NJW **79** 2625; *Otto* GA **70** 301) oder einer prozessualen Wahrheitspflicht vorgespiegelt wird. Das gleiche gilt für Fälle, in denen die Aussageperson darüber getäuscht wird, daß überhaupt eine Vernehmung, die zu verwertbaren Aussagen führen kann, stattfindet (vgl zum Vernehmungsbegriff 509f, 571, 636ff); wird der Aussageperson zB suggeriert, es handele sich gleichsam um ein „unverbindliches" Vorgespräch in gelockerter Atmosphäre, dem die „eigentliche" verwertbare Vernehmung erst nachfolge, so sind die nur im „Vorgespräch" gemachten Angaben ebenso durch eine Täuschung iSd § 136a Abs 1 erlangt (vgl AG Delmenhorst StV **91** 254) wie es der Fall ist, wenn die Aussageperson im Anschluß an ihre Aussageverweigerung „nur noch in einem formlosen und scheinbar unverbindlichen Nachgespräch informativ befragt wird" (vgl AG München StV **90** 104f).

Ebenso zu bewerten ist die Täuschung über die materielle Rechtslage durch wahrheitswidrige Behauptungen ggü dem Beschuldigten (etwa die Tat sei [zB weil im Ausland begangen, im Inland] nicht strafbar; die Strafmündigkeit beginne erst mit 18 Jahren; ab einer bestimmten BAK sei man nicht strafbar; eine Tat sei nur als Ordnungswidrigkeit verfolgbar oder könne allenfalls mit Geldstrafe oder -buße geahndet werden; die Tat sei bereits verjährt; man brauche die Angaben nur zur Überprüfung eines anderen; die Strafvereitelung sei auch in Bezug auf einen nahen Angehörigen strafbar; Schweigen könne als Schuldeingeständnis gewertet werden; ein Geständnis werde unter allen Umständen strafmildernd berücksichtigt [vgl zu weiteren Beispielsfällen *Müncheberg* 53f; LR-*Hanack* 34, SK-*Rogall* 51, beide zu § 136a; *Lindner* 87]).

659 (3) Ferner kann Gegenstand der Täuschung die **behördliche Funktion** der Strafverfolgung sein,[44] und zwar nicht zuletzt dann, wenn sich die Strafverfolgungsorgane der Mitwirkung von Spitzeln und sonstiger Privatpersonen bedienen, zumal § 136a sich nicht allein auf förmliche Vernehmungen bezieht, sondern auch auf solche Angaben eines Beschuldigten ggü einer Privatperson, zu denen es infolge des Einwirkens eines Staatsorgans auf seine Willensfreiheit gekommen ist.[45] Vertraut sich ein Beschuldigter indes von sich aus einer nicht behördlich beauftragten Privatperson (zB einem Mitgefangenen in der U-Haft) an, so können seine Angaben verwertet werden (ANM 483); dies soll nach der Rspr auch dann gelten, wenn der Mitgefangene seine Ausforschungstätigkeit zwar von sich aus beginnt,

---

[44] Vgl dazu etwa AG und LG Stuttgart NStZ **85** 568f mit zust Anm *Hilger* in einem Fall betr die Förderung von Prostitution, in dem ein Polizeibeamter sich als „Freier" ausgab; s ferner für den Fall, in dem ein StA sich als Priester verkleidete und einen gutgläubigen Beschuldigten bei sich „beichten" ließ, *Sendler* 20.

[45] Vgl LG Hannover StV **86** 521f betr einen Fall, in dem die Polizei die Verlegung eines für sie als Polizeispitzel tätigen Gefangenen auf die Zelle eines in U-Haft befindlichen Beschuldigten veranlaßte, der sich polizeilich nicht vernehmen lassen wollte; zust *Grünwald* StV **87** 470ff; *Fezer* JZ **87** 937ff; *Seebode* JR **88** 427ff; *Wagner* NStZ **89** 34f; *Mehle* 174f; SK-*Rogall* 56 zu § 136a; s aber zu dem konkreten Fall auch BGH **34** 362f ohne Beantwortung der Frage, ob gegen das Täuschungsverbot verstoßen worden war, jedoch unter Bejahung von Mißbrauch der U-Haft zu dem Zweck der Beeinflussung des Aussageverhaltens des Beschuldigten und also einer unzulässigen Zwangseinwirkung gem § 136a Abs 1 S 2.

III. Verbotene Vernehmungsmethoden

diese aber später in Kenntnis und mit Billigung der Ermittlungsbehörden fortsetzt (vgl BGH StV **89** 2; zur behördlichen Umgehung der Vernehmung s n 571 f, 638).

(4) (a) Gegenstand einer verbotenen Täuschung iSd § 136a Abs 1 kann in besonderen Fällen auch die vorgetragene persönliche **Einschätzung** oder Wertung des Vernehmenden bzgl des Ausgangs des **Verfahrens** oder von Teilen desselben sein (vgl *Lindner* 93; *Bloy* JR **90** 165 f; der Sache nach auch BGH **35** 328 ff), etwa dann, wenn der Vernehmende bei der aussagenden Person Vertrauen in seine Sachkompetenz genießt, so daß seine Wertungen und Prognosen bei dem Vernommenen den Eindruck der Verbindlichkeit erwecken (vgl BGH **35** 330 ff).[46] Dies ergibt sich vor allem aus dem Schutzzweck der Norm, die (insbes auch) die Willensfreiheit von Personen mit niedriger Handlungskompetenz schützen soll (vgl LG Verden StV **86** 97 f), welche zumindest in der Vernehmungssituation nicht in der Lage sind, Tatsachenbehauptung und Wertung zu unterscheiden. Im Einzelfall kommt es darauf an, wie der Beschuldigte im Hinblick auf die konkreten Umstände der Vernehmungssituation die Ausführungen des Vernehmungsbeamten versteht. **660**

(b) Besonders gefährlich für die Aussageperson können Prognosen, rechtliche Hinweise, Absichtserklärungen und Wertungen **richterlicher** Vernehmungspersonen sein, wenn diese (nachdrücklich) erkennen lassen, geständige Aussagen strafmildernd oder im Rahmen der Entscheidung über einen beantragten Haftbefehl oder die Aussetzung der Vollstreckung einer Freiheitsstrafe zur Bewährung günstig werten zu wollen, oder wenn (ggf mit Zustimmung der StA) eine Teileinstellung gegen ein Teilgeständnis in Aussicht gestellt wird. Solche Anreize wirken in verstärkter Weise verbindlich, da sie unmittelbar von dem Organ stammen, welches die Entscheidung zu treffen hat, und dem Richter als unabhängiger Amtsperson im allg eher Vertrauen entgegengebracht wird als einem weisungsgebundenen Polizeibeamten oder StA. Soweit die vom Richter bei der Aussageperson (nachdrücklich) erweckte Erwartungshaltung nach erbrachter „Vorleistung" (zB geständige Angaben) verletzt wird, versagt die Rspr dem Beschuldigten weiterhin Schutz (vgl BGH StV **90** 305 ff; auch schon BGH **14** 189 ff = JR **61** 70 f mit abl Anm *Eb Schmidt*; abl auch *Grünwald* NJW **60** 1941; *Hanack* JZ **71** 170). Dabei werden derartige richterliche Verhaltensweisen nur unter dem Gesichtspunkt des Versprechens eines gesetzlich nicht vorgesehenen Vorteils (s 685 ff) oder einer unzulässigen Drohung (s 681 ff), nicht aber unter dem der Täuschung geprüft. Außerdem stützt sich die Rspr im Freibeweisverfahren idR maßgeblich auf die dienstliche Stellungnahme des betroffenen Tatgerichts. **661**

Was im einzelnen den Fall BGH **14** 189 ff angeht, so hatte der Vorsitzende des Tatgerichts dem (zunächst) leugnenden Angekl „ins Gewissen geredet" und diesen auf die „erdrückende Beweislage" hingewiesen, zugleich ihm jedoch mitgeteilt, bei der Entscheidung über die Zubilligung mildernder Umstände könne „ein offenes, von Schuldeinsicht und Sühnebereitschaft getragenes Geständnis" von Bedeutung sein; nachdem der Angekl daraufhin schließlich gestand, versagte ihm das Gericht dennoch die strafmildernde Berücksichtigung des Geständnisses. Hierzu ist anzunehmen, daß zumindest darüber wider besseres Wissen getäuscht wurde, daß eine Berücksichtigung eines Geständnisses, das erst aufgrund dieser Ein-

---

[46] Darin nimmt der BGH unter Vermeidung der Begriffe „Prognose" und „Wertung" eine gem § 136a relevante „Täuschung über die Beweis- und Verfahrenslage" an.

wirkung abgegeben wird, als „offen" und „von Schuldeinsicht und Sühnebereitschaft getragen" nicht mehr in Betracht kommt.

In der Praxis am ehesten geeignet, den Beschuldigten vor entspr richterlicher Einflußnahme zu schützen, könnte ggf ein rechtzeitiger Befangenheitsantrag sein (vgl insbes Bremen StV **89** 145 ff m zust Anm *Hamm;* BGH StV **91** 194 f m zust Anm *Weider* StV **91** 241 ff; BGH NStZ **90** 502 f; BGH StV **86** 369 ff; AG Bremen StV **90** 490 f), wenngleich zu besorgen ist, daß die einzuholenden dienstlichen Äußerungen abgelehnter Richter nicht immer freimütig sein werden (vgl zur Häufigkeit von Drohungen bei „Vergleichsangeboten" *Rimau* 185 mwN; s allg zu Absprachen 42 ff).

662 cc) (1) Was das **Mittel** der Täuschung angeht, so ist zunächst die bewußte eindeutige **Falschbehauptung** des Vernehmenden zu nennen (vgl statt aller KK-*Boujong* 19 zu § 136 a). Eine solche wörtliche Lüge ist unabhängig vom Grad ihrer Unwahrheit stets verboten, sofern durch sie die Willensfreiheit der Aussageperson beeinträchtigt werden kann (vgl SK-*Rogall* 49 zu § 136 a; *Beulke* StV **90** 182: „Auch ein bißchen Unwahrheit bleibt eine Lüge").

663 Umstritten ist jedoch, ob auch dann eine Täuschung iSd § 136 a anzunehmen ist, wenn der Vernehmende nicht lügt, sondern nur *versehentlich* die Unwahrheit sagt, sei es, daß er sich (ohne es zu bemerken) verspricht, sei es, daß er selbst an das Zutreffen der Behauptung glaubt.[47]

664 (a) Für die *enge Auslegung* könnte die Entstehungsgeschichte der Norm sprechen (vgl *Erbs* NJW **51** 388; *Laux* SchlHA **51** 39; SK-*Rogall* 48 zu § 136 a; *Günther* StV **88** 423), da der Gesetzgeber sich an dem schwedischen Prozeßrecht orientieren wollte, in dem vom Verbot „bewußt unrichtiger Angaben" die Rede ist (*Simson* MDR **50** 281 f); andererseits hätte es (daher) besonders nahegelegen, eine entspr Intention durch Übernahme des Worten „bewußt" klar zum Ausdruck zu bringen. Zumindest vertretbar ist die Analyse, daß es dem Willen des historischen Gesetzgebers entsprach, einen *möglichst* weitgehenden Schutz des Beschuldigten vor Beeinträchtigungen seiner Willensfreiheit zu ermöglichen (vgl *Lindner* 62 ff, 66).

Der Ansicht, daß der Begriff der Täuschung in Anlehnung an das Tatbestandsmerkmal des § 263 StGB (Betrug) bereits ein „finales ... Moment" enthalte (vgl LR-*Hanack* 41, ebenso SK-*Rogall* 48, beide zu § 136 a; ähnlich schon *Bindokat* NJW **56** 51), ist entgegenzusetzen, daß der allg Sprachgebrauch (zB „optische Täuschung", „Sinnestäuschung", „Selbsttäuschung") auch andere Auslegungen stützt (ebenso *Müncheberg* 37 f).[48]

Keine tragfähige Grundlage einer teleologischen Auslegung sind die Erfordernisse einer effektiven Strafrechtspflege (krit auch *Beulke* StV **90** 182; LR-*Hanack* 5 zu § 136 a). Soweit argumentiert wird, bei Erfassung auch des ungewollten Behauptens der Unwahrheit würde jeder Vorhalt zu einem gefährlichen Wagnis (vgl

---

[47] **Bej** Bremen JZ **55** 680 m zust Anm *Eb Schmidt;* NJW **67** 2023; Düsseldorf NJW **60** 212, mit zust Anm *Mölders* und abl Anm *Feldmann;* Hamm VRS **11** 448 f; NJW **60** 1967 f; *Kunert* MDR **67** 541 f; *Eb Schmidt* NJW **68** 1217; *Puppe* GA **78** 295 f mwN; *Krause/Nehring* 8 zu § 136 a; *Müncheberg* 34 ff; *Hilland* 109 ff; *Lindner* 94 ff; **vern** BGH **31** 400; wohl auch BGH StV **89** 515 ff m abl Anm *Achenbach;* Oldenburg NJW **67** 1098; *Laux* SchlHA **51** 39 f; *Joachim* 185; *Otto* GA **70** 289, 299; K/M-G 13, KK-*Boujong* 23, KMR-*Müller* 10, LR-*Hanack* 42, SK-*Rogall* 48, alle zu § 136 a; *Beulke* StP 137.

[48] Umgekehrt läßt sich auch die enge Auslegung nicht unter Hinweis auf die passivische Formulierung des § 136 a Abs 1 S 1 überzeugend widerlegen (ebenso *Lindner* 95; aA aber *Dencker* 94), so daß sich aus dem Wortlaut einschlägig nichts herleiten läßt.

III. Verbotene Vernehmungsmethoden

KMR-*Müller* 10, LR-*Hanack* 41, beide zu § 136a), läßt sich dem entgegenhalten, daß es den Strafverfolgungsorganen im Geltungsbereich der StPO wohl zuzutrauen ist, etwaigen Beanstandungen durch die Formulierung des Vorhalts in indirekter Rede („nach Aussage des Zeugen A haben Sie ..." usw) vorzubeugen (ebenso *Lindner* 96).

Demggü ergibt der *Schutzzweck* der Norm, daß vor allem die Aussagefreiheit und allenfalls nachrangig eine Disziplinierung der Strafverfolgungsorgane maßgebend ist (KK-*Boujong* 1, SK-*Rogall* 4, beide zu § 136a; *Müncheberg* 35; *Lindner* 98 mwN), dh der Schwerpunkt des Täuschungsverbotes liegt weniger in der Verhinderung eines Handlungsunrechts der Strafverfolgungsorgane als in der Verhinderung eines objektiv zu beurteilenden Erfolgsunwertes, der in einer (ernsthaften) Beeinträchtigung der Aussagefreiheit der Aussageperson durch die Strafverfolgungsorgane besteht. Für diesen aber ist es unerheblich, ob der Vernehmende die Zeichen, die nach allg Sprachgebrauch eine unwahre Nachricht bedeuten, absichtlich oder nur versehentlich übermittelt hat (vgl *Lindner* 98; *Kunert* MDR **67** 539, 541; *v Heydebreck* 126ff; *Puppe* GA **78** 295f; *Hilland* 110; *Müncheberg* 35; *Ransiek* StV **94** 345f).

Daher kann es hier auch nicht darauf ankommen, daß die versehentliche Täuschung weniger gegen rechtsstaatliche Grundsätze verstößt als die absichtliche (s aber LR-*Hanack* 41 zu § 136a). Das so gewonnene Erg wird vielmehr auch durch die Überlegung bestätigt, nach der die Beschränkung des Täuschungsverbotes auf absichtliches Verhalten zur Folge hätte, daß der Schutz des Beschuldigten im Vorverfahren um so mangelhafter wäre, je nachlässiger die staatlichen Organe die Gesetze insoweit befolgten (*v Heydebreck* 129). Gegen die enge Auslegung spricht ferner, daß praktisch keine überzeugende Grenzziehung ersichtlich wäre, wie schon die Problematik der Abstufungen des Vorsatzes betr § 263 StGB erkennen läßt.

(b) Im übrigen ist es in rechtstatsächlicher Hinsicht aufgrund der typischerweise **665** ungünstigen *Beweislage* des Beschuldigten (vgl *Kühne* 534) für diesen ohnehin schwierig, zur Überzeugung des Gerichtes die Beschränkung der Aussagefreiheit durch eine objektiv unrichtige Behauptung seitens des Vernehmenden nachzuweisen. Ungleich schwieriger (oder gar aussichtslos) aber würde es für ihn, wenn die nicht widerlegbare Behauptung des Vernehmenden, sich geirrt zu haben, zur Verwertbarkeit der so erlangten Angaben führte. In Anbetracht der dem Vernehmenden drohenden Konsequenzen[49] würden vermutlich häufig übersteigerte Anforderungen an die Wahrheitstreue eines Beamten gestellt, wollte man von ihm erwarten, einen einschlägigen Vorsatz einzuräumen. Gerade bei einem Vernehmenden, der bewußt einen Verstoß gegen § 136a begangen hat, wird man dies nicht grds unterstellen können.

(2) Eine Täuschung der Aussageperson iSd § 136a Abs 1 ist ferner auch mög- **666** lich, wenn der Vernehmende vorsätzlich mit **wahren Behauptungen** einen Irrtum erregt (vgl *Lindner* 100ff). Sprache kann nur dann als zuverlässiger Informationsmittler dienen, wenn Sender und Empfänger den Worten (iS standardisierter Zeichen) auch die gleiche Bedeutung beimessen. Eine gemeinsame, vom allg Sprachgebrauch verschiedene Verständnisebene kann von den Kommunikationspartnern ausdrücklich abgesprochen sein, sie kann sich aber auch situativ entwickeln. Es

---

[49] Dazu gehören zB institutioneller und persönlicher Prestigeverlust, aber auch konkreter Beweismittelverlust, der möglicherweise die Arbeit (mehrerer Kollegen) von Tagen, Wochen oder gar Monaten „zunichte" machen könnte usw.

kann daher selbst bei einer – isoliert beurteilt – „wahren Behauptung" darauf ankommen, wie der Vernommene sie in der konkreten Situation verstehen konnte und mußte (vgl zum Ganzen *Puppe* GA **78** 291). Der vorsätzliche Einsatz von Doppeldeutigkeiten und Andeutungen in der Hoffnung, die Aussageperson werde sie in der gewünschten Weise (miß-)verstehen, kann daher eine gem § 136a Abs 1 relevante Täuschung darstellen (vgl LR-*Hanack* 35 zu § 136a; *Lindner* 103, 105 ff; *Puppe* GA **78** 291; *Rottenecker* 116; aA *Schlüchter* 95 ff; wohl *Peters* 336 f; hinsichtlich § 263 StGB auch *Schumann* JZ **79** 588 f). Handelt der Vernehmende nicht vorsätzlich, so fehlt es nur an einem übereinstimmenden Sprachgebrauch bzw Verständnis der Kommunikationspartner, und es liegt ein dem Vernehmenden nicht zurechenbares Mißverständnis und damit eine Selbsttäuschung der Aussageperson vor, so daß § 136a nicht schützt (ebenso *Lindner* 103 f).

Zwar ist nicht zu verkennen, daß es auch durch unbewußte „Mißverständlichkeiten" des Vernehmenden im Erg zu Beeinträchtigungen der Willensfreiheit des Vernommenen kommen kann und auf diese Weise gewisse Mißbrauchsmöglichkeiten des Vernehmenden bestehen bleiben; einen umfassenden Schutz vermag § 136a indes nicht zu leisten. Im übrigen würde sich ein breites Angebot von Mißbrauchsmöglichkeiten für die Aussageperson eröffnen, wenn schon die bloße Behauptung, den Vernehmenden mißverstanden zu haben, stets beachtlich wäre.

667 (3) Eine Täuschung iSd § 136a Abs 1 kann ferner durch **schlüssiges Verhalten** geschehen (vgl SK-*Rogall* 49 zu § 136a; *Puppe* GA **78** 291 f; wohl auch *Hilland* 108; *Lindner* 107 ff). Insoweit ergeben sich bei der Verwendung sowohl standardisierter Gesten und Zeichen (zB Kopfnicken, Kopfschütteln usw) als auch nicht standardisierter Zeichen, welche nur aus der Situation heraus verständlich sind, keine Besonderheiten ggü der Kommunikation, die sich der Sprache als Informationsmittler bedient. Daher wird auf die Ausführungen bei 666, 835 und insbes 844 ff, 850 ff verwiesen.

668 (4) Weiterhin kann eine tatbestandsrelevante Täuschung auch durch **Unterlassen** (dh durch Schweigen) erfüllt werden, sofern für den Vernehmenden eine Rechtspflicht zur Belehrung oder Aufklärung der Aussageperson besteht (vgl SK-*Rogall* 49, LR-*Hanack* 36, 39 f, beide zu § 136a; *Lindner* 111 ff; KK-*Boujong* 22, K/M-G 17, beide zu § 136a). Bzgl einer solchen Rechtspflicht werden unterschiedliche Maßstäbe anzulegen sein, je nachdem, ob es sich um Tatsachen oder Rechtsfragen handelt.

669 (a) Betr den Bereich der **Tatsachen** besteht weitestgehend Einigkeit darüber, daß der Vernehmende der Aussageperson nicht sein (vermeintliches) Wissen über die Tat mitteilen muß, denn in Übereinstimmung mit dem Vernehmungszweck gem § 136 Abs 2 soll die Vernehmung der Aussageperson rechtliches Gehör vermitteln und durch seine Angaben der Wahrheitsfindung dienen; die Aussageperson soll ihr Wissen schildern, nicht der Vernehmende die (vorläufigen) Ermittlungsergebnisse (vgl SK-*Rogall* 49, LR-*Hanack* 37 beide zu § 136a; *Laux* SchlHA **51** 39; *Hilland* 116 f; K/M-G 17 zu § 136a; differenzierend *Günther* StV **88** 423 f). Daher ist grds auch keine Rechtspflicht des Vernehmenden dazu anzuerkennen, Irrtümer der Aussageperson über Tatsachen zu verhindern oder aufzuklären (vgl BGH StV **88** 419 ff; Köln NJW **72** 965; LR-*Hanack* 38 zu § 136a mwN); vielmehr darf er einen solchen, ihm erkennbaren Irrtum sogar ausnutzen (vgl *Müncheberg* 116 mwN), sofern der Irrtum auf einer Selbsttäuschung des Vernommenen oder auf einer Täuschung nicht im Auftrag der Strafverfolgungsorgane handelnder privater Dritter beruht.⁵⁰ Ein bereits bestehender Irrtum darf jedoch nicht ausgeweitet oder vertieft werden (vgl K/M-G 17, SK-*Rogall* 50, beide zu § 136a; ausführlich zur Interpretation des § 136 Abs 2 *Degener* GA **92** 456ff, 462ff).

Daher liegt eine gem § 136a Abs 1 verbotene Täuschung zB dann vor, wenn der Vernehmende die (bloße) irrige Vermutung des Beschuldigten, bei der Begehung der Tat gefilmt worden zu sein, aufgreift und ausdrücklich in einem Vorhalt bestätigt und dadurch letzte Zw des Beschuldigten an der Aussichtslosigkeit des Leugnens ausräumt (vgl *Sieg* MDR **87** 551; *Günther* StV **88** 424; SK-*Rogall* 50, K/M-G 17, beide zu § 136a; jeweils gegen BGH StV **88** 419ff), wobei sich der Vorwurf der Täuschung nicht auf ein bloßes Unterlassen, sondern auf eine aktive Handlung des Vernehmenden stützt (ebenso *Günther* StV **88** 424).

Eine Rechtspflicht des Vernehmenden zur Aufklärung von Irrtümern des Vernommenen **670** über Tatsachen besteht jedoch dann, wenn der Irrtum auf der Täuschung eines aus eigenem Antrieb handelnden Staatsbediensteten beruht (vgl *Lindner* 124f;⁵¹ aA *Hermes* 28); dabei darf es keinen Unterschied machen, ob die Täuschung von einem Strafverfolgungsorgan oder einem anderen Hoheitsträger (zB einem Beamten des BND) ausging (vgl ähnlich *Grünwald* JZ **66** 497). Da § 136a Ausfluß des Art 2 Abs 1 iVm Art 1 Abs 1 GG ist, also ein Abwehrrecht des Einzelnen gegen alle Organe, die staatliche Gewalt ausüben, darstellt (vgl näher 625), ist hier eine Pflicht der Strafverfolgungsorgane zur Aufklärung des von staatlicher Seite ausgelösten Irrtums anzunehmen (Gesichtspunkt der Ingerenz).

(b) Hinsichtlich irriger Vorstellungen der Aussageperson von der rechtlichen **671** Bewertung der Tat läßt sich eine Aufklärungspflicht jedenfalls des vernehmenden Richters und StA aus § 136 Abs 1 S 1 sowie § 163a Abs 3 herleiten (weitergehend LR-*Hanack* 39 zu § 136a, der eine solche Handlungspflicht auch bei Polizeibeamten annimmt).

Irrtümer über das Bestehen und die Reichweite der Aussagefreiheit müssen stets von allen Strafverfolgungsorganen beseitigt werden (allg Auffassung, s nur K/M-G 17 zu § 136a). Die Rechtspflicht hierzu ergibt sich unmittelbar aus dem Gesetz (§§ 136 Abs 1 S 2, 163a Abs 3, Abs 4 S 2).

Im übrigen gilt das betr Irrtümer der Aussageperson über Tatsachen Ausgeführte (s 656f).

Wird das Vernehmungsgespräch entgegen der Soll-Vorschrift des § 168b Abs 2 *nicht protokolliert* und betrifft es weithin Fragen, die mit dem Tatvorwurf nichts oder wenig zu haben (s zu polizeilichen Strategien 596f), so hängt es von den äußeren Gegebenheiten der Vernehmungssituation wie auch dem Verstand des Beschuldigten ab, ob eine Täuschung zu bejahen ist (vgl dazu BGH NStZ **95** 353).

(5) Auch **Suggestivfragen**⁵² können im Einzelfall eine unzulässige Täuschung **672** gem § 136a Abs 1 darstellen (vgl *Müncheberg* 80ff; *Hilland* 123f; LR-*Hanack* 43, SK-*Rogall* 54, beide zu § 136a; wohl auch KK-*Boujong* 20 zu § 136a; aA vor allem *Hellwig* 274; wohl auch K/M-G 25 zu § 136a). Dies gilt insbes, wenn der Verneh-

---

⁵⁰ Handelt der private Dritte demggü als Werkzeug der Strafverfolgungsorgane, so ist diesen die aktive Täuschung zuzurechnen (vgl 659), ohne daß es der Konstruktion eines Verstoßes gegen § 136a durch Unterlassen bedürfte.
⁵¹ Der Sache nach ähnlich LG Stuttgart JZ **65** 686, wobei das Eingreifen des Staatsbediensteten jedoch nicht in einer Täuschung, sondern in einem Bruch des Postgeheimnisses bestand und das LG ausdrücklich offen ließ, ob auch bei der Verfolgung schwerer Straftaten ein Verwertungsverbot anzunehmen wäre.
⁵² Also solche Fragen, die eine bestimmte Antwort ohne Rücksicht auf ihre sachliche Richtigkeit aus psychologischen Gründen nahelegen; s näher 589ff.

mende in Frageform unwahre Behauptungen aufstellt (so zB, wenn keine Notwehrlage bestand, aber gleichwohl gefragt wird: „Wollen Sie denn trotz der klaren Notwehrlage, in der Sie sich befanden, als Sie von A angegriffen wurden, nicht zugeben, daß [auch] Sie ihn geschlagen haben?").

Enthält die Frage keine (nachweisbar) unwahre Behauptung, da sich zB ihre Richtigkeit weder bestätigen noch widerlegen läßt, so kann eine gem 136a Abs 1 verbotene Täuschung sich aus dem Maß der in der Frage enthaltenen Suggestion iVm der Suggestibilität der konkreten Aussageperson (s dazu 880) ergeben (vgl *Walder* 156 f; ihm folgend auch *Hilland* 123 f); eine praxisgerechte exakte Abgrenzung erscheint abstrakt nicht möglich (vgl LR-*Hanack* 43 zu § 136 a).

673 Test-, Kontroll- oder „Fangfragen", die der Vernehmende zu einem ihm (scheinbar) bekannten Sachverhalt stellt, um die Aussageehrlichkeit der Aussageperson zu prüfen und diese ggf einer Lüge zu überführen, werden durch § 136a nicht verboten (vgl *Peters* 337; *Puppe* GA **78** 301 ff; K/M-G 15, 25, KK-*Boujong* 20, SK-*Rogall* 54, alle zu § 136a; umfassend *Müncheberg* 91 ff, 94). Zum einen ist nicht anzunehmen, daß der Beschuldigte stets davon ausgeht, der Vernehmende frage ihn nur nach bis dahin Unbekanntem (vgl *Müncheberg* 93 f). Zum anderen wäre selbst eine Täuschung durch „Fangfragen" schon deshalb nicht gem § 136a verboten, weil sie Äußerungsmotive, nicht aber die Willensfreiheit berühren (vgl SK-*Rogall* 54 zu § 136a; s 642).

674 dd) Wie sich unmittelbar aus dem Gesetz (§ 136a Abs 1 S 1) ergibt, verbietet die Norm nicht jede Täuschung, sondern nur diejenige, durch welche die **Freiheit** der Willensentschließung und der Willensbetätigung der Aussageperson **beeinträchtigt** wird. Das Verwertungsverbot des § 136a wird daher nur bei einer Täuschung ausgelöst, die ursächlich war für die Aussage. Hat die Täuschungshandlung nicht zu einem Irrtum der Aussageperson geführt oder hat sich der Irrtum nicht auf das Aussageverhalten ausgewirkt, führt dies noch nicht zum Verwertungsverbot (vgl *Müncheberg* 52; SK-*Rogall* 54 zu § 136a).

Heuchelt der Vernehmende Verständnis oder eine freundliche Gesinnung, so täuscht er, ohne die Willensfreiheit ernsthaft zu beeinträchtigen (vgl im Erg BGH NJW **53** 1114; SK-*Rogall* 54 zu § 136a; *Lindner* 159 f). Ebensowenig ist ein Verstoß gegen das Täuschungsverbot anzunehmen, wenn der Beschuldigte zum Geständnis angehalten wird mit der Behauptung, er werde sich hinterher (wie von einer Last befreit) besser fühlen, oder „als ganzer Kerl" müsse er sich offen zu seiner Tat bekennen. Von der geforderten nachhaltigen Reduktion des Verhaltensspielraumes (SK-*Rogall* 54 zu § 136a) kann auch dann keine Rede sein, wenn unwahre Behauptungen aufgestellt werden, welche die Entschlußfreiheit eher erhöhen als vermindern;[53] entschließt der solcherart Getäuschte sich zu einem Geständnis, so geschieht dies nicht wegen, sondern eher trotz der Täuschung.

Jedoch setzt das Täuschungsverbot nicht etwa die Herbeiführung einer psychischen Zwangslage voraus (SK-*Rogall* 54 zu § 136a; anders aber wohl *Puppe* GA **78** 305); vielmehr ist bei Angaben einer Aussageperson, die einer durch Täuschung des Vernehmenden herbeigeführten Irrtumserregung nachfolgen, eine ernsthafte Beeinträchtigung der Willensfreiheit indiziert. Demgemäß dürfen Täuschungen nur in den Ausnahmefällen als nicht von § 136a verboten angesehen werden, in

---

[53] Zum Beispiel, es würden die vorhandenen Beweismittel zur Überführung (noch) nicht ausreichen, obwohl die Beweissituation eine Verurteilung ganz überwiegend wahrscheinlich macht (vgl *Lindner* 158).

denen eine erhebliche Beeinträchtigung der Willensfreiheit ausgeschlossen erscheint.

ee) (1) Die **heimliche** Aufnahme (eines Teils) der Vernehmung mittels eines **675** **Tonaufzeichnung**sgerätes oder einer Videokamera ist mangels Ermächtigungsgrundlage unzulässig (vgl SK-*Rogall* 58 zu § 136a; *ders* ZStW **103** [1991] 947f; aA *Hilland* 118), so daß es nicht darauf ankommt, ob die Maßnahme zugleich gegen das Täuschungsverbot verstößt (so *Krause/Nehring* Einl 254; KK-*Boujong* 25, K/ M-G 18, beide zu § 136a; differenzierend *Petry* 157f; *Lindner* 169ff) oder nicht (so *Hilland* 118ff; SK-*Rogall* 58, LR-*Hanack* 44, beide zu § 136a).

Wenn der Vernehmende vor der heimlichen Aufnahme seiner Worte (§ 201 StGB) durch den Vernommenen geschützt ist (vgl Frankfurt JR **78** 168 m zust Anm *Arzt;* zw insoweit *Hilland* 119), gilt dies erst recht für die Aussageperson (s hierzu auch *Krause/Nehring* Einl 254; ANM 517f). Beweise, die durch eine (nach § 201 StGB strafbare) Verletzung der **Vertraulichkeit des Wortes** gewonnen wurden, unterliegen grds zumindest dann einem Verwertungsverbot, wenn der Verstoß durch staatliche Organe begangen wurde.[54] Angaben einer Aussageperson, die außerhalb einer Vernehmung *öffentlich*[55] geschehen, dürfen auf Tonträger aufgenommen werden (vgl *Roggemann* 99; *Sendler* 31; ANM 518; aA *Krause/Nehring* 160f: nur in Ausnahmefällen). – Bei der Aufzeichnung oder dem Abhören nicht öffentlicher, jedoch außerhalb von Vernehmungen stattgefundener Gespräche handelt es sich um Grundrechtseingriffe, für die staatliche Organe einer Ermächtigungsgrundlage (Art 10 Abs 2 GG, §§ 100a–100d) bedürfen (vgl nur *Hilland* 121); liegt eine solche nicht vor, oder wird das konkrete Verhalten durch sie nicht mehr erfaßt, ist der Eingriff unzulässig und das so gewonnene Ergebnis unverwertbar (s n 2294ff; zur heimlichen Tonbandaufnahme durch private Dritte 631f).[56, 57]

(2) Grds unzulässig ist es, zur Herstellung eines sog Stimm- und Sprechprofils **676** (s auch 1395ff) das nicht öffentlich gesprochene Wort des Beschuldigten heimlich aufzunehmen und gegen seinen Willen zu verwerten (vgl BGH **34** 39 = JR **87** 212 mit im Erg zust Anm *Meyer*; im Erg zust auch *Wolfslast* NStZ **87** 103; *Küpper* JZ **90** 421; krit *Kühne* EuGRZ **86** 493f).

Als unzumutbar und mit der Menschenwürde nicht vereinbar gilt jeglicher Zwang, die eigene strafgerichtliche Verurteilung durch aktives Verhalten fördern zu müssen (vgl BVerfGE **56** 49). Daher darf der Beschuldigte weder zu Tests oder Tatrekonstruktionen noch zur Abgabe einer wissenschaftlich auswertbaren Sprechprobe oder zur Schaffung ähnlicher für die Erstattung eines Gutachtens notwendiger Anknüpfungstatsachen gezwungen werden (vgl BGH **34** 46); dieses Verbot wäre aber wirkungslos, wenn es dadurch umgangen werden könnte, daß der Beschuldigte durch ausdrückliche oder konkludente Täuschung darüber, daß sein nicht öffentlich gesprochenes Wort auf Tonträger fixiert wird und einer Stimmvergleichung dienen soll, zum Sprechen veranlaßt werden dürfte (vgl BGH **34** 46).

---

[54] ANM 516 nimmt darüber hinaus auch bei Verstößen durch Private grds ein Verwertungsverbot an.
[55] Also solche, die für einen größeren Personenkreis wahrnehmbar sind, der nicht durch persönliche Beziehungen abgegrenzt ist (zB in einer öffentlichen Versammlung).
[56] S zur Rechtslage vor Einf des OrgKG BGH **31** 304ff, wonach das prozeßordnungswidrige Verhalten der Strafverfolgungsbehörde auch nicht nach Notstandsgesichtspunkten (vgl die Übersicht bei KK-*Boujong* 25 zu § 136a und *Krause/Nehring* Einl 256) gerechtfertigt gewesen sei (S 307).
[57] Zur früheren Rechtslage betr Videoüberwachung vgl *Rogall* NStZ **92** 46.

677 (3) Soweit zwecks **auditiver Gegenüberstellung** ohne Unterrichtung des Beschuldigten dem Zeugen Gelegenheit zum Mithören verschafft wird, liegt darin, neben etwaigen sonstigen Normverstößen (s n 1224), eine Täuschung iSd § 136a Abs 1 S 1 (s ebenso AG Freiburg StV **88** 383; s aber BGH NStZ **94** 295, der auf die Frage des alleinigen Zwecks abstellt [abl Anm *Eisenberg* NStZ **94** 599]; vgl aber auch KK-*Boujong* 25 zu § 136a).[58] Ob diese dadurch als gerechtfertigt gelten kann, daß sie im Rahmen einer ordnungsgemäßen Vernehmung geschieht (so *Odenthal* NStZ **95** 580), ist zw, da der Beschuldigte insoweit zwar seine inhaltlichen Äußerungen, nicht aber seine Stimme der Beweiswürdigung unterwirft (s auch 617).

678 c) aa) Unter **Hypnose** wird im juristischen Schrifttum zumeist eine solche Einwirkung auf einen anderen verstanden, durch die eine Einengung des Bewußtseins auf die von dem Hypnotisierenden gewünschte Vorstellungsrichtung herbeigeführt wird (vgl K/M-G 19, KK-*Boujong* 28, SK-*Rogall* 59, alle zu § 136a; ebenso aus kriminalistischer Sicht *Fuchs* Krim **83** 6; zu sonstigen Definitionen *Hilland* 129 f). Diese (ihr vom Gesetzgeber zugeschriebene) Wirkung unterstellt, gleicht die Hypnose der Narkoanalyse (vgl *Hilland* 129 f; LR-*Hanack* 45 zu § 136a). Sie ist daher für alle Vernehmungen und für jeden Grad der Hypnose untersagt (vgl LR-*Hanack* 45, SK-*Rogall* 59 mwN, beide zu § 136a; aA *Hellwig* 218, 298).[59]

Verläßliche Angaben über die Häufigkeit des Einsatzes der Hypnose in der Verfahrenswirklichkeit liegen nicht vor (vgl zu einigen Beispielen *Fuchs* Krim **83** 4 f; nach *Schlüchter* 91 spielt sie in der Bundesrepublik keine Rolle).

679 bb) Nicht verboten ist die Hypnose, soweit sie der Wiederherstellung des freien Willens durch **Beseitigung posthypnotischer Hemmungen** dient (vgl *Peters* 337; LR-*Hanack* 45, SK-*Rogall* 59, beide zu § 136a; aM K/M-G 19 zu § 136a; *Hilland* 131 f). Dies ergibt sich schon aus dem Wortlaut der Norm, wonach eine Beeinträchtigung der Willensfreiheit, nicht aber ihre Wiederherstellung zu verhindern ist. Indes wird die Beurteilung dessen, wann eine „Willensunfreiheit durch posthypnotische Hemmungen" vorliegt, mitunter Schwierigkeiten begegnen.

680 cc) Nicht zur Hypnose zählen **projektive psychologische Tests** (zB Wartegg, Rorschach, Szondi, TAT, Rosenzweig und Sceno), die (zumindest) darauf angelegt sind, unter Umgehung des Bewußtseins der untersuchten Person Informationen über diese zu erhalten (vgl auch *Kühne* 534.1; LR-*Hanack* 46 zu § 136a; vgl auch 1803).

Derartige Testverfahren sind methodisch mängelbehaftet, so daß sie im Rahmen eines Strafverfahrens kein geeignetes Beweismittel (zumindest) für die Schuld- und Straffrage darstellen können.[60] Die Bedenken richten sich sowohl auf Fragen der Repräsentativität als auch auf Probleme der Validität[61] und Reliabilität.[62] Daneben erscheint ihre Verwendung auch verfahrensrechtlich vor allem deshalb bedenklich, weil ähnliche Folgen wie diejenigen, wel-

---

[58] S erg BGH **31** 296, insbes 300 für den Fall der Aufzeichnung von Gesprächen in der ehelichen Wohnung (abl *Herdegen* in AG StrR DAV **89** 112 f).

[59] Bzgl der Zeugenvernehmung auch *Fuchs* Krim **83** 6 für den Fall, daß sich der Zeuge zur Hypnotisierung bereit erklärt, und folglich die Freiheitsbeeinträchtigung „nicht beabsichtigt" sei.

[60] Vgl allg zu Gütekriterien eines Testes *Lienert* 12 ff.

[61] Ob tatsächlich das erfaßt wird, was als erfaßt angegeben wird.

[62] Zuverlässigkeit iSd Unabhängigkeit von Umständen der Durchführung; vgl im einzelnen *Lienert* 440 ff; umfassend und krit zur (mangelnden) Zuverlässigkeit und Gültigkeit projektiver Verfahren *Hörmann* in: Graumann ua **82** 211 ff; s auch *Eisenberg* § 13 Rn 14, 46 f.

III. Verbotene Vernehmungsmethoden

che zum Verbot der Narkoanalyse geführt haben, bei solchen Tests (zumindest) nicht ausgeschlossen werden können (vgl *Kühne* Beweisverbote 56f); nach *Peters* (ZStW **87** [1975] 676 Fn 14; *Peters* 331) greifen sie noch schwerer in die Persönlichkeit ein als die Polygraphie.

Ob sich die Durchführung eines projektiven psychologischen Tests mit der verfassungsrechtlich geforderten Subjektstellung der (beschuldigten) Aussageperson vereinbaren läßt, erscheint daher zumindest zw (vgl BVerfGE **20** 373 f).[63] Gleichwohl werden projektive psychologische Tests in der gutachterlichen Praxis des Strafprozesses – bei Einwilligung des Betroffenen – angewendet (vgl BGH **13** 138 ff; LR-*Hanack* 46 zu § 136a) und von der Judikatur und dem wohl überwiegenden Schrifttum verfahrensrechtlich gebilligt (vgl LR-*Hanack* 46 zu § 136a; *Gössel* 192; BVerwGE **17** 346f; BAG JZ **64** 772; zust *Schneider* JZ **64** 754f; krit aber München NJW **79** 603 ff; s auch AK-*Gundlach* 66 zu § 136a: ungeeignete Verfahren).

d) Soweit § 136a die **Drohung** mit strafverfahrensrechtlich **unzulässigen Maß-** **681** **nahmen** untersagt, steht dieses Verbot in engem Zusammenhang mit dem Verbot des „Versprechens" gesetzlich nicht vorgesehener Vorteile (s 685ff; vgl SK-*Rogall* 60 zu § 136a). Das eine ist geradezu die „Kehrseite" des anderen (vgl *Grünwald* NJW **60** 1941), und beide zusammen stellen sozusagen die „klassischen Mittel der Aussagebeeinflussung" dar (*Hilland* 133). Überschneidungen finden sich nicht selten auch mit unzulässiger Täuschung (s 654ff) und Quälerei (s 651 ff; vgl SK-*Rogall* 60 zu § 136a).

aa) Drohung bedeutet das Inaussichtstellen einer dem Betroffenen nachteiligen **682** Maßnahme, auf deren Eintritt der Vernehmende Einfluß zu haben behauptet (vgl K/M-G 21, KK-*Boujong* 30, LR-*Hanack* 48, SK-*Rogall* 60, alle zu § 136a) oder erkennen läßt[64] (vgl etwa LG Bielefeld StV **93** 239 [Inaussichtstellen des Widerrufs einer Aussetzung der Vollstreckung zur Bewährung]). Erfaßt wird auch die konkludente Drohung (vgl *Hilland* 140; LR-*Hanack* 48 zu § 136a) sowie diejenige, die sich gegen einen Dritten richtet, sofern sich die Aussageperson dadurch verständlicherweise motivieren läßt (vgl SK-*Rogall* 61 zu § 136a; enger *Hilland* 142 sowie LR-*Hanack* 48 zu § 136a, die ein persönliches Näheverhältnis zwischen Aussageperson und Drittem für erforderlich halten).

bb) Wie sich durch Umkehrschluß schon aus dem Wortlaut des § 136a Abs 1 **683** S 3 ergibt, ist die **Drohung mit** einer konkret **zulässigen Maßnahme**[65] erlaubt, solange der Vernehmende klarstellt, daß er seine Entscheidung nur von sachlichen Notwendigkeiten abhängig machen werde (vgl K/M-G 22, KK-*Boujong* 30, beide zu § 136a); fehlt es daran, so liegt eine Drohung mit einer verfahrensrechtlich nicht zulässigen, da willkürlichen Maßnahme vor (vgl LR-*Hanack* 48, SK-*Rogall* 63, beide zu § 136a). Ebenso kann auch mit einer an sich statthaften prozessualen Maß-

---

[63] Bei dieser Entscheidung blieb offen, ob es verfassungsrechtlich unbedenklich sei, bei der (Neu-) Erteilung einer Fahrerlaubnis die Beibringung von charakterologischen Gutachten zu fordern.
[64] Weitergehend *Hilland* 135 f, der in bestimmten Fällen auch eine Warnung genügen lassen will.
[65] Zum Beispiel einer vorläufigen Festnahme (vgl BGH GA **55** 246; LR-*Hanack* 48 zu § 136a mwN), der Einl eines Strafverfahrens nach den §§ 153 ff, 164 StGB (vgl BGH bei *Dallinger* MDR **56** 527) oder auch einer Abschiebung ins Ausland (vgl BGH bei *Holtz* MDR **79** 637; *Schoreit* in AG StrR DAV **89** 163).

nahme in einer gem § 136a Abs 1 S 3 unzulässigen Form gedroht werden (vgl KMR-*Müller* 13, SK-*Rogall* 64, beide zu § 136a); dies wird etwa dann anzunehmen sein, wenn der Vernehmende erkennen läßt, daß er die Durchführung der angedrohten Maßnahme von einem *bestimmten* Aussageverhalten der Aussageperson abhängig mache (vgl *Erbs* NJW **51** 388; SK-*Rogall* 64 zu § 136 mwN) oder daß er die Aussageperson täglich vorführen lassen werde, bis diese aussage (vgl KMR-*Müller* 13 zu § 136a).

684 Ausnahmslos verboten sind Drohungen mit konkret unzulässigen Maßnahmen (wie zB einer vorläufigen Festnahme oder Verhaftung, sofern diese nach den §§ 112, 127 nicht statthaft wären [vgl BGH bei *Dallinger* MDR **71** 18],[66] oder die Drohung ggü einem Jugendlichen, er komme, wenn er nicht gestehe, in ein geschlossenes Erziehungsheim [vgl LR-*Hanack* 48 zu § 136a]).

685 e) aa) Umstritten ist, was unter einem **„Versprechen"** eines gesetzlich nicht vorgesehenen Vorteils iSd § 136a zu verstehen ist. Während die Judikatur und ein Teil des Schrifttums hierfür eine Erklärung (des Vernehmenden) verlangen, die von dem Vernommenen als bindende Zusage aufgefaßt werden kann (vgl BGH **14** 189; Hamm NJW **68** 954; MDR **84** 1043; KK- *Boujong* 32 zu § 136a),[67] beurteilt die Gegenansicht bereits das (bloße) Inaussichtstellen unberechtigter Vorteile als ausreichend, da hierdurch in unlauterer Weise auf die Willensfreiheit des Vernommenen eingewirkt werden kann (vgl *Grünwald* NJW **60** 1941; *Schlüchter* 93; LR-*Hanack* 50 zu § 136a). Dogmatisch ist zwar die Argumentation überzeugend, daß es für die Frage danach, ob eine als verbindlich gemeinte Zusicherung abgegeben wurde, auf den Empfängerhorizont ankomme und daher allein maßgeblich sei, ob die abgegebene Erklärung aus der Sicht des Vernommenen als verbindlich verstanden werden konnte, nicht also, ob sie tatsächlich bindend war oder in der Absicht der (Selbst-) Bindung gegeben worden ist (SK-*Rogall* 65 zu § 136a). Aus teleologischen Gründen jedoch ist eine restriktive Auslegung im Hinblick auf rechtstatsächliche Umstände gleichwohl schwerlich vertretbar. Solange sich die Judikatur bei der Prüfung der Frage, ob eine abgegebene Erklärung (nach dem Empfängerhorizont) als bindende Zusage aufgefaßt werden konnte oder nicht, im Freibeweiswege ausschließlich auf die dienstlichen Äußerungen der (in Aussicht stellenden) Richterperson(en) und der StA stützt, scheint der notwendige Schutz der Aussageperson nicht gewährleistet (s instruktiv BGH **14** 190 ff; vgl zur Bedeutung von „konkreten, wenn auch nach außen hin unverbindlichen Erklärungen" eines Vorsitzenden auch BGH StV **91** 194 mit Anm *Weider* 241, worin aus der Abwesenheit der StA bei einer derartigen Absprache die Besorgnis der Befangenheit hergeleitet wurde).

686 bb) **Vorteile** sind Vergünstigungen, die geeignet sind, das Aussageverhalten der Aussageperson zu beeinflussen (vgl Hamm MDR **84** 1043; KK- *Boujong* 32, SK-*Rogall* 66, beide zu § 136a), so daß „Bagatellvorteile" (zB Raucherlaubnis, eine Tasse Kaffee usw) nur in durch ganz besondere Umstände geprägten Ausnahmebedingungen darunterfallen (vgl BGH **5** 290; LR-*Hanack* 51, SK-*Rogall* 66, beide zu § 136a).

---

[66] Zur Bejahung von Verdunkelungsgefahr bei Schweigen des Beschuldigten s krit etwa *Parringer* NStZ **86** 213; *Gallandi* StV **87** 87.
[67] Wohl noch enger K/M-G 23 zu § 136a, wonach scheinbar auch eine (objektiv) bindende Zusage für erforderlich gehalten wird.

III. Verbotene Vernehmungsmethoden

Im einzelnen liegt zB in der Zusage an einen aussagebereiten Zeugen, die Landeskasse werde die Kosten eines anwaltlichen Beistandes – von dessen Anwesenheit dieser seine Aussagebereitschaft abhängig gemacht hat – übernehmen, kein Versprechen von Vorteilen iSd § 136a Abs 1 S 3 (vgl BVerfG NStZ **84** 82; KMR- *Müller* 15, K/M-G 23, SK-*Rogall* 66, alle zu § 136a). Das gleiche gilt für die Äußerung ggü einem Zeugen, von dritter Seite sei eine Belohnung für sachdienliche Hinweise, die zur Aufklärung des Falles führten, ausgesetzt worden, obwohl die Auslobung (zumindest) unter Mitwirkung der Strafverfolgungsorgane erst erfolgt ist, nachdem sich der Zeuge bei diesen gemeldet und unter der Bedingung der Belohnung Angaben in Aussicht gestellt hatte (BGH StV **88** 469 ff; ebenso *Roxin* 25 zu § 25); wenngleich entspr Umstände „gekaufter" Angaben im Rahmen der Beweiswürdigung Rechnung zu tragen sein wird, läßt sich eine Beeinträchtigung der Willensfreiheit dieses Zeugen nicht erkennen.

cc) (1) **Gesetzlich nicht vorgesehen** ist ein Vorteil dann, wenn er nach dem Gesetz nicht oder jedenfalls nicht in dem konkreten Fall gewährt werden darf (vgl LR-*Hanack* 52, SK-*Rogall* 67, beide zu § 136a; wohl auch *Schlüchter* 93).[68] Insbes darf weder zwingendes Verfahrensrecht verletzt werden, noch dem Vernommenen ein solcher „Vorteil" als „Gegenleistung" versprochen werden, auf den dieser ohnehin einen Anspruch hat (vgl SK-*Rogall* 67 zu § 136a; der Sache nach auch AG Hannover StV **86** 523). Demgü ist es im allg zulässig, die Aussageperson in der gebotenen Vorsicht darauf hinzuweisen, welche Änderung der Verfahrenslage durch eine (bestimmte) Aussage eintreten könnte (allg Auffassung, s nur KK-*Boujong* 33 zu § 136a). 687

So kann zB der Haftrichter für den Fall eines Geständnisses Haftentlassung in Aussicht stellen, wenn damit der alleinige Haftgrund der Verdunkelungsgefahr beseitigt werden würde (vgl BGH bei *Dallinger* MDR **52** 532; KK-*Boujong* 33 zu § 136a mit Nachw), nicht jedoch dann, wenn ein weiterer Haftgrund (zB Fluchtgefahr) bestehen bleibt (vgl BGH **20** 268f; SK-*Rogall* 69, LR-*Hanack* 54, beide zu § 136a mwN;[69] iZm dem (einschränkungslosen) Versprechen „Freilassung gegen Geständnis" scheint Zurückhaltung im übrigen auch insofern geboten, als in manchen Fällen die geständige Aussage selbst neue Angaben enthalten kann, die ihrerseits den Erlaß eines Haftbefehls erforderlich machen können (vgl *Krause/Nehring* 12 zu § 136a).

(2) Der Vernehmende darf allenfalls soviel versprechen, wie er selbst zu halten befugt ist (vgl BGH **20** 268f; LG Aachen NJW **78** 2256). Liegt die Einhaltung nicht in seiner Kompetenz, so muß er diesen Umstand offenlegen und das Versprechen demgemäß etwa auf die Zusage beschränken, er werde sich (nach Kräften und mit ungewissem Ausgang) für etwas einsetzen (vgl KK-*Boujong* 33, LR-*Hanack* 53, beide zu § 136a; *Kühne* 534). Bei Nichtbeachtung dieser Schranken hat die Judikatur daher wiederholt Verstöße gegen § 136a Abs 1 erkannt (vgl BGH **20** 268; LG Aachen NJW **78** 2256; AG Hannover StV **86** 523). 688

(3) Grds zulässig und häufig sogar sachgerecht sind Zusagen der StA, von den Möglichkeiten des § 154 Gebrauch zu machen, sofern die Voraussetzungen dieser 689

---

[68] Weitergehend die wohl noch überwiegende Ansicht, die das Versprechen jeglichen Vorteils als Gegenleistung für eine Aussage oder ihren besonderen Inhalt untersagt, vgl KK-*Boujong* 32, KMR-*Müller* 15, K/M-G 23, alle zu § 136a; *Erbs* NJW **51** 388.

[69] Anders aber BGH StV **89** 515 (mit abl Anm *Achenbach*), wonach der unzutreffende Hinweis eines Kriminalbeamten an den vorläufig festgenommenen Beschuldigten, er komme im Fall eines umfassenden Geständnisses wieder auf freien Fuß, dann keinen Verstoß gegen § 136a Abs 1 darstelle, wenn die falsche Äußerung „nur aufgrund einer Fehlleistung seitens des Auskunft erteilenden Kriminalbeamten erfolgt" (vgl entspr zur „versehentlichen" Täuschung 663 f).

Norm ersichtlich vorliegen (vgl BGH bei *Pfeiffer* NStZ **82** 189; bei *Pfeiffer/Miebach* NStZ **87** 212 ; SK-*Rogall* 68 zu § 136 a).

Daß die StA sich allerdings zuweilen, ggf nach nochmaliger Überprüfung der Sach- und Rechtslage, nicht mehr an ihre Zusagen gebunden fühlt, sollte dabei bedacht werden (vgl BGH StV **90** 295).[70]

690 Nicht grds unzulässig ist auch der Hinweis des Vorsitzenden auf die mögliche *strafmildernde* Wirkung eines Geständnisses (vgl BVerfG wistra **87** 134; BGH **1** 387 f; **20** 268; SK-*Rogall* 69 zu § 136 a mwN) bzw auf die Möglichkeit, die Vollstreckung einer zu erwartenden Freiheitsstrafe im Fall eines umfassenden Geständnisses zur *Bewährung* auszusetzen (vgl BGH StV **90** 305 ff); fehlt es indes an einer sachlichen Grundlage dafür, so handelt es sich um das Inaussichtstellen eines gesetzlich nicht vorgesehenen Vorteils (vgl LR-*Hanack* 55 zu § 136 a). Im übrigen stellt ein entspr richterliches Prozeßverhalten im Hinblick auf empirische Anhaltspunkte zu Häufigkeit und Motivationsvielfalt falscher Geständnisse (s 727 ff; vgl auch *Eisenberg* § 28 Rn 47 ff) eine Gefährdung der Wahrheitsermittlungspflicht dar.

691 f) aa) Nach § 136 a Abs 1 S 2 darf **Zwang** nur angewendet werden, soweit das Strafverfahrensrecht dies ausdrücklich zuläßt, und zwar ausschließlich zu dem vom Gesetz bestimmten Zweck (vgl *Erbs* NJW **51** 388; *Krause/Nehring* 10, KK-*Boujong* 29, SK-*Rogall* 70, alle zu § 136 a mwN). Unzulässig ist es mithin, prozessuale Zwangsmaßnahmen (zB U-Haft, Unterbringung zur Beobachtung nach § 81, körperliche Untersuchung, Festnahme, Beschlagnahme oder Durchsuchung) **prozeßordnungswidrig** dazu zu mißbrauchen, das Aussageverhalten des Vernommenen zu beeinflussen (vgl K/M-G 20, LR-*Hanack* 47, beide zu § 136 a).

Im einzelnen darf der Beschuldigte zB durch U-Haft nicht dazu veranlaßt werden, von seinem Schweigerecht keinen Gebrauch zu machen (vgl BGH **34** 362 ff = JZ **87** 936 mit insoweit zust Anm *Fezer* = StV **87** 283, 470 mit insoweit wohl zust Anm *Grünwald* = JR **88** 426 mit Anm *Seebode* = NStZ **89** 33 mit Anm *Wagner*).[71] Zwar kann eine rechtswidrige Freiheitsentziehung zu einem Verwertungsverbot für alle während ihrer Dauer gemachten Äußerungen führen (vgl BGH **34** 369, im konkreten Fall aber abgelehnt), jedoch soll dies nach restriktiver Auslegung (BGH NJW **95** 606 [s auch krit Anm *Fezer* StV **96** 77], gegen LG Bad Kreuznach StV **93** 633 f) den Nachweis des „gezielten" Einsatzes zur Herbeiführung einer Aussage voraussetzen (anders LG Bremen StV **95** 516 [betr unzulässige Festnahme]), obgleich ein solcher, wie schon das Verwenden apokrypher Haftgründe zeigt (vgl etwa *R. Schmitt* JZ **65** 194; *Eisenberg/Tóth* GA **93** 302 m Nachw), kaum einmal gelingen kann. – Allerdings stellt nicht jede prozeßordnungswidrige Maßnahme (auch nicht die rechtswidrige Freiheitsentziehung) einen zu einem Verwertungsverbot führenden Verstoß gegen § 136 a Abs 1 S 2 dar, denn zum Zwang hinzukommen muß, daß „durch den Einsatz verbotener Mittel oder Methoden die Freiheit der Willensentschließung und der Willensbetätigung des Beschuldigten beeinträchtigt" wurde, „und daß die Aussage zumindest nicht ausschließbar darauf beruht" (vgl BGH **34** 369 mwN).[72]

---

[70] In diesem Fall wurde iZm der von der StA nicht eingelösten Zusage („§ 154 gegen Rechtsmittelrücknahme in anderer Sache") ein wesentlicher Strafmilderungsgrund angenommen.

[71] In den Anm (vgl auch SK-*Rogall* 56 zu § 136 a) wird beanstandet, daß – mit dem Tatgericht, jedoch vom BGH nicht erwähnt – mehr noch das Täuschungsverbot betroffen war.

[72] Vgl dazu *Schlüchter* 91, die neben einem prozessual unzulässigen Zwang noch eine doppelte Kausalbeziehung für einen Verstoß iSd § 136 a für erforderlich hält: der Zwang müsse (nicht ausschließbar) zu einer Willensbeeinträchtigung geführt haben, die ihrerseits (nicht ausschließbar) kausal für die Aussage wurde.

bb) Eine Beeinflussung der Aussagewilligkeit der Aussageperson gleichsam als **692 Nebenfolge** eines **korrekt** zum jeweils vorausgesetzten Zweck **angewendeten Zwangsmittels** wird sich in der Praxis kaum ausschließen lassen; nach allg Ansicht wird es durch § 136a aber auch nicht verboten (vgl nur LR-*Hanack* 47 mwN, *Krause/Nehring* 10, beide zu § 136a).

g) aa) Bei dem **Polygraphen** (sog „Lügendetektor")[73] handelt es sich um einen **693** Mehrkanalschreiber, der im Rahmen insbes eines Kontrollfragen- oder Tatwissenstestes (vgl *Steinke* MDR **87** 535 f; *Steller* 6 ff; *Berning* MKrim **93** 242 ff) ua Blutdruck, Puls, Atemtätigkeit, Schweißabsonderung und die hautgalvanische Reaktion der Aussageperson aufzeichnet, um anhand dieser (unwillkürlichen) körperlichen Reaktionsweisen Rückschlüsse auf die subjektive Richtigkeit des während der Messung Ausgesagten zuzulassen (vgl *Hess* 15; SK-*Rogall* 73 zu § 136a; zur Wirkungsweise des Polygraphen s näher *Delvo* 16 ff; *Schwabe* NJW **79** 576; *Undeutsch* MKrim **79** 228 ff; *Wegner* 9 ff; *Steller* 52 ff; *Steinke* MDR **87** 535 ff jeweils mwN).[74] Der Einsatz des Gerätes geht von der Prämisse aus, daß grds jeder bewußte Täuschungsversuch einer Person zu verschiedensten, nicht kontrollierbaren physiologischen Veränderungen im sympathischen Nervensystem führe, die sich (ua) in den vom Polygraphen gemessenen Körperfunktionen niederschlügen (vgl *Undeutsch* ZStW **87** [1975] 650 f; *Delvo* 21).[75] Unabhängig von der Frage nach der Richtigkeit dieser Prämisse, bleibt die Aussagekraft der Messungen und damit die Zuverlässigkeit der Testergebnisse relativ beschränkt, solange eine (nur) der Lüge eigentümliche physiologische Reaktion nicht nachgewiesen wird (vgl *Delvo* 45 ff; *Peters* ZStW **87** [1975] 666 f). Es darf nicht verkannt werden, daß das Gerät keine, und der „Körper" der Aussageperson allenfalls mehrdeutige Antworten gibt, und daß es entscheidend auf die Interpretation der Meßergebnisse durch den Untersuchenden ankommt, der eine Lüge nicht sehen, sondern allenfalls auf sie schließen kann (vgl *Steinke* MDR **87** 536; *Delvo* 47); insoweit ist nicht das Gerät, sondern der Untersuchende „Lügendetektor" (vgl *Delvo* 284; SK-*Rogall* 73 zu § 136a). Unter diesem Gesichtspunkt ist die Polygraphie lediglich eine unter mehreren Methoden der Glaubwürdigkeitsuntersuchung (vgl *Prittwitz* MDR **82** 889; *Achenbach* NStZ **84** 351; *Delvo* 282 ff; *Hess* 16).

(1) Der *Zuverlässigkeits*grad der polygraphischen Methode ist umstritten, zumal **694** es (bisher) keinen zuverlässigen Bewertungsmaßstab gibt (vgl *Delvo* 97).

Dem stehen gelegentlich veröffentlichte Erfolgsstatistiken[76] nicht entgegen, da sie weithin methodologische und methodische Mängel aufweisen; insbes ist die Aussagekraft von Befragungen der Untersuchenden selbst durchaus begrenzt (vgl allg *Eisenberg* § 21 Rn 36, § 40 Rn 32 ff).

Die Fehlerquellen der Polygraphie können ua in dem Gerät, bei dem (ggf nur „angelernten") Untersuchenden, der Testvorbereitung bzw dem Testverlauf, der Auswertung sowie

---

[73] Vgl zur Geschichte der Polygraphie *Wegner* 5 ff, *Hilland* 45 f, *Steller* 18 f, *Delvo* 18 f, jeweils mwN.
[74] S im übrigen *Kühne* 536: technische „Verfeinerung" der „Gebärdenprotokolle" des Inquisitionsprozesses.
[75] Nach *Steller* 17 könne eine ähnliche physiologische Basis auch für das „Herausriechen" von Schuldigen durch Medizinmänner in Afrika vermutet werden.
[76] Vgl *Kühne* 536.1: „um 90%"; *Delvo* 376: „85–90%"; *Schwabe* NJW **79** 576 f: „etwa 90%"; *Achenbach* NStZ **84** 350 f: „etwa 90%"; *Prittwitz* MDR **82** 890: „90%"; *Undeutsch* MKrim **79** 239: „durchschnittlich 85,3%", *Steinke* MDR **87** 535 f unter Berufung auf „erfahrene israelische Praktiker": „70%"; zur Übersicht *Berning* MKrim **93** 246 ff.

auch der Untersuchungsperson selbst[77] begründet liegen (vgl *Delvo* 54 ff, 56 f, 60 f, 64 ff, 74 ff). Gleichwohl scheint die polygraphische Methode zumindest auch nicht weniger zuverlässig als manche andere Untersuchungsmethode des Sv (zB die Schriftvergleichung [vgl näher 1919, 1923; s auch *Prittwitz* MDR **82** 886, 890 f] oder insbes projektive psychologische Tests [vgl 680, 1863]) zu sein.

695 (2) Für den Geltungsbereich der StPO ist unstr, daß die Polygraphie **gegen** den **Willen** der Aussageperson in entspr Anwendung des § 136a unzulässig ist (vgl BGH **5** 332 ff; LR-*Hanack* 56, SK-*Rogall* 76, beide zu § 136a mwN; s auch *Hilland* 44 ff), da sie deren Entschließungsfreiheit insofern beeinträchtigt, als Entäußerungen (selbst des schweigenden) Getesteten erlangt werden können, die seiner Willenssteuerung entzogen sind. Da die Kooperationsbereitschaft der Untersuchungsperson allerdings ohnehin zwingende Voraussetzung für ein aufschlußreiches Testergebnis ist und die Aufzeichnungen bereits bei dem geringsten tatsächlichen Widerstand des Vernommenen unbrauchbar werden (vgl *Schwabe* NJW **79** 576; *Delvo* 23), hat das Verbot insoweit praktisch nur deklaratorische Bedeutung.

696 Umstritten ist demggü (namentlich im Hinblick auf § 136a Abs 3), ob das Verbot ausnahmslos auch in den Fällen gelten soll, in denen der **Beschuldigte** selbst den Polygraphentest **wünscht**, um hierdurch trotz „erdrückender" Indizien die Glaubhaftigkeit seiner Angaben zu erhöhen und zumindest vernünftige Zw an seiner Schuld zu wecken.[78] Dabei mag es zunächst schwer verständlich erscheinen, daß das Verbot der Polygraphie im Ergebnis zu einem Schutz gegen den Willen und die Interessen des Einzelnen führt (vgl *Kühne* 536.1) – im Extremfall etwa mit der Folge der Verurteilung eines nach eigenem Wissen Unschuldigen zu einer lebenslangen Freiheitsstrafe, da ihm die von ihm gewünschte Erhebung des Entlastungsbeweises im Hinblick auf seine Menschenwürde verwehrt wird (vgl *Amelung* NStZ **82** 39; *Prittwitz* MDR **82** 895; *Hilland* 64).

Gleichwohl sprechen de lege lata wie auch de lege ferenda überwiegende Gründe dafür, Strafverfolgungsorganen die Beweiserhebung mit Hilfe der Polygraphie ausnahmslos zu untersagen (vgl SK-*Rogall* 75, LR-*Hanack* 56, beide zu § 136a jeweils mwN).

697 (a) Der Polygraphentest *beeinträchtigt* zumindest insoweit die *Willensfreiheit*, als während der Messung Reaktionen der Aussageperson (selbst der schweigenden) aufgezeichnet werden, die deren Willenssteuerung entzogen sind (vgl BGH **5** 335; *Peters* 331 f; SK-*Rogall* 76 zu § 136a mwN). Solange die überwiegende Ansicht in Judikatur und Schrifttum projektive psychologische Tests für zulässig erachtet (vgl 680), läßt sich daraus allerdings schließen, daß der Kern der gegen die Polygraphie erhobenen Bedenken nicht in dem Eindringen in das Innerste der Testperson liegt, sondern in der „Mechanisierung, der Zwischenschaltung der Maschine als

---

[77] Hinsichtlich des Kontrollfragentests ergab sich zB eine Anfälligkeit für motorische, vorher eingeübte *Manipulation*stechniken (etwa durch Beißen auf die Zunge oder Drücken der Füße gegen den Boden [s zu Nachw *Berning* MKrim **93** 248 f]).

[78] **Abl** BVerfG [VorprüfA] NStZ **81** 446 [ohne nähere Auseinandersetzung mit der Problematik]; SK-*Rogall* 75, KK-*Boujong* 34, K/M-G 24, LR-*Hanack* 56, alle zu § 136a; *Peters* 331 f; *Schlüchter* 98; *Rieß* GA **84** 140; **bej** für Ausnahmefälle *Schwabe* NJW **79** 578 ff; *ders* NJW **82** 367 ff; *Undeutsch* ZStW **87** [1975] 656; *Prittwitz* MDR **82** 886 ff; *Delvo* 373 ff; *Wegner* 184 ff; *Hilland* 61 ff; *Steller* 165; *Holstein* Krim **90** 155; *Klimke* NStZ **81** 433 f; *Dalakouras* 180 ff; *Amelung* NStZ **82** 38 ff; wohl auch *Niemöller/Schuppert* AöR **107** [1982] 387, 444 f; *Kühne* 536.1 Fn 52; *Achenbach* NStZ **84** 350 ff.

solcher, die den Betroffenen zum Inquisiten, zum Objekt in einem apparativen Vorgang macht" (*Achenbach* NStZ **84** 350f). Genau das aber soll durch die Norm untersagt werden, und zwar, wie sich aus § 136a Abs 3 S 2 ergibt, unabhängig von dem Willen des Betroffenen.

(b) Gegen eine (nur Entlastungszwecken dienende, begrenzte) Zulassung der Polygraphie spricht auch, daß eine solche Anwendung nach Ansicht einiger Stimmen in der Literatur kaum ohne Täuschungsmomente praktiziert werden kann. Denn um zu einem aussagekräftigen Testergebnis zu gelangen, muß der Untersuchungsperson einerseits die Verläßlichkeit des Testes und andererseits vorgespiegelt werden, sie habe auch etwas zu verlieren, da anderenfalls eine zwingende Verfälschung durch das sog „friendly examiner syndrome" (vgl *Delvo* 60f) droht (vgl *Delvo* 25ff, 65; SK-*Rogall* 78 zu § 136a; *Rieß* GA **84** 90; s aber auch 701). **698**

(c) Zudem kann durch die Zulassung ein mittelbarer Zwang für den Beschuldigten entstehen, sich dem Test zu unterziehen, da nicht auszuschließen ist, daß anderenfalls seine Weigerung (bewußt oder unbewußt, offen oder unausgesprochen) als *Indiz* seiner Schuld gewertet werden könnte (vgl *Peters* 332; *Rieß* Schäfer-FS 181 Fn 100; LR-*Hanack* 56, SK-*Rogall* 78, beide zu § 136a). **699**

Dieses Bedenken läßt sich auch nicht mit dem Hinweis auf die scheinbar ähnlich gelagerte Problematik beim „Schweigerecht" des Beschuldigten hinreichend entkräften (so aber *Hilland* 62f; *Dalakouras* 180ff; *Amelung* NStZ **82** 367; *Klimke* NStZ **81** 433f; *Kühne* 536.1): Zum einen erscheint es rechtstatsächlich nicht gewährleistet, daß das Schweigen eines Beschuldigten zum Tatvorwurf in keinem Fall – sei es auch unbewußt – zu seinem Nachteil verwertet wird, auch wenn es rechtlich der Würdigung entzogen ist. Zum anderen wird ein schweigender Beschuldigter, gegen den mehrere Indizien sprechen, nicht fehl in der Annahme gehen, daß allein seine „leugnende Einlassung" (= bestreitende Angaben) kaum ausreichen wird, bei sonst (scheinbar) klarer Sachlage „vernünftige Zweifel" an seiner Schuld zu wecken. Davon dürften letzlich (unausgesprochen) auch die übrigen Prozeßbeteiligten ausgehen. Demggü würde der Polygraph ggf erlauben, die Anklage ernsthaft in Frage zu stellen, indem er mit (angeblich) hoher Wahrscheinlichkeit die subjektive Richtigkeit der Angaben des Beschuldigten nachweisen könnte. Unter Berücksichtigung der Judikatur dazu, daß aus einem Teilschweigen des Angekl auf einzelne Fragen Schlüsse gezogen werden dürfen, da dieser sich – anders als bei vollständigem Schweigen – im übrigen als Beweismittel zur Verfügung stellt (s n 906ff), wird das Ausmaß der Wahrscheinlichkeit ersichtlich, daß die fehlende Bereitschaft eines (aussagenden) Angekl, die subjektive Richtigkeit seiner Angaben polygraphisch testen zu lassen, (im Gegensatz zum vollständigen Schweigen) als Beweisanzeichen gewertet würde.

(d) Hinsichtlich rechtspolitischer Folgewirkungen ist auch die Sorge nicht unbegründet, daß eine Zulassung der Polygraphie (zunächst) nur in eng begrenzten Ausnahmefällen zugunsten des Beschuldigten auf dessen ernsthaften Wunsch langfristig zu einer Ausdehnung führen würde (vgl *Peters* 332; *ders* ZStW **87** [1975] 678; SK-*Rogall* 78 zu § 136a; *Rieß* GA **84** 141: „Dammbruch-Wirkung"). Dies könnte zB die Frage betreffen, ob nicht zur Aufdeckung eines Zeugenkomplottes ggf auch Zeugen mittels des Polygraphen getestet werden dürften. Darüberhinaus könnte erwogen werden, ob nicht auch der Geschädigte ein Recht darauf hätte, seine Angaben entspr zu untermauern.[79] **700**

(3) Als zulässig gilt die Verwertung von Testergebnissen, wenn sich der Beschuldigte **außerhalb staatlicher Kontrolle** freiwillig durch einen unabhängigen Sv polygraphisch untersuchen läßt (vgl *Delvo* 374ff; *Holstein* Krim **90** 158; SK-*Rogall* 77, AK- **701**

---

[79] S aber Frankfurt NStZ **88** 425, wonach einschlägige Erg einer in den USA stattgefundenen Untersuchung jedenfalls zur Belastung des Beschuldigten im Geltungsbereich der StPO gem § 136a nicht verwertet werden dürfen.

Gundlach 57, beide zu § 136 a). Das *entlastende* Testergebnis kann gem §§ 244 Abs 2, 3, 245 Abs 2 als Sv-Beweis in das Verfahren eingeführt werden (vgl SK-*Rogall* 77 zu § 136 a; *Holstein* Krim **90** 158; wohl auch *Schwabe* NJW **82** 367 f). Diese Art der Beweiserhebung verstößt nicht gegen § 136 a, da der Akt der Beweisbeschaffung nicht als extrem menschenrechtswidrig oder entwürdigend zu erachten ist, vielmehr die Verwertung des Ergebnisses des privat und ohne Veranlassung der Strafverfolgungsbehörden durchgeführten Testes als für die Schuld – und Straffrage bedeutsam durch den Untersuchungsgrundsatz sogar geboten ist (vgl SK- *Rogall* 15 und 77 zu § 136 a). Im Rahmen der Beweiswürdigung können die Beeinträchtigung der Willensfreiheit ebenso berücksichtigt werden wie die Grenzen der Zuverlässigkeit der Methode (vgl SK-*Rogall* 77 zu § 136 a) und Fragen der Kompetenz des Untersuchenden.

Was im einzelnen die bei dieser Anwendungskonstellation besonders große Gefahr der Verfälschung etwa durch das sogen „friendly examiner syndrome" (vgl *Delvo* 25, 60 f) anbetrifft, so wird sie nicht immer unterstellt werden dürfen. Denn es ist eher unwahrscheinlich, daß die Kenntnis der Testperson davon, daß ein möglicherweise belastendes Testergebnis nicht zu ihrem Nachteil verwertet werden kann, dazu führen könnte, daß diese sich gleichsam völlig entspannt und erfolgreich jede Angst vor einem Mißerfolg verdrängt. Vielmehr wird es in solchen Anwendungskonstellationen regelmäßig um die einzige bzw „die letzte Chance" gehen, ggü „erdrückendem Beweismaterial" durch aussagekräftige, entlastende Testergebnisse Zw zu begründen.

702 bb) In der Sache überwiegend den gleichen Bedenken wie die Polygraphie begegnet die **Phallographie** (vgl zur Geschichte *Binder* NJW **72** 321 f).

Bei diesem Verfahren, das der physio-psychologischen Sexualdiagnostik zugeordnet wird, soll die körperliche Reaktion männlicher Untersuchungspersonen auf optische sexuelle Reize (dargeboten in Form von Texten, Bildern oder Filmen mit heterosexuellen, homosexuellen, sadistischen, pädophilen, masochistischen oder sonstigen pornographischen Inhalten) mittels eines mit seinem Penis verbundenen Meßgerätes (des sog „Erektometers") erfaßt und aufgezeichnet werden (vgl *Klöhn* 317 [sowie zur Relevanz bei therapeutischen Bemühungen 320]; *Jessnitzer* NJW **77** 2128; vgl auch Düsseldorf NJW **73** 2255 f). Als wichtigste Meßgrößen gelten Erektionsgeschwindigkeit, - höhe, -variabilität und -remission (vgl *Klöhn* 317; *Binder* NJW **72** 321 f). Der Phallograph mißt mithin (wie der Polygraph) versteckte, sonst nicht oder kaum äußerlich erkennbare Körperreaktionen (vgl *Kühne* 537).

Durch Mechanisierung, dh Zwischenschaltung der Maschine wird der Betroffene seiner Subjektstellung entkleidet und zum Objekt in einem operativen Vorgang gemacht.

703 Zwar ist § 136 a bei der Phallographie mangels Vernehmung oder vernehmungsähnlicher Situation weder direkt noch analog anzuwenden. Jedoch müssen die Gründe, derentwegen die Polygraphie ausnahmslos für staatliche Organe (und von ihnen herangezogene Sv) unzulässig ist, im einzelnen auch zur Unzulässigkeit der phallographischen Untersuchung gem § 81 a (s auch 1638) durch Organe staatlicher Strafjustiz einschließlich von ihnen beauftragter Sv im Strafverfahren (Erkenntnis- wie Vollstreckungsverfahren) führen.[80]

---

[80] Vgl LR-*Dahs* 46, K/M-G 21, beide zu § 81 a; AK-*Gundlach* 61 zu § 136 a; *Peters* ZStW **87** [1975] 673; AG Hannover NJW **77** 1110; aA im Rahmen einer Kostenbeschwerde des Sv LG Hannover NJW **77** 1110 f mit zust Anm *Jessnitzer* NJW **77** 2128, wonach „inzwischen zahlreiche gerichtliche Entscheidungen auf Gutachten gestützt worden sind, die zumindest zum Teil auf derartigen phallographischen Untersuchungen beruhen"; *Klöhn* 317 ff; abwägend *Kühne* 537; KMR-*Paulus* 18 zu § 81 a.

Im übrigen bestehen erhebliche Bedenken gegen die Zuverlässigkeit der Methode. Sie beziehen sich sowohl auf allg methodologische Mängel als auch auf Manipulationsmöglichkeiten der Untersuchungsperson (vgl Düsseldorf NJW **73** 2255 f: vorbeugende Onanie zwecks Herabsetzung der sexuellen Reaktionsbereitschaft im Hinblick auf den zu erwartenden Test; LG Hannover NJW **77** 1110 f: Schließen der Augen während der Filmdarbietungen; krit auch *Kühne* 537; *Jessnitzer* NJW **77** 2128; LR-*Dahs* 46 zu § 81 a mwN).

6. Unbeachtlichkeit der Einwilligung

Es besteht Einigkeit, daß die Einwilligung des Beschuldigten bzw seines gesetzlichen Vertreters und/oder Rechtsbeistandes verfahrensrechtlich ebenso unbeachtlich ist wie die des Sv oder Zeugen (vgl nur KK-*Boujong* 37 zu § 136 a); Relevanz hat dies vor allem bzgl der (Nicht-)Anwendung des Polygraphen (s 693 ff), der Narkoanalyse (s 649) und der Hypnose (s 678; vgl zum Ganzen K/M-G 26, LR-*Hanack* 60, beide zu § 136 a). Verfahrensrechtlich unerheblich ist es auch, ob die Angaben, die durch gem § 136 a verbotene Vernehmungsmethoden erlangt werden, be- oder entlastender Art sind (vgl BGH **5** 290; *Peters* 337; KK-*Boujong* 37 zu § 136 a); rechtstatsächlich ist dies freilich insoweit nur eingeschr bedeutsam, als ein einschlägiger Verstoß zumeist von der Aussageperson geltend gemacht wird, zumal das gegen die Norm verstoßende Strafverfolgungsorgan den Verstoß durch fehlerfreie Wiederholung der Vernehmung heilen kann (s aber 711). **704**

Die verfahrensrechtliche Unbeachtlichkeit der Einwilligung in den Verstoß wird vielfach damit begründet, daß der Beschuldigte über seine Eigenschaft als Prozeßsubjekt bzw seine Menschenwürde, die von der Norm geschützt werden solle, nicht verfügen könne (vgl *Roxin* 17 zu § 25; KK-*Boujong* 37 zu § 136 a; gegen diese Begründung überzeugend *Amelung* StV **85** 259, 289; ders **81** 46 ff; ihm folgend SK-*Rogall* 80 zu § 136 a). Abzustellen ist jedoch vor allem auf den nachhaltigen Schutz der Willensfreiheit auf lange Sicht, der unterlaufen werden könnte, wenn er „verzichtbar" wäre (vgl SK-*Rogall* 80, LR-*Hanack* 60, beide zu § 136 a; s auch 642). Ergänzend läßt sich die Unbeachtlichkeit der Einwilligung aus dem „fair trial" Grundsatz herleiten. – Darüberhinaus dient diese Regelung „dem Schutz der Integrität der Rechtspflege, deren Ansehen durch die Anwendung verpönter (und überwiegend sogar strafbarer) Vernehmungsmethoden auch bei Einwilligung des Betroffenen Schaden nehmen könnte" (vgl SK-*Rogall* 80 zu § 136 a). **705**

7. Feststellung des Verfahrensverstoßes

Übersicht

		Rn			Rn
a)	Allgemeines	706	c)	Verbleibende Zweifel	708, 709
b)	Freibeweis und Grenzen	707	d)	Ursächlicher Zusammenhang	710, 711

a) Voraussetzung für die Anwendung des Verwertungsverbotes gem § 136 a Abs 3 S 2 ist zunächst die Feststellung, daß eine verbotene Vernehmungsmethode angewandt wurde. Außerdem ist zu klären, ob der Einsatz des verbotenen Mittels für das Aussageverhalten des Vernommenen ursächlich geworden ist (vgl *Schlüchter* 88.1; LR-*Hanack* 62, SK-*Rogall* 83 f, beide zu § 136 a). Ob ein beachtlicher Verstoß **706** vorliegt, hat das Tatgericht von Amts wegen unter Nutzung aller erreichbaren Beweismittel (zB auch durch die eingehende Befragung der Vernehmungsperson) aufzuklären (vgl BGH bei *Dallinger* MDR **51** 658; K/M-G 32, LR-*Hanack* 68, § 136a; SK-*Rogall* 83, alle zu § 136a mwN).

707 b) Nach der höchstrichterlichen Judikatur und der überwiegenden Meinung im Schrifttum sollen hierfür die Grundsätze des Freibeweises (s allg 36ff) gelten, da nicht der Inhalt der für die Schuld- und Straffrage bedeutsamen Aussage, sondern „lediglich" die Art ihres Zustandekommens betroffen sei (vgl BGH **16** 166f = JR **62** 108 mit insoweit zust Anm *Eb Schmidt*; SK-*Rogall* 83, KMR-*Müller* 21, beide zu § 136a; ANM 124 mwN; aA *Peters* 339; LR-*Hanack* 68 zu § 136a; für bestimmte Fälle auch *Hilland* 170ff). Hiernach brauchen (einen solchen Verstoß betreffende) Beweisanträge nicht förmlich beschieden zu werden und dürfen auch aus anderen als den in § 244 Abs 3–5 vorgesehenen Gründen abgelehnt werden (LR-*Hanack* 68 zu § 136a), und zur Ermittlung kann (im Extremfall) ein kurzer formloser Anruf bei dem Vernehmenden ausreichen.

Soweit das mögliche Vorliegen eines Verfahrensverstoßes neben der Frage der Verwertbarkeit der Aussage auch die Frage ihres materiellen Beweiswertes berührt, führt dies zwar nicht zur Annahme einer doppelrelevanten Tatsache (mit der Folge der Geltung des Strengbeweises [so aber LR-*Hanack* 68 zu § 136a; *Peters* 339; überzeugend dagegen KK-*Herdegen* 7 zu § 244]). Hingegen erfordert die Bedeutung der Norm („Kernvorschrift zum Schutz der Aussagefreiheit" [SK-*Rogall* 4 zu § 136a]), die geboren „aus den Erfahrungen mit der nationalsozialistischen Herrschaftsordnung Warnung und Lehre sein" soll [BGH **1** 387]), ebenso wie die zu besorgende Einschränkung der Funktion des Revisionsgerichts,[81] eine Anwendung des Strengbeweisverfahrens (vgl auch 40). Hierzu gibt die Sachlage auch deshalb Anlaß, weil andernfalls staatliche Organe ohne öffentliche Kontrolle über den Beweisstoff verfügen könnten.

708 c) Bleiben **Zweifel** am Vorliegen einer unzulässigen Vernehmungsmethode bestehen, so sind sie nach der Judikatur und Teilen der Literatur unbeachtlich, da Verfahrensfehler erwiesen sein müssen und der Grundsatz „in dubio pro reo" für das Verfahrensrecht nicht gilt (vgl BGH **16** 167; **31** 400; LG Marburg MDR **93** 566; K/M-G 32, KMR-*Müller* 21, SK-*Rogall* 83, alle zu § 136a; aA *Peters* 339; *Eb Schmidt* JR **62** 110; LR-*Hanack* 69 zu § 136a, ders JZ **71** 170f; *Fezer* 39 zu Fall 3; KMR-*Paulus* 364 zu § 244; *Roxin* 40 zu § 15; *Hilland* 174f; *Kühne* 575; *Lehmann* 114ff, 149, 151). Diese Auffassung trägt der „typischerweise für den Vernommenen ungünstigen Beweislage" (*Kühne* 534) nicht Rechnung. So wird der volle Nachweis in den meisten Fällen nicht zu erbringen sein, da „selbst einer indizgestützten Behauptung des Angekl idR die anderslautende Aussage des solchermaßen beschuldigten, vernehmenden Beamten entgegenstehen wird" (*Montenbruck* 165), zumal der Beschuldigte als Einzelner einem organisierten Justizapparat und dessen behördeninternen Handlungsnormen (auch) zur Abwehr des Aufdeckens eigener Fehler (s *Eisenberg* § 40; *Kühne* 534) gegenübersteht. Den vollen Nachweis zu fordern, bedeutet hiernach eine (rechtsstaatlich nicht unbedenkliche) rechtstatsächliche Aushöhlung der Norm.

---

[81] Eigenständige Prüfung ohne Bindung an die Feststellungen des Tatgerichts und dessen Beweiswürdigung (vgl BGH **16** 167; KK-*Boujong* 43 zu § 136a).

III. Verbotene Vernehmungsmethoden

709 Zwar ist unstr, daß die bloße unsubstantiierte Behauptung des Vernommenen über das Vorliegen der Voraussetzungen des § 136a nicht ausreicht (s nur *Hilland* 172f, 175; *Kühne* 575; *Montenbruck* 164, 166f, 169f, 198: Glaubhaftmachung). Erwecken aber substantiierte Behauptungen beim Richter begründete Zw an der Einhaltung des § 136a, so daß aus in der *Sphäre der Justiz* liegenden Gründen die Vermutung der Rechtmäßigkeit und Justizförmlichkeit des staatlichen Verfahrens ernsthaft erschüttert ist, muß (auch) aus verfassungsrechtlichen Gründen von einer verbotenen Beeinflussung ausgegangen werden (vgl LR-*Hanack* 69 zu § 136a; *ders* JZ **71** 170f; *Kühne* 575; *Peters* 339; *Eb Schmidt* JR **62** 110; *Fezer* 39 zu Fall 3; *Roxin* 40 zu § 15; *Lehmann* 114ff mwN; weitergehend *Ransiek* StV **94** 347: Beweislastumkehr); für den Grundsatz „in dubio pro auctoritate" bleibt insoweit kein Platz (vgl *Peters* 339).

Diesem Standpunkt entspricht tendenziell zB die Entscheidung BGH StV **86** 138f (mit zust Anm *Deckers*), die das Vorgehen ggü einem möglicherweise Vernehmungsunfähigen betraf, wozu das Tatgericht im Erg dem polizeilichen Vernehmungsbeamten mehr Sachverstand zugetraut hatte als dem gerichtlich bestellten Sv.

710 d) Die Anwendung eines gem § 136a Abs 1, 2 **verbotenen Mittels indiziert** grds sowohl die Beeinträchtigung von Willensfreiheit, Erinnerungsvermögen oder Einsichtsfähigkeit als auch das Beruhen der Aussage auf dieser (vgl BGH **5** 290f; **13** 60f; **34** 365, 369; LG Mannheim NJW **77** 346; LR-*Hanack* 62, K/M-G 28, beide zu § 136a; *K.Meyer* NStZ **83** 567; wohl auch KMR-*Müller* 22 zu § 136a). Von der Aussageperson kann nicht der Nachweis verlangt werden, daß ein verbotenes Mittel sie tatsächlich in ihrer Willensfreiheit beeinträchtigt hat; vielmehr wird die Rechtsfolge des § 136a Abs 3 S 2 bereits ausgelöst, wenn sich dies nicht ausschließen läßt (vgl LR-*Hanack* 62, 69, K/M-G 28, beide zu § 136a).[82]

711 Anerkannt ist, daß ein ursächlicher Zusammenhang zwischen der verbotenen Einwirkung und der Aussage auch dann anzunehmen ist, wenn zwar bei der Vernehmung selbst nicht gegen § 136a Abs 1, 2 verstoßen wurde, jedoch frühere Verbotsverstöße **fortwirkten** und die Aussageperson einschlägig beeinträchtigten (vgl BGH **17** 367f; **27** 358f; BGH bei *Pfeiffer* NStZ **81** 94; BGH **35** 332; **37** 54; NJW **95** 2047; Frankfurt NStZ **88** 425; LG Aachen NJW **78** 2256f; KK-*Boujong* 40, LR-*Hanack* 65, SK-*Rogall* 85, alle zu § 136a); ob dies der Fall ist, soll grds nur im Freibeweis geprüft werden (s etwa LG Bad Kreuznach StV **94** 294; vgl aber 40, 707). Maßgeblich ist, ob die Aussageperson sich bei der zweiten Aussage tatsächlich ihrer Entscheidungsmöglichkeit bewußt war oder nicht (vgl BGH **22** 134ff; **37** 53f; BGH StV **88** 369; s auch BGH bei *Dallinger* MDR **51** 658; MDR **72** 199; LG Bad Kreuznach StV **94** 294f; LR-*Hanack* 65 zu § 136a), was bei pauschaler Bestätigung der früheren Aussage oder einer Bezugnahme auf diese schwerlich zu bejahen ist (s auch BGH NJW **95** 352); die zwischenzeitlich verstrichene Zeitdauer sowie die Schwere der Verletzung sind nur im allg geeignete Kriterien, im Einzelfall jedoch möglicherweise unerheblich. Das gleiche gilt hinsichtlich der Frage, ob eine Fortwirkung durch eine fehlerfreie Wiederholung der Vernehmung einschließlich des Hinweises bzw der zusätzlichen Belehrung, daß die frühere Aussage nicht verwertet werden darf (vgl *Schlüchter* 99; LR-*Hanack* 65 zu § 136a; SK-*Rogall*

---

[82] Anders SK-*Rogall* 84 zu § 136a, der im Anschluß an BGH **31** 400 bzgl der Ursächlichkeit der Anwendung der verbotenen Vernehmungsmethode für die Schutzgutbeeinträchtigung den vollen Nachweis fordert.

86 zu § 136a), ausgeschlossen werden kann; auch hier wird die Entscheidung im Hinblick auf eine etwaige psychologische Ausstrahlung der (unzulässig erlangten) ersten Aussage ggü der vom Betroffenen oft nur als „Formsache" erlebten richterlichen Vernehmung von Umständen des Einzelfalles abhängen (zB Persönlichkeit des Beschuldigten, Zeitraum zwischen den Vernehmungen [vgl *Schoreit* AG StrR DAV **89** 170 f]).

8. Verwertungsverbot

Übersicht

		Rn			Rn
a)	Umfang	712	aa)	Begründung	715–718
b)	Inhalt	713	bb)	Einwände	719
c)	Fernwirkung	714	cc)	Sonstige Auffassungen	720, 721
			dd)	Zusammenfassung	722

712 a) Die Rechtsfolge des § 136a Abs 3 S 2 gilt für alle Aussagen, die auf verbotenen Methoden beruhen, und sie bindet alle Strafverfolgungsorgane in allen Verfahrensstadien (vgl *Peters* 337; LR-*Hanack* 63, SK-*Rogall* 82, beide zu § 136a), wobei es auch bedeutungslos ist, ob die Aussage für den Vernommenen günstig ist oder nicht (vgl LR-*Hanack* 63 zu § 136a; s auch 704).

Das Verwertungsverbot (s allg zu Beweisverwertungsverboten 356 ff) betrifft nicht nur das Verfahren, in welchem die Aussage verbotswidrig erlangt wurde (so auch LR-*Hanack* 63, SK-*Rogall* 82, beide zu § 136a; aA KK-*Boujong* 38 zu § 136a [unter Hinweis auf BGH v 20.2.1976 – 2StR 431/75 –]), da sonst einerseits der überindividuelle Schutzzweck der Norm nicht beachtet würde (vgl SK-*Rogall* 82 und 4 zu § 136a) und es andererseits den Strafverfolgungsorganen (insbes in Verfahren gegen mehrere Beschuldigte) ermöglicht würde, durch Verfahrenstrennungen und -verbindungen das Verwertungsverbot zu umgehen. Betrifft die verbotswidrige Einwirkung nur einen Teil der Aussage, so bleibt der ordnungsgemäß zustandegekommene und hiervon nicht berührte andere Teil verwertbar (vgl LR-*Hanack* 63 zu § 136a; ANM 485 mwN in Fn 429).

Das Verwertungsverbot betrifft nicht die Verwertung einer verbotswidrig erlangten Aussage im Rahmen eines gegen den Vernehmenden gerichteten Straf- oder Disziplinarverfahrens (vgl LR-*Hanack* 63, SK-*Rogall* 82, beide zu § 136a).

713 b) **Inhaltlich** untersagt § 136a Abs 3 S 2 jede unmittelbare Verwertung der verbotswidrig erlangten Aussage (vgl ANM 481 mwN), ungeachtet ihres Wahrheitsgehaltes oder der Frage, ob sie für die Aussageperson günstig ist oder nicht (vgl SK-*Rogall* 87 f zu § 136a). Die Aussage scheidet als Grundlage für Entscheidungen aus; dies betrifft sowohl die richterliche Beweiswürdigung, als auch die nichtrichterliche (insbes der StA im Rahmen ihrer Abschlußverfügung) und gilt im gesamten Bereich von Maßnahmen der Strafverfolgung (vgl SK-*Rogall* 87 f zu § 136a; zur „Fernwirkung" s 214 ff). Sie ist als unbeachtlich zu behandeln (vgl RG **72** 273; *Peters* 337) – so schwierig dies rechtstatsächlich auch sein mag[83]. Die Aussage darf

---

[83] Vgl zu einschlägigen psychologischen Problemen der Justiz *Arzt* FS-Peters **74** 223 ff, 231 ff; *Sarstedt* Referat 46 DJT F 14 mwN.

III. Verbotene Vernehmungsmethoden

weder durch Verlesung des Vernehmungsprotokolls (vgl KMR-*Müller* 19, LR-*Hanack* 64, beide zu § 136a) oder durch Vorhalte aus der Vernehmung (vgl BGH bei *Dallinger* MDR **73** 371; KK-*Boujong* 39 zu § 136a) noch durch Anhörung des Vernehmungsbeamten oder eines bei der Vernehmung anwesenden Dritten als Zeugen in die Verhandlung eingeführt werden (vgl LR-*Hanack* 64, SK-*Rogall* 88, beide zu § 136a mwN).

Ein gleichwohl erhobener Beweis ist *nicht verwertbar* (vgl für die vernommene Verhörperson ANM 486; *Seiler* FS-Peters 457; LR-*Hanack* 64 zu § 136a). Ist ein Beschuldigter in Verkennung eines Verwertungsverbotes oder seiner konkreten Bedeutung für das Verfahren angeklagt worden, und stellt sich erst in der HV heraus, daß der Angekl wegen des Verwertungsverbotes nicht überführt werden kann, so bleibt die Unschuldsvermutung unwiderlegt und das Verfahren ist durch Freispruch abzuschließen (vgl SK-*Rogall* 89 zu § 136a; *Sarstedt* Referat 46 DJT F 14). Da weder ein Verfahrenshindernis iSd § 260 besteht noch eine Prozeßvoraussetzung fehlt, ist für ein Prozeßurteil kein Raum (ebenso *Sarstedt* Referat 46 DJT F 14; aA *Peters* 339).

c) Str ist, ob das Verwertungsverbot – über das unmittelbar durch die unerlaubte **714** Methode gewonnene Beweismittel hinausgehend – iS einer **Fernwirkung** auch andere (mittelbare) Beweismittel erfaßt, die erst durch das unmittelbare Beweismittel bzw dessen Verwertung zugänglich werden (vgl zur Problematik LR-*Hanack* 66, SK-*Rogall* 90, beide zu § 136a; s zum Problem allg 403 ff).

aa) (1) Diejenigen, die eine Fernwirkung ablehnen,[84] können sich schwerlich auf **715** den *Wortlaut* der Norm („Aussage") berufen (so aber *Kleinknecht* NJW **66** 1544; *Petry* 127; wohl auch *Baumann* GA **59** 41 ff), da der Begriff „Aussage" als Anknüpfungspunkt für eine Auslegung nichts hergibt. Vielmehr kommt es entscheidend auf die Auslegung des Terminus „verwerten" an, so daß sich aus dem Wortlaut der Norm nur Argumente *für* eine Fernwirkung herleiten lassen (vgl *Osmer* 39 ff, 71 ff; *Neuhaus* NJW **90** 1221; *Seebode* JR **88** 431; *Otto* GA **70** 294; *Klug* Referat 46 DJT F 46 ff; *Reinecke* 105 ff, 109).

In Übereinstimmung mit dem allg Sprachgebrauch (vgl *Osmer* 35; *Reinecke* 108) ist davon auszugehen, daß unter der „Verwertung" von Beweismitteln das verfahrensbezogene Nutzbarmachen von Beweiserhebungs- bzw Beweisgewinnungsergebnissen in jeder denkbaren Form, ggf unter Einbringung als Beweismittel in die HV und damit als Anknüpfungspunkt für die freie richterliche Beweiswürdigung, zu verstehen ist (vgl *Reinecke* 39; *Osmer* 35). Eine Aussage verwertet auch, wer sie als Ausgangspunkt und Grundlage weiterer Sachverhaltserforschung nutzt,[85] sofern

---

[84] BGH **34** 364 f = JR **88** 426 f mit abl Anm *Seebode* = JZ **87** 936 f mit abl Anm *Fezer* = StV **87** 283 mit abl Anm *Grünwald* 470 ff = NStZ **89** 33 f mit abl Anm *Wagner*; Stuttgart NJW **73** 1941 f; Hamburg MDR **76** 601 [bzgl § 243]; K/M-G 31 zu § 136a; *Petry* 24,136 f, 171; die Mehrheit des 46. DJT, s hierzu DRiZ **66** 378 f; **für** eine Fernwirkung des Verbots aus § 136a dagegen LG Hannover StV **86** 522; *Laux* SchlHA **51** 39 f; *Grünwald* JZ **66** 499 ff; *Peters* 338; ders Gutachten 46 DJT 91 ff, 99, 160 f; *Roxin* 44 zu § 24; *Prittwitz* VndsStV 331; *Kühne* 541; *Mehle* AG StrR DAV **88** 174 f; *Fezer* 50 zu Fall 16; **differenzierend** *Maiwald* JuS **78** 384, der grds eine Fernwirkung bejaht, aber Ausnahmen für Schwerkriminalität zulassen will; SK-*Rogall* 94 zu § 136a; KK-*Boujong* 42, KMR-*Müller* 20 (iVm KMR-*Paulus* 542–546 zu § 244), LR-*Hanack* 67, alle zu § 136a.

[85] Zum Beispiel Fälle verbotener „Beweisverfolgung" iSv *Peters* Gutachten 46 DJT 91, 99, 159 f; vgl auch *Seebode* JR **88** 431.

dies in irgendeiner Form nach außen erkennbar wird; allein interne psychische Vorgänge können und sollen durch Verwertungsverbote nicht unterbunden werden (vgl Dencker 73; *Reinecke* 39f).

716 (2) Eine *historische* Auslegung der Norm spricht zumindest nicht gegen eine Fernwirkung (vgl *Peters* Gutachten 46 DJT 159f; *Otto* GA **70** 295; *Seebode* JR **88** 431; *Osmer* 43 f).

717 (3) Die *systematische* Stellung der Norm im allg Teil spricht eher für eine Fernwirkung, denn aus ihr ergibt sich, daß das Verwertungsverbot – unstr (vgl nur KK-*Boujong* 1, LR-*Hanack* 63, beide zu § 136a) – in sämtlichen Verfahrensstadien, mithin auch (und gerade) im Vorverfahren gilt. Die Verwertung einer Aussage im Vorverfahren wird typischerweise aber gerade darin bestehen, diese als Ausgangspunkt und Grundlage weiterer Ermittlungen zu nutzen.

718 (4) Entscheidend für die Annahme einer Fernwirkung des Verwertungsverbotes spricht der *Schutzzweck* der Norm (vgl dazu auch *Beulke* ZStW **103** [1991] 657). Demjenigen, dessen Aussagefreiheit seitens staatlicher Strafverfolgungsorgane durch (gem § 136a) verbotene Methoden verletzt wurde, erwächst aus diesem Eingriff ein gegen den Staat gerichteter Folgenbeseitigungsanspruch (s näher *Peters* Gutachten 46 DJT 99). Will man die Effizienz insbes der „Kernvorschrift zum Schutz der Aussagefreiheit" (KK-*Boujong* 1 zu § 136a mwN) nicht unterhöhlen, wird generell die Fernwirkung zu bejahen sein (vgl *Kühne* 541), „denn anderseits ließen sich die Beweisverbote zu leicht umgehen" (*Roxin* 44 zu § 24).
Soweit die Fernwirkung abgelehnt wird, könnte die Norm im Erg sogar kontraproduktiv wirken, da sie bei geneigten Ermittlungsbeamten geradezu als Aufforderung (miß-)verstanden werden könnte, verbotene Methoden besonders nachdrücklich zu verwenden bis – nach solcher Auslegung – (auch) prozessual einwandfrei verwertbare Beweisergebnisse erlangt worden sind (ebenso *Reinecke* 147f; *Otto* GA **70** 294f; *Kühne* 541; *Neuhaus* NJW **90** 1221f; *Grünwald* StV **87** 472f; vgl insbes schon LR-*Sarstedt* [22.Aufl] 7 zu § 136a; s auch US Supreme Court, zit nach *Harris* StV **91** 313f Fn 22: „Einladung" zu verbotenen Vernehmungsmethoden). Daß solche Befürchtungen nicht jeglicher Grundlage entbehren, ergibt sich auch aus einzelnen entspr Ausführungen im (kriminalistischen) Schrifttum,[86] zumal zu besorgen ist, daß derartige Hinweise von Vernehmungsbeamten zuweilen als Empfehlungen mißverstanden werden können (s zum kriminalistischen [Ausbildungs-] Schrifttum *Wetterich/Plonka* 95 sowie *Brack/Thomas* 174; vgl im übrigen GeschA PolDir Berlin 5/89 II-11 Abs 5).

719 bb) Die **Einwände**, die insbes auch der BGH (**34** 364f) gegen eine Fernwirkung von Verbotsverstößen im Rahmen des § 136a erhebt, beziehen sich vor allem auf empirisch nicht belegte *kriminalpolitische* Bedenken. S dazu im einzelnen 405.

720 cc) Nach sonstigen **Auffassungen** wird im Einzelfall unter Abwägung der Schwere des Verstoßes und des staatlichen Beweisinteresses eine Fernwirkung angenommen oder abgelehnt (vgl LR-*Hanack* 67, SK-*Rogall* 94, beide zu § 136a; *Wol-*

---

[86] Vgl etwa *Döhring* 214; „Trotzdem kann ein durch unzulässige Versprechungen erwirktes spezifiziertes Geständnis dadurch wertvoll sein, daß es Hinweise für weitere Ermittlungen ergibt. Mitunter gelingt es dann, den Beschuldigten durch andere Beweismittel zu überführen, so daß die mit Hilfe unerlaubter Versprechungen erlangten Geständniserklärungen mittelbar doch die Sachaufklärung fördern".

ter NStZ **84** 278) bzw es wird grds eine Fernwirkung befürwortet, abgesehen von Fällen der Verfolgung von „Schwerkriminalität" (vgl *Maiwald* JuS **78** 384; *Wulf* 102 f). Diese Auffassungen indes finden keine Stütze im Gesetz.

Da der Gesetzgeber keinerlei Ausnahmen vorgesehen hat, steht es mithin de 721 lege lata dem Gericht nicht zu, solche nach eigenem Gutdünken zu schaffen. Zudem würden die Differenzierungen möglicherweise zu Rechtsunsicherheit führen, da es nicht unerheblich darauf ankäme, wer abwägt (so stehen zB das LG Hannover [StV **86** 521 f] und der BGH [**34** 362 ff] dem eigenen Verständnis nach gleichermaßen auf dem Boden einer dieser Auffassungen, gelangen indes in derselben Sache zu entgegengesetzten Entscheidungen; s dazu *Fezer* 50 zu Fall 16; *Seebode* JR **88** 431; *Prittwitz* VndsStV 331).

dd) **Zusammenfassend** ist davon auszugehen, daß iZm § 136a zwingende dog- 722 matische Gründe die Annahme einer Fernwirkung unumgänglich machen (ebenso *Fezer* JZ **87** 939; SK-*Wolter* 207 vor § 151; vgl schon 408).

9. Revision

a) Die Verwertung einer Vernehmung entgegen dem Verbot des § 136a Abs 3 723 kann revisionsrechtlich erfolgreich nur mit einer gem § 344 Abs 2 S 2 zulässig erhobenen Verfahrensrüge geltend gemacht werden, gleichgültig wie schwer der Verstoß wirkt (vgl BGH bei *Holtz* MDR **76** 988; BGH bei *Miebach* NStZ **88** 211; KK-*Boujong* 43, SK-*Rogall* 107, K/M-G 33[87], alle zu § 136a; aA *Henkel* 181). Der Revisionsführer muß mithin in der Revisions*begründungs*schrift die Tatsachen angeben, aus denen sich die unzulässigen Vernehmungsmethoden sowie die Möglichkeit einer Kausalbeziehung zwischen diesen und der Aussage ergeben (vgl *Neustadt* NJW **64** 313; LR-*Hanack* 70, SK-*Rogall* 99, beide zu § 136a); entspr gilt für den Fall der Fortwirkung (vgl BGH bei Pfeiffer NStZ **81** 94; SK-*Rogall* 85, 107 zu § 136a; s auch 711). – Bestreitet die StA, daß § 136a verletzt wurde, so trifft sie ihrerseits eine entspr Begründungspflicht (BGH NJW **95** 2047). Der Revisionsführer ist darüber hinaus gut beraten, bereits in der HV der Verwertung eines gem § 136a verbotswidrig erlangten Beweismittels (durch Vorhalt, Vernehmung der Verhörsperson usw) entgegenzutreten und hierzu einen Gerichtsbeschluß gem § 238 Abs 2 herbeizuführen, damit der Vorgang in die Sitzungsniederschrift gelangt (vgl *Sarstedt/ Hamm* 308).

b) Das Revisionsgericht prüft das Vorliegen des behaupteten Verfahrensversto- 724 ßes nach hM (s aber 40, 707) im *Freibeweiswege* (vgl BGH **14** 191; **16** 166 = JR **62** 108 mit insoweit zust Anm *Eb Schmidt;* BGH bei *Miebach* NStZ **88** 211; Frankfurt VRS **36** 366; K/M-G 33, LR-*Hanack* 70, SK-*Rogall* 99, alle zu § 136a).

Ob der gerügte Verstoß gegen § 136a nur dann vom Revisionsgericht zu beachten ist, wenn er – wie bei Verfahrensrügen regelmäßig erforderlich (vgl *Dahs/Dahs* 484) – zu seiner vollen Überzeugung feststeht, ist umstritten (s hierzu die Nachweise bei 708). Entgegen der Auffassung der Judikatur wird es ausreichen müssen, daß die Darlegungen derart substantiiert sind und vom Erg der Freibeweisaufnah-

---

[87] LR-*Hanack* 70, 72 zu § 136a gibt zugleich zu bedenken, daß vieles dafür spricht, den Verstoß auch im Rahmen der Sachrüge für beachtlich zu halten.

me auch insoweit gedeckt werden, daß dem Revisionsgericht begründete Zw an der Rechtmäßigkeit des Vorganges iSd § 136a erwachsen (vgl ausführlich 708f).

725 c) Die Verletzung des § 136a kann entspr § 339 grds nur in einer Revision des Angekl oder in einer von der StA zu dessen Gunsten eingelegten Revision gerügt werden (vgl LR-*Hanack* 71 zu § 136a, 6 zu § 339; SK-*Rogall* 108 zu § 136a). Anderes gilt jedoch, wenn auf einen *Zeugen* in gem § 136a verbotswidriger Weise zugunsten einer für den Angekl vorteilhaften Aussage eingewirkt wurde (vgl LR-*Hanack* 71, SK-*Rogall* 108, beide zu § 136a).

Der Angekl kann auch die verbotswidrige Herbeiführung der Aussage von Zeugen und Sv (vgl *Grünwald* JZ **66** 490; KMR-*Paulus* 504 zu § 244) sowie Mitangekl (vgl BGH bei *Dallinger* MDR **71** 18; LR-*Hanack* 71 zu § 136a) rügen (vgl K/M-G 33, SK-*Rogall* 108, beide zu § 136a).

IV. Würdigung des Ergebnisses der Beschuldigtenvernehmung

1. Würdigung durch den Vernehmenden unter besonderer Berücksichtigung der Geständnisproblematik

Übersicht

		Rn			Rn
a)	Allgemeines	726	dd)	Verdeckungsabsicht	
b)	Beweiswert eines Geständnisses	727–729		(1) Zur Ablenkung von anderen Taten	736
c)	Gründe für Falschgeständnisse			(2) „Übernahme" des Fehlverhaltens anderer Personen	737
	aa) Geisteszustand des Beschuldigten	730			
	bb) Angst; Vernehmungsdruck	731–734		(3) Geständnis mit Fremdbelastung	738
	cc) Irrtum	735			

726 a) Die Aussage des Beschuldigten ist hinsichtlich der allg Beurteilung von **Aussagefähigkeit** und **-ehrlichkeit** an den gleichen Maßstäben zu messen wie die **Zeugenaussage** (s näher 1362ff, 1426ff). Irreführend (wenngleich weit verbreitet) ist es daher schon sprachlich, der „Aussage" des Zeugen die „Einlassung" des Beschuldigten gegenüberzustellen, zumal der Bewertungsgegenstand einheitlich ist (vgl *Eisenberg* § 28 Rn 22; *Prüfer* 3). Methodisch verfehlt ist es, beim Beschuldigten generell von einer herabgesetzten Wahrnehmungsfähigkeit zum Tatzeitpunkt (etwa aufgrund einer Streßreaktion bei der Tatausführung) auszugehen, da hierbei (entgegen der Unschuldsvermutung) verkannt würde, daß der Beschuldigte möglicherweise unschuldig ist, dh ein entspr Ausgangspunkt der Aussagewürdigung enthielte Elemente eines Zirkelschlusses. Hingegen kann eine Verminderung der Aussagefähigkeit durch den Druck des gegen den Beschuldigten geführten Ermittlungsverfahrens eintreten, wenngleich sich auch insoweit Verallgemeinerungen verbieten (zu diesbzgl aussagepsychologischen Erkenntnissen vgl 732ff). Auch die Unterscheidung zwischen (teil-)geständiger und (teil-) bestreitender Aussage besagt für sich genommen noch nichts über ihre Glaubhaftigkeit, da der unschuldige Beschuldigte zutreffend die Tatbegehung bestreiten oder unzutreffend gestehen kann (vgl *Schubert* 155f, 159).

IV. Würdigung des Ergebnisses der Beschuldigtenvernehmung

b) Auch eine **geständige** Aussage des Beschuldigten kann für sich genommen nicht den vollen Schuldnachweis ersetzen (s schon 15f). Eine erfolgreiche Sachaufklärung ist nicht zwingend von einem Geständnis abhängig, und andererseits gewährleistet ein (umfassendes) Geständnis nicht eine erfolgreiche Aufklärung. Vielmehr haben die Ermittlungsbehörden grds auch nach Abgabe eines Geständnisses mit dem Ziel weiter zu ermitteln, sämtliches Beweismaterial zu sichern und den Beschuldigten (notfalls) auch ohne Berücksichtigung seines Geständnisses überführen zu können (vgl *Lange* 102f; *Beneke* 72f). Auf diese Art können einerseits auf falschen Geständnissen beruhende Fehlurteile verhindert, und andererseits kann Widerrufen bzw auf solchen beruhenden Beweisnotständen vorgebeugt werden. **727**

So berichtet *Schweitzer* (Krim **60** 513ff; **61** 5ff, 63ff; *Beneke* 72f) von einem Fall, in welchem sich die Ermittlungsorgane trotz des Erfolgsdrucks durch die Öffentlichkeit nicht mit einem (falschen) Geständnis zufrieden gaben, sondern dieses sorgfältig überprüften und schließlich die wirklichen Täter überführen konnten. Die Ermittler haben sich auch nicht dadurch täuschen lassen, daß das falsche Geständnis eine in allen wesentlichen Punkten zutreffende Tatschilderung nebst einer Fülle von Einzelheiten enthielt, welche geeignet gewesen wären, zu dem Trugschluß zu verführen, es handele sich um sog Täterwissen.

Bei der Frage, ob sog **Täterwissen** vorliegt, muß stets besonders streng geprüft werden, ob der Beschuldigte wirklich mehr Fakten geliefert hat, als er wissen, vermuten oder auch erraten konnte (vgl *Bender/Nack* 730). Praxisberichte belegen (vgl *Wieczorek* Krim **86** 153f; *Hudalla* Krim **92** 48ff; *Lange* 100f), welche Fülle von zutreffenden Informationen dem Beschuldigten durch Medienberichterstattung zur Verfügung stehen bzw aufgrund von Äußerungen des Vernehmenden (zB entspr ausführliche Vorhalte) unterstellt sowie mit Phantasie, Beobachtungsgabe oder „gesundem Menschenverstand" erahnt werden können. Mitunter genügt es sogar, daß der „Vernommene" sich von dem Vernehmenden suggestiv führen läßt und lediglich auf geschlossene Fragen bzw ausführliche Vorhalte mit „ja" oder „nein" reagiert. Aus diesen Gründen ist ein falsches Geständnis nicht etwa idR einfach (so aber *Meyer/Wolf* 302) als solches zu erkennen. **728**

Je mehr der Wert eines Geständnisses für die Sachaufklärung aber überschätzt wird, desto mehr gerät der Vernehmende (vor allem auf polizeilicher Ebene) in die Gefahr, (unter Zurückstellung anderer Beweismittel und) unter Einsatz der verschiedensten und ggf unzulässigen Methoden, auf ein solches hinzuwirken (vgl ähnlich *Beneke* 136). Die Folge hiervon kann eine Zunahme der Zahl teilweise oder vollständig **falscher Geständnisse** sein (vgl *Hirschberg* 16; *Peters* Fehlerquellen II 13; *Lange* 90ff; *Stern* StV **90** 563; *Beneke* 15, 19ff; *Esders* in: Kraheck-Brägelmann 9f; aus kriminalistischer Sicht *Brack/Thomas* 176; *Hellwig* 73ff; *Schubert* 155f); das falsche Geständnis aber ist als eine der Hauptursachen festgestellter strafgerichtlicher Fehlurteile nachgewiesen (vgl *Hirschberg* 16; *Peters* Fehlerquellen II 13; *Peters* 398; *Lange* 90; *Stern* StV **90** 563; *Beneke* 57). **729**

Soweit der Zufall bei der Aufdeckung eines Fehlurteils häufig eine bedeutende Rolle spielt (vgl *Stern* StV **90** 563f), ist von einem nicht unbeträchtlichen Dunkelfeld auszugehen (vgl *Beneke* 134).

c) aa) Da ein Geständnis angesichts seiner vorhersehbaren Folgen einer massiven Selbstschädigung gleichkommt, wird verschiedentlich angenommen, ein Unschuldiger würde ein teilweise oder vollständig **falsches Geständnis** ohne Not nur ablegen, wenn er **geistig nicht gesund** sei (vgl *Stern* StV **90** 563; *Geerds* 417), **730** dh die Möglichkeit eines falschen Geständnisses sei (wenn überhaupt) nur bei geistig nicht gesunden Beschuldigten ernsthaft in Betracht zu ziehen. Demggü läßt sich mit psychopathologischen Faktoren[88] nur ein (quantitativ vermutlich eher geringer) Teil falscher Geständnisse erklären (vgl zum Ganzen *Dauner* FS-Stutte 3 ff, 5; *Beneke* 81 f, 84 ff).

731 bb) (1) Hingegen kommt es insbes bei erstmals strafrechtlich verfolgten Personen oder, deliktsstrukturell betrachtet, zB bei solchen, die eines Sexualdeliktes beschuldigt werden, nicht ganz selten vor, daß die **Angst** vor Verhaftung und vor einer diskriminierenden HV sowie einer möglichen Bestrafung bei scheinbar aussichtsloser Beweislage zu einem falschen Geständnis führt, soweit Beschuldigte sich hilflos und überfordert fühlen und auf diese Art hoffen, zumindest den nächstliegenden Unannehmlichkeiten zu entgehen bzw eine eher milde Strafe zu erhalten (vgl *Gudjonsson/MacKeith* in Trankell 258; *Lange* 92 f; *Peters* Fehlerquellen I Fall 265, S 338 f, Fall 277, S 170 f, Fall 232, S 432, Fall 140, S 149, Fall 261, S 254; *W. Müller* JuS **59** 213; vgl auch *Stern* StV **90** 563 sowie *Beneke* 45 [47]: U-Haft als „Beugemittel").

732 (2) Als weiterer bedeutender Ursachenfaktor für falsche Geständnisse ist (widerum erhöht betr erstmals strafrechtlich verfolgte Personen) der **Vernehmungsdruck** zu nennen, und zwar – besonders etwa bei dem Vorwurf vergleichsweise schwerer Delikte – auch ohne Einsatz gem § 136 a verbotener Vernehmungsmethoden (vgl *Lange* 98 f; *Beneke* 49 ff mwN; nicht erwähnt bei *Meyer/Wolf* 301). Eine diesbzgl Gefahr besteht zumindest insoweit, als die Vernehmung für den Beschuldigten eine belastende und spannungsgeladene Ausnahmesituation darstellt, während sie für den Vernehmenden Teil seiner beruflichen Tätigkeit und daher eine (zumeist) alltägliche Routinesituation ist. Die (auch) darauf beruhende regelmäßig größere Handlungskompetenz des Vernehmenden erleichtert es diesem im Rahmen der Vernehmung als „Aushandeln der Wirklichkeit" bzw Transformation von bekundeter Wirklichkeit in juristische Subsumtion,[89] eigene Vernehmungsziele durchzusetzen. Besonders groß ist die Gefahr der Aussageinduktion durch den Vernehmenden, wenn dieser zu früh die Täterschaft des Beschuldigten annimmt, alternative Hypothesen vorschnell ausschließt und in der Beschuldigtenvernehmung darauf hinarbeitet, „Widerstandsenergie, -intelligenz und -willen" (vgl *Schubert* 163 ff; *Brack/Thomas* 159 f) zu brechen (s n 538 ff). Aufgrund der verfrühten Festlegung vermag der Vernehmende dann nicht mehr mit der hierfür erforderlichen Sicherheit zu beurteilen, ob der Beschuldigte überhaupt etwas zu gestehen hat.

Nicht unbedenklich ist die Auflistung von Anzeichen einer „Gedächtnisankündigung" (*Meyer/Wolf* 300 f), zumal sie sämtlich zum einen nicht weniger Ausdruck der Belastung durch die Vernehmungssituation sein können und zum anderen keinen Bezug zur Frage der Richtigkeit des Geständnisses aufweisen.

Um entspr Gefahren zu wehren oder sie zumindest einzuschränken, ist eine möglichst genaue Dokumentation des Frage-Antwort-Verlaufs der (Beschuldigten-)Vernehmung erforderlich (s näher 612 ff), weil nur dadurch eine (retrospek-

---

[88] Vgl *Venzlaff* 338; *Rasch* 192 f, 217, 231 ff; *Lange* 100 f; *Beneke* 70 ff; *Schubert* 156.
[89] S n 1344 ff; zur Protokollierung *Banscherus* 250 f.

IV. Würdigung des Ergebnisses der Beschuldigtenvernehmung

tive) Kenntnis einschlägiger Beeinträchtigungen der Wahrheitsermittlung erlangt werden kann (zB Suggestionen bzw Vorgaben einschließlich Verstärkungseffekten, Gratifikationen, Sanktionen, Selbstformulierungen des Vernehmenden, Einfügung polizeilicher oder juristischer Begriffe, Umstände und insbes extern gesetzte Assoziationen beim Übergang vom Bestreiten zum Gestehen).

(a) Hinsichtlich relevanter (sozial-)psychologischer Mechanismen ist davon auszugehen, daß ein verstandesmäßig erlebter Kontrollverlust gem den situativen Gegebenheiten (der Vernehmung) zu Unsicherheit, zum Bewußtwerden eingeschränkter eigener Beeinflussungsmöglichkeiten des Geschehens und im Ergebnis zu Resignation, Regression, Reaktanz und **Hilflosigkeit** führen kann (vgl dazu *Wegener* FS-Schewe 313). Zudem liegen Anhaltspunkte dafür vor, daß bei antizipiertem Fehlen eigener Beeinflussungsmöglichkeiten objektiv gleiche Ereignisse erheblich aversiver wirken als bei eigener Kontrollerwartung (*S.M.Miller* BehRes-Therapy **79** 287). Somit kann es zu einer Zurücknahme des Planungshorizontes auf *Nahziele* (zB Beendigung der Vernehmung) und dadurch bedingt zu einer Überbewertung von unmittelbaren Signalen der sozialen Umgebung zulasten anderer Wahrnehmungen und Reaktionen idS kommen, daß gleichsam ein Weg des geringsten Widerstandes akzeptiert wird; dabei handelt es sich bei solchen psychischen Prozessen nicht etwa um die Wirkung singulärer Motive, sondern um Motivbündel mit unterschiedlicher Bewußtseinspräsenz der Einzelelemente und einem steten „Wechsel oder Nebeneinander kognitiver und emotionaler Abläufe" (*Wegener* FS-Schewe 316). Sowohl iS erlernter Hilflosigkeit (*Seligman* 75) als auch gem Überschneidungen zwischen Defiziten darin, Belohnungsaufschub (vgl *Eisenberg* § 59 Rn 34) bzw strafverfahrensbezogene Fernziele einzuhalten, sind entspr Abläufe durchaus auch bei Beschuldigten zu gewärtigen, die bereits *wiederholt strafrechtlich verfolgt* wurden. **733**

Im einzelnen können bei anhaltender Befragung Verunsicherung, Zunahme von Vulnerabilität gegen soziale und andere Außenreize sowie *Herabsetzung* des *Suggestionswiderstandes* auftreten; soweit damit ein Mißtrauen ggü der eigenen Erinnerung einhergeht, sind auch bei subjektivem Bemühen um realitätsgerechte Angaben ggf keine klaren, eindeutigen Trennungen zwischen realitätsbezogenen Erinnerungselementen und den durch den Vernehmenden eingebrachten Versionen mehr möglich (*Gudjonsson* 134 f). Zudem kommt es nicht selten vor, daß der Beschuldigte solche Vorstellungen, die der Vernehmende aufgrund seiner Annahmen (über das angebliche Geschehen) etwa „hineinfragt", in sein gesamtes Erinnerungsbild einbaut, und daß solche scheinbaren Erinnerungsteile aufgrund von Gratifikationen seitens der Vernehmungsperson sich verstärken (sogen „Gefrieren") und zu festen Bestandteilen späterer Aussagen werden (*Carmichael ua* JExpPsych **32** 73 ff; s auch *Gudjonsson* 230 ff). Auch solche Abläufe sind bei strafrechtlich Vorbelasteten durchaus naheliegend, und zwar umso mehr, je ausgeprägter die beschuldigte Person die etikettierte „Rolle eines Straftäters" übernommen hat.

(b) Als wichtiger Faktor dafür, ob Vernehmungsdruck zu einem *falschen Geständnis* führt, ist die Belastbarkeit des Beschuldigten zu berücksichtigen.[90] Zu den Per- **734**

---

[90] So wird berichtet, daß Beschuldigte nicht begangene Taten gestanden, um endlich Ruhe vor der Fortsetzung der Vernehmung zu haben (vgl *Beneke* 50f betr angeblichen Doppelmord).

sonengruppen, die einschlägig besonders gefährdet zu sein scheinen, gehören im allg zB intellektuell unterdurchschnittlich Begabte (instruktiv aus der Praxis *Hudalla* Krim **92** 47) sowie tendenziell vergleichsweise junge bzw alte Menschen (vgl *Gudjonsson/MacKeith* in: *Trankell* 261 f; *Peters* Fehlerquellen II 26; *Beneke* 51 m anschaulichen Beisp; zur psychometrischen Erfassung *Gudjonsson* 163). Dabei können speziell suggestive Beeinflussungen (insbes durch die Vernehmungsperson) einen Irrtum bei der Aussageperson hervorrufen, auf dem eine fehlerhafte Wiedergabe des Tatgeschehens beruht (vgl *Schubert* 155; *Busam* 81; zur Fragetechnik 589 f; zur verbotenen Täuschung s n 654 ff).

735 cc) Mitunter kommt es **irrtümlicherweise** zu falschen Geständnissen, wobei zwischen Tatsachen- und Rechtsirrtum zu unterscheiden ist. Zum einen kann der Vernommene subjektiv von der Richtigkeit seiner tatsächlich unzutreffenden Angaben überzeugt sein (vgl *Lange* 92 mwN; *Beneke* 58 ff). Zu einschlägigen Wahrnehmungsfehlern kann es insbes bei Verkehrsdelikten durch die Schnelligkeit der Abläufe oder auch durch Schock aufgrund des Unfallgeschehens kommen.

Zum anderen kann ein falsches Geständnis des Beschuldigten auch auf dessen *irriger* rechtlicher *Wertung* und der fehlerhaften Einschätzung der Verfahrenslage bzw seines Verteidigungsinteresses beruhen (zB wenn der Beschuldigte sich mit erfundenen Sachverhaltsschilderungen, welche belastende unrichtige Angaben enthalten, zu verteidigen glaubt [vgl *Beneke* 58 f]).

736 dd) (1) Ferner kann **Verdeckungsabsicht** ein Motiv für falsche Geständnisse sein (vgl zum [Selbst-] „Schutzgeständnis" *Schubert* 156; *Lange* 92 mit vier Fallbeisp; *Beneke* 60 ff). Zumeist wird dabei die Begehung eines leichteren Deliktes fälschlich gestanden, um mit einer tatsächlich begangenen schwereren Straftat nicht in Verbindung gebracht zu werden bzw um ggf drohenden (weiteren) Ermittlungen in dieser Richtung vorzubeugen (vgl *Lange* 92; *Beneke* 60 f; *Bender/Nack* 749, die es anschaulich als „Ablenkungsgeständnis" bezeichnen).

Die Fallgestaltung führt jedoch nicht zu einer Wiederaufnahme des Verfahrens zuungunsten des Verurteilten, wenn er im nachhinein eine erheblich schwerere Tat als die abgeurteilte gesteht, da er nicht freigesprochen (§ 362 Nr 4) wurde (hM, s nur K/M-G 4 zu § 362; aA für Fälle unverhältnismäßiger Diskrepanz *Peters* 678).

Im übrigen kann in einzelnen Deliktsbereichen durch ein falsches Geständnis uU Zeit gewonnen werden, zB um – selbst oder durch Mittelspersonen – sachliche Beweismittel zu vernichten, Zeugen zu beeinflussen etc. Eine Sonderform eines derartigen Vorgehens stellt ein „Alibigeständnis" dar (vgl *Beneke* 61).

In der Hoffnung, die Unschuld bzgl der zu Unrecht eingeräumten Tat werde sich später herausstellen, werden mitunter aber auch schwerere oder erfundene zusätzliche Straftaten gestanden, sei es um Verwirrung zu stiften und von einem begangenen leichteren Delikt abzulenken, sei es, um ein zuvor abgelegtes wahres Geständnis indirekt zu entwerten (vgl *Bender ua* 779; *Beneke* 61 mwN aus dem älteren Schrifttum).

737 (2) Ein anderes, möglicherweise nicht selten vorkommendes Motiv für die Abgabe falscher Geständnisse ist die **Absicht**, eine **andere** Person vor Bestrafung zu **schützen** (vgl *Lange* 91). Zumeist besteht zwischen der geständigen Person und der, die solcher Art geschützt werden sollte, ein Verwandschafts-, Freundschafts- oder auch nur Kameradschaftsverhältnis (vgl *Bender/Nack* 750; *Lange* 91; *Beneke* 63 ff); mitunter wird der kontrafaktisch Geständige aber auch durch Geld- oder sonstige Zuwendungen oder aber Drohungen zu der „Übernahme" veranlaßt (vgl *Beneke* 63f mit anschaulichen Beisp). Häufig drohen der geschützten Person aufgrund besonderer Umstände (zB laufende Bewährungszeit, alkoholbedingte Fahruntüchtigkeit, bereits entzogene Fahrerlaubnis, einschlägige Vorstrafe) deutlich höhere Strafen als der geständigen Person. Tendenziell handelt es sich um eher leichtere Delikte (ohne informelle soziale Ächtung) bzw um solche, bei denen die „altruistische" Übernahme fremder Schuld (im Freundeskreis) etwa als ehrenwert erachtet wird (vgl *Lange* 91; *Beneke* 64 ff); indes kommt das genannte Motiv im Einzelfall auch bei Kapitalverbrechen vor (vgl zB betr zweifachen Mord *W. Müller* JuR **59** 214; *Beneke* 67).

Eine Variante stellt es dar, wenn der Beschuldigte mit dem falschen Geständnis weitere Tatbeiträge anderer Mittäter auf sich nimmt, da seine eigene Verurteilung ohnehin als unvermeidbar erscheint und die „übernommenen" Tatbeiträge insbes bei zu erwartender Gesamtstrafenbildung kaum ins Gewicht fallen (vgl *Lange* 91 mwN).

(3) Soweit das falsche Geständnis zugleich eine andere Person (mit-)belastet, **738** kann **Schädigungsabsicht**[91] ein Motiv sein (vgl *Lange* 94 ff; *Bender/Nack* 751; *Beneke* 67 ff), so daß es erforderlich ist, die Beziehung zwischen dem Geständigen und der von ihr belasteten anderen Person zu untersuchen, um die Aussage würdigen zu können (vgl *Beneke* 70). Ein anderes Motiv kann in dem Bestreben liegen, (etwa in Aussicht gestellte) Milde der Justiz dadurch zu erreichen, daß die eigene Schuld gleichsam verteilt bzw daß ein vermeintlicher Beitrag zur umfassenden Aufklärung der Tat auch über die eigene Tat hinaus geleistet wird (s n 942 ff [Kronzeugenregelung]).

Derartige Fremdbelastungen sind für die andere Person vor allem dann gefährlich, wenn die einem Geständnis zugebilligte Richtigkeitsvermutung auch auf den fremdbelastenden Teil der Aussage übertragen wird (vgl *Busam* 67; *Beneke* 68). In solchen Situationen kommt es nicht selten dazu, daß der Belastete seinerseits (aufgrund scheinbar aussichtsloser Beweislage) ein falsches Geständnis ablegt – sei es, um nicht als „uneinsichtig" zu gelten und (seinerseits) ein milderes Urteil zu erreichen, sei es aus Resignation (vgl *Peters* Fehlerquellen II Fall Nr 1042, S 341; Fall Nr 276, S 73 ff; *Lange* 94 ff; *Beneke* 69).

Es muß nach alledem davon ausgegangen werden, daß ein Geständnis grds nicht geeignet ist, die Glaubhaftigkeit einer Fremdbelastung zu stärken (ebenso *Busam* 67; *Beneke* 70; aus kriminalistischer Sicht *Fischer* 138; s auch BGH StV **92** 98); vielmehr scheint sogar besondere Vorsicht geboten.

---

[91] Etwa aufgrund von Haß, Neid, Eifersucht oder Rachegefühlen (vgl *Schubert* 156).

2. Würdigung durch die Staatsanwaltschaft (bzw das Gericht) anhand der Ermittlungsakten

Übersicht

	Rn		Rn
a) Rolle der StA	739	c) Folgerungen für die Würdigung von Ermittlungsergebnissen	742, 743
b) Gründe für die mangelnde Ermittlungsinitiative	740, 741		

739 a) Wenngleich es gemäß § 161 im Ermittlungsverfahren keinen per se „staatsanwaltsfreien" Raum gibt (vgl *Rüping* ZStW **95** [1983] 893, 909f, 915f; *Uhlig* DRiZ **86** 247; abw *Knemeyer* FS-Krause 476), hat die StA **rechtstatsächlich** (und unbeschadet zB der Antragstellung etwa betr Zwangsmaßnahmen) im allg **keine dominierende Stellung im Vorverfahren** (vgl nur *Eisenberg* § 27 Rn 6ff; SK-*Wolter* 63 zu § 151 mwN). So wird die das Vorverfahren beendende Abschlußverfügung der StA (s Rn 1), mit Ausnahme besonderer Delikts- oder Tätergruppen bzw Spezialabteilungen (vgl *Zuberbier* DRiZ **88** 335), regelmäßig nach Aktenlage getroffen, ohne daß der Dezernent selbst ermittelt oder auch nur ergänzende Ermittlungen veranlaßt hätte (vgl schon *Blankenburg ua* 303 ff; s auch B/K/*Wetterich* 147, 162f; *Feltes* KrimJ **84** 50, 57f). Demggü setzt die Prüfung, ob „*genügender Anlaß*" (§ 170 Abs 1) zur Anklageerhebung besteht,[92] eine **Prognose** des jeweiligen **StA** selbst voraus, daß er am Ende der HV wahrscheinlich Verurteilung beantragen wird; hingegen ist die Zügigkeit der Vernehmungserledigung kein gesetzliches Kriterium dafür (s aber 741).

Im einzelnen ergaben die in den siebziger Jahren von *Blankenburg ua* (304) durchgeführten Untersuchungen, daß selbst bei vollendetem Mord in 44% der Fälle keine eigenen Ermittlungen der StA festzustellen waren, sie in weniger als der Hälfte der Fälle den Tatort besichtigte und gar nur in 20% der Fälle den Beschuldigten selbst vernahm.

Obgleich die Beschuldigtenvernehmung von zentraler Bedeutung für die Sachverhaltsermittlung ist und die persönliche Vernehmung durch den StA geeignet sein könnte, Selektionen im Ermittlungsstoff sowie Täuschungen (der vernehmenden oder der vernommenen Person) zu kontrollieren, wird zumeist so verfahren, als gäbe es die aus § 163a Abs 3 iVm §§ 133, 134 erwachsenden Befugnisse nicht.

Ausgehend von der Annahme, daß der Beschuldigte kein Recht habe, das Vernehmungsorgan auszuwählen, begnügt sich die Praxis bei solchen Verfahren, die im übrigen für abschlußreif gehalten werden, nicht selten mit dem Hinweis „nicht erschienen" auf der polizeilichen Ladung, während eine erneute Ladung oder gar eine staatsanwaltschaftliche Vorladung oftmals auf die anders nicht abschließbaren Fälle beschränkt zu bleiben scheint (zur Bedeutung behördeninterner Handlungsnormen vgl *Eisenberg* 1 ff zu § 40).

740 b) Die **Gründe** für diesen rechtstatsächlichen Sachverhalt werden ua in dem „Erledigungsdruck" (vgl *Hergenröder* 149f; *Zuberbier* 13f), dem der einzelne Dezernent durch die hohe Arbeitsbelastung ausgesetzt wird, zu finden sein.

---

[92] Dies ist der Fall, wenn der Beschuldigte der Tat hinreichend verdächtig ist (vgl § 203; s 747f, 749; grundlegend *Lüttger* GA **57** 193, 195).

IV. Würdigung des Ergebnisses der Beschuldigtenvernehmung

Die Zahl der Staatsanwälte stieg in der (alten) Bundesrepublik zwischen 1971 und 1991 von 2709 auf 3887 (vgl StatJB **80** 319; **94** 382) = Zunahme um etwa 43,5%; zugleich stieg die Anzahl der registrierten „Fälle" aber von 2.441.413 um 94,6% auf 4.752.175 (vgl PolSt **91** 13). Während mithin statistisch (und vorbehaltlich von Verzerrungen und Modifikationen der Rohdaten [s n *Eisenberg* § 17 Rn 19ff]) im Jahre 1971 auf einen StA 901 registrierte „Fälle" kamen, waren es im Jahre 1991 1223 = Zunahme um 35,7%.

Es ist davon auszugehen, daß die Arbeitsbelastung nicht ohne Einfluß auf die Erledigungspolitik der StA bzw die Verfahrensdauer sowie auch auf Motivation und Qualität der Verfahrenserledigung durch den einzelnen Dezernenten bleibt (vgl *Hergenröder* 155ff). Unter Verschärfung behördeninterner Effizienznormen (vgl *Eisenberg* 1ff zu § 40) scheint die Leistungsfähigkeit des Dezernenten uU gar weniger nach Qualitäts- als nach Quantitätsmerkmalen beurteilt zu werden, so daß es insoweit (auch hinsichtlich Aufstiegschancen) als erstrebenswerter gelten könnte, die Verfahren schnell und vertretbar abzuschließen, als durch gründliche Bearbeitung einen erhöhten Zeitaufwand in Kauf zu nehmen, um in jedem Einzelfall die „richtige" Entscheidung zu treffen (vgl *Zuberbier* 13). 741

So wird bei der StA vielerorts an den Monatsenden vor dem Erscheinen der 3-, 6-, 9- und 12 Monatslisten in gleichsam hektischer Betriebsamkeit gearbeitet, um möglichst viele Verfahren (zumindest vorläufig) abschließen zu können und so mit möglichst wenigen offenen Verfahren in den entspr Listen zu erscheinen (bzw dem Vorgesetzten aufzufallen).

Die *zügige* Anklageerhebung gilt dabei in der Praxis als sicher(st)e Form der Verfahrens*erledigung*, die den Aktenumlauf verringert und daher ein probates Mittel darstellt, die „eigenen Endziffern kurz zu halten" (vgl *Hergenröder* 152).

c) Der StA wird sich idR der **Gefahren** bewußt sein, die aus der **Abgabe der Ermittlungsinitiative** nicht zuletzt hinsichtlich der Grundsätze der Mündlichkeit und Unmittelbarkeit folgen, dh er wird eine kritische Distanz ggü der Entscheidung „nach Aktenlage" bzw der „Akten-Wirklichkeit" wahren. Dabei sind in rechtstatsächlicher Hinsicht auch Erfolgsdruck und -denken auf Seiten der Kriminalpolizei zu berücksichtigen. Die StA darf sich demnach nicht darauf beschränken, gleichsam nur eine „Schlüssigkeitsprüfung" des polizeilich ermittelten Sachverhalts vorzunehmen (*Kunz* KrimJ **84** 40ff). 742

Im einzelnen hat die StA auf Anzeichen verfrühter Prägnanz (s n 538) in den Ermittlungen zu achten. Von Amts wegen muß sie prüfen, ob die Möglichkeit alternativer Geschehensabläufe hinreichend berücksichtigt wurde und ob ggf entlastende Umstände ignoriert oder ihnen nicht hinreichend nachgegangen wurde, dh sie darf dabei nicht auf den Beschuldigten oder die Verteidigung vertrauen (§ 160 Abs 2).

Um ihrer Verantwortung gerecht zu werden, muß die StA ferner danach forschen, ob und ggf auf welche Weise von den Ermittlungsbehörden auf das Ermittlungsergebnis ein- und hingewirkt wurde. Dazu gehört vor allem auch, welchen Einfluß der Vernehmende auf das Vernehmungsprotokoll genommen haben könnte.

Hierzu ist zB zu prüfen, ob auffällige Veränderungen im Aussageverhalten des Beschuldigten feststellbar sind und ggf ob sich Anhaltspunkte zu deren Erklärung finden bzw ob sie (anders als mit Floskeln wie „nach Vorhalt", „nach eindringlicher Belehrung", „nach nochmaliger Erörterung der Sach- und Rechtslage") begründet werden. Ferner ist zu kontrollieren, wie lange die Vernehmung dauerte, von wievielen Personen sie durchgeführt wurde, ob sich der Beschuldigte in Unfreiheit befand und er nach der Vernehmung in die Freiheit entlassen wurde. Desweiteren ist zu beachten, ob das Protokoll die näheren Umstände der Vernehmung (ggf in einem Zusatzvermerk) überhaupt schildert und ob das Ergebnis sich als überaus „glatt" darstellt.

Ein StA muß zumindest dann skeptisch werden und eine eigene Vernehmung in Erwägung ziehen, wenn die Formulierungen in dem Vernehmungsprotokoll bzw dem Geständnis des Beschuldigten auffallend an die der gängigen Kurzkommentare erinnern (vgl etwa betr „Vermeidbarkeit" iSv § 17 StGB bzw betr „bedingten Vorsatz" zu Beisp *Schüler-Springorum* 103 f, 126 f).

V. Gerichtliche Vernehmung bei Untersuchungshaft

743 1. a) Die **Durchführung** der **Vernehmung** (krit zur Fristenüberschreitung *Kühne* 201) regelt § 115 Abs 3; sofern es sich um die erste Vernehmung in der Sache handelt, ist außerdem § 136 einzuhalten (hM, s nur K/M-G 8 , AK-*Deckers* 3, 6, beide zu § 115). Insbes ist der Beschuldigte dann auch über sein Recht zu belehren, jederzeit einen Wahlverteidiger zu befragen, sowie darüber, wieviel Zeit ihm im Rahmen des § 115 Abs 2 dazu zur Verfügung steht. Macht er von diesem Recht Gebrauch, so ist insoweit abzuwarten, damit der Vert hinzukommen kann. Ist der Beschuldigte der deutschen Sprache nicht mächtig, so ist ein Dolmetscher hinzuzuziehen (§ 185 Abs 1 S 1 GVG; BVerfGE 64 146). – Die Pflicht, den Beschuldigten auf die belastenden Umstände hinzuweisen (§ 115 Abs 3 S 1 Hs 1), bedeutet, daß ihm die bestimmten Tatsachen, Indizien etc mitzuteilen sind, die den dringenden Tatverdacht begründen und die Haftgründe (bzw die Regelung des § 112 Abs 3) ausfüllen (KK-*Boujong* 9 zu § 115: „das gesamte gegen ihn zusammengetragene Belastungsmaterial"; s speziell zur Frage fehlerhafter Geständnisse 731 ff). Dabei ist dem Beschuldigten zu allen Umständen, die gegen ihn verwandt werden können, **rechtliches Gehör** zu gewähren. Dies setzt in der Verwirklichung voraus (zur richterlichen Vernehmung s allg 841 ff), daß der Richter sich versichern muß, ob der juristisch nicht kundige Beschuldigte, ggf erst durch vom Richter vorzunehmende Erläuterungen, die Vorwürfe und belastenden Umstände verstanden hat und sich entspr zu verteidigen in der Lage ist (s auch LR-*Wendisch* 18 zu § 115: „Notwendigkeit der Fürsorge für den von der Außenwelt abgeschnittenen Gefangenen"). Insbes hat der Richter den Beschuldigten in Befolgung von § 115 Abs 3 S 2 darüber zu informieren, welche Tatsachen oder sonstigen Umstände (einschließlich etwa unzulässiger polizeilicher Vernehmungsmethoden [s nur 625 ff] bzw zB unglaubhafter Zeugenaussagen [s dazu etwa 1426 ff]) zur Entkräftung der Verdachts- und Haftgründe sowie im übrigen zu seinen Gunsten (auch iSv § 114 Abs 3) sprechen könnten (weitergehend wohl KK-*Boujong* 9 zu § 115).

Demggü scheint in der Praxis (auch) betr den Tatverdacht im wesentlichen nur der nichtrichterlich zustandegekommene Akteninhalt Grundlage der Entscheidung zu sein (vgl etwa *Jabel* 121 f). Nach regional verbreiteter Praxis findet die Mehrzahl der Vorführungen nachmittags statt, und das Gericht erhält die Akten meist erst kurzfristig (s auch *Gebauer* 223: „mitunter wurden sie erst von den vorführenden Polizeibediensteten mitgebracht"); zumindest insoweit besteht aus organisatorischen Gründen ein erheblicher Zeitdruck, so daß nicht verwundert, wenn

V. Gerichtliche Vernehmung bei Untersuchungshaft

die Vernehmung je nach den verschiedenen Umständen einschließlich des (Aussage-)Verhaltens des Beschuldigten nicht ganz selten nur wenige **Minuten** andauert (zu Stereotypisierungen namentlich betr Haftgründe vgl krit *Gebauer* 248, 379; *Jabel* 134 ff, auch 117 f, 129 f; zur Sofort- bzw Haftentscheidungshilfe *Jung/Müller-Dietz* 19 f; zusammenfassend zur Empirie der U-Haft *Eisenberg* § 29 Rn 22–66 sowie betr das JStV ders JGG 3–9 zu § 72, 3 f zu § 72 a).

Die **Vernehmung** des Beschuldigten gem § 115 Abs 2 (zur Form s §§ 168, 168 a, betr Anwesenheit von Vert und StA s § 168 c) entfällt, wenn der Beschuldigte vernehmungsunfähig ist (vgl 642 ff, 759); sie muß aber unverzüglich nachgeholt werden, falls diese Unfähigkeit überwunden wird. Kann der Beschuldigte wegen Erkrankung nicht vorgeführt werden, so sind dem Richter die Akten fristgerecht vorzulegen (s auch RiStBV 51), und er muß sich entweder zu dem Kranken begeben oder aber den Richter des nächsten AG (§ 115 a) um die unverzügliche Vernehmung ersuchen (K/M-G 7 zu § 115). Bedeutsam ist die Frage, ob die Vernehmung auch dann entfallen kann, wenn der Richter den dringenden Tatverdacht von vornherein verneint (s dazu *Lüderssen* FS-Pfeiffer 249 ff).

b) Der Durchführung einer richterlichen Vernehmung bedarf es auch, wenn ein **744** bestehender Haftbefehl geändert, erweitert oder duch einen anderen ersetzt wird (K/M-G 11 zu § 115), und zwar in entspr Anwendung von § 115 Abs 3 (Hamm NJW **60** 587; Nürnberg MDR **64** 943; Stuttgart Justiz **73** 56; KK-*Boujong* 15 zu § 115). Das gleiche gilt bei einem Haftbefehl, der Überhaft begründet, wenn dadurch dem Beschuldigten in der (aufgrund des ersten Haftbefehls vollzogenen) U-Haft zusätzliche Beschränkungen auferlegt werden (KK-*Boujong* 16 zu § 115; aA wohl KMR-*Müller* 16, LR-*Wendisch* 27, beide zu § 115). – Für die Beschränkung des Akteneinsichtsrechts des Vert (§ 142 Abs 2) bestehen, mit Relevanz namentlich bei der Haftprüfung (§ 117), besonders strenge Anforderungen. Dabei ist das Recht des Beschuldigten auf Freiheit der Person (Art 2 Abs 2 S 2 GG) ggü den Belangen der StA auf Informationsvorsprung im Ermittlungsverfahren abzuwägen (BVerfG StV **94** 466); ohnehin setzt die Verweigerung der Akteneinsicht eine konkrete Gefahr für den Untersuchungszweck voraus (*Groh* DRiZ **85** 52; *Eisenberg* NJW **91** 1260; aA K/M-G 25 zu § 147).

Ein uneingeschränktes Akteneinsichtsrecht wird von der (nationalen) Rspr (s aber Art 5 Abs 2, 4 MRK und dazu EGMR StV **93** 283) seither abgelehnt (Frankfurt StV **93** 292 m abl Anm *Taschke*; Frankfurt StV **93** 297; aA *Schmitz* wistra **93** 319; *Zieger* StV **93** 320; *Deckers* NJW **94** 2263). Verweigert die StA selbst eine teilweise Einsicht (§ 147 Abs 2), so darf das Gericht solchenfalls die Entscheidung nicht auf die Tatsachen und Beweismittel stützen, „die deshalb nicht zur Kenntnis des Beschuldigten gelangen" (BVerfG StV **94** 467; krit *Bohnert* GA **95** 468 ff). – Eine gewisse Möglichkeit zur Gewährung rechtlichen Gehörs (Art 103 Abs 1 GG) besteht in der Unterrichtung des Beschuldigten über ihn belastende Umstände (zB Inhalt einer Zeugenaussage) seitens des Gerichts (s dazu KG StV **93** 371).

2. Was *Beweisanträge* des Beschuldigten (§ 166)[93] angeht, so wird eine Erheblichkeit dann anzunehmen sein, wenn sie nach Beurteilung des Gerichts „zur Sache" gehören und geeignet zu sein scheinen, die prozessuale Lage des Beschuldigten günstiger zu gestalten (s *Eb Schmidt* 3, LR-*Rieß* 4, beide zu § 166); die Kriterien sind denjenigen zur Bedeutungslosigkeit iSd § 244 Abs 3 S 2 vergleichbar (LR-*Rieß* 112, AK-*Achenbach* 8, beide zu § 163 a). Insoweit erstreckt sich die Pflicht,

---

[93] Die Vorschrift wird nach ganz hM nicht etwa von § 118 a Abs 3 verdrängt (*Nelles* StV **86** 78; AK-*Paeffgen* 6 zu § 118 a; K/M-G 2 zu § 116; aA ANM 338).

ebenso wie hinsichtlich des zu besorgenden Verlustes der Beweise bzw der möglichen Begründung der Freilassung des Beschuldigten, jedoch nicht auf die Erforschung des gesamten Sachverhalts, welche Aufgabe im Ermittlungsverfahren der StA obliegt. – Ein anderes Kriterium für die Durchführung einzelner Beweiserhebungen ist, ob sie eine rasche Aufklärung erwarten lassen (vgl nur KK-*Wache* 6 zu § 166).

Zweites Kapitel. Angeschuldigter (Zwischenverfahren)

I. Allgemeines

1. Aufgabenverteilung

a) Mit Erhebung der Anklage **beantragt** die StA die **Eröffnung** des Hauptverfahrens, legt dem Gericht die vollständigen Akten – mit Ausnahme der staatsanwaltlichen Handakten – vor (§ 199 Abs 2) und leitet dadurch das Eröffnungsverfahren (Zwischenverfahren) ein. Dieses soll dem Angeschuldigten umfassendes rechtliches Gehör gewährleisten (§ 201 Abs 2), und es ermöglicht eine umfassende Prüfung der Zuständigkeit des erkennenden Gerichtes von Amts wegen (§§ 6, 6a, 16, 209, 209a), so daß der Verfassungsgrundsatz des gesetzlichen Richters (Art 101 Abs 1 S 2) gewahrt und das Hauptverfahren von Zuständigkeitsprüfungen und -verschiebungen entlastet wird. Die Hauptbedeutung des Eröffnungsverfahrens liegt in der Filterwirkung des Gerichts (vgl LR-*Rieß* 11 vor § 198), das durch eigenständige Prüfung, ob „der Angeschuldigte **hinreichend verdächtig** erscheint" (§ 203), **verhindern** soll, daß es zu Hauptverfahren aufgrund **ungerechtfertigter** oder überschießender **Anklagen** kommt; insofern schützt das Eröffnungsverfahren sowohl den Angeschuldigten als auch die Gerichte und sonstige Prozeßbeteiligte vor vermeidbaren überflüssigen Belastungen.

745

Daher besteht bei Unvollständigkeit der Anklageschrift zum einen dann ein *Verfahrenshindernis*, wenn unklar bleibt, um welchen Sachverhalt es geht (§ 200 Abs 1 S 1; Karlsruhe NStZ **93** 147); insbes ist auch bei einer Vielzahl von Einzeltaten die Einhaltung bestimmter Mindestvoraussetzungen unverzichtbar (vgl betr Sexualdelikten ggü Kindern BGH NStZ **94** 350 mit krit Anm *Peters* NStZ **94** 591; NStZ **95** 245; Koblenz StV **95** 119; betr BtM-Delikte LG Koblenz StV **95** 127). – Zum anderen besteht ein Verfahrenshindernis dann, wenn sich das wesentliche Ergebnis der Ermittlungen (§ 200 Abs 2 S 1) substantiell in der Wiederholung des Anklagesatzes erschöpft und also einen „fundamentalen funktionalen Mangel" aufweist (Schleswig SchlHA **95** 214f;[1] aA BGH **40** 45; LR-*Rieß* 58, KK-*Treier* 23, beide zu § 200). Allein diese Auffassung trägt der Gleichwertigkeit (LR-*Rieß* 4, KMR-*Paulus* 5, AK-*Loos* 3, 17f, alle zu § 200) beider Funktionen des § 200 Rechnung[2] (was nicht ausschließt,

---

[1] Ähnlich BGH NStZ **95** 297 (mit insoweit abl Anm *Fezer*) betr gravierende Informationsmängel, der allerdings ua darauf abstellt, ob diese es dem Angekl „auch unter Berücksichtigung des Akteninhalts" nicht erlauben, die Beweisgrundlage des Anklagevorwurfs zu erkennen. Dies ist deshalb nicht zutreffend, weil § 200 Abs 1 S 1 gerade diese Quelle als nicht einschlägig ausweist, zumal ihr eine Würdigung der StA oftmals schwerlich wird entnommen werden können; im übrigen steht das Akteneinsichtsrecht nur einem Vert zu (§ 147), so daß das Gericht des Zwischenverfahrens ggf dem Angeschuldigten allein für diese Prüfung einen Vert zu bestellen hätte (§ 140 Abs 2).

[2] Das Gericht kann, die StA nicht zu einer Vervollständigung zwingen (KK-*Treier* 24, LR-*Rieß* 56, beide zu § 200). Eine Verweigerung der Zustellung der Anklageschrift durch das Gericht wird rechtstatsächlich wegen des Beschwerderechts der StA (vgl LR-*Rieß* 58, K/M-G 27, beide zu § 200) wenig geeignet sein. Endlich wäre eine „Verschiebung" der Beseitigung in Rede stehender Mängel (entspr § 265) – abgesehen von der beweisrechtlich vorgesehenen Aufgabenverteilung zwischen StA und Gericht – unzulässig, weil der Angeschuldigte

daß ein solcher Mangel ausnahmsweise dann nicht durchgreifend ist, wenn Sachverhalt und Umstände auch dem Beschuldigten völlig klar sind [Schleswig aaO 215]); beweisrechtlich geht es um die Möglichkeit der Entkräftung oder Widerlegung der Anschuldigung, weil andernfalls die Verfahrensvoraussetzung des § 203 nicht festgestellt werden kann (anders *Fezer* NStZ **95** 298, der auf das rechtliche Gehör [Art 103 Abs 1 GG] abhebt).

Das Gericht hat auch in den Fällen, in denen unter besonderen Voraussetzungen auf ein Zwischenverfahren verzichtet wird (beschleunigtes Verfahren [§§ 212 bis 212 b], Strafbefehlsverfahren [§§ 407 ff], objektives Einziehungsverfahren [§ 440], vereinfachtes Jugendverfahren [§§ 76 bis 78 JGG]), zu prüfen, ob die Prozeßvoraussetzungen sowie hinreichender Tatverdacht vorliegen und ob Verfahrenshindernisse fehlen.

Ist eine dieser Grundvoraussetzungen nicht erfüllt, so hat das Gericht die Aburteilung im beschleunigten Verfahren ebenso abzulehnen (§ 419 Abs 3; vgl K/M-G 2 zu § 418, 3 zu § 419) wie den Erlaß eines Strafbefehls (§ 408 Abs 2 S 1), die Anordnung der Einziehung aufgrund eines objektiven Verfahrens (§ 440) bzw die Entscheidung im vereinfachten Jugendverfahren (§ 77 JGG; vgl *Eisenberg* JGG 14 zu §§ 76 bis 78 mwN).

745a b) Neben dem Gericht bleibt im Eröffnungsverfahren auch die StA zur weiteren Aufklärung des Sachverhaltes befugt (allg Ansicht, vgl *Peters* 538; LR-*Rieß* 6 zu § 202 mwN), soweit ihre Ermittlungen nicht die gerichtliche Aufklärung behindern (vgl RG **60** 263; Stuttgart MDR **83** 955). Diese Befugnis ist jedoch praktisch im allg von untergeordneter Bedeutung, zumal die StA in diesem Verfahrensstadium regelmäßig nur noch über ihre Handakten verfügt und idR durch ihre Abschlußverfügung bereits zum Ausdruck gebracht hat, daß der Fall aus ihrer Sicht „ausermittelt" ist; eigenständige Ermittlungen nach Anklageerhebung gelten selbst bei Haftsachen nur in seltenen Ausnahmefällen als sachgerechte Bearbeitung (vgl KK-*Treier* 2 zu § 202). – Hält die StA im Rahmen ihrer Ermittlungstätigkeit im Eröffnungsverfahren die Vornahme einer richterlichen Ermittlungshandlung für erforderlich, so muß sie diese ausnahmslos beim mit der Sache befaßten Gericht beantragen, da die Zuständigkeit des Ermittlungsrichters mit der Anklageerhebung endet (vgl BGH **27** 253; K/M-G 16 zu § 162; s auch LR-*Rieß* 6 zu § 202, der jedoch den Ermittlungsrichter ausnahmsweise dann für zuständig hält, wenn der Untersuchungserfolg durch Verzögerung gefährdet würde).

2. Gerichtliche Prüfungspflicht

746 a) Die Norm des § 202 räumt dem eröffnenden Gericht eine gegenständlich auf das Thema des Eröffnungsverfahrens und umfangmäßig auf einzelne Beweiserhebungen begrenzte eigenständige Ermittlungskompetenz ein, wobei die Anordnungskompetenz dem Gericht als Kollegium zugewiesen wird (vgl LR-*Rieß* 1 zu § 202; KK-*Treier* 1 zu § 202).

Können die Ermittlungen für die Eröffnungsentscheidung nicht entscheidungserheblich sein, da sie nur einen ohnehin bestehenden hinreichenden Tatverdacht weiter zu bestärken oder einen nicht hinreichenden weiter zu entkräften geeignet sind bzw nur für die Strafzumessung bedeutsam sein können, dürfen sie nicht auf § 202 gestützt werden; denn es ist nicht Sinn dieser Vorschrift, der HV vorzugrei-

Anspruch auf umfassende Information schon *vor* der Eröffnungsentscheidung hat; dieser Anspruch aber darf auch wegen der gewichtigen faktischen strafprozessualen wie zivil-, arbeits- und dienstrechtlichen Konsequenzen keinesfalls eingeschränkt werden.

fen (vgl *Fezer* GS – Schröder 408; LR-*Rieß* 2 zu § 202). Solche Beweisaufnahmen können jedoch gem §§ 223 ff für die Beweissicherung erforderlich sein.

Ergibt sich andererseits die Möglichkeit, daß durch einzelne Beweiserhebungen ein bestehender hinreichender Tatverdacht (teilweise) beseitigt oder ein noch nicht bestehender begründet werden kann, ist das Gericht (wie aus §§ 155 Abs 2, 206 folgt) verpflichtet, von den durch § 202 eingeräumten Möglichkeiten Gebrauch zu machen (vgl LR-*Rieß* 2, 4 zu § 202).[3] In der Praxis verfügen Gerichte hier aufgrund der unbestimmten Rechtsbegriffe über einen weiten Beurteilungsspielraum, zumal der Beschluß mangels Anfechtbarkeit (§ 202 S 2) keiner Überprüfung unterliegt (vgl LR-*Rieß* 4 zu § 202).

b) Notwendige ergänzende Ermittlungen hat das Gericht *von Amts wegen* anzuordnen. Es hat sich insbes vor seiner Eröffnungsentscheidung mit unerledigten Beweisanträgen (s n 563 ff), die der Angeschuldigte gem § 136 Abs 1 S 3 bereits im Vorverfahren gestellt hatte, mit im Vorverfahren geltend gemachten bisher unerledigten Beweisanregungen und Einwendungen sowie mit Beweisanträgen und Einwendungen gem § 201 Abs 1 (zu eher großzügiger Annahme s *Perron* 304 ff) auseinanderzusetzen. Wie die systematische Stellung des § 201 ergibt, sind vom Angeschuldigten angeregte Beweiserhebungen, die geeignet sein könnten, einen vorhandenen hinreichenden Tatverdacht zu beseitigen, bereits im Eröffnungsverfahren durchzuführen (da das dem Angeschuldigten gewährte rechtliche Gehör nicht erst der Vorbereitung der HV [§§ 213 ff], sondern bereits der Vorbereitung der [Nicht-] Eröffnungsentscheidung dienen soll).

c) Mitwirkungsrechte sind großzügig zu gewähren (vgl *Pohl* 9), so daß insbes Fristen so zu setzen sind, daß sie auch sinnvoll eingehalten werden können; anderenfalls liefen die dem Angeschuldigten aus § 201 Abs 1 erwachsenden Rechte leer (vgl LR-*Rieß* 16 zu § 202).

Ist die Mitteilung der Anklageschrift an einen der deutschen Sprache nicht kundigen Angeschuldigten ohne beigefügte Übersetzung geschehen, so reicht eine Übersetzung in der HV grds nicht aus (Art 6 Abs 3 Buchst a), b) MRK; K/M-G 18; s aber bei besonderen Umständen des Einzelfalls Hamburg NStZ **93** 53 mit krit Anm *Kühne* StV **94** 66 f).

3. Institutionelle Einschränkungen

a) Die dem Eröffnungsverfahren zugedachte Filter- und Schutzwirkung zugunsten des Angeschuldigten (vgl *Schlüchter* 408; *Roxin* 3 zu § 40), die ihrerseits für eine Beibehaltung auch de lege ferenda spricht (vgl *Roxin* 3 zu § 40; LR-*Rieß* 16 vor § 198; *Peters* Fehlerquellen II 223; *Kühne* 330), kommt jedoch nur dann angemessen zur Geltung, wenn das Gericht sich nicht auf eine summarische Schlüssigkeitsprüfung der Anklage (iSd Nachvollziehbarkeit oder Vertretbarkeit) beschränkt. Vielmehr gebietet die dem Gericht vom Gesetzgeber zugewiesene Verantwortung eine eigenständige Prüfung des hinreichenden Tatverdachtes in rechtlicher und tatsächlicher Hinsicht (s hierzu *Bruns* GS-Kaufmann 866 ff; aber auch *Bohnert* 364: fortgeführtes Vorverfahren). Demggü kommt gemäß organisationsin-

---

[3] Für ein stärkeres Ausschöpfen der durch § 202 eröffneten Aufklärungsmöglichkeiten *Peters* Fehlerquellen II 223; tendenziell anders *Pohl* 58: „zurückhaltend einzusetzen".

ternen Handlungsnormen (iSd Effizienz der Verfahrenserledigung) allerdings dem Umstand Bedeutung zu, daß ein Nichteröffnungsbeschluß im Gegensatz zum Eröffnungsbeschluß zu begründen ist und durch die StA angefochten werden kann (und zumeist auch wird), während der Angeschuldigte gegen die Eröffnung keine Anfechtungsmöglichkeit hat.[4] Zudem führt die rechtstatsächlich zu verzeichnende (und dem laufbahnmäßigen Werdegang der meisten Richter entspr) weitgehende Entsprechung der Erledigungsstrategie zwischen StA und Gericht mitunter zu einer interorganisatorischen oder -kollegialen Hemmung des Gerichts, bei der vorzunehmenden vorläufigen Tatbewertung (vgl BGH **23** 306; Karlruhe wistra **85** 163) das Vorliegen eines hinreichenden Tatverdachts iSd § 203 zu verneinen und daher gem § 204 Abs 1 die Eröffnung des Hauptverfahrens abzulehnen, zumal ein solches Vorgehen für den sachbearbeitenden Dezernenten bei der StA unerwartete Mehrarbeit bedeutet.

750 b) Daneben (und insbes im Verhältnis zwischen Angekl und Gericht) besteht das Problem, wie Aspekte der Voreingenommenheit des Gerichts überwunden werden könnten, nachdem das Gericht selbst zum Ausdruck gebracht hat, daß es „nach Aktenlage" und bei vorläufiger Tatbewertung eine Verurteilung für wahrscheinlich hält, da es davon ausgeht, daß es nach der HV keinen vernünftigen Zw an der Schuld des Angekl haben wird (für die tendenzielle Erwartung, daß die HV die eigene Prognoseentscheidung eher bestätigt, als widerlegt, vgl zum sog „primacy"-Effekt *Eisenberg* § 28 Rn 16; s auch *Kühne* 330: „institutionelle Gefährdung der Unschuldsvermutung").

751 Gegen eine de lege ferenda erwogene Einführung eines (vom erkennenden Gericht unabhängigen) „Eröffnungsrichters" (vgl *Roxin* 3 zu § 40 mwN; *Kühne* 330) bestehen jedoch Bedenken schon wegen der Verfahrensverzögerungen, die sich vermutlich daraus ergeben würden, daß unterschiedliche Richter sich nacheinander umfassend einarbeiten müßten; ferner bestünde die Gefahr der Oberflächlichkeit bei der Eröffnungsentscheidung (vgl *Fezer* in GS – H.Schröder 422), zumal anzunehmen ist, daß sich ein Richter in dem Bewußtsein, die HV durchführen und das Urteil fällen zu müssen, eher mit mehr Motivation und Verantwortungsbewußtsein einarbeiten (vgl *Peters* Fehlerquellen II 223; *Schlüchter* 408) sowie etwa auch von den stoffbeschränkenden Befugnissen des § 207 eher Gebrauch machen wird als ein Richter, der mit der Sache nicht wieder befaßt wird (vgl LR-*Rieß* 19 vor § 198, auch zur Begründungspflicht der Nichteröffnungs- im Unterschied zur Eröffnungsentscheidung; zu sonstigen Einwänden s *Schlüchter* 408).

II. Vernehmung

752 Die Durchführung der Beweisaufnahme erfolgt im Eröffnungsverfahren grds *freibeweislich*, dh sie hat sich nicht auf Beweismittel im formellen Sinne zu beschränken; insbes kommt die (ergänzende) Vernehmung des Angeschuldigten in Betracht (vgl Celle MDR **66** 781; LR-*Rieß* 9, 11 zu § 202).

---

[4] Zum Gewicht des Eingriffs ggü dem Betroffenen, den bereits die Eröffnung des Hauptverfahrens darstellt, vgl *Pohl* 59.

II. Vernehmung

In der Praxis beschränkt sich das Eröffnungsverfahren zumeist auf ein schriftliches Verfahren unter Verwendung des gesamten Akteninhaltes nach den Grundsätzen des Freibeweises (vgl LR-*Rieß* 6 vor § 198). Umso wichtiger ist es, daß dem Gebot der vollständigen Aktenvorlage (§ 199 Abs 2 S 2) entsprochen wird (s auch LG Nürnberg-Fürth NStZ **83** 136; *Rieß* NStZ **83** 247 ff; *ders* in LR 7 ff, 10 ff zu § 199).

Zur mittelbaren Würdigung der Angeschuldigten- bzw der Beschuldigtenvernehmung anhand der Ermittlungsakten wird verwiesen auf 739 ff, zur Würdigung eines Geständnisses auf 727 ff.

1. Zuständigkeit

Der Gesetzgeber hat nicht festgelegt, wer für eine angeordnete Erhebung des (Personen-) Beweises zuständig ist. Zwar besteht Einigkeit, daß die StA befugt ist, gerichtlich angeordnete Beweiserhebungen entweder selbst durchzuführen oder mit Hilfe der Polizei vornehmen zu lassen (vgl LR-*Rieß* 12 zu § 202). Umstritten ist jedoch, ob die StA hierzu aufgrund ihrer aus § 160 erwachsenden Pflicht zur umfassenden Sachverhaltsaufklärung verpflichtet ist (**bej:** Celle GA **59** 365; LG Münster JR **79** 40 m zust Anm *Peters*; *Peters* 538; *Roxin* 6 zu § 40; **abl:** KG JR **66** 230 m zust Anm *Kleinknecht*; *KK-Treier* 8 zu § 202; *Schlüchter* 411; K/M-G 3 zu § 202; **differenzierend:** LR-*Rieß* 12, 14 f zu § 202 und *Strate* StV **85** 340, die die Grundsätze der Amtshilfe anwenden wollen).

Sachgerecht wird ein entspr Ermittlungsersuchen an die StA immer dann sein, wenn das Gericht die angeordneten Ermittlungsmaßnahmen aus tatsächlichen Gründen nicht oder nur mit unverhältnismäßig größerem Aufwand durchführen könnte als Polizei oder StA, was zB bei kriminaltechnischen Untersuchungen, Ermittlungen nach der Identität bestimmter Beweispersonen oder auch Fahndungsmaßnahmen regelmäßig der Fall sein wird. Demggü erscheint zur Erhebung eines **Personenbeweises** das erkennende Gericht selbst bzw ein beauftragter oder ersuchter Richter, der damit befaßt werden darf (vgl *Schlüchter* 411; LR-*Rieß* 13 zu § 202), gleichermaßen gut geeignet wie die StA bzw die Polizei (wobei auch zu berücksichtigen ist, daß der Angeschuldigte vor der Polizei nicht erscheinen müßte).

Auch prozeßökonomische Gesichtspunkte sprechen dafür, daß das erkennende Gericht auf vermeidbare Inanspruchnahme Dritter nebst dazugehöriger Aktenversendung verzichtet, überflüssigen Kompetenzstreitigkeiten („Kraftproben") mit der StA vorbeugt und die Erhebung von Personenbeweisen, wie insbes die Vernehmung des Angeschuldigten, selbst durchführt.

Zu berücksichtigen ist auch der Umstand, daß die StA durch ihre Abschlußverfügung regelmäßig zum Ausdruck gebracht hat, daß sie eine weitere Beweisaufnahme außerhalb der HV nicht für erforderlich hält und mithin zu besorgen ist, daß sie – selbst wenn sie der Bitte des Gerichts entspricht – die Vernehmung uU weniger motiviert und gründlich durchführen würde als das Gericht, welches die Vernehmung bezogen auf die (Nicht-) Eröffnungsentscheidung für erforderlich hält.

753

2. Verfahrensregelungen

754 Bei der **richterlichen** Angeschuldigtenvernehmung sind die Vorschriften über die richterlichen Untersuchungshandlungen, insbes die Anwesenheitsregeln des § 168c sowie die dort bestimmten Benachrichtigungspflichten zu beachten (vgl *Schlüchter* 411; LR-*Rieß* 13 zu § 202). Deren Verletzung stellt einen Rechtsfehler dar, der zu einem Beweisverwertungsverbot führt (vgl *Schlüchter* 411). Ist nicht auszuschließen, daß das Urteil auf dem Verstoß gegen das Beweisverwertungsverbot beruht, kann dies die Revision begründen (vgl KK-*Wache* 22 zu § 168c).

Im Anschluß an eine im Eröffnungsverfahren durchgeführte Beweiserhebung und vor der Entscheidung über die (Nicht-) Eröffnung des Hauptverfahrens sind der StA gem § 33 Abs 2 und dem Angeschuldigten gem § 33 Abs 3 rechtliches Gehör (auch) betr die Ergebnisse der Beweiserhebung zu gewähren (vgl LR-*Rieß* 16 zu § 202), falls sich dies nicht, wie bei einer Angeschuldigtenvernehmung in Anwesenheit auch der StA gem § 168c Abs 1, erübrigt.

Drittes Kapitel. Angeklagter (Hauptverfahren)

I. Allgemeine Rechte und Pflichten des Angeklagten

1. Anwesenheit des Angeklagten in der Hauptverhandlung

Übersicht

	Rn		Rn
a) Grundsatz der Anwesenheit		cc) Zeitweilige Abwesenheit	
aa) Anwesenheitspflicht	755		
(1) Kein Verzicht; ununterbrochene Anwesenheit	756	(1) Eigenmächtiges Entfernen	771–775
(2) Verfahrensvoraussetzung	757	(2) Schuldhaft verhandlungsunfähiger Zustand	776–778
bb) Anwesenheitsrecht	758, 759	(3) Ordnungswidriges Benehmen	779
cc) Zwangsmittel	760–764	(4) § 247	780–788
dd) Revision	765	(a) Satz 1	780–783
ee) Mehrere Angeklagte	766, 767	(b) Satz 2	784, 785
b) Ausnahmen	768	(c) Satz 3	786
aa) Beweissicherungsverfahren	768	(d) Pflichten des Gerichts	787, 788
bb) HV in gänzlicher Abwesenheit	769–770a	dd) Anordnung gemäß § 236	789
(1) § 231 Abs 1	769		
(2) § 233	770		
(3) Besondere Verfahren	770, 770a		

a) aa) Die zwingend vorgeschriebene pers **Anwesenheit** in der HV (§ 230 **755** Abs 1) ist **Recht** und **Pflicht** des Angekl (BGH **26** 89; NJW **91** 1365; Karlsruhe StV **86** 289). Unabhängig davon, ob er zur Sache aussagen bzw sich iS einer sachgerechten Verteidigung des Beistandes eines Vert bedienen will, setzt die selbständige Wahrnehmung seiner ihm als Verfahrenssubjekt zustehenden Mitwirkungsrechte in der HV seine pers Anwesenheit voraus. Zugleich gewährleistet diese, daß der Tatrichter einen unmittelbaren sinnlichen Eindruck von der Person des Angekl gewinnen kann.

§ 230 Abs 1 konkretisiert das Prinzip, daß eine HV ohne den Angekl grds nicht stattfinden darf (BGH **32** 34; *Meyer-Goßner* FS-Pfeiffer 319), soweit nicht das Gesetz Ausnahmen (§§ 231 Abs 2; 231a; 231b; 232; 233; 247; 329 Abs 2; 350 Abs 2; 387 Abs 1; 411 Abs 2) zuläßt (BGH **3** 385; **26** 84; K/M-G 2 zu § 230; *Koeniger* 221; LR-*Gollwitzer* 1 zu § 230). Die Vorschrift verwirklicht folglich für den Bereich des Strafverfahrensrechts den Grds des **rechtlichen Gehörs** (Art 103 GG); zugleich dient sie der **Wahrheitsermittlung** (BGH NJW **91** 1365; **76** 501; RG **29** 44, 48; **60** 179f; K/M-G 5, LR-*Hanack* 5, beide zu § 339; LR-*Gollwitzer* 1 zu § 230)[1].

---

[1] Anders *Stern* ZStW **97** (1985) 329f, wonach sich der Anwesenheitszwang nur aus dem staatlichen Interesse an der Vermeidung von Fehlurteilen rechtfertigt; vgl auch *Grünwald* JZ **76** 771.

756 (1) Der Angekl kann auf die Einhaltung des 230 Abs 1 – auch bei Freispruchserwartung – **nicht** wirksam **verzichten** (BGH **25** 317 f; **3** 191; KMR-*Paulus* 4, LR-*Gollwitzer* 2, KK-*Treier* 1, K/M 2, alle zu § 230). Ist der Angekl in Haft, so wird er, notfalls zwangsweise, vorgeführt (K/M-G 2 zu § 230; *Koeniger* 221). Auch die bloße Duldung des freiwilligen Ausbleibens des Angekl durch das Gericht ist mit § 230 Abs 1 unvereinbar, da das Gericht nur bei Vorliegen einer gesetzlich festgelegten Ausnahme ohne den Angekl verhandeln darf (*Niethammer* DRiZ **49** 248; ders FS-Rosenfeld 125; *Schmid* Verwirkung 101; aA: RG **69** 18; Darmstadt JR **49** 515). Bleibt der Angekl aus, muß das Gericht folglich die HV grds vertagen.

Der Angekl muß auch bei **Ortsbesichtigungen** (BGH **3** 187; **25** 317 f; K/M-G 6 zu § 230) anwesend sein. § 230 Abs 1 ist folglich verletzt, wenn das Gericht bei der Beratung am Tatort den Augenschein wiederholt (RG **66** 30; Hamburg GA **61** 177; Hamm NJW **59** 1192) oder während der HV ohne den Angekl einen Augenschein einnimmt (BGH **3** 187 f; StV **81** 510; **89** 187; LR-*Gollwitzer* 8 zu § 230). Ist eine Ortsbesichtigung durch das Gericht in Anwesenheit des Angekl nicht möglich, so muß sie unterbleiben (Hamburg JR **87** 78; K/M-G 6 zu § 230).

Die Anwesenheit des Angekl ist auch für die **Urteilsverkündung** nach § 268 vorgeschrieben, dh sowohl für die Verkündung der Urteilsformel als auch bei der Eröffnung der Urteilsgründe, da beides zur HV gehört (RG **42** 246; Düsseldorf GA **57** 417; Bremen StV **92** 558; *Roxin* 44 zu § 42; LR-*Gollwitzer* 7 zu § 230; K/M-G 7 zu § 230; aA BGH **15** 263: Unterscheidung zwischen wesentlichen und unwesentlichen Teilen der HV).

757 (2) Str ist, ob die ständige Anwesenheit des Angekl in der HV eine Verfahrensvoraussetzung ist, deren Vorliegen jedes Rechtsmittelgericht von Amts wegen zu prüfen hat.

Teilweise wird die gesetzwidrige Abwesenheit des Angekl in der HV als Prozeßhindernis gewertet (Düsseldorf GA **57** 417; MDR **58** 623; Hamburg NJW **69** 762; Karlsruhe Justiz **69** 127; Köln GA **71** 27; *Roxin* 15 zu § 21; *Eb Schmidt* JR **69** 310). Begründet wird dies insbes damit, daß, wenn schon die Verhandlungsunfähigkeit des anwesenden Angekl ein Prozeßhindernis begründe, dies erst recht bei völliger Abwesenheit des Angekl gelten müsse (*Roxin* 15 zu § 21). Jedoch ist der verhandlungsunfähige Angekl schutzwürdiger als der abwesende verhandlungsfähige Angekl, der sich der ihm zustehenden Rechtsbehelfe – ggfs mit anwaltlicher Hilfe – bedienen kann (*Schlüchter* 372; LR-*Schäfer* 110 zu Einl Kap 12).

Die gesetzwidrige Abwesenheit des Angekl begründet daher nur auf Rüge die **Revision** (BGH **26** 84; LR-*Hanack* 89, 92 zu § 338; KMR-*Paulus* 4 zu § 230; *Meyer* JR **86** 301).

758 bb) Der Anwesenheitspflicht entspricht das **Anwesenheitsrecht** des Angekl (BGH **19** 147). Der Angekl ist zur Anwesenheit aber auch dann berechtigt, wenn ausnahmsweise keine Pflicht hierzu besteht (BGH **28** 37; **26** 234; StV **81** 510; K/M-G 4 zu § 230). Auch wenn das Gericht ohne den Angekl verhandeln könnte, darf es ihn nicht von der Teilnahme an der HV abhalten (BGH MDR **80** 631; bei *Pfeiffer* NStZ **81** 297; LR-*Gollwitzer* 5 zu § 230; K/M-G 4 zu § 230). Insbes darf das Gericht nicht ohne den Angekl verhandeln, wenn er zu erkennen gegeben hat, daß er die Teilnahme ernsthaft beabsichtigt, aber schuldlos daran gehindert ist (BGH **28** 44; LR-*Gollwitzer* 5 zu § 230).

Als ausgeblieben (= nicht anwesend) in der HV gilt der Angekl auch dann, wenn **759** er **verhandlungsunfähig** ist,[2] dh seine körperliche Anwesenheit genügt nicht (BGH **23** 334; *Rieß* JZ **75** 267); schon bei Zw des Gerichts an der Verhandlungsfähigkeit – deren Feststellung geschieht im Freibeweisverfahren (s 39) – darf die HV nicht durchgeführt werden (BGH NStZ **84** 520). Von der **Definition** her liegt Verhandlungsunfähigkeit vor, wenn der Angekl gehindert ist, in und außerhalb der Verhandlung seine *Interessen* vernünftig *wahrzunehmen*, sich in verständiger und verständlicher Weise zu *verteidigen* sowie *Prozeßerklärungen* abzugeben und entgegenzunehmen (BGH MDR **58** 144; NStZ **95** 391); jedoch kann die Beurteilung je nach den Anforderungen der konkreten Prozeßhandlungen und insbes des (voraussichtlichen) zeitlichen Verhandlungsumfangs divergieren.

Aus *medizinischer* Sicht ist andauernde Verhandlungsunfähigkeit zu bejahen, falls die Teilnahme die Gefahr einer wesentlichen gesundheitlichen Verschlechterung (oder gar des Todes) birgt, ohne daß dem durch adäquate Behandlungsmaßnahmen (zB Umstellung der Medikation) abgeholfen werden kann. Hierunter fallen etwa Diabetes mellitus (vgl auch BGHR StPO vor § 1, Verhandlungsfähigkeit 1) und Hypertonus, eine hochgradige (obstruktive und/oder restriktive) Pneumopathie, eine Herzinsuffizienz, eine schwergradig ischämische Herzerkrankung; entspr gilt ohnehin für (bestimmte) fortgeschrittene chronische (und progressiv verlaufende) Erkrankungen im Endstadium (vgl etwa *Schulte* MedSach **92** 110). – Differenziert ist die Frage nach einschlägiger Bedeutung psycho(patho)logischer Auffälligkeiten zu beurteilen (zu Anhaltspunkten s 1723 ff). Herkömmlicherweise wird Verhandlungsunfähigkeit insbes bei akuten Pychosen angenommen (s etwa *Witter* HbForPsychiatr II 966, 1087; zu neuropsychologischen Methoden vgl *Fischer ua* NStZ **94** 319 f).

Bei nur *bedingter* bzw *beschränkter* Verhandlungsfähigkeit muß das Gericht, wenn es die HV durchführen will, diese so gestalten, daß der Angekl ihr zu folgen vermag, etwa durch Zuziehung eines Arztes oder Beschränkung der täglichen Verhandlungsdauer auf eine dem Gesundheitszustand des Angekl angemessene Zeit (KK-*Treier* 3 zu § 230; LR-*Gollwitzer* 9 zu § 230).

cc) Gegen den nicht genügend entschuldigt ausgebliebenen Angekl finden **760** **Zwangsmittel** Anwendung (§ 230 Abs 2).

(1) **Ausgeblieben** ist der Angekl, der nicht anwesend ist. Dies ist auch der Fall, wenn er seine Anwesenheit nicht zu erkennen gibt (KK-*Treier* 3 zu § 230), oder er sich – vor dem Sitzungssaal stehend – weigert, den Saal zu betreten (*Schlüchter* 260; *Lemke* NJW **80** 1494 f). Erscheint der Angekl und macht er *unverschuldete Verhandlungsunfähigkeit* geltend, darf er nicht gem § 230 Abs 2 als ausgeblieben behandelt werden (Köln NJW **81** 239; K/M-G 8 zu § 230). Ob der in *schuldhaft* verhandlungsunfähigem Zustand erschienene Angekl in entspr Anwendung des § 230 Abs 2 als nicht anwesend behandelt werden darf (bej BGH **23** 231; NStZ **84** 520; *Schlüchter* 260; KMR-*Paulus* 10 zu § 230), dh ob das Gericht für die neue Verhandlung seine Vorführung anordnen oder einen auf die Dauer der HV beschränkten Haftbefehl erlassen darf, ist ohne *Differenzierung* nicht zu beantworten. Die Bedenken ggü einer Analogie zu Lasten des Angekl (s 759) sind nur in denjenigen Fällen hinnehmbar, in denen es dem Angekl um eine Verhinderung der Verfahrensfort-

---

[2] Diese mangels Eingriffsgrundlage bemühte Analogie, die zunächst zu § 329 Abs 1 S 1 entwickelt wurde, ist wegen der bei § 230 durchaus anderen prozessualen Ausgangslage allerdings nicht ganz unbedenklich (vgl zum Analogieverbot aus dem Gesetzesvorbehalt bei Grundrechtseingriffen *Amelung* NJW **77** 835 f; AK-*Loos* Einl III Rn 22 mit Nachw).

führung ging, und – entgegen der überwiegenden Meinung (s nur KK-*Treier* 9 zu § 230) – ohnehin nur dann, wenn ihm die analoge Anwendbarkeit (durch „Warnung" gemäß § 216) bekannt gemacht worden war (vgl schon *Küper* JuS **72** 131 f [zu § 329 Abs 1 S 1]; auch *Welp* JR **91** 268).

761 (2) Voraussetzung für die Anwendung der Zwangsmittel des § 230 Abs 2 ist eine **ordnungsgemäße Ladung** des Angekl gem § 216 zur HV (Karlsruhe MDR **80** 868; Celle NdsRpfl **63** 238; K/M-G 18, KMR-*Paulus* 13, KK-*Treier* 9, alle zu § 230; *Schlüchter* 260). Die Nichteinhaltung der Ladungsfrist nach § 217 Abs 1 ist unschädlich (BGH **24** 149; K/M-G 18 zu § 230), jedoch muß eine verspätete Ladung bei der Prüfung, ob eine ausreichende Entschuldigung vorliegt, berücksichtigt werden (Bay NJW **67** 457; KMR-*Paulus* 13, KK-*Treier* 9, beide zu § 230).

(3) Nach dem eindeutigen Wortlaut und dem Sinn des § 230 Abs 2 kommt es nicht darauf an, ob der Angekl sich **genügend entschuldigt** hat (BGH **17** 396; Düsseldorf JMBl NRW **83** 41), sondern ob sein Ausbleiben nach den konkreten Umständen entschuldigt **ist** (LR-*Gollwitzer* 23, KK-*Treier* 10, KMR-*Paulus* 13 f, jeweils zu § 230).

Eine genügende Entschuldigung liegt dann vor, wenn dem Angekl bei Abwägung aller Umstände des Einzelfalles wegen seines Ausbleibens billigerweise kein Vorwurf gemacht werden kann. Hierüber hat das Gericht von Amts wegen im Wege des Freibeweises Feststellungen zu treffen (Düsseldorf JMBl NRW **83** 41; K/M-G 16 zu § 230).

(4) Wegen des Grds der **Verhältnismäßigkeit** (vgl BVerfGE **32** 87, 93; Hamburg MDR **87** 78; *Grabitz* AöR **73** 568, 614; *Schlüchter* 262) ist bei der Anwendung der Zwangsmittel des § 230 Abs 2 die am wenigsten belastende Maßnahme zu wählen. Ggü dem Haftbefehl ist der Vorführungsbefehl das mildere Mittel (*Schlüchter* 262) und hat den Vorrang, wenn er ausreicht (BVerfGE **32** 93 f; Düsseldorf JMBl NRW **83** 41; MDR **80** 512; Köln MDR **59** 682 L; K/M-G 19, KK-*Treier* 11, LR-*Gollwitzer* 27, KMR-*Paulus* 15, alle zu § 230).

Die Anwendung des § 230 Abs 2 ist zwar nicht schon deshalb generell unverhältnismäßig, weil das Gericht auch nach § 231 Abs 2 (RG **69** 20) oder §§ 412, 329 Abs 1 verfahren könnte (KMR-*Paulus* 19 zu § 230) oder die Freisprechung des Angekl zu erwarten ist (K/M-G 19 zu § 230; LR-*Gollwitzer* 30 zu § 230; *Eb Schmidt* Nachtr I 12; aA *Franz* NJW **63** 2164), da der Zweck des § 230 Abs 2 – die Weiterführung und der Abschluß des Strafverfahrens – auch in einem solchen Fall die Vorführung – nicht jedoch den Haftbefehl (KMR-*Paulus* 15, K/M-G 19, LR-*Gollwitzer* 30, jeweils zu § 230) – rechtfertigen kann; jedoch ist auch hier eine im Einzelfall mögliche Unverhältnismäßigkeit in Rechnung zu stellen (vgl *Lemke* NJW **80** 1497).

762 (5) Der **Vorführungsbefehl** dient der Sicherstellung des Erscheinens des unentschuldigt ausgebliebenen Angekl in der HV (KK-*Treier* 11 zu § 230). Er bedarf der Schriftform (K/M-G 20 zu § 230; LR-*Gollwitzer* 32 zu § 230; *Lemke* NJW **80** 1496 f) und ist dem Angekl idR gem § 35 Abs 2 S 2 bekannt zu machen; es ist zulässig, dies erst bei seinem Vollzug zu tun, sofern ansonsten sein Zweck gefährdet wäre (KK-*Treier* 12 zu § 230; LR-*Gollwitzer* 32 zu § 230; *Schorn* Strafrichter 228).[3] Der Vorführungsbefehl kann zum gleichen Termin erlassen werden, setzt also kei-

---

[3] Weitergehend K/M-G 20 zu § 230: Bekanntgabe grds erst bei Vollzug; strenger *Eb Schmidt* 14 zu § 230: Bekanntgabe nach § 35 Abs 2 erforderlich, wenn er nicht unmittelbar nach seinem Erlaß vollzogen wird.

ne Aussetzung der HV voraus (K/M-G 20 zu § 230; LR-*Gollwitzer* 32 zu § 230; *Lemke* NJW **80** 1494; *Rasehorn* DRiZ **56** 269). Die Vollstreckung erfolgt gem § 36 Abs 2 S 1 (LR-*Gollwitzer* 33 zu § 230; K/M-G 20 zu § 230). Sobald der Angekl im Sitzungssaal ist, ist der Vorführungsbefehl vollstreckt und wird gegenstandslos (KK-*Treier* 11 zu § 230; K/M-G 20 zu § 230).

(6) Der **Haftbefehl** dient der Sicherstellung der Durchführung der HV bei unentschuldigtem Ausbleiben des Angekl (LR-*Gollwitzer* 35 zu § 230; KK-*Treier* 11 zu § 230; *Schlüchter* 263). Für seinen Erlaß ist weder der dringende Tatverdacht noch ein Haftgrund nach §§ 112–113 Voraussetzung. Erforderlich ist nur die Feststellung, daß der Angekl zu der HV nicht erschienen und sein Nichterscheinen nicht genügend entschuldigt ist (vgl BVerfGE **32** 93; Düsseldorf JMBl NRW **83** 41; Karlsruhe MDR **80** 868; KMR-*Paulus* 17 zu § 230; *Schlüchter* 263) und der Erlaß eines Vorführungsbefehls nicht ausreicht. Zudem muß der Haftbefehl den Voraussetzungen des § 114 Abs 2 Nr 2 Genüge tun (Frankfurt StV **95** 237), schon um die Prüfung gemäß § 115 Abs 3 (s 763) vornehmen zu können. **763**

(a) Unter Berücksichtigung aller vorliegenden Umstände muß die Sorge bestehen, daß der Angekl sich bei der Zustellung eines Vorführungsbefehls zu einem neuen Termin der Vorführung entziehen werde, um nicht vor Gericht erscheinen zu müssen (Düsseldorf JMBl NRW **83** 41; Köln JMBl NRW **59** 115), oder es müssen anderweitige Umstände (zB wiederholte Vorführung bei mehrtägiger Verhandlung) vorliegen, aus denen sich ergibt, daß ein Vorführungsbefehl die Anwesenheit des Angekl während der HV nicht gewährleisten würde (LR-*Gollwitzer* 35 zu § 230).

Der Haftbefehl kann auch gegen Schuldunfähige erlassen werden (Hamm NJW **58** 2125; K/M-G 21 zu § 230; KMR-*Paulus* 17 zu § 230; *Eb Schmidt* Nachtr I 7). Im beschleunigten Verfahren darf jedoch kein Haftbefehl nach § 230 Abs 2 ergehen (Hamburg NStZ **83** 40 mit zust Anm *Deumeland;* LR-*Gollwitzer* 35 zu § 230).

(b) Mehrere Bestimmungen über die U-Haft sind auf den nach § 230 Abs 2 erlassenen Haftbefehl entspr anzuwenden, insb die §§ 115, 116 (KK-*Treier* 14 zu § 230). Eine Sicherheitsleistung verfällt mit der Nichtbefolgung der Ladung (K/M-G 22 zu § 230; LR-*Gollwitzer* 40 zu § 230). Der Haftbefehl unterliegt[4] zwar keinen zeitlichen Beschränkungen, insbes nicht nach § 121 Abs 1 (hM: Karlsruhe Justiz **82** 438; Oldenburg NJW **72** 1585 mit krit Anm *Güldenpfennig* NJW **72** 2008; K/M-G 23 zu § 230; LR-*Wendisch* 3 zu § 121), jedoch gilt der Grds der Verhältnismäßigkeit (BVerfGE **32** 87, 94; KMR- *Paulus* 18 zu § 230). Deshalb sollte zur Verkürzung der Haftdauer angeordnet werden, daß der Haftbefehl erst eine bestimmte Zeit vor dem neuen Termin vollstreckt werden darf (LR-*Gollwitzer* 36 zu § 230; KK-*Treier* 13 zu § 230).

(7) **Zuständig** für den Erlaß des Vorführungs- oder Haftbefehls durch Beschluß ist das erkennende Gericht, unter Mitwirkung der Schöffen (Bremen MDR **60** 244; LG Zweibrücken StV **95** 404). Teilweise wird vertreten, daß das erkennende Gericht die Entscheidung über Maßnahmen nach § 230 Abs 2 auch dem Gericht außerhalb der HV (ohne Schöffen) vorbehalten könne, insbes wenn es noch der Klärung der genügenden Entschuldigung des Angekl bedürfe (so Hamm GA **59** 314; K/M-G 24 zu **764**

---

[4] S auch Hamburg MDR **87** 78: HV ist in angemessener Zeit nach Festnahme des Angekl durchzuführen; LG Dortmund StV **87** 335: spätestens nach 7 Wochen.

§ 230; LR-*Gollwitzer* 44 zu § 230; *Schorn* Strafrichter 228; *Rasehorn* DRiZ **56** 269). Demggü stützt der Wortlaut des § 230 Abs 2 diese Auffassung nicht (wie hier KK-*Treier* 17 zu § 230; KMR-*Paulus* 22 zu § 230; *Eb Schmidt* Nachtr 12).

765   dd) Die Verhandlung in Abwesenheit des Angekl ist, sofern keine gesetzliche Ausnahme besteht, ein **absoluter Revisionsgrund** (§ 338 Nr 5), und zwar auch dann, wenn der Angekl nur von einem Teil der HV unberechtigt ausgeschlossen worden ist (BGH **21** 332; NStZ **81** 449; *Roxin* 40 zu § 42). Eine **Heilung** des Verstoßes gegen die Anwesenheitspflicht nach § 230 Abs 1 ist grds nur durch die Wiederholung des fehlerhaften Teils der HV möglich (BGH **30** 73 = LM Nr 3 mit Anm *Mösl* = JR **82** 33 mit Anm *Maiwald*; BGH NJW **76** 1108; BGH bei *Pfeiffer* NStZ **81** 95; Köln NStZ **87** 244; Zweibrücken StV **86** 240; LR-*Hanack* 3 zu § 338; LR-*Gollwitzer* 18 zu § 230; K/M-G 3 zu § 338).

Erscheint zur HV nicht die Person, gegen welche die Anklageschrift und der Eröffnungsbeschluß gerichtet sind, sondern eine **andere Person** und ergeht gegen diese das Urteil, so liegt ein Verstoß gegen §§ 230 Abs 1, 338 Nr 5 vor. Der Anfechtung des Urteils bedarf es jedoch nicht, weil es weder gegen den richtigen Angekl (aA LG Lüneburg MDR **49** 767) noch gegen die erschienene Person Wirksamkeit haben kann (LR-*Gollwitzer* 11 zu § 230; KK-*Treier* 7 zu § 230; *Eb Schmidt* I 252; *Peters* 522 f); gleichwohl wird für den scheinbar Verurteilten das gegen die Entscheidung statthafte Rechtsmittel zuzulassen sein (SK-*Schlüchter* 32, KK-*Treier* 7, beide zu § 230). Nimmt aber der richtige Angekl unter falschem Namen an der HV teil, so ist weder § 230 Abs 1 verletzt, noch wird die Gültigkeit des Urteils dadurch berührt (*Peters* 523).

766   ee) (1) Bei **mehreren Angekl** besteht die Anwesenheitspflicht grds ggü allen Angekl, auch wenn ausschließlich die Tat eines Mitangekl verhandelt wird, an welcher der Angekl nicht beteiligt war und die ihn auch sonst nicht berührt (BGH StV **87** 189; K/M-G 10 zu § 230; KK-*Treier* 5 zu § 230; *Koeniger* 222).

Die *vorübergehende* Trennung des Verfahrens gegen einen Angekl stellt einen Verfahrensmangel nach §§ 230 Abs 1, 338 Nr 5 dar, wenn diese Verfahrensgestaltung dazu benutzt wird, das Anwesenheitsgebot des § 230 Abs 1 zu umgehen, dh, sofern die gegen den (oder die) Angekl inzwischen fortgesetzte HV Vorgänge zum Gegenstand hat, die mit den in dem abgetrennten Verfahren erhobenen und zur Verurteilung führenden Vorwürfen zusammenhängen (BGH **24** 257; **30** 74 = JR **82** 33 mit krit Anm *Maiwald*; BGH **32** 100; 273; **33** 119; bei *Pfeiffer* NStZ **87** 16; StV **84** 364; KK-*Treier* 5, K/M-G 11, LR-*Gollwitzer* 15, jeweils zu § 230; *Rogall* StV **85** 355). Unzulässig ist eine vorübergehende Abtrennung ferner, wenn sie im Interesse des Angekl oder seiner Vert deren Beurlaubung dienen soll und damit als eine Umgehung des Antragserfordernisses in § 231 c erscheint (BGH **32** 272 f). Keine vorübergehende Trennung idS liegt vor, wenn das Verfahren gegen einen Mitangekl abgetrennt wird, um es durch Urteil zu beenden, auch wenn die getrennten Verfahren wieder verbunden werden, weil entgegen vorheriger Erwartung das Verfahren gegen den Mitangekl nicht beendet werden kann (BGH **33** 119; K/M-G 11 zu § 230; *Rogall* StV **85** 355). In einem solchen Fall ist keine Verletzung der §§ 230 Abs 1, 338 Nr 5 gegeben, jedoch kann eine Verletzung von § 261 mit der Revision gerügt werden (BGH **33** 119; KK-*Treier* 5 zu § 230).

767   (2) Eine **Lockerung** der Anwesenheitspflicht in Verfahren gegen mehrere Angekl stellt § 231 c dar, wonach einzelnen Angekl, die von bestimmten Teilen der Verhandlung nicht betroffen sind, durch widerruflichen Gerichtsbeschluß gestattet

I. Allgemeine Rechte und Pflichten des Angeklagten

werden kann, sich während dieser Verhandlungsabschnitte zu entfernen (*Roxin* 55 zu § 42); das gleiche gilt in Fällen notwendiger Verteidigung für die Vert (§ 231 c S 1). Ein Verfahrensmangel iSv § 338 Nr 5 ist jedoch gegeben, wenn das Gericht die Verhandlung auf einen Verfahrensteil erstreckt, der von dem Beschluß nach § 231 c nicht mitumfaßt ist (BGH NStZ **85** 375 mit zust Anm *Rogall* StV **85** 354), oder wenn der für die Vernehmung eines Zeugen beurlaubte Angekl bei der Entscheidung über die Vereidigung und Entlassung des Zeugen nicht wieder anwesend ist (BGH StV **88** 370; bei *Kusch* NStZ **92** 27 f).

b) Von dem Grds der Anwesenheit des Angekl gibt es **Ausnahmen.** Das Gericht **768** kann den Angekl in den Fällen der §§ 232, 233 wirksam vom Erscheinen entbinden (BGH NJW **73** 522); es kann (nur) in den Fällen der §§ 231 Abs 2, 231 a in seiner Abwesenheit verhandeln und ihn (nur) in den Fällen der §§ 177 GVG, 231 b und 247 zwangsweise entfernen (BGH **25** 317 f).

aa) Gegen abwesende Beschuldigte, die für die deutsche Gerichtsbarkeit nicht erreichbar sind (§ 276), kann ein **Beweissicherungsverfahren** (§§ 285 ff) durchgeführt werden (*Roxin* 41 zu § 42).

Dieses Verfahren, das vor allem für den Fall (bzw zwecks Erreichung) *zukünftiger Gestellung* des Abwesenden durchgeführt wird (§ 285 Abs 1 S 2), endet bei Abschluß der Ermittlungen mit vorläufiger Einstellung (§ 205 entspr). Sofern die öffentliche Klage erhoben wird bzw bereits erhoben ist und die Voraussetzungen eines Haftbefehls vorliegen, so kann, um die Gestellung des Abwesenden zu erreichen (Bay NJW **64** 301), sein *Vermögen beschlagnahmt* werden (§§ 290–294); im Einklang mit diesem Zweck ist die Beschlagnahme nicht nur dann aufzuheben, wenn der Betroffene sich stellt oder verhaftet worden ist, sondern auch bei Unmöglichwerden seiner Gestellung. Im übrigen kann das Gericht dem Abwesenden *Sicheres Geleit* zugestehen (§ 295), dh die Verschonung vor der Vollstreckung von U-Haft oder einer Haft gemäß §§ 230 Abs 2, 236 (LR-*Gollwitzer* 5, KK-*Engelhardt* 3, beide zu § 295).

Die Berechtigung des *Vert* bzw von Angehörigen gemäß § 286 Abs 1 gilt auch schon vor Eröffnung des HVerf (LR-*Gollwitzer* 2 zu §§ 286–288: Redaktionsversehen); zwar begründet die Abwesenheit keinen Fall notwendiger Verteidigung, jedoch kann die Anwendung des § 140 Abs 2 naheliegen (KK-*Engelhardt* 2 zu § 286). Gemäß § 286 Abs 2, der nur die *gerichtliche* Zeugenvernehmung betrifft, ist die Vereidigung der Regelfall.

bb) (1) In **gänzlicher Abwesenheit** des ausgebliebenen Angekl kann die HV **769** unter den Voraussetzungen des § 232 Abs 1 stattfinden, jedoch im allg nur, wenn der Angekl *schuldhaft* nicht erscheint (Karlsruhe NStZ **90** 505; Frankfurt NJW **52** 1107; Düsseldorf NJW **62** 2022). Es muß Anlaß zu der Sorge bestehen, der Angekl versuche sich der Strafverfolgung zu entziehen (BGH **11** 156).

Das kann nicht angenommen werden, wenn er von der Ladung keine Kenntnis hatte – sofern er den Zugang der Ladung nicht arglistig vereitelt hat, kommt es nicht einmal darauf an, ob den Angekl an der Unkenntnis der Ladung überhaupt ein Verschulden trifft (Karlsruhe NStZ **90** 506; LR-*Gollwitzer* 6 zu § 235) – oder rechtzeitig etwa wegen Krankheit oder aus beruflichen Gründen um Terminsverlegung gebeten und keine Antwort erhalten hat (*Koeniger* 227). Das gleiche gilt, wenn sich der Angekl wegen einer anderen Sache in Haft befindet und seine Vorführung unterlassen wird (LR-*Gollwitzer* 15 zu § 232). Auch wenn der Angekl die dem Gericht unbekannte Tatsache der Haft absichtlich verschwiegen hat, fehlt es an einem eigenmächtigen Fernbleiben, da von dem Angekl nicht verlangt werden kann, daß er den Fortgang des gegen ihn gerichteten Verfahrens mitbetreibt (BGH GA **69** 281; LR-*Gollwitzer* 15 zu § 232; aA *Koeniger* 227).

War der Angekl durch einen unabwendbaren Zufall am Erscheinen gehindert, so kann er Wiedereinsetzung in den vorherigen Stand gem §§ 235, 44 ff (*Roxin* 42 zu § 42; *Schlüchter* 447) verlangen.

770 (2) In gänzlicher Abwesenheit des ausgebliebenen Angekl kann die HV auch stattfinden, wenn der Angekl bei leichten Straftaten, die nur wenig schwerwiegende Reaktionen erwarten lassen, auf seinen Antrag hin von der Erscheinenspflicht entbunden worden ist (§ 233), wobei die Entscheidung darüber im unanfechtbaren Ermessen (§ 305) des Gerichts steht (Bay JZ **52** 691; Celle NJW **57** 1163; Hamburg MDR **68** 344; Hamm NJW **69** 1129; Köln NJW **57** 153; *Roxin* 42 zu § 42; K/M-G 4 zu § 305; LR-*Gollwitzer* 15 zu § 233). Im Gegensatz zu § 232 ist im Fall des § 233 die **kommissarische** richterliche **Vernehmung** zwingend vorgeschrieben (vgl §§ 233 Abs 2 und 232 Abs 3).

Beantragt der Betroffene im *OWi*-Verfahren aus triftigen Gründen und rechtzeitig vor dem Termin seine kommissarische Vernehmung (§ 73 Abs 3 OWiG), so darf ohne deren Durchführung auch dann nicht in seiner Abwesenheit verhandelt und entschieden werden, wenn seine Anwesenheit zur Sachaufklärung nicht erforderlich ist (Bay NStZ **95** 40).

(3) Schließlich kann die HV in gänzlicher Abwesenheit des ausgebliebenen Angekl in der **Berufungs-** oder **Revisionsinstanz** (§§ 329, 350), im Privatklageverfahren (§ 387) und beim Einspruch gegen einen Strafbefehl (§ 412) durchgeführt werden.

Spezielle Fragen ergeben sich beim Wiederaufnahmeverfahren (vgl § 371) zB dann, wenn nach Anordnung der neuen HV Verhandlungsunfähigkeit eintritt (s Frankfurt NJW **83** 2398: *Hassemer* NJW **83** 2353: Fortführung analog § 371 Abs 1; vermittelnd *Baumann* FG-Peters 7).

770a (a) Bei Prüfung des *genügend entschuldigten Ausbleibens* (§ 329 Abs 1 S 1, vgl zur Kasuistik K/M-G 17ff zu § 329; speziell Abschiebung KG StV **92** 567: in aller Regel zu bejahen) hat das Gericht ggf Ermittlungen im Freibeweisverfahren vorzunehmen (vgl BGH StV **94** 364 betr Zw an ärztlichem Attest; s auch BGH StV **93** 7: bei „bettlägerig erkrankt" genügt nicht der vergebliche Versuch eines telefonischen Kontakts) und seine Entscheidung im einzelnen zu begründen (KG StV **95** 575); eine formularmäßige Begründung soll dann ausreichen, wenn die für das Ausbleiben genannten Umstände von vornherein nicht genügend sind (vgl nur LR-*Gollwitzer* 99 zu § 329 Nachw). Die Entscheidung über das Vorliegen eines Entschuldigungsgrundes als einer Rechtsfrage steht nicht im Ermessen des Gerichts (*Pfeiffer/Fischer* 6 zu § 329). – Die gesetzliche Voraussetzung gilt auch dann als erfüllt, wenn der Angekl in einem von ihm verschuldeten verhandlungsunfähigen Zustand (s 759) erscheint (BGH **23** 331; *Küper* JuS **72** 127), welche Analogie indes voraussetzt, daß er die Nichtfortführung der HV zumindest voraussehen konnte (s n 760; vgl auch *Roxin* 25 zu § 52). – Unzulässig ist die Verwerfung, falls sich die Verhandlungsunfähigkeit erst im späteren Verlauf der Verhandlung zeigt (Celle StV **94** 365: Ausnahmecharakter der Vorschrift).

Hat die StA Berufung eingelegt und wird gemäß § 329 Abs 2 ohne den Angekl verhandelt, so besteht hinsichtlich des Rechtsfolgeanspruchs keine Bindung iSd §§ 232, 233. Jedoch wird ggf die Aufklärungspflicht die Anwesenheit des Angekl verlangen (vgl § 329 Abs 4; vgl BGH **17** 391); zudem ist § 265 zu beachten.

Ohnehin setzen die erörterten Folgen des § 329 voraus, daß der Angekl in der Ladung ausdrücklich auf diese hingewiesen wurde.

(b) Was die stets erforderliche *Verhandlungsfähigkeit* (s 759) angeht, so ist nach Ablauf der *Revisionsbegründung*spflicht für eigene VertBemühungen des Angekl „praktisch kein Raum mehr" (*Widmaier* NStZ **95** 362); zuvor steht es ihm mit dem Recht der Einlegung bzw Zurücknahme der Revision zu, diese selbst nachträglich zu beschränken (vgl auch § 302 Abs 2) bzw die Begründung zu Protokoll der Geschäftsstelle zu erklären (§ 345 Abs 2; s auch RiStBV Nr 150 Abs 2). Nach diesem Zeitpunkt soll es ausreichen, daß der Angekl zu einer „Grundübereinkunft" mit dem Vert über das Rechtsmittel in der Lage ist, ohne daß es weiterhin auf die Fähigkeit zur Erörterung des Urteils ankomme (BGH **41** 19 mit grds und krit Anm *Rieß*; nach BVerfG [2.Kammer des 2.Senats] NJW **95** 1951 nicht zu beanstanden). Eine Durchführung trotz gänzlicher Verhandlungsunfähigkeit kommt nur bei einer (sachlich gebotenen) Revisionsentscheidung zugunsten des Angekl in Betracht (s n *Widmaier* NStZ **95** 363 gegen [obiter dictum] in BGH NStZ **95** 391).

771 cc) In **zeitweiliger Abwesenheit** des Angekl kann die HV gemäß §§ 231 Abs 2, 231 a, 231 b und 247 durchgeführt werden.

(1) Gem **§ 231 Abs 2** kann die HV in Abwesenheit des Angekl stattfinden, wenn er **sich** nach seiner Vernehmung zur Anklage (KK-*Treier* 7 zu § 231; K/M-G 19 zu § 231) **eigenmächtig entfernt** (BGH **10** 304 f = JZ **57** 673 mit Anm *Eb Schmidt;* BGH **25** 319 = JR **75** 75 mit Anm *Gollwitzer;* BGH NJW **73** 522; **77** 1928; MDR **79** 989; NStZ **84** 41; Köln StV **85** 50) und das Gericht, nicht der Vorsitzende allein (K/M-G 20 zu § 231), seine weitere Anwesenheit nach pflichtgemäßem Ermessen (KK-*Treier* 8 zu § 231) weder aufgrund der Aufklärungs- (§ 244 Abs 2) noch aufgrund der Fürsorgepflicht (vgl § 268) für erforderlich hält (BGH **3** 190; *Roxin* 43 zu § 42). Das gilt auch für eine Fortsetzungsverhandlung, jedoch nur bei gehöriger Bekanntmachung des Fortsetzungstermins (Karlsruhe NJW **81** 934; Hamm MDR **73** 427; *Schlüchter* 448).

Mit Vernehmung über die Anklage ist die **Gelegenheit** zur umfassenden **Äußerung** nach § 243 Abs 4 S 2 in der HV zu verstehen (BGH **27** 216; NJW **87** 2592; s 842 f, 583); dazu gehört nicht die Erörterung der Vorstrafen (BGH **27** 216 = LM Nr 2 mit Anm *Schmidt,* unter Aufgabe von BGH **25** 4 = LM Nr 2 mit Anm *Kohlhaas;* K/M-G 19 zu § 231; LR-*Gollwitzer* 11 zu § 231; *Roxin* 43 zu § 42).

772 (a) (aa) *Eigenmächtiges Sich-Entfernen* liegt vor, wenn der Angekl ohne Rechtfertigungs- oder Entschuldigungsgründe[5] wissentlich seiner Anwesenheitspflicht nicht genügt (BGH **37** 249; K/M-G 10 zu § 231; KK-*Treier* 3 zu § 231). Der Angekl muß dabei absichtlich oder mit sicherem Wissen handeln (BGH **26** 240; KMR-*Paulus* 18 zu § 231; *Rieß* JZ **75** 269; *Schlüchter* 444 Fn. 9).
Als eigenmächtiges Entfernen ist es auch anzusehen, wenn der Angekl nach seiner Vernehmung zur Sache (vorher gilt § 231 a) seine *Verhandlungsunfähigkeit* vorsätzlich herbeiführt (BGH NJW **81** 1052; bei *Pfeiffer* NStZ **81** 95; bei *Holtz* MDR **80** 631; K/M-G 17 zu § 231; KK-*Treier* 3 zu § 231; *Rieß* JZ **75** 271 und ZStW **90** [1978], Beih 193), zB infolge Alkohol- oder Rauschmittelgenusses (BGH NStZ **86** 372) bzw überdosierte Medikamenteneinnahme (KMR-*Paulus* 22 zu § 231), nicht jedoch durch „bewußtes Hineinsteigern" in eine krankhafte seelische Erregung (aA BGH **2** 304) oder infolge eines ernstgemeinten Suizidversuches, weil es dem Angekl um seinen Tod, nicht jedoch darum gegangen ist, die HV zu vereiteln (LR-*Gollwitzer* 18 zu § 231; KMR-*Paulus* 22 zu § 231; *Franzheim* GA **61** 108; *Schneidewin* JR **62** 308; *Hanack* JZ **72** 81; *Eb Schmidt* Nachtr I 8; *Rieß* JZ **75** 269; *Schlüchter* 447; *Roxin* 43 zu § 42; aA BGH **16** 178; NJW **77** 1928; K/M-G 17 zu § 231; *Koeniger* 223; KK-*Treier* 5 zu § 231). Nimmt der Angekl eine zur Wiederherstellung der Verhandlungsfähigkeit notwendige ärztliche Behandlung bzw Operation nicht in Anspruch, so darf die HV jdf dann nicht in Abwesenheit stattfinden, wenn die ärztliche Maßnahme nicht zumutbar ist (vgl betr nicht unerheblichen Eingriff BVerfG NStZ **93** 599 mit zust Anm *Meurer;* BGH StV **92** 533 f).

---

[5] Die frühere Auffassung, derzufolge Eigenmächtigkeit den Versuch des Angekl voraussetzte, den Gang der Rechtspflege zu stören oder ihm entgegenzutreten (BGH NJW **80** 950; NJW **91** 1367), gilt als überholt.

Die *zeitweilige* Verhandlungsunfähigkeit kann genügen, wenn sie die Beendigung des Verfahrens in vernünftiger Frist hindert (BGH NJW **81** 1052; K/M-G 17 zu § 231; KMR-*Paulus* 21 zu § 205; LR-*Gollwitzer* 17 zu § 231; *Schlüchter* 449 Fn.93 b), nicht aber, wenn sie sie nur in noch hinzunehmender Weise verzögert (BGH **19** 144 mit abl Anm *Pawlik* NJW **64** 779).

773 (bb) Eigenmacht liegt **nicht** vor, wenn der Angekl sich mit Einverständnis des Gerichts aus der HV entfernt (BGH NJW **73** 522; StV **93** 286) oder das Gericht den Eindruck des Einverständnisses erweckt (BGH **3** 190; NJW **91** 1366; StV **87** 189; **89** 187; **90** 245; *Küper* NJW **78** 251 f). Das gleiche gilt, wenn der Angekl den Sitzungssaal verläßt, ohne daß das Gericht ihn entspr der Aufforderung der StA auf seine Anwesenheitspflicht hinweist (KG StV **85** 52), oder wenn er der Erklärung des Vert, er brauche nicht zu erscheinen, vertraut (Bremen StV **92** 558). Ohnehin ist Eigenmacht zu verneinen, wenn der Angekl der Fortsetzung der HV wegen Krankenhausaufenthalts nach einem Unfall fernab bleibt (KK-*Treier* 4 zu § 231) oder er aufgrund unaufschiebbarer beruflicher Pflichten nicht teilnimmt, bei deren Nichterfüllung er sonst seinen Arbeitsplatz verlieren würde (BGH NJW **80** 950; StV **84** 325; NStZ **85** 13).[6] Auch ist Eigenmacht dann zu verneinen, wenn der Angekl sich in der Zeit verrechnet (Bremen StV **85** 50), wenn er etwa 5 Minuten nach Sitzungsbeginn im Fortsetzungstermin erschienen ist (KK-*Treier* 4 zu § 231) oder den Termin verschlafen hat (BGH StV **88** 185; NJW **91** 1367). Erst recht liegt keine Eigenmacht vor, wenn sich der Angekl in Strafhaft (BGH **25** 317 mit krit Anm *Küper* NJW **78** 251) oder in U-Haft (BGH NJW **77** 1928; NStZ **93** 446) befindet. An Eigenmacht fehlt es auch, wenn der Angekl sich weigert, die Fortsetzung am Krankenbett zu dulden (*Schreiner* NJW **77** 2303; *Meurer* NStZ **88** 422; LR-*Gollwitzer* 19 zu § 231; K/M-G 18 zu § 231; aA *Laier* NJW **77** 1139; vgl auch BGH NJW **87** 2592).

(cc) Da § 231 Abs 2 eine **Ausnahmevorschrift** darstellt, die den Grds der dauernden Anwesenheit des Angekl während der gesamten HV einschränkt, ist sie eng auszulegen (BGH **3** 190; **19** 148; **25** 320; StV **89** 188; LR-*Gollwitzer* 14 zu § 231; *Hanack* JZ **72** 82).

774 (b) Die Eigenmacht muß dem Angekl zur Überzeugung des Gerichts nachgewiesen werden (BGH **10** 304 f; **16** 180; StV **81** 392; **82** 356; **89** 188; NJW **87** 2592; NStZ **84** 209; Bremen StV **85** 50; Hamm MDR **73** 427; LR-*Gollwitzer* 15 zu § 231). Hat das Gericht Zw am Vorliegen der Voraussetzungen der Eigenmacht, darf es nicht nach § 231 Abs 2 verfahren (BGH NJW **80** 950; StV **81** 393; bei *Pfeiffer* BGH NStZ **83** 355; **84** 209; bei *Holtz* MDR **79** 281; Koblenz NJW **75** 322; Frankfurt StV **87** 380; LR-*Gollwitzer* 15 zu § 231; aA Hamburg NJW **53** 235). Die Voraussetzungen der Eigenmacht werden vom Revisionsgericht nach dem Kenntnisstand im Zeitpunkt seiner Entscheidung voll nachgeprüft (BGH StV **89** 188; K/M-G 25 zu § 231).

775 (c) Dadurch, daß der Angekl eigenmächtig der HV fernbleibt, verwirkt er die ihm sonst zustehenden Möglichkeiten der Einwirkung auf das Verfahren (KK-*Treier* 9, K/M-G 21, LR-*Gollwitzer* 29, jeweils zu § 231). Obwohl das Einverständnis des Angekl fehlt, kann das Gericht folglich in der HV mit Zustimmung der übrigen

---

[6] Grds geht die Anwesenheitspflicht des Angekl jedoch dessen beruflichen Verpflichtungen vor: BVerfG MDR **81** 976; Bremen StV **92** 558; KK-*Treier* 4 zu § 231.

Verfahrensbeteiligten Niederschriften nach § 251 Abs 1 Nr 4 verlesen (BGH **3** 205 f). Auch das Recht auf Erteilung des letzten Wortes steht dem Angekl nicht mehr zu (KK-*Treier* 9 zu § 231; s auch 809).

(2) (a) Die Verhandlung kann gem **§ 231 a** von vornherein, dh schon vor der Vernehmung des Angekl zur Anklage, in Abwesenheit des Angekl geführt werden, wenn er sich *vorsätzlich* (BT-Dr 7/2989, 6; *Roxin* 45 zu § 42; aA BGH **26** 240; KK-*Treier* 5, LR-*Gollwitzer* 7, K/M-G 8, KMR-*Paulus* 9, jeweils zu § 231 a) und *schuldhaft* in einen **verhandlungsunfähigen Zustand** (s 759) versetzt und auf diese Weise wissentlich die ordnungsgemäße Durchführung der HV in seiner Gegenwart verhindert (*Schlüchter* 447; *Roxin* 45 zu § 42). Hat der Angekl keinen Vert, so hat der Vorsitzende ihm einen *Pflichtvert* zu bestellen (§ 231 a Abs 4), und zwar schon vor Anhörung des Arztes (§ 231 a Abs 3 S 1) und der Vernehmung des Angekl (§ 231 a Abs 1 S 2). **776**

Wissentlich verhindert der Angekl die HV in seiner Gegenwart, wenn er bei der Herbeiführung der Verhandlungsunfähigkeit weiß oder als sicher voraussieht, daß dieser Erfolg eintreten werde (BGH **26** 228, 240; KK-*Treier* 8 zu § 231 a; LR-*Gollwitzer* 8 zu § 231 a). Absicht ist nicht erforderlich (K/M-G 10 zu § 231 a; *Rieß* JZ **75** 269), dolus eventualis genügt aber nicht (KMR-*Paulus* 13 zu § 231 a).

Die dergestalt angelastete Verhandlungsunfähigkeit kann wie bei § 231 Abs 2 (s n 772 f) etwa durch Medikamentenmißbrauch, Genuß von Rauschgift, Hungerstreik (BGH **26** 239 ff) und andere Selbstbeschädigungen (vgl BVerfGE **51** 324, 344), nicht jedoch durch bewußtes Sich-Hineinsteigern in einen psychischen Ausnahmezustand (aA Hamm NJW **77** 1799) oder durch ernstgemeinten Suizidversuch (ebenso *Schulte* MedSach **92** 110) herbeigeführt worden sein; auch die Nichtinanspruchnahme von Behandlungsmöglichkeiten während der U-Haft fällt schon dogmatisch mangels Entsprechung eines solchen Unterlassens nicht darunter (ganz abgesehen von tatsächlichen Motiven etwa fehlenden Vertrauens zu dem Behandlungspersonal [s näher *Eisenberg* ZRP **87** 241]).

Eine sogen *beschränkte* Verhandlungsunfähigkeit (bei welcher der Angekl zwar für kurze Zeitspannen zur pers Wahrnehmung seiner Rechte imstande ist, diese Zeitspannen aber nicht ausreichen, um das Verfahren in angemessener Zeit zu Ende zu führen) steht der (völligen) Verhandlungsunfähigkeit nicht gleich (*Grünwald* JZ **76** 767; *Rieß* JZ **75** 269; *Rudolphi* JA **79** 7; *Roxin* 45 zu § 42; anders die hM, BVerfG JZ **76** 766 mit abl Anm *Grünwald*; BGH **26** 228 = JZ **76** 763 mit abl Anm *Grünwald*; LR-*Gollwitzer* 3, KK-*Treier* 2, K/M-G 5, 9, alle zu § 231 a; *Warda* FS-Bruns 415).

(b) In jedem Falle muß der Angekl nach Eröffnung des Hauptverfahrens **777** (§ 203), aber vor der HV, **Gelegenheit** gehabt haben, sich gem § 231 a Abs 1 S 2 vor dem Gericht oder einem beauftragten Richter zur Anklage zu **äußern** (KMR-*Paulus* 18 zu § 231 a; K/M-G 11 zu § 231 a; *Roxin* 45 zu § 42). Die Anhörung nach § 231 a Abs 1 S 2 kann und soll zweckmäßigerweise dem Beschluß des Gerichts nach § 231 a Abs 3 S 1 vorausgehen (LR-*Gollwitzer* 14 zu § 231 a). Die Gelegenheit zur Äußerung muß der Angekl in vernehmungsfähigem Zustand wahrnehmen, Verhandlungsfähigkeit ist nicht erforderlich (LR-*Gollwitzer* 14, KK-*Treier* 15, K/M-G 12, jeweils zu § 231 a; *Rieß* JZ **75** 270; aA KMR-*Paulus* 19 zu § 231 a). Der Angekl muß in der Lage sein, zu entscheiden, ob er sich äußern will, Fragen und Vorhalte geistig zu verarbeiten und den Inhalt seiner Aussage vollständig zu formulieren (K/M-G 12 zu § 231 a; KMR-*Paulus* 8 zu § 231 a).

(c) Die Entscheidung ergeht nach Anhörung eines Arztes als Sv durch Beschluß (§ 231 a Abs 3 S 1), der dem Angekl unverzüglich bekannt zu machen ist (BGH NStZ **93** 247). Gegen den Beschluß ist sofortige Beschwerde zulässig, die aufschiebende Wirkung hat (§ 231 a Abs 3 S 2; zur Unterbrechung der HV s § 231 a Abs 3 S 3); eine erst nach Abschluß der HV erhobene Beschwerde ist nicht statthaft (BGH NStZ **93** 247).

778 (d) *Str* ist, *ob* der verhandlungsunfähige Angekl das Recht behält, an der HV *teilzunehmen*, oder ob er gegen seinen Willen von der HV ferngehalten werden kann. Teilweise wird gegen die Möglichkeit einer Abwesenheitsverhandlung nach § 231 a in Anwesenheit des Angekl vorgebracht, mit einem verhandlungsunfähigen Angekl als Verfahrensobjekt über Schuld und Strafe zu verhandeln, sei „sachlich wie formal-erscheinungsbildlich eine rechtsstaatliche Unerträglichkeit" (KMR-*Paulus* 30 zu § 231a; ähnlich *Warda* FS-Bruns 415, 422 ff; *Grünwald* JZ **76** 766; *Fezer* 131 zu Fall 11 [1. Aufl]). Eine solche Auslegung würde aber den Anspruch des Angekl auf rechtliches Gehör (Art 103 Abs 1 GG) stärker als unerläßlich beeinträchtigen und damit das Übermaßverbot verletzen (BGH **26** 234 = LM Nr 1 mit Anm *Meyer* = JZ **76** 763 mit Anm *Grünwald*). Solange der Angekl erkennen läßt, daß er sich an der HV beteiligen will, muß das Gericht dies zulassen, es sei denn, daß andere Gründe seine Ausschließung rechtfertigen (BGH **26** 234; LR-*Gollwitzer* 37, K/M-G 18, beide zu § 231a; *Rieß* ZStW **90** [1978], Beih 198; *Roxin* 45 zu § 42).

779 (3) Die HV kann ferner in zeitweiliger Abwesenheit des Angekl weitergeführt werden, wenn er **wegen ordnungswidrigen Benehmens** gem § 177 GVG aus dem Sitzungszimmer entfernt oder zur Haft abgeführt worden ist und weitere schwerwiegende Beeinträchtigungen des Ablaufs der HV von dem Angekl zu befürchten sind (**§ 231 b**). Im Gegensatz zu den §§ 231 Abs 2, 231 a muß der Angekl nicht den Willen oder auch nur das Bewußtsein haben, den Gang der HV zu stören; ausreichend ist, daß das Verhalten des Angekl objektiv geeignet erscheint, die HV nachhaltig und nicht nur kurzfristig zu stören (KMR-*Paulus* 8, LR-*Gollwitzer* 8, K/M-G 6, jeweils zu § 231 b; *Rieß* JZ **75** 271 Fn 103). Sobald eine Störung der HV vom Angekl nicht mehr zu erwarten ist, muß er wieder zur HV zugelassen werden (RG **54** 115; *Schlüchter* 451; K/M-G 7 zu § 231 b; KMR-*Paulus* 15 zu § 231 b), und der Vorsitzende hat den Angekl von dem wesentlichen Inhalt der Verhandlung in seiner Abwesenheit zu unterrichten (§ 231 b Abs 2 iVm § 231 a Abs 2). Bei länger andauernder HV muß in angemessener Zeit versucht werden, den ausgeschlossenen Angekl wieder zur HV zuzulassen (RG **35** 435; BGH **9** 81; KG StV **87** 519; Koblenz JR **75** 271; *Röhmel* JA **76** 664; *Rieß* JZ **75** 271).

Will das Gericht nach § 231 b vorgehen, so muß es einen Gerichts**beschluß** erlassen, zumal weitere Voraussetzung für das Verfahren nach § 231 b ist, daß das Gericht die Anwesenheit des Angekl nicht für unerläßlich hält (*Schlüchter* 451; LR-*Gollwitzer* 16, K/M-G [40. Aufl] 9, KMR-*Paulus* 13, alle zu § 231 b; aA BGH NStZ **93** 198; KK-*Freier* 7 zu § 231 b). Denn zumindest bei Anhaltspunkten dafür, daß diese Voraussetzung zw ist, hat das Gericht das Vorgehen zu begründen; ein Umkehrschluß aus § 231 a Abs 3 S 1 ist hingegen nicht zwingend.

780 (4) Außerdem kann das Gericht die zeitweilige Entfernung des Angekl – auch wenn er RA ist (BVerfGE **53** 207, 215) – aus dem Sitzungssaal gem § 247 in drei verschiedenen Fallgestaltungen anordnen:

I. Allgemeine Rechte und Pflichten des Angeklagten

(a) Gem § 247 S 1 ist zum Schutz der als gefährdet erachteten **Wahrheitsermittlung** die Anordnung zulässig, wenn zu befürchten ist, daß ein Mitangekl oder ein Zeuge in Gegenwart des Angekl nicht die **Wahrheit** sagen werde; hierzu zählt auch, daß die Person infolge seiner Gegenwart überhaupt keine Aussage abgeben (RG **73** 355; *Roxin* 47 zu § 42; *Schlüchter* 451) oder sich auf ein Zeugnisverweigerungsrecht berufen wird (BGH **22** 18; K/M-G 4 zu § 247). Nach der Judikatur soll § 247 S 1 analog gelten, wenn eine Zeugenvernehmung aus den in § 96 und § 54 iVm § 39 Abs 3 S 1 BRRG anerkannten Gründen in Gegenwart des Angekl von der obersten Dienstbehörde nicht ermöglicht würde (BGH **32** 32; zw, s näher 1040). Maßgebend ist die dem Gericht bekannte Sachlage bei der Beschlußfassung; erweist sich die Befürchtung nachträglich als unbegründet, muß die Vernehmung nicht wiederholt werden (KK-*Mayr* 5, LR-*Gollwitzer* 37, K/M-G 3, jeweils zu § 247; *Fischer* NJW **75** 2034; aA Hamburg NJW **75** 1573). Der bloße Wunsch eines Zeugen oder Mitangekl rechtfertigt nicht den Ausschluß des Angekl (BGH **22** 21; MDR **72** 199).

(aa) Die „Vernehmung" iS von § 247 S 1, für deren Dauer der Angekl ausgeschlossen werden darf, umfaßt die gesamte Anhörung zur Person (§ 243 Abs 2 S 1; vgl RG **38** 10) und zur Sache, einschl etwaiger Belehrungen (BGH bei *Dallinger* MDR **72** 199), sowie alle Prozeßvorgänge, die mit ihr (oder einem bestimmten Teil davon) in enger Verbindung stehen oder sich daraus entwickeln (BGH NJW **79** 276 mit Anm *Strate* NJW **79** 909 = JR **79** 434 mit Anm *Gollwitzer*) – zB „freie" Vorhalte, Zurückweisung von Fragen nach §§ 241 Abs 2, 241a Abs 2, 242 (BGH MDR **75** 544; K/M-G 6 zu § 247) –, jedoch keine über Ausgestaltung und Durchführung der Vernehmung hinausgehende selbständige Bedeutung haben (BGH bei *Pfeiffer* NStZ **87** 17; KMR-*Paulus* 15, KK-*Mayr* 6, LR-*Gollwitzer* 19, jeweils zu § 247; *Strate* NJW **79** 909; s n 782 f). Während der Abwesenheit des Angekl dürfen Urkunden (BGH **21** 332; MDR **52** 18; **83** 450; StV **84** 102) und Augenscheinsobjekte (BGH StV **89** 192; MDR **69** 17; NStZ **86** 564; StV **81** 57 mit Anm *Strate*; BGH StV **84** 102; **86** 418; **87** 475) *nicht* zum *Gegenstand* der Verhandlung gemacht werden (K/M-G 7 zu § 247; *Roxin* 47 zu § 42; KK-*Mayr* 8 zu § 247; *Meyer-Gossner* FS-Pfeiffer 311 ff); geschieht dies dennoch, wird der Fehler nur geheilt, wenn die gesamte Vornahme nach der Rückkehr des Angekl wiederholt wird (BGH StV **86** 418; NStZ **86** 564; **87** 471; StV **92** 550). Ebenso darf der Angekl nicht während der Verhandlung und Entscheidung über einen Antrag auf Vernehmung eines psychiatrischen Sv iZm der Vernehmung einer jugendlichen Zeugin zur Vorbereitung einer Entscheidung nach § 247 ausgeschlossen werden (BGH bei *Pfeiffer* NStZ **87** 17).

(bb) Der Angekl darf von nichts weiter als der *schieren Vernehmung* des Zeugen ausgeschlossen werden. § 247 ist eng auszulegen und streng auf den Wortlaut des Gesetzes zu beschränken (BGH **15** 194 f; **22** 20; **26** 220; NStZ **87** 17); denn in dieser Bestimmung wird der Grds der Unmittelbarkeit und das daraus resultierende Anwesenheitsrecht eines Angekl ausnahmsweise zurückgedrängt. Die Verhandlung über die Entfernung des Angekl darf folglich nicht in seiner Abwesenheit erfolgen (BGH StV **87** 377); ebenso muß der Angekl auch bei der Verhandlung und Entscheidung über die Vereidigung und der Vereidigung selbst anwesend sein, da die Vereidigung kein Teil der Vernehmung des Zeugen ist (BGH **26** 218 = JR **76** 340 mit Anm *Gollwitzer*; BGH NJW **86** 267; StV **92** 551; *Meyer-Goßner* FS-Pfeiffer 318). Dies gilt auch für die Verhandlung über die *Entlassung* des Zeugen (BGH NJW **86** 267; MDR **95** 1092), zumal das Fragerecht (§ 240 Abs 2 S 1) nicht beschnitten werden darf).

783 Soweit vertreten wird, § 247 S 1 analog gestatte die Entfernung des Angekl wegen Befürchtung der Enttarnung oder Gefährdung des Zeugen, soll der Ausschluß auch bei der Vereidigung zulässig sein (BGH NStZ **85** 136; NJW **85** 1478; K/M-G 10 zu § 247; KK-*Mayr* 5 zu § 247). Dem kann jedoch nur für den Ausnahmefall gefolgt werden, daß es sich um die Gefährdung eines unersetzbaren Geheimnisträgers handelt (vgl BVerfGE **57** 250; s n 1035 ff).

Nach der Judikatur ist in analoger Anwendung des § 247 die Entfernung des Angekl aus dem Sitzungssaal auch bei der Verhandlung über die Vereidigung und die Vereidigung des Zeugen zu erlauben, falls das Zusammentreffen von Angekl und Zeugenperson das (erneute) Hervortreten schwerer gesundheitlicher Schäden bei der Zeugenperson befürchten läßt (BGH NJW **90** 2633 betr mutmaßliches Opfer einer Vergewaltigung; zust *Meyer-Goßner* FS-Pfeiffer 323).

784 (b) (aa) Gem **§ 247 S 2, 1. Alt** ist die Entfernung des Angekl zulässig, wenn Zeugen unter 16 Jahren vernommen werden und ein erheblicher Nachteil (*Becker* ZfJ **75** 515) für das Wohl des Zeugen zu befürchten ist (und zwar unabhängig davon, ob eine Gefahr für eine wahrheitsgemäße Aussage besteht; vgl LR-*Gollwitzer* 23 zu § 247). Ein erheblicher Nachteil für das Wohl des Kindes ist nur gegeben, wenn eine Beeinträchtigung zu erwarten ist, deren Wirkungen über die Verhandlung hinaus eine gewisse Zeit andauern (K/M-G 11, KMR-*Paulus* 17, LR-*Gollwitzer* 24, jeweils zu § 247; betr Jugendschutzsachen s *Eisenberg* §§ 33–33 b Rn 5 a ff). Das Gericht entscheidet hierüber unter Berücksichtigung aller Umstände des Einzelfalles nach pflichtgemäßem Ermessen (LR-*Gollwitzer* 24 zu § 247).

Soweit aufgrund Videoübertragung der Aussage der minderjährigen Person erreicht werden kann, daß der Angekl in seinem Anwesenheitsrecht nicht beeinträchtigt wird (s etwa LG Mainz StV **95** 354), stehen dem andere Bedenken ggü (s 1336).

785 (bb) Die Entfernung des Angekl bei der Vernehmung erwachsener Zeugen ist nach **§ 247 S 2, 2. Alt** möglich, wenn die dringende Gefahr eines schwerwiegenden Gesundheitsnachteils für den Zeugen besteht (s [bereits vor der Gesetzesänderung v 18.11. 86 = OpferschutzG] BGH **22** 289; GA **70** 111; RG **73** 355; Hamburg NJW **75** 1573). Die Vorschrift bezweckt in erster Linie den Schutz der mutmaßlich Verletzten, die als Zeugen in Strafverfahren aussagen müssen, insbes die mutmaßlichen Opfer von Straftaten gegen die sexuelle Selbstbestimmung (KK-*Mayr* 11 zu § 247). Die Vorschrift ist jedoch nicht auf diesen Personenkreis beschränkt (BT-Dr 10/6124; K/M-G 12 zu § 247; zur Anwendbarkeit speziell bei V-Leuten BGH NStZ **93** 350 sowie schon *Rieß/Hilger* NStZ **87** 150).

Es muß – gestützt auf tatsächliche Umstände – eine hohe Wahrscheinlichkeit für einen schwerwiegenden Gesundheitsnachteil des Zeugen vorliegen. Die mit der Vernehmung in Anwesenheit des Angekl für das mutmaßliche Opfer oft verbundenen seelischen Belastungen und (geringen) Störungen des Wohlbefindens genügen nicht (KK-*Mayr* 11 zu § 247). Andererseits kann ein nur vorübergehender Gesundheitsnachteil ausreichen (zB Nervenzusammenbruch bei der Vernehmung; vgl K/M-G 12 zu § 247).

(cc) Hinsichtlich der „Vernehmung" gelten die Ausführungen zu § 247 S 1 (s 781–783).

Im einzelnen ist es idR unzulässig, auch einen selbst nicht gefährdeten Zeugen in Abwesenheit des Angekl zu vernehmen (BGH NStZ **93** 350 betr die Frage der Identität der V-Person [es sei denn, die Aussage könne nur in Anwesenheit des gefährdeten Zeugen geschehen]).

I. Allgemeine Rechte und Pflichten des Angeklagten

(c) Endlich gestattet **§ 247 S 3** die Entfernung des Angekl zu seinem eigenen **786** Schutz, wenn durch Erörterungen über seinen Zustand und seine Behandlungsaussichten ein erheblicher Nachteil für seine Gesundheit zu befürchten ist. Das Gericht kann die Notwendigkeit einer solchen Anordnung im Wege des Freibeweises mit einem anwesenden Sv klären (LR-*Gollwitzer* 26, K/M-G 13, KMR-*Paulus* 18, jeweils zu § 247). Erörterungen iS der Vorschrift sind alle Erklärungen, Verhandlungen oder Beweiserhebungen, die in der HV zu einer Verschlechterung des Gesundheitszustandes des Angekl und seiner Behandlungsaussichten Anlaß geben (KK-*Mayr* 12 zu § 247; LR-*Gollwitzer* 26 zu § 247). Die Vorschrift ist eng auszulegen; wegen der Unverzichtbarkeit der Rechtsstellung des Angekl steht der Revisionsrüge einer unzulässigen Ausweitung des § 247 S 3 nicht entgegen, daß der Angekl mit der Entfernung einverstanden war (BGH StV **93** 286). – Beruht der befürchtete Schaden iS von S 3 auf der Anwesenheit von Zuhörern, so kann zum Schutz des Angekl auch der Ausschluß der Öffentlichkeit nach § 171 b GVG in Betracht kommen (K/M-G 13 zu § 247; KMR-*Paulus* 18 zu § 247).

Unzulässig ist der Ausschluß des Angekl, um die Abstimmung seiner Äußerungen auf die Angaben von Mitangekl zu verhindern, seine Geständnisbereitschaft zu erhöhen, ihn durch Vorhalte inzwischen erstatteter Aussagen besser in Widersprüche zu verwickeln oder sonst leichter überführen zu können (BGH **3** 384; **15** 195; KMR-*Paulus* 14 zu § 247).

(d) (aa) Der vorübergehende Ausschluß des Angekl nach § 247 wird durch Ge- **787** richts**beschluß**, nicht durch den Vorsitzenden allein, angeordnet (BGH **1** 350; **15** 196; **22** 20; MDR **52** 18; StV **93** 286; K/M-G 14 zu § 247). Auch wenn der Angekl freiwillig bereit ist, den Sitzungssaal zu verlassen, entbindet dies das Gericht nicht von der Pflicht, einen ausdrücklichen Beschluß zu fassen und zu verkünden (BGH NStZ **91** 296; KK-*Mayr* 13 zu § 247).

(bb) Bleibt wegen Fehlens einer Begründung zw, ob das Gericht von zulässigen Erwägungen ausgegangen ist, so ist der unbedingte **Revision**sgrund nach § 338 Nr 5 gegeben (BGH **15** 196; **22** 20; BGH MDR **76** 501; NStZ **87** 84 f).

(cc) In allen Fällen der zeitweiligen Abwesenheit muß der Angekl, sobald er in **788** die Verhandlung zurückkehrt, durch den Vorsitzenden sogleich von dem wesentlichen Inhalt des in der Zwischenzeit Geschehenen **unterrichtet** werden (§§ 247 S 4; 231 a Abs 2; 231 b Abs 2 [dazu BGH **1** 346; **15** 194 f; NJW **88** 429]). Hierzu gehören auch etwa gestellte Anträge oder abgegebene Erklärungen (BGH StV **93** 287 [betr Auskunftsverweigerung gemäß § 55]).

Dies gilt betr § 247 insbes auch dann, wenn die Vernehmung nur unterbrochen wurde (BGH **38** 260 = JZ **93** 270 mit grds Anm *Paulus;* StV **92** 359). Speziell im Falle des § 247 S 2 ist es daher rechtsfehlerhaft, den Angekl erst nach weiteren in seiner Anwesenheit stattfindenden Zeugenvernehmungen zu unterrichten, da der Angekl ansonsten nicht die Möglichkeit hat, bei der Ausübung seines Fragerechts ggü diesen Zeugen den Inhalt der Bekundungen des in seiner Abwesenheit vernommenen Zeugen zu verwerten (BGH StV **90** 52; MDR **95** 445 bei *Holtz*). Auch eine solche Verletzung kann die Revision begründen (vgl K/M-G 19 zu § 247).

dd) In Fällen zulässiger Abwesenheitsverhandlung (gem §§ 231 Abs 2, 231 a [bei **789** zeitweiliger Verhandlungsfähigkeit], 231 b, 232, 233) kann das Gericht nach § **236** das persönliche Erscheinen des Angekl **anordnen** und durchsetzen. Jedoch wird eine gesetzliche Befugnis des Angekl, sich in der HV vertreten zu lassen (so gemäß §§ 234, 329 Abs 1, 411 Abs 2 S 1), durch eine solche Anordnung nicht berührt (KK-*Treier* 2 zu § 234; LR-*Gollwitzer* 3, K/M-G 1, beide zu § 236; aA Bay **72** 51; NJW **70** 1055 mit abl Anm *Küper* 1562; SK-*Schlüchter* 12 zu § 236), so daß bei Anwesenheit des Vertreters ohne den Angekl verhandelt werden kann.

Bei der Ermessensabwägung sind insbes Belange des Angekl ggü solchen möglichst vollständiger Aufklärung gegeneinander abzuwägen, wobei die Bedeutung der Sache ebenso wie der Verhältnismäßigkeitsgrds und das Übermaßverbot zu berücksichtigen sind. Ob der Umstand, daß der Angekl zuvor hat wissen lassen, er werde zur Sache keine Angaben machen, der Anordnung entgegensteht, wird nur vom Einzelfall her zu beurteilen sein (für Zulässigkeit BGH **38** 257; Stuttgart MDR **94** 193).

2. Rechte bei sprachbedingten Verständigungsschwierigkeiten

790   a) Gemäß Art 6 Abs 3 e MRK hat der Angekl das Recht, die unentgeltliche Beiziehung eines **Dolmetschers** zu verlangen, wenn er der Gerichtssprache nicht hinreichend mächtig ist. Jedenfalls bzgl der mündlichen Verhandlung zählt dieser Anspruch zu dem vom Völkergewohnheitsrecht umfaßten menschenrechtlichen Mindeststandard und ist als allg Regel des Völkerrechts iSd Art 25 GG anzusehen (vgl BVerfG NJW **88** 1462 ff); er ergibt sich für die Bundesrepublik auch aus § 185 GVG (zur Prüfungspflicht s Nr 181 Abs 1 RiStBV; zum Vorverfahren s näher 528 ff).

Die Zuziehung des Dolmetschers ist nicht nur bei gänzlich unzureichenden Deutschkenntnissen geboten, sondern bereits dann, wenn der Angekl die deutsche Sprache nicht hinreichend beherrscht, um der Verhandlung folgen und seine zur zweckentsprechenden Rechtsverfolgung erforderlichen Erklärungen abgeben sowie Angaben in deutscher Sprache machen zu können (vgl BVerfGE **64** 146). Dies verlangt neben einem ausreichenden passiven auch (und vor allem) einen hinreichenden aktiven Wortschatz (vgl BVerfGE **64** 146 f mwN). Im Zw ist ein Dolmetscher beizuziehen (vgl *Katholnigg* 1 zu § 185; *Pohl* 21). Ein Verzicht des Angekl auf die Mitwirkung eines Dolmetschers hat keine Bedeutung (vgl K/M-G 4 zu § 185 GVG); im Einzelfall kann jedoch ein bestimmter Dolmetscher abgelehnt werden (LG Darmstadt StV **90** 258; **95** 239; s auch 1517) bzw für den Angekl zwecks Verständigung mit dem Vert ein Anspruch auf Beiziehung eines Dolmetschers seines Vertrauens bestehen (Düsseldorf StV **93** 144 [betr gleichzeitige Tätigkeit für Mitangekl]). Daß ein Sprachkundiger zur Überwindung etwaiger Sprachschwierigkeiten der Verhandlung beiwohnt, vermag die erforderliche Zuziehung nicht zu ersetzen (K/M-G 3 zu § 185 GVG).

Ist entgegen § 185 Abs 1 S 1 GVG in der HV kein Dolmetscher zugezogen worden, so stellt dies einen absoluten **Revision**sgrund nach § 338 Nr 5 dar, der auf eine zulässig erhobene Verfahrensrüge grds zur Aufhebung und Zurückverweisung führen muß (vgl BVerfGE **64** 149; BGH **3** 285; Zweibrücken VRS **53** 39; K/M-G 44 zu § 338 iVm 10 zu § 185 GVG).[7]

---

[7] S aber nicht ganz unbedenklich BGH bei *Kusch* NStZ **94** 228 f, in welcher Entscheidung das Revisionsgericht die Tatsachenfeststellung traf, der Angekl sei der deutschen Sprache mächtig, und es nicht beanstandete, daß der Dolmetscher erst nach Verlesung der Anklageschrift erschien und erst für die Erklärungen des Angekl hinzugezogen wurde.

b) **Sprachbedingte Verständigungsschwierigkeiten** können bei nichtdeutschen **791** wie deutschen (vgl *Basdorf* GS-Meyer 19) Angekl über die Mitwirkung eines Dolmetschers hinaus auch die eines **Vert** gemäß § 140 Abs 2 notwendig werden lassen (vgl BVerfGE **64** 150; Hamm AnwBl **80** 31; Frankfurt StV **83** 497 f; KG StV **85** 448; Köln StV **86** 238 f; Karlsruhe NStZ **87** 522; Celle NStZ **87** 521 f; Zweibrücken StV **88** 379; LG Baden-Baden StV **83** 336; LG Osnabrück StV **84** 506; LG Heilbronn StV **84** 506; LG Freiburg StV **86** 472 f; *Basdorf* GS-Meyer 19 ff; *Hahn* 15; *Pohl* 28).[8] Die Bestellung eines Dolmetschers allein reicht häufig nicht, da hinsichtlich der „Schwierigkeit der Sach- und Rechtslage" (§ 140 Abs 2) auf die persönlichen Fähigkeiten des Angekl abzustellen ist (vgl LG Freiburg StV **86** 472), die Handlungskompetenz des Angekl iSd Fähigkeit zur Vornahme aller seiner Verteidigung dienenden Handlungen (vgl LG Baden-Baden StV **83** 236) aber nicht selten auch von seiner Vertrautheit mit dem hiesigen Rechtssystem und seiner sprachlichen Gewandtheit abhängig ist (s besonders betr Angekl aus fremdem Kulturkreis Köln StV **86** 238 f; Karlsruhe NStZ **87** 522).

Eine analoge Anwendung des (taube oder stumme Angekl betr) § 140 Abs 2 S 2 auf nichtsprachkundige Angekl scheidet indes aus (s *Basdorf* GS-Meyer 30; anders *Werner* NStZ **88** 346 ff und *Hamm* NJW **88** 1820 ff).

Im übrigen ist bei nichtdeutschen Angekl im Rahmen der Voraussetzung „Schwere der Tat" (§ 140 Abs 2), die nach den zu erwartenden Folgen zu beurteilen ist (vgl BGH **6** 199; KG StV **83** 186; KG StV **85** 448; K/M-G 23 zu § 140), auch eine drohende Ausweisung zu berücksichtigen (vgl *Lüderssen* NJW **86** 2747; *Pohl* 28; *Strate* StV **81** 47 f; wohl auch *Basdorf* GS-Meyer 30), zumal eine solche vielfach eine zumindest ebenso einschneidende Folge für den Betroffenen darstellt wie ein Berufsverbot gemäß § 140 Abs 1 Nr 3.

3. Frage- und Erklärungsrecht des Angeklagten

Übersicht

	Rn		Rn
a) Allgemeines	792	c) Erklärungsrecht	
b) Fragerecht		aa) Rechtliche Grundlage	802, 803
aa) Verfassungsrechtliche Grundlage	793	bb) Zweck	804
bb) Gestaltung	794–796	cc) Umfang und Grenzen	805, 806
cc) Unmittelbarkeit	797	dd) Revision	807
dd) Grenzen	798–800		
ee) Revision	801		

a) **Fragerecht und Erklärungsrecht des Angekl (§§ 240 Abs 2 S 1, 257 Abs 1)** ste- **792** hen in einem engen Zusammenhang. Beide Rechte sollen dem Angekl eine effektive Verteidigung ermöglichen und zugleich der Sachaufklärung dienen (LR-*Gollwitzer* 1 zu § 240, 1 zu § 257; Dahs/Dahs 310, 313; KMR-*Paulus* 3 zu § 240, 2 zu § 257; RG **42** 170; K/M-G 1 zu § 257). Sie eröffnen dem Angekl die Möglichkeit,

---

[8] Noch weitergehend nehmen *Molketin* AnwBl **80** 442 ff und *Lüderssen* NJW **86** 2746 insoweit ausnahmslos einen Fall notwendiger Verteidigung an; aA LG Koblenz MDR **87** 431.

nach seiner Vernehmung zur Sache (§ 243 Abs 4 S 2) und vor seinen Schlußausführungen bzw dem letzten Wort (§ 258) im Verlauf der Beweisaufnahme auf die Überzeugungsbildung des Gerichts einzuwirken. Mit Fragen oder Erklärungen können Widersprüche aufgezeigt sowie Zw an Glaubwürdigkeit und Zuverlässigkeit eines Zeugen oder dem Beweiswert einer Aussage oder eines Sv-Gutachtens zum Ausdruck gebracht werden.

Die **rechtstatsächliche Relevanz** von Frage- und Erklärungsrecht des Angekl im Hinblick auf seine Verteidigung ist ungeklärt. Zum Teil wird geäußert, die Ausübung dieser Rechte durch den Angekl könne diesem oft mehr schaden als nützen (*Dahs* 429, 435). Von anderer Seite dagegen wird der hohe Stellenwert gerade dieser beiden Rechte des Angekl für eine effektive Verteidigung betont (LR-*Gollwitzer* 1 zu § 240, 1 zu § 257; *Alsberg* GA Bd **63** 99; *Hammerstein* FS-Rebmann 233 f).

793 b) aa) Das **Recht des Angekl, Beweispersonen zu befragen,** hat seine verfassungsrechtliche Grundlage nicht im Anspruch auf rechtliches Gehör gem Art 103 Abs 1 GG (Maunz/Dürig-*Schmidt-Aßmann* 27 zu Art 103 GG; *Gollwitzer* GS-Meyer 150; abw *Trechsel* EuGRZ **87** 153), sondern es ist Bestandteil eines aus den Grundrechten (Art 1, 2 Abs 1 GG) und dem Rechtsstaatsprinzip folgenden umfassenden „Rechtes auf Verteidigung" im Strafverfahren (hierzu ausführlich *Gollwitzer* GS-Meyer 149 f); es verwirklicht die Forderung, daß der Angekl nicht bloßes Objekt des Strafverfahrens, sondern mit Mitwirkungsrechten ausgestattetes Prozeßsubjekt sein soll (vgl BVerfG **9** 95; **26** 71; **46** 210; **63** 337; **65** 174 f; **66** 318; st Rspr).

Durch **Art 6 Abs 3 d MRK** ist das Fragerecht des Angekl darüber hinaus auch außerhalb des Verfahrensrechts normiert und abgesichert (wenngleich nicht mit Verfassungsrang), allerdings in etwas engeren Grenzen als in § 240 (s *Gollwitzer* GS-Meyer 152 mN).

794 bb) (1) Der Angekl muß grds sein Fragerecht von sich aus **geltend machen** (KMR-*Paulus* 9 zu § 240; *Gollwitzer* GS-Meyer 154); das Stellen von Fragen wird ihm vom Vorsitzenden auf Verlangen gestattet. Der Angekl hat idR keinen Anspruch darauf, auf das Bestehen seines Fragerechts hingewiesen zu werden. Aus der Fürsorgepflicht und dem Gebot eines fairen Verfahrens kann sich im Einzelfall (zB wenn der Angekl in der HV unverteidigt ist und ersichtlich sein Fragerecht nicht kennt) jedoch eine Pflicht des Vorsitzenden zum Hinweis auf das Fragerecht ergeben (*Gollwitzer* GS-Meyer 154). Um auf jeden Fall ein faires Verfahren zu gewährleisten, ist es deshalb zweckmäßig, den Angekl bei der Befragung gem § 257 Abs 1 (s 804) darauf anzusprechen, ob er ergänzende Fragen an die Beweisperson habe (s KK-*Treier* 8 zu § 240).

795 (2) Der **Zeitpunkt der Ausübung** des Fragerechts wird vom Vorsitzenden nach freiem Ermessen bestimmt; idR können der Angekl und andere frageberechtigte Personen (§ 240 Abs 1, 2 S 1; s auch § 67 Abs 1 JGG) es nach der Vernehmung der Beweisperson durch den Vorsitzenden ausüben (K/M-G 6, LR-*Gollwitzer* 11, KMR-*Paulus* 8, KK-*Treier* 8, alle zu § 240).

(3) Das Fragerecht des Angekl besteht auch bei einer Beweisaufnahme **außerhalb der HV**, wenn das Gesetz dem Angekl ein Anwesenheitsrecht einräumt (s §§ 168 c, 168 d, 223, 224; *Gollwitzer* GS-Meyer 163).

796 (4) Das Fragerecht **endet**, sobald die jeweilige Beweisperson gem §§ 238 Abs 1, 248 entlassen ist und sich **entfernt** hat (BGH **15** 163; LR-*Gollwitzer* 12, KMR-*Paulus* 8, beide zu § 240; enger K/M-G 8 und KK-*Treier* 9, jeweils zu § 240: bereits mit

I. Allgemeine Rechte und Pflichten des Angeklagten

Entlassung); ist die endgültige Entlassung jedoch vorgenommen worden, ohne StA und Angekl zuvor Gehör zu gewähren (§ 248 S 2), so kann die Revision begründet sein (Stuttgart StV **95** 457f). – Bei (weiterhin) anwesender Beweisperson endet es erst mit der Urteilsverkündung (RG **55** 99; LR-*Gollwitzer* 12, KMR-*Paulus* 8, beide zu § 240).

Will der Angekl eine bereits entlassene und entfernte Person (erneut) befragen, bedarf es eines Beweisantrags mit neuem Beweisthema, der bereits in dem entspr geäußerten Verlangen enthalten sein kann (BGH **15** 163; LR-*Gollwitzer* 12, KMR-*Paulus* 8, beide zu § 240).

cc) § 240 berechtigt den Angekl grds zur **unmittelbaren** Fragestellung (dh ohne **797** Vermittlung einer dritten Person, insbes des Vorsitzenden). Dies ergibt sich aus der in § 240 Abs 2 S 2 normierten Ausnahme.

(1) Während das Prinzip der unmittelbaren Befragung für den Sv uneingeschränkt gilt, enthalten § 240 Abs 2 S 2 und § 241a **Ausnahmen von der Unmittelbarkeit** der Befragung.

(a) Der Angekl hat bei **Zeugen unter 16 Jahren** nur ein Recht auf eine indirekte, vom Vorsitzenden vermittelte Befragung (s § 241a Abs 2 S 1). Der Vorsitzende kann gem § 241a Abs 2 S 2 eine unmittelbare Befragung durch den Angekl gestatten; selbst wenn kein Nachteil für das Wohl des Zeugen zu befürchten ist, besteht jedoch kein Anspruch des Angekl auf die unmittelbare Befragung (LR-*Gollwitzer* 7, KMR-*Paulus* 8, KK-*Treier* 6, alle zu § 241a).

(b) Dem Angekl kann die unmittelbare **Befragung eines Mitangekl** wegen des eindeutigen Wortlauts von **§ 240 Abs 2 S 2** auch nicht ausnahmsweise vom Vorsitzenden gestattet werden (K/M-G 10, KMR-*Paulus* 7, KK-*Treier* 7, alle zu § 240; aA LR-*Gollwitzer* 15 zu § 240 sowie [zum früheren Recht] RG **48** 250). § 240 Abs 2 S 2 gilt jedoch nicht für den Vert (BGH **16** 68); ansonsten können über den Vorsitzenden Fragen an Mitangekl gestellt werden.

(2) Eine Beschränkung des Rechts auf unmittelbare Befragung ergibt sich auch bei (zeitweiliger) **Abwesenheit des Angekl** (s n 768 ff). Je nach Fallgestaltung und Grund für die Abwesenheit besteht jedoch teilweise die Möglichkeit, eine direkte Befragung nachzuholen oder im voraus schriftliche Fragen einzureichen, um so immerhin eine mittelbare Befragung zu veranlassen (s hierzu eingehend *Gollwitzer* GS-Meyer 159 ff).

(3) Keine Durchbrechung des Prinzips der Unmittelbarkeit des Fragerechts besteht darin, daß bei der Vernehmung eines **Zeugen vom Hörensagen** ggf nicht derjenige befragt werden kann, der die Wahrnehmungen gemacht hat, über die der Zeuge berichtet (s hierzu 1029 f). § 240 Abs 2 gibt dem Angekl nur ein Fragerecht unter den in der HV **anwesenden** Personen (BGH **17** 388; *Gollwitzer* GS-Meyer 156).

dd) **Grenzen des Fragerechts** bestehen auch hinsichtlich **Form** und **Inhalt** der **798** gestellten Fragen.

(1) § 240 Abs 2 berechtigt den Angekl nicht zu einer Vernehmung der jeweiligen Beweisperson; grds kann der Angekl nur **einzelne Fragen** stellen, die auf einen konkreten, abgrenzbaren Lebenssachverhalt bzw Sachumstand bezogen sind (LR-*Gollwitzer* 14, K/M-G 5, KK-*Treier* 5, alle zu § 240). Dabei sind kurze Erläuterungen zu einer Frage und auch ein kurzer Vorhalt noch vom Fragerecht gedeckt (K/M-G 5 zu § 240).

(2) **Inhaltlich begrenzt** wird das Fragerecht des Angekl durch **§ 241 Abs 2**. Ungeeignete oder nicht zur Sache gehörende Fragen sind unzulässig und können vom Vorsitzenden zurückgewiesen werden; über Zw im Hinblick auf die Zulässigkeit einer Frage entscheidet gem § 242 das Gericht.

(a) **Nicht zur Sache** gehören (nur) solche Fragen, die nicht einmal mittelbar eine Beziehung zum Prozeßgegenstand haben (BGH **2** 287; NStZ **84** 133; **85** 183). Daß das Gericht oder der Vorsitzende eine Frage für unerheblich oder bedeutungslos (iSv § 244 Abs 3 S 2) hält, ist dafür nicht von Belang und berechtigt jedenfalls nicht zur Zurückweisung der Frage. Ein Urteil darüber, ob eine Frage zur Sache gehörig ist, soll (und kann) sich das Gericht erst an Hand der Antwort bilden (BGH **2** 288; NStZ **81** 71; **84** 113; **85** 183; StV **84** 60; **85** 4; **87** 239).

Fragen, mit denen ersichtlich die Glaubwürdigkeit (BGH **2** 288f; **13** 255; NStZ **90** 400) oder die Erinnerungsfähigkeit (Celle StV **85** 7) der Beweisperson ernsthaft erforscht werden soll, sind in aller Regel als zur Sache gehörend zuzulassen.

(b) **Ungeeignet** ist eine Frage, wenn sie der Wahrheitsermittlung schlechthin nicht zu dienen vermag oder aus rechtlichen Gründen (zB § 68 Abs 2, 3, § 68a) nicht gestellt werden darf (BGH **13** 253f; **21** 360; NStZ **82** 170; Hamm VRS **31** 50; Koblenz wistra **83** 42).

Nicht der Wahrheitsermittlung dienen idR insbes Suggestiv- und Fangfragen, unmotivierte Wiederholungen bereits beantworteter Fragen (anders bei wiederholter Befragung eines Zeugen, der vor Abtrennung als Mitangekl befragt worden war [BGH StV **91** 99]), hypothetische sowie Werturteile erforschende Fragen (K/M-G 15, KK-*Treier* 4, beide zu § 241; *Dahs/Dahs* 312; *Gollwitzer* GS-Meyer 166, jeweils mN zur Judikatur); außerdem ungeeignet sind Fragen, die Beweispersonen eine rechtliche Beurteilung des Falles abverlangen (K/M-G 15 zu § 241). Hingegen kann es von der Fallgestaltung abhängen, ob über deren Gutachterauftrag hinausgehende Fragen an Sv ungeeignet sind (vgl auch KMR-*Paulus* 13 zu § 241 unter Hinw auf RG **67** 182; allg vern die hM, BGH bei *Pfeiffer/Miebach* NStZ **84** 16; LR-*Gollwitzer* 13, K/M-G 15, KK-*Treier* 4, alle zu § 241).

799 (3) Über die Einschränkung der Unmittelbarkeit der Befragung (s 797) und die Beschränkung in § 241 Abs 2, § 241 a Abs 3 hinaus sind dem Fragerecht des Angekl **grds keine weiteren Grenzen** gesetzt.

(a) Insbes kann dem Angekl das Fragerecht aus § 240 Abs 2 S 1 **nicht völlig entzogen werden** (RG **38** 59; LR-*Gollwitzer* 22; KMR-*Paulus* 3 beide zu § 241; *Dahs/Dahs* 311; *Miebach* DRiZ **77** 141; *ter Veen* StV **83** 169; *Gollwitzer* GS-Meyer 167; aA wohl *Schlüchter* 456,458).

(b) Auch eine **Beschränkung** des Fragerechts des Angekl **auf** eine bloß **mittelbare Befragung** für das gesamte Verfahren bzw dessen restlichen Verlauf ist **unzulässig** (RG **38** 58f; *Miebach* DRiZ **77** 141; *ter Veen* StV **83** 169; aA wohl BGH NStZ **82** 159; *Gollwitzer* GS-Meyer 170: bei „einem konstanten Mißbrauch"); für einen derart einschneidenden Eingriff des Gerichts in das Fragerecht enthält die StPO keinerlei Grundlage.

(c) Nach hM soll es zulässig sein, dem Angekl nach fortgesetztem erheblichen **Mißbrauch** des Fragerechts als letztes Mittel nach vorheriger Androhung für **einzelne Verfahrensabschnitte** die Befragung der jeweiligen Beweispersonen zu untersagen, wenn er nach Auffassung des Gerichts keine zulässige Frage mehr stellen könne (BGH bei *Dallinger* MDR **73** 372; bei *Pfeiffer/Miebach* NStZ **83** 209 [EGMR

I. Allgemeine Rechte und Pflichten des Angeklagten

EuGRZ **82** 448: keine Bedenken im Hinblick auf Art 6 Abs 3 Buchst d MRK]; Karlsruhe NJW **78** 436; K/M-G 6, LR-*Gollwitzer* 22, KMR-*Paulus* 3, KK-*Treier* 1, 5, alle zu § 241; *Granderath* MDR **83** 799; aA ter *Veen* StV **83** 169; zw auch *Roxin* 18 zu § 42). Eine gesetzliche Grundlage für eine solche Maßnahme ist indes nicht ersichtlich; das Kriterium des „Mißbrauchs" ist dem nicht einschlägigen (nur für das Kreuzverhör geltenden) § 241 Abs 1 entnommen.

(d) Indirekt wird das Fragerecht aus § 240 Abs 2 S 1 durch ein **Zeugnis- oder** **800** **Auskunftsverweigerungsrecht** (§§ 52 ff, 55) der befragten Beweisperson beschränkt, wenn diese sich darauf beruft (s *Gollwitzer* GS-Meyer 167). Ansonsten sind die befragten Personen zur Beantwortung der gestellten zulässigen Fragen des Angekl verpflichtet; bei unberechtigter Verweigerung der Antwort muß das Gericht gegen sie die Mittel des § 70 zur Anwendung bringen (*Gollwitzer* GS-Meyer 154).

ee) Wegen einer fehlerhaften Beschränkung oder Entziehung des Fragerechts **801** sowie des unberechtigten oder unzureichend begründeten Zurückweisens einzelner Fragen kann **Revision** gem § 338 Nr 8 eingelegt werden (LR-*Gollwitzer* 29 zu § 241 mwN). Diese Verfahrensrüge ist allerdings nur dann erfolgversprechend, wenn zuvor eine Entscheidung des Gerichts nach § 242 herbeigeführt worden ist.

c) aa) (1) Das **Recht des Angekl**, nach jeder einzelnen Beweiserhebung zu die- **802** ser **eine Erklärung abzugeben**, ergibt sich aus **§ 257 Abs 1**, obwohl die Vorschrift explizit nur die Befragung des Angekl im Hinblick auf das Erklärungsrecht behandelt (und als bloße Sollvorschrift formuliert ist). Seine verfassungsrechtliche Grundlage hat das Erklärungsrecht des Angekl in dem durch Art 103 Abs 1 GG garantierten Anspruch auf rechtliches Gehör. Insofern ergänzt § 257 Abs 1 die anderen die Gewährung rechtlichen Gehörs regelnden Verfahrensnormen (insbes § 243 Abs 4, § 258).

Die Entscheidung, ob dem Angekl überhaupt die Gelegenheit zu einer Erklärung gem § 257 eingeräumt wird, steht nicht im Ermessen des Vorsitzenden. Auf sein Verlangen ist dem Angekl vom Vorsitzenden das Wort zu einer Erklärung nach § 257 zu erteilen (s den Wortlaut des § 257 Abs 2: „auch").

(2) Gem **§ 67 Abs 1 JGG** (ggf iVm § 104 Abs 1 Nr 9 JGG) haben im Verfahren **803** gegen Jugendliche (nicht gegen Heranwachsende [s § 109 JGG]) auch der Erziehungsberechtigte und der gesetzliche Vertreter das Recht, nach jeder einzelnen Beweiserhebung eine Erklärung gem § 257 Abs 1 abzugeben (LR-*Gollwitzer* 9 zu § 257; KMR-*Paulus* 4 zu § 257; *Eisenberg* JGG 9 zu § 67; *Ostendorf* 11 zu § 67 JGG; *Bohnert* Zbl **89** 236 Fn 54; aA entgegen dem Wortlaut des § 67 Abs 1 JGG: BGH bei *Spiegel* DAR **77** 176; K/M-G 3 zu § 257; *Brunner* 6 zu § 67 JGG; KK-*Mayr* 2 zu § 257).

bb) Die **Befragung des Angekl** durch den Vorsitzenden nach § 257 Abs 1 **be-** **804** **zweckt**, daß ein unkundiger, nicht verteidigter oder auf Grund der (ungewohnten) Verfahrenssituation verunsicherter Angekl über sein Erklärungsrecht aufgeklärt (LR-*Gollwitzer* 5 zu § 257), ihm prozessuale Mitwirkung ermöglicht und umfassend Gehör gewährt wird.

Die Befragung steht nicht im freien *Ermessen* des Vorsitzenden, sein Ermessen ist vielmehr durch den Regelungszweck *gebunden* (LR-*Gollwitzer* 14 zu § 257; enger KMR-*Paulus* 8 zu § 257: Befragungspflicht), so daß nur im Ausnahmefall bei Vorliegen besonderer Gründe auf die Befragung des Angekl nach § 257 Abs 1 verzichtet werden darf (LR-*Gollwitzer* 14, K/M-G 2, beide zu § 257). Allerdings gilt es im allg als zulässig und zureichend, den Angekl bei Beginn der Verhandlung oder der Beweisaufnahme auf sein Erklärungsrecht hinzuweisen, anstatt ihn stets neuerlich nach § 257 Abs 1 zu befragen (K/M-G 2, KMR-*Paulus* 8, beide zu § 257). Zur Revisibilität einer unterlassenen oder fehlerhaften Befragung nach § 257 Abs 1 s 807.

805 cc) **Umfang und Grenzen** des Erklärungsrechts gehen aus § 257 Abs 1, 3 selbst hervor.

(1) (a) Eine Einschränkung des Erklärungsrechts besteht bereits darin, daß es überhaupt dem Angekl nur zusteht, wenn der abgeschlossene Verfahrensvorgang, zu dem er etwas erklären will, seine **eigenen Verfahrensinteressen** berühren kann (LR-*Gollwitzer* 19 zu § 257; vgl KMR-*Paulus* 6 zu § 257).

(b) Eine **thematische Begrenzung** des Erklärungsrechts des Angekl ergibt sich aus dem Wortlaut des § 257 Abs 1 („dazu"): Alleiniger Bezugspunkt der Erklärung darf der gerade abgeschlossene Beweisakt sein.

(c) Schließlich darf nach **§ 257 Abs 3** durch eine Erklärung des Angekl gem § 257 der Schlußvortrag bzw das „letzte Wort" nicht vorweggenommen werden. Dies ist allerdings nur dann der Fall, wenn der Angekl mit der Erklärung eine Gesamtwürdigung der (bisherigen) Beweismittel oder -ergebnisse vornimmt (KK-*Mayr* 4 zu § 257; *Hammerstein* FS-Rebmann 238). Darüber hinaus stehen (innerhalb der beschriebenen Grenzen) Umfang und Inhalt der Erklärung im Belieben des Erklärenden. Insbes ist der Angekl vom Wortlaut des § 257 Abs 1, 3 her nicht gehalten, sich bei seiner Erklärung kurz zu fassen und auf eine längere Würdigung des letzten Beweiserhebungsakts zu verzichten, solange nur die thematischen Grenzen der Erklärung eingehalten werden und keine Gesamtwürdigung vorgenommen wird (so auch *Hammerstein* FS-Rebmann 238; aA LR-*Gollwitzer* 20 zu § 257; *Dahs* Gehör 90). Der Angekl kann vielmehr zu dem vorangegangenen Beweisakt ausführlich Stellung nehmen, wenn er dies für seine Verteidigung für notwendig erachtet (*Hammerstein* FS-Rebmann 238). Eine indirekte Umfangsbegrenzung ergibt sich ohnehin durch den thematischen Bezugspunkt der Erklärung (s oben) und das Verbot einer „Gesamtwürdigung" (§ 257 Abs 3).

806 (2) **Überschreitet der Angekl** die (so bestimmten) **inhaltlichen Grenzen** des Erklärungsrechts, kann der Vorsitzende im Rahmen seiner Sachleitung nach § 238 Abs 1 den Angekl unterbrechen, abmahnen und ihm – als letztes Mittel, falls Ermahnungen ohne Erfolg bleiben – das Wort entziehen (LR-*Gollwitzer* 16 zu § 257; *Hammerstein* FS-Rebmann 235). Eine dem Vorsitzenden unangemessen erscheinende Wortwahl des Angekl bei seiner Erklärung gibt dem Vorsitzenden jedoch idR nicht das Recht, dem Erklärenden die Möglichkeit der Sachdarstellung abzuschneiden (LR-*Gollwitzer* 16, KMR*Paulus* 4, beide zu § 257).

Die Entscheidung, zu welchem Zeitpunkt und in welcher Weise der Vorsitzende bei einer Überschreitung der Grenzen des Erklärungsrechts eingreift, steht in dessen Ermessen (LR-*Gollwitzer* 16 zu § 257). Gegen Eingriffe des Vorsitzenden ist die Anrufung des Gerichts nach § 238 Abs 2 zulässig (LR-*Gollwitzer* 17, K/M 8, KK-*Mayr* 4, alle zu § 257).

807 dd) Umstritten ist, ob ein Verstoß gegen die Sollvorschrift § 257 Abs 1 mit der **Revision** gerügt werden kann (**vern** RG **42** 170; BGH bei *Dallinger* MDR **67** 175; VRS **34** 346; K/M-G 9 zu § 257; **bej** KK-*Mayr* 5 zu § 257; LR-*Gollwitzer* 25 zu § 257; *Hammerstein* FS-Rebmann 236; *Dahs/Dahs* 313, die allerdings annehmen,

I. Allgemeine Rechte und Pflichten des Angeklagten

daß idR das Urteil nicht auf einem Verstoß gegen § 257 Abs 1 „beruhen" [§ 337] wird).

4. Das letzte Wort

Übersicht

	Rn		Rn
a) Das letzte Wort als Grundrecht		e) Wiedereintritt in die HV	815
aa) Grundlage	808	f) Reihenfolge	816
bb) Ausnahmen	809	aa) Mehrere Angekl	
b) Höchstpersönliches Recht des Angekl	810	bb) Nebenbeteiligte	
		cc) Verfahren gegen Jugendliche	
c) Inhalt und Form	811, 812		
d) Gerichtliche Pflichten		g) Revision	817–819
aa) Hinweispflicht des Vorsitzenden	813		
bb) Gerichtliches Gehör	814		

a) aa) Bereits die Verfassung gewährleistet durch **Art 103 Abs 1 GG** (Anspruch **808** auf rechtliches Gehör) das Recht des Angekl auf das letzte Wort im Strafprozeß (*Jarass/Pieroth* 4 zu Art 103 GG; *v Münch* 15 zu Art 103 GG; *Dahs/Dahs* 361; s BVerfGE 54 141 f; aA *Peters* JZ 58 435; *Roxin* 4 zu § 42).[9] Der Anspruch auf rechtliches Gehör verlangt, daß einer gerichtlichen Entscheidung nur solche Beweisergebnisse zugrunde gelegt werden dürfen, zu denen Stellung zu nehmen dem Angekl Gelegenheit gegeben war (vgl BVerfG **5** 24; **6** 14; **7** 246; **7** 278); zudem muß der Angekl zur Verwirklichung des Art 103 Abs 1 GG die Möglichkeit haben, sich zum gesamten Prozeßstoff zu äußern (*Rausche* 122; *Milhahn* 34), wozu – schon wegen des Antrages zum Strafmaß – auch das Schlußplädoyer der StA gehört (*Milhahn* 35).

§ 258 Abs 2 S 2, Abs 3 und die Vorschriften über die Gewährung des letzten Wortes im Rechtsmittelverfahren (§§ 326 S 2, 351 Abs 2 S 2) sind Verfahrensnormen, die die Einhaltung des Gehöranspruchs aus Art 103 Abs 1 GG im Strafprozeß sichern; sie sind „rechtsstaatliche Grundnorm[en]" (*Dahs/Dahs* 288) und schützen zugleich die Menschenwürde des Angekl (insbes davor, bloßes Objekt des vom Staat betriebenen Strafverfahrens zu sein [s hierzu BGH **17** 33]).

Rechtstatsächlich ist die **Bedeutung** des letzten Wortes, dh die Frage nach seiner Relevanz für die Urteilsfindung, weithin ungeklärt. Während teilweise eine vom Schlußwort ausgehende starke, für das Urteil zum Teil „ausschlaggebend[e]" Bedeutung angenommen wird (*Dahs* Hb 647; *Peters* § 29 V 5c; *Milhahn* 17), wird von anderer Seite die Wirkung des Schlußwortes als eher gering eingeschätzt (*Seibert* MDR **64** 472). Empirische Nachweise für die eine oder andere Auffassung hierzu stehen noch aus.

bb) Aus seiner verfassungsrechtlichen Bedeutung ergibt sich, daß **Ausnahmen 809 vom letzten Wort** nur in wenigen durch Gesetz ausdrücklich bestimmten Fällen zulässig sind. Ihre verfassungsrechtliche Rechtfertigung finden diese (den Gehör-

---

[9] S auch *Hammerstein* FS-Tröndle 486: Art 103 Abs 1 GG garantiere lediglich, daß der Angekl überhaupt irgendwann während des Prozesses gehört werde.

anspruch des Art 103 Abs 1 GG berührenden) Ausnahmen im kollidierenden Verfassungsrecht (insbes in der Funktionsfähigkeit der Strafrechtspflege).

(1) Eine solche Ausnahme vom letzten Wort stellt **§ 231 Abs 2** (dazu n 771 ff) dar, ohne daß der Angekl dabei (dh durch sein eigenmächtiges Sich-Entfernen aus der Verhandlung) allerdings sein Recht auf das letzte Wort etwa verwirkt hätte: kehrt er vor der Urteilsverkündung in die HV zurück, muß ihm auf jeden Fall das letzte Wort erteilt werden (BGH NStZ **86** 372; NJW **90** 1613).

(2) Ist der Angekl gemäß **§ 231 b** wegen ordnungswidrigen Benehmens entfernt worden (dazu n 779 ff), muß das Gericht regelmäßig zumindest den Versuch machen, ihn (spätestens) zur Erteilung des letzten Wortes wieder zuzulassen (BGH **9** 81; KG StV **87** 519; LR-*Gollwitzer* 33 zu § 258; KMR-*Paulus* 21 zu § 258); die Gefahr neuerlicher Ordnungswidrigkeiten durch den Angekl ist grds hinzunehmen. Nur wenn der Versuch der Wiederzulassung als von vornherein völlig aussichtslos erscheint, kann die HV ohne die Erteilung des letzten Wortes zuende geführt werden (BGH **9** 81).

Wird der Angekl wieder zugelassen, muß er gemäß § 231 b Abs 2 (iVm § 231 a Abs 2) über den wesentlichen Inhalt der zwischenzeitlichen Verhandlungsergebnisse unterrichtet werden. Diese Pflicht des Gerichts ggü dem Angekl ist im Hinblick auf das letzte Wort und Art 103 Abs 1 GG unerläßlich, weil die Unterrichtung dem Angekl eine umfassende Würdigung aller Beweisergebnisse überhaupt erst ermöglicht.

(3) Außerdem kann in anderen Fällen zulässiger Abwesenheit des Angekl (zB §§ 232 oder 233) auf das letzte Wort verzichtet werden.

810   b) Der Anspruch auf das letzte Wort ist ein **höchstpersönliches Recht** des Angekl, das nicht – auch nicht auf den Vert – übertragbar ist (BGH bei *Holtz* MDR **78** 460; K/M-G 20, LR-*Gollwitzer* 28, KK-*Hürxthal* 14, KMR- *Paulus* 25, alle zu § 258). Dies gilt auch, wenn der Angekl in der HV nicht anwesend ist (BGH bei *Holtz* MDR **78** 460; zw LR-*Gollwitzer* 12, Fn 35 zu § 234, Fn 95 zu § 258; aA *Milhahn* 82; *Weber* 111).

Der Vert hat Gelegenheit zur umfassenden Würdigung der Verfahrensergebnisse in seinem Schlußvortrag, und zwar unabhängig davon, ob der Angekl in der HV anwesend ist oder nicht.

Das letzte Wort soll allein dem Angekl die Möglichkeit geben, sich persönlich mit seinen eigenen Worten am Ende der HV an das Gericht zu wenden.

Keine Ausnahme von dem Prinzip der Höchstpersönlichkeit des Schlußwortes ist das letzte Wort der gesetzlichen Vertreter im JStV (s hierzu *Eisenberg* JGG 9 zu § 67), da es sich dabei um ein selbständiges, neben dem Recht des jugendlichen (nicht heranwachsenden, s § 109 JGG) Angekl bestehendes Recht der gesetzlichen Vertreter und nicht um Stellvertretung handelt.

811   c) aa) **Inhalt und Form** des letzten Wortes stehen grds im Belieben des Angekl (K/M-G 25 zu § 258; LR-*Gollwitzer* 31 zu § 258); das Gericht sollte darauf regelmäßig keinen Einfluß nehmen. Der Angekl soll in seinem Schlußwort gerade das sagen können, was er für wichtig hält (BGH StV **85** 355; *Rausche* 126). Ihm sind deshalb bis zu einem gewissen Umfang auch solche Ausführungen zu gestatten, die keinen Gegenstand der Beweisaufnahme betreffen (BGH **31** 16 [abl Anm von *Gössel* JR **83** 118]; BGH StV **85** 355; LR-*Gollwitzer* 31, K/M-G 25, beide zu

§ 258). Im letzten Wort kann sich der Angekl außer zur tatsächlichen auch zur rechtlichen Seite des Verfahrens äußern, und zwar unabhängig davon, ob sein Vert hierzu bereits Stellung genommen hat (BGH bei *Dallinger* MDR **57** 527). Eine zeitliche Begrenzung für die Gestaltung des Schlußwortes darf das Gericht dem Angekl nicht vorgeben (RG **64** 58); ebensowenig darf ihm vorgeschrieben werden, daß er sein letztes Wort in freier Rede zu halten habe und nicht ablesen dürfe (BGH **3** 368).

bb) Ein **Eingreifen des Vorsitzenden** in die Redefreiheit des Angekl ist nur zulässig, wenn es zur Wahrung der Ordnung der Sitzung und des geregelten Verfahrensablaufs unerläßlich ist, oder wenn der Angekl sein Recht auf das letzte Wort offensichtlich mißbraucht (BGH **3** 369; RG **64** 58; LR-*Gollwitzer* 40 zu § 258) und dadurch nicht nur die „Würde des Gerichts", sondern auch die Funktionsfähigkeit der Strafrechtspflege gefährdet ist.   812

Ein „Mißbrauch" des letzten Wortes kann darin liegen, daß der Angekl sein Schlußwort für längere völlig sachfremde Ausführungen, unbegründete ständige Wiederholungen oder mutwillige Weitschweifigkeiten nutzt oder ehrkränkende Äußerungen macht (LR-*Gollwitzer* 40 zu § 258; K/M-G 26 zu § 258). Um dem Verhältnismäßigkeitsgrundsatz zu genügen, muß der Vorsitzende auch im Falle des Mißbrauchs abgestuft reagieren. Zunächst muß er den Angekl ermahnen (vgl BGH bei *Dallinger* MDR **53** 598), wobei der mögliche Entzug des letzten Wortes angedroht werden sollte (*Milhahn* 103), damit der Angekl die Folgen eines anhaltenden oder neuerlichen Mißbrauchs seines Rechts aus § 258 Abs 2 S 2 einzuschätzen vermag. Als letztes Mittel schließlich, aber idR nur dann, wenn wiederholte Mahnungen erfolglos geblieben sind (LR-*Gollwitzer* 42 zu § 258; KK-*Hürxthal* 21 zu § 258; *Dästner* RuPol **82** 183; vgl BGH **3** 368), kann der Vorsitzende dem Angekl das letzte Wort entziehen. Gegen diese Entscheidung des Vorsitzenden kann das Gericht nach § 238 Abs 2 angerufen werden (LR-*Gollwitzer* 44 zu § 258; KK-*Hürxthal* 10 zu § 258).

d) aa) § 258 Abs 3 verpflichtet den Vorsitzenden zu einem **ausdrücklichen Hinweis** darauf, daß der Angekl das Recht auf das letzte Wort habe und davon jetzt Gebrauch machen könne. Für den Angekl muß unmißverständlich erkennbar sein, daß er als letzter Verfahrensbeteiligter sich abschließend und umfassend zum gesamten Verfahren perönlich äußern kann (BGH **18** 85; LR-*Gollwitzer* 36, K/M-G 25, KK-*Hürxthal* 17, alle zu § 258; enger Schleswig SchlHA **56** 212; *Milhahn* 47 f: Erteilung des letzten Wortes mit den Worten des Gesetzes). Ist für den Angekl nicht erkennbar, daß ihm das letzte Wort erteilt worden ist, steht dies der Nichterteilung gleich (BGH **3** 370; *Dahs/Dahs* 364).   813

Eine ausdrückliche Erteilung des letzten Wortes erübrigt sich nur dann, wenn der Angekl ohne vorherige Aufforderung oder Befragung das letzte Wort ergreift oder selbständig darum bittet.

bb) Für die Gewährung des letzten Wortes durch das Gericht ist jedoch der Hinweis auf die Möglichkeit zur Äußerung nicht hinreichend; das Gericht muß dem Angekl während des Schlußwortes auch „Gehör" gewähren. Das letzte Wort muß vom Gericht zur Kenntnis genommen und berücksichtigt werden (LR-*Gollwitzer* 46 f zu § 258; *Milhahn* 49 f). Dieser Anspruch folgt aus Art 103 Abs 1 GG ebenso wie aus **§ 261** und beinhaltet, daß das Gericht den Schlußausführungen des Angekl mit der gebotenen **Aufmerksamkeit** folgt und dabei alles vermeidet, was von ihnen ablenken könnte (LR-*Gollwitzer* 47 zu § 258; KK-*Hürxthal* 28 zu   814

§ 258). An das letzte Wort muß sich (auch nach bereits erfolgter Vorberatung) die (erneute) Beratung anschließen (LR-*Gollwitzer* 48–50 zu § 258 mwN); ansonsten wäre eine Berücksichtigung des Schlußwortes nicht möglich.

Schreibt zB ein Richter am AG die Urteilsformel bereits während eines Schlußvortrages nieder, so verstößt dies gegen § 258, 261 (Köln NJW **55** 1291; *Schom* 37 zu Art 6 MRK; *Dästner* RuPol **82** 183; s krit auch *Dahs/Dahs* 362; aA BGH **11** 74, wenn es sich erkennbar um einen bloßen Entwurf handelt; zust LR-*Gollwitzer* 51 zu § 258); jedenfalls sollte „im Interesse des Ansehens der Rechtspflege" eine solche Praxis unterbleiben (LR-*Gollwitzer* 51 zu § 258; KK-*Hürxthal* 29 zu § 258; *Hanack* JZ **72** 315).

815 e) Nach **Wiedereintritt** in die Verhandlung muß dem Angekl erneut das letzte Wort erteilt werden (BGH **13** 59; **20** 274; **22** 279; Düsseldorf StV **91** 554). Wiedereröffnet ist die Verhandlung bei jedem Weiterverhandeln, das Einfluß auf die Urteilsfindung haben könnte (LR-*Gollwitzer* 5 zu § 258), wobei Umfang oder Relevanz der Weiterverhandlung bzw des neuen Verhandlungsstoffes ohne Belang sind (LR-*Gollwitzer* 5 zu § 258; K/M-G 27 zu § 258; *Milhahn* 92). Ein Wiedereintritt in die Verhandlung kann somit auch vorliegen, wenn nicht erneut in die Beweisaufnahme eingetreten wird (für Beisp gegebenen Wiedereintritts s K/M-G 29 f zu § 258).

816 f) aa) Die **Reihenfolge** der Schlußworte bei **mehreren Angeklagten** steht im Ermessen des Vorsitzenden (RG **57** 266; LR-*Gollwitzer* 38, K/M-G 22, KK-*Hürxthal* 19, alle zu § 258; *Milhahn* 117; aA *Dästner* RuPol **82** 183); dies ergibt sich aus seiner Kompetenz zur Verhandlungsleitung (§ 238 Abs 1).

bb) Ggü **Nebenbeteiligten** gebührt dem Angekl das letzte Wort (vgl RG **16** 253; BGH **17** 32).

cc) Im **Verfahren gegen Jugendliche** unterliegt die Reihenfolge der Schlußworte des Angekl und der nach § 67 Abs 1 JGG (ggf iVm § 104 Abs 1 JGG) selbständig zur Abgabe des letzten Wortes berechtigten Personen nicht der Ermessensentscheidung der Vorsitzenden (aA KK-*Hürxthal* 20 zu § 258); der Angekl kommt von Gesetzes wegen als Letzter.

817 g) aa) Ein Verstoß gegen § 258 Abs 2 Hs 2, Abs 3 ist kein absoluter **Revision**sgrund (BGH **22** 281; KK-*Hürxthal* 37 zu § 258; abw Bay **57** 88 f: § 338 Nr 8). Eine Verletzung des Rechts auf das letzte Wort ist indes nach § 337 revisibel. Dabei steht die Nichtgewährung des letzten Wortes einer unzulässigen Beschränkung gleich (BGH **3** 370; StV **85** 356).

(1) Nach hM ist zwar idR nicht auszuschließen, daß das Urteil gemäß § 337 auf dem Verstoß gegen § 258 Abs 2 S 2, Abs 3 **beruht** (BGH **22** 280 f; NStZ **93** 551 betr Rechtsfolgenausspruch; LR-*Gollwitzer* 60, K/M-G 33, KK-*Hürxthal* 37, alle zu § 258); Ausnahmen hiervon seien aber gegeben, wenn im Einzelfall mit Sicherheit feststellbar sei, daß das Urteil auch bei Beachtung von § 258 Abs 2 S 2, Abs 3 nicht anders gelautet hätte (BGH **22** 280 f; s Nachw bei LR-*Gollwitzer* Fn 186 zu § 258; K/M-G 33 a zu § 258). Jedoch ist äußerst fraglich, wie das Revisionsgericht diese Feststellung „sicher" sollte treffen können; so wird sich zumindest nicht ausschließen lassen, daß der Angekl bei fehlerfreier Gewährung seines Rechtes aus § 258 Abs 2 S 2, Abs 3 mit seinem letzten Wort wenigstens das Strafmaß hätte beeinflussen können (*Roxin* 5 zu § 42). Insoweit wirkt ein Verstoß gegen § 258 Abs 2 S 2, Abs 3 (§ 337) wie ein absoluter Revisionsgrund (*Roxin* 5 zu § 42; *Sarstedt* JR **56** 274; *Eb Schmidt* JR **69** 235; *Hanack* JZ **72** 276).

(2) Die Revision muß die Nichterteilung des letzten Wortes darlegen (§ 344 **818** Abs 2 S 2), wozu ggf auch der Verlauf nach Wiedereintritt in die Verhandlung (s 815) gehört (BGH StV **95** 176 mit krit Anm *Ventzke*). – Ob § 258 Abs 2 S 2, Abs 3 beachtet oder verletzt wurde, kann nur durch das **Protokoll** bewiesen werden, da es sich bei Erteilung und Gewährung des letzten Wortes um wesentliche Förmlichkeiten des Verfahrens (§ 273) handelt (BGH **13** 59; **22** 280; StV **82** 103).

bb) Bleibt die Revision erfoglos, kann mit der Behauptung einer möglichen Ver- **819** letzung des Rechts aus Art 103 Abs 1 GG Verfassungsbeschwerde eingelegt werden (s BVerfGE **54** 140).

II. Durchführung der Vernehmung

1. Pflicht zu Angaben über persönliche Verhältnisse

Der Angekl ist nach Ansicht der Judikatur (vgl BGH **21** 334, 364; **25** 17; Bay **820** NJW **69** 2058 mit abl Anm *Seebode* = JR **70** 71 mit zust Anm *Koffka*; Düsseldorf NJW **70** 1888; **71** 2237; Oldenburg MDR **71** 861) und Teilen des Schrifttums (vgl K/M-G 5 zu § 136, 11 zu § 243; LR-*Hanack* 12 zu § 136; LR-*Gollwitzer* 34ff zu § 243; KK-*Treier* 21 zu § 243; aA KMR-*Paulus* 20 zu § 243) bei der Vernehmung verpflichtet, in bestimmtem Umfang Angaben zu seinen persönlichen Verhältnissen zu machen (s auch 539f). Die Vernehmung des Angekl über seine persönlichen Verhältnisse ist nach dem Aufruf der Sache (sowie der Belehrung und dem Abtreten etwaiger Zeugen [krit gegen eine „Sammelbelehrung" *Bender/Nack* 557: „schwerer Fehler"]), aber vor der Verlesung des Anklagesatzes (s näher 826ff) und vor allem vor der vorgeschriebenen rechtlichen Belehrung des Angekl über seine Aussagefreiheit (s näher 836ff) vorgesehen (§ 243 Abs 2 S 2). Sie ist ein wesentlicher Teil der HV, der im Falle notwendiger Verteidigung auch die Anwesenheit des Vert erfordert (vgl RG **53** 170; BGH **9** 244; BGH StV **83** 323; LR-*Gollwitzer* 33 zu § 243).

a) Die in Rede stehende Pflicht dient zunächst der **Identitätsfeststellung**, dh **821** anhand der in § 111 Abs 1 OWiG bezeichneten Angaben (Vor-, Familien- oder Geburtsname, Geburtstag und Geburtsort, Familienstand, Wohnort und Staatsangehörigkeit) soll geklärt werden, ob der als Angekl Erschienene mit der in Anklage und Eröffnungsbeschluß bezeichneten Person identisch ist (vgl K/M-G 11, LR-*Gollwitzer* 34, beide zu § 243). Darüberhinaus soll auch die Frage etwaiger in der Person des Angekl liegender **Verfahrenshindernisse** (zB Verhandlungsunfähigkeit, das Fehlen einer gegen ihn gerichteten Anklage) sowie die Frage geprüft werden, **ob** der Angekl in der Lage sein wird, **sich** auch ohne den Beistand eines Vert **sachgerecht zu verteidigen** (vgl KK-*Treier* 21, K/M-G 11, beide zu § 243).

Die genannte Pflicht bietet dem Angekl im übrigen die Möglichkeit, den übrigen Verfahrensbeteiligten verbal einen ersten unmittelbaren und möglicherweise prägenden Eindruck (vgl zur Bedeutung des sogenannten „primacy"-Effektes *Eisenberg* § 28 Rn 16) von seiner Persönlichkeit noch vor der Verlesung des gegen ihn erhobenen Tatvorwurfes zu vermitteln. Dies ist in besonderer Weise relevant, falls er im weiteren Verlauf von seinen Rechten, sich zum Tatvorwurf zu äußern bzw das letzte Wort vor der Urteilsberatung zu ergreifen (§ 258 Abs 3; s näher 808 ff), keinen Gebrauch macht.

822   b) Indes dürfen die in § 111 Abs 1 OWiG bezeichneten Angaben nicht in jedem Fall von dem Angekl verlangt werden. So ist er nie verpflichtet, auf solche Fragen zu antworten, die möglicherweise für die Schuld- oder Straffrage bedeutsam sein können (vgl SK-*Rogall* 68 vor § 133), da die **Selbstbelastungsfreiheit** im Konfliktfall (bußgeldbewehrten) Äußerungspflichten vorgeht (vgl KMR-*Müller* 2 zu § 136; SK-*Rogall* 71 vor § 133; *Müller-Dietz* ZStW **93** [1981] 1226).

Mithin werden von ihm zB keine Angaben zum Familienstand erwartet werden können, wenn ihm ein gemäß § 171 StGB strafbares Verhalten vorgeworfen wird. Ebenso können Personalien im Rahmen von Urkundsdelikten sowie die Staatbürgerschaft hinsichtlich verschiedener Straftatbestände des AuslG oder des AsylVfG von entscheidender Bedeutung sein.

Ohnehin läßt sich die Auskunft zur Person verfahrensrechtlich nicht erzwingen (vgl LR-*Hanack* 14 zu § 136). Andererseits kann das Gericht, falls der Angekl zu seinen Personalien keine Angaben macht, aufgrund freibeweislicher Würdigung des Akteninhaltes von der Richtigkeit der im Vorverfahren festgestellten ausgehen (vgl K/M-G 11 zu § 243), sofern sie nicht für die Sachentscheidung erheblich sind (LR-*Gollwitzer* 47 zu § 243). Macht der Angekl keine Angaben über seine persönlichen Verhältnisse, so ist das Gericht durch den Untersuchungsgrundsatz gehalten, sich mit Hilfe anderer Erkenntnisquellen (zB der Gerichtshilfe oder aber auch der Vernehmung von Verwandten, Freunden und Bekannten) Tatsachen über dessen Persönlichkeit zu verschaffen, um eine hinreichende Grundlage für die Strafzumessung zu erlangen (vgl BGH StV **84** 192; StV **86** 287; K/M-G 12 zu § 243); dabei ist zu beachten, daß schuld- und rechtsfolgenrelevante Umstände dem *Strengbeweis* unterliegen (vgl nur KMR-*Paulus* 18, LR-*Gollwitzer* 47, beide zu § 243).

823   c) Eine über die Identitätsfeststellung **hinausgehende** Erörterung der persönlichen Verhältnisse des Angekl (s 821) sowie sonstiger Umstände, die für die Beurteilung des Schuld- und des Rechtsfolgenausspruches bedeutsam sein können, gehört inhaltlich zur Vernehmung zur Sache nach § 243 Abs 4 S 2 (vgl K/M-G 12 zu § 243; SK-*Rogall* 68 vor § 133). Es ist daher jedenfalls sachlich geboten, Erörterungen darüber erst nach der Belehrung des Angekl über sein **Schweigerecht** vorzunehmen (Stuttgart MDR **74** 1037; SK-*Rogall* 68 vor § 133).

Ohnehin wäre es unzulässig, anläßlich der Vernehmung des Angekl zu seinen persönlichen Verhältnissen solche Angaben zu erstreben, da sonst die Belehrungspflicht nach § 243 Abs 4 S 2 zumindest ausgehöhlt würde. Der Angekl braucht daher auf solche Fragen nicht zu antworten (vgl BGH StV **84** 192; Bay ObLG MDR **84** 336; MDR **71** 775; *Dencker* MDR **75** 365; K/M-G 12 zu § 243; LR-*Gollwitzer* 43 zu § 243; anders noch BGH bei *Dallinger* MDR **75** 368).

824   Hat der Angekl (gleichwohl) im Rahmen der Erörterung seiner persönlichen Verhältnisse vor der Belehrung gemäß § 243 Abs 4 S 1 sachrelevante Angaben gemacht und verzichtet er nach der Belehrung darauf, Angaben zur Sache zu machen, so dürfen die zuvor gemachten Angaben *nicht verwertet* werden (allg Auffassung, s nur Bay MDR **84** 336; Hamburg MDR **76** 601; Stuttgart NJW **73** 1941; **75** 703; K/M-G 12 zu § 243; LR-*Hanack* 10 zu § 136). Werden sie dennoch verwertet, begründet dies die **Revision** (allg Auffassung, BGH **25** 13; Bay NJW **81**

1385; MDR **84** 236; Düsseldorf NJW **70** 1888; Stuttgart NJW **75** 703; KK-*Treier* 53, KMR-*Paulus* 60, LR-*Gollwitzer* 106, jeweils zu § 243).

d) Der Angekl muß in einer neuen tatrichterlichen Verhandlung nach Aufhebung eines Urteils im Rechtsfolgenausspruch durch das Revisionsgericht und Zurückverweisung erneut zu seinen persönlichen Verhältnissen gehört werden (vgl LR-*Gollwitzer* 48 zu § 243).

2. Recht auf Verlesung des Anklagesatzes

a) aa) Die Verlesung des Anklagesatzes (§ 243 Abs 3 S 1) dient zunächst dem Zweck, den Verhandlungs- und Urteilsgegenstand bekanntzugeben, weshalb sie vor der Vernehmung des Angekl zur Sache und vor der Beweisaufnahme zu geschehen hat. Sie richtet sich zum einen an den Angekl, um ihn (nochmals) exakt über den Prozeßgegenstand zu unterrichten, dh ihm verbindlich mitzuteilen, was ihm (von der StA) rechtlich und tatsächlich (vgl BGH NStZ **84** 133) zur Last gelegt wird und wogegen er sich zu verteidigen hat (vgl K/M 13, LR-*Gollwitzer* 50, KK-*Treier* 23, alle zu § 243). Zum anderen betrifft sie die Richter, die keine Aktenkenntnis haben, dh jdf die Laienrichter. Endlich dient sie der Unterrichtung der (anwesenden) Öffentlichkeit.

Die Verlesung stellt eine wesentliche Förmlichkeit iSd § 273 dar (vgl BGH bei *Dallinger* MDR **74** 368; KMR-*Paulus* 46 zu § 243.[10]

bb) Wird die Verlesung **unterlassen**, so stellt dies grds einen **revisiblen** Verfahrensfehler dar. Das Beruhen des Schuldspruchs auf dem Gesetzesverstoß soll indes nach der Rspr und richerlichen Kommentarliteratur in ganz einfach gelagerten Fällen ausgeschlossen werden können (vgl BGH NStZ **82** 170 sowie 431 f und 518; **95** 200 mit krit Anm *Krekeler* **95** 299; LR-*Gollwitzer* 50, KK-*Treier* 54, K/M-G 38, alle zu § 243). Demggü bestehen schon wegen der vagen Abgrenzung (LR-*Hanack* 248 zu § 337) und der nur „überschlägigen" (*Krekeler* NStZ **95** 300) Einstufung des Aufnahmevermögens der Verfahrensbeteiligten durch das Revisionsgericht erhebliche Bedenken, so daß zumindest überprüfbare Kriterien vonnöten sind.

Insbes ist es systematisch verfehlt und beweisrechtlich nicht kontrollfähig, den dem Unterlassen nachfolgenden Verhandlungsverlauf zu bemühen, um festzustellen, dem Recht des Angekl sei dadurch Genüge getan (so aber BGH NStZ **82** 518; **95** 200).

Eine Heilung ist durch Verlesung des Anklagesatzes und nochmalige Sachvernehmung möglich (vgl RG **23** 310; KMR-*Paulus* 46 zu § 243; *Schlüchter* 463).

b) aa) Verlesen werden darf und muß **nur der Anklagesatz** iSd § 200 Abs 1 S 1, nicht aber der sonstige Inhalt der Anklageschrift. Falls der Anklagesatz in unzulässiger Weise über seinen notwendigen Inhalt hinausgehende „Zusatzinformationen" oder auch Elemente einer Beweiswürdigung enthält, dürfte eine solche Anklageschrift zwar nicht zur HV zugelassen werden (vgl BGH JR **87** 389 mit insoweit zust Anm *Rieß*); gleichwohl kann der Angekl sich weder gegen die rechtswidrige Zulassung wehren (§ 210 Abs 1), noch erfolgreich eine Revision auf die Geset-

---

[10] Zur Modifizierung aus Praktikabilitätsgründen (entgegen der gemäß § 243 Abs 2–4 festgelegten Abfolge) bei „Punktesachen" s BGH **10** 342; KMR-*Paulus* 46 zu § 243 iVm 46 vor § 226; *Roxin* 3 zu § 42).

zesverletzung stützen, da in der Judikatur – entgegen empirischen Erkenntnissen über eine selektive Wahrnehmung infolge des sogen „primacy-Effektes" (s zu Nachw *Eisenberg* § 28 Rn 16) – das Beruhen glatt ausgeschlossen wird (vgl BGH JR **87** 389 mit krit Anm *Rieß*).

Im Verfahren nach § 411 tritt an die Stelle des Anklagesatzes der Inhalt des Strafbefehlsantrages, im Sicherungsverfahren der zur HV zugelassene Antrag, im objektiven Verfahren die Antragsschrift ohne das wesentliche Ergebnis der Ermittlungen (vgl KK-*Treier* 24 zu § 243).

829 bb) Der Anklagesatz ist gem § 243 Abs 3 S 2–4 nach Maßgabe des Eröffnungsbeschlusses zu verlesen (vgl *Schlüchter* 463), wobei es der StA unbenommen bleibt, an einer abw Rechtsansicht festzuhalten und diese zu äußern (§ 243 Abs 3 S 3 Hs 2); solchenfalls wird es seitens der StA meist sachgerecht sein, die erforderlichen Hinweise nach § 265 anzuregen (vgl LR-*Gollwitzer* 54 zu § 243). Gemäß § 154 a erfolgte Veränderungen des Anklagesatzes sind bei der Verlesung zu berücksichtigen.

Bei Verbindung mehrerer Strafsachen müssen alle Anklagesätze verlesen werden (vgl RG **61** 405; K/M-G 13 zu § 243).

830 c) Verbleiben (nach oder durch die Verlesung) Unklarheiten, so sind von StA oder Gericht Klarstellungen vorzunehmen. Solche Erläuterungen oder Ergänzungen sind als wesentliche Förmlichkeiten ebenso in das Sitzungsprotokoll aufzunehmen (vgl BGH GA **73** 111; NStZ **84** 133; KK-*Treier* 33 zu § 243) wie die Verlesung selbst.

Nach der Verlesung des Anklagesatzes kann es sachgerecht sein, der Verteidigung Gelegenheit zur Stellungnahme zu geben (vgl LR-*Gollwitzer* 64 zu § 243).

3. Aussagefreiheit

Übersicht

		Rn			Rn
a)	aa) Grundsatz	831–833	b)	aa) Hinweispflicht	836–839
	bb) Grenzfragen	834		bb) Revision	840
	cc) Äußerungen außerhalb der HV	835			

831 a) aa) Die auf dem Verbot des Selbstbelastungszwanges beruhende völlige Aussagefreiheit (s schon 549) des Beschuldigten im Strafverfahren gehört zum „gesicherten Bestand unserer rechtsstaatlichen Tradition" (SK-*Rogall* 66 vor § 133; *Niese* ZStW **63** [1951] 219; *Dingeldey* JA **84** 407 ff). Ihn trifft keine Pflicht, das Gericht bei der Sachverhaltsaufklärung zu unterstützen (vgl BGH StV **86** 422), vielmehr kann er bzgl der Sachaussage sowohl über das „Ob" als auch über das „Wie" frei entscheiden (vgl BGH **5** 334; *Eser* ZStW **79** [1967] 219). Der Bereich der Sachaussage (auch iSd § 243 Abs 4 S 1) beinhaltet alle Angaben, von denen Auswirkungen auf den Schuld- und Rechtsfolgenausspruch ausgehen können (vgl SK-*Rogall* 68 vor § 133), so daß die Aussagefreiheit sich auch auf schuld- und strafzumessungsrelevante persönliche Lebensumstände erstreckt (vgl auch Bay StV **81** 12).

832 (1) Die Aussagefreiheit beschränkt den Angekl nicht auf die Möglichkeiten, entweder gar keine Angaben zur Sache zu machen oder umfassend in jedem Stadium zu allen Punkten auszusagen, sondern umfaßt *auch* das Recht, *zeit*weise oder *teilweise* zu schweigen, ohne daß ihm aus der Wahrnehmung dieser Rechte nachteilige Folgen erwachsen dürften (s aber zu den möglichen Folgen im Rahmen der Beweiswürdigung 902 ff, 906 ff). Der Angekl kann seine Verteidigungsstrategie auch (noch) in der HV ändern (vgl SK-*Rogall* 67 vor § 133). Entschließt der zunächst schweigende Angekl sich erst während der Beweisaufnahme zur Sachaussage, ist er unverzüglich zu vernehmen (vgl BGH NStZ **86** 370; KMR-*Paulus* 34 zu § 243); die Tatsache späterer „Einlassung" ist als wesentliche Förmlichkeit iSv § 273 Abs 1 in das Verhandlungsprotokoll aufzunehmen (BGH NStZ **92** 49), und zwar auch dann, wenn es in Ausübung des Rechts gemäß § 257 Abs 1 (BGH StV **95** 513; nicht erörtert im BGH StV **94** 468 mit abl Anm *Schlothauer*) oder gemäß § 258 (BGH StV **95** 513) geschieht. Andererseits kann der Angekl seine erklärte Aussagebereitschaft stets *widerrufen* (vgl BGH bei *Holtz* MDR **77** 461; *Eser* ZStW **79** [1967] 576; KMR-*Paulus* 44 zu § 244; s auch § 52 Abs 3 S 2).

(2) Darf der Angekl der HV fern bleiben (s 768, 770), kann er sich durch den an **833** seiner Stelle anwesenden *Vert* auch bei der Sachvernehmung vertreten lassen (vgl Bay **82** 156, 157; Hamm JR **80** 82; KK-*Treier* 45 zu § 243; aA noch Hamm NJW **53** 276).

Auch der anwesende Angekl kann es seinem Vert überlassen, Erklärungen zur Sache für ihn abzugeben. Die Zurechnung von Äußerungen seines Vert setzt dann jedoch voraus, daß – durch Aufnahme dieses Umstandes in das Protokoll – zweifelsfrei feststeht, daß der Angekl diese als eigene Angaben verstanden sehen will (vgl Bay MDR **81** 516; Hamm VRS **57** 427; KK-*Treier* 45 § 243).

bb) Das Verbot des Selbstbelastungszwanges schützt den Angekl nach allg An- **834** sicht nur davor, aktiv an der Sachverhaltsermittlung mitwirken zu müssen, nicht aber davor, auf sonstige Art auch gegen seinen Willen zum *Beweismittel gegen sich selbst* (herangezogen) zu werden (s schon 513). Auch ein Angekl, der keine Angaben zur Sache macht, hat (passiv) eine Gegenüberstellung (gem § 81 a; s n 1224), sonstige Identifizierungsmaßnahmen (gem § 81 b; betr nachgestellte Aufnahmen mittels Raumüberwachungskamera am Tatort s BGH NStZ **93** 47), körperliche Untersuchungen (gem § 81 a), sowie die Einnahme und Verwertung des Augenscheins seiner Person (als Augenscheins"objekt") *zu dulden* (vgl KG NJW **79** 1668; LR-*Gollwitzer* 73 zu § 243) – allerdings nur in den Grenzen der Unantastbarkeit der Menschenwürde (Art 1 GG; vgl dazu *Roxin* 11 zu § 18) sowie des Verhältnismäßigkeitsgrundsatzes (vgl BVerfGE **16** 194 bzgl Liquorentnahme bzw **17** 108 bzgl einer Hirnkammerlüftung bei dem jeweiligen Beschuldigten gemäß § 81 a, wobei im Einzelfall jeweils die Unverhältnismäßigkeit und damit Verfassungswidrigkeit der Maßnahme festgestellt worden ist; s näher 1640).

Ein Verstoß gegen die Aussagefreiheit ist demggü darin zu erkennen, einen Angekl vor der Belehrung über seine Aussagefreiheit und vor dem „förmlichen Beginn" der Vernehmung zur Sache zu veranlassen, durch Kopfnicken oder Kopfschütteln jeweils nach der Verlesung von einzelnen Teilen des Anklagesatzes zum Ausdruck zu bringen, ob er sich zu der jeweils vorgeworfenen Tat bekenne oder sie bestreite (vgl BGH StV **88** 45).

cc) Hat der Beschuldigte sich *außerhalb* des (Straf-)*Verfahrens* geäußert, so sind die- **835** se Äußerungen, sofern sie prozessual ordnungsgemäß in die HV eingeführt werden, auch dann verwertbar, wenn er im (Straf-)Verfahren zur Sache schweigt und nicht zustimmt (zur mittelbaren Verwertung früherer Angaben im Strafverf s 856 ff).

Dies gilt zB bei Verlesung eines Unfallberichts des Beschuldigten an seine Haftpflichtversicherung (BVerfG StV **95** 562; KG NStZ **95** 146) bzw im Falle der diesbzgl Zeugenaussage eines Sachbearbeiters (KG NStZ **95** 146) ebenso wie für Angaben eines Asylbewerbers gemäß AsylVerfG über die Art und Weise seiner Einreise (BGH **36** 328; Düsseldorf StV **92** 503 mit krit Anm *Kadelbach*; aA *Ventzke* StV **90** 279).

Ein *Beweisverbot* wurde hingegen bei mit staatlichen Sanktionen bewehrter Verpflichtung zu einer Aussage angenommen (vgl BVerfG **56** 37 betr konkursrechtlichen Gemeinschuldner; BGH **37** 342 f betr Zwangsvollstreckungsschuldner). Auch bei existentiell gewichtigen Belangen wird es in Betracht kommen.

836 b) aa) Der Angekl **muß** – zwingend von dem Vorsitzenden selbst (vgl LR-*Gollwitzer* 68, KMR-*Paulus* 22, K/M-G 19, alle zu § 243) – **auf** seine **Aussagefreiheit** vor der Vernehmung zur Sache **hingewiesen** werden (§ 243 Abs 4 S 1). Diese Hinweispflicht ist nach geltendem Verfassungs- und Prozeßverständnis „notwendiger Bestandteil eines fairen Verfahrens" (SK-*Rogall* 110 vor § 133); sie hat Vorsorglichkeits- und Fürsorgecharakter (vgl BGH **25** 330; KK-*Treier* 36 zu § 243; zu Grenzen s 841), da sie sicherstellen soll, daß der Angekl seine Rechte kennt, um sich zwischen den daraus folgenden Verhaltensalternativen sachgerecht entscheiden zu können (zum Vorverfahren s 562 ff).

(1) (a) Der Hinweis hat in einer Form zu erfolgen, in welcher der konkrete Angekl ihn verstehen kann (s näher 841).

Wird der abwesende Angekl nach § 234 durch einen Vert vertreten, so erfolgt der Hinweis an diesen (vgl Bay VRS **64** 135).

837 (b) Ob der Hinweis *mehreren Mitangekl* gemeinsam erteilt werden darf (so LR-*Gollwitzer* 68, K/M-G 19, beide zu § 243), ist aus Gründen des (auch schuldbezogenen) Individualisierungsprinzips wie auch wegen Kommunikationsbelangen zw.

So kann es zB aus Gründen des nachahmenden Gruppenverhaltens bei Verfahren mit mehreren Angekl auch sinnvoll sein, mit der Belehrung und Befragung bei demjenigen zu beginnen, der (nach Aktenlage) am aussagebereitesten zu sein scheint, wenn dem keine zwingenden sachlich-logischen Gründe entgegenstehen (vgl *Pohl* 89).

838 (c) Zwar ist die Entscheidung des belehrten Angekl, in welcher Weise er von seiner Aussagefreiheit Gebrauch macht, durch das Gericht vorbehaltslos zu akzeptieren. Sofern die Entscheidung erkennbar auf Unkenntnis oder Unverstand beruht, kann es indes aufgrund der Fürsorgepflicht angezeigt sein, etwaige *Fehlvorstellungen* (zB: „ihm glaube ja doch keiner", „er habe doch schon alles bei der Polizei gesagt, so daß es auf sein Aussageverhalten vor Gericht nicht mehr ankomme" usw) behutsam richtigzustellen (vgl *Pohl* 88; s auch 842).

839 (d) Die Belehrungspflicht besteht auch dann, wenn der Angekl bereits in früheren Prozeßabschnitten oder in einer erstinstanzlichen oder ausgesetzten HV auf seine Aussagefreiheit hingewiesen worden war (vgl KMR-*Paulus* 25, K/M-G 21, beide zu § 243), zumal sie gewährleisten soll, daß letztere auch und gerade in der HV als dem (zumindest nach verfahrensrechtlichem Anspruch) Kernstück des Strafprozesses (vgl KMR-*Paulus* 24 zu § 243 iVm 7 vor § 226) abgesichert wird.

(2) Die Vorschrift gilt entspr für Personen, die in ihren Rechten dem Angekl gleichgestellt sind, wie Verfalls- und Einziehungsbeteiligte bzw Organe einer juristischen Person oder Personenvereinigung (vgl K/M-G 20 zu § 243).

840 bb) Der Hinweis ist eine wesentliche Förmlichkeit der HV iSd § 273 Abs 1, so daß er im Protokoll beurkundet werden muß (vgl LR-*Gollwitzer* 69, KK-*Treier* 39,

K/M-G 23, alle zu § 243). Das Unterlassen der Belehrung stellt einen Verfahrensverstoß dar, der grds (prospektiv) zu einem Beweisverwertungsverbot und (retrospektiv) zur **Revisibilität** des Urteils führt, wenn nicht ausnahmsweise der normative Zusammenhang mit dem Urteil auszuschließen ist (vgl *Schlüchter* 466). Das Beruhen wird namentlich ausgeschlossen sein, wenn feststeht, daß der Angekl seine Aussagefreiheit vor Gericht – auch ohne den Hinweis gemäß § 243 – ohnehin kannte, bzw daß er sich auch dann, wenn die Belehrung erfolgt wäre, in gleicher Weise verhalten hätte (vgl BGH **25** 330 f; KMR-*Paulus* 29, KK-*Treier* 55, K/M-G 39, alle zu § 243; *Ranft* 1669; krit aber mit beachtlichen Gründen *Schlüchter* 464).

Obgleich Ausführungen zur Beruhensfrage regelmäßig in einer ansonsten in zulässiger Weise erhobenen Verfahrensrüge nicht erforderlich sind, soll dem Revisionsführer hier nach der höchstrichterlichen Judikatur eine *erweiterte Darlegungspflicht* obliegen (vgl BGH **25** 333; ebenso *Meyer* JR **66** 310; KK-*Treier* 55 zu § 243; aA KMR-*Paulus* 66, LR-*Gollwitzer* 108 ff, K/M-G 39, alle zu § 243; *Fezer* JuS **78** 107; *Seelmann* JuS **76** 157; *Hanack* JR **75** 340; *Bohnert* NStZ **82** 10), dh er soll nicht nur das Unterbleiben des Hinweises geltend machen, sondern darüber hinaus auch ausführen müssen (eher anders betr erste Vernehmung durch die Polizei BGH **38** 226 f; s n 579), daß er an eine Aussagepflicht geglaubt und daher Angaben zur Sache gemacht habe. Die erweiterte Darlegungspflicht scheint aus einer dargestellten höchstrichterlichen Lebenserfahrung hergeleitet zu werden, ein Angekl wisse im allg über seine Aussagefreiheit Bescheid (vgl KK-*Treier* 55 zu § 243), während sich rechtstatsächlich eine gewisse Entsprechung zu der – formellrechtlich überwundenen – Einschätzung des § 243 Abs 4 S 1 als Ordnungsvorschrift ergibt (zu behördeninternen Handlungsnormen ggf contra legem s *Eisenberg* § 40).

Mitangekl können aus der Verletzung des § 243 zum Nachteil eines anderen Angekl keine Rechte herleiten (vgl BGH bei *Dallinger* MDR **73** 192; LR-*Gollwitzer* 108, 113, K/M-G 42, beide zu § 243).

4. Zur Vernehmungsgestaltung

Übersicht

	Rn		Rn
a) Ablauf der Vernehmung	841–843	c) Diskursanalyse tatsächlicher Kommunikation vor Gericht	850–855
b) Probleme sprachlicher Voraussetzungen	844–849	aa) Verstehensprobleme	851–854
aa) Soziolekte und Dialekte	846, 847	bb) Probleme der Rede-Organisation	855
bb) Juristische Fachsprache	848, 849		

a) Schon bei der Vernehmung zur Person des Angekl (s 820) kann der Richter durch Höflichkeit und (distanzierte) Freundlichkeit auf eine positive Verhandlungsatmosphäre hinwirken (vgl zur Vernehmung im Vorverfahren 580 ff). Die sich anschließende Belehrung des Angekl sollte möglichst nicht in routinemäßiger Floskel ergehen, sondern in sachlicher Form verständlich und personen- sowie situationsangemessen formuliert werden (s ausführlich 564 f). Insbes ist bei der notwendigen ausdrücklichen Erwähnung der beiden *Verhaltensalternativen* des *243 Abs 4 S 1* darauf zu achten, nicht durch Tonfall oder nonverbale Verhaltenssignale eine der beiden Altern herauszuheben (vgl zu diskursanalytischen Erkenntnissen 850); im

841

einzelnen darf zB nicht der Eindruck entstehen, der Angekl werde zu einem bestimmten Prozeßverhalten gedrängt und könne, falls er sich abweichend verhalte, das Gericht verärgern (vgl *Pohl* 9, 87; KK-*Treier* 38 zu § 243). Beruht die Aussageverweigerung des Angekl möglicherweise auf Unkenntnis des Prinzips der mündlichen und unmittelbaren Verhandlung, etwa darauf, daß der Angekl meint, „doch schon alles bei der Polizei gesagt zu haben", ist es zulässig und sogar geboten, den Angekl über den Inhalt seiner Rechte und die Relevanz der HV noch einmal ausführlicher zu belehren. Auch wenn eine Äußerung nach Auffassung des Gerichts im Interesse des Angekl liegt, sind jedoch eine eingehende Motivdiagnostik und insbes regelrechtes Zureden abzulehnen (vgl BGH NJW **54** 1496; *Günther* JR **78** 94; *Wessels* JuS **66** 172 Fn 18; K/M-G 16, KK-*Hürxthal* 39, LR-*Gollwitzer* 75, alle zu § 261; KMR-*Paulus* 180 zu § 244; aA aber *Pohl* 89); prinzipiell ist die freie Entscheidung des Angekl zu respektieren. Allerdings muß der Richter versuchen, Defizite in der Handlungskompetenz des Angekl auszugleichen, so daß die effektive Subjektstellung des Angekl im Prozeß gewährleistet ist (vgl SK-*Rogall* 110 vor § 113; *Pohl* 87).

842   aa) Will sich der Angekl *zur Sache* äußern, steht ihm das *Recht* auf eine freie, zusammenhängende, ungehinderte *Darstellung* zu (*Roxin* 7 zu § 25; KMR-*Müller* 5 zu § 136; *Rogall* 105; *Wegener* NStZ **81** 247 f; Schleswig SchlHA **73** 186; *Ströbele* StV **82** 457 f; aA KK-*Boujong* 19, K/M-G 17, beide zu § 136). Das Gericht sollte darauf vorbereitet sein, ihm beim Einstieg in die Darstellung – oder wenn er ins Stocken gerät – notfalls behilflich zu sein (*Pohl* 91). Eingriffe in weitschweifige und abwegige Darstellungen sollten nur behutsam und wenn unbedingt erforderlich vorgenommen werden, sind dann aber zulässig (KMR-*Müller* 5 zu § 136; *Rogall* 105; Schleswig SchlHA **73** 186). Verzichtet der Angekl erkennbar auf eine zusammenhängende Darstellung (oder deren Fortsetzung), so muß das Gericht die Vernehmung im Frage-Antwort-Modus (weiter-)führen; dabei wird es sich zunächst auf Anstoßfragen beschränken, die dem Angekl Gelegenheit geben sollen, wenigstens bestimmte Punkte zusammenhängend zu schildern, insbes wenn längere Ausführungen den Rahmen seiner narrativen Möglichkeiten übersteigen würden (vgl ausführlich zur Befragungstechnik 587 ff).

843   bb) Das Spannungsverhältnis zwischen *Fürsorgepflicht* und *Respektierung* der vom Angekl gewählten Verteidigungsstrategie kann sich in der Vernehmung des Angekl zur Sache fortsetzen. Nicht selten sieht sich das Gericht formal oder inhaltlich sinnlos erscheinenden Strategien ggü (zB Abstreiten offensichtlicher Tatsachen, „Trotzverhalten", unhöfliche Äußerungen), mit denen sich der Angekl nach Einschätzung des Richters selbst schadet. Gleichwohl sind auch dann Eingriffe in das Recht des Angekl, seine Verteidigungslinie selbst zu bestimmen, nur in äußerst engen Grenzen zulässig (so zB, wenn Zw an der Fähigkeit des Angekl entstehen, sich selbst zu verteidigen).[11] Dem Gericht ist in derartigen Situationen insbes „Gelassenheit" zu empfehlen (*Pohl* 93), zumal ein entspr unschickliches oder gar unverschämtes Verhalten des Angekl uU Ressentiments oder ähnlich negative Gefühle wecken könnte, die jedoch keinen Einfluß auf die Beweiswürdigung erlangen dürfen.

---

[11] Bei „erheblichen Zw" liegt bereits ein Fall des § 140 Abs 2 vor.

II. Durchführung der Vernehmung

b) Die schlichte Festlegung der Gerichtssprache als deutsch (§ 184 GVG) läßt **844**
Probleme sprachlicher Voraussetzungen außen vor, die sich bei der Kommunikation der am Gerichtsverfahren Beteiligten ergeben. Diese Probleme erklären sich zum einen daraus, daß schicht- und berufsspezifische (auch: regionale) Varianten des gesprochenen Deutsch existieren, die Vertretern sprachlich unterschiedlich geprägter Gruppen nicht ohne weiteres voll verständlich sind. Zum anderen wirkt sich der Mangel an gemeinsamem Hintergrundwissen, insbes das zwangsläufige Unverständnis des Nichtjuristen für Diskussionspunkte und Kommunikationsstrukturen, deren Sinn und Zweck sich nur aus der Kenntnis des materiellen und/ oder Prozeßrechts erschließen können, kommunikationshinderlich aus; der genannte Mangel führt vor allem zu Klagen über die Unverständlichkeit der Gerichtssprache (bzw der Vorgänge vor Gericht schlechthin) und uU zu dem Gefühl, im Prozeßfall dem Walten der Amts- oder Robenträger sprach- und hilflos ausgeliefert zu sein (vgl *Gundlach* 58 ff; *Kaupen* in: JbRechtssoz **72** 559 insbes mit dem Befund, daß das Mißtrauen ggü der Rechtspflege durch eigene [Prozeß-]Erfahrungen eher verstärkt wird).

Insofern ist die Betrachtung von Kommunikationsvorgängen im Prozeßgeschehen untrennbar mit der Betrachtung von Wissensdefiziten verbunden: Was wissen nichtjuristische Prozeßbeteiligte über den Ablauf des Strafverfahrens, über die ihnen zukommende Rolle einschließlich aller Pflichten und Rechte, über Tatbestände und Rechtsfolgen? Inwieweit ist umgekehrt der erfahrene juristische Praktiker willens und in der Lage, von seinem juristischen Wissen zu abstrahieren und sich in die diesbezgl „Naivität" des juristischen Laien zurückzuversetzen? Sind auf einer oder auf beiden Seiten die Möglichkeiten, das unvermeidbare Wissensgefälle zu überbrücken, zu gering, muß die Kommunikation im eigentlichen Sinne scheitern – und damit die aktive Einbindung insbes des Angekl, aber auch des Zeugen oder evtl des Nebenklägers in das Prozeßgeschehen.

Sprachprobleme vor Gericht sind schließlich auch Ausdruck wie Auswirkung **845**
der unterschiedlichen Machtbefugnisse der Prozeßbeteiligten. Insbes der Richter hat in seiner Eigenschaft als Vorsitzender und gemäß seiner prozessualen Aufgabe die besten Möglichkeiten, „seine" Sprachebene durchzusetzen und seine Verständnisprobleme (etwa bzgl rechtsrelevanter Details der Tatbegehung) vorrangig zu behandeln. Zwar hängen Effektivität und bloße Durchführbarkeit der Rechtspflege bis zu einem gewissen Grade von der Durchsetzung des richterlichen Relevanzsystems ab, im Unterschied zu demjenigen des Angekl, das auch aus einer anderen Interessenlage motiviert sein mag. Andererseits besteht das Problem, inwieweit der einzelne Angekl in „seinem" Strafprozeß im psychologisch-tatsächlichen Sinn rechtliches Gehör findet (s auch 855).

Nach *Kühne* (**78** 88 ff; 226 f) erfordert die *materiale* Gewährung rechtlichen Gehörs zweierlei: Die entspr Äußerungen des Betroffenen müssen vom Gericht zur Kenntnis genommen, verstanden und in Erwägung gezogen werden, und der Betroffene muß verstehen, worum es bei seiner Einlassung eigentlich geht. Problematisch iZm der ersten Voraussetzung des materialen rechtlichen Gehörs ist die Forderung, das Gericht müsse die Ausführungen verstehen – sind letztere unverständlich, kann daraus nicht die Schlußfolgerung gezogen werden, dem Betroffenen sei kein rechtliches Gehör gewährt worden; umgekehrt ist es sicherlich sinnvoll, dem Gericht das ernsthafte Bemühen um Verstehen aufzutragen. Hinsichtlich der zweiten Voraussetzung vertritt *Kühne* (228) die Meinung, nur eine detaillierte Kenntnis der anzuwendenden Rechtsvorschriften einschließlich ihrer Auslegung würde den Betroffenen in die Lage versetzten, die rechtlich relevanten Tatsachen herauszufiltern und gezielt zu letzteren Stellung zu nehmen; daher sei das Gericht entweder auf Anfrage des Betreffenden oder aber, wenn erkennbar sei, daß der Betreffende mangels Rechtskenntnis nicht sachbezogen argumentiere, zu rechtlicher Aufklärung verpflichtet (*Kühne* 228 f). Will man die Gewährung materialen rechtlichen Gehörs iSv *Kühne* sicherstellen, müßte eine entspr Aufklärung indes nahezu in jedem Falle erfolgen, da ansonsten derjenige, der aufgrund mangelnder Rechtskenntnisse die eigentlich relevanten Bezugspunkte mit seinen Einlassungen verfehlt, ohne daß dies dem Gericht auffällt, benachteiligt wäre.

Sinnvoll und uU schon aus der prozessualen Fürsorgepflicht heraus geboten erscheint es, wenn das Gericht zumindest bei Angekl ohne Rechtsbeistand den ernsthaften Versuch unternimmt, die rechtliche Lage hinreichend verständlich zusammenzufassen (vgl *Schlüchter* 35.5; auch LR-*Schäfer* Einl 21 zu Kap 6).

846 aa) (1) Bzgl der unterschiedlichen sprachlichen Voraussetzungen (bzw Sprachbarrieren), die von den am Prozeß Beteiligten mitgebracht werden, lassen sich verschiedene Problemkreise unterscheiden. Die sog **Soziolekte** der Angehörigen sozio-ökonomisch verschiedener Schichten unterscheiden sich insbes in der Aussprache und der Grammatik (Syntax), wobei der Sprachgebrauch der höheren Schicht idR auch ein höheres Prestige besitzt und als „korrekte" Sprachvariante angesehen wird. Die insbes mit Soziolekten verbundene Wertung kann Folgen sozialer (etwa Festlegung von Gruppenzugehörigkeiten), emotionaler oder kognitiver Art (etwa iS erwarteter sprachlicher Unterlegenheit) nach sich ziehen.

Eine enge Beziehung besteht zwischen verschiedenen Soziolekten und der Verfügbarkeit des sog **elaborierten Codes**, der idR in „öffentlichen" Situationen (zB akademischen, formell-gesellschaftlichen oder institutionellen Bereichen) benutzt wird. Abzugrenzen davon ist der sog **restringierte Code**, der namentlich in informellen wie zB familiären Zusammenhängen benutzt wird.

Nach Untersuchungen in Großbritannien hat ein erheblicher Teil von Angehörigen sozio-ökonomisch unterer Gruppen nur Zugang zum restringierten Code; der elaborierte Code, der idR vor Gericht benutzt wird, sei ihnen nur bedingt verständlich und stehe ihnen nicht als aktives Kommunikationsmittel zur Verfügung (vgl *Bernstein* in: *Fishman* 230 ff; s für den deutschsprachigen Bereich *Oevermann* insbes 276 ff; betr das Sprachverhalten von Angekl vor [österreichischen] Gerichten *Leodolter*).

(2) Insbes ergeben sich Verständnisschwierigkeiten aus der komplexeren syntaktischen Struktur des elaborierten Codes (viele Nebensätze, Passivkonstruktionen, insgesamt längere Satzgefüge) und aus der Verwendung ungebräuchlicher Wörter und Wendungen. Zwar kann zT in der Praxis ggf Abhilfe dadurch geschaffen werden, daß der Gebrauch des elaborierten Codes (iS einer Vereinfachung der Ausdrucksweise) modifiziert wird; jedoch ist es äußerst fraglich, ob ein genereller Verzicht auf die Mittel des elaborierten Codes möglich bzw angemessen wäre[12] bzw ob überhaupt eine Bereitschaft dazu bestünde.

847 Des weiteren besteht ein gewisser Zusammenhang zwischen Soziolekten und regionalen Sprachunterschieden (**Dialekten**): Insbes in den unteren Bildungs- bzw Einkommensschichten ist, je nach Herkunft der Sprechenden, mit einer er-

---

[12] Unter Linguisten und Soziologen ist umstritten, ob der restringierte Code eine durchweg gleichwertige Alternative zum elaborierten Code darstellt bzw darstellen kann, oder ob komplexere bzw abstraktere Sachverhalte mit den Mitteln des restringierten Codes nur unzureichend erfaßt werden können (vgl *Trudgill* 134).

II. Durchführung der Vernehmung

heblichen regionalen Prägung der Sprache (genauer: des sog Ideolekts des einzelnen) zu rechnen. Demggü ist das vor Gericht gebräuchliche und den Angehörigen höherer Bildungsschichten allg zugängliche Standard- oder Hochdeutsch von regionalen Einflüssen weitgehend unabhängig (idS, daß mit allfälligen Variationen idR keine Verständigungsprobleme verbunden sind). Allerdings haben sich in manchen Gegenden regionale Prägungen und Besonderheiten bereits erheblich abgeschliffen (ua aufgrund [sozialer und geographischer] Umwälzungen nach dem 2. Weltkrieg, Urbanisierung, überregionaler Sprache der Medien usw).

bb) Die Sprache der Juristen ist weiterhin eine **Fachsprache**, deren Terminologie dem Laien in entscheidenden Teilen unverständlich ist. Sie zeichnet sich aus durch *Abstrahierung* (aufgrund der Notwendigkeit, Tatbestände hinreichend allg zu beschreiben) und *Präzisierung* (aus der Notwendigkeit herrührend, bestimmte Umstände so genau wie möglich zu fassen). 848

(1) Der Zwang zur Abstrahierung zeigt sich ua in einer bevorzugten Verwendung „inhaltsarmer" Verben und in dem Effekt der Substantivierung aller relevanten Informationsteile. Das Bedürfnis nach Präzisierung führt dazu, daß juristische Begriffe oft eine engere Bedeutung haben als die gleichlautenden Begriffe der Umgangssprache. Etwaige daraus erwachsende Verständnisschwierigkeiten können nur von Juristen (aufgrund der Kenntnisse sowohl der Umgangs- wie *auch* der Fachsprache) behoben werden, nicht aber vom Laien, der damit von vornherein in der Kommunikation um Rechtsfragen einer gewissen Benachteiligung unterworfen ist. Von Juristen erfordert idZ das Aufrechterhalten der Kommunikation ein nicht unbeträchtliches Reflektionsvermögen bzgl des eigenen Begriffsverständnisses. Demggü kann der Versuch, den juristischen Begriffsinhalt normativ als den „richtigen" festzusetzen, in eine kommunikative Sackgasse führen.

(2) Darüber hinaus verfügen Juristen unter sich nicht nur über eine gemeinsame Terminologie, sondern auch über eingeübte Sprachgewohnheiten. Die (zumindest) sprachlich geschlossene Front, die sich Nicht-Juristen bietet, kann zu deren sozialen Ausgrenzung aus dem Prozeßgeschehen führen, und zwar insbes dann, wenn zusätzliche Verständigungsschwierigkeiten aufgrund von Differenzen zwischen elaboriertem und restringiertem Code vorliegen (s 846). Im übrigen ist iZm einer Diskrepanz der Sprachstile auch mit emotionalen Begleiterscheinungen zu rechnen (insbes negativen Gefühlen wie Hilflosigkeit, Aggression, Ablehnung der „Gegenseite") – gerade auch aufgrund der Wertungen, die zB elaboriertem und restringiertem Code jeweils zugeschrieben werden und die idR besonders von Sprechenden des restringierten Codes empfunden werden. Solche Begleiterscheinungen aber lassen das weitere Geschehen im Gerichtssaal, zumindest die Verhandlungsatmosphäre, nicht unberührt. 849

c) Die Untersuchung der **tatsächlich** vor Gericht stattfindenden **Kommunikationsvorgänge** bzw Sprechhandlungen kann zum einen Schwächen und Fehler in der Verhandlungsführung aufzeigen etwa idS, daß gesetzlich vorgeschriebene Abläufe in der Praxis nur unzureichend verwirklicht werden, zum anderen vermag sie ganz allg Aufschlüsse über die Art und Weise bzw die Qualität der Kommunikation – sowohl zwischen Juristen und Laien als auch bei Juristen untereinander – zu geben. 850

Bei der **Diskursanalyse** handelt es sich um eine Methode zur Analyse und systematischen Einordnung tatsächlicher Kommunikationsvorgänge,[13] die auf dem Hintergrund der Untersuchung des Sprachgebrauchs (in einem definierten Bereich) in seinem Gesamtzusammenhang, dh unter Einbeziehung aller als relevant erachteter Gesichtspunkte wie insbes institutioneller und formaler Gegebenheiten entwickelt wurde. Zentrale Bezugseinheit der Diskursanalyse sind die sog Sprechakte.

Beispiele für Sprechakte wären „eine Behauptung machen", „ein Kommando geben", „eine Frage stellen" (*Searle* 16). Im vorliegenden Zusammenhang bedeutsam ist allerdings lediglich, daß diese Einteilung von Sprechakten erlaubt, die zugrundeliegende Struktur von zB Akten des Versprechens, Behauptens, Fragens zu untersuchen, ohne auf die jeweils konkreten Umstände der Äußerung und ihrer Beziehung zu außersprachlichen Entitäten Bezug zu nehmen.

Von Interesse iZm der Kommunikation in Strafverfahren ist nun weniger die allgemeingültige Form zB eines Sprechaktes des Fragens, sondern vielmehr das Muster, das gemäß den strafverfahrensrechtlichen Vorschriften gültig ist (s näher *L. Hoffmann* 39). Daraus ergeben sich komplexe „Sprechhandlungsmuster", die im Rahmen der HV zum Zwecke der Klärung von Sachverhalten eingesetzt werden. In ihrer Gesamtheit zeigen sie deutliche Bezüge zwischen Rechtsnormen, institutioneller (gerichtlicher) Praxis und Sprechhandlungen auf.

So ist verschiedentlich davon auszugehen (s näher *L. Hoffmann* 66 f), daß Sprechhandlungen des vernehmenden bzw belehrenden Richters beim Angekl das bewirken, wovor er von Gesetzes wegen geschützt werden soll. Dies kann (unbeschadet revisionsrechtlicher Relevanz) etwa der Fall sein, wenn anstelle einer ausdrücklichen Belehrung über die Möglichkeit des Angekl, die Aussage zu verweigern (§ 243 Abs 4), seitens des verhandelnden Richters gefragt wird: „Wollen Sie sich zu diesen Vorwürfen äußern?" Auch andere Beispiele zeigen, daß Belehrungen in der Praxis oft verkürzt oder nicht ganz zutreffend in die Alltagssprache „übersetzt" werden; ebenfalls zu finden sind Verknüpfungen der Belehrung mit – ungewissen – Vermutungen über das Wissen oder Wollen des Angekl oder mit der – nach hM nicht zulässigen (s näher 552) – Aufforderung, im Falle einer Aussage bei der Wahrheit zu bleiben.

851 aa) (1) Aufschluß über „Fallstricke" des strafprozessual regelmäßig erforderlichen Dialogs zwischen Juristen und Nichtjuristen gibt die diskursanalytische Untersuchung von **Verstehensproblemen**. IdR ist es für den Teilnehmer an einem Diskurs, also vor Gericht zB auch für den Angekl, notwendig, die bisher abgelaufenen Diskursanteile verstanden zu haben, um die folgenden adäquat verarbeiten zu können. Störungen des laufenden Verstehensprozesses wirken sich auch deshalb fatal aus, weil die Beschäftigung mit dem Verständnisproblem einen nicht unerheblichen Teil der kognitiven Aufmerksamkeit vom (idR) weiterlaufenden Diskurs abzieht.

852 Typisch für Verstehensprobleme in der Strafverhandlung sind solche betr die faktischen Umstände der Tatbegehung (einschließlich Details bzgl Raum, Zeit, anwesende Personen) insbes dann, wenn Aussagen über die Tat aus der Perspektive einer Person gemacht werden, die zugegen war, ohne daß die Perspektive eines Nicht-Beteiligten (zB des Richters) ausreichend in Betracht gezogen wird. Das gleiche gilt für Verständigungsprobleme, die sich aus dem Aufrollen des Sachverhalts mit Blick auf seine Subsumtion unter gesetzliche Tatbestän-

---

[13] Sie soll Aufschluß über „die Leistung von Sprache zur Bewältigung von Problemen im gesellschaftlichen Zusammenhang" (*L. Hoffmann* 9) ermöglichen.

II. Durchführung der Vernehmung

de ergeben, wenn zur Klärung entscheidungsrelevanter Details der Tat (zB betr qualifizierende Tatbestandsmerkmale, Unterscheidungen zwischen verschieden schwer gewichteten Tatbeständen) Nachfragen erforderlich werden, deren Sinn und Zweck dem (juristisch nicht ausgebildeten) Angekl verborgen bleiben; dabei ist zu berücksichtigen, daß der Erfolg der Befragungsstrategie – mit dem Ziel der Wahrheitsermittlung – wegen der jeweiligen Interessenlage der Aussageperson uU gerade davon abhängt, daß dieser unklar bleibt, worauf die Frage hinausläuft und was die möglichen Folgen einer Antwort sind. Hinzu kommen solche Verständigungsprobleme, die sich aus der Umsetzung institutioneller Verfahrensregeln in die Praxis ergeben und zB darin Ausdruck finden, daß bestimmte Diskursregeln des Alltags nicht gelten; so kann insbes aufgrund des Prinzips der Mündlichkeit der Verhandlung nicht ohne weiteres auf vorhandenes gemeinsames Wissen (etwa betr den Inhalt bei der Polizei aufgenommener Aussagen) zurückgegriffen werden.

Insofern gilt die Verwendung spezifischer Sprachmittel als Merkmal institutioneller Praxis, wobei eine Veränderbarkeit des Sprachgebrauchs nur unter veränderten institutionellen Rahmenbedingungen möglich erscheint. Hiernach stellt sich unverständliche Rechtskommunikation als unvermeidliche Folge des durch „abstrahierendes Normdenken" charakterisierten Rechtssystems dar (vgl dazu schon 848). Wenngleich komplexe Rechtssachverhalte dem Laien kaum verständlich gemacht werden können, werden bei einer Betrachtungsweise, die die Kommunikation vor Gericht lediglich als Produkt der institutionellen Rahmenbedingungen begreift, die auch im vorgegebenen Rahmen vorhandenen pragmatischen Gestaltungsmöglichkeiten vernachlässigt. **853**

(2) Die Kommunikation vor Gericht wird auch dadurch (mit-)bestimmt, daß idR die Rollenträger des Gerichts, der StA und der Verteidigung eine gemeinsame berufliche Sozialisation sowie nicht selten einen gewissen Bekanntheitsgrad untereinander aufweisen (der uU in Bemerkungen oder Scherzen, die nur den „Insidern" verständlich sind, zum Ausdruck kommt [vgl *L. Hoffmann* 163; *Knuf* 225 f]). Darüber hinaus erlaubt die Kenntnis der formalen Bedingungen und des Ablaufs des Verfahrens den Rollenträgern insbes der StA und der Verteidigung, geeignete Zeitpunkte für mögliche eigene Beiträge abschätzen und ausnutzen zu können; demggü sind die nichtjuristischen Verfahrensbeteiligten idR darauf angewiesen, gefragt bzw zur Rede direkt aufgefordert zu werden. **854**

bb) Auf einer allg Ebene wird die **Rede-Organisation** durch eine Vielzahl lokaler Entscheidungen des Vorsitzenden gemäß strafverfahrensrechtlicher bzw institutioneller **Vorschriften** und Gepflogenheiten erzeugt; insbes muß er dabei die Einhaltung formaler Rede- und Fragerechte sichern. Zu diesem Zwecke werden durch den Vorsitzenden Dialogsysteme etabliert, innerhalb derer er den Dialog initialisiert, worauf die Aussageperson reagiert. Der Vorsitzende hat jederzeit die Möglichkeit, sich selbst als Sprecher einzusetzen; ihm stehen auch monologische Phasen zu. **855**

Diese Organisation kommunikativer Vorgänge vor Gericht hat für die Institution den Vorteil strikter thematischer Kontrolle und Selektion, aufgrund deren zB eine Differenz zwischen aktenkundigen und noch fehlenden (benötigten) Informationen ggf rasch überwunden werden kann (sog Effizienzgebot). Dagegen wird uU gar nicht in die Verhandlung eingebracht, was dem Augenmerk des Vorsitzenden entgeht (vgl auch 845).

Soweit reformpolitisch ua angeregt wird, die zentrale Rolle des vorsitzenden Richters durch eine Delegation wesentlicher Teile der Vernehmung an StA und Vert zu relativieren

Teil 2. Kap 3: Beschuldigter – Angeklagter (Hauptverfahren)

und somit den Richter auf die eigentliche Verhandlungsleitung zu beschränken, ist fraglich, ob die (kommunikationstheoretisch bedeutsame) Aufgabe der Diskursplanung idZ nicht überbewertet wird, zumal gerade die Berücksichtigung formaler Regeln diese Aufgabe erleichtern (und evtl sogar bis zu einem gewissen Grade automatisieren) dürfte; zudem erscheint zw, ob eine entspr Delegation für den Angekl und für die Wahrheitsfindung Vorteile brächte.

III. Mittelbare Verwertbarkeit früherer Aussagen des Angeklagten

856   Die meist ausgedehnte Zeitspanne zwischen der (mutmaßlichen) Tatbegehung und der Vernehmung in der HV und die damit einhergehenden Beeinträchtigungen von Aussagefähigkeit und (möglicherweise) -willigkeit des Angekl[14] lassen einen Rückgriff auf Vernehmungsniederschriften aus dem Vorverfahren im Interesse einer umfassenden Sachverhaltserforschung (§ 244 Abs 2) unter engen Voraussetzungen als vertretbar erscheinen. Betr den Angekl stellt sich so die Frage, *ob und ggf in welcher Form* frühere Aussagen zur Sache *mittelbar verwertet* werden dürfen. Technisch besteht die Möglichkeit, solche früheren Angaben des Angekl durch (förmliche) *Verlesung* (nicht jedoch eines polizeilichen Aktenvermerks über Angaben des Beschuldigten [BGH NStZ **92** 48]), durch deren (formlosen) *Vorhalt* sowie durch *Vernehmung der* damaligen *Verhörsperson* in die HV einzuführen.

1. Verlesung richterlicher Protokolle gemäß § 254

Übersicht

	Rn		Rn
a) Allgemeines	857	c) § 254 Abs 1	861–866
b) Strengbeweismittel	858–860	d) § 254 Abs 2	867

857   a) Der Gesetzgeber hat eine Trennung in richterliche Protokolle und sonstige Vernehmungsniederschriften (über Aussagen vor Polizei, StA oder sonstigen Behörden) vorgenommen. § 254 läßt zum Zweck der Beweisaufnahme die **Verlesung** eines **richterlichen Protokolls** über ein **Geständnis** oder bei **Widersprüchen** *mit früheren Aussagen* des Angekl zu.

In Betracht kommen ua (s zum Gegenstand der Verlesung LR-*Gollwitzer* 5 zu § 254) solche Aussagen, die nach § 136 (ermittlungsrichterliche Vernehmung), §§ 161, 163a oder auch im Zwischenverfahren gemäß §§ 201, 202 (K/M-G 2 zu § 202) zustandegekommen sind.

Eine richterliche Vernehmungsniederschrift liegt aber nur dann vor, wenn in der Vernehmung selbst Angaben zur Sache gemacht wurden. Wurden vom Beschuldigten lediglich frühere (polizeiliche oder staatsanwaltliche) Vernehmungen bestätigt, darf nicht gem § 254 die Verlesung jener Protokolle geschehen (vgl LR-*Hanack* 37, 53 zu § 136).

---

[14] Betr seelische Veränderungsprozesse und damit verbundene Verschiebungen von Einstellungen und Erinnerungen s *Schroth* ZStW **87** (1975) 103, 116; s auch *Eisenberg* § 28 Rn 63.

III. Mittelbare Verwertbarkeit früherer Aussagen des Angeklagten

Maßgebend für die Trennung in richterliche und sonstige Vernehmungsniederschriften mag einerseits eine (aufgrund verbreiteten Ansehens des Richterberufs [vgl dazu die Befugnisse nach §§ 133 ff bzw nach §§ 176 ff GVG]) besondere Vernehmungsatmosphäre oder auch die Annahme gewesen sein, nichtrichterliche Vernehmungen seien eher durch tendenzielle Drängung und geringere Gründlichkeit geprägt (zu Unterschieden in der Qualität BGH **14** 313; krit dazu *Eisenberg* NStZ **88** 488; s auch 844 ff). Dabei ist ua die Problematik von Falschgeständnissen angesprochen, soweit übereilte (falsche) Geständnisse im Anfangsstadium der Strafverfolgung nicht selten das Resultat erheblicher psychischer Einwirkung auf die Persönlichkeit des Beschuldigten durch die Konfrontation mit dem Schuldvorwurf sind (s n 727 ff, 861).

b) Gemäß der Regelung des § 254 dienen die richterlichen Protokolle als **858** **(Streng-)Beweismittel**, dh § 254 ist ein gesetzlicher Fall des **Urkundenbeweises** (dazu allg 2003 ff). Die so gestaltete Einführung der Protokolle kann Ersatz sein für die Zeugenvernehmung des Richters oder Urkundsbeamten über die frühere richterliche Vernehmung. Niederschriften richterlicher Vernehmungen aus dem Vor- und Zwischenverfahren sind somit eigenständige Grundlage für die Beweiswürdigung (RG **61** 74; **45** 196 f; BGH **1** 339; **14** 310 f; *Wömpner* NStZ **83** 296).

Entgegen der Judikatur (s zB BGH **1** 339; **21** 285 f) und dem überwiegenden Teil der Li- **859** teratur (KK-*Mayr* 2 zu § 254; *Roxin* 12 zu § 44; K/M-G 1, 3 zu § 254) wird § 254 Abs 2 mitunter nicht als Regelung des Urkundenbeweises, sondern lediglich als Möglichkeit eines formlosen Protokollvorhalts ggü dem Angekl verstanden. Schon im Hinblick auf eine wörtliche Auslegung („dasselbe kann geschehen") als auch aufgrund teleologischer Überlegungen erscheint diese Auffassung jedoch verfehlt. Im übrigen spricht gegen diese Ansicht die Protokollierungsvorschrift des § 255, die für § 254 Abs 2 kaum einleuchtend wäre, da dem Vorhalt allein keinerlei Beweiskraft zukäme (*Schroth* ZStW **87** [1975] 112).

aa) Hiernach sind Äußerungen des Angekl (s etwa § 257) auf die förmliche Protokollverlesung hin für die unmittelbare Verwertbarkeit des Protokollinhalts – unbeschadet möglicher Belange betr die freie richterliche Beweiswürdigung (§ 261) – ohne Relevanz. Da § 254 die richterliche Protokollierung in ihrer Bedeutung der unmittelbaren Beschuldigtenaussage in der HV wertungsmäßig gleichstellt, handelt es sich um eine Ausnahme von den Grundsätzen der Unmittelbarkeit sowie der Mündlichkeit (LR-*Gollwitzer* 1 zu § 254).

bb) **Voraussetzung** der Verlesbarkeit richterlicher Protokolle ist grds, daß sie ju- **860** stizförmig (insbes unter Beachtung der §§ 136 Abs 1 S 2, 136a Abs 1 und 2, 168, 168a, 168c und ggf § 189 GVG [BGH StV **92** 551]) zustandegekommen sind (K/M-G 4 zu § 254; LR-*Gollwitzer* 6 zu § 254; vgl BGH StV **85** 314). – Betr Vernehmungen im *Ausland* müssen grundlegende rechtsstaatliche Anforderungen eingehalten sein (s n 2106 entspr).

c) Bzgl **§ 254 Abs 1**, dessen Anwendung die Anwesenheit des Angekl in der HV **861** nicht erfordert (KMR-*Paulus* 5 zu § 254), umfaßt die Beweisaufnahme sowohl die Frage, ob überhaupt ein Geständnis abgelegt wurde, als auch die Erforschung der Qualität des Geständnisses, dh der inhaltlichen Wahrheit der Niederschrift. Die gesetzliche Privilegierung des richterlichen Protokolls ist speziell hierbei (s allg 857) schon deshalb nicht ganz unbedenklich, weil die Vertrauenswürdigkeit eines Geständnisses nicht grds danach differiert, ob es vor dem Richter oder vor der Polizei (s aber 600) aufgenommen wurde. Auch wird in der Praxis nicht selten ein Beschuldigter, der vor der *Polizei* ein Geständnis abgelegt hat, sofort dem Ermittlungs-*richter* vorgeführt. Eine vom Beschuldigten zB empfundene Bedrängnislage (vgl n 732 ff) aber wird sich bei unmittelbarer zeitlicher *Aufeinanderfolge* fortsetzen, so daß bei entspr Verfahrenskonstellation durch Einschaltung des Ermittlungsrichters kaum ein qualitativ größerer Schutz etwa vor falschen Selbstbezichtigungen zu erwarten ist.

Der **Begriff des Geständnisses** ist nicht idS zu verstehen, als daß etwa nur die gesamte Tat oder der erhobene Schuldvorwurf Geständnisgegenstand sein könnten. Vielmehr können auch einzelne Tatteile sowie innere Tatsachen (Absicht, Motiv, Vorsatz) allein „Geständnis" iSd § 254 Abs 1 sein (RG **45** 196 f; **54** 126 ff; GA Bd **55** 328; JW **13** 1003; für eine Erstreckung auf Rechtsfolgefragen BGH bei *Holtz* MDR **77** 984; K/M-G 2 zu § 254; KMR-*Paulus* 14 zu § 254).

862   aa) Die Anwendbarkeit des § 254 Abs 1 ist unabhängig davon, ob und **in welcher Form** der Angekl sich im augenblicklichen Prozeß äußert. Auch im Falle eines Aussagewiderrufs mag es im Interesse der Wahrheitsfindung liegen, die Vernehmungsniederschrift zu verlesen, zB um aus der Reaktion des Angekl weitere Schlüsse zu ziehen, oder um (iSd echten Urkundenbeweises) dem Gericht die Kenntnis des gesamten Inhalts des Geständnisses zu vermitteln (was ein Widerruf bei isolierter Betrachtung nicht vermag).

863   bb) Entgegen der ganz überwiegenden Auffassung (RG **9** 174; KMR-*Paulus* 4 zu § 254; K/M 4 zu § 254) erstreckt sich der Anwendungsbereich des § 254 Abs 1 nicht auch auf solche Angaben iS eines Geständnisses, die der Angekl in derselben Sache (dh betr dieselbe historische Tat, §§ 155, 264) in seiner Eigenschaft als **vormaliger Zeuge** (nicht zwingend im gegenwärtigen Verfahren) gemacht hat (KK-*Mayr* 3 zu § 254). Dies folgt daraus, daß zwar auch für den Zeugen bestimmte Belehrungspflichten bestehen (§§ 53 ff, insbes § 55), deren Ausgestaltung sich hingegen qualitativ von der Belehrung nach § 136 abhebt. Wenngleich sich ein einschlägiges Verwertungsverbot betr die Aussagen eines (noch) Nichtbeschuldigten nicht zwingend aus dem Wortlaut des § 254 Abs 1 herleiten läßt, wäre andernfalls zu besorgen, daß diese Norm zur Umgehung des § 136 verwandt werden könnte, mit der Folge, daß elementare Rechte des Beschuldigten (gleichsam als Kehrseite der Belehrungspflicht nach § 136) faktisch abgeschnitten würden.

864   cc) Eine nach § 254 Abs 1 zulässigerweise vorgenommene Aussageverlesung kann grds auch **ggü Mitangekl** verwertet werden (näher zum Mitbeschuldigten und Mitangekl s 927 ff). Wegen des prozessualen Begriffs des Geständnisses in § 254 Abs 1 ist diese Verwertbarkeit allerdings einschränkend auf die dem vormals geständigen Angekl im anhängigen Verfahren vorgeworfene Tat zu verstehen (idS auch KK-*Mayr* 8 zu § 254), welche ihrerseits in „innerem Zusammenhang" (K/M-G 5 zu § 254, auch mit Nachw zur abw Meinung) zu der angekl Tat des Mitgeschuldigten stehen muß.

865   Ein nahes Verwandtschafts- oder Schwägerverhältnis zwischen Mitangekl führt hier nicht zu einem Verwertungsverbot im oben verstandenen Sinne (BGH **3** 149), da es sich nicht um Zeugen handelt (obgleich der Sache nach ein „Zeugnis"-Verweigerungsrecht besteht).

866   Fraglich ist die Verwertbarkeit aber dann, wenn der Angekl die Geständnisaussage in seiner Eigenschaft **als** vormaliger **Zeuge** getätigt hat. Nach der – hier abge-

III. Mittelbare Verwertbarkeit früherer Aussagen des Angeklagten

lehnten (s 863) – ganz überwiegenden Meinung ergäbe sich in Konsequenz wiederum die Verwertbarkeit des Geständnisses gegen den Mitangekl, da die Zulässigkeit der Verlesung aus § 254 (nicht also aus § 251) folgt (zur Verlesung von Protokollen bzgl Aussagen Mitbeschuldigter gem § 251 s 938 f).

d) Bzgl **§ 254 Abs 2** muß nach richterlicher Überzeugung feststehen, daß der in der Vernehmung in der HV festgestellte Widerspruch mit der früheren Aussage des Angekl „nicht auf andere Weise ohne Unterbrechung der HV" geklärt werden kann, als durch die förmliche Verlesung der richterlichen Vernehmungsniederschrift, dh die Regelung ist **subsidiär**. Selbst bei Nutzung der sonstigen Aufklärungsmöglichkeiten (vor allem die Vernehmung der anwesenden [richterlichen] Verhörsperson sowie ein etwa geeigneter [formloser] Vorhalt) mag in Einzelfällen die Aufklärungspflicht aber eine sich anschließende förmliche Verlesung der Aussage gebieten. **867**

Die Aufklärungspflicht kann bei frühzeitiger Erkennbarkeit der entspr Sach- und Rechtslage für das Gericht Anlaß zu rechtzeitiger Ladung der Verhörsperson sein (vgl hierzu KK-*Mayr* 6 zu § 253; LR-*Gollwitzer* 12 zu § 253, auch für den Fall des Unterbleibens einer gebotenen Ladung).

Soweit die zu früheren Aussagen hervortretenden Widersprüche etwa in einem Geständniswiderruf zu sehen sind, kommt neben § 254 Abs 2 auch die Anwendung des § 254 Abs 1 in Betracht.

2. Formloser Vorhalt

Übersicht

	Rn		Rn
a) Allgemeines	868	d) Verwertbarkeit des Vorhalts	876–878
b) Anwendung in der Praxis	869–872	e) Unzulässigkeit des Vorhalts	879
c) Zu beachtende Wirkungen des Vorhalts	873–875		

a) Die Einführung protokollierter früherer Angaben des Angekl in die HV durch formloses Vorhalten der Aussage (Aktenvorhalt) ist in der StPO **nicht geregelt** (RGRspr 6 785: „nirgends verboten"; vgl auch RGRspr 7 212 ff). Gleichwohl ist der formfreie Vorhalt typisches Instrument der Praxis, was – anders als beim Urkundenbeweis gemäß § 254 – nicht zuletzt auf die Formfreiheit oder das fehlende Protokollierungsbedürfnis zurückzuführen sein mag; auch stellen sich hier keine besonderen Zulässigkeitsfragen (vgl gleichwohl 879). Umso wichtiger erscheint es, auf Gefahren sowie mögliche Grenzen von Erleichterungen in der Beweisaufnahme hinzuweisen – zu denken ist zB an erschwerte Kontrollmöglichkeiten im Hinblick auf revisionsrechtliche Fragen –, um einer prozessual möglicherweise bedenklichen Überinanspruchnahme von an die Stelle förmlicher Beweisaufnahme tretenden Vorhalten entgegenzuwirken; nicht zuletzt stellt sich auch hier die Frage der Vereinbarkeit mit der gerichtlichen Pflicht zur Wahrheitserforschung (§ 244 Abs 2). **868**

b) Der Vorhalt an den Angekl geschieht in der Praxis idR dergestalt, daß bei der Vernehmung in der HV der Vorsitzende auf die Protokolle früherer Vernehmun- **869** gen¹⁵ „Bezug nimmt". Nach einhelliger Auffassung ist dabei das **Objekt der Beweiswürdigung** nicht das vorgehaltene Protokoll (hierfür käme lediglich der strenge Urkundenbeweis in Frage, vgl auch 858 f, 2057), sondern es sind dies allein die (reaktiven) Bekundungen bzw **Erklärungen des Angekl** auf den Vorhalt hin (RG **36** 53 f; **64** 78 f; BGH **3** 201; **5** 278 f; **21** 286 f; BGH **22** 26 ff; Celle VRS **30** 198 [betr Zeugen]; Hamburg MDR **73** 156). Demgemäß gelten Vorhalte, die wegen ihres „informatorischen Elements" (KMR-*Paulus* 66 zu § 244) über eine bloße Frage hinausgehen, im allg lediglich als „Hilfsmittel" (BGH bei *Dallinger* MDR **56** 527 f) der an Wahrheitserforschung orientierten Fragestellungen in der HV.

Im einzelnen ist indes zumindest danach zu differenzieren, **in welcher Form** eine Bezugnahme auf protokollierte Aussagen des Angekl erfolgen kann, insbes in welcher „Intensität" die Wiedergabe durch den Vorsitzenden vorgenommen werden darf. Die Auffassungen in Lit und Rspr gehen dabei zT weit auseinander.

870 aa) Zunächst wird in der Praxis zwischen den nach § 254 zu Beweiszwecken **verlesbaren Urkunden** und anderen, als Beweismittel ausscheidenden Urkunden unterschieden. Handelt es sich um eine richterliche Vernehmungsniederschrift, wird der formlose Vorhalt als **an die Stelle** einer förmlichen Verlesung gem § 254 Abs 1 tretend beurteilt, und zwar iS eines verfahrenserleichternden Ersatzes strengbeweislicher Verlesung.¹⁶ Ein solches Vorgehen mag zumindest im Hinblick auf § 249 als bedenklich erscheinen, dessen Wortlaut ein „Verlesen" von Urkunden sowie anderen als Beweismittel dienenden Schriftstücken verlangt (daher gegen die geschilderte Praxis LR-*Gollwitzer* 7 c zu § 249; krit *Hanack* JZ **72** 202 f; *Schneidewin* JZ **51** 481). Diesem Einwand wird von der Rspr nur insofern Rechnung getragen, als wegen §§ 249, 244 Abs 2 eine förmliche Verlesung zumindest dann erforderlich sei, „wenn es gerade auf den Wortlaut des Schriftstücks ankommt" (BGH **11** 29 f), wenngleich dies auch schon „durch Verlesung (der) für die Entscheidung bedeutsamen Teile" geschehen kann; darüberhinaus sollen „längere Schriftstücke oder ... solche ..., die sprachlich oder inhaltlich schwer zu verstehen sind", ein wörtliches Verlesen erfordern (BGH **11** 159).

871 bb) Die Praxis benutzt in der HV außerdem **Vorhalte aus** (nach den §§ 250 ff) **nicht verlesbaren Niederschriften**. Dies sei „nicht schlechthin unzulässig" (BGH **1** 339; ähnlich RG **61** 72 f); allerdings dürfe es nicht zu dem Zweck geschehen, „einen unzulässigen Urkundenbeweis zu ersetzen oder zu umgehen" (BGH **14** 312). Bedenklich ist dieses Benutzen deshalb, weil durch das Verlesen von Protokollen zum Zweck des Vorhalts der Unterschied zwischen Personen- und Urkundenbeweis verwischt zu werden droht (KK-*Mayr* 45 zu § 249; krit etwa *Grünwald* JZ **68** 752, 754; *Hanack* JZ **72** 202, 274; *Riegner* NJW **61** 63 f; *Roxin* 18 zu § 44; *Beulke* 421), und somit die in § 254 geregelte Beschränkung der Verlesung zu Urkundenbeweiszwecken insofern umgangen wird, als eigentliche Beweisquelle letztlich doch das Protokoll bleibt; eine solche, durch formelle Konstruktion getroffene Vorgehensweise durch das Gericht wird ohnehin als „gekünstelt und praktisch

---

¹⁵ In Betracht kommen, neben solchen Äußerungen im augenblicklichen Vor- oder Hauptverfahren, Protokollierungen in sonstigen Verfahren, also etwa polizeiliche Vernehmung, Vernehmung durch einen StA oder einen anderen Richter.
¹⁶ Formlose Bekanntgabe des Protokollinhalts genügt nach RG **64** 79; BGH **1** 96; einschränkend aber betr wörtl Wiedergabe des Schriftstücks im Protokoll BGH NJW **54** 361.

III. Mittelbare Verwertbarkeit früherer Aussagen des Angeklagten

undurchführbar" (*Roxin* 18 zu § 44; *Niese* JZ **53** 598) beurteilt. IdZ ist auch zu berücksichtigen, daß die richterliche **Überzeugungsbildung** insbes **von Laienrichtern** durch im Rahmen eines Vorhalts verlesene, jedoch vom Angekl unbestätigte Vernehmungsniederschriften ebenso beeinflußt werden kann, wie von einer gem § 254 zum Beweis verlesenen Urkunde (vgl etwa *Meyer* JA **72** 164).

cc) Auf der Grundlage der Ansicht der Praxis ist es Aufgabe des Vorsitzenden, **872** durch geeignete Hinweise der **Gefahr entgegenzuwirken**, schon das Vorgehaltene (Verlesene) als Ergebnis des Beweisverfahrens zu werten (vgl auch KMR-*Paulus* 83 zu § 244). Auch sollte das Urteil zum Ausdruck bringen, daß nur die getätigte Aussage des Angekl Grundlage der Beweiswürdigung war (BGH **14** 310; LR-*Gollwitzer* 24 zu § 254) – eine Anleitung, die allerdings zur Kaschierung der tatsächlichen Überzeugungsbildungsprozesse geeignet sein könnte.

c) aa) Als Konsequenz des erläuterten Meinungsstreits erscheint es verfahrens- **873** technisch vorzugswürdig, im Rahmen des formlosen Vorhalts den **freien Vorhalt** ggü einer wörtlichen Verlesung möglichst **vorrangig** zu behandeln (so auch ausdrücklich KK-*Mayr* 45 zu § 249), soweit der Protokollinhalt dem nicht entgegensteht. Allerdings ist dabei ggf die Gefahr einer Verzerrung der vorgehaltenen Aussage durch subjektive Wertungen des Vorsitzenden zu beachten.

bb) Darüber hinaus ergibt sich aus der originären **Erinnerungsfunktion des Vorhalts**, daß der Vorsitzende nicht lediglich auf allg gehalten bejahende, sondern auf inhaltlich substantiierte, aus eigener Erinnerung des Angekl herrührende Äußerungen hinwirken sollte, da ansonsten umso eher die Gefahr von Fehlbeurteilungen gegeben ist.

cc) Nicht unbedenklich erscheint das Vorhalten früherer Aussagen ggü dem An- **874** gekl im übrigen vor dem Hintergrund der **psychologischen Wirkungen** bei der Konfrontation mit dem eigenen Vernehmungsprotokoll. So wird zum einen eine gewisse autoritäre Ausstrahlung (des Protokolls) bestehen, derer sich der Angekl nicht ohne weiteres hinreichend zu entziehen vermag und nicht unmittelbar bewußt sein muß; damit einhergehend mag zB die Neigung geringer sein, die eigene frühere Aussage etwa als „falsch" zu bezeichnen oder in einzelnen Punkten zu „korrigieren", wenn die Fähigkeit zur eigenständigen Erinnerung (zB durch das Protokoll als Dokumentation prozessualen Vorgeschehens) als in Zw gezogen empfunden wird. Insoweit wird der Vorhalt entgegen seiner Intention, ggf vorhandene Erinnerungslücken durch Vorstellungsverknüpfungen zu schließen (vgl dazu etwa *Graßberger* 141), iS **suggestiver Wirkungen** nicht weniger geeignet sein (vgl 1377; im übrigen 595, 597, 1611), die Erinnerungen des Angekl (zum Teil) zu beeinflussen oder zu verschieben (zu der beim Vorhalt im Vordergrund stehenden Gefahr der bloßen Wiedergabe des Protokollinhalts als angeblich selbständige Erinnerung *Riegner* NJW **61** 63).

Andererseits handelt es sich bei dem Angekl wegen seines besonderen Interesses **875** an einem für ihn günstigen Ausgang des Strafverfahrens keinesfalls um einen den Vorhaltungen gegenüber „unbefangenen Zuhörer". Vielmehr wird man von einer gewissen Bereitschaft ausgehen können, im Vorhalt etwa eine konkrete ihm günstige Zusage heraushören zu wollen, ein Umstand, der iZm der **Problematik des Falschgeständnisses** (vgl näher 730 ff) Bedeutung erlangen kann. Solchen und ähnlichen Gefahren läßt sich seitens des Vorsitzenden sowohl durch die Art des Vorhalts als notfalls auch durch darüber hinausgehende besondere Belehrungen des Angekl in gewissem Maße begegnen.

Die aufgezeigten Wirkungsmöglichkeiten wird das Gericht insbes im Rahmen der freien richterlichen Beweiswürdigung (s dazu etwa BGH **1** 8; **3** 284) zu berücksichtigen haben, zumal nach der Judikatur zwar eine qualitative Differenz zwischen freier Aussage und „Aussage auf Vorhalt" anerkannt ist, ohne daß daran jedoch abstrakt festgelegte Konsequenzen geknüpft worden wären.

876 d) Welche Beachtung der Inhalt des Vorhalts bei der Beweiswürdigung finden kann, hängt vom Verhalten des Angekl auf einen wie auch immer ausgestalteten Vorhalt hin ab:

aa) Nach der Rspr (BGH **1** 339; **14** 310 f) dürfen die vormaligen Angaben dann im Urteil ihren Niederschlag finden, wenn der Angekl ausdrücklich erklärt, die seinerzeit gemachten Erklärungen so abgegeben zu haben. Auch durch die **Erklärung,** die früheren Angaben **nicht bestreiten zu wollen**, würde der Angekl die Aussage selbst als beweisverwertbar in die HV einführen (vgl auch BGH JR **66** 351; zw, s auch 874).

Allerdings ist insofern einschr zu bedenken, daß es nicht als eine bestätigende Erklärung aus nunmehr wiederkehrender eigener „wiederaufgefrischter Erinnerung" (Köln NJW **65** 830) zu werten ist, wenn dem Angekl das Vorgehaltene „keinesfalls ... gegenwärtig sein (kann)" (RG JW **1894** 50), er etwa die Richtigkeit bestimmter Tatsachen zu beurteilen nicht in der Lage war bzw ist.[17]

877 bb) Macht der Angekl (auch) auf den Vorhalt hin keine Angaben zur Sache (**Schweigen auf den Vorhalt**), so ergibt sich aus der gesetzlichen Beschränkung der Verwertbarkeit auf die abgegebene Erklärung als Beweismittel, daß der Vorhalt nicht geeignet ist, die damalige Aussage beweisverwertbar in den Prozeß einzuführen.

878 cc) Wie beim Schweigen auf den Vorhalt hin, so ist auch beim **Bestreiten**, die vorgehaltenen Aussagen überhaupt oder in der protokollierten Form abgegeben zu haben, eine Verwertung allein auf der Grundlage des Vorhalts nicht zulässig (RG **52** 243 f; **54** 17; **61** 74; BGH **21** 286 f); gleiches gilt beim Berufen auf „**fehlende Erinnerung**" (BGH **21** 286).

Sowohl beim Schweigen als auch beim Bestreiten ist das Gericht darauf angewiesen, die Aufklärung über die Richtigkeit oder Unrichtigkeit des Protokolls auf andere Weise zu führen (zB Verlesung eines richterlichen Geständnisprotokolls gemäß § 254; Vernehmung der Person, die die Protokollierung damals vorgenommen hat [vgl BGH **3** 149 f; **14** 312 sowie im Text 880 ff]).

879 e) Zu unterscheiden von der Frage der unzulässigen Verwertung des nur Vorgehaltenen bei der Beweiswürdigung bzw richterlichen Überzeugungsbildung (§ 261) ist die **Unzulässigkeit schon des Vorhalts** bei Vorliegen bestimmter **Beweisverbote**.

Eine solche Unzulässigkeit ist dann gegeben, wenn die festgehaltene Aussage unter Verletzung verfassungsrechtlicher Normen[18] bzw von Verboten des § 136 a zustande gekommen ist (BGH bei *Dallinger* MDR **73** 371; *Baumann* GA **59** 33, 40;[19] ferner *Spen-*

---

[17] S hierzu für den Fall des (ungenügenden) Vorhalts an den Angekl iZm dem Untersuchungsergebnis eines Blutalkoholtests Hamm MDR **64** 344.
[18] Vgl betr Art 1 Abs 1, 2 Abs 1 GG zB BGH **27** 357 (zur Frage einer nach § 100a unzulässigen Telefonüberwachung – Vorhalten des Tonbandes; s aber noch 675 f).
[19] „Vorhaltung(en) aus der unzulässigen Vernehmung... wäre „Verwertung" der unzulässig herbeigeführten Vernehmung".

del JuS **64** 471; *ders* NJW **66** 1102, 1104; s zu § 136a näher 625 ff). Gleiches muß gelten für Aussagen von Angekl, die entgegen dem Gebot des § 136 (erste Vernehmung) nicht auf ihre Aussagefreiheit hingewiesen wurden (s näher dazu 562 ff, 567 ff).

3. Vernehmung der vormaligen (nichtrichterlichen) Verhörsperson in der Hauptverhandlung

Falls der Angekl bei (formlosen) Vorhalten der Vernehmungsniederschrift **880** schweigt oder das Vorgehaltene bestreitet (vgl 877 ff), besteht zumindest nach der Judikatur kein absolutes Verwertungsverbot hinsichtlich des Gegenstandes der damaligen polizeilichen oder sonstigen richterlichen Vernehmung (BGH **1** 337 ff). Vielmehr sei, entgegen den insoweit strengeren Grundsätzen bei der Frage der Verwertung früherer **Zeugen**aussagen (s näher 1258), beim Angekl ein differenzierter Maßstab anzulegen. Die Möglichkeit eines **Rückgriffs** für die „Verwertung" eines polizeilichen **Protokolls** solle nicht ausgeschlossen sein (BGH **3** 149 f).

a) In Übereinstimmung mit einem (vorwiegend von Richtern verfaßten) Teil **881** der Literatur ist es danach zulässig (und gemäß § 244 Abs 2 ggf geboten, s hierzu *Wömpner* NStZ **83** 298), die **vormalige Verhörsperson** (idR Beamte des Polizeidienstes) **als Zeugen** über die früheren Äußerungen des Angekl zu vernehmen. Deren Aussage kann dann zum Gegenstand freier richterlicher Beweiswürdigung (§ 261) gemacht werden (BGH **1** 339; **3** 150; **14** 312; **22** 171 f; K/M-G 8 zu § 254; KK-*Mayr* 46 zu § 249). Unstr darf die Vernehmung dieser Person nicht durch die Verlesung der Niederschrift ersetzt werden (§ 250).

Ein anderer Teil der Literatur lehnt jedwede mittelbare Verwertung des Protokolls durch zeugenschaftliche Vernehmung der Verhörsperson ab (s besonders **882** *Grünwald* JZ **68** 754) – und zwar unabhängig von der ihrerseits strittigen Frage, welche Anforderungen an das „Erinnerungsvermögen" des Polizeibeamten gestellt werden und ob diesem nunmehr seinerseits Vorhaltungen aus der Vernehmungsniederschrift gemacht werden dürfen (s 883). Der geschilderten Praxis stehe zum einen § 254 entgegen, der das **Unmittelbarkeitsprinzip** lediglich in beschränkter Weise durchbreche. Die Vernehmung der Verhörsperson stelle eine „ebenso mittelbare Beweisaufnahme wie die – ohne Zw unzulässige – Verlesung eines polizeilichen ... Protokolls" (*Grünwald* JZ **68** 754) dar.

b) aa) Darüberhinaus hält es die Judikatur für zulässig, polizeilich protokollierte **883** Aussagen des Angekl zur Stützung des Gedächtnisses derjenigen als **Zeuge** vernommenen (nichtrichterlichen) **Verhörsperson** vorzuhalten, die die Niederschrift angefertigt hatte (so ua BGH **1** 339; **14** 312; **22** 171 f). Da formal (auch hier) nur die Bekundungen der Verhörsperson Gegenstand der Beweiswürdigung bleiben,[20] ist auch als Beweisergebnis lediglich verwertbar, was originär oder auf Vorhalt hin in die **Erinnerung** der (vormals) vernehmenden **Person** zurückkehrt. Kann von dieser jedoch nur noch bekundet werden, daß sie „die Angaben des Angekl getreulich aufgenommen habe" (BGH **14** 312 f), dh ist sie trotz Vorhalts nicht in der Lage, die frühere Aussage im wesentlichen wiederzugeben bzw als Inhalt (angeblich)

---

[20] Aufschlußreich indes BGH **22** 171 f zu LG Oldenburg, das die vorgehaltenen Schriftstücke als Beweismittel bezeichnete.

noch vorhandener Erinnerung zu bezeichnen, kommt eine Beweisverwertung nicht in Betracht (vgl BGH **14** 312f sowie **21** 149f).

Dies ist auch schon deshalb zwingend, weil etwaige bei der Protokollaufnahme vorgekommene Unstimmigkeiten oder Mißverständnisse nicht mehr aufgeklärt werden können, wenn sich die Verhörsperson nicht tatsächlich erinnert. Selbst wenn das Gericht von der richtigen Wiedergabe des Inhalts der damaligen Aussage überzeugt sein sollte, bleibt ihm der Rückgriff auf den Protokollinhalt wegen § 250 verwehrt.

Eine Differenzierung idZ zwischen einem vormaligen Geständnis des Angekl sowie sonstigen in der polizeilichen Vernehmung getätigten Äußerungen erscheint nicht angebracht (dagegen auch BGH **14** 310f).

884 bb) Grds sind auch beim Vorhalt ggü nichtrichterlichen Verhörspersonen allg **Bedenken nicht ausgeräumt** (s 868ff). Dies gilt insbes hinsichtlich der Gefahr tatsächlicher Umgehung des „Verwertungsverbots" polizeilicher Geständnisse (vgl hierzu *Riegner* NJW **61** 63f) sowie im Hinblick auf psychologische Bedingungen in der Person des vormals Vernehmenden iZm der (ggf unvermeidbaren) Beeinflussung von Erinnerung (s auch 1363; vgl im übrigen 874). Zugleich ist zB nicht auszuschließen, daß auch im Falle des Erkennens der etwaigen Unrichtigkeit oder Ungenauigkeit der eigenen Protokollierung bei der nunmehrigen Aussage die Problematik des „Eingeständnis(ses) eigener Fehler" (*Riegner* NJW **61** 63) im Vordergrund steht.

Dem trug (ursprünglich) das RG insofern Rechnung, als es den Vorhalt ggü der Verhörsperson wegen der Gefahr bloßer „Reproduktion des Inhalts dieses Protokolls" für unzulässig erachtete (RG **35** 5 [betr Untersuchungsrichter]; s ferner RG **61** 74f). Im übrigen steht § 243 Abs 4 S 1 einer Einführung von Protokollen aus nichtrichterlichen Vernehmungen in die HV entgegen, da es mit dem in dieser Vorschrift verankerten Wahlrecht des Angekl unvereinbar ist, wenn im Fall seines Schweigens seine vormaligen Aussagen in der in Rede stehenden Form reproduziert werden dürfen (*Hanack* JZ **72** 274 und *Grünwald* JZ **68** 754).

IV. Würdigung der Aussage des Angeklagten

1. Die Aussage des Angeklagten in der Beweiswürdigung

Übersicht

	Rn		Rn
a) Allgemeines	885	bb) Würdigung des Verteidigungsvorbringens	890–896
b) Verteidigungsvorbringen des Angeklagten		c) Geständnis	897
aa) Berücksichtigung im Urteil	886–889	d) Äußerungen des Verteidigers	898

885 a) Die **Beweiswürdigung** ist allein Sache des Tatrichters (s allg 88ff); ihm kann grds nicht vorgeschrieben werden, unter welchen Voraussetzungen er zu einer bestimmten Überzeugung kommen muß oder nicht kommen darf (BGH **10** 210; NStZ **84** 180; NJW **82** 2882; K/M-G 11 zu § 261; KK-*Hürxthal* 28 zu § 261; *Dahs/Dahs* 406; *Roxin* 13 zu § 15). Dem **Revision**sgericht ist es deshalb verwehrt, die Beweiswürdigung des Tatrichters durch seine eigene zu ersetzen (BGH NStZ

IV. Würdigung der Aussage des Angeklagten

81 271; **81** 401; StV **81** 114; **83** 267; JR **57** 386 mit Anm *Eb Schmidt*; JR **80** 168 mit Anm *Peters*). Es hat sie nur auf **Rechtsfehler** zu überprüfen (KK-*Pikart* 29 zu § 337). Rechtsfehler liegen vor und sind auf die Sachrüge hin zu beanstanden, wenn die Beweiswürdigung Widersprüche, Lücken oder Unklarheiten aufweist, Verstöße gegen Denkgesetze, Erfahrungssätze oder gesicherte wissenschaftliche Erkenntnisse enthält (BGH bei *Spiegel* DAR **81** 201; **83** 205; NStZ **83** 277; VRS **35** 264; StV **86** 421; LR-*Hanack* 148 zu § 337) oder wenn der Tatrichter nicht erschöpfend gewürdigt, insbes naheliegende andere Möglichkeiten außer acht gelassen hat (BGH NStZ **81** 488; **84** 180; bei *Pfeiffer/Miebach* NStZ **85** 15; bei *Miebach* NStZ **88** 212; StV **81** 169; **82** 210 mwN; **86** 421).

Indes läßt die Rspr in engen Grenzen eine Kontrolle der tatrichterlichen Überzeugungsbildung auf die Verfahrensrüge dann zu, wenn der Mangel mit den Mitteln des Revisionsgerichts ohne weiteres feststellbar ist (s auch 80, 1471).

Dies betraf hinsichtlich falscher Wertung zB eine Niederschrift über eine richterliche Beschuldigtenvernehmung (BGH v. 7.6.91 [2 StR 14/91], angegeben in BGH **38** 17), den Inhalt eines verlesenen Geständnisses (BGH StV **93** 459) oder eine ebenfalls verlesene Äußerung zur Sache (BGH StV **93** 115). Betr unterlassene Verwertung handelte es sich etwa darum, daß eine in der HV wörtlich protokollierte Aussage in der Entscheidungsfindung übergangen wurde (BGH StV **91** 549).

b) aa) Der Tatrichter muß gem § 261 bei der Urteilsfindung alles verwerten, **886** was Gegenstand der HV war (BGH StV **83** 8; KK-*Hürxthal* 1, 17 ff zu § 261). Wie sich der Angekl zum Anklagevorwurf gestellt hat, ist für die Beweiswürdigung von wesentlicher Bedeutung. Die **Aussage des Angekl** muß daher, soweit sie für die Schuld- und Rechtsfolgenfrage erheblich sein kann, grds **mitgeteilt und gewürdigt** werden (vgl BGH NStZ **92** 49; StV **84** 64; Bay bei *Bär* DAR **87** 314; Celle NJW **66** 2325; *Niemöller* StV **84** 436 f mit Beisp-Fällen; K/M-G 6 zu § 261), und zwar unter Wiedergabe der konkreten geltend gemachten Tatsachen (BGH StV **94** 358; 638; NStZ **93** 501; Zweibrücken VRS **51** 213; *G Schäfer* StV **95** 151).

Diese Grundsätze gelten auch für die Aussage des Angekl beim **letzten Wort** (§ 258 **887** Abs 3), denn Erklärungen nach § 258 gehören zum Gegenstand der HV und müssen bei der Urteilsfindung berücksichtigt werden (BGH **11** 74 f; StV **83** 402). Im letzten Wort des Angekl etwa zutage tretende neue Tatsachen und Umstände dürfen jedoch nur dann zu seinem Nachteil verwendet werden, wenn das Tatgericht sie (nach Wiedereintritt in die Verhandlung) dementspr erörtert hat (Köln NJW **61** 1224; KK-*Hürxthal* 12 zu § 261, 23 zu § 258; s auch 814).

Ergeben die Urteilsgründe, daß sich der Tatrichter nicht in der gebotenen Weise mit der Aussage des Angekl auseinandergesetzt hat, liegt ein die **Revision** begründender sachlichrechtlicher Fehler vor (BGH StV **82** 270 mwN; **83** 8; BGH bei *Pfeiffer/Miebach* NStZ **84** 213; Bremen VRS **50** 129 f; Hamm VRS **69** 177 f; *Rieß* GA **78** 264; *Krause* 21).

(1) Verteidigt sich der Angekl mit Tatsachenbehauptungen, so sind regelmäßig **888** Feststellungen und Erwägungen, die diese Aussagen widerlegen, zu erörtern (BGH StV **81** 508; **88** 9[21]; Stuttgart Justiz **72** 291; vgl auch Düsseldorf GA **84** 25;

---

[21] Bestreitet der Angekl, das sichergestellte Geld durch strafbare Handlungen erworben zu haben, bedarf es im Urteil näherer Darlegungen, aufgrund welcher Tatsachen das Gericht zu der Auffassung gelangt ist, der sichergestellte Geldbetrag stamme aus der im Urteil festgestellten Tat.

LR-*Hanack* 150 zu § 337), damit das Revisionsgericht die Beweiswürdigung auf ihre Richtigkeit überprüfen kann.

Insbes dann, wenn sowohl die Äußerungen des Angekl als auch die Darstellung des den Angekl belastenden Mitangekl mit den vorhandenen Sachbeweisen in Einklang gebracht werden können („Aussage gegen Aussage"; s auch 1480), müssen die Urteilsgründe erkennen lassen, daß der Tatrichter alle Umstände, die die Entscheidung zu Gunsten des einen oder anderen zu beeinflussen geeignet sind, erkannt und in seine Überlegungen einbezogen hat (BGH StV **91** 451).

Überführt das Tatgericht den Angekl ausschließlich durch Zeugen, hat der Angekl jedoch bestimmte Tatsachen gegen die Glaubwürdigkeit der Zeugen (s dazu 1426 ff) vorgebracht, müssen auch diese Tatsachenbehauptungen im Urteil mitgeteilt und gewürdigt werden (BGH NJW **61** 2069 f; LR-*Hanack* 150 zu § 337).

889   (2) Weichen Behauptungen des Angekl in der HV von früheren Angaben (zB vor der Polizei) ab, so müssen, wenn das Tatgericht die Glaubhaftigkeit der jetzigen Behauptungen an ihnen überprüft, auch die früheren Angaben im Urteil mitgeteilt werden (BGH StV **86** 516).

890   bb) Der Tatrichter muß sich bei der **Beweiswürdigung des Verteidigungsvorbringens** vergewissern, ob die vorgetragenen Umstände zutreffen (BGH **25** 287; bei *Holtz* MDR **78** 108; **79** 637; bei *Pfeiffer* NStZ **82** 190; Hamm JZ **68** 676; Koblenz VRS **60** 217; Düsseldorf NStZ **85** 81: undifferenzierte Verwendung des Begriffs „Schutzbehauptung" rechtsbedenklich; LR-*Gollwitzer* 73 zu § 261) und inwieweit sie den Angekl be- oder entlasten. Ein für den Angekl ungünstiger Sachverhalt darf ohnehin dann nicht festgestellt werden, wenn Umstände vorliegen oder auch nur als nicht widerlegbar zugunsten des Angekl angenommen werden müssen, die bei objektiver Betrachtung zu vernünftigen Zw an der Zuverlässigkeit der den Angekl belastenden Beweismittel führen (BGH StV **91** 452: Angaben eines Mitangekl; NStZ **92** 48: belastende Zeugenaussage).

891   (1) Zur Überzeugung des Gerichts müssen alle unmittelbar entscheidungserheblichen Tatsachen positiv festgestellt werden. In diesem Umfang gilt der als Entscheidungsregel zu verstehende Grundsatz **in dubio pro reo** (s allg 116 ff), dh kann dem Angekl eine Voraussetzung des Tatbestands nicht mit der nötigen richterlichen Überzeugung nachgewiesen werden, muß der Richter ihn freisprechen bzw die jeweils mildere Rechtsfolge wählen.

Hingegen ist dieser Grundsatz keine Beweiswürdigungsregel (ANM 664), dh er kann erst zur Anwendung gelangen, nachdem das Gericht die Beweise abschließend gewürdigt hat. Also bezieht sich der genannte Grundsatz – entgegen teilweise aA der Rspr (s 124) – nicht auf Indiztatsachen bzw auf die Frage der Wertung von Indizien;[22] die Zurückweisung einer Indizien-Behauptung zugunsten des Angekl erfordert demzufolge nicht, daß sich ihr Gegenteil positiv feststellen läßt (vgl BGH VRS **27** 105; bei *Pfeiffer/Miebach* NStZ **86** 208). Weil es auf die Art des Indizienbeweises nicht ankommt, gilt in dubio pro reo auch nicht für ein vom Angekl behauptetes Alibi (insofern mißverständlich BGH **25** 285 = JR **74** 383 mit krit Anm *Hanack* = JZ **74** 298 mit krit Anm *Stree*; s auch krit Anm *Foth* NJW **74** 1572; KMR-*Paulus* 329 zu § 244; Anm *Volk* NStZ **83** 423 f; s aber auch *Montenbruck*

---

[22] Nach K/M-G 29 zu § 261 bedeutet die Berücksichtigung unbewiesener Indizien allerdings einen Verstoß gegen die Denkgesetze; s zum Ganzen im Text 124 f.

IV. Würdigung der Aussage des Angeklagten

142 f, 195 f: da nur belastende Umstände nachzuweisen seien, sei der Grundsatz [auch] hier entbehrlich).

(2) Da eine Verurteilung nicht auf Aussagen des Angekl gestützt werden darf, von deren Richtigkeit der Richter nicht überzeugt ist bzw für deren Richtigkeit es keine (ausreichenden) Beweise gibt (BGH StV **87** 378; KK-*Hürxthal* 28 zu § 261), darf eine **lediglich unwiderlegte** Aussage des Angekl nur zu seinen Gunsten, nicht aber zu seinen Lasten verwertet werden (vgl BGH NStZ **87** 474). Keinesfalls darf ein zunächst dem Angekl günstig erscheinender Sachverhalt unterstellt werden, um ihn später als Grundlage einer – wenn auch ggü der Anklage mildern – Rechtsfolge heranzuziehen (vgl KK-*Hürxthal* 57 zu § 261 mwN; ebenso betr Erwägungen, die den Angekl im Rechtsfolgenausspruch belasten, BGH StV **88** 328). 892

(3) Für **widerlegt** erachtete Behauptungen eines Angekl sind nicht schon belastende Beweisanzeichen, wie das Scheitern eines Alibis noch kein Indiz für seine Schuld ist (BGH StV **94** 175; **92** 260; NStZ **86** 325; StV **86** 369; vgl auch *Peters* 646); sie dürfen alleine nicht zur Grundlage einer anderen Sachverhaltsfeststellung gemacht werden (BGH JR **88** 209 mit Anm *Blau*). Das gleiche gilt für **Lügen** des Angekl, weil auch ein Unschuldiger nicht selten versuchen wird, die (zB durch Zufall oder Lügen von Zeugen entstandene) Beweislage notfalls durch Lügen zu seinen Gunsten zu beeinflussen (vgl auch BGH **25** 287; BGH StV **85** 356; **86** 286; bei *Kusch* NStZ **95** 220; Köln NStZ **91** 53; *Krause* 23), zB in der Annahme, mit der Wahrheit nicht gehört zu werden (BGH StV **94** 175; StV **95** 511 betr die Behauptung, nicht zu wissen, wo er sich zum Tatzeitpunkt befand). 893

(4) Denkgesetzwidrig und damit rechtsfehlerhaft ist eine **widersprüchliche Beweiswürdigung** (Schleswig bei *Ernesti/Lorenzen* SchlHA **83** 112; *Krause* 24; *Sellke* 62 ff; LR-*Hanack* 154 zu § 337). So liegt ein Kreisschluß vor, wenn der Tatrichter die Glaubhaftigkeit der Aussage des Angekl widerlegen will, indem er deren Unrichtigkeit voraussetzt (BGH bei *Niemöller* StV **84** 436). 894

Im genannten Fall hatte der Tatrichter die Aussage des Angekl, er sei durch Drohungen eines unbekannten Dritten zu der Tat bestimmt worden, mit der Begründung zu widerlegen versucht, der Angekl sei hart, bestimmt und unbeeinflußbar, was sich daraus ergebe, daß er trotz wiederholter Vorhalte durch das Gericht nicht im geringsten von seiner Verteidigungslinie abgewichen sei.

Auch die Annahme des Tatgerichts, die teilweise Bestätigung der (als erfunden bezeichneten) Äußerung des Angekl mache sie „nicht glaubwürdiger", enthält einen Denkfehler, denn sie setzt erkennbar schon voraus, daß die Behauptungen, um deren Beweis es geht, insgesamt – also auch im Umfang der teilweisen Bestätigung durch Zeugen – falsch seien (BGH StV **85** 356 f).

Widersprüchlich kann es auch sein, wenn der Tatrichter den Angaben des Angekl in einem Punkt folgt, ansonsten die Aussage jedoch für wenig glaubhaft und durch das Ergebnis der Beweisaufnahme für widerlegt erachtet (BGH StV **84** 364[23]; Celle StV **87** 287[24]). Das Tatgericht darf daher aus einer vom Angekl einge- 895

---

[23] Für den Fall, daß das Tatgericht den Angaben des Angekl entnimmt, daß er einen „ungezielten Schuß" abgegeben hat, insgesamt aber die Äußerungen des Angekl für „wenig glaubhaft" hält.
[24] Für den Fall, daß der Tatrichter einerseits den Angaben des Angekl über das Tatgeschehen nicht „glaubt", andererseits aber seine „sehr exakten Schilderungen" als Grund nimmt,

räumten Tatsache, die der Richter auf Grund der Aussage für erwiesen hält, nur dann auf eine vom Angekl bestrittene Tatsache folgern (LR-*Gollwitzer* 73 zu § 261) oder die Aussage des Angekl teils annehmen, teils verwerfen (BGH StV **84** 411), wenn es eine nähere Begründung abgibt, die diese Differenzierung einsichtig macht (LR-*Gollwitzer* 73 zu § 261 Fn 217).

Entspr gilt, wenn das Tatgericht den äußeren Tatablauf ausschließlich auf die Angaben des Angekl in polizeilichen und richterlichen Vernehmungen stützt, die Urteilsfeststellungen von dieser Darstellung jedoch in einem wesentlichen Punkt abweichen, ohne daß das Urteil erkennen läßt, worauf das Gericht seine Überzeugung gründet (BGH StV **84** 411).

896 (5) Die gerichtliche Begründung, es gebe einen Erfahrungssatz, daß die von einer früheren vor der Polizei gegebenen Darstellung abweichende Aussage unrichtig ist, ist zur Widerlegung unzureichend (s näher etwa 1446; betr Geständnis 730 ff; aA LG Mönchengladbach StV **81** 605).

Gibt der Angekl in der HV für sein **Tatmotiv** eine andere Erklärung ab als im Vorverfahren, so bedarf es genauer Prüfung, ob eine bzw welche der beiden Versionen der Wahrheit entspricht (speziell betr psychisch gestörten Angekl BGH StV **81** 605; LR-*Gollwitzer* 48, 74 zu § 261; *Niemöller* StV **84** 434). Ob der Angekl zB aus dem einen oder anderen der in Betracht kommenden Motive getötet hat, läßt sich ersichtlich einer allg Erfahrung über die Anlässe von Tötungsverbrechen nicht entnehmen.

897 c) Aufgrund der aus dem Inbegriff der HV gewonnenen Überzeugung darf das Tatgericht ein aufrechterhaltenes **Geständnis** (s zur Würdigung eines Geständnisses ausführlich 727 ff) für unglaubhaft (Schleswig bei *Ernesti/Jürgensen* SchlHA **80** 175[25]; Koblenz VRS **60** 217[26]) oder ein widerrufenes für glaubhaft erachten (BGH LM Nr 52[27] mit Anm *Martin; Eb Schmidt* JZ **70** 342; vgl auch Köln NJW **61** 1224: Prüfungspflicht; KMR-*Paulus* 21 zu § 261; LR-*Gollwitzer* 73 zu § 261). Erforderlich ist, das Geständnis in den Urteilsgründen mitzuteilen (BGHR StPO § 261, Einlassung 2), schon um dem Revisionsgericht die Prüfung zu ermöglichen, ob das Geständnis auch die innere Tatseite betrifft.

Im einzelnen ist eine „umfassende Bewertung" der Angaben innerhalb eines Geständnisses auch dann erforderlich, wenn der Tatrichter davon ausgeht, daß einzelne der Angaben objektiv nicht zutreffen können (BGH StV **94** 597).

898 d) **Äußerungen des Vert** zur Sache dürfen nur dann als Aussage des Angekl verwertet werden, wenn durch Erklärung des Angekl oder des Vert klargestellt wird, daß der Angekl diese Äußerungen als eigene Behauptung verstanden wissen will (Bay VRS **60** 120). Dies gilt erst recht, wenn aus dem Inhalt von Beweisanträgen

---

eine wesentlich verminderte Schuldfähigkeit durch zuvor genossenen Alkohol auszuschließen.

[25] Einräumung des Verkehrsverstoßes als solchen genügt nicht, Geständnis muß sich auf Tatsachen beziehen.

[26] „A. räumt ein" läßt nicht erkennen, ob die Tatsachen zur Überzeugung des Gerichts feststehen.

[27] Das Gericht muß aber sorgfältig prüfen, weshalb der Angekl die früheren Angaben gemacht und weshalb er sie widerrufen hat. Nicht unbedenklich im Hinblick auf Zusammenhänge falscher Geständnisse gerade auch bei besonders schweren Delikten (s 727 ff) ist die Formulierung, es sei (betr die erste polizeiliche Vernehmung wegen eines Tötungsdelikts) „unwahrscheinlich", daß eine solche schwerwiegende Selbstbezichtigung ohne realen Hintergrund geschehen ist (BGH StV **94** 6).

auf das Vorliegen einer Aussage eines die Angaben ausdrücklich verweigernden Angekl geschlossen werden soll (BGH NStZ **90** 447; vgl auch Hamm JR **80** 82 mit Anm *Fezer*).

2. Würdigung des Schweigens

Übersicht

	Rn		Rn
a) Völliges Schweigen	899	b) Zeitweises Schweigen	902–905
aa) Schweigerecht	899–900	c) Teilweises Schweigen	906–910
bb) Pauschales Bestreiten	901	d) Revision	911, 912

a) aa) Macht der Angekl von seinem **Schweigerecht** (vgl §§ 115 Abs 3; 136 **899** Abs 1 S 2; 163a Abs 3, 4; 243 Abs 4 S1; BVerfG NJW **81** 1431: Verfassungsrang; vgl ausführlich 831ff, 549) Gebrauch, so darf dies nicht zu seinen Lasten verwertet werden (BGH **22** 113; **25** 368; **32** 144; StV **85** 233f; **89** 90; BGH JR **88** 78 mit Anm *Meyer; bei Dallinger* MDR **71** 18; BGH NStZ **84** 376; **86** 325; Koblenz VRS **73** 72; MDR **88** 188; Stuttgart NStZ **86** 182; *Kühl* JuS **86** 118; *Rogall* 247ff; K/M-G 16, LR-*Gollwitzer* 75, KK-*Hürxthal* 39, alle zu § 261; *Ranft* 1630; *Roschmann* 110ff; *Doller* MDR **74** 979; *Schneider* Jura **90** 576; s aber einschränkend *Arzt* FS- SchwKrimG 247).

(1) Dieses Verbot folgt aus dem Grundsatz, daß niemand gezwungen werden darf, sich selbst zu belasten (vgl 831 sowie *Rogall* 42ff) und gegen seinen Willen aktiv zu seiner eigenen Überführung beizutragen (vgl BVerfGE **56** 37, 49; *Schneider* Jura **90** 575). Dieses Verbot betrifft ein Schweigen im Ermittlungsverfahren nicht weniger als ein Schweigen in der HV (BVerfG StV **95** 506; BGH **20** 282f). Es gilt nicht nur für förmliche Vernehmungen, sondern für das gesamte Verhalten des Angekl ggü den Strafverfolgungsorganen (Stuttgart StV **86** 191).

Es ist deshalb zB verfehlt und ein Revisionsgrund, wenn das Tatgericht bei der Prüfung, ob die Voraussetzungen einer Strafaussetzung zur Bewährung gegeben sind, zum Nachteil des Angekl berücksichtigt, daß er sich nicht „geständig eingelassen" hat (BGH StV **85** 233; **93** 591).

Demggü darf das **außerprozessuale** Schweigen eines Beschuldigten iZm seinem Gesamtverhalten zu seinem Nachteil verwertet werden (Karlsruhe NStZ **89** 287 mit zust Anm *Rogall*).

(2) Ohnehin ließe sich aus dem Schweigen des Angekl schwerlich ein Schluß **900** auf die Schuld ziehen (KK-*Hürxthal* 39 zu § 261), denn die Gründe können vielschichtig sein; sie reichen von Resignation (zB aus der Überzeugung des Beschuldigten, ihm werde doch kein Glaube geschenkt [*Höra* 112]) über Erinnerungsschwächen, Höherbewertung anderer Interessen (eigener oder fremder) bis zu Trotzreaktionen und zum Boykott des Strafprozesses (*Dürkop* 56; zB aus politischen Gründen und zu zielgerichteter solidarischer Systembekämpfung [*Altavilla* 131; *Höra* 112; eingehend *Roschmann* 111]). Es ist auch unzulässig, den Grund des Schweigens zu Beweiszwecken zu erfragen (vgl BGH NJW **54** 1496; vgl ausführlich 841).

bb) Dem völligen Schweigen sind Äußerungen des Angekl **gleichzusetzen**, in **901** denen er die Täterschaft **pauschal bestreitet** (BGH **34** 326 = JR **88** 78 mit Anm

J. Meyer, BGH **25** 368; StV **92** 549; K/M-G 16, LR-*Gollwitzer* 77, KK-*Hürxthal* 39, alle zu § 261) bzw erklärt, er sei unschuldig (Celle NJW **74** 202; Hamburg MDR **76** 864; Hamm NJW **73** 1708) oder er sei zwar der Halter des Fahrzeugs, aber zur Tatzeit nicht selbst gefahren (Bay bei *Rüth* DAR **85** 245; Köln VRS **79** 29; Koblenz VRS **59** 433). Das gleiche gilt, wenn der Angekl vorausgegangenen Alkoholgenuß bestreitet und im übrigen schweigt (Düsseldorf MDR **88** 796), wenn er, ohne sich zur Sache zu äußern, nur Rechtsausführungen des Inhalts macht, das ihm vorgeworfene Verhalten stelle weder eine Straftat noch eine Ordnungswidrigkeit dar (Bay MDR **88** 822) oder wenn er auf ein Verfolgungshindernis hinweist (Bay VRS **62** 373: Verjährung) oder aber lediglich Verfahrensrechte ausübt (BGH NStZ **90** 447: Stellung von Beweisanträgen; Schleswig bei *Ernesti/Lorenzen* SchlHA **80** 175: Stellungnahme zu Beweisantrag; LR-*Gollwitzer* 77 zu § 261).

Schweigt der Angekl, der lediglich angegeben hat, nicht er, sondern ein Verwandter habe sein Fahrzeug gefahren, auf die Frage, warum er den Fahrer nicht angeben wolle, so kann auch daraus nicht ohne weiteres der Schluß gezogen werden, der Betroffene sei selbst gefahren (Stuttgart VRS **69** 295).

Bestreitet der Angekl die ihm vorgeworfene Tat von Anfang an, so kann aus dem Nichtvorbringen eines bestimmten privilegierenden Umstandes nicht geschlossen werden, daß dieser Milderungsgrund ausscheide (BGH StV **81** 508 für den Fall, daß anstelle des § 212 Abs 1 StGB ein minder schwerer Fall iSd § 213 StGB vorliegen könnte).

902 b) Aus dem **unterschiedlichen Aussageverhalten** des Beschuldigten bei mehreren Vernehmungen (BGH bei *Pfeiffer/Miebach* NStZ **86** 208; StV **84** 143; **88** 239) oder in mehreren Verfahrensabschnitten (Stuttgart NStZ **86** 182) dürfen als solchem keine nachteiligen Schlüsse gegen den Angekl gezogen werden (KK-*Hürxthal* 41 zu § 261; K/M-G 18 zu § 261; *Rogall* 250; *Roschmann* 127 mwN). Dies gilt insbes für das **zeitweise Schweigen**, welches aus Gründen des Schweigerechts ebenfalls einem Beweisverwertungsverbot unterliegt (BGH **20** 281; StV **87** 51 f; *Schneider* Jura **90** 578), und zwar insbes auch dann, wenn der Angekl sich erst gegen Ende oder nach der Beweisaufnahme äußert (BGH **38** 305 mit Anm *Dahs/Langkeit* NStZ **93** 213 = JR **93** 378 mit Anm *Rogall*; BGH StV **94** 413).[28]

903 aa) (1) Schweigt der Angekl in der HV, so darf dies auch dann nicht gegen ihn verwendet werden, wenn er sich im Vorverfahren zur Sache geäußert hat (BGH bei *Dallinger* MDR **71** 18; Zweibrücken StV **86** 290; Koblenz VRS **45** 366; *Dahs/Dahs* 427; *Rogall* 250). Ebenso darf nicht als Beweisanzeichen verwertet werden, daß der Angekl vor der Polizei geschwiegen und sich erst im Vorverfahren oder der HV geäußert hat (BGH **20** 281 = JR **66** 269 mit Anm *Kleinknecht*; BGH GA **69** 307; StV **83** 321; **84** 143; **85** 401; **87** 377; **88** 328; **89** 90 und 383; BGH bei *Holtz* MDR **92** 323; Düsseldorf MDR **84** 164; **88** 796; Stuttgart NStZ **81** 272; **86** 182; Karlsruhe DAR **83** 93; aA Oldenburg NJW **69** 806 mit abl Anm *Güldenpfennig* NJW **69** 1867).

904 (2) Auch beim zeitweisen Schweigen sind ganz unterschiedliche Motive vorstellbar, die den Angekl zum Schweigen bewegt haben können, so daß es häufig

---

[28] Diese Strategie kann geeignet sein, tendenziell höhere Anforderungen an den Schuldnachweis zu stellen, als wenn die Widerlegung der Äußerung des Angekl im Mittelpunkt der Beweisaufnahme steht (vgl dazu mwN *Richter II* StV **94** 692).

IV. Würdigung der Aussage des Angeklagten

nicht vertretbar ist, aus dem anfänglichen Schweigen des Angekl (wie beim völligen Schweigen) auf die Unglaubhaftigkeit später vorgebrachter Entlastungsmomente zu schließen (*Kühl* JuS **86** 120; *Fezer* 36 zu Fall 17; *Schneider* Jura **90** 578).

So darf nicht zum Nachteil des Angekl verwertet werden, daß er nach einem anfänglichen Spontangeständnis anschließend schweigt (Köln NStZ **91** 52; *Roxin* 25 zu § 15).

Auch die verspätete Geltendmachung eines für ihn günstigen Umstandes durch den Angekl rechtfertigt grds für sich allein nicht den Schluß auf die Unrichtigkeit dieser Behauptung (BGH StV **85** 401: Glaubwürdigkeit des Alibizeugen; LR-*Gollwitzer* 74 zu § 261). Ein solcher Schluß ist nur bei Hinzutreten weiterer Umstände zulässig (Köln JMBlNRW **64** 6; StV **86** 192; Hamm JMBlNRW **70** 71; KMR-*Paulus* 21 zu § 261).

bb) Ein anderer Weg kann allerdings darin bestehen, frühere Äußerungen des Angekl (etwa ein Spontangeständnis) durch ein anderes Beweismittel, zB durch den Vernehmungsbeamten als Zeugen (BGH NStZ **90** 43; Koblenz VRS **45** 365; krit *Schmidt-Leichner* NJW **66** 191), in die HV einzuführen und dann bei der Urteilsfindung zu verwerten (vgl BGH bei *Dallinger* MDR **71** 18; Hamm NJW **74** 1880; Schleswig bei *Ernesti/Jürgensen* SchlHA **77** 182; Zweibrücken StV **86** 290; *Günter* DRiZ **71** 379; *Schlüchter* 465; s aber krit 856ff); § 252 gilt nicht entspr (BGH **1** 337; NJW **66** 1524; bei *Holtz* MDR **76** 988; *Kühl* JuS **86** 120; K/M 18 zu § 261). 905

c) aa) Umstritten ist, wie das **teilweise Schweigen** des Angekl zu behandeln ist, dh wenn der Angekl (im Vor- oder Hauptverfahren) in gewissen Teilpunkten Aussagen macht, über andere Punkte aber schweigt oder auf einzelne Fragen die Antwort verweigert oder ausweichend antwortet (Braunschweig NJW **66** 214f; Hamm NJW **73** 1708; *Rogall* 250; K/M-G 17 zu § 261). 906

(1) Nach hM darf das Teilschweigen als Beweisanzeichen verwertet werden (BGH **20** 298ff = JR **66** 351 mit Anm *Meyer*; **32** 145; NStZ **84** 377 mit Anm *Volk*; bei *Dallinger* MDR **68** 203; **71** 18; Schleswig bei *Ernesti/Lorenzen* SchlHA **85** 132; Stuttgart NStZ **81** 273; Zweibrücken StV **86** 290; Oldenburg NJW **69** 806; Celle NJW **74** 202; Braunschweig NJW **66** 214; Hamm NJW **73** 1708; **74** 1880; Saarbrücken VRS **47** 438; K/M-G 17 zu § 261; *Wessels* JuS **66** 172; *Eb Schmidt* JZ **70** 341f; KK-*Hürxthal* 41 zu § 261; LR-*Gollwitzer* 78 zu § 261; KMR-*Paulus* 181 zu § 244; *Rieß* JA **80** 295; *Volk* NStZ **84** 377; *Roxin* 26 zu § 15), da der Angekl, der aussagt und sich lediglich zu einzelnen Vorhalten nicht erklärt, sich „in freiem Entschluß selbst zu einem Beweismittel [macht] und sich damit der freien Beweiswürdigung [unterstellt]" (BGH **20** 300; vgl auch **32** 145; bei *Dallinger* MDR **71** 18). Zudem sei es für den Richter unmöglich, die Tatsache der teilweisen Auskunftsverweigerung von seiner Überzeugungsbildung auszuklammern (Oldenburg NJW **69** 806; *Ostermeyer* NJW **67** 916). Im übrigen bildeten die Teilaussage und das Teilschweigen eine sogen „Gesamteinlassung", die insgesamt vom Tatrichter gewürdigt werden dürfe (*Petry* 42; *Wessels* JuS **66** 172; LR-*Hanack* 27 zu § 136), zumal durch § 261 anerkanntermaßen nicht verwehrt sei, alle eine Aussage begleitenden Umstände bei der Beweiswürdigung mit der gebotenen Vorsicht zu verwerten (Hamm NJW **74** 1881; *Eb Schmidt* JZ **70** 341f).

(2) Demggü hat der Angekl das Recht, den Zeitpunkt und die Art und Weise seiner Aussage während des gesamten Verfahrens selbst zu bestimmen (*Arndt* NJW **66** 870; *Rogall* 252). Er darf insbes auch nur teilweise aussagen oder seine 907

Aussagebereitschaft widerrufen (*Günther* JR **78** 89; *Roschmann* 142). Soweit er schweigt, will er eben nicht Beweismittel werden (*Stree* JZ **66** 598). Sagt der Angekl nur teilweise aus, so unterstellt er auch nur die Teilaussage der richterlichen Beweiswürdigung; nur diese soll nach seinem Willen verwertet werden, während er in bezug auf den von der Nichtaussage erfaßten Teil gerade nicht an der Sachverhaltsaufklärung mitwirken will (*Rogall* 252; *Stree* JZ **66** 598; *Günther* JR **78** 91 Fn 24; s auch *Höra* 122). Wäre hingegen teilweises Schweigen als Schuldindiz verwertbar, würde das Schweigerecht partiell entwertet, da der Angekl nicht mehr frei den Umfang seiner Aussage bestimmen könnte (*Fezer* 36 zu Fall 17; *Kühl* JuS **86** 120f; *Nickel* 62 ff; *Rogall* 250 ff; *Schneider* Jura **90** 579).

908 Schweigen als „negativen Bestandteil" einer Aussage anzusehen, hieße, die Zulässigkeit einer Verwertung aufgrund der vermeintlich vergleichsweise besseren Möglichkeit, sichere Erkenntnisse zu gewinnen, anzunehmen; bereits die sinnhafte Zuordnung als Bestandteil der Aussage (zB iS einer „Gesamteinlassung") beinhaltet eine Wertung aufgrund eines Bildes nach außen, nicht aufgrund *rechtlicher* Überlegungen (*Roschmann* 142; s auch *Rogall* 253; *Rüping* JR **74** 138; *Schneider* Jura **90** 579: „Gesamtaussage" bislang noch nicht verifizierte These). Wegen des verbreitet beigemessenen Erkenntniswertes des Bildes nach außen wäre die Aussagefreiheit zugunsten der Wahrheitserforschung unerträglich eingeschränkt (*Stree* JZ **66** 598; *Roschmann* 142; *Rogall* 254; vgl auch *Seibert* NJW **65** 1706; *Arndt* NJW **66** 871). Bei der Unterscheidung zwischen ständigem und teilweisem Schweigen stünde nur noch der Wertgehalt möglicher Beweisanzeichen zur Diskussion, nicht mehr das Prinzip der Aussagefreiheit (*Stree* JZ **66** 599).

Zudem aktualisieren sich wiederum die faktischen Schwierigkeiten, aus dem partiellen Schweigen auf die Beweggründe zu schließen und nach etwa erfolgloser Motivsuche das Schweigen als Unfähigkeit zur umfassenden Verteidigung zu deuten (s 904; *Kühl* JuS **86** 120; *Rüping* JR **74** 138; *Schneider* Jura **90** 579). Im übrigen ist es gedanklich durchaus möglich, Reden und Schweigen zu trennen (*Rogall* 253; *Stree* JZ **66** 598; *Schneider* Jura **90** 579).

909 (3) Die Ablehnung, zu bestimmten Punkten auszusagen, darf folglich ebensowenig wie die vollständige Aussageverweigerung dazu dienen, eine Beweislücke zu überbrücken und letzte Zw zu überwinden (*Stree* JZ **66** 599; *Rogall* 254). Demnach ist es, vor dem Hintergrund des Schweigerechts des Angekl, generell und ohne Ausnahme *unzulässig*, aus irgendeiner Form des Schweigens bzw Mimik und Gestik (BGH bei *Kusch* NStZ **94** 24) oder vorheriger Rücksprache mit dem Vert (BGH StV **94** 413) nachteilige *Schlüsse* zu ziehen. Das Schweigen des Angekl als solches unterliegt einem Beweisverwertungsverbot (iE auch *Arndt* NJW **66** 870; *Schmidt-Leichner* NJW **66** 190; *Güldenpfennig* NJW **69** 1867; *Hanack* JZ **71** 169; *Eser* ZStW **79** 576; *Dahs* GA **78** 90; *Schneider* Jura **90** 579).

910 bb) Es dürfen daher in der HV zB aus der Weigerung des sich zur Sache äußernden Angekl, Zeugen zu benennen, keine für ihn nachteiligen Schlüsse gezogen werden, denn bis auf im Gesetz ausdrücklich formulierte Mitwirkungspflichten ist der Angekl nicht gehalten, an der Aufklärung der ihm zur Last gelegten Tat mitzuwirken. Folglich ist er auch nicht verpflichtet, evtl zur Verfügung stehende Beweismittel im Strafverfahren zu benennen (Düsseldorf StV **90** 442; Köln VRS **49** 48; **57** 429; Schleswig SchlHA **76** 158; KMR-*Paulus* 556 zu § 244; aA BGH **20** 299f; K/M-G 17 zu § 261, die in der Verweigerung der Benennung der

Zeugen eine teilweise Aussageverweigerung sehen, aus der Schlüsse zum Nachteil des Angekl gezogen werden dürften).

d) Str ist, ob bei der unzulässigen Verwertung des Schweigens des Angekl nur die **Verfahrensrüge** oder aber die **Sachrüge** eingreift. **911**

Für die Annahme eines Verfahrensverstoßes wird angeführt (LR-*Hanack* 127 zu § 337; *Hanack* JR **81** 434; vgl auch Schleswig bei *Ernesti/Lorenzen* SchlHA **85** 132; Karlsruhe GA **75** 182; Koblenz VRS **45** 366; Oldenburg NJW **69** 806; LR-*Hanack* 67 zu § 337; wN bei *Doller* MDR **74** 979), daß die Regeln des Revisionsrechts verändert oder unterlaufen würden, wenn man überall dort, wo ein Verfahrensfehler auch grundrechtlich relevant ist, ihn auf dem Wege über die Sachrüge zugleich als Verletzung des sachlichen Rechts ansehen wollte. Zudem schlage sich die Verletzung des Schweigerechts des Angekl nicht in den Urteilsgründen als selbständige Beeinträchtigung nieder und bezwecke auch keinen absoluten Schutz des Angekl (*Hanack* JR **81** 434 f).

Demggü enthält der unzulässige Schluß aus dem Schweigen des Angekl ua die **912** Verallgemeinerung eines nicht bestehenden Erfahrungssatzes, nämlich des Satzes, daß nur der Schuldige schweige (LR-*Meyer*, 23. Aufl., 134 zu § 337). Zudem liegt in der Verletzung des Schweigerechts des Angekl jedenfalls auch ein Verstoß gegen eine grundrechtlich geschützte Position (Art 1 Abs 1, 2 Abs 2 S 2 GG) und damit gegen *materielles* Recht, so daß die Frage nicht mehr nur dem Verfahrensrecht zugeordnet werden darf, sondern das Urteil des Tatrichters der revisionsrechtlichen Prüfung bereits auf die Sachrüge unterfallen muß (ebenso *Doller* MDR **74** 980: sachl und verfahrensrechtl Mangel; vgl auch BGH JR **81** 433 mit Anm *Hanack;* Bremen OLGSt § 261 S 93; *Dahs/Dahs* 269, 427; K/M-G 8 zu § 337).

3. Zusammenhänge verfehlter Würdigung

Übersicht

	Rn			Rn
a) Vorbemerkung	913	c) aa)	Diskrepanzen der Sozialisation	923, 924
b) aa) Einstellung und Erfahrung	914–917			
bb) Wahrscheinlichkeitstheorie, Normalität, Erwünschtheit	918–922	bb)	Personenbezogene Merkmale, interpersonales Verhältnis	925, 926

a) Wenngleich verläßliche Ergebnisse der Rechtstatsachenforschung bzw der **913** Kriminologie zur Häufigkeit von Fehlurteilen im allg oder verfehlter Würdigung der Aussage des Angekl im besonderen bislang kaum vorliegen und vermutlich auch nur in engen Grenzen jemals erreichbar sind, gilt als unstr, daß *falsche* Freisprüche oder Verurteilungen bzw *verfehlte* Würdigungen von Aussagen des Angekl nicht nur Ausnahmen darstellen (s auch 2). Daher verdient die Frage danach besondere Bedeutung, ob neben speziellen Fehlerquellen, die sich auf Besonderheiten bestimmter Straftatbestände bzw Beweismittel beziehen (vgl etwa *Peters* Fehlerquellen I, II), solche Zusammenhänge bei der Würdigung namentlich der Aussage des Angekl erkennbar sind, die eine Tendenz zu Fehlurteilen bzw verfehlter diesbzgl Würdigung in sich tragen.

914 b) aa) Ungeachtet der zahlreichen Faktoren, die die Einschätzung der Glaubwürdigkeit (und in gewissem Maße auch bereits der Aussagefähigkeit) des Angekl durch den Richter beeinflussen können (s 885 ff, 899 ff), muß wohl noch mit weiteren, nicht ohne weiteres zugänglichen bzw aufschlüsselbaren Faktoren gerechnet werden, die in die Aussage- bzw Beweiswürdigung einfließen und sich auf die Frage beziehen: Was **will** der Richter „**glauben**" bzw wie entsteht im Richter „seine" Version des Tathergangs, die ihm plausibel und so wahrscheinlich erscheint, daß für „vernünftige Zweifel" kein Raum mehr bleibt? Derartigen Überlegungen kommt schon insoweit Relevanz zu, als uU die Glaubwürdigkeitsbeurteilung per se (und auch die Würdigung einzelner, nicht eindeutiger Sachbeweise) solchen aufs Tatganze zielenden Überlegungen untergeordnet wird.

915 Von Bedeutung idZ ist sicherlich ua das Wissen um „typische" Tathergänge und Geschehensabläufe (also kriminalistisches oder, besonders typisch, das Wissen um Vorgänge im Straßenverkehr unter besonderer Berücksichtigung „unfallträchtiger" Situationen). Derartiges Wissen setzt sich zusammen aus objektiven Informationen (zB kriminalistischer Art) und den subjektiv geprägten Erfahrungen, die ein Richter in erster Linie während und durch seine Amtsausübung – aber auch außerhalb derselben – sammelt.

916 Die Rolle der idZ oftmals erwähnten *Berufserfahrung* bleibt mitunter unklar. Einschlägige Erfahrung soll im allgemeinsten Sinne „Menschenkenntnis" – insbes iSd Kenntnis um die Vielfalt menschlicher Verhaltensweisen, Reaktionen und Motive – mit sich bringen; dies ist jedoch keinesfalls zwangsläufig so. Würden Erfahrungen zB im Rahmen vorgegebener Einstellungen und etwa bestehender – auch unbewußter – Vorurteile interpretiert, so wäre uU der Erfahrungsgewinn nur ein scheinbarer.

917 Hingewiesen sei darauf, daß Richter am Beginn ihrer Tätigkeit keinerlei „Supervision" bzgl der Behandlung der vor Gericht erscheinenden Personen und der Würdigung ihrer Aussagen erfahren (selbst das richtergestaltete Kontrollinstrument der Revision hat nur Zugriff auf bestimmte, eng umrissene Fehler in der Beweiswürdigung). IdR fehlt es daher auch dem jungen Richter an einer konstruktiven Kritik seines Vorgehens, die ihn im besten Falle in die Lage versetzen würde, diesbzgl Verhaltens- und Denkalternativen für möglich zu halten und auszuprobieren. Schon die Ausbildung während des Referendariats ist weithin auf die Rechtsanwendung und die ihr eigenen institutionalisierten Handlungsnormen begrenzt (s dazu *Eisenberg* § 40).

918 bb) (1) Von großer Wichtigkeit insbes im Rahmen der strafprozessualen Urteilsfindung ist die Frage nach dem **Grad der Gewißheit**, mit der der Richter zu seinem Urteil gelangen muß. Zwar hat sich die ganz hM auf die Formel von „an Sicherheit grenzender Wahrscheinlichkeit" als hinreichende Verurteilungsgrundlage festgelegt (zT krit etwa LR-*Gollwitzer* 9 zu § 261), doch ist die Bedeutung dieser Formel weder psychologisch noch wahrscheinlichkeitstheoretisch geklärt. Zudem herrscht Unsicherheit darüber, ob „an Sicherheit grenzende Wahrscheinlichkeit" auch notwendig im Hinblick auf eine Verurteilung ist oder ob die aus der freien Beweiswürdigung geschöpfte subjektive Gewißheit des Gerichts ausreicht (vgl ausführlich *Herdegen* NStZ 87 198).

919 Aus der **Wahrscheinlichkeitstheorie** sind lediglich einige Grundlagen in das Allgemeinverständnis eingedrungen. So wird zB die Angabe „mit 99 %iger Wahrscheinlichkeit" so verstanden, daß von 100 gleichartigen Durchläufen 99 mit dem gemeinten Ergebnis enden, einer jedoch nicht. Dennoch wiegen offensichtlich gerade Angaben dieser Größenordnung in

IV. Würdigung der Aussage des Angeklagten

falscher Sicherheit (vgl zB *Hummel* 15 mit Richtlinien zur Bewertung der prozentualen Wahrscheinlichkeit in Vaterschaftsgutachten; krit dazu *Nell* 113). Dagegen sind Menschen idR nicht in der Lage und im Alltag auch nicht willens, komplexere Zusammenhänge zB in Form bedingter Wahrscheinlichkeiten zu berücksichtigen und adäquat zu verarbeiten. Im Rahmen der gedrängten Würdigung von mathematisch begründeten Wahrscheinlichkeitsberechnungen fallen die Unterscheidungen zwischen den verschiedenen Wahrscheinlichkeitsmaßen (insbes a priori Wahrscheinlichkeit, a posteriori Wahrscheinlichkeit und „Likelihood") und ihren Bedeutungen idR aus.[29] Schwierigkeiten bereiten insbes auch die Schlußfolgerungen, die legitimerweise aus derartigen Wahrscheinlichkeitsangaben (nicht) gezogen werden können.[30]

Grds stellt sich zudem die Frage nach der Übersetzbarkeit von Wahrscheinlichkeitsempfindungen (bzw subjektiven Wahrscheinlichkeiten) in Zahlenwerte. Die genannte Eigenschaft ist idR nur in einigen wenigen Fällen – bei sicheren, unmöglichen und (bereits eingeschränkten) gleichwahrscheinlichen Ereignisalternativen – gegeben. Ansonsten muß davon Abstand genommen werden, mittels Zahlenwerten eine Präzision der subjektiven Schätzung vorzutäuschen, die per se nicht existiert und auch nicht zu rechtfertigen ist (vgl dazu *Nell* 36f).

Allg scheinen sich somit wahrscheinlichkeitsmathematische Überlegungen nur bedingt und in bestimmten Fällen für die juristische Beweiswürdigung und ihre Beurteilung nutzbar machen zu lassen. Hingegen ist die Erforschung **subjektiver Wahrscheinlichkeitsschätzungen** und der ihnen zugrundeliegenden psychischen Prozesse äußerst relevant, da der Grad an objektiver und sachlicher Angemessenheit, den diese Schätzungen aufweisen, auch mit als Kriterium dafür gelten kann, ob bzw inwieweit die subjektive Sichtweise eines Richters den tatsächlichen Gegebenheiten gerecht zu werden vermag. 920

(2) Als durchaus vielversprechend kann idZ das Konzept der wahrgenommenen **Normalität** eines Ereignisses gelten. Ein Ereignis wird dann als (zunehmend) normal angesehen, wenn ähnliche Ereignisse (in zunehmender Zahl) existieren oder vorstellbar sind. Ereignisse, die lediglich Vorstellungen von anderen nicht-ähnlichen Ereignissen hervorrufen, gelten als nicht normal idS, daß sie gegen die Erwartungen bzgl der Ereignisstruktur verstoßen. Praktisch heißt das, daß sich die wahrgenommene Normalität an der absoluten Zahl ähnlicher Ereignisse orientiert, unabhängig von der Grundgesamtheit. 921

So würde zB ein Kunde, dem vom Bäcker mitgeteilt wurde, nur 1 von 20 Broten habe jemals weniger als das angegebene Gewicht, dem Bäcker uU Lügnerei und betrügerische Absicht unterstellen, wenn er daraufhin einen später als zu leicht befundenen Brotlaib erwirbt. Hätte der Bäcker dagegen angegeben, daß von 2.000 bei ihm täglich gebackenen Broten 100 das vorgesehene Gewicht unterschritten, hätte der Kunde seinen zu leichten Brotlaib uU als „normaleres" und eher mit seinen Erwartungen in Einklang zu bringendes Ereignis

---

[29] Vgl *Wagenaar* Law&HumB **88** 501ff zu dem (letztendlich gescheiterten) Versuch, Wahrscheinlichkeitsmathematik als Teil eines Sv-Gutachtens einem (niederländischen) Gericht zugänglich zu machen.

[30] Beispielsweise spricht das Auftreten eines Ereignisses E, das fast regelmäßig als Folge bestimmter Umstände U eintritt, für sich genommen nur dann mit einigermaßen hinreichender/befriedigender Wahrscheinlichkeit für das Vorliegen von U, wenn die Umstände als solche nicht allzu selten vorkommen. Ist indes das Vorliegen der Umstände U an sich von äußerst geringer Wahrscheinlichkeit, ist das Auftreten von E ungeeignet zur Prognose von U bzw als Indiz für U. Ungeeignet zur Prognose von U ist E darüber hinaus auch dann, wenn E nicht nur (fast immer) als Folge von U, sondern auch mit einer gewissen Häufigkeit als Folge anderer Gegebenheiten (also nicht der bestimmten Umstände U) eintritt (vgl *Wiggins* 87).

gewertet, obwohl die rechnerische Wahrscheinlichkeit (die sich aus dem Verhältnis der Zahl der krit Ereignisse zur Grundgesamtheit ergibt) in beiden Fällen gleich ist. *Miller ua* (JP&SocPsy **89** 583 ff) konnten in einer Reihe entspr Experimente zeigen, daß die absolute Anzahl der krit Ereignisse (bei konstant gehaltener mathematischer Wahrscheinlichkeit) sowohl die subjektive Einschätzung der Wahrscheinlichkeit als auch die Beurteilung der Glaubhaftigkeit vorgegebener Wahrscheinlichkeitsangaben (zB „nur 1 Brot von 20 hat Untergewicht") überzufällig beeinflußt. Die Autoren weisen idZ darauf hin, daß die jeweils unterschiedlich **empfundene Normalität** bei mathematisch gleicher Wahrscheinlichkeit zu „unfairen" und **„irrationalen" Reaktionen** (ver)führt (*Miller ua* JP&SocPsy **89** 588), insbes zur Annahme von **Unglaubhaftigkeit**.

Zwar beziehen sich die experimentell erhobenen Reaktionen lediglich auf die Glaubhaftigkeit von vorab genannten Wahrscheinlichkeitsangaben, doch erscheint es geboten, der wahrgenommenen Normalität von Ereignissen auch eine Rolle bzgl der Glaubhaftigkeit einer entspr Schilderung eines als mehr oder weniger „normal" eingeschätzten Ereignisses zuzuerkennen. Die Einschätzung der Normalität kann dabei ohne weiteres auf beliebigen, zutreffenden oder unzutreffenden Vorabinformationen sowie der Form derselben (insbes auch durch ihre Verbreitung in den Medien) oder auch auf mehr oder weniger zufällig gemachten eigenen Erfahrungen bzw Vorurteilen iwS beruhen.

922 (3) Als besonders stabil und empirisch belegt kann der Befund gelten, daß die **Erwünschtheit** eines Ergebnisses die wahrgenommene Wahrscheinlichkeit seines Eintreffens erhöht (vgl insbes *Carroll* JExpSocPsy **78** 88 ff, auch für kognitionstheoretische Grundlagen). Sollte dies entspr für den Prozeß richterlicher Entscheidungsfindung gelten, so wird damit eine Brücke zu Persönlichkeitseigenschaften, Motiven und etwaigen Faktoren mit der Wirkung von Vorurteilen (vgl 923 ff) des beurteilenden Richters geschlagen, die sich **indirekt** über dessen Einschätzung der Wahrscheinlichkeit (oder eben Nichtwahrscheinlichkeit) eines bestimmten Tathergangs oder anderer Umstände etc auf das Ergebnis der Beweiswürdigung **auswirken** könnten. Es handelt sich dabei um Fragen nach relativ subtilen und oft versteckt wirkenden, kognitiv und sozial bedingten Einflüssen. Von zentraler Bedeutung könnte sein, daß sich eine derartige indirekte Beeinflussung uU eher dem Zugriff der kognitiven Kontrolle des einzelnen Richters entzieht. Dies ist umso weitreichender, als der Richter aus der Fülle der ihm angebotenen Informationen über Tat und (vermutete) Täterperson nur eine begrenzte Anzahl verarbeiten kann, wobei ihm (durchaus selektiv) zB auffällige und leicht interpretierbare Fakten (etwa Nationalität, Beruf, ungefähre Schichtzugehörigkeit, grober Umriß der jeweiligen Lebensumstände des Angekl) kaum jemals entgehen.

IdZ kommt den Mechanismen der **Stereotypisierung** Bedeutung zu: Zum einen der Überschätzung von Unterschieden zwischen den jeweiligen Kategorien von Verhaltensweisen oder Personengruppen, zum anderen der Unterschätzung von Unterschieden innerhalb der Kategorien (sog Zwischen- oder Binnenvarianz).

Fraglos variiert der Grad an Selbstkontrolle (bzw „Metakognitionen"), dh das Ausmaß, mit dem der einzelne Richter seine Entscheidungen reflektiert und auch zu Reflexionen, die den Entscheidungsprozeß begleiten, in der Lage ist, interindividuell in erheblicher Weise.

923 c) aa) Was **Diskrepanzen** zwischen privater und beruflicher **Sozialisation** der Majorität der Strafrichter ggü der Majorität der Angekl anbetrifft, so gilt bzgl der vom Strafrichter erlebten Plausibilität behaupteter menschlicher Verhaltensweisen und Reaktionen, daß die eigenen Einstellungen und dadurch geprägten Antizipationen eigenen Verhaltens tendenziell eine nicht unerhebliche Rolle zu spielen scheinen.

Erkenntnisse der Sozialpsychologie weisen darauf hin, daß Pben, die voraussagen sollen, für welche Verhaltensalternative sich andere Personen entscheiden, eher die Verhaltensalternative vorhersagen, die sie auch für sich selbst wählen würden. Entspr ließe sich annehmen, daß von (Personen wie etwa auch) Strafrichtern selbst bevorzugte Verhaltensstrategien nicht selten auch bei Beurteilung des Verhaltens anderer am ehesten als plausibel und wahrscheinlich gewertet werden und uU die Würdigung bestimmter Aussageteile beeinflussen könnten.

Jedoch ist – insbes hinsichtlich des subjektiven Straftatbestandes oder auch qualifizierender Merkmale – im allg davon auszugehen, daß ein Rückschluß des Strafrichters von seinem potentiellen eigenen Verhalten auf andere methodisch verfehlt ist. **924**

(1) Daher darf das Verhalten des Angekl im Ergebnis nicht nach solchen Erfahrungen, Zielvorstellungen und Erwartungen beurteilt werden, die diesem statusfremd sind und deren Einhaltung ihm kaum oder nicht möglich ist; darüber hinausgehend und wesentlich umfassender mögen auch gruppenbezogene Verhaltensmuster, zumindest in bestimmten Situationen, gesellschaftsstrukturell unterschiedlich festgelegt sein.

(2) Anhaltspunkte für eine unterschiedliche Würdigung zB von Aussagen weiblicher im Vergleich zu solchen männlicher Angekl lassen sich bei isolierter Betrachtungsweise auf der Ebene des Gerichts und ohne Berücksichtigung vorausgegangener Stufen des Strafverfolgungsprozesses methodisch nur eingeschränkt ermitteln.

Nach einer (mikrostrukturellen) Aktenuntersuchung betr 498 Trunkenheitstäter aus den USA (Maryland) ergab sich – im Rahmen spezieller verfahrens- und beweisrechtlicher Regelungen –, daß ggü weiblichen Angekl deutlich weniger ein Schuldspruch erfolgte als ggü männlichen Angekl (*Jacobs/Fuller* Social Science Quarterly **86** 791,793).

bb) (1) Was **personenbezogene Merkmale** von Strafrichtern angeht, so werden sich allgemeingültige Eigenschaften ebensowenig finden lassen wie es zB bei als Straftäter registrierten Personen der Fall ist (s näher etwa *Eisenberg* § 53 Rn 3 f); auch ist davon auszugehen, daß innerhalb der Strafrichterschaft zB hinsichtlich Dimensionen wie Strenge und Verletzbarkeit oder aber Milde und Toleranz ein breites Spektrum zu verzeichnen ist. Indes wird teilweise von Besonderheiten berichtet, die iZm der Psychologie der Macht stehen (etwa Einschränkungen hinsichtlich Kritikfähigkeit ggü eigenen Fehlern bzw eine Tendenz der Perseveranz iS einer einmal eingeschlagenen Beurteilung). **925**

Nicht ohne eine gewisse Bedeutung für die Frage nach personalen Merkmalen von Richtern sind Befragungsergebnisse, denen zufolge diejenigen in der juristischen Ausbildung sich befindenden Personen mit der Neigung zu Strafhärte die Tätigkeit in der Strafjustiz anziehend empfinden; dies lasse sich gemäß derjenigen psychoanalytisch orientierten Auffassung interpretieren, derzufolge Angst zu Aggressionshaltung führe, diese zur Strafreaktion mit der Tendenz zu Härte dränge und so die Berufswahl zum Staatsanwalt und/oder Strafrichter bestimme (*Streng* 56 f, 67). Mindestens ebenso naheliegend ist allerdings eine Erklärung gemäß (im übrigen) unterschiedlicher Persönlichkeitsdisposition.

Als Einzelbeispiel für die Bedeutung personenbezogener Merkmale von Strafrichtern läßt sich auf – meist unveröffentlichte, also gleichsam im Dunkelfeld bleibende – Entscheidungen verweisen, bei denen das Empfinden einer Verletzung der „richterlichen Würde" oder persönlichen Autorität nicht ohne Einfluß auf die Entscheidung gewesen zu sein scheint („Trotzreaktion" des Gerichts; vgl zum Jugendstrafrecht etwa AG Wiesbaden RdJ **78** 476 f; AG Siegen, zit bei *Eisenberg* JuS **83** 575). Auch findet sich bis in die Gegenwart hinein im Extrem gar eine eher feindliche Einstellung einzelner Strafrichter ggü Angekl.[31]

926 (2) Zumindest im Einzelfall ergeben sich Einflüsse aus der Art des *interpersonalen Verhältnisses* zwischen richtender und angeklagter Person, auch wenn es sich hierbei idR nur um bloße Eindrücke handelt. Gleichwohl können Empfindungen (zB, vereinfacht ausgedrückt, „Sympathie" oder „Antipathie") ausgelöst werden, die mitunter bis hin zu emotionalen Verfestigungen führen können.[32] Die Bedeutung dieses Bereichs (auch) für die Würdigung der Aussage des Angekl ist nicht nur in „Fallschilderungen" herausgestellt worden, sondern davon wird weithin auch die Strategie von Anklage und Verteidigung bestimmt.

---

[31] So sind zB Bemerkungen wie „Abschaum der Menschheit" oder „der soll sich an unsere Preise gewöhnen" (gemeint ist das Strafmaß) zu vernehmen.

[32] Im einzelnen berichtet zB *Lempp* (ZfJ **75** 47), der „tiefenpsychologisch geschulte Teilnehmer bei Gerichtsverhandlungen kann aus der Reaktion einzelner Richter sehr wohl auf die geheimen und verdrängten Befürchtungen und Tendenzen dieser Richter schließen. Wir kennen zB die besonders empörte Reaktion auf eine bekannt gewordene Kindesmißhandlung gerade bei solchen, die ihre Kinder eigentlich gern sadistisch züchtigen möchten".

Viertes Kapitel. Mitbeschuldigter und Mitangeklagter

I. Der Mitbeschuldigte als Beweismittel

1. Art des Beweismittels

Übersicht

	Rn		Rn
a) Eigene Beweismittelkategorie	927	b) Beweismittelkategorie Beschuldigter oder Zeuge	927–930
		c) Wertung	931

a) Den Mitbeschuldigten als ein Beweismittel sui generis, dh als eine eigene **Beweismittelkategorie** anzusehen,[1] scheidet nach ganz überwiegender Meinung mangels gesetzlicher Anhaltspunkte aus (s etwa *Lüderssen* Wistra **83** 232; KK-*Pelchen* 7 vor § 48). 927

b) Die Frage, ob der Mitbeschuldigte der Beweismittelkategorie des *Beschuldigten* oder aber derjenigen des *Zeugen* zuzuordnen ist, läßt sich aus dem Beschuldigtenbegriff selbst beantworten. Denn dem deutschen Strafverfahren liegt zugrunde, daß einem Beschuldigten die Rolle eines Beweismittels gegen sich selbst nicht aufgezwungen werden darf, so daß sich Zeugen- und Beschuldigteneigenschaft gegenseitig ausschließen (BGH **10** 10). Ebenso darf auch ein Mitbeschuldigter nicht zugunsten oder zu Lasten des anderen Mitbeschuldigten als Zeuge aussagen (vgl BGH **10** 10f; *Lenckner* FS-Peters **74** 333; *Schlüchter* 478). Die Zulässigkeit der Sachaufklärung mittels Zeugenaussagen solcher Personen, die der Tatbeteiligung (zumindest) verdächtig sind, hängt also weithin davon ab, wie der Begriff des (Mit-)Beschuldigten definiert wird.

aa) Grundlage des überwiegend vertretenen **formellen Beschuldigtenbegriffs** ist die Abhängigkeit der Beschuldigteneigenschaft von der Inkulpation des Verdächtigen durch die Strafverfolgungsbehörde (s dazu 505 ff). Die Mitbeschuldigteneigenschaft wird durch den formalen Akt konstituiert, das Verfahren gegen mehrere Beschuldigte gemeinsam zu führen. Hieraus folgt, daß bei Wegfall der Klammer der prozessualen Gemeinsamkeit auch das Hindernis für die Zeugenrolle des Mitbeschuldigten entfällt (BGH NJW **85** 76; KK-*Pelchen* 8 vor § 48; LR-*Dahs* 19 vor § 48; SK-*Rogall* 40 vor § 48; ausführlich ANM 182). Ein Argument für diese Auffassung läßt sich insbes aus § 60 Nr 2 herleiten, wonach (die Vereidigung eines tatverdächtigen Zeugen untersagt ist und somit) davon ausgegangen wird, daß ein (mutmaßlich) Tatbeteiligter, wenn er nicht in demselben Verfahren angeklagt wird, als Zeuge vernommen werden darf (s BGH **10** 10; LR-*Dahs* 19 vor § 48; vgl aber *Montenbruck* ZStW **89** [1977] 880 ff). 928

---

[1] So offenbar K/M-G Einl 49 unter Hinweis auf § 251 Abs 1 und 2, die indes nicht das persönliche Beweismittel „Mitbeschuldigter", sondern den Urkundenbeweis über eine Vernehmungsniederschrift betreffen.

Demggü bestehen insofern Bedenken, als diese Beurteilung bei (den Ermittlungsbehörden und insbes) der Polizei zB diejenige Strategie erlaubt, von mehreren Tatverdächtigen gleichsam *selektiv* einen als Beschuldigten „aufzubauen" und etwa die Anordnung von U-Haft zu beantragen, wobei die übrigen als Zeugen einer gewissen Erwartungshaltung seitens der Polizei hinsichtlich des Inhalts ihrer Aussage unterliegen.

929 bb) Ausgehend vom teilweise im Schrifttum vertretenen **materiellen Beschuldigtenbegriff** entspringt die Rolle als Mitbeschuldigter dagegen einer Sachbeziehung, die von dem formalen Verfahrensstand unabhängig ist (*Peters* § 42 II 2; *Roxin* 5 zu § 26; *Lenckner* FS-Peters 333), weshalb jeder Tatverdächtige die Rolle des Beschuldigten innehat, und zwar unabhängig von seiner formalen Prozeßrolle (*Roxin* 5 zu § 26). Nach dieser Ansicht kann der Mitbeschuldigte insbes nicht durch Veränderung seiner Prozeßstellung seitens Strafverfolgungsbehörde oder Gericht – etwa durch Verfahrenstrennung – in eine Zeugenrolle gedrängt werden (*Peters* § 42 II 2; *Prittwitz* 140).

930 cc) Eine vermittelnde Auffassung wird insbes von *Schlüchter* (478 f) vertreten, die von einem **formell-materiellen Beschuldigtenbegriff** ausgeht. Hiernach werden alle diejenigen Personen, gegen die wegen derselben Tat (iSd § 264 Abs 1) ermittelt wird, ohne Rücksicht auf das Verfahrensstadium solange als Beschuldigte bezeichnet, als diese Ermittlungen andauern. Eine prozessuale Verbindung oder Trennung soll für die Beschuldigteneigenschaft unerheblich sein (*Schlüchter* 478 f).

931 c) Die angeführten Betrachtungsweisen (s anschaulich *Schlüchter* StP 44) sind jeweils nur eingeschränkt geeignet, die Rolle des Mitbeschuldigten sowie dessen Beweisfunktion im Strafprozeß festzulegen.

Zwar entspricht die Orientierung an der formalen Prozeßrolle des einzelnen Verfahrensbeteiligten dem Umstand, daß die StPO in ihren einschlägigen Regelungen weitgehend diese formale Betrachtungsweise zugrundelegt (so auch *Müller-Dietz* ZStW **93** [1981] 1226 f). Andererseits läßt diese Ansicht unberücksichtigt, daß mit der Zuweisung einer Beschuldigteneigenschaft Verteidigungsrechte verbunden sind, deren Umfang bzw Wahrnehmung nicht je nach (gewillkürter) Prozeßrolle geschmälert oder gar verhindert werden darf (s auch *v Gerlach* JR **69** 150); vielmehr wird bei der Bestimmung des Beschuldigtenbegriffs auch das Bedürfnis der Wahrnehmung der Verteidigungsrechte zu berücksichtigen sein. Wird eine Person in bezug auf eine (mögliche) Straftat strafverfolgt, so ist deren prozessuale Funktion als „Partei" mit den spezifischen und legitimen Schutzinteressen des Beschuldigten festgelegt (*Lenckner* FS-Peters 337). Insoweit ist der formell-materiellen Betrachtungsweise zu folgen (s aber erg 934).

2. Verfahrenstrennung

Übersicht

	Rn		Rn
a) Zulässigkeit	932	b) Wertung	935
aa) Bei materiellem Beschuldigtenbegriff	933	c) Beweiswert der Zeugenaussage	936
bb) Bei formellem Beschuldigtenbegriff	934		

I. Der Mitbeschuldigte als Beweismittel

a) Am augenfälligsten wird das Problem eines Wechsels der Beweismittelkategorien vom Mitbeschuldigten zum Zeugen bei der **Verfahrenstrennung** nach § 2 Abs 2 bzw nach § 237.

Die Trennung nach § 2 Abs 2 bewirkt die Auflösung einer zuvor herbeigeführten Sachverbindung nach §§ 2, 4, wogegen die Trennung, die sich aus dem Umkehrschluß des § 237 ergibt, lediglich die (engere) Verhandlungsverbindung betrifft (vgl LR-*Wendisch* 49f zu § 2). Die Trennung verbundener Strafsachen liegt im pflichtgemäßen Ermessen des Gerichts. Umstritten ist, ob eine Verfahrenstrennung zu dem Zweck, den Mitangekl der einen Sache als Zeugen in der anderen zu vernehmen (sog Rollentausch), zulässig ist.

aa) Nach dem *materiellen Beschuldigtenbegriff* ist ein solcher Rollentausch schlechthin unzulässig, da sich die durch die Trennung herbeigeführte Veränderung der Prozeßstellung nicht auf die Beschuldigteneigenschaft selbst auswirken kann (*Prittwitz* 140; LR-*Wendisch* 56 zu § 2; *Lenckner* FS-Peters 336f; *Lüderssen* Wistra 83 232f; *Peters* § 42 II 2). Die vorsätzliche Herbeiführung des Rollentausches durch Verfahrenstrennung wird insoweit als unwürdige Manipulation bezeichnet (*Roxin* 5 zu § 26).

bb) Wird dagegen der insbes von der Judikatur vertretene *formelle Beschuldigtenbegriff* zugrundegelegt, kann die Verfahrenstrennung zum Zwecke der Vernehmung des Mitangekl als Zeugen uU zulässig sein (BGH NJW **85** 76; ausführlich ANM 182f; KK-*Pelchen* 8f vor § 48; K/M-G 22 vor § 48).

(1) Im einzelnen wird danach als **zulässig** erachtet: die

Zeugenvernehmung des Mitangekl nach (auch nur vorübergehender) Abtrennung zu selbständigen Anklagepunkten, an denen er nicht beteiligt war (BGH NJW **64** 1034f; BGH **24** 259); die

Abtrennung zur Zeugenvernehmung des (früheren) Mitangekl nach vorläufiger Einstellung gemäß § 205 (BGH NJW **85** 76f) sowie nach § 154 Abs 2 (ANM 183); die

Zeugenvernehmung des (früheren) Mitangekl nach (endgültiger) Einstellung gemäß §§ 153, 206a, 206b sowie nach rechtskräftiger Verurteilung bzw Freispruch (ANM 183).

Diese Vorgehensweise ist jedoch insoweit abzulehnen, als sie eine Umgehung der Beschuldigtenrechte bedeutet (s auch *Müller-Dietz* ZStW **93** [1980] 1227). Nur wenn der Mitbeschuldigte rechtskräftig verurteilt, freigesprochen oder das Verfahren gegen ihn gem § 206b eingestellt wird, ist die Gefahr der Kollision mit Verteidigungsrechten (etwa bei einem Wiederaufnahmeverfahren gem § 362 Nr 4 [vgl dazu *Grünwald* FS-Klug 497]) als so gering anzusehen, daß eine Zeugenvernehmung als ausnahmsweise zulässig erscheint.

(2) **Unzulässig** auch nach hM ist die Zeugenvernehmung des Mitangekl bei vorübergehender Abtrennung zu solchem Tatgeschehen, das auch ihm als Mittäter zur Last gelegt wird, da auf diese Weise der Grundsatz umgangen werden würde, daß der Angekl nicht Zeuge gegen sich selbst sein darf (BGH JR **69** 148; BGH **32** 102; LR-*Dahs* 20, KK-*Pelchen* 9, K/M-G 22, jeweils vor § 48). Für die Unzulässigkeit einer solchen Vorgehensweise spricht neben dem Schweigerecht auch eine Verletzung von § 230 Abs 1, da nicht Verfahrensteile verhandelt werden dürfen, bei denen der (Mit-)Angekl in dieser Eigenschaft nicht anwesend ist (so BGH **24** 259).

935 b) Die gegenwärtige Handhabung der Verfahrenstrennung (ebenso wie die der Verfahrensverbindung) in der Praxis ist insbes wegen der fehlenden Justizförmigkeit kaum haltbar. Eine vereinheitlichte (und damit für die Verfahrensbeteiligten kontrollierbare) Verfahrensweise kann auch nicht Nr 114 RiStBV gewährleisten, wonach zusammenhängende Strafsachen grds in *einer* Anklage zusammenzufassen sind (krit auch *Heusel* StV **91** 188). Gerade mit dem verfassungsrechtlichen Gebot des Art 101 Abs 1 S 2 GG ist es schwerlich zu vereinbaren, daß aus Zweckmäßigkeitsgesichtspunkten mit den Mitteln der Verfahrenstrennung (und -verbindung) die Wahl des *gesetzlichen Richters* (willkürlich) gelenkt werden kann (abl [ohne Begründung] SK-*Rogall* 41 vor § 48).

Dem vermag die Möglichkeit der Beschwerde gegen den Trennungsbeschluß (hierzu K/M-G 12 ff zu § 2) keineswegs hinreichend entgegenzuwirken, zumal schon umstritten ist, in welchem Umfang die Ermessensentscheidung vom Beschwerdegericht zu überprüfen ist (vgl LR-*Wendisch* 65 zu § 2).

936 c) Wird der Mitbeschuldigte nach Abtrennung als Zeuge gehört, stellt sich die Frage, welcher **Beweiswert** dieser Aussage zukommt. Abzulehnen ist hierbei eine ältere Ansicht des BGH, der eine Trennung aus dem Grunde herbeiführen will, weil die Aussage des Zeugen bessere Gewähr für den Wahrheitsgehalt (und damit einen höheren Beweiswert) biete als die Äußerung eines Mitangekl (BGH NJW **64** 1035). Demggü ist allg anerkannt, daß der Beweiswert einer Aussage unabhängig davon zu beurteilen ist, welche verfahrensrechtliche Stellung die Auskunftsperson einnimmt (BGH **18** 241; **26** 62; JR **69** 149; ANM 185; LR-*Dahs* 19 vor § 48; s auch 1483).[2] Die Würdigung des jeweiligen Beweismittels kann sich auch hier nur nach § 261 richten. – Bedenkenswert äußert *Peters* (§ 42 II 2 aE) Zw, ob die richterliche Überzeugungsbildung in diesen Fällen der „ungerechtfertigten Aufwertung" von Aussagen des Mitbeschuldigten die zu fordernde Zuverlässigkeit aufweisen kann (s auch *Peters* Fehlerquellen II insbes S 49 mit Hinweis aus diesbzgl Beweiswertregelungen in älterer Strafprozeßgesetzgebung).

3. (Nicht-)Verwertbarkeit von Aussagen und Vernehmungsprotokollen

Übersicht

	Rn		Rn
a) Verwertungsverbot	937	rungsberechtigten Mitangeklagten	939
b) Zulässigkeit der Verlesung gem § 251	938	cc) Zur Relevanz des § 55	940
aa) Bei Bestehen eines Zeugnisverweigerungsrechts	938	c) Zulässigkeit der Verlesung gem § 254	941
bb) Bei unerlaubtem Fernbleiben eines zeugnisverweige-		d) Beweiswürdigung	941

937 a) Ein **Verwertungsverbot** betr eine aufgrund *verbotener Vernehmungsmethode* (§ 136a Abs 3; s n 712 f) erlangte Aussage besteht auch ggü einem Mitbeschuldig-

---

[2] Daher kann ein Wiederaufnahmeantrag nicht darauf gestützt werden, daß ein Mitangekl, dessen Äußerung vom erkennenden Gericht verwertet wurde, nunmehr als Zeuge vernommen werden könnte und somit ein neues Beweismittel iSd § 359 Nr 5 darstellte (Düsseldorf JZ **85** 452; K/M-G 33 zu § 359; aA LR-*Gössel* 102 zu § 359).

ten, und zwar unabhängig davon, ob nur dieser Angekl ist (BGH bei *Dallinger* MDR **71** 18). Da die Belehrung des Beschuldigten (§ 136 Abs 1 S 2; s n 571 f) zu den rechtsstaatlichen Grundlagen des Verfahrens gehört, besteht die gleiche Konsequenz bzgl einer *ohne* vorherige *Belehrung* gemachten Aussage des Beschuldigten auch ggü einem anderen Beschuldigten (offengelassen in BGH **38** 228; aA BGH NJW **94** 3364 unter Hinweis auf die „Rechtskreistheorie" zu § 55; s aber 365 ff, 1131). Nichts anderes gilt, wenn ein Mitbeschuldigter in einem Verfahren gegen einen anderen Zeuge ist (anders Bay **93** 207 = NJW **94** 1296), wobei ggf auch Strategien der Zuschreibung von Beschuldigten- bzw Zeugenrolle (s 932 ff) diesen Schutz gebieten. – Eine andere Handhabung dieser Fälle wäre auch wegen der Verknüpfung von Sachverhalt und Tatvorwurf nicht zuträglich.

b) In welchem Umfang die **Verlesung von Protokollen** der Vernehmung von **938** Mitbeschuldigten **gemäß § 251 Abs 1, 2** (s allg 2099 ff) nach Verfahrenstrennung erfolgen darf, ist umstritten.

Voraussetzung für die Zulässigkeit einer Verlesung ist, daß eine Belehrung über die Aussagefreiheit gemäß §§ 136 Abs 1, 163 a Abs 3, 243 Abs 4 erfolgt ist (KMR-*Paulus* 8 zu § 251; K/M-G 2 zu § 251; *Lenckner* FS-Peters 342 f; offengelassen: LR-*Gollwitzer* 15 zu § 251; vgl zu weiteren Voraussetzungen 860). Auch hier kann nicht darauf abgestellt werden, daß die angeführten Hinweispflichten nur zugunsten des Vernommenen, nicht aber zugunsten des Mitangekl wirken (so aber KK-*Mayr* 28 zu § 251; wie hier *Eb Schmidt* NJW **68** 1218, der auch in diesem Fall auf das Erfordernis der Justizförmigkeit hinweist; s auch 864).

aa) Nach allg Ansicht ist die Verlesung nach § 251 Abs 1, 2 grds zulässig, wenn das Verfahren gegen den Mitbeschuldigten abgetrennt worden ist (BGH **10** 186; BGH NStZ **84** 464; LR-*Gollwitzer* 17, KK-*Mayr* 11, K/M-G 2, jeweils zu § 251; *Lenckner* FS-Peters 343). Da die Verlesung die Anhörung des Mitbeschuldigten in der HV ersetzt, muß sie den Anforderungen entsprechen, die sich aus der Verfahrenslage im Zeitpunkt der HV ergeben (LR-*Gollwitzer* 17 zu § 251). Somit würde der Mitbeschuldigte iSv § 251 nach der vorherrschenden Ansicht iSd formellen Beschuldigtenbegriffs (s 505 ff) nunmehr die Verfahrensstellung eines **Zeugen** einnehmen (KK-*Mayr* 11 zu § 251; zu den Widersprüchen dieser Auffassung s *Lenckner* FS-Peters 343 ff). Dieses hat die Unzulässigkeit der Verlesung dann zur Folge, wenn dem Mitbeschuldigten ein **Zeugnisverweigerungsrecht** in der HV zustünde, über welches er bei seiner Vernehmung als (Mit-)Beschuldigter naturgemäß nicht belehrt worden ist (LR-*Gollwitzer* 17, KK-*Mayr* 17, K/M-G 2, jeweils zu § 251; BGH **10** 186; s auch 1313).

bb) Die Aussage eines zeugnisverweigerungsberechtigten (früheren) Mitangekl **939** soll jedoch dann verlesen werden dürfen, wenn sich dieser der HV entzieht und verborgen hält und das Verfahren gegen ihn daraufhin nach § 205 S 1 abgetrennt und vorläufig eingestellt wird (BGH **27** 141 ff mit Anm *Hanack* JR **77** 434 ff; KK-*Mayr* 17 zu § 251; K/M-G 11 zu § 252). Als Begründung hierfür wird angeführt, der Mitangekl habe kein Recht zur Verheimlichung seines Aufenthaltsortes und mache sich somit in unzulässiger Weise zum Herrn des Verfahrens, was nicht zum völligen Verlust des Beweismittels führen dürfe (BGH **10** 186). Diese Ansicht geht jedoch schon deshalb fehl, weil sich die Berechtigung zur Verwertung aus § 251 selbst ergibt, und Voraussetzung dafür die prozeßordnungsgemäße Belehrung ist, nicht jedoch eine Pflichtwidrigkeit des Vernommenen (*Hanack* JR **77**

436). Nicht nur kann das Vorliegen eines etwaigen pflichtwidrigen Verhaltens objektiv str sein; vor allem erscheint es unhaltbar, durch eine Konstruktion gesetzlich nicht vorgeschriebener Pflichten die Folgen der unterlassenen Belehrung in die Sphäre des nichtbelehrten Zeugen (bzw Mitbeschuldigten) zu verschieben (*Hanack* JR **77** 436).

940 cc) Die Verlesung ist auch unzulässig, soweit dem (früheren) Mitbeschuldigten zum Zeitpunkt der HV ein **Auskunftsverweigerungsrecht** nach § 55 zustehen würde, denn auch diesbzgl wird es an einer (damaligen) Belehrung fehlen. Eine Verschiedenbehandlung von §§ 52, 53 einerseits und § 55 andererseits ist auch hier abzulehnen (s allg 1126–1129). Dagegen wird insbes von der Rspr die Ansicht vertreten, daß § 55 der Verlesung nicht entgegenstehe, da der Mitbeschuldigte schon bei seiner damaligen verantwortlichen Vernehmung seine Verteidigungsbelange habe wahren können (BGH **10** 190f; im Erg ebenso BGH **27** 143; KMR-*Paulus* 11 zu § 251; K/M-G 2 zu § 251). Diese Argumentation läßt jedoch außer Acht, daß die unterschiedliche Verfahrenssituation – Beschuldigter einerseits, Zeuge andererseits – eine maßgebliche Differenzierung bzgl Aussagemotivation bzw -inhalt bedingt (vgl *Grünwald* FS-Klug 502f mit Hinweis auf § 153 StGB). Diese Überlegung muß sich die Rspr auch im Falle des § 251 Abs 1, 2 entgegenhalten lassen, wenn die Aussage des Mitbeschuldigten nunmehr als Zeugenaussage verwertet wird. Daneben führt nach der hier vertretenen Ansicht die unterlassene Belehrung gem § 55 Abs 2 allein schon zur Unzulässigkeit der Verlesung nach § 251 (so auch *Eb Schmidt* 15 zu § 251; vgl auch 1128f).

Es trifft auch nicht zu, daß hiernach der Vorschrift des § 251 Abs 1, 2 kein Anwendungsbereich mehr zukommen würde, denn es verbleibt der Fall, daß der Mitbeschuldigte bei seiner Vernehmung auch zu einem Sachverhalt ausgesagt hat, der zwar seinen damaligen Mitbeschuldigten betraf, nicht aber ihn selbst, wobei als Maßstab der Tatbegriff nach § 264 zugrundezulegen ist.

941 c) Ohne Verfahrenstrennung kann das (richterliche) Geständnis eines Mitangekl **gem § 254** verlesen und gegen den Angekl verwertet werden (BGH **22** 372; KK-*Mayr* 8 zu § 254; aA *Roxin* 11 zu § 44; vgl dazu näher 857, 864). Nach überwiegender Auffassung besteht hier auch bei Vorliegen eines Verwandtschafts- oder Schwägerverhältnisses nicht die Möglichkeit der Berufung auf § 252 (BGH **3** 149; LR-*Gollwitzer* 18 zu 254).

d) Ist die Aussage des Mitbeschuldigten zulässig in das Verfahren eingeführt worden, ist im Rahmen der **Beweiswürdigung** dieser nicht die Bedeutung einer Zeugenaussage beizumessen (BGH **10** 191; BGH StV **92** 97 [betr evtl spezielle Motive einer Falschbelastung]; ebenso K/M-G 2 zu § 251: „geringerer Beweiswert").

II. Kronzeugenregelungen

1. Allgemeines

942 Unter „**Kronzeuge**" wird allg ein Straftäter verstanden, dem der Staat dafür, daß er offen sein Wissen über die Straftaten anderer preisgibt, Zugeständnisse iZm der Verfolgung oder Bestrafung wegen eigener Taten macht (*Weigend* FS-Jescheck II

1337).³ Während das Rechtsinstitut des Kronzeugen insbes im anglo-amerikanischen Recht seit Jahrhunderten anerkannt ist (vgl *Oehler* ZRP **87** 41 ff), wurden vergleichbare Regelungen in das deutsche Strafrecht – wenn auch in engem Umfang – erst Anfang der 80er Jahre mit dem BtMG vom 28.07.1981 (BGBl I 681, ber S 1187) eingeführt (zu früheren Gesetzentwürfen s *Jaeger* 5 ff). Als Grund für diese Zurückhaltung ist anzusehen, daß Kronzeugenregelungen Bedenken von erheblichem Gewicht entgegengebracht werden, die einerseits kriminalpolitischer, zum anderen rechtlich-dogmatischer Natur sind. Hierbei haben die Vorbehalte *Beccarias* noch heute Bestand, wenn er anführt, daß durch die Institutionalisierung des Kronzeugen die Nation den verabscheuungswerten Verrat gutheiße und zugleich das Gericht die eigene Unsicherheit und die Schwäche des Gesetzes verrate, das die Hilfe dessen sucht, der es verletzt (zitiert nach *Middendorf* ZStW **85** [1973] 1121). Weitere zentrale Bedenken werden in speziellen Problemen der Glaubwürdigkeit des Kronzeugen und dem Wert seiner Aussage (s *Jaeger* 88 ff unter Hinweis auf *Peters* Fehlerquellen II 38 ff) sowie in der Mißbrauchsgefahr solcher Regelungen (etwa durch Falschbelastungen [zum Falschgeständnis in Schädigungsabsicht s n 738; vgl etwa BGH StV **95** 62]) gesehen (zu sonstigen Vorbehalten, insbes strafprozeßrechtlicher Natur, vgl *Jaeger* 39–105; *Bocker* 86 ff, 97 ff).

2. § 31 BtMG

a) Als „kleine" Kronzeugenregelung wird die Vorschrift des § 31 BtMG bezeichnet. **943**

Hiernach kann das Gericht die Strafe mildern oder von einer Bestrafung absehen, wenn durch freiwillige Wissensoffenbarung des Täters (nach BGH NStZ **92** 192 uU auch erst in der HV; nach BGH bei *Detter* NStZ **92** 171 ggf auch bei Widerruf in der HV) die Tat über seinen eigenen Tatbeitrag hinaus aufgedeckt werden konnte (Nr 1) oder Straftaten nach §§ 29 Abs 3, 29a Abs 1, 30 Abs 1, 30a Abs 1 BtMG, von deren Planung er wußte, noch verhindert werden können (Nr 2).

Die Effektivität dieser Regelung in der Praxis wurde von den Landesjustizverwaltungen unterschiedlich bewertet; auch divergiert die Beurteilung innerhalb der Strafjustiz (Nachweise bei *Endriß/Malek* 225; *Körner* 5 zu § 31; allg *Jaeger* 166 ff). Hingegen scheint bei Vert die Ablehnung der Vorschrift zu überwiegen.⁴

Nach der Untersuchung von *Jaeger* (106 ff), der 87 Strafverfahren auswertete, legten sechs von 97 Verurteilten, auf die die Vorschrift angewendet wurde, Rechtsmittel ein; hingegen kam es nur in einem Ausnahmefall der Geringfügigkeit zur Straffreiheit für den Kronzeugen.

b) Neben den allg Vorbehalten gegen Kronzeugenregelungen besteht gerade **944** hier die Gefahr, daß eine extensive Anwendungspraxis⁵ eine schleichende Straf-

---

³ Auf Unschärfen des Begriffs weist *Jaeger* 1 f hin; bei § 31 BtMG wird auch von „Aufklärungsgehilfe" gesprochen.
⁴ Zur Abschaffung der Regelung vgl 8. Strafverteidigertag **84** 12 f; *Strate* ZRP **87** 318; für eine weite Anwendung hingegen *Endriß/Malek* 226 f.
⁵ So läßt die Rspr (unter Hinweis auch auf die Überwindung des Konstruktes der fortgesetzten Handlung) die Anwendung von § 31 Nr 1 BtMG nicht daran scheitern, daß die aufgedeckten Taten als rechtlich selbständig zu beurteilen sind, sofern sie mit „der Tat" des An-

maßerhöhung für den Drogentäter bedeutet, der nicht zu Strafverfolgungsmaßnahmen gegen andere beitragen kann oder will (*Weigend* FS-Jescheck II 1335). Andererseits mag nicht unbedenklich sein, daß dem „Aufklärungsgehilfen" die Rechtsfolge des § 31 BtMG nur bei einem **tatsächlichen Aufklärungserfolg** eröffnet werden soll (vgl *Körner* 32 zu § 31 mwN).

Immerhin verneint die tendenziell extensive Rspr die Anwendung weder deshalb, weil der vom Angekl identifizierte mutmaßliche Mittäter noch nicht ergriffen werden konnte, noch deshalb, weil der Angekl seinen Tatbeitrag nicht umfassend eingeräumt (BGH bei *Detter* NStZ **95** 170) bzw ein erst in der HV abgelegtes Teilgeständnis lediglich eine Verbesserung der Beweislage geschaffen hat (BGH bei *Detter* NStZ **94** 475).

Auch die Ausgestaltung als fakultative Strafmilderungsvorschrift erscheint insoweit nicht ohne Einwände, als die Regelung zu einem Lockmittel in der Hand der Polizei werden kann, „das viel verspricht, aber zu nichts verpflichtet" (*Weigend* FS-Jescheck II 1336; s auch *Endriß/Malek* 246 ff).

3. Bei terroristischen Straftaten

945 Mit dem am 16. 6. 1989 in Kraft getretenen sog Artikelgesetz (ua) zur Einführung einer Kronzeugenregelung bei terroristischen Straftaten (BGBl I 1059) ist vom Gesetzgeber eine zeitlich begrenzte Regelung (nunmehr verlängert bis 31.12. 1999 [BGBl **96** I 58]) geschaffen worden, die auf eine Verhinderung künftiger terroristischer Straftaten abzielt (so Begr RegE BT-Dr 11/2834 S 13; krit hierzu *Hassemer* StV **89** 80; *Bocker* 38 ff, 128 ff; im Erg auch *Lammer* JZ **92** 510, 517).

In Art 4 § 1 dieses Gesetzes ist die prozessuale Lösung der Einstellung im Ermittlungsverfahren geregelt.

Der GBA kann mit Zustimmung eines BGH-Strafsenats von der Verfolgung absehen, wenn der Tatverdächtige bzw Beschuldigte[6] einer Straftat nach § 129a StGB oder einer mit dieser Tat zusammenhängenden Straftat sein Wissen über bestimmte Tatsachen offenbart. Eine eigene Beteiligung an dieser Tat ist nicht erforderlich (Bay NStZ **91** 388 [390]). Die Kenntnis über die offenbarten Tatsachen muß geeignet sein, die Begehung einer solchen Straftat zu verhindern, die Aufklärung einer solchen Straftat, falls er daran beteiligt war, über seinen eigenen Tatbeitrag hinaus zu fördern oder zur Ergreifung eines Täters oder Teilnehmers einer solchen Straftat zu führen. Der Begriff der „Geeignetheit" idS ist weit auszulegen (vgl Bay NStZ **91** 390; zurückhaltend BGH NJW **92** 991 f; teilweise einschr Stuttgart JZ **92** 538). Die Einstellung muß ferner unter Abwägung des Verhältnisses zwischen Bedeutung des offenbarten Wissens und dem Gewicht der eigenen Tat gerechtfertigt sein (BGH NJW **92** 992; sodann BVerfG [2. Kammer des 2. Senats] NStZ **92** 379). Dieser Ermessensregelung ist entgegenzuhalten, daß sie wenig aussagekräftig ist, zumal der Wert einer solchen Aussage für die Verhinderung künftiger terroristischer Straftaten kaum abzuschätzen ist (vgl *Kunert/Bernsmann* NStZ **89** 460).

Nach Art 4 § 2 des Gesetzes kann das Gericht im Urteil von Strafe absehen oder die Strafe nach seinem Ermessen (unter Heranziehung der in Art 4 § 1 aufgeführ-

---

gekl „iZ stehen" (etwa bei anhaltender Kuriertätigkeit) (BGHR BtMG § 31 Nr 1, Tat 2; StV **95** 367).

[6] Zu dem vom Gesetz hier unpräzise gebrauchten Begriff des „Täters" bzw „Teilnehmers" s *Kunert/Bernsmann* NStZ **89** 459.

II. Kronzeugenregelungen

ten Ermessensrichtlinien) mildern, wenn der Angekl Wissen iSv Art 4 § 1 offenbart hat. Diesbzgl besteht nur eine eingeschränkte revisionsgerichtliche Überprüfungsmöglichkeit (BGH NJW **92** 992).

Art 4 § 3 nennt die Delikte, bei denen die Regelung nicht (§ 220 a StGB) oder nur eingeschränkt anzuwenden ist (bei Taten nach §§ 211, 212 StGB ist allenfalls eine Strafmilderung bis zu einer Mindeststrafe von 3 Jahren zulässig). Die Strafmilderungsmöglichkeiten der Kronzeugenregelung stehen im übrigen neben den herkömmlichen Strafzwecken und (insbes in § 46 StGB angeführten) Strafzumessungsgründen (Bay NStZ **91** 391).

4. § 73d StGB bei krimineller Vereinigung

Gemäß Gesetz zur Änderung des StGB, der StPO und anderer Gesetze vom **946** 28.10.1994 (BGBl I 3186, in Kraft getreten 1.12.1994 [sog VerbrBekG]) wurde in Art 5 die Geltung der §§ 1–5 des sog Artikelgesetzes (s 945) auch auf solche Verfahren ausgedehnt, in denen ein Täter oder Teilnehmer einer Straftat nach § 129 StGB oder einer mit dieser Tat zusammenhängenden, mit zeitiger Freiheitsstrafe von mindestens einem Jahre bedrohten Tat entspr Tatsachen offenbart hat, wenn die Zwecke oder die Tätigkeit der Vereinigung auf die Begehung solcher Taten gerichtet sind, bei denen der *Erweiterte Verfall* (§ 73d StGB) angeordnet werden kann.

Ggü dieser Regelung bestehen, zusätzlich zu sonstigen Bedenken (s 942), Einwände betr die Umsetzbarkeit wegen verfassungsrechtlicher Konflikte des § 73d StGB (vgl dazu schon *Weßlau* StV **91** 223, 231), wenngleich die Rspr um verfassungskonforme Auslegung bemüht ist (s etwa BGH bei *Detter* NStZ **95** 218). Zudem ergeben sich vielfältige Möglichkeiten kaum widerlegbaren Entlastungsvorbringens (s *Eisenberg* § 32 Rn 11 f).

Dritter Teil. Zeuge

Erstes Kapitel. Voraussetzungen und Gestaltung der Zeugenvernehmung

I. Begriff des Zeugen und seine Abgrenzung von anderen Prozeßbeteiligten

Zeuge ist, wer als Beweisperson in einem (nicht gegen ihn selbst gerichteten) **1000**
Strafverfahren Auskunft über persönliche Wahrnehmungen gibt (allg Auffassung, s nur BGH **22** 347f).

1. Zeugnisfähigkeit

Aus der Funktion des Zeugen als Auskunftsperson folgt, daß grds jeder Mensch Zeuge sein kann, sofern er in der Lage ist, bestimmte Tatsachen wahrzunehmen, in Erinnerung zu behalten und später wiederzugeben. Weitere Beschränkungen kennt das Gesetz nicht, insbesondere erklärt es niemanden von vornherein für zeugnisunfähig (allg Auffasssung, s nur KK-*Pelchen* 5 vor § 48). Die Entscheidung darüber obliegt vielmehr dem erkennenden Gericht nach den Kriterien der Beweiswürdigung (§ 261; n 88ff).

a) Daher können auch Personen mit schweren **körperlichen oder geistigen Ge- 1001
brechen** als Zeugen vernommen werden, wenn sie zu sinnlichen Wahrnehmungen und deren Wiedergabe fähig sind (allg Auffassung, s nur BGH **2** 269f).

Eine Zeugenvernehmung von **Taubstummen** kann schriftlich oder mittels – durch einen Dolmetscher zu übersetzender, vgl § 186 GVG und Ziff 61 GeschALPolDir Berlin 5/89 – Gebärdensprache erfolgen (zur Vereidigung s § 66e). Ist eine solche Verständigung nicht möglich, so können mimische und gestische Gebaren im Wege der freien Beweiswürdigung (§ 261) als Beweisbehelfe berücksichtigt werden (RG **33** 403f; LR-*Dahs* 9 vor § 48; KK-*Pelchen* 3 zu § 66e; aA KMR-*Paulus* 16 vor § 48; K/M-G 2 zu § 66e; ANM 174).

b) Auch **Kinder** kommen als Zeugen in Betracht, sofern von ihnen eine ver- **1002**
ständliche Aussage erwartet werden kann (RG **58** 396; LR-*Dahs* 9, KK-*Pelchen* 5, K/M-G 13, KMR-*Paulus* 33, alle vor § 48; *Skupin* MDR **65** 865; zur Rechtsstellung *Meier* JZ **91** 638ff). In der StPO ist kein Mindestalter für Zeugnisfähigkeit und Zeugeneignung festgeschrieben, doch bestehen bei kleineren Kindern insbes Zw an dem verläßlichen Verstehen ihrer Aussage durch Erwachsene bzw schon an ihrer Aussagefähigkeit. Kinder unter vier Jahren werden für nicht aussagetüchtig gehalten (dazu *Gley* StV **87** 403ff sowie näher 1411ff).

2. Gegenstand der Aussage des Zeugen

Gegenstand des Zeugenbeweises sind vom Zeugen persönlich wahrgenomme- **1003**
ne, vergangene oder (betr noch andauernde Tatfolgen) gegenwärtige, positive oder negative, äußere oder innere (*Eb Schmidt* NJW **63** 1753), uU (sofern auf das

eigene Denken und Handeln bezogen) auch hypothetische **Tatsachen** (LR-*Dahs* 3, K/M-G 2, KMR-*Paulus* 20, alle vor § 48; ANM 190ff), nicht dagegen Rechtsfragen, reine Werturteile, Meinungen, Schlußfolgerungen oder Prognosen (BGH bei *Holtz* MDR **79** 807; BGH JZ **51** 791; LR-*Dahs* 2, KK-*Pelchen* 1, K/M-G 2, KMR-*Paulus* 22, *Eb Schmidt* 11, alle vor § 48; ANM 190). Sofern der Zeuge eine eigene Beurteilung vornimmt, muß diese auf tatsächlichen Umständen beruhen und allg gültigen, jederzeit nachvollziehbaren Maßstäben folgen (allg Auffassung, s nur BGH bei *Pfeiffer* NStZ **81** 94).

So darf nach der Judikatur ein Zeuge aus wahrgenommenen Tatsachen Schlüsse auf den Trunkenheitsgrad einer anderen Person ziehen (BGH bei *Holtz* MDR **79** 807; RGRspr **3** 812f; **7** 296; JW **1899** 476; BayDRiZ **29** 175),[1] sich zur Glaubwürdigkeit (RG GA Bd **46** 213f; **56** 324; **65** 559f; JW **30** 760; **36** 1381; **37** 761; LZ **16** 1434)[2] oder Lügenhaftigkeit (RG **37** 372; JW **22** 1034 Nr 43; **28** 2252f; LZ **14** 1366)[3] eines Dritten äußern oder Angaben zu dessen Charakter (RG **39** 363; **57** 412f; GA Bd **65** 559f; **68** 353f; JW **37** 761; LZ **14** 1366)[4] und Leumund [s § 256 Abs 1] (RG **26** 70f; **53** 280f; **57** 412f; **76** 364, 366; RGRspr **5** 143; GA Bd **41** 425; JW **1894** 109; **27** 1160f; **30** 760f)[5] machen.

3. Abgrenzung des Zeugen von anderen persönlichen Beweismitteln

1004 Die Grundsätze des strengen Beweisverfahrens erfordern im Rahmen einer justizförmigen Beweisaufnahme die eindeutige Bestimmung der Rolle einer Auskunftsperson, so daß jede Auskunftsperson, die nicht Beschuldigter oder Sv ist, Zeuge sein muß (K/M-G 79 in Einl; KMR-*Paulus* 17 vor § 48; SK-*Rogall* 13 vor § 133; ANM 168; *v Gerlach* NJW **69** 776; *Krey* I 770f; *Rogall* MDR **77** 978f und NJW **78** 2535ff; *Rüping* Theorie 98; *Schlüchter* 85).[6] Die Zeugeneigenschaft ist demzufolge von den anderen persönlichen Beweismitteln abzugrenzen.

1005 a) Im deutschen Strafprozeß kann – anders als im angloamerikanischen Rechtskreis – der **Beschuldigte** niemals Zeuge in eigener Sache sein. Damit wird dem Zwiespalt zwischen Aussage- und Wahrheitspflicht einerseits und dem Recht auf Verteidigung oder Schweigen andererseits Rechnung getragen (grundlegend BGH **10** 10; NJW **64** 1034; JR **69** 148f; NStZ **84** 464; RG **52** 138). Zum Problem der Vernehmung eines Mitbeschuldigten als Zeugen (sog. „Rollentausch") s näher 932ff.

Dagegen kann ein Tatverdächtiger als Zeuge vernommen werden (vgl auch §§ 55, 60 Nr 2), so daß dem zeitlichen Beginn der Beschuldigteneigenschaft auch insoweit maßgebliche Bedeutung zukommt (zur Problematik näher 927ff).

1006 b) Zu Gemeinsamkeiten und Unterschieden bei Zeugen und **Sachverständigen** und zum sog Augenscheinsgehilfen s näher 1510–1516 sowie 2262ff.

---

[1] Anders RG JW **22** 301 mit abl Anm *Alsberg*.
[2] S demggü RG **27** 97; wohl auch JW **22** 1034 Nr 42.
[3] Anders RG GA Bd **47** 442, sofern auf eine subjektive Meinung abgestellt wird.
[4] Dem entgegen ohne Begründung im Einzelfall RG JW **29** 1474 mit insoweit abl Anm *Alsberg*.
[5] Anderer Ansicht AK-*Kühne* 9 vor § 48, der einen Leumundszeugen wegen der regelmäßig überwiegend subjektiven Bewertung nur als sachkundigen Zeugen zulassen will.
[6] Die Gegenmeinung will stattdessen den „Verdächtigen" als eigenständige Kategorie einer (schweigeberechtigten) Auskunftsperson zulassen: *Bringewat* JZ **81** 289ff; *Bruns* FS-Schmidt-Leichner 1ff; *Gundlach* NJW **80** 2142f; *Gössel* § 4 B I; *Helgerth* insbes 59ff, 185.

I. Begriff des Zeugen und seine Abgrenzung von anderen Prozeßbeteiligten

Der **sachkundige Zeuge** (§ 85) ist seiner prozessualen Stellung nach ausschließlich Zeuge, da er über Tatsachen Auskunft gibt, die er „zufällig", dh im Gegensatz zum Sv ohne vorherigen Auftrag des Gerichts wahrgenommen hat, wenngleich er seine Beobachtungen nur aufgrund der ihm eigenen Sachkunde machen konnte (s näher 1514).

4. Vereinbarkeit der Zeugenrolle mit sonstigen Verfahrensrollen

Übersicht

	Rn		Rn
a) Richter	1007–1013	e) Nebenkläger	1025
b) Verteidiger	1014–1016	f) Sonstige Verfahrensbeteiligte	1026
c) Staatsanwalt	1017–1023		
d) Privatkläger	1024		

Grds geht die Zeugenpflicht anderen Verfahrensfunktionen vor, da der Zeuge im **1007** Gegensatz zu anderen Prozeßbeteiligten wegen der Unwiederholbarkeit seiner Wahrnehmungen nicht austauschbar ist (zust *Malek* 324; s allg nur BGH **22** 347 ff).

a) Der (Berufs-)**Richter** – und ihm gleichgestellt der Laienrichter und der Protokollführer (§ 31 Abs 1) – kann in einer seiner Zuständigkeit unterliegenden Sache als Zeuge vernommen werden (zur für Berufsrichter erforderlichen Aussagegenehmigung s § 54 iVm §§ 46, 71 DRiG und beamtenrechtlichen Vorschriften). Gem § 22 Nr 5 ist er dann kraft Gesetzes von der weiteren Ausübung des Richteramtes in demselben Verfahren ausgeschlossen.

Diese Regelung soll dem Ansehen der Strafrechtspflege dienen, da ein in der Sache als Zeuge vernommener Richter dem Verdacht der Befangenheit ausgesetzt sein könnte (allg Auffassung, s nur BGH **14** 221; **31** 358 f; sowie zu § 22 Nr 4 BGH **28** 265; Bay NStZ **88** 286).

aa) **Voraussetzung des Ausschlusses** ist, daß der Richter „in der Sache als Zeuge **1008** vernommen ist" (§ 22 Nr 5).

(1) **Vernehmung** bedeutet, daß der Richter in irgendeinem Verfahrensabschnitt von einem zuständigen Strafverfolgungsorgan persönlich zur Sache angehört wurde, wobei auch eine schriftliche Äußerung ausreicht (AK-*Wassermann* 11 a, KK-*Pfeiffer* 14, K/M-G 20, KMR-*Paulus* 20, SK-*Rudolphi* 20, alle zu § 22; *Schmidt* GA **80** 291 ff; aA RG **12** 180 ff; **58** 286 f; LR- *Wendisch* 43 zu § 22). Auf die Bedeutung der Aussage für das weitere Verfahren kommt es nicht an. So ist auch ein Richter ausgeschlossen, der anläßlich seiner Vernehmung als Zeuge erklärt, von der Sache nichts zu wissen (RG **12** 180 f; LR-*Wendisch* 42, KK-*Pfeiffer* 14, jeweils zu § 22).

Die bloße Benennung des Richters als Zeuge genügt dagegen nicht, zumal sonst die Beweisantragsberechtigten die Ausschlußwirkung des § 22 Nr 5 mißbrauchen könnten, um ihnen mißliebige Richter oder Schöffen durch willkürliche Zeugenbenennung von der Entscheidung auszuschließen (allg Auffassung, s BGH **7** 330 f). Bei der Entscheidung über den Beweisantrag, in dem er selbst als Zeuge benannt ist, wirkt also auch der betroffene Richter mit (allg Auffassung, s nur BGH **11** 206; StV **93** 507; SK-*Rudolphi* 20, *Eb Schmidt* 19, jeweils zu § 22; *Rissing-van Saan* MDR **93** 310; aA wohl *Michel* MDR **92** 1026). Ebensowenig führt allein die

Zeugenladung zum Ausschluß eines Richters (BGH **7** 46; **14** 219 f; RG **42** 1 f; RGRspr **10** 196 f); etwas anderes gilt aber, wenn der als Zeuge geladene Richter in dieser Funktion (und nicht als Richter) zum Termin erscheint, unabhängig davon, ob es tatsächlich zur Vernehmung kommt (BGH **7** 46; BGH bei *Holtz* MDR **77** 107; RG **42** 1, 3; KK-*Pfeiffer* 14, K/M-G 20, SK-*Rudolphi* 20, alle zu § 22). Entscheidend ist, ob der Richter objektiv betrachtet als sachdienliche Auskunftsperson in Betracht kommt (LR-*Dahs* 23 vor § 48; ANM 176).

Gibt der Richter eine dienstliche Erklärung ab, über das Beweisthema nichts zu wissen, liegt keine Vernehmung iSd § 22 Nr 5 vor, so daß es nicht zum Ausschluß kommt (allg Auffassung, s BGH **7** 330 f; vgl auch 203).

Auch kann der Richter nicht etwa betr Vorgängen in der laufenden HV als Zeuge benannt werden, da diese kein zulässiger Beweisgegenstand sind (s n 204); ein darauf gerichteter Beweisantrag ist wegen Unzulässigkeit der Beweiserhebung abzulehnen (§ 244 Abs 3 S 1; BGH StV **93** 507; vgl auch *Rissing-van Saan* MDR **93** 310 f).

1009 (2) Da § 22 bereits die bloße Möglichkeit einer Voreingenommenheit ausschließen soll, ist der Begriff **„Sache"** weit iS einer Identität des historischen Ereignisses auszulegen (BGH **28** 262; *Eb Schmidt* 13 zu § 22) und auf sämtliche Verfahrensabschnitte (einschließlich eines Wiederaufnahmeverfahrens) zu erstrecken (allg Auffassung, s nur BGH **14** 223; **28** 264). Sachgleichheit wird (bei einheitlicher HV) weder durch materiell-rechtliche Tatmehrheit iSd § 53 StGB (*Eb Schmidt* 13 zu § 22) noch durch das Vorliegen mehrerer selbständiger Straftaten iSd § 264 ausgeschlossen (allg Auffassung, s nur BGH **9** 193 ff; **28** 262 f). Im Falle der Verbindung gilt das gesamte Verfahren als eine Sache (BGH **14** 222; **28** 263; GA **79** 311; Düsseldorf StV **83** 361). Formelle Verfahrensidentität ist jedoch nicht Voraussetzung. Daher ist ein Richter auch dann kraft Gesetzes ausgeschlossen, wenn er in einem anderen Verfahren als Zeuge zu dem Tatgeschehen ausgesagt hat, das er nun beurteilen soll, unabhängig davon, ob seine damaligen Bekundungen für die Beurteilung des jetzigen Verfahrens tatsächlich herangezogen werden (BGH **31** 358 f; Bay bei *Rüth* DAR **86** 246; K/M-G 19 zu § 22).

1010 (3) Die Stellung eines **Zeugen** nimmt ein Richter auch dann ein, wenn er in der HV oder (unzulässigerweise) in der Beratung privates Wissen offenbart, so daß er dann als Richter ausgeschlossen ist (RG **26** 272 f; LR-*Wendisch* 43, KK-*Pfeiffer* 14, SK-*Rudolphi* 20, alle zu § 22).

Unschädlich sind dagegen die Einführung gerichts- oder allgemeinkundiger Tatsachen durch den Richter oder die Auskunft über nur prozessual erhebliche Umstände (K/M-G 20, SK-*Rudolphi* 20, jeweils zu § 22; *Schmid* GA **80** 297 f).

1011 bb) Die **Ausschlußwirkung** des § 22 Nr 5 tritt **kraft Gesetzes** ein, Unkenntnis des Richters oder anderer Beteiligter vom Ausschlußgrund oder Verfahrensirrtümer sind unbeachtlich (allg Auffassung, s nur BVerfGE **30** 167). Der Richter ist vom Entstehen des Ausschlußgrundes an von jeder weiteren richterlichen Tätigkeit – nicht aber von Maßnahmen der Justizverwaltung (BGH **3** 68 f zur Auslosung von Schöffen) – während des gesamten Verfahrens ausgeschlossen; dies gilt auch für ein Wiederaufnahmeverfahren (RG **30** 70 f) sowie für nachträgliche, in richterlicher Unabhängigkeit zu treffende Entscheidungen wie die nach § 454, § 57 StGB (Karlsruhe Justiz **83** 26; Stuttgart Justiz **88** 317), § 458 (Hamm MDR **57** 760), § 460 (Düsseldorf StV **83** 361) und §§ 462, 463 (Koblenz GA **78** 156 f).

I. Begriff des Zeugen und seine Abgrenzung von anderen Prozeßbeteiligten

Der Ausschluß ist von Amts wegen zu beachten, einer förmlichen Entscheidung des (gem **1012** § 30 zuständigen) Gerichts bedarf es nur in Zweifelsfällen. Andere Prozeßbeteilige können jederzeit eine Entscheidung des Gerichtes anregen oder ein Ablehnungsverfahren nach §§ 24 Abs 1 iVm 26 Abs 1, 2 betreiben (AK-*Wassermann* 13, LR-*Wendisch* 46 ff, K/M-G 2, alle zu § 22). Kommt es während der HV zur zeugenschaftlichen Vernehmung des Richters, so ist die HV nach dem Grundsatz der Verhandlungseinheit (§ 226) zu wiederholen (SK-*Rudolphi* 16 vor § 22).

cc) Entscheidungen und Prozeßhandlungen, an denen ein ausgeschlossener **1013** Richter mitgewirkt hat, sind **fehlerhaft** aber (zunächst) wirksam (LR-*Wendisch* 51 f, K/M-G 21, jeweils zu § 22; KMR-*Paulus* 28, 30, SK-*Rudolphi* 12, jeweils vor § 22; *Schlüchter* 45).[7] Werden Beschlüsse und Urteile nicht mit den entspr Rechtsmitteln angefochten, erwachsen sie in Rechtskraft (BGH **29** 355; RG **72** 181; LR-*Wendisch* 54 zu § 22; *Bohnert* Beschränkungen 82; zu Ausnahmen bei Beschlüssen Düsseldorf JMBlNW **79** 259 zu § 23 Abs 2). Der absolute Revisionsgrund des § 338 Nr 2 greift ein, wenn der ausgeschlossene Richter am Urteil mitgewirkt hat; einer Ablehnung des Richters nach § 24 Abs 1 bedarf es nicht (LR-*Hanack* 61, K/M-G 22, jeweils zu § 338; *Bohnert* Beschränkungen 84). Eine Beteiligung an Beschlüssen und anderen Amtshandlungen kann nach den §§ 336, 337 gerügt werden. Zur Vermeidung einer Revisibilität des Urteils dürfen daher Akte des ausgeschlossenen Richters, die das Ergebnis der HV beeinflussen können, nicht verwertet werden (allg Auffassung, vgl zur Eidesabnahme durch einen ausgeschlossenen Richter BGH **10** 142 ff; zur Vernehmung und Protokollverlesung RG **30** 72). Eine Mitwirkung des ausgeschlossenen Richters am Eröffnungsbeschluß berührt dessen Wirksamkeit, da ein solcher Eröffnungsbeschluß seine Funktion als Prozeßvoraussetzung nicht erfüllt (LR-*Rieß* 51, 52 zu § 207; SK-*Rudolphi* 14 vor § 22; *Nelles* NStZ **82** 100 ff; aA die [neuerdings] überwiegende Meinung, BGH **29** 355 f; NStZ **81** 447 mit zust Anm *Rieß*; **85** 464 f; KK-*Pikart* 7 zu § 336; K/M-G 11 zu § 207; KMR-*Paulus* 28 vor § 22; *Roxin* 13 zu § 40, gegen die frühere Rspr in BGH bei *Herlan* MDR **54** 656; GA **80** 108; RG **55** 113).

Die irrtümliche Annahme eines Ausschließungsgrundes begründet eine Revisionsrüge nach § 338 Nr 1 Hs 1 nur bei offensichtlichem Gesetzesverstoß oder Willkür (AK-*Wassermann* 20, LR-*Wendisch* 60, jeweils zu § 22; vgl auch BGH **11** 110; **12** 406; Hamm GA **71** 185 f).

b) Aus § 53 Abs 1 Nr 2 folgt, daß auch der **Verteidiger** des Beschuldigten als **1014** Zeuge vernommen werden darf (BGH NJW **53** 1600; LR-*Dahs* 29, KK-*Pelchen* 12, K/M-G 18, alle vor § 48).

aa) War früher noch str, ob Zeugen- und Verteidigerrolle miteinander vereinbar sind und ein Vert **nach** seiner zeugenschaftlichen **Vernehmung** die Verteidigung weiterführen darf (für einen gerichtlichen Ausschluß im Regelfall RG **24** 107; JW **37** 2433; *Schorn* GA Bd **77** 256; im Einzelfall BVerfGE **16** 217 f; RG **54** 175; JW **06** 792; *Eb Schmidt* NJW **63** 1755), so ist nach der heutigen Rechtslage anerkannt, daß ein Ausschluß des Vert wegen seiner Zeugeneigenschaft durch das Gericht unzulässig ist, da die 1974 eingeführten §§ 138a, 138b die Möglichkeiten eines Vert-Ausschlusses abschließend regeln (allg Auffassung, s nur KK-*Pelchen* 12 vor § 48).

---

[7] Anders *Henkel* 30 Fn 6, der nur bei Urteilen Anfechtbarkeit, bei sonstigen Amtshandlungen Nichtigkeit annimmt.

Gerät der Vert durch seine (den Angekl belastende) Zeugenaussage und die Notwendigkeit der Würdigung seiner Angaben in eine Konfliktlage, so kann die Weiterführung der Verteidigung (sofern ihm nicht schon der Beschuldigte das Mandat entzieht) standeswidrig sein (BVerfGE **16** 217); die Überwachung der anwaltlichen Standespflichten ist jedoch nicht Sache des Tatgerichts.

1015 bb) Im Falle notwendiger Verteidigung (§ 140) gebietet es die dem Gericht obliegende prozessuale Fürsorgepflicht, dem Beschuldigten für die **Dauer der Vernehmung** seines Vert einen anderen Vert beizuordnen; dies gilt insbes dann, wenn der Vert nicht nur zu einer unwesentlichen Frage vernommen wird und er selbst es als geboten ansieht (BGH NJW **53** 1600f; **86** 78). Wird eine Beiordnung unterlassen, liegt der absolute Revisionsgrund des § 338 Nr. 5 vor, dh das Urteil ist auch dann durch Revision angreifbar, wenn sich die Mitwirkung eines beigeordneten Vert nach den Umständen des Falles nicht nur in seiner bloßen Anwesenheit erschöpft hätte (SK-*Rogall* 56 vor § 48 mwN; aA LR-*Dahs* 31 vor § 48; ANM 186; vgl auch BGH NJW **67** 404).

1016 cc) Zw ist, inwieweit einem Vert, der als Zeuge geladen ist, das Recht zusteht, auch **vor seiner Vernehmung** in der HV anwesend zu sein. Nach wohl überwiegender Meinung sind die Ordnungsvorschriften der §§ 58 Abs 1, 243 Abs 2 S 1 auch auf den Vert anzuwenden, so daß der Vorsitzende diesem die Anwesenheit vor der Vernehmung versagen kann (RG **55** 219; **59** 353f; GA Bd **62** 154f; JW **21** 469f; KK-*Treier* 18 zu § 243, allerdings einschränkend KK-*Pelchen* 12 vor § 48; KMR-*Paulus* 11 zu § 243 und 41 vor § 48; *Eb Schmidt* Nachtr I, 17 zu § 243). Darin liegt allerdings die Gefahr einer Umgehung des Ausschlußverbotes (insofern erscheint die Berufung auf die Rspr des RG, die noch zur früheren Rechtslage erging, nicht unbedenklich). Angesichts der rechtsstaatlich bedeutenden Funktion des Vert und seines prozessualen (wenngleich möglicherweise standeswidrigen) Rechts, auch die Rolle eines Zeugen einzunehmen, haben die Regelungen der §§ 58 Abs 1, 243 Abs 2 S 1 daher zurückzustehen, so daß dem Vert – wie auch dem Nebenkläger (vgl § 397 Abs 1 S 1 nF sowie näher 1025) – die Anwesenheit in der HV idR zu gestatten ist (so auch LR-*Dahs* 31 vor § 48 und LR-*Gollwitzer* 28 zu § 243; K/M-G 18 vor § 48 und 8 zu § 243; ANM 186; *Dose* NJW **78** 349f). Aus den gleichen Gründen ist es unzulässig, den vernommenen Vert nicht aus seiner Zeugenrolle gem § 248 zu entlassen (LR-*Dahs* 31, K/M-G 18, jeweils vor § 48).

1017 c) Auch der Sitzungsvertreter der **StA** kann als Zeuge vernommen werden. Er benötigt dann gem § 54 iVm § 39 BRRG und landesrechtlichen Vorschriften eine Aussagegenehmigung seines Vorgesetzten.

aa) Die Benennung als Zeuge hindert ihn nicht daran, **vor** seiner eigenen **Vernehmung** und während der Aussagen anderer Zeugen seine Funktion als Sitzungsvertreter wahrzunehmen. Denn ggü dem Interesse an einer raschen und der Wahrheitsfindung dienlichen Verfahrensdurchführung durch Einsatz des Sachbearbeiters bei der StA als Sitzungsvertreter in der HV haben die bloßen Ordnungsvorschriften der §§ 58 Abs 1, 243 Abs 2 S 1 grds zurückzustehen (K/M-G 8 zu § 243; ANM 177; *Häger* FS-Meyer 183).[8] Etwas anderes kann nur gelten, wenn zu besorgen ist, der StA könne durch die Anwesenheit in der HV in seinem eigenen Aussageverhalten beeinflußt werden (zur revisionsrechtlichen Angreifbarkeit in diesem Fall BGH NJW **87** 3090).

---

[8] Vgl auch Celle NStZ **84** 136 zur Zulässigkeit der zeugenschaftlichen Vernehmung des Sachbearbeiters der StA.

bb) Wegen § 226 hat für die **Dauer der Zeugenvernehmung** des StAs ein anderer Vertreter der Anklagebehörde die Sitzungsvertretung zu übernehmen, da die Aufgaben eines Zeugen und eines StAs nicht gleichzeitig von einer Person wahrgenommen werden können (BGH **14** 265 f; AK-*Kühne* 15, LR-*Dahs* 25, jeweils vor § 48). **1018**

cc) Str ist, ob der StA **nach** seiner **Vernehmung** die Tätigkeit als Sitzungsvertreter wieder aufnehmen darf. Eine der Regelung des § 22 Nr 5 entspr Vorschrift fehlt für den StA, deren direkte oder analoge Anwendung kommt mangels Vergleichbarkeit von Richter und StA nicht in Betracht (BVerfGE **25** 345; BGH NJW **80** 845; **84** 1907 f; Hamm NJW **69** 808; Stuttgart NJW **74**, 1394; Karlsruhe MDR **74** 423; LG Köln NStZ **85** 230 f mit Anm *Wendisch*; LR-*Wendisch* 8, K/M-G 3, KMR-*Paulus* 17, alle vor § 22; *Bohnert* Beschränkungen 106 ff; *Fezer* 29 f zu Fall 2; *Pfeiffer* FS-Rebmann 369 f; *Schlüchter* 66.1; aA SK-*Rudolphi* 21 ff vor § 22; *Arloth* NJW **83** 209 f und **85** 417 f; *Bruns* JR **79** 32; *Frisch* FS-Bruns 396 ff; *Krey* I 407; *Schairer* 61 und bes 89 ff für eine „konkretisierende Analogie"). **1019**

Nach st Rspr des **RG** war ein einmal als Zeuge aufgetretener StA stets von der weiteren Sitzungsvertretung auszuschließen, da eine von der Neutralitätspflicht der StA (§ 160 Abs 2) getragene, objektive und unbefangene Würdigung aller Zeugenaussagen einschließlich der eigenen nicht hinreichend gewährleistet und „die Vereinigung der Stellungen eines Zeugen und des öffentlichen Anklägers in einer Person geradezu ungesetzlich" sei (RG **29** 236 sowie GA Bd **67** 436 f; Bd **71** 92 f; JW **25** 1403; JW **33** 523; Recht **26** 225 f; ebenso noch Bay **53** 26 f;[9] aA [aber vereinzelt geblieben] RG JW **24** 1761 f, wonach nur die Zeugenaussage des weiterhin tätigen Sitzungsvertreters für unverwertbar erklärt wurde). Diese Auffassung birgt allerdings die Gefahr, daß die personelle Besetzung der Anklageseite zur Disposition der Gegenseite gestellt und der eingearbeitete Sachbearbeiter der StA, der insbes in Großverfahren auch die Sitzungsvertretung übernehmen sollte, gezielt durch Vernehmung als Zeuge zu einem Nebenpunkt ausgeschaltet werden kann (zur Nichtablehnbarkeit entspr Beweisanträge s allg 197 ff; vgl auch *Dose* NJW **78** 349, 351). **1020**

Rechtstatsächlich begegnet die StA der Gefahr, das Fachwissen des ausgeschlossenen StA nicht fruchtbar machen zu können, allerdings weithin dadurch, daß dieser nunmehr – ohne Robe – als „Gehilfe" eines anderen Sitzungsvertreters der StA eingesetzt wird (vgl *Schneider* NStZ **94** 459). In welchen Konstellationen diese Praxis als Umgehung des Ausschlusses unzulässig ist (s n *Tolksdorf* 118 f), weil der StA in formaler Stellung gleichsam fremdgesteuert handelt, ist nur vom jeweiligen konkreten Fall her zu entscheiden.

Die **neuere Judikatur** hat daher unter grds Bestätigung des reichsgerichtlichen Standpunktes Ausnahmen zugelassen. So darf ein StA weiterhin als Sitzungsvertreter fungieren, wenn seine eigene Zeugenaussage lediglich rein technische, mit seiner amtlichen Tätigkeit als Sachbearbeiter notwendig verbundene Vorgänge betrifft und durch Hinzuziehung eines weiteren Sitzungsvertreters gewährleistet wird, daß er seine Aussage im Schlußvortrag (§ 258 Abs 1) nicht in eigener Person würdigen muß (BGH **14** 267; **21** 90 = JR **67** 229 mit insoweit zust Anm *Hanack*). **1021**

Die erforderliche Sachlichkeit und Objektivität des Schlußplädoyers ist auch dann nicht gefährdet, wenn sich die *Aufgaben* des Sitzungsvertreters von der Würdi- **1022**

---

[9] S auch BGH bei *Dallinger* MDR **57** 16, wonach aber keine Bedenken bestehen, den StA nach Ende der Beweisaufnahme und Stellung seiner Anträge zu vernehmen.

gung der eigenen Zeugenaussage (die immer durch einen weiteren StA zu erfolgen hat) *abgrenzen* lassen. Der BGH bejaht dies in Fällen, in denen die Zeugenaussage des StA eine nur einem Mitangekl zur Last gelegte Tat betrifft bzgl der übrigen Angekl und Tatvorwürfe (BGH **21** 89). Gleiches gilt bei nur einem Angekl, wenn der Inhalt der staatsanwaltlichen Aussage Gegenstand einer eigenständigen Bewertung sein kann und nicht in „unlösbarem Zusammenhang mit dem im übrigen zu erörternden Sachverhalt" steht (BGH **21** 90; NStZ **83** 135). Dem ist im Interesse einer effektiven Strafverfolgung beizupflichten, sofern eine scharfe Abgrenzung zwischen dem Thema der Aussage des StA und dem übrigen Prozeßstoff gewährleistet ist (zust auch LR-*Dahs* 26, KK-*Pelchen* 11, K/M-G 17, alle vor § 48; SK-*Rudolphi* 24 vor § 22; ANM 179; *Dose* NJW **78** 352 f; *Gössel* § 25 A III; *Schairer* 95; *Krey* I 458; Bedenken dagegen bei *Hanack* JR **67** 229 f, aufrechterhalten in JZ **72** 81; *Kramer* Jura **83** 117 f; *Roxin* 9 zu § 26 bzgl Ausnahme bei Mitangekl; *Schlüchter* 66.1).

Über diese Ausnahmen hinaus ist eine weitere Tätigkeit des als Zeuge vernommenen StA dann vertretbar, wenn seiner Aussage keine wesentliche Bedeutung beigemessen wurde (und er daher gem § 61 Nr 3 unvereidigt blieb), da in diesem Fall nicht die Gefahr der Würdigung der eigenen Aussage im Schlußvortrag besteht (*Dose* NJW **78** 353; *Schneider* NStZ **94** 462; einschr *Schairer* 97 f; vgl auch *Krey* I 459, Fn 123).

Nicht ganz überzeugend ist die formale Auffassung, ein Ausschluß sei dann nicht angezeigt, wenn der StA in der gleichen Sache, jedoch in einer früheren HV als Zeuge vernommen wurde (s aber BGH NStZ **94** 194).

1023 dd) Der absolute **Revision**sgrund des § 338 Nr 5 greift ein, wenn (entgegen § 226) bei der Zeugenvernehmung des StAs kein weiterer StA als Sitzungsvertreter anwesend war (*Gössel* § 25 A III; *Häger* FS-Meyer 185; vgl auch RG JW **33** 523).

Bleibt ein als Zeuge vernommener StA als Sitzungsvertreter tätig, ohne daß eine der vorbezeichneten Ausnahmen eingreift, so ist das Urteil (nur) dann aufzuheben, wenn nicht auszuschließen ist, daß es auf dem Verfahrensverstoß beruht, § 337 (ganz hM, s nur BGH **14** 267 f; StV **83** 497 mit Anm *Müllerhoff; Tölksdorf* 129 f unter Hinweis darauf, daß Nichtbeanstandung keine Rügepräklusion bedeutet).[10]

1024 d) Nach ganz hM können weder der **Privatkläger** noch sein gesetzlicher Vertreter (Düsseldorf JMBl NRW **62** 198) als Zeugen vernommen werden (RGRspr **2** 174 f; Bay **53** 26 f; **61** 192; AK-*Kühne* 16, LR-*Dahs* 22, KK-*Pelchen* 15, K/M-G 23, *Eb Schmidt* 6, alle vor § 48; LR-*Wendisch* 11 zu § 384; KMR-*Fezer* 6 vor § 374; ANM 179; *Niederreuther* DStR **41** 160 ff; *Schorn* GA Bd **77** 258; *Seibert* MDR **52** 278; *Woesner* NJW **59** 706; aA KMR-*Paulus* 37 ff vor § 48; *Daninger* DStR **41** 95 f; *Lorenz* JR **50** 106 ff),[11] und zwar auch nicht in Bezug auf Strafsachen, die einen anderen Privatkläger des gleichen Verfahrens betreffen (Bay **61** 192; *Roxin* 9 zu § 26).

Dies folgt zum einen daraus, daß der Privatkläger funktional die Aufgaben der Strafverfolgungsbehörde wahrnimmt und im Verfahren als Ankläger auftritt (vgl §§ 374 ff, insbes § 385), ohne aber zur Objektivität verpflichtet zu sein. Mit dieser Rolle eines einseitigen Interessenvertreters lassen sich die Aufgaben eines der Wahrheitspflicht unterliegenden Zeu-

---

[10] Anders *Bohnert* Beschränkungen 114, wonach nur das Unterlassen des Gerichts, auf Ablösung des StAs hinzuwirken, revisibel ist.
[11] Nach *Gössel* § 25 A VII kann der Privatkläger im gleichen Umfang wie der StA Zeuge sein.

I. Begriff des Zeugen und seine Abgrenzung von anderen Prozeßbeteiligten

gen kaum vereinbaren. Zudem muß es dem Privatkläger unter dem Gesichtspunkt der Waffengleichheit verwehrt sein, seine Angaben in der Rolle eines Zeugen in die HV einführen und ggf (vorbehaltlich des § 61 Nr 2) durch Eid bekräftigen zu können, während der Angekl nur formlose Erklärungen abgeben darf. Der Privatkläger ist vielmehr als Erkenntnismittel wie der Angekl zu behandeln, so daß seine Einlassungen im Wege freier Beweiswürdigung Eingang in den Entscheidungsprozeß des Gerichts finden können (Bay **53** 28; **61** 192; LR-*Wendisch* 15, KK-*Pelchen* 2, jeweils zu § 384; K/M-G 6, KMR-*Fezer* 7, jeweils vor § 374; ANM 180; *Peters* 576; *Seibert* MDR **52** 278; *Woesner* NJW **59** 706; aA KMR-*Paulus* 39 vor § 48, da der Kreis der Beweismittel in der StPO geschlossen sei und Klägerbehauptungen im Strengbeweisverfahren nicht Gegenstand richterlicher Würdigung gem § 261 sein könnten).

e) Die Vereinbarkeit der Rolle des **Nebenklägers** mit der eines Zeugen wurde **1025** bereits früher von der wohl überwiegenden Meinung vertreten (BGH LM Nr 1 zu § 396; bei *Dallinger* MDR **52** 532 und 659; RG **2** 384 ff; Bay **53** 26 f; LR-*Dahs* 21 vor § 48; *Gerland* 132; *v Hippel* 396; *Peters* 345; *Schlüchter* 481; aA [unter Hinweis auf die Rechtslage beim Privatkläger] RGRspr **2** 174 f; *Eb Schmidt* 6 vor § 48 und 10 vor § 395; *Beling* 295 und 463 sowie JW **31** 2506; *Henkel* 205; *Kronecker* GA Bd **38** 140; *Rüping* 52; Bedenken auch bei *zu Dohna* 235 f) und ergibt sich seit der Neufassung des § 397 Abs 1 S 1 durch das OpferschutzG von 1986 ausdrücklich aus dem Gesetz. Der Gegensatz zum Privatkläger soll sich rechtfertigen aus der prozessualen Stellung des Nebenklägers neben (nicht anstelle) der StA und der Besorgnis, andernfalls wegen Beweismittelverlusts die Position des Verletzten sowie die der Anklagevertretung zu schmälern. – Gemäß § 397 Abs 1 S 1 nF ist dem Nebenkläger zudem auch vor seiner zeugenschaftlichen Vernehmung die Anwesenheit in der HV zu gestatten, die §§ 58 Abs 1, 243 Abs 2 S 1 finden keine Anwendung (so auch die hM zur alten Gesetzeslage, s nur BGH bei *Dallinger* MDR **52** 532; LR-*Dahs* 4 zu § 58; aA *Schorn* GA **77** 258).

Indes bestehen zumindest deshalb **Bedenken**, weil das OpferschutzG die Befugnisse des Nebenklägers hinsichtlich Informationsgewinnung und selbständigem Beweisantragsrecht derart ausgedehnt hat, daß dieser eine offensive Prozeßstrategie betreiben (vgl *Weider* StV **87** 318) und seine verfahrensbezogenen Kenntnisse auch bei Erfüllung seiner Zeugenpflichten verwerten kann, so daß die Wahrheitspflicht beeinträchtigt zu werden droht (vgl schon *Schaal/Eisenberg* NStZ **88** 51).

f) Zulässig ist ferner die zeugenschaftliche Vernehmung von **Beiständen** nach § 149 oder **1026** § 69 JGG (BGH **4** 205 f; RG **22** 198 f; **59** 353 f), **Erziehungsberechtigten** und **gesetzlichen Vertretern** (BGH **21** 288 f), **Dolmetschern** – die ihre Aussage selbst in die Fremdsprache übersetzen dürfen (RG **45** 304 f) –, **Antragstellern im Adhäsionsverfahren nach §§ 403 ff** (LR-*Dahs* 10, K/M-G 23, KMR-*Paulus* 43, alle vor § 48), teilnahmeberechtigten (vgl zB § 407 Abs 1 AO) **Behördenvertretern** (LR-*Dahs* 32, K/M-G 23, KMR-*Paulus* 43, alle vor § 48; ANM 189) und **Bewährungshelfern** (LR-*Dahs* 13 vor § 48; s aber einschr *Eisenberg* JGG 18 zu §§ 24, 25).

Dagegen können **Verfalls- und Einziehungsbeteiligte nicht** Zeugen sein, es sei denn ihre Beteiligung erstreckt sich nicht auf die Schuldfrage, § 431 Abs 2 (BGH **9** 250 f; RG **46** 88 ff; LR-*Dahs* 15 und 28, KK-*Pelchen* 16, K/M-G 23, KMR-*Paulus* 44, SK-*Rogall* 64, alle vor § 48; ANM 181).

5. Der Zeuge vom Hörensagen und die Verwertung von Angaben seitens V-Personen bzw Verdeckten Ermittlern

Übersicht

	Rn		Rn
a) Begriff	1027, 1028	cc) Voraussetzungen der Verwertung von V-Person-Angaben	
b) Zulässigkeit des Zeugen vom Hörensagen		(1) Gerichtliche Vorkehrungen zur Vernehmung der V-Person	1039–1041
aa) Grundsatz der Unmittelbarkeit	1029, 1030	(2) Folgen der rechtmäßigen Sperrung	1042–1045
bb) Aufklärungspflicht	1031	(3) Folgen der unrechtmäßigen Sperrung	1046, 1047
cc) Fragerecht des Angekl	1032	dd) Überprüfung der V-Person-Praxis anhand übergeordneter Rechtsnormen	1048–1054
dd) Beweiswürdigung	1033, 1034		
c) V-Person-Problematik			
aa) Sperrerklärung und gerichtliche Überprüfung	1035		
bb) Voraussetzungen der rechtmäßigen Sperrung	1036–1038		

1027 a) Der **Zeuge vom Hörensagen** berichtet darüber, was ihm von einem Dritten – dem unmittelbar Wahrnehmenden – über das beweisbedürftige Geschehen mitgeteilt worden ist (LR-*Gollwitzer* 24 zu § 250), dh er erbringt unmittelbaren Beweis nur für das Hörensagen als solches (zust *Malek* 527; s auch KK-*Herdegen* 25 zu § 244). Hiernach bekundet er nicht eine zum gesetzlichen Tatbestand gehörende Tatsache, sondern lediglich ein Beweisanzeichen, welches auf eine solche Tatsache hinweist (BGH **17** 384; *v Zwehl* 168). Durch die Vernehmung des Zeugen vom Hörensagen über eine indizierende Tatsache soll also im Wege mittelbarer Beweisführung das aufgeklärt werden, was durch die Aussage des originären Zeugen unmittelbar bewiesen werden könnte (*Löhr* 52).

Neben dem „einfachen" Zeugen vom Hörensagen, dessen Bekundungen auf den Wahrnehmungen des originären Zeugen beruhen, können die Bekundungen auch auf Bekundungen einer zweiten (dritten, vierten etc) Person zurückgehen, die auf den Wahrnehmungen des originären Zeugen beruhen (*v Zwehl* 169).

1028 Ein Spezialfall des Zeugen vom Hörensagen ist der „Vernehmungsbeamte" (die „*Verhörsperson*") im beweisrechtlichen Sinn, weil diesem Personenkreis im Rahmen amtlicher Strafverfolgung hoheitliche Vernehmungsbefugnisse zustehen und zum anderen die damit verbundenen förmlichen Protokollierungspflichten auferlegt werden.

Im einzelnen werden hierzu gerechnet Ermittlungs- und Untersuchungsrichter, Staatsanwälte, Vollzugsbeamte aller Fachrichtungen, namentlich Kriminalbeamte, Zollbeamte oder Angehörige der Finanzbehörden (*v Zwehl* 169), aber auch die Angehörigen der Ämter für Verfassungsschutz (*Mehner* 5; *v Zwehl* 169, KK-*Mayr* 13 zu § 250; K/M-G 5 zu § 250).[12]

---

[12] Anders *Geppert* 265 unter Berufung auf § 3 Abs 3 Gesetz über die Zusammenarbeit des Bundes und der Länder in Angelegenheiten des Verfassungsschutzes v 27. 9.50, BGBl I S 682, wonach diesem Personenkreis „polizeiliche Aufgaben ... nicht zu(stehen)".

I. Begriff des Zeugen und seine Abgrenzung von anderen Prozeßbeteiligten

b) aa) Gegen die **Zulässigkeit** des Zeugnisses vom Hörensagen wurde (und wird) teilweise geltend gemacht, es sei mit dem **Grundsatz der Unmittelbarkeit** nach § 250 S 1 (dazu allg 2076 ff) nicht vereinbar (vgl schon *Muskat* GA **1888** 285; *v Kries* ZStW **6** [1886] 105; *Heissler* 165 ff; *Seebode/Sydow* JZ **80** 506 ff), da zum einen der Begriff der „Tatsache" iSv § 250 S 1 auf die vom originären Zeugen gemachten Wahrnehmungen begrenzt sei (*Beling* 319; *Rupp* 133; aA LR-*Gollwitzer* 24, K/M-G 3 ff, KK-*Mayr* 10 ff, jeweils zu § 250; KMR-*Paulus* 198 zu § 244 mwN) und damit unter der in S 1 bezeichneten Person nur der unmittelbare Zeuge zu verstehen sei, und da zum anderen das in S 1 geregelte Unmittelbarkeitsprinzip nicht nur die in S 2 erwähnte Aussagenvermittlung durch berichtenden Urkundenbeweis, sondern kategorisch jegliche Art der Reproduktion von Personenbeweisen und damit auch den Beweis vom Hörensagen verbiete (*v Kries* ZStW **6** [1886] 88, 93 und 112). Demggü müssen beide Sätze des § 250 als einheitliche Aussage verstanden und iZm den (den Urkundenbeweis regelnden) §§ 249 bis 256 ausgelegt werden. Das Verbot des S 2 konkretisiert lediglich das Verbot des S 1 und regelt ausschließlich den Vorrang des Personenbeweises vor dem Urkundenbeweis (ganz hM, RG **5** 144; BGH **6** 210; **15** 253; **17** 382; **27** 137; **29** 390 ff; **31** 149 ff; **32** 115 ff; **33** 178 ff; **36** 159 ff; *Geppert* 216 ff; KMR-*Paulus* 199 zu § 244; KK-*Mayr* 1 zu § 250; *Eb Schmidt* JZ **62** 761; *Roxin* § 44 Rn 24).

Ob § 250 gleichwohl als Grundsatz zu entnehmen ist, daß Tatsachen nur mit solchen Beweismitteln ermittelt werden dürfen, die zu den festzustellenden Tatsachen in größtmöglicher Nähe stehen, ist str (**vern** BGH **22** 269 f; K/M-G 3, LR-*Gollwitzer* 22, jeweils zu § 250; **bej** *Grünwald* JZ **66** 489; *Hanack* JZ **72** 236 f unter Hinweis auch auf die Garantie erschöpfender Verteidigung; *Peters* JR **69** 429, wonach aus § 250 folge, daß der unmittelbare Tatzeuge stets Vorrang habe, wenn er vernommen werden kann).

Auch der Zeuge vom Hörensagen ist, sofern er vor Gericht persönlich aussagt, ein unmittelbarer Zeuge. Ob in erster Linie oder neben der mittelbaren Beweisperson auch der originäre Zeuge zu vernehmen ist, ist keine aus § 250 zu beantwortende, sondern eine Frage der Aufklärungspflicht nach § 244 Abs 2 und der Beweiswürdigung nach § 261 (BGH **17** 384; **22** 270; *Seebode/Sydow* JZ **80** 509).

bb) Der Grundsatz der **richterlichen Aufklärungspflicht** nach § 244 Abs 2 besagt (s n 1 ff), daß das Gericht zur Ermittlung des wahren Sachverhalts die Beweisaufnahme auf alle Tatsachen und alle tauglichen und erlaubten Beweismittel erstrecken muß, die für die Entscheidung von Bedeutung sind (BGH **1** 96; **32** 124 [GS]). Das Gericht muß sich immer um den bestmöglichen, dh den originären Beweis (unter Zurückstellung des bloß abgeleiteten Beweises) bemühen (vgl BGH **32** 123 [GS]; SK-*Schlüchter* 107 ff zu § 244). Es darf sich folglich nicht mit der Vernehmung des Zeugen vom Hörensagen begnügen, wenn es möglich wäre, daneben den unmittelbaren Zeugen zu hören (KK-*Herdegen* 25 zu § 244; aA K/M-G 4 zu § 250; *Schneidewin* JR **51** 482). Fehlt es indes an dieser Möglichkeit (zB bei Unerreichbarkeit [eingehend *Julius* 35 ff] oder Untergang des Originalbeweises), so ist eine Beweisführung mit mittelbaren Beweisen (Beweissurrogaten) iS allein der richterlichen Aufklärungspflicht ebenso erlaubt wie die ergänzende Verwertung des abgeleiteten Beweises neben und zusätzlich zum Originalbeweis (BVerfGE **57** 277; *Geppert* 250; speziell zum behördlich geheimgehaltenen Zeugen s 1035).

1032 cc) Soweit von einem Verstoß gegen das **Fragerecht des Angekl** nach § 240 Abs 2 ausgegangen wird, weil anstelle des originären Zeugen nur der Zeuge vom Hörensagen befragt werden könne (*Mehner* 160), stehen dem Systematik und Wortlaut des § 240 entgegen; denn diese weisen darauf hin, daß der Zeuge, an den sich die Fragen richten, nur der in der HV anwesende sein kann (ganz hM, LR-*Gollwitzer* 12 zu § 240; *Arloth* 150; *v Zwehl* 176). Zudem enthält § 240 Abs 2 S 1 kein uneingeschränktes Recht auf Antwort, wie die Regelung der §§ 52 ff zeigt (BGH **17** 386; *Koffka* JR **69** 306).

1033 dd) Traditionell wurde verschiedentlich der Einwand geltend gemacht, es verstoße gegen die aus § 261 folgende Pflicht des Gerichts zur **eigenen Beweiswürdigung**, die Tatsachenfeststellungen eines Strafurteils auf Bekundungen vom Hörensagen zu stützen (s mwN *Geppert* 293). Dem läßt sich nach allg Ansicht (*Seebode/Sydow* JZ **80** 511; *v Zwehl* 180; *Rebmann* NStZ **82** 317; *Röhrich* 314) dadurch begegnen, daß das Gericht sowohl davon überzeugt sein muß, daß der Zeuge vom Hörensagen das von ihm Berichtete tatsächlich gehört hat, als auch davon, daß die Angaben des Dritten inhaltlich zutreffend sind (*v Zwehl* 178). Die Verwertung der Aussage eines Zeugen vom Hörensagen ist also kein Verstoß gegen § 261 (BVerfG **57** 292 f).

(1) Indes besteht bei mittelbaren Zeugen ua die Gefahr, daß sie die Angaben des unmittelbaren Zeugen je nach Vorverständnis und Erwartungshaltung unterschiedlich wahrnehmen oder gar (ggf unbewußt [BGH StV **94** 227]) beeinflussen. Bei der hier erörterten Glaubwürdigkeitsprüfung darf das Gericht also auch nicht die Beurteilung des Zeugen vom Hörensagen übernehmen, da ansonsten die Beweiswürdigung hinsichtlich der Glaubwürdigkeit des unmittelbaren Zeugen und zur Glaubhaftigkeit von dessen Aussage durch den Zeugen vom Hörensagen und nicht durch das Gericht selbst geschehen würde (vgl *Peters* 318: „Rollenvertauschung"; s auch krit *Seebode/Sydow* JZ **80** 510 f); schon die Möglichkeiten der (unbewußten) Beeinflussung des Gerichts stellen eine Gefahr dar (speziell betr die Vernehmung eines Richters s *Eisenberg* NStZ **86** 308). Vielmehr sind im Urteil die von dem mittelbaren Zeugen berichteten Einzelheiten aus den Angaben des unmittelbaren Zeugen wiederzugeben, und zwar bei mehreren Anhörungen auch der Abweichungen (*G Schäfer* StV **95** 152); zudem kommt der Würdigung der Umstände, unter denen der mittelbare Zeuge, und zwar insbes auch die Verhörsperson (s 1028), die Angaben erhalten hat, erhebliche Bedeutung zu (BGH **34** 18; **36** 166). Insgesamt hat das Gericht den Beweiswert dieses weniger sachnahen Beweismittels bei seiner Überzeugungsbildung besonders vorsichtig zu prüfen und zu würdigen (BGH **33** 181; BVerfG StV **91** 449); je größer dabei die Zahl der Zwischenglieder ist, desto geringer ist der Beweiswert der Aussage (BGH **1** 376; **17** 385). Das erkennende Gericht muß in seiner Urteilsbegründung nachprüfbar erkennen lassen, daß es sich bei seiner Beweiswürdigung der ihm nach § 261 gesetzten Grenzen bewußt gewesen ist und sie gewahrt hat (BVerfG StV **91** 449; **95** 562; BGH StV **91** 101 und 197).

1034 (2) In Fällen der Vernehmung von Verhörspersonen bei behördlich geheimgehaltenen V-Personen oder VE[13] ist es die Exekutive, die eine erschöpfende Sachaufklärung verhindert und es den Verfahrensbeteiligten *unmöglich* macht, die persönliche *Glaubwürdigkeit* des Dritten zu *überprüfen* (BGH **33** 181; BGH StV **82** 510; *Körner*

---

[13] Zur Zulässigkeit und verfahrensrechtlichen Behandlung s im Text 1035 ff.

I. Begriff des Zeugen und seine Abgrenzung von anderen Prozeßbeteiligten

349 zu § 31 BtMG), so daß der Anspruch des Angekl auf Legitimation des Schuldspruchs (s 88) eher erhöht ist (anders *G Schäfer* StV **95** 152); zudem bestehen ggü persönlicher Glaubwürdigkeit und Glaubhaftigkeit der Aussagen von V-Personen und VE nicht selten Bedenken (s auch 1044; n *Eisenberg* § 27 Rn 36). Aus diesen Gründen darf das Gericht in diesen Fällen nach allg Ansicht die Verurteilung nur dann auf die Bekundungen eines Zeugen vom Hörensagen stützen, wenn seine Bekundungen generell durch andere, nach der Überzeugung des Tatrichters wichtige Beweisanzeichen[14] bestätigt werden (BVerfG **57** 292; StV **95** 562; NJW **95** 2025; BGH **17** 385; **33** 88; **34** 17f; **36** 166f; StV **89** 518f; **91** 197; **94** 413 sowie 638; NStZ **94** 502; LR-*Gollwitzer* 26, KMR-*Paulus* 22, K/M-G 5, jeweils zu § 250; *Körner* 351 zu § 31 BtMG; *Geppert* Jura **91** 543; *Joachim* StV **92** 245; abl *P. Hoffmann* 189ff) und Entstehung sowie genauer Inhalt der Aussage überprüfbar sind (BGH **33** 181; *G Schäfer* StV **95** 152f). Gerade hieran kann es insoweit fehlen, als der Verhörsperson aufgrund Verfahrens- und Aktenkenntnis wie auch geschulter Zeugenstrategie (s n 1455f) Geschehenskonstruktionen möglich sein können, ohne daß deren etwaige Unwahrheit erkennbar wäre (s hierzu ausführlich *Velten* 222ff).

c) Ob und ggf inwieweit eine mittelbare Beweisführung gegen den Angekl gegen die gerichtliche Aufklärungspflicht und andere wesentliche Grundsätze des rechtsstaatlichen Strafverfahrens verstößt, wenn eine staatliche Behörde die für die Ladung des originären Zeugen nötigen Informationen zurückhält, ist umstritten (vgl BGH **17** 385; **33** 181; **36** 159; LR-*Gollwitzer* 40, K/M-G 26, jeweils zu § 251; *Herdegen* NStZ **84** 100f einerseits und *Grünwald* FS-Dünnebier 347ff; *Hanack* JZ **72** 236f; *Peters* 318f; *Bruns* MDR **84** 182f andererseits): sog **V-Person-Problematik**, die sich wesentlich auch auf *VE* (seit OrgKG §§ 110a ff) bezieht.[15] 1035

aa) Maßgebliches Aufklärungsmittel für die Identität (und ggf Anschrift) einer V-Person als Voraussetzung für ihre Ladung ist die behördliche Auskunft gem § 161; für eine behördliche Geheimhaltung kommt § 96 analog in Betracht, dh es ist eine Sperrerklärung der **obersten Dienstbehörde** erforderlich (BGH **29** 393; **30** 35; **32** 123 [GS]; *Franzheim* JR **81** 348; LR-*Schäfer* 18 zu § 96; AK-*Achenbach* 6 zu § 161; so für den VE ausdrücklich § 110b Abs 3 S 3).

Betr Informanten und V-Personen der Polizei sowie VE (§ 110b Abs 3 iVm § 96) bestimmt sich die Zuständigkeit nach der Sachleitungsbefugnis der StA für das Ermittlungsverfahren einerseits und der taktischen Sach- und Personennähe der Polizei andererseits. Daher setzt betr den Einsatz im Bereich der Strafverfolgung eine wirksame Sperrerklärung die übereinstimmende Entscheidung des Justiz- und des Innenressorts voraus (LR-*Schäfer* 13, KK-*Nack* 10, beide zu § 96; *Taschke* 166; offengelassen in BGH v 13.8.92 [5 StR 290/92]; aA BGH StV **95** 225f: nur Innenressort). Entspr gilt für Informanten und V-Personen der Polizei.

Nicht schon die bloße Berufung der Behörde auf § 96 genügt. Vielmehr gebietet die Aufklärungspflicht dem Gericht, die **Geheimhaltungsentscheidung selbständig** darauf zu **überprüfen**, ob und in welchem Umfang die Einwirkung der Ver-

---

[14] Zum Beispiel Lichtbilder, andere Zeugenaussagen oder schriftliche Unterlagen (BVerfGE **57** 294; BGH **17** 386; *Körner* 352 zu § 31 BtMG). – Die Frage, ob insofern Beweisanzeichen zureichend sind, die sich nur auf das Randgeschehen beziehen, wird zumindest dann zu verneinen sein, wenn der Tatvorwurf das übrige Geschehen quantitativ oder qualitativ übersteigt (BGH StV **94** 414; NStZ **94** 502).
[15] Dabei kann es gemäß § 110b Abs 3 S 2 zu der Konstellation kommen, daß das Gericht um die Identität weiß, nicht aber der Angekl (s dazu *Janssen* StV **95** 276f; krit schon *Benfer* MDR **94** 13).

waltungsbehörde auf die Gestaltung des Verfahrens als rechtmäßig hinzunehmen ist (BGH **29** 112; **31** 155; LR-*Schäfer* 45 zu § 96); daneben kann der Angekl selbst den Rechtsweg gegen die Sperrerklärung beschreiten (vgl dazu LR-*Schäfer* 60 ff zu § 96; *Körner* 299 zu § 31 BtMG; *Hilger* NStZ **84** 145 ff; s auch 1300).

Die Behörde ist verpflichtet, die Gründe, die sie veranlaßten, ein bestimmtes Beweismittel nicht oder nur unter bestimmten Bedingungen zur Verfügung zu stellen, verständlich zu machen oder darzulegen, warum die Geheimhaltungsinteressen keine bzw nur eine unvollständige Auskunft zulassen (BVerfGE **57** 284).

1036 bb) Umstritten ist, unter welchen **Voraussetzungen** die Behörde die **Auskunft** über die Identität oder den Aufenthaltsort des originären Zeugen **verweigern** darf.

In der Judikatur wurden als Geheimhaltungsgründe anerkannt Gefahr für Leib, Leben und Freiheit der V-Person (BVerfGE **57** 285; BGH **33** 90; **36** 164), die durch die Behörde gegebene Vertraulichkeitszusage, der kein Vertrauensbruch folgen dürfe (Frankfurt StV **83** 54; BayVGH NJW **80** 199), sowie die Erforderlichkeit eines weiteren Einsatzes der V-Person (BVerfGE **57** 284; BGH **31** 156; Stuttgart NJW **91** 1071 mit Anm *Arloth* NStZ **92** 96).

(1) Die Geheimhaltungsinteressen müssen sich an den Anforderungen des § 96 messen lassen. Interessen Einzelner fallen nicht darunter (*Röhrich* 113; *Düwel* 126; *Taschke* 182), dh in der persönlichen **Gefährdung einer V-Person** ist noch kein Nachteil für das Staatswohl iSv § 96 zu sehen (*Arloth* 38; aA SK-*Rogall* 80 vor § 48: Funktionstüchtigkeit der Strafrechtspflege). Anders ist es nur dann, wenn es sich um einen unersetzbaren Geheimnisträger handelt (zutreffend daher im Ergebnis BVerfGE **57** 250). – Die Gefährdung eines Zeugen kann seiner Vernehmung in der HV aber ein anderes, vom Gericht selbständig zu prüfendes Hindernis setzen (s 1047).

Bzgl VE ist gemäß § 110b Abs 3 S 3 die Gefahr für Leib, Leben oder Freiheit ein nach § 96 anzuerkennender Geheimhaltungsgrund (konkret vern unter Hinweis auf § 68 nF LG Frankfurt StV **94** 476). Eine Übertragung auf V-Personen oder Informanten der Polizei erscheint jedoch (entgegen der Entwurfsbegründung, BT-Dr 12/989 S 42) wegen der Sonderstellung der VE nicht angezeigt (vgl KK-*Nack* 8 zu § 110b; s auch *Lesch* StV **95** 546; aA SK-*Rogall* 81 vor § 48).

1037 (2) Eine **Vertraulichkeitszusage** rechtfertigt die Geheimhaltung nur innerhalb des Rahmens von § 96. Geschieht sie zur Verdeckung strafbarer Handlungen der V-Person, ist sie rechtswidrig. Hält die Behörde eine Vertraulichkeitszusage etwa aus Gründen des Vertrauensschutzes dennoch ein, so muß die Auskunftsverweigerung bzgl der Rechtsfolgen als rechtswidrig behandelt werden (BVerwG NJW **65** 1450; *Arloth* 41; zur Reaktion bei rechtswidriger Sperrung s 1046f).

1038 (3) Die Gefährdung des **weiteren Einsatzes** der V-Person soll nach BVerfGE (**57** 285) die Geheimhaltung dann rechtfertigen können, wenn bei Abwägung[16] der im Spannungsfeld stehenden Rechtsgüter die Belange der staatlichen Pflicht zur Verfolgung von Straftaten der staatlichen Pflicht zur Wahrung eines rechtsstaatlichen Verfahrens vorgehen.

Dagegen ist vorgebracht worden, daß im Strafverfahren zwar Konzessionen an wichtige staatliche Interessen (etwa den Schutz der inneren und äußeren Sicherheit) und insoweit

---

[16] Dabei sollen insbes die Schwere der Straftat, das Ausmaß der dem Beschuldigten drohenden Nachteile und das Gewicht der einer bestmöglichen Aufklärung entgegenstehenden Umstände berücksichtigt werden; krit zu den Überprüfungskriterien *H. E. Müller* 34 ff.

etwa auch die Geheimhaltung von V-Personen der Nachrichtendienste zulässig seien, daß Strafverfolgungsinteressen jedoch nur innerhalb der Ziele des Strafverfahrens berücksichtigt werden dürften (*Lüderssen* FS-Klug 531; *Keller* StV **84** 525 f; *Taschke* StV **88** 138); andernfalls würden die Verteidigungsrechte, die selbst Bestandteil der „Effektivität der Strafrechtspflege" seien, vorab in ein Abwägungsverhältnis gebracht (*Taschke* 188). Die Enttarnungsgefahr polizeilicher V-Personen und deren Auswirkungen auf andere Ermittlungsverfahren sei folglich nicht als eine Gefährdung des Staatswohls iSv § 96 anzusehen.

Entgegen den ernstzunehmenden Bedenken (vgl auch *Lisken* NJW **91** 1659; *Janssen* StV **95** 275 ff) wurde es mit der Begründung der Bekämpfung sog „neuartiger Kriminalitätserscheinungen" als notwendig beurteilt bzw dargestellt, aufgrund (erstmaliger) gesetzlicher Regelung des Einsatzes von VE in § 110b Abs 3 S 3 deren zukünftige einschlägige Tätigkeit durch geeignete Geheimhaltungsvorkehrungen auch in der HV zu sichern. Dabei sind allerdings die Begrenzungen, die sich aus Verfassungsgeboten und Normen der europäischen MRK ergeben, zu beachten.

cc) In der Praxis sind bisher durch eine bis ins Detail gehende höchstrichterliche Judikatur folgende **Voraussetzungen einer Verwertung von V-Person-Angaben** entwickelt worden, die für Angaben von VE entspr gelten. **1039**

(1) Das Gericht hat alle zulässigen und nicht von vornherein aussichtslosen Schritte zu unternehmen, um eine Vernehmung der originären Zeugen auf derjenigen prozessualen Ebene und unter solchen prozessualen Bedingungen zu erreichen (s auch 1054), daß das öffentliche Interesse an ihrer Abschirmung und das Bestreben, eine möglichst zuverlässige Beweisgrundlage zu gewinnen, zu einem Ausgleich gebracht werden können (KK-*Herdegen* 28 zu § 244; vgl auch *Körner* 312 zu § 31 BtMG). Ergeben sich aus den Akten oder anderweitig Anhaltspunkte für die Identität der V-Person, so hat das Gericht sich in eigener Verantwortung (§ 155 Abs 2) zu bemühen, deren Namen festzustellen und seine Vernehmung in der HV zu ermöglichen (BGH NStZ **93** 248; **39** 141 = JR **94** 250 mit Anm *Siegismund* = JZ **93** 1012 mit einschr Anm *Beulke/Satzger*).

Verfahrensrechtlich werden als **zulässige Vorkehrungen** erachtet die Vernehmung in nichtöffentlicher Verhandlung (BGH **3** 344 f; **29** 113), die Verlegung der HV für die Dauer der Vernehmung eines gefährdeten Zeugen an einen geschützten Ort unter den Voraussetzungen des § 172 GVG (BGH **32** 125 [GS]), die Sicherung des gefährdeten Zeugen auf dem Weg zum Gericht und um ihn selbst (BGH **29** 113; BVerfGE **57** 286).

Unzulässig ist hingegen der Ausschluß des Angekl von einem Teil der HV (*Grünwald* StV **84** **1040** 57; *Hassemer* JuS **86** 25 ff; aA BGH **32** 32 = JZ **84** 45 m zust Anm *Geerds*; s n 780 ff), da hierdurch die Einführung des Beweismittels zu Lasten der Verteidigungsrechte (§§ 240 Abs 2, 257 Abs 1) des Angekl gehen würde, sowie der auch nur zeitweilige Ausschluß von Laienrichtern und Vert von der Teilnahme an der HV (BGH **32** 124 [GS]).[17] Desgleichen unzulässig ist die Beweisaufnahme unter optischer und akustischer Abschirmung des Zeugen, die nach geltendem Recht nicht vorgesehen ist (vgl BT-Dr 12/989 S 36; s schon BGH **32** 124 [GS], entgegen BGH **31** 156 und *Rebmann* NStZ **82** 318) und gegen Art 103 GG verstößt, da weder Vert noch Angekl die Möglichkeit haben, einen audiovisuellen Eindruck vom Zeugen zu erhalten und dementspr Ausführungen zur Glaubwürdigkeit zu machen (so auch *v Zwehl* 140).

Sperrt die Verwaltungsbehörde einen Zeugen für die Vernehmung in der HV **1041** **endgültig** und sind die durch § 244 Abs 2 gebotenen Bemühungen des Gerichts

---

[17] Einschränkend noch BGH NJW **80** 2088 für den zeitweiligen Ausschluß von Angekl und Vert zumindest dann, wenn der Angekl zur eigenen Entlastung eine richterliche Vernehmung des originären Zeugen (V-Person) für erforderlich hält.

zur Vernehmung des V-Mannes gescheitert, so ist der Zeuge unerreichbar iSv § 244 Abs 3 S 2 (vgl BT-Dr 12/989 S 36; s schon BGH **17** 384; **32** 126 [GS]; BGH **36** 162 gegen BGH **31** 155, wonach die Unerreichbarkeit iSv § 244 Abs 3 S 2 nur gegeben ist, wenn die Entscheidung der Behörde gerechtfertigt ist; K/M-G 66 zu § 244; s auch 231 ff).

1042 (2) Bei einer **rechtmäßigen** Sperrerklärung werden nach hM Beweissurrogate bis hin zu polizeilichen Vernehmungen ohne Angabe von Personalien oder Zeugen vom Hörensagen (BGH **33** 87; **33** 181)[18] zugelassen.

1043 (a) Welche verfahrensrechtlichen Vorschriften zu beachten sind, wenn es zu einer **kommissarischen Vernehmung** des Zeugen mit anschließender Verlesung der Aussage in der HV (§§ 223, 224, 251) kommt (s 2099 ff, 2130), ist teilweise umstritten. Zum einen wird zur Vermeidung eines sonst zu erwartenden Beweismittelverlustes in bestimmten Fällen der **Ausschluß des Vert** für zulässig erachtet (BVerfGE **57** 286, unter Hinweis auf BGH NJW 80 2088; BGH **27** 260 ff; ebenso *Gribbohm* NJW 81 306; *Rebmann* NStZ 82 319). Nach dieser Auffassung gilt das Anwesenheitsrecht des Vert bei der kommissarischen Vernehmung (gemäß § 224 Abs 1) nicht unbeschränkt, da die Benachrichtigung vom Termin unterbleiben könne, wenn die Terminsmitteilung den Untersuchungserfolg gefährden würde (so BGH NJW 80 2088). Dagegen berührt der in § 224 Abs 1 S 2 unter den dort genannten Voraussetzungen gestattete Verzicht auf die Benachrichtigung des Vert nicht dessen Anwesenheitsrecht (BGH **32** 129 [GS]; krit *Herdegen* NStZ **84** 203). Zudem erscheint es bedenklich, die Verteidigungsrechte des Angekl durch Ausschluß des Vert gerade während der Vernehmung des möglicherweise wichtigsten Zeugen zu beschneiden (vgl *Engels* NJW 83 1530 f; *Weider* StV 81 19 f). Der Gesetzgeber hat bei Einführung des OrgKG ausdrücklich von einer derartigen Regelung abgesehen (vgl BT-Dr 12/989 S 35; empirisch einschränkend zu „Organisiertem Verbrechen" Nachw bei *Eisenberg* § 57 Rn 67 ff).

1044 Im Rahmen der kommissarischen Vernehmung wirkt sich besonders aus, daß nach § 68 Abs 3 S 1 (s allg 1087) unter den darin genannten Voraussetzungen die gemäß § 68 Abs 1 bestehende *Pflicht zur Namensangabe* (vgl allg 1085 ff) entfallen kann. Dies begegnet Bedenken, da der Angekl Erkundigungen bzgl der Glaubwürdigkeit des Zeugen nach § 68 Abs 3 S 2 kaum hinreichend wird einziehen können. Entspr Schutzmöglichkeiten des Angekl sind aber um so notwendiger, als es sich bei Informanten und V-Personen zu nicht unerheblichem Anteil um Personen handelt, die nach ihrem – nicht selten strafrechtlich registrierten – Lebensstil die Gelegenheit nutzen, sich Vorteile vielerlei Art zu verschaffen und nach der Erwartungshaltung ihrer Auftraggeber „Beweismaterial" uU auch dort liefern, wo keines vorhanden ist (*v Zwehl* 133; zur Berücksichtigung lediglich im Rahmen der Beweiswürdigung BT-Dr 12/989 S 36).

1045 (b) § 68 gilt nach hM nicht bei der **polizeilichen Vernehmung** (BGH **33** 75; **33** 87; KMR-*Paulus* 3 zu § 68; *Herdegen* NStZ **84** 202),[19] da die Vorschrift in § 163 a

---

[18] S auch LR-*Schäfer* 53 zu § 96 unter Einbeziehung sogar schriftlicher Äußerungen der Zeugen.

[19] Einschränkend K/M-G 23 zu § 163 a, der die Pflicht zur Namensangabe nach § 68 S 1 aF jedenfalls dann nicht als geboten ansah, wenn der Zeuge vor Leibes- oder Lebensgefahr geschützt werden muß.

Abs 5 nicht aufgeführt ist (BGH **33** 86). Dem idR geringeren Beweiswert einer nur anonymen Bekundung muß aber durch einen „besonders strengen Maßstab" (BGH **33** 88) bei der Beweiswürdigung Rechnung getragen werden. Nachteilige Feststellungen dürfen auf solche Beweismittel nur gestützt werden, wenn ihr Inhalt durch andere wichtige Anhaltspunkte bestätigt worden ist (BGH **33** 88). Hingegen soll § 68 eine verläßliche Grundlage für die Beurteilung der Glaubwürdigkeit eines Zeugen schaffen (BGH **32** 127 f [GS]). Daher gilt § 68 für die Durchführung der Vernehmung durch Polizeibeamte zwar nicht unmittelbar, ist aber grds (wie die §§ 58, 59, 68 a, 69) als allg Vernehmungsrichtlinie auch von der Polizei zu beachten (LR-*Rieß* 87, K/M-G 23, jeweils zu § 163 a). Zudem ist bereits bei der Erstellung der polizeilichen Niederschrift die Verwertbarkeit nach § 251 Abs 2 zu berücksichtigen (*Arloth* NStZ **85** 280; LR-*Rieß* 87 zu § 163 a), zumal aus einem Verstoß gegen § 68 auch die Unverwertbarkeit gemäß § 251 Abs 2 in der HV folgt (*Arloth* NStZ **85** 280). Die Wahrung der Anonymität des V-Mannes bereits bei der Erstellung der polizeilichen Niederschrift „determiniert" insoweit die HV (*Arloth* NStZ **85** 280; ebenso *Tiedemann/Sieber* NJW **84** 761; im Ergeb auch *Engels* NJW **83** 1532; *Grünwald* StV **84** 58).

(3) Fehlt eine Sperrerklärung oder ist die Sperrung des Zeugen **offensichtlich** **1046** **fehlerhaft, rechtsmißbräuchlich** oder **willkürlich**, treten die Folgen der Unerreichbarkeit von Zeugen iS der §§ 251, 244, 223 nicht ein (s auch LR-*Schäfer* 53 zu § 96; *Taschke* 307). Vielmehr ist ein **Verbot** der **Verwertung** von **Beweissurrogaten** anzunehmen (BVerfGE **57** 290; BGH **33** 91 f; BGH **36** 163; *Taschke* 313; LR-*Schäfer* 53 zu § 96; KK-*Pelchen* 64 vor § 48; SK-*Rogall* 91 vor § 48); im übrigen ist in diesem Fall die Beschlagnahme zulässig (BGH **38** 237 = JZ **93** 368 mit zust Anm *Hilgendorf*; KG NStZ **89** 541; Hamm JMBlNW **85** 66; LG Frankfurt aM StV **94** 475; KK-*Nack* 4, KMR-*Müller* 2, beide zu § 96; *Kramer* NJW **84** 1502; *Janoschek* 94 f; *H. E. Müller* 58; aA *Eb Schmidt* 2 vor § 94; LR-*Schäfer* 4, SK-*Rudolphi* 8, beide zu § 96). – Ein Verbot der Verwertung von Beweissurrogaten zu Lasten des Angekl besteht zudem dann, wenn die Sperrerklärung vom erkennenden Gericht als rechtswidrig beurteilt wird und auch nach entspr Gegenvorstellung (dazu BGH StV **89** 284) keine ausreichend begründete Sperrerklärung erfolgt (*Backes* FS-Klug 452 ff; *Bruns* Neue Wege 24; *H.E. Müller* 59 f; so auch noch BGH **31** 154 f, aufgegeben in BGH **36** 162 f), denn mit dem Rechtsstaatsprinzip ist es schwerlich vereinbar, daß rechtswidrige Behördenentscheidungen letztlich zum Nachteil des Angekl im Verfahren wirken.

Auch bei einer auf einer (angeblichen) *Gefährdung* des Zeugen beruhenden **1047** Sperrerklärung ist nach der hier vertretenen Auffassung (s 1036) von einem Verbot der Verwertung von Beweissurrogaten auszugehen, da insoweit der Schutz des § 96 nicht eingreift. Vielmehr hat das Gericht selbständig zu prüfen, ob eine Gefährdung in dem Ausmaß vorliegt, daß aus Gründen gerichtlicher Fürsorgepflicht ein Verzicht auf das Erscheinen des Zeugen in der HV ausnahmsweise geboten ist (vgl BGH **30** 37; Koblenz NStZ **81** 451). Insbes dann, wenn der Angekl oder seine Hintermänner gezielt durch Herbeiführung einer Gefährdung des Zeugen die Wahrheitsfindung zu beeinträchtigen suchen, greift das Beweisverwertungsverbot nicht (vgl BGH **33** 70; *Meyer* ZStW **95** [1983] 852; *Taschke* 308).

dd) Teilweise wird angenommen, bei behördlich gesperrten Zeugen dürften **1048** grds keine Beweissurrogate verwertet werden, da die Behörde den Zeugen „künstlich" für die Justiz „unerreichbar" mache, gleichwohl aber die Verwertung seiner Aussagen zum Nachteil des Angekl fordere (*Arndt* NJW **63** 433; *Bruns* Neue Wege 67; *P. Hoffmann* 198). Soweit ein Verwertungsverbot unmittelbar auf das Verbot des Rechtsmißbrauchs gestützt wird (vgl *Grünwald* JZ **66** 494; *Koffka* JR **69** 306; *Hanack* JZ **72** 237), wird jedoch nicht berücksichtigt, daß die Entscheidung über die Geheimhaltung der Exekutive obliegt, während das Gericht allein über die Verwertung sachfernerer Beweismittel entscheidet (vgl *Arloth* 158).

Hingegen müssen Bedenken Beachtung finden, die aus den Verfassungsgeboten zur Gewährung rechtlichen Gehörs und eines fairen Verfahrens oder aus den entspr Normen der europäischen MRK folgen.

1049 (1) Ein Teil der Literatur hat in einer Verurteilung aufgrund mittelbarer Angaben einer (anonym bleibenden) V-Person eine Verletzung des **Anspruchs auf rechtliches Gehör** nach Art 103 Abs 1 GG gesehen (*Arndt* NJW **62** 27; s auch *Grünwald* JZ **66** 494; *v Zezschwitz* NJW **72** 799 f; *Seebode/Sydow* JZ **80** 507; *Wassermann* DRiZ **84** 429). Art 103 Abs 1 GG ist dann verletzt, wenn das Gericht Umstände verwertet, zu denen der Angekl keinen Zugang hatte (BVerfGE **57** 288, wonach ein Amtsgeheimnis nicht ausschließlich dem Gericht offenbart werden darf; vgl auch BGH **17** 388; *Mehner* 157; *Löhr* 170; *v Zwehl* 185). Art 103 Abs 1 GG gewährt jedoch keinen Anspruch auf Herbeischaffung bestimmter Beweismittel (BVerfGE **63** 59 f; **57** 274); daher wird die Pflicht des Gerichts, dem Angekl die notwendige Kenntnis des Verfahrensstoffes zu vermitteln, durch die Verwertung von Beweissurrogaten nicht berührt (*Arloth* 149; *Geppert* Jura **91** 544 [s aber auch *ders* 298 f]; LR-*Gollwitzer* 24 zu § 250). Weitergehende Pflichten, etwa ein Beweismittel nicht zu verwerten oder auf eine Auskunft zu dringen, können aus Art 103 Abs 1 GG nicht folgen (BVerfGE **1** 429; **63** 60; *Rüping* NVwZ **85** 307 f).

1050 (2) Zum Teil wird die Verwertung von Aussagen des Zeugen vom Hörensagen unter Geheimhaltung der V-Person als Verstoß gegen das Recht auf ein **faires Verfahren** (eigenständiger Prozeßgrundsatz, aus Art 2 Abs 1 iVm Art 20 Abs 3 GG abgeleitet [BVerfGE **57** 274; **63** 60 f; **65** 175]) angesehen. Solange auch die StA die V-Person nicht kennt und also keine Vorteile ggü dem Angekl besitzt und das Prinzip der Waffengleichheit (BVerfGE **38** 111; **56** 189) nicht verletzt ist (*Arloth* 168; *Geppert* 300; *v Zwehl* 187), war ein solcher Verstoß bislang zu verneinen.

Indes sieht die Regelung des § 110 b Abs 3 S 2 vor, daß die StA Aufklärung über die Identität des VE verlangen kann. Sie befindet sich insoweit ggü dem Angekl im Vorteil.

Eine Verurteilung, die auf einer für den Angekl vollständig „anonymen Quelle" beruht, wird unter dem Gesichtspunkt des fairen Verfahrens nicht vertretbar sein. Anders ist es, wenn ein VE dem Angekl zwar nicht namentlich, aber persönlich bekannt ist. Hier hat der Angekl die Möglichkeit, in der HV auf Anhaltspunkte für eine voreingenommene und feindselige Gesinnung dieser Person hinzuweisen und ihre Glaubwürdigkeit in Frage zu stellen (BVerfG StV **91** 450; s auch 1054).

1051 Das Recht auf ein faires Verfahren ist ebenso wie die gerichtliche Aufklärungspflicht verletzt, wenn das Gericht nur einen Zeugen vom Hörensagen vernimmt, obwohl ein sachnäherer Zeuge (insbes der originäre Zeuge) erreichbar ist (BGH **32** 123 [GS]). Da das Recht auf ein faires Verfahren ggü allen staatlichen Organen besteht, die auf den Gang der HV Einfluß nehmen (BVerfGE **57** 275; BGH **29** 111), liegt ein Verstoß im übrigen dann vor, wenn die zuständige Behörde den ori-

I. Begriff des Zeugen und seine Abgrenzung von anderen Prozeßbeteiligten

ginären Zeugen willkürlich, offensichtlich rechtsfehlerhaft oder ohne Angaben von Gründen dem Gericht vorenthält (BVerfGE **57** 290; BGH **29** 112; vgl auch SK-*Rogall* 84 ff vor § 48; s schon 1046).

(3) Teile des Schrifttums und vor allem Judikate des EGMR in jüngster Zeit haben auch die Art 6 Abs 1 und Abs 3 Buchst d **MRK** zur Grundlage einer Prüfung der V-Person-Praxis herangezogen.   **1052**

Der EGMR stellt zwar nur für einen ganz bestimmten, konkreten Fall fest, ob der belangte Staat die Konvention verletzt hat, und die deutschen Gerichte sind zumindest formell nicht an dessen Rspr gebunden. Die Rspr des EGMR dient aber auch der Rechtsfortbildung, und nach Art 53 EMRK haben die deutschen Gerichte die Verpflichtung, in Fällen, an denen die Bundesrepublik beteiligt ist, die Artikel der MRK in der Auslegung des Gerichtshofs anzuwenden (*Stöcker* EuGRZ **87** 478).

(a) Durch die Vernehmung eines Zeugen vom Hörensagen anstelle des originären Zeugen könnte **Art 6 Abs 3 Buchst d MRK** (BGBl II **52** 688) verletzt werden, wonach jeder Angekl das Recht hat, „... Fragen an die Belastungszeugen zu stellen oder stellen zu lassen und die Ladung und Vernehmung der Entlastungszeugen unter denselben Bedingungen wie der Belastungszeugen zu erwirken" (ebenso Art 14 Abs 3 Buchst e Internationaler Pakt über bürgerliche und politische Rechte [66], BGBl **73** II 1534 ff; BGH GA **68** 370 f; NStZ **93** 292).[20] Ob dies der Fall ist, hängt entscheidend davon ab, ob auch hier nur die Verhörsperson als Belastungszeuge anzusehen ist (BGH **17** 388; **39** 145 f; K/M-G 22 zu Art 6 MRK; *Geppert* 300; *Röhrich* 319) oder die MRK eine über die StPO (§ 240) hinausgehende Gewährleistung idS enthält, daß damit (auch) diejenigen Personen gemeint sind, die über die belastende Tatsache unmittelbare Wahrnehmungen gemacht haben (EGMR StV **92** 499 f; BGH NStZ **93** 292; *Guradze* 109 f; *Partsch* 166 f; vgl auch *Grünwald* JZ **66** 494).   **1053**

Bei Auslegung des englischen bzw französischen Wortlauts[21] ergibt sich kein spezieller Hinweis auf den originären Tatzeugen (eingehend *Geppert* 244 ff; *Arloth* 151). Ob die fundamental unterschiedliche Rechtslage in diesen beiden Vertragsstaaten dafür spricht, daß mit dem „Belastungszeugen" iSd Art 6 Abs 3 Buchst d MRK nicht der ursprüngliche, sondern derjenige Zeuge gemeint ist, der anwesend vor dem Gericht der HV steht und dort aussagt (*Arloth* 152; vgl auch BGH StV **91** 100 f), erscheint allerdings nicht ganz zweifelsfrei.

(b) Grundlegendes Element des Rechts auf ein **faires Verfahren gem Art 6 Abs 1 MRK** ist der Grundsatz, daß den Parteien ausreichende, angemessene und gleiche Gelegenheit zur Stellungnahme in tatsächlicher und rechtlicher Hinsicht gegeben wird und daß der Angekl nicht ggü dem StA benachteiligt wird (EKMR ZE 7450/76, DR **9** 108, 110; ZE 2857/66, CD **29** 15, 26; *Peukert* in Frowein/Peukert, 55 zu Art 6 MRK). Entscheidend ist hierbei, ob das Verfahren als Ganzes betrachtet (einschließlich der Art, in der die Beweise aufgenommen wurden) fair war (EGMR, Urteil *Kostovski*, StV **90** 481, § 39). Die Verwertung von anonymen Zeugenaussagen verletzt **Art 6 Abs 1 iVm Abs 3 Buchst d** jedoch dann nicht, wenn „... die Verteidigungsrechte gewahrt wurden" (EGMR, Urteil *Kostovski*, StV **90**   **1054**

---

[20] Ebenso *Guradze* 35 zu Art 6 MRK; *Grünwald* FS-Dünnebier 359; *v Zezschwitz* NJW **72** 799; *Peters* 318.
[21] Die englische Fassung lautet „witness against him", der französische Text „témoins à charge".

481, § 41). Diese Rechte verlangen idR, daß der Angekl eine angemessene und geeignete Gelegenheit erhält, die Glaubwürdigkeit eines gegen ihn aussagenden Zeugen überhaupt in Frage zu stellen und ihn zu befragen, sei es zu dem Zeitpunkt, in dem der Zeuge seine Aussage abgibt, sei es zu einem späteren Zeitpunkt des Verfahrens (EGMR, Urteil *Kostovski*, StV **90** 481, § 41; Urteil *Windisch*, StV **91** 193 f, § 26; Urteil *Delta Case*, 19.12.90, Serie A Nr 191, S 12, § 36). Insofern ist auch die schriftliche Vorlegung von Fragen, die der gesperrte Zeuge „in geeigneter Form" (BGH NStZ **93** 292) zu beantworten hat, ein zulässiges Mittel der Wahrheitsfindung (vgl etwa Düsseldorf StV **92** 560 mit krit Anm *Walther* [speziell S 563 f]).

Demggü ist es nicht ausreichend, daß die Gerichte selbst Beweis über die Glaubwürdigkeit eines anonymen Zeugen erheben (BGH NStZ **93** 292) und vorsichtig bei der Würdigung der in Rede stehenden Aussagen sind (Urteil *Kostovski*, StV **90** 481, § 43). Haben weder der Angekl noch sein Rechtsvertreter – trotz gestellter Anträge – jemals Gelegenheit, Zeugen zu befragen, deren Aussagen in ihrer Abwesenheit aufgenommen wurden und die später bei der Verhandlung durch Dritte wiedergegeben und vom Gericht berücksichtigt werden, so ist folglich eine Verletzung von Art 6 Abs 1 iVm Abs 3 d gegeben (vgl Urteil *Windisch*, StV **91** 193, §§ 27–32; BGH NStZ **93** 292). Gleichwohl kann die Verwertung von Angaben eines VE, der dem Angekl zwar nicht namentlich, aber persönlich bekannt ist, zulässig sein (BVerfG StV **91** 449; vgl auch LG Darmstadt StV **91** 342 f; s aber auch BGH NJW **91** 646 f).

II. Allgemeine Pflichten und Rechte des Zeugen

1. Erscheinenspflicht und ihre Durchsetzung

Übersicht

	Rn		Rn
a) Allgemeines	1055	c) Vor der StA	
b) Vor dem Richter		aa) Besonderheiten bei der Ladung	1078
aa) Voraussetzungen der Maßnahmen des § 51	1056–1070	bb) Besonderheiten bei den Folgen des Nichterscheinens	1079
bb) Folgen des Nichterscheinens	1071–1074	cc) Antrag auf gerichtliche Entscheidung	1080, 1081
cc) Verfahren der Festsetzung der Maßnahmen nach § 51	1075	d) Vor der Polizei	1082, 1083
dd) Anfechtbarkeit	1076, 1077		

1055 a) Die Pflicht, vor der StA und dem Gericht zu erscheinen, ist eine der zentralen staatsbürgerlichen Pflichten der Zeugen (vgl BVerfGE **38** 118; **49** 284; **76** 383), die die StPO nicht begründet, sondern voraussetzt und konkretisiert (allg Auffassung, s nur LR-*Dahs* 1 zu § 51).

Grds obliegt die Erscheinenspflicht **jedem**, der der deutschen Gerichtsbarkeit unterworfen ist; also gilt sie auch für einen im Inland lebenden **Ausländer** (Hamburg MDR **67** 686; *Roxin* 11 zu § 26), nicht jedoch während eines Auslandsaufenthaltes desselben (Düsseldorf NJW **91** 2223) – es sei denn, er wollte durch die Ausreise die Zeugenpflicht umgehen (allg Auffassung, s nur KK-*Pelchen* 24 zu § 51). Ausnahmen und Einschränkungen aus staatsrechtlichen Gründen enthalten die

II. Allgemeine Pflichten und Rechte des Zeugen

§§ 49, 50 bzgl des Bundespräsidenten sowie der Parlamentsmitglieder und der Mitglieder von Bundes- und Landesregierungen.

Die Existenz eines Zeugnis- oder Auskunftsverweigerungsrechts steht der Pflicht zum Erscheinen nicht entgegen (allg Auffassung, s K/M-G 1, *Eb Schmidt* 3, jeweils zu § 51).

b) Die Erscheinenspflicht besteht uneingeschränkt ggü dem **Richter** des erkennenden Gerichts in der HV sowie dem Ermittlungsrichter und dem beauftragten oder ersuchten Richter (vgl § 51 Abs 3). Ihrer Durchsetzung dienen die **Maßnahmen des § 51.** **1056**

aa) Deren Anordnung setzt voraus, daß ein ordnungsgemäß geladener Zeuge ohne rechtzeitige genügende Entschuldigung ausbleibt.

(1) Ausgelöst wird die Erscheinenspflicht durch eine **ordnungsgemäße Ladung** iSd §§ 51, 48, durch die der Zeuge aufgefordert wird, an einem best Ort zu einer best Zeit zur Vernehmung zu erscheinen (vgl KK-*Pelchen* 1 zu § 48).

(a) Die *Befugnis* zur Zeugenladung anläßlich einer richterlichen Vernehmung haben neben dem Vorsitzenden in der HV (§ 214 Abs 1 S 1), dem Ermittlungsrichter (§ 162) und dem beauftragten oder ersuchten Richter (§ 223) auch der StA (vgl §§ 161 a Abs 1, 214 Abs 3, 323 Abs 1), der Angekl (§§ 220 Abs 1, 323 Abs 1, 386 Abs 2, s auch § 220 Abs 2), der Privatkläger (§ 368 Abs 2) und der Nebenkläger (K/M-G 10 zu § 397; aA *Beulke* DAR **88** 118).

(b) Unmittelbare Ladungen durch die Prozeßbeteiligten müssen stets gem § 38 durch den Gerichtsvollzieher zugestellt werden (vgl BGH NJW **52** 836), für Ladungen des Gerichts oder der StA gelten dagegen weder *Form-* noch *Frist*vorschriften, dh sie können auch telegraphisch, durch Fernschreiber, telefonisch oder mündlich durch den Richter, den Gerichtswachtmeister oder Polizeibeamte übermittelt werden (allg Auffassung, s nur RG **40** 140; AK-*Kühne* 3, KMR-*Paulus* 8, jeweils zu § 48). Die Folgen des Ausbleibens treffen den Zeugen jedoch nur dann, wenn der Zugang der Ladung nachgewiesen werden kann (vgl Koblenz MDR **81** 1036; München MDR **92** 70); in der Praxis empfehlen sich daher Schriftform und förmliche Zustellung (vgl Nr 64 Abs 3 RiStBV sowie für die HV Nr 117 Abs 1 S 1 RiStBV) (LR-*Dahs* 3, *Eb Schmidt* 2, jeweils zu § 48). **1057**

Da eine Ladungsfrist nicht gesetzlich vorgesehen ist, kann der Zeuge zum sofortigen Erscheinen vor Gericht aufgefordert werden (LR-*Dahs* 4, K/M-G 1, KMR-*Paulus* 8, jeweils zu § 48). IdR erfordert allerdings eine ordnungsgemäße Ladung iSd § 51, daß dem Zeugen eine angemessene Frist zur Vorbereitung auf den Termin und evt Hinzuziehung eines Rechtsbeistandes eingeräumt wird (AK-*Kühne* 6, KK-*Pelchen* 4, LR-*Dahs* 2, jeweils zu § 48; *Molketin* DRiZ **81** 385).

(c) Die *Ausführung* der Ladung erfolgt – abgesehen von den Fällen des § 38 – durch die Geschäftsstelle (§ 214 Abs 1 S 2 betr Ladung zur HV, im übrigen entspr § 36 Abs 1 [LR-*Dahs* 8, K/M-G 4, jeweils zu § 48]). **1058**

(d) *Kinder* werden, wenn sie die Bedeutung der Ladung erfassen können, allein geladen (ebenso AK-*Kühne* 10 zu § 48; anders KK-*Pelchen* 6 zu § 48), andernfalls zwar auch selbst, aber zu Händen ihrer gesetzlichen Vertreter. Sofern im Einzelfall ausnahmsweise auch ohne vorherige Belehrung davon auszugehen ist, daß ihnen die erforderliche Verstandesreife fehlt (s einschr 1253 ff), richtet sich die Ladung gleichfalls an das Kind selbst, freilich zu Händen des gesetzlichen Vertreters, verbunden mit der Aufforderung, sich mit dem Kind an der Gerichtsstelle einzufinden (*Schimmack* JW **24** 1667; für Ladung nur an gesetzlichen Vertreter LR-*Dahs* 10, K/M-G 7, jeweils zu § 48). Die Anordnung von Ordnungsmitteln bei Kindern scheidet aus; bei Jugendlichen setzt sie Altersreife entspr § 3 JGG voraus (vgl. *Eisenberg* JGG 22 zu § 1). **1059**

Seeleute und *Binnenschiffer* können gewohnheitsrechtlich nach Seemannsart geladen, dh durch Vermittlung der Wasserschutzpolizei (Köln NJW **53** 1932; Bremen Rpfl **65** 48) aufgefordert werden, sich bei der nächsten Schiffsliegezeit auf der Geschäftsstelle des AG zu melden (AG Bremerhaven NJW **67** 1721).

Soldaten werden wie Zivilpersonen geladen (Nr 17 ff des Erlasses des BMVg vom 16. März 1982 [VMBl 1982, 130 ff], geändert durch Erlaß vom 20. Juni 1983 [VMBl 1983, 182]). Für die Ladung der in der BRep stationierten Streitkräfte gilt Art 37 des Zusatzabkommens zum NATO-Truppenstatut vom 3. August 1959 (BGBl II 1961, 1218).

Die Ladung deutscher oder nichtdeutscher Zeugen im *Ausland* erfolgt nach den Vorschriften der Richtlinien für den Verkehr mit dem Ausland in strafrechtlichen Angelegenheiten (RiVASt) vom 15.1.1959. Zu exterritorialen Zeugen s §§ 18 ff GVG, Nr 196, 197 RiStBV.

1060 (e) **Inhaltlich** muß die Ladung erkennen lassen, daß zu einem festgesetzten Termin die Vernehmung als Zeuge beabsichtigt ist (Nr 64 Abs 1 S 1 RiStBV). Der Name des Beschuldigten ist anzugeben, wenn der Zweck der Untersuchung dem nicht entgegensteht, der Gegenstand der Beschuldigung soll nur dann näher ausgeführt werden, wenn dies zur Vorbereitung der Aussage geboten erscheint, beispielsweise Dokumente beschafft und/oder gelesen werden müssen (Nr 64 Abs 1 S 2 RiStBV). Ggfs ist die Aufforderung beizufügen, derartige Schriftstücke oder andere Beweismittel zum Termin mitzubringen (Nr 64 Abs 2 RiStBV). Eine gewisse Zurückhaltung bei der Angabe von Details in der Ladung beruht auf dem Gedanken, einen Zeugen nicht durch die Preisgabe zu vieler Informationen in seinem Aussageverhalten zu beeinflussen. Im allg wird angenommen, daß ein plötzlich mit dem Vernehmungssachverhalt konfrontierter Zeuge in seiner spontanen Reaktion eher wahrheitsgemäß aussagt als derjenige, der aufgrund näherer Vorabinformationen über genügend Zeit verfügte, sich eine stimmige Aussage zurechtzulegen. Demzufolge muß die Praxis, in Verfahren mit mehreren polizeilichen Zeugen diese zur Abstimmung ihrer Aussagen intensiv auf die HV vorzubereiten (vgl dazu *Maeffert*), auf erhebliche Bedenken stoßen. Andererseits können Hinweise auf den Vernehmungsgegenstand auch die Möglichkeit eröffnen, daß ein Zeuge durch Anstrengung seines Gedächtnisses Erinnerungslücken im Termin vermeidet. Es liegt im Ermessen der ladenden Person, im konkreten Fall die Vor- und Nachteile einer genaueren Bezeichnung des Vernehmungsgegenstandes in der Ladung gegeneinander abzuwägen (zum Ganzen AK-*Kühne* 7 zu § 48).

1061 In der Ladung zu richterlichen Vernehmungen (anders uU bei solchen der StA, s 1078) muß auf die **gesetzlichen Folgen des Ausbleibens hingewiesen** werden. Der Hinweis ist bei jeder erneuten schriftlichen oder mündlichen Zeugenladung, auch bei Vertagung bzw Unterbrechung der HV, zu wiederholen (Hamm NJW **57** 1330; LR-*Dahs* 6, K/M-G 3, KK-*Pelchen* 5, jeweils zu § 48). Die in § 51 geregelten Folgen des Nichterscheinens sind einzeln und vollständig aufzuführen, der bloß pauschale Hinweis auf die „gesetzlichen Folgen des Ausbleibens" genügt nicht (K/M-G 3, KK-*Pelchen* 5, jeweils zu § 48). Der Hinweis wird bei nicht auf freiem Fuß befindlichen Zeugen durch einen richterlichen Vorführungsbefehl oder die Vorführungsandrohung der StA ersetzt (LR-*Dahs* 3 zu § 51; KK-*Pelchen* 5 zu § 48; K/M-G 3 zu § 48 u 2 zu § 51; aA Düsseldorf NJW **81** 2768 f für Zeugen in U-Haft).

1062 (f) Personen, die **nicht** als Zeugen **geladen** sind, sind nicht zum Erscheinen verpflichtet und unterliegen daher auch nicht den Maßnahmen des § 51. Aus diesem Grund können Eltern eines als Zeuge geladenen Kindes auch nicht durch die Androhung bzw Festsetzung von Ordnungsmitteln dazu angehalten werden, für ein Erscheinen ihres Kindes Sorge zu tragen; eine solche Ahndung entbehrt der nach Art 103 Abs 2 GG erforderlichen gesetzlichen Grundlage (allg Auffassung, s nur Hamm NJW **65** 1613; K/M-G 1 zu § 51; *Göhler* 55 zu § 59). In Betracht kommen allenfalls vormundschaftsrichterliche Maßnahmen nach § 1666 BGB, sofern das Verhalten der Eltern nicht von Sorge um das Kind, sondern von sachfremden Beweggründen bestimmt ist, und eine Gefährdung des Kindeswohls angenommen werden kann (LR-*Dahs* 4, KMR-*Paulus* 5, jeweils zu § 51; *Meier* JZ **91** 640; *Skupin* MDR **65** 868).

(2) **Nichterscheinen** bedeutet das Ausbleiben des Zeugen zur festgesetzten Zeit **1063**
am festgesetzten Vernehmungsort. Der körperlichen Abwesenheit steht es gleich,
wenn der Zeuge im schuldhaft herbeigeführten Zustand der Vernehmungsunfähigkeit erscheint (Saarbrücken JBl Saar **62** 13; K/M-G 3, KK-*Pelchen* 2, jeweils zu
§ 51; vgl zum Angekl BGH **23** 334 und im Text 759 f).

Eine lediglich fünf- bis zehnminütige Verspätung gilt allg als unschädlich (LR-*Dahs* 5 zu
§ 51; vgl auch *Kaiser* NJW 77 1955), im übrigen bleibt ein Zuspätkommen nach Sinn und
Zweck des § 51 dann folgenlos, wenn lediglich ein Verstoß gegen das Pünktlichkeitsgebot
vorliegt, ohne daß die HV insgesamt eine Verzögerung erfahren hat (LR-*Dahs* 5, K/M-G 3,
jeweils zu § 51; s auch KMR-*Paulus* 6 zu § 51; aA AK-*Kühne* 3, KK-*Pelchen* 3, jeweils zu
§ 51; wohl auch KG GA Bd **69** 230). Auf den Zeitpunkt der Beschlußfassung (s 1075)
kommt es idZ allerdings nicht an (KK-*Pelchen* 3 zu § 51; aA K/M-G 3 zu § 51). Ein Beschluß
nach § 51 kann demnach auch erfolgen, nachdem der Zeuge erschienen ist, jedoch bereits
eine Verzögerung verursacht hat; ein bereits erfolgter Beschluß nach § 51 ist wieder aufzuheben, wenn sich trotz Zuspätkommens keine Verzögerung ergibt.

Kündigt der Zeuge bereits *vor* dem *Termin* an, daß er nicht erscheinen werde, **1064**
läßt § 51 keine präventive Verhängung von Zwangsmaßnahmen zu (allg Auffassung, s Stuttgart NJW **56** 840; Düsseldorf NJW **81** 2768 f; KK-*Pelchen* 5 zu § 51;
aA nur *Reiff* NJW **56** 1083). Der Richter muß vielmehr das Nichterscheinen des
Zeugen abwarten und kann dann die sofortige Vorführung im Termin anordnen
(LR-*Dahs* 6, KMR-*Paulus* 7, *Eb Schmidt* 5, jeweils zu § 51). Wurde wegen der erklärten Weigerung ein neuer Termin anberaumt, so ist eine vorbeugende Vorführungsandrohung unzulässig, da sie in § 51 nicht vorgesehen ist und nicht auszuschließen
ist, daß der Zeuge bis zum Vernehmungstermin seine Ansicht ändert (sehr str, wie
hier LR-*Dahs* 6 zu § 51; wohl auch KMR-*Paulus* 7 zu § 51; aA Königsberg DStR **35**
219; Stuttgart NJW **56** 840; AK-*Kühne* 4 u 12, KK-*Pelchen* 5, jeweils zu § 51; wohl
auch K/M-G 5 zu § 51).

Da die Erscheinenspflicht auch die Pflicht beinhaltet, bis zur endgültigen Entlas- **1065**
sung (§ 248) anwesend zu bleiben, ist ein unerlaubtes *vorzeitiges Sichentfernen* einem
Nichterscheinen gleichzusetzen. In diesem Fall ist es zulässig, den Zeugen entspr
§ 231 Abs 1 S 2 festzuhalten, da dieser Eingriff geringer wirkt als eine Vorführung
zum nächsten Termin (KK-*Pelchen* 4, KMR-*Paulus* 6, LR-*Dahs* 7, jeweils zu § 51;
Enzian NJW **57** 450 f; aA *Lampe* MDR **74** 540, der § 70 wegen Aussageverweigerung anwenden will).

(3) Die Auferlegung der Kosten und die Festsetzung von Ordnungsmitteln un- **1066**
terbleiben bei **rechtzeitiger genügender Entschuldigung** des Zeugen (§ 51
Abs 2 S 1).

(a) **Rechtzeitig** ist die Entschuldigung nur dann, wenn sie dem Gericht zu einem Zeitpunkt zugeht, zu dem die Aufhebung des Vernehmungstermins und die
Abbestellung anderer Beteiligter im normalen Geschäftsgang möglich ist und dadurch weitere, den Angekl oder die Staatskasse belastende Kosten vermieden werden können (allg Auffassung, s nur *Schlüchter* 482; KMR-*Paulus* 18 zu § 51 sowie
BT-Drucks 8/976 S 36).

Erfolgt die Entschuldigung nicht rechtzeitig, muß der Zeuge glaubhaft machen, daß ihn an
der Verspätung kein Verschulden trifft, um den Ungehorsamsfolgen des § 51 zu entgehen
(§ 51 Abs 2 S 2). Zur Glaubhaftmachung genügt ein Vortrag des Zeugen, der es dem Richter
ermöglicht, die behaupteten Tatsachen ohne förmliche Beweisaufnahme als wahrscheinlich
zu akzeptieren (BGH **21** 350; Bay **55** 225; Düsseldorf NJW **85** 2207; AK-*Kühne* 5 zu § 51).

Bei unverschuldet verspäteter Entschuldigung unterbleibt die Anordnung der Zwangsmittel des § 51 (LR-*Dahs* 10 zu § 51). Eine bereits erfolgte Anordnung ist wieder aufzuheben, wenn die Entschuldigung **nachträglich** eingeht (§ 51 Abs 2 S 3) bzw die unverschuldete Verspätung nachträglich glaubhaft gemacht wird (§ 51 Abs 2 S 3 analog [KK-*Pelchen* 18, K/M-G 25, LR-*Dahs* 26, jeweils zu § 51]).

1067 (b) Grds geht die staatsbürgerliche Zeugenpflicht und damit auch die Erscheinenspflicht **privaten oder beruflichen Interessen** des Zeugen vor, eine Ausnahme ist jedoch dann zu machen, wenn dem Zeugen bei Befolgung der Ladung erhebliche, nicht mehr zumutbare Nachteile zu entstehen drohen (allg Auffassung, s nur BDiszH MDR **60** 333 f; Saarbrücken JBl Saar **62** 13; Hamm MDR **74** 330). Bei der erforderlichen Abwägung sind neben den achtenswerten Belangen des Zeugen die Interessen anderer Prozeßteilnehmer, die Bedeutung der Sache sowie (insbes in Haftsachen) der Beschleunigungsgrundsatz einzubeziehen (Koblenz VRS **67** 252 f; KMR-*Paulus* 13, LR-*Dahs* 13, jeweils zu § 51).

1068 **Unkenntnis von der Ladung** stellt einen ausreichenden Entschuldigungsgrund dar, wenn der Zeuge die Ladung nicht erhalten hat und in seiner Abwesenheit auch nicht mit ihr rechnen mußte (AK-*Kühne* 7 a, K/M-G 11, jeweils zu § 51; *Molketin* DRiZ **81** 385; vgl auch zu längerer Abwesenheit Düsseldorf NJW **80** 2721 mit abl Bespr *Schmid* NJW **81** 858 f). Beruht die Unkenntnis auf Verschulden dritter (Hilfs-)Personen, so darf dem Zeugen kein Überwachungs- oder Organisationsverschulden zur Last fallen (Hamm NJW **56** 1935 zum Kanzleipersonal eines RA; KK-*Pelchen* 13 zu § 51).

1069 Bei einem **Irrtum** über das Vorliegen eines Entschuldigungsgrundes sind die Grundsätze des Verbotsirrtums (§ 17 StGB) entspr anzuwenden (LR-*Dahs* 12, AK-*Kühne* 8, jeweils zu § 51). Die irrige Annahme, wegen eines Zeugnisverweigerungsrechts nicht erscheinen zu müssen, entschuldigt den Zeugen regelmäßig nicht (allg Auffassung, s AK-*Kühne* 8 zu § 51; *Molketin* DRiZ **81** 385 f), eine Ausnahme gilt bei Fehlinformation durch einen RA (LR-*Dahs* 12, KK-*Pelchen* 14, jeweils zu § 51; vgl auch Stuttgart Justiz **73** 180; Oldenburg MDR **76** 336; aA K/M-G 12 zu § 51). Ist eine rechtzeitige Entschuldigung des Zeugen unbeantwortet geblieben, darf er davon ausgehen, sein Fernbleiben werde akzeptiert (allg Auffassung, s K/M-G 12, LR-*Dahs* 12, jeweils zu § 51).

1070 (c) Der genügende Entschuldigungsgrund muß nicht zur Überzeugung des Gerichts erwiesen sein, da gerade persönliche Umstände des Zeugen kaum bewiesen, sondern nur (zB durch eidesstattliche Versicherungen) glaubhaft gemacht werden können. Ausreichend ist es daher, wenn das Gericht keinen Anlaß zu Zw sieht (K/M-G 10, LR-*Dahs* 9, *Eb Schmidt* 19, jeweils zu § 51; aA Koblenz JBl Rhld-Pf **91** 214; KK-*Pelchen* 16, KMR-*Paulus* 10, jeweils zu § 51). Ob ein genügender Entschuldigungsgrund vorliegt, entscheidet das Gericht nach pflichtgemäßem Ermessen (LR-*Dahs* 8, KK-*Pelchen* 16, jeweils zu § 51).

1071 bb) **Folgen des Nichterscheinens** sind die Auferlegung der Kosten, die Festsetzung von Ordnungsmitteln sowie die Anordnung der Vorführung.
(1) Dem nichterschienenen Zeugen sind zwingend die durch sein Fernbleiben verursachten **Kosten aufzuerlegen** (§ 51 Abs 1 S 1); der Angekl hat darauf einen Rechtsanspruch (BayVerfGH **18** II 138). Die bloße Möglichkeit einer nachträglichen genügenden Entschuldigung steht der Kostenauferlegung nicht entgegen (BGH **10** 127 f). Erfaßt werden die Verfahrenskosten sowie die notwendigen Auslagen des Angekl (Karlsruhe NJW **80** 952; LG Hamburg NJW **74** 509 f; LR-*Dahs* 17,

II. Allgemeine Pflichten und Rechte des Zeugen

K/M-G 14, KK-*Pelchen* 6, KMR-*Paulus* 28, jeweils zu § 51; aA noch Hamm NJW **54** 286; LG Flensburg AnwBl **73** 86: alle Auslagen des Angekl).

Dem mit der Kostenfolge des § 467 Abs 1 freigesprochenen Angekl sind unbeschadet der Erstattungspflicht des Zeugen die notwendigen Auslagen unmittelbar aus der Staatskasse zu ersetzen (LG Münster NJW **74** 1342).

(2) Die **Ordnungsmittel** des § 51 stellen zwar keine echten Kriminalstrafen dar (aA *Gerland* 201), sie ahnden aber die Verletzung gesetzlich begründeter bzw vorausgesetzter Pflichten. Ein solcher sanktionsbewehrter Rechtsverstoß muß daher zum einen nach strafrechtlichen Grundsätzen behandelt werden, so daß die Verhängung von Ordnungsmitteln Verschulden und damit auch *Schuldfähigkeit* (§ 19 StGB) voraussetzt und insbes ggü Kindern nicht in Betracht kommt (BVerfGE **20** 332 ff; **58** 159 zu § 890 ZPO; Hamm MDR **80** 322 zu § 390 ZPO; LG Bremen NJW **70** 1429 f; K/M-G 15, KMR-*Paulus* 14, AK-*Kühne* 10, jeweils zu § 51; *Eisenberg* JGG 22 zu § 1; *Ostendorf* 10 zu § 1; *Meier* JZ **91** 640; *Günter* JA **79** 427; *Vierhaus* NStZ **94** 271);[22] bei Jugendlichen ist entspr § 3 S 1 JGG auf ihre Altersreife abzustellen (LR-*Dahs* 2, KK-*Pelchen* 22, jeweils zu § 51; *Eisenberg* JGG 22 zu § 1; *Göhler* 55 zu § 59; *Skupin* MDR **65** 869). Zum anderen sind strafprozeßrechtliche Grundsätze wie insbes das (aus der gerichtlichen Fürsorgepflicht erwachsende) Beschleunigungsgebot einzuhalten (LG Berlin NStZ **95** 509 mit zust Anm *Sander*).

Die Anordnung einer Ordnungsmaßnahme erfolgt bei erstmaligem Ausbleiben des Zeugen zwingend,[23] im ersten *Wiederholungs*fall fakultativ (§ 51 Abs 1 S 4), bei weiterer Wiederholung ist sie unzulässig (K/M-G 19 zu § 51). Eine Wiederholung des Ausbleibens liegt aber nur dann vor, wenn es sich noch um denselben Vernehmungsfall handelt; daher hindert beispielsweise die zweimalige Verhängung eines Ordnungsmittels im Vorverfahren oder in einer ausgesetzten HV eine nochmalige Anordnung in der späteren HV nicht (LR-*Dahs* 18, KMR-*Paulus* 36, *Eb Schmidt* 10, jeweils zu § 51).

(a) Der **Ordnungsgeld**beschluß erfolgt bei erstmaligem Ausbleiben zwingend neben der Auferlegung der Kosten (§ 51 Abs 1 S 2). Für die Höhe des Ordnungsgeldes gilt der Rahmen des Art 6 Abs 1 EGStGB (5,– bis 1000,– DM), wobei im Wiederholungsfall keine Anrechnung der vorangegangenen Festsetzung erfolgt (K/M-G 19 zu § 51). In der Gerichtspraxis gelten 200,– DM beim ersten und 400,– bis 500,– DM beim wiederholten Ausbleiben als Maßstab für den Durchschnittsfall. Zahlungserleichterungen sind in Art 7 EGStGB vorgesehen.

Ist das Verschulden gering (bej bei „Vergessen" der vor 9 Monaten ergangenen Ladung Düsseldorf JMBl NW **95** 286 und eine Ahndung nicht geboten, so kann von der Festsetzung eines Ordnungsgeldes entspr § 153, § 47 Abs 2 OWiG abgesehen werden, ohne daß es dazu der Zustimmung der StA bedarf (Koblenz MDR **79** 424; NStZ **88** 192 [zu § 77]; JBl Rhld-Pf **91** 187; Düsseldorf MDR **82** 600 f; Hamm VRS **41** 284 f; LG Landau NStZ **82** 129; LG Trier NJW **75** 1044; LG Berlin NStZ **95** 509; KMR-*Paulus* 35, LR-*Dahs* 20, SK-*Rogall* 17, jeweils zu § 51; *Grüneberg* MDR **92** 328 f; aA AK-*Kühne* 10 zu § 51). Die Kostenauferlegung nach § 51 Abs 1 S 1 wird dadurch nicht berührt (Hamm VRS **41** 283, 285; KMR-*Paulus* 35, K/M-G 17, jeweils zu § 51; *Sander* GA **95** 569; aA Koblenz MDR **79** 424; NStZ

---

[22] Anders wegen des nur disziplinarischen Charakters der Ordnungsmittel Hamm NJW **65** 1613; *Renner* Recht **17** 378 f; *Dalcke/Fuhrmann/Schäfer* 5 zu § 51 StPO. Nach Köln NJW **78** 2515 f setzt § 380 ZPO keine persönliche Schuld voraus.

[23] Nach KK-*Pelchen* 21 zu § 51 selbst dann, wenn auf die Vernehmung des nicht erschienenen Zeugen verzichtet wird.

88 192 f; JBl Rhld-Pf **91** 187; Düsseldorf MDR **82** 600); zwar werden die Rechtsfolgen des § 51 Abs 1 S 1 und S 2 regelmäßig zugleich ausgesprochen und gemäß § 51 Abs 2 zusammen aufgehoben, jedoch bilden sie deshalb keine untrennbare Einheit, wie sich schon aus deren unterschiedlicher Legitimation sowie in Fallgestaltungen unterschiedlicher Behandlung (LG Berlin NStZ **95** 509 mit Anm *Sander*) ergibt.

(b) **Ordnungshaft** ist bereits mit Festsetzung des Ordnungsgeldes für den Fall der Uneinbringlichkeit anzuordnen (§ 51 Abs 1 S 2). Ist dies fehlerhafterweise unterblieben, ist das Ordnungsgeld nötigenfalls nachträglich in Ersatzhaft umzuwandeln (Art 8 Abs 1 EGStGB). Der Haftrahmen bestimmt sich nach Art 6 Abs 2 EGStGB (1 Tag bis 6 Wochen).

1074 (3) Die zwangsweise **Vorführung** (§ 51 Abs 1 S 3) kann angeordnet werden, wenn zu besorgen ist, der ausgebliebene Zeuge werde auch einer erneuten Ladung nicht freiwillig Folge leisten (K/M-G 20 zu § 51). Der Vorführungsbefehl kann neben die Festsetzung von Ordnungsmitteln treten, ist aber auch zulässig, wenn die Ordnungsmittel nach einmaliger Wiederholung gem § 51 Abs 1 S 4 erschöpft sind (KK-*Pelchen* 9, LR-*Dahs* 22, jeweils zu § 51).

Da durch die Vorführung nur das Erscheinen gesichert, nicht aber vorangegangenes Ausbleiben geahndet wird, sollen – zumindest bei ausreichender Reife entspr § 3 S 1 JGG – nach überwiegender Meinung auch Kinder vorgeführt werden dürfen (LR-*Dahs* 2, KK-*Pelchen* 9 u 22, KMR-*Paulus* 14, AK-*Kühne* 13, jeweils zu § 51; *Renner* Recht **17** 378 f; *Günter* JA **79** 427 f;[24] aA *Skupin* MDR **65** 865 f; *Meier* JZ **91** 640; einschr *Vierhaus* NStZ **94** 271 f; *Ostendorf* 10 zu § 1; *Eisenberg* JGG 22 zu § 1: idR unverhältnismäßig, ebenso K/M-G 20 zu § 51 StPO). Bedenken hiergegen ergeben sich aus dem Verhältnismäßigkeitsgrundsatz sowie der Gefahr schädlicher Beeindruckung durch staatliche Zwangsanwendung uU gegen den Willen der Eltern.

1075 cc) Zuständig für das **Verfahren** bzgl der Festsetzung von Ordnungsmitteln und der Anordnung der Vorführung ist das Gericht, vor dem der Zeuge aussagen soll, nicht allein der Vorsitzende (K/M-G 22 zu § 51). Die Entscheidung ergeht von Amts wegen durch Beschluß (KK-*Pelchen* 19 zu § 51). Sie muß nicht notwendig in der Verhandlung, in der der Zeuge nicht erschienen ist (aA KMR-*Paulus* 23 zu § 51), wegen der Kostenfrage aber spätestens bei Entscheidungsreife der Hauptsache erfolgen (BGH **10** 126 f; LR-*Dahs* 24, K/M-G 23, jeweils zu § 51).[25] Eine vorherige Anhörung des Zeugen ist nicht erforderlich (LR-*Dahs* 24, KK-*Pelchen* 19, KMR-*Paulus* 24, K/M-G 24, jeweils zu § 51; aA für die Vorführung *Enzian* JR **75** 277 ff).

1076 dd) (1) Gegen die Anordnung von Ungehorsamsfolgen nach § 51 sowie deren Ablehnung steht dem betroffenen Zeugen und der StA das Recht der **Beschwerde** zu (§§ 304 iVm 305 S 2); gleiches gilt für den Beschuldigten, wenn er durch das Unterbleiben oder die Aufhebung der Kostenauferlegung nach § 51 Abs 1 S 1 beschwert ist (nicht also bei einem Freispruch) (BayVerfGH **18** II 138 f; Braunschweig NJW **67** 1381; Schleswig SchlHA **88** 108; vgl auch BGH **10** 128). Eine weitere Beschwerde ist unzulässig (K/M-G 28 zu § 51).

Bringt der Zeuge nachträglich (weitere) Entschuldigungsgründe vor, so ist dies, auch wenn es als „Beschwerdevorbringen" bezeichnet wird, als Aufhebungsantrag nach § 51 Abs 2 S 3 zu behandeln (ebenso LG Berlin NStZ **95** 509 mit zust Anm

---

[24] Die Entscheidung Düsseldorf FamRZ **73** 547 betrifft den Fall einer 19 jährigen.
[25] Zur Nachholbarkeit einer versäumten Beschlußfassung LG Itzehoe SchlHA **66** 154; *Werny* NJW **82** 2170 f.

II. Allgemeine Pflichten und Rechte des Zeugen

Sander). Erst die daraufhin ergehende (abl) Entscheidung ist mit der Beschwerde angreifbar (Düsseldorf MDR **83** 690; Hamburg MDR **82** 165; Frankfurt NJW **64** 2124; Hamm GA **58** 92; **72** 88; **83** 366; LR-*Dahs* 31 zu § 51; aA LG Itzehoe SchlHA **88** 36; *Schoene* GA **80** 418 ff).

(2) Auf Rechtsverstöße bei der (Nicht)Verhängung von Maßnahmen nach § 51 **1077** kann eine **Revision** nicht gestützt werden, da der Angekl nicht beschwert ist (KK-*Pelchen* 25, LR-*Dahs* 33, jeweils zu § 51; vgl auch RG **57** 30; **59** 250; **73** 34). Es kann aber eine durch Revision zu rügende Verletzung der Aufklärungspflicht (§ 244 Abs 2) vorliegen, wenn das Gericht es versäumt, einen nicht erschienenen Zeugen zum Erscheinen zu zwingen (LR-*Dahs* 33, K/M-G 30, jeweils zu § 51).

c) Seit Einführung des § 161 a durch das 1. StVRG 1975 besteht die Erscheinens- **1078** pflicht des Zeugen im Ermittlungsverfahren auch ggü der ermittelnden – im Falle der Amtshilfe auch der ersuchten – StA (§ 161 a Abs 1 S 1, Abs 4). Gem § 161 a Abs 1 S 2 gelten die §§ 48–71 und somit auch die für die Erscheinenspflicht maßgeblichen §§ 48, 51 entspr, soweit sich nicht aus § 161 a oder den Besonderheiten einer nichtrichterlichen Vernehmung ein anderes ergibt.

aa) Die **Ladung** des Zeugen wird durch die Geschäftsstelle der StA ausgeführt; § 38 findet keine Anwendung (KK-*Wache* 8 zu § 161 a). Anders als bei der Ladung zur richterlichen Vernehmung ist der Hinweis auf die gesetzlichen Folgen des Ausbleibens nicht obligatorisch und kann entfallen, wenn die Verhängung von Zwangsmitteln von vornherein nicht beabsichtigt ist (LR-*Rieß* 14, K/M-G 3 u 5, KMR-*Müller* 3, jeweils zu § 161 a).[26] Auf die Möglichkeit der Festsetzung von Ersatzordnungshaft durch den Richter muß nicht hingewiesen werden (LR-*Rieß* 14, KK-*Wache* 8, jeweils zu § 161 a; vgl auch BT-Drucks 7/551 S 73).

bb) Bei entspr Hinweis in der Ladung ist die StA berechtigt, bei **Ausbleiben** des **1079** Zeugen die Auferlegung der Kosten und die Verhängung eines Ordnungsgeldes auszusprechen sowie die Vorführung (ganz hM; aA AK-*Achenbach* 15 f zu § 161 a: „niemals ganz kurzfristig", daher gem Art 104 Abs 2 S 1 GG richterliche Anordnung [§§ 162, 169] erforderlich) anzuordnen. Die Festsetzung von Ordnungshaft bleibt dem Richter vorbehalten (§ 161 a Abs 2 S 2).

Zw ist, ob die angedrohten **Folgen** bei Nichterscheinen des Zeugen zwingend zu verhängen sind. Wegen des Grundsatzes der freien Gestaltung des Ermittlungsverfahrens steht die Vorführungsanordnung stets im freien Ermessen der StA (allg Auffassung, s nur K/M-G 16 zu § 161 a); gleiches muß auch für den Ordnungsgeldbeschluß gelten (LR-*Rieß* 38, KMR-*Müller* 4, jeweils zu § 161 a; aA KK-*Wache* 12, AK-*Achenbach* 13, beide zu § 161 a). Von der Kostenauferlegung kann dagegen nur dann abgesehen werden, wenn erkennbar keine Mehrkosten entstanden sind. Andernfalls käme es zu einer ungerechtfertigten Mehrbelastung des Beschuldigten bzw der Staatskasse (LR-*Rieß* 38, ähnlich KK-*Wache* 12, jeweils zu § 161 a; aA KMR-*Müller* 4 zu § 161 a, der immer eine Ermessensentscheidung annimmt).

cc) Gegen die Kostenauferlegung und den Ordnungsgeldbeschluß kann **Antrag 1080 auf gerichtliche Entscheidung** gestellt werden (§ 161 a Abs 3). Gleiches gilt für den Vorführungsbefehl, doch wird hier zum Zeitpunkt der gerichtlichen Entscheidung regelmäßig Erledigung der Maßnahme eingetreten sein. Die ganz hM hält

---

[26] Anders KK-*Wache* 8 zu § 161 a, der den Hinweis auf Kostenauferlegung und Ordnungsgeld stets für obligatorisch hält.

den Antrag in diesem Fall wegen prozessualer Überholung für unzulässig bzw gegenstandslos (s nur KK-*Wache* 19, KMR-*Müller* 6, K/M-G 21, jeweils zu § 161 a). Im Hinblick auf die Rechtsweggarantie des Art 19 Abs 4 GG sprechen allerdings gewichtige Gründe dafür, diese nichtrichterliche Zwangsmaßnahme auch nach Erledigung einer gerichtlichen Kontrolle zuzuführen, soweit ein berechtigtes Interesse – in Betracht kommt ein Rehabilitationsbedürfnis – an der möglichen Feststellung ihrer Rechtswidrigkeit besteht. Zu denken wäre hier insbes an eine (entspr) Anwendung des § 161 a Abs 3 auch für den Fall einer nachträglichen Rechtmäßigkeitsüberprüfung (LR-*Rieß* 53 zu § 161 a; dagegen für Antrag nach § 23 EGGVG *Amelung* 52; *Rieß/Thym* GA **81** 209 f). Da ein Rechtsbehelf gegen den Vorführungsbefehl selbst den Eingriff mangels aufschiebender Wirkung (vgl § 161 a Abs 3 S 3 iVm § 307) regelmäßig nicht verhindern kann, ist im Interesse eines wirksamen Rechtsschutzes bereits die Androhung der Vorführung in der Ladung als nach § 161 a Abs 3 angreifbare Entscheidung der StA anzusehen (LR-*Rieß* 51, KK-*Wache* 20, jeweils zu § 161 a; *Welp* 24; zw KMR-*Müller* 6 zu § 161 a).[27]

Gegen die bloße Ladung (ohne Androhung von Zwangsmaßnahmen) ist dagegen ein Antrag auf gerichtliche Entscheidung nicht zulässig (LR-*Rieß* 51, KK-*Wache* 20, jeweils zu § 161 a; ebenso zur Beschuldigtenladung LR-*Hanack* 17, K/M-G 9, jeweils zu § 133; aA *Gössel* GA **76** 62; *Welp* 17 ff; bzgl § 133 auch SK-*Rogall* 16, KK-*Boujong* 15, jeweils zu § 133; *Eb Schmidt* JZ **68** 362; *Amelung* 31: §§ 23 ff EGGVG).

1081 (1) **Antragsberechtigt** ist der betroffene Zeuge, aber auch der Beschuldigte, wenn er – wie bei der Ablehnung der Kostenauferlegung – beschwert ist (KK-*Wache* 18, K/M-G 19, jeweils zu § 161 a; zw LR-*Rieß* 57 zu § 161 a).

(2) Wird die Belastung mit den Kosten angefochten, so gilt § 304 Abs 3 nicht entspr (§ 161 a Abs 3 S 3 arg e contr; LR-*Rieß* 49, KK-*Wache* 23, jeweils zu § 161 a). – Im übrigen kann die Beschwerde auch auf einen bestimmten Beschwerdepunkt beschränkt werden (KK-*Wache* 23, K/M-G 20, jeweils zu § 161 a).
Wenngleich der Antrag keine aufschiebende Wirkung hat (§ 307 Abs 1), wird insbes bei Ordnungsgeldfestsetzungen idR eine Aussetzung nach § 307 Abs 2 geboten sein (LR-*Rieß* 59, AK-*Achenbach* 18, beide zu § 161 a).

(3) Zuständig zur Entscheidung über den Antrag gem § 161 a Abs 3 ist das LG auch dann, wenn für das Hauptverfahren das AG zuständig wäre (§ 73 Abs 2 GVG, anders lediglich nach §§ 120 Abs 3, 135 Abs 2 GVG). Bezieht sich das Ermittlungsverfahren auf eine Katalogtat nach § 74 a Abs 1 GVG, so entscheidet die Staatsschutzstrafkammer (§ 74 a Abs 3 iVm § 73 Abs 1 GVG); die Wirtschaftsstrafkammer entscheidet, wenn sie nach dem Stand der Ermittlungen für die Aburteilung der Tat voraussichtlich zuständig wäre (§ 74 c Abs 2 iVm § 73 Abs 1 GVG). – Örtlich zuständig (§ 161 a Abs 3 S 2) ist das LG, in dessen Bezirk diejenige StA ihren Sitz hat, die die angefochtenen Maßnahmen vorgenommen hat, in Fällen nach § 161 a Abs 4 evt das LG, zu dessen Bezirk die ersuchte StA gehört (LR-*Rieß* 56 zu § 161 a).

(4) Der Ausschluß der Beschwerde gegen die Entscheidung des Gerichts (§ 161 a Abs 3 S 4) bezieht sich auf die Entscheidung des LG im Ganzen, dh auch auf die Kosten des Antrags, über die entspr § 473 (§ 161 a Abs 3 S 3 aE) mitentschieden wird. Daher ist auch die sofortige Beschwerde gegen die Kostenentscheidung ausgeschlossen (§ 464 Abs 3 S 1 Hs 2; KK-*Wache* 24, LR-*Rieß* 66, jeweils zu § 161 a).

1082 d) Ggü der zur Vernehmung von Zeugen berechtigten **Polizei** (§ 163 a Abs 5) besteht keine Pflicht zum Erscheinen (allg Auffassung, s nur BGH NJW **62**

---

[27] Nach *Amelung* 31 ist hier ein Antrag nach § 23 EGGVG zulässig.

II. Allgemeine Pflichten und Rechte des Zeugen

1020f). Der Polizei stehen auch keine Zwangsmittel zur Verfügung, um ein Erscheinen zu Aussagezwecken durchzusetzen, insbes hat sie kein Recht zur Vorführung – es sei denn, die Voraussetzungen des § 127 liegen vor (BGH NJW **62** 1020f; Schleswig NJW **56** 1570; LR-*Rieß* 73 zu § 163 a; KK-*Wache* 15 zu § 163; aA unter Rückgriff auf polizeirechtliche Vorschriften *Peters* § 42 III 1 iVm § 24 II; gegen diese Argumentation *Roxin* 23, 28 zu § 31; *Benfer* 134 f; *Schenke* JR **70** 48 ff). Dies gilt auch dann, wenn der Zeuge im Auftrag der StA (§ 161) vernommen werden soll (arg e contr § 161 a Abs 4; vgl K/M-G 37 zu § 163).

Die Polizei kann den Zeugen vorladen. Dabei handelt es sich um eine gesetzlich nicht geregelte – § 48 findet hier keine Anwendung (LR-*Dahs* 1, AK-*Kühne* 1, jeweils zu § 48) – unverbindliche Aufforderung, doch soll eine Hinweispflicht auf die Freiwilligkeit des Erscheinens nicht bestehen. Wird allerdings der Eindruck erweckt, es bestünde eine Erscheinenspflicht, so kann ein Verstoß gegen das Täuschungsverbot des § 136 a vorliegen (LR-*Rieß* 74 zu § 163 a). **1083**

In der polizeilichen Praxis enthält der entspr Vordruck verschiedentlich den Hinweis, daß für den Fall des Nichterscheinens mit einer Vorladung zur StA zu rechnen sei (vgl etwa Ziff 28 GeschA LPolDir Berlin 5/89). Dies ist zulässig (LR-*Rieß* 74, KK-*Wache* 31, jeweils zu § 163 a), begegnet aber deshalb Bedenken, weil durch die Formulierung der Eindruck entstehen kann, ein Nichterscheinen vor der Polizei sei mit Nachteilen verbunden.

2. Aussagepflicht und ihre Durchsetzung

Übersicht

	Rn		Rn
a) Allgemeines	1084	d) Pflicht zur wahrheitsgemäßen und vollständigen Aussage	1112
b) Pflicht zur Angabe der Personalien	1085–1095		
c) Pflicht zur Aussage zur Sache und ihre Durchsetzung	1096–1111		

a) Jeder Zeuge ist grds verpflichtet, wahrheitsgemäß und vollständig Angaben zu seiner Person sowie zur Sache zu machen. Zu Auskunfts- bzw Zeugnisverweigerungsrechten s 1113 ff bzw 1241 ff. **1084**

b) Die **Pflicht zur Angabe der Personalien** (§ 68 Abs 1 S 1) obliegt dem Zeugen in jeder richterlichen – auch kommissarischen (BGH [GS] **32** 115) – sowie staatsanwaltlichen (§ 161 a) Vernehmung. Bei Vernehmungen durch die Polizei kommt der Vorschrift des § 68 Richtliniencharakter zu (LR-*Rieß* 87, KK-*Wache* 31, K/M-G 23, alle zu § 163 a;[28] zu Ausnahmen bei V-Leuten vor Einf des OrgKG s BGH **33**, 86 f = JZ **85** 494 mit Anm *Fezer* = NStZ **85** 278 mit abl Anm *Arloth* sowie näher 1045). **1085**

aa) Die Beantwortung der Fragen zur Person stellt kein „Zeugnis" iSd §§ 52 ff, 70 dar. Die **Auskunftspflicht** besteht auch dann, wenn der Zeuge zur Zeugnisverweigerung berechtigt ist, es sei denn, seine Vernehmung bezweckt allein die Feststellung seiner Identität, da in diesem Fall die Angabe der Personalien einem Zeug-

---

[28] Vgl aber Ziff 22 Abs 4 GeschA LPolDir Berlin 5/89, wonach eine Verpflichtung gem § 68 bestehen soll.

nis gleichkommt (LR-*Dahs* 17, K/M-G 3, beide zu § 68). Eine diesbezgl Auskunftsverweigerung kann nicht mit den Ordnungsmitteln des § 70 geahndet werden (KG JR **77** 295; *Roxin* 41 zu § 26; LR-*Dahs* 7 zu § 70; aA Koblenz JBl Rhld-Pf **91** 212; *Schlüchter* 524 Fn 423a); es liegt aber eine nach § 111 OWiG bußgeldbewehrte OWi vor (Stuttgart Justiz **91** 334; LR-*Dahs* 17, K/M-G 3, beide zu § 68).

1086 bb) Die Befragung zur Person erfolgt zu Beginn der Vernehmung und dient in erster Linie dem **Zweck**, Personenverwechslungen zu vermeiden (RG **40** 158); darüber hinaus kann sie auch für die Beurteilung der Glaubwürdigkeit von Bedeutung sein (BGH **23** 245; [GS] **32** 128; **33** 87; NJW **86** 1999f).

1087 cc) Eine **Geheimhaltung** der Personalien vor dem Angekl und seinem Vert in der **HV** ist unzulässig. Vielmehr hat der Angekl gemäß §§ 246 Abs 2, 222 Abs 1 S 1, 2 dem Grds nach einen Anspruch darauf, daß das Gericht ihm die geladenen Zeugen namhaft macht, damit Erkundigungen über sie möglich sind, um ihre Glaubwürdigkeit zu überprüfen. Eine insofern (besonders betr V-Personen, s 1044) nicht ganz unbedenkliche Ausnahme wird nur unter den Voraussetzungen des § 68 Abs 3 zugelassen, dh wenn der Zeuge oder eine dritte Person durch Offenbarung der Personalangaben an Leib, Leben oder Freiheit gefährdet ist (zur Begründung der Gesetzesänderung BT-Dr 12/989 S 35f; zur Beurteilung vor Einf des OrgKG BGH **23** 244f; [GS] **32** 128; LR-*Dahs* 3, AK-*Lemke* 3, beide zu § 68; *Tiedemann/Sieber* NJW **84** 755; *Bruns* MDR **84** 178; aA noch BGH NJW **81** 770;[29] zu Ausnahmen bei einer auf der Gefährdung beruhenden Identitätsänderung s BGH **29** 113; Frankfurt NJW **82** 1408; LR-*Dahs* 3, AK-*Lemke* 3, beide zu § 68; vgl auch BVerfGE **57** 286).

1088 Diese Grundsätze gelten auch für die kommissarische Zeugenvernehmung (§ 223) (s 1043, 2130); zur Verwertbarkeit der Zeugenaussage in einem anderen Verfahren, wenn die Personalien des „verdeckten" Zeugen mittlerweile bekannt waren, BGH NJW **86** 1999f; K/M-G 18 zu § 68; KK-*Pelchen* 69 vor § 48; aA *Fezer* StV **86** 373).

1089 dd) (1) Die Angabe von **Vor-** und **Zunamen** ist nur entbehrlich, wenn diese dem Gericht sowie allen Prozeßbeteiligten bekannt sind (vgl RG **40** 158). Auf Verlangen sind weitere Vornamen neben dem Rufnamen, Künstler- und Decknamen (BGH NStZ **81** 72), Geburts- sowie (eigentlicher) Familienname zu offenbaren (BGH **23** 244; K/M-G 5, KK-*Pelchen* 2, beide zu § 68).
(2) Das **Alter** des Zeugen kann insbes in Hinblick auf die Vereidigungsbestimmungen (§§ 60 Nr 1, 61 Nr 1) oder aus materiellrechtlichen Gründen (s zB §§ 175, 176 StGB) von Bedeutung sein, ist aber auch dann anzugeben, wenn seine Relevanz für das konkrete Verfahren nicht ersichtlich ist (K/M-G 6 zu § 68). Im allg genügt die Angabe des Alters nach vollendeten Lebensjahren, auf Nachfrage ist aber auch das genaue Geburtsdatum zu nennen (LR-*Dahs* 4 zu § 68; nach *Herminghausen* DRiZ **51** 225 ist diese Angabe generell vorzuziehen).
(3) Unter **Stand oder Gewerbe** ist heute der Beruf des Zeugen zu verstehen (vgl auch § 111 Abs 1 OWiG). Neben der genauen Berufsbezeichnung (KK-*Pelchen* 4 zu § 68) können auch Ausführungen über die berufliche Stellung und die Art des Erwerbs verlangt werden (K/M-G 7 zu § 68). Die Fragen dürfen sich aber nur auf die zZt der Vernehmung ausgeübte Erwerbstätigkeit beziehen, Angaben zu früheren oder nebenberuflichen Betätigungen fallen nicht mehr unter § 68 Abs 1, sondern sind Vernehmung zur Sache (LR-*Dahs* 5, K/M-G 7, KK-*Pelchen* 4, alle zu § 68; vgl auch BGH bei *Dallinger* MDR **66** 383).

---

[29] Nach KMR-*Paulus* 5 zu § 68 aF durfte ein Zeuge bei Gefahr für Leib oder Leben die Personalangaben verweigern, stand dann aber nicht mehr als Beweismittel zur Verfügung; s auch *Herdegen* NStZ **84** 201 und *Miebach* ZRP **84** 81 ff, die eine Gesetzesänderung forderten.

II. Allgemeine Pflichten und Rechte des Zeugen

(4) Die Frage nach dem **Wohnort** des Zeugen bezieht sich auf dessen genaue postalische **1090** Anschrift (Stuttgart Justiz **91** 334; K/M-G 8, KMR-*Paulus* 10, jeweils zu § 68; *Schlund* NJW **72** 1035; *Leineweber* MDR **85** 636; nach aA genügt regelmäßig die Ortsangabe:[30] Celle StV **88** 374; LR-*Dahs* 6, KK-*Pelchen* 5, AK-*Lemke* 8, alle zu § 68; *Greiner* Krim **79** 522), da die bloße Ortsangabe weder hinreichend vor Personenverwechslungen schützt noch als Grundlage für Erkundigungen über den Zeugen ausreicht (vgl auch § 222 Abs 2, der von der Angabe der Wohnanschrift ausgeht, sowie § 222 Abs 1, wo unter „Wohnort" ebenfalls allg die genaue Adresse verstanden wird [s nur LR-*Gollwitzer* 12 zu § 222]).

Fehlt ein fester Wohnsitz, ist der Aufenthaltsort anzugeben (vgl § 222 Abs 1; K/M-G 8 zu § 68).

(a) Ohne Einschränkungen ist es zulässig, statt des Wohnortes den Dienstort anzugeben, falls in amtlicher Eigenschaft gemachte Wahrnehmungen zu bezeugen sind (§ 68 Abs 1 S 2, s auch § 200 Abs 1 S 3, § 222 Abs 1 S 3); mit dieser pauschalen Regelung (eingef durch OrgKG) ist die frühere Streitfrage betr Belästigungen oder Gefährdung des Zeugen,[31] in der Abwägung ggü Belangen des Angekl hinsichtlich der Möglichkeit, Erkundigungen zur Frage der Glaubwürdigkeit des Beamten oder Richters einzuziehen, beendet worden (s aber zur Korrumpierbarkeit bei der Polizei etwa *Sielaff* Krim **92** 353 ff; vgl allg auch 1455).

(b) (aa) Gem **§ 68 Abs 2 S 1** kann auf die Nennung des Wohnortes verzichtet **1091** werden, wenn sonst eine Gefährdung des Zeugen oder dritter Personen zu besorgen ist. Die Gefahr muß nicht Leib oder Leben des Zeugen (oder des Dritten) betreffen, ausreichend ist auch eine nicht unerhebliche Bedrohung von Eigentum, Besitz, Freiheit oder Hausfrieden; bloße Belästigungen genügen dagegen nicht (LR-*Dahs* 10, KMR-*Paulus* 15, K/M-G 12, AK-*Lemke* 9, alle zu § 68; *Leineweber* MDR **85** 637; aA Celle StV **88** 374; offen gelassen von Koblenz JBl Rhld-Pf **91** 212). Anlaß zur Besorgnis einer Gefährdung besteht insbes, wenn bereits früher iZm den zu erwartenden Bekundungen des Zeugen ein Anschlag auf ihn oder einen Dritten verübt oder angedroht worden ist, kann aber auch aus kriminalistischen Anhaltspunkten oder allg (kriminologischen) Erfahrungssätzen hergeleitet werden (Koblenz JBl Rhld-Pf **91** 212 f; KMR-*Paulus* 15, KK-*Pelchen* 7, jeweils zu § 68; *Leineweber* MDR **85** 637).

§ 68 Abs 2 S 1 schützt den Zeugen vor etwaigen Beeinträchtigungen seitens Zu- **1092** hörern wie auch seitens des Angekl, dh die Vorschrift gilt auch diesem ggü (s auch §§ 200 Abs 1 S 3 und 222 Abs 1 S 3, eingef durch OrgKG; anders noch zu § 68 S 2 aF KMR-*Paulus* 14 zu § 68; *Engels* NJW **83** 1531; *Molketin* MDR **81** 466 f; s auch BGH NStZ **89** 238). Gem § 68 Abs 2 S 1 ist die Nichtangabe des Wohnortes unter den genannten Voraussetzungen auch im Rahmen der Zeugenvernehmung außerhalb der öffentlichen HV gestattet (s anders noch zur früheren Rechtslage LR-*Dahs* 12, KMR-*Paulus* 14, beide zu § 68).

Ggü dieser generellen Regelung bestehen aus empirischer Sicht die Bedenken hinsichtlich der Erkundigungsmöglichkeit betr die Glaubwürdigkeit des Zeugen

---

[30] Es sei denn, die Anschrift wird erstmalig festgestellt oder ist zur Identifizierung notwendig.

[31] Vgl LR-*Dahs* 6, KMR-*Paulus* 10, K/M-G 8, alle zu § 68; *Schlund* NJW **72** 1035; *Greiner* Krim **79** 523; zur Abwägung bzgl § 222 s Stuttgart Justiz **91** 333 ff; aA bzgl bloßer Belästigung AK-*Lemke* 8 zu § 68; *Leineweber* MDR **85** 636 f: bei Gefährdung § 68 S 2 aF entspr; vgl auch Celle StV **88** 373, das aber bei § 68 S 2 aF bereits Belästigungen für ausreichend erachtete, so daß die Wohnortsangabe in den genannten Fällen ganz unterbleiben konnte. – Zur bereits vorherigen Praxis der Polizei, grds nur die Adresse ihrer Dienstbehörde anzugeben, vgl Ziff 22 Abs 5 GeschA LPolDir Berlin 5/89.

fort (s zu Motiven der Falschaussage 1453 ff; vgl aber BT-Dr 12/989 S 35, wonach es ggf genügen werde, dem Vert auf Verlangen den Wohnort zu offenbaren).

1093 Liegen die Vorauss des § 68 Abs 2 S 1 vor, **kann** dem Zeugen gestattet werden, seinen Wohnort während der gesamten Dauer der **HV** geheimzuhalten (§ 68 Abs 2 S 2), dh das Fragerecht der Prozeßbeteiligten (§ 240) ist insoweit eingeschränkt (vgl zu § 68 S 2 aF LR-*Dahs* 9 zu § 68; *Rieß* NJW **78** 2268).

(bb) Die Entscheidung ist unter Abwägung des Persönlichkeitsschutzes des Zeugen (Art 2 Abs 1 iVm Art 1 Abs 1 GG) gegen den Informationsanspruch der Öffentlichkeit vom Vorsitzenden von Amts wegen oder auf Antrag der StA (vgl Nr 130a RiStBV), eines anderen Prozeßbeteiligten oder des Zeugen zu treffen. Das Gericht hat gem § 238 Abs 2 bei Beanstandung – auch des Zeugen (LR-*Dahs* 16, KK-*Pelchen* 9, KMR-*Paulus* 16, K/M-G 11, alle zu § 68; aA AK-*Lemke* 9 zu § 68) – zu entscheiden (K/M-G 11, KK-*Pelchen* 9, beide zu § 68; *Leineweber* MDR **85** 638).

(5) Die **Religionszugehörigkeit** (s auch Art 140 GG iVm Art 136 Abs 3 S 1 WRV), **Herkunft** oder **Abstammung** des Zeugen gehören nicht zu den Angaben zur Person. Sie können aber Gegenstand der Vernehmung zur Sache sein (KMR-*Paulus* 7, LR-*Dahs* 7, beide zu § 68).

1094 ee) Die Vernehmung zur Person ist als wesentliche Förmlichkeit gem §§ 168a Abs 1 S 1, 273 im **Protokoll** zu beurkunden – zur Beweiskraft s § 274 –, wobei üblicherweise nur die Erklärungen des Zeugen protokolliert werden (RG **3** 102; KK-*Pelchen* 11 zu § 68).

1095 ff) Allein auf einen Verstoß gegen die Ordnungsvorschrift des § 68 kann die **Revision** nicht gestützt werden (RG **40** 158; Schleswig bei *Ernesti/Jürgensen* SchlHA **73** 186; Saarbrücken VRS **21** 49; KMR-*Paulus* 23, K/M-G 23, LR-*Dahs* 19, alle zu § 68; aA *Eb Schmidt* 1 zu § 68), es kann aber die Verletzung der Aufklärungspflicht (§ 244 Abs 2) (LR-*Dahs* 19, K/M-G 23, KK-*Pelchen* 12, alle zu § 68; vgl auch RG **55** 22 f zur Vernehmung des falschen Zeugen) oder die unzulässige Beschränkung der Verteidigung (§ 338 Nr 8) (BGH **23** 245 bei Geheimhaltung der Identität des Zeugen vor dem Angekl und seinem Vert; s auch BGH NStZ **89** 238) gerügt werden.

Da seit der Gesetzesänderung durch das OrgKG eine Geheimhaltung der Personalien des Zeugen auch ggü dem Angekl zulässig ist, berührt die Entscheidung nach § 68 Abs 2, 3 dessen Rechtskreis (anders nach der früheren Gesetzeslage KK-*Pelchen* 12, AK-*Lemke* 14, beide zu § 68). Das Urteil wird aber regelmäßig auf diesem Verfahrensverstoß nicht beruhen (vgl LR-*Dahs* 19 zu § 68).

1096 c) Jeden Zeugen trifft grds die **Pflicht, zur Sache auszusagen**. Verweigert er das Zeugnis ohne gesetzlichen Grund, kann dies **Maßnahmen nach § 70** zur Folge haben.

Das Gericht darf zudem die unberechtigte Weigerung des Zeugen bei der Beweiswürdigung berücksichtigen, ohne vorher den Versuch einer Aussageerzwingung unternehmen zu müssen (BGH NJW **66** 211; KMR-*Paulus* 4 zu § 70).

aa) Der **Geltungsbereich** des § 70 erstreckt sich auf alle richterlichen Vernehmungen sowie – mit der Einschränkung des § 161a Abs 2 – auf die der StA (allg Auffassung, s K/M-G 1 zu § 70). Die Aussagepflicht gegenüber der StA besteht auch dann, wenn der Zeuge ohne förmliche Ladung vor der StA erscheint oder seinerseits zum Zwecke der Vernehmung aufgesucht wird (LR-*Rieß* 8, KK-*Wache* 4, K/M-G 2, alle zu § 161a). Dagegen ist der Zeuge nicht verpflichtet, vor der Polizei auszusagen (BGH NJW **62** 1021; RG **9** 435 f).

II. Allgemeine Pflichten und Rechte des Zeugen

Die Vorschrift des § 70 ergänzt § 51 für den Fall, daß der Zeuge seiner Erscheinens-, nicht aber seiner Aussagepflicht nachkommt. Beide Regelungen stehen selbständig und unabhängig nebeneinander, eine Anrechnung ggf bereits nach § 51 verhängter Maßnahmen erfolgt im Rahmen des § 70 nicht (allg Auffassung, s nur KMR-*Paulus* 2 zu § 70).

bb) **Voraussetzung** der Verhängung von Maßnahmen nach § 70 ist die grundlose Aussageverweigerung. 1097

(1) Ordnungsmittel und Beugehaft dürfen nur ggü **schuldfähigen** Zeugen verhängt werden (vgl 1072). Sie kommen daher bei Kindern nicht in Betracht und können auch nicht gegenüber Eltern und Erziehungsberechtigten, die selbst nicht Zeugen sind, verhängt werden (K/M-G 3, KK-*Pelchen* 4, AK-*Lemke* 5, alle zu § 70).

(2) Eine **Verweigerung des Zeugnisses** liegt nicht nur vor, wenn der Zeuge 1098 gänzlich schweigt, sondern auch, wenn er einzelne Fragen unbeantwortet läßt (BGH **9** 363; RG **73** 33; Celle NJW **58** 73) oder Erinnerungslücken bzw Nichtwissen offensichtlich vortäuscht (BGH **9** 364; LR-*Dahs* 8, KMR-*Paulus* 3, *Eb Schmidt* 12, alle zu § 70; *Schlüchter* 524 Fn 423a; aA *Welp* 32). Eine lückenhafte Aussage ist jedoch dann, wenn der Zeuge nicht zugleich die Unvollständigkeit seiner Angaben darlegt („mehr will ich nicht sagen"), keine Aussageverweigerung, sondern eine unwahre Aussage, der nicht mit den Maßnahmen des § 70 begegnet werden kann (BGH **9** 364; K/M-G 5, KK-*Pelchen* 3, jeweils zu § 70; s n 1112; zur Bedeutung der Fragetechnik des Vernehmenden idZ *Krehl* NStZ **91** 417f).

(3) **Gesetzliche Gründe** für die Aussage- und Zeugnisverweigerung ergeben 1099 sich in erster Linie aus den §§ 52 bis 55, daneben können Verstöße gegen § 169 S 2 GVG (LR-*Dahs* 5, K/M-G 6, KK-*Pelchen* 2, AK-*Lemke* 3, alle zu § 70; vgl auch *Roggemann* JR **66** 50) oder andere den Schutz (auch) des Zeugen bezweckende Verfahrensnormen (s im einzelnen KMR-*Paulus* 8 zu § 70) sowie bei Gefahr für Leib oder Leben des Zeugen oder dritter Personen auch § 34 StGB (LR-*Dahs* 5, K/M-G 6, AK-*Lemke* 3, alle zu § 70; vgl auch BGH NStZ **84** 31[32]; BGH StV **93** 233f mit Anm *Eisenberg* StV **93** 624; anders SK-*Rogall* 72 vor § 48) Weigerungsrechte begründen.

Fragen, die nicht zum Gegenstand des Zeugenbeweises gemacht werden dürfen, werden von der Aussagepflicht nicht berührt (LR-*Dahs* 7, KMR-*Paulus* 8, beide zu § 70).

Das aus **Art 38 Abs 1 GG** und den entspr Vorschriften der Länderverfassungen abzuleitende Wahlgeheimnis berechtigt jeden Zeugen, Angaben darüber zu verweigern, wie er gewählt hat – auch wenn davon die Aufklärung einer Wahlfälschung (§ 107a StGB), einer Wählernötigung (§ 108 StGB) oder einer anderen Straftat abhängt (ANM 451; aA RG **63** 388 = JW **30** 1223 mit abl Anm *Parels*). Selbstverständlich steht es dem Zeugen frei, das Gericht zu unterrichten, wie er gewählt hat (ANM 451f).

In ganz besonderen Ausnahmefällen kann das Recht auf Schutz der persönlichen 1100 Intimsphäre (Art 2 Abs 1 iVm Art 1 Abs 1 GG) die Zeugnispflicht beschränken (BVerfGE **33** 374f; Bay NJW **79** 2624f; LG Hannover AfP **74** 670; LG Lübeck

---

[32] Nach dieser Entscheidung kann im Gefahrfall die Fürsorgepflicht des Gericht dieses von der Verpflichtung befreien, den Zeugen zu einer Aussage anzuhalten. Allerdings gebieten die Wahrheitsforschungspflicht ebenso wie der Grundsatz des fairen Verfahrens die Vorprüfung, ob die Gefahr „anders abwendbar" ist, wobei ua Fragen der Zumutbarkeit zu berücksichtigen sind (einschr zB betr „Identitätsänderung" im Rahmen polizeilichen Zeugenschutzes Anm *Eisenberg* StV **93** 626f Fn 29, 37).

StV **93** 516 [betr Beratungsgespräch mit dem Rechtsbeistand]). Über § 53 Abs 1 Nr 5 hinaus kann auch Art 5 Abs 1 S 2 GG ausnahmsweise und aufgrund einzelfallbezogener Abwägung unmittelbar einen gesetzlichen Grund der Zeugnisverweigerung darstellen (BVerfGE **64** 116 = JZ **83** 795 mit abl Anm *Fezer*, zum engeren § 53 Abs 1 Nr 5 aF [vor 1975] s auch BVerfGE **25** 305; **36** 211 sowie LG Hannover AfP **74** 670 f; zust KMR-*Paulus* 80 vor § 48; LR-*Dahs* 53 zu § 53; *Roxin* 24 ff zu § 26; *Löffler* AfP **75** 731 und NJW **78** 915 f; *Jarass* AfP **77** 215 f; aA wohl BGH **28** 254 f).

1101 Ein Irrtum des Zeugen über das Vorliegen eines Weigerungsrechts ist nach den Grundsätzen des Verbotsirrtums (§ 17 StGB, § 11 Abs 2 OWiG) zu behandeln (KMR-*Paulus* 11 zu § 70 iVm 14 zu § 51; *Eb Schmidt* Nachtr I 3 zu § 70; K/M-G 4 zu § 70). IdR wird der Irrtum vermeidbar sein, da das Gericht vor Verhängung einer Maßnahme nach § 70 verpflichtet ist, den Zeugen auf die Unzulässigkeit seiner Aussageverweigerung hinzuweisen (LR-*Dahs* 6, K/M-G 4 u 17, beide zu § 70; ein Verschulden wurde aber verneint in den Fällen von BGH **28** 259 [zust AK-*Lemke* 5 zu § 70] sowie von LG Köln NJW **59** 1598 f [abl LR-*Dahs* 6 zu § 70]).

1102 cc) **Folgen der Weigerung** sind die Auferlegung der Kosten, die Verhängung von Ordnungsmitteln sowie zur Erzwingung der Aussage die Anordnung von Beugehaft.

(1) Die **Kostenauferlegung** (§ 70 Abs 1 S 1) hat zwingend in jedem einzelnen Fall der Zeugnisverweigerung zu erfolgen (KMR-*Paulus* 14, AK-*Lemke* 6, beide zu § 70), wobei das Wiederholungsverbot des Abs 4 keine Anwendung findet (LR-*Dahs* 12, K/M-G 8, beide zu § 70). Unterbleibt die Entscheidung, dürfen die Kosten gem § 8 GKG auch nicht vom Angekl erhoben werden (s näher [zu § 51] 1071).

1103 (2) Auch die Festsetzung von **Ordnungsgeld** (§ 70 Abs 1 S 2) ist zwingende Folge der Verletzung der Zeugnispflicht (LG Mainz NJW **88** 1745), allerdings kann der Richter die Maßnahme zunächst nur androhen und die endgültige Anordnung von der Reaktion des Zeugen abhängig machen (LR-*Dahs* 13 zu § 70; *Alsberg* JW **22** 1393). Die Bemessung des Ordnungsgeldes – zwischen 5 und 1.000 DM (Art 6 Abs 1 EGStGB) – richtet sich nach dem Gewicht der Straftat, dem Grund des Ungehorsams sowie der finanziellen Leistungsfähigkeit des Zeugen (BDiszH NJW **60** 552; LG Mainz NJW **88** 1745; LR-*Dahs* 14 zu § 70).

Sagt der Zeuge erst nachträglich aus, führt das ebensowenig zur **Aufhebung** oder **Abänderung** des Ordnungsgeldbeschlusses wie eine nachträgliche Entschuldigung seines Ungehorsams oder ein allseitiger Verzicht auf seine Aussage (LR-*Dahs* 38, KMR-*Paulus* 26, *Eb Schmidt* 15, alle zu § 70). In Betracht kommt dann allerdings eine Einstellung entspr § 153, § 47 Abs 2 OWiG (LR-*Dahs* 38, AK-*Lemke* 14, jeweils zu § 70; vgl auch *Dahs* NStZ **83** 183 f). Erweist sich die Aussageverweigerung dagegen später als berechtigt, so ist der Beschluß von Amts wegen aufzuheben (K/M-G 18 zu § 70).

1104 (3) Kann das Ordnungsgeld nicht beigetrieben werden, ist ersatzweise **Ordnungshaft** zwischen 1 Tag und 6 Wochen (Art 6 Abs 2 S 1 EGStGB) zu verhängen (§ 70 Abs 1 S 2). Die Festsetzung erfolgt im Ordnungsgeldbeschluß (zur nachträglichen Anordnung s Art 8 EGStGB) und wird auch dann nicht entbehrlich, wenn Beugehaft nach § 70 Abs 2 verhängt wird (KMR-*Paulus* 15, K/M-G 11, beide zu § 70).

1105 (4) Zur Erzwingung der Aussage kann gem § 70 Abs 2 sog **Beugehaft** angeordnet werden. Dies setzt, wie § 70 Abs 1 S 2 vorgibt, die (zumindest gleichzeitige)

II. Allgemeine Pflichten und Rechte des Zeugen

Verhängung von Ordnungsmitteln voraus (Koblenz MDR **95** 1057;[33] LG Zweibrücken MDR **95** 89; K/M-G 12 zu § 70; aA AG Bonn JR **94** 171 mit zust Anm *Derksen*), nicht jedoch deren Vollstreckung (LR-*Dahs* 17, KK-*Pelchen* 6, K/M-G 12, alle zu § 70).[34] Insbes kann die Beugehaft nicht von einem ergebnislosen Vollzug der Ordnungshaft abhängig gemacht werden (LR-*Dahs* 17, KK-*Pelchen* 6, beide zu § 70; vgl auch BVerfGE **76** 391 f), da letztere die Nichtbefolgung ahnden, erstere dagegen die Erfüllung der Aussagepflicht in der Zukunft bewirken soll. Zudem kann das Interesse am Fortgang des Verfahrens eine sofortige Vollstreckung der Beugehaft erfordern, während die Verhängung von Ordnungshaft den erfolglosen Versuch der Beitreibung des Ordnungsgeldes voraussetzt. Ist aber neben der Beugehaft auch Ordnungshaft zu vollstrecken, erfolgt zunächst die Vollstreckung der Ordnungshaft (KMR-*Paulus* 17, K/M-G 19, AK-*Lemke* 8, alle zu § 70).

Die Anordnung der Beugehaft steht – anders als die der Ordnungsmittel nach Abs 1 – im *Ermessen* des Gerichts (BGH NJW **66** 211; GA **68** 307; Koblenz NJW **52** 278; ANM 787) und darf nur ergehen, wenn sie nach den Umständen des Falles unerläßlich ist und der Verhältnismäßigkeitsgrundsatz gewahrt wird (LR-*Dahs* 18, KMR-*Paulus* 12, K/M-G 13, alle zu § 70). Zu berücksichtigen bei der Entscheidung sind die Bedeutung der konkreten Strafsache, die Wichtigkeit der Zeugenaussage – insbes in Hinblick auf § 244 Abs 2 (BGH StV **83** 495) –, bei Pressemitarbeitern auch das Grundrecht der Pressefreiheit (Art 5 Abs 1 S 2 GG) (BVerfGE **15** 223; KK-*Pelchen* 5 zu § 70; krit *Eb Schmidt* Nachtr I 3 zu § 70);[35] uU kann auch die Fürsorgepflicht ggü einem gefährdeten Zeugen den Ausschlag geben (vgl BGH NStZ **84** 31).

Die *Dauer* der Beugehaft darf sechs Monate nicht überschreiten, wobei Ersatzhaft nicht anzurechnen ist (KMR-*Paulus* 17 zu § 70); die Bemessung steht im Ermessen des Gerichts (RG **25** 136).

Mit der Beendigung des Verfahrens – durch Urteil, Einstellung (§§ 170 Abs 2, 153 ff, 205, 206 a, 206 b), Nichteröffnungsbeschluß (§ 204) (näher LR-*Dahs* 28 zu § 70) – ist die Beugehaft *aufzuheben*. Gleiches gilt bei nachträglicher Erfüllung der Aussagepflicht, späterem Entstehen oder Nachweis eines Weigerungsrechts, Entbehrlichkeit der Zeugenaussage für die Entscheidung oder wenn die (im Einzelfall noch verhältnismäßige) Höchstgrenze der Haftdauer erreicht ist (LR-*Dahs* 20 ff; KK-*Pelchen* 8, AK-*Lemke* 9, KMR-*Paulus* 19, K/M-G 15, alle zu § 70; zur ernsthaften Bereitschaftserklärung als Beendigungsgrund s *Sommermeyer* NStZ **92** 222 ff).

(5) Das **Wiederholungsverbot** des § 70 Abs 4 untersagt eine erneute Verhängung der Ordnungs- und Zwangsmaßnahmen, wenn diese erschöpft sind. **1106**

(a) *Ordnungsgeld* (bzw ersatzweise *Ordnungshaft*) darf nur ein einziges Mal verhängt werden. Eine weitere Anordnung ist auch dann unzulässig, wenn die Höchstgrenzen des Art 6 Abs 1 und Abs 2 EGStGB nicht ausgeschöpft worden sind (Breslau GA Bd **69** 202 f; LR-*Dahs* 31, K/M-G 16, KK-*Pelchen* 12, AK-*Lemke* 12, *Eb Schmidt* 15, alle zu § 70; *Peters* 347; aA KMR-*Paulus* 20 zu § 70). Dies folgt

---

[33] Soweit diese Entscheidung eine Ausnahme zuläßt, sofern im Einzelfall erkennbar ist, daß ein Ordnungsgeld keinen Einfluß auf die (Nicht-)Bereitschaft gehabt hätte, ist dies schon wegen der prognostischen Unsicherheit bei stets nur selektivem Informationsstand des Gerichts nicht tragfähig.

[34] Anders *Eb Schmidt* 17 zu § 70, der die sofortige Anordnung der Beugehaft für zulässig hält.

[35] Ggfs kann Art 5 Abs 1 S 2 GG bereits ein Weigerungsrecht begründen (s 1100).

daraus, daß im Gegensatz zu § 51 Abs 1 S 4 eine Wiederholung nicht ausdrücklich zugelassen wird und auch bei mehreren Vernehmungen – jdf bei gleichbleibendem Weigerungsgrund (vgl KK-*Pelchen* 12 zu § 70) – immer nur eine Aussageverweigerung vorliegt, die nach Sinn und Zweck der Ordnungsmittel auch nur ein Mal geahndet werden darf.

(b) *Beugehaft* als Mittel zur Erzwingung der verweigerten Aussage darf dagegen wiederholt verhängt werden, jedoch nur solange, bis die Höchstgrenze von sechs Monaten erreicht wurde (allg Auffassung, s nur K/M-G 16 zu § 70). Um den Irrtum des Zeugen zu vermeiden, die zulässige Maßregel sei bereits mit Ablauf der ersten Beugehaft erschöpft, wird empfohlen, in der Anordnung – dem Wortlaut des § 70 Abs 2 folgend – die Höchstgrenze festzusetzen und die endgültige Entscheidung vom weiteren Verlauf des Verfahrens und der Reaktion des Zeugen abhängig zu machen (LR-*Dahs* 19, KK-*Pelchen* 7, KMR-*Paulus* 18, K/M-G 14, alle zu § 70).

1107 (c) Das Wiederholungsverbot gilt für *dasselbe Verfahren* vom Vorverfahren über den Instanzenzug bis zu einem Wiederaufnahmeverfahren (KK-*Pelchen* 14 zu § 70) sowie für ein anderes Verfahren, das dieselbe Tat zum Gegenstand hat, wobei der Begriff der Tat formellrechtlich iSd § 264 als Identität des historischen Lebenssachverhalts aufzufassen ist und es auf die Bezeichnung der Handlung oder die Person des Beschuldigten nicht ankommt (K/M-G 16, LR-*Dahs* 33, KK-*Pelchen* 14, alle zu § 70).

1108 dd) **Zuständig** zur Anordnung der Ordnungsmittel bzw Beugehaft ist der *Richter*, vor dem der Zeuge aussagen soll, in der HV unter Mitwirkung der Schöffen (§§ 30 Abs 1, 77 Abs 1 GVG). Die Entscheidung ergeht durch Beschluß, in der HV sind zuvor der StA und die sonstigen Beteiligten zu hören (§ 33 Abs 1). Dem Zeugen muß unter Hinweis auf die mangelnde Berechtigung und die möglichen Folgen seiner Weigerung rechtliches Gehör gewährt werden (allg Auffassung, s nur KK-*Pelchen* 15 zu § 70; vgl auch BGH **28** 259).

Bei richterlichen Vernehmungen im Vorverfahren trifft der *Ermittlungsrichter* die Entscheidung. Da er regelmäßig nur auf Antrag der StA (als der „Herrin des Ermittlungsverfahrens") tätig wird (§ 162), wird er diese vor Verhängung der Maßnahmen anhören (LR-*Dahs* 35, KMR-*Paulus* 25, KK-*Pelchen* 10, K/M-G 17, alle zu § 70; aA AK-*Lemke* 10 zu § 70).

Auch dem *beauftragten* und *ersuchten Richter* steht die Befugnis zur Entscheidung gem § 70 Abs 3 zu, er ist aber zur Verhängung von Maßregeln nicht verpflichtet. Die Anordnung steht vielmehr in seinem Ermessen (KMR-*Paulus* 25, K/M-G 17, jeweils zu § 70) und hat bis zur endgültigen Entscheidung des ersuchenden Gerichts nur vorläufigen Charakter (Karlsruhe Justiz **79** 68; LR-*Dahs* 36, *Eb Schmidt* 21, jeweils zu § 70).

Gem § 161 a Abs 2 darf auch der *StA* nach § 70 vorgehen (einschr ohne Begründung KK-*Pelchen* 1 zu § 70: keine Beugehaft bei staatsanwaltlicher Vernehmung), wenn ihm ggü die Aussage verweigert wird. Die Anordnung von Ordnungs- oder Beugehaft bleibt allerdings dem Richter vorbehalten (LR-*Dahs* 1 zu § 70; KK-*Wache* 16 zu § 161 a).

1109 ee) Die **Vollstreckung** der Ordnungsmittel obliegt nach § 36 Abs 2 S 1 der StA, gem § 31 Abs 2, 3 RPflG ist diese Aufgabe dem Rechtspfleger übertragen. Dagegen ist die Vollstreckung der Beugehaft über den Wortlaut des § 36 Abs 2 S 2 hinaus dem Gericht vorbehalten, da nur der Richter nachträglich eintretende Vollstreckungshindernisse (zB Aussage des Zeugen, nachträglicher Weigerungsgrund etc) berücksichtigen kann (LR-*Wendisch* 28, K/M-G 14, KK-*Maul* 17, jeweils zu § 36; *Wessels* FS-H Mayer 598 ff).

Zu den Einzelheiten von Vollstreckung und Vollzug s näher § 88 StVollstrO, §§ 171 ff StVollzG.

Die Vollstreckungskosten fallen dem Zeugen zur Last (K/M-G 19, AK-*Lemke* 15, jeweils zu § 70).

1110 ff) (1) Dem StA, dem Zeugen und im Falle der Zeugnisverweigerung nach § 53 a auch dem Hauptberufsträger (Köln StV **91** 506 m Anm *Münchhalffen*) steht das Recht der **Beschwerde** nach § 304 Abs 1, Abs 2 zu, dem Angekl nur dann, wenn dem Zeugen zu Unrecht die von ihm verursachten Kosten nicht auferlegt wurden (KK-*Pelchen* 2, AK-*Lemke* 11, jeweils zu § 70).

Wird die Entscheidung des ersuchten Richters mit der Beschwerde angegriffen, so entscheidet das ersuchende Gericht unabhängig davon, ob der Richter nach eigenem Ermessen

oder auf Weisung tätig geworden ist (Bay DJZ **34** 82; Karlsruhe Justiz **79** 68; K/M-G 20 zu § 70).
Weder die Anordnung von Ordnungs- noch die von Beugehaft können durch die weitere Beschwerde nach § 310 angefochten werden, da der Begriff der Verhaftung in § 310 eng auszulegen ist und sich nur auf den Haftbefehl nach §§ 112 ff, 230 Abs 2 bezieht (BGH **30** 54; Düsseldorf GA **83** 365, jeweils zu § 70 Abs 2; Bay Bd **7** 297; KG GA Bd **53** 180 f; K/M-G 20, LR-*Dahs* 40, jeweils zu § 70; KK-*Engelhardt* 10, KMR-*Paulus* 7, jeweils zu § 310; nach LR-*Gollwitzer* 17 zu § 310 ist diese Frage aber prüfungsbedürftig; aA *Ellersiek* 97 f).
Anfechtbar sind Beschlüsse des OLG sowie der Ermittlungsrichter des BGH und der OLG, soweit Beugehaft angeordnet wurde („Verhaftung" iSv § 304 Abs 4, Abs 5 [BGH **36** 194]).

(2) Da die (Nicht-) Festsetzung von Ordnungsmitteln bzw Beugehaft nicht die Rechte des Angekl berührt, kann er einen Verstoß gegen § 70 Abs 1 oder Abs 2 nicht mit der **Revision** rügen (BGH GA **68** 307; bei *Martin* DAR **70** 124; RG **36** 93; **57** 29 f = JW **22** 1393 f mit Anm *Alsberg*[36]; RG **73** 34; Koblenz NJW **52** 278; KMR-*Paulus* 29, K/M-G 21, *Eb Schmidt* 8, jeweils zu § 70). 1111

In Betracht kommt aber eine mit der Revision angreifbare Verletzung der Aufklärungspflicht (§ 244 Abs 2), wenn die Möglichkeiten des § 70 nicht ausgeschöpft und deshalb Zeugenaussagen nicht eingeholt wurden (BGH StV **83** 495; LR-*Dahs* 41, AK-*Lemke* 16, jeweils zu § 70).
Wurde ein Zeuge durch eine unberechtigte Androhung oder Festsetzung von Ordnungs- und Zwangsmaßnahmen zu einer Aussage veranlaßt, liegt ein Verstoß gegen §§ 69 Abs 3, 136 a vor, auf den der Angekl und – auch bei entlastender Zeugenaussage (K/M-G 21 zu § 70) – die StA die Revision stützen kann, sofern das Urteil auf diesem Fehler beruht (Koblenz OLGSt § 70 S 2; LR-*Dahs* 42, KK-*Pelchen* 18, jeweils zu § 70; vgl auch BGH **9** 364).

d) Mit der Aussagepflicht eng verbunden ist die **Pflicht zur wahrheitsgemäßen und vollständigen Aussage** (BT-Drucks 7/2600 14). Sie darf nicht mit den Maßnahmen des § 70 durchgesetzt werden (BGH **9** 364; RG **73** 33; Koblenz OLGSt § 70 S 2; *Peters* 348; s auch 1098), ihre Verletzung kann jedoch materiellstrafrechtliche Konsequenzen haben. Neben den §§ 153 ff StGB, die (nur) bei richterlichen Vernehmungen anwendbar sind, kommt uU eine Bestrafung nach §§ 257, 258, 164, 185 ff oder 263 StGB in Betracht. 1112

3. Auskunftsverweigerungsrecht

Übersicht

	Rn		Rn
a) Normzweck des § 55	1113	e) Verfahrensrechtliche Folgen	
b) Anwendungsbereich		aa) Einzelfälle	1126
aa) Abgrenzung zu § 52	1114	bb) Verwertung früherer	
bb) Umfang	1115	Aussagen	1127–1129
cc) Verfolgungsgefahr	1116–1120	cc) Beweiswürdigung	1130
c) Belehrung	1121–1123	f) Revision	
d) Weigerungserklärung		aa) Unterlassene Belehrung	1131
aa) Erklärung	1124	bb) Fehlerhafte Belehrung	1132
bb) Glaubhaftmachung	1125		

---

[36] Nach ihm ist ein Verstoß gegen die zwingende Vorschrift des § 70 Abs 1 revisibel.

1113 a) Das Auskunftsverweigerungsrecht des Zeugen (§ 55 Abs 1) gewährt vorrangig den Schutz des Zeugen vor Selbstbelastung oder Belastung von (nichtbeschuldigten) Angehörigen durch die wahrheitsgemäße Beantwortung von Fragen (BGH [GS] **11** 215; **38** 302 mit Anm *Dahs/Langkeit* NStZ **93** 213; KMR-*Paulus* 2, LR-*Dahs* 1, jeweils zu § 55). Daß darüber hinaus auch der Gefahr von Falschaussagen entgegengewirkt werden soll, wird überwiegend abgelehnt (BGH **1** 40; [GS] **11** 215; Düsseldorf StV **82** 344 mit krit Anm *Prittwitz* [unter Hinweis auf die Rollentauschproblematik]; K/M-G 1, KK-*Pelchen* 1, beide zu § 55 mwN). Entgegen der hM soll die Vorschrift jedoch auch den Angekl vor der wahrheitswidrigen Belastung durch selbstbegünstigende Zeugenaussagen schützen (*Roxin* 26 zu § 24; ähnlich *Rengier* 56 ff). Unbestritten ist jedenfalls, daß das Auskunftsverweigerungsrecht – zumindest iSe Rechtsreflexes (so auch LR-*Dahs* 1 zu § 55) – auf die Wahrheitsfindung einwirkt (*Rengier* 68: „wahrheitsfördernde Funktion").

1114 b) aa) Im Gegensatz zu dem Zeugnisverweigerungsrecht aus § 52, das dem Zeugen die Möglichkeit gibt, die Aussage im Ganzen (oder teilweise, § 52 Abs 3 S 2; s 1256) zu verweigern, ist das Auskunftsverweigerungsrecht aus § 55 **beweisthemabezogen** (KMR-*Paulus* 5 zu § 55). Aus dem divergierenden Anwendungsbereich der beiden Vorschriften folgt, daß die Rechte des Zeugen aus **§ 52 und § 55** grds nebeneinander bestehen und dem Zeugen ein Wahlrecht zwischen ihnen zusteht (BGH StV **88** 509; *Schlüchter* 494.1; KMR-*Paulus* 5, KK-*Pelchen* 11, jeweils zu § 55).[37] Hieraus ergibt sich, daß der Zeuge, der Angehöriger des Beschuldigten ist, sowohl nach § 52 Abs 3 S 1 (s 1259 ff) als auch nach § 55 Abs 2 zu belehren ist (BGH StV **88** 509; *Schlüchter* 494.1). In Ausnahmefällen kann es aus Gründen der Aufklärungspflicht jedoch erforderlich sein, die (weitere) Belehrung nach § 55 Abs 2 bis zu der Entschließung des Zeugen über die Ausübung seines Zeugnisverweigerungsrechts zurückzustellen (BGH StV **88** 509 f).

1115 bb) Dem Wortlaut nach beschränkt sich der **Umfang** des Auskunftsverweigerungsrechts auf Nichtbeantwortung einzelner Fragen. Abzustellen ist aber auf den Teil (oder die Teile) des Beweisthemas, die die Verfolgungsgefahr für den Zeugen oder dessen Angehörigen beinhalten, gleichgültig ob es sich um den zusammenhängenden Zeugenbericht nach § 69 Abs 1 S 1 oder um einzelne Fragen handelt (KK-*Pelchen* 3, LR-*Dahs* 4, beide zu § 55). Der Zeuge darf demnach die Auskunft auch insgesamt verweigern, wenn seine Aussage mit seinem etwaigen strafbaren Verhalten in so engem Zusammenhang steht, daß eine Trennung nicht möglich ist (BGH StV **87** 328 f; LR-*Dahs* 4 zu § 55). Ob eine wahrheitsgemäße Beantwortung tatsächlich eine Belastung des Zeugen (bzw Angehörigen) bedeutet, ist schon deshalb unerheblich, weil anderenfalls die Auskunftsverweigerung einem Schuldanerkenntnis gleichkäme (*Grünwald* FS-Klug 501; KK-*Pelchen* 8, LR-*Dahs* 5, K/M-G 2, alle zu § 55). Gleichgültig ist auch, ob die Frage der Be- oder Entlastung des Beschuldigten dienen soll (KK-*Pelchen* 8, LR-*Dahs* 5, K/M-G 2, alle zu § 55).

1116 cc) (1) Dem Zeugen muß die **Gefahr der Verfolgung wegen einer Straftat oder Ordnungswidrigkeit** drohen. Die Begründung eines Anfangsverdachts durch eine wahrheitsgemäße Aussage reicht aus, die sichere Erwartung eines Straf- oder Bußgeldverfahrens ist nicht erforderlich (KK-*Pelchen* 4, K/M-G 7, beide zu

---

[37] Anders LR-*Dahs* 3, K/M-G 1, beide zu § 55, die in diesem Fall nur von der Anwendungsmöglichkeit des § 52 ausgehen.

§ 55; restriktiv Hamburg NJW **84** 1635f). Im einzelnen können sich, zumal bei rechtstatsächlich je nach Delikts- bzw Tätergruppen unterschiedlicher Ermittlungs- und Verfolgungsintensität, Abgrenzungsschwierigkeiten ergeben (vgl auch BGH StV **87** 328).[38]

Auch die Gefahr einer Strafverfolgung im Ausland berechtigt zur Auskunftsverweigerung, sofern deren Realisierung faktisch nicht auszuschließen ist (K/M-G 7, LR-*Dahs* 8a, 9, jeweis zu § 55; LG Freiburg NJW **86** 3036; *Odenthal* NStZ **85** 117f). Wenn Rechtsfolgen nach dem JGG drohen, steht dem Zeugen das Auskunftsverweigerungsrecht unabhängig von Art und Intensität der möglichen Rechtsfolge zu (also zB auch bei Erziehungsmaßregel; ebenso KK-*Pelchen* 5 zu § 55; vgl auch BGH **9** 34: jedenfalls bei Jugendarrest). Das Recht besteht hingegen nicht bei der Gefahr von Vermögensnachteilen, der Offenbarung von Geschäfts- oder Betriebsgeheimnissen oder zu befürchtendem Ehrverlust (KK-*Pelchen* 7 zu § 55). Auch wenn dem Zeugen durch die Aussage im Strafverfahren nur die Verfolgung aus disziplinarrechtlichen oder ehrenrechtlichen Gründen droht, soll er die Auskunft nicht verweigern können (LR-*Dahs* 6, K/M-G 5, beide zu § 55 mwN; für Verfahren mit entspr Anwendung der StPO s 1120); diese Auffassung scheint insofern bedenklich, als eine drohende disziplinarrechtliche oder ehrenrechtliche Rechtsfolge für den Zeugen regelmäßig weit einschneidender sein wird als etwa eine Buße bei geringfügiger Ordnungswidrigkeit (so auch Köln StV **87** 538; ausführlich *Baumann* FS-Kleinknecht 19ff) oder uU gar als eine Geldstrafe.

(2) Die Gefahr der Verfolgung muß sich auf eine **vor dem Aussagezeitpunkt liegende Tat** beziehen (BVerfG [VorprüfA] NStZ **85** 277; KMR-*Paulus* 8 zu § 55). Diesem Erfordernis ist auch dann genügt, wenn der Zeuge von einer Aussage (oder als Beschuldigter getätigten Angabe) in einem früheren Verfahren abweichen und sich dadurch der Verfolgungsgefahr nach §§ 153ff, 164 StGB aussetzen müßte (LG Berlin StV **91** 297; K/M-G 7 zu § 55).

Eine Differenzierung kommt in Betracht, wenn die Gefahr einer Strafverfolgung im Ausland deshalb gegeben wäre, weil der Zeuge gegen eine dort geltende, im deutschen materiellen Strafrecht nicht bestehende Geheimhaltungspflicht verstieße (vgl Anm *Odenthal* NStZ **93** 52 [zu LG Stuttgart NStZ **92** 454]).

Besteht hingegen nur die Gefahr, wegen der erneuten Aussage strafrechtlich belangt zu werden, soll dem Zeugen ein Auskunftsverweigerungsrecht selbst dann nicht zustehen, wenn das rechtskräftig ergangene Strafurteil seine frühere Aussage als widerlegt angesehen hat, denn dann sei ihm das Risiko der strafrechtlichen Verantwortbarkeit nicht abzunehmen (BVerfG [VorprüfA] NStZ **85** 277; Zweibrücken NJW **95** 1302).[39] Demggü ist nicht zu übersehen, daß die Äußerungsfreiheit und das Recht des Beschuldigten auf wirksame Verteidigung ausgehöhlt werden könnten, wenn der Beschuldigte befürchten muß, nach Abschluß des gegen ihn gerichteten Verfahrens zum gleichen Beweisthema als Zeuge unter der Verfolgungsgefahr der §§ 153ff StGB aussagen zu müssen (*Prittwitz* StV **82** 345ff, der aus diesem Grund dem früheren oder gleichzeitigen Mitbeschuldigten ein umfassendes Schweigerecht einräumen will; krit auch LR-*Dahs* 10a zu § 55).

---

[38] Zwar trifft es zu, daß „bloße, nicht durch konkrete Umstände belegte Vermutungen oder rein denktheoretische Möglichkeiten" (BGH NStZ **94** 500) nicht genügen, jedoch bleiben einschlägige Beurteilungen oftmals von der Wertung der jeweils Beurteilenden abhängig und für Betroffene nicht überzeugend.

[39] Anders aber LG Freiburg NJW **86** 3036, wenn der Zeuge Gefahr läuft, sich gerade durch eine wahrheitsgemäße Aussage strafbar zu machen.

1118 (3) Eine Verfolgungsgefahr ist jedoch nicht gegeben, wenn die mögliche Strafverfolgung aus rechtlichen Gründen **zweifellos ausgeschlossen** ist (BGH **9** 35). Dies ist etwa bei rechtskräftiger Verurteilung der durch die Aussage zu belastenden Person anzunehmen (BVerfG [VorprüfA] NStZ **85** 277), es sei denn, es bestehen Zw über die Reichweite des Strafklageverbrauchs (vgl LG Traunstein StV **89** 474 f; vern LG Zweibrücken MDR **95** 89 betr einheitlichen Lebensvorgang [§ 164]), oder es ist erst der Schuldspruch rechtskräftig (LG Darmstadt StV **88** 101). Bei Verfahrenseinstellung wegen *Verjährung* sollte eine Verfolgungsgefahr nicht voreilig ausgeschlossen werden, insbes wenn aufgrund der Aussage die Verjährungsfrage anders zu beurteilen sein könnte (BGH StV **91** 145 mit zust Anm *Wächtler*) oder überhaupt Zw bzgl des Vorliegens des Verjährungseintritts bestehen (LG Traunstein StV **89** 474 f). Der Tod des Angehörigen, die Strafunmündigkeit, Amnestie oder der Ablauf der Antragsfrist bei Antragsdelikten sind weitere Prozeßhindernisse, die das Auskunftsverweigerungsrecht entfallen lassen (vgl KK-*Pelchen* 4 zu § 55 mwN). Gleiches gilt, wenn offensichtliche Rechtfertigungs- oder Entschuldigungsgründe vorliegen (KMR-*Paulus* 8 zu § 55).

1119 Hingegen ist die Strafverfolgung nicht zweifellos ausgeschlossen, wenn die Möglichkeit der Wiederaufnahme nach § 211 (KMR-*Paulus* 11 zu § 55) bzw § 362 (LR-*Dahs* 10 zu § 55) besteht (K/M-G 9 zu § 55). Dasselbe sollte auch bei Einstellungen durch die StA nach §§ 170 Abs 2, 153, 154 und 154 a gelten, da hier das Verfahren jederzeit wieder aufgenommen werden kann (LR-*Dahs* 10 zu § 55), ebenso bei einer Einstellung nach § 45 Abs 1, 2 JGG (BGH **10** 104; zur hier fehlenden Bindungswirkung s auch *Eisenberg* JGG 31 f zu § 45).

1120 (4) Der Strafverfolgung gleichgestellt werden die Präsidentenanklage nach Art 61 GG, die Abgeordneten- oder Ministeranklage, die Richteranklage nach Art 98 Abs 2, 5 GG sowie die Gefahr der Verwirkung von Grundrechten nach Art 18 GG (Nachw bei KK-*Pelchen* 6 zu § 55).

Differenziert werden muß bei Disziplinar-, Ehrengerichts- und berufsgerichtlichen Verfahren mit entspr Anwendung der StPO. Da auch bei diesen Verfahrensarten der Grundsatz *nemo tenetur se ipsum accusare* zu gelten hat, darf der Zeuge in diesen Fällen die Auskunft verweigern, selbst wenn „lediglich" die Gefahr der Verhängung einer disziplinarrechtlichen (Köln StV **87** 538) oder ehrengerichtlichen (BGH NJW **79** 324) Rechtsfolge droht (allg LR-*Dahs* 7 a zu § 55; *Rogall* 165; aA KK-*Pelchen* 7, KMR-*Paulus* 7, K/M-G 5, alle zu § 55). – Bei dem Verfahren vor einem parlamentarischen Untersuchungsausschuß (Art 44 GG) hingegen ist wegen des verfassungsrechtlich verankerten besonderen Aufklärungsinteresses ein Auskunftsverweigerungsrecht nur bei Verfolgungsgefahr bzgl einer Straftat oder Ordnungswidrigkeit zu gewähren (hier zu weitgehend Köln StV **87** 538).

1121 c) Gemäß § 55 Abs 2 ist der Zeuge über sein Auskunftsverweigerungsrecht zu belehren. Die **Belehrung** erfolgt auf Entscheidung des Vernehmenden (Hamburg NJW **84** 1635), in der HV also des Vorsitzenden; bei Beanstandungen ist ein Beschluß gemäß § 238 Abs 2 herbeizuführen.

aa) Die Belehrungspflicht entsteht, wenn Anhaltspunkte für das Vorliegen einer Verfolgungsgefahr offenbar werden (*Schlüchter* 494.2). Eine Belehrung schon bei Beginn der Vernehmung ist aber nicht unzulässig (BGH bei *Dallinger* MDR **53** 402; LR-*Dahs* 18 zu § 55); vielmehr wird eine recht frühzeitige Belehrung gerade bei rechtsunkundigen Zeugen ausdrücklich empfohlen (vgl *Montenbruck* ZStW **89** [1977] 883 f mwN). In diesem Fall wird jedoch bei konkreten Vernehmungspunkten, die eine Verfolgungsgefahr nahelegen, eine erneute Belehrung erforderlich sein (so auch AK-*Kühne* 6 zu § 55).

II. Allgemeine Pflichten und Rechte des Zeugen

bb) Unstr kann durch eine subtil gehandhabte Belehrung über Aussagepflicht **1122** und Strafbarkeit unvollständiger Aussagen sowie die Grenzen des Verweigerungsrechts ein Zeuge entweder gut informiert oder vollständig in die Irre geführt werden (s näher *Gallandi* NStZ **91** 119f). Eine derartige Lenkung des Aussageverhaltens kann, wenn sie etwa die Qualität einer Täuschung annimmt, den Anwendungsbereich des § 136a eröffnen (*Gallandi* NStZ **91** 119f mit instruktiven Fallbeispielen aus der Praxis). Schon deshalb hat sich der Vernehmende seiner ihm vom Gesetz auferlegten Verpflichtung bewußt zu sein und dementspr verantwortungsvoll Zeitpunkt und Art der Belehrung zu bestimmen.

cc) Der Zeuge, der Angehöriger des Beschuldigten ist, ist sowohl nach § 53 Abs 3 S 1 als **1123** auch nach § 55 Abs 2 zu belehren (s näher 1114). Die Belehrung ist auch für die Vernehmung durch die StA und Polizei vorgeschrieben (§§ 161 a Abs 1 S 2, 163 a Abs 5).

d) aa) Entscheidet sich der Zeuge für die Auskunftsverweigerung, hat er eine **1124** ausdrückliche **Weigerungserklärung** abzugeben. Daher kann allein aus der Tatsache, daß der auskunftsverweigerungsberechtigte Zeuge nicht zum Termin erscheint, nicht schon auf seine Weigerung geschlossen werden (BGH StV **89** 140). Ebensowenig steht ihm das Recht zu, die belastenden Tatsachen einfach zu verschweigen (BGH **21** 171; K/M-G 11 zu § 55). Hat der Zeuge aber ein Auskunftsverweigerungsrecht in vollem Umfang, und läßt er durch seinen Rechtsanwalt mitteilen, er werde von seinem Recht Gebrauch machen, soll von seiner Ladung abgesehen werden können (BGH StV **86** 282: ungeeignetes Beweismittel).

Erst mit der Weigerungserklärung wird der Zeuge ein unzulässiges Beweismittel; vorher darf mit Hinweis auf § 55 Abs 1 weder ein Beweisantrag abgelehnt noch das Fragerecht nach § 241 Abs 2 beschränkt werden (KMR-*Paulus* 21 zu § 55 mwN). Der Zeuge kann sich eines *anwaltlichen Rechtsbeistandes* bedienen (BVerfGE **38** 105ff; LR-*Dahs* 12 zu § 55; ausf Lüdeke); in Ausnahmefällen kann sogar die Beiordnung eines Zeugenbeistandes durch das Gericht erforderlich und die Bewilligung von Prozeßkostenhilfe entspr §§ 114ff ZPO geboten sein (Stuttgart StV **92** 262f mit zust Anm *Pasker* NStZ **93** 201; Düsseldorf wistra **93** 78; SK-*Rogall* 116 vor § 48; im Erg ähnlich LG Hannover StV **87** 526f; LG Verden StV **92** 268; LG Darmstadt StV **86** 147; zur Kostentragung [etwa analog ZSEG] s *Opitz* StV **84** 311ff; aA Koblenz MDR **95** 1160; K/M-G 11 vor § 48 m Nachw). Über den Inhalt eines solchen Beratungsgesprächs in der HV steht dem Zeugen ein Auskunftsverweigerungsrecht zu (Düsseldorf StV **91** 150f).

Die Entscheidung über eine Auskunftsverweigerung trifft der Zeuge auch im Falle mangelnder Verstandesreife, einer psychischen Krankheit oder einer geistigen oder seelischen Behinderung allein, sofern es nur um die Möglichkeit einer Selbstbelastung geht. Bei Gefahr der Belastung eines Angehörigen wird dagegen § 52 Abs 2 entspr anzuwenden sein (K/M-G 11, LR-*Dahs* 12, jeweils zu § 55).

bb) Auf Verlangen des Vernehmenden, nicht auch der Prozeßbeteiligten, sind **1125** die für eine Verfolgungsgefahr sprechenden Umstände **glaubhaft zu machen** (§ 56 S 1). Die Beurteilung der Glaubhaftmachung ist eine Ermessensentscheidung, die zunächst der Vorsitzende trifft; bei Beanstandungen ist ein Gerichtsbeschluß nach § 238 Abs 2 erforderlich (vgl LR-*Dahs* 3 zu § 56).

Einer Glaubhaftmachung bedarf es nicht, wenn diese nur durch eine Selbstbelastung des Zeugen möglich wäre (BGH StV **87** 328; KK-*Pelchen* 4 zu § 56). Die Pflicht des Zeugen zur Glaubhaftmachung findet also dort ihre Grenze, wo er solche Tatsachen angeben müßte, die auf Offenbarung einer eigenen Straftat hinauslaufen würden oder durch die er Beweismittel gegen sich selbst schaffen müßte (BGH StV **86** 282); entscheidend ist hierbei letztlich die Einschätzung des Zeugen selbst

(BGH StV **86** 282; LG Hamburg VRS **74** 442; K/M-G 2 zu § 56; tendenziell anders BGH v 25. 6. 76 [1 BJs 16/73]). Es genügt und empfiehlt sich für den Zeugen die Formulierung, er nehme nach bestem Wissen und Gewissen an, daß eine Beantwortung der Frage ihn oder einen Angehörigen in Gefahr straf- oder bußgeldrechtlicher Verfolgung bringe (KMR-*Paulus* 3 zu § 56; LG Hamburg VRS **74** 442 f).

Bei der eidlichen Versicherung (§ 56 S 2) ist § 60 Nr 1 zu beachten; das Eidesverbot des § 60 Nr 2 gilt nicht, weil anderenfalls die Glaubhaftmachung im Falle des § 55 praktisch unmöglich wäre (KK-*Pelchen* 6, LR-*Dahs* 9, jeweils zu § 56).

1126 e) aa) **Verfahrensrechtliche Folge** der Auskunftsverweigerung ist zunächst, daß jede weitere Befragung des Zeugen zu diesem Punkt unzulässig ist. Die Ausübung des Fragerechts nach § 240 Abs 2 ist insoweit beschränkt; der Vorsitzende kann diesbzgl Fragen nach § 241 Abs 2 zurückweisen. Ein Beweisantrag ist gemäß §§ 244 Abs 3 S 1, 245 Abs 2 S 2 wegen unzulässiger Beweiserhebung abzulehnen (ANM 452; K/M-G 12 zu § 55). Die Eidespflicht nach § 59 S 1 bleibt jedoch für solche Bekundungen, die nicht vom Auskunftsverweigerungsrecht betroffen sind, bestehen (BGH **6** 383; KMR-*Paulus* 24, LR-*Dahs* 16, jeweils zu § 55).

1127 bb) (1) Nach überwiegender Ansicht sollen die **Angaben vor Erklärung der Weigerung**, also auch solche vor der HV, selbst bei nicht erfolgter Belehrung weiterhin verwertbar sein (BGH [GS] **11** 218; **17** 245; LR-*Dahs* 15, KK-*Pelchen* 15, K/M-G 12, jeweils zu § 55). Das Verwertungsverbot des § 252 soll nicht anwendbar sein; als zulässig wird die Vernehmung der Verhörsperson sowie der Vorhalt erachtet (K/M-G 12 zu § 55 mwN). Unzulässig ist hingegen nach allg Auffassung die Verlesung eines Vernehmungsprotokolls nach § 251 Abs 1 Nr 4, Abs 2, wenn der Zeuge seine Aussage in der HV verweigert (BGH NStZ **82** 342; NJW **84** 136; KMR-*Paulus* 25, KK-*Pelchen* 15, LR-*Dahs* 15, K/M-G 12, AK-*Kühne* 8, alle zu § 55; s auch 2120 f; aA *Mitsch* JZ **92** 174 ff: Protokollverlesung analog § 251 Abs 1, 2).

1128 (2) Eine vermittelnde Ansicht sieht ein Beweisverwertungsverbot dann als begründet an, wenn pflichtwidrig nicht belehrt wurde (AK-*Kühne* 8, KMR-*Paulus* 19, 25, beide zu § 55; *Schlüchter* 494.2; Bay NJW **84** 1247: je nach Einzelfall). Zumindest dürfte eine so erlangte Aussage nicht in einem Verfahren gegen den damaligen Zeugen selbst verwertet werden (Bay NJW **84** 1247; LR-*Dahs* 15 zu § 55).

1129 (3) Demggü ist der Schutz des § 252 auch auf das Auskunftsverweigerungsrecht nach § 55 zu beziehen (*Hanack* JZ **72** 238; *Rengier* 236; *Geppert* Jura **88** 313; *Rogall* 237 sowie NJW **78** 2538: zumindest bei Belastung von Angehörigen), wie sich schon aus Bedenken gegen die Rechtskreistheorie ergeben mag (s 366 f, 1131; vgl auch *Geppert* Jura **88** 313). Insbes darf der Zeuge, dem vom Gesetz das Recht auf Auskunftsverweigerung in der HV zugebilligt ist, bei der Ausübung dieses Rechts nicht dadurch in einen Gewissenskonflikt gebracht werden, daß er mit der Verwertung seiner früheren Aussage rechnen muß; dieses widerspräche dem Rechtsgedanken des § 252 (*Hanack* JZ **72** 238). Ob ordnungsgemäß nach § 55 Abs 2 belehrt wurde, ist somit für das Verwertungsverbot in diesem Fall nicht entscheidend (s aber auch 940).

1130 cc) Aus der Auskunftsverweigerung als solcher dürfen bei der **Beweiswürdigung** keine Schlüsse zuungunsten des Angekl gezogen werden (KMR-*Paulus* 26, AK-*Kühne* 8, beide zu § 55; *Rogall* 235; aA [freie Beweiswürdigung] BGH StV **84** 233; LR-*Dahs* 17, KK-*Pelchen* 16, jeweils zu § 55; K/M-G 20 zu § 261. Das gleiche gilt wegen des nemo tenetur-Grundsatzes in einem etwaigen Verfahren gegen den Zeugen selbst, zumal andernfalls die Tragweite des Schweigerechts des Beschuldigten in Verfahren mit mehreren Verdächtigen (s 927 ff, 938 f) von der Art der Verfolgung durch die StA abhängig würde (BGH **38** 305 = JR **93** 378 mit Anm *Rogall* sowie Anm *Dahs/Langkeit* NStZ **93** 213; Stuttgart NStZ **81** 272; LR-*Dahs* 17 zu § 55; K/M-G 20 zu § 261).

f) aa) Nach überwiegender Ansicht kann die **Revision** nicht auf die **unterlassene Belehrung** des Zeugen nach § 55 Abs 2 gestützt werden, da § 55 iSd sog *Rechtskreistheorie* (s zu Einwänden 366 f; vgl auch 1317) nicht den Schutz des Angekl bezwecke (BGH **1** 39; [GS] **11** 213; ebenso KK-*Pelchen* 19, LR-*Dahs* 22, K/M-G 17, alle zu § 55). **1131**

Konkret wird nicht zureichend berücksichtigt, daß das Auskunftsverweigerungsrecht – wenigstens iS eines Rechtsreflexes – auf die Wahrheitsfindung einwirkt (*Roxin* 26 zu § 24; *Eb Schmidt* JZ **58** 599 f; s auch 1113 mwN). Ein Urteil ist aber revisibel, soweit es von dem Rechtsfehler der unterbliebenen Belehrung nach § 55 Abs 2 möglicherweise beeinflußt wird (*Schlüchter* 492.2). Folglich hat auch der Angekl in diesen Fällen eine Revisionsrügebefugnis (KMR-*Paulus* 99 vor § 48 mwN; *Schlüchter* 492.2; *Rengier* 297 ff, 317; *Roxin* 26 zu § 24; *Eb Schmidt* JZ **58** 599 ff; *Geppert* Jura **88** 313).

bb) Hat der Tatrichter die rechtlichen Voraussetzungen des Auskunftsverweigerungsrechts zu Unrecht angenommen und den Zeugen daraufhin **fehlerhaft belehrt**, ist zu unterscheiden: Hat der Zeuge gleichwohl ausgesagt, ist der Fehler unerheblich und die Aussage verwertbar (BGH bei *Pfeiffer* NStZ **81** 93; ANM 490). Hat der Zeuge aber daraufhin in der HV die Auskunft verweigert, liegt ein Verstoß gegen § 245 Abs 1 vor (ANM 490 und 797; BGH bei *Dallinger* MDR **74** 16); daneben kommt auch ein Verstoß gegen die gerichtliche Aufklärungspflicht nach § 244 Abs 2 in Betracht (BGH bei *Dallinger* MDR **53** 402; LR-*Dahs* 23 zu § 55 mwN). **1132**

An die tatsächliche Beurteilung der Strafverfolgungsgefahr durch den Tatrichter ist das Revisionsgericht nur dann nicht gebunden, wenn eine Strafverfolgung zweifelsfrei ausgeschlossen werden kann (BGH **9** 35; KK-*Pelchen* 21 zu § 55).

4. Beeidigungspflicht und ihre Durchsetzung

Übersicht

	Rn		Rn
a) Grundsatz des Eideszwanges, §§ 59, 65–67	1133	bb) Absehen von der Vereidigung	1172–1204
aa) Vereidigung im Vor- und Zwischenverfahren sowie bei kommissarischer Vernehmung	1134–1137	cc) Privatklagesachen (§ 62)	1205–1211
bb) Vereidigung in der Hauptverhandlung	1138–1149	dd) Eidesverweigerungsrecht für Angehörige des Beschuldigten (§ 63)	1212, 1213
cc) Berufung auf früheren Eid	1150–1152	ee) Protokollvermerk bei Nichtvereidigung (§ 64)	1214, 1215
b) Ausnahmen		c) Durchsetzung (§ 70)	1216
aa) Vereidigungsverbote (§ 60)	1153–1171		

a) Die Bestimmung des § 59 basiert auf dem Grundsatz, daß im Strafprozeß grds **jeder Zeuge** – auch der als Zeuge vernommene Nebenkläger (BGH bei *Dal-* **1133** *linger* MDR **52** 659; RG **3** 49) oder Sv (BGH NStZ **82** 256; **86** 323) – **zu vereidigen** ist, sofern nicht eine der gesetzlichen Ausnahmen eingreift.

Dem Eideszwang liegt die Annahme zugrunde, der Eid oder eine andere förmliche Bekräftigung stärke – sei es aus sittlich-ethischen oder religiösen Gründen, sei es wegen der Abschreckungswirkung des § 154 StGB – das Verantwortungsbewußtsein des Zeugen sowie dessen Willen und Fähigkeit zu einer wahrheitsgemäßen Aussage. Eid und Bekräftigung dienten als **Instrument der Wahrheitsbekräftigung** und im Rahmen der Beweiswürdigung als **Kriterium für die Glaubwürdigkeit** des Zeugen und seien daher ein „wertvolles Mittel zur Wahrheitserforschung" (BGH **1** 362; s auch BGH [GS] **8** 309; **10** 67; **10** 143; NJW **51** 610; *Heimann-Trosien* JZ **73** 609 ff; *Ebert* JR **73** 397 ff; *Peters* 355; *Lange* FS-Gallas 436 f).

Ob der Eid tatsächlich geeignet ist, den Wahrheitsgehalt einer Aussage zu fördern, muß indes bezweifelt werden; es fehlen empirische Belege für diese Annahme (zutreffend *Grünwald* FS-Schmitt 319 f). Im allg wird die Wahrheitsfindung vielmehr von der sachgemäßen Durchführung der Vernehmung abhängen (krit zur Tauglichkeit des Eides auch KMR-*Paulus* 5 zu § 59; AK-*Wassermann* 5 vor § 59; *Roxin* 33 f zu § 26; *Woesner* NJW **73** 171; *Zipf* FS-Maurach 421 f; ausführlich *Dahs* FS-Rebmann 167 ff). Zudem kann in Frage gestellt werden, inwieweit ein religiös und weltanschaulich neutraler Staat legitimiert ist, zur Durchsetzung profaner Interessen das Mittel der zumeist religiös oder in sonstiger Weise transzendental bedingten Gewissensbindung einzusetzen (s nur KMR-*Paulus* 6 zu § 59; AK-*Wassermann* 2 vor § 59; Akzente zur Geschichte bei *Grünwald* FS-Schmitt 311 ff; *Delventhal* Teil I). Aus diesen Gründen wird sich de lege ferenda die Abschaffung des Eides (so *Dahs* FS-Rebmann 179; *Roxin* 34 zu § 26; *Woesner* NJW **73** 171 f; AK-*Wassermann* 6 vor § 59; KMR-*Paulus* 3 zu § 59), mindestens aber seine Beschränkung auf Aussagen von wesentlicher Bedeutung (so *Zipf* FS-Maurach 423 ff; vgl auch *Schellenberg* NStZ **93** 372)[40] empfehlen (zur Häufigkeit de lege lata s 1195).

Die Vereidigung ist richterlichen Vernehmungen vorbehalten (§ 161 a Abs 1 S 3) und erfolgt grds nur in der HV (§ 59 S 2). Ausnahmen regeln die §§ 65, 223 Abs 3, 286 Abs 2.

Wegen Fragen der Vereidigung vor parlamentarischen Untersuchungsausschüssen (Art 44 GG; s krit etwa *Günther/Seiler* NStZ **93** 305) wird auf die Speziallliteratur verwiesen.

1134 aa) Im **Vorverfahren** ist eine eidliche Vernehmung nur in den Fällen des § 65 zulässig. Diese Vorschrift, die auch für Vernehmungen nach §§ 173 Abs 3, 202 S 1 und die Beweissicherungen nach § 205 S 2 gilt (s nur *Busch* MDR **63** 894; K/M-G 1 zu § 65), erlaubt die Vereidigung, wenn ansonsten – zB wegen Annahme des nahen Todes oder späterer Unauffindbarkeit des Zeugen – der Verlust einer eidlichen Aussage droht (Gefahr im Verzug, Nr 1), wenn die Weiterführung des Verfahrens von einer wahrheitsgemäßen Aussage des Zeugen abhängt, aber der konkrete Verdacht einer (uneidlichen) Falschaussage besteht (Nr 2) oder bei voraussichtlicher Verhinderung des Zeugen am Erscheinen in der HV, zB wegen Krankheit, Gebrechlichkeit, hohen Alters oder einer längeren Auslandsreise (Nr 3) (s nur LR-*Dahs* 2–4 zu § 65). Der Grund der Vereidigung ist nach § 66 a im Protokoll anzugeben, ein Verstoß ist jedoch nicht revisibel (K/M-G 2, AK-*Lemke* 3, beide zu § 66 a).

1135 (1) Bei richterlichen Untersuchungshandlungen auf Antrag der StA (§§ 162, 169) muß einem Antrag der StA auf Vereidigung entsprochen werden, wenn die Voraussetzungen des § 65 vorliegen (LG Verden NJW **76** 1280) und die §§ 60, 63 dem nicht entgegenstehen (LR-*Dahs* 5, K/M-G 1, KK-*Pelchen* 5, KMR-*Paulus* 6, alle zu § 65; aA AK-*Lemke* 5 zu § 65).

---

[40] Ähnlich zur Verhinderung einer Bagatellisierung des Eides auch *Heimann-Trosien* JZ **73** 613; *Ebert* JR **73** 406.

II. Allgemeine Pflichten und Rechte des Zeugen

Eine Ablehnung durch den Richter ist nach § 304 Abs 1 beschwerdefähig (s nur KK-*Pelchen* 5 zu § 65). Im übrigen entscheidet der Richter nach pflichtgemäßem Ermessen (LR-*Dahs* 5 zu § 65); § 61 findet keine Anwendung (K/M-G 1, KK-*Pelchen* 5, KMR-*Paulus* 6, alle zu § 65; aA AK-*Lemke* 1 zu § 65).
(2) Eine Vereidigung nach § 65 befreit nicht von der Pflicht zur Eidesleistung in der HV; § 67 ist auf diesen Fall nicht anwendbar (BGH bei *Dallinger* MDR **53** 722 sowie näher 1150 ff). Kommt es nach § 251 Abs 1 Nr 1 oder Nr 2 zur Verlesung der Aussage, wird die Vereidigung gem § 251 Abs 4 S 3 festgestellt.

(3) Ein Verstoß gegen § 65 kann für sich allein nicht mit der *Revision* gerügt wer- **1136** den, da er sich nicht auf das weitere Verfahren und das Urteil auswirkt und die Voraussetzungen des § 65 nur Zweckmäßigkeitsgründe darstellen; etwas anderes gilt bei einer Vereidigung unter Verletzung der §§ 60, 63 (RG **10** 157 f; KK-*Pelchen* 6, KMR-*Paulus* 8, *Eb Schmidt* 9, alle zu § 65; krit *Busch* MDR **63** 895).

(4) Die Vereidigung bei Vernehmung durch einen mit der Vernehmung beauftragten **1137** Richter des erkennenden Gerichts oder einen im Wege der Rechtshilfe nach § 157 GVG ersuchten Richter ist in § 66 b geregelt. Diese Vorschrift gilt für alle **kommissarischen Vernehmungen** – insbes §§ 173 Abs 3, 202 S 1, 223 Abs 1 (LR-*Dahs* 1 zu § 66 b; *Busch* MDR **63** 895) – und bestimmt Entscheidungsbefugnis und -spielraum des vernehmenden Richters. Die Zulässigkeit der Vereidigung richtet sich bei Vernehmungen nach § 173 Abs 3 oder § 202 S 1 nach § 65. Für Vernehmungen nach § 223 Abs 1 gilt die allg Eidespflicht des § 59, daher ist in diesem Fall – ebenso wie im Rahmen des § 286 Abs 2 – gem § 64 die Nichtvereidigung im Protokoll zu begründen; § 66 a gilt hier nicht (s nur KK-*Pelchen* 1, K/M-G 1, beide zu § 66 a). Hat der vernehmende Richter den Zeugen unvereidigt gelassen und hat das erkennende Gericht in der HV keine Anordnung zur Vereidigung getroffen, so kann letzteres mit der *Revision* nur gerügt werden, wenn die Nichtvereidigung von einem Prozeßbeteiligten als unzulässig beanstandet worden ist (BGH bei *Miebach* NStZ **90** 230; AK-*Lemke* 6, KK-*Pelchen* 5, beide zu § 66 b). Es gelten sinngemäß die Grundsätze zur (Nicht-)Beanstandung der vorläufigen Entscheidung des Vorsitzenden (RG **68** 379; LR-*Dahs* 5 zu § 66 b; ANM 275 f; s näher 1147 f).

bb) Der Eideszwang gilt grds für jede Vernehmung in der **Hauptverhandlung**, **1138** in der Praxis hat sich jedoch das Regel-Ausnahme-Verhältnis seit (Wieder-)Einführung des § 61 Nr 5 (allseitiger Verzicht auf die Vereidigung) durch das 1. StVRG im Jahre 1974 umgekehrt (KMR-*Paulus* 5, K/M-G 1, jeweils zu § 59; krit *Günter* DRiZ **78** 273; *Strate* StV **84** 42 ff; *Hamm* FS-Peters **84** 172 f; *Peters* 355; *Koch* ZRP **76** 287; s näher 1195).
Die Beeidigungspflicht besteht nur im Rahmen des Strengbeweises, im Freibeweisverfahren müssen Zeugen nicht vereidigt werden (RG **66** 114; *Schmid* SchlHA **81** 41; KMR-*Paulus* 11, LR-*Dahs* 5, beide zu § 59).

(1) Da Art 4 Abs 1 GG jedem Menschen positive sowie negative Glaubens- und **1139** Bekenntnisfreiheit garantiert, ist neben der religiösen **Eidesform** des § 66 c Abs 1 auch ein Eid ohne religiöse Beteuerung (§ 66 c Abs 2) sowie die Verwendung von Beteuerungsformeln anderer Religions- und Glaubensgemeinschaften (§ 66 c Abs 3) zulässig, sofern diese die Wirkung der eidlichen Beteuerung nicht beeinträchtigen oder aufheben (RG **10** 182 f; vgl auch Köln MDR **69** 501). Über dieses Wahlrecht muß der Zeuge gem § 57 S 2 belehrt werden. Will der Zeuge aus Gewissensgründen nicht schwören, so kann er nach § 66 d eine eidesgleiche Bekräftigung leisten.[41] Eine Pflicht des Gerichts, den Zeugen auf diese Möglichkeit hinzu-

---

[41] Zur Notwendigkeit einer solchen Regelung wegen Art 4 Abs 1 GG s BVerfGE **33** 23 ff = JZ **72** 515 mit abl Anm *Peters*.

weisen, soll nicht bestehen (LR-*Dahs* 4 zu § 57), eine Belehrung wird aber aus Gründen der Fürsorgepflicht jedenfalls dann geboten sein, wenn erkennbar wird, daß der Zeuge einen Eid in keiner Form leisten will (AK-*Lemke* 1, KK-*Pelchen* 1, beide zu § 66 c).

Das Erheben der rechten Hand (§ 66 c Abs 4) ist kein Wirksamkeitserfordernis für die Eidesleistung (LR-*Dahs* 5 zu § 66 c; *Peters* 358) und darf auch nicht erzwungen werden (K/M-G 4 zu § 66 c). Dem Zeugen steht es zudem frei, andere symbolische Handlungen vorzunehmen (KK-*Pelchen* 5, LR-*Dahs* 5, beide zu § 66 c; vgl auch *Leisten* MDR 80 636). Die Wirksamkeit des Eides bleibt auch bei unwesentlichen Änderungen im Wortlaut der Eidesnorm oder -formel erhalten (BGH **3** 312; KMR-*Paulus* 7 zu § 66 c); unerläßlich sind aber die Worte „ich schwöre" (AK-*Lemke* 6 zu § 66 c; s auch RG JW **33** 2143 zum Zivilprozeß).

Gehörlose erhalten Eidesnorm und -formel auf schriftlichem Wege (K/M-G 2 zu § 66 c). Die Vereidigung stummer Personen richtet sich nach § 66 e, die von Zeugen, die der deutschen Sprache nicht mächtig sind, nach § 188 GVG.

1140 (2) Gem § 59 S 1 hat die Vereidigung der Zeugen einzeln nach der Vernehmung zu erfolgen. Der Grundsatz der **Einzelvereidigung** erfordert, daß die Eidesformel („Ich schwöre...") jedem Zeugen gesondert vor- und von diesem einzeln nachgesprochen wird. Die Eidesnorm („Sie schwören...") kann dagegen zuvor an mehrere Zeugen gemeinsam gerichtet werden (K/M-G 2, KMR-*Paulus* 2, LR-*Dahs* 3, alle zu § 66 c; *Hülle* DRiZ **54** 118).[42] Entspr gilt für die eidesgleiche Bekräftigung.

1141 (3) Die Form des **Nacheides** ist zwingend vorgeschrieben. Der Eid erfolgt nach dem endgültigen Abschluß der Vernehmung, wenn „das Bekunden des Zeugen und das Fragen des Richters und der übrigen Prozeßbeteiligten endgültig aufgehört hat" (BGH [GS] **8** 310). Kommt es später zu einer weiteren Vernehmung, wird die neue Zeugenaussage nicht mehr vom Eid umfaßt, der Zeuge ist vielmehr erneut zu vereidigen, ggf genügt eine Berufung auf den früheren Eid gem § 67 (BGH **1** 348 f; **4** 142 f; bei *Pfeiffer* NStZ **82** 188; Bay **56** 245 ff; Saarbrücken VRS **23** 53; Koblenz VRS **44** 444; KMR-*Paulus* 9, AK-*Wassermann* 3, beide zu § 59).

1142 (4) Auch Befragungen zur Sache zu rein **informatorischen** Zwecken sind „Vernehmungen", die zu beeiden sind (BGH bei *Dallinger* MDR **74** 369; RG **66** 116 f; **67** 288; Köln StV **88** 289; ANM 172; KK-*Pelchen* 6, K/M-G 2, beide zu § 59). Anderes gilt bei Anhörungen, die lediglich der Vorbereitung einer Vernehmung dienen sollen und den Regeln des Freibeweises unterfallen (ANM 127, 145; *Schmid* SchlHA **81** 41), wie zB die Klärung von für Identität oder Zeugnisverweigerungsrechte des Zeugen erheblichen Tatsachen oder der Frage, ob die als Zeuge in Betracht kommende Person überhaupt Sachauskünfte geben kann (RG **2** 268; **22** 55; **66** 115 f; Bay **53** 137; LR-*Dahs* 5, KK-*Pelchen* 7, K/M-G 2, alle zu § 59). Auch Auskünfte, die nicht iVm der eigentlichen Zeugenaussage stehen, wie Angaben zum Aufenthalt eines anderen Zeugen (RG GA Bd **40** 305) oder zur Örtlichkeit anläßlich einer Augenscheinseinnahme (RG JW **27** 2044 mit abl Anm *Mannheim* 2707; vgl RG **12** 309 f) müssen nicht beeidet werden (KMR-*Paulus* 11 zu § 59).

(5) Der **Umfang** des Eides erstreckt sich auch auf die Personal- und Generalfragen des § 68 (RG **6** 267 f; **60** 407; KMR-*Paulus* 12, AK-*Wassermann* 5, beide zu § 59) sowie auf Fragen im Rahmen des Freibeweises (K/M-G 4 zu § 59; ANM 146; *Schmid* SchlHA **81** 42).[43] Angaben, die zur Darlegung eines Zeugnisverweigerungsrechts bzgl eines Teils der Aussage ge-

---

[42] Anders noch BGH bei *Dallinger* MDR **54** 336; nach Frankfurt NJW **62** 1834 genügt auch ein einmaliges Vorsprechen der Eidesformel, sofern sie von den Zeugen einzeln nachgesprochen wird.
[43] Anders *Willms* EG-Heusinger 398, der hier eine ausdrückliche Einbeziehung fordert.

II. Allgemeine Pflichten und Rechte des Zeugen

macht werden, werden dagegen nur aufgrund besonderer gerichtlicher Anordnung vom Eid umfaßt (LR-*Dahs* 8 zu § 56; KMR-*Paulus* 12 zu § 59).

(6) Betrifft die Zeugenaussage mehrere selbständige Handlungen, ist eine **Teil- 1143 vereidigung** zulässig – und auch geboten (BGH NStZ **87** 516 m Anm *Dahs*) –, wenn nur bzgl einzelner Taten ein Eidesverbot nach § 60 Nr 2 besteht, von einem Eidesverweigerungsrecht Gebrauch gemacht oder von der Vereidigung gem § 61 abgesehen wird (BGH **19** 108 f; StV **88** 419; KMR-*Paulus* 13 zu § 59). Der Begriff der Tat ist dabei nicht materiell-rechtlich iSd § 53 StGB, sondern weit als gesamter geschichtlicher Vorgang iSd § 264 zu verstehen (BGH NJW **54** 1655; GA **68** 149; **83** 564; LR-*Dahs* 7, AK-*Wassermann* 6, beide zu § 59). Eine Teilvereidigung ist daher auch bei Vorliegen mehrerer Straftaten unzulässig, wenn der Aussage ein nicht oder nur schwer trennbares Gesamtgeschehen zugrunde liegt (BGH NStZ **87** 516 m Anm *Dahs*; Köln NJW **57** 960; KK-*Pelchen* 4 zu § 59; vgl auch BGH bei *Dallinger* MDR **58** 141; RG **49** 359). Bekundungen, die lediglich formal durch Aufteilung der Aussage nach Tatsachenkomplexen oder Zeitabschnitten abgegrenzt wurden, dürfen nicht isoliert vereidigt werden (RG GA Bd **54** 81 f; KMR-*Paulus* 13, KK-*Pelchen* 4, beide zu § 59). Gleiches gilt, wenn sich die Angaben zu einer Tat auf die Aussage zu einer anderen Tat, für die kein Eideszwang besteht, auswirken würden (Bremen OLGSt **64** § 60 S 13).

(7) Die **Entscheidung** über die Vereidigung ist von Amts wegen (RG **56** 95; Köln NJW **1144** **54** 1820; MDR **55** 311) im Anschluß an die Vernehmung, spätestens aber am Ende der Beweisaufnahme (K/M-G 6 zu § 59; vgl BGH **1** 348) zu treffen. Ein Verstoß gegen den Grundsatz des Eideszwanges kann vor der Urteilsverkündung durch Nachholung der Vereidigung geheilt werden (BGH **7** 281 f; **8** 157; KMR-*Paulus* 21, 22 zu § 59).

Der Vorsitzende kann ohne Anhörung der Beteiligten (Hamm VRS **41** 123 f; RG GA Bd **38** 194 f; LR-*Dahs* 13, KK-*Pelchen* 9, K/M 7, alle zu § 59; aA KMR-*Paulus* 17 zu § 59) vorab entscheiden oder -insbes in Zweifelsfällen – sogleich einen Beschluß des Gerichts herbeiführen (AK-*Wassermann* 8, KK-*Pelchen* 9, beide zu § 59). Daneben haben auch die übrigen Gerichtsmitglieder sowie alle Prozeßbeteiligten die Möglichkeit, eine Entscheidung des Gerichts zu beantragen (BGH **1** 218 = JZ **51** 652 mit Anm *Niethammer*; BGH **7** 282).

Die Entscheidungsbefugnis des Vorsitzenden wird von der hM als Maßnahme der Prozeßleitung iSd § 238 Abs 1 angesehen, die gemäß § 238 Abs 2 bei Unzulässigkeit beanstandet werden kann (BGH **1** 218 = JZ **51** 652 mit abl Anm *Niethammer*;[44] BGH **7** 282; NJW **52** 233 f; bei *Dallinger* MDR **58** 14; NStZ **81** 71; **84** 372; RG **3** 370; **19** 355; **57** 262; **68** 396; Hamburg MDR **79** 74; KK-*Pelchen* 9, KMR-*Paulus* 17, beide zu § 59; *Schlüchter* 517; *Erker* 85 f). Die Anordnung der (Nicht-)Vereidigung betrifft aber einen bedeutenden Bereich der Beweiswürdigung und obliegt dem (Kollegial-)Gericht (vgl § 61: „Ermessen des Gerichts"). Der Vorsitzende entscheidet nur aus Praktikabilitätsgründen anstelle des an sich zuständigen Gerichts. Seine Anordnung kann daher auch beanstandet werden, wenn nicht die Zulässigkeit, sondern nur die Zweckmäßigkeit der Entscheidung in Zw gezogen wird (so auch RG **44** 66 f; LR-*Dahs* 15 zu § 59 und LR-*Hanack* 279 zu § 337; K/M-G 8 zu § 59; *Fuhrmann* GA **63** 77 f; ANM 104; *Peters* 357; wohl auch AK-*Wassermann* 8 zu § 59).

---

[44] Dieser lehnt eine Vorabentscheidung des Vorsitzenden ab.

Unterbleibt eine Vereidigung, ist gemäß § 64 der Grund dafür protokollarisch anzugeben, die Nichtvereidigung erfordert daher eine ausdrückliche Entscheidung. Eine einverständliche Entlassung des Zeugen nach § 248 reicht hierfür nicht aus (KG JR **65** 267f; LR-*Dahs* 14, KMR-*Paulus* 18, AK-*Wassermann* 8, K/M-G 7, alle zu § 59; aA BGH bei *Pfeiffer/Miebach* NStZ **88** 18; Braunschweig NdsRpfl **57** 249; Hamm NJW **72** 1531;[45] vgl auch BGH NStZ **81** 71; **84** 372; Hamburg MDR **79** 75 mit abl Anm *Strate*).

1145 (8) Da die Vereidigung der gesetzliche Regelfall ist, bedarf sie keiner **Begründung** (BGH **4** 255; **17** 187; VRS **25** 38, 40; Bay **53** 151 = MDR **54** 121 mit Anm *Mittelbach* = JR **54** 113 mit Anm *Sarstedt*; Hamburg VRS **31** 204; Celle VRS **19** 51), selbst wenn Nichtvereidigung beantragt war (BGH **15** 253; RG **56** 378; KK-*Pelchen* 12, K/M-G 9, beide zu § 59; zw *Hanack* JZ **71** 92; aA KMR-*Paulus* 19 zu § 59). Das Gericht muß idR auch keine Erwägungen zum Eingreifen eines Vereidigungsverbots des § 60 oder zur Möglichkeit des Absehens von der Vereidigung gemäß § 61 erkennen lassen (BGH VRS **19** 41; **22** 435f; GA **80** 421; NJW **85** 638; NStZ **92** 293). Etwas anderes kann im Einzelfall gelten, wenn besondere Umstände die Anordnung der Nichtvereidigung so naheliegend erscheinen lassen, daß die mangelnde Begründung der Vereidigung den Schluß erlaubt, das Gericht habe sich nicht oder in rechtsfehlerhafter Weise mit der Frage der (Nicht-)Vereidigung befaßt (Hamm GA **69** 316; Düsseldorf GA **85** 512; vgl auch BGH NJW **85** 638).

1146 (9) Da die Vereidigung eine wesentliche Förmlichkeit iSd §§ 168a Abs 1 S 1, 273 Abs 1 ist, muß sie im **Protokoll** beurkundet werden (Koblenz OLGSt § 59 3; Köln NJW **49** 797; Saarbrücken VRS **48** 439; LR-*Dahs* 19 zu § 59), wobei bei Vernehmung mehrerer Zeugen jede Vereidigung einzeln beurkundet werden sollte (RGRspr **1** 814; K/M-G 10, KK-*Pelchen* 13, beide zu § 59).[46] Im Fall einer Teilvereidigung muß deutlich werden, auf welchen Teil der Aussage sich der Eid bezieht (s nur LR-*Dahs* 19 zu § 59).

1147 (10) (a) Mit der **Revision** kann die Verletzung des § 59 gerügt werden, wenn die **Vereidigung unterblieben** ist, ohne daß eine der gesetzlichen Ausnahmen eingreift. Die Nichtvereidigung infolge einer rechtsirrigen Anordnung des Vorsitzenden des Kollegialgerichts kann nur geltend gemacht werden, wenn zuvor eine Entscheidung des Gerichts beantragt worden ist (BGH NStZ **81** 71; **84** 371; Celle VRS **36** 211; Hamm VRS **41** 124; Koblenz VRS **42** 29; Hamburg MDR **79** 74;[47] zw; aA *Fuhrmann* NJW **63** 1236; *Peters* 357). Ist dagegen versehentlich überhaupt keine Anordnung bzgl der Vereidigung getroffen worden, ist diese Rügevoraussetzung entbehrlich (BGH NStZ **81** 71; **84** 372; **87** 375; bei *Pfeiffer/Miebach* **88** 18; bei *Miebach* **90** 226; NJW **86** 2000; StV **92** 146; Koblenz OLGSt § 59 3f; VRS **67** 250; Köln StV **88** 289; KMR-*Paulus* 28, K/M-G 11, beide zu § 59). § 59 ist auch verletzt, wenn bei erneuter Vernehmung des Zeugen die gebotene weitere Vereidigung versäumt und weder eine Anordnung der Nichtvereidigung getroffen noch gem § 67 verfahren wurde (BGH **1** 348f; RG **68** 396f; Koblenz VRS **44** 444; KG NJW **68** 808); das gleiche gilt, wenn ein Sv in der HV auch als Zeuge vernommen und als solcher nicht vereidigt wird (Düsseldorf StV **94** 528).

Gem § 274 hat das Protokoll der HV ausschließliche Beweiskraft für den Vorgang der Vereidigung, es sei denn, es ist nicht ordnungsgemäß errichtet und weist offensichtliche Lücken oder Widersprüche auf (Bay **53** 136f; Saarbrücken VRS **48** 439; KK-*Pelchen* 13 zu § 59). Auf Vernehmungsniederschriften nach §§ 168, 168a findet § 274 keine Anwendung (BGH **26** 281; **32** 30).

---

[45] Nach KK-*Pelchen* 10 zu § 59 kann im Einzelfall stillschweigende Entlassung ausreichen.
[46] Noch strenger Bay **53** 136; LR-*Dahs* 19, KMR-*Paulus* 20, AK-*Wassermann* 10, alle zu § 59, die einen Sammelvermerk zur Vereidigung sogar für unzulässig halten.
[47] Vgl auch Köln MDR **55** 311: Rügevoraussetzung gilt nicht für Verhandlungen vor dem Einzelrichter.

II. Allgemeine Pflichten und Rechte des Zeugen

Das Urteil **beruht** auf der fehlerhaften Nichtvereidigung, wenn die Aussage des **1148**
Zeugen bei der Beweiswürdigung herangezogen wurde (KMR-*Paulus* 29, LR-*Dahs*
21, beide zu § 59; vgl BGH **1** 274; **8** 158; Köln MDR **55** 311; Koblenz VRS **44**
445), denn idR ist nicht auszuschließen, daß der Zeuge unter Eid anders ausgesagt
hätte (BGH NStZ **87** 374; StV **90** 6 L; Bay **56** 247; Saarbrücken VRS **23** 54;
Koblenz VRS **67** 251). Ob der Zeuge im Falle seiner Vereidigung seine Aussage tatsächlich geändert hätte, prüft das Revisionsgericht nicht nach (BGH NStZ **84**
372); ist aber eine Änderung den Umständen nach auszuschließen *und* (anders [offenbar versehentlich] BGH NStZ **86** 323: oder; KK-*Pelchen* 14 zu § 59) hat der Tatrichter bereits der unbeeidigten Aussage „geglaubt", so beruht das Urteil nicht auf
dem Fehler (BGH NStZ **86** 323; NJW **86** 2000). Ein Beruhen kann im Einzelfall
auch ausgeschlossen sein, wenn die Beweislage eindeutig war oder die Zeugenangaben lediglich Nebenpunkte oder Tatsachen, hinsichtlich derer der Angekl geständig war, betrafen (LR-*Dahs* 21, KK-*Pelchen* 14, beide zu § 59). Auch wenn Gericht und Zeuge irrtümlich von einer erfolgten wirksamen Vereidigung ausgingen,
beruht das Urteil nicht auf der tatsächlichen Nichtvereidigung (RG JW **30** 152 f
mit Anm *Oetker*, DRiZ **34** 247; Koblenz OLGSt § 59 4; Saarbrücken VRS **23** 54;
Hülle DRiZ **54** 119;[48] aA K/M-G 11 zu § 59), doch kann die Feststellung eines Irrtums des Zeugen im Einzelfall schwierig sein (vgl LR-*Dahs* 21 zu § 59). Hat das
Gericht die uneidliche Aussage eines Entlastungszeugen irrtümlich als eidliche behandelt, hat die Revision des Angekl mangels Beschwer keinen Erfolg (Hamm
NJW **72** 1532; K/M-G 11, AK-*Wassermann* 11, beide zu § 59; anders im Falle der
Revision des Nebenklägers: Bay StV **88** 145). Wurde eine informatorische Befragung zu Unrecht nicht als Vernehmung gewertet, beruht das Urteil auf dem Verfahrensfehler idR auch dann, wenn eine Nichtvereidigung nach § 61 in Betracht
kam (Köln StV **88** 289; KK-*Pelchen* 18 zu § 59).

(b) Mit der **Revision** kann weiterhin gerügt werden, daß bei der **erfolgten Vereidigung** eine fehlerhafte Formulierung der Eidesnorm oder -formel verwendet **1149**
oder gegen das Gebot der Einzelvereidigung verstoßen wurde. Das Urteil wird jedoch regelmäßig auf dieser Verletzung des § 66 c Abs 1, 2 bzw § 59 S 1 nicht beruhen (zu § 66 c: AK-*Lemke* 8, KMR-*Paulus* 10, K/M-G 5, alle zu § 66 c; zu § 59: RG
2 158; Recht **30** 270 f; LR-*Dahs* 3 zu § 66 c). Ein Verfahrensfehler liegt auch vor,
wenn der Zeuge die Wahrheit seiner Aussage lediglich bekräftigt hat, ohne sich
auf die in § 66 d Abs 1 vorausgesetzten Glaubens- oder Gewissensgründe selbst berufen zu haben. Auf diesem Fehler beruht das Urteil aber nicht, wenn Gericht und
Zeuge die Bekräftigung für wirksam erachteten (K/M-G 4, LR-*Dahs* 8, beide zu
§ 66 d). Wurde dem Zeugen entgegen § 59 S 1 der Voreid abgenommen, wird die
Revision meist begründet sein, da dieses Verfahren einer unzulässigen Nichtvereidigung gleichsteht (LR-*Dahs* 20, *Eb Schmidt* 3, beide zu § 59; s auch BGH bei *Dallinger* MDR **72** 198).

Zur Vereidigung trotz Eingreifens einer Ausnahme vom Vereidigungsgebot
s 1170 f, 1202–1204, 1211, 1213.

cc) Die Versicherung der Richtigkeit der Aussage unter **Berufung** auf den **früheren Eid** (§ 67) ist an mehrere Voraussetzungen geknüpft. **1150**

---

[48] Entspr auch BGH bei *Dallinger* MDR **53** 722 und RG **64** 380 zur irrtümlichen Annahme einer wirksamen Berufung auf den früheren Eid gem § 67.

(1) Eine **nochmalige Vernehmung** ist gegeben, wenn der Zeuge nach einer von ihm beeideten oder iSv § 66 d bekräftigten Aussage erneut zur Sache vernommen wird, auch bei Vernehmung am selben Tag und vor der Entlassung gem § 248 (BGH **4** 142; KK-*Pelchen* 1, LR-*Dahs* 1, beide zu § 67). Unerheblich ist, ob der Zeuge seine vormalige Aussage wiederholt oder erläutert (Saarbrücken VRS **23** 53; AK-*Lemke* 1 zu § 67), ob die neue Aussage Ergänzungen enthält (RG GA Bd **42** 136; KK-*Pelchen* 1 zu § 67) oder ob sich die frühere Aussage als unrichtig herausstellt (KK-*Pelchen* 1 zu § 67 mwN).

(2) Um **dasselbe Verfahren** iSv § 67 handelt es sich, wenn es sich **gegen denselben Beschuldigten** richtet (LR-*Dahs* 5, K/M-G 3, KK-*Pelchen* 2, alle zu § 67). Bei Verbindung mit einer anderen Strafsache ist die Berufung auf den früheren Eid somit nur zulässig, wenn nicht neue Mitbeschuldigte durch die Aussage betroffen sind (RG **49** 252; *Eb Schmidt* 2, AK-*Lemke* 2, beide zu § 67). Nach einer Verfahrenstrennung kann sich der Zeuge in jedem selbständig weitergeführten Verfahren auf einen vor der Trennung geleisteten Eid berufen (RG **44** 352; **49** 252; *Eb Schmidt* 2, KK-*Pelchen* 2, K/M-G 3, LR-*Dahs* 5, alle zu § 67; aA wohl AK-*Lemke* 2 zu § 67).

(a) In **demselben Vorverfahren** wird der Zeuge im staatsanwaltschaftlichen Ermittlungsverfahren bis zur Erhebung der Anklage gem § 170 Abs 1 oder den ihr gleichstehenden Anträgen der StA vernommen (K/M-G 4, LR-*Dahs* 6, beide zu § 67).

(b) **Dasselbe Hauptverfahren** bedeutet den Zeitraum vom Erlaß des Eröffnungsbeschlusses bis zur Rechtskraft des Urteils (BGH **23** 285; GA **68** 341; LR-*Dahs* 7 zu § 67).

Umfaßt werden auch mehrere HVen (BGH GA **79** 272; AK-*Lemke* 3 zu § 67), ebenso jede Fortsetzung und jeder Neubeginn der Verhandlung, auch wenn der Zeuge zuvor, jedoch nach Eröffnung des Hauptverfahrens, kommissarisch iSv § 223 vernommen worden ist (RG **4** 439; AK-*Lemke* 3, K/M-G 5, beide zu § 67).

§ 67 ist auch bei erneuter Vernehmung im *höheren Rechtszug* anwendbar, dh es ist auch im Berufungsverfahren eine Versicherung unter Berufung auf den früheren Eid möglich (KMR-*Paulus* 6 zu § 67). Dies gilt zB auch dann, wenn die Strafkammer wegen Überschreitung der Strafgewalt durch das AG als Gericht des ersten Rechtszuges verhandelt (BGH **23** 285; GA **68** 340; LR-*Dahs* 9 zu § 67), ferner bei Verweisung der Sache an ein höheres Gericht gem § 270 Abs 1 (LR-*Dahs* 9, KK-*Pelchen* 5, K/M-G 5, alle zu § 67); entspr gilt nach Aufhebung eines durch Berufung oder Revision angefochtenen Urteils und Zurückverweisung der Sache gem §§ 328 Abs 2, 354 Abs 2 und 3, 355 (K/M-G 5 zu § 67).
Die *Wiederaufnahme* des Verfahrens ist ein neues Hauptverfahren, so daß § 67 bzgl eines Eides in der früheren HV oder bei der Vernehmung nach § 369 keine Anwendung findet (RG **18** 417; KK-*Pelchen* 6, KMR-*Paulus* 8, K/M-G 5, alle zu § 67).

1151 (3) Die **Ermessensentscheidung**, ob nach § 67 verfahren werden soll, trifft **vorab der Vorsitzende**, erst bei Beanstandungen das Gericht (insofern gelten die Grundsätze zu § 59, s 1144; vgl Braunschweig NJW **57** 513; *Eb Schmidt* 8, LR-*Dahs* 18, beide zu § 67).

Zu einer erneuten Vereidigung gem § 59 kann Anlaß bestehen, wenn der Zeuge offenkundig die Bedeutung der Versicherung nicht erfaßt, so zB infolge langen Zeitablaufs (LR-*Dahs* 17, KMR-*Paulus* 11, beide zu § 67; aA AK-*Lemke* 5 zu § 67). Der Anwendung des § 67 steht es indes nicht entgegen, wenn der Zeuge angibt, sich an die frühere Vernehmung nicht mehr zu erinnern (KK-*Pelchen* 7, AK-*Lemke* 5, beide zu § 67).

II. Allgemeine Pflichten und Rechte des Zeugen

(4) Der Zeuge muß in entspr Anwendung des § 57 S 2 **belehrt werden** (LR-*Dahs* 11, K/M-G 7, beide zu § 67). Die Versicherung nach § 67 muß nach der Aussage (BGH bei *Dallinger* MDR **72** 198), und zwar **vom Zeugen selbst** (vgl BGH **4** 141; KK-*Pelchen* 8 zu § 67: Hinweis seitens des Richters genügt nicht), wenngleich nicht zwingend mit den Worten des Gesetzes, abgegeben werden (LR-*Dahs* 14, KMR-*Paulus* 12, beide zu § 67; BGH bei *Dallinger* MDR **72** 198). Als wesentliche Förmlichkeit iSv §§ 168a Abs 1, 273 Abs 1 ist die Versicherung im **Protokoll** zu vermerken (K/M-G 8, KK-*Pelchen* 9, beide zu § 67; BGH **4** 140).

(5) Zulässigkeitsvoraussetzung der **Revision** ist nicht, daß gegen die Vorabentscheidung des Vorsitzenden zuvor das Gericht angerufen wurde (BGH bei *Dallinger* MDR **72** 199; K/M-G 9 zu § 67). **1152**

Lagen die Voraussetzungen für eine Anwendbarkeit des § 67 nicht vor oder wurden die Formerfordernisse nicht eingehalten, handelt es sich zwar um einen revisiblen Rechtsverstoß; jedoch beruht das Urteil dann nicht auf diesem Fehler, wenn sowohl das Gericht als auch der Zeuge die Versicherung für zulässig und wirksam erachtet und die Aussage somit als eidliche gewertet haben (RG **64** 380; BGH bei *Dallinger* MDR **53** 722; BGH NStZ **84** 328f; KMR-*Paulus* 15, K/M-G 9, beide zu § 67). Ob dies der Fall ist, ist im Wege des Freibeweises zu klären; verbleiben Zw, so ist die Revision begründet (LR-*Dahs* 22 zu § 67; Köln NJW **63** 2333).

Die Ermessensentscheidung ist nicht revisibel (KK-*Pelchen* 10, LR-*Dahs* 20, beide zu § 67).

b) **Ausnahmen** von der **Beeidigungspflicht** gelten im Strengbeweisverfahren nur, wenn eine gesetzliche Ausnahme nach §§ 60–63, § 49 Abs 1 S 1 JGG, § 48 Abs 1 S 1 OWiG eingreift (BGH **1** 10; LR-*Dahs* 3 zu § 59). **1153**

aa) Die **Vereidigungsverbote des § 60** sind zwingend (KK-*Pelchen* 1, LR-*Dahs* 2, beide zu § 60). Sinn und Zweck bestehen darin, der besonderen Bedeutung des Eides Rechnung zu tragen (s hierzu KMR-*Paulus* 1 zu § 60) und zu sorgfältiger Beweiswürdigung zu mahnen (BGH **17** 134). Die Grundsätze der Beweiswürdigung (§ 261) werden durch § 60 nicht eingeschränkt, dh das Gericht kann auch dem Zeugen uneingeschränkt „glauben", dessen Aussage unbeeidet bleibt (BGH **10** 70; KK-*Pelchen* 2, K/M-G 1, KMR-*Paulus* 1, alle zu § 60).

Zeigen sich Anhaltspunkte für das Vorliegen eines Vereidigungsverbots, so muß das Gericht die Frage erörtern und ggf im Freibeweis Ermittlungen anstellen (KK-*Pelchen* 3, K/M-G 1, LR-*Dahs* 3, alle zu § 60). Im Zw ist der Zeuge zu vereidigen (RG **47** 297; KK-*Pelchen* 3, K/M-G 1, beide zu § 60).

(1) **Eidesunmündig iSv § 60 Nr 1, Alt 1** ist der Zeuge bis zum Beginn des Tages, an dem er 16 Jahre alt wird (§ 187 Abs 2 BGB). Das Gesetz geht davon aus, daß Personen, die jünger als 16 Jahre sind, noch nicht die nötige Reife haben, um die Bedeutung eines Eides zu erfassen, so daß der Beweiswert ihrer Aussage nicht erhöht werden kann (RG **6** 156; LR-*Dahs* 3 zu § 60; *Peters* 356) – Str ist, ob Zeugen neue Beweismittel iSv § 359 Nr 5 sind, wenn inzwischen Eidesmündigkeit eingetreten ist (bej *Peters* Fehlerquellen **74** 78; *Wasserburg* 315; aA LR-*Gössel* 102, K/M-G 33, beide zu § 359). **1154**

Ein Eidesunmündiger, der unter Verstoß gegen § 60 Nr 1, Alt 1 vereidigt wird, kann zwar wegen uneidlicher Falschaussage (sofern ua die Voraussetzungen von § 3 JGG vorliegen), nicht aber wegen Meineides bestraft werden (RG **28** 89; *Peters* 356; Sch-Sch-*Lenckner* 25 vor § 153 StGB; aA RG **36** 304; KMR-*Paulus* 4 zu § 60; LK-*Willms* 10 zu § 154 StGB). Da

389

die Vorschrift insoweit die unwiderlegbare Annahme des Gesetzgebers dokumentiert, daß die entspr Reife fehlt, stellt sie eine spezielle Einschränkung des § 3 JGG dar.

Maßgebender Zeitpunkt ist der *Tag* der *Vernehmung*, nicht derjenige der Wahrnehmungen (*Eb Schmidt* 10, KK-*Pelchen* 4, KMR-*Paulus* 4, alle zu § 60). Sofern Tag der Vernehmung und Tag der Vereidigung auseinanderfallen, ist letzterer ausschlaggebend (KK-*Pelchen* 4 zu § 60). Dauert die HV an und wird der Zeuge vor Urteilserlaß eidesmündig, so ist die Vereidigung nachzuholen (LR-*Dahs* 4; aA KK-*Pelchen* 4, AK-*Lemke* 6, beide zu § 60: vor Schluß der Beweisaufnahme). Sie muß auch in den Fällen des § 251 (RG JW **10** 203; K/M-G 2 zu § 60) und § 325 (RG JW **30** 937) nachgeholt werden, wenn die Niederschrift des ehemals unter 16jährigen Zeugen zu einem Zeitpunkt verlesen wird, zu dem er eidesmündig ist.

Zur Begründung der Nichtvereidigung genügt die Angabe der Gesetzesstelle, da sich das Alter des Zeugen aus den protokollierten Angaben zur Person entnehmen läßt (BGH VRS **22** 148; **41** 186; LR-*Dahs* 6 zu § 60).

1155 (2) Der Gesetzeswortlaut für die **Eidesunfähigkeit iSv § 60 Nr 1, Alt 2** ist abschließend; aus anderen als den im Gesetz genannten Gründen, die eine mangelnde Vorstellung vom Wesen des Eides zur Folge haben, darf eine Vereidigung nicht unterbleiben (K/M-G 4, KMR-*Paulus* 5, LR-*Dahs* 8, alle zu § 60). Nach bis zum 31. 12. 1991 bestehender Gesetzeslage waren allein intellektuelle Mängel erfaßt.

Unwissenheit, Unglaube (KMR-*Paulus* 5, LR-*Dahs* 8, beide zu § 60), Gedächtnisschwäche (RG **53** 137; vgl BGH **22** 266), ein Nervenleiden (Marienwerder HRR **28** 2243), krankhafte Störung der Geistestätigkeit (RG JW **32** 112; KMR-*Paulus* 5 zu § 60) und selbst Geisteskrankheit (RG **58** 396; K/M-G 4 zu § 60) waren für die Frage der Eidesunfähigkeit nicht ausschlaggebend; gleiches wurde für Gebrechlichkeitspflegschaft (RG Recht **30** Nr 2355), Entmündigung (= Betreuung nach § 1896 nF BGB; vgl BGH **22** 266) oder Freisprechung wegen Schwachsinns nach § 20 StGB (Hamm GA **69** 316) entschieden (krit zum Ganzen AK-*Lemke* 7 zu § 60).

Die geltende Fassung weist jedoch eine Öffnung in Richtung auf andere als intellektuelle Mängel auf; es bleibt abzuwarten, inwieweit dadurch in der Praxis der Begriff der Eidesunfähigkeit ausgedehnt wird (vgl etwa schon *Peters* 356).

(a) Vorübergehende Beeinträchtigung der Geistestätigkeit (zB durch Alkohol- oder Drogenkonsum) führt zur Verschiebung der Vereidigung (RG **34** 284; LR-*Dahs* 9 zu § 60).

(b) Da nur der vernehmende Richter über die Eidesfähigkeit des jeweiligen Zeugen entscheiden kann, darf sich das erkennende Gericht bei einer Protokollverlesung nach § 251 auf die Feststellungen des ersuchten Richters berufen (RG **26** 98 f; KK-*Pelchen* 6 zu § 60).

(c) Zur Begründung muß angegeben werden, aus welchem gesetzlich vorgesehenen Grund der Zeuge unvereidigt bleibt (KK-*Pelchen* 7, LR-*Dahs* 11, beide zu § 60). Allg Angaben, dem Zeugen fehle die Vorstellung über die Bedeutung des Eides (RG **53** 137; KK-*Pelchen* 7 zu § 60) oder sein Gesundheitszustand lasse eine Vereidigung nicht zu (RG HRR **34**, 453; K/M-G 6 zu § 60), reichen nicht aus. Die Tatsachen, aus denen auf die Eidesunfähigkeit geschlossen wird, brauchen dagegen nicht mitgeteilt zu werden (LR-*Dahs* 11 zu § 60).

1156 (3) Bei **tat- oder teilnahmeverdächtigen Zeugen** gilt das Vereidigungsverbot des **§ 60 Nr 2.**

(a) **Sinn und Zweck** bestehen nicht darin, den Zeugen vor einem Meineid zu schützen (K/M-G 8, LR-*Dahs* 12, jeweils zu § 60; Stuttgart MDR **70** 1163; aA

II. Allgemeine Pflichten und Rechte des Zeugen

Stuttgart NJW **78** 713; AK-*Lemke* 9 zu § 60). Vielmehr gilt der Eid eines Tat- oder Teilnahmeverdächtigen („erfahrungsgemäß") nicht als zur Erhöhung des Beweiswerts geeignet, weil diesem Zeugen idR die Unbefangenheit fehle, da er seine Stellung ähnlich der eines Beschuldigten empfinde (BGH **1** 363; **4** 371; **6** 382; **10** 67; **17** 134; LR-*Dahs* 12, KMR-*Paulus* 7, K/M-G 8, alle zu § 60).

Das Vereidigungsverbot gilt für jedes Beweisthema, so auch bei Vernehmung über Tatsachen, die nicht mit der eigenen Tatbeteiligung iZ stehen (KMR-*Paulus* 7, LR-*Dahs* 12, beide zu § 60).

Nr 2 des § 60 greift nicht ein, wenn ein Angehöriger des Zeugen beteiligungsverdächtig ist und dieser trotz Auskunftsverweigerungsrechts nach § 55 aussagt (KMR-*Paulus* 7 zu § 60).

Nach hM führt eine gegen § 60 Nr 2 verstoßende Vereidigung lediglich zur Strafmilderung bei § 154 StGB (BGH **8** 187; **17** 136; **23** 30). Dies gilt nicht für den Anstifter zum Meineid (BGH **27** 74).

(b) Der Begriff der **Tat** ist im verfahrensrechtlichen Sinn gem § 264 zu verstehen. Umfaßt ist der gesamte geschichtliche Vorgang, innerhalb dessen ein strafrechtlicher Tatbestand verwirklicht worden ist (BGH **1** 363 f; **6** 383; vgl **23** 145; LR-*Dahs* 15 zu § 60). „Gegenstand der Untersuchung" ist das Ergebnis der HV (nicht der Eröffnungsbeschluß [BGH **10** 365; VRS **14** 60]), die Haupttat, zu der der Angekl Beihilfe geleistet haben soll, wenn der Zeuge ebenfalls der Beihilfe zu dieser Haupttat verdächtigt ist (BGH **21** 148; K/M-G 9, KMR-*Paulus* 8, beide zu § 60) oder die Vortat, sofern sie in untrennbarem Zusammenhang mit der dem Angekl zur Last gelegten Tat steht (BGH **1** 363 f; vgl **6** 383; KK-*Pelchen* 11 zu § 60). **1157**

Tatverdacht liegt vor, wenn Anhaltspunkte dafür gegeben sind, daß nicht der Angekl, sondern der Zeuge die Tat selbst begangen hat (BGH bei *Dallinger* MDR **61** 1031; KK-*Pelchen* 12 zu § 60).

(c) Der Begriff der **Tatbeteiligung** umfaßt nicht nur die Fälle von §§ 25 ff StGB, sondern jede strafbare Mitwirkung des Zeugen an der Tat in gleicher Richtung wie der Beschuldigte (BGH **4** 256; 368; **10** 67; NStZ **83** 516; K/M-G 12, KMR-*Paulus* 9, beide zu § 60). **1158**

(aa) Die Mitwirkung des Zeugen muß **strafbar** sein. Daher besteht kein Vereidigungsverbot bei fehlendem Teilnehmervorsatz (BGH bei *Holtz* MDR **80** 630), beim agent provocateur (BGH NStZ **82** 127), bei fehlender rechtlicher Handlungspflicht im Falle des Unterlassens (BGH StV **82** 342), bei Rechtfertigungsgründen (RG **31** 220 f; LR-*Dahs* 19 zu § 60) und bei Schuldausschließungsgründen (RG **22** 100; LR-*Dahs* 20 zu § 60). – Rechtsgründe, die der Verurteilung im Einzelfall entgegenstehen, lassen die Strafbarkeit im Grds unberührt; daher besteht das Vereidigungsverbot der Nr 2 auch bei persönlichen Strafausschließungs-und Strafaufhebungsgründen (BGH NStZ **83** 516; bei *Holtz* MDR **91** 107; LR-*Dahs* 21, K/M-G 14, beide zu § 60) und bei Verfahrenshindernissen (BGH **4** 131).

(bb) Maßgeblich dafür, ob der Zeuge **in derselben Richtung** mitgewirkt hat wie der Beschuldigte, ist die Vorstellung des Zeugen (BGH **4** 371; KK-*Pelchen* 21 zu § 60). **1159**

Die Tat des Zeugen kann gegen ein anderes Strafgesetz verstoßen (zB gegen § 138 StGB, weil er die geplante Straftat nicht angezeigt hat [BGH **6** 384; JZ **76** 35; LR-*Dahs* 22 und 38 zu § 60] oder gegen § 323 c StGB etwa nach Körperverletzung [BGH StV **92** 548] oder als

Beifahrer des beschuldigten Unfallverursachers [BGH VRS **28** 420]). Jedoch reicht ein bloßer Zusammenhang mit der Tat des Beschuldigten nicht aus (BGH bei *Dallinger* MDR **69** 535; vgl **6** 384; K/M-G 16, KK-*Pelchen* 21, LR-*Dahs* 23, alle zu § 60).

Teilnahme iSd Vorschrift liegt auch bei Fahrlässigkeitstaten vor, wenn der Zeuge zur Herbeiführung desselben rechtswidrigen Erfolgs beigetragen hat (BGH **10** 65 f; LR-*Dahs* 25, K/M-G 18, beide zu § 60).

1160 (d) Das Vereidigungsverbot der Nr 2 bei **Verdacht** der Strafbarkeit wegen **Begünstigung oder Strafvereitelung** nach Beendigung der Tat gilt auch bei Verdacht wegen **versuchter** Strafvereitelung (BGH bei *Kusch* NStZ **94** 227; Stuttgart MDR **75** 950; LR-*Dahs* 26 zu § 60).

Die Vortat braucht nicht erwiesen zu sein, Tatverdacht genügt (Celle MDR **66** 605; K/M-G 19 zu § 60). Sie kann eine andere sein, als die, die dem Beschuldigten zur Last gelegt wird (Hamm MDR **82**, 690: Strafvereitelung zugunsten des unfallbeteiligten Nebenklägers); eine gemeinsame Vortat reicht aus (BGH **1** 360; **6** 383: Nichtvereidigung des Diebes oder Begünstigers des Diebes im Verfahren gegen den Hehler). Der Zeuge muß bei seiner Tat iSv §§ 257, 258 StGB die Tat des Beschuldigten wenigstens in ihrem Unrechtsgehalt erkannt haben (LR-*Dahs* 26 zu § 60).

1161 Kein Vereidigungsverbot besteht, wenn der Zeuge verdächtig ist, erst bei der gegenwärtigen Vernehmung falsch auszusagen (BGH NStZ **89** 584; KK-*Pelchen* 24, K/M-G 20, beide zu § 60). Er muß sich außerhalb der HV strafbar gemacht haben, insbes dadurch, daß er vorher – etwa bei der Polizei, im 1. Rechtszug, in einer ausgesetzten HV, in einem anderen Verfahren – eine Aussage gemacht hat, die den Verdacht iSd §§ 257, 258 StGB begründet (BGH **1** 363; **34** 68; bei *Dallinger* MDR **70** 383), da nur dann eine Zwangslage besteht (Bay NStZ **91** 203). Eine Richtigstellung bleibt für das Vereidigungsverbot außer Betracht (LR-*Dahs* 27 zu § 60).

1162 Eine vor der HV gegebene Zusage der Falschaussage steht der Vereidigung nicht zwingend entgegen. Bei einem Vermögensdelikt kann sie zwar den Verdacht der Begünstigung begründen und daher die Vereidigung hindern (vgl BGH **27** 74; K/M-G 21 zu § 60), bzgl einer Strafvereitelung liegt jedoch lediglich eine straflose Vorbereitungshandlung vor (vgl BGH **31** 34; **34** 68); das gleiche gilt bei Aushändigung einer inhaltlich falschen schriftlichen Erklärung eines Zeugen (BGH NStZ **92** 181; zw). Für die Zusage einer **eidlichen Falschaussage** gilt bzgl §§ 154 Abs 1, 30 Abs 2 StGB wegen § 31 Abs 1 Nr 2 StGB nichts anderes. Zwar schließt der Rücktritt vom Versuch (gemäß § 24 StGB) das Vereidigungsverbot des § 60 Nr 2 nicht aus (s BGH JR **91** 246); hier jedoch liegt der Fall anders, da Strafbefreiung gerade durch die richtige Aussage erlangt wird (Bay NStZ **91** 203; KG NStZ **81** 449; KK-*Pelchen* 25, K/M-G 21, LR-*Dahs* 27 a, alle zu § 60). – Teilweise wird die Auffassung vertreten, der falsch aussagende Zeuge befinde sich in einer vergleichbaren Konfliktsituation wie die in § 60 Nr 2 bestimmten, der Tatbeteiligung verdächtigen Personen, woraus verfassungs- wie verfahrensrechtliche Bedenken gegen die prozessual andere Behandlung hergeleitet werden (*Delventhal* 194 ff, 278 ff).

1163 (e) Das Vereidigungsverbot des § 60 Nr 2 gilt auch für **Hehlereiverdacht**. Ausreichend sind der Verdacht im Verfahren gegen den Begünstiger des Vortäters (RG **58** 374; KMR-*Paulus* 23, LR-*Dahs* 29, beide zu § 60) sowie Anstiftung und Beihilfe zur Hehlerei (BGH StV **90** 484; K/M-G 22 zu § 60).

1164 (f) Es genügt ein entfernter tatsächlicher **Tat- oder Teilnahmeverdacht** des Gerichts (BGH **4** 256; NStZ **93** 445; K/M-G 23, KK-*Pelchen* 30, beide zu § 60; *Roxin* 38 zu § 26) zZt des Urteilserlasses (BGH NStZ **81** 110; K/M-G 23, KMR-*Paulus* 25, beide zu § 60). Der Verdacht kann auch bestehen, wenn Zeuge oder Angekl rechtskräftig freigesprochen wurden (BGH 7.12.1954, 2 StR 327/54, zit nach KK-

Pelchen 31 zu § 60) oder das Ermittlungsverfahren gegen einen von beiden eingestellt worden ist (BGH StV **90** 145: Beschuldigter; BGH GA **68** 149: Zeuge). Umgekehrt muß nicht zwingend ein Verdacht bestehen, wenn gegen den Zeugen ein Ermittlungsverfahren anhängig ist (BGH NStZ **89** 584; RG **16** 211).

Eine Möglichkeit, den Zeugen den Verdacht durch eine Unschuldsbeteuerung unter Eid ausräumen zu lassen, besteht nicht (BGH VRS **14** 58; KMR-*Paulus* 27 zu § 60).

Trotz Belehrung nach § 55 Abs 2 kann der Verdacht bis zum Zeitpunkt des Urteilserlasses ausgeräumt worden sein (RG Recht **29** Nr 1731; LR-*Dahs* 42 zu § 60).

(g) Die **Verurteilung des Zeugen** begründet eine unwiderlegliche Vermutung der Tatbeteiligung des Zeugen; dies soll auch bei fehlender Rechtskraft des Urteils gelten (K/M-G 25, KK-*Pelchen* 32, LR-*Dahs* 46, alle zu § 60), für den noch nicht rechtskräftigen Strafbefehl aber nur, solange gegen ihn nicht Einspruch eingelegt wurde bzw nach Rücknahme oder Verwerfung des Einspruchs (KK-*Pelchen* 32, KMR-*Paulus* 28, beide zu § 60). **1165**

(h) **Nachholung der Vereidigung** ist erforderlich, wenn Tat- oder Teilnahmeverdacht bis zum Zeitpunkt der Urteilsberatung entfallen (BGH **8** 155; NStZ **81** 110; bei *Dallinger* MDR **58** 14; KK-*Pelchen* 33, LR-*Dahs* 63, beide zu § 60), der Vereidigung kein anderer Grund entgegensteht (zum Austausch von Gründen BGH NStZ **93** 341; s auch LR-*Dahs* 53 zu § 60) und sie noch möglich ist (K/M-G 29 zu § 60). **1166**

(i) Werden dem Angekl entgegen § 264 rechtlich selbständige Taten vorgeworfen und ist der Zeuge nur bzgl einer Tat teilnahmeverdächtigt, so ist bei Aussage über die andere Straftat **Teilvereidigung** geboten (vgl BGH **19** 109; StV **87** 90; bei *Miebach* NStZ **89** 218; LR-*Dahs* 47 zu § 60). **1167**

(4) Bei der **Begründung der Nichtvereidigung** gem § 64 reicht nicht die Angabe der Gesetzesstelle. Vielmehr muß erkennbar sein, ob Verdacht der Täterschaft, Beteiligung, Begünstigung, Strafvereitelung oder Hehlerei besteht (BGH NJW **52** 273; LR-*Dahs* 51 zu § 60), es sei denn, der Grund ist (zB wegen Verurteilung als Mittäter) offensichtlich (BGH VRS **22** 147; KK-*Pelchen* 35, K/M-G 28, beide zu § 60). Die tatsächlichen Erwägungen, aus denen sich der Verdacht ergibt, brauchen nicht mitgeteilt zu werden (BGH NJW **52** 273; VRS **11** 50; **25** 40; KMR-*Paulus* 32 zu § 60). **1168**

(5) Ergibt sich bei der Urteilsberatung, daß der Zeuge **trotz** eines **Vereidigungsverbots vereidigt** worden ist, so muß die Aussage als uneidliche gewertet werden (vgl BGH **4** 130; bei *Dallinger* MDR **70** 383; **75** 725; NStZ **81** 309; LR-*Dahs* 54 zu § 60). Dies muß den Prozeßbeteiligten unter Wiedereintritt in die Verhandlung bekanntgegeben werden, damit sie sich auf die veränderte Beweislage einstellen können (BGH **4** 130; NStZ **86** 230; K/M-G 30 zu § 60). Es bedarf eines Vermerks hierüber im Protokoll (BGH **4** 132; AK-*Lemke* 30 zu § 60). **1169**

(6) Im Unterschied zu der entgegen § 59 unterbliebenen Vereidigung (s hierzu 1147) kann mit der **Revision** die Vereidigung durch den Vorsitzenden unter Verstoß gegen § 60 auch dann gerügt werden, wenn der Beschwerdeführer in der HV nicht die Entscheidung des Gerichts herbeigeführt hat (BGH **20** 99; GA **69** 348; K/M-G 31, KK-*Pelchen* 38, LR-*Dahs* 55, alle zu § 60). **1170**

(a) Ist eine Entscheidung des Gerichts unterblieben, obwohl der Angekl sie beantragt hatte, ist die Revision auf § 338 Nr 8 zu stützen (LR-*Dahs* 55 zu § 60). Hat das Gericht die eidliche Aussage als uneidliche gewertet, kann die Revision darauf gestützt werden, daß dies den Beteiligten nicht mitgeteilt wurde (BGH **4** 130; bei *Dallinger* MDR **75** 725; einschr BGH StV **86** 89 mit abl Anm *Schlothauer*; K/M-G 34, KK-*Pelchen* 42, beide zu § 60).

Bei Vereidigung trotz Eidesunmündigkeit liegt ein revisibler Rechtsfehler vor, wenn sich das Gericht über das Alter des Zeugen geirrt hat (BGH **20** 99; LR-*Dahs* 56 zu § 60), bei Vereidigung trotz Eidesunmündigkeit, wenn das Gericht diese Frage trotz entgegenstehender Anhaltspunkte (zB bei Entmündigung [BGH **22** 267] oder bei Freisprechung aufgrund von § 20 StGB [Hamm GA **69** 316]) nicht geprüft hat. Gleiches gilt für § 60 Nr 2 (BGH **4** 256; KK-*Pelchen* 40, AK-*Lemke* 34, LR-*Dahs* 58, alle zu § 60); weiterhin ist die Verkennung der Rechtsbegriffe der Nr 2 revisibel (BGH **4** 255; StV **94** 253; *Schlüchter* 520).

1171   (b) Das Urteil **beruht** idR auf der unzulässigen Vereidigung, da nicht auszuschließen ist, daß das Gericht der Aussage eines vereidigten Zeugen eher glaubt (BGH **4** 131; 257; StV **94** 253). Anderes kann ggf gelten, wenn feststeht, daß das Urteil „mit Sicherheit" bei uneidlicher Vernehmung des Zeugen nicht anders ausgefallen wäre (BGH bei *Dallinger* MDR **75** 725; VRS **14** 60; *Schlüchter* 519), etwa wenn das Gericht schon dem vereidigten Zeugen „nicht geglaubt" (BGH bei *Kusch* NStZ **94** 227) hat.

Hat das Gericht den Zeugen trotz des Verbotes vereidigt, so soll sich die Revision des Angekl nicht darauf berufen können, er habe im Vertrauen darauf, das Gericht werde dessen entlastenden Aussagen folgen, von der Benennung anderer Beweismittel abgesehen (BGH bei *Kusch* NStZ **94** 227: kein „Rechtsschein", der Aussage werde ohne Vorbehalt geglaubt werden). Wurde hingegen den Verfahrensbeteiligten nicht mitgeteilt, daß die Aussage als uneidliche gewertet wurde, beruht das Urteil auf diesem Rechtsverstoß, da die Verteidigung ohne diesen Verfahrensverstoß möglicherweise weitergehende Anträge gestellt hätte (BGH **4** 132; bei *Dallinger* MDR **75** 725; LR-*Dahs* 60 zu § 60).

1172   bb) (1) Das **Gericht kann** unter den Voraussetzungen des **§ 61** nach seinem Ermessen von der Vereidigung eines Zeugen **absehen**.

(a) Die Gründe des Gesetzgebers[49] für die Lockerung des Vereidigungszwangs waren unterschiedlich: Zum einen sollte dem Mißstand begegnet werden, daß das Gericht trotz völliger Unglaubwürdigkeit einer Aussage eine Vereidigung vornehmen mußte (vgl RG **68** 311; LR-*Dahs* 1 zu § 61), zum anderen sollte auf solche Eidesleistungen verzichtet werden können, welche für die Wahrheitsfindung überflüssig schienen bzw diese von vornherein nicht fördern konnten (vgl KMR-*Paulus* 1 zu § 61); auch sollte dem Übermaß in der Häufigkeit des Eides und seiner dadurch bedingten Entwertung entgegengewirkt werden, zumal die Vorschrift des § 60 insofern als Korrektiv nicht ausreiche (vgl AK-*Lemke*, LR-*Dahs*, KMR-*Paulus* mwN, alle 1 zu § 61). Die (Wieder-)Einführung des § 61 Nr 5 schließlich sollte (auch) der Verfahrensbeschleunigung dienen (vgl *Günter* DRiZ **78** 272 mwN).

1173   (b) Das Gericht hat bei der nach **pflichtgemäßem Ermessen** zu treffenden Entscheidung über die Frage der (Nicht-)Vereidigung vor allem die Normzwecke zu berücksichtigen (vgl *Schlüchter* 521). Die gelegentlich anzutreffende Praxis, bei Vorliegen eines der Fälle des § 61 Nr 1–5 gleichsam automatisch auf die Vereidigung zu verzichten, findet im Gesetz keine Grundlage.

---

[49] Vgl zur Entstehungsgeschichte der Norm LR-*Dahs* 1, KK-*Pelchen* 1, beide zu § 61; speziell zu § 61 Nr 5 *Günter* DRiZ **78** 273 f, *Koch* ZRP **76** 287, *Strate* StV **84** 42 f und LR-*Dahs* 34 zu § 61.

II. Allgemeine Pflichten und Rechte des Zeugen

(c) Die maßgeblichen Erwägungen im Rahmen der Ermessensentscheidung **1174** brauchen nach allg Ansicht nicht angegeben zu werden (RG **21** 226; DJ **38** 597; DR **41** 2188; K/M-G 14, LR-*Dahs* 19, beide zu § 61). Dies ist deshalb nicht unbedenklich, weil gerade diese Erwägungen oftmals geeignet sein könnten, die Transparenz der gerichtlichen Beweiswürdigung zu erhöhen; zudem soll die Begründungspflicht des § 64 nicht nur dem Revisionsgericht die Prüfung der tatgerichtlichen Entscheidung auf Rechtsfehler ermöglichen, sondern auch die Verfahrensbeteiligten darüber aufklären, von welchen rechtlichen Voraussetzungen das Gericht ausgeht, damit diese ihr weiteres Prozeßverhalten darauf einstellen und ggf weitere Anträge stellen können (vgl BGH **10** 111 f; **14** 375, 377 f; LR-*Dahs* 2, K/M-G 1, AK-*Lemke* 1, alle zu § 64).[50]

(d) Die Anordnung der Nichtvereidigung gem § 61 bezieht sich stets nur auf die **1175** bis dahin erstattete Aussage. Im Falle einer erneuten Vernehmung muß grds erneut über die Vereidigungsfrage entschieden werden, wobei der Vorentscheidung keine Bindungswirkung zukommt (vgl BGH **1** 348 f; GA **80** 420; LR-*Dahs* 42 zu § 61).

(2) (a) Gem **§ 61 Nr 1** gelten **Jugendliche zwischen 16 und 18 Jahren** als be- **1176** dingt eidesmündig, dh bei ihnen kann im Rahmen einer pflichtgemäßen Ermessensentscheidung von einer Vereidigung abgesehen werden. Ist sich der Jugendliche aufgrund jugendlicher Unreife, Unerfahrenheit oder Leichtfertigkeit des Wesens und der Bedeutung des Eides nicht hinreichend bewußt,[51] so bietet sich das Absehen von der Vereidigung gem § 61 Nr 1 an (vgl RG **70** 24 f; BGH **3** 229 f; KK-*Pelchen* 3, AK-*Lemke* 5, beide zu § 61). Bei verbleibenden Zw an der Eidesreife des Zeugen kann er gem § 61 Nr 1 unvereidigt bleiben (vgl *Eb Schmidt* 3, LR-*Dahs* 4, beide zu § 61).

Eine erkennbare Unglaubhaftigkeit der Aussage des jugendlichen Zeugen zwingt **1177** zwar nicht zur Nichtvereidigung, sie kann aber ein Indiz für die fehlende Eidesreife sein (vgl RG **70** 24 f; BGH **3** 231; KMR-*Paulus* 4, K/M-G 2, beide zu § 61). Andererseits kann von fehlender Eidesreife nicht auf die Unglaubhaftigkeit der Aussage geschlossen werden, da der Wille und die Fähigkeit, die Wahrheit zu sagen, nicht die Fähigkeit voraussetzen, die Aussage verantwortungsbewußt zu beschwören, so daß das Gericht auch einer gem § 61 Nr 1 unbeeideten Aussage vollen Glauben schenken kann (vgl BGH **3** 230; LR-*Dahs* 4, KMR-*Paulus* 4, beide zu § 61).

(b) Nach hM genügt zur **Begründung** der Nichtvereidigung gem § 64 der Hinweis, daß **1178** von einer Vereidigung mit Rücksicht auf das Alter des Zeugen abgesehen wurde, oder die Anführung der Gesetzesstelle, dh einer weiteren Begründung der Ermessensentscheidung soll es nicht bedürfen (vgl BGH **3** 230; K/M-G 3, LR-*Dahs* 5, KMR-*Paulus* 24, KK-*Pelchen* 6, alle zu § 61; aA RG **70** 25). Dies erscheint nicht unbedenklich (s näher 1174), zumal § 61 Nr 1 sich in der Praxis nicht selten als bequemer und im Gegensatz zu § 61 Nr 5 nicht an die Zustimmung anderer Verfahrensteilnehmer gebundener Weg erweist, auf eine Vereidigung zu verzichten, ohne sich hierdurch bei der Beweisführung in irgendeiner Weise festzulegen.[52]

---

[50] S aber noch BGH **10** 112 (betr die Anforderungen an die Begründungspflicht nach § 64 iZm § 62), wonach „die Ausübung des Ermessens selbst nicht begründet zu werden braucht, weil dieses verstandesmäßigen Abwägungen nicht immer völlig zugänglich ist".
[51] Hierzu ist eine Gesamtbetrachtung der Persönlichkeit auch in geistiger und sittlicher Hinsicht erforderlich.
[52] AK-*Lemke* 6 zu § 61 hält die Norm für entbehrlich, und zwar im Hinblick auf die schwierige Abgrenzung zwischen altersentwicklungsbedingter Eidesunfähigkeit und solcher,

1179 (3) **§ 61 Nr 2** trägt dem Umstand Rechnung, daß **Verletzte** bzw **Angehörige** des Verletzten oder Beschuldigten nach der Lebenserfahrung (KK-*Pelchen* 7 zu § 61) Grund zu der Besorgnis bieten, in ihrer Aussage ggü dem Beschuldigten nicht unvoreingenommen zu sein (vgl BGH **1** 180; **4** 202 f; **5** 85; StV **86** 283; LR-*Dahs* 6, AK-*Lemke* 7, beide zu § 61).

1180 (a) (aa) Es besteht Einigkeit, daß der **Begriff** des **Verletzten** iSd § 61 Nr 2 – anders als etwa bei § 22 Nr 1 – weit auszulegen ist (vgl BGH **4** 202; **5** 85; *Roxin* § 26 B III 2 b; *Schlüchter* 521; LR-*Dahs* 8 zu § 61; anders noch RG **69** 127). Er umfaßt insbes auch denjenigen, der „nur" mittelbar in seinen durch § 823 BGB geschützten Rechtsgütern verletzt (vgl BGH **4** 202; **17** 251; NStZ **92** 293; zu Beispielsfällen KK-*Pelchen*, AK-*Lemke*, jeweils 9–11 zu § 61 mwN) oder bei Gefährdungsstraftaten gefährdet worden ist (vgl BGH **10** 273). Das die Verletzteneigenschaft begründende Geschehen braucht nicht in der Anklageschrift dargelegt zu sein, sofern es (nur) zu der Tat iSd § 264 gehört (KK-*Pelchen* 8 zu § 61).

1181 Die Aussage des Zeugen muß sich nach überwiegender Ansicht aber auf die Tat beziehen, durch die er verletzt ist, so daß eine andere Straftat desselben Angekl nicht ausreichen soll (vgl BGH **17** 248; VRS **27** 31; K/M-G 5, LR-*Dahs* 8, beide zu § 61), es sei denn, die Taten wären so eng miteinander verknüpft, daß über die Frage der (Nicht-)Vereidigung nur einheitlich entschieden werden könnte (vgl BGH NStZ **86** 181; Köln NJW **57** 960; K/M-G 10 zu § 61); ist der Zeuge nur durch eine von mehreren Taten, zu denen er aussagt, verletzt, so soll grds Teilvereidigung geboten sein. Diese Auffassung erscheint nicht unbedenklich, da sie auf der Unterstellung einer partiellen Voreingenommenheit beruht, während rechtstatsächlich idR eher anzunehmen ist, daß ein bestimmter Zeuge einem bestimmten Angekl ggü entweder voreingenommen ist oder nicht (ebenso AK-*Lemke* 8 zu § 61).

1182 (bb) Das Absehen von der Vereidigung darf nicht die gleichsam automatische Folge der Verletzteneigenschaft des Zeugen sein. Vielmehr darf der Grundsatz des § 59 Abs 1, nach dem Zeugen zu vereidigen sind, bei der gebotenen **Ermessensentscheidung** nicht völlig außer acht gelassen werden (vgl BGH **1** 178; KK-*Pelchen* 14, LR-*Dahs* 14, beide zu § 61). Erwägungen, die ein Absehen von der Vereidigung rechtfertigen können, sind zB die Sorge der Voreingenommenheit des Zeugen, aber auch die auf konkrete Anhaltspunkte gestützte Besorgnis, der Zeuge habe im Fall seiner Vereidigung eine unbegründete Meineidsanzeige des Angekl zu erwarten, so daß auch bei einem unvoreingenommenen und glaubwürdig erscheinenden Zeugen auf die Vereidigung verzichtet werden kann (vgl LR-*Dahs* 14 zu § 61 mwN).

1183 (cc) An die **Begründung**, mit der das Gericht nach § 61 Nr 2 von einer Vereidigung absehen darf, werden im allg keine strengen Anforderungen gestellt; idR genügt der Hinweis, daß der Zeuge als Verletzter nicht vereidigt wurde (vgl BGH **1** 175; StV **86** 283; Hamm JMBl NRW **59** 160; KK-*Pelchen* 17, KMR-*Paulus* 24, beide zu § 61). Nähere Ausführungen werden jedoch für erforderlich gehalten, wenn die Verletzteneigenschaft nicht klar zu Tage liegt, insbes wenn mehrere Taten Gegenstand des Verfahrens sind, und der Zeuge möglicherweise nur hinsichtlich einer von ihnen als Verletzter iSd § 61 Nr 2 anzusehen ist (K/M-G 11 zu § 61); in sol-

---

die auf Verstandesmängeln gem § 60 Nr 1, 2. Alt beruht, sowie auf die durch § 61 Nr 5 bestehenden Möglichkeiten und nicht zuletzt der daher unnötigen Diskriminierung von Zeugen zwischen 16 und 18 Jahren.

chen Fällen verlangt die Judikatur, daß sich das Tatgericht erkennbar mit der Möglichkeit einer Teilvereidigung auseinandersetzt (vgl BGH StV **86** 283).

(b) (aa) **Angehörige** iSd § 61 Nr 2, Alt 2 sind die in § 52 Abs 1 bezeichneten **1184** Personen (vgl BGH bei *Dallinger* **54** 336; Hamm NJW **53** 1277; statt aller AK-*Lemke*, K/M-G, beide 12 zu § 61; s näher 1243–1249). Die Vorschrift trägt dem Umstand Rechnung, daß sowohl bei Angehörigen des Verletzten als auch denen des Beschuldigten aufgrund des idR bestehenden Näheverhältnisses und des auf diesem beruhenden subjektiven Interesses am Verfahren unzuverlässige Angaben zu besorgen sind (vgl KK-*Pelchen* 12, LR-*Dahs* 16, beide zu § 61). Ihre Bedeutung wird bei Angehörigen des Beschuldigten durch deren Zeugnisverweigerungsrecht gem § 52 (s näher 1241 ff) bzw ihr Eidesverweigerungsrecht gem § 63 (s näher 1212 f) eingeschränkt. Die Norm ist auch bei Zeugen anwendbar, die Angehörige eines bereits rechtskräftig verurteilten Angekl sind (vgl Hamm NJW **53** 1277; LR-*Dahs* 16 f, AK-*Lemke* 12, beide zu § 61). Demggü soll nach der Judikatur die Verwandtschaft mit einem tat- oder beteiligungsverdächtigen anderen Zeugen die Anwendung nicht rechtfertigen (vgl BGH bei KK-*Pelchen* 12 zu § 61). Richtet sich das Verfahren gegen mehrere Angekl, so ist § 61 Nr 2 bereits anwendbar, wenn nur einer von diesen Angehöriger des Zeugen ist (LR-*Dahs* 17 zu § 61). Handelt es sich jedoch um mehrere selbständige Taten, ist die Anwendung auf die Tat beschränkt, die dem Angehörigen zur Last gelegt wird (vgl RG **16** 156; KK-*Pelchen* 13, K/M-G 12, LR-*Dahs* 17, alle zu § 61), sofern die Aussage nach Gegenstand und Inhalt trennbar ist. Insoweit gilt entspr wie bei § 52 (vgl KK-*Pelchen* 13 zu § 61; s 1250).

(bb) Die bloße Angehörigeneigenschaft eines Zeugen allein reicht für ein Absehen von **1185** der Vereidigung nicht aus (vgl BGH **1** 180; VRS **11** 438; KK-*Pelchen* 14, 16 zu § 61). Das Vorliegen der Tatbestandsvoraussetzungen entbindet das Gericht nicht davon, eine pflichtgemäße **Ermessensentscheidung** zu treffen.

(cc) Zur **Begründung** der Nichtvereidigung gem § 64 reicht die Anführung der einschlä- **1186** gigen Tatbestandsalternative, wenn die Beteiligten die Beziehungen des Zeugen zum Angekl oder Verletzten kennen (vgl BGH NJW **88** 716; KG VRS **20** 360; K/M-G 14 zu § 61). Welches Angehörigenverhältnis vorliegt, muß im allg nicht dargelegt werden (vgl LR-*Dahs* 19, KK-*Pelchen* 17, beide zu § 61).

(4) (a) Gem **§ 61 Nr 3** kann unter den beiden Voraussetzungen, daß – nach An- **1187** sicht des Gerichts – die Aussage eines Zeugen keine wesentliche Bedeutung hat und eine solche auch dann nicht zu erwarten ist, wenn die Aussage beschworen werden muß, von einer Vereidigung abgesehen werden.

(aa) Die **(Un-)Wesentlichkeit** einer Aussage iSd Norm richtet sich allein nach **1188** ihrem Inhalt, nicht nach ihrer Glaubhaftigkeit (BGH **1** 12; NJW **52** 74 mit abl Anm *Richter*; KK-*Pelchen* 18, K/M-G 15, beide zu § 61; *Dahs sen* NJW **50** 887 f). Eine Aussage ist ohne wesentliche Bedeutung, wenn sie weder allein noch zusammen mit anderen Beweisen oder Beweisanzeichen schuld- oder rechtsfolgenrelevant ist (BGH NJW **52** 74; RG **71** 54; LR-*Dahs* 22, AK-*Lemke* 13, beide zu § 61). Die Wesentlichkeit in einem Nebenpunkt schließt die Anwendung der Norm nicht zwingend aus, da vollständige Bedeutungslosigkeit nicht gefordert wird (BGH **1** 11; Oldenburg NJW **57** 731; K/M-G 15, KK-*Pelchen* 18, LR-*Dahs* 22, alle zu § 61). Muß die Aussage jedoch bei der Beweiswürdigung auch nur in einem Punkt berücksichtigt werden, kann sie nicht unwesentlich iSd Norm sein (LR-*Dahs*

22 zu § 61). – Unerheblich ist es, ob die Aussage von unmittelbarer oder mittelbarer Bedeutung ist, etwa indem sie Schlüsse auf die Glaubwürdigkeit eines anderen Zeugen zuläßt (BGH **1** 11 f; KK-*Pelchen* 18 zu § 61).

Im Zw erscheint die Vereidigung sachgerecht (*Hülle* NJW **51** 297; KMR-*Paulus* 11, LR-*Dahs* 22, beide zu § 61).

1189 (bb) Ferner darf auch **nicht zu erwarten** sein, daß unter dem Druck einer „drohenden" Vereidigung aus der zunächst unwesentlichen Aussage doch noch eine bedeutsame wird. Auch insoweit kommt es auf die objektive Wesentlichkeit, nicht auf die zu erwartende (Un-)Glaubhaftigkeit an (*Eb Schmidt* 17, KK-*Pelchen* 19, beide zu § 61). Im Rahmen der gerichtlichen Prognoseentscheidung findet eine (Teil-)Vorwegnahme der Beweiswürdigung insofern statt, als das Gericht sich mit der Glaubwürdigkeit des Zeugen auseinandersetzen muß, um die Frage beurteilen zu können, ob der Eideszwang diesen zu einer Vervollständigung oder Berichtigung seiner Aussage veranlassen würde und diese Änderungen von wesentlicher Bedeutung sein würden (vgl KMR-*Paulus* 12, LR-*Dahs* 23, beide zu § 61).

(cc) Ist die Aussage auch nur in einem Punkt von wesentlicher Bedeutung iSd Norm, kann grds nicht nach § 61 Nr 3 von einer Vereidigung abgesehen werden. Eine nur auf die relevanten Teile der Aussage beschränkte **Teilvereidigung** ist regelmäßig unzulässig (KMR-*Paulus* 13, LR-*Dahs* 25, beide zu § 61). Ausnahmsweise kann die Vereidigung jedoch auf den wesentlichen Teil beschränkt werden, wenn der Zeuge zu mehreren Anklagepunkten vernommen wird (vgl BGH bei *Dallinger* MDR **53** 21).

1190 (b) Im Rahmen seiner Ermessensentscheidung ist es dem Gericht zwar nicht zwingend verwehrt, trotz Vorliegens der Tatbestandsvoraussetzungen des § 61 Nr 3 den Zeugen zu vereidigen. Im Gegensatz zu den in § 61 Nr 1, 2 und 4 genannten Fallgestaltungen wird sich jedoch nur schwerlich ein sachlich nachvollziehbarer Grund für eine solche Vereidigung finden lassen (ebenso LR-*Dahs* 26 zu § 61). Dementspr genügt zur **Begründung** gem § 64 der Hinweis, daß von der Vereidigung nach § 61 Nr 3 abgesehen worden ist (BGH **1** 217; BGH bei *Dallinger* MDR **51** 275; VRS **5** 283; KG VRS **4** 381; KK-*Pelchen* 21, K/M-G 19, beide zu § 61; aA BGH **1** 9 f; KMR-*Paulus* 24 zu § 61).

1191 (c) Wurde von der Vereidigung zunächst nach § 61 Nr 3 abgesehen und ergibt sich im weiteren Verlauf der Verhandlung (evtl in der Schlußberatung), daß die Aussage des Zeugen im Gegensatz zum ersten Eindruck für das Urteil doch wesentlich ist, so muß die Vereidigung, sofern sie nicht aus sonstigen Gründen verboten oder verzichtbar erscheint, nachgeholt werden (BGH **1** 218; **7** 281; KK-*Pelchen* 20, K/M-G 15, beide zu § 61). Wenn auf die Vereidigung nunmehr aus anderen Gründen verzichtet wird, muß dies den Prozeßbeteiligten mitgeteilt werden, damit sie ihr Prozeßverhalten darauf einrichten können (BGH **7** 282 f; LR-*Dahs* 24 zu § 61).

1192 (5) (a) **Nach § 61 Nr 4** kann auch bei Zeugen, die gem §§ 154 bzw 155 StGB, nicht aber § 163 StGB verurteilt worden sind, von der Vereidigung abgesehen werden. Unerheblich ist dabei, ob wegen Versuchs bzw wegen Teilnahme verurteilt worden ist bzw ob die Strafe nach §§ 157, 158 StGB gemildert oder gar ganz von ihr abgesehen wurde (AK-*Lemke* 16, K/M-G 20, LR-*Dahs* 30, alle zu § 61).

Zur Prüfung des Vorliegens der Tatbestandsvoraussetzungen dieser Norm darf der Zeuge gem § 68a Abs 2 nach seinen Vorstrafen gefragt werden. Dies setzt wegen der Unschuldsvermutung (Art 6 Abs 2 MRK) voraus, daß das Urteil rechtskräftig ist (*Kohlhaas* NJW **70** 649; LR-*Dahs* 29, AK-*Lemke* 15, beide zu § 61; **vern** K/M-G 20, KK-*Pelchen* 23, KMR-*Paulus* 14, alle zu § 61). Getilgte und tilgungsreife Verurteilungen scheiden aus (KK-*Pelchen* 23, K/M-G 20, beide zu § 61 mwN). Die Verurteilung muß im Geltungsbereich der StPO er-

II. Allgemeine Pflichten und Rechte des Zeugen

folgt sein, so daß Verurteilungen durch Gerichte der ehem DDR nicht berücksichtigt werden (vgl K/M-G 20, LR-*Dahs* 29, KK-*Pelchen* 23, alle zu § 61).

(b) Auch bei Vorliegen der Tatbestandsvoraussetzungen darf die Vereidigung **1193** nicht schematisch abgelehnt werden (LR-*Dahs* 32 zu § 61), zumal ansonsten der Eindruck entstehen könnte, die Strafjustiz glaube selbst nicht an die spezialpräventive Wirkung des Strafrechts. Vielmehr ist im Rahmen der **Ermessensentscheidung** zu berücksichtigen, daß ein Zeuge, der bereits rechtskräftig wegen Meineides verurteilt wurde, besonders gewissenhaft ausgesagt haben könnte, zumal er sich des Umstandes bewußt sein dürfte, daß seine Aussage aufgrund seiner Vorverurteilung besonders sorgfältig gewürdigt wird. Die Anwendung der §§ 157, 158 StGB kann für die Ermessensentscheidung ebenfalls Bedeutung haben (KK-*Pelchen* 23 zu § 61). Bestehen gleichwohl auf die Vorverurteilung gestützte Bedenken gegen die Glaubwürdigkeit des Zeugen, so erscheint es sachgerecht, die Entscheidung über die Vereidigung in Anlehnung an § 61 Nr 3 von der Wesentlichkeit der Aussage sowie der Prognose, ob eine „drohende" Vereidigung der Wahrheitsfindung dienen könnte, abhängig zu machen (LR-*Dahs* 32 zu § 61).

(c) Zur **Begründung** der Nichtvereidigung genügt nach allg Ansicht der Hinweis auf § 61 **1194** Nr 4 (vgl KK-*Pelchen* 24, KMR-*Paulus* 24, K/M-G 22, alle zu § 61; s aber zu Bedenken 1174). In der Sitzungsniederschrift oder im Urteil muß aber dargelegt werden, daß, wann und (möglichst auch) durch welches Gericht der Zeuge verurteilt wurde, um dem Revisionsgericht die Nachprüfung der Anwendung der Vorschrift auf Rechtsfehler zu ermöglichen (ebenso LR-*Dahs* 33, K/M-G 22, beide zu § 61; aA KK-*Pelchen* 24 zu § 61).

(6) Schließlich kann das Gericht von der Vereidigung absehen, wenn gem **§ 61** **1195** **Nr 5** allseitig auf diese verzichtet wird.

Durch Einfügung der Norm im Jahre 1974 kehrte man zu dem Rechtszustand zurück, wie er aufgrund des Gesetzes vom 24.11.1933 bis zum Jahre 1950 bestanden hatte (LR-*Dahs* 34 zu § 61). Wenngleich nach der Version des Gesetzgebers das Regel-Ausnahme-Verhältnis von Vereidigung und Nichtvereidigung beibehalten werden sollte (vgl Begr BT-Dr 7/551, S 60 f; s aber *Koch* ZRP **76** 287: Grenzfall „gesetzgeberischer Scheinheiligkeit"), hatte sich in der Praxis alsbald die auf § 61 Nr 5 gestützte Nichtvereidigung „als kaum von Ausnahmen durchbrochene Regel eingebürgert" (*Koch* ZRP **76** 287).[53] Die Gründe hierfür entsprechen im wesentlichen allg behördeninternen Handlungsnormen (s dazu *Eisenberg* § 40), und zwar insbes dem Kriterium der Effizienz, da auf ein Mehr an Arbeitsaufwand verzichtet werden darf und zugleich die Notwendigkeit entfällt, sich frühzeitig im Rahmen der §§ 60, 61 Nr 1–4 in der Beweiswürdigung einzuschränken. Die festzustellende Bereitschaft der Verzichtsberechtigten zum umstandslosen Verzicht gem § 61 Nr 5 ist aber deshalb auffällig, weil mit diesem Verzicht zugleich auch auf einen potentiellen Wiederaufnahmegrund (§ 359 Nr 2) und vor allem auf ein Stück Transparenz richterlicher Beweiswürdigung in all den Fällen verzichtet wird, in denen sich das Gericht ansonsten mit den §§ 60 Nr 2, 61 Nr 2–4 auseinandersetzen müßte (vgl *Roxin* 39 zu § 26; *Hamm* FS-Peters **84** 172; s im übrigen revisionsrechtlich *Strate* StV **84** 44).

(a) **Jeder** der in **§ 61 Nr 5 genannten, anwesenden Prozeßbeteiligten** muß den **1196** Verzicht erklären, so daß der Angekl auch gegen den Willen des Vert und dieser auch gegen den Willen seines Mandanten die Vereidigung eines Zeugen erzwingen kann (vgl RG JW **35** 1250; **38** 2959; LR-*Dahs* 35, AK-*Lemke* 18, KMR-*Paulus*

---

[53] *Günter* DRiZ **78** 273 ging bereits davon aus, daß auch der wichtige Zeuge – „häufig, um nicht zu sagen in aller Regel – jeweils gem § 61 Ziff 5 StPO unbeeidet" bleibt; *Dahs* FS-Rebmann 176 bezeichnet die Vereidigung als „seltene Ausnahme".

17, alle zu § 61). Gem § 234a Hs 2 ist dagegen bei Verhandlungen, die in Abwesenheit des Angekl durchgeführt werden, seine Verzichtserklärung nicht erforderlich, wenn er verteidigt wird; gleiches gilt für den schuldhaft abwesenden oder ausgeschlossenen Angekl (KK-*Pelchen* 26, K/M-G 23, beide zu § 61). Der nach § 247 ausgeschlossene Angekl muß jedoch zur Verhandlung über die Vereidigung des Zeugen stets wieder zugelassen werden (BGH **26** 218; StV **83** 3; StV **84** 102; statt aller KK-*Pelchen* 26, K/M-G 23, beide zu § 61); seine Verzichtserklärung ist unentbehrlich (BGH bei *Pfeiffer/Miebach* NStZ **85** 493). Der Verzicht eines Mitangekl ist nur erforderlich, wenn die Aussage auch ihn betrifft (vgl *Gollwitzer* FS-Sarstedt 26; AK-*Lemke* 18, K/M-G 23 zu § 61).

Darüber hinaus ist ein Verzicht solcher Prozeßbeteiligter nötig, die nach dem Gesetz neben dem Angekl und der StA entspr Rechte haben (LR-*Dahs* 35 zu § 61), mithin des Privatklägers, des Einziehungs- und anderer Nebenbeteiligter (KMR-*Paulus* 17 zu § 61), des Erziehungsberechtigten bzw des gesetzlichen Vertreters des Jugendlichen nach § 67 Abs 1 JGG (ebenso KK-*Pelchen* 26 zu § 61; aA LR-*Dahs* 35, K/M-G 23, KMR-*Paulus* 17, alle zu § 61) sowie des Beistandes nach § 69 Abs 3 JGG (vgl *Rieß* NJW **75** 84; K/M-G 23 zu § 61), nicht aber des Beistandes nach § 149 und des Nebenklägers (vgl KK-*Pelchen* 26, K/M-G 23, beide zu § 61).

1197 (b) (aa) Der **Verzicht** sollte ausdrücklich, kann aber auch durch schlüssiges Verhalten, ggf sogar stillschweigend erklärt werden (LR-*Dahs* 36, AK-*Lemke* 19, K/M-G 24, alle zu § 61 jew mwN), letzteres aber nur, wenn der Prozeßbeteiligte ersichtlich, etwa aufgrund seines Berufes oder Verhandlungsganges, sein Recht kennt, auf die Vereidigung zu bestehen (BGH NJW **78** 1815; Koblenz StV **92** 263; LR-*Dahs* 36 zu § 61 mwN). Kein Verzicht liegt in der Erklärung, es werde weder verzichtet noch die Vereidigung beantragt (Köln VRS **61** 271). Das Schweigen der Sitzungsniederschrift beweist nicht das Fehlen des Verzichtes (BGH GA **76** 115; Schleswig bei *Ernesti/Lorenzen* SchlHA **81** 92; KMR-*Paulus* 19), so daß die Frage ggf im Freibeweiswege zu klären ist (LR-*Dahs* 36, KK-*Pelchen* 30, beide zu § 61).

1198 (bb) Im Falle **unterbrochener** Vernehmung umfaßt der Verzicht bei Abschluß der Vernehmung auch die vorangegangenen Teile (BGH bei KK-*Pelchen* 27 zu § 61); bei nochmaliger Vernehmung darf von der Vereidigung nach § 61 Nr 5 nur abgesehen werden, wenn erneut verzichtet wird (K/M-G 25 zu § 61). Wird der Zeuge im Anschluß an die erneute Vernehmung hingegen vereidigt, umfaßt der Eid auch den Teil, für den er zunächst unvereidigt blieb (München JW **38** 2470; LR-*Dahs* 37 zu § 61).

(cc) Der Verzicht ist grds **bedingungsfeindlich** (vgl K/M-G 26 zu § 61 iVm Einl 118; AK-*Lemke* 20 zu § 61) und zumindest ab der tatrichterlichen Entscheidung über die Vereidigung **unwiderruflich** (vgl AK-*Lemke* 20, KK-*Pelchen* 28, beide zu § 61).

1199 (c) Verfahrensrechtlich ist der allseitige Verzicht Grundlage der gerichtlichen **Ermessensentscheidung**. Keineswegs wird das Gericht durch sie an einer Vereidigung gehindert. Rechtstatsächlich wird es (auch im Hinblick auf sonstige Gründe, s 1195) freilich nur höchst selten vorkommen, daß das Gericht von der ihm gem § 61 Nr 5 eingeräumten Möglichkeit der Nichtvereidigung keinen Gebrauch macht, nachdem die Initiative zum Verzicht regelmäßig von ihm ausgegangen ist (vgl *Koch* ZRP **76** 287).

Dem Normzweck entspr wird das Gericht im Rahmen seiner Ermessensentscheidung nach § 61 Nr 5 von einer Vereidigung vor allem dann absehen können, wenn es die Aussage ohnehin für so glaubhaft hält, daß es auf eine Bekräftigung nicht ankommt (vgl BGH bei

II. Allgemeine Pflichten und Rechte des Zeugen

Holtz MDR **78** 988; KK-*Pelchen* 25, 29 zu § 61) oder wenn bei offenbar unglaubhafter Aussage auch durch den Druck einer „drohenden" Vereidigung keine Berichtigung oder Vervollständigung zu erwarten ist (vgl LR-*Dahs* 39 zu § 61).

Nach der Judikatur soll das Gericht auch dann nach § 61 Nr 5 von der Vereidigung absehen dürfen, wenn ein Vereidigungsverbot gem § 60 Nr 2 besteht (vgl BGH **17** 186; Hamm NJW **73** 1940; LR-*Dahs* 39 zu § 61). Diese Auffassung ist dogmatisch nicht haltbar: Zum einen können die Prozeßbeteiligten nicht auf Rechte verzichten, die sie nach dem Gesetz gar nicht haben (ebenso *Hamm* FS-Peters **84** 172), zum anderen wird – in einer die übrigen Prozeßbeteiligten gleichsam irreführenden Weise – eine Ermessensentscheidung vorgegeben, obwohl das Ermessen auf Null reduziert ist.[54]   **1200**

Eine ermessensfehlerhafte Entscheidung des Gerichtes liegt auch vor, wenn es nach § 61 Nr 5 von der Vereidigung absieht, obwohl die gerichtliche Aufklärungspflicht diese ausnahmsweise gebietet (vgl *Rieß* NJW **75** 84; LR-*Dahs* 39 zu § 61). Eine solche Fehlerhaftigkeit wird aber regelmäßig folgenlos bleiben, da der Fehler nach Auffassung der Judikatur idR nicht von demjenigen geltend gemacht werden kann, der selbst auf die Vereidigung verzichtet hat (vgl BGH bei *Pfeiffer/Miebach* NStZ **84** 209).

Zur **Begründung** der Ermessensentscheidung wird die Angabe, daß auf die Vereidigung allseits verzichtet und daher[55] von ihr abgesehen wurde, oder auch nur die Anführung der Gesetzesstelle allg für ausreichend erachtet (vgl LR-*Dahs* 40, KK-*Pelchen* 30, beide zu § 61 mwN).   **1201**

(7) (a) Die Vorabentscheidung des Vorsitzenden (s 1144) soll mit der **Revision** grds nicht beanstandet werden können, wenn der Beschwerdeführer es unterlassen hat, dagegen die Entscheidung des Gerichts herbeizuführen (s dazu 1147). Eine Ausnahme gilt jedoch für ein Absehen nach § 61 Nr 3, wenn das Gericht der Aussage später im Urteil doch wesentliche Bedeutung beimißt, da das Nachholen der Vereidigung hier dem Gericht oblag (s 1191) (vgl BGH **1** 12; **7** 281; K/M-G 30, LR-*Dahs* 46, beide zu § 61; aA Celle Nds Rpfl **63** 164). Auch nach hM dürfte der Angekl, der ohne Vert ist und die Beanstandungsmöglichkeit des § 238 Abs 2 nicht kennt, seine Revisionsrüge nicht verwirken, wenn er von diesem Zwischenrechtsbehelf keinen Gebrauch macht (Koblenz StV **92** 263).   **1202**

Grds kann mit der Revision sowohl gerügt werden, daß der Zeuge aufgrund rechtsfehlerhafter Anwendung des § 61 unvereidigt blieb, als auch umgekehrt, daß er infolge rechtsirriger Nichtanwendung des § 61 vereidigt worden ist (BGH **5** 88; bei *Dallinger* MDR **71** 897; Neustadt DAR **58** 165; KK-*Pelchen* 32, KMR-*Paulus* 26, beide zu § 61). Die Revision kann darauf gestützt werden, daß die tatgerichtliche Entscheidung auf rechtlich unzulässigen Erwägungen oder Ermessensmißbrauch beruht (vgl LR-*Dahs* 44, KMR-*Paulus* 26, AK-*Lemke* 24, K/M-G 30, alle zu § 61). Der Fehler kann sich sowohl aus der Begründung der Nichtvereidigung als auch aus dem Urteil ergeben (KK-*Pelchen* 33, LR-*Dahs* 44, beide zu § 61; Sarstedt/Hamm 242).

(b) Das **Beruhen** wird ausgeschlossen, wenn zwar zu Unrecht gem § 61 von einer Vereidigung abgesehen wurde, aber ein Vereidigungsverbot nach § 60 bestand (Celle MDR **70** 608; Hamm NJW **73** 1339; K/M-G 30 zu § 61). Gleiches soll gelten, wenn mehrere Gründe des § 61 herangezogen wurden und nur einer zutrifft   **1203**

---

[54] Daß ein „Kunstfehler" der Verteidigung (*Hamm* FS-Peters 172) dem Gericht den revisionsfesten Weg zur Nichtvereidigung ebnet, ändert nichts an dieser Rechtslage.
[55] Zu bedenken ist, daß durch diese Begründung weder die Transparenz richterlicher Beweiswürdigung noch die (Qualität der) Ermessensausübung gefördert wird, s 1174.

(BGH **17** 186; K/M-G 30, LR-*Dahs* 43, beide zu § 61). Es kann gleichermaßen nicht die Revision begründen, wenn das Gericht die Verurteilung eines Zeugen wegen Meineides nicht gekannt und den Zeugen daher ohne weiteres vereidigt hat (KMR-*Paulus* 27, KK-*Pelchen* 33, beide zu § 61; aA *Kohlhaas* NJW **70** 649 zu § 60 Nr 2 aF; AK-*Lemke* 25 zu § 61). Hat das Gericht hingegen auf eine nicht rechtskräftige oder eine tilgungsreife oder bereits getilgte Meineidsverurteilung gestützt gem § 61 Nr 4 von einer Vereidigung abgesehen, so liegt hierin die Verkennung eines Rechtsbegriffes und mithin ein revisibler Rechtsfehler (ebenso LR-*Dahs* 47, 29 zu § 61; s 1192). Gleichermaßen rechtfertigt die Verkennung des Begriffes der Angehörigeneigenschaft die Revision (RG **53** 215), wenn es deshalb entgegen § 59 nicht zur Vereidigung kam (RG **30** 75).

1204 (c) Bei Verzicht gem § 61 Nr 5 erscheint eine erfolgreiche Revision kaum denkbar. Zum einen kann das Revisionsgericht idR in diesem Fall davon ausgehen, daß der Eid zur Sachverhaltsermittlung nicht erforderlich war (vgl BT-Dr 7/551 S 61). Zum anderen kann ein Verfahrensbeteiligter, der wirksam verzichtet hat, seine Revision nicht auf das Fehlen der Verzichtserklärung eines anderen Beteiligten stützen (BGH bei *Pfeiffer/Miebach* NStZ **84** 209; K/M-G und KK-*Pelchen*, beide 33 zu § 61).

1205 cc) **§ 62** kehrt für das **Privatklageverfahren** die Regel des § 59 um: Die Vereidigung ist die Ausnahme. Gleichlautende Vorschriften sind **§ 49 Abs 1 JGG** für Verfahren gegen Jugendliche vor dem Jugendrichter als Einzelrichter und **§ 48 Abs 1 S 1 OWiG** für das Bußgeldverfahren.

Die Vereidigungsverbote des § 60 gehen dem § 62 vor (BGH **10** 66; K/M-G 1, KMR-*Paulus* 2, *Eb Schmidt* 5, alle zu § 62). § 61 tritt hinter § 62 zurück (BGH **16** 102); jedoch sollte von der Vereidigung abgesehen werden, wenn dies schon im normalen Strafverfahren gemäß § 61 möglich ist (KK-*Pelchen* 1, LR-*Dahs* 3, *Eb Schmidt* 15, alle zu § 62; vgl auch *Göhler* 5 zu § 48 OWiG).

1206 (1) **Ausschlaggebende Bedeutung** ist eine Steigerung ggü der wesentlichen Bedeutung in § 61 Nr 3 (BGH **1** 11). Sie muß nach Sachlage im jeweiligen Einzelfall gegeben sein (BGH **16** 103; KK-*Pelchen* 2 zu § 62) und ist zu bejahen, wenn die Aussage das alleinige Beweismittel (Neustadt NJW **52** 118; K/M-G 2, KMR-*Paulus* 4, KK-*Pelchen* 2, alle zu § 62) oder bei der Beweiswürdigung das „Zünglein an der Waage" ist (BGH **16** 103; LR-*Dahs* 6 zu § 62; vgl auch *Göhler* 7 zu § 48 OWiG). Die Aussage kann be- oder entlastend wirken (Hamm NJW **73** 1940; AK-*Lemke* 2 zu § 62), darf aber nicht ersichtlich unwahr sein (K/M-G 2, KK-*Pelchen* 2, LR-*Dahs* 6, alle zu § 62; aA Neustadt NJW **59** 783 mit abl Anm *Kohlhaas* 1190), da ansonsten bei Bagatellstrafsachen die Zahl der Meineide erhöht werden könnte (vgl BGH **16** 104; *Kohlhaas* NJW **59** 1190). Widersprüchlichkeit zu der beeideten, ebenfalls ausschlaggebenden Aussage eines anderen Zeugen allein genügt nicht (s aber KMR-*Paulus* 4 zu § 62: bei entscheidenden Fragen), da nur eine dieser Aussagen wahr und damit ausschlaggebend sein kann (vgl Köln NJW **54** 570; Neustadt NJW **59** 783; KK-*Pelchen* 2 zu § 62). Die Vereidigung ist dann zulässig, wenn die Aussage des später vernommenen Zeugen die des anderen Zeugen erschüttern kann oder wenn das Gericht nunmehr diese Aussage für ausschlaggebend hält (LR-*Dahs* 7, AK-*Lemke* 2, K/M-G 2, alle zu § 62; vgl auch *Göhler* 8 zu § 48 OWiG).

1207 (2) Zur **Herbeiführung einer wahren Aussage** ist die Vereidigung zulässig, wenn der Zeuge offensichtlich die Unwahrheit sagt oder Tatsachen verschweigt

II. Allgemeine Pflichten und Rechte des Zeugen

und die begründete Annahme besteht, daß er unter Eid seine Aussage der Wahrheit gemäß korrigieren wird (BGH **16** 103; vgl Hamm NJW **73** 1940; Schleswig SchlHA **57** 313; AK-*Lemke* 3, LR-*Dahs* 8, beide zu § 62).

(3) Von der Vereidigung muß abgesehen werden, wenn der Ausnahmefall von § 62 nicht eingreift; ansonsten steht die Vereidigung im **Ermessen** des Gerichts, das durch § 244 Abs 2 bestimmt ist (BGH **10** 112; vgl **16** 104; K/M-G 4, LR-*Dahs* 9, beide zu § 62). 1208

(4) Ergibt sich im Laufe der Verhandlung bis zur Urteilsberatung eine Änderung der Entscheidungsgrundlage, so kann die Vereidigung **nachgeholt** werden, ggf unter Wiedereintritt in die Verhandlung (Bay VRS **28** 276; LR-*Dahs* 10 zu § 62). 1209

(5) § 62 ist die Ausnahme von § 59, die **Nichtvereidigung** muß somit **begründet** werden (BGH **10** 109; K/M-G 5, KMR-*Paulus* 9, AK-*Lemke* 6, KK-*Pelchen* 5, alle zu § 62; aA LR-*Dahs* 12 ff zu § 62). Nur bei eindeutiger Sachverhaltslage reicht die Benennung von § 62 (BGH **10** 112 f; **14** 378). Im Bußgeldverfahren besteht wegen § 48 Abs 1 S 1 OWiG kein Begründungszwang. 1210

(6) Die Vereidigung des Zeugen entgegen § 62 begründet nach hM nicht die **Revision**, wobei zur Begründung ausgeführt wird, die Wahrheit sei mit einem stärkeren Mittel erforscht worden (Köln JMBl NRW **58** 179; LR-*Dahs* 16, KMR-*Paulus* 13, beide zu § 62). 1211

Die Nichtvereidigung ist nur revisibel, wenn gegen die Vorabentscheidung des Vorsitzenden das Gericht angerufen wurde (vgl 1147; K/M-G 6 zu § 62; Celle VRS **36** 209). Etwas anderes gilt, wenn der Zeuge wegen fehlender ausschlaggebender Bedeutung nicht vereidigt wurde, der Inhalt des Urteils aber die ausschlaggebende Bedeutung erkennen läßt (vgl auch Stuttgart NStZ **81** 484 mit Anm *Göhler*, KMR-*Paulus* 12, K/M-G 6, KK-*Pelchen* 6, alle zu § 62). Ein Revisionsgrund ist auch die fehlende Beschlußfassung über eine Vereidigung aufgrund von § 62 (LR-*Dahs* 16 zu § 62).

dd) (1) **Angehörige des Beschuldigten** iSd § 52 Abs 1 können den Eid nach § 63 verweigern. Bei nur teilweise bestehendem Zeugnisverweigerungsrecht kann der Eid teilweise verweigert werden (RG **16** 156; KK-*Pelchen* 1 zu § 63). 1212

Bei Weigerung ist die Vereidigung ohne Beschlußfassung des Gerichts ausgeschlossen (K/M-G 1, LR-*Dahs* 2, beide zu § 63). Weigerung bzw Verzicht darauf sind im Protokoll festzuhalten (§§ 168a Abs 1, 273 Abs 1).

Bei der Beweiswürdigung darf die Weigerung nicht für den Angekl nachteilig bewertet werden (K/M-G 1, KMR-*Paulus* 1, LR-*Dahs* 2, alle zu § 63; aA KK-*Pelchen* 4 zu § 63).

(2) Die **Belehrung** über das Eidesverweigerungsrecht ist eigenständig zu erteilen; sie ist nicht in der Belehrung gem § 52 Abs 3 S 1 enthalten (BGH **4** 217; K/M-G 2 zu § 63). Der Zeuge muß auch belehrt werden, wenn er sich zur Eidesleistung bereit erklärt hat (K/M-G 2, KMR-*Paulus* 4, LR-*Dahs* 4, alle zu § 63), jedoch nur, wenn er auch vereidigt werden soll (RG **46** 116; LR-*Dahs* 5 zu § 63). Bis zur Entscheidung über § 61 Nr 2 kann die Belehrung daher aufgeschoben werden, und sie erübrigt sich, wenn die Vereidigung unterbleibt (BGH bei *Dallinger* MDR **69** 194).

Die Belehrung ist als wesentliche Förmlichkeit im Protokoll zu beurkunden (§§ 168a Abs 1 S 1, 273 Abs 1). Sie ist bei jeder Vernehmung zu wiederholen (LR-*Dahs* 6, K/M-G 2, beide zu § 63). Die zulässige Nachholung der Belehrung hat heilende Wirkung, wenn der Zeuge daraufhin erklärt, er hätte die Eidesleistung auch bei ordnungsgemäßer Belehrung nicht verweigert (K/M-G 2, KK-*Pelchen* 7, beide zu § 63).

(3) Das Unterlassen der Belehrung kann als wesentlicher Verfahrensverstoß mit der **Revision** gerügt werden. 1213

Das Urteil beruht auf diesem Verstoß, wenn das Gericht möglicherweise die Glaubwürdigkeit des Zeugen bei Eidesverweigerung nach Belehrung anders gewertet hätte (BGH StV **87** 513; **91** 498; K/M-G 3 zu § 63). Am Beruhen fehlt es, wenn die Aussage als uneidliche gewertet und dies den Prozeßbeteiligten vor Urteilserlaß mitgeteilt wurde (Düsseldorf NStZ **84** 182; K/M-G 3, KK-*Pelchen* 9, LR-*Dahs* 8, alle zu § 63), ebenso, wenn die Aussage nicht zuungunsten des Beschwerdeführers berücksichtigt wurde (KMR-*Paulus* 8 zu § 63).

Auch ein Mitangekl kann den Verstoß rügen, wenn sich die Aussage auf dieselbe Tat bezieht, derentwegen er belangt worden ist (BGH **4** 218); rügeberechtigt sind ferner die StA, der Angekl sowie der Nebenkläger (KMR-*Paulus* 8, K/M-G 3, beide zu § 63).

1214 ee) Der **Begründungszwang für die Nichtvereidigung** gem **§ 64** gilt für die HV und kommissarische Vernehmungen; ansonsten gilt § 66a.

(1) **Sinn und Zweck** bestehen darin, die Verfahrensbeteiligten über den Grund der Nichtvereidigung zu informieren und sie dadurch in die Lage zu versetzen, ihr weiteres Prozeßverhalten darauf einzustellen. Außerdem soll das Revisionsgericht nachprüfen können, ob rechtsfehlerfrei von der Vereidigung abgesehen wurde (BGH **10** 112; **14** 374; KK-*Pelchen* 1, KMR-*Paulus* 3, beide zu § 64).

Bei mehreren Gründen für die Nichtvereidigung reicht die Protokollierung von einem (BGH **17** 186; LR-*Dahs* 4 zu § 64).

Auch eine wahlweise Begründung ist zulässig (*Seibert* NJW **63** 143; KK-*Pelchen* 3, K/M-G 1, LR-*Dahs* 4, alle zu § 64).

1215 (2) § 64 schreibt (in Erweiterung von § 273 Abs 1) die **Protokollierungspflicht** für die **Gründe** der Nichtvereidigung vor. Ein Verstoß gegen § 64 kann nicht durch Nachschieben der Gründe im Urteil geheilt werden, da zu diesem Zeitpunkt die Verfahrensbeteiligten ihr Prozeßverhalten darauf nicht mehr ändern einstellen können (BGH **1** 10f; RG **24** 132; KK-*Pelchen* 4, K/M-G 2, LR-*Dahs* 5, alle zu § 64).

Die zusätzliche Begründung im Urteil ist unschädlich, eine abweichende Begründung wirkt wie die Nichtprotokollierung (Köln MDR **74** 861; LR-*Dahs* 5, K/M-G 2, KK-*Pelchen* 5, alle zu § 64; aA RG HRR **32** 1803).

(3) Die bloße Protokollrüge kann mit der **Revision** nicht erhoben werden, wohl aber die Rüge des fehlerhaften Verlaufs der HV, weil die Gründe für die Nichtvereidigung nicht bekanntgegeben worden sind (RG JW **35** 47; HRR **38** 717; KG VRS **5** 365; K/M-G 3, KMR-*Paulus* 7, LR-*Dahs* 7, alle zu § 64). Das Gericht muß zuvor nicht gem § 238 Abs 2 wegen der Unterlassung des Vorsitzenden angerufen worden sein (BGH NStZ **81** 71; KMR-*Paulus* 7 zu § 64).

Das Urteil beruht nicht auf dem Rechtsverstoß, wenn der Grund der Nichtvereidigung offensichtlich war (BGH **10** 112; VRS **31** 190; KMR-*Paulus* 8 zu § 64), der Beschwerdeführer die Nichtvereidigung selbst beantragt hatte (BGH bei *Dallinger* MDR **51** 275; KK-*Pelchen* 6, KMR-*Paulus* 8, beide zu § 64) oder der Zeuge aus einem anderen Grund nicht vereidigt werden durfte (Hamm NJW **73** 1940; K/M-G 3 zu § 64).

1216 c) Bei **grundloser Eidesverweigerung** gilt der Maßnahmenkatalog des § 70 (s dazu 1096 ff).

aa) Die Eidesleistung bzw die Bekräftigung nach § 66d wird ohne gesetzlichen Grund verweigert, wenn § 60 die Vereidigung nicht verbietet und § 63 kein Weigerungsrecht gewährt (K/M-G 7, KK-*Pelchen* 2, LR-*Dahs* 9, alle zu § 70).

II. Allgemeine Pflichten und Rechte des Zeugen

§ 70 gilt auch bei der Weigerung, eine erneute Aussage zu beeiden oder eine Versicherung nach § 67 abzugeben (LR-*Dahs* 10, KK-*Pelchen* 2, beide zu § 70).

Bei der Beweiswürdigung kann die unberechtigte Verweigerung des Eides zulasten des Angekl berücksichtigt werden, soweit davon auszugehen ist, daß der Grund für die Verweigerung nur darin liegen kann, den Beschuldigten nicht zu belasten (LR-*Dahs* 2 zu § 70).

bb) Die Beugehaft des § 70 Abs 2 darf wegen des sachlichen Zusammenhangs entgegen dem Gesetzeswortlaut auch bei Verweigerung der Eidesleistung angeordnet werden (K/M-G 12, KK-*Pelchen* 5, beide zu § 70). Sie ist aufzuheben, wenn der Zeuge nunmehr seiner Eidespflicht nachkommt (Hamburg NStZ **83** 182; KK-*Pelchen* 8, LR-*Dahs* 24, KMR-*Paulus* 19, alle zu § 70), der Eid für die Sachentscheidung nicht mehr erforderlich ist (*Eb Schmidt* 19, LR-*Dahs* 24, KMR-*Paulus* 19, alle zu § 70) oder sich nachträglich ein Vereidigungsverbot des § 60 ergibt (LR-*Dahs* 25, KK-*Pelchen* 8, beide zu § 70).

cc) Der Zeuge muß vom Gericht auf die Grundlosigkeit der Weigerung sowie die Folgen hingewiesen worden sein, und zwar umfassend und verständlich, wozu die Wiedergabe des Gesetzeswortlauts uU nicht ausreicht (Düsseldorf JMBl NW **95** 286). Zudem muß ihm Gelegenheit zur Äußerung gegeben worden sein (BGH **28** 259; LR-*Dahs* 37, KMR-*Paulus* 24, beide zu § 70).

5. Nebenpflichten

Übersicht

	Rn		Rn
a) Generalfragen	1217–1220	e) Vorbereitung auf die Vernehmung	1228–1231
b) Gegenüberstellung	1221–1225		
c) Augenscheinseinnahme	1226	f) Verhalten vor Gericht	1232
d) Körperliche Untersuchung	1227		

a) Nach **§ 68 Abs 4** obliegt es dem Zeugen, ggf Fragen (sog **Generalfragen**) zu beantworten, die sich nicht auf seine Wahrnehmungen zum Tatgeschehen beziehen und die deshalb auch nicht als Zeugenaussage ieS bezeichnet werden, sondern die Umstände betreffen, die Aufschlüsse über seine **Glaubwürdigkeit** und idZ insbes über seine Beziehungen zum Beschuldigten oder Verletzten geben können. Die Glaubwürdigkeit des Zeugen muß in der vorliegenden Sache aber von Bedeutung und die Fragen müssen einschlägig **erforderlich** sein; andernfalls ist eine Befragung unzulässig. 1217

Die Fragen dienen zum einen der Feststellung, ob ein Zeugnis- oder Auskunftsverweigerungsrecht nach den §§ 52, 55 oder ein Vereidigungshindernis nach §§ 61 Nr 2, 63 besteht. Zum anderen sollen sie klären, ob persönliche Beziehungen Auswirkungen auf das Aussageverhalten haben können.

aa) Die Vernehmung darf sich dabei auch auf Umstände beziehen, die den Zeugen überhaupt unglaubwürdig erscheinen lassen (LR-*Dahs* 14 zu § 68), für Fragen über entehrende Tatsachen allerdings nur in den Grenzen des § 68a.
Konkret darf der Zeuge zB über sein Vorleben, seine geistigen und körperlichen Eigenschaften und über etwa vorhandene Vorstrafen befragt werden (K/M-G 20, LR-*Dahs* 14, beide zu § 68). Weiterhin dürfen ihm Fragen über seine persönlichen

Beziehungen zum Angekl und zum Straftatopfer (Ehe, Verwandtschaft, Schwägerschaft usw) gestellt werden.

1218   bb) Umstritten ist, ob in diesem Bereich eher zurückhaltend gefragt werden sollte, zB nur dann, wenn ein besonderer Anlaß dazu besteht (so RG **45** 405; **16** 214; AK-*Lemke* 11, KK-*Pelchen* 10, jeweils zu § 68), oder ob grds jeder Zeuge über etwaige verwandtschaftliche Beziehungen zu dem Beschuldigten befragt werden sollte (wie es in der Praxis üblich ist [vgl K/M-G 21 zu § 68]). Sicherlich ist ein unnötiges Eindringen in die Privatsphäre des Zeugen zu vermeiden, so daß ohne bestimmte Anhaltspunkte für einen wesentlichen Bezug zum Tatgeschehen kein Raum für Generalfragen gegeben ist; bestehen einschlägig relevante Umstände offensichtlich nicht, sollte daher die Befragung unterbleiben (schwächer aber KG JR **77** 295; LR-*Dahs* 15 zu § 68). Liegen diesbzgl Anhaltspunkte jedoch vor, so gebietet die Aufklärungspflicht (§ 244 Abs 2), der Frage nachzugehen, ob durch persönliche Eigenschaften des Zeugen oder seine Beziehungen zu anderen Prozeßbeteiligten sein Aussageverhalten (zB durch einen bestimmten Motivationsdruck; s näher 1453 ff) zu Lasten oder zugunsten des Angekl beeinflußt sein könnte. Einer prinzipiell weitestgehenden Zurückhaltung bei der Stellung der Generalfragen ist deshalb nicht zuzustimmen.

1219   cc) Ob entspr Fragen zu stellen sind, entscheidet im Rahmen der Sachleitung der Vorsitzende nach pflichtgemäßem Ermessen. Gegen die Anordnung des Vorsitzenden können die Prozeßbeteiligten eine Entscheidung durch das Gericht nach § 238 Abs 2 beantragen; auch der Zeuge kann eine solche Entscheidung verlangen (K/M-G 19, KK-*Pelchen* 9, KMR-*Paulus* 16, LR-*Dahs* 16, alle zu § 68; aA AK-*Lemke* 11 iVm 9 zu § 68, wonach der betroffene Zeuge selbst nicht antrags-, sondern lediglich hinweis- und anregungsberechtigt sein soll).

Auf entspr Antrag hin ergeht die Entscheidung durch Gerichtsbeschluß. Eine **Beschwerde** dagegen ist idR nach § 305 S 1 unstatthaft; ausnahmsweise können aber dritte Personen betroffen sein, so daß § 305 S 2 letzte Variante eingreift (LR-*Gollwitzer* 38 zu § 238).

dd) Die Beantwortung der Fragen gehört zur Sachvernehmung und muß daher nur im **Protokoll** vermerkt werden, wenn die Voraussetzungen des § 273 Abs 2 und 3 erfüllt sind (K/M-G 22, LR-*Dahs* 18, beide zu § 68).

1220   ee) § 68 Abs 4 gilt unstr als bloße Ordnungsvorschrift. Die **Revision** kann nicht darauf gestützt werden, daß der Tatrichter es bei der Vernehmung versäumt habe, durch Generalfragen Hinweise auf die Glaubwürdigkeit des Zeugen zu erlangen (RG **45** 406; LR-*Dahs* 19 zu § 68 mwN; aA wohl *Schöneborn* MDR **74** 458), da prinzipiell nicht gerügt werden kann, daß ein verwendetes Beweismittel nicht hinreichend ausgeschöpft wurde (LR-*Dahs* 19, AK-*Lemke* 14, beide zu § 68; s auch 61).

1221   b) aa) Der Zeuge ist nach **§ 58 Abs 2** verpflichtet, **Gegenüberstellungen** schon im Vorfahren zu dulden, wenn diese für das weitere Verfahren geboten erscheinen. Dafür genügt, daß die Gegenüberstellung der Sachaufklärung dienen kann; sie muß nicht das einzig Erfolg versprechende Mittel sein (LR-*Dahs* 11 zu § 58). Gegenüberstellungen im Vorverfahren können der Richter, die StA gemäß § 161 a Abs 1 S 2 und bei Gefahr im Verzug auch die Polizei im Rahmen des § 152 GVG vornehmen (KK-*Pelchen* 10 zu § 58). Der Zeuge ist verpflichtet, sich zur Gegenüberstellung bei der Polizei einzufinden, sofern dem eine richterliche Anordnung zugrunde liegt (LG Hamburg MDR **85** 72).

1222   bb) In der HV werden Gegenüberstellungen auf der Grundlage des § 244 Abs 2 vorgenommen. Das Gebrauchmachen von der Möglichkeit der Gegenüberstellung steht im richterlichen Ermessen (KK-*Pelchen* 6 zu § 58). Die Prozeßbeteiligten haben **keinen Anspruch auf Anordnung einer Gegenüberstellung** (ANM 93); entspr Gesuche sind keine Beweisanträge iSd § 244 Abs 3 (BGH bei *Dallinger* MDR **74** 724; K/M-G 8, KMR-*Paulus* 11, beide zu § 58).

II. Allgemeine Pflichten und Rechte des Zeugen

Eine im Ermittlungsverfahren durchgeführte Identifizierungsgegenüberstellung oder -lichtbildvorlage muß in ihren wesentlichen Punkten in der HV nachvollzogen werden, damit das Gericht darauf eine Überzeugung von der Glaubhaftigkeit der Aussage (zB hinsichtlich Sorgfalt und Zuverlässigkeit des Zeugen) aufbauen kann; denn Beweiswert hat stets nur das erste Wiedererkennen (BGH **16** 204), das zB schon anläßlich einer Darstellung in Massenmedien geschehen kann (LG Köln NStZ **91** 202). Zu Einzelheiten s näher 1383 ff sowie 1475 ff.

cc) (1) Die **Vernehmungsgegenüberstellung** dient der Aufklärung von Widersprüchen zwischen Aussagen des Zeugen und Angaben des Beschuldigten oder anderer Zeugen. Sie stellt eine **besondere Art der Vernehmung** dar (KG NJW **79** 1668; K/M-G 10 zu § 58). **1223**

Ein nach §§ 52 ff zeugnisverweigerungsberechtigter Zeuge darf die Mitwirkung an einer Vernehmungsgegenüberstellung ablehnen; hierüber ist er auch zu belehren (KK-*Pelchen* 7 zu § 58). Der Richter darf Fragen und sogar ein Zwiegespräch zwischen den Beteiligten zulassen (RG JW **31** 2818; K/M-G 10, KMR-*Paulus* 12, beide zu § 58).

Veränderungen der äußeren Erscheinung (zB Haar- und Barttracht) dürfen vom Zeugen nicht verlangt werden (LR-*Dahs* 7 vor § 48); der Zeuge ist zudem nicht verpflichtet, sich fotografieren zu lassen (LR-*Dahs* 7 vor § 48; aA *Kohler* GA Bd **60** 214).

(2) (a) Die **Identifizierungsgegenüberstellung** (zwecks Identitätsfeststellung; s näher 1383 ff, zur Frage des Beweiswerts 1399, 1475 ff), bei der die zu identifizierende Person in „Augenschein"[56] genommen und nur der andere Teil als Zeuge vernommen wird (KG NJW **79** 1668), stellt sich für den **Zeugen als Teil der Vernehmung** dar (LR-*Dahs* 13 zu § 58). Er ist daher zur Mitwirkung verpflichtet, sofern er nicht nach §§ 52 ff die Aussage verweigern darf (KK-*Pelchen* 8, LR-*Dahs* 13, K/M-G 9, alle zu § 58). **1224**

(b) (aa) Der **Beschuldigte** muß die **visuelle** Gegenüberstellung gemäß § 81a Abs 1 S 1 **dulden** (s LR-*Dahs* 13 zu § 58, 38 zu § 81a; *Odenthal* NStZ **85** 434; aA *Schlüchter* 185: Rechtsgrundlage sei § 81b; *Roxin* 17 zu § 33; wieder aA KG JR **79** 348; K/M-G 11 zu § 58: Rechtsgrundlage sei § 58 Abs 2; abermals aA BGH **39** 96: Rechtsgrundlage sei § 163a Abs 3).[57]

Eine *auditive* Gegenüberstellung ist hingegen *nur mit Einverständnis* des Beschuldigten zulässig, da eine Pflicht zu aktiver Beteiligung durch Sprechen mangels gesetzlicher Grundlage gemäß der auf dem Verbot des Selbstbelastungszwangs beruhenden *völligen Aussagefreiheit* (s n 831 ff, 836 ff), die sich auch auf die Darbietung der Stimme bezieht (s dazu n *Achenbach/Perschke* StV **94** 577), nicht besteht (s zu bestimmten Ausnahmen 539). Daher ist jede staatlich initiierte heimliche Stimmprobe unzulässig und somit unverwertbar (*Meyer* JR **87** 215 f; *Beulke* StV **90** 180, 184; *Odenthal*, in: Köhnken/Sporer 18; s n 373 sowie 677); zudem ist solchenfalls

---

[56] In der Praxis dominiert das visuelle (oder optische) Verfahren, jedoch kommt es auch zu auditiver (oder akustischer) Gegenüberstellung. Zudem wären Verfahren mittels der anderen Sinnesorgane ebenso zulässig.

[57] Zwar ist *Grünwald* (JZ **81** 423 ff; ebenso *Burgdorf ua* GA **87** 106 ff) darin zuzustimmen, daß es an einer ausdrücklichen Rechtsgrundlage fehlt; jedoch ist die Befugnis nach § 81a ohnehin weitreichender (zusammenfassend und auch zu Unterschieden betr Zuständigkeit und Rechtsbehelfe *Eggert* ZAP **95** 474 f).

die Vertraulichkeit des eigenen Wortes (Art 1 Abs 1 iVm Art 2 Abs 1 GG) verletzt (s AG Freiburg StV **88** 383; *Beulke* StV **90** 184; *Eisenberg* NStZ **94** 599; eingehend *Achenbach/Perschke* StV **94** 577).

(bb) Die Pflicht zur Duldung der visuellen Gegenüberstellung schließt zu deren Durchführung bestimmte **Maßnahmen** ein, die Verzerrungen des Erscheinungsbildes ggü demjenigen zur Tatzeit beseitigen[58] und die – ebenso wie die Teilnahme an der Gegenüberstellung – erforderlichenfalls durch Anwendung unmittelbaren Zwangs durchgesetzt werden dürfen (allg Auffassung). – Nach hM gilt dies auch für die *Veränderung* der *Haar-* (zB Kürzen) und *Barttracht* (zB Rasieren), die gleichfalls kein körperlicher Eingriff iSd § 81a Abs 1 S 2 sei (K/M-G 23, KMR-*Paulus* 5, LR-*Dahs* 39, alle zu § 81a; *Roxin* § 33 Rn 17; *Schlüchter* 185; aA *Eb Schmidt* Nachtr II 22: vom Arzt durchzuführender Eingriff; *Odenthal* 66ff und NStZ **85** 434; *Peters* 328: keine Untersuchung; *Rüping* 80). Im allg und vorbehaltlich besonderer Umstände der Durchführung bzw der äußeren Gestaltung verletzt die Maßnahme weder die Menschenwürde noch das Recht auf körperliche Unversehrtheit (Art 2 Abs 2 S 1 GG) (BVerfGE **47** 246ff; BVerwG NJW **72** 1726ff; Koblenz MDR **74** 425f [iZm § 20 Abs 1 Nr 2 WStG]; aA *Fezer* 19 zu Fall 6; *Grünwald* JZ **81** 426, 429 sowie *Odenthal* NStZ **85** 434f: unzulässiger Eingriff, da keine Rechtsgrundlage). Wegen der in einer einschlägigen Veränderung liegenden selbständigen Beschwer bedarf es jedoch einer gesonderten, die unbedingte Notwendigkeit einer solchen Maßnahme begründenden richterlichen Anordnung (LR-*Dahs* 39 zu § 81a).

Die Verpflichtung erstreckt sich hingegen nicht auf aktive Beteiligung (zB Einnahme eines „normalen" bzw unverstellten Gesichtsausdrucks [hM, s allg 834; vgl nur LR-*Dahs* 38 zu § 81a; *Kühne* 239]).[59] Daß der Beschuldigte insoweit durch aktives Handeln – zB auffällige Mimik – den Beweiswert einer Gegenüberstellung nicht unerheblich reduzieren kann, ist daher hinzunehmen.

Ob die Maßnahme auch dergestalt zulässig ist, daß der Beschuldigte seinerseits die ihn sehenden Zeugen nicht wahrnehmen kann (bej die hM, s nur LR-*Dahs* 38 zu § 81a; aA *Grünwald* JZ **81** 426), bestimmt sich weniger nach § 81a Abs 1 S 1 als vielmehr nach den Grundsätzen eines fairen Verfahrens und ist daher zw. – Wenngleich der Beschuldigte oder sein Vert aus § 81a kein Recht auf Anwesenheit des Vert herleiten kann, wird die nicht selten entscheidungsbestimmende Bedeutung der Gegenüberstellung dafür sprechen, dem Vert die Anwesenheit zu gestatten (s *Krause* StV **84** 171; *Odenthal* NStZ **85** 435; LR-*Dahs* 38 zu § 81a; *Grünwald* JZ **81** 426; aA KG NJW **79** 1669).

(cc) Soweit die Gegenüberstellung Teil einer Zeugenaussage ist, besteht für den **Vert** ein ausdrücklich normiertes Anwesenheitsrecht nur, wenn sie von einem Richter durchgeführt wird (§§ 168c Abs 2). Für die in der Praxis häufigste Gegenüberstellung im Vorverfahren durch die Polizei fehlt es hingegen an einer entspr Regelung. Indes spricht die nicht selten entscheidungsbestimmende Bedeutung

---

[58] Zum Beispiel Aufsetzen oder Abnehmen von Perücke oder Brille, Anziehen eines bestimmten Kleidungsstückes, Entfernen oder Auftragen von Schminke, Frisieren des Haares (zur Verhältnismäßigkeit auch bei einer OWi Düsseldorf VRS **80** 458).

[59] Anders KG JR **79** 349 und NJW **79** 1669, wonach der Beschuldigte durch Anziehen von Knebelketten dazu gezwungen werden dürfte; zust K/M-G 11 zu § 58; abl allen voran *Grünwald* JZ **81** 423ff.

der Gegenüberstellung dafür, auch hier ein Recht des Vert auf Anwesenheit zu bejahen.[60] Als rechtliche Grundlage kommen insoweit allg Verfahrensprinzipien – insbes der Grundsatz des „fair-trial" – in Betracht.[61]

Dies gilt verstärkt für die auditive Gegenüberstellung, zumal im Falle der Durchführung durch den Staatsanwalt der Verteidiger ein Anwesenheitsrecht hat (§§ 163a Abs 3 S 2, 168c Abs 1 StPO).

dd) § 58 Abs 2 ist bloße Ordnungsvorschrift (KK-*Pelchen* 12 zu § 58). Das Unterlassen der Gegenüberstellung begründet die **Revision** nur, wenn dadurch die Aufklärungspflicht (§ 244 Abs 2) verletzt wurde (BGH bei *Dallinger* MDR **74** 724; K/M-G 15 zu § 58). Verstöße gegen Erfahrungssätze bei der Würdigung des Beweiswertes des Wiedererkennens können ebenfalls die Revision begründen (LR-*Dahs* 18 zu § 58; s näher 1475 ff). **1225**

c) Als weitere Nebenpflicht ist mit der Zeugeneigenschaft die Pflicht verbunden, an **Augenscheinseinnahmen** teilzunehmen und mitzuwirken (KMR-*Paulus* 28 vor § 48 mwN). **1226**

Der Zeuge ist danach im einzelnen zu dulden verpflichtet, daß er selbst zwecks Größenvergleichs oder zwecks Erkundung seiner (äußeren) Erscheinung oder seines Auftretens in Augenschein genommen wird (ANM 236; KMR-*Paulus* 28 vor § 48). Diese Pflicht besteht selbst dann, wenn der Zeuge in der HV nach Belehrung über sein Zeugnisverweigerungsrecht von demselben Gebrauch macht und die Aussage verweigert (BGH GA **65** 108; ANM 452; aA *Rogall* MDR **75** 814; SK-*Rogall* 124 vor § 48); denn die Belehrung des Zeugen über sein Zeugnisverweigerungsrecht, bei der die Mitglieder des Gerichts die Möglichkeit und Pflicht haben, die Erscheinung und das Auftreten des Zeugen zu beobachten und zu würdigen, ist Gegenstand der HV und als solcher bei der Urteilsfindung zu verwerten. Mehr als das Erg dieser Besichtigung darf das Gericht allerdings nicht verwerten. Daher ist es dem Gericht insbes verwehrt, das äußere Verhalten des das Zeugnis verweigernden Zeugen (zB dem Angekl zuzuzwinkern) zu berücksichtigen (Köln VRS **57** 426; ANM 452).

Im Rahmen der Verpflichtung, an gerichtlichen Augenscheinseinnahmen (zB am Tatort) teilzunehmen (K/M-G 6 vor § 48) und mitzuwirken (KK-*Pelchen* 4 vor § 48), muß der Zeuge erforderlichenfalls bestimmte Örtlichkeiten und Gegenstände bezeichnen, von denen in seiner Aussage die Rede ist (LR-*Dahs* 7 vor § 48).

d) Der Zeuge hat nach **§ 81c** unter bestimmten Voraussetzungen einzelne **Untersuchungshandlungen** und Eingriffe in seine **körperliche** Integrität zu **dulden** (s näher 1666 ff). § 81c enthält eine abschließende Regelung, so daß Untersuchungshandlungen zu anderen als den dort genannten Zwecken nicht zulässig sind (K/M-G 6, 7 zu § 81c). Sofern allerdings eine (nicht sittenwidrige) Einwilligung des Zeugen zur Untersuchung vorliegt, gelten die Beschränkungen des § 81c nicht (s näher 1658). **1227**

---

[60] So etwa *Krause* StV **84** 171; *Odenthal* NStZ **85** 435; LR-*Dahs* 38 zu § 81a; aA noch KG NJW **79** 1669.
[61] Vgl *Krause* StV **84** 171. Mitunter wird auch den §§ 168c Abs 2, 163a Abs 3, 168d Abs 1 der allg Rechtsgedanke entnommen, daß der Vert einen Anspruch auf Teilnahme an solchen Untersuchungsvorgängen habe, durch die außerhalb der HV ein Teil der Beweisaufnahme vorweggenommen werde (vgl *Odenthal* NStZ **85** 435).

1228 e) aa) Grds ist der Zeuge zu außergerichtlichen Tätigkeiten (wie zB Einziehung von Erkundigungen, Herstellung von Augenscheinsobjekten und Schriftproben) nicht verpflichtet (K/M-G 7, LR-*Dahs* 7, jeweils vor § 48).[62] Den Zeugen trifft idR auch **keine Vorbereitungspflicht** (BGH bei *Dallinger* MDR **53** 597; RG **8** 109; K/M-G 7, LR-*Dahs* 7, jeweils vor § 48; Sch/Sch-*Lenckner* 3 zu § 163 StGB mwN; aA *Dedes* JR **83** 101, der für eine gemäßigte Vorbereitungspflicht eintritt). Er hat sich insbes nicht durch Nachforschungen vor der Vernehmung auf dieselbe vorzubereiten (*Krehl* NStZ **91** 416; LR-*Dahs* 7 vor § 48; aA wohl KMR-*Paulus* 28a vor § 48;[63] gleichwohl unterliegt der Zeuge einer materiell-rechtlichen Pflicht zu wahrer und vollständiger Aussage.

1229 Jedoch soll nach hM derjenige Zeuge, der in **amtlicher** Eigenschaft Wahrnehmungen gemacht hat (sog Zeuge kraft Auftrags [LK-*Willms* 9 zu § 163 StGB]) und der hierüber befragt werden soll, **verpflichtet** sein, sich zB durch Einsichtnahme in Akten und sonstige Unterlagen auf die Vernehmung vorzubereiten (K/M-G 8 zu § 69; SK-*Rogall* 135 vor § 48; Sch/Sch-*Lenckner* 3 zu § 163 StGB mwN). Hiergegen bestehen deshalb Bedenken, weil dadurch eine unmittelbare Mitteilung von (in der Erinnerung noch vorhandenen) Wahrnehmungen verhindert werden könnte (s dazu *Krehl* NStZ **91** 417, 419; vgl auch *Fezer* 43 zu Fall 13); der Beweiswert einer Aussage aber hängt entscheidend davon ab, ob der Zeuge über einen Vorgang aus lebendiger Erinnerung zu berichten weiß. – Ansonsten besteht unstr eine Pflicht für im öffentlichen Dienst stehende Zeugen, sich schriftlich dienstlich zu äußern (*Schmid* SchlHA **81** 2).

1230 bb) In der HV (mit Beginn der Vernehmung) ist der Zeuge allerdings verpflichtet, sich bei Abgabe seines Zeugnisses äußerer Hilfsmittel (**Vernehmungshilfen**) zur Auffrischung seines Gedächtnisses zu bedienen (BGH GA **67** 215; **73** 376; *Fezer* 12 zu Fall 13). Das Gericht hat den Zeugen bei dem Bemühen um wahrheitsgemäße Aussagen zu unterstützen (RG **35** 7) und ihm zB Unterlagen, Akten und Protokolle über frühere Vernehmungen vorzuhalten, vorzulesen oder zur Einsicht vorzulegen (BGH **1** 8; *Geerds* FS-Blau 77 ff, 81). Auch die Verwendung von Lichtbildern, Skizzen und Zeichnungen als Vernehmungshilfen ist zulässig (BGH **18** 54; K/M-G 9, LR-*Dahs* 10, jeweils zu § 69). Derartige Gedächtnisstützen dürfen aber, um den Beweiswert der Aussage bemessen zu können, erst dann benutzt werden, wenn der Zeuge ohne sie nichts zu bekunden vermag, dh wenn seinem Gedächtnis erst in irgendeiner Weise nachgeholfen werden muß (*Fezer* 43 zu Fall 13). Sofern Vernehmungshilfen während der Vernehmung nicht zur Verfügung stehen, kann das Gericht dem Zeugen aufgeben, sich kundig zu machen (*Krehl* NStZ **91** 418). Diese **Erkundigungs-** bzw **Vergewisserungspflicht während der HV** ist jedoch auf mögliche und zumutbare Ermittlungen beschränkt (RGZ **48** 392, 397; Köln ZZP **87** [1974] 485 mit zust Anm *E Peters* – alle für Zeugen im Zivilprozeß; *Krehl* NStZ **91** 417, 419 für Zeugen im Strafprozeß). Hat der Zeuge zu einem Beweisthema allerdings gar keine eigenen Wahrnehmungen ge-

---

[62] Anders *Feisenberger* 5 vor § 48, der eine Verpflichtung des Zeugen zur Herstellung von Schriftproben für zulässig erachtet.
[63] Anders für den Zivilprozeß jetzt § 378 ZPO, der eine echte Rechtspflicht des Zeugen (Baumbach/Lauterbach-*Hartmann* 1 zu § 378 ZPO) statuiert, Aufzeichnungen und andere Unterlagen einzusehen und mitzubringen, sofern es ihm gestattet und zumutbar ist.

macht, geht es nicht um Auffrischung des Gedächtnisses, so daß er nicht verpflichtet ist, sich Kenntnis davon erst zu verschaffen (KMR-*Paulus* 28 a vor § 48).

cc) Die **Verletzung der Nachforschungspflicht** kann für den Zeugen strafrechtliche oder strafprozessuale Folgen haben. Zwangsmaßnahmen nach § 70 (Kostenauferlegung, Ordnungsgeld, Ordnungshaft oder Beugehaft) kommen in Betracht, wenn der Zeuge (ohne gesetzlichen Grund das Zeugnis verweigert, also zB dann, wenn er) trotz Verlangens der Vernehmungsperson zumutbare Nachforschungen zu bestimmten Fragen unterläßt und deshalb eine Aussage gänzlich unterbleibt (*Krehl* NStZ **91** 418); diese Rechtsfolge kann selbst dann eintreten, wenn er wahrheitswidrig vortäuscht, zu dem Beweisthema nichts zu wissen (BGH **9** 364; LR-*Dahs* 5 zu § 70; *Schlüchter* 524 Fn 423a; s auch 1098). 1231

Sofern die auf mangelnder Nachforschung beruhende Aussage lückenhaft ist, scheiden strafprozessuale Zwangsmaßnahmen aus. In Betracht kommt jedoch eine Strafbarkeit nach §§ 153 ff StGB (*Krehl* NStZ **91** 418), weil dann keine teilweise Zeugnisverweigerung, sondern eine unwahre Aussage vorliegt (vgl BGH **9** 364; LR-*Dahs* 7 zu § 70; *Schlüchter* 524 Fn 423a); der Zeuge, der es unterlassen hat, die ihm zur Verfügung stehenden Aufzeichnungen oder Unterlagen einzusehen, kann sich insbes nach § 163 Abs 1 StGB strafbar machen.

f) Den Zeugen trifft die Pflicht zu einem **angemessenen Verhalten** vor Gericht (*Peters* 358; krit zur Bezeichnung als „Nebenpflicht" SK-*Rogall* 131 vor § 48). Er unterliegt darüber hinaus der Ordnungsgewalt des Gerichts nach §§ 177, 178 GVG und ist daher gehalten, den (sitzungspolizeilichen) Anordnungen des Gerichts Folge zu leisten. 1232

6. Zeugenentschädigung

a) aa) Vom **Gericht** (§ 214 Abs 1) oder von der **StA** (§§ 161a Abs 1, 214 Abs 3) geladene Zeugen werden nach dem **ZSEG** entschädigt (§ 71 und § 1 Abs 1 ZSEG; zur Geltung auch in den neuen Bundesländern vgl *Lappe* NJW **91** 1218). Darauf, ob die Beweisperson in der Ladung als Zeuge oder Sv bezeichnet wurde, kommt es nicht an. Entscheidend ist die rechtliche Einordnung als Zeuge bzw als Sv (ANM 213; zur Abgrenzung zwischen Zeugen und Sv s 1510ff). 1233

bb) Bei **polizeilichen** Vernehmungen erfolgt die Entschädigung regelmäßig aufgrund landesrechtlicher Vorschriften ebenfalls nach dem ZSEG (vgl §§ 11 Abs 5 MEPolG, 20 Abs 4 ASOG Bln, 12 Abs 4 BremPolG, 10 Abs 5 PolGNW, 14 Abs 5 NdsSOG, 12 Abs 5 PVG Rhl-Pf). Die Anwendbarkeit des ZSEG auf Vernehmungen durch die Polizei ist aber in den Fällen umstritten, in denen es keine gesetzlichen Regelungen gibt, die auf das ZSEG verweisen (vgl Düsseldorf JurBüro **89** 1460; für eine unmittelbare Anwendung: Nürnberg JurBüro **79** 1337; dagegen: *Bach* JurBüro **90** 681; *Meyer ua* 4.1, 4.2 zu § 1). Sofern die Polizei den Zeugen im Auftrag oder Einvernehmen mit der StA zu Beweiszwecken heranzieht, muß das ZSEG jedenfalls anwendbar sein, denn in diesem Fall wird die Polizei nur als Ermittlungsorgan der StA tätig (Düsseldorf JurBüro **89** 1460; *Hartmann* 2 A c zu § 1 ZSEG). 1234

cc) Bei Vernehmungen der Finanzbehörden verweist § 405 AO ebenfalls auf das ZSEG.

dd) Für die **vom Angekl** selbst **geladenen** Zeugen gilt § 220 Abs 2 und 3. Eine Anordnung der Entschädigung nach § 220 Abs 3 begründet einen Anspruch der Beweisperson gegen die Staatskasse, ohne daß hiervon das Rechtsverhältnis zwischen Angekl und Staatskasse berührt würde. Demgemäß besteht der Anspruch unabhängig davon, ob oder in welchem Ausmaß der Zeuge vom Angekl bereits entschädigt ist (s mwN 1528 entspr). 1235

1236 b) Die Entschädigungen nach dem ZSEG dürfen jedoch nur gezahlt werden, wenn der Zeuge die Entschädigung verlangt (§ 15 Abs 1 ZSEG). Dem Zeugen dürfen daher auch keine höheren Beträge gezahlt werden, als er selbst verlangt hat, selbst wenn das ZSEG höhere Mindestsätze (zB § 2 Abs 3 ZSEG) oder feste Sätze (zB § 9 Abs 3 ZSEG) vorsieht (*Meyer ua* 1 zu § 15).

Das erforderliche Verlangen des Zeugen nach Entschädigung kann formfrei – mündlich oder schriftlich – sowohl bei dem Gericht oder der StA als auch bei der Anweisungsstelle erklärt werden (*Meyer/Höver* 2 zu § 15). Die Höhe der Entschädigung braucht nicht beziffert zu werden (*Meyer ua* 2 zu § 15).

1237 aa) Die **Entschädigung wird** im einzelnen **gewährt für** den Verdienstausfall (§ 2 ZSEG), wobei bezahlter Urlaub nicht nach § 2 Abs 2, sondern nach § 2 Abs 3 ZSEG zu entschädigen ist (Schleswig JurBüro **91** 545; LG Göttingen JurBüro **90** 1326), für die notwendigen Fahrtkosten (§ 9 ZSEG), den Mehraufwand aus Anlaß der Terminwahrnehmung (§ 10 ZSEG) und sonstige notwendige Aufwendungen (§ 11 ZSEG) – zB für Vertretungen und Begleitpersonen, die jedoch selbst nicht anspruchsberechtigt sind und daher kein eigenes Beschwerderecht haben (Koblenz NStZ **91** 345) – aber auch für Parkgebühren (*Meyer ua* 83 zu § 9) und Stornokosten, die nach dem Rücktritt von einer Reise entstanden sind, der erfolgt ist, um an der HV teilnehmen zu können (Celle JurBüro **90** 1048).

Die Entschädigung für Zeitversäumnis nach § 2 ZSEG steht auch Behörden und juristischen Personen des öffentl Rechts zu (Stuttgart JurBüro **90** 889; aA OVG Koblenz NJW **82** 1115).

Der RA einer Sozietät, der als Zeuge vernommen wird, soll (nach Hamm MDR **91** 263 f) keinen Anspruch auf Entschädigung für Verdienstausfall, sondern nur einen Anspruch auf Nachteilsentschädigung haben, da während der Abwesenheit die anderen Mitglieder der Sozietät die dringenden Aufgaben wahrnehmen würden (zw).

Die bei der Ausführung eines inhaftierten oder untergebrachten Zeugen zu einem Zeugentermin entstandenen Kosten müssen mangels entspr Regelungen im Bereich des Straf- und Maßregelvollzugs, die den Gefangenen oder Untergebrachten für die Kosten der Ausführung einstehen lassen, nicht nach § 11 S 2 ZSEG ersetzt werden (Koblenz NStZ **91** 345).

1238 bb) Der Zeuge hat die Möglichkeit, auf die Entschädigung zu **verzichten** (*Meyer ua* 36 zu § 1); dieser Verzicht ist nach den (insoweit mit dem bürgerlichen Recht übereinstimmenden) Regeln des öffentl Rechts anfechtbar (München NJW **75** 2108).

1239 cc) Zeugen, die berechtigt das **Zeugnis verweigern**, verlieren nicht ihren Anspruch auf Entschädigung für das Erscheinen in dem zur Vernehmung bestimmten Termin (*Meyer ua* 33.1 zu § 1). Wird das Zeugnis aber unbegründet verweigert, entfällt der Entschädigungsanspruch (KMR-*Paulus* 4 zu § 71).

1240 c) Auf Antrag wird geladenen Zeugen nach § 14 Abs 1 ZSEG ein **Reisekostenvorschuß**, idR durch Zusendung einer Fahrkarte (bundeseinheitliche AV vom 1.8.77 bei *Piller/Hermann* Nr 10 d), bewilligt. Voraussetzung ist, daß dem Zeugen die Inanspruchnahme eigener Mittel nicht zumutbar ist. Der Vorschuß kann daneben auch für die Aufwandsentschädigung (§ 10 ZSEG), jedoch nicht für die Entschädigung für Verdienstausfall (§ 2 ZSEG) gewährt werden (*Meyer ua* 3 zu § 14).

d) Die Festsetzung der Entschädigung oder des Vorschusses (§ 14 Abs 3 ZSEG) geschieht durch richterlichen Beschluß (§ 16 ZSEG). Die Anfechtung der Festsetzung richtet sich nach § 16 ZSEG.

e) Der Entschädigungsanspruch erlischt für Zeugen nach drei Monaten (§ 15 Abs 2 ZSEG).

III. Zeugnisverweigerungsrechte bestimmter Zeugen

1. Aus persönlichen Gründen (§ 52)

Übersicht

	Rn		Rn
a) Allgemeines	1241, 1242	aa) Erfordernis der notwendigen Verstandesreife	1253
b) Zeugnisverweigerungsberechtigte	1243	(1) Bestimmung der notwendigen Verstandesreife	1254
aa) Verlobte (Nr 1)	1243–1245		
bb) Ehegatten (Nr 2)	1246	(2) Entscheidung des gesetzlichen Vertreters	1255
cc) Bestimmte Verwandte und Verschwägerte (Nr 3)	1247–1249		
c) Alleinige Weigerungsberechtigung für Angehörige des Beschuldigten	1250, 1251	bb) Verzicht und Widerruf	1256, 1257
		e) Folgen der Ausübung des Zeugnisverweigerungsrechts	1258
d) Ausübung des Zeugnisverweigerungsrechts	1252	f) Belehrung	1259–1262

1241 a) Die Bindung des Zeugen an die Wahrheitspflicht läßt die Entstehung von Konflikten mit anderen Verpflichtungen befürchten (BGH **27** 231; K/M-G 1 zu § 52). Insbes könnte die familiäre Intimsphäre bei wahrheitsgemäßen, den Angehörigen belastenden Aussagen Schaden nehmen.

Sinn und Zweck des in § 52 normierten Zeugnisverweigerungsrechts der Angehörigen ist es, dem Zeugen diesen Konflikt zwischen Wahrheitspflicht und Verwandtenbindung zu ersparen (LR-*Dahs* 1 zu § 52; *Peters* 348), dh die Norm dient dem **Schutz der familienrechtl Beziehung** des Zeugen zum Angekl. Zudem wäre der Wert einer trotz des bezeichneten Konflikts erzwungenen Aussage als gering anzusehen (*Rengier* 61 f; *Roxin* 14 zu § 26), ohne daß § 52 allerdings den Schutz der Wahrheitsfindung (K/M-G 1, KK-*Pelchen* 1, beide zu § 52; SK-*Rogall* 140 vor § 48; aA *Rengier* 11, 56 ff; AK-*Kühne* 1 zu § 52) oder des Angekl vor Verwertung konfliktbehafteter Beweismittel (LR-*Dahs* 1 zu § 52) bezwecken würde.

1242 aa) Die vorgenannte Konfliktlage wird unwiderleglich vermutet, es genügt, daß sie objektiv gegeben ist; nicht erforderlich ist, daß der Zeuge subjektiv einen Widerstreit der Interessen empfindet (BGH [GS] **12** 239; BGH NJW **81** 2825; LR-*Dahs* 1 zu § 52; *Schlüchter* 484). Das Zeugnisverweigerungsrecht besteht allg, ist also nicht auf belastende Aussagen beschränkt (LR-*Dahs* 1, K/M-G 1, beide zu § 52). Auch kann der Beschuldigte, wenn der Zeuge auf seinen Antrag hin vernommen werden soll, auf die Beachtung des § 52 nicht wirksam verzichten (RG **20** 187; LR-*Dahs* 1 zu § 52). Sagt der Zeuge trotz Zeugnisverweigerungsrechts aus, so ist er nach § 63 berechtigt, die Beeidigung des Zeugnisses zu verweigern (s näher 1212 f).

bb) § 52 wird durch § 81 Abs 3 für Untersuchungen und Blutprobenentnahmen sowie durch § 97 Abs 1 Nr 1 für Beschlagnahmen ergänzt.

1243 b) **Zeugnisverweigerungsberechtigt** sind die Angehörigen des Beschuldigten. Der strafprozessuale Angehörigenbegriff ist allerdings nicht deckungsgleich mit dem des § 11 Abs 1 Nr 1 StGB.

aa) Im einzelnen ist nach § 52 Abs 1 Nr 1 der **Verlobte** des Beschuldigten zur Verweigerung des Zeugnisses berechtigt. Das Verlöbnis als gegenseitiges Eheversprechen (vgl § 1297 BGB) muß von beiden Seiten **ernst gemeint** sein (BGH NJW **72** 1334). Auf die Gültigkeit nach bürgerlich-rechtl Maßstäben kommt es dabei nicht an (LR-*Dahs* 5 zu § 52; *Peters* 348).

Daher ist auch die Minderjährige, die ohne Einwilligung ihrer Eltern das Verlöbnis eingeht, Verlobte iSd § 52 Abs 1 Nr 1 (RG **38** 242; *Eb Schmidt* 12 zu § 52). An der Ernsthaftigkeit fehlt es im Falle des Heiratsschwindels (BGH **3** 215). Unwirksam ist das Verlöbnis aber auch bei einem Verstoß gegen das Gesetz oder die guten Sitten (BGH VRS **36** 22; K/M-G 4 zu § 52), was zB bei bestehendem anderweitigen Verlöbnis (RG **71** 152) und bei noch bestehender Ehe (BGH NStZ **83** 564 mit Anm *Pelchen*; BGH VRS **36** 20; BGH NStZ **94** 227 bei *Kusch*) der Fall ist.

Das Verlöbnis muß zum Zeitpunkt der **Vernehmung** bestehen (BGH **23** 16). Wird es im Laufe des Verfahrens eingegangen, sind frühere Aussagen aufgrund des nun begründeten Zeugnisverweigerungsrechts unverwertbar (BGH **27** 231; *Peters* 348), sofern der Zeuge nunmehr die Aussage verweigert (s n 1301ff, 1306). Mit der **Auflösung des Verlöbnisses**, worunter (die dem anderen Teile nicht notwendigerweise erkennbare) Aufgabe des Heiratsentschlusses zu verstehen ist, entfällt das Zeugnisverweigerungsrecht (BGH **29** 54; LR-*Dahs* 7 zu § 52).

1244 Str ist, ob **das nichteheliche Zusammenleben** ohne Heiratsversprechen dem Verlöbnis gleichzustellen ist.

Nahezu allg Auffassung ist zwar, daß nach dem Wortlaut die Begriffe „Verlobter" bzw „Ehegatte" Lebensgefährten nichtehelicher Gemeinschaften nicht erfassen (*Skwirblies* 182, 75f). Gleichwohl könnte man im Wege einer Analogie ein Zeugnisverweigerungsrecht annehmen, denn Art 6 GG, der die Ehe unter besonderen Schutz des Staates stellt, verbietet nicht, andere Formen des Zusammenlebens mit der Ehe gleichzustellen (vgl bzgl der nichtehelichen Lebensgemeinschaft zB § 122 BSHG). Zwar kann die oben beschriebene Konfliktlage des Zeugen (1241) auch bei in nichtehelicher Gemeinschaft Zusammenlebenden angenommen werden, doch schützt das Gesetz enge freundschaftliche Beziehungen gerade nicht. Das Zeugnisverweigerungsrecht wurde vom Gesetzgeber ausschließlich auf legale Angehörigenverhältnisse beschränkt, dh auf durch Ehe und Familie begründete Bande einschließlich der dazu führenden Beziehungen oder Verhältnisse nebst dem einschlägigen (formellen) Bindungswillen iSd Eheversprechens. Eine Analogie ist daher abzulehnen (ebenso LR-*Dahs* 6 zu § 52; *Pelchen* in FS-Pfeiffer 287, 295; aA *Meyer-Scherling* DRiZ **79** 299; KMR-*Paulus* 9 zu § 52 und *Skwirblies* 201[64]). Dies bedeutet jedoch nicht, daß der Gesetzgeber das Zeugnisverweigerungsrecht nicht auch auf die nichteheliche Lebensgemeinschaft ausdehnen darf (*Pelchen* in FS-Pfeiffer 287, 295).

1245 Über **das tatsächliche Bestehen des Verlöbnisses** entscheidet das Gericht nach pflichtgemäßem Ermessen. Behauptet der Zeuge ein Verlöbnis, darf das Gericht diese Angabe als richtig hinnehmen, sofern niemand widerspricht (BGH NJW **72** 1334; K/M-G 4 zu § 52). Bei Zweifeln kann eine Glaubhaftmachung nach § 56 verlangt werden. Der Grundsatz „in dubio pro reo" findet allerdings keine Anwendung (BGH bei *Pfeiffer/Miebach* NStZ **83** 354). Ausdrückliche Feststellun-

---

[64] *Skwirblies* aaO weist ua darauf hin, daß durch sog Zweckverlobungen, bei denen es an einer wirksamen Handhabe fehlt, die Ernsthaftigkeit des Heiratsversprechens in Zw zu ziehen, eine viel größere Gefahr des Mißbrauchs des Zeugnisverweigerungsrechts eröffnet werde, als dies bei Anerkennung der nichtehelichen Lebensgemeinschaft zu erwarten sei.

III. Zeugnisverweigerungsrechte bestimmter Zeugen

gen über das Bestehen des Verlöbnisses müssen im Urteil nicht getroffen werden (OGH **2** 173; LR-*Dahs* 8 zu § 52).

bb) Zeugnisverweigerungsberechtigt ist gemäß § 52 Abs 1 Nr 2 der **Ehegatte**, **1246** und zwar auch nach der Ehescheidung. Kriterium ist, ob bei der Vernehmung eine im Inland wirksam geschlossene Ehe (§ 11 EheG) oder eine nach deutschem Recht anzuerkennende im Ausland geschlossene Ehe besteht oder bestanden hat (K/M-G 5 zu § 52). Das Vorliegen von Nichtigkeits- oder Auflösungsgründen ist unbeachtlich (BGH **9** 38; LR-*Dahs* 9 zu § 52). Eine Nichtehe (= nicht formgültig geschlossene Ehe) genügt den Anforderungen aber nicht (in diesem Fall ist uU ein Verlöbnis – bei Vorliegen von dessen Voraussetzungen [s 1243] – anzunehmen). Eine nichteheliche Lebensgemeinschaft berechtigt nicht zur Zeugnisverweigerung (vgl 1244).

cc) Schließlich gewährt **§ 52 Abs 1 Nr 3** auch bestimmten Verwandten und Ver- **1247** schwägerten ein Zeugnisverweigerungsrecht. Für das Verwandtschafts- und Schwägerschaftsverhältnis sind nach Art 51 EGBGB die Vorschriften des BGB maßgeblich (insbes **§§ 1589, 1590 BGB**).

Bei **Verwandten** in gerader Linie (Eltern, Kindern; Großeltern, Enkeln; Urgroßeltern, Urenkeln) ist auf den Grad der Verwandtschaft (vgl dazu § 1589 S 2 BGB) keine Rücksicht zu nehmen. In der Seitenlinie sind nur die Geschwister und Halbgeschwister sowie deren Kinder (Nichten, Neffen) und die Geschwister der Eltern (Onkel und Tanten) des Beschuldigten zeugnisverweigerungsberechtigt, nicht aber die Cousins und Cousinen. Für **nichteheliche Kinder** gelten keine Besonderheiten. Nur das bürgerlich-rechtlich festgestellte (nichteheliche) Verwandtschaftsverhältnis löst ein Zeugnisverweigerungsrecht aus. Vor der Feststellung der Nichtehelichkeit eines während der Ehe geborenen Kindes gilt die verfassungsgemäße Vermutung der §§ 1591, 1593, 1600a BGB, wonach das Kind als Kind des Ehemanns und nicht des tatsächlichen Vaters gilt; der leibliche Vater hat bis zur Feststellung der Nichtehelichkeit kein Zeugnisverweigerungsrecht.

Bei **Verschwägerten** ist Voraussetzung für ein Zeugnisverweigerungsrecht, daß die Ehe **1248** gültig geschlossen ist (RG **60** 248). Anfechtungs- oder Nichtigkeitsgründe sind unbeachtlich (RG **41** 113). Verschwägert sind Ehegatten mit den Geschwistern, Eltern, Großeltern, Urgroßeltern, Enkeln und Urenkeln sowie mit den nicht von ihnen stammenden Kindern ihres Ehepartners, nicht jedoch mit den Kindern der Geschwister des Ehepartners. Auch Stiefeltern und Stiefkinder sind im ersten Grad verschwägert. – Keine Schwägerschaft besteht dagegen zwischen den Verwandten des einen Ehegatten und Verwandten des anderen Ehegatten (sog Schwippschwägerschaft). Auch zwischen den Ehegatten zweier Blutsverwandter (zB Ehemännern zweier Schwestern) besteht keine Schwägerschaft (RG **15** 78). Kinder, die je ein Elternteil mit in die Ehe gebracht hat, sind nicht miteinander verschwägert, da die Schwägerschaft nur zwischen einem Ehegatten und den Verwandten des anderen Ehegatten besteht.

Minderjährige Adoptivkinder behalten das Zeugnisverweigerungsrecht zugunsten ihrer **1249** bisherigen Verwandten (K/M-G 8 zu § 52; für deren Kinder gilt dies allerdings nur, wenn sie zZt der Adoption schon geboren waren, KK-*Pelchen* 19 zu § 52); bzgl der Annehmenden sind sie ehelichen Kindern gleichgestellt, auch nach Auflösung des Adoptivverhältnisses (K/M-G 8 zu § 52). **Volljährige Angenommene** können das Zeugnis nur ggü den Adoptiveltern, nicht ggü deren Verwandten verweigern (vgl § 1770 Abs 1 S 2 BGB, aber auch § 1772 BGB).

Pflegeeltern und Pflegekinder haben kein Zeugnisverweigerungsrecht (LR-*Dahs* 15 zu § 52; *Schlüchter* 486).

c) Ein Zeugnisverweigerungsrecht haben **nur Angehörige** desjenigen, der zZt **1250** der Vernehmung des Zeugen **Beschuldigter** ist (s zu den Voraussetzungen 505 ff). Auch das Angehörigenverhältnis muß zZt der Vernehmung bestehen; entsteht es erst im Laufe des Verfahrens, so sind frühere Aussagen nicht verwertbar, sofern das Zeugnis nunmehr verweigert wird (LR-*Dahs* 18 zu § 52). Der Weigerungsberechtigte muß die Zeugenrolle innehaben: Sind zB zwei Ehegatten Mitangekl, haben sie kein Zeugnisverweigerungsrecht (sondern das Schweigerecht iSd § 136 Abs 1 S 2; BGH **3** 153; LR-*Dahs* 3 zu § 52; näher zum Mitbeschuldigten bzw Mitangekl s 927ff, 938f).

1251 Handelt es sich um ein **Verfahren gegen mehrere Beschuldigte**, so steht dem Angehörigen des einen Beschuldigten hinsichtlich aller Beschuldigten ein Zeugnisverweigerungsrecht zu, falls die Aussage auch seinen Angehörigen betrifft (BGH **34** 138; **34** 216; **27** 141; BGHR § 52 Abs 1 Nr 3 Mitbeschuldigter 4; BGH wistra **89** 308; LR-*Dahs* 19 zu § 52; *Schlüchter* 484). Hierzu soll zwar (vgl auch 934ff) genügen, daß in irgendeinem Verfahrensabschnitt ein zusammenhängendes einheitliches Strafverfahren bestanden hat (BGH **32** 29; BGH wistra **89** 308; KMR-*Paulus* 6, LR-*Dahs* 19, beide zu § 52);[65] doch soll das Zeugnisverweigerungsrecht erlöschen mit rechtskräftigem Abschluß des gegen den angehörigen Beschuldigten geführten Verfahrens (BGH **38** 96 [unter Änderung der bisherigen Rspr, BGHR § 52 Abs 1 Nr 3 Mitbeschuldigter 4] = NStZ **92** 195f mit Anm *Widmaier* = JR **93** 213 mit Anm *Gollwitzer;* sehr zw; zust *Fischer* JZ **92** 570ff; abl *Dahs/Langkeit* StV **92** 492ff; *Beulke* StP 192) ebenso wie mit dem Tod des angehörigen Beschuldigten (BGH NJW **92** 1118 [gleichfalls unter Änderung der bisherigen Rspr, BGH StV **81** 117; **84** 405]; zw; abl *Dahs/Langkeit* StV **92** 493), und zwar bei Abschluß durch Verurteilung wie durch Freispruch (BGH NStZ **93** 501). Dem Angehörigen steht kein Zeugnisverweigerungsrecht zu, soweit der Fall, zu dem er vernommen wird, seinen Angehörigen nicht betrifft (BGHR § 52 Abs 1 Nr 3 Mitbeschuldigter 5; K/M-G 12 zu § 52); das setzt voraus, daß keine einheitliche Tat im verfahrensrechtl Sinne (§ 264) vorliegt (LR-*Dahs* 20, K/M-G 12, beide zu § 52), es sich also nicht um dasselbe geschichtliche Ereignis handelt (BGH NJW **74** 758; NStZ **83** 564). Eine Beziehung der die eine Tat betreffenden Aussage zu der anderen muß ausgeschlossen sein (BGH StV **84** 1).

1252 d) Das Zeugnisverweigerungsrecht ist ein höchstpersönliches Recht (BGH **21** 305; K/M-G 14 zu § 52; *Peters* 349), auf dessen **Ausübung** selbstverständlich kein Anspruch der Verfahrensbeteiligten besteht. Die Verweigerung des Zeugnisses muß **ausdrücklich** erklärt werden (K/M-G 15 zu § 52), ohne daß der Zeuge eine Begründung für seine Weigerung geben müßte (BGH NJW **80** 794; LR-*Dahs* 23 zu § 52).

1253 aa) Das für die selbständige Ausübung des Zeugnisverweigerungsrechts **notwendige Verständnis** (vgl § 52 Abs 2) liegt vor, wenn der Zeuge erkennen kann, daß der Beschuldigte etwas Unrechtes getan haben könnte und daß ihm hierfür Strafe drohen und die Zeugenaussage zu einer Bestrafung beitragen kann (BGH **14** 162; LR-*Dahs* 27 zu § 52). Ob diese Voraussetzungen erfüllt sind, hat der Tat-

---

[65] Anders *Prittwitz* NStZ **86** 64, der nicht auf die prozessuale Gemeinschaft abstellt, sondern genügen läßt, wenn ein Angehöriger des Zeugen an der Tat beteiligt gewesen sei, die Gegenstand eines gegen einen Nichtangehörigen geführten Strafverfahrens sei (vgl auch im Text 930f); aA auch *Eb Otto* NStZ **91** 223, der ein Zeugnisverweigerungsrecht nach Fortfall der prozessualen Gemeinschaft ablehnt, weil ansonsten die Möglichkeit der Manipulation durch die StA bzw den Richter gegeben sei (vgl dazu BGH NStZ **93** 501: „Keine rechtlichen Bedenken, daß die StrK die verbundenen Verfahren getrennt und D freigesprochen hat gerade zu dem Zweck", dessen Angehörigen als Zeugen zu gewinnen).

III. Zeugnisverweigerungsrechte bestimmter Zeugen

richter im Rahmen einer Ermessensentscheidung zu beurteilen und zu entscheiden (BGH **13** 397; AK-*Kühne* 2, K/M-G 18, beide zu § 52).

(1) Für die notwendige Verstandesreife Minderjähriger gibt es **keine festen** **1254** **Altersgrenzen.** Ab dem Alter von etwa 4 oder 5 Jahren wird eine Pflicht zu kindgerechter Belehrung anzunehmen sein (vgl nur BGH StV **95** 563 betr 5jährige; auch BGH v 8.11. 95 [2 StR 531/95] bzw BGH NStZ **91** 398 betr 6jährige Zeugin; s zum Folgenden auch 1671). Verfehlt wäre es, die Altersgrenze allg entgegen den gänzlich anderen gesetzlichen Voraussetzungen entspr dem Beginn strafrechtlicher Verantwortlichkeit, dh erst bei 14jährigen zu bejahen (s aber BGH **14** 162; **20** 235; LR-*Dahs* 28 zu § 52), da es um eine durchaus andere Fragestellung geht. Einer tendenziellen Beschneidung der Rechtsstellung Minderjähriger käme es zudem gleich, im Zw stets Verstandesunreife anzunehmen (BGH **23** 222; **19** 86). Zur Beurteilung kommt es, abgesehen von Einzelfällen offensichtlicher Verstandesunreife, wesentlich auch auf den interaktiven Vorgang der Belehrung an (s n *Eisenberg* Anm StV **95** 626 f; s auch BGH v 8.11. 95 [2 StR 531/95]: „erst wenn sich nach Belehrung herausgestellt hätte"). In jedem Falle ist im Umgang mit kindlichen Zeugen zu berücksichtigen, daß gerade iZm dem das Aussageverweigerungsrecht begründenden Verhältnis starke psychische Belastungen bestehen können, so daß der Wille oder auch nur eine Willenstendenz nicht übergangen werden darf.

Die **entwicklungspsychologische** Literatur zu Fragen der kognitiven Entwicklung (dh Verstandesreife) vermeidet es weitgehend, feste Altersgrenzen für das Erreichen bestimmter Entwicklungsstufen anzusetzen. Immerhin ist davon auszugehen, daß Kinder im allg schon ab etwa 4 bis 6 Jahren beginnen, Rollenverteilungen vor Gericht zu verstehen und zu erkennen, daß ihre Aussage Wirkung im Hinblick auf eine etwaige Bestrafung haben kann (vgl etwa *Pohl*, in: Kraheck-Brägelmann 49; *Eisenberg* Anm StV **95** 626 f mit Nachw). Andererseits ist im Einzelfall nicht von vornherein auszuschließen, daß die Entwicklung des Kindes weniger fortgeschritten ist. Mitunter ist die Hinzuziehung eines qualifizierten Sv zu erwägen. – Kinder etwa ab dem 10. Lbj sind idR ohnehin in der Lage, auch komplexere kausale Zusammenhänge zu verstehen; darüber hinaus haben sie im allg hinreichend soziale Erfahrung erworben, um die Tragweite einer Entscheidung betr das Recht der Aussageverweigerung übersehen zu können. Aus entwicklungspsychologischer Sicht besteht daher kein Grund, bei normalentwickelten Kindern des besprochenen Alters unzureichende Verstandesreife anzunehmen (s auch BGH bei *Kusch* NStZ **94** 23).

(2) Die **Entscheidung des gesetzlichen Vertreters** (bestimmend ist das BGB) **1255** ist nach § 52 Abs 2 erforderlich, wenn der Zeuge von der Bedeutung seines Weigerungsrechts keine genügende Vorstellung hat. Seine Einwilligung ist vor der Vernehmung des Zeugen einzuholen (LR-*Dahs* 26 zu § 52). Bei mehreren Vertretern müssen alle in die Zeugenaussage einwilligen (LR-*Dahs* 31 zu § 52). Die Einwilligung des gesetzlichen Vertreters führt nicht zur Aussagepflicht (BGH **23** 221; **21** 303); der verstandesunreife Zeuge entscheidet selbst darüber, ob er aussagt oder nicht (BGH NJW **79** 1722; NStZ **91** 398). Der gesetzliche Vertreter kann also lediglich durch die Verweigerung der Einwilligung eine Aussage verhindern.

Ist der **gesetzliche Vertreter selbst Beschuldigter**, so darf er über die Ausübung des Zeugnisverweigerungsrechts nicht entscheiden (§ 52 Abs 2 S 2); das gleiche gilt für den nicht beschuldigten Elternteil, wenn die gesetzliche Vertretung beiden Elternteilen zusteht (§ 52 Abs 2 S 2 Hs 2). In solchen Fällen muß das Vormundschaftsgericht einen Ergänzungspfleger nach § 1909 BGB bestellen (BGH [GS] **12** 241; K/M-G 20 zu § 52). – Wegen etwaiger Interessengegensätze wird § 52 Abs 2 S 2 Hs 2 entspr auf diejenigen Fälle anzuwenden sein, in denen der nicht beschuldigte Elternteil allein vertretungsberechtigt ist (zB nach Trennung der Eltern oder bei beschuldigtem Stiefelternteil; vgl n *Schimansky* FS-Pfeiffer 300: berichtigende Auslegung; KK-*Pelchen* 29, KMR-*Paulus* 25, beide zu § 52; *Rieß* NJW **75** 83 Fn 42 [unbeschadet bewußter gesetzgeberischer Entscheidung]; aA LR-*Dahs* 35, K/M-G 20, beide zu § 52; offen gelassen in BGH NStZ **91** 398; StV **95** 563). Trotz etwaiger Zurückdrängung partieller Belange iSv Art 6 GG wäre demggü eine Differenzierung danach, ob der allein vertretungsberechtigte Elternteil die Strafverfolgung ggü dem anderen Elternteil will oder nicht, aus nicht weniger gewichtigen und ua gleichfalls von Art 6 GG geschützten Belangen nicht vorzugswürdig.

1256 bb) Ein **Verzicht** auf das Weigerungsrecht ist zulässig (§ 52 Abs 3 S 2). Ein konkludenter – Verzicht läßt sich daraus folgern, daß der Zeuge nach Belehrung aussagt (RG **12** 404), nicht aber aus der Erklärung, er wolle sich nicht selbst belasten (BGH NJW **84** 136). Der Verzicht kann auch auf einzelne Tatkomplexe oder einzelne Fragen (**Teilverzicht**) beschränkt werden, sofern das Beweisthema teilbar ist (KK-*Pelchen* 40, LR-*Dahs* 33, beide zu § 52). Der Zeuge muß aber ausdrücklich erklären, zu welchen Punkten er aussagt und zu welchen nicht; er darf nicht einfach Wesentliches verschweigen (BGH **7** 128; K/M-G 15, 21 zu § 52). Sagt der Zeuge aus, so darf er nicht den Umfang der Verwertbarkeit seiner Aussage bestimmen; das Gesetz gibt ihm nur die Möglichkeit, sein Zeugnisverweigerungsrecht auszuüben oder auf das Recht zu verzichten(BGH **17** 328; KG JR **67** 347).

1257 Der Zeuge (und in den Fällen des § 52 Abs 2 dessen gesetzlicher Vertreter) kann den Verzicht auf sein Zeugnisverweigerungsrecht bis zum endgültigen Abschluß der Vernehmung **widerrufen** (§ 52 Abs 3 S 2). Die Aussagen, die der Zeuge bis zum Widerruf gemacht hat, verlieren ihre Verwertbarkeit (*Eb Schmidt* 26 zu § 52; *Geppert* Jura **91** 134f; aA BGH **2** 107; bei *Holtz* MDR **92** 322: Erörterung der Widerrufsmotive bei der Beweiswürdigung vonnöten; KK-*Pelchen* 42 zu § 52), dh dem Widerruf kommt rückwirkende Kraft zu (*Rengier* Jura **81** 304). Denn der Schutz der familienrechtlichen Beziehung (s 1241) gebietet auch die Vermeidung etwaiger anhaltender Folgewirkungen einer Aussage iS eines Schadens für die familiäre Intimsphäre; daß der durch die bereits gemachte Aussage schon verursachte vorläufige Schaden durch ein Verwertungsverbot nicht wiedergutgemacht werden kann, steht dem nicht entgegen.

1258 e) **Folge der Ausübung des Zeugnisverweigerungsrechts** ist, daß der die Aussage verweigernde Zeuge die Fähigkeit verliert, als Beweisperson vernommen zu werden. Er ist kein zulässiges Beweismittel mehr (RG **41** 32; KMR-*Paulus* 81 f zu § 52), und es entsteht ein Verwertungsverbot iSd § 252 (dazu n 1301 ff; K/M-G 23 zu § 52; anders, wenn der Zeuge auf Befragen das Angehörigenverhältnis bewußt verschweigt, Oldenburg NJW **67** 1872). Aus der berechtigten Zeugnisverweigerung dürfen darüberhinaus gerade **keine** für den Angekl **nachteiligen Schlüsse** gezogen werden (BGH **32** 141; **22** 113; LR-*Dahs* 41 zu § 52; anders noch BGH **2** 351; **6** 280), auch dann nicht, wenn der Angehörige anfänglich ausgesagt hat[66] oder aber erst

---

[66] S aber BGH StV **92** 219: kann „möglicherweise zu Zw an der Glaubwürdigkeit Anlaß geben".

später Angaben macht. So darf nicht vom anfänglichen Schweigen eines Angehörigen auf die Unglaubwürdigkeit einer späteren entlastenden Aussage geschlossen werden (BGHR StPO § 261, Aussageverhalten 2; StV **92** 97). Auch dürfen aus einer belastenden Aussage vor dem Ermittlungsrichter, die durch dessen Vernehmung in die HV eingeführt worden ist, keine nachteiligen Schlüsse gezogen werden, wenn der Zeuge in der HV das Zeugnis verweigert (BGH StV **91** 450).

Desgleichen darf eine frühere berechtigte Weigerung, wenn der Zeuge später aussagt, nicht zum Nachteil des Angekl verwertet werden (BGHR § 261 Aussageverhalten 10). Entspr gilt, wenn der aussagende Zeuge nicht schon im Ermittlungsverfahren Angaben gemacht hat (BGH NStZ **89** 282).

Der das Zeugnis verweigernde Zeuge darf zB auch nicht gezwungen werden, im Gerichtssaal zu bleiben, wenn dies zur Feststellung dienen soll, ob ein anderer Zeuge in seiner Gegenwart es wagen werde, eine bestimmte Aussage zu machen (BGH NJW **60** 2157; *Kühne* 477).

1259 f) aa) Die in § 52 Abs 3 S 1 vorgeschriebene **Belehrung vor jeder Vernehmung** zur Sache muß dem Zeugen eine genügende Vorstellung von der Bedeutung des Zeugnisverweigerungsrechts vermitteln (BGH **32** 32), ohne daß dabei auf die Entschließungsfreiheit des Zeugen eingewirkt wird (BGH **10** 394; KK-*Pelchen* 34 zu § 52). Die Belehrung muß mündlich erfolgen. Die **Art**, wie dem Zeugen das Zeugnisverweigerungsrecht so begreiflich gemacht wird, daß er das Für und Wider abwägen kann, bleibt dem Richter überlassen (KK-*Pelchen* 33, LR-*Dahs* 48, beide zu § 52). Die bloße Frage, ob der Zeuge aussagen möchte, genügt jedoch nicht (RG JW **24** 1609). Über Rechtstatsachen, zB Verwertbarkeit seiner früheren richterlichen Aussage durch Vernehmung der Verhörsperson (soweit eine solche zugelassen wird; s dazu 1315f), darf der Zeuge im Rahmen der Belehrung unterrichtet werden (LR-*Dahs* 48 zu § 52). Die Belehrung muß aber nicht über die Möglichkeit des Widerrufs aufklären (BGH **32** 31f; K/M-G 26 zu § 52); allerdings kann sich uU aus der prozessualen Fürsorgepflicht etwas anderes ergeben, wenn der Zeuge erkennbar seine Entscheidung rückgängig machen möchte (KMR-*Paulus* 30 zu § 52).

1260 **Belehrungspflichtig** ist der vernehmende Vorsitzende (§ 238; BGH StV **84** 405), StA (§ 161a Abs 1 S 2), Polizei- (§ 163a Abs 5), Finanz- (§§ 385 Abs 1, 386, 399 Abs 1, 402 Abs 1, 404 AO; §§ 161a Abs 1 S 2, 163a Abs 5) oder Verwaltungsbeamte (§ 46 Abs 1 OWiG, §§ 161a Abs 1 S 2, 163a Abs 5). Diese Aufgabe darf nicht Dritten (BGH **9** 195), auch nicht einem Sv (BGH MDR **91** 553), übertragen werden.

1261 Es ist immer **der Zeuge selbst zu belehren**; sind zwei Angekl Angehörige des Zeugen, hat die Belehrung beide Rechte zu umfassen (RG JW **36** 3009). Im Fall des § 52 Abs 2 S 2 muß sowohl der gesetzliche Vertreter als auch der Zeuge darüber, daß er trotz Zustimmung des gesetzlichen Vertreters die Aussage verweigern darf, belehrt werden (BGH **23** 223).

Der Zeuge ist vor **jeder** Vernehmung **zur Sache** zu belehren, auch wenn er bereits bei einer früheren Vernehmung belehrt wurde (BGH bei *Kusch* NStZ **94** 23 [betr Glaubwürdigkeitsuntersuchung]; K/M-G 29 zu § 52).[67] Am selben Verhand-

---

[67] Ein Unterlassen der Belehrung wird nur unschädlich sein, solange der Zeuge noch davon ausgehen kann, zeugnisverweigerungsberechtigt zu sein (s auch 1319).

lungstag ist eine erneute Belehrung jedoch entbehrlich (BGH NStZ **87** 373). Der Begriff der „Vernehmung" (s 1323) ist zum Schutze des zeugnisverweigerungsberechtigten Zeugen weit zu fassen und setzt insbes keine förmliche Vernehmungssituation voraus (Hamburg StV **90** 535; aA *Schlüchter/Radbruch* NStZ **95** 355). Das **Unterlassen der Belehrung** ist nur dadurch heilbar, daß sie nachgeholt wird und der Zeuge daraufhin erklärt, von seinem Zeugnisverweigerungsrecht keinen Gebrauch zu machen. Eine Wiederholung der Zeugenaussage ist nicht erforderlich (LR-*Dahs* 52 zu § 52). Die Belehrung muß als wesentliche Förmlichkeit **protokolliert** werden (LR-*Dahs* 51 zu § 52).

1262 bb) Ist die Belehrung (§ 52 Abs 3 S 1) oder die Einholung der Zustimmung (§ 52 Abs 2) unterblieben, so besteht ein Verlesungs- und **Verwertungsverbot** (s entspr 1318 f).

Dies wird auch für Aussagen in vernehmungsähnlichen Gesprächen mit einer V-Person zu gelten haben, da eine gesetzliche Ermächtigung nicht entbehrlich ist (ebenso KK-*Nack* 8 zu 110 c; vgl auch *Fischer/Maul* NStZ **92** 7; *Malek* StV **92** 344 sowie schon *Strate* AnwBl **86** 313; Anm *Widmaier* StV **95** 621: [andernfalls] Umgehung; s auch *Lagodny* StV **96** 167 ff; *Neuhaus* Krim **95** 787 ff, *Weiler* GA **96** 104 ff sowie *Dencker* StV **94** 674 f; aA BGH **40** 211 = JR **95** 467 mit zust Anm *Gollwitzer* sowie *Schlüchter/Radbruch* NStZ **95** 354 und *Sternberg-Lieben* JZ **95** 847: Aussage „nicht unter dem Druck" staatlicher Autorität; K/M-G 2 zu § 110 c) und es hinsichtlich der Konfliktlage auf die objektiven (s 1242) Gegebenheiten ankommt.

2. Aus beruflichen Gründen (§§ 53, 53 a)

Übersicht

		Rn			Rn
a)	Allgemeines	1263	(2)	Rundfunksendungen	1277
	aa) Schweigerecht und Schweigepflicht	1264, 1265	(3)	Berufsmäßige Mitwirkung	1278
	bb) Umfang	1266			
	cc) Folgen bei Auftragsbeendigung	1267	(4)	Vorbereitung, Herstellung, Verbreitung	1279
b)	Zeugnisverweigerungsberechtigte		(5)	Verfasser, Einsender, Gewährsmann	1280
	aa) Geistliche (Nr 1)	1268	(6)	Mitteilungen	1281
	bb) Verteidiger (Nr 2)	1269	(7)	Beschränkungen auf den redaktionellen Teil	1282
	cc) RAe, Ärzte und ähnliche Berufe (Nr 3)	1270–1272			
	dd) Schwangerenberater (Nr 3 a)	1273	(8)	Zur Beschlagnahme von Schriftstücken uä.	1283
	ee) Berater bei Betäubungsmittelabhängigkeit (Nr 3 b)	1273	c)	Ausübung des Zeugnisverweigerungsrechts	1284
	ff) Abgeordnete (Nr 4)	1274	d)	Entbindung von der Verschwiegenheitspflicht	1285
	gg) Mitarbeiter von Presse und Rundfunk (Nr 5)	1275, 1276			
	(1) Periodische Druckwerke	1277	e)	Zeugnisverweigerungsrecht der Berufshelfer (§ 53 a)	1286

1263 a) Um die Funktionsfähigkeit der in § 53 Abs 1 bezeichneten Berufe zu erhalten, wird den Angehörigen dieser Berufe durch § 53 Abs 1 ein Zeugnisverweigerungsrecht eingeräumt. § 53 dient seinem **Sinn und Zweck** nach dazu, den Geheimnisträgern die **Wahrung der Berufsgeheimnisse** zu ermöglichen; mittelbar wird damit das für diese Tätigkeiten notwendige Vertrauensverhältnis zwischen den Angehörigen dieser Berufe und den mit ihnen Kontakt aufnehmenden bzw Rat oder Hilfe suchenden Personen geschützt (differenzierend SK-*Rogall* 144f vor § 48).

Die Weigerungsberechtigten sind in **§ 53 Abs 1 abschließend** aufgezählt (AK-*Kühne* 7, K/M-G 2, KMR-*Paulus* 4, LR-*Dahs* 3, alle zu § 53), jede Ausdehnung würde die Beweismöglichkeiten der Strafverfolgungsbehörden zur Erhärtung oder Widerlegung des Verdachts strafbarer Handlungen beschränken und die Ermittlung der „Wahrheit" erschweren (BVerfGE **33** 383). Dem steht nicht entgegen, daß einem (von § 53 Abs 1 nicht erfaßten) Zeugen in Hinblick auf Art 1 Abs 1 und 2 Abs 1 GG ein Zeugnisverweigerungsrecht zuzuerkennen ist, wenn die Vernehmung in den grundgesetzlich geschützten Bereich der privaten Lebensführung eingreift, und der Eingriff im Hinblick auf die aufzuklärende Straftat unverhältnismäßig ist (BVerfGE **33** 367, 374; AK-*Kühne* 7, K/M-G 2, jeweils zu § 53; *Peters* 352).

Daher besteht de lege lata zB kein Zeugnisverweigerungsrecht für Bankangestellte in bezug auf das sog Bankgeheimnis (LG Frankfurt NJW **54** 690; K/M-G 3, LR-*Dahs* 4, beide zu § 53) oder für Sozialarbeiter (BVerfGE **33** 383; AK-*Kühne* 8 zu § 53); ein solches könnte nur im Einzelfall unmittelbar aus der Verfassung abgeleitet werden, sofern ein unverhältnismäßiger Eingriff in Grundrechte vorliegt (vgl BVerfGE **33** 374; K/M-G 2 zu § 53).

Das Zeugnisverweigerungsrecht wird darüber hinaus durch **§ 97** vor Aushöhlungen geschützt (BVerfGE **20** 188; ANM 506; LR-*Schäfer* 1 zu § 97). Diese Vorschrift verbietet es, Gegenstände, insbes Schriftstücke, zu beschlagnahmen, die der Zeugnisverweigerungsberechtigte über Tatsachen, auf die sich sein Zeugnisverweigerungsrecht erstreckt, angefertigt oder sonst erlangt hat. Unbeachtlich ist dabei, ob die Gegenstände sich beim Beschuldigten oder beim Zeugnisverweigerungsberechtigten befinden (*Kühne* 487; aA KK-*Nack* 6 zu § 97).

aa) Der Kreis der nach § 53 Abs 1 Zeugnisverweigerungsberechtigten deckt sich nicht mit dem der nach **§ 203 StGB** Schweigeverpflichteten, die sich wegen Geheimnisverletzung strafbar machen können. Daher folgt aus der Schweigepflicht nicht zwangsläufig ein strafprozessuales Schweigerecht, vielmehr ist der Geheimnisträger, der von § 203 StGB erfaßt wird und in § 53 Abs 1 nicht genannt ist, zur Aussage verpflichtet (Köln VRS **84** 102 [betr Patientennamen und -anschriften eines Krankenhauses]); kommt er seiner Zeugenpflicht nach und verletzt er das durch § 203 StGB geschützte (Privat-) Geheimnis, so handelt er nicht „unbefugt", macht sich also nicht strafbar. 1264

Str ist, ob derjenige, der nach § 53 das Zeugnis verweigern darf, einer **Zeugnisverweigerungspflicht** unterliegt, wenn er den Tatbestand des § 203 StGB im Rahmen einer Aussage im Strafprozeß erfüllen würde, oder ob er auch in diesem Fall prozessual ein freies Wahlrecht hat, auszusagen oder nicht (für eine Zeugnisverweigerungspflicht *Fezer* II 15/2; dagegen KK-*Pelchen* 7, LR-*Dahs* 10, beide zu § 53; *Schlüchter* 489.2). Soweit eine Pflicht verneint wird, handelt der aussagende Zeuge nur dann befugt iSd § 203 StGB, wenn ein besonderer Rechtfertigungsgrund (etwa § 34 StGB) vorliegt (vgl BGH **9** 61; *Fezer* JuS **78** 472; K/M-G 5, KMR-*Paulus* 53, beide zu § 53); unabhängig davon soll es jedoch auf die Verwertbarkeit der Aussage keinen Einfluß haben, wenn eine Aussage unter Verletzung des § 203 StGB gemacht wird (BGH **9** 63; ANM 498; LR-*Dahs* 11, KMR-*Paulus* 55, beide zu § 53; *Schlüchter* 489.2; aA *Fezer* II 15/31; *Haffke* GA **73** 65; *Rengier* 331, auch 14; *Ranft* FS-Spendel 733; *Freund* GA **93** 56ff). Dem ist trotz kriminalpräventiver Be- 1265 denken zu folgen, da die Frage der Ausübung des Zeugnisverweigerungsrechts immer im freien Ermessen des Zeugen steht und in seinen Verantwortungsbereich fällt, selbst wenn es von seiner Aussage abhängt, ob ein schwerer Schaden für einen Dritten oder die Allgemeinheit eintritt (vgl *Lenckner* NJW **65** 327). Darüber hinaus wird der vernehmende Richter nicht ohne weiteres entscheiden können, ob der Zeuge iSd § 203 StGB unbefugt oder befugt aussagen würde.

1266 bb) Das Zeugnisverweigerungsrecht ist auf Tatsachen beschränkt, die dem Zeugen durch die *Berufsausübung* anvertraut oder bekanntgeworden sind. Die Kenntniserlangung muß in die Berufsausübung fallen oder mit ihr unmittelbar zusammenhängen (zB Kenntniserlangung von den in den Akten oder Karteien festgehaltenen Tatsachen bei Übergabe einer Anwalts- oder Arztpraxis, BVerfGE **32** 382; vgl zB KG StV **91** 507). Ob der Berufsausübende die Tatsachen vom Beschuldigten selbst oder von einem Dritten erfahren hat, ist dabei unbeachtlich (RG JW **12** 943; K/M-G 8, 9 zu § 53; Sch/Sch-*Lenckner* 13 ff zu § 203 StGB). Auch zufällig erlangtes Wissen fällt darunter, sofern es nur iZm der Vertrauensstellung erworben wurde (Oldenburg NJW **82** 2615; K/M-G 9 zu § 53).

1267 cc) Das Zeugnisverweigerungsrecht erlischt entspr § 203 Abs 4 StGB nicht mit dem Tode desjenigen, dessen Vertrauen geschützt werden soll (Düsseldorf NJW **59** 821; K/M-G 10 zu § 53), und es besteht auch nach Beendigung des Auftrags fort (Düsseldorf NJW **58** 1152). **§ 54 Abs 4** findet entspr Anwendung, dh das Zeugnisverweigerungsrecht bleibt nach dem Ausscheiden aus dem Beruf bzw Mandat erhalten.

1268 b) **Zeugnisverweigerungsberechtigt** sind die in § 53 Abs 1 Nrn 1–5 aufgeführten Angehörigen der jeweiligen Berufsgruppen.

aa) Das Weigerungsrecht **Geistlicher** (§ 53 Abs 1 Nr 1) bezieht sich nur auf das, was den Geistlichen in ihrer **Eigenschaft als Seelsorger** anvertraut oder bekanntgeworden ist. Nicht erfaßt werden die Tatsachen, die der Geistliche nur aufgrund des Tätigwerdens bei der Vermögensverwaltung und aus karitativer Tätigkeit erfahren hat; anders verhält es sich bzgl fürsorgerischer oder erzieherischer Tätigkeit, da hier die Übergänge zur Seelsorge fließend sind (s auch *Peters* 350; aA AK-*Kühne* 10, LR-*Dahs* 22, K/M-G 12, alle zu § 53). Bei Zw ist idR der Gewissensentscheidung des Geistlichen zu folgen (RG **54** 40; *Dallinger* JZ **53** 436; LR-*Dahs* 23, K/M-G 12, jeweils zu § 53), zumal diese für die Beurteilung, ob die Voraussetzung objektiv erfüllt ist, Bedeutung haben kann (BGH NStZ **90** 601). – Die Entscheidung, ob der Geistliche von dem ihm eingeräumten Zeugnisverweigerungsrecht Gebrauch macht, liegt allein bei ihm (*Eb Schmidt* 13 zu § 53), dh eine uU bestehende kirchenrechtl Verschwiegenheitsverpflichtung ist nicht zu berücksichtigen (LR-*Dahs* 17, 19 zu § 53).

Von § 53 Abs 1 Nr 1 werden nach hM nur Geistliche der staatlich anerkannten, öffentlich-rechtlichen Religionsgemeinschaften erfaßt (LR-*Dahs* 20, K/M-G 12, KMR-*Paulus* 7, alle zu § 53; *Kühne* 479); es bestehen aber Bedenken, inwieweit die öffentlich-rechtliche Vorzugsstellung als entscheidendes Abgrenzungsmerkmal für § 53 Abs 1 Nr 1 heranzuziehen ist (vgl unter Hinweis auf Art 4 Abs 1, 2 und Art 3 Abs 3 GG *Peters* 350 und *Haas* NJW **90** 3254, der anmerkt, daß für die Auslegung des Begriffs des Geistlichen bei § 11 Abs 1 Nr 3 WpflG anerkanntermaßen ohne Bedeutung ist, ob die Religionsgesellschaft die Position einer Körperschaft des öffentlichen Rechts hat).

bb) Von dem Begriff **Verteidiger** (§ 53 Abs 1 Nr 2) werden nur diejenigen gewählten **1269** oder bestellten Vert erfaßt, die keine Rechtsanwälte sind (dann Nr 3), wie zB Hochschullehrer oder Referendare (vgl §§ 138, 139). Zeugnisverweigerungsberechtigt ist der Vert dann, wenn Gegenstand der Zeugenaussage Tatsachen sind, die er bei der Verteidigung irgendeines Beschuldigten erfahren hat.

cc) Wer unter die Gruppe **Rechtsanwälte, Ärzte und ähnliche Berufe** (§ 53 **1270** Abs 1 Nr 3) fällt, richtet sich nach den einschlägigen Vorschriften: für **Rechtsanwälte** §§ 12, 53, 55 BRAO,[68] für **Patentanwälte** § 19 PatAnwO, für **Notare** §§ 3, 7 BNotO; für **Wirtschafts- und vereidigte Buchprüfer** §§ 15, 128 Abs 1 WirtschaftsprüferO, für **Steuerberater und Steuerbevollmächtigte** §§ 40, 42 StBerG, für **Ärzte** (einschließlich Truppenärzten [BDiszH NJW **63** 409] und Amtsärzten [BGHZ **40** 288]) §§ 1, 2 II-IV BÄO, § 1 ZahnHkG (dh Erfordernis der ärztlichen Approbation im Inland, so daß nicht erfaßt werden zB Tierärzte [BVerfGE **38** 312], Heilpraktiker, nicht ärztliche Psychotherapeuten), für **Apotheker** §§ 1, 2 BApothO, für **Hebammen** § 6 HebG.

Das Zeugnisverweigerungsrecht erstreckt sich auch auf Tatsachen, die im Rahmen eines **Anbahnungsverhältnisses** erfahren wurden (BGH NStZ **85** 372 mit Anm *Rogall*; *Kühne* 481; LR-*Dahs* 28 zu § 53).

(1) Nicht dem Zeugnisverweigerungsrecht unterliegt das, was der Rechtsanwalt **1271** iZm einer von ihm selbst und ohne sachlichen Zusammenhang mit denkbaren Verteidigungszielen begangenen Straftat oder Ordnungswidrigkeit erfahren hat (KK-*Pelchen* 14, K/M-G 13, KMR-*Paulus* 10, alle zu § 53), da in diesen Fällen ein schutzwürdiges Vertrauen auf die Wahrung des Berufsgeheimnisses fehlt. Sofern keine rechtskräftige Verurteilung des Rechtsanwalts vorliegt, ist dabei im Hinblick auf die Unschuldsvermutung (Art 6 Abs 2 MRK) zw, ob es schon ausreicht, wenn das Gericht von der Strafbarkeit des Verteidigerverhaltens überzeugt ist (so BGH MDR **91** 882 mit Anm *Scheffler* StV **92** 301).

Bei einer bloßen Vereitelungshandlung des Rechtsanwalts zugunsten des Mandanten fehlt der erforderliche sachliche Zusammenhang nicht (BGH MDR **91** 881 [obiter dictum]; eher aA BGH Beschl v 25.6.76–1 BJs 16/73–StB 18/76; vgl aber auch LR-*Dahs* 25, KK-*Pelchen* 14, K/M-G 13, KMR-*Paulus* 10, alle zu § 53), auch wenn das Verhalten zB nach § 258 StGB strafbar ist. Dies ist auch wegen der tatsächlichen Abgrenzungsprobleme zwischen zulässigem und schon strafrechtlich bedenklichem Verteidigungsverhalten sachgerecht (s *Dahs* 33 f: „der Vert befindet sich ständig in der Nähe strafbarer Strafvereitelung"), zumal schon die Überzeugung des Gerichts von der Strafbarkeit ausreichen können soll; demgü müssen etwaige Gefahren des Mißbrauchs des Rechtsinstituts zurückstehen.

(2) Nicht als einem Arzt anvertraut oder bekanntgeworden gilt, was in Erfüllung eines Sv-Auftrags wahrgenommen oder festgestellt wurde, da hier kein schützenswertes Vertrauensverhältnis besteht (*Fezer* 20 zu Fall 15; K/M-G 20, LR-*Dahs* 31, jeweils zu § 53). **1272**

dd) Zu den **Mitgliedern von Beratungsstellen zum Schwangerschaftsabbruch** (§ 53 **1273** Abs 1 Nr 3 a) gehören neben den Leitern alle Personen, die zu diesen in einem haupt- oder nebenamtlichen Dienstverhältnis stehen (KMR-*Paulus* 19 zu § 53). Beauftragte sind diejenigen Personen, die im Auftrage der Beratungsstellen deren Aufgaben regelmäßig oder im

---

[68] Einschließlich Syndikusanwälte iSd § 46 BRAO, sofern sie mit anwaltlichen Aufgaben befaßt sind (vgl *Hassemer* wistra **86** 1) und unabhängig davon, ob sie tatsächlich „freie Mandate" übernehmen (*Roxin* NJW **92** 1136).

Einzelfall wahrnehmen. Das Zeugnisverweigerungsrecht umfaßt alle Tatsachen, die im Rahmen der Beratung aus dem Lebensbereich der zu Beratenden erfahren wurden.

ee) Von den **Beratern** bei **Betäubungsmittelabhängigkeit** sind nur solche zeugnisverweigerungsberechtigt, die in einer öffentlich anerkannten oder eingerichteten Beratungsstelle tätig sind (§ 53 Abs 1 Nr 3 b; s schon vor Einführung dieser Vorschrift [BGBl 92 I 1366] LG Hamburg NStZ **83** 182 mit zust Anm *Dahs*; vgl aber auch BVerfG NStZ **88** 418).

1274 ff) Für Bundestags**abgeordnete** (§ 53 Abs 1 Nr 4) gilt Art 47 S 1 GG. Für die Abgeordneten der Länderparlamente vereinheitlicht die Nr 4 die entspr Bestimmungen der Länderverfassungen (*Dallinger* JZ **53** 436). Für Mitglieder des europäischen Parlaments gilt der dem § 53 Abs 1 Nr 4 entspr § 6 EuAbgG. Der Abgeordnete entscheidet nach seinem Ermessen, ob er aussagen möchte oder nicht. Die spätere Niederlegung oder sonstige Beendigung des Mandats berührt das einmal entstandene Zeugnisverweigerungsrecht nicht.

1275 gg) Das Zeugnisverweigerungsrecht der **Mitarbeiter von Presse und Rundfunk** (§ 53 Abs 1 Nr 5) beruht darauf, daß der **Schutz des Vertrauensverhältnisses** zwischen Presse und Informanten zu der durch Art 5 Abs 1 S 2 GG verbürgten Pressefreiheit gehört (BVerfGE **36** 204). Das Zeugnisverweigerungsrecht dient deshalb der im öffentlichen Interesse liegenden Tätigkeit von Presse und Rundfunk (BVerfGE **20** 176, 187; **36** 204; **50** 240; NStZ **82** 253; BGH **24** 254; LR-*Dahs* 38 zu § 53) und wird den Mitarbeitern von Presse und Rundfunk nicht wegen ihrer persönlichen und beruflichen Stellung gewährt (KK-*Pelchen* 27 zu § 53). Es ist uneinschränkbar konzipiert (BT-Dr 7/3118 S 4) und unterliegt daher keinerlei Begrenzungen (krit KK-*Pelchen* 44 zu § 53; *Peters* 351). Zur Frage eines unmittelbar auf Art 5 Abs 1 S 2 GG gestützten Zeugnisverweigerungsrechts s 1100.

Ein Zeugnisverweigerungsrecht besteht auch dann, wenn die Aussage der Aufklärung schwerster Straftaten dienen soll (LR-*Dahs* 37 zu § 53; *Roxin* 24 zu § 26), so wenn ein (staatsführungsbekämpfender) „Terrorist" gegen Honorar ein Interview gibt, in dem er Geiselnahmen für den Fall ankündigt, daß die Behörde seine Forderungen nicht erfüllt (LR-*Dahs* 37 zu § 53), oder wenn ein Täter schwerer Verbrechen einem Presseorgan Material über bisher nicht aufgeklärte Straftaten gegen Zahlung hoher Geldbeträge übergibt (*Peters* 351).

1276 **Zeugnisverweigerungsberechtigt** sind alle Personen, die bei der Vorbereitung, Herstellung oder Verbreitung von periodischen Druckwerken oder Rundfunksendungen berufsmäßig mitwirken oder mitgewirkt haben, hinsichtlich der Person des Verfassers, Einsenders oder Gewährsmanns von Beiträgen und Unterlagen sowie über die ihnen im Hinblick auf ihre Tätigkeit gemachten Mitteilungen, soweit es sich um Beiträge, Unterlagen und Mitteilungen für den redaktionellen Teil handelt.

1277 (1) **Periodische Druckwerke** sind nach den nahezu übereinstimmenden Legaldefinitionen der Landespressegesetze Zeitungen, Zeitschriften und andere Druckwerke jeder Art (auch Familien- und Vereinszeitungen, Kurszettel, Preislisten, Wetterberichte uä), die in ständiger, wenn auch unregelmäßiger Folge und im Abstand von nicht mehr als 6 Monaten erscheinen. Dazu gehören auch Plakate, nicht aber Flugblätter und Druckwerke, deren einzelnen Exemplaren Abgeschlossenheit (zB Fortsetzungslieferungen von Loseblattsammlungen) und Gleichartigkeit (zB Taschenbuchreihen) fehlen (KK-*Pelchen* 29 zu § 53; *Löffler* 78 zu § 7 LPG). Die Erscheinensdauer darf nicht von vornherein, wie zB bei Messe- und Wahlkampfzeitungen, begrenzt sein (K/M-G 29 zu § 53). Die Buchpresse unterfällt demgemäß nicht der Nr 5 (*Roxin* 24 zu § 26).

(2) **Rundfunksendungen** sind Sendungen des Hör- und Bildfunks. Nr 5 gilt daher auch für Mitarbeiter von Fernsehsendungen.

1278 (3) Voraussetzung ist eine **berufsmäßige Mitwirkung** des Zeugen (haupt- oder nebenberuflich, zB als „freier Mitarbeiter"). Auch untergeordnet Tätigwerdende, wie zB die Stenotypistin, der Setzergehilfe oder sonstige Hilfskräfte, die aufgrund ihrer beruflichen oder dienstlichen Position Kenntnis von der Person des Verfassers, Einsenders oder Gewährsmanns oder vom Inhalt der Mitteilung erlangen können, unterfallen der Nr 5 (LR-*Dahs* 43, K/M-G 31, beide zu § 53), nicht aber der „Gelegenheitsjournalist" (KK-*Pelchen* 31 zu § 53; *Kunert* MDR **75** 886; *Roxin* 24 zu § 26).

(4) **Vorbereitung** ist die Informationsbeschaffung (BVerfGE **10** 121), insbes durch Rechercheure (K/M-G 32 zu § 53). **Herstellen** ist die gesamte Tätigkeit, die auf die Gestaltung der Druckschrift oder Sendung abzielt (LR-*Dahs* 45 zu § 53). **Verbreiten** ist diejenige Tätigkeit, die das Druckwerk oder die Sendung dem Publikum zugänglich macht (BGH **18** 63; **13** 257), wie zB der Versand an Vereinsmitglieder (BT-Dr 7/2539 S 10); Mitwirkende an der Verbreitung sind beispielsweise der Zeitungsausträger sowie Inhaber von Lesezirkeln oder sonstigen Vertriebsstellen.

1279

(5) Da das Zeugnisverweigerungsrecht der Wahrung der **Anonymität des Informanten** dient, darf die Person des Informanten verschwiegen werden. Wenn jedoch das Presseorgan die Identität des Informanten preisgegeben hat, darf der Zeuge im Regelfall das Zeugnis über Umstände, die der Auffindung des Informanten dienen, nicht verweigern (BGH **28** 240); auch kann das Zeugnisverweigerungsrecht uU entfallen, wenn der Informant durch die Presseveröffentlichung nur auf sich aufmerksam machen möchte (bedenkl betr anonyme „Bekennerbriefe" zu schweren Straftaten BVerfG NStZ **82** 253). Der Informant hat selbstverständlich keinen Rechtsanspruch darauf, daß der Pressemitarbeiter das Zeugnis verweigert; allerdings ist der Pressemitarbeiter standesrechtlich dazu verpflichtet (*Löffler* 71 ff zu § 23 LPG).

1280

Verfasser ist der geistige Urheber des Beitrags. Haben mehrere zusammengewirkt, sind sie Mitverfasser. Auch der Redigent ist Verfasser (KK-*Pelchen* 36 zu § 53). Nicht Verfasser ist dagegen zB derjenige, der nur nach Diktat oder Weisung eines anderen niederschreibt.

Einsender ist, wer nicht eigene, sondern fremde, nicht von ihm verfaßte Äußerungen uä zur Verfügung stellt.

Gewährsmann ist, wer über Ereignisse oder Beobachtungen keine gestalteten Beiträge, sondern nur Rohmaterial liefert, das erst von der Redaktion bearbeitet werden soll (*Dallinger* JZ **53** 436; *Löffler* 59 zu § 23 LPG).

(6) **Mitteilungen** dürfen verschwiegen werden, wenn der Pressemitarbeiter diese gerade im Hinblick auf seine Tätigkeit (nicht als Privatperson) erhalten hat (K/M-G 38 zu § 53). Geschützt ist auch das nicht zur Veröffentlichung bestimmte Hintergrundmaterial (KK-*Pelchen* 41 zu § 53) und das von dem Pressebetrieb oder Rundfunksender angelegte Archiv (LR-*Dahs* 51 zu § 53). Da die Mitteilung **von außen** kommen muß, erstreckt sich der Schutz nicht auf selbst recherchiertes Material (BGH **28** 251; K/M-G 39, LR-*Dahs* 37, beide zu § 53; *Kühne* 483; vgl auch BRAK-Mitt **90** 68ff, wonach der Strafrechtsausschuß der Bundesrechtsanwaltskammer eine Ausdehnung des Zeugnisverweigerungsrechts auf selbst recherchiertes Material ablehnt).

1281

Demgemäß gilt im einzelnen das Beschlagnahmeverbot des § 97 Abs 5 nicht für Pressefotos (BVerfG StV **81** 16; BGH bei *Pfeiffer/Miebach* NStZ **83** 208; KMR-*Paulus* 37 zu § 53) und Fernsehaufnahmen (*Kühne* 483), zB von Demonstrationen.

Selbst recherchierte Tatsachen müssen jedoch dann nicht offenbart werden, wenn sie in untrennbarem Zusammenhang mit der dem Journalisten erteilten Information stehen und bei Bekanntgabe die Gefahr der Enttarnung des Informanten besteht (BGH **36** 298).

1282 (7) Das Zeugnisverweigerungsrecht bezieht sich auf den **redaktionellen Teil** der Zeitung bzw des Rundfunk- oder Fernsehprogramms.[69] Der Anzeigenteil bzw der Werbefunk oder das Werbefernsehen hingegen werden durch die Nr 5 nicht geschützt.

Nach BVerfG (NJW **84** 1101 mit abl Anm *Fezer*; aA BGH **28** 254) soll jedoch unter besonderen Umständen (im Fall betr Chiffreanzeigen) direkt aus Art 5 Abs 1 S 2 GG im Hinblick auf den Verhältnismäßigkeitsgrundsatz ein Zeugnisverweigerungsrecht hergeleitet werden können. Dies wird jedoch nur in sehr seltenen Ausnahmefällen vertretbar sein (krit *Fezer* JZ **83** 797; s auch 1100).

1283 (8) Die **Beschlagnahme** von Schriftstücken oä, auf die sich das Zeugnisverweigerungsrecht bezieht, ist unzulässig (§ 97 Abs 5). Bei einer eigenen strafrechtlichen Verstrickung des Presseangehörigen sind die Sachen jedoch der Beschlagnahme unterworfen (§ 97 Abs 5 S 2, Abs 2 S 3).

1284 c) Für die **Ausübung des Zeugnisverweigerungsrechts** gelten folgende Grundsätze (s auch 1252 ff zu § 52): Der Zeuge kann das Geheimnis ganz, teilweise oder gar nicht preisgeben (RG **48** 272; K/M-G 41 zu § 53). Seine Entscheidung braucht er nicht zu begründen. Das Gericht darf aber eine Versicherung nach § 56 verlangen.

1285 d) Bei **Entbindung von der Verschwiegenheitspflicht** (§ 53 Abs 2) entfällt das Zeugnisverweigerungsrecht nach § 53 Abs 1 Nrn 2, 3, 3 a, und es entsteht eine Aussagepflicht; in den übrigen Fällen kann die Entbindung lediglich die Entscheidung des Zeugen beeinflussen (KK-*Pelchen* 45 zu § 53).

Die Entbindungserklärung als Prozeßhandlung setzt Handlungsfähigkeit (K/M-G 45 zu § 53) sowie eine natürliche Willensfähigkeit und eine hinreichende Vorstellung von der Bedeutung des Rechts (KK-*Pelchen* 48 zu § 53) voraus. Sie kann ausdrücklich oder durch schlüssiges Verhalten erfolgen (vgl KG StV **91** 507); eine mutmaßliche Einwilligung genügt jedoch nicht (LR-*Dahs* 63 zu § 53). Wegen der Höchstpersönlichkeit des Rechts ist eine Vertretung unzulässig.

Zur Entbindung ist jeder **berechtigt**, zu dessen Gunsten die Schweigepflicht gesetzlich begründet ist (Hamburg NJW **62** 691); bei mehreren Geschützten müssen alle die Erklärung abgeben (Celle wistra **86** 83; KK-*Pelchen* 47 zu § 53).

Betr die GmbH sind nach hM (nur) die ehemaligen Geschäftsführer – und also nicht der Konkursverwalter (allein) – berechtigt, und zwar auch dann, wenn diesen Straftaten zum Nachteil der Gesellschaft zur Last gelegt werden (Düsseldorf StV **93** 346 mit zust Anm *Münchhalffen*, LG Saarbrücken wistra **95** 239 mit abl Anm *Weyand*, jeweils mit Nachw; *P Schmitt* wistra **93** 10–12).

Die Entbindung ist beschränkbar, jedoch nur auf Tatsachenkomplexe, nicht auf einzelne Tatsachen (Hamburg NJW **62** 689; K/M-G 49 zu § 53). Die Entbindung ist auch widerrufbar (in entspr Anwendung des § 52 Abs 3 S 1, BGH **18** 149); hatte der Zeuge zunächst ausgesagt, wegen des Widerrufs der Entbindung dann aber die weitere Aussage verweigert, so ist die Aussage verwertbar (BGH **18** 147; *Fezer* JuS **79** 473 Fn 23; KMR-*Paulus* 49 zu § 53; aA Hamburg NJW **62** 691).

---

[69] Nach KG NJW **84** 1133 schließt dies einen anonymen **Leserbrief** zum redaktionellen Teil ein, so daß dessen der Redaktion etwa bekannter Verfasser nicht preisgegeben zu werden brauche.

III. Zeugnisverweigerungsrechte bestimmter Zeugen

e) Das **Zeugnisverweigerungsrecht der Berufshelfer** (§ 53a) der in § 53 Abs 1 **1286** Nrn 1–4 StPO Genannten setzt weder ein soziales Abhängigkeitsverhältnis noch eine berufsmäßige Tätigkeit voraus (K/M-G 2 zu § 53a), wohl aber einen **unmittelbaren Zusammenhang** zwischen der Tätigkeit des Gehilfen und der Tätigkeit des Hauptberufsträgers (vgl Köln StV **91** 506 mit Anm *Münchhalffen*; LR-*Dahs* 2 zu § 53a).

Daran fehlt es zB bei den Wahlhelfern eines Abgeordneten (LR-*Dahs* 7 zu § 53a). Keine Hilfspersonen sind auch selbständige Gewerbetreibende (K/M-G 2 zu § 53a), wie zB der von einem Rechtsanwalt beauftragte Detektiv (LR-*Dahs* 3 zu § 53a).

Über die **Ausübung des Zeugnisverweigerungsrechts** entscheidet der Hauptberufsträger (§ 53a Abs 1 S 2). Dessen Entscheidung muß nicht einheitlich sein; er kann selbst aussagen, es der Hilfsperson aber untersagen oder umgekehrt (KK-*Pelchen* 7 zu § 53a). Im Verfahren gegen den Hauptberufsträger steht der Hilfsperson kein Zeugnisverweigerungsrecht zu, sofern nicht ein Dritter, dem der Hauptberufsträger zum Schweigen verpflichtet ist, Mitbeschuldigter ist und sich die Aussage auch auf ihn beziehen soll (LBerufsG Stuttgart NJW **75** 2255; K/M-G 9 zu § 53a).

Die **Entbindung** des Hauptberufsträgers von der Schweigepflicht nach § 53 Abs 2 erstreckt sich auch auf die Hilfsperson (§ 53a Abs 2). Sie ist nicht teilbar (*Dallinger* JZ **53** 436; LR-*Dahs* 12 zu § 53a).

3. Aus beamtenrechtlichen Gründen (§ 54)

Übersicht

	Rn		Rn
a) Allgemeines	1287	aa) Aussagegenehmigung	1295
b) Erfaßter Personenkreis		(1) Zuständigkeit für Genehmigungserteilung	1296
aa) Beamte	1288		
bb) Richter	1289		
cc) Angestellte im öffentlichen Dienst	1290	(2) Versagung der Genehmigung	1297
dd) Sonstige Personen des öffentlichen Dienstes	1290, 1291	(3) Beschränkung der Genehmigung	1298
ee) Soldaten	1292	bb) Wirkung der (Versagung der) Genehmigung	1299
ff) Bedienstete der EG	1292		
gg) Regierungsmitglieder	1293		
hh) Bundespräsident	1293	cc) Vorgehensmöglichkeiten gegen die Genehmigungsversagung	1300
c) Entscheidung über die Berechtigung zur Aussage	1294		

a) **Sinn und Zweck** des § 54 ist es, **öffentliche Geheimhaltungsinteressen zu** **1287** **wahren**, soweit dies erforderlich ist, damit der Staat bzw die öffentlich-rechtlichen Körperschaften und Anstalten ihre Aufgaben im Gemeinwohlinteresse wirksam erfüllen können. Demgemäß betrifft § 54 amtlich bekanntgewordene Privatgeheimnisse nicht (K/M-G 1, KMR-*Paulus* 4, beide zu § 54; aA *Rengier* 47ff), dh die Vorschrift ist nicht auf das Steuergeheimnis (§ 30 Abs 1, § 2 AO, § 355 StGB), Post- und Fernmeldegeheimnis (Art 10 GG, § 10 FAG, § 5 PostG), Sozialgeheimnis (§ 35 SGB I) und Bankgeheimnis anwendbar (vgl KMR-*Paulus* 4, 10ff zu § 54).

§ 54 gilt sowohl für richterliche als auch für staatsanwaltliche (§ 161 a Abs 1 S 2) und polizeiliche Vernehmungen (s ergänzend § 96 in bezug auf das Beschlagnahmerecht). Die Vorschrift begründet ein **Beweiserhebungsverbot**. Zugleich überträgt § 54 die dienstrechtlichen Verschwiegenheitspflichten der Angehörigen des öffentlichen Dienstes vollständig auf das Strafverfahrensrecht, dh solange die Aussagegenehmigung nicht erteilt ist, ist der im öffentlichen Dienst stehende Zeuge verpflichtet, das Zeugnis zu verweigern; entspr gilt für Parlamentarier sowie Fraktionsangestellte. Eine **Belehrung** des Zeugen über seine Zeugnisverweigerungspflicht ist nicht erforderlich (RG **13** 156; LR-*Dahs* 2 zu § 54). Auch wenn der Angehörige des öffentlichen Dienstes nicht mehr im Amt bzw sein Mandat beendet ist, bleibt § 54 Abs 1–3 anwendbar hinsichtlich der Tatsachen, die sich während seiner Dienst- bzw Mandatszeit ereignet haben oder deren Kenntnis er während dieser Zeit erlangt hat (§ 54 Abs 4).

1288 b) aa) **Beamte** sind gemäß dem maßgeblichen staatsrechtlichen Beamtenbegriff, vgl § 11 Abs 1 Nr 2 a StGB, alle mittelbaren und unmittelbaren Bundes- und Landesbeamten, auch Ehrenbeamte. Die Verschwiegenheitspflicht, die zu den hergebrachten Grundsätzen des Berufsbeamtentums iSd Art 33 Abs 5 GG gehört (BVerwGE **66** 42), ergibt sich aus **§§ 61, 62 BBG, § 39 BRRG** (der die landesrechtlichen Bestimmungen insoweit vereinheitlicht).

1289 bb) Für die Berufs**richter** gelten nach §§ 46, 71 Abs 1 DRiG die beamtenrechtlichen Vorschriften. Schöffen und andere ehrenamtliche Richter unterliegen hingegen nicht der Verschwiegenheitspflicht (Ausnahme: landwirtschaftliche Beisitzer in Landwirtschaftssachen gemäß § 5 Abs 3 S 2 des Gesetzes betr gerichtl Verf in diesen Sachen v 21.7.53, BGBl I 667); sie müssen lediglich das Beratungsgeheimnis wahren (§ 45 Abs 1 S 2 DRiG).

§ 54 ist auch anwendbar, wenn ein Ermittlungsrichter als Zeuge in dem Verfahren vernommen werden soll, in dem er selbst tätig war (RG bei *Hüfner* LZ **29** 756; LR-*Dahs* 4, K/M-G 8, beide zu § 54). – Bundesverfassungsrichter entscheiden mangels ausdrücklicher gesetzlicher Vorschriften selbst, ob sie aussagen (LR-*Dahs* 5 zu § 54; aA KK-*Pelchen* 5 zu § 54: Plenum; *Eb Schmidt* Nachtrag I 5 zu § 54: Senat).

1290 cc) Bzgl **Angestellter des öffentlichen Dienstes** ergibt sich die Pflicht zur Verschwiegenheit aus § 9 BAT. Sie besteht nur in den durch Gesetz vorgesehenen oder vom Arbeitgeber angeordneten Fällen.

dd) **Sonstige Personen des öffentlichen Dienstes** sind zur Geheimhaltung verpflichtet, soweit ihre Tätigkeit mit der einer Behörde zusammenhängt und nicht nur bloß mechanischer oder untergeordneter Art ist. In Betracht kommen zB Schiedsmänner (BVerwGE **18** 61) und Gemeinderäte (OVG Münster MDR **55** 61 f). Verschwiegenheitsverpflichtet sind gemäß den einschlägigen Gesetzen auch die Wehrbeauftragten des Dt BT sowie die Datenschutzbeauftragten des Bundes und der Länder.

1291 Betr **V-Personen** der Polizei oder der Nachrichtendienste, die nicht Beamte oder Angestellte des öffentl Dienstes sind (als solche fallen sie nach allg Auffassung unter § 54), ist die Anwendbarkeit des § 54 umstritten, wenn sie nur gelegentlich tätig werden und zwar zur Verschwiegenheit (nach dem Verpflichtungsgesetz vom 2.3.74, BGBl I 469, 547) verpflichtet wurden, aber nicht mit festen Bezügen hauptberuflich angestellt sind (vgl Nachweise bei K/M-G 11, LR-*Dahs* 9, jeweils zu § 54). Wegen des gesetzessystematischen Zusammenhangs kommt dem Status – und nicht der konkreten Funktion – maßgebende Bedeutung zu, so daß § 54 bei nebenberuflichen V-Personen nicht anwendbar ist (ANM 455; K/M-G 11, KMR-*Paulus* 23, jeweils zu § 54; aA BGH **31** 156; KK-*Pelchen* 9, LR-*Dahs* 9, jeweils

III. Zeugnisverweigerungsrechte bestimmter Zeugen

zu § 54; *Röhrich* 45 ff, 52 f; *Woesner* NJW **61** 533; s näher zur sog V-Person-Problematik 1035 ff).

ee) **Soldaten** sind zwar keine Angehörigen des öffentl Dienstes, für sie gilt aber § 54 entspr. Ihre Verschwiegenheitspflicht ergibt sich aus § 14 SoldG. **1292**

ff) Für **Bedienstete der Europäischen Gemeinschaften** ist die Verschwiegenheitspflicht und deren Umfang in Art 19 des Statuts der Beamten bzw in Art 11 der Beschäftigungsbedingungen für sonstige Bedienstete der Verordnungen Nr 31 (EWG) und Nr 11 (EAG) v 18.12.61 (BGBl **62** II 953, 959, 997) geregelt.

gg) Für **Parlamentarier** gelten auf Bundesebene § 44c AbgG und auf Landesebene die entspr Vorschriften der Länder. **1293**

Für (Bundes-)**Regierungsmitglieder** (54 Abs 2) sind §§ 6, 7 BMinG maßgebend; sie entsprechen den §§ 61, 62 BBG. Staatssekretäre sind nicht Regierungsmitglieder (K/M-G 5, KMR-*Paulus* 4, beide zu § 50). Für die Mitglieder der Landesregierungen gelten die inhaltsgleichen entspr landesrechtlichen Bestimmungen.

hh) Der **Bundespräsident** (§ 54 Abs 3) entscheidet nach freiem, nicht überprüfbaren Ermessen selbst darüber, ob er aussagt. Das Gericht darf keine Glaubhaftmachung verlangen (K/M-G 31 zu § 54). Entspr gilt für den Bundesratspräsidenten, soweit er nach Art 57 GG die Befugnisse des Bundespräsidenten wahrgenommen hat und hierüber aussagen soll (LR-*Dahs* 27 zu § 54).

c) Über seine **Berechtigung zur Aussage** entscheidet der von § 54 erfaßte Zeuge selbst. Bei offenkundigen oder offensichtlich nicht geheimhaltungsbedürftigen Tatsachen darf er ohne Genehmigung aussagen (§§ 61 Abs 1 S 2 BBG, 39 Abs 1 S 2 BRRG), ansonsten nur nach Genehmigung durch die zuständige Person/Behörde. Sagt der Zeuge ohne die erforderliche Genehmigung dennoch aus, so ist die Aussage grds verwertbar, da die Beschränkung der Zeugnispflicht nicht im Interesse des Beschuldigten, sondern nur im Interesse des Bundes und der Länder besteht (ausführlich ANM 499 Fn 25) und da durch die Nichtbeachtung der dienstrechtlichen Geheimhaltungsvorschriften ausschließlich öffentliche Interessen berührt sind (BGH NJW **52** 151; aA *Eb Schmidt* 10 zu § 54; s auch unten 1311). **1294**

Hilfsbeamte der StA (§ 152 GVG) dürfen stets vernommen werden, es sei denn, im Einzelfall wird von der zuständigen Behörde das Erfordernis einer Genehmigung angeordnet (K/M-G 15, LR-*Dahs* 11, beide zu § 54). Gleiches gilt für den Vertreter der Gerichtshilfe (zu den Vertretern der JGH s *Eisenberg* NStZ **86** 309).

aa) Liegt bei geheimhaltungsbedürftigen Tatsachen eine Aussagegenehmigung der zuständigen Behörde nicht vor, so darf das Gericht von der Vernehmung des Zeugen nicht absehen, bevor es sich nicht selbst bei der zuständigen Behörde intensiv um eine Einholung bzw Erteilung der Aussagegenehmigung bemüht hat (*Fezer* 25 zu Fall 15). **1295**

Bei der Einholung behördlicher **Auskünfte** gilt der (strengere) Geheimhaltungsmaßstab des § 96 analog (BGH **29** 393; **30** 35; **31** 155; [GS] **32** 123; *Franzheim* JR **81** 348; aA LR-*Schäfer* 25 zu § 96; *Herdegen* NStZ **84** 100). Wird die Aussagegenehmigung für eine Auskunft des Zeugen von dessen Dienstvorgesetzten verweigert, hat das Gericht daher wegen seiner Aufklärungspflicht grds eine Sperrerklärung der obersten Dienstbehörde herbeizuführen bzw abzuwarten (vgl auch BVerfGE **57** 287). Es darf nicht schlicht darauf verweisen, daß „üblicherweise" in bestimmten Fällen keine Genehmigung erteilt wird (ANM 624; *Fezer* 25 zu Fall 15). Die Aussagegenehmigung können im übrigen alle Prozeßbeteiligten, die sich auf den Zeugen berufen, beantragen (BVerwGE **34** 252; K/M-G 17 zu § 54).

1296 (1) **Zuständig** für die Erteilung der Aussagegenehmigung ist der gegenwärtige bzw letzte Dienstvorgesetzte des Zeugen (§ 61 Abs 2 S 2 BBG, § 39 Abs 2 S 2 BRRG). Untersteht der Zeuge mehreren staatlichen Stellen, so ist der Disziplinarvorgesetzte, bei Hilfsbeamten der StA der polizeiliche Dienstvorgesetzte zuständig (Hamm JMBl NRW **56** 36; LR-*Dahs* 14 zu § 54).

1297 (2) Die Aussagegenehmigung darf nur **versagt** werden, „wenn die Aussage dem Wohle des Bundes oder eines deutschen Landes Nachteile bereiten oder die Erfüllung öffentlicher Aufgaben ernstlich gefährden oder erheblich erschweren würde" (§ 62 Abs 1 BBG = § 39 Abs 3 BRRG). Liegen diese Voraussetzungen nicht vor, so muß die Genehmigung erteilt werden (Münster MDR **63** 250; KMR-*Paulus* 35 zu § 54). Bei Vorliegen der Versagungsgründe steht die Entscheidung, ob die Genehmigung verweigert wird, im pflichtgemäßen Ermessen der Behörde (Münster MDR **63** 250; KK-*Pelchen* 16, LR-*Dahs* 15, beide zu § 54). Das tatsächliche Vorliegen der Versagungsvoraussetzungen unterliegt – im Gegensatz zur Ermessensausübung (KK-*Pelchen* 16 zu § 54; vgl auch § 114 VwGO) – uneingeschränkter (verwaltungs)gerichtlicher Kontrolle, dh der Behörde wird kein Beurteilungsspielraum eingeräumt (BVerwGE **34** 254; KMR-*Paulus* 35 zu § 54). Indes verbleibt ein faktischer Spielraum, da eine Überprüfung nur insoweit möglich ist, wie sie unter Beibehaltung des Geheimnisschutzes durchgeführt werden kann (vgl BVerwG StV **86** 525; DÖV **83** 896; krit *Fezer* FS-Kleinknecht 118 f; näher zur Problematik des behördl geheimgehaltenen Zeugen [V-Personen] s 1035 ff).

1298 (3) Die Genehmigung kann auf einzelne Tatkomplexe oder Fragen **beschränkt** werden (BGH **17** 384; *Fezer* JuS **78** 474; LR-*Dahs* 16 zu § 54; *Peters* 354); dies soll im Falle der Verschwiegenheitspflicht (s zum Verpflichtungsgesetz 1291) auch für Umstände gelten, von denen der Zeuge bereits vor der förmlichen Verpflichtung Kenntnis erhielt (Hamburg NStZ **94** 98). Insbes kann die oberste Dienstbehörde durch **Sperrerklärung** die Preisgabe der Identität oder/und des Aufenthaltsorts eines Zeugen (zB eines V-Mannes) faktisch verhindern (*Geppert* Jura **91** 137; KMR-*Paulus* 43 zu § 54; zu den Voraussetzungen s 1036 ff), was allerdings diesbzgl kein Beweisverbot auslöst (s 1039). Der **Widerruf** der Genehmigung ist jederzeit zulässig (LR-*Dahs* 18 zu § 54). Das bereits Ausgesagte kann aber verwertet werden (K/M-G 23, LR-*Dahs* 18, beide zu § 54).

1299 bb) Die Entscheidung der Behörde hat für das Gericht **bindende Wirkung**. Ist die Genehmigung erteilt, muß der Zeuge demnach auch dann vernommen werden, wenn das Gericht Bedenken hinsichtlich der Offenbarung des Wissens hat (ANM 456 f). Umgekehrt darf das Gericht den Zeugen bei Verweigerung der Genehmigung idR auch dann nicht vernehmen, wenn es meint, die Verweigerung sei zu Unrecht erklärt (*Fezer* 27 zu Fall 15; *Kehl* GA **90** 559).

1300 cc) Die Verweigerung der Genehmigung ist ein **Verwaltungsakt**, gegen den Verfahrensbeteiligte, die ein rechtliches Interesse an der Aussage des Zeugen haben, den **Verwaltungsrechtsweg** beschreiten können (BVerwG StV **82** 463; BVerwGE **34** 252; aA Celle NStZ **83** 570: § 23 EGGVG; s zum Streit *Hilger* NStZ **84** 145 ff). Der Angekl kann mit dem Ziel der Erteilung einer Aussagegenehmigung eine Verpflichtungsklage (§ 42 VwGO) erheben; die (nach § 42 Abs 2 VwGO erforderliche) Klagebefugnis ergibt sich daraus, daß die Verweigerung der Genehmigung seinen Anspruch auf ein faires Verfahren beschränken könnte (*Fezer* 28 zu Fall 15).

III. Zeugnisverweigerungsrechte bestimmter Zeugen

Der Zeuge selbst kann die Erteilung der Genehmigung oder ihre Verweigerung nicht anfechten, da diese ihn nicht in seinen Rechten verletzt (vgl § 113 Abs 1 S 1 VwGO); die in § 54 festgeschriebene Verschwiegenheitspflicht dient nicht Interessen des Zeugen, sondern solchen des Staates (vgl oben 1287).

(1) Das Gericht und die StA können mangels eigener Rechtsverletzung keine Klage beim VG erheben. Dem Gericht stehen lediglich die Möglichkeiten zu, Gegenvorstellung zu erheben oder die Aufsichtsbehörde anzurufen (ANM 457; LR-*Dahs* 23 zu § 54).

(2) Die Prozeßbeteiligten haben keinen Anspruch auf **Aussetzung des Verfahrens** bis zur Entscheidung über Klage, Gegenvorstellung oder Dienstaufsichtsbeschwerde (LR-*Dahs* 25 zu § 54). Wenngleich die Aussetzung im richterlichen Ermessen liegt, kann die Aufklärungspflicht (§ 244 Abs 2) uU eine Aussetzung gebieten (KK-*Pelchen* 21 zu § 54).

4. Zur Verwertbarkeit früherer Angaben eines in der Hauptverhandlung von dem Zeugnisverweigerungsrecht Gebrauch machenden Zeugen (§ 252)

Übersicht

		Rn			Rn
a)	Allgemeines	1301	(5)	Anwendbarkeit auf § 76	1312
b)	Voraussetzungen des § 252	1302	cc)	Zeugeneigenschaft in der HV	1313
aa)	Vernehmung	1302–1304	c)	Rechtsfolgen des § 252	1314
bb)	Ausübung des Zeugnisverweigerungsrechts	1305	aa)	Allg Verwertungsverbot	1314
(1)	gem § 52	1306–1309	bb)	Vernehmung von Verhörspersonen, insbes betr richterliche Vernehmungen	1315, 1316
(2)	gem §§ 53, 53a	1310			
(3)	gem § 54	1311			
(4)	Bedeutung für § 55	1312			

a) § 252 regelt den Fall, daß ein **Zeuge erst zum Zeitpunkt der HV** von seinem **1301** **Zeugnisverweigerungsrecht** Gebrauch macht und ergänzt insofern die §§ 52 ff. Entgegen seinem Wortlaut und seiner systematischen Stellung enthält § 252 nicht nur ein Verlesungsverbot, sondern ein **allg Verwertungsverbot** (BGH **2** 99 [vgl dazu *Fezer* 44–47 zu Fall 15]; ANM 467f; KK-*Mayr* 1 zu § 252; *Peters* 321; *Roxin* 21 zu § 44; *Schlüchter* 497.1; aA KMR-*Paulus* 3 zu § 252) für Zeugenaussagen. § 252 gilt nicht für die Aussagen von Mitangekl (BGH **3** 149; ANM 465; s näher 1250; zum früheren Mitbeschuldigten bzw Mitangekl vgl auch 927ff, 938f).

b) Voraussetzungen für die Anwendung des § 252 sind, daß der betr Zeuge **1302** „vor der HV vernommen" wurde und **in der HV** ein ihm (zu diesem Zeitpunkt) zustehendes **Zeugnisverweigerungsrecht ausgeübt** wird.

aa) **Vernehmung iSd § 252** ist im weitesten Sinne zu verstehen (*Fezer* 50 zu Fall 15; LR-*Gollwitzer* 10 zu § 252). Darunter fällt jede Einvernahme durch ein staatliches Organ (LR-*Gollwitzer* 9 zu § 252). Erfaßt werden demnach von § 252 Aussagen des Zeugen in einer früheren HV (BGH bei *Dallinger* MDR **69** 18), in anderen Strafverfahren (BGH **20** 384) – gleichgültig, welche verfahrensrechtliche Stellung der jetzige Zeuge hatte (LR-*Gollwitzer* 9 zu § 252) – oder in einem Zivilprozeß (BGH **17** 324; ANM 465 mwN). Die *informatorische Anhörung* ist der förmlichen Vernehmung gleichzusetzen (BGH **29** 230; ANM 468; *Roxin* 22 zu § 44; aA noch Düsseldorf NJW **68** 1840 mit abl Anm *von Hahnzog*).

1303 (1) § 252 greift darüber hinaus in entspr Anwendung dann ein, wenn der Zeuge sich den Strafverfolgungsbeamten ggü **spontan** bzw **aus freien Stücken** äußert (*Fezer* 53 zu Fall 15; *Roxin* 22 zu § 44; vgl auch Köln VRS **80** 33 f;[70] Frankfurt StV **94** 118; anders die hM: BGH **29** 230, 232 mit zust Anm *Gollwitzer* JR **81** 126; Bay NJW **83** 132; ANM 468; *Geppert* Jura **88** 366; SK-*Schlüchter* 7, KMR-*Paulus* 18, beide zu § 252; *Beulke* StP 420),[71] und zwar wegen der rechtstatsächlichen Schwierigkeit der Abgrenzung zur Vernehmung, wie auch wegen ähnlicher Interessenlage des Zeugen. Wenngleich solche „spontanen" Äußerungen von dem sozialen Rahmen her im Einzelfall mit Äußerungen ggü Privatpersonen vergleichbar sind, die anerkanntermaßen (ANM 469; *Fezer* 52 zu Fall 15) keine Vernehmung iSd § 252 darstellen, wird es sich überwiegend und in verschiedenen Konstellationen erhöht um eine Situation handeln, die dem besonderen Druck der Zeugenvernehmung vergleichbar ist (s Köln VRS **80** 32 ff; anschaulich Frankfurt StV **94** 118 f).

1304 (2) Das Verwertungsverbot gilt auch für **schriftliche Erklärungen** in einem von der Polizei zugesandten Fragebogen (Stuttgart VRS **63** 52) und für unprotokolliert gebliebene Angaben ggü einem Polizeibeamten, die der Zeuge auf dessen Befragen gemacht hat (ANM 468). Andere schriftliche Mitteilungen und Erklärungen des Zeugen in dem anhängigen Strafverfahren oder in irgendeinem anderen Verfahren, einschließlich zB Anträgen ggü Sozialbehörden (BGH NStZ **86** 232; KK-*Mayr* 20 zu § 252), fallen jedoch nicht unter § 252 (BGH GA **70** 153; ANM 469; K/M-G 9 zu § 252), ebensowenig Briefe an den Angekl (BGH **20** 385; *Geppert* Jura **88** 363).

(3) Für **Äußerungen ggü Sv** gilt § 252 nur hinsichtlich sog Zusatztatsachen, nicht jedoch hinsichtlich sog Befundtatsachen (dazu 1585, 1611 f). Soweit die Rspr auch hinsichtlich Zusatztatsachen eine Verwertung für den Fall zuläßt, daß die Angaben nicht in einer vernehmungsähnlichen Situation, sondern „aus freien Stücken" (BGH **36** 389; bei *Holtz* MDR **92** 322: angebliche Spielsituation eines Kindes [s dazu aber auch SK-*Schlüchter* 5 zu § 252]) gemacht wurden, gelten die vorgenannten Bedenken entspr, soweit nicht im Einzelfall alle Zw hinsichtlich verbliebener Elemente einer Vernehmungssituation ausgeräumt werden können.

Unter § 252 fallen auch Auskünfte ggü der Gerichts- oder Jugendgerichtshilfe (§ 160, § 38 JGG; vgl KK-*Mayr* 19 zu § 252).

1305 bb) Der **Ausübung eines** (im Zeitpunkt der HV bestehenden) **Zeugnisverweigerungsrechts** in der HV durch den anwesenden Zeugen ist die vor der HV (mündlich oder schriftlich) gemachte Mitteilung, man werde nicht aussagen, gleichzusetzen (BGH bei *Holtz* MDR **87** 625; LR-*Gollwitzer* 15 zu § 252).

---

[70] Für den Fall der Äußerung der Auskunftsperson aus eigener Initiative, zB wenn telefonisch Angaben zu einer Straftat angekündigt werden und bei Eintreffen der Polizei nähere Informationen gegeben werden.

[71] Vgl auch *Joachim* NStZ **90** 96, der die für die Beurteilung als verwertbare Spontanäußerung erforderliche Dominanz der Eigeninitiative bei (spontanen) Äußerungen im Rahmen einer staatlichen Ermittlungstätigkeit grds verneint.

III. Zeugnisverweigerungsrechte bestimmter Zeugen

(1) (a) **Im Falle des § 52** braucht das Angehörigenverhältnis nicht bei der früheren Vernehmung bestanden zu haben (BGH 22 219; LR-*Gollwitzer* 12 zu § 252).

(b) Nach ganz überwiegender Meinung sind Angaben eines zeugnisverweigerungsberechtigten Zeugen, der **verstorben** oder vollständig unzurechnungsfähig (RG **9** 91) geworden ist, nach § 251 Abs 1 Nr 1, Abs 2 verwertbar (BGH bei *Dallinger* MDR **66** 384; LR-*Gollwitzer* 12, K/M-G 2, beide zu § 252). Hat der Zeuge allerdings vorher seine Weigerung gem § 252 erklärt, ist dies zu beachten (Celle NJW **68** 415; ANM 466; *Kühne* 563.1; aA *Michaelis* NJW **69** 730; vgl zum Ganzen auch *Geppert* Jura **88** 310 f).

Beim Tod des Zeugen soll eine Verwertung nach der Rspr selbst dann möglich sein, wenn der Zeuge über sein Zeugnisverweigerungsrecht nicht aufgeklärt wurde (BGH **22** 35; Nürnberg HESt **3** 40; KK-*Mayr* 13, KMR-*Paulus* 12, beide zu § 252). Dem ist jedoch nicht zu folgen, da der Zeuge, solange er von seinem Zeugnisverweigerungsrecht nichts wußte, keine Wahl zwischen Aussage oder Schutz der Familienbande durch Aussageverweigerung zu haben glaubte und daher keine freie selbstbestimmte Entscheidung darüber treffen konnte, auszusagen oder nicht. Bei fehlender Belehrung ist daher die Aussage (auch) des verstorbenen Zeugen nicht verwertbar (*Geppert* Jura **88** 311; *Peters* JR **68** 430; *Eb Schmidt* NJW **68** 1218 Fn 82), es sei denn, der Zeuge wußte von seinem Zeugnisverweigerungsrecht.

Die Verwertung der Aussage eines Zeugen, der nunmehr **unbekannten Aufenthalts** ist, scheitert nicht allein daran, daß er die Möglichkeit der Zeugnisverweigerung gehabt hätte (BGH **25** 176; LR-*Gollwitzer* 12 zu § 252); jedoch ist auch hier die erfolgte Belehrung (bzw die Kenntnis vom Zeugnisverweigerungsrecht) Voraussetzung für die Verwertung (anders [betr einen früheren Mitangekl] BGH **27** 143; krit dazu *Hanack* JR **77** 436; s 939).

(c) Das Verwertungsverbot wirkt, wenn der Zeuge nur **mit einem von mehreren Angekl verwandt** ist, auch zugunsten der übrigen Mitangekl, soweit gegen alle Angekl ein sachlich nicht trennbarer Vorwurf erhoben und das Verfahren in irgendeinem Abschnitt gegen die mehreren Mitbeschuldigten gemeinsam geführt worden ist (BGH **27** 141; **7** 194; ANM 466; LR-*Gollwitzer* 13 zu § 252; s n 1251). Ist der Mittäter oder Gehilfe vor Einleitung des Ermittlungsverfahrens gestorben, steht den Angehörigen allerdings kein Zeugnisverweigerungsrecht zu (aA *Hoffmann* MDR **90** 113), weil es an einem gemeinsamen Verfahren fehlt.

(2) **Im Falle der §§ 53, 53 a** besteht ein Verwertungsverbot nur, wenn das Zeugnisverweigerungsrecht bei der früheren Vernehmung schon bestanden hat und keine Entbindung von der Schweigepflicht nach §§ 53 Abs 2, 53 a Abs 2 erfolgt war (BGH **18** 148; K/M-G 3 zu § 252).

(3) **Im Falle des § 54** besteht kein Verwertungsverbot, wenn der Zeuge trotz einer Verschwiegenheitspflicht aussagt (BGH **18** 147; **15** 202; **9** 61 f; KK-*Mayr* 8 zu § 252; aA K/M-G 4, LR-*Gollwitzer* 1, jeweils zu § 252), weil § 54 ausschließlich öffentlichen Interessen dient (*Roxin* 25 zu § 24) und weil mit der Aussage das Geheimnis bereits bekannt geworden und damit der Grund für die Unverwertbarkeit entfallen ist (vgl *Grünwald* JZ **66** 498).

(4) Für die **Auskunftsverweigerung nach § 55** soll § 252 keine Bedeutung haben (BGH StV **92** 355). Dies widerspricht aber dem Schutzgedanken des § 252 (s im einzelnen 1127 ff).

(5) § 252 ist entspr auf die **Fälle des § 76** ebenso wie auf diejenigen des **§ 81 c** (s n zum Streitstand 1673 f, 2318) anwendbar.

1313 cc) Für die Anwendung des § 252 kommt es allein auf die Zeugeneigenschaft in der HV an (BGH **10** 189 f; KK-*Mayr* 10 zu § 252). War der **Zeuge früher Beschuldigter**, so sind die damaligen Aussagen nicht verwertbar, soweit er jetzt als Zeuge berechtigt das Zeugnis verweigert (BGH **20** 384; **10** 186; *Geppert* Jura **88** 367). Auch der früher vernehmende Richter darf nicht gehört werden, selbst wenn er – überflüssigerweise – den Beschuldigten über sein mögliches Zeugnisverweigerungsrecht nach § 52 Abs 3 S 1 (BGH GA **79** 144; zur Verwertung der Aussagen [früherer] Mitbeschuldigter bzw Mitangekl s näher 938) oder über das Auskunftsverweigerungsrecht nach § 55 (BGH StV **92** 308 L) belehrt hat.

1314 c) § 252 löst ein für die Prozeßbeteiligten **unverzichtbares Beweisverbot** aus (BGH **10** 77).

Das Verbot gilt jedoch nicht, wenn die Strafbarkeit des Inhalts der früheren Aussage eines Zeugen in einem Verfahren gegen den Zeugen oder den Anstifter zum Falscheid festgestellt werden muß (Hamm NJW **81** 1682; *Geppert* Jura **88** 368).

aa) Die Vorschrift **verbietet jegliche Verwertung der Aussage** des Zeugen, insbes die Verlesung der Aussage einschließlich der Schriftstücke, die der Zeuge bei der Vernehmung übergeben hat und die Bestandteil der Aussage geworden sind (BGH **22** 219; ANM 468).

Der Inhalt der Aussage darf zB nicht durch Verlesung eines früheren Urteils (BGH **20** 386), durch Vorhalt der früheren Aussage ggü Angekl oder Zeugen (BGH **2** 99), durch Anhörung von bei der früheren Vernehmung anwesenden Personen (BGH **13** 394) oder durch das Abspielen von Tonbandaufnahmen über die frühere Vernehmung (LR-*Gollwitzer* 25 zu § 252) festgestellt werden.

1315 bb) Die **Vernehmung von Verhörspersonen** ist grds ausgeschlossen, wenn der Zeuge in der HV das Zeugnis verweigert. Soll daher eine (nichtrichterliche) Vernehmungsperson gehört werden, ist Voraussetzung, daß der weigerungsberechtigte Zeuge zuvor vernommen wurde oder aber feststeht, daß er auf sein Zeugnisverweigerungsrecht verzichtet (BGH **2** 110; **7** 197; LR-*Gollwitzer* 17 zu § 252).

(1) Der früher *vernehmende (Straf-)***Richter**[72] soll nach stg Judikatur allerdings angehört werden dürfen (BGH **2** 99; **21** 218; JZ **90** 874; zust KK-*Mayr* 22, K/M-G 14, jeweils zu § 252; *Kühne* 563.2; Bedenken dagegen bei *Fezer* 47 zu Fall 15; *ders* JuS **77** 671; *Peters* 321; *Roxin* 21 zu § 44; vgl weitere Nachw bei ANM 471 Fn 330). Zwar ist die Verlesung des Protokolls der von dem Richter durchgeführten Vernehmung unzulässig (BGH **10** 77; KK-*Mayr* 25 zu § 252), jedoch soll es dem Richter zur Gedächtnisstütze vorgehalten (s krit 1327) werden dürfen (BGH **11** 338; zw); auch zu diesem Zweck ist indes eine Verlesung unzulässig (KMR-*Paulus* 33 zu § 252; aA K/M-G 15, LR-*Gollwitzer* 27, beide zu § 252).

Den Antrag, die Protokollführerin darüber zu hören, daß der als Zeuge vernommene Richter den Inhalt einer Aussage objektiv falsch wiedergegeben hatte, wertet der BGH (NStZ **93** 295) wegen mittelbaren Verstoßes gegen § 252 als unzulässig.

Nicht zuzustimmen ist der Auffassung, Äußerungen des weigerungsberechtigten Zeugen ggü dem Sv dürften verwertet werden, sofern er „im Laufe eines Verfahrens einmal" (BGH StV **95** 564 mit abl Anm *Eisenberg/Kopatsch* NStZ **96**) von einem Richter belehrt wor-

---

[72] Gegen die Ausdehnung auch auf den Zivilrichter (BGH **17** 324) krit *Eser* NJW **63** 234; KK-*Mayr* 24 zu § 252: „bedenklich".

den ist (s 1580); nicht nur ist die Konstruktion einer Gehilfenschaft mit dem Gesetz schwerlich vereinbar (s n 1506), eine besondere Sorgfalt bei Belehrung und Vernehmung wird außerdem gerade wegen der Person des Richters unterstellt (s auch KK-*Mayr* 23 zu § 252).

Soweit die Judikatur zur Begründung iS berufsgruppenbezogener Selbstbeurteilung eine „besondere Qualität" der richterlichen Vernehmung postuliert und annimmt, der Richter sei wegen seiner strafprozessualen Stellung im Gegensatz zu StA und Vert im stärkerem Maße neutral, bestehen dagegen Bedenken, da die Zuverlässigkeit einer Vernehmung mehr von der Befähigung der Amtsperson als von deren prozessualer Stellung abhängt (s zum Folgenden *Eisenberg* NStZ **88** 488 f; abl auch *Beulke* StP 420).

Die Ausbildung von Richtern (und Staatsanwälten) aber ist hinsichtlich einschlägiger Vernehmungstechniken zumindest weniger intensiv als diejenige von Polizeibeamten, während umgekehrt das „kommunikative Gefälle" bzw die Asymmetrie (aufgrund der herausgehobenen Position eines Richters) eher größer sein mag. Zudem fehlt es an empirischen Belegen für die Annahme einer besonderen Zuverlässigkeit der Aussage des (Vernehmungs-)Richters in der HV (bej aber BGH **13** 194 ff mit krit Anm *Heinitz* JR **60** 226 f; vern *Michaelis* NJW **68** 59; insoweit auch *Nüse* JR **66** 283; vgl zudem *Hanack* JZ **72** 238). Soweit im übrigen die besondere Erfahrung des Richters als einschlägig relevantes Gütekriterium angeführt wird, ist unstr, daß gemäß den Abläufen sozialer Wahrnehmung der Faktor Erfahrung erhöht zur Verzerrung des Wahrzunehmenden geeignet ist (vgl dazu *Bender* **81** 168 ff; *Krost* Der Krim **86** 177: Lückenfüllung durch Deutung).

Hiernach stellt sich die Sicherung einer Aussage des Zeugnisverweigerungsberechtigten (wenigstens) durch die richterliche Vernehmung für die HV als eine kriminalpolitische Zweckmäßigkeitsentscheidung dar (LR-*Gollwitzer* 7 zu § 252; s auch schon *Eb Schmidt* Nachtr I Nr II zu § 252, der auch die Vernehmung des StA zulassen will).

(2) Soweit der stg Judikatur gefolgt wird, ist *Voraussetzung* für eine Vernehmung **1316** des mitwirkenden Richters eine ordnungsgemäße Belehrung des Zeugen, die aber nicht den Hinweis enthalten muß, daß die Aussage später ohne Rücksicht auf eine etwaige Zeugnisverweigerung verwertet werden kann (BGH **32** 31; KK-*Mayr* 28 zu § 252). Ob eine ordnungsgemäße Belehrung erfolgt ist, hat der Tatrichter selbständig zu prüfen und ggf im Wege des Freibeweises festzustellen (KK-*Mayr* 31 zu § 252).

Methodisch ist (wie bei jeder Konstellation eines Zeugen vom Hörensagen, s 1033) zu beachten, daß zunächst die Aussage und Glaubwürdigkeit dieses Zeugen und erst in einer zweiten Stufe diejenige des „Hintermannes" zu würdigen ist, dh eine Beurteilung des richterlichen Zeugen (vom Hörensagen), die dieser bzgl des „Hintermannes" (etwa) zu verstehen gibt, darf die Beurteilung des erkennenden Gerichts nicht vorweg beeinflussen. Auch ist der Gefahr zu wehren, daß bei der Würdigung der Aussage des Richters die Beurteilung der allg Glaubwürdigkeit ggü der Bewertung der Glaubwürdigkeit der konkreten Aussage in kaum eingrenzbarer Weise dominiert.

5. Revision

Die Frage nach der Revisibilität läßt sich nicht allg, sondern nur jeweils für die **1317** einzelnen Beweiserhebungsverbote beantworten (ebenso *Fezer* JuS **79** 325; *Rogall* ZStW **91** [1979] 1; *Roxin* 20 ff zu § 24). Nach der vom BGH entwickelten sog

Rechtskreistheorie (grundlegend BGH [GS] **11** 213, 215) hängt bei der Verletzung von Beweiserhebungsverboten die Revisibilität allein davon ab, ob „die Verletzung den Rechtskreis des Beschwerdeführers wesentlich berührt oder ob sie für ihn nur von untergeordneter Bedeutung ist"; entscheidendes Kriterium soll der Sinn und Zweck der entspr Bestimmung sein (s n nebst Einwänden 336f).

1318 a) Unterbleibt die nach § 52 Abs 3 S 1 erforderliche Belehrung, so ist eine darauf gestützte Revision begründet, wenn der Zeuge ausgesagt hat und das Urteil darauf beruht (BGH **9** 39; **21** 218; *Roxin* 24 zu § 24; s auch BGH NStZ **92** 394 für den Fall vorheriger Vernehmung im *Ausland*, dessen Recht ein einschlägiges Zeugnisverweigerungsrecht nicht vorsieht). Gleiches gilt dann, wenn der gesetzliche Vertreter nicht belehrt wurde (K/M-G 34 zu § 52). Stirbt der Zeuge, so verliert seine Aussage nur die Verwertbarkeit, wenn er nicht über sein Zeugnisverweigerungsrecht belehrt worden ist (*Peters* JR **68** 429; *Roxin* 24 zu § 24; aA BGH **22** 35; s auch 1307); ist die Verhörsperson gestorben, so ist keine Verwertung (zB durch Verlesung des Protokolls) mehr möglich (Köln NJW **82** 2457).

Unbeachtlich ist, ob das Gericht das Angehörigenverhältnis kannte oder nicht (BGH StV **88** 89). Bei bewußtem Verschweigen der Angehörigeneigenschaft soll eine Verwertung der Aussage zulässig sein (Oldenburg NJW **67** 1872).

1319 aa) Das Urteil beruht nicht auf dem **Unterlassen der Belehrung**, wenn sicher ist, daß der Zeuge auch bei Belehrung ausgesagt hätte (BGH NStZ **90** 549; NJW **86** 2122; vern BGH bei *Kusch* NStZ **94** 23 [betr Glaubwürdigkeitsuntersuchung]), wenn der Zeuge oder sein gesetzlicher Vertreter sein Weigerungsrecht kannte (BGH NStZ **90** 549), oder wenn der Fehler geheilt worden ist.[73] Dies gilt auch, wenn die nach § 52 Abs 2 erforderliche Zustimmung des gesetzlichen Vertreters unterblieben ist (BGH NStZ **90** 549; LR-*Dahs* 53 zu § 52).

1320 Die **unrichtige Belehrung**, daß der Zeuge weigerungsberechtigt sei, verletzt zwar – wenn das Zeugnis daraufhin verweigert wird – bei präsenten Zeugen § 245, ansonsten § 244 Abs 2 (K/M-G 35 zu § 52); sagt der Zeuge aber gleichwohl aus, so ist der Mangel unbeachtlich (BGH bei *Holtz* MDR **79** 806). Die Revision kann darüber hinaus nicht darauf gestützt werden, daß im Urteil *Feststellungen über das Bestehen eines Verlöbnisses* nicht getroffen wurden (OGHSt **2** 174; LR-*Dahs* 8 zu § 52). Die Prüfung, ob ein Verlöbnis oder eine Verwandschaft vorliegt oder ob die Zustimmung des gesetzlichen Vertreters nach § 52 Abs 2 erforderlich ist, erfolgt nur im Hinblick auf Rechtsfehler (LR-*Dahs* 56, K/M-G 33, beide zu § 52).

bb) Die Unterlassung der Belehrung kann der Angekl selbst rügen, aber auch Mitangekl, zu deren Ungunsten die Aussage verwertet wurde (BGH **33** 154).

1321 b) aa) Im Rahmen des **§ 53** ist die Entscheidung des Zeugen, uU unter Verstoß gegen § 203 StGB auszusagen oder nicht, irrevisibel (KMR-*Paulus* 57 zu § 53). Das Unterlassen einer Belehrung, die in § 53 nicht vorgesehen ist, ist kein Revisionsgrund (ANM 498).

Revisibel sind aber die unrichtige Belehrung und der unrichtige Hinweis darauf, daß eine Entbindung nach § 53 Abs 2 erfolgt sei (ANM 498; LR-*Dahs* 67 zu § 53).

---

[73] Zum Beispiel durch Nachholung der Belehrung und darauf folgender Erklärung des Zeugen, von seinem Zeugnisverweigerungsrecht keinen Gebrauch zu machen (KK-*Pelchen* 46, 36 zu § 52; K/M-G 34, 31 zu § 52), soweit es sich um eine nachträgliche Erklärung noch innerhalb der HV handelt (BGH NStZ **89** 484).

Beruht das Urteil hierauf, ist die Revision begründet. Verweigert der Zeuge wegen der unrichtigen Belehrung die Aussage, so ist bei präsenten Zeugen § 245, ansonsten § 244 Abs 2 verletzt (*Welp* FS-Gallas 408).

bb) Die Rüge kann jeder durch die Aussage nachteilig betroffene Angekl erheben (K/M-G 50 zu § 53).

c) Im Hinblick auf die ratio des **§ 54**, nämlich Schutz von bestimmten öffentlichen Interessen (s näher 1287), kann ein Verstoß gegen § 54 vom Angekl nicht geltend gemacht werden (LR-*Dahs* 28, KK-*Pelchen* 26, K/M-G 32, aA KMR-*Paulus* 49, alle zu § 54). Gleiches gilt für Neben- und Privatkläger (LR-*Dahs* 28 zu § 54).

Die *StA* kann einen Verstoß gegen § 54 ebenfalls *nicht* rügen, weil die Vernehmung ohne Aussagegenehmigung der Aufklärung nicht schadet, die Versagung der Genehmigung aber bindend ist (LR-*Dahs* 28, KK-*Pelchen* 26, beide zu § 54).

Ggf kommt jedoch eine Aufklärungsrüge (§§ 337, 244 Abs 2) in Betracht, wenn sich das Gericht nicht genügend um die Aussagegenehmigung bemüht hat (LR-*Dahs* 28, KK-*Pelchen* 26, K/M-G 32, alle zu § 54).

1322

IV. Durchführung der Vernehmung

1. Belehrungspflichten

Gemäß **§ 57** setzt die **Vernehmung** des Zeugen bestimmte Maßnahmen voraus. Zum Begriff der Vernehmung gehört, daß die vernehmende Person dem Zeugen „in amtlicher Funktion gegenübertritt" und „in dieser Eigenschaft" Auskunft verlangt (BGH **40** 213).[74] Hiervon zu unterscheiden sind vernehmungsähnliche Gespräche etc.

1323

a) Zum einen ist der Zeuge vor seiner Vernehmung zur Wahrheit zu ermahnen (s näher 1112) und über die Bedeutung des Eides einschließlich der Wahlmöglichkeiten zwischen religiöser und nichtreligiöser Beteuerung (s näher 1139) sowie über strafrechtliche Folgen einer falschen Aussage zu **belehren** (krit zum Modus *Wolff/Müller* ZfRSoz **95** 192). Gemäß §§ 52 Abs 3, 63 Hs 2 bzw 55 Abs 2 ist er darüber hinaus, und zwar auch von der StA und der Polizei (§§ 161 a Abs 1 S 2, 163 a Abs 5), ggf auf sein Zeugnis-, Eides- bzw Aussageverweigerungsrecht hinzuweisen (s näher 1259 ff, 1212, 1121 ff).

b) Vor der ersten Zeugenvernehmung sollten die Zeugen nicht etwa zusammen, sondern es sollte prinzipiell jeder Zeuge *einzeln* belehrt werden (vgl auch *Pohl* 74). Der Schwerpunkt der Belehrung sollte idR nicht auf der Strafandrohung für evtl falsche Aussagen liegen (vgl aber *Tröndle* DRiZ **70** 215; *Bender/Nack* 557 ff; *Pohl* 75 f), da zur Falschaussage entschlossene Zeugen sich davon kaum abschrecken lassen werden, während zu eindringliche Formulierungen bei unbefangenen Zeugen uU zu Ressentiments führen können; auch ist nicht davon auszugehen, daß Zeugen, die bzgl der Wahrheitsgemäßheit ihrer Aussage schwankend sind, von einer drastischen Belehrung notwendigerweise mehr beeindruckt werden als von einer

1324

---

[74] Anders etwa *Seebode* JR **88** 427 f: funktionaler Vernehmungsbegriff; vgl im übrigen aber auch SK-*Rogall* 155 vor § 48.

sachlich-zurückhaltenden. Entscheidet sich ein Zeuge in von ihm selbst wahrgenommener Freiwilligkeit bzw aus intrinsischen Motiven, die Wahrheit zu sagen, ist er allemal wertvoller als ein Zeuge, der eine drastische Strafandrohung als Zwang wahrnimmt und (extrinsisch motiviert) letzterer nur soweit nachgibt, wie er befürchten muß, der Unwahrheit überführt zu werden.

Die Belehrung fremdsprachiger Zeugen, die vom Dolmetscher (vgl allg 1340) übersetzt werden muß, sollte im übrigen auch durch den Hinweis ergänzt werden, daß alle Zeugen – auch deutschsprachige – in dieser Weise zu belehren sind.

2. Vernehmungsvorschriften, formloser Vorhalt

1325   a) Die **Reihenfolge** der Vernehmung von (Be- bzw Entlastungs-)Zeugen ist in der StPO nicht geregelt. Jedoch verbietet der Grundsatz des fairen Verfahrens zB eine Plazierung iS eines „Überführungsplans" (SK-*Rogall* 159 vor § 48; s speziell zur HV *Hammerstein* FS-Schmitt 328 f).

Gemäß § 58 Abs 1 sind die Zeugen einzeln und in Abwesenheit der später zu hörenden Zeugen zu vernehmen (vgl auch § 243 Abs 2 S 1), damit eine Anpassung nachfolgender Aussagen an die vorausgehenden Aussagen insoweit nicht gefördert wird.

Lediglich im Falle der Gegenüberstellung mit anderen Zeugen gemäß § 58 Abs 2 wird der Grundsatz der Einzelvernehmung durchbrochen (*Roxin* 43 zu § 26). Die Gegenüberstellung ist im Vorverfahren nur dann zulässig, wenn es für das spätere Verfahren als geboten erscheint, in der HV hingegen ist sie stets zulässig (§ 58 Abs 2; s näher 1221 ff).

1326   b) aa) Die Vernehmung selbst beginnt mit der Vernehmung des Zeugen **zur Person** (§§ 68, 68 a; zum Ganzen näher 1085 ff, 1217 ff).

Das Aussageverweigerungsrecht bzgl der Angabe des Wohnortes (§ 68 Abs 2, 3; s näher 1091–1093) dient dem Schutz eines gefährdeten Zeugen (vgl dazu BGH NStZ **89** 237; *Leineweber* MDR **85** 635; *ders* MDR **90** 109; nach Celle StV **88** 373 soll bereits die Gefahr bloßer Belästigung genügen).

Fragen über entehrende oder den persönlichen Lebensbereich betr Tatsachen und über Vorstrafen sind unter Beachtung des Verhältnismäßigkeitsgrundsatzes an besonders strenge Voraussetzungen geknüpft (§ 68 a).

bb) Hinsichtlich der Vernehmung **zur Sache** ist dem Zeugen zunächst Gelegenheit zu einem zusammenhängenden Bericht zu geben (**§ 69** Abs 1 S 1; s näher 583 ff). Nur zur (nachträglichen) Aufklärung und Vervollständigung der Aussage sind Einzelfragen (iS eines Verhörs) zulässig (§ 69 Abs 2); dies betrifft insbes die Erforschung des Grundes, auf dem das angebliche Wissen des Zeugen beruht (zB: „War es noch hell?" oder „Wie weit entfernt waren Sie?").

Die Regelung des § 69 Abs 1 gilt nicht bei Vernehmungen im Ausland; in diesem Fall darf zB ein Fragenkatalog verwandt werden (BGH GA **82** 40).

1327   c) Nach allg Auffassung sind formlose **Vorhalte** an den Zeugen zulässig (s n 2057 ff, 868 [betr Angekl]). Sie können sich auf offenkundige Tatsachen oder insbes bisherige Beweisergebnisse beziehen. Bei dem Vorhalt aus Urkunden oder Tonbandaufnahmen über frühere Erklärungen des Zeugen selbst ist Beweisgrundlage die (reaktive) Erklärung des Zeugen nach Vorhalt (BGH **11** 160; **14** 312; Celle

IV. Durchführung der Vernehmung

VRS **30** 198). Daraus ergibt sich, daß ein Vorhalt aus längeren, sprachlich oder inhaltlich schwierigen Texten unzulässig ist (BGH **11** 160; Bay StV **82** 412). Zwar dürfen Urkunden bzw Tonbandaufnahmen, sofern sie nicht einem Verwertungsverbot unterliegen (s n 358ff, 2294ff), zum Zwecke des Vorhalts auch verlesen werden (BGH **21** 285; KMR-*Paulus* 8, LR-*Gollwitzer* 88, beide zu § 249), jedoch ist grds der freie Vorhalt vorzuziehen, schon wegen der Gefahr der Umgehung des Verlesungsverbots (KK-*Mayr* 44, 45 zu § 249; s 873).

Wegen der ohnehin bestehenden **Schwierigkeiten**, den Vorhalt bei einer bloßen Erinnerungshilfe zu belassen und nicht **dominierend** werden zu lassen, s n 1370ff entspr.

d) Wegen verbotener Vernehmungsmethoden iSd § 136a bei Vernehmung des Zeugen (§§ 69 Abs 3, 163 a Abs 5) s im einzelnen 625–725. **1328**

3. Vernehmungsgestaltung

Übersicht

	Rn		Rn
a) Allgemeines	1329	e) Kommunikation	
b) Kriminaltaktische Erwägungen	1330, 1331	aa) Ungleichgewicht und Pseudosymmetrie	1341–1343
c) Persönlichkeitsbereich	1332–1337	bb) „Aushandeln", Transformation	1344–1346
aa) Vernehmende Person	1333	cc) Umgangsstil	1347
bb) Aussageperson	1334	dd) Hauptverhandlung	1348
(1) Bestimmte „Typen"	1334, 1335	ee) Einzelne Techniken	
(2) Minderjährige	1336	(1) Kognitives Interview	1349–1352
(3) Weibliche Personen	1336	(2) Sonstiges	1353
(4) Gewalttaten	1337	f) Gegenüberstellung und Lichtbildvorlage	1353 a–1353 c
d) aa) Äußere Umstände	1338	g) Darstellung aufgrund Zeugenerinnerung an Gesichtszüge	1353 d–1353 h
bb) Sprache	1339, 1340		

a) aa) Hinsichtlich der tatsächlichen **Gestaltung** der Vernehmung und einschlägig relevanter empirischer Erkenntnisse im allg wird verwiesen auf 580–609, speziell hinsichtlich des Wiedererkennens auf 1223 f, 1353 a ff, 1383–1410, insbes 1399 f, 1475 ff. **1329**

Bzgl der **Protokollierung** (vgl §§ 168a; 168b; s auch Nr 5a RiStBV) wird im allg verwiesen auf 610–624 (zu Grenzen der Zulässigkeit von Tonbandaufnahmen in der HV ohne Einwilligung des Zeugen s Schleswig NStZ **92** 399 mit zust Anm *Molketin* NStZ **93** 145; s auch K/M-G 11 zu § 169 GVG).

bb) Indes ergeben sich aufgrund von **Unterschieden** zwischen **Beschuldigten** und **Zeugen** nach der **Rolle**, den Interessen und der Vernehmungssituation verschiedentlich Besonderheiten. Je nach der Beziehung der Aussageperson zu der im Ermittlungsfokus stehenden Tat und ihren Begleitumständen können verschiedene Spielarten der Vernehmung unterschieden werden. So wird in der einschlägigen Literatur ua zwischen unbeteiligten Zeugen, Zeugen mit Beziehung zum Beschuldigten sowie Zeugen mit Beziehung zum Geschädigten getrennt, während ohnehin die Vernehmung mutmaßlich Geschädigter besondere Beachtung verdient; indes ist nicht zu verkennen, daß in der Praxis uU die Vernehmung eines sog „feindseligen" Zeugen in kriminaltaktischer und kommunikativer Hinsicht die Züge einer „typischen" Beschuldigtenvernehmung aufweisen kann.

Vernehmungen bei der Polizei und Vernehmungen im Rahmen der (öffentlichen) HV unterscheiden sich insbes bzgl Vernehmungssituation und -atmosphäre, zudem idR (oft erheblich) hinsichtlich der zeitlichen Nähe zur Tat sowie bzgl der Bedeutung und der möglichen Folgen für den Beschuldigten; im übrigen mag auch die unterschiedliche Ausbildung und berufliche Sozialisation von Ermittlungsbeamten im Vergleich mit Berufsrichtern die jeweiligen Vernehmungen unterschiedlich beeinflussen. Stets bleibt jedoch zu überprüfen, inwieweit die vernehmende Person von einer bestimmten Arbeitshypothese (zu deren Dokumentation s Thesen StV **94** 519) ausgeht (vgl zum sog Pygmalion-Effekt *Nack* StV **94** 563).

1330 b) Soweit **kriminaltaktische Ratgeber** sich zur Aufgabe gesetzt haben, Erkenntnisse einer Reihe von Bezugswissenschaften für die polizeiliche Praxis auszuwerten und anwendbar zu machen (*Brack/Thomas* 11), scheinen zumindest betr Psychologie als Bezugswissenschaft die zur Gestaltung von Vernehmungen empfohlenen Verhaltensweisen zum großen Teil aus einer „naiven" (im Gegensatz zur empirisch-wissenschaftlichen) Psychologie iVm (individueller und kollektiver) Berufserfahrung von Kriminalbeamten (positiv zur Bedeutung von Diensterfahrung etwa *Arntzen* VII) hergeleitet zu sein. Erfahrungsregeln werden als solche nur selten reflektiert und sind dementspr einer Überprüfung durch ihre (gegenwärtigen oder zukünftigen) Anwender kaum zugänglich. Obwohl das Lernen anhand der Erfahrung anderer grds als nützlich und effektiv gelten und der Vermeidung eigener Fehler dienen kann, wird durch unkrit Weitergabe von als erprobt geltenden Regeln auch das bestehende (Vernehmungs-)System einschließlich eventueller Mißstände zementiert (zust SK-*Rogall* 163 vor § 48). Schließlich sind Rückmeldungen, die Vernehmende (sowohl individuell wie auch kollektiv) in ihrer Vernehmungspraxis bekommen, nicht dazu angetan, *Erfolge* bzw *Mißerfolge* realistisch einschätzen zu können und auf dieser Grundlage ggf Veränderungen zu initiieren: Nicht nur läßt sich der Erfolg der Vernehmungsbemühungen (in Gestalt des Wahrheitsgehalts der Aussage) idR nur mit einem gewissen Grad von Wahrscheinlichkeit erheben, ungeklärt bleibt auch, ob ein Erfolg dieser Art aufgrund oder aber unabhängig von bzw gar trotz der angewandten Vernehmungsstrategien zustande kam; entspr gilt auch für als Mißerfolg wahrgenommene Vernehmungsergebnisse. Diese Sachlage führt uU dazu, daß einmal als erfolgversprechend geltende Strategien unbegrenzt beibehalten werden, da sich ihre (relative) Ungeeignetheit nie erweist.[75] Insgesamt betrachtet eignen sich überlieferte und weitergegebene Berufserfahrungen, wiewohl in manchen Fällen nützlich und hilfreich, nur bedingt zur Festlegung (annähernd und jeweils in Abhängigkeit der sonstigen Umstände) optimaler Handlungsstrategien.

---

[75] Nach *Einhorn* (in: Kahneman ua 268 ff) kann darüber hinaus das positive Feedback eines Erfolgserlebnisses dazu führen, daß die Motivation, den Zusammenhang zwischen eigenem Verhalten und dem jeweiligen Erfolg krit zu untersuchen, sinkt, was wiederum die irrtümliche Beibehaltung bestimmter Verhaltens- bzw Vernehmungsstrategien begünstigen kann.

IV. Durchführung der Vernehmung

Die einschlägige kriminaltaktische Literatur legt idR einen Schwerpunkt auf die konfrontativen Aspekte der Vernehmung. Die Vernehmung des per se (aussage-)willigen Zeugen (oder auch Beschuldigten) wird weniger thematisiert als die der (aussage-)unwilligen, an der Wahrheit nicht bzw gerade am Vermitteln einer Unwahrheit interessierten Aussageperson – obwohl selbst aus der Gutwilligkeit der Aussageperson nicht auf den Realitätsgehalt der Aussage geschlossen werden darf (vgl 1453 ff). Auch Erkenntnisse bzgl der optimalen Gesprächsführung, die in das polizeiliche Erfahrungswissen Eingang gefunden haben – zB, daß das Führen eines nicht direkt auf das Vernehmungssystem bezogenen Vorgesprächs der Herstellung des zwischenmenschlichen Kontakts dient und somit dem Vernehmungsklima förderlich ist –, werden mitunter eher einseitig in ihrer (ggf manipulierenden) Wirkung auf die Aussageperson begriffen (letztere soll zB mit einem freundlichen small talk „aufgetaut" werden).

Dabei ist nicht zu übersehen, daß die Routine der polizeilichen Arbeit ein „operatives" Verständnis der Personen fördert, die – idR unfreiwillig – mit der Polizei in Kontakt kommen, dh diese Personen werden primär in ihrer Funktion bzgl der Aufklärung eines gegebenen „Falles" wahrgenommen; dies ist ein „normaler" Prozeß, der ua auch iS eines sogen „emotionalen Schutzschildes" wirksam ist. Unter Umständen kann allerdings die Gefahr bestehen, daß schon von Seiten der Polizei eine Gegnerschaft zur Aussageperson antizipiert bzw aufgebaut wird, die der Wahrheitsermittlung nicht förderlich ist. **1331**

c) Als relevant für den Befragungserfolg gelten in der kriminaltaktischen Literatur zunächst **Persönlichkeits**merkmale des Vernehmenden (*Schmitz* 42), namentlich die Fähigkeit zur Selbstbeherrschung (*Schubert* 35) des Beamten. Während die Selbstherrschung[76] das Verbergen eigener Regungen wie Erstaunen, besonderes Interesse an bestimmten Details der Aussage, Antipathie ggü dem Aussagenden usw mitunter ermöglichen mag, soll die – als trainierbare Eigenschaft verstandene – gute Menschenkenntnis gerade umgekehrt dem „Durchschauen" der Aussageperson dienen. **1332**

Demggü scheitert eine verläßliche Beantwortung der Frage, ob es gute versus schlechte Menschenkenner gibt bzw welche Eigenschaften insbes erstere aufweisen, bislang schon an der Schwierigkeit, ein adäquates Kriterium der Urteilsgenauigkeit zu finden (*Herkner* 312 f).[77]

Im übrigen scheint die Postulierung (angeblich) notwendiger, notfalls anzutrainierender Eigenschaften des Vernehmenden schon im Hinblick auf etwaige nachteilige Neben- oder Folgewirkungen teilweise eher schädlich als nützlich; zugänglich, auswertbar und ggf (in Grenzen) veränderbar ist lediglich das jeweils konkrete Verhalten in der Vernehmungssituation (vgl 584 f).

Insgesamt beeinflussen die Persönlichkeiten des Vernehmenden (*Fischer* 19) und der Aussageperson unweigerlich die **Interaktion** in der Vernehmungssituation. Inwieweit diese Einflüsse relevant sind und uU das Vernehmungsergebnis mitbestimmen, ist vom Einzelfall abhängig.

---

[76] Das Ideal darüber hinausgehender „absoluter Gedankenzucht und Gedankenkontrolle" (*Schubert* 32) scheint überzogen, jedenfalls in der Vernehmungspraxis als einem Sonderfall menschlicher Interaktion nicht erreichbar (vgl dagegen *Bender/Nack* 525 zur [möglichen und trainierbaren] Unterdrückung [Reduzierung] störender Verhaltensweisen wie Kritzeln, mit den Fingern Trommeln ua).

[77] Offen ist auch die (damit zusammenhängende) Frage, ob die Annahme einer allg interpersonellen Urteilsfähigkeit überhaupt sinnvoll ist (vgl *Cline/Richards* JAb&SocPsy **60** 1 ff; *Crow/Hammond* JAb&SocPsy **57** 384 ff); das genannte Forschungsparadigma gilt im übrigen offensichtlich als wenig vielversprechend und wird zZt kaum bearbeitet.

1333 aa) Hinsichtlich des **Vernehmenden** kann nicht ohne weiteres davon ausgegangen werden, daß dessen Professionalität oder gar der staatlicherseits reglementierte Gesamtzusammenhang die Vernehmungssituation hinreichend neutralisieren könnten. So ist nicht zu verkennen, daß zB Gefühle (wie Sympathie/Antipathie) und Einstellungen (namentlich Vorurteile, auch seitens der Aussagepersonen) eine starke Wirkung haben können; zu erwähnen sind idZ auch die Phänomene der Übertragung und der Projektion.

Unter Übertragung iSd (neuzeitlichen) Tiefenpsychologie versteht man die Erfahrung von Gefühlen, Einstellungen etc ggü einer Person der Gegenwart, die bezogen auf diese Person unangemessen sind und eine Wiederholung von Gefühlen (etc) darstellen, die der Beziehung zu Personen der frühen Kindheit (oder auch anderer Lebensabschnitte) entstammen (*Hoffmann* in: Corsini 986); Projektion bedeutet (ua) die auf andere gerichtete Zuschreibung eigener Gefühle, Einstellungen etc. Wiewohl manche Psychoanalytiker insbes den Begriff der Übertragung für emotionale Reaktionen eines (Analyse-)Patienten auf den Therapeuten reserviert sehen wollen, spricht vieles dafür, Übertragung als ein Phänomen anzusehen, das in allen Lebensbereichen und im Prinzip bei jedermann auftreten kann (*Hoffmann* in: Corsini 986).

Es muß dahingestellt bleiben, welche Rolle derartige, unbewußt bleibende Regungen bei Entscheidungen auch von Amtsträgern im Rahmen ihrer Berufsausübung haben können; grds ist jedoch darauf hinzuweisen, daß ein solcher Einfluß durchaus naheliegt.[78]

1334 bb) Bzgl der Persönlichkeit der **Aussageperson** verweist ein Teil der einschlägigen Literatur auf bestimmte „Typen" von Aussagepersonen, während ein anderer Teil eher Empfehlungen bzgl der Reaktionen auf bestimmte beobachtbare Verhaltensweisen des Aussagenden gibt.

(1) (a) Zunächst wird zu beachten sein, daß bestimmte Zeugen schon aufgrund der ungewohnten, als peinlich und unangenehm erlebten Befragungssituation gehemmt sind, so daß gerade diesen ggü Anforderungen an das Erinnerungsvermögen bzw die Konstanz der Aussage (evtl über mehrere Vernehmungen hinweg) nur eingeschränkt vertretbar sind; auch mag ein zu rasches Vernehmungstempo die Gehemmtheit zusätzlich fördern.

Bzgl aufgeregter Zeugen empfiehlt *Arntzen* (13 ff) schon vorbeugend eine ruhige Vernehmungsatmosphäre, einen nicht drängenden Vernehmungsstil und uU das zeitweilige Zurückstellen emotional belastender Aussagegegenstände.

1335 Soweit eine Unterteilung der Zeugen in wahrheitswillig, weniger wahrheitswillig oder wahrheitsunwillig empfohlen wird (vgl *Bender/Nack* 640ff), setzt dies bereits eine Beurteilung voraus, so daß der Nutzen für die praktische Handhabung begrenzt ist. Das gleiche gilt für Untergliederungen: So werden wahrheitswillige Personen je nach Grad ihrer Gesprächigkeit in einsilbige (schüchterne oder ungewandte), redliche (dh gut mitarbeitende, sich den Erfordernissen der Vernehmung anpassende) und weitschweifige Vernehmungspartner getrennt. Weniger wahrheitswillige Auskunftspersonen werden als nachlässig (oberflächlich oder gleichgültig), wichtigtuerisch oder rechthaberisch (eigensinnig oder voreingenommen) klassifiziert; bei den Wahrheitsunwilligen unterscheiden *Bender/Nack* 652 ff unwillige (ausweichende oder aussageverweigernde) und lügnerische Aussagepersonen.

---

[78] Nahezu alle wichtigen persönlichkeitspsychologischen und psychotherapeutischen Ansätze lassen erkennen, daß implizite und dem rationalen Bewußtsein nicht ohne weiteres zugängliche Einstellungen (auch: Lebenspläne) eine extrem wichtige Rolle für das Sozialverhalten spielen. Auch ein von rationalen Anforderungen gesteuerter Bereich wie Strafverfolgung und Rechtspflege setzt vergleichbare menschliche Verhaltensweisen der Amtierenden voraus, deren Dienstausübung insoweit gleichen Fehlereinflüssen ausgesetzt sein wird.

IV. Durchführung der Vernehmung

Der *Nutzen* entspr Zuordnungen ist *begrenzt*, da sie idR eine allzu starke Vereinfachung oft sehr komplexer Realitäten darstellen (vgl allg *Eisenberg* § 20 Rn 4–6; zust *Malek* 353; *Barton* Zeugenbeweis 34). Auch können bei dem Versuch, den zugrundeliegenden „Typus" zu finden, uU leicht Fehler unterlaufen; zudem ist zu besorgen, daß die Aufmerksamkeit des Vernehmenden von den jeweils einzigartigen Umständen abgezogen und ihm solchermaßen der Blick auf möglicherweise relevante Details verstellt wird. Insbes erscheint die „Vorabeinteilung" Beschuldigter in quasi-kriminologische Kategorien (vgl etwa *Bender/Nack* 683 f) nicht ganz unbedenklich, zumal (falls) die Vernehmungsperson sich spätestens im Lauf der Vernehmung „ein Bild vom Beschuldigten" macht; die damit verbundene Neigung zur Vereinfachung, zur Einordnung, zur Reduzierung von Handelndem, Handlung und Situation auf ein Muster mit wenigen kausalen und motivationalen Faktoren (oder gar zur Stereotypisierung) sollte jedoch nicht zusätzlich unterstützt werden.

(b) Eine andere Einteilung bezieht sich im Hinblick auf die *Wahrnehmungsform* darauf, welche *Sinneskanäle* die Zeugenperson bevorzugt benutzt. Dabei wird davon ausgegangen, daß iZm der Wahrnehmungspräferenz des Zeugen die Wahrnehmungs- und Wiedergabeleistung gesteigert sein kann. Zudem erleichtert es die Kommunikation in der Vernehmungssituation (s n 1341 ff), wenn sich die vernehmende Person an den Präferenzen der Aussageperson orientiert, statt dieser eine andere Wahrnehmungsform gleichsam aufzudrängen (s n *Kraheck-Brägelmann* in: dies 82 ff; vgl auch *Lazarus ua* in: Corsini 697 ff).

(2) Bzgl der Vernehmung **minderjähriger** und speziell kindlicher Zeugen sind allg jugendrechtliche Belange ebenso zu berücksichtigen wie der Umstand, daß die Art der Gestaltung der Vernehmung für die Aussageleistung von noch größerem Einfluß ist als bei Erwachsenen (s 1411 ff, besonders 1413–1415). – Wegen der besonderen Umstände bei Jugendschutzsachen wird auf die Spezialliteratur verwiesen (vgl etwa *Eisenberg* JGG §§ 33–33 b Rn 5 a ff; für richterliche Vernehmung gemäß § 162 *Meier* GA **95** 163 f). 1336

(3) In verschiedenen einschlägigen Veröffentlichungen nimmt die Vernehmung **weiblicher** Aussagepersonen (auch immer wieder) im Hinblick auf Aussagefähigkeit und Glaubwürdigkeit von Frauen eine gewisse Sonderstellung ein (zu diesbzgl Literatur bis etwa in die Mitte des 20. Jhd vgl zB *Meinert* 35, *Mönkemöller* XI f, *Fischer* 160). Prinzipiell ist kein Grund vorhanden, diesbzgl Unterscheidungen, die oftmals den Anschein einer Diskriminierung mit sich tragen, aufrechtzuerhalten. Zwar gibt es kommunikationspsychologisch bedeutsame Effekte je nach Geschlecht zB iZm dem Austausch nonverbaler Verhaltensmuster in „normalen" oder gestellten Interaktionen (*Hall* in: Rosenthal 67, 72 f); auch lassen es empirische Befunde denkbar erscheinen, daß Frauen (etwa aufgrund ihrer Sozialisation) unter bestimmten Bedingungen erfolgreicher „lügen" als Männer (*Mehrabian* JExpRPer **71** 64 ff). Die gefundenen Effekte sind jedoch idR komplex und interagieren oft mit anderen Variablen (vgl *Köhnken* PsychR **86** 183).

(4) Das spezielle Problem einer adäquaten Vernehmung der (idR weiblichen) mutmaßlichen Opfer von sexuellen **Gewalttaten** – wie auch der mutmaßlichen Opfer anderer, „geschlechtsneutraler" Gewalttaten – läßt die Spannbreite zwischen völlig unbeteiligten Zeugen auf der einen und traumatisierten Opfern von Gewalttaten auf der anderen Seite erkennen (vgl dazu *Steffen* in: Egg 39 ff, 47; *Greuel/Scholz* in: Egg 55 ff). Die Effizienz derartiger Befragungen kann nicht losgelöst 1337

von der psychischen Verfassung der mutmaßlichen Opfer betrachtet werden, und zwar gerade iZm kriminalpolizeilicher Arbeit, in der die zeitliche Nähe zur Tat von großer Bedeutung ist und die Maxime gilt, daß die (schnelle) erste Vernehmung idR die ergiebigste ist.

Im einzelnen bestehen Bedenken ggü den verschiedenen Formen der Vernehmung mutmaßlicher Opfer als Zeugen außerhalb der HV unter Verwendung der *Video*-Technik, soweit zB eine einzelne Kamera schwerlich den Grundsätzen der Unmittelbarkeit entspricht (aA betr gleichzeitige Übertragung LG Mainz StV **95** 354 f; krit *Dahs* NJW **96** 178) und im übrigen, zumal bei etwaigem Einsatz mehrerer Kameras, keine beeinflussungsfreie Situation besteht. Weder die Frage einer auch dann ggf eintretenden Sekundärviktimisierung noch diejenige nach verzerrenden Einflüssen auf den Aussageinhalt ist empirisch hinreichend überprüft (vgl zu Großbritannien auch *Köhnken* StV **95** 376 ff).

1338 d) aa) Weitgehende Übereinstimmung herrscht über die **äußeren Umstände**, die notwendig sind, um einen reibungslosen Ablauf von Vernehmungen zu ermöglichen (die im Normalfall auf der polizeilichen Dienststelle stattfinden). Für erforderlich gehalten wird idR ein ruhiger Raum ohne Verkehrs- oder sonstige Lärmbelästigung, der zur Vernehmungszeit von anderen Polizeiangehörigen nicht betreten werden sollte. Ausreichende und nicht als unangenehm empfundene Beleuchtung, „gute Luft", eine angenehme Temperatur und zweckmäßiges Mobiliar sind – zumindest in der Theorie – selbstverständlich. Der Raum sollte so beschaffen sein, daß eine gewisse „Störungsfreiheit" der an der Vernehmung Beteiligten gewahrt wird – Räume, in die man von außen Einblick hat, oder die das Gefühl entstehen lassen, daß weitere Personen mithören können, verbieten sich von daher (vgl näher 534).

1339 bb) Bzgl der Vernehmungs**sprache** wird von der Verwendung eines nicht vollständig beherrschten Dialekts bzw Jargons durch den Vernehmenden abgeraten; dagegen soll es für den Informationsfluß positiv sein, wenn Aussagepersonen, die sich gewohnheitsmäßig eines Dialekts bzw Jargons bedienen, diesen auch in die Vernehmung einbringen (*Arntzen* 16 f). Zur Vermeidung von Verständnisschwierigkeiten und Mißverständnissen sollten grds abstrakte Begriffe, verschachtelte Sätze sowie die Vermengung zweier (oder mehrer) Gedankengänge (bzw Fragepunkte)
1340 in einem Satzgefüge unterbleiben (*Arntzen* 18 f).[79] Ist bei nicht deutschsprachigen Aussagepersonen die Zuhilfenahme eines *Dolmetschers* erforderlich, so gilt die größte Sorge dessen Unparteilichkeit und Genauigkeit (*Arntzen* 20 f).

Hierzu wird empfohlen, nur kurze Fragen zu stellen und jede Gesprächssequenz einzeln zu protokollieren (*Schubert* 218). Der Dolmetscher sollte vorzugsweise simultan bzw wenigstens Satz für Satz übersetzen. Dennoch kommt der Tätigkeit von Dolmetschern ein gewisser unkontrollierbarer Einfluß zu, indem sie Form und Nuancen der einzelnen Gesprächssequenzen bestimmen (vgl zu Anhaltspunkten *Wulf* 513 ff, *Kabbani* StV **87** 410 f); dies dürfte um so mehr gelten, je verschiedener bzgl Struktur, Vokabular und Phonetik die zu übersetzende Sprache vom Deutschen ist. So mag zB eine Übersetzung ins Englische oder auch ins Französische (zumindest rudimentär) nachvollziehbar sein, dagegen kann wohl bzgl zB des Chinesischen nicht einmal die Länge der übersetzten Sequenzen als Indiz für eine korrekte Übersetzung herangezogen werden. – Generell ist durchaus denkbar, daß Dolmetscher zB im Rahmen des „Organisierten Verbrechens" in erpresserischer Weise unter Druck gesetzt werden; uU mögen auch, falls der Dolmetscher dieselbe Nationalität hat wie der zu Vernehmende, landsmannschaftliche Interessen zu unzulässigen Hilfestellungen des Dol-

---

[79] Vgl allg zu verschiedenen Soziolekten und Sprachbarrieren im Text 844, 846 f.

metschers führen. Demggü ist anzumerken, daß die einschlägige Literatur die dem Dolmetschen immanenten Schwierigkeiten und die diesbzgl Leistung des Dolmetschers teilweise nicht hinreichend würdigt (vgl dazu *Schubert* 217 f). Auch mit Blick auf das Klima der Zusammenarbeit scheint es unangebracht, im Dolmetscher in erster Linie eine potentielle Gefahrenquelle bzgl des Erreichens des Vernehmungsziels zu erblicken und ihm die Rolle einer Hilfs- oder Randfigur zuzuweisen (*Schubert* 217). Vielmehr scheint es angeraten, evt Schwierigkeiten des Übersetzens mit dem Dolmetscher zu besprechen. Auf die Mitarbeit von einschlägig „vorbelasteten" Dolmetschern sollte ohnehin, wenn nur irgend möglich, verzichtet werden.

e) aa) Nach verschiedenen empirischen Forschungen (ua im Bereich des BKA) werden vernehmender Polizeibeamter und Aussageperson als „Kommunikationseinheit auf Zeit" (*Banscherus* 31) begriffen, wobei die tatsächliche Herstellung einer funktionierenden **kommunikativen Einheit** gleichzeitig als erste und vorrangigste Aufgabe der Vernehmungsteilnehmer anzusehen ist (*Banscherus* 32): Die gesetzlichen und formalen Bedingungen sorgen lediglich für das Zustandekommen der Vernehmung, zur Entwicklung und inhaltlichen Ausgestaltung kommt es erst durch die Umsetzung der kommunikativen Praxis, die jedes Mitglied der Gesellschaft (üblicherweise) entwickelt hat, unter den (allg wie auch spezifischen) Anforderungen der Vernehmungssituation.[80] **1341**

(1) Innerhalb der Vernehmungssituation herrscht zwangsläufig ein **Ungleichgewicht** zwischen den Beteiligten, das aus dem gesellschaftlichen (und gesetzlich geregelten) Strafverfolgungsauftrag an die Polizei herrührt. Struktur und Zweck des Vernehmungsgesprächs sind damit vorgegeben, die diesbzgl Gestaltung des Gesprächs kommt dem Polizeibeamten zu. Diese sog institutionalisierte Kommunikation ist durch (sozial und gesellschaftlich begründete) Rollenerwartungen geprägt, mit denen die individuellen, aus der eigenen Lebensgeschichte herrührenden Verhaltensdispositionen in Einklang gebracht werden müssen. Weiterhin erfordert der Aufbau einer funktionierenden Interaktion ein gemeinsames System von Symbolen und Bedeutungen, mittels dessen sich die Teilnehmer verständigen können. *Störungen* der Kommunikation ergeben sich dann, wenn dieses Verständigungsmedium nicht für alle Teilnehmer gleichermaßen verfügbar ist, idR also, wenn die Aussageperson den Vorgaben des vernehmenden Beamten qualitativ (Gebrauch von Fachausdrücken, „institutionalisierte" Sprache) oder quantitativ (aufgrund eines allg geringeren Symbolvorrats) nicht folgen kann (vgl 846). Zwar ist auch eine diesbzgl Überlegenheit des Vernommenen denkbar, doch hat der vernehmende Beamte aufgrund seiner ihm vom Staat übertragenen Machtbefugnisse grds mehr Möglichkeiten, seinen Vorrat sprachlicher Symbole maßgeblich zu machen. **1342**

(2) Eine Kommunikationsform aber, die sich durch die starre Einhaltung der institutionell vorgegebenen Rollen des Vernehmenden versus des Vernommenen auszeichnet und in der alle wesentlichen Machtbefugnisse beim Vernehmenden liegen, wird als **Zwangskommunikation** gekennzeichnet. Dagegen werden in der kriminalpolizeilichen Vernehmungspraxis durchaus nicht allzu selten sog **pseudosymmetrische** Kommunikationsteile eingeschoben, dh solche, die sich durch einen nichtinstitutionalisierten Interaktionsstil auszeichnen, gleichzeitig jedoch in formal-strukturelle Rahmenbedingungen eingebunden bleiben (vgl Befunde bei *Banscherus* 214). **1343**

---

[80] Anders zB *Gössweiner-Saiko* 15, der den zwangskommunikativen Charakter der Vernehmung als Vorteil begreift, der „keinesfalls verspielt" werden dürfe.

Von 27 von *Banscherus* analysierten Vernehmungen verliefen nur knapp die Hälfte (absolut 12) rein zwangskommunikativ, die restlichen 15 Vernehmungen wiesen darüber hinaus auch pseudo-symmetrische Phasen auf. Eine rein zwangskommunikative Vernehmungsweise ist insbes dann unwahrscheinlich, wenn es sich um die Vernehmung eines Zeugen handelt und/oder ein ausführliches (nicht-zwangskommunikatives) Vorgespräch stattgefunden hat. Von der Art bzw Schwere des untersuchten Delikts schien die Wahl der Kommunikationsebenen dagegen nicht abzuhängen.

Im übrigen läßt sich ein Wechsel auf die Ebene pseudo-symmetrischer Kommunikation als Handlungsempfehlung für solche Vernehmungssituationen verstehen, in denen Störungen auf der zwangskommunikativen Ebene (etwa bei Verständigungsproblemen aufgrund unterschiedlichen Symbolvorrats, s 1342) hervortreten, da die zeitweilige (relative) Gleichberechtigung der Gesprächspartner eine Einigung bzgl des verwandten und für beide verständlichen Symbolvorrats erlaubt.

Das Zulassen oder Initiieren pseudo-symmetrischer Kommunikation in Vernehmungssituationen setzt bestimmte Verhaltensweisen auf Seiten des Vernehmenden voraus. Neben der Akzeptanz der Aussageperson als Kommunikationspartner ist die grds Bereitschaft erforderlich, die Anregung pseudo-symmetrischer Kommunikation von Seiten des Aussagenden aufzugreifen, wenn die Situation dies angeraten erscheinen läßt. Tendenziell sind dabei Vorteile bzgl der Vernehmungsatmosphäre zu erwarten, die sich auch im Hinblick auf einen Informationsgewinn auswirken können (*Banscherus* 65). Die größte praktische Schwierigkeit dürfte in der immer neu geforderten, situativ zu treffenden Entscheidung für oder gegen eine bestimmte Kommunikationsebene liegen.[81]

1344 bb) (1) Aus anderer kommunikationstheoretischer Sicht wird die Erschließung des Tathergangs teilweise als ein **„Aushandeln"** begriffen. In Gestalt von „Vorschlägen" (Vorgaben bzw Antworten des Zeugen) und „Reaktionen" (Fragen bzw Aufforderungen des Vernehmenden) werde das Geschehene verhandelt, bis eine Rekonstruktion erreicht ist, die sowohl den Vernehmenden (aufgrund seiner berufsbedingten Kenntnisse und Erwartungen) als auch den Zeugen (aufgrund seiner erinnerten Beobachtung) zufrieden stellt. Von entscheidender Bedeutung für das Ergebnis eines so verstandenen Aushandlungsprozesses ist es, welchem der Teilnehmer welche Macht- und Kontrollbefugnisse zukommen. So gilt insbes, daß ein etwaiges gemeinsames Bewußtsein beider Teilnehmer, zwecks Erzielung eines vernünftigen Resultats zusammenarbeiten zu müssen, dem Zeugen mehr Einfluß und relativ mehr Kontrolle verleiht. Verstehen umgekehrt die Beteiligten oder einer derselben die Methode der Vernehmung als direkt-direktive Fragen und entspr Antworten, erhält der Vernehmende überproportional viel Kontrolle über das Ergebnis (und den Niederschlag desselben im Vernehmungsprotokoll; dazu näher 610 ff; *Schmitz* 47).

1345 Das Aushandeln des Tatgeschehens verläuft nach *Schmitz* auf verschiedenen Ebenen, die nach ihrer Wichtigkeit hierarchisch geordnet sind, wobei dem Aushandeln des Vernehmungs**verfahrens** in erster Linie und dem Aushandeln der Glaubwürdigkeit des Zeugen in zweiter Linie Priorität zukommt.

---

[81] Nach den von *Banscherus* (259) analysierten Vernehmungen hatten die Kriminalbeamten Schwierigkeiten mit der Kommunikation auf der pseudo-symmetrischen Ebene sowie beim Wechsel der Kommunikationsebene; demggü wiesen sie auf der zwangskommunikativen Ebene ein routinierteres und sichereres Gesprächsverhalten auf.

IV. Durchführung der Vernehmung

Diesen Ebenen zugeordnet sind für Vernehmenden und Aussageperson jeweils verschiedene „Aushandlungszüge", die den jeweiligen kommunikativen Spielraum der Teilnehmer reflektieren (und umgekehrt durch ihn, einmal etabliert, bedingt sind); insbes kann die Verwendung bestimmter Aushandlungszüge durch den Vernehmenden den Spielraum des Zeugen erweitern oder verengen. So eröffnet die Aufforderung an den Zeugen, zunächst selber einen „Vorschlag" bzgl der Beschreibung des Tathergangs zu machen, letzterem ein ungleich weiteres Feld als eine Frage mit einer definierten Leerstelle, die als Antwort nur ein Füllen derselben zuläßt (zB eine Frage nach der Bewaffnung des Täters, ja oder nein). Von der Bedeutung sind diesbzgl auch die einzelnen vom Beamten wählbaren Protokollierungsmodi (zB mit/ohne Vorlesen, Zustimmung [nicht bzw nicht explizit] einholen), die in die Gesamtskala der Aushandlungszüge integriert werden (*Schmitz* 190 f).

(a) Aus der Analyse der kommunikativen Vorgänge in der Zeugenvernehmung leitet *Schmitz* Strategien zur Vermeidung von Fehlern in Vernehmungen ab. Empfohlen werden als sog „Rollenübernahme" ein Sich-Hineinfühlen in die Zeugenrolle allg sowie der Versuch, die Situation und Perspektive des Zeugen vor und während seiner Beobachtungen nachzuvollziehen und bei Auswertung und Bewertung seiner Angaben entscheidend mitzuberücksichtigen; dabei sollen sowohl *situative* (zB Beleuchtung, Entfernung) als auch *emotionale Faktoren* miteinbezogen werden. Unter dem Stichwort „Angleichung der Relevanzsysteme" empfiehlt *Schmitz* ein Vorgehen, das im wesentlichen darin besteht, der Aussageperson für sie nachvollziehbar zu erklären, was aus polizeilicher Sicht als relevant gilt, welche Art der Schilderung erwartet wird usw.

So soll der Zeuge die (fast unweigerlich bestehenden) Inkongruenzen zwischen dem eigenen und dem polizeilichen Relevanzsystem erkennen. Während letzteres darauf beruht, was für wichtig erachtet wird, können beim Zeugen zB seine persönliche Betroffenheit, Rachegefühle oder die von ihm wahrgenommene Wichtigkeit seiner Beobachtung im Vordergrund stehen.

Die genannte Angleichung soll zu einer besseren und leichteren Anpassung an die Belange der Behörde und zu einer allg höheren Kooperationsbereitschaft führen.

(b) Als besonders empfehlenswert gilt nach allg Auffassung die Vorgehensweise des „Erzählen-Lassens" (*Fischer* 111 ff, *Bender/Nack* 529 ff, *Arntzen* 22 f; *Müller-Luckmann* in: *Wassermann* 76 f). So konnte empirisch festgestellt werden, daß aus freien Erzählungen zahlreichere und verläßlichere Details resultierten als aus Frage-Antwort-Vernehmungsteilen (*Schmitz* 437, indes ohne quantitative, methodisch genauere Angaben).[82]

1346

Hinsichtlich Möglichkeiten einer Warnung vor Gefahren, die durch nach der ursprünglichen Wahrnehmung eingetretene Falschinformationen (s n 1375 ff) entstehen, wird auf 1383 verwiesen.

(2) Zumindest im Einzelfall kann es allerdings fraglich erscheinen, inwieweit noch ein „Aushandeln" der Wirklichkeit vorliegt oder eher eine **Transformation** der vom Zeugen ursprünglich abgegebenen Geschehensschilderung in eine andere, den Belangen der Subsumtion unter einen Straftatbestand gerecht werdenden Form (s dazu *Flader* in: *Rotter* 133 ff). Ausgangspunkt einer solchen Transformation ist idR, daß der Zeuge seine Gedächtnisinhalte gemäß der ihm relevant erscheinen-

---

[82] Im übrigen wird der Wert von Skizzen und praktisch-technischen Simulationen für die Rekonstruktion von Tathergängen betont (*Schmitz* 444 ff).

den Kriterien organisiert, die sich mit dem durch Subsumtionszwänge vorgegebenen Relevanzsystem der jeweiligen Amtsperson(en) nur in den seltensten Fällen decken werden; folglich kann die Erfüllung der Voraussetzungen dieses oder jenes Straftatbestandes allein aufgrund einer solchen „juristisch naiven", ungesteuerten Sachverhaltsschilderung oft weder bejaht noch verneint werden. Soweit aber nach Auffassung der vernehmenden Person gerade die Blindheit bzw Unbefangenheit des Zeugen bzgl der Entscheidungserheblichkeit seiner Wahrnehmungen zum Zwecke seiner etwaigen Neutralität erhalten werden soll, entsteht in der Vernehmung die Situation, daß die vernehmende Person durch ihre Vorgaben den Übergang des Zeugenwissens in eine andere kognitive Organisationsform zu erreichen versucht, ohne den Zeugen darüber aufzuklären. Das aber wiederum kann zur Folge haben, daß sich der Zeuge bzgl ihm als „nebensächlich" erscheinender Details von der jeweiligen Amtsperson leiten läßt und sich diesbzgl in erheblich stärkerem Umfang suggestibel zeigt, als wenn er sich über die rechtliche Bedeutung solcher Detailbeobachtungen im klaren wäre. Auf Seiten der vernehmenden Person wird idZ nur in Ausnahmefällen das Bewußtsein einer Beeinflussung vorliegen, obwohl es kaum zu vermeiden sein wird, daß sich die Schilderung des Zeugen im Zw eher demjenigen möglichen Sachverhaltsverlauf annähern wird, der – aus welchen Gründen auch immer – der Amtsperson mit Rücksicht auf den bis dato erreichten Erkenntnisstand wahrscheinlicher erscheint. Dies wird insbes dann oft der Fall sein, wenn sich bereits eine Präferenz für den nach allg Lebenserfahrung „plausibleren" Sachverhaltsverlauf herausgebildet hat (vgl dazu Fallbsp bei *Flader* in: Rotter 135 ff).

1347 cc) Allg wird empfohlen, zu Beginn der Vernehmung ein „Sympathieklima" zu schaffen (*Herren* 131; *Schubert* 44; zust *Malek* 349) und sich durch angemessenen **Umgangsstil** den Einstieg in die Kommunikation zu erleichtern (vgl auch *Banscherus* zur pseudo-symmetrischen Kommunikation oben 1343). Soweit vernehmungstaktische Erfordernisse (*Schubert* 43 f) dies erlauben, sei ein höfliches bis freundliches Entgegenkommen der Aussageperson ggü angebracht. Als besonders wichtig gilt darüber hinaus „gutes Zuhören"; mittels „non-verbaler Aufmerksamkeitssignale" (ua häufiger Blickkontakt, Nicken, zustimmende Lautbekundung) sollen Interesse und Aufmerksamkeit der Aussage ggü signalisiert werden. Unterbleiben sollen Verhaltensweisen, die die Kommunikation hemmen, insbes das Unterbrechen der Aussageperson, das Benutzen von Befehlston, ungeduldiges und desinteressiertes Verhalten, Spott, Zynismus und „Moralpredigten", Anschreien, Drohen sowie das Zeigen offenen Mißtrauens (*Schubert* 46 f). Allerdings gelten wiederum einige dieser Verhaltensweisen unter ganz besonderen, sozusagen „rechtfertigenden" Umständen sogar als angezeigt, zB das (kaum vermeidbare) Unterbrechen einer extrem weitschweifigen Aussageperson, deren Redefluß nicht zu stoppen ist, oder das Zeigen von Mißtrauen als taktisches Mittel (vgl *Schubert* 188; *Brack/Thomas* 168; differenzierend *Bender/Nack* 641).

1348 dd) Eine Ladung insbes zur **HV** ist für die meisten Zeugen ein Ärgernis oder gar eine Beschwernis (vgl auch *Müller-Luckmann* in: Wassermann 77; *Arntzen* 6). Die mitnichten seltene Situation, daß Zeugen unter unerfreulichen Bedingungen (Räumlichkeiten, Verpflegungsmöglichkeiten etc) auf „ihren" Prozeß bzw ihre Mitwirkung in demselben warten müssen, schränkt darüber hinaus die Kooperationsbereitschaft (weiter) ein und mag bei manchem Zeugen zu einer gewissen

IV. Durchführung der Vernehmung

negativen Einstellung ggü dem Gericht führen. Deshalb sollte jede Möglichkeit genutzt werden, die Kooperationsbereitschaft der Zeugen, zB mit einigen einleitenden freundlichen Worten (etwa als Begrüßung oder auch Dank für das Erscheinen bzw Hinweis auf akzeptable Aufenthaltsorte), zu fördern.

Grds gilt Entspr auch für die Befragung durch den Vert (s n *Barton* Zeugenbeweis 52 ff, 56 ff).

ee) (1) (a) Für die Vernehmung von Augenzeugen wird verschiedentlich die **1349** Technik des sog **„Kognitiven Interviews"** empfohlen, dessen Grundform aus vier Techniken bzw Erinnerungshilfen besteht, die vom Vernehmenden in Form von Anweisungen vor der freien Wiedergabe des beobachteten Geschehens gegeben werden (*Geiselmann/Fisher* in: Raskin 192 f): (1) Rufen Sie sich die äußeren Umstände ins Gedächtnis zurück (versuchen Sie, sich „zurückzuversetzen"), (2) Versuchen Sie, vollständig zu berichten (auch Details, die Ihnen unwichtig erscheinen), (3) Schildern Sie Ihre Erinnerung in verschiedener Reihenfolge (zB auch einmal in umgekehrter zeitlicher Reihenfolge), (4) Wechseln Sie die Perspektive (schildern Sie zB auch aus der Perspektive des Opfers, des Täters, eines anderen Zeugen).

Darüber hinaus können, je nach Stand der Aussage und relevanten Details der Tatbegehung, in der Befragungsphase der Vernehmung spezielle Techniken eingesetzt werden.

Bzgl der *Erscheinung* des Täters sollen Fragen gestellt werden wie „Erinnerte Sie der Täter an jemanden, wenn ja, warum", „Gab es irgendetwas Ungewöhnliches an seiner Erscheinung oder an seiner Kleidung". Entspr Fragen können auch betr die Stimme des Täters eingesetzt werden.

Falls *Unterhaltungen* des oder der Täter(s) vom Zeugen mitangehört wurden, soll nach ungewöhnlichen Worten und Redewendungen gefragt werden; weiterhin soll der Zeuge seine und die Reaktion anderer auf das, was gesagt wurde, schildern. Falls idZ Namen mitgehört wurden, an die sich der Zeuge nicht mit Sicherheit erinnern kann, soll er zunächst versuchen, sich an den ersten Buchstaben des Namens zu erinnern, indem er das Alphabet diesbzgl durchgeht. Danach soll er versuchen, sich die Anzahl der Silben zu vergegenwärtigen.

Eine besondere Technik wird schließlich noch eingesetzt, um die Erinnerung an gesehene *Autonummernschilder* wachzurufen. Dazu gehören Aufforderungen, sich zunächst die Rückseite des Wagens vorzustellen, daran anschließend die Position des Nummernschildes und der einzelnen Elemente bzw Zeichen. Ebenfalls verwandt wird idZ ein „Nummernschild-Baukasten", der es erlauben soll, mittels Ausprobierens möglicher Kombinationen die visuelle Erinnerung an das gesehene Schild zu stimulieren (*Mackinnon ua* ApplCogPsy 88).

(b) Zu Fragen nach Effektivität und Unschädlichkeit der Vernehmungsführung **1350** mittels der Methoden des Kognitiven Interviews ist eine Reihe von Experimenten durchgeführt worden. Entscheidend ist dabei zum einen, ob mit Hilfe des Kognitiven Interviews eine höhere Anzahl zutreffender Details erinnert wird; mindestens genauso wichtig ist jedoch, ob es etwa gleichzeitig zu einer Erhöhung der Anzahl irrtümlich wiedergegebener Einzelheiten kommt.

Geiselman ua (AmPsy **86** 388 ff) verglichen die jeweilige Effektivität der Vernehmungsmethoden, die Angehörige der (kalifornischen) Kriminalpolizei aufgrund ihrer Ausbildung und Erfahrung praktizieren, und der Vernehmungsführung mittels kognitivem Interviews. Vernommen wurden die „Zeugen" eines Films, in dem zu polizeilichen Trainingszwecken ein bewaffneter Raubüberfall mit Todesfolge weitestgehend realitätsgetreu simuliert wird. Die Vernehmungen fanden ungefähr 48 Stunden nach Betrachten des Films statt. Die Zeugen stammten aus verschiedenen Schichten der Bevölkerung und übten unterschiedliche Berufe aus (die sozioökonomische Zusammensetzung der Gruppe soll in etwa der des Bundesstaates Kaliforniens entsprochen haben). Als Vernehmende wurden Beamte der genannten Polizei eingesetzt. Ein Teil von ihnen war vorher mit den Techniken des Kognitiven Interviews vertraut gemacht worden und hatte den Auftrag, die Vernehmung entspr zu gestalten, ein anderer Teil sollte die Vernehmung entspr sonstigen Vernehmungsgewohnheiten führen; allerdings sollte in jedem Fall ein freier Bericht des Zeugen an erster Stelle stehen (vgl 583, 842).

Insgesamt konnten die Augenzeugen, die mit Hilfe der Techniken des kognitiven Interviews vernommen wurden, ca 17% mehr zutreffende Details erinnern als Augenzeugen, die einer Standardbefragung unterzogen wurden (entspr einer signifikanten Steigerung). Im Gegenzug war kein Anstieg in der Menge der fälschlich erinnerten Details durch das kognitive Interview zu verzeichnen (*Geiselman* ua AmPsy **86** 393).[83] – Ähnliche Ergebnisse finden sich in einer Reihe weiterer Studien (*Geiselman* ua JPolSc&Ad **84** 74 ff; *Geiselman/Fisher* in: Raskin 191 ff).

1351 (c) Das Kognitive Interview hat zumindest im deutschsprachigen Raum noch keinen Eingang in die Vernehmungspraxis gefunden; so ist auch die Frage der Zulässigkeit der entspr Methoden im Hinblick auf §§ 69 Abs 2, 136 a noch ungeklärt.

Hypnose iSv § 136 a Abs 1 ist eine Einwirkung auf einen anderen, durch die unter Ausschaltung des bewußten Willens eine bestimmte Fokussierung der Vorstellungsrichtung erreicht wird (s näher 678 ff). Demggü fehlt es beim Kognitiven Interview an der Ausschaltung des bewußten Willens der Aussageperson, letztere ist jederzeit im vollen Besitz ihres Bewußtseins und ihr Wille ist zu keiner Zeit eingeschränkt. Das Kognitive Interview ist von daher keine hypnose-ähnliche Maßnahme und würde somit nicht – auch nicht analog – unter das Hypnoseverbot des § 136 a Abs 1 fallen.

Einsicht iSv § 136 a Abs 2 meint das Erkennen der inhaltlichen und wertmäßigen Bedeutung der Aussage (s näher 644); die Fähigkeit dazu wird durch das Kognitive Interview als einer Methode, die die Verstandeskräfte und den freien Willen in jedem Fall unberührt läßt, nicht eingeschränkt. Strittig könnte sein, ob die zur Diskussion stehenden Methoden einen Eingriff in das Erinnerungsvermögen iSv § 136 a Abs 2 darstellen, zumal sowohl Maßnahmen zur Verschlechterung wie auch zur Verbesserung des Erinnerungsvermögens unter das Verbot fallen (s auch 644). Zulässig sind demnach Hilfen, die iS einer Befreiung der Gedächtnisfähigkeit von Störeinflüssen gegeben werden, nicht dagegen Hilfen, die über das hinausgehen, was die Erinnerungsfähigkeit im optimalen, ungestörten Falle von alleine leisten könnte.[84] Hiernach wären die Mittel des Kognitiven Interviews als zulässig zu beurteilen, handelt es sich doch um Anregungen und Aufforderungen, die der kognitionspsychologischen Erforschung des Gedächtnisses entlehnt sind und die stets nur der optimalen Ausnutzung des individuellen Erinnerungsvermögens dienen; es werden mit den Methoden des Kognitiven Interviews keinerlei Erinnerungen hervorgerufen, die nicht durch Denkarbeit reproduziert werden, während sämtliche Beispiele unzulässiger Einflußnahme auf das Erinnerungsvermögen Vorgänge betreffen, in denen Erinnerungen ohne aktive und bewußte Denkarbeit produziert werden.

---

[83] Ergänzend wird von der US-amerikanischen Forschungsgruppe um *Geiselman* von verfeinerten und revidierten Techniken berichtet, die noch erfolgreicher seien als die ursprüngliche Form des Kognitiven Interviews (*Fisher* ua JPolSc&Ad **87** 291 ff).
[84] S auch *Peters* 336: in „den die Erinnerung tragenden Besitzstand" dürfen keine fremden Elemente einfließen.

(d) Was die Frage nach der Zuverlässigkeit von mittels Kognitiven Interviews **1352**
gewonnenen Vernehmungsergebnissen angeht, so läßt sie sich aufgrund des empirischen Forschungsstandes noch nicht abschließend beurteilen. Insbes ist zT noch nicht sicher auszuschließen, ob es uU durch das Kognitive Interview zu einer Häufung fälschlich erinnerter Details kommen kann (vgl aber 1350); als problembehaftet kann sich darüber hinaus die Glaubwürdigkeitsüberprüfung von Zeugenaussagen, die mittels Kognitivem Interview ermittelt wurden, erweisen (vgl *Köhnken* KI). Schließlich vermögen einige Methoden des Kognitiven Interviews Zeugen zu Spekulationen (über Reaktionen, Gemütszustände und Beobachtungen Dritter) anzuregen, die bei der Auswertung mittels Kognitiven Interviews erhobener Aussagen berücksichtigt und klar von tatsächlichen Erinnerungen aus der eigenen Perspektive abgegrenzt werden müssen.[85]

Speziell bzgl der Frage nach der Geeignetheit für *kindliche* Zeugen wurden empirische Anhaltspunkte für eine Zunahme fabulierter oder falsch erinnerter Details gefunden (vgl *Köhnken* KI), andererseits jedoch in Frage gestellt (*Saywitz ua* JApplPsy **92** 744ff). Kontrovers ist auch der Kenntnisstand dazu, ob insbes Kinder im Vorschul- und frühen Grundschulalter zumindest zT die Erinnerungshilfen des Kognitiven Interviews noch nicht hinreichend verstehen und auch nicht effektiv nutzen können (s dazu *Memon ua* JCrimLegPsy **93** 3ff sowie Beiträge in *Ceci ua*).

(2) Andere Verbesserungsvorschläge, die zT bei der Gestaltung von Verneh- **1353**
mungen nutzbar gemacht werden können, stammen aus dem Bereich des Kommunikationstrainings für „Führungskräfte" insbes der freien Wirtschaft. Hingewiesen wird idZ vor allem auf das Vermeiden von Botschaften, die zu einem Abbruch der *Gesprächsbereitschaft* auf zumindest einer Seite führen. Dabei handelt es sich zum einen um Reizwörter (*Crisand* 13), zum anderen um Botschaften in der sog „Sie-Form"; letzteres betrifft Vorwürfe (zB: „Wie konnten Sie so etwas tun"), die zu Abwehrmechanismen und Widerstand führen. Ähnliches gilt für sog nicht reversible Aussagen, die das Machtgefälle in hierarchisch strukturierten Gesprächssituationen (auf Kosten des unterlegenen Gesprächspartners) zum Ausdruck bringen (*Crisand* 107f).

Von großer Bedeutung für die Vernehmungspraxis sind Strategien zur Vermeidung von *Zuhörfehlern*. Erfahrungsgemäß besteht in allen Gesprächen die Hauptschwierigkeit des Zuhörenden, den Inhalt der Aussage vollständig und iSd Sprechenden aufzunehmen (*Crisand* 64). Wie mittelbar aus der Häufigkeit von Protokollierungsfehlern und -mißverständnissen zu schließen ist, machen Vernehmungsgespräche darin keine Ausnahme. Empfohlen zur Beilegung derartiger Schwierigkeiten wird die Technik des „aktiven" oder partnerzentrierten Zuhörens. Im wesentlichen handelt es sich dabei um das (trainierte) Vermeiden von Zuhörungsfehlern (wie mangelnde Aufmerksamkeit, Übernahme von Andeutungen als konkrete Aussage, falsche oder zu weitgehende Interpretationen usw) iVm den Techniken des Paraphrasierens und Verbalisierens (das Wiederholen der sachlichen bzw emotionalen Aussage des Partners mit eigenen Worten). Wenngleich

---

[85] Freilich kommen Mutmaßungen, Gefühlszuschreibungen etc gelegentlich auch in Aussagen vor, die aufgrund von Standardvernehmungen gewonnen werden, und auch dann muß eine diesbzgl Trennung zwischen verwertbaren und nicht verwertbaren Aussageteilen getroffen werden.

entspr Techniken im Vernehmungsgespräch nur maßvoll eingesetzt werden sollten, ist eine sparsame Anwendung bei wichtigen Punkten allemal zu empfehlen (vgl auch 585).

1353a f) aa) (1) (a) Als Teil der Zeugenvernehmung wird in geeigneten Verfahren eine **Gegenüberstellung** zur Täteridentifizierung durchgeführt. Die Zeugen dürfen zuvor weder mit dem Verdächtigen noch mit den Vergleichspersonen in Berührung kommen (s auch *Meyer/Wolf* 311); das gleiche gilt, wie bei Zeugenvernehmungen schlechthin, auch für Zeugen untereinander.

Die (offen oder verdeckt durchführbare) **Einzel**gegenüberstellung hat im allg einen geringeren Beweiswert[86] als die Wahlgegenüberstellung (KMR-*Paulus* 14 zu § 58). Daher sind dem Zeugen, der einen Täter identifizieren soll, idR mehrere Personen – simultan oder sequentiell (s 1405) – gegenüberzustellen (Karlsruhe NStZ **83** 377), die sich in allen nach der Aussehens- bzw Stimmenbeschreibung des Zeugen wesentlichen Merkmalen gleichen (**Wahl**gegenüberstellung; vgl RiStBV Nr 18; zu Kriterien vgl auch *Artkämper* Krim **95** 648; s n 1383 ff, 1403 ff); technisch kann dies auch durch Vorführung eines (zuvor hergestellten) Videofilms bzw Tonbandes geschehen.

(b) (aa) Maßgebend für die *Auswahl* der „Strohmänner" muß die Übereinstimmung mit der Täterbeschreibung (s grds Köln StV **94** 68) auch dann sein, wenn diese wenig genau und ausführlich ist.

Auch aus diesem Grunde wird im allg empfohlen, den *Zeitpunkt* der Gegenüberstellung nicht zu früh anzusetzen, weil ohne sonstige Ermittlungsergebnisse eine nicht sachgerechte Ermittlungsrichtung veranlaßt werden könnte (vgl *Meyer/Wolf* 307).

Nicht hingegen darf die Auswahl gemäß einer Ähnlichkeit mit dem Verdächtigen (oder gar der Kulissenpersonen untereinander) geschehen. Empirisch belegt ist, daß bei dem zuletzt genannten Verfahren die Anzahl falscher Identifizierungen signifikant ansteigt (*Navon* Law & HumB **92** 575 ff; *Wells ua* JApplPsych **93** 835 ff; s auch *Wogalter ua* ApplCogPsy **92** 443 ff).

Im einzelnen kann schon eine besondere *Kleidung* des Verdächtigen dem Zeugen die Identifizierung jener Person als die des Täters nahelegen (vgl AG Unna StV **82** 109; betr Altersunterschied AG Bremen StV **92** 414).

(bb) Was die *Zahl* angeht, so gilt es als geeignet, 6 oder 8 Personen dem Zeugen gegenüberzustellen, wobei eine gerade Zahl einen „Mitteleffekt" vermeidet (vgl *Weihmann* 141); um dem Einwand einer Steuerung durch das Verfahren zuvorzukommen, empfiehlt es sich, den Beschuldigten seine Plazierung selbst wählen zu lassen (s auch *Esders* in: Kraheck/Brägelmann 78).

Die *verdeckte* Wahlgegenüberstellung bietet den Vorteil, daß ggü dem Beschuldigten keine – die Identifizierungsbedingungen beeinträchtigenden – Zwangsmaßnahmen (s 1224) erforderlich werden können und dieser sich nicht bewußt auffällig verhalten wird (zB Gang, Stellung). Andererseits ergeben sich empirische Bedenken betr Umstände verdeckter Gegenüberstellung (zB Arbeitsplatz, Veranstal-

---

[86] Nur in Einzelfällen ganz besonderer, vom Zeugen zuvor dargelegter Eigenarten des Aussehens, der Stimme oder dergleichen ist sie nicht bar jeden Beweiswerts. Jedoch muß sich das Gericht dann des besonderen Risikos der Falschidentifizierung erkennbar bewußt sein (BGH **39** 66; NStZ **94** 598).

tung, Strafvollzugsanstalt) daraus, daß sich insoweit die zur Auswahl gestellten Personen idR nicht hinreichend gleichen, weil der Einfluß auf deren Zusammensetzung eher gering ist; auch kann je nach der Örtlichkeit die Zahl der einsetzbaren Zeugen begrenzt sein. Rechtlich unzulässig ist dieses Vorgehen weithin dann, wenn die Maßnahme zu dem Zweck geschieht, dem Zeugen die Wahrnehmung bestimmter, nicht erzwingbarer Bewegungsabläufe oder Enäußerungen zu ermöglichen (s n 1224; vgl auch *Odenthal* 50 ff).

(2) Durchaus häufiger ist in der Praxis die Verwendung von **Lichtbildern**. Dabei ist zu unterscheiden zwischen einer gezielten *Wahllichtbildvorlage* ermittelter Tatverdächtiger und Vergleichspersonen einerseits und der Präsentation von *Lichtbildkarteien* andererseits.

1353 b

Bei dem erstgenannten Vorgehen gelten die zur Wahlgegenüberstellung genannten Regeln entspr. Insbes ist die Auswahl der Vergleichsfotos an der Täterbeschreibung durch den Zeugen zu orientieren (vgl LG Essen StV **94** 365; LG Bremen StV **94** 647).

Das zweitgenannte Verfahren gilt (oder galt) bei Verfolgung unaufgeklärter Taten, bei deren Begehung der Täter gesehen worden sei, als Routinemaßnahme, wobei – abgesehen von etwa freiwillig zur Verfügung gestellten Lichtbildern Dritter – meist Lichtbilder bereits *verurteilter* Personen präsentiert werden (LG Köln NStZ **91** 202, unter Verneinung einer Suggestion; s näher zur Problematik 1399 ff, 1405). Soweit vorbehaltlich bundesgesetzlicher Regelung wegen des Allgemeinen Persönlichkeitsrechts (Art 2 Abs 1 iVm Art 1 Abs 1 GG) bzw datenschutzrechtlich jedoch allenfalls Lichtbilder solcher Personen benutzt werden dürfen,[87] die in konkreten Ermittlungsverfahren tatverdächtig sind, reduziert sich die praktische Bedeutung dieses Vorgehens.

In Verfahren wegen *Ordnungswidrigkeiten* dürfen Lichtbilder aus Kriminalakten oder Lichtbildvorzeigekarteien *nicht* benutzt werden.

Zu beachten ist, daß eine Gegenüberstellung keinen eigenständigen Beweiswert hat, wenn bereits dieselbe(n) Person(en) auf Lichtbildern wiedererkannt wurde(n) (s 1402 ff).

bb) In Fortführung der Vernehmung ist der Zeuge zu befragen, **ob** der Täter sich unter den gegenübergestellten bzw durch Lichtbild präsentierten Personen befindet. Bejaht der Zeuge dies, ist er möglichst präzise zu befragen, **woran** er den Täter **erkannt** habe (vgl etwa LG Bremen StV **94** 647 [betr Identifizierung der Stimme]).

1353 c

cc) Da dieser gesamte Teil der Beweisaufnahme in einer HV nicht wiederholbar ist, sind eine genaue **Dokumentation** der Gegenüberstellung bzw Lichtbildvorlage in die Akten aufzunehmen oder diesen beizufügen (s auch *Artkämper* Krim **95** 650) und Bekundungen des Zeugen wortgetreu festzuhalten. Dabei ist bzgl dieser Bekundungen streng danach zu trennen, ob sie *vor* oder *nach* der Gegenüberstellung gemacht wurden (ebenso *Eggert* ZAP **95** 476 ff, 481; s auch *Glaser* Krim **95** 656).

---

[87] Die Frage wird regional unterschiedlich beurteilt (vgl etwa Untersagung IM NRW v 12.12.92 [-4090-IIIa 50-]; abl auch *Artkämper* Krim **95** 649 f). Mitunter wird empfohlen, im Scanner-Verfahren hergestellte Bilder zu verwenden.

Technisch empfiehlt sich ggf eine Videoaufzeichnung.[88] Speziell betr Stimmenidentifizierung erscheint eine Tonträgeraufzeichnung besonders geeignet, und zwar zur Aufnahme des von dem Beschuldigten und von den Vergleichspersonen gesprochenen Textes (s auch *Odenthal* NStZ **95** 579), jedoch setzt dies das Einverständnis des Beschuldigten voraus (s 675 ff).

dd) Fehler bei der Durchführung der Gegenüberstellung beeinträchtigen zwar den Beweiswert des Wiedererkennens, führen aber nicht zu einem rechtlichen Verbot der Verwertung des Beweismittels (BGH bei *Spiegel* DAR **76** 94; Düsseldorf StV **94** 8; LR-*Dahs* 14 zu § 58; s näher 1477 ff).

1353 d g) Speziell bei der Verfolgung unaufgeklärter mutmaßlicher Taten, bei deren Begehung der Täter gesehen worden sei, geht ein Bemühen dahin, **Zeugenerinnerungen an** die **Gesichtszüge** eines beobachteten Täters in bildliche Darstellungen zu „übersetzen" („Phantomdarstellung", vgl etwa Köln StV **95** 259), um damit insbes die **Fahndung**sarbeit zu erleichtern und auszudehnen. Dies geschieht im wesentlichen nach 3 verschiedenen Verfahren: Ursprünglich wurde die Aufgabe von Polizeizeichnern wahrgenommen, die in besonderen Fällen auch heute noch zum Einsatz gelangen. Daneben begann man bereits Ende des 19. Jhd (in Frankreich) damit, „Zusammensetzsysteme" aus typisierten Gesichtsteilabbildungen zu erproben. Ende des 20. Jhd werden aus Kostengründen wie auch aufgrund der flexibleren Einsatzmöglichkeiten zunehmend computergestützte Gesichtsrekonstruktionssysteme verwendet.

IdR müssen Augenzeugen bei der Anwendung eines Gesichtsrekonstruktionssystems die von ihnen als **visuelle Gesamtheit** gespeicherten Gesichtszüge der Zielperson gedanklich in Teile zerlegen (sog „recall"), was nach kognitionspsychologischen Befunden wesentlich schwieriger ist als das – insofern holistische – Wiedererkennen eines Gesichts (sog „recognition"). Zusätzliche Komplikationen ergeben sich (meist) daraus, daß die visuelle Wahrnehmung in **verbale** Informationen „übersetzt" werden muß; so sind spontane verbale Beschreibungen meistens vage, allg und unvollständig.

Zur Erleichterung derartiger Täterbeschreibungen wurden verschiedene Methoden der gerichteten oder geleiteten Schilderung entwickelt, die ua durch Vorgabe von (Rating-)Skalen mit zur Beschreibung von Gesichtszügen geeigneten Adjektiven ein möglichst vollständiges verbales Abbild der visuellen Zeugenwahrnehmung erzielen sollen (zu Bsp s *Franzen ua* in: Sporer/Meurer 9 ff). Der praktische Nutzen selbst solcher optimierter Beschreibungen erscheint jedoch ggü bildlichen Wiedergaben eher gering, da immer nur ein kleiner Teil visuell wahrnehmbarer Merkmale sprachlich darstellbar ist, so daß das Vorstellungsbild, das in einem Dritten aufgrund einer verbalen Beschreibung entsteht, von dem Ausgangsbild des Beschreibenden erheblich abweichen mag. Zudem weisen experimentelle Befunde darauf hin, daß das Anstrengen verbaler Enkodierungs- und Abrufstrategien das bildliche Erinnerungsvermögen zu beeinträchtigen vermag und solchermaßen bei den Augenzeugen zu späteren schlechteren Wiedererkennensleistungen führen kann (*Holland ua* in: Sporer/Meurer 197; vgl zT abw aber auch *Yu/Geiselman* CrimJ&B **93** 280 ff).

Unter Berücksichtigung dieser Einwände werden in den computergestützten Systemen zur Gesichtsrekonstruktion die Rekonstruktionsbilder höchstens noch zT beschreibungsgeleitet erstellt; in erster Linie beruhen sie auf der eigenständigen Auswahl einzelner Gesichts-, uU auch Haar- und Bekleidungsmerkmale aus einem entspr Angebot, das vom System bereitgehalten wird, und deren Zusammensetzung zum kompletten Bild durch einen Fachmann oder aber zT auch den Zeugen selbst vorgenommen wird.

---

[88] Zur Unbedenklichkeit s BVerfG NStZ **83** 84.

IV. Durchführung der Vernehmung

aa) (1) Die Qualität der Wiedergabe durch einen **Polizeizeichner** hängt entscheidend von der jeweils individuellen Begabung und Erfahrung ab. Aus Gründen der erheblichen Personalkosten sind kompetente Zeichner nicht immer, nicht überall und oft nicht sofort verfügbar. In besonderen Fällen jedoch mögen künstlerisches Einfühlungs- und Ausdrucksvermögen sowie die durch andere Methoden unerreichbare Flexibilität der Darstellung unverzichtbar sein.

1353 e

(2) Das **Identi-Kit** besteht in seiner heute gebräuchlichen 2. Version aus 470 durchsichtigen Folien mit fotografischen Wiedergaben der Gesichtsteile Stirn einschl Haaranteile, Augen, Nase, Mund und Kinn. Zur Gesichtsrekonstruktion werden einzelne Folien von einem entspr geschulten Fachmann nach den Angaben des Zeugen übereinander gelegt. Die durch das Identi-Kit erreichbare Qualität der Wiedergabe wurde allerdings in mehreren Studien als eher unzureichend bewertet (*Laughery/Fowler* JApplPsy **80** 307 ff; vgl auch *Franzen ua* in: Sporer/Meurer 15).

(3) Bei dem **Photofit**-System werden Abbildungen der einzelnen Gesichtspartien in einem speziellen Rahmen zusammengesetzt und können zusätzlich mit einem Stift dem erinnerten Gesicht angeglichen werden.

(4) Beim sog **Minolta Montage Synthesizer** wird mittels einer optischen Überblendung aus vier ausgewählten ganzen Gesichtsfotografien ein Zielbild erstellt. Dieses System ist relativ kompliziert in der Anwendung und erfordert einen erfahrenen Fachmann zur Durchführung.

(5) Zur Anwendung auf Macintosh-Computern besteht das Programm **Mac-a-Mug-Pro**, das dem Benutzer zur eigenständigen Zusammensetzung auf dem Bildschirm eine jeweils unterschiedliche Anzahl von Varianten der einzelnen Gesichtsmerkmale („features") wie Augen, Nase, Mund, Kinn, Haare usw anbietet.[89]

1353 f

Als vorteilhaft gilt die eher leichte Erlernbarkeit und Anwendbarkeit sowie die schnelle und problemlose Auswechselbarkeit einmal gewählter „features". So erscheint es an sich möglich, Zielbilder direkt vom Augenzeugen in Eigenregie erstellen zu lassen. Zur bestmöglichen Ausnutzung der Möglichkeiten des Programms einschließlich aller Sonderfunktionen wie Verschiebungen der vorgegebenen Gesichtsteile in die Länge oder Breite, Aufhellungen und Nachdunkelungen sowie freihändiges Hineinzeichnen oder -radieren bietet sich jedoch die Bedienung durch einen Fachmann an (s aber zu Problemen 1353 d).

Die Effektivität von Mac-a-Mug-Pro wurde zB von *Cutler ua* untersucht (ForR **88** 207 ff). Dabei wurden den Pben insgesamt 70 Fotografien von verschiedenen Personen sowie 10 Mac-a-Mug-Pro-Rekonstruktionen vorgelegt, die von einem Fachmann anhand von 10 der Fotos angefertigt worden waren. Unter drei verschiedenen Bedingungen sollte dann eine Zuordnung Rekonstruktion/Foto vorgenommen werden: (1) Fotos und Rekonstruktionen wurden gleichzeitig dargeboten, (2) erst wurden die Rekonstruktionen gezeigt, dann die Fotos und (3) die Fotos wurden vor den Rekonstruktionen gezeigt. Unter der ersten Bedingung wurden signifikant mehr richtige Zuordnungen vorgenommen als unter den anderen beiden; die zweite und dritte Bedingung unterschieden sich dagegen nur insofern, als sich die Pben bzgl ihres Zuordnungsurteils sicherer waren, wenn sie zuerst die Fotos und dann die Rekonstruktionen sahen. Bei allen Bedingungen aber lag die Trefferquote weit über Zufallsniveau, so daß insoweit eine Geeignetheit des Systems nicht verneint werden kann. Fraglich ist indes, ob sich diese Ergebnisse auf weniger optimale Herstellungsbedingungen der Rekonstruktion (etwa nach der Beschreibung eines wenig wortgewandten Augenzeugen) und

---

[89] Dabei ist an der Gestaltung einzelner Gesichtsmerkmale wiederholt Kritik geübt worden. Auch bei an sich realistischer Gestaltung einzelner Merkmale passen nicht alle zueinander, so daß die theoretisch mögliche Zahl an Kombinationen praktisch kaum ausgenutzt werden kann.

andere Identifizierungssituationen (etwa die zufällige Begegnung mit dem mittelbar Abgebildeten) ohne weiteres übertragen lassen.

1353 g (6) Aus der Vielzahl sonstiger computergestützter Systeme zur Erstellung von Gesichtsrekonstruktionen baut zB das (vom BKA verwendete) **Personen Recherche System (PERES)** auf einem System digitalisierter Lichtbilder auf, die anhand sowohl (standardisierter) verbaler Aussagen eines Augenzeugen als auch einscannbarer Lichtbilder zugänglich sind. In einem zweiten Schritt ist es dann möglich, die hergestellte Rekonstruktion nach der Methode mathematischer Mustererkennung zu vermessen und als solche zu ebenfalls entspr transformierten Lichtbildern abstrakt vergleichbar zu machen, was zB eine Vorauswahl von Fotos für Lichtbildvorlagen erlaubt. Über systematische Evaluierungen der Möglichkeiten des PERES-Systems scheint einstweilen wenig bekannt zu sein (vgl *Franzen ua* in: *Sporer/Meurer* 23).

Ebenso wie PERES ist auch das (in Österreich entstandene und angewandte) System **Eye-Manage** geeignet, neben der Erstellung von Rekonstruktionsbildern neue (Augenzeugen-) Informationen mit den in Lichtbild- und Beschreibungsdatenbanken vorhandenen zu vergleichen und ggf zu ergänzen. Das (vom bayrischen BKA verwandte) System **Facette** ist vom Aufbau her dem Mac-a-Mug-Pro durchaus ähnlich, allerdings mit dem Unterschied, daß von einem zu modifizierenden „Neutralgesicht" ausgegangen wird. **E-Fit** wurde in Großbritannien entwickelt und baut im Unterschied zu Mac-a-Mug und Facette auf fotografischen Graustufenbildern von Gesichtsmerkmalen auf.

Ein systematischer Qualitätsvergleich der verschiedenen Systeme steht zZ noch aus.

1353 h bb) (1) Neben der Frage nach der (von dem verwandten System abhängigen) Qualität der jeweiligen Gesichtsrekonstruktionen erscheint bzgl der Anwendbarkeit bedeutsam, inwieweit die zur Herstellung einer Rekonstruktion vom Augenzeugen zu fordernden Tätigkeiten sowie die kognitive Beschäftigung mit dem Rekonstruktionsbild das bildliche *Erinnerungsvermögen beeinflussen* können. Die allg bestehende Gefahr, daß sich das Anwenden verbaler Enkodierungs- und Beschreibungsstrategien negativ auf die Qualität des visuell gespeicherten Erinnerungsbildes auswirkt (s 1353 d), ist iZm Gesichtsrekonstruktionssystemen um so größer, je mehr diese in ihrer Anwendung von der verbalen Beschreibung durch den Augenzeugen abhängig sind. Dagegen soll visuelles Memorieren das Erinnerungsbild und damit eine eventuelle spätere Wiedererkennungsleistung sogar verbessern (*Read ua* ApplCogPsy **89** 295 ff). Unter diesem Aspekt scheinen also Systeme, die die Auswahl und Zusammensetzung der einzelnen visuellen Stimuli zum Zielgesicht (weitgehend) dem Augenzeugen selbst überlassen, eher vorzugswürdig.

Eine weitere Gefahr könnte jedoch dergestalt bestehen, daß ein nicht ganz gelungenes bzw fehlerhaftes Rekonstruktionsbild den ursprünglichen visuellen Gedächtnisinhalt verfälscht.

Dies ist insbes iZm Rekonstruktionsbildern erforscht worden, die mittels Identi-Kit (s 1353 d) hergestellt worden sind. Nach der Untersuchung von *Comish* (JApplPsy **87** 488 ff) waren Pben besonders anfällig für spätere Falschidentifikationen (auf Foto), wenn die auf dem Foto gezeigte Person dem eigenen fehlerhaften Rekonstruktionsbild ähnlich sah, dh die Pben konnten nachträglich nicht mehr zwischen ihrem ursprünglichen Gedächtnisinhalt und der Erinnerung an das – den Gedächtnisinhalt nur mangelhaft wiedergebende – Rekonstruktionsbild unterscheiden. – Dagegen fanden *Yu/Geiselman* (CrimJ&B **93** 280 ff), daß das Erstellen eines Identi-Kit-Rekonstruktionsbildes die Gefahr von Falschidentifizierungen nicht erhöhte; vielmehr ergab sich, daß Pben, die vorher ein Rekonstruktionsbild erstellt hatten, signifikant seltener überhaupt ein Foto auswählten als Pben, die vorher kein Rekonstruktionsbild erstellen mußten, dh Pben der ersten Gruppe wiesen weniger Falschidentifizierungen, aber auch weniger richtige Identifizierungen auf. *Yu/Geiselman* interpretieren ihre Befunde damit, daß das Erstellen eines Rekonstruktionsbildes die Sensibilität des Zeugen bzgl der Ähnlichkeiten/Unähnlichkeiten zwischen Erinnerungsinhalt und Zielobjekt geschärft haben könnte.

(2) Auf die unterschiedlichen Auswirkungen guter bzw schlechter Rekonstruktionsbilder wiesen *Holland ua* (in: Sporer/Meurer 198) hin. So lag in einem von ihnen durchgeführten Versuch, bei dem Pben nach dem Erstellen von Gesichtsrekonstruktionen mittels Mac-a-Mug-Pro die Zielperson in einer Fotovorlage identifizieren sollten, die Zahl der richtigen Identifizierungen wesentlich höher bei denjenigen Pben, die gute (dh der Zielperson ähnliche) Rekonstruktionsbilder erstellt hatten als bei anderen Pben, die eher unähnliche Rekonstruktionsbilder hergestellt hatten. Dabei sind die Zusammenhänge allerdings noch nicht geklärt. So ist es möglich, daß die Pben, die ein schlechtes Rekonstruktionsbild lieferten, von vornherein ein schlechtes Erinnerungsbild aufwiesen; jedoch kann auch die Gefahr einer Verfälschung des Gedächtnisinhalts durch das visuelle Memorieren eines fehlerhaften Rekonstruktionsbildes nicht ausgeschlossen werden.

4. Revision

a) aa) **§ 57** dient (auch) der Wahrheitsfindung, dh ein Verstoß kann (iVm § 244 Abs 2) das Ermittlungsergebnis sowie „die prozessuale Lage des Angekl" (KMR-*Paulus* 2, 8 zu § 57; *Rudolphi* MDR **70** 99f) beeinträchtigen und die Revision begründen (anders die hM, s nur KK-*Pelchen* 7 zu § 57 mwN: bloße Ordnungsvorschrift). **1354**

§ 58 Abs 1 dient ebenfalls (auch) der Wahrheitsfindung (*Peters* 360; *Rudolphi* MDR **70** 99 f; anders die hM, vgl nur LR-*Dahs* 18 zu § 58: bloße Ordnungsvorschrift, dh Revision nur bei Rüge eines Verstoßes gegen die Pflicht zur Sachaufklärung [§ 244 Abs 2]). Das Unterbleiben einer Gegenüberstellung gem **§ 58 Abs 2** hingegen kann nur dann mit der Revision gerügt werden, wenn dadurch die Aufklärungspflicht verletzt wurde (KK-*Pelchen* 12, LR-*Dahs* 18, beide zu § 58; s auch 1225).

bb) Bzgl **§ 68 Abs 1** wird davon ausgegangen, daß die Personalien eines Zeugen, der in der HV vernommen werden soll, vor Angekl und Vert nicht geheimgehalten werden dürfen (BGH 23 244 unter Hinweis auf § 222 Abs 1), dh im Falle einer entgegenstehenden gerichtlichen Entscheidung ist die Revision (wegen Beschränkung der Verteidigung in einem wesentlichen Punkt) begründet (§ 338 Nr 8; s näher 1095). **1355**

cc) Die Vorschrift des **§ 69 Abs 1 S 1** entspricht einer Grundforderung der Aussagepsychologie (vgl *Pohl* 136; s näher *Prüfer* DRiZ **75** 334f). Soweit trotz der in der Praxis festzustellenden Häufigkeit von Verstößen gegen § 69 Abs 1 S 1 (vgl *Pohl* 136; *Prüfer* DRiZ **75** 334) solche nur vergleichsweise selten zur Aufhebung und Zurückweisung zu führen scheinen, wird dies vor allem auf Beweisschwierigkeiten beruhen. **1356**

Die Teilung in Bericht und Verhör ist zwingend (vgl BGH **3** 218; KK-*Pelchen* 8 zu § 69; *Pohl* 136), unverzichtbar (RG JW **34** 175; **38** 658 mit Anm *Rilk*; BGH bei KK-*Pelchen* 8 zu § 69; Braunschweig NJW **52** 119; K/M-G 13, LR-*Dahs* 16, jeweils zu § 69) und revisibel (vgl BGH NJW **53** 35; 231; StV **81** 269; K/M-G 13, LR-*Dahs* 16, AK-*Lemke* 9, alle zu § 69; einschr wohl Bay bei *Bär* DAR **89** 368), da durch ihre Nichtbeachtung die Wahrheitsermittlung erheblich beeinträchtigt werden kann (vgl RG **74** 35f; AK-*Lemke* 9 zu § 69). Der Niederschrift über die Zeugenvernehmung muß in jedem Fall zunächst zu entnehmen sein, daß der Zeuge vor dem (beauftragten) Richter eine eigene zusammenhängende Darstellung seines Wissens gegeben hat (RG **74** 36).

Der deutsche Richter bei Rechtshilfevernehmungen im Ausland ist jedoch nicht verpflichtet, auf eine Vernehmung gem § 69 Abs 1 S 1, dh auf die Anwendung deutschen Verfahrensrechtes hinzuwirken (vgl BGHR StPO § 69 Abs 1 S 1, Rechtshilfevernehmung 1).

Die Verletzung des § 69 Abs 1 S 1 kann auch dann gerügt werden, wenn gegen die unzulässige Vernehmung weder in der HV noch ggf bei einer kommissarischen Vernehmung Einwendungen erhoben wurden (vgl *Dahs/Dahs* 266; AK-*Lemke* 9, KK-*Pelchen* 8, alle zu § 69).

Neben der Verletzung des § 69 Abs 1 S 1 braucht nicht zugleich noch eine Verletzung der Aufklärungspflicht gerügt zu werden (vgl KK-*Pelchen* 8, AK-*Lemke* 9, beide zu § 69; aA BGH bei *Dallinger* MDR **51** 658; wohl auch Bay bei *Bär* DAR **89** 368; KMR-*Paulus* 17, K/M-G 13, beide zu § 69); praktisch wird sich eine solche zusätzlich jedoch empfehlen.

1357 dd) Die Judikatur und ein Teil des Schrifttums erkennen in **§ 69 Abs 1 S 2** lediglich eine (nicht revisible) Ordnungsvorschrift (vgl BGH bei KK-*Pelchen* 9 zu § 69; RG **6** 267; K/M-G 14, AK-*Lemke* 10, LR-*Dahs* 17, KMR-*Paulus* 16, alle zu § 69; dagegen aber überzeugend *Schlüchter* 483; *Roxin* 46 zu § 26; *Peters* 360; *Eb Schmidt* 7 zu § 69). Ein Verstoß gegen **§ 69 Abs 2** kann jedoch zumindest im Einzelfall unter dem Gesichtspunkt der Verletzung der Aufklärungspflicht gerügt werden (vgl KK-*Pelchen* 10, AK-*Lemke* 10, beide zu § 69; skeptisch dagegen K/M-G 15, LR-*Dahs* 18, beide zu § 69); nicht erforderlich ist der Vortrag des Beschwerdeführers, selbst nicht in der Lage gewesen zu sein, die erforderlichen Fragen zu stellen (vgl *Maul* in: FG-*Peters* 48; *Eb Schmidt* Nachtr I 6 vor § 244; aA wohl KK-*Pelchen* 10 zu § 69).

1358 b) aa) (1) Nach allg Auffassung kann mit der Revision nicht gerügt werden, bei der Vernehmung seien **Erkenntnisse der Aussage- und Vernehmungspsychologie** (s 1329–1353) ignoriert bzw es sei gegen solche verstoßen worden, so daß durch Mängel der Beweisaufnahme auch die Grundlage der Beweiswürdigung in Frage gestellt sei (vgl BGH bei *Dallinger* MDR **66** 25; LR-*Dahs* 15, AK-*Lemke* 9, KMR-*Paulus* 16, KK-*Pelchen* 8, K/M-G 12, alle zu § 69). Diese Auffassung entspr der grds Aufgabenverteilung zwischen Tat- und Revisionsgericht ebenso wie der Ansicht, daß die Grundsätze der Beweiswürdigung es dem Richter eher ermöglichen, dem konkreten Einzelfall gerecht zu werden, als es bei notwendiger Anbindung an starre Beweisregeln der Fall wäre (vgl *Herdegen* in: AG Strafrecht des DAV **86** 106 ff); zudem könnte eine entspr Revisibilität in der Praxis als verunsichernde Reglementierung empfunden werden, zumal in einem Bereich, für den die vernehmende Person oft nur eingeschränkt ausgebildet wurde.

1359 (2) Andererseits erscheint es vertretbar, Ausnahmen von der Beurteilung zuzulassen, derzufolge Erkenntnisse der Vernehmungs- und Aussagepsychologie keine

Rechtssätze darstellten, deren Verletzung mit der Revision gerügt werden könnte. Dies betrifft etwa solche Konstellationen, in denen andernfalls davon auszugehen wäre, daß der Tatrichter, der (gem § 244 Abs 2) „die Verantwortung für die Vollständigkeit der Sachaufklärung trägt" (*Maul* in: FG-Peters 48), ein benutztes Beweismittel nicht voll ausgeschöpft hat. Es ist zwar allg anerkannt, daß die Aufklärungsrüge in diesen Fällen grds keinen Erfolg hat (vgl BGH **4** 126; **17** 352; VRS **36** 23; bei *Holtz* MDR **80** 89; bei *Pfeiffer* NStZ **81** 96; NStZ **92** 450; Hamm NJW **70** 69 f; Koblenz DAR **73** 106; *Schlüchter* 710; *Meyer-Goßner* in: AG Strafrecht des DAV **86** 131; KMR-*Paulus* 29 zu § 241; LR-*Gollwitzer* 342 zu § 244 und 33 zu § 241; LR-*Hanack* 91 zu § 344; LR-*Dahs* 19 zu § 68; *ders* in: AG Strafrecht des DAV **91** 86); ohnehin kann das Revisionsgericht verfahrensrechtlich idR nicht nachprüfen, in welchem Maße das in Rede stehende persönliche Beweismittel „ausgeschöpft" wurde (vgl 61), Judikatur und Lehre lassen aber **Ausnahmen** von dem vorerwähnten Grds **durchdringen**, wenn die Urteilsgründe ergeben, daß sich dem Gericht eine weitere „Benutzung" des Beweismittels hätte aufdrängen müssen (vgl BGH **4** 126; **17** 351, 353; StV **84** 231; bei *Pfeiffer/Miebach* NStZ **85** 14; bei *Spiegel* DAR **78** 161; Köln VRS **63** 461; Saarbrücken VRS **48** 430 f; *Sarstedt/ Hamm* 254 Fn 474; LR-*Hanack* 91 zu § 344; LR-*Gollwitzer* 33 zu § 241, 342 zu § 244; *Schlüchter* 710), wenn die Niederschrift über eine frühere (zB kommissarische) Vernehmung verlesen worden ist und der Inhalt der Aussage daher dem Revisionsgericht vorliegt (vgl BGH bei *Meyer-Goßner* in: AG Strafrecht des DAV **86** 131 Fn 39; *Sarstedt/Hamm* 254 Fn 474; *Maul* in: FG-Peters 52; LR-*Hanack* 91 zu § 344) oder wenn der Tatrichter eine Frage zu Unrecht nicht zugelassen hat, deren Beantwortung zur Sachaufklärung erforderlich gewesen wäre (vgl *Schlüchter* 710; LR-*Gollwitzer* 33 zu § 241).

Im übrigen ist für die Beweiswürdigung, die nicht weniger als die Tatsachenfeststellung zu den „ureigenen" tatrichterlichen Aufgaben gehört (vgl anschaulich zur Abgrenzung *Niemöller* StV **84** 431), durchaus anerkannt, daß in bestimmten Fällen die Nichtbeachtung **wissenschaftlicher Erkenntnisse** namentlich aus der Zeugenpsychologie eine revisible Verletzung sachlichen Rechts darstellen kann (vgl BGH **17** 385; zum Blutgruppengutachten BGH **6** 72 ff; *Krause* 26; s näher 1470 ff). Auch die Nichtbeachtung oder unbegründete Vernachlässigung von **Erfahrungssätzen** ohne Allgemeingültigkeit kann erfolgreich mit der Revision gerügt werden (vgl *Ranft* 1359); weicht der Tatrichter von solchen Erfahrungssätzen ab, so müssen hinreichende Gründe vorliegen und angegeben werden (vgl *Krause* 26).

(3) Hat sich der Tatrichter aber im Rahmen der Beweiswürdigung nach wissenschaftlichen Erkenntnissen der Aussage- und Vernehmungspsychologie zu richten, so ist nicht von vornherein einsichtig, warum dies nicht auch für die Vernehmung zu gelten hat, durch die die Grundlagen der Beweiswürdigung (*Niemöller* StV **84** 431: „Rohstoffe") erst gewonnen werden, zumal wegen dieses Zusammenhangs die Erforschung der Wahrheit iSd § 244 Abs 2 durch Fehler bei der **Vernehmungsdurchführung** zumindest ebenso stark gefährdet ist wie durch solche bei der Beweiswürdigung: auch die beste Beweiswürdigung wird regelmäßig fehlgehen, wenn sie an mangelhafte Vernehmungsergebnisse anknüpft. Hiernach wird zumindest in Einzelfällen eine Vernehmungsführung, die aussage- und vernehmungspsychologische Erkenntnisse außer acht läßt bzw gegen solche verstößt, als eine Verletzung der gerichtlichen Aufklärungspflicht zu beurteilen sein, die (etwa

1360

nachgewiesen aus den Urteilsgründen oder der Sitzungsniederschrift und der ggf in Bezug genommenen Vernehmungsniederschrift)[90] mit der Revision gerügt werden kann (zust SK-*Rogall* 173 vor § 48). Neben einer entspr Verfahrensrüge kann es sich empfehlen, insoweit auch die Sachrüge zu erheben.[91]

1361 bb) Zur revisionsrechtlichen Bedeutung von Fehlern bei Durchführung von **Gegenüberstellung** und **Lichtbildvorlage** (vgl 1353 a–1353 c) s 1476 ff.

c) Zur Revisibilität wegen der Anwendung **verbotener Vernehmungsmethoden** gem §§ 69 Abs 3, 136 a s näher 723 ff.

---

[90] Als mangelhafte Vernehmungsniederschriften, die sich auf das Urteil ausgewirkt haben können, kommen (gem § 336) auch im Vorverfahren erstellte einschlägige richterliche, staatsanwaltschaftliche oder polizeiliche Unterlagen in Betracht, sofern der Tatrichter sie in der HV – wegen der ihnen anhaftenden Mängel unzulässigerweise – verwertet hat (vgl LR-*Hanack* 4 zu § 336).

[91] Vgl etwa BGH StV **84** 411: Berücksichtigung einer Diskrepanz der Urteilsfeststellungen zu einer im Urteil wiedergegebenen Niederschrift nicht auf eine Verfahrens-, sondern auf eine Sachrüge hin.

Zweites Kapitel. Aussagewürdigung

I. Aussagefähigkeit

Unter Aussagefähigkeit wird die Fähigkeit einer zu vernehmenden Person verstanden, einen (konkreten) Sachverhalt zutreffend wiederzugeben, sofern diese Person willens ist, eine korrekte und vollständige Aussage zu machen (zu Problemen der bewußten Falschaussage s 1426 ff). Dabei sollte Aussagefähigkeit nicht als Eigenschaft aufgefaßt werden, die eine Person entweder hat oder nicht hat. Vielmehr besteht Aussagefähigkeit stets in Bezug auf bestimmte Wahrnehmungen, die der betreffenden Aussage zugrunde liegen, und sie besteht in mehr oder weniger starkem Maße. Unbeschadet dieses relationalen und relativen Wesens erfährt das Konzept der Aussagefähigkeit indes aus praktischen Gründen eine (künstliche) Dichotomisierung: Aussagen bzw Teile von Aussagen sind entweder der Realität hinreichend ähnlich – dann ist die Aussage richtig –, oder sie sind es nicht – dann ist die Aussage falsch. **1362**

Der relationale Charakter der Aussagefähigkeit ist klar erkennbar am Bsp eines sehbehinderten Zeugen, der nicht aussagefähig bzgl visueller Beobachtungen ist, wohl aber kompetent sein kann bzgl akustischer Wahrnehmungen. Der Relationalität sollte aber auch Rechnung getragen werden bei Kindern, psychisch Kranken und anderen Zeugen(gruppen), deren Aussagefähigkeit mitunter unzutreffenderweise generell in Zw gezogen und/oder pauschal verneint wird, ohne daß der von der Aussage betroffene Lebens- und Erfahrungsbereich mit den Wahrnehmungs- und Aussagemöglichkeiten des betr Zeugen verglichen worden wäre.

Die (auch aktuelle) *Vernehmungsfähigkeit* setzt voraus, daß die Zeugenperson in der Lage ist, der Vernehmung zu folgen, Fragen in ihrem Sinngehalt aufzunehmen und verständliche Antworten und Erklärungen von sich zu geben.

1. Einschränkungen

Die Aussagefähigkeit einer Person, sei sie Zeuge oder Beschuldigter, kann von zwei Seiten her eingeschränkt sein. Zum einen können bestimmte Personen aufgrund von Merkmalen wie Alter (s näher 1411 ff, 1422 ff), Intelligenz, körperlicher Behinderung (zB Seh- und Hörbeeinträchtigung) oder psychischer Störung nicht oder zeitweilig nicht in der Lage sein, Ereignisse korrekt wahrzunehmen, zu erinnern und/oder wiederzugeben. Zum anderen sind die Fähigkeiten des Wahrnehmens, des Erinnerns und der (mündlichen oder schriftlichen) sprachlichen Wiedergabe (einschließlich Gebärdensprache), die Aussagen überhaupt erst ermöglichen, physiologischen und psychologischen Organisationsprinzipien unterworfen, die sie anfällig ggü einer Vielzahl von Störfaktoren machen. Entgegen der Wertschätzung, die Zeugenaussagen als Beweismittel (weithin) genießen, sind Wahrnehmungen schon hinsichtlich Auswahl und Art der mentalen Erfassung subjektiv (s näher 1370, 1372 f); zudem beziehen sich Aussagen in dem Zeitpunkt, zu dem sie **1363**

Teil 3. Kap 2: Zeuge – Aussagewürdigung

Einschränkung der Aussagefähigkeit

Leistung	allgemein	bei bestimmten Personengruppen
Wahrnehmung	– physiologische Faktoren – Steuerung und Interpretation von Wahrnehmungen mittels kognitiver Schemata – Abhängigkeit von Erwartungen und Vorurteilen – Phänomene der sozialen Wahrnehmung	– Seh- und Hörbehinderte – (jüngere) Kinder – Personen mit psychischen Störungen, zu deren Symptomatik Wahrnehmungsstörungen gehören
Erinnerung	– Beeinflussung der Erinnerung durch spätere Informationen – Verschmelzung von Erinnerungen, die aus verschiedenen Quellen (Wahrnehmungsereignissen und/oder Imaginationen) stammen – Anpassung an die Erwartungen und Vorurteile	– Amnesie oder Erinnerungsstörungen aufgrund von Schock oder psychopathologischen Zuständen – (jüngere) Kinder – ältere Personen (häufig, aber individuell verschieden)
Wiedergabe	– allgemeine Probleme der (sprachlichen) Kommunikation – Vernehmungssituation (Polizei/Gerichtssaal) – einseitige Lenkung des Gesprächs; Gefahr der Suggestion – Problem der adäquaten Protokollierung von Aussagen – (Bereich Wiedererkennen: Gefahr der [ungewollten] Beeinflussung bei Identifizierungen; Frage nach der Fairneß der Identifizierungsprozeduren)	– Nicht-Deutschsprachige – uU: Dialektsprecher – (jüngere) Kinder – Hör- und Sprechbehinderte – Personen mit geringer Intelligenz – Personen mit psychischen Störungen

bei der Polizei oder vor Gericht gemacht werden, nicht nur auf den ermittlungsrelevanten Ausschnitt aus der (Tatzeit-)Realität, sondern immer auch auf zwischenzeitlich wirksame Einflüsse wie Unterhaltungen mit beteiligten oder unbeteiligten Dritten, frühere Vernehmungen, Zeitungsberichte oder Informationen aus anderen Quellen, die mit den ursprünglich gemachten Wahrnehmungen verquickt werden. Gleichwohl können die zur strafrechtlichen Beurteilung wesentlichen Facetten eines Falles auch in einer Aussage, die sich auf zeitlich weit zurückliegende Ereignisse bezieht und die von Ungenauigkeiten und Verzerrungen nicht frei ist, korrekt wiedergegeben werden – müssen es aber nicht. Gerade deshalb ist eine möglichst genaue und umfassende Kenntnis der Mechanismen, die von einem objektiven Geschehen zu einer späteren subjektiven Aussage über das Geschehen führen können, unverzichtbar. Zwar kann der Strafrechtspflege damit kein sicheres Instrumentarium an die Hand gegeben werden, mit dessen Hilfe hinreichend realitätsgetreue Aussagen von solchen zu unterscheiden sind, die mit den gemachten Wahrnehmungen (fast) nichts mehr zu tun haben. Sehr wohl aber ist die einschlägige empirische Forschung in der Lage, Hilfen bei der Würdigung von Personenbewei-

I. Aussagefähigkeit

sen anzubieten, die geeignet sind, auf Intuition, Erfahrung und „gesunden Menschenverstand" gegründete Fehlentscheidungen zu reduzieren.

Die nebenstehende Übersicht über mögliche Störeinflüsse unterscheidet zwischen allg Problemen und solchen, die sich nur oder hauptsächlich bei bestimmten Personengruppen ergeben (zum Bereich der Personen- und Personenmerkmalsidentifizierungen s 1383 ff). **1364**

Wahrnehmung und Wiedergabe sind Anfangs- bzw Endpunkt eines Prozesses, der vom Gedächtnis zusammengehalten wird. Die kognitive Verarbeitung einer Wahrnehmung ist bereits die erste Phase in der Funktion des Gedächtnisses (sog *Kodieren*), der die Phase der *Speicherung* und dieser wiederum die Phase des *Zugriffs* auf die kodierten und gespeicherten Inhalte folgt. Das Gedächtnis ist damit von zentralem Interesse für das Thema Aussagefähigkeit.

2. Wahrnehmung

Übersicht

	Rn		Rn
a) Physiologische Grenzen	1365, 1366	c) Eingliederung in das kognitive System	
b) Physikalische Faktoren		aa) Schemata und Rollenerwartung	1370, 1371
aa) Wahrgenommene Intensitätsunterschiede	1367	bb) Ereignisschemata	1372
bb) Zeitdauer- und Geschwindigkeitsschätzungen	1368, 1369	cc) Verzerrende Auswirkung	1373
		d) Affektive Faktoren	1373

a) Der Wahrnehmungsfähigkeit des Menschen sind zum einen **physiologische** Grenzen gesetzt. Dennoch wird Zeugen überraschend oft zugestanden, auch unter schwierigsten Bedingungen sichere Wahrnehmungen gemacht zu haben. **1365**

aa) (1) Im einzelnen können mit dem **Auge** extrem *schnell* ablaufende Ereignisse (zB im Rahmen eines Verkehrsunfalls) nicht oder zumindest nicht hinreichend genau wahrgenommen werden.

(2) Im übrigen lassen die Sehschärfe und die Fähigkeit, Farben zu erkennen, in der *Dämmerung* (oder bei sonstigen schlechten Lichtverhältnissen) nach.

Dieses Defizit beruht auf der Aufgabenteilung zwischen den beiden Typen von Rezeptorzellen im menschlichen Auge, den Stäbchen und den Zäpfchen; Stäbchen sind ca 500mal lichtempfindlicher als Zäpfchen. Photochemische Substanzen, die für das Farbsehen notwendig sind, befinden sich jedoch nur in den (lichtunempfindlicheren) Zäpfchen. Überhaupt keine Stäbchen sind in der Fovea, dem Punkt des schärfsten Sehens in der Mitte des Auges, zu finden; daher sieht man in der Dunkelheit leicht „verschwommen" und weniger scharf.

Schon aus diesen „wahrnehmungstechnischen" Gründen wenig tragfähig wäre zB die Aussage eines Zeugen, er habe die ihm sonst unbekannten Beschuldigten zu der fraglichen Zeit – es herrschte Nieselregen bei beginnender Dämmerung – im Vorübergehen hinter der Windschutzscheibe eines Autos gesehen (*Schindler/Stadler* StV **91** 38 f).

(3) Schwierigkeiten hat das Auge auch mit dem *plötzlichen Wechsel* der Lichtverhältnisse. Kommt man vom Hellen ins Dunkle, braucht das Auge eine Weile für die (Hell-Dunkel-)Adaptation.

Unter „normalen" Verhältnissen (zB beim Verlassen eines mit einigen 40–60-Watt-Glühbirnen erleuchteten Raumes) sollte die Anpassung an einen nicht oder schlecht beleuchteten Vorraum oder Vorplatz nicht viel länger als fünf Minuten dauern. In besonderen Fällen, etwa wenn eine Person zuvor extrem hellem Licht ausgesetzt war, kann es eine halbe Stunde dauern, bis sie wieder adäquat sieht; unter Laborbedingungen (Dunkelkammerzustand) zeigen sorgfältige Messungen noch einen Anstieg der Dunkeladaptation nach sechs Stunden.

1366 bb) Bzgl **akustischer** Wahrnehmungen begegnen oftmals Lokalisierungen von (Schall-)Ereignissen Bedenken hinsichtlich der Zuverlässigkeit.

Im einzelnen werden niedrige Frequenzen (tiefe Töne) mit Hilfe des Zeitunterschiedes, mit dem der Schall auf das nähere bzw das weiter entfernte Ohr trifft, lokalisiert. Bei der Bestimmung der Schallquelle höherer Töne dagegen spielt der durch die Lage des Kopfes und der Ohrmuschel erzeugte Schallschatten eine entscheidende Rolle. Besonders in dem Bereich zwischen 1000 und 5000 Hz, in dem von einem System auf das andere umgeschaltet wird, sind Lokalisierungen unzuverlässig. Menschliche Stimmen liegen meist zwischen 300 und 3500 Hz und damit zu einem erheblichen Teil in diesem Bereich.

Schätzungen der Entfernung einer Schallquelle (zB abgegebener Schüsse) sind generell wenig verläßlich, am wenigsten dann, wenn der Hörer nicht genau weiß, wie sich das betr Schallereignis aus der Nähe anhört.

1367 b) aa) Hinsichtlich **physikalischer** Entitäten ist davon auszugehen, daß wahrgenommene **Intensitätsunterschiede** (zB nach Lautstärke, Helligkeit oder auch Gewicht) nicht mit den physikalisch tatsächlich gegebenen Unterschieden übereinstimmen müssen. Vielmehr werden die Kontinua zwischen dem größten und dem kleinsten noch wahrnehmbaren Reiz in der Empfindung so gedehnt bzw gestreckt, daß das dem Menschen zur Verfügung stehende Differenzierungsvermögen weder unter- noch überfordert wird. Unterschiede zB in der Lichtintensität werden als weit geringer empfunden als es den physikalischen Gegebenheiten entspräche; Längenunterschiede werden relativ genau geschätzt, Gewichtsunterschiede dagegen leicht überschätzt.[1]

Psychologische Laboruntersuchungen haben im allg eine gewisse Abhängigkeit der Reizbeurteilung von der vorher gemachten Erfahrung ergeben: Ein Reiz wird als eher stark empfunden, wenn der vorangegangene Reiz schwach war, und umgekehrt. Die Bedeutung dieses Phänomens sollte in der Strafrechtspraxis allerdings nicht überschätzt werden, da im Lebensalltag selten so eindeutige Reizvorgaben (starke bzw schwache Vergleichsreize, die ein bestimmtes Beurteilungsniveau festlegen) vorhanden sind wie im Labor.

1368 bb) Zwei wichtige Sonderfälle der Beurteilung physikalischer Größen sind **Zeitdauer-** und **Geschwindigkeitsschätzungen**.
(1) Regelmäßig zu finden ist die Überschätzung der *Dauer* solcher Ereignisse, die im Sekunden- und Minutenbereich liegen (vgl *Kassin ua* AmPsy **89** 1091, 1093 f [Tab 3, 4]). Hält ein Ereignis länger an, kommt die Schätzung der tatsächlich verstrichenen Zeitspanne wieder näher; bei Geschehen, die einige Stunden und länger dauern, kann es (sogar) auch zu einer Unterschätzung kommen. – Im Strafverfahren hat die Überschätzung nur kurz andauernder Ereignisse oftmals erhebliche Bedeutung; besonders bei Identifizierungen überschätzen Zeugen die Zeitdauer, während der sie den Täter zu Gesicht bekommen haben, tendenziell erheblich (s auch zur Identifizierung unten 1388; vgl näher *Cutler ua* Law&HumB **87** 248).

---

[1] Nach *Brown/Herrnstein* **84** 480 ff (vgl bes 486 Tab 7.6.) wurde ein in Wirklichkeit doppelt so schwerer Gegenstand im Durchschnitt als dreimal so schwer empfunden.

I. Aussagefähigkeit

(2) *Geschwindigkeitsschätzungen* von Zeugen – oftmals relevant etwa iZm Verkehrsdelikten – sind für die Ermittlung der tatsächlichen Geschwindigkeit praktisch wertlos (zur Revision s 1474; s auch *Bender/Nack* 621). Mehrere empirische Untersuchungen belegen die erhebliche interindividuelle Varianz, mit der ein- und dieselbe Geschwindigkeit geschätzt wird. **1369**

So gaben zB Bedienstete der amerikanischen Air Force für die Geschwindigkeit eines 12 mph fahrenden Wagens Schätzungen zwischen 10 und 50 (!) mph ab (*Marshall* 23). In einem Experiment von *Loftus/Palmer* (JVL&VB **74** 585 ff) schätzten die Pben die Geschwindigkeit eines Unfallfahrzeugs, das 20 mph fuhr, höher ein als die von Fahrzeugen in anderen Unfallszenen, die tatsächlich 30 bzw 40 mph schnell gewesen waren (unabhängig von der Hauptmanipulation in diesem Experiment, die in nachträglichen Suggestivfragen zum Unfallhergang bestand). Besonders aufschlußreich sind Versuche von *McAllister ua* (JGenPsy **88** 25 ff), die Geschwindigkeitsschätzungen von Augen- und Ohrenzeugen miteinander verglichen. Drei Gruppen von Pben sahen, hörten oder sahen *und* hörten die Videoaufnahmen eines (inszenierten) Unfalls. Alle drei Gruppen überschätzten die tatsächliche Geschwindigkeit der Unfallfahrzeuge, am meisten aber die Gruppe der Nur-Ohrenzeugen. Nur-Augenzeugen hingegen schnitten in der Geschwindigkeitsschätzung nicht schlechter ab, in einem Experiment sogar besser als die Augen- *und* Ohrenzeugen.[2] Dies deutet darauf hin, daß die Geschwindigkeitsschätzung primär ein visueller Vorgang ist, während die akustische Information für sich allein genommen zu ungenau und als zusätzliche Information ein potentiell verzerrendes Element der Schätzsituation ist (*McAllister ua* JGenPsy **88** 30). Offen bleibt allerdings, ob dies für alle Geschwindigkeiten gilt, da es sich bei der vorbezeichneten Untersuchung um relativ geringe Geschwindigkeiten handelte, die im Alltag ohnehin meist (aber nicht immer) überschätzt werden. Möglicherweise wirkt gerade (oder gar nur) in einem unteren Geschwindigkeitsbereich die akustische Information verzerrend iS einer (noch) höheren Schätzung.

c) aa) Wahrnehmungen müssen, um überhaupt Gegenstand menschlicher Erfahrung sein zu können, verarbeitet und in das bereits bestehende **kognitive** System eingegliedert werden. Diesem Eingliederungs- und Ordnungsprozeß liegen Strukturen zugrunde, die für eine effektive Verarbeitung der Vielzahl möglicher Wahrnehmungen (komplexer wie einfachster Art) sorgen: die sog **Schemata**. Es handelt sich um Einheiten, in denen das Wissen um typische, immer wieder vorkommende Gegenstände und Vorgänge im weitesten Sinne gespeichert ist und die auf konkrete Wahrnehmungen und Wahrnehmungssituationen angewandt werden (wobei Schemata uU auch [erst] in der Phase des Zugriffs [vgl 1364] wirksam werden können). Einmal aktiviert, nehmen Schemata (vor allem solche höherer Ordnung) der wahrnehmenden Person gleichsam eine Menge Arbeit ab, bestimmen sie doch, welche Details mit welchem Grade an Aufmerksamkeit wahrgenommen, interpretiert und später erinnert werden. **1370**

Menschen haben zB meist recht genaue Vorstellungen darüber, wie sich ihre Mitmenschen als Träger bestimmter **Rollen** verhalten (zB als Kindergärtnerin, Arzt, Richter, „Einbrecher" etc). Diese Rollenerwartungen bestimmen (mit), welche Verhaltensausschnitte bevorzugt wahrgenommen und wie sie interpretiert werden. In einem Experiment von *Langer/Abelson* (JC&CPsy **74** 5 ff) wurde zwei Gruppen von Pben ein und dasselbe Tonband vorgespielt, und zwar der einen Gruppe mit der Erläuterung, es handele sich um ein Einstellungsgespräch, der anderen mit der Information, die fragliche Aufnahme sei ein Mitschnitt einer psychiatrischen Aufnahmeuntersuchung. Anschließend beschrieben die Pben den Be- **1371**

---

[2] Zu zT abw Interaktionseffekten mit suggestiven Fragen s *McAllister ua* JGenPsy **88** 29 f.

werber/Patienten fast ausschließlich aufgrund ihrer Vorstellungen von einem „normalen"
oder „typischen" (Stellen-)Bewerber/(psychiatrisch) Therapiebedürftigen. Die konkreten
Einzelheiten des Interviews wurden so interpretiert, wie sie am besten in das jeweilige Rollenverständnis der Pben paßten: Ein Streit mit dem früheren Chef konnte stehen für die Unfähigkeit, soziale Bindungen einzugehen, oder aber für hohe berufliche Ideale, gepaart mit Durchsetzungsvermögen.

In einer (unmittelbar den strafrechtlichen Bereich betreffenden) Studie von *Zadny/Gerhard* (JExpSocPsy **74** 39 ff) wurde den Pben ein Videofilm von zwei Personen gezeigt, die (widerrechtlich) in eine Wohnung eingedrungen waren und sich darin über die Themenbereiche „Drogen" und „Diebstahl" unterhalten. Einer Gruppe von Pben wurde vorher erzählt, die beiden befürchteten eine Drogenrazzia in der Wohnung ihres Freundes und suchten ihren dort versteckten „Stoff", um ihn zu entfernen; einer anderen Gruppe wurde gesagt, die Personen wollten etwas Wertvolles stehlen, einer dritten, die beiden warteten auf einen Freund und langweilten sich in der Wohnung. Die Pben erinnerten sich später an mehr Details und Äußerungen der beiden Personen, die typisch für das ihnen vorgegebene Szenario waren, als an andere.

1372 bb) Im allg ist davon auszugehen, daß die Erwartung bestimmter Vorgänge zu selektiver Wahrnehmung und Erinnerung führt. Solche Erwartungen basieren auf sog **Ereignisschemata** oder **Skripten**, in denen Ereignisse in ihren Grundzügen festgelegt sind und die außerdem Leerstellen für bestimmte Arten von Personen, Objekten oder Handlungen haben (allg *Neisser;* vgl auch *Rumelhart* in: Wyer/Srull 163 f, 169, 171 f), wobei die Auswahl von Entitäten, die zur Füllung der Leerstellen in Frage kommen, vorgeprägt ist. Für die Ermittlung im Strafverfahren kommt insbes dem Umstand Bedeutung zu, daß auch der Wert, den die Leerstellenvariablen mangels sonstiger Spezifizierung in Abhängigkeit von dem Gesamtgeschehen (*Rumelhart* in: Wyer/Srull 164 f) annehmen (englisch: „default value"), weithin vorbestimmt ist.

Ein Skript „Einbrecher in einer Wohnung" hat Leerstellen für die Person/Rolle des „Einbrechers", für zu entwendende Wertgegenstände, für Handlungen wie Tür aufbrechen, Wohnung durchwühlen etc.
Das Vorhandensein solcher Skripte läßt sich im allg etwa damit demonstrieren, daß die meisten Menschen in der Lage sind, auf ein Stichwort wie zB „Einbruch" mit einer passenden Geschichte zu reagieren. Solche Geschichten sind sich typischerweise in ihrem Aufbau und in der Art ihrer Leerstellen sehr ähnlich, und auch der Bereich der in den Leerstellen zugelassenen Werte sowie der mit der größten Wahrscheinlichkeit erwartete Wert sind (innerhalb desselben Kulturkreises) weitgehend konstant. – Wissenschaftsphilosophisch ist allerdings nicht geklärt, ob Schemata bzw Skripte als tatsächlich vorhandene Entitäten (realistische Position) oder als theoretische Konstrukte (instrumentelle Position) begriffen werden sollten.

Was im einzelnen die (ggf entscheidungserhebliche) Füllung der Leerstellen anbetrifft, so läßt sich der Vorgang am folgenden Beispiel verdeutlichen: In einem Vorfall, der als Erstechen eines Menschen durch einen anderen gedeutet wird, sieht der Beobachter zunächst in (oder an) der Hand des Angreifers etwas blitzen, und sodann, daß der Angreifer eine „typische" Stechbewegung macht und das Opfer zu Boden sinkt. Mit großer Wahrscheinlichkeit nimmt das blitzende Objekt für den Beobachter den Füll-Wert „Messer" an, dh das tatsächlich wahrgenommene Geschehen wird schemaimmanent ergänzt. Ermittlungserschwerend ist, daß beide Arten von Information, die aus der Wahrnehmung herrührende sowie die schemaimmanente Ergänzung, dazu neigen, im Gedächtnis zu verschmelzen. Je mehr Zeit zwischen Wahrnehmung und Abruf der Erinnerung vergeht, um so unwahrscheinlicher ist es, daß beides noch auseinandergehalten werden kann (vgl näher 1374f).

cc) Eine weitere oftmals **ermittlungsverzerrende Auswirkung** von Schemata ist die weithin schlechtere Wahrnehmungs- und Behaltensleistung ggü solchen Details, die *nicht in das Schema passen*. Zwar werden völlig unerwartete, dh den durch die Aktivierung eines Schemas aufgebauten Erwartungen auffallend widersprechende Einzelheiten oft besonders aufmerksam wahrgenommen und dann auch gut erinnert (*Friedman* JExpPsy **79** 325, 340f). Details dagegen, die im Moment des Wahrnehmens für das Skript irrelevant sind, werden eher nur flüchtig wahrgenommen und schlecht erinnert (*Brewer/Dupree* JExpPsy: LM&C **83** 126; *Goodman* CogPsy **80** 492f; zust *Barton* Zeugenbeweis 34; einschr aber *Brewer/Nakamura* in: Wyer/Srull 154). 1373

Auch hierin zeigt sich, welche Schwierigkeiten für die Wahrheitsermittlung aus der (in einem nicht unerheblichen Ausmaß) auf Schemata beruhenden Organisation menschlicher Wahrnehmungs- und Erinnerungsvorgänge erwachsen können (da Realität und schemaimmanente Interpretation der Realität nicht immer übereinstimmen).

d) Endlich bleiben Wahrnehmungsvorgänge auch nicht unbeeinflußt von einem etwaigen **affektiven** Gehalt der jeweiligen Situation (zB anläßlich als bedrohlich empfundener Geschehensabläufe).

Bei sogen *Turbulenz*geschehnissen (= Mehrzahl von nahezu gleichzeitig ablaufenden Unterereignissen) wie etwa Unfällen oder dergleichen und/oder einer besonders raschen Abfolge von Aktion und Reaktion (zB gewalttätige Eskalation) greifen physiologische und psychologische Wahrnehmungsbeschränkungen ineinander: mit einer die individuellen Wahrnehmungskapazitäten überschreitenden Abfolge von Geschehnissen geht idR eine (Affekte hervorrufende) Dramatik einher, so daß selbst bei eher unbeteiligten Augenzeugen erhebliche Wahrnehmungsbeeinträchtigungen eintreten können (s dazu etwa auch *Esders* in: Kraheck-Brägelmann 71).

3. Gedächtnis

Übersicht

	Rn		Rn
a) Allgemeines	1374	c) Faktoren nachträglicher Falschinformation	1378–1381
b) aa) Verfälschungsbedingungen	1375	d) Ermittlung der Quellen von Falschinformationen und Warnung vor Verfälschungen	1382
bb) Auswirkungen auf strafprozessuale Ermittlungen	1376, 1377		

a) Die zum Gedächtnisinhalt gewordenen Wahrnehmungen überstehen den Zeitraum zwischen Tatzeit und Vernehmungszeit oft nicht unbeschadet. Nach Laienauffassung ist der stärkste Gedächtnisfeind das **Vergessen**, meist verstanden als ein zeitbedingtes Verblassen von Gedächtnisinhalten. Die psychologische Gedächtnis- bzw Vergessensforschung hat dies zwar bestätigt, sie stellt hingegen Beeinflussungen iSv **Interferenzen** in den Vordergrund. Hiernach wird das Erinnern poten- 1374 tiell durch alles beeinflußt und gestört, was die betreffende Person je in ihr Gedächtnis aufgenommen (oder „gelernt") hat. Die größte Störwirkung geht dabei von Informationen aus, die der gesuchten von ihrer Art her ähnlich sind (Beispiel: Gesichter werden mit Gesichtern oder Begebenheiten anläßlich verschiedener Kneipenbesuche miteinander verwechselt). Für das Strafverfahren ist dabei mitunter bedeutsam, daß sowohl ältere als auch jüngere Informationen den Zugriff auf die gesuchte Information stören oder hemmen können.

Im einzelnen kann die Hemmung (oder Störung) von Gedächtnisinhalten auf zwei verschiedenen Ebenen stattfinden. Zum einen kann der Abruf der gewünschten Information blockiert werden: man kann sich nicht erinnern. Zum anderen kann sich die störende Information anstelle der gewünschten setzen und eine **fehlerhafte Erinnerung** hervorrufen. Während die „echten" Vergessensprozesse der ersten Art die Wahrheitsfindung verschleppen oder im ungünstigsten Fall unmöglich machen können, sind falsche oder verfälschte Erinnerungen iZm rechtlich relevanten Sachverhalten gefährlicher; denn sie dienen scheinbar der Wahrheitsfindung, schaffen aber tatsächlich eine von der Wahrheit abweichende Fiktion, welche dann uU Grundlage für Entscheidungen wird. Im übrigen hängt die Qualität der Wiedergabe des Erinnerten, namentlich die Fähigkeit, Wichtiges von Unwichtigem zu trennen und die erinnerten Details in gewisser Folgerichtigkeit und Vollständigkeit zu präsentieren, nicht unwesentlich von der Verfassung ab, in der sich der Zeuge zZt der Aussage befindet (s allg 1329 ff; zu speziellen Befunden *Diges ua* in: Lösel ua 319).

1375 b) aa) Die **Veränderung** des Gespeicherten kann durch verschiedene Formen verbaler wie nicht-verbaler Informationen bzw Einflüsse geschehen. Hierzu gehören auch (etwa suggestive) Formulierungen von Fragen zB bei polizeilichen Ermittlungen oder mögliche Wirkungen von Berichten in Medien.

(1) Die **Bedingungen**, unter denen es besonders häufig zur **Verfälschung** von Gedächtnisinhalten kommen kann, sind vor allem in den *USA* in zahlreichen psychologischen Experimenten untersucht worden.

Hierzu wurde den Vpen (per Film oder Dias) ein Vorgang (zB ein Verkehrsunfall) gezeigt, und später wurden ihnen Fragen zu dem Vorgang gestellt, die suggestive oder falsche Informationen enthielten (zB Bezugnahme auf ein Schild „Vorfahrt beachten", obgleich im Film ein Stoppschild zu sehen gewesen war); sodann wurde in einem letzten Schritt ermittelt, ob sich die Vpen an das eigentliche oder an das suggerierte Detail (zB „Vorfahrt beachten" oder Stoppschild) erinnerten (*Loftus ua* JExpPsy: HumL&M **78** 21 ff), wozu den Vpen idR zwei die beiden Alternativen entspr Dias gezeigt wurden, zwischen denen sie sich entscheiden mußten. – Eine Variante der Forschungsstrategie befaßte sich nicht mit falschen Informationen, sondern mit Suggestionen, die aufgrund von Wortbedeutungen und/oder dem Wissen um typische Lebenszusammenhänge den Vpen eine bestimmte Interpretation des Wahrgenommenen aufdrängten; hierfür seien als Beispiel die bzgl eines Kfz-Zusammenstoßes verwandten, semantisch unterschiedlich besetzten Beschreibungen mit „hit each other" bzw „smashed into each other" (*Loftus/Palmer* JVL&VB **74** 585 ff) erwähnt.

Mit diesen Versuchen konnte eine Vielzahl von *Suggestionseffekten* nachgewiesen werden: Wurde zB Vpen nachträglich die Existenz eines „Vorfahrt beachten"-Schildes anstelle eines Stoppschildes weisgemacht, so erinnerten signifikant mehr Vpen fälschlicherweise ein „Vorfahrt beachten"-Schild als die nicht irregeführten Vpen der Kontrollgruppe taten (*Loftus ua* JExpPsy: HumL&M **78** 19 ff). Die Farbe eines Fahrzeugs, in Wirklichkeit grün, den Vpen als blau suggeriert, wurde signifikant häufiger mit *blau* oder – ein Kompromiß, den die kontinuierliche Natur von Farben nahelegt – mit *blaugrün* wiedergegeben (*Loftus* Mem&Cog **77** 396 ff). Von den Vpen, die nach der Geschwindigkeit eines weißen Sportwagens gefragt wurden, „als er an der Scheune vorbeifuhr", erinnerten immerhin 17% später die – im Film nicht zu sehende – Scheune (*Loftus* CogPsy **75** 566f). – Aufschlußreich sind auch die Versuche, in denen Zusatzinformationen zum Hintergrund der gezeigten Szenen die Erinnerung beeinflussen. In dem vorerwähnten Versuch, bei dem mittels Wortwahl („hit" bzw „smash") den Vpen unterschiedlich schwere Kfz-Zusammenstöße suggeriert wurden, gaben signifikant mehr Vpen in der schwereren Alt an, Glassplitter in der Unfallszene gesehen zu haben, als Vpen der leichteren Alt; in Wirklichkeit waren keine Glassplitter gezeigt worden. Hier führte die *Neubewertung* der Gedächtnisinhalte im Lichte *nachträglicher (Fehl-)Informationen* offenbar dazu, daß die Vpen für weitere, in ihr neugewonnenes Bild passende Ergänzungen offen waren und sie bereitwillig mit-"erinnerten".

(2) Auch in der *deutschen* psychologischen Forschung sind Bedingungen der Verfälschung von Gedächtnisinhalten untersucht worden. **1375a**

Speziell zur Überprüfung von Suggestionsmustern wurde zB nach Vorführung eines Film-Unfalls einem Teil der Vpen erzählt, einer der am Unfall Beteiligten habe anschließend Fahrerflucht begangen. Sämtlichen Vpen wurden dann Fragen vorgelegt, die in einer Realsituation zur Beurteilung des Fahrverhaltens des betreffenden Autofahrers und zur Klärung der Schuldfrage wichtig gewesen wären, zB ob der betreffende Fahrer den Blinker an hatte, bevor er um die Ecke fuhr, und ob er am Stoppschild gehalten habe. Dem Fahrer wurde von den Vpen in der „Fahrerflucht"-Ergänzung ein schlechteres Fahrverhalten (zB: nicht geblinkt, nicht am Stoppschild gehalten) und eine größere Verantwortlichkeit für den Unfallausgang „bezeugt" (*Köhnken/Brockmann* ApplCogPsy **87** 203ff).

Nach einem psychologischen Experiment, in dem Vpen eine Bildergeschichte sahen und die eine der Gruppen hinterher einen Text mit *unmerklichen* Falschinformationen erhielt, erlagen die Vpen in einem anschließenden Wiedererkennungstest, in dem sie nach gesehenen Umständen befragt wurden, häufig einem Verfälschungseffekt: sie wählten dann, wenn sie vor die Alternative Original- oder Falschinformation gestellt wurden, seltener die Originalinformation als die Vergleichsgruppe nicht getäuschter Personen (vgl *Förster* in: Sporer/Meurer 88ff, 93ff).

Darüber hinaus wurden Anhaltspunkte dafür gefunden, daß selbst die Darbietung der ursprünglichen Bekundung einem zwischenzeitlichen Verfälschungseffekt offenbar nur eingeschränkt entgegenzuwirken vermag: eine „Entmischung" oder Auseinanderdifferenzierung einmal vermengter Erinnerungsinhalte auch aus unterschiedlichen Quellen ist idR später nicht mehr möglich.

In einer psychologischen Untersuchung zum Einfluß irreführender Rekonstruktionsbilder wurde den Vpen nach der Falschinformation, aber vor der erbetenen Identifizierung, die ursprüngliche eigene Beschreibung zum Lesen gegeben, ohne daß dies den Verfälschungseffekt hätte verhindern können (s dazu *Franzen/Sporer* in: Sporer/Meurer 259ff).

bb) Die bisher vorliegenden experimentellen Befunde zeigen, daß es möglich **1376** ist, mittels **Suggestion** oder **Falschinformation** neue Details in erinnerte Geschehnisse einzufügen oder auch Details zu verändern (zB Tausch eines „Vorfahrt beachten"-Schildes gegen ein Stoppschild). Dabei ist bzgl des zweitgenannten Phänomens allerdings zw, ob durch die nachträgliche Falschinformation die ursprüngliche Gedächtnisspur ausgelöscht oder nur überlagert wird.

Diese Frage nach der Art und Weise, wie nachträgliche Falschinformationen in das Gedächtnis inkorporiert werden, hat handfeste **praktische Implikationen**: Wenn spätere Falschinformationen die ursprünglichen Gedächtnisinhalte lediglich überlagern und damit (unter normalen Bedingungen) unzugänglich machen, dann kann es sich lohnen zu versuchen, mittels Kontextwiedereinsetzung oder spezieller Interview- bzw Vernehmungstechniken Zugang zu Originalinformationen zu suchen. Soweit dagegen die ursprüngliche Gedächtnisspur verloren ist bzw nachträgliche Falschinformationen untrennbar in das Gedächtnis integriert sind, sind solche Versuche von vornherein zum Scheitern verurteilt.

Im einzelnen ergaben verschiedene Experimente zwar Anhaltspunkte dafür, daß der Einfluß nachträglicher Falschinformationen dann vernachlässigungsfähig ist, wenn die Vpen beim Abfragen der Erinnerung Hilfestellung in Form der ursprünglichen Wahrnehmungsgegebenheiten erhielten (*Bekerian/Bowers* JExpPsy: LM&C **83** 139 ff; *Bowers/Bekerian* JApplPsy **84** 466 ff) – eine experimentelle Gestaltung, die in der Strafrechtspraxis schwerlich zu erbringen ist, weil diese Gegebenheiten erst aufzuklären sind. Auch eine andere Untersuchung (*McCloskey/Zaragoza* JExpPsy **85** 3 ff), nach der keine signifikanten Unterschiede zwischen irregeführten und nicht irregeführten Vpen bestanden, ist von eingeschränkter Tragweite für die Praxis des Strafverfahrens; denn diese Autoren gestalteten die Bedingungen, unter denen die Vpen ihre Erinnerungsinhalte abriefen, mit aller Sorgfalt so, daß auf die zwischenzeitlich erfolgten Falschinformationen kein Bezug mehr genommen wurde – ein notwendiges Vorgehen, um die Wirkung nachträglicher Falschinformationen zu isolieren, aber keine Entsprechung zu den Bedingungen, unter denen reale Zeugenaussagen gemacht werden. Während in den vorgenannten Studien vor oder während des Abrufs der Gedächtnisinhalte Interventionen vorgenommen wurden, die eine Anbindung der nachträglichen Falschinformationen an die alten Gedächtnisinhalte verhinderten oder zumindest erschwerten – *McCloskey/Zaragoza* stellten die Falschinformationen nicht zur Wahl und *Bekerian/Bowers* versetzten die Vpen in den Originaltext – hat *Loftus* (in: Wegener ua 249) ausgeführt, daß nach einem *Abrufakt*, der sich auf ursprüngliche wie nachträgliche Informationen bezieht, eine Auseinanderdividierung ursprünglicher und nachträglicher (ggf falscher) Informationen nicht mehr möglich sei, dh der Einfluß nachträglicher Falschinformationen oder auch Suggestionen könne dann nicht mehr eliminiert werden, wenn sie durch Abrufprozesse bereits in das Gedächtnis integriert worden sind; für die *Strafrechtspraxis* würde das bedeuten, daß einmal in eine Aussage aufgenommene Fehler gleichsam irreparabel sind und sich durch alle weiteren Reproduktionen ziehen. – Weiterführende Forschungen hätten indes sozialpsychologische Faktoren wie zB die Glaubwürdigkeit der Informationsquelle ebenso einzubeziehen wie die Wirkung kognitiver Ordnungsprinzipien (s dazu *Köhnken* PsychR **87** 202).

1377 Unter Berücksichtigung der Bedingungen, unter denen **strafprozessual** relevante Aussagen gemacht werden, gilt es darüber hinaus folgendes zu beachten: Die vor dritten, zudem mit Amtsgewalt ausgestatteten Personen gemachte und protokollierte Aussage könnte, auch aus sozialpsychologischen Gründen heraus, in besonderem Maße eine Falschinformationen integrierende Wirkung haben. So legen sich Zeugen mit ihrer Aussage fest, eine Änderung ihrer Aussage kann ggf strafrechtliche Konsequenzen haben.

1378 c) Angesichts der Wahrscheinlichkeit, daß Suggestionen und Falschinformationen permanent in Erinnerungen integriert werden, sind die **Faktoren**, die den Einfluß **nachträglicher Falschinformationen begünstigen**, von besonderem Interesse. Nur soweit sie bekannt sind, können vernehmungs- und verfahrensbedingte Überformungen von Gedächtnisinhalten systematisch vermieden werden; bei den Faktoren, auf die von Polizei und Gericht kein Einfluß (mehr) genommen werden kann, sind sie zum Vergleich mit den jeweiligen Umständen heranzuziehen. Indes ist der einschlägige Wissensstand durchaus begrenzt; zudem beziehen sich die bisherigen einschlägigen Erkenntnisse nur eingeschränkt auf die Frage suggestiver Falschinformation.

aa) Hinsichtlich des *Zeitfaktors* ist der Einfluß nachträglicher Falschinformationen dann am größten, wenn eine längere Zeitspanne zwischen Originalinformation und Irreführung liegt; mit zunehmendem zeitlichen Abstand zwischen Irreführung und Abfragung dagegen nimmt der Einfluß der Falschinformation wieder ab (*Loftus ua* JExpPsy: HumL&M **78** 25 f).

bb) Die Art der *Präsentation* irreführender Informationen bzw die Formulierung **1379** entspr Aussagen spielt eine beträchtliche Rolle.

In einem Experiment erzielten solche Informationen, die in einem komplexen Satzgefüge in einem Nebensatz „versteckt" waren, eine größere Wirkung als direkte Fragen nach Eigenschaften vermeintlicher Details (*Loftus/Greene* Law&HumB **80** 331 f; *Loftus* in: Long/Baddeley 425).

Dem entspricht es, daß die Verfälschung von Erinnerungsinhalten dann am wahrscheinlichsten ist, wenn Widersprüche zwischen Original- und nachträglicher Information nicht entdeckt werden (s speziell zur Lichtbildvorlage 1402).

cc) Die Anfälligkeit ggü nachträglichen Falschinformationen ist offenbar *indivi-* **1380** *duell* verschieden, wobei indes wenig geklärt ist, ob es sich dabei tendenziell eher um eine (mehr oder weniger) bleibende Persönlichkeitseigenschaft handelt oder um ein im Zusammenspiel mit situativen Faktoren fluktuierendes Merkmal.

So liegen Anhaltspunkte dafür vor, daß je nach Tempo bzw Gründlichkeit kognitiver Verarbeitungsprozesse die Wahrscheinlichkeit variiert, ob Widersprüche zwischen Original- und späterer Falschinformation entdeckt werden (vgl etwa *Tousignant ua* Mem&Cog **86** 335 ff bzgl der Lesegeschwindigkeit).

dd) Waren schon die ursprünglichen Wahrnehmungsbedingungen ungünstig **1381** und sind demgemäß die Erinnerungen eher schwach, so führt dies zu größerer Anfälligkeit ggü nachträglichen Falschinformationen. So mögen Widersprüche zwischen Original- und Falschinformation unter diesen Bedingungen schon gar nicht (besonders) auffallen. Darüber hinaus ist anzunehmen, daß Menschen die Tendenz haben, ihre (schwachen und damit ergänzungsfähigen) Erinnerungen zu strukturieren, zu komplettieren und aufzufüllen.

d) aa) Für die strafprozessuale Ermittlung empfiehlt es sich, nach Möglichkeit **1382** die Frage nach den **Quellen** der jeweiligen Information *vorab* nachdrücklich zu stellen. Dies verspricht zumindest im Einzelfall eine Chance, daß die zu vernehmende Person veranlaßt wird, zwischen Erinnerungen verschiedener Herkunft zu unterscheiden, und daß sich der Anteil unzutreffend wiedergegebener Details dadurch verringert (zu empirischen Anhaltspunkten s *Dodson/Johnson* AmJPsy **93** 541 ff; *Lindsay/Johnson* Mem&Cog **89** 354 ff).

In einem Experiment wurde den Vpen eine Dia-Serie vorgeführt, die einen (geringfügigen) Diebstahl zeigte. Anschließend bekamen die Vpen korrekte bzw in mehreren Details irreführende Beschreibungen von Szene und Tathergang zu lesen. Die Instruktionen für den abschließenden Erinnerungstest unterschieden zwischen Informationen, die die Vpen vom Sehen her erinnerten, Informationen, die sie nur vom Lesen her erinnerten, Informationen, die sie erinnerten, ohne zu wissen woher, und einer Restkategorie (keine Erinnerung). Es zeigte sich, daß irregeführte Vpen nicht öfter als nicht irregeführte angaben, Details, die gar nicht vorhanden gewesen waren, gesehen zu haben, dh sie konnten unterscheiden, ob sie die fraglichen Informationen vom Sehen oder nur vom Lesen her erinnerten (*Zaragoza/Koshmider* JExpPsy: LM&C **89** 253).

Fraglich ist allerdings, ob die Anregung zur Suche nach der jeweiligen Informationsquelle auch nach längeren Zeiträumen erfolgreich sein kann. Befunde über die Erinnerungsleistung nach längeren Zeiträumen (s betr 2 Jahre etwa *Poole/White* DevPsy **93** 844 ff) lassen dies im allg zw – wenn auch nicht im Einzelfall zwecklos – erscheinen.

bb) Empirisch noch nicht abschließend geklärt ist die Frage, inwieweit mit **Warnungen** vor dem Einfluß von Falschinformationen suggestive Effekte verhindert werden können. Am ehesten wird dies bei expliziten, die konkrete(n) Falschinformation(en) benennenden Warnungen der Fall sein können (vgl etwa *Förster* in: Sporer/Meurer **92** 96ff). Allerdings geht in der Praxis die größere Gefahr idR ohnehin von – bzgl Ursprung und Gehalt – unbekannten Falschinformationen aus, dh die Nützlichkeit einschlägiger Warnungen bleibt von vornherein eingeschränkt.

4. Spezielle Probleme bei der Identifizierung von Personen bzw Personenmerkmalen

Übersicht

	Rn		Rn
a) Allgemeines	1383–1385	c) Spätere Beeinflussungen	1399
b) aa) Relative Sicherheit	1386	aa) Veränderter Zusammenhang	1400, 1401
bb) Relevante Faktoren	1387	bb) Fotovorlage	1402
(1) Beobachtungsdauer	1388	cc) Identifizierungssituation	1403, 1404
(2) Physikalische Determinanten	1389	dd) Simultane oder sequentielle Wahlgegenüberstellung	1405
(3) Auffälligkeit von Person oder Merkmal	1390–1393	d) Indikatoren des Beweiswertes	1406–1410
(4) Verstrichene Zeitspanne	1394		
cc) Besonderheiten betr Stimmen	1395–1398		

1383 a) Im allg gehört die Identifizierung von Tatverdächtigen (zur revisionsrechtlichen Überprüfung der entspr Beweiswürdigung s 1475 ff) zu den wohl schwierigsten Aufgaben von Augenzeugen, wird doch eine Entscheidung verlangt, die für den Beschuldigten von ungeheurer Tragweite sein kann, insbes dann, wenn keine überzeugenden Sachbeweise vorliegen. Für den Zeugen kann dies eine emotional belastende, uU bedrohliche Situation sein; dies gilt erhöht dann, wenn er gleichzeitig Opfer war. Auch ist der Wiedererkennungsvorgang ein sehr komplexer Prozeß, da die zu identifizierende Person und ihr im Beobachter gespeichertes Abbild nicht einfach deckungsgleich sind, sondern eine **Ähnlichkeitsbeziehung** zwischen ihnen besteht; das gleiche gilt für Personen, die nicht mit dem Täter identisch sind, sondern als „Strohmänner" oder als zu Unrecht Beschuldigte dem Zeugen gegenübergestellt werden. Aufgabe des Zeugen ist es, das Maß an Ähnlichkeit zu bestimmen, das hinreicht, eine ihm gegenübergestellte Person als mit dem Täter identisch zu erklären – wobei es von mehreren Situations- und Persönlichkeitsvariablen abhängt, welches Maß an Ähnlichkeit dem Zeugen hinreichend erscheint.

1384 aa) Zu diesen Variablen gehört auch die wahrgenommene **Ernsthaftigkeit** der Entscheidung und deren erwartete Konsequenzen, iZ damit ist die Relevanz von Befunden der experimentellen Psychologie zu Fragen der Identifizierung von vornherein eingeschränkt.

Aufgrund der Schwierigkeiten (einschließlich ethischer Bedenken), strafrechtlich relevante Gegenüberstellungen zu simulieren, beruhen fast alle Befunde der Identifizierungsforschung

I. Aussagefähigkeit

auf Experimenten, in denen die Vpen wußten, daß ihre Wahl keine ernsthaften Konsequenzen haben würde. Unter diesen Bedingungen ist die Zahl von Falschidentifizierungen nach suggestiven Instruktionen außergewöhnlich angestiegen (s statt vieler *Malpass/Devine* JApplPsy **81** 486); wurden Vpen dagegen in dem Glauben gelassen, an einer realen Gegenüberstellung zwecks Identifizierung eines mutmaßlichen Straftäters mitzuwirken, zeigten sie sich für Instruktionen, die die Identifizierung eines Anwesenden nahelegten, wenig bzw nicht empfänglich (*Köhnken/Mass* JApplPsy **88** 366, 368 f). Andererseits gibt es bis jetzt keine Anzeichen dafür, daß Zeugen im „Ernstfall" durchweg ein signifikant strengeres Entscheidungskriterium anlegen als im bloßen Experiment.

Nach vorläufigen empirischen Anhaltspunkten sollen zB *geschlechts*spezifische Unterschiede bzgl der Beeinflußbarkeit sowohl durch antizipierte Konsequenzen der Identifizierungsentscheidung als auch durch die Art der empfangenen Instruktionen bestehen.

Zumindest waren in entspr Experimenten die Effekte als gering empfundener Konsequenzen (erkennbares Laborexperiment; hohe Zahl von Falschidentifizierungen) bei Männern signifikant ausgeprägter als bei Frauen. Das gleiche galt auch für den Effekt einer gesteigerten Resistenz ggü suggestiven Instruktionen zur Gegenüberstellung bei Annahme sich daraus ergebender erheblicher Konsequenzen („im wirklichen Leben") (*Foster ua* ApplCogPsy **94** 107 ff).

bb) Selbst wenn es plausibel erscheint, daß ein durchschnittlich verantwortungsbewußter Zeuge bei der Identifizierung eines mutmaßlichen Täters ein strengeres **Entscheidungskriterium** anlegt als eine durchschnittlich motivierte Vp – was noch nachzuweisen wäre –, so kann dies uU wieder zunichte gemacht werden durch psychische Phänomene wie Rachegefühle oder massenhysterische Reaktionen auf besonders publik gemachte Verbrechen, verbunden mit einem (etwa auch politischen) Erwartungsdruck, Festnahme und Verurteilung eines Tatverdächtigen voranzutreiben. Im übrigen kann auch ein strengeres Entscheidungskriterium Falschidentifizierungen nicht verhindern, sondern es läßt lediglich die Wahrscheinlichkeit einer Falschidentifizierung sinken.

b) Für die strafrechtliche Praxis interessieren insbes zwei Fragenbereiche: Zum einen die Wechselbeziehung, die zwischen Entscheidungskriterium und Anzahl der falschen bzw der korrekten Identifizierungen besteht, zum anderen (eine Systematik der) Faktoren, die eine Identifizierung erleichtern oder erschweren.

aa) Zur Erforschung der vorbezeichneten *Wechselbeziehung* hat die experimentelle Psychologie einzelne Ansätze entwickelt, und zwar im Rahmen der sog „Signal Detection Theory" (SDT; s dazu und zum Folgenden *Velden*).

Im einzelnen wird zwischen vier möglichen Abläufen unterschieden: Die Zielperson ist anwesend und wird vom Zeugen erkannt = Treffer; die Zielperson ist nicht anwesend, ein „Strohmann" (oder fälschlich Verdächtigter) wird vom Zeugen identifiziert = falscher Alarm; die Zielperson ist nicht anwesend, niemand wird identifiziert = korrekte Zurückweisung; die Zielperson ist anwesend, wird aber nicht vom Zeugen erkannt = falsche Zurückweisung oder Verpasser.

Mittels bestimmter statistischer Berechnungen wurde gezeigt, daß mit der Wahrscheinlichkeit eines Treffers auch die Wahrscheinlichkeit eines falschen Alarms wächst, ebenso wie mit der Wahrscheinlichkeit einer korrekten Zurückweisung die Wahrscheinlichkeit eines Verpassers wächst. Indes haben beide Paare zueinander zwingend ein gegenläufiges Verhältnis; dh mit zunehmender Treffer- und falscher Alarm-Wahrscheinlichkeit muß die Wahrscheinlichkeit korrekter wie falscher Zurückweisung sinken.

Im allg wird von einer relativen Identifizierungsschwelle bei Zeugen ausgegangen, dh Zeugen erkennen die Identität der ihnen vorgeführten Personen lediglich mit einer **relativen Sicherheit**, nicht mit einer absoluten. Nach Durchführung einer genügend großen Zahl von Wahrnehmungen (hier: Identifizierungen) läßt sich das Entscheidungskriterium einer Vp/eines Zeugen bestimmen.

1387 bb) Was die Frage nach (einer Systematik der) Faktoren angeht, die das Wiedererkennen erleichtern bzw erschweren oder auch verfälschen, so kommt zunächst der Beobachtungssituation immanenten Eigenschaften wie Helligkeit, Beobachtungsdauer, Nähe zum Beobachteten naturgemäß eine erhebliche Bedeutung für die Genauigkeit und Zuverlässigkeit einer späteren Identifizierung zu.

1388 (1) Im einzelnen liegen zur Verbesserung der Identifizierungsleistung mit zunehmender **Beobachtungsdauer** mehrere empirische Befunde vor (*Laughery ua* JApplPsy **71** 477 ff, bes 480; *Mueller ua* BPsychS **78** 313 ff; *Ellis ua* NJCrimDef **77** 219 ff).

Unklar bleibt allerdings, ob die Befunde den Schluß auf eine lineare Abhängigkeit zwischen der Zahl richtiger Identifizierungen und der Beobachtungsdauer zulassen (vgl *Laughery ua* JApplPsy **71** 480) oder ob vielmehr von einer logarithmischen Beziehung ausgegangen werden muß, bei der die Wiedererkennungsleistung stark zunimmt, wenn kurze Beobachtungszeiträume verlängert werden, jedoch nur noch eine schwache Verbesserung zu verzeichnen ist, wenn die Verlängerung über eine bestimmte Beobachtungsdauer hinaus fortgeführt wird. Eine logarithmische Beziehung – innerhalb eines begrenzten Intervalls kann sie leicht mit einer linearen verwechselt werden – ist eher mit einem Ergebnis von *Cutler ua* (Law&HumB **87** 250) zu vereinbaren, die keine positive Beziehung zwischen einer Verlängerung der Beobachtungsdauer (von 30 Sek auf 75 Sek) und der Identifizierungsleistung fanden (vgl dazu auch *Meurer ua* in: Meurer/Sporer 15).

Indes sind allg Aussagen darüber, wie lange ein Zeuge eine Zielperson beobachtet haben muß, um sie später mit hinreichender Sicherheit identifizieren zu können, nicht möglich; denn in der Realität wirken zahlreiche andere Determinanten auf die Wahrnehmungssituation ein, so daß eine Isolierung der Beobachtungsdauer kaum möglich ist. So können unter sehr guten Beobachtungsbedingungen[3] schon 10 Sek Beobachtungsdauer zu Wiedererkennungsleistungen von 85 % führen (s dazu *Cutler ua* Law&HumB **87** 250). Allein in der Praxis ist es meist unmöglich, die wahre Beobachtungsdauer aus den Angaben des Zeugen zu rekonstruieren; idR werden gerade kurze Beobachtungszeiträume überschätzt[4] (s auch 1368).

1389 (2) Über **Beleuchtungsverhältnisse** und andere **physikalische** Determinanten lassen sich ebenfalls keine generellen Aussagen machen. Im Gegensatz zur Beobachtungsdauer jedoch, bei deren Schätzung die Vernehmungsperson meist allein auf die Angaben des Zeugen angewiesen ist, können entspr Angaben zu den herrschenden Beleuchtungsverhältnissen, zum eigenen Blickwinkel etc in einem begrenzten Umfang – und mit erheblichem zeitlichen und ggf auch finanziellem Aufwand – nachgestellt werden. Unerläßlich ist eine solche Rekonstruktion vor al-

---

[3] Zum Beispiel wenn das zu beobachtende Geschehen einfach strukturiert ist, nur wenige Akteure auftreten, der Zeuge sich auf die Aktion konzentriert, die physikalischen Bedingungen (Blickwinkel, Beleuchtung) optimal sind.

[4] Nach einem Experiment von *Cutler ua* Law&HumB **87** 248 überschätzten die Vpen, die eine Zielperson 30 Sek lang zu Gesicht bekamen, die Beobachtungsdauer um 174 %, und bei einer tatsächlichen Beobachtungsdauer von 75 Sek betrug die Überschätzung noch 41 %. Schätzfehler ähnlichen Ausmaßes traten auch in einem Experiment von *Yarmey* (JApplSocPsy **93** 1921) bzgl einer 15 Sek dauernden Gesprächssequenz mit einer Zielperson auf, wobei weibliche Pb die Zeitspanne signifikant mehr überschätzten als männliche.

lem dann, wenn die äußeren Umstände der Beobachtungssituation die Frage aufwerfen, ob der Zeuge überhaupt gesehen haben kann, wen (oder was) er später wiederzuerkennen meint (s dazu zB *Schindler/Stadler* StV **91** 38 ff; s auch 1365, 1367).

(3) Über die physikalischen Eckdaten hinaus können Beobachtungssituationen andere Merkmale aufweisen, die die Wahrnehmungs- und Wiedererkennungsleistung beeinträchtigen. Relevant für die Wahrnehmungsleistung ist ua der Grad an **Auffälligkeit** der Zielperson bzw eines Zielobjekts oder Zielgeschehens im Wahrnehmungsfeld des Zeugen.

(a) Gering ist die Auffälligkeit der Zielperson insbes dann, wenn eine größere Zahl anderer Menschen anwesend ist, von denen sich die Zielperson nur wenig unterscheidet; unter dieser Bedingung wird das spätere Wiedererkennen der Zielperson erschwert. Hebt sich eine Zielperson dagegen stark von ihrer Umgebung ab, wird sie, unter sonst gleichen Bedingungen, mit sehr viel größerer Wahrscheinlichkeit wiedererkannt werden. Der gleiche Effekt tritt auch bei Gesichtern bzw Personen ein, die überdurchschnittlich und damit auffallend attraktiv bzw unattraktiv sind.

Zur Erklärung wurde in der Literatur teilweise an die Schemata-Theorie (s 1370 ff) angeknüpft. Gesichter, die dem Schema des Beobachters für (typische) Gesichter gut entsprächen, würden in der Erinnerung weitgehend auf den Inhalt des Schemas reduziert, untypische Gesichter dagegen als „Sonderfälle" mit größerem kognitiven Aufwand kodiert und später besser erinnert.

Andere relevante Eigenschaften der Zielperson sind vor allem die *Vermummung* zur Zeit der Tat bzw die *Veränderung des Aussehens* zwischen Tat und Identifizierungsversuch sowie die *ethnische Zugehörigkeit* der Zielperson. Die Befunde zur Vermummung und zur Veränderung des Aussehens sind eindeutig und bieten keinerlei Überraschungen: Beide verschlechtern die Wiedererkennungsleistung erheblich.[5] Hingegen besteht (nach mehreren Forschungsergebnissen aus den USA) offenbar eine größere Schwierigkeit von Zeugen einer Rasse, Zielpersonen einer anderen Rasse korrekt zu identifizieren (sog „own-race-bias"), ohne daß jedoch geklärt wäre, ob zB auch die Identifizierung von Personen aus dem Mittelmeerraum durch Nord- und Mitteleuropäer (und umgekehrt) von einem solchen Effekt belastet ist (*Cutler/Penrod* in: Köhnken/Sporer 44); stets wird zu prüfen sein, ob nicht entspr Fehler zumindest teilweise auch durch eine suggestive Gestaltung der Identifizierungssituation gefördert werden oder gar bedingt sind.

(b) Trägt die Zielperson bei der Tat eine *Waffe*, so zieht diese offensichtlich einen erheblichen Teil der Aufmerksamkeit der Zeugen auf sich, so daß die Identifizierungsleistung tendenziell schlechter wird (sog *Waffenfokus*).

In einem Experiment wurden während der Darbietung einer Diaserie über einen bewaffneten Raubüberfall die Augenbewegungen der Vpen aufgezeichnet: Auf die Waffe waren mehr und längere Blicke (Fixationen) gerichtet als auf andere Gegenstände oder das Gesicht des Täters, und die Identifizierungsleistungen der Vpen dieser Gruppe waren schlechter als die der Vpen der Kontrollgruppe, denen dieselbe Person ohne Waffe gezeigt worden war (*Loftus ua* Law&HumB **87** 244; ähnlich die Ergebnisse von *Cutler ua* Law&HumB **87** 244 so-

---

[5] Zur Vermummung: *Cutler ua* Law&HumB **87** 244; zur Veränderung des Aussehens allg: *Shapiro/Penrod* PsychB **86** 143; zur Maskierung/Verkleidung: *Sporer* in: Sporer/Meurer 53.

wie diejenigen von *Maass/Köhnken* Law&HumB **89** 397 ff). Dem entspricht das Ergebnis einer Metaanalyse (s zur Methode grds *Eisenberg* § 13 Rn 61), wonach bzgl Zielpersonen, die erkennbar eine Waffe mit sich führen, eine signifikant schlechtere Wiedererkennensleistung zu erwarten ist als in Fällen, in denen keine Waffe getragen wird; besonders ausgeprägt ist die Verminderung der Erinnerungsleistung betr Einzelheiten und Details (etwa der Gesichtszüge oder der Kleidung) sowie der Genauigkeit der diesbzgl Wahrnehmungen (*Steblay* Law&HumB **92** 413 ff).

1392 (c) Unabhängig von der Gewalttätigkeit und der Anwesenheit von Waffen ist die *Schwere* der beobachteten *Straftat* experimentell variiert und ihre Auswirkung auf die Identifizierungsleistung untersucht worden. Als Untersuchungsfeld boten sich hier gewalt- und waffenlos begangene Eigentumsdelikte an, wobei die Schwere der Straftat über den Wert des gestohlenen Gegenstandes gesteigert wurde.

So ließen *Leippe ua* (JApplPsy **78** 345 ff) für ihre Vpen einen Diebstahl inszenieren, in dem entweder ein Päckchen Zigaretten oder ein wertvoller Taschenrechner entwendet wurde. Es zeigte sich, daß der Täter häufiger wiedererkannt wurde, wenn die Vpen bei Beobachtung der Tat wußten, daß es sich um ein wertvolles Objekt handelte. Das Wissen um den Wert des Gegenstandes und die implizite Schlußfolgerung, daß es sich bei dem vermeintlichen Diebstahl um einen empfindlichen Verlust für den Eigentümer handeln müsse, führten offensichtlich dazu, daß Tat und Täter mit mehr Aufmerksamkeit bedacht wurden.

1393 (d) Indes beeinflußt die Auffälligkeit des Beobachteten die Wiedererkennungsleistung immer nur mittelbar, unmittelbar wirkt sie auf die mehr oder weniger vorhandene *Aufmerksamkeit* des Zeugen. In der Realität hängt die Aufmerksamkeitszuwendung von einer Vielzahl situativer und individueller Variablen ab. Ganz offensichtlich ist die Konzentrationsfähigkeit des Zeugen und damit das Maß an Aufmerksamkeit, das er zum Beobachtungszeitpunkt aufbringen kann, abhängig vom Grad seiner Wachheit, von seinem körperlichen Befinden und von seinem psychischen Zustand, wobei ein mittleres Niveau – nicht aber reduzierte oder erhöhte Anspannung („arousal") – am ehesten mit geeigneten (Augen-)Zeugenleistungen einhergeht (*Trouvé/Libkuman* AmJPsy **92** 417 ff). – Speziell betr Gewaltdelikte liegen Anhaltspunkte dafür vor, daß sich der psychische Zustand sowie – etwa wenn der Zeuge zugleich Opfer ist – das körperliche Befinden durch das (bzw bei der Beobachtung vom) Tatgeschehen verändern können. Im allg lösen beobachtete und angedrohte Gewalt sowie die wahrgenommene Gefährdung von Leib und Leben extremen Streß aus, der die Wahrnehmungsleistung vermindere.

Experimentell können die Auswirkungen einschlägig extremen Stresses schon aus ethischen Gründen nicht überprüft werden. Immerhin ergab sich in mehreren Studien, die „nur" Videofilme über Gewaltverbrechen einsetzten, daß die Wiedererkennungsleistung der Vpen deutlich geringer war als die der Vpen einer Kontrollgruppe, deren Videofilme entspr Straftaten ohne Gewaltanwendung zeigten (*Clifford/Scott* JApplPsy **78** 352 ff; *Clifford/Hollin* JApplPsy **81** 367 f; anders aber der Befund bei *Cutler ua* Law&HumB **87** 250).

1394 (4) Eine der wichtigsten Variablen, die die Identifizierungsleistung beeinflußt, ist die **Zeitdauer** zwischen **Beobachtung** und **Identifizierung**. Grds gilt dabei, daß die Identifizierungsleistung mit zunehmendem Zeitabstand sinkt (s aber Köln StV **95** 259: hoher Beweiswert nach acht Monaten; zw). Bzgl genauerer Parameter, besonders betr die Wirkung des Zeitintervalls auf die Anzahl falscher Identifizierungen, sind die wissenschaftlichen Befunde uneinheitlich. Auch gehen die meisten experimentellen Studien nicht über einen Zeitraum von wenigen Tagen oder

I. Aussagefähigkeit

Wochen hinaus (vgl aber *Malpass/Devine* JApplPsy **81** 345, 347 ff bzw *Shephard* in: Lloyd-Bostock/Clifford 173 ff für Zeitintervalle von 5 bzw 11 Monaten).

Nach der Metaanalyse von *Shapiro/Penrod* (PsychB **86** 149), in die über 190 Einzelstudien eingegangen sind, sinkt die Zahl korrekter Identifizierungen mit zunehmendem zeitlichen Abstand zwischen Wahrnehmung und Wiedererkennung linear ab. Die Zahl falscher Identifizierungen dagegen nimmt nicht im gleichen Ausmaß zu.

Eine Zeitspanne von 2 Jahren wählten *Poole/White* (DevPsy **93** 844 ff), die dann allerdings keine Identifizierungsaufgabe mehr stellten, sondern nur noch Fragen nach Gesichtszügen, besonderen Merkmalen etc unterbreiteten. Diesbzgl traten signifikant häufiger Erinnerungslücken und -fehler auf als in der ursprünglichen Erhebung.

Ungeklärt ist, ob Befunde der allg Gedächtnisforschung, nach denen sich die Abnahme der Gedächtnisleistung mit zunehmender Zeitdauer verlangsamt (*Ebbinghaus*'sche Gedächtniskurve), etwa auch für die Erinnerung zB von Gesichtszügen etc gültig sind oder nicht.

cc) Was Besonderheiten bei der Identifizierung von **Stimmen** angeht, so ist **1395** hinsichtlich der Stufe der Wahrnehmung einschränkend zunächst davon auszugehen, daß nach der Ausstattung des Menschen im allg eine geringere Befähigung zu auditiver als zu visueller Wahrnehmung besteht. Hinzu kommt, daß bei der Wahrnehmung von *sprachlichen* Reizen idR eine Konzentration auf den Sinngehalt der Äußerung geschieht, so daß bei der Speicherung sprachlicher wie stimmlicher Eigenschaften nur in einem *geringeren* Ausmaß eine Differenzierung stattfindet als bei der visuellen Erfassung von Eigenschaften (einschr auch *Künzel* GA **88** 224 sowie *ders* NStZ **89** 450; *Odenthal* NStZ **95** 579); daher sind im allg namentlich solche stimmlichen Entäußerungen, die sprachbezogen sind, faktisch weniger erfaßbar als optische Reize (vgl nur *Brown/Herrnstein* 434 f). Demggü liegen empirische Hinweise dazu vor, daß sich Ohrenzeugen der Schwierigkeiten und Grenzen einschlägiger Identifizierungsversuche nicht immer hinreichend bewußt sind.

So ergaben sich in einem Experiment (zwangsläufig) schlechtere Identifizierungsleistungen einschließlich einer signifikant höheren Zahl von Falschidentifizierungen bei auditiver „Gegenüberstellung" als bei visueller bzw visuell-auditiv kombinierter. Die Pben in den verschiedenen Bedingungsrahmen unterschieden sich jedoch nicht bzgl des Ausmaßes an Vertrauen, das sie selbst in die Richtigkeit ihrer Identifizierungsleistung setzten (*McAllister* ua JSocPsy **93** 365, 375 f).

Am ehesten werden solche stimmlichen Informationen „behalten", denen Bedeutung zugemessen wird. Ob ein späteres Wiedererkennen einer Stimme gelingt, hängt demnach entscheidend von den Umständen ab, unter denen sie gehört wurde; sind die Umstände dergestalt, daß sie ein Einprägen der Stimmqualität fördern, erhöht das die Wahrscheinlichkeit einer späteren Identifizierung.

(1) Wie auch bei der visuellen Identifizierung spielen Variablen der Wahrnehmungssituation (zB Dauer der Wahrnehmung, Geräuschpegel, Entfernung zum Sprecher) eine Rolle. Generell verschlechtern Störeinflüsse bei der Wahrnehmung (zB Stimmengewirr im Hintergrund) die spätere Identifizierungsleistung. **1396**

Im einzelnen sind die Befunde zur **Dauer** der Wahrnehmungssituation nicht einheitlich, sprechen aber in ihrer Mehrzahl dafür, daß diese Variable (bei unbekannten Stimmen) weniger wichtig ist, falls eine bestimmte Mindesthördauer – ungefähr zwei Sekunden oder ein Satz – nicht unterschritten wird (*Clifford* Law& HumB **80** 373 ff; *Clifford* in: Lloyd-Bostock/Clifford 189 ff; *Goldstein* ua BPsychS

81 217 ff). Anders verhält es sich bei relativ bekannten, dh oft und/oder lange gehörten Stimmen; indes stellt sich bei der diesbzgl Identifizierung die Zusammenhangsgebundenheit der Wiedererkennung als besonderes Problem dar: Außerhalb des gewohnten (auch inhaltlichen) Zusammenhanges, dh desjenigen, den der Hörer mit der fraglichen Stimme verbindet, mißlingt die Identifizierung der Zielstimme eher, während andererseits mit der Herstellung bzw Simulation eines bestimmten Hörzusammenhangs eine „Hörerwartung" geweckt wird, die bei nicht völlig unähnlichen Stimmen zu Falschidentifizierungen führen kann (*Hammersley/Read* in: Köhnken/Sporer 115 f). So kann uU bereits das Nachsprechen bekundeter Äußerungen des mutmaßlichen Täters eine gewisse Suggestionswirkung entfalten (s etwa auch BGH NStZ **94** 598).

1397 (2) Ein **Verstellen der Stimme** in der Wahrnehmungssituation führt, ähnlich wie das Vermummen bzw das Verändern des Aussehens, zu einer Verschlechterung der Identifizierungsleistung (zu experimentellen Befunden s *Bull/Clifford* in: Wells/Loftus 112 f; *Saslove/Yarmey* JApplPsy **80** 111 ff). Gewisse Besonderheiten sind bei ungewöhnlichen und auffallenden Stimmen zu beachten: Das Vorhandensein ungewöhnlicher stimmlicher Merkmale erhöht die Wahrscheinlichkeit einer positiven Identifizierung, wenn die Zielstimme beim Hörtest dabei ist; ist jedoch statt der Zielstimme eine andere Stimme dabei, die diese Merkmale in einer ähnlichen Ausprägung (zufällig) ebenfalls aufweist, erhöht es die Gefahr einer Falschidentifizierung (s *Hammersley/Read* in: Köhnken/Sporer 125 f). Insofern liegt eine Diskrepanz ggü Befunden betr visueller Identifizierungen vor, die iZm auffälligen Zielpersonen eine Verbesserung der Identifizierungsleistung erkennen lassen (s 1390). Die komplizierte Situation bei der Identifizierung von Stimmen mag darin begründet liegen, daß die menschliche Wahrnehmung akustische Reize nicht im gleichen Maße differenziert wie visuelle, dh besondere Stimmerkmale sind daher nicht im gleichen Maße individuell und einmalig wie Auffälligkeiten der Physiognomie.

Es ist allerdings auch durchaus vorstellbar, daß gerade Besonderheiten im Aussehen zu Falschidentifizierungen führen, falls ein zu Unrecht der Tat Verdächtigter das Pech hat, eine Art „Zwilling" des tatsächlichen Täters zu sein. Bei Stimmen ist lediglich die Wahrscheinlichkeit größer, daß zwei einander so ähnlich sind, daß kein Unterschied gehört werden kann.

1398 Gerade bei *Dialektstimmen* zB stoßen Hörer, die selbst einen anderen (oder keinen ausgeprägten) Dialekt sprechen, schnell an die Grenzen ihrer Differenzierungskapazität. Die Möglichkeit, daß eine nicht völlig anders klingende Stimme mit ähnlichen Dialektmerkmalen fälschlich identifiziert wird, ist relativ groß. Daher müssen bei Wiedererkennungstests alle Sprecher einen ähnlichen Dialekt sprechen. – Eine besondere Gefahr liegt darin, daß Zeugen vor dem Wiedererkennungstest möglicherweise den Dialekt nicht korrekt identifizieren oder beschreiben konnten oder ihn überhaupt nicht erwähnten. Wird die Auswahl der Vergleichsstimmen dann nicht hinreichend sorgfältig auf die Stimme des Tatverdächtigen abgestimmt, ist zu besorgen, daß letztere sich durch einige dialektale Besonderheiten heraushebt und – ggf falsch (zumindest aber aus den falschen Gründen) – identifiziert wird.

1399 c) Gleichfalls von hoher Bedeutung für die Strafrechtspraxis ist die Frage, welche **später** und namentlich iZm den *strafrechtlichen* Ermittlungen auftretenden **Faktoren** das Ergebnis einer Gegenüberstellung beeinflussen können.

I. Aussagefähigkeit

Hierzu wird zunächst bzgl (etwa suggestiver) Formulierungen von Fragen zB im Rahmen der polizeilichen Ermittlungen oder möglicher Einflüsse durch Berichte in Medien auf die Ausführungen betr die Aussagefähigkeit im allg verwiesen (s 1375 ff), die grds auch für Identifizierungen gelten. Stets ist zu berücksichtigen, daß ein im Gedächtnis gespeichertes Bild einer Zielperson durch verschiedenste Formen späterer, verbaler wie nicht-verbaler Informationen veränderbar ist.

In einem Experiment wurden den Vpen Fotos vorgelegt und anschließend Beschreibungen der abgebildeten Person zum Lesen gegeben (s *Loftus/Greene* Law&HumB **80** 325, 327, 330). Enthielt die Beschreibung ein nicht zutreffendes Detail (zB „gewelltes" anstelle von „glattem" Haar oder „Schnurrbart" anstelle von „glattrasiert"), orientierte sich ein erheblicher Prozentsatz der Vpen an der Beschreibung: 33 % rekonstruierten das Gesicht der Zielperson mit dem nicht zutreffenden Detail, also mit welligem anstelle von glattem Haar; 69 % der falsch informierten Vpen eines Zusatzexperiments wählten aus 12 vorgelegten Fotos das eines Mannes mit Schnurrbart, obwohl die Zielperson keinen gehabt hatte (die Vorlage enthielt kein Bild der wirklichen Zielperson).

1400 aa) Ein allg Problem bei Identifizierungen ist, daß sie üblicherweise **außerhalb des ursprünglichen Wahrnehmungszusammenhangs** vor sich gehen. Der Zeuge – besonders wenn er gleichzeitig Opfer war – befindet sich bei der Gegenüberstellung (gemäß der durch Polizeipräsenz, Sicherheit und Ordnung gekennzeichneten Atmosphäre) in einer völlig anderen Situation als während der Deliktsbegehung (mit einem ggf als äußerst bedrohlich empfundenen Täter).

Experimentell ist die Wiedererkennungsleistung unter neutralen im Vergleich zu solchen Identifizierungsbedingungen, bei denen Erinnerungshilfen an die ursprüngliche Wahrnehmung gegeben wurden, mehrfach untersucht worden. Dabei ergab sich, daß bei Erinnerungshilfen zum Wahrnehmungszusammenhang die Zahl der korrekten Identifizierungen deutlich anstieg, gleichzeitig aber auch die Anzahl der Falschidentifizierungen, wenngleich in geringerem Maße, zunahm (*Malpass/Devine* JApplPsy **81** 343 ff; *Krafka/Penrod* JP&SocPsy **85** 58 ff). Im übrigen zeigte eine Metaanalyse, daß die Zunahme korrekter Identifizierungen in streng experimentellen Settings stärker ausgeprägt war als in Experimenten, die Wert auf einen lebensnahen und realistischen Hintergrund legten (*Shapiro/Penrod* PsychB **86** 144).

1401 Hiernach erscheint die Frage, ob Erinnerungshilfen zum Wahrnehmungszusammenhang mittels „geleiteter Erinnerung" ein geeignetes Mittel zur Verbesserung der Identifizierungsleistung sind, zumindest ungeklärt.

Eine (Einzel-)Abstraktion der Identifizierungs- von der Beobachtungssituation liegt im Regelfall durch die einheitliche und neutrale *Kleidung* der Personen in der Gegenüberstellung vor.

In einem Experiment von *Lindsay ua* (CanJBSc **87** 463 ff) zu der Frage, ob die Anzahl korrekter bzw falscher Identifizierungen von der Kleidung der Ziel- und der Vergleichspersonen abhängt, ergab sich folgendes: Während sich die Anzahl der korrekten Identifizierungen nicht signifikant über die verschiedenen Bedingungen veränderte, war die Anzahl der Falschidentifizierungen dann am geringsten, wenn alle Personen identische Kleider trugen, die nicht mit dem Anzug des Täters zur Zeit der Tatbegehung übereinstimmten.

1402 bb) Spezielle Einschränkungen für die Gegenüberstellung nach **vorausgegangener Lichtbildervorlage** ergeben sich daraus, daß die Speicherung von relevanten Personenmerkmalen (zB Gesichtszügen) nur bis zu einem gewissen Grad an den wahrgenommenen Zusammenhang gekoppelt ist. Darüber hinaus kann es zu *Zusammenhangsverschiebungen* kommen, dh eine Person, an die sich der Zeuge oder Pb aus dem Zusammenhang X erinnert, wird fälschlicherweise als aus dem Zusammenhang Y stammend identifiziert; diese Gefahr ist dann besonders groß, wenn die Geschehenskomplexe X und Y ihrerseits in einem Zusammenhang miteinander stehen, also Teile eines Metazusammenhangs sind.

Zu der Einzelfrage, ob verschiedene *Tatbeteiligte* mit unterschiedlichen Tatbeiträgen im Rahmen einer Identifizierung *„verwechselt"* werden, ergab sich eine eher geringe Fehlerquote (*Geiselman ua* AmJForPsy **93** 5 ff: Falsch-Identifizierung als Täter bzw Gehilfe überschritt nicht das Zufallsniveau).

Ein Beispiel dafür ist das vorherige Durchsehen von Fotos etwa in Betracht kommender Täter (s 1224, 1476), wobei grds zu besorgen ist, daß der Zeuge den Beschuldigten bzw Angekl weniger (oder gar nicht) mit dem Täter, als vielmehr mit dem präsentierten Lichtbild vergleicht. Wird also später eine der fotografierten Personen dem Zeugen im Rahmen einer Gegenüberstellung vorgeführt, so ist davon auszugehen, daß sie von diesem – unabhängig davon, ob es sich um den Täter handelt – mit gleicher Wahrscheinlichkeit identifiziert wird wie die tatsächliche Zielperson (vgl zu experimentellen Befunden *Brown ua* JApplPsy **77** 316; *Gorenstein/Ellsworth* JApplPsy **80** 619 ff; anders aber *Lindsay ua* JApplPsy **94** 121 ff). Besonders gravierend ist der die Identifizierungsleistung trübende Einfluß der Lichtbildvorlage idR dann, wenn die ursprüngliche Beobachtung unter schlechten Wahrnehmungsbedingungen gemacht wurde.

In einem vergleichsweise eng an tatsächliche Gegebenheiten angelehnten Experiment (*Stadler ua* in: Lösel ua 286 ff) hatte die erste Gruppe der Vp die Zielperson 5 Wochen vor der Gegenüberstellung kurz auf dem Fahrersitz eines auffällig geparkten Kfz gesehen. Der zweiten und dritten Gruppe war 2 Wochen nach der Beobachtung ein Lichtbild des (vermeintlichen) Fahrers gezeigt worden, das diesen tatsächlich (zweite Gruppe) oder einen anderen, später in der Gegenüberstellung auch präsenten Mann (dritte Gruppe) zeigte. Die vierte Gruppe endlich sah nur das Foto der Zielperson, und 7 der 8 Vpen konnten die Zielperson korrekt identifizieren. Dies gelang hingegen nur einem der 8 Vpen aus der ersten Gruppe. In der zweiten Gruppe konnten es zwar alle 5 Vpen, 2 von ihnen erklärten jedoch fälschlich, der von ihnen identifizierte Mann sei nur der auf dem Lichtbild und nicht der Fahrer. In der dritten Gruppe identifizierten 5 Vpen den auf dem Lichtbild Abgebildeten unzutreffend als den Fahrer, und die restlichen 3 Vpen erklärten fälschlich, der Fahrer sei nicht unter den Anwesenden. Somit wurde bestätigt, wie stark die zwischenzeitliche Beschäftigung mit Abbildungen zumindest kurzfristige oder „flüchtige" Wahrnehmungen zu überlagern vermag.

Hiernach ist im Strafverfahren eine *spätere* Identifizierung eines Tatverdächtigen, dessen Bild dem zur Identifizierung herangezogenen Zeugen bereits *vorher* vorgelegen hatte, nur von *äußerst geringem Beweiswert* (instruktiv LG Bremen StV **94** 647). In gleicher Weise kann die Verbreitung von Fotos und/oder Beschreibungen der Tatverdächtigen in den Medien die ursprünglichen Wahrnehmungsinhalte teilweise überlagern und verfälschen (s dazu etwa LG Köln NStZ **91** 202); erschwerend kann es wirken, wenn Zeitungsberichte und -fotos zB mit Verwandten oder Freunden diskutiert wurden, die Beschäftigung mit ihnen insofern also möglicherweise intensiver war als mit polizeilichen Lichtbildvorlagen.

1403 cc) (1) Hinsichtlich der **Identifizierungssituation** sind, abgesehen von etwa suggestiven Instruktionen seitens der Durchführenden, die Wirkungsweisen der meistenteils unbeabsichtigten und auch unbemerkten Einflußnahme auf die Zeugenentscheidung vielfältig und subtil. So kann bereits das Wissen der die Gegenüberstellung leitenden Beamten, welche der anwesenden Personen der Tat verdächtig ist, in unbewußte Signale im nonverbalen Verhalten übersetzt werden und die Entscheidung des Zeugen beeinflussen (vgl auch BGH NStZ **94** 598; zum sog *Versuchsleitereffekt* s speziell *Smith ua* JSocPsy **82** 19 ff). Die empirische Forschung wendet aus diesem Grund, wenn irgend möglich, Doppelblindversuche an, dh entweder, daß der Versuchsleiter Hypothesen und Ziel der Untersuchung nicht kennt, oder zumindest, daß er „blind" ggü der jeweiligen Gruppenzugehörigkeit der Vpen (Experimental- oder Kontrollgruppe) ist.

Auch das Verhalten der Kulissenpersonen oder „Strohmänner" in einer Wahlgegenüberstellung kann dem Zeugen versteckte Hinweise liefern und seine Wahl beeinflussen. Neugierige Blicke zB oder auch ein unbewußtes Auf-Abstand-Gehen bzw das Bemühen um (alsbaldiges) Nachahmen von Körpersprache bzw „auffälligen" Verhaltensweisen des Verdächtigten (vgl betr Fallenlassen des Kopfes *Stadler ua* MKrim **92** 83 f, 87) heben diesen aus der Gruppe der zur Wahl Stehenden heraus. Auch in schwierigen Verfahren sollte (entspr der Durchführung der Vernehmung, s 580, 585) nicht unversucht bleiben, die Kooperationsbereitschaft des Beschuldigten zu erlangen.

(2) Solche Reaktionen informierter Nicht-Verdächtigter sind ebenso *unvermeidbar* wie subtile Signale von Versuchsleitern, denen die Identität der Zielperson bekannt ist. Der Gefahr von Versuchsleitereffekten kann demnach nicht mit einer Dienstanweisung an die teilnehmenden Beamten oder mit einer Zeugenbelehrung begegnet werden. **1404**

Abhilfe schafft nur die (organisatorisch schwierige) Vorgehensweise, Leiter und Kulissenpersonen über die Identität des Verdächtigen im unklaren zu lassen (*Köhnken* Forensia **84** 10 f; *Köhnken* 171; vgl auch *Stadler ua* MKrim **92** 89). Zwar erscheint dieser Aufwand oft überflüssig, da längst nicht alle Identifizierungen durch Versuchsleitereffekte verfälscht sind; eine Verfälschung bleibt insbes dann ohne praktische Auswirkungen, wenn der Tatverdächtige mit dem Täter identisch ist. Da aber gerade die Frage der Identität zwischen Tatverdächtigem und Täter durch die Gegenüberstellung geklärt werden soll, kann bei Identifizierungen, die nicht nach dem Muster der Doppel- bzw Dreifachblindversuche durchgeführt werden, die Auswirkung von Versuchsleitereffekten nie mit Bestimmtheit ausgeschlossen werden.

Nach *Stadler ua* (MKrim **92** 89) müßten idealiter alle gegenübergestellten Personen Tatverdächtige (unterschiedlicher Verfahren) sein. Wegen der Notwendigkeit vorhandener Alternativpersonen wäre ein Beweiswert hingegen zu verneinen (so *Köhnken* Krim **93** 234) bzw nur gering, falls die Gegenüberstellungsgruppe ausschließlich aus in konkreten Verfahren Verdächtigen bestünde (vgl illustrativ *Glaser* Krim **95** 655 f).

dd) Im Unterschied zur **simultanen** Wahlgegenüberstellung werden bei der **sequentiellen** Vorgehensweise die Vergleichspersonen bzw -bilder dem Zeugen nacheinander (und ohne Vorab-Mitteilung von deren Gesamtzahl) präsentiert; statt eines nur relativen Ähnlichkeitsurteils muß jeweils eine absolute Entscheidung getroffen werden (*Wells* JApplSocPsy **84** 89 ff). Nach einzelnen empirischen Befunden war insbes die Zahl der Falschidentifizierungen bei Abwesenheit der „Täterperson" im sequentiellen Verfahren geringer als im simultanen (*Sporer/Krätzler* in: Meurer/Sporer 28 ff; s auch *Köhnken* Krim **93** 254; *Artkämper* Krim **95** 646 f). **1405**

Als Kombination von gleichzeitigem und sequentiellem Vorgehen ist es möglich, statt einer Personengruppe mit Vergleichspersonen nacheinander *zwei oder mehr*

Personengruppen zu präsentieren, wobei sich der Verdächtigte nur in einer davon befindet.

1406 d) Endlich ist für die Strafrechtspraxis die Frage nach solchen **Indikatoren** wesentlich, die eine Einschätzung des **Beweiswertes** einer Zeugenidentifizierung ermöglichen.

aa) Ein hierfür etwa geeignetes Kriterium könnte die **Sicherheit** sein, mit der Zeugen einen Tatverdächtigen identifizieren. Dabei sind zwei Teilaspekte zu unterscheiden: zum einen der Grad an Gewißheit, den die Zeugen ihrer eigenen Wahl zuschreiben, zum anderen der Eindruck, den das Entscheidungsverhalten der Zeugen auf die vernehmende Person macht.

1407 (1) Eine wesentliche Variable dafür, wie *sicher* die Entscheidung (und die Aussage) eines Zeugen *wirkt*, ist sein individueller Sprachstil. So wirkt eine Aussage desselben Inhalts ganz verschieden, je nachdem ob sie flüssig und entschieden vorgetragen wird oder ob Skrupel bzw Reflektion vorherrschen oder gar Sätze verhaspelt werden bzw Füllsilben und relativierende Ausdrücke (zB: „ich glaube schon...ich kann mich natürlich auch irren...wenn ich mich recht erinnere...") gebraucht werden.

Unabhängig von der Situation vor Polizei oder Gericht und von ihrer tatsächlichen (Identifizierungs-)Sicherheit sollen, statistisch betrachtet, Frauen in stärkerem Maße als Männer dazu neigen, ihre Aussage mit Füllpartikeln und Relativierungen der eigenen Einstellung sozial verträglich und akzeptabel zu gestalten. Ggü bestimmten Zeugengruppen (Kinder und ältere Leute) scheinen Vorurteile zu bestehen, die ihnen eine zumindest unterdurchschnittliche Wahrnehmungsfähigkeit zuschreiben. Auch andere Gruppen wie Nichtdeutsche können aufgrund von Vorurteilen und (die Vorurteile oftmals scheinbar bestätigenden) Sprachproblemen den Eindruck unsicherer Zeugen erwecken. Hierbei ist zu berücksichtigen, daß die *Sympathie* bzw die *Abneigung*, die ein Zeuge erweckt, einen wichtigen Einfluß auf die wahrgenommene Glaubwürdigkeit haben kann (s dazu Garcia/Griffith BPsychS **78** 39; s allg 1426).

1408 (2) Der Zusammenhang zwischen der *subjektiven Gewißheit* von Zeugen, den Täter richtig identifiziert zu haben, und der *objektiven Richtigkeit* seiner Entscheidung ist Thema einer Vielzahl von empirischen Untersuchungen gewesen. Die Ergebnisse sind nicht immer einheitlich und haben zur Bildung eines relativ komplexen Hypothesengeflechts über die Wechselwirkung mit Drittvariablen gezwungen. Gleichwohl läßt sich zusammenfassend feststellen, daß die Identifizierungsgewißheit eines Zeugen („zu 100% sicher") *bestenfalls* ein *äußerst schwacher* Indikator der tatsächlichen Identifizierungszuverlässigkeit ist (BGH NStZ **94** 295; Düsseldorf StV **94** 8; Köln StV **94** 68; wenig überzeugend demggü Köln StV **95** 259). Dies gilt auch dann, wenn zwischen dem Vertrauen, das Aussagepersonen in ihre Fähigkeit zur Identifizierung *vor* einer Gegenüberstellung erkennen lassen, und der Gewißheit *nach* der Identifizierung zu unterscheiden sein wird.

Nach einer einschlägigen Hypothese ist die Zuverlässigkeit der eigenen Einschätzung des Zeugen, was die Richtigkeit seiner Identifizierung angeht, dann relativ hoch, wenn optimale Wahrnehmungsbedingungen in der ursprünglichen Beobachtungssituation vorgelegen haben (gute Beleuchtungsverhältnisse, lange Beobachtungsdauer, nicht vermummte Zielperson etc [vgl 1387 ff]). Schlechte Wahrnehmungsbedingungen dagegen führen dazu, daß die Identifizierungsgewißheit des Zeugen offensichtlich nicht mehr auf Variablen der Beobachtungssituation, sondern auf anderen Variablen (Motive oder auch Persönlichkeitsmerkmale) beruht und von daher keinen Zusammenhang mehr mit der tatsächlichen Richtigkeit des Wiedererkennens aufweist (*Deffenbacher* Law&HumB **80** 243, 253, 257). Dabei bleibt allerdings

I. Aussagefähigkeit

offen, ob selbst die Zusammenhänge, die für gute Wahrnehmungsbedingungen berichtet werden, die in der Strafrechtspraxis häufig unterstellte Kovariation zwischen Gewißheit und Richtigkeit rechtfertigen könnten. – Soweit demggü diese oder jene Ausprägungen subjektiver Gewißheit auf Variablen wie Qualität der Wahrnehmung und (inzwischen) verstrichene Zeit reduziert werden (vgl *Konecni/Ebbesen* in: Lösel ua 419), bedeutet dies eine Verengung des Forschungsgegenstandes. Im übrigen können Irrtümer über solche Umstände im nachhinein in mannigfacher Weise entstehen (zB durch Gespräche, Betrachten von Fotos etc; vgl auch 1374ff, 1402).

Weiterführend könnten Untersuchungen dazu sein, ob verschiedene Ausprägungen von Gewißheit bei ein- und demselben Zeugen in einer Beziehung zur Richtigkeit der Identifizierungen stehen. **1409**

Diese Frage ist, bezogen allerdings nicht auf Identifizierungen, sondern auf Zeugenaussagen zu einem Verkehrsunfall, von *Smith ua* (JApplPsy **89** 356ff) überprüft worden, wobei jedoch, entgegen der Erwartung der Autoren, analog zu Befunden der Lern- und Gedächtnisforschung einen relativ hohen Zusammenhang zu finden, die Gewißheit der Zeugen ein schlechter Indikator für die Richtigkeit ihrer Antworten war: Lediglich 3% der intraindividuellen Varianz der Antwortgenauigkeit wurde durch sie aufgeklärt, während der entspr Wert für die interindividuelle Varianz mit 2% nur unwesentlich niedriger war. *Smith ua* (JApplPsy **89** 358) schließen daraus, daß die Gewißheit von Augenzeugen in keinem Fall ein hinreichend guter Prädiktor für die Genauigkeit ihrer Aussage ist.

bb) Auch aus der (etwaigen) Fähigkeit des Zeugen, gut zu beschreiben oder sich **1410** an **Details** zu erinnern, läßt sich nicht etwa ohne weiteres auf eine Richtigkeit der Identifizierung schließen.

Das Verhältnis zwischen Genauigkeit der Personenbeschreibung und Richtigkeit der Identifizierung ist von *Pigott/Brigham* (JApplPsy **85** 547ff) untersucht worden. Ihre Vpen sollten die Zielperson zunächst mit Hilfe einer (im Polizeidienst der USA gebräuchlichen) Merkmalsliste beschreiben und sodann aus einer Lichtbildvorlage identifizieren. Während die Beschreibung anhand einer im Pilotversuch als zutreffend ermittelten Musterbeschreibung bewertet wurde, fanden die Autoren keinen bedeutsamen Zusammenhang zwischen der (so ermittelten) Beschreibungsgenauigkeit und der Identifizierungsleistung.

Wells/Leippe (JApplPsy **81** 682ff) untersuchten die Frage, ob zwischen dem Erinnerungsvermögen für trivialere Details einer Szene und der Identifizierungsleistung eine positive Beziehung besteht. Bei informellen Vorversuchen, in denen die Vpen die Glaubwürdigkeit von Zeugen beurteilen sollten, hatten die Vpen immer wieder das Erinnern konkreter Details als Indikator für die Richtigkeit der gesamten Aussage herangezogen. *Wells/Leippe* fanden jedoch keinen positiven Zusammenhang zwischen beiden Variablen, dh die Identifizierungsleistung von Vpen, die viele Details erinnerten, war nicht besser als die solcher Vpen, die Details falsch oder gar nicht erinnerten.

cc) Die Beantwortungs- bzw Entscheidungs**zeit**, die die Zeugenperson benötigt, ist zwar im allg insofern nicht irrelevant, als richtige Antworten im Durchschnitt schneller abgegeben werden als falsche (vgl *Sporer* in: Sporer/Meurer 51). Jedoch stellt sie kein hinreichend geeignetes Kriterium der Verläßlichkeit der Identifizierung dar (s zur Empirie *Franzen/Sporer* in: Sporer/Meurer 228), zumal Antwortzeiten erheblichen interindividuellen wie auch – situationsabhängig – intraindividuellen Schwankungen unterliegen.

5. Besonderheiten bei bestimmten Personengruppen

Übersicht

	Rn		Rn
a) Kinder	1411	bb) Identifizierungsfähigkeit	1417–1421
aa) Empirische Befunde	1411	b) Alternde Personen	1422–1424
(1) Allgemeines	1412	c) Geistig Behinderte, Alkohol- oder Drogenabhängige	1425
(2) Beeinflussung durch Fragestil	1413–1415		
(3) Handhabung in der Praxis	1416		

1411 a) Betr **Kinder** können Aussagefähigkeit und Glaubwürdigkeit ineinander übergehen, soweit vor allem bei jüngeren Kindern zw ist, ob sie bereits die Fähigkeit zur bewußten Falschaussage haben bzw wie klar sie zwischen Realität und Imagination unterscheiden können (zur Begutachtung s n 1861, 1866, 1870).

Von seltenen Ausnahmefällen abgesehen, dürfte die Grenze, ab der Kinder überhaupt als Zeugen in Frage kommen, bei etwa **drei Jahren** liegen. Normalentwickelte Dreijährige sind von ihren kognitiven und sprachlichen Fähigkeiten her in der Lage, von Erlebnissen zu berichten und auf altersgerecht formulierte Fragen zu antworten. Der Umgang mit Kindern dieses Alters erfordert allerdings Geduld und Einfühlungsvermögen sowie besondere Vorsicht bzgl des Vernehmungsgesprächs, das zwangsläufig auf die Sichtweise des Kindes eingehen und sie sich in gewissen Grenzen zu eigen machen muß, ohne dabei suggestiv zu sein. Besondere Schwierigkeiten dieser Art treten auf, wenn die zu untersuchenden Erlebnisse ihrer traumatischen Natur nach das übersteigen, was das Kind verstandes- und gefühlsmäßig zu verarbeiten in der Lage ist, insbes also dann, wenn das Kind Opfer war (zB bestimmte Sexualstraftatbestände, Entführungen). Aus diesen Gründen wird bei Kindern unter bzw wenig über 3 Jahren oftmals die Heranziehung eines Sv erforderlich sein (Zweibrücken StV **95** 293; s n 1861).

aa) Innerhalb der *empirischen* Forschung über Wahrnehmungs- und Gedächtnisleistungen von Kindern verschiedener Altersstufen, beginnend mit etwa drei Jahren, wird zum einen zwischen der Art der Gedächtnisleistung spezifiziert (freie, ungeleitete Erinnerung oder Erinnerung nach direkter Befragung), zum anderen zwischen zwei Komponenten der Gedächtnisleistung unterschieden (Richtigkeit bzw Genauigkeit der Erinnerung und Menge der erinnerten Informationen).

1412 (1) Im einzelnen ergab sich oft der Befund, daß jüngere Kinder zwar weniger freie Erinnerungen haben, daß sie jedoch in der Lage sind, inhaltlich richtige Aussagen zu machen; spontane Erinnerungsfehler unterlaufen ihnen offensichtlich nicht häufiger als Erwachsenen.

So erinnerten sich in einer Studie (*Goodman/Reed* Law&HumB **86** 317 ff) dreijährige Kinder an weniger Details eines fünf Tage zurückliegenden Erlebnisses als sechsjährige, welche wiederum weniger Details als erwachsene Vpen wiedergeben konnten; die Erwachsenen machten allerdings auch die meisten Fehler, sie erinnerten mehr falsche Details als die drei- oder sechsjährigen Kinder. Andere Untersuchungen erbrachten ähnliche Ergebnisse (*Marin ua* Law&HumB **79** 303 f; *King/Yuille* in: Ceci ua 31; *Saywitz* in: Ceci ua 48).

I. Aussagefähigkeit

Allerdings sind auch hierbei jeweils individuell unterschiedliche Wahrnehmungs- und Gedächtnisfähigkeiten zu berücksichtigen (überzeugend Köln StV **95** 294f [betr 8jährigen zu einem 20 Monate zurückliegenden Geschehen]).

Was im einzelnen das Verhältnis von Erinnerungsleistung und *Zeitintervall* anbelangt (vgl allg dazu 1374ff, 1394), so sind die empirischen Befunde diesbzgl nicht ganz einheitlich. Nach einer Untersuchung vergaßen insbes Kinder im Vorschulalter über einen längeren Zeitraum hinweg mehr Details als ältere Kinder und Erwachsene, ohne daß es jedoch gleichzeitig zu einer Zunahme falsch erinnerter Details kam (*Flin ua* BrJPsy **92** 323ff für eine „Latenzzeit" von 5 Monaten), während eine andere Untersuchung bei einer Befragung von Kindern im Vorschul- und frühen Grundschulalter 2 Jahre nach dem zur Untersuchung stehenden Ereignis sowohl eine Abnahme korrekt erinnerter Details als auch eine Zunahme fabulierter (falsch erinnerter oder erfundener) Antworten verzeichnete, die jeweils signifikant von den bei älteren Kindern und Erwachsenen erzielten Ergebnissen abwichen (*Poole/White* DevPsy **93** 844ff).

(2) Leiden kann die Zuverlässigkeit der Aussagen von Kindern allerdings (in [noch] stärkerem Ausmaß als bei Erwachsenen) unter suggestiven Fragen, also immer dann, wenn in einer gelenkten Befragung bestimmte, iZm der Tat stehende Einzelheiten – sei es absichtlich oder unabsichtlich – von der Vernehmungsperson vorgeschlagen oder gar als gegeben vorausgesetzt werden. Die als unvermeidbar angesehene **Suggestibilität** von Kindern ist traditionell oft als Grund für die (vermeintliche) Untauglichkeit von Kindern im Zeugenstand herangezogen worden; demggü zeigen Untersuchungen jüngeren Datums, daß die Reaktionen von Kindern der verschiedenen Altersstufen in Befragungssituationen durchaus differenziert ausfallen können und sich je nach Art der Befragung und der Natur des zur Diskussion stehenden Gegenstandes unterscheiden können. Somit kommt es für die Erlangung einer verwertbaren Aussage bzw zur Vermeidung von Fehlern in der Aussage wesentlich auf die Gestaltung der Befragung an (*Lamb ua* JApplDevPsy **94** 255, 275ff). **1413**

(a) Die im Vergleich zu Erwachsenen im allg größere Anfälligkeit von Kindern ggü jedem direktiven Fragestil beruht zum einen darauf, daß Kinder weniger Details als Erwachsene erinnern, was dazu führt, daß sie öfter in einer Position sind, keine – übereinstimmenden oder widersprechenden – Erinnerungen zu den Besonderheiten des Geschehens (oder ggf des Täteraussehens) zu haben, die der Vernehmende mittels direktiver Fragen zu ermitteln sucht. Gerade Erinnerungslücken aber sind prädestiniert dafür, mit nachträglichen, falschen oder suggestiven Informationen gefüllt zu werden (vgl 1378, 1381). – Zum anderen sind Kinder aufgrund ihrer gesamten bis dato gemachten Erfahrungen, ihres Selbstbildes und ihrer sozialen Stellung eher als Erwachsene bereit, suggestive Hinweise aufzugreifen. Je jünger das Kind ist, desto stärker ist seine kognitive und soziale Anbindung an erwachsene (Bezugs-)Personen und desto wahrscheinlicher geht es auf Vorgaben des Erwachsenen ein (vgl bzgl 4–6jährige *Lepore/Sesco* JApplPsy **94** 108, 119f); jedoch ist die Beeinflußbarkeit nicht qualitativ anders, sondern nur abgestuft und tendenziell größer (s betr 5- und 6jährige etwa *Roebers ua* ZEPP **95** 214, 219). Zu den kognitiven („der Erwachsene wird's schon besser wissen") und sozialen Gründen (Anerkennung bzw Furcht vor Strafe), die das Kind für sein Verhalten hat, kommt noch ein oft fehlerhaftes Verständnis (des äußeren Anscheins) von Glaubwürdigkeit: Im allg mehr noch als Erwachsene fürchten Kinder nicht selten, dann nicht glaubwürdig zu wirken, wenn sie Erinnerungslücken zugeben oder Erinnerungen berichten, die mit den von ihnen vermuteten Erwartungen ihres erwachsenen Gesprächspartners nicht übereinstimmen. Einzelfallbeobachtungen in der Forschung bestätigen, daß Kinder uU wissen, daß sie die fraglichen Details nie wahrgenommen haben, sich aber veranlaßt sehen, auf die Fragen und Vorgaben der Vernehmungsperson einzugehen (*King/Yuille* in: Ceci ua 28; vgl auch *Baxter* ApplCogPsy **90** 401).

Im Rahmen einer Abhängigkeit von gemutmaßten oder erfahrenen Erwartungen erwachsener Bezugs- oder Kontaktpersonen kann zB die Beurteilung als „Lüge" verfehlt sein, wenn das Kind – gemäß unterschiedlichen Erwartungen – ggü der Person X die Aussage A, ggü der Person Y hingegen die Aussage B macht (vgl Beiträge in *Ceci ua* 92).

1414 Suggestive Informationen sind aber nicht bzgl aller in der Befragung relevanter Details gleich abträglich. Vielmehr werden solche *Details,* die auf das *Interesse des Kindes* in der jeweiligen Wahrnehmungssituation stoßen, im allg gut erinnert und auch gegen suggestive oder anderslautende Informationen verteidigt (vgl *King/Yuille* in: Ceci ua 27 f), dh sog zentrale Details sind weitaus widerstandsfähiger als sog periphere Details. Versuche (experimenteller oder auch ganz informeller Art), die Suggestibilität eines Kindes durch gezielte Fragen nach (ihm etwa unwichtig erscheinenden) Einzelheiten (wie zB Haarfarbe oder Armbanduhr) zu bestimmen, geben daher leicht ein zu schlechtes Bild von seiner Aussagefähigkeit. Solche Testfragen sind noch aus einem zweiten Grund ungeeignet, die Aussagefähigkeit bzgl des relevanten Geschehens zu beurteilen: Kinder erinnern Handlungen idR besser als „statische" Details (wie zB Haarfarbe, Kleidung des Täters oder Räumlichkeiten [*Cole/Loftus* in: Ceci ua 185]).

1415 (b) Für die Praxis strafrechtlicher Beurteilung von Geschehensabläufen wesentlich ist, daß die Suggestibilität von Kindern offenbar zum ganz überwiegenden Teil eine Funktion der Vernehmungstechnik ist, daß sie also bei entspr *Gestaltung* der *Vernehmungssituation* weitgehend ausgeschlossen werden kann[6] und demzufolge insoweit auch von Kindern verwertbare Zeugenaussagen zu erhalten sind.

IdR sollte zunächst einem freien Bericht des Kindes, soweit dies nach Alter und Art der interessierenden Informationen möglich ist, der Vorzug gegeben werden. Als unbedenklich gelten allg Fragen wie „Und was passierte dann?" oder „Kannst du uns noch mehr dazu sagen?", die als Katalysator für weitere Informationen dienen können. – Bei einer direkten und stärker strukturierten Befragung von Kindern ist hingegen Vorsicht geboten. Fragen sollten so neutral wie möglich, ggf in multiple-choice-Form, gestellt werden (also zB nicht: „Hatte der Mann ein Messer in der Hand?", sondern: „Hatte der Mann etwas in der Hand oder nicht?"). Besonders schwierig ist dies zweifellos iZm solchen Details (wie zB Tätowierungen), nach deren Vorhandensein kaum gefragt werden kann, ohne genau dieses Vorhandensein vorzuschlagen. Falls direkte Fragen nach Details unvermeidbar erscheinen, ist es wichtig, die Situation für das Kind zu entspannen, so daß es auf seine eigenen Wahrnehmungen und Erinnerungen vertraut und nicht iS vermeintlicher sozialer Erwünschtheit antwortet. Schon einfache Hinweise darauf, daß die Vernehmungs-

---

[6] So berichtete etwa *Baxter* (ApplCogPsy **90** 404 f), daß sich unter Bedingungen minimalen sozialen Drucks Kinder zwischen 7 und 13 Jahren in ihrer Anfälligkeit für suggestive Informationen nicht unterschieden, während unter „normalen" Befragungsbedingungen (mit einer deutlichen sozialen Hierarchie zwischen befragender Person und Kind) die Suggestibilität mit steigendem Alter deutlich abnahm.

I. Aussagefähigkeit

person nicht selbst im Besitz von Kenntnissen über die verdächtige bzw beschuldigte Person oder das entspr Ereignis ist, können dazu beitragen, daß das Kind in seinem Antwortverhalten unabhängig von der Vernehmungsperson und deren etwaigen – vom Kind angenommenen – Erwartungen wird (vgl Bsp in *Baxter* ApplCogPsy **90** 401).

(3) (a) Die Befragung **älterer** Kinder, etwa ab 8 Jahren, wird im allg von geschulten und hinreichend sensibilisierten Beamten und Beamtinnen der StA und der Polizei bzw Richterinnen und Richtern geleitet werden können. Indes steht zu befürchten, daß die entspr Organe mit der Befragung jüngerer Kinder idR überfordert sind, wobei allerdings zu berücksichtigen ist, daß der individuelle kognitive und soziale Entwicklungsstand von Kindern eine erhebliche interindividuelle Spannbreite aufweisen kann. Je nach Wichtigkeit der Aussage für das Prozeßgeschehen scheint in solchen Fällen die Heranziehung eines geprüften Kinderpsychologen ratsam, insbes dann, wenn das Kind eine traumatisierende Erfahrung durchmachen mußte. Trotzdem wird es nicht in jedem Falle möglich sein, das fragliche Geschehen aus den Aussagen eines sehr jungen Kindes zu rekonstruieren. **1416**

(b) Eine besonders wichtige Rolle bei der Vernehmung (von Erwachsenen wie vor allem) jüngerer Kinder spielen Informationen zu dem Geschehenszusammenhang. IdR kann die Wiedererkennens- oder Gedächtnisleistung verbessert werden, wenn der Beobachtungskontext soweit wie möglich wiederhergestellt wird (vgl 1400 f). Bei Kindern ist dies deshalb noch wichtiger als bei Erwachsenen, da sie oft (überhaupt) noch nicht in der Lage sind, unabhängig vom Zusammenhang (sozusagen „auf Stichwort") auf beliebige Gedächtnisinhalte zurückzugreifen. Die Organisation von Gedächtnisinhalten ist eine Entwicklungsaufgabe, die kleinere Kinder noch nicht gelöst haben; gleichwohl sind Erinnerungen oft durchaus verfügbar, wenn Hilfen durch die Rekonstruktion des Beobachtungskontextes oder dergleichen gegeben werden. Die Notwendigkeit, Erinnerungshilfen in Form von (auch verbaler) Wiedereinsetzung des Zusammenhangs zu geben, steht allerdings in einem besonderen Spannungsverhältnis zu dem Gebot, auf direktive und auf auch nur unter Umständen suggestiv wirkende Fragen zu verzichten (vgl 1413 ff).

Verschiedene empirische Untersuchungen haben ergeben, daß zwischen den Erinnerungsleistungen älterer Kinder und Erwachsener keine signifikanten Unterschiede bestehen (so *Clifford* ICrimLegPsy **93** 15 für Kinder ab 11 Jahren; *Dent* in: Dent/Flin 8f für Kinder ab 8 Jahren). Auch nimmt bei älteren Kindern die Gefahr ab, durch einen ungeeigneten Fragestil bestimmte Befragungsergebnisse zu provozieren, und reduziert sich zunehmend auf die auch für Erwachsene einschlägigen Suggestionsrisiken (vgl *Goodman/Schwartz-Kennedy* in: Dent/Flin 30f; *Baxter* ApplCogPsy **90** 404f).

(c) Bei an Kindern mutmaßlich verübten Mißhandlungen oder sexuellem Mißbrauch speziell durch **Familienmitglieder** oder **Bekannte** (neben viktimologischen Gesichtspunkten) die Glaubhaftigkeit der Aussage des Kindes im Blickpunkt, während die Identifizierung insoweit keine Schwierigkeiten bereitet. Methodisch geht es zB um die Aufklärung von absichtlicher bzw irrtümlicher Induktion einer Falschaussage durch eine dritte Person, wobei die Falschaussage vom Kind – subjektiv als unwahr erkannt – als wahr übernommen wird (vgl *Volbert* ZKiJPsychiatr **95** 24 m Nachw; s n 1870). Die psychische Situation eines mißhandelten oder sexuell mißbrauchten Kindes fordert allerdings in jedem Fall besondere Aufmerksamkeit und Rücksichtnahme (bei Vernehmung [s n 1336f], Gegenüberstellung etc). **1417**

Besondere Schwierigkeiten der Beurteilung der Glaubhaftigkeit können entstehen, wenn die belastende Aussage erst nach vielen Jahren oder gar nach Jahrzehnten gemacht wird (s zur Frage der Verwertbarkeit 424), zB von der Tochter in Verfahren wegen mutmaßlicher einschlägiger Taten ggü der Enkeltochter (vgl zur Problematik etwa *Ernsdorff/Loftus* JCrim **93** 129 ff, 155 ff).

1418 bb) Bzgl anderer Deliktskonstellationen hingegen kann dem Verhalten und der **Identifizierungsfähigkeit** von Kindern bei Gegenüberstellungen (und Lichtbildvorlagen) wesentliche Bedeutung für das Verfahren zukommen. Indes sind diese Faktoren bis heute empirisch nur sehr unzureichend erforscht. Grds gelten die für Erwachsene dargelegten (s 1383 ff) Schwierigkeiten und Probleme der Personenidentifizierung auch und in verstärktem Ausmaß für Kinder.

1419 (1) Betr die Entwicklung der Identifizierungsfähigkeit mit zunehmendem Alter liegen widersprüchliche Befunde vor. Einige Autoren berichten von einem Ansteigen der Wiedererkennensleistung mit zunehmendem Alter (wobei zT eine vorübergehende Verschlechterung bei Elf- und Zwölfjährigen zu beobachten sei [*Flin* BrJPsy **85** 126; *Carey ua* DevPsy **80** 261 f]), während andere Studien keinen signifikanten Anstieg in der Anzahl richtiger Identifizierungen nach Erreichen des Schulalters fanden (*Marin ua* Law&HumB **79** 295 ff; s auch *Parker/Carranza* Law&HumB **89** 134; *Parker ua* JApplSocPsy **86** 295 f, vgl aber dort 297 ff für qualitative Unterschiede im Identifizierungsverhalten von Kindern). Nicht berücksichtigt ist dabei allerdings die Gefahr von Falschidentifizierungen: In mehreren Studien, die ua Lichtbildvorlagen ohne Foto der Zielperson verwendeten, wurde eine unverhältnismäßig hohe Zahl von Falschidentifizierungen durch jüngere Kinder gefunden (*Peters* in: Ceci ua 131; *Davies ua* in: Gruneberg ua 123, 126). Auch das „Üben" von Identifizierungen aus Lichtbildvorlagen einschließlich der Variante, daß kein Foto der Zielperson in der Vorlage vorhanden war, erbrachte keine Verbesserung der Identifizierungsleistung (*Davies/Flin* in: Köhnken/Sporer 192).

Offensichtlich erfüllt eine Gegenüberstellung oder auch eine Befragung mittels Lichtbildvorlage alle Voraussetzungen eines „Settings", in dem sich ein Kind zu einer Antwort (dh Wahl iSv Identifizierung) genötigt sehen kann. Bis jetzt ist unklar, ob dem vor allem bzgl jüngerer Kinder ausreichend vorgebeugt werden kann. Unbedingt vermieden werden muß jedenfalls alles, was über die situationsimmanenten Merkmale hinaus dem Kind die Identifizierung einer vorgeführten Person (bzw ihres Bildes) nahelegt bzw suggeriert.

1420 (2) Noch einem anderen Aspekt der Identifizierungssituation kommt betr Kinder besondere Bedeutung zu: In Experimenten ist zu beobachten, daß Kinder auf die Anforderungen einer Gegenüberstellung leicht mit Aufregung, Nervosität und Befangenheit reagieren; entspr schlecht ist dann ihre Identifizierungsleistung (*Dent/Stephenson* in: Farrington ua 199 f, 204; vgl aber *Peters* in: Ceci ua 131 f für teilweise abw Befunde). Zumindest wenn das Kind von der zu identifizierenden Person in irgendeiner Form bedroht worden war, ist im allg mit erheblichen Angstgefühlen auf Seiten des Kindes zu rechnen. Verdeckte Gegenüberstellungen in Begleitung einer vertrauten Person sowie (wenn altersgerecht) eine genaue Erklärung von Durchführung und Zweck der Gegenüberstellung können idZ eine entscheidende Hilfe sein (zu bemerkenswert guten Leistungen von Kindern unter günstigen Identifizierungsbedingungen s *Dent/Stephenson* in: Farrington ua 201).

I. Aussagefähigkeit

(3) Bzgl der Identifizierung von Stimmen gilt, daß Kinder vertraute und bekannte Stimmen idR verwertbar identifizieren können. **1421**

Die Wiedererkennensleistung fremder Stimmen soll bei Kindern noch bis etwa 9 Jahren allerdings deutlich geringer gewesen sein als bei Erwachsenen (*Mann ua* JExpChPsy **79** 161), welcher Unterschied sich bei 10jährigen nahezu ausgeglichen hätte. In der Vorpubertät und frühen Pubertät sei die Identifizierungsleistung abgefallen, und erst bei 14jährigen sei (wieder) das Identifizierungsvermögen Erwachsener erreicht worden (*Mann ua* JExpChPsy **79** 161). Nach einer anderen Untersuchung sollen Personen mittleren Alters besser als Jugendliche bis 16 Jahre in der Lage gewesen sein, fremde Stimmen wiederzuerkennen (*Clifford* Law&HumB **80** 373 ff).

b) Wahrnehmungsfähigkeit und Gedächtnisleistung **alternder Personen** gelten oft als schwach verglichen mit den entspr Leistungen jüngerer Erwachsener (vgl etwa *Yarmey/Kent* Law&HumB **80** 360). Betr die physiologischen Grundlagen der Wahrnehmungsfähigkeit ist es ua zutreffend, daß die Leistungen der Wahrnehmungsorgane mit zunehmendem Alter abnehmen, wobei die interindividuelle Varianz allerdings beträchtlich ist (so können zB auch Siebzigjährige noch ein ausgezeichnetes Gehör und ein entspr Sehvermögen haben). **1422**

aa) In Befunden der allg **Gedächtnis**forschung schneiden ältere Menschen im Durchschnitt und bei den meisten Arten von Gedächtnisaufgaben schlechter ab als jüngere Erwachsene (für eine Übersicht s *Yarmey* in: Wells/Loftus 150). Indes besagt dies (etwa betr die Identifizierung) nichts über eine angeblich generell geringere Zeugentüchtigkeit.

Im einzelnen verglichen zB *Yarmey/Kent* (Law&HumB **80** 359ff) junge Erwachsene und Personen im Rentenalter bzgl ihres Gedächtnisses betr eine Dia-Serie über einen Raubüberfall auf der Straße und bzgl ihrer Wiedererkennensleistung. Die jüngeren Vpen – im Durchschnitt knapp 19 Jahre alt – erinnerten die Details des Raubüberfalls besser als die älteren (im Durchschnitt 73 Jahre alt). Ältere und jüngere Vpen unterschieden sich dagegen nicht wesentlich in der Identifizierungsgenauigkeit: Sowohl bzgl der Anzahl der richtigen Identifizierungen wie auch bzgl der Anzahl der richtigerweise zurückgewiesenen Lichtbildvorlagen ohne Foto der Zielperson schnitten die jüngere und die ältere Gruppe gleich ab.[7] Dem entsprechen die Ergebnisse von *Scogin ua* (JApplGer **94** 172ff), denen zufolge ältere Pben (im Alter von 75–94) bzgl des Erinnerns von Details einer als Video gezeigten Deliktsbegehung schlechter abschnitten als jüngere Pben, jedoch keine Unterschiede bzgl der Identifizierungsleistung auftraten.

bb) Ältere Zeugen sind hingegen oftmals **Vorurteilen** ausgesetzt, soweit sie etwa als rigide in ihren Urteilen wahrgenommen werden oder ihre Fähigkeit, das Wesentliche an einer Sache und kausale Zusammenhänge zu erkennen, als eingeschränkt gilt. Häufige Behinderungen wie Einschränkungen der Hör- oder der Bewegungsfähigkeit sowie andere charakteristische Merkmale – eine gewisse Verlangsamung von Reaktionen, eine eher schwache Stimme, evtl eine altmodische Ausdrucksweise – erwecken leicht den Eindruck der Inkompetenz. Selbst bei Vorliegen ausgeprägter und offensichtlicher Alterserscheinungen jedoch *kann* der betr **1423**

---

[7] Unterschiede zuungunsten der älteren Vpen ergaben sich beim Zurückweisen von Lichtbildvorlagen ohne Zielpersonenabbildung, wenn die miterhobenen Werte für die Überzeugung in die Richtigkeit des eigenen Urteils berücksichtigt wurden. Im Hinblick auf den geringen Zusammenhang zwischen Überzeugung und Richtigkeit (vgl 1406, 1408f) scheint das Ergebnis ohne Berücksichtigung des Überzeugungsgrades allerdings von größerer Bedeutung.

Zeuge trotzdem aussagetüchtig bzgl der interessierenden Aussage sein (vgl 1362f). Weitere Aufschlüsse kann jeweils nur ein Vergleich der Wahrnehmungs- und Gedächtnisfähigkeiten des jeweiligen Zeugen mit den Erfordernissen der Wahrnehmungs- und Aussagesituation geben, zumal die empirische Forschung zur Aussagefähigkeit alternder Personen eher wenig entwickelt ist.

Soweit bei älteren Zeugen die gezeigte Sicherheit und Gewißheit bzgl der Richtigkeit der gemachten Wahrnehmungen bzw der Aussage geringer ausgeprägt ist als bei jüngeren (s dazu etwa *Yarmey* JApplSocPsy **93** 1921 ff), ist dies nicht geeignet, ohne weiteres den Beweiswert der Aussage zu schmälern. Vielmehr besteht grds zumindest interpersonell kein klarer Zusammenhang zwischen (demonstrierter) Sicherheit und Gewißheit einerseits und tatsächlicher Richtigkeit der Aussage bzw Identifizierung andererseits (s 1407f).

1424 cc) Sicherzustellen ist in jedem Fall, daß alternde Zeugen bzgl ihrer **Vernehmungsfähigkeit** nicht überfordert werden. Wird, gemessen an den Fähigkeiten des Zeugen, zB zu leise gesprochen oder zu schnell verhandelt, wird dem Zeugen (und der Vernehmungsperson) die Chance einer kohärenten Aussage verwehrt.

Yarmey/Kent (Law&HumB **80** 360, 369f) haben idZ darauf hingewiesen, daß alternde Personen oft von vornherein besondere Schwierigkeiten mit ihrer Zeugenrolle haben, da sie Gerichtsverfahren und -gebäude als verwirrend und einschüchternd empfinden.[8] Über die Beeinträchtigungen der Aussagefähigkeit hinaus, die in der Person des Zeugen und in zwischenzeitlich wirksamen Einflüssen der sozialen Umwelt begründet liegen, droht damit ein Verlust an Aussagequalität, der der Organisation strafrechtlicher Erfassung von Verhalten zuzuschreiben ist. Es steht zu befürchten, daß dem allenfalls durch besondere Vorsorge im Einzelfall partiell entgegengewirkt werden kann.

1425 c) aa) Studien über die Aussagefähigkeit **geistig Behinderter** liegen zumeist nur in Form von Einzelfalluntersuchungen vor, und zwar oft mit psychiatrischem Hintergrund. Tatsächlich wird es individuell oft auf die konkrete Art der Behinderung ankommen, so daß uU Fachgutachten unerläßlich sind (s dazu 1860f, 1879). Vor allem aber ist für die Praxis davon auszugehen, daß im Hinblick auf die Beurteilung der Aussagefähigkeit uU die Beachtung und Anwendung geeigneter Befragungstechniken von größerer Bedeutung sein kann als die genaue Feststellung des Ausmaßes der geistigen Behinderung. Grds müssen Aussagen geistig behinderter Personen nicht mit Skepsis betrachtet werden.

In einer quantitativen Studie wurden die Erinnerungsleistungen geistig zurückgebliebener junger Erwachsener zwischen 17 und 26 Jahren mit denen von nichtbehinderten Altersgenossen verglichen. Dabei hingen die Ergebnisse entscheidend vom verwandten Fragetyp ab: Bei der freien Wiedergabe von Erinnerungen sowie der Beantwortung allg und offen gehaltener Fragen erinnerten die geistig behinderten Personen zwar weniger korrekte Informationen, machten aber nicht mehr falsche Angaben als die Pben der Kontrollgruppe. Dagegen waren die behinderten Pben signifikant anfälliger als die nichtbehinderten für Suggestionseffekte, die von entspr direktiv formulierten Fragen und Fragen mit versteckten falschen Informationen ausgingen (*Perlman ua* Law&HumB **94** 171 ff). Unklar bleibt dabei freilich, ob sich dieser Effekt als Ausdruck der geistigen Behinderung erklärt oder aber (zumindest

---

[8] Ähnliches mag allerdings abgestuft für Teile anderer sog „schwächerer" Gruppen der Gesellschaft wie Kinder, psychisch Kranke, ggf auch Nichtdeutsche, Langzeitarbeitslose, Prostituierte ua gelten.

auch) aus einer spezifischen, zu geringerer Herausbildung von Selbständigkeit und Selbstvertrauen führenden Sozialisation herrührt.

bb) Grds am Einzelfall zu orientieren ist auch die Beurteilung der Aussagefähigkeit bei **Alkohol-** oder **Drogenabhängigen** (s hierzu etwa *Täschner* NStZ **93** 322 ff; *Glatzel* StV **94** 46 f).

II. Glaubwürdigkeit

Der Bereich des zu ermittelnden Wahrheitsgehalts einer Aussage, der von einer etwa feststellbaren allg Glaubwürdigkeit der aussagenden Person zu unterscheiden ist,[9] wird in der Rspr mit dem Konzept der **speziellen Glaubwürdigkeit** erfaßt, wobei es sich der Sache nach um eine Beurteilung der **Glaubhaftigkeit der Aussage** handelt. Demggü hat die allg Glaubwürdigkeit als ein Teil der persönlichen Zuverlässigkeit der aussagenden Person (vgl *Prüfer* 1), die aufgrund bestimmter Eigenschaften (s etwa *Peters* Fehlerquellen Bd I 149 ff: Charakter als ein erstrangiges Kriterium) wie etwa dem bisherigen Verhältnis zur Wahrheit ermittelt wird (s n 1875 ff), formal nur die Bedeutung einer Hilfstatsache für die Glaubhaftigkeit der Aussage (nach KK-*Herdegen* 31 zu § 244 und *Schlüchter* Wahrunterstellung 10, 25, 34: Indiz). Allerdings besteht mitunter ein Wechselverhältnis insofern, als die erste oder einzige Möglichkeit zur Aufdeckung einer falschen, jedoch scheinbar eindeutig wahren konkreten Aussage nur über die Persönlichkeit der aussagenden Person sich erschließt. – Dies kann ggf auch bzgl der Wiederaufnahme des Verfahrens relevant sein, soweit neue Tatsachen oder Beweismittel (§§ 359 Nr 5, 364 S 2) sich gegen die Glaubwürdigkeit von Belastungszeugen wenden.

Soweit in der Strafrechtspraxis in besonderen Zweifelsfällen eine Überprüfung von Zeugenaussagen mit den Methoden der Aussagepsychologie durch Sv üblich ist (s näher 1860 ff), werden überwiegend Psychologen herangezogen, wobei allerdings die genannte Art ihrer Weiterbildung (auf dem Spezialgebiet der forensischen Psychologie) und ihrer für die Glaubwürdigkeitsbeurteilung spezifischen Qualifikation nicht geregelt ist. Psychiatrische Begutachtungen können insbes bei Vorliegen körperlicher Erkrankungen und/oder psychopathologischer Beeinträchtigungen notwendig sein (vgl 1532).

Zum Zwecke der Glaubwürdigkeitsbeurteilung liegen eine Reihe aussagepsychologischer Kriteriologien vor, die sich bzgl Ausführlichkeit, Systematik und Grad der empirischen Überprüfung unterscheiden (s 1428 ff); in unterschiedlichem Maße werden dabei Daten aus dem Umfeld der Aussage (Geschichte, Person des Aussagenden, Verhalten während der Aussage) berücksichtigt, wobei das Schwergewicht der Bewertung idR auf der Analyse des Aussageinhaltes liegt. Besondere Beachtung wird darüber hinaus der Aussagemotivation als Ausgangspunkt zur Glaubwürdigkeitsbeurteilung zuteil (s 1453 ff). Einschlägig relevant sind weiterhin Befunde, die sich iS verhaltensorientierter Glaubwürdigkeitsbeurteilung auf verbale oder nonverbale Begleiterscheinungen der Aussage beziehen (s 1458 ff); Bedeutung kommt weiterhin Ergebnissen zu, die den Vorgang der Beurteilung von Aussagen als glaubhaft oder unglaubhaft betreffen (s 1463 ff).

1426

1427

---

[9] So läßt die Bejahung oder Verneinung der allg Glaubwürdigkeit nicht ohne weiteres einheitliche Schlüsse auf die spezielle Glaubwürdigkeit zu (vgl BGH StV **94** 64; s n 1875).

1. Kriterien zur Glaubwürdigkeitsbeurteilung

Übersicht

		Rn			Rn
a)	Überprüfungsmethoden		c)	Quantitativ-statistische Überprüfung	1436–1445
	aa) Experimentelle Methoden	1428		aa) *Littmann/Szewczyk*	1437–1440
	bb) Feldbeobachtung	1429		bb) *Steller/Köhnken*	1441–1445
b)	Einzelne Zusammenstellungen von Glaubwürdigkeitskriterien		d)	Juristische Erfahrungen	
	aa) (1) *Undeutsch*	1430		aa) *Prüfer*	1446–1448
	(2) *Arntzen*	1431–1433		bb) *Bender ua*	1449, 1450
	bb) *Trankell*	1434		cc) *Bender*	1451, 1452
	cc) Kritik	1435	e)	Bedeutung und Implikation für die Strafrechtspraxis	1452a

1428 a) Die Frage nach der Angemessenheit experimentell-empirischer **Überprüfungsmethoden** für solche Glaubwürdigkeitskriterien, die zwecks Anwendung in der (Straf-)Rechtspraxis konzipiert wurden, war lange Zeit stark umstritten (vgl insbes *Köhnken/Wegener* ZexPsych **82** 92 ff u **85** 104 ff; *Arntzen* ZexPsych **83** 523 ff; *Maass* in: Köhnken/Sporer 209 ff).

aa) Gegen **experimentelle Methoden**, die sich dadurch auszeichnen, daß die Unterschiede zwischen zutreffenden und nichtzutreffenden Aussagen unter kontrollierten Randbedingungen überprüft werden können, ist eingewandt worden, daß die künstliche Situation im Experiment nicht mit den Bedingungen vergleichbar sei, unter denen „echte" Beobachtungen und Aussagen gemacht werden (zB im allg die Erlebnisqualität oder speziell die persönliche Betroffenheit eines mutmaßlichen Opfers). Es wäre jedoch grds verfehlt anzunehmen, daß sich experimentell gewonnene Befunde prinzipiell nicht auf die Situation im Gerichtssaal übertragen ließen.

Wird davon ausgegangen, daß eine wahre Aussage einige grds andere Merkmale aufweist als eine falsche und daß diese Merkmale bei genügender Länge der Aussage vom geschulten Begutachter festgestellt werden können, dann ist nicht zu erkennen, warum ein forensisch-dramatischer, „echter" Hintergrund zusätzliche Bedingung für die entspr Beurteilung einer Aussage sein soll. Zudem finden aussagepsychologische Untersuchungen (zB auch Exploration) uU mit Personen statt, die nicht mehr von dem gleichsam frischen Eindruck des Geschehens geprägt sind, zumal idR bereits Vernehmungen zB durch die Polizei vorausgegangen sind. Insbes sind Zeugen vom beobachteten und erfahrenen Geschehen unterschiedlich berührt und verarbeiten das Erlebte in unterschiedlicher Weise, dh Stereotypisierungen von Zeugenempfindungen sind als Beitrag zur Glaubwürdigkeitsfeststellung unbrauchbar und unzulässig.

Betr die Verallgemeinerungsfähigkeit experimenteller Befunde hat eine wirklichkeitsgetreue (idZ „forensische") Kulisse per se nichts damit zu tun, wie gut die dem zu erfassenden Gegenstandsbereich zugrundeliegende Struktur im Experiment verwirklicht wird. Sofern die Bedingungen, unter denen wahre bzw unwahre Aussagen gemacht werden, experimentell erfolgreich und hinreichend allg operationalisiert werden, muß eine experimentelle Bestätigung einschlägiger Kriterien

II. Glaubwürdigkeit

Übersicht über Glaubwürdigkeitsmerkmale bei verschiedenen Autoren[10]

Steller[11] (1989)	Undeutsch[12] (1967, 1982, 1984)	Arntzen[13] (1970, 1983, 1993)	Littmann/ Szewczyk[14] (1983)	Trankell[15] (1971)
Besonderheiten:				
ausdrücklich nur für kindliche Zeugen von sexual- und vergleichbar opferzentrierten Delikten	Pionierarbeit für moderne forensische Aussagepsychologie	beruht auf den Analysen von Originalaussagen; unzureichend dokumentiert	entwickelt im Rechtsprechungsbereich der ehemaligen DDR	besondere Berücksichtigung des glaubwürdigkeitsdiagnostischen Prozesses
empirische Bewährung:				
erste empirische Befunde bzgl der Bewährung der Kriterien (s 1444 f)	kleinere Studie zur Validität, unveröffentlicht	keine experimentell-empirischen Befunde	umfangreiches Datenmaterial, das allerdings die methodischen Voraussetzungen einer Validierungsstudie nicht erfüllt	keine empirischen Befunde
Glaubwürdigkeitsmerkmale:				
quantitativer Detailreichtum	Detailreichtum	Detaillierung bzgl Personen, Handlungen, Ortsangaben, auch nebensächlichen Umständen	detaillierte Tatschilderung insgesamt sowie Detailreichtum der „Kernschilderung"	„Detailreichtum als Realkennzeichen, nicht als Realitätskriterium (s näher 1434)
ungewöhnliche Details	ungewöhnliche Details	ausgefallene, originelle Details	originelle Einzelheiten	Einzigartigkeitskriterium
überflüssige Details			nur Detailreichtum bzgl der Rahmenschilderung trat überzufällig häufig bei *nicht* glaubhaften Aussagen auf	bzgl der Kernhandlung irrelevante Details gelten als Realkennzeichen (vgl o Detailreichtum)

---

[10] Ohne Anspruch auf Vollständigkeit; insbes sind einzelne Merkmale, die keine Entsprechungen in den Systematiken der anderen Autoren haben, nicht berücksichtigt.
[11] *Steller* in: Yuille 135 ff; *Steller/Köhnken* in: Raskin 217 ff.
[12] *Undeutsch* in: Undeutsch 26 ff; *Undeutsch* in: Trankell 27 ff; *Undeutsch* IRapplPsy **84** 51 ff.
[13] *Arntzen* Psychologie.
[14] *Littmann/Szewczyk* Forensia **83** 55 ff.
[15] *Trankell* Realitätsgehalt, insbes 62 ff.

Steller[11] (1989)	Undeutsch[12] (1967, 1982, 1984)	Arntzen[13] (1970, 1983, 1993)	Littmann/ Szewczyk[14] (1983)	Trankell[15] (1971)
mißverstandene Details	Details, die den Verständnishorizont des Zeugen übersteigen	mißverstandene Details	Schilderungen unverstandener Details unterschieden nicht signifikant zwischen glaubhaften und nicht glaubhaften Aussagen	Kompetenzkriterium
delikttypische Details	delikttypische Details	delikttypische Details		
logische Struktur bzw Konsistenz der Aussage	innere Stimmigkeit und Folgerichtigkeit	Homogenität der Aussage		Homogenitätskriterium
unstrukturierter Aussagestil		Inkontinenz bzw ungesteuerte Aussageweise		
Kontexteinbettung bzw -verknüpfung	Verankerung in konkrete Lebenssituationen	Verflechtungen mit veränderlichen äußeren Umständen		Homogenitätskriterium
Wiedergabe von Interaktionen und/oder Gesprächen		Wiedergabe von Interaktionen und/oder Gesprächen		(Kompetenzkriterium)[16]
nicht zu erwartende Komplikationen im Handlungsablauf	nicht zu erwartende Komplikationen im Handlungsablauf	sog negative Komplikationsketten (gestörte oder abgebrochene Handlungsabläufe, unerwartete Vorgänge etc)	die Schilderung unvorhergesehener Komplikationen unterschied nicht signifikant zwischen glaubhaften und nicht glaubhaften Aussagen	(Kompetenzkriterium)[17]

---

[16] Die von den anderen Autoren beschriebenen Merkmale werden weitgehend von den (in Klammern gesetzten) allgemeiner formulierten Kriterien bei *Trankell* abgedeckt; näher dazu s 1434.

[17] s Fn 16.

II. Glaubwürdigkeit

Steller[11] (1989)	Undeutsch[12] (1967, 1982, 1984)	Arntzen[13] (1970, 1983, 1993)	Littmann/ Szewczyk[14] (1983)	Trankell[15] (1971)
indirekt handlungsbezogene Schilderungen (s näher 1441)		inhaltliche Verschachtelungen (s näher 1431)		(Homogenitätskriterium, Kompetenzkriterium)[18]
	bilaterales Emotionskriterium (s auch 1434)			bilaterales Emotionskriterium (s näher 1434)
Bericht über eigenseelische Vorgänge	Wiedergabe eigenen Erlebens	Schilderung eigenpsychischer Vorgänge		
Attributionen bzgl fremdseelischer (Täter-) Vorgänge	Zuschreibungen von Gefühlen und Motiven (durch das Opfer an den Täter)			
spontane Verbesserungen	spontane Verbesserungen		spontane Berichtigungen	
Zugeben von Erinnerungslücken			Zugeben von Erinnerungslücken	
(vorweggenommene) Einwände gegen eigene Aussage	Einwände gegen eigene Aussage			
Selbstbezichtigungen	Erwähnung (für den Zeugen) unvorteilhafter Details		spontane Selbstbelastungen	
Angaben zugunsten des Beschuldigten	Auslassen von Gelegenheiten, den Beschuldigten zu belasten			Auslassen von Gelegenheiten, den Beschuldigten zu belasten
	Geschichte der Aussage/Konstanz	Konstanz der Aussage über die Zeit	Aussagekonstanz	Sequenzkriterium

[18] s Fn 16.

Steller[11] (1989)	Undeutsch[12] (1967, 1982, 1984)	Arntzen[13] (1970, 1983, 1993)	Littmann/ Szewczyk[14] (1983)	Trankell[15] (1971)
		Ergänzbarkeit der Aussage (bei späteren Befragungen; mit stimmigem Ergebnis	(stimmige) Aussageergänzung infolge (nicht suggestiven) Befragens	
(auf die Motivlage des Zeugen zurückzuführende Glaubwürdigkeitsmerkmale, vgl 1492)	neutrale Motivlage des Zeugen	(unterstellte) Objektivität des Aussagenden	Fehlen von Falschbezichtigungsmotiven	Konsequenzkriterium

als bestmögliche und vor allem unabhängige Bewährung gelten, während eine Nichtbestätigung unter kontrollierten Bedingungen Zw bzgl der Verläßlichkeit der fraglichen Kriterien hervorrufen sollte (vgl zu einzelnen Kriterien *Köhnken/ Wegener* ZexPsych **82** 108 f; ferner *Meurer ua* in: Meurer/Sporer 8 ff).

1429 bb) Soweit verschiedene Ansätze (s etwa 1430 ff) die Methode der **Feldbeobachtung** als Alternative zum Experiment propagieren, bleiben deren methodische Probleme ungelöst. Mittels Feldbeobachtung gewonnene Befunde sind nicht ohne weiteres zu generalisieren, da die Stichprobenauswahl nicht kontrolliert werden kann und damit im allg nicht repräsentativ ist. Dies aber hat weitreichende Konsequenzen für die Geeignetheit erzielter Ergebnisse.

Wenn zB betr den Aussageinhalt Merkmale wie Detailreichtum (nebst ausgefallenen bzw originellen Elementen) und Verflechtungen (des Aussageinhalts) mit äußeren Gegebenheiten sowie betr die Aussageentwicklung Merkmale wie Homogenität bzw Ergänzbarkeit auf Nachfrage bei glaubhaften Aussagen mit erheblicher Häufigkeit zu finden sind, so besagt dies noch nichts über ihre Vorhersagekraft. Vielmehr wäre eine solche Nutzbarkeit nur dann gegeben, wenn die gleichen Merkmale bei falschen Aussagen gar nicht oder nur äußerst selten aufträten. Der vergleichsweise geringe Anteil erwiesenermaßen falscher Aussagen an der Gesamtmenge der zu Beurteilungszwecken zur Verfügung stehenden Aussagen erlaubt es aber kaum, diese Voraussetzung mit hinreichender Sicherheit zu überprüfen (*Köhnken/Wegener* ZexPsych **85** 111 f)

1430 b) aa) (1) Eine von *Undeutsch* (in: ders 127 ff) vorgelegte **Zusammenstellung von Glaubwürdigkeitskriterien** hat folgenden Grobaufbau: (1) Persönlichkeitsmerkmale/individueller Entwicklungsstand des Zeugen, (2) Motivlage, (3) Geschichte der Aussage, (4) Verhalten des Zeugen während der Aussage, (5) Analyse der Aussage.

Diese Aufzählung von Bereichen, deren Analyse eine Beurteilung der Glaubwürdigkeit erlauben soll, ist zweifach hierarchisch geordnet: Von Kriterium (1) bis Kriterium (5) erlaube eine Analyse des jeweiligen Bereiches jeweils mehr, genauere und zuverlässigere Rückschlüsse auf die Glaubhaftigkeit der zu beurteilenden Aussage; darüber hinaus baue die Beurteilung eines Bereiches auf die Analysen der ihm untergeordneten Bereiche auf. Indes fehlt es an einer Definition oder ausreichend generalisierten Beschreibung der fraglichen Aussagemerkmale, so daß eine Subsumtion von konkreten Aussagen unter die Systematik von *Undeutsch* nicht ohne weiteres möglich ist.

In neueren Fassungen (*Undeutsch* in: Trankell; *Undeutsch* IRapplPsy **84** 51 ff) veränderte der Autor in erster Linie die Binnenstruktur seines Beurteilungssystems.[19] Nach wie vor fehlen Regeln, nach denen aus den Einzelergebnissen eine Gesamtbeurteilung gewonnen wird, so daß mit dieser Umgestaltung keine grundlegende Veränderung der Beurteilungspraxis verbunden ist. Weiterhin wurden in den neueren Arbeiten sog sekundäre Kriterien als zusätzliche Kontrollinstanz in die Aussageanalyse aufgenommen, dh bestimmte Widersprüche zwischen Teilen der Aussage bzw zwischen der Aussage und anderen (Sach- oder [glaubhaften] Personen-) Beweisen sollen zu einer neuen bzw erweiterten Analyse der zu prüfenden Aussage führen.

(2) Aufbauend auf *Undeutsch* unterscheidet *Arntzen* (in: *ders* Psychologie) zwischen vier Hauptgruppen von Glaubwürdigkeitskriterien unterschiedlicher Provenienz: (1) aus dem Aussageinhalt, (2) aus der Aussageentwicklung, (3) aus der Aussageweise, (4) aus dem Motivationsumfeld der Aussage. **1431**

(a) (aa) Hinsichtlich des **Aussageinhalts** soll es auf **Detaillierung**[20] sowie auf **inhaltliche Besonderheiten**[21] der Aussage ankommen.

Im einzelnen sind die Merkmale **inhaltliche Verschachtelung**[22] und **Schilderung ausgefallener, origineller Einzelheiten** in erster Linie auf die Darstellung von Sexualdelikten durch jugendliche Zeugen zugeschnitten. Die Schilderung ausgefallener Details oder Nebenumstände sexueller Handlungen gilt in besonderem Maße als Glaubhaftigkeitsindiz in den Aussagen jüngerer Zeugen, soweit angenommen wird, sie seien idR nicht in der Lage, derartige Details zu erfinden; insofern bestehen allerdings aufgrund einschlägiger Informationsdichte im Rahmen der Entwicklung und Verbreitung der Medien (zB Video-Filme, Jugendzeitschriften) erhebliche Einschränkungen ggü den Verhältnissen etwa noch Mitte des 20.Jhd.

(bb) Ein zweites sich aus dem Aussageinhalt ergebendes Merkmal ist das der **Homogenität** der Aussage. Unter **innerer** Homogenität wird die interne Widerspruchsfreiheit und Stimmigkeit der Aussage verstanden, unter **äußerer Homogenität** die Vereinbarkeit der Aussage mit nachweisbaren Gegebenheiten und Begleitumständen. Speziell für den Bereich der Sexualdelikte wird darüber hinaus teilweise von deliktstypischen Verhaltensmustern ausgegangen, die dem (kriminologischen) Laien unbekannt seien und die, wenn sie in einer Schilderung auftauchten, das Merkmal der Homogenität in besonderem Maße erfüllten.

---

[19] Es wurden zB Merkmale anderen Gliederungspunkten zugeordnet, andere Merkmale gewannen bzw verloren den Status selbständiger Glaubwürdigkeitsmerkmale.
[20] Etwa Häufigkeit genauer Zeit- und Ortsangaben, Vorliegen komplexerer Personen- und Handlungsbeschreibungen sowie Schilderung auch nebensächlicher, das eigentliche Kerngeschehen nicht berührender Details.
[21] Zum Beispiel wiedergegebene Gespräche und Interaktionen, Verflechtungen der Handlung mit äußeren Umständen, Komplikationen des eigentlichen Geschehens etwa durch unerwartete Ereignisse.
[22] Etwa iSd Wiedergabe von Gesprächen, die der Beschuldigte mit dem Zeugen über ähnliche (idR sexuelle) Handlungen mit Dritten geführt habe.

1432 (b) Bzgl des Verlaufs der Aussage**entwicklung** soll es nach *Arntzen* zum einen auf die (relative) **Konstanz** der Aussage über mehrere Vernehmungen hinweg[23] und zum anderen auf die **Ergänzbarkeit** der Aussage ankommen, wobei die Ergänzungen nicht in Widerspruch zu früheren Aussageteilen oder zu nachweisbaren Fakten stehen dürften. Indes sind ggü der Geeignetheit des Kriteriums der Konstanz neben grds Einwänden (s näher 1446) im einzelnen Bedenken wegen der zwischen zwei Vernehmungen etwa vergangenen Zeitspanne zu berücksichtigen.

Bei extrem langen Zeitintervallen (zB etwa 40 Jahre, geschehen in einigen Strafverfahren gegen [mutmaßliche] Machtausübende in Konzentrationslagern) können auch Angaben zu wesentlichen Punkten abweichen, ohne daß damit die Glaubwürdigkeit des Zeugen bzw die subjektive Glaubhaftigkeit der Aussage infrage gestellt wird (vgl *Wagenaar/Groeneweg* ApplCogPsy **90** 80 ff). Allerdings erhebt sich im Falle gravierender Abweichungen dann die Frage nach der objektiven Genauigkeit zumindest der späteren Aussage, also nach der Aussagefähigkeit des Zeugen nach extrem langen Zeitintervallen.

1433 (c) Betr die (ungesteuerte) Art und Weise der Aussage ist nach *Arntzen* das Kriterium der **Inkontinenz**[24] nur dann ein Zeichen für Glaubwürdigkeit, wenn die einzelnen Teile der Aussage nicht zueinander im Widerspruch stehen, sondern sich zu einem sinnvollen Ganzen zusammenfügen lassen. Mit **nacherlebenden Gefühlsbeteiligungen** sind die Aussage begleitende emotionale Reaktionen gemeint, die sich aus den Inhalten derselben erklären; besonders eine Abfolge qualitativ verschiedener Gefühlsregungen gilt als Glaubwürdigkeitsmerkmal. Stets seien dabei jedoch die „Gesamtpersönlichkeit", die geschilderte Tat und die Aussagesituation zu berücksichtigen; keinesfalls sei das Fehlen von Gefühlsregungen als Zeichen mangelnder Glaubwürdigkeit zu beurteilen.

Generell ist ggü diesen Kriterien einzuwenden, daß sie allenfalls insoweit eine gewisse Aussagekraft beanspruchen können, als eine Ungesteuertheit erwiesen und nicht vorgetäuscht ist. Die einschlägigen Beurteilungssysteme gehen allerdings davon aus, daß das ungesteuerte Vortragen eines erfundenen Sachverhalts im allg nicht erfolgreich (dh sich zu einem kohärenten Ganzen zusammenfügend) möglich ist, da die Komplexität dieser Aufgabe die normalen kognitiven Verarbeitungsmechanismen überfordert (vgl etwa *Köhnken* in: Denmark 117 ff).

1434 bb) Eine (sich als nicht erschöpfend verstehende) Aufzählung von Glaubwürdigkeitskriterien bei *Trankell* (Realitätsgehalt 146) enthält das **bilaterale Emotions**kriterium,[25] das **Homogenität**skriterium (vgl dazu Übersicht bei 1428), das **Kompetenz**kriterium,[26] das **Einzigartigkeit**skriterium (vgl dazu Übersicht bei 1428) und das **Sequenz**kriterium (entspr dem Kriterium der Konstanz, vgl Übersicht bei 1428). Nach Auffassung des Autors sollen sich diese Merkmale (in der gefor-

---

[23] Das heißt Übereinstimmung der Angaben zu wesentlichen Handlungsanteilen, der ungefähren Beschreibung und Benennung der wichtigsten Beteiligten, der ungefähren Angaben zu Zeit und Ort uä.
[24] Etwa iS einer Vortragsweise, in der Teile des Sachverhalts über die ganze Aussage verstreut sind, ohne daß eine Ordnung oder chronologische Reihenfolge eingehalten wird.
[25] Der Aussagende berichtet von Gefühlen, die aus der Verknüpfung von Beobachtungen mit Details aus der privaten Interessensphäre herrühren.
[26] Fehlende Kompetenz des Zeugen betr Wissen und Erfahrung um die geschilderten Geschehensabläufe, was besonders bei Kindern iZm Sexualstraftaten relevant sei.

derten Ausprägung) *nur* in wahren Aussagen finden (so daß ihr Vorkommen hinreichende Bedingung für das Vorliegen einer [subjektiv] wahren Aussage sei). Umgekehrt seien die genannten Merkmale nicht notwendig für wahre Aussagen; vielmehr sei ihr Vorkommen abhängig von Voraussetzungen und Randbedingungen, die in der Person des Zeugen und seinen Beobachtungen begründet liegen und die den Wahrheitsgehalt einer Aussage nicht berühren würden. Grds sei daher die Analyse mit Realitätskriterien in diesem strengen Sinne auf bestimmte Aussagen beschränkt. Zwecks Überprüfung der ermittelten Ergebnisse sollen nach *Trankell* zwei sogen sekundäre Realitätskriterien angewandt werden: Die Zweckhaftigkeit einer etwaigen Falschaussage werde mit dem **Konsequenz**kriterium erfaßt. Wenn möglich, werde darüber hinaus ein formal-struktureller Vergleich des zu prüfenden Aussageteils mit sicher falschen Aussageteilen vorgenommen (**Isomorphie**kriterium).

Über diese Kriterien hinaus gäbe es Kennzeichen wahrer Aussagen (zB Detailreichtum der Aussage), die die strengen Anforderungen an Realitätskriterien zwar nicht erfüllen würden, jedoch könnten solche Kennzeichen unter bestimmten Umständen zu Realitätskriterien quasi qualifiziert werden (zB beschreibt *Trankell* [Realitätsgehalt 123 f] das bilaterale Emotionskriterium als Weiterentwicklung des Merkmals Detailreichtum).

Schwierigkeiten bei der Umsetzung für die Strafrechtspraxis ergeben sich daraus, daß *Trankell*, ähnlich wie *Undeutsch*, Kriterien und Methoden bevorzugt anhand von Fallbeispielen beschreibt, was die allg Anwendbarkeit auf bestimmte Fallgruppen (oder gar auf beliebige Fälle) stark einschränkt.

cc) Allg ist bzgl der (unter aa) und bb)) beschriebenen Ansätze einschränkend **1435** zu berücksichtigen, daß keine ernsthaften Versuche empirischer Überprüfung vorgenommen wurden. Die Zusammenstellungen von Glaubwürdigkeitskriterien sind solange unverbindlich, wie Angaben zur Frage empirischer Absicherung bzw schon eine Dokumentation der Vorgehensweise fehlen. Diese können auch nicht durch Hinweise auf die „Gerichtsförmigkeit" des angewandten Verfahrens (so aber *Michaelis-Arntzen* in: Arntzen 73) oder dessen behauptete praktische „Bewährung" ersetzt werden.

c) Versuche der Absicherung von Glaubwürdigkeitskriterien mit **quantitativ-** **1436** **statistischen Methoden** sind in erster Linie von *Littmann/Szewczyk* (Forensia **83** 55 ff; *Szewczyk/Littmann* in: Trankell 73 ff) und *Steller/Köhnken* (in: Raskin 217 ff; *Steller* in: Yuille 135 ff) vorgenommen worden (vgl aber auch *Michaelis-Arntzen* Forensia **87** 73 ff und *Steller* Forensia **88** 23 ff [betr die folgend genannten Ansätze]).

aa) *Littmann/Szewczyk* (Forensia **83** 55 ff) verglichen das prozentuale Vorkom- **1437** men entspr Merkmale in glaubhaften bzw unglaubhaften Aussagen (iZm Sexualdelikten) miteinander und überprüften die Signifikanz der Abweichungen (*Littmann/Szewczyk* Forensia **83** 62 f). Ein wesentliches Manko ihrer Studie liegt allerdings darin, daß die Feststellung der Aussageglaubhaftigkeit nicht unabhängig von den zu überprüfenden Glaubwürdigkeitskriterien stattfindet. Es handelt sich also nicht um eine echte Validierungsstudie, die Zahlenangaben können daher lediglich als Anhaltspunkte verstanden werden (*Köhnken* 112). Im Zw ist davon auszugehen, daß aufgrund des Zusammenhanges zwischen Einstufungskriterium und zu untersuchenden Glaubwürdigkeitsmerkmalen die Unterschiede in den Häufigkeiten der Glaubwürdigkeitsmerkmale in den beiden Gruppen (glaubhafte bzw unglaubhafte Aussagen) zu hoch ausfallen. Eben deshalb ist immerhin bemerkenswert, daß selbst unter diesen – methodisch unzulässig – erleichterten Bedingungen eine Reihe der postulierten Glaubwürdigkeitsmerkmale nicht überzufällig gut zwischen glaubhaften und unglaubhaften Aussagen trennen konnten.

(1) Betr die **Vorgeschichte** der Aussage geben die Daten von *Littmann/Szewczyk* wenig Hinweise auf zuverlässige Glaubwürdigkeitsmerkmale.

Lediglich bzgl des **Vorliegens von Falschbezichtigungsmotiven** hätten sich glaubhafte und unglaubhafte Aussagen voneinander unterschieden; darüber hinaus seien die ersten Adressaten als unglaubhaft eingestufter Aussagen überzufällig häufig Verwandte (außer Eltern), Bekannte oder Nachbarn gewesen.

1438 (2) Das **Aussageverhalten** betr werden als glaubwürdig geltende Zeugen eher als *kontaktfreudig, aufgeschlossen, zugewandt* beschrieben, während als unglaubwürdig geltende Zeugen häufiger *distanzlos-unreflektiert, altklug* und *verstockt, trotzig, abweisend, unzugänglich* agiert hätten. *Befangenheit mit einfühlbarer Schamsperre* sei überzufällig häufig bei als glaubwürdig beurteilten Zeugen gefunden worden, während *Distanzlosigkeit, Geltungssucht* und sog *Verstocktheit* öfter das Aussageverhalten bei als unglaubwürdig beurteilten Zeugen charakterisiert hätten. Als glaubwürdig behandelte Zeugen seien häufiger auf ihnen vorgehaltene Widersprüche in der Aussage *sofort* und *sinnvoll* eingegangen, als unglaubwürdig behandelte Zeugen hätten dagegen überzufällig häufig ihr Verhalten geändert, seien verunsichert gewesen, seien auf die Vorhalte nicht eingegangen und hätten *suggestibles Nachvollziehen der Vorhalte* gezeigt, ferner hätten Mimik, Stimme und Sprache mit größerer Wahrscheinlichkeit *unecht* gewirkt. *Spontane Berichtigungen und Selbstbelastungen* seien häufiger in als glaubhaft beurteilten Aussagen vorgekommen, während das gänzliche Fehlen von Verbesserungen oder Verbesserungen nur auf Vorhalt von Widersprüchen eher in als unglaubhaft beurteilten Aussagen zu finden gewesen seien.

1439 (3) Bzgl der inhaltlichen Merkmale der Aussage seien Detailreichtum *insgesamt* sowie besonders *Detailreichtum der Kernhandlung* als Hinweis für die Glaubhaftigkeit der Aussage bestätigt worden; hingegen hätte Detailreichtum (nur) der Rahmenhandlung gerade umgekehrt eher gegen die Glaubhaftigkeit der fraglichen Aussage gesprochen. *Realistische, wirklichkeitsnahe Aussagen* seien ebenso wie *originelle Einzelheiten* ein Hinweis für Glaubwürdigkeit.

Nicht bestätigt worden seien die von *Undeutsch* und *Arntzen* (s 1430 ff sowie Übersicht bei 1428) postulierten Glaubwürdigkeitsmerkmale *Schilderung unverstandener Handlungen* und *Schilderung unvorhergesehener Komplikationen*. Dagegen sei die *Schilderung körperlich-physischer Vorgänge*, soweit sie den Täter betreffen, in glaubhaften Aussagen häufiger zu finden gewesen.

1440 (4) *Angaben zur Tat* seien bei glaubwürdigen Zeugen signifikant häufiger über mehrere Aussagen hinweg **konstant** geblieben. *Aussageergänzungen* hätten, wenn sie auf gezieltes Befragen vorgebracht wurden, eher für die Glaubhaftigkeit der Aussage gesprochen, Aussageergänzungen iS eines „Aufbauschens" seien dagegen eher in als unglaubhaft beurteilten Aussagen zu finden gewesen. Wurden einmal gemachte Aussagen später zunehmend zurückgenommen bzw eingeschränkt, so hätte dies eher gegen die Glaubwürdigkeit des Zeugen gesprochen.

1441 bb) Eine Systematisierung von Glaubwürdigkeitskriterien speziell zur Beurteilung der **Aussagen von Kindern** iZm Sexualdelikten haben unter Verwendung empirischer Befunde *Steller/Köhnken* (in: Raskin 217 ff; s auch *Steller* in: Yuille 135 ff) unternommen.[27] Darin beziehen sich Realitätskriterien gerade ausschließlich auf den **Inhalt** von Aussagen.

(1) (a) Hinsichtlich der Gruppe **allg Merkmale** der Aussage soll es auf eine *logische Struktur* derselben ankommen, dh auf die innere logische Konsistenz und Homogenität der berichteten Ereignisse. Die Aussageweise soll sich dagegen gerade

---

[27] Zur Anwendung auch betr *Vergewaltigung*sanzeigen s *Krahé/Kundrotas* ZexPsych **92** 607 ff, 614 ff.

II. Glaubwürdigkeit

durch *Unstrukturiertheit* (Inkontinenz, vgl dazu oben Übersicht bei 1428) auszeichnen. *Detailfülle* ist ein weiteres Kriterium (wobei nach Forderung der Autoren nur jeweils neue Details berücksichtigt werden sollen).

Im zweiten Schritt wendet sich die Analyse den **spezifischen Inhalten** der Aussage zu. Die *Einbettung* der geschilderten Handlung in einen *Kontext* des täglichen Lebens ist ein Realitätskriterium dieser Kategorie, weiterhin die *Beschreibung von Interaktionen*, die *Wiedergabe von Unterhaltungen* (zumindest zT im Wortlaut) und die *Schilderung nicht zu erwartender Komplikationen* im Handlungsablauf.

Besonderheiten des Inhalts machen die nächste Gruppe von Realitätskriterien aus. Dabei sollen *ungewöhnliche* und für die Kernhandlung *überflüssige Details* sowie berichtete Details, deren Bedeutung vom Zeugen gar nicht verstanden oder *mißverstanden* wird, für einen realen Gehalt der Zeugenaussage sprechen; das gleiche soll etwa für den eher speziellen Fall gelten, daß Zeugen von Sexualdelikten zB berichten, mit dem Beschuldigten über eigene sexuelle Erlebnisse mit Dritten gesprochen zu haben (sog *indirekt handlungsbezogene Schilderung*). Ebenfalls als Realitätskriterium gelten Berichte über eigene Kognitionen und Emotionen während des geschilderten Ereignisses sowie Versuche, dem Täter bestimmte Motive zuzuschreiben.

(b) Während in den vorgenannten drei Gruppen Kriterien zusammengefaßt sind, mit deren Erfindung und Integration in die Aussage der (kindliche, idR aber auch der erwachsene) Zeuge überfordert sei, beruhen die Kriterien einer vierten Gruppe auf der Annahme, daß ein falsch aussagender Zeuge Details dieser Art in seiner Aussage vermeiden will: *spontane Verbesserungen*, die gerade gemachte Aussageteile relativieren, modifizieren oder sonstwie verändern, das *Zugeben von Erinnerungslücken*, das *Wecken von Zw* an der eigenen Aussage, das – freiwillige – *Zugeben eigener Verfehlungen* (die iZm der geschilderten Tat stehen) und das Angeben von *Entschuldigungsgründen für den Täter*. Auch dagegen ist von vornherein einzuwenden, daß ein falsch aussagender Zeuge vorbezeichnete Details uU gerade nicht vermeiden will, sondern Relativierungen der genannten Art bewußt einsetzt, um die Aussage glaubhaft erscheinen zu lassen. **1442**

Als spezielles Glaubwürdigkeitskriterium geben *Steller/Köhnken* die Schilderung deliktsspezifischer, aber als solcher nicht allg bekannter Details an (vgl dazu oben Übersicht bei 1428). Dabei ist allerdings ggf zu prüfen, ob Informationen betr typische Deliktsausgestaltungen uU durch öffentliche Diskussion, Medien uä über Fachkreise hinaus verbreitet worden sind.

(c) Die Bewertung der Glaubwürdigkeitskriterien ist nach einem einfachen Ratingschema vorgesehen (Kriterium fehlt, Kriterium ist erfüllt, Kriterium ist in besonderem Maße erfüllt [*Steller* in: Yuille 139]), wobei eine quantitative Bewertung des Ergebnisses (noch) nicht möglich sei. Insgesamt ist die auf Kriterien begründete Analyse des Inhalts der Aussage eingebettet in einen größeren diagnostischen Rahmen, in den weitere diagnostische Informationen[28] einfließen. Wenngleich subjektive Elemente in der Evaluierung nicht zu übersehen sind, liegen doch Ansätze zur Standardisierung der Vorgehensweise vor (*Steller* in: Yuille 141). **1443**

(2) (a) Bzgl der kriterienorientierten Aussageanalyse ist eine erste Validitätsüberprüfung von *Esplin ua* vorgenommen worden (referiert bei *Steller* in: Yuille 150). **1444**

---

[28] Etwa biographische Angaben, Testergebnisse, Daten aus dem motivationalen Umfeld der Aussage uä (*Steller* in: Yuille 135).

Dabei wurden jeweils 20 bestätigte und 20 unbestätigte, als Falschbezichtigungen geltende Fälle von sexuellem Mißbrauch an Kindern kriterienbezogen untersucht. Die Zuordnung als „bestätigt" bzw als „falsch" erfolgte aufgrund mehrerer Gesichtspunkte, die von der Aussage unabhängig waren, wie Geständnisse (für deren Echtheit als Kriterium lediglich die Abwesenheit von „erkennbaren" Motiven für ein Falschgeständnis verwandt wurde), medizinische Hinweise für erfolgten sexuellen Mißbrauch bzw keine entspr medizinischen Hinweise, keine anderweitigen Indizien für Mißbrauch, entspr psychologische Beurteilung betr die geringe Wahrscheinlichkeit sexuellen Mißbrauchs ua.

Die Auswertung der (mittels standardisierter Interviewvorlage) erhobenen Aussagen durch bzgl der Gruppenzugehörigkeit „blinde" Beurteiler habe eine klare Trennung zwischen beiden Gruppen ergeben.

1445 (b) Eine weitere Überprüfung der kriteriengestützten Aussagenanalyse fand im Rahmen einer deutschen Simulationsstudie statt, allerdings durch einen der Mitverfasser selbst (*Steller ua* ZexPsych **92** 151 ff).

Dabei wurden Schüler der ersten und vierten Grundschulklasse instruiert, jeweils eine wahre und eine erfundene Geschichte zu erzählen. Die Auswahl möglicher Themen war so gewählt, daß bestimmte Merkmale der Erfahrung, sexuellem Mißbrauch ausgesetzt zu sein (negative Gefühle, weitgehender Kontrollverlust), auch für die erlebte oder erfundene Handlung kennzeichnend sein sollten (ua Operation, Zahnarztbehandlung, Angriff durch ein Tier). Der Wahrheitsgehalt der Berichte wurde (neben den Angaben der Kinder) lediglich mittels Befragung der Eltern überprüft. Die Begutachtung der Aussagen erfolgte durch solche Personen, die bzgl der Gruppenzugehörigkeit („wahr"/„erfunden") nicht informiert waren; zusätzlich wurde eine begrenzte Zahl von Aussagen durch 31 Personen ausgewertet, um deren Übereinstimmung bzgl der Beurteilung (sog Inter-Rater-Reliabilität) zu ermitteln.

Bzgl jedes einzelnen vorgenannten Realitätskriteriums wurde überprüft, ob es signifikant zwischen „wahren" und „erfundenen" Aussagen zu trennen in der Lage war. Dies sei für die Kriterien *logische Konsistenz, Detailreichtum, Einbettung in Kontext,* Schilderungen von *Komplikationen, ausgefallenen und nicht zu erwartenden Details,* Schilderung *unverstandener Handlungselemente, indirekt handlungsbezogene* Schilderungen und Berichte über *innerpsychische Vorgänge* der Fall. Sowohl die *Beschreibung von Interaktionen* als auch die *Wiedergabe von Gesprächen* in der Aussage unterschieden sich bzgl ihrer Vorkommenshäufigkeit zwar zwischen „wahren" und „erfundenen" Aussagen, verfehlten aber knapp die Signifikanzgrenze. – Nicht erfolgreich bestätigt werden konnten die Kriterien der vierten, auf die Motivation des falschaussagenden (kindlichen) Zeugen abstellenden Gruppe (s 1442). Dieses Erg ist möglicherweise auf eine ungenügende Simulation des motivationalen Hintergrundes von Falschaussagen (zB jemandem schaden wollen, Rachemotive) durch das Versuchsdesign zurückzuführen; nicht auszuschließen ist allerdings auch, daß die fraglichen Kriterien nicht in dem Maße kennzeichnend für „wahre" bzw „erfundene" Aussagen (je nach Ausprägungsrichtung) sind wie angenommen.[29]

Insgesamt deuten die Erg der Untersuchung darauf hin, daß die Entstehungsbedingungen „wahrer" bzw „erfundener" Aussagen im Experiment teilweise erfolgreich nachgestellt werden können, und daß es grds möglich ist, mittels der Mehrzahl der von den Autoren beschriebenen Realitätskriterien zwischen „wahren"

---

[29] Drei Kriterien (Unstrukturiertheit bzw Inkontinenz der Handlung, Einwände gegen die eigene Schilderung, deliktsspezifische Details) fielen aus verschiedenen Gründen aus der Untersuchung heraus (Mißverständnisse der Beurteilenden bzgl der Definition bzw aus thematischen Gründen in den Schilderungen nicht enthalten).

II. Glaubwürdigkeit

und „erfundenen" Aussagen zu trennen. IZm der Anwendung einschlägiger Kriterienkataloge bleibt allerdings darauf hinzuweisen, daß je nach Entwicklungsalter (des Kindes) mit einer unterschiedlichen Häufigkeit und Ausprägung von Glaubwürdigkeitsmerkmalen zu rechnen ist.

Im einzelnen fanden sich in einer diesbzgl Untersuchung insbes Ausprägungen von Spontaneität sowie Konsistenz und Detailreichtum um so seltener, je jünger die Kinder waren, und zwar unabhängig vom Wahrheitsgehalt der Aussagen (*Gordon/Follmer* JCChPsy **94** 283 ff). Weithin werden etwa bei Kindern im Vorschulalter die Einsatzmöglichkeiten der kriteriengestützten Aussageanalyse eingeschränkt sein.

(c) Eine indirekte Überprüfung der Beurteilungskriterien wurde bei einer experimentellen Untersuchung der Übereinstimmung bei verschiedenen Beurteilenden (Inter-Rater-Reliabilität) vorgenommen (*Kuepper/Sporer* in: Bierbrauer ua 187 ff, insbes 209 ff). Danach erscheint eine weitere Objektivierung der Kriterien erforderlich.

d) Aussagepsychologische Glaubwürdigkeitskriteriologien sind verschiedentlich auch von **juristischer** Seite kommentiert, modifiziert und ergänzt worden, um Erfahrungen aus der Praxis zu erhalten, zu systematisieren und nutzbar zu machen. **1446**

aa) (1) Nach der Darstellung[30] von *Prüfer* ergibt sich ggü dem **Konstanz**kriterium ein zentraler Einwand daraus, daß im Strafverfahren kein Wortprotokoll geführt, sondern vielmehr nur das aktenmäßig festgehalten wird, was die vernehmende Person für das jeweilige Verfahrensstadium als wichtig erachtet. Zudem kommt es vor, daß in der HV eine andere Fragestellung bzw Aussage wichtig (geworden) ist, als es etwa bei der polizeilichen Vernehmung der Fall war. Ein anderer Einwand ggü diesem Kriterium folgt daraus, daß die meisten Fälle von Unbeständigkeit der Aussage auf natürlichem Vergessen beruhen (*Prüfer* 37 ff).

Nicht weniger begrenzt sind nach *Prüfer* Kriterien wie „Sicherheit", „Klarheit", „Eindeutigkeit" der Aussage, zumal ein entspr Erscheinungsbild eher Anlaß zu Skepsis hinsichtlich des Realitätsgehalts entspr Aussagen geben muß, soweit die bezeichneten Merkmale Ausdruck reduzierter Selbstkritik der aussagenden Person sind; krit äußert sich der Autor auch zu der Gefahr der Beeinflussung durch den bloßen Eindruck des „Vertrauens", den die aussagende Person hinterläßt (*Prüfer* 32 ff).

(2) Hinsichtlich sonstiger Kriterien hebt der Autor ua auf die **Inkonsequenz** von Aussagen ab, wobei es sich darum handele, daß Aussagen mit einer Gegenläufigkeit bzw Tendenzwidrigkeit zu der jeweiligen Gesamttendenz der Aussage dann für Glaubhaftigkeit sprechen würden, wenn die aussagende Person es gleichsam nicht nötig gehabt hätte, die Gesamttendenz einzuschränken bzw abzuschwächen (*Prüfer* 32 ff). Indes mögen Fälle nicht auszuschließen sein, in denen die falsch aussagende Person eben zum Zwecke des Gewinns von Glaubhaftigkeit sich durch Einbau einer Gegentendenz gleichsam als neutral und nicht gegen die beschuldigte Person eingestellt (bzw kämpfend) darzustellen beabsichtigt. **1447**

(3) Das **Nebensächlichkeit**skriterium (*Prüfer* 50) meint, daß es darauf ankomme, juristisch wichtige Bestandteile einer Aussage gleichsam als Nebensächlichkeit innerhalb der Bekundung des Lebenssachverhalts im Zusammenhang zu erfassen. **1448**

Das **Ungeordnetheit**skriterium (*Prüfer* 51 f) bedeutet, daß gerade dann, wenn eine Aussage wegen des Hin und Her gegebener Informationen dem Vernehmen-

---

[30] Diese beruht auf Literaturauswertung und der Praxis als Vorsitzender Richter einer Großen Strafkammer.

den zeitaufwendig oder gar lästig erscheint, sie am ehesten als nicht geplant eingestuft werden könne. Fügen sich die Aussageteile letztendlich zu einem sinnvollen Ganzen zusammen, so könne die Unordnung als Zeichen der Glaubhaftigkeit gewertet werden, da die kognitive Anspannung beim Lügen idR gedankliche Ordnung erzwinge.

Das **Verflochtenheit**skriterium (*Prüfer* 53 ff) besagt, daß eine Aussage bevorzugt dann glaubhaft sein kann, wenn sich verschiedene in der Aussage beschriebene Modalitäten (Motive, Handlungen, Emotionen, raum-zeitliche Gegebenheiten und Zwischenfälle usw) gegenseitig bedingen und ergänzen, da kaum ein Lebenssachverhalt in seiner (etwa vorgestellten) Ganzheit nur aus folgerichtig-linear aneinandergereihten Teilstücken bestehe. (Demggü wäre es allerdings gelegentlich möglich, daß eine Intrige zugrundeliegt, die bewußt den Eindruck einer realen Verflochtenheit zu schaffen bestrebt ist). Besondere Berücksichtigung verdienten daher impulsive und im strengen Sinne „unlogische" Verflechtungen, deren Erfindung äußerst unwahrscheinlich sei.

1449 bb) (1) Neben der Aufzählung von Glaubwürdigkeitskriterien postulieren *Bender ua* das Vorhandensein sog **Lügensignale**, zT iSv negativen Ausprägungen von Glaubwürdigkeitskriterien, zT ohne entspr positive Ausprägung. Untergliedert werden die Lügensignale in **Verlegenheitssignale**, **Übertreibungssignale** und **Signale mangelnder Kompetenz**. *Zurückhaltung bzgl des zentralen Beweisthemas, Freud'sche Signale* („verräterische" Wortwahl) sowie das Hervorheben der eigenen *Unwissenheit* und *Unerfahrenheit* gelten als Zeichen von **Verlegenheit**. Demonstrative *Beteuerungen der Aussagewahrheit*, *Gegenangriffe* und das Vorbringen langatmiger und unnötiger *Begründungen* sollen der Absicht des Aussagenden entspringen, durch **Übertreibungen** vom Wahrheitsgehalt seiner Aussage zu überzeugen. Karge, auf das Beweisthema *reduzierte Aussagen* ohne Komplikationen sowie *Strukturbrüche* zwischen irrelevanten (idR wahren) und relevanten (evt falschen) Aussageteilen sollen für **mangelnde Kompetenz** des Aussagenden bzgl des Aussageinhalts sprechen.

1450 (2) Generell ist ggü diesen Lügenkriterien einzuwenden, daß sie empirisch nicht überprüft sind (s auch 1458 ff für Diskrepanzen zwischen vermuteten und tatsächlichen Lügenkorrelaten). IdR kann es gute Gründe auch für das Vorliegen einer Reihe von Lügensymptomen bei wahren Aussagen geben. Weiterhin ist die Zuordnung von Aussage- bzw Verhaltensmerkmalen zu einzelnen Lügenkriterien nicht eindeutig. Eine potentielle Gefahr für die prozessuale Wahrheitsermittlung ist uU dann gegeben, wenn die diagnostische Aussagekraft und entspr Verläßlichkeit einzelner oder mehrerer als Lügensymptome geltender Kriterien überschätzt wird. Insbes könnte zB der griffige Ausdruck „Lügensignal" uU zu weitreichenden und ungerechtfertigten Schlußfolgerungen verleiten.

1451 cc) (1) *Bender* versucht, die Aussageanalyse in die juristische Beweiswürdigung einzubinden. Dabei nimmt er neben Glaubwürdigkeitskriterien sog Phantasiekriterien (negative Ausprägungen von Glaubwürdigkeitskriterien) als Indizien für Falschaussagen an (vgl zu Kritikpunkten 1449). Eine Besonderheit seiner Arbeit besteht in der empirischen Herleitung und Formulierung von Merkmalskombinationen, dh Kombinationen von Glaubwürdigkeits- und/oder Phantasiekriterien, die häufig und typischerweise in wahren bzw falschen Aussagen zu finden seien. Dabei gilt die Auftrittshäufigkeit einer bestimmten Kriterienkombination bei rich-

II. Glaubwürdigkeit

tigen im Verhältnis zu falschen Aussagen als sog **indizieller Wirkungsgrad** oder abstrakte Beweiskraft der besagten Merkmalskombination.

(2) Praxisrelevant erscheint insbes eine aus einer Aktenauswertung resultierende Dreierkombination der Glaubwürdigkeitskriterien *Detaillierung, Homogenität* und einem der beiden Wiederholungskriterien *Ergänzungen* bzw *Konstanz*. In ca jeder dritten wahren Aussage der Studie finden sich diese drei Merkmale, nie dagegen in den falschen Aussagen (*Bender* 185). Dabei ist allerdings zu berücksichtigen, daß die Untersuchung lediglich den Charakter einer Pilotstudie hat (*Bender* 146); auch sind methodische (Art der Signifikanzüberprüfung), praktische (Training der Aussagebeurteiler ua iZm der Feststellung der Inter-Rater-Reliabilität) und theoretische Probleme (Herleitung bzw Begründung der untersuchten Merkmalskombinationen) noch ungelöst (vgl dazu *Meurer/Sporer* StV **92** 349 f)

(3) Schließlich weist *Bender* auf die notwendige Einbindung aussageanalytischer **1452** Befunde in die darüber hinausgehende und (andere) Indizienbeweise umfassende Beweiswürdigung hin; so könnten Befunde anderer Provenienz das Ergebnis der Aussageanalyse relativieren oder uU bedeutungslos werden lassen (s *Bender* 146 f, Bsp). Unsichere aussageanalytische Befunde dagegen könnten uU durch andere (auch aussageanalytische) Befunde in ihrer Beweiskraft gestützt werden, insbes dann, wenn eine als „überwiegend glaubhaft" eingestufte Aussage einer als „überwiegend unglaubhaft" eingestuften sachlich entgegensteht (im Falle einander ausschließender Sachverhaltsalternativen) (vgl *Bender* 186).

e) aa) Für die Strafrechtspraxis liegt eine Tücke darin, daß eine **Überzeugung** **1452 a** von der **inhaltlichen Richtigkeit** weithin von bestimmten Merkmalsausprägungen der Aussage bzw des Aussageverhaltens beeinflußt wird (zB Sicherheit, Klarheit, Kürze, Detailreichtum, Aufweisen persönlicher oder gar intimer Bezüge), die indes durchaus *ambivalent* sein können. So mag es für – zumal erfahrene und einschlägig planende oder aber instinktiv begabte – lügende Personen, die emotional wenig betroffen und schwerlich in Verlegenheit zu bringen sind, ein Leichtes sein, solche Kriterien zu erfüllen; insbes Intimität ist ein geeignetes Instrument für trügerische Strategien, zumal die einschlägige Beeinflussung gleichsam unbemerkt geschieht (und daher die zu überzeugende Amtsperson nach ihrer Selbsteinschätzung dieser Dimension im allg kaum Einfluß zugestehen wird).

bb) Ohnehin ist zw, inwieweit die vorgenannten Merkmalsausprägungen nicht eher auf die Qualität der *Kommunikationssituation* auch iS der Erweckung von Sympathie/Antipathie (s n 1407) einwirken, statt direktes Indiz für tatsächliche Glaubhaftigkeit zu sein. Dies aber kann bedeuten, daß die Richtigkeit der Aussage insoweit nicht empirisch, sondern erwartungsgeleitet oder gar *konsensuell*, dh durch Erwartungshaltungen und Konventionen bestimmt wird. So ist etwa auch geläufig, daß alles, was selten geschieht oder ausgefallen erscheint, eher als unglaubhaft beurteilt wird, wobei weniger die tatsächliche als vielmehr die wahrgenommene Wahrscheinlichkeit des seltenen Ereignisses als Beurteilungsmaßstab zugrundegelegt wird.

In einer psychologischen Untersuchung zB wurden Aussagen, die im konventionellen Sinne rhetorisch oder editorial revidiert („frisiert") worden waren, von unabhängigen Beurteilenden signifikant glaubhafter beurteilt als die urspünglichen Aussagen (vgl *Fiedler* PsychR **89** 135).

2. Motiv bei der Aussage

Übersicht

	Rn		Rn
a) Motiv zur Falschaussage	1453	bb) Aussage des Ermittlungsbeamten der Polizei	1455
b) „Neutralität" der Aussageperson		cc) Gruppenaussage	1456
aa) Allgemeines	1454	c) „Wahrheitszeichen"	1457

1453 a) Als häufigstes **Motiv zur Falschaussage** gelten Eigeninteressen, und zwar besonders in Fällen, in denen die wahre Aussage notwendig die Belange (zumindest das Ansehen: „Selbstschutzbedürfnis") der aussagenden Person beeinträchtigen müßte, so daß die Abwendung persönlicher Nachteile (bzw die Durchsetzung entspr Vorteile) das Motiv der Falschaussage ist (vgl ähnlich *Undeutsch* in: Undeutsch 82, 92; *Bender/Nack* 304; betr minderjährige Zeugen s *Ell* ZfJ **92** 192 f). Dabei wird angenommen, eine Neigung zu Falschaussagen sei häufiger zusammen mit bestimmten, als negativ beurteilten (Charakter-)Eigenschaften[31] anzutreffen, als bei Vorliegen gegenteiliger Eigenschaften (vgl *Bender/Nack* 179). Daneben findet sich die Falschaussage unter selbstlosem (altruistischem) Aspekt (sogen „fromme Lüge"), und zwar auch dann, wenn die falsche Aussage einer (angeblich in Not befindlichen) Person oder auch Institution dient, zu der enge Bindungen bestehen (*Bender/Nack* 175, 184).

Im einzelnen steht bei Sexualdelikten die Gefahr von „Verheimlichungstendenzen" (zB Scheu vor der Bekundung sexueller Erlebnisse, familiäre Rücksichten, vermutete Vorurteile bzgl der Glaubhaftigkeit), die sich zugunsten des Beschuldigten auswirken, derjenigen Gefahr ggü, daß tatsächlich nicht Vorgefallenes berichtet wird (*Undeutsch* in: Undeutsch 98).

Mindestens genauso häufig wie Lügen zugunsten des Beschuldigten sollen Lügen zu dessen Ungunsten vorkommen, wobei neben den bereits genannten Motiven zB Rachsucht (vgl *Esders* in: Kraheck-Brägelmann 72), persönliche Abneigung (ohne konkreten Rachegrund), das Gefühl, der Betreffende sei – unabhängig von der Beurteilung strafrechtlicher Schuld im konkreten Fall – ohnehin strafwürdig, und schließlich Schutzinteressen zugunsten Dritter genannt werden.

1454 b) aa) Hiernach gilt es als relevant für die Beurteilung der Glaubhaftigkeit einer Aussage, wenn Motive für eine Falschaussage fehlen, dh für die Entstehung einer objektiv wahren Aussage wird es als günstig angesehen, wenn ein Zeuge **„neutral"** idS ist, daß zwischen ihm und dem Beschuldigten bzw (angeblichen) Opfer (nachweislich) keine „Beziehung" besteht (*Arntzen* Psychologie 85; vgl entspr *Bender/Nack* 185 f). Solche Fälle sind gemäß Erkenntnissen zum Täter-Opfer-Verhältnis (s näher *Eisenberg* betr die Anzeigeerstattung § 26 Rn 19, im übrigen § 56 Rn 10 ff, 24 ff) sowie im Hinblick auf Gruppenvorurteile und -solidarität (zB positive oder negative Einstellung ggü Angehörigen bestimmter Berufs-, Alters-, Geschlechts-

---

[31] Etwa Beeinflußbarkeit, Labilität, Geltungssucht, Bosheit, Rachsucht, nicht jedoch (bei Sexualdelikten) etwa „sexuelle Verwahrlosung" (*Undeutsch* in: Undeutsch 84 ff; *Müller-Luckmann* in: Schneider 796).

II. Glaubwürdigkeit

oder sonstiger Gruppen) eher selten; dies gilt erhöht bei in die Tat „verwickelten" Augenzeugen. Im übrigen steht die Beurteilung als „neutral" einer Disposition zur Falschaussage aus anderen Gründen nicht entgegen.

bb) (1) Ein immer wiederkehrender Sonderfall der Zeugenvernehmung ist die **1455** Vernehmung von **Polizeibeamten**, die über dienstliche Vorkommnisse (Beobachtungen, Vernehmungen ihrerseits etc) aussagen. Polizeibeamte galten traditionell als besonders „gute" Zeugen, die bzgl Aussagefähigkeit und Glaubwürdigkeit aufgrund ihrer Berufserfahrung und ihres Berufsethos anderen Zeugen überlegen sein sollten (vgl *Bender/Nack* 876 ff). Allerdings tritt ein Polizeibeamter idR weniger als Beweismittel und mehr als Ermittlungsbeamter auf, der seine Arbeit präsentieren und ihre Qualität durch das Gericht überprüfen lassen muß (*Knuf* 268). Insofern besteht eine nicht unerhebliche Gefahr, daß Fehler oder Ermittlungslücken verschwiegen (oder uU schon im voraus verteidigt) werden. Zudem hat der Polizeibeamte idR bereits im Vorfeld des Prozesses auf der „Gegenseite" des Angekl operiert und wird nicht immer zu diesbzgl Neutralität fähig sein. Nicht zuletzt genießen Polizeibeamte oftmals eine Betreuung bzw Schulung ihrer Strategie als Zeuge (vgl etwa *Maeffert* 54 ff, 135 ff).

In der Praxis wird insbes zu klären und zu berücksichtigen sein, ob der Ermittlungsbeamte „sein" Vernehmungsprotokoll (zulässigerweise) zuvor durchgelesen hat und insbes, ob er sich mit Kollegen über den Vorgang unterhalten hat – letzteres kann die Zuverlässigkeit der Aussage beeinträchtigen (s allg 1375 ff).

(2) Bedenken ggü der Glaubwürdigkeit können sich auch im Rahmen des sogen polizeilichen **Zeugenschutzes** ergeben, soweit tatsächlich eine strikte Trennung der Schutzdienststelle von der ermittelnden Dienststelle (*Rebmann/Schnarr* NJW **89** 1187) nicht bestand, zumal einerseits die Aufnahme in ein „Schutzprogramm" zunächst von einer – durch Dritte schwerlich kontrollierbaren – Gefahrenanalyse der ermittelnden Dienststelle abhängt; andererseits richtet sich die Ausgestaltung des „Programms" nach der Gefahrenanalyse (auch) der Schutzdienststelle (vgl etwa *Krehl* NJW **91** 85), dh auch diese muß eine gewisse Kenntnis vom Verfahrensgegenstand haben, so daß ein Einfluß auf das (Aussage-)Verhalten des Zeugen insoweit nicht ohne weiteres auszuschließen ist.

Ohnehin besteht für den Zeugen die Versuchung zu einer Falschbelastung (dem Grunde oder zumindest dem Ausmaß nach), um seiner Aussage ein Gewicht zu verleihen, das überhaupt erst Schutzmaßnahmen verspricht. Ferner ist nicht auszuschließen, daß polizeilicher Zeugenschutz im Einzelfall eher als polizeitaktische Maßnahme (zB „Herausbrechen" eines mutmaßlichen Tatbeteiligten aus einer Tätergruppe) denn als Bemühen um Schutz und Integrität eines Zeugen erscheinen mag. Auch im übrigen kommen Konstellationen vor, die es fraglich sein lassen, ob oder inwieweit der Zeuge von einer etwaigen Falschaussage überhaupt noch loskommt (s n *Eisenberg* StV **93** 624).

cc) Besonderheiten können sich bei einer **Gruppenaussage** ergeben (vgl auch **1456** 1885). Es handelt sich dabei um eine übereinstimmende Einheit von Aussagen in Verbindung zueinander stehender Personen, bei denen Anhaltspunkte dafür vorliegen, daß sie (zB aufgrund von Voreingenommenheit oder aber Absprache) ein gemeinsames Ziel anstreben oder aber in einheitlicher Weise iS eines bestimmten Aussageinhalts beeinflußt wurden (zB durch Suggestion oder Intrige [vgl speziell zum Einfluß hysterisch-pseudologischer Persönlichkeiten 1793; 1877] etwa während der Wartezeit auf die Vernehmung im Gerichtsflur). Ebenso wie in Fallgestaltungen mit nur einem Belastungszeugen ist es in solchen Fällen aus Gründen einer verläßlichen Wahrheitsfindung idR angezeigt, benannte „Gegenzeugen" zu vernehmen (Köln VRS **81** 201).

Im einzelnen können zB durch gemeinsame Dienstausübung verbundene Polizeibeamte ein beträchtliches Interesse daran haben, daß ihre Angaben über dienstliche Handlungen oder Beobachtungen möglichst übereinstimmend ausfallen, zB damit keine Zw an der Rechtmäßigkeit ihres Vorgehens auftreten (vgl 1455; Köln VRS **81** 201, wonach zB Wahrnehmungsfehler des einen Zeugen auf den anderen übertragen werden können).

Sofern eine der Einzelaussagen falsch ist, bedarf es zusätzlichen Beweises, wenn angenommen werden soll, daß die anderen Einzelaussagen dennoch wahr sind (vgl zur Tragweite *Peters* **72** 153 f, 160; *ders* **85** 408; s auch KG JR **84** 393 mit nur teilweise zust Anm *Peters*; zum gemeinschaftlichen Verschweigen seitens polizeilicher Zeugen LG Hagen v 26. 5. 87 –45 Ns 81 Js 170/86 [200/86]–).

1457 c) Als **„Wahrheitszeichen"** der Motivation gilt es, wenn die Aussage möglichst unmittelbar nach dem Erlebnis gemacht wird (einschr *Kröhn* Sexmed **84**, vgl auch Erg bei *Littmann/Szewczyk* Forensia **83** 66) und wenn die Zeugenperson sich nicht selbst aufdrängt; ähnliches wird für Fälle angenommen, in denen die Zeugenperson sich selbst belastet und einen „Gegner" entlastet. Bei diesen „Wahrheitszeichen" wird zur Abgrenzung allerdings zu bedenken sein, daß sie sich auch bei Aussagen „geübter Lügner" finden (*Bender/Nack* 190 ff, 201) und zB bei Intrigen bewußt eingeplant werden können.

3. Begleiterscheinungen der Aussage

Übersicht

		Rn			Rn
a)	Einzelne Befunde		cc)	Ausdrucksverhalten	1461
	aa) Täuschungsakte	1458, 1459	b)	Bedeutung für die Strafrechtspraxis	1462
	bb) Ergänzende Untersuchungen	1460			

1458 a) Bzgl der Begleiterscheinungen von Täuschungsmanövern im Verhalten des Aussagenden ist eine erhebliche Diskrepanz zwischen vermuteten und tatsächlichen Begleitmerkmalen festzustellen.

aa) Einer Metaanalyse von *Zuckerman/Driver* (in: Siegman/Feldstein 129 ff) zufolge seien **Täuschungsakte** im allg begleitet von der Erweiterung der Pupillen, einer höheren Stimmlage, von häufigerem Achselzucken, von einer Abnahme der Lidschlagfrequenz sowie der Häufigkeit von Kopf- und Rumpfbewegungen; ferner sollen Antwortlänge und Sprechrate abnehmen, die Zahl der Verzögerungen (Verlegenheitslaute wie „äh" und dergl) hingegen soll ansteigen.

1459 Von diesen Befunden weichen die Ergebnisse aus Befragungen über **vermutete** Täuschungsanzeichen (s *Zuckerman ua* JNonvB **81** 105 ff in den USA; *Köhnken* 51 in Deutschland) in vielen Punkten ab: In erster Linie rechnen die Adressaten bei Täuschungsakten mit einer Zunahme nervöser Kleinbewegungen (ins Gesicht oder Haar fassen, an der Kleidung zupfen uä), weiterhin mit einer Zunahme von Kopf-, Bein-, Fuß- und Rumpfbewegungen; bei tatsächlichen Täuschungsakten dagegen war keine signifikante Veränderung in diesen Verhaltensbereichen zu beobachten, nur betr Kopf- und Rumpfbewegungen ergaben sich Veränderungen in entgegengesetzter Richtung (Abnahme der Auftretenshäufigkeit). Ebenfalls nicht bestätigt als tatsächliche Täuschungsanzeichen wurden Annahmen bzgl der Vermeidung von Blickkontakt, Zunahme des Lächelns, längerer Zeitspanne zwischen Frage und Antwort sowie größerer Auftretenswahrscheinlichkeit von Sprechstörungen, irrelevanten Angaben etc; ferner nahm die Lidschlagfrequenz bei Täuschungsakten entgegen der Vermutung nicht zu, sondern signifikant ab, und das gleiche gilt für die Länge der Antworten und die Sprechrate. Realistisch waren die Annahmen über Täuschungsanzeichen dagegen bzgl größerer Häufigkeit des Achselzuckens und höherer Stimmlage; sowohl Richtung als auch Größe der Abweichung stimmten diesbzgl (ungefähr) überein.

bb) Ergänzt werden die Befunde über „naive" (Alltags-)Theorien zur Glaubwürdigkeitsbeurteilung durch Untersuchungen, in denen die (vermeintlichen) „Lügenmerkmale" in Aussagen variiert werden (*Zuckerman ua* JNonvB **81** 105 ff; *Kraut/Poe* JPers&SocPers **80** 784 ff). Die Ergebnisse lassen die Schlußfolgerung zu, daß die iZm Täuschungsmanövern vermuteten Verhaltensmerkmale von Rezipienten tatsächlich als Täuschungsindizien interpretiert werden; dies ist nicht selbstverständlich, da Diskrepanzen zwischen vermuteten und tatsächlich angewandten Strategien zB zur Täuschungsermittlung durchaus in Betracht zu ziehen wären.

cc) Hinsichtlich des linguistischen und außerlinguistischen **Ausdrucksverhaltens** seien nach *Arntzen* (Psychologie 74 ff) Indizien für eine glaubwürdige Aussage flüssiges Sprechtempo, zwanglose Ausdrucksweise, das Fehlen von Verkrampfungen in Mimik und Gestik; auch hier deute ein Fehlen dieser Merkmale nicht auf Unglaubwürdigkeit hin, da auch Aufregung uä Ursache dafür sein könne. Unter Berücksichtigung der Befunde zu den Begleiterscheinungen von Täuschungsakten (s 1458–1460) muß die Verwertbarkeit und Verläßlichkeit derartiger Anzeichen als äußerst begrenzt angesehen werden; entspr gilt ggü der Auffassung, als „infomierte Hypothesen" für die Wahrheit der Aussage seien anzusehen eine gleichbleibend natürliche Körpersprache, ein gefühlsmäßiger Nachklang des Erlebnisses, unwillkürliche Kopfbewegungen (Bejahung oder Verneinung signalisierend) sowie eine vorauseilende Körpersprache (*Bender/Nack* 221). Desgleichen bestehen Bedenken ggü einer verallgemeinerten Aussage des Inhalts, daß „für den ganzen Bereich der Körpersprache" Spannungserscheinungen eher bei bewußter Unwahrheit, Erscheinungen der Gelöstheit und der Lockerheit eher bei wahrheitsgemäßer Darstellung auftreten würden (*Undeutsch* in: Undeutsch 117), zumal es idZ ganz offensichtlich an einer Präzisierung der (angeblich) zu beobachtenden Verhaltenskorrelate mangelt.

b) Für die **Strafrechtspraxis** ist zusammenfassend davon auszugehen, daß allg Erscheinungen zB der Unsicherheit oder der Anspannung, die möglicherweise auf Lügen hinweisen (zB Schwitzen, Farbwechsel im Gesicht, erhöhter Puls), prinzipiell mehrdeutig sein können. Daher ist bei der Interpretation solcher Anzeichen iSv Lügensymptomen größte Vorsicht geboten, zumal damit uU der eingehenden Würdigung einer Aussage in ihrem Gesamtzusammenhang in unzulässiger Weise vorgegriffen werden mag. Generell ist die Übertragung nonverbaler und extralinguistischer Glaubwürdigkeitsdiagnostik in die Praxis der Strafverfolgung aus vielfältigen methodischen Gründen nur eingeschränkt vertretbar (vgl auch *Köhnken* PsychR **86** 180 ff, 189).

Leicht einsichtig ist, daß das Vorkommen bestimmter Verhaltensweisen uU nicht (nur) vom Wahrheitsgehalt der von ihnen begleiteten Aussage abhängt, sondern auch von Persönlichkeits- und Situationsvariablen. So kann etwa die Vermeidung des Blickkontaktes bei einer selbstunsicheren Persönlichkeit ein Anzeichen für die Wahrheit der Aussage, ansonsten jedoch ein Anzeichen für Verbergen einer Lüge sein. Umgekehrt können Auftreten und spontan wirkende Aussage bei pseudologischen (oder geltungsbedürftigen) (vgl näher 1877) Persönlichkeiten vermöge der sie kennzeichnenden Überzeugungskraft im Ausdruck – bei vergleichsweise hoher sozialer Intelligenz, formaler Sprachbegabung und Gewandtheit – ein Anzeichen für Unwahrheit, ansonsten jedoch ein solches von Ehrlichkeit sein.

4. Beurteilungsvorgang

Übersicht

	Rn		Rn
a) Allgemeines	1463	cc) Konventionen	1467
b) Zuschreibungen von Glaubwürdigkeit	1464	c) Eigenschaften und Interessen der beurteilenden Person	1468
aa) Zuschreibung von Vertrauenswürdigkeit	1465, 1466	d) Zusammenfassung	1469
bb) Wahrgenommene Beeinflussungsabsicht	1467		

1463 a) Von grundlegender Bedeutung ist, von welchen Merkmalen oder Merkmalskombinationen bzw -ausprägungen die Beurteilung einer Aussage als glaubhaft oder unglaubhaft abhängt. Keineswegs kann die Entscheidungsfindung als additives Auflisten der Einzelkriterien verstanden werden (*Littmann/Szewczyk* Forensia **83** 66).

Wenig tragfähig ist zB die „Daumenregel", eine Aussage könne dann als glaubhaft erklärt werden, wenn drei „eindeutige" Glaubwürdigkeitsmerkmale in einem Merkmalskomplex vorlägen (*Arntzen* Psychologie 23).

Im Einzelfall sind stets alle relevanten Glaubwürdigkeitskriterien bzw -anzeichen in die Beurteilung einzubeziehen;[32] teilweise mag der Versuch erfolgversprechend sein, Kriterienbündelungen zu ermitteln (vgl zu Zweier- bzw Dreierkombinationen *Bender* 173 ff, 182 ff). Quantitative Richtlinien für ein regelgeleitetes Entscheidungsverhalten bieten die aussagepsychologischen Bewertungssysteme als solche (noch) nicht (vgl *Steller* in: Yuille 139). Prinzipiell wäre eine Formalisierung der Glaubwürdigkeitsbeurteilung im Hinblick auf die Kontrollierbarkeit, Nachvollziehbarkeit und Zuverlässigkeit der Ergebnisse zu begrüßen; allerdings ist jeweils den Umständen des Einzelfalls Rechnung zu tragen.

Nach *Trankell* soll der Entscheidungsprozeß im wesentlichen so lange dauern, bis zwei Forderungen erfüllt sind: Eine der beiden Hypothesen – entweder die, daß die Aussage glaubwürdig oder die, daß die Aussage unglaubwürdig ist – muß alle vorliegenden Daten und Informationen erklären. Darüber hinaus muß die gewählte Hypothese (in ihrer auf die jeweiligen konkreten Gegebenheiten bezogenen Ausgestaltung) die einzige sein, die eine solche Erklärung liefert.

---

[32] S etwa auch *Bender/Nack* 397 ff, die hierzu eine gedankliche „Verrechnung" der (geschätzten) objektiven Wahrscheinlichkeiten aller einzelnen Indizien oder Indizienkombinationen empfehlen (s insbes *Bender/Nack* 401 ff).

b) Von Interesse sind weiterhin Faktoren, die seitens „naiver" (dh idZ sich nicht **1464** an aussagepsychologischen Kriterien orientierender) Rezipienten **Zuschreibungen** von Glaubwürdigkeit bzw Unglaubwürdigkeit zur Folge haben. Hauptsächlich sind es drei Faktoren, die idZ untersucht wurden: die sich aus den Komponenten **Kompetenz** und **Vertrauenswürdigkeit** zusammensetzende wahrgenommene **Verläßlichkeit** der aussagenden Person, die wahrgenommene **Beeinflussungsabsicht** oder **Interessenlage** derselben und endlich die **Konventionalität** der Aussage.

So beeinflussen nach einzelnen Forschungsergebnissen insbes eine langsame Sprechgeschwindigkeit sowie eine Zunahme von Sprechstörungen und Verzögerungen die wahrgenommene Kompetenz der aussagenden Person und wirken sich über diese Zuschreibung negativ auf die Einschätzung der Glaubwürdigkeit aus (*Miller ua* JPers&SocPers **76** 615 ff; *McCroskey/Mehrley* SpMon **69** 13 ff; *Sereno/Hawkins* SpMon **67** 58 ff). Andere Wahrnehmungen an der aussagenden Person wie zB viele Kleinstbewegungen und Selbstberührungen (mit der Hand im Gesicht, in den Haaren uä) werden als Zeichen von Nervosität interpretiert (vgl *Bender/Nack* 210), was idR dazu führt, daß der Zeuge weniger vertrauenswürdig wirkt.

aa) Nach *Eagly ua* (in: Harvey ua 37 ff; *Eagly/Chaiken* in: Berkowitz 267 ff) geht **1465** der „naive" (dh idZ normale, unbeeinflußte) Rezipient einer Aussage von grds drei Bereichen aus, die den Inhalt einer Aussage bestimmen können: **äußere Gegebenheiten** (iSd Gegenstandes der Aussage), Charakteristika der **aussagenden Person** sowie **spezifische Umstände der Situation** (iSd Lebenssituation der aussagenden Person, soweit sie von der Aussage und ihrer Aufnahme durch die Rezipienten beeinflußt wird). IdR wird dabei einer dieser drei Bereiche als **wesentlich** zur Erklärung für den Inhalt der Aussage herangezogen. Vertrauenswürdigkeit sei insbes dann gegeben, wenn keine der bekannten oder vom Rezipienten erschlossenen/vermuteten Eigenschaften der aussagenden Person und keine situativen „Zwänge" für den Inhalt der Aussage verantwortlich zu sein scheinen. Dies bedeutet iZm der juristischen Praxis lediglich, daß ein Zeuge dann als vertrauenswürdig erscheinen dürfte, wenn er in der Vergangenheit die Wahrheit gesagt hat (bzw den entspr Anschein zu erwecken verstand und versteht) und wenn er keine Vorteile durch seine Aussage erwarten kann (bzw solche erfolgreich vertuscht).

Ergänzend ist auf die durch das genannte Modell vorgesehene Möglichkeit hinzuweisen, die Zuschreibung von Vertrauenswürdigkeit zu ändern. Werden zB situative oder persönliche Motive bekannt, die den Inhalt der Aussage berühren, führt dies idR zu einer Abschwächung der wahrgenommenen Vertrauenswürdigkeit. Umgekehrt führen Aussagen, die gegen derartige Motive gerichtet sind, zu einer Aufwertung der Vertrauenswürdigkeit.

Eaglys Modell ist die Beschreibung eines gängigen, auf Intuition und Alltagser- **1466** fahrung beruhenden Einschätzungsvorganges; es handelt sich dabei **keineswegs** um eine Strategie, die der vielfach komplexen Aufgabe der Wahrheitsfindung in gerichtlichen oder anderen Zusammenhängen von großer Entscheidungsrelevanz besonders gut gerecht würde (vgl auch *Chaiken* in: Zanna ua 3 ff). Die Bedeutung derartiger Beschreibungsmodelle idZ besteht in der Offenlegung von Beurteilungs-„Automatismen" mit der Möglichkeit, solchermaßen bekannten Einflüssen ggf entgegenwirken zu können.

bb) In enger Beziehung zur Annahme von Vertrauenswürdigkeit stehen die **1467** **wahrgenommene Beeinflussungsabsicht** der aussagenden Person sowie die (erschlossenen oder bekannten) Gründe dafür (für Befunde vgl zB *Kiesler/Kiesler* JAb&SocPsy **64** 547 ff; *Petty/Cacioppo* Pers&SocPsyB **79** 173 ff). Wird eine Absicht der vorgenannten Art wahrgenommen, so gilt dies im allg als Ausdruck persönlicher Motive, die der Aussage zugrundeliegen.

Indes sind die Auswirkungen erkannter Beeinflussungsabsicht im einzelnen durchaus komplizierter. So können wahrgenommene Beeinflussungen zB durchaus Erfolg haben, wenn der Rezipient gleichzeitig wahrnimmt, daß die aussagende Person ihm Sympathie entgegenbringt (*Mills* JExpSocPsy **66** 173 ff). Wiewohl dieser Befund nicht im Vorfeld von und während eines Strafverfahrens erhoben wurde, macht er doch deutlich, daß soziale und emotionale Faktoren eine uU versteckte moderierende Rolle bei der Verarbeitung von Informationen, die für die Glaubhaftigkeitsbeurteilung von Bedeutung sind, haben können, und verdient diesbzgl durchaus Beachtung.

cc) Eine hervorragende Bedeutung kommt solchen inhaltlichen Ausprägungen der Aussage zu, die kulturell und sprachlich geregelten **Konventionen** entsprechen, soweit dadurch die Beurteilung der Gültigkeit der Aussage konsensuell zustande kommt.

> So ergab eine empirische Untersuchung, daß im konventionellen Sinne revidierte (= „frisierte") Aussagen von unabhängigen Beurteilenden signifikant glaubwürdiger beurteilt wurden als die originalen Aussagen. Auch zeigte sich kein Unterschied in der subjektiven Sicherheit der Beurteilenden zwischen irrtümlichen und korrekten Urteilen (vgl *Fiedler* PsychR **89** 135 f).

Den konventionellen Regelungen gemäß erscheint eine Aussage zB eher als glaubwürdig, wenn sie etwas *Intimes* (bzw Persönliches) über Wünsche und Gefühle verrät oder zu verraten scheint. Als eher unglaubwürdig wird etwa beurteilt, was selten geschieht und gleichsam als *ausgefallen* gilt.[33]

1468 c) Die Wirkung persönlicher **Eigenschaften und Interessen** des Rezipienten wird in der Literatur zur (forensischen) Glaubwürdigkeitsbeurteilung fast gänzlich außer Acht gelassen. Ähnlich scheint in der Rspr mitunter eine Illusion vom gleichsam objektiven Beurteiler (auf der Grundlage der Handlungslegitimation und weitgehend auch des beruflichen Selbstverständnisses) zu bestehen. Seinen Ausdruck findet dies ua in Daten zur selbsteingeschätzten Kompetenz bzgl des Durchschauens von **Täuschungen** (*Köhnken* 57). Über verschiedene Berufsgruppen hinweg liegt die Selbsteinschätzung auf einer Skala von 1 („entdecke Täuschungen fast nie") bis 6 („entdecke sie fast immer") bei 4, wobei Juristen eine durchschnittliche und Polizisten eine überdurchschnittlich hohe Selbsteinschätzung aufweisen. Im Gegensatz dazu befand sich die durchschnittliche Quote entdeckter Täuschungsversuche in Experimenten konstant nur knapp über der Zufallserwartung (*Miller/Burgoon* in: Kerr/Bray 184 ff; *DePaulo ua* in: Schlenker 323 ff).

Die Ursachen für diese Diskrepanz liegen sowohl in den Differenzen zwischen angenommenen und tatsächlichen Täuschungsanzeichen (vgl dazu 1458 ff) als auch in der Anwendung von Beurteilungsstrategien, die als erfolgreich gelten, da

---

[33] Der unbewußte Einfluß mag darin deutlich werden, daß Amtspersonen, nach ihrer Selbsteinschätzung befragt, Intimität eher ein geringeres Gewicht bei der Aussagewürdigung beimaßen (vgl dazu etwa *Fiedler* PsychR **89** 136).

sie sich bei der groben Sondierung der täglichen Informationsfülle offensichtlich bewährt haben, die aber zur Entdeckung jedes Einzelfalls einer gezielten Täuschung weniger geeignet sind. Ganz entscheidend ist dabei, daß die Wahrscheinlichkeit einer Rückmeldung bei entdeckten bzw nicht entdeckten (dh die Beurteilung als falsch ausweisenden) Täuschungsmanövern unterschiedlich ist (s auch 1888).

Es handelt sich dabei um ein allg Problem der Strafrechtspraxis, das insbes auch bei Einschätzungen zur Treffsicherheit von Prognosen anzutreffen ist (s näher *Eisenberg* § 40 Rn 32 ff).

Erfolgreiche Täuschungen, vor Gericht oder außerhalb, zeichnen sich im allg gerade dadurch aus, daß der Rezipient keine Kenntnis der wahren Sachlage hat und auch nicht nachträglich erhält, dh er bleibt der Meinung, einen wahren Bericht gehört und ihm zutreffendermaßen geglaubt zu haben. Entdeckte Täuschungsakte dagegen bestätigen den Rezipienten in der Wertschätzung der von ihm verwandten Strategien und Beurteilungsmaßstäbe. Dabei ist weithin nicht bewußt, daß der Rezipient die *wahre* Zahl von Täuschungsakten nicht kennen kann (ebenso *Fischer* NStZ **94** 4), deshalb also Schätzungen über die Güte seines Beurteilungsvermögens anhand der *absoluten* Zahl *entdeckter* Täuschungsakte nahezu wertlos sind.

d) Zusammenfassend ist für die **Strafrechtspraxis** davon auszugehen, daß die **1469** zZt vorliegenden Ergebnisse der Glaubwürdigkeitsforschung einige Hilfen bzgl Einblicken in die *kognitive Logik erfundener Aussagen* bieten; allerdings sind Defizite bzgl der Entscheidungskriterien und der empirischen Überprüfung zu verzeichnen. Einschlägige Kenntnisse sollten idR die Verhinderung von Irrtümern der Art erlauben, daß zB nur widerspruchsfrei-folgerichtige und über die Zeit konstante Aussagen als glaubhaft gelten; entspr gilt für Beteuerungen der eigenen (Zeugen-) Glaubwürdigkeit ebenso wie für eine bevorzugte Berücksichtigung der vermuteten allg Glaubwürdigkeit eines Zeugen. Darüber hinaus sollte die Strafrechtspraxis bei der Anwendung spezieller Glaubwürdigkeitskriterien größte Vorsicht walten lassen, da oft zw bleibt, inwieweit die einschlägigen Kriteriologien ihren Anspruch als (idR gar auch dem Nicht-Psychologen zugängliches) glaubwürdigkeitsdiagnostisches Instrument einlösen können.

Die Bedeutung langjähriger **Erfahrung** bei der Beurteilung von Zeugenaussagen sollte generell nicht unterschätzt werden, jedoch ist andererseits diesbzgl auf die Gefahr gewohnheitsbedingter Bewertungstendenzen und -fehler hinzuweisen (s auch 1468). Unabhängig davon scheinen insbes Kenntnisse der Faktoren, die die Einschätzung der Glaubwürdigkeit uU fehlerhaft beeinflussen können, iS möglicher Selbstreflektion und -überprüfung notwendig.

III. Revision

1. Allgemeine Grundsätze

a) Die Beurteilung von Zeugenaussagen ist Teil der **Beweiswürdigung** gemäß **1470** § 261 (n 88 ff) und damit ureigene Aufgabe des Tatrichters (BGH StV **82** 210). Revisionsrechtlich nachprüfbar ist nur, ob der Tatrichter die rechtlichen Anforderungen an die persönliche Überzeugungsbildung erkannt hat, ob Feststellungen und Schlußfolgerungen nachvollziehbar sind, und ob sie eine rationale Grundlage für die gewonnene Überzeugung bilden. Die Sachrüge wegen Verstoßes gegen § 261 kann daher nur mit der Begründung erhoben werden, die Beweiswürdigung sei **lückenhaft, unklar** oder **widersprüchlich** oder **verstoße gegen Denkgesetze und Erfahrungssätze** (BGH NStZ **82** 479; LR-*Hanack* 148, K/M 27, jeweils zu § 337; vgl zur Übersicht auch *Nack* StV **94** 555 ff). Hingegen ist es dem Revisionsgericht verwehrt, eigene Schlußfolgerungen aus den festgestellten Tatsachen zu ziehen und diese an die Stelle der tatrichterlichen Beweiswürdigung zu setzen (s, allerdings unter Bejahung eines subjektiv-persönlichen Freiraums, BGH **10** 210 = JR **57** 386 mit Anm *Eb Schmidt*; **26** 63; **29** 20 = JR **80** 168 mit krit Anm *Peters*; **31** 288).

1471 b) Die Revision kann somit nicht auf die Behauptung gestützt werden, der Zeuge habe **inhaltlich anders ausgesagt** oder seine Aussage sei jedenfalls anders zu verstehen, als im Urteil mitgeteilt wird (BGHR StPO § 261 Inbegriff der Verhandlung 6; BGH NStZ **90** 35), da eine (freibeweisliche) Rekonstruktion der Beweisaufnahme durch das Revisionsgericht idR unzulässig ist.

Weder durch die Verwertung von Aufzeichnungen Verfahrensbeteiligter noch durch Vergleich der Urteilsgründe mit dem Inhaltsprotokoll nach § 273 Abs 2 oder dem sonstigen Inhalt der Verfahrensakten ist dem Revisionsgericht eine Korrektur der Urteilsfeststellungen erlaubt (BGH **15** 349; **29** 20; NStZ **90** 35; KMR-*Paulus* 35 zu § 261; K/M-G 14 zu § 337; krit LR-*Hanack* 79 ff zu § 337).

Allerdings ist in der neueren Judikatur mehrfach eine Überprüfung tatrichterlicher Feststellungen auf Vollständigkeit vorgenommen worden, sofern der wirkliche Inhalt einer Aussage revisionsrechtlich zuverlässig und einfach feststellbar gewesen ist (s auch 79 f, 885).

Insbes ist mit Erfolg gerügt worden, das Tatgericht habe sich nicht mit einer verlesenen Niederschrift über eine polizeiliche Vernehmung (vgl BGHR StPO § 261 Inbegriff der Verhandlung 21, 22 und 7 = BGH StV **88** 138 mit Anm *Schlothauer*), einem verlesenen Schriftstück eines in der HV vernommenen Zeugen (vgl BGHR StPO § 261 Inbegriff der Verhandlung 15) oder einer gem § 273 Abs 3 S 1 wörtlich niedergeschriebenen, verlesenen und genehmigten Aussage (BGH **38** 14 = JZ **92** 106 mit Anm *Fezer*) auseinandergesetzt, obwohl dies (nach Ansicht des Revisionsgerichts) geboten gewesen wäre; das gleiche gilt, wenn das Tatgericht, bezogen auf die im Protokoll wiedergegebenen Zeugenaussagen, eine „auffällige Lücke" (Zweibrücken StV **94** 546) geschaffen hat (vgl im übrigen RG **42** 160; **43** 438; **58** 58; Hamm VRS **29** 40; KMR-*Paulus* 40 zu § 261; LR-*Hanack* 83, K/M-G 14, beide zu § 337; weiterführend *Herdegen* StV **92** 596; aA *Sarstedt/Hamm* 179).

1472 c) Die Wertung einer Zeugenaussage darf sich nicht in der bloßen Referierung des Aussageinhalts erschöpfen, sondern erfordert eine eigenverantwortliche *Würdigung*, die es dem Revisionsgericht ermöglicht, die tatrichterliche Beurteilung von Aussagefähigkeit und Glaubwürdigkeit des Zeugen *nachzuvollziehen* (vgl BGH StV **83** 445; NStZ **85** 184). Dies gilt grds nicht nur bei Verneinung, sondern auch bei Bejahung von Aussagefähigkeit und/oder Glaubwürdigkeit, wenngleich eine verbreitete Praxis einen erheblichen Begründungsaufwand bei Verneinung betreibt. Gerade dieser Unterschied wird zur Interpretation des *rechtstatsächlichen* Befundes einer im allg fast regelmäßigen Erstarkung von Zeugenaussagen in tatrichterliche Überzeugung mit herangezogen.

2. Beurteilung der Aussagefähigkeit

Die Prüfung der Frage, ob und inwieweit ein Zeuge überhaupt die Fähigkeit besitzt, den von ihm bekundeten Vorgang richtig zu erfassen, ist in erster Linie Aufgabe des Tatrichters. Zur Frage, unter welchen Voraussetzungen seine Aufklärungspflicht das Hinzuziehen eines Sv – insbes zur Beurteilung der Aussagefähigkeit/Glaubwürdigkeit von kindlichen Zeugen – gebietet, s näher 1860 ff. **1473**

a) Grds stehen zB weder das (besonders geringe oder hohe) *Alter* noch ein krankhafter *Geisteszustand* des Aussagenden (BGH **2** 270; vgl auch BGH StV **91** 410 zum sog Korsakow-Syndrom) oder vorausgegangener *Alkoholkonsum* der Verwertung der Zeugenaussage entgegen. Maßgeblich ist allein, ob der Zeuge in der Lage war, die Vorgänge und Ereignisse, auf die sich die Aussage konkret bezieht, wahrzunehmen und zu behalten, und ob er diese Erinnerung jetzt wiedergeben kann. Die pauschale Verneinung der Aussagefähigkeit eines Zeugen unter Hinweis auf sein Alter, seine (mangelnde) Intelligenz, etwaige körperliche oder seelische Gebrechen etc ist daher ebenso fehlerhaft und damit revisionsrechtlich angreifbar wie die schlichte Unterstellung, ein Zeuge sei trotz Vorliegens solcher Merkmale aussagefähig. Erforderlich ist immer eine **Darlegung** (vgl betr Alkoholisierungsgrad BGH StV **92** 548) und krit **Auseinandersetzung** mit der **konkreten Wahrnehmungssituation**.

b) aa) In der Rspr ist dies insbes iZm **Geschwindigkeitsschätzungen** von Zeugen wiederholt entschieden worden. Anerkannt ist, daß „mit Rücksicht auf den allen Geschwindigkeitsschätzungen innewohnenden Unsicherheitskoeffizienten" besondere Zurückhaltung geboten ist (BGH VRS **7** 54; s auch BGH VersR **63** 241). Wird der Entscheidung kommentarlos eine von Zeugen geschätzte Geschwindigkeit zugrundegelegt, so ist die Revision bereits wegen insoweit unvollständiger Beweiswürdigung begründet. Im übrigen stellen die Gerichte unterschiedliche Anforderungen an das gebotene Maß von Vorsicht bei der Wertung derartiger Zeugenaussagen. Soweit lediglich angemahnt wird, eine Schätzung durch Polizeibeamte sei nicht stets unbedenklich zuverlässig (Bay DAR **58** 338; s auch Neustadt VRS **62** 71) und auch bei verkehrserfahrenen Personen seien Schätzungsfehler nie ganz auszuschließen (Schleswig DAR **64** 141), werden aber die Wahrscheinlichkeit von Fehlerquellen und der Grad der Unzuverlässigkeit derartiger Angaben nicht hinreichend gewürdigt. Da individuelle Schätzungen idR zur Ermittlung einer Geschwindigkeit nicht brauchbar sind (s näher 1369), kommt ihre Berücksichtigung als Beweismittel allenfalls in besonderen Ausnahmefällen (zB bei besonders deutlicher Überschreitung der zulässigen Höchstgeschwindigkeit und gerade, wenn diese sehr niedrig festgelegt ist, oder bei Angaben, die verschiedene Geschwindigkeiten in Relation zueinander setzen) in Betracht (vgl KG VRS **24** 65; ähnlich Koblenz DAR **59** 111; gegen die Verneinung jeglichen Beweiswertes aber KG VRS **8** 300; **14** 443). **1474**

bb) Eine besondere Darlegungs- und Begründungspflicht besteht auch bzgl anderer Situationen, die eine zuverlässige Wahrnehmung erschweren, so beispielsweise wenn der Zeuge angibt, besonders schnelle Ereignisabläufe genau beobachtet oder seine Wahrnehmungen unter ungünstigen Lichtverhältnissen (Dämmerung, plötzliche Änderung der Helligkeit etc; zum ganzen näher 1365 ff; 1381) gemacht zu haben. In diesen Fällen muß die Urteilsbegründung bei Würdigung der Zeugenaussage erkennen lassen, daß sich der Tatrichter mit den Bedenken, die der Zuverlässigkeit der bekundeten Tatsachen und Vorgänge entgegenstanden, auseinandergesetzt hat und sie in nachvollziehbarer Weise zu entkräften vermochte. Andernfalls ist die Sachrüge wegen Verletzung des § 261 begründet.

1475 c) Erhöhte Vorsicht ist auch bei der Würdigung von Zeugenaussagen geboten, die die visuelle (oder auditive) **Identifizierung einer Person** zum Gegenstand haben. In der Praxis ist hier insbes die Problematik nachträglicher Fehlerquellen durch suggestive Einflüsse bei der Identifizierungsleistung selbst anerkannt.

aa) Ansatzpunkt der krit Würdigung sollte allerdings wiederum die **Wahrnehmungssituation** sein. So wird der Richter zunächst zu prüfen haben, in welcher Stellung (vgl zB BGH StV **95** 452: „von vorne") und unter welchen Voraussetzungen der Zeuge die zu identifizierende Person gesehen (oder gehört) hat. Wahrnehmungsbedingungen wie Dauer der Beobachtung (bzw des Hörens), Beleuchtungsverhältnisse (bzw sonstige Geräusche) und Eigenarten des beobachteten Vorgangs (Schnelligkeit des Ablaufes, Komplexität der Ereignisse etc) sind dabei ebenso zu berücksichtigen wie die individuellen Eigenschaften der Zielperson (bzgl Auffälligkeiten) und die Aufmerksamkeit und psychische Situation des Zeugen bei der Wahrnehmung (s zum ganzen näher 1387 ff). Setzt sich die richterliche Beweiswürdigung nicht mit diesen Punkten auseinander (Frage etwa: Konnte der Zeuge die Person überhaupt so deutlich sehen bzw hören, daß ein Wiedererkennen möglich ist?), ist sie bereits aus diesem Grund fehlerhaft.

1476 bb) Im übrigen ist auch die **Identifizierungssituation** selbst einer krit Würdigung zu unterziehen (s 1353 a ff, 1401 ff). Die Gefahr suggestiver Beeinflussung und des Wirksamwerdens anderer, das ursprüngliche Erinnerungsbild verfälschender Faktoren ist stets zu beachten (vgl BGHR StPO § 261 Identifizierung 3; zu den Anforderungen an eine Gegenüberstellung Karlsruhe NStZ **83** 377 f; *Schweling* MDR **69** 177 ff).

Grds darf die **erstmalige** Identifizierung nur in Form einer **Wahlgegenüberstellung** oder Wahllichtbildvorlage (bzw Wahlstimmenwiedergabe, vgl BGH NStZ **94** 598) geschehen sein (zum wesentlich geringeren Beweiswert einer Einzelgegenüberstellung BGH NStZ **82** 342; s n 1353a; vgl auch KG NStZ **82** 215). Dabei dürfen sich die präsentierten Personen *nicht* wesentlich *voneinander unterschieden* haben (s 1224). Auch muß *vermieden* worden sein, daß allein der Verdächtige bestimmte *Kennzeichen* und *Merkmale* aufwies, die dem Zeugen zuvor aufgefallen waren (vgl LG Essen StV **94** 365: einziger Bartträger).

Er darf auch nicht dem Zeugen vor der Gegenüberstellung in der Rolle eines Verdächtigen, etwa durch polizeiliche Eskorte, Handschellen oder andere Auffälligkeiten *präsentiert* worden sein (vgl zur Lichtbildvorlage Frankfurt StV **88** 290); entspr gilt – im Falle der Durchführung in der HV – für die Placierung des Angekl (Köln StV **94** 68). Weiterhin darf der Zeuge nicht unter einen gewissen Erwartungsdruck des Inhalts *gesetzt* worden sein, er müsse eine Person als Täter identifizieren (vgl auch *Stadler ua* MKrim **92** 85).

1477 (1) Daß eine **Mißachtung** dieser Grundsätze die Gefahr einer Falschidentifizierung wesentlich erhöhen kann, ist allg anerkannt und gehört somit zu den allg gültigen Erfahrungssätzen, deren Nichtbeachtung die Revisionsrüge begründen kann. Stützt sich die richterliche Entscheidung daher auf eine Zeugenaussage, die das Wiedererkennen des Täters infolge Gegenüberstellung oder Lichtbildvorlage (bzw Stimmenwiedergabe) zum Gegenstand hat, erfordert eine fehlerfreie Würdigung, daß der Tatrichter die Umstände der Identifizierung im einzelnen feststellt (vgl iZm wiederholtem Wiedererkennen hierzu BGH NStZ **90** 507; BGH **39** 66; BGH StV **95** 511; Köln StV **86** 12; Celle StV **87** 429; Frankfurt StV **88** 290; s auch BGHR StPO § 261 Identifizierung 5) und die Erkennungsleistung des Zeugen auf ihre Zuverlässigkeit hin überprüft. Unterläßt er dies ganz, ist die Beweiswürdigung wiederum bereits wegen Unvollständigkeit angreifbar (Celle StV **92** 412); ansonsten ist zu prüfen, ob der Tatrichter die oben genannten Erfahrungssätze hinreichend beachtet hat.

Wurde bei der Gegenüberstellung oder Lichtbildervorlage (bzw Stimmenwiedergabe) gegen diese Grundsätze verstoßen, so ist der **Beweiswert** des Wiedererkennens so gering, daß darauf die Entscheidung des Gerichts **nicht** maßgeblich **gestützt** werden kann (vgl LG Frankfurt StV **86** 13; LG Bremen StV **94** 647; AG Unna StV **82** 109; einschr auch BGH NStZ **90** 507; vgl zu fehlerhafter Würdigung einer Identifizierungsleistung auch BGH StV **81** 55).

(2) Auch bei einem insoweit **fehlerfrei** vorbereiteten und durchgeführten **Identifizierungsvorgang** muß sich die richterliche Beweiswürdigung mit der Erkennungsleistung des Zeugen auseinandersetzen. So wird immer auch die Gefahr unbewußter „Signale" der weiter beteiligten Personen, die wissen, welche Person verdächtigt wird, zu berücksichtigen sein (zur Unvermeidbarkeit dieses Effekts s näher 1403 ff). Gleiches gilt für die Möglichkeit nachträglicher Beeinflussung des Zeugen zB durch Medienberichte. **1478**

(3) Die Würdigung der Zuverlässigkeit der Identifizierungsleistung muß in nachvollziehbarer Weise dargetan werden (zur Personenbeschreibung AG Bremen StV **92** 414). Dabei darf weder der subjektiven Identifizierungsgewißheit des Zeugen (s 1406 ff; krit auch Frankfurt StV **88** 10; Düsseldorf StV **94** 8; LG Gera StV **96** 16) noch der Beschreibungsgenauigkeit bzw dem Erinnern vieler Details entscheidende Bedeutung beigemessen werden, da diese Kriterien keine Indikatoren für eine tatsächliche Identifizierungszuverlässigkeit sind (s näher 1408 ff).

cc) Fehler, die dem ersten visuellen (oder auditiven) Wiedererkennungsvorgang anhaften, sind nicht mehr heilbar, so daß jede weitere Gegenüberstellung zwecklos ist. Die Praxis steht der Verwertung eines **wiederholten Wiedererkennens** zu Recht skeptisch ggü, da dessen „Verläßlichkeit sehr häufig deshalb fragwürdig ist, weil es durch das vorangehende Wiedererkennen beeinflußt wird" (BGH **16** 205 = LM § 261 Nr 36 mit krit Anm *Kohlhaas;* BGH NStZ **90** 507; BGH NStZ **94** 598; Köln StV **86** 12; Celle StV **87** 429; StV **92** 412; Frankfurt StV **88** 10; 290; vgl auch BGH StV **81** 114; Düsseldorf StV **91** 509; StV **94** 8). So kann eine auf wiederholtes Wiedererkennen gestützte Entscheidung mit Erfolg revisionsrechtlich beanstandet werden, wenn Fehler der vorangegangenen Identifizierungsversuche nachgewiesen oder jdf nicht ausgeschlossen werden können. Angesichts des unvermeidbaren, aber nicht isoliert feststellbaren Einflusses, den jede Gegenüberstellung oder Lichtbildervorlage (bzw Stimmenwiedergabe) auf die spätere Konfrontation mit einer der vorgeführten oder abgebildeten (bzw mit ihrer Stimme präsentierten) Personen hat, wird man noch weitergehend dem wiederholten Wiedererkennen **jeglichen** eigenständigen **Beweiswert aberkennen** müssen (so auch *Schweling* MDR **69** 179).[34] Jeder spätere Identifizierungsversuch kann daher nur den Sinn haben, das erste Wiedererkennen insoweit **1479**

---

[34] Dies entspr inhaltlich auch dem Vorgehen der Judikatur, das vorangegangene erste Wiedererkennen nachzuvollziehen, s Nachw bei 1477.

zu bestätigen, als es nicht wegen eines negativen Ergebnisses der neuen Gegenüberstellung/Bildervorlage (bzw Stimmenwiedergabe) wieder in Zw zu ziehen ist.

3. Beurteilung der Glaubwürdigkeit

1480 Auch die tatrichterliche Beurteilung der Glaubwürdigkeit eines Zeugen bzw der Glaubhaftigkeit seiner Aussage unterliegt der revisionsgerichtlichen Kontrolle[35] nur insoweit, als sie in **nachvollziehbarer Weise begründet** sein muß. Wird einem Zeugen nicht „geglaubt", so sind der Inhalt seiner Aussage und die Gründe für die Zw anzugeben, etwaige Widersprüche, Übertreibungen und Unvollständigkeiten sind im einzelnen aufzuführen; andernfalls ist die Revision bereits wegen Unvollständigkeit der Beweiswürdigung begründet (BGH NStZ **83** 133). Ein Verstoß gegen Denkgesetze liegt vor, wenn zur Begründung der Glaubwürdigkeit eines Zeugen Umstände herangezogen werden, die nur auf den Bekundungen des betr Zeugen beruhen und somit seine Glaubwürdigkeit erst voraussetzen (sog Kreisschluß – vgl KK-*Hürxthal* 47 zu § 261; *Klug* 170 f, jeweils mit Hinweisen auf BGH-Entscheidungen).[36]

Werden unterschiedliche oder gar **widersprüchliche** Angaben innerhalb einer Aussage oder zwischen verschiedenen Aussagen nicht erörtert und gewürdigt, so ist die Beweiswürdigung wegen Unvollständigkeit und Unklarheit fehlerhaft und eine Revision begründet (vgl BGH **25** 285; StV **83** 445; **86** 287; **94** 360). Gleiches gilt, wenn sich anscheinend widersprechende Tatsachen ohne Begründung für miteinander vereinbar erklärt werden (BGH **3** 213; Köln VRS **30** 313; vgl auch BGHR StPO § 261 Widersprüchliche Beweiswürdigung 1; BGH StV **92** 149).

a) Eine erhöhte Darlegungs- und Begründungspflicht obliegt dem Tatrichter, wenn **Aussage gegen Aussage** steht, die Bekundungen des Zeugen also zu Angaben eines anderen Zeugen oder des Angekl im Widerspruch stehen (BGHR StPO § 261 Beweiswürdigung 1; BGH StV **91** 409; **92** 219; **92** 261; StV **95** 6; StV **95** 399; Saarbrücken VRS **47** 51; Düsseldorf GA **84** 25).

In diesem Fall sind alle Umstände (wie Motiv [BGH StV **94** 526], innere Stimmigkeit der Bekundungen etc) im Rahmen einer Gesamtwürdigung zu berücksichtigen (BGH StV **95** 62). Fragen zur Glaubwürdigkeit eines Zeugen dürfen nicht zurückgewiesen werden

---

[35] Entgegen dem Eindruck, den veröffentlichte Entscheidungen des BGH vermitteln könnten, ist die Zahl der tatrichterlichen Urteile, die vom BGH wegen Fehlern bei der Beweiswürdigung betr der Glaubwürdigkeit von Zeugen aufgehoben werden, vergleichsweise niedrig (nach *Nack* StV **94** 555 für das Jahr 1992 absolut 15).

[36] Dies soll dagegen nicht der Fall sein, wenn das Glaubhaftigkeitsindiz der Aussagekonstanz (dazu 1432, 1440, 1482) damit begründet wird, der Zeuge habe in seiner Aussage auf Vorhalt zugleich eine inhaltlich mit seinen jetzigen Bekundungen übereinstimmende Niederschrift einer früheren Vernehmung bestätigt (BGH v 6.7. 1992 –5 StR 302/92–; zw, soweit allein darauf abgestellt wird, daß der Zeuge bekundet, auch früher schon dasselbe ausgesagt zu haben, ohne daß diese Behauptung durch andere Tatsachen unterstützt wird). Werden aber frühere Vernehmungsniederschriften zur Unterstützung herangezogen, stellt sich die Frage, ob diese allein dadurch inhaltlich verwertbar werden, daß der Zeuge auf Vorhalt bestätigt, diese Äußerungen getätigt zu haben (so die Rspr zur Parallelproblematik beim Angekl, s dazu 876; vgl auch Stuttgart StV **90** 257, Hamburg StV **92** 102, wonach Vernehmungsniederschriften im Wege des Urkundenbeweises in die HV einzuführen sind, wenn sie zur Begründung einer Aussagekonstanz herangezogen werden sollen; eine andere Fallkonstellation betrifft dagegen BGHR StPO § 261 Inbegriff der Verhandlung 1).

(BGH StV **90** 99), die Hinzuziehung eines Sv kann eher erforderlich sein (BGH StV **95** 116) und unter Beweis gestellte Hilfstatsachen sind idR aufzuklären (Frankfurt StV **95** 347).

b) Die Beurteilung der Glaubwürdigkeit erfordert stets eine **individuelle Würdigung**. Jeder pauschale Hinweis etwa auf die Nationalität (vgl Karlsruhe VRS **56** 359: „Einen Erfahrungssatz, daß alle Türken vor Gericht lügen, gibt es nicht") oder die berufliche Tätigkeit (vgl BGH VRS **21** 116: „Eine Dirne ist nicht von vornherein und schlechthin wegen ihres Gewerbes unglaubwürdig") eines Zeugen ist unzulässig und kann mit der Revision gerügt werden. **1481**

Fehlerhaft ist daher etwa die Argumentation, der Aussage eines Polizeibeamten, der sich an Einzelheiten einer Verkehrsübertretung überhaupt nicht mehr erinnern könne, sei allein deswegen zu folgen, weil „erfahrungsgemäß" Polizeibeamte im Rahmen einer Verkehrsüberwachung nur die Personen zur Anklage brächten, denen tatsächlich ein Verkehrsverstoß zur Last falle; ein derartiger Erfahrungssatz besteht nicht (Köln VRS **37** 59). Das Gericht hat in einem solchen Fall die Aussage des Polizeibeamten vielmehr individuell zu würdigen und im Einzelfall zu entscheiden, ob die Möglichkeit etwaiger Beobachtungsfehler ausgeschlossen und aus der Anzeige tatsächlich auf das angezeigte Verhalten geschlossen werden kann (BGH **23** 218 = LM § 261 Nr 57 mit Anm *Martin*; LM § 261 Nr 58; Hamm VRS **37** 368; Köln VRS **37** 452).

Wegen der Besonderheiten beim **Zeugen** vom **Hörensagen** einschließlich V-**Personen** wird auf 1033 f verwiesen.

c) Die Rspr legt die Schwerpunkte der Glaubhaftigkeits- sowie der Glaubwürdigkeitsprüfung im übrigen auf Fragen der Aussageentstehung bzw -entwicklung (s auch 1884) sowie auf die Einschätzung möglicher Motive für eine Falschaussage (vgl nur BGH StV **82** 255; **91** 292). **1482**

aa) Bzgl der **Entstehungsgeschichte der Aussage** gilt, daß ihr für sämtliche Delikts- wie Zeugengruppen wesentliche Bedeutung zukommen kann (vgl etwa betr BtM-Taten BGH StV **95** 62). – Diesbzgl wird in der Praxis häufig bei Aussagen kindlicher Zeugen eine besonders gründliche Aufklärung und Würdigung verlangt, und zwar insbes iZm mutmaßlichen Sexualdelikten (BGH StV **94** 227; **95** 7; **95** 452: „Ausschöpfung der Erkenntnisquellen"); dies steht im Einklang mit vielfältigen möglichen Verzerrungsfaktoren (s 1411–1417, 1441 ff).

Hinsichtlich der **Entwicklungsgeschichte der Aussage** (s etwa auch BGH NStZ **95** 202) wird davon ausgegangen, daß Widerspruchsfreiheit und Konstanz als Zeichen von Glaubhaftigkeit zu werten seien. Grds trifft es zu, daß Zeugen, die wahrheitsgemäß aussagen, zumindest bzgl des Kerns der von ihnen geschilderten Handlungen und Geschehnisse signifikant häufiger über mehrere Aussagen hinweg konstant bleiben (vgl 1432, 1440). Dennoch darf dieses Kriterium, abgesehen von Abgrenzungsschwierigkeiten zwischen Kern- und Randbereich der Aussage,[37] **keinesfalls überbewertet** werden, und ohnehin muß der Tatrichter im einzelnen darlegen, woraus er den Schluß auf dessen Vorliegen zieht (BGH StV **92** 555). Dabei besteht die Gefahr eines Zirkelschlusses dann, wenn die Aussagekonstanz aus den Angaben der Zeugenperson hergeleitet wird, die sie auf Vorhalt derjenigen Äußerungen, die sie laut Vernehmungsniederschriften vor der Polizei getätigt hat, nunmehr gemacht

---

[37] Nach BGH StV **95** 5 zB kann es sehr wohl den Kern der Aussage berühren, wenn die Zeugin den *Tatzeitpunkt* mit einem bestimmten Ereignis verknüpft, sodann aber – nach Vorhalt eines Alibis auf Seiten des Angekl – eine Änderung vornimmt.

hat. Nach einem Teil der Rspr soll die Überzeugung von der Zuverlässigkeit dieser Angaben unabhängig von der Beurteilung der Glaubhaftigkeit der Aussagen zum Tatgeschehen selbst gewonnen werden können (BGH NStZ **92** 554 = StV **93** 60 mit abl Anm *Wieder*, zust *Fischer* **92** 137); zwar ist eine solche Möglichkeit prinzipiell nicht auszuschließen, jedoch ergeben sich aus empirischer Sicht zumindest Einschränkungen (s 1485, 1446, 1461 f). Es darf weder aus der Konstanz einer Aussage zwingend auf deren Wahrhaftigkeit geschlossen werden, da jedenfalls einfachere Sachverhalte relativ leicht erfunden und konstant vorgetragen werden können (krit auch Düsseldorf StV **82** 12), noch erlauben Abweichungen des Aussageinhalts wegen der Möglichkeit einer anderen Fragestellung oder Protokollierung des Ergebnisses oder aber schlichten Vergessens den pauschalen Schluß auf Unglaubhaftigkeit. Auch insoweit ist eine einzelfallorientierte Würdigung vorzunehmen.

Macht der Zeuge von einem *Aussageverweigerungsrecht* erst nach anfänglicher Aussage oder erst in einem späteren Stadium des Verfahrens Gebrauch bzw nicht mehr Gebrauch, so dürfen hieraus grds keine Schlüsse bzgl der Glaubwürdigkeit gezogen werden (s n 1258).

1483 bb) Der Frage nach **Motiven für eine Falschaussage**, also nach der Interessenlage des Zeugen, kommt bei der Einschätzung der Glaubhaftigkeit einer Aussage naturgemäß eine große Bedeutung zu. So ist die Beweiswürdigung fehlerhaft und revisionsrechtlich angreifbar, wenn erkennbare Eigeninteressen des Zeugen (zB insbes die Vermeidung einer Selbstbelastung; Beeinflussung anderer Rechtsstreite) nicht berücksichtigt werden (vgl BGH StV **83** 496; **91** 101). Andererseits ist der pauschale Schluß auf Unglaubhaftigkeit wegen persönlicher Interessen des Zeugen ohne einzelfallorientierte Würdigung unzulässig.

So darf das Gericht weder aus der Stellung des Aussagenden im Verfahren (BGH **18** 238; JR **69** 149) noch aus seinem Verhältnis zu Täter oder Opfer (vgl BGH StV **85** 356) oder aus seiner Rolle im Tatgeschehen[38] zwingende Schlußfolgerungen ziehen. Auch der vorherige Abschluß eines Strafverfahrens gegen den Zeugen spricht nicht generell für dessen Unbefangenheit und Glaubwürdigkeit, zumal ein Motiv für die Aufrechterhaltung möglicherweise falscher früherer Angaben darin bestehen kann, ein neuerliches Strafverfahren (etwa wegen falscher Anschuldigung) zu vermeiden (BGH StV **92** 555; Celle VRS **12** 386).

Umgekehrt führt der Umstand, daß ein Belastungszeuge auch sich *selbst belastet*, wegen vielfältiger möglicher Motive nicht ohne weiteres zur Glaubwürdigkeit (vgl BGH StV **92** 98, **92** 556 [betr § 31 BtMG]; s auch 738).

(1) Soweit Zeugen bzgl der Tat und des Verhältnisses zu Täter und Opfer als „neutral" angesehen werden, ist uU zu prüfen, inwieweit ihre Interessen durch den bisherigen Strafverfolgungsvorgang beeinflußt worden sind. So ist insbes bei Vernehmung der Ermittlungsbeamten der Polizei auch zu berücksichtigen, daß diese über Umfang und Qualität ihrer Arbeit auszusagen haben.

1484 (2) Bei Aussagen von einer Gruppe miteinander in Verbindung stehender Personen (zB aufgrund Freundschaft, gemeinsamer Dienstausübung oder Nachbarschaft) erfordert eine fehlerfreie Beweiswürdigung, daß sich das Gericht mit der Möglichkeit einer irgendwie gearteten Form von Gruppenbelangen auseinander-

---

[38] Vgl Hamm VRS **6** 214: kein Erfahrungssatz, „daß Beifahrer die Vorgänge im Straßenverkehr erfahrungsgemäß nicht so genau beobachten"; KG VRS **6** 212: kein Erfahrungssatz, „daß sich die Aussagen der Fahrzeuginsassen stets mit der Einlassung des Fahrers decken".

setzt und prüft, ob die Zeugen gemeinsamen Einflüssen ausgesetzt waren, die Möglichkeit der Übertragung von Wahrnehmungsfehlern besteht und inwieweit gemeinsame Interessen der Zeugen von Bedeutung sein können (s auch Köln VRS **88** 378). Erweist sich eine Einzelaussage als falsch, so bedarf die Annahme der Glaubhaftigkeit der anderen Aussagen einer besonderen Begründung (vgl KG JR **84** 393 mit Anm *Peters*; Köln VRS **81** 202 f).

cc) Setzt sich der Tatrichter in den oben genannten Fällen mit naheliegenden Bedenken gegen die Glaubhaftigkeit der Aussage nicht auseinander, so ist die Revision wegen Verstoßes gegen § 261 begründet.

d) Eine erhöhte Darlegungs- und Begründungspflicht besteht auch, wenn der Zeuge zuvor **teilweise** unglaubhafte bzw **falsche** Angaben gemacht hat (BGH StV **83** 321); insbes eine teilweise Falschbelastung wird als Indiz gegen die Glaubwürdigkeit des Zeugen gewertet (BGH NStZ **90** 603; StV **91** 50),[39] zumal wenn die Unrichtigkeit das Kerngeschehen betrifft (BGH StV **92** 261). Andererseits ist es nicht ausgeschlossen, einer Aussage lediglich bzgl einzelner Punkte zu folgen (BGH VRS **7** 54; Köln NJW **68** 1247), wobei dann aber im einzelnen darzulegen ist, warum ein Teil der belastenden Aussagen „geglaubt" wird, ein anderer hingegen nicht (BGH NJW **93** 2451); ohnehin wird ein partielles „Glauben" zumindest dann eher zw sein, wenn die als nicht glaubhaft beurteilten Angaben in gleicher Weise das Kerngeschehen betreffen (BGH StV **95** 452).

Hinsichtlich nicht gewichtiger Tatsachen der Aussage[40] toleriert der BGH ggf Beweisantragsablehnungen mit Wahrunterstellung des Gegenteils (§ 244 Abs 3 S 2, letzte Alt; s etwa BGHR StPO § 244 Abs 3 S 2 Wahrunterstellung 2; NStZ **88** 423; aA *Mannheim* JW **27** 389 f; zumindest restriktiv *Tenckhoff*) oder tatsächlicher Bedeutungslosigkeit (§ 244 Abs 3 S 2, 2. Alt; BGH bei *Holtz* MDR **93** 722; abl Düsseldorf VRS **89** 44; s auch *Basdorf* StV **95** 318). Demggü erscheint solches nur ausnahmsweise vertretbar, sofern hierfür ganz besondere – im Urteil darzulegende – Gründe bestehen (vgl hierzu noch 248). So verlangt der BGH die Einbeziehung aller zur Prüfung der Glaubhaftigkeit der Aussage „wenn auch nur in Teil- oder Randbereichen" relevanten Umstände (BGH StV **93** 176), und ohnehin muß der Tatrichter im einzelnen darlegen, worauf er sich bei der Beurteilung als Kern- oder Randbereich bezieht (BGH StV **92** 555).

e) Auch bei der Würdigung von **Inhalt** und **Begleiterscheinungen** einer Aussage **1485** verbietet sich jede pauschale Wertung. So dürfen zwar zB logische Folgerichtigkeit, Detailreichtum oder Schilderung unerwarteter Einzelheiten durchaus als Indizien für die Glaubhaftigkeit einer Aussage gewertet werden (s dazu 1431, 1439), das Vorliegen dieser Kriterien beweist aber die Wahrhaftigkeit einer Aussage ebensowenig, wie ihr Nichtvorliegen eine wahre Aussage ausschließt (zust SK-*Rogall* 183 vor § 48).

Die gleiche Zurückhaltung ist bei der Feststellung des Aussage**verhaltens** des **Zeugen** geboten, da sicheres bzw unsicheres Auftreten des Zeugen grds auf sehr verschiedenen Gründen beruhen kann und primär von persönlichen sowie situativen Bedingungen abhängt (dazu näher 1462). Schlußfolgerungen ohne Bezugnahme auf den konkreten Einzelfall sind daher stets fehlerhaft und können die Revision begründen.

---

[39] Vgl umgekehrt Koblenz VRS **59** 125, wonach eine Selbstbelastung für die Glaubwürdigkeit eines Zeugen sprechen kann.
[40] S dazu *Schlüchter* Wahrunterstellung 40, 42 unter Einschränkung auf tat- und personenbezogen dem Randbereich zuzuordnende Tatsachen; krit zur Grauzone zwischen Kern- und Randbereich *Niemöller* JZ **93** 305.

Vierter Teil. Sachverständiger

Erstes Kapitel. Voraussetzungen und Gestaltung der Tätigkeit

I. Begriff und Stellung des Sachverständigen

1. Aufgaben ggü StA und Gericht

Übersicht

	Rn		Rn
a) Allgemeines	1500	cc) Besonderheiten bei Behördengutachten	1503–1505
b) Aufgaben		c) Wahrheitspflicht	1506
aa) Vermittlung von Sachkunde	1501	d) Ausdrucksform	1508, 1509
bb) Übertragung von Teilaufgaben	1502		

a) Fehlt es der StA (bzw der Polizei) oder dem Gericht an hinreichender Sachkunde, um bestimmte, für die Wahrheitsermittlung erforderliche Beweisfragen zu entscheiden, so ist eine einschlägig sachkundige Person (= Sv) zu beauftragen und erforderlichenfalls in ihrer Tätigkeit zu leiten (§ 78). Dem Sv werden die vorhandenen, die Beweisfrage ergebenden Anknüpfungstatsachen (auch Basistatsachen genannt) übermittelt. Wer Sv sein kann, bestimmt sich nach dem thematischen Bereich der Beweisfrage und der jeweiligen Sachkunde (zB Handwerker, Kaufleute, Wissenschaftler). Abgesehen von der Einholung von Behördengutachten (speziell zB §§ 83 Abs 3, 91 Abs 1, 92 Abs 1 S 2, 256 Abs 1 S 1, Abs 2) können nur natürliche Personen als Sv tätig sein (nicht also zB Vereine oder Gesellschaften des Privatrechts). **1500**

b) aa) Der Sv wirkt mit seiner Sachkunde bei der Schaffung von Beurteilungsgrundlagen bzgl einer Beweisfrage mit; dies schließt uU bloße Verrichtungen mit ein (zB solche nach §§ 81 a Abs 1 S 2, 81 c Abs 2). Die Vermittlung der Sachkunde geschieht zum einen durch Referierung allg Erkenntnisse des jeweiligen Fachgebietes (sog Erfahrungssätze), zum anderen durch (nur aufgrund der Sachkunde mögliche) Feststellung von Befundtatsachen und zum dritten durch Beurteilung der Bedeutung von (sachkundig festgestellten) Tatsachen für die Beweisfrage (sog Schlußfolgerungen). **1501**

Die Beauftragung von Sv zur Erstattung von Gutachten über ausländisches Recht oder über inländisches Gewohnheitsrecht ist zulässig (hM, vgl LR-*Dahs* 2 vor § 72; LR-*Gollwitzer* 2 zu § 244; aA KMR-*Paulus* 26 vor § 72: nur Freibeweis). Kenntnisse über inländisches Gesetzesrecht in Erfahrung zu bringen ist dagegen ureigenste Aufgabe des Richters selbst; die Beauftragung eines Sv scheidet insofern aus (K/M-G 6 vor § 72; aA LR-*Dahs* 9 vor § 72). Falls gleichwohl ein Sv herangezogen wird, wäre es unbillig, einen Verurteilten mit dem aus der Rechtsunkenntnis des Gerichts bzw der Komplexität staatlicher Gesetzgebung entstehenden Sv-Gebühren zu belasten.

Besondere Aufgaben regelt das Gesetz betr Leichenschau und Leichenöffnung (§§ 87–90; s n 1898 ff; zum einzigen Ausschlußgrund eines Sv s § 87 Abs 2 S 4);

bei diesen Tätigkeiten handelt es sich um Augenscheinseinnahme unter Zuziehung von Sv (sog „zusammengesetzter" oder „gemischter" Augenschein).

1502 bb) Der bestellte Sv darf zwar **andere** (zB Laboranten oder Techniker) mit Einzelleistungen beauftragen, jedoch nur unter der Voraussetzung, daß dadurch seine **Verantwortung und Beurteilung** für den gesamten Inhalt des höchstpersönlich zu leistenden Gutachtens nicht eingeschränkt ist (Frankfurt MDR **83** 849 = ZWS **83** 241 mit Anm *Müller;* Schleswig bei *Ernesti/Jürgensen* SchlHA **74** 181; LR-*Dahs* 6 zu § 73). **Befunde anderer Sv** bzw einer Sv-Gruppe darf der bestellte Sv nur dann **nach eigener Prüfung** in sein Gutachten übernehmen, wenn er das Sachgebiet, auf dem die anderen tätig geworden sind, selbst beherrscht (entgegen BGH **22** 272 f = JR **69** 426 mit Anm *Peters,* Schleswig bei *Ernesti/Jürgensen* SchlHA **74** 181 werden diese Personen aber nicht zu „Hilfs-Sv"); die Bestellung von Unter-Sv darf der bestellte Sv nicht vornehmen (aA Hamm NJW **73** 1427 mit abl Anm *Friedrichs* NJW **73** 2260; zust LR-*Dahs* 8 zu § 73), sondern er hat dies ggf bei dem Gericht anzuregen.

Die aufgezeigten Voraussetzungen begegnen im Hinblick auf den Grad der Spezialisierung zB in den verschiedensten Bereichen der kriminaltechnischen Untersuchung und der Rechtsmedizin (= Gerichtliche Medizin) mit ihren weithin gänzlich unterschiedlichen Untersuchungsmethoden (zB betr Pathologie, Traumatologie, Serologie, Toxikologie, Verkehrsmedizin) Bedenken, da ein „Beherrschen" von einer Person kaum mehr erwartet werden kann (vgl etwa *Schmidt* FS-Pribilla **90** 31 f).

Im übrigen ist bzgl der Voraussetzungen der eigenverantwortlichen Beurteilung zw, inwieweit der Sv tatsächlich nicht doch darauf angewiesen ist, Untersuchungsergebnisse anderer Personen als Befundtatsachen zu verwerten, so daß er insoweit als *Sv vom Hörensagen* handeln würde (Hamm NJW **73** 1427; abl *Friedrichs* NJW **73** 2260;[1] vgl zudem *Hanack* NJW **61** 2045).

Im Einzelfall wird jedoch die Aufklärungspflicht (insbes bei Zw an der Richtigkeit eines etwa übernommenen Teilergebnisses) ein restriktives Vorgehen gebieten (LR-*Gollwitzer* 31 zu § 250).

1503 cc) Als eine Ausnahme vom Unmittelbarkeitsgrundsatz (§ 250) sieht § 256 aus prozeßökonomischen Gründen vor, daß bei behördlichen Zeugnissen oder Gutachten eine Verlesung ausreicht, obwohl diese durch einen Sv in die HV eingeführt werden können. Dabei ist die Unterscheidung zwischen Zeugnissen (s n 2174 f) und Gutachten (s n 2176) nicht wesentlich (KK-*Mayr* 2 zu § 256).

Jedoch fragt sich, ob es mit der Wahrheitsermittlungspflicht vereinbar ist, bei **Behördengutachten** (vorbehaltlich einer anders getroffenen Ermessensentscheidung gem § 256 Abs 1) ohne Rücksicht auf den Inhalt[2] die dem Grundsatz der Unmittelbarkeit entspr Kontrolle entfallen zu lassen.

Gemäß der weiten Auslegung des Begriffs „öffentliche Behörde" in § 256 Abs 1 S 1 (s n 2172) gelten als solche ua öffentliche Krankenhäuser (BGH NStZ **84** 231), Gesundheitsämter (BGH **1** 97; MDR **55** 397), Universitätsinstitute für Rechtsmedizin (BGH NJW **67**

---

[1] Nach *Bleutge* NJW **85** 1188 ist die Grenze des Zulässigen überschritten, wenn nicht nur Ergebnisse eines schulmäßig festgelegten Verfahrens wiedergegeben oder logische Anwendungsregeln befolgt werden, sondern Entscheidungsräume für Wertungen auszufüllen sind.
[2] S betr Routinegutachten aufgrund allg anerkannter wissenschaftlicher Erkenntnisse und Erfahrungssätze § 256 Abs 1 S 2, eingeführt durch 1.StVRG 74; zu reduzierter Nachprüfbarkeit behördlicher Schriftgutachten s *Rieß* 66 sowie allg im Text 1923.

I. Begriff und Stellung des Sachverständigen

299), chemische Untersuchungsämter (BGH NJW **53** 1801); nicht hierzu zählen der TÜV, die Berufsgenossenschaften, die Notare (außerhalb Bayerns).

(1) Nach verbreiteter Auffassung (s etwa Koblenz NJW **84** 2424; s auch bereits *Leineweber* MDR **80** 7) rechtfertigt sich § 256 aus dem Umstand, daß die zur Unparteilichkeit verpflichteten Behörden aufgrund ihrer Fachkunde und Erfahrung hinreichende Gewähr für die erforderliche Objektivität bei der schriftlichen Niederlegung der bezeugten Wahrnehmungen und der daraus gezogenen Schlußfolgerungen bieten. Die bei Behörden im Gegensatz zu privaten Auskunftspersonen vorhandene Autorität rechtfertige es, den Behörden und den Gerichten Zeit und Mühe einer gerichtlichen Vernehmung von Zeugen und Sv zu ersparen (ANM 295 f; s auch *Schneidewin* JR **51** 486); denn die Gutachten öffentlicher Behörden werden in amtlicher Verantwortung und unter der Pflichtenbindung und den Sanktionen des öffentlichen Dienstrechts erstellt (*Gollwitzer* FS-Weißauer 32). **1504**

(2) Indes sind Organisationsform und Einwirkungsmöglichkeiten ggü Bediensteten noch kein Anzeichen oder gar eine Gewähr für Objektivität und Sachkunde, da die Objektivität eines Gutachtens hauptsächlich von der Erfahrung und dem Sachwissen des Sv abhängt und zudem gerade Behörden bestimmte formelle und materielle Handlungsnormen aufweisen, die im Einzelfall durchaus geeignet sein können, sachkundliche Erwägungen in den Hintergrund treten zu lassen (s n *Eisenberg* § 40). Soweit zur Rechtfertigung den Behörden die Eigenschaft der Zuverlässigkeit zugesprochen wird, richtet sich eine entspr Erwartung selbstverständlich an jeden Sv; eine Begründung, warum und inwiefern öffentliche Behörden insgesamt als vertrauenswürdiger angesehen werden könnten, fehlt jedoch (s schon die Motive zur StPO betr § 216 [als Vorläufer des heutigen § 256], Dt RT II Legislatur-Periode II Session 1874, zu Nr 5, 141). Zudem ist die Gefahr nicht zu übersehen, daß bei der Wahl, auf welche Weise sachverständige Hilfe in Anspruch genommen werden soll, aus prozeßökonomischen Gründen der Unmittelbarkeitsgrundsatz ausgehöhlt wird, indem ein Vorgehen nach § 256 der Beauftragung eines Sv gem § 73 vorgezogen wird.

(3) Eine Verletzung der Aufklärungspflicht (§ 244 Abs 2) liegt vor und kann mit der **Revision** gerügt werden, wenn das Gutachten zu einem anderen Anlaß bzw in anderem Zusammenhang erstellt worden ist und daher möglicherweise zu Fehlverständnissen gereichen könnte (BGH NStZ **93** 397; vgl zum methodischen Problem *Eisenberg* § 13 Rn 30). Das gleiche gilt, wenn zB die Kompliziertheit des zu begutachtenden Sachverhalts oder die Umstrittenheit der angewendeten Methode(n) die persönliche Vernehmung des Gutachters geboten hätte (vgl KK-*Mayr* 10 f zu § 256 mwN). **1505**

c) Der Sv hat ebenso wie die StA (bzw die Polizei) oder das Gericht ohne Bevorzugung irgendeiner Verfahrensseite und insbes ohne inhaltliche Bindung an etwaige Ergebniserwartungen seines Auftraggebers nach **Wahrheit** zu streben; wenn auch seine Aussagen im allg leichter zu überprüfen sind als Zeugenaussagen, ist er ein Beweismittel wie jedes andere auch.[3] Jedoch darf er nicht Würdigungen zu sol- **1506**

---

[3] Mißverständlich daher zB die Bezeichnungen „Gehilfe des Gerichts" (BGH **3** 28; **7** 239; **8** 118; **9** 292 f; **11** 212; **13** 4; vgl dazu *Fezer* 10 zu Fall 12: irreführend und überflüssig; *Ranft*

chen Fragen vornehmen, die von dem Auftrag unberührt in der Kompetenz der StA (bzw der Polizei) oder des Gerichts verblieben sind; vielmehr sollte er zur Wahrung der Unschuldsvermutung (und zumal bei die Tat bestreitenden Beschuldigten) auf die *Gefahr* von *Rückschlüssen* bei der Strafjustiz hinsichtlich der Frage der *Täterschaft* aufgrund seiner Befunde und Interpretation zur Persönlichkeit des Beschuldigten hinweisen (s n *Wegener* FS-Rasch 180; *Leygraf* FS-Rasch 82 ff).

aa) IdZ und speziell auch unter dem Gesichtspunkt der Verantwortungsdelegation ist allerdings der vergleichsweise geringe Anteil abw Ergebnisse zwischen Sv und Gericht zB hinsichtlich der Bejahung bzw Verneinung der *Schuldfähigkeit* (§ 20 StGB) auffällig (s näher 1538).

1507 bb) Nicht minder berührt ist die Abgrenzung zwischen den Funktionen des Auftraggebers und denjenigen des Sv dann, wenn es im Kern um einen *Sachbeweis* geht, bei dem für den gerichtlichen Augenschein nur eine äußerst begrenzte Bedeutung verbleibt (zum „Doppelcharakter" des Sv-Beweises s etwa *Geerds* AKrim **66** 156 ff, **91** [1. Halbj] 32 f). So sind weite Bereiche auch der Rechtsmedizin von Streitständen hinsichtlich Untersuchungsmethoden und Treffsicherheit der Ergebnisse gekennzeichnet, worüber der Auftraggeber ua durch eine (unzulässigerweise vom Sv vorweggenommene,) das Gutachten abschließende juristische Würdigung getäuscht werden könnte.

1508 d) Hinsichtlich der **Ausdrucksform** hat der Sv die Bedingungen dafür zu schaffen, daß das Gericht das Gutachten selbständig würdigen kann, zumal das Gericht seinerseits in den Urteilsgründen in rechtlich nachprüfbarer Weise darzulegen hat, warum es dem Gutachten folgt (BGH **12** 312; BGH StV **82** 210) oder von ihm abweicht (BGH NStZ **83** 377). Die Methoden, unter deren Einsatz der Sv zu Ergebnissen kommt, müssen nachprüfbar sein, und zwar nach Möglichkeit durch die Verfahrensbeteiligten selbst, zumindest aber durch andere Sv (s demggü zur Praxis zB betr die Frage der Schuldfähigkeit 1538). In der Rechtswirklichkeit indes werden die Grenzen der gesetzlichen Konzeption durch die vom Ermittlungsgrundsatz verlangten außerjuristischen wissenschaftlichen Untersuchungen und Gutachtenerstattungen (zB in weiten Teilen der Rechtsmedizin ebenso wie im Bereich der Persönlichkeitsanalyse einschließlich therapeutisch orientierter Erwägungen zur Rechtsfolge) oftmals dergestalt überschritten, daß der Sv eine verfahrensbeherrschende Rolle erlangt (s dazu etwa *Krauß* ZStW **97** [1985] 81 ff; AK-*Schreiber* 8 ff vor § 72; zur ua daraus hergeleiteten Empfehlung einer Zweiteilung der HV s *Roxin* 8 zu § 27; zu Vorschlägen einer Reform der Sv-Rolle vgl *Schreiber* FS-Wassermann 1007 ff).

1509 Der **mündliche** Vortrag hat sich solcher Ausführungen (der schriftlichen Fassung) zu enthalten, die wegen einer durch die HV etwa veränderten Verfahrenslage überholt sind; umgekehrt sind etwa erforderliche Ergänzungen vorzunehmen. Die mündliche Darstellung in der HV wird allerdings, auch wenn sie objektiv geeignet ist, allen Verfahrensbeteiligten den inhaltlichen Zugang zu erlauben, wegen der Dramatik der Situation ein Verständnis seitens des Angekl weithin einschränken, so daß die schriftliche Fassung des Gutachtens idR schon Gegenstand einer Vorerörterung (zB zusammen mit dem Vert) sein sollte.

540: irreführend; *Peters* 342: unrichtig und gefährlich) oder „Berater des Gerichts" (*Peters* GS-Kaufmann 917; aA *Cabanis* NJW 78 2330 sowie *ders* FS-Heinitz 645).

2. Abgrenzung zum Zeugen, zum sachkundigen Zeugen, zum Augenscheinsgehilfen und zum Dolmetscher

Übersicht

	Rn		Rn
a) Allgemeines		cc) Unerheblichkeit der formellen Bezeichnung	1513
aa) Abgrenzungskriterien	1510	b) Sachkundiger Zeuge	1514, 1515
bb) Austauschbarkeit, Anwendbarkeit von Zeugenvorschriften	1511, 1512	c) Augenscheinsgehilfe	1516
		d) Dolmetscher	1517

a) aa) Der Sv trifft Feststellungen **im Auftrag** der StA (bzw von deren Hilfsbeamten) oder des Gerichts und **anläßlich** eines **Verfahrens**, während der Zeuge über (idR vergangene und) außerhalb des Verfahrens gemachte Wahrnehmungen (Ausnahme: Augenscheinsgehilfe) aussagt. Diese Abgrenzung ist zwar aus systematischer Sicht eher ein Kompromiß, da sich der Auftrag an den Sv, Tatsachen zu ermitteln, von demjenigen an den Augenscheinsgehilfen nicht unterscheidet (LR-*Dahs* 10 zu § 85), sie ist jedoch am ehesten handhabbar. **1510**

Was Versuche der Abgrenzung nach dem **Inhalt** der Bekundung angeht, so beschränkt sich auch der Sv teilweise auf die bloße Tatsachenwiedergabe (zB BAK). In dem Maße, in dem § 85 dem Zeugen Bekundungen über Vergangenes zuordnet, wurde ein Unterschied ggü dem Sv zT in der Nichtwiederholbarkeit der Wahrnehmungen gesehen. Indes findet sich dieses Merkmal verschiedentlich auch im Aufgabenbereich des Sv (zB vormaliger Zustand einer inzwischen bestatteten Leiche, psychischer Befund einer nach der Untersuchung verstorbenen Person, Zustand einer durch die Messung verbrauchten Probe).

Soweit eine Abgrenzung danach versucht wurde, daß der Sv in seiner Aussage die Entstehungszusammenhänge seiner Feststellungen bzw die vorausgegangenen Überlegungen einschließe, ist dies nicht weiterführend, weil auch der Zeuge zu entspr Bekundungen veranlaßt werden kann (LR-*Dahs* 8 zu § 85).

Trifft jemand im Auftrag *anderer Prozeßbeteiligter* anläßlich eines (schon eingeleiteten oder vermutlich bevorstehenden) Strafverfahrens Feststellungen wie der Sv (vgl etwa betr die Untersuchung der Gegenprobe § 42 Abs 1 S 2 LMBG), wird er nicht als Sv tätig;[4] er muß jedoch vor Gericht über seine Wahrnehmungen als Sv vernommen werden (LR-*Dahs* 11 zu § 85; K/M-G 3 zu § 85; aA BGH MDR **74** 382; *Gössel* DRiZ **80** 366).

bb) Der Sv ist (theoretisch, nicht stets auch in der Praxis) **austauschbar** und ersetzbar, der Zeuge hingegen nicht (anders zB, wenn eine Vielzahl von Personen einen Vorgang beobachtet hat; ferner [zunächst] der Augenscheinsgehilfe). Diesem Umstand tragen die §§ 73 ff Rechnung, die wesentliche Abweichungen von den Zeugenvorschriften enthalten. **1511**

Gemäß § 72 sowie mehrerer Spezialvorschriften **gelten** zwar die §§ 48–50, 51 Abs 2 und 3 (statt § 51 Abs 1 gilt § 77), 52–53 a (vgl § 76 Abs 1 [auch § 252 ist bei einem Sv anwendbar, der nach Gutachtenerstattung sein Weigerungsrecht nach § 76 in Anspruch nimmt; ANM 467 mwN]), §§ 55, 56, 57 (s dazu BGH VRS **22** **1512**

---

[4] Zur Problematik der Kostenerstattung bei Beauftragung durch einen Vert s Düsseldorf JurBüro **90** 768 f mit abl Anm *J. Meyer* 1385 f.

Teil 4. Kap 1: Sachverständiger – Voraussetzungen und Gestaltung der Tätigkeit

147; BGH VRS **36** 23),[5] §§ 58 Abs 2, 59 (betr Zeitpunkt und Art der Vereidigung), §§ 60–63 (außer § 61 Nr 5), §§ 65–66d, 67, 68 (vgl LR-*Dahs* 20 zu § 72; aA *Eb Schmidt* 4 zu § 72), §§ 68a, 69 (hM, LR-*Dahs* 21 zu § 72; aA *Eb Schmidt* 4 zu § 72), 70 Abs 3 und 4 für den Sv entspr, **nicht** jedoch die §§ 51 Abs 1, 70 Abs 1 und 2 (vgl dazu § 77), § 58 Abs 1 (wegen der Sondervorschrift des § 80),[6] § 59 (soweit es darum geht, ob vereidigt wird) sowie §§ 61 Nr 5, 64 (s dazu § 79), § 70 Abs 1 und 2 (wegen § 77 Abs 1) und § 71 (vgl § 84). Ohnehin gilt § 72 nicht für außerhalb des 6. Abschnitts stehende sonstige Zeugenvorschriften (§§ 243 Abs 2, 247).[7]

1513 cc) Ob eine Person Zeuge oder Sv ist, bestimmt sich nach den vorbezeichneten Kriterien, also zB nicht nach der Bezeichnung in der Ladung (BGH NStZ **85** 182) oder in den Urteilsgründen (vgl BGH NStZ **84** 465).

1514 b) Berichtet jemand über vergangene (oder, in besonderen Fallgestaltungen, gegenwärtige) Tatsachen oder Zustände, deren *nicht im Auftrag des Gerichts* gemachte Wahrnehmung *Sachkunde* erfordert, so handelt es sich um einen **sachkundigen Zeugen**, und zwar unabhängig davon, ob seine Tätigkeit (zB Obduktion einer Leiche durch einen Arzt) die Bestellung eines Sv erspart hat (Köln OLGSt § 261 S 98) oder ob er (zB im technischen Bereich) Berufs-Sv ist. Das Gesetz behandelt ihn wie einen Zeugen (§ 85; zu besonderen Gebühren s § 5 S 1 ZSEG), mit der Folge zB der Versagung einer Ablehnung wegen Befangenheit sowie geringerer Entschädigung (s 1594), aber auch der Ablehnbarkeit eines Antrages auf Vernehmung nur gemäß § 244 Abs 3 (nicht also schon wegen eigener Sachkunde des Gerichts gemäß § 244 Abs 4 S 1), zumal er als Wahrnehmungsorgan nicht ersetzbar ist; im übrigen ist die gesetzliche Regelung betr die Abgrenzung zum Sv unzulänglich.

1515 Die zusätzliche Vernehmung als Sv ist dann erforderlich, wenn das Schwergewicht der Vernehmung auf der sachkundigen Beurteilung (und nicht auf der unmittelbaren Wahrnehmung) liegt (zB die sachkundigen Äußerungen eines Leichen-Obduzenten zur Todesursache); ein Zeuge wird also nicht allein durch gutachtliche Äußerungen zum Sv (BGH NStZ **84** 465; RG **61** 114; Bay **51** 304f; Frankfurt NJW **52** 717). Auch ist das Gericht zu einem Hinweis, daß es die gutachtliche Äußerung des Zeugen als solche zu verwerten beabsichtigt, nicht verpflichtet (BGH GA **76** 79). Wird eine Beweisperson zugleich als sachkundiger Zeuge und als Sv vernommen, so umfaßt der Zeugeneid den Sv-Eid (allg Auffassung, s nur BGH JR **54** 272).

Der die Blutprobe entnehmende Arzt, der daneben zum Leistungsverhalten des Pb Tests und Befragungen durchgeführt hat (zur Belehrung s 1580), ist dazu als Sv zu vernehmen (*Jessnitzer* BlAlk **68** 186f; *Geppert* DAR **80** 320; LR-*Dahs* 14 zu § 85; aA KG VRS **31** 273f; Hamburg NJW **63** 408f; Hamm NJW **67** 1524f; für den Fall der Ablehnung s 1560f). Von dieser Frage zu unterscheiden (und ggf zu verneinen) ist diejenige nach der *Eignung* solcher Befunde zur Beurteilung des Alkoholisierungsgrades, soweit sie nicht von einem Blutalkohol-Sv erhoben wurden (s n 1754). Hinsichtlich sonstiger Wahrnehmungen anläßlich

---

[5] Nach der hier vertretenen Auffassung (s 1354) kann ein Verstoß iVm § 244 Abs 2 die Revision begründen (anders die hM, s nur BGH VRS **36** 23f: bloße Ordnungsvorschrift).

[6] Daher darf der Sv sein Gutachten in Anwesenheit von später zu vernehmenden anderen Sv erstatten (RG **2** 158; **52** 161f); ist der Sv gleichzeitig Zeuge, so bestimmt der Vorsitzende den Umfang seiner Anwesenheit (RG **22** 434f; KMR-*Paulus* 3 zu § 72; KK-*Pelchen* 2 zu § 72).

[7] § 247 S 3 ist keine den Zeugen, sondern eine den Angekl betr Vorschrift; sie ist daher unmittelbar anwendbar.

I. Begriff und Stellung des Sachverständigen

der Blutprobenentnahme (zB Äußerungen des Pb zum Unfallhergang etc) ist der Arzt als Zeuge zu vernehmen (s allg 1600, 1611).

Gerichtshelfer werden stets als Zeugen vernommen.

c) Mangels gesetzlicher Regelungen ist str, ob auf Personen, die zwar im *Auftrag des Gerichts* und anläßlich des Verfahrens bestimmte Wahrnehmungen machen und Feststellungen treffen, deren Vornahme jedoch keine *Sachkunde* erfordert (sog **Augenscheinsgehilfen**, s dazu 2262 ff), die Vorschriften über den Zeugen oder den Sv anzuwenden sind. Als Beweismittel eigener Art können sie schon wegen des numerus clausus der Beweismittel nicht gelten (mißverständlich BGH **33** 221 = NStZ **85** 468 f mit abl Anm *Danckert*). Str ist, ob bzgl der Beauftragung mehrere Vorschriften über den Sv (§§ 73 Abs 1, 74 und auch § 75) entspr anzuwenden sind (vern *Peters* 163; *Rogall* GS-K. Meyer 407 ff; s zu § 75 auch *Gössel* § 28 A III 4; bei LR-*Dahs* 5 zu § 86; *Rüping* 172; K/M-G 4 zu § 86; s n 2270 ff). Jdf tritt der Beauftragte nach Erledigung der Beobachtungen, dh zur zweiten Phase der Beweiserhebung, in die Position eines Zeugen ein (s n *Rogall* GS-K. Meyer 411; SK-*Rogall* 26 vor § 48; LR-*Dahs* 5 zu § 86; aA *Eb Schmidt* 21 vor § 72, der ihn wegen der Beauftragung auch dann wie einen Sv behandeln will).

1516

Eine Heranziehung von Augenscheinsgehilfen kann gesetzlich geboten sein (§ 81 d), aus tatsächlichen Gründen notwendig werden (zB wenn der Richter eine Bergkuppe nicht selbst erreichen kann) oder dann stattfinden, wenn der Richter ein Objekt nicht selbst besichtigen will (RG **47** 106 f, ANM 226; *Eb Schmidt* 18 vor § 72).

d) aa) Der **Dolmetscher** (§§ 185 ff GVG) ist Beteiligter eigener Art (KK-*Pelchen* 9 vor § 72; eine entspr Anwendung zB von § 77 verbietet sich, LG Nürnberg-Fürth NJW **78** 1119). (Sonstige) Verfahrensbeteiligte können nicht Dolmetscher sein (Karlsruhe Justiz **62** 93).

1517

Dolmetscher können wie Sv *ausgeschlossen* oder *abgelehnt* werden (§ 191 GVG; §§ 74, 24). Nach erfolgreicher Ablehnung scheidet auch eine Zeugenvernehmung des Dolmetschers zu den von ihm übersetzten Aussagen aus (LG Köln StV **92** 460; s entspr zum Sv 1560).

Im einzelnen ist eine die beweisrechtliche Bedeutung einer Aussage modifizierende Übersetzung geeignet, die Besorgnis der Befangenheit zu begründen (vgl etwa LG Berlin StV **94** 180 [statt „der Beschuldigte kommt mir iZm dem Raubüberfall bekannt vor": „den Beschuldigten kenne ich von dem Raubüberfall"]); entspr gilt bei Worten mit unterschiedlichen Bedeutungsinhalten, wenn der Dolmetscher nur den einen übersetzt, obwohl auch der andere gemeint gewesen sein kann (s dazu *Horn* MKrim **95** 384). Jedoch wird die Nichtverwertbarkeit der unter Mitwirkung des erfolgreich abgelehnten Dolmetschers erlangten Feststellungen sich, anders als beim Sv (s 1560), nicht ohne weiteres auf seine Mitwirkung vor Entstehung des Ablehnungsgrundes erstrecken (LG Berlin StV **94** 180).

Ist die (vor jedem Tätigwerden in einem Verfahren erforderliche) *Vereidigung* (§ 189 Abs 1 GVG) unterblieben und fehlt es auch an einer allg Vereidigung sowie Berufung auf diese (§ 189 Abs 2 GVG), wird *revisionsrechtlich* das Urteil idR auf dem Verfahrensfehler beruhen (BGH NStZ **82** 517; StV **92** 551).

Anderes gilt bei nicht ordnungsgemäß geleistetem Eid, wenn Tatrichter und Dolmetscher irrtümlich davon ausgehen, daß dieser ordnungsgemäß vereidigt war (BGH NStZ **84** 228). Ein Beruhen wurde indes ausgeschlossen, wenn die Übersetzung aus einer gängigen Fremdsprache ein einfach gelagertes Geschehen betraf und der Inhalt der Übersetzung der Aussage durch eine andere Zeugenperson bestätigt wurde (BGH bei *Kusch* NStZ **94** 230; zw); im übrigen soll dann, wenn sich der allg geleistete Eid nicht auch auf zusätzlich geleistete Übersetzungen bezieht, eine Beeinflussung des Urteils regelmäßig nicht vorliegen (BGH NStZ **87** 132; zw).

Im *Wiederaufnahme*verfahren steht der Dolmetscher dem Sv gleich (§ 359 Nr 2; s nur K/M-G 10 zu § 359).

bb) Vom Sv ist der vom Auftraggeber herangezogene Übersetzer bzw Sprachkundige zu unterscheiden; überträgt dieser fremdsprachige, von außerhalb des Strafverfahrens stammende Urkunden erst in der HV oder verliest er eine zuvor angefertigte Übersetzung einer solchen Urkunde in der HV, so wird er als Sv tätig (BGH **1** 6 f; NJW **65** 643; aA RG **27** 268 ff).

II. Auswahl sowie Ablehnung eines Sachverständigen

1. Auswahl

Übersicht

		Rn			Rn
a)	Pflicht zur Beauftragung		(1)	Fachgebiet	1531–1535
	aa) Sachverstand	1518, 1519	(2)	Person des Sachverständigen	1536–1540
	bb) Besondere Schwierigkeiten	1520–1523	(3)	Zahl der Fachgebiete bzw der Sachverständigen	1541
	cc) Beweisantrag auf Vernehmung von (weiteren) Sv	1524, 1525	(4)	Erneute Begutachtung	1542–1544
b)	Auswahl (einschließlich Fristvereinbarung) im einzelnen		cc)	Fristvereinbarung	1545, 1546
	aa) Zuständigkeit	1526–1528	dd)	Namhaftmachung gegenüber den Ablehnungsberechtigten	1547
	bb) Kriterien für die Auswahl	1529, 1530	c)	Angreifbarkeit	1548

1518 a) aa) Das Gesetz geht im allg (anders betr § 81, §§ 80a bzw 246a, §§ 87 ff, § 91 und § 92) davon aus, daß ein Strafverfahren ohne Zuziehung eines Sv durchgeführt werden kann, da angenommen wird, StA (bzw Polizei) und Gericht verfügten über genügend **Sachkunde** (vgl § 244 Abs 4), um ihrer Ermittlungs- bzw Aufklärungspflicht (§ 244 Abs 2) zu genügen. Allerdings besteht hierbei nicht ganz selten das Problem, die *Diskrepanz* zwischen *amtlicher Selbst- und Fremdeinschätzung* zu erfassen.

In einem **Kollegialgericht** müssen alle Mitglieder über die Sachkunde verfügen, dh es genügt nicht, wenn ein sachkundiges Mitglied den übrigen die Sachkunde vermittelt (*Gössel* § 29 C III c 9; *Hanack* JZ **72** 116; *Rüping* Kap 7 III 8; aA die hM, BGH **12** 19 f = JZ **59** 130 mit zust Anm *Eb Schmidt*; BGH NStZ **83** 325; Köln JR **58** 350 mit zust Anm *Sarstedt*; Stuttgart DAR **76** 23 f; *Roxin* 25 zu § 43; *Schlüchter* 554.1). Die Gefahr der Abhängigkeit von dem sachkundigen Mitglied bzw einer Verantwortungsdelegation (vgl *Eisenberg* § 31 Rn 17) auf dieses ist zudem dadurch erhöht, daß die Informierung der anderen nach Auffassung des BGH (**12** 20 = JZ **59** 130 mit zust Anm *Eb Schmidt*; LR-*Gollwitzer* 302, KMR-*Paulus* 467 f, beide zu § 244; ANM 716; *Hanack* JZ **72** 116; aA Köln JR **58** 530 mit eher zust Anm *Sarstedt*; *Gössel* § 29 C III c 9) nicht in öffentlicher Verhandlung bzw in Gegenwart (und unter Anhörung) aller Verfahrensbeteiligter zu geschehen braucht, sondern in geheimer Beratung stattfinden darf (vgl n zur „Rollenvermischung" von Richter und Sv *Perron* 261 f).

II. Auswahl sowie Ablehnung eines Sachverständigen

Jedenfalls hat der Auftraggeber die Pflicht, sich über das betr Fachgebiet zu unterrichten, sofern er damit nicht genug vertraut ist, um die Notwendigkeit eines Gutachtens zu erkennen, Vorfragen zu klären, den Sv auszuwählen und zu leiten (§ 78) sowie das Gutachten zu verstehen; diese Pflicht wird sich allerdings mitunter nur eingeschränkt erfüllen lassen, soweit zB Auswahl und Leitung (einschließlich Auftragsformulierung) bereits eine besondere Sachkunde erfordern (s dazu *Geerds* AKrim **87** 6f; *Ulsenheimer* FS-Pribilla **90** 53 ff). 1519

bb) Nach der Judikatur bedarf es idR nur dann eines Gutachtens, wenn aus der Persönlichkeit oder den Gegebenheiten des Einzelfalls **besondere Schwierigkeiten** der Beurteilung folgen. 1520

Bei erwachsenen Zeugen dürfe der Tatrichter sich die nötige Sachkunde zB zur Beurteilung der *Zeugnisfähigkeit* (vgl betr Erinnerungsvermögen nach Schädel-Hirn-Trauma BGH StV **94** 634) bzw der *Glaubwürdigkeit* (s näher 1426 ff, aber auch 1860 ff, 1875 ff, 1882 ff) nur dann nicht zutrauen, wenn die Beweislage besonders schwierig ist (s schon BGH **8** 130 ff); diese Auffassung ist insofern nicht unbedenklich, als Aussagen Erwachsener in verschiedenen Konstellationen eher schwieriger zu beurteilen sind als Aussagen von Kindern und Jugendlichen (s dazu etwa schon *Plaut* ZAPsych **29** 335 ff; *ders* ZAPsych **35** Beiheft 65). 1521

Hinsichtlich der *Schuldfähigkeit* wird angenommen, das Gericht könne die Voraussetzungen mit seinem Allgemeinwissen beurteilen, sofern bei dem Beschuldigten keine Anzeichen dafür bestehen, daß es zur Beurteilung seines seelisch-geistigen Zustandes spezieller Sachkunde bedarf (so bzgl Auswirkungen von „Unfällen mit Gehirnbeteiligung" BGH NJW **93** 1540 sowie wistra **94** 29 [„nicht ausnahmslos"]; zu geistiger Erkrankung BGH VRS **39** 101; betr Altersabbau BGH bei *Kusch* NStZ **94** 227; betr „völlig unvermittelte erhebliche Gewaltanwendung" BGH StV **94** 634; KK-*Herdegen* 29 zu § 244). Insoweit liegen rechtstatsächliche Anhaltspunkte für eine regional erheblich unterschiedliche Häufigkeit der Heranziehung eines Sv vor.[8] 1522

Mißt sich das Gericht unzutreffenderweise die erforderliche Sachkunde bei, so kann die Nichtbeauftragung eines Sv einen Verstoß gegen die richterliche Aufklärungspflicht darstellen (§ 244 Abs 2) und damit die Revision begründen (stg Judikatur, s schon BGH **2** 164; **3** 173 ff; Hamm BlAlk **95** 239). 1523

cc) (1) Ist die Mitwirkung eines Sv gesetzlich nicht vorgeschrieben, so darf das Gericht **Beweisanträge** auf Vernehmung eines Sv neben den Gründen aus § 244 Abs 3 auch wegen vorhandener eigener Sachkunde (§ 244 Abs 4 S 1) ablehnen (vgl n 252 ff). 1524

(2) Die Vernehmung eines **weiteren Sv** darf das Gericht auch dann ablehnen, wenn nach dem Gutachten eines anderen (oder mehrerer) Sv (nicht also aufgrund sonstiger Beweismittel [BGH VRS **35** 207; Bay bei *Rüth* DAR **69** 236; K/M 75 zu § 244]) das **Gegenteil** der behaupteten **Tatsache** bereits **erwiesen** ist (§ 244 Abs 4 S 2 Hs 1; s n 256 ff) oder wenn das Gericht durch das (oder mehrere) andere Gutachten genügend Sachkunde erlangt hat (BGH bei *Spiegel* DAR **78** 157, **82** 205 sowie **87** 203; EzSt § 244 Nr 11; bei *Dallinger* MDR **72** 925 sowie **75** 24; bei *Pfeiffer* NStZ **82** 189; s n 254). Der Begriff eines „weiteren Sv" iSd § 244 Abs 4 S 2 ist nicht gleichzusetzen mit der Neuheit eines Sv iSd § 359 Nr 5 (anders BGH NStZ **93** 502 = JZ **94** 580 mit Anm *Joerden*; s insoweit krit auch Bspr *Gössel* NStZ **93** 567; vgl aber *Brauns* JZ **95** 495; abl *Meyer* ZRP **93** 284; zu den Voraussetzungen iSd 1525

---

[8] Vgl etwa *Müller/Siadak* MKrim **91** 319: am LG Göttingen bei 74 % der dort verhandelten Tötungsdelikte, am LG Verden nur in 14,3 %.

§ 359 Nr 5 auch LG Gießen NJW **94** 467). Bestehen **Zw** an der **Sachkunde** des bisherigen Gutachters, so ist dem Beweisantrag ohnehin stattzugeben (§ 244 Abs 4 S 2 Hs 2); dabei können die Zw auf Einwänden allg Art oder solchen iSd in dem zitierten Hs im einzelnen genannten Umständen beruhen (s n 257 ff).

1526   b) aa) (1) **Zuständig** für die **Auswahl** von Sv ist im **Vorverfahren**[9] die StA (§ 161a Abs 1 S 2).[10] Will die Polizei im Vorverfahren einen Sv hinzuziehen (§§ 161a Abs 1, 163 Abs 1), sollte dies idR im Einvernehmen mit der StA erfolgen (vgl KK-*Wache* 16 zu § 163). Die StA gibt aus Gründen der Zweckmäßigkeit einem am Verfahren beteiligten – bzw auf ihren Antrag zu bestellenden (§§ 140 Abs 2, 141 Abs 3 S 1, 2) – Vert vor der Auswahl des Sv Gelegenheit (RiStBV 70 Abs 1), sich hierzu zu äußern, und sie beantragt im Falle grds Meinungsverschiedenheit über die auszuwählende Person notfalls die Bestellung gemäß § 162 bei dem Ermittlungsrichter (LR-*Rieß* 26 zu § 161a); dabei ist auch zu berücksichtigen, daß häufig das Gericht in der HV den von der StA bestellten Sv hört (ohne seinerseits einen anderen Sv zu bestellen), wodurch der Einfluß der StA gesteigert wird (s n *Sarstedt* FS-Schmidt-Leichner 175). Von der Vorab-Information und Gehörsgewährung des Vert kann abgesehen werden, wenn der Gegenstand der Untersuchung ein häufig wiederkehrender tatsächlicher Sachverhalt (zB BAK-Gutachten) ist oder eine Gefährdung des Untersuchungszwecks (vgl § 147 Abs 2; s aber n 744) oder eine nicht mehr vertretbare Verzögerung des Verfahrens zu besorgen ist (RiStBV 70 Abs 1; zu restriktiver Praxis der StA betr Sachbeweis s Bericht StV **92** 346). Im übrigen wird sich, falls die Zuständigkeitsfrage schon übersehen werden kann, eine Fühlungnahme mit dem Vorsitzenden des (künftigen) erkennenden Gerichts ggf empfehlen (KK-*Wache* 10 zu § 161a; K/M-G 12 zu § 161a).

Der Ermittlungsrichter (§§ 162, 169) muß, wenn er um die Auswahl nicht ausdrücklich ersucht worden ist, den Sv hören, dessen Vernehmung die StA beantragt hat (KMR-*Paulus* 2 zu § 73; LR-*Dahs* 3 zu § 73); auch ansonsten obliegt ihm nicht die Prüfung von Zweckmäßigkeitsfragen (§ 162 Abs 3 arg e contr).

1527   (2) Im **gerichtlichen Verfahren** ist das Gericht zuständig (§ 73 Abs 1 S 1), und zwar im Eröffnungsverfahren (§ 202) dasjenige, bei dem Anklage erhoben worden ist; nach Eröffnung des Hauptverfahrens das erkennende Gericht. Es kann, muß aber nicht einen anderen Sv bestellen; demggü wäre die Forderung, grds zwischen Sv der StA und Sv des Gerichts zu trennen (*Arndt* NJW **62** 26; *Frenken* DAR **56** 292; *Lürken* NJW **68** 1164), oftmals sachlich nicht zu begründen und könnte zu unpraktikablen Folgen führen.

Ist ein Sv gemäß § 223 zu vernehmen, so kann die Auswahl dem ersuchten oder beauftragten Richter überlassen werden (hM, s nur KK-*Pelchen* 1, AK-*Lemke* 4, beide zu § 73; aA Hamm JMBl NRW **53** 117; *K. Müller* 183), zumal er örtlich geeignete Sv besser kennen wird; anderenfalls ist er an die Auswahl des erkennenden Gerichts gebunden.

---

[9] Zur Häufigkeit entspr frühzeitiger Heranziehung s etwa *Barton* StV **83** 73 f; *Hörner* ua MKrim **88** 396 ff; vgl betr Schuldfähigkeitsbegutachtung auch *Verrel* (ZStW **106** [1994] 337): zu gleichen Teilen von StA und Gericht.
[10] Anders *Krauß* ZStW **85** 322, *Sarstedt* NJW **68** 177, nach denen § 73 Abs 1 S 1 sich auch auf das Vorverfahren bezieht; krit auch *Kühne* 509.

II. Auswahl sowie Ablehnung eines Sachverständigen

(3) An einen Vorschlag der **anderen Verfahrensbeteiligten** ist die StA (bzw die Polizei) oder das Gericht selbstverständlich nicht gebunden. **1528**

Ggü dem Gericht können die Verfahrensbeteiligten einschließlich der StA die Vernehmung eines bestimmten Sv nur durch dessen unmittelbare Ladung (§§ 214 Abs 3, 220, 245) durchsetzen (aA *Schulz* StV **83** 341 ff). Indes bestehen insofern erhebliche rechtstatsächliche Beschränkungen. Zum einen lehnen es zahlreiche Sv entgegen ihrer im Falle der vorherigen Kostenerbringung bestehenden Rechtspflicht (§ 220 Abs 2)[11] grds ab, auf diesem Wege tätig zu werden (vgl etwa *Rasch* NStZ **92** 264: „einem seriösen Sv nicht zuzumuten"). Zum anderen sind die gemäß ZSEG (s 1594) zu berechnenden *Kosten* für Reise und zeitlichen Aufwand der HV, und zwar ggf einschließlich solcher für vorbereitende Untersuchungen, für den Angekl oftmals nicht erschwinglich (vgl auch *Detter* FS-Salger 242). – Hinsichtlich der Voraussetzungen für eine *Erstattung* aus der Staatskasse ist zwischen dem Rechtsverhältnis des Sv bzw des Angekl zu unterscheiden.

(a) Im einzelnen hat der **Sv** Anspruch auf Entschädigung aus der Staatskasse *(§ 220 Abs 3)* nur für die ab Ladung zur Vernehmung erbrachten Leistungen, nicht also für die zuvor im Auftrag des Angekl erbrachten (München NStZ **81** 450). Die Voraussetzung der Sachdienlichkeit verlangt nicht etwa Entscheidungserheblichkeit, dh die Beweiswürdigung ist kein geeignetes Kriterium; vielmehr reicht eine Beeinflussung der Entscheidung oder Verfahrensablauf aus (KK-*Treier* 14, K/M-G 11, beide zu § 220). – Der Anspruch besteht unabhängig davon, ob oder in welchem Ausmaß der Sv vom Angekl bereits entschädigt ist (LR-*Gollwitzer* 33 zu § 220; *Detter* FS-Salger 242; zuvor schon *D.Meyer* JurBüro **84** 655; *Widmaier* StV **85** 528; aA K/M-G 12; KK-*Treier* 15, beide zu § 220), zumal Bedenken des Mißbrauchs des Selbstladungsrechts (s noch Düsseldorf MDR **85** 1050) durch Neufassung des § 245 Abs 2 begegnet wurde. Ist der Betrag hinterlegt, so gilt dies nach ganz hM ohnehin.
§ 220 Abs 3 gilt entspr für den vom Angekl in der HV *gestellten* Sv (hM; aA LG Limburg NJW **57** 722).

(b) Werden dem **Angekl** die Kosten des Verfahrens auferlegt, so umfassen diese auch den aus der Staatskasse gem § 220 Abs 3 verauslagten Betrag (§§ 465 Abs 1 S 1, 464a Abs 1 S 1). Wird der Angekl freigesprochen, so sind die vorher erbrachten Zahlungen (§ 220 Abs 2) aus der Staatskasse zu erstatten (§§ 467, 464a Abs 2; s dazu München NStZ **81** 1851; *D.Meyer* JurBüro **84** 655; KK-*Schimansky* 7 zu § 464a; einschr K/M-G 16 zu § 464a), ohne daß eine Prüfung der Sachdienlichkeit zulässig wäre (Düsseldorf StV **94** 492).

(c) Die vernommene Person, die StA und der Angekl können gem § 304 die abl Entscheidung mit der *Beschwerde* angreifen, falls sie beschwert sind[12] und § 305 S 1 nicht entgegensteht.

bb) **Kriterien** für die **Auswahl** sind das Fachgebiet und die Eignung (zur rechts- **1529** tatsächlichen Bedeutung der Fristvereinbarung s 1545). Da die Auswahl allein unter der Zielsetzung der Wahrheitsfindung stehen darf, würde es der Pflicht zur Objektivität widersprechen, wenn bei der Auswahl des Fachgebietes und/oder des Sv die Erwartung von Einfluß wäre, daß eine bereits bestehende Meinung bestätigt wird (s auch *Peters* 368; *Fischer* NStZ **94** 2).

---

[11] Bleibt der ordnungsgemäß geladene Sv (§ 38) dem Termin fern, sind die Maßnahmen nach § 77 unabhängig davon anzuordnen, ob ein Antrag auf Vernehmung gemäß § 245 Abs 2 S 2 und 3 abzulehnen wäre (KMR-*Paulus* 4, LR-*Gollwitzer* 12, KK-*Treier* 10, alle zu § 220; aA *Meyer* MDR **79** 814), da der Angekl ein Beweisthema nicht angeben muß und also idR die Feststellung, ob ein entspr Beweisantrag abzulehnen wäre, verhindern kann.
[12] Dies soll nicht der Fall sein, wenn der Antrag nach § 220 Abs 3 zwar abgelehnt wurde, die Verurteilung des Angekl aber rechtskräftig geworden ist (Karlsruhe MDR **85** 694).

Gleichwohl hat eine Befragung von 337 nach dem Zufallsprinzip ausgewählten Juristen (Richter, StAe, RAe) in den LG-Bezirken Bremen, Kiel und Lübeck ergeben, daß 70% der Befragten (im einzelnen sogar 90% der befragten RAe) meinten, es werde versucht, durch die Auswahl der Sv bereits Einfluß auf die Tendenz des Gutachtens zu nehmen (*Dittmann ua* FS-Pribilla 271).

1530 Bei den in § 73 Abs 2 genannten *öffentlich bestellten* Sv handelt es sich um Einzelpersonen oder Behörden, die aufgrund öffentlich-rechtlicher Vorschriften bundes- oder landesrechtlicher Art für bestimmte Sachgebiete auf bestimmte Zeit bestellt sind (zB Gerichtsärzte bzw – in Bayern – LG-Ärzte, Ärzte der staatlichen Untersuchungsämter, Leiter der rechtsmedizinischen Universitätsinstitute). Indes ist die öffentliche Bestellung allenfalls im allg ein Anzeichen für die vom Auftraggeber stets zu prüfende persönliche und fachliche Eignung des Sv (aA etwa LR-*Dahs* 17 zu § 73). Demzufolge sind *besondere Umstände*, die aus Gründen größerer Sachkunde die Wahl anderer Personen fordern (§ 73 Abs 2), nicht etwa nur ausnahmsweise gegeben (ein Anlaß kann zB auch die Verhinderung des öffentlich bestellten Sv sein). Die Beurteilung unterliegt dem pflichtgemäßen Ermessen des Gerichts, das einer revisionsgerichtlichen Nachprüfung entzogen ist (RG **5** 85).

1531 (1) Bereits die Bestimmung des **Fachgebietes** muß die StA (bzw die Polizei) oder der Richter selbst vornehmen (BGH **34** 357), dh die Heranziehung eines Sv zur Auswahl des Fachgebietes wäre unzulässig (Koblenz VRS **36** 18).

1532 (a) Zur Beurteilung der *Glaubwürdigkeit* (s n 1860 ff) des Beschuldigten bzw Angekl oder von Zeugen wird ein Psychiater oder Psychologe zuzuziehen sein (BGH **7** 85; NJW **61** 1636; NStZ **82** 42; im allg eher für Psychologen BGH **23** 12 ff; bei *Holtz* MDR **80** 274; *Dittmann ua* Forensia **88** 219 ff);[13] liegt eine geistige Erkrankung vor, so muß ein Psychiater bestellt werden (BGH **23** 12 ff = JR **70** 151 ff mit Anm *Peters*), und das gleiche gilt bei – etwa einschlägig relevanter – körperlicher Erkrankung (zu psychosomatischen Beeinträchtigungen BGH StV **95** 399).

1533 (b) Zur *Blutalkoholbestimmung* durch Rückrechnung der BAK zZt der Blutprobenentnahme auf die Tatzeit ist kein Sv erforderlich. Ansonsten bedarf es nicht notwendigerweise gerade eines medizinischen Sv (hM; aA *Martin* BlAlk **70** 95), wohl aber bei besonderen Aufgaben der Befunderhebung (zB gleichzeitige Medikamenteneinnahme, Nachtrunk, nicht abgeschlossene Resorption [VRS **34** 212; Frankfurt NJW **61** 283; *Hentrich* BlAlk **61** 20]). Stets ist zu beachten, daß die Vielzahl der bei der Rückrechnung des (aus den verschiedenen Untersuchungsverfahren erhaltenen) Mittelwertes auf den Tatzeitpunkt zu berücksichtigenden Merkmalsausprägungen eine verläßliche Angabe nicht zuläßt, es vielmehr bei einem Schätzwert bleibt.

Eines Sv bedarf es idR auch dann, wenn keine Blutprobe entnommen worden ist und die BAK aufgrund der Angaben über Trinkmengen und Zeitraum seit Beginn des Alkoholkonsums zu errechnen bzw zu schätzen ist (BGH bei *Martin* DAR **71** 116; s auch BGH EzSt § 261 StPO Nr 11; KMR-*Paulus* 12, LR-*Dahs* 10, beide zu § 73),[14] zumal dabei erhebliche Unsicherheitsfaktoren und (dementspr) Unterschiede im Ergebnis nicht auszuschließen sind.

---

[13] In Ausnahmefällen kommt auch ein Pädagoge in Betracht (anders die hM: stets ungeeignet, BGH **7** 85; KK-*Pelchen* 5 zu § 73; LR-*Dahs* 11 zu § 73).
[14] Nach Koblenz VRS **45** 175 ferner dann, wenn die BAK in die Nähe strafrechtlich besonders relevanter Grenzwerte gelangt (ebenso KMR-*Paulus* 12, LR-*Dahs* 10, jeweils zu § 73).

II. Auswahl sowie Ablehnung eines Sachverständigen

(c) Hinsichtlich der Klärung von Fragen iZm der *Schuldfähigkeit* des Beschuldigten bzw Angekl kommt es auf die konkreten Beweisfragen an und obliegt es dem Ermessen des Tatrichters, ob er einen Fachvertreter der Psychiatrie oder der Psychologie oder zusätzlich ggf der Psychoanalyse heranzieht (vgl BGH NJW **59** 2315 f mit Anm *Bresser*; BGH **34** 357 f = NStZ **88** 85 ff mit Anm *Meyer*); insbes kann bei nicht krankhaften Zuständen auch die Psychologie ein geeignetes Fachgebiet sein (BGH bei *Holtz* MDR **84** 982 = StV **84** 495),[15] während die Psychoanalyse etwa zu speziellen psychodynamischen Prozessen bzw zu Therapiechancen Aufschluß erlauben kann (s dazu *Böhle*, Materialien Psychoanalyse 12 [86] 1 ff; *Duncker* MKrim **88** 381 ff). Auch die Abgrenzung zwischen Psychiatrie und Neurologie läßt sich nicht von vornherein eindeutig treffen.[16] Zur Erstellung eines psychiatrischen Gutachtens ist die Ausbildung als Facharzt unerläßlich (ähnlich *Reusch* DRiZ **55** 291 f; aA hM, BGH VRS **34** 345; BGH **23** 312 f = JR **71** 116 mit Anm *Peters*; KK-*Pelchen* 5 zu § 73; LR-*Dahs* 14 zu § 73, wonach auch Gefängnis- oder Gerichtsärzte befähigt seien; s dazu betr § 64 StGB disqualifizierende Befunde bei *Erner-Externbrink* MKrim **91** 107, 109).

Bei Hirngeschädigten ist ein medizinischer Sv einschlägiger Qualifikation zu bestellen (BGH NJW **52** 633; **69** 1578; VRS **16** 188; **37** 430 f, 437; bei *Holtz* MDR **77** 281; bei *Pfeiffer/Miebach* NStZ **87** 16; StV **88** 52; **96** 4).[17] In besonderen Fällen wird zB ein Sv für Sexualpathologie (BGH **23** 193) bzw ein Pharmakologe (Koblenz VRS **36** 19) heranzuziehen sein.

(d) Soweit im Verfahren ggü Drogenabhängigen (etwa betr Entscheidungen über die Frage bereits des Absehens von der Verfolgung [gem § 37 BtMG], über Fragen der [verminderten] Schuldfähigkeit [§§ 20, 21 StGB], wie auch der Unterbringung in einer Entziehungsanstalt [gem § 64 StGB, § 246 a; s näher 1827] oder über die Frage der Zurückstellung der Vollstreckung [gem § 35 BtMG]) ein Sv heranzuziehen ist, wird idR nur ein Psychiater oder Psychologe mit spezieller Befähigung iZm Drogenabhängigkeit hinreichend geeignet sein, zumal regelmäßig auch Einflüsse des Drogenkonsums auf die zukünftige Entwicklung zu erörtern sein werden (vgl schon *Kindermann* MKrim **79** 218; s auch *Kreuzer* FS-Schewe 88). – Nach der Rspr bedarf es speziell zur Frage der (verminderten) Schuldfähigkeit nur dann der Heranziehung eines Sv, wenn einschlägige Anhaltspunkte bestehen (zB langzeitige Abhängigkeit, Entzugserscheinungen, mehrfache Verurteilungen [BGH StV **84** 248; StV **92** 218 [LS]; Düsseldorf StV **84** 236).

(e) Betr Fragen nach § 3 bzw § 105 JGG s *Eisenberg* JGG, Erl zu § 43.

(2) Auch die **Person des Sachverständigen** muß die StA (bzw Polizei) oder das Gericht selbst namentlich bestimmen (anders nur bei Bestellung einer Fachbehörde, § 83 Abs 3), dh diese Befugnis darf nicht auf Dritte übertragen werden (München NJW **68** 20; hM). Insbes darf es nicht einem Klinik- oder Institutsleiter überlassen bleiben, ob er das Gutachten selbst erstattet oder aber die Erstat-

---

[15] Für nur ausnahmsweise Heranziehung eines Psychologen aber Hamm JMBl NRW **64** 117; Karlsruhe MDR **72** 800; Justiz **74** 95; ebenso LR-*Dahs* 13, K/M-G 8, beide zu § 73.

[16] Nach BGH NStZ **91** 81 soll bei Hirnatrophie als Ausdruck eines Voralterungsprozesses ein Vertreter der Psychiatrie zureichend geeignet sein (aA GBA, s BGH aaO; zw).

[17] Betr den Konsum von Alkohol und blutgerinnungshindernden Medikamenten Karlsruhe VRS **80** 452 f; s zur Relevanz von Hirnschädigungen 1723.

tung von Mitarbeitern vornehmen läßt (KK-*Pelchen* 6 zu § 73; LR-*Dahs* 19 zu § 73); daher muß der Auftraggeber ggf vorab mit dem Leiter erörtern, wer als Sv in Betracht kommt.

Informationen über geeignete Sv ergeben sich aus einschlägigen Verzeichnissen sowie aus Vorschlägen, die der Auftraggeber notfalls zuvor bei Berufsorganisationen (oder durch Behörden) einzuholen hat.

1537 (a) Der Sv muß *geeignet* und einsatzbereit sein, und es darf kein Ablehnungsgrund (§ 74; s n dazu 1549ff) vorliegen. – Da auch der Sv von Beeinflußbarkeit nicht frei ist und im übrigen die Art und Weise der Aussagen des Pb teilweise davon abhängig sind, inwieweit er den Sv als voreingenommen beurteilt, sind Interessenkollisionen zu vermeiden (zB keine Untersuchung auch eines Mitangekl oder des Angekl und [etwa betr die Glaubwürdigkeit] des Zeugen).

Zw ist, inwieweit für nichtdeutsche Beschuldigte die Eignung des Sv davon abhängt, ob er deren Kulturkreis angehört und deren Sprache beherrscht (vern noch BGH bei *Dallinger* MDR **73** 16; LR-*Dahs* 18 zu § 73; KK-*Pelchen* 6 zu § 73).

Den Nebenkläger als Sv zu bestellen, wird idR ausscheiden, wenngleich er als Sv gehört werden darf (RG JW **22** 1392 mit Anm *Oetker*).

Wegen der Auswahl s im übrigen RiStBV, Besonderer Teil sowie speziell RiStBV Nr 70 Abs 2 und 3.

1538 (b) Soweit besonders häufig dieselben und besonders selten andere Sv bestellt werden,[18] mag mitunter eine Erwartungshaltung des Auftraggebers ggü auch dem Ergebnis des Gutachtens begründet werden (vgl anschaulich *Mauz* 139ff, 156ff).

Dies gilt in der Praxis zB bei psychologischen und psychiatrischen Sv auch insofern, als die Auftraggeber wegen ihrer begrenzten Fachkenntnisse von Sv auch Wertungen erwarten. Ohnehin gibt es zB betr die *Schuldfähigkeits*beurteilung (§§ 20, 21 StGB)[19] keine wissenschaftlichen Meßkriterien zur Frage der Richtigkeit des Gutachtens (vgl *Rasch* 286). Untersuchungen zur Überprüfung der Übereinstimmung gutachterlicher Beurteilung und gerichtlicher Entscheidung (betr §§ 20, 21 StGB) ergaben bei Tötungsdelikten bzw Schwurgerichtssachen eine Übereinstimmung von 78% bzw 67% (*Diesinger* 147; *Böttger* ua, in: Kaiser ua **88** 365), nach den Daten von *Verrel* (ZStW **106** [1994] 340) – betr die endgültige Stellungnahme in der HV – von 94,5%. Bei nicht nach der Deliktsschwere selektierten Verfahren wurden Diskrepanzen von unter 4% berechnet (*Hörner* ua MKrim **88** 398; s auch *Briesen* 32f, 42: 14% [betr 187 Verfahren des AG und LG Hannover]).

1539 Es gehört zur Verantwortung des Sv, ggf auch darzulegen, daß er mit seiner Sachkunde eine klare Feststellung bzw Würdigung nicht zu treffen vermag, dh daß er nicht in der Lage dazu ist, eine Frage verläßlich zu beantworten bzw ein Problem zu lösen; dies gilt gerade auch dann, wenn der Auftraggeber feste Aussagen iSv Treffsicherheit oder Wahrscheinlichkeit wünscht. Umgekehrt ist es fehlerhaft, stets oder doch idR solche Sv zu beauftragen, die inhaltlich einer weitergehenden Interpretation nicht zugängliche „zweifelsfreie" Gutachten abzugeben pflegen.

1540 (c) Zumindest aber hat sich der Auftraggeber bei der Auswahl darüber Klarheit zu verschaffen, welche Schulrichtung innerhalb seines Faches der Sv vertritt (schon

---

[18] Betr die Schuldfähigkeitsbeurteilung *Böttger* ua MKrim **91** 373; einschr *Verrel* ZStW **106** [1994] 337; zu finanziellen Interessen s etwa *Pfäfflin* **78** 3.

[19] Nach Daten von *Verrel* (ZStW **106** [1994] 339 enthielten 97% der ausgewerteten Gutachten „eine zumeist ausdrückliche Schuldfähigkeitsbeurteilung".

II. Auswahl sowie Ablehnung eines Sachverständigen

um uU alsbald einen zweiten Sv anderer Schulrichtung zu bestellen, BGH JR **90** 119 ff mit Anm *Blau*).

Dies ergibt sich auch zB betr Probleme der Schuldfähigkeit daraus, daß die Eignung eines Sv, der normative Begriffe wie Schuld, Vorwerfbarkeit oder persönliche Verantwortlichkeit als außerhalb seiner wissenschaftlichen Kompetenz liegend ablehnt,[20] zT grds bestritten wird (*Eb Schmidt*, in Kranz 266 f; zw AK-*Schreiber* 12 vor § 72).[21]

(3) Die Bestimmung der **Zahl** der einzubeziehenden Fachgebiete bzw der zu beauftragenden Sv steht nach Maßgabe der Aufklärungspflicht (§ 244 Abs 2) im Ermessen des Gerichts (zu Beweisanträgen auf Vernehmung von [weiteren] Sv s 1522 ff). Wenngleich der Auftraggeber zB bei wissenschaftlichen Streitfragen (etwa im Rahmen eines Schulenstreits) oder bei besonders schwierigen Gutachtenfragen von vornherein mehrere Sv heranziehen wird, wird im allg schon ein Sv ausreichen (unbeschadet davon besteht die Pflicht, einen nach §§ 214 Abs 3, 220 geladenen Sv unter den Voraussetzungen des § 245 Abs 2 zu hören); jedoch ist die Heranziehung mehrerer Sv prinzipiell unabhängig davon zulässig bzw erforderlich, ob die Voraussetzungen des § 83 vorliegen (Bay **55** 262). Auch wenn ein Beweisantrag nach § 244 Abs 4 abgelehnt werden könnte, kann (in seltenen Ausnahmefällen) § 244 Abs 2 ein zusätzliches Gutachten erfordern (BGH **10** 119; **23** 187 f betr Sexualpathologie; Celle NJW **74** 617 betr Schriftgutachten; Düsseldorf JMBl NRW **87** 104; StV **86** 377; vgl allg 3 ff). 1541

(4) (a) Beurteilt die StA (bzw die Polizei) oder das Gericht das Gutachten als ungenügend, so kann eine **erneute Begutachtung** (derselben Beweisfrage unter den Gesichtspunkten desselben Fachgebiets [LR-*Dahs* 6 zu § 83]) angeordnet werden (§ 83 Abs 1), und zwar entweder (wenn der Mangel nicht die Sachkunde betrifft, sondern auf der Berücksichtigung von Anknüpfungstatsachen beruht, die das Gericht für nicht erwiesen hält [LR-*Dahs* 7 zu § 83]) durch denselben oder durch einen anderen Sv oder auch durch eine Fachbehörde (§ 83 Abs 3, zB Ärztekollegium). „Ungenügend" ist ein Gutachten dann, wenn es keine genügende Sachkunde vermittelt (zB wegen Bedenken gegen die Richtigkeit der dem Gutachten zugrundeliegenden Tatsachenfeststellungen oder wegen unsorgfältiger bzw unklarer, etwa Erkenntnisse und Theorien vermischender Ausarbeitung mit der Folge von Zw an der Richtigkeit [LR-*Dahs* 3 zu § 83]), dh es kommt nicht darauf an, ob das Gutachten das Gericht dennoch überzeugt. 1542

Anlaß dafür kann betr Fragen der *Schuldfähigkeit* (s zu Fehlern n 1811 ff) zB bestehen, wenn nach Stil und Inhalt des Gutachtens eine (Über-)Identifizierung des Sv mit der Rolle des Gerichts vorzuliegen scheint (*Maisch* MKrim **73** 191);[22] besonders bzgl der Begutachtung in Verfahren wegen des Vorwurfs von Sexualstraftaten kommt es mitunter zu Animosität und Sanktionierungstendenzen (s betr Befangenheit 1551 f) zu Lasten hinreichend gründlicher körperlicher und sozialanamnestischer Untersuchung. Insgesamt betrachtet wird ein (Persönlichkeits-)Gutachten immer dann ungenügend sein, wenn die zu begutachtende Per-

---

[20] „Agnostiker" im Gegensatz zum „Gnostiker" oder aber etwa Psychoanalytiker unter Nichtanerkennung des strafrechtlichen Schuldkonstrukts.
[21] Vgl auch *Dittmann ua* FS-Pribilla 272, wonach (nur) 47 % der befragten Richter, StAe und RAe forderten, daß ein etwa auszuwählender psychiatrischer Sv das bestehende Schuldstrafrecht „akzeptieren müsse".
[22] Betr „Verdammungsurteil" s *Rasch* in Ponsold 57; zu Beschimpfungen statt Befunddarstellung *Erner-Exterbrink* MKrim **91** 112.

son auf eine normativ festgelegte Typisierung zugeschnitten wird und der Sv dadurch zur Billigung von Stereotypen beiträgt.[23]

Kommen mehrere erstattete Gutachten zu sich *widersprechenden Ergebnissen*, sind sie nicht allein deshalb „ungenügend"; eine erneute Begutachtung wird jedoch dann erforderlich sein, wenn die Sv ihre Untersuchungen aufgrund gleicher Sachverhalte und übereinstimmender wissenschaftlicher Auffassungen durchgeführt haben (*Eb Schmidt* 4, KK-*Pelchen* 2, beide zu § 83).

1543 (b) Eine erneute Begutachtung wird idR dann anzuordnen sein, wenn der Sv erfolgreich abgelehnt wurde (§ 83 Abs 2), da dessen Gutachten nicht verwertbar ist. Anderes wird ausnahmsweise dann gelten, wenn der Auftraggeber nunmehr erkennt, daß die Beweisfrage nicht erheblich ist bzw es sich um eine von ihm selbst beantwortbare Rechtsfrage handelt (Bay **55** 263; LR-*Dahs* 8 zu § 83) oder gar er (inzwischen) über eigene Sachkunde verfügt; stets wird dem Verdacht zu wehren sein, daß die erfolgreiche Ablehnung zur Reduzierung der Aufklärungsintensität führen könnte.

Die bloße Kann-Fassung des § 83 Abs 2 ist (nur) für solche Fälle relevant, in denen von mehreren Sv nur einer erfolgreich abgelehnt wurde, so daß Ersatz entbehrlich sein mag (LR-*Dahs* 8 zu § 83).

1544 (c) Soweit § 83 Abs 3 wegen „wichtigerer Fälle" eine Fachbehörde nennt, begründet dies nicht etwa eine Pflicht solcher Behörden; vielmehr wird sie vorausgesetzt, zumal die Einholung von Behördengutachten nicht etwa von den Voraussetzungen des § 83 Abs 1, 2 oder auch nur davon abhängig ist, daß zuvor ein anderer Sv gehört wurde.

Fachbehörden sind zB Universitäts-Fakultäten oder -Fachbereiche, Oberpost- oder Bundesbahndirektionen, Handwerkskammern, Industrie- und Handelskammern.

Die Pflicht der Fachbehörden (s zum Überblick *Jessnitzer/Frieling* 96f), die aufgrund Gesetzes (zB § 2 Abs 2 BKAG) oder der Pflicht zu gegenseitiger Amtshilfe (KK-*Pelchen* 4 zu § 83; KMR-*Paulus* 3 zu § 83) besteht, umfaßt es, das Gutachten in der HV durch einen Bediensteten vertreten zu lassen (zur Verlesung gemäß § 256 s n 1503 ff), wobei dieser Bedienstete alle Rechte und Pflichten eines Sv innehat (K/M-G 5 zu § 83; aA *Kube/Leineweber* 84ff; *Leineweber* MDR **80** 7 ff), dh er übernimmt die Verantwortung für das Gutachten (aA KK-*Pelchen* 4 zu § 83) und kann nach § 74 abgelehnt sowie nach § 79 vereidigt werden (K/M-G 5 zu § 83; aA *Jessnitzer/Frieling* 97; *Kube/Leineweber* 87). Das Gutachten einer Fachbehörde hat keinen erhöhten Beweiswert (*Gössel* DRiZ **80** 369). – Ob ein „wichtiger Fall" vorliegt, entscheidet der Auftraggeber.

1545 cc) Bei der Bestellung soll der Auftraggeber mit dem ausgewählten Sv – nach Möglichkeit (fern-)mündlich – eine **Frist** für die Gutachtenerstattung **vereinbaren** (§§ 161a Abs 1 S 2, 73 Abs 1 S 2). Wird eine andere StA um Amtshilfe ersucht, so trifft die ersuchende StA die Fristabsprache (K/M-G 23 zu § 161a; aA LR-*Rieß* 63 zu 161a). Die Absprache sollte auch aktenkundig gemacht werden (KMR-*Paulus* 21 zu § 73; LR-*Dahs* 24 zu § 73), wozu sich – auch im Hinblick auf die etwaige

---

[23] S aber *Verrel* (ZStW **106** [1994] 336, wonach nur in 6% der untersuchten 214 Schwurgerichtsverfahren aus den Jahren 1983 und 1984 in Nds und Hbg ein zweiter bzw dritter Hauptgutachter hinzugezogen wurde.

II. Auswahl sowie Ablehnung eines Sachverständigen

Festsetzung von Ordnungsgeld (§ 77 Abs 2) – zB eine schriftliche Bestätigung der Vereinbarung ggü dem Sv empfiehlt.

Im Interesse der Zusammenarbeit empfiehlt es sich, (insbes, aber nicht nur in Haftsachen) Terminabsprachen bereits vor Übernahme des Gutachtenauftrages zu treffen. In der Praxis kommt der Terminbereitschaft des Sv mitunter der Stellenwert eines zusätzlichen Auswahlkriteriums zu; dies gilt insbes dann, wenn ein Anlaß zur Beauftragung sich erst während der HV ergibt und der Gesichtspunkt der Beschleunigung wesentlich ist (vgl § 229).

(1) Sofern der ausgewählte Sv eine unter Berücksichtigung der jeweiligen Belange *angemessene Frist* nicht akzeptiert, wird entweder ein anderer Sv heranzuziehen sein oder, wenn der Auftraggeber meint, auf diesen Sv nicht verzichten zu können, die Anordnung von Maßnahmen nach § 77 Abs 2 erforderlich sein.

In geeigneten Fällen soll es für die Zwecke der StA (bzw Polizei) ausreichen, daß nur ein Kurzgutachten in vergleichsweise knapp bemessener Frist abgeliefert oder mündlich erstattet wird; dabei könne erforderlichenfalls bzw vorsorglich zusätzlich eine Frist zur Erstellung einer ausführlicheren Fassung vereinbart werden (K/M-G 15 zu § 73). Ggü dieser Auffassung ist indes zu bedenken, daß die Gefahr methodischer Unzuverlässigkeit (s n etwa 1613 ff) mit Verkürzung der Untersuchungs- und Herstellungszeit überproportional ansteigt.

(2) Mangels entgegenstehender gesetzlicher Regelung ist eine nachträgliche Änderung der Frist während ihres Laufes zulässig. Entspr § 224 Abs 2 ZPO sind für eine Verlängerung erhebliche rechtfertigende Gründe glaubhaft zu machen.

(3) Soweit die Gelegenheit der (mündlichen oder fernmündlichen) Absprache „dazu dienen soll" (K/M-G 12 zu § 73; s auch BT-Dr 7/551 S 62), das genaue Thema und den Umfang des zu erstellenden Gutachtens zu erörtern bzw dazu geeignet ist, das Thema „wesentlich genauer zu begrenzen und zu erläutern" als bei der schriftlichen Auftragserteilung (K/M-G 12 zu § 73), ist – ebenso wie bzgl der Leitungsfunktion insgesamt (s u 1602) – auf Gefahren ergebnisrelevanter Weichenstellungen bzw Beeinflussungen hinzuweisen, zumal ua der Beschuldigte bzw Angekl an dem Gespräch nicht teilnimmt; entspr gilt insofern, als anläßlich der Fristvereinbarung erörtert wird, welche Unterlagen der Sv als Anknüpfungstatsachen benötigt (s n dazu 1603). **1546**

dd) Unmittelbar nach Ernennung des Sv ist dieser den zur Ablehnung Berechtigten (s 1555) grds **namhaft zu machen** (§ 74 Abs 2 S 2); diese Pflicht obliegt auch der StA (bzw Polizei) (KMR-*Paulus* 14 zu § 74; aA KK-*Pelchen* 11, LR-*Dahs* 18 beide zu § 74[24]), zumal der von der StA beauftragte Sv aus Sicht des Beschuldigten möglicherweise eher Anhaltspunkte für eine Befangenheit bietet als ein vom Gericht beauftragter Sv. – Ist eine Behörde zur Gutachtenerstattung bestellt, so kann zunächst nur diese benannt werden; die genaue Namhaftmachung ist nachzuholen, sobald die Person des Sv bekannt wird (vgl § 256 Abs 2). **1547**

Die Vorschrift des § 74 Abs 2 S 2 zielt darauf ab, für den Fall einer begründeten Ablehnung Zeitverlust und vergebliche Arbeit zu vermeiden. Daher liegen von der Pflicht befreiende „besondere Umstände" (§ 74 Abs 2 S 2 Hs 2) nicht etwa dann vor, wenn dem Sv unter Verheimlichung des Namens zunächst Gelegenheit gegeben werden sollte, sein Gutachten abzuschließen.

---

[24] Nach deren Auffassung besteht im Ermittlungsverfahren noch kein Ablehnungsrecht, s 1556.

Das gleiche gilt, wenn aus bestimmten Gründen der Name des Sv vor dem Ablehnungsberechtigten überhaupt verheimlicht werden soll. Denn das Gericht ist gemäß § 222 ohnehin zur rechtzeitigen Namhaftmachung (und zwar einschließlich Wohn- und Aufenthaltsort) des Sv verpflichtet, wenn dieser zur HV geladen wird; soll hingegen das Gutachten nach § 256 verlesen werden, so wird der Name des Sv in der HV genannt.

Vielmehr befreien von der Pflicht zur Namhaftmachung nur Gefahr im Verzug (iS von drohendem Verlust solcher Beweismittel [zB Augenscheinsobjekt, Zeuge], deren der Sv zur Vorbereitung des Gutachtens bedarf) und Zwecke der Beschleunigung (wie Dringlichkeit der Vernehmung).

1548 c) aa) **Gegen** die *Auswahl* eines Sv durch die **StA** bzw die **Polizei** kann sich der Beschuldigte nur an die StA wenden (vgl aber zur Ablehnung wegen Befangenheit 1556).

Gegen die Auswahl eines Sv durch das **Gericht** ist die **Beschwerde** zulässig (LR-*Dahs* 27 zu § 73; K/M-G 18 zu § 73; aACelle NJW **66** 949; Hamburg MDR **72** 1048; Hamm MDR **94** 83; KMR-*Paulus* 25, KK-*Pelchen* 9, AK-*Lemke* 12, alle zu § 73). Jedoch gilt dies nicht für die in einer Anordnung nach § 202 S 1 enthaltene Auswahl eines bestimmten Sv (Düsseldorf MDR **91** 788) und auch nicht für die Auswahl durch das erkennende Gericht (§ 305 S 1; Düsseldorf MDR **86** 256; Hamm MDR **70** 863).

bb) Wegen mangelnder Eignung des Sv kann durch die Aufklärungsrüge (§ 244 Abs 2) mit der **Revision** dann vorgegangen werden, wenn das Urteil einschlägige Mängel erkennen läßt (vgl etwa 1613 ff). Entspr gilt für die Sachrüge, wenn auf Eignungsmängeln des Sv solche Ausführungen beruhen, die gegen Denkgesetze oder (zB auch wissenschaftliche) Erfahrungssätze verstoßen (LR-*Dahs* 28 zu § 73; KK-*Pelchen* 9 zu § 73) bzw wenn ein Antrag gem § 244 Abs 4 fehlerhaft abgelehnt wurde (s 1522 ff).

2. Ablehnung

Übersicht

	Rn		Rn
a) Ablehnung wegen Befangenheit	1549	b) Ablehnungsantrag	
aa) Zwingende Gründe des § 22 Nr 1–4	1550	aa) Berechtigte, formelle Voraussetzungen und Inhalt	1555–1558
bb) Sonstige Ablehnungsgründe	1551–1554	bb) Zuständigkeit	1559
		cc) Folgen bei Stattgabe	1560, 1561
		c) Angreifbarkeit	
		aa) Beschwerde	1562
		bb) Revision	1563–1565

1549 a) Wegen **Befangenheit** kann der Sv gemäß § 74 in entspr Anwendung der §§ 22 Nr 1–4 (nicht also Nr 5 [s aber 1551 f, 1554]), 24 – vorbehaltlich der Zwecke des entspr anwendbaren § 26 a Abs 1 Nr 3 – abgelehnt werden (zur Namhaftmachung gemäß § 74 Abs 2 S 2 s 1547). Es ist zu unterscheiden zwischen zwingenden Gründen der Ablehnung eines Sv und sonstigen. Der Ablehnung steht eine konkrete Nichtersetzbarkeit des Sv (zB weil die Untersuchung aus tatsächlichen oder rechtlichen Gründen nicht wiederholbar ist oder, falls dies vorkommen sollte, dieser Sv allein hinreichend sachkundig ist) nicht entgegen. – Die Ablehnungsmöglichkeiten betreffen auch Sv, die im Wege des Freibeweises gehört werden (sollen) ebenso wie solche, die nach §§ 214 Abs 3, 220 geladen wurden (Hamm VRS **26** 365). Das gleiche gilt für Behördenvertreter, die ein Behördengutachten in der HV vortragen oder ergänzen (hM; aA *Ahlf* MDR **78** 983 ff; *Leineweber* MDR **80** 10); entspr müßte hinsichtlich des federführenden Bediensteten dann gelten, wenn das Gutachten nach § 256 Abs 1 verlesen wird (aA wohl *Gössel* DRiZ **80** 375; *Jessnitzer/Frieling* 191).

aa) Die Gründe des **§ 22 Nr 1–4** sind **zwingend** (hM; s nur BGH **18** 214; aA **1550** *Krause* FS-Maurach 557).

(1) Die Begriffe **„Beamter** der StA" bzw „Polizeibeamter" in § 22 Nr 4 sind *funktionell* zu verstehen (krit dazu *Dippel* 132 Fn 917). Demgemäß ist (lediglich) erforderlich, daß der StA in einer Amtsstellung tätig war, die der Verfolgung des Beschuldigten bzw Angekl diente.[25] Entspr gilt für Polizeibeamte (oder sonstige Hilfsbeamte der StA [RG JW **12** 1068]), dh es genügt die Teilnahme an den Ermittlungen (BGH MDR **58** 785).[26] Daß § 22 Nr 4 für Beamte der VerfSchÄmter nicht gelten soll (BGH **18** 214 = GA **64** 46 mit Anm *Schäfer;* BGH NJW **64** 1681; LR-*Dahs* 7 zu § 74), ist im Hinblick auf die Entwicklung in der Zusammenarbeit zwischen diesen Ämtern und der Polizei (bei Fortbestand der §§ 74, 22) zw. Als nicht erfüllt gilt die Voraussetzung bei Polizeibediensteten einer Dienststelle, die nicht mit Ermittlungsaufgaben befaßt und organisatorisch von der Ermittlungsbehörde getrennt ist;[27] dies ist ua deshalb nicht ganz unbedenklich, weil sie teilweise durch private Sv kaum ersetzbar und also auch kaum von außerhalb der Dienststelle kontrollierbar sind, schließt zumindest aber im Einzelfall die Ablehnung wegen Besorgnis der Befangenheit nicht aus (s etwa *Krüger* Die Polizei **82** 133).

(2) Der Auschließungsgrund des § 22 Nr 5 wird durch § 74 Abs 1 S 2 verdrängt, dh § 22 Nr 5 kommt zumindest insoweit nicht zur Anwendung. Aber auch eine Anwendung betr einen in dem Verfahren schon zu einem früheren Zeitpunkt (zB im Vorverfahren oder im 1. Rechtszug) tätigen Sv scheidet gemäß teleologischer Auslegung aus (s 1526 f, 1551 a). Indes schließt § 74 Abs 1 S 2 eine Ablehnung wegen Befangenheit nicht aus, sofern der Sv durch Aussage oder Verhalten bei der Zeugenvernehmung oder dem Inhalt des früher erstatteten Gutachtens dazu Anlaß gegeben hat (LR-*Dahs* 9 zu § 74). Im übrigen kann im Rechtsmittelverfahren im Rahmen der Leitungsfunktion (§ 78) insoweit § 23 entspr Anwendung finden (LR-*Dahs* 10 zu § 74; aA KMR-*Paulus* 3, K/M-G 3, KK-*Pelchen* 3, alle zu § 74).

bb) Hinsichtlich **sonstiger Ablehnungsgründe**, die den Gründen der *Besorgnis* **1551** *der Befangenheit* eines Richters (§ 24) entsprechen, kommt es darauf an, ob vom

---

[25] Zum Beispiel auch Wirtschaftsreferenten der StA unabhängig davon, ob sie ihr Gutachten „ersichtlich" eigenverantwortlich erstatten (*Dose* NJW **78** 354; LR-*Dahs* 7, aber auch 14 zu § 74; aA die hM, BGH **28** 384; NStZ **84** 215; Zweibrücken NJW **79** 1995; *Gössel* DRiZ **80** 371; *Schlüchter* 528 Fn 443; nach AK-*Lemke* 8 zu § 73 bedenklich) bzw ob der ermittelnde StA ihm ggü über kein Weisungsrecht verfügt (aA BGH StV **86** 465).

[26] Insofern ohne weiteres auch Angehörige des BKA, BGH **18** 216 (krit dazu *Dästner* MDR **79** 545; zust *Krause* FS-Maurach 555); LR-*Dahs* 7 zu § 74.

[27] Zum Beispiel kriminalwissenschaftliche, technische oder speziell chemische Untersuchungsdienststellen (BGH **18** 216; MDR **58** 785; RG **35** 319; LR-*Dahs* 8 zu § 74; KK-*Pelchen* 2 zu § 74) oder SchriftSv (*Pfanne* JR **68** 379).

Standpunkt des Ablehnenden her betrachtet (unter Berücksichtigung der subjektiven Komponente)[28] ein Mißtrauen gegen die Unparteilichkeit des Sv gerechtfertigt erscheint (BGH **8** 144 f; GA **68** 305; BGH bei *Holtz* MDR **77** 983 f; StV **81** 55 f; s ausführl *Dippel* 138–153). Dabei besteht das Problem, daß zur Beurteilung am ehesten unbeteiligte Dritte geeignet sind (BGH **21** 341; DAR **80** 206 bei *Spiegel*; Düsseldorf JMBl NRW **87** 102 f), das Gericht jedoch nicht ohne weiteres eine derartige Distanz zu erreichen vermag (zumal bei etwaiger Identifizierung mit Vorurteilen des Sv);[29] hierüber hilft auch nicht der Hinweis hinweg, daß die Ablehnungsgründe in ihrer Gesamtheit zu würdigen sind (RG **47** 241; BGH **8** 235).

So soll (nach Karlsruhe JW **32** 965 mit Anm *Heilberg*) kein Ablehnungsgrund darin liegen, daß der Sv ein Gutachten über einen Fall seines eigenen Tätigkeitsbereichs abgeben soll (zust LR-*Dahs* 14 zu § 74; zw). Die Besorgnis der Befangenheit besteht zu Recht bei begründetem Verdacht der Teilnahme des Sv an Menschenversuchen während des NS-Unrechtssystems (OLG Stuttgart StV **83** 361).

Als Gutachter betr einen Angekl in Wirtschaftsstrafverfahren begründet abgelehnt wurde ein Sv, der sich in einer Veröffentlichung pauschalisierend und herabsetzend über solche Angekl geäußert hatte (LG Köln StV **81** 540). Ferner liege ein Ablehnungsgrund dann vor, wenn der Sv ein Polizeibeamter ist, der vorwiegend sicherheitspolizeiliche Aufgaben wahrnimmt (RG **36** 209; BGH **18** 217; NJW **64** 1682; KG VRS **25** 273).

1551a (1) (a) Die Mitwirkung im Vorverfahren im Auftrag der StA oder Polizei ist, für sich allein genommen, kein Ablehnungsgrund (BGH **18** 217; GA **68** 305; s auch 1526 f; zw *Schreiber* FS-Wassermann 1012 f; *Sarstedt* NJW **68** 177 f; *Frenken* DAR **56** 292), wobei es nicht darauf ankommen soll, ob das Gutachten sogar auslösend für die Einleitung des Strafverfahrens war (*Jessnitzer/Frieling* 220; KMR-*Paulus* 11 zu § 74; LR-*Dahs* 8, 12 zu § 74; zw *Eb Schmidt* Nachtr I 2 a; vgl zum Ganzen LR-*Dahs* 12, 14 zu § 74); hingegen wird im allg ein Ablehnungsgrund vorliegen, wenn der Sv selbst die Strafanzeige gegen den Beschuldigten erstattet hat (KK-*Pelchen* 6 zu § 74; anders RG JW **1912** 1068; Bay **51** 391; KG LRE **1** 123; **4** 313; Düsseldorf LRE **2** 158).[30] Gleiches dürfte gelten, wenn der Sv in dem schriftlichen Gutachten die Beweisaufnahme zum Nachteil des Beschuldigten gewürdigt (aA BGH bei *Dallinger* MDR **74** 367; K/M-G 7, LR-*Dahs* 14, beide zu § 74) oder eine durch den (in den Akten niedergelegten) Stand der Ermittlungen nicht gestützte Bewertung des Tatgeschehens zugrundegelegt (LG Frankfurt StV **95** 125) bzw dessen Darstellung als „insgesamt unglaubhaft" bezeichnet hat (BGH bei *Pfeiffer* NStZ **81** 94), wenn er bereits von „Opfer" und „Täter" gesprochen (aA *Kube/Leineweber* 111) oder ohne Einschränkung auf das Schrifttum zur Schuldfrage hingewiesen hat (aA RG HRR **40** 54). Hingegen ist die Teilnahme des Sv an Vernehmungen und die Befragung des Beschuldigten (§ 80 Abs 2) kein Ablehnungsgrund (hM, RG DR **42** 573; *Eb Schmidt* 9 zu § 74; aA *Weimann* JR **51** 199).

Ein Ablehnungsgrund kann nicht allein daraus hergeleitet werden, daß der Sv schon in einem *früheren Strafverfahren* gegen den Beschuldigten tätig war (BGH **8**

---

[28] Auch bei einem sog „Paranoiker" (vgl n 1743 ff), s *Arzt* JZ **69** 440 gegen BGH JZ **69** 437).
[29] Zum Beispiel betr Affekt, Neurose oder Psychopathie vgl n 1760, 1762 ff; 1771 ff; 1786 ff; s auch *Blau* FS-Schewe 12.
[30] S speziell betr Buch- und Betriebsprüfer, sofern er nicht bei den weiteren Ermittlungen mitgewirkt hat, RG JW **31** 2027 mit Anm *Mannheim*.

II. Auswahl sowie Ablehnung eines Sachverständigen

235; bei *Dallinger* MDR **72** 18; LR-*Dahs* 14 zu § 74), wenngleich insoweit nur geringe Anforderungen an zusätzliche Anzeichen zu stellen sind, da im Tabu-Bereich (schon registrierter) Straffälligkeit stets (und also auch aus der Sicht des Beschuldigten) mit Stereotypisierungen gerechnet werden muß.

(b) Eine Ablehnung ist bejaht worden, wenn ein Sv schon als (Privat-) Gutachter **1552** des (mutmaßlichen) Geschädigten (BGH **20** 246; krit auch *Jessnitzer/Frieling* 195) bzw gar des Nebenklägers (Hamm VRS **26** 365) oder für eine am Verfahrensausgang interessierte Versicherungsgesellschaft (RG **72** 251) tätig war sowie auch schon dann, wenn er das (mutmaßliche) Tatopfer ärztlich behandelt hat (BGH bei *Dallinger* MDR **72** 925). Hingegen liegt kein Ablehnungsgrund vor, wenn der Sv für den Beschuldigten ein Privatgutachten erstattet hat (Koblenz VRS **71** 201; KK-*Pelchen* 5, K/M-G 7, LR-*Dahs* 14, alle zu § 74; vgl aber Frankfurt VRS **51** 212).

(c) Ein Ablehnungsgrund besteht dann, wenn der Sv bei dem Beschuldigten unberechtigt körperliche Eingriffe vorgenommen (BGH **8** 144) bzw diesem ggü das Verbot bestimmter Beweismethoden (§ 136a, s 625ff) verletzt hat (zB auch durch Drohung, die Untersuchung unangemessen auszudehnen [*Blau* FS-Schewe 15]); nichts anderes gilt, wenn der Sv den Beschuldigten ohne dessen Einwilligung vor Studierenden exploriert hat (BGH bei *Holtz* MDR **80** 456). Die Ablehnung ist auch begründet, wenn der Sv durch mündliche oder schriftliche Äußerungen den Eindruck der Voreingenommenheit hervorgerufen hat;[31] ggf können auch nur mimische Enttäuschungen genügender Anlaß sein (s etwa OVG Lüneburg DRiZ **74** 194).

Eine Ablehnung wird ausnahmsweise bei „falschen" Gutachten dann begründet sein, wenn darin Tatsachen, die noch nicht bewiesen sind, zugrundegelegt sind (*Schewe* FS-Lange 692ff) bzw wenn die „inhaltliche Fehlerhaftigkeit des Gutachtens dem Zwecke der Bevorzugung oder Benachteiligung" dienen soll (*K. Müller* 243).

(d) Die Besorgnis der Befangenheit kann schließlich bei *Eigeninteressen* des Sv gegeben sein. Dies gilt zB dann, wenn er Zw an Schuldfähigkeit und Gefährlichkeit eines „Psychopathen" weniger zum Ausdruck bringt, weil er ihn nicht in „seinem" Krankenhaus aufnehmen möchte (s instruktiv etwa BGH NStZ **91** 483; vgl auch *Blau* FS-Schewe 20; betr ein „Komplott" [einschließlich des Sv] im umgekehrten Sinne *Konrad* NStZ **91** 320). Ähnlich verhält es sich, wenn der Sv Ergebnisse seiner Untersuchungen vorab in einer Fachzeitschrift veröffentlicht hat (aA Düsseldorf JMBl NRW **87** 103), da der Beschuldigte davon ausgehen mag, daß der Sv ihn möglicherweise gleichsam „benutzt" und Befunde bzw Würdigungen in einer Weise vorgenommen hat, die nicht nur der Entwicklung der Wissenschaft, sondern auch der Profilierung des Sv selbst dient. **1553**

Im übrigen könnten Eigeninteressen des Sv dann anzunehmen sein, wenn das Gutachten mit Sichtweisen solcher Personen in Einklang zu bringen angestrebt wird, die bei der Frage nach der weiteren beruflichen Entwicklung des Sv nicht ohne Einfluß sind.

---

[31] BGH bei *Dallinger* MDR **75** 368: als ob das Gutachten nur zur Überführung zu erstatten sei; bei *Holtz* **77** 983: ob der Angekl auf einem „bestimmten Paragraphen reisen" wolle; StV **81** 55: Hoffnung, daß Aussetzung zur Bewährung versagt werde; s etwa zu „sexualitätsfeindlicher" Verbalisierung *Pfäfflin* 29, 51, 87; bzgl breiter Darstellung von Körperpflege und Umgangsformen *Barton* 49; betr „Verdammungsurteil" s *Rasch*, in: Ponsold 57; vgl ferner Hamburg StV **87** 143: Fangfragen ggü einem Entlastungszeugen; s zudem *Goecke* Ag Str DAV **92** 51.

1554 (2) Hat der *Beschuldigte selbst* sich ggü dem Sv im Verfahren in einer Weise verhalten, die ihm nachteilige Folgen zu haben scheint (zB Strafantrag des Sv gegen ihn wegen Beleidigung), so ist fraglich, ob hieraus ein Ablehnungsgrund erwachsen kann (vern BGH bei *Dallinger* MDR **72** 18; KK-*Pelchen* 5 zu § 74; bej Stuttgart Justiz **65** 196, sofern der Sv mit unsachlicher Polemik reagiert; differenzierend *K. Müller* 240f). Zwar besteht einerseits die Gefahr, daß der Beschuldigte in dieser Weise gezielt einen (bestimmten) Sv ausschalten kann (München NJW **71** 385; LR-*Dahs* 14 zu § 74). Andererseits mag ein entspr Vorgang auf eine Belastung der Interaktion bzw auf eine solche Ausgestaltung der Kommunikation zwischen Sv und Beschuldigtem hindeuten, die die Befähigung des Sv zur Begutachtung (gerade) dieses Beschuldigten, zumindest aber die Zielerreichung des Auftrages als zw erscheinen läßt.[32]

1555 b) aa) (1) **Ablehnungsberechtigt** sind die in § 74 Abs 2 S 1 Bezeichneten (und zwar der Beschuldigte auch im Falle des § 22 Nr 3, da mittelbar Nachteile nicht auszuschließen sind), die Verfalls- und Einziehungsbeteiligten (vgl § 433) sowie die Nebenkläger (vgl § 397 Abs 1 S 3), nicht aber die Antragsteller im Adhäsionsverfahren nach §§ 403ff (allg Auffassung, s nur LR-*Dahs* 16 zu § 74). Entgegen der wohl überwiegenden Auffassung (K/M-G 9, KK-*Pelchen* 10, LR-*Dahs* 16,[33] alle zu § 74; RG **52** 291 f; *Jessnitzer/Frieling* 222) gilt die Berechtigung auch für Verletzte im Klageerzwingungsverfahren (KMR-*Paulus* 13 zu § 74; LR-*Wendisch* 42 zu § 24; *K. Müller* 303). Der Vert ist nur im Namen des Beschuldigten ablehnungsberechtigt (Hamm NJW **51** 731; LR-*Dahs* 15 zu § 74). – Im JStV ergibt § 67 JGG eine Ablehnungsberechtigung auch für gesetzliche Vertreter und Erziehungsberechtigte.

Nicht ablehnungsberechtigt ist der Sv selbst, dh § 30 gilt nicht entspr. Erklärt ein Sv gleichwohl seine Ablehnung, so kann er, sofern Gründe ersichtlich werden, nach § 76 Abs 1 S 2 entbunden werden; andernfalls bedarf die Erklärung keiner Bescheidung.

1556 (2) (a) Das *Ablehnungsgesuch* bedarf keiner besonderen Form, dh er kann zB darin gesehen werden, daß Bedenken gegen die Ladung des Sv erhoben werden (Schleswig SchlHA **49** 87).

(b) Abgelehnt werden kann der Sv auch schon bevor die Sache gerichtlich anhängig ist, dh ein von der StA (bzw Polizei) im *Vorverfahren* herangezogener Sv kann unabhängig davon abgelehnt werden, ob und wann das Gericht ihn vernehmen will (KMR-*Paulus* 15, 20 zu § 74; *Gössel* § 26 B IV b; aA die hM, BGH VRS **29** 26; Düsseldorf MDR **84** 72; LR-*Dahs* 20, KK-*Pelchen* 7, AK-*Wassermann* 10, alle zu § 74). Nach hM sind zuvor lediglich Gegenvorstellungen zulässig, über die von der StA entschieden wird.

Das Ablehnungsgesuch muß nicht unverzüglich nach Kenntniserlangung der Ablehnungsgründe angebracht werden (und deshalb ist die Ausnahmevorschrift des § 257 a nicht ausgeschlossen). Wie § 83 Abs 2 ergibt, kann der Sv (im Unter-

---

[32] Vgl zB aus psychiatrischer Sicht *Ritter* in: Frank/Harrer 52: der beleidigte oder rufschädigend behandelte Sv „ist dann in der Sache nicht mehr zu einer wertfreien Beurteilung imstande".

[33] Unter Hinweis darauf, daß das OLG bei begründetem Vortrag auch ohne förmliche Ablehnung nach § 76 Abs 1 S 2 verfahren kann.

II. Auswahl sowie Ablehnung eines Sachverständigen

schied zu § 25 Abs 2) auch noch nach Erstattung des Gutachtens abgelehnt werden, und zwar auch dann, wenn der Antragsteller zunächst den Anschein erweckt, er wolle sich mit dem Gutachten zufrieden geben (*Jessnitzer/Frieling* 224; K/M-G 12, KMR-*Paulus* 15, LR-*Dahs* 21, alle zu § 74; aA Stuttgart NJW **57** 1646; *Eb Schmidt* Nachtr I 4); die Prozeßbeteiligten können einen Sv, gegen den sie im 1. Rechtszug nichts eingewendet haben, noch im Berufungsrechtszug ablehnen, und entspr gilt für die Ablehnung nach einer ausgesetzten HV (LR-*Dahs* 21 zu § 74). Der letztmögliche Zeitpunkt für die Ablehnung ist der Schluß der Beweisaufnahme, dh nach Beginn der Urteilsverkündung muß das Gericht ein Ablehnungsgesuch nicht mehr entgegennehmen.

Der Ablehnungsantrag wird im übrigen gemäß den Grundsätzen des Beweisantragsrechts (vgl 176 ff) behandelt, dh er muß in der HV gestellt bzw – sofern er bereits vorher gestellt wurde – wiederholt werden (RG **58** 301; **68** 327 f; Hamm VRS **39** 217); die Wiederholung eines vor der HV gestellten Antrages ist – auch mit derselben Begründung (allg Auffassung, s nur RG **47** 240; LR-*Dahs* 25, KK-*Pelchen* 9, beide zu § 74) – selbst dann zulässig, wenn er zurückgewiesen wurde und die Beschwerde erfolglos war (LG Oldenburg JZ **60** 291 mit Anm *Peters*).[34] Wird ein bereits vor der HV gestellter und nicht beschiedener Antrag in der HV nicht wiederholt, so kann darin (sofern der Antragsteller rechtlich beraten ist) ein Verzicht auf die Ablehnung liegen (RG **58** 301); anders verhält es sich (auch wenn der Angekl einen Vert hat), falls der Vorsitzende zugesagt hatte, daß über den Antrag in der HV entschieden werde (RG **61** 376; RG DRiZ **1924** Nr 899; KMR-*Paulus* 18, LR-*Dahs* 25, beide zu § 74; aA RG HRR **31** 477). **1557**

(c) Eine *Zurücknahme* des Antrags ist jederzeit möglich, selbst dann, wenn ein zwingender Ablehnungsgrund geltend gemacht worden war und auch dann, wenn das Gericht die Ablehnung schon für begründet erklärt hatte (allg Auffassung, s nur KK-*Pelchen* 9 zu § 74). Der Sv kann dann vernommen werden (ggf wird das Gericht jedoch Anlaß sehen, nach § 76 Abs 1 S 2 zu verfahren). **1558**

(3) Seinem *Inhalt* nach muß das Ablehnungsgesuch die Tatsachen angeben (ergänzende Auslegung des § 74 Abs 3), auf die es gestützt wird; gerichtsbekannte Tatsachen, die nicht geltend gemacht sind, dürfen nicht berücksichtigt werden. Zugleich müssen die geltend gemachten Tatsachen glaubhaft gemacht werden (§ 74 Abs 3),[35] dh der Antrag ist unzulässig, wenn das Gericht über dessen Begründetheit nicht ohne weitere Ermittlungen entscheiden kann (BGH **21** 347). Es ist nicht erforderlich, daß das Gericht eine „sichere Überzeugung" von der Richtigkeit der Ablehnungsgründe gewinnt, vielmehr reicht eine hinreichende Wahrscheinlichkeit aus (BGH **21** 350; RG **28** 10; Bay NJW **56** 640). – Der Antragsteller kann sich zur Glaubhaftmachung entspr § 26 Abs 3 S 3 auf das uneidliche Zeugnis des Abgelehnten berufen (allg Auffassung, s nur RG Recht **28** Nr 2034; K/M-G 13 zu § 74). Die Benennung von Zeugen reicht nicht aus (BGH **21** 347; KK-*Pelchen* 8 zu § 74), es sei denn, der Antragsteller macht glaubhaft, daß der Zeuge die Abgabe einer schriftlichen Erklärung verweigert (Bay JR **56** 108; *K. Müller* 308). Eidesstatt-

---

[34] Hingegen ist die Wiederholung eines in der HV gestellten und zurückgewiesenen Ablehnungsgesuchs in derselben HV mit derselben Begründung rechtsmißbräuchlich.
[35] Anders nur, wenn die Ablehnungsgründe für alle Prozeßbeteiligten und das Revisionsgericht offensichtlich sind (Hamburg VRS **56** 458).

liche Versicherungen von Zeugen sind zulässig (RG **28** 10; **57** 53 f), nicht hingegen solche des Antragstellers (§ 74 Abs 3 Hs 2; RG **57** 54; LR-*Dahs* 23 zu § 74) und ohnehin nicht solche des Beschuldigten selbst (BGH **25** 92). Ansonsten können zur Glaubhaftmachung Urkunden vorgelegt werden; ergeben sich Ablehnungsgründe aus den Gerichtsakten, so kann auf diese verwiesen werden (LR-*Dahs* 23 zu § 74).

Eine bedingte Ablehnung ist unzulässig (Stuttgart NJW **71** 1090; KK-*Pelchen* 9 zu § 74; KMR-*Paulus* 16 zu § 74).

1559   bb) **Zuständig** zur *Entscheidung* über das Ablehnungsgesuch ist das mit der Sache befaßte Gericht (§ 201 Abs 2 S 1), nach Eröffnung des Hauptverfahrens das erkennende Gericht (und zwar in der HV unter Mitwirkung der Schöffen [§ 30 Abs 1, § 77 Abs 1 GVG; RG **47** 240]). Der ersuchte oder beauftragte Richter führt durch Vorlage die Entscheidung des auftraggebenden Gerichts herbei (allg Auffassung, s nur KK-*Pelchen* 12, LR-*Dahs* 27, beide zu § 74).

Das Gesetz verlangt nicht die vorherige Anhörung des Sv, § 26 Abs 3 gilt nicht entspr (RG **25** 362; Frankfurt NJW **65** 314; KMR-*Paulus* 21, KK-*Pelchen* 13, K/M-G 17, LR-*Dahs* 28, alle zu § 74; aA Koblenz NJW **77** 395; AK-*Wassermann* 12 zu § 74). Hält das Gericht die Anhörung für angebracht und äußert sich der Sv, so muß die Äußerung dem Ablehnenden, falls sie zur Zurückweisung des Ablehnungsgesuchs verwertet werden soll, verbunden mit der Gelegenheit zur Stellungnahme, vor der Entscheidung bekanntgegeben werden (KK-*Pelchen* 13, LR-*Dahs* 28, beide zu § 74; *Jessnitzer/ Frieling* 226).

Die Entscheidung ergeht nach Anhörung der Prozeßbeteiligten (§ 33) durch Beschluß, ohne daß dies unmittelbar nach dem Ablehnungsgesuch geschehen müßte; unzulässig ist eine nur stillschweigende Entscheidung (zB durch Bestellung oder Vernehmung eines anderen Sv; Hamm NJW **66** 1880; *Eb Schmidt* 19, KMR-*Paulus* 22, LR-*Dahs* 29, K/M-G 17, alle zu § 74; aA RG JW **1924** 1610 mit Anm *Beling*) oder gar ein Ausweichen vor der Entscheidung (zB durch Vernehmung des abgelehnten Sv als sachkundigen Zeugen [allg Auffassung, Schleswig SchlHA **49** 88]).

Der Beschluß ist, auch wenn er dem Ablehnungsgesuch stattgibt, mit Gründen zu versehen (§ 34).[36] Ausnahmsweise ist das Fehlen von Gründen unschädlich, sofern die maßgebenden Gründe für die Prozeßbeteiligten und das Revisionsgericht klar ersichtlich und im übrigen zutreffend sind (RG JW **31** 2504; KK-*Pelchen* 13 zu § 74).

Das Gericht kann den Beschluß jederzeit von Amts wegen oder aufgrund von Gegenvorstellungen (etwa seitens des nicht beschwerdeberechtigten Sv) aufheben oder ändern (LR-*Dahs* 31 zu § 74; *K. Müller* 315).

1560   cc) Hat das *Gericht* dem **Ablehnungsgesuch stattgegeben**, so darf der abgelehnte Sv nicht weiter vernommen und ein etwa schon erstattetes Gutachten nicht verwertet werden (allg Auffassung, Düsseldorf MDR **84** 72; KK-*Pelchen* 14 zu § 74), und zwar auch nicht dergestalt, daß das Gericht aus ihm die eigene Sachkunde herleitet (LR-*Dahs* 32 zu § 74); das Gutachten darf auch nicht von einem anderen Sv (zB verantwortlicher Leiter desselben Instituts) anstelle des abgelehnten vorgetragen werden (Celle NJW **64** 462; KMR-*Paulus* 25 zu § 74; LR-*Dahs* 32 zu § 74).

---

[36] Zur Ausführlichkeit, damit das Revisionsgericht prüfen kann, ob das Tatgericht die anzuwendenden Begriffe richtig erkannt hat, BGH bei *Holtz* MDR **78** 459.

II. Auswahl sowie Ablehnung eines Sachverständigen

Aufgrund fortbestehenden Beweisantrages oder (idR) gemäß § 244 Abs 2 ist ein neuer Sv zu bestellen.[37]

Unbeschadet erfolgreicher Ablehnung kann der Sv als Zeuge über Wahrnehmungen vernommen werden, deren Bekundung ohnehin nicht Teil seines Gutachtens hätte sein können oder gewesen ist (allg Auffassung, LR-*Dahs* 33 zu § 74). Der erfolgreich abgelehnte Sv darf das Gutachten jedoch nicht als sachkundiger Zeuge erstatten (BGH **20** 224 = JR **66** 424 mit Anm *Hanack*) und auch nicht als sachkundiger Zeuge zu von ihm gezogenen Schlußfolgerungen gehört werden (LR-*Dahs* 34 zu § 74).

Andererseits wird überwiegend die Ansicht vertreten, er dürfe als sachkundiger Zeuge über Tatsachen gehört werden, die Gegenstand seiner Wahrnehmung gewesen sind (BGH **20** 224 = JR **66** 424 mit Anm abl *Hanack*); indes kann dies (auch wegen der Gefahr einer „verkappten" Gutachtenerstattung, s *Blau* FS-Schewe 13) allenfalls unter Beschränkung auf Zufallsbeobachtungen[38] und Zusatztatsachen zulässig sein (vgl dazu *Geppert* DAR **80** 321 sowie *ders* FS-von Lübtow 790), während eine Vernehmung als sachkundiger Zeuge über die bei Vorbereitung des Gutachtens ermittelten Befundtatsachen ausgeschlossen ist (LR-*Sarstedt* [22.A] 4 zu § 85; *Hanack* JR **66** 425; *Geppert* DAR **80** 321; tendenziell auch LR-*Dahs* 34 zu § 74; anders die hM, BGH **20** 224 = LM § 85 StPO Nr 1 mit Anm *Kohlhaas*, s auch schon RG JW **31** 2026 mit Anm *Mannheim*; ebenso KK-*Pelchen* 15, KMR-*Paulus* 27, K/M-G 19, AK-*Wassermann* 14, alle zu § 74; AK-*Schreiber* 30 vor § 72; *Gössel* § 26 B IV d sowie DRiZ **80** 372; *Jessnitzer/Frieling* 232; *Schlüchter* 529; s auch *H. Mayer* FS-Mezger 466). Die Unzulässigkeit ergibt sich schon aus dem Widerspruch, daß der amtliche Auftrag allg als Abgrenzungsmerkmal zwischen Sv und sachkundigem Zeugen verwandt wird (s oben 1514f), der abgelehnte Sv aber gleichwohl als Zeuge vernommen werden soll (*Hanack* JR **66** 425). Zudem folgt die Unzulässigkeit aus der (oftmals nicht auszuschließenden) Abhängigkeit auch der Feststellung von Befundtatsachen von Umständen in der Person des Sv (s n 1613–1618), und zwar gerade bei den – in der Praxis allein einschlägig problematischen – unwiederholbaren Wahrnehmungen (bei sonstigen Wahrnehmungen muß das Gericht ohnehin einen anderen Sv beauftragen). Empirisch gesichert ist, daß die tatsächlichen Beobachtungen (die Gegenstand des Zeugenbeweises sein sollen) und die sachkundige Beurteilung (die nach der Ablehnung nicht mehr geschehen darf) untrennbar miteinander verbunden sind, dh der sachkundige Zeuge müßte auch gefragt werden, wie er die von ihm beobachteten Tatsachen sachkundig beurteilt habe, so daß sich im Erg nicht verhindern ließe, daß eben doch die Sachkunde des Abgelehnten zur Grundlage des Urteils würde (LR-*Sarstedt* [22.A] 4 zu § 85; aA *Fezer* JR **90** 398: es gebe keine spezifische Sv-Wahrnehmung; *Beulke* StP 199). Zwar kann auch der „normale" sachkundige Zeuge nicht wegen Befangenheit abgelehnt werden, obwohl auch er in der sachkundigen Bewertung der Wahrnehmungen befangen sein kann; jedoch hat der Sv im Auftrag eines Strafver-

1561

---

[37] § 83 Abs 2 hat demggü kaum praktische Bedeutung und besagt im wesentlichen nur, daß eine neue Begutachtung nicht angeordnet zu werden braucht, wenn schon die erste überflüssig war (Bay NJW **56** 1001).
[38] Also solche, die er unabhängig von seiner Bestellung, insbes vor seiner Ernennung zum Sv gemacht hat.

folgungsorgans und also aufgrund offiziell verliehener Machtbefugnisse Feststellungen getroffen, woraus sich der entscheidende Unterschied zum sachkundigen Zeugen ergibt.

1562 c) aa) Da § 28 nicht anwendbar ist (die Verweisung in § 74 Abs 1 S 1 bezieht sich nur auf die Ablehnungsgründe, nicht aber auf den Antrag [RG **25** 361 f; **47** 239 f]), sind im Vor- und Zwischenverfahren gemäß § 304 Abs 1 alle auf den Ablehnungsantrag ergehenden Entscheidungen (einschließlich des Unterlassens einer solchen [K. *Müller* 318; LR-*Dahs* 35, KK-*Pelchen* 16, beide zu § 74]) – namentlich auch ein stattgebender Beschluß (Celle NJW **66** 415; Frankfurt VRS **51** 212; KK-*Pelchen* 16 zu § 74) – mit der einfachen **Beschwerde** anfechtbar (anders in Fällen des § 304 Abs 4); weitere Beschwerde ist ausgeschlossen (§ 310 Abs 2). Beschwerdeberechtigt sind die Ablehnungsberechtigten (s 1555), und zwar unabhängig davon, ob sie den Antrag gestellt haben; nicht hingegen ist der Sv beschwerdeberechtigt (Oldenburg JZ **60** 291 mit Anm *Peters;* Frankfurt NJW **65** 314; LR-*Dahs* 36 zu § 74; K/M-G 20 zu § 74).

Nach Eröffnung des Hauptverfahrens ist die Beschwerde nicht mehr möglich (§ 305 S 1; Celle NJW **66** 415; Düsseldorf **67** 692; Hamburg NJW **67** 2274; Zweibrücken MDR **68** 781; LR-*Dahs* 37 zu § 74; K/M-G 20 zu § 74), und zwar auch dann nicht, wenn die Ablehnung für begründet erklärt wurde (KG JR **59** 350; LR-*Dahs* 37 zu § 74; K. *Müller* 318 a). Der Ausschluß der Beschwerde gilt jedoch nicht für die Ablehnung eines nach § 81 Abs 1 gehörten Sv; insoweit gilt die Beschwerdemöglichkeit des § 81 Abs 4 (Celle Nds RPfl **56** 80; s n 1707).

Das Beschwerdegericht prüft die rechtlichen und die tatsächlichen Grundlagen der Entscheidung (KK-*Pelchen* 16 zu § 74); es kann sein eigenes Ermessen an die Stelle desjenigen des Gerichts setzen, dessen Entscheidung angefochten wurde. Da der Beschwerdebeschluß keine materielle Rechtskraft entfaltet, steht er einer erneuten Ablehnung des Sv vor dem erkennenden Gericht mit anderer Begründung nicht entgegen (allg Auffassung, s nur LR-*Dahs* 38 zu § 74), während die bloße Wiederholung rechtsmißbräuchlich wäre. – Im übrigen ist das Berufungsgericht nicht gehindert, den Sv zu vernehmen, wenn es die Ablehnung als unbegründet beurteilt (LR-*Dahs* 37, KMR-*Paulus* 26, beide zu § 74).

1563 bb) Die **Revision** kann auf eine Verletzung des § 74 Abs 1 nur gestützt werden, wenn der Sv in der HV, in der das Urteil erging (nicht also in einer früheren ausgesetzten [RG JW **32** 3099 mit Anm *Bohne*]), abgelehnt worden ist (allg Auffassung, s nur KK-*Pelchen* 17 zu § 74). Die Revision mit der nachträglichen Rüge der Befangenheit des Sv wird auch dann nicht eröffnet, wenn ein zwingender Ablehnungsgrund vorliegt (RG JW **1891** 323; RG LZ **15** 360). Die Revision kann hingegen darauf gestützt werden, daß der Antrag nicht oder nur stillschweigend beschieden wurde (Hamm NJW **66** 1881), bzw daß der ablehnende Beschluß nicht ausreichend (insbes nicht sachlich unter Würdigung der Ablehnungstatsachen) begründet wurde (BGH bei *Holtz* MDR **78** 459; BGH NStZ **95** 388; RG **47** 241), sofern die Gründe nicht für alle Prozeßbeteiligten offensichtlich sind (Hamburg VRS **56** 457 f; KK-*Pelchen* 17 zu § 74).

1564 Die Revision kann ferner darauf gestützt werden, daß dem Antrag zu Unrecht stattgegeben wurde bzw daß der Antrag zu Unrecht zurückgewiesen wurde. Im Falle des Stattgebens und anschließender Vernehmung eines anderen Sv hängt die Beantwortung der Beruhensfrage vom Einzelfall ab (tendenziell anders KK-*Pelchen*

II. Auswahl sowie Ablehnung eines Sachverständigen

17 zu § 74: regelmäßig zu verneinen), da der abgelehnte Sv möglicherweise besser qualifiziert war (RG Rspr **10** 355) und die Diskrepanzen hinsichtlich des Erg eines Gutachtens oftmals auf die fachliche Orientierung bzw die Person des Sv zurückzuführen sind (vgl etwa betr die Schuldfähigkeit 1803); die Frage ist dann zu bejahen, wenn der abgelehnte Sv sein Gutachten vorher abgegeben hatte und das Gutachten des neuen Sv, das dem Urteil zugrundeliegt, davon abweicht (LR-*Dahs* 41 zu § 74). Ob das Beruhen bei einer rechtsfehlerhaften Ablehnung mit der Begründung verneint werden kann, der Tatrichter habe das Gutachten des abgelehnten Sv nicht verwertet bzw das Urteil lasse klar erkennen, daß es ohne Berücksichtigung des Gutachtens zu demselben Erg gelangt wäre (so LR-*Dahs* 41 zu § 74), ist schon wegen Techniken aufhebungsresistenter Herstellung von Entscheidungen zw.

Die Ablehnung des Antrags vor der HV ist kein Revisionsgrund, wenn der Antrag nicht in der HV wiederholt wurde (vgl n 1557). – Auch auf eine Verletzung des § 74 Abs 2 S 2 kann die Revision (idR) nicht gestützt werden (regelmäßig wird die Beruhensfrage zu verneinen sein, weil der Angekl bzw sein Vert in der HV keine Folgerungen daraus gezogen haben [allg Auffassung, Köln JMBl NRW **62** 202; KK-*Pelchen* 17 zu § 74]).

(1) Formell sind mit der Revision (gemäß allg Grundsätzen, § 344 Abs 2 S 2) das **1565** Ablehnungsgesuch und der ggf darauf ergangene gerichtliche Beschluß mitzuteilen (BGH bei *Spiegel* DAR **79** 191; Düsseldorf JMBl NRW **87** 103; LR-*Dahs* 43 zu § 74). Bezieht sich die Ablehnung auf den Inhalt des Gutachtens, genügt die nur punktuelle Wiedergabe einzelner Formulierungen aus dem Sv-Gutachten nicht, soweit diese, wie es idR der Fall ist, nur aus dem Zusammenhang heraus beurteilt werden können (BGH bei *Miebach* NStZ **88** 21).

(2) Es gelten die Voraussetzungen des allg Revisionsrechts (BGH **8** 232; GA **68** 305; bei *Spiegel* DAR **79** 191; StV **81** 55; LR-*Dahs* 42 zu § 74; K/M-G 21 zu § 74): Das Revisionsgericht prüft nur, ob der Tatrichter über Rechtsfragen geirrt hat. Die Frage, ob Besorgnis der Befangenheit bestanden hat, gilt als Rechtsfrage (BGH **8** 233; **20** 245; NJW **61** 2069; **69** 2293; bei *Dallinger* MDR **72** 925; Hamm NJW **66** 1881. Das Revisionsgericht ist an diejenigen Tatsachen gebunden, die der Tatrichter seiner Entscheidung zugrundegelegt hat, dh das Revisionsgericht prüft nicht selbständig, ob die tatsächlichen Voraussetzungen für die Ablehnung vorliegen (BGH NStZ **94** 388). Es dürfen keine neuen Tatsachen und Beweismittel nachgeschoben werden und das Revisionsgericht darf die getroffenen Feststellungen nicht durch eigene Ermittlungen ergänzen (Koblenz VRS **71** 200; LR-*Dahs* 42 und K/M-G 21, beide zu § 74: auch eine ergänzende Glaubhaftmachung ist unzulässig) bzw eigene Feststellungen treffen (RG **25** 361 f; KK-*Pelchen* 18 zu § 74); Tatsachen, die in dem Ablehnungsgesuch nicht vorgebracht waren, dürfen auch dann nicht berücksichtigt werden, wenn sie in dem Urteil ausdrücklich festgestellt worden sind (*K. Müller* 319; LR-*Dahs* 42 zu § 74).

III. Pflichten und Rechte des Sachverständigen

1. Pflichten und ihre Durchsetzung

Übersicht

	Rn		Rn
a) Sachverständigenpflicht im allgemeinen		(4) Rechtsbehelfe ...	1578
		(5) Revision	1579
aa) Einzelne Fälle	1566–1568	b) Belehrungspflicht......	1580
bb) Sanktionierung bei Pflichtverletzung	1569	c) Aussagepflicht	1581
		aa) Ausmaß	1581
(1) Voraussetzungen ..	1570, 1571	bb) Würdigung der Anknüpfungstatsachen ..	1581
(2) Auferlegung der Kosten und Ordnungsgeld	1572–1574	cc) Form	1582, 1583
		d) Anwesenheit in der Hauptverhandlung	1584
(3) Verfahren	1575–1577		

1566 a) aa) Das Gesetz kennt **keine allg Sv-Pflicht**. Lediglich in **vier bestimmten Fällen** (§ 75) muß einer Ernennung durch StA (§ 161 a Abs 2) oder Gericht Folge geleistet werden (sofern nicht Unzumutbarkeit vorliegt, s 1586); diese Pflicht besteht (trotz des Gesetzeswortlauts „Ernennung", jedoch iSd Erscheinenspflicht nach § 220 Abs 2) auch im Falle der unmittelbaren Ladung gemäß §§ 214 Abs 3, 220 Abs 1. Sofern Hilfsbeamte der StA (ohne Bestellung durch die StA) einen Sv heranziehen (zB in Fällen des § 81 a), begründet dies keine prozessuale Befolgungspflicht, es sei denn, der Sv ist Amtsträger einer öffentlichrechtlichen Körperschaft mit der Folge der Pflicht zur Amtshilfe (Art 35 GG; zu Fragen vertraglicher Verpflichtung *Blank* BlAlk **92** 82 f); auch dann kann er jedoch im Falle der Weigerung (zB einer Blutprobenentnahme) nicht zur Durchführung gezwungen werden (*Händel* BlAlk **77** 195 ff; vgl auch *Blank* BlAlk **92** 84 f).

Der **Inhalt der Pflicht** ergibt sich aus gesetzlichen Bestimmungen sowie aus dem Auftrag. Das Recht des Angekl, den Sv unmittelbar zu laden (§§ 214 Abs 3, 220 Abs 1), begründet für diesen die Pflicht, im gleichen Umfang tätig zu werden wie bei der Heranziehung durch einen Auftraggeber.

1567 (1) *Öffentl Bestellung*, die sich auf die erforderte Art beziehen muß, umfaßt in erster Linie die Gerichtsärzte (bzw in Bayern LG-Ärzte [GVBl **86** 120]) sowie öffentl bestellte Buchsachverständige und Wirtschaftsprüfer (s näher 1530).

Öffentl Ausübung zum *Erwerb* bedeutet jede Art von Erwerbstätigkeit (zB Industrie, Handel, Gewerbe, freiberufliche Tätigkeit), sofern die Tätigkeit ggü einem zahlenmäßig unbestimmten Personenkreis in der Absicht ausgeübt wird, eine laufende Einnahmequelle zu erschließen (LR-*Dahs* 3 zu § 75; KK-*Pelchen* 3 zu § 75). Insbes ist der Begriff Gewerbe weiter und anders zu verstehen als in der GewO, während der Begriff öffentlich hier tatsächlicher, nicht rechtlicher Art ist (KMR-*Paulus* 3 zu § 75). Die Einnahmequelle muß nicht die einzige oder hauptsächliche sein; umgekehrt reichen nur vereinzelte Erwerbsakte nicht aus.

Unter die Voraussetzungen *öffentl Bestellung* zur Ausübung der Wissenschaft, der Kunst oder des Gewerbes fallen vor allem Beamte (zB Univ-Prof).

III. Pflichten und Rechte des Sachverständigen

Öffentl Ermächtigung zu einschlägiger Ausübung unterliegt zB der Lehrbeauftragte oder der approbierte Arzt; dabei kommt es nicht darauf an, ob die Tätigkeit auch tatsächlich ausgeübt wird (LG Trier NJW **87** 722 f; *Eb Schmidt* 6 zu § 75).

(2) Die unwiderrufliche (LR-*Dahs* 6 zu § 75) **Bereiterklärung** gemäß § 75 Abs 2 („des" Gutachtens) setzt eine in einer bestimmten Strafsache ggü der StA (§ 161 a Abs 1 S 2) oder dem Gericht (idR auf deren Anfrage hin) abgegebene Erklärung voraus, dh ein allg Angebot zur Gutachtenerstattung reicht nicht aus (hM; aA *Jessnitzer/Frieling* 143). Unbeschadet des Gesetzeswortlauts („vor" Gericht) ist nach allg Auffassung eine bestimmte Form für die Erklärung nicht vorgeschrieben, dh sie kann schriftlich oder mündlich, ggf auch stillschweigend durch widerspruchslose Annahme des Gutachtenauftrages bzw Erscheinen vor Gericht erklärt werden. **1568**

Im Falle unaufgefordert erklärter Bereitschaft ist diese erst dann unwiderruflich, nachdem das Gericht oder ein Prozeßbeteiligter durch Ladung gemäß §§ 214 Abs 3, 220 Abs 1 von der Bereiterklärung Gebrauch gemacht hat.

bb) Bleibt der zur Gutachtenerstattung verpflichtete Sv aus oder verweigert er die Gutachtenerstattung, so bestehen die **Sanktionen** (abw von §§ 51, 70) in Kostenersatz und Ordnungsgeld (§ 77 Abs 1 S 1, 2). Verweigert der verpflichtete Sv die Fristabsprache oder versäumt er die verabredete Frist, so kann die Zahlung von Ordnungsgeld (ohne Leistung von Kostenersatz) festgesetzt werden (§ 77 Abs 2). Diese Zwangsbefugnisse stehen auch der StA zu (§ 161 a Abs 2), nicht jedoch der Polizei. – Die Gestaltung der Sanktionen ist, insgesamt betrachtet, deutlich zurückhaltender als ggü Zeugen; insbes ist, im Unterschied zu § 51 Abs 1 S 1, Ordnungshaft ausgeschlossen. Als (ein) Grund für diesen Unterschied gilt, daß der Sv im allg ersetzbar ist. Wegen dieses Umstandes ebenso wie wegen der aus § 77 Abs 1 S 3 sowie Abs 2 S 3 folgenden Erschöpfung der Zwangsmittel im Wiederholungsfall und auch iS einer unbefrachteten Zusammenarbeit (*Franzki* DRiZ **74** 307; LR-*Dahs* 11 zu § 77) erscheint es oftmals ratsam, den nach einer ersten Festsetzung von Ordnungsgeld weiterhin nichtbefolgenden Sv zu entbinden (§ 76 Abs 1 S 2; betr den Verlust der Gebührenansprüche s näher die Erl zum ZSEG); in den Fällen des § 77 Abs 2 gilt dies auch schon bei der ersten Nichtbefolgung (zw bei geringerer Eignung des anderen zu bestellenden Sv). **1569**

Ist der Sv nicht zur Gutachtenerstattung verpflichtet, so kann das Verlangen ohne weiteres abgelehnt werden. Ein Verweigerungsrecht ist anzukündigen. Bei unüberwindlichen Hinderungsgründen (zB Krankheit, unvorhersehbar gewesene Arbeitsüberlastung) kann die *Nichtbefolgung entschuldigt* sein, so daß die Sanktionen entfallen; jedoch muß der Grund rechtzeitig und genügend mitgeteilt sein (§ 51 Abs 2 entspr).

(1) (a) **Voraussetzung** für die Sanktionierung des **Nichterscheinens** (§ 77 Abs 1 S 1, 1. Alt; zum Begriff s 1063 betr den Zeugen) ist eine ordnungsgemäße Ladung unter Hinweis auf die gesetzlichen Folgen des Ausbleibens (§§ 72, 48). **1570**

Gemäß §§ 72, 51 Abs 2 S 1 vermeidet eine *rechtzeitige genügende Entschuldigung* (s näher 1066 ff betr den Zeugen) die Sanktionierung. Sofern der Sv deshalb nicht erscheint, weil er irrtümlich davon ausgeht, er habe ein Verweigerungsrecht, so entschuldigt das nicht (LR-*Dahs* 5, KMR-*Paulus* 4, KK-*Pelchen* 2, alle zu § 77; aA *Eb Schmidt* 3 zu § 77).

(b) Die Fälle von *Weigerung* (§ 77 Abs 1 S 1, 2. Alt) beziehen sich auf sämtliche Teilstücke der Aufgabe des Sv (zB Erledigung notwendiger Vorbereitungsarbeiten [betr eine notwendige Untersuchung LG Trier NJW **87** 722; allg Auffassung], grds Akzeptierung der gemäß § 78 vorgeschriebenen Leitung, Beantwortung auch von einzelnen Beweisfragen [RG **73** 33; allg Auffassung]) sowie die Eidesleistung (§ 79). Zudem fällt hierunter in Verfahren ohne Fristabrede die Nichtablieferung des schriftlichen Gutachtens trotz nach angemessener Frist vorgenommener Mahnung (K/M-G 4 zu § 77; LR-*Dahs* 6 zu § 77). – Um einen Fall der Entschuldigung handelt es sich, wenn der Sv sich deshalb weigert, das Gutachten zu erstatten, weil ihm die notwendigen Vorarbeiten oder die Anfertigung eines schriftlichen Gutachtens nicht möglich sind (*K. Müller* 449; LR-*Dahs* 7 zu § 77).

Gemäß allg gesetzlicher Funktionszuweisung ist der Sv nicht deshalb zur Weigerung berechtigt, weil zB das Gutachten für Zwecke des Gerichts auf Tonband aufgenommen (*Praml* MDR **77** 14) oder der Antrag auf Ausschließung der Öffentlichkeit abgelehnt wird (KMR-*Paulus* 3 zu § 76; LR-*Dahs* 7 zu § 77; aA *Herbst* NJW **69** 548).

(c) Die *Weigerung* der *Absprache* (§ 73 Abs 1 S 2) einer angemessenen *Frist* (§ 77 Abs 2 S 1, 1.Alt; im allg auch bei schwierigeren Fragen etwa 2 bis 3 Monate [LR-*Dahs* 8 zu § 77]) ist nur bei Unzumutbarkeit (s 1586), dh nur ausnahmsweise erlaubt. Das Beharren auf einer – auch von dem Sv bei pflichtgemäßer Abwägung zu erkennenden (*Rieß* NJW **75** 84) – deutlich unangemessen langen Frist wird der völligen Weigerung gleichzustellen sein.

Bei Absprachenweigerung darf das Ordnungsgeld ohne weiteres festgesetzt werden, § 77 Abs 2 S 2 (Setzung einer Nachfrist) bezieht sich nur auf die Versäumung.

1571 (d) Bei *Versäumung* der abgesprochenen Frist (§ 77 Abs 2 S 1, 2.Alt) ist die Sanktionierung nur zulässig, wenn (mündlich oder [tunlichst] schriftlich) dem Sv unter Androhung des Ordnungsgeldes eine – (iVm der versäumten ersten Frist) zur Gutachtenerstellung ausreichende – Nachfrist gesetzt worden ist (§ 77 Abs 2 S 2), wobei es Angaben zur beabsichtigten Höhe des Ordnungsgeldes nicht bedarf. Im Ermessen des Gerichts steht nicht nur die Festsetzung des Ordnungsgeldes, sondern auch, ob es zugleich dem Sv eine zweite Nachfrist unter Androhung eines erneuten Ordnungsgeldes setzt (§ 77 Abs 2 S 3). – Ein schuldhaftes Versäumen (s allg zur Entschuldigung 1066 ff) soll schon dann gegeben sein, wenn der Sv zB seine Arbeitsüberlastung dem Gericht nicht rechtzeitig mitteilt und dadurch die Heranziehung eines anderen Sv verhindert bzw wenn er notwendige Vorarbeiten, die Hilfskräften übertragen werden können, nicht bereits ausführen läßt (Celle NJW **72** 1524; LR-*Dahs* 9 zu § 77; KK-*Pelchen* 5 zu § 77).

1572 (2) (a) Die **Auferlegung der Kosten** ist in den Fällen des § 77 Abs 1 für jeden Weigerungsfall unabhängig von der Häufigkeit zwingend (LR-*Dahs* 12 zu § 77; K/M-G 8 zu § 77; zu Fragen nach Art und Höhe der Kosten s 1071 betr den Zeugen). Der Angekl hat einen Rechtsanspruch auf diesen Ausspruch (BayVerfGHE 18 II 138 = JR **66** 197; KK-*Pelchen* 6 zu § 51; LR-*Dahs* 12 zu § 77); die Eventualität, daß der Sv zB sein Ausbleiben bzw das Unterlassen rechtzeitiger Entschuldigung nachträglich entschuldigt, gestattet es nicht, von der Auferlegung abzusehen (BGH **10** 127f).

Der Höhe nach bestimmt sich die Festsetzung des Erstattungsanspruchs der Staatskasse nach den Vorschriften der Kostenverfügung; der Anspruch des Angekl oder eines anderen Prozeßbeteiligten wird nach § 464b festgesetzt. § 77 Abs 1 umfaßt auch die dem Angekl

III. Pflichten und Rechte des Sachverständigen

entstandenen Auslagen (allg Auffassung, s nur LR-*Dahs* 13 zu § 77) im notwendigen Umfang (§ 464a Abs 2; vgl LG Hamburg NJW **74** 510; Karlsruhe NJW **80** 952; aA noch Hamm NJW **54** 286; LG Flensburg AnwBl **73** 86: alle Auslagen des Angekl). Dem mit der Kostenfolge des § 467 Abs 1 freigesprochenen Angekl sind unbeschadet der Erstattungspflicht die notwendigen Auslagen unmittelbar aus der Staatskasse zu ersetzen (LG Münster NJW **74** 1342).

Die Erstattungspflicht umfaßt auch die durch die Vollstreckung des Ordnungsgeldbeschlusses entstehenden Kosten (LR-*Dahs* 13 zu § 77).

(b) (aa) Bezgl des **Ordnungsgeldes** gelten § 153, § 47 OWiG entspr, so daß wegen Geringfügigkeit von der Festsetzung abgesehen werden kann (Neustadt NJW **62** 602; Koblenz MDR **79** 424; s n 1073). **1573**

(bb) In Fällen nach § 77 Abs 1 gelten die Regelungen betr den Zeugen entspr (1072 f), jedoch gestattet § 77 Abs 1 – im Unterschied zu § 51 Abs 1 S 1 – nicht die ersatzweise Festsetzung von Ordnungshaft. Während § 77 Abs 1 für den ersten Nichtbefolgungsfall die Festsetzung von Ordnungsgeld zwingend vorsieht (für die StA indes steht sie auch dann in deren Ermessen [LR-*Rieß* 43 zu § 161 a]), unterliegt sie für das zweite Mal dem Ermessen des Gerichts. Die nach § 77 Abs 1 S 3 vorgeschriebene Schranke einer nur einmaligen Wiederholung besteht auch dann, wenn die HV gemäß §§ 228, 229 von neuem durchgeführt werden muß (KMR-*Paulus* 15, K/M-G 9, KK-*Pelchen* 7, LR-*Dahs* 14, alle zu § 77; aA *Eb Schmidt* 5 zu § 77; *Jessnitzer/Frieling* 650); das gleiche gilt in einem anderen Verfahren, das dieselbe Tat iSd § 264 zum Gegenstand hat (§ 70 Abs 4 entspr), es sei denn, es liegt schuldhaftes Nichterscheinen vor (KK-*Pelchen* 7 zu § 77). Andererseits soll ein Wiederholungsfall nicht vorliegen, wenn die Nichtbefolgung eines Sv im Hauptverfahren zu sanktionieren ist, während eine erste Nichtbefolgung im Vorverfahren begangen und von der StA gemäß § 161 a Abs 2 S 1 sanktioniert wurde (LR-*Dahs* 14 zu § 77).

In beiden Fällen des § 77 Abs 2 S 1 muß die Fristbemessung sachdienlich sein, dh sie muß dem Sv die Stellung des Gutachtens ermöglichen. Eine mehr als einmalige Wiederholung der Festsetzung des Ordnungsgeldes ist (auch hier) unzulässig (§ 77 Abs 2 S 3).

(cc) Die *Höhe* des Ordnungsgeldes (gemäß Art 6 Abs 1 EGStGB zwischen 5,– und 1.000,– DM) bestimmt das Gericht nach pflichtgemäßem Ermessen, wobei die Bedeutung des Gutachtens für die Sachentscheidung und die Schwere der Pflichtverletzung sowie wohl auch die wirtschaftlichen Verhältnisse des Sv zu berücksichtigen sind (nach Lage des Einzelfalles wird etwa auch Bedeutung haben können, daß das zuerst festgesetzte Ordnungsgeld noch nicht beigetrieben worden ist [Köln JMBl NRW **68** 272; einschr LR-*Dahs* 15 zu § 77]). Für die Auffassung, das Ordnungsgeld sei gleichsam eskalierend bei der zweiten Weigerung idR höher festzusetzen als beim ersten Mal (so LR-*Dahs* 15 zu § 77), fehlt es an einer gesetzlichen Grundlage. **1574**

(dd) Die Festsetzung und die Vollstreckung des Ordnungsgeldes verjähren in zwei Jahren (Art 9 EGStGB).

(3) (a) Zuständig für die **gerichtliche** Festsetzung des Ordnungsgeldes ist das Gericht (vgl §§ 51 Abs 3, 70 Abs 3 entspr), vor dem der Sv sein Gutachten erbringen soll, und zwar das erkennende Gericht auch außerhalb der HV, wenn der Sv die Leistung von für das Gutachten erforderlichen Vorarbeiten verweigert, sowie in den Fällen des § 77 Abs 2; in der HV haben die Schöffen mitzuwirken (§§ 30 Abs 1, 77 Abs 1 GVG). **1575**

Der gerichtliche Ausspruch geschieht von Amts wegen durch (mit Gründen zu versehenden, § 34) Beschluß; dieser ist spätestens dann zu erlassen, wenn die Hauptsache als entscheidungsreif beurteilt wird (BGH **10** 127; K/M-G 23 zu § 51; aA LG Itzehoe SchlHA **66** 154; s auch *Werny* NJW **82** 2170 f).

1576 (aa) Vor dem Beschluß nach § 77 Abs 2 muß der Sv in Fällen der Verweigerung des Gutachtens und der Fristabsprache gehört werden (KMR-*Paulus* 11 zu § 77; K/M-G 11 zu § 77). Dies soll nicht gelten im Falle des Nichterscheinens (§ 77 Abs 1), da der Sv die Möglichkeit zu nachträglicher Entschuldigung entspr § 51 Abs 2 S 2, 3 hat (hM, s nur KK-*Pelchen* 9 zu § 77; KMR-*Paulus* 11 zu § 77; aA *Enzian* JR **75** 278 f); auch bei Fristversäumnis sei die vorherige Anhörung entbehrlich, da die Zwangsmaßnahme zuvor angedroht werden muß (so LR-*Dahs* 18 zu § 77). – Sofern der Sv offensichtlich irrig meint, er sei zur Weigerung berechtigt, so ist eine Sanktionierung nur zulässig, nachdem ihm die Unzulässigkeit kundgetan wurde und er gleichwohl bei seiner Weigerung bleibt (LR-*Dahs* 18 zu § 77).

Die Prozeßbeteiligten sind jedenfalls vor dem Beschluß anzuhören (§ 33), also unabhängig von der Art der Nichtbefolgung (*K. Müller* 454; LR-*Dahs* 18 zu § 77).

(bb) Das Gericht kann den wegen Nichterscheinens erlassenen Beschluß von Amts wegen nachträglich ändern und aufheben, wenn der Sv die nicht rechtzeitige Entschuldigung und sein Ausbleiben später entschuldigt; das Gericht kann dies auch nach rechtskräftiger Erledigung des Strafverfahrens (Hamm NJW **56** 1935; K/M-G 11 zu § 77, 25 zu § 51; *K. Müller* 455) sowie nach Beitreibung des Ordnungsgeldes tun (Hamm MDR **50** 179; s im übrigen betr den Zeugen 1066).

Erforderlich ist eine nachträgliche Aufhebung des wegen Verweigerung der Gutachtenerstattung bzw der Fristabsprache erlassenen Beschlusses, wenn das Gericht die Überzeugung erlangt, daß die Weigerung berechtigt war (KK-*Pelchen* 9, LR-*Dahs* 19, beide zu § 77); entspr gilt für einen Beschluß wegen Versäumung der Frist für die Gutachtenerstattung, wenn sich die Versäumung nachträglich als entschuldigt darstellt.

1577 (b) Der StA stehen gem § 161 a Abs 2 S 1 die Befugnisse des Gerichts nach § 77 zu, wenn der Sv auf Ladung vor der StA nicht erscheint bzw sein Gutachten nicht erstattet (es gelten die bei der staatsanwaltlichen Ladung von Zeugen zu beachtenden Besonderheiten, s näher 1078 f). Zuständig für die Maßnahmen nach § 77 ist auch die StA, die um Amtshilfe ersucht wurde (§ 161 a Abs 4). Die ersuchende StA kann sich jedoch behördenintern Zwangsmaßnahmen vorbehalten (KK-*Wache* 25, LR-*Rieß* 64, enger K/M-G 23, alle zu § 161 a); trifft die ersuchte StA dennoch Anordnungen, sind diese wirksam.

1578 (4) (a) **Rechtsbehelf** gegen die **staatsanwaltlichen Maßnahmen** gem § 161 a Abs 2 ist der Antrag auf gerichtliche Entscheidung nach § 161 a Abs 3 (s näher 1080).

(b) Der **gerichtliche Beschluß** nach § 77 ist mittels einfacher **Beschwerde** (§ 304 Abs 1, 2) durch den Sv und die StA anfechtbar (außer in Fällen gemäß § 304 Abs 4); dies gilt für den Beschuldigten nur, wenn er durch den die Auferlegung der Kosten abl oder aufhebenden Beschluß beschwert ist (allg Auffassung, s nur BGH **10** 128; Braunschweig NJW **67** 1381; Hamm NJW **56** 1935), wozu die stillschweigende Ablehnung einer Auferlegung der Kosten ausreicht (allg Auffassung, s nur KK-*Pelchen* 10 zu § 77). Eine weitere Beschwerde ist ausgeschlossen (§ 310). – Soweit ein Entschuldigungsvorbringen als „Beschwerde" bezeichnet ist, hat das Gericht, das die Sanktionierung ausgesprochen hat, darüber zu entscheiden (allg Auffassung, s nur Hamm GA **58** 92; **72** 88); sofern nicht (auch) andere Beschwerdegründe geltend gemacht werden, ist mit der Beschwerde erst ein daraufhin ergehender Beschluß angreifbar (Frankfurt NJW **64** 2124; Hamburg MDR

III. Pflichten und Rechte des Sachverständigen

82 165; K/M-G 28 zu § 51; LR-*Dahs* 22 zu § 77; aA LG Itzehoe SchlHA 88 36; *Schoene* GA 80 419).

Die Beschwerde kann auch noch nach Vollstreckung des Ordnungsgeldes (K/M-G 28 zu § 51; LR-*Dahs* 23 zu § 77) sowie nach rechtskräftiger Erledigung des Strafverfahrens eingelegt wird (allg Auffassung, s nur Hamm MDR 50 179; NJW 56 1935). – Eine Beschränkung der Beschwerde auf die Höhe des Ordnungsgeldes ist zulässig.

Hat nicht der Sv Beschwerde eingelegt und liegen die Voraussetzungen des § 308 Abs 1 vor, so muß er vor der Beschwerdeentscheidung gehört werden; ist die Auferlegung des Kostenersatzes angefochten worden und soll die Entscheidung zum Nachteil des Angekl geändert werden, so ist dieser zu hören (BayVerfGHE 18 II 139 = JR 66 197).

(5) Die **Revision** kann nicht darauf gestützt werden, daß von der Festsetzung **1579** eines Ordnungsgeldes gegen den Sv abgesehen wurde (BGH NJW 66 211; GA 68 307; RG 59 250; 73 34) oder daß die Eidesleistung nicht erzwungen worden ist (KK-*Pelchen* 11 zu § 77). Indes kann die Rüge der Verletzung des § 244 Abs 2 in Betracht kommen, wenn das Gericht den nichtbefolgenden Sv nicht zur Gutachtenerstattung gezwungen, zumindest aber, wenn es keinen anderen Sv beauftragt hat (KK-*Pelchen* 11 zu § 77).

b) Wenngleich das Gesetz es nicht ausdrücklich festlegt, obliegt dem Sv – zu- **1580** sätzlich zu der Belehrung durch die die Untersuchung anordnende Amtsperson – immer dann die **Pflicht**, die zu begutachtende Person **über** ihr **Schweige- bzw Zeugnisverweigerungsrecht aufzuklären** (§ 136 Abs 1, § 52 Abs 3 entspr; BGH 13 398; wohl auch BGH NStZ 88 143 mit zust Anm *Dörig*; LG Münster StV 81 615; LG Oldenburg StV 94 646; *Peters* 371; *Roxin* § 27 C I; *Arzt* JZ 69 438; *K. Müller* 575; aA BGH JZ 69 437; StV 95 565 mit abl Anm *Eisenberg/Kopatsch* NStZ 96; KK-*Pelchen* 2 zu § 80; *Schlüchter* 527), wenn es zwecks Wirksamkeit dieser Rechte als erforderlich erscheint, dh idR zu Beginn der ersten Untersuchung und ggf mehrfach (speziell betr körperliche Untersuchung anderer Personen s 1672, betr Glaubwürdigkeitsuntersuchung s 1867 f); wegen der Folgen der Nichtbelehrung s 567 ff.

Unbeschadet dessen, daß der Sv Vernehmungen nicht durchführen darf, ist dies aus Gründen des Zusammenhangs auch mit Zusatztatsachen (s 1600, 1611) unerläßlich (*Ritter* in Frank/Harrer 53; aA BGH StV 95 565 mit abl Anm *Eisenberg/Kopatsch* NStZ 96). Desgleichen hat der Sv zB den Eindruck zu vermeiden, es bestehe ein Arzt- bzw ein Therapeuten-Patientenverhältnis (instruktiv LG Oldenburg StV 94 646).

Ferner obliegt dem Sv die Pflicht, sich an die Verbote aus § 136a zu halten (BGH 11 212; JR 69 231 mit Anm *Peters*; s n 629).

c) Die Ausgestaltung der **Aussagepflicht** enthält mehrere Besonderheiten. **1581**

aa) Der Sv muß trotz vorgenommener Belehrung nicht alles, was er bei der Exploration erfährt, der StA bzw dem Gericht mitteilen (s 1585). Dies gilt für solche Tatsachen, die der Schweigepflicht unterliegen, ohne daß hierdurch die Zusammenarbeit zwischen Gericht und Sv berührt wird (*Peters*, zu BGH JR 69 233); andernfalls würde der Sv sein Vertrauensverhältnis mißbrauchen (*Ritter*, in Frank/Harrer 54).

bb) Der Sv hat die Pflicht, die ihm vom Auftraggeber vermittelten **Anknüpfungstatsachen** krit zu würdigen, zumal es sich in den verschiedenen Fallkonstellationen so verhalten kann, daß nur er aufgrund seiner Sachkunde beurteilen kann, ob sie richtig oder unrichtig bzw hinreichend vollständig oder unvollständig sind. Beurteilt der Sv sie als dergestalt mangelbehaftet, so muß er die nach seiner

Meinung mögliche und erforderlich werdende Sachaufklärung beantragen, um eine geeignete Tatsachengrundlage für das Gutachten zu erlangen.

1582 cc) Hinsichtlich der **Form** der Gutachtenerstattung läßt § 82 im Vorverfahren das mündliche oder schriftliche Vermitteln zu (s auch BGH GA **63** 18 f: Anordnung schriftlicher Erstattung nach Anklageerhebung, aber vor der HV), während für die HV der Grundsatz der Mündlichkeit den mündlichen Vortrag verlangt (Ausnahmen: §§ 251 Abs 1 und 2, 256).[39]

(1) (a) Eine krit Auseinandersetzung mit dem Gutachten eines Sv in der HV setzt voraus, daß es (in vorläufiger Gestalt) rechtzeitig *schriftlich* abgeliefert wurde (s näher *Peters* 373, unter Hinweis auch auf die revisionsrechtliche Relevanz eines entspr Antrages). Darin sollte der Sv auch erkennen lassen, welche Empfehlungen (nach den bislang vorliegenden Ermittlungs- und Untersuchungsergebnissen und also ggf zunächst alternativ [s *Ulsenheimer* FS-Pribilla 58])[40] zu erwarten sind.

Ein zuvor schriftlich erstattetes Gutachten darf ebenso behandelt werden wie ein Protokoll bzgl der früheren Vernehmung eines Zeugen, dh es darf dem Sv in der HV vorgehalten bzw vorgelesen oder auch zur Einsicht vorgelegt werden (BGH GA **64** 275; KK-*Pelchen* 3 zu § 72, 3 zu § 69; LR-*Dahs* 21 zu § 72); ggf verlangt die Aufklärungspflicht dies sogar (vgl betr Widerspruch zwischen vorläufigem schriftlichem Gutachten und mündlichem Gutachtenvortrag in der HV BGH StV **90** 339; NStZ **91** 449).

Ob und inwieweit das Gericht wie die Verfahrensbeteiligten Kenntnis vom Inhalt der einzelnen *Arbeitsunterlagen* des Sv (zB Laborwerte, Mitschriften bzw Tonbandaufzeichnungen von Explorationen) erhalten müssen, um das Gutachten krit würdigen zu können, bestimmt sich nach den jeweiligen Umständen des Einzelfalles. Tendenziell wird wegen der vielfältigen Fehlerquellen im Bereich der Befundtatsachen (s 1613 ff) wie auch der Interpretation durch den Sv (s 1620) Transparenz anzustreben sein, wobei zB im Hinblick auf die Kompensationsfunktion des Beweisantragsrechts (s 139) zw ist, ob Maßstab „letztlich die tatrichterliche Aufklärungspflicht" (BGH StV **95** 567) sein darf. Sind die Arbeitsunterlagen zur Aufklärung bedeutsam, aber (tatsächlich oder angeblich) nicht mehr auffindbar, so wird eine Verwertung des Gutachtens zumindest insoweit ausscheiden müssen.

(b) Die Möglichkeit der Entfernung des Angekl nach § 247 S 3 ist restriktiv zu handhaben (krit zu Eigenbelangen des Sv bei Anregung der Entfernung etwa *Pfäfflin* RuP **83** 19; *Lesting* RuPol **91** 59 f; *Rasch* 276 f). Nur bei (zu besorgenden) schwerwiegenden existenzbedrohenden Befunden ist die Entfernung vertretbar.

1583 (2) (a) Seitens der *StA* (bzw der Polizei) wie auch vom Ermittlungsrichter (§§ 162, 169) wird der Sv idR beauftragt, das Gutachten schriftlich zu den Akten zu geben (zur Schriftlichkeit des Vorverfahrens s § 168 b Abs 1); die schriftliche Form empfiehlt sich insbes bei technischen Gutachten bzw solchen, die wesentlich die Mitteilung bestimmter Meßwerte und Berechnungen enthalten. Falls dann noch Erörterungsbedarf besteht, kann das Erg zwar in einem Vermerk festgehalten werden; zur Vermeidung von Fehlerquellen oder auch nur Verständnisschwierig-

---

[39] Im übrigen gilt, etwa betr die Feststellung von Verfahrensvoraussetzungen (Verhandlungsfähigkeit oder Entschuldigtsein des Ausbleibens in Fällen der §§ 329 Abs 1, 412 Abs 1) oder bei bloßer Übermittlung von Erfahrungssätzen (ohne Schlußfolgerungen auf den Sachverhalt, s etwa BGH **23** 158 ff; **25** 250), das Freibeweisverfahren.
[40] Zu eher seltenen Unterschieden zwischen schriftl Gutachten und mündl Darstellung in der HV betr Schuldfähigkeitsbeurteilung *Böttger ua* MKrim **91** 378.

III. Pflichten und Rechte des Sachverständigen

keiten ist oftmals (trotz Vorliegens des schriftlichen Gutachtens) eine Vernehmung angezeigt. – Verschiedentlich gilt für die StA (bzw die Polizei) jedoch eine mündliche (bzw fernmündliche [LR-*Rieß* 29 zu § 161 a]) Gutachtenerstattung[41] als zureichend (nach *Gössel* DRiZ **80** 368: in einfachen Fällen), wobei aus der Vernehmung die zentralen Methoden und Argumente (vgl auch KK-R. *Müller* 11 zu § 161 a: die wesentliche Begründung) sowie das Ergebnis zu protokollieren sind (§ 168 b Abs 2 [vorbehaltlich erheblicher Verzögerung]), um als Grundlage für die Abschlußverfügung (§ 170 Abs 1, 2) zu dienen. Sofern die StA beabsichtigt, Klage zu erheben, so kann sie mit dem Sv schon im Anschluß an seine Vernehmung eine weitere Frist für die Fertigstellung und Übersendung eines schriftlichen Gutachtens verabreden.

(b) Bei dieser Vorgehensweise ist jedoch stets der Beschuldigtenschutz auch deshalb zu beachten, weil der Beschuldigte und sein Vert kein Anwesenheitsrecht haben (§ 161 a enthält keine[42] Verweisung auf § 168 c) und daher auch nicht von dem Vernehmungstermin benachrichtigt werden.[43] Selbstverständlich kann der StA ihnen, falls sie gleichwohl erscheinen, nach seinem Ermessen die Anwesenheit und auch Fragen bzw Vorhalte an den Sv gestatten, es sei denn, der Untersuchungszweck würde dadurch beeinträchtigt (KK-R. *Müller* 6 zu § 161 a; LR-*Meyer-Goßner* [23. Aufl] 14 zu § 161 a).

d) Was die *Dauer* der *Anwesenheit* des Sv in der HV angeht (§ 243 Abs 2 S 1, aber auch § 58 Abs 1 gelten nicht entspr), so liegt die Entscheidung – in den Grenzen der Aufklärungspflicht (vgl betr Glaubwürdigkeitsuntersuchung BGH StV **95** 5) – im Ermessen des Gerichts. In einer Vielzahl der Fälle (insbes bei Untersuchungen vorwiegend sächlicher Art) wird es genügen, den Sv nach Erstattung seines Gutachtens wieder zu entlassen.[44] Das Gericht kann dem Sv (auf ihn findet § 58 Abs 1 keine entspr Anwendung) die Anwesenheit bei der Beweisaufnahme gestatten; mitunter ist sie sogar gemäß § 244 Abs 2 erforderlich (BGH **19** 367), wenn das Verhalten des Angekl in der HV von Bedeutung ist, wenn die Tatrekonstruktion in der HV sachkundiger Hilfe bedarf oder wenn besondere Persönlichkeitsmerkmale des Angekl beurteilt werden müssen. Sofern das Gericht ihm keine einschlägigen Weisungen erteilt, entscheidet der Sv selbst über die Erforderlichkeit seiner ständigen Anwesenheit (BGH bei *Spiegel* DAR **77** 175; bei *Spiegel* **85** 195; bei *Pfeiffer* NStZ **81** 297). Nicht zu übersehen ist jedoch, daß die ständige Anwesenheit des Sv während der HV die Vert beschränken könnte, zumal Angekl in der HV weithin zB ein sprachlich verändertes Verhalten zeigen (vgl etwa *Leodolter* 75; *Loos* GS-Kaufmann 961).

1584

---

[41] Zur Häufigkeit s StA-Stat (zB 1992: 9.077 Sv-Anhörungen durch die StA im früheren Bundesgebiet ohne Bay; StA-Stat **92** Tab 4).

[42] Anders als § 163 a Abs 3 S 2, der die (für die richterliche Vernehmung des Beschuldigten maßgebenden) Vorschriften des § 168 c Abs 1 und 5 auf dessen Vernehmung durch die StA für entspr anwendbar erklärt.

[43] Nach LR-*Rieß* 34 zu § 161 läßt sich indes für den Vert aus dessen uneingeschränktem Einsichtsrecht auch in das bei den Akten befindliche Gutachten (§ 147 Abs 3 letzte Altern) konstruktiv bzw antizipierend ein Anwesenheitsrecht herleiten.

[44] Dadurch wird zudem erreicht, daß die (im Falle der Verurteilung vom Angekl zu begleichende) Vergütung für den Sv sich nicht weiter erhöht bzw es wird dessen (etwaiger) Arbeitsbelastung Rechnung getragen.

Im Falle der Abwesenheit des Sv hat das Gericht zu prüfen, ob erörterte Einzelheiten, die das Gutachten beeinflussen könnten, ihm mitzuteilen sind (BGH **2** 27 f; bei *Spiegel* DAR **85** 195). Ferner steht es im Ermessen des Gerichts, ob der Sv (iSd § 80 Abs 2 auch in der HV) unmittelbar Fragen an den Beschuldigten oder an Zeugen (trotz § 241 a auch solchen unter 16 Jahren [*Jessnitzer/Frieling* 321; LR-*Dahs* 9 zu § 80]) stellen darf (BGH NJW **69** 438); unzulässige oder ungeeignete Fragen weist das Gericht zurück (§ 241).

2. Rechte

Übersicht

		Rn			Rn
a)	aa) Verweigerung	1585	bb) Akteneinsicht		1591
	bb) Entbindung	1586	cc) Sonstige Beweiserhe-		
	cc) Angreifbarkeit	1587, 1588	bungen		1592
b)	Verschaffung weiterer Auf-		dd) Revision		1593
	klärung		c) Entschädigung		1594
	aa) Vernehmung, Befragung	1589, 1590			

1585 a) aa) Entspr §§ 52, 53, 53 a hat auch der (gemäß § 75 an sich zur Gutachtenerstattung verpflichtete) Sv ein **Gutachtenverweigerungsrecht** (§ 76 Abs 1 S 1); anstelle von § 54 gilt § 76 Abs 2 iVm § 61 Abs 1 BBG oder § 39 Abs 2 BRRG bzw bei Soldaten § 14 Abs 1 SoldG,[45] während bzgl der Auskunft auf einzelne Fragen gemäß § 72 auch § 55 entspr anwendbar ist (das gleiche gilt für die Belehrungspflichten nach §§ 52 Abs 3 S 1, 55 Abs 2 und die Pflicht zur Glaubhaftmachung nach § 56).

Jedoch hat der *ärztliche* Sv wegen der Befundtatsachen kein Schweigerecht entspr § 53 Abs 1 Nr 3 (wegen Zusatztatsachen s 1304, 1600, 1611 f), und zwar auch dann nicht, wenn der Angekl oder Zeuge die Untersuchung freiwillig geschehen ließ (*Krauß* ZStW **97** [1985] 110; LR-*Dahs* 2 zu § 76; KK-*Pelchen* 3 zu § 76; einschr *Kühne* JZ **81** 647); unberührt davon bleibt das Zeugnisverweigerungsrecht gemäß § 53 Abs 1 Nr 3, soweit er als Zeuge vernommen wird.

1586 bb) Zudem kann der Sv aus anderen Gründen von Amts wegen oder auf Antrag durch Beschluß von der **Pflicht** zur Erstattung des Gutachtens **entbunden** werden (§ 76 Abs 1 S 2; zum Grund einer Anzeige iSd § 30 s KMR-*Paulus* 3 zu § 74). Als solche Gründe sind anerkannt Unzumutbarkeit[46] wie aber auch mangelnde oder zw gewordene Eignung, (nicht geltend gemachte) Befangenheit oder Unmöglichkeit, das Gutachten in angemessener Zeit zu erlangen (LR-*Dahs* 4 zu § 76; *K. Müller* 467). Handelt es sich um einen nach § 214 Abs 3, 220 Abs 1 geladenen Sv, so ist dessen Antrag oder ein Antrag desjenigen Prozeßbeteiligten, der ihn geladen hat,

---

[45] Vgl wegen der Versagung einer Genehmigung § 62 Abs 2 BBG, § 39 Abs 3 S 3 BRRG, § 14 Abs 2 S 3 SoldG; zur Frage des etwaigen Genehmigungsbedürfnisses als Nebentätigkeit s § 65 BBG; wegen Sondervorschriften für Regierungsmitglieder s 1293.
[46] Zum Beispiel wegen beruflicher Inanspruchnahme, Notwendigkeit eines Erholungsurlaubs, hohen Alters – nicht aber ein Zurückbleiben der Vergütung hinter sonstigem Entgelt, da es sich nach allg Auffassung um eine staatsbürgerliche Pflicht handelt.

erforderlich (KMR-*Paulus* 5 zu § 76; LR-*Dahs* 5 zu § 76; *Jessnitzer/Frieling* 148 Fn 24; aA *K. Müller* 466). – Ist der vom Gericht ernannte bzw der unmittelbar geladene Sv in der HV bereits erschienen, so ist eine Entbindung nach § 76 Abs 1 S 2 nur noch mit dem Einverständnis aller Prozeßbeteiligten zulässig; fehlt es daran, so geht § 245 vor (KMR-*Paulus* 5, K/M-G 3, LR-*Dahs* 6, AK-*Lemke/Kirchner* 3, alle zu § 76; aA *Jessnitzer/Frieling* 148; KK- *Pelchen* 4 zu § 76).

cc) (1) Die Entbindung nach § 76 Abs 1 S 2 können die Prozeßbeteiligten mit **1587** der **Beschwerde** nach §§ 304 Abs 1, 305 anfechten, nicht jedoch der (insoweit nicht beschwerte) Sv (allg Auffassung, s nur K/M-G 6 zu § 76); wird ein Entbindungsantrag abgelehnt, so kann der Antragsteller nach § 304 Abs 1, der Sv als Antragsteller nach § 304 Abs 2 Beschwerde einlegen (LR-*Dahs* 8 zu § 76). Entscheidungen des erkennenden Gerichts kann nur der Sv anfechten (§ 305 S 2, nicht jedoch Beschlüsse des OLG [§ 304 Abs 4 S 2]). Weitere Beschwerde ist ausgeschlossen (§ 310).

Das Beschwerdegericht prüft die Ermessensausübung in vollem Umfang nach (LR-*Dahs* 8 zu § 76; K/M-G 6 zu § 76; aA *Schwung* ZSW **82** 147).

(2) Mit der **Revision** kann als Verstoß gegen § 244 Abs 2 gerügt werden, daß **1588** dem Sv aus Rechtsirrtum ein Weigerungsrecht nach § 76 Abs 1 S 1 zuerkannt bzw nicht zuerkannt wurde oder daß er rechtsfehlerhaft nach Abs 1 S 2 entbunden oder nicht entbunden wurde. Ein Beruhen des Urteils auf der Verletzung des § 76 Abs 1 liegt vor, wenn nicht auszuschließen ist, daß der ausgeschiedene Sv zu einem anderen Erg gekommen wäre als der vernommene Sv (LR-*Dahs* 9 zu § 76; einschr KK-*Pelchen* 6 zu § 76 für den Fall der Entbindung, wenn das Gericht einen anderen Sv bestellt hat); das gleiche gilt, wenn das Gericht das Gutachten eines Sv berücksichtigt hat, der ein Weigerungsrecht vergeblich geltend gemacht hatte (allg Auffassung, s nur LR-*Dahs* 9 zu § 76). – Nicht hingegen kann die Revision darauf gestützt werden, daß die Gründe nach § 76 nicht glaubhaft gemacht worden sind, da dies im Ermessen des Gerichts steht (BGH NJW **72** 1334 zu § 56; RG **54** 39 f).

Nicht von vornherein auszuschließen ist, daß ein Verstoß gegen die in § 76 Abs 2 genannten Vorschriften revisionsrechtlich relevant sein könnte (anders die hM: es berühre den Rechtskreis des Betroffenen nicht [KK-*Pelchen* 6, KMR-*Paulus* 8, K/M-G 7, LR-*Dahs* 9, alle zu § 76]).

b) aa) (1) Zur **Verschaffung weiterer Aufklärung** (§ 80) iS ergänzender An- **1589** knüpfungstatsachen kann der Sv verlangen, daß Zeugen oder Beschuldigte vernommen werden. Der Sv darf auch neue Zeugen ausfindig machen und deren Vernehmung anregen (LR-*Dahs* 4 zu § 80). Die Vernehmung ist von der StA (bzw der Polizei) oder dem Gericht durchzuführen; eine Vernehmung durch den Sv ist nicht zulässig (hM, s nur BGH NJW **51** 771; GA **63** 18; aA *Fincke* ZStW **86** [1974] 669), und zwar auch nicht zB in Gestalt der Exploration durch einen psychologischen oder psychiatrischen bzw medizinischen Sv (hM, KMR-*Paulus* 4, LR-*Dahs* 6, beide zu § 80; *Blau* GA **59** 304; *Roesen* NJW **64** 442 f; aA *Cabanis* NJW **78** 2331; *Fincke* ZStW **86** [1974] 664; offenbar auch BGH **13** 2; s näher zur Glaubwürdigkeitsuntersuchung 1864, 1869), zumal dies die Gefahr einer Verlagerung der Vernehmung mit sich brächte (s aber BGH StV **95** 564 mit abl Anm *Eisenberg/Kopatsch* NStZ **96**; krit hingegen BGH v 8.11. 95 [2 StR 531/95]. Hat der Sv entgegen dieser Regelung eine Vernehmung durchgeführt, so ist sie verfahrensrechtlich wertlos (s besonders § 251 Abs 2 S 2; BGH **13** 4).

Nach überwiegender Auffassung soll der Sv jedoch sog informatorische Befragungen bei Angehörigen und Zeugen vornehmen dürfen (bej BGH **9** 296; *Heinitz* FS-Engisch **69** 698 ff), um die Beweiserheblichkeit des Wissens der Auskunftspersonen festzustellen (und der StA oder dem Gericht eine spätere förmliche Vernehmung vorzuschlagen, *Heinitz* FS-Engisch 699).[47] Bedenken können sich ua daraus ergeben, daß (auch hier) die Grenzen zur unzulässigen Vernehmung nicht eindeutig zu ziehen sind (s n 509).

1590 (2) Unstr darf der Sv der Vernehmung beiwohnen und an Zeugen oder Beschuldigte **Fragen stellen** (§ 80 Abs 2; § 243 Abs 2 S 1 gilt insoweit nicht, auch § 58 Abs 1 ist für den Sv nicht entspr anwendbar [RG **22** 434]); auch hier muß der Zeuge sie beantworten, der Beschuldigte nicht. Dem Ermessen des Gerichts unterliegt es sowohl, ob dem Sv das Fragerecht vor oder nach dem Vert und dem Angekl eingeräumt wird (BGH NJW **69** 438), als auch in welchem Umfang der Sv diese Rechte ausübt (bei Beanstandung der entspr Anordnung des Vorsitzenden gilt § 238 Abs 2 [RG **52** 161]). Eine Umgehung der Gesetzeslage wäre es, wenn ihm die gesamte oder auch nur ein Abschnitt der Befragung überlassen würde. Die Befugnis des Sv erschöpft sich vielmehr darin, *einzelne* solcher Fragen an den Beschuldigten zu richten, deren Erörterung für das Gutachten unentbehrlich ist (BGH JR **69** 231 mit Anm *Peters;* LR-*Dahs* 4 zu § 80).

1591 bb) Das **Akteneinsichtsrecht** (§ 80 Abs 2) ist wegen der Möglichkeit von Beeinflussung (speziell zu Schriftgutachten s 1920) auf das Notwendigste zu beschränken (s zur Problematik *Sarstedt* NJW **68** 180).[48] Insbes kann die zu frühzeitige Aktenkenntnis den Sv mitunter zu falschen Schlüssen führen, indem er gemäß dem Akteninhalt zu einem möglicherweise verfehlten Tatbild gelangt bzw von Tatsachen ausgeht, die später nicht Gegenstand der HV werden. Soweit das Gericht demgemäß dem Sv (zumindest) zunächst keinen Einblick in die Akten erlaubt (vgl *Roxin* 15 zu § 27; K/M-G 3, KMR-*Paulus* 6, beide zu § 80; ausführlich *Dippel* 121 ff, 152 ff), hat es die Beweisfrage möglichst in einer Weise zu formulieren, die Andeutungen über die Versionen der verschiedenen Prozeßbeteiligten vermeidet (*Peters* 372). – Insgesamt läßt sich die Notwendigkeit der Akteneinsicht nicht generell, sondern nur bezogen auf die jeweilige Art des Gutachtens bejahen und deren Durchführung gestalten.

Die Befugnisse gemäß § 80 Abs 2 können auch dem von einem Verfahrensbeteiligten selbst unmittelbar geladenen Sv versagt werden (LR-*Dahs* 3 zu § 80). Indes ist dadurch der Verfahrensbeteiligte nicht gehindert, dem Sv Abschriften oder Ablichtungen (aus den Akten) zur Verfügung zu stellen (LR-*Dahs* 3 zu § 80).

1592 cc) Die Möglichkeiten des § 80 Abs 2 sind nicht abschließend, dh es sind **sonstige Beweiserhebungen** zulässig (zB Herbeiziehung von Urkunden, Vorlegung von Augenscheinsobjekten [Karlsruhe Justiz **63** 36]). So darf der Sv zB ohne Mitwirkung des Auftraggebers eine Ortsbesichtigung vornehmen (ohne Beschuldigten

---

[47] Vgl auch *Ritter*, in Frank/Harrer 54: „besonders im JStV muß der Sv hiervon bei Eltern oder Angehörigen Gebrauch machen. Das gleiche gilt für hirngeschädigte Personen" (zw).

[48] Zur Selbstablehnung des Sv wegen entstandener Befangenheit *Schüler-Springorum* FS-Stutte 316; aA *Ritter*, in Frank/Harrer 52, wonach dem Sv idR die gesamten Akten für das Gutachten vorliegen sollen, damit er entscheiden könne, welche Fakten für die Beurteilung wichtig seien bzw ob der Sachverhalt weiterer Aufklärung bedürfe; betr die ausnahmsweise Berücksichtigung tilgungsreifer oder bereits getilgter Verurteilungen s *Eisenberg* § 39 Rn 15.

oder Vert benachrichtigen zu müssen [BGH VRS **35** 428; LR-*Dahs* 8 zu § 80]); ferner darf er im Rahmen datenschutzrechtlicher Bestimmungen Auskünfte einholen sowie Krankengeschichten oder andere Unterlagen heranziehen (LR-*Dahs* 8 zu § 80; *Heinitz* FS-Engisch 699). Hingegen darf er schriftliche Berichte von Personen, die in der HV als Zeugen vernommen werden müssen, weder einholen noch, falls solche sich in den Akten befinden, dem Gutachten zugrundelegen (BGH JR **62** 111; *Jessnitzer/Frieling* 328).

dd) Ein Verstoß gegen § 80 ist nur dann ein **Revision**sgrund, wenn damit eine **1593** Verletzung der Aufklärungspflicht verbunden ist oder wenn die Verletzung dazu geführt hat, daß der Sv von verfehlten Erwägungen ausgegangen ist; dies gilt für beide Abs der Vorschrift (ebenso *Gössel* § 26 B II d; aA LR-*Dahs* 11, KK-*Pelchen* 6, beide zu § 80, wonach § 80 Abs 2 bloße Ordnungsvorschrift sei).

c) Eine **Entschädigung** (§ 84) erhält, wer als Sv vernommen wurde oder sonst tä- **1594** tig geworden ist; dies gilt gemäß § 1 Abs 1 ZSEG auch bei Heranziehung durch die StA, und zwar nach überwiegender Auffassung auch dann, wenn er unmittelbar durch die Polizei beauftragt wurde (Düsseldorf NStZ **92** 596, aA *Bach* JurBüro **90** 682). Ob eine Person in der Ladung als Sv bezeichnet oder als solche vereidigt wurde, ist dafür unerheblich (KK-*Pelchen* 1 zu § 84; s aber auch *Jessnitzer/Frieling* 876 ff). – Gemäß § 1 Abs 3 ZSEG steht Angehörigen des öffentlichen Dienstes, *sofern* sie das Gutachten *in Erfüllung* ihrer *Dienstpflicht* erbringen, regelmäßig keine Entschädigung zu.

aa) Bei Vernehmung als Sv und als Zeuge besteht nach überwiegender Meinung nur Anspruch auf die Entschädigung als Sv, die höher ist (s nur KK-*Pelchen* 1 zu § 84; aA *Eb Schmidt* 5 zu § 84).
Der sachkundige Zeuge wird idR als Zeuge (also nicht als Sv) entschädigt (§ 2 ZSEG, nur in Ausnahmefällen § 5 ZSEG).

bb) Einer Entschädigung als Sv *steht* die Ausübung des Gutachtenverweigerungsrechts (§ 76) *nicht entgegen* (*Eb Schmidt* 4, KK-*Pelchen* 3, beide zu § 84), wohl aber idR die unberechtigte Weigerung nach § 77 ebenso wie ein schuldhaft verspätetes Erscheinen, sofern der Sv deshalb nicht mehr vernommen wird (*Meyer ua* 32 zu § 1). Die Entschädigung *kann versagt werden* bei schuldhaft zu vertretender Unverwertbarkeit zumindest von Teilen des Gutachtens sowie bei Ablehnung wegen Befangenheit dann, wenn die Verwertung des Gutachtens unzulässig wird, weil der Sv bewußt oder durch grobes Verschulden seine Pflicht zur Unparteilichkeit verletzt hat (BGH NJW **76** 1154f; KK-*Pelchen* 3 zu § 84; *Jessnitzer/Frieling* 857).

cc) Wegen der Grundlagen der Bemessung der *Höhe* der Entschädigung gilt das ZSEG. Die in § 3 Abs 2 S 2 ZSEG geregelte Begrenzung ist nicht verfassungswidrig (BVerfGE **33** 240 ff). Das Verhältnis von gewährtem Stundensatz zum Höchstsatz (zwecks Ausgleichs der Geldentwicklung) bestimmt sich nach dem jeweiligen Gesetzesstand (vgl etwa LG Osnabrück Nds RPfl **95** 271 betr KostenrechtsÄndG v 24. 6. 94 [BGBl I 1325]).

3. Vereidigung

Übersicht

		Rn			Rn
a)	Gerichtliches Ermessen . . .	1595, 1596	d)	Allg Verteidigung	1599
b)	Antrag	1597	e)	Geltungsbereich	1600
c)	Form	1598	f)	Revision	1601

a) Während nach der ursprünglichen Fassung des § 79 (und bis zum Gesetz v **1595** 24. 11. 33 [BGBl I 1008]) der Sv stets vereidigt werden mußte (Voreid oder vorherige Berufung auf einen allg geleisteten Eid), liegt nunmehr die Anordnung der **Vereidigung** (auch bei ausschlaggebender Bedeutung des Gutachtens [BGH bei *Herlan* MDR **55** 651]) im Ermessen des Gerichts (§ 79 Abs 1 S 1); eine Pflicht zur Vereidigung besteht indes, wenn ein Antrag iSd § 79 Abs 1 S 2 gestellt wird.

Keine Anwendung findet § 79, wenn der Sv nach den Regeln des Freibeweises vernommen wird (allg Auffassung, s nur KK-*Pelchen* 1 zu § 79).

aa) Im allg findet die Vereidigung nur bei Vorliegen besonderer Umstände statt (zB wenn Zw an Sachkunde oder Gewissenhaftigkeit des Sv bestehen oder kaum eine Befähigung zur Prüfung der methodischen Richtigkeit des Gutachtens gegeben ist [vgl etwa KMR-*Paulus* 10 zu § 79]); ein solcher Umstand liegt noch nicht von vornherein darin, daß das Gutachten ausschlaggebende Bedeutung für die Entscheidung hat (BGH bei *Herlan* MDR **55** 651; LR-*Dahs* 2 zu § 79).

Gemäß § 79 Abs 1 S 1 ist indes stets eine Ermessensentscheidung zu treffen (KMR-*Paulus* 9, LR-*Dahs* 2 f, beide zu § 79; *Eb Schmidt* Nachtr II 5; *K. Müller* 487); nach aA soll wegen des Regel-Ausnahme-Verhältnisses die Nichtvereidigung keines ausdrücklichen oder (auch nur) stillschweigenden Beschlusses bedürfen (BGH **21** 227; KK-*Pelchen* 2 zu § 79; aA noch BGH NJW **52** 233; NJW **65** 643).

1596 bb) In der Praxis kommt es meist zu einer Vorabentscheidung des Vorsitzenden über die Nichtvereidigung (BGH NJW **52** 233; *Eb Schmidt* 2 ff, KK-*Pelchen* 3, KMR-*Paulus* 9 f, LR-*Dahs* 4, alle zu § 79) ohne vorherige Anhörung der Prozeßbeteiligten; falls sie mit der Nichtvereidigung nicht einverstanden sind, können sie den Antrag auf Vereidigung stellen (§ 79 Abs 1 S 2), dem stattzugeben ist. Eine gerichtliche Entscheidung ist jedoch erforderlich, wenn ein Mitglied des Gerichts oder der Nebenkläger die Vorabentscheidung des Vorsitzenden beanstandet oder wenn der Vorsitzende den Sv gegen den Widerspruch eines Prozeßbeteiligten vereidigen will.[49] – Einer Begründung bedarf der Beschluß nicht (allg Auffassung, s nur KK-*Pelchen* 3 zu § 79).

1597 b) **Zwingend** ist die Vereidigung **auf Antrag** (§ 79 Abs 1 S 2) der StA, des Angekl oder des Vert (dieser ist selbständig antragsberechtigt), des Nebenbeteiligten, des Privatklägers (§§ 384 Abs 1 S 1, 385 Abs 1 S 1), nicht aber des Nebenklägers (§ 397 Abs 1). Ausnahmen ergeben sich nur aus den Beweisverboten gemäß §§ 60, 63 entspr bzw den Ermessensvorschriften der §§ 61, 62 entspr sowie aus § 49 Abs 1 S 2 JGG.

IdR wird der Sv erst in der HV vereidigt, auch wenn er schon im Vorverfahren vernommen wird (RG **8** 360; LR-*Dahs* 7 zu § 79); ausnahmsweise wird er im Vorverfahren (§§ 72, 65), auch bei Vernehmung durch den beauftragten oder ersuchten Richter (§§ 72, 66 b), vereidigt werden.

1598 c) Gemäß § 79 Abs 2 ist der Eid als sog Nacheid zu leisten. Die Eides**formel** ist in § 79 Abs 2 geregelt, der iVm § 66 c sowie § 66 d (= Bekräftigung der Wahrheit der Aussage) gilt. Werden mehrere Sv vereidigt, so hat dies einzeln zu geschehen (wenngleich das Urteil allenfalls ausnahmsweise auf einem Verstoß hiergegen beruhen wird [RG **2** 158; Recht **1930** Nr 961; KK-*Pelchen* 5 zu § 79]). – Der Sv kann

---

[49] Diese Veranlassung eines Gerichtsbeschlusses geschieht nicht aufgrund § 238 Abs 2, da die Vorabentscheidung kein Akt der Verhandlungsleitung (iSd § 238 Abs 1) ist (*Fuhrmann* GA **63** 78; NJW **63** 1235; LR-*Dahs* 4 zu § 79; aA die hM, BGH **1** 218; NJW **52** 233; bei *Dallinger* MDR **58** 14; KK-*Pelchen* 3, KMR-*Paulus* 10, AK-*Kirchner* 3, alle zu § 79; s auch 1144).

III. Pflichten und Rechte des Sachverständigen

sich auf einen in dem gleichen Verfahren geleisteten früheren Eid berufen (§ 67 entspr), nicht aber in der HV auf einen in dem Vorverfahren geleisteten Eid (RGRspr **9** 453).

Im Protokoll (§ 273 Abs 1) ist die Vereidigung bzw die Bekräftigung zu beurkunden („Der Sv leistete den Sv-Eid" bzw „Der Sv bekräftigte die Richtigkeit seines Gutachtens").

d) aa) Sind die (durch Bundes- [s etwa § 36 GewO, § 91 Abs 1 Nr 8 HandwO] **1599** und Landesrecht [s etwa BayGVBl **50** 219 iVm BayGVBl **86** 120] geregelten) Voraussetzungen des § 79 Abs 3 (**allg Vereidigung**) gegeben, so kann der Sv, wenn nicht Zw an deren Vorliegen bestehen, den Eid verweigern (KMR-*Paulus* 19 zu § 79; LR-*Dahs* 15 zu § 79; *Jessnitzer/Frieling* 521; aA KK-*Pelchen* 6 zu § 79; *Eb Schmidt* 11 zu § 79); allerdings muß er sich selbst (und bei mehrmaliger Vernehmung stets erneut [RG GA **41** (1893) 407]) auf den allg geleisteten Eid berufen (RGRspr **5** 250), etwa auf eine entspr Frage des Gerichts hin.

Die Berufung auf den *Diensteid* des *Beamten* (s § 58 BBG), zu dessen Dienstpflichten die Erstattung von Gutachten der betr Art gehört, ist (auch außerhalb seines Amtsbezirks, aber innerhalb des Landes, dessen Beamter er ist [LR-*Dahs* 10 zu § 79]) zureichend (allg Auffassung, s schon RG **42** 369; **43** 159; **45** 375), nicht aber die Berufung auf die allg Vereidigung als Dolmetscher (BGH NJW **65** 643; NStZ **81** 69 mit Anm *Liemersdorf;* KMR-*Paulus* 16, LR-*Dahs* 11, beide zu § 79). Dem Umfang nach erstreckt sich die allg Vereidigung (etwa gemäß § 36 GewO) auf Gutachten auf einem bestimmten Fachgebiet, im Falle örtlicher Beschränkung auf die vor Gerichten des betr Bezirks abgegebenen Gutachten (RG **43** 159; **45** 373; *Jessnitzer/Frieling* 522). – Sofern der Eid an das Amt eines gerichtl Sv geknüpft war, so verliert er mit dessen Niederlegung seine Wirkung (RG **29** 300; LR-*Dahs* 10 zu § 79; K/M-G 8 zu § 79).

bb) Das Vorliegen der allg Vereidigung wird, sofern es nicht gerichtskundig ist, im Wege des Freibeweises festgestellt. Ggf kann die Erklärung des Sv zureichend sein. Falls Zw verbleiben, kann der Sv vereidigt werden.

cc) Im Protokoll muß (gemäß § 273 Abs 1 als eine wesentliche Förmlichkeit) die *Berufung* auf die allg Vereidigung (bei erneuter Vernehmung in dem anhängigen Verfahren stets erneut) beurkundet werden („Der Sv beruft sich auf den allg geleisteten Eid").

e) Der Eid erstreckt sich auf das Gutachten, nicht auf die Angaben zu Fragen **1600** zur Person gemäß § 68 (ganz hM, RG **20** 235; Schleswig SchlHA **86** 103 bei *Ernesti/Lorenzen;* LR-*Dahs* 16 zu § 79); jedoch kann dem Sv diesbzgl (etwa betr persönliche Beziehungen zu dem Angekl oder zu dem Verletzten oder aber hinsichtlich der wissenschaftlichen Qualifikation) der Zeugeneid abgenommen werden (RG **12** 129; **20** 235), ggf unter Verbindung beider Eidesformeln (K/M-G 9, LR-*Dahs* 16, beide zu § 79).

aa) Die vom Sv sachkundig festgestellten und dem Gericht vermittelten *Befundtatsachen*[50] sind Teil des Gutachtens und daher vom Eid umfaßt.

---

[50] Nicht also zB Schriftproben (Hamm StV **84** 457), Fahrtschreiberdiagramme (Düsseldorf VRS **39** 277) sowie Wahrnehmungen des Sv vor seiner Bestellung, auch wenn sie aufgrund besonderer Sachkunde gemacht wurden (ganz hM, s nur Hamm NJW **54** 1820; aA ANM 188), wohl aber zB Beobachtungen bei der Besichtigung der Unfallstelle (BGH GA **56** 294; Hamm VRS **29** 202; JMBl NRW **65** 216) sowie Feststellungen des Inhalts der ausgewerteten Krankengeschichten und ärztlichen Gutachten (BGH **9** 293 = JZ **57** 227 mit Anm *Eb Schmidt;* NJW **59** 829; Celle GA **61** 246).

bb) Da Zusatztatsachen[51] – auch bei unmittelbarem inneren Zusammenhang mit der eigenen Tätigkeit des Sv – nicht Teil des Gutachtens sind, kann sich der Eid auf sie nicht erstrecken. Vielmehr darf der Sv über solche Tatsachen nur als Zeuge Auskunft geben, und daher ist er insoweit auch als Zeuge zu vereidigen (ganz hM, s nur BGH **13** 3, 250; StV **82** 251; LR-*Dahs* 21 zu § 79; aA RG **43** 439; Bay **51** 305).

cc) Zufallsbeobachtungen stehen in keinem unmittelbaren Zusammenhang mit dem Gutachten und werden daher von dem Sv-Eid nicht umfaßt, selbst wenn sie (etwa durch einen behandelnden Arzt) aufgrund besonderer Sachkunde gemacht wurden (Hamm NJW **54** 1820; *Jessnitzer/Frieling* 524; *K. Müller* 496); insoweit kommt nur die Vernehmung und Vereidigung als Zeuge in Betracht (BGH **13** 250f; NStZ **85** 182).

1601 f) Wird das Ermessen des § 79 Abs 1 S 1 fehlerhaft ausgeübt, so kann dies die **Revision** nicht begründen (BGH **21** 227). Hingegen liegt ein revisibler Verfahrensverstoß vor, wenn die (nach der hier vertretenen Auffassung erforderliche) Ermessensentscheidung unterblieben ist und das Gericht stillschweigend von einer vom Gesetz nur ausnahmsweise vorgesehenen Vereidigung abgesehen hat (KMR-*Paulus* 20, LR-*Dahs* 22, beide zu § 79; *K. Müller* 493 b; *Gössel* § 26 E II; aA BGH **21** 227); jedoch wird das Urteil hierauf regelmäßig nicht beruhen, zumal dadurch kein Prozeßbeteiligter beschwert ist und Angekl, Privatkläger und StA die Vereidigung durch einen Antrag nach § 79 Abs 1 S 2 erzwingen können (LR-*Dahs* 3, 22 zu § 79). – Demggü liegt, ohne daß es auf eine Beanstandung gemäß § 238 Abs 2 ankäme (s auch BGH bei *Kusch* NStZ **96** 22), ein Revisionsgrund vor, wenn trotz Antrags nach § 79 Abs 1 S 2 keine Vereidigung stattfindet; dies gilt für den Angekl auch bei Übergehen eines Antrags der StA (Hamm NJW **60** 1361). Jedoch beruht das Urteil nicht auf dem Verstoß, wenn der Sv auch als Zeuge vernommen und vereidigt worden ist, da der Zeugeneid stets gutachtliche Äußerungen des Zeugen abdeckt (BGH GA **76** 78; Hamm NJW **69** 567; LR-*Dahs* 23 zu § 79; K/M-G 13 zu § 79; aA RG **53** 270; Recht **1919** Nr 526; wohl auch *Eb Schmidt* 3 zu § 85).

In Fällen nach § 79 Abs 3 liegt ein revisibler Verfahrensverstoß vor, wenn der Eid nicht oder nicht in zulässiger Weise geleistet worden ist oder aus irgendwelchen Gründen das Gutachten nicht gedeckt hat. Jedoch wird das Urteil idR nicht auf diesem Verstoß beruhen, wenn Gericht und Sv davon ausgegangen sind, daß die Berufung auf den Eid zulässig war und fachlich das Gutachten abdeckte (RG JW **29** 1047 mit Anm *Oetker*; LR-*Dahs* 24, KMR-*Paulus* 22, KK-*Pelchen* 8, alle zu § 79; aA *Eb Schmidt* 10 zu § 67); war hingegen ein früherer Eid überhaupt nicht geleistet worden, sondern nur irrtümlich angenommen worden, und wurde die Aussage im Urteil verwertet, so wird die Revision erfolgreich sein (Köln NJW **63** 2333; LR-*Dahs* 24 zu § 79).

---

[51] Zum Beispiel das Tatgeschehen betr, die der Sv bei der Vorbereitung des Gutachtens von der zu begutachtenden Person oder von Auskunftspersonen unaufgefordert (vgl BGH NJW **88** 1223 f: Geständnis des Angekl) oder auf Befragen oder solche, die er durch Augenschein erfahren hat.

IV. Leitung des Sachverständigen und Würdigung des Gutachtens durch StA bzw Gericht

1. Leitung des Sachverständigen

a) Die Leitung des Sv durch StA (bzw Polizei) oder Gericht bei der Vorbereitung bzw Erstellung des Gutachtens (§ 78; für die Vernehmungsleitung durch den Richter gilt § 238 Abs 1) unterliegt keiner besonderen Form (und verlangt zB die Gegenwart des Richters nur in den Fällen der §§ 87–90); indes umfassen die Grundsätze rechtlichen Gehörs und fairer Verfahrensgestaltung, daß die Prozeßbeteiligten über alle wesentlichen Leitungsmaßnahmen unterrichtet werden. Grundlage der inhaltlichen Zusammenarbeit sowie der Leitung ist die Beweisfrage. Das Auftragsthema ist daher möglichst klar und eindeutig zu formulieren, um inhaltliche Abweichungen bzw Unter- wie Überschreitungen der Fragestellung seitens des Sv zu vermeiden. Ggf sind, etwa aufgrund einer sog Zwischenberatung bzw -beurteilung (s zur Zulässigkeit BGH **17** 339 f; zur Frage des Vor-Urteils als Ausdruck von Befangenheit s LR-*Dahs* 9 zu § 78), unmißverständliche (Sachverhalts-) Alternativen zur Gutachtenerstattung vorzugeben.[52] Der Sv seinerseits hat rückzufragen und um Klärung zu bitten, wenn ihm die Beweisfrage als nicht eindeutig erscheint. 1602

Mitunter hat die StA bzw das Gericht einen bestimmten Eindruck und mehr oder weniger klare Hypothesen, wenn das Gutachten in Auftrag gegeben wird. Demggü verlangt es die Ermittlungspflicht, den Gutachtenauftrag nach Möglichkeit so zu formulieren, daß entspr Vorstellungen hinsichtlich des Ergebnisses nicht erkennbar werden. Insbes darf der Auftraggeber auch im Rahmen der Leitung (§ 78) entspr Tendenzen nicht erkennen lassen.

b) aa) Unmittelbar verbunden mit der Auftragserteilung ist die **Vermittlung der Anknüpfungstatsachen** (BGH **18** 108 f), von denen der Sv in seinem Gutachten ausgehen soll.[53] Hierzu hat die StA (bzw die Polizei) oder das Gericht (je nach der Gestaltung des Sachverhalts im Einzelfall) zB die Form eines Sachberichts zu wählen oder, sofern diesbzgl Bedenken (s etwa 1546, 1591, 1811, 1920) zurückstehen, einen Teil der Akten oder gar das gesamte Aktenmaterial zu übersenden (§ 80 Abs 2); im Anschluß daran hat der Auftraggeber darauf zu achten, daß der Sv stets von dem neuesten Stand der Ermittlungen ausgeht bzw in der HV nur solche Tatsachen zugrundelegt (zB Berichte der JGH), die Gegenstand der HV waren. 1603

Nach einer Einzelauswertung (*Barton* StV **83** 73 f) waren in 93% der untersuchten Fälle die Akten zusammen mit dem Gutachtenauftrag und ohne weitere Begründung übersandt worden. Speziell betr Schriftgutachten ergab sich eine entspr Quote von 96,8% (*Rieß* 70). – Nach einer Untersuchung betr Hbg und Nds gaben etwa 3/4 der befragten Vorsitzenden

---

[52] Wird der Sv erst nach Abschluß wesentlicher Teile der Beweisaufnahme beauftragt, kann die notwendige Unterrichtung, von welchem Sachverhalt er auszugehen hat, auch außerhalb der HV geschehen (BGH **2** 29; KK-*Pelchen* 2 zu § 78).
[53] Sofern das Gericht es nicht im Einzelfall für zweckmäßig hält, sich zuerst Sachkunde zu verschaffen (s näher LR-*Dahs* 2 zu § 80).

Richter und Sv an, ein zusätzliches Gespräch zwischen Richter und Sv finde „eher selten"
(48,7%) oder „fast nie" (26,9%) statt (*Böttger ua* MKrim **91** 374).

Beantragt der Sv weitere Sachaufklärung zur Gewinnung einer zureichenden
Tatsachengrundlage für das Gutachten, so wird die StA (bzw die Polizei) oder das
Gericht entspr Hinweisen meist zu folgen haben (s auch 1589 ff). Sofern der Auftraggeber allerdings der Auffassung ist, der Sachaufklärungspflicht sei bereits Genüge getan, kann die Gutachtenerstattung ohne (weitere) Aufklärung bzw bei Unterstellung eines bestimmten Sachverhalts verlangt werden (LR-*Dahs* 2 zu § 80;
KMR-*Paulus* 1 zu § 80; KK-*Pelchen* 1 zu § 80; K/M-G 1 zu § 80).

1604   bb) Zudem trägt nicht nur der Sv, sondern auch der Auftraggeber (gemäß § 78)
die Verantwortung dafür, daß die Tätigkeit den Rahmen des rechtlich Zulässigen
nicht verläßt. Daher kann es angezeigt sein, daß der Sv über Verfahrensregelungen
(zB über Probleme „informatorischer" Befragung von Auskunftspersonen [s 509],
über die Rechte nach § 80, über Voraussetzungen gemäß § 81 a [BGH **8** 146], zur
evt Belehrungspflicht s 1580) oder über materiellrechtliche Voraussetzungen (zB
betr die §§ 20, 21 StGB) unterrichtet wird. Sodann hat der Auftraggeber eine
Überschreitung des dem Sv erteilten Auftrags zu unterbinden (allg Auffassung,
s nur LR-*Dahs* 4 zu § 78).

1605   c) Hinsichtlich der fachlichen Vorgehensweise darf der Auftraggeber keine Weisungen erteilen (BGH DAR **78** 155 bei *Spiegel;* LR-*Dahs* 1 zu § 78; zu weitgehend
aber BGH NJW **70** 1242; zust KK-*Pelchen* 1 zu § 78). Indes hat er den Sv davon
zu unterrichten, ob und inwieweit Untersuchungsmethoden gemäß der StPO angewendet werden dürfen (s betr neuartige Methoden KK-*Pelchen* 2 zu § 78). Speziell in den vom Gesetz zwingend vorgeschriebenen Gutachten (§§ 87, 246 a, 80 a
iVm §§ 61 ff StGB) hat das Gericht für eine angemessene Untersuchung durch
den Sv zu sorgen (RG **68** 199 f; **69**, 132 f); hierzu gehört grds einerseits, daß der Sv
sein Gutachten auf Gewißheiten (nicht auf Wahrscheinlichkeiten) aufzubauen hat
(KMR-*Paulus* 7, LR-*Dahs* 8, beide zu § 78), und andererseits, daß er offen bekundet, wenn er eine Frage nicht verläßlich beantworten kann (*Jessnitzer* BlAlk **74** 78;
Sarstedt NJW **68** 181).

Auch die Entscheidung, ob das Gutachten zur Vorbereitung der HV schriftlich
abzufassen ist, unterliegt der Leitung gemäß § 78 (*Eb Schmidt* 10 zu § 78).

1606   d) Eine Verletzung des § 78 kann die **Revision** unmittelbar nicht begründen.
Mittelbar jedoch kann sich ein Revisionsgrund ergeben, zB wenn wegen Nichtlei-
tung bzw -unterrichtung bestimmte Verfahrensvorschriften oder auch Normen des
sachlichen Rechts verletzt wurden (etwa §§ 136 Abs 1 [s 1580], 136 a, 244 Abs 2
[BGH NStZ **85** 421],[54] 252, 261 oder §§ 20, 21 StGB [KK-*Pelchen* 5 zu § 78; LR-
Dahs 11 zu § 78; K/M-G 7 zu § 78]).

---

[54] Nach BGH StV **95** 113 ist das zB dann der Fall, wenn der Sv wegen Bestreitens des Tatvorwurfs seitens des Angekl die Beurteilung der Frage verminderter Schuldfähigkeit als
„reine Spekulation" bezeichnet, weil das Gericht ihm die Anknüpfungstatsachen hätte vermitteln bzw einen anderen Sv hätte beauftragen müssen.

2. Entscheidungsbezogene Würdigung des Gutachtens

Übersicht

	Rn		Rn
a) Beweisrechtliche Verwertung im allgemeinen	1607	c) Würdigung der Befundtatsachen	
aa) Gericht folgt dem Gutachter	1608	aa) Fehler des Sv	1613–1615
bb) Gericht folgt dem Gutachter nicht	1609	bb) Wissenschaftliche Konventionen etc ...	1616–1618
cc) Sich widersprechende Gutachten	1610	cc) Gesicherte wissenschaftliche Erkenntnisse	1619
b) Unterscheidung von Befund- und Zusatztatsachen	1611, 1612	d) Würdigung allgemeiner Erfahrungen sowie Schlußfolgerungen	1620

a) Das Gericht hat nicht nur hinsichtlich Rechtsfragen, die auf der Grundlage **1607** gutachterlicher Befunde zu beurteilen sind, sondern auch schon bzgl der Fachfragen (BGH **8** 117 f) die Pflicht, das Gutachten in eigener Würdigung beweisrechtlich zu verwerten.

Abgesehen von den Fällen des § 256 (s dazu 1503 ff), ist grds das in der HV mündlich erstattete Gutachten maßgebend (BGH NJW **70** 525), nicht also ein nur vorbereitendes schriftliches Gutachten; soweit der Sv sich bei seiner Vernehmung indes nicht mehr hinreichend an den konkreten Fall erinnert (etwa betr Blutentnahme gem § 81 a), so gelten die Tatsachen als durch den Vorhalt eingeführt und verwertbar, sofern der Sv die volle Verantwortung für seine Aufzeichnungen übernimmt (Hamm JMBl NRW **68** 45; K/M-G 8 zu § 261). Liefert der Sv das mündlich erstattete Gutachten nachträglich und ohne Abweichungen oder Zusätze schriftlich ab, so ist die Verwendung der schriftlichen Fassung unschädlich.

Bei der Würdigung ist insbes der Gefahr einer Umbewertung zu begegnen. Diese Gefahr besteht va dann, wenn schon bei Beauftragung bestimmte Hypothesen des Auftraggebers vorlagen und das erstattete Gutachten diesen Hypothesen nicht entspricht bzw Informationen enthält, die dissonant zu einem schon bestehenden Eindruck sind.

Dies geschieht etwa dadurch, daß diejenigen Informationen, die mit den Hypothesen übereinstimmen (= gleichsam konsonant sind), übermäßig gewichtet werden, und umgekehrt. Widerspricht das Gutachten gänzlich dem vorherigen Eindruck, könnte die beauftragende Person die entstehende Nichtübereinstimmung (= Dissonanz) reduzieren, indem die Kompetenz des Sv abgewertet und damit die Aussage des Gutachtens in Frage gestellt wird.

aa) **Folgt** das **Gericht** dem **Gutachten**, dann muß es im Urteil darlegen, daß **1608** dies aufgrund eigener Überzeugung geschieht (BGH **12** 314; **34** 31; NStZ **82** 342; bei *Holtz* MDR **86** 270; NStZ **86** 311; StV **87** 528). Hierzu ist erforderlich, daß die gedankliche Schlüssigkeit durch Wiedergabe der wesentlichen Anknüpfungstatsachen (s dazu 1581, 1603) sowie der Erhebungen und Ergebnisse dargestellt und ferner begründet wird, warum die Ausführungen des Sv für richtig befunden werden (vgl KK-*Hürxthal* 32 zu § 261: „vom Gutachten überzeugt" genügt nur in einfachen Fällen). Dies bedeutet nicht, daß in methodisch schwierigen bzw in speziellen Fachfragen eine fachliche oder gar wissenschaftliche Verarbeitung, die das Gericht nicht zu leisten vermag, geriert werden müßte (krit *K. Müller* 689 f);[55] vielmehr sind die wesentlichen tatsächlichen Grundlagen des Gutachtens (ebenso wie die Schlußfolgerungen; s aber 1620) insoweit mitzuteilen, als es zum Verständnis des Gutachtens und seiner Schlüssigkeit notwendig ist (betr Schuldfähigkeit BGH **7** 240; betr Unfallverlauf BGH **12** 314; betr BAK BGH **28** 236: Angabe des Mittelwertes genüge; BGH StV **87** 528; betr Geschwindigkeitsberechnung Celle VRS **42** 41; betr Fahruntauglichkeit Bremen VRS **48** 272; betr Schriftvergleich Frankfurt StV **94** 9). Das Ausmaß der Darlegungspflicht bestimmt sich danach, welche Bedeutung der Beweisfrage für die Wahrheitsfindung zukommt (BGH NStZ **82** 342), wobei Anklage und Verteidigung zu berücksichtigen sein werden; läßt der Sv selbst Zw hinsichtlich des Ergebnisses seines Gutachtens erkennen, so muß das Gericht, will es sich dennoch anschließen, besonders deutlich machen, warum es die Zw überwunden hat (*K. Müller* 685; zu schonender Behandlung auch von Gutachten ohne Qualität durch die Gerichte s *Wolff* StV **92** 295).

Ausnahmsweise darf der Tatrichter auf die Wiedergabe von tatsächlichen Grundlagen und Folgerungen des Gutachtens verzichten, falls es sich um „allg anerkannte, häufig angewandte Untersuchungsweisen" (zB betr BAK) handelt (BGH **12** 314; BGH **28** 238 bei *Pfeiffer/Miebach* NStZ **84** 17; Karlsruhe VRS **48** 129). Auch unter solchen Voraussetzungen müssen die Anknüpfungstatsachen jedoch in zureichender Weise dargelegt werden (BGH VRS **27** 266; **31** 108).

1609 bb) **Folgt** das **Gericht** dem Gutachten insgesamt, in Einzelfragen oder auch nur in einem Punkt **nicht**, hat es in den Entscheidungsgründen die Ausführungen des Sv und die nach Auffassung des Gerichts entgegenstehenden Umstände und Erwägungen auf dem vom Sv vertretenen Fachgebiet jeweils ausführlich zu erörtern (BGH GA **77** 275; NStZ **83** 377), damit nachvollziehbar wird, ob es das beanspruchte bessere Sachwissen (auf dem fremden Wissensgebiet) hat (BGH GA **77** 275; VRS **21** 289; bei *Holtz* MDR **77** 284; NStZ **83** 377; **85** 421; BGH StV **94** 359; LR-*Gollwitzer* 98 zu § 244). Hat das Gericht zwei (oder mehrere) Sv herangezogen und folgt es nur einem (oder einzelnen) der Gutachten, so gilt diese Begründungspflicht betr das andere (oder die anderen) Gutachten in gleicher Weise (BGH NStZ **94** 503).

Die Notwendigkeit, die eigene Sachkunde darzulegen, entfällt nur dann, wenn die Beweislage eindeutig ist und die relevanten Fachfragen so bekannt sind, daß das Revisionsgericht zur Beurteilung der Richtigkeit des Ergebnisses solche Ausführungen nicht benötigt (BGH bei *Spiegel* DAR **83** 207).

1610 cc) **Widersprechen** sich die **Gutachten**, so hat das Gericht zum einen zu erörtern, welche tatsächlichen Grundlagen bzw Erwägungen die Sv zu den unterschiedlichen Aussagen bzw Ergebnissen geführt haben, und zum anderen darzulegen, aus welchen sachlichen Gründen es dem einen Gutachten folgt und dem anderen nicht (BGH StV **83** 8; NStZ **81** 488; KK-*Hürxthal* 33 zu § 261).

---

[55] Soweit argumentiert wird, bei begrenzter intellektueller Nachvollziehung seitens des Gerichts könne das Gericht auch würdigen, „wie überzeugend" der Sv seine Meinung vorgetragen hat (*K. Müller* 691 a), bestehen allerdings Bedenken (vgl betr Aussageverhalten von Zeugen 1446, 1462, 1485, 1877).

IV. Leitung des Sachverständigen und Würdigung des Gutachtens

(1) Zunächst ist zu versuchen, den Grund für den Widerspruch oder die Diskrepanz zu ermitteln. Dabei ist vorweg zu prüfen, ob die Sv möglicherweise von unterschiedlichen Sachverhalten ausgehen oder ob einem der Sv ein Fehler unterlaufen ist. Sodann werden Unterschiede im Grad der Sachkunde zwischen den Sv zu erwägen sein, soweit der Widerspruch oder die Diskrepanz darauf beruhen können.
Anders verhält es sich, wenn es sich bei Abweichungen um die Folge von unterschiedlichen wissenschaftlichen Schulrichtungen bzw Verständnisebenen, leitenden Vorstellungen und Erfassungsrahmen handelt (nach *Peters* 365 wird der Richter in einem solchen Fall, zumindest sofern er auf dem Gebiet sachfremd ist, nach dem Grundsatz in dubio pro reo [s 116 ff] entscheiden).
(2) Unzulässig ist es, wenn ein nicht sachgebildeter Richter eine Sachentscheidung über den Wert des Gutachtens trifft. Verfügt er indes in dem Fragenkreis der entgegengesetzt beurteilten Sachfrage über eigene Kenntnisse, so darf er sich für bzw gegen eines oder mehrere der vorliegenden Gutachten entscheiden; es handelt sich dabei um einen solchen Grad an Sachkenntnis, die den Richter zwar nicht befähigt, über die in Rede stehende Beweisfrage allein zu entscheiden, der aber zur selbständigen Stellungnahme zu den sich widersprechenden Gutachten ausreicht.

dd) In engen Grenzen lassen Teile der Rspr eine Kontrolle der Überzeugungsbildung des Tatrichters (und also gleichsam eine *Rekonstruktion* der Beweisaufnahme) auf die Verfahrensrüge zu, sofern ein Mangel mit den revisionsrechtlichen Mitteln verläßlich und einfach feststellbar ist (vgl n 80, 885, 1471).

Dies betraf hinsichtlich der Nichtausschöpfung des Beweisgehalts eines Sv-Gutachtens zB eine im Urteil nicht erwähnte[56] Abweichung eines vorläufigen Gutachtens bzgl der Bestimmung des Schußkanals (BGH NStZ **91** 449).

b) Das Gericht darf hinsichtlich der formellen Beurteilung diejenigen Tatsachen, die der Sv (betr Mitwirkende s 1502; bzgl vorherigen Auftrags s 1510, 1514) nur aufgrund seiner Sachkunde erkennen konnte und übermittelt hat (sog **Befundtatsachen**), ohne weitere Beweisaufnahme – wenngleich unter selbständiger Beweiswürdigung – seiner Urteilsbildung zugrundelegen. **1611**

Hierzu gehören auch Wahrnehmungen, die der Sv bei einer *früheren* gutachterlichen *Tätigkeit* mit gleichem Auftrag gemacht hat (BGH StV **95** 57).

Hingegen dürfen solche Tatsachen, die auch das Gericht selbst unter Nutzung seiner Erkenntnis- und Beweismittel feststellen könnte (sog **Zusatztatsachen**),[57] nur verwertet werden, wenn sie durch Vernehmung der Auskunftsperson des Sv oder durch dessen Vernehmung als Zeuge in die HV eingeführt worden sind (BGH **18** 108 f; BGH NStZ **82** 256; **93** 245; aA *Peters* 371, wegen des engen Zusammenhangs mit der Gutachtertätigkeit); die Vernehmung des Sv als Zeuge ist allerdings ausgeschlossen, wenn die Auskunftsperson von einem Zeugnisverweigerungsrecht Gebrauch macht und das Gericht von der zu beweisenden Tatsache nicht bereits anderweitig überzeugt ist (BGH **18** 109; BGH StV **84** 453; s zum Ganzen auch 1304; *Jessnitzer/Frieling* 557 ff).
Indes bestehen bei der Abgrenzung zwischen Befund- und Zusatztatsachen **1612** nicht unerhebliche Probleme (s etwa BGH NStZ **85** 182; vgl auch BGH **9** 294 f;

---

[56] Demggü haben andere Senate des BGH die Auffassung vertreten, aus dem Schweigen der Urteilsgründe lasse sich in entspr Fällen nicht auf Nichtaufklärung schließen (BGH NJW **92** 2838; **92** 2840; krit *Herdegen* StV **92** 596).
[57] Zum Beispiel Einzelheiten zum Tatgeschehen, evtl auch geständnisähnliche Äußerungen des Beschuldigten bzw Angekl.

13 2f, 251; krit *von Hippel* FS-Peters **74** 286 ff; *Fincke* ZStW **86** [1974] 662). Zwar wird es sich bei den Zusatztatsachen weithin um Umstände des äußeren Tathergangs handeln, die der Sv außerhalb der HV von ihrerseits nicht sachkundigen Personen „erfahren" hat (zur Problematik des Zeugen vom Hörensagen s 1033 ff). Insbes besteht aber die Gefahr, daß Zusatztatsachen, deren Gewinnung dem gutachterlichen Verständnis der beobachteten bzw untersuchten Tatsachen dienen soll, mittelbar zu Einfluß auf die Darstellung und Gewichtung der Befundtatsachen gelangen, ohne daß sie in zulässiger Weise (§ 80) gewonnen bzw als Zusatztatsachen eindeutig ausgewiesen worden sind (klarstellend BGH NStZ **93** 245).

1613 c) aa) Bei der **Würdigung der Befundtatsachen** ist davon auszugehen, daß **Fehler des Sv** schon bei der Befragung zur Vorgeschichte und der Erhebung von Einzelbefunden ebenso wie bei der Diagnosestellung (und ohnehin der Prognose) regelmäßig vorkommen.

So ergaben sich zB in einer Überprüfung einschlägiger Fehlerquellen anhand des Aktenmaterials von *Peters* Fehlerquellen I–III bei 48% der Erstgutachten Anamnesefehler und bei 60% Befunderhebungsfehler (*Heinz* 35, 40; s krit auch *Dippel* 171 ff).
Im einzelnen ist betr psychologische oder psychiatrische Gutachten zB fraglich, inwieweit der Sv seine Diagnose „im Regelfall … auch an möglichst umfassenden objektiv-anamnestischen Erhebungen (… Jugendamtsberichten, fremdanamnestischen Angaben usw) weiter absichern muß" (*Venzlaff*, in Frank/Harrer 14), zumal soweit die Wahrheit der Angaben innerhalb solcher Quellen nach aller Erfahrung nicht von vornherein unterstellt werden kann. Im übrigen wird es oftmals notwendig sein, daß der Sv statt einer ihm nicht zustehenden (und zudem vorweggenommenen) Beweiswürdigung dem Gericht alternative Beurteilungsmöglichkeiten anbietet.[58]

Die Fehler können neben unzureichender Befähigung des Sv ua auf Mängeln hinsichtlich erforderlicher Zurückhaltung ggü normativ wertenden Entscheidungen ebenso wie auf einer sachkundig schwerlich vertretbaren Annäherung an oder gar Identifizierung mit diesen oder jenen (anderen) Prozeßrollen beruhen. Hinzu kommen zB Folgen einer etwaigen Abwehrhaltung ggü der zu untersuchenden Person, zumal die Art und Weise des Verhaltens des Sv ggü dieser für deren Äußerungsbereitschaft und -inhalte wesentlich sind.

1614 (1) Die Beobachtung des Angekl *während der Hauptverhandlung* ist nur eingeschränkt als Erkenntnismöglichkeit geeignet, zur erstmaligen und zugleich abschließenden Beobachtung erscheint sie ungeeignet; die HV stellt gleichsam eine „Störvariable" dar, und die anhaltende Beobachtung durch einen Sv kann zusätzlich verzerrende Auswirkungen haben (vgl *Barbey* 34, 59 f; s auch *Peters* 405).

1615 (2) Speziell bei *psychologischen* oder *psychiatrischen* Untersuchungen ist die Aufgabe der *Rekonstruktion* der Tatzeit*persönlichkeit* schon insofern fehlerträchtig, als – abgesehen von chronischen oder irreversiblen Erkrankungen (zB Oligophrenien, Demenzen; s n 1766 ff, 1732) – die Befunde auf dem Spektrum von erheblicher psychischer „Gestörtheit" bis hin zu weitestgehender „Unauffälligkeit" nicht notwendigerweise von diagnostischem Wert für die Tatzeit sein müssen. Vielmehr kann der bloße Zeitablauf zu erheblichen Verzerrungen führen.

---

[58] Zum Beispiel bei Entgegenstehen von Vorwurf und Angaben des Angekl, bei sich widersprechenden Zeugenaussagen oder bei Fehlen von Beurteilungsgrundlagen (etwa betr Blutalkoholgehalt).

IV. Leitung des Sachverständigen und Würdigung des Gutachtens

Dies gilt zB bei seit der Tatzeit weitestgehend zurückgegangenen zyklothymen Psychosen, inzwischen überwundenen posttraumatischen Durchgangssyndromen (etwa Körperverletzung oder Widerstandshandlung nach Verkehrsunfall) sowie ohnehin bei mit der Tatzeit abgeklungenem Alkohol- und Drogeneinfluß einerseits, andererseits aber bei erst Monate nach der Tat manifestierten psychischen Erkrankungen (etwa akute Schizophrenie [s n 1735, 1737] oder dezente dementive Abbauerscheinungen [s 1723]) hinsichtlich der Frage, ob sie – für die Umwelt nicht erkennbar – doch bereits zur Tatzeit die Persönlichkeit beeinträchtigt hatten.

Hinzu kommen zwischenzeitlich wirkende oder weggefallene Einflußgrößen etwa bei Taten aufgrund besonderer interpersonaler Konflikte. Nicht zuletzt wird durchgängig zu berücksichtigen sein, ob bzw inwieweit die strafrechtliche Verfolgung einschließlich der Begutachtungssituation die Befunde (mit-)bestimmt.

bb) (1) (a) Hinsichtlich der materiellen Beurteilung kommt besonders bei *psychologischen* und *psychiatrischen* Gutachten dem **Einfluß wissenschaftlicher Konventionen** sowie von Voreingenommenheit erhebliche Bedeutung zu. **1616**

Eine ausführliche und möglichst objektive biographische Anamnese gilt als „diagnostische Methode ersten Ranges" (*Mende/Bürke* Forensia **86**), zumal eine nicht unerhebliche Anzahl von Fehldiagnosen auf unvollständiger Anamneseerhebung oder mangelnder Beachtung der biographischen Entwicklung beruht. Indes sind schon die Materialauswahl und die Anamneseerhebung als scheinbar objektive Bereiche nicht frei von Ermessensentscheidungen des Sv, dh die wiedergegebene Vorgeschichte unterliegt – ähnlich wie es bei Akteneinsicht und Zeugenaussagen der Fall ist – einer Selektion. Jede Ermittlungs- und Erhebungsfrage (auch) des Sv ist Ausdruck einer *bestimmten* Vorstellung über relevante Inhalte, an der sich Ausmaß und Richtung der Untersuchung orientieren, obgleich eine Vielzahl anderer und teilweise entgegengesetzter Vorstellungen besteht. Dabei ist wesentlich, daß die jeweiligen Vorstellungen weithin von der Schulrichtung bzw Verständnisebene wie auch von Erfassungsrahmen abhängen, die der Sv bevorzugt oder verinnerlicht hat, dh die jeweilige Vorstellung ist insoweit prinzipiell *nicht einzelfallgetragen*.

Nach einer Analyse von *Rasch* (BlAlk **69** 131) zur „klinischen" Trunkenheitsuntersuchung war deren Ergebnis, ob nämlich ein Beschuldigter Trunkenheitszeichen aufwies oder nicht, primär davon bestimmt, welcher Arzt die Untersuchung vornahm.

Hinsichtlich der psychiatrischen Diagnose ergab die Untersuchung von *Seyffert* (Nervenarzt **51** 194), daß in 2/3 der Fälle eines zu erstattenden Obergutachtens Uneinigkeit der Vorgutachten hinsichtlich der Diagnose bestand; demggü seien nach Auswertung von Gutachten eines Universitätsinstituts für Forensische Psychiatrie weniger die diagnostischen Annahmen bzw Fragen des „Schulenstreits" als vielmehr die Qualität der Gutachten maßgebend für die Übereinstimmung von Sv betr mehrfachbegutachtete Pben gewesen (s *Konrad* RuP **95** 158 ff). Nach *Ritzel* (MKrim **89** 125) wurde in 28,4% der Fälle die bei Einweisung nach § 63 StGB gestellte Diagnose im Zuge des Anstaltsaufenthalts revidiert. – Die Längsschnittuntersuchung von *Häfner ua* (Sozialpsychiatrie **67**) betr eine bestimmte Klinik erbrachte das Ergebnis, daß die Diagnosestellung der Klinik von keiner anderen Variable so stark beeinflußt wurde wie durch das Diagnose-Konzept des jeweiligen Klinikchefs.

In einer Studie über die Gutachter der Obergutachterstelle NRW mit der Aufgabe verkehrspsychologischer Eignungsbeurteilung ergab sich eine starke Abhängigkeit des Ergebnisses der Beurteilung von Persönlichkeitsmerkmalen der Gutachter. Die als besonders „gütig" eingeordneten Gutachter kamen in 36%, die als besonders wenig mitfühlend oder spontan oder optimistisch eingeordneten Gutachter in 68% zu negativen Beurteilungen (*Pfeiffer ua* **77** [zit nach *Eisenberg* § 30 Rn 55]).

1617 (b) Nicht minder bedeutsam sind Faktoren der Voreingenommenheit auf den verschiedensten Gebieten der *Gerichtsmedizin* (zB Laborgläubigkeit oder aber Ignorierung technischer Daten, Überheblichkeit und nicht zuletzt ideologische bzw emotionale Vorurteile bis hin zu solchen aufgrund angeblicher Umstände des konkreten Falles).

Nach einer Analyse von 34 gerichtsmedizinisch untersuchten Fällen traumatisch bedingter Subarachnoidalblutung (= Hirnhautblutung) ließ sich eine deutliche Beeinflussung der Sv durch die „mitmenschlichen (subjektiven) Umstände des Falles" nachweisen: War die Tat von einem als allg rücksichtslos vorgehenden und vorbestraften Täter begangen worden, so bejahte der Obduzent die Kausalität zwischen Tod und Trauma eher als bei einem gut beleumundeten Täter. Bei letzteren suchte der Obduzent nach einem Aneurysma oder einer anderen Anomalie, um die Kausalität zwischen Trauma und Tod in Zw zu ziehen oder gar auszuschließen (*Heinz* in Frank/Harrer 30 f).

(c) Aber auch im Bereich des *kriminaltechnischen Sachbeweises* sind, zumal bei der Interpretation, ggf Fehlschlüsse bzw eine Vermischung des Aussagewertes von Häufigkeiten mit „Belastungswahrscheinlichkeit" zu gewärtigen (s n 1940 ff).

1618 (2) Aus diesen Gründen setzt die materielle Beurteilung regelmäßig Äußerungen des Sv auch dazu voraus, zu welchen Ergebnissen er im Falle einer **anderen Ausgangsposition** gelangt sein würde oder könnte, dh wenn er einer anderen Vorstellung über relevante Inhalte gefolgt wäre (*Peters* 373 f; *Ulsenheimer* FS-Pribilla **90** 57 f). Zudem wird es angezeigt sein, daß der Sv nach Anlage und Durchführung dem Gericht auch das von ihm seinem Gutachten bzw seiner Tätigkeit beigemessene Funktionsverständnis darlegt (s schon *Maisch* MKrim **73** 196). Schließlich empfiehlt es sich, den Sv zu Äußerungen dazu anzuregen, wie er im konkreten Fall emotional zu Tat und (mutmaßlichem) Täter eingestellt ist.

Nach einer Aktenauswertung wurden nur in 0,9 % der einbezogenen Gutachten Angaben zum theoretischen Standort gemacht, während bezogen auf die Schuldfähigkeitsbeurteilung eine traditionelle Unterscheidung zwischen „psychotischen und nichtpsychotischen" Störungen dominierte (*Böttger ua* in Kaiser ua **88** 354).

1619 cc) **Gesicherte wissenschaftliche Erkenntnisse** sind solche, die eine unbedingte, einen Gegenbeweis mit anderen Beweismitteln ausschließende Beweiskraft haben (KK-*Hürxthal* 46 zu § 261); in Bereichen (etwa der Naturwissenschaften), die nur Wahrscheinlichkeitsaussagen erlauben, können gesicherte Erkenntnisse auch dann bestehen, wenn sie durch Wahrscheinlichkeitsberechnung und -auswertung gewonnen wurden (BGH **21** 159; s aber 919 ff, 1942 ff). Liegen gesicherte Erkenntnisse vor, so ist für eine tatrichterliche Überzeugungsbildung kein Raum mehr (BGH **29** 21; s n 106 f), dh der Tatrichter muß sich bei der Beweiswürdigung an sie halten (BGH **5** 36; **10** 211; LR-*Gollwitzer* 52 zu § 261), und zwar unabhängig davon, ob er (etwa im Bereich komplizierter naturwissenschaftlicher Fragen) die Richtigkeit der Ergebnisse selbst nachprüfen kann oder nicht (BGH **10** 211; **21** 159; Hamm JMBl NRW **69** 260); folgt aus ihnen zwingend eine bestimmte Tatsache, so hat der Tatrichter von dieser auszugehen (BGH **24** 203; **25** 248; NJW **78** 1207; bei *Spiegel* DAR **82** 206).

(1) Ob allerdings eine gesicherte wissenschaftliche Erkenntnis vorliegt, vermag das Gericht oftmals allein nicht zu beurteilen, vielmehr wird es insoweit eines Sv bedürfen; dies ist namentlich betr besonders komplizierte Fachgebiete bzw wissenschaftliche Streitfragen prekär, sofern der Sv gleichsam involviert und dadurch

IV. Leitung des Sachverständigen und Würdigung des Gutachtens

nicht in der Lage ist, den Grad an (aus neutraler Sicht gedachter) Gesichertheit darzustellen, während das Gericht uU nicht über die Kompetenz verfügt, das Gutachten auf seine Richtigkeit hin zu prüfen (KK-*Hürxthal* 46 zu § 261). Sofern jedoch nur einzelne abweichende wissenschaftliche Auffassungen bestehen, darf das Gericht diesen (entgegen der herrschenden Lehre) nur dann folgen, wenn es sich dabei auf gründliche und überzeugende Untersuchungen stützen kann oder wenn es sich bei den Vertretern der abweichenden Auffassung um anerkannte Fachleute bzw Wissenschaftler handelt (BGH bei *Dallinger* MDR **52** 275; s auch 107).

(2) Stets muß der Tatrichter in den Urteilsgründen anführen, auf welche Quellen er sich bei seinen Erkenntnissen bezieht (LR-*Gollwitzer* 69, KK-*Hürxthal* 46, beide zu § 261). Bei wissenschaftlich umstrittenen Fragen muß er alle Tatsachen mitteilen, auch um dem Revisionsgericht die Prüfung zu ermöglichen, ob die Abwägung der für oder gegen seine Entscheidung sprechenden Tatsachen fehlerfrei stattgefunden hat (BGH MDR **95** 1153). Stützt er sich auf eine noch wenig erprobte oder umstrittene wissenschaftliche Methode, so muß er den Streitstand darlegen und die für und gegen die Methode sprechenden Gesichtspunkte abwägen (BGH StV **94** 228 betr die falsche Behauptung des Sv, es handle sich um eine „weit überwiegend anerkannte Methode").

d) Die **Würdigung** der **allg Erfahrungssätze** (zur Begrifflichkeit vgl LR-*Gollwitzer* 45 ff zu § 261) **sowie** von **Schlußfolgerungen** iS bloßer Wahrscheinlichkeitsaussagen begegnet einer besonderen Problematik der Verwertbarkeit durch den Auftraggeber; denn die beiden genannten Kategorien hängen, vom Bereich exakter Naturwissenschaften abgesehen, in besonderem Maße von unterschiedlichen Schulrichtungen bzw Verständnisebenen, leitenden Vorstellungen und Erfassungsrahmen des Sv bzw der von ihm bevorzugten Strömung innerhalb des Fachgebietes oder der Wissenschaft ab. Nur durch Prüfung weiterer Beweisanzeichen kann die Wahrscheinlichkeitsaussage im konkreten Fall möglicherweise zur Gewißheit werden (KK-*Hürxthal* 48 zu § 261). Hält das Gericht in Übereinstimmung mit dem Gutachten einen fachlich oder gar wissenschaftlich widerlegten oder doch erschütterten Erfahrungssatz für gegeben, so handelt es sich um einen **revisions**rechtlich nachprüfbaren Verstoß (s allg BGH bei *Spiegel* DAR **83** 206; BGH NStZ **82** 478); das gleiche gilt für Schlußfolgerungen, die von den festgestellten Tatsachen in einer Weise entfernt sind bzw sich gleichsam verselbständigen, daß sie eher nur Vermutungen darstellen (BGH MDR **80** 948).[59]

1620

Rechtstatsächlich ist die Bezugnahme auf angebliche allg Erfahrungssätze geeignet, Mängel der Tatsachenfeststellungen und/oder des Fachwissens zu verdecken bzw zu einem Ergebnis zu gelangen, das trotz und entgegen getroffenen Tatsachenfeststellungen angestrebt wird. Auch kommt es im Rahmen der Schlußfolgerung nicht ganz selten vor, daß Tatsachen, die im Befundbericht nur für vermutet oder wahrscheinlich gehalten werden, nunmehr als feststehend oder „bestimmt" präsentiert werden (vgl *Beyerlein*, in Beyerlein 374 Rn 6, 10).

---

[59] Dies kann zB auch für statistische Wahrscheinlichkeitsberechnungen gelten (zB „Hochrechnung" bei Serienstraftaten, BGH bei *Holtz* MDR **78** 803; *Niemöller* StV **84** 434).

Zweites Kapitel. Einzelne Aufgabenbereiche

I. Körperliche Untersuchung

1. Körperliche Untersuchung des Beschuldigten

Übersicht

	Rn		Rn
a) aa) Verfassungsrechtliche Problematik	1621, 1622	e) Vollstreckung aa) Richterliche Anordnung	1645
bb) Abgrenzungsfragen	1623, 1624	bb) Anordnung der StA und ihrer Hilfsbeamten	1646
b) aa) Verfahrenserhebliche Tatsachen	1625	cc) Unmittelbarer Zwang	1647
bb) Einwilligung	1626	f) Beschwerde	
cc) Duldung	1627, 1628	aa) Gegen richterliche Anordnungen	1648-1650
c) aa) Einfache körperliche Untersuchungen	1629-1631	bb) Gegen Anordnungen der StA und ihrer Hilfsbeamten	1651, 1652
bb) Körperliche Eingriffe	1632	g) Nichtverwertbarkeit	
(1) Voraussetzungen	1633-1636	aa) Allgemeines	1653-1655
(2) Einzelne Eingriffe	1637-1640	bb) Einschränkungen	1656
d) Anordnungsverfahren		cc) Fehler bei Untersuchung oder Auswertung	1657
aa) Zuständigkeit	1641		
bb) Rechtliches Gehör	1642		
cc) Form und Inhalt	1643		
dd) Durchsuchung	1644		
ee) Immunität	1644	h) Revision	1657

1621 a) aa) Die **körperliche Untersuchung des Beschuldigten** einschließlich körperlicher Eingriffe ist zu bestimmten Zwecken (auch) zwangsweise (dh ohne dessen Einwilligung) zulässig (§ 81 a; s n 1625). Diese durch Art 2 Nr 4 AusfG „GewVerbrG" aus dem Jahre 1933 eingeführte Regelung,[1] die durch Art 4 Nr 10 des 3.StRÄndG eine Änderung des Abs 1 S 2 dahingehend erfuhr, daß auch Blutproben nur von einem Arzt entnommen werden dürfen, läßt den Körper des Beschuldigten zu einem Augenscheinsobjekt und Beweismittel im Ermittlungsverfahren *gegen sich selbst* (nach *Rosmanith* 80 deshalb unzulässig) werden und gilt daher (Art 2 Abs 2 S 1 GG) wie auch wegen unzureichender Bestimmtheit (zB betr zulässige Eingriffe, erforderliche *Stärke des Tatverdachts;* anders BVerfGE 47 248) für Teile der Literatur als grundgesetzwidrig.[2]

---

[1] Art 3 Nr 35 VereinhG nahm den sich auf tatunverdächtige Personen beziehenden Teil der Bestimmung heraus und fügte dazu § 81 c ein.

[2] *Sautter* AcP **161** 247 ff: Verletzung der Menschenwürde (Art 1 Abs 1 GG), ebenso *Rosmanith* 37 bzgl jedes über die Blutprobenentnahme hinausgehenden körperlichen Eingriffs; *Sax* in: Bettermann ua, Die Grundrechte, III/2 986: Verletzung der Unschuldsvermutung (Art 6 Abs 2 MRK).

I. Körperliche Untersuchung

Bis 1933 wurden die Entnahme von Blutproben und andere körperliche Eingriffe überwiegend für unzulässig gehalten. Für körperliche Untersuchungen wandte das RG die Durchsuchungsbestimmungen (§§ 102, 105) an (RG **14** 194 f; **42** 440), während die Literatur die Augenscheinsregelungen für maßgebend hielt.

Demggü verlangt das BVerfG (**16** 202; **17** 117; **27** 218 f) lediglich eine verfassungskonforme Auslegung, die durch **besondere** Beachtung des **Verhältnismäßigkeitsgrundsatzes** erreicht sei (krit *Eb Schmidt* MDR **70** 461: „schwächliche Begründung"). Danach darf zum einen die Maßnahme nur angeordnet werden, wenn sie unerläßlich ist, dh wenn nicht eine weniger eingreifende Maßnahme ausreicht (Hamm NJW **71** 1904); zum anderen ist zu prüfen, ob die Maßnahme in angemessenem Verhältnis zur Schwere der (mutmaßlichen) Tat steht (Bay NJW **57** 274; Hamm NJW **60** 1400), dh es kommt darauf an, ob die Stärke des Tatverdachts die Maßnahme rechtfertigt (BVerfGE **16** 200; **17** 117), wobei die Anforderungen an den Tatverdacht umso höher sein müssen, je schwerer die Maßnahme wiegt. **1622**

Ein Abhängigkeitsverhältnis zwischen § 81 a und § 81 besteht nicht (BGH **8** 147 = JR **56** 68 mit zust Anm *Eb Schmidt*). Gemäß § 46 Abs 4 OWiG gilt § 81 a Abs 1 S 2 nur eingeschränkt (neben Blutprobenentnahme sind nur andere geringfügige Eingriffe zulässig).

bb) (1) Wenngleich die Vorbereitung und Nachbehandlung körperlicher Eingriffe nicht immer ambulant möglich ist, enthält § 81 a entgegen der hM keine Rechtsgrundlage für eine richterliche Anordnung der **vorübergehenden Unterbringung** (*Eb Schmidt* Nachtr 19 sowie *ders* NJW **62** 664; *Baumann* FS-Eb Schmidt 539; *Dürig* in Maunz ua 51 zu Art 2 Abs 2; *Hahn* GA **77** 65; *Schlüchter* 179.4; aA Bay VerfGH NJW **82** 1583; Bay JR **57** 110 mit abl Anm *Eb Schmidt*; Frankfurt MDR **79** 694; Schleswig NStZ **82** 81; LR-*Dahs* 29, K/M-G 24, AK-*Wassermann* 7, alle zu § 81 a; s auch *Roxin* 9 zu § 33 aufgrund Vergleichs des § 81 a mit § 81 c Abs 4 S 2; speziell betr die Klärung der Verhandlungsfähigkeit Celle NJW **71** 256 f; *Seetzen* DRiZ **74** 260). Nach dem Standpunkt der hM darf die einschlägige Unterbringung jedoch nicht länger als vier bis fünf Tage anhalten (KMR-*Paulus* 43, LR-*Dahs* 29, beide zu § 81 a; für 14 Tage indes Bay JR **57** 110 mit abl Anm *Eb Schmidt*). **1623**

(2) Was den Begriff **Beschuldigter** (s allg 505 ff) in § 81 a Abs 1 angeht, so ist die Anordnung nach § 81 a nicht deshalb unzulässig, weil die (ohnehin keiner besonderen Form bedürfende) Einleitung eines Ermittlungsverfahrens erst mit dieser Anordnung geschieht (und also der Betroffene vor Anordnung nicht Beschuldigter war), sofern bereits zureichende Anhaltspunkte iSd § 152 Abs 2 für eine Straftat vorlagen. **1624**

Da bei Verkehrsunfällen jeder Unfallbeteiligte (Hamm DAR **62** 131), uU auch der Beifahrer, als einschlägig tatverdächtig gilt, beginnt das Ermittlungsverfahren insoweit häufig mit der Anordnung nach § 81 a (betr Blutprobenentnahme).

Unzulässig ist es hingegen, wenn durch die Anordnung solche Anhaltspunkte erst gesucht werden sollen (zust *Foldenauer* 77), dh Ziel der Maßnahme nach § 81 a darf es nur sein, einen bestimmten Tatverdacht zu erhärten oder zu entkräften (*Geerds* GA **65** 327).

(3) Auch der Angeschuldigte und der Angekl (§ 157) sind Beschuldigte iSd § 81 a, **nicht** jedoch der rechtskräftig **Verurteilte** (zB betr Prognoseentscheidung nach §§ 57 Abs 1, 67 d Abs 2 S 1 StGB, Hamm NJW **74** 914; KMR-*Paulus* 23 zu § 81 a; *Geerds* Jura **88** 2; zw LK-*Horstkotte* 96 zu § 67 d StGB; aA KK-*Pelchen* 2, LR-*Dahs* 6, K/M-G 2, AK-*Wassermann* 1, alle zu § 81 a).

1625 b) aa) Der **Zweck** der Untersuchung (§ 81a Abs 1 S 1) ist auf die Feststellung **verfahrenserheblicher Tatsachen** begrenzt.

(1) Dies betrifft zum einen solche Tatsachen, die (zumindest mittelbar) für den Beweis der Straftat oder aber für deren Nichtvorliegen bzw der Täterschaft (einschließlich der Schuld iSd Deliktsaufbaus) des Beschuldigten oder aber für dessen Unschuld sowie ggf für die Rechtsfolgen nach deren Voraussetzungen (zB körperliche oder geistige Eignung gemäß § 69 StGB oder etwa dem Verfall oder der Einziehung unterliegende Gegenstände) und Bemessung relevant sind und zum anderen solche, die die Verhandlungs- (BVerfGE **27** 219; Bay JR **57** 110 mit Anm *Eb Schmidt;* Celle NJW **71** 256; Düsseldorf JZ **88** 984; Schleswig NStZ **82** 81) oder die Reisefähigkeit des Beschuldigten (KK-*Pelchen* 5, LR-*Dahs* 14, beide zu § 81a) betreffen.

(2) Die Art der Tatsachen ist vom Gesetz nicht vorgegeben (anders als die Beschränkung des § 81c Abs 1 S 1 auf Tatspuren oder -folgen); sie bestimmt sich nach den vorgenannten Zwecksetzungen.[3] – Eine körperliche Untersuchung zur Beurteilung der Glaubwürdigkeit ist unzulässig (LR-*Dahs* 13 zu § 81a); sie ließe sich ohne freiwillige Mitwirkung in gesetzmäßiger Weise (vgl § 136a) ohnehin nicht erreichen (s näher 693 ff, 1867, 1873). Allerdings liegt im Ergebnis eine partiell einschlägige Ermittlung dann vor, wenn durch die Untersuchung nach § 81a Angaben des Beschuldigten über körperliche Umstände überprüft werden.

1626 bb) (1) Im Falle der **Einwilligung** des Beschuldigten bedarf es keiner Anordnung nach § 81a. Zudem sind bei vorliegender Einwilligung auch solche Eingriffe erlaubt, die nach § 81a Abs 1 S 2 unzulässig wären; schwerwiegende Eingriffe bedürfen indes trotz vorliegender Einwilligung des Beschuldigten der richterlichen Anordnung zumindest dann, wenn sich Zw an der Zulässigkeit des Eingriffs aus § 226a StGB (insbes wegen Gefährlichkeit wie auch wegen Nichteignung zum Beweis der festzustellenden Tatsachen [KMR-*Paulus* 13 zu § 81a]) ergeben (s aber auch *Amelung* StV **85** 257, 262).

(2) Eine Einwilligung ist nur dann wirksam, wenn der Beschuldigte über hinreichende Verstandesreife (im Einzelfall zw bei erheblichem Alkoholeinfluß [*Eb Schmidt* NJW **62** 666; LR-*Dahs* 11 zu § 81a]) verfügt[4] und wenn er die Sachlage sowie sein Weigerungsrecht kennt (BGH NJW **64** 1177; LR-*Dahs* 10 zu § 81a; *Peters* JR **69** 233; *Rogall* 192); idR muß er darüber belehrt werden (KMR-*Paulus* 13 zu § 81a). Bei erheblichen Eingriffen muß der Beschuldigte über Bedeutung, Gefährlichkeit und Nachwirkungen aufgeklärt werden (vgl KK-*Pelchen* 3 zu § 81a; *Eb Schmidt* Nachtr 16), und ggf ist ihm eine gewisse Zeit zum Überlegen einzuräumen (BGH VRS **29** 203). Zudem muß die Einwilligung *ausdrücklich* (dh Hinnahme des Eingriffs reicht nicht aus) und *eindeutig* sowie aus *freiem Entschluß* (dh zB ohne Drohung, Zwang oder Täuschung [vgl BGH VRS **29** 203; Bremen VRS **36** 182]) erklärt werden; andernfalls ist die Erklärung unwirksam.

---

[3] Zum Beispiel Beschaffenheit von Körper und seinen Bestandteilen, Blut oder Magensaft, Vorhandensein von Fremdkörpern (BGH **5** 336), psychische Beschaffenheit (KK-*Pelchen* 5 zu § 81a), nicht aber eine nicht aufgrund körperlicher Mängel und nicht zwecks einschlägiger körperlicher Untersuchung angeordnete Beobachtung des Geisteszustandes (Bamberg MDR **84** 602).
[4] Auf Vorliegen der Geschäftsfähigkeit kommt es nicht an; zur einschlägigen Funktion eines gesetzlichen Vertreters s 1675 ff entspr betr § 81c.

I. Körperliche Untersuchung

Die Einwilligung bzw das Einverständnis kann sich auch auf die Person beziehen, die den Eingriff vornimmt (zB betr Blutprobenentnahme durch einen Nichtarzt [Bay 64 158] bzw eine Krankenschwester [Bremen VRS 36 182; Oldenburg NJW 55 683]; zur Frage der Verwertbarkeit s 1654 ff).

(3) Die Einwilligung kann bis zum Schluß der Untersuchung widerrufen werden. Ermittlungsergebnisse, die vor dem Widerruf erzielt wurden, sind jedoch verwertbar (LR-*Dahs* 11, K/M-G 5, beide zu § 81 a).

cc) (1) Die **Duldungspflicht** des Beschuldigten schließt ein, daß er sich ggf für **1627** die Untersuchung entkleiden (bzw zur Blutprobenentnahme den Arm freimachen, LG Düsseldorf NJW 73 1931) und eine erforderliche Körperhaltung einnehmen (LR-*Dahs* 17 zu § 81 a) muß.

Eine *aktive* Beteiligung darf hingegen *nicht* erzwungen werden (allg Auffassung); so muß der Beschuldigte Fragen nicht beantworten (Hamm NJW 74 713), er muß sich nicht Prüfungen (zB betr *Alkoholtest* [Blasen zur Kontrolle der Atemluft] BGH VRS 39 185; Bay NJW 63 772; Bay GA 64 310; Schleswig SchlHA 66 43 mit Anm *Naucke*; Stuttgart Justiz 71 30; betr *Hirnleistung* Hamm NJW 74 713) unterziehen, er braucht nicht zwecks Trinkversuchs Alkohol zu trinken (BGH VRS 29 203; Hamm VRS 34 289; LG Bremen NJW 68 208; LG Karlsruhe DAR 59 246[5]) oder zwecks Röntgenuntersuchung Kontrastmittel einzunehmen, er ist nicht zur Mitwirkung an einem Belastungs-EKG (Schleswig NStZ 82 81) oder auch nur zu bestimmten Körperbewegungen wie Kniebeugen, Arme ausstrecken (hM, s nur Hamm NJW 67 1524), Gehproben verpflichtet (allg Auffassung; abl auch zum Herumdrehen zur Feststellung des Drehnachnystagmus *Klinkhammer/ Stürmann* DAR 68 44; LR-*Dahs* 20 zu § 81 a).

(2) Eine Freiwilligkeit der Vornahme derartiger Handlungen (iS aktiver Beteili- **1628** gung bei der Untersuchung) setzt voraus, daß der Beschuldigte seitens des (die Untersuchung anordnenden) Strafverfolgungsorgans über die Freiwilligkeit belehrt wurde (K/M-G 12, LR-*Dahs* 21, beide zu § 81 a); keinesfalls ist der Arzt hierfür zuständig (allg Auffassung, s nur Hamm BlAlk 80 171), der vielmehr von einer Untersuchung absehen bzw diese abbrechen muß, wenn er den Irrtum des Betroffenen, zur Mitwirkung verpflichtet zu sein, erkennt (LR-*Dahs* 21 zu § 81 a). Nach überwiegender Auffassung soll eine Belehrung allerdings dann entbehrlich sein, wenn es sich um eine Art von Mitwirkung handelt, die ein Arzt üblicherweise von seinen Patienten verlangen darf (vgl Hamm NJW 68 1203; Köln NJW 62 692; Eb *Schmidt* NJW 62 664); idS soll auch die Beteiligung an Tests bei der Blutprobenentnahme (zB Fingerprobe, Sichdrehen, Rombergtest) ohne besondere Belehrung nicht zu beanstanden sein bzw gar gefordert werden dürfen (Hamm NJW 67 1524; NJW 68 1203; KK-*Pelchen* 5 a, LR-*Dahs* 21, beide zu § 81 a; *Kleinknecht* NJW 64 2187; aA *Maase* DAR 66 45: nur nach Belehrung gemäß §§ 136 Abs 1, 163 a Abs 4).

Unzulässig ist es, von einem Beschuldigten eine aktive Beteiligung zu erwarten, wenn (aufgrund der Stärke des Alkoholeinflusses) eine Freiheit seiner Willensent-

---

[5] S im übrigen schon zur Ungeeignetheit solcher Versuche zwecks Feststellung der Verkehrssicherheit iZm der Alkoholverträglichkeit nur BGH 10 267 (allg Auffassung), es sei denn, es soll – vorbehaltlich der Nichtbefürchtung eines Gesundheitsschadens – der Eintritt eines pathologischen Rauschzustandes (s näher 1752) festgestellt werden (BGH bei *Pfeiffer* NStZ 82 189; Hamm VRS 34 289; Oldenburg VRS 46 198).

scheidung nicht zu bestehen scheint (LR-*Dahs* 21 zu § 81 a). Im einzelnen bestehen diesbzgl Abgrenzungsschwierigkeiten, zumal unstr nicht bereits jede alkoholische Beeinflussung die genannte Rechtswirkung hat.

1629 c) aa) **Einfache körperliche Untersuchungen** ohne körperlichen Eingriff (§ 81 a Abs 1 S 1), die nicht notwendig von einem Arzt vorgenommen werden müssen, umfassen Feststellungen nicht nur über die Beschaffenheit des Körpers oder von Körperteilen sowie von Fremdkörpern im Körperinneren, sondern auch über den (körperlich bedingten) psychischen Zustand des Beschuldigten (zB Arbeitsweise des Gehirns oder Prüfung bestimmter Funktionen, vgl KMR-*Paulus* 4, K/M-G 9, LR-*Dahs* 15, alle zu § 81a).

1630 Sie unterscheiden sich von der Durchsuchung der Person des Beschuldigten iSd § 102 entweder in dem *Zweck* des Vorgehens (Untersuchung der Person oder aber Suche nach Gegenständen) oder aber im Mittel der Durchführung (*Rüping* 79; s aber auch LG Trier NJW **87** 722: Verletzungsgefahr als Abgrenzungsmerkmal).

1631 Die Suche nach *verschluckten* oder sonst im Körperinneren (also nicht nur in den natürlichen Köperöffnungen) befindlichen Gegenständen ist nach hM (vgl nur K/M-G 9, LR-*Dahs* 16, beide zu § 81 a) stets eine körperliche Untersuchung nach § 81 a. Eine spezielle Problematik besteht bzgl des *Transports* von Behältnissen zB für Drogen im Körper (s n dazu *Zimmermann* Krim **95** 556 ff), soweit ein Erbrechen veranlaßt wird, und zwar durch Verabreichen einer bestimmten Flüssigkeit (zB unter Zwang mittels einer Magensonde) oder aber durch intramuskuläre Injektion.

1632 bb) Bzgl der **körperlichen Eingriffe** (§ 81 a Abs 1 S 2) unterscheidet das Gesetz zwischen der Blutprobenentnahme[6] und sonstigen Eingriffen. Dabei bedeutet das Wort „Eingriffe" nur das Eindringen in das haut- und muskelumschlossene Innere des Körpers (vgl *Benfer* 199; KK-*Pelchen* 6 zu § 81 a; *Eb Schmidt* Nachtrag 5; K/M-G 15 zu § 81a) durch (auch nur geringfügige) körperliche Verletzungen (gesetzessystematische Auslegung gemäß der [idR harmlosen und ungefährlichen] Blutprobenentnahme), nicht hingegen auch das (zumindest visuelle) Eindringen in die natürlichen Körperöffnungen (zB Mund, After, Scheide), bei dem es sich trotz der Schutzbelange des Art 2 Abs 2 S 1 GG um eine einfache körperliche Untersuchung (§ 81 a Abs 1 S 1) handelt (LR-*Dahs* 22 zu § 81 a[7]); hingegen ist das Eindringen in das Körperinnere von den natürlichen Körperöffnungen aus (wegen der Eindringtiefe wie Verletzungsgefahr) ein körperlicher Eingriff.

Nach hM soll es hingegen nicht darauf ankommen, ob die Untersuchungshandlung Schmerzen verursacht (K/M-G 15, KMR-*Paulus* 6, LR-*Dahs* 23, alle zu § 81 a; *Schlüchter* 170; zw) oder ob ärztliche Instrumente und Apparate eingesetzt werden (dh Blutdruckmesser, EKG und Hirnstromuntersuchung sind nur einfache körperliche Untersuchungen [LR-*Dahs* 23 zu § 81 a]).

1633 (1) (a) Die *Blutprobe* und *andere körperliche Eingriffe* dürfen nur von einem **Arzt** (Approbation oder ein zur vorübergehenden Ausübung des Arztberufes Berechtigter [vgl § 2 Abs 2, 3, § 10 BÄO, BGBl I **87** 1218]) vorgenommen werden (§ 81 a Abs 1 S 2; allg Auffassung, s nur BGH **24** 127); das gleiche wird für sonstige Unter-

---

[6] S zur Verhältnismäßigkeit § 46 Abs 4 OWiG sowie Köln NStZ **86** 235: auch bei „leichten" Taten.
[7] Krit aber etwa *Benfer* 199, der auf die gesundheitliche Gefährdung bei zu überwindendem Widerstand abstellt; betr Gefangene vgl *Hübner* ZfStrVo **91** 95.

suchungen iSd § 81 a Abs 1 S 1 gelten müssen, die üblicherweise von einem Arzt vorgenommen werden (zB Untersuchung der natürlichen Köperöffnungen [LR-*Dahs* 30 zu § 81 a]). Die erforderliche Qualifikation des Arztes richtet sich nach der Gefährlichkeit des Eingriffs (ggf zumindest Facharzt, vgl KK-*Pelchen* 7, LR-*Dahs* 31, beide zu § 81 a; *Schlüchter* 175). Ein (noch) nicht approbierter Mediziner, eine Krankenschwester oder ein Pfleger dürfen Eingriffe mit Einverständnis des Beschuldigten oder (entgegen dem Gesetzeswortlaut, aber ebenso wie zu Heilzwecken) unter Anleitung, Aufsicht und Verantwortung eines Arztes vornehmen (Bay NJW **65** 1088; JR **66** 186 mit zust Anm *Kohlhaas;* Köln NJW **66** 416), sofern eine Gefährlichkeit nicht entgegensteht.

Auch bzgl der bloßen Blutprobenentnahme ist der Arzt Sv (hM, s nur *Roxin* 11 zu § 33; aA *Hiendl* NJW **58** 2100; *Blank* BlAlk **92** 84 f; zur Frage des Verpflichtetseins betr § 75 vgl 1566; zur Bekundung von Wahrnehmungen anläßlich der Blutprobenentnahme s 1515).

(b) Da die Einhaltung der Regeln der ärztlichen Kunst erforderlich ist (§ 81 a **1634** Abs 1 S 2), ist der Eingriff bei Anwendung zB von Hypnose, Elektroschock oder Narkoanalyse (selbst zu rein diagnostischen Zwecken) und unabhängig von einer etwaigen Einwilligung des Beschuldigten (allg Auffassung, s etwa LR-*Dahs* 24 zu § 81 a) bzw anderen Veränderungen des seelischen Zustandes unzulässig (KMR-*Paulus* 6 zu § 81 a); das gleiche gilt für solche (etwa neuartige) Untersuchungsmethoden, für die es an entspr Regeln fehlt, gemäß dem Grundsatz, daß der Beschuldigte nicht Objekt von „Experimenten" werden darf (KK-*Pelchen* 6, LR-*Dahs* 25, beide zu § 81 a: ohne Einverständnis des Beschuldigten). Im übrigen wird die Einhaltung des Verhältnismäßigkeitsgrundsatzes idR eine Unzulässigkeit dann ergeben, wenn die Untersuchungshandlung unzumutbar ist (*Eb Schmidt* Nachtr I 15), auch wenn in § 81 a eine Vorschrift iSd § 81 c Abs 4 fehlt.

(c) Der gesetzlichen Voraussetzung, daß kein *Nachteil* für die Gesundheit *zu be-* **1635** *fürchten* sein darf, ist dann Genüge getan, wenn im Hinblick auf den Gesundheitszustand des Beschuldigten (LR-*Dahs* 26 zu § 81 a; *Kohlhaas* NJW **68** 2277) wie die Art des Eingriffs solche Nachteile mit an Sicherheit grenzender Wahrscheinlichkeit ausgeschlossen werden können (zur methodischen Überforderung des Ermittlungsbeamten s *Benfer* 207), dh eine gewisse Wahrscheinlichkeit des Eintritts verbietet den Eingriff (Nürnberg Bay JMBl **60** 36; *Löffler* NJW **51** 822; LR-*Dahs* 26 zu § 81 a). Dabei umfaßt der Begriff Gesundheit die körperliche ebenso wie die seelisch-geistige Beschaffenheit (KMR-*Paulus* 25 zu § 81 a); jedoch sind Schmerzen und andere vorübergehende Unannehmlichkeiten bzw Angstzustände und nachträgliche seelische Beeinträchtigungen allein kein Nachteil für die Gesundheit (LR-*Dahs* 26, K/M-G 17, beide zu § 81 a). Stets muß es sich um eine erheblich über den Untersuchungszeitraum oder -punkt hinauswirkende Beeinträchtigung des körperlichen Wohlbefindens handeln (K/M-G 17, KMR-*Paulus* 26, LR-*Dahs* 26, alle zu § 81 a; s auch schon *Löffler* NJW **51** 822).

Ggf ist vor Anordnung des Eingriffs ein Sv mit der Begutachtung der Frage nach einem etwa zu besorgenden gesundheitlichen Nachteil zu beauftragen (allg Auffassung, BGH **8** 148), ohne daß dessen Ergebnis den Auftraggeber binden würde (wenngleich ein Arzt schwerlich wird gezwungen werden können, einen Eingriff vorzunehmen, den er aus einschlägigen Gründen nicht verantworten zu können darlegt [*Kohlhaas* NJW **68** 2278; LR-*Dahs* 26 zu § 81 a]).

1636 (d) Zur Bedeutung des Verhältnismäßigkeitsgrundsatzes s 1622.

Im Einzelnen darf die Blutprobenentnahme bereits aufgrund des zur Einleitung des Ermittlungsverfahrens ausreichenden Anfangsverdachts (zB Alkoholgeruch bei einem polizeilich überprüften Kraftfahrer, *Rüth* DAR **74** 57, 62) angeordnet werden, während Eingriffe schwerwiegender Art (zB Liquorentnahme) zumindest dringenden Tatverdacht iSd § 112 Abs 1 S 1 voraussetzen. Jedoch ist die jeweils erreichte Stufe im Verfahrensgang nicht maßgebend, dh bei erheblichen Eingriffen kann es uU erforderlich sein, vor der Entscheidung über die Anordnung zunächst die Beweisaufnahme in der HV zur Frage eines strafbaren Tatbestandes abzuwarten (vgl BVerfGE **17** 119; LR-*Dahs* 27 zu § 81a; K/M-G 18 zu § 81a).

1637 (2) (a) Die **Blutprobenentnahme** ist tendenziell ungefährlich (anders etwa bei einem Bluter), und zwar weithin auch bei zwangsweiser Vornahme (Köln NStZ **86** 235; einschr *Rittner* BlAlk **81** 166ff; *Püschel/Horn* BlAlk **84** 479).

Bei Trunkenheitsdelikten im Straßenverkehr ist die Anordnung nicht deshalb unverhältnismäßig, weil die Beweistatsache durch Atemalkoholtestgeräte ermittelt werden könnte (so aber *Arbab-Zadeh* NJW **84** 2615), denn diese Testgeräte gelten als bislang weniger zuverlässig (Köln NStZ **86** 235; *Grüner/Penners* NJW **85** 1377; *Wilske/Eisenmenger* DAR **92** 41ff; *Grüner/Bilzer* BlAlk **92** 98ff; *Pluisch/Heifer* NZV **92** 339ff; eher anders *Schocknecht/Brackemeyer* BlAlk **92** 316ff; zu Verwertungsproblemen bei AAK- neben BAK-Grenzwerten s *Grüner/Bilzer* BlAlk **92** 164, 168ff); demgemäß ist für die Anordnung eine vorherige Abnahme eines Atemalkoholtests rechtlich keine Voraussetzung (Köln NStZ **86** 234). Hinsichtlich der Schwere der (mutmaßlichen) Straftat wurde sogar der Verdacht einer Übertretung gem § 2 StVZO als zureichend beurteilt (Bay **63** 15; Bay JR **64** 149 mit zust Anm *Dünnebier* = JZ **64** 625 mit Anm *Tiedemann*; Schleswig NJW **64** 2217; SchlHA **66** 44 mit Anm *Naucke*). – Formell betrifft die Anordnung der Blutprobenentnahme zugleich die umfassendere Untersuchung nach § 81a Abs 1 S 1.

1638 Unter Einschränkungen ist die Blutprobenentnahme auch zwecks Durchführung einer **Genom-Analyse** („genetischer Fingerabdruck"; s n 1904ff) zulässig, soweit sie auf die nicht-codierenden Bereiche der DNA-Moleküle in menschlichen Zellkernen beschränkt ist, dh derjenigen, die (nach heutigem Wissen) nicht Träger der Informationen über erbliche Eigenschaften sind (BVerfG StV **95** 620; BGH **38** 324: [nur] bedeutsames Indiz[8] = JZ **93** 102 mit Anm *Keller* = JR **93** 123 mit Anm *v Hippel* sowie Anm *Vogt* StV **93** 174; vgl n *Sternberg/Lieben* NJW **87** 1242f; *Steinke* NJW **87** 2914; *Kimmich ua* NStZ **90** 319 sowie **93** 23; *Burr* 104f; KK-*Pelchen* 5a zu § 81a; aA *Gössel* GS-Meyer 145; *Rademacher* StV **90** 550; *Vogt* StV **93** 175; krit 1911), und zwar sowohl zur Täterentlastung (LG Darmstadt NJW **89** 2339) als auch zur Täterfeststellung (BVerfG StV **95** 620; BGH NJW **90** 2944; MDR **92** 988; LG Heilbronn JR **91** 29 mit abl Anm *Gössel*; zum Anwendungsbereich einschränkend *Foldenauer* 86ff).

Das Verfahren betrifft die Desoxyribonukleinsäure (DNS oder DNA), die unverwechselbare Besonderheiten einer Person in Körperzellen materialisiert, die sich an Tatorten ggf aufspüren lassen (zB Blut, Sperma, Haarwurzeln; zu den Methoden s 1907ff).

---

[8] Weniger einschr noch BGH **37** 157f; abl *Rademacher* NJW **91** 735.
Krit wegen der Überlegenheit des SV ggü dem Gericht *Keller* NJW **89** 2296 bzw wegen der empirischen Fehlerquote *Rademacher* StV **89** 548f.

I. Körperliche Untersuchung

(b) Im allg **zulässige „andere" Eingriffe** sind Magenaushebung (wenngleich **1639** es im allg an der Erforderlichkeit fehlen wird [LR-*Dahs* 42 zu § 81 a]), (das Röntgenverfahren der) Computer-Tomographie (s *Stöppler/Vogelsang* NJW **78** 577 f), (wegen Strahlungsgefahren generell iSd § 81 a Abs 1 S 2 relevante) Röntgenuntersuchungen (Schleswig NStZ **82** 81; LR-*Dahs* 48 zu § 81 a[9]), Szintigraphie (Kontrastmitteleinspritzung in die Ellenbeugenvene zwecks Lokalisierung von Gehirntumoren; K/M-G 20 zu § 81 a; *Kuhlmann* NJW **76** 351 f).

Kein körperlicher Eingriff iSd § 81 a Abs 1 S 2 sind das EEG (Elektroenzephalographie = Hirnstromuntersuchung [Koblenz OLGSt 64 § 81 a S 23]) und das EKG (Elektrokardiographie [zur Untersuchung der Herztätigkeit]), wobei der Beschuldigte bzgl des letzteren nicht verpflichtet ist, an (den üblichen) Belastungstests mitzuwirken (Schleswig NStZ **82** 81; LR-*Dahs* 37 zu § 81 a).

(c) Im allg **unzulässig** sind hingegen (wegen der mit dem Eingriff verbundenen **1640** Gefährlichkeit) zB Angiographie (Einspritzen eines Kontrastmittels zwecks Röntgenaufnahme des Gehirns; LR-*Dahs* 33 zu § 81 a;[10] *Kuhlmann* NJW **76** 351; K/M-G 21 zu § 81 a), Harnentnahme mittels eines Katheters (*Adams/Gerhardt* NStZ **81** 244 f; K/M-G 21 zu § 81 a[11]) sowie die Phallographie[12] (Düsseldorf NJW **73** 2255; LR-*Dahs* 46 zu § 81 a; *Peters* 332; *ders* bereits GA **77** 109; s näher 702 f; für Zulässigkeit zwecks Prognosestellung hingegen *Jessnitzer* NJW **77** 2128; bei Einwilligung auch LG Hannover NJW **77** 1110 f).

(d) Ob die Entnahme von *Gehirn-* oder *Rückenmarkflüssigkeit* (Liquorentnahme durch Lumbal- oder [Sub-]Oktizipalpunktion), bei der es sich um einen schweren körperlichen Eingriff (Hohlnadeleinstich) handelt, der idR zu Störungen des Allgemeinbefindens von kürzerer oder längerer Dauer, Übelkeit und Kopfschmerzen führt, zulässig ist, ist str (abl *Schlüchter* 174; Bedenken bei *Eb Schmidt* Nachtr II 21); nach überwiegender Auffassung könnte sie allenfalls bei schweren mutmaßlichen Straftaten und dringendem Tatverdacht zulässig sein (hM, BVerfGE **16** 198 ff; Hamm NJW **71** 1904; LR-*Dahs* 40 zu § 81 a; vgl auch 834). Ebenso wird die Frage nach der Zulässigkeit der (zur Durchführung einer Röntgenaufnahme des Gehirns vorzunehmenden) Hirnkammer-Luftfüllung (zwecks Untersuchung der Menge an Gehirnmasse oder von Ungleichheiten in der Symmetrie des Gehirns [Pneumoenzephalographie]) unterschiedlich beurteilt (nach *Grömig* NJW **54** 300 stets unzulässig; eingeschränkt zulässig bei schweren Straftaten und dringendem Tatverdacht hingegen nach BVerfGE **17** 115 ff; BGH **23** 186; Celle MDR **56** 695; Hamm NJW **75** 2256; LR-*Dahs* 47 zu § 81 a; *Kuhlmann* NJW **76** 350 f; vgl auch 834).

d) aa) **Zuständig** zur Anordnung ist der Richter (§ 81 a Abs 2 Hs 1). Im Vorverfahren **1641** ist es das AG (§ 162 Abs 1) und der Ermittlungsrichter (§ 169), es sei denn, es wird gleichzeitig eine Anordnung nach § 81 getroffen, in welchem Fall sich die Zuständigkeit einheitlich nach § 81 Abs 3 bestimmt (allg Auffassung, s nur Karls-

---

[9] Krit betr Minderjährige zur Altersuntersuchung iSd § 19 StGB. § 1 JGG *Frehsee* ZfJ **91** 226; abl bei Mehrfachaufnahmen *Hüner* ZfStrVo **91** 95.
[10] Abl für den Fall zwangsweiser Vornahme.
[11] Anders betr schwerste Taten und Unerläßlichkeit der Beweiserhebung KMR-*Paulus* 8 zu § 81 a; *Kuhlmann* Krim **80** 374 f.
[12] Aus Gründen der Verletzung der Menschenwürde (und also unabhängig von der Einwilligung des Beschuldigten), der Ungewißheit über die diagnostische Verläßlichkeit sowie der Undurchführbarkeit unter Zwang.

ruhe Justiz **72** 18). Nach Anklageerhebung entscheidet das für die Eröffnung des Hauptverfahrens zuständige Gericht, danach das erkennende Gericht, und zwar in der HV ggf unter Mitwirkung der Schöffen (§§ 30 Abs 1, 77 Abs 1 GVG).

Soweit es sich nicht um „schwere Eingriffe" handelt, deren Anordnung stets dem Richter vorbehalten ist (allg Auffassung, BVerfGE **16** 201[13], *Genzel* NJW **69** 1564), sind bei Gefährdung des Untersuchungserfolges durch Verzögerung (§ 81 a Abs 2 Hs 2) auch die StA und deren Hilfsbeamte (§ 152 GVG) zuständig.

1642 bb) Der **Beschuldigte** muß unter den Voraussetzungen des § 33 Abs 3 (nicht jedoch bei Gefahr im Verzuge [§ 33 Abs 4 S 1]) vor der Anordnung stets **gehört** werden (KK-*Pelchen* 8, K/M-G 25, weitergehend KMR-*Paulus* 30, alle zu § 81 a). Deshalb darf sie insoweit auch nicht vorbehaltlich der erforderlichen Einwilligung des Beschuldigten ergehen (ebenso LR-*Dahs* 56 zu § 81 a; s aber BGH VRS **29** 203; Hamm NJW **74** 713). – Auch aus allg prozessualen Erwägungen und unabhängig von § 33 Abs 3 ist die Gewährung rechtlichen Gehörs geboten, zumal der Beschuldigte durch sein Prozeßverhalten einen Eingriff möglicherweise überflüssig werden läßt.

1643 cc) (1) Die Anordnung geschieht durch den Richter in **Form** eines schriftlichen Beschlusses.

Durch die StA und deren Hilfsbeamte kann sie zwar auch mündlich vorgenommen werden. Sie ist jedoch ausdrücklich (dh nicht nur stillschweigend) zu treffen;[14] dies gilt zB auch dann, wenn der Beschuldigte zuvor den Alkoholtest verweigert hatte und annehmen konnte, dieser – nicht aber eine Blutprobenentnahme – solle erzwungen werden (Bay NJW **63** 773).

(2) Die Anordnung muß die festzustellenden Tatsachen (allg Auffassung, Hamm JMBl NRW **53** 118) und die Art des Eingriffs (allg Auffassung, Bay JR **57** 112 mit Anm *Eb Schmidt;* Celle MDR **56** 695) bezeichnen; zumindest bei „schweren Eingriffen" muß sie auch Notwendigkeit und Unerläßlichkeit darlegen. Die technische Ausführung darf der Arzt, sofern die Anordnung dazu (etwa wegen Gefahr für die Gesundheit des Beschuldigten) nicht vorbehalten wurde, selbst bestimmen (LR-*Dahs* 56 zu § 81 a); dies gilt auch für eine etwa erforderlich werdende zweite Blutprobe (K/M-G 27 zu § 81 a), wenngleich eine solche oftmals mangels Beweiswertes ausscheiden wird (Hamm VRS **39** 429; *Janiszewski* BlAlk **74** 162). – Ist die Anordnung vorbehaltlich der erforderlichen Einwilligung getroffen worden, so führt die Verweigerung zur Unzulässigkeit der Anordnung (Hamm NJW **74** 713).

Erfordern die Vorbereitung der Untersuchung bzw des Eingriffs oder die Nachbehandlung eine Unterbringung (s aber 1623), so muß die Anordnung deren Höchstdauer bestimmen (LR-*Dahs* 56 zu § 81 a).

1644 dd) Soll eine körperliche **Durchsuchung** oder (zum Zwecke der Ergreifung) eine Wohnungsdurchsuchung vorgenommen werden, so bedarf dies selbstverständlich stets einer besonderen Anordnung (unter den Voraussetzungen der §§ 102, 103, 105).

---

[13] Vgl auch LR-*Dahs* 53 zu § 81 a: „niemals so eilig"; in Fällen nicht nur unbedeutender Freiheitsbeschränkung gilt dies schon gemäß Art 104 Abs 2 GG (Bay JR **57** 111 mit Anm *Eb Schmidt*)

[14] Bedenklich Neustadt MDR **62** 594, wonach die Aufforderung an den Beschuldigten genügen soll, mit zur Wache zu kommen.

I. Körperliche Untersuchung

ee) Die *Immunität* steht der Anordnung der Untersuchung (einschließlich Blutprobenentnahme) bei einem *Abgeordneten* ohne Genehmigung des Parlaments nicht entgegen (Bremen NJW **66** 743 f; Oldenburg NJW **66** 1764 f; RiStBV Nr 191 III Buchst h); die Verbringung zum Arzt ist keine freiheitsentziehende Maßnahme iSd Nr 192 II Buchst b RiStBV. Unzulässig ist eine Anordnung nach § 81 a gegen Exterritoriale (§§ 18, 20 GVG; KK-*Pelchen* 12, LR-*Dahs* 82, beide zu § 81 a); zulässig ist sie hingegen ggü ausländischen Konsularbeamten (§ 19 GVG; s näher RdSchr BJM v 21.3.73 [GMBl 186]) und ferner ggü Beschuldigten, für die das Nato-Truppenstatut (und die deutsche Gerichtsbarkeit) gilt.

e) aa) Gemäß § 36 Abs 2 S 1 obliegt die **Vollstreckung** (auch) der **richterlichen** **1645** **Anordnung** der StA (allg Auffassung, BayVerfGHE **21** II 178; Hamm NJW **74** 713; *Dzendzalowski* 36), die sich hierzu ihrer Hilfsbeamten oder anderer Polizeibeamten bedient (KK-*Pelchen* 9, LR-*Dahs* 57, beide zu § 81 a). Erscheint der Beschuldigte auf Ladung vor dem Arzt oder Beamten (zwecks Untersuchung oder Vornahme des Eingriffs) nicht, so ist (auch ohne eine § 81 c Abs 6 S 2 entspr Vorschrift) ein richterlicher Vorführungsbefehl erforderlich (*Dzendzalowski* 40 Fn 146); nach hM hingegen darf die StA eine (von der Polizei zu vollstreckende[15]) Vorführungsanordnung erlassen (LR-*Dahs* 57, K/M-G 28, beide zu § 81 a). Falls letzterer Auffassung gefolgt werden sollte, so wird eine formlose Vorführungsanordnung nicht als zureichend anerkannt werden dürfen, vielmehr ein förmlicher Vorführungsbefehl erforderlich sein (KMR-*Paulus* 38 zu § 81 a; wohl auch BayVerfGHE **21** II 178; aA LR-*Dahs* 57, K/M-G 28, beide zu § 81 a).

Ebenso wie der Zeitraum einer vorübergehenden Unterbringung wird der Zeitraum der zwangsweisen Vorführung unabhängig von ihrer Dauer auf die Strafe angerechnet (§ 51 Abs 1 S 1 StGB; LG Osnabrück NJW **73** 2256; KMR-*Paulus* 47 zu § 81 a; *Dreher/Tröndle* 3 zu § 51 StGB; aA LG Oldenburg RPfleger **70** 175 mit abl Anm *Pohlmann*; *Waldschmidt* NJW **79** 1921; K/M-G 28 zu § 81 a).

bb) Die **Anordnung der StA** und ihrer **Hilfsbeamten** (§ 81 a Abs 2 Hs 2) darf **1646** von diesen, auch wenn die Vorschrift ihnen dieses Recht nicht ausdrücklich zugesteht, nach allg Auffassung sofort vollzogen, also im Wege des unmittelbaren Zwangs durchgesetzt werden (Bay JR **64** 149 mit zust Anm *Dünnebier* = JZ **64** 625 mit Anm *Tiedemann;* Koblenz VRS **54** 357; Köln NStZ **86** 235; Schleswig SchlHA **66** 43 mit Anm *Naucke*).

(1) Nach hM enthält § 81 a das förmliche Gesetz iSd Art 104 Abs 1 S 1 GG, den Beschuldigten bei Verweigerung einer angeordneten, ohnehin seiner Duldungspflicht unterliegenden *Blutprobenentnahme*,[16] auch ohne Vorliegen der Voraussetzungen des § 127 Abs 2 (Bay JR **64** 149 mit zust Anm *Dünnebier*) festzunehmen (bej BayVerfGH NJW **82** 1584; Bremen NJW **66** 744; Köln NStZ **86** 236; Saarbrücken NJW **59** 1191; LR-*Dahs* 60 zu § 81 a; *Kleinknecht* NJW **64** 2182; *Peters* 328; *Waldschmidt* NJW **79** 1921; aA *Benfer* NJW **80** 1611; *Geerds* GA **65** 331; Schleswig SchlHA **66** 44); wegen der Kürze des Zeitraums der Freiheitsbeschränkung (bei Blutproben-

---

[15] Es muß sich dabei nicht um einen Hilfsbeamten der StA handeln (allg Auffassung, *Kleinknecht* NJW **64** 2186).

[16] Durch die Weigerung wird nach hM eine Fluchtgefahr iSv §§ 127 Abs 2, 112 Abs 2 nicht begründet (Stuttgart Justiz **71** 29; *Kleinknecht* NJW **64** 2186; *Roxin* 8 zu § 33; aA *Schlüchter* 261.1); der Abbau der BAK ohne aktives Tun begründet keine Verdunkelungsgefahr (Stuttgart Justiz **71** 29; *Roxin* 8 zu § 33; *Kleinknecht* NJW **64** 2186; aA Braunschweig NJW **49** 317; Saarbrücken NJW **59** 1191).

entnahme) gilt der Richtervorbehalt des Art 104 Abs 2 nicht (Schleswig NJW **64** 2217; *Kleinknecht* NJW **64** 2183; *Peters* BlAlk **64** 242; aA *Franz* NJW **66** 1850 f; *Geerds* GA **65** 332). Eine ausdrückliche Erklärung dafür, daß er zur Vollstreckung der ihm bekanntgegebenen Anordnung nach § 81 a festgenommen wird, soll ggü dem Beschuldigten nicht gegeben werden müssen (Oldenburg NJW **66** 1765).

(2) Im einzelnen ist der vollstreckende Beamte berechtigt, den Beschuldigten bis zum Eintreffen des für die Vorführung bestellten Kfz festzuhalten (Koblenz DAR **73** 219), ihn zwangsweise dem nächsten geeigneten und erreichbaren Arzt oder Krankenhaus zuzuführen (Bay JR **64** 149 mit Anm *Dünnebier* = JZ **64** 625 mit Anm *Tiedemann;* Düsseldorf VRS **41** 429; Schleswig NJW **64** 2215 f; SchlHA **66** 44 mit Anm *Naucke;* aA *Geerds* Jura **88** 11), ihn zu einem Polizeirevier zu bringen und dort bis zum Erscheinen eines Arztes festzuhalten (Hamburg MDR **65** 152; Köln NJW **66** 417; VRS **48** 25; **71** 184; Neustadt MDR **62** 593; *Waldschmidt* NJW **79** 1920 f; krit *Peters* BlAlk **64** 243; aA *Geerds* Jura **88** 11 f) oder ihn zur unerläßlichen Verhinderung massiver Störungen des Dienstbetriebs in eine Zelle einzuschließen (Hamburg MDR **65** 153; s aber auch Hamburg VRS **38** 440 f, das Freiheitsberaubung im Amt annahm).

1647 cc) Als **unmittelbarer Zwang** ist jede Maßnahme zulässig, die in den Grenzen des Verhältnismäßigkeitsgrundsatzes geeignet ist, den Widerstand des Beschuldigten gegen die Vollstreckung der angeordneten Maßnahme zu überwinden.

Dies betrifft zB das Verbringen unter Anwendung körperlicher Gewalt an den Ort der Vornahme, das Festhalten und Festschnallen (zB zur Entnahme der Blutprobe [Hamm DAR **62** 132; Koblenz VRS **54** 357], das Versetzen unter Anwendung körperlicher Gewalt in die zur Vornahme erforderliche Körperhaltung einschließlich des gewaltsamen Öffnens der Augen (etwa um deren Rötung festzustellen) sowie des Wiegens, Messens und Entkleidens (vgl LR-*Dahs* 64 zu § 81 a).

Die zwangsweise Verabreichung von Beruhigungsspritzen ist, weil es sich dabei nicht um eine notwendige Vorbereitung der Untersuchung handelt, nicht zulässig (*Kohlhaas* DAR **73** 12; K/M-G 29 zu § 81 a). Maßnahmen, die nur der Erleichterung der Untersuchung dienen, bedürfen der Einwilligung des Beschuldigten (LR-*Dahs* 64 zu § 81 a).

1648 f) aa) (1) (a) Die **Beschwerde** gegen noch nicht vollzogene **richterliche Anordnungen** ist (abgesehen von den Fällen des § 202 S 2 bzw § 304 Abs 4 S 2 Hs 1) gemäß § 304 Abs 1 *zulässig* (und idR auch im Falle des § 304 Abs 4 S 2 Hs 2 [analog Nr 1, vgl BGH StV **95** 628 betr Dauer von 3 Tagen]). Handelt es sich jedoch um eine Anordnung des *erkennenden Gerichts*, so ist die Frage str: Nach einer Auffassung ist die Beschwerde stets zulässig, weil die einmal vollzogene Maßnahme nicht wieder rückgängig zu machen wäre (Bay JR **57** 110 mit insoweit zust Anm *Eb Schmidt;* Nürnberg Bay JMBl **60** 36; LG Bremen NJW **68** 208; *Amelung* 21 ff), nach einer anderen ist sie gemäß § 305 S 1 stets unzulässig (Frankfurt NJW **57** 839; Hamm NJW **59** 447 f; JMBl NRW **75** 189; Braunschweig GA **65** 345). Vorzugswürdig ist eine vermittelnde (dritte) Auffassung, nach der die Zulässigkeit davon abhängt, ob der Inhalt der Anordnung einem der in § 305 S 2 genannten Zwangseingriffe gleichkommt (KK-*Pelchen* 13, KMR-*Paulus* 52, LR-*Dahs* 68, alle zu § 81 a), dh eine Freiheitsentziehung (Celle NJW **71** 256; Schleswig NStZ **82** 81; Koblenz NStZ **94** 356; KMR-*Paulus* 52 zu § 81 a) oder einen (zumindest leichten [aA Schleswig SchlHA **61** 24: Eingriff erheblicher Art]) körperlichen Eingriff (Düssel-

I. Körperliche Untersuchung

dorf NJW **64** 2217; Stuttgart Justiz **67** 245; Hamm NJW **70** 1985; **71** 1903; Karlsruhe Justiz **86** 53) darstellt (abl betr gerichtliche Zwischenentscheidung BayVerfGH NJW **91** 2953).

(b) Die Beschwerde hat keine aufschiebende Wirkung (§ 307 Abs 1), jedoch sollte zumindest bei schweren Eingriffen idR die Vollziehung ausgesetzt werden (§ 307 Abs 2). **1649**

Im Falle der Bejahung der Zulässigkeit prüft das Beschwerdegericht die Frage nach Rechtmäßigkeit und Zweckmäßigkeit der Anordnung (LG Göttingen MDR **52** 629 f), ohne indes in die Beurteilung des Tatrichters hinsichtlich einer von diesem als erforderlich erachteten Sachaufklärung einzugreifen (Stuttgart Justiz **67** 245). Ist der angefochtene Beschluß (entgegen § 34) nicht oder nur unzureichend mit Gründen versehen und dadurch eine Prüfung nicht möglich, so ist (entgegen § 309 Abs 2) die Zurückverweisung angezeigt (Hamm NJW **71** 1904).

Eine weitere Beschwerde ist ausgeschlossen (§ 310).

(2) Gewisse Schwierigkeiten bereitet die Beantwortung der Frage nach der Zulässigkeit einer Beschwerde, mit der die Feststellung der Rechtswidrigkeit einer *erledigten richterlichen* Anordnung angestrebt wird. **1650**

Die Judikatur geht weithin davon aus, daß nach vollständigem Vollzug der Entscheidung eine Beeinträchtigung des Beschwerdeführers in seinen Rechten prozessual überholt sei (BGH **28** 58; NJW **73** 2035; KG NJW **75** 355; K/M-G 18 vor § 296; *Schlüchter* 181; *Stephan* NJW **66** 2395; einschr KK-*Ruß* 7 vor § 296); ohnehin sei die Beschwerde unzulässig, wenn sie erst *nach* Vornahme der Untersuchung oder des Eingriffs eingelegt werde (BGH **10** 91; Celle JR **73** 340 f mit abl Anm *Peters*; KMR-*Paulus* 53, KK-*Pelchen* 13, beide zu § 81 a). Demggü verlangt (gemäß dem der verwaltungsgerichtlichen Fortsetzungsfeststellungsklage zugrundeliegenden Rechtsgedanken) ein berechtigtes Interesse an der Feststellung der Rechtswidrigkeit der richterlichen Anordnung, das stets dann besteht, wenn die Maßnahme nicht gänzlich unerhebliche negative Folgen gehabt hat (LR-*Dahs* 67 zu § 81 a), die Zulässigkeit der Beschwerde (*Amelung* 50; *Dörr* NJW **84** 2261; *Gössel* § 36 A IV; *Fezer* Jura **82** 134 ff; *Flieger* MDR **81** 19; *Roxin* 12 f zu § 29; *Peters* JR **73** 341 ff; *Seibert* EuGRZ **79** 57); andernfalls wäre der durch Art 19 Abs 4 GG gewährleistete effektive Rechtsschutz (gerade ggü Strafgerichten) lückenhaft.

Nach der erstgenannten, schwerlich vertretbaren Auffassung wird eine Beschwerde, bei deren Einlegung die Zulässigkeitsvoraussetzungen noch bestanden haben, während sie durch zwischenzeitlichen Vollzug als gegenstandslos geworden gilt, ohne Kostenentscheidung für erledigt erklärt (Bremen MDR **63** 335; Frankfurt NJW **57** 839; LG Hannover NJW **67** 791; aA Saarbrücken MDR **74** 161: Unzulässigkeit der Beschwerde).

bb) Entgegen früherer Auffassung, nach der die Rechtmäßigkeit von **Anordnungen der StA** und ihrer **Hilfsbeamten** gemäß § 81 a Abs 2 Hs 2 nur durch eine Dienstaufsichtsbeschwerde überprüft werden könne (so noch Bay NJW **57** 273; *Eb Schmidt* Nachtr I 33), gilt die Rechtsweggarantie des Art 19 Abs 4 GG auch für Ermittlungshandlungen der Strafverfolgungsbehörden (vgl *Schenke* NJW **76** 1819) zumindest insoweit, als durch Grundrechtseingriffe materiell-rechtlich die Rechtsstellung des Beschuldigten beeinträchtigt wird (LR-*Dahs* 70 zu § 81 a); diesem Bedürfnis nach gerichtlicher Überprüfung wird durch die verfahrenserledigende Entscheidung (selbst im Falle eines Freispruchs) nicht (hinreichend) Rechnung getragen (aA KG NJW **72** 169 ff; GA **76** 80: gerichtliche Kontrolle sei nur bei Grundrechtseingriff gegen Dritten zulässig). **1651**

Da Anordnungen der *StA* und ihrer *Hilfsbeamten* gemäß ihrer Abhängigkeit von der im § 81 a Abs 2 Hs 2 vorausgesetzten Gefahr sofort vollzogen werden, kann gegen sie (nur) vorgegangen werden, wenn die nachträgliche Feststellung der Rechtswidrigkeit angestrebt wird; dabei ist Voraussetzung ein nachwirkendes, im einzelnen zu konkretisierendes Bedürfnis für eine richterliche Überprüfung, das sich zB aus erheblichen Folgen des Eingriffs oder einer Wiederholungsgefahr ergeben kann (BGH **28** 58, 161 und 207f mit Anm *Lisken* NJW **79** 1992; BGH GA **81** 223; Celle NdsRpfl **84** 265; StV **82** 513; Stuttgart NJW **72** 2146; KG JR **83** 304; *Amelung* 34; NJW **78** 1014; **79** 1689; *Dörr* NJW **84** 2259f; *Fezer* Jura **82** 23; *Gössel* § 3 B III b;[17] *Wohlers* GA **92** 227 ff).

Indes sind die Auffassungen unterschiedlich hinsichtlich der Frage, ob Rechtsschutz nach §§ 23, 28 Abs 1 S 4 EGGVG (so KG JR **83** 304; Celle StV **82** 513; Nürnberg NStZ **86** 575; *Gössel* § 3 B III b[18]) oder aber mit der überwiegenden Meinung nach § 98 Abs 2 in erweiterter verfassungskonformer Auslegung (Art 19 Abs 4 GG) zu begehren ist (so BGH **28** 58, 161 und 207f; NJW **78** 1013 mit Anm *Amelung;* GA **81** 223; Stuttgart MDR **86** 689; Karlsruhe NStZ **86** 567; *Rieß/Thym* GA **81** 202ff). Dabei ist die überwiegende Meinung schon wegen des Verbleibens der Zuständigkeit bei dem AG vorzugswürdig. Soweit es dabei zu einer Rechtswegspaltung kommt, wenn der Betroffene sowohl gegen die Anordnung der Untersuchung durch die Strafverfolgungsbehörde bei dem (nach § 98 zuständigen) Ermittlungsrichter als auch gegen die Art und Weise der Vollziehung bei dem nach § 23 EGGVG zuständigen OLG vorgeht, wiegt dies die Ungereimtheit auf, die darin liegt, daß – nach der erstgenannten Auffassung – ein Zuständigkeitswechsel bei der Überprüfung der Rechtmäßigkeit der Anordnung in Abhängigkeit davon eintritt, ob die Anordnung bereits vollständig vollzogen ist oder nicht (LR-*Dahs* 72 zu § 81 a).

1652 Nach hM ist ein Antrag nach § 23 EGGVG auch unmittelbar ggü in Vollzug einer richterlichen Anordnung etwa ergangenem (s 1145) Vorführungsbefehl bzw Anordnung der StA ebenso wie gegen die Art und Weise des Vollzugs durch die Strafverfolgungsbehörden zulässig (BayVerfGH NJW **69** 229; Karlsruhe NStZ **86** 567; Stuttgart NJW **72** 2146; KK-*Pelchen* 13, K/M-G 31, LR-*Dahs* 73, alle zu § 81a; *Genzel* NJW **69** 1565; *Rieß/Thym* GA **81** 206; *Strubel/Sprenger* NJW **72** 1736; für eine entspr Anwendung des § 98 Abs 2 S 2 auch hier hingegen *Fezer* Jura **82** 132; *Lisken* NJW **79** 1992); eine Überprüfung der Rechtmäßigkeit der von dem zuständigen Gericht oder der Strafverfolgungsbehörde getroffenen Anordnung nach § 81 a findet dabei aber nicht statt.

1653 g) aa) (1) **Nichtverwertbarkeit** ist anerkannt, wenn ein körperlicher Eingriff ohne Anordnung (aA bei Überlassung einer Operationsvorbereitungs-Blutprobe Celle JZ **89** 906 mit krit Anm *Mayer* sowie *Wohlers* NStZ **90** 245; Zweibrücken NJW **94** 810 mit abl Anm *Weiler*: „real unmöglicher hypothetischer Ersatzeingriff"; s auch *ders* MDR **94** 1163ff) und ohne Einwilligung vorgenommen wurde (Bay bei *Rüth* DAR **66** 261) oder wenn zur Erlangung von Untersuchungsergebnissen solche Methoden angewandt wurden, die gegen die Grundsätze eines rechtsstaatlichen Verfahrens verstoßen (BGH **24** 131 mit Anm *Wedemeyer* NJW **71** 1902; *Rogall* ZStW **91** [1979] 37).

1654 (aa) Dies gilt zum einen dann, wenn ein Polizeibeamter bewußt vortäuschte, die Blutprobe werde von einem Arzt vorgenommen. Eine Verwertbarkeit sei hingegen dann gegeben (Bremen VRS **36** 182; Celle NJW **69** 568; Hamm NJW **70** 528),

---

[17] Einschr *K. Meyer* FS-Schäfer 133; s aber *Rieß/Thym* GA **81** 205.
[18] Zur Polizei als Justizbehörde im funktionellen Sinne s BVerwG NJW **75** 893; BayVerwGH BayVerwBl **67** 97 mit Anm *Samper;* Hamburg MDR **70** 865; Hamm NJW **73** 1090.

wenn der Polizeibeamte eine Aufklärung hierüber nur unterlassen hat bzw (nach Bay JR **66** 187 mit Anm *Kohlhaas*) dann, wenn der Beschuldigte wegen Trunkenheit oder Schockzustandes nicht habe aufgeklärt werden können.

(bb) Es gilt zum anderen, wenn der Polizeibeamte die Blutprobenentnahme durch körperlichen Zwang oder dessen Androhung (Bay BlAlk **71** 67) durchgesetzt hat, obwohl ihm bekannt war, daß die den Eingriff vornehmende Person kein Arzt ist (BGH **24** 131 mit Anm *Wedemeyer* NJW **71** 1902; Hamm NJW **70** 529). Hingegen stehe es der Verwertbarkeit nicht entgegen, wenn der Polizeibeamte zwar körperlichen Zwang anwandte, jedoch über diese Eigenschaft der eingreifenden Person irrte (BGH **24** 132; Bay NJW **65** 1088; Düsseldorf VRS **39** 212 f; Hamm NJW **65** 1090; KK-*Pelchen* 14, KMR-*Paulus* 63, LR-*Dahs* 79, alle zu § 81 a; *Jessnitzer* MDR **70** 797; aA Hamm VRS **26** 435; NJW **65** 2019: Unverwertbarkeit auch bei [angeblicher] Gutgläubigkeit[19]); anderes gilt aber dann, wenn der Beschuldigte sich der Zwangsanwendung widersetzt, weil er davon ausgeht, der Eingriff werde nicht von einem Arzt vorgenommen (Hamm NJW **70** 529; auch hier für Verwertbarkeit aber LR-*Dahs* 79 zu § 81 a).

(2) Hingegen ist § 136 a im Rahmen des § 81 a aus systematischen Gründen **1655** (weil betr § 81 a die Beweisergebnisse stets auch auf gesetzmäßigem Wege erlangt werden können) nicht anwendbar (BGH **24** 129 ff; Hamm NJW **65** 1090; NJW **70** 529; Düsseldorf VRS **39** 212; KK-*Pelchen* 14, KMR-*Paulus* 59, LR-*Dahs* 78, alle zu § 81 a; *Eb Schmidt* MDR **70** 464; *Schöneborn* MDR **71** 715; aA Bay bei *Rüth* DAR **70** 264; BlAlk **71** 67; Celle NJW **69** 567; Hamm VRS **26** 435; VRS **38** 127; NJW **65** 2019; *Dencker* 88; *Schellhammer* NJW **72** 319; *Rüping* 81), ganz abgesehen davon, daß ein in entspr Anwendung des § 136 a sich ergebendes Verbot, bei einem Bewußtlosen oder Volltrunkenen eine Blutprobe zu entnehmen, dem Zweck des § 81 a entgegenstünde (vgl Bay JR **66** 187 mit Anm *Kohlhaas*).

bb) Zugleich geht die überwiegende Meinung **einschränkend** davon aus, daß **1656** nicht jeder Verstoß gegen § 81 a zur Nichtverwertbarkeit der Untersuchungsergebnisse führt (BGH **24** 128 mit Anm *Wedemeyer* NJW **71** 1902; Oldenburg NJW **55** 683; K/M-G 32, LR-*Dahs* 74, beide zu § 81 a; *Rogall* ZStW **91** [1979] 37; *Roxin* 37 zu § 24; *Rüping* 81; aA *Eb Schmidt* Nachtr I 3 zu § 81 a; *ders* MDR **70** 464). So wird Verwertbarkeit bejaht trotz fehlender Anordnungszuständigkeit (Bay JR **66** 187 mit Anm *Kohlhaas;* KK-*Pelchen* 14, KMR-*Paulus* 57, LR-*Dahs* 75, K/M-G 32, alle zu § 81 a; *Rudolphi* MDR **70** 97; aA *Grünwald* JZ **66** 496), wie auch bei Anordnung durch einen Polizeibeamten, der nicht selbst Hilfsbeamter der StA ist, ebenso wie bei (angeblich) irrtümlicher Festnahme auf ausländischem Gebiet (Köln VRS **60** 201) bzw bei Eingriffsvornahme (betr Blutprobe) durch einen Nichtarzt (BGH **24** 125 mit abl Anm *Wedemeyer* NJW **71** 1902; Bay JR **66** 186 mit Anm *Kohlhaas;* LR-*Dahs* 77 zu § 81 a; *Fezer* 11 zu Fall 6; *ders* JuS **78** 612; aA *Eb Schmidt* MDR **70** 464 ff; AK-*Wassermann* 14 zu § 81 a). Als zw stellt sich die Verwertbarkeit hingegen speziell dar, wenn gesundheitliche Nachteile zu befürchten waren oder eingetreten sind (dennoch bei LR-*Dahs* 75 zu § 81 a; krit *Grünwald* JZ **66** 496), bei unzutreffender Bejahung von Gefahr im Verzug (für Verwertbarkeit gleichwohl LR-*Dahs* 75 zu § 81 a; ANM 500; *Grünwald* JZ **66** 496; *Rudolphi* MDR **70** 97; aA

---

[19] Vgl auch *Eb Schmidt* MDR **70** 461 ff: ausnahmslose Unverwertbarkeit, wenn die entnehmende Person kein Arzt war.

Dencker 92; AK-*Wassermann* 14 zu § 81 a), noch mehr bei fehlender Belehrung über die Freiwilligkeit der Mitwirkung (dennoch für Verwertbarkeit Bay bei *Rüth* DAR **66** 262; Hamm NJW **67** 1524; BlAlk **80** 171; KK-*Pelchen* 14 zu § 81 a; ANM 491; aA KMR-*Paulus* 61 zu § 81 a; *Rogall* 229; AK-*Wassermann* 6, 14 zu § 81 a) bzw bei Nichtbeachtung des Verhältnismäßigkeitsgrundsatzes (für Verwertbarkeit KK-*Pelchen* 14, LR-*Dahs* 75, K/M-G 32, alle zu § 81 a; ANM 500; *Kleinknecht* NJW **64** 2186; aA KMR-*Paulus* 61, AK-*Wassermann* 14, beide zu § 81 a; *Henkel* 225 Fn 7) oder im einzelnen wenn ein Hilfsbeamter der StA ohne vorheriges Anbieten eines Alkoholtests die Blutprobe hat entnehmen lassen (Köln NStZ **86** 234).

1657 cc) **Fehler** bei der Untersuchung oder der Auswertung (der Blutprobe) begründen kein Verwertungsverbot, sondern sie sind bei der Beweiswürdigung zu berücksichtigen (Stuttgart DAR **84** 294; LG Mönchengladbach MDR **85** 428). Dies soll auch bei groben Mängeln wie zB dann gelten, wenn die erforderliche Zahl der Untersuchungen nicht eingehalten wurde (Hamm NJW **74** 2064; Hamburg DAR **68** 334).

Herkömmlicherweise gelten *Fehlbestimmungen* als möglich etwa bei erheblich von der Norm abw Blutzusammensetzung[20], bei Proben mit wenig Untersuchungsmaterial oder bei Störeinflüssen (zB zerbrochene Venülen).

Im Rahmen einer retrospektiven Einzelanalyse vorgenommene Identitätsüberprüfungen zB führten in 17,6% der Fälle (N = 187 Fälle, in denen eine Überprüfung beantragt worden war) zu dem Fehlerergebnis, daß die Alkoholblutprobe nicht von der Person herrührte, die registriert war (*Püschel ua* BlAlk **94** 315 ff).

h) Die **Revision** kann im Falle des Beruhens darauf gestützt werden, daß im Urteil ein unverwertbares (s 1653 ff) Untersuchungsergebnis berücksichtigt wurde (LR-*Dahs* 81, K/M-G 34, beide zu § 81 a). Hierzu müssen die Umstände, auf die das Verwertungsverbot gestützt wird, mit der Revision im einzelnen vorgetragen werden (§ 344 Abs 2 S 2).

---

[20] Zur Wertung erhöhter Blutspiegel von GGT, CDT, Methanol, Aceton und Isopropanol bei alkoholauffälligen Kraftfahrern s *Iffland ua* BlAlk **94** 273 ff (vor dem Hintergrund der Frage nach sog Alkoholismusindikatoren).

I. Körperliche Untersuchung

2. Untersuchung anderer Personen

Übersicht

	Rn		Rn
a) Allgemeines	1658	cc) Zumutbarkeit	1669
aa) Einwilligung	1658–1660	d) Verweigerungsrecht	1670
bb) Abschließende Regelung	1661	aa) Belehrungspflicht	1671–1673
cc) Erstreckung auf sonstige tatunverdächtige Personen	1662	bb) Widerruf des Verzichts	1674
		cc) Gesetzlicher Vertreter	1675–1677
b) Zweck		e) aa) Zuständigkeit für die Anordnung	1678
aa) Spuren oder Tatfolgen	1663	bb) Vollstreckung	1679
bb) Zur Wahrheitserforschung erforderlich	1664	(1) Sanktionierung	1680
cc) Zumutbarkeit	1665	(2) Unmittelbarer Zwang	1681
c) Blutprobenentnahme und Abstammungsuntersuchung	1666	f) Beschwerde	1682
aa) Kein gesundheitlicher Nachteil	1667	g) Revision	1683, 1684
bb) Unerläßlichkeit	1668		

a) Die Duldungspflicht anderer Personen, sich untersuchen zu lassen (§ 81 c), dh einen Eingriff in die Grundrechte aus Art 1 Abs 1, 2 GG hinzunehmen, ist durch den Gesetzesvorbehalt in Art 2 Abs 2 S 3 GG gedeckt (vgl BVerfGE **5** 13, betr § 372 a ZPO). Sie umfaßt die Pflicht, sich zur Untersuchung einzufinden, sich ggf zu entkleiden und eine etwa erforderliche Körperhaltung einzunehmen (vgl KK-*Pelchen* 6 zu § 81 c); eine Pflicht zu aktiver Mitwirkung (zB Beantwortung von Fragen, Ausführung von Tests) im übrigen besteht nicht (*Bockelmann* GA **55** 332; *Eb Schmidt* NJW **62** 665; *K. Müller* 616). **1658**

aa) (1) Die **Einwilligung** des Betroffenen hebt, sofern sie nicht sittenwidrig (s n 1626 betr § 81 a) oder aus sonstigen Gründen unbeachtlich ist, die Beschränkungen des § 81 c auf. Jedoch dürfen auch bei Einwilligung des Betroffenen – und abgesehen von Blutprobenentnahmen – körperliche Eingriffe stets nur von einem *Arzt* vorgenommen werden (allg Auffassung, s schon *Eb Schmidt* Nachtr I 6 zu § 81 c). Die Einwilligung des Betroffenen befreit auch nicht von der Notwendigkeit einer Anordnung der nach § 81 c Abs 5 zuständigen Personen (KMR-*Paulus* 4 zu § 81 c: immer erforderlich; einschr nur für „nicht harmlose Eingriffe" LR-*Dahs* 4 zu § 81 c; betr „schwere Eingriffe" K/M-G 2 zu § 81 c) einschließlich Prüfung der Voraussetzungen und der Zulässigkeit der Maßnahme.

(2) Einwilligung ist die freiwillige, ernstliche und in Kenntnis der Sachlage und des Weigerungsrechts erteilte ausdrückliche Zustimmung (BGH NJW **64** 1177; allg Auffassung, s näher 1626 betr § 81 a). Der Betroffene muß also darüber belehrt werden, welche Maßnahme vorgenommen werden soll, und daß sie ohne seine Einwilligung nicht zulässig ist (KMR-*Paulus* 6, LR-*Dahs* 5, K/M-G 4, alle zu § 81 c; s auch *Hanack* JZ **71** 128; aA BGH **13** 398 f); ist er nach § 52 Abs 1 zur Zeugnisverweigerung berechtigt, muß er auch nach § 81 c Abs 3 S 2 Hs 2 iVm § 52 Abs 3 S 1 belehrt werden. Die Belehrung hat grds die (die Untersuchung veranlassende) Strafverfolgungsbehörde zu erteilen, nicht der Sv (s aber zu besonderen Fäl- **1659**

len 1580). – Zudem muß der Betroffene zwar nicht geschäftsfähig sein, jedoch genügend Verstandesreife und -kraft haben, um Sinn und Tragweite seiner Erklärung zu verstehen (BGHZ **29** 33); andernfalls hat der gesetzliche Vertreter zu entscheiden (RG **64** 162).

Aus der Erklärung einer zeugnisverweigerungsberechtigten Person, zur Aussage bereit zu sein, läßt sich nicht ohne weiteres auf eine Einwilligung in eine körperliche Untersuchung schließen. Auch liegt zB im freiwilligen Erscheinen bei dem Sv und in der Hinnahme der Untersuchung oder des Eingriffs allein keine Einwilligung, zumal wenn zw ist, ob der Betroffene die Notwendigkeit der Einwilligung erkannt hat (allg Auffassung, vgl *Janetzke* NJW **58** 535).

Bis zum Schluß der Untersuchung ist die Einwilligung widerruflich. Indes bleibt das, was bis zum Widerruf ermittelt worden ist, verwertbar (hM; aA *Eb Schmidt* Nachtr I 17 zu § 81 c); dies gilt auch dann, wenn der ordnungsgemäß belehrte Betroffene ein Zeugnisverweigerungsrecht nach § 52 hat (KK-*Pelchen* 8, KMR-*Paulus* 5, K/M-G 5, LR-*Dahs* 6, alle zu § 81 c; aA *Krause/Nehring* 13 zu § 81 c).

1660 (3) Das Gericht hat von Amts wegen zu klären, ob der Betroffene die Einwilligung in eine vom Gericht als (zur Sachaufklärung) erforderlich beurteilte Untersuchung erteilt, die zwangsweise nicht zulässig ist (LR-*Dahs* 7 zu § 81 c). Diese Pflicht des Gerichts besteht zumindest nicht weniger dann, wenn ein Prozeßbeteiligter die Untersuchung beantragt hat (RG **64** 162; BGH **14** 13 f).

1661 bb) § 81 c enthält eine **abschließende Regelung**, begrenzt auf Spuren oder Folgen einer Straftat (s näher 1663 ff). Daher darf der Betroffene ohne seine Einwilligung (bzw derjenigen seines gesetzlichen Vertreters, s 1675 ff) auch nicht auf seinen psychischen bzw körperlichen Zustand (zB betr die Zeugentüchtigkeit [etwa Merkfähigkeit, Gedächtnis bzw Sehfähigkeit, Hamm VRS **21** 62 f]), selbst wenn er durch die Tat verändert sein sollte (etwa aufgrund eines Schocks, LR-*Dahs* 8 zu § 81 c), und insbes nicht auf seine Glaubwürdigkeit untersucht werden; vielmehr wäre (auch ggü einem nicht zur Zeugnisverweigerung Berechtigten) hierfür eine Belehrung darüber erforderlich, daß die Untersuchung ohne die Einwilligung nicht vorgenommen werden darf (ANM 491; *Fezer* JuS **78** 766; *Heinitz* FS-Engisch 700; KMR-*Paulus* 6 f zu § 81 c; aM BGH **13** 398 f; KK-*Pelchen* 11 zu § 81 c).

Bei Verweigerung der Prüfung der allg Glaubwürdigkeit und/oder der Glaubhaftigkeit der Aussage (s näher 1882 ff, 1426 ff) dürfen einschlägige Erkenntnisse (zur Pflicht des Zeugen, die Prüfung zu dulden, s § 68 Abs 4) indes zwar in der Weise gewonnen werden, daß der Zeuge (in oder außerhalb der HV) richterlich vernommen wird und ein Sv ihn dabei unmittelbar befragt (§ 80 Abs 2), der sich anschließend gutachtlich äußert (hM, BGH **23** 1; BGH bei *Holtz* MDR **79** 989; NStZ **82** 432; BGH v 7.9.95 [1 StR 136/95]; KK-*Pelchen* 9, KMR-*Paulus* 7, LR-*Dahs* 9, K/M-G 8, AK-*Wassermann* 14, alle zu § 81 c; aA Hamm JMBl NRW **57** 45; *Peters* JR **70** 69; *Fuhrmann*, in Dalcke ua 8 zu § 81 c). Allerdings würde daraus schwerlich eine ausreichende Beurteilungsgrundlage für allg Glaubwürdigkeit, Zeugentüchtigkeit und Glaubhaftigkeit der Aussage zu erreichen sein (krit LR-*Dahs* 10 zu § 81 c; *Fezer* 30 zu Fall 6; *Schlüchter* 203.2), so daß der Sv die Gutachtenerstattung ggf wegen unzureichender Erhebungsmöglichkeiten abzulehnen berechtigt und verpflichtet ist (s allg 1875 ff, 1882 ff bzw 1570, 1586; vgl auch LR-*Dahs* 10 zu § 81 c).

I. Körperliche Untersuchung

Im einzelnen ist zw, ob bei Ausübung des Zeugnisverweigerungsrechts nach § 52 (s n 1867) bereits die Ablehnung einer Glaubwürdigkeitsprüfung anzunehmen ist (vern BGH bei *Holtz* MDR **79** 989, da Fragen an den Zeugen, die seine allg Glaubwürdigkeit betreffen, seine Aussagewilligkeit hinsichtlich der dem Angekl vorgeworfenen Taten nicht voraussetzten).

cc) Über den Gesetzeswortlaut („... als Zeugen in Betracht kommen") hinausgehend soll die Duldungspflicht nach § 81 c Abs 1 jede tatunverdächtige Person treffen, bei der Spuren oder Tatfolgen zu vermuten sind (LR-*Dahs* 12 zu § 81 c; *Dünnebier* GA **53** 67 f). Ohnehin obliegt sie auch Personen, die nur bekunden können, nichts wahrgenommen zu haben (zB schlafende oder bewußtlose Tatopfer, vgl KK-*Pelchen* 1 zu § 81 c). Darüber hinaus werden (ohne Einwilligung ihres gesetzlichen Vertreters) aber auch Tatopfer untersucht werden dürfen, die unfähig sind, überhaupt etwas auszusagen (zB Säuglinge, Kleinkinder und schwer Geistesgestörte; LR-*Dahs* 12 zu § 81 c; *Kleinknecht* Krim **67** 462; *Roxin* 21 zu § 33; *Benfer* 209; aM *Krüger* Krim **67** 461; *Seidel* Krim **67** 304); es genügt, daß eine Person als Zeuge in Betracht käme, wenn sie vernommen werden könnte (*K. Müller* 607 f; KK-*Pelchen* 1 zu § 81 c). Diese Auslegung ist gemäß historischer Methode vertretbar, da der in § 81 c Abs 1 gefaßte „Zeugengrundsatz" erst bei der dritten Lesung gleichsam improvisiert zustandekam (s *Dünnebier* GA **53** 65), um Reihenuntersuchungen nach Spurenträgern auszuschließen.

b) aa) **Zweck** der körperlichen Untersuchung gemäß § 81 c Abs 1 muß die Feststellung von **Spuren** oder **Tatfolgen** am Körper sein. Jedoch darf die Untersuchung nur bei genügendem Anlaß stattfinden, dh es müssen schon vorher bestimmte Anhaltspunkte über die Spuren und Tatfolgen bestehen, um deren Ermittlung es geht (KMR-*Paulus* 14, LR-*Dahs* 16, beide zu § 81 c); die Vermutung, daß (irgendwelche) Spuren oder Tatfolgen entdeckt werden können, genügt nicht (*Eb Schmidt* Nachtr I 7 zu § 81 c), dh es wären auch aus diesem Grunde (s zudem 1662) zB Reihenuntersuchungen nach Spurenträgern unzulässig. Hinsichtlich des erforderlichen Grades an Bestimmtheit geeigneter Anhaltspunkte und an Genauigkeit der Vorstellung von der Beschaffenheit der Spur oder Tatfolge sollen bei besonders schweren Verbrechen und/oder einem besonders zuverlässigen Beweismittel schon geringere Anforderungen genügen (s etwa LR-*Dahs* 16 zu § 81 c).

Als Spuren werden unmittelbar durch die Tat verursachte Veränderungen am Körper bezeichnet, die Rückschlüsse auf den Täter oder die Tatausführung ermöglichen (zB Stichwunde, Einschußkanal, Blutspur, Spermienreste, Blut- und Hautreste unter den Fingernägeln uä). Als Tatfolgen gelten durch die Tat (unmittelbar oder mittelbar) eingetretene Veränderungen am Körper des Opfers, die Spurenhinweise nicht zulassen (zB Zahnlücke, Hautabschürfung, Krankheitszustand).

Die Relevanz von Spuren und Tatfolgen ist nicht von deren Dauerhaftigkeit und auch nicht davon abhängig, ob sie Voraussetzung eines gesetzlichen Straftatbestandes sind, sondern sie kann sich auch aus Fragen der Strafzumessung ergeben (LR-*Dahs* 15 zu § 81 c).

bb) Die Untersuchung **muß** zur Erforschung der Wahrheit **erforderlich** (§ 81 c Abs 1) sein. Dies setzt nicht voraus, daß es sich um das letzte Mittel handelt, zumal Spuren und Tatfolgen nicht selten bald verschwinden und einen Beweiswert nur bei möglichst frühzeitiger Feststellung haben (LR-*Dahs* 17 zu § 81 c). Die Untersuchung kann auch dann zulässig sein, wenn Zw daran bestehen, daß andere Beweismittel gefunden werden können, die eine körperliche Untersuchung als überflüssig erscheinen lassen, wenn die schon vorliegenden Beweismittel die Aufklärung des Sachverhalts nicht mit ausreichender Sicherheit erlauben (LR-*Dahs* 17 zu § 81 c) oder wenn nicht ausgeschlossen werden kann, daß die vorhandenen Beweise wieder wegfallen (zB Widerruf eines Geständnisses, *Fezer* JuS **78** 765 Fn 1).

Hinsichtlich Art und Umfang der Untersuchung legt § 81 c Abs 1 fest, daß sie (nur) **am Körper** stattfinden darf (für Kleidungsstücke gilt § 103 entspr). Also sind körperliche *Eingriffe*, wie sie § 81 a ggü dem Beschuldigten gestattet (s näher 1632 ff), hier *unzulässig* (LR-*Dahs* 19 zu § 81 c). Jedoch gehört zum Begriff der Untersuchung nicht nur das Beobachten; vielmehr ist die Untersuchung der natürlichen Körperöffnungen, deren Inneres ohne ärztliche Hilfe sichtbar gemacht werden kann, zulässig (bej KK-*Pelchen* 4, LR-*Dahs* 19, K/M-G 16, alle zu § 81 c, letztere beiden bej [auch] zu Scheidenabstrich und gewaltsamem Öffnen des Mundes zwecks Besichtigung der Zähne). Unzulässig sind Magenaushebungen (hM, s nur KK-*Pelchen* 4 zu § 81 c; *Peters* 329; *Roxin* 23 zu § 33), Untersuchungen unter Narkose (hM, s nur K/M-G 16 zu § 81 c; als Frage der Zumutbarkeit eingeordnet bei BGH NJW **70** 1242) sowie Röntgenaufnahmen und -durchleuchtungen.

1665 cc) Bei der Prüfung der **Zumutbarkeit** (§ 81 c Abs 4 als Betonung des Verhältnismäßigkeitsgrundsatzes) ist das bei der Bedeutung der Strafsache bestehende Aufklärungsinteresse (einschließlich der mutmaßlichen Beweisbedeutung des Untersuchungsergebnisses) mit dem Persönlichkeitsrecht des Betroffenen in ein Verhältnis zu setzen (BGH bei *Dallinger* MDR **56** 527; LR-*Dahs* 21 zu § 81 c). Zugleich sind die persönlichen Verhältnisse der Beteiligten und die Art und Folgen der Untersuchung zu beachten (*Dallinger* SJZ **50** 733); insofern wird die Zumutbarkeit oftmals davon abhängen, ob die Untersuchung von einem Arzt vorgenommen wird (KK-*Pelchen* 7 zu § 81 c; wegen der Untersuchung durch eine Person des gleichen Geschlechts s § 81 d).

1666 c) Gemäß § 81 c Abs 2 dürfen **Blutprobenentnahmen** und **Abstammungsuntersuchungen** zwar ohne Einwilligung (zur Frage der Verfassungsmäßigkeit s BVerfGE **5** 13 betr § 372 a ZPO[21]), jedoch nur von einem *Arzt* durchgeführt werden. Die Blutprobenentnahme ist vor allem für Abstammungsuntersuchungen erforderlich, daneben kommt sie aber auch für andere Zwecke – zB bei Verletzten, die nicht Beschuldigte sind, in Verkehrsunfallsachen, oder wegen des Nachweises der Infizierung mit einer Krankheit als Folge – in Betracht (KK-*Pelchen* 5, KMR-*Paulus* 8, 16, beide zu § 81 a); str ist, ob gentechnische Untersuchungen anhand des Zellmaterials des Tatopfers zulässig sind (bej K/M-G 36 zu § 81 a; aA *Oberlies* StV **90** 470; s auch *Gössel* JR **91** 31 ff).

Im einzelnen verpflichtet die Anordnung von Abstammungsuntersuchungen zur Duldung von Blutprobenentnahmen (*Jessnitzer/Frieling* 373; KMR-*Paulus* 17 zu § 81 c), Lichtbildaufnahmen, Messungen und Abnahme von Fingerabdrücken (LR-*Dahs* 23 zu § 81 c).

Anders als bei § 81 c Abs 1 gilt[22] der Aufklärungsgrundsatz; ob der Betroffene als Zeuge in Betracht kommt und ob durch die Maßnahmen Spuren oder Tatfolgen gefunden werden sollen, ist unerheblich (LR-*Dahs* 24 zu § 81 c; *Foldenauer* 73 f).

---

[21] Zur Unzulässigkeit nach früherer Gesetzeslage s RG **64** 162 = JW **31** 69 mit abl Anm *Alsberg*; RG **66** 274; *Hellwig* JW **30** 1558; *Schorn* DRiZ **31** 90; *Wachinger* JW **32** 3041.
[22] Seit der (zwecks einschlägiger Feststellung des Meineids in Unterhaltssachen angeregten, s *Dallinger* MDR **53** 148) Gesetzesänderung von 1953, und zwar ebenso wie in § 372 a ZPO.

aa) Es darf **kein Nachteil** für die **Gesundheit** zu befürchten sein; dies ist bei den zugelassenen, von einem Arzt vorzunehmenden (§ 81 c Abs 2 S 2) Maßnahmen im allg auch nicht der Fall. So ist bei der Blutprobenentnahme, sofern der Betroffene nicht ein Bluter ist, ein gesundheitlicher Nachteil praktisch ausgeschlossen (s aber zum Problem einer „Spritzenphobie" und daraus folgendem psychischen Schaden Koblenz NJW **76** 379; krit *Gerchow* BlAlk **76** 392; abl *Händel* BlAlk **76** 389), und auch Abstammungsuntersuchungen führen, sofern sie nach wissenschaftlich anerkannten Grundsätzen vorgenommen werden, idR nicht zu einem solchen Nachteil. Bleibt im Einzelfall zw, ob mit einer gewissen Wahrscheinlichkeit ein gesundheitlicher Nachteil eintreten wird (bej zum genetischen Wirbelsäulenvergleich nach *Kühne* LR-*Dahs* 25 zu § 81 c mit Nachw), so ist die Untersuchung unzulässig. **1667**

bb) Die Frage nach einer **Unerläßlichkeit** der Maßnahme (§ 81 c Abs 2 S 1) ist gemäß der Aufklärungspflicht (§ 244 Abs 2) zu beantworten (Saarbrücken FamRZ **59** 35). Daß zuvor alle anderen Beweismöglichkeiten versagt haben, wird indes nicht vorausgesetzt (KK-*Pelchen* 5, K/M-G 20, LR-*Dahs* 26, alle zu § 81 c; tendenziell anders aber KMR-*Paulus* 21 zu § 81 c; *Schlüchter* 200.1). **1668**

Im einzelnen ist die Anordnung eines erbbiologischen Gutachtens erst zulässig, wenn die Abstammung durch eine Blutgruppenbestimmung nicht geklärt werden konnte (hM, s nur KK-*Pelchen* 5 zu § 81 c), denn der Beweiswert eines solchen Gutachtens ist im allg geringer als der einer Blutgruppenuntersuchung (s näher BGHZ **45** 235; Köln NJW **66** 405; Schleswig **68** 1188; zur Frage der Verläßlichkeit humangenetischer Abstammungsbegutachtung vgl etwa *Ritter* FamRZ **91** 646).

cc) Die Prüfung der **Zumutbarkeit** des Eingriffs und der Untersuchung (§ 81 c Abs 4) hat auch hier durch Abwägung des Aufklärungsinteresses mit den Interessen des Betroffenen zu geschehen. **1669**

Eine vorgesehene Untersuchung, die zur Beeinträchtigung der *Menschenwürde* geeignet ist, ist unzumutbar.[23] Gemäß dem *Verhältnismäßigkeitsgrundsatz* (KK-*Pelchen* 5 zu § 81 c) wird zB im Privatklageverfahren eine Abstammungsfeststellung regelmäßig unzumutbar sein (LR-*Dahs* 28 zu § 81 c). Auch sind solche Untersuchungen unzumutbar, die nicht nach anerkannten Regeln der Wissenschaft vorgenommen werden (betr neue und noch unsichere Methoden iZm § 372a ZPO Celle NJW **54** 1331) bzw die sich als wissenschaftliche Experimente darstellen.

Kein Kriterium bei der Zumutbarkeitsprüfung ist es, daß dem Betroffenen zB wirtschaftliche Nachteile drohen (etwa Verlust eines Unterhaltsanspruchs oder aber Inanspruchnahme als Unterhaltsschuldner), dh solches hindert die Anordnung nicht (KMR-*Paulus* 24 zu § 81 c; LR-*Dahs* 29 zu § 81 c). Auch der Rechtsgedanke des § 55 begründet keine Unzumutbarkeit (zumal der Betroffene sonst voraussichtlich gemäß § 81 a untersucht würde [hM, s nur KK-*Pelchen* 10 zu § 81 c; aA *Gössel* § 26 C I b 2; *K. Müller* 612; *Krause* JZ **76** 125]), es sei denn, das Verfahren richtet sich gegen einen Angehörigen (LR-*Dahs* 39 zu § 81 c; aA die hM, s nur K/M-G 23 zu § 81 c).

d) Das Untersuchungs**verweigerungsrecht** (§ 81 c Abs 3) knüpft an § 52 an. Ein Weigerungsrecht nach §§ 53, 53 a, 54 besteht hingegen nicht (ganz hM, KMR-*Paulus* 28, LR-*Dahs* 37, beide zu § 81 c), wohl aber – unbeschadet der Nichtanfügung **1670**

---

[23] Zum Beispiel bei Feststellung der Zeugungsfähigkeit durch Zurverfügungstellung eines zu diesem Zweck gespendeten Ejakulats (s LR-*Dahs* 28 zu § 81 c mit Nachw).

des Begriffs „Auskunft" in § 81 c Abs 3 S 1 – nach § 55 (Braunschweig NJW **54** 1053; Saarbrücken FamRZ **59** 36; *Gössel* § 26 C I b 2; *Krause* JZ **76** 125; *Benfer* 214; *K. Müller* 612; vgl auch LR-*Dahs* 39 zu § 81 c: bei Unzumutbarkeit; aA KK-*Pelchen* 10, KMR-*Paulus* 28, K/M-G 23, alle zu § 81 c; *Schlüchter* 197.1 Fn 101; *Rüping* 81).

Der Betroffene kann nach § 52 Abs 1 das Zeugnis oder nach § 81 c Abs 3 S 1 die Untersuchung oder aber auch beides verweigern (LR-*Dahs* 30 zu § 81 c); auch die Untersuchungsverweigerung ist widerrufbar. Wie bei § 52 besteht das Verweigerungsrecht auch dann, wenn sich das Verfahren gegen mehrere Beschuldigte richtet und der Betroffene nur Angehöriger eines von ihnen ist, und ferner auch bei Abtrennung des Verfahrens gegen den Angehörigen (BGH bei *Dallinger* MDR **73** 902; s 1251). – Der Einnahme des richterlichen Augenscheins (nach § 86) an seiner Person darf der Betroffene sich jedoch nicht widersetzen (Hamm MDR **74** 1036), und zwar unabhängig davon, ob er schon über sein Zeugnisverweigerungsrecht nach § 52 belehrt worden ist oder er gar schon nach Belehrung als Zeuge ausgesagt hat (K/M-G 23 f zu § 81 c).

Verweigert ein Angehöriger die Untersuchung oder die Blutprobenentnahme, so hat er auf Verlangen die Tatsachen, mit denen er die Verweigerung begründet, glaubhaft zu machen (§ 56). Die Verweigerung berechtigt (ebenso wie in Fällen der Zeugnisverweigerung, s 1258) nicht zu dem Angekl nachteiligen Schlüssen; anderes soll gelten, wenn ein über sein Zeugnisverweigerungsrecht belehrter Zeuge zunächst zur Sache aussagt, dann aber die zur Überprüfung der Aussage erforderliche Blutprobe verweigert (BGH **32** 140 ff = JR **85** 70 mit zust Anm *Pelchen*).

1671 aa) (1) Die **Belehrungspflicht** bestimmt sich nach § 81 c Abs 3 S 2 Hs 2 iVm § 52 Abs 3 S 1, dh der Betroffene ist über sein Weigerungsrecht nach § 81 c Abs 3 S 1 zu belehren, und zwar unabhängig davon, ob er schon über sein Zeugnisverweigerungsrecht nach § 52 belehrt worden war (BGH **13** 399) wie auch von seiner Bereitschaft, sich freiwillig untersuchen zu lassen (und auch unabhängig von einer Belehrung hinsichtlich des Rechtes, eine außerhalb des § 81 c Abs 1 liegende Untersuchung abzulehnen, vgl *Fezer* JuS **78** 766 Fn 16). Auch wenn der Betroffene minderjährig oder aus anderen Gründen nicht geschäftsfähig ist, ist grds nur er selbst zu belehren (BGH **14** 24).

Hat der betroffene Minderjährige wegen mangelnder Verstandesreife keine genügende Vorstellung von der Bedeutung des Verweigerungsrechts, so ist *auch* der zur Ausübung des Untersuchungsverweigerungsrechts befugte Vertreter zu belehren (§ 81 c Abs 3 S 2 Hs 2, § 52 Abs 3 S 1); das gleiche gilt für den betroffenen Minderjährigen oder Betreuten bei nicht genügender einschlägiger Vorstellung wegen einer psychischen Krankheit oder einer geistigen oder seelischen Behinderung. Gibt es mehrere Vertreter, ist jeder einzelne zu belehren (LR-*Dahs* 33 zu § 81 c). Die Belehrung des Betroffenen selbst bleibt grds unentbehrlich, zumal gerade auch das interaktive Geschehen der Belehrung wesentlicher Teil der Prüfung der Voraussetzungen des § 81 c Abs 3 S 2 Hs 1 ist; nur in Extremfällen, in denen von vornherein feststeht, daß es aus den gesetzlich bestimmten Gründen an der genügenden Vorstellung fehlt und also der gesetzliche Vertreter allein entscheidet (s 1676), darf ausnahmsweise auf die andernfalls sinnlose Belehrung des Betroffenen verzichtet werden (BGH **40** 338 mit krit Anm *Eisenberg* StV **95** 625).

I. Körperliche Untersuchung

Genügende Vorstellung iSd Vorschrift ist dann gegeben, wenn der Betroffene zu erkennen vermag, daß die angehörige Person etwas Unrechtes getan haben könnte und ihr ggf Strafe droht, und daß die Aussage der Zeugenperson möglicherweise zu einer solchen Bestrafung beitragen kann (BGH **14** 161 f). Ob dies der Fall ist, unterliegt der Feststellung des Tatrichters (BGH **13** 397), der bei Anhaltspunkten für eine etwa eingeschränkte einschlägige Vorstellung darlegen muß, daß er die erforderliche Prüfung vorgenommen hat (BGH NJW **67** 360 f; BGH **14** 161). – Was speziell mangelnde Verstandesreife angeht, so fehlt eine abstrakt festgelegte Altersgrenze, von deren Erreichen an das Vorliegen von Verstandesreife angenommen werden könnte (s zum Folgenden auch 1254). Im allg wird sie bei etwa 4 bis 5 Jahren (vgl auch BGH StV **95** 563 betr 5jähriges Mädchen [s zudem BGH v 8.11. 95 – 2 StR 531/95 –]), zumindest aber bei 10 Jahren (vgl etwa BGH bei *Kusch* NStZ **94** 23) anzusetzen sein. Soweit sich die Praxis entgegen dem gänzlich anderen Gesetzeswortlaut an § 19 StGB, § 1 JGG (14 Jahre; vgl etwa BGH **20** 235) orientiert, ist dies kein geeigneter rechtlicher Anknüpfungspunkt, da es keineswegs um die strafrechtliche Verantwortlichkeit des Betroffenen geht; zudem wird dies der Rechtsposition Minderjähriger mitnichten gerecht, zumal auch diese Betroffenen im allg am besten selbst ihre Schutzbelange (auch) im Verhältnis zu Angehörigen abzuwägen wissen (s aber BGH **40** 340 [mit krit Anm *Eisenberg* StV **95** 625], wonach ggü 7jährigem Mädchen das Jugendamt den Vorzug verdiene; s n 1867). Hiernach bestehen auch Bedenken ggü der Auffassung, der Tatrichter habe schon bei Zw so zu verfahren, als fehle es an der Verstandesreife (BGH **19** 86; **23** 222).

1672 (2) Die Belehrungspflicht obliegt grds der die Maßnahme anordnenden Amtsperson (BGH **36** 220; BGHR StPO § 52 III 1, Belehrung 4; BGH v 23. 8. 95 [3 StR 163/95]; *Jessnitzer/Frieling* 375; KMR-*Paulus* 30), zwecks Wirksamkeit hat der Sv idR jedoch zusätzlich auf die einschlägigen Rechte hinzuweisen (s 1850; BGH StV **88** 419). Im Falle der Kenntniserlangung von einer Nichtbelehrung wird er eine Untersuchung zurückzustellen bzw abzubrechen und die Nachholung zu veranlassen haben. Da die Belehrung vor Durchführung der Maßnahme und bei mehreren Untersuchungen vor jeder (vgl § 52 Abs 3 S 1) vorzunehmen ist, hat der Sv selbst immer dann eine Hinweispflicht, wenn andernfalls die Wirksamkeit eingeschränkt wäre. Dies gilt unabhängig davon, ob die Maßnahme förmlich angeordnet wurde oder nicht.

Im einzelnen kann der Richter die StA bei der Übergabe der Anordnung nach § 36 Abs 2 S 1 ersuchen, für die Belehrung vor der Untersuchung zu sorgen.

1673 (3) Wurde die Belehrung unterlassen, so wird dieser Verstoß dadurch geheilt, daß das Untersuchungsergebnis nicht berücksichtigt wird und das Gericht dies ausdrücklich ausspricht (RG **29** 353; BGH **13** 399) oder daß der Betroffene nach nachgeholter Belehrung der Verwertung zustimmt (BGH **12** 242 [GS]; zum ansonsten bestehenden Verwertungsverbot BGH StV **92** 308 [LS]; BGH bei *Kusch* NStZ **94** 23). Das gleiche gilt, wenn die nach § 52 Abs 3 S 1 entspr erforderliche Belehrung des gesetzlichen Vertreters (zunächst) unterlassen wurde (allg Auffassung, vgl KK-*Pelchen* 13 zu § 81 c)[24]; eine Verwertbarkeit ist ferner dann zu bejahen, falls sich aus dem Akteninhalt mit Sicherheit ergibt, daß der gesetzliche Vertreter das Recht zur Untersuchungsverweigerung kannte und auch bei ordnungsgemäßer Belehrung keinen Gebrauch davon gemacht hätte (BGH **40** 340 mit [für den konkreten Fall] krit Anm *Eisenberg* StV **95** 625; vgl allg 409 f). – Auch

---

[24] Soweit BGH **12** 242 (GS) eine Einwilligung aufgrund nachträglicher richterlicher Belehrung verlangt, ist dies aufgrund der zwischenzeitlich geregelten Belehrungspflicht auch für die StA und ihre Hilfsbeamten wohl überholt (so auch BGH MDR **95** 402).

der spätere Verzicht des Zeugen auf sein Zeugnisverweigerungsrecht nach § 52 Abs 1 heilt den Verstoß (BGH **20** 234).

Ist der Betroffene erst nach der Untersuchung Angehöriger des Beschuldigten geworden, so hindert dies die Verwertbarkeit in gleicher Weise (§ 252 analog; s n 2318; aA LR-*Dahs* 34 zu § 81 c).

1674 bb) **Widerruft** der Betroffene den Verzicht auf das Verweigerungsrecht (§§ 81 c Abs 3 S 2 iVm 52 Abs 3 S 2) noch vor Abschluß der Untersuchung, so ist deren Fortsetzung unzulässig. Das bis dahin erlangte Untersuchungsergebnis ist nicht verwertbar (s n zum Streitstand 2318); zw ist, ob eine Ausnahme zulässig ist, wenn der Betroffene von einem Richter belehrt worden ist (s 1315). – Auch ein nach beendeter Untersuchung erklärter Widerruf des (ordnungsgemäß belehrten) Betroffenen führt zur Nichtverwertbarkeit, dh dessen Zeugnisverweigerung in der HV hindert die Einführung der Untersuchungsbefunde durch den Sv in das Verfahren (§ 252 analog; s n 2318; *Rengier* Jura **81** 304; aA LR-*Dahs* 36 zu § 81 c).

1675 cc) In den Fällen des § 81 c Abs 3 S 2 entscheidet der **gesetzliche Vertreter**, der entspr zu belehren ist (s 1671 ff), endgültig über die Verweigerung oder den Verzicht auf sie; auf die Bereitschaft des Betroffenen kommt es nicht an. Ist ein Volljähriger aufgrund einer psychischen Krankheit oder einer körperlichen, geistigen oder seelischen Behinderung nicht in der Lage, seine Angelegenheiten zu besorgen, dh hier sein Weigerungsrecht auszuüben, so wird ein Betreuer als gesetzlicher Vertreter nach § 1896 BGB zu bestellen sein (zur Wirksamkeit der Bestellung s § 69 a Abs 3 FGG).

Nach §§ 1626 Abs 2, 1627 BGB ist bei Minderjährigen grds die Einwilligung beider sorgeberechtigter Elternteile erforderlich (BGH bei *Dallinger* MDR **72** 923), wozu es jedoch ausreicht, wenn der eine Elternteil im Einverständnis mit dem anderen handelt; verweigert auch nur ein Elternteil die Einwilligung, so ist die Untersuchung unzulässig (LR-*Dahs* 45 zu § 81 c; aA *Roestel* SchlHA **67** 164, wonach dann die Anrufung des VormG zulässig sei). Für Minderjährige unter den Voraussetzungen des § 1773 BGB ist gesetzlicher Vertreter der nach § 1789 BGB bestellte Vormund (nicht also der Gegenvormund, § 1792 BGB), in Ausnahmefällen das VormG (§ 1846 BGB); sind mehrere Vormünder vorhanden (§ 1797 BGB), so ist die Einwilligung aller erforderlich (LR-*Dahs* 45 zu § 81 c).

Im Unterschied zur Regelung bzgl der Aussage des verstandesunreifen minderjährigen Zeugen und des wegen psychischer Krankheit oder körperlicher, geistiger oder seelischer Behinderung betreuten Zeugen (§ 52 Abs 2 S 1) ist die Einwilligung durch den gesetzlichen Vertreter für den Betroffenen bindend (§ 81 c Abs 3 S 2 Hs 2 arg e contr); dieser Unterschied der Rechtslage wird damit begründet, daß der Betroffene bei einer Aussage zu einem Tun, bei der Untersuchung und Blutprobenentnahme hingegen nur zu einer Duldung gezwungen wird. Hingegen bestehen insbes betr Minderjährige deshalb Bedenken, weil es sein kann, daß die Entscheidung den Betroffenen anhaltend belastet und sozial benachteiligt (vgl schon *Peters* 259; *ders* JR **70** 69), ganz abgesehen davon, daß ein Vorgehen gegen den Willen eines Minderjährigen idR auf verfehlter Beurteilung der Verstandesreife und -kraft beruht (s allg *Eisenberg*, Minderjährige 1).

1676 (1) Ist der gesetzliche Vertreter von der Entscheidung ausgeschlossen (§ 81 c Abs 2 S 2 Hs 2 iVm § 52 Abs 2 S 2) oder sonst (zB wegen Abwesenheit oder Krankheit) bzgl einer rechtzeitigen Entscheidung verhindert, so ist eine zur **Beweissicherung** erforderliche sofortige Untersuchung oder Blutprobenentnahme zulässig (§ 81 c Abs 3 S 3, 4).

I. Körperliche Untersuchung

Steht die gesetzliche Vertretung beiden Elternteilen zu, so gilt der Ausschluß gemäß § 52 Abs 2 S 2 Hs 2 auch für den Nichtbeschuldigten. – Steht die gesetzliche Vertretung nur einem Elternteil zu, so ist dieser entspr dieser Vorschrift auch dann ausgeschlossen, wenn der andere Elternteil Beschuldigter ist (zB nach Trennung des Eltern- oder Stiefelternteils; aA KK-*Pelchen* 17 zu § 81 c), weil auch in diesem Bereich ein Interessengegensatz bestehen kann. Eine Differenzierung danach, ob die körperliche Untersuchung ein Entscheidungsverhalten der minderjährigen Zeugenperson in dem Konflikt umfaßt oder nicht (zB Beantwortung der Frage nach Schmerzen), wäre demggü wegen Abgrenzungsschwierigkeiten nicht vorzugswürdig (vgl auch *Rieß* NJW **75** 83 Fn 42).

Im Falle des Ausschlusses des gesetzlichen Vertreters hat das VormG auf Antrag des Strafrichters einen Ergänzungspfleger zu bestellen (§ 1909 BGB; vgl BGH **12** 241 [GS]), wobei dieses zur Vermeidung einer Einflußnahme auf das Strafverfahren an die Auffassung des Beantragenden hinsichtlich des Fehlens genügender Verstandesreife und -kraft sowie bzgl des Ausschlusses des gesetzlichen Vertreters gebunden ist (LR-*Dahs* 46 zu § 81 c; aA *Schaub* Fam RZ **66** 136).

Die Beweissicherung darf nur von dem (nach allg Grundsätzen zuständigen, s 1678) **Richter** angeordnet werden, nicht von der StA oder ihren Hilfsbeamten (auch nicht bei Gefahr im Verzug). Der unanfechtbare richterliche Beschluß ersetzt die Zustimmung des gesetzlichen Vertreters; in ihm muß zugleich ausdrücklich ausgeführt werden, daß und warum die sofortige Maßnahme zur Beweissicherung erforderlich ist und daß der zur Entscheidung über die Ausübung des Weigerungsrechts berechtigte Vertreter ausgeschlossen (§ 52 Abs 2 S 2) oder an einer rechtzeitigen Entscheidung gehindert ist (LR-*Dahs* 47 zu § 81 c).

(2) Die Untersuchungsergebnisse dürfen aber nur dann verwertet werden, wenn der gesetzliche Vertreter (dh der dazu bestellte Ergänzungspfleger oder der wieder erreichbar gewordene gesetzliche Vertreter) nachträglich seine ausdrücklich auf die Verwertung der gewonnenen Beweise bezogene Einwilligung ohne Bedingungen oder Einschränkungen erklärt (§ 81 c Abs 3 S 5; für den Widerruf s 1674 entspr); die Verweigerung begründet ein selbständiges Beweis- bzw ein Verwertungsverbot betr des nach § 81 c Abs 3 S 2 rechtmäßig gewonnenen Untersuchungsergebnisses (allg Auffassung, vgl LR-*Dahs* 48 zu § 81 c). **1677**

Die Einwilligung können im Vorverfahren auch die StA oder ihre Hilfsbeamten einholen, dh der Richter muß dies nicht unbedingt selbst tun.

e) aa) Die Regelung über die **Zuständigkeit** für die Anordnung der Untersuchung nach § 81 c Abs 1 und der Maßnahmen nach § 81 c Abs 2 (§ 81 c Abs 5) entspricht § 81 a Abs 2. Im Vorverfahren ist der Richter am AG (§ 162) oder der Ermittlungsrichter (§ 169), im Zwischenverfahren das Gericht, bei dem Anklage erhoben wurde (§ 202) und nach Eröffnung des Hauptverfahrens das erkennende Gericht zuständig (in der HV ggf unter Mitwirkung der Schöffen, §§ 30 Abs 1, 77 Abs 1 GVG). Die Anordnung geschieht von Amts wegen oder auf Antrag der StA oder eines anderen Prozeßbeteiligten. Nur unter den Voraussetzungen des § 81 c Abs 3 können die StA bzw ihre Hilfsbeamten die Anordnung treffen (außer derjenigen nach § 81 c Abs 3 S 3); die praktische Bedeutung dieser Ausnahmeregelung[25] ist insofern begrenzt, als im Falle der Weigerung des Betroffenen unmittelbarer **1678**

---

[25] Gefahr im Verzug wird insbes bei erforderlicher Blutalkoholbestimmung oder Untersuchung nicht dauerhafter Tatfolgen oder Spuren wie auch Anhaltspunkten dafür bestehen, daß der Betroffene sich der Untersuchung oder dem Eingriff zu entziehen versucht (LR-*Dahs* 51 zu § 81 c).

Zwang nur aufgrund richterlicher Anordnung angewandt werden darf (§ 81 c Abs 6 S 2).

Eine vorherige Anhörung des Betroffenen oder seines gesetzlichen Vertreters ist gemäß entspr Anwendung des § 33 Abs 3 erforderlich (KMR-*Paulus* 25 zu § 81 c; aA die hM, KK-*Pelchen* 19, LR-*Dahs* 52, K/M-G 28, alle zu § 81 c).

1679 bb) Die **Vollstreckung** der richterlichen Anordnung ist Aufgabe der StA (§ 36 Abs 2 S 1), die im übrigen auch ihre eigene Anordnung vollstreckt; die Polizei vollstreckt die von ihr getroffene Anordnung.

Mit der Vollstreckung ist die Aufgabe verbunden, die noch ausstehende Belehrung über das Weigerungsrecht (§ 81 c Abs 3) vorzunehmen und sicherzustellen, daß die Maßnahme unterbleibt, wenn der Betroffene die Untersuchung berechtigterweise verweigert oder wenn der gesetzliche Vertreter widerspricht (KK-*Pelchen* 20 zu § 81 c).

1680 (1) Der Betroffene ist zu der Untersuchung vorzuladen; zur Ladung Minderjähriger vgl im Text 1059, 1062.

Hinsichtlich zwangsweiser Durchsetzung gilt § 70 entspr (§ 81 c Abs 6 S 1); ob das Nichterscheinen zur Untersuchung im allg bereits als Weigerung einzustufen ist (bej KK-*Pelchen* 21, K/M-G 30, LR-*Dahs* 54, alle zu § 81 c), ist allerdings zw (vgl Karlsruhe FamRZ **62** 395 zu § 372a ZPO, wonach die jeweiligen Umstände des Einzelfalles maßgeblich sind).

Die Auferlegung der durch die Weigerung verursachten Kosten (§ 70 Abs 1) kommt in der Praxis dann vor, wenn die Anordnung in der HV oder kurz davor geschieht und die Weigerung zur Aussetzung der Verhandlung führt (LR-*Dahs* 54 zu § 81 c). Ordnungsgeld und -haft darf jedoch nur der Richter festsetzen, dh § 161 a Abs 2 ist nicht entspr anwendbar; Vollstreckungsbehörde ist (auch hier) die StA (§ 36 Abs 2 S 1).

Ordnungsgeld und -haft ist auch ggü Jugendlichen (nicht hingegen ggü Kindern) zulässig, sofern sie über die notwendige Altersreife verfügen (*Eisenberg* JGG 22 zu § 1; LR-*Dahs* 54 zu § 81 c). Gegen den gesetzlichen Vertreter dürfen die Ordnungsmittel des § 70 Abs 1 S 2 nicht festgesetzt werden (allg Auffassung, Hamm NJW **65** 1613; *Eisenberg* JGG 22 zu § 1; KK-*Pelchen* 21 zu § 81 c).

1681 (2) Beugehaft nach § 70 Abs 2 darf auch gegen den Betroffenen nicht verhängt werden, sondern sie wird durch den unmittelbaren Zwang nach § 81 c Abs 6 S 2 ersetzt (KMR-*Paulus* 37 zu § 81 c). Dieser Zwang darf bei Gefahr im Verzug ohne weiteres,[26] anderenfalls aber erst dann angewendet werden, wenn der Betroffene trotz Festsetzung der Ordnungsmittel bei seiner Weigerung bleibt (§ 81 c Abs 6 S 3). Zuständig ist (auch bei den eingriffslosen Untersuchungen nach § 81 c Abs 1) allein der Richter, und zwar auch bei Gefahr im Verzug (§ 81 c Abs 6 S 2). Der Richter darf unmittelbaren Zwang nur anordnen, wenn er selbst die Anordnung für zulässig hält, dh er prüft Anordnungen der StA und ihrer Hilfsbeamten nicht nur auf Ermessensfehler (LR-*Dahs* 55 zu § 81 c); umgekehrt kommt es für seine Entscheidung nicht mehr darauf an, ob bei der Anordnung durch die StA oder ihre Hilfsbeamten Gefahr im Verzug bestanden hat oder nicht (*Dünnebier* GA **53** 69 Abs 42; aA wohl *Eb Schmidt* Nachtr I 24 zu § 81 c).

---

[26] Also zB auch unabhängig davon, ob ein festgesetztes Ordnungsgeld bereits beigetrieben wurde (LR-*Dahs* 55 zu § 81 c).

I. Körperliche Untersuchung

Die zwangsweise Durchführung der angeordneten Maßnahmen gestattet nur kurzfristige Freiheitsbeschränkungen, dh der Betroffene darf nicht etwa zwecks Durchführung zB erbbiologischer Untersuchungen tagelang festgehalten werden (*Baumann* FS-Eb Schmidt 542).

f) aa) Gegen richterliche Anordnungen, auch solche des erkennenden Gerichts **1682** (§ 305 S 2), ist **Beschwerde** nach § 304 Abs 2 (außer in Fällen des § 304 Abs 4) zulässig, sofern die Untersuchung nicht bereits abgeschlossen ist (BGH **10** 91); die Beschwerde hat keine aufschiebende Wirkung (§ 307 Abs 1). Im Falle zwischenzeitlicher Erledigung der (bei Einlegung zulässig gewesenen) Beschwerde wird diese ohne Kostenentscheidung für erledigt erklärt (Bremen MDR **63** 335; Frankfurt NJW **57** 839 zu § 81 a).

Der Gerichtsbeschluß nach § 81 c Abs 3 S 3 ist nicht anfechtbar (Abs 4); lediglich gegen die Ablehnung der beweissichernden Anordnung hat die StA (abgesehen von Fällen nach § 304 Abs 4 S 2) die einfache Beschwerde nach § 304 Abs 1.

bb) Nach überwiegender Meinung soll gegen Anordnungen der StA und ihrer Hilfsbeamten mangels Rechtsschutzbedürfnisses kein Rechtsbehelf zur Verfügung stehen (vgl aber betr § 81 a 1651 f). Ist der Betroffene mit ihnen nicht einverstanden, so müsse er durch Nichtbefolgung eine – anfechtbare – richterliche Entscheidung erreichen (so KK-*Pelchen* 23, K/M-G 31, beide zu § 81 c; *Gössel* § 4 D III e 3). Jedoch ist dem einschlägig beschwerten Betroffenen ein schutzwertes Interesse an alsbaldiger Klarstellung zuzubilligen (vgl n *Bachmann* 138 ff), so daß – mangels Anwendbarkeit von § 23 EGGVG (vgl ausführlich *Bachmann* 127 ff, 184 ff) – § 98 Abs 2 entspr anzuwenden ist (so LR-*Dahs* 59 zu § 81 c; *Ranft* 741; vgl auch *Wohlers* GA **92** 227). Andernfalls müßte der Betroffene das Risiko eingehen, daß bei richterlicher Bestätigung Ordnungsmittel festgesetzt werden (*Schlüchter* 199 iVm 177). – Stellt das Gericht in der Entscheidung die Rechtswidrigkeit der Blutprobenentnahme fest, so hat dies ein Verwertungsverbot zur Folge (LR-*Dahs* 59 zu § 81 c).

g) aa) Haben die Voraussetzungen des § 81 c Abs 1 und 2 S 1, die allein dem **1683** Schutz des Betroffenen dienen, nicht vorgelegen, so kann dies nach hM die **Revision** des Angekl nicht begründen. Dies betrifft vor allem die Berücksichtigung von Untersuchungsergebnissen in Fällen, in denen eine Untersuchung, zu deren Duldung der Betroffene nicht verpflichtet war, ohne seine Einwilligung vorgenommen wurde oder bei denen die Blutprobe (entgegen § 81 c Abs 2 S 2) nicht von einem Arzt entnommen wurde. Also besteht insoweit auch kein Verwertungsverbot (BGH bei *Dallinger* MDR **53** 148; KMR-*Paulus* 44, KK-*Pelchen* 24, LR-*Dahs* 60, alle zu § 81 c; aA *Henkel* 225 Fn 10; *Kohlhaas* DAR **56** 206; krit auch *Dallinger* MDR **53** 148).

bb) Gleichfalls kann der Angekl die Revision nicht darauf stützen, daß der Be- **1684** troffene sich freiwillig einer Untersuchung oder einem Eingriff unterzogen hat, ohne daß er über das Erfordernis der Einwilligung belehrt worden war (LR-*Dahs* 61, K/M-G 32, beide zu § 81 c; ANM 491, jeweils unter Hinweis auf die Rechtskreistheorie [s dazu aber 366 f, 1131, 1317]; *Grünwald* JZ **66** 499; offengelassen in BGH **13** 398).

Fehlt eine Belehrung nach § 81 c Abs 3 S 2 Hs 2 iVm § 52 Abs 3 S 1, so gelten nach hM die Grundsätze zu § 52 entspr (BGH **12** 243 [GS]; **13** 399; ANM 491), dh die Revision ist begründet, wenn ein Kausalzusammenhang zwischen dem Mangel und der Gewinnung des Untersuchungsergebnisses besteht, der Mangel nicht geheilt ist und das Urteil auf der Verwertung beruht; entspr gilt bei fehlender

Belehrung (§ 81 c Abs 3 S 2 Hs 2, § 52 Abs 3 S 1) des gesetzlichen Vertreters (BGH **14** 159 f).

An einem Beruhen fehlt es, wenn der Mangel rechtzeitig geheilt worden ist (s 1673), oder wenn der Betroffene das Nichtverpflichtetsein betr die Duldung gekannt hat, er nachträglich auf sein Weigerungsrecht verzichtet hat oder sein späteres Verhalten sicher erkennen läßt, daß er die Untersuchung auch ohne Belehrung geduldet hätte (s dazu BGH **5** 133 f; **20** 234).

Die Revision kann auch darauf gestützt werden, daß eine Person deshalb als Beweismittel ausgeschieden ist, weil sie die Untersuchung aufgrund einer irrigen Belehrung über ein tatsächlich ihr nicht zustehendes Untersuchungsverweigerungsrecht verweigert hat (KMR-*Paulus* 46, KK- *Pelchen* 24, beide zu § 81 c). Das gleiche gilt, wenn der Richter irrig ein Verweigerungsrecht verneint hat (KK-*Pelchen* 24 zu § 81 c; s näher 1318 betr § 52).

3. Untersuchung durch einen Arzt oder eine Person des gleichen Geschlechts

1685 a) Gemäß **§ 81 d Abs 1 S 1** ist die körperliche Untersuchung (einschließlich der körperlichen Durchsuchung nach §§ 102, 103 [K/M-G 1, KK-*Pelchen* 1, KMR-*Paulus* 3, LR-*Dahs* 2, alle zu § 81 d; aA *Eb Schmidt* Nachtr I 4 zu § 81 a) einer weiblichen Person, außer Kindern,[27] dann einer Frau oder einem Arzt zu übertragen, wenn sie nach objektiven Gesichtspunkten (nicht also nach der eigenen Beurteilung der zu untersuchenden Person [*Eb Schmidt* 3, LR-*Dahs* 4, beide zu § 81 d]) das Schamgefühl verletzen kann. Nach hM (s nur KK-*Pelchen* 1 zu § 81 d) gilt eine Ausnahme bei nicht ganz unerheblichen Straftaten dann, wenn Tatspuren oder Beweismittel am Körper einer Frau oder an deren Kleidung nur durch unverzügliche Untersuchung (bzw Durchsuchung) festgestellt werden können, ohne daß eine Frau oder ein Arzt rechtzeitig tätig werden können.

Zw ist die Vereinbarkeit der durch Art 3 Nr 35 des VereinhG aus dem Jahre 1950 eingeführten Vorschrift mit Art 3 GG. Zwar wird gemäß der Präsenz männlicher Personen in einschlägigen Berufen (einstweilen) seltener ein entspr Bedürfnis iSd § 81 d Abs 1 S 1 für männliche Betroffene konkret werden; anders verhält es sich bzgl § 81 d Abs 1 S 2. Somit gilt über den Wortlaut des § 81 d hinaus gemäß Art 1 Abs 1 GG der allg Grundsatz, daß *körperliche Untersuchungen* (einschließlich Durchsuchungen) – außer von einem Arzt – *nicht von Angehörigen des anderen Geschlechts* durchgeführt werden sollten (K/M-G 1, LR-*Dahs* 2, beide zu § 81 d).

1686 aa) (1) Wird ein Arzt gem § 81 d zu einer Untersuchung hinzugezogen, wird er **nicht** als Sv tätig, sondern lediglich zur Schonung des Schamgefühls der zu untersuchenden Person; er ist nur als Zeuge zu hören.

(2) Ist das Gericht zur eigenen Durchführung einer etwa erforderlichen Augenscheinseinnahme am Körper der betroffenen Person (männlichen oder weiblichen Geschlechts) durch das Anstands- und Schamgefühl gehindert, so beauftragt es einen Augenscheinsgehilfen, den es entspr § 73 Abs 1 auswählt; dieser kann entspr § 74 wegen Besorgnis der Befangenheit abgelehnt werden. Nach Augenscheinseinnahme ist ein solcher Gehilfe bloßer Zeuge (s allg 1516).

---

[27] Altersgrenze ist nach KK-*Pelchen* 2 und LR-*Dahs* 3, beide zu § 81 d: etwa das schulpflichtige Alter; aA *Eb Schmidt* 2 zu § 81 d: jede Person weiblichen Geschlechts.

bb) Verlangt die betroffene Person, daß eine Person des gleichen Geschlechts oder ein Angehöriger zugelassen wird, so soll dem entsprochen werden (§ 81 d Abs 1 S 2). Nach hM kann die Zulassung aus „triftigen" Gründen (zB nicht zu verantwortende Verzögerung, Störung der Untersuchung) unterbleiben (*Eb Schmidt* 6, LR-*Dahs* 7, KK-*Pelchen* 4, alle zu § 81 d). – Die zu untersuchende Person wird über das Recht gemäß § 81 d Abs 1 S 2 zu belehren sein (LR-*Dahs* 7 zu § 81 d).

b) Diese Regelungen gelten unabhängig davon, ob die betroffene Person in die Untersuchung einwilligt (§ 81 d Abs 2).

c) Nach allg Auffassung kann eine Untersuchung des Angekl unter Verstoß gegen § 81 d die Revision nicht begründen (das Untersuchungsergebnis bleibt ein zulässiges Beweismittel [s nur KK-*Pelchen* 5, KMR-*Paulus* 5, beide zu § 81 d; *Rudolphi* MDR **70** 97; *Bohnert* NStZ **82** 5 Fn 6; *Gössel* JZ **84** 363]). Soweit die zu untersuchende Person Zeuge ist, werde der Rechtskreis des Angekl nicht berührt (s allg krit 1131, 1317). **1687**

II. Schuldfähigkeitsuntersuchung

1. Unterbringung zur Beobachtung und Sicherungsverfahren

Übersicht

	Rn		Rn
a) Unterbringung zur Beobachtung		(4) Gestaltung der Vollstreckung	1701
aa) Allgemeines	1688–1691	ee) Keine Berechtigung zu	
bb) Materielle Voraussetzungen		(1) Eingriffen	1702
(1) Psychischer Zustand	1692	(2) Erzwingung einer Mitwirkung	1702
(2) Dringender Tatverdacht	1693	(3) Überwachung des Schriftverkehrs	1703
(3) Verhältnismäßigkeit	1694	ff) Zuständigkeit und Mitteilung	1704
cc) Anhörungen		gg) Beschwerde	
(1) Eines Sachverständigen	1695, 1996	(1) Berechtigung	1705, 1706
(2) Des Verteidigers	1697	(2) Prüfungsumfang	1707
(3) Der StA	1697	hh) Revision	1708
dd) Ausgestaltung der Anordnung		ii) Anrechnung	1709
(1) Höchstdauer der Unterbringung	1698	b) Sicherungsverfahren	
		aa) Allgemeines	1710
(2) Bestimmung des Krankenhauses	1699	bb) Beteiligung des Sachverständigen	1711, 1712
(3) Änderung der Verhältnisse	1700		

a) aa) Die **Unterbringung zur Beobachtung** (§ 81) zwecks Vorbereitung eines Gutachtens über den psychischen Zustand ist seit 1933[28] schon vor Erhebung der **1688**

---

[28] Das AGGewVerbrG ersetzte in § 81 Abs 1 den Begriff „Angeschuldigter" durch den Begriff „Beschuldigter" (s § 157) und beseitigte zudem die Voraussetzung eines Antrages des Sv.

öfftl Klage zulässig (zur gerichtlichen Zuständigkeit s § 81 Abs 3); im übrigen ist sie auch im Sicherungsverfahren (§§ 413 ff; s dazu 1709 ff) zulässig.

(1) Nach Rechtskraft ist die Unterbringung unzulässig, dh sie darf insbes nicht zur Vorbereitung von Entscheidungen nach §§ 57, 57 a, 67d Abs 3, 67 g StGB angeordnet werden (allg Auffassung, s nur Hamm NJW **74** 914). Ist eine neben der Maßregel verhängte Freiheitsstrafe rechtskräftig, und wird sie bereits vollstreckt, so steht dies der Unterbringung nicht entgegen, wenn (wegen Teilanfechtung) noch über die Maßregel zu entscheiden ist (Celle NJW **61** 981; die Anrechnung der Unterbringungszeit nach § 81 auf die Strafzeit in diesem Fall ergibt sich aus § 39 Abs 1, 3 Buchst c StVollstrO). Auch bei der Beweisaufnahme im Wiederaufnahmeverfahren nach § 369 ist die Unterbringung zulässig (hM, Bay **24** 60; K/M-G 1, KMR-*Paulus* 2, LR-*Dahs* 2, alle zu § 81; *Rasch* Recht **1912** 510; *Kretschmann* Recht **1917** 507; aA Düsseldorf GA **60** [1913] 154).

(2) Bei einem bereits Inhaftierten bedarf es einer Unterbringungsanordnung im allg nicht, wenn er in einer zur Untersuchung geeigneten *JVA* untergebracht ist (BGH bei *Kusch* NStZ **95** 219). Die Beobachtung in einer Haftanstalt bzw in der psychiatrischen Abteilung des Krankenhauses der VollzAnstalt oder in einer anderen JVA mit einer solchen Abteilung (Nr 14 Abs 3 UVollzO) soll ohne die *zeitliche Grenze* des § 81 Abs 5 (Stuttgart NJW **61** 2077; KMR-*Paulus* 3, LR-*Dahs* 3, KK-*Pelchen* 3, alle zu § 81) zulässig sein, wenn der Beschuldigte sich in U-Haft oder Strafhaft befindet, wozu die Anordnung (des nach § 126 zuständigen Haftrichters bzw des Leiters der JVA), daß er in entspr Weise zu verlegen ist, ausreichen soll (RG **34** 309; Karlsruhe Justiz **72** 18; LR-*Dahs* 3, KMR-*Paulus* 3, K/M-G 2, alle zu § 81; zw; aA *Wohlers* NStZ **92** 348). Ist hingegen beabsichtigt, die Beobachtung in einem psychiatrischen Krankenhaus außerhalb der JVA durchzuführen, bedarf es jedenfalls einer Anordnung nach § 81 (Stuttgart NJW **61** 2077; **73** 1426; Düsseldorf StV **85** 377; aA Celle RuP **91** 135; NStZ **91** 599 [mit abl Anm *Wohlers* NStZ **92** 348 f]: Amtshilfeersuchen).

1689 Entbehrlich kann die Anordnung nach § 81 auch sein (und zugleich kann die zeitliche Grenze des § 81 Abs 5 entfallen [bej RG **34** 308 f; Stuttgart NJW **61** 2077; K/M-G 2, LR-*Dahs* 4, beide zu § 81]), wenn sich der Beschuldigte aufgrund eines Unterbringungsbefehls gem § 126a in einem psychiatrischen Krankenhaus befindet (KK-*Pelchen* 3, KMR-*Paulus* 3, LR-*Dahs* 4, alle zu § 81). Einer Anordnung bedarf es aber jedenfalls dann, wenn das Gericht die Ärzte oder sonstige Umstände dieses Krankenhauses zur Untersuchung iSd § 81 nicht für geeignet hält und ein anderes psychiatrisches Krankenhaus bestimmen will. – Bei Vollstreckung eines Unterbringungsbefehls (gemäß § 126a) in einer Entziehungsanstalt ist die Beobachtung jedenfalls unzulässig.

1690 (3) Die Anordnung der Unterbringung kann zwar auch von einem Prozeßbeteiligten beantragt werden (der Vert hat ein vom Willen des Beschuldigten unabhängiges eigenes Antragsrecht [*Roxin* 8 zu § 19; LR-*Dahs* 5 zu § 81]), wobei es sich jedoch (auch nach Eröffnung des Hauptverfahrens) um eine bloße Beweisanregung handelt, über die das Gericht nur im Rahmen der Sachaufklärungspflicht (§ 244 Abs 2) nach pflichtgemäßem **Ermessen** (RG **20** 380; RG JW **37** 3101; Saarbrücken DRZ **50** 259) entscheidet (LR-*Dahs* 6, K/M-G 3, beide zu § 81; aA die überwiegende Meinung, s schon RG **27** 349; Recht **1920** Nr 1769; BGH JR **55** 472; Koblenz VRS **48** 184; KK-*Pelchen* 4, *Eb Schmidt* 10, KMR-*Paulus* 19, alle zu § 81; *Rüping* 79), da nach § 244 Abs 3, 4 bestimmte Beweiserhebungen, nicht aber bestimmte Untersuchungsmethoden verlangt werden können (s allg 157). Hat eine Untersuchung bereits stattgefunden, so wird der Antrag als ein solcher auf Heranziehung eines weiteren Sv nach § 244 Abs 4 S 2 zu verstehen sein (s dazu 256 ff); die Unterbringung ist jedoch nicht (ohne weiteres) als überlegenes Forschungsmittel iSd Vorschrift anzusehen (allg Auffassung, BGH **8** 76 ff; **23** 187; **23** 312 = JR **71** 116 mit Anm *Peters*; BGH JR **55** 472; Koblenz VRS **48** 184; K/M-G 3, LR-*Dahs* 6, beide zu § 81).

(4) Die Kosten der Unterbringung sind Auslagen (Nr 9011 KostV GKG), dh Kosten des Verfahrens (§ 464 a Abs 1 S 1). **1691**

bb) (1) Soweit § 81 Abs 1 von **psychischem Zustand** spricht, ist nicht nur die Prüfung der §§ 20, 21 StGB und auch nicht nur die Prüfung für den Zeitpunkt der Untersuchung zulässig (s zu sonstigem Unterbringungszweck § 73 JGG). Vielmehr darf, auch wenn die Schuldunfähigkeit bereits als feststehend gilt, die Unterbringung zur Prüfung der Gefährlichkeit iSd § 63 StGB geschehen (KMR-*Paulus* 12 iVm 9, LR-*Dahs* 8, K/M-G 5, alle zu § 81; wohl auch *Arzt* JZ **69** 439); ob dies auch für die Prüfung der Gefährlichkeit iSd § 66 StGB gilt (so KMR-*Paulus* 12 iVm 9, LR-*Dahs* 8, beide zu § 81), erscheint fraglich (entgegen LR-*Dahs* 8 zu § 80 ergibt sich aus §§ 80 a, 246 a nicht, daß diese Frage zum psychischen Zustand gehört). Auch darf ein im Zeitpunkt der Untersuchung Gesunder untergebracht werden, sofern es methodisch möglich ist, dadurch aus seinem Zustand Rückschlüsse auf den psychischen Zustand zur Tatzeit zu ziehen (RG **20** 379; **27** 348; KMR-*Paulus* 9 f, LR-*Dahs* 7, beide zu § 81; aA *v Kries* 391; *Kornfeld* GerS **61** [1902] 456). Unzulässig hingegen ist die Unterbringung zur Rekonstruktion einer vorübergehenden Bewußtseinsstörung infolge Alkohol- oder Medikamentenkonsums (BGH bei *Dallinger* MDR **66** 383; KK-*Pelchen* 2; LR-*Dahs* 7, K/M-G 5, KMR-*Paulus* 11, alle zu § 81; aA Kiel DStR **36** 376: zulässig nach § 81 a; *Eb Schmidt* 7 zu § 81). Falls sonstige Möglichkeiten verläßlicher Beurteilung ausscheiden, ist die Unterbringung auch zulässig, um zu untersuchen, ob der Beschuldigte wegen des psychischen Zustandes (nicht also wegen anderer Gründe) gegenwärtig bzw früher[29] *verhandlungsunfähig* (s 757 ff, 770 ff) ist bzw war (BVerfG StV **95** 618; KMR-*Paulus* 10, LR-*Dahs* 9, K/M-G 5, *Eb Schmidt* 7, alle zu § 81; *Schroeder* JZ **85** 1030). **1692**

Unzulässig ist die Unterbringung zur Untersuchung der Glaubwürdigkeit.

(2) Die Voraussetzung **dringender Tatverdacht** (§ 81 Abs 2 S 1; zu den strengen Anforderungen s näher *Kühne* 183 f) bezieht sich auf die Haftgründe nach §§ 112 Abs 1 S 1, Abs 2, 112 a Abs 1. **1693**

Ob sie erfüllt ist, ist nach Aktenlage zu entscheiden, sofern die Anordnung nicht in der HV getroffen werden soll. Das Gericht kann Beweise erheben – mitunter wird es dazu verpflichtet sein (vgl Bay **9** 145) –, um die Frage des dringenden Tatverdachts zu prüfen. Im Einzelfall kann in Betracht kommen, eine HV durchzuführen und sie auszusetzen, sofern die Anordnung (§ 81) dann noch erforderlich ist (Düsseldorf JMBl NRW **58** 213; LR-*Dahs* 11 zu § 81; aA K/M-G 6 zu § 81). Hinsichtlich der inneren Tatseite bestehen oftmals Schwierigkeiten der Beurteilung iZm den Gründen für die Entscheidung über eine Unterbringung gemäß

---

[29] Zum Beispiel betr ein Geständnis, auch wenn er gegenwärtig geistig gesund ist (*Stenglein* GerS **62** [1903] 132; LR-*Dahs* 9 zu § 80; aA *Schroeder* JZ **85** 1030, da es im Erg auf eine Glaubwürdigkeitsuntersuchung hinauslaufe; AK-*Wassermann* 2 zu § 81).

§ 81; wenngleich der Tatverdacht sich nicht notwendigerweise auf die – nach § 81 gerade erst zu untersuchende – Schuldfähigkeit zu erstrecken haben wird (AK-*Wassermann* 3 zu § 81), erscheint die Auffassung nicht unbedenklich, die Unterbringung dürfe nach Aufklärung des äußeren Tatgeschehens regelmäßig angeordnet werden, ohne daß der Beschuldigte zuvor zur inneren Tatseite vernommen worden ist (so aber K/M-G 6 zu § 81; *Löffler* NJW **51** 821).

1694 (3) Gemäß dem **Verhältnismäßigkeits**grundsatz (§ 81 Abs 2 S 2) ist die Unterbringung nicht nur im Privatklageverfahren ebenso wie in Bagatellstrafsachen unzulässig (nach § 46 Abs 3 S 1 OWiG ist sie im Bußgeldverfahren ausgeschlossen), sondern sie darf auch auch im übrigen nicht angeordnet werden, wenn sie für den Beschuldigten schwerer wiegt als die (ggf zu erwartende) Strafe oder Maßregel (allg Auffassung, s schon Bay bei *Dörr* GA **69** [1925] 198; Düsseldorf StV **93** 571; LR-*Dahs* 12 zu § 80).

Unzulässig (da ungeeignet, KMR-*Paulus* 14 zu § 81) ist die Unterbringung, wenn davon auszugehen ist, daß der Beobachtungszeitraum von sechs Wochen (§ 81 Abs 5) nicht ausreicht, zumal die Höchstdauer auch nicht mit Einverständnis des Beschuldigten überschritten werden darf (KK-*Pelchen* 7 zu § 81).

Zudem darf sie nur bei Unerläßlichkeit angeordnet werden (BVerfGE **17** 117, **27** 219, jeweils zu § 81 a), dh wenn ausreichend Gründe dafür sprechen, daß der psychische Zustand des Beschuldigten einschlägig (s 1692) auffällig ist (BVerfG StV **95** 618 [im konkreten Fall vern]) bzw wenn der psychische Zustand anders nicht beurteilt werden kann (Karlsruhe NJW **73** 573); also müssen vor der Anordnung alle anderen Erkenntnismittel erschöpft sein. Die Unterbringung scheidet daher aus, wenn die Befunde einer früheren Untersuchung ausreichen (LG Berlin NJW **60** 2256 mit zust Anm *Sauer*) oder – wie es die Regel ist (s 1797) – der Sv durch ambulante Untersuchungen eine hinreichende Erkenntnisgrundlage gewinnen kann (Düsseldorf JMBl NRW **61** 45; StV **93** 571; Frankfurt NJW **67** 690; StV **86** 51); notfalls kann der Beschuldigte zur ambulanten Untersuchung vorgeführt werden (Hamm JMBl NRW **52** 195; Köln MDR **57** 117; Düsseldorf StV **93** 571; krit zur Methode des Vorführens 1701), wenngleich er mangels gesetzlicher Grundlage nicht zu einer (auch nur eintägigen) ambulanten Untersuchung gezwungen werden darf (s auch LR-*Dahs* 13 zu § 81; aA Bamberg MDR **84** 602). Endlich ist die Unterbringung unzulässig, wenn der Beschuldigte sich freiwillig in einer Privatklinik untersuchen läßt, sofern die dortigen Ärzte als Sv geeignet sind (allg Auffassung, s nur KK-*Pelchen* 6 zu § 81).

1695 cc) (1) Stets **anzuhören** ist ein **Sachverständiger** (§ 81 Abs 1[30]), der, wie der Zusammenhang der Vorschrift („psychiatrisches Krankenhaus") ergibt, Psychiater und/oder Neurologe sein muß (allg Auffassung, Frankfurt NJW **67** 690; Saarbrücken JBl Saarl **64** 116; KK-*Pelchen* 8 zu § 81). Ob es sich hingegen um denjenigen Sv handeln sollte (oder gar muß), der die Beobachtung durchführen bzw ein Gutachten über den psychischen Zustand des Beschuldigten erstatten soll, ist wegen der Gefahr von Eigenbelangen (s auch 1553) nicht immer zweifelsfrei,[31] wenngleich in der Praxis allg üblich.

---

[30] Diese durch Art 3 Nr 34 VereinhG von 1950 eingeführte Regelung ist eine Einschränkung ggü dem vorherigen Rechtszustand, der einen Antrag des Sv voraussetzte.
[31] Nach *K. Müller* 598 darf der Krankenhausarzt nicht gehört werden, da die Unbefangenheit mit seiner Äußerung nicht gewahrt sei; dagegen LR-*Dahs* 14 zu § 81.

II. Schuldfähigkeitsuntersuchung

Die Anhörung setzt zugleich voraus, daß sich der Sv zuvor *persönlich* mit dem Beschuldigten beschäftigt hat (Hamm JMBl NRW **52** 195; Oldenburg NJW **61** 981; Schleswig SchlHA **54** 330; Celle RuP **91** 135; NStZ **91** 599; LR-*Dahs* 15 f zu § 81; *Jessnitzer/Frieling* 368; *Roxin* 4 zu § 33; *Schlüchter* 278.1; K/M-G 11 zu § 81), wozu es allenfalls bei besonders enger zeitlicher und inhaltlicher Verknüpfung ausreicht, wenn die (frühere) Untersuchung nicht zu dem ausdrücklichen Zweck des § 81 stattgefunden hat (KG JR **64** 231; **65** 69; abl Karlsruhe NJW **73** 573; Düsseldorf StV **93** 571); ein Aktenstudium genügt (so gut wie) nie (KG JR **65** 69; Hamm JMBl NRW **52** 195; Oldenburg NJW **61** 982; Schleswig SchlHA **54** 330; K/M-G 11, LR-*Dahs* 16, beide zu § 81; *Roxin* 4 zu § 33; aA Hamburg MDR **64** 434; Karlsruhe MDR **84** 72: nur in besonderen Ausnahmefällen: StV **84** 369; KK-*Pelchen* 8, KMR-*Paulus* 21, beide zu § 81; *Peters* 366), und zwar auch nicht iVm einem bloßen Telefongespräch (vgl Düsseldorf StV **93** 571). – Zur Ermöglichung der Anhörung ist der Beschuldigte ggf zu einer Vernehmung durch StA (bzw Polizei oder Gericht (§ 80 Abs 2) vorzuladen bzw äußerstenfalls vorzuführen (s aber 1701) und dort von dem Sv zu hören (Oldenburg NJW **61** 982) bzw zu befragen (§ 80 Abs 2; LG Gera StV **95** 632; KK-*Pelchen* 8, K/M-G 11, LR-*Dahs* 16, alle zu § 81; *Schlüchter* 278.2).

(a) Die Äußerung des Sv geschieht entweder (und zwar selten) mündlich in Anwesenheit aller Verfahrensbeteiligten, oder schriftlich; eine lediglich telefonische Äußerung ggü dem Gericht ist ungenügend, zumal der Vert sich zur Unterbringungsfrage in geeigneter Weise nur äußern kann, wenn er die Gründe des Sv kennt (s 1697). Die Äußerung muß sowohl zur Frage der Unerläßlichkeit der Unterbringung als auch zur voraussichtlichen Dauer der Beobachtung Stellung nehmen.[32]

Selbstverständlich ist das Gericht an die Empfehlung des Sv nicht gebunden, wenngleich im Falle der Abweichung meist die Anhörung eines anderen Sv erforderlich sein wird (allg Auffassung, s nur Hamm NJW **57** 1290; LR-*Dahs* 18 zu § 81).

(b) Dem **Beschuldigten** ist nach Kenntnisgabe der gutachtlichen Äußerung des Sv Gelegenheit zur seinerseitigen **Stellungnahme** zu geben (KMR-*Paulus* 25, LR-*Dahs* 21, AK-*Wassermann* 9, alle zu § 81; *Fezer* 7 zu Fall 6; *Schlüchter* 279; aA K/M-G 14, KK-*Pelchen* 8, *Eb Schmidt* 13, alle zu § 81). Diese Pflicht ergibt sich Art 103 Abs 1 GG bzw aus § 33 Abs 3, welche Vorschriften durch § 81 Abs 1 (Anhörung des Vert) nicht eingeschränkt werden (nach aA soll die Anhörung des Beschuldigten nur zweckmäßig sein [Karlsruhe NJW **72** 1584]); nur falls durch die Anhörung des Beschuldigten der Zweck der Untersuchung gefährdet würde, darf entspr § 33 Abs 4 darauf verzichtet werden (KMR-*Paulus* 25, LR-*Dahs* 21, beide zu § 81). – Ist der Beschuldigte wegen seines geistigen Zustandes zur Stellungnahme nicht in der Lage, so ist entspr §§ 52 Abs 2, 81 c Abs 3 S 2 der gesetzliche Vertreter zu hören (KMR-*Paulus* 25 zu § 81; *K. Müller* 599; LR-*Dahs* 21 zu § 81; aA K/M-G 14 zu § 81).

1696

(2) Der **Vert** (die Mitwirkung ist notwendig, § 140 Abs 1 Nr 6) muß angehört werden. Zuvor muß ihm die Äußerung des Sv und im übrigen von dem Erg der

1697

---

[32] Es genügt zB nicht ein vorliegendes Sv – Gutachten, das die Voraussetzungen der §§ 20, 21 StGB verneint (Hamm NJW **57** 1290).

Ermittlungen alles zur Kenntnis gegeben werden, was für die Entscheidung nach § 81 bedeutsam sein kann (KG JR **64** 231; Karlsruhe NJW **72** 1584; MDR **84** 72), und ihm ist Gelegenheit zu geben, seine Stellungnahme vorzubereiten und mit dem Beschuldigten in Verbindung zu treten (Frankfurt NJW **67** 689; LR-*Dahs* 20 zu § 81).

(3) Die **StA** ist nach § 33 Abs 2 zu hören.

1698 dd) (1) Wegen der Schwere des Eingriffs in das Grundrecht der persönlichen Freiheit (Art 2 Abs 2 S 2 GG [vgl auch BGH **8** 147]) muß der Anordnungsbeschluß eine **Höchstdauer** festlegen, die nur ausnahmsweise den Rahmen des § 81 Abs 5 ausschöpfen wird (s auch Oldenburg NJW **61** 981), zumal der Sv wegen des Grundrechtseingriffs verpflichtet ist, die Beobachtung (und eine etwa angeordnete Untersuchung nach § 81 a) sobald wie möglich – also nicht etwa erst gegen Ende des Rahmens des § 81 Abs 5 – vorzunehmen (LR-*Dahs* 23 zu § 81); daher soll er sich mit der Vorgeschichte des Betroffenen bereits vor dessen Aufnahme in das Krankenhaus befassen (*Jessnitzer/Frieling* 369; *K. Müller* 596 e; s auch Nr 62 Abs 2 RiStBV). Eine Verlängerung bis zur Höchstdauer (§ 81 Abs 5) ist zulässig (LR-*Dahs* 24 zu § 81), jedoch hat der Sv sich auch im Gutachten stets zugleich zur (Notwendigkeit der) Dauer der Unterbringung zu äußern (Karlsruhe NJW **73** 573). Der Sv hat von der angeordneten Unterbringung gänzlich abzusehen, wenn er zu der Auffassung gelangt, daß (tägliche) ambulante Untersuchungen ausreichen (BGH bei *Dallinger* MDR **74** 724); ist die Beobachtung bereits zu einem früheren Zeitpunkt als der festgelegten Höchstdauer abgeschlossen, so hat der Sv den Beschuldigten sofort zu entlassen (zur Belehrungspflicht ggü Sv s RiStBV 62 Abs 1). Hat die Unterbringung weniger als sechs Wochen gedauert und wird im nachhinein eine erneute Beobachtung erforderlich (zB bei erfolgreicher Ablehnung des Sv wegen Befangenheit oder aus Gründen inhaltlicher Ergänzungsbedürftigkeit), so bedarf es einer erneuten richterlichen Anordnung; insgesamt darf die Unterbringung die Grenze des § 81 Abs 5 nicht überschreiten (BGH JZ **69** 437 mit Anm *Arzt;* RG **23** 211; s aber RG **34** 306, KK-*Pelchen* 7, LR-*Dahs* 25, *Rasch* Recht **1912** 516, wonach bei einem in Haft befindlichen Beschuldigten nach Ablauf von 6 Wochen der Beobachtung in einem psychiatrischen Krankenhaus eine weitere Unterbringung zur Beobachtung in einer psychiatrischen Abteilung der JVA zulässig sei [s auch 1688 f]).

1699 (2) Zugleich muß in dem Beschluß das vom Gericht auszuwählende (öffentliche psychiatrische) **Krankenhaus bestimmt** werden (allg Auffassung, Frankfurt NJW **67** 689). Träger muß der Staat, die Gemeinde bzw eine Gemeindeverband oder ein anderer Hoheitsträger sein (allg Auffassung, s nur Bay **21** 198; Frankfurt NJW **67** 690; K/M-G 19 zu § 81); unzulässig ist die Auswahl der psychiatrisch-neurologischen Station eines allg öfftl Krankenhauses (Hamburg LZ **1920** 452; LR-*Dahs* 28 zu § 81) ebenso wie betr den in Freiheit befindlichen Beschuldigten die psychiatrische Abteilung einer U-Haftanstalt oder Strafanstalt (*Eb Schmidt* 22, LR-*Dahs* 28, beide zu § 81; *K. Müller* 596 d; *Rasch* Recht **1912** 513). Hingegen soll es nach hM nicht der namentlichen Bezeichnung des beobachtenden Arztes bedürfen (KK-*Pelchen* 7, K/M-G 19, LR-*Dahs* 27, alle zu § 81; aA wohl Colmar LZ **1914** 973); eine Regelung der Art der Unterbringung gilt als nicht erforderlich (Hamm NJW **53** 1237; *Jessnitzer/Frieling* 370; LR-*Dahs* 27 zu § 81; zw).

1700 (3) **Ändern** sich nachträglich die der Entscheidung zugrundeliegenden tatsächlichen oder rechtlichen **Verhältnisse**, so darf der rechtskräftige Beschluß nicht abgeändert werden, sondern es hat ein neuer Beschluß zu ergehen; dieser darf auch dann angefochten werden, wenn der vorausgegangene Beschluß nicht angefochten wurde (Düsseldorf JMBl NRW **61** 45; Hamm JMBl NRW **76** 21). Fallen nachträglich die Voraussetzungen des § 81 weg, so muß der Beschluß (auch wenn er rechtskräftig geworden ist) aufgehoben werden.

(4) Auch die (der StA obliegende, § 36 Abs 2 S 1) **Vollstreckung** des Unterbringungsbeschlusses hat gemäß dem Verhältnismäßigkeitsgrundsatz zu geschehen (RiStBV Nr 61 Abs 1). Hiernach wird der auf freiem Fuß befindliche Beschuldigte zu einem mit dem Krankenhaus verabredeten Zeitpunkt zum Erscheinen geladen, wobei notfalls die zwangsweise Vorführung angedroht wird (s RiStBV Nr 61 Abs 2, mit bedenklicher Einschränkung in S 2). Ein etwa erforderlich werdender (und von der StA zu erlassender) Vorführungsbefehl ist gemäß § 23 EGGVG anfechtbar (Koblenz JVBl **61** 237 f; KK-*Pelchen* 11, LR-*Dahs* 37, beide zu § 81; *Altenhain* JZ **65** 758; K/M-G 27 zu § 81; aA Hamm NJW **66** 684). 1701

Aus *forensisch-psychiatrischer* Sicht bestehen nach einer Aktenauswertung gegen die zwangsweise Unterbringung insofern *Bedenken*, als ein sachliches Bedürfnis fehle, weil die davon Betroffenen im Vergleich zu den sonstigen nach § 81 untergebrachten Personen keine abgrenzbare Gruppe bildeten, auch nicht nach der Art der Delikte; Grund der zwangsweisen Unterbringung ist das Nichterscheinen, das Motiv sei jedoch nicht eine entschiedene Einstellung gegen die Unterbringung, sondern eher ein unreflektiertes Ausweichen vor einer als unangenehm empfundenen Situation (*Barbey* MKrim **91** 46).

ee) (1) Die Anordnung berechtigt nur zum Beobachten und in diesem Rahmen zum *Festhalten* des Beschuldigten, **nicht** hingegen – sofern nicht das Einverständnis des Beschuldigten oder eine (ggf mit der Anordnung nach § 81 verbundene) Anordnung nach § 81 a vorliegt – **zu Eingriffen** (zB körperlichen Untersuchungen, Blutprobenentnahmen [ganz hM, s nur BGH **8** 144, 146 = JR **56** 68 mit zust Anm *Eb Schmidt*; BGH JZ **69** 437 mit Anm *Arzt*; K/M-G 20, KMR-*Paulus* 35, beide zu 81). Dabei kommt es auf die Frage einer Gefährlichkeit der Maßnahmen nicht an, dh unzulässig ist zB auch die Vornahme eines EKG oder einer Blutdruckmessung (aA Schleswig NStZ **82** 81; *Peters* JR **69** 233) sowie einer Heilbehandlung,[33] sofern der Beschuldigte nicht einwilligt. 1702

(2) Wenngleich die Anordnung das Recht des Sv umfaßt, an den Beschuldigten Fragen zu stellen, dürfen Antworten des Beschuldigten (BGH NJW **68** 2298) oder seine **Mitwirkung** an der Exploration (Celle StV **85** 224) **nicht erzwungen** werden; vielmehr ist der Beschuldigte dann alsbald zu entlassen, wenn die Beobachtung allein den Zweck der Unterbringung nicht erlaubt (Celle StV **91** 248: wenn der Betroffene nicht zur Mitwirkung an der Untersuchung bereit ist).

(3) Eine **Überwachung** des **Schriftverkehrs** ggü Beschuldigten, die sich vor der Unterbringung auf freiem Fuß befanden, ist mangels gesetzlicher Eingriffsermächtigung in das Grundrecht des Art 10 GG **unzulässig** (ganz hM, s nur LR-*Dahs* 30 zu § 81; K/M-G 20 zu § 81; aA *Koch* NJW **69** 176). Ist gegen den Untergebrachten U-Haft angeordnet, so ist unter den Voraussetzungen des § 119 Abs 3, 6 nur der Richter – nicht also der Sv oder ein (sonstiger) im Krankenhaus Beschäftigter (zB 1703

---

[33] Dies gilt sowohl betr eine Geisteskrankheit als auch bzgl einer anderen Krankheit (LR-*Dahs* 29 zu § 81; *Arzt* JZ **69** 440), es sei denn, es liegt eine Rechtfertigung nach § 34 StGB vor (LR-*Dahs* 29 zu § 81).

Teil 4. Kap 2: Sachverständiger – Einzelne Aufgabenbereiche

Anstaltsarzt) – zur Überwachung berechtigt (BGH NJW **61** 2069; KK-*Pelchen* 9 zu § 81; K/M-G 20 zu § 81; aA *Koch* NJW **69** 176).

1704 ff) (1) **Zuständig** zur Anordnung ist im Ermittlungsverfahren das **Gericht**, das für die Eröffnung des Hauptverfahrens zuständig wäre (§ 81 Abs 3); bei unterschiedlichen Auffassungen hinsichtlich der sachlichen oder örtlichen Zuständigkeit gilt § 14. Ist die Frage nach der Zuständigkeit des Schöffengerichts oder aber der Strafkammer von den Voraussetzungen des § 24 Abs 1 Nr 2 oder 3 GVG abhängig, so bestimmt sich die Zuständigkeit danach, bei welchem Gericht die StA Anklage zu erheben beabsichtigt; indes kann die Strafkammer die Entscheidung an das AG mit der Begründung abgeben, sie werde das Hauptverfahren nach § 209 Abs 1 vor diesem Gericht eröffnen. Nach Anklageerhebung entscheidet das für die HV zuständige Gericht. Das Revisionsgericht ist zur Anordnung dann zuständig, falls die Verhandlungsfähigkeit des Angekl im Revisionsverfahren zu prüfen ist.

Der Unterbringungsbeschluß bedarf der Begründung (§ 34).

(2) Ein außerhalb der HV ergangener Beschluß wird durch Zustellung (§§ 35 Abs 2, 145 a) **bekanntgemacht** (dh gemäß § 145 a Abs 1 ggü dem Vert auch dann, wenn er keine Zustellungsvollmacht hat); fehlt bei den Akten eine Vollmacht für den Vert, so ist der Beschluß nur dem Beschuldigten zuzustellen (allg Auffassung, s nur Hamm JMBl NRW **56** 108), wodurch die Beschwerdefrist entgegen dem Regelfall (s 1705) beginne (KK-*Pelchen* 11, LR-*Dahs* 36, beide zu § 81; zw). Ergeht der Beschluß in der HV in Anwesenheit des Beschuldigten, so wird er durch Verkündung mitgeteilt (§ 35 Abs 1; zur Frage notwendiger Anwesenheit des Beschuldigten s allg §§ 231, 231 a, 247, 415); der Vert muß stets anwesend sein (§ 140 Abs 1 Nr 6).

1705 gg) (1) (a) Die nach § 81 Abs 4 S 1 gegen den Unterbringungsbeschluß zulässige **sofortige Beschwerde** (§ 311; gemäß § 304 Abs 4 S 2 Nr 1 auch bei Zuständigkeit des OLG im ersten Rechtszug) steht dem Beschuldigten, dem Vert (ganz hM, s nur LR-*Dahs* 38 zu § 81; RG **37** 22) und der StA zu, nicht aber dem Sv; sie hat – entgegen § 307 Abs 1 – *aufschiebende* Wirkung (§ 81 Abs 4 S 2). Sie ist – entgegen § 305 S 1 – auch dann gegeben, wenn der Beschluß von dem erkennenden Gericht erlassen wurde (allg Auffassung, s nur Bay **49** 472; KG JR **65** 69; Celle NJW **66** 1881; abl aber betr gerichtliche Zwischenentscheidung BayVerfGH NJW **91** 2953 f), weil die Unterbringung auch dann nicht mehr rückgängig gemacht werden könnte, wenn das Revisionsgericht sie als rechtswidrig beurteilt.[34] Entgegen § 297 darf der Vert die Beschwerde auch gegen den Willen des Beschuldigten einlegen (*Eb Schmidt* 16, KK-*Pelchen* 12, K/M-G 28, alle zu § 81), da (auch) die Verhandlungsfähigkeit des Beschuldigten zw ist; aus diesem Grunde beginnt die Rechtsmittel**frist** für den Vert erst ab Zustellung an ihn (KMR-*Paulus* 39 zu § 81). Ein bei der Zustellung des Beschlusses erklärter Rechtsmittelverzicht des Beschuldigten ist idR unwirksam, sofern der Vert dabei nicht mitgewirkt hat (Frankfurt NJW **67** 689 f). – Die Beschwerde kann, sofern es sich nicht um eine Entscheidung des erkennenden Gerichts handelt (Celle NJW **66** 1881), (iSd der Prüfung der Zweckmäßigkeit, s 1907) auf die Auswahl des Krankenhauses beschränkt werden

---

[34] Daraus folgt zugleich, daß die Entscheidung des erkennenden Gerichts dann nicht anfechtbar ist, wenn nur die Auswahl der Anstalt oder des Sv angegriffen wird (Celle NJW **66** 1881; LR-*Dahs* 39 zu § 81).

(LR-*Dahs* 38, K/M-G 28, beide zu § 81; aA Düsseldorf JMBl NRW **61** 45; Stuttgart NJW **61** 2077; KK-*Pelchen* 12 zu § 81), ebenso auf die Auswahl des Sv (LR-*Dahs* 38 Fn 110 zu § 81; aA Hamburg MDR **72** 1048; KK-*Pelchen* 12 zu § 81).

Weitere Beschwerde gilt als (gemäß § 310 Abs 2) unzulässig (allg Auffassung, s nur Bremen NJW **49** 74; [Hamburg JR **56** 192]; zw wegen des Gewichts des Eingriffs, zumal die Zeit der Unterbringung entspr U-Haft gemäß § 51 Abs 1 S 1 StGB angerechnet wird [s 1709]).

(b) Gegen den die Unterbringung ablehnenden Beschluß ist sowohl für den Beschuldigten (Nürnberg MDR **66** 347) als auch für die StA (Braunschweig NJW **55** 1492; Stuttgart Justiz **72** 231) einfache Beschwerde (§ 304 Abs 1[35]) gegeben; dies hat jedoch mangels Bescheidungspflicht im Vorverfahren und wegen § 305 S 1 kaum praktische Bedeutung (vgl LR-*Dahs* 42; KK-*Pelchen* 13; beide zu § 81). **1706**

(2) Was den **Prüfungsumfang** des *Beschwerdegerichts* betrifft, so darf es nicht in die dem Tatrichter obliegende Bestimmung des Umfangs der Beweisaufnahme eingreifen und insbes bzgl der Frage nach Zw an der Schuldfähigkeit des Beschuldigten nicht sein Ermessen an die Stelle desjenigen des Tatrichters setzen. Hingegen umfaßt die Prüfung durch das Beschwerdegericht auch die Zweckmäßigkeit der Anordnung (Hamburg MDR **72** 1048; Hamm MDR **50** 373; Köln MDR **51** 373; Schleswig MDR **59** 415; LR-*Dahs* 40 zu § 81; aA Hamm NJW **53** 1237; *Schlüchter* 283.4); ebenso hat es zB die Frage der Befangenheit des Sv zu prüfen, falls ein Ablehnungsantrag gestellt worden ist (Celle NdsRPf **56** 80; KMR-*Paulus* 41, LR-*Dahs* 40, beide zu § 81). **1707**

Bei erheblichen Verfahrensmängeln ist (unter Absehen von der dem Beschwerdegericht nach § 309 Abs 2 obliegenden eigenen Sachentscheidung) die Zurückweisung an den Tatrichter zulässig und wohl auch angezeigt. Ein solcher Mangel wird regelmäßig im Fehlen der (gemäß § 34 erforderlichen) Begründung liegen (Oldenburg NJW **71** 1089f; vgl Köln JMBl NRW **60** 44; anders noch Oldenburg NJW **61** 982).

hh) Da gem § 336 S 2 iVm § 81 Abs 4 S 1 die **Revision**srüge der Rechtswidrigkeit der Unterbringung ausgeschlossen ist, kann nur die Ablehnung der Unterbringung mit der Aufklärungsrüge (§ 244 Abs 2) angefochten werden (etwa wenn von der Empfehlung des Sv abgewichen wurde, vgl RG JW **37** 3101 mit Anm *Schafheutle*[36]); nach überwiegender Meinung (s 1190) ist im Falle einer Ablehnung eines Antrages die Verletzung des § 244 Abs 3 und 4 zu prüfen. – Das Revisionsgericht überprüft die ablehnende Entscheidung nur auf Rechtsfehler, nicht daraufhin, ob das Gericht sein Ermessen richtig ausgeübt hat (vgl BGH **8** 76f). **1708**

ii) Die Unterbringung wird auf eine zeitige Freiheitsstrafe ebenso wie auf eine Geldstrafe **angerechnet** (§ 51 Abs 1 S 1 StGB, s nur BGH **4** 325); dabei erübrigt sich ein Ausspruch im Urteil, wenn nur auf eine dieser Strafen erkannt wird (BGH **24** 29 = JR **71** 296 mit zust Anm *Schröder;* BGH NJW **72** 730), nicht hingegen, wenn Freiheits- und Geldstrafe nebeneinander verhängt werden (BGH NJW **73** 1420; Bay NJW **72** 1632). **1709**

---

[35] Diese Vorschrift ist nicht etwa durch die Spezialnorm des § 81 Abs 4 verdrängt (so jetzt auch LG Köln MDR **96** 409).
[36] Abl für den Grund, daß der Sv den zeitlichen Rahmen für die Unterbringung nicht voll ausgeschöpft hat, BGH bei *Dallinger* MDR **74** 725; LR-*Dahs* 43 zu § 81.

Teil 4. Kap 2: Sachverständiger – Einzelne Aufgabenbereiche

1710 b) aa) Ausschließlich im **Sicherungsverfahren** nach §§ 413 ff findet die Soll-Vorschrift des § 414 Abs 3 Anwendung, die über § 80a (zu dessen Vorrang s § 414 Abs 1) hinausgehend auch für die Fälle der Entziehung der Fahrerlaubnis (s im übrigen 1850 ff) und des Berufsverbots die Mitwirkung eines Sv regelt. Sie gilt also dann, wenn die StA von vornherein keine Strafe, sondern nur die Anordnung von Maßregeln anstrebt; dieses Verfahren ist auch gegen Jugendliche (Ausnahme: wenn die Voraussetzungen des § 3 JGG zu verneinen sind) und Heranwachsende zulässig, soweit die Maßregel gegen sie nach sachlichem Recht angeordnet werden darf (§§ 2, 7, 105 Abs 1 JGG; die gerichtliche Zuständigkeit bestimmt sich nach §§ 40, 41, 109 JGG [s auch LR-*Gössel* 14 zu § 414]). Über den Wortlaut des § 413 hinaus ist das Sicherungsverfahren auch zulässig, wenn das Gericht die Eröffnung des Hauptverfahrens wegen Schuldunfähigkeit abgelehnt hat (KK-*Fischer* 6 zu § 413; LR-*Gössel* 3 zu § 413); § 211 steht insoweit nicht entgegen.

1711 bb) (1) Nach § 414 Abs 3 soll ein Sv auch in Fällen, in denen das nicht bereits § 80a vorsieht, schon im **Ermittlungsverfahren** hinzugezogen werden. In der **HV** muß **stets**, also auch bei Anwesenheit des Beschuldigten, ein Sv mitwirken (§ 415 Abs 5).

Die Bestimmung der Fachrichtung des Sv steht grds im Ermessen des Gerichts (vgl LR-*Gössel* 11 zu § 415); betr Schuldfähigkeit kommt neben dem Psychiater auch ein Psychologe in Betracht (s allg 1534). Ob noch ein anderer Sv erforderlich ist, richtet sich nach den Umständen des Falles. Hierbei wird der Vert (s § 140 Abs 1 Nr 7) mitwirken, dessen Bestellung die StA bereits im Ermittlungsverfahren zu beantragen hat (§ 141 Abs 3), wenn sie beabsichtigt, das Verfahren nach §§ 413 ff zu beantragen.

1712 (2) Die (gleichsam **kommissarische**) **Vorvernehmung** in den Fällen des **§ 415 Abs 2** dient dem Zweck, dem Gericht zumindest mittelbar einen Eindruck von der Persönlichkeit des Betroffenen zu gestatten und diesen insofern zu Wort kommen zu lassen (LR-*Gössel* 3 zu § 415). Daher ist ein Sv hinzuzuziehen, dessen Wahrnehmungen bei der Vernehmung des Betroffenen durch seine eigene Vernehmung in die HV eingeführt werden (KK-*Fischer* 7 zu § 415), wobei Befundtatsachen gutachtlich und Zusatztatsachen zeugenschaftlich einzuführen sind.

Zweckmäßig ist es, denjenigen Sv zu bestellen, der gemäß § 415 Abs 5 in der HV vernommen wird.

Der Sv muß während der **gesamten** Vernehmung **anwesend** sein. Eine Ausnahme bei unwesentlichen Teilen der Vernehmung zuzulassen (RG **72** 182; LR-*Gössel* 4 zu § 415) erscheint zw, da zumindest bei zulässiger Abwesenheit der übrigen Prozeßbeteiligten (§ 415 Abs 2 S 3) eine Kontrolle betr die Beurteilung als unwesentlich nicht gewährleistet ist.

1713 (3) Die **Mitwirkungspflicht** des Sv (zur Fachrichtung s 1711) gemäß **§ 415 Abs 5** verlangt zwingend dessen Vernehmung (nicht seine ständige Anwesenheit in der HV); dies gilt, anders als bei § 246a, auch dann, wenn das Sicherungsverfahren nur die Anordnung nichtfreiheitsentziehender Maßregeln betrifft.

2. Psychische Krankheiten und Störungen mit Relevanz für die Schuldfähigkeit (§§ 20, 21 StGB)

Übersicht

	Rn		Rn
a) Strafrechtliche Voraussetzungen		bb) Betäubungsmittelmißbrauch	1756
aa) Oberbegriffe der §§ 20, 21 StGB	1714, 1715	cc) Medikamentenmißbrauch	1757, 1758
bb) Einsichts- und Handlungsfähigkeit	1716–1720	e) Psychogene Reaktion als tiefgreifende Bewußtseinsstörung iSd §§ 20, 21 StGB	
cc) Verhältnis der Befunde zu §§ 20, 21 StGB	1721, 1722	aa) Allgemeines	1759–1761
b) Organische Psychosen und Persönlichkeitsveränderungen als krankhafte seelische Störungen iSd §§ 20, 21 StGB		bb) Diagnose und strafrechtliche Beurteilungstendenzen	1762–1765
		f) Schwachsinn iSd §§ 20, 21 StGB	1766–1768
aa) Traumatische Psychosen sowie senile und präsenile Psychosen	1723	g) Psychogene Reaktion als schwere andere seelische Abartigkeit iSd §§ 20, 21 StGB	1769, 1770
bb) Alkoholpsychosen	1724	h) Neurosen als schwere andere seelische Abartigkeit iSd §§ 20, 21 StGB	1771
cc) Drogenpsychosen	1725, 1726	aa) Abgrenzungsfragen	1772–1774
dd) Vorübergehende organische Psychosen	1727–1729	bb) Zur strafrechtlichen Beurteilung	1775, 1776
ee) Andere (chronische) organische Psychosen	1730	i) Psychopathologische Entwicklungen als schwere andere seelische Abartigkeiten iSd §§ 20, 21 StGB	1777
ff) Epilepsie	1731–1734	aa) Sexualpathologische Entwicklungen	1778–1782
c) Andere Psychosen (krankhafte seelische Störungen iSd §§ 20, 21 StGB)		bb) Sucht	1783–1785
aa) Schizophrener Formenkreis	1735–1738	j) Persönlichkeitsstörungen als schwere andere seelische Abartigkeiten	1786
bb) Manisch-depressive Erkrankungen	1739–1742	aa) Allgemeines	1787
cc) Paranoide Syndrome	1743–1746	bb) Erscheinungsformen	1788–1795
d) Alkohol-, Betäubungsmittel- und Medikamentenmißbrauch ohne Abhängigkeit (krankhafte seelische Störung bzw Bewußtseinsstörung iSd §§ 20, 21 StGB)	1747	cc) Zur strafrechtlichen Relevanz	1796
aa) Alkoholmißbrauch	1748–1755		

a) Strafrechtliche Voraussetzungen

1714 aa) Die in § 20 StGB vorausgesetzten Merkmale sind Oberbegriffe, unter denen eine große Anzahl seelischer Krankheiten und Störungen zusammengefaßt werden kann. Häufig ist eine Kombination mehrerer einschlägig relevanter Diagnosen, von denen entweder eine oder mehrere für sich allein oder erst im Zusammenwirken die Qualität dieses und/oder jenes Oberbegriffs erreichen (s aber auch 1715).

Als **krankhafte seelische Störungen** gelten alle nicht mehr im Rahmen eines bestimmbaren Erlebniszusammenhangs liegenden psychischen Anomalien, die somatisch-pathologisch bedingt sind (Psychosen), dh exogene (= auf organischen Ursachen beruhende) und endogene (= vermutete, aber nicht nachgewiesene körperliche Begründbarkeit). Zu den **tiefgreifenden Bewußtseinsstörungen** (= Beeinträchtigungen der Fähigkeit zur Vergegenwärtigung des intellektuellen und emotionalen Erlebens, die iS der Wirkung auf die Einsichts- und Handlungsfähigkeit den krankhaften seelischen Störungen gleichwertig sind) zählen zB Affekt, Trunkenheit und andere drogenbedingte Bewußtseinsstörungen; eine empirische Grundlegung etwa durch experimentelle Erzeugung von einschlägigen Erregungszuständen ist aus ethischen wie praktischen Gründen allenfalls in engen Grenzen zu erreichen. Unter **Schwachsinn** wird nur die allg Intelligenzschwäche entspr Intensität (nicht also organische Demenz oder Folgen einer organischen Verletzung bzw Schädigung) verstanden. Als **schwere**[37] **andere seelische Abartigkeit** (eingef durch 2. StrRG [vgl zuvor Oberkommando der Wehrmacht: Vorschrift über wehrmachtsärztliche Untersuchungen im Kriege v 1.4.44, Fehler-Nr. 15.3, zit nach *Horstkotte* bei Rasch NStZ **82** 178]) gelten diejenigen abnormen seelischen Erscheinungen, die nicht zu den vorgenannten Kategorien gehören, bei denen indes das Persönlichkeitsgefüge in gleicher oder doch ähnlicher Intensität beeinträchtigt ist wie bei den Psychosen; es fallen darunter Persönlichkeitsstörungen (sog Psychopathien), Neurosen und Triebstörungen (vgl zB zu sog Hypersexualität BGH v 12.11.91 [1 StR 672/91]) sowie eingeschränkt „abnorme Gewohnheiten bzw Störungen der Impulskontrolle" (ICD 10 F 63.0–63.2; s zu Abgrenzungsproblemen *Dilling ua* **91** 222 ff), „emotionale Kernstörungen" (BGH StV **95** 405) und im übrigen sogen „pathologische" Formen der Brandstiftung,[38] des Spielens (s BGH JR **89** 379 mit Anm *Kröber*; einschr betr „Spielsucht"[39] BGH bei *Detter* NStZ **92** 478) oder des Stehlens (vgl zur Kasuistik *Osburg* 141 ff[40]).

1715 Stets ist die Frage der Verläßlichkeit der diagnostischen **Zuordnung** zu den Oberbegriffen der §§ 20, 21 StGB von der Frage nach den Auswirkungen auf die in §§ 20, 21 StGB bezeichneten Fähigkeiten (s 1716 ff) zu trennen. Demgemäß ist die generelle Annahme verfehlt, zB psychopathische oder neurotische Verhaltensstörungen wiesen eine geringere Intensität auf als psychotische.[41] Dementspr ist weder theoretisch noch in der Praxis die Auffassung belegbar, psychotische Störungen erfüllten mit großer Wahrscheinlichkeit,[42] psychopathische oder neurotische

---

[37] Innerhalb der diagnostischen Zuordnung darf der Sv nicht etwa iSd Wortes „schwer" eine Unterteilung vornehmen, vielmehr ist stets zunächst eine Feststellung über das Vorliegen einer einschlägigen Störung zu treffen und erst danach zu prüfen, ob es sich um eine „schwere" handelt (s näher *Saß* FS-Schewe 274 ff).

[38] Vgl dazu etwa ICD 10 F 63.1 sowie DSM-III-R(1). – Nach einer Auswertung von Gutachten leidet der überwiegende Anteil einschlägig strafrechtlich überführter Erwachsener an Alkoholismus, und es habe – abgesehen von Jugendlichen sowie Psychotikern – zZt der Tat fast immer eine Alkoholisierung vorgelegen (*Laubichler/Kühlberger* BlAlk **95** 210 f).

[39] S aber empirisch differenzierend *Meyer* ZklinPsych **91** 264 ff, 255 ff; vgl auch ICD 10 F 63.0.

[40] S auch ICD 10 F 63.2 sowie *Dilling ua* 224: Kleptomanie sehr selten; vgl zudem *Leygraf/Windgassen* StV **91** 86.

[41] Gegen Kriterien wie „Nachvollziehbarkeit" oder Ableitbarkeit aus der persönlichen Entwicklung" BGH StV **91** 510.

[42] Zur Einschränkung auf „psychotisches Stadium", in seltenen Fällen auch bei „schwerer struktureller Verformung", *Saß* FS-Schewe 273.

II. Schuldfähigkeitsuntersuchung

Störungen jedoch nur in seltenen Ausnahmefällen die Voraussetzungen der §§ 20, 21 StGB (*Wegener* 101, 103).

Darüber hinaus ist zw, ob oder inwieweit es sich nicht auch schon bei den zur Ermöglichung einer rechtlichen Würdigung zu treffenden Aussagen um dogmatisch-zweckgerichtete Konventionen zwischen Sv und Gericht handelt (s dazu etwa *Schreiber* in: Venzlaff 42). So besagt zB der „Krankhaftigkeitsbegriff" (BGH **14** 32; BGH NJW **70** 526 f; zu unterschiedlichen Krankheitsbegriffen schon BGH **11** 306), daß seelische „Abartigkeiten" für die Frage des Ausschlusses oder der Verminderung der Schuldfähigkeit nur insoweit bedeutsam seien, als sie „Krankheitswert" haben. Insbes dient er dazu, die Relevanz von Psychopathien und sexuellen Triebstörungen für die §§ 20, 21 StGB einzugrenzen (s dazu näher 1787 ff, 1778 ff).

Indes fehlt es in der Praxis nicht selten an einer ausdrücklichen Zuordnung der Diagnose zu einem der Oberbegriffe der §§ 20, 21 StGB. Dies ist methodisch nachvollziehbar in Fällen einer Kombination verschiedener Störungen, die erst in kumulativer Wirkung die Qualität dieses oder jenes Oberbegriffs erreichen (vgl 1714; *Schreiber*, in Venzlaff 12). Überwiegend jedoch und zumal im Rahmen des § 21 StGB scheint es darauf zu beruhen, daß die ausdrückliche Anerkennung zB von Alkoholmißbrauch (s 1748 ff), Affekt (s 1760 ff), Persönlichkeitsstörungen (s 1786 ff) oder Neurosen (s 1771 ff) als Störung iSd dieser Oberbegriffe als nicht unbedenklich beurteilt wird (vgl betr Tötungsdelikte *Verrel* **94** 280 ff).

bb) (1) Als zweite Voraussetzung verlangt § 20 StGB eine tatsächliche Beeinträchtigung idS, daß kognitiv die **Einsichts**- oder voluntativ die **Handlungsfähigkeit** (= Steuerungsfähigkeit) des Täters wegen eines der vorbezeichneten Merkmale zZt der Tat aufgehoben war; dabei ist (unbeschadet empirischer Abgrenzungsschwierigkeiten) die Frage der Handlungsfähigkeit erst zu prüfen, wenn Einsichtsfähigkeit bestand, dh die Anwendung des § 20 StGB darf nicht auf beide Alternativen zugleich gestützt werden (BGH **21** 27; NStZ **82** 201; VRS **71** 21; bei *Holtz* MDR **87** 93; NStZ **91** 529; offen gelassen in BGH NStZ **95** 226; s zu teilweise abw Praxis *Verrel* MKrim **94** 281). 1716

Im allg läßt sich bei schwer psychotischen Beschuldigten aufgrund ihrer Darstellung eher überwiegend darauf schließen, daß sie bei Tatbegehung die Strafbarkeit kannten, dh über die Einsichtsfähigkeit verfügten. Eine Beeinträchtigung der Handlungsfähigkeit wird im allg am ehesten zu bejahen sein bei psychischen Störungen im emotional-affektiven Bereich bzw bei psychotischen Erkrankungen (vgl etwa *Rasch* 281).

Die Frage nach der Handlungsfähigkeit läßt sich empirisch weithin nur vage beantworten,[43] da es lediglich um eine (Re-)Konstruktion dessen geht, ob bzw inwieweit die Fähigkeit zu sog „normaler", „sinnvoller", dh normativ bestimmter Handlung fehlt bzw deren Fehlen nicht auszuschließen ist.

(a) Ein späteres *Erinnerungsvermögen* oder ein ungebrochener *Realitätskontakt* nebst planmäßig-folgerichtigem Verhalten vor, während und nach der Tat können oftmals als Hinweis auf die Einsichtsfähigkeit (zZt der Tat) gelten, erlauben jedoch keine sicheren Schlüsse darauf (BGH GA **55** 271; bei *Dallinger* MDR **72** 752 bzw 1717

---

[43] Umstritten ist, ob das Gesetz mit diesem Begriff zum *Postulat* der *Willensfreiheit* Stellung nimmt (so aber wohl BGH [GS] **2** 194 ff), obwohl (seither) ein Unvermögen empirischen Nachweises zu verzeichnen ist. Innerhalb der Judikatur wie Literatur werden verschiedentlich aber Legitimationen zur Aufrechterhaltung des Begriffes bzw des diesem zugrundeliegenden Schuldprinzips versucht. Für eine Trennung zwischen Wissen und Werten *Witter* FS-Leferenz 448 ff; MKrim **83** 255 ff; vgl auch *Wegener* 67.

BGH VersR **69** 433; GA **84** 125); umgekehrt sind Erinnerungslücken (s näher 1810) bzw „unkontrolliertes Verhalten" nicht mehr als ein wichtiger Hinweis auf fehlende Einsichtsfähigkeit (BGH bei *Dallinger* MDR **53** 596; **72** 752; GA **71** 365).

1718 (b) Da es bei der Handlungsfähigkeit (= Steuerungsfähigkeit) darauf ankommt, ob der Täter auch bei Aufbietung aller Widerstandskräfte zu einer normgemäßen Motivation nicht imstande war (BGH **14** 32; **23** 190; krit *Jakobs* KrimGgfr **15** 127), wird angenommen, die Hemmschwelle erhöhe sich mit der Schwere der Tat (Sch/Sch-*Lenckner* 29 zu § 20 StGB). Im einzelnen lassen planmäßiges und folgerichtiges Handeln vor, während und nach der Tat sowie die Erinnerungsfähigkeit (nach Rauschdelikten) keine verläßlichen Rückschlüsse auf volle Handlungsfähigkeit (zZt der Tat) zu (vgl BGH NStZ **92** 32); bei einem alkoholgewöhnten Täter schließt motorisch kontrolliertes und äußerlich geordnetes, zielstrebiges und situationsangepaßtes Verhalten eine Verminderung oder gar einen Verlust der Steuerungsfähigkeit bzw des Hemmungsvermögens nicht ohne weiteres aus (BGHR StGB § 20 BAK 3; StV **91** 297; NStZ **92** 78; StV **95** 408; krit *Foth* NJ **91** 388). Entspr gilt insbes für das Verhalten nach der Tat, soweit der Täter wieder ernüchtert worden sein kann (vgl BGH **1** 384; StV **83** 195; Hamm NJW **59** 1979; Köln VRS **65** 21, 426; Schleswig DAR **73** 20; betr Mord BGH BlAlk **91** 263f), aber auch für Nicht-Rauschtaten,[44] läßt sich jedoch nicht verallgemeinern (vgl BGH bei *Dallinger* MDR **68** 200). Gleichwohl können Ausfallserscheinungen wie Erinnerungslosigkeit bzw -lücken oder „unkontrolliertes Verhalten" gewichtige Anzeichen für ein Fehlen der Handlungsfähigkeit sein (BGH bei *Dallinger* MDR **72** 752).

1719 (c) Die Einsichts- und die Handlungsfähigkeit muß sich auf eine *konkrete* Tat beziehen. Sie kann für die eine Tat bejaht, für eine andere verneint werden; ebenso kann sie für verschiedene (subj) Tatbestandsmerkmale verschieden beurteilt werden.[45]

1720 (2) Die in § 21 StGB geregelte Möglichkeit einer *Strafmilderung* (ebenso wie die Vorschrift der Unterbringung nach § 63 StGB) geht davon aus, daß die in § 20 StGB vorausgesetzten Merkmale auch in abgeschwächter Form auftreten können, so daß die Einsichts- oder Handlungsfähigkeit des (gleichwohl schuldfähigen) Täters erheblich vermindert sein kann.[46] Dabei ist bzgl § 21 StGB hervorzuheben, daß (entspr dem Aufbau des § 20 StGB) die 1. bzw 2. Alt nicht vorliegt, wenn der Täter trotz an sich erheblich verminderter Urteilsfähigkeit bei der konkreten Tat dennoch die Unrechtseinsicht hatte (BGH **21** 27 = JZ **66** 45 mit Anm *Schröder* = JR **66** 350 mit Anm *Dreher;* BGH NJW **86** 2894) bzw wenn das Hemmungsvermögen trotz an sich verminderter Steuerungsfähigkeit bei der konkreten Tat gleichwohl nicht beeinträchtigt war (Hamm NJW **77** 1498; anders BGH NStZ **95** 226: verminderte Steuerungsfähigkeit führe „ohne weiteres" zur Anwendung

---

[44] S betr durch Arteriosklerose bedingtes Sexualdelikt BGH NJW **64** 213; betr sexuelle „Abartigkeit" BGH NJW **82** 2009 mit Anm *Blau;* betr schwere reaktive Depression BGH NJW **86** 2894.
[45] Vgl betr die Handlungsfähigkeit BGH bei *Holtz* MDR **84** 979, die bzgl eines Tötungsdeliktes auch dann vorhanden sein könne, wenn die für die Annahme eines niedrigen Beweggrundes iSd § 211 StGB erforderliche psychische Fähigkeit fehlte.
[46] Tendenziell gegen eine Verneinung der Erheblichkeit bei Bejahung der Verminderung BGH StV **91** 511.

des § 21 StGB); demgemäß stellt auch § 21 StGB hinsichtlich der 1. Alt nur einen Anwendungsfall des § 17 StGB dar (BGH NStZ **85** 309), wobei der Verbotsirrtum, soweit er ausschließlich auf den in § 21 genannten und nur zu einer Verminderung der Einsichtsfähigkeit führenden Gründen beruht, als vermeidbar gilt.

Die Schwierigkeiten einer verläßlichen Zuschreibung bzgl der (normativ auszufüllenden) Verminderung der Einsichts- und Handlungsfähigkeit sind bei § 21 StGB noch größer als bei § 20 StGB.[47] Entspr dem zu § 20 StGB Ausgeführten gibt es keine generelle Verminderung der Schuldfähigkeit, und auch (bzw jdf) hier ist die 2. Alt erst nach Verneinung der 1. Alt zu prüfen mit der Folge, daß die Anwendung des § 21 StGB nicht auf beide Alternativen zugleich gestützt werden darf (BGH GA **69** 279; NStZ **82** 201; NStZ **95** 226).

cc) (1) Das **Verhältnis psychischer Krankheiten und Störungen zur Schuldfähigkeit** läßt sich schon deshalb nicht mechanisch nach generellen Kriterien bestimmen, weil die strafrechtliche Beurteilung jeweils nur für einen bestimmten Zeitraum bzw -punkt geschieht, eine zeitüberdauernde generelle Aufhebung oder auch nur Einschränkung der Schuldfähigkeit jedoch idR nicht angenommen werden kann. Im übrigen sind die Voraussetzungen der §§ 20, 21 StGB lediglich „Markierungspunkte" auf einer gleitenden Skala zwischen einem weitestgehend freien Entschluß bis zum hilflosen „Ausgeliefertsein" an pathologische Impulse (*Venzlaff* in: Frank/Harrer 14f), dh die vom Sv vorgenommenen Abschätzungen lassen sich in keiner Weise mit naturwissenschaftlich bestimmbaren Quantifizierungsmerkmalen gleichsetzen;[48] hinzu treten ggf – mit besonderer Relevanz bei *Nichtdeutschen* – kulturanthropologische Faktoren (s *Koenraadt* FS-Rasch 235 ff). Die methodischen Schwierigkeiten sind um so größer, je mehr schon die sachkundige Begutachtung außerhalb quantifizierbarer körperlicher Befunde oder vergleichbarer psychopathologischer Befunde bzw psychometrischer Ergebnisse liegt (zB bei Konfliktreaktionen, Neurosen und Persönlichkeitsstörungen). 1721

Auch Intentionen zur Quantifizierung von Schweregraden schuldmindernder oder -ausschließender Umstände könnten entspr Konventionen fördern, zumal – entgegen dem im Hinblick auf die Tatzeit rekonstruierenden Wesen des Gutachtens – eine schablonenähnliche Gewißheit verlangt und eine zusätzliche Gefahr der Reduktion von Komplexität herbeigeführt würde (krit auch *Schüler-Springorum*, FS-Venzlaff). Im übrigen ist noch keines der bisher einschlägig verwendeten operationalisierten Diagnosesysteme hinreichend validiert (*Huber ua* Nervenarzt **89** [Bd 60]). – Ohnehin sind derartige Diagnosesysteme nicht geeignet, solche Merkmale zu erfassen, die außerhalb einer individuellen Persönlichkeitsbeurteilung liegen (zB Täter-Opfer-Verhältnis sowie etwa den Zufall, wer letztlich Täter und wer Opfer wurde).

Immerhin erlauben Untersuchungen über etwaige spezifische Beziehungen zwischen der psychischen Konstellation des Täters und tatkonstellativen Faktoren eine Entscheidungshilfe. Allerdings werden sich die Erhebungen beim Versuch einer „Rekonstruktion" der Tatzeitpersönlichkeit sowie der (damaligen) sozialen Bezüge anhand etwa verläßlich feststellbarer Tatsachen zugleich auf etwaige psychopathologische Entwicklungen im Vorfeld der Tat sowie die Entwicklung des Verhältnisses von Täter und Opfer zu erstrecken haben.

---

[47] Dem entspricht das Erg aus Aktenanalysen betr Tötungsdelikte, daß bzgl § 21 StGB zu deutlich höherem Anteil als bzgl § 20 StGB die Voraussetzungen lediglich „nicht ausgeschlossen" wurden (*Verrel* MKrim **94** 274; s auch *Böttger ua* MKrim **91** 378 f).
[48] Vgl etwa zur Beurteilung „krankhafter" Diebstahlshandlungen iS einer deutlichen Minderung des Steuerungsvermögens *Leygraf/Windgassen* StV **91** 86 (s auch 1714 aE).

1722 (2) Die strafrechtliche Würdigung ist auch nicht gleichbedeutend mit psychiatrischen oder psychologischen Zuordnungen, die vielmehr nur als Verständigungsmittel bei der Prüfung der Anwendung der §§ 20, 21 StGB dienen. Daher kann zB eine bestimmte (Diagnose-)Bezeichnung auch dann, wenn sie sich in der *Fachliteratur* nicht findet, einer der Voraussetzungen der genannten Vorschriften gleichgestellt werden (BGH StV **95** 405).

Klassifikationssysteme wie dasjenige der „International Classification of Diseases" (ICD) ebenso wie das – in Lehre, Forschung und Praxis verbreitetere (s schon *Maxer ua* JAbnPsych **91** 271 ff) – US-amerikanische Schema des „Diagnostic and Statistical Manual of Mental Disorders" (DSM-IV, DSM-III bzw DSM-III revised) erlauben es, die Zuverlässigkeit (Reliabilität) der Untersuchung zu erhöhen. Erhebliche Bedenken bestehen indes dagegen, diese quantitativ – und ihrerseits nicht frei von politischem Einfluß (s dazu *Bromio* SchwZStR **108** [1991] 417–440) – entstandenen Systeme der gutachtlichen Entscheidung zur Schuldfähigkeit zugrundezulegen, zumal soweit eine methodisch eher abträgliche Reduktion diagnostischer Gesichtspunkte zB durch weitgehende Hintanstellung des Erlebnisbereichs (s dazu etwa *Weitbrecht* 16–56) die Folge ist und somit die Gültigkeit (Validität) zur Bewertung der konkreten Einsichts- und Handlungsfähigkeit in Frage steht. Ohnehin haben die genannten Klassifikationen keine Verbindlichkeit für die strafrechtliche Bewertung der Schuldfähigkeit im Einzelfall (BGH NStZ **91** 428; StV **92** 316; StV **95** 405), ganz abgesehen davon, daß sie ihrerseits erheblichen Umwandlungsprozessen unterliegen (vgl etwa die 10. ggü der 9. Fassung der ICD bzw das DSM-IV ggü dem DSM-III).

Im einzelnen ist das DSM-IV dem ICD-10 weithin ähnlicher, als das DSM-III und das ICD-9 sich waren (vgl etwa auch *Kendall* JAbnPsych **91** 297 ff).

b) *Organische Psychosen und Persönlichkeitsveränderungen (krankhafte seelische Störungen iSd §§ 20, 21 StGB)*

1723 aa) Von Relevanz für die Beurteilung der Schuldfähigkeit (wie auch der Gefährlichkeit iSd § 63 StGB) können neben (dauerhaften, s im übrigen 1727) **traumatischen** Psychosen (zB nach Hirnverletzungen; DSM-IV 293.xx [zur Auswahl des Sv s 1534]) auch **senile** und **präsenile** Psychosen (ICD 9 Nr 290, anders ICD 10) sein, dh Altersveränderungen aufgrund eines Hirnschwundes oder einer Minderdurchblutung des Gehirns infolge Degeneration („Verkalkung") der Hirnarterien (*Tölle* 294, 300 f, 314 f; vgl auch DSM-IV 290: Demenz iSv Alzheimer).

Die genannten, üblicherweise von zunehmender Verschlechterung gekennzeichneten Persönlichkeitsveränderungen können in unterschiedlicher Weise in Erscheinung treten (zB Nachlassen der intellektuellen Leistungsfähigkeit und insbes der Merkfähigkeit, Affektlabilität, depressive bzw paranoide Symptome, Halluzinationen, Beeinträchtigungswahn, Verwirrtheitszustände [*Weitbrecht* 248 ff; *Witter* 48 ff; *Rasch* 174 ff]; s zur gerontopsychologischen Diagnostik *Littmann* in: Kreuzer/Hürlimann 121 ff, 130 ff). Soweit einschlägige Entwicklungen von der sozialen Umwelt noch nicht erkannt wurden, und die soziale Rolle des Pb deshalb nicht eingeschränkt wurde, kann dies für Gelegenheiten zur Deliktsbegehung förderlich sein.

Methodisch sind diese hirnorganischen Persönlichkeitsveränderungen in Fällen (einstweilen) nicht offenkundiger Ausprägung sowohl durch Exploration als auch psychologische Verfahren mitunter erst aufgrund wiederholter und zeitlich anhaltender Untersuchungen zu erkennen. Ist eine Persönlichkeitsveränderung als Ausdruck eines krankhaften Hirnprozesses nachgewiesen, so werden im allg die Voraussetzungen zumindest für verminderte (s dazu BGH NStZ **83** 34; StV **92** 321; **93** 186; vgl erg BGH bei *Kusch* NStZ **94** 227), uU auch für *fehlende Schuldfähigkeit* (s RG **73** 121; BGH NJW **64** 2213; GA **65** 156) anzunehmen sein (vgl auch *Weber* in: Kreuzer/Hürlimann 150).

Soweit es zur Bejahung der Voraussetzungen des § 63 StGB kommt, wird gerade in diesem Bereich eine Aussetzung der Vollstreckung der Maßregel zur Bewährung (zumal bei Unterbringung in Familie oder Heim) oftmals als zureichend gelten können (s 1818).

bb) Anhaltender Alkoholkonsum kann zu **Alkoholpsychosen** (ICD 9 Nr 291; s aber auch ICD 10 F10; DSM-IV 291.1; 291.2; 291.3; 291.5) führen, dh zu solchen Persönlichkeitsveränderungen, die in ihren Ausprägungen von Veränderungen im Rahmen anderer organischer Psychosen nicht wesentlich verschieden sind (wegen der etwa zu prüfenden Voraussetzungen des § 64 StGB s 1814 ff, 1821).   1724

(1) Das sog Delirium tremens (s n *Bleuler* 312 ff; PsychiatrGg 3 [*Böning/Holzbach*] 154 ff) ist eine akute Psychose, die mit Bewußtseinstrübung, Situationsverkennung, Desorientiertheit, Unruhe, Halluzinationen, Angst und insbesondere Tremor sowie mit der Gefahr scheinbar motivloser, unsinniger Handlungen (zB Brandstiftung) einhergeht (*Huber* 106 f, 530 f; *Weitbrecht* 170 f; *Rasch* 176). Im Sinne spezieller Ausprägung werden die sog Alkoholhalluzinose (*Weitbrecht* 172 f) bzw der alkoholische *Eifersuchtswahn* unterschieden (ICD 9 Nr 291.5; ICD 10 F 1 x.5; DSM-IV 291.3; 291.5; vgl *Tölle* 153 ff; zur typischen Deliktsbelastung s näher *Eisenberg* § 55 Rn 12-14).

(2) Häufig kommen in der Strafrechtspraxis alkoholbedingte Persönlichkeitsveränderungen (vgl ICD 9 Nr 291.2; ICD 10 F1 x.6; DSM-IV 291.2; 291.8; s dazu *Rasch* 176 f; vgl auch *Weitbrecht* 168 f) vor, die zwar weder Wahnbildungen oder Halluzinationen aufweisen, jedoch mit reduzierter Urteilsfähigkeit und solchen Ausprägungen der Verstimmtheit einhergehen, die soziale Konflikte uU fördern (zB Depressivität, mürrische Gereiztheit); körperlich treten zumal bei ansteigendem Verlauf schwere Belastungen auf (insbes Magen- und Leberkrankheiten). Auch wenn der anhaltende Alkoholkonsum oftmals eine BAK bis zu 3 Promille bewirkt und insofern ein gewisser Gewöhnungseffekt zu verzeichnen sein kann, wird iVm zerebraler Schädigung (vgl etwa PsychiatrGg 3 [*Böning/Holzbach*] 169 ff; *Rasch* 176) im allg eine herabgesetzte Alkoholtoleranz anzunehmen sein (s zur Beurteilung der Schuldunfähigkeit BGH bei *Holtz* MDR **86** 441; Hamm MDR **59** 143; Köln VRS **68** 352).

(3) Soweit lediglich eine Strafbarkeit nach § 323 a StGB verbleiben würde, hängt es von der jeweiligen Ausprägung ab, ob wegen der eingetretenen Persönlichkeitsveränderung (bzw bestehender Sucht, s näher 1783 ff) auch hinsichtlich dieses Straftatbestandes eine Aufhebung oder zumindest Verminderung der Schuldfähigkeit zu bejahen ist; hierzu kommt es darauf an, ob der Täter in dem Zeitpunkt, in dem er sich in den Zustand mangelnder Verantwortlichkeit versetzt hat, (vermindert) schuldfähig war oder nicht (s dazu Bay bei *Janiszewski* NStZ **91** 576; Düsseldorf NJW **62** 684; Hamm VRS **47** 258; Zweibrücken JBl Rhl-Pf **91** 145).

cc) **Drogenpsychosen** (ICD 9 Nr 292; anders ICD 10 Bereich F1; DSM-IV 292.11; 292.12; 292.84) können durch Konsum bestimmter Drogen (zB Halluzinogene, Weck- bzw Schlafmittel sowie Opiate) entstehen (s hingegen zur Sucht als spezielle Persönlichkeitsentwicklung 1783 ff, zur akuten Wirkung 1756).   1725

(1) Im einzelnen kommt es nach Einnahme von *LSD* mitunter zu Wahrnehmungsveränderungen, ggf auch zu (akustischen) Halluzinationen; die Erscheinungen treten mitunter iS zeitlicher Rückwirkung noch Monate später auf (sog flash back). Im Erleben des Betroffenen dominieren Empfindungen sowohl der Bewußtseinserweiterung als auch der Entfremdung, teilweise jedoch auch Angst sowie depressive und paranoide Symptome (zB beim sog Horrortrip). – Entspr Symptome können durch Haschisch (betr Verminderung der Schuldfähigkeit bei langjährigem Konsum s BGH StV **88** 198 mit Anm *Kamischke;* StV **89** 103 [gleichzeitig Diabetes]) bzw Marihuana verursacht werden.

(2) Bei anhaltendem Konsum von Weckmitteln (vorrangig Drogen des *Amphetamin*typs) dominieren hektische Unrast oder auch solche Symptome, die Erscheinungsweisen bei Schizophrenie vergleichbar sind (*Huber* 100 f; *Rasch* 178). Eine Weckmittelfunktion kommt auch dem *Kokain* zu, das psychotische Zustände mit deliranter Symptomatik verursachen kann (*Tölle* 163).

Der chronische Konsum von *Schlafmitteln* kann gleichfalls zu einer psychoseähnlichen Symptomatik führen, wobei neben äußerlich wahrnehmbaren Ausprägungen (zB Müdigkeit, unsichere Bewegungen, unpräzise Sprache) und verminderter Reaktionsfähigkeit auch Euphorie auftritt; im Falle anhaltenden Konsums ist mitunter eine sog Persönlichkeitsdepravation festzustellen (s, auch zum Folgenden, *Weitbrecht* 183 f; *Rasch* 178 ff). Im Rahmen der strafrechtlichen Würdigung ist zum einen zu berücksichtigen, daß die Mittel teilweise ohne Wissen des Betroffenen konsumiert werden (zB als Beimischung in schmerzstillenden Präparaten). Zum anderen kann die Wirkung der Intoxikation durch Barbiturate aufgrund von Alkoholkonsum erhöht werden, weil die pharmakologische Auswirkung beider Substanzen ähnlich ist; idZ sind nicht zuletzt bromhaltige Stoffe namentlich im Falle chronischen Konsums mit der etwaigen Folge schwerer psychischer Veränderungen zu berücksichtigen (zur etwaigen Relevanz einschlägiger schwerer Persönlichkeitsveränderungen für die Frage verminderter Schuldfähigkeit s Sch/Sch-*Lenckner* 9 zu § 21).

1726 (3) Im Rahmen einer *Opiatsucht* (insbes bei Heroinabhängigkeit; s zur Sucht näher 1783 ff) wird die Belastung mit *Entzugserscheinungen* (zB Ausprägungen der Rastlosigkeit sowie Ängstlichkeit und [wenngleich durchaus selten] schwerere psychische Veränderungen mit etwaigen Bewußtseinsstörungen – jeweils einhergehend mit schmerzhaften körperlichen Symptomen) bei der Beurteilung der Schuldfähigkeit zu berücksichtigen sein, und zwar unabhängig davon, ob das vorgeworfene Delikt unmittelbar oder mittelbar ein sog Beschaffungsdelikt (betr Opiate) ist (s zur Verminderung der Schuldfähigkeit BGH NJW **81** 1221; NStE Nr 5 = JR **87** 206 mit Anm *Blau;* bei Holtz MDR **77** 106; **78** 109; **80** 104; NStZ **83** 16; Celle NdsRpfl **87** 107; Köln NJW **76** 1801; NStZ **81** 437; **82** 250; betr Kokainabhängigkeit vgl LG Münster StV **84** 426).

Wesentliche Kriterien sind Dauer und Ausmaß der Drogensucht (in ihrem Einfluß auf den Allgemeinzustand des Beschuldigten) bzw die Wirkungsstärke der Entzugserscheinungen; entspr gilt, wenn (zunächst) lediglich die Furcht vor Entzugserscheinungen als Motiv des Delikts erscheint bzw angegeben wird (BGH StV **89** 386; bei *Detter* NStZ **94** 175; bei *Schoreit* NStZ **94** 327). Die Frage nach dem Vorliegen der Voraussetzungen der §§ 20, 21 StGB läßt sich nur eingeschränkt nach objektivierbaren Kriterien beantworten, weil das Tatgeschehen regelmäßig auch von situativen und gruppenbezogenen Umständen bestimmt wird und kaum einmal als sozial isolierbares, allein von Ausprägungen in der Täterperson getragenes Geschehen sich darstellt; zudem finden sich weithin fließende Übergänge zwischen drogenspezifischer und sonstiger Delinquenz.

Diese Einschränkungen gelten im einzelnen schon für die von Sv wie auch der Rspr (vgl etwa Hamm BlAlk **95** 239) gelegentlich verwandte Gegenüberstellung von Unmittelbarkeit und Mittelbarkeit der Beschaffungsdelikte, da zahlreiche Deliktsgestaltungen hiernach schwerlich zugeordnet werden können und im übrigen oftmals zugleich Elemente beider Formen von Beschaffungsdelikten gegeben sind; auch scheint es, als ob gerade Delikte unmittelbarer Eigenversorgung mit Drogen eher im Dunkelfeld bleiben, hingegen zB Apothekeneinbrüche überwiegend ohne gesteigerte drogenbedingte Beeinträchtigung geschehen (*Kreuzer* FS-Schewe 91). Die Dauer der Intervalle zwischen den Taten ist schon deshalb wenig aussagekräftig, weil Sv oftmals keine zureichende Kenntnis zum Verhältnis zwischen bekanntgewordenen und im Dunkeln gebliebenen (mutmaßlichen) Delikten Drogenabhängiger haben, ganz abgesehen davon, daß es Phasen erhöhter psychischer Beeinträchtigung geben kann, in denen die Häufigkeit (wie Intensität) der Delikte sinkt (vgl *Kreuzer* FS-Schewe 93; s betr Alkohol *Eisenberg* § 59 Rn 50).

dd) **Vorübergehende organische Psychosen** (akute exogene Reaktionstypen; ICD 9 Nr 293; ICD 10 F23; DSM-IV 293.8x), die aufgrund sonstiger Schädigungen des Gehirns (insbes Verletzungen, entzündliche Prozesse, Tumore) oder auch bei schweren allgemein-körperlichen Krankheiten auftreten können, sind, neben etwaigen einzelnen speziellen psychopathologischen Symptomen (s 1728f), im allg von *Bewußtseinsstörungen* gekennzeichnet (*Tölle* 280f). **1727**

Das Bewußtsein ist (hinsichtlich Umwelt und innerpsychischer Vorgänge) beeinträchtigt oder eingeschränkt, wobei sich ein breites Spektrum an Intensität der Erscheinungen (mit geringem Ausprägungsgrad auf der einen und Bewußtlosigkeit auf der anderen Seite) ergibt. Für den Sv bestehen namentlich bei weniger ausgeprägter Erscheinung mitunter insoweit Schwierigkeiten der Diagnose, als (zu berücksichtigende) Angaben etwaiger Zeugen nicht ohne dieses oder jenes Motiv betr den Ausgang der Untersuchung gemacht worden sein werden (s allg 1453 ff; *Rasch* 181).

(1) Im einzelnen treten bei organischen Psychosen folgende Syndrome auf, die im allg die Voraussetzungen der *Schuldunfähigkeit iSd § 20 StGB* erfüllen: Delir (vgl auch 1724), amentielles Syndrom (mit Symptomen der Bewußtseinstrübung und Desorientiertheit), Dämmerzustand (mit den Symptomen der Erinnerungslosigkeit für dessen Dauer).

Im Bereich sog Dämmerzustände kann mitunter durchaus eine äußere Orientierung und geordnetes Verhalten feststellbar sein, so daß die Bewußtseinsveränderung, innerhalb derer es zu Handlungen kommen kann, die nicht der sonstigen Steuerungsfähigkeit des Pb unterliegen, sich nur schwer diagnostizieren läßt und „häufig verkannt" (*Tölle* 281) wird.

Allein der Umstand, daß sich der Pb an den Zeitraum des Geschehens nicht erinnern kann, reicht zur Annahme einer einschlägigen Bewußtseinsstörung nicht aus (s näher 1810).

(2) Im Bereich der organisch bedingten psychotischen Episoden kommt neben der schweren Alkoholintoxikation (s n 1748 ff) für den psychiatrischen Sv im Strafverfahren relativ häufig ein sog *postcommotioneller Dämmer- oder Ausnahmezustand* vor, dh eine durch Gehirnerschütterung verursachte Bewußtseinsstörung (die oftmals gleichfalls mit Alkoholwirkung einhergeht [*Rasch* 181; allg *Weitbrecht* 255 ff; *Huber* 112 f]). Es handelt sich vorzugsweise um Fälle mit einem vor Straftatbegehung erlittenen Hirntrauma (zB Straßenverkehrsunfall mit anschließender Fahrerflucht). Die Diagnose einer einschlägigen Bewußtseinsstörung (iS krankhafter seelischer Störung) mit dem Ergebnis der Voraussetzungen einer *Schuldunfähigkeit iSd § 20 StGB* erfordert, daß Kriterien für ein solches Hirntrauma vorliegen (zB kurzdauernde Bewußtlosigkeit aufgrund der Gehirnerschütterung). **1728**

Bei der Diagnose ergeben sich mitunter Schwierigkeiten einer Abgrenzung ggü einem psychogenen Dämmerzustand (iS einer tiefgreifenden Bewußtseinsstörung), der nach *Rasch* (182) im allg nur dann wird angenommen bzw bestätigt werden können, wenn das Verhalten iS eines Ausnahmezustandes durch Schreck bzw Schock oder auch Angst (zur Häufigkeit nach Verkehrsunfall s *Eisenberg ua* 54, 176) auf der Grundlage einer entspr persönlichen Reaktionsbereitschaft bedingt ist.

(3) Weiterhin läßt sich die Hypoglykämie (erniedrigter Blutzuckerspiegel) als eine Episode anführen, die für Straftaten (zumal solche im Straßenverkehr) durchaus Bedeutung haben kann (s *Stutte* MKrim **65** 67 ff; *Cabanis* DZgerichtlMed **68**), auch im Hinblick auf Unterschiede im Abbau von Alkohol.

Methodisch setzt die Beurteilung jedenfalls auch solche Merkmale voraus, die im allg als für die Frage der (verminderten) Schuldfähigkeit relevant gelten.

1729 (4) Endlich ist im Rahmen der Folgen einer Hirninfektion die sog progressive Paralyse (= chronische Hirnentzündung bei Syphilis) einzuordnen, die sich mitunter erst nach einem längeren Zeitraum seit der ursprünglichen Infektion ausbreitet *(Weitbrecht* 216 ff; *Rasch* 183; *Huber* 108).

Im Hinblick auf (die inzwischen entwickelten) Antibiotika zur Heilung von Syphilis wird das Auftreten dieser psychischen Erkrankung eher selten sein. Bleibt eine Behandlung jedoch aus, so ist das Endstadium die Demenz *(Rasch* 183).

Methodisch setzt die Untersuchung zumindest auch neurologische Befunde sowie Blutserum- und Liquorbefund *(Weitbrecht* 219) voraus, da die Feststellung allein aufgrund psychopathologischer Anzeichen schwierig ist, weil diese durchaus unterschiedlich sein können. Mitunter kann eine Straftat der erste Hinweis auf die Erkrankung sein, bei einer floriden Ausprägung kann es bereits im Frühstadium an den Voraussetzungen der *Schuldfähigkeit* iSd § 20 StGB fehlen *(Tölle* 289); entspr gilt für Residualzustände nach abgelaufener progressiver Paralyse.

1730 ee) Auch **andere** (chronische) **organische Psychosen** (ICD 9 Nr 294; vgl auch ICD 10 betr F0) können relevant für die strafrechtliche Beurteilung sein (s etwa zur sog Chorea Huntington [erblicher Veitstanz] ICD 10 F02.2; DSM-IV 294.1; *Rasch* 183; *Tölle* 294).

1731 ff) Die Erscheinungen der **Epilepsie** (ICD 9 Nr 345) (als einer Krankheit des Nervensystems und der Sinnesorgane in der Ausgestaltung eines Anfallsleidens) bestehen in Krämpfen, die ihrerseits jedoch ein breites Spektrum an Ausgestaltung und Häufigkeit aufweisen (zB den gesamten Körper erfassende Anfälle ggü solchen, bei denen das Bewußtsein zumindest teilweise erhalten bleibt und nur einzelne der Extremitäten betroffen sind). – Im übrigen werden auch sog Absencen (dh ohne Krämpfe und nur augenblicksweise auftretende Bewußtseinsstörungen [*Weitbrecht* 274; *Glatzel* 125; *Rasch* 183]) ebenso wie sog Schläfen- oder Temporallappenanfälle (dh bewußtseinsverändernde Zustände in der Dauer von Sekunden bis wenige Minuten [*Weitbrecht* 275], anläßlich deren der Betroffene belanglose, gleichsam automatisierte Handlungen vornimmt), dem Bereich der Epilepsie zugeordnet.

(1) Die Ursachen für epileptische Anfälle liegen eher überwiegend *(Tölle* 305) in Hirnverletzungen oder -tumoren *(Weitbrecht* 284); verschiedentlich finden sich umfassende Anfälle auch als Entzugssymptome bei chronischem Schlafmittelmißbrauch *(Rasch* 184). Oftmals jedoch läßt sich eine Ursache der Epilepsie nicht nachweisen, weshalb in diesen Fällen (unter Annahme der Relevanz einer ererbten Disposition) von genuiner Epilepsie gesprochen wird *(Bleuler* 387 ff; *Tölle* 305; *Rasch* 184; *Glatzel* 124; einschr *Weitbrecht* 277 mN).

Methodisch läßt sich eine einschlägige Anfallsbereitschaft meistens durch ein EEG nachweisen *(Bleuler* 381 ff; *Glatzel* 125; *Tölle* 301 f), ohne daß umgekehrt aus einem negativen EEG-Befund bereits auf die Nichtexistenz einer Epilepsie geschlossen werden dürfte (*Rasch* 184). Wenngleich epileptische Anfälle eine Abgrenzung von vegetativen (synkopalen) sowie von sog tetanischen oder einzelnen anderen Anfallsformen (*Weitbrecht* 284 ff) meistens ua deshalb erlauben, weil diesen die für die Epilepsie typischen Bewegungen fehlen, kann es im Einzelfall wegen der Vielgestaltigkeit hirnorganischer Anfälle zu Abgrenzungsschwierigkeiten kommen (*Rasch* 184).

(2) Die epileptischen Anfälle führen je nach Schwere bzw Zeitraum des Andauerns zu *psychischen Veränderungen*. **1732**

Dies betrifft insbes zB Symptome der Verlangsamung und des Haftens (*Tölle* 306; krit betr die Erwartungshaltung der sozialen Umwelt *Glatzel* 126) sowie des Nachlassens der intellektuellen Leistungsfähigkeit, ferner die sog epileptische Demenz als vermutete Folge der Anfälle (*Tölle* 308; *Glatzel* 126).

Im übrigen gehört es zum Wesen der Epilepsie, daß die Betroffenen Dämmerzustände aufweisen, während derer das Bewußtsein teilweise nicht nur für Stunden, sondern sogar für Tage in spezifischer Weise verändert ist, ohne daß jedoch die Handlungsfähigkeit aufgehoben wäre und das Gesamtverhalten sich notwendigerweise als auffällig darstellen würde; entspr Dämmerzustände finden sich insbes im Anschluß an einen Krampfanfall (*Tölle* 308; *Rasch* 184). Für die *strafrechtliche* Beurteilung ist zudem das Symptom der *erhöhten Reizbarkeit* hervorzuheben (*Bleuler* 381; *Glatzel* 126; *Rasch* 184); im übrigen treten episodische Verstimmungszustände (mit depressiv-dysphorischer Tendenz, Mißmut und Gereiztheit) auf (*Tölle* 308). Mitunter gehen mit der Epilepsie psychotische Episoden paranoid-halluzinatorischer Symptomatik einher, die dann jedoch Tage bis Wochen dauern können (*Tölle* 309; *Rasch* 184).

(3) Nach allg Auffassung können die einschlägige *Wesensänderung* sowie *Verstimmungszustände* die Grundlage von *Delikten* bilden, während eine Tatbegehung innerhalb von Dämmerzuständen bzw iZm Anfällen äußerst selten ist (vgl *Rasch* 185). Im übrigen ist davon auszugehen, daß von Epileptikern begangene Taten verschiedentlich nicht unmittelbar auf die psychopathologischen Erscheinungen, sondern mehr auf Folgewirkungen zurückzuführen sind, die sich aus dem Anfallsleiden für den Kranken im sozialen Umgang ergeben, so daß in solchen Fällen die Frage der strafrechtlichen Beurteilung erhöhte Schwierigkeiten bereiten kann (s *Witter* in: HbForPsychiatr II 982 ff; *Rasch* 185). Hiernach ergibt sich folgendes: Ist eine (Straf-)Tat in einem Dämmerzustand, einer epileptischen Psychose, in einem eindeutigen und schweren Verstimmungszustand oder bei hochgradiger Demenz begangen worden, so sind die *Voraussetzungen des § 20 StGB* als erfüllt anzusehen (*Tölle* 309; s zur Kasuistik *Pittrow/Saß* MKrim **94** 82 ff, 87). Aber auch außerhalb solcher Umstände ist zu berücksichtigen, daß dem Epileptiker infolge des hirnlokalen Psychosyndroms bei der Bewältigung seelischer Belastungen engere Grenzen gesetzt sind, als dem Gesunden, wodurch die Fähigkeit der Einsicht (vgl BGH **40** 349 f [betr Straßenverkehrsdelikt] mit krit Anm *Foerster/Winckler* NStZ **95** 344 f und Anm *Kaatsch* BlAlk **95** 290) bzw der *emotionalen Steuerung* erheblich *vermindert* oder auch *aufgehoben* sein kann (*Tölle* 309; s zur genuinen Epilepsie Köln VRS **68** 350). **1733**

Im einzelnen ist zu prüfen, ob (Straf-)Taten im Rahmen von Dämmerzuständen oder Verstimmungen vor bzw nach Anfällen begangen wurden (vgl *Bleuler* 379) bzw ob – wie es bei **1734**

Anfallsleiden häufig der Fall ist – die Alkoholverträglichkeit vermindert ist. Endlich ist zu untersuchen, ob sog epileptische Wesens- oder Persönlichkeitsveränderungen vorliegen (*Glatzel* 126).

Indes wäre der Befund eines Anfallsleidens allein noch kein hinreichender Grund für die Annahme von Schuldunfähigkeit oder auch nur eingeschränkter Schuldfähigkeit, soweit eine antikonvulsive Behandlung inzwischen eine Anfallsfreiheit erreicht und dadurch einschlägige Wesensveränderungen verhindert haben könnte (s zum Ganzen *Venzlaff*, in: Frank/Harrer 17).

Bzgl der Frage einer Unterbringung gemäß § 63 StGB sind die Konsequenzen unterschiedlich je nach dem, ob die Diagnose Dämmerzustand oder aber Verlust der Fähigkeit der Situationsbewältigung lautet (entweder Unterbringung wegen vermuteter anhaltender Gefährlichkeit oder aber Verneinung von Gefährlichkeit bei Überwindung der zuvor eingetretenen Unfähigkeit).

c) Andere Psychosen (krankhafte seelische Störungen iSd §§ 20, 21 StGB)

1735   aa) Erkrankungen innerhalb des **schizophrenen** Formenkreises (ICD 9 Nr 295; erweitert in ICD 10 F2; DSM-IV 295) können (nach vorläufigem Verständnis) auf unterschiedlichen Entstehungszusammenhängen beruhen (zB Erbfaktoren, vgl dazu PsychiatrGg **4** [*Flekk*] 134 ff), früherworbene hirnorganische Schädigungen, bestimmte familiäre Konstellationen während der Kindheit [*Bleuler* 454 ff; *Tölle* 209–221; *Huber* 254 f, 338 ff]), wobei die Frage, wodurch die Erkrankung zu einem bestimmten Zeitpunkt in Erscheinung tritt, gleichfalls von unterschiedlichen körperlichen oder seelischen Faktoren abzuhängen scheint (s n *Huber* 254 ff; zur Prognose etwa PsychiatrGg **4** [*Retterst*] 94 ff).

Die Schizophrenie ist von Veränderungen in der Wahrnehmung, im Antrieb, im Denken und in der Affektivität gekennzeichnet, und sie wird am deutlichsten in Äußerungen des Betroffenen über Halluzinationen und Wahninhalte (*Bleuler* 421 ff; *Tölle* 194 ff; *Glatzel* 274 f; *Rasch* 188). Die Krankheit kann sowohl in voneinander zeitlich getrennten Episoden (sog Schübe) als auch in einem chronischen Verlauf auftreten (*Bleuler* 447 ff); ferner kann sie sich zu einem symptomarmen Defektzustand mit intellektuellem und affektivem Abbau entwickeln (*Weitbrecht* 403 ff; *Rasch* 188; *Tölle* 206 f).

(1) Im einzelnen wird die Schizophrenia *simplex* (ICD 9 Nr 295; ICD 10 F20.6; DSM-IV 295.90) als eine Ausprägung ohne dramatischen Verlauf (*Glatzel* 82 f), aber mit zunehmendem Verlust an Vitalität und sozialen Beziehungen (*Tölle* 201: autistisch geworden) genannt. Daneben steht die sog *hebephrene* Form (ICD 9 Nr 295.1; ICD 10 F20.1; DSM-IV 295.10), deren Symptome eine Verflachung der Gestimmtheit sowie des affektiven Bereichs und zudem Denkstörungen sind und deren zentrales Merkmal der altersmäßig frühe Beginn ist (krit *Tölle* 200 f: Begriff sollte vermieden werden; vgl aber auch *Rasch* 188: bei der Begutachtung ist auf eine Abgrenzung im Verhältnis zB zu Temperamentsumbrüchen [in der Pubertät oder Adoleszenz] besonders zu achten). Weiterhin wird die *katatone* Verlaufsform („Spannungsirresein") (ICD 9 Nr 295.2; ICD 10 F20.2; DSM-IV 295.20) wegen ihrer motorischen Symptome hervorgehoben, wobei zB sowohl Erregungszustände (ggf iVm aggressiven Handlungen [*Rasch* 188; *Tölle* 197]) als auch Stuporzustände (eingeschränkte oder aufgehobene Bewegung bei verbleibendem klaren Bewußtsein und gleichzeitigem Mutismus [*Bleuler* 441; *Tölle* 197 f]) vorkommen können; für die meisten Fälle dieser Form wird zugleich von Halluzinationen und Wahnbildungen berichtet (*Weitbrecht* 371). Unter dem Begriff der sog *latenten* Schizophrenie (ICD 9 Nr 295.5) werden, weithin synonym mit dem Begriff des Borderline-Syndroms (vgl DSM-IV 301.83), verschiedene als krankhaft beurteilte Zustände ein-

geordnet (*Huber* 255; *Rasch* 188; einschr *Tölle* 201); teilweise Übereinstimmungen finden sich bei der *schizotypen* (oder schizotypischen) Persönlichkeitsstörung (vgl DSM IV 301.22; ICD 10 F21), bei der der Verdacht auf prodromale (s 1737) oder residuale Zustände der Schizophrenie besteht (*Saß* 26; *Tölle* 107) und die ihrerseits oftmals mit einer Borderline-Persönlichkeitsstörung einhergeht (s auch BGH NStZ **91** 428). Weiterhin wird auf das Syndrom schizophrener Rest- und Defektzustände (ICD 9 Nr 295.6; DSM-IV 295.60) abgestellt, wobei ätiologisch mitunter ungeklärt bleibt, inwieweit die Symptome eine Folge der früheren Krankheit oder aber einer etwaigen Verwahrung oder sonstigen behördlichen Unterbringung sind (*Rasch* 189); *deliktsstrukturell* werden die Betroffenen ua durch sog Bagatelldelikte (zB Leistungserschleichung, Ladendiebstahl [*Rasch* 189]) erfaßt.

(2) Strafrechtlich wird im Falle der (in besonderem Maße tabuisierten) Diagnose Schizophrenie meist anzunehmen sein, daß sie die Voraussetzungen zur Bejahung der *Schuldunfähigkeit* erfüllt; dies gilt insbes bei akuten Schüben (vgl BGH StV **95** 405) und bei charakteristischen Residuen (*Huber* FS-Leferenz 470, 472) bzw in der Endphase, ansonsten jedoch nicht notwendigerweise[49]. Daher bedarf es auch bei dieser Erkrankung (je nach den Umständen des konkreten Geschehens) hinreichend gründlicher Darlegungen und positiver Feststellung (BGH NStZ **91** 527). Im übrigen wäre es verfehlt, etwa allein bei Delikten von gewisser Schwere aufgrund dieser Diagnose die Unterbringung iSd § 63 StGB (s zu den Voraussetzungen 1814 ff, 1820) als notwendig zu erachten (sofern zB angenommen wird, es sei nur aufgrund gleichzeitiger Alkoholbeeinflussung zur Tatauslösung gekommen, bedarf es zusätzlicher Feststellungen zu einer etwaigen krankhaften Alkoholsucht oder krankhaften Überempfindlichkeit ggü Alkohol [BGH NStZ **91** 528]).

1736

(a) Insbes bei schweren Taten ohne klar ersichtliches Motiv ist mitunter eine gewisse Erwartungshaltung zu verzeichnen, es handele sich um ein Anfangsstadium einer (psychischen Erkrankung und insbes einer) Schizophrenie (sog Initial- oder Prodromaldelikte). Demggü ist es methodisch unzulässig, das Vorliegen einer solchen Erkrankung etwa allein aufgrund eines in bestimmter Weise gestalteten Gewaltdelikts zu bejahen; vielmehr setzt die Diagnose Schizophrenie voraus, daß unabhängig von der Tat (sonstige) Symptome festgestellt werden (s allg *Rasch* 189).

1737

Die Behauptung, geistesgestörte Täter neigten namentlich im Anfangsstadium der Erkrankung zu Gewalttaten, ist zudem in Frage gestellt worden (*Böker/Häfner*). Eher ist davon auszugehen, daß bei Gewalttaten Schizophrener die (ggf allerdings noch nicht erkannte) Erkrankung bereits seit einiger Zeit bestand.

Ferner kann bei inzwischen (nahezu) vollständig zurückgegangener Schizophrenie in der Vorgeschichte ein Beurteilungsproblem dann bestehen, wenn es darauf ankommt, ob die Motive für die Tat sich von Motiven Gesunder unterscheiden (vgl auch BGH StV **95** 405 [allerdings unter Annahme eines Schubes]) oder nicht; letzterenfalls würde eine Exkulpation insoweit entfallen.

(b) Umgekehrt ist zu berücksichtigen, daß Gewalttaten unzweifelhaft psychisch kranker Täter mitunter solche Motive aufweisen, die bei psychisch Gesunden auch vorkommen, dh in solchen Fällen ist das Tatmotiv geeignet, die psychische Erkrankung unerkannt zu lassen (vgl auch *Rasch* 189 f).

1738

---

[49] Einschr schon *Janzarik* Nervenarzt **61** 186 ff; *Langelüddeke/Bresser* 187 f; *Glatzel* 87; *Saß* FS-Schewe 273.

1739 bb) Bei den affektiven Psychosen (ICD 9 Nr 296; ICD 10 F31; DSM-IV 293.xx) handelt es sich um psychische Störungen iS **manisch-depressiver** Erkrankungen (auch Zyklothymie genannt), deren Verlauf bei extremer Erscheinungsweise durch depressive (bzw melancholische [*Tölle* 236 ff]) und manische Phasen zu erkennen ist, wenngleich der Zeitraum der jeweiligen Phasen nicht einheitlich ist (zB zwischen einigen Wochen und mehreren Monaten [PsychiatrGg 5 [*Angst*] 120]). Dabei scheint es, daß die depressiven Phasen (einhergehend mit Zügen von Gehemmtheit [*Tölle* 237], gedrückter Stimmung und Schuldgefühlen [*Glatzel* 88 f; *Tölle* 239] sowie zB mit den verschiedensten körperlichen Beschwerden [„Krankheitswahn", *Tölle* 239]) weniger als Ausdruck einschlägiger Krankheit erkannt werden als die manischen Phasen, die von übersteigerter Fröhlichkeit und Aktivität (bzw Antriebssteigerung und gehobener Stimmungslage) gekennzeichnet sind (n zu psychosozialen Faktoren PsychiatrGg 5 [*Paykel*] 181 ff, 193 ff).

Indes gibt es Pb, die nur an depressiven Phasen erkranken (mono- oder unipolare Depression), dh es muß nicht zu einem Wechsel der Phasen (bipolarer Verlauf) bei ein und demselben Pb kommen (PsychiatrGg 5 [*Angst*] 115 f). Im übrigen weisen bipolare Störungen kürzere Intervalle und Zykluslängen auf als Melancholien (PsychiatrGg 5 [*Angst*] 120 mN). Ansonsten gibt es keine Gesetzmäßigkeiten iSd Verlaufs: So kann zB ein Pb einmal oder auch mehrere Male im Lebenslängsschnitt einschlägig erkranken, und letzterenfalls können die störungsfreien Intervalle unterschiedlich lang sein (zB Monate oder auch mehrere Jahre).

Das Wesen der Erkrankungen als endogene Psychosen ergibt sich im überwiegenden Teil der Fälle aus dem Verlauf der Erkrankung insoweit, als er eine im Pb gleichsam angelegte innere Gesetzmäßigkeit iS eines biologischen Rhythmus (s dazu PsychiatrGg 5 [*Pflug*] 241 ff) erkennen läßt, und als das außergewöhnlich umfangreiche energetische Potential auf körperliche Veränderungen schließen läßt; im übrigen soll eine beachtliche Häufung der diagnostizierten Erkrankung bei den Nachkommen zu verzeichnen sein, woraus auf Erbfaktoren geschlossen wird (s *Tölle* 249 f).

1740 (1) Für die strafrechtliche Beurteilung wird im allg angenommen, daß affektive Psychosen nicht etwa Geisteskrankheiten, sondern *Gemütskrankheiten* seien, die *keine bleibenden Veränderungen* bei den Betroffenen bewirkten. Jedoch bestehen *Bedenken* im Hinblick auf die Realitätsnähe einer entspr Unterteilung. Zudem haben die einschlägigen psychischen Störungen sehr wohl und notwendigerweise bestimmte Auswirkungen auch auf den Geisteszustand des Pb; dies gilt insbes für chronisch Betroffene (zB iS von Instabilität und Unverbindlichkeit [*Rasch* 191 f]), wobei außerhalb der Phasen nicht immer klar erkennbar ist, inwieweit der Pb nunmehr von den genannten Störungen frei ist.

Schwierig kann die strafrechtliche Würdigung dann sein, wenn zwischen Tatzeit und Untersuchungszeit ein vollständiges Abklingen („Vollremission") eingetreten ist.

Dies gilt zB in Fällen von Wiederholungstaten innerhalb periodischer Manien ohne stationäre Unterbringung, bei Eigentums- oder auch Brandstiftungsdelikten auf der Grundlage eines depressiven Verarmungswahns und nicht zuletzt bei erweiterten bzw Mitnahme-Suizidhandlungen (s auch 1742; Kriterium für die Bejahung einer depressiven Psychose ist hierbei die altruistisch gewähnte Motivation, und zwar in Abgrenzung ua zur Tötung von Kindern durch hysterische [s näher 1793] oder gefühlskalte Persönlichkeiten aus Rache oder Vergeltungsimpulsen).

II. Schuldfähigkeitsuntersuchung

(2) *Manische* Phasen sind von rastloser Aktivität gekennzeichnet. Das Bedürfnis des Pb nach – möglichst umgehender – Bewirkung geht mit einer gewissen Kritiklosigkeit und mitunter mangelnder Reflektion über die (zB wirtschaftliche) Vertretbarkeit der jeweiligen Handlungen einher (*Tölle* 244); dies beeinflußt, verbunden mit dem Entgegenkommen von Kreditinstituten etwa im Bereich des Scheckzahlungsverkehrs mit gleichsam tatprovozierender Wirkung, ggf einschlägige strafrechtlich relevante Verhaltensweisen. – Ferner finden sich im Rahmen manischer Phasen Eigentums- oder auch Sexualdelikte (*Tölle* 266), und im übrigen (auf dem Hintergrund teilweise einer gewissen Gereiztheit) etwa Delikte wie Körperverletzung, Widerstandsleistung oder auch Beleidigung (*Rasch* 192).

Insgesamt betrachtet werden innerhalb manischer Phasen vergleichsweise selten Straftaten begangen; kommt es jedoch dazu, so ist idR Schuldunfähigkeit anzunehmen (zB Scheck- oder Zechbetrug bei manischer Enthemmung), zumal manische Phasen idR nur im Rahmen der manisch-depressiven Erkrankung vorkommen.

(3) Bzgl *depressiver* Phasen ist eine Differentialdiagnose danach, ob es sich um eine Niedergeschlagenheit ohne adäquaten Anlaß im Rahmen einschlägiger Erkrankung oder aber (nur) um eine „normale" Traurigkeit als Reaktion auf ein schmerzliches Ereignis oder negative Umstände handelt, mitunter deshalb erschwert, weil ein depressiver Verstimmungszustand auch darauf beruhen oder zumindest damit iZ stehen kann, daß der Pb strafrechtlich verfolgt wird (*Rasch* 192). Im übrigen weisen vielfältige andere (körperliche und) seelische Erkrankungen bzw Störungen ihrerseits depressive Symptome auf. **1741**

Bei der depressiven Phase wird die Traurigkeit von den Pb ihrerseits als ein Gefühl empfunden, nicht traurig sein zu können (*Tölle* 237). Mit der einschlägigen Phase einer gehen mitunter Wahnideen (zB Versündigungs- und Verarmungswahn oder auch hypochondrischer Wahn) wie auch, durchaus häufig, körperliche Beschwerden (namentlich Appetitlosigkeit und Schlafstörungen); mitunter haben vegetative Störungen und körperliche Erkrankungen in der Erscheinungsform gar eine Dominanz, so daß die psychische Erkrankung nicht erkannt wird. Nach allg Auffassung weisen einschlägig Erkrankte ein vergleichsweise hohes moralisches Niveau auf, woraus eine Tendenz entstanden sein könnte, diese Diagnose iZm *Straftaten* nur eher selten zu stellen (s dazu auch *Rasch* 193). – Ein Merkmal der endogenen Depression ist die stärkere Ausprägung am Morgen im Vergleich zum Nachmittag und Abend.

(a) Unstr finden sich bei Pb dieser Erkrankung durchaus häufig Tendenzen zum Suizid, wobei eine Neigung verzeichnet wird, andere (zB nahe Angehörige) zugleich zu töten, und zwar aufgrund einer wahnhaften Hoffnungslosigkeit (s auch 1740); soweit die Selbsttötung nicht erfolgreich ist, wird das Tötungsdelikt idR als Ergebnis der Depression zu beurteilen sein. Im übrigen ergaben sich gelegentlich Unterlassungsdelikte aufgrund einer in der depressiven Phase begründeten Gehemmtheit (vgl *Rasch* 193). **1742**

Bei nachgewiesener Melancholie wie auch bei sonstigen schweren Depressionszuständen wird tendenziell davon auszugehen sein, daß die Voraussetzungen der Schuldunfähigkeit (§ 20 StGB) vorliegen, und zwar ggf auch bei erweitertem Suizid ggü Angehörigen oä einschließlich einschlägigen Fällen der Brandstiftung (*Tölle* 266; s aber auch *Witter*, in: HbForPsychiatr II 975 ff).

(b) Was die *Prognose* angeht, so fehlt es unbeschadet verbesserter therapeutischer und prophylaktischer Maßnahmen an allg Erkenntnismöglichkeiten sowohl dazu, ob *depressive* Phasen sich wiederholen, als auch, ob während solcher (erneut) Delikte begangen werden (s allg PsychiatrGg 5 [*Angst*] 122 ff; *Tölle* 245 ff). Während für den Regelfall nach Ende der Phase kein weiteres Bedürfnis nach (gar) stationärer Kontrolle besteht, wird es in Fällen einer – bei Tatbegehung deutlich gewordenen – besonderen Gefährlichkeit unerläßlich sein, den Pb weiterhin zu beobachten bzw zu betreuen, jedoch ambulant (dh ggf unter sofortiger Aussetzung der angeordneten Unterbringung gemäß § 63 StGB zur Bewährung).

Soweit im Anschluß an besonders schwere Taten (etwa bei mißglücktem Suizid, jedoch vollendeter Tötung ggü Dritten) eine anschließende stationäre Behandlung etwa zur Hilfeleistung bei der Verarbeitung der Tat angezeigt sein sollte (s dazu *Rasch* 194), kommt das strafrechtliche Maßregelrecht nicht in Betracht.

1743   cc) **Paranoide Syndrome** (ICD 9 Nr 297; aber auch ICD 10 F22.0; DSM-IV 301.0) als Formen des Wahnerlebens finden sich nicht nur iZm verschiedenen, im einzelnen bezeichneten Krankheiten, sondern (nach teilweise vertretener Auffassung) auch und gerade innerhalb einer angenommenen besonderen Psychoseform: der Paranoia.

Im allg ist das Wahnerleben durch Wahnideen und Wahneinfälle gekennzeichnet, also durch Gedanken oder Vorstellungen, die vom Wahn bestimmt sind ebenso wie von Wahnwahrnehmungen, bei denen objekiv zutreffenden Wahrnehmungen ein wahnhafter Bedeutungsgehalt beigegeben wird (*Weitbrecht* 506 ff; *Rasch* 194). Thematisch wird unterschieden etwa zwischen Liebeswahn, Größenwahn, Verfolgungswahn, hypochondrischer Wahn, Eifersuchtswahn und sog Querulantenwahn etc. – Soweit es sich um ein Wahnerleben innerhalb der Schizophrenie oder organischer Psychosen handelt, ist die Wahnsymptomatik nicht selten mit Sinnestäuschungen verbunden (etwa als akustische und optische Halluzinationen), die gleichsam integrierter Teil des Wahns sind (*Rasch* 195).

(1) Von Wahnerleben (iS einer Erkrankung) läßt sich am ehesten dann sprechen, wenn eine Form der krankhaften Eigenbeziehung dergestalt vorliegt, daß die Person des Pb in den Mittelpunkt des Erlebens getreten ist und darauf eine „Weltsicht" sich gründet, die von der sozialen Umgebung in Zw gezogen bzw abgelehnt wird (*Weitbrecht* 511). Diese permanente Infragestellung hinsichtlich der Überzeugungen des Pb begründet das (gleichzeitig kennzeichnende) Merkmal des Mißtrauens, dessen Empfinden durch den Pb allerdings belegt, daß er den Kontakt und die Verbindung zu Personen seiner Umgebung nicht aufgegeben hat, sondern wachhält, woraus ggf auf Zw seinerseits an seiner Überzeugung geschlossen werden kann (*Rasch* 195).

1744   (2) Als eine spezielle Erscheinung im (Grenz-)Bereich paranoider Symptome werden sog **„querulatorische"** Verlaufsformen (ICD 9 Nr 297.8; ICD 10 F22.8; vgl auch DSM-IV 301.9) in der Qualität psychopathologischer Entwicklungen (s näher 1777 ff) verstanden. Es handelt sich um diejenigen Erscheinungsformen des (ansonsten weit verbreiteten) Bemühens, sich gegen tatsächliche oder vermeintliche behördliche Fehlentscheidungen bzw entspr Willkür zu wehren, bei denen sich das spezielle Verhalten verselbständigt, dh das Bestreben betrifft dann nicht mehr die Durchsetzung eines bestimmten rechtlichen Ziels, sondern diejenige „seines" Rechts „grundsätzlich", dh es scheint zum „Selbstzweck" zu werden. Indes bestehen ggü dem Begriff „Querulanz", der juristischer Herkunft und von dem Verhältnis Obrigkeit-Untertan geleitet ist (s *Peters* GS-Küchenhoff 458, 469; *Hellmer* FS-Schewe 196), ebenso wie ggü der individualisierenden Konzeption von „Querulanz" deshalb Bedenken, weil der Wille bzw das Prinzip, (zu Beginn der

Entwicklung in aller Regel tatsächlich) erfahrenes Unrecht (in einer für die Lebenskontinuität wesentlichen Frage und Gestaltungsweise) nicht hinzunehmen bzw Unrecht nicht als *Recht* stehen zu lassen,[50] einseitig negativer Wertung unterzogen wird.[51] Vielmehr würde es zu der in Rede stehenden Entwicklung oftmals möglicherweise gar nicht kommen, wenn seitens Behörden bzw Gerichten das „Schlüsselerlebnis" dadurch ausgeräumt würde, daß das geschehene Unrecht rückgängig gemacht würde (bzw werden könnte).

Im übrigen sind die hier in Rede stehenden Erkrankten nicht zu verwechseln mit (psychopathologisch unauffälligen) Opportunitäts- bzw taktischen „Querulanten" und auch nicht mit solchen Personen, deren einschlägiges Verhalten als Teil eines durch andere Symptome gekennzeichneten (psychiatrischen) Krankheitsbildes („symptomatisches Querulieren") erscheint; ähnliches gilt ggü der Diagnose als (rechts-)fanatische Psychopathen (s dazu 1788).

(a) Hinsichtlich der Entstehungszusammenhänge der in Rede stehenden Erkrankung ist davon auszugehen, daß es sich um das Ergebnis der Überschneidung bestimmter Dispositionen der Persönlichkeit (zB Insuffizienzgefühle, ggf iVm idealistisch-staatstreuer Orientierung, Antriebsreichtum, uU auch ausgeprägtes Geltungsbedürfnis und Empfindlichkeit bzw Verletzbarkeit) mit einschlägigen äußeren Umständen bzw Belastungen oder auch Konflikten handelt. Verschiedentlich wird angenommen, psychodynamisch liege eine uneingestandene Selbstanklage wegen des Mißerfolges bzw des Scheiterns in einem Rechtsstreit zugrunde (s ähnlich *Tölle* 184); entspr mag hinsichtlich des Trachtens gelten, eine als existentiell belastend empfundene Dissonanz zwischen dem Selbstbild und der von Behörden bzw Gerichten (implicite) zugeschriebenen Unglaubwürdigkeit zu beseitigen. Im Verlauf der einschlägigen psychopathologischen Entwicklung veranlaßt der Pb jedoch selbst konflikträchtige Situationen, ohne diesen (Eigen-)Beitrag hinreichend zu erkennen bzw zu würdigen, so daß er sich seinerseits als von den Behörden verfolgt beurteilt. Immerhin entspricht es auch allg rechtssoziologischer Erkenntnis, daß Behörden und Gerichte im Zuge des interaktionistischen Eskalationsprozesses ggü einschlägig Betroffenen erhöht auf Angriffspunkte und -flächen verzichten sowie Entschiedenheit und abweisendes Verhalten demonstrieren; hingegen könnte ein „unbürokratisches Begegnen" das Fortschreiten der Entwicklung (vermutlich) aufhalten (*Tölle* 185).

Ähnlich wie bei anderen psychopathologischen Entwicklungen nimmt das „querulatorische" Verhalten einen zunehmend breiteren Raum im Leben des Pb ein, es besetzt gleichsam dessen Lebensgestaltungsmöglichkeiten.

Die Verdächtigungen oder Anzeigen werden weithin mit von vornherein ungeeigneten Belegen versehen, ohne daß der Pb in Lage ist, dies zu erkennen; er wird wahnhaft unzugänglich für Argumente und wirkt, strategisch betrachtet, unfähig bzw ineffizient, zumal er nicht in der Lage ist, Argumentationen und Belange der Behörden oder anderer Personen nachzuvollziehen und sich in deren Positionen hineinzuversetzen. Auch zeigt sich der Antriebsreichtum etwa in der Fülle der vom Pb verfaßten oder fotokopierten Schriftstücke.

(b) Strafrechtlich stehen Beleidigungs- bzw Verleumdungsdelikte oder falsche Anschuldigungen ggü Amtsträgern im Vordergrund; eher selten mündet eine

---

[50] Nach *Peters* GS-Küchenhoff 465 „ein so feines, tiefgehendes und wertvolles Gefühl".
[51] Zur Psychologie der Macht s *Eisenberg* § 6 Rn 12–14, § 31 Rn 3–5, 11–13; zur Fehlleitung von Sv s *Schewe* BlAlk **86** 356 ff.

„querulatorische" Entwicklung in schwere Aggressionsdelikte (zB ggü einem Behördenvertreter) ein. *Soweit* die (Straf-)Taten in eindeutigem Zusammenhang mit dem Wahn stehen, ist davon auszugehen, daß die Voraussetzungen der *Schuldfähigkeit* iSd § 20 StGB *aufgehoben* sind, zumindest aber diejenigen der Verminderung von Schuldfähigkeit iSd § 21 StGB anzunehmen sind (vgl *Tölle* 184 f; *Glatzel* 207).

d) Alkohol-, Betäubungsmittel- und Medikamentenmißbrauch ohne Abhängigkeit (krankhafte seelische Störung bzw tiefgreifende Bewußtseinsstörung iSd §§ 20, 21 StGB)

1747 Auch der durch Alkohol oder andere Mittel (Drogen, Psychopharmaka etc) ausgelöste *Rausch* fällt prinzipiell unter das Merkmal krankhafte seelische Störung, weil mit ihm eine Beeinträchtigung der Hirntätigkeit durch Vergiftung verbunden ist (*Venzlaff*, in ders 81; SK StGB-*Rudolphi* 7 zu § 20; aA *Krümpelmann* ZStW **88** 6, 16); lag ein solcher Ausnahmezustand vor, so werden die Voraussetzungen der Schuldunfähigkeit zu bejahen sein. Allerdings ist es mit einem Teil der Judikatur und Literatur vertretbar, diese Erscheinungen dem Merkmal der tiefgreifenden Bewußtseinsstörung unterzuordnen. Im übrigen finden sich ohnehin vielfältige fließende Übergänge je nach Grad der Beeinträchtigung (s noch zu durch Rauschmittel ausgelösten Psychosen 1725 f; zur Sucht 1783 ff).

1748 aa) Hinsichtlich einer etwaigen Relevanz des **Alkoholmißbrauchs** ist stets eine **Gesamtwürdigung** vonnöten, bei der neben der BAK sämtliche wesentlichen Ausprägungen der Persönlichkeit des Täters und seines Verhaltens vor, während und nach der Tat einzubeziehen sind (BGH GA **88** 271),[52] dh eine vorrangige Indizfunktion der (formell eher überprüfbaren) „Promillediagnostik" ist gemäß den Grundlagen des Schuldstrafrechts (s auch 1716 ff) abzulehnen (s aber 1749). Dies gilt ohnehin dann, wenn die Tatzeit-BAK nicht aus einer alsbald entnommenen Blutprobe, sondern durch Rückrechnung gar aus Trinkmengenangaben des Angekl bestimmt wird (BGH **35** 313 f, **36** 288 f [jeweils 1. Senat]; anders BGHR § 21 StGB BAK 15, BGH **37** 232 ff [jeweils 4. Senat]). Deliktsstrukturell gilt dabei im allg, daß die Hemmschwelle (auch) bei einem Täter in Trunkenheit umso höher liegt, je schwerer das Gewicht der Tat ist, woraus hergeleitet wird, daß zB bei Mord das Hemmungsvermögen trotz Alkoholmißbrauchs nur selten gänzlich fehle (BGH NStZ **87** 453).

(1) Betreffend die **BAK** ist, um gemäß dem in dubio-Grundsatz (s n 116 ff) eine Benachteiligung des Täters auszuschließen, der für den Beschuldigten günstigste Tatzeit-Wert zu bestimmen. Hierzu sind die das Erg am meisten erhöhenden tatsächlichen Möglichkeiten zugrundezulegen (also umgekehrt wie bei der Bestimmung der Nicht-Fahrsicherheit iSd §§ 315 c, 316 StGB, bei der der niedrigstmögliche Abbau maßgebend ist, s n 1850 ff). Zunächst ist das Ende der Resorptionsphase festzustellen.

Im Falle des vorliegenden Erg einer **Blutprobe** (zu den Nachweisverfahren s insoweit 1851 a) beträgt der für den Beschuldigten höchstmögliche Abbauwert nach der – auf gutachtliche Grundlage (vgl *Gerchow ua* BlAlk **85** 77) sich stützende – Rspr (s Nachw bei *Dreher/Tröndle* 9 f zu § 20 StGB) 0,2 Promille pro Stunde zuzüglich eines einmaligen Zuschlags von gleichfalls 0,2 Promille.[53] Demggü wird ein dem Beschuldigten ungünstigerer „indivi-

---

[52] So ist die Annahme der Aufhebung der Voraussetzungen für Schuldfähigkeit zB nicht davon abhängig, ob die Trunkenheit eine „sinnlose" ist (BGH **1** 384; Bay NJW **53** 1523).

[53] Ua weil bis zu zwei Stunden nach Abschluß der Resorption ein eher steiler Abfall der Kurve (je nach Trinkverlauf, Art des Alkohols, Alkoholisierungsgrund, etwaiger Nahrungsaufnahme) möglich ist.

II. Schuldfähigkeitsuntersuchung

dueller" Abbauwert im allg nicht anerkannt (BGH **34** 29 [32 f]; BGH NJW **91** 2356; offen gelassen in BGH NStZ **93** 278 [nach *Haffner* BlAlk **92** 53: 0,29 Promille bei Alkoholikern]). Auch darf die berechnete BAK nicht etwa aufgrund von Beurteilungen des Erscheinungsbildes des Beschuldigten zZt der Blutentnahme (s n 1754 f) oder wegen Werten eines Atemalkoholtests (s n 1851 a) reduziert werden (BGH NStZ **95** 540). – Wird der Berechnung dagegen (meist) entspr den **Angaben** des Beschuldigten[54] eine gewisse (vor der Tat aufgenommene) Trinkmenge zugrundegelegt, so wird zunächst deren Alkoholgehalt bestimmt. Sodann wird unter Verwendung der sog Widmark-Formel die BAK ermittelt und zur Errechnung der Tatzeit-BAK der dem Beschuldigten günstigste (Minimal-)Abbauwert von 0,1 Promille pro Stunde seit Trinkbeginn bis zur Tatzeit, ein Resorptionsdefizit von (nur) 10% und der Reduktionsfaktor von 0,7% zugrundegelegt (BGH **37** 231, 238; zur Berücksichtigung eines „Reduktionsfaktors" bei Personen hohen Körpergewichts s BGHR § 20 BAK 2, 4, 10; BGHR § 21 BAK 8, 12, 15, 17, 20). Auch bei teilweise vagen Angaben des Angekl muß das Gericht – ggf unter Zuhilfenahme von Schätzungen und in Berücksichtigung des Zweifelsgrundsatzes (BGH StV **93** 519) – die BAK berechnen (BGH StV **92** 224), es sei denn, die Angaben entziehen sich ausnahmsweise zeitlich und mengenmäßig jedem Versuch einer Eingrenzung (BGH NStZ **94** 335).

(a) Nach einem **Teil** der **Judikatur** wird das Ausmaß der alkoholbedingten Persönlichkeitsveränderung in nicht unbedenklicher Verengung (s 1748, 1750) weithin nach der **BAK** als **wichtigstem Indiz** beurteilt (BGH NStZ **84** 506; BGH StV **95** 407: gar „einziger berücksichtigungsfähiger Umstand"; anders BGH bei *Detter* NStZ **95** 170: individuelle Beurteilung unter Berücksichtigung sonstiger Umstände nicht entbehrlich), wenngleich auch hier (s im übrigen 1851) berücksichtigt wird, daß die Aussagekraft der BAK-Bestimmung mit Zunahme des Zeitraums zwischen Tat und Blutentnahme schwächer wird (BGH **35** 314; NStZ **93** 278). 1749

Im einzelnen besteht insoweit bei einer BAK von 3 Promille und mehr eine Tendenz zur Bejahung des *Fehlens* von *Schuldfähigkeit* (s dazu BGH StV **87** 385; GA **88** 271; StV **91** 297; Bay BlAlk **92** 160; Köln NJW **82** 2613; Düsseldorf NZV **91** 477: Heranziehung eines Sv schon bei 2,2 Promille); eingeschränkt wird dies bei Tötungsdelikten, da zu deren Begehung im allg eine erhöhte Hemmschwelle zu überwinden sei (s 1748; BGH NStZ **93** 278 [Verneinung bei BAK von 3,97 Promille; zw]; StV **94** 9). Im Falle besonderer Umstände (etwa gesteigerte Wirkung von Alkohol zugleich mit Medikamenten oder iZm den Folgen frühkindlicher Hirnschädigung [BGH NStZ **92** 32], ggf auch plötzliche Alkoholüberflutung [vgl BGH StV **94** 9: „sturztrunkartiger Schnapskonsum"]) lege bereits ein deutlich geringerer Promillewert die Annahme der Aufhebung der Voraussetzung der Schuldfähigkeit zumindest nahe (Frankfurt NJW **68** 1638; Zweibrücken NJW **83** 1386).

Hinsichtlich der Voraussetzungen für die *Verminderung* der *Schuldfähigkeit* findet sich in der Judikatur entgegen der erforderlichen Gesamtwürdigung (s 1748, 1750) eine Tendenz, sie bei einer BAK von 2 Promille und mehr als erfüllt anzusehen (BGH **35** 312; **37** 234 mit krit Anm *Mayer* NStZ **91** 526;[55] vgl auch *Witter* MKrim **88** 410 f) – betr Jugendliche und Heranwachsende auch schon bei einem Wert unter 2 Promille (BGH NStZ **84** 76; BGH **92** 478; bei *Detter* **94** 487); bei Tötungsdelikten wird die Untergrenze wegen der (unterstellten) erhöhten Hemm-

---

[54] Der Tatrichter hat diese nicht schlechthin zugrundezulegen, sondern sich aufgrund aller im konkreten Fall gegebenen Erkenntnismöglichkeiten, wozu ggf auch Meßergebnisse der Atemalkoholkonzentration gehören (BGH bei *Detter* NStZ **95** 170), eine Überzeugung (s allg 88 ff) von der Menge zu verschaffen (BGH StV **93** 519; bei *Detter* NStZ **95** 170).

[55] Zur Divergenz zwischen Senaten des BGH vgl *Dreher/Tröndle* 9 i zu § 20 StGB.

schwelle im allg bei 2,2 Promille angesetzt (BGHR StGB § 21 BAK 16; *Salger* FS-Pfeiffer **88** 379, 383; *von Gerlach* FS-Hanack **90** 163, 175), wobei der Alkoholeinfluß bei einer Unterlassungstat eher noch schwerer wiegt (BGH StV **95** 407). Im Falle einer BAK von 2,6 Promille und mehr gilt die Verminderung als wahrscheinlich, und bei einer BAK von 3 Promille wird sogar regelmäßig angenommen, sie könne nicht ausgeschlossen werden (BGH **34** 31; NStZ **88** 450 und 548).

1750 (b) Soweit es in der Judikatur verschiedentlich (s 1749) unter Einsparung von Ermittlungsaufwand zu einer gewissen **Schematisierung** zugunsten der BAK und zu Lasten individueller Merkmalsausprägungen in der Persönlichkeit und dem Verhalten des Täters kommt, führt dies nicht selten zu einer Verzerrung der Wirklichkeit (s auch zur Gewöhnung 1751; vgl zudem *Schewe* JR **87** 179 ff; *Blau* JR **88** 210 f) und ggf zu einer Vermengung der Begriffe eines Erfahrungssatzes iSd **Revision**srechts und bloßer, Ausnahmen zulassender Wahrscheinlichkeiten (s zur Abgrenzung etwa KK-*Hürxthal* 48 zu § 261). Ohnehin findet sich in der Forensischen Psychiatrie wie auch in der allg Rechtsmedizin weithin die Auffassung, die Tatzeit-BAK sei ggü psychodiagnostischen Kriterien von eher nachrangiger Bedeutung, und ihr komme nur eine Indizfunktion zu (s etwa *Schewe* BlAlk **91** 264, 266; gegen eine vorrangige Indizwirkung der BAK auch BGH **35** 313 f; **36** 289; *Dreher/Tröndle* 9 1 ff zu § 20 StGB).

1751 (2) Bei der Untersuchung von Alkoholmißbrauch (ICD 9 Nr 305; ICD 10 betr F10; DSM-IV 305.00) in seiner etwaigen Relevanz für die Voraussetzungen der strafrechtlichen Schuldfähigkeit bzw verminderten Schuldfähigkeit ist zunächst davon auszugehen, daß die Alkoholtoleranz im allg bei steigender **Gewöhnung** an Alkohol zunimmt, bei chronischem Alkoholismus (wegen der eingetretenen zerebralen Schädigungen) jedoch wieder nachläßt (s 1724); zudem hängt sie erheblich von der körperlichen Verfassung (zB Übermüdung) ab.

Im einzelnen ist zB gerade bei besonders hohen BAK-Werten (etwa solchen über 2 Promille), soweit der Tatablauf keine Hinweise auf alkoholbedingte Ausfälle enthält, mit eher schon hoher Wahrscheinlichkeit chronischer Alkoholmißbrauch und auch (körperliche und/oder seelische) Alkoholabhängigkeit und also (von der „Gewöhnung" gleichsam bestimmt) eine vergleichsweise hohe Alkoholtoleranz anzunehmen, die das Vorliegen der Voraussetzungen der §§ 20, 21 StGB in Frage stellt. Andererseits wird bei „sozialen Trinkern" im Einzelfall möglicherweise die Frage vernachlässigt, inwieweit nicht trotz vergleichsweise niedriger BAK die Voraussetzungen des § 21 StGB oder gar diejenigen des § 20 StGB gegeben sind.

Im übrigen hat, neben der Menge, der Zeitraum herausragende Bedeutung, währenddessen Alkohol konsumiert wurde; so ist eine über Tage hinweg anhaltende Trunkenheit ebenso wie eine besonders schnell ansteigende BAK geeignet, schwere psychische Veränderungen hervorzurufen.

1752 (a) (aa) Bei der Beurteilung zwischenmenschlichen Verhaltens von Alkoholisierten ist zu berücksichtigen, daß mit der Vergiftung eine hirnorganische Veränderung einhergeht, die eine erhöhte Reizoffenheit bedingt (im Extrem: pharmakologische Funktion des Alkohols als Narkosemittel). Bzgl der **Begleitumstände** wird teilweise unterschieden zwischen dem sog *gewöhnlichen*, dem *komplizierten* und dem *pathologischen Rauschzustand*.

Beim gewöhnlichen Rausch bestehen Stimmungs- und Antriebsveränderungen, die Stimmung kann euphorisch (dh lustig) oder aber dysphorisch (dh mißmutig bis traurig) sein;

ebenso kann die Aktivität entweder gesteigert oder aber (gar bis hin zu einer Apathie) vermindert sein, und im übrigen sind die psychischen Symptome uU von motorischen (zB Unsicherheit des Gangs) oder vegetativen Störungen (zB Erbrechen) äußerlich gekennzeichnet (s *Weitbrecht* 163 ff). Demggü wird von kompliziertem Rausch dann gesprochen, wenn die vorbezeichneten Symptome aufgrund besonderer Umstände – oder zusätzlicher Faktoren wie zB Medikamente, anderweitige Erkrankung oä (s dazu *Langelüddecke/Bresser* 70) – in quantitativ gesteigerter Ausprägung vorliegen (*Bleuler* 650; *Rasch* 197).

Hingegen soll ein pathologischer Rausch (s dazu BGH **40** 198 = JR **94** 115 mit Anm *Blau*; LG Bad Kreuznach NZV **92** 420; *Glatzel* 109; vgl auch *Huber* 537: „idR ... Schuldunfähigkeit bedingt") nicht nur selten, sondern qualitativ anders gestaltet sein. Wenngleich phänomenologisch wie auch hinsichtlich der Entstehungszusammenhänge keine auch nur einigermaßen bestimmte Symptomatik anerkannt ist, vielmehr einschlägige Rauschzustände oftmals gerade (oder nur) iVm einer (Straf-)Tat erwähnt werden (vgl *Weitbrecht* 166; krit *Rasch* 197), wird von folgenden Anzeichen auszugehen sein: fast immer liege eine Hirnschädigung oder schwerwiegende körperliche Erkrankung vor, das Verhalten lasse jeden Realitätsbezug vermissen und das „anfallsartige Geschehen" (BGH **40** 200) ende idR in einem narkoseähnlichen Schlaf.

(bb) **Strafrechtlich** kann der euphorischen Auflockerung iZm einseitigen sexuellen Annäherungen Bedeutung zukommen; entspr gilt bei depressiv-dysphorischer Verstimmung dann, wenn die Gereiztheit gleichsam „motivlos" zur Entfesselung eines Streites führt (vgl *Rasch* 198; *Witter* in: HbForPsychiatr II 1029 ff [auch zum Folgenden]). Bei der sog akzentuierend katalysierenden Reaktion bedingt der Rauschzustand, daß eine zuvor bereits vorhandene Gestimmtheit nunmehr – sei es ggü der Person, die Anlaß für die negative Gestimmtheit war, sei es ggü einem unbekannten Dritten – aufbricht (vgl auch *Weitbrecht* 164), wobei dieser Prozeß dadurch beschleunigt oder gefördert werden kann, daß der Konfliktpartner sich gleichfalls in einem Rauschzustand befindet und sich seinerseits hinsichtlich des Konfliktausbruches zuspitzend verhält (s *Rasch* 198).

1753

Bei der sog toxischen Reizoffenheit handelt es sich darum, daß – zumal bei einer schon längere Zeit anhaltenden Alkoholvergiftung, gar in ihren Auswirkungen gesteigert durch Schlafentzug – eine schwere hirnorganische Beeinträchtigung vorliegt, die sich auch psychopathologisch mit dem Begriff der Bewußtseinstrübung oder -einengung erfassen läßt (s *Rasch* 198), so daß Handlungen in diesem Zustand eher als Reaktion (denn als aktives Tun) auf Gegebenheiten der Situation bzw auf Provokationen oder Suggestionen von Mittätern zu beurteilen sind; demzufolge ist auch das Spektrum der einschlägig vorkommenden Delikte vergleichsweise breit.

Bzgl Fällen eines sog ungerichteten Handlungsbedürfnisses ist – ähnlich wie bei der toxischen Reizoffenheit – gleichfalls eine erhebliche hirnorganische Veränderung zu verzeichnen, jedoch verbleibt mehr Eigenantrieb (als in Fällen toxischer Reizoffenheit). Dabei erscheint dieser Antrieb eher als Drang bzw Bedürfnis, etwas geschehen zu lassen, und bei verschiedenen Betroffenen haben sich bereits bestimmte Handlungsmuster in einschlägigen Situationen gleichsam eingeschliffen (zB Bedürfnis, mit einem Kfz zu fahren, Sachbeschädigung bzw Einbruchsdiebstahl oder auch Brandstiftung zu begehen [vgl *Rasch* 198]).

Was endlich die sog Rauschdämmerzustände (vgl PsychiatrGg **3** [*Böning/Holzbach*] 166 f) anbetrifft, so handelt es sich um solche Gegebenheiten, bei denen eine psychopathologische Symptomatik vorliegt, wie sie bei Geisteskrankheiten bzw sonstigen psychotischen Phasen zu verzeichnen ist (hochgradige Bewußtseinseinengung, zT verbunden mit Situationsverkennung, wahnhaften Beziehungssetzungen oder auch Halluzinationen [s *Rasch* 198]); in diesem Rahmen können zudem entstehende Angst- und Erregungszustände von Bedeutung für die Begehung von (Straf-)Taten sein.

(b) Hiernach ergibt sich (s bereits 1747), daß das zentrale Symptom der psychischen Veränderung unter Alkoholeinfluß nicht immer in einer Bewußtseinsstörung besteht. Während eine alkoholbedingte *Bewußtseinsstörung* psychopathologischer Art (also Fälle der toxischen Reizoffenheit, des ungerichteten Handlungsbedürfnisses sowie der Rauschdämmerzustände) als schwere Beeinträchtigung iSd §§ 20, 21 StGB zu beurteilen ist, unterfallen die sonstigen psychischen Veränderun-

1754

gen bei Alkoholvergiftung dem psychischen Merkmal der krankhaften seelischen Störung iSd §§ 20, 21 StGB (s dazu *Rasch* 199, *Glatzel* 106, 108).

Die Vielzahl möglicherweise im Einzelfall wirksamer Variablen erlaubt es nicht, zwischen BAK und psychischer Verfassung iSd §§ 20, 21 StGB eine gleichbleibende Korrelation anzunehmen. Vielmehr hat die BAK zur Tatzeit lediglich die Bedeutung eines von mehreren Faktoren, wenngleich dessen Gewicht für die einschlägige strafrechtliche Beurteilung um so größer ist, je höher die BAK ausfällt (s 1749). Ansonsten sind, vermittelt etwa durch Zeugen (s *Glatzel* 108), qualitative Besonderheiten zur Tatzeit für die Beurteilung wesentlich (zB Äußerungen oder Verhaltensweisen[56] des mutmaßlichen Täters, die auf Verkennung der Situation, auf hochgradige Bewußtseinseinengung oder paranoide Erlebnisse hinweisen), während allg Meinungsäußerungen seitens (für solche Aufgaben nicht geschulter) Zeugen[57] zum Trunkenheitsgrad weithin unergiebig sind (zumal dann, wenn die Zeugen selbst unter Alkoholeinfluß standen) und auch der Bericht des Arztes, der die Blutentnahme durchgeführt hat, hinsichtlich sonstiger Umstände nur dann für Rückschlüsse auf die psychische Verfassung des Pb geeignet ist, wenn er Details umfaßt (*Rasch* 199); wenig beweiswertig sind Pauschalschätzungen bzw -eintragungen hinsichtlich des Trunkenheitsgrades (zB leicht, schwer, mittel bzw normal) und selbst Ergebnisse (anläßlich der Blutprobenentnahme durchgeführter sog Leistungstests, soweit sie von der beurteilenden Person abhängen und oftmals eher nur routinemäßig bzw (auch subjektiv) wertend vermerkt werden.

1755 Was darüber hinaus eine Befragung des mutmaßlichen Täters anläßlich der Blutentnahme anbetrifft, so bestehen (auch) deshalb Bedenken, weil sie in einer durch Gift veränderten psychischen Verfassung (zwecks etwaiger Überführung seiner Person) geschieht (s auch 649 f); demggü sind Fragen nach der Erinnerung an den Vorfall ähnlich zu beurteilen, wie eine Vernehmung, die unter Einfluß einer psychotropen Droge geschieht (*Rasch* 199).

(c) Betr die Voraussetzung des § 323 a StGB (Vollrausch), daß der Betroffene sich in einen Rausch „versetzt" haben muß, bereitet die Subsumtion dann Schwierigkeiten, wenn ein Täter über längere Zeit kontinuierlich unter Alkoholeinwirkung gestanden hat, weil schwerlich ein Zeitpunkt zu erkennen ist, in dem ein für die Schuldunfähigkeit iSd § 323 a StGB entscheidender psychischer Zustand eingeleitet wurde bzw begann (s dazu etwa LG Saarbrücken BlAlk **92** 281: Freispruch mangels Schuldnachweis; vgl zu Alkoholpsychosen 1724, zur Sucht 1783).

1756 bb) Hinsichtlich der Relevanz des Einflusses **akuten Betäubungsmittelmißbrauchs** auf die Voraussetzungen der §§ 20, 21 StGB bestehen überwiegend Abgrenzungsschwierigkeiten (s dazu PsychiatrGg 3 [*Bron*] 345 ff) zu Drogenpsychosen (s 1725) bzw Drogensucht (s 1726). Grds verursachen die meisten Drogen für sich keine psychotischen Zustände, wohl aber ggf sonstige die Einsichts- oder Steuerungsfähigkeit beeinträchtigende Wirkungen (s allg *Täschner* NJW **84** 638). Extreme Fälle auch körperlicher Wirkung sind zB Krampfanfälle nach der Einnahme von Kokain oder Bewußtlosigkeit nach der Einnahme von Opiaten.

---

[56] S aber zur Begehungsweise der Tat im Text 1748, zu motorisch kontrolliertem und äußerlich geordnetem Verhalten 1718.
[57] Vgl BGH StV **92** 317: „kein oder allenfalls .. geringer Beweiswert"; einschr auch BGH StV **95** 408.

II. Schuldfähigkeitsuntersuchung

Da es – im Unterschied zur BAK (vgl 1748 ff) – an gesicherten Meßverfahren und -ergebnissen (noch) fehlt, können Grenzwerte nicht (bzw nur wenig verläßlich überprüfbar) festgelegt werden. Insofern findet sich das Schwergewicht der Begutachtung bei dem psycho-physischen Zustandsbild, das der Betroffene am Aufenthaltsort zeigt (s n *Maatz* BlAlk **95** 103 ff).

Im einzelnen ist bei Kokainkonsum, dessen psychische Wirkung in drei Stadien verläuft, das dritte Stadium gekennzeichnet von Depressionen (vgl etwa PsychiatrGg **3** [*Bron*] 348; vgl zu gleichzeitiger Aids-Erkrankung Hamm BlAlk **95** 239) mit etwaiger Suizidgefahr. Unter Einnahme von Halluzinogenen (insbes LSD) kann es zum sog Horrortrip (s bereits 1725) kommen, der idR schwerwiegende Angstgefühle und Gefühle der Depersonalisation aufweist, und der zudem Ausprägungen iS eines Verfolgungswahns zeigen kann.

Betr Haschisch sind die Auffassungen zur Bestimmbarkeit (zB der psychoaktiven Wirkung des Stoffs THC) unterschiedlich (vgl etwa Düsseldorf NZV **93** 276 mit Anm *Trunk*, AG München BlAlk **93** 251, allerdings jeweils bzgl Nicht-Fahrsicherheit [s n 1850 c]).

cc) Bei der Frage, ob ein **Medikamentenmißbrauch** (ICD 9 Nr 305.4, 305.7, **1757** 305.8, 305.9; ICD 10 F55; DSM-IV 304.10; 305.70) Auswirkungen auf die Voraussetzungen der Schuldfähigkeit bzw der Verminderung der Schuldfähigkeit hat, ist davon auszugehen, daß der einmalige oder kurzfristige Konsum allg gebräuchlicher Schmerz-, Schlaf- und Beruhigungsmittel (am Tattag oder zuvor) auch bei begrenzter Überschreitung der vorgeschriebenen Dosierung keine iSd §§ 20, 21 StGB bedeutsamen Veränderungen des psychischen Zustandes erwarten läßt; um anderes begründen zu können, müßten einschlägige Wirkungen im Verhalten des Betroffenen zum Ausdruck gekommen sein. Im übrigen führt die Einnahme von Mitteln der genannten Art im allg nur unter besonderen Komplikationen zu psychischen Veränderungen (zB bei hoher Dosierung, gleichzeitiger Einnahme gegensätzlich wirkender Substanzen oder offensichtlich paradoxer Reaktionen; zum Bedürfnis nach einem speziellen pharmakologischen Gutachten s allg 1534).

Indes bieten die Gründe für die Mitteleinnahme verschiedentlich gewichtige Anhaltspunkte zur Beurteilung der Täterpersönlichkeit, die von etwaigen pharmakologischen Auswirkungen unabhängig sind und durch diesbzgl Erörterungen nicht verdeckt werden sollten.

Die Urteilsgründe müssen Feststellungen zum *Zeitpunkt* der Einnahme wie auch zu den für den Anstieg bzw Abbau der einschlägigen *Wirkung* wesentlichen Daten enthalten (BGH NStZ **95** 226; zust *Pluisch* NZV **96** 98). Eine gewisse quantitative Abschätzung ist am ehesten dann möglich, wenn Gelegenheit zB zur Blut- oder Urinuntersuchung bestand.

(1) Im einzelnen erzeugen Schlafmittel Bewußtseinsveränderungen (dh Bewußtseinstrü- **1758** bung und -verlust); in kleineren Dosen, etwa innerhalb von sog Mischpräparaten, haben sie eine beruhigende Wirkung. Die Wirkungsweise von sog Tranquilizern besteht darin, Angst- und Spannungszustände zu lösen, im übrigen zu beruhigen und die Stimmung ggf iS einer Euphorisierung zu beeinflussen (vgl allg *Bleuler* 179 f). Neuroleptika dämpfen die psychomotorische Erregung und andere psychische Symptome (zB Halluzinationen); indes wird die sedierende Wirkung gleichzeitig konsumierter anderer Medikamente durch Neuroleptika noch verstärkt, und im übrigen sind Neuroleptika oft von gewichtigen Nebenwirkungen iSv Bewegungsstörungen gekennzeichnet (*Bleuler* 173 ff). Was Antidepressiva angeht, so können als Nebenwirkungen zB Unruhe, Verstärkung einer Suizidneigung, Schlafstörungen und neurologische Erscheinungen auftreten (*Bleuler* 182 ff; *Rasch* 207). Sog einfache Schmerzmittel (etwa gegen Kopfschmerzen, Grippe etc) sind üblicherweise Mischpräparate, teilweise mit dem Zusatz von Beruhigungsmitteln, wobei gerade aus diesen Zusätzen zugleich eine euphorisierende, uU zur Abhängigkeit führende Wirkung ausgehen kann (vgl

Bleuler 337f; *Rasch* 207); bei längerem Mißbrauch können durchaus schwere körperliche Nebenwirkungen die Folge sein. Die Stimulantien (Psychotonika) enthalten eine potentiell suchtbegründende Wirkung, und die längere Einnahme von Weckmitteln (zur Steigerung der Leistungsfähigkeit bzw Unterdrückung von Müdigkeit, in größeren Dosen auch als Appetitzügler) kann psychotische Zustände erzeugen (vgl *Rasch* 208; *Glatzel* 104f); bei einer Überdosierung kann es zu schweren Angst- und Erregungszuständen kommen.

(2) In der Strafrechtspraxis durchaus relevant ist die Einnahme von Medikamenten mit sedierendem Effekt iVm (seinerseits euphorisierend und einschläfernd wirkendem) Alkohol; die Medikamenten- und Alkoholwirkungen verstärken sich gegenseitig, so daß durch diese Kombination Vergiftungszustände nicht auszuschließen sind.

Sofern Alkoholkonsum iVm der Einnahme allg gebräuchlicher Schmerzmittel geschieht, können körperliche (vegetative) Erscheinungen auftreten; soweit es sich bei den Schmerzmitteln um Mischpräparate handelt, die ua stärkere psychotrope Mittel enthalten (zB Beruhigungs- oder Schlafmittel), kann hier gleichfalls eine durch die sedierende Wirkung mögliche schwere Bewußtseinsstörung eintreten, wenngleich in einer Tablette (der Mischpräparate) jeweils nur niedrige Dosen enthalten sind, die auch iVm Alkohol keine schwereren psychischen Veränderungen herbeiführen können (s *Rasch* 208).

e) *Psychogene Reaktion (akute Belastungsreaktion; ICD 9 Nr 308; ICD 10 F43.0) als tiefgreifende Bewußtseinsstörung iSd §§ 20, 21 StGB*

1759 aa) Bei den hier eingeordneten Erscheinungen handelt es sich um *alsbald* **vorübergehende psychische Störungen** (von kurzer Dauer) bei ansonsten psychisch unauffälligen Personen. Die einschlägigen Erscheinungen sind als Reaktion auf schwere seelische oder körperliche Belastungen bzw schwere Übermüdungs- (OGH SJZ **50** 595; *Rasch* 283) oder Erschöpfungszustände (BGH NStZ **83** 280; NJW **86** 77) zu interpretieren.

Im ICD-System wird unterschieden zwischen Reaktionen, bei denen die emotionale Störung (ICD 9 Nr 308), die Bewußtseinsstörung (308.1) oder die psychomotorische Störung (308.2) dominiert, während bei den strafprozessual relevanten Affekten (gekennzeichnet durch intensive Gefühlsaufwallungen, zB Wut, Angst, Zorn, Verzweiflung etc) idR sog Mischformen (ICD 9 Nr 308.4) vorliegen, dh solche, bei denen die vorgenannten Merkmale unterschiedlich stark ausgeprägt sind oder im Ablauf nacheinander die Erscheinung prägen; gleichwohl ist es zwecks Bestimmtheit in der Diagnose bei Affektdelikten angezeigt, die diagnostische Klassifizierung nach dem im konkreten Fall vorherrschenden Typ der Störung anzustreben.

Im allg dominiert die psychomotorische Störung dann, wenn der Pb in Apathie verfällt, dh durch die jeweilige Belastung gleichsam wie gelähmt erscheint, wozu auch der Begriff des Affektstupor verwandt wird; idZ können mitunter möglicherweise Unterlassungsdelikte entstehen.

Abweichend davon differenziert das DSM-System nicht nach vorherrschenden Symptomen, sondern führt (lediglich) Reaktionen mit einer Symptomdauer von bis zu einem Monat (DSM-IV 308.3) sowie solche mit mehr als einmonatiger Symptomdauer (DSM-IV 309.81) an.

1760 (1) Vergleichsweise häufig kommen in der Strafrechtspraxis Affekte iZm *Aggressions-* und *Beleidigungsdelikten* vor. Dabei hat der Konflikt meist eine gewisse Entwicklungsgeschichte, die jedoch bei Täter und Opfer nicht beiderseits gleich sein muß (es kann zB auch vorkommen, daß die Aggression auf andere Personen bzw eine andere soziale Situation übertragen wird und dort sich entlädt[58]). Zu diesem Bereich gehören insbes auch *Tötungs*delikte, durch die eine konfliktreiche Partnerbeziehung abgeschlossen wird (zur depressiven bzw zur narzißtischen Täterpersönlichkeit s *Glatzel* StV **93** 222 f); diesen liegt idR eine langfristig andauernde Auseinandersetzung zugrunde, bei der der Täter empfindet, Opfer zu sein, so daß sich bereits vor der Tat eine psychische Verfassung iS hochgradiger emotionaler Instabilität, Verzweiflung und Suizidneigung entwickelt hat.

Zum Ausbruch der Aggression kommt es nicht selten durch ein bloßes Stichwort, das den Täter in seiner Identität angreift.

(2) Was im einzelnen zB die *Unfallflucht* angeht, so ist zwischen überlegtem Ausweichen vor der Verantwortung und panikartiger Flucht zu differenzieren. Auch hier können zur Diagnose der Tatzeitpersönlichkeit, soweit das Verhalten als akute Belastungsreaktion (zB Angst, Schreck) einzuordnen wäre (vgl *Barbey* BlAlk **92** 260 f), ggf Zeugenaussagen hilfreich sein; ähnliches gilt für Rückschlüsse auf eine entspr Disposition durch vertiefte Analyse der Täterpersönlichkeit. **1761**

(3) Beim *Entweichen* kann die (zwanghafte, unbewußte) Affektdynamik der Ich-Abwehr die Verantwortlichkeit des Täters beeinträchtigen (*Gschwind* in Eisen 84, 87).

bb) (1) Diagnostisch ist davon auszugehen, daß während eines **Affekts** eine Bewußtseinsstörung von psychopathologischer Relevanz (zu einschlägigen Merkmalen s etwa *Saß* Nervenarzt **83** 526, 567; krit *Schorsch* RuP **88** 18 f; *Ziegert* 16, 18) iS einer Einengung (nicht einer Trübung[59]) besteht, zumal die Aufmerksamkeit auf ganz bestimmte Inhalte konzentriert ist; bei dieser Beschränkung des Blickfeldes schrumpft der für das Verhalten bedeutsame äußere und innere Raum (von Wahrnehmung und Vorstellung) auf den affektbesetzten Gegenstand als Situationsausschnitt, während die umgebenden Inhalte, die im „Normalzustand" Einsicht und Handeln mitbestimmen würden, aus dem Bewußtsein verdrängt werden (*Wegener* 80). Durch die Dominanz bestimmter Gefühlsregungen wird eine Reflektion über die wahrgenommenen Sachverhalte und das eigene Verhalten unterbunden. **1762**

Der Affekt geht in unterschiedlichem Grade einher mit körperlichen Symptomen des vegetativen Systems, oder solche folgen dem Affekt (zB Kreislaufveränderungen [gar Ohnmacht], Pulsbeschleunigung, Magen-Darm-Erscheinungen, Erröten, Erblassen).

Die Stärke des Affekts kann während seines Bestehens ansteigen; mitunter soll der Eindruck entstehen, als ob er sich erst an der Tat selbst entzündet habe. Nachdem der Affekt abgeklungen ist bzw die Tat begangen ist, können sich die Betroffenen oftmals an das Geschehen nur unvollkommen oder gar nicht erinnern (vgl auch BGH bei *Detter* NStZ **92** 478: tatsächliche Erinnerungslücke betr Tatgeschehen ist Anzeichen für auf dem Affekt beruhende Bewußtseinsstörung; indes wäre es verfehlt, vorhandener Erinnerung gleichsam ein affektausschließendes Gewicht **1763**

---

[58] Etwa Kneipenschlägerei als Folge von privatem oder beruflichem Ärger oder gar Angriff ggü einem „Zufallsopfer".
[59] S aber zum Vergleich mit dem Erscheinungsbild von Dämmerzuständen *Mende* FS-Bockelmann 316 f; *Venzlaff* FS-Blau 401.

beizumessen (BGH NStZ **93** 34; StV **94** 14; nicht ganz unbedenklich aber BGH NStZ **95** 539).

Nicht selten findet sich dann eine Tendenz zur Rationalisierung, dh der nachträglich konstruierten „vernünftigen" Begründung. Dies als Fehlerquelle zu erkennen, setzt die Einbeziehung aller Ergebnisse der Beweisaufnahme voraus (*Wegener* 89; vgl BGH NStZ **93** 34: die Angabe von Zorn und Wut als Tatmotiv nicht ausschlaggebend).

Die Unfähigkeit, sich zu erinnern, beruht insbes in Fällen mit ausschlaggebenden situativen Bedingungen oftmals auf der Verschiebung ganzer Handlungsfolgen auf bewußtseinsferne Organisationsebenen; (auch) in diesem Bereich bedeutet daher äußerlich planmäßig erscheinendes Verhalten keineswegs immer Aktualisierung von Einsicht und Vorsatz, wenn auch der Beginn einer Handlungsfolge mit größerer Wahrscheinlichkeit bewußtseinsmäßig erfaßt sein wird als deren weiterer Verlauf (*Wegener* 77, mit Hinweis auf einfallmäßiges Denken als Bsp für Verlust an Bewußtseinsnähe).

1764 (2) Der Ablauf vor der Tatbegehung weist in der Verstimmungssymptomatik mitunter Grade auf, die nach Qualität und Ausprägung dem Merkmal einer *schweren anderen seelischen Abartigkeit* entsprechen können (s *Rasch* 209 f), dh der Affekt selbst tritt bei einer Person auf, die bereits zu diesem Zeitpunkt psychisch nicht mehr unauffällig ist; die progrediente Entwicklung setzt nicht notwendig eine konkrete Partnerbeziehung voraus, sie kann vielmehr zB auch aus inneren Konflikten entstehen (*Wegener* 88). Im übrigen ist zu berücksichtigen, daß eine gleichzeitig bestehende Alkohol- oder Medikamentenvergiftung, ohnehin vorhandene Krankheiten oder eine etwa reduzierte allg körperliche Verfassung die Entladung der seelischen Aufstauung fördern und beschleunigen können (BGH StV **94** 14). In solchen Konstellationen ist zugleich zu untersuchen, ob nicht zudem das Merkmal einer *krankhaften seelischen Störung* zusätzlich zu berücksichtigen ist.

1765 (3) Nach der Judikatur kann der Affekt in Ausnahmefällen (BGH bei *Dallinger* MDR **74** 721) die Voraussetzungen der §§ 20, 21 StGB auch dann erfüllen, wenn weder eine Krankheit noch andere Ausfallerscheinungen vorliegen (BGH NStZ **84** 259; NStZ **88** 268 mit Anm *Venzlaff*; s zur Erfassung auch des „normalpsychologischen" Affekts schon BT-Dr V/4095 S 10 f).[60]

Nach weithin vertretener Auffassung müsse der Affekt idS unverschuldet sein, daß der Täter unter den konkreten Umständen nicht in der Lage war, die Entwicklung des Affekts zu verhindern und die Folgen seines Ausbruchs vorauszusehen (BGH **35** 143 = JR **88** 514 mit Anm *Blau*; aA etwa *v Winterfeld* NJW **75** 2229). Ein diesbzgl Vorverschulden ist nicht etwa schon bei Verursachung des Geschehensablaufs durch eine unmittelbar vorausgegangene andere Straftat zu bejahen (BGH StV **93** 355). Andererseits ist zw, ob – retrospektiv weithin nur erschwert feststellbare – Hinweise auf die spätere Tat, wie sie sich etwa aus der Phantasie (sog „Vorgestalten") oder aus Handlungen des Täters ergeben, tendenziell zur Verneinung eines strafrechtlich relevanten Affekts führen sollten (eher abl *Glatzel* 55; s aber *Saß* 567 f; AK StGB-*Schild* 147 zu §§ 20, 21).

Ansonsten aber kann zB das Zusammenwirken von alkoholischer Enthemmung und einem Affektzustand zu völligem Ausschluß des Hemmungsvermögens führen (BGH bei *Detter* NStZ **92** 478).

---

[60] Nach *Krümpelmann* indiziere der Zustand der Tatbereitschaft die Zerstörung des Motivationsgefüges mit Aufhebung des Steuerungsvermögens.

II. Schuldfähigkeitsuntersuchung

Soweit durch eine (über Wochen oder auch Monate anhaltende) Konfliktbelastung eine schwere psychische Störung eingetreten ist, wird im Falle einer gewissen Erregung während der Tat eine *erhebliche Verminderung* der Steuerungsfähigkeit anzunehmen sein; bestand zur Tatzeit eine Persönlichkeitsveränderung iS eines Ausnahmezustandes, *können* die Voraussetzungen der *Schuldunfähigkeit* vorgelegen haben. Eine solche Veränderung wird am ehesten anzunehmen sein bei plötzlichem Einsetzen eines aktiven Erregungszustandes, weitgehender Einflußlosigkeit (im Gegensatz zu einer Verhaltensorientierung an situativ wechselnden Erfordernissen) sowie Reizauslösung für die Tatsituation (zB Auftreffen auf einen psychosozial zentralen Konflikt des Pb ohne verbleibendes Auffangpotential im Gegensatz zur Gestaltung aufgrund der Initiative des Pb[61]).

f) Schwachsinn iSd §§ 20, 21 StGB

aa) Das psychische Merkmal der Oligophrenie = Schwachsinn" (ICD 9 Nr 317–319; ICD 10 F70–79; DSM-IV 317; 318.0–318.2; 319) ist durch fehlende (Voraussetzungen zur) Entwicklung der Intelligenz gekennzeichnet (während eine durch zunehmendes Alter oder Hirnschädigung verschiedener Art eingetretene Minderung der Intelligenzfunktion iS spezifischer Ausfälle in der Intelligenzstruktur als Demenz bezeichnet wird). **1766**

Da Schwachsinn nach den Merkmalen der §§ 20, 21 StGB als intellektuelle Störung verstanden wird, deren Ursachen nicht bekannt sind, wird der Sv dann, wenn eine körperliche Verursachung festgestellt wurde (insoweit idR als „krankhafte seelische Störung" iSd Gesetzes), diese zumindest als Zweitdiagnose nennen.

bb) Am ehesten erkennbar ist die in Rede stehende intellektuelle Minderbegabung in einer Schwäche hinsichtlich der Abstraktionsfähigkeit (*Weitbrecht* 190), dh der schwachsinnige Pb kann nicht zwischen wesentlichem und unwesentlichem unterscheiden, keine Schlußfolgerungen ziehen bzw keine Beurteilung abgeben (vgl *Rasch* 214). Wenngleich die gängigen Intelligenztests auf die genannten, aber auch auf andere Fähigkeiten hin ausgerichtet sind, sind mehrere dieser Tests stark abhängig von (durch Eltern oder Schule) vermittelter Bildung iS trainierbarer Kriterien, dh sie benachteiligen den unter anderen Voraussetzungen aufgewachsenen geistig Behinderten zusätzlich. Einige Tests sind zudem von sprachlichen Fähigkeiten (bei Verstehen wie bei Beantwortung der Fragen) abhängig, so daß solche Tests – zumal bei zugleich vorliegenden Mängeln der Lese- und Schreibfähigkeiten – nur bei Personen mit leichterer Behinderung anwendbar sind (*Wegener* 96). Neben diesem Verfahren ist die im diagnostischen Gespräch bzw in der Art der Lebensbewältigung zu erkennende praktische Intelligenz von Bedeutung. **1767**

Die WHO nennt vier Schweregrade der Intelligenzminderung (leicht, mittelgradig, schwer, schwerst [ICD 10 F70–73]; entspr auch DSM-IV 317–318.2). Nach verbreiteter Unterteilung werden drei Schweregrade der Oligophrenie unterschieden, und zwar Debilität für Pb, die die Pflichtschulausbildung nicht erfolgreich abschließen und auch nicht fähig sind, einen Beruf zu erlernen, sowie Idiotie bei Pb mit völliger Bildungsunfähigkeit und (folglich) Pflegebedürftigkeit, während zwischen diesen beiden Schweregraden die Imbezil-

---

[61] Dies wird eher zu verneinen sein, wenn die angeklagte Person sich zuvor „bewaffnet" hatte und erst nach einer neuerlichen Provokation die Tat beging (BGH NStZ **95** 176). Krit zu intuitiver Beurteilung *Endres* ZexPsych **95** 353 ff.

lität eingeordnet wird. In der Sozial- bzw Sonderpädagogik werden stattdessen die Begriffe Lern- bzw Geistigbehinderte sowie „Pflegefälle" verwandt (*Wegener* 91).

1768 cc) In der Strafrechtspraxis kommt Idiotie kaum vor, da die Pben idR in Krankenhäusern oder Heimen leben; im allg findet lediglich bei besonders schweren Delikten (Tötung, Brandstiftung) eine Strafverfolgung statt. Namentlich bzgl der beiden anderen Schweregrade kommt es zu (Straf-)Taten meist infolge mangelnder sozialer Reife (iSd gegenseitigen Akzeptanz von Verhaltensregeln) oder aber insofern, als Schwachsinnige oftmals von Stimmungswechsel gekennzeichnet sind, uU Episoden vermehrter Reizbarkeit durchleben oder auf Grund einer fehlverstandenen Situation inadäquate Reaktionen zeigen (s dazu *Rasch* 215).

Aufgrund von Defiziten im sozialen Umgang scheinen Oligophrene gerade im Bereich registrierter Sexualdeliquenz überrepräsentiert zu sein, was sich auch im Maßregelvollzug bestätigt (s 1820). Hiernach sind die (Straf-)Taten Schwachsinniger ganz überwiegend Ergebnis eines Zusammenwirkens von niedriger Intelligenz und dadurch (mit-)bedingter reduzierter Übersicht wie Kritikfähigkeit bzw leichter Verführbarkeit sowie Frustrationen im Rahmen der oftmals erlittenen Außenseiterrolle (s dazu *Venzlaff*, in: Frank/Harrer 17; einschr betr Kindstötung *Glatzel* 120 ff). Demgemäß ist bei der Frage nach den Voraussetzungen der Schuldfähigkeit nicht nur der IQ, sondern es sind auch die bezeichneten psychosozialen Bedingungen bzw deren Verminderung zu gewichten (nicht zuletzt im Grenzbereich zwischen Unterbegabung und Debilität; vgl zudem *Dilling ua* 239). Insbes sind etwaige kumulierende Wirkungen durch verfehlte Interaktionen (zB Ablehnung oder Verwöhnung, Hilflosigkeit oder Härte), dh Deprivationsfolgen iS einer Verkümmerung der Entwicklungsmöglichkeiten durch fehlende affektive, pflegerische und pädagogische Zielsetzung (*Wegener* 92) zu berücksichtigen, und zwar unter Differenzierung danach, ob sie wegen Nichterkennens oder trotz Erkennens der Behinderung eintreten.

Generelle Aussagen über einen „Entwicklungsstillstand" des intellektuell Minderbegabten jenseits des Jugendalters (s dazu *Witter* 46 ff, 166 f; dagegen *Wegener* MKrim **60** 147 ff) sind schwerlich vertretbar. Vielmehr bedürfte eine entspr Prognose der Begründung durch Befundtatsachen bzgl des jeweiligen Pb.

g) Psychogene Reaktion (Anpassungsstörung; ICD 9 Nr 309; ICD 10 F43.2; DSM-IV 309) als schwere andere seelische Abartigkeit iSd §§ 20, 21 StGB

1769 Es handelt sich um eine psychische Störung, die bei dem Pb aufgrund äußerer Belastungen und Frustrationen sich einstellt, wobei die Belastungen am häufigsten aus gleichsam schicksalhaften Konflikten entstehen (zB in der Familie, in einer Partnerbeziehung, im Beruf). Ob die einschlägige psychische Störung auftritt, hängt zum einen von der Belastbarkeit einer Person, zum anderen von Art und Dauer der Belastung ab (vgl *Rasch* 216).

In der Strafrechtspraxis finden sich erhebliche Diskrepanzen hinsichtlich der Systematisierung und diagnostischen Zuordnung einschlägiger psychischer Abweichungen.

aa) Strafrechtlich relevant sind nicht ganz selten länger dauernde depressive Reaktionen (ICD 9 Nr 309.1; ICD 10 F43.21; DSM-IV 309.0; 309.28), wie sie auch im Bereich der akuten Belastungsreaktionen (s 1759 ff) einschlägig sind.

Solche depressiven Reaktionen sind zum einen oftmals Grundlage für affektive Erregungszustände; sie finden sich nicht selten bei zwischenmenschlichen Trennungskonflikten.

II. Schuldfähigkeitsuntersuchung

Der Zustand des Pb kann nach Qualität und Schwere einer reaktiven depressi- **1770** ven Psychose gleichkommen (ICD 9 Nr 298; DSM-IV 296), die nach ihren Symptomen der endogenen Depression entspricht; der Zustand kann in einer Aggressionsentladung („nach innen oder außen" [*Rasch* 216]) aufbrechen.

Depressionen vermögen iS einer Vitalisierung einen zum *Wegfall* der Voraussetzungen der *Schuldfähigkeit* führenden Schweregrad bzw ein entspr Ausmaß an Ich-Fremdheit zu erreichen, etwa auch wenn Suizidhandlungen zugleich sonstige strafrechtlich relevante Folgewirkungen enthalten (zB im Straßenverkehr oder durch Einsatz von Sprengstoff bzw Feuer [s *Venzlaff*, in: Frank/Harrer 16]).

bb) Eine besondere Reaktionsform iS psychischer Belastung kann sich bei Delikten eher *jüngerer* Menschen zeigen, die Techniken der Verarbeitung des jeweiligen besonders belastenden Ereignisses (noch) nicht beherrschen (ICD 9 Nr 309.3; 309.4; ICD 10 F43.24, F43.25; DSM-IV 309.3), wobei die Gefühle teilweise in aggressiven Handlungen ausgelebt werden (zB Trauer- oder Heimwehreaktion); zur psychopathologischen Abklärung ist stets eine Analyse der Persönlichkeit wie auch der konkreten Situation vonnöten, dh das etwaige delinquente Verhalten stellt für sich keinesfalls eine hinreichende Grundlage für eine psychiatrische Diagnose (zB iS einer sog Anpassungsstörung) dar (*Rasch* 217).

h) Neurosen (ICD 9 Nr 300; DSM-IV 300; systematisch anders ICD 10) als schwere andere seelische Abartigkeit iSd §§ 20, 21 StGB

Vorherrschende Symptome von Neurosen sind Angst, Depressivität, Phobien **1771** (zB vor bestimmten Objekten oder Situationen), Hypochondrie (s PsychiatrGg 1 [*Hoffmann*] 32, 39 f; *Huber* 459). Sie sind – bei wechselnder Intensität – während des gesamten Lebensablaufes vorhanden; indes können sie zB als „episodische Aktualisierungen des Konfliktthemas" (*Rasch* 218) oder aber iS eines kontinuierlichen sich Entwickelns der Symptomatik auftreten, und mitunter kommt es bei Alternden (auch ohne Therapie) zu einer Rückbildung der Symptomatik. Als ein Kriterium bei der Diagnose gilt das Leiden des Pb unter der Erkrankung (am meisten dann, wenn es sich um Symptome von Angst und Depressivität handelt).

Nach Auffassung einzelner Schulen werden auch Sucht, Zwangskrankheit und sexuelle Abweichungen den Neuroseformen zugeordnet (vgl etwa zu Fällen von [sexueller] Hörigkeit *Achner/Bischof* MKrim 92 143 ff).

aa) Die Abgrenzung der Neurosen von den Psychosen ist nicht immer einfach **1772** (vgl etwa *Huber* 445), und die herkömmliche Unterscheidung untereinander wird teilweise nicht beibehalten (vgl ICD 10; *Dilling ua* 17). So ergeben sich bei einzelnen Psychosen (besonders zu Anfang des Verlaufs) Symptome einer Neurose, bei verschiedenen Verläufen von Neurosen hingegen wahnähnliche Erscheinungen; indes weisen neurotische Entwicklungen keine sog produktiv-psychotischen Symptome (zB Halluzinationen) auf. – Im übrigen können bei der Diagnose erhebliche Abgrenzungsschwierigkeiten ggü bestimmten Persönlichkeitsstörungen und -varianten ebenso wie sog einfachen Konfliktreaktionen bestehen. Dies ist im Rahmen der *forensischen* Tätigkeit deshalb von Bedeutung, weil eine hinreichende Durchforschung im Einzelfall erheblichen Zeitaufwand verlangt, zumal es wiederum ein Wesen der Neurose ist, daß eine gleichsam griffige Abklärung schwerlich möglich ist. Es kommt hinzu, daß es gerade im Bereich der Neurosen im starken

Maße von der *jeweiligen Schule* abhängt, welche Ursachen als entscheidend beurteilt werden.

(1) Neurosen sind auf innere Konflikte zurückzuführen, die dem Pb nicht oder nur partiell bewußt sind und deren Inhalt die Befriedigung elementarer Bedürfnisse bzw deren Versagung betrifft, wobei der Konflikt – etwa zwischen sozialen Normen und (Trieb-)Wünschen des Pb – jedoch nicht als eine von außen wirkende Repression erfahren wird. Die sozialen Normen sind verinnerlicht, dh sie wirken durch das sog Über-Ich als Gewissensinstanz.

1773 Eine besondere, strafrechtlich eher selten relevante Gestaltung einer neurotischen Entwicklung stellt die sog *Zwangsneurose* (ICD 9 Nr 300.3 [vgl *Weitbrecht* 129 f]; ICD 10 F42: Zwangsstörung; DSM-IV 300.3) dar (auch als Zwangskrankheit bzw anankastische Entwicklung bezeichnet). Der davon Betroffene steht ihr eher distanziert gegenüber, erkennt, daß sie nicht vernünftig ist (PsychiatrGg **1** [*Hoffmann*] 45 mN), empfindet sich jedoch gleichwohl den Symptomen „ausgeliefert" (*Rasch* 221, auch zu sog Impulshandlungen, bzgl derer besonders die Gestimmtheit zZt der Tat zu ermitteln ist).

1774 (2) Gemäß der (für die Neuroseforschung auslösend gewesenen) Psychoanalyse (vgl zum Folgenden n *Huber* 447 ff) wird der Konflikt zwar aus dem Bewußtsein herausverlagert, ohne daß dadurch jedoch dessen Wirksamkeit überwunden würde. Soweit die Fehlverarbeitung des inneren Konflikts zu psychischer Fehlentwicklung führt, laufen verschiedene psychische Prozesse ab (Abwehrmechanismen iSd Psychoanalyse wie etwa Verdrängung, Verleugnung, Wendung ins Gegenteil, Projektion etc), wobei auffällig ist, daß Neurosen meist auf Ursachen zurückzuführen sind, die in der Kindheit oder frühen Jugend gesetzt wurden. – Verschiedentlich werden als einzelne unter mehreren Faktoren für die Entstehung von Neurosen auch Anlagefaktoren oder hirnorganische Schädigungen (etwa frühkindlicher Art) genannt.

Gemäß lerntheoretischen Zugängen wird die Neurose als fehlerhafte Konditionierung verstanden. Neurotische Symptome schleichen sich ein und werden dadurch verfestigt, sodaß die Effektivität von Bemühungen um Veränderungen insoweit zumindest zw bleibt (*Rasch* 218).

1775 bb) (1) In der strafrechtlichen Praxis kommen vereinzelt solche Neurosen vor, bei denen unbewußte Schuldgefühle die Begehung von Straftaten gleichsam veranlassen (vgl *Jäger* in: FS-Henkel 133; *Eisenberg* § 4 Rn 10).

Hiervon zu unterscheiden sind Schuldgefühle iVm Hoffnungslosigkeit und Empfindungen des biographischen Versagens. Meistens handelt es sich um Personen, die (von früher Kindheit an) immer wieder privat wie behördlich ausgegrenzt, degradiert und sanktioniert wurden (insofern bestehen Berührungen zum „Typ" soziopathischen oder asozialen Verhaltens, s 1795). Der innere Konflikt wendet sich in Gestalt der Deliktsbegehung nach außen, wenn das Empfinden der Benachteiligung (oder auch eines Verlusts an Zuwendung bzw Geborgenheit) besonders belastend ist (s n *Rasch* 219).

1776 (2) Ist eine Neurose festgestellt, so können ab einem gewissen Schweregrad die Voraussetzungen zur *Minderung* der *Schuldfähigkeit*, mitunter auch zur *Aufhebung* derselben gegeben sein (*Tölle* 122). Dabei kommt es für die Beurteilung der einschlägigen Voraussetzungen auf das Verhältnis der individuellen neurotischen Konfliktdynamik zu der Straftat an und insbes darauf, ob die Neurose hinreichend schwer war (bzw ist), um tatresistente Elemente einzuschränken.

Diesbzgl soll betr unbewußter neurotischer Motive eingrenzend davon auszugehen sein, daß solche „von der Ich-Instanz nur zugelassen werden, wenn sie von der Person – und sei es auch nur in bestimmten Situationen – grundsätzlich bejaht werden" (*Venzlaff* in: Frank/Harrer 20).

Da ein nicht unerheblicher Anteil von Angekl nach Biographie und Persönlichkeitsprofil deutlich erkennbare Normabweichungen oder „neurotische Strukturanteile" (*Venzlaff* in: Frank/Harrer 19), eine gestörte Über-Ich-Entwicklung bzw Frustrationstoleranz oder verinnerlichte subkulturelle Verhaltensmuster aufweist, die ggf in kausaler Verbindung zum Tatverhalten stehen, ist indes nicht selten zu besorgen, daß gemäß Wertungen von Sv bzw Strafjustiz eine Verminderung und besonders eine Aufhebung der Schuldfähigkeit in sachlich schwerlich vertretbarer Häufigkeit versagt wird[62]

i) *Psychopathologische Entwicklungen als schwere andere seelische Abartigkeiten iSd §§ 20, 21 StGB*

Die in Rede stehenden Erscheinungen sind von Symptomen gekennzeichnet, die sich gemäß einer eigenen Dynamik entwickeln. Diagnostisch ist indes zu berücksichtigen, daß die einbezogenen psychischen Phänomene auch im Bereich normalen Verhaltens vorkommen. Für die Frage nach dem Vorliegen der Voraussetzungen einer *Schuldunfähigkeit* oder zumindest einer *Verminderung* der *Schuldfähigkeit* kommt es darauf an, ob der Verlauf insofern psychotische Qualität erreicht hat. Kriterium dafür ist bei expansiven Entwicklungen, inwieweit die Fähigkeit zur Ich-Abgrenzung und Realitätsprüfung eingeschränkt oder verloren war. **1777**

aa) Hinsichtlich **sexualpathologischer Entwicklungen** (ICD 9 Nr 302, ICD 10 F65; DSM-IV 302.xx) bestehen in besonderem Maße Abhängigkeiten zwischen gesellschaftlich-kultureller Wertung und psychopathologischer Einordnung. Nach der Judikatur (BGH NJW **82** 2009; **89** 2958 f; NStZ **89** 190 f; JR **90** 119 mit Anm *Blau*; NStZ **93** 181) sei eine „süchtige" Entwicklung ein wesentlicher Anhaltspunkt für eine einschlägige „Persönlichkeitsentartung"), die das Hemmungsvermögen in einer (zumindest) für die Verminderung der Schuldfähigkeit relevanten Weise herabsetze (psychiatrisch zusammenfassend *Witter* in: HbForPsychiatr II 1071 ff). **1778**

(1) Betr *Homosexualität* ist davon auszugehen, daß sexuelle Erregung durch Menschen gleichen Geschlechts einer allg möglichen menschlichen Disposition entspricht. Gleichwohl wird teilweise angenommen, wenn der Aufbau heterosexueller Beziehungen grds mißlinge, könne von einer Störung der sexuellen Identitätsfindung gesprochen werden, und der homosexuelle Mann sei nicht durch gesellschaftliche Normierungen, sondern auch „durch seine psychologischen Voraussetzungen" dem Risiko unterstellt, „in eine sexualpathologische Entwicklung abzuleiten" (so *Rasch* 227).[63] Diese Betrachtungsweise folgt aus einer Vermischung von Tatsachenfeststellung und Wertung, denn wenn einerseits einschlägiges Verhalten für jedes Individuum möglich sein soll, kann es schwerlich zugleich auf tendenziell pathologischen Voraussetzungen beruhen; so wurde das Stichwort Homosexualität als nosologische Entität auch aus dem DSM-III-R sowie dem ICD 10 (vgl auch *Dilling ua* 18) gestrichen.

(2) *Pädophilie* (ICD 9 Nr 302.2; ICD 10 F65.4; DSM-IV 302.2) gilt als sexuelle Neigung und Beziehung zu Personen vor Eintritt der Pubertät. **1779**

Verschiedentlich wurde festgestellt, daß speziell pädophile Lehrer nicht nur eine beachtliche pädagogische Eignung, sondern auch eine erlebte Verknüpfung von Leistungsbereich und solchen Inhalten aufweisen, die üblicherweise mehr dem Privaten bzw dem Freizeitbe-

---

[62] Zur Problematik, daß das Schuldprinzip bei zunehmender Häufigkeit einer Aufhebung oder auch nur Minderung im konkreten Fall in Frage gestellt würde, s näher *Eisenberg* § 24 Rn 4.
[63] S demggü zur anlagebedingten, nicht korrigierbaren Homosexualität BGH **14** 30; **19** 204; MDR **55** 368; GA **62** 1779; JR **83** 70 mit Anm *Blau*; JR **90** 119 mit Anm *Blau*.

reich zugehören (*Schorsch* 141); vereinzelt mag es sich dabei um Folgeerscheinungen außerberuflicher Vereinsamung bzw um eine emotionale Ausreifung „wie die der Schüler" handeln (vgl auch *Tölle* 133; *Glatzel* 158–174).

Für die Anwendung der §§ 20, 21 StGB ist es unerheblich, ob der Angekl die Taten bei (anhaltender) Einnahme eines Medikaments (zB Androcur) nicht begangen hätte[64].

1780 (3) Hinsichtlich des *Exhibitionismus* (ICD 9 Nr 302.4; ICD 10 F65.2; DSM-IV 302.4) liegt der Lustgewinn in der Reaktion von Seiten der (beobachtenden) Fremden (s n *Weitbrecht* 643 ff; *Glatzel* 189 ff). Bei verschiedenen Tätergruppen sei dieses Verhalten in Unterlegenheitsempfindungen der männlichen Identität begründet (vgl *Rasch* 227).[65] Selten tritt Exhibitionismus als Beginn einer tiefgreifenden und gefährlichen Entwicklung im Sexualbereich auf (vgl *Witter* in: HbForPsychiatr II 1061; *Wille* MKrim **72**; s aber auch *Glatzel* forensia **85** 172).

Bei meist homotropem Verlauf der Taten und ansonsten vorhandenen Merkmalen sozialer Eingliederung kommt es erst im Anschluß an Strafverfolgung und -vollstreckung zur Begehung anderer Delikte (*Schorsch* 68, 115; *Witter* in: HbForPsychiatr II 1064 f; vgl auch § 183 Abs 3 StGB).

Soweit die Tat iZm einer depressiven Konfliktreaktion und Selbstwertkrise steht, werden – auch wenn sonstige Befunde nicht vorliegen – die Voraussetzungen für eine Verminderung der Schuldfähigkeit iSd § 21 StGB anzunehmen sein (vgl etwa Bay OLGSt **11** zu § 51 aF; *Tölle* 134).

1781 (4) Die Abweichung des *Fetischismus* (ICD 9 Nr 302.8; ICD 10 F65.0; DSM-IV 302.81) ist dadurch gekennzeichnet, daß sexuelle Befriedigung durch Einbeziehung von Requisiten (zB Wäschestücke, Schuhe) erzielt wird, gleichsam als Verdinglichung „normaler" Übertragung erotischer Gefühle auf Körperteile oder Gegenstände (*Bleuler* 550; *Langelüddeke/Bresser* 230; s auch *Rasch* 227, wonach es nicht darauf ankommt, ob diese Gegenstände von einer dem Pb bekannten Person stammen; vgl aber auch *Glatzel* 179).

1782 (5) Strafrechtlich am häufigsten relevant (und ggf auch bei Tötungs- und Vergewaltigungsdelikten zu prüfen) ist diejenige sexualpathologische Entwicklung, die als *Sadismus* bezeichnet wird (ICD 9 Nr 302.8; DSM-IV 302.84; vgl auch ICD 10 F65.5; s n *Glatzel* 174 ff).[66] Dabei muß es sich nicht notwendigerweise um Gewaltausübung und Aggressivität handeln; wesentlich ist sexuelle Erregung bzw sexueller Lustgewinn aufgrund von Praktiken der Beherrschung, Demütigung und Schmerzzufügung (vgl *Rasch* 227; *Huber* 547).

Die Definition von „sadistischen Verhaltensweisen" ist nicht einheitlich; folgende Leitsymptome sind von Bedeutung, ohne daß sie ihrerseits jedoch alleine entscheidend für die Feststellung des Grades der Entwicklung des Pb sein können (*Rasch* 228): Verfall an Sinnlichkeit (Reizempfinden bei Austauschbarkeit der Person, von der der Reiz ausgeht), sodann Hinwendung zu Anonymität (mit Ausschluß von Partnerschaft) bzw Promiskuität, Steigerung

---

[64] Zum einen ist der Zustand weder vorsätzlich noch fahrlässig herbeigeführt, so daß das in Rede stehende Unterlassen nicht einschlägig relevant ist, und zum anderen hätte zu dem insoweit maßgeblichen Zeitpunkt die Vorstellung bestimmter Rechtsgutverletzungen bestehen müssen (BGH StV **95** 406).
[65] S aber zu Einzelfällen iS eines sexuellen „Primitivverhaltens" *Schorsch* 119.
[66] Betr sexualpathologische Triebabweichungen iS eines sexuellen Sadismus mit nekrophilen Tendenzen s BGH NStE § 211 Nr 12.

II. Schuldfähigkeitsuntersuchung

der Häufigkeit und, im Falle des Ausbleibens einer Befriedigung, Fortentwicklung der Phantasie und Raffinesse der einschlägigen sexuellen Betätigung (s auch *Glatzel* 177).

Wie bei sonstigen psychopathologischen Entwicklungen auch, verlangt die Progredienz des einschlägigen Verhaltens zunehmend Zeit und Beschäftigung zwecks erwarteter Befriedigung; hinzu kommt oftmals eine steigende Tendenz zu sozialer Ausgliederung,[67] nicht zuletzt allerdings verursacht auch durch Strafverfolgung. Zudem sinkt mit der zunehmenden „Besetzung" des Pb durch das einschlägige Verhalten die Distanz (*Rasch* 228; zu Formen der Verkümmerung des sexuellen Empfindens *Langelüddeke/Bresser* 231).

bb) Die **„Sucht"** (Alkoholabhängigkeit [ICD 9 Nr 303; ICD 10 F1 x.2; DSM- **1783** IV 303.90; 305.00] sowie Medikamenten- und Betäubungsmittelabhängigkeit [ICD 9 Nr 304; DSM-IV 304.40; 305.70; 304.10; 305.40]) als psychopathologische Entwicklung ist zu unterscheiden von Psychosen im Anschluß an Alkohol- oder Betäubungsmittelmißbrauch (s 1724 ff) ebenso wie von der akuten Alkohol- und Betäubungsmittelwirkung (s 1748 ff, 1756), wenngleich beides durchaus auch im Rahmen einer „Sucht" auftreten kann.

(1) Die „Sucht" ist gekennzeichnet von zunehmender Toleranzsteigerung, Abhängigkeit sowie Wunsch bzw Zwang zu weiterer Einnahme (und Verschaffung [*Tölle* **85** 137; s auch *Glatzel* 130; betr Medikamente PsychiatrGg 3 [*Poser*] 404 f]).

Dabei ist unter Toleranz der Umstand zu verstehen, daß der Körper sich an zunehmend größere Dosen gewöhnt bzw daß solche Dosen erforderlich sind, wenn die – zuvor mit geringeren Dosen – erreichte Rauschwirkung erzielt werden soll (vgl *Glatzel* 130 f).

Bei gewohnheitsmäßigem Konsum bestimmter Pharmaka entwickelt sich im **1784** Körper ein verändertes Gleichgewicht, dh es treten Mißbehagen oder ausgeprägte Entziehungserscheinungen auf, wenn es an der Zufuhr des Mittels fehlt (*Rasch* 223; zur Frage der Schuldunfähigkeit etwa bei „unwiderstehlichem Drang" s BGH bei *Holtz* MDR **77** 982; vgl auch BGH NJW **89** 2336; bei *Detter* NStZ **90** 484: dem Schuldausschluß steht nicht entgegen, daß der Täter noch imstande war, zwischen mehreren möglichen Tatopfern und -orten eine Wahl zu treffen).

Demgemäß kann es, mit dem Ziel der Euphorisierung ggf bis hin zum Exzeß, zur gleichzeitigen Benutzung verschiedener „Suchtstoffe" (zB Einnahme von Analgetika zwecks Potenzierung der Alkoholwirkung [vgl betr Barbiturate 1225]) wie auch zur Ablösung verschiedener „Suchtformen" kommen. Zu berücksichtigen ist idZ allerdings die Toleranzentwicklung; so dient die gesteigerte Verwendung von „Suchtmitteln" bzw ihre Ergänzung durch andere Mittel uU auch eher der Aufrechterhaltung eines Zustandes, der (einigermaßen) frei von Entzugssymptomen ist (zur Begehung von Straftaten unter Einfluß von Entzugserscheinungen s 1726).

(2) Im Rahmen strafrechtlicher Beurteilung sind wesentliche Kriterien die Ein- **1785** engung und Konzentration auf die „Sucht" unter gleichzeitigem Schwinden anderer Verhaltensweisen bzw Erlebnismöglichkeiten, Formen sozialer Ausgliederung, Veränderungen in dem Erleben von Wirklichkeit und gleichsam eine Zerstörung des Pb als soziale Persönlichkeit (*Witter* in: HbForPsychiatr II 1038; PsychiatrGg **3** [*Wanke*] 37 mN; *Rasch* 224; *Glatzel* 131).

---

[67] Hingegen ist eine „Einengung der Lebensführung" nicht notwendig vorausgesetzt (BGH NStZ **94** 75), vielmehr vermögen sozial eingegliederte Pben den Sv ggf „auf die falsche Spur zu bringen" (*Rasch* 227 f).

Hieraus ergeben sich mitunter Abgrenzungen etwa iSv „süchtigen Kriminellen" und „kriminellen Süchtigen", wobei allerdings das Bemühen mancher Sv unübersehbar ist, mittels dieses Begriffspaares die Voraussetzungen des § 64 StGB (mit der Folge einer Aufnahmeverpflichtung) bei Personen aus dem „subkulturellen Milieu", die trotz oder wegen gewohnheitsmäßigen Konsums ieS nicht süchtig oder toxisch depraviert seien, zu verneinen (s betr Befangenheit des Sv allg 1553).

j) Persönlichkeitsstörungen (ICD 9 Nr 301; ICD 10 F60; DSM-IV 301.xx) als schwere andere seelische Abartigkeiten

1786 Es handelt sich um psychische Auffälligkeiten, die von der Kindheit an (*Weitbrecht* 558) das Verhalten eines Individuums mitbestimmen, sofern jeweils zusätzliche Voraussetzungen gegeben sind. Dabei ist gem den unscharfen Abgrenzungen (*Weitbrecht* 558) unter dem Aspekt wertender Zuschreibung krit hervorzuheben, daß die Diagnose einer Persönlichkeitsstörung wesentlich davon abhängt, ob der Pb sozial vergleichsweise konfliktfrei sein Leben führt und sozial akzeptiert wird (vgl *Rasch* 232).

1787 aa) Die Begriffe „Persönlichkeitsstörung" und „abnorme Persönlichkeit" werden unabhängig von pathogenetischen Vorstellungen verwandt. Die üblichen Typologien von Persönlichkeitsstörungen oder Psychopathien beziehen sich jeweils auf einen speziellen, für die jeweilige Persönlichkeit sozusagen markanten Wesenszug dieser oder jener psychischen Kategorie. Die methodische Verläßlichkeit wird zusätzlich dadurch beeinträchtigt, daß die jeweiligen Merkmale auch im normalpsychologischen Bereich vorkommen, so daß die Frage, ab wann es sich um eine Persönlichkeitsstörung handelt, diagnostische Schwierigkeiten bereitet.

1788 bb) (1) Die *paranoide* Persönlichkeit (ICD 9 Nr 301.0; ICD 10 F60.0; DSM-IV 301.0) weist ein überhöhtes Mißtrauen, Elemente von Selbstbezogenheit (uU einschließlich Größenideen) und übergroße Empfindlichkeit auf (*Degkwitz ua* 55 f). Soweit im sozialen Zusammenleben bestimmte Verhaltensweisen (zB Gesten) registriert werden, neigt der Pb dazu, ihnen einen bestimmten, auf ihn bezogenen oder gegen ihn gerichteten Sinn zu unterstellen. Oftmals wird auf dergestalt konstruierte Drohungen mit Gegenangriffen reagiert; häufig geschieht die in Rede stehende Zuschreibung iZm sog krankhafter Eifersucht (*Rasch* 233). – Es finden sich Übergänge zu *querulatorischen* Persönlichkeiten (krit zum Begriff 1744 ff), die als rechthaberisch, fanatisch und unbelehrbar gelten, zugleich jedoch als verwundbar und ohne hinreichende Berücksichtigung der Rechte anderer (*Tölle* 117).

1789 (2) Bei der *zyklothymen* Persönlichkeit (ICD 9 Nr 301.1; ICD 10 F34.0) besteht eine Neigung zu Stimmungsverschiebungen (*Weitbrecht* 265), wobei überwiegend zwischen hyperthymen Persönlichkeiten (iS gehobener Stimmung und gesteigerten Antriebs) und depressiven Persönlichkeiten (s n *Tölle* 109 f) unterschieden wird.

1790 (3) *Schizoide* Persönlichkeiten (ICD 9 Nr 301.2; ICD 10 F60.1; DSM-IV 301.20) gelten als zwiespältige Konfliktpersönlichkeiten" (*Tölle* 118), die sozial distanziert oder gar isoliert sind. Sie werden als kühl und eher ihre seelischen Empfindungen verbergend bezeichnet und „wirken starr, undurchdringlich, trocken oder kalt" (*Bleuler* 577).

1791 (4) Eine *erregbare* Persönlichkeit (ICD 9 Nr 301.3; ähnlich ICD 10 F60.3: emotional instabil)[68] neigt in hohem Maße zu Affektausbrüchen, die in keinem Verhält-

---

[68] In der Klassifikation des DSM-IV-Systems nicht angeführt (vgl aber DSM-IV 301.4).

nis zu ihrem Anlaß zu stehen scheinen (*Tölle* 119); es wird sinngleich auch von aggressiver oder explosiver Persönlichkeit gesprochen. Nach forensischer Erfahrung wird für die frühe Kindheit eine Tendenz zu überkompensatorischer Selbstbehauptung mitgeteilt, während die in Rede stehenden Taten oftmals im Rahmen subkultureller Normierungen und unter Alkoholeinfluß geschehen (vgl *Rasch* 234, auch zu Zw an dem Aussagewert einer entspr Diagnose).

(5) Strafrechtlich wenig relevant ist der Typ der *anankastischen* Persönlichkeit (ICD 9 Nr 301.4; ICD 10 F60.5; DSM-IV 301.4), wobei es sich in abgeschwächter Form und auf Dauer um Verhaltensweisen bzw psychische Merkmale handelt, die symptomatisch einer Zwangsneurose entsprechen (s 1773). **1792**

(6) Strafrechtlich besonders relevant sind *hysterische* (bzw geltungsbedürftige) Persönlichkeiten (ICD 9 Nr 301.5; ähnlich ICD 10 F60.4 sowie DSM-IV 301.50: histrionisch), auch wenn deren Eigenschaften iVm pseudologischen Elementen und erheblicher Skrupellosigkeit ggü dem (mutmaßlichen) Opfer sowie Raffinesse und Täuschungsvermögen ggü auch erfahrenen Amtsträgern eine eindeutige Ermittlung des Geschehens (zB mutmaßlicher Prozeßbetrug iwS, Vortäuschung von Straftaten, falsche Anschuldigung) oftmals verhindern; kennzeichnend ist die Überzeugungskraft *im Ausdruck* (*K. Schneider* 102 ff; *Weitbrecht* 96 f; s näher 1877). **1793**

Es handelt sich um (überwiegend weibliche) Personen, die sich als insuffizient (*Weitbrecht* 106) bzw in ihren als vorhanden empfundenen Entwicklungsmöglichkeiten beeinträchtigt fühlen und stets versuchen, ihre Ansprüche an Bezugspersonen und Gesellschaft „mit allen Mitteln" (*Rasch* 234) durchzusetzen. In dem Maße, in dem dies nicht gelingt, verlegen sie sich auf Phantasien und theatralische Szenen, dh ein nicht erfüllbarer Anspruch wird ausgeglichen, wodurch zumindest Anteilnahme, Aufmerksamkeit und Bewunderung erzielt wird. Indes führt das chronisch selbstbezogene Verhalten regelmäßig und nach gewissen Zeiträumen zu Vorbehalten bis hin zu Ablehnung durch Dritte (vgl *Bleuler* 557; *Tölle* 111 f; *Rasch* 234; *Huber* 414 f), zumal wenn sich Zw an dem Wahrheitsgehalt früherer Äußerungen einstellen.

Soweit Gewaltdelikte (zB Tötungsdelikte, auch durch Vergiftung) durch weibliche Personen begangen werden, handelt es sich nicht nur ausnahmsweise um hysterische Persönlichkeiten (*Rasch* 234).

(7) Eine *asthenische* Persönlichkeit (ICD-Nr 301.6) gilt als von Schwächlichkeit (iSv Leistungsunfähigkeit und mangelnder Durchsetzungsfähigkeit) gekennzeichnet; eine strafrechtliche Relevanz kann sich etwa daraus ergeben, daß oftmals eine Abhängigkeitsdisposition bzw Willfährigkeit ggü den Wünschen anderer Personen besteht (*Degkwitz ua* 58). Eine gewisse Nähe ergibt sich zur „Abhängigkeits-Persönlichkeitsstörung" (DSM-IV 301.6; *Tölle* 114; zur Gleichstellung s ICD 10 F60.7). – Nahezu regelmäßig liegen unterschiedliche körperliche Beschwerden vor, die eine vegetative Symptomatik erkennen lassen. **1794**

(8) Der Typ des *soziopathischen* oder *asozialen* Verhaltens (ICD 9 Nr 301.7; DSM-IV 301.7; ähnlich ICD 10 F60.2: dissozial) ist in besonderem Maße strafrechtlich relevant (s etwa BGH StV 92 316). **1795**

Bereits begrifflich ist zu besorgen, daß von der Bewertung eines Verhaltens her auf bestimmte Wesenszüge der Persönlichkeit geschlossen wird, die ihrerseits zur Erklärung des Verhaltens herangezogen werden (vgl *Rasch* 235). Demggü ist es methodisch unzulässig, ein Verhalten nur deshalb als Indiz für psychische Gestörtheit zu bezeichnen, weil es erwartungswidrig ist (s systematisch *Eisenberg* §§ 4, 5).

Wesentlich für die hier gemeinte Persönlichkeitsstörung, die ua offenbar mit frühkindlichem Hospitalismus zusammenhängt, ist ein Mangel hinsichtlich der Fähigkeit, aus Fehlern zu lernen (*Tölle* 120).

1796 cc) **Persönlichkeitsstörungen** können (als schwere andere seelische Abartigkeit iSd §§ 20, 21 StGB) von einem gewissen Schweregrad an die Voraussetzungen zur *Verminderung* der *Schuldfähigkeit*, mitunter auch deren *Aufhebung* darstellen (*Tölle* 122; s aus der Judikatur Hamm NJW 77 1499; s auch zu § 51 StGB aF BGH bei *Dallinger* MDR **53** 147; NJW **55** 1726; JR **58** 305; betr „querulatorische Entwicklung" Düsseldorf GA **83** 473), ohne daß eine Verstehbarkeit (zB Nachvollziehbarkeit oder Ableitbarkeit aus der Entwicklung) entgegenstehen müßte (BGH NStZ **91** 330 betr überdurchschnittlich aggressive Entladungen).[69] Dabei setzt die Untersuchung durch den Sv die Berücksichtigung entwicklungs- wie tiefenpsychologischer Erkenntnisse voraus.

3. Vorbereitung und Erstattung des Gutachtens zur Schuldfähigkeit

Übersicht

	Rn		Rn
a) Vorbereitung	1797–1800	(3) Einzelfragen	
b) Erstellung, Erstattung		(a) „persönlich-	
aa) Formelle Fragen	1801	keitsfremd",	
bb) Aufbau und Quellen-		"sinnlos"	1809
bezug	1802, 1803	(b) „Erinnerungs-	
cc) Abschließender Teil	1804, 1805	lücke"	1810
(1) Persönlichkeit	1806	c) (Häufige) Fehler	1811–1813
(2) Tatzeit	1807, 1808		

1797 a) Im Rahmen der **Vorbereitung** des Gutachtens ist eine hinreichende Distanz ggü den in den Akten enthaltenen (wahren oder falschen) Tatsachen wie Wertungen geboten, und zwar schon deshalb, damit der Pb während der Untersuchung nicht gleichsam wie ein bereits Überführter behandelt wird.

Eine stationäre Begutachtung in einem psychiatrischen Krankenhaus (§ 81; s näher 1688 ff, 1699) ist nur vergleichsweise selten erforderlich, da idR eine methodisch hinreichende Untersuchung des Pb in ambulanter Weise möglich ist.[70] Um eine Vorführung des Pb zur ambulanten Untersuchung zu vermeiden, sind wiederholte (oder dreifache) Anschreiben seitens des Sv nicht immer zureichend (vgl *Barbey* MKrim **91** 44 f; s aber *Rasch* 248), dh es würden sich insoweit individuelle Ausgestaltungen der Kontaktaufnahme anbieten.

1798 aa) (1) Wenngleich die **Exploration** notwendigerweise gemäß einer bestimmten Systematik durchzuführen ist, empfiehlt es sich, den Pb zunächst ohne Unterbrechung sprechen zu lassen, da durch direkte Befragung das Über-Unterordnungsverhältnis einer Exploration im Rahmen eines Strafverfahrens besonders her-

---

[69] Zur Abgrenzung ggü Psychosen, die als nicht aus Konfliktspannungen ableitbar gelten und denen aus der Biographie verstehbare Ursachen (angeblich) fehlen, s etwa *Weitbrecht* 286, 288.
[70] Anders zB bei Verdacht auf eine beginnende Psychose, auf eine anders nicht festzustellende Simulation, bei Notwendigkeit umfangreicher klinischer Zusatzuntersuchungen.

vorgekehrt wird, und daher häufig weniger Einzelheiten mitgeteilt werden. Zur Vermeidung von Erinnerungsverfälschungen wird es sich ggf empfehlen, daß der Sv Teile der Aussagen mitschreibt oder aber, sofern der Pb einverstanden ist, die Exploration auf einem Tonband festhält.

Zu Einschränkungen der methodischen Erfordernisse kommt es im allg dann, wenn Sv und Pb sich nicht in einer gemeinsamen Sprache verständigen können und ein *Dolmetscher* hinzugezogen werden muß.

Schon die Auswahl (etwa nach Geschlecht, Glaubensorientierung etc) kann für die Kommunikation wesentlich sein (vgl dazu *Horn* MKrim **95** 382); im übrigen gelten die allg Ausführungen (s 1517) auch hier (vgl speziell *Horn* MKrim **95** 383 f).

(2) Ob der Sv vor der HV *zusätzliche Informationen* bzgl der bisherigen *strafrechtlichen* Ermittlungen einholen sollte, hängt vom Einzelfall ab, ist idR aber nicht erforderlich. In gleicher Weise sollte der Sv, sofern irgend möglich, davon absehen, etwa eigene einschlägige Ermittlungen durchzuführen (vgl auch 1592); insbes wird der Sv, schon um die Chancen für Äußerungen des Pb nicht (zusätzlich) zu verschlechtern, nur dann Angehörige befragen, wenn der Pb damit einverstanden ist (vgl auch *Rasch* 249).

(3) Hinsichtlich bisheriger körperlicher Krankheiten können etwa vorhandene **1799** Akten (im Rahmen des nach Verschwiegenheitspflicht und Datenschutz Zulässigen) mitunter beachtliche Informationen auch über etwaige psychische Störungen vermitteln; entspr gilt für Kenntnisse behandelnder Ärzte. Mitunter sind zusätzliche medizinische Untersuchungen erforderlich (s zur Frage der Heranziehung von „Hilfskräften" 1502).

bb) Was die Frage nach dem **Zeitpunkt** der Untersuchung durch einen Sv an- **1800** betrifft, so ist je nach Art der Beeinträchtigung des Pb und ohnehin bei Verfahren einstweiliger Unterbringung (§ 126a; s 1831 ff) eine möglichst frühzeitige Untersuchung angezeigt. Auch für sonstige Fälle gilt zwar im allg der Grundsatz, daß die Diskrepanz zwischen Tatzeit- und Untersuchungszeitpersönlichkeit methodisch um so schwieriger zu überbrücken ist, je länger der dazwischen liegende Zeitraum andauerte; umgekehrt wäre es aber verfehlt anzunehmen, daß etwa die Untersuchung dazu, ob ein *Affekt* iS einer tiefgreifenden Bewußtseinsstörung vorlag, von einem Sv alsbald nach der Tat besser zu erkennen wäre als einige Zeit später, denn der sog „unmittelbare Eindruck" hat nur die Bedeutung eines Teilstücks für das Ergebnis der psychiatrisch-psychologischen Untersuchung (s *Rasch* 249).

b) aa) Bei **Erstellung** bzw **Erstattung** des Gutachtens hat der Sv sich um eine **1801** sowohl klar verständliche (s allg 1508 f, 1582 f[71]) als auch den Pb nicht herabsetzende Form zu bemühen.[72] Eingangs empfiehlt es sich, den Auftrag klar wiederzugeben und sodann (möglichst knapp und ohne längere Aktenauszüge [*Dippel* 115: absolut überflüssig; s auch *Jessnitzer/Frieling* 434; tendenziell aA *Venzlaff* 130; *Bauer* 167]) auf die Aktenlage Bezug zu nehmen.

Hinsichtlich der Erhebungsquellen sind etwa relevante Angaben aus Krankenakten vergleichsweise ausführlich wiederzugeben, schon um eine Nachprüfbarkeit in

---

[71] Vgl aber zur Rechtswirklichkeit etwa *Böttger ua*, in Kaiser ua 355: in 71,2 % wichtige Fachtermini ohne jede Erläuterung.
[72] Zur sprachlichen Wiedergabe der Untersuchungssituation s *Gohde/Wolff* RuP **92** 169.

geeigneter Weise zu gestatten; hinsichtlich sonstiger Quellen ist gem allg Grundsätzen (s *Eisenberg* § 13 Rn 23) stets genau mitzuteilen, worum es sich handelt (zB Angaben des Pb oder Dritter [vgl auch *Rasch* 251]). Literaturangaben sind nach Möglichkeit zu unterlassen, es sei denn, es kommt im Einzelfall auf bestimmte (etwa neuere) Forschungsbefunde an oder der Sv bezieht sich auf einen allg Kenntnisstand. Unüberprüfbare Verweise auf sog „Erfahrungen" des Sv oder seiner Kollegen sind unbrauchbar (s n 1616 ff, 1620; *Rasch* 252).

Im Rahmen der HV hat der Sv solche Tatsachen, die sich erst durch die Beweisaufnahme ergeben haben, in sein mündlich zu erstattendes abschliessendes Gutachten einzubeziehen und ggf von dem zuvor gelieferten schriftlichen Gutachten abzuweichen (s 1509).

1802 bb) Für den **Aufbau** des *Gutachtens* (vgl *Göppinger* HbForPsychiatr II 1485 ff) ist bei der einleitenden Darstellung von biographischer Entwicklung und allg Lebenssituation unter Angabe der jeweiligen Quellen zwischen objektiven Erhebungen, Fremdbeurteilungen und Angaben des Beschuldigten zu trennen (s 1801), wobei Widersprüche keinesfalls „eingeebnet" werden dürfen.

1803 Innerhalb des Untersuchungsberichts sind der Verlauf und die Ergebnisse, **getrennt nach** jeweiliger **Methode** (zB Exploration, klinische und/oder testpsychologische und/oder apparative Untersuchung), wiederzugeben.[73] Dabei ist auf den Stellenwert der Erhebungsmethode (zB Begutachtung im Vergleich zum Test) ebenso hinzuweisen wie etwa – im Verhältnis von psychologischen Leistungs- (zB Intelligenz-) und psychometrischen Persönlichkeitstests (zB MMPI) zu projektiven Tests (zB Rorschach) – auf die Frage nach der Erfüllung von Gütekriterien (insbes Zuverlässigkeit und Gültigkeit; s auch 680, 1863); namentlich wegen etwaiger Situationsbeeinflussung (zB haftbedingte Depressivität oder Aggressivität) und Besonderheiten der jeweiligen Pben (zB Sprachunkundige) dürfen (Test-)Ergebnisse nicht ohne weiteres als Befunde dargestellt werden (krit auch *Prüfer* RuP **93** 122–124, 127).[74] Stets ist zudem anzugeben, welche möglichen Erhebungsmethoden im übrigen zur Verfügung stehen, und warum sie nicht angewandt wurden (*Peters* in: Undeutsch 768, 777).

Dies gilt um so mehr, als nach empirischen Anhaltspunkten (*Seyffert* Nervenarzt **51**; *Wolfslast* MKrim **79** 76 ff) sich bei etwa einem Drittel der Fälle seitens verschiedener Sv unterschiedliche Auffassungen hinsichtlich des Vorliegens der Voraussetzungen der §§ 20, 21 StGB ergaben. Ohnehin ist bei Stellungnahmen von Sv zur Frage der Schuldfähigkeit eine partielle Rollenidentität zwischen StA (bzw Polizei) oder Gericht und Sv nicht unwahrscheinlich.[75] Insoweit steht nicht die wissenschaftliche Ableitung von Feststellungen im Vor-

---

[73] S demggü zur Praxis etwa *Heim* 177 f; vgl zudem betr Schwurgerichtsfälle in Hbg und Nds *Böttger ua*, in: Kaiser ua 353: in 20% keine Angaben zur Methode, in 34,2% wissenschaftlich nicht begründete subjektive Aussagen (S 363).

[74] Nach *Heim* 179 sind in 31% der untersuchten Gutachten aus Jugendstrafverfahren psychologische Testergebnisse und deren Interpretationen nicht hinreichend voneinander getrennt worden; *Böttger ua*, in Kaiser ua 355 f ermittelten nur in 38,8% der ausgewerteten Gutachten eine korrekte Trennung und in 58% eine undeutliche oder teilweise Trennung.

[75] Dies gilt auch deshalb, weil eine zunehmende Bejahung des Ausschlusses oder auch nur der Verminderung der Schuldfähigkeit die Legitimation strafrechtlicher Tätigkeit in Frage stellen könnte, dh die einschlägige Kategorie von Gutachten ist von existentieller und funktionaler Bedeutung für die Institution Strafjustiz.

dergrund, sondern deren soziale Plausibilisierung, dh es steht gleichsam Wissenschaftlichkeit gegen Brauchtum (*Knauth/Wolff* ZfRSoz **90** 211).

cc) Im **abschließenden**, die Auftragsfrage beantwortenden **Teil**, muß das Gutachten interpretativen Charakter haben (s allg 1620). Dabei bereitet die Trennung zwischen der Bewertung auf tatsächlicher Ebene und strafrechtsdogmatischer Bewertung erhebliche Schwierigkeiten (eher idealtypisch BGH **20** 14; **21** 62 f), zumal in der Praxis der Auftraggeber den Sv häufig schon bei Auftragserteilung (unzulässigerweise) auffordert, zu Rechtsfragen (insbes §§ 20, 21 StGB) Stellung zu nehmen; ist eine Festlegung in den Kompetenzgrenzen des Sv nicht möglich, so macht es gerade dessen Seriosität aus, wenn er dabei bleibt (vgl ähnlich *Streng* NStZ **95** 16, 165). Hinsichtlich des Tatvorwurfs hat der Sv sich an dem Ermittlungsstand zu orientieren, dh ggf muß er sich mit verschiedenen Versionen des Tatgeschehens auseinandersetzen. 1804

Bei der Untersuchung von Symptomen, die auf eine psychische Krankheit oder Störung hinweisen, kommt es darauf an, ob sie die Persönlichkeit des Beschuldigten hinsichtlich Wahrnehmung, Erlebnisbereitschaft und Realitätsinterpretation gleichsam bestimmen oder aber eher nur außerhalb der Persönlichkeitsorganisation verbleiben und insofern isolierte Erscheinungen sind. Zw ist, ob bzw inwieweit dabei auch das Sozialverhalten im allg, die sog soziale Kompetenz, einschlägige Bedeutung hat bzw haben darf,[76] zumal es sich hierbei (besonders in Fällen vorliegender behördlicher oder gar stationärer Kontrolle) weithin um Wertungen bzw Zuschreibungen handeln wird.

Insbes fehlt einschlägigen Besonderheiten sozialen Verhaltens eine Spezifität für die Erkennung psychischer Erkrankungen oder seelischer Störungen; eher handelt es sich um eine Sammlung sozialer Begleit- und Folgeerscheinungen bei seelischen Belastungen oder allg zwischenmenschlichen Konfliktsituationen. Zudem tritt bei der Beurteilung gemäß beobachtbarem Sozialverhalten der Erlebnisbereich zurück, so daß sich eine eher abträgliche Reduktion diagnostischer Gesichtspunkte ergeben kann (s zum Ganzen *Saß* FS-Schewe 271).

Wesentlich hingegen ist die Frage nach einem sog motivischen Zusammenhang zwischen einer vorliegenden psychischen Erkrankung oder Störung und dem strafrechtlich relevanten Verhalten, wobei zwischen verschiedenen, aber gleichzeitig verfolgten Delikten (zB Eigentums-, Sexual-, Gewaltdelikte) unterschiedliche Interpretationen vertretbar sind (s allg 1721 f). 1805

(1) Betr die Untersuchung der **Persönlichkeit** des Pb veranlassen schon die zur Verfügung stehenden Quellen (zB Akten, Fremd- und Selbstschilderungen des Pb) Zw hinsichtlich der Verläßlichkeit, zumal es im übrigen nicht zuletzt auf den „Eindruck" (*Rasch* 282) des Sv ankommen wird. Gemäß den Regeln der Quellen- und Untersuchervariabilität (s allg *Eisenberg* § 13 Rn 23) ist stets die Gültigkeit der mit verschiedenen Methoden erhobenen Befunde zu prüfen und zu vergleichen. Verbleibende Widersprüche bzw Diskrepanzen müssen deutlich gemacht werden. 1806

Neben *körperlichen* Krankheiten (s n auch zum Folgenden PsychiatrGg **6** [*Huber*] 211 ff; zusammenfassend *Rasch* 283) iVm pathologischen psychischen Symptomen finden sich nicht selten Fälle mit körperlichen Befunden oder Beschwerden, die iZm der psychischen Verfas-

---

[76] Zum Beispiel soziale Entfaltung, Auseinander- und Durchsetzungsfähigkeit oder auch Arbeits- und Kontaktfähigkeit bzw soziale Ausgliederung und sozialer Rückzug (s etwa *Rasch* NStZ **82** 177).

sung bzw dem deliktischen Verhalten stehen. Zu nennen sind etwa schwere Erschöpfungs- oder Übermüdungszustände bzw zur Tatzeit vorliegend gewesene Infektionskrankheiten, Blutarmut, reduzierte körperliche Allgemeinverfassung infolge chronischer Erkrankung oder (anhaltende) unzureichende Nahrungsaufnahme. – Hinzu kommen bei etwaiger *mittelbarer Relevanz* für die psychische Verfassung iSd Voraussetzungen der §§ 20, 21 StGB und namentlich betr die Steuerungsfähigkeit von Antrieben frühkindliche Hirnschädigung (zumal bei Bestehen eines Hirnschadens die Reaktionsbereitschaft des Gehirns etwa auf toxische Einflüsse abw sein kann), hormonelle Dysfunktionen oder Chromosomenanomalien.

1807 (2) Soweit der Sv von der Tat her gleichsam suchend die Entwicklung des Pb betr Motivstruktur oder Entstehung einschlägiger Handlungsbereitschaft einerseits und psychopathologischen Auffälligkeiten (mit etwaiger Relevanz für die Voraussetzungen der Schuldfähigkeit oder von der Verminderung) andererseits prüft, sind stets etwa zwischenzeitlich eingetretene interaktionistische Wirkungen zu berücksichtigen, da „Entwicklung" nicht sozial isoliert vonstatten geht (vgl zu psychogenen Reaktionen 1769 f).

1808 Wenngleich die Voraussetzungen der §§ 20, 21 StGB auf den psychischen Zustand im *Tatzeit*punkt abstellen, darf das nicht dahin (miß-)verstanden werden, als ob das Tatverhalten Grundlage für Rückschlüsse auf die psychische Verfassung eines Täters sein müßte bzw könnte, zumal „Handeln und innere psychische Situation nicht gleichbleibend miteinander korrelieren" (*Rasch* 285).

Das *Tatverhalten* ebenso wie das *Verhalten vor und nach der Tat* gilt als diagnostisch eher weniger relevant, wenn eine schwere Persönlichkeitsstörung oder gar eine Psychose bestand. Eher außerhalb eines Zustandes grundlegender psychopathologischer Persönlichkeitsveränderung können einschlägige Umstände (zB Rationalität des Vorgehens, reduzierte oder überschießende Ausführung, Überführungsresistenz, Flucht oder Selbstgestellung) aufschlußreich sein (s *Rasch* 285).

Namentlich bei Prüfung einer zur Tatzeit akuten psychischen Störung (zB aufgrund Vergiftung oder affektiver Erregung) ist zu untersuchen, ob das Tatverhalten Details iS eines Ausnahmezustandes aufweist (s zum Affekt 1762 ff).

1809 (3) (a) *Wenig geeignet* ist die Zuschreibung, die Tat „passe nicht" zum (sonstigen, etwa [angeblich] konstanten) Verhaltensstil des Pb[77] bzw sie sei *persönlichkeitsfremd*, weil empirisch nicht geklärt ist und ohne Bewertung auch schwerlich geklärt werden könnte, ob diese oder jene Persönlichkeit diese oder jene (Straf-)Tat gleichsam zuläßt oder nicht (krit *Glatzel* 108; betr Affekt *Endres* ZexPsych **95** 353 ff); auch könnte eingewandt werden, die praktizierte Wertung habe sich durch die Tat als falsch erwiesen (vgl *Witter* 173, aber auch dort 178). Zumindest bewegt sich eine Persönlichkeit üblicherweise in verschiedenen Rollen mit normativ unterschiedlichen oder gar kontrastierenden Verhaltensstilen (s *Rasch* 288). Im übrigen aber kann für einen zurückliegenden Zeitraum zutreffend gewesen sein, was für den Zeitpunkt der Tat nicht mehr gilt, soweit auch die „Persönlichkeit" in ihrem Verhalten dynamisch ist.

Nicht weniger wertend ist die Zuschreibung, die *Tat* sei „*sinnlos*" iSv nicht sinnhaft bzw nicht verstehbar, und daraus lasse sich auf eine nur episodische, aber erhebliche Schwere einer psychischen Störung schließen (krit *Rasch* BlAlk **65/66** 583, 585; anders aber etwa *Witter* 174). Eine solche Aussage läßt sich schwerlich ob-

---

[77] Zum Beispiel iS bestimmter Reaktionstendenzen in der vorherigen Geschichte einer Partnerbeziehung einerseits und unmittelbar vor sowie während der Tat andererseits.

jektiv gestalten und empirisch erhärten; sie gibt vielmehr zunächst einmal die Verstehensfähigkeit des Sv wieder.

(b) Während eine nachgewiesene Amnesie als verläßliches Symptom für eine **1810** Bewußtseinsstörung zZt der Tat gilt (vgl BGHR § 20 StGB, Bewußtseinsstörung 5; Karlsruhe VRS **80** 440), kommen bzgl der Aussage des Pb, er habe eine *Erinnerungslücke*, zur Untersuchung mehrere Möglichkeiten in Betracht. Die Schwierigkeit für den Sv bei der Beurteilung der Erinnerungslücke liegt darin, daß es keine verläßlichen, von einer solchen unbeeinflußten Kriterien gibt, nach denen sich die verschiedenen möglichen Arten unterscheiden ließen; daher kann der Sv sich schwerlich absolut oder alternativ dazu äußern, ob Erinnerungslücken „echt" oder „unecht" sind (vgl *Horn* FS-Schewe 207; speziell zur Verkehrsunfallflucht n *Barbey* BlAlk **92** 258 f), und die Beurteilung des Sv ist wesentlich von dessen Einstellung abhängig (vgl dazu *Rasch* NJW **93** 760; *Maisch* StV **95** 382).

Zwar verursacht eine hirnorganische Bewußtseinsstörung eine Amnesie dieses oder jenes Ausmaßes, und nach einer Gehirnerschütterung (insbes durch einen Unfall) kommt es zu sog retrograder Amnesie (Erinnerungslosigkeit nicht nur für die Zeit der durch die Gehirnerschütterung verursachten Bewußtlosigkeit, sondern auch für einen gewissen Zeitraum vor Eintritt der Schädigung). Soweit der Pb für den strafrechtlich relevanten Geschehensablauf angibt, er habe Erinnerungsausfälle, so ist zu prüfen, ob diese Angabe wahrheitswidrig geschieht (etwa weil der Pb sich dadurch einen günstigeren Verfahrensausgang verspricht) oder nicht. Hierbei ist zu differenzieren (s auch zum Folgenden *Rasch* 289; zudem *Witter* 174): Entweder wurden die Ereignisse nicht voll wahrgenommen bzw nicht hinreichend (amnestisch) gespeichert (zB durch einen Affekt [s n dazu *Maisch* StV **95** 386 ff] oder aber wegen einer gleichzeitig bestehenden Alkoholvergiftung), oder aber die zunächst bestehenden Eindrücke wurden ausgelöscht (zB durch eine Gehirnerschütterung); es kann ferner sein, daß die Erinnerungseindrücke vergessen oder aber verdrängt wurden, und zwar ggf unter Vergrößerung der Vakuen (s *Horn* FS-Schewe 215).

c) aa) Unter den besonders häufigen **Fehlern**, die innerhalb einschlägiger Gut- **1811** achten (s 1613 ff) vorkommen, sind zunächst solche zu nennen, die auf eine mehr oder weniger ausgeprägte Form der **Voreingenommenheit** des Sv (s allg 1616 f) schließen lassen (s zu Einzelbeisp *Böhle* RuP **94** 18 ff; *Kobbé* RuP **94** 23 f; s auch *Rasch* 244 f).

Anhaltspunkte dafür finden sich etwa bei selektiven Aktenauszügen, in eine bestimmte Richtung hin wiedergegebenen Aussagen des Pb, verbalen Unterstellungen bzw Verdächtigungen wie auch offenen oder verdeckten Einschränkungen hinsichtlich der Glaubwürdigkeit des Pb einschließlich etwaiger Vorwürfe betr Leugnen des Tatvorwurfs. Entspr gilt bei moralisierenden, den Pb abwertenden Zuschreibungen.

bb) Gleichfalls können sich maßgebende Mängel daraus ergeben, daß die **1812** **Anamnese** oder die **Befunderhebung nicht hinreichend** durchgeführt wurde (zum Folgenden *Göppinger* in: HbForPsychiatr II 1498 f; *Wolfslast* MKrim **79** 79 [nebst Replik *Bresser* MKrim **79** 87 ff]; zusammenfassend insbes *Rasch* 244 f; s auch *Witter* 251 ff).[78]

Insofern sind als Prüfkriterien geeignet, ob etwa relevante Kranken- oder Behandlungsakten trotz Einverständnisses des Pb nicht herangezogen wurden, ob im speziellen psychiatri-

---

[78] Nach *Heinz* lagen betr erfolgreiche Wiederaufnahmeverfahren bei 48% der Erstgutachten Anamnese- und bei 65% Befunderhebungsfehler vor; krit namentlich betr Sexualstraftäter *Pfäfflin*.

sche bzw neurologische oder psychotherapeutische Behandlungen beachtet wurden bzw ob (betr Sexualdelikte) eine hinreichend differenzierte Anamnese der vita sexualis durchgeführt wurde. Ein Mangel liegt auch dann vor, wenn dem Gutachten eine Wiedergabe der Entstehungszusammenhänge der vorgeworfenen Tat iS der Version des Pb fehlt. In gleicher Weise stellt es einen Mangel dar, wenn Lücken in der Anamnese vom Sv nicht erläutert werden, wenn der Sv die Ergebnisse etwaiger früherer einschlägiger Untersuchungen nicht erörtert und wenn detaillierte Untersuchungen nach dem (körperlichen und psychischen) Befinden einschließlich der Frage einer etwaigen Alkohol- oder Medikamentenwirkung zur Tatzeit fehlen.

Hinsichtlich der *Befunde* der Untersuchungszeit-Persönlichkeit liegen Mängel dann vor, wenn eine körperliche Untersuchung überhaupt nicht bzw nicht in angemessener Weise durchgeführt wurde, wenn etwa erforderliche zusätzliche Untersuchungen unterlassen wurden und stattdessen bestimmte körperliche Erkrankungen von vornherein als ausgeschlossen unterstellt wurden oder wenn ungeeignete (s allg 1524) Untersuchungsmethoden angewandt wurden. Desgleichen liegen Fehler dann vor, wenn der psychische Befund lediglich allg, vage Teilaussagen enthält oder gar solche Zuschreibungen der Persönlichkeit des Pb, die gleichsam aus der Tat abgeleitet wurden; entspr gilt bzgl des psychischen Befundes dann, wenn statt einer Befunderhebung auf die Vorgeschichte Bezug genommen wird. Endlich ist es mangelhaft, wenn das Intelligenzniveau ohne anerkannte psychologische Testverfahren bestimmt wird.

1813   cc) Hinsichtlich des **Abschlusses** des Gutachtens ist es mangelhaft (zum Folgenden *Göppinger* in: HbForPsychiatr II 1551 f; *Wolfslast* MKrim **79** 79 [nebst Replik *Bresser* MKrim **79** 87 ff]; besonders aber *Rasch* 245, teilweise auch *Witter* 181 f), wenn eine wissenschaftlich anerkannte Diagnose fehlt oder wenn der Sv sich nicht zu den differentialdiagnostischen Problemen geäußert hat. Das gleiche gilt bei bloßer Zuschreibung anstelle einer Diagnose (zB „krimineller Psychopath") ebenso wie bei einer im einzelnen nicht durch Befunde begründeten Diagnose (besonders häufig iS von Neurose oder Psychopathie). Ebenso ist ein Gutachten dann fehlerhaft, wenn diejenigen Befunde, die sich in das Erg nicht einfügen, aus der Interpretation herausgelassen werden bzw wenn zu offensichtlichen Widersprüchen zwischen den Informationen aus verschiedenen Quellen (s 1801) nicht Stellung genommen wird. Entspr gilt dann, wenn der Sv sich anstelle eigener Befunderhebung oder wissenschaftlicher Untersuchungsergebnisse Dritter auf „Erfahrungen" seiner Person oder Dritter beruft (s n 1616 ff, 1801). Insbes aber stellt es einen Mangel dar, wenn der Sv die Schlußfolgerung (s krit 1620) betr das Verhältnis zwischen psychischem Befund und strafrechtlich vorgeworfenem Verhalten nicht hinreichend begründet[79] bzw wenn eine Erörterung der tatrelevanten und/oder tatdynamischen Entwicklung fehlt.

---

[79] Nach *Böttger ua*, in Kaiser ua 354 wurden nur in 0,9% der ausgewerteten Gutachten Angaben zum theoretischen Standort gemacht (und es dominierte eine traditionelle Unterscheidung zwischen psychotischen und nichtpsychotischen „Störungen", S 361 f).

III. Untersuchung der Gefährlichkeit sowie der rauschbedingten Nicht-Fahrsicherheit bzw der Ungeeignetheit zum Führen von Kraftfahrzeugen

1. Gefährlichkeitsuntersuchung

Übersicht

	Rn		Rn
a) Methodische Probleme ...	1814	(2) Ausmaß der Vernehmung	1828
aa) Allgemeines		(3) (Keine) Frühere Untersuchung ...	1829
(1) Prognose	1815–1817	cc) Revision	1830
(2) Verhältnismäßigkeit	1818	c) Vorwegnahme der Unterbringung gemäß § 126a	
(3) Aussetzung der Vollstreckung	1819	aa) Allgemeines	1831, 1832
bb) Besonderheiten		bb) Voraussetzungen	1833, 1834
(1) § 63 StGB	1820	cc) Art der Anstalt	1835, 1836
(2) § 64 StGB	1821	dd) (1) Beschwerde	1837
(3) § 66 StGB	1822	(2) Vollzugsbezogene Rechtsbehelfe ...	1837
b) Zuziehung eines Sachverständigen		d) Aussetzung nach (Teil-) Vollstreckung	
aa) (1) Vorverfahren (§ 80a)	1823, 1824	aa) (1) Allgemeines	1838, 1839
(2) Inhaltliche Anforderungen	1825	(2) § 63 StGB	1840–1843
(3) Keine Anfechtbarkeit	1826	(3) § 64 StGB	1844
bb) (1) Vernehmung gemäß § 246a ...	1827	(4) § 66 StGB	1845
		bb) Betreffend lebenslange Freiheitsstrafe	1846–1849

a) Betr §§ 63, 64 und 66 StGB stellen die (*empirisch* zu belegenden) materiellen **1814** Anordnungvoraussetzungen der „Erwartung" (§ 63 StGB) bzw der „Gefahr" (§ 64 StGB) „erheblicher rechtswidriger Taten" sowie einer daraus folgenden „Gefährlichkeit" für die Allgemeinheit (§§ 63, 66 Abs 1 Nr 3 StGB) an den Sv erhebliche **methodische Anforderungen.** Dies gilt nicht nur wegen grds Probleme der einschlägigen Prognoseforschung (s mit Nachw *Eisenberg* § 21, § 40 Rn 32ff), sondern auch deshalb, weil schon die Begriffe „Gefahr" bzw „Gefährlichkeit" gleichsam artifiziell eine Vielzahl von (auch tatsituativen) Faktoren unterschiedlicher Problembereiche (zu Praxis-Kriterien vgl *Burghardt* 221) umfassen und sich unmittelbar weder auf juristische noch auf psychiatrische Prüfkriterien beziehen (vgl auch *Blackburn* 328ff). Delikttyp bzw -gestaltung wie auch Art und Schwere der psychopathologischen Beurteilung sind zur Subsumtion nicht hinreichend geeignet. Schwierigkeiten bestehen auch hinsichtlich des jeweiligen (abgestuften) Grades der erforderlichen Wahrscheinlichkeit.

So ist es nicht möglich, zB speziell eine Gefährlichkeit durch physische Gewalt auf eine bestimmte Gruppe von Einzelpersonen mit gewissermaßen identischen Charakteristiken zurückzuführen (s dazu etwa *Marceau* Criminologie 86 [Bd 19] 101; vgl auch *Speier/Nedopil* MKrim **92** 7 betr psychometrische Testverfahren zur Erhebung von Persönlichkeitsvariablen).

Dem entspr wird aus psychiatrisch-psychologischer Sicht schwerlich beansprucht, in methodisch kompetenter Weise **"Gefährlichkeit"** diagnostizieren bzw prognostizieren zu können. Vielmehr ist nicht auszuschließen, daß die Zuschreibung im konkreten Fall mitbeeinflußt werden könnte von Beweggründen iS einer Ausgrenzung bzw von Konsequenzen im Falle der Begehung einer schwerwiegenden Straftat nach Verneinung von Gefährlichkeit (vgl etwa auch KG NStZ **93** 54 mit Anm *Eisenberg*).

Betr Verfahren nach § 64 StGB wurde nach vorliegenden Sekundäranalysen entweder kaum oder doch selten substantiiert zur einschlägigen Prognose Stellung genommen (*Ermer-Externbrink* MKrim **91** 106 ff; *Scholast/Leygraf* MKrim **94** 8). – Gemäß vorläufigen Untersuchungsergebnissen betr die Schwurgerichtsverfahren in Hamburg und Niedersachsen der Jahre 1983 und 1984, in denen ein psychiatrischer Sv hinzugezogen wurde (n = 202), ergaben sich oftmals nur sehr knappe, gleichsam den Gesetzeswortlaut aufnehmende Äußerungen zur Frage der Gefährlichkeit (*Gohde/Wolff* KrimJ **92** 169, aber auch 174), gleichwohl aber eine „fast 100% Einvernehmlichkeit" zwischen Sv und Gericht (aaO S 172); soweit die Stellungnahmen eher von Inhalt waren, sei die bisherige und vorausgesagte Delinquenz als Ergebnis iS einer „inneren Natur" der Pben interpretiert worden (*Gohde/Wolff* KrimJ **92** 174).

Nach hM ist maßgeblicher *Zeitpunkt* für die Prognosestellung die Aburteilung, es sei denn, es kann mit Sicherheit angenommen werden, daß die „Gefährlichkeit" bei Ende des Vollzuges der Strafe nicht mehr bestehen wird (bej BGH NStZ **93** 78 [betr § 66 Abs 1 Nr 3]; methodisch zw).

1815 aa) (1) Es ist zwischen („Krankheits"-,) Sozial- und Legal**prognose** zu unterscheiden, wobei die verwandten Prognosekriterien nachprüfbar sein müssen. Jeweils ist auf diejenigen Gefahren zu achten, die daraus entstehen, daß der Sv sowohl bei der Datenerhebung als auch bei der Entschließung ein subjektives Element der Steuerung einfließen lassen könnte, da die Exploration und die Durchführung zB auch verschiedener Testverfahren die Möglichkeit bieten, einzelne Erhebungsbereiche auszuklammern oder aber vermutete Befunde schließlich zu gewinnen. Entspr Vermutungen könnten aber aufgrund verfehlter und nicht korrigierter Vorstellungen oder auch konkret emotionaler Befangenheit bestehen.

(a) Im einzelnen kommt es betr § 63 StGB hinsichtlich der Legalprognose auf zustandsbedingte Taten an („infolge seines Zustandes"; BGH **27** 250), wobei der gefährliche **Zustand** auf dem Umstand beruhen muß, auf den die Anlaßtat zurückzuführen ist (BGH NStZ **87** 166; bei *Detter* NStZ **91** 479; zu Fehleinweisungen *Konrad* NStZ **91** 318f). Zwischen dem seelischen Zustand des Täters und dessen Gefährlichkeit muß demnach in dem Sinne ein symptomatischer Zusammenhang bestehen, daß sowohl die Anlaßtat als auch die für die Zukunft etwa zu befürchtenden rechtswidrigen Taten Folgen der seelischen Verfassung sind (BGH **34** 27; NStZ **91** 528). – Wird angenommen, der Angekl werde infolge einer Abhängigkeit (Alkohol oder Betäubungsmittel) erneut rechtswidrige Taten begehen, so wird idR zu untersuchen sein, ob dem durch eine Unterbringung nach § 64 StGB begegnet werden kann (näher zur BGH-Judikatur bei *Detter* NStZ **92** 173; krit zu einschlägigen Mängeln der Gutachten *Scholast/Leygraf* MKrim **94** 8f).

1816 In Fällen der **§§ 64, 66 StGB** hat die Legalprognose auf das Verhältnis eines **Hanges** zu erheblichen rechtswidrigen Taten (§ 64 StGB) bzw zu erheblichen Straftaten (§ 266 Abs 1 Nr 3 StGB) abzustellen, wobei ein symptomatischer Zusammenhang dargestellt bestehen muß, daß sowohl die Anlaßtat als auch etwaige zu-

III. Untersuchung der Gefährlichkeit sowie der Ungeeignetheit

künftige Taten Folgen dieses Hanges sind. Insofern lassen sich indes schon die Voraussetzungen des Begriffs „Hang" wegen der mangelnden empirischen Verläßlichkeit dieses Begriffs nicht eindeutig bestimmen. Der Begriff erscheint als eine lediglich juristische Klammer, die tatsächlich durchaus Heterogenes umfaßt.

(b) Zentrale Bedeutung für die Prognose ist der Gestaltung *situativer Einflüsse* bei bisherigen Taten ebenso wie dem *Täter-Opfer-Verhältnis* und zudem der psych(opatholog)ischen Verlaufsentwicklung unter dem Aspekt der Disposition für bestimmte Verhaltensweisen bzw der Chance einer hinsichtlich des Bereichs der Legalordnung angepaßten gesellschaftlichen Eingliederung zuzumessen (zur Relevanz des Realitätsgehalts der Selbstwahrnehmung bei „Sexualdelinquenten" s *Speier/Nedopil* MKrim **92** 4f, 7). **1817**

Speziell bzgl der Situation wird zu unterscheiden sein nach der Lebensphase einschließlich der seelischen Bindung bzw sozialen Orientierung (zB an Eltern oder Partner), den Lebensumständen zZt der Tat (zB Arbeits- und Wohnbereich, tatsächlich zur Verfügung stehendes Geld, gesundheitliche Verhältnisse, akute zwischenmenschliche Konflikte) sowie der Tatsituation (zB Alkoholeinfluß, Übermüdung, gruppendynamische Einflüsse [betr Notwehrexzeß s BGH NStZ **91** 528]).

Demggü sind solche Kriterien, die ein (wertendes) Verhalten Dritter (wie zB Richter oder Bewährungshelfer) voraussetzen (zB Vorverurteilung, Verstoß gegen Bewährungsauflagen), systematisch betrachtet von weniger unmittelbarer Qualität (s näher *Eisenberg* § 40 Rn 32 ff; *Kühl/Schumann* RuP **89** 146 f).

(2) (a) Wegen des zentralen Grds der **Verhältnismäßigkeit** (s speziell § 62 StGB; BVerfGE **70** 297) hat die Frage der Erheblichkeit[80] der Taten besondere Bedeutung. **1818**

Gemäß dem gleichfalls aus § 62 StGB abgeleiteten Prinzip des geringstmöglichen Eingriffs hat der Sv sich auch zur Möglichkeit *anderer Maßnahmen* mit zureichendem Funktionsäquivalent zu äußern. Dabei ist allerdings eine Verwirklichung solcher Maßnahmen zB auf familiärer oder sonst privatrechtlicher Grundlage insofern eingeschränkt, als innerhalb des für die in Rede stehenden Maßregeln in Betracht kommenden Personenkreises sozial Ausgegrenzte und Angehörige aus sozio-ökonomisch unteren Schichten erheblich überrepräsentiert zu sein scheinen (s speziell betr § 63 StGB *Albrecht* MKrim **78** 107 ff; *Horn* Krim Ggfr **86** 52, 54; *Schumann* 15). Betr § 64 StGB kann der Anordnung zB das Bemühen des Angekl in einer Langzeittherapie entgegenstehen (BGH StV **95** 75).

Hingegen sollen nach Bay (BlAlk **95** 299) mildere Maßnahmen (zB Erteilung von Bewährungsweisungen betr die ausgesetzte Freiheitsstrafe) auch dann nicht zulässig sein, wenn sie als zur Abwendung der Gefahr geeignet beurteilt werden.

(b) Liegen die Voraussetzungen *mehrerer* der in Rede stehenden Maßregeln vor, ist jedoch schon eine zur Zweckerreichung geeignet, so ist die am wenigsten beschwerende anzuordnen (§ 72 Abs 1 S 2 StGB).

---

[80] Betr § 63 StGB vern BGH NStZ **92** 178 bei zu erwartender „Fülle" von Zechprellerei-Taten sowie vern KG JR **92** 390 betr Ladendiebstähle; BGH bei *Detter* NStZ **92** 173: bei Exhibitionismus allenfalls in besonders schwerwiegendem Ausnahmefall; nicht unbedenklich BGH bei *Detter* NStZ **90** 224: bej bei wiederholten Diebstählen von nicht nur geringfügigem Umfang.

Insoweit bestehen namentlich zwischen § 63 StGB und § 66 StGB Überschneidungen, so daß auch die Frage der Einwirkungsmöglichkeit entspr den jeweiligen „Auffälligkeiten" zu berücksichtigen ist.

1819 (3) Weiterhin hat der Sv sich betr §§ 63, 64 StGB zur Frage der **Aussetzung der Vollstreckung** bei Anordnung der Unterbringung durch das *erkennende Gericht* (§ 67 b Abs 1 S 1 StGB) zu äußern.

Nach der überregionalen Untersuchung von *Dessecker* wurde die Maßregel nach § 64 StGB nur in jedem 8. Fall zugleich ausgesetzt, obwohl der überwiegende Teil aller Anlaßtaten weder die körperliche Unversehrtheit noch die sexuelle Selbstbestimmung betraf.

Endlich hat sich der Sv (im Rahmen des § 67 StGB) ggf auch zur Frage der *Vollstreckungsreihenfolge* zu äußern (s auch 1839).[81]

(4) Falls während des Freiheitsstrafvollzuges eine (bislang nicht erkannte) Psychose deutlich wird, so kommt es (im Rahmen eines Wiederaufnahmeverfahrens) darauf an, ob die Erkrankung schon zur Tatzeit bestand (das Verbot reformatio in peius steht der Anordnung einer Maßregel nach §§ 63, 64 StGB trotz der damit verbundenen unbestimmten Dauer nicht entgegen [§ 373 Abs 2 S 2]).

1820 bb) (1) Betr **§ 63 StGB** ist – neben den sonstigen Voraussetzungen – hinsichtlich der Prognose zukünftiger Taten eine *„Wahrscheinlichkeit höheren Grades"* (stg Rspr, s nur BGH NStZ **95** 229) erforderlich.

Im einzelnen werden die methodischen Anforderungen erhöht durch die beachtliche Variabilität hinsichtlich der Häufigkeit der unterschiedlichen psychiatrischen Diagnosen, wie sie sich auch bzgl ein und desselben Beschuldigten innerhalb dessen Anamnese mitunter findet (vgl *Albrecht* MKrim **78**, *Ritzel* MKrim **89** 124; *Burghardt; Horn* Krim Ggfr **86**); der Anteil der bereits in einem früheren Lebensabschnitt (iZm psychischer „Auffälligkeit") stationär untergebracht gewesenen Betroffenen erscheint beachtlich (nach *Athen/Böcker* MKrim **87** 128: 58%; nach *Schumann* 22: etwa 50%). Wesentlich iSd § 63 StGB ist eine *länger andauernde* einschlägig relevante psychische Krankheit oder Störung (zu sog krankhafter Alkoholsucht BGH **34** 314; NStZ **90** 538).[82] – Der Problematik entspricht teilweise die (in den genannten Untersuchungen gleichfalls ermittelte) Variabilität hinsichtlich der Anlaßtat, die zur Unterbringung führt oder geführt hat.

Hinsichtlich der Anlaßtaten der von § 63 StGB Betroffenen ergab sich nach älteren Berechnungen etwa je ein Drittel an Gewalt-, Eigentums- und Sexualdelikten[83] Während nach früheren Untersuchungen die Minderbegabung als die am häufigsten gestellte Diagnose berechnet wurde, ist zwischenzeitlich der Anteil von Personen mit hirnorganischen Schäden sowie von Schizophrenen angestiegen (s näher Nachw bei *Eisenberg* § 34 Rn 33).

---

[81] Fehlt es an einer „Therapierbarkeit", und läßt sich dieser Umstand weder im Strafvollzug noch in der Unterbringung beheben, so rechtfertigt dies nicht, zunächst die Strafe zu vollstrecken (BGH bei *Detter* NStZ **94** 489).

[82] Ausnahmsweise soll es genügen, wenn der Täter aufgrund eines psychischen Defekts an einer Alkohol- oder Medikamentenabhängigkeit leidet (BGH NStZ **94** 30) bzw überempfindlich betr den Genuß von Alkohol ist, sofern die Ausprägungen krankhafter seelischer Störungen iSd §§ 20, 21 StGB gleichstehen (BGH bei *Detter* NStZ **95** 173).

[83] Für den Stichtag des 1.7.1979 *Schumann* 63; für die in Bayern Untergebrachten am Stichtag des 1.3.1987 s *Athen/Böcker* MKrim **87** 126.

III. Untersuchung der Gefährlichkeit sowie der Ungeeignetheit

Insgesamt zeigt sich entspr der gleichsam disponiblen Anordnungsvoraussetzungen eine auch regional erhebliche Variabilität hinsichtlich der Anordnungshäufigkeit (vgl etwa *Müller/Siadak* MKrim **91** 321).

(2) In Fällen des **§ 64 StGB** ist zumindest bei Betäubungsmittel- oder Alkoholabhängigkeit im Urteil stets zu erörtern, ob die einschlägigen Voraussetzungen eines „Hanges" (s krit 1816)[84] gegeben sind (BGH NStZ **92** 33), und zwar auch dann, wenn die Schuldfähigkeit nicht als vermindert beurteilt wird (BGH NStZ **92** 432). **1821**

Nach einer Analyse für Bremen wurden von den zwischen 1972 und 1986 eingeholten Gutachten 40% nur mündlich (davon 2/3 von Amts- bzw Gerichtsärzten) erstattet, während die schriftlichen Gutachten nahezu sämtlich unvollständig sowie teilweise in den Schlußfolgerungen grob fehlerhaft waren; in 15% der Verfahren fehlten Gutachten (*Ermer-Externbrink* MKrim **91** 107, 109–111; s für Berlin *Konrad* StV **92** 600). Gemäß einer überregionalen Untersuchung für das Jahr 1986 betrug der Anteil fehlender Gutachten 7%, und in 27% der Verfahren fanden nur mündliche Stellungnahmen statt (*Dessecker*). – Auf Lücken insbes hinsichtlich der Frage des Symptomcharakters weisen *Scholast/Leygraf* hin (MKrim **94** 7f; vgl auch 1814).

Die Wahrscheinlichkeit zukünftiger „suchtbedingt" erheblicher Taten muß konkret begründet werden, dh einen Erfahrungssatz, daß bei psychischer Drogenabhängigkeit grds die Gefahr neuer erheblicher Straftaten bestehe, gibt es nicht (BGH bei *Detter* NStZ **91** 479; NStZ **94** 280).

Im übrigen muß – auch in Abgrenzung zu den (sanktionenrechtlich) nachrangigen, weil nicht das Erkenntnisverfahren betr §§ 35, 36 BtMG – als Anordnungsvoraussetzung geprüft werden, ob eine hinreichend *konkrete* Aussicht eines Behandlungs*erfolges* besteht, dh ausschließlich zur Erprobung (eines solchen) wäre die Anordnung unzulässig (BVerfG BGBl **94** I 3012).

IdS soll als Erfolg aber nicht nur Heilung, sondern auch Bewahrung „über eine gewisse Zeitspanne vor dem Rückfall in die akute Sucht" gelten (daher Aussichtslosigkeit vern BGH NStZ **95** 229). – Mangelnde Therapiebereitschaft sei als Indiz für Erfolglosigkeit nur dann geeignet, wenn sie gemäß ihrer Gründe bei Gesamtwürdigung der Täterpersönlichkeit entspr Gewicht habe (BGH bei *Detter* NStZ **95** 173), und nicht die Möglichkeit bestehe, die Bereitschaft in der Entziehungsanstalt zu wecken (BGH bei *Detter* NStZ **95** 173 [s auch die dort Fn 89 genannten Judikate]).

(3) (a) Bei der Maßregel nach **§ 66 StGB** umfaßt der Begriff „Hang" (s krit 1816) rechtstatsächlich zB planmäßig fortgesetzte „verbrecherische" Tätigkeit ebenso wie „Hineinfallen" von einer Straftat in die andere bei sog „haltlosen" Persönlichkeiten (nach BGH bei *Detter* NStZ **92** 480 soll ein Affekt bei Tatbegehung uU nicht entgegenstehen [zw, s 1760 f]) oder auch sog „Gelegenheits-" und „Augenblickstaten" (BGH NStZ **94** 281). **1822**

An der Voraussetzung des symptomatischen Zusammenhangs (s 1816) kann es fehlen, wenn die Anlaßtat unter – den Bereich der Schuld(un)fähigkeit erreichendem – Alkoholeinfluß bzw im Rahmen von Besonderheiten des Täter/Opfer-Verhältnisses geschah (BGH NStZ **95** 179).

---

[84] Nach BGH (bei *Detter* NStZ **95** 173) könne einschlägiger Konsum von Zeit zu Zeit oder bei passender Gelegenheit zureichend sein, und eine auf körperlichen Faktoren beruhende Abhängigkeit sei nicht vorausgesetzt.

Teil 4. Kap 2: Sachverständiger – Einzelne Aufgabenbereiche

Zulässiges Verteidigungsverhalten darf auch bzgl dieser Rechtsfolge bei der Prognose (§ 66 Abs 1 Nr 3) nicht zum Nachteil des Angekl berücksichtigt werden (BGH NStZ **93** 37; s n 551).

Im Rahmen der Ermessensentscheidung nach *§ 66 Abs 2 StGb* muß das Gericht die für und gegen eine Anordnung sprechenden Umstände darlegen (vgl BGH wistra **94** 224 [betr Warnfunktion erstmaligen Strafvollzuges]).

(b) Bei dieser Maßregel kommt dem Prinzip des geringstmöglichen Eingriffs deshalb besondere Bedeutung zu, weil es bzgl der Voraussetzungen an einer vergleichsweise eindeutigen Abgrenzung hinsichtlich der Person des Täters wie auch bzgl der Begriffe Erheblichkeit, schwere Schädigung sowie Gefährlichkeit fehlt.

1823 b) aa) (1) Hinsichtlich *formeller Voraussetzungen* sieht die Vorschrift des **§ 80 a** vor, schon im **Vorverfahren** einem Sv Gelegenheit zur Vorbereitung des Gutachtens zu geben. Ob die im Jahre 1933 (durch Art 2 Nr 2 AGGewVerbRG) eingefügte (und durch Art 9 Nr 4 des 1. StRÄndG um die Sicherungsverwahrung erweiterte) Vorschrift eher dem Interesse des Betroffenen an geeigneter Hilfe oder aber mehr den Belangen der Anstalten dienlich ist, unerwünschte Personen fernzuhalten (vgl näher zur Befangenheit von Sv 1553), ist empirisch wenig geklärt. Die Auswahl des Sv geschieht idR durch die StA (wenngleich das Gesetz die Polizei nicht davon ausschließt). – Trotz der Fassung als Soll-Vorschrift steht die Anwendung nicht im Ermessen der StA oder des Gerichts (KK-*Pelchen* 2, KMR-*Paulus* 1, LR-*Dahs* 3, alle zu § 80 a). Ein Absehen von der Ermöglichung der Vorbereitung des in der HV zu erstattenden Gutachtens gilt aber dann als zulässig, wenn der Zustand des Beschuldigten und seine Gemeingefährlichkeit offensichtlich sind.[85]

1824 Lehnt der Beschuldigte (auch auf Ladung durch die StA oder das Gericht) eine Untersuchung ab, so darf er gemäß §§ 162 bzw 163 a Abs 3 (notfalls nach § 133 Abs 2 vorgeführt) unter Beteiligung des Sv (§ 80) vernommen werden (LR-*Dahs* 4 zu § 80 a). Im übrigen kommt auch eine Anordnung nach § 81 a oder eine Unterbringung nach § 81 (BGH NJW **72** 348) in Betracht, wobei ggü diesen Möglichkeiten ein wesentlicher Unterschied darin besteht, daß die Anordnung nach § 81 bzw § 81 a mit der Beschwerde anfechtbar ist (LR-*Dahs* 5 zu § 80 a; K/M-G 4 zu § 80 a), nicht aber die „Zuziehung" des Sv gemäß § 80 a; auch die Revision kann nicht auf eine Verletzung des § 80 a gestützt werden (BGH NStZ **84** 134 f; KMR-*Paulus* 3 zu § 80 a).

1825 (2) Bei der Erwartung einer Unterbringung nach *§ 63 StGB* ist idR ein *Psychiater* zu bestellen, während die Eignung zur Gutachtenerstattung bzgl *§ 64* und *§ 66 StGB* in gleicher Weise *auch anderen* Fachgebieten (zB betr § 64 StGB Spezialisierung im Drogenbereich, betr § 66 StGB klinische Psychologie oder Kriminologie[86]) zukommen kann (vgl aber LR-*Dahs* 3 zu § 80 a; *Müller-Dietz* NStZ **83** 204; s auch BGH bei *Dallinger* MDR **76** 17).

Wenngleich in § 80 a – ebenso wie in § 246 a – die drei freiheitsentziehenden Maßregeln zusammengefaßt sind, sind deren Anordnungsvoraussetzungen und demzufolge die **inhaltlichen Anforderungen** an das Gutachten durchaus unterschiedlich. Im einzelnen ist der in § 64 StGB und § 66 StGB zu einem maßgeblichen Kriterium erhobene Begriff eines Hanges (auch) medizinisch nicht zugäng-

---

[85] Zum Beispiel in Fällen kurz zuvor anderweit erfolgter Untersuchung LR-*Dahs* 3, KMR-*Paulus* 1, beide zu § 80 a; geht die StA von der Schuld- und Verhandlungsunfähigkeit des Beschuldigten aus, so gilt § 414 Abs 3.
[86] Ggf unter Mitwirkung einer Hilfskraft zu körperlicher Untersuchung.

lich. Desgleichen ist das Gewicht der gutachtlichen Aussagen zur Frage der therapeutischen Aussichten betr die drei Maßregeln unterschiedlich (vgl § 63 StGB ggü § 64 Abs 2 StGB).

Speziell bei der Sicherungsverwahrung sind (unbeschadet § 67a Abs 2 StGB sowie §§ 129, 134, aber auch § 130 StVollzG) „re-sozialisierende" Wirkungen schon dadurch erschwert, daß wegen der weitgehenden Gleichartigkeit des Vollzuges von Freiheitsstrafe und Sicherungsverwahrung bei den Betroffenen der Eindruck entstehen muß, an ihnen würden nacheinander zwei Strafen vollzogen, ganz abgesehen davon, daß die zeitliche Unbestimmtheit der Maßregel zusätzlich deshalb belastend wirkt, weil es an überprüfbaren Kriterien dafür fehlt, wann die Voraussetzungen für die Entlassung gegeben sein könnten.

(3) Gegen den Beschluß, mit dem ein Sv hinzugezogen wird, gibt es kein Rechtsmittel (allg Auffassung, s nur KK-*Pelchen* 5 zu § 80a; zur Anfechtbarkeit einer Anordnung nach § 81a oder einer Unterbringung nach § 81 s 1648ff bzw 1705ff). **1826**

bb) (1) Eine **Vernehmung** *des Sachverständigen* **gemäß § 246a** ist dann erforderlich, wenn „damit zu rechnen ist", daß eine der in § 246a genannten Rechtsfolgen angeordnet wird (im Sicherungsverfahren gemäß §§ 413ff ist § 415 Abs 5 spezieller, dh § 246a findet keine Anwendung). Wann dies jedoch der Fall ist, läßt sich mangels gesetzlicher Festlegung nicht allgemeingültig entscheiden (zur Häufigkeit fehlender Gutachten s etwa 1821). Nach überwiegend vertretener Ansicht soll es zureichen, wenn eine Anordnung „möglich erscheint" (BGH NStZ **94** 96; LR-*Gollwitzer* 5 zu § 246a; K/M-G 1 zu § 246a); dringende Gründe (§ 126a) für die genannte Annahme verlangt die Vorschrift nicht. **1827**

(a) Die Vorschrift stellt nur Mindestanforderungen, dh die Aufklärungspflicht (§ 244 Abs 2) kann die Zuziehung auch mehrerer Sv verlangen (BGH **18** 374). Hat das Gericht zwischen mehreren freiheitsentziehenden Maßregeln zu entscheiden, so muß die Untersuchung auf die Voraussetzungen einer jeden von ihnen bezogen sein.

(b) Wenngleich das Gesetz über die erforderliche Ausbildung des Sv nichts aussagt, gilt das zu § 80a Ausgeführte. Demnach ist nur betr § 63 StGB idR ein Psychiater zu hören, während dies zumindest betr § 66 StGB nicht als Regel anzuerkennen ist[87] (vgl aber eher kriminalbiologisch orientiert die hM, wonach nur in Ausnahmefällen [spezielles] medizinisches Fachwissen entbehrlich sei, s BGH bei *Dallinger* MDR **76** 17; KMR-*Paulus* 3 zu § 246a). Soweit die Zuziehung eines anderen Sv ausnahmsweise für zutreffend gehalten wird, wenn „nur nichtmedizinische Fragen" zu beantworten sind (LR-*Gollwitzer* 2 zu § 246a), so fehlt eine Begründung dafür, inwieweit ein Arzt für die Beurteilung der in der Mehrzahl der anderen Fälle zumindest auch relevanten nichtmedizinischen wie insbes kriminologischen Fragen kompetent sein könnte.

(2) Da das Gesetz die *Vernehmung* in der HV verlangt (§ 246a S 1), genügt *nicht* die (ansonsten etwa zulässige) *Verlesung* einer Vernehmungsniederschrift nach § 251 (s allg 2099ff) oder eines schriftl Gutachtens nach § 256 (BGH bei *Dallinger* MDR **53** 723; RG HRR **38** 791). Jedoch muß der Sv nicht während der gesamten HV anwesend sein (BGH **27** 167; bei *Pfeiffer/Miebach* NStZ **87** 219; RG JW **37** **1828**

---

[87] Die bis 1.1.1975 geltende Fassung hingegen verlangte die Zuziehung eines ärztlichen Sv.

1836). Zw ist, ob der bereits durchgeführte Teil der HV in Gegenwart des Sv wiederholt werden muß, wenn sich erst während der HV ergibt, daß eine Maßregel in Betracht kommt (vern BGH bei *Pfeiffer/Miebach* NStZ **87** 219); zumindest ist das Gericht dann bei der weiteren Sachbehandlung zu ganz besonderer Sorgfalt verpflichtet, weil die für den Sv fragmentarische HV jedenfalls eine ausreichende Grundlage für das Gutachten bieten muß (BGH NJW **68** 2298; LR-*Gollwitzer* 8 zu § 246 a).

Der Sv muß umfassend gehört werden; er muß den gesamten Sachverhalt, soweit er den Zustand des Angekl – ggf einschließlich etwaiger therapeutischer Aussichten – betrifft und das Gericht ihn seiner einschlägigen Entscheidung zugrundelegen will, kennen und würdigen (BGH **27** 167).

1829 (3) Die (sprachlich ggf irreführende) Soll-Vorschrift des § 246 a S 2 besagt, daß die *zwingend erforderliche Untersuchung* auch noch während der HV, dh an verhandlungsfreien Tagen wie auch bei laufender HV, stattfinden kann. Offensichtlich unzureichend ist es, wenn der Sv den Angekl während der HV beobachtet, da dies keine Untersuchung iSd Vorschrift darstellt (BGH bei *Kusch* NStZ **95** 219). – *Verweigert* der Angekl die *Mitwirkung*, so kann sie zwar nach §§ 81, 81 a angeordnet werden (BGH NJW **72** 348). Indes setzt die verweigerte Untersuchung idR die freiwillige Mitwirkung voraus, so daß der Versuch einer Vornahme unter Zwang insoweit nur unter erheblichen Vorbehalten ein verwertbares Ergebnis wird erbringen können (vgl etwa LR-*Gollwitzer* 9 zu § 246 a). Auch dann ist jedoch grds die Erstattung eines – in der Aussage entspr eingeschränkten – Gutachtens zu veranlassen, zumindest um dem Gericht etwa noch aufklärungsbedürftige Umstände zu nennen (BGH NStZ **94** 96).

Eine zeitlich länger zurückliegende Untersuchung in einem anderen Strafverfahren genügt nicht, ohne daß indes eine (frühere) Untersuchung unmittelbar vor der HV stattgefunden haben müßte (BGH **18** 374). Inhaltlich müßte sie sich auf die erwogene Maßregel (oder erwogenen Maßregeln) bezogen haben (RG **68** 327; **69** 133; BVerfG NJW **95** 3047; LR-*Gollwitzer* 10 zu § 246 a).

1830 cc) (1) **Nicht** begründet ist die **Revision** mit der Rüge, daß die StA nicht bereits im Vorverfahren einen Sv beauftragte (s dazu 1526) bzw daß das Gericht dies nicht vor Eröffnung des Hauptverfahrens tat (allg Auffassung, BGH NStZ **84** 134 f, wonach die Beachtung des § 80 a auch nicht durch einen Aussetzungsantrag in der HV erzwungen werden kann[88]).

(2) Ein Verstoß gegen § 246 a S 1 begründet nach **§ 337** die Revision (hM, s nur BGH **9** 1; **27** 168; NStZ **87** 219 bei *Pfeiffer/Miebach*; BGH NStZ **94** 96; Hamm MDR **78** 864; aA BGH bei *Dallinger* MDR **53** 723; RG HRR **35** 993: nach § 338 Nr 5). Ein solcher Verstoß liegt auch dann vor, wenn der Sv nicht hinreichend über den für sein Gutachten bedeutsamen Sachverhalt unterrichtet wurde (BGH **27** 166). – Ebenfalls begründet ist die Revision nach § 337, wenn es an einer Untersuchung iSd § 246 a S 2 fehlt bzw wenn der Angekl nicht eingehend genug untersucht wurde (RG **68** 200); dieser Mangel kann zugleich mit der Aufklärungsrüge (§ 244) geltend gemacht werden (BGH MDR **54** 310). Die dem Gebot der Sachlage widersprechende Nichtzuziehung eines weiteren Sv kann gleichfalls mit der Aufklärungsrüge beanstandet werden (BGH **18** 374).

---

[88] Nach *Bohnert* NStZ **82** 5 handelt es sich um eine Ordnungsvorschrift.

III. Untersuchung der Gefährlichkeit sowie der Ungeeignetheit

Die Entscheidungsgründe müssen erkennen lassen, daß der Tatrichter sich eine eigene *Überzeugung* vom Vorliegen der jeweiligen Voraussetzungen der Maßregelanordnung gebildet hat (s 96). Daher genügt die Wiedergabe der Befunde des Gutachtens nicht, sondern es ist eine *Auseinandersetzung* mit diesen erforderlich (BGH bei *Detter* NStZ **95** 489).

(3) Eine Beschränkung der Revision auf die Anordnung der Unterbringung verbietet sich insoweit, als das Gutachten des Sv auch die Schuldfrage berühren kann, so daß Fehler bei der Begutachtung idR das Urteil insgesamt erfassen (RG HRR **39** 1211; Hamm MDR **78** 864; LR-*Gollwitzer* 14 zu § 246a).

c) aa) Eine **Vorwegnahme der Unterbringung** *nach §§ 63, 64 StGB* **gemäß** **1831**
§ 126a dient – anders als § 112 – nicht der Verfahrenssicherung, sondern (als vorbeugende Maßnahme, Frankfurt NStZ **85** 285f) dem Schutz der Allgemeinheit; gemäß § 2 JGG gilt § 126a auch ggü Jugendlichen und Heranwachsenden (Düsseldorf MDR **84** 603; LR-*Wendisch* 1 zu § 126a).

Gleichwohl gilt die U-Haft gegen vermindert Schuldfähige (§ 21 StGB) durch § 126a auch dann nicht als ausgeschlossen, wenn mit der Unterbringung nach §§ 63, 64 StGB zu rechnen ist (KK-*Boujong* 2, LR-*Wendisch* 2, AK-*Krause* 3, alle zu § 126a; wohl auch *Eb Schmidt* SJZ **50** 217). Die einstweilige Unterbringung soll aber idR die angemessenere Maßnahme sein, ua weil bei dieser ärztliche Behandlung ohne richterliche Genehmigung zulässig ist (*Baumann* NJW **80** 1878f; K/M-G 2 zu § 126a). Da U-Haft und einstweilige Unterbringung nicht nebeneinander vollzogen werden können, darf wegen derselben Tat immer nur eine dieser Maßnahmen angeordnet werden (vgl statt vieler KK-*Boujong* 2 zu § 126a; aA LR-*Wendisch* 3 zu § 126a für den Fall, daß Verdunkelungsgefahr besteht).

Die Vorschrift (im Kern eingeführt durch Art 2 Nr 6 des Gesetzes vom **1832**
24.11.1933 [RGBl I 1000]) begegnet deshalb grundsätzlichen Bedenken, weil die einschlägige Unterbringung ohne vorherige Untersuchung durch einen Sv zulässig ist (s demggü nur § 246a; aA *Starke* 114 ff), und weil die Vorschriften über Außervollzugsetzung und Sicherheitsleistung (§§ 116, 116a, 123, 124) ebensowenig gelten[89] wie diejenigen betr ein Prüfverfahren vor dem OLG (§§ 121, 122; § 126a Abs 2 arg e contr; aA *Starke* 139 f), und zwar trotz des Schutzes gem Art 6 Abs 1 S 1 MRK. Gerade auch wegen dieser Schlechterstellung sind Erwägungen zur Verhältnismäßigkeit (insbes betr die Bedeutung der Sache) gemäß allg rechtsstaatlichen Prinzipien unerläßlich (zur Begründungspflicht §§ 126a Abs 2, 114 Abs 3).[90]

bb) (1) (a) Voraussetzungen für den Erlaß eines Unterbringungsbefehls sind zunächst **1833**
dringende Gründe sowohl für die Annahme, der Betroffene habe eine rechtswidrige Tat im Zustand der Schuldunfähigkeit oder verminderten Schuldfähigkeit begangen, als auch für die Prognose, er werde deswegen nach § 63 StGB oder § 64 StGB untergebracht (§ 126a Abs 1); hiernach sind bzgl § 64 StGB diejenigen Fälle nicht erfaßt, bei denen verminderte Schuldfähigkeit (nur) nicht auszuschließen ist. Der Begriff dringende Gründe verlangt eine hohe Wahrscheinlichkeit.

---

[89] Vgl betr § 116 jedoch Celle NStZ **87** 524: entspr Anwendung; abl dazu Celle Nds RPfl **95** 275.
[90] Vgl aber LR-*Wendisch* 9, 15 zu § 126a unter Hinweis auf § 126a Abs 2 arg e contr (betr §§ 112 Abs 1 S 2, 120 Abs 1), wonach diesbzgl Ausführungen nicht erforderlich sind; ebenso K/M-G 7 zu § 126a.

Im einzelnen braucht noch nicht zwischen § 20 StGB oder aber § 21 entschieden zu werden (KMR-*Müller* 2 zu § 126 a).

(b) Zudem ist Voraussetzung, daß die **öffentliche Sicherheit** aufgrund (zu konkretisierender [LR-*Wendisch* 8 zu § 126 a]) Gefährlichkeit des Betroffenen zZt des Erlasses des Unterbringungsbefehls (nicht also – wie bei der Unterbringung nach §§ 63, 64 StGB – zZt des Urteils, KK-*Boujong* 3 zu § 126 a; LR-*Wendisch* 8 zu § 126 a) die Unterbringung **erfordert**. Dies ist dann der Fall, wenn der Beschuldigte mit Wahrscheinlichkeit weitere rechtswidrige Taten von solcher Schwere begehen wird, daß gemäß dem Grundsatz der Verhältnismäßigkeit der Schutz der Allgemeinheit die Unterbringung verlangt. Zur Prüfung dieser Voraussetzung ist die Würdigung des Gerichts erforderlich (BGH NJW **51** 450 unter Bezugnahme auf die Tat, die Anlaß zu dem Verfahren gegeben hat, die Persönlichkeit des Betroffenen [einschließlich etwaiger Erkrankung und Werdegang] sowie auf dessen konkrete Lebensverhältnisse); aus methodischen Gründen wird das Gericht hierbei allerdings faktisch überfordert sein.

An der genannten Voraussetzung fehlt es gemäß dem Subsidiaritätsprinzip dann, wenn weniger einschneidende Maßnahmen (s n AK-*Krause* 2 zu § 126 a) auf anderer Rechtsgrundlage die Schutzfunktion erfüllen; dabei ist hinsichtlich der Frage der Subsidiarität zB str, ob trotz bereits vollzogener Unterbringung nach einem landesrechtlichen Unterbringungsgesetz § 126 a angewandt werden darf (vgl *Eb Schmidt* Nachtr I 10 zu § 126 a).

1834 (2) Die Unterbringung ist unter den Voraussetzungen des § 126 a Abs 3 S 1 bzw Abs 3 S 3 iVm § 120 Abs 3 **aufzuheben**; die Einlegung eines Rechtsmittels kann dies nicht aufhalten (§ 126 a Abs 3 S 2). Daher ist fortlaufend zu prüfen, ob die Voraussetzungen der Unterbringung fortbestehen (§§ 126 a Abs 2 S 1 iVm §§ 115, 115 a bzw §§ 117–118 b); dies betrifft auch die Art einer etwaigen zeitigen Erkrankung (zB „Schübe" oder Phasen, s zB 1235), und diesbzgl ist ggf ein Sv heranzuziehen (LR-*Wendisch* 14 zu § 126 a).

1835 cc) In dem Beschluß nach § 126 a muß die **Art der Anstalt** (psychiatrisches Krankenhaus oder Entziehungsanstalt) bezeichnet werden (KK-*Boujong* 6 zu § 126 a); sofern der Einweisungsplan der UVollzO mehrere Anstalten anbietet, so hat der Richter eine derselben auszuwählen und zu benennen (LR-*Wendisch* 13 zu § 126 a). Bei der Bestimmung ist der Richter an das Wesen dieser Unterbringung (als dem Bereich der Unterbringung nach §§ 63, 64 StGB zugeordnet) gebunden, hat jedoch zugleich Sicherungszwecke zu berücksichtigen und zu beachten, daß nicht der Eindruck einer Vorwegnahme des Urteils entsteht.

(1) Der **Vollzug** in einer (U-)Haftanstalt ist auch dann unzulässig, wenn sie über eine psychiatrisch-neurologische Abteilung verfügt (KK-*Boujong* 6, *Eb Schmidt* Nachtr I 12, K/M-G 9, aA Hamm SJZ **50** 213 mit abl Anm *Eb Schmidt*; KMR-*Müller* 7, LR-*Wendisch* 12, alle zu § 126 a; *Hartung* SJZ **50** 516 ff). In einer JVA soll die Unterbringung hingegen für höchstens 24 Std dann zulässig sein, wenn eine sofortige Überführung in ein öffentl psychiatrisches Krankenhaus oder eine öffentl Entziehungsanstalt nicht möglich ist (UVollzO Nr 89 Abs 2 S 1).

Für die Ausgestaltung des Vollzuges gelten die Vorschriften über den Vollzug der Unterbringung nach §§ 63, 64 StGB entspr (UVollzO Nr 90 Abs 2; Frankfurt NStZ **85** 285). – Im übrigen findet § 119 entspr Anwendung (§ 126 a Abs 2), wobei Beschränkungen (§ 119 Abs 3) von dem Zweck dieser Unterbringung getragen sein müssen. Der schriftliche und

III. Untersuchung der Gefährlichkeit sowie der Ungeeignetheit

mündliche Verkehr des Betroffenen mit der Außenwelt wird im Hinblick auf etwaige Gefahren vorbereiteter weiterer (Straf-)Taten wie auch auf therapeutische Belange kontrolliert, ohne daß § 126a indes wegen einer etwaigen Verdunkelungsgefahr oder -absicht zur Kontrolle des Verkehrs berechtigen würde (LR-*Wendisch* 3, AK-*Krause* 3, beide zu § 126a; aA KK-*Boujong* 7, KMR-*Müller* 5, K/M-G 9, alle zu § 126a); insofern liegt eine Gesetzeslücke vor.

(2) Zulässig ist die **Umwandlung** des Unterbringungsbefehls in einen Haftbefehl, wenn zwischenzeitlich davon auszugehen ist, daß nicht die Voraussetzungen des § 126a, sondern die der §§ 112, 112a vorliegen; das gleiche gilt im umgekehrten Fall (KK-*Boujong* 9, LR-*Wendisch* 17 beide zu § 126a). **1836**

dd) (1) Gegen den Unterbringungsbefehl und die Ablehnung eines Erlasses ist **1837** nach § 304 Abs 1 **Beschwerde** (auch gegen Entscheidungen des OLG [§ 304 Abs 4 S 2 Nr 1] und des Ermittlungsrichters beim BGH oder OLG [§ 304 Abs 5]), und nach § 310 Abs 1 weitere Beschwerde zulässig; sie steht auch dem gesetzlichen Vertreter des Betroffenen zu (vgl § 126a Abs 2 S 2). Mit der Beschwerde kann auch geltend gemacht werden, daß statt eines Unterbringungsbefehls ein Haftbefehl hätte erlassen werden müssen (KMR-*Müller* 12, K/M-G 14 beide zu § 126a; aA *Kleinknecht/Janischowsky* 303); anfechtbar ist auch die Umwandlung des Unterbringungsbefehls in einen Haftbefehl und die umgekehrte Entscheidung (KK-*Boujong* 10, K/M-G 14 beide zu § 126a; aA *Kleinknecht/Janischowsky* 303).

(2) Hinsichtlich Rechtsbehelfen gegen VollzMaßnahmen sind die allg Regeln betr U-Haft entspr anzuwenden (s etwa KK-*Boujong* 97ff zu § 119). Auch ist der Rechtsweg nach §§ 23ff EGGVG gegen Maßnahmen im Vollzug der Unterbringung eröffnet, soweit dies betr Maßnahmen im Vollzug der U-Haft der Fall ist (*Kleinknecht/Janischowsky* 444; s auch Hamm NJW **67** 693).

d) aa) (1) Für einen zur Vorbereitung der Entscheidung der StVollstrKammer **1838** über die Frage der **Aussetzung der Vollstreckung** einer Maßregel gem §§ 63, 64 oder 66 StGB nach (Teil-)Vollstreckung einer vorweg vollzogenen Freiheitsstrafe (§ 67c StGB) bzw vollzogener Maßregel (§§ 67d, 67e StGB) herangezogenen Sv bestehen besondere Schwierigkeiten einer Prognoseaussage (zu den materiellen Voraussetzungen „zustands-" bzw „hangbedingter" zukünftiger Taten s 1815f). Im allg wird angenommen, daß Gutachten zumindest bei bestimmten Tätergruppen (oder auch bzgl bestimmter Gruppen von Anlaßtaten) tendenziell überhöht zu negativen Prognosen gelangen, da die „Gefährlichkeit" der Betroffenen überschätzt werde (zur Berücksichtigung – vormals – übermäßigen Alkoholkonsums s *Schumann* 15).

So wird der Sv nicht selten von solchen Fehlprognosen erfahren, die günstig waren und die (zunächst) zB nicht eine freiheitsentziehende Rechtsfolge nach sich zogen bzw die gleichsam umgekehrt eine (bedingte) Entlassung aus dem Straf- und Maßregelvollzug zur Folge hatten. Eine entspr Form der Kontrolle steht jedoch bei ungünstigen Fehlprognosen nicht zur Verfügung, sofern ggü den Betroffenen im Anschluß an die Prognose eine Freiheitsentziehung vorgenommen bzw aufrechterhalten wurde. – Im übrigen liegen speziell betr § 63 StGB empirische Anhaltspunkte dafür vor, daß bei (etwaiger) „Rückfälligkeit" eine Verschiebung hin zu weniger schwerwiegenden Taten stattfand (*Leygraf; Ritzel* MKrim **89** 127).

Was die *Datenquellen* für die hier gemeinten Prognosestellungen angeht, so ist sowohl der Zeitraum der Inhaftierung als insbes auch derjenige vor der (letzten) Inhaftierung zu berücksichtigen. Wegen der Haftzeitabhängigkeit bzw der Vergangenheit der beiden genannten Erhebungszeiträume bereitet schon die Datenerhebung als ein der Prognosestellung vorgelagerter Akt, dessen Geeignetheit eine vorentscheidende Bedeutung für die Qualität der Prognosestellung hat, erhebliche Schwierigkeiten.

Im einzelnen kann die Anpassung an die Erfordernisse des Anstaltsalltags eine Bedeutung für zukünftige Legalbewährung haben, sie muß es aber nicht. So liegt die spezielle psychopathologische Problematik zB wegen aggressiver Sexualstraftaten eingewiesener Personen in dem Gefälle zwischen äußerer Angepaßtheit und plötzlichen Eruptionen schwerster Aggression.

1839 Soweit die Prognose auf Befunden und Beurteilungen des *behandelnden Arztes* oder Therapeuten bzw eines anderweit *betreuenden Bediensteten* beruht, mag damit, will er sich nicht ein Scheitern seiner Bemühungen attestieren, eine positive Tendenz einhergehen; unter anderen Voraussetzungen hingegen mag eine eher restriktive Tendenz zu besorgen sein (zu Sanktionen ggü dem Sv s *Eisenberg* § 34 Rn 41). Insofern wäre die Beauftragung eines gewissermaßen außenstehenden *Dritten* möglicherweise geeigneter (vgl allg LK-*Horstkotte* 105 zu § 67 c StGB, 93 zu § 67d StGB; s auch speziell § 14 Abs 3 MRVG NRW und § 37 Abs 4 PsychKG Bbg: jeweils nach drei Jahren); jdf ist eine substantiierte Begutachtung erforderlich (BVerfGE **70** 310; NJW **95** 3049). – Ist die Strafe gem § 67 Abs 2 oder 3 StGB vor der Maßregel vollzogen worden, so wird der Sv (ebenso wie die StVollstrKammer) betr die Entscheidung nach § 67 c Abs 1 StGB zu prüfen haben, ob – entgegen Erwägungen bei den vorherigen Entscheidungen des erkennenden Gerichts bzw der StVollstrKammer nach § 67 Abs 2 bzw Abs 3 StGB – im Anschluß an die Wirkung von Maßnahmen (etwa therapeutischer Art) im Strafvollzug der Übergang in die Freiheit ggf eher der Legalbewährung förderlich ist als eine zusätzliche Maßregelvollstreckung.

1840 (2) (a) Im einzelnen ist betr **§ 63 StGB** die mögliche Gefährdung der Allgemeinheit zu der bisherigen Vollstreckungsdauer in Beziehung zu setzen, so daß die Wahrscheinlichkeit weiterer erheblicher Taten umso konkreter sein muß, je länger die Vollstr bereits anhält (BVerfG **70** 297 ff; NJW **93** 778; **95** 3048). Dem steht nicht entgegen, daß die Fortdauer der Unterbringung auch dann zulässig bleibt, wenn eine Heilung (oder Besserung) nicht zu erwarten ist (Hamburg NJW **95** 2424).

Prozessual ist die Beiordnung eines Pflichtvert zu beachten, sofern der Untergebrachte bei Tatbegehung strafrechtlich nicht verantwortlich war (Art 5 Abs 4 MRK; EGMR NStZ **93** 148).

Methodisch wäre es verfehlt, eine negative Prognose damit zu begründen, am „Krankheitsbild" habe sich nichts geändert (*Perpetuierung* der *Einweisungsprognose*), denn es kann zB das ausschlaggebende Risiko durch Älterwerden des Betroffenen oder durch Änderung der Lebens- bzw Betreuungsverhältnisse sehr wohl geringer geworden sein; im übrigen betrifft dieses Bedenken insbs häufige Fälle mit unklarer oder fehlerhafter Einweisungsprognose, bei denen eine ausgeprägte Zurückhaltung besteht, eine Veränderung des diagnostizierten Zustandes bzw eine positive Entlassungsprognose zu bescheinigen. Unzureichend ist es schließlich, statt der gesetzlich vorgeschriebenen Prognose als Kriterium ein „Therapiebedürfnis" zu behaupten bzw zugrundezulegen.

1841 (b) Unsachgemäß ist desweiteren eine negative Prognose, soweit sie auf als negativ beurteiltes *Vollzugsverhalten* wie zB „Widersetzlichkeiten" oder Entweichun-

III. Untersuchung der Gefährlichkeit sowie der Ungeeignetheit

gen[91] gestützt wird (LK-*Horstkotte* 42 zu § 67d StGB); das gleiche gilt für sonstige verengte oder vorgelagerte Kriterien (zB Rückstufung oder Verlegung im Rahmen des Lockerungssystems, zumal eine solche Sanktion ua der Beurteilung iSd §§ 20, 21 StGB widerspricht).

Dabei wirkt sich als rechtsschutzbeeinträchtigend aus, daß die Judikatur teilweise Vollzugsmaßnahmen iS einer Sonderstellung psychiatrischer bzw „ärztlicher Gesichtspunkte" (§ 136 StVollzG) einstuft, und zwar in Abweichung verwaltungsrechtlicher Kategorien zur gerichtlichen Überprüfung bei Ermessen und unbestimmten Rechtsbegriffen mit Beurteilungsspielraum (vgl etwa KG RuP **85** 34 mit Anm *Volckart*); diese Praxis trägt denjenigen Elementen ärztlicher Gesichtspunkte, die iSd anstaltsbezogenen Doppelfunktion eher Verwaltungscharakter haben, ebensowenig Rechnung wie der Relativität einschlägiger psychiatrischer bzw ärztlicher Erkenntnisse und Methoden.

Ohnehin wird der Sv zu berücksichtigen haben, daß schon die Erprobung von Vollzugslockerungen (zB Urlaub) tendenziell selten ist (s aber Westf Arbeitskreis NStZ **91** 64) und in der Vollzugspraxis mitunter von der anstaltsinternen Anpassung, nicht aber von der Gefährdung der Sicherheit der Allgemeinheit abhängig ist.[92]

(c) Auch bei der Entlassungsprognose hat der Sv iSd *Subsidiaritätsgrundsatzes* zu prüfen, ob eine geeignete Aufnahmebereitschaft durch Angehörige oder sonstige geeignete Möglichkeiten der Unterbringung in Übergangs- oder Pflegeheimen bestehen (einschr zu den tatsächlichen Verhältnissen *Schumann* 112). Häufig ist „Entlassung" bei gleichzeitigem Verbleiben in einem allg psychiatrischen Krankenhaus oder Verbringen in ein Heim (nach *Gretenkord/Lietz* MKrim **83** 386: 51,01%; *Burghardt* 216: etwa 38%; *Bischof* Forensia **87** 105: 40,96%). Im einzelnen erachtet sich für eine bestimmte Gruppe von dementiell Erkrankten, Oligophrenen, Schizophrenen und allg Behinderten kein Pflege- oder Altenheim für zuständig (*Bischof* Forensia **87** 106). **1842**

(d) Es wurde berechnet, daß – abgesehen von speziellen Diagnosen – die durchschnittliche Unterbringungsdauer für Betroffene mit den Diagnosen Schizophrenie bzw Oligophrenie am längsten ist; im einzelnen waren Schizophrene mit Tötungs- und Sexualdelikten nahezu doppelt so lange untergebracht wie solche mit Eigentumsdelikten und Oligophrene mit Sexualdelikten auch nahezu doppelt so lange wie solche mit Eigentumsdelikten (*Bischof* MKrim **86** 89; vgl tendenziell ähnlich *Schumann* 79, 86). Ähnlich ermittelten *Athen/Böcker* (MKrim **87** 131, 133) eine besonders lange Dauer bei der Verbindung von Minderbegabung mit Sexualdelikten bzw Brandstiftung; betr die Anlaßtat, wenngleich mittelbar wohl beeinflußt von der Diagnose, ergab sich die längste durchschnittliche Aufenthaltszeit bei der Pädophilie (11 Jahre 3 Mon) und immerhin eine solche von 7 Jahren 2 Mon bei Exhibitionismus (aaO S 133; tendenziell ähnlich betr Sexualdelikte ohne Gewalt *Leygraf* 116). Nach *Burghardt* (s 337) wurden 50% der Untergebrachten mit Sexualdelikten als Anlaßtat erst nach 5 1/2 Jahren entlassen; im übrigen bestand zwischen Anlaß und Dauer vorausgegangener Gefäng- **1843**

---

[91] Zur Häufigkeit von Entweichungen bzw von „aggressivem Verhalten" s zB *Athen/Böker* MKrim **87** 127 bzw 132: 28% bzw 33% der Pben.

[92] Eine etwaige Strafverfolgung des urlaubs- oder ausgangsgewährenden Arztes wegen eines Fahrlässigkeitsdelikts kann dann eintreten, wenn es während des Urlaubs bzw Ausgangs zu einer (Straf-)Tat seitens des Eingewiesenen kommt, s LG Göttingen NStZ **85** 410: Verurteilung des Arztes wegen fahrlässiger Körperverletzung; zu einem Anteil von 12% bzw 16% der Pben, die während der Unterbringung Straftatbestände verletzt hätten, s *Athen/Böker* MKrim **87** 128 bzw *Schumann* 102 f.

nisaufenthalte – also eher kriminologisch und psychiatrisch einzuordnende Ausprägungen – und der Unterbringungsdauer kein signifikanter Zusammenhang (*Burghardt* 339).

1844 (3) Betr **§ 64 StGB** steht, wie sich aus § 64 Abs 2 StGB ergibt (s n 1821), der Sicherungszweck noch weniger als bei anderen Maßregeln einer gem therapeutischen Kriterien nahegelegten Aussetzung entgegen, dh das hinsichtlich weiterer „hangbezogener" Taten einzugehende Risiko kann größer sein als bei anderen Maßregeln (LK-*Horstkotte* 50 zu § 67d). Wegen der einschlägigen Verwobenheit von therapeutischen und sichernden Belangen ist derjenige Entlassungszeitpunkt zu wählen, der am ehesten günstige Bedingungen für eine zukünftige Legalbewährung (bzw ambulante Fortsetzung der Therapie) ermöglicht.

Nach allg Erfahrung der therapeutischen Praxis sind die erforderlichen prognostischen Aussagen (und damit auch die Bestimmung des vorgenannten Zeitpunkts) besonders schwierig, zumal bedeutsam nicht nur die Sucht, sondern auch psychologische und insbes sozialpsychologische Faktoren sind (s etwa *Coignerai-Weber/ Hege* MKrim **81** 133, 144 f) und Vollzugslockerungen iSv Urlaub jedoch bei einem erheblichen Anteil von Pben nicht vorkamen (s zB *Dessecker*: bei etwa 30%). So mag die Prognose gerade bei solchen Pben günstig sein, die im (Maßregel-)Vollzug als unangepaßt oder auch „eigenwillig" beurteilt wurden (*Adam/Eberth* NStZ **83** 196).

IdR gilt ein Unterbringungszeitraum von zumindest einem Jahr als zureichend, während unter der Voraussetzung geeigneter ambulanter therapeutischer Fortführung auch ein erheblich kürzerer Zeitraum genügen kann.

Bzgl Drogenabhängiger hat in der Praxis die Möglichkeit gemäß § 35 BtMG erhebliche Bedeutung, während betr Alkoholabhängige insoweit eine Schlechterstellung zu verzeichnen ist (vgl etwa *Rebsam-Bender* NStZ **95** 159, 161 [auch zu Mißlichkeiten iZm § 67 Abs 5 StGB]).

1845 (4) Hinsichtlich Aussetzungsprognosen betr **§ 66 StGB** ist entspr den zur Unterbringung nach § 63 StGB entwickelten Grundsätzen (s 1840) die mögliche Gefährdung der Allgemeinheit zu der bisherigen *VollstrDauer* in Beziehung zu setzen (BVerfG NJW **94** 510), dh zumindest nach bereits vergleichsweise langer Vollstreckung ist eine konkrete Wahrscheinlichkeit weiterer erheblicher Taten erforderlich (Celle StV **95** 90). – Methodisch ist davon auszugehen, daß die Vollzugswirklichkeit bei längerfristiger Freiheitsstrafe derjenigen bei Sicherungsverwahrung grds ähnlich ist und die zu Sicherungsverwahrung Verurteilten aus kriminologischer Sicht keine spezielle Gruppe darstellen. Insofern sind die sich ergebenden Probleme der Entlassungsprognose ähnlich denjenigen nach längerfristigem Freiheitsstrafvollzug. Jedoch steht die Gefahr, daß der Verurteilte andere als die mit dem „Hang" iSd § 66 Abs 1 Nr 3 StGB zusammenhängende erhebliche Straftaten begehen wird, der Aussetzung nicht entgegen.

Im einzelnen wäre es verfehlt, gleichsam mechanisch aus der Zahl oder den Intervallen strafrechtlicher Vorbelastung auf eine negative Prognose zu schließen, da einschlägige Vorbelastungen stets das Produkt vielfältiger Umstände sind und nicht etwa (allein) begründet in der Persönlichkeit des Verurteilten entstanden sind (vgl systematisch *Eisenberg* §§ 53, 54, 59, 60). Zudem mag gem der allg altersmäßigen Verlaufsentwicklung strafrechtlicher Belastung im Zeitpunkt der anstehenden Entscheidungen (§ 67c bzw §§ 67d, 67e StGB), biographisch betrachtet, der Höhepunkt von Straftatbegehungen bereits überschritten sein. Ohnehin läßt sich eine Versagung der Aussetzung zB mit der Begründung, eine frühere Aussetzung einer Strafe oder Maßregel sei widerrufen worden (s grds krit 1817), schwerlich vertreten.

bb) (1) Gem § 454 Abs 1 S 5 muß vor *Aussetzung* des *Restes* der **lebenslangen** **1846** **Freiheitsstrafe** zuvor ein Sv „namentlich" dazu gehört werden, ob (bzgl des Verurteilten) „dessen durch die Tat zutage getretene Gefährlichkeit fortbesteht". Diese Wendung nimmt, entgegen dem Strafausspruch des erkennenden Gerichts und in Durchbrechung der Zweispurigkeit des Rechtsfolgensystems, Bezug auf das Maßregelrecht (§§ 61 ff StGB), und sie unterstellt eine (vorhanden gewesene) „Gefährlichkeit".

Sofern nicht Fragen der Schuldunfähigkeit zu erörtern sind, kommt hierbei der Psychiatrie kein Vorrang zu (s aber BT-Dr 8/3218 S 9, wonach zB ein Psychologe nur neben einem Psychiater oder zur Ergänzung seines Gutachtens herangezogen werden darf). Verweigert der Gefangene die Mitwirkung, so darf dies einem für den Tatzeitpunkt als psychisch gesund beurteilten Verurteilten, der auch im Strafvollzug keine besonderen psychischen Auffälligkeiten zeigt, nicht angelastet werden; keinesfalls darf eine Anordnung nach § 81 geschehen; jedoch ist die Heranziehung eines Psychiaters nicht ermessensfehlerhaft (s BGH StV **94** 254 mit zust Anm *Schüler-Springorum*).

Vielmehr hat der Sv zumindest zu versuchen, durch Anbahnungsgespräche, Anwesenheit bei der mündlichen Anhörung (§ 454 Abs 1 S 3) etc, soweit dies methodisch zulässig ist (krit Anm *Blau* JR **94** 34), den Auftrag zu erfüllen (BGH StV **94** 254 mit zust Anm *Schüler-Springorum;* s auch Lübeck StV **95** 33; KK-*Fischer* 50 zu § 454; anders noch Düsseldorf StV **95** 377, Koblenz MDR **83** 1044, Karlsruhe Die Justiz **91** 94, wonach eine Aussetzung dann unzulässig sei, ohne daß es noch einer Anhörung bedürfte).

(2) *Die prognostische Problematik* ergibt sich ua aus Diskrepanzen zwischen Ge- **1847** fängnisgesellschaft und Außengesellschaft, und sie betrifft nicht zuletzt die Beurteilung der Persönlichkeitsentwicklung des Verurteilten. Nach hM gehen Zw an einer günstigen Prognose betr ein etwaiges „neues schweres Verbrechen" zu Lasten des Verurteilten, jedoch muß die Prognose gegen dessen verfassungsmäßiges „Recht auf Achtung seiner Menschenwürde gewogen werden" (BVerfG [2. Kammer des 2. Senats] NStZ **92** 406).

Im einzelnen kommt bei der verlangten Stellungnahme zur Gefährlichkeit insbes situativen Umständen derjenigen Tatbegehung, die zu der Verurteilung zu lF geführt hat, Bedeutung zu. Demggü haben entgegen verbreiteter Judikatur (zur Frage individueller Schuldverarbeitung) Wertungen wie Bußbereitschaft, Reue und Einsicht zumindest insofern keinen sachlichen Bezug zu Gefährlichkeit und zukünftiger Legalbewährung, als ggf der verurteilten Person die abgelaufenen Motivationsprozesse aufgrund der ihr zur Verfügung stehenden geistig-seelischen Möglichkeiten nicht verständlich gewesen sind bzw werden können.[93]

---

[93] Zur Anlastung des Leugnens der Tat s Hamm NStZ **89** 27 mit krit Anm *Eisenberg* NStZ **89** 366; s auch Karlsruhe Die Justiz **91** 155 zur Entlassung trotz besonderer Schuldschwere, jedoch hohen Alters und hirnorganisch bedingten progredienten Persönlichkeitsabbaus; vgl zudem LG Lübeck StV **95** 34 – trotz „beträchtlicher Schuldschwere" – wegen „stark angegriffener Gesundheit").

1848 (a) Inländische empirische Anhaltspunkte über die zukünftige Legalbewährung von aus lF Entlassenen deuten auf eine vergleichsweise *geringe Rückfallgefahr* hin (vgl *Albrecht* MKrim **77** 133; *Kreuzer* ZRP **77** 50; *Kühling* ZfStrVo **86** 6 f).

Jedoch sind die Ergebnisse der vorliegenden Untersuchungen insofern nicht verallgemeinerungsfähig, als die Pben-Gruppen nicht unerheblich durch (im zeitlichen Verlauf) veränderte tatsächliche und strafrechtliche Gegebenheiten geprägt waren. Ohnehin können sich entspr Untersuchungen notwendigerweise nur auf denjenigen Teil der jeweiligen Verurteilten- oder Gefangenengruppen beziehen, der gem den Kriterien der Prognosestellung oder denjenigen der (jeweiligen) Gnadenpraxis ausgewählt worden sind.

Daten über die Legalbewährung nach (Entlassung aus dem Vollzug von wegen Mordes verhängter) *Jugendstrafe* (Höchstdauer 10 Jahre, §§ 18 Abs 1 S 2, 105 Abs 3 JGG[94]) sind einschlägig nur bedingt bedeutsam, da der Haftzeitraum erheblich kürzer war als derjenige auch einer verkürzten lF und da zudem eine Vielzahl wesentlicher Gegebenheiten schon im Hinblick auf Motivation sowie erzieherische und allg Entwicklungsmöglichkeiten im Vergleich zu bei Tatbegehung bereits 21-jährigen und Älteren unterschiedlich ausgestaltet sind.

1849 (b) Was den Haftverlauf angeht, so scheinen zu lF Verurteilte im allg zwar angepaßter, aber (noch) weniger in Gemeinschaft zu leben als andere Gefangene; gerade hierzu ist auf die Konfrontation von zu lF Verurteilten mit der ständigen Fluktuation der zu zeitiger Freiheitsstrafe Verurteilten hinzuweisen.[95]

Grds ist zur Interpretation von Vollzugsverhalten der zu lF Verurteilten zu berücksichtigen, daß das bedrückendste Faktum für diese Gefangenengruppe die *Ungewißheit* darüber ist, ob und wann eine Entlassung eintritt, und daß bestimmte Syndrome mitunter im Anschluß an eine (erste) Ablehnung eines Antrages auf vorzeitige Entlassung bzw eines Gnadengesuchs auftreten. Zudem werden auch für diesen Bereich mitunter Fälle genannt, in denen nach Begnadigung und Entlassung zuvor festgestellte psychotische Erscheinungen verschwunden seien.

Was die Frage nach *Persönlichkeitsänderung* (oder gar -zerstörung) anbetrifft (s zu den einzelnen Untersuchungen n *Eisenberg* § 37 Rn 25–28), so kann seither verläßlich nichts darüber gesagt werden, inwieweit sich die Haftdauer auf Persönlichkeit, Einstellung und Verhaltensweisen von zu lF Verurteilten auswirkt (s aber *Einsele* in Jescheck/Triffterer 49 ff).

2. Untersuchung der rauschbedingten Nicht-Fahrsicherheit bzw der Ungeeignetheit zum Führen von Kraftfahrzeugen

Übersicht

	Rn			Rn
a) Rauschbedingte Nicht-Fahrsicherheit		aa)	Allgemeines	1853, 1854
aa) Voraussetzungen	1850–1850 e	bb)	§ 69 Abs 1	1855
bb) Bestimmung der BAK	1851–1851 e	cc)	Keine Prognosestellung	1856
b) Ungeeignetheit zum Führen von Kraftfahrzeugen		dd)	Kriterium Alkoholeinfluß	1857
		ee)	Dauer der Sperre, Nachschulung	1858, 1859

---

[94] S zu Zahlen etwa *Walter/Remschmidt* Krim Ggfr **89** 148.
[95] Wegen Anhaltspunkten für einen U-kurvenförmigen Verlauf (auch hier) s *Rasch*, in Jescheck/Triffterer 37.

III. Untersuchung der Gefährlichkeit sowie der Ungeeignetheit

a) aa) (1) (a) Die Feststellung **rauschbedingter Nicht-Fahrsicherheit**[96] (§§ 315 c **1850** Abs 1 S 1 Abs 1 a, 316 StGB) kann grds nur im Einzelfall geschehen. Allerdings ergeben sich für Führer eines (zwei- oder mehrrädrigen) *Kfz*[97] in Bezug auf *Alkohol* erhebliche Einschränkungen dadurch, daß die Rspr einen Grenzwert **absoluter** Nicht-Fahrsicherheit (1,1‰)[98] festgelegt hat, oberhalb dessen sie keinen Gegenbeweis der Fahrtüchtigkeit eines einzelnen Betroffenen (etwa durch Fahrproben oder Alkoholbelastungsversuche) zuläßt (s schon BGH **10** 265: *jeder* beachtliche Beweiswert abzusprechen).

Die rechtsdogmatische Legitimität dieses Vorgehens wird mit Erkenntnissen über Leistungseinbußen alkoholisierter Kraftfahrer begründet, die aufgrund von Fahrversuchen gewonnen wurden und denen zufolge bei einer BAK von 1,0‰ mit an Sicherheit grenzender Wahrscheinlichkeit kein Kraftfahrer mehr in der Lage sei, das von ihm geführte Kfz sicher durch den öffentlichen Straßenverkehr zu bewegen. Die Grenze absoluter Nicht-Fahrsicherheit sei damit weit genug gezogen, um zu gewährleisten, daß bei ihrem Erreichen auch alkoholverträgliche und besonders befähigte Fahrer stets nicht-fahrsicher seien (vgl BGH **37** 95).

Indes drückt sich in den zugrundeliegenden experimentellen Ergebnissen keine absolute Gewißheit einer unbedingten Gesetzmäßigkeit, wie sie im medizinisch-naturwissenschaftlichen Bereich ohnehin nicht zu erreichen ist, sondern *nur* eine *statistische* Abhängigkeit aus (unzutreffend daher BVerfG NJW **95** 125, das unter Verkennung diesen Aspekts die Promillegrenze der Rspr für verfassungsgemäß erachtet). Mithin bleiben – auch in Übereinstimmung mit den Grundsätzen der Wahrscheinlichkeitsrechnung – Ausnahmefälle der Fahrsicherheit bei einer BAK von über 1,0‰ vorstellbar; so wurden zB in der medizinischen Praxis Fälle krankheitsbedingter außergewöhnlicher Alkoholtoleranz schon nachgewiesen (vgl *Arbab-Zadeh* NJW **67** 275).

Die Festsetzung eines Grenzwertes absoluter Nicht-Fahrsicherheit unter Versagung jeden Gegenbeweises läuft damit auf eine verfassungsrechtlich nicht *unbedenkliche Schuldvermutung* hinaus, die strafprozessual als zwingende Beweisregel ohne unbedingte gesetzmäßige Beweiskraft dem Prinzip der freien richterlichen Beweiswürdigung (§ 261 StPO) widerspricht (vgl *Strate* BlAlk **83** 188; *Haffke* JuS **72** 448)[99].

Zu überlegen bleibt zudem, ob die Rspr durch ihr Vorgehen in rechtsstaatswidriger Weise in den Kompetenzbereich des Gesetzgebers eingreift, der seinerseits bei Schaffung der §§ 315 c Abs 1 S 1 Abs 1 a, 316 StGB den Gesetzesvorbehalt und das Bestimmtheitsgebot mißachtet haben könnte (abl und insoweit wohl zutreffend BVerfG NJW **95** 125 [s auch BVerfG NJW **95** 2343: gesetzgeberisches Unterlassen einer Senkung auf 0,5‰ nicht zu be-

---

[96] Der in Rspr und Literatur weithin verwandte Begriff der Fahruntüchtigkeit weicht sprachlich vom Gesetzeswortlaut ab und begegnet auch aus inhaltlichen Gründen systematischen Bedenken. Eingeschränkt gilt dies auch für den nicht selten eingesetzten Begriff Fahrunsicherheit.
[97] Werden Zweiradfahrzeuge unter Zuhilfenahme von Motorkraft geschoben, so fallen sie nicht darunter (Bay VRS **66** 203). Hingegen wurde absolute Nicht-Fahrsicherheit bei einem abgeschleppten, betriebsunfähigen Pkw mehrfach bejaht (BGH **36** 341; Celle NZV **89** 318; aA Frankfurt NJW **85** 2961).
[98] Erstmals wurde ein derartiger Grenzwert in BGH **5** 168 benannt (1,5‰). Seit BGH **21** 157 sah die Rspr die Grenze dann bis zum Jahre 1990 (BGH **37** 89) bei 1,3‰.
Der Wert von 1,1‰ setzt sich aus dem Grundwert von 1,0‰ und einem Sicherheitszuschlag von 0,1‰ zusammen, der Streuungen innerhalb der Meßmethoden auffangen soll.
[99] Als inkonsequent erscheint es, einen Gegenbeweis nur in den genannten Fällen krankheitsbedingter außergewöhnlicher Alkoholverträglichkeit, nicht aber in möglichen anderen Ausnahmefällen zulassen zu wollen (so etwa *Dreher/Tröndle* 6 b zu § 316 StGB).

anstanden]; zum Problem der rückwirkenden Anwendung s n *Jagusch/Hentschel* 14a zu § 316 StGB).

1850a Der für absolute Nicht-Fahrsicherheit von *Radfahrern* maßgebliche Grenzwert liegt nach überwiegender Rspr bei 1,6‰[100]; bezogen auf sonstige Verkehrsteilnehmer ist eine Festlegung bislang nicht vorhanden.

Eine Herabsetzung des absoluten Grenzwertes bei Vorliegen konkreter, die Fahrsicherheit beeinträchtigender äußerer Umstände (wie Nebel, Nachtzeit, Glatteis) lehnt die Rspr ab (BGH **31** 43; VRS **33** 119); das gleiche gilt bei Krankheit oder Ermüdung des Fahrzeugführers (BGH VRS **31** 108; Bay NJW **68** 1200), soll jedoch bei entspr Medikamentenbeeinflussung möglich sein (Bay BlAlk **80** 220 mit krit Anm *Hentschel*).

1850b Die Beeinträchtigung der Fahrsicherheit ist im allg unbeschadet gleichen Promille-Gehaltes bei ansteigender Blutalkoholkurve höher als bei abfallender (sog *erhöhte Anflutungswirkung*). In Anlehnung an die Gleichstellung in § 24a Abs 1 StVG wird absolute Nicht-Fahrsicherheit daher schon dann angenommen, wenn die BAK des Führers eines Kfz zur Tatzeit noch unter 1,1‰ lag, er aber zu diesem Zeitpunkt bereits eine Alkoholmenge im Körper hatte, die nach Abschluß der Resorptionsphase (vgl 1851c) zu einer BAK von 1,1‰ oder mehr führte (BGH NJW **74** 246; NJW **76** 1802; Bay NJW **72** 2234). Für den Betroffenen erübrigt sich infolgedessen die Geltendmachung eines sog *Schluß-Sturztrunkes* (vgl Hamm VRS **46** 134; Düsseldorf MDR **82** 871) insofern, als er sich damit für die Tatzeit nicht zu entlasten vermag.

1850c (b) Für *andere* berauschende *Mittel* iS der §§ 315c Abs 1 S 1 Abs 1a, 316 StGB wurde ein absoluter Grenzwert bislang nicht bestimmt, so daß die diesbzgl Beurteilung stets entspr den für relative Nicht-Fahrsicherheit geltenden Kriterien geschieht (Bay NJW **94** 2427; Köln NJW **90** 2945; Frankfurt NJW **92** 1570 [betr Heroin]; Düsseldorf NJW **93** 276 [mit krit Anm *Trunk*] sowie NZV **94** 326; LG Krefeld StV **92** 521 betr Haschisch)[101]. Demgemäß müssen konkrete Ausfallerscheinungen, insbes betr die Fahrweise, festgestellt werden.

Andere berauschende Mittel können Drogen wie aber auch Medikamente sein. Maßgebend ist, ob sie in ihren Auswirkungen auf das Zentrale Nervensystem mit Alkohol vergleichbar sind und die intellektuellen und motorischen Fähigkeiten sowie das Hemmungsvermögen beeinträchtigen (BGH VRS **53** 356; Düsseldorf NZV **94** 326). Für den Nachweis des Konsums derartiger Stoffe kommen neben körperlichen Untersuchungen und Blutentnahmen auch Analysen von Urin- und Haarproben in Betracht (vgl VV JuM Rhld-Pf JBl **95** 130).

---

[100] S nur Celle NJW **92** 2169; Hamm NZV **92** 198; Zweibrücken NZV **92** 372; für 1,5‰ LG Verden NZV **92** 292; Düsseldorf NJW **92** 992; dagegen Bay VRS **83** 192; vgl auch (vormals) BGH **34** 133: 1,7‰. Der Wert von 1,6‰ setzt sich zusammen aus einem Grundwert von 1,5‰ und einem Sicherheitszuschlag von 0,1‰.

[101] Anders AG München (BlAlk **93** 251), demzufolge unmittelbar nach Haschisch-Konsum ab einer bestimmten THC-Konzentration (Tetrahydrocannawiol) im Blut absolute Nicht-Fahrsicherheit vorliegen könne. Auch gemäß der Auffassung von *Salger* (DAR **94** 437) soll dies – nach gleichzeitigem Alkoholkonsum – für mehrere Std der Fall sein; das gleiche gelte nach Heroin- oder Kokainkonsum. Dagegen äußerte *Nehm* (DAR **93** 375) grundsätzliche Bedenken gegen die Festsetzung gerade von Drogengrenzwerten (s n aus empirischer Sicht *Kannheiser/Maukisch* NZV **95** 419 ff [zB betr unerwartete Wirkungen S 422 f]).

III. Untersuchung der Gefährlichkeit sowie der Ungeeignetheit

(2) (a) Alkoholbedingte **relative** Nicht-Fahrsicherheit setzt im allg eine BAK **1850 d** von mindestens 0,5‰ voraus, wird in Einzelfällen aber auch schon bei einem niedrigeren Wert angenommen. Unterste Grenze ist nach allg Ansicht eine BAK von 0,3‰ (Bay DAR **89** 427; Köln NZV **89** 358). Beim Nachweis alkoholbedingter relativer Nicht-Fahrsicherheit ist die BAK nur eines von mehreren Beweisanzeichen, zu dem weitere Indizien hinzukommen müssen. Deren Bedeutung ist indes im allg um so geringer, je mehr der Wert der BAK sich demjenigen absoluter Nicht-Fahrsicherheit annähert (Bay DAR **90** 186; Hamm NZV **94** 117).

Zu den Beweisanzeichen gehören iZm konsumierter Alkoholmenge das Körpergewicht, Art und Menge zugeführter Speisen, Alkoholempfindlichkeit und Trinkgeschwindigkeit. Wesentlich können ferner sein die Fahrweise sowie das (sonstige) Verhalten vor, während und nach der Tat.

Traditionell wird dem Erscheinungsbild des *Drehnachnystagmus* der Augäpfel[102] Bedeutung beigemessen. Er erlaubt Rückschlüsse auf das Vorliegen von (Nicht-)Fahrsicherheit indes nur im Vergleich mit dem Nüchternbefund (Köln NJW **67** 310; VRS **65** 440; Zweibrücken VRS **66** 205), dessen Erlangung die Einwilligung des Betroffenen erfordert. – Generell ist zu berücksichtigen, daß das gesamte Erscheinungsbild in starkem Maße davon geprägt ist, ob die Resorption noch anhält oder schon abgeschlossen ist – im allg ca eine Std nach Trinkende –, da sich die Trunkenheitssymptome rasch erheblich reduzieren, auch wenn noch etwa 1 1/2 Std nach Trinkende die BAK nahezu gleich hoch ist (BGH **21** 257).

Bei einem Unfall kann als zusätzliches Beweiszeichen iS mittelbarer Bedeutung (gemäß statistischer Tendenz) betr den „durchschnittlichen" Kfz-Führer ferner zu prüfen sein, ob es sich um einen sog *„alkoholtypischen" Verkehrsunfall* handelt, jedoch kommt es auch dabei darauf an, ob gerade der Angekl sich ohne Alkoholeinfluß anders verhalten hätte (Köln NZV **95** 454). Im einzelnen verbieten sich Verallgemeinerungen etwa betr überhöhte Geschwindigkeit (vern BGH StV **94** 543) und Abkommen von der Fahrspur[103], und als ohnehin nicht einschlägig gelten zB Rangier- wie auch Auffahrunfälle (s dazu *Haffner ua* NZV **95** 302) oder fehlerhaftes Abbiegen nach links (Osnabrück DAR **95** 79). – Weiterhin können die Verkehrsverhältnisse sowie die Tageszeit und ggf auch die Witterungsverhältnisse unter dem Gesichtspunkt der an den Angekl gestellten Anforderungen bedeutsam sein.

(b) Für die Annahme durch Rauschmittelgenuß ausgelöster Nicht-Fahrsicher- **1850 e** heit ist es nach der Rspr bereits ausreichend, daß der Rauschmittelkonsum als eine von mehreren Bedingungen nur *mitursächlich* zur Herbeiführung der Nicht-Fahrsicherheit beigetragen hat.

Dies wurde für alkoholbedingte Nicht-Fahrsicherheit entschieden bzgl Nikotin (Hamm JMBl NW **60** 166), niedrigen Blutdruck (Bay VRS **38** 112) und besonders auch Übermüdung (BGH **13** 90; Hamm NJW **67** 1333; Köln VRS **51** 33), ferner zB für Alkoholüberempfindlichkeit (Bremen VRS **20** 440) und Diabetes (Düsseldorf DAR **81** 29). Nach allg Auffassung gilt es auch, wenn zusätzlich zu Alkohol Drogen oder Medikamente konsumiert werden (Celle NJW **63** 2385; Hamburg NJW **67** 1522; Köln VRS **32** 349; Hamm BlAlk **78** 454), sofern diese nicht ohnehin ihrerseits als andere berauschende Mittel zu beurteilen sind (s 1850 c).

---

[102] Augenzittern beim Fixieren eines Gegenstandes nach vorheriger mehrfacher Drehung um die eigene Körperachse.
[103] Auch hier ist im Einzelfall zu differenzieren (vern daher LG Zweibrücken NZV **94** 450 bei Überfahren der Mittellinie mit Lkw auf kurvenreicher Strecke).

Teil 4. Kap 2: Sachverständiger – Einzelne Aufgabenbereiche

1851 bb) Zur Bestimmung der **BAK** für den allein entscheidenden Zeitpunkt der **Tat** (einschließlich der dazu erforderlichen Rückrechnung) bedarf es – abgesehen von einfach gelagerten Gestaltungen bei hinreichender Sachkunde des Gerichts (Koblenz VRS **51** 40; VRS **55** 131) – der Beauftragung eines **Sv** (Hamburg VRS **45** 45; Koblenz VRS **55** 130; Celle NZV **92** 247).

Das Ergebnis seines Gutachtens ist im Einklang mit allg Beweisgrundsätzen uU durch andere Beweismittel widerlegbar, sofern diesen nach Überzeugung des Gerichts die höhere Beweiskraft zukommt (BSG NZV **90** 45 [im Erg zw]; Bay NJW **67** 312; vgl auch BGH NStZ **95** 226 [bei Untersuchung der Schuldfähigkeit]).

Generell ist zu berücksichtigen, daß die *Aussagekraft* der BAK-Bestimmung aus einer dem Betroffenen entnommenen Blutprobe mit zunehmender Größe des Zeitraums zwischen Tat und Blutentnahme *abnimmt* (BGH **35** 314).

1851 a (1) Zur Ermittlung der **BAK** aus einer *Blutprobe* stehen verschiedene chemische Untersuchungsverfahren zur Verfügung; als am exaktesten gilt derzeit das GC (= gaschromatografische)-Verfahren (s schon Karlsruhe NJW **77** 1111). Andere häufig verwandte Methoden sind das Widmark- und vor allem das ADH (= Alkoholdehydrogenase)-Verfahren, die von der Rspr ebenfalls als für forensische Zwecke hinreichend zuverlässig anerkannt sind[104]. Entspr dem Gutachten des BGA zur Frage „Alkohol bei Verkehrsstraftaten" werden zur Bestimmung der BAK regelmäßig mehrere Analysen nach (zumindest) *zwei* verschiedenen *Verfahren* durchgeführt[105].

Die Anwendung nur einer einzigen Untersuchungsmethode bewirkt nach bisheriger Rspr die Unverwertbarkeit des Analyseergebnisses; dies gilt selbst bei Einsatz des GC-Verfahrens (Bay NJW **82** 2131 [für ADH-Verfahren]; Hamburg VRS **51** 65; Stuttgart VRS **66** 450; abw Hamm NJW **74** 2064: Verwertbarkeit des Analyseergebnisses bei Ausgleich der größeren Fehlerbreite durch einen erhöhten Sicherheitszuschlag; **aA** LG Mönchengladbach MDR **85** 428: 4 Analysen nach der GC-Methode reichen aus; nach LG Kiel SchlHA **83** 196 sowie AG Langen NZV **88** 233 sogar schon 2). Bei einer zu geringen Zahl von Einzelmeßwerten (zB wegen zu geringer Blutmenge des Betroffenen; vgl Düsseldorf BlAlk **87** 350) soll dagegen das Analyseergebnis nach Abzug eines zusätzlichen Sicherheitszuschlages zugunsten des Betroffenen regelmäßig verwertbar sein (vgl Hamm VRS **41** 41; NJW **74** 2064; für Unverwertbarkeit dagegen Nürnberg NJW-RR **94** 97, bezogen auf je einen Einzelwert nach dem Widmark- und dem ADH-Verfahren).

Letztlich hat für den Beweiswert von Analyseergebnissen aus Blutuntersuchungen, die den genannten forensischen Anforderungen nicht genügen, wohl allein ausschlaggebend zu sein, inwieweit sich die Möglichkeit eines Fehlers zum *Nachteil* des *Angekl* sicher ausschließen läßt (vgl Bay BlAlk **83** 74; *Grüner/Ludwig* BlAlk **90** 316).

Eine BAK-Bestimmung aus der *Atemluft* mit Hilfe von Atemalkoholtestgeräten (statt Alcotest-Prüfröhrchen) ist bislang nicht in hinreichend zuverlässiger Weise möglich und scheidet daher für gerichtliche Zwecke grds aus (Karlsruhe NStZ **93** 554; NZV **94** 237; Hamm NJW **95** 2425; aA AG Hannover BlAlk **85** 338; s auch BGH NStZ **95** 97: Berücksichtigung zu-

---

[104] Der Verwertbarkeit steht auch nicht entgegen, wenn es sich iSd EichG um nicht geeichte Geräte handelt, sofern sie einschlägig nicht eichpflichtig sind (Düsseldorf BlAlk **95** 301).
[105] Bei Anwendung des Widmark-Verfahrens sind danach 3, bei den beiden anderen Verfahren 2 Einzelanalysen erforderlich (BGH **21** 167; Bay NJW **82** 2131 [mit Anm *Krauland* BlAlk **83** 76]; Hamburg NJW **76** 1162). Die Durchführung zusätzlicher Analysen ist unschädlich (Hamm BlAlk **75** 279).

III. Untersuchung der Gefährlichkeit sowie der Ungeeignetheit

gunsten des Angekl bei Fehlen anderer verwertbarer Ausgangsdaten möglich). Eine Atemalkoholuntersuchung ist bei Personen mit Lungen- und Atemwegserkrankungen nur eingeschränkt möglich, und Nachtrunkangaben ebenso wie zB zusätzlicher Drogen- und Medikamentengebrauch sind schwerlich (zureichend) überprüfbar. Allerdings kann das Verfahren auch von medizinischen Laien durchgeführt werden, dh die Polizei erhielte gleichsam die ausschließliche Verantwortlichkeit für das Beweismittel. – Methodische Einschränkungen bestehen auch ggü solchen Verfahren, die die (Mindest-)BAK aus Untersuchungen des *Speichels* (vgl *Lutz ua* BlAlk **93** 240) zu bestimmen versuchen. Untersuchungen des *Harns* können dagegen unter günstigen Umständen Rückschlüsse auf die BAK zulassen, wenngleich ihnen ggü Blutuntersuchungen ein geringerer Beweiswert zukommt (Düsseldorf VM **71** 79).

(a) Die der Beurteilung zugrunde zu legende BAK ergibt sich nach überwiegender Ansicht aus dem *gemeinsamen Mittelwert* der Ergebnisse aller vier oder fünf durchgeführten Analysen (BGH **28** 2; Düsseldorf VRS **67** 35; BlAlk **80** 174; abl Sch/Sch-*Cramer* 5b zu § 316, der wegen des in-dubio-Grundsatzes auf den niedrigsten Analyseneinzelwert abstellen will). Eine Aufrundung dieses Wertes ist unzulässig (BGH **28** 1). Der Analysenmittelwert darf eine bestimmte *Streubreite* (auch Variationsbreite) zwischen dem höchsten und dem niedrigsten Analyseneinzelwert nicht überschreiten[106]; Abweichungen können auf möglicherweise vorhandene systematische Fehler der verschiedenen angewandten Untersuchungsmethoden hinweisen. Die Untersuchung ist unverwertbar, wenn der höchste Analyseneinzelwert vom niedrigsten erheblich abweicht (Bay VRS **50** 351). Liegen nur drei von vier Ergebnissen innerhalb der erlaubten Streubreite, so darf ohne Sv nicht das sich aus den übrigen drei Werten ergebende Mittel zugrundegelegt werden (Bay DAR **80** 266).

1851b

Uneinheitlich beurteilt wird die Frage, ob sich auch die aus den Einzelmeßwerten folgende Standardabweichung unterhalb eines Maximalwertes bewegen muß, der nach BGH **37** 98 entspr dem Verweis auf das einschlägige BGA-Gutachten bei 0,03 ‰ liegt (vgl auch LG Hamburg NZV **94** 45 mit Anm *Kaun*; aA LG Göttingen Nds Rpfl **91** 276: Bedeutungslosigkeit der Standardabweichung; krit auch Bay NZV **96** 76).

Genügt ein Analysenmittelwert den genannten Anforderungen, so lehnt die Rspr den Abzug eines zusätzlichen pauschalen Sicherheitszuschlages ab, da die dem BAK-Nachweis anhaftende Fehlerbreite durch den im Beweisgrenzwert für die absolute Nicht-Fahrsicherheit bereits enthaltenen Sicherheitszuschlag hinreichend ausgeglichen wird (Bay MDR **74** 1042; Koblenz NJW **74** 1433)[107].

Da die nähere Überprüfung des Analysenmittelwertes die Kenntnis aller Einzelwerte erfordert, müssen die Untersuchungsstellen dem Gericht auch die Einzelmeßergebnisse vorlegen (BGH **37** 98; **39** 298; Bremen BlAlk **75** 330; bzgl einzelner Fallgruppen auch Karlsruhe NJW **77** 1111; aA Düsseldorf NJW **78** 1208; Schleswig NJW **78** 1209).

(b) Bei einer erst zu einem späteren Zeitpunkt entnommenen Blutprobe ist die BAK zur Tatzeit durch *Rückrechnung* des erzielten Blutprobenwertes zu bestimmen. Dabei sind gemäß dem in-dubio-Grundsatz (s n 116 ff) die das Erg am wenigsten erhöhenden tatsächlichen Möglichkeiten zugrunde zu legen.

1851c

---

[106] Die Differenz darf bei Mittelwerten unter 1,0 ‰ nicht mehr als 0,1 ‰ und bei höheren Mittelwerten höchstens 10 % des Probenmittelwertes betragen (Bremen VRS **49** 105; Hamburg VRS **49** 137; Nürnberg NJW-RR **94** 98; Bay NZV **96** 76).
[107] Zum Problem der Berücksichtigung eines nicht meßbaren Acetonwertes bei Diabetikern Hamm BlAlk **80** 288.

Grds ist eine exakte Rückrechnung erst vom Zeitpunkt des Endes der Resorptionsphase (= Abschluß der Alkoholaufnahme vom Magen-Darm-Trakt in das Blut) an möglich. Dieses wird von zahlreichen Faktoren wie etwa Magenfüllung und Trinkgeschwindigkeit beeinflußt; in Ausnahmefällen kann die Resorption bis zu zwei Stunden dauern. Daher sind im Regelfall, dh wenn das Ende der Resorptionsphase mangels ausreichender Befunde im Tatsächlichen auch von einem Sv nicht zuverlässig festgestellt werden kann, die ersten zwei Stunden nach Trinkende von der Rückrechnung auszunehmen, um auch für den Fall einer ungewöhnlich langen Resorptionsdauer eine Benachteiligung des Angekl auszuschließen (BGH **25** 251; Düsseldorf VRS **73** 472; Hamm DAR **89** 429; unzulässig ist es, bei einem nur mittleren BAK-Wert lediglich die erste Stunde rückrechnungsfrei zu lassen, sofern das Ende der Resorptionsphase nicht exakt festgestellt ist (Bay VRS **88** 352 [betr 0,72‰]).

Die Rückrechnung geschieht zumeist durch Hochrechnung, wenn nämlich die Blutprobenentnahme in der Phase des Alkoholabbaus erfolgt ist (Hinunterrechnung dagegen bei während ansteigender BAK entnommener Blutprobe). Dabei ist von dem für den Betroffenen günstigsten möglichen Abbauwert auszugehen, der gleichbleibend mit 0,1‰ je Stunde zu veranschlagen ist (BGH **25** 250). Ein individueller Abbauwert, bezogen auf die einzelne Person und den konkreten Fall, ist nach derzeitigem medizinischen Erkenntnisstand nicht nachweisbar (BGH **34** 32; NJW **91** 2356).

Eine Rückrechnung ist entbehrlich[108], falls die BAK bei Blutprobenentnahme zumindest 1,1‰ betrug oder der zur Tatzeit im Körper befindliche Alkohol bei noch nicht abgeschlossener Resorption diesen Grenzwert später erreichte (BGH **25** 251; Hamm VRS **47** 270; Düsseldorf **89** 1557; s auch 1850b).

1851 d (2) Ist das Ergebnis einer Blutuntersuchung dadurch beeinflußt, daß der Angekl nach dem Tatzeitpunkt Alkohol konsumiert hat (= sog *Nachtrunk*), so kann die BAK der Tatzeit nur dadurch ermittelt werden, daß von dem durch Rückrechnung festgestellten Mittelwert die sich aus dem Nachtrunk ergebende BAK in Abzug gebracht wird[109].

Beruft sich ein Angekl zu seinen Gunsten auf einen Nachtrunk, so kann der Wahrheitsgehalt dieser Behauptung häufig durch einen medizinischen Sv überprüft werden, der die Trunkenheitssymptome im Tatzeitpunkt und im Zeitpunkt der Blutentnahme miteinander vergleicht oder eine Untersuchung der Blutprobe auf Begleitalkohole durchführt (umfassend *Iffland ua* BlAlk **82** 235; zur gaschromatografischen Begleitstoffanalyse vgl auch Celle DAR **84** 121).

Ferner kann in den Grenzen des Verhältnismäßigkeitsgrundsatzes ausnahmsweise eine zweite Blutprobenentnahme frühestens etwa eine 1/2 Std nach der ersten in Betracht kommen (vgl etwa *Bär* BlAlk **86** 304; *Grüner ua* BlAlk **80** 26; aA *Iffland ua* BlAlk **82** 245; zur Beurteilung differierender Werte Bay NJW **76** 382).

---

[108] Dies gilt nicht bei Untersuchung der Frage der Schuldfähigkeit (s Düsseldorf NJW **89** 1557; Koblenz VRS **75** 47).
[109] Die sich aus dem Nachtrunk ergebende BAK ist wie folgt zu berechnen: Alkoholmenge in Gramm dividiert durch das mit dem niedrigstmöglichen Reduktionsfaktor multiplizierte Körpergewicht in kg (Köln VRS **67** 460; BlAlk **85** 75).

III. Untersuchung der Gefährlichkeit sowie der Ungeeignetheit

Gelangt das Gericht gemäß derartiger Beweismöglichkeiten oder auf andere Weise zu der Überzeugung, eine Nachtrunkbehauptung entspräche nicht der Wahrheit, unterbleibt jede Anrechnung (vgl BGH NJW **86** 2384).

(3) Wurde nach der Tat **keine Blutuntersuchung** durchgeführt, läßt sich jedoch die vor der Tat konsumierte Alkoholmenge feststellen bzw sind Angaben des Angekl hierzu unwiderlegbar, so ist die BAK für den Zeitpunkt der Tatzeit auf der Grundlage der sogen *Widmark'schen Formel* (s schon 1748) zu berechnen. Dabei ist gemäß dem in-dubio-Grundsatz hier ein maximal möglicher Abbauwert von 0,2‰ je Std zuzüglich eines einmaligen Sicherheitszuschlages von 0,2‰ zugrunde zu legen (Köln NZV **89** 357; VRS **71** 363). 1851e

b) Die **Maßregel** der **Entziehung der Fahrerlaubnis** (§§ 69 ff StGB)[110] stellt auf die Ungeeignetheit zum Führen von Kraftfahrzeugen ab und setzt lediglich eine rechtswidrige Tat voraus. Die Prüfung der Frage, ob sich „aus der Tat" eine Ungeeignetheit zum Führen von Kraftfahrzeugen „ergibt", bereitet in der Praxis erhebliche Schwierigkeiten, und zwar auch bei Berücksichtigung aller relevant erscheinenden personalen und sozialen Umstände; Gründe dürfen – auch betr die vorläufige Entziehung (§ 111 a; AG Offenbach StV **93** 123)[111] – nicht aus Angaben des Beschuldigten hergeleitet werden, die er ohne vorherige Belehrung über sein Schweigerecht gemacht hat (s 569 ff; s speziell Karlsruhe NZV **94** 122; AG Homburg StV **94** 123). Das Strafgericht verfügt über Informationen nur zu einem Ausschnitt des Persönlichkeitsbildes des Täters, so daß es zu einer abschließenden Beurteilung der Fahrtauglichkeit oftmals nicht in der Lage ist[112] (zur etwaigen Überwindung des Eignungsmangels bei länger zurückliegenden Taten s BGH bei *Holtz* MDR **92** 17); dies gilt in besonderem Maße, wenn die Maßregel des § 69 StGB gem § 407 Abs 2 Nr 2 im Strafbefehlverfahren verhängt wird. Insofern haben die **Regelbeispiele** einer Ungeeignetheit (§ 69 Abs 2 StGB), die eine Einschränkung des Ermessens des Gerichts hinsichtlich der Annahme der Ungeeignetheit darstellen, eine Hilfs- und zugleich Begrenzungsfunktion für die Judikatur. 1852

Dem entspricht es, daß eine umfassende Gesamtwürdigung erforderlich ist, wenn eine Entziehung wegen eines nicht in § 69 Abs 2 StGB aufgeführten Delikts angeordnet wird, während es bei Vorliegen eines solchen Delikts keiner eingehenden Begründung bedarf (BGH bei *Detter* NStZ **95** 218).

Im einzelnen kann die sog „Indizwirkung" des § 69 Abs 2 StGB allerdings beseitigt werden und ein Abweichen von einem Regelbeispiel gerechtfertigt sein. Hier-

---

[110] Weiterreichend als die strafrechtlichen Eingriffsmöglichkeiten ist die Regelung der Entziehung der Fahrerlaubnis durch die Verwaltungsbehörden (§ 4 StVG, §§ 3, 15 b StVZO). Diese ist insbes für solche Fälle der Ungeeignetheit vorgesehen, die noch nicht zu einer Verkehrsstraftat geführt haben (zur Sperr- und Feststellungswirkung eines Strafverfahrens für die Verwaltungsbehörde s § 4 Abs 2 und 3 StVG).

[111] Seitens der Polizei wird beim „ersten Zugriff" durch *Beschlagnahme* (§ 94 Abs 2, 3, § 98) offenbar nicht selten auch dann der Führerschein entzogen, wenn Zw bestehen, ob eine Ungeeignetheit vorliegt. Die von § 111 a vorgesehene richterliche Entscheidung scheint eher die Ausnahme zu sein.

[112] Zu den „beschränkten Kognitionsmöglichkeiten des Richters" hierbei s auch *Beine* FS-Lange 850 f und *Koch* VGT **77** 43, der die „Gefahr eines oft mehr als nebulösen justiziellen Orakels" konstatiert; vgl auch *Baumann/Weber* § 44 III 2b. Demggü hielt der BGH (GS) NJW **56** 352 den Tatrichter wegen des persönlichen Eindrucks aus der HV für besonders geeignet, die Fahreignung festzustellen.

für kann zB der Absolvierung einer Nachschulung (s krit 1859) als einem unter mehreren Umständen (Koblenz BlAlk **84** 93) Bedeutung zukommen (Hamburg VRS **60** 193; Köln VRS **59** 25; **60** 375; **61** 118; AG Homburg DAR **91** 472); entspr gilt etwa dann, wenn eine vorläufige Entziehung (§ 111 a) bereits längere Zeit gedauert hat (s BGH bei *Holtz* MDR **92** 17; Brbg NStZ **95** 53).

Methodisch geht es um die Frage einer Feststellbarkeit dessen, ob der Verurteilte solche Merkmalsausprägungen, die sich in empirischen Untersuchungen als für einschlägig ungeeignete Personen relevant ergeben haben, nicht oder allenfalls in abgeschwächter Form aufweist (vgl auch, wenngleich zur Prognose, *Stephan* DAR **92** 3 f).

1853 aa) Da bei einem Abweichen vom Regelfall des § 69 Abs 2 dem Gericht eine eingehende Begründung abverlangt wird (Koblenz VRS **71** 279; LK-*Rüth* 48, Sch/Sch-*Stree* 40, beide zu § 69 StGB), während bei einer der Indizwirkung der Regelbeispiele entspr Entscheidung summarische Ausführungen genügen sollen (Zweibrücken VRS **54** 115; Sch/Sch-*Stree* 32 zu § 69 StGB), ist allerdings zu besorgen, daß bei der Entscheidung hierüber – auch bzgl der Hinzuziehung eines Sv – die Gerichte sich (auch) von behördeninternen Handlungsnormen (s *Eisenberg* § 40 Rn 5 [zB „Effektivität"]) leiten lassen, wofür die geringe Zahl der vom Regelfall des § 69 Abs 2 StGB abw Judikate (s die Nachweise bei LK-*Rüth* 37 f zu § 69 StGB) ein Anhalt sein mag.

1854 Der rechtstatsächliche Zustand, daß nämlich im Hinblick auf § 69 Abs 1, 2 StGB in der Praxis kaum einmal ein Sv zur Frage der Ungeeignetheit herangezogen (s aber *Maier* in Eisen III 227: „in seltenen Fällen"; zu § 42m StGB aF *Lewrenz* 33; vgl ferner schon *Wolf* in: HbForPsychiatr II 1435) und § 244 Abs 2 als insoweit nicht tangiert beurteilt wird, begegnet durchaus Bedenken. Diese ergeben sich auch daraus, daß die obergerichtliche Rspr Kriterien für die Würdigung der Persönlichkeit (im Rahmen der Eignungsprüfung) aufgestellt hat, deren Beurteilung dem Gericht ohne Hilfe eines Sv oft kaum möglich sein wird (methodisch zur Nachvollziehbarkeit von Eignungsgutachten *Lewrenz* DAR **92** 50; zusammenfassend zur Psychiatrie *Wolf* in: HbForPsychiatr II 1440–1467).

Anhaltspunkte für Eignung oder Nichteignung (§ 69 Abs 1 StGB) bzw ein Abweichen vom Regelfall des § 69 Abs 2 StGB seien ua organisch bedingte Alkoholintoleranz (KG VRS **26** 198), Tatverhalten, das persönlichkeitsfremde Züge zeigt (KG DAR **54** 187; Braunschweig DAR **58** 193; Köln MDR **66** 690), manische Psychose mit paranoider Begleitsymptomatik (Bay DAR **85** 239 f; nicht aber nach beendeter Phase, *Tölle* 245 f; s n 1739 ff), Epilepsie (vgl 1731 ff; zur Relevanz der Art der Anfälle sowie der Ausprägung der psychischen Störungen s aber *Laubichler* BlAlk **92** 139 ff) und Diabetes (*Dreher/Tröndle* 9 zu § 69 StGB). – Nichts anderes gilt hinsichtlich der Sachkunde bzgl folgender (Nicht-)Eignungskriterien: Bei der Diagnose Schizophrenie läßt sich – außerhalb einer akuten Welle – die Nichteignung ohne weiteres nicht begründen (*Tölle* 231); bei senilem Psychosyndrom ist die Fahrtüchtigkeit im allg eingeschränkt, wenngleich das Risiko zB bei selbstkritischen und sorgfältigen Pben geringer ist (*Tölle* 304).

Insbes verbietet es sich, aus dem Verhalten des Angekl während der HV und in nichtalkoholisiertem Zustand auf das Verhalten derselben Person im alkoholisierten Zustand zu schließen.[113] Gerade zur Frage von Alkohol- oder Medikamenten-

---

[113] Nach *Stephan* (DAR **92** 6) gilt dies gerade auch für als vernünftig oder vorausschauend beurteilte Angekl, da deren bisheriges Verhalten in alkoholisiertem Zustand erkennen lasse, daß Alkohol eine besonders große Gefährdungsquelle für sie darstelle.

III. Untersuchung der Gefährlichkeit sowie der Ungeeignetheit

abhängigkeit wird deshalb zT ein Sv-Gutachten (zumindest im Einzelfall) für erforderlich gehalten (*Himmelreich/Hentschel* 116; *Grohmann* BlAlk **88** 189 sowie 186 f bzgl § 111 a).

bb) Im Rahmen des **§ 69 Abs 1 StGB** hat sich die Tätigkeit eines Sv bei Beurteilung der Fahreignung auf Eignungskriterien zu beschränken, die sich **„aus der Tat"** ergeben. **1855**

Insofern besteht eine Inkongruenz der Eignungsbegriffe von § 69 StGB und § 4 Abs 1 StVG, §§ 3 Abs 1, 15 b Abs 1 StVZO (*Beine* BlAlk **78** 265 u 280), wodurch zT die geringe Beanspruchung von Sv bei Beurteilung der Eignung iSd § 69 StGB erklärt wird.

Aus dieser Beschränkung der Eignungsprüfung durch den Wortlaut des § 69 Abs 1 StGB wird teilweise geschlossen, daß die Feststellung der (Un-)Geeignetheit eine „Wertentscheidung" des Gerichts sei (*Langelüddeke/Bresser* 421), die der „empirischen Überprüfung nicht" bedürfe (*Schneider/Schubert*, in Undeutsch 682). Vor dem Hintergrund der obergerichtlichen Anforderungen an die Berücksichtigung der Persönlichkeit des Beschuldigten im Rahmen der Eignungsprüfung und an die vorgenannten Kriterien (s 1854) für die (Un-)Geeignetheit erscheint diese Auffassung jedoch zw.

Soweit nach einer rechtstatsächlichen Untersuchung (s *Beine* BlAlk **78** 276) die von der obergerichtlichen Rspr für die Beurteilung der Persönlichkeit „entwickelten Grundsätze und Kriterien" von den Instanzgerichten „selten berücksichtigt" werden, läßt dies vielmehr den Schluß zu, daß auch hierbei das Kriterium der „Effektivität" der Verfahrenserledigung (s *Eisenberg* § 40 Rn 6) ein Grund für den Verzicht auf empirische Absicherung der richterlichen Entscheidung sein wird.

cc) (1) So gilt für diese Maßregel – im Unterschied zu allen anderen Maßregeln – eine zusätzliche *Prognose* über die drohende Gefahr als *nicht erforderlich* (anders nur im Falle der lebenslangen Sperrfrist, § 69 a Abs 1 S 2 StGB); zudem soll es einer Prüfung der Verhältnismäßigkeit (§ 62 StGB) der Entziehung der Fahrerlaubnis nicht bedürfen (§ 69 Abs 1 S 2 StGB), weil angenommen wird, daß das Vorliegen der genannten Ungeeignetheit bei der Eigenart des Straßenverkehrs stets eine vom Täter ausgehende Gefahr für die Verkehrssicherheit darstelle und insofern eine Unverhältnismäßigkeit ausschließe. Demggü verlangt die Vielgestaltigkeit der Fallkonstellationen wie auch die Wirkungsweise zB von Medikamenten (gleichsam als Rauschmittel [s dazu *Ulbricht*]), daß solche Faktoren berücksichtigt werden, die speziell für die Legalprognose von Trunkenheitsfahrern relevant sind (etwa realistisches und selbstkritisches Problembewußtsein hinsichtlich des bisherigen bzw früheren Alkoholmißbrauchs, Abstinenzentschluß, Realisierungsfähigkeit betr diesen Entschluß [idR nach 6 Monaten Abstinenz zu bejahen]). **1856**

Soweit vereinzelt Gutachten von Sv ausgewertet wurden, war die Treffsicherheit allerdings gering[114]. Dies gilt jedoch – in verstärktem Maße – auch für die richterliche Eignungsfeststellung.[115]

---

[114] Vgl etwa *Müller* BlAlk **82** 297, wonach von den günstig Beurteilten 52%, hingegen 48% der ungünstig Beurteilten als rückfällig erfaßt wurden (zu Grenzen der Voraussage des Rückfallrisikos bei „Alkoholtätern" s *Maukisch* NZV **92** 266 ff, 269 ff).
[115] Vgl hierzu etwa von *Hebenstreit* VGT **77** 33 f.

(2) Im übrigen gilt bei Anwendung **materiellen Jugendstrafrechts** die Regelvermutung ohnehin nicht (*Zweibrücken* StV **89** 314; vgl auch Meiningen bei *Janiszewski* NStZ **92** 269 f; im Erg ebenso schon LG Oldenburg BlAlk **85** 186; **88** 199 [mit abl Anm *Molketin* BlAlk **88** 310], das allerdings betr den Gesetzeswortlaut [„können", § 7 JGG] ein Ermessen des Gerichts annimmt; aA BGH **37** 373 mit Anm *Walter* NStZ **92** 100; aA auch *Ostendorf* 3 zu § 7 JGG; zur Empirie s etwa *Stephan* DAR **92** 1 ff).

1857 dd) Die vorbezeichneten Bedenken werden durch verschiedene Ausgestaltungen der Anwendungspraxis verstärkt.

(1) (a) Bzgl der gerichts- und behördeninternen Anwendungsregeln der Maßregel der Entziehung der Fahrerlaubnis läßt sich tendenziell eine generalisierte Trennung in „**Alkohol**straftäter" und „Nichtalkoholstraftäter" feststellen, obgleich Erwägungen generalpräventiver Art unzulässig sind (s 1830; Düsseldorf VRS **83** 288).

So lag den gerichtlichen Entziehungen der Fahrerlaubnis (der Klassen 1–5) wegen Straßenverkehrsstraftaten (entspr § 69 Abs 2 Nr 1, 2 und 4 StGB) zB in den Jahren 1979, 1983 und 1987 in 94,9%, 92,2% und 90,9% Trunkenheit am Steuer zugrunde (KBA 1984 E 3; 1988, Heft 4, E, Tab 3).

Hinsichtlich des Ausmaßes der **Dominanz** dieses **Kriteriums** ist einzuwenden, daß es kaum generell als ggü bestimmten personalen oder sozialen Merkmalen relevanter angesehen werden kann, zumal ein nicht unerheblicher Anteil der Straßenverkehrsstraftaten, und darunter auch solcher mit Todesfolgen, ohne einen nachweisbaren Alkoholeinfluß der Kfz-Führer geschieht.

(b) Andererseits mögen nicht selten erg therapeutische Interventionen angezeigt sein. Demggü scheint in der Praxis – unter Verengung des Blicks auf die Sanktion nach § 69 Abs 1 – nicht immer hinreichend berücksichtigt zu werden, daß es sich bei Tätern mit einer BAK schon zwischen 1,3 und 1,6 Promille nach empirischen Hinweisen ganz überwiegend um Personen mit behandlungsbedürftigem, regelmäßigem Alkoholkonsum bzw -mißbrauch (mit erheblicher Alkoholtoleranz) handelt, ohne daß jeweils auch Alkoholabhängigkeit vorliegen würde; dies bestätigt sich auch darin, daß entspr Werte bei der Bevölkerung im übrigen nur durchaus selten erreicht werden.

1858 ee) (1) (a) Entgegen allg Erkenntnissen zur Ausschöpfung des gesetzlichen Sanktionsrahmens überwiegen bei den Entziehungen hinsichtlich der **Dauer** der **Sperre** (§ 69 StGB) die längeren ggü den kürzeren Fristen.

So ist bei den gerichtlichen Entziehungen ggü Heranwachsenden und Erwachsenen insgesamt zB in den Jahren 1974 bzw 1984 und 1987 in 64,6% bzw 71,9% und 72,0% eine Frist von zwischen sechs Monaten und zwei Jahren und in 32,1% bzw 24,6% und 24,9% der Fälle eine solche von bis zu sechs Monaten angeordnet worden (StrafSt 1974, 1984, Tab 2; 1987 Tab 5.3); der Anteil an Fällen mit einer Sperrfrist von bis zu sechs Monaten ist seit Mitte der 60er Jahre gesunken.

(b) An Kriterien der Bemessung der Dauer der Fahrerlaubnisentziehung kommt bei Trunkenheitsdelikten in der Praxis der BAK besondere Bedeutung zu (vgl etwa *Schöch* 132; *Hassemer* 24), nachrangig aber auch einem gewissen Zeitraum verkehrsrechtlich „unauffälliger" Fahrpraxis (vgl *Schöch* 135; *Hassemer* 25 f) sowie der vorläufigen Entziehung durch Beschluß (*Hassemer* 27).

(c) Was die **Abkürzung** der Sperrfrist gem § 69a Abs 7 StGB angeht, so kann insbes ggü nach materiellem **Jugendstrafrecht** Verurteilten die Mitwirkung eines

Sv angezeigt sein, zumal der Erziehungsgedanke und die spezielle entwicklungsbedingte Gefahr von Folgedelikten Einfluß auf die nach allg Strafrecht geltenden Kriterien haben sollten (vgl *Eisenberg/Dickhaus* NZV **90** 456).

(2) Eine nicht seltene gerichtliche Praxis berücksichtigt bei der Festsetzung bzw **1859** Abkürzung der Sperrfrist (§§ 69 Abs 2 bzw 69 a Abs 7 StGB oder im Rahmen des Gnadenrechts) die Teilnahme alkoholauffälliger Ersttäter an **Nachschulungskursen** (betr Abkürzung s einschr *Zabel/Zabel* BlAlk **91** 345), die allerdings nicht unerhebliche Kosten verursacht, so daß der Einwand der Benachteiligung zahlungsunfähiger Betroffener naheliegt.

(a) Verschiedentlich wird von deutlich reduzierter Rückfälligkeit bei solchen alkoholauffälligen „Ersttätern" berichtet, die an einem Nachschulungskurs teilgenommen haben. Jedoch scheint sich auch in diesem Bereich abzuzeichnen, daß ein (linearer) Erfolgszusammenhang um so weniger feststellbar ist, je genauer die Evaluation durchgeführt wird (s im einzelnen mit Nachw *Eisenberg* § 42 Rn 61).

So ist zB die Auswahl insofern selektiv, als Personen mit reduzierten Erfolgsaussichten von vornherein von der Teilnahme an einschlägigen Kursen ausgeschlossen werden; umgekehrt stellen die Kursteilnehmer insoweit eher eine negative Selektion dar, als es sich um Personen mit besonderer (etwa beruflicher) Abhängigkeit von der Fahrerlaubnis handelt, die aus diesem Grunde zu der Teilnahme (mit der Erwartung einer Sperrzeitverkürzung) zwar bereit sind, bei denen wegen des einschlägigen Angewiesenseins das Fahren in Trunkenheit aber eher als negatives Auswahlkriterium erscheint. Zumindest müßten die zu vergleichenden Gruppen hinsichtlich Tatort und -zeit, Tatschwere, BAK, Alter, Geschlecht, Zeitraum seit Erlangung der Fahrerlaubnis sowie Wiedererteilung der Fahrerlaubnis einheitlich beschaffen sein.

(b) Bei Untersuchungen zur Geeignetheit von Nachschulungskursen für bereits wiederholt erfaßte alkoholauffällige Fahrer ist verschiedentlich eine geringere Rückfälligkeit für Kursabsolventen im Vergleich zu Nichtabsolventen berechnet worden. Teilweise bleibt dabei indes offen, ob der Nachschulungskurs oder aber unterschiedliche Kontrollstrategien von Einfluß waren; ferner ist die Frage nach etwaigen Dauerwirkungen wenig geklärt.

IV. Glaubwürdigkeitsuntersuchung

1. Allgemeines

Übersicht

	Rn		Rn
a) Erfordernis eines Gutachtens	1860–1862	c) Verfahrensrechtliches	1866–1868
b) Methoden	1863, 1864	d) Allgemeine Glaubwürdigkeit und Glaubhaftigkeit der Aussage	1869

a) Nach hM obliegt die Beurteilung des Wahrheitsgehalts von Aussagen des Be- **1860** schuldigten bzw von Zeugen im Regelfall den mit der Vernehmung betrauten Personen, also dem StA (bzw der Polizei) oder dem Richter. Insbes dem **Tatrichter** wird umfassende Sachkunde zur Beurteilung der Glaubwürdigkeit des Zeugen (bzw des Angekl) mit der Begründung zuerkannt, die Würdigung von Zeugenaussagen gehöre von jeher zum Wesen richterlicher Rechtsfindung (BGH **8** 131; StV **85** 398; s aber krit etwa 1464f sowie *Fischer* NStZ **94** 5; *Nack* StV **94** 557 mwN); auch fehlt es weithin an verläßlichen Befunden zur Gültigkeit (sog „Trefferquote") einschlägiger Sv-Gutachten (s krit 1887ff, 1468). Hiernach gilt die Hinzuziehung von Sv nur in außergewöhnlichen Fällen als angezeigt.

Regelmäßig wird die Einholung eines Sv-Gutachtens zur Glaubwürdigkeit des **Beschuldigten**[116] bzw von **Zeugen** erforderlich sein, wenn Anhaltspunkte für **psychische Auffälligkeiten** in der Person des zu Vernehmenden bestehen oder bestanden haben, etwa bei Psychosen (BGH StV **90** 8), Epilepsie als möglicher Vorstufe einer Psychose (BGH bei *Holtz* MDR **91** 703), bestimmtem „Suchtverhalten" (BGH StV **91** 405f m Anm *Blau*[117]) oder auch psychosomatischem Hintergrund (BGH StV **95** 398). Das Hinzuziehen eines Sv kann nicht minder erforderlich sein, wenn besondere **Eigentümlichkeiten** des **Tatgeschehens** vorliegen (BGH **7** 82, 85; NStZ **81** 100; NStZ **82** 42; 432; StV **87** 374 mit krit Anm *Peters;* NStZ **87** 423: starke Alkoholisierung) bzw unaufgeklärte **Widersprüche** zwischen den Aussagen mehrerer Personen verbleiben (BGH **8** 130f; BGH bei *Holtz* MDR **80** 274; weitere Nachw bei ANM 700), zumal ggf gerade Aussagen psychisch unauffällig erscheinender Erwachsener schwer erkennbare Fehlerquellen aufweisen (s ebenso *Fischer* NStZ **94** 3; n 1428ff).

1860a aa) (1) Liegen Anhaltspunkte für ein teilweise oder vollständig **falsches Geständnis** vor (s 727–737), so wird unabhängig davon, ob der Beschuldigte **widerrufen** hat oder nicht, die Glaubhaftigkeit von dessen Aussagen mitunter am ehesten von einem Sv untersucht werden können (s näher 1893f). Dies gilt zum einen dann, wenn bestimmte psycho(patho)logische Empfindungen von Schuld oder Bedürfnisse von Schulderleben vorhanden sind (vgl 730). Es betrifft nicht minder aber auch Fälle des Nachgebens in der Vernehmungssituation, zB um deren Beendigung zu erreichen (s 733), und insbes Konstellationen der interrogativen Übernahme des Tatvorwurfs (s 733f); beide Fallgestaltungen können auch bei strafrechtlich Vorbelasteten vorkommen (s 733f).

Jeweils ist der *Zeitpunkt* eines etwaigen *Widerrufs* kein hinreichend geeignetes Kriterium für Zw, zumal gerade in der letztgenannten Konstellation nur vom Einzelfall her zu beurteilen ist, ob bzw aufgrund welcher Umstände eine möglicherweise zunächst noch vorhanden gewesene Erinnerung überhaupt wieder auflebt (*Gudjonsson* 1992, 230ff).

Im Unterschied zu einschlägigen psycho(patho)logischen Auffälligkeiten bereitet es in der Praxis Schwierigkeiten, zu erkennen, welche Beschuldigte ein psychisches Handicap iS einer solchen besonderen Anfälligkeit bei polizeilicher Vernehmung haben, zumal es sich nicht etwa von einer bestimmten Ausprägung des IQ ablesen läßt (zu Persönlichkeitszügen s 1892f) und die Beschuldigten auch in der HV Antwort geben, selbst wenn sie die Frage nicht wirklich verstanden haben.

---

[116] Soweit Sv hierzu rechtstatsächlich seltener als betr Zeugenaussagen herangezogen werden, ist dies „unverständlich" (*Fischer* NStZ **94** 3; *Rösner/Schade* FamRZ **93** 1138: „nicht vertretbar" (betr sexuellen Mißbrauch von Kindern).

[117] Betr langjährigen Drogen- und Alkoholmißbrauch und „neurotische Persönlichkeitsstruktur" (abl aber BGH StV **91** 405).

IV. Glaubwürdigkeitsuntersuchung

Die Problemstellung hat ggf auch bzgl eines Wiederaufnahmeverfahrens Relevanz, zumal der Widerruf eines Geständnisses eine neue Tatsache iSd § 359 Nr 5 darstellt (vgl nur LR-*Gössel* 65 zu § 359).

(2) Bei (entwicklungsmäßig unauffälligen) **Kindern** und Jugendlichen wird ein Sv am ehesten dann heranzuziehen sein, wenn wegen des Zeitablaufs seit dem (mutmaßlichen) Tatgeschehen die Erinnerungsfähigkeit zw ist (BGH StV **94** 173), oder wenn ein kindlicher **Zeuge** noch besonders jung ist (vgl Zweibrücken StV **95** 398), so daß zB die sprachliche Kommunikation Mißverständnisse begünstigt. Mehr noch als bei Erwachsenen kann auch bei Kindern und Jugendlichen die Gefahr der (ggf unbewußten[118]) Beeinflussung eine Begutachtung durch einen Sv erforderlich machen, zumal Kinder und Jugendliche existentiell machtloser sind als Erwachsene bzw ggf eher bestrebt sein werden, sich nach den Wünschen einer erwachsenen (Autoritäts-)Person zu verhalten (s ausf zu empirischen Befunden 1411 ff). 1861

Nach der Judikatur ist in Verfahren wegen *sexualbezogenen* Verhaltens ggü Kindern und Jugendlichen die Notwendigkeit, einen Sv heranzuziehen, zwar stets zu prüfen, jedoch besteht keine Pflicht, einen Sv zu hören (s RG JW **37** 1360; BGH **7** 82; NJW **61** 1636; NStZ **81** 400; grds einschr *Fischer* NStZ **94** 4).[119] Indes soll ein Sv dann zu beauftragen sein, wenn Kinder Persönlichkeitszüge und Verhaltensweisen zeigen, die sich von dem Erscheinungsbild Gleichaltriger abheben (BGH **3** 54; **8** 130 f; NStZ **81** 400; zur Entwicklung auch *Undeutsch*, in: Lösel ua 511 f); allerdings besteht hierbei – möglicherweise mehr als bei psycho(patho)logischen Auffälligkeiten (vgl etwa BGH **23** 12 f) – die Schwierigkeit, abw Ausprägungen ohne fachspezifische Sachkunde zu erkennen. – In der gutachterlichen Praxis wird die Auffassung vertreten, das Schwergewicht der Prüfung liege bei Kindern bis etwa zum 10./11. Lbj – ähnlich wie zB bei Retardierten oder Minderbegabten – auf der Erforschung der Aussagefähigkeit, bei älteren Kindern (und Jugendlichen) hingegen auf der Untersuchung der Aussageehrlichkeit (vgl *Littmann/Szewczyk* Forensia **83** 70; s allg 1411 ff, 1417 ff).

bb) Ob das Gericht die eigene Sachkunde zutreffend angenommen hat oder nicht, läßt sich grds erst den Urteilsgründen entnehmen (*Sarstedt/Hamm* 265, s 1107 ff). Je schwieriger die Beweisfrage zu bewerten ist, umso ausführlicher ist die eigene Sachkunde im Urteil auszuführen (ANM 715 f mwN). In der **Revision** ist die unterlassene Hinzuziehung eines Sv mit der Aufklärungsrüge (vgl BGH StV **82** 205; BGH bei *Holtz* MDR **91** 703) oder der fehlerhaften Ablehnung eines entspr Beweisantrags (s 252 ff) zu rügen (zum Bestimmtheitserfordernis eines solchen Beweisantrags s BGH MDR **91** 72; ausführlich *Schlothauer* StV **82** 205 f; vgl auch 1522 ff). 1862

b) Die **Methoden** der Glaubwürdigkeitsprüfung durch Sv lassen sich im wesentlichen in (psychologische) Testverfahren, in die Exploration sowie in aussageorientierte Verfahren zur darauf bezogenen Glaubhaftigkeitsbeurteilung (vgl 1427 ff) unterteilen. 1863

aa) Der **Test** wird als wissenschaftliches Verfahren zur Ermittlung von empirisch abgrenzbaren Persönlichkeitsmerkmalen verwandt, um eine möglichst quantitative

---

[118] Vgl etwa BGH v 17.2.94 (1 StR 723/93).
[119] **Bej** bei Möglichkeit der Projektion auf den Angekl sowie der Absprache mit anderen Belastungszeugen BGH v 7.2.91 (4 StR 212/91); BGH StV **95** 116 bei $3^{1}/_{2}$ Jahre zurückliegendem Geschehen; Düsseldorf StV **90** 13 bei Vorliegen besonderer Umstände und schwieriger Beweislage sowie Düsseldorf ZfJ **94** 290 = JR **94** 379 mit krit Anm *Blau* betr Geschehensabläufe aus der Zeit der Geschlechtsreifung.

Aussage über den relativen Grad der individuellen Merkmalsausprägung zu erkennen. Dabei ist besonders die Verwendung projektiver Testverfahren im allg nicht bedenkenfrei, weil sie wissenschaftlichen Anforderungen schwerlich genügen sowie in beachtlichem Ausmaß von (subjektiven) Zufälligkeiten der Interpretation des jeweiligen Sv beeinflußt sein kann. Erhöhte Einwände bestehen dann, wenn entspr Verfahren sich nicht auf Fähigkeiten und Wesenszüge des Pb beziehen, sondern – etwa entgegen § 68a Abs 1 (s aber 1867) – auch Gefühle, Eigenschaften und innere Konflikte sichtbar werden zu lassen trachten. Es wird vom Einzelfall abhängen, ob ein verfassungsrechtlich unzulässiger Eingriff in das Willens- und Erinnerungsvermögen des Pb vorliegt (vgl auch *Kühne* 534 Fn 44).

1864 bb) Nicht minder bestehen Bedenken ggü der **Exploration**, soweit der Pb damit als „Wahrheitserforschungsmaterial" (*Bockelmann* GA **55** 33) erscheint, zumal soweit die Exploration über die Erforschung der Glaubwürdigkeit des Zeugen hinaus auch auf die Ermittlung der Wahrheit über das Tatgeschehen gerichtet ist (s 1869) und zudem willensunabhängige Aussagen zu provozieren sich bemüht (zB durch Kontrollen und belastende Vergleichsfragen). Insoweit kommt eine entspr Exploration solchen Vernehmungsmethoden nahe, die gemäß § 136a verboten sind.[120] Zudem ist die Glaubwürdigkeitsexploration in ihrer (derzeitigen) Ausgestaltung einer hinreichenden Nachprüfung entzogen (vgl 1887 ff).

1865 cc) Nicht selten zeigt sich – unabhängig von der Frage der Freiwilligkeit der Begutachtung –, daß die **Aussagewilligkeit** (oder auch die Mitwirkungsbereitschaft bei Testverfahren) im Ablauf des Verfahrens geringer wird oder gleichsam versiegt. Der Sv ist in entspr Fällen mitunter damit konfrontiert, daß die Zeugen kaum bereit sind, sich zu dem in Rede stehenden Deliktssachverhalt zu äußern.

Bzgl der Gründe kann zB zum einen die Belastung mit den verschiedenen Verfahrensstadien bedeutsam sein, zum anderen die etwaige Entwicklung von Schuldgefühlen des Zeugen ggü dem Verdächtigen oder ein Wandel hinsichtlich der Interessen des Zeugen bzgl des Ausgangs des Verfahrens.

So mag es sein, daß die Zeugenperson oder deren Angehörige den Verdächtigen, sofern er zum Unterhalt beiträgt, in dieser Funktion nicht verlieren möchten, oder daß aus anderen zweckrationalen oder aber mitunter auch emotionalen Gründen eine Verurteilung zu vermeiden versucht wird.

1866 c) aa) In **verfahrensrechtlicher** Hinsicht ist zu bedenken, daß die Sv-Beurteilung eine faktische Einschränkung des Öffentlichkeitsprinzips bedeutet, wenn dadurch das (gleichsam nachgespielte) Verfahren vor dem Gericht zur Formalität wird; dies ist insbes dann zu befürchten, wenn es sich um den wichtigsten oder gar den einzigen Zeugen handelt.

Die verfahrensrechtliche Konsequenz müßte daher sein (vgl auch zum Verbot der Vernehmung durch den Sv 1589 [betr § 80]), auch die Glaubwürdigkeitsüberprüfung der Kontrolle durch Gericht und andere Verfahrensbeteiligte zu unterstellen. Indes verbietet sich dies deshalb, weil die in Rede stehenden Untersuchungen regelmäßig einer besonderen Situation bzw Atmosphäre (zur Testdurchführung wie auch Exploration) bedürfen und daher in Gegenwart zB eines Vernehmungs-

---

[120] Vgl auch LR-*Meyer* 11 vor § 72: Die Exploration „geht über alles hinaus, was die StPO Beschuldigten und Zeugen (Freiheitsentzug außer Betracht gelassen) sonst zumutet"; zu verfassungsrechtlichen Grenzen s *Fischer* NStZ **94** 4.

beamten schwerlich in geeigneter Weise durchgeführt werden können (BGH **7** 82; *Blau* GA **59** 304; *Heinitz* FS-Engisch 699; krit *Krauß* ZStW **85** [1973] 33).

Möglich wäre hingegen, die Untersuchungsabläufe einer nachfolgenden Kontrolle dadurch zugänglich zu machen, daß sie, für den Zeugen sichtbar, auf Tonband aufgenommen werden (s dazu *Undeutsch* ZStW **75** 654; *Lempp* NJW **68** 2268; zu Opferbelangen *Eisenberg* § 53 Rn 16, § 56 Rn 27–29; allg *Schlüter* MKrim **78** 192f; abl *Arntzen* 11 f, 30).

Betr die Exploration speziell *kindlicher* Zeugen wird unter dem Gesichtspunkt des Schutzes derselben teilweise eine Regelung empfohlen (s zur Rspr de lege lata 1304), die Vernehmung des Sv in der HV, zunächst als Zeugen und sodann als Sv, genügen zu lassen. Jedoch würde dadurch eine Kontrolle der – ggf von Verfolgungseifer und/oder prozessualem Dominanzstreben beeinflußten (s etwa BGH NStZ **91** 295 sowie *Fischer* NStZ **94** 4) – Untersuchung des Sv, sowie deren Angreifbarkeit durch den Angekl bzw dessen Vert eingeschränkt (zur Abwägung zwischen Schutz des mutmaßlichen Opfers und Rechten des Beschuldigten s *Eisenberg* JGG Rn 5b zu §§ 33–33 b).[121]

bb) Eine **Verpflichtung**, sich auf seine Glaubwürdigkeit untersuchen zu lassen, **1867** besteht **nicht** (s 1661 bzw 1626). Weigert sich ein Zeuge, an einer solchen Untersuchung teilzunehmen, so darf ein ausschließlich hierauf gerichteter Beweisantrag abgelehnt werden (BGH StV **91** 405; s aber auch 1868).

(1) Hinsichtlich der Belehrungspflichten ist zu unterscheiden:

(a) Jede zu untersuchende Person bzw der gesetzliche Vertreter (s 1659) ist darüber zu *belehren*, daß ohne ihre Einwilligung eine Untersuchung nicht stattfinden darf (*Peters* 327; K/M-G 4 zu § 81c; *Heinitz* FS-Engisch 700; KMR-*Paulus* 6 zu § 81 c; *Eb Schmidt* 7 zu § 81 c; *Schlüchter* 203.1; aA BGH **13** 399 = LM § 81 c Nr 4 mit Anm *Fränkel* = JR **60** 225 f mit Anm *Heinitz*; KK-*Pelchen* 11 zu § 81 c); im Hinblick auf §§ 136 a, 69 Abs 3 könnte das Unterlassen einer solchen Belehrung ggf sogar als Täuschung beurteilt werden (LR-*Sarstedt* [22. Aufl] 3 a zu § 80).

(b) Soweit ein Zeuge zu untersuchen ist und dieser gem § 52 ein Recht zur *Verweigerung des Zeugnisses* hat, gelten die Ausführungen zu 1241 ff, 1252 ff (aA BGH **13** 394 ff; **40** 336 [mit abl Anm *Eisenberg* StV **95** 625 sowie *Welp* JR **96** 78], wonach § 81 c anzuwenden sei). Denn bei dieser Untersuchung wird der Betroffene selbst zu einem aktiven Tun (durch Sprechen, Testleistungen) veranlaßt, so daß auch seine Aussagebereitschaft vorliegen muß.

(c) Die jeweilige Belehrungspflicht obliegt grds der die Untersuchung anordnenden *Amtsperson*. Zwecks Wirksamkeit der Betroffenenrechte hat jedoch der Sv idR – und ggf mehrfach – auf die Rechte hinzuweisen (s 1579).

(2) Zw ist, ob bei der *Weigerung* eines Zeugen, sich auf seine Glaubwürdigkeit **1868** untersuchen zu lassen, die Untersuchung dergestalt erreicht werden darf, daß der Zeuge in Anwesenheit des Sv richterlich vernommen wird, und der Sv danach sein Gutachten auf der Grundlage dieser Vernehmung erstattet (**vern** *Hamm* JZ **57** 186; *Heinitz* JR **60** 227; *Eb Schmidt* Nachtr 8 zu § 81 c; **bej** aber die hM, BGH **23** 1 ff = JR **70** 67 mit Anm *Peters*; NStZ **82** 432; StV **90** 246; StV **91** 405 mit krit Anm *Blau*; zust K/M-G 8 zu § 81 c; *K. Müller* 609; KMR-*Paulus* 8 zu § 81 c; KK-*Pelchen* 9 zu § 81 c; LR-*Sarstedt* 4 b zu § 80, 7 zu § 81 c; *Schlüchter* 203.2; *Eb Schmidt* Nachtr 8 zu § 81 c). Auch wenn es keine gesetzliche Vorschrift gibt, die ein solches

---

[121] Vgl auch *Förster* FS-Stutte 49 f, wonach „bei den meisten" einschlägigen Verfahren „nicht das Gericht, sondern der Gutachter" über Verurteilung oder Freispruch entscheide. – Zu sonstigen Erwägungen s Beiträge in *Salgo*.

Verfahren unmittelbar verbietet, ist es gleichwohl als unzulässig anzusehen, dient es doch allein dem Zweck, die Weigerung des Zeugen zu umgehen (*Peters* JR **70** 69; *Blau* StV **91** 407 mwN). Die „Exploration" wird dann mit allen negativen Folgen für den Zeugen de facto in die HV verlegt (*Blau* StV **91** 407). Im übrigen wird eine derartige „ambulante Glaubwürdigkeitsbegutachtung" nur eingeschränkt als sachgerecht iSd Fachdisziplin des Sv gelten können (s 1870–1892; *Dippel* 178f; krit auch *Maisch* StV **85** 520).

1869 d) In Abgrenzung der allg Glaubwürdigkeit von der Glaubhaftigkeit der Aussage wird das Grundproblem deutlich, ob der Sv auch zu dem konkreten *Tatgeschehen* Untersuchungen durchzuführen und Angaben zu machen hat (vgl dazu 1882 ff).

Hierzu vertrat *Gruhle* (32) die Auffassung, der Sv dürfe – aufgrund von Untersuchungen bzgl der Persönlichkeit, des Entwicklungsgrades, der Gewissenhaftigkeit sowie der Sorgsamkeit – lediglich zur allg Glaubwürdigkeit (s aber einschränkend dazu 1426, 1875) Stellung nehmen; zumindest sei er nicht in der Lage, die Frage nach der speziellen Glaubwürdigkeit zu beantworten. Nach *Dippel* (165 ff) sei eine Exploration zum Tatgeschehen unzulässig (krit *Blau* Jura **93** 518), und nach *Fischer* (NStZ **94** 3 ff) müsse eine Begutachtung der sog speziellen Glaubwürdigkeit „idR ausscheiden".

In der Praxis ist es üblich, daß die Auftraggeber von den Sv sehr wohl Stellungnahmen zur Frage der Glaubhaftigkeit der speziellen Aussage erwarten, so daß der Sv tatsächlich nicht selten maßgebend für den Ausgang des Verfahrens ist (krit zur unvermeidbaren Wertung seitens des Sv *Fischer* NStZ **94** 3).

2. Zur Durchführung der Untersuchung

1870 a) aa) Unabhängig von der Frage, ob die allg Glaubwürdigkeit oder die Glaubhaftigkeit der Aussage untersucht wird, sollte der Sv darauf achten, nicht einseitig in Richtung sei es der Glaubwürdigkeit oder aber der Unglaubwürdigkeit hin zu ermitteln, da allenfalls stets die Gefahr der Verzerrung (wenn nicht Verfälschung) der Beurteilung besteht. Einfließen in die Beurteilung können ua spezifische Prüfungen der Gedächtnistätigkeit, des Sprachverständnisses, der sprachlichen Ausdrucksfähigkeit und des Suggestivwiderstandes (*Wegener* 24).

bb) Soweit die Delikte, zu deren Verfolgung ua ein Glaubwürdigkeitsgutachten als erforderlich angesehen wird, in besonderem Maße einem Tabubereich und gewissen Dramatisierungen oder aber Verniedlichungen ua durch die Medien unterliegen, hat der Sv sich in besonderem Maße um Unabhängigkeit von entspr Strömungen zu bemühen. Dies ist mitunter schwierig, weil eine die Zeit überdauernde Objektivität und fachliche Kontinuität unabhängig vom „Zeitgeist" und wissenschaftlichem Erkenntnisstand kaum zu erreichen ist; immerhin stehen – wenn auch in begrenztem Ausmaß – nachprüfbare und nachvollziehbare Analysemethoden zur Verfügung (vgl insbes 1441 ff).

So ist es verschiedentlich zu einer – vom tatsächlichen Geschehen her kaum nachvollziehbaren – Wandlung hinsichtlich der Quote von Freisprüchen bzgl Sexualdelikten ggü Minderjährigen gekommen, je nachdem, wie das Alltagsverständnis hinsichtlich der Glaubwürdigkeit Minderjähriger gestaltet war. Daraus läßt sich schließen, daß es entweder in einer beachtlichen Zahl von Fällen nicht zu dem – vom Tatsächlichen her gebotenen – Schuldspruch gekommen ist, oder aber daß, umgekehrt betrachtet, in einer nicht unerheblichen Zahl von Fällen Verdächtige strafrechtlich verfolgt bzw eine beachtliche Zeitspanne in U-Haft behalten wurden, obwohl sie unschuldig waren.

IV. Glaubwürdigkeitsuntersuchung

Im allg wird zwischen einer offenen und einer indirekten Explorationstechnik **1871** unterschieden. Dabei ist aus Gründen der Zuverlässigkeit das erstgenannte Vorgehen (auch zB in Verfahren wegen des Vorwurfs sexuellen Mißbrauchs [krit etwa betr anatomische Puppen BGH StV **95** 563; *Scholz/Enders* NStZ **95** 8 f]) vorzugswürdig. Dabei sollte zunächst so offen wie möglich und erst später nach und nach spezifischer gefragt werden (vgl etwa *Volbert* ZKiJPsychiatr **95** 20 ff).

b) aa) Bei den Erhebungen zur Vorgeschichte der Aussageperson im allg oder **1872** aber der konkreten Aussage kommt idR der *Aktenanalyse* gewichtige Bedeutung zu (s zum Problem grds 1591). Soweit es sich dabei um Berichte anderer Behörden handelt, sind sie „höchst kritisch" (*Leferenz* in: HbForPsychiatr II 1320) zu würdigen, wobei namentlich zwischen objektiven und substantiierten Feststellungen (sowie deren Quellen) und sich anschließenden subjektiven Bewertungen zu unterscheiden ist. Hinsichtlich des jeweiligen in Rede stehenden Straftatbestandes hängt die Geeignetheit der Aktenunterlagen gleichfalls insbes von deren Qualität ab, zumal ein einschlägiger Mangel sich im Zeitpunkt der Untersuchung durch den Sv oftmals nicht mehr beheben läßt; hieraus ergibt sich die oftmals erhobene Forderung, auch bei Fragen der Glaubwürdigkeit eines wesentlichen Zeugen einen Sv möglichst frühzeitig heranzuziehen, dh zu einem Zeitpunkt, zu dem ua Einflüsse auf Aussagefähigkeit und -willigkeit sowie auf den Aussageinhalt sich in noch vergleichsweise engen Grenzen halten.

bb) Bzgl der Anhörung der *Auskunftspersonen* gilt es als Einschränkung des Verfahrens, **1873** wenn die Originalvernehmung solcher Personen (und späterer Zeugen) vom Sv durchgeführt wurde, soweit diese Personen sich durch ihre ersten Bekundungen vor dem Sv bereits festgelegt fühlen, dh die Vernehmung faktisch vom StA oder Gericht zum Sv vorverlegt oder zumindest verschoben wird. Schwieriger gestaltet sich dieses Problem dann, wenn es sich bei der Exploration von Auskunftspersonen im Rahmen der Begutachtung nicht nur um eine Erhebung von Tatsachen handelt, die in der HV geschehen könnte und müßte, sondern auch um solche, zu deren Ermittlung die besondere Sachkunde des Sv gehört.

cc) Hinsichtlich des *körperlichen Befundes* geht es um die Feststellung naturwissenschaftlicher Tatsachen, dh im Rahmen der Glaubwürdigkeitsuntersuchung kann hierauf mitunter verzichtet werden, während in Einzelfällen diese Untersuchung für die Gesamtbeurteilung unentbehrlich ist.

Es hat zB der Entwicklungsstand der primären und sekundären Sexualorgane Bedeutung für die phasenspezifische Einordnung des Pb, die ihrerseits für die Untersuchung von wesentlicher Bedeutung sein kann; allerdings darf dabei nicht die Gefahr eines körperlich begründeten Vorurteils übersehen werden, zumal eine stringente leiblich-seelische Parallelität nicht besteht. Immerhin erlaubt die ärztliche Ausbildung eher, Aussagen zB mit sexualanatomischem oder -physiologischem Inhalt auf ihre Richtigkeit hin zu beurteilen.

c) Was das Festhalten der forensisch-psychologischen Exploration angeht, so **1874** empfiehlt sich am ehesten die Tonbandaufnahme. Demggü stört das Mitprotokollieren nicht nur den Kontakt, sondern es bleibt auch lückenhaft; das (im Anschluß an die Exploration erstellte) Gedächtnisprotokoll enthält idR Fehlerquellen infolge subjektiver Verzerrungen (oder auch Verleugnungen) bzw aufgrund Nicht- oder Minderbeachtung der Placierung der Frage im Zusammenhang der Gesamtexploration (sog Positionseffekt, *Wegener* 29 f).

3. Beurteilung der allgemeinen Glaubwürdigkeit

1875 a) Seitens der psychologischen Forschung ist vielfach eine Abwendung von allg, die Zeit überdauernden Persönlichkeitskonstanten zu verzeichnen.

Dies ist insoweit überzeugend, als es sich bei entspr Konstanten teilweise um statische Konstrukte handelt, die naturgemäß zur Beschreibung der per se wandlungsfähigen und differenzierten menschlichen Persönlichkeit und zur Vorhersage menschlichen Verhaltens weniger geeignet sind; so ist vom methodischen Standpunkt aus die begrenzte Validität und vom anwendungspsychologischen Standpunkt aus die begrenzte Utilität (Anwendbarkeit und klinische Nützlichkeit) der einschlägigen Persönlichkeitsfragebögen bemängelt worden.

Auch kann selbstverständlich ein „allg glaubwürdiger" Mensch im speziellen Fall sehr wohl eine unglaubhafte Aussage machen, wie auch ein „allg unglaubwürdiger" Mensch eine glaubhafte Aussage treffen kann. Andererseits bezieht die aussagepsychologische Diagnostik ihrerseits Persönlichkeitskonstanten ein (s 1891 ff); insoweit wird von einer Relevanz auch allg Glaubwürdigkeit umso eher ausgegangen, je mehr die Persönlichkeit des Aussagenden in der Nähe des psychopathologisch Auffälligen einzuordnen ist.

1876 b) Zur Beurteilung der allg Glaubwürdigkeit wird vielfach die Auffassung vertreten,[122] daß schon einzelne charakterlich festgelegte Erscheinungen (zB Oberflächlichkeit, lebhafte Phantasie, Wichtigtuerei, Unzuverlässigkeit, gemütsmäßige Undurchsichtigkeit) relevant sein können.

1877 aa) Im einzelnen wird dies zumindest für *hysterische* (s 1893) bzw *geltungsbedürftige* Personen unter Einschluß pseudologischer Eigenschaften zutreffend sein (s *Geisler* 35; *Schmidt* Nervenarzt **52** 266), dh ein nachgewiesenes Geltungsstreben bzw die kennzeichnende – normalpsychologisch nicht erklärbare – Selbstsicherheit und Unbefangenheit im Auftreten und Ausdruck (ggf unter Beschreibung spezifischster Details, s *Leferenz*, in: HbForPsychiatr II 1334) mögen zumindest zu erheblichen Zw an der allg Glaubwürdigkeit führen.

Die Schwierigkeit der Ermittlung im Grenzbereich pseudologisch-hysterischer Personen besteht darin, daß die jeweilige Aussage der Beeinflußbarkeit der Umgebung angepaßt wird, indem gleichsam instinktiv die kognitive und emotionale Ansprechbarkeit der Vernehmungsperson erkannt wird und die Aussageinhalte darauf abgestellt werden; ähnlich dem Begriff des „Self-Monitoring" achten sie in sozialen Interaktionen intensiv auf das Ausdrucksverhalten anderer Personen und verwenden diese Signale als Orientierung für die Steuerung der Selbstdarstellung, und nicht minder ausgeprägt neigen sie dazu, ihre wahren Absichten zu verbergen, um dadurch möglichst effektiv manipulieren zu können (vgl zu allg Nachw *Köhnken* PsychR **86** 183 f). Zudem verstehen es die genannten Personen, etwa auftauchende Einwände, Zw oder Bedenken durch spontane Erwiderungen gleichsam im Keim zu ersticken (vgl dazu schon *Birnbaum* 102). Vielfach würden sie sich – zumal sie idR über eine lebhafte Phantasie mit anschaulichen, eingängigen Ausgestaltungen verfügen – so sehr in ihre Schilderung hineinleben, daß sie selbst Mühe hätten, Sein und Phantasiegebilde zu trennen (vgl ähnlich *Langelüddecke/Bresser* 44). Andererseits scheint sich ein Rollenzwang zu entwickeln, und es muß gleichsam „weitergespielt" und die aufgebaute Rolle eingehalten werden, um nicht die Fassade zu verlieren. – Ein gutachterliches Durchschauen setzt voraus, daß die „pathologische Induktion", der vielfach selbst lebens- und praxiserfahrene, kritische Vernehmungspersonen erliegen und willfährig folgen, unterbrochen wird; dies fällt indes umso schwerer, als vielfach statt einer gewissen Hektik eine gleichsam „hysterische Ruhe"

---

[122] Vgl erg 1426.

oder die Rolle einer „still duldenden" Person hervortritt. Im übrigen läßt sich hinsichtlich des Inhalts der Aussage eine Abgrenzung zwischen Pseudologie und Hysterie am ehesten dahingehend vornehmen, daß bei Hysterie meist ein Teilstück der Aussage einem realen Ausgangspunkt entspricht.

bb) Inwieweit eine entspr Qualität auch solchen Persönlichkeitsbeurteilungen **1878** bzw -ausprägungen zuzuordnen sein kann, die etwa als sog *gemütmäßige Schwäche*, einhergehend mit Mängeln an Scham, Mitleid und Gewissen bezeichnet werden, wird ua davon abhängen, ob sonstige zur Falschaussage disponierende Wesenszüge zugleich vorliegen.

cc) Eine relativierende Beurteilung wird hinsichtlich des *Intelligenzgrades* geboten **1879** sein, zumal nicht generell davon ausgegangen werden kann, daß zB Minderbegabte (vgl allg 1766 ff) infolge ihrer begrenzten intellektuellen Steuerung äußeren Einflüssen und inneren Triebregungen stärker ausgesetzt sind als Personen mit normaler Intelligenzausprägung; unstr erweisen sich Minderbegabte mitunter als durchaus zuverlässige Zeugen (s auch 1025 a). Im übrigen sind falsche Anzeigen nicht selten ein Ergebnis von ausgeprägter sozialer Intelligenz.

dd) Eine tendenzielle Bedeutung mag *reaktiv* bedingten *seelischen* Erscheinungen **1880** (vgl etwa 1769 f) zukommen, zB Frustrationsphänomenen oder schweren reaktiven Verstimmungen wie aber auch Rachebegehren, da der Pb nach Abhilfe strebt, wozu etwa auch eine Falschaussage beitragen könnte.

ee) Bewußtseinsstörungen und Persönlichkeitsveränderungen, die bei der Epi- **1881** lepsie (s dazu allg 1731 ff) auftreten können, vermögen uU unmittelbar Einfluß auf die Glaubwürdigkeit zu haben (Hamm NJW **70** 907 f), zumal soweit sie mit Halluzinationen bzw Wahnerlebnissen einhergehen und mitunter gewisse Ähnlichkeiten zu akuter Schizophrenie aufweisen (BGH StV **91** 245).
Im einzelnen kann das sog Korsakow-Syndrom bei gewissem Ausmaß der Erkrankung Zw an der Zuverlässigkeit der Angaben einer Aussageperson begründen (BGH StV **91** 410).

4. Beurteilung der Glaubhaftigkeit der Aussage

Übersicht

	Rn		Rn
a) Allgemeines	1882, 1883	d) Untersuchung des (widerrufenen) Geständnisses	1893, 1894
b) Einzelne Kriterien	1884–1886		
c) Aussagepsychologische Diagnostik	1887–1892		

a) aa) Hinsichtlich der Prüfung der Glaubhaftigkeit einer konkreten Aussage **1882** konzentriert sich die Untersuchung auf die innere Stimmigkeit der Aussagen des Pb untereinander, auf etwaige Divergenzen mit Angaben anderer Aussagepersonen sowie auf die Frage der Vereinbarkeit der Aussage mit objektiven Feststellungen.

bb) Untersuchungstaktisch ist zw, inwieweit der Sv den Pb gleichsam „in die **1883** Enge treiben" (*Leferenz*, in: HbForPsychiatr II 1329; vgl auch *Dettenborn ua* 301 f) darf, dh ihn zB mit Fangfragen zu Abschwächungen oder Ausweitungen des angeblichen tatsächlichen Geschehens verleiten darf, um dadurch die Beurteilung verbessern zu können. Ähnliches gilt hinsichtlich der Frage, ob der Sv den Versuch unternehmen darf, der Aussageperson den Widerruf ihrer Aussage nahezulegen oder sie gar dazu zu drängen, zumal hierbei nicht selten die Gefahr besteht, durch einen gewissen Druck nunmehr einen falschen Widerruf zu veranlassen, dh es müßte jedenfalls auch die widerrufende Aussage auf deren Glaubwürdigkeit hin untersucht werden.

1884 b) aa) An einzelnen **Kriterien** sind iSd Entstehungsgeschichte zunächst die *Erstaussage* über ein etwaiges Geschehen sowie die *Situation* zu nennen, in der die *Beschuldigung* erstmals in Erscheinung getreten bzw aufgekommen ist (vgl *Leferenz*, in HbForPsychiatr II, 1334f, 1339; *Dettenborn* ua 319ff).

bb) Sodann ist iSd Entwicklungsgeschichte die Frage nach sog *Berichtigungen* in Gestalt von Abschwächungen oder auch Verschärfungen als etwaiger Ausdruck von Unsicherheit bzw Verfolgungsabsicht zu beachten, ggf aber auch als Bemühen um noch größere inhaltliche Richtigkeit. Entspr gilt für Ausweitungen, dh jeweils kann ihnen eine für die Glaubhaftigkeitsbeurteilung unterschiedliche Bedeutung zukommen.

cc) Schließlich kann der *körperliche Befund* Anhaltspunkte für den Entwicklungsstand geben[123] oder für die Frage etwaiger Auswirkungen einer Erkrankung auf die Aussage wesentlich sein (s auch BGH NStZ **95** 558), wenngleich im Rahmen der Glaubhaftigkeitsuntersuchung der psychische Status entscheidend bleibt.

dd) Eine hervorragende Bedeutung kommt den *Motiven* für diese oder jene Aussage zu (s allg 1453 ff; im einzelnen zB Bereinigung einer als unerträglich empfundenen Situation, Verdeckung eigener Verfehlung durch – gleichsam zuvorkommenden – Angriff oder Gegenschlag).

Nach *Bernet* (JChAdPsy **93** 903) lassen sich folgende Zusammenhänge und (zT unbewußte) Motive für Falschaussagen unterscheiden: Indoktrination, Suggestion, Phantasie, Selbsttäuschung, bewußtes Lügen, Überstimulation, Mitfabulieren und Ansteckung (jeweils mit der bzw durch die Aussage eines Dritten). Dabei bleibt allerdings fraglich, inwieweit diese Reihung als abschließend gelten kann.

1885 ee) Weiterhin können *gruppenpsychologische* Aspekte (vgl allg 1456) von maßgebendem Einfluß sein (zB sog „Aussagen im *Komplott*", *Aengenendt* 97 ff; s zu relevanten Fragen *Dettenborn* ua 321). Dabei wird es sich im allg empfehlen, zunächst diejenige Zeugenperson zu untersuchen, die die als am leichtesten durchschaubar erscheinende Aussage gemacht hat, da überwiegend davon ausgegangen werden kann, daß eine solche Person der Aufdeckung gruppenpsychologisch bedingter Einflüsse am wenigsten zu widerstehen vermag. Zum anderen wird die Untersuchung der Aussage solcher Aussagepersonen, die zwischenzeitlich die Verbindung zu der Gruppe aufgegeben haben und also etwaigen gruppenpsychologischen Einflüssen sich entzogen haben, erhöhte Bedeutung zur Ermittlung realitätsgerechter Ergebnisse haben; entspr mag es sich verhalten, wenn von den mehreren Aussagepersonen einzelne zwischenzeitlich in eine gleichsam andere Entwicklungsphase eingetreten sind.

1886 ff) Endlich mag – auch im Rahmen der Glaubhaftigkeitsuntersuchung von Zeugenaussagen – der *Persönlichkeit* des *Beschuldigten* nicht unerhebliches Gewicht zu-

---

[123] Vgl etwa zu testpsychologischen Verfahren zur Feststellung hirnorganischer Schäden bei Kindern *Bunk/Schall* PraxisKiPsychPsychiatr **91** 134.

c) Die Aufgaben **aussagepsychologischer Diagnostik** begegnen der Schwierigkeit, einerseits Kriterien und Methoden aus Gründen der Anwendbarkeit iVm der juristischen Praxis entwickeln zu müssen, andererseits aber hinsichtlich Gültigkeit und Verläßlichkeit von eben dieser Praxis unabhängig bleiben zu müssen (vgl *Meurer ua* in: Meurer/Sporer 18). **1887**

So ist es zB von vornherein wenig geeignet, die Wahrheit oder Unwahrheit von Aussagen etwa anhand eines Geständnisses des Beschuldigten oder eines Widerrufs der Aussage als bestätigt anzusehen (s aber *Arntzen* in: Trankell 112), da solche Aussagen aus den verschiedensten Gründen (s *Gudjonsson/MacKeith* in: Trankell 253 ff) ihrerseits falsch sein können.

Insbes wird der Auftraggeber, soweit er als Jurist die empirische Methodik nur eingeschränkt beherrscht, insoweit nicht ohne weiteres beurteilen können, ob oder in welchem Maße die vom Sv angewandten diagnostischen Mittel abgesichert sind. Soweit eine gewisse Affinität zwischen der Art und Weise besteht, wie einerseits in der aussagepsychologischen Begutachtung diagnostische Informationen gesammelt und ausgewertet werden und andererseits die Beweisaufnahme im Strafprozeß durchgeführt wird, mutet die Tätigkeit aussagepsychologischer Sv mitunter gleichsam wie wissenschaftlich eingekleidete „freie" Beweiswürdigung (s 88 ff) an. Demggü haben die Befundtatsachen zumindest insoweit anderer Natur zu sein, als psychologisch-diagnostische Methoden dadurch gekennzeichnet sind, daß das jeweilige Ergebnis unabhängig von der Person des Diagnostikers ist (bzw sein sollte).

aa) (1) Bei der konkreten Gutachtenerstellung hat der Sv wie auch der Auftraggeber, soweit auf wissenschaftliche Erkenntnisse Bezug genommen werden soll, stets zu prüfen, aufgrund welcher Methoden diese entstanden sind (s allg 1619). Generell ist festzustellen, daß die Anwendung überlieferter, gleichwohl empirisch nicht überprüfter Regeln zur Feststellung von Glaubwürdigkeit die (strafprozessuale) **Wahrheitsfindung** potentiell **gefährden** kann. In gleicher Weise droht Gefahr, wenn sich die Validierung von Glaubwürdigkeitskriterien allein auf die praktische Bewährung in strafprozessualen Zusammenhängen stützt, da in diesem Fall Auswahl und Validierung der zu überprüfenden Merkmale eben von diesen selben Merkmalen mitbestimmt werden (s auch 1486; vgl allg dazu etwa *Lienert* 255 ff): Beurteilt ein Sv eine Aussage, die in Wirklichkeit falsch ist, als wahr (da sie sich durch eine Menge von Eigenschaften auszeichnet, die typisch für wahre Aussagen sind), so ist die Wahrscheinlichkeit gering, daß dieser Irrtum des Sv noch aufgeklärt wird (zB durch ein Geständnis des betr Zeugen, [erfolgreich] falsch ausgesagt zu haben, oder durch objektive [Sach-]Beweise [bei deren Vorliegen es idR keines Glaubwürdigkeitsgutachtens bedarf]). Als noch bedenklicher muß der Fall der fehlerhaften Beurteilung einer wahren Aussage als falsch durch den Sv gelten, zumal eine Korrektur (etwa im Rahmen eines gerichtlichen Verfahrens) eher selten ist (verfehlt *Arntzen* in: Trankell 112); hingegen könnte die Verfahrenspraxis im Extremfall gleichsam nur die guten Lügner von den schlechten trennen. **1888**

Eine Erkenntnissteigerung könnte sich möglicherweise aus unmittelbar praxisorientierten Ansätzen einer standardisierten Aussageanalyse ergeben, die empirischen Überprüfungen zugänglich sind (s etwa *Steller* in: Yuille 135 ff; *Steller ua* Zex-Psych **92** 151 ff; vgl 1444 f).

1889 (2) Indes sind auch Bedenken ggü der Anwendbarkeit *experimenteller* Befunde auf die (unweigerlich) komplexen Lebenssachverhalte insbes iZm dem Tatvorwurf grds berechtigt, zumal deren Generalisierbarkeit umso geringer ist, je mehr Randbedingungen durch ein Experiment kontrolliert werden. Eine angemessene Vorsicht (bzw Zurückhaltung) bei der Anwendung auch experimentell bestätigter Kriterien sowie bei der Interpretation der Glaubwürdigkeitsdiagnose ist daher unerläßlich und sowohl dem Sv als auch dem Gericht zuzugestehen.

1890 (3) Im einzelnen ist iZm der Glaubwürdigkeitsdiagnostik vom Sv zu fordern, daß die angewandten Methoden sowie ihre Erprobung und Verläßlichkeit dem Gericht in wesentlichen Zügen deutlich gemacht werden (s allg 1508, 1524). Die Nachvollziehbarkeit des Begutachtungsprozesses muß, zumindest für Fachkollegen (zB iZm einer eventuellen Zweitbegutachtung), gewährleistet sein. Angesichts der vergleichsweise unklaren Ausbildungs- und Qualifizierungssituation auf dem Gebiet der angewandten forensischen Psychologie kommt der beweiswürdigenden Instanz schon bei der Wahl des Sv (s 1529 ff, 1532) wie auch bei der Würdigung des Sv-Gutachtens eine nicht unerhebliche Verantwortung zu.

1891 bb) Die konkrete Gutachtenerarbeitung beschränkt sich nicht auf die Analyse der fraglichen Aussage(n). Es wird vielmehr versucht, Informationen über die Aussageperson zu gewinnen, die den Hintergrund liefern, vor dem die Aussage betrachtet wird. Zur Anwendung gelangen neben der Aussageanalyse Explorationsgespräche und Persönlichkeitstests (s dazu 1863 f). Allerdings kann auch eine solche multimodale Diagnostik nicht entscheidend besser sein als die Einzelverfahren, die in ihr zur Anwendung kommen.

In der (überwiegend praktizierten) aussagepsychologischen Diagnostik nimmt ein auf Sachlage und Aussagepersönlichkeit abgestimmtes freies Explorationsgespräch eine zentrale Rolle ein.

Im einzelnen wird ein zusammenhängender Bericht zur Sache erbeten, gefolgt von Ergänzungs- und Kontrollfragen sowie einer speziellen Befragung über das Vorwissen und Parallelerlebnisse (mit der Gefahr der Übertragung auf den konkreten Fall, s dazu etwa BGH v 7.2. 91 [4 StR 212/91]) einerseits und das Zustandekommen der Aussage andererseits (*Wegener* 25).

1892 Damit wird eine nichtstandardisierte Methode bevorzugt (wie etwa auch von Medizinern im ärztlichen Gespräch zwecks Anamnese und Diagnose). Diese entzieht sich indes weitgehend einer Überprüfung durch empirische Gütekriterien (Objektivität, Reliabilität, Validität; zu Diskrepanzen der Erg je nach untersuchender Person und Zeitraum s *Wegener* 30).

Im einzelnen ist zw, inwieweit sich „testähnliche Verfahren", die an der Zeugenpopulation erprobt und – soweit möglich – geeicht sein sollen (*Arntzen* 69), zur – auf die Glaubwürdigkeit derselben gerichteten – „Erforschung" der Aussageperson eignen. Dies gilt zumindest solange, als diese Verfahren nicht dokumentiert werden und damit einer fachlichen Kritik nicht zugänglich sind.

1893 d) Um die Glaubhaftigkeit eines **Geständnisses** bzw des etwaigen **Widerrufs** möglichst verläßlich prüfen zu können, sind die als relevant in Betracht kommenden Bedingungen (s 1860 a) iZm *anderen Informationsquellen* zu untersuchen, zB mit Niederschriften, amtlichen Registrierungen und Berichten sowie Video- bzw Tonbändern. Im übrigen sind die Erhebungen zur Person sowie zu äußeren Umständen stets getrennt für die Zeitpunkte des Geständnisses, des etwaigen Widerrufs sowie der Glaubwürdigkeitsuntersuchung vorzunehmen.

IV. Glaubwürdigkeitsuntersuchung

aa) Hinsichtlich der *Persönlichkeit* des Beschuldigten ist im Rahmen der Anamnese neben dem körperlichen Zustand besonders auf etwaige frühere Vernehmungen, auf verstandesmäßige Fähigkeiten (zB Intelligenz, Leseschwäche, Gedächtnis), auf bestimmte Ausprägungen (zB Beeinflußbarkeit, Fügsamkeit, Defizite an Festigkeit, Selbsteinschätzung, Fabulierungstendenz, Angstneigung), auf spezifische Angstprobleme (etwa Klaustrophobie, Uniform- oder Schußwaffenscheu) sowie geistige Erkrankungen zu achten. Bzgl *äußerer Umstände* können zB die Uhrzeit sowie der Geschehensablauf bis hin zur Vernehmung (etwa plötzliche unerwartete Festnahme in der Nacht) wesentlich sein[124]; sofern die beschuldigte Person sich in *Haft* befand, gewinnen Erhebungen zu körperlichen und psychischen Gegebenheiten erhöhte Bedeutung, und im übrigen sind Eindrücke seitens Bediensteter bzw von Besuchern einzubeziehen.

bb) Soweit die *Vernehmungssituation* bei Abgabe des Geständnisses aufzuklären ist, **1894** sind Videoaufzeichnungen eher besser als Tonbandaufnahmen geeignet, das Wechselverhältnis zwischen dem Verhalten der vernehmenden und der beschuldigten Person aufzuklären (s aber 616). Bestehen Anhaltspunkte für ergebnisbeeinflussendes Verhalten der vernehmenden Person (s 732–734), sind diese auf die Persönlichkeit[125], den Zustand sowie die situativen Umstände der Vernehmung zu beziehen. So besteht zB ein naheliegender Zusammenhang zu einem (uU falschen) Geständnis, wenn die vernehmende Person auf bestimmten Schwächen (wie zB Anhänglichkeit oder Schuldgefühlen) des Beschuldigten „spielt" (*Gudjonsson* 304) oder aber unzutreffenderweise vorgibt, ein entspr Delikt früher selbst begangen zu haben.

Psychometrische Verfahren zur Messung einschlägiger interrogativer Suggestibilität beziehen sich auf die Häufigkeit solcher Antworten, die ein Nachgeben gemäß ergebnisbeeinflussenden (dh die erwünschte Antwort anzeigenden) Fragen darstellen oder aber die eine Änderung der Aussage im Anschluß an ein negatives feed-back (iS eines Signals zur Änderung einer unerwünschten Frage) aufweisen (*Gudjonsson* 134 f).

---

[124] Zu beachten ist, daß selbst solche Personen, die im allg suggestionsresistent und emotional stabil sind, unter bestimmten Umständen irreführende und unzutreffende Aussagen machen können, ggf einschließlich eines falschen Geständnisses (*Gudjonsson* 327).

[125] Am ehesten zu Resistenz geeignet sollen Verärgerung und Argwohn des Beschuldigten sein.

V. Untersuchungen (überwiegend) sächlicher Art

1. Kriminaltechnische Untersuchung

Übersicht

	Rn		Rn
a) Allgemeines	1895	d) Anorganische Materialspuren	1916–1930
aa) Verfahrensbezogenes	1896	aa) Lack- und Glasspuren	1916
bb) Inhaltsbezogenes	1897	bb) Werkstofftechnik	1917, 1918
b) Organische Spuren insbesondere vom Menschen	1898–1911	cc) Textilkunde	1919–1922
aa) Suche	1899	(1) Spurensicherung	1919
bb) Sicherung	1900	(2) Untersuchung	1920
cc) Auswertung	1901–1911	(3) Befundbewertung	1921, 1922
(1) Herkömmliches Verfahren	1901–1903	dd) Schußwaffen	1923–1928
(a) Blutspuren	1901	(1) Nah-, Fernschuß	1923–1925
(b) Spermaspuren	1902, 1903	(2) Schußhand	1926
(c) Sonstige Spurenträger	1903	(3) Waffe, Hülse, Projektil	1927, 1928
(2) DNA-Analyse	1904–1911	(4) Zeitpunkt letzter Schußabgabe	1929
(a) Grundlagen	1905, 1906	ee) Zigaretten	1930
(b) Polymerase-Kettenreaktion	1907, 1908	e) Ab- und Eindruckspuren	1931–1939
		aa) Reifen	1931–1933
(c) Fixierung und Vergleich	1909	bb) Schuh	1934, 1935
(d) Grenzen der Aussage	1910	cc) Daktyloskopie	1936–1939
		(1) Allgemeines	1936
(e) Schutzbelange	1911	(2) Einzelfragen	1937, 1938
c) Sonstige organische Spuren	1912–1915	(3) Befundbewertung	1939
aa) Kieselalgen, Kleintiere	1912	f) Richterliche Beweiswürdigung und Wahrscheinlichkeitsaussagen	1940–1944
bb) Bodenspuren	1913	aa) Rechtstatsächliches	1940, 1941
cc) Magen- und Darminhalte	1913	bb) Theoretisches	1942, 1943
dd) (1) Gift	1914	cc) Beweismanipulation	1944
(2) BtM	1915		

1895 a) Unter dem Begriff **kriminaltechnischer Sachbeweis** wird eine in der Praxis (auch zahlenmäßig) bedeutsame Kombination verschiedener Beweismittel (Zeuge, sachkundiger Zeuge, Sv, Urkunde sowie, zumindest subsidiär, Augenschein) verstanden (s LR-*Dahs* 11 f vor § 72; s zu Definitionsproblemen *Kube* Krim **95** 18 f), bei der indes oftmals die Tätigkeit des **Sv** insofern ausschlaggebend ist, als er die Einzelbefunde zusammenfaßt und auswertet (vgl auch *Prüfer* StV **93** 604; zu einer Fehlerkasuistik s *Tondorf* StV **93** 39 ff); die Bedeutung des gerichtlichen Augenscheins tritt demggü in der Praxis häufig zurück.

1896 aa) Dem Zeugenbeweis unterliegen die Umstände des Auffindens von Gegenständen, Substanzen etc, wozu die an der (Tatort-)Untersuchung beteiligt gewesenen Beamten zu vernehmen sind. Soweit nur ein Sv die Frage der Relevanz einer Spur beurteilen kann (zB ursprüngliche Verbindung zur Tat, Veränderungen [unter Beeinträchtigung der Beweisfähigkeit] nach der Tat), wird er schon hierzu zu hören sein (zum „Doppelcharakter" des Sv-Beweises s 1507). – Noch mehr kann die Vernehmung eines Sv bei der Frage nach der Dokumentation bzw Sicherung der Spur

V. Untersuchungen (überwiegend) sächlicher Art

(zB durch Fotografie, Skizze oä) dann erforderlich sein, wenn die Frage der Beeinträchtigung der (zunächst vorhanden gewesenen) Beweisqualität zu beantworten ist.

Zumindest aber zur Erörterung der Auswertung des Sachbeweises durch die einschlägige Untersuchung bedarf es oftmals der Heranziehung eines Sv (etwa des BKA oder eines LKA, s aber krit 1503 ff; zu Bedenken ggü einer Monopolisierung s 16. StV-Tag, StV **92** 346), zumal neben Ablauf und Methoden der Untersuchung die Geeignetheit des Untersuchungsmaterials zu beurteilen ist, und zwar unter Berücksichtigung der jeweiligen Einzelbeweise (LR-*Dahs* 15 vor § 72).

Um den Einfluß von Intuition möglichst gering zu halten bzw sichtbar zu machen, ist die Quantifizierung jedes einzelnen Untersuchungsschrittes bzw die Offenlegung von Schätzungen (dh nicht durch überprüfbare Berechnungen erhaltenen Ergebnissen) erforderlich (s näher *Hellmiß* NStZ **92** 24 ff).

bb) Inhaltlich handelt es sich bei dem kriminaltechnischen Sachbeweis um die **1897** Feststellung und Analyse der iZm der Tat aufgenommenen **Spuren**, worunter alle erkennbaren Veränderungen in der materiellen Umwelt, die Rückschlüsse auf die sie verursachenden Vorgänge zulassen, verstanden werden können (vgl etwa *Geerds* AKrim **86** 145; zur Übersicht *Mörbel* in: Kube ua **92** Rn 11 f zu Kap 15).

Bei der Spurenermittlung lassen sich (mit dem Tatgeschehen nicht iZ stehende) *Trug*spuren bzw vom Täter *fingierte* Spuren (zunächst) nicht ohne weiteres von sog *echten* Spuren, dh bei Deliktsbegehung verursachten Spuren unterscheiden, so daß sie einstweilen einheitlich zu behandeln sind (*Meyer/Wolf* 152 f).

Hinsichtlich der Beweiskraft wird zwischen Spuren von *absoluter* bzw *relativer* Bedeutung gesprochen.

(1) Dem Begriff **Mikro**spuren unterfallen nach heutigem Sprachgebrauch alle Spuren, deren Form, Struktur und Farbe mit dem bloßen Auge allenfalls ungenau, kaum oder gar nicht erkannt werden kann (*Brüschweiler* Krim **93** 647). Daher sind zu deren Untersuchung *Mikroskope* (von vergleichsweise einfachen Stereomikroskopen bis hin zu Rasterelektronenmikroskopen mit angeschlossenem Elementaranalysesystem und Bildarchivierung) erforderlich. Es kann sich um Materialteilchen aller möglichen Formen und Substanzen – *organische* wie *anorganische* – handeln[126]. Diese können durch (direkten) Kontakt (zB zwischen Täter und Opfer, Täter und Gegenständen am Tatort, Opfer und Waffe usw) oder auch infolge der Einwirkung atmosphärischer Bedingungen (wie zB Wind) übertragen werden (*Holyst* AKrim **85** [1. Halbj] 76).

Für die Sicherung von Mikrospuren an Tat- oder Ereignisorten kann es wegen ihrer Verschiedenartigkeit **keine einheitliche Methode** geben (*Brüschweiler* Krim **93** 647; *Holyst* AKrim **85** [1. Halbj] 78 ff bzw 80 ff betr Auswertungsverfahren).

(2) In der Kriminalistik werden nach Spurenarten vor allem die **Material-**, die **Form-** sowie die **Ab-** oder **Eindruckspur** unterschieden (vgl *Weihmann* 58).

Materialspuren können in allen Aggregatzuständen wie auch Kombinationen von diesen vorkommen (vgl *Wigger* 13).

b) **Organische Spuren** sind Teile von Lebewesen oder von gewachsenen Kör- **1898** pern, die menschlicher, tierischer oder pflanzlicher Herkunft sind bzw zum Wasser, zum Boden (Mikroorganismen) oder zur Luft gehören (*Weihmann* 59). Die fol-

---

[126] Vgl etwa zu kasuistischen Beiträgen betr die Analyse organischer Mikrospuren *Brinkmann* ua AKrim **85** [2. Halbj] 163 ff; *Oehmichen* ua AKrim **84** [1. Halbj] 129 ff.

genden Ausführungen beziehen sich insbes auf Blut, Haare, Fingernägel, sonstige Körperteile, Körperausscheidungen wie Speichel, Schweiß, (Nasen-)Schleim, Fruchtwasser, Scheidensekret, Sperma oder Exkrete und Erbrochenes vom **Menschen** (s zu sonstigen organischen Spuren 1912 ff).

1899 aa) Die **Suche** nach organischen Spuren, insbes nach Blut, kann sich im Mikrobereich schwierig gestalten. So kann es notwendig sein, möglicherweise mit Blut behaftetes Material einer sog Blutvorprobe zu unterziehen. Dabei ist allerdings zu beachten, daß damit unweigerlich eine Beeinträchtigung der weiteren Spurenauswertung verbunden ist. Im übrigen vermögen Vorprobenreagenzien nicht den Nachweis von Blutspuren zu liefern, da sie uU auch mit anderen Substanzen positive Wirkungen zeigen können (vgl *Kißling* in: Kube ua **93** Rn 5, 22 zu Kap 22).

1900 bb) Bei der **Sicherung** organischer Spuren sind zur Wahrung einer (zum Zeitpunkt ihrer Sicherstellung noch vorhandenen) Beweiseignung mehrere Grds zu beachten. Fehler in diesem Stadium sind geeignet, das Untersuchungsergebnis zu verfälschen, was bestenfalls dazu führt, daß die Beweiskraft der Spur zerstört wird, schlimmstenfalls aber – bleibt der Fehler unentdeckt – zu falschen, vermeintlich wissenschaftlich abgesicherten Schlüssen über Tathergang und/oder Täterperson verführen (*Pohl* 15).

(1) Form und Lage der Spuren sind vor ihrem Asservieren möglichst *photographisch* festzuhalten. Die Sicherung und Asservierung der einzelnen Spuren hat getrennt zu erfolgen, sofern eine gemeinsame Herkunft nicht ausnahmsweise zweifelsfrei feststeht (*Kißling*, in: Kube ua **93** Rn 8 zu Kap 22 [betr Blutspuren]).

(2) (a) *Flüssige Spuren* (Blut, Exkrete wie Urin, Sekret) sind im Idealfall aufzupipettieren und in sauberen Glasbehältern zu verschließen.

Stehen keine Kanülen zur Verfügung, kann im Rahmen einer *Notsicherung* auf unbenutzte Papiertaschentücher, Küchen- oder Toilettenpapier zurückgegriffen werden. In diesem Fall ist das Papier zunächst zu zerteilen, damit später im Rahmen von Vergleichsuntersuchungen die chemische Zusammensetzung des verwendeten Spurenträgers untersucht werden kann. Anschließend wird die Flüssigkeit aufgetupft, an der Luft getrocknet und in einem luftdurchlässigen Gegenstand (zB Briefumschlag) aufbewahrt. Wird hierzu eine Plastiktüte verwendet, so fördert deren Luftundurchlässigkeit die Fäulnisbildung, so daß die Spur unbrauchbar wird (vgl bzgl Blut *Weihmann* 65; ausführlich *Wigger* 500 ff).

(b) Bereits *Eingetrocknetes* ist möglichst zusammen mit dem Spurenträger zu sichern. Zu Vergleichszwecken muß auch eine Probe des Spurenträgers in unmittelbarer Umgebung der Spur asserviert werden (sog Leerprobe, s *Kißling*, in: Kube ua **93** Rn 11 zu Kap 22).

(3) Das Spurenmaterial ist gegen Spurenübertragungen und sekundäre Verunreinigungen (zB Handschweiß) zu *schützen*; jede unmittelbare Berührung mit den Händen ist daher zu meiden.

Da Klebstoffe zu einer (chemischen) Veränderung führen, dürfen Blutspuren, Haare und Haarfragmente nicht mit Klebeband gesichert werden; letztere sind am besten mit einer Pinzette vom Spurenträger abzuheben bzw bei größeren Flächen abzusaugen. Von erheblicher Bedeutung ist insbes bei Exkreten, daß sie schnellstens zur Untersuchungsstelle gelangen, da sie sich durch klimatische und bakterielle Einwirkungen rasch verändern. Aufgrund der Zersetzungsgefahr gilt gleiches auch für Sekrete. Spuren am menschlichen Körper sind vom Arzt zu sichern (*Wigger* 504 f).

Es dürfen nur saubere Gefäße bzw sauberes Verpackungsmaterial Verwendung finden. Jeder Spurenträger ist (zur Vermeidung von Spurenübertragungen) getrennt zu verpacken und unmißverständlich zu beschriften.

V. Untersuchungen (überwiegend) sächlicher Art

cc) Im Rahmen der **Auswertung** organischer Spuren kann zwischen der Untersuchung mit konventionellen Methoden (zB zur Bestimmung der Membran- oder der Serumeigenschaften bzw der Isoenzyme bei Blut- und Sekretspuren) und der Genom-Analyse (zwecks Bestimmung des DNA-Musters) unterschieden werden.

(1) Bei der Auswertung organischer Spuren ist die Aussagekraft **herkömmlicher Verfahren** vergleichsweise hoch.

(a) So liegt bei **Blutspuren**, bezogen auf Membran- (AB0 und Lewis) oder aber Serumeigenschaften (Gm/Km-, Gc- und Hp-Merkmale)[127] oder auf Isoenzyme (insbes PGM, EsD, 6-PGD, AK, ADA, AcP, GLOI) selbst die *häufigste Merkmalsausprägung* nur noch bei 0,6%, während es bei der seltensten $3,5 \times 10^{-11}$% sein soll[128]. Dementspr Bedeutung kommt auch der Optimierung der **Probenvorbereitung** von Blutspuren zu.

Hiernach sollte zB betr die *AB0*-Blutgruppenbestimmung der Übertragung der Blutspur auf bes geeignete Spurenträger (zB Baumwolle) ggü einer Methanolfixierung der Vorzug gegeben werden. An Nadelwaldboden, Erde und Lehmboden angetrocknetes Blut eignet sich zur ABO-Bestimmung nicht (vgl *Lötterle ua* AKrim **89** [2. Halbj] 38 ff, 45 f). Als (ggf gar signifikant) störanfällig kann sich die AB0-Bestimmung auch auf Spurenträgern erweisen, die mit haushaltsüblichen Mitteln vorbehandelt wurden (s n *Scheithauer/Schilling* AKrim **90** [2. Halbj] 43 ff, 49 f).

(b) (aa) Im Sachzusammenhang mit potentiellen **Spermaspuren** ist vor der eigentlichen Untersuchung auf Individualeigenschaften zunächst zu klären, *ob* tatsächlich Sperma vorliegt (Spermanachweis) und, bejahendenfalls, wie am besten möglichst *viel* Spurenmaterial einschließlich aller Komponenten mit dem Ziel der Individualbestimmung extrahiert werden kann (s dazu *Schwerd ua* AKrim **86** [2. Halbj] 76).

Hinsichtlich der erstgenannten Frage ist wiederum danach zu differenzieren, ob die Spur einen Vaginalabstrich oder Flecken betrifft. Bei kunstgerechter Durchführung des *Vaginalabstrichs* erfordert der Spermanachweis an Hilfsmitteln in der Regel nur ein Mikroskop, Objektträger, Deckgläser, ein Phasenkontrastmittel und evtl etwas physiologische Kochsalzlösung. Zur *Flecken*untersuchung kommen vor allem der chemische Phosphatase-Nachweis[129] bzw der morphologische Nachweis[130] von Spermien zur Anwendung[131].

---

[127] S speziell zur Gc-Subtypisierung in Blutspuren bereits *Schmitter/Kissling* AKrim **84** (1. Halbj) 50 ff.
[128] *Kimmich ua* NStZ **90** 318; s n *Kißling*, in: Kube ua **93** Rn 49 ff, 83 zu Kap 22.
[129] Der herkömmliche Phosphatase-Nachweis etwa mit Hilfe von Phosphatesphor-Testpapierchen ist allerdings unspezifisch, da sich Phosphatasen nicht nur im Sperma, sondern auch in einigen Pflanzensäften, Schneckenschleim, Bakterienkulturen usw. finden (vgl *Müller/Hinkelmann* AKrim **91** [2. Halbj] 106; ferner *Du Chesne ua* AKrim **92** [2. Halbj] 29). Besser scheint der Nachweis von Prostata-Phosphatase daher mit dem Enzym-Imnuno-Assay (EIA) möglich, wobei dieser allerdings auf prostataspezifischem Antigen (PSA) deutlich unempfindlicher ist, als der Phosphatase-Nachweis (*Müller/Hinkelmann* AKrim **91** [2. Halbj] 109).
[130] Zuverlässig kann die Existenz von Sperma zwar aus dem *mikroskopischen* Nachweis von Spermien geschlossen werden, ohne daß allerdings (zB aufgrund der Möglichkeit von Azoospermie) auch der Umkehrschluß zulässig wäre (zu erg Verfahren vgl etwa *Oya ua* AKrim **91** [1. Halbj] 91 ff, 94).
[131] Ferner können sowohl Vaginalabstriche als auch Flecken auf das Vorhandensein von *Prostaglandin* E (PGE) untersucht werden. Dieses kommt in relativ stark schwankenden Kon-

Von grds Bedeutung ist es, bei der Spurensicherung von Flecken nur Lösungsmittel zu verwenden, durch die eine Denaturierung der Proteine ausgeschlossen ist[132]. Bei der Extraktion des Fleckens ist ferner darauf zu achten, nach Möglichkeit zumindest eine *Spermamenge* von etwa 50 μl zu erfassen und unbedingt eine Einweichzeit von etwa 12 Stunden bei etwa 4°C im Kühlschrank einzuhalten (vgl zum ganzen *Schwerd ua* AKrim **86** [2. Halbj] 77 ff).

1903 (bb) Bei der *Auswertung* von Spermaspuren (mittels herkömmlicher Verfahren) sind die Differenzierungsmöglichkeiten wesentlich geringer als bei der Auswertung von Blutspuren (*Kimmich ua* NStZ **90** 318).

Im einzelnen scheint insbes der Versuch der Gm/Km-Bestimmung an *Spermaspuren* für die forensische Praxis (noch) nicht hinreichend zuverlässig (vgl *Bäßler ua* AKrim **89** [1. Halbj] 173 ff, 178; *Wissel/Fregin* Krim **91** 671).

Mittels morphologisch-morphometrischer Differenzierung von Spermatozoen ist allenfalls eine „Grobidentifizierung", *nicht* aber eine *Individualisierung* des Spurenverursachers möglich. Auch kann die Erlangung von Vergleichsproben nur auf freiwilliger Grundlage geschehen (s n *Wissel/Fregin* Krim **91** 671 ff, 674).

Eine im Vergleich zur Gm/Km-Bestimmung bessere Möglichkeit scheint die DIA 3-Typisierung mittels Isoelektrofokussierung zu bieten (vgl *Kido ua* ZRechtsmed **87** [Bd 98], 207 ff).

Betr den Nachweis von *Speichel*- (wie Sperma-)Spuren mit Hilfe der Amylase-Reaktion kann es uU von Bedeutung sein, daß der Kriechschleim von Schnecken Amylase mit hoher Aktivität enthält. Da auch Schnecken ein Blutgruppenprinzip besitzen, ist eine Verwechslungsgefahr bei Vorliegen entspr Gegebenheiten zu besorgen (vgl *Prokop/Geserick* AKrim **86** [2. Halbj] 162 ff).

(c) Auch bei *Haaren* scheint die *Aussagekraft* von (mit herkömmlichen Methoden durchgeführten) Individualisierungsversuchen (bislang) *beschränkt* (zu Untersuchungsmethoden s *Kijewski* 93)[133].

Die Kutikulastruktur am Humanhaar scheint zwar ausnahmsweise Individualwert zu haben, idR jedoch zu wenig spezifisch für eine Individualzuordnung zu sein, so daß es sich allenfalls um ein durchaus ergänzungsbedürftiges Merkmal handelt (vgl *Brüschweiler/Sütterlin* AKrim **85** [1. Halbj] 156 ff, 162 f). Bei frischen Haarwurzeln führt die DIA 3-Typisierung mittels Isoelektrofokussierung zu aussagekräftigeren Befunden (vgl *Kido ua* ZRechtsmedizin **88** [Bd 100] 133 ff).

Zur Klärung der Frage, ob es sich bei (zunächst) nicht weiter identifizierbarem *organischen Material* um menschliches Gewebe handelt, bieten sich in erster Linie serologische Tests an. Sind solche nicht mehr durchführbar (zB bei bereits formalinfixiertem Abortiv-Material), scheint die Speziesdifferenzierung durch Plazentamor-

---

zentrationen im menschlichen Samen vor, und zwar auch bei Vorliegen von Azoospermie. Die Verfahrensweise ist spezifisch und daher auch forensisch tauglich (hierzu wie auch zu weiteren Methoden *Du Chesne ua* AKrim **92** [2. Halbj] 30 ff, bzw 33 f).

[132] Empfohlen werden destilliertes Wasser, physiologische Kochsalzlösung oder auch Tris-Puffer (pH 7,5), nicht aber verdünnte Ammoniaklösung, durch die der Phosphatase-Nachweis gestört würde.

[133] So konnten im Rahmen einer Versuchsreihe (n = 79) aus einem Einzelhaarsegment die AB0-Blutgruppenmerkmale nur bei etwa 79% zutreffend bestimmt werden (vgl *Pötsch-Schneider ua* AKrim **86** [2. Halbj] 44 ff, 48 f; s auch *Nishi ua* ZRechtsmedizin **89** [Bd 102] 247 ff).

phologie in geeigneten Fällen möglich zu sein, wenngleich hierbei besondere Vorsicht geboten ist[134].

(2) Im Rahmen der Auswertung **Zellkerne** enthaltender organischer Spuren (menschlicher Herkunft) ist die sog **DNA-Analyse** von Bedeutung. Da die Struktur der Kernsubstanz in allen Körperzellen repräsentiert ist, kommen neben Sperma und Blutspuren grds *alle* organischen *Gewebespuren* bis hin zum Einzelhaar oder (bei entspr Mengen) Urinsediment für eine solche Analyse in Betracht (*Rittner ua* Krim **91** 439; *Weihmann* 65; anschaulich zu einem Fall mit 1899 Vergleichsblutproben *Schneider* Krim **95** 726, 728), sofern nur genügend hochmolekulare DNA verfügbar ist bzw verfügbar gemacht werden kann.

Der DNA-Analyse **vorauszugehen** hat eine Untersuchung mit herkömmlichen Methoden zur Klärung der Frage ob es sich tatsächlich um eine organische Spur der vermuteten Art handelt (zB Blut, Speichel, Sperma), wobei auch zweifelsfrei zu bestimmen ist, ob die Spur überhaupt menschlichen Ursprungs ist (vgl *Brinkmann*, in 16. StV-Tag **92** 57). Zudem muß das Untersuchungsmaterial vorab auf seine Geeignetheit überprüft werden. Zur Vermeidung gravierender Fehlschlüsse gilt es, ggf Überlagerungen von verschiedenen Spurenbildern aus mehr als einer Quelle, Besiedlung durch Bakterien, welche Blutspuren verändern, oder auch spezifische Kontaminationen zu erkennen (vgl *Brinkmann* aaO 58 f).

(a) Allg beruht die DNA-Analyse auf folgenden molekularbiologischen Grundlagen: Die gesamte Erbinformation des Menschen ist in einem Molekül bestimmt, welches sich in den (46) Chromosomen jeder kernhaltigen Körperzelle befindet. Diese Desoxyribonucleinsäure (DNS; im internationalen Sprachgebrauch: **Desoxyribonucleinacid = DNA**) wird durch die unterschiedliche Anordnung der vier Basen Adenin, Thymin, Cytosin und Guanin charakterisiert, die über eine Zucker-Phosphatkette zu einer Polynucleotidkette verknüpft sind. Über Wasserstoffbrückenbindungen sind stets zwei derartige Polynucleotidketten aneinanderangelagert, wobei Bindungen nur zwischen den Basen Adenin und Thymin bzw Guanin und Cytosin möglich sind. Dies hat zum einen die Parallelität der Ketten zur Folge, die im Raum in Form eines Schraubengewindes angeordnet sind (Doppelstrang, sog „Doppelhelix"). Zum anderen führt es dazu, daß sich aus der einen Kette *zuverlässig* auf die andere, wie auf einen *„Negativabzug"*, schließen läßt.

Die kleinste Informationseinheit, die für jeweils eine bestimmte Aminosäure – als den Grundbaustein der Proteine – „verantwortlich" ist, wird von jeweils drei Basen gebildet.

Der Abschnitt, der die Information für ein Protein enthält, wird als Gen bezeichnet, die Gesamtheit aller Gene eines Menschen als *Genom*. Die Anzahl der Basenpaare der menschlichen DNA wird auf 3 bis knapp 4 Milliarden geschätzt, wobei jedoch nur etwa 5% dieser Informationsmenge für die Umsetzung in Eiweißverbindungen und damit für die Lebensfunktionen gebraucht werden sollen. Die Introns, dh der restliche und damit ganz überwiegende Anteil der Nucleinsäuresequenz, der nach gegenwärtigem Verständnis ohne Einfluß

---

[134] Vgl *Thomsen/Kaatsch* AKrim **90** [1. Halbj] 35 ff, 42, zu einem Fall, in welchem mehrere hinzugezogene Gynäkologen das Embryo einer Katze für ein menschliches hielten. Zur Identifikation von menschlichem Hirngewebe in einem Einzelfall iZm einem Kapitaldelikt s *Oehmichen ua* AKrim **84** [1. Halbj] 129 ff. Zu mikroskopischer Untersuchung von Menschenhaaren s *Mielke* KrimForensWiss **94** 111 ff.

auf die Eiweißsynthese zu sein scheint und daher gelegentlich gar als „bedeutungslos" (*Schmitter* Krim **91** 8) tituliert wird, wird als „nicht kodierender Bereich" bezeichnet.

Im Laufe der Evolution entstandene *Eigentümlichkeiten* in diesem Bereich, wie die *Abfolgen* von sich wiederholenden, fast indentischen *DNA-Abschnitten* oder auch die Variabilität der *Anzahl* der sich wiederholenden Abschnitte, sind die Grundlage für die Annahme einer **Individualspezifität**. Hiervon ausgehend umfaßt die DNA-Untersuchung verschiedene Schritte.

Zunächst gilt es, aus den Spuren möglichst hochmolekulare DNA zu extrahieren. Wurden ursprünglich einige μg (10^{-6} g) (Template-)DNA für eine Untersuchung benötigt, so scheinen gegenwärtig bereits weniger als 100 pg (10^{-12} g) auszureichen (vgl *Du Chesne ua* AKrim **93** [2. Halbj] 91), was dem mittleren DNA-Gehalt von etwa 15 Zellen entsprechen würde, sofern die DNA zu 100% extrahiert werden könnte (vgl *Denk* Krim **91** 568[135]). Deutlich weniger, sowie auch weniger gut erhaltenes Spurenmaterial kann bereits für eine auf die sog Polymerase-Kettenreaktion (vgl 1907) gestützte Untersuchung ausreichend sein[136].

1906 *Verunreinigung* und *Alterung* im Leichen- und Spurenmaterial beeinträchtigen die Aussagekraft auch der DNA-Untersuchung.[137]

So ist beispielsweise in der Leber hochmolekulare DNA idR schon wenige Stunden nach dem Tod weitgehend retardiert. Zur DNA-Degradation kann es auch wegen „Herumstehenlassens" der Proben und/oder bei Postversand ohne Kühlung kommen (vgl für Blutproben *Bär/Kratzer* ZRechtsmed **89** [Bd 102] 263). – Verunreinigungen können die Mengenbestimmung der Nukleinsäuren beeinträchtigen, so daß eine zuverlässige Beurteilung der Spuren-DNA nicht mehr möglich ist (*Prinz/Berghaus* ZRechtsmed **90** [Bd 103] 191 ff). Eine gesonderte Reinigung, etwa durch Ultrafiltration (vgl *Feuerbach ua* AKrim **91** [1. Halbj] 177 f), erscheint daher angezeigt[138].

1907 (b) Mittels der sog **Polymerase-Kettenreaktion** (= polymerase chain reaction = **PCR**) als eines speziellen Verfahrens innerhalb der DNA-Technik wird eine Typisierung auch *geringster Mengen* (< 1 ng) bereits der Zersetzung unterworfener DNA möglich (vgl *Schneider/Rittner* IntJLegMed **93** [Bd 105] 295 ff; *Schneider ua* AKrim **91** [2. Halbj] 167; *Pfitzinger ua* IntJLegMed **93** [Bd 105] 213 ff), wobei jedoch aufgrund geringerer Merkmalsvarianten auf den relativ kurzen DNA-Abschnitten von ca 0,1–1 Kb Länge eine an eine *Individualzuordnung* heranreichende Aussagewahrscheinlichkeit (zumindest noch) nicht möglich ist (*Kimmich ua* NStZ **93** 23 f); möglich ist demggü zB die Geschlechtsbestimmung (vgl *Muellener ua* AKrim **89**

---

[135] Zur zuverlässigen Geschlechtstypisierung sind bei Dioxigenin-Markierung zumindest fünf Haare erforderlich, wobei sich aus einer Haarwurzel etwa 200–300 ng DNA extrahieren lassen, *Oshima ua* AKrim **90** (1. Halbj) 163, 170.

[136] S zur Extrahierung aus postmortalen Muskelgewebsproben *Ogata ua* **90** (Bd 103) 397 ff bzw aus Zahnpulpa *Pötsch ua* IntJLegMed **92** (Bd 105) 139 ff. Zur Analyse von Speichelspuren an Zigarettenkippen *Hochmeister ua* IntJLegMed **91** (Bd 104) 229 ff, *du Chesne ua* AKrim **93** (2. Halbj) 87 ff, *Huber/Holtz* AKrim **94** (2. Halbj) 53 sowie *Hochmeister ua* AKrim **95** (1. Halbj) 177 ff. Vgl aber auch zu Einsatzmöglichkeiten von bedside-Karten als sekundärem Vergleichsmaterial *Du Chesne ua* AKrim **92** (2 Halbj) 103 ff, 106 f).

[137] S *Huckenbeck/Bonte* IntJLegMed **92** (Bd 105) 39 ff, für den Sonderfall gefriergetrockneter postmortaler Gewebeproben; vgl auch *Pöche ua* zu den Möglichkeiten, mit Hilfe von Oligonucleotid-Sonden $(GTG)_5$ und $(GACA)_4$ auch bei partiell bereits degradierter DNA noch zu vergleichbaren Informationen zu gelangen.

[138] Beeinträchtigungen durch hohe Rückstandskonzentrationen von 2 Waschmitteln und einem Aufheller im Spurenträger konnten im Rahmen einer Versuchsreihe durch einen Dialyseschritt bei der Reinigung der DNA verhindert werden (vgl *Scheithauer/Weisser* IntJLegMed **91** [Bd 104] 273 ff).

V. Untersuchungen (überwiegend) sächlicher Art

[2. Halbj] 175 ff, 184; *Pascal ua* IntJLegMed **91** [Bd 104] 205 ff; *Mannucci ua* IntJLegMed **94** [Bd 106] 190 ff; *Kreike/Lehner* IntJLegMed **95** [Bd 107] 235 ff) oder auch die Identifizierung als menschliches bzw nicht-menschliches Gewebe selbst nach Langzeitlagerung in schlecht erhaltenem Zustand (vgl *Müllenbach ua* IntJLegMed **93** [Bd 105] 307 ff).

Das Prinzip der DNA-Amplifikation im Reagenzglas ist der DNA-Vermehrung im lebenden Organismus nachempfunden, bei der sich die DNA-Doppelhelix aufwindet und sich die beiden Stränge (nach Art eines Reißverschlusses) trennen, wonach sich an die freiliegenden Basen beider Stränge mit Hilfe der DNA-Polymerasen die passenden komplementären Bausteine aus dem Nucleotid-Vorrat der Zelle anlagern. Als Basis erforderlich für diesen Prozeß der Neusynthese ist ein kurzer Doppelstrangbereich, der durch ein sehr kurzes DNA-Einzelstrangstück, welches etwa 20 bis 30 Nucleotide lang ist und auch als „Starter" (= „primer") bezeichnet wird, und einer dazu komplementären Stelle eines DNA-Matrizenstranges gebildet wird.

Für die PCR werden mithin benötigt: die 4 verschiedenen Basen, Starter-DNA, **1908** Matrizen-DNA (zB aus Spurenmaterial), DNA-Polymerase sowie ein Medium, das möglichst optimale Reaktionsbedingungen sichert. Der Arbeitsablauf umfaßt drei Schritte.

Zunächst müssen die Matrizendoppelstränge geöffnet werden, was durch Erhitzen des Reaktionsansatzes auf 94 °C erreicht wird[139]. Als nächstes wird ein schnelles Abkühlen auf etwa 60–65 °C vorgenommen, damit sich der Starter anlagert. Durch anschließendes Erwärmen auf die optimale Reaktionstemperatur der Taq-Polymerase von 72 °C verlängern sich die Starterstücke entsprechend der Basenpaarregel.

Durch Wiederholung des Vorganges läßt sich eine weitere Verdopplung der Kopien erreichen. Üblicherweise werden innerhalb weniger Stunden vollautomatisch 25–30 Zyklen durchgeführt (s n *Kimmich ua* NStZ **93** 24 f.).

Wenngleich die PCR-Technologie auch bei kleinsten Spurenmengen anwendbar ist und vergleichsweise schnell Resultate zu liefern vermag, kann die *Vervielfältigung* niemals aussagekräftiger sein als das *Original* (vgl n zum Beweiswert *Schneider/Rittner* IntJLegMed **93** [Bd 105] 295–299; *Kloostermann ua* IntJLegMed **93** [Bd 105] 257–264). Nach wie vor sind die Zuordnungsmöglichkeiten noch erheblich geringer als bei der RFLP-Analyse (*Kimmich ua* NStZ **93** 25). Auch stellen gerade für das PCR-Verfahren, das sich insbes für minimale Spurenmengen anbietet, Verunreinigungen des Spurenträgers ein grds Problem dar. Zu besorgen ist idZ besonders, daß bereits am Tatort oder beim Transport stattfindende Spurenverunreinigungen uU später nicht mehr feststellbar bzw aufklärbar sind (*Denk* Krim **91** 568).

(c) Nach der Extrahierung möglichst hochmolekularer DNA aus den Spuren **1909** werden die Stränge mit Hilfe sog **Restriktionsenzyme**[140] in einzelne Fragmente geschnitten, wobei die Sequenz sich nach dem verwendeten Enzym richtet (vgl *Kimmich ua* NStZ **90** 319; *Denk* Krim **91** 566). Diese werden anschließend gelektrophoretisch, dh durch Anlegen einer elektrischen Spannung auf eine Gelsubstanz sortiert, in Einzelstränge aufgetrennt und auf dem **Trägermaterial** fixiert.

---

[139] Da DNA-Polymerasen Eiweißstoffe sind, die normalerweise beim Kochen zerstört werden, müßten sie an und für sich ständig zugeführt werden; stattdessen wird eine hitzestabile DNA-Polymerase aus dem thermophilen Bakterium Thermusaquatius (= „Taq-Polymerase") eingesetzt.

[140] Diese werden regelmäßig nach den Abkürzungen der Bakterien benannt, aus denen sie gewonnen werden.

Bzgl der *Qualität* der computerunterstützten Fragmentlängenbestimmung wurden im Rahmen einer Versuchsreihe nicht unerhebliche *Unterschiede* deutlich. Auch wirkte sich die Feldstärke auf die Werte der Fragmentlängenbestimmung aus (vgl *Puers ua* IntJLegMed **92** [Bd 105] 31 ff).

Sodann erfolgt die sog **Hybridisierung** mit Hilfe bestimmter DNA-Sonden. Bei diesen handelt es sich um einsträngige DNA, deren Basenabfolge bekannt ist. Da sich diese nur dort anlagern (können), wo die komplementäre Basensequenz vorliegt, ist der Umstand, wo diese sich anlagern, kennzeichnend für die DNA. Das ganze ist durch Radioaktivität, Belichtung eines Röntgenfilms oder auch Farbreaktionen sichtbar zu machen.

Im einzelnen können sog Multi-Locus-Sonden (zB Oligonucleotidsonden) von Single-Locus-Sonden unterschieden werden. Während erstere (vergleichsweise anspruchslos) an vielen Orten der menschlichen DNA eine komplementäre Basensequenz finden kann und mithin eine ganze Reihe von Fragmenten markiert, kommen letztere nur an einer Stelle in der menschlichen DNA vor. Zugleich haben sie ggü ersteren den Vorteil, leichter vergleichbare Muster zu liefern, deutlich empfindlicher und einer statistischen Auswertung eher zugänglich zu sein (s auch *Kißling*, in: Kube ua **93** Rn 101 f zu Kap 22). Als die besten Oligonucleotidsonden im höheren Kilobasenbereich der DNA (5–25 Kb) gilt die $(GTG)_5$, für den kurzen Fragmentlängenbereich die $(GACA)_4$ (vgl *Pöche ua* AKrim **90** [2. Halbj] 37; *Lin ua* AKrim **92** [1. Halbj] 169 ff).

Gegenwärtig dominieren sog STR-Systeme („short-tandem-repeats"; s n *Wiegand ua* IntJLegMed **93** [Bd. 105] 315 ff), die erhöhte Anforderungen an elektrophoretische Trenntechniken stellen (*Lorente ua* IntJLegMed **93** [Bd. 106] 69 ff).

Nach der Visualisierung durch Entwicklung des Röntgenfilms erfolgt als vorletzter Arbeitsschritt der **Vergleich** der DNA-Muster von Spur und Vergleichsblut, ehe schließlich aufgrund von statistischen Unterlagen eine Befundbewertung möglich wird.

1910 (d) Da bei jedem der Schritte Menschen tätig sind, sind auf jeder Stufe **Fehler möglich**. Dabei handelt es sich um Fehler, die insbes für den medizinischen Laien so gut wie nicht erkennbar und, wenn das Spurenmaterial vollständig aufgebraucht wurde, auch nicht mehr durch eine Kontrolluntersuchung nachweisbar sind. Erforderlich erscheint daher zum einen eine Verpflichtung des Sv, bei einer Untersuchung nicht sämtliche DNA zu verbrauchen, sondern noch genügend für ein Zweitgutachten übrig zu lassen, welches dank langzeitiger Aufbewahrung Kontrolluntersuchungen auch noch nach Jahren zuläßt. Zum anderen sind (zumindest) national verbindliche Standards auch bzgl der Anforderungen an das Labor angezeigt (ebenso im Erg *Brinkmann*, in 16. StV-Tag **92** 77).

Bes Probleme scheint auch die **Befundbewertung** aufgrund von statistischen Unterlagen zu bereiten (s n dazu etwa *Lin ua* AKrim **92** [1. Halbj] 169, 172). Im einzelnen leidet die forensische Aussagekraft der Untersuchungsergebnisse ferner unter der Prämisse *zufälliger* Merkmalsidentität, denn sie beziehen sich in aller Regel auf nichtverwandte Personen. Daher ermöglichen sie insoweit keine Aussagen über *nicht-zufällige* Merkmalsübereinstimmungen beispielsweise aufgrund von Verwandtschaft[141]. Auch wird vernünftigerweise kaum verbindlich auszuschließen sein, daß es noch andere – gegenwärtig noch unbekannte – Einflußvariablen auf

---

[141] So gilt es als allg anerkannt, daß eineiige Zwillinge stets gleiche RFLP-Muster aufweisen (vgl etwa *Kimmich ua* NStZ **90** 319), „obgleich" sie dies nach der „Statistik" nicht „dürften".

Merkmalshäufigkeiten gibt. Daß menschliche Erkenntnis immer **unter** dem **Vorbehalt** besserer Erkenntnismöglichkeiten steht, droht uU angesichts scheinbar exakt zu bestimmenden Wahrscheinlichkeiten außer acht zu bleiben. Dabei vermag auch eine mathematisch anspruchsvolle und in sich stimmige Berechnung eine lücken- oder fehlerhafte Berechnungsgrundlage nicht zu „heilen". Auch muß stets sehr sorgfältig geprüft werden, wie die Bevölkerungsstichprobe, die für die Berechnung der Merkmalshäufigkeit herangezogen wurde, beschaffen war (vgl anschaulich *Prüfer* StV **93** 604).

Aus den genannten Erwägungen heraus hat auch die Judikatur (vgl BGH **38** 323) klargestellt, daß eine abstrakte statistische Merkmalswahrscheinlichkeit keinesfalls unkritisch mit der konkreten Täterwahrscheinlichkeit gleichgesetzt werden darf (s n 1638).

(e) Was **Schutzbelange** des jeweiligen **Individuums** anbetrifft, so ist zumindest zw, ob davon ausgegangen werden darf, daß sie nur für den *kodierenden Bereich* relevant sind.[142] Insofern scheint es bedenklich, als Grundlage der rechtlichen Beurteilung anzunehmen, daß 90% der DNA keine persönlichkeitsrelevanten Informationen enthielten. Vorsichtigere Formulierungen tragen der Relativität und Fortentwicklung wissenschaftlicher Erkenntnis eher Rechnung[143]. **1911**

Von den kodierenden Bereichen weiß man, daß sie für die Umsetzung in Eiweißverbindungen und damit die Lebensfunktionen aktiv sind. Um die Lebensfähigkeit zu gewährleisten, müssen sie bei jedem Individuum im Prinzip in gleicher Weise vorliegen und geben deshalb für eine Identifizierung grds nichts her. Die sog *nicht-kodierenden* Bereiche bleiben, soweit bekannt, von derlei lebenswichtigen Aufgaben verschont, die wenig Raum für individuelle Entfaltungsmöglichkeiten belassen. Jedoch kommt ihnen für die Identifizierung des einzelnen gerade deshalb erhebliche Bedeutung zu, weil sich in ihnen Vielfalt und Individualität des einzelnen darstellt, so daß sich durch sie der einzelne signifikant von allen anderen unterscheiden läßt (*Tondorf* StV **93** 46). Hieraus aber ließe sich ableiten, daß eher der nicht-kodierende als der kodierende Bereich *sensible Daten* enthalten wird[144].

Im übrigen kann nicht ausgeschlossen werden, daß auch den nicht-kodierenden Bereichen Funktionen zukommen, die mit den (nach dem jeweiligen Ist-Zustand einstweilen) verfügbaren gentechnischen Analysemöglichkeiten (noch) nicht erfaßt werden können (vgl *Rademacher* NJW **91** 736).

c) Die **sonstigen organischen** Spuren sind höchst heterogen. **1912**

aa) (1) Zum einen zählen dazu solche pflanzlicher Art wie zB Diatomeen (**Kieselalgen**). Diese kommen nahezu in allen Gewässern vor, auf die Licht fällt, und

---

[142] Demggü wurde die Auffassung vertreten, bei dem nichtkodierenden Bereich handle es sich um „für die Persönlichkeit eines Menschen völlig belanglose Abschnitte" mit „für die Individualität der Persönlichkeit irrelevanten Daten" (LG Heilbronn NStZ **90** 354; *Schmitter* Krim **91** 8: „nichtssagend", „überflüssig", „bedeutungslos").

[143] Vgl etwa *Denk* Krim **91** 566: „... scheint also ohne Einfluß auf die Eiweißsynthese ..." bzw 567: „es sind somit zunächst keine Rückschlüsse auf Eigenschaften des Individuums im weiteren Sinne möglich"; *Kimmich ua* NStZ **90** 322: „... nicht-kodierende Bereiche der DNA analysiert. Diese Bereiche enthalten *definitionsgemäß* keine Erbinformationen ..."; *Kißling*, in: Kube ua **93** Rn 89 zu Kap 22: „... DNA-Abschnitten, deren Aufgabe weitgehend unbekannt ist".

[144] Zur Befürwortung der Einbeziehung auch des kodierenden Bereichs bei „schwersten Straftaten" s *Koch ua* Krim **95** 11.

zwar in für das jeweilige Gewässer spezifischer Vergesellschaftung der Arten. Daher können aus den vorgefundenen Diatomeen-Arten und deren Verteilungsmustern Rückschlüsse auf den Gewässertyp bzw dessen physikalische, chemische und biologische Qualität möglich werden. Bei genauer Kenntnis eines Gewässers könnten sogar noch spezifischere Aussagen über die Herkunft einer Probe getroffen werden. Eine Untersuchung des Lungengewebes sowie ggf der Kleidung, in besonders gelagerten Fällen zusätzlich auch von Leber, Nieren und Knochenmark einer Leiche, kann mithin Aufschluß nicht nur darüber geben, ob der Tod durch Ertrinken eingetreten ist, sondern – durch Vergleich mit Referenz-Wasserproben, im Idealfall sogar, wo dies (in etwa) geschehen sein könnte. Dabei kann die Aussagekraft der Methode mit davon abhängen, wie eng der zeitliche Zusammenhang zwischen Leichenfund und Entnahme entspr Wasserproben ist.

Allerdings scheint noch nicht abschließend geklärt, ob auch postmortal Wasser in die Lungen eindringen kann und welche Schlüsse daraus ggf zu ziehen wären (vgl zum ganzen *Rumrich ua* Krim **90** 325 ff; krit *Schneider* Krim **90** 461; Replik *Rumrich ua* **90** 462).

(2) Rückschlüsse auf Todeszeitpunkt und Verbringung einer Leiche können ferner Untersuchungen von Maden, Insekten etc erlauben (s hierzu n *Benecke* Krim **96** 55 ff).

1913 bb) Zu den organischen Spuren zählen weiterhin die **Bodenspuren**. Bei ihrer Untersuchung bzw dem Vergleich mit Bodenproben bekannter Herkunft kommen neben morphologisch-mikroskopischen Methoden sowie physikalischen Analysemethoden (zB der Korngrößen-, der Thermo- und Röntgenanalysen) auch die Bestimmung des oxidierbaren Gesamt-Kohlenstoffs zur Charakterisierung der organischen Substanz in Betracht (s n *Demmelmeyer* AKrim **89** [1. Halbj] 87 ff; ders, in: Kube ua **93** Kap 26).

cc) Biologische Untersuchungen an **Magen-** und **Darminhalten** können insbes in zweifacher Hinsicht Bedeutung erlangen. Zum einen können sie zu wesentlichen Erkenntnissen bei der Todeszeitbestimmung verhelfen (s *Tröger ua* **87**), zum anderen können sie die Analyse von Art und Menge eines eingenommenen oder beigebrachten Giftes ermöglichen[145].

1914 dd) (1) **Gifte** zählen zu den Materialspuren, die sowohl als organische als auch als anorganische vorkommen (*Weihmann* **92** 59).

Die meisten Gifte können an verschiedenen Stellen des menschlichen Körpers nachgewiesen werden und Rückschlüsse zB auch für die Todeszeitbestimmung ermöglichen. Die Untersuchungen für den chemisch-toxikologischen Nachweis der zugrundeliegenden Substanz werden üblicherweise im postmortal gewonnenen Blut, Urin und Lebergewebe durchgeführt. Schwierigkeiten können hierbei daraus entstehen, daß *postmortale* Vorgänge (insbes Autolyse und Fäulnis) ua zu erheblichen Flüssigkeitsverschiebungen, verbunden mit Konzentrationsveränderungen bestimmter Stoffe in den entwässerten Organen, und mithin zu einer *Einschränkung* der Beweiskraft entsprechender Untersuchungen führen können[146].

---

[145] Vgl zu Problemen der Materialsicherung sowie den Möglichkeiten und Grenzen derartiger Untersuchungen *Inhülsen* Krim **93** 731 ff.
[146] Zur Möglichkeit, mittels Glaskörperflüssigkeit als relativ stabilem Medium bei der Bestimmung der Phenobarbital-Calcium- und Magnesiumkonzentration in Fällen von Pheno-

V. Untersuchungen (überwiegend) sächlicher Art

(2) (a) Für die Klärung der Frage eines möglichen **BtM-Konsums** kommt, insbes wenn Urin- oder Blutproben nicht zur Verfügung stehen, auch die Untersuchung körpernaher Wäschestücke bzw von Haaren in Betracht. **1915**

(aa) Im Rahmen einer Versuchsreihe konnten sowohl mittels Radio-Immuno-Assays (RIA) wie auch gaschromatographisch-massenspektrometrisch (GC/MS) in Unterhemden und Socken (von Drogenabhängigen) Kokain, Methadon, THC und Nikotin, welches mit dem *Schweiß* ausgeschieden und in der *Wäsche* abgelagert worden war, nachgewiesen werden (vgl *Schneider/Balabanova* AKrim 91 [2. Halbj] 97 ff); in früheren Untersuchungen hatten bereits Benzodiazepine, Barbiturate und Morphin festgestellt werden können (aaO 103).[147]

(bb) Bei der chemisch-toxikologischen Untersuchung von *Kopfhaaren* gelten gleichfalls GC/MS-Verfahren als spezifische und damit beweiskräftige Methoden. Da Haare durch die Einlagerung von BtM-Molekülen bzw von deren Abbauprodukten gewissermaßen einen Langzeitspeicher darstellen[148], kann unter günstigsten Voraussetzungen mit ihrer Hilfe auch ein längere Zeit zurückliegender Konsum noch nachgewiesen werden, wobei allerdings keine Aussage bzgl eines bestimmten Zeitpunktes, sondern nur für Zeitintervalle zu treffen ist.

Bei der einschlägigen *Probennahme* soll es in der Praxis nicht ganz selten zu Fehlern kommen, sei es, daß zu geringe Probenmengen (beispielsweise nur 5–10 einzelne Haare) genommen oder die Proben unzulässigerweise schräg abgeschnitten werden, sei es aber auch durch unvollständige Dokumentation, so daß eine eindeutige Zuordnung zu einer Person nicht möglich ist; entspr gilt, wenn das kopfnahe Ende bzw die Spitze nicht als solche kenntlich gemacht werden (vgl n *Denk* ua Krim 92 254 f).

(b) Betr **sichergestellte** Rauschmittel ist die Analyse im Hinblick auf Wirkstoffgehalt, Alter und Herkunft wesentlich, ggf auch ein Vergleich zweier oder mehrerer Proben. Das hierfür zur Verfügung stehende differenzierte Instrumentarium (vgl dazu *Rübsamen* NStZ **91** 310 ff), das die Vergleichbarkeit der Analyseergebnisse, gleich aus welchem Labor sie stammen, gewährleisten soll, vermag allerdings im konkreten Einzelfall eklatante Meßunterschiede nicht auszuschließen[149].

d) **Anorganische** Materialspuren sind die chemischen Verbindungen der Nichtkohlenwasserstoffe (zB Metalle, Gestein, Glas, Kunststoffe). Im folgenden einbezogen werden aus systematischen Gründen *auch* die in der Praxis besonders bedeutsamen organischen (Textil-)*Fasern*, zB pflanzlichen und tierischen Ursprungs. **1916**

aa) Insbes iZm Verkehrsunfällen und ihrer strafrechtlichen Würdigung kommt der Untersuchung von **Lack-** und **Glas**puren erheblicher Stellenwert zu (s n *Schulze*, in: Kube ua **93** Kap 25.2).

Bei der Asservierung von Lackteilchen begegnet die Verwendung klebender Sicherungshilfsmittel mit Lösungsmittelanteilen Einwänden, da diese Lösungsmittel in die anhaftenden Lackteilchen eindringen und sowohl deren organische Strukturanalyse, als auch die Ergeb-

---

barbitalvergiftung zu Rückschlüssen auf die Zeitspanne zwischen Medikamenteneinnahme und Tod zu gelangen, s *Balabanova/Gras* AKrim **92** (1. Halbj) 48 ff.

[147] S im übrigen zur erheblichen Gefahr falscher negativer Benzodiazepin-Befundbewertung in Urin- oder Blutproben durch unkritischen Einsatz von Immunoassays *Schütz* ua Krim **92** 333 ff; vgl auch zu anderen Verfahren *Käferstein* KrimForensWiss **94** 148 ff; zum sogen „Wischtest" vgl *Zimmermann/Hilpert* Krim **95** 567 f.

[148] Zur individuell unterschiedlichen Abnahmegeschwindigkeit von proximal nach distal s *Balabanova/Albert* AKrim **94** (1. Halbj) 105 ff.

[149] S *Tondorf* StV **93** 43, demzufolge in einem Fall ein Gutachten der RWTH Aachen in zwei Asservaten Diacetylmorphinkonzentrationen von 25,16% bzw 28,68% auswies, während das chemische Untersuchungsamt Dortmund auf 37,6% bzw 36,8% kam, ohne daß eine Erklärung für die signifikante Diskrepanz gefunden worden wäre.

nisse der Tüpfelreaktionen verfälschen können, so daß ein derart asserviertes Material als weitgehend wertlos zu erachten ist (*K.D.Pohl* 37).

(1) Individualisierende *Eigenschaften* von *Glas*spuren können die anorganische Elementarzusammensetzung, der Brechungsindex oder auch eingepreßte Kennzeichen sein (vgl n *K.D. Pohl* 34 ff; *Schulze*, in: Kube ua **93** Rn 43 f zu Kap 25.2).

(2) *Lack*spuren können nicht selten mit Hilfe der Zentralen Autolackesammlung des BKA, die bereits 1991 etwa 80.000 Originallackmuster umfaßte, bestimmten Modellen einer Automarke zugeordnet werden[150], wobei auch die Bestimmung eines Zeitintervalls, in dem der betr Lack verwendet wurde, möglich ist (vgl *Stoecklein ua* NStZ **91** 18–22). Die Aussagekraft von Lackspuren beruht im Wortsinne nicht zuletzt auf ihrer Vielschichtigkeit[151]. Berücksichtigt man, daß Lacksplitter aus der Serienlackierung regelmäßig 4–5 Schichten aufweisen, zu denen ggf noch weitere hinzutreten, wird das weitreichende Differenzierungspotential unmittelbar einsichtig.

Die Einzelkomponenten der Lackformulierung lassen sich 4 Hauptgruppen zuordnen: den Filmbildnern, den Pigmenten und Füllstoffen, den Lackhilfsstoffen und den Lösungsmitteln, wobei sich letztere beim Trocknungsvorgang verflüchtigen und später nicht mehr nachweisbar sind (*Stoecklein ua* NStZ **91** 19). Zur *Identifizierung* von Pigmenten und Füllstoffen finden mikrochemische Testreaktionen, Dünnschichtchromatographie, (Laser-Mikro-)Spektralanalyse, Röntgenbeugung, Röntgenfeinstrukturanalyse, Transmissions- und Rasterelektronenmikroskopie, Mikrospektralphotometrie, Kathodolumineszens sowie die Infrarot-Spektroskopie-Anwendung, während sich für die Differenzierung und Identifizierung der organischen Lackbindemittel eine Kombination von Thermolyse und Dünnschichtchromatographie anbietet (s dazu *Kubassek/Stoecklein* AKrim **84** [1. Hb] 151 ff, 163; *Stoecklein ua* NStZ **91** 20 ff).

Mit Hilfe dieser Verfahren läßt sich auch die Frage beantworten, ob ein Lacksplitter eine Original-Serienlack- oder eine Reperaturlack-Schichtfolge aufweist. Der Individualitätsgrad ist bei nicht werksmäßigen Ausbesserungs- oder Nachlackierungen im allg besonders hoch, was sowohl auf die Verwendung von Nicht-Originallacken als auch die (idR weniger fachgerechte) Ausführung zurückzuführen ist (s *Schulze*, in: Kube ua **93** Rn 41 zu Kap 25.2).

1917 bb) Die Forensische **Werkstofftechnik** läßt sich in 4 Arbeitsfelder untergliedern: Oberflächenspuren (insbes Werkzeugspuren), Metallographie, mechanische Werkstoffprüfung (einschließlich der Messung mechanischer Größen bei Schußwaffen (s zur Ballistik 1923 ff) und Vergleichsrasterelektronenmikroskopie (*Katterwe* NStZ **92** 18, 165 f).

(1) Die Untersuchung (insbes) *technischer Oberflächen* baut darauf auf, daß der Endzustand jeder Oberfläche ihre Entstehungsgeschichte dokumentiert. Technische Oberflächen entstehen im Gegensatz zu natürlichen unter Bedingungen, die in der freien Natur nicht oder nur sehr selten vorkommen. Idealtypischerweise führt jedes auch mit Hilfe von Werkzeugmaschinen durchgeführte Fertigungsver-

---

[150] Die Identifizierung eines bestimmten Herstellers, Autotyps oder auch Baujahres ist hiermit nur dann möglich, wenn die gesicherten Lackspuren Schichten der *Originallackierung* enthalten (*Stoecklein ua* NStZ **91** 19).

[151] Das Endprodukt jeder PkW-Serienlackierung ist ein mehrschichtiges Verbundsystem bestehend aus 1. einem (uU schon selbst mehrschichtig aufgebauten) Substrat (zB verzinktes Karosserieblech), 2. der sog Vorbehandlungszone (Phosphatierungs- bzw Passivierungsschicht) und 3. den verschiedenen Lacküberzügen (Grundierung, Füller und Decklack, welcher seinerseits wiederum aus einem die farbgebenden Pigmente enthaltenden Basislack und einem transparenten, gelegentlich leicht pigmentierten Klarlack bestehen kann).

fahren, seien es sog spanlose (etwa durch Gießen, Umformen oder Stanzen) bzw sog spanende Formung (durch Hobeln, Bohren, Fräsen, Schleifen oder Drehen), seien es Kunststoffverarbeitungsverfahren (Pressen, Spritzgießen, Folienblasen, Kalandrieren), zu einer ihm eigentümlichen Beschaffenheit der erzeugten Oberfläche. Schon aus der Vielzahl der Verfahren mit ihren möglichen Variationsbreiten ergibt sich, wie vielgestaltig der erzeugte Oberflächenzustand und wie differenziert auch mithin der Befund sein kann (s n *Katterwe* NStZ **92** 19 f), ohne daß dadurch die Gefahr von Irrtümern auszuschließen wäre (anschaulich *Tondorf* StV **93** 43 f, S 38 bzgl unvereinbarer Befundbewertungen). Ob darüber hinaus eine Tendenz besteht, daß bei (im Rahmen automatisierter Verfahren) maschinell hergestellten Oberflächen eine *Individualspezifizität* um so eingeschränkter anzunehmen ist, je weniger Arbeitsschritte bei einem Werkstück bis zum Erreichen seiner Endform stattfinden (s anschaulich *Katterwe* NStZ **92** 20), ist abschließend (noch) nicht geklärt.

Von forensischer Bedeutung ist die Untersuchung von Oberflächenspuren (als Gesamtheit aller Spuren, die durch Krafteinwirkung eines Mediums auf ein anderes entstehen) vor allem iZm Werkzeugspuren und Schlössern (vgl speziell betr Kfz *Seifert/Will* Krim **95** 339 ff), Spuren an Hülsen und Geschossen, Brüchen von Metallen, Kunststoffen (zu analytischen Verfahren s *Simmross* Krim **95** 569 ff) und Gläsern. Als Untersuchungsmethode wird zumeist die Lichtvergleichsmikroskopie eingesetzt (s dazu *Katterwe* in: Kube ua **93** Rn 5 zu Kap 25.1).

(2) *Metallographische* Untersuchungen dienen ua zur Werkstoffdifferenzierung anhand der Kernform oder auch -größe, zur Bestimmung des Verarbeitungsverfahrens, sowie zur Ermittlung von Verformungstiefen bei Verfahren zur Anbringung von Daten in Werkstoffen[152].

1918

(3) Die *mechanische Werkstoffprüfung* befaßt sich vorwiegend mit der Bestimmung der material-, konstruktions- und herstellungsbedingten Merkmale bei Paßspuren (sog „Pattern Fit") sowie deren Überprüfung mittels Modellversuchen, die Messung mechanischer Kerngrößen (wie Zug-, Druck-, Biege- und Torsionsfestigkeit) zur Klärung von Verschleißmechanismen und schließlich mit der Messung physikalischer Größen bei Schußwaffen (*Katterwe* NStZ **92** 161, 166).

(4) Die *Vergleichsrasterelektronenmikroskopie* beschäftigt sich mit keinen grds anderen Aufgaben als den bisher (vor allem iZm den Oberflächenspuren) genannten, bietet sich aber als ebenso empfindliche wie aufwendige Untersuchungsmethode für eine Vielzahl anderweitig nicht zu klärender Fälle an.

So versagt bei Objekten mit stark zerklüfteten Oberflächen bzw mit Strukturen von 1 µm und *weniger Ausdehnung* die sonst anzuwendende Lichtvergleichsmikroskopie, so daß man allenfalls mit einem Vergleichsrasterelektronenmikroskop aufgrund dessen höheren Auflösungsvermögen und dessen größerer Tiefenschärfe noch zu aussagekräftigen Ergebnissen gelangen kann (s n *Katterwe* NStZ **92** 161 ff, 166 mit Beisp).

Erforderlich ist die Beherrschung der Möglichkeiten des Verfahrens bei der Präparation der Untersuchungsgegenstände, bei der Wahl und Einstellung der Geräteparameter sowie bei der Befundbewertung.

---

[152] Vgl auch zur Wiedersichtbarmachung entfernter Kennzeichen *Katterwe* NStZ **92** 160 f; *ders* in Kube ua **93** Rn 9 ff zu Kap 25.1, auch zu Zeichen in Kunststoffen.

1919 cc) Die Aussagekraft kriminaltechnischer und forensischer **Textilkunde** basiert auf dem Prinzip, daß grds beim Kontakt zweier Gegenstände Materie ausgetauscht und/oder verändert wird (Locard's Prinzip). Eine bes Rolle spielt dies vor allem bei Tötungs-, Körperverletzungs- oder Sexualdelikten, bei denen es üblicherweise schon aufgrund des Geschehensablaufes zu Kontakten auch mit bzw zwischen den Kleidungsstücken der Beteiligten und/oder anderen textilen Oberflächen (Teppichen, Autopolstern etc) kommt.

Hiernach entstehen anläßlich einer (einschlägigen) Deliktsbegehung regelmäßig Spuren textilen Ursprungs, die grds Aufschlüsse über das Tatgeschehen ermöglichen können.

Zu untersuchen ist etwa, ob auf der Bekleidung des Opfers, am Tatort oder anderweit gefundene Faserspuren von Kleidungsstücken stammen, die beim Tatverdächtigen sichergestellt wurden, um welcher Art Textil es sich bei einem am Tatort (zB Brand- oder Explosionsort) gefundenen Stoffstück handelt, oder wie und durch welches Werkzeug Beschädigungen an bestimmten textilen Gegenständen entstehen konnten (zur Identifizierung des Kfz-Führers unter mehreren Insassen mittels Anschmelzspuren s *Pabst* Krim **92** 527, 549; einschr *Schiller* Krim **95** 729 f).

(1) Möglichst fundierte Antworten setzen auf der ersten Stufe geeignete Maßnahmen zur **Spurensicherung** voraus. Zum einen müssen zunächst (weitere) Spurenveränderungen verhindert werden, die zB im Falle von Spurenverschleppungen zu fatalen Fehlschlüssen führen könnten (*Brüschweiler* Krim **93** 648)[153].

Zum anderen müssen sodann die potentiell vorhandenen Spuren asserviert werden.

Als Methode hierfür hat sich bei Textilfaserspuren die Arbeit mit Klebebändern bewährt und allgemein durchgesetzt (vgl *Adolf*, in 16. StV-Tag **92** 95 f). Wichtig ist in dem Zusammenhang, daß das Spuren- und das entspr Vergleichsmaterial immer mit dem gleichen Klebbandtyp aufgenommen wird.

1920 (2) Die **Untersuchung** des textilen Spurenmaterials stellt angesichts der potentiellen **Vielzahl** von **Fasern**[154] eine äußerst komplexe Aufgabe dar (vgl anschaulich *Adolf* NStZ **90** 66 ff, auch zu technischen Textilien). Als *Spurenklassen* unterscheiden lassen sich Faserspuren, Fertigprodukte und „spezielle Spuren", wie Beschädigung an Textilien, Knoten, Ab- und Eindruck sowie sog Paßspuren (etwa an zusammengehörenden Schnitt- oder Reißkanten).

Die *Auswertung* von Faserspuren beginnt damit, daß die entspr Klebebänder unter dem Stereomikroskop nach dem Merkmal „Farbe" durchgemustert werden, wobei entweder nach solchen Faserspuren gesucht wird, die im Farbtonbereich eines Vergleichmaterials liegen, oder nach solchen, die signifikant häufig auftreten (vgl *Brüschweiler* Krim **93** 649; *Adolf* NStZ **90** 69). Fehler bei dieser ebenso zeitaufwendigen wie Konzentration erfordernden Vorphase des Gutachtens sind irre-

---

[153] So etwa, wenn zB Schaulustige, Helfer oder der sichernde Polizeibeamte selbst unbewußt durch Kontakte Fasern von einem Raum in den anderen oder auch von einem Kleidungsstück auf ein anderes übertragen.
[154] Neben etwa 10 Naturfasern gibt es etwa 4.000 Chemiefaserprodukte, die der Textilindustrie als Standardfasern zur Verfügung stehen. Hinzu kommt eine Reihe differenzierter Veredelungs- und Ausrüstungsmaßnahmen auf jeder Stufe der textilen Produktionskette, vom ungeordneten Fasermaterial über die Faserbildung zur Flächenbildung bis hin zum konfektionierten Endprodukt.

parabel. Das Verfahren bei der sich anschließenden Materialanalyse wird von dem Umstand bestimmt, daß ihr Untersuchungsgegenstand, nämlich die einzelne Faser, ohne optische Hilfsmittel zumeist nicht zu erkennen ist und ein Gewicht in der Größenordnung von einem Millionstel Gramm aufweist; dabei muß (zumindest zunächst) jede möglicherweise relevante Faser für sich betrachtet werden. Hingegen stellte die Betrachtung von Faserspuren von ein und demselben Spurenträger als Gesamtobjekt einen Zirkelschluß dar, denn genau dies gilt es erst sowohl mit Hilfe der festzustellenden Faserart als auch ihrem Veredelungs- und Ausrüstungsstatus zu beweisen. Da zudem die Spur durch die Untersuchung nicht beeinflußt werden darf, kommen vor allem lichtmikroskopische Verfahren in Betracht.

So wird die Faser*substanz* vor allem durch Hellfeld-, Vergleichs-, Interferenz- bzw Thermomikroskopie, Lösungstests, Mikrotomie oder auch der sog Fourier-Transformations-Infrarot-Spektroskopie (FTIR-Spektroskopie) untersucht, während die Ausrüstung der Faser insbes mit Hilfe der Floureszenz- und der Rasterelektronenmikroskopie sowie der Mikrospektralphotometrie bestimmt wird. Dabei soll durch das Messen der Lichtdurchlässigkeit einer Faser mit einem registrierendem Mikrospektralphotometer dem Problem begegnet werden, daß die menschliche Farbwahrnehmung letztlich nur subjektive Eindrücke darstellt (s zum ganzen *Adolf* in 16. StV-Tag **92** 97 ff).

Die *Gestalt* der Faser, dh ihre Morphologie soll mit Hilfe der Durchlichtmikroskopie bzw eines Rasterelektronenmikroskopes – oder gar (ergänzend) eines speziellen Oberflächenanalysegerätes (zB eines Sekundärionen-Massenspektrometers) erschlossen werden. Dabei läßt sich die Gefahr, daß das Untersuchungsergebnis der individuellen Oberflächenveränderungen durch Staubablagerungen aus der Luft oder Rückstände des Klebstoffes der Spurensicherungsbänder verfälscht wird, wohl eher berücksichtigen als ausschließen (s zu sog „speziellen Spuren" *Adolf* NStZ **90** 70f).

(3) Den letzten Arbeitsschritt, mit dem vermutlich zugleich auch die größten Unsicherheitsfaktoren verknüpft sind, stellt die **Befundbewertung** dar. Das Ergebnis einer positiv abgeschlossenen Faserspurenauswertung kann allenfalls der Nachweis sein, daß von den gefundenen Spuren alle oder eine bestimmte Anzahl in Material und Einfärbung mit dem vorgelegten Vergleichstextil übereinstimmen, nicht jedoch, daß sie auch tatsächlich von diesem stammen (*Adolf* NStZ **90** 70; anders *Brüschweiler* Krim **93** 649, wonach ggf gar eine Individualzuordnung möglich sei). Dies ergibt sich bereits daraus, daß Textilien gleicher Art in mehr oder weniger großen Stückzahlen angefertigt werden. Beweisrechtlich ist die Gruppenzuordnung der untersuchten Fasern daher unzureichend; vielmehr *bedarf* es der Feststellung einer *Identität*, zB aufgrund vorhandener zusätzlicher Merkmale (wie etwa Anhaftungen oder Abnutzungsspuren [BGH NStZ **93** 396; StV **94** 114]).

Die Aussagekraft von Faserspuren hängt ua von der relativen Häufigkeit des Fasertyps sowie der Anzahl und Verteilung der identischen Fasern ab. Da textile Faserspuren Kontaktspuren darstellen, ist es für die Befundbewertung wichtig, Näheres über die Übertragung zu wissen, dh insbes, wieviele Fasern üblicherweise bei welcher Art von Kontakt abhängig von der jeweiligen Art von Textilmaterial übertragen werden (s betr § 359 Nr 5 LG Gießen NJW **94** 467), und wie lange sie „haften" bleiben. Pauschale Einschätzungen, die nicht nach der Art der Textilien und des Kontaktes differenzieren, erweisen sich für den konkreten Einzelfall allenfalls als irre- nicht aber als weiterführend (differenzierend *Kriston* AKrim **84** [1. Halbj]

109 ff; *Adolf* NStZ **90** 68 f; anschaulich betr Wahrscheinlichkeitserwägungen *Woltmann ua* AKrim **94** [2. Halbj] 85 ff)[155].

Bei einer Versuchsreihe, bei der verschiedene Materialien auch mit unterschiedlichem Abnutzungsgrad einer einmaligen Berührung mit einem Stück Baumwollstoff (als übernehmendem Material) ausgesetzt wurden, wobei die Berührung entweder ohne oder mit mittelmäßigem (etwa 4,5 KPa) oder starkem (9 KPa) Druck durchgeführt wurde, ergab sich zum einen, daß ein Übergang der Fasern bereits bei leichter Berührung erfolgt (so daß selbst eine große Menge inkriminierter Fasern nicht auf starken Druck schließen zu lassen braucht). Auch zeigte sich, daß keineswegs – wie vielleicht vermutet werden könnte – eine Erhöhung des Druckes mit einer Erhöhung der übertragenen Fasern zu korrelieren braucht (bei manchen Materialien wurden gar bei mittlerem Druck mehr Fasern übertragen als bei hohem). Vor allem aber wurde ermittelt, daß der Abnutzungsgrad des Stoffes von signifikanter Bedeutung ist (vgl *Kriston* AKrim **84** [1. Halbj] 110 ff). Im übrigen wurde in verschiedenen Versuchen festgestellt, daß dergestalt übertragene Fasern idR nur kurzzeitig anhaften. Unter natürlichen Tragebedingungen verschwanden etwa 90% der übertragenen Fasern innerhalb von 1 bis 3 Tagen; unter konstanten Bedingungen verblieben nach 20 Stunden bei Baumwollgewebe als Trägermaterial und Wolle als übertragener Faser allenfalls 2,5% derselben (*Kriston* aaO 112 ff), was insoweit auch die Aussagekraft negativer Befunde relativiert.

1922 Im Rahmen der Bewertung eines positiven Befundes sind neben der Möglichkeit der Übertragung anläßlich einer Straftat auch (möglichst sämtliche) *sonstigen Möglichkeiten* in Betracht zu ziehen. Neben der mittelbaren Spurenübertragung durch Dritte, (zB gemeinsame Bekannte, uU gar Spuren fehlerhaft sichernde Polizeibeamter) sind auch solche Einflüsse zu überprüfen, die die Reinigung, Wäsche und Lagerung betreffen (etwa in einer vom Opfer und Beschuldigten gleichermaßen aufgesuchten Wäscherei).

Es besteht Einigkeit, daß Textilforensiker für ihre Befunde **keine Zutreffwahrscheinlichkeiten** angeben können. Es sollte allenfalls Formulierungen wie „ein Zutreffen ist in (ggf engeren/engsten/allerengsten) Betracht zu ziehen" verwendet werden, zumal die Beurteilung notwendig subjektiv bleibt (*Brüschweiler* Krim **92** 651). Eine ausschließlich auf Faserspuren gestützte Verurteilung muß als grds nicht unbedenklich gelten (vgl aber zu einem Einzelfall *Krauß ua* AKrim **91** [1. Halbj] 103 ff).

1923 dd) Spuren, die durch die Verwendung von **Schußwaffen** (iSd § 1 WaffG) entstehen, erfordern (schon wegen des idR erheblichen Tatvorwurfs) besondere Aufmerksamkeit. Grundlegend zu unterscheiden ist dabei die Untersuchung von Spuren am beschossenen Objekt und/oder am Schützen einerseits bzw von Hülsen, Geschossen und Waffen andererseits. Bei der Rekonstruktion der Tatumstände von zentraler Bedeutung ist die Schuß*entfernung*sbestimmung sowie bei Durchschüssen die Ermittlung der Lage von *Ein-* und *Ausschuß*. Soweit aus letzterem die Schußrichtung gefolgert werden soll, ist stets die Möglichkeit der Ab- oder Umlenkung des Projektils im Körper des Opfers in Betracht zu ziehen (*Lichtenberg* NStZ **90** 160). Sind *Schmauch*ablagerungen in den Randzonen von Schußverletzungen bzw -beschädigungen feststellbar, so kann mit ihrer Hilfe der Ein- vom Ausschuß unterschieden werden[156].

---

[155] Vgl auch *Adolf*, in 16. StV-Tag **92** 94 mit Hinweis darauf, daß bereits die Anwendung eines Weichspülers die Zahl der abgegebenen Fasern „dramatisch" steigern kann.

[156] Dies beruht darauf, daß nach der Zündung der Schußwaffe dem Geschoß eine Pulverschmauchwolke bis jenseits der Laufmündung gleichsam voreilt. Beim Durchstoßen dieser bleibt Schmauch an dem Geschoß haften, bis dieser in der Randzone der Einschußöffnung abgestreift wird.

V. Untersuchungen (überwiegend) sächlicher Art

(1) Im einzelnen sollen auf der Grundlage von Schußbeschädigungen zB an *Kleidungsstücken* im allg jedoch **keine** hinreichend **zuverlässigen** Rückschlüsse auf Ein- bzw Ausschuß möglich sein. Zu Fehlgutachten kann es ferner dann kommen, wenn der Nachweis hoher Konzentrationen der Elemente Blei und Antimon quasi selbstverständlich mit dem Nachweis von Pulverschmauchelementen gleichgesetzt wird, obwohl es sich beispielsweise bei diesen auch um Bestandteile von Geschoßmaterial handeln kann, welches mit austretendem Blut aus der Ausschußwunde ausgeschwemmt wurde (vgl *Lichtenberg* NStZ 90 160, 163). Der *Verwechslungs*gefahr von Geschoßelementen mit Pulverschmauch, die sich in der verbreiteten Bezeichnung „Geisterschmauch" wiederspiegelt, kann durch Einsatz der Röntgenographie entgegengewirkt werden (s n zum ganzen *Hoffmann* AKrim **87** [1. Halbj] 13 ff, 19 ff).

(a) Bezüglich der Schußentfernung wird einerseits unterschieden zwischen **absolutem Nahschuß** (= Schußentfernung geringer als 1 cm) und **relativem** Nahschuß (= Schußabgabe innerhalb des Nachweisbereichs von Pulverschmauch)[157]. Die Bestimmung des letzteren ist abhängig ua vom Waffen-/Munitionssystem bzw der Empfindlichkeit der eingesetzten Untersuchungsmethode und kann Entfernungen bis maximal etwa 2 m umfassen. Zu den absoluten Nahschüssen zählen entspr auch die mit aufgesetzter oder gar aufgedrückter Waffe, die zumeist ein besonders charakteristisches Spurenbild entstehen lassen. Wenngleich bereits die *Morphologie* der Einschußbeschädigungen starke Anhaltspunkte für einen absoluten Nahschuß enthalten kann, darf auf eingehende Untersuchungen zB der Konzentration von *Schmauch*elementen oder auch ihres Verteilungsbildes nicht *verzichtet* werden. So gelten zB Schmaucheinlagerungen unter der Hautoberfläche als Zeichen eines absoluten Nahschusses.

1924

Im einzelnen konnte iZm einem konkreten Tatgeschehen nachgewiesen werden, daß bei Distanzschüssen auf die Handinnenfläche (Leistenhaut) ebenfalls Schmauchantragungen unter der Hautoberfläche erkennbar waren („innerer Abstreifring"; vgl n *Sigrist* ua AKrim **92** [1. Halbj] 91 ff). Es steht zu besorgen, daß der Befund „Schmaucheinlagerung unter der Hautoberfläche" bei der Tatrekonstruktion in die Irre geführt hätte, wenn nicht die im wesentlichen übereinstimmenden Aussagen von Täter und Opfer ebenso wie das diese bestätigende Blutspurenbild am Tatort Zw an den wundmorphologischen Befunden geweckt und zu deren Überprüfung und Richtigstellung geführt hätten.

Bei Schußentfernungsbestimmungen ist stets eine Vergleichsschußserie, möglichst mit der Tatwaffe, hilfsweise mit einer Vergleichswaffe vom gleichen Kaliber und Typ, durchzuführen, bei der aus verschiedenen Entfernungen auf Tat- oder geeignetes Vergleichsmaterial geschossen wird (*Lichtenberg*, in: Kube ua **93** Rn 19 zu Kap 23). Die Analyse der Schmauchniederschläge ermöglicht ferner Rückschlüsse auf Zünd- und Treibsatz der Patrone.

Bei Nahschüssen ermöglicht vor allem die **chemische** Untersuchung des Anteils bestimmter Spurenelemente sowie deren Verteilung im Schmauchhof Rückschlüsse auf die Schußentfernung. Aufgrund ihrer unterschiedlichen Stärken und Schwächen erscheint zur Vermeidung von Fehlbefunden idR eine Kombination verschiedener Untersuchungsmethoden angezeigt, wobei naturgemäß die bzgl der Spur zerstörungsfreien Verfahren zunächst Vorrang vor nicht zerstörungsfreien

1925

---

[157] Vgl zu einem Sonderfall, bei dem ein Schuß sich zugleich als ein absoluter Nahschuß im Hinblick auf eine Person und als ein relativer Nahschuß bezüglich einer anderen Person erwies, *Sellier* AKrim **84** [2. Halbj] 87 f.

Verfahren genießen[158]. Im einzelnen kann es zB bei „abgeprallten" oder durchschlagenden Geschossen ggf zu Schwierigkeiten bei der Annahme eines Nahschusses kommen[159].

Ein charakteristisches Spurenbild kann im übrigen bei Nahschüssen mitunter auch durch sog *„Krähenfußbildung"* im Schmauchbild entstehen. Bei solchen handelt es sich um streifige Aussparungen der Pulverbeschmauchung im Gesicht des Opfers, die sich dann bilden, wenn im Moment der Schußabgabe die mimische Muskulatur in Erwartung des Ereignisses zusammengekniffen wird, so daß die Täler der gebildeten Hautfalten von einer Beschmauchung ausgespart bleiben. Ein solches Spurenbild kann mithin darauf schließen lassen, daß die Schußabgabe vom Opfer erwartet wurde (s n *Hochmeister/Dirnhofer* ZRechtsmed **89** [Bd. 102] 545 ff).

(b) Als charakteristisch für einen **Fernschuß** gilt ein sog Abstreifring ohne weitere flächenhafte Schmauchantragungen.

Die Distanz wird aus der berechneten Flugbahn ermittelt, und zwar mit Hilfe verschiedener Daten (verwendete Waffe bzw Munition, Mündungsgeschwindigkeit, Abgangswinkel, Geschoßform und -gewicht)[160]. Dabei ist stets die Möglichkeit der Ablenkung des Geschosses, die selbst durch Gräser oder dünne Zweige erfolgen kann, zu berücksichtigen.

1926 (2) Von Bedeutung ist die Identifizierung von Pulverschmauch schließlich bei sog **„Schußhand**untersuchungen", mit deren Hilfe geklärt werden soll, ob Anhaftung an den Händen einer Person zwingend mit der Abgabe eines Schusses in Verbindung steht bzw auf Waffen- oder Munitionskontakt zurückzuführen ist. Der Versuch, entsprechendes mittels einer OES oder AAS nachzuweisen, ist in mehrfacher Hinsicht nicht unbedenklich.

Zum einen kommt es bei der Spurensicherung zu geradezu typischen Fehlern. Wird beispielsweise für das Abreiben der Finger und Handflächen eines mutmaßlichen Schützen anstelle der empfohlenen in verdünnter Essigsäure getränkten *Augen*watte sonstige in Essigsäure getränkte Watte verwendet, so kann dies im Hinblick darauf, daß bereits in der Watte chemische Elemente enthalten sein können, die als Schmauchelemente in Frage kommen, das Ergebnis ebenso verfälschen, wie auch eine (offenbar nicht ganz selten vorkommende) Kontamination der Neutralproben. Zum anderen ist auch die Aussagekraft der genannten Methoden beschränkt, da jeweils lediglich das Vorhandensein bestimmter chemischer Elemente (wie zB Blei, Barium, Zink, Antimon), die als Schmauchelemente in Betracht kommen, nachgewiesen wird, ohne daß eine abschließende Aussage über die tatsächliche Herkunft dieser Elemente, die auch in der Umwelt relativ häufig vorzufinden sind, getroffen werden könnte. Schließlich handelt es sich um nicht zerstörungsfreie Nachweismethoden (s zum ganzen *Lichtenberg*, in: Kube ua **93** Rn 41 ff zu Kap 23).

---

[158] Zur Verfügung stehen (s n *Lichtenberg* NStZ **90** 161 ff) neben verschiedenen Folienabdruckverfahren, durch die vorwiegend die ggf charakteristische Bleiverteilung im Einschußbereich bestimmt werden soll, vor allem die Röntgenfluoreszenzanalyse (RFA), die Emissionsspektralanalyse (OES [nicht zerstörungsfrei]) sowie die Atomabsorptionsspektroskopie (AAS [nicht zerstörungsfrei]) bzw die Zeeman-Atomabsorptionsspektroskopie (ZAAS; Feststoffanalyse [nicht zerstörungsfrei, aber weniger zerstörend als zB AAS]).
Insbes neuere Munitionsentwicklungen, die auf die Reduzierung bzw Eliminierung von Schwermetallbestandteilen aus dem Schmauch abzielen, zwingen dazu, die geeignete(n) Methode(n) einzelfallspezifisch auszuwählen (vgl *Lichtenberg* aaO).
[159] Zu Einzelergebnissen betr vorgetäuschte Nahschüsse s etwa *Schyma/Bittner* AKrim **95** (2. Halbj) 30 ff; zu vorgetäuschten Pulvereinsprengungen vgl *Ciallella ua* AKrim **94** (2. Halbj) 105 ff.
[160] S etwa betr Action 1–Geschosse *Sellier/Sellier* AKrim **94** (1. Halbj) 97 ff; krit dazu *Bonte* AKrim **94** (2. Halbj) 161 ff.

V. Untersuchungen (überwiegend) sächlicher Art

Als vorzugswürdige Methode erscheint die Rasterelektronenmikroskopie iVm einer energiedispersiven Röntgenmikroanalyse (REM/EDX; vgl zum ganzen *Lichtenberg* NStZ **90** 163 f). Die Beweissicherung erfolgt etwa mit Hilfe einer hierfür speziell entwickelten leitfähigen Klebefolie, bei deren Verwendung keine gesonderte Bedampfung mehr erforderlich ist (vgl *Wenz/Trillhaase* AKrim **92** [1. Halbj] 83 ff).

(3) Desweiteren kommen als Spuren(träger) iZm dem Gebrauch von Schuß- **1927** waffen vor allem die **Waffe** selbst (s *Wigger* 221 ff; *Weihmann* 70), die **Hülse** oder das **Projektil** in Betracht.

(a) Patronen**hülsen** enthalten neben dem Zündplättchen das Pulver, mit dem das Geschoß beschleunigt wird, damit es nicht lose in die Waffe gegeben werden muß. Abgesehen von modernen (Kriegs-)Waffen, für die bereits das Pulver in derart fester Form hergestellt wird, daß keine Hülse mehr gebraucht wird, lassen sich Schußwaffen bezogen auf die Entledigung der leeren Patronenhülsen in zwei Gruppen unterteilen. Bei *Selbstlade-* und *automatischen* Waffen werden diese am Schießort aus der Waffe geschleudert und können dort, so sie nicht zuvor entfernt worden sind, als Spuren gesichert werden. Bei Revolvern und nicht selbstladenden Pistolen und Gewehren werden die Hülsen erst beim *manuellen Nachladen* aus dem Patronenlager entfernt. An einer Hülse entstehen insbes bei Repetier- oder Selbstladewaffen ebenso individuelle Spuren wie am Geschoß. Geeignete Merkmale können zB der Eindruck des Schlagbolzens oder solche Spuren sein, die der Verschluß der Waffe, der Stoßboden oder die Auszieherkralle bzw der Auswerfer auf der Hülse hinterläßt. Soweit auch das Magazin als Verursacher charakteristischer Kratzspuren auf der Hülse zu nennen ist, muß stets bedacht werden, daß es sich bei diesem um einen auswechselbaren Teil der Selbstladewaffe handelt (vgl zum ganzen *Kasper* 74 f; *Weihmann* 71).

Hülsen dürfen nicht mittels eines Metallgegenstandes (Pinzette) gesichert werden (*Meyer/Wolf* 267), weil dies zu einer neuen Spur bzw zu einer Spurenzerstörung führen könnte.

(b) Zumindest ebenso charakteristische Spuren entstehen durch die mechanische Einwirkung der Waffe auf das **Geschoß**. Dies gilt insbes, wenn das Projektil aus einer Waffe mit einem sog „gezogenen" Lauf abgefeuert wurde.

Die sog „Züge" im Laufinneren einer Waffe stellen maschinell hergestellte korkenzieherähnliche Riefen dar, die dem Muttergewinde einer Schraube mit steilem Gewindegang gleichen. Die (stehengebliebenen) Teile zwischen den Riefen werden als „Felder" bezeichnet. Ein gezogener Lauf dient dem Stabilisieren der Flugbahn des Geschosses und mithin der Erhöhung seiner Reichweite und Treffgenauigkeit.

Da das Geschoß stets minimal größer ist als der zwischen den Feldern gemessene Durchmesser des Laufes (= Kaliber), graben sich beim Durchqueren des Laufes die Felder in die Oberfläche des weicheren Projektils ein und hinterlassen mit dem Laufinneren korrespondierende Spuren. Auch können Verformungen des Geschosses (sog Stauchung oder Aufpilzung) sowie Anhaftungen auf demselben aufzeigen, welche Materie(n) es durchdrungen haben muß (vgl insbes zu Gewebsfragmenten die Versuchsreihe von *Knudsen* IntJLegMed **93** [Bd 106] 15 ff).

Bei der Sicherung von Geschossen im Bereich von Holz oder Stein etc dürfen etwa spurenbehaftete Geschoßteile nicht beschädigt werden, dh ggf ist auszustemmen oder auszusägen (*Meyer/Wolf* 267).

1928 (c) *Fehlt* eine potentielle *Tatwaffe*, kommt nur eine Systembestimmung in Betracht. Ein verfeuertes Geschoß oder eine Patronenhülse bieten durch Vergleich der charakteristischen Individualspuren sicheren Aufschluß darüber, ob sie von einer bestimmten (zur Abgabe von Vergleichsschüssen zur Verfügung stehenden) Schußwaffe stammen. Projektile ermöglichen insoweit Rückschlüsse auf Kaliber, Anzahl der Felder und Züge, Drallrichtung und den -winkel; Hülsen können aufschlußreich zur Eingrenzung nach Kaliber, Form und gegenseitige Lage von Auswerfer- und Auszieherspur, Schlagbolzen(loch)eindruck sowie Stoßboden und Patronenlager sein. Aus dem Komplex der ermittelten Werte lassen sich aufgrund von Datensammlungen das Waffensystem oder -fabrikat bestimmen, was nicht zuletzt durch den Umstand erleichtert wird, daß die Waffenhersteller bemüht sind, ihre Waffen möglichst individuell auszugestalten. In der Praxis kann es allerdings auch bei der Projektilbestimmung zu für die Sachverhaltsaufklärung gefährlichen Fehlern kommen (vgl zu einem Einzelfall *Tondorf* StV **93** 44).

1929 (4) (a) Eine Bestimmung des **Zeitpunktes** der **letzten Schußabgabe** mit einer bestimmten Waffe allein durch Untersuchung dieser (etwa im Hinblick auf die sich verflüchtigenden gasförmigen Schmauchbestandteile im Lauf) erscheint (zumindest noch) nicht hinreichend möglich (vgl *Heen* Krim **91** 213 f).

(b) Inwieweit der Umstand, daß die Tatwaffe nach einem tödlichen Nahschuß unmittelbar bei oder **in** der **Hand** der **Leiche** vorgefunden wird, bzgl der Frage aussagekräftig sein kann, ob die Tötung durch eigene oder fremde Hand erfolgte, scheint nicht abschließend geklärt zu sein (vgl n *Krauland* AKrim **84** [2. Halbj] 1 ff, 19).

1930 ee) Häufig untersuchte Spuren im Rahmen kriminaltechnischer Fragestellungen sind auch (Zigarren oder) **Zigarettenkippen** bzw **-filter**. Es liegen jährlich aktualisierte Zigarettendateien vor, die aufgrund unterschiedlicher Merkmale idR eine rechnergestützte Markenidentifizierung ermöglichen. Dabei ist es ratsam, Kippen auch mit der Datei des Vor- (bzw falls bereits möglich Folge-)jahres zu vergleichen (s zum ganzen *Bäßler* AKrim **89** [1. Halbj] 45 ff).

1931 e) **Ab- bzw Eindruckspuren** haben traditionell einen erheblichen Stellenwert innerhalb kriminaltechnischer Untersuchungen. Bei der Abdruckspur wird Material auf den Spurenträger gebracht, (zB Schweiß und Talg beim Finger-, Fuß- oder auch Ohrenabdruck), während bei der Eindruckspur der Spurenträger verformt wird, (zB Schuh- oder Reifeneindruck ins Erdreich).

aa) **Reifenspuren** entstehen durch eine mehr oder weniger kontinuierliche Abwälzbewegung des Reifens unter gleichzeitiger Druckanwendung infolge der Eigenschwere des Fahrzeuges. Es hängt dabei (ebenso wie auch bei Schuhspuren) von der Beschaffenheit des Spurenträgers (zB verformbarer Erdboden, harter Asphalt) ab, ob es zu Ein- oder Abdruckspuren kommt. Insbes bei der Sachverhaltserforschung iZm Verkehrsunfällen werden der Bewegungsart nach Fahr-, Brems-, Blockier-, Drift-, Schleuder- und Walkspur unterschieden (s n *K.D. Pohl* 3 ff). Während diejenige Spur, die durch den Druck des rollenden Rades entsteht, nur unter entsprechend günstigen Umständen[161] vorzufinden ist, erzeugen Brems-, Schleudervorgänge usw idR charakteristische Spuren, die bei entspr Dokumentation

---

[161] Etwa Fahrt auf einem weichen aber gleichwohl formstabilen Untergrund oder bei Materialauftragung von der Reifensohle auf den Untergrund, etwa bei Durchfahren einer Wasserpfütze bei nachfolgend trockener Fahrbahn.

bzw Sicherung wesentliche Aufschlüsse über das Tatgeschehen ermöglichen. So ergibt sich beispielsweise aus der Reihenfolge der Spurencharakteristik (Brems- vor Blockier- ggf vor Schleuderspur) im allg verläßlich die Fahrrichtung.

(1) *Abdruck*spuren werden fotografiert und in Gesamtlänge und gegenseitigem Abstand vermessen oder im Pausverfahren nachgezeichnet. Schmutzspuren auf glatter Unterlage lassen sich mit Klebefolien sichern. Zur Fahrspur sind auch getrocknete, abgefallene Preßlinge aus Erde zu zählen, die wegen ihres Abdrucks der Profillinien einen hohen Identifizierungswert haben. Bei nachgetrocknetem, insbes stark lehmigem Material muß jedoch ein (möglicher) Schrumpfungsprozeß berücksichtigt und mit Hilfe von Vergleichsabdrücken aus entspr Material nachvollzogen werden.

Bei *Eindruck*spuren sind Abformverfahren (Herstellung eines Gipsabgusses; s n *Wigger* 196 ff) üblich, die eine Sicherung möglichst großer zusammenhängender Teile einer Radspur ermöglichen, da sich Merkmale ggf über den gesamten Radumfang verteilen können. Bei diesem sind zu Vergleichszwecken auch Bodenproben sicherzustellen. Ein Schrumpfungsprozeß ist auch hier in Betracht zu ziehen.

(2) (a) Die **Auswertung** von Fahr- bzw Reifenspuren ermöglicht Rückschlüsse auf verschiedene Bereiche. Radzahl, Radstellung und Begleitspuren lassen auf die in Frage kommenden Fahrzeugkategorien schließen. Aus Radstand, Spurenweite und Wendekreis können mit Hilfe von Fahrzeugkatalogen, technischen Tabellen und direkten Vergleichsmessungen Fahrzeugtyp und -marke gefolgert werden. Die Profilierung wiederum ist wichtig für die Bestimmung der Reifenmarke, die ihrerseits, zusammen mit der Lauffflächenbreite, auf die Fahrzeugkategorie (Pkw, Lkw usw) schließen lassen. In manchen Fällen können mit Hilfe von Reifenkatalogen Reifengröße und in Frage kommende Fahrzeugtypen ermittelt werden. Spezifische Abnutzungen der Laufflächen, Profilbeschädigungen, fehlende oder nachträglich eingesetzte Spikes, Besonderheiten, die sich aus der Fabrikation, Neugummierung oder Nachrillung ergeben, bilden Grundlagen der Reifenidentifizierung im konkreten Einzelfall.

Demggü scheint eine analytisch-*chemische* Zuordnung einer Reifenspur zu einem verursachenden Reifentyp weder über den organischen noch über den anorganischen Anteil möglich zu sein. Eine Individualisierung *scheidet* grds *aus*. Allenfalls kann unter besonders günstigen Umständen mit Hilfe einer gaschromatographischen Untersuchung des jeweiligen Pyrolsemusters der Ausschluß gewisser Reifentypen gelingen (vgl zum ganzen *K.D. Pohl* 11 ff).

Führen direkte Vergleiche zwischen Spur und in Betracht gezogenem Reifen zu keinem eindeutigen Ergebnis, sind unter Einbeziehung auch des Reserverades Vergleichsspuren unter Tatortbedingungen zu fahren und mit den üblichen Methoden zu sichern.

(b) Von besonderer (forensischer) Bedeutung ist die Auswertung von **Bremsspuren**. Dabei wird davon ausgegangen, daß die Anhaltezeit, dh der Zeitraum zwischen dem Erkennen der Gefahr und dem Fahrzeugstillstand, die Summe aus der Reaktions- und der Bremszeit darstellt. Als durchschnittliche *Reaktionszeit*, die zwischen dem optischen Erkennen des Signals zur Geschwindigkeitsverminderung bzw zum Anhalten, der Wertung und der entspr körperlichen Umsetzung liegt, werden einem Fahrer 0,8 Sekunden zugebilligt (so daß bei einer Geschwindigkeit von 50 km/h das Fahrzeug sich in dieser Zeit 11,1 m fortbewegt). Die Bremszeit ihrerseits setzt sich aus der Ansprechzeit des Bremsmechanismus unter den Voraussetzungen „sinnvoller" Betätigung und voller Funktionstüchtigkeit der Bremse (0,1–0,5 Sek), der „Schwelldauer" als der Zeit, bis die Bremsen greifen (0,1–0,5 Sek) sowie der Vollbremszeit zusammen. Erst im letzten Abschnitt kommt es zu den charakteristischen Bremsspuren, die sich ggü der Fahrspur durch längs gedehnte Abdrücke der Querprofilierung und einem merklichen Gummiabrieb auf der Straße auszeichnen. Die zuverlässige Berechnung der Bremsausgangsgeschwindigkeit setzt mithin eine möglichst genaue Beantwortung der Frage voraus, wo die Fahrspur in die Bremsspur übergeht (vgl zum ganzen *K.D. Pohl* 9 ff).

1934 bb) **Schuh**spuren, die als Ein- und Abdruckspuren vorkommen, zählen neben Fingerabdruck- und Werkzeugspuren zu den in der kriminalistischen Praxis am häufigsten gesicherten Spuren (*Wigger* 185; *Kurras ua* Krim **91** 194). Sollen die durch sie gebotenen Möglichkeiten zur Sachverhaltsaufklärung voll ausgeschöpft werden, so setzt dies eine intensive Tatortarbeit voraus, bei welcher sie zunächst überhaupt erkannt (am besten bei schräg einfallendem Licht) und optimal gesichert werden (*Reiche* Krim **92** 399).

(1) Die **Sicherung** von Eindruckspuren erfolgt durch Abformen mit Gips oder geeigneten Kunststoffmassen (vgl zur Sicherung im Schnee *Wigger* 201 f), während Abdruckspuren direkt fotografiert bzw mit Folien (evtl nach vorherigem Einstauben mit Fingerabdruckpulver) gesichert werden. Deutlich besser als Klarsichtscheinen *Schwarzfolien* für diesen Zweck geeignet zu sein.

Diese bestehen aus einer pappähnlichen Trägerschicht, die einseitig mit einer Gelatinemasse beschichtet ist, die ihrerseits von einer Klarsichtfolie bedeckt wird, welche die zu sichernde Spur mechanisch schützen soll. Vorteil der Schwarzfolie soll neben ihrer deutlich größeren Empfindlichkeit auch der Umstand sein, daß auf Kontrastmittel, die das Ergebnis zu verfälschen bzw die Spur zu zerstören vermögen, verzichtet werden kann. Bei dieser Verfahrensweise sollen sich sogar „Blindabklebungen" an Tatorten um das Wertbehältnis herum (zB bei Stahlschrankeinbrüchen) wiederholt als förderlich erwiesen haben (s n zum ganzen *Reiche* Krim **92** 399 ff).

Je nach Bodenbeschaffenheit kann es ferner sinnvoll sein, zwecks späterem analytischen Vergleich mit dem Schmutz von den Schuhen Verdächtiger, Bodenproben sicherzustellen.

1935 (2) Aufgaben iZm der Auswertung von Schuhspuren sind insbes die Beschreibung und Systematisierung der Profile, die Sammlung von Spuren unbekannter Verursacher, ggf die Bestimmung des Gesamtprofils bei Teilspuren, die Ermittlung der Sohlen- und Schuhhersteller bzw Schuhlängengruppen und Schuharten sowie die Gruppenidentifizierung von Sohlenprofilen (vgl *Kurras ua* Krim **91** 194). Für alle diese Aufgaben stehen einschlägige Unterlagen zur Verfügung.

So umfaßte die im Gemeinsamen LKA der „neuen" Bundesländer geführte Sohlenprofilkartei 1991 etwa 3.000 Karten mit unterschiedlichen Laufsohlenprofilierungen. Hinzu kommen ein Katalog über Schuhbesohlungsmaterialien sowie entspr Unterlagen von Polizeidienststellen anderer Bundesländer und Staaten.

Der konkrete Nachweis, daß eine bestimmte Spur durch eine bestimmte Schuhbekleidung hinterlassen worden ist, setzt entsprechende Individualmerkmale (zB Beschädigungen, charakteristische Abnutzungserscheinungen, Bearbeitungsmerkmale) voraus und ist nur selten möglich (*Wigger* 214 f).

Im einzelnen scheint bei der Begutachtung von *Polyurethan*-Laufflächen, die insbes Sohlen von Sportschuhen bilden, eine alsbaldige Annahme von Individualspezifität nicht empfeh-

V. Untersuchungen (überwiegend) sächlicher Art

lenswert zu sein. So wurde bei einer forensisch-physikalischen Untersuchungsreihe festgestellt, daß die Lufteinschlüsse, zu denen es bei der Herstellung von Polyurethan-Schuhsohlen durch Formteilstruktur bedingt kommt, nicht individualspezifisch sind, sondern bei nacheinander in ein und derselben Form gefertigten Sohlen überwiegend an gleicher Lage auftreten und daß selbst in den geometrischen Strukturen und Abmessungen kaum wesentliche Unterschiede feststellbar sind (vgl *Katterwe* AKrim **84** [2. Halbj] 89 ff, 95).

Die beim Laufen oder Gehen hinterlassene Folge von Schuhspuren (*Gangbild* eines Menschen) hat idR nur geringe Aussagekraft (*Wigger* 186).

Mittlerweile sind erste Ansätze feststellbar, die Schuhspur mit Hilfe der Fourier-Transformations-Bildanalyse nicht nur bzgl des Profilmusters, sondern auch des Druckverteilungsbildes und somit als personenidentifizierende Spur auszuwerten (*Pfefferli* Krim **92** 648).

cc) Nach wie vor von herausragender Bedeutung ist die **Daktyloskopie**. 1936 Grundlegend für diese sind ihre Axiome der Individualspezifität und Unveränderlichkeit des menschlichen *Hautleistenbildes* an Fingern, Handflächen und Fußsohlen bis zur Auflösung des Körpers, wobei auch die verschiedenen Finger(abschnitte) eines Menschen stets unterschiedliche Muster aufweisen sollen (s n *Prante* 38 ff; *Kasper* 56 f; *K.D. Pohl* 282: „Idealfall einer individualisierenden Abdruckspur").

Dabei konzentriert sich das forensische Interesse auf die Frage des Identitätsnachweises, dh die Feststellung, daß zwei Papillarlinienbilder identisch sind, wobei unter Identität die Übereinstimmung bzw – durch verschiedene Entstehungsbedingungen bewirkte – relative Übereinstimmung von Papillarlinienbildern ein und derselben Person verstanden wird (*Ochott* 92).

(1) Grds werden *drei Typen*familien unterschieden, die Bogenmuster (Wellenzüge 1937 ohne Ausbildung eines echten Delta), die Schleifenmuster (ein Delta) und die Wirbelmuster (mindestens zwei Delten). Nähere Differenzierungen erfolgen auf der Grundlage von 16 anatomischen Merkmalen eines Papillarlinienbildes.

Diese sind beginnende bzw endende Linie, Gabel nach unten bzw oben, Haken nach unten bzw oben, Auge, Insel, Punktfragmente, eingelagerte Linie bzw Schleife, Linienverästelung, ausweichende Endstücke, Linienunterbrechungen bzw -übergänge oder auch -kreuzungen (s n mit Abbildungen *Ochott* 22). Anhand solcher *„Minuzien"* (lat = Kleinigkeiten) erfolgen Vergleich und Bewertung. In Deutschland, Österreich und Spanien wird eine Übereinstimmung in mindestens 12 Minuzien für eine Identifikation für notwendig aber auch ausreichend erachtet, während beispielsweise in der Schweiz bis zu 14, in England zumindest 16 und in Frankreich gar 17 übereinstimmende Minuzien gefordert werden (vgl *Steinke* NStZ **94** 19; *Tondorf* StV **93** 44; *Kasper* 59 f).

Wenngleich die Bestimmung der *Grenzwerte* mithin eher zufällig erscheint und die strikte Beachtung dieser Werte für einen vollen Identitätsnachweis als unbefriedigend und dazu unflexibel erachtet wird, wird sie zumindest solange geboten sein, wie nicht gültige Feststellungen über die Häufigkeit bestimmter Minuzien vorliegen, welche eine qualitative Gewichtung im Hinblick auf ihren Identifizierungswert ermöglichen.

(2) Soweit ersichtlich, werden Fortschritte auf dem Gebiet der Daktyloskopie 1938 am ehesten bei der Erkennung und Sicherung entspr Spuren gemacht (s n zu technischen Einzelfragen *Ochott* 66 ff).

Diese betreffen zB die Spurensuche durch Metallverdampfung unter Hochvakuumbedingungen (*Herrmann/Rustler* Krim **92** 617 ff) oder der Bedampfung (betr Cyanacrylat zur Sichtbarmachung im Schräglicht s Krim **95** 9) bzw Verfahren der Lumineszenz (vgl *Deinet ua* Krim **90** 181), Möglichkeiten der Sichtbarmachung oder Verstärkung latenter oder teillatenter daktyloskopischer Spuren im Blut *(Blumenberg* Krim **91** 547 ff) sowie Verfahren der Leichendaktyloskopie *(Härtel/Teige* AKrim **90** [1. Halbj] 136–141; *Wigger* 113 ff).

Im Rahmen der *Auswertung* begegnen Bedenken solche Versuche der Altersbestimmung einer daktyloskopischen Spur, die sich an Veränderungen des Verflüchtigungsgrades der Schweiß-Fett-Substanz im Laufe der Zeit orientieren. Denn die Verflüchtigung ist auch von äußeren Bedingungen (Temperatur, Luftfeuchtigkeit, Niederschläge, Luftverstaubung) abhängig, denen die Spuren – auch während ihrer Aufbewahrung – ausgesetzt waren (s etwa *Holyst* AKrim **87** [1. Halbj] 94–103).

Daktyloskopische Spuren werden auf *polizeilicher* Ebene auch zu Sammlungs-, Hinweis- und Regionalvergleichen genutzt. Mit Hilfe von AFIS (Automatisiertes Fingerabdruck-Identifizierungs-System) hat sich der Zeitaufwand dieser kriminalistischen Tätigkeit erheblich reduziert, so daß infolge des schnelleren Zuganges sowie der Motivation zu aufwendigeren Maßnahmen der Beweissicherung und einer Tendenz, möglichst umfangreiche Datensammlungen anzulegen, auch die praktische Bedeutung dieses Beweismittels weiter zunehmen wird.

1939 (3) Daktyloskopische Gutachten werden in der HV idR als Behördengutachten verlesen und in ihrer inhaltlichen Richtigkeit kaum angegriffen, was vermutlich an der allg anerkannten Zuverlässigkeit und Beweiskraft der Methode liegt. Andererseits kann paradoxerweise gerade diese hohe Zuverlässigkeit auch eine Gefährdung der Wahrheitsfindung beinhalten, sofern eine (unbewußte) *Überbewertung* der Spur stattfindet, indem der sichere Nachweis der Spurenverursachung als „quasi-Täterschaftsnachweis" gewertet wird.

Durch einen erbrachten Identitätsnachweis wird (praktisch unumstößlich) ein Kontakt des Angekl zum Tatort, der Tatwaffe usw belegt und der Sache nach gewissermaßen ein primafacie-Beweis geschaffen. Dieser führt, zumindest wenn die Tatortberechtigung des Angekl nicht gleichsam auf der Hand liegt, faktisch häufig zu einer strafprozessual nicht vorgesehenen Beweislastumkehr dergestalt, daß der Angekl tendenziell zu erklären hat, daß und warum er zwar Spurenverursacher, nicht aber Täter ist.

Hat aber eine unterbewußte Gleichsetzung zwischen Identitäts- und Tatnachweis erst einmal stattgefunden, so erscheinen Bemühungen, die Tatbezogenheit der Spur anzuzweifeln, als Versuche, einen gleichsam „objektiven Beweis" zu erschüttern. Ein bewußtes Gegensteuern, das die begrenzte Reichweite auch daktyloskopischer Gutachten vergegenwärtigt, ist daher (auch) in der Befundebewertung des Sv vonnöten (s allg zu Wahrscheinlichkeiten 919 ff, 1942 ff).

1940 f) Der Beweiswert kriminaltechnischer Sv-Aussagen ergibt sich aus der jeweiligen **Wahrscheinlichkeit**, die sich für die Richtigkeit des Erg ermitteln läßt, wenngleich auch in diesem Bereich die Grundsätze **richterlicher Beweiswürdigung** uneingeschränkt gelten (s allg 88 ff; vgl n *Volk* 8; *Jerouscheck* GA **92** 505).

aa) *Rechtstatsächlich* wird indes (auch von kriminalistischer Seite) eine „nahezu unkrit Haltung ggü kriminaltechnischen Ergebnissen" beklagt (*Hellmiß* NStZ **92** 24; *ders* KrimForensWiss **94** 1), soweit die materielle Entscheidungskompetenz auf den kriminaltechnischen Sv übergegangen sei. *Rechtlich* genügt es indes nicht, wenn das Gericht von einem Sachverhalt überzeugt ist, sondern es muß von diesem überzeugt sein dürfen (s 91, 97 ff; vgl auch *Nack*, in Kube ua **93** Rn 9 f zu Kap 28). Zwar kommt einer unangefochtenen naturwissenschaftlichen Erkenntnis eine unbedingte Beweiskraft zu, so daß dort, wo sie feststeht, für eine tatrichterliche Überzeugungsbildung kein Raum mehr ist (BGHSt **29** 18, 21; s n 106); dies bedeutet aber zugleich, daß dort, wo der bezeichnete Grad an Erkenntnis endet, der Bedarf an Überzeugungsbildung einsetzt.

Bevor etwa aufgrund einer am Tatort sichergestellten Spur des Angekl die Frage seiner Berechtigung bzw Motivation zum *Aufenthalt am Tatort* erörtert wird, gilt es zunächst (nach Möglichkeit) zu klären, ob der Angekl tatsächlich am Tatort gewesen sein muß, oder ob nicht die Spur auch ohne ihn etwa infolge (unbewußter) Spurenverschleppung – zB bei der Spurensicherung – an den Tatort gelangt sein kann.

Die zweifelsfreie Feststellung des *Fingerabdrucks* des Angekl an der Tatwaffe zB beweist allein die Berührung der Waffe durch diesen. Welche Schlüsse daraus zu ziehen sind, dh insbes die Frage nach der Tatbezogenheit, kann nicht mit Hilfe der Daktyloskopie beantwortet werden. **1941**

Ist aber die Anwesenheit des Angekl am Tatort bei nicht ersichtlicher Tatortberechtigung nachzuweisen, so handelt es sich lediglich um ein vom Gericht zu würdigendes *Indiz* für die Täterschaft. Welcher Beweiswert einem kriminaltechnisch ermittelten Indiz konkret beizumessen ist, kann nicht abstrakt bestimmt werden, da dies von einer unübersehbaren Vielzahl von Einzelfaktoren abhängen kann.

bb) (1) Grundlage einer *wahrscheinlichkeitstheoretischen* Bewertung eines *Indizes* ist die Bestimmung der Merkmalshäufigkeit, da eine bloße Feststellung einer Übereinstimmung von Spur und Vergleichsprobe für sich genommen – abgesehen vom Ausnahmefall einer Individualspezifität (zB bei einem vollständigen Fingerabdruck) – wenig aussagekräftig ist. Diese kann relativ exakt sein (zB bei Blutgruppenmerkmalen) oder auch auf mehr oder weniger zutreffenden Schätzungen beruhen; letzterenfalls enthält jede weitere Berechnung bereits von vornherein einen Unsicherheitsfaktor. Aber auch bei Angabe einer relativ exakten Merkmalshäufigkeit ist die Gefahr von Fehlinterpretationen zu bedenken, da es sich bei der Angabe stets um bloße prozentuale Häufigkeiten bzw die komplementären Ausschlußquoten handelt, die nicht etwa – auf konkrete Einzelpersonen angewendet – als „Belastungswahrscheinlichkeiten" gedeutet werden dürfen (vgl BGH NStZ 92 602; *Haller/Klein* AKrim **86** [1. Halbj] 11; s zum Wesen einer „statistischen Aussage" BGH NStZ 92 554; vgl aber auch, gleichsam idealtypisch, *Hellmiß* KrimForensWiss 94 1 ff).[162] **1942**

Die Unsicherheitsfaktoren werden nicht geringer, wenn die Wahrscheinlichkeiten verschiedener Indizien quantifiziert oder gar als „Beweisring" berechnet werden sollen (vgl etwa zum *Bayes*-Theorem *Hellmiß* NStZ **92** 25 f; *Nissen* AKrim **83** [2. Halbj] 146 ff; *Nack*, in Kube ua **93** Rn 54 ff zu Kap 28), zumal diese Berechnungen nur unter bestimmten, im täglichen Leben praktisch nicht vorkommenden Voraussetzungen zuverlässig anwendbar sind.[163]

Erforderlich sind 1. verläßliche Einschätzungen zur Anfangswahrscheinlichkeit der festzustellenden Tatsache; 2. verläßliche Einschätzungen zum Wahrscheinlichkeitsquotienten oder

---

[162] Zum weiteren grds Problem der Festlegung der „Kollektivgröße" s *Steinke* NStZ **94** 18; n *Haller/Klein* AKrim **86** (1. Halbj) 15 ff.
[163] Vgl dazu *Freund* 19: „Die Wahrscheinlichkeit eines historischen Ereignisses kann aber durch die Wahrscheinlichkeitsrechnung schon deswegen nicht quantitativ bestimmt werden, weil deren Anwendungsbedingungen nicht zu erfüllen sind"; vgl grds auch *Herzog* StV **93** 343; s aber auch *Woltmann ua* AKrim (2. Halbj) 85 ff.

zur abstrakten Beweiskraft der ausgewerteten Indizien, gebildet aus der Häufigkeit des Auftretens des Indizes mit der festzustellenden Tatsache im Verhältnis zur Häufigkeit des Auftretens des Indizes ohne die festzustellende Tatsache; 3. gesicherte Kenntnis der Unabhängigkeit der ausgewerteten Indizien untereinander; 4. begründete Annahme des Fehlens weiterer Indizien, die zu einer veränderten Wahrscheinlichkeit der festzustellenden Tatsache führen könnten (vgl etwa *Rüßmann* ZZP **90** 68; *Steinke* NStZ **94** 17; beispielhafte Würdigung LG Gera StV **96** 15 f).

Auch werden zB die Möglichkeiten von Spurenverschleppungen[164], Laborfehlern und (bewußter) Spurenmanipulierung durch Dritte in den Modellen schwerlich in geeigneter Weise berücksichtigt werden können.

1943 (2) Bisherige Versuche auf entspr Wahrscheinlichkeitsrechnung beruhender Beweiswürdigung führten, soweit es sich nicht um serologische Abstammungsuntersuchungen handelte, zur Urteilsaufhebung (vgl BGH ZZP **90** 62 ff; BGH NStZ **92** 601 f). Insbes wurde einerseits die Gefahr genannt, daß bei ungesicherter empirischer Grundlage durch die Annahme sog Anfangswahrscheinlichkeiten eine solche Verfahrensweise zu manipulierbaren Scheingewißheiten führen kann (BGH ZZP **90** 65; s n *Freund* 19 f)[165], und andererseits wurde das Erfordernis der Merkmalsunabhängigkeit für die Anwendbarkeit der Produktregel beachtet und der grundlegende Unterschied zwischen Merkmals- und Belastungswahrscheinlichkeit erläutert (BGH NStZ **92** 602).

1944 cc) Gerade iZm der kriminaltechnischen Untersuchung scheinen Gefahren einer *Beweismanipulation* (iSd bewußten Setzens irreführender Spuren zur Belastung eines Dritten) nicht immer hinreichend in Erwägung gezogen bzw im konkreten Fall als einschlägige Möglichkeit erachtet zu werden, solange solches seinerseits nicht erwiesen ist (s allg *Geerds* AKrim **86** [1. Halbj] 150 ff; betr gelagerte Alkoholblutproben *Püschel ua* BlAlk **94** 315 ff: Täuschungen; anschaulich *Petersohn* in BKA Vortragsreihe Bd 24, S 158). Mit Hilfe irreführender sachbeweislicher Spuren werden Strafverfolgungsorganen in Form des selbständigen Auffindens motivierende Erfolgserlebnisse vermittelt, ggf gar in Bestätigung einer Voreingenommenheit bzw festgefügten Hypothesenbildung. Eher für möglich gehalten wird die Manipulation, sofern ein Anstoß (zB durch eine [anonyme] Anzeige oder eine belastende Aussage) erfolgt, da dann die Eventualität, daß es jemanden gibt, der sich der Strafverfolgungsorgane bedienen möchte, erkannt und infolgedessen das Kritikbewußtsein sensibilisiert wird. Die Möglichkeit der absichtlichen Falschbelastung durch einen unbekannten Dritten sollte mithin bei der Würdigung des Erg kriminaltechnischer Untersuchung zumindest in gleichem Maße in Betracht gezogen werden, wie es bei Zeugenaussagen zu geschehen hat.

---

[164] Auf eine Tendenz zur Verringerung des Spurenmaterials (gemäß Verfeinerung der Analysemethoden) und dadurch sich erhöhende einschlägige Gefahren weist *Timm* (Krim **95** 114) hin.

[165] Anders wohl *Nack*, in Kube ua **93** Rn 70, 89 ff zu Kap 28, der ein mit Hilfe von „eingesetzten" Anfangswahrscheinlichkeiten und Sicherheitsabschlägen erreichbares Plausibilitätsniveau ggü der intuitiven Betrachtung für vorzugswürdig erachtet.

2. Leichenschau und Leichenöffnung

Übersicht

	Rn		Rn
a) Allgemeines	1945, 1946	dd) Beteiligung	
b) Leichenschau		(1) StA	1954
aa) Allgemeines, Zuständigkeit	1947	(2) Richter	1955
bb) Zuziehung eines Arztes	1948	(3) Beschuldigter, Verteidiger	1956
cc) Protokoll	1949	ee) Protokoll	1957, 1958
c) Leichenöffnung	1950, 1951	d) Ausgrabung	1959
aa) Angehörigenrechte	1951	e) Vorzeigen zur Anerkennung	1960, 1961
bb) Zuständigkeit zur Anordnung	1952	f) Ergänzendes zur Revision	1962
cc) Zwei Ärzte	1953		

a) aa) Eine Leichenschau ist idR dann notwendig, wenn eine strafbare Handlung als Todesursache nicht von vornherein ausgeschlossen werden kann (vgl § 159 Abs 1: „Anhaltspunkte dafür vorhanden"). Die Regelungen über das (dem Gesundheitsressort zugeordnete) Leichenschauwesen sind nach Ausgestaltung bzw Kontrollintensität landesrechtlich unterschiedlich (vgl etwa *Thomsen/Schewe* AKrim **94** [1. Halbj] 83 ff). Indes bestehen hinsichtlich der Verläßlichkeit ärztlicher Feststellungen zur Todesursache erhebliche Einschränkungen. **1945**

Nach verschiedenen Anhaltspunkten wird davon ausgegangen, daß die ärztlichen Angaben im Leichenschauschein in etwa 1/3 der Fälle falsch seien (vgl *Schwinn* Krim **91** 569; noch skeptischer *Trube-Becker* VersMed **91** 38 f; s auch *Oehmichen/Sternuns* Krim **85** 2; *Höpker/Burckhardt* DtMedWschrift **84** 1271 Tab 1; speziell betr Kinder s *Lockermann/Püschel* Krim **92** 460 ff; s n 1948; zum Ausmaß pseudo-natürlicher Todesursachen vgl *Eisenberg* § 44 Rn 12).

Nach verbreiteter Annahme geschieht nur bei etwa 5% aller Sterbefälle eine Untersuchung der Todesursache im Rahmen der Tätigkeit der Strafverfolgungsorgane (*Schwinn* Krim **91** 570 f), und nur bei insgesamt etwa der Hälfte dieser Fälle kommt es zur Obduktion.[166]

bb) Leichenschau (wie Leichenöffnung) müssen mit größter Beschleunigung durchgeführt werden, da die ärztlichen Feststellungen über die Todesursache (zumal im Falle von Elektrizität) schon durch geringe Verzögerung an Zuverlässigkeit verlieren können (*Maiwald* NJW **78** 565; LR-*Dahs* 2 zu § 87). Während § 87 Abs 1 und 2 das Verfahren bei diesen Handlungen regeln, bestimmt sich nach §§ 159, 160 Abs 1, wann sie vorgenommen werden müssen. **1946**

Ob die Genehmigung nach § 159 Abs 2 erteilt werden kann, wird idR erst nach Leichenschau oder gar Leichenöffnung entschieden werden können. Wird bei der

---

[166] Vgl zur Obduktionsrate *Trube-Becker* VersMed **91** 40: 2%; *Spann* Krim **87** 608: 1,4% aller Verstorbenen; *Stock* Krim **88** 530: fast 3%; *Höpker/Burckhardt* DtMedWschrift **84** 1274: 8%; *Schwinn* Krim **91** 570: wohl eher zu 1,4 als zu 8% tendierend. Zu berücksichtigen ist, daß mitunter keinerlei äußere Anzeichen auf Fremdverschulden hindeuten und die Aufklärung als Tötungsdelikt erst durch Obduktion ermöglicht wird (vgl dazu auch *du Chesne* sowie *Heinemann*, bei Händel Krim **95** 808 f).

Leichenschau die Todesursache nicht eindeutig festgestellt oder ist zu besorgen, daß die dabei getroffenen Feststellungen später angezweifelt werden, so ist grds die Leichenöffnung geboten (LR-*Dahs* 5 zu § 87). – Zur Frage, ob die Angehörigen gegen die Versagung nach § 159 Abs 2 durch die StA gerichtliche Entscheidung nach § 23 EGGVG beantragen können (so *Gössel* § 4 D III a 2), s näher die Spezialkommentierungen zu § 159.

1947 b) aa) Die **Leichenschau** (§ 87 Abs 1) durch die StA ist eine bloße Besichtigung; über deren Ergebnis kann der StA daher als Zeuge vernommen werden. Bei der Leichenschau durch die StA hat niemand ein Anwesenheitsrecht; nach dem Ermessen der StA können Polizeibeamte (meist der Ermittlungsführer) teilnehmen.

Von der Leichenschau zu unterscheiden ist die bloße äußere Besichtigung der Leiche zB durch die Polizei oder als Beginn der Leichenöffnung.

Die Leichenschau durch den Richter ist die Einnahme richterlichen Augenscheins unter Zuziehung eines ärztlichen Sv; für diese bestehen Anwesenheitsrechte (§ 168 d).

Die Leichenschau durch die StA ist die Regel; eine richterliche Anordnung setzt sie nicht voraus. Bei Vorliegen besonderer Gründe (zB Bedeutung der Sache, Notwendigkeit der Gewinnung einer nach § 249 Abs 1 S 2 verlesbaren Niederschrift; RiStBV Nr 33 Abs 3 S 2) kann die StA bei dem nach § 162 zuständigen Richter beantragen, daß dieser die Leichenschau vornimmt; der Richter muß dem Antrag entsprechen, sofern die Leichenschau rechtlich zulässig ist (LG Waldshut NJW 72 1149; KK-*Pelchen* 3 zu § 87), dh er hat nicht Erforderlichkeit und Zweckmäßigkeit zu prüfen (§ 162 Abs 3). – Ohne Antrag darf der Richter eine Leichenschau nur vornehmen, wenn ihm nach § 159 Abs 1 ein unaufgeklärter Todesfall gemeldet wird und zugleich die Voraussetzungen des § 165 vorliegen (LR-*Dahs* 9 zu § 87; *Maiwald* NJW 78 561 Abs 3).

1948 bb) Der zugezogene Arzt (oder unter besonderen Umständen mehrere [§ 87 Abs 1 S 1 steht nicht entgegen] nimmt stets als Sv teil, und zwar unabhängig davon, ob er über den Befund der Leiche gutachtliche Äußerungen zu Protokoll gibt oder nicht (hM, s nur KK-*Pelchen* 3 zu § 87; s auch *K. Müller* 133 b). Es muß sich weder um einen Gerichts- noch um einen Amtsarzt handeln.

Weder der Leichenschauschein noch die Todesbescheinigung läßt erkennen, ob die Eintragung des Leichenbeschauers auf Fremdangaben, Vermutungen oder eigenen Feststellungen beruht (*Trube-Becker* VersMed **91** 41). Nach einer Befragung bei niedergelassenen Ärzten nehmen 32% die Leichenschau vor, ohne den Verstorbenen entkleidet zu haben (vgl *Matscheck* [bei Trube-Becker VersMed **91** 40]); ein Vergleich zwischen Angaben auf den Leichenschauscheinen und den Obduktionsbefunden ergab erhebliche Differenzen (*Höpfer/Burkhardt* DtmedWschrift **84** 1269).

Offensichtlich entbehrlich (§ 87 Abs 1 S 2) ist die Zuziehung dann, wenn die Todesursache schon ermittelt ist und es auf eine sachkundige Besichtigung der Leiche nicht mehr ankommt.

1949 cc) Betr die Leichenschau durch die StA ist nur ein Aktenvermerk erforderlich (§ 168 b Abs 1), bei der Leichenschau durch den Richter hingegen gelten die §§ 168, 168 a sowie (für den Inhalt des Protokolls) § 86.

Derjenige *Arzt*, dessen Äußerungen über den Befund der Leiche zu beurkunden sind, muß das *Protokoll* unterschreiben (§ 168 a Abs 3 S 3, KK-*Pelchen* 3 zu § 87). In der HV kann es nach § 249 Abs 1 S 2 verlesen werden, und zwar auch dann, wenn dessen Unterschrift fehlt (KK-*Pelchen* 3 zu § 87); der Arzt braucht daher als Sv nur

V. Untersuchungen (überwiegend) sächlicher Art

vernommen zu werden, wenn hierzu ein besonderer Anlaß vorliegt (zB Meinungsverschiedenheiten unter den mitwirkenden Personen über das Ergebnis der Leichenschau [LR-*Dahs* 12 zu § 87]).

c) Die **Leichenöffnung** ist nicht zwingend vorgeschrieben (RG GA **37** [1889] 360); sie sollte gemäß § 160 Abs 1 jedoch stets beantragt werden, wenn die Ermittlung bisher unbekannter Tatsachen nicht von vornherein ausgeschlossen werden kann (LR-*Dahs* 6 zu § 87). Sie ist erforderlich, wenn fremdes Verschulden am Tod in Betracht kommt und die Todesursache bzw -zeit festgestellt werden muß (dh nicht in jedem Fall des § 159). Steht die Todesursache eindeutig fest, so ist die Leichenöffnung entbehrlich.

Die Leichenöffnung erlaubt Aufschluß über den Zustand des Inneren der Leiche, insbes soweit er zur Klärung der Todesursache relevant ist (zu Besonderheiten der Durchführung s §§ 89–91). Unabhängig von der Notwendigkeit der Leichenöffnung ist es zulässig, der Leiche Blutproben zu entnehmen (§ 81 c; LR-*Dahs* 13 zu § 87).[167]

1950

aa) (1) Die **Angehörigen** sind vor der Anordnung der Leichenöffnung zu **hören**, sofern dies den Untersuchungszweck nicht gefährdet (§ 33 Abs 3, 4; BVerfG NStZ **94** 246; *Struckmann* NJW **64** 2244 f; KK-*Pelchen* 4 zu § 87). Falls sie die Leiche nicht freiwillig zur Verfügung stellen, ist sie erforderlichenfalls zu beschlagnahmen (§ 94). Der wegen des *Totensorgerechts* der Angehörigen zu beachtende *Verhältnismäßigkeitsgrundsatz* wird in der Praxis nur selten als verletzt angesehen (LR-*Dahs* 7, KK- *Pelchen* 2, beide zu § 87; vgl auch LG Waldshut NJW **72** 1149; *Maiwald* NJW **78** 565).

1951

(2) Die richterliche Beschlagnahmeanordnung ebenso wie die richterliche Anordnung der Leichenöffnung kann von den Hinterbliebenen mit der **Beschwerde** (§ 304) angefochten werden (*Gössel* § 4 D III a 2; LR-*Dahs* 14 zu § 87), dh es besteht auch eine Begründungspflicht (§ 34; BVerfG NStZ **94** 246).

bb) Grds ist eine **richterliche** Anordnung der Leichenöffnung erforderlich (§§ 87 Abs 4 S 1, 162, 165), die – abgesehen von dem Fall des § 165 – nur auf Antrag der StA ergehen darf (LR-*Dahs* 15 zu § 87); zuständig ist gem § 162 Abs 1 S 1 der Richter des Sektionsortes (KMR-*Paulus* 14 zu § 87; *Rautenberg* SchlHA **85** 17; LR-*Rieß* 19 zu § 162).

1952

Würde jedoch der Untersuchungserfolg durch Verzögerung gefährdet (zB wegen des Zustands der Leiche oder der Notwendigkeit sofortiger Aufklärung der Todesursache), so genügt die Anordnung der **StA** (§ 87 Abs 4 S 1 Hs 2), nicht jedoch die Anordnung ihrer Hilfsbeamten (KK-*Pelchen* 4 zu § 87).

cc) Die Leichenöffnung muß von **zwei Ärzten** vorgenommen werden (§ 87 Abs 2 S 1), die ununterbrochen anwesend sein müssen (KK-*Pelchen* 5, LR-*Dahs* 20, beide zu § 87). Einer der beiden muß Gerichtsarzt sein[168] oder Leiter bzw beauftragter Arzt eines der in § 87 Abs 2 S 2 genannten Institute; hierzu zählen auch Universitätsinstitute, nicht jedoch Abteilungen für Pathologie öffentlicher Krankenanstalten. – Ist ein Arzt nach § 87 Abs 2 S 2 nicht rechtzeitig erreichbar, so kann ein anderer Arzt mitwirken (KK- *Pelchen* 5, KMR-*Paulus* 17, LR-*Dahs* 21, alle zu § 87).

1953

---

[167] Nach *Schlichting* BlAlk **67** 83 sind für die Anordnung – neben dem Gericht – die StA sowie ihre Hilfsbeamten zuständig.

[168] Zur Definition s OVG Berlin NJW **61** 986: ein Arzt, der zur Wahrnehmung der in gerichtlichen Angelegenheiten vorkommenden ärztlichen Geschäfte ein für allemal bestellt ist.

Der behandelnde Arzt (bzw die behandelnden Ärzte [LR-*Dahs* 22 zu § 87]) ist von der Mitwirkung ausgeschlossen (§ 87 Abs 2 S 3), sofern er den Verstorbenen wegen einer dem Tod unmittelbar vorausgegangenen Krankheit behandelt hat. Auf eine feststehende Ursächlichkeit der Krankheit für den Tod kommt es nicht an (LR-*Dahs* 22 zu § 87). Die Begriffe Krankheit und Behandlung sind im weitesten Sinne auszulegen. Ein Verstoß gegen diese Vorschrift macht die Untersuchungshandlung unwirksam (K/M-G 19 zu § 87; aA KK-*Pelchen* 5 zu § 87: bloße Soll-Vorschrift[169]).

Der behandelnde Arzt darf indes aufgefordert werden, bei der Leichenöffnung anwesend zu sein (§ 87 Abs 2 S 4). In einem solchen Fall ist er sachkundiger Zeuge (§ 85; s 1514 f), ohne daß dadurch ausgeschlossen wäre, ihn – auch über das Ergebnis der in seiner Gegenwart vorgenommenen Leichenöffnung – in der HV auch als Sv zu vernehmen (LR-*Dahs* 23 zu § 87). – Der behandelnde Arzt ist auf Ladung des Richters oder StA (zwecks Vernehmung) an den Ort der Leichenöffnung zum Erscheinen verpflichtet (*Eb Schmidt* 11, LR-*Dahs* 23, beide zu § 87; betr die StA s § 161a Abs 1 S 1).

1954 dd) (1) Ob ein Vertreter der **StA** bei der Leichenöffnung anwesend ist bzw diese überwacht und leitet oder aber allein den Ärzten überläßt, steht im pflichtgemäßen Ermessen der StA (§ 87 Abs 2 S 5; *Rieß/Hilger* NStZ **87** 148).

Am ehesten wird ein StA bei Kapitalverbrechen, nach tödlichen Unfällen zur Rekonstruktion des Unfallgeschehens, bei Todesfällen aufgrund von Schußwaffengebrauch im Dienst oder aber bei solchen im Vollzug freiheitsentziehender Maßregeln oder auch in Verfahren, die ärztliche Behandlungsfehler betreffen, an der Leichenöffnung teilnehmen (s auch RiStBV Nr 33 Abs 4). In anderen Fällen wird es im allg zureichend sein, daß die StA schon vor der Leichenöffnung erforderliche Anordnungen trifft. – Wird die Leichenöffnung allein von den beiden Ärzten vorgenommen, so ist bei Zweifelsfragen (telefonische) Rücksprache mit dem StA zu halten und ggf dessen Weisung einzuholen; so kann der StA sich auch entscheiden, doch noch selbst teilzunehmen (LR-*Dahs* 17 zu § 87).

Nimmt der StA **teil**, so muß er während des gesamten Vorgangs anwesend sein und die Untersuchung leiten (§ 161a Abs 1 S 2 iVm § 78). Dies schließt – in den Grenzen seiner Sachkunde – die Prüfung ein, ob die von den Sv festgestellten Befundtatsachen mit seinen Beobachtungen übereinstimmen. Zugleich veranlaßt der StA beweissichernde Maßnahmen (zB Beschlagnahme von Leichenteilen, Entnahme von Körperflüssigkeiten oder -gewebe, wenn deren besondere Untersuchung geboten erscheint, RiStBV Nr 35 Abs 2 S 1). Der StA kann auch weitere Sv hinzuziehen (zB einen Experten im Falle des Verdachts der Vergiftung, § 91 bzw RiStBV Nr 35 Abs 1 S 2 oder, bei Verdacht der Tötung durch Stromschlag, einen Experten bzgl Elektrotechnik, s RiStBV Nr 36 Abs 2 S 2).

1955 (2) Eine **Beteiligung** des **Richters**, die nur auf Antrag der StA zulässig ist (§ 87 Abs 2 S 6), wird lediglich in Sachen von besonderer Bedeutung (bzw voraussehbar kontroverser Beurteilung) in Betracht kommen, nicht jedoch zur Gewinnung eines nach § 249 Abs 1 S 2 verlesbaren Protokolls (K/M-G 14 zu § 87; tendenziell anders LR-*Dahs* 16 zu § 87 unter Hinweis auf den eigenständigen und idR erheblichen Beweiswert des Protokolls auch dann, wenn einer der beteiligten Ärzte als Sv in der HV vernommen wird).

---

[169] Vgl auch KMR-*Paulus* 22 zu § 87, wonach der Tatrichter den Verstoß bei der Beweiswürdigung zu berücksichtigen haben werde.

V. Untersuchungen (überwiegend) sächlicher Art

Ist der Antrag zulässig, so muß der Richter ihm stattgeben; Erforderlichkeit und Zweckmäßigkeit darf er nicht prüfen. Sofern der Richter neben dem StA an der Leichenöffnung teilnimmt, leitet er die Untersuchung (§ 87 Abs 2 S 6, und zwar einschließlich der Tätigkeit der Sv [§ 78; hM, s nur KK-*Pelchen* 6 zu § 87; aA *K. Müller* 133 b]); eine richterliche Handlung ist sie jedoch nur insoweit, als es sich um die Einnahme des Augenscheins handelt (*Dähn* JZ **78** 641), während sie im übrigen vor allem eine Untersuchung und Befundermittlung durch Sv ist (*Geerds* AKrim **66** 156; LR-*Dahs* 18 zu § 87). – Der auf Antrag der StA zugezogene Richter muß bei der Leichenöffnung von Anfang bis Ende zugegen sein.

(3) **Beschuldigter** und **Vert** sind bei Mitwirkung eines Richters zur Anwesenheit berechtigt (§ 168 d; KMR-*Paulus* 13 zu § 87; zw LR-*Rieß* 6 zu § 168 d; aA die hM, da es sich um keine „eigentliche" Augenscheinseinnahme handele, KK-*Pelchen* 7, LR-*Dahs* 24, K/M-G 15, alle zu § 87). Ob einem von ihnen benannten Sv die Anwesenheit gestattet wird, steht im Ermessen des StA oder des Richters. **1956**

Die Anwesenheit des ermittlungsführenden Kriminalbeamten kann zwar uU zweckmäßig oder gar notwendig sein, mitunter möglicherweise aber auch mit der Gefahr der Beeinflussung verbunden sein.

ee) Die **Protokoll**ierung der von den Sv festgestellten Befunden und Schlußfolgerungen ist stets erforderlich. Sofern ein Richter mitwirkt, gelten die §§ 168, 168 a und (für den Inhalt des Protokolls) § 86. Es handelt sich um eine Niederschrift, die teils Augenscheins-, teils Vernehmungsprotokoll ist. Das Protokoll muß auch von den *Ärzten* unterschrieben werden (§ 168 a Abs 3 S 3). **1957**

In der HV darf das Protokoll nach § 249 Abs 1 S 2 insoweit verlesen werden, als es richterlichen Augenschein beurkundet, wobei das Fehlen der Unterschrift der Ärzte nicht entgegensteht. Die ärztlichen Befunde und deren Begutachtung sind indes nur bei Unterzeichnung durch die mitwirkenden Ärzte und unter den Voraussetzungen der §§ 251, 253 verlesbar; das gleiche gilt für § 256, sofern die Voraussetzungen hinsichtlich beider Ärzte vorliegen (KMR-*Paulus* 20 zu § 87[170]). Ansonsten müssen die Ärzte (RG JW **29** 114: nicht notwendig beide) als Sv vernommen werden, auch wenn sie nur über ihre Wahrnehmungen anläßlich der Obduktion aussagen sollen (*Eb Schmidt* 6 zu § 87; *Dähn* JZ **78** 641; K/M-G 16 zu § 87; aA KMR-*Paulus* 21 zu § 87). **1958**

Waren Richter, Gerichts- oder Institutsarzt, der andere Arzt und ggf der Protokollführer nicht während der gesamten Leichenöffnung anwesend, so ist das Protokoll in der HV auch insoweit *nicht verlesbar*, als es den richterlichen Augenschein betrifft; das gleiche gilt, wenn (unter Verletzung des § 87 Abs 2 S 1) die Leichenöffnung nur von *einem* Arzt vorgenommen worden ist (LR-*Dahs* 25 zu § 87).

d) Zuständig für die Anordnung der **Ausgrabung** einer Leiche (§ 87 Abs 3, 4) ist der nach § 162 zuständige oder der mit der Sache befaßte Richter, der StA nur bei (in der Praxis schwerlich bestehender [LR-*Dahs* 27 zu § 87]) Gefahr der Verzögerung des Untersuchungserfolges (§ 87 Abs 4 S 1). Bei der Ausgrabung sollte ei- **1959**

---

[170] Nach KK-*Pelchen* 7 zu § 87 unter Hinweis auf RG JW **29** 113 mit Anm *Oetker* soll die Verlesung nach § 256 auch dann zulässig sein, wenn beide Ärzte zu übereinstimmenden Ergebnissen gekommen sind, jedoch nur einer von ihnen dem gerichtsärztlichen Dienst angehört; zw.

ner der Obduzenten (RiStBV Nr 34 S 1), bei Verdacht der *Vergiftung* auch ein einschlägig ausgewiesener *Sv* anwesend sein (RiStBV Nr 34 S 3).

Die Benachrichtigungspflicht ggü *Angehörigen* steht unter dem Vorbehalt bestimmter Voraussetzungen (§ 87 Abs 4 S 2 [zum Begriff s § 52 Abs 1]). Ob es sich indes um eine bloße Ordnungsvorschrift handelt, deren Verletzung die Verwertbarkeit der Untersuchungshandlung nicht berührt (so KK-*Pelchen* 8, KMR-*Paulus* 7, LR-*Dahs* 28, alle zu § 87), erscheint nicht ganz zweifelsfrei. – Die Benachrichtigung bedarf keiner besonderen Form; sie ist also zB auch mündlich (bzw fernmündlich) möglich. In der Praxis bereitet die Benachrichtigung dann Schwierigkeiten, wenn die Angehörigen nicht bekannt sind und auch nicht ohne weiteres ermittelt werden können; nach allg Auffassung sind besondere Maßnahmen (zB Ausschreibung im Fahndungsblatt) nicht erforderlich (LR-*Dahs* 28, K/M-G 18, beide zu § 87). – Sind mehrere Angehörige bekannt, so genügt die Benachrichtigung desjenigen, der die engste Verbindung zu dem Verstorbenen hatte (LR-*Dahs* 28 zu § 87).

Der Untersuchungszweck könnte durch die Benachrichtigung uU gefährdet werden, wenn der Angehörige selbst tatverdächtig ist oder Anhaltspunkte dafür bestehen, er werde andere Tatverdächtige unterrichten. Hat der StA zur Benachrichtigung eines Angehörigen keinen bestimmten Antrag gestellt, so kann der Richter häufig das Vorliegen einer solchen Ausnahme nicht sofort beurteilen. In solchem Fall kann er bei Gefahr im Verzug seine Anordnung entspr § 87 Abs 4 S 2 Hs 2 einschränken und das weitere Vorgehen dem StA anheim stellen.

1960 e) Das **Vorzeigen** einer Leiche **zur Anerkennung** (§ 88 S 2) ist entgegen dem Gesetzeswortlaut nur eine Sollvorschrift. Nach hM kann davon abgesehen werden, wenn die Verbringung des Beschuldigten mit Schwierigkeiten (zB Gefahr des Entweichens eines Verhafteten) verbunden wäre. Im übrigen begründet § 88 S 2 keinen Anspruch des Beschuldigten auf Teilnahme an der Leichenöffnung. Steht die Person des Toten fest, so ist eine Anerkennung überflüssig (LR-*Dahs* 2 zu § 88).

1961 **Revision**srechtlich hat die Nichtbefolgung des § 88 S 2 nur in seltenen Einzelfällen Folgen iSd Aufklärungsversäumnisses (zB wenn dadurch die Identität des mutmaßlichen Opfers nicht einwandfrei festgestellt werden kann, es für die Feststellung der Täterschaft jedoch darauf ankommt), dh die Revision kann dann nicht auf die Nichtbefolgung gestützt werden, wenn die Identität des Verstorbenen gleichwohl zweifelsfrei feststeht (KMR-*Paulus* 3, K/M-G 3, beide zu § 88).

Die Maßnahme nach § 88 S 2 stellt im allg keinen Verstoß gegen § 136 a dar, auch dann nicht, wenn sie konkret geeignet ist, die Willensentschließung und -betätigung des Beschuldigten zu beeinflussen, da solches selten auszuschließen sein wird, so daß § 88 S 2 durch § 136 a Abs 1 bedeutungslos würde. Anders verhält es sich (dh ein Verstoß gegen § 136 a liegt vor), wenn mit der Verbringung des Beschuldigten andere Ziele verfolgt werden – zB um „Sühnebereitschaft" zu wecken bzw die Ablegung eines Geständnisses zu erreichen (BGH **15** 189; KK-*Pelchen* 2, LR-*Dahs* 3, beide zu § 88; s 653).

1962 f) Die **Revision** läßt sich mit einem Verstoß gegen § 87 grds nicht begründen (KK-*Pelchen* 9 zu § 87). Anders ist es jedoch dann, wenn der nach § 87 Abs 2 S 3 ausgeschlossene behandelnde Arzt gleichwohl mitgewirkt hat, weil dies das Obduktionsergebnis unverwertbar werden läßt (K/M-G 19, AK-*Maiwald* 15, beide zu § 87; aA LR-*Dahs* 29, KK-*Pelchen* 9, beide zu § 87).

Auf einen Verstoß gegen § 89 kann die Revision nicht gestützt werden (KK-*Pelchen* 2, LR-*Dahs* 2, K/M-G 2, alle zu § 89).

3. Untersuchung bei Verdacht einer Vergiftung

Die Vorschrift des § 91, die § 87 ergänzt, gilt für alle Fälle der Vergiftung („in der **1963** Leiche oder sonst"),[171] also nicht nur für die Tötungsdelikte (§§ 211, 212, 222 StGB), sondern auch für Straftaten nach §§ 229, 324, 326, 330 a StGB (LR-*Dahs* 1, K/M-G 1, beide zu § 91). Sie ist unabhängig davon, ob der Verdacht einer Vergiftung besteht, auch dann einschlägig, wenn es auf die Ermittlung ankommt, ob eine bestimmte Substanz („verdächtige Stoffe") als Gift zu beurteilen ist (LR-*Dahs* 1 zu § 91).

In Fällen eines vollendeten Tötungsdelikts wird die Untersuchung von dem StA oder Richter angeordnet, der die Leichenöffnung nach § 87 Abs 2 leitet (KK-*Pelchen* 1 zu § 91); er wählt auch den – auf dem Gebiet der Giftkunde besonders erfahrenen – Chemiker oder die Fachbehörde aus. Auch für die Anordnung nach § 91 Abs 2 ist der die Leichenöffnung leitende StA oder Richter zuständig.

Der Arzt muß nicht der Obduzent (KK-*Pelchen* 2 zu § 91) und auch kein Gerichtsarzt sein; ob er sachkundiger Zeuge oder Sv ist, hängt von der Art seiner Mitwirkung ab, dh davon, ob es sich schwerpunktmäßig um einen Bericht über Wahrnehmungen oder um gutachtliche Äußerungen handelt (s näher 1514 f).

4. Untersuchung bei Geld- oder Wertzeichenfälschung

Unter die Vorlegungspflicht nach § 92 Abs 1 fallen iSd Straftatbestände der **1964** §§ 146 ff StGB neben Papier- und Metallgeld (§ 146 StGB) auch Wertzeichen iSd § 148 StGB (zB Briefmarken, Stempelmarken und -zeichen, Versicherungsmarken) und Wertpapiere (§ 151 StGB). Die Pflicht zur Vorlage entfällt jedoch, wenn die Fälschung und die Art ihrer Begehung schon durch Augenschein festgestellt werden können (KK-*Pelchen* 1, LR-*Dahs* 2, beide zu § 92).

Wegen der Zuständigkeit der Behörde, die sich nach dem jeweiligen mutmaßlichen Fälschungsobjekt bestimmt, s RiStBV Nr 216. Stammen Wertpapiere (§ 151 StGB) von einer privaten Ausgabestelle, so kommt eine Begutachtung auch durch diese in Betracht (*Eb Schmidt* 1, KK-*Pelchen* 2, beide zu § 92), wobei der private Gutachter als Sv vernommen werden muß (§ 256 also nicht gilt). – Betr „fremde Währungsgebiete" (§ 91 Abs 2) s § 152 StGB.

5. Schriftuntersuchung

Übersicht

	Rn		Rn
a) Allgemeines	1965–1967	c) Schriftvergleichung	1970–1983
b) Besonderheiten bzgl Auswahl und Funktion des Sachverständigen	1968, 1969	d) Stoffbezogene Untersuchung	1984–1989
		e) Befundbewertung und Gefahren der Fehlbeurteilung	1990, 1991

a) Unter den *Begriff* der Schriftuntersuchung fällt eine Vielzahl verschiedener **1965** Methoden. Die Schriftuntersuchung wird idR durch Heranziehung eines Sv vorge-

---

[171] Vgl zum Problem der Nichterkennung einer Intoxikation *Oehmichen/Reiter* Krim **92** 191 ff.

nommen, zumal StA bzw Gericht nur selten über hinreichende eigene Sachkunde verfügen werden (*Eb Schmidt* 1 zu § 93)¹⁷² und der Richter sich daher bei der Beurteilung „allergrößte Zurückhaltung" (LR-*Dahs* 1 zu § 93) aufzuerlegen haben wird. Es muß sich nicht um ein vollständiges Schriftstück, kann sich vielmehr auch etwa um einzelne Worte oder nur die Unterschrift handeln (s aber krit 1975).

1966 Von vorrangiger forensischer wie kriminalistischer Bedeutung (vgl *Michel* Krim 92 473 ff; *Hecker* NStZ 90 463 ff) ist die *Schriftvergleichung* gem § 93 zur Feststellung von Urheberidentität. Hiervon abzugrenzen ist die stoffbezogene Untersuchung eines Schriftstücks oder des verwendeten Schreibmittels (etwa im Hinblick auf sein Alter, Verfälschungen etc).

Von der Schriftvergleichung gem § 93 ebenfalls zu *unterscheiden* ist die Heranziehung eines Sv zur Erbringung eines *psychodiagnostisch-graphologischen* Gutachtens (etwa im allg über den Charakter des Schreibers); diesbzgl bestehen indes erhöhte Bedenken hinsichtlich des Beweiswertes (s auch 1991).

Die Graphologie stellt trotz einer langen Tradition keine Wissenschaft dar, die geeignet wäre, „gerichtsverwertbare" Erkenntnisse zu erbringen. Wie sich bereits aus der von ihr postulierten Doppeldeutigkeit der Schriftmerkmale ergibt, mangelt es ihr insofern an Reliabilität. Vor allem aufgrund primär intuitiver Merkmalserhebung fehlt es ihr ferner insbes schon an der Objektivität der Merkmalserhebung und Bewertung. Schließlich ist auch die Validität ihrer Schlußfolgerungen nicht gewährleistet (vgl zum ganzen insbes *Michel* 3 ff; *Hecker* 45 ff).

1967 Hiernach ist es irrelevant, ob das graphologische Gutachten in seinem Ergebnis im Einzelfall zutreffend sein könnte. Entscheidend bleibt, daß der Weg dorthin für andere nicht nachvollziehbar oder gar überprüfbar ist. Dritten bliebe mithin nichts anderes übrig, als dem Sv zu glauben oder auch nicht. Dies ist jedoch mit der Stellung eines Sv unvereinbar (vgl allg 1508). Psychodiagnostisch-graphologische Gutachten sind mithin auch nicht iS von Beweisanzeichen verwertbar.

Dementspr begegnet es auch Bedenken, wenn im Einzelfall Sv zur Schriftvergleichung iSd § 93, etwa soweit auch der sog „Gesamteindruck" berücksichtigt wird, teilweise Versuche der Charakterdeutung des Schreibers miteinbeziehen;¹⁷³ denn auch bzgl derartiger Wertungen fehlt es am Prinzip der Nachprüfbarkeit (vgl *Rieß* 98: „fachfremde Überlegungen").

1968 b) Bei der *Auswahl* des Sv ist besondere Vorsicht geboten, zumal für das einschlägige Fachgebiet (Schriftvergleichung) eine allg geregelte Ausbildung (bzw Eignungsprüfung) nicht besteht (s *Michel* 19),¹⁷⁴ und die Verschiedenheit der von den jeweiligen Sv verwandten Methoden mitunter eine gewisse Skepsis ggü Verläßlichkeit und Überprüfbarkeit nahelegt (vgl auch BGH 10 119).

Im einzelnen wird sich die Auswahl grds nach der Art der vorzunehmenden Untersuchung einerseits und den vorhandenen Forschungsmitteln (auch iS physikalisch-technischer Untersuchungsmöglichkeiten) des Sv andererseits (vgl etwa *Hecker* NStZ 90 468 f) zu richten haben.¹⁷⁵

---

¹⁷² Nach ANM 235 ist neben der Würdigung des Gutachtens eine Augenscheinseinnahme (s § 86) nicht erforderlich.

¹⁷³ Insbes bei erheblichen Zeiträumen zwischen der Entstehung der zu vergleichenden Schriften sei die Frage der Schriftentwicklung nicht ohne weiteres von derjenigen nach der Persönlichkeits- oder gar Charakterentwicklung zu trennen (vgl auch LR-*Dahs* 3 zu § 93).

¹⁷⁴ Die Unterrichtung im Rahmen der polizeilichen Ausbildung erfüllt demggü eher Teilfunktionen.

¹⁷⁵ Zwar liegt seit 1987 ein von der Industrie- und Handelskammer eingesetzter und verbindlicher Katalog von Qualifikationserfordernissen vor, jedoch ist nach wie vor die Bezeichnung „Schriftsachverständiger" nicht gesetzlich geschützt (s n dazu *Hecker* 93 69 ff).

V. Untersuchungen (überwiegend) sächlicher Art

Bzgl der Befundbewertung und Urteilsbildung in der Schriftvergleichung scheint die Berechnung und Angabe eines prozentualen Wahrscheinlichkeitsgrades mangels hinreichender empirischer Grundlage entbehrlich, da (zumindest bislang) nur geeignet, ein Maß an Exaktheit vorzuspiegeln, das notwendigerweise trügerisch ist (vgl *Bayer/Rieß* AKrim **86** [1. Halbj] 49 ff, 55). Zudem könnte solches (neben der Gefahr von Mißverständnissen) in der Praxis von den entscheidenden tatsächlichen Grundlagen eher ablenken. Üblich ist demgü eine Wahrscheinlichkeitsabstufung, die unterscheidet zwischen „mit an Sicherheit grenzender Wahrscheinlichkeit", „mit sehr hoher Wahrscheinlichkeit", „mit hoher Wahrscheinlichkeit", „wahrscheinlich", „möglich" bzw „non-liquet" (vgl *Hecker* NStZ **90** 467); allerdings erweist sich selbst eine derartige Skala als weithin willkürlich (vgl *Conrad*, in: FS-Michel 232).

Hat das Gutachten ausschlaggebende Bedeutung, ist die Bestellung mehrerer Sv erforderlich, zumal selbst bei anerkannten Experten die Gefahr einer Fehlbeurteilung nicht ungewöhnlich ist (*Eb Schmidt* Nachtr I 6; *Peters* Fehlerquellen II 182; *Lange* FG-Peters II 194).

Str ist, ob der Sv Akteneinsicht erhalten oder sein Gutachten *nur* auf die Schriftuntersuchung stützen sollte (so Celle NJW **74** 616; LR-*Dahs* 7, K/M-G 1, beide zu § 93; einschr aber sodann Celle StV **81** 608 mit Anm *Barton*; aA *Händel* Krim **76** 495; *Ockelmann* Krim **76** 21 ff; *Pfanne* NJW **74** 1439; einschr Bach Krim **75** 248; KK-*Pelchen* 4 zu § 93: nur, wenn triftige Gründe es im Einzelfall gebieten). **1969**

Nach der empirischen Untersuchung von *M. Rieß* wurden in 96,8% der Fälle die Akten übersandt (S 70); Anhaltspunkte für Beeinflussungen durch den Akteninhalt, dh für mangelnde Objektivität, hätten sich nicht ergeben (S 68 f).

c) Unter forensischer **Schriftvergleichung** wird die vergleichsanalytische Gegenüberstellung von Schreibleistungen unter Zuhilfenahme physikalisch-technischer Verfahren mit dem Ziel der Urheber*identifizierung* forensisch relevanter Schriftstücke verstanden (*Hecker* 55). Hierunter fallen sowohl Authentizitätsprüfungen von Schriftstücken anhand von Vergleichsschriftmaterial, als auch die Identifikation eines Schreibers innerhalb einer Sammlung bekannter Schriftproben aufgrund von Merkmalen seiner Handschrift (*Michel* Krim **92** 473). **1970**

aa) **Handschrift**vergleichung, soweit sie sich als empirische Wissenschaft versteht, beruht auf der Auffassung, daß Handschrift ein physiologisch-biomechanisch determiniertes, durch Lernprozesse geprägtes individuelles Verhaltensergebnis darstellt, hinsichtlich dessen sich Individuen unterscheiden lassen (*Hecker* 81). Allerdings unterliegt die Handschrift bestimmten *Veränderungen*, wobei zwischen *natürlichen* (zB durch Lebensalter, Krankheit, Medikamente bzw Rauschmittel) und *absichtlichen* (zB Verstellen, Nachahmen einer fremden Handschrift) Formen unterschieden wird; hinzukommen Auswirkungen ungewöhnlicher Schreibbedingungen. **1971**

Verstellte Handschriften sind insoweit einer vergleichenden Untersuchung zugänglich, als Verstellungstechniken oftmals bestimmte unbeabsichtigte Begleitsymptome (Sekundärmerkmale) in der Schrift hervorrufen, deren Ausprägung mit der einer entspr als „verstellt" erhobenen Probe verglichen wird (s *Hecker*, in: Kube ua **93** Rn 16 ff zu Kap 18).

(1) (a) Im einzelnen wird davon ausgegangen, daß sich unter dem Einfluß der Physis, der individuellen Reizverarbeitung sowie nuanciert unterschiedlicher Umweltprägung bereits in der **Phase** des **Schrifterwerbs** von einem gemeinsamen Standard aus, der sog Schulvorlage,[176] individuelle Schreibstile entwickeln, die ua **1972**

---

[176] S speziell betr türkische Schriften *Wagner* KrimForensWiss **94** 57 ff.

durch die Schriftgröße, die Regelmäßigkeit, Enge und Weite, den Neigungswinkel, die Bindungsform, die Proportionen sowie die „Abschleifung" unhandlicher Buchstaben (wie zB „s", „z", „ß", „w", „h" und „k") in ihrer Einzigartigkeit bestimmt werden. Hierbei gilt ungeachtet der Phasen geringerer Stabilität im jüngeren und höheren Lebensalter eine *interne Konsistenz* als gesichert (vgl *M. Rieß* 13; *Wigger* 345: „relativ konstant"; *Hecker* 87 f). Allerdings ist die Grundannahme der Singularität von Schreibleistungen nicht mehr als eine plausible, zumal bislang nicht falsifizierte These, die ohnehin nicht verifizierbar ist.

Irreführend wäre es, die Einzigartigkeit einer Schreibleistung mit der eines Fingerabdruckes vergleichen zu wollen; denn während letzterer stets in exakt gleicher Weise reproduzierbar ist, gilt dies für erstere gerade nicht. Eine absolute Identität iSv Deckungsgleichheit deutet bei Schriftzügen sogar auf Fälschung hin (vgl *Hecker* 88: „Nullvariation").[177]

(b) Im übrigen wird bei Schreibleistungen allg von einer *Variationsbreite* der schreibenden Person ausgegangen. Dabei ist nicht hinreichend geklärt, ob Handschriften verschiedener Personen sich derart ähneln können, daß auch von Sv, trotz Vorliegens einer reichhaltigen Auswahl guter Schriftproben und selbst mit Hilfe modernster Untersuchungsmöglichkeiten, nicht zuverlässig beurteilt werden kann, ob sich die Schriften innerhalb der Variationsbreite eines Schreibers bewegen, oder ob diese möglicherweise von der Variationsbreite eines anderen Schreibers gleichsam überlagert werden.[178]

1973 (2) (a) Eine systematische Vorgehensweise fördert idR die Objektivität der Merkmalserhebung und -bewertung ebenso wie die Validität der Schlußfolgerungen eher als ein (nur) „intuitiver" Zugang. Dabei sollte die Untersuchung nach Möglichkeit vor allem folgende neun graphischen **Grundkomponenten** einbeziehen (s *Michel* Krim **92** 478; zur Erörterungspflicht des Gerichts s Frankfurt StV **94** 9): Strichbeschaffenheit (insbes Sicherheit und Elastizität der Strichführung und ihre Störungen); Druckgebung (etwa erkennbarer Druckverlauf); Bewegungsfluß, dh Strich- und Erfolgsgeschwindigkeit sowie Grad und Art der Verbundenheit (= Häufigkeit und Position der Unterbrechungen des Bewegungsflusses); Bewegungsformen und Formgebung (betr die Frage, wie der Schreiber die Schulvorlage modifiziert hat); Bewegungsrichtung (Bewegungsabläufe, Neigungswinkel, Verlaufseigentümlichkeiten, Zeilenführung); vertikale Ausdehnung; horizontale Ausdehnung; vertikale Flächengliederung (zB Oben- und Untenrand, Zeilenabstände usw); horizontale Flächengliederung (zB Links- und Rechtsrand, Wortabstände usw).

1974 (b) Mängeln einer Objektivierung kann zT durch Anwendung einer **computergestützten** Handschriftenauswertung begegnet werden.[179] Die Möglichkeiten der EDV erlauben es, das graphische Erscheinungsbild einer Handschrift mit Para-

---

[177] Vgl auch *Michel* Krim **92** 475, der zugleich die Bedeutung von Mehrkanal-Videovergleichsanlagen zur Feststellung solcher Deckungsgleichheit darstellt.

[178] Vgl hierzu eine differenzierte und eindrucksvolle Falldarstellung (*Michel* AKrim **93** [1. Halbj] 167 ff, 172 ff), die nachhaltig die unverminderte Relevanz der insbes schon von *Peters* (Fehlerquellen II, 179) geäußerten Bedenken verdeutlicht.

[179] Ein entspr, als **FISH** (Forensisches Informationssystem Handschriften) bezeichnetes System ist bereits seit den siebziger Jahren im Kriminaltechnischen Institut des BKA in Anwendung und wird fortlaufend weiterentwickelt (vgl etwa *Kuckuck*, in: BKA **90** 207 ff; *Hecker* 313 ff; *Wagner* KrimForensWiss **94** 65 ff).

metern zu beschreiben, die zwar als solche unanschaulich sind, aber zwischen Handschriften verschiedener Urheberschaft mit einer hohen und empirisch überprüfbaren Genauigkeit zu unterscheiden vermögen (sog **Trennschärfe**). Durch die exakte Meßbarkeit der Schriftmerkmale wird die Subjektivität des Verfahrens weitgehend reduziert und gleichzeitig eine zuverlässige Vergleichsgrundlage geschaffen.

Zu besorgen bleibt allerdings, daß die im Vergleich zu herkömmlichen Verfahren anspruchsvollere Methodik und höhere Vergleichsgenauigkeit die Tendenz mit sich bringt, zu unkritischer Akzeptanz zu führen. Demggü fehlen nach wie vor repräsentative Daten über die Häufigkeitsverteilung von Schriftmerkmalen in der Bevölkerung,[180] so daß Wahrscheinlichkeitsschätzungen bzgl der Urheberschaft einer bestimmten Schriftprobe nicht zu empirisch ermittelten Grundwahrscheinlichkeiten in Beziehung gesetzt werden können, mit der Folge, daß an dieser (mit-)entscheidenden Stelle auf die *subjektiven* Erfahrungen des Beurteilenden *zurückgegriffen* werden muß. Dabei ist auch zu berücksichtigen, daß solche Grundwahrscheinlichkeiten über die Zeit hinweg Veränderungen unterworfen sein können; dies erscheint schon deshalb naheliegend, weil auch die grundschuldidaktischen Vorgaben des *Schreibenlernens*, von denen die spätere Handschrift eines Menschen in ihren Grundzügen geprägt wird (s 1971), einem gewissen Wandel unterworfen sind.[181] Die Grundwahrscheinlichkeit des Vorliegens eines Schriftmerkmals kann damit innerhalb einer bestimmten, etwa durch Geburtsjahrgang, Ort des Schulbesuchs und Ausbildungsgang gekennzeichneten Teilpopulation ungleich höher sein als innerhalb der *Gesamt*population. Damit besteht zumindest grds die Gefahr, daß das Ergebnis eines (computergestützten) Schriftvergleichs mit einer hohen Wahrscheinlichkeit iS einer Identität der Urheber der Schriftproben interpretiert wird, obgleich die tatsächliche Wahrscheinlichkeit der Identität viel niedriger liegen würde.

(3) (a) Unverzichtbare Grundlage für die Durchführung der Untersuchung sind **1975** – zumal ansonsten physikalisch-technische Untersuchungsverfahren nicht möglich sind – das **Original** des fraglichen Schriftstückes[182] (vgl auch Braunschweig NJW **53** 1035; LG Berlin MDR **64** 694; LR-*Dahs* 5 zu § 93),[183] **quantitativ und qualitativ ausreichendes** Schriftmaterial sowie (hinreichende) Informationen über die angeblichen oder tatsächlichen Entstehungsbedingungen der Schreibleistung.

Stehen nur kurze Abschnitte zur Verfügung (zB bei Unterschriften), so kann die *Repräsentativität* des untersuchten Materials für die Handschrift des Urhebers *zw* sein, so daß uU sogar eine weitgehende Übereinstimmung mit einer Vergleichsstichprobe nur auszusagen vermag, ob sie von demselben Urheber stammen *könnte*, ohne daß Aussagen über die Wahrscheinlichkeit identischer Urheberschaft möglich sind.

---

[180] Die zB dem FISH (vormals) zugrundeliegenden Schriftproben von 100 BKA-Bediensteten (s *Hecker* **93** 314 f) können nicht als repräsentativ gelten.
[181] Zu den Möglichkeiten, Handschriften dem Land des Grundschulbesuchs des Schreibenden zuzuordnen, s *Hecker* **93** 334.
[182] Speziell zur Wiederlesbarmachung von Schriftzügen, die durch Feuchtigkeit partiell verflossen sind, s. *Hussong/Michel* AKrim **93** (2. Halbj) 102 ff.
[183] Soweit in besonders gelagerten Ausnahmefällen auch anhand von Nicht-Originalen Aussagen für möglich erachtet werden, ist dies näher zu begründen, vgl *Michel* Krim **92** 478.

(b) Bzgl des Vergleichsschriftmaterials versteht es sich von selbst, daß die **Identität sicher** sein muß (RG **15** 319 f; zu simpler Falschzuschreibung einer Vergleichsprobe s *Hecker,* in: Kube 93 Rn 20 zu Kap 18). Es sollte sich um möglichst *unbefangenes Schriftmaterial* (s auch 1990) handeln,[184] das in etwa zur gleichen Zeit wie die fragliche Schreibleistung und (im Idealfall) auch unter ähnlichen (vermuteten) Bedingungen entstanden ist. Wertvoll ist es, wenn das Vergleichsmaterial einen möglichst weiten Überblick über die Variationsbreite der jeweiligen Handschrift gibt.

1976 *Ablichtungen* sind nur eingeschränkt als Vergleichsmaterial tauglich;[185] sie dürfen nur verwendet werden, wenn Originale nicht verfügbar sind (BGH NJW **82** 2875; Celle StV **81** 608 m Anm *Barton;* Düsseldorf StV **86** 376 f; Köln StV **81** 539; *Jessnitzer/Frieling* 399; *Hecker* NStZ **90** 466).

(c) Ist das *Schriftmaterial* nur *eingeschränkt verwertbar* oder mangelt es an erforderlichen Begleitinformationen bzgl seines Zustandekommens, so muß dies in der erforderlichen Klarheit im *Gutachten* festgestellt werden. Sv, die für sich in Anspruch nehmen, auch aus dem „dürftigsten Material" noch „etwas herauszuholen" und gar zu „eindeutigen Schlußfolgerungen" gelangen zu können, wecken begründete Zw an ihrer Sachkompetenz (vgl *Michel* Krim **92** 479).

1977 (4) (a) Weder der Beschuldigte (BGH **34** 46; RG **15** 319; *Eb Schmidt* 4 zu § 93) noch Zeugen (LR-*Dahs* 6, *Eb Schmidt* 5, beide zu § 93) dürfen gezwungen werden, *Vergleichsschriften anzufertigen;* ohnehin wäre eine ungewollt (oder gar unter Zwang) angefertigte Vergleichsschrift von nur geringem Beurteilungswert. Aus der Weigerung zur Abgabe einer Schriftprobe dürfen keine für den Beschuldigten nachteiligen Schlüsse gezogen werden (KK-*Pelchen* 2, K/M-G 2, beide zu § 93; s auch BGH **34** 46), zumal ein Mißtrauen ggü der Verläßlichkeit einschlägiger Gutachten im allg ein verständlicher Weigerungsgrund sein kann; der Hinweis auf solche Schlüsse ist eine unzulässige Drohung. – Durch Drohung oder Täuschung erlangte Schriftproben sind nicht verwertbar (K/M-G 2 zu § 93; s auch BGH **34** 46).

(b) Bei der Beschaffung von Schriftproben sind die einschlägigen Richtlinien des BKA (s LR-*Dahs* 10 zu § 93; *Michel* 224 ff) einzuhalten (s auch 1973). Ggf sind Vergleichsschriftstücke zu beschlagnahmen (§ 94).

1978 bb) Große Bedeutung hat in der kriminalistischen und forensischen Praxis auch die kriminaltechnische Untersuchung an **Maschinen**schriften (zB Typenhebel, Kugelkopf und Typenrad, bislang eingeschränkt auch Matrixdrucker) erlangt.[186] Gegenstand der Untersuchung ist zumeist nicht das Schreibgerät selbst, sondern die mit Hilfe eines solchen erzeugte Schrift. Sowohl die Art der Untersuchung als auch ihr möglicher Aussagegehalt richten sich zT nach der Bauart der verwendeten Schreibmaschine.

Hauptsächlich wird im Rahmen von Maschinenschriftuntersuchungen den Fragen nachgegangen, mit *welchem* Maschinen*modell* ein Schriftstück hergestellt wurde,

---

[184] Zu den zT gravierenden Veränderungen, die eine Handschrift (Unterschrift) durch andere/ungewohnte Schreibgeräte erfahren kann, s *Hecker* **93** 101 ff.

[185] Zur Begutachtung von Nicht-Originalen vgl *Bekedorf/Hecker,* in FS-*Michel* 149 ff.

[186] Vgl in Abgrenzung zu diesem Bereich zu Präge-, Buch-, Hoch-, Tief- oder Flachdruckerzeugnissen *K.D. Pohl* 272 f.

ob es gar einer *bestimmten Maschine* zugeordnet werden kann (die ggf von anderen Dokumenten her bekannt ist), *wann* ein Dokument erstellt worden sein kann, und ob dies in einem *Arbeitsgang* erfolgt ist.

(1) (a) Während bei den zumeist älteren Typenhebelmaschinen fast ausschließlich die Schrift untersucht wird, ist es bei Kugelkopf- und Typenradmaschinen häufig erforderlich, neben dieser auch das verwendete Karbonband zu untersuchen (vgl *Kricsanowitz* NStZ **93** 320). Eine Systembestimmung, dh eine Zuordnung der Schrift zu einer Maschine etwa aufgrund von Besonderheiten des Geräts bzw eine Bestimmung der verwendeten Kugelkopfes oder Typenrades ist wegen der Auswechselbarkeit des schreibenden Elements (dh Kugelkopf oder Typenrad), nur noch in Ausnahmefällen (zB wenn sich nach längerem Gebrauch Verschleißerscheinungen im Schriftbild erkennen lassen) möglich (vgl *Pfefferli*, in Teufel 98). Von großem praktischen Wert als Spurenträger ist demggü gerade bei diesen Geräten das für den einmaligen Gebrauch bestimmte Farb- oder Korrekturband. **1979**

Mit Hilfe einer beim BKA geführten Sammlung, in welcher nach Schriftgröße und -charakter, Buchstabenneigung und -abstand sowie Formfaktoren nach Schlüsselbuchstaben geordnet Schriftmuster fabrikneuer Modelle archiviert sind, gelingt uU die Bestimmung der zu identifizierenden Schrift, indem diese unter einem Mikroskop mit einem Objektmikrometer vermessen und mit den entsprechenden Daten aus der Mustersammlung verglichen wird. Ist auf solche Art die Systembestimmung erreicht, so läßt sich regelmäßig auch ermitteln, seit wann es die Schrift „gibt", was bisweilen bzgl der Frage der Datumsechtheit einer Urkunde sehr hilfreich ist. Ist bekannt, auf welchem Modell der Text gefertigt wurde, so können nicht selten bspw durch Verschleißerscheinungen, Justierungs- oder Mechanismusdefekte verursachte individuelle Merkmale der Schrift ermittelt werden (s betr Typendefekte *Schock* AKrim **86** [1. Halbj] 34 ff), mit deren Hilfe im Idealfall Schriftstücke einer Schreibmaschine bereits vorliegenden Dokumenten (ggf auch einer noch nicht bekannten Schreibmaschine) zugeordnet werden können. Besitzt eine Schrift einen ausgeprägten Merkmalskomplex, so kann der Umstand, daß dieser sich langsam oder auch stetig entwickelt hat, die Bestimmung der Reihenfolge, in der verschiedene Schriftstücke auf der gleichen Maschine gefertigt wurden, ermöglichen. **1980**

Eine Zweiteinspannung eines Dokumentes in eine Schreibmaschine läßt sich in aller Regel mit Hilfe von Meßrastern nachweisen, die eine Abweichung in der Zeilen- oder Kolonnenparallelität erkennen lassen (vgl zum ganzen *Kriscanowitz* NStZ **93** 320 ff). **1981**

(b) Bei *Matrixdruckern* lassen sich wegen der Möglichkeit der Erzeugung durch ein Computerprogramm kaum Rückschlüsse auf eine bestimmte Maschine machen (vgl *Kricsanowitz* NStZ **93** 320; *Pfefferli*, in: Teufel 98). **1982**

Der Aufbau einer auch nur annähernd vollständigen Mustersammlung erweist sich aufgrund der umfangreichen Variationsmöglichkeiten der verschiedenartigen Modelle (bislang) als nicht realisierbar; die Entwicklung der Geräte ist weiterhin im Fluß.[187]

Bei der Altersbestimmung von Dokumenten erweist sich die Tatsache, daß bestimmte Druckermodelle nur kurze Zeit hergestellt und verkauft werden, als hilfreich. Im übrigen richten sich die Untersuchungen auf das verwendete Schreibmittel (wie Toner bei Laserdruckern und Tinte bei Tintenstrahldruckern), dh es ergeben sich Überschneidungen zur stoffbezogenen Untersuchung (s n 1984 ff).

(2) Zur Klärung der Frage, ob verschiedene Maschinenschriftstücke von derselben schreibenden **Person** verfaßt wurden, wird wiederum davon ausgegangen, daß – in ähnlicher Weise wie die Handschrift – auch der Umgang mit der Schreib- **1983**

---

[187] Zur Identifizierung von Kopierern anhand von (mit diesen hergestellten) Kopien vgl *Holyst* AKrim **89** (2. Halbj) 93 ff.

maschine individuelle Züge trägt (vgl *Legien* AKrim **85** [1. Halbj] 40 ff). Solche Merkmale könnten sich ergeben aus dem erreichten Grad der Fertigkeit im Umgang mit der Schreibmaschine (zB „charakteristische Tippfehler", Gleichmäßigkeit des Anschlages usw), den Gewohnheiten in der Gestaltung des Layout (Ränder, Leerstellen, Einrückungsgewohnheiten etc), sowie der Sprachbeherrschung (zB Orthographie, Zeichensetzung; vgl *Huber* KrimForensWiss **93** 83 ff). Freilich sind solche Untersuchungen allenfalls bei Schriftstücken sinnvoll, bzgl deren eine gezielte Täuschungsabsicht über ihren Urheber auszuschließen ist, da die genannten Schreiber„merkmale" unschwer nachgeahmt werden können, ohne daß derlei „Fälschungen" erkannt werden.

Mithin vermögen solche an „individuellen Zügen" des Schreibmaschinengebrauchs orientierten Untersuchungen möglicherweise von kriminalistischer, nicht aber von forensischem Wert zu sein, da sie nur vage Anhaltspunkte liefern, die allenfalls iZm anderen, und zwar zuverlässigeren Beweismitteln eine gewisse Beweiskraft entfalten können. Ohnehin ist festzustellen, daß aufgrund zunehmender Verwendung solcher elektronischer Schreibmaschinen, die keine Rückschlüsse auf den Anschlag ihres Benutzers zulassen und eine spurenlose Fehlerbeseitigung ermöglichen, die Aussagekraft solcher Verfahrensweise stark abgenommen hat.

1984 d) Von besonderer Bedeutung ist demggü eine **stoffbezogene Untersuchung** des (papierenen) Schriftträgers oder des verwendeten Schreibmittels mit Hilfe *physikalisch-technischer* oder *chemischer* Verfahren. Im Rahmen einer Urkundenuntersuchung empfiehlt sich eine gründliche Vorinspektion evtl unter Verwendung von Farbfiltern auch im Hinblick auf mögliche sonstige Spuren (*Michel* Krim **92** 474 f).

1985 aa) (1) Bei der forensischen Untersuchung papierener **Schriftträger** (vgl zu nicht-papierenen *Hecker* 132 mwN) kann idR zunächst die Papierzusammensetzung bestimmt werden (s *K.D. Pohl* 255 ff), was gelegentlich Rückschlüsse auf die Herkunft sowie die Herstellungszeit zuläßt (vgl *Pfefferli*, in: Teufel 103).

So konnte bspw bei den gefälschten Hitler-Tagebüchern schon mit Hilfe der Analyse der verwendeten optischen Aufheller nachgewiesen werden, daß sie zumindest nicht vor 1955 entstanden sein konnten (vgl *Gössweiner-Saiko* 113; *Steinke* AKrim **84** [2. Halbj] 162).

Von großem Interesse sind auch – ggf mit Hilfe des elektrostatischen Abbildungsverfahrens (sogenannte ESDA-Technik) sichtbar zu machende latente – Durchdruckrillen und Prägespuren.

1986 (2) Schwierigkeiten bereitet die Schriftaltersbestimmung mit Hilfe von Oberflächen-Tastschnittgeräten. Bei dieser Methode wird davon ausgegangen, daß sich beim Schreibvorgang erzeugte Schriftdruckrillen zeitabhängig zurückbilden und mithin unter Einsatz über hohe Meßgenauigkeit verfügender Geräte im Idealfall Rückschlüsse auf den Fertigungszeitpunkt ermöglichen (vgl *Conrad/Rieß* AKrim **85** [2. Halbj] 26 ff). Tatsächlich ist jedoch zw, ob auf diese Weise für die forensische Praxis hinreichend gesicherte Erkenntnisse ermöglicht werden.

Im einzelnen ergab eine von den Fachgruppen Urkunden (KT 41) und Technische Forschung (KI 21) des BKA durchgeführte Untersuchung gravierende Mängel und führte im Ergebnis zu den Feststellungen, daß bei Recycling-, Euroscheck- und Verbandpapier aufgrund ihrer verhältnismäßig großen Grundwelligkeit diese Methode völlig versagt, bei Schreibmaschinenpapier (mit einem Flächengewicht von etwa 80 g m^{-2}) eine Bestimmung der zeitlichen Abhängigkeit der Schreibrillenbildung gleichfalls nicht möglich ist und selbst bei sogenanntem Barytpapier, welches besonders geglättet und speziell im Offsetdruck gebraucht wird (Flächengewicht: 126g m^{-2}), sofern es auf einer weichen Unterlage beschrieben wurde, quantitative Aussagen nur innerhalb der ersten 24 Stunden nach Erstellung möglich sind; bei Verwendung einer harten Schreibunterlage war dies noch nicht einmal innerhalb dieses Zeitraumes der Fall (vgl zum ganzen *Köhler/Linke* AKrim **89** [1. Halbj] 108ff).

bb) Bei der forensischen **Schreibmittel**untersuchung geht es vorwiegend um die Bestimmung des verwendeten Schrifteinfärbungsmittels, das bisweilen seinerseits Rückschlüsse auf das Alter zuläßt. Auch spielen Tintenuntersuchungen bei der Prüfung von Textveränderungen durch Tilgungen oder Zusätze von Schrift oder Textteilen eine wesentliche Rolle (*Pfefferli*, in Conrad 192f).

(1) Charakteristische Strichbildstrukturen vermitteln idR einen ersten Aufschluß auf das verwendete Schreibgerät (Füllfeder, Kugelschreiber, Faserschreiber, Tintenkugelschreiber, ausradierbarer Kugelschreiber usw). Die nähere Untersuchung des Schrift*einfärbungs*mittels geschieht sodann zunächst mit Hilfe verschiedener zerstörungsfreier lichttechnischer Verfahren, sei es, daß sichtbares Licht als Beleuchtungsquelle eingesetzt wird (Auflicht, Schräglicht, Durchlicht), sei es, daß Licht unterschiedlicher Wellenlängen als Anregungsquelle für Bestandteile des jeweiligen Untersuchungsobjektes dient, um ein bestimmtes Absorptions- bzw Reflexionsverhalten erkennen und möglichst messen zu können (*Hecker* 140; *Michel* Krim **92** 474).

Mittels einer spektrafotometrischen Untersuchung können die einzelnen Farbanteile eines resultierenden Gesamt-Farbeindrucks analysiert, dh ein Schrifteinfärbungsmittel in seine spektralen Komponenten zerlegt werden (vgl *Pfefferli*, in: Teufel 101).

(2) Insbes bei der relativen *Alters*bestimmung (etwa zur Klärung der Frage, ob bestimmte Schriftsätze nachträglich entstanden sind) gilt die Untersuchung von Strichkreuzungen als besonders geeignetes Verfahren (vgl *Michel* Krim **92** 475f); es gründet darauf, daß ein Strich, der unter einem anderen liegt, zwangsläufig als erster gesetzt worden sein muß. Dabei sind desto sicherere Aussagen möglich, je unterschiedlicher die an der sich kreuzenden Stelle verwendeten Schreibmittel sind (*Pfefferli*, in: Teufel 102). Moderne Raster-Elektronen-Mikroskope haben sich hierfür als kaum entbehrliche Hilfsmittel erwiesen (vgl *Oehmichen* ua ZRechtsmed **89** [Bd 102] 219ff; *Michel* Krim **92** 476; *Pfefferli*, in Teufel 102), zumal lichttechnische Verfahren das zu untersuchende Papier nicht zerstören (vgl *Hecker* 142 mwN).

Bzgl Kreuzungen zwischen Kugelschreiber- und Maschinenschriften, die mit „lift off" korrigierbaren Film-Farbbändern eingefärbt sind, scheint auch eine recht aussagekräftige Untersuchungsmethode in dem „Abziehen" der Maschinenschrift mit Hilfe transparenter Klebefolie zu bestehen. Liegt der Kugelschreiberstift über der Maschinenschrift, so erscheint auf der Folie die Maschinenschrift lückenhaft – mit Ausnahme der Stellen, die durch den Kugelschreiberdruck förmlich auf dem Papier festgehalten werden. Liegt die Kugelschreiberschrift hingegen unter der Maschinenschrift, so „gehen die Schnittstellen mit", dh man erhält auf der Folie die vollständige Maschinenschrift. Nachteil dieser Methode ist allerdings, daß die Urkunde zerstört wird (vgl zum ganzen *Diekmann* AKrim **87** [1. Halbj] 110ff), was auch durch eine möglichst optimale fotografische Abbildung des Dokuments nicht ausgeglichen werden kann (*Hecker* 139).

Speziell bei der Bestimmung der verwendeten *Kugelschreiberpaste* scheinen die Möglichkeiten optischer Untersuchungsverfahren jedoch nach wie vor begrenzt. Selbst die röntgenmikroanalytische Untersuchung mit Hilfe eines Raster-Elektronen-Mikroskopes vermag zur Differenzierung von Kugelschreiberpasten keine hinreichend sicheren Feststellungen zu ermöglichen, sofern nicht die Kugel getrennt von der Paste analysiert werden kann (vgl *Tollkamp-Schierjott* AKrim **92** [1. Halbj] 153 ff; s aber zur Thermospray-Massenspektromie *Verwej ua* AKrim **93** [2. Halbj] 65 ff). Andererseits entstehen gerade bei Kugelschreibern, wenn die Paste die Kugel nicht vollständig bedeckt, sogenannte Zentrifugallinien (dabei handelt es sich um eine Ablagerungscharakteristik der Kugelschreiberpaste), welche die Strichrichtung erkennen lassen und dadurch Rückschlüsse auf die verwendete Schreibhand ermöglichen (vgl *Hecker* 140 f mwN).

1989 (3) Führen lichttechnische bzw physikalisch-technische Untersuchungsverfahren nicht weiter, verbleiben als „ultima ratio" die **zerstörenden** chemischen Verfahren. Nachteilig ist, daß – auch im Hinblick auf eine etwaige Zweitbegutachtung – wichtige und möglicherweise entscheidende Details verlorengehen.

Als gängige Methoden gelten hierbei die Dünnschicht-Chromatographie (DC) und in ihrer Erweiterung das automatisierte Mehrfachentwicklungsverfahren (AMD-System von CAMAG), die Spektralfotometrie, der sogenannte „Spottest" und die Densitometrie. Bei diesen Verfahren werden Schreibmittelproben (mit Hilfe von Lösungsmitteln) genommen und auf neutralem Untergrund in ihre einzelnen Farbkomponenten zerlegt, deren relative Konzentration sodann bestimmt und in seltenen Fällen anhand einer Referenzsammlung einem entspr Muster zugeordnet werden kann. Ferner kann versucht werden, anhand des quantifizierbaren Maßes an flüchtigen Bestandteilen der Substanz eine Rückrechnung vorzunehmen. Freilich setzt dies zuverlässige Vergleichsdaten hinsichtlich des speziellen Schrifteinfärbungsmittels auch unter Berücksichtigung des Einflusses des Schriftträgers bzw von Umweltvariablen voraus. Dies ist zumeist nicht mit der erforderlichen Zuverlässigkeit möglich (vgl zum ganzen *Hecker* 152 ff).

Im einzelnen scheinen mit Hilfe der Dünnschicht-Chromatographie eher als mit physikalisch-technischen Methoden zuverlässige Angaben zur Bestimmung einer verwendeten Kugelschreiberpaste möglich zu werden (vgl *Köhler/Seiler* AKrim **92** [1. Halbj] 9 ff).

1990 e) aa) Nach hM kann der Schluß des Sv, der Beschuldigte sei mit Sicherheit der Urheber der Schrift, nicht nur als zusätzliches Beweisanzeichen verwandt werden, sondern allein vollen **Beweis** erbringen (BGH NJW **82** 2882; Braunschweig NJW **53** 1035; KK-*Pelchen* 4, LR-*Dahs* 8, beide zu § 93; *Bohne* NJW **53** 1378; *Deitigsmann* NJW **57** 1867 ff; aA Duisburg JR **53** 311 mit Anm *Scheffler*). Gleichwohl ist die **Gefahr** einer **Fehlbeurteilung** oftmals nicht auszuschließen und daher zumindest äußerste Vorsicht bei der Beweiswürdigung erforderlich (BGH **10** 116 ff; Celle StV **81** 608; Düsseldorf NStZ **87** 137 = JR **87** 258 mit Anm *Breidling*); die Gefahr gilt im allg als umso größer, je weniger Vergleichsmöglichkeiten bestehen (Celle NJW **74** 617; StV **81** 608; s auch *Falck* JR **56** 257), zB bei nur kurzer Niederschrift (Köln StV **81** 539) und besonders dann, wenn die Schriftstücke nicht unbefangen zustande gekommen sind (s etwa Düsseldorf StV **91** 456; *Deitigsmann* JZ **53** 495; *ders* NJW **57** 1868; *Schlothauer* StV **81** 584; *Pfanne* Krim **63** 453 f; *Philipp* Krim **73** 258). Andererseits ist das Gericht zB nicht verpflichtet, (seitens des Angekl oder Zeugen etwa) angebotene Schriftproben heranzuziehen, wenn unbefangen hergestellte Vergleichsstücke zur Verfügung stehen (RG **15** 319; GA **39** [1891] 233; ANM 743; LR-*Dahs* 6 zu § 93).

1991 bb) Im Vergleich zu der mitunter entscheidenden Bedeutung einschlägiger Gutachten finden sich in der Praxis verschiedentlich Mängel (zur zivilrechtl Haftung des Sv AG Hamburg StV **92** 186 f).

Nach der empirischen (Akten-)Untersuchung von *M. Rieß* fehlte bei zahlreichen der einbezogenen Gutachten eine hinreichende Mitteilung bzgl der angewandten kriminaltechnischen Methoden und der Materialvoraussetzungen (S 60 ff); dies galt besonders für diejenigen Gutachten, die nach § 256 verlesen werden können (S 66), dh insofern war die Nachprüfbarkeit besonders gering. – Im übrigen sind bei Sv mit graphologisch – ausdruckskundlicher Orientierung (13 % der 446 untersuchten Gutachten [*Rieß* 33]) Bedenken hinsichtlich der Befähigung bestätigt worden, zumal sie ua auch mehr als die schriftvergleichend-kriminaltechnisch orientierten Sv zu fachfremden Überlegungen neigten (*Rieß* 82 f); hingegen teilten Diplom-Psychologen weniger fachfremde Überlegungen mit als Sv mit anderer Ausbildung – ein Ergebnis, das allerdings zugleich von der Definition des Begriffs „fachfremd" getragen ist.

6. Forensisch-linguistischer Text- bzw Sprachvergleich

a) Soll mit Hilfe der Urkunde die **Identität** des Verfassers mit dem Angekl oder einer sonstigen Person festgestellt werden, kommt – neben dem forensischen Handschriftenvergleich (s n 1965 ff) – insbes der forensisch-linguistischen Textvergleichung Bedeutung zu.

aa) Ziel des **forensisch-linguistischen Textvergleichs** (als Analyse schriftlicher Texte) ist es, allein anhand von Merkmalen der geschriebenen Sprache festzustellen, ob zwei oder mehr Texte vom gleichen Autor stammen. Als Prämisse muß diesem Vorhaben zwangsläufig zugrunde liegen, daß jeder Mensch einen individuellen Schreibstil hat, der sich von jedem anderen Schreibstil unterscheiden läßt und – zumindest bei optimalen Bedingungen (zB hinreichend lange Textproben, Textsortengleichheit, enger zeitlicher Entstehungszusammenhang der zu vergleichenden Texte etc) – die eindeutige Zuordnung eines Textes zu seinem Autor erlaubt.

Das Interesse an derartigen Analysemethoden wurde auch dadurch gefördert, daß mit den Mitteln moderner Textverarbeitung hergestellte und ausgedruckte Schriftstücke idR keine materialtechnischen Hinweise auf die schreibende Person zulassen; individualtypische Merkmale, wie sie noch (zumindest mechanische) Schreibmaschinen aufwiesen, seien weggefallen.

Von nicht geringer Bedeutung für die Entwicklung in der („alten") Bundesrepublik Deutschland mag weiterhin gewesen sein, daß der Ermittlung der Authentizität bzw Autorenschaft von Drohbriefen und Bekennerschreiben insbes im Rahmen staatsführungsbekämpfender terroristischer Anschläge (vgl systematisch *Eisenberg* § 57 Abs 43 ff) eine erhebliche gesellschaftspolitische wie strafprozessuale Bedeutung beigemessen wurde.

bb) Zum Zwecke der Ermittlung der Autorenschaft finden sämtliche sprachlichen **Merkmale** in den zu vergleichenden Texten, die für das individuelle **Schreibverhalten** der Zielperson typisch sein können, Anwendungen, sei es in ihrem bloßen Vorkommen, ihrer Häufung oder auch ihrer Abweichung von der sprachlichen Norm; dies betrifft vor allem Merkmale orthographischer, grammatischer und (im engeren Sinne) stilistischer Art. Diesbzgl Einschränkungen der Vergleichbarkeit ergeben sich insbes dann, wenn eine oder mehrere der Textproben zu kurz oder thematisch zu restriktiv[188] sind; Texte dieser Art bieten der schreibenden Person idR zu wenig sprachliche Wahlmöglichkeiten, so daß die vorhandenen

---

[188] Besimmte Thematiken drängen beim Schreiben bestimmte sprachliche Mittel geradezu auf (besonders deutlich ist dies bei der Wortwahl), so daß selbst bei gleicher Textsorte (vgl *Perret/Balzert* in: Kube ua **92** Rn 8 zu Kap 20) ein Vergleich unzulässig bzw unergiebig sein kann.

sprachlichen Merkmale nicht fakultativ, sondern vom Kontext vorgegeben und für Rückschlüsse auf einen persönlichen Schreibstil unergiebig sind.

1993 a (1) *Orthographische* Fehler sind in unterschiedlichem Ausmaß für eine vergleichende Analyse ergiebig. Vereinzelte Flüchtigkeits- oder verbreitete Fehler, die evtl sogar von der Mehrzahl aller schreibenden Personen gemacht werden, besitzen keinerlei Aussagekraft. Weist ein Text jedoch ein breites Spektrum orthographischer Auffälligkeiten auf, können nicht selten Fehlersyndrome herauskristallisiert werden, die einen diesbezüglich differenzierten Vergleich zwischen verschiedenen Texten erlauben. Sind orthographische und Interpunktionsfehler kaum vorhanden, so läßt dies lediglich den Rückschluß auf ein bestimmtes Bildungsniveau einschließlich weitgehender Beherrschung der einschlägigen Regeln zu. – Eine gewisse Gefahr der Fehlleitung besteht im vorliegenden Zusammenhang stets dadurch, daß formulierende Person („geistiger Urheber") und schreibende Person nicht notwendigerweise identisch sein müssen; so können uU stilistische Auffälligkeiten der einen, orthographische jedoch der anderen zuzuschreiben sein.

1993 b (2) Einen besonders breiten Raum in der vergleichenden Textuntersuchung nimmt die *Wortanalyse* ein, dh die Untersuchung des jeweils verwandten Vokabulars sowie der vom Autor genutzten Wortbildungsmöglichkeiten. Für das Vokabular freilich gilt in verstärktem Ausmaß, daß es nur bei Textsortengleichheit und ähnlichem Inhalt der jeweiligen Texte vergleichbar ist; es kann nur insoweit als aussagekräftig gelten, als für den Autor eine – bewußt oder unbewußt genutzte – Freiheit zur Wahl gerade dieses Wortes bestand.

Allg krit ist dabei anzumerken, daß die Zahl der zur Verfügung stehenden Synonyme und damit die stilistische Freiheit bzgl der Wahl bestimmter Wörter im Deutschen ungleich geringer ist als vor allem im Englischen. Von daher sind Befunde ähnlicher Wortwahl in verschiedenen Texten mit äußerster Vorsicht zu interpretieren; keinesfalls darf die Wertigkeit, die solche Befunde uU für einen *anderen Sprachraum* haben, auf das Deutsche übertragen werden.[189]

Eine gewisse Bedeutung kann im einzelnen der bevorzugten Verwendung einzelner *„unauffälliger"* Wortklassen (wie zB Präpositionen) zukommen, weil derartige Vorlieben idR einer bewußten Einschätzung gar nicht zugänglich und von daher auch relativ änderungsresistent sind; ähnliches gilt auch für die bevorzugte Verwendung fester Wortkombinationen.[190] Von Interesse für Vergleichszwecke ist die Ausnutzung der Wortbildungsmöglichkeiten,[191] da es sich dabei um einen im Deutschen sprachlich produktiven Bereich handelt, in dem die schreibende Person viele „Freiheitsgrade" hat, die sie – bewußt oder unbewußt – stilbildend einsetzen kann.

1994 (3) Schließlich können Texte auch auf einer abstrakteren Ebene bzgl der in ihnen vorherrschenden *grammatischen Konstruktionen* analysiert und verglichen werden. Dabei reichen die von der traditionellen Grammatik zur Verfügung gestellten Beschreibungsmodi idR aus.

---

[189] Die Gefahr besteht insbes deshalb, weil in Forschung und Literatur zum forensisch-linguistischen Textvergleich die Referenzsprache Englisch vorherrscht (vgl grundlegend etwa *Morton* **78**; auch *Perret/Balzert* in: Kube ua **92** Rn 4 zu Kap 20).
[190] Etwa „auch immer", „auch noch", „auch schon", „als da", „als wenn", „nicht nur", „nicht auch" etc.
[191] Etwa Bildung von Komposita, Substantivierung durch Anfügen der entspr Suffixe insbes, (in der Wortklasse der Verben) zahlreiche Möglichkeiten der semantischen Variation durch Gebrauch von Präfixen.

V. Untersuchungen (überwiegend) sächlicher Art

So kommen zB Vorlieben für bestimmte Infinitivkonstruktionen, Ausklammerungen bestimmter Satzteile oder gewohnheitsmäßige Wortstellungsauffälligkeiten vor, wobei sich allerdings auch in der Schriftsprache Einflüsse eines Dialekts bemerkbar machen können, die in diesem letzteren Fall nur bedingt als individuelle Stilmerkmale interpretiert werden können.[192]

(4) Besonderen Schwierigkeiten begegnet der Vergleich im engeren Sinne *stilistischer* Merkmale und Eigenheiten, da diese mit quantitativen Kriterien nicht erfaßbar sind, sondern nur mit Rückgriff auf das *subjektive* Stilempfinden der beurteilenden Person erhoben werden können (s zu Merkmalen *Köster* KrimForensWiss **94** 99 ff; *Baurmann* KrimForensWiss **94** 105 ff). Freilich ist wohl unbestreitbar, daß es solche nur qualitativ erfaßbaren stilistischen Merkmale gibt, und es wird auch davon auszugehen sein, daß in manchen Fällen etwa ein Sv mit hinreichend sensiblem und trainiertem Stilempfinden korrekte Rückschlüsse auf identische oder verschiedene Texturheberschaft wird treffen können. Jedoch wird umgekehrt auch nicht zu bestreiten sein, daß derartig subjektive Urteile einem nicht abschätzbaren, damit aber als Grundlage für strafrechtlich relevante Entscheidungen bereits zu hohem *Fehlerrisiko* unterliegen.[193]

1994a

Das Fehlerrisiko resultiert zT bereits aus der Umdrehung der Vorhersagerichtung, dh es werden nicht mehr aus einem Text bekannter Herkunft Stilmerkmale herausgearbeitet, was sprach- und literaturwissenschaftlich unproblematisch ist, sondern die Herkunft eines Textes wird anhand der herausgearbeiteten Merkmale vorhergesagt.

Insofern bleibt zu erwägen, ob und inwieweit qualitativ-subjektive Urteile über stilistische Gleichheit neben anderen, eher objektiv gewonnenen Daten Eingang in eine Gesamteinschätzung finden können bzw sollten.[194]

cc) Grds nicht auszuschließen ist die Möglichkeit, daß Texte – seien es tatbezogene Schreiben oder solche, die nach entstandenem Tatverdacht zum Zwecke des linguistischen Vergleichs vom Beschuldigten erstellt werden – im Hinblick auf Orthographie und/oder Stil **verfälscht** werden. Zwar verlangt eine systematische Verfälschung ein nicht unerhebliches (Meta-)Wissen über Sprache und ihren Gebrauch sowie eine gewisse sprachlich-stilistische Fähigkeit zur Nachahmung fremder oder Verstellung eigener Schreibgewohnheiten. Bestimmte Rechtschreibfehler oder Wortwahlpräferenzen jedoch sind auch für einen Laien ohne großes sprachliches Analyse- und Introspektionsvermögen leicht zu imitieren, so daß im Erg die Gefahr einer (absichtlichen) Verfälschung nicht übersehen werden darf.

1994b

Zu bedenken ist weiterhin, daß im täglichen sozialen und **sprachlichen Umgang** miteinander an sich individuelle stilistische Gewohnheiten „abfärben". Von daher ist die Möglichkeit einer fehlerhaften Zuschreibung dann besonders hoch, wenn bzgl der Autorenschaft zwischen Personen differenziert werden soll, die miteinander engeren sozialen und kommunikativen Umgang (gehabt) haben.[195]

---

[192] Vgl für ein Beispiel die Analyse bei *Lipold* in: Grewendorf **93** 207 (221 ff).
[193] Allg krit zum Fehlerrisiko bei subjektiver Stileinschätzung auch *Grewendorf* in: Kniffka **90** 247 (249, 263 ff).
[194] In der Linguistik ist, soweit sie sich (auch) auf das forensische Gebiet bezieht, diese Frage umstritten (vgl dazu *Brückner* in: Grewendorf **93** 230 ff).
[195] Dies spielt zB auch eine Rolle bei der Analyse von terroristischen (s im Text 2325) Bekennerschreiben (vgl *Brückner* in: Grewendorf **93** 230 [246]).

In Betracht zu ziehen ist oftmals auch die Möglichkeit von **Autorenkollektiven** sowie die der Rollenaufteilung bei der Erstellung des Schriftstücks; zwischen diesen beiden Möglichkeiten gemeinsamen Tuns sind alle Spielarten der Zusammenarbeit und sprachlichen Beeinflussung denkbar. Schließlich darf auch diejenige Konstellation, bei der von anderen Personen erstellte Texte zT oder ganz abgeschrieben wurden, nicht außer Betracht bleiben.

1995 dd) (1) **Einschränkend** ggü Textvergleichen ist festzustellen, daß bislang noch keinesfalls als erwiesen gelten kann, daß jedem Menschen überhaupt ein stilistisches Schreibverhalten zuzuordnen ist, welches – ähnlich seinem Fingerabdruck – in dieser Form bei keinem anderen Menschen auftreten wird (*Wolf* in: FS-Kolb **89** 781). Insbes kann dies zw sein bei Menschen, die wenig selber schreiben und sich uU eher konventioneller Formulierungen bedienen, aber auch bei Menschen, denen ihre berufliche Sozialisation einen bestimmten, dann aber einer ganzen (Berufs-)Gruppe eigenen Sprachgebrauch nahelegt.

Im einzelnen ist weder auf dem Gebiet der Orthographie noch auf dem der Grammatik/Stilistik die massenstatistische Verbreitetheit bestimmter Merkmale bekannt, was die Möglichkeit von Schlußfolgerungen auch aus weitgehender Merkmalsübereinstimmung erheblich einschränkt. Am ehesten ohne Schwierigkeiten wird, bei klar divergentem Rechtschreib- und Stilverhalten, die Schlußfolgerung auf mit hoher Wahrscheinlichkeit nichtidentische Autorenschaft sein (so auch *Spillner* in: Kniffka **90** 97 [99]). Ein **verläßlicher Nachweis** für identische Urheberschaft oder auch nur die Annahme derselben „mit an Sicherheit grenzender Wahrscheinlichkeit" hingegen wird mit den Mitteln des Textvergleichs idR **nicht** zu führen sein;[196] dies gilt umso mehr, als – das Vorhandensein eines jeweils individuellen Stil- und Schreibverhaltens unterstellt – unklar bleibt, ob zur Verfügung stehende linguistische Methoden hinreichend empfindlich sind, um auch zwischen ähnlichen Stilen als Grundlage der zu vergleichenden Texte zu differenzieren.

1995a (2) Aus dieser Sachlage muß sich nicht zwangsläufig ergeben, daß nicht auch unter der abgeschwächten Prämisse eines grds vorhandenen, aber nicht in jedem Fall eindeutig differenzierbaren Individualstils forensisch-linguistische Textvergleiche möglich und sinnvoll sein können. Allerdings bleibt die Abschwächung der Prämisse nicht ohne Folgen für die Interpretierbarkeit der Erg. Insbes wird es kaum möglich sein, einen (ungefähren) Wahrscheinlichkeitswert für die umstrittene Autorenschaft anzugeben; vielmehr würde das Erg damit – angesichts aller verbleibenden Unwägbarkeiten – in die Nähe einer wahrscheinlichkeitsmathematischen Scheingenauigkeit gerückt.

Von daher ist es auch Aufgabe einer forensisch-linguistischen Beurteilung zur Textvergleichbarkeit, die Möglichkeiten und Grenzen der Analyse mit der gebotenen Vorsicht darzustellen.[197] Überlegungen zur prinzipiellen Vergleichbarkeit der vorgelegten Texte sind ebenso notwendig wie eine auch für linguistische Laien nachvolziebare Darlegung gefundener Ähnlichkeiten und Dissimilaritäten (nachdrücklich *Grewendorf* in: Kniffka **90** 247 [273]). Schließlich sollte der Ähnlichkeitsbefund in eine Beziehung gesetzt werden zur allg Verwen-

---

[196] Für Beispiele unzulässig sicherer Schlußfolgerungen (aus zT auch nicht adäquat analysierten Texten) s *Grewendorf* in: Kniffka **90** 247 (250ff); *Brückner* in: Grewendorf **93** 230 (233f); anekdotisch auch *Spillner* in: Kniffka **90** 97.
[197] Vgl zum Problem einer Bewertungsskala, um „der Justiz den Grad der möglichen Zuordnung begreiflich zu machen", *Steinke* in: Kniffka **90** 321 (335f).

dungshäufigkeit der gefundenen sprachlichen Merkmale (soweit bekannt), und die Indizwirkung des gesamten Merkmalssyndroms für das Zugrundeliegen eines identischen Stil- und Schreibverhaltens sollte diskutiert werden.

b) Soll mit Hilfe der Tonaufnahme die Identität des Sprechenden mit dem Angekl oder einer sonstigen Person festgestellt werden, sind die besonderen wissenschaftlichen Erkenntnisse auf dem Gebiet der Analyse und dem **forensisch-linguistischen Vergleich** von **Sprechproben** zu beachten.

1996

aa) Die **phonetischen** Eigenschaften von Sprechproben können auf verschiedene Weise einer Analyse zugänglich gemacht werden. Wenn die Sprechproben die nötige akustische und aufnahmetechnische Qualität aufweisen, können sie einer **Spektralanalyse** unterzogen werden, was einen Vergleich der resultierenden Sonogramme und einschlägiger Rückschlüsse bzgl möglicher Identität der Sprechenden erlaubt. Als wichtigste Merkmale lassen sich der analysierten Sprechprobe entnehmen (vgl hierzu schon *Künzel* 87 96):
– die mittlere Sprechstimmlage; Melodik und Qualität der Stimme
– Dialekt und/oder Akzent
– individuelle Besonderheiten der Sprachrealisierung (der „Ideolekt", soweit es den phonetischen Bereich betrifft)
– Soziolekt
– Artikulationsgeschwindigkeit
– sprechbezogenes Atemverhalten.

Dabei können solche Merkmale zT direkt dem spektrographischen Bild entnommen werden, zT können die vom entspr auditiv geschulten Beurteilenden wahrgenommenen Besonderheiten anschließend mittels apparativer Verfahren objektiviert und bestätigt werden (etwa im Dialekt-, Ideolekt-, Soziolektbereich [vgl *Künzel* in: Kube ua 92 Rn 18 ff zu Kap 19; *ders* Krim 95 6 f]).

Per *Telefon* übertragene Sprachsignale, bei denen ua bestimmte Frequenzanteile im besonders hohen und tiefen Bereich unterdrückt werden, genügen den akustischen Qualitätsanforderungen für die Durchführung von Spektralanalysen nicht immer, insbes idR dann nicht, wenn es sich um Mitschnitte mit externen Mikrophonen handelt.[198] In diesen Fällen muß auf die Methoden der perzeptiven Phonetik zurückgegriffen werden. Erster Schritt dabei ist eine phonetische Transkription, die zwar grds maschinell möglich ist; gerade bei entspr schlechter Qualität des Mitschnitts wird aber oft eine (sehr arbeitsaufwendige) ohrenphonetische Transkription durch eine linguistisch einschlägig geschulte Person notwendig sein. Auf der Grundlage dieser Transkription kann dann – das Vorliegen einer hinreichend langen Sprechsequenz vorausgesetzt – das sog **phonetische Inventar** der sprechenden Person bestimmt werden.

1997

Von besonderer Bedeutung zu Vergleichszwecken sind innerhalb des phonetischen Inventars die von der sprechenden Person gebrauchten **Allophone**. Dabei handelt es sich um Lauteinheiten, die innerhalb einer Sprache phonologisch unterschiedlich realisiert werden können, ohne daß damit ein Bedeutungswechsel verbunden wäre – zB das im Süddeutschen übliche uvulare (oder „Zäpfchen" –) „r" und das im Norddeutschen gesprochene „Zungenspitzen" – „r". Bzgl der Allophone gibt es dialektbedingte, aber auch für die einzelne sprechenden Person individuell charakteristische Varianten.

---

[198] Vgl Fallbeispiel bei *Lipold* in: Grewendorf 93 207 (208).

Teil 4. Kap 2: Sachverständiger – Einzelne Aufgabenbereiche

1997a bb) Steht ein hinreichend langer Sprechkorpus zur Verfügung, können neben den phonetischen **andere sprachliche** Merkmale festgestellt werden. Grds kommen dafür alle sprachlichen **Ebenen** (Phonologie, Morphologie, Lexikologie, Syntax, Semantik) sowie – über die Sprache hinausgehend – kommunikative und sozial-interaktive Faktoren in Frage.

(1) Für Vergleichszwecke interessiert dabei insbes der Gebrauch der sog **Register**. Als Register kann ein entspr durch alle sprachlichen Ebenen gehendes Inventar von möglichen Formen gelten, das nach den sprachexternen Kriterien Raum, Zeit und soziale Situation (vor allem mit Rücksicht auf den Kommunikationspartner) differenzierbar und von anderen Registern abgrenzbar ist. Innerhalb eines Registers wiederum können verschiedene Sprechstile unterschieden werden. Sprecher wählen typischerweise unbewußt zwischen verschiedenen ihnen zur Verfügung stehenden Sprechstilen bzw Registern und wechseln oft auch innerhalb eines

1997b Gesprächs. Bei längeren Gesprächsmitschnitten kann ein *Merkmalsprofil* von Register*sprüngen*, dh eine Beschreibung der mit einem Registersprung bei einer bestimmten sprechenden Person typischerweise verbundenen situativen und linguistischen[199] Gegebenheiten erstellt werden. Derartige Merkmalsprofile vermögen bei Vorliegen ansonsten günstiger Bedingungen – insbes (annähernder) Textsortengleichheit (vgl dazu *Perret/Balzert* in: Kube ua **92** Rn 7 zu Kap 20) – zwischen verschiedenen sprechenden Personen zu trennen, wobei allerdings über die methodische Güte (Trennschärfe) bislang keine systematischen Erkenntnisse vorliegen.

1998 (2) In allen sprachlichen Bereichen – insbes im phonetischen, lexikalischen und grammatischen – sind bei jeder sprechenden Person dialektale wie ideolektale **Merkmale** feststellbar. Erstere sind nur dazu geeignet, die geographische und zT soziale Herkunft der Zielperson einzuengen; sie sind gruppenbedingt und bzgl der Zuordnung einer Sprechprobe zu einer sprechenden Person indifferent (*Indifferenz*merkmale). Grds brauchbar für eine solche Zuordnung sind demggü Merkmale, die sich nicht aus gruppenbedingten Variationen erklären lassen und als solche typisch für den Ideolekt des einzelnen sind. Beim Vergleich von zwei Sprechproben (idR der „Täteraufnahme" und der „Vergleichsaufnahme") treten solche Individualmerkmale dann in zwei Ausprägungen auf: als *Konvergenz*merkmale, dh Merkmale, die in beiden Sprechproben auftreten, und als *Divergenz*merkmale, die nur in einer der beiden Proben zu verzeichnen sind und an deren Stelle in sprachlich wie kommunikativ vergleichbaren Situationen in der anderen Sprechprobe Merkmale auftreten, die mit ersteren unvereinbar sind (wobei ein Merkmal auch in der Abwesenheit einer sprachlichen Markierung liegen kann). Die Beurteilung, ob die sprechende Person beider Sprechproben identisch ist, stützt sich von daher auf ein Abwägen zwischen Konvergenz- und Divergenzmerkmalen.

1998a cc) *Einschränkend* wirkt sich aus, daß auch und gerade idZ massenstatistische Daten über die Verbreitetheit von Merkmalen fehlen. Bislang gibt es kaum Versuche,

---

[199] Charakteristisch sind neben der Häufigkeit insbes die Richtung (in eine im soziolinguistischen Sinne „höhere" oder „niedere" Sprachvariante), die Plazierung des Wechsels relativ zu Syntax und Morphologie sowie die (Häufigkeit der) Einbettung einzelner, einem anderen Sprechstil zuzuordnende Lexeme in eine Sprechsequenz und bzgl der Semantik die Zuordnung eines bestimmten Registers zu bestimmten Argumentationsstrukturen oder Sprechakten.

die Trennschärfe einzelner Merkmale direkt zu überprüfen, sondern bevorzugt wird ein linguistisches „Gesamtprofil" der Sprechproben erstellt und werden aus der Gesamtähnlichkeit oder -unähnlichkeit Schlußfolgerungen gezogen. Die **Auswertung** der gefundenen Übereinstimmungen/Nichtübereinstimmungen ist somit ein weitgehend ungeregelter Prozeß, dessen Erg von der Sachkunde, aber *auch* von der *subjektiven* Einschätzung des Beurteilenden abhängt. Krit mag diese noch ungeklärte Frage der Gewichtung insbes in Grenzfällen werden, etwa wenn zB neben einer Reihe von Konvergenzmerkmalen ein einziges, aber eindeutiges Divergenzmerkmal vorliegt.

So kann das Erg einer Beurteilung uU von der Entscheidung abhängen, ob es sich dabei um eine erklärbare Variation innerhalb des Sprachgebrauchs einer sprechenden Person – etwa iS einer Extremvariante – handeln **kann** oder aber um eine Merkmalsverschiedenheit, die bei Sprecheridentität grds *nicht* auftreten dürfte.[200]

---

[200] Vgl *Hecker* **93** 210, der das entspr Problem iZm Schriftvergleich erörtert; s aber auch *Künzel* (Krim **95** 6 f) zu einer speziellen Form der Oszillographie.

Fünfter Teil. Sachliche Beweismittel

Als sachliche Beweismittel werden im allg solche **Gegenstände** und **Sachgegebenheiten** bezeichnet, die eine überzeugende Begründung der Richtigkeit oder Unrichtigkeit einer Tatsache erlauben. Sie müssen ggü dem im Strafverfahren zu erforschenden Vorgang eine gewisse *Selbständigkeit* und *Beständigkeit* haben, denn der Tathergang selbst ist nicht Gegenstand des Sachbeweises, sondern soll durch dessen Durchführung ermittelt werden (vgl zum Ganzen *Peters* 409; K/M-G Einl Rn 49). **2000**

Sachliche Beweismittel werden in das Verfahren grds mittels des *Urkundenbeweises* (dazu 2003 ff) oder durch *Augenscheinseinnahme* (dazu 2220 ff) eingeführt, wobei noch nicht abschließend geklärt ist, auf welchem dieser beiden Wege der Inhalt von *Tonträgern* zum Gegenstand der Beweisaufnahme zu machen ist (dazu 2283 ff). Darüber hinaus bestehen jedoch vielfältige **Verschränkungen** zwischen **sachlichen** und **persönlichen** Beweismitteln. **2001**

So ist zB der kriminaltechnische Sachbeweis (dazu 1895 ff) weitgehend „personalisiert", da er für das Strafverfahren in aller Regel nur über die Einschaltung von Sv nutzbar gemacht werden kann. Ähnlich verhält es sich bei der Schilderung von Sachbeobachtungen durch Zeugen. Auf der anderen Seite ist vor allem der Beweis mit Urkunden häufig ein mittelbarer Zeugen- (oder auch Sv-)beweis, insbes soweit Niederschriften über frühere Aussagen verlesen werden.

Zulässig und häufig durch die Aufklärungspflicht sogar geboten wird es sein, sachliche und persönliche Beweismittel zu **kombinieren** (*Peters* 410). **2002**

Erstes Kapitel. Urkunden

I. Begriff und allgemeine Zulässigkeit

1. Begriff

Übersicht

	Rn		Rn
a) Allgemeines	2003–2005	c) Beispiele des § 249 Abs 1 S 2	
b) Zweifelsfälle		aa) Bedeutung der Beispiele	2013–2015
aa) Geheimschriften	2006	bb) Strafurteile	2016–2018
bb) Kurzschrift	2007	cc) Straflisten	2019
cc) Abschriften uä	2008–2010	dd) Auszüge aus Kirchenbüchern und Personenstandsregistern	2020
dd) Fremdsprachiger Text	2011	ee) Richterliche Augenscheinsprotokolle	2021–2024
ee) Schriftliche Erklärungen des Angekl	2012		

2003 a) Als Urkunden iSd StPO gelten alle **Schriftträger** mit einem allgemeinverständlichen oder durch Auslegung zu ermittelnden **Gedankeninhalt**, die zu Beweiszwecken verlesen werden können (allg Auffassung, s nur K/M-G 3 zu § 249 mwN). Die Art der stofflichen Fixierung und der verwendeten Zeichen ist gleichgültig, solange die Verlesung zu einer Umsetzung des gedanklichen Inhalts in sinnvolle Worte führt (LR-*Gollwitzer* 7 zu § 249).

2004 Damit unterscheidet sich der strafprozessuale Urkundenbegriff insofern von dem iSv § 267 StGB, als einerseits Beweisbestimmung und Erkennbarkeit des Ausstellers nicht erforderlich sind (KG StV **95** 348), andererseits aber die im materiellen Strafrecht als Urkunden anerkannten *Beweiszeichen* wegen ihrer fehlenden Verlesbarkeit im Strafverfahren *als Augenscheinsobjekte* zu behandeln sind (allg Auffassung, s nur KK-*Mayr* 9 zu § 249). – Demggü soll nach hM im Wiederaufnahmeverfahren (§ 359 Nr. 1) der Urkundenbegriff des § 267 StGB gelten (KMR-*Paulus* 19, K/M-G 5, beide zu § 359; aA *Peters*, Fehlerquellen **74** 48).

2005 Daß nach dem *Wortlaut* von § 249 Abs 1 S 1 den Urkunden *andere* als Beweismittel dienende *Schriftstücke* gleichstehen, erweitert nach allg Ansicht den Anwendungsbereich des Urkundenbeweises nicht (s nur ANM 243; *Ranft* 564).

Ob die Urkunde schon zu Beweiszwecken errichtet wurde (Absichtsurkunde) oder ihre Beweisbedeutung erst danach erlangt hat (Zufallsurkunde), ob sie durch ihren gedanklichen Inhalt unmittelbar strafrechtliche Relevanz besitzt (Konstitutivurkunde) oder lediglich Mitteilungen über hinsichtlich der untersuchten Straftat uU beweiserhebliche Umstände enthält (Berichtsurkunde), hat für den Urkundenbeweis keine unmittelbare Bedeutung.

2006 b) Trotz der vom Inhalt der Schriftstücke unabhängigen Definition des Urkundenbegriffes kann im Einzelfall die Beantwortung der Frage, ob bestimmte Gegenstände dem Urkundenbeweis unterliegen, Schwierigkeiten bereiten.

I. Begriff und allgemeine Zulässigkeit

aa) Nach hM muß der verschlüsselte Inhalt von sog **Geheimschriften** durch Sv-Beweis in das Verfahren eingeführt werden, da sich Nichteingeweihten nur so die Bedeutung der Gedankenerklärung erschließt (LR-*Gollwitzer* 36, SK-*Schlüchter* 38, jew zu § 249).

bb) Ob dies auch für **Kurzschriften** gilt, wird nicht einheitlich beurteilt. Ausgangspunkt der Überlegungen ist, daß die Umsetzung der in der Urkunde enthaltenen Schriftzeichen für *alle* des Lesens Kundige die gleichen Worte ergeben muß (*F.W.Krause* 116f). Die Ansicht, in Kurzschrift abgefaßte Texte seien Gegenstand des Urkundenbeweises (so KK-*Mayr* 8 zu § 249), erscheint danach zw, da eine Transformation der Zeichen in sinnvolle Worte bei Stenographien nur bestimmten, mit zusätzlichen Kenntnissen ausgestatteten Personen möglich ist. Aus diesem Grund ist auch über den Inhalt von vermeintlich geläufigen Kurzschriften idR Sv-Beweis zu erheben (ANM 245). 2007

cc) **Abschriften**, **Fotokopien** und **sonstige Reproduktionen** bzw **Vervielfältigungen**[1] von Schriftstücken haben grds Urkundenqualität (BGH **27** 137f; **33** 210; NStZ **86** 519f; *Wömpner* MDR **80** 889). 2008

Die Verlesung einer Reproduktion beweist allerdings lediglich die Existenz derselben und die Tatsache, daß sie einen bestimmten Inhalt hat (ANM 248). Zum Nachweis des *Vorhandenseins* des *Originals* und seines *gedanklichen Inhalts* ist zusätzlich die Übereinstimmung mit dem Original – ggf mittels weiterer Beweisaufnahme – festzustellen.

Im Strengbeweisverfahren, also bei Klärung der Schuld- und/oder Rechtsfolgenfrage, muß auch die „Echtheit" der Reproduktion mit den Mitteln des Strengbeweisrechts geklärt werden.[2] 2009

Dies gilt auch für die Übersetzung einer fremdsprachigen Urkunde, wenn das Original nicht auffindbar ist. Zur Klärung der Frage, ob die Urschrift den in der Übersetzung niedergelegten Inhalt hatte, bietet sich dann die Vernehmung des Übersetzers als sv Zeuge bzw Sv an (LR-*Gollwitzer* 34 zu § 249; s auch 1517).

In der **Würdigung**, ob die Reproduktion dem Original entspricht, ist das Gericht dagegen frei. 2010

Ein auf der Reproduktion angebrachter Beglaubigungsvermerk ist zwar ein starkes Indiz, nicht aber unwiderleglicher Beweis für die Übereinstimmung mit dem Original (KK-*Mayr* 12 zu § 249).

dd) Umstritten ist, ob ein **fremdsprachiger Text** dann nach den Regeln des Urkundenbeweises behandelt werden darf, wenn alle Verfahrensbeteiligten die fremde Sprache beherrschen (so LR-*Gollwitzer* 32 zu § 249). Zwar führt in diesem Fall die Verlesung für die Prozeßsubjekte zu einer Umsetzung der Schrift in sinnvolle Worte. Dennoch tritt durch die genannten Bedingungen schon wegen des Öffentlichkeitsgrds § 184 GVG nicht außer Kraft. Daher muß, sofern das Gericht nicht aufgrund eigener Sachkunde zur Übersetzung in der Lage ist, ein Sv herangezogen werden[3] 2011

---

[1] Diesen Begriffen unterfallen zB auch Durchschläge, Auszüge und Mikrofilme, die einen verlesbaren Inhalt haben.
[2] SK-*Schlüchter* 36 zu § 249. Vgl auch *Wömpner* MDR **80** 890, der auf die Ähnlichkeit mit der Beurteilung der Glaubwürdigkeit von Zeugen hinweist.
[3] BGH NStZ **85** 466; K/M-G 5, SK-*Schlüchter* 37, beide zu § 249; *F.W.Krause* 116f.

(zur Frage der Verlesung einer Übersetzung zum Beweis über den Inhalt des Originals s 2091).

2012 ee) Grds sind auch **schriftliche Erklärungen des Angekl** in der anhängigen Sache Gegenstand des Urkundenbeweises, gleichgültig, ob sie ggü Verwaltungsbehörden, der Polizei bzw der StA oder dem erkennenden Gericht abgegeben wurden (K/M-G 13 zu § 249 mwN). Ebenso wie bei Erklärungen mit privatem Charakter sind jedoch die allg *Verwertungsverbote* zu beachten[4] (zur Zulässigkeit der Verlesung schriftlicher Erklärungen des Vert s 2088).

2013 c) aa) Zweck des § 249 ist nicht die Regelung der Zulässigkeit des Urkundenbeweises im einzelnen. Vielmehr setzt die Vorschrift die allg Zulässigkeit des Urkundenbeweises schon voraus und regelt lediglich seine strengbeweisliche Form (s allg 35). Nach verbreiteter Ansicht ist daher die Aufzählung von **Beispielen in § 249 Abs 1 S 2** überflüssig, da die strafprozessuale Urkundenqualität der genannten Schriftstücke außer Frage steht.

2014 Urkunden iSd StPO sind selbstverständlich auch solche, die im öffentlich- oder bürgerlich-rechtlichen Verkehr abgegebene Willenserklärungen oder andere beweiserhebliche Erklärungen verkörpern, sowie Buchungsstreifen und Auszüge aus Geschäftsbüchern (s LR-*Gollwitzer* 10–15, SK-*Schlüchter* 26–39, jeweils zu § 249). Ohnehin sind auch Urteile der Zivil-, Verwaltungs- und Finanzgerichte grds verlesbar.

2015 Allerdings wird die Anführung der Beispiele durch den Gesetzgeber gelegentlich als Indiz dafür gewertet, daß hiermit die *Zulässigkeit der Verlesung* – insbes für Strafurteile und richterliche Augenscheinsprotokolle – unabhängig vom Verlesungsverbot des § 250 geregelt sei (s n 2021 ff).

2016 bb) (1) Der Begriff der **früher ergangenen Strafurteile** (§ 249 Abs 1 S 2) umfaßt *auch Gerichtsbeschlüsse* und *Einstellungsverfügungen* der StA (BGH **31** 331; zur Frage der Zulässigkeit der Verlesung bei bestimmten Beweiszwecken s 2093). Ohne Belang ist es, ob das Urteil gegen den Angekl oder gegen Dritte ergangen ist, ob es Rechtskraft erlangt hat oder ggf später weggefallen ist (Zweibrücken StV **92** 566 [betr Einstellung nach § 153 a]) und um welche Verfahrensart es sich gehandelt hat.

2017 Bei Urteilen *gegen* im jetzigen Verfahren als *Zeugen* auftretende Personen müssen nach hM (zB BGH **1** 341; KMR-*Paulus* 11 zu § 249) aber die Voraussetzungen von § 68a Abs 2 erfüllt sein.[5]

2018 (2) § 249 Abs 1 S 1 betrifft nicht nur Urteile in einer anderen Sache, sondern *auch* solche, die sich auf den derzeit verhandelten Gegenstand beziehen und *im gleichen Verfahren* gefällt wurden (LR-*Gollwitzer* 17 zu § 249).

2019 cc) Die von § 249 Abs 1 S 2 als Urkundenbeispiel erwähnten **Straflisten** sind insbes Auszüge aus dem Bundes-, Verkehrs- und Gewerbezentralregister, soweit sie nicht dem Verwertungsverbot von § 51 BZRG oder § 153 Abs 5 S 1 GewO unterliegen. Die Verlesung erfolgt idR am Ende der Beweisaufnahme (BGH **27** 218). Bestreitet der Angekl die Richtigkeit der Eintragungen, müssen zusätzliche Ermittlungen angestellt werden (KMR-*Paulus* 12 zu § 249).

---

[4] Vgl zB BGH StV **89** 3: Unzulässigkeit der Verlesung einer schriftlichen Äußerung des Angekl, die anläßlich einer Vernehmung überreicht worden war, die unter Verstoß gegen § 168 c Abs 5 stattgefunden hatte.

[5] AA *Wömpner* NStZ **84** 481 unter Berufung darauf, daß § 68 a Abs 2 „nicht revisible Ordnungsvorschrift" sei.

I. Begriff und allgemeine Zulässigkeit

dd) Als **Auszüge** *aus Kirchenbüchern und Personenstandsregistern* kommen in erster Linie Geburts-, Heirats- und Sterbeurkunden sowie Teile des Familienbuches in Betracht (K/M-G 11 zu § 249).

ee) Entgegen der Ansicht, § 249 Abs 1 S 2 enthalte eine überflüssige Aufzählung von Beispielen, wird von der hM in der Vorschrift bzgl der **richterlichen Augenscheinsprotokolle** eine Regelung der Zulässigkeit der Verlesung zum Zwecke des Beweises gesehen (AK-*Meier* 22 zu § 249; ANM 256f; zur Frage der Zulässigkeit der Verlesung bei bestimmten Beweiszwecken s auch 2093). Da die Ersetzung eigener Augenscheinseinnahme durch Verlesung behördlicher Zeugnisse schon nach § 256 erlaubt ist, stellt § 249 Abs 1 S 2 insofern eine Einschränkung dar, da nur richterliche Protokolle, nicht aber solche der Polizei oder der StA zum Beweis verlesen werden dürfen (ANM 257).

Allerdings müssen diese ordnungsgemäß, dh *ohne wesentliche* Mängel, zustandegekommen sein (SK-*Schlüchter* 20 zu § 249). Als taugliche Verlesungsobjekte scheiden daher Protokollierungen von richterlichen Augenscheinseinnahmen aus, die unter Verletzung der §§ 168d Abs 1 S 2, 168c Abs 5, 224, 225 stattgefunden haben (K/M-G 12 zu § 249).

Fehlt die gem § 168a Abs 3 S 3 erforderliche Unterschrift der am Augenschein beteiligten Personen, so ist dies nicht unbedingt ein wesentlicher Fehler; das Gericht entscheidet vielmehr nach pflichtgemäßem Ermessen über den Einfluß auf den Beweiswert (LR-*Gollwitzer* 27 zu § 249).

(1) § 249 Abs 1 S 2 bezieht sich nach allg Ansicht auf Protokolle von Augenscheinseinnahmen durch das erkennende Gericht im Vorverfahren, auf Niederschriften über von ersuchten bzw beauftragten Richtern erhobene Augenscheinsbeweise oder auf solche in einer früheren HV desselben Verfahrens (s nur LR-*Gollwitzer* 24 zu § 249 mwN). Ob Augenscheinseinnahmen, die aus einem **anderen Verfahren** stammen, von der Vorschrift umfaßt werden, richtet sich nach übergeordneten Prinzipien. Ist eine erneute Beweiserhebung nicht oder nicht mehr mit der gleichen Zuverlässigkeit möglich, so ist die Frage schon unter dem Gesichtspunkt der gerichtlichen Aufklärungspflicht zu bejahen (*Wömpner* NStZ **84** 487). Ansonsten gebietet es § 244 Abs 2 jedoch, Protokolle aus anderen Verfahren nicht zu verlesen, sondern den Beweis erneut zu erheben.

(2) Protokolle über die **Leichenschau** unter Mitwirkung von Richtern gehören, solche über eine Leichen*öffnung* gehören nicht zu den Augenscheinsprotokollen (s 1900; K/M-G 12 zu § 249).

2. Allgemeine Zulässigkeit des Urkundenbeweises

a) Der Urkundenbeweis ist zulässig, wenn das Gericht seine Durchführung im Interesse der **Sachaufklärung** für **geboten** hält, und gesetzliche Vorschriften nicht entgegenstehen. Insbes ist die Zulässigkeit des Urkundenbeweises nicht vom Beweiswert des verlesenen Schriftstücks abhängig. Die §§ 249ff gelten für den Urkundenbeweis im Strengbeweisverfahren (s 35).

Das Gericht darf grds jeden denkgesetzlich möglichen Schluß aus der Beweiserhebung ziehen (LR-*Gollwitzer* 1 zu § 249). Allerdings kann ein Verstoß gegen die

Aufklärungspflicht vorliegen, wenn eine Urkunde trotz ihres *begrenzten Beweiswertes* als alleinige Beweisgrundlage herangezogen wird.

2027 b) Im Strengbeweisverfahren **unzulässig** ist der Urkundenbeweis im Fall von § 250 (s zu dessen Anwendungsbereich 2078 ff), zu dem die §§ 251, 253, 254, 256 und 325 wiederum Rückausnahmen bilden (dazu 2099 ff, 2156 ff, 2170 ff, 2206 ff). Grds kann die Aufklärungspflicht (§ 244 Abs 2) die persönliche Einvernahme selbst dann verlangen, wenn kein Verlesungsverbot besteht.

II. Form des Urkundenbeweises

1. Verlesung gemäß § 249 Abs 1 S 1

2028 Gemäß § 249 Abs 1 S 1 wird der Inhalt von Urkunden grds durch Verlesung zum Gegenstand der HV gemacht. Die Vorschrift verbietet jedoch nicht, sich in geeigneten Fällen zur Inhaltsfeststellung anderer Beweismittel – insbes des Zeugenbeweises – zu bedienen (allg Ansicht, vgl nur BGH NStZ **85** 465).

2029 a) Die Verlesung erfolgt üblicherweise auf **Anordnung** des Vorsitzenden, obwohl sie förmlich nicht erforderlich ist (allg Auffassung, s nur ANM 312). Ein *Gerichtsbeschluß* ist nur notwendig, wenn eine Beanstandung nach § 238 Abs 2 erfolgt oder eine Spezialnorm (§ 251 Abs 4) dies verlangt (LR-*Gollwitzer* 42 zu § 249).

2030 Die Aufgabe der **Verlesung** dürfen außer dem dafür regelmäßig in Betracht kommenden Vorsitzenden auch von ihm beauftragte Gerichtsmitglieder, Ergänzungsrichter und der Protokollführer wahrnehmen, nicht aber andere Prozeßbeteiligte (RG **21** 69). Die Urkunde muß im Wortlaut sowie **für alle** Beteiligten **verständlich**, dh laut und deutlich verlesen werden.

Ob es als zulässig zu erachten ist, eine in schwer lesbarer Handschrift verfaßte Urkunde von ihrem *Urheber* verlesen zu lassen (hM, vgl nur KMR-*Paulus* 16 zu § 249), erscheint zw, und zwar wegen der (nicht auszuschließenden) Besorgnis, der Urkundeninhalt werde nicht oder nur eingeschränkt objektiv wiedergegeben (vern daher F.W.*Krause* 116 f). Nichts anderes gilt für die Frage, ob eine Verlesung durch *andere Personen* aus Praktikabilitätsgründen etwa generell dann zulässig sein könnte, wenn die vollständige Wiedergabe des Schriftstücks als gewährleistet erscheint (so LR-*Gollwitzer* 43 zu § 249; aA KMR-*Paulus* 16 zu § 249).

Zeitlich muß die Verlesung spätestens bis zum Abschluß der Beweisaufnahme erfolgt sein.

2031 b) Der **Verlesungsumfang** bestimmt sich nach der Aufklärungspflicht (§ 244 Abs 2) des Gerichts. Folglich kann uU eine *Teilverlesung* ausreichen, zB wenn bei umfangreichen Schriften lediglich bestimmte Passagen aufgrund ihres Wortlauts oder Inhalts für die Untersuchung von Bedeutung sind. Soll eine Vielzahl inhaltlich gleichartiger Schriftstücke zum Gegenstand der Beweisaufnahme gemacht werden, genügt dafür die Verlesung einer repräsentativen Auswahl (allg Auffassung, s nur KMR-*Paulus* 3 zu § 249).

Nicht nur zulässig, sondern sogar geboten ist eine Teilverlesung beim Bestehen von *Beweisverwertungsverboten* für einzelne Textpassagen (LR-*Gollwitzer* 39 zu § 249).

2032 c) Im **Protokoll** ist nach § 273 Abs 1 zu vermerken, daß die Urkunde in der HV verlesen wurde. Die Formulierung, ihr Inhalt sei „zum Gegenstand der HV gemacht" worden, erfüllt dieses Erfordernis nicht (BGH **11** 30; Düsseldorf NJW **88** 217).

2. Das Selbstleseverfahren gemäß § 249 Abs 2

Übersicht
	Rn
a) Grenzen des Selbstleseverfahrens ...	2033–2037
b) Formerfordernisse	2038–2044
c) Widerspruch	2045–2050

a) aa) Gem § 249 Abs 2 S 1 kann der Urkundenbeweis auch ohne förmliches **2033** Verlesungsverfahren durchgeführt werden, wenn Richter und Schöffen vom Wortlaut der jeweiligen Schriftstücke Kenntnis genommen haben und die übrigen Beteiligten dazu Gelegenheit hatten. Diesem sogen Selbstleseverfahren, dessen Einführung der Verfahrensbeschleunigung und –ökonomie dienen sollte, unterliegen nicht Urkunden, die zu den in §§ 253 und 254 aufgeführten Zwecken verlesen werden sollen (§ 249 Abs 2 S 1).

bb) (1) Das Selbstleseverfahren **gibt** für einen Teilbereich der Beweisaufnahme **2034** den Grds der **Mündlichkeit** praktisch **auf** (K/M-G 17 zu § 249). Erwähnung in der HV findet der Urkundeninhalt nur noch, soweit er in Erklärungen der Beteiligten gem § 257 oder in Fragen und Vorhalte des Vorsitzenden bzw in die daraufhin abgegebenen Äußerungen Eingang gefunden hat. Die *Ausweitung* der Norm (s § 420 nF)[6] auf die – zuvor vom Selbstleseverfahren ausgeschlossenen – Urkunden nach §§ 251, 256 ist daher *krit* zu beurteilen.

Angesichts dieser erheblichen Einschränkungen begegnet das Verfahren nach **2035** § 249 Abs 2 S 1 bei Schriftstücken, die unmittelbar *entscheidungserheblich* sind, durchaus *Bedenken*. Formal darf das Gericht zwar auch dann die Selbstlesung anordnen, da der Verlesungsersatz grds den *gesamten Wortlaut* einer Schrift zum Verfahrensgegenstand werden läßt (BGH **30** 11). Um jedoch den Grds der Mündlichkeit zumindest in seinem Kernbereich zu erhalten, sollte von dieser Möglichkeit idR kein Gebrauch gemacht werden (*Schlüchter* 560 mwN).

(2) Ob der Anspruch des Angekl auf **rechtliches Gehör** durch § 249 Abs 2 S 1 **2036** verletzt wird, ist umstritten. Rein formal läßt sich darauf verweisen, daß die gesetzlich vorgeschriebene Gelegenheit zur Kenntnisnahme es dem Angekl und seinem Vert ermögliche, zur Beweiserhebung Stellung zu nehmen (so LR-*Gollwitzer* 4 Nachtr zu § 249). Tatsächlich besteht allerdings die Gefahr der Verunsicherung der Vert, die – zB wenn das Selbstleseverfahren auf umfangreiche Schriftstücke angewendet wird – uU nicht mehr auszumachen vermag, was genau als Urteilsgrundlage herangezogen werden soll (*Kempf* StV **87** 221 f). Eine vergleichbare Situation ist zwar auch bei einer wörtlichen Verlesung nicht auszuschließen, jedoch wird hier die Auswahl des konkreten Beweisgegenstandes wegen des mit der Durchführung der Beweisaufnahme verbundenen größeren Aufwandes idR sorgfältiger erfolgen als beim Selbstleseverfahren. Auch wegen dieser Bedenken sollte die Vorschrift möglichst eng ausgelegt werden.

cc) **Kriterien** für die bei der Entscheidung über die Anwendung des Selbstlese- **2037** verfahrens vorzunehmende **Abwägung** sind ua die zu erwartende Entlastung der

---

[6] Geschehen durch das am 1.12. 1994 in Kraft getretene Gesetz zur Änderung des StGB, der StPO und anderer Gesetze.

HV, die Länge des Textes sowie die Auswirkungen, die auf die Begleitung des Prozesses für die Zuhörer zu befürchten sind (LR-*Gollwitzer* 1 Nachtr zu § 249).

Hiernach sind eher kurze Texte grds zu verlesen. – Geboten mag die Anwendung von § 249 Abs 2 S 1 ggf sein, wenn sie den Ausschluß der Öffentlichkeit gem §§ 171 b, 172 GVG überflüssig machen kann (zB bei Urkunden mit vertraulichem Inhalt).

2038 b) aa) Zur **Durchführung** des Selbstleseverfahrens ist eine **Anordnung** des Vorsitzenden erforderlich, der genau zu entnehmen sein muß, welche Schriftstücke oder Teile davon in die Beweisaufnahme einbezogen (und somit möglicherweise zur Urteilsgrundlage gemacht) werden sollen. Vor allem in umfangreicheren Verfahren wird außerdem empfohlen, diese Anordnung *vorher* anzukündigen, um eine bessere Planung des zeitlichen Ablaufes der HV zu ermöglichen (LR-*Gollwitzer* 16 Nachtr zu § 249). Eine *Bindung* an die einmal getroffene Anordnung entsteht *nicht*, der Übergang zur Verlesung bleibt jederzeit möglich. Soll ein bereits in Gang befindliches Selbstleseverfahren abgebrochen werden, so muß dies per Beschluß geschehen, der in der HV zu verkünden ist (LR-*Gollwitzer* 33 Nachtr zu § 249).

2039 Die Kombination von wörtlicher Verlesung und Selbstleseverfahren, uU sogar bzgl eines Schriftstücks, ist zulässig (LR-*Gollwitzer* 14 Nachtr zu § 249).

2040 bb) (1) **Berufsrichter** und **Schöffen** müssen vom Wortlaut der Urkunde **tatsächlich Kenntnis** nehmen. Dazu ist ihnen ein angemessener Zeitraum zur Verfügung zu stellen. Der Vorsitzende hat sich die Kenntnisnahme bestätigen zu lassen; eine Pflicht zur Nachforschung (etwa durch prüfende Fragen) obliegt ihm aber grds nicht (SK-*Schlüchter* 51 zu § 249). Bestehen indes konkret *begründete Zw* an der Kenntnisnahme, so empfiehlt sich die Anordnung der wörtlichen Verlesung (KK-*Mayr* 39 zu § 249); geschieht dies nicht, so ist den Beteiligten zu gestatten, den Berufsrichtern und Schöffen Fragen nach den Umständen zu stellen, unter denen sie die Urkunde gelesen haben (KMR-*Paulus* 27 zu § 249).

2041 (2) Den **übrigen Verfahrensbeteiligten**, insbes Angekl, Vert und StA, ist **stets ausdrücklich Gelegenheit** zur Kenntnisnahme zu geben, dh auch dann, wenn sie vor Anordnung der Selbstlesung bereits Einsicht in die Akten genommen haben oder Gelegenheit dazu hatten (K/M-G 23 zu § 249; anders KK-*Mayr* 37 zu § 249). In Verfahren mit mehreren Angekl ist grds *allen* ein angemessener Zeitraum zur Verfügung zu stellen, um die Urkunden zu lesen. Die Beurteilung, ob das Schriftstück einen für die Vert des jeweiligen Beschuldigten relevanten Inhalt hat, obliegt nicht dem Gericht, sondern dem Angekl und dem Vert selbst (*Gollwitzer* FS-Sarstedt 30).

2042 Da der Angekl und sein Vert jeweils selbständige Prozeßsubjekte sind, die ihren Anspruch unabhängig voneinander wahrnehmen dürfen, darf dem Angekl die Einsichtnahme in die Urkunde nicht etwa mit der Begründung verweigert werden, daß sein Vert bereits von seinem Recht hierzu Gebrauch gemacht hat (SK-*Schlüchter* 53 zu § 249).

2043 cc) Es ist darauf zu achten, daß die Selbstlesung **bis** zum **Abschluß der Beweisaufnahme** beendet ist (SK-*Schlüchter* 51 zu § 249). Zulässig (K/M-G 22 zu § 249), aber zumindest in bezug auf den Aufklärungsgrds (§ 244 Abs 2) nicht unbedenklich ist es, wenn die Urkunde von Berufsrichtern und/oder Schöffen schon vor der Verlesung des Anklagesatzes inhaltlich zur Kenntnis genommen wird.

2044 dd) Um ein Mindestmaß an Übersichtlichkeit der Beweisaufnahme zu gewährleisten und einen klaren Anknüpfungspunkt für die Einlegung von Widersprüchen zu schaffen (LR-*Gollwitzer* 29 Nachtr zu § 249), hat der Vorsitzende in der HV ausdrücklich **festzustellen**, daß Berufsrichter und Schöffen **Kenntnis** vom Inhalt der Urkunde genommen haben und den übrigen Beteiligten die Gelegenheit hierzu eingeräumt wurde. Diese Feststellung ist ebenso wie die Anordnung des Verfahrens nach § 249 Abs 2 zu **protokollieren** (§ 249 Abs 2 S 3).

Im einzelnen zieht die Gleichbehandlung von Berufsrichtern und Schöffen hinsichtlich der Kenntnisnahme des Urkundeninhalts ihre Gleichstellung auch bei der Protokollierung nach sich (KK-*Mayr* 39 zu § 249; aA K/M-G 24 zu § 249 hinsichtlich der Feststellung, daß die beteiligten Schöffen die Schrift gelesen haben).

c) **StA**, **Angekl** und **Vert können** der Anordnung des Selbstleseverfahrens durch den Vorsitzenden gem § 249 Abs 2 S 2 **widersprechen** und dadurch eine Entscheidung des Gerichts herbeiführen. Diese Regelung, die ggü der Beanstandung nach § 238 Abs 2 spezieller ist, soll sicherstellen, daß der Verlesungsersatz nur bei Vorliegen der Voraussetzungen bzw nur in geeigneten Fällen Anwendung findet (krit zur Wirksamkeit *Kempf* StV **87** 221 f). 2045

Widerspruchsberechtigte Personen sind *auch* solche, denen in der HV Befugnisse des Angekl zustehen wie zB der *Beistand* im Jugendstrafverfahren (§ 67 Abs 1 JGG) oder *Einziehungs-* und *Verfallsbeteiligte*, nicht dagegen Nebenkläger und (im Offizialverfahren) ehemalige Privatkläger (SK-*Schlüchter* 47 zu § 249). 2046

aa) Der Widerspruch muß **unverzüglich**, dh ohne vermeidbares Zögern ausdrücklich erklärt werden. Im Idealfall kann das Gericht schon vor Beginn des Selbstleseverfahrens eine Entscheidung treffen. Die Überlegungszeit, die den Verfahrensbeteiligten zusteht, bemißt sich ua danach, wie lange ihnen die betr Schriftstücke bereits zugänglich sind (LR-*Gollwitzer* 21 Nachtr zu § 249). 2047

bb) Eine **Begründung** des Widerspruchs ist nicht zwingend erforderlich, aber in den meisten Fällen sinnvoll (KK-*Mayr* 35 zu § 249). 2048

cc) Hilft der Vorsitzende dem Widerspruch durch Anordnung der Verlesung gem § 249 Abs 1 ab, so entfällt eine Entscheidung. Andernfalls **prüft** das **Gericht** die Widerspruchsbefugnis der die Anordnung angreifenden Person, die Rechtzeitigkeit des Widerspruchs und das Vorliegen der gesetzlichen Voraussetzungen für das Selbstleseverfahren. Ihm ist darüber hinaus ein eigener *Ermessensspielraum* gegeben, dessen pflichtgemäße Ausfüllung sich daran zu orientieren hat, ob die Auswirkungen auf den Mündlichkeitsgrds in einem angemessenen Verhältnis zu der erwarteten Verfahrensvereinfachung stehen. 2049

Die Gerichtsentscheidung ergeht durch **Beschluß** (K/M-G 21 zu § 249). Dieser ist unbeschadet des Umstandes, daß es sich um eine Ermessensentscheidung handelt, zu begründen (LR-*Wendisch* 7 zu § 34; aA LR-*Gollwitzer* 23 Nachtr zu § 249), da einer begründungslosen Entscheidung nicht zu entnehmen ist, ob das Gericht sein Ermessen erkannt und ausgeübt hat. 2050

3. Bericht des Vorsitzenden als Verlesungsersatz

a) Die **Judikatur** hält es im übrigen für zulässig, daß Urkundeninhalte unter bestimmten Voraussetzungen durch einen sog Bericht des Vorsitzenden zum Gegenstand der HV gemacht werden (vgl BGH **1** 94 ff; **30** 10; wohl auch Düsseldorf StV 2051

95 120 mit abl Anm *Hellmann*; ebenso ANM 325 ff; K/M-G 26 zu § 249). Danach sei eine streng sachliche, sich jeder Würdigung des Beweiswerts enthaltende „*Schilderung*" des Inhalts eines Schriftstücks durch den Vorsitzenden ausreichend, wenn alle Beteiligten einverstanden sind, der Urkundeninhalt nicht unmittelbar die dem Angekl vorgeworfene Straftat verkörpert, es nicht auf den genauen Wortlaut ankommt und die Verlesung der jeweiligen Urkunde gem §§ 250, 256 nicht unzulässig wäre. Das Einverständnis der Beteiligten soll sowohl durch ausdrückliche Erklärung als auch durch Unterlassen eines Widerspruchs dokumentiert werden können.

Die Anwendung des Berichtsverfahrens sei im Sitzungsprotokoll zu vermerken.

2052 b) Wenngleich in der Judikatur hierzu gelegentlich einschränkend hervorgehoben wurde, daß es den Anforderungen an das Berichtsverfahren nicht genügt, wenn der Inhalt einer Urkunde in der HV lediglich bei einer Erörterung mit dem Angekl Erwähnung gefunden hat (Schleswig OLGSt § 256 Nr 1), und es im Einzelfall die Aufklärungspflicht gebieten kann, nach § 249 Abs 1 oder Abs 2 zu verfahren (BGH **30** 10), ist der in Rede stehende Verlesungsersatz aus mehreren Gründen **schwerlich haltbar**[7]:

2053 aa) Eine objektive Inhaltswiedergabe ist (selbst bei bestem Bemühen) kaum zu gewährleisten. Schon die Auswahl der für den Bericht in Betracht kommenden Tatsachen durch den Vorsitzenden ist zwangsläufig subjektiv und birgt die Gefahr einer *verdeckten*, vorweggenommenen *Beweiswürdigung*. Ob der Bericht unvoreingenommen und vollständig genug war, um die Einhaltung von Aufklärungs- und Mündlichkeitsgrds sowie des Gebotes zur Gewährung rechtlichen Gehörs sicherzustellen, wird außerdem von den Beteiligten im nachhinein nicht selten unterschiedlich beurteilt werden (LR-*Gollwitzer* 45 zu § 249).

2054 bb) Bei strikter Einhaltung der von der Rspr aufgestellten Voraussetzungen für das Berichtsverfahren müßte dessen Anwendungsbereich vergleichsweise eingeschränkt bleiben (*Gollwitzer* JR **82** 84), so daß der Einbuße an Objektivität und Transparenz der Beweisaufnahme (s 2051) keine erhebliche Verfahrenserleichterung gegenübersteht.

cc) Für *Laienrichter* mag die Unterscheidung zwischen Urkunden- und Zeugenbeweis bei Durchführung des Berichtsverfahrens ggf (zusätzlich) erschwert werden, da Bericht und Vorhalt aus Urkunden sich der äußeren Form nach ähneln können, hinsichtlich der verwertbaren Inhalte aber verschiedene rechtliche Folgen auslösen (SK-*Schlüchter* 57 zu § 249).

2055 dd) Das **Gesetz** hat die möglichen Formen des Urkundenbeweises in § 249 abschließend geregelt.

Insbes die Einführung des Selbstleseverfahrens (s 2033 ff) durch das *StVÄG 1979* und die Abmilderung der für seine Durchführung zu erfüllenden Voraussetzungen durch das *StVÄG 1987* haben den Willen des Gesetzgebers deutlich gemacht, keine über diese Regelungen hinausgehende Ersetzung der Verlesung zuzulassen. Demggü kann die Argumentation des BGH (ihm folgend ANM 327, *Kurth* NStZ **81** 232), wonach wegen der Unterschiedlichkeit der Anwendungsbereiche von Berichts- und Selbstleseverfahren letzteres keine ausschließende Wirkung entfalten könne, nicht überzeugen, da der Hinweis auf diesen von der Rspr selbst geschaffenen Unterschied für die Frage, ob § 249 Abs 2 Raum für weitere Formen des Urkundenbeweises läßt, ohne Bedeutung ist.

---

[7] Abl ua *Gollwitzer* JR **82** 84; *ders* in LR 45 zu § 249; SK-*Schlüchter* 57 zu § 249; AK-*Meier* 34 ff zu § 249; *Fezer* Fall 13 Rn 42; *Gössel* § 27 C I 2.

II. Form des Urkundenbeweises

Auch aus der Formulierung der Begründung des RegE zum StVÄG 1979 (BR-Dr 420/77, S 23), die Neuregelung solle das schon vorher von der Rspr zugelassene Berichtsverfahren *„abstützen"*, kann nicht die Schlußfolgerung gezogen werden, das Selbstleseverfahren sei eine Ergänzung und kein Ersatz des Berichtsverfahrens (*Gollwitzer* JR **82** 84; anders aber BGH JR **82** 82). Der Hinweis der Gegenansicht, die Abschaffung des Berichtsverfahrens widerspreche dem allg Ziel der gesetzlichen Neufassungen von 1979 und 1987, das Beweisaufnahmeverfahren ohne Verschlechterung der Wahrheitsfindung zu vereinfachen, verfängt gem dem Gewaltenteilungsprinzip ebenfalls nicht: Die Abwägung, welche Erleichterungen mit Rücksicht auf die Aufklärungspflicht des Gerichts noch zumutbar sind, obliegt dem Gesetzgeber; für einen *„Bestandsschutz"* tatsächlich contra legem praktizierter Verfahrensweisen ist daher kein Raum.

Die abschließende gesetzliche Regelung der Formen des Urkundenbeweises **2056** kann auch durch die Zustimmung der Verfahrensbeteiligten **nicht überwunden** werden.

4. Vorhalt

a) Kein Urkundenbeweis, sondern **Vernehmungsbehelf** ist der sog freie oder **2057** formlose Vorhalt aus Urkunden (allg Auffassung, LR-*Gollwitzer* 85 zu § 249 mwN). Richtig angewandt ist dies ein *gesetzlich zwar nicht geregeltes*, aber zulässiges Hilfsmittel der Vernehmung. Offenbare Lücken oder Widersprüche einer Aussage in der HV im Vergleich zu früheren, in den Akten befindlichen Äußerungen könnten vielfach auf andere Weise kaum aufgeklärt oder ausgeräumt werden (*F.W.Krause* 180 ff; LR-*Gollwitzer* 87 zu § 249; ANM 277 Fn 241). Insofern ist insbes wegen der idR bestehenden zeitlichen Ferne der HV vom aufzuklärenden Geschehen der Vorhalt ein unverzichtbares Mittel der Wahrheitserforschung. Zunächst ist zu versuchen, von der Beweisperson nach §§ 69 Abs 1 S 1 eine zusammenhängende Darstellung zu erlangen; ein *sofortiger Vorhalt* etwa früherer Vernehmungen zu Sache zwecks bloßer Bestätigung durch die Beweisperson ist *unzulässig* (KK-*Mayr* 41 zu § 249; zum Ganzen ausführlich 868 ff [betr Angekl], 1327 ff [betr Zeugen]).

b) aa) Rechtlich ist durch den Vorhalt nur die darauf ergehende Aussage der Be- **2058** weisperson in der HV, **nicht** aber der **Inhalt** des vorgehaltenen **Schriftstücks** selbst, strengbeweislich in den Prozeß eingeführt (BGH **14** 312; **22** 172; MDR **86** 159; *F.W.Krause* 183). Die Verwertung einer Urkunde als Beweismittel erfordert in jedem Fall die förmliche Verlesung in der HV (BGH **5** 278; **6** 143).

BGH **11** 160 beschränkt hingegen in nicht unmißverständlicher Weise dieses Gebot auf längere oder schwer verständliche Schriftstücke und läßt im Ergebnis bei „kurzen, leicht faßlichen" Urkunden den Vorhalt als Verlesungsersatz zu (krit dazu *Eb Schmidt* Nachtr I 4 zu § 249; *Hanack* JZ **72** 203).

Wird einem Zeugen – etwa einem Polizeibeamten – das von ihm im Ermitt- **2059** lungsverfahren aufgenommene Vernehmungsprotokoll zur Gedächtnisunterstützung vorgehalten, kann der Inhalt des Protokolls aus den genannten Gründen nur dann im Urteil mittelbar verwertet werden, wenn sich der Zeuge an die Einzelheiten der Vernehmung *erinnert*, nicht aber dann, wenn er lediglich erklärt, korrekt protokolliert zu haben (BGH **14** 312; noch strenger: BGH NJW **52** 556 aE).

bb) Tatsächlich sind im allg beeinflussende oder gar suggestive Auswirkungen nicht auszuschließen bzw im Einzelfall naheliegend (vgl dazu etwa 874 f).

2060 c) Um der Gefahr entgegenzuwirken, daß bei Vorhalten in Form des Vorlesens der Urkunde der Unterschied zwischen förmlicher Urkundenbeweiserhebung und formlosem Vernehmungsbehelf verwischt und ggf den Laienrichtern unverständlich sei (BGH **14** 312; *Roxin* § 44 Rn 18), wird zT empfohlen, die vorgehaltene Urkunde nicht vorzulesen, sondern ihren Inhalt in freier Form wiederzugeben (*F.W.Krause* 186; *KK-Mayr* 45 zu § 249). Allerdings ist dabei die Gefahr, daß die Wertung des Vernehmenden in die zusammenfassende Inhaltsangabe einfließt, zu beachten und einer evt Verzerrung der vorgehaltenen Aussage entgegenzuwirken (s n, auch zur Gefahr von suggestiven Wirkungen, 873 ff).

2061 d) aa) Nach hM dürfen Urkunden **auch** dann Gegenstand eines formfreien Vorhalts (als eines vom Urkundenbeweis unabhängigen Vernehmungsbehelfs, s 2057) sein, **wenn** sie nach den Vorschriften zum **Urkundenbeweis nicht verlesbar** sind (BGH **3** 150; **11** 340 f; **14** 311 f; K/M-G 28, LR-*Gollwitzer* 84, KK-*Mayr* 44, SK-*Schlüchter* 60, alle zu § 249; aA *Niese* JZ **53** 597 f). Insbes wird der Vorhalt von Geständnissen in polizeilichen Protokollen unbeschadet der Beschränkung des Urkundenbeweises auf richterliche Geständnisse (§ 254) als zulässig erachtet (dagegen *Grünwald* JZ **68** 754; s krit auch 871).

2062 bb) Zu beachten sind jedoch **Beweisverbote** (*Geppert* Jura **88** 369; s dazu 350 f, 376 f sowie 879). So darf eine Vernehmungsniederschrift grds nicht Gegenstand eines Vorhalts sein, wenn die vernommene Beweisperson in der HV berechtigt die Aussage verweigert (§ 252; s n 1301 ff); insoweit enthält § 252 ein absolutes Verwertungsverbot. Soweit allerdings nach der Judikatur in diesen Fällen der Richter als Verhörsperson über die richterliche Vernehmung soll gehört werden dürfen (s krit 1315), soll ihm auch die Vernehmungsniederschrift vorgehalten werden dürfen (KK-*Mayr* 49 zu 249).

2063 Die Verwendung des Protokolls einer Beschuldigtenvernehmung als Vorhalt ist unzulässig, wenn der Beschuldigte nicht ordnungsgemäß belehrt worden war (BGH **38** 214 ff; s dazu allg 562 ff, 567 ff).

5. Revision

Übersicht

	Rn		Rn
a) Verwertung nicht verlesener Urkunden		b) Fehler bei der Verlesung	
aa) Gesetzesverstoß	2064, 2065	aa) Auswahl der Form	2068
bb) Zulässigkeit	2066	bb) Durchführung des Selbstleseverfahrens	2069–2072
cc) Beruhen	2067	cc) Berichtsverfahren	2073
		c) Unterbliebene Verwertung	2074, 2075

2064 a) aa) Es stellt grds einen Verstoß gegen § 261 dar, wenn Inhalt oder Wortlaut einer Urkunde, die in der HV **nicht verlesen** wurde, im Urteil als Beweis **verwertet** worden sind (BGH StV **85** 401). Eine Verwertung zum Beweis soll allerdings nicht schon bei jeder wörtlichen Wiedergabe im Urteil vorliegen, sondern nur, wenn dies zur Überzeugungsbildung bei beweisbedürftigen Umständen geschieht (BGH **11** 161 f; anders **5** 278 bzgl längerer Schriftstücke). Bei der Verwertung „kur-

II. Form des Urkundenbeweises

zer, leicht faßlicher Schriftstücke" soll auch ein Vorhalt zur ordnungsgemäßen Einführung genügen (BGH **11** 160; vgl aber BGH StV **85** 401 zur unzulässigen „Heilung" durch spätere Urteilsberichtigung; zum Vorhalt s 2057 ff).

Neben § 249 Abs 1 ist § 261 auch dann verletzt, wenn die Verlesung *in nicht zulässiger Weise* erfolgt ist. Dies ist zB der Fall, wenn die Voraussetzungen für das vom Gericht durchgeführte Selbstleseverfahren gem § 249 Abs 2 nicht vorgelegen haben, da eine Verwertung im Urkundenbeweis nur nach vorangegangener korrekter Verlesung hätte erfolgen dürfen (LR-*Gollwitzer* 94 zu § 249). **2065**

Hat sich das erkennende Gericht zur Beweisaufnahme über den Urkundeninhalt eines anderen Beweismittels bedient, kann die Revision uU noch auf eine Verletzung der Aufklärungspflicht gestützt werden (dazu 2068), zumal das Gericht sich grds auf die bestmögliche Art und Weise über den Inhalt des Schriftstücks zu informieren hat (SK-*Schlüchter* 68 zu § 249).

bb) Für die **Zulässigkeit** der Verfahrensrüge ist erforderlich, außer der Tatsache der Nichtverlesung *zusätzlich darzulegen*, daß das Schriftstück *nicht auf andere zulässige Weise*, insbes durch einen Verlesungsersatz oder Vorhalt, in das Verfahren eingeführt worden ist (K/M-G 30 zu § 249). Das Revisionsgericht klärt dies ggf im Freibeweis (KK-*Mayr* 52 zu § 249). **2066**

cc) IdR wird ein Urteil zwar nur dann auf dem Gesetzesverstoß **beruhen**, wenn zw oder bestrittene Aspekte des Sachverhalts betroffen sind. **2067**

Allerdings erscheint die Folgerung, allg könne das Urteil nur dann auf der Gesetzesverletzung beruhen, wenn der Inhalt des (weder verlesenen noch auf andere Weise zulässig eingeführten) Schriftstücks in der HV bestritten wurde (so KK-*Mayr* 52 zu § 249 unter Berufung auf unveröffentl Entscheidungen des BGH), als zu weitgehend. Damit würde der Zweck der Verlesung, daß nämlich insbes der dem Gericht als wesentlich erscheinende Inhalt allen Verfahrensbeteiligten in gleicher Form zur Kenntnis gebracht wird, ebenso wie der Grds der Mündlichkeit verkannt.

Inwieweit ein Beruhen ausgeschlossen werden kann, wenn der Inhalt dessen, was die Urkunde besagt, in anderer Weise in die HV eingeführt wurde,[8] ist zw.

b) aa) In der **Auswahl** einer der zwei bzw drei zulässigen **Formen des Urkundenbeweises** ist das erkennende Gericht in gewissen Grenzen frei (s n 2025 ff). Diese Grenzen sind überschritten – und damit ist die Aufklärungspflicht verletzt –, wenn das Selbstleseverfahren durchgeführt wurde, obwohl es um einen Straftatbestand geht, der an den Inhalt einer Schrift anknüpft (BGH **11** 30 zur aF von § 249). Die wörtliche Verlesung wird idR auch geboten sein, wenn es auf den genauen Wortlaut einer Urkunde ankommt. **2068**

bb) (1) Beanstandungen hinsichtlich der **Durchführung** des **Selbstleseverfahrens** müssen zunächst mit dem Widerspruch gemäß § 249 Abs 2 S 2 unverzüglich geltend gemacht werden. Wurde der Widerspruch gar nicht oder verspätet erhoben, bleibt auch die Revisionsrüge erfolglos (*Kindhäuser* NStZ **87** 531). **2069**

(2) Jedoch wird ein Urteil nicht schon allein deshalb aufzuheben sein, weil ein gegen das Selbstleseverfahren eingelegter *Widerspruch nicht beschieden* wurde, denn das Urteil wird idR nicht auf diesem Fehler beruhen (vgl LR-*Gollwitzer* 38 Nachtr zu § 249), sondern allenfalls darauf, daß das Selbstleseverfahren der Aufklärungspflicht nicht entsprach (s 2068).

---

[8] Vgl bej etwa BGH bei *Kusch* NStZ **95** 220 betr Nichtverlesung eines Urteils unter Hinweis auf die zeugenschaftliche Vernehmung zweier mitwirkender Richter.

2070 (3) Die Rüge, einzelne oder alle *Richter* hätten die Urkunde trotz der protokollierten Feststellung nach § 249 Abs 2 S 3 *nicht gelesen*, wird regelmäßig wegen des Beratungsgeheimnisses (§§ 43, 45 DRiG) ergebnislos bleiben, es sei denn, die erforderlichen Feststellungen lassen sich ohne dessen Bruch treffen (K/M-G 30 zu § 249).

Ist aber die *Kenntnisnahme* von Berufsrichtern und Schöffen nicht protokolliert, so ist wegen der negativen Beweiswirkung des Protokolls nach § 274 anzunehmen, daß das Beweismittel nicht zur Kenntnis gelangt ist; auch wird idR nicht auszuschließen sein, daß das Urteil auf diesem Rechtsfehler beruht (SK-*Schlüchter* 71 zu § 249).

2071 (4) Nicht zuzustimmen ist einer Entscheidung (BGH **30** 10ff), in der ein fehlerhaft durchgeführtes Selbstleseverfahren nachträglich in einen Bericht des Vorsitzenden über den Urkundeninhalt **umgedeutet** wurde.

In dem in Rede stehenden Fall wollte das Tatgericht nach § 249 Abs 2 vorgehen, die Schöffen hatten aber vom Inhalt der Schriftstücke nicht Kenntnis genommen. Der BGH hat das Beruhen des Urteils auf dem Rechtsverstoß verneint, da mit Bekanntgabe des wesentlichen Inhalts durch den Vorsitzenden bei Vorliegen der übrigen Voraussetzungen des Berichtsverfahrens (s 2051) eine ordnungsgemäße Beweisaufnahme erfolgt sei. Ob diese Form der Beweisaufnahme beabsichtigt war, sei danach unerheblich.

2072 Selbst wenn das Berichtsverfahren als eine zulässige Form des Urkundenbeweises anzusehen wäre (s abl 2052 ff), steht einer Umdeutung entgegen, daß Berichts- und Selbstleseverfahren unterschiedliche Konsequenzen haben. Während ersteres nur die vom Vorsitzenden in der HV vorgetragenen Tatsachen verwertbar macht, führt letzteres zur Verwertbarkeit des gesamten Urkundeninhalts. Die nachträgliche Abänderung der Beweisform durch das Revisionsgericht könnte daher uU dazu führen, daß das Urteil im Endeffekt auf nicht ordnungsgemäß in die HV eingeführte Umstände gestützt wird (*Gollwitzer* JR **82** 85).

Zudem darf das Revisionsgericht in die tatrichterliche Verfahrensgestaltung nicht in dieser Weise eingreifen, da es dem Instanzgericht aus bestimmten, dem Protokoll nicht zu entnehmenden Gründen besonders auf die Kenntnisnahme des Wortlauts der Urkunde angekommen sein kann (*Kurth* NStZ **81** 231).

2073 cc) Bzgl des – nach hier vertretener Auffassung unzulässigen (s 2052ff) – **Berichtsverfahrens** können sich revisible Rechtsfehler bei Nichteinhaltung der von der Rspr aufgestellten Voraussetzungen (s 2051) ergeben.

2074 c) aa) Wird eine **Urkunde** ihrem Inhalt und/oder Wortlaut nach **nicht** bei der Überzeugungsbildung des Gerichts **herangezogen**, obwohl die allg Aufklärungspflicht des Gerichts dies an sich geboten hätte, so ist eine Revisionsrüge unter dem Gesichtspunkt der Verletzung von § 244 Abs 2 möglich (Aufklärungsrüge).

2075 bb) Die fehlerhafte Ablehnung eines Beweisantrags auf Verlesung einer Urkunde stellt einen Verstoß gegen **§§ 244 Abs 3, 245** dar (s n 197, 292ff).

III. Verlesungsverbot des § 250 und gesetzliche Durchbrechungen

2076 § 250 gebietet grds die Zeugenvernehmung in der HV, wenn der Beweis auf der Wahrnehmung einer Person beruht; als gesetzliche Ausprägung des **Unmittelbarkeitsgrds** verbietet die Vorschrift daher die Ersetzung der Vernehmung durch den

III. Verlesungsverbot des § 250 und gesetzliche Durchbrechungen

Urkundenbeweis. § 250 soll durch die Anordnung persönlicher Vernehmung den vielfach erkannten Gefahren einer Verurteilung aufgrund von Akteninhalten begegnen (s n etwa 727 ff, 913 ff). – Im *beschleunigten Verfahren* (§§ 417 ff) gilt der Unmittelbarkeitsgrds jedoch nur *eingeschränkt*, so daß – mit Zustimmung der Verfahrensbeteiligten – Vernehmungsniederschriften, Urkunden und behördliche Stellungnahmen ohne weiteres verlesen werden dürfen (§ 420 Abs 1–3).

Die Anordnung der Verlesung geschieht durch Beschluß (vgl § 251 Abs 4 S 1), der in das Protokoll aufzunehmen ist. Ob er idR keiner Begründung bedarf (so K/M-G 8 zu § 420), könnte deshalb zw sein, weil das beschleunigte Verfahren rechtstatsächlich in zahlreichen Fällen geeignet ist, den Beschuldigten entgegen Nr 146 Abs 1 S 2 RiStBV in seiner Verteidigung zu beeinträchtigen. So wird er zur Verhandlung häufig als Festgenommener nach einer in Unfreiheit verbrachten Nacht vorgeführt, so daß, meist iZm einem Geständnis, die Bereitschaft zur Zustimmung verschiedentlich unter nicht unerheblichem Druck zustandekommt (s auch 732 ff).

Ansonsten greift das Verlesungsverbot in zahlreichen (zT erst im Lauf der Zeit **2077** eingeführten) gesetzlich **bestimmten Fällen nicht** durch: So erlaubt § 251 Abs 1 in bestimmten Fällen die Verlesung von richterlichen Vernehmungsprotokollen (s n 2101); in § 251 Abs 2 (s n 2126 ff) ist in bestimmten, engen Grenzen auch ausnahmsweise die Verlesung von nichtrichterlichen Vernehmungsprotokollen und schriftlichen Erklärungen zugelassen. § 253 (s n 2156 ff) regelt den Urkundenbeweis mit Vernehmungsniederschriften anläßlich von Gedächtnislücken und Widersprüchen bei der Aussage eines Zeugen. § 254 erlaubt die Einführung von protokollierten richterlichen Geständnissen bzw von Aussagen des Angekl anläßlich von Widersprüchen (s n 857 ff). Schließlich formuliert § 256 eine Ausnahme für die Verlesung von behördlich erstellten Gutachten (s n 2170 ff).

1. Unzulässigkeit der Verlesung gemäß § 250

Übersicht

	Rn		Rn
a) Reichweite des Verlesungsverbotes	2078–2083	cc) Niederschriften von Tonbandaufnahmen	2089, 2090
b) Vernehmungsprotokolle	2084	dd) Übersetzungen fremdsprachiger Texte	2091
c) Schriftliche Erklärungen		d) Urkunden iSd § 249 Abs 1 S 2	2092–2097
aa) Beweisbestimmung	2085, 2086		
bb) Schriftsätze des Vert	2087, 2088	e) Revision	2098

a) § 250 **verbietet** es in Fällen, in denen der Beweis einer Tatsache auf der **2078** Wahrnehmung einer Person beruht, die **Vernehmung** dieser Person über die betr Vorgänge **durch Verlesung** des über eine frühere Vernehmung aufgenommenen Protokolls oder einer schriftlichen Erklärung **zu ersetzen**. Entscheidend für den Anwendungsbereich des Verlesungsverbotes ist nach der Judikatur, „daß es sich um den Beweis eines Vorganges handelt, dessen wahrheitsgemäße Wiedergabe nur durch eine Person möglich ist, welche ihn mit einem oder mehreren ihrer fünf Sinne wahrgenommen hat" (BGH **27** 137). Nicht erfaßt sind dagegen Schriftstücke, „die eine eigene Willenshandlung der Person verkörpern" (BGH **6** 212).

2079 Soweit ausgeführt wird, § 250 sei nicht anwendbar, wenn es sich lediglich um eine „mechanische Verrichtung" handele, die nicht geeignet sei, bei der damit befaßten Person einen bleibenden Eindruck zu hinterlassen (BGH **27** 138), kann dies bzgl der Herstellung von Abschriften, Ablichtungen und Abrechnungsstreifen (vgl K/M-G 10, LR-*Gollwitzer* 9, beide zu § 250) weithin zutreffend sein; jedoch ist zur Vermeidung unzulässiger Pauschalisierung zunächst *im Einzelfall* zumindest zu *prüfen*, ob tatsächlich eine „mechanische Verrichtung" vorliegt (vgl 2089 f zu Tonbandniederschriften und 2091 zu Übersetzungen).

2080 aa) Insofern in § 250 S 2 die Ersetzung von Vernehmungen durch die Verlesung von Urkunden verboten wird, ist dem Sinn nach zw, ob es zulässig ist, **ergänzend** zu der Zeugenvernehmung einer Aussageperson frühere protokollarisch oder in einer schriftlichen Erklärung festgehaltene Angaben im Wege des Urkundenbeweises **zu verwerten** (**vern** *Schneidewin* JR **51** 483; **bej** die hM, RG **71** 10; BGH **20** 161 f; JZ **87** 315; *Dölling* NStZ **88** 7 f; AK-*Meier* 11 f zu § 250).

2081 Wenngleich aus der in § 253 getroffenen einschränkenden Regelung für einen Sonderfall des ergänzenden Urkundenbeweises keine Unzulässigkeit im allg wird hergeleitet werden können, läßt diese Einschränkung die Gefahr erkennen, daß die ergänzende Verlesung ggü der Vernehmung zu *dominierendem Einfluß* gelangt, so daß Unmittelbarkeit und Mündlichkeit des Verfahrens zwar erhalten bleiben, möglicherweise aber ihr Gewicht verlieren, soweit die Urkunde substantiell eben doch zum Beweis der Richtigkeit ihres Inhaltes dient (vgl ähnlich schon *Geppert* 199).

Unbeschadet des Grundsatzes, daß der Urkundenbeweis zulässig ist, soweit das Gesetz ihn nicht ausdrücklich verbietet (s 2025 ff), wird eine Verlesung daher *allenfalls unter Vorbehalten* neben die Vernehmung treten dürfen[9].

2082 Bezieht sich das Protokoll oder die schriftliche Erklärung auch auf *Sachbereiche*, zu denen der *Zeuge* in der HV *keine Angaben* gemacht hat, so ist der Urkundenbeweis zum Beleg der Richtigkeit der in dem Schriftstück festgehaltenen Angaben ohnehin wegen § 250 *unzulässig* (*Mitsch* JZ **92** 178 f).

2083 bb) Bei der in der Praxis häufigen Fallkonstellation, daß eine Beweisperson von ihrem **Auskunftsverweigerungsrecht** nach § 55 Gebrauch gemacht hat, ist die Verlesung des Vernehmungsprotokolls nach der hier vertretenen Ansicht bereits wegen der Anwendbarkeit von § 252 auf § 55 unzulässig (s 1127–1129). Danach hat § 250 hierfür entgegen der hM keinerlei Bedeutung.

Nach BGH NStZ **82** 342 scheitert eine Verlesung gem § 251 Abs 1 Nr 4 daran, daß ein nach § 55 die Auskunft verweigernder Zeuge in der HV erschienen ist und vernommen werden kann (ebenso BGH bei *Pfeiffer/Miebach* NStZ **84** 211; krit *Meyer* JR **87** 524). Die Verlesung soll aber dann zulässig sein, wenn der Zeuge zwar die Auskunft zur Sache nach § 55 verweigert, aber in der HV bestätigt, die schriftliche Erklärung abgegeben zu haben (BGH JR **87** 522 m abl Anm *Meyer*; zust *Dölling* NStZ **88** 8).

2084 b) **Vernehmungsprotokolle** iSd Vorschrift sind alle amtlichen Niederschriften, in denen Angaben einer Person über von ihr gemachte sinnliche Wahrnehmungen enthalten sind (LR-*Gollwitzer* 5 zu § 250).

2085 c) aa) Die Reichweite des Verlesungsverbotes für **schriftliche Erklärungen** ist insofern umstritten, als der hM zufolge Erklärungen nicht von § 250 S 2 erfaßt

---

[9] Nach *Peters* JZ **65** 650 ist die erg Verlesung generell nur zu einem anderen Beweiszweck, zB der Überprüfung der Glaubwürdigkeit der Beweisperson, zulässig (ähnlich *Fezer* Fall 14 Rn 20).

III. Verlesungsverbot des § 250 und gesetzliche Durchbrechungen

sein sollen, wenn ihnen bei Errichtung keine Beweisbestimmung beigelegt worden ist (BGH **6** 143; **20** 161; NJW **87** 1093; *Schneidewin* JR **51** 483; K/M-G 8 zu § 250; AK-*Meier* 8 zu § 250 mwN).[10]

Begründet wird das bezeichnete Beweisbestimmungserfordernis ua durch einen Vergleich mit den ebenfalls in § 250 erwähnten Vernehmungsprotokollen. Auch diese seien zu Beweiszwecken aufgenommen worden, folglich dürfe bei den schriftlichen Erklärungen wegen der anzustrebenden Gleichwertigkeit der Tatbestandsalternativen nicht anderes gelten (LR-*Gollwitzer* 7 zu § 250 mwN).

Diese Einschränkung ist abzulehnen (ebenso KK-*Mayr* 8 zu § 250; *Geppert* 200 ff; *F.W. Krause* 159 f). Ob der Aussteller einer Urkunde bei ihrer Herstellung Beweiszwecke verfolgt hat, wird sich kaum je mit Sicherheit feststellen lassen. Insbes aber ist der Beweiswert sog *Zufallsurkunden* nicht generell höher als der von Beweisurkunden, so daß es nicht gerechtfertigt wäre, sie vom Verlesungsverbot auszunehmen (*Geppert* 200 f). § 250 als Sicherung des Unmittelbarkeitsgrds trägt selbst um den Preis einer evtl Verfahrensverzögerung im Interesse der Sachaufklärung dem Umstand Rechnung, daß eine Berichtsurkunde den persönlichen Eindruck, den ihr Verfasser bei einer Vernehmung hinterläßt, nicht ersetzen kann. Die Reaktion der Beweisperson auf Nachfragen oder Vorhalte, seine Gestik und Mimik können – unbeschadet verschiedener Besorgnisse im einzelnen (s n 1458 ff) – mitunter bei der Überzeugungsbildung von entscheidender Bedeutung sein. Gesetzessystematisch ist nicht begründbar, solchen Aspekten nur bei Be- weis-, nicht aber bei Zufallsurkunden Rechnung zu tragen, zumal die Schriftstücke im Ermittlungsverfahren und als Vorhalte verwendet werden dürfen (so auch *Geppert* 200 f; *F.W. Krause* 159 f).

2086

bb) (1) Im allg unzulässig ist der Urkundenbeweis mit **Schriftsätzen des Vert**, die eine Sachdarstellung enthalten (BGH StV **93** 623 f).

2087

(2) Anderes soll aber dann gelten, wenn der eigentliche **geistige Urheber** der Äußerung der **Angekl** selbst ist, der Vert also lediglich als „Schreibhilfe" dient. So wird von Teilen des Schrifttums und der Judikatur eine Gleichbehandlung mit den Erklärungen des Angekl (dazu 2012) befürwortet (Hamm JR **80** 82 m abl Anm *Fezer*; LR-*Gollwitzer* 13 zu § 249; *Günter* DRiZ **71** 379; offengelassen in BGH StV **93** 623 f mit Anm *Seitz* NStZ **94** 187: „eher theoretischer Natur"). Demggü verbietet es der *Unmittelbarkeitsgrds* (§ 250) auch hier, über Äußerungen, die der Beschuldigte ggü seinem Vert zwecks Weitergabe an das Gericht abgegeben hat, durch Verlesung des daraufhin gefertigten Schriftsatzes Beweis zu erheben (Celle NStZ **88** 426; *Fezer* JR **80** 83). Vielmehr ist der Angekl, soweit er die schriftliche Erklärung nicht selbst verfaßt hat, (bzw sein Vert, BGH NStZ **94** 449) über die schriftliche Stellungnahme zu vernehmen (ebenso K/M-G 13 zu § 249; SK-*Schlüchter* 30 zu § 249).

2088

cc) **Niederschriften** über eine *gem § 100a* gewonnene **Tonbandaufnahme** soll das Gericht vorbehaltlich einer Verletzung der Aufklärungspflicht (§ 244 Abs 2) im Wege des Urkundenbeweises verwerten dürfen (BGH **27** 135 ff). § 250 gebiete es insbes nicht, die Beamten, die die Niederschrift angefertigt haben, über die von

2089

---

[10] Nach unveröffentl Entscheidungen des BGH (zit in BGH **20** 161) sollen sogar nur im (selben) Strafverfahren zu Beweiszwecken abgegebene Erklärungen vom Verbot erfaßt sein. Der Sinn einer solchen Differenzierung bleibt jedoch offen.

ihnen bei der Übertragung des Tonbandes hinsichtlich des Gesprächsinhaltes gemachten sinnlichen Wahrnehmungen zu vernehmen, da eine diesbezgl Vernehmung ggü dem Urkundenbeweis keinen zusätzlichen Beweiswert haben könne.

Allerdings steht die Begründung, solche Niederschriften stellten grds keinen eigenständigen Erkenntnisvorgang dar (BGH **27** 138), in gewissem Gegensatz zur Praxis, wie aus LG Frankfurt StV **87** 144 ff erhellt. Die Niederschrift eines Telefongesprächs ist insbes bei technisch bedingten Übertragungsschwierigkeiten sowie bei der Verwendung von Dialekten oder individueller Ausdrucksweise im Unterschied zum Schreiben nach Tonbanddiktat oftmals mit erheblichen *Wertungsfragen* verbunden. Zudem scheidet zum Beweis dafür, wer *Gesprächspartner* eines abgehörten Telefonats war, der Urkundenbeweis mit der Tonbandniederschrift aus, da die Bestimmung der Identität des Sprechers jedenfalls eine eigene zeugenschaftliche, wenn nicht sogar eine sachverständige Klärung (s dazu 1996 ff) verlangt. Zumindest in den genannten Fällen verbietet § 250, Beweis allein mit der Niederschrift zu führen.

Falls das Originaltonband nicht mehr vorhanden ist, kann uU die bloße Niederschrift als ungeeignetes Beweismittel anzusehen sein (vgl LG Frankfurt StV **87** 144).

2090 Zw an der Korrektheit der Übertragung gebieten in jedem Falle gem der Aufklärungspflicht (§ 244 Abs 2) eine Vernehmung des jeweiligen Verfassers der Niederschrift als Zeugen. Schon deshalb hat der Verfasser die Niederschrift so zu kennzeichnen, daß er als Zeuge geladen werden kann.

2091 dd) Die **Übersetzung** eines *fremdsprachigen Textes* gehört ebenfalls nicht generell zu den mechanischen Verrichtungen, bei denen zusätzliche Aufklärung durch eine Einvernahme nicht zu erwarten ist (bej indes BGH **27** 137). Jedoch wäre es verfehlt, grds schon deshalb auf das Verlesungsverbot nach § 250 zu schließen, weil uU auftretende sprachliche Mehrdeutigkeiten oder sonstige Übersetzungsschwierigkeiten die Vernehmung des Übersetzenden notwendig machen könnten. Vielmehr wird es sich in vielen Fällen bei der Übertragung eines Schriftstücks in eine andere Sprache um eine nicht personengebundene, sondern wiederhol- und nachprüfbare Tätigkeit handeln (KMR-*Paulus* 10 zu § 249). Daher wird eine Verlesung grds als zulässig anzusehen sein und idR auch zur Beweiserhebung über den Inhalt der fremdsprachigen Originalurkunde ausreichen, solange auf diese zurückgegriffen werden kann. In Zweifelsfällen folgt das Gebot zur Vernehmung des Dolmetschers bzw Sv (oder uU die Beauftragung eines weiteren Übersetzers als Sv) aus der Aufklärungspflicht (§ 244 Abs 2).

2092 d) Bei der Frage nach der Anwendbarkeit von § 250 auf die in **§ 249 Abs 1 S 2** aufgeführten Urkunden (s dazu 2016), insbes auf früher ergangene **Strafurteile** und auf **Protokolle** über **richterliche Augenscheinseinnahmen**, ist zu differenzieren.

aa) (1) § 250 ist ohnehin nicht berührt, soweit die Verlesung dieser Urkunden zum Zweck des Beweises ihrer Existenz und zur (freibeweislichen) Klärung von Verfahrensfragen erfolgt (vgl nur SK-*Schlüchter* 13 zu § 249). Insbes kann durch die Verlesung eines Urteils bewiesen werden, daß und mit welchen Gründen die Entscheidung ergangen ist (ANM 254).

2093 (2) So darf zB ein aufgehobenes tatrichterliches Urteil mittels des Urkundenbeweises als Beleg dafür zum Gegenstand der HV gemacht werden, daß es mit einem bestimmten Inhalt ergangen ist oder welche *bindenden Feststellungen* es getroffen hat. Die Entscheidung des Revisionsgerichtes kann zur Klärung der von ihm gem § 358 Abs 1 ausgehenden Bindungswirkung herangezogen werden. Ist das aufgehobene tatrichterliche Urteil nicht auffindbar, darf die Entscheidung des Revisionsgerichts zwecks Unterrichtung über die bindend gewordenen

III. Verlesungsverbot des § 250 und gesetzliche Durchbrechungen

Feststellungen des Tatrichters verlesen werden (LR-*Gollwitzer* 17 zu § 249). Deren inhaltliche Richtigkeit kann damit aber schon rein tatsächlich nicht bewiesen werden, so daß sich die Frage nach der rechtlichen Zulässigkeit im Hinblick auf § 250 erübrigt (*Wömpner* NStZ 84 482, auch zur Verlesung aufgehobener Teile des tatrichterlichen Urteils).

bb) Umstritten ist die Anwendbarkeit von § 250, wenn in unmittelbarem Zusammenhang mit der *Schuld-* und *Rechtsfolgenfrage* bewiesen werden soll, daß sich ein bestimmter *Sachverhalt* so zugetragen hat oder so vorgefunden wurde, wie es in dem früheren Urteil oder Augenscheinsprotokoll aufgrund der Wahrnehmung einer Person beschrieben ist. **2094**

Ausführungen darüber, wie Auskunftspersonen sich geäußert haben, welchen Inhalt eine Urkunde oder welches Ergebnis eine Augenscheinseinnahme gehabt habe, sind Berichte über sinnliche Wahrnehmungen des Richters, die dieser anläßlich der Beweisaufnahme gemacht hat (vgl *Wömpner* NStZ 84 483).

Dennoch wird die Ersetzung der Vernehmung des damaligen Richters und/oder der von ihm vernommenen Personen durch *Verlesung* von Urteilen und Augenscheinsprotokollen iSv § 249 Abs 1 S 2 von der hM als *zulässig* erachtet (BGH 6 143, 31 331 f; K/M-G 9, LR-*Gollwitzer* 16, KK-Mayr 17, alle zu § 249; anders noch BGH MDR 55 121; differenzierend KMR-*Paulus* 11 zu § 249; vgl auch RG 60 297).

(1) Die Aufzählung in § 249 Abs 1 S 2 bedeutet nicht, daß die dort genannten Urkunden jederzeit unabhängig von den §§ 250 ff verwendbar sind (ANM 251; *Wömpner* NStZ 84 481 f; aA KK-Mayr 9 zu § 250). Vielmehr stellt § 249 Abs 1 S 2 lediglich eine konkretisierende Aufzählung von Urkunden dar, die an sich bereits von § 249 Abs 1 S 1 erfaßt werden. **2095**

(2) Die hM argumentiert vom Gesetzeswortlaut her damit, daß Urteile weder „Vernehmungsprotokolle" noch eine „schriftliche Erklärung" darstellten (BGH 6 143). Dem läßt sich allerdings entgegenhalten, daß es dafür, ob es sich um den *Bericht* einer Person *über Wahrnehmungen* handelt, nicht darauf ankommt, ob dies innerhalb einer Urteilsbegründung geschieht. Soll der berichtende Teil eines Urteils zum Beweis dafür verlesen werden, daß eine Auskunftsperson in der früheren HV etwas Bestimmtes ausgesagt hat, ist daher § 250 betroffen.

Dasselbe gilt für den schriftlichen Bericht über das Ergebnis einer *Augenscheinseinnahme* außerhalb der HV oder Sachbeweiserhebung im früheren Prozeß. Der Argumentation, die Ersetzung des früheren Sachbeweises durch Urkundenbeweis sei nicht von § 250 erfaßt (BGH 27 136 f), ist nicht zuzustimmen: Soweit die Wahrnehmung einer Person – die eines Augenscheinsgehilfen (s dazu 2262 ff) oder eines Richters – ersetzt werden soll, spielt es für die Anwendung von § 250 keine Rolle, um was für ein Wahrnehmungsobjekt es sich ursprünglich gehandelt hat (zutr *Wömpner* NStZ 84 483; aA offenbar BGH 27 136 f). Zwar schließt § 250 (anders möglicherweise § 244 Abs 2) nicht aus, den Sachbeweis durch eine Zeugenvernehmung zu ersetzen; die Vorschrift verbietet jedoch, in Fortführung dieser Kette einen schriftlichen Wahrnehmungsbericht zu verlesen, statt die Zeugenperson zu vernehmen. **2096**

Auch *Augenscheinsprotokolle* fallen als Wahrnehmungsberichte grds unter § 250 (aA *Geppert* 198; *F.W.Krause* 149 unter Beschränkung auf im selben Verfahren außerhalb der HV durchgeführte Augenscheinseinnahmen), von Behörden erstellte Protokolle sind jedoch grds gemäß § 256 verlesbar. Insofern stellt § 249 Abs 1 S 2 eine Beschränkung auf von Richtern hergestellte Protokolle dar (s n 2021 ff).

(3) Die praktische Bedeutung der Streitfrage reduziert sich im übrigen, da es auch nach hM aufgrund § 244 Abs 2 *keinesfalls* zulässig ist, Angaben aus dem verlesenen Urteil zur *alleinigen Urteilsgrundlage* bzgl eines bestimmten Sachverhaltes zu **2097**

machen (BGH **31** 332; Düsseldorf StV **82** 512; **92** 566; ANM 254; SK-*Schlüchter* 14 zu § 249), so daß allenfalls in Ausnahmefällen die Urteilsverlesung eine Beweisaufnahme ersetzen könne. Auch sei der (geringere) Beweiswert in der Würdigung zu berücksichtigen und eine Auseinandersetzung damit nach § 261 im Urteil geboten.

Zudem gelten auch nach der hier vertretenen Auffassung die Einschränkungen des § 250 in §§ 251, 253, 254, 256 (jdf analog; vgl *Wömpner* NStZ **84** 486).

2098 e) Ein Verstoß gegen § 250 kann in der **Revision** mit der Verfahrensrüge geltend gemacht werden. Für die Begründung nach § 344 Abs 2 S 2 sind die betr Urkunde und ihr Inhalt genau zu bezeichnen (LR-*Gollwitzer* 39 zu § 250 mwN).

2. Ausnahmen zum Verlesungsverbot gemäß § 251

Übersicht

		Rn				Rn
a)	Allgemeines	2099, 2100	c)	§ 251 Abs 2		
b)	§ 251 Abs 1			aa)	Verlesbare Protokolle	2126–2132
	aa) Taugliche Verlesungsobjekte	2101		bb)	„Frühere" Vernehmung	2133
	bb) Wesentliche Mängel	2102–2106		cc)	Schriftliche Erklärungen	2134
	cc) Verlesungsumfang	2107–2109		dd)	Voraussetzungen der Verlesung	2135–2139
	dd) § 251 Abs 1 Nr 1	2110, 2111		ee)	Aufklärungspflicht	2140
	ee) § 251 Abs 1 Nr 2	2112–2118	d)	Verfahrensregelung des § 251 Abs 4		2141–2145
	ff) § 251 Abs 1 Nr 3	2119	e)	Revision		2146–2155
	gg) § 251 Abs 1 Nr 4	2120–2125				

2099 a) Unter den in **§ 251** genannten Voraussetzungen dürfen bestimmte Urkunden verlesen werden, obwohl sie persönliche Wahrnehmungsberichte enthalten. Es handelt sich insoweit um Ausnahmen zu § 250, dh um die Verlesung zum Zwecke des Beweises für die Straf- und Rechtsfolgenfrage. § 251 Abs 3 stellt keine solche Ausnahme dar, sondern bestätigt nur, daß eine Verlesung zu sonstigen Zwecken, insbes im Freibeweis (s allg 36 ff) generell zulässig ist und nicht an die in § 251 Abs 1 und 2 genannten Voraussetzungen gekoppelt ist (vgl ausf SK-*Schlüchter* 72 zu § 251).

Gegenstand des Urkundenbeweises nach § 251 sind Niederschriften über Vernehmungen von **Zeugen**, **Sv** oder **Mitbeschuldigten** sowie andere von diesen Personen stammende schriftliche Erklärungen. Maßgeblich ist die *Verfahrensrolle*, die die betr Person in der *gegenwärtigen HV* einnehmen würde (BGH **10** 189 f; K/M-G 2 zu § 251).

2100 Zur Anwendbarkeit des (die Verlesung nach § 251 ausschließenden) **§ 252** auf Konstellationen, in denen eine nach diesen Grundsätzen als Zeuge zu qualifizierende Person wegen eines ihr zustehenden Verweigerungsrechts nach den §§ 52, 53, 55 nicht aussagt, s 1301 ff, 1314. Eine Verlesung nach § 251 ist in diesen Fällen idR ohnehin nur zulässig, wenn der Zeuge anläßlich der damaligen Vernehmung über dieses Recht belehrt wurde, aber dennoch ausgesagt hat (s aber n 1306).

Zur Zulässigkeit des Urkundenbeweises nach § 251 bzgl der Aussagen von Personen, die zur Zeit der früheren Vernehmung **Mitbeschuldigte gewesen** sind, s 938 ff.

III. Verlesungsverbot des § 250 und gesetzliche Durchbrechungen

b) aa) **Taugliche Verlesungsobjekte** im Rahmen von **§ 251 Abs 1** sind nur Protokolle über *richterliche* Einvernahmen.[11] Ohne Bedeutung ist, ob es sich um eine Vernehmung in einem Strafverfahren gehandelt hat bzw in welchem Verfahrensstadium sie erfolgt ist (s n K/M-G 16 zu § 251). Protokolle über Vernehmungen in einer HV dürfen selbst dann verlesen werden, wenn lediglich der wesentliche Inhalt gem § 273 Abs 2 festgehalten wurde (LR-*Gollwitzer* 9 zu § 251). 2101

Ausnahmsweise sollen Protokolle über eine im Ausland von einem *Polizeibeamten* durchgeführte Vernehmung verlesen werden dürfen, falls dieser nach ausländischem Recht zu einer der richterlichen Vernehmung entspr Anhörung ermächtigt war (BGH NStZ **83** 181 f; LR-*Gollwitzer* 23 zu § 251; zw).

bb) Die Vernehmungsprotokolle müssen **frei von wesentlichen Mängeln** sein. Dabei beurteilt sich die Wesentlichkeit anhand der Bedeutung des Schutzzwecks der verletzten Norm für das von § 251 in richterliche Protokolle gesetzte Vertrauen (LR-*Gollwitzer* 10 zu § 251). 2102

Unerhebliche Fehler hindern die Verlesung nicht, müssen jedoch bekanntgemacht werden und können Einfluß auf den Beweiswert haben (LR-*Gollwitzer* 10 zu § 251).

(1) Bei Niederschriften über Einvernahmen im Rahmen eines (also des gegenwärtigen oder eines anderen) **inländischen Strafverfahrens** können sowohl formelle als auch inhaltliche Mängel erheblich sein.

(a) In *formeller* Hinsicht hat das **Fehlen** einer der nach § 168 a Abs 4 erforderlichen **Unterschriften** von Richter und Protokollführer grds die Nichtverlesbarkeit der Urkunde zur Folge. Allerdings kann ein vom beauftragten Richter versehentlich nicht unterschriebenes Protokoll nach § 251 zum Gegenstand der HV gemacht werden, wenn dieser zum Zeitpunkt der Verlesung dem erkennenden Gericht angehört und gegen den Inhalt keine Einwände geltend macht (BGH **9** 301 f). Daß der Vernommene die Niederschrift nicht selbst unterzeichnet hat (§ 168 a Abs 3), macht den Urkundenbeweis nicht unzulässig (KMR-*Paulus* 25 zu § 251). 2103

Die Mitwirkung eines nach *§ 22 ausgeschlossenen* Richters oder (iVm § 31) Protokollführers ist formell ein ebenso erheblicher Mangel wie eines nicht nach § 189 GVG vereidigten Dolmetschers. Die Hinzuziehung eines unvereidigten und nicht mit den Aufgaben eines Urkundsbeamten der Geschäftsstelle betrauten Protokollführers im Fall des § 168 S 3 macht das Vernehmungsprotokoll gleichfalls unverwertbar (zum Ganzen *Paulus* JuS **88** 878 f). 2104

(b) *Inhaltlich* relevante Mängel einer Niederschrift sind zB **Verstöße gegen die §§ 68** (Feststellung der Identität des Zeugen), **69 Abs 1 S 1** (Veranlassung zu einer zusammenhängenden Sachdarstellung) sowie die **Nichtbenachrichtigung** der zur Anwesenheit bei der Vernehmung berechtigten Personen entgegen den §§ 168 c Abs 5 S 1 oder 224 Abs 1 Hs 1 (BGH **31** 144; SK-*Schlüchter* 33 zu § 251). 2105

Hat der Angekl einen Vert, so heilt das Einverständnis mit der Verlesung den Mangel nach § 224 Abs 1 Hs 1; jedoch darf das in 1. Instanz erklärte Einverständnis in der 2. Instanz widerrufen werden (Bremen StV **92** 60).

(c) Die Verlesung scheidet aus bei Vorliegen eines **Beweisverbotes** (s dazu 352 ff).

---

[11] Die im Vergleich zu den engeren Voraussetzungen des § 251 Abs 2 zum Ausdruck kommende Wertung des Gesetzgebers, daß ihnen ein höherer Beweiswert zukommt als sonstigen Niederschriften, ist allerdings nicht unbedenklich (s n 1315).

(2) Protokolle über Vernehmungen **außerhalb des Strafverfahrens** müssen erkennen lassen, daß die für sie jeweils gültigen Bestimmungen eingehalten worden sind.

2106 (3) Bei **Auslands**vernehmungen ist Voraussetzung die Beachtung der dortigen Zuständigkeits- und Verfahrensvorschriften, sofern sie eine der Vernehmung durch einen deutschen Richter vergleichbare Beweisfunktion erfüllen und den *grundlegenden rechtsstaatlichen Anforderungen* genügen. Daher ist die Verlesbarkeit zu verneinen zB bei fehlender Belehrung über ein Zeugnisverweigerungsrecht (BGH NStZ **92** 394) ebenso wie bei fehlender Beschuldigtenbelehrung (offengelassen in BGH NJW **94** 3364 = JR **95** 251 mit zust Anm *Hauser* sowie *Britz* NStZ **95** 607 und krit Anm *Wohlers* NStZ **95** 45 f) bzw fehlender Terminsbenachrichtigung des Angekl iSv § 168c Abs 5 S 1 (Celle StV **95** 179). Im übrigen ist gerade hierbei eine in der Entwicklung befindliche Kasuistik zu verzeichnen (vgl statt aller K/M-G 20 ff, KK-*Mayr* 18, beide zu § 251).

2107 cc) Der **Verlesungsumfang** bestimmt sich grds nach der Aufklärungspflicht des Gerichts.

(1) Außer der gesamten Niederschrift selbst dürfen auch darin **in Bezug genommene** Protokolle über frühere Vernehmungen sowie sonstige schriftliche Erklärungen des Vernommenen verlesen werden (K/M-G 17 zu § 251). Voraussetzung dafür ist aber, daß diese Protokolle ihrerseits durch Verlesung zum Gegenstand der richterlichen Vernehmung gemacht worden sind und § 69 Abs 1 S 1 beachtet wurde. Dies muß aus der richterlichen Vernehmungsniederschrift hervorgehen (LR-*Gollwitzer* 20 zu § 251).

Trotz einer entspr Bezugnahme durch die Aussageperson dürfen Schriftstücke nicht nach § 251 zum Gegenstand der HV gemacht werden, soweit sie Aussagen anderer Personen zum Inhalt haben (SK-*Schlüchter* 20 zu § 251).

2108 (2) Zulässig ist es nach allg Ansicht, **Protokollvermerke** über Beobachtungen des vernehmenden Richters im Wege des Urkundenbeweises zu verwerten, die sich lediglich auf den *äußeren Verfahrensablauf* beziehen (AK-*Meier* 22 zu § 251; s aber zur kommissarischen Vernehmung 81 ff). Andererseits herrscht weitgehend Einigkeit darüber, daß die protokollierte Feststellung über die Identität des Zeugen mit einer bestimmten Person nicht verlesen werden darf (vgl nur K/M-G 17 zu § 251).

2109 Umstritten ist aber, ob *wertende Äußerungen* wie etwa solche über den persönlichen Eindruck von Zeugen dem Urkundenbeweis nach § 251 Abs 1 zugänglich sind. Entgegen der hM (vgl nur KK-*Mayr* 20 zu § 251) ist dies schon von der Intention des Gesetzgebers her zu **verneinen**, der richterlichen Vernehmungsprotokollen zwar bzgl der wahrheitsgetreuen Wiedergabe der Äußerungen des Vernommenen, dh bzgl der Wiedergabe von Tatsachen, eine besondere Zuverlässigkeit zubilligt. Wertende Vermerke verdienen demggü nicht schon deshalb besonderes Vertrauen, weil sie von einem Richter (oder anderen Amtsträger) stammen, wie auch die besondere Regelung des § 256 für Leumundszeugnisse zeigt (s auch SK-*Schlüchter* 35 zu § 251).[12]

---

[12] Wie hier auch KMR-*Paulus* 37 zu § 223, der konsequenterweise allerdings jede protokollierte Beobachtung daraufhin überprüfen will, ob sie tatsächlicher oder wertender Art ist, was in der Praxis oftmals kaum bzw nicht ohne Meinungsverschiedenheiten durchführbar sein wird.

III. Verlesungsverbot des § 250 und gesetzliche Durchbrechungen

dd) Gem **§ 251 Abs 1 Nr 1** dürfen geeignete Niederschriften bei Tod oder Geisteskrankheit der Beweisperson sowie dann verlesen werden, wenn deren Aufenthalt nicht zu ermitteln ist. **2110**

(1) Der **Tod** des Sv, Zeugen oder Mitbeschuldigten muß erwiesen sein (K/M-G 5 zu § 251).

Die irrtümliche Annahme des Todes führt zur *Revisibilität* des Urteils, wenn es auf dem Fehler beruht. Dies ist zu verneinen, wenn stattdessen ein Fall der Unauffindbarkeit vorgelegen hat (AK-*Meier* 8 zu § 251).

(2) **Geisteskrankheit** iSd Vorschrift ist nur gegeben, wenn sie gleichzeitig zur **2111** *Vernehmungsunfähigkeit* der Beweisperson auf absehbare Zeit führt. Darauf, ob die Krankheit heilbar ist, kommt es nicht an. Schließt sie nur das Erscheinen, nicht aber die Vernehmung aus, so ist allenfalls § 251 Abs 1 Nr 2 gegeben (SK-*Schlüchter* 11 zu § 251).

(3) **Unauffindbarkeit** entspricht der Unerreichbarkeit iSv § 244 Abs 3 S 2 und bedeutet, daß die bisherige Suche nach der Beweisperson erfolglos geblieben ist und weitere Ermittlungen keinen Erfolg versprechen (K/M-G 5 zu § 251; *ter Veen* StV **85** 297). Das Gericht entscheidet über den zumutbaren Ermittlungsaufwand nach pflichtgemäßem Ermessen. Kriterien dafür sind die äußeren Umstände, die Bedeutung der Aussage und das Ausmaß der durch die Ermittlungen zu erwartenden Verfahrensverzögerung (BGH StV **93** 515; NJW **90** 399 f; LR-*Gollwitzer* 34 zu § 251).[13]

ee) Für längere oder ungewisse Zeit bestehende Krankheit, Gebrechlichkeit **2112** und andere nicht zu beseitigende Hindernisse für das Erscheinen der Aussageperson in der HV rechtfertigen nach **§ 251 Abs 1 Nr 2** die Verlesung.

(1) Unter **Krankheit** wird wie bei § 223 ein krankhafter körperlicher Zustand verstanden, der ein Erscheinen unmöglich macht. Dies wird auch bei der Gefahr einer erheblichen Verschlechterung des Gesundheitszustandes angenommen (K/M-G 4 zu § 223).

(2) Der Begriff der **Gebrechlichkeit** erfaßt demggü alle übrigen körperlich bedingten Gründe für die Unmöglichkeit der Vernehmung.

(3) (a) Ein **anderes nicht zu beseitigendes Hindernis** ist nach dem Gesetzes- **2113** wortlaut ein solches, das dem *Erscheinen* des Zeugen in der HV entgegensteht. Im einzelnen lassen sich Hinderungsgründe nur schwer typisieren, da jeweils eine Abwägung der Verzögerung der HV auf der einen mit der Bedeutung des Beweismittels auf der anderen Seite stattfinden muß (zu Beisp aus der Rspr *ter Veen* StV **85** 299 ff). So kommt in Betracht der Auslandsaufenthalt eines nicht zum Erscheinen bereiten Zeugen (BGH **7** 15).

(b) Zw erscheint, ob auch Aussage- bzw Vernehmungshindernisse von § 251 **2114** Abs 1 Nr 2 erfaßt werden, die *nicht dem Erscheinen* entgegenstehen. Von der überwiegenden Meinung wird die Vorschrift insofern über den Wortlaut hinaus entspr auf die Fälle einer gehinderten Einvernahme angewandt (BGH **9** 300; KK-*Mayr* 5 zu § 251; KK-*Treier* 3 zu 223; SK-*Schlüchter* 7 ff zu 223; krit *ter Veen* StV **85** 299).

---

[13] Vgl zu Einzelbeispielen ua BGH StV **82** 357; **89** 468; NStZ **82** 212; **93** 50; Düsseldorf StV **93** 515; *Weiland* Jus **86** 463 f; *Schmidt* MDR **89** 1039; SK-*Schlüchter* 12 zu § 251.

In einzelnen Judikaten wurde als nicht zu beseitigendes Hindernis angenommen, daß die in der HV anwesende Beweisperson im Falle der Aussage in bestimmtem Sinne durch Einwirkung Dritter an *Leib* oder *Leben gefährdet* würde oder wegen nachfolgend drohender politischer Verfolgung in ihrer Heimat in eine schwere Konfliktlage geriete (BGH **17** 349; aA *Arndt* NJW **63** 434; vgl auch ANM 826). Dem ist entgegenzuhalten, daß im Falle des Erscheinens einer vernehmungstüchtigen Person, die aufgrund eines Schweigerechts keine Angaben zur Sache macht, kein Hindernis iSv § 251 vorliegt (*Wömpner* NStZ **83** 293). Dies ist bei Anerkennung eines Schweigerechts aufgrund Personengefährdung entspr zu übertragen (*Eisenberg* StV **93** 624 f; s zu § 251 Abs 2 noch 2129 ff).

2115 (c) Wird die Ladung einer **V-Person** durch Geheimhaltung verhindert, stellt dies nur dann ein die Protokollverlesung zulassendes nicht zu beseitigendes Hindernis dar, wenn die oberste Dienstbehörde eine *rechtmäßige* Sperrerklärung (§ 96 entspr) abgegeben hat (s n 232 f, 1035 ff).
Ein Verwertungsverbot des Vernehmungsprotokolls bei rechtswidriger Sperrerklärung folgt aus dem Grundsatz des fairen Verfahrens, an den alle Behörden gebunden sind, und den das erkennende Gericht im Einzelfall umzusetzen hat. Danach darf im Rahmen der Überführung von Personen als Straftäter eine vom Gericht erkannte rechtswidrige Geheimhaltung nicht zu einem Vorteil bei der Beweisführung gegen den Angekl gereichen. Für die hM folgt ein Verwertungsverbot allerdings erst bei offensichtlich rechtswidriger bzw mißbräuchlicher Sperrerklärung (BGH **29** 111 f; BGH **36** 162 f; s 1046 ff mwN).[14]

2116 Vor Annahme eines nicht zu beseitigenden Hindernisses sind vom Gericht alle Möglichkeiten zu prüfen, die eine *Aussage* des Zeugen in der HV erreichen lassen könnten (vgl betr das Ausland Düsseldorf StV **92** 559 mit krit Anm *Walther*). Insbes durch Gegenvorstellung kann auf eine Freigabe des Zeugen für eine HV bei ausgeschlossener Öffentlichkeit unter Anwendung des § 68 Abs 2, 3 hingewirkt werden (vgl LR-*Gollwitzer* 38 zu § 251; s n 1046 ff).

2117 (d) Die Notwendigkeit, den Zeugen im **Ausland** zu laden, kann die Verlesung nach § 251 Abs 1 Nr 2 rechtfertigen, wenn die Bedeutung der Aussage wegen des Vorhandenseins anderer Beweismittel als nicht allzu hoch erscheint.[15]
Zudem gilt es für die Verlesbarkeit als erforderlich, daß die Beweisperson sich ernsthaft weigert, zu erscheinen, und daß sie voraussichtlich auch nicht umgestimmt werden kann. Zumindest sollte eine förmliche *Ladung*[16] erfolgen, es sei denn, diese wäre aussichtslos (BGH NStZ **93** 294 f, NStZ **85** 375). In bestimmten Fällen, etwa bei ausschlaggebender Bedeutung einer Aussage, können zusätzliche Bemühungen geboten sein (SK-*Schlüchter* 17 zu § 251). – Fürchtet die Beweisperson, sich bei Erscheinen der Strafverfolgung auszusetzen, ist das Gericht verpflich-

---

[14] Die Befürwortung einer Verwertbarkeit von Vernehmungsprotokollen bei allen durch behördliche Geheimhaltung iSv § 244 Abs 3 S 2 tatsächlich unerreichbaren Zeugen (vgl etwa SK-*Schlüchter* 66 zu § 251) – also wohl auch bei offensichtlich rechtswidriger oder gar nicht abgegebener Sperrerklärung – tritt hinter den von BVerfG **57** 290 vorgegebenen Standard zurück und könnte unrechtmäßigen Ermittlungsmethoden ggf zu wenig wehren.

[15] Diese Berücksichtigung der übrigen Beweislage in Abweichung von den im Rahmen des § 244 Abs 3 S 2 gültigen Grundsätzen wurde damit gerechtfertigt, daß Aufklärungspflicht und Grundsätze des Beweisantragsrechts divergieren können (BGH JR **84** 515 f m zust Anm *Schlüchter*), s aber jetzt auch § 244 Abs 5 S 2 (dazu 267).

[16] Nicht ausreichend sind Ladungsbemühungen unter fehlerhafter Anschrift und mit unrichtigen Personalien, wenn die korrekten Angaben bekannt sind (BGH StV **89** 468).

III. Verlesungsverbot des § 250 und gesetzliche Durchbrechungen

tet, ihr *freies Geleit* (Art 12 Abs 1, 3 EuRHÜbk) zuzusichern, wenn dies Erfolg verspricht.

(4) Das nicht zu beseitigende Hindernis muß für eine längere oder ungewisse **2118** **Zeit** bestehen. Wann das der Fall ist, ist im Wege einer Abwägung zu ermitteln, die insbes die Bedeutung der Aussage (gemäß der bisherigen Beweislage) und die zu erwartende Verfahrensverzögerung berücksichtigen muß (*ter Veen* StV **85** 298 ff mwN). Die Frage der Fortsetzbarkeit der HV innerhalb der Fristen von § 229 hat keine entscheidende Bedeutung (K/M-G 8 zu § 251).

ff) Dem *Zeugen* oder *Sv* ist es iSv **§ 251 Abs 1 Nr 3** *unzumutbar*, zur HV zu erscheinen, wenn im Einzelfall der zeitliche und/oder finanzielle Aufwand für die Anreise in keinem Verhältnis zur Bedeutung von Strafsache und Aussage steht (LR-*Gollwitzer* 41 zu § 251). Maßgeblich ist der sich für die Beweisperson ergebende Aufwand, wobei die persönlichen Verhältnisse der Aussageperson (wie zB Alter, Gesundheitszustand etc) sollen berücksichtigt werden dürfen (BGH bei *Kusch* NStZ **94** 228). Arbeitserschwerungen im Bereich der Justiz haben unberücksichtigt zu bleiben (anschaulich LR-*Gollwitzer* 41 zu § 251). **2119**

gg) Mit **Einverständnis** von StA, Vert und Angekl ist die Verlesung richterlicher **2120** Protokolle gem **§ 251 Abs 1 Nr 4** zulässig.

(1) Bedeutsam ist, daß das Einverständnis nur einen *Ersatz* für das Fehlen der Voraussetzungen nach den Nr 1 bis 3 des § 251 sowie für solche Verfahrensmängel darstellt, die zur Disposition der Verfahrensbeteiligten stehen (KK-*Mayr* 10 zu § 251). Liegen die Voraussetzungen von Hs 1 des § 251 Abs 1 nicht vor oder ist zwingendes Verfahrensrecht verletzt, so ist der Urkundenbeweis trotz Einverständnisses unzulässig.

Verlesen werden darf danach nicht, wenn die Aufklärungspflicht oder Verwertungsverbote entgegenstehen, etwa wenn die Beweisperson sich erst in der HV auf ein Zeugnisverweigerungsrecht nach §§ 52, 53 oder 55 beruft (§ 252; s n 938 ff, 927 ff). Ebenfalls nicht überwunden werden können Verstöße gegen die §§ 69 Abs 1 S 1, 168 a Abs 4 S 1, 271 Abs 1 S 1 (K/M-G 10 zu § 251). **2121**

(2) Neben StA, Vert und Angekl müssen auch **Nebenbeteiligte** zustimmen, die **2122** in ihren Beteiligungsrechten dem Angekl gleichstehen (AK-*Meier* 17 zu § 251), nicht jedoch Privat- und Nebenkläger.

Im Jugendstrafverfahren ist lediglich die Zustimmung des Beistandes iSv **§ 69 JGG** erforderlich.

(3) (a) Das Einverständnis kann bereits vor der HV **erklärt** werden, wird aber **2123** erst mit der Verlesung bindend. Eine Heilung durch nachträgliche Zustimmung ist möglich. – Nicht zulässig ist hingegen der **Widerruf** der Einverständniserklärung nach Durchführung des Urkundenbeweises (zum Ganzen LR-*Gollwitzer* 47 f zu § 251).

(b) Grds sollte das Einverständnis **ausdrücklich** erklärt werden; jedoch bestehen gegen die Annahme einer **stillschweigenden** Zustimmung dann keine Bedenken, wenn davon ausgegangen werden kann, daß sich alle Beteiligten der Bedeutung ihres Schweigens bewußt waren. Das Gericht muß daher seinen Willen, nach § 251 Abs 1 Nr 4 zu verfahren, deutlich zum Ausdruck bringen, sei es durch mündliche Klarstellung des Vorsitzenden, sei es durch Erlaß eines förmlichen Beschlusses, der die Verlesung mit Hinweis auf allseitige Zustimmung anordnet (Bay StV **90** 399 f). In mehreren Entscheidungen hat der BGH ein stillschweigendes Einverständnis nach Nr 4 allerdings auch in Fällen unterstellt, in denen Instanzgerichte einen anderen – vom BGH nicht bestätigten – Grund für die Verlesung angegeben hatten und der Verlesung nicht widersprochen wurde (BGH **9** 230; StV **83** 319 m abl Anm *Schlothauer;* dagegen auch *Beulke* StP 414: „ de facto in eine Widerspruchspflicht umgewandelt").

2124 Aus dem Schweigen eines rechtsunkundigen, *nicht verteidigten* Angekl darf nicht auf seine Zustimmung zur Verlesung geschlossen werden (LR-*Gollwitzer* 46 zu § 251). Fraglich ist dagegen, ob dem schweigenden Angekl das ausdrücklich erklärte *Einverständnis* seines *Vert* zugerechnet werden kann (bej K/M-G 12 zu § 251). Zwar sind, wie der Wortlaut von § 251 Abs 1 Nr 4 verdeutlicht, Vert und Angekl voneinander unabhängige Prozeßsubjekte. Dennoch wird bei der erwähnten Fallgestaltung davon ausgegangen werden können, daß dem Schweigen des Angekl ein eindeutiger Erklärungsgehalt zukommt und er sich dessen bewußt ist.

2125 (c) Findet die HV oder ein Teil davon in **Abwesenheit** des **Angekl** statt (s allg 768 ff), so ist hinsichtlich des Zustimmungserfordernisses zu differenzieren: In den Fällen der §§ 233 und 247 kann auf das Einverständnis des Angekl nicht verzichtet werden. Dagegen ist es nach Sinn und Zweck der §§ 231 c, 234 entbehrlich. Weder der Angekl noch sein Vert müssen die Verlesung genehmigen, wenn die Voraussetzungen der §§ 231 Abs 2, 231 a, 231 b, 232 gegeben sind (s n SK-*Schlüchter* 20 zu § 251).

2126 c) Der Urkundenbeweis kann unter den in **§ 251 Abs 2** bestimmten Voraussetzungen auch mit Protokollen über **nichtrichterliche** Vernehmungen sowie mit schriftlichen Erklärungen der genannten Beweispersonen geführt werden.

aa) Die Vorschrift erfaßt alle von Hoheitsträgern (insbes StA, Polizei) errichteten **Vernehmungsprotokolle**, auf die § 251 Abs 1 nicht anwendbar ist.

Dazu gehören auch Protokolle, die von ausländischen Behörden errichtet wurden, sowie wegen bestimmter Formfehler nach § 251 Abs 1 nicht verlesbare richterliche Vernehmungsprotokolle.

2127 (1) Auch *mit Formfehlern behaftete* Vernehmungsniederschriften dürfen gem § 251 Abs 2 in den Grenzen der gerichtlichen Aufklärungspflicht verlesen werden.

So kann eine richterliche Vernehmungsniederschrift, die wegen Formfehlern nicht nach § 251 Abs 1 verlesen werden darf, gem § 251 Abs 2 als nichtrichterliche behandelt werden (BGH **22** 120).

Die Anforderungen sind diesbzgl weniger streng als bei § 251 Abs 1, da ohne die Zustimmung der Verfahrensbeteiligten die Beweiserhebung nur bei Vorliegen eng umgrenzter Ausnahmetatbestände zulässig ist; insbes hindert das Fehlen der *Unterschrift* des Vernehmungsbeamten oder Zeugen die Verlesung nicht (BGH **5** 216 f; KK-*Mayr* 25 a zu § 251).

2128 (2) (a) Allerdings scheidet eine Verlesung aus, wenn die *Beteiligungsberechtigten* entgegen den §§ 163 a Abs 3 S 2, 168 c Abs 5 *nicht benachrichtigt* wurden (Celle StV **95** 179; LR-*Rieß* 59 zu 168 c; KK-*Mayr* 19, 25 a zu § 251; *Krause* StV **84** 173; aA BGH **34** 234 [obiter dictum]; SK-*Schlüchter* 46 zu § 251).

(b) Auch eine *Verletzung* von *Belehrungspflichten* (vgl §§ 136 Abs 1 S 2, 163 a Abs 3 S 2, 52 Abs 3 S 1 sowie 55 Abs 2) hat regelmäßig die Unverwertbarkeit des Protokolls zur Folge (s auch *Schlüchter* 494. 2).

III. Verlesungsverbot des § 250 und gesetzliche Durchbrechungen

(3) (a) Sofern die Voraussetzungen im einzelnen gegeben sind, sind nach hM auch Niederschriften über *polizeiliche Vernehmungen*, die unter *Geheimhaltung der Identität* stattgefunden haben (s ausf 1044 ff), taugliche Beweisobjekte (vgl KK-Mayr 27 zu § 251). 2129
Dies erscheint deshalb bedenklich, weil für die Würdigung der Zeugenaussage nicht nur der Inhalt einer bestimmten Aussage, sondern auch die Person des Aussagenden von entscheidender Bedeutung ist (s auch 1045).

Der BGH hat die Wichtigkeit dieses Anliegens unterstrichen, indem er das Verlesen eines richterlichen Vernehmungsprotokolls nach § 251 Abs 1 bei Nichtbeachtung von § 68 aF selbst dann für unzulässig erklärt hat, wenn die Anonymität der Beweisperson auf eine an sich rechtmäßige Sperrerklärung zurückzuführen war (BGH (GS) **32** 115 ff). Dies soll jedoch nicht für die Verlesung polizeilicher Protokolle gelten (BGH **33** 87).

Nachdem (seit OrgKG v 15.7.1992) mit den §§ 68 Abs 3, 110 b Abs 3 eine gesetzliche Grundlage für eine Geheimhaltung der Identität von Zeugen in der HV gegeben ist (vgl 1044, 1087), sollte in der Praxis die Verlesung und Verwertung von anonymen Aussageprotokollen mit der Begründung, wegen der Identitätsoffenbarung in der HV sei die Beweisperson gefährdet, nicht mehr vorkommen[17]. 2130

Die Glaubwürdigkeit sowie die Glaubhaftigkeit der Aussage auch eines von der Identität her unbekannten Zeugen, der in der HV auftritt, unterliegt durch sofortige Rückfragen der Verfahrensbeteiligten und Beobachtung seines Verhaltens in der HV der unmittelbaren Würdigung. Dagegen ist die Verlesung des Vernehmungsprotokolls einer *namen-* und *gesichtslosen Person* einer Würdigung kaum zugänglich und deshalb – unabhängig davon, ob die Verlesung für zulässig gehalten wird – ein zumeist ungeeignetes Beweismittel.

Eine Verlesung ohne Einverständnis nach § 251 Abs 2 S 1 erscheint auch mit den Grundsätzen eines *fairen*, rechtstaatlichen *Verfahrens* kaum zu vereinbaren, da dem Angekl eine wirksame Vert durch Abschirmung des Zeugen und gleichzeitiges Verheimlichen seiner Identität unmöglich gemacht wird. Das von der Rspr (BGH **33** 86) aufgestellte Erfordernis der „besonders strengen Würdigung" von Aussagen gänzlich anonym gebliebener V-Leute erweist sich weder zur Sicherung der Rechtstaatlichkeit noch zur Wahrheitsfindung als substantiell hinreichend geeignet (s zum Ganzen 1044 ff). 2131

Nach *Fezer* JZ **85** 496 ff handelt es sich bei dem Erfordernis der strengen Beweiswürdigung um eine bloße *Beschwichtigungsformel*, da die Überzeugung des Gerichts von der Richtigkeit der Aussage der anonym gebliebenen Beweisperson nur auf dem nicht unbedenklichen Vergleich mit anderen Beweismitteln bzw Indizien beruhen könne. In anderen Fällen, in denen die sonstige Beweislage bereits eine eindeutige Bewertung des Sachverhalts erlaube, sei der Urkundenbeweis ohnehin entbehrlich (vgl auch *H. E. Müller* 58 ff).

(b) *Unzulässig* ist die Verlesung der genannten Niederschriften, wenn die Voraussetzungen der jeweiligen Geheimhaltungsnorm bzw Sperrerklärung nicht zutreffen (dazu n 2139). Nach der Judikatur des BGH soll aber ein Verwertungsverbot nur bei offensichtlich willkürlicher oder mißbräuchlicher Sperrerklärung eintreten, nicht schon dann, wenn das Gericht die Voraussetzungen für eine Sperrerklärung nicht als gegeben ansieht (BGH **36** 162; aA noch BGH **31** 154; s 2115 f und 1046 ff). 2132

---

[17] Allerdings ist nicht auszuschließen, daß in der Praxis ggf eine Verschiebung von anonymen polizeilichen zu anonymen richterlichen (kommissarischen) Vernehmungen stattfindet.

2133 bb) Ob in § 251 Abs 2 das in § 251 Abs 1 enthaltene Erfordernis einer **„früheren"** Vernehmung verzichtbar ist, ist str. Für eine derartige Auslegung spricht der Wortlaut der Vorschrift, in dem lediglich von einer „anderen" Vernehmung die Rede ist (idS ANM 271 f). Indes zwingt ua die Gefahr einer weiteren Umgehung der für § 251 Abs 1 gültigen Grundsätze in Verfahren mit namentlich nicht bekannten V-Leuten zu einer restriktiven Auslegung. Würde hingegen die Verlesung ihrer Aussagen für zulässig gehalten, so würde eine ausschließliche Orientierung am Wortlaut in den Fällen, in denen eine polizeiliche Einvernahme bis zum Beginn der HV noch nicht stattgefunden hat, dazu führen, daß diese sogar noch nachträglich unter Wahrung der Anonymität der Beweisperson durchgeführt werden könnte. Nur vor dem Eintritt der Unerreichbarkeit (dazu 227 ff) erstellte nichtrichterliche Vernehmungsprotokolle kommen folglich für den Urkundenbeweis in Betracht (*Meyer* ZStW **95** 856 f).

2134 cc) **Schriftliche Erklärungen** sind in Übertragung der erläuterten Grundsätze (2085 ff) alle Urkunden und schriftlichen Äußerungen, die ihren Austeller erkennen lassen und unter das Beweisverbot von § 250 fallen.

Lehnt ein Beschuldigter bei einer polizeilichen Vernehmung die Protokollierung seiner Aussage ab, erklärt er sich aber damit einverstanden, daß seine Angaben stichwortartig mitgeschrieben werden, so stellt der daraufhin über seine Äußerungen gefertigte Aktenvermerk keine von ihm selbst stammende, nach § 251 Abs 2 verlesbare schriftliche Erklärung dar (BGH NJW **92** 326).

2135 dd) (1) Die Verlesung ist zulässig, wenn StA, Vert und Angekl mit ihr **einverstanden** sind (§ 251 Abs 2 S 1). Das Einverständnis ist gem § 273 Abs 1 in der Sitzungsniederschrift zu beurkunden (K/M-G 24 zu § 251). Anders als bei § 251 Abs 1 Nr 4 darf jedoch der Urkundenbeweis nur dann erhoben werden, wenn der Angekl überhaupt einen Vert hat und dieser darüber hinaus zZt der Erteilung des Einverständnisses in der HV anwesend ist. Wegen der Einzelheiten des Zustimmungserfordernisses (vgl auch BGH NStZ **94** 449) gelten die Ausführungen unter 2120 ff entspr.

(2) Ist die betr Beweisperson **verstorben**, so erlaubt § 251 Abs 2 S 2 unter den gleichen Voraussetzungen wie § 251 Abs 1 Nr 1 (dazu 2110) die Ersetzung der unmöglich gewordenen Vernehmung.

2136 (3) Im übrigen macht § 251 Abs 2 S 2 die Zulässigkeit des Urkundenbeweises von der auf einem „anderen" Grund beruhenden **Unmöglichkeit der Vernehmung** des Zeugen, Sv bzw Mitbeschuldigten in absehbarer Zeit abhängig.

(a) Im Gegensatz zu § 251 Abs 1 Nr 2 reicht es hier nicht aus, daß eine Einvernahme für einen längeren (aber absehbaren) Zeitraum als ausgeschlossen erscheint. Die Konkretisierung des unbestimmten Rechtsbegriffs der Unabsehbarkeit ist anhand einer Abwägung vorzunehmen, in die die Bedeutung von angekl Straftat und zu erwartender Aussage, die Interessen des Angekl und die sonstige Beweislage einzubeziehen sind (SK-*Schlüchter* 56 zu § 251).

2137 (b) Da § 251 Abs 2 S 2 lediglich von der Unmöglichkeit einer *gerichtlichen,* nicht aber (wie § 251 Abs 1) allg von einer *richterlichen* Vernehmung spricht, ist es ausreichend, daß die Beweisperson *vor dem erkennenden Gericht* nicht vernommen werden kann (BGH NStZ **85** 562); die Möglichkeit einer kommissarischen Einvernahme muß also bei Anwendung der Vorschrift nur im Rahmen der Aufklärungspflicht geprüft werden (s 2140).

III. Verlesungsverbot des § 250 und gesetzliche Durchbrechungen

(c) Die gerichtliche Vernehmung kann durch Ursachen tatsächlicher oder recht- **2138**
licher Art ausgeschlossen sein, wobei erstere sich häufig mit den in § 251 Abs 1
konkret benannten Fallgestaltungen decken werden (s n 2110 ff).[18]

Rechtliche Unmöglichkeit kann zB in der Weigerung der Erziehungsberechtigten liegen,
einem Minderjährigen die Teilnahme an der HV zu erlauben (SK-*Schlüchter* 57 zu § 251;
vgl auch *Meier* JZ **91** 641).

Dagegen verbietet es sich, (im Rahmen von § 251 Abs 2 S 2) das Bestehen eines
Zeugnis- oder Auskunftsverweigerungsrechts als vernehmungsausschließend anzu-
erkennen, da eine Verlesung dem Sinn dieser Schweigerechte widerspräche (BGH
StV **93** 233 f mit Anm *Eisenberg* StV **93** 624 ff). Unabhängig davon scheidet eine
Anwendung von § 251 Abs 2 auf *in der HV* die Aussage zur Sache verweigernde
Beweispersonen schon deshalb aus, weil bei ihnen nicht die Vernehmung ausge-
schlossen ist – die Vernehmung zur Person iSv § 68 kann stattfinden –, sondern le-
diglich die Erlangung einer Aussage zur Sache.[19]

Nach der Judikatur rechtfertige auch eine Sperrerklärung für eine sog V-Person **2139**
(§ 96 entspr; s n 232 f, 1035 ff) die Verlesung der über seine polizeiliche Vernehmung angefertigten Niederschrift (s 2115, 2132 und 1046 ff), wenn das Gericht zuvor ausreichende Bemühungen entfaltet hat, um das der Vernehmung entgegenste-
hende Hindernis zu beseitigen. Unter solchen Umständen liege das Vernehmungs-
hindernis auch bei einer fehlerhaften, aber nicht offensichtlich falschen Sperrerklärung vor (BGH **36** 159; anders noch BGH **31** 154).

Eine Verlesbarkeit wurde ferner bzgl eines schriftlichen Berichts des gesperrten
Zeugen bejaht (KG StV **95** 349).

ee) Die **Aufklärungspflicht** wird weder durch § 251 Abs 2 S 1 noch durch **2140**
§ 251 Abs 2 S 2 eingeschränkt. So sind Urkunden *beweisungeeignet*, die unaufklärba-
re Ungenauigkeiten bzw Widersprüche enthalten oder deren Entstehungsbedingungen von vornherein Zw an der Korrektheit ihres Inhalts wecken (LR-*Gollwitzer*
3 Nachtrag zu § 251). Unter diesem Gesichtspunkt darf sich das Gericht uU auch
nicht mit der Verlesung einer polizeilichen Niederschrift begnügen, sondern
muß im Einzelfall die kommissarische Vernehmung durch einen Richter veranlassen (BGH StV **92** 548).

d) Das **Verfahren** in den Fällen von § 251 Abs 1 und 2 richtet sich nach **§ 251** **2141**
Abs 4.

aa) (1) Die Anordnung der Verlesung geschieht durch gerichtlichen Beschluß,
der unter Angabe von Tatsachen zu begründen ist (BGH NStZ **93** 144 f; Bay StV
90 399 f). Vor Beschlußfassung sind die Verfahrensbeteiligten gem § 33 Abs 1 anzuhören. Eine Begründung ist auch dann nicht als entbehrlich anzusehen, wenn allen Beteiligten der Verlesungsgrund bekannt ist (s aber 2152). Die von § 251 Abs 4
vorgeschriebenen Förmlichkeiten stehen ebenso wie andere zwingende Vorschriften nicht zur Disposition der Verfahrensbeteiligten (LR-*Gollwitzer* 74 zu § 251).

---

[18] Vgl auch *Herdegen* NStZ **84** 337 ff zur nicht auf behördlicher Auskunftsverweigerung
beruhenden Unerreichbarkeit.
[19] S n *Eisenberg* StV **93** 625 – auch zur rechtlichen Begründung eines Auskunftsverweigerungsrechts analog §§ 34 StGB, 55 StPO für einen Zeugen, der die Aussage zur Sache unter
Hinweis darauf verweigert, anderenfalls seien Leib und Leben seiner Familie gefährdet
(aA insoweit BGH StV **93** 233 f).

2142 Wird nach § 251 Abs 1 oder 2 verfahren, muß zudem aus dem Beschluß hervorgehen, daß die Voraussetzungen hierfür zZt der Verlesung in der HV noch gegeben sind.

Handelt es sich bei dem Verlesungsobjekt um das Protokoll einer kommissarischen Vernehmung gem § 251 Abs 1 Nr 2 oder Nr 3, genügt dafür idR eine Bezugnahme auf den die Vernehmung gem § 223 anordnenden Beschluß (K/M-G 38 zu § 251).

(2) Der Gerichtsbeschluß muß im Sitzungsprotokoll beurkundet werden (KMR-*Paulus* 19 zu § 251).

2143 bb) Der *Beschluß* nach § 251 Abs 4 ist *nicht bindend*. Die Aufklärungspflicht kann es vielmehr gebieten, einen erreichbar gewordenen Zeugen in der HV erneut zu vernehmen. Generell besteht aber hierzu keine Pflicht, da ein zZt der Verkündung rechtmäßiger Verlesungsbeschluß nicht nachträglich unzulässig werden kann.

cc) Die Vernehmungsniederschrift *muß* in vollem Umfang *verlesen* werden, die Ersetzung durch einen Bericht des Vorsitzenden oder das Selbstleseverfahren ist im Rahmen von § 251 nach allg Ansicht unzulässig. Mit Einverständnis der Prozeßbeteiligten darf die Verlesung jedoch auf Teile der Urkunde beschränkt werden (LR-*Gollwitzer* 76 zu § 251).

2144 dd) (1) Gem § 251 Abs 4 S 3 ist beim Urkundenbeweis mit *richterlichen* Vernehmungsprotokollen festzustellen, ob eine *Vereidigung* stattgefunden hat. Eine solche Feststellung, die in der Sitzungsniederschrift beurkundet werden muß, darf jedoch unterbleiben, wenn die Beweisperson früher als Beschuldigter vernommen worden ist, eidesunmündig war oder in dem Protokoll ein Vermerk über die (Nicht-)Vereidigung enthalten ist (K/M-G 40 zu § 251).

2145 (2) § 251 Abs 4 S 4 verpflichtet das Gericht zur *Nachholung* der Vereidigung, wenn es geboten erscheint und noch möglich ist.

Die Frage der Notwendigkeit beurteilt sich ausschließlich anhand der §§ 59 ff. § 251 Abs 4 S 4 ist diesbzgl keine selbständige Rechts-oder Ermessensgrundlage (SK-*Schlüchter* 71 zu § 251). Eine nachträgliche Eidesabnahme darf auch dann erfolgen, wenn die Beweisperson zZt der früheren Einvernahme eidesunmündig gewesen ist.

Entschließt sich das Gericht zur Nachholung, so erläßt es einen Beschluß, demzufolge der Zeuge, Sv bzw Mitbeschuldigte nochmals kommissarisch zu vernehmen ist.

2146 e) aa) (1) Es stellt einen mit der **Revision** angreifbaren Verstoß gegen die §§ 250, 251 dar, wenn Urkunden nach § 251 Abs 1 und 2 in der HV zur Verlesung gelangt sind, weil das Gericht die in dieser Vorschrift aufgestellten sachlichen Voraussetzungen aufgrund einer fehlerhaften Würdigung von Rechtsbegriffen oder von tatsächlichen Umständen zu Unrecht bejaht hat. Dazu gehört auch der Fall, daß vor Anordnung der Verlesung nicht mit allen nach der Verfahrenslage gebotenen Mitteln versucht wurde, eine persönliche Einvernahme des Zeugen, Sv oder Mitbeschuldigten zu ermöglichen (LR-*Gollwitzer* 89 zu § 251).

Bei Unterlassen der Durchführung eines nach § 251 zulässigen und angesichts der Sachlage auch erforderlichen Urkundenbeweises ist nicht § 251, sondern § 244 Abs 2 verletzt.

2147 Der Rechtsfehler kann sich uU aus dem verlesenen Protokoll selbst ergeben, wenn darin inhaltliche Mängel der früheren Vernehmung sichtbar werden (SK-*Schlüchter* 78 zu § 251).

III. Verlesungsverbot des § 250 und gesetzliche Durchbrechungen

Das Urteil verstößt auch dann uU gegen § 251 Abs 1 und 2, wenn das Gericht sich nicht mit der nach Lage des konkreten Einzelfalls gebotenen Intensität um die Erlangung einer Aussage bemüht hat.

(2) Gem § 344 Abs 2 S 2 muß der **Rügevortrag** Ausführungen dazu enthalten, welchen Inhalt die Urkunde hat und wer ihr Aussteller ist. Zudem ist vorzutragen, daß der Verfasser in der HV als Zeuge vernommen worden ist oder hätte vernommen werden können. Weiterhin ist darzulegen, daß der Urkundeninhalt im Urteil verwertet worden ist.

(3) Das *Unterlassen* eines *Widerspruchs* gegen die Verlesung führt nur bei Verstößen gegen nicht zwingende Verfahrensvorschriften zu einer **Verwirkung des Rügerechts**.[20] Eine solche Unterlassung seitens des Angekl oder seines Vert macht den trotz entgegenstehender zwingender gesetzlicher Vorschriften durchgeführten Urkundenbeweis daher nicht zulässig (BGH NStZ **86** 325; anders für den Fall nicht ordnungsgemäß durchgeführter kommissarischer Vernehmung BGH **9** 28; NStZ **85** 376; **87** 133). Zudem erscheint das Rechtsinstitut der Verwirkung als unanwendbar, wenn der Angekl zZt der Durchführung des Urkundenbeweises keinen Vert hatte.

(4) Keine einheitlichen Kriterien sind bislang zu der Frage entwickelt worden, wann ein Urteil auf den Fehlern der verlesenen früheren Einvernahme **beruht**. Zu berücksichtigen sind in jedem Fall die Vert-Belange des Angekl in dem Verfahren, in dem nach § 251 verlesen wurde.[21] Wird ein Protokoll über die Vernehmung des Angekl im Ermittlungsverfahren verlesen, sind zusätzlich die in der damaligen Vernehmung für die Vert relevanten Gesichtspunkte in die Abwägung einzubeziehen. Daneben kann aber auch anderen Umständen des Einzelfalls eine entscheidende Bedeutung zukommen.

bb) Die Revision kann ferner auf die Verletzung **formalen Rechts** gestützt werden. Diesbzgl ist es nach allg Auffassung für den Erfolg des Rechtsmittels unerheblich, *ob* der Angekl oder sein Vert der Verlesung im Rahmen der obligatorischen Anhörung der Verfahrensbeteiligten vor dem Erlaß eines Verlesungsbeschlusses (§ 33) widersprochen haben.

(1) Ein revisibler Rechtsfehler ist es, wenn der Erhebung des Urkundenbeweises kein bzw ein *nicht* ausreichend *begründeter* Verlesungsbeschluß vorausgegangen ist (s n 2141).

Die Bezeichnung der Gesetzesbestimmung ersetzt hierbei nicht die Angabe der für den Beschluß maßgeblichen Tatsachen. Umgekehrt ist eine falsche Normbezeichnung für sich allein genommen kein Revisionsgrund (LR-*Gollwitzer* 92 zu § 251).

War allen Verfahrensbeteiligten der Grund der Verlesung bekannt (zB bei § 251 Abs 1 Nr 4, ggf auch bei Nr 3[22]), kann ein fehlender oder mangelhafter Beschluß jedoch unschädlich sein, da das Urteil idR nicht auf diesem Rechtsfehler beruht (einschr bzgl Verlesung nach § 251 Abs 2 S 1 BGH NStZ **88** 283). Ebenso verhält es sich, wenn zwar der Beschluß fehlerhaft begründet ist, tatsächlich die Voraussetzungen einer die Verlesung gestattenden Vorschrift aber vorliegen.

2148

2149

2150

2151

2152

---

[20] Weitergehend offenbar K/M-G 42 zu § 251; wie hier und mwN SK-*Schlüchter* 79 f zu § 251.
[21] Vgl BGH NJW **86** 1999 f zum Fall der Nichtbeachtung der §§ 68, 168 c Abs 5 bei einer früheren Vernehmung.
[22] Vgl iSe Ausnahme Düsseldorf VRS **88** 205.

2153 (2) Eine unterbliebene oder rechtsfehlerhafte Feststellung über die *Vereidigung* bei der richterlichen Vernehmung macht das Urteil mit der Revision angreifbar (BGH StV **88** 472).

2154 cc) Bei einem **nachträglichen Wegfall** der für die Verlesung maßgeblichen Umstände kommt eine Verletzung der gerichtlichen Aufklärungspflicht in Betracht (SK-*Schlüchter* 77 zu § 251).

Ist eine nochmalige (kommissarische) Einvernahme der Beweisperson unterblieben, obwohl sie möglich und angesichts der zu erwartenden Aussage auch geboten war, so liegt ebenfalls ein Verstoß gegen § 244 Abs 2 vor (s auch 2146 f). Gleiches gilt, wenn nach § 251 Abs 2 vorgegangen wird, obwohl richterliche Vernehmungsniederschriften iSv § 251 Abs 1 verfügbar sind.

2155 dd) Bei der Verlesung von Protokollen mit *geringem Beweiswert* muß das Urteil erkennen lassen, daß sich das Gericht dieser Tatsache bei der Beweiswürdigung bewußt war; andernfalls liegt ein Verstoß gegen **§ 261** vor.

3. Protokollverlesung zur Gedächtnisunterstützung nach § 253

Übersicht

	Rn		Rn
a) Allgemeines	2156	bb) Voraussetzungen für § 253 Abs 1	2163
aa) Urkundenbeweis	2157	cc) Voraussetzungen für § 253 Abs 2	2164
bb) Gegenstand der Verlesung	2158	dd) Umfang der Verlesung	2165
cc) Enge Auslegung	2159	ee) Protokollierung	2165
b) Verlesungsvoraussetzungen und -umfang		c) Revision	2166–2169
aa) Allg Voraussetzungen	2160–2162		

2156 a) Gem § 253 dürfen Protokolle über Vernehmungen von Zeugen oder Sv ausnahmsweise in der HV verlesen werden, wenn dies zur Unterstützung des Gedächtnisses der Beweisperson (§ 253 Abs 1) oder zur Feststellung bzw Behebung von in der HV aufgetretenen Widersprüchen mit der früheren Aussage (§ 253 Abs 2) geschieht.

2157 aa) § 253 regelt nach überwiegender und zutreffender Auffassung einen **Sonderfall des Urkundenbeweises** (BGH NJW **86** 2063; ANM 277 mwN).

De lege lata schwerlich vertretbar ist es demggü, die Vorschrift dahingehend zu interpretieren, daß sie lediglich die Verlesung der erwähnten Schriftstücke *zu Vorhaltszwecken* erlaube und folglich ausschließlich die von dem Zeugen oder Sv daraufhin gemachte Aussage zum Gegenstand des Verfahrens werde (*Eb Schmidt* Nachtr 1 zu § 253). Angesichts der ohnehin allg anerkannten Zulässigkeit des Vorhalts (s n 2057 ff) enthielte § 253 dieser Auffassung zufolge lediglich eine (kriminalpolitisch erwägenswerte) Modifikation der Vorhaltsvoraussetzungen für eine besondere Fallgestaltung. Desweiteren wäre der vom Gesetzgeber ua intendierte Zweck einer Feststellung von Widersprüchen zwischen der protokollierten und der in der HV gemachten Aussage nicht erreichbar, weil beim Vorhalt die verlesene Niederschrift selbst gar nicht Gegenstand des Verfahrens wird. Für eine Qualifizierung als Regelung des Urkundenbeweises spricht ferner die systematische Stellung von § 253.

2158 bb) Gegenstand des Urkundenbeweises nach § 253 sind alle Niederschriften, die von einer **amtlichen Stelle** unter Einhaltung der Formvorschriften über eine

III. Verlesungsverbot des § 250 und gesetzliche Durchbrechungen

frühere Aussage des Zeugen oder Sv errichtet worden sind (K/M-G 7 zu § 253). Ob Gegenstand des Protokolls eine richterliche oder nichtrichterliche Vernehmung ist, ist insoweit ebenso unerheblich wie die Frage, in welchem Verfahren oder Verfahrensabschnitt die Einvernahme geschehen ist.

Nicht unter § 253 fallen hingegen von Privatpersonen gefertigte Urkunden oder Gutachten, es sei denn, der Aussteller hat sich bei einer amtlichen Vernehmung auf sie bezogen (AK-*Meier* 14 zu § 253).

cc) § 253 ist **eng auszulegen** (LR-*Gollwitzer* 5 zu § 253). Dies gilt insbes für Abs 2, dessen Sachgemäßheit insofern fragwürdig ist, als durch die Verlesung eine *Behebung* von *Widersprüchen* nur *selten* zu erreichen sein wird. **2159**

Allg wird die Aufklärungspflicht eine Befragung des damaligen Vernehmungsbeamten gebieten, wenn die Beweisperson nach der Verlesung ihre frühere Aussage nicht bestätigt (KK-*Mayr* 6 zu § 251). Darüber hinaus müssen bei der Beweiswürdigung potentielle Fehlerquellen berücksichtigt werden, die den Inhalt des Protokolls beeinflußt haben könnten (s n *Eisenberg* JZ **84** 913 ff).

b) aa) § 253 findet **nur** Anwendung, **wenn** die Beweisperson in der HV **zunächst** iSd §§ 69, 72 **vollständig vernommen** worden ist. **2160**

Protokollierte Aussagen von nicht anwesenden Zeugen oder Sv sind dagegen von der Vorschrift nicht umfaßt.[23]

Desweiteren dürfen **nur** Niederschriften über **eigene Aussagen** des Zeugen oder Sv, nicht jedoch über die anderer Personen (zB der damaligen Verhörsperson) verlesen werden. **2161**

Daher kann bei der Befragung des Vernehmungsbeamten das seinerzeit von ihm angefertigte Protokoll nur im Wege des Vorhalts benutzt werden (s n 883 f; AK-*Meier* 8 zu § 253).

Bevor das Gericht von § 253 Gebrauch macht, muß es alle Möglichkeiten, die zur Beseitigung von Erinnerungslücken bzw von Widersprüchen zur Verfügung stehen, ausgeschöpft haben. Hierzu gehört vor allem der weiterhin zulässige, auf den Inhalt des über die frühere Vernehmung angefertigten Protokolls gestützte Vorhalt (SK-*Schlüchter* 2 zu § 253; s betr den Angekl 868 ff). **2162**

bb) Hinsichtlich **§ 253 Abs 1** bedarf es nicht unbedingt einer ausdrücklichen Erklärung über die mangelnde Erinnerung. Ausreichend kann vielmehr auch die Erkennbarkeit einer Gedächtnislücke sein (K/M-G 5 zu § 253). § 253 Abs 1 gilt entspr, wenn der Zeuge oder Sv sich an den gesamten den Gegenstand seiner Befragung bildenden Vorgang nicht mehr erinnern kann. **2163**

Die inhaltliche Richtigkeit der Erklärung einer Beweisperson über ihre mangelnde Erinnerung soll keiner gerichtlichen Überprüfung unterliegen (KMR-*Paulus* 9 zu § 253; ANM 278; zw).

cc) Der Widerspruch zwischen jetziger und früherer Aussage iSv **§ 253 Abs 2** darf erst während der Vernehmung in der HV offenbar geworden sein. Ansonsten ist das Gericht verpflichtet, die notwendigen Beweismittel herbeizuschaffen (LR-*Gollwitzer* 12 zu § 253). **2164**

---

[23] Abw bzgl § 253 Abs 2 LR-*Gollwitzer* (21 zu § 253), der auf das Anwesenheitserfordernis verzichtet, wenn ein in der HV auftretender Widerspruch zwischen einer nach § 251 verlesenen Aussage und einer nicht gemäß § 251 verlesbaren Vernehmungsniederschrift festgestellt werden soll.

Falls dafür ein Bedürfnis besteht, kann § 253 Abs 2 entgegen seinem Wortlaut auch zwecks Feststellung der Übereinstimmung zwischen früherer und jetziger Aussage angewendet werden.

2165 dd) Die Verlesung hat sich nach Sinn und Zweck von § 253 auf denjenigen *Teil* des Protokolls zu *beschränken*, auf den sich die Erinnerungslücke oder der Widerspruch bezieht (ANM 280). Aus Gründen inhaltlicher Verständlichkeit kann der Verlesungsumfang ausgeweitet werden.

ee) Die Verlesung ist gemäß § 273 Abs 1 im HV-*Protokoll* zu vermerken (BGH NJW **86** 2063).

2166 c) Verstöße gegen die in § 253 enthaltenen Verlesungsvoraussetzungen begründen die **Revision**. Gleichzeitig ist idR § 250 S 2 als Ausgestaltung des Unmittelbarkeitsgrds verletzt. Unerheblich ist, ob der Verlesung in der HV widersprochen worden ist.

2167 aa) Unter dem Gesichtspunkt einer Verletzung der *Aufklärungspflicht* (§ 244 Abs 2) kann das Urteil mit der Revision angegriffen werden, wenn entweder von der an sich gebotenen Verlesung einer Vernehmungsniederschrift abgesehen wurde (BGH StV **91** 337f; AK-*Meier* 18 zu § 253) oder zusätzlich zum Urkundenbeweis die Einvernahme der Verhörsperson erforderlich war (LR-*Gollwitzer* 27 zu § 253).

2168 bb) Ob der Inhalt einer nach § 253 verlesenen Niederschrift für sich allein genommen die Verurteilung stützen kann, hängt von den Umständen des Einzelfalls ab, zu denen insbes die Bestätigung des Protokollinhalts durch die Beweisperson in der HV gehört (LR-*Gollwitzer* 24 zu § 253). Es gelten die Grds der *Beweiswürdigung* (s dazu allg 88 ff).

2169 cc) Läßt ein auf die verlesene Aussage gestütztes Urteil nicht erkennen, daß eine Abwägung mit den von der Beweisperson in der HV gemachten Angaben stattgefunden hat, so liegt darin ein revisibler Rechtsfehler bei der Anwendung von § 261 (SK-*Schlüchter* 19 zu § 253).

4. Verlesung von Behördengutachten nach § 256

Übersicht

	Rn		Rn
a) Allgemeines	2170	cc) Nichtverlesbare Leumundszeugnisse	2183–2187
b) Voraussetzungen	2171	dd) Ärztliche Atteste	2188–2196
aa) Erklärungen öffentlicher Behörden	2172–2181	ee) Routinegutachten	2197–2200
bb) Gerichtsärztliche Gutachten	2182	c) Anordnung	2201
		d) Durchführung	2202
		e) Revision	2203–2205

2170 a) § 256 Abs 1 betrifft unstr einen Fall des Urkundenbeweises. Der Regelung liegen im wesentlichen *zwei Überlegungen* zugrunde: Einerseits hat es der Gesetzgeber bei bestimmten, von öffentlichen Behörden bzw berufsrechtlich verpflichteten Ärzten stammenden Erklärungen wegen der den Ausstellern zugebilligten Objektivität, Fachkunde und Zuverlässigkeit für nicht erforderlich gehalten, daß in jedem Fall eine Vernehmung durchgeführt wird (§ 256 Abs 1 S 1, s aber krit 1503 f). Für grds entbehrlich wird hinsichtlich einiger Beweisthemen auch die Einvernahme eines Sv gehalten, soweit seine Aussage dem Gericht erfahrungsgemäß keine anderen als die in einem Gutachten bereits enthaltenen Erkenntnisse zu vermitteln vermag (§ 256 Abs 1 S 2, s n 1503 f).

Selbst bei Vorliegen der Verlesungsvoraussetzungen darf das Gericht einen Beweisantrag auf Einvernahme des Verfassers der Urkunde nicht ablehnen, wenn die *Aufklärungspflicht* einer solchen Entscheidung entgegensteht.

b) **Verlesungsgegenstand** sind die ein Zeugnis oder ein Gutachten enthaltenden Erklärungen öffentlicher Behörden bzw der Ärzte eines gerichtsärztlichen Dienstes. 2171

aa) (1) **Öffentliche Behörden** sind nach öffentlichem Recht eingerichtete, in den Bereich der Staatsgewalt eingegliederte, mit der Erfüllung öffentlicher Aufgaben betraute Stellen des Staates oder eines anderen Trägers der öffentlichen Verwaltung, die in ihrem Bestand von dem bzw den sie leitenden Beamten unabhängig sind (K/M-G 2 zu § 256; ANM 296). Die Behörde muß nicht notwendigerweise zur Ausübung staatlicher Zwangsbefugnisse berechtigt sein. Wegen des möglichen Einflusses auf die Zuverlässigkeit der Erklärung wird es allg jedoch als erforderlich angesehen, daß die öffentlichen Aufgaben durch Personen erfüllt werden, die in einem öffentlich-rechtlich ausgestalteten Dienstverhältnis stehen.[24] Entscheidend für den Charakter als *öffentliche* Behörde ist die Errichtung aufgrund eines öffentlich-rechtlichen Organisationsaktes; die genaue Organisations*form* (zB Körperschaft, Anstalt oder Stiftung) ist hingegen unerheblich (SK-*Schlüchter* 9 zu § 256; Einzelbeisp bei LR-*Gollwitzer* 11 f zu § 256). 2172

Maßgebendes Kriterium für die Einbeziehung *ausländischer Behörden* in den Anwendungsbereich von § 256 soll die Ähnlichkeit ihrer (formalen) Organisationsform mit der deutscher Verwaltungsträger sein (*F.W.Krause* 168; KMR-*Paulus* 6 zu § 256; zw). 2173

(2) Zu den verlesbaren **Behördenerklärungen** gehören diejenigen, die ein Zeugnis oder Gutachten enthalten.[25] 2174

(a) Ein behördliches **Zeugnis** ist die von einer Behörde ausgestellte Bescheinigung über amtlich festgestellte Tatsachen bzw über Wahrnehmungen, die ein Angehöriger der Behörde als deren Repräsentant innerhalb seines amtlichen Wirkungskreises und nicht nur bei Gelegenheit der Amtstätigkeit gemacht hat (KMR-*Paulus* 10 f zu § 256; *Eb Schmidt* 4). Dazu zählen nicht Äußerungen bzw Berichte der mit der derzeit verhandelten Sache befaßten Strafverfolgungsbehörden (BGH NStZ 88 421; StV 95 236). Auskünfte anderer Strafverfolgungsbehörden (zB über die Existenz oder den Aufenthaltsort bestimmter Personen) können hingegen bei Vorliegen der übrigen Voraussetzungen verlesen werden (K/M-G 8 zu § 256). 2175

(b) Als **Gutachten** wird im allg jede sv Äußerung einer Behörde bezeichnet (KK-*Mayr* 3 zu § 256). Ob das Gutachten auf Tatsachen beruht, die der Behörde 2176

---

[24] LR-*Gollwitzer* 8 zu § 256. Nicht ausreichend ist zB die Wahrnehmung von Aufgaben/Befugnissen durch sog beliehene Unternehmer.
[25] Die Abgrenzung zwischen Zeugnis und Gutachten ist nicht immer eindeutig vorzunehmen, was wegen der Gleichbehandlung beider Erklärungsarten im Rahmen von § 256 jedoch keine rechtlichen Konsequenzen hat.

bereits bekannt sind oder ob sie die maßgeblichen Umstände erst aufgrund eines gesonderten Auftrags ermittelt hat, ist unerheblich (ANM 302 mwN). Die Verlesung erstreckt sich grds auch auf die der sv Äußerung zugrundeliegenden *Befundtatsachen* (SK-*Schlüchter* 22 zu § 256). Für *Zusatztatsachen* gilt dies nur dann, wenn es sich gleichzeitig um amtliche Wahrnehmungen handelt, deren schriftliche Wiedergabe als behördliches Zeugnis iSv § 256 Abs 1 verlesen werden darf (s auch 1503 sowie KMR-*Paulus* 15 zu § 256).

2177 Im übrigen muß der Sv diesbzgl als Zeuge vernommen werden. Sog *Gesamtgutachten*, die sich aus mehreren Hilfs- oder Teilgutachten zusammensetzen, können verlesen werden, sofern sich alle Beiträge als Gutachten der Behörde darstellen (KMR-*Paulus* 15 zu § 256). Besteht ein Gutachten aus Teilen, die von verschiedenen selbständigen Sv verfaßt wurden, so ist der Urkundenbeweis nur bzgl der vom Hauptsv selbst ermittelten Befundtatsachen zulässig, es sei denn, er übernimmt hinsichtlich anderer Befunde die Verantwortung für deren Richtigkeit und die Aufklärungspflicht erfordert keine Vernehmung der beteiligten Hilfsgutachter (SK-*Schlüchter* 23 zu § 256).

2178 (3) Die ein Zeugnis oder Gutachten enthaltende Erklärung muß außerdem **im Namen der Behörde** von einer zu ihrer **Vertretung nach außen** hin berechtigten Person abgegeben worden sein (LR-*Gollwitzer* 15 zu § 256).

(a) Die notwendige *Vertretungsmacht* kann zum einen auf der allg Organisationsordnung der Behörde beruhen, die sich im Regelfall aus den jeweils maßgeblichen Rechts- und Verwaltungsvorschriften ergibt. Andererseits ist aber auch eine Einzelfallanordnung des an sich Vertretungsberechtigten zu ihrer Begründung ausreichend.

2179 (b) Der Vertretungsbefugte muß ferner *für die Behörde* handeln *wollen* (AK-*Rüping* 10 zu § 256). Rückschlüsse sind diesbzgl insbes anhand der äußeren Form der Erklärung möglich (zB Gebrauch amtlicher Vordrucke, Zusatz „i.A."). Das Fehlen einzelner Formalien darf jedoch nicht von vornherein zu der Schlußfolgerung führen, es handle sich nicht um eine Behördenerklärung. Entscheidend ist vielmehr der sich nach Abwägung aller Einzelfallumstände bietende Gesamteindruck (SK-*Schlüchter* 16 zu § 256 mit weiteren Einzelbeisp).

2180 (c) Erforderlich ist auch, daß die Behördenerklärung eine gewisse *Außenwirkung* entfaltet. Für den innerdienstlichen Bereich bestimmte Stellungnahmen wie zB Aktennotizen oder Berichte an Vorgesetzte fallen daher nicht unter § 256.

2181 (4) **§ 256 Abs 2** stellt keine besondere Regelung zum Urkundenbeweis dar, sondern die Vorschrift bestimmt den Ablauf, soweit *Gutachten* einer *kollegialen Fachbehörde* eingeholt worden sind. Um solche Behörden handelt es sich dann, wenn an sich nur das Kollegium in seiner Gesamtheit, legitimiert durch einstimmigen oder mehrheitlichen Beschluß seiner Mitglieder, zur Vertretung nach außen befugt ist (LR-*Gollwitzer* 55 zu § 256; zu Beisp s SK-*Schlüchter* 46 zu § 256). Die Vorschrift stellt eine Ergänzung zu § 83 Abs 3 dar und vereinfacht das Verfahren für den Fall, daß ein von einer Kollegialbehörde gefertigtes Gutachten entweder erst in der HV erstattet werden soll oder seine Verlesung der näheren Erläuterung bedarf. Diese Aufgaben muß gem § 256 Abs 2 nicht das gesamte Kollegium wahrnehmen, es kann hierzu vielmehr auf Ersuchen des Gerichts ein Mitglied ermächtigen (zur Verfahrensweise s n 1544).

2182 bb) Gutachten der Ärzte eines **gerichtsärztlichen Dienstes** dürfen unter den gleichen Voraussetzungen wie Behördengutachten verlesen werden. Entscheiden-

III. Verlesungsverbot des § 250 und gesetzliche Durchbrechungen

des Kriteriums für die Qualifikation als Gerichtsarzt ist die Zuordnung zu einer Gesundheitsverwaltung oder einem LG, nicht hingegen die öffentlich-rechtliche Ausgestaltung des Dienstverhältnisses.

Bei Justizvollzugsanstalten und gerichtsmedizinischen Universitätsinstituten beschäftigte Ärzte gehören folglich nicht zum gerichtsärztlichen Dienst (KMR-*Paulus* 8, K/M-G 5, beide zu § 256).

cc) Von der Verlesung nach § 256 Abs 1 S 1 **ausgeschlossen** sind als **Leumundszeugnis** zu qualifizierende Behördenerklärungen.[26] Mit dem Verlesungsverbot soll die leichtfertige und ungenaue Erstellung von Leumundszeugnissen ebenso vermieden werden wie die Beeinflussung des Gerichts bei der Würdigung der Persönlichkeit. **2183**

(1) Dem *Begriff* des Leumundszeugnisses unterfallen alle die Persönlichkeit des Betroffenen bewertenden Äußerungen (SK-*Schlüchter* 26 zu § 256 mwN), zB über Charakter, Gesinnung sowie bestimmte Fähigkeiten oder Eigenschaften. Unerheblich ist es, wessen Bewertung in dem Zeugnis wiedergegeben wird und wer der Beurteilte ist (ANM 303 mwN). Kein Leumundszeugnis ist hingegen die Schilderung von Tatsachen, selbst dann nicht, wenn sie eine Grundlage für Wertungen bilden können (zB Führungszeugnisse nach den §§ 28, 30ff BZRG). **2184**

Als Leumundszeugnisse gelten nach dieser Begriffsbestimmung insbes Stellungnahmen der Gerichts- bzw Jugendgerichtshilfe, deren Inhalt sich häufig auf sittliche und charakterliche Eigenschaften der zu beurteilenden Person beziehen wird.[27] Aber auch dienstliche Beurteilungen oder Schulzeugnisse, sofern sie nicht ausschließlich Aussagen über die körperliche und geistige Leistungsfähigkeit enthalten, sind vom Verlesungsverbot erfaßt (vgl zu weiteren Einzelbeisp LR-*Gollwitzer* 34f, SK-*Schlüchter* 28f, KMR-*Paulus* 14, alle zu § 256). **2185**

(2) § 256 Abs 1 S 1 spricht für schriftliche Leumundszeugnisse ein *absolutes Verwertungsverbot* aus, dh sie dürfen auch nicht im Wege des Berichtsverfahrens oder (mittelbar) durch Vorhalt ggü einer Beweisperson zum Inhalt der HV gemacht werden (ANM 305; K/M-G 13 zu § 256; s auch *Eisenberg* NStZ **85** 85). Leumundsäußerungen sind folglich ausschließlich Gegenstand des Personenbeweises. **2186**

Nach hM soll es aber mit dem Verwertungsverbot vereinbar sein, wenn ein von der restlichen Erklärung *trennbarer*, kein Leumundszeugnis darstellender *Teil* einer Urkunde verlesen wird (SK-*Schlüchter* 30 zu § 256). Von einer derartigen Vorgehensweise ist jedoch schon deshalb abzuraten, weil die Abgrenzung im Einzelfall Schwierigkeiten bereiten kann. **2187**

dd) **Ärztliche Atteste** über **Körperverletzungen**, die **nicht** zu den **schweren** gehören, dürfen ebenfalls mittels des Urkundenbeweises in die HV eingeführt werden. **2188**

(1) **Atteste** sind schriftliche Bestätigungen **approbierter Ärzte** über eigene Wahrnehmungen bei der Untersuchung und Behandlung von Kranken oder Ver-

---

[26] Auch die nicht ausdrücklich erwähnten *privaten* Leumundszeugnisse dürfen idR wegen § 250 S 2 nicht verlesen werden. Als Ausnahme kommt insoweit aber § 251 Abs 2 in Betracht (KMR-*Paulus* 14 zu § 256).

[27] S n *Eisenberg* NStZ **85** 85. Nach KMR-*Paulus* 12 zu § 256 ist die Verlesbarkeit insoweit schon deshalb zu verneinen, weil es sich bei den genannten Berichten um Erkenntnisse handle, die aus Anlaß des konkret anhängigen Straf- oder Bußgeldverfahrens gewonnen wurden (vgl 2175). Mitunter wird der (Jugend-) Gerichtshilfe schon die Behördeneigenschaft abgesprochen (KK-*Mayr* 5 zu § 256).

letzten (K/M-G 15 zu § 256); nach § 256 Abs 1 S 1 nicht verlesbar ist daher eine gutachterliche Stellungnahme, die auf Wahrnehmungen Dritter beruht (KMR-*Paulus* 20 zu § 256, unter Hinweis auf Altern 1). Die Person des Ausstellers muß feststehen oder zumindest eindeutig ermittelbar sein.

2189 Nicht entgegen steht § 256 Abs 1 S 1 Alt 1 der Zeugenvernehmung einer Person, die Wahrnehmungen über den Inhalt eines ärztlichen Attests gemacht hat. Da der Zeuge über eigene Wahrnehmungen berichtet, widerspricht der Unmittelbarkeitsgrds (§ 250) einer derartigen Beweiserhebung selbst dann nicht, wenn die Voraussetzungen von § 256 Abs 1 S 1 Alt 1 nicht vorliegen (aA LR-*Gollwitzer* 44 zu § 256). Dennoch erscheint es wegen der Aufklärungspflicht generell geboten, das Attest zu verlesen oder den Aussteller persönlich zu vernehmen (SK-*Schlüchter* 34 zu § 256).

2190 Zulässig ist es, dem Angekl oder einer sonstigen Beweisperson den Inhalt der ärztlichen Stellungnahme vorzuhalten, da in diesem Fall die Urkunde selbst nicht Gegenstand des Verfahrens wird.[28]

2191 (2) Verspricht die zeugenschaftliche *Vernehmung* des ausstellenden Arztes zusätzliche *Aufklärung*, zB weil er den Vorgang der Körperverletzung selbst wahrgenommen hat oder es auf die Art der Verletzungen ankommt (ANM 306; K/M-G 15 zu § 256), so darf sich das Gericht nicht mit der Verlesung nach § 256 Abs 1 S 1 Alt 1 begnügen.

2192 (3) (a) Gegenstand des Attests muß eine Körperverletzung sein, die nicht schwer ist. Als **leichte Körperverletzungen** gelten alle nach §§ 223, 223 a, 223 b und 230 StGB zu beurteilenden Taten (AK-*Rüping* 14 zu § 256), unabhängig davon, welche Folgen sie bei dem Opfer ausgelöst haben. Eine Qualifikation nach § 340 Abs 1 StGB hat auf die Beurteilung ebenfalls keinen Einfluß (Oldenburg MDR **90** 1135).

2193 (b) (aa) Sofern der Angekl sich als **Täter** der Körperverletzung zu verantworten hat, ist die beschriebene Abgrenzung überwiegender Auffassung zufolge grds anhand des Anklagevorwurfes vorzunehmen (ANM 307 mwN). Ob dies auch gelten soll, wenn, wie es rechtstatsächlich gerade bei der in Rede stehenden Deliktsgruppe nicht selten der Fall ist (s *Eisenberg* § 45 Rn 14f, erg § 31 Rn 41), eine Herabstufung durch das Gericht zu erwarten ist oder gar schon im Eröffnungsbeschluß vorgenommen wurde, ist zw. Bewertet jedoch das Gericht die Tat in Abweichung von der in der Anklage vorgenommenen Würdigung als schwere Körperverletzung und hat es darauf gem § 265 Abs 1 hingewiesen, so kann die Verlesung des Attests nicht mehr auf § 256 Abs 1 S 1 Altern 3 gestützt werden (SK-*Schlüchter* 37 zu § 256). Ein formalistisches Festhalten am Anklagevorwurf widerspräche dem Charakter von § 256 als Ausnahmevorschrift zu § 250.

2194 (bb) Die Verlesung eines Attests kommt auch dann in Betracht, wenn der Angekl das **Opfer** der festgestellten Körperverletzung ist, etwa im Falle einer (vermeintlichen) Notwehr. Hier entscheidet die gerichtliche Auslegung der Bescheinigung über die Anwendbarkeit von § 256 Abs 1 S 1 (LR-*Gollwitzer* 42 zu § 256).

2195 (c) Steht die nicht schwere Körperverletzung hingegen mit einer anderen Straftat (zB einem Sexualdelikt oder einem Raub) in *Tateinheit*, so ist die Verlesung grds

---

[28] BGH MDR **93** 9; s aber auch Düsseldorf JZ **90** 252, wonach ein Vorhalt eines Gutachtens über die BAK an den Betroffenen ausscheidet, weil dieser über die Ergebnisse keine verbindliche Erklärung abgeben kann.

III. Verlesungsverbot des § 250 und gesetzliche Durchbrechungen

unzulässig (K/M-G 16, KMR-*Paulus* 22 mwN, beide zu § 256). Davon darf nur abgewichen werden, wenn das Attest auf die Urteilsfindung über die andere Tat keinen Einfluß haben kann.[29]

Bei *Tatmehrheit* zwischen Körperverletzung und einem anderen Delikt ist die Beweisaufnahme – unter Beschränkung auf die Körperverletzung – dagegen nach § 256 Abs 1 S 1 Alt 3 zulässig (SK-*Schlüchter* 39 zu § 256).

(4) Verlesbar sind neben den Befundtatsachen auch Äußerungen des Arztes 2196 über *Schwere* und *Folgen* der *Verletzung*. Enthält das Attest hingegen Angaben über Beobachtungen, zu denen es keiner besonderen Sachkunde bedarf, so ist der Urkundenbeweis insoweit ausgeschlossen (LR-*Gollwitzer* 43 zu § 256).

ee) Verlesungsgegenstand sind aus Gründen der Verfahrensbeschleunigung und 2197 -entlastung schließlich die in **§ 256 Abs 1 S 2 abschließend** (s AK-*Rüping* 17 zu § 256) **aufgezählten**, aufgrund allg anerkannter wissenschaftlicher Erkenntnisse erstellten **Routinegutachten**. Dabei ist es gleichgültig, ob sie von einer Behörde oder einer privaten Stelle stammen. Diese Frage ist nur dann von Bedeutung, wenn über § 256 Abs 1 S 2 hinausgehende Inhalte in die HV eingeführt werden sollen.

(1) Die Auswertung eines *Fahrtschreiberdiagramms* umfaßt die Deutung der fest 2198 einprogrammierten Daten (*Puppe* JR **78** 122). Darüber hinaus können nach hM auch in dem Gutachten enthaltene Aussagen über das ordnungsgemäße Funktionieren des Fahrtschreibers verlesen werden (ANM 309; KK-*Mayr* 9, KMR-*Paulus* 25, alle zu § 256; aA *Puppe* JR **78** 122). Dagegen könnte allerdings im Einzelfall sprechen, daß nach der Intention von § 256 Abs 1 S 2 nur solche Erkenntnisse verwertet werden dürfen, die sich in Form eines standardisierten Verfahrens gewinnen lassen.

(2) Hinsichtlich Gutachten über die Bestimmung der *Blutgruppe* oder der *BAK* 2199 einschließlich seiner Rückrechnung (§ 256 Abs 1 S 2) sind auch Äußerungen über die Qualität von Blutproben verlesbar (s n zum Ganzen aber 1633–1637 sowie zu Verwertungsverboten 1654 ff). Mitunter gebietet jedoch die Aufklärungspflicht eine persönliche Einvernahme des Sv (K/M-G 20 zu § 256).

(3) *Ärztliche Berichte* zur *Entnahme* von *Blutproben* enthalten idR Angaben über 2200 Ort und Zeit der Entnahme, über das Verhalten des Betroffenen sowie ggf über die Ergebnisse durchgeführter klinischer Tests (KK-*Mayr* 9 zu § 256; s n 1627, 1754). Der Urheber des Berichts muß erkennbar sein (Bay StV **89** 7).

c) Die Verlesung nach § 256 **ordnet** der **Vorsitzende** im Rahmen seiner Sach- 2201 leitungsbefugnis (§ 238 Abs 1) **an**, eine Gerichtsentscheidung ist gem § 238 Abs 2 nur bei Beanstandung dieser Anordnung durch einen Prozeßbeteiligten erforderlich (K/M-G 23 zu § 256).

Anordnung und Durchführung der Verlesung sind als wesentliche Förmlichkeiten iSv § 273 Abs 1 in das **Protokoll** aufzunehmen, wobei die Urkunde genau zu bezeichnen, nicht jedoch ihr Inhalt wiederzugeben ist.

d) Die Beweisaufnahme findet im Wege der **wörtlichen Verlesung** der Urkun- 2202 de statt. Unzulässig ist es, wenn sich das Gericht mit einem bloßen Verlesungsersatz wie zB dem Selbstleseverfahren iSv § 249 Abs 2 (s dazu 2033 ff) oder dem Bericht

---

[29] Vgl BGH **33** 389 zum Fall, daß die konkurrierende Straftat bereits restlos aufgeklärt ist (s auch LR-*Gollwitzer* 41 zu § 256).

des Vorsitzenden (s dazu 2051 ff) begnügt. Der Vorhalt ggü einer mit dem Aussteller nicht identischen Beweisperson macht den Inhalt einer Urkunde ebenfalls nicht iSv § 256 zum Gegenstand des Verfahrens (SK-*Schlüchter* 6 zu § 256).

2203 e) Die Verlesung von Schriftstücken entgegen den Voraussetzungen von § 256 Abs 1 kann erfolgreich mit der **Revision** angegriffen werden, es sei denn, andere Vorschriften gestatten die Verwertung im Wege des Urkundenbeweises. Verletzt ist in solchen Fällen neben § 256 auch der Unmittelbarkeitsgrds (§ 250). – Da es sich um eine zwingende Verfahrensvorschrift handelt, ist für die Geltendmachung des Fehlers unschädlich, wenn die Verlesung in der HV nicht gem § 238 Abs 2 beanstandet wurde (Düsseldorf StV **83** 273 m Anm *Neixler*; K/M-G 24 zu § 256).

Ein Beruhen darf nicht ohne weiteres deshalb verneint werden, weil der Angekl und der Vert den Inhalt der Urkunde in der HV nicht bestritten haben (s aber Düsseldorf NStZ **95** 120 mit abl Anm *Hellmann*).

2204 aa) Ein Verstoß gegen **§ 244 Abs 2** ist gegeben, wenn sich die nach § 256 Abs 1 zulässige Verlesung ggü der Vernehmung eines Zeugen oder Sv als die schlechtere Methode der Sachaufklärung darstellt (BGH NStZ **93** 397 f).

2205 bb) Wird ein Teil einer Urkunde zur Urteilsgrundlage gemacht, der nicht Gegenstand der Verlesung war, so widerspricht dies **§ 261**.

5. Urkundenbeweis in der Berufungsverhandlung

Übersicht

	Rn			Rn
a) § 325 Hs 1	2206	dd)	Zeugnisverweigerungsrecht	2217
b) § 325 Hs 2	2207			
aa) Verlesbare Urkunden . .	2208, 2209	ee)	Vereidigung	2218
bb) Voraussetzungen	2210–2215	ff)	Revision	2219
cc) Einschränkung durch Aufklärungspflicht	2216			

2206 § 325 betrifft den Beweis mit Urkunden in der Berufungsverhandlung.

a) § 325 Hs 1 ist trotz seines insofern mißverständlichen Wortlauts *keine Rechtsgrundlage* für die uneingeschränkte Verlesung von Schriftstücken in der HV des zweiten Rechtszuges. Vielmehr gelten auch hier für die Beweisaufnahme **grds** die **§§ 249 bis 256** (KK-*Ruß* 4 zu § 325). Lediglich im Rahmen des gem § 324 Abs 1 am Beginn der Berufungsverhandlung stehenden Berichts über die Ergebnisse des bisherigen Verfahrens dürfen Urkunden verlesen werden. Da dieser Bericht nicht zur Beweisaufnahme gehört, handelt es sich bei § 325 Hs 1 um eine bloße Klarstellung.

2207 b) Anders verhält es sich mit **§ 325 Hs 2**, der den Urkundenbeweis mit Protokollen über Aussagen der in der HV des ersten Rechtszuges vernommenen Zeugen und Sv selbst dann ermöglicht, wenn die Voraussetzungen der §§ 251 und 253 nicht vorliegen. Als eine das Unmittelbarkeitsprinzip durchbrechende Ausnahmevorschrift ist § 325 *restriktiv* auszulegen.

2208 aa) (1) Es muß sich um *richterliche*, aufgrund von § 273 Abs 2 und 3 erstellte Protokolle handeln, die unter Beachtung der wesentlichen *Formvorschriften* zustandegekommen sind. Ist die Niederschrift nicht ordnungsgemäß unterschrieben oder war

III. Verlesungsverbot des § 250 und gesetzliche Durchbrechungen

der Angekl während der ersten HV unzulässigerweise abwesend, so führt dies zur Unverlesbarkeit des Protokolls (ANM 292 ff).

§ 325 Hs 2 bezieht sich ferner *nur* auf Vernehmungsniederschriften im Rahmen einer HV, die mit dem angefochtenen *Urteil* abgeschlossen wurde (KK-*Ruß* 4, 8 zu § 325). Protokolle über kommissarische Vernehmungen scheiden daher als Verlesungsgegenstand ebenso aus wie solche, die sich auf eine Berufungsverhandlung oder ausgesetzte HV beziehen (Bay StV **90** 399).

(2) In Niederschriften enthaltene *Bezugnahmen* auf *andere Schriftstücke* führen grds **2209** zu deren Verlesbarkeit. Unzulässig ist jedoch der Urkundenbeweis mit einem polizeilichen Vernehmungsprotokoll, auf das sich das richterliche Sitzungsprotokoll ohne nähere Angaben bezieht.

bb) Erforderlich ist ferner, daß entweder die **Verfahrensbeteiligten** der Verle- **2210** sung **zugestimmt** haben (s dazu 2211–2213) oder eine erneute Vorladung der betr Beweisperson weder erfolgt noch vom Angekl rechtzeitig vor der HV beantragt worden ist (dazu 2214 f).

(1) (a) Außer dem *Angekl* und der *StA* müssen auch durch die Beweiserhebung **2211** betroffene *Nebenbeteiligte* ihr *Einverständnis* bekunden (KMR-*Paulus* 12 zu § 325). Dazu gehören der Vert (aA KK-*Ruß* 6 zu § 325), der Privatkläger sowie der Beistand nach § 69 JGG, nicht hingegen Nebenkläger, Erziehungsberechtigte und gesetzliche Vertreter (K/M-G 4 zu § 325).

Für die Erteilung der Zustimmung gelten im wesentlichen die gleichen Grundsätze wie bei § 251 Abs 1 Nr 4 (s 2123 f).

Eine Beurkundung des Einverständnisses gem § 273 Abs 1 ist nur dann nicht geboten, wenn es ausnahmsweise stillschweigend zum Ausdruck gebracht werden durfte.

(b) Eine Vorladung gilt als erfolgt und schließt damit die Verlesbarkeit eines **2212** Aussageprotokolls ohne Zustimmung der Verfahrensbeteiligten aus, wenn sie ordnungsgemäß veranlaßt wurde. Der Ausnahmecharakter der Vorschrift verlangt eine enge Auslegung, die bis an die Grenze des Gesetzeswortlauts heranreicht.

Daher kommt es nicht darauf an, ob die Zustellung nachweislich allen förmlichen Anforderungen genügt hat oder ob die Beweisperson der Ladung tatsächlich Folge leistet. Gleichgültig ist auch, wer die Vorladung veranlaßt hat. Eine bloße Gestellung des Zeugen oder Sv durch Angekl oder Vert in der HV reicht aus (LR-*Gollwitzer* 11 zu § 325).

War die frühere Berufungsverhandlung zu dem Zweck ausgesetzt worden, eine bestimmte Beweisperson herbeizuschaffen, so ist der Urkundenbeweis mit dem über ihre Aussage angefertigten Protokoll selbst dann nicht zulässig, wenn die Vorladung *versehentlich unterblieben* ist (ANM 288 f).

(c) Das *Erscheinen* eines Zeugen oder Sv aus *eigener Initiative* steht dagegen der **2213** Nichtladung gleich und schließt eine Verlesung früher gemachter Angaben nicht aus. Für den Fall der Abbestellung einer durch das Gericht geladenen Beweisperson gilt dies nur bei einer vorherigen Benachrichtigung des Angekl und seines Vert (K/M-G 8 zu § 325), weil ihnen ansonsten die Möglichkeit genommen werden könnte, ihrerseits rechtzeitig auf eine Vorladung hinzuwirken und eine persönliche Einvernahme zu erzwingen.

(2) Die Verlesung ist ohne die Zustimmung aller Beteiligten trotz des Fehlens **2214** einer Vorladung unzulässig, wenn der *Angekl* eine Vorladung rechtzeitig *beantragt*

hatte. Als Antrag gilt jede Eingabe, die das (nicht nur hilfsweise) Verlangen nach einer Ladung der betr Auskunftsperson erkennen läßt.

Nicht um einen Antrag iSv § 325 Hs 2, sondern um einen herkömmlichen, nach § 244 Abs 6 zu bescheidenden *Beweisantrag* handelt es sich jedoch, wenn der Zeuge oder Sv Angaben zu Tatsachen machen soll, über die er vorher nicht vernommen worden ist.[30]

Antragsberechtigt iSv § 325 Hs 2 sind auch der Vert sowie Personen, denen in der HV Angekl-Befugnisse zustehen.

2215 (a) Die *Erfolgsaussichten* der beantragten Vorladung sind *unerheblich*. Eine Erkrankung des Zeugen oder Sv macht die Verlesung seiner protokollierten Aussage nur unter den Voraussetzungen von § 251 Abs 1 Nr 2 zulässig (ANM 289 f).

(b) Der Antrag muß *rechtzeitig* gestellt werden. Dies ist der Fall, wenn das Gericht die Ladung bewirken kann, ohne daß die bevorstehende HV verschoben werden muß. Auch eine telefonische Benachrichtigung ist dem Gericht idZ wegen der gebotenen restriktiven Auslegung von § 325 noch zumutbar (wie hier KMR-*Paulus* 11 zu § 325; aA offenbar KK-*Ruß* 5 zu § 325).

2216 cc) Trotz des Vorliegens einer der beiden Alt von § 325 Hs 2 ist die Protokollverlesung fehlerhaft, wenn das Gericht seine **Aufklärungspflicht** nur durch eine persönliche Anhörung der Beweisperson erfüllen kann (KK-*Ruß* 2 zu § 325 mwN). Daher scheidet der Urkundenbeweis als Ersatz für möglicherweise prozeßentscheidende Aussagen grds aus (Zweibrücken NStZ **92** 147; Celle StV **94** 474 [LS]). Auch eine von der ersten Instanz abw Glaubwürdigkeitsbeurteilung von Zeugen (dazu Bay StV **92** 152) oder die Würdigung sich widersprechender Aussagen kann nur aufgrund eines unmittelbaren, persönlichen Eindrucks vorgenommen werden.

Im übrigen hat das Gericht im Einzelfall abzuwägen, ob eine Vernehmung ggü der Protokollverlesung das bessere Beweismittel ist. Kriterien sind idZ ua die allg Beweislage, die Bedeutung der zu erwartenden Aussage und die Verständlichkeit der Niederschrift.

2217 dd) Macht eine Beweisperson in der Berufungsinstanz von ihrem **Zeugnisverweigerungsrecht** nach § 52 Gebrauch, so muß auch die Verlesung erstinstanzlicher Aussagen unterbleiben (s n 1301 ff). Ist das Verweigerungsrecht erst nach der HV des ersten Rechtszuges entstanden, ergibt sich dies bereits aus § 52 Abs 3 S 1, da zZt der damaligen Einvernahme eine Belehrung (naturgemäß) nicht erfolgt ist. Nichts anderes kann gelten, wenn der Zeuge bzw Sv sich erstmals auf ein von Anfang an bestehendes Verweigerungsrecht beruft und einen früher erklärten Verzicht in der Berufungsverhandlung widerruft.

2218 ee) Wird ein Protokoll gem § 325 Hs 2 verlesen, so muß das Berufungsgericht anschließend (erneut) über die Frage der **Vereidigung** entscheiden (s dazu n LR-*Gollwitzer* 22 zu § 325).

2219 ff) Ein Verstoß gegen § 325 Hs 2 sowie die Verletzung der Aufklärungspflicht durch Unterlassen der gebotenen persönlichen Vernehmung einer Beweisperson kann mit der **Revision** angegriffen werden.

---

[30] Eine Vernehmung über neue Tatsachen idS ist auch bei bloßen Ergänzungen des Beweisthemas sowie dann gegeben, wenn die betr Beweisperson zu einem bestimmten Sachverhalt zwar schon ausgesagt hat, dies aber nicht protokolliert worden ist (ANM 294 f).

Zweites Kapitel. Augenschein

I. Begriff und Bedeutung

1. Als Augenscheinsbeweis wird im allg das Ergebnis einer auf **sinnlicher Wahr- 2220 nehmung** beruhenden Beweisaufnahme bezeichnet, die nicht als Zeugen-, Sv- oder Urkundenbeweis gesetzlich besonders geregelt ist (K/M-G 1, KK-*Pelchen* 1, LR-*Dahs* 1, AK-*Kirchner* 3, jeweils zu § 86; KMR-*Paulus* 49 vor § 72; ANM 222).[1] Die Augenscheinseinnahme kann durch Sehen, Hören, Schmecken, Riechen oder Befühlen erfolgen (BGH **18** 53; *Roxin* § 28 Rn 1; *Schäfer* Rn 735) und sich sowohl auf Sachen bzw Sachgesamtheiten (*Peters* 412 f) als auch auf Personen beziehen[2] (vgl zu einzelnen Augenscheinsgegenständen 2282 ff).

Hiervon zu unterscheiden ist die *informatorische Besichtigung*, bei der das gesamte Gericht 2221 (vgl ANM 228) oder einzelne Gerichtsmitglieder außerhalb der HV bestimmte Örtlichkeiten oder Gegenstände in Augenschein nehmen. Hinsichtlich der Zulässigkeit einer solchen Verfahrensweise ist zu differenzieren:
Zur *Vorbereitung* auf die HV kann eine informatorische Besichtigung sinnvoll, uU sogar geboten sein. Sie darf dem Richter jedoch nur dazu dienen, in der HV geeignete Fragen an den Angekl, die Zeugen oder Sv stellen oder ihnen im Rahmen der Vernehmung entspr Vorhalte machen zu können.
Dagegen ist eine unmittelbare Verwertung der bei der Besichtigung gewonnenen Erkenntnisse als *Ersatz* für die innerhalb der HV durchzuführende förmliche Beweisaufnahme und damit als Urteilsgrundlage stets unzulässig (RG **50** 154; BGH **2** 3, **3** 188; KMR-*Paulus* 61 vor § 72; LR-*Dahs* 6, K/M-G 6, AK-*Kirchner* 5, KK-*Pelchen* 5, jeweils zu § 86).

2. Die Funktion des Augenscheinsbeweises besteht ua darin, eine unmittelbare 2222 **Beziehung** des erkennenden **Gerichts zum Beweisgegenstand** herzustellen (*Kühne* 320). Daher eignet er sich auch für die Überprüfung von Zeugen- bzw Beschuldigtenaussagen (vgl aber zu möglichen Fehlerquellen *Wenskat* 149 ff).

a) Allerdings gibt es, anders als beim Zeugenbeweis, keinen allg Grundsatz, der 2223 die *Ersetzung* durch *andere Beweismittel* (partiell) verböte. Sofern die Aufklärungspflicht oder andere gesetzliche Vorschriften nicht entgegenstehen, darf das Gericht sich des Zeugen-, Sv- oder Urkundenbeweises bedienen und auf eine Augenscheinseinnahme – vor allem außerhalb des Gerichtssaals – idR gänzlich verzichten (RG **47** 106; vgl auch KK-*Pelchen* 2 zu § 86; zu Einschränkungen s 2228). Umstritten ist, ob dem Gericht eine derartige Ersetzungsbefugnis auch dann ohne weiteres zusteht, wenn von Verfahrensbeteiligten ein förmlicher Antrag auf Erhebung eines Augenscheinsbeweises gestellt worden ist (s dazu 2236 sowie 200).

Dagegen ist im allg eine *Ergänzung* des Augenscheinsbeweises durch andere Beweismittel unverzichtbar, da Augenscheinsobjekte nicht isoliert Beweis für be-

---

[1] Differenzierend *Wenskat* 14 ff, der eine bloße Negativabgrenzung wegen des numerus clausus der Beweismittel für unzulässig hält und stattdessen den Versuch einer an der eigenständigen Funktion des Augenscheins orientierten Definition unternimmt.

[2] Besichtigungen des menschlichen Körpers oder Leichnams haben allerdings teilweise in den §§ 81 a, 81 c und 87 eine spezialgesetzliche Ausgestaltung gefunden (vgl hierzu 1521–1584 sowie 1897 ff).

stimmte Tatsachen erbringen können, sondern vielmehr zusätzlich eine Beziehung zum konkreten Tatgeschehen hergestellt werden muß.

2224 b) Hiervon zu unterscheiden ist wiederum der Einsatz eines Augenscheinsobjekts als *Vernehmungshilfe*, um Fragen an persönliche Beweismittel zu erläutern und die Wiedergabe ihrer Bekundungen zu veranschaulichen. Dabei handelt es sich um eine Form des Personal-, nicht des Augenscheinsbeweises (BGH **18** 54; ANM 223; K/M-G 8, LR-*Dahs* 8, jeweils zu § 86).

c) Das Gericht darf ferner sog *Augenscheinsgehilfen* mit der sinnlichen Wahrnehmung beauftragen. Diese treten dann in der HV als Zeugen oder Sv auf (vgl dazu 2262 ff).

2225 3. **Protokolle** über richterliche Augenscheinseinnahmen (vgl dazu 2226 ff) dürfen gem § 249 Abs 1 S 2 im Wege des Urkundenbeweises in das Verfahren eingeführt werden (hierzu n 2021 ff). Bei solchen Konstruktionen handelt es sich jedoch nicht um Augenscheinseinnahmen im Rechtssinn, da das erkennende Gericht letztlich nur einen mittelbaren, durch die urteilsmäßige Verarbeitung anderer Personen subjektiv vorgeprägten Eindruck von dem jeweiligen Beweisgegenstand bekommt.

II. Richterlicher Augenschein

2226 Um eine richterliche Augenscheinseinnahme handelt es sich, wenn entweder das erkennende Gericht selbst oder ein beauftragter bzw ersuchter Richter das Augenscheinsobjekt sinnlich wahrnimmt (RG **47** 104; ANM 222; K/M-G 2, LR-*Dahs* 2, KK-*Pelchen* 2, AK-*Kirchner* 2, alle zu § 86). Die bloße Hinzuziehung eines Sv ändert nichts an der Einordnung als richterlicher Augenschein (AK-*Kirchner* 4, K/M-G 5, LR-*Dahs* 4, alle zu § 86).

1. Entscheidung über die Beweiserhebung

Übersicht

	Rn		Rn
a) Allgemeines	2227	b) Entscheidung über Beweisanträge	2232
aa) Sachaufklärung	2228–2230	aa) Gemäß § 245	2233
bb) Kriterien	2231	bb) Gemäß § 244 Abs 5 S 1	2233–2238

2227 a) Maßgeblicher Faktor bei der gerichtlichen Entscheidung über die Durchführung des Augenscheinsbeweises ist die Reichweite der **Aufklärungspflicht** (§ 244 Abs 2). Dies betrifft sowohl die vom Gericht aus eigener Initiative eingeleitete Beweiserhebung als auch die Entscheidung über Beweisanträge auf Einnahme eines Augenscheins im Rahmen von § 244 Abs 5 S 1.

Begrenzend wirken allg gesetzliche Regelungen. So ist es zB wegen der §§ 249 Abs 1 S 2, 250 unzulässig, von nichtrichterlichen Personen hergestellte Schriftstücke über die sinnliche Wahrnehmung von Augenscheinsobjekten im Wege des Urkundenbeweises zu verlesen.

2228 aa) Grds sollte eine richterliche Augenscheinseinnahme erfolgen, wenn von ihr angesichts der Umstände des Einzelfalls eine **weiterführende Sachaufklärung** erwartet werden darf (BGH **8** 180 ff, NStZ **88** 8; LR-*Gollwitzer* 330, KK-*Herdegen* 104, KMR-*Paulus* 480, SK-*Schlüchter* 142 f, alle zu § 244; *Wenskat* 216 ff). Kommt das Gericht zu dem Ergebnis, daß die beweiserheblichen Tatsachen auch auf andere Weise als durch eine Augenscheinseinnahme festgestellt werden können, darf es grds auf alternative Beweismittel, insbes den Zeugenbeweis oder den Einsatz von Augenscheinsgehilfen (dazu 2062 ff), zurückgreifen.

In diesen Fällen stellt der Augenschein nicht schlechthin ein neues Beweismittel iSv § 359 Nr. 5 dar (aA LR-*Gössel* 110 zu § 359, sofern der Augenscheinsgegenstand nicht wahrgenommen wurde). Soll jedoch zB die Glaubwürdigkeit des Zeugen erschüttert werden, dann kann sich der Verurteilte insoweit auf den Augenscheinsbeweis (als neues Beweismittel) beziehen (s etwa Frankfurt **NJW 66** 2423; K/M-G 36 zu § 359).

Nach der Aufklärungspflicht richtet sich auch die Entscheidung darüber, ob bei einer für erforderlich gehaltenen Inaugenscheinnahme das Prinzip der formellen Unmittelbarkeit durch die Einschaltung eines beauftragten oder ersuchten Richters durchbrochen werden darf.[3] **2229**

Umstritten ist diese allg Befugnis lediglich für bestimmte Teile des Sv-Beweises. Hier wird vereinzelt die Ansicht vertreten, das Gericht müsse trotz der überlegenen Sachkunde des Sv solche Beweisobjekte selbst in Augenschein nehmen, deren Auswertung grds auch von einem Richter vorgenommen werden kann.[4] Dagegen hält die hM auch hinsichtlich solcher Tatsachen eine Einführung in die HV durch den Sv für ausreichend, da es sich insoweit stets um Befundtatsachen handle (vgl ANM 235; AK-*Kirchner* 1, LR-*Dahs* 1, beide zu § 93 und mwN; s auch 2061). **2230**

bb) Als **Kriterien** bei der gebotenen Abwägung, ob ohne revisiblen Verstoß gegen § 244 Abs 2 auf eine Augenscheinseinnahme verzichtet werden kann, sind ua der Stand der bisherigen Beweisaufnahme sowie die zu erwartende Zuverlässigkeit anderer zur Verfügung stehender Beweismittel zu berücksichtigen. Ferner ist auch von Bedeutung, ob sich das Augenscheinsobjekt noch in seinem ursprünglichen Zustand befindet oder – vor allem bei Tatortbesichtigungen – die äußeren Umstände rekonstruierbar sind (vgl *Wenskat* 218 f; allg zur Aufklärungspflicht 6 ff). In den meisten Fällen wird zudem eine Abwägung zwischen dem Vorteil eines unmittelbaren Eindrucks vom Beweisobjekt und dem Nachteil einer möglichen Verzögerung der HV vorzunehmen sein (LR-*Gollwitzer* 327 zu § 244). **2231**

b) Zu diesen allgemeingültigen Maßstäben treten bei der Entscheidung über einen Beweisantrag auf Augenscheinseinnahme nach den **§§ 244 Abs 5 S 1, 245** weitere Konkretisierungen hinzu (vgl im einzelnen 265, 269 ff). **2232**

aa) Soweit sich der Antrag auf *präsente Beweismittel* bezieht, sind die Möglichkeiten des Gerichts, die Beweiserhebung abzulehnen, gem *§ 245* eingeschränkt. Die Vorschrift differenziert hinsichtlich des Umfangs der Ablehnungsgründe zusätzlich danach, wer die Präsenz veranlaßt hat (vgl zum umstrittenen Anwendungsbereich von § 245 Abs 1 im Text 269 ff). **2233**

---

[3] Einschränkend *Wenskat* 196: Anwendung von § 225 nur in absoluten Ausnahmefällen, etwa bei drohendem Beweismittelverlust.
[4] Vgl KG StV **93** 628 f: Schriftproben, die Grundlage eines Sv-Gutachtens waren, müssen vom Gericht vor Verwertung des Sv-Beweises in Augenschein genommen werden.

bb) Für *sonstige* auf eine *Augenscheinseinnahme* gerichtete Beweisanträge gilt § 244 Abs 5 S 1 (s zum Folgenden auch 265 f).

(1) Von den Beweisanträgen sind bloße Beweis*ermittlungs*anträge zu unterscheiden. Ein solcher liegt zB in dem allg Ersuchen, die örtlichen Verhältnisse zu berücksichtigen (s n 156).

Da die für eine Entscheidung über Beweisermittlungsanträge maßgebliche gerichtliche Aufklärungspflicht (§ 244 Abs 2) mit der nach dem pflichtgemäßen Ermessen (vgl *Fezer* StV **95** 266: „mißverständliche Formulierung") erforderlichen Wahrheitserforschung iSv § 244 Abs 5 S 1 identisch ist (BGH NStZ **88** 88; ANM 740; LR-*Gollwitzer* 324, K/M-G 78, beide zu § 244), ist das ansonsten für die Entscheidung über Beweisanträge grds geltende Verbot der vorweggenommenen Beweiswürdigung (s 198 ff) für den Bereich des Augenscheinsbeweises eingeschränkt (BGH **8** 180 f; ANM 743 ff sowie KK-*Herdegen* 105 zu § 244; KMR-*Paulus* 481 zu § 244).

2234 Verschiedentlich wird darin eine der Hauptursachen für Fehlurteile iZm (richterlichen) Augenscheinseinnahmen gesehen, da aufgrund von Irrtümern bei der Beweisantizipation häufig eine an sich gebotene Tatortbesichtigung unterlassen werde.[5] Zwar ist die beantragte Augenscheinseinnahme dann durchzuführen, wenn durch sie die Aussage des einzigen Belastungszeugen oder einer Zeugengruppe (s n 1456, 1484) in Frage gestellt werden soll (BGH **8** 181; StV **94** 412). Hingegen bestehen schon wegen vorgegebener Einschränkungen einer „Neutralität" von Zeugen (s 1454) ggf Bedenken ggü der Ablehnung eines Antrags auf Augenscheinseinnahme aufgrund der bisherigen Beweislage, wenn bereits zwei oder auch mehrere Zeugen unabhängig voneinander übereinstimmende, glaubhafte Angaben hinsichtlich eines Beweisgegenstandes oder einer Örtlichkeit gemacht haben[6].

Von der Möglichkeit zur Beweisantizipation sollte jedoch angesichts des Fehlens sicherer Beurteilungsgrundlagen und -kriterien und zur Vermeidung revisibler Verstöße gegen § 244 Abs 5 S 1 nur in *engen Grenzen* Gebrauch gemacht werden.

2235 (2) Liegen in § 244 Abs 3 aufgeführte Ablehnungsgründe vor, so rechtfertigt dies idR auch eine ablehnende Entscheidung über einen Beweisantrag nach § 244 Abs 5 S 1 (LR-*Gollwitzer* 329 zu § 244). Allerdings muß das Gericht darlegen, inwiefern es seine Aufklärungspflicht auch ohne eigene Augenscheinseinnahme – zB durch Einschaltung von Augenscheinsgehilfen (dazu 2262 ff) – erfüllen kann (*Dahs/Dahs* Rn 350; SK-*Schlüchter* 160 zu § 244).

2236 (3) (a) Steht dem Gericht ein gleichwertiges anderes Beweismittel zur Verfügung, so kann es auch beim Vorliegen eines Beweisantrags auf die Erhebung des Augenscheinsbeweises verzichten (Beweismittel*austausch*; BGH **8** 181; **27** 136; NStZ **81** 310; **84** 565; **85** 206, **88** 8; **94** 227; LR-*Gollwitzer* 327 f, K/M-G 78, SK-*Schlüchter* 143, KMR-*Paulus* 480, KK-*Herdegen* 104, alle zu § 244).

Die Ansicht, derzufolge ein solcher Beweismittelaustausch abweichend von den rechtlichen Möglichkeiten im allg (s 2222 f) nur dann zulässig sein soll, wenn im Beweisantrag ein unerreichbares oder völlig ungeeignetes Beweismittel benannt worden ist (vgl insbes *Wenskat* 249 ff mwN), ist mit dem Wortlaut des § 244 Abs 5 S 1 kaum vereinbar. Zwar ist es zutref-

---

[5] S zu rechtstatsächlichen Belegen *Peters* Fehlerquellen Bd II 191 f; *Wenskat* 180 ff, der aus diesem Grund de lege ferenda eine ersatzlose Streichung von § 244 Abs 5 S 1 befürwortet (279 ff, 306 ff).

[6] Celle MDR **65** 227; s aber auch Koblenz VRS **49** 41; zu weiteren Einzelbsp vgl die Zusammenstellungen von *Wenskat* 181 f und KMR-*Paulus* 482 zu § 244; KK-*Herdegen* 105 zu § 244; *Schulz* StV **91** 357; *Brause* NJW **92** 2869; s insgesamt krit auch *Perron* 266 ff; vgl im übrigen 265 f.

fend, daß in vielen Fällen der Zeugenbeweis oder die sinnliche Wahrnehmung eines Augenscheinssurrogats (zB Pläne, Skizzen) ggü einer richterlichen Besichtigung qualitativ zurückbleiben. Daher sollte ein Beweismittelaustausch im Interesse der Wahrheitserforschung nur ausnahmsweise erfolgen. Darf aber das Gericht de lege lata den Beweisantrag auf Augenscheinseinnahme unter Verweis auf das Ergebnis einer bereits durchgeführten Beweiserhebung ablehnen (s 2233), so kann für die vorliegende Konstellation nichts anderes gelten. Auch ist es ohne weiteres möglich, noch vor der Entscheidung über den Beweisantrag die in Betracht kommenden anderen Beweismittel heranzuziehen und den Antrag danach im Wege der Beweisantizipation abzulehnen. Die genannte *abstrakte* Zulässigkeitsbegrenzung hingegen, die ua auf der Annahme beruht, vom Gericht ersatzweise verwendete Beweismittel seien im Vergleich zu der beantragten Besichtigung *stets* die schlechtere Erkenntnismethode (*Wenskat* 254), wird der Vielzahl tatsächlich vorkommender Fallgestaltungen nicht gerecht.[7]

Sollte sich nach Heranziehung des alternativen Beweismittels wider Erwarten dessen Unzulänglichkeit ergeben, so kann und muß das Gericht allerdings auf den Augenscheinsbeweis zurückgreifen.

(b) Allg ist bei der nach § 244 Abs 5 S 1 zu treffenden Entscheidung regelmäßig die *Einschränkung* zu beachten, daß die Ersetzung der Augenscheinseinnahme unterbleiben sollte, wenn eine spätere Überprüfung oder Ergänzung des alternativen Beweismittels wegen eines drohenden Verlusts des Augenscheinsobjekts unmöglich werden könnte. Ist die Inaugenscheinnahme schon zum Zweck der Überprüfung bzw Widerlegung der Ergebnisse anderer Beweiserhebungen beantragt worden, ist es dem Gericht idR ebenfalls verwehrt, einen Beweismittelaustausch der beschriebenen Art durchzuführen (BGH **8** 181; StV **94** 411; BGHR StPO § 244 Abs 5 Augenschein 2; Köln VRS **65** 450; vgl auch 2231). **2237**

Darüber hinaus können im Einzelfall durch die gerichtliche Aufklärungspflicht weitere Einschränkungen veranlaßt sein, sofern sich schon bei der Entscheidung über den Beweisantrag Anhaltspunkte dafür ergeben, daß eine unmittelbare Besichtigung entscheidend bessere Erkenntnisse erwarten läßt (s 265). **2238**

2. Verfahren

Übersicht

	Rn		Rn
a) Augenscheinseinnahme außerhalb der HV	2239	b) Augenscheinseinnahme innerhalb der HV	2247–2249
aa) Allgemeines	2240, 2241		
bb) Beteiligtenrechte	2242–2246		

a) Das Verfahren bei der Einnahme des richterlichen Augenscheins ist in **§ 86** für den Fall geregelt, daß sie **außerhalb der HV** geschieht. Die Vorschrift gilt folglich dann, wenn die förmliche richterliche Inaugenscheinnahme[8] – etwa zur Ver- **2239**

---

[7] So ist es zB wenig einsichtig, warum das erkennende Gericht nicht anhand einer Straßenkarte und/oder Zeugenvernehmung feststellen können soll, ob es eine Straße gibt, die direkt und ohne Berührung weiterer Ortschaften von einem Ort zum nächsten führt (vgl dazu den Fall BGH **22** 347 f). Die Beurteilung muß demnach in Übereinstimmung mit dem Wortlaut von § 244 Abs 5 S 1 dem erkennenden Gericht im Rahmen einer Einzelfallprüfung überlassen bleiben (vgl auch ANM 420, 472 f).
[8] S demggü zur sog „informatorischen Besichtigung" 2221.

meidung eines drohenden Beweisverlustes oder aus prozeßökonomischen bzw -taktischen Gründen – im Vorverfahren, zur Vorbereitung oder sonst außerhalb der HV stattfindet, auch wenn die Durchführung innerhalb der HV (zB gem § 225) angeordnet worden ist (RG **20** 149; K/M-G 16, AK-*Kirchner* 14, KK-*Pelchen* 8, KMR-*Paulus* 2, LR-*Gollwitzer* 35, jeweils zu § 86).

2240 aa) (1) Da das nach § 86 angefertigte *Protokoll* in der HV gem § 249 Abs 1 S 2 im Wege des Urkundenbeweises (s dazu 2021 ff) verlesen werden soll, muß es alle uU für die Entscheidung relevanten Gesichtspunkte aufführen. Hierzu zählen nach dem Wortlaut der Norm neben Angaben über den vorgefundenen Sachbestand auch solche über nach der Lage des Einzelfalles erwartungswidrig nicht vorhandene Spuren oder Merkmale.

Zulässig und in bestimmten Fällen der Anschaulichkeit förderlich ist es, dem Protokoll Anlagen wie zB Zeichnungen oder Lichtbilder beizufügen. Diese sind dann – vorausgesetzt, sie werden durch die Unterschriften von Richter und Protokollführer wirksam in das Protokoll einbezogen – in der HV *selbständige* Augenscheinsobjekte (RG **36** 55; *Eb Schmidt* 21, LR-*Dahs* 38, KMR-*Paulus* 4, alle zu § 86).

2241 (2) Insgesamt besteht jedoch bei der Errichtung eines Augenscheinprotokolls iSv § 86 wie bei jedem Versuch einer Wiedergabe unmittelbarer Eindrücke die *Gefahr* von *Vereinfachungen* und *Verzerrungen*, die sich auf den Beweiswert des später in der HV durchzuführenden Urkundenbeweises nach § 249 Abs 1 S 2 auswirkt.[9]

2242 bb) Gem § 168 d Abs 1 haben Beschuldigter, StA und Vert auch bei richterlichen Inaugenscheinnahmen außerhalb der HV ein **Anwesenheitsrecht** sowie iVm § 168 c Abs 5 einen Anspruch auf **Benachrichtigung** von den entspr Terminen. Für den Beschuldigten sind allerdings bzgl des Teilnahmerechts die sich aus § 168 d Abs 1 S 2 iVm § 168 c Abs 3 und 4 ergebenden Einschränkungen zu beachten.

2243 (1) Praktische Bedeutung kommt idZ § 168 c Abs 4 zu, da insbes Tatortbesichtigungen nicht selten außerhalb des Ortes stattfinden werden, an dem sich der Beschuldigte in Haft befindet. Hat der Beschuldigte keinen Vert, so ist ihm gleichwohl grds die Teilnahme an der Augenscheinseinnahme zu gestatten (BGH MDR **76** 814; LR-*Rieß* 18, KMR-*Müller* 4, beide zu § 168 c). Erscheint dies – zB bei Fluchtgefahr – als nicht möglich, so kann durch die vorherige Bestellung eines Vert nach § 141 Abs 3 die Anwendbarkeit von § 168 c Abs 4 erreicht werden (K/M-G 4, KK-*Wache* 8, beide zu § 168 c).

Ein Vorgehen nach § 141 Abs 3 ist aber uU auch dann empfehlenswert, wenn der Beschuldigte von seinem Anwesenheitsrecht Gebrauch macht. Für eine wirksame Vert ist es nämlich erforderlich, schon bei der Erhebung des Augenscheinsbeweises durch Anregungen oder Einwände Einfluß zu nehmen, da später in der HV lediglich das Ergebnis der Beweisaufnahme nach § 249 Abs 1 S 2 verlesen wird. Eine derartige Einflußnahme wird dem Angekl aber häufig nur mit der Hilfe eines Vert möglich sein.[10]

2244 Das Vorliegen eines der das Anwesenheitsrecht beschränkenden Tatbestände entbindet den Richter nicht von der Benachrichtigungspflicht nach § 168 c Abs 5 (vgl schon RG **23** 143; BGH MDR **76** 814; KK-*Wache* 9 zu § 168 c).

---

[9] Vgl allg zu Fehlerquellen beim richterlichen Augenschein *Wenskat* 149 ff.
[10] Ähnliche Erwägungen – unter zusätzlicher Berufung auf den historischen Gesetzgeber sowie mwN – bei *Wenskat* 64.

(2) Zieht das Gericht zur Augenscheinseinnahme einen *Sv* hinzu, kann der Beschuldigte zusätzlich die Ladung eines von ihm selbst benannten Sv beantragen bzw auch ohne vorherige Antragstellung selbst veranlassen (hM: vgl nur ANM 342 mwN; einschr zur Bedeutung in der Praxis *Perron* 170 f). Das Recht dieses Sv auf Teilnahme an der Einnahme des richterlichen Augenscheins und den dabei durchgeführten Untersuchungen kann jedoch nach der generalklauselartigen Formulierung in § 168 d Abs 2 S 2 beschnitten werden, wenn eine Behinderung des vom Gericht bestellten Sv zu befürchten ist. 2245

(3) Für die *Errichtung* des *Protokolls* gelten die §§ 168, 168 a. Das bedeutet vor allem, daß grds nur solche Wahrnehmungen festgehalten werden dürfen, die Richter und Protokollführer gemeinsam und vor allem *übereinstimmend* gemacht haben (RG **16** 148; Celle GA **54** 316; KMR-*Paulus* 4, AK-*Kirchner* 14, K/M-G 16, KK-*Pelchen* 8, alle zu § 86). Verbleiben Differenzen, so ist dies im Protokoll zu vermerken und hat zur Folge, daß insoweit eine Verlesung gem § 249 Abs 1 S 2 ausscheidet (vgl schon RG **16** 150; *Wenskat* 53; n im Text 2021 ff). Allerdings darf das Gericht in Ausnahmefällen auch von der Hinzuziehung eines Protokollführers absehen (§ 168 S 1 Hs 2). 2246

b) aa) Führt das Gericht eine Augenscheinseinnahme **innerhalb der HV** durch, so müssen alle Verfahrensbeteiligten daran teilnehmen (BGH **3** 188; ANM 239; LR-*Dahs* 40, AK-*Kirchner* 15, beide zu § 86). Nicht erforderlich ist hingegen, daß unter den Beteiligten über die Ergebnisse der sinnlichen Wahrnehmung Einigkeit herrscht bzw herbeigeführt wird (*Schäfer* Rn 740). Andererseits muß das Gericht jedoch schon zur Vermeidung eines revisiblen Verstoßes gegen die Grundsätze der Mündlichkeit, des rechtlichen Gehörs und des fairen Verfahrens idR die von ihm gemachten Wahrnehmungen sowie die beabsichtigten Bewertungen mit den Beteiligten erörtern, soweit sie für die Urteilsfindung erheblich sein können (Köln VRS **24** 62; *Wenskat* 82; zu Belangen der Öffentlichkeit in der HV s *Lilie* NStZ **93** 121). 2247

Anderes soll ausnahmsweise gelten, wenn die Entscheidungserheblichkeit der Augenscheinseinnahme und ihres Ergebnisses für die jeweils Betroffenen erkennbar war und somit von ihnen erwartet werden durfte, daß sie zum Ergebnis der Beweisaufnahme von sich aus Stellung nehmen und in eine Erörterung eintreten würden (vgl Zweibrücken VRS **83** 349 sowie K/M-G 17 zu § 86). Angesichts der Unbestimmtheit des Begriffes der Erkennbarkeit und im Interesse der Vermeidung diesbzgl revisionsrechtlicher Angriffe begegnet diese Auffassung jedoch Bedenken.

Der Erörterung wird idR eine mündliche Beschreibung des Augenscheinsobjekts durch den Vorsitzenden vorausgehen, es sei denn, sie liefe nach der Natur des Beweisgegenstandes auf eine unnötige Wiederholung der Beweisaufnahme hinaus (vgl *Wenskat* 82 f für Ton- und Bildaufnahmen). So wird sichergestellt, daß StA und Vert auf Divergenzen in der Beurteilung hinweisen und – etwa mit zusätzlichen Beweisanträgen – reagieren können. 2248

bb) Die zu Beweiszwecken vorgenommene Augenscheinseinnahme ist eine für die HV vorgeschriebene wesentliche Förmlichkeit iSd §§ 273, 274 (BGH bei *Kusch* NStZ **95** 20). Für die Erstellung des *Protokolls* gilt ausschließlich § 273 Abs 1 und 3 (BGH StV **85** 223; *Roxin* § 28 Rn 3), so daß lediglich die Tatsache der Augenscheinseinnahme, nicht hingegen ihr Ergebnis festgehalten werden muß (RG **26** 278; Zweibrücken VRS **83** 349; Hamm GA **73** 281; ANM 240; *Schlüchter* 542; 2249

K/M-G 17, AK-*Kirchner* 15, KMR-*Paulus* 8, KK-*Pelchen* 9, LR-*Dahs* 41, jeweils zu § 86).

Eine förmliche Beurkundung nach § 273 kann allerdings ausnahmsweise gänzlich unterbleiben, zB wenn es sich bei der Einnahme des Augenscheins um solcherart Beobachtungen von Personen handelt, die mit dem Auftreten eines Zeugen in der HV zwangsläufig verknüpft sind (vgl differenzierend 2312 ff).

3. Revision

Übersicht

	Rn		Rn
a) Allgemeine Grundsätze . . .	2250	e) Augenscheinseinnahme durch Revisionsgericht	
b) Wahrnehmungen während Urteilsberatung	2251, 2252	aa) Urteilsurkunde	2254
c) Mitwirkung eines blinden Richters	2253	bb) Tragweite des § 267 Abs 1 S 3	2255–2260
d) Öffentlichkeitsprinzip	2253		

2250 a) Verstöße gegen die Regelungen bzgl der Entscheidung über die Erhebung des Augenscheinsbeweises sowie bzgl des dabei zu beachtenden Verfahrens sind im Rahmen der allg Grundsätze revisibel.

2251 b) Desweiteren stellt sich betr die revisionsrechtliche Behandlung richterlicher Augenscheinseinnahmen die Frage, ob das Gericht Augenscheinsobjekte während der *Urteilsberatung* nochmals *sinnlich wahrnehmen* darf. Einigkeit herrscht diesbzgl darüber, daß eine Beratung am Tatort gegen die §§ 226, 230, 261 StPO verstößt und einen absoluten Revisionsgrund nach § 338 Nr 5 StPO darstellt, da hier wechselnde äußere Bedingungen und unterschiedliche Sichtweisen die Gefahr begründen, daß von den Wahrnehmungen in der HV abweichende Beweisergebnisse zur Grundlage der Entscheidungsfindung gemacht werden (RG **66** 29; Hamm NJW **59** 1192; ANM 240; LR-*Dahs* 40 zu § 86; *Wenskat* 91 ff).

2252 Von einigen Simmen in der Literatur wird darüber hinaus konsequenterweise auch die Mitnahme sonstiger Augenscheinsgegenstände in das Beratungszimmer als Revisionsgrund wegen Verstoßes gegen §§ 226, 230 und 261 beurteilt, da auch hier Wahrnehmungsverzerrungen nicht auszuschließen sind und schon der Anschein einer erneuten, unzulässigen Beweisaufnahme anläßlich der Urteilsberatung vermieden werden müsse (*Eb Schmidt* 4 zu § 261; *Wenskat* 92 f)[11]. Demggü vermag das quantitative Argument, daß in diesen Fällen die Gefahr abweichender Ergebnisse bei erneuter Wahrnehmung des Augenscheinsobjekts idR deutlich geringer sei als bei einer Wiederholung von Tatortbesichtigungen, nicht zu überzeugen. – Aus Gründen der Durchführbarkeit wird indes zu differenzieren sein, soweit es zB als kaum praktikabel erscheint, etwa die Gerichtsakten vor der Urteilsberatung auf darin befindliche Augenscheinsobjekte zu untersuchen und diese zu entfernen.

2253 c) Die *Mitwirkung eines blinden Richters* ist jdf dann ein Revisionsgrund iSv § 338 Nr 1, wenn in der HV eine Augenscheinseinnahme in Form der visuellen sinnli-

---

[11] Gleiches müßte vor Unterbrechungen der HV zB für Zwischenberatungen geschehen, da insoweit ebenfalls die Möglichkeit einer nochmaligen Betrachtung besteht, deren Ergebnis den Prozeßbeteiligten nicht mehr mitgeteilt wird.

chen Wahrnehmung erfolgt ist und das Augenscheinsobjekt derart zum Gegenstand des Verfahrens gemacht wurde, daß es auf die beteiligten Richter ebenso unmittelbar einwirkt wie zB eine Zeugenaussage und nicht bloße Vernehmungshilfe war (BGH **18** 53 ff). Darüber hinaus ist die Mitwirkung eines blinden Richters in der Tatsacheninstanz nach hier vertretener Auffassung (s 68 f) grds als nicht vorschriftsmäßige Besetzung des Gerichts anzusehen.

d) Bei Augenscheinseinnahmen außerhalb des Gerichtsgebäudes können sich im Hinblick auf das *Verfahrensprinzip der Öffentlichkeit* Probleme mit dem Hausrecht zB des Eigentümers eines zu besichtigenden Grundstücks ergeben.[12]

e) Problematisch ist schließlich, ob die Durchführung eigener **Augenscheinseinnahmen durch** das **Revisionsgericht** in bestimmten Grenzen mit dessen Bindung an die im angefochtenen Urteil getroffenen Tatsachenfeststellungen vereinbar ist. Nach ganz überwiegender Auffassung in Rspr und Lit ist eine revisionsrichterliche Inaugenscheinnahme nicht schlechthin unzulässig (s BGH **22** 289; **29** 22 f; w N 2255).

2254

aa) Es ist zunächst von dem Grundsatz auszugehen, daß Anknüpfungspunkt der revisionsrechtlichen Prüfung einer Sachrüge ausschließlich die von dem Tatsachengericht erstellte *Urteilsurkunde* ist. Der Akteninhalt scheidet daher als Bewertungsgrundlage aus (BGH **35** 241; DRiZ **73** 98; *Schlüchter* 696; *Wenskat* 105; K/M-G 23, KK-*Pikart* 28, LR-*Hanack* 104, alle zu § 337; aA *Peters* 647; *Rüping* 175). Die Durchführung einer eigenen Beweisaufnahme ist insoweit auch hinsichtlich der bei den Akten befindlichen Augenscheinsobjekte grds unzulässig.

bb) Allerdings ist es dem Tatgericht nach § 267 Abs 1 S 3 erlaubt, in den Urteilsgründen wegen der Einzelheiten auf Abbildungen zu verweisen, die sich bei den Akten befinden[13]. Durch eine derartige, der Verfahrensbeschleunigung (s 2260) dienende Bezugnahme wird die schriftliche Urteilsbegründung erweitert (*Bottke* JR **82** 78).

2255

(1) Die hL interpretiert die Vorschrift ferner zutreffend dahingehend, der Gesetzgeber habe mit ihr die begrenzte Zulässigkeit des Augenscheinsbeweises in der Revisionsinstanz zum Ausdruck bringen wollen (*Rieß* NJW **78** 2270; *Wenskat* 119; *Schlüchter* 696; *Bottke* JR **82** 78; *Geppert* JR **85** 433; LR-*Gollwitzer* 12, KK-*Hürxthal* 6, K/M-G 10, jeweils zu § 267). Die Gegenauffassung (vgl zB LR-*Hanack* 107 zu § 337) läßt sich insbes mit der Gesetzesgeschichte nicht in Einklang bringen.[14]

Fehlt es allerdings im angefochtenen Urteil an einer entspr *Verweisung*, ist eine erneute Augenscheinseinnahme in der Revisionsinstanz unzulässig.[15] Ferner dürfen

2256

---

[12] Für den Vorrang des Hausrechts vor dem Öffentlichkeitsgrds BGH StV **94** 470 f. Vgl hierzu weiterführend *Lilie* NStZ **93** 121 ff.
[13] S zu dieser Voraussetzung eingehend LR-*Gollwitzer* 16 ff zu § 267. Entscheidend ist, ob die Abbildungen rechtliche Bestandteile der strafrechtlichen Hauptakte sind. Die räumliche Aufbewahrung spielt keine Rolle.
[14] Vgl ua die Begründung zum RegE (BT-Dr 8/976 S 55), derzufolge die Bestimmung das Revisionsgericht in die Lage versetzen sollte, eine unmittelbare Augenscheinseinnahme durchzuführen.
In der bereits nach der Gesetzesänderung ergangenen Entscheidung BGH **29** 22 f wird § 267 Abs 1 S 3 jedoch nicht erörtert.
[15] Zu weitgehend Hamburg JR **82** 76 mit abl Anm *Bottke*.

sich die Urteilsgründe einer verbalen Beschreibung der tatsächlichen Verhältnisse nicht völlig enthalten, da eine Bezugnahme nur wegen der Einzelheiten erfolgen darf (BGH NStZ **81** 296; BGHR § 267 Abs 2 S 3 Verweisung 1; K/M-G 10, LR-*Gollwitzer* 11, KK-*Hürxthal* 6, AK-*Wassermann* 8, SK-*Schlüchter* 37, alle zu § 267).

2257 (2) Als potentielle Augenscheinsobjekte kommen dem Wortlaut von § 267 Abs 1 S 3 entspr ausschließlich (bei den Akten befindliche) *Abbildungen* in Betracht.[16]

(a) Zu den Abbildungen zählen neben Zeichnungen, Skizzen und Fotografien auch Film- und Videoaufnahmen sowie sonstige elektronische Bildträger. Dagegen sind Tonträger, Schriftstücke und andere Gegenstände bzw Örtlichkeiten nach dem ausdrücklichen Willen des Gesetzgebers von der Bezugnahmemöglichkeit nicht erfaßt. Für sie verbleibt es daher ohne weiteres bei dem allg Grundsatz (2254), daß die Aktenwidrigkeit eines Urteils mit der Sachrüge nicht geltend gemacht werden kann (*Wenskat* 119; LR-*Gollwitzer* 13 f, SK-*Schlüchter* 35, K/M-G 8 f, AK-*Wassermann* 8, KK-*Hürxthal* 6, alle zu § 267).

2258 (b) Sinn und Zweck von § 267 Abs 1 S 3 gebieten darüber hinaus aber eine *enge Auslegung* hinsichtlich der für eine revisionsrichterliche Augenscheinseinnahme in Betracht kommenden Abbildungen (s n *Wenskat* 119 ff). Da es sich bei der Vorschrift um eine Ausnahmeregelung handelt, sollte der Grundsatz der Unzulässigkeit des Eingriffs in tatrichterliche Befugnisse nur dann aufgegeben werden, wenn es zur Ermöglichung einer angemessenen revisionsrechtlichen Überprüfung des angefochtenen Urteils unbedingt erforderlich ist.

(aa) Das kann nur bei der Inaugenscheinnahme solcher Abbildungen angenommen werden, die vom *Angekl* selbst *hergestellt* worden sind und aus denen sich außerdem *unmittelbar* seine *Strafbarkeit* ergibt (*Wenskat* 119 ff; *Rogall* ZStW **93** 593 ff).[17]

2259 Zwar kann die Strafbarkeit des Angekl zB auch dadurch nachgewiesen werden, daß er bei der Tatbegehung von dritten Personen fotografiert oder gefilmt wurde. Die Überzeugung von der Täterschaft hängt dann aber neben der Betrachtung des Bildes zusätzlich noch von einem Vergleich zwischen der abgebildeten Person und dem Angekl ab, der allein dem Tatrichter vorbehalten bleiben sollte. Eine derartige Augenscheinseinnahme dient nämlich primär der (unzulässigen) Sachverhaltsaufklärung und nicht ausschließlich der Überprüfung der Anwendung von Rechtsbegriffen.[18] – Abbildungen, anhand derer sich die Strafbarkeit des Angekl nicht ohne weiteres beurteilen läßt – etwa Tatortskizzen – scheiden aus diesem Grund als Augenscheinsobjekte in der Revisionsinstanz ebenfalls aus.

2260 (bb) Ausnahmen von der genannten Einschränkung können in Betracht kommen, wenn die Abbildung allein der Klärung der Auslegung unbestimmter Rechts-

---

[16] Die Beurteilung der Zulässigkeit einer revisionsrichterlichen Inaugenscheinnahme unabhängig von der Art des zu besichtigenden Gegenstandes (vgl *Roxin* 23 zu § 53) ist mit § 267 Abs 1 S 3 kaum in Einklang zu bringen.

[17] Diese Fallkonstellationen standen auch im Mittelpunkt der vor dem Inkrafttreten von § 267 Abs 1 S 3 ausgetragenen Kontroversen (vgl RG **61** 379; Frankfurt JZ **74** 517; Braunschweig NJW **56** 72; Bremen NJW **72** 1681; Frankfurt JZ **74** 517; vgl auch *Wenskat* 121 mwN).

[18] Das betrifft auch die Betrachtung von Radarfotos zur Identifizierung eines Kraftfahrers; zw insofern BGH **29** 22 f.

begriffe dient und Wahrnehmungsperspektiven von Tat-und Revisionsgericht identisch sind.[19]

(cc) Im übrigen wird durch die hier befürwortete Einschränkung die in § 267 Abs 1 S 3 vorgesehene Verweisungsmöglichkeit hinsichtlich anderer, ebenfalls von der Vorschrift erfaßter Abbildungen nicht überflüssig. Im Interesse der Verfahrensbeschleunigung (s 2255) dient sie weiterhin der Vermeidung überflüssiger Schreibarbeit und der schnelleren Einarbeitung des *Berufungs*gerichts.

III. Nichtrichterlicher Augenschein

1. Augenscheinseinnahme als Teil des Sachverständigenbeweises

Soweit die Augenscheinseinnahme von Sv vorgenommen wird, derer sich das Gericht im konkreten Fall mangels eigener Sachkunde bedient, finden ohne weiteres die Regeln über den Sv-Beweis Anwendung (BGH **9** 293; LR-*Dahs* 3, KK-*Pelchen* 4, K/M-G 5, AK-*Kirchner* 4, alle zu § 86; KMR-*Paulus* 52f vor § 48; ANM 226; *Jessnitzer* DRiZ **74** 98). Das Augenscheinsobjekt wird dann in dem anzufertigenden Sv-Gutachten als Befundtatsache verwertet.[20]   2261

2. Augenscheinsgehilfe

Übersicht

		Rn			Rn
a)	Allgemeines	2262	c)	Verfahren	
b)	Zulässigkeit	2263		aa) Beauftragung	2270–2277
	aa) Zweckmäßigkeitsgründe	2264–2267		bb) Personenkreis	2278–2280
	bb) Aufklärungspflicht	2268, 2269		cc) Rolle in der HV	2281

a) Die nichtrichterliche Inaugenscheinnahme erfolgt in der Strafrechtspraxis teilweise auch durch sog Augenscheinsgehilfen. Das sind Personen, die – ohne über eine im konkreten Einzelfall relevante Sachkunde zu verfügen – **im Auftrag des Gerichts** sinnliche Wahrnehmungen machen und darüber anschließend in der HV berichten (s auch 1516).   2262

Diese Form der Beweiserhebung hat in der StPO keine ausdrückliche Regelung erfahren. Das liegt vor allem daran, daß sie der Gesetzgeber wegen ihrer Mittelbarkeit nicht als Fall des Augenscheinsbeweises angesehen und sich der Frage enthalten hat, ob es sich dabei um eine zulässige Vorgehensweise des erkennenden Gerichts handelt.[21]

---

[19] Das ist bei Fotografien, die der Tatrichter selbst gefertigt hat, nicht der Fall (vgl im übrigen die ausführliche Darstellung bei *Wenskat* 119 ff).
[20] LR-*Dahs* 3 zu § 86 mwN. Vgl aber im Text 2230 zu der Frage, ob dem Gutachten zugrundeliegende Gegenstände, die auch einer zumindest laienhaften Auswertung zugänglich sind, zusätzlich vom Gericht selbst in Augenschein genommen werden müssen.
[21] Vgl *Hahn*, Motive 122. S aber insoweit die Interpretation von *Wenskat* 235f, der annimmt, eine gesetzliche Regelung sei unterblieben, weil man diese Form des mittelbaren Augenscheinsbeweises für unzulässig gehalten habe.

2263 b) Der Einsatz von Augenscheinsgehilfen ist jdf in denjenigen Fällen **zulässig**, in denen das Gericht aufgrund tatsächlicher oder rechtlicher (zB § 81 d) Unmöglichkeit nicht zu einer eigenen Inaugenscheinnahme imstande ist.

2264 aa) (1) Nach hM ist der Einsatz auch dann als zulässig anzusehen, wenn das Gericht aus *Zweckmäßigkeitsgründen* eine eigene Inaugenscheinnahme für nicht erforderlich hält (RG **47** 106; BGH **27** 136; **22** 347 ff; NStZ **83** 86 f; **94** 227; K/M-G 4, LR-*Dahs* 3, beide zu § 86; KMR 52 vor § 48; ANM 225; *Geppert* 179 f, 187 ff; *Rogall* GS-*Meyer* 404; anders insbes *Wenskat* 228 ff). Dies folge aus dem strafprozessualen Grundsatz, daß das Unmittelbarkeitsprinzip für sachliche Beweismittel nicht in gleich strenger Ausprägung wie beim Personenbeweis gilt und für diesen Bereich keine dem § 250 vergleichbare Regelung besteht, die es etwa generell verböte, die Erhebung eines Urkunden- oder Augenscheinsbeweises durch die Vernehmung eines Zeugen zu ersetzen.[22] Es gelte unabhängig davon, ob ein Beweisantrag auf Durchführung des Augenscheinsbeweises gestellt worden ist oder nicht (s n zu diesem Problemkreis 2236 ff sowie 265 f).

2265 Demggü hebt die Mindermeinung hervor, die für die richterliche Augenscheinseinnahme geltenden Anwesenheitsrechte der Verfahrensbeteiligten (§ 168 d; s 2242 ff) dürften nicht ohne zwingenden Grund durch die Beauftragung nichtrichterlicher Personen ausgeschaltet werden, zumal es Sinn und Zweck der Beteiligung sei, evtl auftretende Wahrnehmungsfehler zu erkennen und zu korrigieren sowie dem Angekl die Möglichkeit einzuräumen, auf entlastende Umstände hinzuweisen. Eine solche Kontrolle aber finde ggü dem Augenscheinsgehilfen, der seine Wahrnehmungen idR allein mache, nicht statt. Diese Verfahrensweise dürfe daher als Durchbrechung des formellen Unmittelbarkeitsprinzips nicht in Fällen angewendet werden, in denen dem Gericht eine eigene Betrachtung des Augenscheinsobjekts objektiv und subjektiv möglich ist (s n *Wenskat* 228 ff).

2266 (2) Tatsächlich ergeben sich daraus, daß der Augenscheinsgehilfe seine Beobachtungen erst auf Veranlassung des Gerichts gemacht hat, im Einzelfall erhebliche *Zw* an der *unbeeinflußten* Wahrnehmung und Wahrnehmungswiedergabe. Wie Befunde aus der empirischen Wahrnehmungsforschung erkennen lassen (s 1570 ff), gilt dies möglicherweise auch bei „unauffälliger" Veranlassung durch das Gericht. Insofern sind sehr wohl sachliche Gründe ersichtlich, die es rechtfertigen können, einerseits den „Zufallszeugen" als Ersatz für ein ebenfalls zur Verfügung stehendes sachliches Beweismittel zuzulassen, dies andererseits aber beim Augenscheinsgehilfen abzulehnen (aA ANM 747 mwN). Daß in beiden Fällen in der HV über eigene Wahrnehmungen – zB hinsichtlich der Beschaffenheit eines Augenscheinsobjekts – berichtet wird, ohne daß die Beweispersonen dabei einer vorhergehenden Kontrolle durch das Gericht oder die Verfahrensbeteiligten unterliegen, berührt den aufgezeigten Unterschied nicht.

Ob diesen Gefahren hinreichend dadurch entgegengetreten werden kann, daß zur Überprüfung des mittelbaren Augenscheins jederzeit ein Beweisantrag auf die Durchführung eines richterlichen Augenscheins gestellt werden kann, den das Gericht nur in Ausnahmefällen ablehnen darf (s bereits 2236 ff), erscheint zw. So mag

---

[22] Dieser Grundsatz wird auch von den Vertretern der Gegenansicht nicht bestritten (vgl *Wenskat* 216 ff, der lediglich im Bereich des Beweisantragsrechts eine Ersetzungsbefugnis des Gerichts ablehnt; s dazu 2236 ff sowie 200, 265 f).

der „Vorlauf" ggf zB die richterliche Wahrnehmung beeinflussen. Im Ergebnis ist daher eine etwaige Verkürzung der Rechte des Angekl mitunter nicht auszuschließen.

Die Vorschriften über die Beteiligungsrechte des Angekl und seines Vert beim richterlichen Augenschein lassen hingegen keinen Rückschluß iSd Mindermeinung zu, zumal diese Rechte bei der richterlichen Augenscheinseinnahme gem §§ 224, 225 als Kompensation für die ausnahmsweise nach § 249 Abs 1 S 2 zulässige Protokollverlesung in der HV gedacht sind (Frankfurt VRS **58** 369f; *Rogall* Meyer-GS 406), eine solche Verlesung aber beim Augenscheingehilfen ohnehin ausscheidet (vgl bereits 2227). **2267**

bb) Begrenzt wird die Ersetzung des Augenscheinsbeweises allerdings durch die *Aufklärungspflicht* des Gerichts nach § 244 Abs 2 (vgl nur Bay DAR **67** 294). Zumindest in diesem Rahmen müssen die Erwägungen der Mindermeinung wie auch die empirischen Zusammenhänge (s 2266) Berücksichtigung finden. **2268**

Folglich hat das erkennende Gericht – sofern nicht schon rechtliche oder tatsächliche Unmöglichkeit vorliegt – stets abzuwägen, ob es seiner Aufklärungspflicht auch ohne eine eigene Augenscheinseinnahme gerecht werden kann. Als Kriterien kommen dabei ua die Bedeutung der Beweiserhebung für die Schuldfrage, potentielle Fehlerquellen bei der Wahrnehmung des Augenscheinsobjekts, etwa vorhandene besondere Ortskenntnisse des Angekl sowie sein Interesse an einer unmittelbaren Teilnahme an der Beweiserhebung in Betracht.

Besteht Grund zu der Annahme, daß im Anschluß an den Bericht des Augenscheinsgehilfen ohnehin Augenscheinsbeweisanträge zwecks Widerlegung der von ihm bekundeten Beobachtungen gestellt werden, so sollte schon aus prozeßökonomischen Gründen sofort eine richterliche Inaugenscheinnahme erfolgen.

Insgesamt sollten Augenscheingehilfen aus Zweckmäßigkeitsgründen nur restriktiv eingesetzt werden, und zwar am ehesten dann, wenn es um die Aufklärung nicht allzu bedeutsamer Umstände geht, die Übertragung der Augenscheinseinnahme ohne die Gefahr erheblicher Wahrnehmungsverzerrungen möglich erscheint und sich die Teilnahme von Gericht und den anderen Verfahrensbeteiligten als bloßer Formalismus darstellen würde. **2269**

c) aa) In Bezug auf das **Verfahren** der Beweiserhebung durch Augenscheingehilfen sowie deren Umfang ist wesentlich, nach welchen Grundsätzen die Beauftragung und beweisrechtliche Behandlung zu erfolgen hat. Hierfür kommen im wesentlichen drei Vorgehensweisen in Betracht. **2270**

(1) Für eine Anwendung der Zeugenvorschriften spricht auf den ersten Blick der Zweck der Beauftragung des Augenscheingehilfen, der in der späteren HV gleich einem Zeugen über die von ihm persönlich gemachten Wahrnehmungen aussagen soll.[23] Die Vertreter dieser Auffassung befürworten folgerichtig eine Behandlung von Beweisanträgen auf Heranziehung eines Augenscheingehilfen nach § 244 Abs 3. **2271**

Indes kann in der Phase der Beauftragung von einer auch nur zeugenähnlichen Stellung nicht die Rede sein, da es dem Augenscheingehilfen zu diesem Zeitpunkt

---

[23] Daher befürwortet *Wenskat* 240 f in jedem Verfahrensstadium eine Behandlung des Augenscheingehilfen nach den für Zeugen geltenden Regeln.

noch an dem erforderlichen, auf eigenen Wahrnehmungen beruhenden Tatsachenwissen fehlt.

2272 (2) Nach hM sind die Grundsätze über die Heranziehung von Sv im Wege der Analogie auf die Beauftragung von Augenscheinsgehilfen zu übertragen (K/M-G 4, KK-*Pelchen* 4, LR-*Dahs* 5, AK-*Kirchner* 3, alle zu § 86; ANM 227).

Hinsichtlich der Reichweite der Analogie besteht unter den Vertretern dieser Auffassung Einigkeit darüber, daß die Vorschriften über Auswahl (§ 73 Abs 1) und Ablehnung von Sv (§ 74) sinngemäß auch auf den Augenscheinsgehilfen anzuwenden sind. Dagegen wird die Frage nach einer Tätigkeitspflicht analog § 75 unterschiedlich beantwortet (dafür: ANM 227; LR-*Dahs* 5, AK-*Kirchner* 3, K/M-G 4, alle zu § 86; dagegen: KMR-*Paulus* 47 vor § 48; *Gössel* § 28 A III 4).

Beweisanträge auf Einnahme des Augenscheins durch Augenscheinsgehilfen hat das Gericht überwiegender Auffassung zufolge nach § 244 Abs 5 S 1 zu entscheiden (vgl nur ANM 742 f), da es sich letztendlich um eine Form der Beweiserhebung handelt, die dem Augenscheinsbeweis näher steht als dem Zeugen- oder Sv-Beweis.

2273 (a) Indes ist zunächst schon zw, ob die für eine analoge Anwendung der Sv-Vorschriften unerläßliche Regelungslücke besteht. So obliegt die Anordnung und Durchführung von Beweiserhebungen gem § 238 Abs 1 ohnehin dem Vorsitzenden (vgl allg BGH NStZ **82** 432; K/M-G 7 zu § 238; KK-*Herdegen* 57 zu § 244). Hierauf kann für den Einsatz von Augenscheinsgehilfen als einer mittelbaren Form des Augenscheinsbeweises ohne weiteres zurückgegriffen werden. Es bedarf daher keiner Analogie zu § 73 Abs 1, um die Befugnis des Vorsitzenden zur Auswahl des Augenscheinsgehilfen zu begründen (*Rogall* Meyer-GS 407).

2274 Ähnliches gilt für die Möglichkeit zur „*Ablehnung*" von Augenscheinsgehilfen. Ergeben sich Anhaltspunkte für die Befangenheit der Hilfsperson und besteht daher eine Gefahr für die Objektivität der Beweisaufnahme, so hat das Gericht bzw der Vorsitzende wegen der ihm obliegenden Aufklärungspflicht darauf entspr zu reagieren. Dabei kann das Gericht die Inaugenscheinnahme von vornherein selbst durchführen oder eine andere, unabhängige Person beauftragen. Subjektive Rechte der betroffenen Prozeßbeteiligten werden ggü einer analogen Anwendung von § 74 ebenfalls nicht verkürzt. Zum einen unterliegt die soeben beschriebene Sicherstellung einer objektiven Beweisaufnahme über § 244 Abs 2 der revisionsrechtlichen Überprüfung. Zum anderen kann schon in der HV selbst die prozeßleitende Maßnahme der Auswahl des Augenscheinsgehilfen beanstandet und somit ein Beschluß des Gericht gem § 238 Abs 2 herbeigeführt werden. In die bei der Beschlußfassung vorzunehmende Abwägung sind zwar zwangsläufig die in den §§ 22 ff, 74 enthaltenen Kriterien sinngemäß einzubeziehen. Indes zwingt dies nicht zu einer analogen Anwendung, da schon die unmittelbar anwendbaren Vorschriften (§§ 238, 244 Abs 2) eine sachgerechte Lösung ermöglichen. Verfahrensbeteiligte, die mit dem vom Gericht beauftragten Augenscheinsgehilfen nicht einverstanden sind, können zudem von ihrem Beweisantragsrecht Gebrauch machen, um eine andere Form der Beweiserhebung zu erreichen.

2275 (b) Was die teilweise befürwortete Analogie zu § 75 angeht, so mag zwar für die Begründung einer Tätigkeitspflicht des (potentiellen) Augenscheinsgehilfen sowie – in konsequenter Fortführung der hM – für die Möglichkeit zur Verhängung der in § 77 vorgesehenen Ordnungsmaßnahmen bei Nichterfüllung dieser Pflicht in

III. Nichtrichterlicher Augenschein

bestimmten Einzelfällen ein ähnliches Bedürfnis bestehen wie bei der Beauftragung eines Sv. Dennoch kann auf eine solche Analogie wegen des grundgesetzlichen Gesetzesvorbehalts keine Befugnis des Gerichts zu einer bindenden Inanspruchnahme von Hilfspersonen bei Augenscheinseinnahmen gestützt werden. Nach der sog Wesentlichkeits-Rspr (s BVerfGE **40** 249; **49** 126; **80** 132; **83** 142 f) erscheint die verbindliche Inanspruchnahme beliebiger Personen zu Hilfstätigkeiten für das Gericht als ein so bedeutsamer Eingriff in die allg Handlungsfreiheit des Einzelnen, daß sie nicht auf eine – zudem fragwürdige – Analogie zu § 75 gestützt werden kann.[24]

(c) Insgesamt spricht gegen eine analoge Anwendung der §§ 73 ff schließlich auch der Umstand, daß eine Vergleichbarkeit der zu regelnden Sachverhalte nur ansatzweise besteht, da der Augenscheinsgehilfe keine Sachkunde haben muß. Zwar ist es in bestimmten, besonders gelagerten Fällen denkbar, daß er aufgrund einer besonderen Qualifikation zur Hilfstätigkeit herangezogen wird (zB Schornsteinfeger zur Dachbesichtigung). Erforderlich ist dies jedoch im Gegensatz zum Sv-Beweis gerade nicht. So beruhen etwa die Ablehnungsvorschriften für den Sv gerade auch darauf, daß er in vielen Fällen ein dem Gericht und den anderen Verfahrensbeteiligten nur beschränkt zugängliches Exklusivwissen besitzt und es demzufolge unerläßlich ist, seine Neutralität sicherzustellen (*Rogall* Meyer-GS 407). **2276**

(3) Hiernach verbleibt, den Einsatz von Augenscheinsgehilfen als eine *selbständige Form* des *Augenscheinsbeweises* zu beurteilen, so daß insoweit weder Teile der Sv-Vorschriften noch die Regeln über den Zeugenbeweis anwendbar sind (vgl insbes *Rogall* Meyer-GS 411 mwN). **2277**

bb) (1) Der für den Einsatz als Augenscheinsgehilfe in Betracht kommende *Personenkreis* ist nach hM wegen der Möglichkeit des Gerichts zu einer bindenden Inanspruchnahme nur im konkreten Fall unter dem Gesichtspunkt der Geeignetheit und Verhältnismäßigkeit eingegrenzt. **2278**

(2) Für die hier (s 2266, 2268 f) vertretene Auffassung stellt sich dagegen die Frage, ob das Gericht in jedem Fall auf die Freiwilligkeit der potentiellen Gehilfen angewiesen ist oder ob die *Verpflichtung bestimmter Personen* auf andere Rechtsgrundlagen gestützt werden kann. **2279**

(a) Möglich und unter dem Gesichtspunkt der Zuverlässigkeit der Beweiserhebung sinnvoll erscheint insoweit eine Inpflichtnahme von StA und (über § 161 S 2) Polizei durch die Anwendung *allg Amtshilfegrundsätze*.[25]

(b) Ferner wird vereinzelt die Auffassung vertreten, es sei der StPO der allg Rechtsgedanke immanent, daß für die *Durchführung* von Ermittlungen in erster Linie die StA zuständig sei, während sich die gerichtliche Tätigkeit auf diesbzgl Anordnungen und die Beurteilung von Beweismitteln beschränke (vgl *Peters* 163). Indes erscheint es als zw, ob sich aus den §§ 221, 202 sowie 244 Abs 2 ein Grundprinzip ableiten läßt, das als tragfähige, hinreichend bestimmte Rechtsgrundlage **2280**

---

[24] Für eine idS verfassungskonforme Analogie zu den Sv-Vorschriften SK-*Schlüchter* 16 zu § 244.
[25] So auch *Strate* StV **85** 340; LR-*Rieß* 12 zu § 202 mwN; *Rogall* Meyer-GS 410 mwN. Weitergehend *Gössel* § 28 A III 4: Verpflichtung sämtlicher Behörden zur Amtshilfe ggü dem Gericht.

für eine allg Befugnis des Gerichts geeignet ist, die StA zur Vermittlung sinnlicher Wahrnehmungen bindend zu verpflichten (so aber LG Münster JR **79** 40 f; *Peters* 163).

Zwar ist die StA im Rahmen der §§ 214 Abs 4, 221 grds zur Herbeischaffung von Beweismitteln für das Gericht verpflichtet. Lediglich dann, wenn es sich um eine unzulässige Anordnung handelt, nicht hingegen aufgrund bloßer Zweckmäßigkeitserwägungen darf sie die Ausführung des gerichtlichen Ersuchens ablehnen (Frankfurt NJW **82** 1408; Stuttgart Justiz **82** 406; K/M-G 2, KK-*Treier* 3, LR-*Gollwitzer* 6, KMR-*Paulus* 2, alle zu § 221). § 221 ist jedoch vom Gesetzgeber ausdrücklich auf die Phase der Vorbereitung der HV beschränkt worden[26].

Hinsichtlich des Zwischenverfahrens gilt dieselbe Erwägung für die Anordnungen des Gerichts nach § 202; darüber hinaus ist umstritten, ob diese Norm überhaupt eine verbindliche Beauftragung der StA wie bei § 221 ermöglicht (**bej**: LG Münster JR **79** 40 f; *Peters* 163; LR-*Rieß* 12, KMR-*Paulus* 16, beide zu § 202; **aA** KG JR **66** 230; K/M-G 3, KK-*Treier* 8, beide zu § 202).

2281 cc) Keine Schwierigkeiten bereitet die rechtliche Behandlung des Augenscheingehilfen, soweit er in der HV über die von ihm gemachten Wahrnehmungen berichtet. Insofern bestehen keine Unterschiede zum Zeugen, so daß die für diesen geltenden Vorschriften auch auf den Augenscheingehilfen Anwendung finden (RG **47** 106; ANM 228; KMR-*Paulus* 49 vor § 72; K/M-G 4, LR-*Dahs* 5, KK-*Pelchen* 4, AK-*Kirchner* 3, alle zu § 86).

IV. Einzelne Augenscheinsobjekte

2282 Als Augenscheinsobjekte kommen grds **alle Gegenstände**, **Örtlichkeiten** (insbes der Tatort) oder auch **Personen** in Betracht. Beschränkungen ergeben sich im Einzelfall je nach dem konkreten Beweisthema aus dem Verhältnis des Augenscheinsbeweises zu den anderen sachlichen, aber auch zu den persönlichen Beweismitteln. Desweiteren können gesetzliche Vorschriften spezielle Regelungen treffen (vgl zB §§ 81 a, 81 c, 87).

Werden bestimmte Geschehens*abläufe rekonstruiert, simuliert* oder sonst durchgeführt, so entscheidet der Einzelfall darüber, ob es sich um die Erhebung eines Sv-, Zeugen- oder Augenscheinsbeweises handelt.

Sofern solche Abläufe auf Bild- oder Tonträgern dokumentiert sind, dienen diese in der HV zumeist lediglich als Vernehmungsbehelfe im Rahmen der zeugenschaftlichen Aussage ihres Herstellers (s 2283 ff, 2304 ff). Eine Augenscheinseinnahme kann zB vorliegen bei Fahr-, Trink-, Brems- und Schießversuchen (Hamm VRS **49** 435; BGH NStZ **82** 189) sowie Stimm- und Geschicklichkeitsproben (vgl auch LR-*Dahs* 33, K/M-G 9 ff, beide zu § 86 und mwN).

---

[26] KK-*Treier* 2 zu § 221 schließt eine entspr Anordnungsbefugnis in der HV allerdings aus § 238 Abs 1.

IV. Einzelne Augenscheinsobjekte

1. Tonträger

Übersicht

	Rn		Rn
a) Begriff	2283	c) Beweisverbote	2294–2302
b) Beweisrechtliche Einordnung	2284–2293	d) Beweiswert	2303

a) Der *Begriff* des Tonträgers umfaßt neben Tonbändern und Schallplatten alle anderen Datenträger, auf denen akustische Vorgänge aufgezeichnet und anschließend originalgetreu reproduziert werden können. **2283**

b) aa) Über die *beweisrechtliche Einordnung* solcher Tonträger besteht Einigkeit, wenn sie dem Beweis anderer Umstände als dem durch sie dokumentierten gedanklichen Inhalt dienen sollen – zB wenn es um die bloße Existenz oder Unversehrtheit der Aufnahme oder einen Stimmenvergleich zur Identitätsfeststellung geht. In diesen Fällen kommt unzweifelhaft nur eine Augenscheinseinnahme infrage (*Kohlhaas* DRiZ **55** 82; ANM 231; *Schlüchter* 541; LR-*Dahs* 29, K/M-G 11, AK-*Kirchner* 8, alle zu § 86). **2284**

bb) Teilweise umstritten ist hingegen, auf welchem Weg der durch die Aufnahme wiedergegebene Gedanken**inhalt** in das Verfahren eingeführt werden kann, so insbes, wenn der Inhalt einer aufgezeichneten Vernehmung bzw Erklärung eines Beschuldigten, Zeugen oder Sv bewiesen werden soll („berichtende" Tonaufnahmen). **2285**

Zwar ist nach allg Auffassung das Abspielen „berichtender" Tonaufnahmen zum Zwecke des *Vorhalts* ggü der jeweils aussagenden Person zulässig (BGH **14** 339; Bay NJW **90** 197; *Kleinknecht* NJW **66** 1541; K/M-G 29, KK-*Mayr* 48, beide zu § 249). Wie beim Vorhalt aus Vernehmungsniederschriften oder anderen Urkunden kann auf diese Weise jedoch nicht der Inhalt des Tonbands selbst zu Beweiszwecken eingeführt werden, sondern nur das verwertet werden, was die Beweisperson auf den Vorhalt hin bekundet (vgl allg BGH **14** 310; NJW **52** 556; s n 2057 ff)[27].

(1) Hinsichtlich der Voraussetzungen der beweisrechtlichen Behandlung des Gedankeninhalts besteht Einigkeit darüber, daß **§ 250 S 2** als Ausgestaltung des **Unmittelbarkeitsprinzips** grds auch auf das Verhältnis zwischen Personenbeweis und der Beweiserhebung durch Abspielen solcher Tonaufnahmen Anwendung findet, die den Wahrnehmungsbericht einer Aussageperson enthalten (*Gollwitzer* JR **78** 119; *Geppert* 202; ANM 459; LR-*Dahs* 31 zu § 86; K/M-G 2, KK-*Mayr* 3, SK-*Schlüchter* 16, AK-*Dölling* 10, jeweils zu § 250; allg auch *Wenskat* 191 ff sowie *Wömpner* NStZ **83** 294). **2286**

---

[27] Nicht ganz eindeutig insoweit BGH **14** 339 ff, wonach durch Einvernahme des vernehmenden Beamten in der HV „der Inhalt des Tonbands ... zugleich Bestandteil seiner Zeugenaussage" werde (krit schon *Eb Schmidt* JZ **64** 539 ff sowie *Hanack* JZ **72** 275). Allein die Bestätigung der Echtheit reicht nicht aus, um den gesamten Inhalt einer Urkunde oder eines Tonbandes in die Zeugenaussage zu integrieren, wenn ansonsten keine Anhaltspunkte für eine inhaltliche Erinnerung bestehen. Anderenfalls würde im übrigen die ohnehin bestehende „Grauzone" zwischen bloßem Vorhalt und eigenständigem Sachbeweis noch weiter ausgedehnt werden.

Folglich ist es zB unzulässig, die persönliche Einvernahme eines Zeugen in der HV durch die akustische Wiedergabe einer früheren Aussage oder einer anderen auf einem Tonträger fixierten Erklärung zu ersetzen, sofern es um den Beweis des gedanklichen Inhalts der gemachten Äußerungen geht.[28] Das wird auch von jenen Autoren befürwortet, für die § 250 S 2 keinen allg Vorrang des Personal- vor dem Sachbeweis, sondern nur vor der Beweiserhebung durch Urkunden enthält (vgl zB AK-*Dölling* 9f zu § 250).

Dem kann nicht entgegengehalten werden, daß die Tonaufnahme mangels Urkundeneigenschaft nicht als Protokoll oder Schriftstück iSv § 250 S 2 zu qualifizieren ist (so aber *Feldmann* NJW 58 1167); denn bei Inkrafttreten der StPO war die Möglichkeit eines Tonträgerbeweises noch nicht abzusehen. Es kann daher ohnehin nicht auf den unmittelbaren Wortlaut der Norm, sondern lediglich auf die Vergleichbarkeit zB von Tonbandprotokollen mit sonstigen Vernehmungsniederschriften ankommen. Diese ist aber – zumindest was den Regelungszweck von § 250 S 2 angeht – gegeben, da in beiden Fällen gegenüber der unmittelbaren Einvernahme der Nachteil besteht, daß der aufzuklärende Sachverhalt nicht durch Zusatzfragen erforscht werden kann und ein optischer Gesamteindruck von der Aussageperson fehlt (vgl *Geppert* 203 ff mwN).

2287 (2) Als geklärt kann es auch gelten, daß **§ 252** (s dazu n 1306 ff, 1327–1329) gemäß seinem Charakter als umfassendes Beweisverwertungsverbot bei Vorliegen der dort genannten Voraussetzungen neben der Verlesung von Vernehmungsniederschriften und der Einvernahme von Verhörspersonen auch das Abspielen eines Tonträgers über die frühere Aussage der jeweiligen Beweisperson **verbietet** (ANM 470; K/M-G 12, LR-*Gollwitzer* 25, KK-*Mayr* 3, SK-*Schlüchter* 27, AK-*Meier* 19, alle zu § 252), da insoweit in gleichem Maße wie bei der Verlesung von Urkunden die Gefahr eines Unterlaufens von Zeugnis- und Aussageverweigerungsrechten besteht.

2288 (3) Eine **Streitfrage** bzgl der genauen beweisrechtlichen Behandlung von „berichtenden" Tonaufnahmen besteht jedoch insoweit, als bei einer ausschließlichen Anwendung von Augenscheinsbeweisgrundsätzen das Abspielen einer derartigen Aufnahme lediglich *zusätzlich und ergänzend* nach der mündlichen Aussage der betr Beweisperson in der HV in Betracht kommt, bei einer unmittelbaren oder analogen Anwendung von § 251 Abs 2 dagegen ausnahmsweise auch eine Heranziehung des auf dem Tonträger gespeicherten Gedankeninhalts *anstelle* einer Vernehmung zu Beweiszwecken möglich erscheint. Uneinigkeit herrscht desweiteren über die Behandlung der den §§ 253, 254 entspr Fallkonstellationen (s dazu 2290 f).

(a) Zur Frage der Einführung des Gedankeninhalts wurde zT die Auffassung vertreten, die Regeln über den Urkundenbeweis seien unmittelbar auch auf Tonträger anwendbar (*Kohlhaas* DRiZ **55** 82 f; *Siegert* GA **57** 269 f).

Insbes das Tonband sei eine Urkunde iSd §§ 249 ff, da es – wenngleich in codierter Form – Zeichen enthalte, „welche das gesprochene Wort schriftlich in Rillen" fixierten (*Siegert* GA **57** 269). Die für den Urkundenbeweis erforderliche Verlesung nehme diejenige Person, deren Stimme beim Abspielen des Tonbandes ertöne, selbst vor.

---

[28] Zulässig wäre zB aber die Verwendung zum Beweis der Tatsache, daß der Betreffende eine bestimmte Sprache oder einen bestimmten Dialekt spricht (s dazu auch im Text 2097 ff).

IV. Einzelne Augenscheinsobjekte

Diese Ansicht überdehnte den möglichen Wortsinn des in § 249 enthaltenen Urkunden- und Verlesungsbegriffs unter Verkennung der technischen Gegebenheiten in unzulässiger Weise[29], denn entscheidende Voraussetzung für die Qualifizierung einer verkörperten Gedankenerklärung als Urkunde im prozessualen Sinn ist ihre Verlesbarkeit (s dazu 2028). Daran fehlt es bei Tonträgern jedoch gerade, da ihr Inhalt sich den Verfahrensbeteiligten nicht wie bei Schriftstücken durch einen *in der HV auftretenden* Interpreten, sondern unmittelbar durch Abspielen mitteilt.

Der teilweise (vgl nur *Siegert* GA **57** 269) angestellte Vergleich mit in Kurz-, Geheim- oder Blindenschrift abgefaßten Texten eignet sich nicht als Beleg für die Urkundeneigenschaft von Tonträgern, da die genannten Schriftstücke anders als Tonträger zur Einführung in das Verfahren noch einer mündlichen Umsetzung bedürfen und außerdem nach überwiegender und zutreffender Ansicht ohnehin nicht durch Verlesung, sondern mittels des Sv-Beweises zum Gegenstand der HV gemacht werden (s n 2006 f).

(b) (aa) Nach **hM scheidet** eine **analoge Anwendung** der §§ 251 Abs 2, 253 **2289** und 254 auf das Abspielen von Tonaufnahmen des „Wahrnehmungsberichts" einer Aussageperson **aus** (BGH **14** 341; **36** 172; KG NJW **80** 952; ANM 231; K/M-G 11, KK-*Pelchen* 6, LR-*Dahs* 29, alle zu § 86).

(α) Danach soll eine *ersetzende* Verwertung nach § 251 Abs 2 etwa bei Unerreichbarkeit oder Tod eines Zeugen wegen § 250 S 2 (s 2286) schlechthin ausgeschlossen ist. Der Grund für diese einschränkende Auslegung scheint neben den schon gegen eine unmittelbare Anwendung der einschlägigen Vorschriften beschriebenen Bedenken vor allem in der Unsicherheit zu liegen, die bei Tonbändern hinsichtlich ihrer Herkunftsidentität besteht. Auch die Gefahr nachträglicher Verfälschungen sowie die Schwierigkeit, etwaige Manipulationen zu erkennen, mögen insofern eine Rolle spielen.[30] Anders als bei der Beantwortung der Frage nach der Geltung des Ersetzungsverbotes nach § 250 S 2 wird daher hinsichtlich der Ausnahmevorschriften eine Vergleichbarkeit von „berichtenden" Tonaufnahmen einerseits und Vernehmungsprotokollen sowie sonstigen schriftlichen Erklärungen andererseits verneint.

Eine Ausnahme von diesem Grds wird vereinzelt für Tonbandprotokolle nach § 168 a Abs 2 gemacht (LR-*Gollwitzer* 59 zu § 251). Sie sollen wie andere richterliche Protokolle bei Vorliegen eines Formmangels nach § 251 Abs 2 verlesbar sein. Indes wird dieser Fall kaum eintreten, da es sich nach § 168 a Abs 2 lediglich um vorläufige, also nicht zu eigenständigem Beweis bestimmte Aufzeichnungen handelt und zudem gemäß S 2 der Vorschrift auf ihrer Grundlage unverzüglich ein schriftliches Protokoll anzufertigen ist, das dann ohnehin den §§ 249 ff unterfällt. Die gleichen Erwägungen gelten im übrigen für eine etwaige Verwertung solcher Tonaufnahmen nach § 251 Abs 1.

Möglich bleibt unabhängig von alledem die eigenständige *ergänzende* Verwertung des Tonträgerinhalts im Wege des Augenscheinsbeweises, wenn zuvor die Beweisperson in der HV ausgesagt hatte.

---

[29] Dementspr hat auch *Kohlhaas* NJW **57** 83 unter Aufgabe seiner in DRiZ **55** 83 vertretenen Ansicht die unmittelbare Anwendbarkeit der §§ 249 ff letztendlich verneint.

[30] Vgl auch LR-*Gollwitzer* 18 zu § 253, der das Abspielen bzgl des Gedankeninhalts zB dann im Wege des Augenscheinsbeweises für zulässig hält, wenn zuvor – insbes durch die daneben unerläßliche Zeugenvernehmung der Aussageperson oder des Aufnehmenden – die inhaltliche Unversehrtheit der Aufnahme festgestellt worden ist.
S auch die Nachweise bei *Schlüchter* 541 und *Schmitt* JuS **67** 21.

2290 (β) Wenngleich nach überwiegender Auffassung auch § 253 auf Tonträger keine analoge Anwendung findet (BGH **14** 341; ANM 278; *Paulus* Jus **88** 875; *Eb Schmidt* JZ **64** 539f; K/M-G 1, KK-*Mayr* 10, KMR-*Paulus* 13, LR-*Gollwitzer* 18, AK-*Meier* 14, alle zu § 253), ist zumindest nach Teilen der hM eine augenscheinsbeweisliche Verwertung des Tonträgers in vergleichbaren Fällen nicht von vornherein durch § 250 S 2 ausgeschlossen (LR-*Gollwitzer* 18, KMR-*Paulus* 13, KK-*Mayr* 10, alle zu § 253; ANM 231, 278). Da durch eine Verlesung nach den §§ 253, 254 nicht die Vernehmung des Zeugen, sondern die der jeweiligen Verhörsperson ersetzt wird, muß diese – um iSd hM einen Verstoß gegen § 250 S 2 zu vermeiden – ebenfalls als Zeuge in der HV aussagen und zudem die inhaltliche Unverfälschtheit des Tonbandes durch andere Beweismittel festgestellt sein. Unter diesen Voraussetzungen komme dem auf dem Tonträger gespeicherten Gedankeninhalt dann allerdings ein eigenständiger (Augenscheins-)Beweiswert zu.[31] Im Erg kommt dies, da auf eine Vernehmung der Verhörsperson und eine Bestätigung der Authentizität unter keinen Umständen verzichtet werden darf, der Verlesung einer Vernehmungsniederschrift nach § 253 – wenn auch unter leicht verschärften Voraussetzungen[32] – gleich (LR-*Gollwitzer* 18 zu § 253).

2291 (γ) Da nach hM § 254 für Tonträger ebenfalls nicht analog gilt, wird es sogar für zulässig gehalten, die mit Einverständnis des Beschuldigten hergestellte Aufnahme eines vor der *Polizei* abgelegten Geständnisses zu Beweiszwecken in der HV abzuspielen, sofern der Vernehmungsbeamte als Zeuge in der HV erscheint und feststeht, daß der Tonträger unverfälscht ist, dh die Aussage zutreffend widergibt (BGH **14** 339ff; ANM 284; KK-*Mayr* 10, LR-*Gollwitzer* 10, KMR-*Paulus* 12, AK-*Meier* 10, alle zu § 254)[33].

2292 (bb) Im Gegensatz dazu läßt sich **für** eine **analoge Anwendung** der §§ 251 Abs 2, 253, 254 auf die jeweils vorhandene identische Interessenlage verweisen (*Schmitt* Jus **67** 19ff; *Schlüchter* 541; *Kohlhaas* NJW **57** 83; *Dallinger* MDR **56** 146; zT zust *Hanack* JZ **72** 275 sowie *ders* FS-Schmidt-Leichner 96f). Hinsichtlich der Voraussetzungen für das Abspielen „berichtender" Tonaufnahmen ist insofern eine klare Orientierung durch die zu diesen Vorschriften allg entwickelten Grundsätze vorhanden (vgl dazu 2126ff, 2156ff, 857ff).

(α) Aus systematischen Gründen wird insbes der Argumentation der hM zu § 251 Abs 2 (s 2289) entgegenzuhalten sein, daß der Wert eines Beweismittels nicht über dessen grds Zulässigkeit entscheiden kann (*Schlüchter* 541; *Schmitt* Jus **67** 21). Konkret ist zB auch derjenige Zeuge, der als allg unglaubwürdi gilt, nicht etwa ein unzulässiges bzw ungeeignetes Beweismittel (s n 222; *Schlüchter* 541).

---

[31] So wohl allg BGH **14** 339ff sowie LR-*Gollwitzer* 18 zu § 253; vgl dazu auch *Geppert* 203ff und *Eb Schmidt* JZ **64** 541f. Im einzelnen erscheinen die Konsequenzen der hM allerdings dogmatisch als noch wenig geklärt.
[32] Bei analoger Anwendung von § 253 kann auf eine Zeugenvernehmung des Verhörsbeamten verzichtet werden, sofern die gerichtliche Aufklärungspflicht nicht entgegensteht.
[33] Die Entscheidung BGH **14** 339 ist insofern nicht ganz eindeutig (zw auch *Eb Schmidt* JZ **64** 541f). Zwar gewinne unter den genannten Voraussetzungen „das Tonband als getreue Verkörperung der damaligen Erklärung des Angekl ... selbständige Beweiskraft als Gegenstand eines Augenscheinsbeweises". Allerdings hatte das Instanzgericht die Aufnahme lediglich zum Beweis dafür abgespielt, daß der Angekl der deutschen Sprache mächtig war und er die Tat vor der Polizei aus eigenem Erleben geschildert hatte.

IV. Einzelne Augenscheinsobjekte

(β) Zumindest eine analoge Anwendung von § 254 wird jdf zu befürworten sein, zumal sich nach der hM in der Praxis Widersprüche ergeben (vgl dazu etwa BGH **14** 339 ff; s 2291).

So wäre es nach § 254 auch bei vorheriger Einvernahme der Verhörsperson und deren Bestätigung der vollständigen und richtigen Wiedergabe ohne Zw verboten, zum Zwecke des Urkundenbeweises über ein Geständnis des Angekl ein *polizeiliches* Vernehmungsprotokoll zu verlesen (vgl nur BGH **14** 310). Dieser Grundsatz wird aber unterlaufen, wenn man andererseits das von der Polizei hergestellte Tonband über die gleiche Vernehmung unter den genannten Voraussetzungen zuläßt (so aber BGH **14** 339 ff; dagegen *Hanack* JZ **72** 275 sowie *ders* FS-Schmidt-Leichner 96 f; *Eb Schmidt* JZ **64** 541 f). Daß *insoweit* auch eine Vergleichbarkeit von Tonband und Vernehmungsniederschrift gegeben ist, läßt sich schon dem Umstand entnehmen, daß eine etwa von dem Tonbandprotokoll gefertigte wortgetreue Abschrift als Urkunde wegen § 254 nicht als Beweismittel zum Gegenstand der HV gemacht werden könnte. Angesichts der völligen inhaltlichen Identität und des Vorliegens der gleichen Voraussetzungen im übrigen kann es aber schwerlich von der Art der Verkörperung abhängen, ob die Durchführung einer Beweiserhebung in der HV zulässig ist.

(γ) Wesentlich ist aber, daß es sich bei der Beweiserhebung über den Inhalt „berichtender" Tonaufnahmen aus den genannten Gründen (s 2286) dogmatisch stets um eine Augenscheinseinnahme handelt, die durch die analoge Anwendung von § 251 Abs 2 bzw § 254 lediglich zusätzlichen Beschränkungen unterworfen wird.[34]

c) Die prozessuale Verwertung eines Tonträgers setzt im übrigen voraus, daß nicht **Beweisverbote** anderer, allg Art eingreifen (s ausführlich 329 ff, 395 ff). Hierbei ist vor allem von Bedeutung, auf welche Weise die Tonaufzeichnung hergestellt worden ist:

aa) Erfolgte die Aufnahme – sei es durch Privatpersonen oder durch Strafverfolgungsbehörden – aufgrund des *freiwillig* erklärten *Einverständnisses* des Beschuldigten, so bestehen bei Vorliegen der übrigen Voraussetzungen keine Bedenken bzgl einer Einführung in die HV (LR-*Dahs* 30 zu § 86). Auch eine rechtmäßige, auf der Grundlage strafprozessualer Zwangsbefugnisse – insbes nach §§ 100 a, 100 c – angefertigte Aufzeichnung darf grds verwertet werden.[35]

(1) Besteht **nach Vornahme** der Überwachung nur noch der Verdacht einer **Nicht-Katalogtat**, so scheidet eine Verwertbarkeit grds aus (SK-*Rudolphi* 25 zu § 100 a; *Prittwitz* StV **84** 302; aA K/M-G 16 zu § 100 a). Anderes gilt nur, wenn Tateinheit zwischen Katalogtat und der anderen Tat besteht (K/M-G 17 zu § 100 a; nach KK-*Nack* 21 zu § 100 a auch bei Tatidentität iSv § 264).

Ausnahmen für den Bereich der §§ 129, 129 a StGB dergestalt, daß eine Verwertbarkeit auch wegen solcher Taten zulässig sein soll, die in Befolgung der Ziele der Gruppe begangen oder auch nur abgesprochen wurden (BGH **28** 122 = JR **79** 165 mit Anm *Rieß*; KK-*Nack* 22 zu § 100 a); finden im Gesetz keine Stütze; die Besonderheiten dieser Straftatbestände vermögen zwar eine entspr Erweiterung der Beweiserhebung, nicht aber der Beweisverwertung zu begründen (s auch *Peters* 452; *Prittwitz* StV **84** 302; aus empirischer Sicht *Eisenberg* § 57 Rn 51 ff).

(2) Für **Zufallserkenntnisse** gilt bzgl der Strafverfolgung *ggü* dem *Beschuldigten* § 100 b Abs 5. Betr Nicht-Katalogtaten dürfen sie – unabhängig davon, ob es sich

---

[34] Entspr würde für die Analogie zu § 253 gelten, soweit man sie mit der Minderansicht für zutreffend hielte.

[35] Die vom Inhalt einer Überwachung des Fernmeldeverkehrs hergestellten Abschriften unterliegen jedoch dem Urkundenbeweis (BGH **27** 137; vgl auch 2089).

um Anschlußdelikte handelt – nicht unmittelbar zum Beweis (BGH **27** 355 = JR **79** 163 mit Anm *Rieß*; BGH **28** 127) oder auch nur als Vorhalt (BGH **27** 355; K/M-G 19 zu § 100a) verwandt werden.

Ob eine mittelbare Verwertung, dh die Verwertung solcher Beweismittel zulässig ist, die aufgrund der nicht verwertbaren Erkenntnisse erlangt wurden, ist str (bej BGH **27** 355; KK-*Pelchen* 44 vor § 48; aA *Knauth* NJW **78** 741; einschr *Maiwald* JuS **78** 385; s allg 403 ff).

2297 Betr die Strafverfolgung *ggü Dritten* dürfen Zufallserkenntnisse, sofern sie sich auf eine Katalogtat beziehen, uneingeschränkt verwertet werden (BGH **28** 129 = JR **79** 165 mit Anm *Rieß*; BGH **32** 15 = NStZ **84** 372 mit Anm *Schlüchter*; Bay **82** 40). Betr Nicht-Katalogtaten hingegen scheidet, abgesehen von Fällen in Tateinheit (s 2295), eine unmittelbare Verwertung als Beweismittel gleichfalls aus (BGH **26** 303; anders Karlsruhe NStZ **94** 201 mit abl Anm *Schneider* = StV **94** 529 mit abl Anm *Kleszewski*).

Die Frage einer mittelbaren Verwertbarkeit ist auch hier str (bej wohl BGH **30** 317; K/M-G 20 zu § 100a; vern *Knauth* NJW **78** 742; n *Störmer* 250 ff).

2298 bb) Differenzierter gestaltet sich die Beantwortung der Frage nach dem Bestehen eines Beweisverwertungsverbotes dagegen, wenn die Aufnahme auf *rechtswidrigem* Handeln beruht. Insofern gewinnen die aus grundgesetzlichen Vorschriften und Wertungen abgeleiteten Beweisverbote eine verstärkte Bedeutung, wobei sich gewisse Unterschiede danach ergeben, ob die Aufnahme von Ermittlungsbehörden oder aber Privatpersonen vorgenommen wurde (s n 329 ff bzw 395 ff).

2299 (1) IdZ ist in Übereinstimmung mit der Rspr des BVerfG zu persönlichen Tagebuchaufzeichnungen[36] davon auszugehen, daß Art 2 Abs 1 iVm Art 1 Abs 1 GG dem Beschuldigten grds einen unantastbaren Kern von *Persönlichkeitsrecht* und *Menschenwürde* dergestalt gewährleistet, innerhalb dessen er staatliche Eingriffe in seine Intimsphäre nicht zu dulden braucht (s n 384 ff, 401 ff). Soweit dieser engste Persönlichkeitsbereich betroffen ist, findet keine Abwägung mit dem staatlichen Interesse an der Wahrheitserforschung und an einer effektiven Strafrechtspflege statt, so daß selbst bei der Verfolgung schwerster Verbrechen ein Eingriff durch rechtswidrige staatliche oder private Tonaufnahmen vom Beschuldigten nicht geduldet zu werden braucht (BVerfGE **34** 245 f; BGH **14** 358; LR-*Schäfer* Einl 27; KK-*Pfeiffer* Einl 121).

Sind andere Schutznormen betroffen, ist eine derartige Abwägung indes vertretbar (vgl für Tonbandaufnahmen BGH **14** 358, **36** 167; zu Einzelheiten und Abstufungen s n 387 ff, 393 bzw 399 ff), wobei aber wegen der Rechtswidrigkeit zunächst eine gewisse Vermutung für die Unverwertbarkeit besteht. Je weniger der Eingriff jedoch an die Grenze zum unantastbaren Bereich der Intimsphäre heranreicht, desto eher wird man dabei ausnahmsweise ein Überwiegen der Strafverfolgungsinteressen bejahen können[37]. Entscheidend sind jedoch immer die Umstände

---

[36] Vgl BVerfGE **80** 373 ff; ebenso für rechtswidrige Tonaufnahmen bereits BVerfGE **34** 245 f.

[37] Das wird insbes in solchen Konstellationen der Fall sein, in denen es sich um Äußerungen handelt, die bereits einen so ausgeprägten Öffentlichkeitsbezug aufweisen, daß ihr privater Charakter in den Hintergrund tritt (zB bei firmeninternen Vorträgen oder geschäftlichen Besprechungen).

des Einzelfalles (s n 388; vgl betr Private etwa Bay StV **95** 65 mit krit Anm *Preuß*); ein Indiz kann dabei sein, ob etwa eine notwehrähnliche Situation vorgelegen hat.

(2) (a) Im einzelnen wurde bzgl § 100a ein Verwertungsverbot dann angenommen, wenn die *Zuständigkeitsregelung* (§ 100b) dadurch verletzt wurde, daß die Polizei die Telefonüberwachung angeordnet hatte (BGH **31** 306). Hingegen soll dies nach überwiegender Meinung nicht für jeden Verstoß gegen Zuständigkeitsvorschriften gelten (BGH NJW **95** 1975; K/M-G 21, einschr KK-*Nack* 17, beide zu § 100a); demggü wäre es iS einer überzeugenden Respektierung des Gesetzes, wenn die Verwertung davon abhängig gemacht würde, ob die Informationen auch auf rechtmäßigem Wege hätten erlangt werden können (s zum hypothetischen Ersatzeingriff 322, 370, 409f sowie schon *Grünwald* JZ **66** 495). – Auch wenn dem Gesprächspartner ein Zeugnisverweigerungsrecht zugestanden hätte, wurde die Verwertung einer gem § 100a rechtmäßig angefertigten Aufzeichnung zugelassen (BGH NStZ **88** 562). Hingegen wird ein Verwertungsverbot bzgl solcher Äußerungen bejaht, die der Beschuldigte auf Vorhalt von unzulässig gewonnenen Erkenntnissen aus einer Telefonüberwachung getan hat (BGH **27** 357; **32** 70; **33** 753).

2300

Im übrigen gesteht die Rspr betr die Anordnung einen *Beurteilungsspielraum* zu, dh die Nachprüfung durch Tat- wie Revisionsgericht sei auf den Maßstab der Vertretbarkeit beschränkt (vgl BGH NStZ **95** 511 mit krit Anm *Bernsmann*), so daß im wesentlichen nur (objektive) Willkür oder grobe Fehlbeurteilung zu einem Verwertungsverbot führten (s auch *Störmer* StV **95** 657: „faktische Versagung" des Grundrechtsschutzes; dies gelte sowohl für den Tatverdacht wie für die Subsidiaritätsklausel[38]. Diese Judikatur entspricht indes im allg einer gesetzlich nicht vorgesehenen Reduzierung von Kontrolle polizeilicher Macht durch Annäherung der Judikative an die Exekutive, und im besonderen einer Zunahme polizeilicher Kontrollintensität im Rahmen technologischer Entwicklung.

2301

Unverwertbarkeit wurde zB bejaht bei Aufzeichnung von Telefongesprächen zwischen V-Person und Beschuldigtem unter völliger Umgehung des § 100a (BGH **31** 304 = NStZ **83** 466 mit Anm *J Meyer*), bei bewußter Überschreitung der gesetzlichen Befugnisse (BGH **28** 124; **31** 309), wenn von vornherein kein Verdacht einer Katalogtat bestand (BGH NJW **78** 1371; BGH **32** 70 = JR **84** 514 mit Anm *Schlüchter*) bzw wenn der Fernmeldeverkehr mit dem Vert überwacht wurde (BGH **33** 352; s aber auch BGH StV **90** 435 mit krit Anm *Taschke*; ausführlich *Brenner*).

(b) Entspr wird bzgl § 100c Abs 1 Nr 2 angenommen (vgl etwa K/M-G 15 zu § 100c).

2302

Hinsichtlich Art und Weise der Maßnahmen ist von der Entstehungsgeschichte her unstr, daß sie nur außerhalb der Wohnung (Art 13 GG) zulässig sind (bej betr Pkw LG Stendal NStZ **94** 556 mit zust Anm *Mahnkopf/Döring*).

---

[38] Diese Rspr hat Relevanz auch für Probleme der Umgehung der Voraussetzungen der §§ 100a, 100b zur Erlangung von sog *Verbindungsdaten* des Fernmeldeverkehrs (vgl BGH NJW **93** 1212 mit Anm *Klesczewski* NStZ **93** 446), dh Daten über einschlägige Kommunikationsbeziehungen (etwa zwecks Erstellung eines „Bewegungsprofils"): Soweit das Auskunftsverlangen gemäß § 12 AFG durch Wiederholung ermittlungstaktisch als funktionale Alternative eingesetzt wird, wird teilweise eine analoge Anwendung der §§ 100a, 100b gefordert (vgl zur Problematik *Klesczewski* StV **93** 383, 388; *Welp* NStZ **94** 214; zur Schaffung der technischen Voraussetzungen einer Überwachung der Telekommunikation aus kriminalistischer Sicht *Weinem* Krim **95** 735, 738ff).

2303 d) Sofern nach den dargelegten Prinzipien eine Beweiserhebung über den auf Tonträgern gespeicherten Gedankeninhalt zulässig ist, muß das Gericht hinsichtlich des **Beweiswerts** beachten, daß dieser von einer Bestätigung der Unverfälschtheit durch andere Beweismittel abhängig ist (BGH **14** 341; *Fezer* Jus **79** 188; *Geppert* 202; ANM 232; LR-*Dahs* 30, KK-*Pelchen* 6, K/M-G 11, alle zu § 86).

2. Filme, Lichtbilder und andere bildliche Darstellungen

2304 a) aa) *Filmaufnahmen, Lichtbilder sowie Abbildungen in Druckschriften* können zum einen zu unmittelbaren Beweiszwecken in Augenschein genommen werden. Dies ist der Fall, wenn die Aufnahmen ihren eigenen strafbaren Inhalt belegen sollen oder die Tatbegehung selbst filmisch bzw bildlich dokumentiert worden ist (BGH NJW **75** 2075; Celle NJW **65** 1679; Schleswig NJW **80** 352; Stuttgart VRS **59** 363; LR-*Dahs* 11, K/M-G 10, beide zu § 86).

2305 bb) Um einen *mittelbaren* Augenscheinsbeweis handelt es sich demggü zB, wenn in der HV Aufnahmen vom Tatort, von einer Gegenüberstellung zur Identifizierung eines Tatverdächtigen oder von dem Geständnis des Angekl gezeigt werden (BGH NStZ **83** 84; MDR **76** 634; AK-*Kirchner* 7, K/M-G 10, LR-*Dahs* 11 und 18, alle zu § 86).

Ob sich das erkennende Gericht mit einem mittelbaren Augenscheinsbeweis begnügen darf oder noch andere Personen – etwa den Hersteller der Aufnahme – als Zeugen vernehmen muß, richtet sich nach der Aufklärungspflicht sowie den Grundsätzen der Beweiswürdigung (RG **36** 57; Bay JR **66** 389 mit Anm *Koffka*; Frankfurt VRS **64** 287; Stuttgart DAR **77** 328; ANM 230; K/M-G 10, AK-*Kirchner* 7, LR-*Dahs* 18, jeweils zu § 86). Dabei ist insbes zu beachten, daß die erwähnten Bildträger regelmäßig aus sich selbst heraus keinen Beweis dafür erbringen, zu welcher Zeit und unter welchen Umständen sie genau entstanden sind, so daß hierüber – die Entscheidungserheblichkeit der genannten Fragen vorausgesetzt – uU der Hersteller oder eine andere geeignete Person zu vernehmen ist.

2306 cc) Werden Filme und Bilder lediglich zur Verdeutlichung bzw Veranschaulichung im Rahmen einer Zeugenaussage oder anläßlich der Durchführung eines Sv-Beweises verwendet, liegt kein Augenscheinsbeweis vor. Vielmehr dienen sie in diesem Fall als bloßer *Vernehmungsbehelf* (LR-*Dahs* 11, KK-*Pelchen* 6, K/M-G 9, alle zu § 86; vgl allg auch BGH **18** 53).

dd) Wegen Fragen der *Verwertbarkeit* wird auf 393 bzw 2296 verwiesen.

2307 b) *Zeichnungen und Skizzen vom Tat- oder Unfallort* sind als Gegenstand des Augenscheinsbeweises nur in sehr begrenztem Umfang geeignet.

aa) Geht es um die Einführung des durch sie verkörperten Gedankeninhalts in das Verfahren, so gebietet § 250 zwingend die persönliche Vernehmung des Herstellers bzw der Person, nach deren Wahrnehmungen die Zeichnung angefertigt worden ist. Im Rahmen der Durchführung dieses Zeugenbeweises wird die Skizze dann zumeist lediglich Vernehmungshilfe und nicht eigenständiges Augenscheinsobjekt sein (BGH **18** 53; VRS **36** 189; GA **58** 305; ANM 233; LR-*Dahs* 26, K/M-G 12, KK-*Pelchen* 6, AK-*Kirchner* 9, alle zu § 86). Die Gegenansichten, denen zufolge eine Inaugenscheinnahme bzgl des gedanklichen Inhalts generell (BGH DAR **77** 176; KMR-*Paulus* 7 zu § 250) oder zumindest dann zulässig sein soll, wenn es sich um eine amtliche Skizze handelt (KG NJW **53** 1118; Hamm NJW **63** 2284), sind mit dem Unmittelbarkeitsgrds schwerlich zu vereinbaren.

bb) Ein Fall des echten Augenscheinsbeweises liegt hingegen vor, wenn Beweisthema ausschließlich die *Existenz* der Unfall- bzw Tatort*skizze* ist. **2308**

Auch die Klärung der Frage, ob etwa durch ihre Anfertigung ein Straftatbestand verwirklicht wurde, kann auf diesem Wege erfolgen (LR-*Dahs* 26 zu § 86).

3. Modelle und Pläne

a) *Stadtpläne und Landkarten* werden nur in den seltensten Fällen Gegenstand des Augenscheinsbeweises sein. Die durch sie dokumentierten Tatsachen sind idR allgemeinkundig (s n 19 ff) und daher nicht beweisbedürftig (Hamm VRS **14** 454; ANM 537; LR-*Dahs* 14 und 27, KK-*Pelchen* 7, AK-*Kirchner* 13, alle zu § 86; vgl aber BGH **22** 347 f). Zumeist dient in der HV eingesetztes Kartenmaterial der Verdeutlichung örtlicher Gegebenheiten und ist insofern als bloßer Vernehmungsbehelf anzusehen. **2309**

Eine förmliche Inaugenscheinnahme kommt daher meist nur dann in Betracht, wenn es darum geht, äußere Tatsachen unmittelbar festzustellen. So kann zB Augenscheinsbeweis über die Frage erhoben werden, ob eine Karte bestimmte Informationen enthält oder ob handschriftliche Eintragungen und Markierungen vorgenommen wurden.

b) *Modelle und Rekonstruktionen* des Tat- oder Unfallgeschehens erfüllen idR die gleichen Aufgaben wie Zeichnungen bzw Skizzen. Die hierfür gültigen Grundsätze lassen sich daher ohne weiteres übertragen (s 2304 f). Im Rahmen der Anfertigung und Erstattung eines Sv-Gutachtens können Nachbildungen der genannten Art auch als Befundtatsachen zu qualifizieren sein. **2310**

4. Personen

Übersicht

	Rn		Rn
a) Menschlicher Körper	2311		
b) Sonstige Erscheinungen . .	2312–2319		

Auch Personen gehören zum Kreis potentieller „Objekte" des Augenscheinsbeweises. Es ist jedoch einerseits der Vorrang verschiedener Spezialnormen zu beachten sowie andererseits eine Abgrenzung zum Sv- und Zeugenbeweis vorzunehmen. **2311**

a) Die *Untersuchung* der Beschaffenheit *des menschlichen Körpers* nach den §§ 81 a, 81 c (s dazu n 1621 ff, 1658 ff) stellt einen besonders geregelten Fall der Augenscheinseinnahme dar, wird jedoch in den meisten Fällen von einem Sv vorgenommen. Es ist aber nicht ausgeschlossen, daß die Beweiserhebung nur durch das Gericht erfolgt, etwa wenn es um die Feststellung leicht erkennbarer Merkmale und Auffälligkeiten geht (Hamm MDR **74** 1036; K/M-G 14 zu § 86). Entspr gilt für die *Leichenschau* gem § 87 Abs 1 (s 1947 ff). Bei der *Leichenöffnung* (87 Abs 2, dazu n 1950 ff) handelt es sich dagegen stets um einen Sv-Beweis.

2312 b) aa) Auf den äußeren Eindruck bezogene **Beobachtungen**, die das Gericht von einem Beschuldigten oder Zeugen **während** der **Vernehmung** gemacht hat, soll es nach hM seinem Urteil ohne weiteres zugrundelegen dürfen. Diese „nicht aufgesuchten" Wahrnehmungen, zu denen insbes Mimik, Gestik, spontane körperliche Reaktionen (zB Erröten), aber auch offen zutage tretende Merkmale der Körperbeschaffenheit zählen, seien Teil des Personalbeweises und keine förmliche Augenscheinseinnahme (RG **33** 404; BGH **5** 256; **18** 51; MDR **74** 368; ANM 236; LR-*Dahs* 21, K/M-G 14, KK-*Pelchen* 6, alle zu § 86).

2313 Demggü bestehen gewichtige Bedenken deshalb, weil diese Beobachtungen methodisch unkontrolliert verbleiben, Vortäuschungen bzw individuelle Unterschiede verkannt werden können und die Interpretation des „Beobachteten" subjektiv bleibt (s auch 1458 ff, 1570 ff, 913 ff). Entscheidend für die Abgrenzung zum förmlichen Augenscheinsbeweis ist insofern, ob die betr Merkmale ohne besondere Konzentration für alle Verfahrensbeteiligten und nicht nur für das Gericht wahrnehmbar sind (krit auch *Hanack* JR **89** 256), und insbes, ob sie von allen Verfahrensbeteiligten in einheitlich übereinstimmender Weise beobachtet und interpretiert werden.

Im einzelnen sollte der Anwendungsbereich des Zeugenbeweises im Hinblick auf die Begutachtung der Körperbeschaffenheit von Aussagepersonen nicht zu weit ausgedehnt werden.[39]

2314 bb) Kommt es **nicht** zu einer **Vernehmung** der Beweisperson, so bedarf es in jedem Fall der förmlichen Erhebung des Augenscheinsbeweises.[40]

(1) Der *Angekl*, der in der HV nicht zur Sache aussagt, kann nach § 81 a auch zwangsweise zur Duldung der Inaugenscheinnahme verpflichtet werden (Bremen MDR **70** 165; *Kratzsch* JA **81** 617; *Odenthal* NStZ **85** 434; LR-*Dahs* 21, K/M-G 14, beide zu § 86; s auch 1627 ff).

2315 (2) *Verweigert* ein *Zeuge* berechtigt die *Aussage*, so darf das Gericht seiner Entscheidung nur in bestimmten Grenzen solche Beobachtungen zugrundelegen, die es in Bezug auf die Zeugenperson gemacht hat. Zwar verliert der Zeuge aufgrund der Weigerung lediglich die Fähigkeit, durch eine *Aussage* bei der Beweisaufnahme mitzuwirken, ohne dem Verfahren als Beweisgegenstand vollständig entzogen zu sein; somit bleibt die sinnliche Wahrnehmung der *äußeren Erscheinung* der Zeugenperson im Wege des Augenscheinsbeweises weiterhin zulässig (Karlsruhe DAR **83** 93; *Nüse* JR **66** 283; LR-*Dahs* 21 zu § 86; KK-*Pelchen* 44, K/M-G 23, beide zu § 52; **aA** *Eb Schmidt* 13 zu § 86 sowie *Rogall* 233 und MDR **75** 813 f).

2316 (a) Zum einen jedoch bedarf der Begriff der „äußeren Erscheinung" im Hinblick auf die Bedeutung der in § 81 c (s dazu n 1558 ff) enthaltenen Wertungen einer Präzisierung.

Untersuchungen am Körper einer als Zeuge in Betracht kommenden Person sind nach § 81 c ohne deren Einverständnis nur bei Vorliegen bestimmter Eingriffsvoraussetzungen zulässig. Augenscheinseinnahmen an einem die Aussage verweigernden Zeugen, die als Untersuchung zu qualifizieren sind, dürfen daher nur vorgenommen werden, wenn sie der Feststellung dienen, ob sich am Körper bestimmte Spuren oder Folgen einer Straftat befinden.

---

[39] Gänzlich abl insoweit KMR-*Paulus* 58 vor § 72.
[40] Unzutreffend insoweit BGH GA **65** 108.

IV. Einzelne Augenscheinsobjekte

Macht die Beweisperson von einem Zeugnisverweigerungsrecht nach § 52 Gebrauch, so besteht gem § 81 c Abs 3 (s n 1670 ff) zusätzlich ein Untersuchungsverweigerungsrecht des Zeugen, hinsichtlich dessen er gesondert zu belehren ist.[41] Beruft er sich sowohl auf das Zeugnis-, als auch auf das Untersuchungsverweigerungsrecht, so ist die Erhebung und Verwertung eines Augenscheinsbeweises, der mit einer Untersuchung iSv § 81 c Abs 1 verbunden ist, verboten. Denn aus den §§ 52, 81 c Abs 3 ergibt sich der allg Wille des Gesetzgebers, daß dem Verlangen naher Angehöriger des Angekl, sich aus dem gegen diesen gerichteten Strafverfahren herauszuhalten zu wollen, bei der Beweisaufnahme zu entsprechen ist (BGH NJW **60** 2157).

Soweit daraus die Schlußfolgerung gezogen wird, *jede* augenscheinsbeweisliche Betrachtung eines die Aussage und Untersuchung ablehnenden Zeugen sei schlechthin unzulässig (so *Eb Schmidt* 13 zu § 86; *Rogall* 233 sowie MDR **75** 813f), steht dem entgegen, daß der gesetzliche Schutz sich nach dem klaren Wortlaut nur auf die Aussagepflicht und die Pflicht des Zeugen zur Duldung von *Untersuchungen* bezieht; eine Untersuchung iSv § 81 c aber setzt zumindest eine *nähere* Betrachtung des Körpers der zu untersuchenden Person voraus (Hamm MDR **74** 1036; ähnlich LR-*Dahs* 21 zu 86).

Augenscheineinnahmen, die wegen ihrer geringen Intensität unterhalb der von § 81 c vorausgesetzten Eingriffsschwelle bleiben, sind demnach auch ohne das Vorliegen der dort genannten besonderen Voraussetzungen und unabhängig vom Bestehen von Zeugnis- und/oder Untersuchungsverweigerungsrechten zulässig. Die Abgrenzung ist zur Vermeidung von Wertungswidersprüchen nach den gleichen Grundsätzen vorzunehmen, wie bei der Frage, ob eine Betrachtung noch Teil einer (tatsächlich durchgeführten) Vernehmung ist (s dazu 2309). **2317**

Derartige Augenscheineinnahmen liegen zB vor, wenn lediglich ein Größenvergleich mit einer anderen Person vorgenommen (Hamm MDR **74** 1036) oder das allg Erscheinungsbild einer Zeugin für die Beantwortung der Frage verwertet wird, ob der Angekl sich ihres strafrechtlich relevanten Alters hätte bewußt sein müssen (BGH GA **65** 108). Dagegen darf ein Zeuge, der von seinem Zeugnis- und Untersuchungsverweigerungsrecht Gebrauch gemacht hat, nicht dazu gezwungen werden, während der Vernehmung einer anderen Beweisperson im Sitzungssaal zu verbleiben, um diese zu wahrheitsgetreuen Angaben zu veranlassen (BGH NJW **60** 2156).

(b) Zum anderen ist es in jedem Fall unzulässig, das äußere *Verhalten* nicht vernommener Zeugen in der HV und bei der Aussageverweigerung zum Gegenstand der Entscheidungsfindung zu machen (Köln VRS **57** 425; ANM 456; LR-*Dahs* 38, K/M-G 23, beide zu § 52).

(3) In Fällen, in denen die Betrachtung der Körperbeschaffenheit eines die Aussage berechtigt verweigernden Zeugen durch das Gericht nur unter den Voraussetzungen von § 81 c geschehen darf, ergeben sich hinsichtlich der Verwertbarkeit der Untersuchungsergebnisse gewisse Grenzen dann, wenn dem Betroffenen ein **Untersuchungsverweigerungsrecht** (§ 81 c Abs 3) zusteht. **2318**

(a) Zw ist vor allem, ob gemäß der überwiegenden Meinung (vgl nur BGH **12** 242; LR-*Dahs* 36, KK-*Pelchen* 14, K/M-G 24f, alle zu § 81 c) der *Widerruf* eines

---

[41] § 81 c Abs 3 bezieht sich dagegen nicht auf Weigerungsrechte nach den §§ 53, 53 a, 54 (vgl 1670).

nach ordnungsgemäßer Belehrung erklärten Verzichts auf das Verweigerungsrecht nur die Fortsetzung der Untersuchung unzulässig macht, im übrigen aber die bis dahin gewonnenen Erkenntnisse weiter verwertbar bleiben (s auch 1674). Zur Begründung verweist die hM darauf, daß eine der Vorschrift des § 252 entspr Regelung für das Untersuchungsverweigerungsrecht nicht vorhanden ist. Indes gebietet die vergleichbare Interessenlage die analoge Anwendung des § 252, da dieser Vorschrift der allg Rechtsgedanke zugrunde liegt, daß ein Zeuge nicht gezwungen werden darf, an der Überführung eines Angehörigen mitzuwirken – und zwar unabhängig davon, ob diese Mitwirkung in einer Aussage oder einer Duldung der Betrachtung der Körperbeschaffenheit besteht (vgl dazu schon *Rengier* Jura **81** 304; n *Geppert* Jura **88** 365; *Schäfer* 679). – Ob hiervon eine Ausnahme zu machen ist, wenn der Zeuge durch einen Richter über sein Untersuchungsverweigerungsrecht belehrt worden ist, beantwortet sich nach den Erläuterungen zu § 252 (s 1315).

2319 Soweit eine analoge Anwendung des § 252 bejaht wird, darf die untersuchende Person in der HV nicht als persönliches Beweismittel genutzt werden. Dagegen dürfen andere Personen ohne weiteres als Zeugen über bestimmte körperliche Merkmale des die Untersuchung verweigernden Angehörigen vernommen werden, da auch in den unmittelbar von § 252 erfaßten Fallkonstellationen kein Verwertungsverbot für solche Tatsachen besteht, die nicht aufgrund gezielter staatlicher Informationsbeschaffung erlangt wurden.

(b) Hat eine ordnungsgemäße Belehrung nicht stattgefunden, so sind die nach § 81 c gewonnenen Untersuchungsergebnisse unverwertbar, es sei denn, der Zeuge stimmt im Falle nachträglicher Belehrung zu. Zulässig bleibt stets die Vernehmung solcher Zeugen, die ihre Wahrnehmungen nicht anläßlich der unzulässigen Untersuchung gemacht haben.

5. Urkunden und technische Aufzeichnungen

Übersicht

	Rn		Rn
a) Verlesbare und nicht verlesbare Urkunden	2320	b) Technische Aufzeichnungen	2321

2320 a) aa) *Verlesbare Schriftträger*, dh *Urkunden* im prozessualen Sinn, werden im Wege des Urkundenbeweises in die HV eingeführt, sofern es um den durch sie verkörperten gedanklichen Inhalt geht (vgl zum Urkundenbeweis 2003). Gegenstand des Augenscheinsbeweises sind sie im Hinblick auf ihre äußere Beschaffenheit, insbes wenn in Frage steht, ob sie verfälscht worden sind (RG **17** 106; Hamm NJW **53** 839; LR-*Dahs* 32, K/M-G 13, KK-*Pelchen* 6, alle zu § 86).

bb) *Nicht verlesbare Urkunden* sind dagegen infolge ihrer mangelnden Eignung für den Urkundenbeweis grds Augenscheinsobjekte.[42]

2321 b) *Technische Aufzeichnungen* unterliegen entweder dem Augenscheins- oder dem Sv-, (mangels Verlesbarkeit) nicht jedoch dem Urkundenbeweis (Köln VRS **24** 62;

---

[42] Nicht verlesbar sind bestimmte Urkunden iSd materiellen Strafrechts, wie zB Beweiszeichen. Vgl zum Verhältnis von materiellrechtlichen und prozessualen Urkunden im übrigen 2004.

Stuttgart NJW **59** 1379; ANM 234). Sie können sich auf Daten, Meß- und Rechenwerte, Zustände oder Geschehensabläufe beziehen (Beisp bei LR-*Dahs* 28 zu § 86).

Von praktischer Bedeutung sind idZ vor allem Fahrtschreiberdiagramme. Diese sind nur dann Gegenstand des Augenscheinsbeweises, wenn das Gericht in der Lage ist, sie selbst auswerten, was bei Aufzeichnungen von eichfähigen Fahrtschreibern nach § 57a StVZO regelmäßig zu verneinen sein wird. Anderenfalls dienen sie als Befundtatsachen eines anzufertigenden Sv-Gutachtens (BGH VRS **28** 460; Bay VRS **16** 296; Köln VRS **31** 271; KK-*Pelchen* 6 zu § 86; s auch 2198).

Gesetzesverzeichnis

(beschränkt auf GG; StPO, EGGVG, GVG, JGG, MRK, OWiG, StGB; RiStBV)

I. GG

Art 1	793, 834	Art 25	790
Art 1 Abs 1	330, 386, 390, 408, 625, 670, 912, 1093, 1100, 1263, 1658, 1685, 2299	Art 28 Abs 1 S 2	339
		Art 33 Abs 5	1288
Art 1 Abs 1 S 1	549	Art 35	1566
Art 2	1658	Art 38	1099
Art 2 Abs 1	47, 330, 386, 514, 625, 670, 793, 1033, 1050 f, 1093, 1100, 1263, 1821, 2299	Art 38 Abs 1 S 1	339
		Art 44	1120, 1133
		Art 57	1293
Art 2 Abs 2 S 1	625, 1224, 1621, 1821	Art 61	1120
Art 2 Abs 2 S 2	744, 912, 1698	Art 92	344
Art 2 Abs 2 S 3	1658	Art 97 Abs 1	332
Art 3	1685	Art 98	1120
Art 3 Abs 3	528	Art 101 Abs 1 S 2	68, 744, 935
Art 4 Abs 1	392, 1139	Art 103	755, 1040
Art 5	1100, 1105	Art 103 Abs 1	36, 61, 64, 68, 267, 512, 728 f, 744 f, 778, 793, 802, 808, 809, 814, 819, 1049, 1696
Art 5 Abs 1	392		
Art 5 Abs 1 S 2	1276, 1282		
Art 6	1244, 1255		
Art 10	1287	Art 103 Abs 2	1062
Art 10 Abs 2	675	Art 103 Abs 3	167, 418
Art 13	2302	Art 104 Abs 1 S 1	1646
Art 18	1120	Art 104 Abs 1 S 2	625
Art 19 Abs 4	1080, 1650 f	Art 104 Abs 2	1646
Art 20 Abs 3	47, 625, 1050 f	Art 104 Abs 2 S 1	1079
		Art 140	1093

II. StPO

§ 2	936	§ 22 Nr 3	1549
§ 2 Abs 2	932	§ 22 Nr 4	1008, 1549 f
§ 4	932	§ 22 Nr 5	78, 86, 1008, 1549 f
		§ 22 ff	2274
§ 6	745	§ 23	1550
§ 6a	745	§ 24	1517, 1549 ff
§ 14	1704	§ 24 Abs 1	1012 f
§ 16	745	§ 25 Abs 2	1556
§ 22	1009–1013, 1550, 2104	§ 26	1012
		§ 26 Abs 1 S 1	177
§ 22 Nr 1	1549	§ 26 Abs 3	1559
§ 22 Nr 2	1549	§ 26 Abs 3 S 3	1558

Gesetzesverzeichnis

§ 26a Abs 1 Nr 3	1549	§ 52 Abs 1 Nr 2	1246
§ 28	1562	§ 52 Abs 1 Nr 3	1247
§ 30	1012, 1555, 1586	§ 52 Abs 2	1253–1255, 1262, 1319, 1320, 1696
§ 30 Abs 1	1559	§ 52 Abs 2 S 2	1676
§ 31	1007, 2104	§ 52 Abs 2 S 2 Hs 2	1255, 1676
§ 33	1559, 1576, 2150	§ 52 Abs 3	1323, 1580
§ 33 Abs 1	2141	§ 52 Abs 3 S 1	376, 1259, 1262, 1313, 1318, 1585, 1659, 1671 ff, 1684, 2128, 2217
§ 33 Abs 2	754, 1697		
§ 33 Abs 3	754, 1642, 1696, 1951		
§ 33 Abs 4	1696, 1951	§ 52 Abs 2 S 3	1212, 1256, 1674, 1676
§ 33 Abs 4 S 1	1642		
§ 34	191 f, 1559, 1575, 1649, 1704, 1707, 1951	§§ 53 ff	379, 863
		§ 53	377, 379 f, 940, 1263–1285, 1310, 1321, 1585, 1670, 2100, 2121, 2316
§ 35 Abs 1 S 1	177, 192		
§ 35 Abs 2	762, 1704		
§ 35 Abs 2 S 2	762		
§ 36 Abs 1	1058	§ 53 Abs 1 Nr 1	349, 1268
§ 36 Abs 2 S 1	762, 1109, 1645, 1672, 1679 f, 1701	§ 53 Abs 1 Nr 2	1014, 1269
		§ 53 Abs 1 Nr 3	1270–1272, 1285, 1585
§ 36 Abs 2 S 2	1109	§ 53 Abs 1 Nr 3a	1273
§ 37 Abs 2	229, 267	§ 53 Abs 1 Nr 3b	1273
§ 38	267, 287, 1057 f, 1528	§ 53 Abs 1 Nr 4	1274
		§ 53 Abs 1 Nr 5	1100, 1275–1283
§§ 44 ff	769	§ 53 Abs 2	1285, 1310, 1321
§§ 48 ff	84, 1512	§ 53 Abs 2 S 1	1123
§ 48	1056, 1078, 1083, 1570	§ 53a	377, 380, 1286, 1585, 1670, 2316
§§ 48–71	35		
		§ 53a Abs 2	1310
§ 49	87, 1055	§ 54	338, 364, 378 f, 1007, 1035, 1287–1300, 1311, 1322, 1585, 1670, 2316
§ 50	87, 1055		
§ 51	230, 1056–1077, 1096, 1569		
§ 51 Abs 1	1512	§ 54 Abs 2	1293
§ 51 Abs 1 S 1	1073, 1569, 1573	§ 54 Abs 4	1267
§ 51 Abs 1 S 2	1073	§ 55	112, 218, 230, 349, 368, 788, 800, 863, 937, 940, 1005, 1113–1132, 1156, 1217, 1312, 1313, 1585, 1669, 1670, 2083 f, 2100, 2121, 2138
§ 51 Abs 1 S 4	1106		
§ 51 Abs 2	1073, 1512, 1569		
§ 51 Abs 2 S 1	1066, 1570		
§ 51 Abs 2 S 2	1066, 1576		
§ 51 Abs 2 S 3	1076, 1576		
§ 51 Abs 3	1056, 1512, 1575	§ 55 Abs 1	378
§§ 52 ff	36, 112, 349, 360, 376–380, 2317	§ 55 Abs 2	364, 378, 1114, 1121, 1123, 1129, 1131, 1164, 1312, 1323, 1585, 2128
§ 52	41, 370, 379, 940, 1114, 1184, 1217, 1241–1262, 1306, 1585, 1661, 1670 f, 1684, 1867, 2100, 2121, 2217, 2316		
		§ 56	1125, 1245, 1285, 1585, 1670
		§ 57	550, 1323, 1688
		§ 57 S 2	1139
§ 52 Abs 1	376, 1184, 1659, 1670, 1673, 1959	§ 57a	1688
§ 52 Abs 1 Nr 1	1243–1245	§ 58	1045

Gesetzesverzeichnis

§ 58 Abs 1	1016f, 1025, 1325, 1584, 1590	§ 68 Abs 2 S 2	1093, 1326
§ 58 Abs 2	834, 1221–1225, 1325	§ 68 Abs 3	82, 233, 798, 1087, 1326, 2116, 2130
§§ 59 ff	2145	§ 68 Abs 3 S 1	1044
§ 59	1133–1216, 1512	§ 68 Abs 3 S 2	1044
§ 59 S 1	1126, 1140, 1149	§ 68 Abs 4	1217, 1220, 1661
§§ 60 ff	1152	§ 68 Abs 4 aF	1087, 1092
§ 60	36, 1135 f, 1144, 1153–1172, 1203, 1205, 1216, 1597	§ 68 a	798, 1045, 1217, 1326, 1512
		§ 68 a Abs 1	1863
§ 60 Nr 1	39, 1089, 1154 f, 1175 f	§ 68 a Abs 2	1192, 2017
§ 60 Nr 2	928, 1005, 1125, 1143, 1156–1167, 1170, 1177, 1195, 1200	§ 69	12, 84, 1045, 1512, 1625, 1859, 2160
		§ 69 Abs 1	1855
§ 61	1135, 1143, 1148, 1172–1205, 1597	§ 69 Abs 1 S 1	583, 1115, 1326, 1356, 2057, 2105, 2106, 2121
§ 61 Nr 1	39, 1089	§ 69 Abs 1 S 2	1357
§ 61 Nr 2	1024, 1177–1187, 1212, 1217	§ 69 Abs 2	1326, 1351, 1357
§ 61 Nr 3	1022, 1188–1191, 1202, 1205	§ 69 Abs 3	634, 636, 1111, 1328, 1361
§ 61 Nr 4	1192–1194, 1203	§ 70	800, 1085, 1096–1112, 1216, 1231, 1512, 1569, 1680
§ 61 Nr 5	177, 1138, 1172 f, 1195–1201, 1203		
		§ 70 Abs 1	1512, 1680
§ 62	1205, 1208, 1210 f, 1856	§ 70 Abs 1 S 2	1680
		§ 70 Abs 2	1106, 1216, 1512, 1681
§ 63	63, 1135 f, 1185, 1212 f, 1217, 1242, 1597	§ 70 Abs 3	1108, 1512, 1575
		§ 70 Abs 4	1106, 1512, 1573
§ 64	1137, 1144, 1168, 1187, 1190, 1214 f	§ 72	634, 636, 1570, 1517, 1585, 1597, 2160
§ 64 Nr 2	1187	§§ 72–85	35
§ 65	1133–1137, 1512, 1597	§ 73	149, 1504, 1534
§ 66 a	1134, 1137, 1214, 1512	§ 73 Abs 1	1516, 1686, 2272 f
§ 66 b	1137, 1512, 1597	§ 73 Abs 1 S 1	1527
§ 66 c	550, 1139, 1149, 1512, 1598	§ 73 Abs 1 S 2	1545, 1570
		§ 73 Abs 2	1530
§ 66 d	1150, 1216, 1512, 1598	§ 74	1516, 1537, 1544, 1548, 1549–1565, 1686, 2272, 2274
§ 66 d Abs 1	1149		
§ 66 e	1001	§ 74 Abs 1 S 1	1550, 1562
§ 67	1135, 1141, 1147, 1150, 1216, 1512, 1598	§ 74 Abs 1 S 2	1550
		§§ 72 ff	84
§ 67 d Abs 3	1688	§ 74 Abs 2 S 1	1555
§ 67 g	1688	§ 74 Abs 2 S 2	1547, 1549, 1564
§ 68	84, 1044 f, 1085–1095, 1136, 1142, 1326, 1512, 1600, 2105, 2138, 2150	§ 74 Abs 2 S 2 Hs 2	1547
		§ 74 Abs 3	1558
		§ 74 Abs 3 Hs 2	1558
§ 68 Abs 1	1044, 1085, 1089, 1355	§ 75	1516, 1566–1568, 1585, 2272, 2275
§ 68 Abs 1 S 2	1090	§ 75 Abs 2	1568
§ 68 Abs 2	82, 233, 798, 1090–1095, 2116	§ 76	379, 1312, 1512, 1588, 1594
		§ 76 Abs 1 S 1	1585, 1588

Gesetzesverzeichnis

§ 76 Abs 1 S 2	1555, 1558, 1569, 1586 ff	§ 81 a Abs 2 Hs 1	1641
§ 76 Abs 2	1585, 1588	§ 81 a Abs 2 Hs 2	1641, 1646, 1651
§ 77	1512, 1528, 1569–1579, 1594, 2275	§ 81 b	834
		§ 81 c	347, 350, 364, 1227, 1312, 1658–1684, 1950, 2220, 2282, 2311, 2316 f, 2319
§ 77 Abs 1	1572 f, 1576		
§ 77 Abs 1 S 1	1569	§ 81 c Abs 1	1662 ff, 1666, 1677, 1681, 1683, 2316, 2319
§ 77 Abs 1 S 1 1. Alt	1570		
§ 77 Abs 1 S 1 2. Alt	1570	§ 81 c Abs 1 S 1	1625
§ 77 Abs 1 S 2	1569	§ 81 c Abs 2	1501, 1666, 1677
§ 77 Abs 1 S 3	1569, 1573	§ 81 c Abs 2 S 1	1668, 1683
§ 77 Abs 2	1545, 1569, 1575 f	§ 81 c Abs 2 S 2	1667, 1683
§ 77 Abs 2 S 1 1. Alt	1570	§ 81 c Abs 2 S 2 Hs 2	1676, 1867
§ 77 Abs 2 S 1 2. Alt	1571	§ 81 c Abs 3	1670, 1678 f, 1867, 2316, 2319
§ 77 Abs 2 S 2	1570 ff		
§ 77 Abs 2 S 3	1569, 1570, 1573	§ 81 c Abs 3 S 1	1670 f
§ 78	1500, 1519, 1550, 1570, 1602, 1604, 1606, 1905 f	§ 81 c Abs 3 S 2	359, 1674 ff, 1696
		§ 81 c Abs 3 S 2 Hs 2	1659, 1671, 1675, 1684, 1866
§ 79	1544, 1570, **1595–1601**	§ 81 c Abs 3 S 3	359, 1676, 1678, 1682
§ 79 Abs 1 S 1	1595, 1601	§ 81 c Abs 3 S 4	1676, 1682
§ 79 Abs 1 S 2	1595 ff, 1601	§ 81 c Abs 3 S 5	359, 1677
§ 79 Abs 2	1598	§ 81 c Abs 4	1665, 1669
§ 79 Abs 3	1599, 1601	§ 81 c Abs 5	1658, 1678
		§ 81 c Abs 6 S 1	1680
§ 80	1589, 1593, 1604, 1612, 1824	§ 81 c Abs 6 S 2	1645, 1678, 1681
		§ 81 c Abs 6 S 3	1681
§ 80 Abs 1	1695	§ 81 d	1516, 1685 ff, 2263
§ 80 Abs 2	1551, 1584, 1590 ff, 1603, 1661, 1695	§ 81 d Abs 1 S 1	1685
		§ 81 d Abs 1 S 2	1685 f
§ 80 a	1518, 1605, 1711, 1823, 1825, 1827	§ 82	1582
		§ 83	1541 ff
§ 81	261, 691, 1518, 1622, 1641, **1688–1709**, 1798, 1824, 1829, 1846	§ 83 Abs 1	1541, 1544
		§ 83 Abs 2	1543 f, 1556
		§ 83 Abs 3	1500, 1536, 1542 ff, 2181
§ 81 Abs 1	1695		
§ 81 Abs 2 S 1	1693	§ 84	1594
§ 81 Abs 2 S 2	1694		
§ 81 Abs 3	1242, 1641, 1704	§ 85	1006, 1510, 1514, 1953
§ 81 Abs 4	1562		
§ 81 Abs 4 S 1	1705, 1708	§ 86	1949, 1957, 2239–2241
§ 81 Abs 4 S 2	1705		
§ 81 Abs 5	1688 f, 1694, 1698	§§ 87–90	1501, 1518, 1601
§ 81 a	347, 355, 381 f, 505, 703, 834, **1224**, 1566, 1604, **1621–1657**, 1658 f, 1664, 1698, 1702, 1824, 1829, 2220, 2282, 2311, 2314	§ 87	1605, 1946 ff, 1962, 2220, 2282
		§ 87 Abs 1	1946, 2311 f
		§ 87 Abs 1 S 1	1948
		§ 87 Abs 1 S 2	1948
		§ 87 Abs 2	1946, 1963, 2311
§ 81 a Abs 1	1624	§ 87 Abs 2 S 1	1953, 1958
§ 81 a Abs 1 S 1	**1224**, 1625, **1629**, 1637	§ 87 Abs 2 S 2	1953
§ 81 a Abs 1 S 2	1224, 1501, 1622, 1626, **1632 ff**	§ 87 Abs 2 S 3	1953, 1962
		§ 87 Abs 2 S 4	1501, 1953
§ 81 a Abs 2	1678	§ 87 Abs 2 S 5	1954
		§ 87 Abs 2 S 6	1955

Gesetzesverzeichnis

§ 87 Abs 3	1959		§ 110b Abs 1	358
§ 87 Abs 4	1959		§ 110b Abs 1 S 1	358
§ 87 Abs 4 S 1	1952		§ 110b Abs 1 S 3	358
§ 87 Abs 4 S 1 Hs 2	1952		§ 110b Abs 2	358
§ 87 Abs 4 S 2	1959		§ 110b Abs 2 S 2	358
§ 87 Abs 4 S 2 Hs 2	1959		§ 110b Abs 3	1035, 2130
§ 88 S 2	1960 f		§ 110b Abs 3 S 2	1035, 1050
§§ 89–91	1950		§ 110b Abs 3 S 3	1035, 1038, 1038
§ 89	1962		§ 110e	358, 404
§ 91	1518, **1963**			
§ 91 Abs 1	1500		§ 111a	1852
§ 91 Abs 2	1963 f		§ 111b	505
			§ 111e	355
§ 92	1518		§ 111n	355
§ 92 Abs 1	1964			
§ 92 Abs 1 S 2	1500		§§ 112 ff	561
			§ 112	684, 1831
§ 93	1976 f		§ 112 Abs 1	505
			§ 112 Abs 1 S 1	1693
§ 94	1951		§ 112 Abs 2	1693
			§ 112 Abs 3	743
§§ 95 ff	350		§§ 112–113	762
			§ 112a Abs 1	1693
§ 96	203, 232 f, 350, 364, 780, **1035–1038**, 1047, 1287, 1295, 2115, 2139		§ 114	1832
			§ 114 Abs 3	743
§ 97	1242, 1263		§ 115	743 f, 763, 1834
§ 97 Abs 1	380		§ 115 Abs 2	743 ff
§ 97 Abs 1 Nr 1	1242, 1263		§ 115 Abs 3	559, 743, 762, 899
§ 97 Abs 2	1283		§ 115 Abs 3 S 1	549
§ 97 Abs 5	1283		§ 115 Abs 3 S 1 Hs 1	743
§ 97 Abs 5 S 2	1283		§ 115 Abs 3 S 2	553, 743
			§ 115a	744, 1634
§ 98	355, 1651			
§ 98 Abs 2	1651, 1682		§ 116	763, 1832
§ 98a	358		§ 116a	1832
§ 98b Abs 3 S 3	358, 404			
			§ 117	744
§ 99	505		§ 117–118b	1634
§ 100	355		§ 118a Abs 3	559
§ 100a	358, 394, 638, 675, 2089, 2300 f		§ 119	1835
			§ 119 Abs 3	1703, 1835
§ 100b	675, 2300 f		§ 119 Abs 6	1703
§ 100b Abs 5	358, 404, 2296			
§ 100c	393, 675, 2294, 2296		§ 120 Abs 3	1834
§ 100c Abs 1 Nr 1	393			
§ 100c Abs 1 Nr 2	302		§ 121	1832
§ 100d	393, 675 f		§ 121 Abs 1	763
§ 100d Abs 2	358, 394, 404			
			§ 122	1832
§ 102	1621, 1630, 1644, 1685		§ 123	1832
			§ 124	1832
§ 103	1644, 1664, 1685			
			§ 126	1688
§ 105	355, 1621, 1644		§ 126a	1689, 1831–1837
			§ 126a Abs 2	1832, 1835
§ 110 Abs 1	389		§ 126a Abs 2 S 2	1837
§ 110a ff	358, 637, 1035		§ 126a Abs 3 S 1	1834
§ 110a Abs 1	358		§ 126a Abs 3 S 2	1834
§ 110a Abs 2	358			

Gesetzesverzeichnis

§ 126a Abs 3 S 3	1834	§ 136a Abs 3	696, 725, 937
§ 127	505, 684, 1082	§ 136a Abs 3 S 2	40, 109, 347, 357, 365, 547, 625, 697, 706, 710, 712 f
§ 127 Abs 2	1646		
§ 127a Abs 1	505		
§ 128 Abs 1 S 2	549, 559	§ 137 Abs 1	514
§ 128 Abs 1 S 3	553	§ 137 Abs 1 S 1	374, 516
§ 131	505	§ 138a	1014
		§ 138b	1014
§ 132	505	§ 140 Abs 1	10, 1015
§ 132a ff- 137	505	§ 140 Abs 1 Nr 3	791
§ 133 ff	857	§ 140 Abs 1 Nr 6	1697, 1704
§ 133	512, 724	§ 140 Abs 1 Nr 7	1711
§ 133 Abs 2	513, 1824	§ 140 Abs 2	745, 768, 791, 843, 1704
§ 134	724	§ 140 Abs 2 S 2	791
§ 134 Abs 1	513	§ 141 Abs 3	1711, 2243
§ 136	373–375, 509, 547, 578, 743, 857, 863, 879	§ 141 Abs 3 S 1	1526
		§ 141 Abs 3 S 2	1526
§ 136 Abs 1	125, 938, 1628	§ 145 a	1705
§ 136 Abs 1 S 1	541, 546, 671		
§ 136 Abs 1 S 2	36, 51, 112, 364, 373, 408, 516, 562, 567, 571, 575 f, 578, 671, 860, 899, 937, 1250, 2128	§ 147	610, 744 f
		§ 147 Abs 2	744, 1526
		§ 149	1196
		§ 150 Abs 2	518
§ 136 Abs 1 S 2 Hs 1	549	§ 152 Abs 2	1624
§ 136 Abs 1 S 2 Alt 2	572	§§ 153 ff	50, 501, 508, 1105
§ 136 Abs 1 S 3	375, 403, 553, 562, 567, 733	§ 153	422, 934, 1073, 1100, 1119
§ 136 Abs 1 S 4	375	§ 153a	46, 422, 505, 2016
§ 136 Abs 2	375, 536, 538, 573, 583, 604, 669	§ 154	413, 417, 689, 1113
		§ 154 Abs 1	416
§ 136 Abs 2 S 1	546	§ 154 Abs 2	99, 210, 416, 934
§ 136 Abs 3	375	§ 154a	413, 417, 829, 1119
§ 136a	47, 52, 329, 347, 357, 396, 398, 408, 517, 544, 549, 552, 565, 570, 577, 580, 595, 607, 625–725, 879, 1083, 1111, 1122, 1325, 1328, 1351, 1361, 1552, 1580, 1606, 1625, 1655, 1864, 1961	§ 154a Abs 2	99, 113, 416
		§ 155	863
		§ 155 Abs 1	6, 418
		§ 155 Abs 2	1, 10, 1039
		§ 157	10, 1624
		§ 159	1946, 1950
		§ 159 Abs 1	1945, 1947
		§ 159 Abs 2	1946
§ 136a Abs 1	36, 644, 655, 658, 660, 666 f, 669, 672, 687 f, 710 f, 860, 1351, 1912	§ 160	739, 1304, 1960
		§ 160 Abs 1	506, 518, 1946
		§ 160 Abs 2	517 f, 553, 573, 727, 1020
§ 136a Abs 1 S 1	664, 674	§ 160 Abs 3	548
§ 136a Abs 1 S 1 Alt 2	604	§ 160 Abs 3 S 2	519, 548
§ 136a Abs 1 S 2	659, 691	§ 161	723, 857, 1035, 1082
§ 136a Abs 1 S 3	683, 686	§ 161a	1078–1083, 1085, 1526, 1583
§ 136a Abs 2	36, 644, 710 f, 860, 1351		

Gesetzesverzeichnis

§ 161a Abs 1	1056, 1233
§ 161a Abs 1 S 1	1078, 1221
§ 161a Abs 1 S 2	634, 1123, 1260, 1287, 1323, 1526, 1545, 1568, 1954
§ 161a Abs 1 S 3	1133
§ 161a Abs 2	1096, 1108, 1566, 1569, 1578, 1680
§ 161a Abs 2 S 1	1573, 1577
§ 161a Abs 2 S 2	1079
§ 161a Abs 3	1080f, 1578
§ 161a Abs 4	1078, 1081, 1577
§ 161a Abs 5	1082
§ 162	1056, 1079, 1108, 1135, 1336, 1526, 1583, 1678, 1824, 1947, 1952, 1959
§ 162 Abs 1	1641
§ 162 Abs 1 S 1	1952
§ 162 Abs 3	1526, 1947
§ 163 Abs 1	558, 1526
§ 163 Abs 1 S 4	519
§ 163a	635, 857
§ 163a Abs 1	510
§ 163a Abs 1 S 1	518, 729
§ 163a Abs 1 S 2	519
§ 163a Abs 2	553–555
§ 163a Abs 3	671, 899, 938, 1224, 1824
§ 163a Abs 3 S 1	612
§ 163a Abs 3 S 2	521f, 546, 562, 567, 628, 1584, 2128
§ 163a Abs 4	364, 899, 1628
§ 163a Abs 4 S 1	547
§ 163a Abs 4 S 2	547, 562, 567, 628, 671
§ 163a Abs 5	634, 1045, 1123, 1260, 1323, 1328
§ 163b	540
§ 164	1118
§ 165	1947, 1952
§ 166	553, 744a
§ 166 Abs 1	559, 561
§ 168	743a, 860, 1146, 1949, 1957, 2246
§ 168 S 1 Hs 2	2246
§ 168 S 3	2104
§ 168a	610, 743a, 860, 1329, 1949, 1957, 2246
§ 168a Abs 1 S 1	1094, 1146, 1151, 1212
§ 168a Abs 2	2289
§ 168a Abs 2 S 2	2289
§ 168a Abs 3	2103
§ 168a Abs 3 S 3	1949, 1957, 2022
§ 168a Abs 4	2103
§ 168a Abs 4 S 1	2121
§ 168b	1329
§ 168b Abs 1	610, 1583, 1949
§ 168b Abs 2	610, 671, 1583
§ 168c	383, 725, 743a, 795, 860, 1583
§ 168c Abs 1	521, 754
§ 168c Abs 3	2242
§ 168c Abs 4	521, 2242f
§ 168c Abs 5	1584, 2012, 2022, 2128, 2149, 2242, 2249
§ 168c Abs 5 S 1	383, 522, 2105f
§ 168c Abs 5 S 2	522f
§ 168d	383, 795, 1947, 1956, 2265
§ 168d Abs 1	1949, 2242
§ 168d Abs 1 S 2	383, 2022, 2242
§ 168d Abs 2 S 2	2245
§ 169	1079, 1135, 1526, 1583, 1641, 1678
§ 170	501, 508, 1105
§ 170 Abs 1	739, 1583
§ 170 Abs 2	413, 1119, 1583
§ 173 Abs 3	1134, 1137
§ 199	73
§ 199 Abs 2	729
§ 199 Abs 2 S 2	738
§ 200 Abs 1 S 1	745, 828
§ 200 Abs 2 S 1	745
§ 201	747, 857
§ 201 Abs 1	561, 747, 748
§ 201 Abs 2 S 1	1559
§ 202	746, 857, 1150, 1527, 1678, 2280
§ 202 S 1	1134, 1137, 1548
§ 202 S 2	746, 1648
§ 203 ff	73
§ 203	739, 745, 749
§ 204	1105
§ 204 Abs 1	749
§ 205	768, 934, 939, 1105, 1134
§ 206a	934, 1105
§ 206b	934, 1105
§ 207	751
§ 209	744
§ 209 Abs 1	1704

Gesetzesverzeichnis

§ 209 a	744	§ 230 Abs 1	755–758, 765 f, 934
§ 210 Abs 1	828	§ 230 Abs 2	758, 761, 763 f, 768, 1110
§ 211	1119, 1710	§ 231	1704
§§ 212–212 b	744	§ 231 Abs 1	769
§ 212 b Abs 1 S 1	744	§ 231 Abs 1 S 2	1065
§ 214 Abs 1	271, 1233	§ 231 Abs 2	278, 755, 761, 768, 771, 773 f, 776, 779, 789, 2125
§ 214 Abs 1 S 1	1057		
§ 214 Abs 1 S 2	1058	§ 231 a	278, 755, 768, 771 f, 776, 778 f, 789, 1704, 2125
§ 214 Abs 3	1057, 1233, 1528, 1541, 1549, 1566, 1568, 1586		
§ 214 Abs 4	2280	§ 231 a Abs 1 S 2	776, 777
		§ 231 a Abs 2	779, 788, 809
§ 216	761	§ 231 a Abs 3 S 1	776, 777, 779
§ 217 Abs 1	761	§ 231 a Abs 3 S 2	777
§ 219	73	§ 231 a Abs 3 S 3	777
§ 220	267, 287, 1528, 1541, 1549	§ 231 a Abs 4	278, 776
		§ 231 b	278, 755, 768, 771, 779, 789, 2125
§ 220 Abs 1	1056, 1566, 1568, 1586	§ 231 b Abs 2	779, 788, 809
§ 220 Abs 2	1056, 1235, 1528, 1566	§ 231 c	766 f, 2125
		§ 231 c S 1	767
§ 220 Abs 3	1235, 1528	§ 232	87, 278, 755, 768, 770, 770 a, 789, 809, 2125
§ 221	73, 2280		
§ 222	1090	§ 232 Abs 3	770
§ 222 Abs 1	1087, 1090	§ 233	87, 278, 755, 768, 770, 770 a, 789, 809, 2125
§ 222 Abs 1 S 1	1044		
§ 222 Abs 1 S 2	1044	§ 233 Abs 2	770
§ 222 Abs 1 S 3	1092	§ 233 Abs 2 S 1	176
§ 222 Abs 2	287, 1087	§ 234	736, 789, 2125
§§ 223 ff	746	§ 234 Abs 4 S 1	884
§ 223	81 f, 795, 1043, 1046, 1056, 1088, 1150, 1527, 2112, 2142	§ 234 a	1196
		§ 234 a Hs 2	278
		§ 235	769
§ 223 Abs 1	1137	§ 236	768, 789
§ 223 Abs 3	1133	§ 237	932
§§ 223–225	81	§ 238	73, 2274
§ 224	795, 1043, 2022, 2267	§ 238 Abs 1	190, 796, 806, 816, 1144, 1596, 1602, 2201, 2273, 2280
§ 224 Abs 1	84		
§ 224 Abs 1 Hs 1	2105	§ 238 Abs 2	37, 190, 285, 300, 712, 1093, 1121, 1125, 1144, 1202, 1215, 1219, 1590, 1596, 1601, 2029, 2045, 2201, 2203, 2274
§ 224 Abs 2	84		
§ 225	85, 2022, 2229, 2239, 2267		
§ 226	65, 77, 1012, 1018, 1023, 2251 f		
		§ 239 Abs 2	1126
§ 228	1573	§ 240	793, 797, 1053, 1093
§ 228 Abs 1 S 1	190	§ 240 Abs 1	795
§ 229	1545, 1573, 2118	§ 240 Abs 2	84, 797 f, 1032, 1040
§ 230	77, 128, 2251 f	§ 240 Abs 2 S 1	782, 792, 795, 799 f

§ 240 Abs 2 S 2	797	Var 1	208
§ 241	630, 1584	§ 244 Abs 4	5, 10, 15, 140, 192, 197, 200, 252, 284, 557, 1518, 1541, 1548, 1690
§ 241 Abs 1	799		
§ 241 Abs 2	84, 346, 798 f, 1124, 1126		
§ 241 a	797, 1584	§ 244 Abs 4 S 1	22, 253, 1514, 1524
§ 241 a Abs 2	781	§ 244 Abs 4 S 2	254, 1524, 1690
§ 241 a Abs 2 S 1	797	Alt 1	17
§ 241 a Abs 2 S 2	797	§ 244 Abs 4 S 2 Hs 1	256
§ 241 a Abs 3	799	§ 244 Abs 4 S 2 Hs 2	5
§ 242	698, 781		257, 259, 1525
		§ 244 Abs 3–5	34, 37, 105, 139, 142, 199, 293, 323, 553
§ 243	740 f, 1016 f, 1512		
§ 243 S 1	1584, 1590	§ 244 Abs 5	140, 192, 264
§ 243 Abs 2 S 1	781, 1025, 1325	§ 244 Abs 5 S 1	197, 200, 265, 267, 2227, 2232–2237, 2272
§ 243 Abs 2 S 2	820		
§ 243 Abs 3	177		
§ 243 Abs 3 S 1	826	§ 244 Abs 5 S 2	267
§ 243 Abs 3 S 2–4	829	§ 244 Abs 6	37, 140, 160, 172, 175, 191 f, 200, 247, 268, 311, 323, 2214
§ 243 Abs 3 S 3 Hs 2	829		
§ 243 Abs 4	177, 575, 802, 850, 938		
		§ 244 Abs 2–6	282
§ 243 Abs 4 S 1	549, 575, 824, 831, 835, 840 f, 899	§ 244 Abs 3–6	40, 59, 138, 179, 291, 299
§ 243 Abs 4 S 2	771, 792, 823	§§ 244–257	35
§ 243 Abs 2–4	826	§ 245	14, 37, 142, 179, 252, 264, 284, 287, 291, 296, 299, 312, 327, 1320 f, 1528, 1541, 1586, 1605, 2075, 2232 f
§ 244	28, 274, 292, 910, 1046, 1095, 1830		
§ 244 Abs 2	1, 5, 33, 47, 61, 139 f, 179 f, 197, 206, 282, 306, 413, 701, 771, 856, 868, 870, 881, 1030 f, 1041, 1077, 1105, 1111, 1132, 1218, 1222, 1300, 1302, 1322, 1359 f, 1518, 1523, 1541, 1548, 1560, 1579, 1584, 1587, 1606, 1668, 1690, 1708, 1827, 1854, 2023, 2027, 2031, 2043, 2074, 2089–2091, 2096 f, 2204, 2274, 2280		
		§ 245 Abs 1	270, 274 f, 277, 282–284, 305, 310, 327, 1132, 2233
		§ 245 Abs 1 S 1	272
		§ 245 Abs 2	34, 138, 197, 208, 283 f, 286–296, 327 f, 701, 1126, 1528, 1541
		§ 245 Abs 2 S 1	270, 286
		§ 245 Abs 2 S 2	211, 1528
		§ 245 Abs 2 S 3	1528
		§ 246	239
		§ 246 Abs 1	174
		§ 246 Abs 2	287, 1087
§ 244 Abs 3	5, 10, 15, 138, 140, 155, 197, 253, 266, 290, 554, 557, 1222, 1514, 1524, 1690, 1708, 2075, 2235, 2271	§ 246 a	1534, 1713, 1825, 1827 ff, 1832
		§ 247	755, 768, 771, 780–782, 787 f, 1196, 1704, 2125
§ 244 Abs 3 S 1	202, 292, 1008		
§ 244 Abs 3 S 2	152, 171, 202, 206–251, 264, 286, 294 f, 299, 744 a, 798, 1485, 2111, 2115, 2117, 2146, 2154, 2167, 2227, 2231, 2233, 2268, 2274	§ 247 S 1	780 f, 783
		§ 247 S 2	781, 788
		§ 247 S 2 Alt 1	784
		§ 247 S 2 Alt 2	784
		§ 247 S 3	786, 1582
		§ 247 S 1–3	84

§ 247 S 4	84, 788		2126 f, 2133 f, 2138, 2141 f, 2146 f, 2154, 2183, 2288 f, 2292 f
§ 248	796, 1016, 1065, 1144, 1150	§ 251 Abs 2 S 1	2131, 2135, 2140, 2152
§ 249	870, 2013, 2055, 2206, 2288	§ 251 Abs 2 S 2	1589, 2135–2138, 2140
§ 249 Abs 1	2049, 2052, 2065	§ 251 Abs 3	36, 267, 2099
§ 249 Abs 1 S 1	2005, 2018, 2021, 2028, 2095	§ 251 Abs 4	2029, 2141, 2143
		§ 251 Abs 4 S 1	2076
§ 249 Abs 1 S 2	87, 1949, 1955, 1958, 2013, 2016, 2019, 2023, 2092, 2094–2096, 2225, 2227, 2240 f, 2243, 2246, 2267	§ 251 Abs 4 S 3	1135, 2144
		§ 251 Abs 4 S 4	2145
		§ 252	36, 350, 360, 379, 905, 939, 941, 1127–1129, 1258, 1301–1316, 1512, 1606, 1673 f, 2062, 2083, 2100, 2121, 2287, 2319
§ 249 Abs 2	2033 ff		
§ 249 Abs 2 S 1	2033, 2035–2037		
§ 249 Abs 2 S 2	2045		
§ 249 Abs 2 S 3	2044	§ 253	87, 1909, 2027, 2033, 2077, 2081, 2097, 2156–2160, 2162, 2165 f, 2168, 2207, 2288–2291, 2293
§§ 250 ff	871, 2095		
§ 250	64, 66, 81, 87, 267, 350, 881, 883, 1029, 1503, 2015, 2027, 2051, 2076, 2078 f, 2082 f, 2085 f, 2088 f, 2091–2099, 2133 f, 2146, 2189, 2193, 2203, 2227, 2264, 2307		
		§ 253 Abs 1	58, 2156, 2163
		§ 253 Abs 2	2156, 2164
		§ 254	87, 578, 857–859, 866, 868, 870, 871, 878, 882, 940, 2027, 2033, 2061, 2077, 2097, 2288–2293
§ 250 S 2	2080, 2085, 2166, 2183, 2286, 2289 f	§ 254 Abs 1	861–864, 870
		§ 254 Abs 2	859, 867
§ 251	81, 84, 87, 350, 578, 866, 927, 938–941, 1043, 1127, 1154, 1582, 1828, 1909, 2027, 2034, 2097, 2099 f, 2102 f, 2107, 2114, 2143, 2146, 2149, 2160, 2207	§ 255	859
		§ 256	87, 350, 1003, 1503 f, 1582, 1607, 1828, 1958, 1964, 1991, 2021, 2027, 2034, 2056, 2077, 2096 f, 2109, 2173 f, 2180, 2193, 2201–2203, 2206
§ 251 Abs 1	87, 2077, 2099, 2101, 2109, 2126 f, 2133, 2137 f, 2141 f, 2146 f, 2154, 2289	§ 256 Abs 1	1503, 1550, 2170, 2176, 2203 f
Hs 1	2120	§ 256 Abs 1 S 1	1500, 1503, 2170, 2183, 2186, 2188, 2194
§ 251 Abs 1 Nr 1	1135, 1306, 2110, 2120, 2135		
§ 251 Abs 1 Nr 2	81, 1135, 2111 f, 2114, 2117, 2120, 2136, 2142, 2215	Alt 1	2189, 2191
		Alt 3	2193, 2195
		§ 256 Abs 1 S 2	1503, 2170, 2197–2199
§ 251 Abs 1 Nr 3	81, 2119 f, 2142		
§ 251 Abs 1 Nr 4	81, 177, 775, 1045, 1127, 2083, 2120, 2123 f, 2135, 2152, 2211	§ 256 Abs 2	1500, 1547, 2181
		§ 257	177, 572, 577, 802, 832, 859, 2034
§ 251 Abs 2	87, 1306, 1582, 2077, 2099, 2103, 2114,	§ 257 Abs 1	792, 794, 802–807, 832, 1040

Gesetzesverzeichnis

§ 257 Abs 2	802	§ 285 Abs 1 S 2	768
§ 257 Abs 3	805, 806	§ 286 Abs 1	768, 1133
§ 257 a	176 f, 1556	§ 286 Abs 2	768
§ 258	177, 792, 802, 814, 832, 887	§§ 290–294	768
		§ 295	768
§ 258 Abs 1	1021	§ 297	1705
§ 258 Abs 2 Hs 2	808, 812, 817, 818		
§ 258 Abs 3	808, 813, 817, 818, 821, 887	§ 302 Abs 2	770 a
		§ 304	1076, 1110, 528, 1902
§ 260	731	§ 304 Abs 1	1135, 1562, 2478, 1587, 1648, 1706, 1837
§ 260 Abs 3	745	§ 304 Abs 2	1578, 1587
§ 261	2, 15, 35, 61, 63 f, 70–72, 76–78, 88 f, 98, 125, 414, 417, 421, 766, 814, 859, 879, 881, 886 ff, 904 ff, 936, 1000, 1024, 1030, 1033 ff, 1360, 1470–1485, 1606, 2064 f, 2097, 2155, 2169, 2205, 2251 f	§ 304 Abs 3	1081
		§ 304 Abs 4	1110, 1562, 1578, 1682
		§ 304 Abs 4 S 2	1587, 1648, 1682
		§ 304 Abs 4 S 2 Nr 1	1648, 1704 f
		§ 304 Abs 5	1110
		§ 305	770, 1587
		§ 305 S 1	177, 1219, 1528, 1548, 1562, 1648, 1705
		§ 305 S 2	1076, 1219, 1587, 1648, 1682
§ 262	113		
§ 262 Abs 1	342	§ 307	1080
§ 264	64, 863, 1009, 1107, 1143, 1157, 1167, 1178, 1250, 1573, 2295	§ 307 Abs 1	1649, 1682, 1705
		§ 307 Abs 2	1081, 1649
§ 264 Abs 1	10, 418, 930	§ 308 Abs 1	1578
§ 265	745, 770 a, 829	§ 309 Abs 2	1649, 1707
§ 265 Abs 1	2193	§ 310	1110, 1578, 1649
§ 265 a	46	§ 310 Abs 1	1837
§ 267 Abs 1 S 2	88, 101	§ 310 Abs 2	1562, 1587, 1705
§ 267 Abs 1 S 3	96, 2255, 2257 f, 2260	§ 311	1705
§ 267 Abs 4	42	§ 313	141
§ 268	765, 771	§ 323	1056
§ 271 Abs 1 S 1	2121	§ 325 Hs 1	87, 2027, 2206 f, 2215 2206
§ 273	826, 1094, 2249	Hs 2	2207 f, 2214, 2216, 2218 f
§ 273 Abs 1	159, 177, 184, 190, 832, 840, 1146, 1151, 1212, 1215, 1598, 1599, 2032, 2135, 2165, 2201, 2211, 2249	§ 326 S 2	808
		§ 327	340
		§ 328 Abs 2	1150
§ 273 Abs 2	1219, 2101, 2208	§ 329	770, 770 a
§ 273 Abs 3	1219, 2208, 2249	§ 329 Abs 1	761, 789, 1582
§ 274	79, 111, 313, 351, 818, 1094, 1146, 2070	§ 329 Abs 1 S 1	759 f, 770 a
		§ 329 Abs 2	755, 770 a
§ 274 S 2	111	§ 329 Abs 2 S 1	278
§ 276	768	§ 329 Abs 4	770 a
§§ 285 ff	768	§ 336	1013
		§ 336 S 2	1708

Gesetzesverzeichnis

§ 337	177, 334, 362, 365, 807, 817, 911 f, 1024, 1131, 1322, 1830
§ 337 Abs 1	304
§ 338	1013
§ 338 Nr 1	72, 1013, 2253
§ 338 Nr 2	1013
§ 338 Nr 5	77, 83, 729, 765–767, 787, 1023, 2251
§ 338 Nr 8	177, 278, 801, 1095, 1170, 1355
§ 344 Abs 2 S 2	60, 80, 302 f, 306, 309, 818, 1565, 1653, 2098, 2147
§ 345 Abs 2	770 a
§ 350	770
§ 350 Abs 2	755
§ 351 Abs 2 S 2	808
§ 352 Abs 1	315
§ 354 Abs 2	1150
§ 354 Abs 3	1150
§ 355	1150
§ 358 Abs 1	2093
§§ 359 ff	90
§ 359 Nr 1	2004
§ 359 Nr 2	1195, 1517
§ 359 Nr 3	90, 549
§ 359 Nr 5	1033, 1154, 1426, 1525, 1860 a, 1921 a
§ 362	1119
§ 362 Nr 3	90
§ 362 Nr 4	934
§ 364 S 2	1426
§ 368	102, 1056
§ 369	1150, 1688
§ 370	131
§ 371	770
§ 371 Abs 1	770
§ 373 Abs 2 S 2	1821
§ 373 a	90
§ 374 ff	1024
§ 384 Abs 1 S 1	1597
§ 384 Abs 2	140
§ 384 Abs 3	168
§ 385 Abs 1 S 1	168, 1597
§ 386 Abs 2	1056
§ 387	770, 1024
§ 387 Abs 1	755
§ 397	1016, 1025, 1597
§ 397 Abs 1	168
§ 397 Abs 1 S 3	1555
§§ 403 ff	33, 168, 1026, 1555
§ 407	502
§ 407 Abs 2 Nr 2	1852
§§ 407 ff	744
§ 408 Abs 2 S 1	744
§ 411	828
§ 411 Abs 2	755
§ 411 Abs 2 S 1	789
§ 411 Abs 2 S 2	140
§ 412	761, 770
§ 412 Abs 1	1582
§§ 413 ff	1688, 1710 f
§ 413	1710
§ 414 Abs 1	1710
§ 414 Abs 3	1710 f
§ 415	1704
§ 415 Abs 2	1712
§ 415 Abs 5	1711 ff
§§ 417 ff	2076
§ 420	87
§ 420 Abs 1–3	207
§ 420 Abs 4	140
§ 431 Abs 2	1026
§ 433	1555
§ 434	277
§ 440	744
§ 442	277
§ 444	277
§ 454	1011
§ 454 Abs 1 S 3	1846
§ 454 Abs 1 S 5	1846
§ 458	1011
§ 460	1011
§ 462	1011
§ 463	1011
§ 464	1081
§ 464 a Abs 1 S 1	1528, 1691
§ 464 a Abs 2	1528, 1572

§ 464 b	1572	§ 467 Abs 1	1572
§ 465 Abs 1 S 1	1528	§ 470 S 2	46
§ 467	1071, 1528		

EG GVG

§ 23	1300, 1651 f, 1682, 1701, 1837	§ 34 Abs 3 Nr 2 S 2	727
		§ 34 Abs 3 Nr 3	721
§ 28 Abs 1 S 4	1652		

GVG

§§ 18 ff	1059	§ 161	11
§ 18	1644	§ 169	35, 64, 1099
§ 20	1644	§ 171 b	786, 2037
§ 24 Abs 1 Nr 2	1704	§ 172	1039, 2037
§ 24 Abs 1 Nr 3	1704	§ 174 Abs 3	339
§ 30 Abs 1	75, 1108, 1575, 1641, 1678	§ 176 ff	857
§ 73 Abs 2	1081	§ 177	768, 779, 1232
§ 74 a	1081	§ 178	1232
§ 74 c	1081	§ 180	84
§ 77	1108	§ 184	64, 528, 844, 2011
§ 77 Abs 1	75, 1559, 1575, 1641, 1678	§ 185 ff	64, 1517
		§ 185	790
§ 120	1081	§ 185 Abs 1	790
§ 135	1081	§ 189	860, 2104
		§ 189 Abs 1	1517
§ 152	504, 506, 516, 1221, 1641	§ 189 Abs 2	1517
§ 152 Abs 1	123	§ 191	1517
§ 152 Abs 2	11	§ 192 Abs 2	65
§ 157	81, 1137	§ 196 Abs 1	31

JGG

§ 2	1710, 1831	§ 67	1555
§ 3	1535, 1710	§ 67 Abs 1	168, 527, 795, 803, 816, 1196, 2046
§ 3 S 1	1072, 1074		
§ 7	1710	§ 69	168, 277, 1026, 2122, 2211
§ 18 Abs 1 S 2	1848	§ 69 Abs 3	1196
§ 38	548, 1304	§ 73	1692
§ 40	1710	§§ 76–78	744
§ 41	1710	§ 77	744
§ 43	6	§ 78 Abs 3 S 1	142
§ 45	1119	§ 104 Abs 1	816
§ 49 Abs 1 S 1	1153, 1205	§ 104 Abs 1 Nr 9	803
§ 49 Abs 1 S 2	1597	§ 105	1535, 1710

§ 105 Abs 1	122	§ 109	803, 810, 1710
§ 105 Abs 3	1848		
§ 107	548	§ 149	1026

MRK

Art 3	625, 645	Art 6 Abs 2	117, 420, 425, 1192
Art 5 Abs 2	744	Art 6 Abs 3 a	748
Art 5 Abs 4	744, 1840	Art 6 Abs 3 b	748
		Art 6 Abs 3 d	267, 793, 1052–1054
Art 6 Abs 1	64, 1052–1054	Art 6 Abs 3 e	790

OWiG

§ 11 Abs 2	1101	§ 77	140
§ 17	345	§ 77 Abs 2 Nr 1	193
		§ 77 Abs 3	193
§ 46 Abs 1	1260	§ 77 a	76
§ 46 Abs 3 S 1	1694		
§ 46 Abs 4	1622	§ 78	76
§ 47 Abs 2	1073, 1103, 1573	§ 111	540, 821, 822, 1085, 1089
§ 48 Abs 1 S 1	1153, 1205, 1210	§ 153	1573
§ 73 Abs 3	770		

StGB

§ 11 Abs 1 Nr 1	1243	§ 51 Abs 1 S 1	1645, 1709
§ 11 Abs 1 Nr 2	1288	§ 53	1009, 1143
§ 12	405, 738	§ 56	126
§ 16	120	§ 56 Abs 2	121
§ 17	120, 743, 1069, 1100, 1720	§ 57	1011
		§ 57 a Abs 1 Nr 2	1846
§ 19	1072, 1671	§§ 61 ff	1605
§ 20	120, 1155, 1170, 1506, 1535, 1538, 1604, 1606, 1692, **1714–1797**, 1804, 1806, 1808, 1820, 1833	§ 62	1818
		§ 63	1692, 1723, 1734, 1736, 1742, 1814–1830, 1831 ff, 1838, 1840
§ 21	120, 1535, 1538, 1604, 1606, 1692, **1714– 1797**, 1804, 1806, 1808, 1820, 1833	§ 64	1535, 1724, 1814, 1816–1830, 1831 ff, 1838, 1844
		§ 64 Abs 2	1825, 1844
§ 24	100	§ 66	1692, 1814–1830, 1838, 1845
§ 25	1158	§ 66 Abs 1 Nr 3	1814, 1816, 1822, 1845
§ 30 Abs 2	1162	§ 66 Abs 2	1822
§ 31 Abs 1 Nr 2	1162	§ 67	1819
		§ 67 Abs 2	1839
§ 34	1099, 2138	§ 67 Abs 3	1839
§ 40 Abs 3	33	§ 67 Abs 5	1844
		§ 67 a Abs 2	1826
§ 46	8	§ 67 b Abs 1 S 1	1819
§ 46 Abs 2	551	§ 67 c	1838, 1845

Gesetzesverzeichnis

§ 67 d	1838, 1845	§ 181	1180
§ 67 e	1838, 1845	§§ 185 ff	341, 1112
§§ 69 ff	1852	§ 186	6
§ 69	1625, **1852–1859**		
§ 69 Abs 1	1855	§ 187	10, 550
§ 69 Abs 2	114, 1852 ff	§ 190	110, 341
§ 69 Abs 2 Nr 1	1857		
§ 69 Abs 2 Nr 2	1857	§ 201	396, 675, 2299
§ 69 Abs 2 Nr 4	1857	§ 203	377, 1264–1267, 1321
§ 69 a Abs 1 S 2	1856		
§ 69 a Abs 7	1859	§ 211	598, 1963
§ 72 Abs 1 S 2	1818	§ 212	1963
§ 73 b	33	§ 222	1963
§ 73 d	946		
§ 73 d Abs 2	33	§ 223	645, 2192
		§ 223 a	2192
§ 74 c Abs 3	33	§ 223 b	2192
§ 78 Abs 1	424	§ 226 a	1626
§ 93	338	§ 229	1963
§ 107 a	1275	§ 230	2192
§ 108	1275	§ 242	132
§ 113	1180	§ 244	132
§ 129	946, 2295	§ 247	132
§ 129 a	2295	§ 249	132
§ 138	352	§ 250	132
§§ 146 ff	1964	§ 251	132
§ 146	1964		
§ 148	1964	§ 257	1112, 1160 f
§ 151	1964	§ 258	1112, 1161
§ 152	1964	§ 258 a	506
§ 153	132	§ 263	664, 1112
§§ 153 ff	683, 1112, 1117, 1231	§ 267	2004
§ 154	132, 1133, 1156, 1162	§ 315 c	1748
§ 155	1192	§ 315 c Abs 1 S 1 Nr 1 a	1850, 1850 c
§ 157	1192 f		
§ 158	1192 f	§ 316	1748, 1850, 1850 c
§ 163	1192, 1231	§ 323 a	133, 1724, 1755
§ 164	550, 683, 1112, 1117, 1182	§ 324	1963
		§ 326	1963
§ 171	822	§ 330 a	1963
§ 173 Abs 1	41	§ 339	728
§ 174	1180	§ 340 Abs 1	2192
§ 175	1089, 1180	§ 343	549
§ 176	1089	§ 355	1287

RiStBV

Nr 5 a	617, 1329		**Nr 45 Abs 1**	562
Nr 18	1224		**Nr 51**	743 a
Nr 33 Abs 4	1954		**Nr 61 Abs 1**	1701
Nr 34 S 1	1959		**Nr 61 Abs 2**	1701
Nr 34 S 3	1959		**Nr 62 Abs 2**	1698
Nr 35 Abs 1 S 2	1954		**Nr 64 Abs 3**	1057
Nr 35 Abs 2	1954		**Nr 64 Abs 1 S 1**	1060
Nr 36 Abs 2 S 2	1954		**Nr 64 Abs 1 S 2**	1060
Nr 44	511		**Nr 64 Abs 2**	1060
Nr 44 Abs 2	513		**Nr 70 Abs 1**	1526

III. RiStBV

Nr 70 Abs 2	1537		**Nr 181**	528, 530
Nr 70 Abs 3	1537		**Nr 181 Abs 1**	528, 790
Nr 114	935		**Nr 181 Abs 2**	529
Nr 117 Abs 1 S 1	1057		**Nr 191 Abs 3 Buchst h**	1644
Nr 126 Abs 3	74		**Nr 192 Abs 2 Buchst b**	1644
Nr 130 a	1093			
Nr 133	511		**Nr 196**	1059
Nr 146 Abs 1 S 2	2076		**Nr 197**	1059
Nr 150 Abs 2	770 a		**Nr 216**	1465

Rechtsprechungsverzeichnis

I. BVerfG

Datum	Aktenzeichen	Amtl. Sammlung	NStE	MDR	NJW	NStZ	StV	JR	VRS	sonstige Zeitschriften
25.05.56	1 BvR 190/55	5, 13			56, 986					JZ 56, 406 FamRZ 56, 215 BayVBl 56, 241
25.10.56	1 BvR 440/54	6, 12		57, 84	57, 17					Rpfl 57, 11 JZ 57, 120 DÖV 57, 20 DVBl 57, 21
16.01.57	1 BvR 253/57	6, 32, 44								
04.02.58	2 BvL 31, 33/56	7, 244								
13.02.58	1 BvR 56/57	7, 275		58, 403	58, 665					DVBl 58, 277 DÖV 62, 233 JZ 58, 433 Rpfl 59, 90
06.10.59	1 BvL 118/53	10, 118		60, 24	60, 31					BB 60, 111 JZ 60, 125
03.11.59	1 BvR 13/59	10, 177								
05.02.63	2 BvR 21/60	15, 275		63, 375	63, 803					JZ 63, 443 DVBl 63, 362 BayVBl 63, 182
10.06.63	1 BvR 790/58	16, 194		63, 735	63, 1597					Rpfl 63, 277 JZ 63, 750 DVBl 63, 670
11.06.63	1 BvR 156/63	16, 214		63, 738	63, 1771					JZ 63, 594
25.07.63	1 BvR 542/62	17, 108			63, 2368					JZ 63, 751
16.05.66	1 BvR 473/65	20, 52		66, 735	66, 1307					ZfS 66, 250
05.08.66	1 BvR 578/65									
05.08.66	1 BvR 586/62	20, 162			66, 1603					DVBl 66, 684 DÖV 66, 640
25.10.66	2 BvR 506/63	20, 323		67, 187	67, 195					JZ 67, 171 Rpfl 67, 139
18.11.66	1 BvR 173/63	20, 365								DÖV 67, 130
11.03.69	1 BvR 665/62	25, 296								DRiZ 69, 159
16.04.69	2 BvR 115/69	25, 336								
03.06.69	1 BvL 7/68				69, 1423					

Rechtsprechungsverzeichnis

Datum	Aktenzeichen	Amtl. Sammlung	NStE	MDR	NJW	NSsZ	StV	JR	VRS	sonstige Zeitschriften
16.07.69	1 BvL 19/63	27, 1			69, 1707					DB 69, 1601 DVBl 69, 739 DÖV 69, 749
14.11.69 26.01.71 27.01.71 13.10.71 08.03.72	1 BvR 263/68 2 BvR 443/69 2 BvR 507/69 2 BvR 233/71 2 BvR 28/71	27, 211 30, 149 30, 165 32, 87 32, 373		71, 552 71, 552 71, 976 72, 758	70, 505 71, 1029 71, 1033 72, 1123					JZ 70, 136 JZ 71, 327 JZ 71, 330 DRiZ 72, 208 DVBl 72, 383
11.04.72	2 BvR 75/71	33, 23		72, 760	72, 1183					DRiZ 72, 210 JZ 72, 515 JuS 72, 532 DVBl 72, 857
19.07.72	2 BvL 7/71	33, 367		73, 25	72, 2214					JuS 73, 180 JZ 73, 780 FamRZ 72, 630 BGBl I 72, 2126
31.01.73	2 BvR 454/71	34, 238		73, 477	73, 891					DVBl 73, 359 JZ 73, 504 DÖV 73, 274
14.02.73	2 BvR 667/72	34, 293			73, 696					JZ 73, 311 JuS 73, 379 BayVBl 73, 302
27.11.73 28.11.73	2 BvL 12/72 2 BvL 3/73 2 BvL 42/71	36, 193		74, 468	74, 179 74, 356					JuS 74, 326 DVBl 74, 417
08.10.74	2 BvR 747/73	38, 105		75, 290	75, 103					Rpfl 75, 53 JZ 75, 59 DRiZ 75, 83 BayVBl 75, 122 EuGRZ 75, 290
06.11.74 15.01.75 11.03.75	2 BvR 407/74 2 BvR 65/74 2 BvR 135–139/75	38, 312 39, 156		75, 468	75, 588 75, 1013					
08.04.75 10.06.75	2 BvR 207/75 2 BvR 1074/74	39, 238 40, 95		75, 641 75, 966	75, 1015 75, 1597					DRiZ 75, 285 BayVBl 76, 45 EuGRZ 75, 380

Rechtsprechungsverzeichnis

Datum	Aktenzeichen	BVerfGE	NJW	nicht amtl.	Fundstellen
28.10.75	2 BvR 883/73	40, 237			EuGRZ 76, 27
	2 BvR 379/74		76, 34		JuS 79, 254
	2 BvR 497/74				
24.05.77	2 BvR 526/74	44, 353	77, 2119		EuGRZ 77, 334
	2 BvR 988/75		77, 1489		JZ 77, 506
					ZfJ 78, 223
					JZ 77, 791
05.10.77	2 BvL 10/75	46, 34	78, 37		JZ 78, 792
				78, 200	BayVBl 78, 145
				78, 201	DVBl 77, 964
					DVBl 78, 966
					EuGRZ 77, 452
					EuGRZ 77, 455
					DÖV 78, 41
19.10.77	1 BvR 426/77	46, 202	78, 1149	78, 550	EuGRZ 78, 96
14.02.78	2 BvR 406/77	47, 239			DVBl 78, 343
08.08.78	2 BvL 8/77	49, 89	79, 359		JZ 79, 178
					EuGRZ 78, 553
					DÖV 79, 49
					JuS 79, 362
10.10.78	2 BvL 3/78	49, 280	79, 32	79, 201	Rpfl 78, 438
					DRiZ 79, 23
					JuS 79, 135
10.10.78	1 BvR 475/78	49, 252	79, 538		BayVBl 80, 654
					EuGRZ 78, 530
					JZ 79, 96
					DRiZ 79, 90
					Rpfl 79, 12
					JuS 79, 287
19.06.79	2 BvR 1060/78		79, 2349	80, 374	EuGRZ 79, 470
					DRiZ 79, 347
					JMBl NW 79, 221
					JuS 80, 293
16.01.80	2 BvR 1499/79	54, 140		80, 909	EuGRZ 80, 376
13.05.80	2 BvR 705/79				JMBl NW 81, 55
13.01.81	1 BvR 116/77	56, 37	81, 1431	81, 818	JZ 81, 303
					Rpfl 81, 225
					wistra 82, 25
04.02.81	2 BvR 590/76	56, 175		81, 16	DRiZ 81, 266
					BGBl I 1981, 415

833

Rechtsprechungsverzeichnis

Datum	Aktenzeichen	Amtl. Sammlung	NStE	MDR	NJW	NStZ	StV	JR	VRS	sonstige Zeitschriften
26.05.81	2 BvR 215/81	57, 250		81, 900	81, 1719	81, 357				JZ 81, 741
14.07.81	1 BvR 575/80	58, 159		81, 905	81, 2457					EuGRZ 81, 402 JZ 81, 701 DRiZ 81, 427 JurBüro 81, 1818 JuS 82, 377
18.08.81	2 BvR 166/81			82, 376	82, 375	82, 38				EuGRZ 81, 475 Rpfl 81, 435 DRiZ 82, 33 wistra 82, 65
06.10.81	2 BvC 4/81	58, 170								
12.03.82	2 BvR 1112/81					82, 202				EuGRZ 82, 202 BayVBl 82, 403
27.04.82	1 BvR 1138/81				82, 1803	82, 294				NVwZ 82, 497
03.05.82	2 BvR 83/82				82, 1803	83, 84				EuGRZ 82, 408
27.09.82	2 BvR 1199/82			83, 23		83, 273	83, 177			
12.01.83	2 BvR 864/81	63, 45		83, 548	83, 1043					EuGRZ 83, 196 DRiZ 83, 288
09.03.83	2 BvR 315/83	63, 332		83, 993	83, 1726	83, 515				JZ 83, 795 JuS 85, 308
10.05.83	1 BvR 385/82	64, 108			84, 1101					EuGRZ 84, 90
17.05.83	2 BvR 731/80	64, 135		83, 813	83, 2762	83, 466				Rpfl 83, 303 JZ 83, 659 DRiZ 83, 370 EUGRZ 83, 538
18.10.83	2 BvR 426/82	65, 171			84, 428	84, 82				JMBl NW 84, 87
19.10.83	2 BvR 859/83				84, 1026					JZ 84, 244
29.11.83	1 BvR 1313/82	65, 305								EuGRZ 84, 585
28.03.84	2 BvR 275/83	66, 313		84, 728	84, 2403	84, 561	84, 344			Rpfl 84, 328 EuGRZ 84, 392
06.11.84	2 BvL 16/83	68, 237		85, 379	85, 727		85, 200			JurBüro 85, 697 EuGRZ 85, 100
26.11.84	2 BvR 1409/84			85, 464		85, 277				JZ 85, 284 Rpfl 85, 124 JurBüro 85, 1173

Rechtsprechungsverzeichnis

Datum	Aktenzeichen	BVerfGE		§ / Art.				Fundstellen
08.10.85	2 BvR 1150/80	70, 297						JZ 86, 383; RuP 86, 25; MedR 86, 162; BRAK-Mitt 86, 175; EuGRZ 86, 537; FamRZ 87, 134; DRiZ 87, 196; JuS 88, 306; Krim 88, 687; BayVBl 87, 203; VR 87, 398
27.01.87	2 BvR 1133/86		86, 462	Nr 1 zu § 67d StGB	86, 767		86, 160	
26.03.87	2 BvR 589/79	74, 358	87, 815	Nr 2 zu Art 2 GG		87, 2662	87, 419	
21.05.87	2 BvR 1170/83			Nr 2 zu § 383 StPO	87, 2427	87, 421	87, 325	
14.08.87	2 BvR 235/87			Nr 4 zu § 54 BZRG	88, 1462			
21.09.87	2 BvR 814/87			Nr 21 zu § 57 StGB	88, 1715			RdJB 88, 117; ZfJ 87, 636
01.10.87	2 BvR 1165/86	76, 363		Nr 4 zu § 454 StPO; Nr 3 zu § 55 JGG	88, 477			FamRZ 88, 143; EuGRZ 87, 549; JuS 88, 901
02.12.87	1 BvR 1291/85	77, 275	88, 464	Nr 3 zu Art 44 GG	88, 897	88, 138	88, 89	DÖV 88, 272; BayVBl 88, 720
31.05.88	2 BvR 367/88				88, 1255			JZ 88, 62; Rpfl 88, 327
28.02.89	1 BvR 1291/85	79, 365		Nr 2 zu § 53 StPO	88, 2945	88, 418		AnwBl 89, 623; JZ 89, 840; JA 89, 464; JuS 90, 130; DVBl 89, 869
06.06.89	1 BvR 727/84	80, 124			89, 2047; 89, 2877			
14.09.89	2 BvR 1062/87	80, 367	90, 307	Nr 4 zu Art 2 GG	90, 563	90, 89	90, 1	Krim 90, 149; EuGRZ 89, 455; JZ 90, 431; wistra 90, 185; JuS 90, 576
27.11.90	1 BvR 402/87	83, 130			91, 1471	91, 188		JuS 92, 249; JZ 91, 465; EuGRZ 91, 33; DVBl 91, 261

Rechtsprechungsverzeichnis

Datum	Aktenzeichen	Amtl. Sammlung	NStE	MDR	NJW	NStZ	StV	JR	VRS	sonstige Zeitschriften
11.04.91	2 BvR 196/91				92, 168	91, 445	91, 449			BayVBl 92, 111
23.04.91	2 BvR 150/91				91, 2208	91, 446	91, 497			
23.09.91	2 BvR 1327/89					92, 405	92, 25			
10.01.92	2 BvR 347/91			92, 64	92, 2075	92, 246				
07.02.92	2 BvR 1853/91			92, 595		92, 379				
27.06.92	2 BvR 436/92				93, 778					
15.02.93	2 BvR 1746/91		Nr 21 zu § 359 StPO		93, 2735					
28.02.93	2 BvR 196/92				93, 3191	93, 300	93, 319			ZfStrVo 94, 50 BlStVKunde 94, Nr 4/5, 13
07.06.93	2 BvR 1907/91		Nr 5 zu § 67e StGB		94, 510		94, 93			
22.09.93	2 BvR 1732/93	89, 120			94, 1590	93, 598	93, 620			EuGRZ 93, 467 NJ 94, 25 MEDSACH 94, 137
18.01.94	2 BvR 1912/93				94, 783	94, 246				ArztR 95, 65
16.03.94	2 BvL 3/90	91, 1		95, 77	95, 1077	94, 578	94, 594			BGBl I 94, 3012
	2 BvL 4/91									EuGRZ 94, 616
	2 BvR 1537/88									BlAlk 32, 116
	2 BvR 400/90									Rpfleger 95, 178
	2 BvR 349/91									JuS 95, 637
27.06.94	2 BvR 387/92				95, 125	94, 573 (Janiszewski)			88, 1	NZV 95, 76 BlAlk 32, 127
	2 BvR 1269/94									
11.07.94	2 BvR 777/94				94, 3219	94, 551	94, 465			wistra 94, 342 DuD 95, 361
07.09.94	2 BvR 2093/93				95, 2024	95, 43				EuGRZ 95, 591
24.02.95	2 BvR 345/95				95, 1951	95, 391				EuGRZ 95, 138
07.03.95	2 BvR 1509/94		Nr. 2 zu § 81 StPO							
06.04.95	2 BvR 1087/94				95, 3048		95, 617			VerkMitt 95, Nr 64
27.04.95	1 BvR 729/93				95, 2343					NVwZ 95, 990 VRS 89, 321
16.06.95	2 BvR 1414/94				95, 3047	95, 555	95, 505		90, 8	
07.07.95	2 BvR 326/92				96, 449		95, 562			
07.07.95	2 BvR 1178/94						95, 561			
19.07.95	2 BvR 1142/93					95, 600	95, 618			
18.09.95	2 BvR 103/92				96, 448					

II. BGH

Datum	Aktenzeichen	Amtl. Sammlung	BGHR	NStE	GA	MDR	NJW	NStZ	StV	JR	VRS	sonstige Zeitschriften
03.01.84	5 StR 719/83								84, 142			
10.01.84	1 StR 812/83								84, 142			
18.01.84	2 StR 360/83					84, 420			84, 498			wistra 84, 113; Rpfleger 84, 244
03.03.84	3 StR 83/84								84, 325		67, 264	EzSt JGG § 38 Nr 1
18.04.84	2 StR 103/84					84, 682		84, 231; 84, 329; 85, 13; 84, 467; 85, 84	85, 154			EzSt StPO § 244 Nr 27; wistra 84, 185
25.04.84	3 StR 121/84							84, 418				
15.06.84	5 StR 359/84							84, 564				EzSt StPO § 244 Nr 29
26.06.84	1 StR 188/84					84, 865	84, 2172		84, 496		67, 269	wistra 84, 186; JZ 84, 1044
11.07.84	2 StR 320/84							84, 564	84, 493			
17.07.84	5 StR 449/84							84, 520	84, 450			
18.07.84	2 StR 144/84											
03.08.84	4 StR 496/84							84, 564	84, 452			
14.08.84	4 StR 474/84							84, 565	84, 450			
24.08.84	5 StR 544/84								84, 449			
05.09.84	2 StR 347/84					85, 246		85, 36	85, 3			JZ 85, 199; JuS 85, 735
08.11.84	1 StR 657/84						85, 1478	85, 136				
14.11.84	3 StR 418/84	33, 70		Nr 1 zu § 251 StPO		85, 158	85, 986	86, 130	85, 269	85, 213		JZ 85, 492; LM Nr 5 zu § 251 StPO
15.11.84	4 StR 675/84							85, 184	85, 4			
20.11.84	1 StR 639/84							85, 182				
20.11.84	5 StR 648/84					85, 336	85, 1175	85, 183			69, 36	LM Nr 5 zu § 230 StPO 1975
04.12.84	1 StR 430/84							85, 422	85, 180			JZ 85, 494
05.12.84	2 StR 526/84	33, 83				85, 337	85, 984	85, 422	85, 45			
19.12.84	2 StR 438/84	33, 99				85, 339	85, 1848	85, 281	85, 40			
19.12.84	2 StR 644/84								85, 134			
15.01.85	1 StR 680/84	33, 119				85, 422	85, 1175	85, 422	85, 180		69, 36	LM Nr 5 zu § 230 StPO 1975; JZ 86, 43; wistra 85, 109
15.01.85	1 StR 755/84					85, 423	85, 1174	85, 325	85, 183			JuS 85, 818; EzSt StPO § 264

Rechtsprechungsverzeichnis

Datum	Aktenzeichen	Amtl. Sammlung	BGHR	NStE	GA	MDR	NJW	NStZ	StV	JR	VRS	sonstige Zeitschriften
22.01.85	5 StR 815/85							85, 493 (Pfeiffer/Miebach)				
23.01.85	1 StR 722/84							85, 376				
29.01.85	4 StR 790/84							85, 221				
05.02.85	5 StR 842/84							85, 493 (Pfeiffer)				
13.02.85	1 StR 709/84					85, 513	85, 1479	85, 324			68, 463	wistra 85, 153 LM Nr 3 zu § 154 StPO 1975
14.02.85	4 StR 731/84								85, 233			
20.02.85	2 StR 561/84	33, 148				85, 597	85, 2203	85, 372	85, 355 85, 265	86, 33	68, 457	JZ 85, 686 MedR 85, 166
21.02.85	1 StR 812/84							85, 376	85, 314			
21.02.85	1 StR 7/85					85, 514		85, 375			68, 466	wistra 85, 155
05.03.85	4 StR 80/85							85, 309				
13.03.85	3 StR 8/85							85, 421	86, 138			
13.03.85	3 StR 15/85								85, 356			
14.03.85	1 StR 775/84											
21.03.85	1 StR 417/84							85, 324				
16.04.85	5 StR 718/84	33, 178				85, 598	85, 1789		85, 268		69, 128	wistra 85, 190 JZ 85, 635 EzSt StPO § 250 Nr 1 wistra 85, 196
02.05.85	4 StR 84/85							85, 561	85, 398			
02.05.85	4 StR 142/85							85, 420	85, 485			
03.05.85	2 StR 824/84							85, 466	85, 314			
07.05.85	5 StR 306/85											
09.05.85	1 StR 63/85	33, 217				85, 776	86, 390	85, 468	86, 185		69, 133	EzSt StPO § 100a Nr 5 EzSt StPO § 136a Nr 3
14.05.85	1 StR 196/85					85, 860	85, 2488		85, 490		85, 219	wistra 85, 234 LM Nr 4 zu § 265 Abs 1 StPO 1975
04.06.85	1 StR 18/85					85, 862	85, 3033		85, 492 87, 46 85, 418			Justiz 85, 355 Rpfleger 85, 454
13.06.85	1 StR 247/85							85, 515	85, 489			
20.06.85	1 StR 682/84											
21.06.85	2 StR 290/85											
26.06.85	3 StR 98/85						86, 78	85, 516	85, 442			BRAK-Mitt 86, 52
04.07.85	4 StR 349/85							85, 514	85, 401			

Rechtsprechungsverzeichnis

Datum	Aktenzeichen								Fundstelle
08.07.85 11.07.85	3 StR 69/85 4 StR 307/85				85, 949	85, 77		85, 397 86, 18	86, 342		JZ 85, 1115
23.07.85	5 StR 166/85	33, 283	Nr 1 zu § 179 StGB	85, 952	85, 2838	85, 517	85, 398		69, 382	JZ 85, 856 wistra 85, 233 EzSt StPO § 260 Nr 2
23.07.85 08.08.85	5 StR 217/85 2 ARs 223/85		Nr 1 zu § 138 a StPO	85, 1043	86, 143	86, 37	85, 398 85, 487			wistra 86, 27 AnwBl 85, 526 EzSt StPO § 138 a Nr 3
01.10.85 03.10.85 15.10.85	1 StR 469/85 1 StR 392/85 1 StR 338/85		Nr 2 zu § 60 StPO	86, 159 86, 158	86, 267 86, 266	86, 39 86, 133 86, 130	86, 46 86, 89		70, 25 70, 215	Rpfl 86, 105 EzSt StPO § 60 Nr 2
05.11.85 06.11.85	1 StR 464/85 2 StR 523/85	33, 353	Nr 1 zu § 181 StGB	86, 248	86, 597		86, 283 87, 63	87, 32		JZ 86, 203 EzSt StGB § 181 Nr 2
12.11.85	1 StR 516/85			86, 270 (Holtz)		86, 218	86, 61 86, 299		70, 208	DAR 86, 90
12.11.85	4 StR 579/85					86, 114	86, 65			
14.11.85 19.11.85 27.11.85 04.12.85	1 StR 516/85 1 StR 496/85 3 StR 220/85 2 StR 848/84		Nr 1 zu § 68 StPO	86, 335	86, 1999	86, 182 86, 181 86, 231	86, 286 86, 283 86, 137			
18.12.85 20.12.85 07.01.86	2 StR 619/85 2 StR 715/85 1 StR 541/85		Nr 5 zu § 261 StPO Nr 1 zu § 252 StPO			86, 230 87, 134 86, 232	86, 89 86, 287			
14.01.86	5 StR 762/85			86, 511	86, 1820		87, 378 86, 191 86, 287		67, 443	wistra 86, 176 Rpfleger 86, 444
22.01.86 30.01.86 04.02.86	3 StR 474/85 2 StR 485/85 1 StR 643/85	34, 11	Nr 1 zu § 271 StPO							EzSt 87, 1
05.02.86	3 StR 477/85			86, 509	86, 1766	86, 193				JZ 86, 647
12.02.86 20.02.86	3 StR 11/86 4 StR 684/85	34, 15	Nr 2 zu § 261 StPO		86, 2652	86, 370	86, 235			

Rechtsprechungsverzeichnis

Datum	Aktenzeichen	Amtl. Sammlung	BGHR	NStE	GA	MDR	NJW	NStZ	StV	JR	VRS	sonstige Zeitschriften
20.02.86	4 StR 709/85			Nr 1 zu § 59 StPO			86, 2064	86, 323				
25.02.86	5 StR 731/85			Nr 1 zu § 258 StPO				86, 372	86, 285			
06.03.86	4 StR 40/86	34, 22		Nr 3 zu § 63 StGB		86, 598	86, 2893		86, 379			DRiZ 86, 219
06.03.86	4 StR 48/86	34, 29		Nr 4 zu § 21 StGB		86, 596	86, 2384	86, 311	86, 247	87, 204	71, 22	VerkMitt 87, Nr 23; BlAlk 17, 298; DRiZ 86, 262; DAR 86, 228
11.03.86	5 StR 67/86								86, 418			
18.03.86	1 StR 51/86							86, 371	86, 374			
18.03.86	5 StR 74/86			Nr 2 zu § 244 StPO Nr 3 zu § 261 StPO				86, 325	86, 286			
25.03.86	1 StR 14/86			Nr 4 zu § 261 StPO			86, 2652	86, 374				
25.03.86	2 StR 115/86			Nr 6 zu § 261 StPO				86, 373				
07.04.86	3 StR 89/86			Nr 2 zu § 81b StPO				87, 133	86, 429			wistra 86, 217
09.04.86	3 StR 551/85	34, 39		Nr 3 zu § 60 StPO		86, 774	86, 2261	87, 133	86, 325	87, 212		EuGRZ 86, 488; EzSt StPO § 100a Nr 7
21.04.86	2 StR 731/85	34, 68		Nr 3 zu § 244 StPO		86, 773	86, 2121	86, 421	86, 417			EzSt StPO § 136a Nr 4; JZ 86, 700
22.04.86	4 StR 161/86						86, 2718	86, 372	86, 374			
25.04.86	2 StR 86/86		StPO § 244 Abs 3 S 2 Prozeßverschleppung 1	Nr 1 zu § 192 GVG					87, 377			
07.05.86	2 StR 583/85			Nr 5 zu § 21 StGB					86, 418			
14.05.86	2 StR 854/85		StPO § 261 Beweismittelersatz 1	Nr 4 zu § 244 StPO				86, 518	86, 369			
27.05.86	1 StR 182/86								88, 198	87, 206		wistra 86, 266
11.06.86	3 StR 10/86			Nr 1 zu § 261 StPO				86, 519	87, 142			
12.06.86	4 StR 210/86								86, 421			

Rechtsprechungsverzeichnis

02.07.86	3 StR 87/86		StGB § 78c Abs 1 Nr 3 Sachverständiger 1							wistra 86, 257
11.07.86	3 StR 274/86		StGB § 63 Zustand 1 StGB § 63 Gefährlichkeit 1				86, 572	86, 465		
16.07.86	2 StR 281/86		StPO § 258 Abs 3 Wiedereintritt 1 StPO § 274 S 1 Protokollauslegung 1	Nr 2 zu § 258 StPO			87, 36	86, 420		
17.07.86	4 StR 543/85	34, 133	StGB § 316 Abs 1 Fahruntüchtigkeit, alkoholbedinge 1	Nr 3 zu § 316 StGB	86, 950	86, 2650			71, 364	JZ 86, 176 Rpfleger 86, 401 DAR 86, 360 BlAlk 19, 341
23.07.86	2 StR 370/86		StPO § 252 Verwertungsverbot 1	Nr 2 zu § 252 StPO				87, 328		
23.07.86	3 StR 164/86	34, 138	StPO § 52 Abs 1 Nr 3 Mitbeschuldigter 1	Nr 2 zu § 52 StPO	86, 1040	87, 1955	87, 83	86, 513		
28.07.86	3 StR 61/86		StPO § 69 Abs 1 S 1 Rechtshilfevernehmung 1	Nr 1 zu § 69 StPO						
06.08.86	3 StR 234/86		StPO § 244 Abs 2 Wahrheitsunterstellung 1 StPO § 244 Abs 3 S 2 Wahrheitsunterstellung 1	Nr 15 zu § 244 StPO				86, 467		
07.08.86	4 StR 352/86		StPO § 338 Nr 5 Angeklagter 3	Nr 3 zu § 230 StPO			86, 564	86, 516		
12.08.86	1 StR 420/86									
12.08.86	5 StR 204/86		StPO § 244 Abs 3 S 2 Bedeutungslosigkeit 1	Nr 16 zu § 244 StPO			87, 70	87, 45		
28.08.86	1 StR 483/86			Nr 2 zu § 213 StGB	87, 78	87, 269	86, 569			
05.09.86	1 Ss 131/86			Nr 1 zu § 230 StPO						
09.09.86	4 StR 470/86		StGB § 63 Schuldunfähigkeit 1					87, 78		

841

Rechtsprechungsverzeichnis

Datum	Aktenzeichen	Amtl. Sammlung	BGHR	NStE	GA	MDR	NJW	NStZ	StV	JR	VRS	sonstige Zeitschriften
09.09.86	5 StR 306/86		StPO § 136a Abs 1 S 3 Versprechungen 1	Nr 1 zu § 136a StPO					86, 516			
11.09.86	1 StR 472/86		StPO § 265 Abs 4 angemessene Verteidigung 1	Nr 2 zu § 265 StPO				87, 34	87, 2			
12.09.86	2 StR 455/86		StPO § 63 fehlende Belehrung 1	Nr 1 zu § 63 StPO				87, 84				
25.09.86	4 StR 496/86		StPO § 344 Abs 2 S 2 Formerfordernis 1	Nr 2 zu § 344 StPO				87, 36				
08.10.86	2 StR 432/86			Nr 8 zu § 302 StPO					87, 236			
21.10.86	1 StR 433/86											
23.10.86	1 StR 520/86			Nr 8 zu § 261 StPO			87, 1210	87, 182	87, 51			DAR 87, 203
23.10.86	4 StR 569/86							87, 132	87, 139			wistra 87, 182
28.10.86	1 StR 507/86		StPO § 168c Abs 5 S 1 Verletzung 2 StGB § 20 Sachverständiger 1	Nr 1 zu § 6a StPO Nr 1 zu § 168c StPO								
28.10.86	1 StR 606/86		StPO § 244 Abs 2 Sachverständiger 1	Nr 26 zu § 244 StPO Nr 3 zu § 258 StPO Nr 7 zu Art 6 MRK					87, 45	88, 340		wistra 87, 76
30.10.86	4 StR 499/86	34, 209										
04.11.86	1 StR 498/86	34, 215	StPO § 52 Abs 1 Nr 3 Mitbeschuldigter 2	Nr 3 zu § 52 StPO		87, 249	87, 1033		87, 89			
07.11.86	2 StR 499/86		StPO § 241 Abs 2 Zurückweisung 1	Nr 1 zu § 189 GVG		87, 250	87, 1033	87, 132				
14.11.86	2 StR 577/86		StPO § 59 S 1 Teilvereidigung 1	Nr 4 zu § 60 StPO	87, 129			87, 516				wistra 87, 177 JZ 87, 256
21.11.86	2 StR 473/86		StPO § 261 Aussageverhalten 2	Nr 29 zu § 261 StPO					87, 188			

Datum	Aktenzeichen	BGHSt	Gegenstand	Nr zu §						Fundstelle
21.11.86	3 StR 540/86		StPO § 246a S 1 Sicherungsverwahrung 1	Nr 1 zu § 246a StPO						
26.11.86	3 StR 390/86	34, 231	StPO § 52 Abs 3 S 1 Verletzung 1	Nr 2 zu § 168c StPO	87, 335	87, 1652	87, 335	88, 80		wistra 87, 179
27.11.86	4 StR 536/86	34, 236	StPO § 22b Abs 1 S 1 Präklusion 1 / StPO § 338 Nr 1 Richter, blinder 1	Nr 2 zu § 338 Nr 1 StPO	87, 250	87, 1210			72, 282	JZ 87, 208
02.12.86	1 StR 433/86		StPO § 200 Abs 1 S 1 Anklagesatz 1 / StPO § 261 Inbegriff der Verhandlung 2	Nr 1 zu § 243 StPO	87, 336	87, 1209	87, 181	87, 389 (Rieß)		wistra 87, 149 / JZ 87, 316
05.12.86	2 StR 301/86		StPO § 244 Abs 4 S 1 Glaubwürdigkeitsgutachten 1	Nr 7 zu § 244 StPO			87, 182	87, 374		
10.12.86	2 StR 614/86		StPO § 261 unzureichende Beweiswürdigung, widersprüchliche 1 / StPO § 261 Beweiswürdigung 5 / StPO § 261 in dubio pro reo 2	Nr 31 zu § 261 StPO				87, 189		
17.12.86	2 StR 554/86		StPO § 265 Abs 4 Hinweispflicht 2	Nr 5 zu § 265 StPO	87, 426	87, 2384	87, 181	88, 387		JZ 87, 367
19.12.86	2 StR 324/86		StPO § 244 Abs 6 Beweisantrag 2	Nr 8 zu § 244 StPO	87, 448			87, 189		
19.12.86	2 StR 519/86		StPO § 231 Abs 2 eigenmächtige Abwesenheit 2	Nr 6 zu § 244 StPO						
23.12.86	1 StR 514/86		StPO § 55 Abs 1 Auskunftsverweigerung 1 / StPO § 250 S 2 schriftliche Erklärung 1	Nr 1 zu § 250 StPO	87, 425	87, 1093	88, 36	87, 522		JZ 87, 315 / wistra 87, 178
21.01.87	3 StR 602/86		StGB § 20 Blutalkoholkonzentration 2	Nr 11 zu § 20 StGB				87, 189		
27.01.87	1 StR 725/86							87, 385		
03.02.87	1 StR 730/86		StPO § 59 S 1 Entscheidung, fehlende 2	Nr 3 zu § 59 StPO						

Datum	Aktenzeichen	Amtl. Sammlung	BGHR	NStE	GA	MDR	NJW	NStZ	StV	JR	VRS	sonstige Zeitschriften
03.02. 87	1 StR 644/86		StPO § 261 Identifizierung 3	Nr 9 zu § 261 StPO					87, 235			
10.02. 87	1 StR 731/86			Nr 7 zu § 21 StGB					87, 528			EzSt StPO § 401 Nr 1 EzSt StGB § 21 Nr 13
12.02. 87	4 StR 724/86		StPO § 473 Abs 4 Quotelung 2	Nr 3 zu § 473 StPO Nr 2 zu § 465 StPO					87, 449			
17.02. 87	5 StR 552/86		StPO § 244 Abs 6 Beweisantrag 6	Nr 30 zu § 244 StPO					89, 465			
20.02. 87	2 StR 40/87		StPO § 252 Verwertungsverbot 2 AO § 370 Abs 1 Strafzumessung 3	Nr 3 zu § 252 StPO Nr 4 zu § 267 StPO				87, 374				wistra 87, 181
25.02. 87	3 StR 552/86		StGB § 21 mehrere Ursachen 4	Nr 6 zu § 20 StGB				87, 321			73, 132	
06.03. 87	2 StR 652/86		StPO § 45 Abs 1 S 1 Wegfall 1	Nr 1 zu § 45 StPO					88, 45	88, 209		
11.03. 87	2 StR 84/87		StPO § 261 Überzeugungsbildung 4 StPO vor § 1 Verfahrenshindernis Überleitungsvertrag 1	Nr 18 zu § 261 StPO			88, 2898	87, 473	87, 423			
25.03. 87	3 StR 574/86		StGB § 63 Schuldunfähigkeit 2	Nr 8 zu § 63 StGB		87, 687	87, 2312	87, 364	88, 61			JZ 87, 164 RuP 87, 145
26.03. 87	1 StR 72/87	34, 313	StPO § 52 StPO Verweigerung 1	Nr 6 zu § 52 StPO		87, 689	87, 2027	87, 373	87, 281	88, 78		
02.04. 87	4 StR 46/87	34, 326	StPO § 24 Staatsanwalt 1	Nr 2 zu Art 14 EuAlÜbk		87, 779	87, 3088	87, 417	88, 186			wistra 87, 296
15.04. 87	2 StR 697/86	34, 352	StPO § 52 Abs 3 S 1 Belehrung 1	Nr 5 zu § 52 StPO				87, 373				
15.04. 87	3 StR 138/87		StPO § 244 Abs 4 S 2 Zweitgutachter 1	Nr 19 zu § 244 StPO		87, 690	87, 2593	88, 85	87, 330			JuS 88, 573 JZ 87, 164 EzSt StGB § 46 Nr 27
21.04. 87	1 StR 77/87	34, 355		Nr 15 zu § 46 StGB								
21.04. 87	1 StR 81/87		StPO § 231 Abs 2 eigenmächtige Abwesenheit 3	Nr 3 zu § 231 StPO		87, 777	87, 2592	88, 421	87, 474		73, 293	wistra 87, 299

Rechtsprechungsverzeichnis

Datum	Az.								
22.04.87	3 StR 141/87			StPO § 261 Beweiswürdigung 2	Nr 41 zu § 261 StPO			87, 428	
28.04.87	5 StR 666/86	34, 362		StPO § 261 Beweiswürdigung 1 StPO § 136a Abs 1 Zwang 1 StPO § 136a Abs 2 Beweisverwertungsverbot 1	Nr 2 zu § 136a StPO	87, 689	87, 2525	89, 33	87, 470	88, 409	wistra 87, 221 JZ 87, 936 JuS 88, 409
28.04.87	1 StR 104/87			StPO § 244 Abs 2 Sachverständiger 2	Nr 10 zu § 244 StPO Nr 19 zu § 261 StPO			87, 423 87, 474	87, 475		73, 201
29.04.87	2 StR 62/87			StPO § 261 Einlassung 1 StPO § 261 Tatsachenalternativität 1							
30.04.87	4 StR 30/87	34, 365		StPO § 136a Abs 3 Aussage 1	Nr 1 zu § 128 StPO	87, 779	87, 2524	88, 233	87, 329		JZ 88, 315
06.05.87	3 StR 121/87			StGB § 46 Abs 2 Nachtatverhalten 8	Nr 32 zu § 46 StGB				87, 530 87, 328		wistra 87, 251
07.05.87	I BJs 46/86-5 I BGs 286/87			StGB § 20 Blutalkoholkonzentration 3 AO § 371 Abs 2 Nr 1 Sperrwirkung 1	Nr 7 zu § 20 StGB Nr 2 zu § 371 AO			87, 453 87, 464		
12.05.87	1 StR 157/87								87, 487		wistra 87, 293
13.05.87	3 StR 37/87			StGB § 20 Blutalkoholkonzentration 1	Nr 12 zu § 20 StGB					
09.06.87	1 StR 212/87			StPO § 247 S 4 Unterrichtung 1	Nr 4 zu § 247 StPO	87, 861	88, 429	87, 471	87, 475		73, 461
10.06.87	2 StR 242/87			StPO § 247 Abwesenheit 2	Nr 5 zu § 247 StPO	88, 271 88, 33				
16.06.87 25.06.87	1 StR 214/87 1 StR 305/87			StGB § 21 Hinweispflicht 1	Nr 11 zu § 244 StPO			87, 519	88, 6	
30.06.87	1 StR 242/87			StGB § 52 Abs 1 in dubio pro reo 2	Nr 5 zu § 52 StGB	87, 953	88, 501	88, 191	87, 427	
08.07.87	3 StR 206/87			StGB § 21 seelische Abartigkeit 2	Nr 3 zu Art 1 GG				88, 202	
09.07.87	4 StR 223/87	34, 397		StPO § 261 Verwertungsverbot 2 GG Art 2 Persönlichkeitsrecht 1		87, 952	88, 1037	87, 569	87, 421	88, 469	Krim 88, 124 JZ 88, 316 EzSt StPO § 261 Nr 19

Datum	Aktenzeichen	Amtl. Sammlung	BGHR	NStE	GA	MDR	NJW	NStZ	StV	JR	VRS	sonstige Zeitschriften
14.07.87	1 StR 250/87		StGB § 67 Abs 2 leichtere Zweckerreichung 7	Nr 4 zu § 213 StGB								
29.07.87	2 StR 207/87			Nr 12 zu § 211 StGB								
05.08.87	2 StR 322/87		StPO § 261 Zeuge 1	Nr 36 zu § 261 StPO					88, 8			
06.08.87	4 StR 321/87		StGB § 21 Affekt 1	Nr 19 zu § 20 StGB				88, 268	88, 58			
06.08.87	4 StR 333/87	35, 32	StPO § 48 Sachverständiger 1	Nr 2 zu § 100a StPO		87, 1043	88, 1223	88, 142	87, 469			wistra 88, 31 JuS 88, 658 JA 88, 299
12.08.87	3 StR 250/87		StPO § 261 Inbegriff der Verhandlung 6	Nr 20 zu § 261 StPO					88, 138			
18.08.87	1 StR 366/87		StPO § 261 Inbegriff der Verhandlung 7	Nr 21 zu § 261 StPO								
19.08.87	2 StR 160/87		StPO § 222 a Abs 2 Unterbrechung 2 StPO § 338 Nr 1 Besitzer 4	Nr 2 zu § 222a StPO Nr 4 zu § 21e GVG		88, 68	88, 1921 88, 502	88, 36	87, 514			wistra 88, 70 EzSt GVG § 21 e Nr 4 EzSt StPO § 222b Nr 2
25.08.87	4 StR 224/87		StGB § 21 Blutalkoholkonzentration 8 StGB § 250 Abs 1 Nr 2 Mittel 1 StPO § 265 Hinweispflicht 1 JGG § 48 Abs 1 Nichtöffentlichkeit 1	Nr 15 zu § 21 StGB Nr 4 zu § 265 StPO								
09.09.87	3 StR 307/87		StPO § 61 Nr 2 Verletzter 1	Nr 7 zu § 52 StPO		88, 157	88, 716	88, 35	88, 4			wistra 88, 30 JZ 88, 107
18.09.87	2 StR 350/87		StPO § 244 Abs 3 Rügerecht 1 StPO § 244 Abs 3 S 2 Hinweispflicht 1	Nr 21 zu § 244 StPO				88, 38	88, 9			
18.09.87	3 StR 398/87		StPO § 274 Beweiskraft 1 StPO § 243 Abs 4 Belehrungsverstoß 1	Nr 2 zu § 243 StPO				88, 85	88, 45			wistra 88, 73

Rechtsprechungsverzeichnis

Datum	Az.	Thema			
22.09.87	1 StR 324/87	StGB vor § 1 fortgesetzte Handlung Gesamtvorsatz 8 StPO § 250 S 1 Unmittelbarkeit 1			88, 91
30.09.87	2 StR 412/87	StPO § 244 Abs 3 S 2 Bedeutungslosigkeit 4		88, 88	
06.10.87	1 StR 455/87	StPO § 244 Abs 5 Augenschein 2			wistra 88, 117
13.10.87	5 StR 254/87	StPO § 244 Abs 3 S 2 Wahrunterstellung 4	88, 157	88, 85	88, 55
14.10.87	2 StR 466/87	StGB § 61 Nr 2 Verletzter 2 GVG § 177		88, 71	88, 357 JZ 88, 55 EzSt StGB § 306 Nr 6
20.10.87	5 StR 550/87	StPO § 63 Verletzung 1			87, 513
21.10.87	2 StR 345/87	StPO § 353 Abs 2 Teilrechtskraft 4		88, 88	89, 91
21.10.87	2 StR 519/87	StPO § 49 zu § 261 Sachkunde 1			88, 52
28.10.87	2 StR 545/87	StPO § 244 Abs 2 Informant 1			88, 45
30.10.87	3 StR 414/87	StPO § 136a Abs 1 S 3 Vereinbarung 1 StPO vor § 1 Verfahrenshindernis Vereinbarung 1			
03.11.87	5 StR 555/87	StPO vor § 1 Prozeßhandlung Verhandlungsfähigkeit 1 StPO § 302 Abs 1 S 1 Rechtsmittelverzicht 3			88, 185
01.12.87	1 StR 589/87	StPO § 52 Abs 1 Nr 1 Verwertungsverbot 1	88, 246	88, 190	
01.12.87	5 StR 458/87	StPO § 265 Abs 1 Hinweispflicht 3		88, 571	88, 95 JZ 88, 211
04.12.87	2 StR 529/87	StPO § 244 Abs 3 S 2 Wahrheitsunterstellung 5			88, 91

Datum	Aktenzeichen	Amtl. Sammlung	BGHR	NStE	GA	MDR	NJW	NStZ	StV	JR	VRS	sonstige Zeitschriften
08.12.87	4 StR 621/87		StPO vor § 1 faires Verfahren Hinweispflicht 1 StPO § 154 Abs 2 Hinweispflicht 1 StPO § 261 Verwertungsverbot 4	Nr 1 zu § 58 StGB Nr 38 zu § 261 StPO					88, 191			
15.12.87	1 StR 498/87	35, 143	StGB § 21 Affekt 2	Nr 35 zu § 21 StGB		88, 421	88, 2747	89, 262	88, 196		88, 511	JuS 89, 330
15.12.87	5 StR 649/87		StPO § 52 Abs 1 Nr 3 Mitbeschuldigter 3	Nr 8 zu § 52 StPO					88, 89			wistra 88, 116
17.12.87	4 StR 440/87	35, 164	StPO § 338 Nr 1 Richter, blinder 2	Nr 7 zu § 338 Nr 1 StPO		88, 426	88, 1333	88, 374	88, 191			EzSt StPO § 338 Nr 3 DRiZ 88, 99 wistra 88, 153
17.12.87	5 StR 552/86		StPO § 244 Abs 6 Beweisantrag 3	Nr 30 zu § 244 StPO					89, 465			
18.12.87	2 StR 633/87		StPO § 261 Aussageverhalten 7	Nr 52 zu StPO					88, 239			
08.01.88	2 StR 551/87		StPO § 261 Überzeugungsbildung 7	Nr 44 zu § 261 StPO		89, 371	88, 3273	88, 236	88, 190			
22.01.88	3 StR 561/87		StPO § 231 Abs 2 eigenmächtige Abwesenheit 4	Nr 4 zu § 231 StPO					88, 185			
17.02.88	2 StR 624/87		StPO § 338 Nr 5 Angeklagter 8 StPO § 244 Abs 6 Beweisantrag 5	Nr 38 zu § 244 StPO		88, 513	88, 1859	88, 324 88, 468	88, 185 88, 370		75, 107	wistra 88, 234 JZ 88, 624 EzSt StPO § 244 Nr 36
08.03.88	1 StR 14/88		StPO § 265 Abs 4 Hinweispflicht 4 StGB § 46 Abs 1 Begründung 8	Nr 8 zu § 265 StPO Nr 47 zu § 261 StPO	88, 471				88, 329			wistra 88, 198
08.03.88	4 StR 65/88		StPO § 244 Abs 4 S 2 Sachkunde 1	Nr 41 zu § 244 StPO		88, 597	89, 176	88, 373	88, 328			
15.03.88	1 StR 8/88								89, 331		75, 109	
17.03.88	1 StR 361/87	35, 238	StPO § 344 Abs 2 S 2 Bewährungsleistungen 1	Nr 2 zu § 58 StGB		88, 687	88, 3161	88, 359	88, 342			EzSt StPO § 344 Nr 5

Rechtsprechungsverzeichnis

Datum	Aktenzeichen		Gegenstand					
29.03. 88	1 StR 66/88		StPO § 338 Nr 5 Angeklagter 9	Nr 3 zu § 338 Nr 5 StPO			88, 370	
27.04. 88	3 StR 499/87		StPO § 136 a Abs 1 Täuschung 2 StPO § 252 Vernehmung 1 StPO § 344 Abs 2 S 2 § 136 a StPO 1	Nr 5 zu § 136 a StPO		88, 419 90, 95	88, 369	
03.05. 88	1 StR 193/88		StGB § 21 Blutalkoholkonzentration 12 StPO § 261 Indizien 5	Nr 30 zu § 21 StGB Nr 60 zu § 261 StPO		88, 404	88, 514	
04.05. 88	3 StR 148/88		StPO § 244 Abs 2 Wahrunterstellung 2	Nr 52 zu § 244 StPO		88, 404		
10.05. 88	1 StR 80/88		StPO § 248 Verteidigungsverhältnis 1	Nr 4 zu § 100 a StPO		88, 562	90, 435	wistra 89, 30
11.05. 88	3 StR 563/87		StPO § 100 a Verwertungsverbot 1 StPO § 52 Abs 1 Telefonüberwachung 1					
31.05. 88	3 StR 203/88		StGB § 21 Blutalkoholkonzentration 13	Nr 31 zu § 21 StGB	75, 201	88, 450		
08.06. 88	3 StR 499/87			Nr 1 zu § 74 StPO				
22.06. 88	2 StR 201/88		StPO § 244 Abs 2 Augenschein 2 StPO § 261 Indizien 3	Nr 70 zu § 261 StPO			88, 514	
30.06. 88	1 StR 150/88		StPO § 261 Beweiswürdigung 3 StGB § 21 mehrere Ursachen 7	Nr 10 zu § 52 StPO Nr 33 zu § 21 StGB		88, 561	88, 509	wistra 89, 64
12.07. 88	4 StR 274/88				88, 982		89, 103	
27.07. 88	3 StR 139/88	35, 305	StPO § 261 Tatsachenalternativität 1	Nr 2 zu § 226 StGB	89, 596	88, 565	89, 48	JZ 88, 1139 EzSt StPO § 261 Nr 22
02.08. 88	1 StR 246/88		StPO § 60 Nr 2 Teilvereidigung 2	Nr 8 zu § 60 StPO			88,419	
03.08. 88	2 StR 360/88		StPO § 244 Abs 3 S 2 Prozeßverschleppung 2	Nr 55 zu § 244 StPO		89, 36	89, 234 89, 380	
09.08. 88	4 StR 326/88		StPO § 244 Abs 2 Zeugenvernehmung 5	Nr 56 zu § 244 StPO			89, 140	

Rechtsprechungsverzeichnis

Datum	Aktenzeichen	Amtl. Sammlung	BGHR	NStE	GA	MDR	NJW	NStZ	StV	JR	VRS	sonstige Zeitschriften
09.08. 88	1 StR 231/88	35, 308	StGB § 21 Blutalkoholkonzentration 14	Nr 37 zu § 21 StGB		88, 977		88, 548	88, 482		75, 451	BlAlk 25, 403
23.08. 88	3 StR 341/88		StPO § 81c Abs 3 Untersuchungsverweigerungsrecht 1	Nr 1 zu § 81 c StPO					88, 419			EzSt StGB § 21 Nr 17
23.08. 88	5 StR 211/88											
24.08. 88	3 StR 129/88	35, 328	StPO § 136a Abs 1 Täuschung 1 StPO § 136a Abs 3 Beweisverwertungsverbot 1	Nr 6 zu § 136 a StPO		89, 85	89, 842	89, 35	88, 468	90, 164		wistra 89, 31 JZ 89, 347 JuS 89, 763 Krim 89, 268
20.09. 88	5 StR 405/88		StPO § 261 Offenkundigkeit 1	Nr 50 zu § 29 BtMG					88, 514			
27.09. 88	1 StR 187/88		StPO § 136a Abs 1 Zwang 2	Nr 7 zu § 136 a StPO		89, 86	89, 843	89, 32	89, 2			wistra 89, 68 Krim 89, 370
06.10. 88	4 StR 460/88		StGB § 21 Blutalkoholkonzentration 15	Nr 41 zu § 21 StGB		89, 78	89, 1043	89, 17	89, 58	89, 336	76, 190	DRiZ 88, 459 DAR 89, 31 BlAlk 26, 58
25.10. 88	1 StR 552/88		StGB § 21 seelische Abartigkeit 7 StGB § 250 Abs 2 Schuldfähigkeit 1	Nr 21 zu § 20 StGB								
22.11. 88	1 StR 559/88		StPO § 261 Inbegriff der Verhandlung 15						89, 423			wistra 89, 151
22.11. 88	5 StR 521/88		StPO § 338 Nr 5 Angeklagter 15 StPO § 86 Augenschein 1	Nr 8 zu § 338 Nr 5 StPO					89, 187			EzSt StPO § 397 a Nr 1
24.11. 88	4 StR 534/88		StGB § 21 Blutalkoholkonzentration 16	Nr 43 zu § 21 StGB		89, 475	89, 1490	89, 574	89, 311	89, 519		BlAlk 26, 59 NZV 89, 280
06.12. 88	1 StR 620/88	36, 37	JGG § 31 Abs 3 Nichteinbeziehung 1 JGG § 105 Abs 1 Nr 1 Entwicklungsstand 1									JuS 89, 1019 EzSt JGG § 105 Nr 2 JA 89, 438 ZfJ 89, 435
09.12. 88	3 StR 366/88		StPO § 338 Nr 1 Richter, blinder 5	Nr 9 zu § 338 Nr 1 StPO					89, 143		76, 449	EzSt JGG § 31 Nr 2 wistra 89, 152
14.12. 88	2 StR 275/88		StPO § 354 Abs 1 Mindeststrafe 1	Nr 3 zu § 354 StPO				89, 238				JZ 89, 156

15.12.88	1 StR 612/88	StGB § 21 Nr 49 zu § 21 StGB	89, 2958			
15.12.88	4 StR 535/88	Sachverständiger 7 Nr 64 zu StGB § 21		89, 190		
15.12.88	4 StR 500/88	Sachverständiger 8 Nr 62 zu StPO § 244			90, 8	
04.01.89	3 StR 415/88	StPO § 244 Abs 2 Auslandszeuge 2 Nr 65 zu StPO § 244 Abs 3 S 2 Unerreichbarkeit 7				wistra 89, 190
10.01.89	1 StR 669/88	StPO § 68 S 2 Nichtangabe 1 Nr 4 zu § 68 StPO	89, 1230	89, 237	89, 185	
17.01.89	5 StR 624/88	StPO § 261 Aussageverhalten 9 Nr 82 zu StPO § 261			89, 90	
18.01.89	2 StR 583/88	StPO § 261 Inbegriff der Verhandlung 16 Nr 84 zu StPO § 261	89, 2205	89, 382	89, 142	76, 445 wistra 89, 233
24.01.89	1 StR 683/88	StPO § 261 Beweiswürdigung 5 Nr 83 zu StPO § 261		89, 470		
20.01.89	2 StR 564/88	StPO § 244 Abs 3 S 2 Unerreichbarkeit 6 StPO § 264 Abs 1 Strafklageverbrauch 2 Nr 16 zu § 261 StPO	89, 1288	89, 474	89, 190	wistra 89, 230 EzSt StPO § 264 Nr 14
07.02.89	5 StR 26/89	StPO § 344 Abs 2 S 2 Nr 2 zu § 156 StGB			89, 192	wistra 89, 181
07.02.89	5 StR 541/88	StGB § 20 Affekt 2 Nr 8 zu § 247 StPO			89, 335	
28.02.89	1 StR 32/89	StPO § 261 Erfahrungssatz 5				
01.03.89	2 StR 590/88	StPO § 261 Aussageverhalten 10		89, 281	89, 383	
02.03.89	2 StR 590/88	StPO § 244 Abs 2 Zeugenvernehmung 6 Nr 86 zu § 261 StPO			89, 423	
14.03.89	1 StR 19/89	StPO § 261 Identifizierung 5 Nr 87 zu § 261 StPO			89, 519	
15.03.89	3 StR 61/89	StPO § 136a Abs 1 Täuschung 3 Nr 88 zu § 261 StPO			89, 515	Krim 89, 611
16.03.89	1 StR 608/88	StPO § 96 Sperrerklärung 1 Nr 4 zu § 96 StPO		89, 282	89, 284	wistra 89, 284
21.03.89	5 StR 57/89					

Datum	Aktenzeichen	Amtl. Sammlung	BGHR	NStE	GA	MDR	NJW	NStZ	StV	JR	VRS	sonstige Zeitschriften
21.03.89	5 StR 120/88		StPO § 231 Abs 2 Abwesenheit, eigenmächtige 5 StPO § 244 Abs 6 Beweisantrag 9 StPO § 258 Abs 1 Schlußvortrag 1 StPO § 338 Nr. 5 Angeklagter 16					89, 283	89, 188			
31.03.89	2 StR 706/88	36, 159	StPO § 96 Informant 3 StPO § 244 Abs 2 Zeugenvernehmung 7 StPO § 250 S 1 Unmittelbarkeit 2	Nr 74 zu § 244 StPO		89, 755	89, 3291	89, 380	89, 281			Krim 90, 466 EzSt StPO § 96 Nr 3 EzSt StPO § 244 Nr 40
31.03.89	3 StR 486/88		StPO § 244 Abs 6 Beweisantrag 8	Nr 75 zu § 244 StPO				89, 334	89, 287			EzSt StPO § 244 Nr 41
12.04.89	3 StR 453/88	36, 167	StPO § 261 Vertungsverbot 5 StPO § 344 Abs 1 Antrag 3	Nr 78 zu § 244 StPO Nr 1 zu § 138 StGB Nr 6 zu § 74 StGB		89, 832	89, 2760		89, 388			wistra 89, 272 Krim 89, 388 EzSt StGB § 138 Nr 1 EzSt StPO § 261 Nr 24
20.04.89	4 StR 73/89		StGB § 73b Schätzung 1	Nr 1 zu § 73b StGB				89, 361				wistra 89, 223
12.05.89	3 StR 24/89		StPO § 37 Abs 1 Wirksamkeit 1	Nr 10 zu § 345 StPO				89, 584				Krim 89, 680 wistra 89, 301
19.05.89	1 BJs 72/87 – 4 StB 19/89		StPO § 70 Entschuldigungsgrund 1	Nr 4 zu § 51 StPO				89, 484 90, 192				
06.06.89	5 StR 175/89		StGB § 21 BTM-Auswirkungen 5	Nr 55 zu § 21 StGB		89, 231	89, 2336	89, 430	89, 386			JZ 89, 1018
07.06.89	2 StR 66/89	36, 210	StPO vor § 1 faires Verfahren Hinweispflicht 2 StPO § 265 Abs 4 Hinweispflicht 7	Nr 12 zu § 265 StPO		89, 838	89, 2270	89, 438	89, 336		77, 208	BRAK-Mitt 89, 219 wistra 89, 311 Krim 89,613 JZ 89, 1016
14.06.89	2 StR 259/89		StGB § 21 Blutalkoholkonzentration 17	Nr 26 zu § 20 StGB				89, 473				ZfSch 89, 429

Rechtsprechungsverzeichnis

Datum	Aktenzeichen	BGHSt	Gegenstand	NJW	NStZ	StV	MDR	JR	Fundstellen
22.06.89	1 StR 231/89				89, 484	90, 146			
04.07.89	1 StR 153/89	36, 221	StPO § 52 Abs 3 S 1 Verletzung 3 Nr 12 zu § 52 StPO	89, 1010	90, 184	90, 19			JA 89, 534
05.07.89	2 StR 271/89		StGB § 306 Nr 3 Inbrandsetzen 1 Nr 23 zu § 63 StGB						EzSt StGB § 306 Nr 8
06.07.89	1 StR 282/89								wistra 89, 308
11.07.89	5 StR 180/89		StPO § 139 Übertragung 1 Nr 6 zu § 142 StPO			90, 52			
13.07.89	4 StR 315/89		StPO § 338 Nr 5 Verteidiger 2			89, 465 90, 484			
19.07.89	2 StR 182/89		StGB § 177 Abs 1 Beweiswürdigung 5			90, 99			wistra 90, 64
29.08.89	1 StR 453/89		StPO § 244 Abs 2 Zeugenvernehmung 8 Nr 88 zu § 244 StPO	89, 200		89, 518			
05.09.89	1 StR 291/89		StPO § 244 Abs 2 Aufdrängen 3 Nr 91 zu § 244 StPO Nr 5 zu § 264 StGB		90, 35				wistra 90, 24
06.09.89	3 StR 235/89		StPO § 247 S 4 Unterrichtung 3 Nr 3 zu § 136 StPO	90, 68		90, 52			JA 90, 280
27.09.89	3 StR 188/89		StPO § 136 Belehrung 1	90, 461	90, 43	90, 194		78, 121	wistra 90, 66 Krim 90, 213 JA 90, 173
03.10.89	4 StR 394/89		StPO § 244 Abs 2 Wahrheitsunterstellung 17 StPO § 244 Abs 4 Wahrheitsunterstellung 3 Nr 93 zu § 244 StPO			90, 98			
24.10.89	5 StR 490/89			90, 259	90, 226 (Miebach)		90, 291		
31.10.89	1 StR 419/89	36, 286	StGB § 21 Blutalkoholkonzentration 19 Nr 58 zu § 21 StGB	90, 778	90, 121	90, 105		78, 200	BlAlk 27, 139
14.11.89	4 StR 550/89				90, 222 (Detter)				BlAlk 27, 436
20.11.89	II BGs 355/89-4-	36, 298				90, 4			
23.11.89	2 StR 515/89		StPO § 241 Abs 2 Zurückweisung 2 Nr 1 zu § 241 StPO			90, 99			

Datum	Aktenzeichen	Amtl. Sammlung	BGHR	NStE	GA	MDR	NJW	NStZ	StV	JR	VRS	sonstige Zeitschriften
28.11.89	1 StR 630/89								90, 404			
01.12.89	2 StR 541/89								90, 98			
15.12.89	2 StR 167/89	36, 328	StPO § 136a Abs 2 Beweisverwertungsverbot 2	Nr 98 zu § 244 StPO Nr 8 zu § 47 AuslG		90, 352	90, 598	90, 186	90, 243			wistra 90, 151 NVwZ 90, 598 DVBl 90, 483 RuP 90, 131
29.12.89	4 StR 630/89		StPO § 261 Sachverständiger 2	Nr 31 zu § 267 StPO				90, 244	90, 339			
16.01.90	1 StR 676/89		StPO § 244 Abs 3 S 2 Bedeutungslosigkeit 9						90, 246			
18.01.90	4 StR 292/89	36, 341	StGB § 316 Abs 1 Fahruntüchtigkeit, alkoholbedingte 2			90, 454	90, 1245	90, 232		91, 112	78, 451	NZV 90, 157 DAR 90, 184 BlAlk 90, 236 JZ 90, 708 NJ 91, 87
23.01.90	1 StR 699/89		StPO § 261 Inbegriff der Verhandlung 21 BtMG § 29	Nr 66 zu § 29 BtMG					91, 101			
23.01.90	2 StR 603/89		StPO § 68 S 2 Beweiswürdigung 3	Nr 1 zu § 222 StPO				90, 244	90, 197			JuS 90, 671
26.01.90	3 StR 428/89		StPO § 68 S 2 Nichtangabe 2	Nr 6 zu § 231 StPO					90, 245			
09.02.90	2 StR 638/89		StGB § 21 Blutalkoholkonzentration 20						91, 101			
14.02.90	3 StR 362/89		StPO § 274 Beweiskraft 5						90, 245			
14.02.90	3 StR 426/89		StPO § 243 Abs 4 Äußerung 1									
15.02.90	4 StR 658/89		StPO § 244 Abs 3 S 2 Prozeßverschleppung 3	Nr 103 zu § 244 StPO		90, 457	90, 1307	90, 350	90, 391		79, 25	wistra 90, 156 JZ 90, 500 NJ 91, 88 EzSt StPO § 244 Nr 42
27.02.90	5 StR 56/90		StPO § 258 Abs 3 letztes Wort 2			90, 561	90, 1613	90, 291	90, 247		79, 24	NJ 91, 47 EzSt StPO § 231 Nr 3
08.03.90	2 StR 367/89	36, 373	StGB § 263 Abs 1 Vermögensschaden 23	Nr 6 zu § 264 StGB		90, 644	90, 1921	90, 336	90, 305			wistra 90, 228 JuS 90, 939 JZ 91, 527

Datum	Az							Thema							
20.03. 90	1 StR 693/89	36, 384			90, 646		90, 349	90, 242	79, 207	StPO § 252 Verwertungsverbot 4	Nr 5 zu § 252 StPO		wistra 90, 315 JuS 90, 1023 JZ 90, 874 NJ 91, 48
27.03. 90	5 StR 119/90							90, 246		StPO § 244 Abs 3 S 2 Ungeeignetheit 7			
29.03. 90	4 StR 84/90					90, 384		90, 402		StPO § 244 Abs 2 Schuldfähigkeit 1 StGB § 21 Alkoholauswirkungen 4			ZfSch 90, 393
04.04. 90	StB 5/90 4 BJs 136/89-3 StB 5/90	36, 396			90, 648		90, 348	90, 250		StPO § 100a Verwertungsverbot 2	Nr 2 zu Art 1 § 7 G 10		EzSt GVG § 19 Nr 1 wistra 90, 269 JZ 90, 1031
04.04. 90	2 StR 466/89							90, 439			Nr 105 zu § 261 StPO		
17.04. 90	2 StR 149/90						90, 353	90, 337		StPO § 241 Abs 2 Zurückweisung 4	Nr 2 zu § 241 StPO		
18.04. 90	2 StR 595/89						90, 400				Nr 64 zu § 21 StGB		
18.04. 90	3 StR 252/88	37, 10			90, 741		90, 399	90, 295	91, 256	StPO § 154 Abs 1 Nichtverfolgung 1 StPO vor § 1 faires Verfahren Vereinbarung 1 StPO vor § 1 Verfahrenshindernis Strafklageverbrauch 2 StPO § 244 Abs 3 S 2 Ungeeignetheit 8	Nr 4 zu § 154		wistra 90, 235 Krim 90, 546 JuS 90, 939 NJ 91, 48 EzSt StPO § 154 Nr 2
24.04. 90	5 StR 123/90							90, 394					
30.04. 90	StB 8/90 4 BJs 136/89-3 StB 8/90	37, 30			90, 739		90, 401	90, 297		StPO § 100 a Verwertungsverbot 3 StPO § 261 Verwertungsverbot 6	Nr 3 zu Art 1 § 7 G 10		EzSt StPO § 261 Nr 28 wistra 90, 268 JZ 90, 1033
08.05. 90	3 StR 448/89						90, 501	90, 247		StPO § 261			
10.05. 90	2 Ss 71/90-19/90 III						90, 506			Vermutung 7	Nr 100 zu § 261 StPO		

Datum	Aktenzeichen	Amtl. Sammlung	BGHR	NStE	GA	MDR	NJW	NStZ	StV	JR	VRS	sonstige Zeitschriften
29.05.90	4 StR 118/90		StPO § 244 Abs 3 S 2 Prozeßverschleppung 5 StPO § 243 Abs 4 Äußerung 2	Nr 103 zu § 261 StPO				90, 447	90, 394			
31.05.90	4 StR 112/90	37, 48	StPO § 136a Abs 1 Täuschung 4	Nr 8 zu § 136a StPO		90, 839	90, 2633	90, 446	90, 337			wistra 90, 317 Krim 90, 663 JuS 91, 81 JA 91, 207
05.06.90	4 StR 206/90		StPO § 338 Nr 1 Richter, blinder 6									
13.06.90	3 StR 132/90		StPO § 52 Abs 1 Nr 3 Mitbeschuldigter 5									
28.06.90	4 StR 297/90	37, 89	StGB § 316 Abs 1 Fahruntüchtigkeit, alkoholbedingte 3			90, 838	90, 2393	90, 491	90, 353		79, 108	DAR 90, 303, 351 JZ 90, 821 NZV 90, 357 BlAlk 27, 370 NJ 90, 510
04.07.90	3 StR 121/89	37, 99	StPO § 24 Abs 2 Befangenheit 2	Nr 14 zu § 24 StPO		90, 939	90, 3030	90, 502	90, 387	91, 116		wistra 90, 358 AnwBl 90, 626
06.07.90	2 StR 549/89	37, 106	StGB vor § 1 Kausalität Beweiswürdigung 1			90, 1025	90, 2560	90, 588	90, 446	92, 27		wistra 90, 342 NJ 91, 47 JuS 91, 253
13.07.90	3 StR 228/90		StPO § 52 Abs 3 S 1 Verletzung 5	Nr 16 zu § 52 StPO				90, 549				
18.07.90	3 StR 187/90		StGB § 20 Blutalkoholkonzentration 10						91, 17			ZfSch 91, 142
20.07.90	BJs 64/90 – 4 StB 10/90	37, 138	StPO § 53 Abs 1 Verweigerung 1			90, 1029	90, 3283	90, 601	90, 433			JZ 90, 927 JuS 91, 425 Krim 90, 637 NJ 91, 136
26.07.90	5 StR 264/90		StPO § 261 Mitangeklagte 1					90, 603	90, 484			
27.07.90	2 StR 324/90							90, 538	90, 534			
01.08.90	2 StR 293/90											wistra 90, 357

Datum	Az							
08.08.90	3 StR 153/90	StPO § 261 Inbegriff der Verhandlung 22 StPO § 338 Nr 5					90, 485	
21.08.90	5 StR 145/90	Dolmetscher 3 StPO § 261 Identifizierung 7	Nr 8 zu § 81 a StPO	90, 1129	90, 2944	90, 550	90, 434	Krim 90, 606 JA 92, 96 JuS 91, 336 MedR 91, 89
22.08.90	3 StR 406/89	StPO § 60 Nr 2 Tatbeteiligung 2 StPO § 244 Abs 3 S 1 Unzulässigkeit 4	Nr 110 zu § 244 StPO				91, 99	
23.08.90	4 StR 306/90	StGB § 64 Anordnung 3 StGB § 67 Abs 2 Vorwegvollzug 5		90, 1129	90, 3281	90, 586	91, 560	RuP 90, 175 NJ 91, 560
29.08.90	3 StR 184/90	StPO § 261 Inbegriff der Verhandlung 23 StPO § 244 Abs 6 Beweisantrag 18		91, 72	91, 435	90, 602 91, 449	91, 2	91, 470 wistra 91, 66
30.08.90	3 StR 459/87	StPO § 244 Abs 3 S 2 Bedeutungslosigkeit 13 StPO § 244 Abs 6 Beweisantrag 17 StPO § 245 herbeigeschafft 1 StPO § 265 Abs 4 Verteidigung, angemessene 2 StPO § 345 Abs 1 Fristbeginn 4		91, 73	91, 1622	91, 48	92, 3	92, 34 80, 128 wistra 91, 68 NJ 91, 136
18.09.90	5 StR 396/90	StPO § 60 Nr 2 Tatbeteiligung 3	Nr 111 zu § 244 StPO				91, 197	91, 246
18.09.90	5 StR 184/90	StPO § 244 Abs 3 S 1 Unzulässigkeit 5					91, 405	
25.09.90	5 StR 401/90	StPO § 244 Abs 3 S 1 Unzulässigkeit 6 StPO § 244 Abs 4 S 1 Glaubwürdigsgutachten 3				91, 47	91, 405	

Datum	Aktenzeichen	Amtl. Sammlung	BGHR	NStE	GA	MDR	NJW	NStZ	StV	JR	VRS	sonstige Zeitschriften
25.09.90	1 StR 483/90		StPO § 261 Zeuge 8						91, 7 91, 50 92, 261			
27.09.90	4 StR 242/90			Nr 107 zu § 261 StPO					91, 244			
23.10.90	1 StR 414/90		StPO § 244 Abs 2 Sachverständiger 8					91, 80				
25.10.90	4 StR 341/90		StPO § 261 Beweiswürdigung 8									
06.11.90	1 StR 718/89		StPO § 241 Abs 2 Zurückweisung 5	Nr 7 zu § 73 StGB					91, 99			wistra 91, 102
09.11.90	2 StR 509/90		JGG § 18 Abs 2 Erziehung 6						91, 423			
20.11.90	2 StR 424/90		StGB § 21 Blutalkoholkonzentration 23									
20.11.90	1 StR 562/90		StPO § 261 Zeuge 9			91, 271	91, 646	91, 194	91, 100			wistra 91, 149 DRiZ 91, 58
22.11.90	4 StR 117/90	37, 231	StGB § 21 seelische Abartigkeit 15			91, 264	91, 852	91, 481	91, 60		80, 200	NJ 91, 416 BlAlk 28, 259
30.11.90	2 StR 44/90	37,249	StPO § 231 Abs 2 eigenmächtige Abwesenheit 6			91, 361	91, 1365	91, 246	91, 97		80, 354	wistra 91, 147 DRiZ 91, 214 JuS 91, 865
13.12.90	4 StR 519/90	37, 260	StPO § 274 Beweiskraft 7 StPO § 404 Abs 1 Antragstellung 4			91, 364	91, 1243	91, 197	91, 198		80, 462	DAR 91, 154 ZfSch 91, 176
08.01.91	1 StR 704/90		StPO § 261 Zeuge 10 StPO § 261 Zeuge 11 StPO § 302 Abs 2 Rücknahme 5						91, 197			
09.01.91	2 StR 543/90		StPO § 261 Aussageverhalten 11						91, 423			
11.01.91	2 StR 311/90		StPO § 261 Inbegriff der Verhandlung 24						91, 148			
15.01.91	1 StR 603/90		StPO § 344 Abs 2 S 2 Hinweispflicht 2 StGB § 64 Abs 1 Hang 3						91, 502			
22.01.91	1 StR 624/90		StPO § 52 Abs 3 S 1 Belehrung 4			91, 553	91, 2432	91, 295	91, 289			NJ 91, 280 ZfJ 91, 438

Rechtsprechungsverzeichnis

Datum	Az.		Norm/Stichwort					Fundstellen
23.01.91	3 StR 365/91	37, 298	StPO vor § 1 faires Verfahren Vereinbarung 3 StPO § 24 Abs 2 Befangenheit 4		91, 552		91, 346	91, 194	
25.01.91	2 StR 409/90		StGB § 21 seelische Abartigkeit 19		91, 704		91, 548	91, 340	ZfSch 91, 285
21.02.91	4 StR 56/91						91, 330	91, 510	
01.03.91	3 StR 470/90		StPO § 244 Abs 2 Sachverständiger 10 StGB § 21 Blutalkoholkonzentration 24	Nr 25 zu § 177 StGB	91, 702 91, 703 91, 657	91, 2356	91, 329	91, 297 91, 292 91, 245 91, 298	81, 108
08.03.91	2 StR 524/90								DRiZ 91, 215 DAR 91, 266 BlAlk 28, 271 JA 92, 63 NJ 91, 280
14.03.91	4 StR 16/91								
14.03.91	4 StR 84/91								
20.03.91	2 StR 610/90		StPO § 304 Abs 4 Haftbefehl 1		91, 983	91, 2094	91, 596 91, 502	91, 339 91, 309	JA 92, 63 wistra 91, 226
20.03.91	1 StE 9/88 StB 3/91	37, 347							
03.04.91	3 StR 64/91		StPO § 244 Abs 3 S 2 Bedeutungslosigkeit 15 StPO § 267 Abs 1 S 1 Beweisergebnis 6				91, 596	91, 339 91, 408	
09.04.91	4 StR 132/91								
10.04.91	3 StR 52/91							91, 410	
16.04.91	5 StR 158/91		StGB § 21 seelische Abartigkeit 18 StGB § 306				91, 398 91, 383	91, 401	
17.04.91	2 StR 404/90								
17.04.91	3 StR 107/91		Beweiswürdigung 4 StPO § 244 Abs 2 Sachverständiger 11	Nr 108 zu § 261 StPO	91, 1024		91, 399	91, 409 91, 338	ArztR 92, 101
25.04.91	4 StR 582/90								
25.04.91	5 StR 164/91		StPO § 338 Nr 4 Jugendgericht 1 StGB § 64 Abs 1 Gefährlichkeit 4		91, 704		91, 500 91, 503 92, 295	91, 340 9, 423	
30.04.91	5 StR 154/91								
03.05.91	3 Str 483/90								
07.05.91	1 StR 141/91								
07.05.91	5 StR 172/91		StPO § 244 Abs 2 Sachverständiger 12					91, 498 91, 547	
14.05.91	4 StR 212/91								

Rechtsprechungsverzeichnis

Datum	Aktenzeichen	Amtl. Sammlung	BGHR	NStE	GA	MDR	NJW	NStZ	StV	JR	VRS	sonstige Zeitschriften
14.05.91	1 StR 699/90		StPO § 160 Abs 1 Videoüberwachung 1			91, 885	91, 2651	92, 44	91, 403			wistra 91, 269 JuS 92, 161 DÖV 91, 849
16.05.91	4 StR 204/91		StGB § 21 seelische Abartigkeit 20						91, 511			
21.05.91	4 StR 27/91		AO § 370 Abs 1 Gesamtvorsatz 1			91, 980	91, 2977	91, 483				RuP 91, 126
23.05.91	5 StR 9/91											wistra 91, 272
29.05.91	3 StR 148/91		StGB § 63 Gefährlichkeit 15 StGB § 32 Abs 2 Erforderlichkeit 8					91, 528				
29.05.91	2 StR 68/91		StPO § 244 Abs 2 Urkundenverlesung 1			92, 69	91, 3290	91, 448	91, 500			
04.06.91	5 StR 122/91		StGB § 21 seelische Abartigkeit 21			91, 1187	91, 2975	91, 428	91, 412			RuP 91, 131
07.06.91	2 StR 14/91		StPO § 261 Inbegriff der Verhandlung 25						91, 548	92, 118		
12.06.91	2 StR 186/91		StPO § 252 Verwertungsverbot 8					92, 343	92, 326 (Schoreit) 91, 401		81, 375	
18.06.91	5 StR 584/90	38, 7				91, 881	92, 123					
03.07.91	2 StR 45/91		StPO § 261 Inbegriff der Verhandlung 26			91, 1186	92, 252	91, 500	91, 548		81, 456	
03.07.91	3 StR 69/91		StPO § 52 Abs 1 Verweigerung 2			91, 1024		91, 527	91, 450			wistra 91, 347 JZ 92, 106
16.07.91	1 StR 377/91		StPO § 274 Beweiskraft 9	Nr 7 zu § 64 StGB								NJ 91, 426 AnwBl 91, 597 BRAK-Mitt 91, 238 Krim 91, 775 NJ 91, 473
17.07.91	3 StR 4/91			Nr 30 zu § 63 StGB				91, 502		81, 382		
07.08.91	2 StR 326/91							92, 326 (Schoreit)				
13.08.91	4 StR 315/91		StGB § 62 Verhältnismäßigkeit 1									

Rechtsprechungsverzeichnis

Datum	Aktenzeichen	Stichwort	Sp. 4	Sp. 5	Sp. 6	Sp. 7	Sp. 8	Fundstelle
13.08.91	3 StR 338/91				92, 49			wistra 92, 71
15.08.91	4 StR 383/91					92, 1		
20.08.91	5 StR 354/91					91, 549		
						91, 549		
26.08.91	3 StR 237/91	Nr 6 zu § 337 StPO			92, 32	92, 270		
06.09.91	2 StR 248/91	StPO § 261 Inbegriff der Verhandlung 27; StPO § 302 Abs 1 Rücknahme 3			92, 2			
10.09.91	2 StR 326/91	StGB § 69 Abs 1 Entziehung 4					82, 19	ZfSch 92, 30
11.09.91	3 StR 345/91	StPO § 274 Beweiskraft 11			92, 49	92, 64		
13.09.91	3 StR 338/91				92, 78	92, 1		wistra 92, 71
25.09.91	5 StR 429/91	StPO § 251 Abs 2 Erklärung 1		92, 173	92, 48			
25.09.91	2 StR 415/91	StGB § 64 Ablehnung 5				92, 6		wistra 92, 29
27.09.91	3 StR 30/91				92, 33			
23.10.91	5 StR 455/91	StPO § 260 Abs 3 Freispruch 3		92, 393	92, 126	92, 98		NJ 92, 231
23.10.91	3 StR 321/91	StPO § 302 Abs 1 Konkretisierung 1				92, 10		JZ 92, 536
24.10.91	1 StR 617/91	BtMG § 31 Nr 1 Aufdeckung 21			92, 192			wistra 92, 105; JZ 92, 426
29.10.91	1 StR 334/90	StPO § 52 Abs 1 Nr 3 Mitbeschuldigter 6	38, 96	92, 281	92, 195	92, 51		Krim 92, 430
30.10.91	2 StR 200/91	StPO vor § 1 faires Verfahren Vereinbarung 4; StPO § 33 Vereinbarung 1	38, 102	92, 393	92, 139	92, 50		JuS 92, 527; NJ 92, 232
07.11.91	4 StR 252/91	StPO § 244 Abs 3 Mißbrauch 1; StPO § 338 Nr 8 Beschränkung 3	38, 111	92, 280	92, 140		93, 169	wistra 92, 68
12.11.91	1 StR 672/91	Nr 67 zu § 21 StGB; StGB § 21 seelische Abartigkeit 22						wistra 92, 69; DRiZ 92, 65; AnwBl 92, 89
12.11.91	4 StR 374/91	StPO § 244 Abs 3 S 2 Bedeutungslosigkeit 18			92, 147	92, 147		

Datum	Aktenzeichen	Amtl. Sammlung	BGHR	NStE	GA	MDR	NJW	NStZ	StV	JR	VRS	sonstige Zeitschriften
13.11.91	3 StR 117/91		StGB § 258 Abs 4 Versuchsbeginn 2 StGB § 265 Abs 1 Betrugsabsicht 4			92, 391	92, 1635	92, 181	92, 146			wistra 92, 107 NJ 92, 280
14.11.91 15.11.91	1 StR 622/91 2 StR 499/91		BtMG § 29 Beweiswürdigung 7			92, 322			92, 97 92, 97			
21.11.91	1 StR 552/90		StPO § 265 Abs 1 Hinweispflicht 7					92, 293				wistra 92, 148
27.11.91	3 StR 157/91		StGB § 263 Abs 1 Vermögensschaden 35 StPO § 267 Abs 1 S 1 Sachdarstellung 6	Nr 36 zu § 267 StPO		92, 596	92, 1709	92, 602				wistra 92, 192
27.11.91	5 StR 576/91								92, 326 (Schoreit)			
29.11.91 03.12.91	2 StR 504/91 1 StR 528/91							92, 478 (Detter)	92, 149			
10.12.91	1 StR 620/91		StPO § 154 Abs 1 Hinweispflicht 1					92, 247				RuP 92, 191
11.12.91	2 StR 512/91		StPO § 252 Verwertungsverbot 5 StGB § 63 Gefährlichkeit 17			92, 322		92, 178				
11.12.91	5 StR 626/91											
17.12.91 08.01.92 08.01.92 09.01.92	5 StR 590/91 5 StR 588/91 5 StR 649/91 4 StR 615/91							92, 478 (Detter)	92, 261 92, 503 92, 308 92, 317			
10.01.92 14.01.92 22.01.92	2 StR 580/91 5 StR 656/91 2 StR 520/91		StPO § 261 Aussageverhalten 12			92, 323 92, 322		92, 347	92, 503 92, 219			wistra 92, 191
28.01.92 28.01.92 04.02.92	5 StR 491/91 5 StR 3/92 1 StR 787/91		StPO § 261 in dubio pro reo 8		92, 470	92, 323			92, 146 92, 259 92, 260			
05.02.92	5 StR 673/91					92, 635		92, 248	92, 218			wistra 92, 195 BRAK-Mitt 92, 176

Rechtsprechungsverzeichnis

Datum	Aktenzeichen	BGHSt	Norm/Stichwort						Fundstellen
05.02.92	5 StR 677/91						92, 397	92, 312	wistra 92, 228
06.02.92	4 StR 626/91				92, 593		92, 291	92, 145	wistra 92, 219
13.02.92	4 StR 638/91								JZ 92, 592; JuS 92, 706; Krim 92, 430
26.02.92	3 StR 33/92	38, 214	Nr 112 zu § 261 StPO						
27.02.92	5 StR 190/91		StPO § 244 Abs 2 Auslandszeuge 3; StPO § 251 Abs 1 Nr 2 Auslandsvernehmung; StGB § 66 Abs 1 Hang 6		92, 695	92, 1463	92, 294	92, 555	wistra 92, 187; JZ 92, 918; JA 92, 223; Krim 92, 423
04.03.92	3 StR 460/91						92, 394	92, 212	
10.03.92	5 StR 25/92		StPO § 96 Behördenakten		92, 632		92, 382; 92, 480 (Detter)	92, 403	
11.03.92	2 StR 63/92						92, 478	92, 556	
17.03.92	5 StR 652/91	38, 237			92, 793	92, 1973	92, 394; 93, 48; 93, 94	92, 308	NJ 92, 328; wistra 92, 220; Krim 92, 553; JZ 93, 365; JA 93, 254
18.03.92	1 BGs 90/92								
18.03.92	3 StR 39/92		StGB § 21 seelische Abartigkeit 24				92, 346; 92, 380	92, 359	
19.03.92	4 StR 43/92		StPO § 238 Abs 2 Beweisantrag 1		92, 346	92, 3182	92, 346	92, 316	
19.03.92	4 StR 50/92		OWiG § 74 Abs 2 Einspruchsverwerfung				92, 346	92, 311	wistra 92, 224
20.03.92	2 StR 371/91	38, 251	BtMG § 29 Beweiswürdigung 8	83, 204	92, 801	92, 2494	92, 390		DAR 92, 309; NJ 92, 424; NZV 93, 35
20.03.92	2 StR 627/91		StPO § 252 Verwertungsverbot 6					93, 116	
24.03.92	1 StR 124/92							92, 308	

Datum	Aktenzeichen	Amtl. Sammlung	BGHR	NStE	GA	MDR	NJW	NStZ	StV	JR	VRS	sonstige Zeitschriften
25.03.92	3 StR 519/91		StPO § 244 Abs 2 Zeugenvernehmung 10 StPO § 247 Abwesenheit 10 StPO § 265 Abs 1 Hinweispflicht 9					92, 450				
30.03.92 31.03.92	4 StR 108/92 1 StR 7/92	38, 260	StPO § 247 S 4 Unterrichtung 4			92, 797	92, 2370 92, 2241	92, 432 92, 501	92, 454			wistra 92, 225 JZ 93, 270
01.04.92 07.04.92	5 StR 457/91 4 StR 122/92	38, 263	StGB § 20 Bewußtseinsstörung 9 StPO § 244 Abs 6 Beweisantrag 21	Nr 30 zu § 20 StGB		92, 698 92, 631	92, 1637	92, 344 92, 478 (Detter) 92, 397	92, 404 92, 569			wistra 92, 264
10.04.92	3 StR 388/91		StPO § 258 Abs 1 Schlußvortrag 2 StPO § 260 Abs 3 Verhandlungsfähigkeit 1	Nr 8 zu § 258 StPO				93, 293	92, 553			
14.04.92	1 StR 68/92		StPO § 274 Beweiskraft 14									
12.05.92	1 StR 29/92		StPO § 60 Nr 2 Teilvereidigung 4	Nr 4 zu § 189 GVG		92, 888		92, 502	92, 551			Justiz 92, 418
15.05.92 22.05.92	3 StR 419/91 2 StR 207/92	38, 291	StPO § 244 Abs 6 Entscheidung 2						92, 451 92, 547			
26.05.92 02.06.92	5 StR 122/92 1 StR 182/92	38, 302	StPO § 251 Abs 2 Unerreichbarkeit 4			92, 791 92, 890	92, 2304 92, 2840	92, 448 92, 506	92, 355 92, 549		83, 276	wistra 92, 261 wistra 92, 308 NJ 92, 568 Rpfleger 93, 36
03.06.92	5 StR 175/92		StPO § 244 Abs 2 Wahrunterstellung 4						92, 454			
17.06.92	1 StR 196/92		StPO § 244 Abs 2 Zeugenvernehmung 11						92, 548			
23.06.92	5 StR 74/92		StPO § 261 Inbegriff der Verhandlung 28			92, 991	92, 2838	92, 599	92, 550			wistra 92, 300

Rechtsprechungsverzeichnis

Datum	Aktenzeichen	Norm							Fundstellen
25.06.92	4 StR 265/92								DVBl 92, 1220 DÖV 92, 794 JZ 93, 365 JA 93, 254 NVwZ 92, 929
06.07.92	5 StR 302/92	StGB vor § 1/fortgesetzte Handlung Gesamtvorsatz 50 StPO § 261 Beweiswürdigung 9			92, 3182	92, 552 92, 553	92, 553 93, 59		wistra 93, 27
08.07.92	3 StR 2/92	StPO § 244 Abs 3 S 2 Prozeßverschleppung 7 StPO § 244 Abs 6 Hilfsbeweisantrag 4		92, 986	92, 2711	92, 551	92, 501		
14.07.92	5 StR 231/92	StPO § 244 Abs 3 S 2 Unerreichbarkeit 13				92, 551			wistra 93, 29 HFR 93, 335
04.08.92	1 StR 246/92	BtMG § 29				93, 50			
12.08.92	3 StR 335/92	Beweiswürdigung 10	38, 320				92, 555		
12.08.92	5 StR 239/92	StPO § 261 Identifizierung 8		92, 988	92, 2976	92, 554	92, 455	93, 174	NJ 92, 568 JZ 93, 102 Krim 93, 9
12.08.92	5 StR 361/92	StPO § 244 Abs 3 S 1 Unzulässigkeit 7					92, 550		
18.08.92	1 StR 257/92		93, 8			93, 51	92, 591		HFR 93, 414
18.08.92	1 StR 435/92	StGB § 57 a Abs 1 Schuldschwere 2							
18.08.92	5 StR 126/92								
25.08.92	5 StR 349/92								
07.09.92	3 StR 278/92	StGB § 21 Affekt 6 StGB § 66 Abs 1 Gefährlichkeit 4		92, 1165	92, 3247	93, 33 93, 37	93, 176 93, 185 93, 469		NJ 92, 568 wistra 93, 21 RuP 93, 32
08.09.92	4 StR 283/92								
16.09.92	2 StR 277/92								
16.09.92	3 StR 413/92	StPO § 81b Maßnahme 1 StGB § 21 Blutalkoholkonzentration 26				93, 47			
13.10.92	1 StR 399/92					93, 278			BlAlk 30, 132
21.10.92	2 StR 370/92	BtMG § 29 Beweiswürdigung 12				93, 95	93, 116		
21.10.92	5 StR 446/92	StGB § 66 Abs 1 Gefährlichkeit 6				93, 78			

Rechtsprechungsverzeichnis

Datum	Aktenzeichen	Amtl. Sammlung	BGHR	NStE	GA	MDR	NJW	NStZ	StV	JR	VRS	sonstige Zeitschriften
28.10.92	3 StR 367/92	38, 369	StPO § 53 Abs 1 Nr 3 Verweigerung 2				93, 803	93, 142	93, 57			MedR 93, 199 NJ 93, 96 Krim 93, 366 JuS 93, 698
29.10.92	4 StR 126/92	38, 372	StPO § 136 Abs 1 Verteidigerbefragung 1			93, 257	93, 338	93, 142	93, 1		93, 332	JZ 93, 425 JuS 93, 428 Krim 93, 85 wistra 93, 69
29.10.92	4 StR 446/92		StPO § 251 Abs 4 Gerichtsbeschluß 3					93, 144	93, 234			
06.11.92	2 StR 480/92		StGB § 21 Sachmangel 1					93, 332	93, 186			RuP 93, 145
10.11.92	5 StR 474/92		StPO § 244 Abs 6 Beweisantrag 24				93, 867	93, 143	93, 3			
17.11.92	1 StR 752/92		StPO § 96 Informant 5 StPO § 244 Abs 3 S 2 Unerreichbarkeit 14					93, 248	93, 113			
24.11.92	5 StR 456/92		StPO § 261 Vermutung 11						93, 510			
24.11.92	5 StR 500/92	39, 49	StPO § 244 Abs 4 S 2 Zweitgutachter 2			93, 165	93, 866	93, 199	93, 342	93, 335		DAVorm 93, 471 NJ 93, 144
26.11.92	3 StR 319/92	39, 54				93, 361	93, 1019	93, 231		93, 202		DVBl 93, 397 NJ 93, 185
27.11.92	3 StR 549/92		StPO § 247 Ausschließungsgrund 1 StPO § 338 Nr 5 Angeklagter 19					93, 198	93, 285			
01.12.92	1 StR 633/92		StPO § 79 Zusatztatsachen					93, 245	93, 169			
01.12.92	1 StR 759/92		StPO § 244 Abs 3 S 2 Unerreichbarkeit 15						93, 232			
01.12.92	5 StR 494/92	39, 72	StPO § 231b Beschluß 1 GVG § 177 Angeklagter 2			93, 164	93, 1343	93, 198	93, 285			NJ 93, 144

03.12.92	StB 6/92	39, 75	StPO § 359 Beweismittel 1 StPO § 359 neue Tatsache 2 StPO § 359 neue Tatsache 3 StPO § 359 neue Tatsache 4		93, 167	93, 1481	93, 502		NJ 93, 231 NZWehr 93, 80 JZ 94, 580
08.12.92	4 StR 450/92		StPO § 244 Abs 3 S 2 Ungeeignetheit 11				93, 181 93, 295	93, 240	
15.12.92	1 StR 617/92		StPO § 100a Verwertungsverbot 6		93, 263	93, 1212	93, 192 93, 446	93, 173	wistra 93, 111 NJ 93, 144 Krim 93, 221
15.12.92	5 StR 394/92							93, 234	
16.12.92	2 StR 440/92		StPO § 261 Sachverständiger 5		93, 373	93, 868	93, 246	93, 172	wistra 93, 152 NJ 93, 288
04.01.93	StB 27/92	39, 96	StPO § 163a Beschuldigter 1					93, 234 93, 115	94, 36
07.01.93	4 StR 588/92		BtMG § 29 Strafzumessung 23			93, 1540			
07.01.93	4 StR 607/92			Nr 123 zu § 244 StPO					
12.01.93	1 StR 798/92		StGB § 46 Abs 2 Nachtatverhalten 20				94, 24 (Kusch) 94, 24 (Kusch) 94, 125		wistra 93, 112
12.01.93	5 StR 594/92								
13.01.93	3 StR 491/92		StPO § 231a Abs 3 Beschwerde 1		93, 374	93, 1147	93, 247	93, 284	94, 341
13.01.93	5 StR 650/92	39, 110	StPO § 244 Abs 6 Beweisantrag 25				93, 247	93, 232	NJ 93, 288 wistra 93, 192
02.02.93	5 StR 38/93		StPO § 240 Abs 2 V-Mann 1 MRK Art 6 Abs 3 Buchst der Verhörsperson 2				93, 350 93, 292	93, 526 93, 343 93, 171	wistra 93, 192
03.02.93	2 StR 531/92								
03.02.93	5 StR 652/92								
05.02.93	2 StR 525/92								

Datum	Aktenzeichen	Amtl. Sammlung	BGHR	NStE	GA	MDR	NJW	NStZ	StV	JR	VRS	sonstige Zeitschriften
10.02.93	5 StR 550/92	39, 141	StPO § 96 Informant 6 S 1 Unzulässigkeit 8			93, 565	93, 1214	93, 293	93, 170	94, 250		wistra 93, 190 NJ 93, 480 JZ 93, 1012
11.02.93	1 StR 419/92		StPO § 244 Abs 3 StPO § 252 Verhörsperson 1					93, 294	93, 458			
16.02.93	5 StR 463/92		StPO § 261 Inbegriff der Verhandlung 29 StPO § 338 Nr 5 Angeklagter 20 StPO § 260 Abs 1 Teilfreispruch 9 StPO § 344 Abs 2 S 2 Verwertungsverbot			93, 674	93, 2125	93, 398	93, 289			NJ 93, 384
16.02.93	5 StR 689/92			Nr 118 zu § 216 StPO			93, 2451		94, 6			
18.02.93	1 StR 10/93		StPO § 251 Abs 2 Verlesbarkeit 1					93, 350 94, 327 (Schoreit)	93, 233 93, 624			
25.02.93	2 StR 15/93								93, 287			
26.02.93	3 StR 23/93		StPO § 247 S 4 Unterrichtung 5									Krim 94, 15
26.02.93	3 StR 207/92		StPO § 60 Nr 2 Strafvereitelung, versuchte 6 StPO § 348 Abs 2 S 1 Einzelstrafe, fehlende 2					93, 341 94, 33				
03.03.93	2 StR 328/92		StPO § 244 Abs 3 S 2 Unerreichbarkeit 16					93, 349				
04.03.93	2 StR 503/92		StPO § 244 Abs 3 S 2 Ungeeignetheit 13 StPO § 245 Abs 2 Beweismittel 1 StPO § 261 Beweiskraft 2					93, 395	93, 340			
04.03.93	2 StR 520/93		StGB § 212 Abs 2 Umstände, schulderhöhende					93, 342	93, 354			

Rechtsprechungsverzeichnis

Datum	Aktenzeichen		Thema							Fundstelle
11.03.93	4 StR 31/93		StPO § 261 Inbegriff der Verhandlung 30					93, 459		
16.03.93	1 StR 829/92		StPO § 244 Abs 2 Bhördengutachten 1		93, 722		93, 397	93, 458		
16.03.93	1 StR 888/92		StPO § 256 Abs 1 Aufklärungspflicht 1				93, 395	93, 563		
19.03.93	2 StR 652/92		StPO § 136 Belehrung 2					94, 357		
07.04.93	StB 7/93		StPO § 73 Auswahl 1, StPO § 454 Gutachten 1	Nr 125 zu § 244 StPO	93, 665	93, 2449	93, 357 / 93, 509	94, 252	94, 30	NJ 93, 480
19.04.93	5 StR 602/92	39, 199	StPO § 60 Nr 2 Tatbeteiligung 6		93, 672	93, 1938	93, 445	93, 508		NJ 93, 374
27.04.93	1 StR 123/93		StPO § 244 Abs 3 S 2 Ungeeignetheit 12							
04.05.93	1 StR 921/92		StPO § 52 Abs 1 Nr 3 Mitbeschuldiger 9	Nr 124 zu § 244 StPO	93, 786	93, 2326	93, 500	93, 339		wistra 93, 229 / NJ 93, 480 / wistra 93, 270
04.05.93	4 StR 207/93		StPO § 231 Abs 2 Abwesenheit, eigenmächtige 10				93, 446			
13.05.93	4 StR 169/93		StPO § 200 Abs 1 S 1 Tat 3				93, 551	94, 63		
13.05.93 / 14.05.93	4 StR 183/93 / 3 StR 176/93		StPO § 353 Abs 2 Teilrechtskraft 15				94, 25 (Kusch) / 93, 501	93, 519		
04.06.93	2 StR 70/93		StPO § 154 Abs 1 Verwertungsverbot 1				93, 395			
23.06.93	3 StR 89/93	39, 240	StPO § 244 Abs 3 S 1 Unzulässigkeit 9		93, 999	93, 2758	94, 80	93, 507		
24.06.93 / 25.06.93	5 StR 350/93 / 3 StR 90/93		StPO § 244 Abs 3 S 1 Unzulässigkeit 10				94, 24 (Kusch)	93, 458		
06.07.93	5 StR 279/93	39, 252	StPO § 244 Abs 6 Beweisantrag 26		93, 1106	93, 2881	93, 550 / 93, 602 / 93, 563	93, 454		wistra 94, 27 / NJ 94, 144
16.07.93	2 StR 333/93		StPO § 81 c Abs 3 Untersuchungsverweigerungsrecht 3				94, 23 (Kusch)			
20.07.93 / 24.08.93	5 StR 226/93 / 1 StR 380/93	39, 305	StPO § 250 S 2 Schriftliche Erklärung		93, 1226	93, 3337	94, 184	93, 623	94, 369	wistra 93, 339 / wistra 93, 347 / Krim 94, 258

Datum	Aktenzeichen	Amtl. Sammlung	BGHR	NStE	GA	MDR	NJW	NStZ	StV	JR	VRS	sonstige Zeitschriften
24.08.93	4 StR 452/93							94, 227 (Kusch)				
24.08.93	4 StR 470/93		StGB § 20 Ursachen, mehrere 3	Nr 32 zu § 20 StGB					94, 13			wistra 93, 344
26.08.93	4 StR 364/93	39, 310	StPO § 142 Abs 1 Entpflichtung 1			93, 1224	93, 3275	93, 600	93, 564			NJ 94, 48 AnwBl 94, 90
21.09.93	4 StR 374/93		StGB § 63 Gefährlichkeit 19					94, 30 94, 336				
21.09.93	4 StR 413/93								94, 6			wistra 94, 29
22.09.93	2 StR 503/93											
22.09.93	5 StR 448/93											
29.09.93	2 StR 355/93					94, 130		94, 229 (Kusch) 95, 95	94, 231			wistra 94, 112
05.10.93	1 StR 547/93		StPO § 246a S 1 Sachverständiger 1 StPO § 339 Sachverständiger 1						94, 64			Streit 94, 115 Krim 94, 538
08.10.93	2 StR 400/93	39, 335	StPO § 261 Zeuge 14 StPO § 100a Verwertungsverbot 7 StPO § 136a Abs 1 Täuschung 6 GG Art 2 Abs 1 Mithören 1			94, 294	94, 596	94, 292	94, 58			wistra 94, 68 JuS 94, 617
12.10.93	1 StR 475/93	39, 349	StPO § 136 Belehrung 3			94, 192	94, 334	94, 95	94, 4			Krim 94, 247 JuS 94, 440 JZ 94, 686
12.10.93	5 StR 424/93		StGB § 21 seelische Abartigkeit 26 StPO § 229 Abs 3 Hemmung 2					94, 75	94, 75			
13.10.93	5 StR 231/93			Nr 2 zu § 229 StPO					94, 5			
19.10.93	1 StR 662/93		StGB vor § 1 faires Verfahren Vereinbarung 5				94, 1293	94, 196	94, 174			DRiZ 94, 64 wistra 94, 64
20.10.93	5 StR 635/92		StPO § 53 Abs 1 Nr 3 Verweigerung 3			94, 191		94, 94				NJ 93, 547 wistra 94, 25 DVBl 94, 223 NJ 94, 180

Datum	Az.	Gegenstand					
21.10.93	1 StR 635/93	StPO § 52 Abs 1 Nr 1 Verlobte 1			94, 227 (Kusch)	94, 114	
22.10.93	2 StR 459/93	StPO § 261 Beweiskraft 1				94, 5	wistra 94, 67
22.10.93	2 StR 466/93	StPO § 261 Beweiswürdigung 10 StPO § 344 Abs 2 S 2 Beweisantragsrecht 2		94, 86	94, 140		
22.10.93	3 StR 337/93	BtMG § 31 Nr 1 Tat 2				94, 468	
02.11.93	1 StR 602/93	StGB § 176 Abs 1 Mindestfeststellung 3				94, 84	
03.11.93	2 StR 434/93	StPO § 244 Abs 4 S 1 Sachkunde 6				94, 114	
12.11.93	2 StR 594/93	StPO § 244 Abs 3 S 2 Bedeutungslosigkeit 20				94, 173	
15.11.93	5 StR 639/93	StPO § 244 Abs 3 S 2 Bedeutungslosigkeit 20			94, 139	94, 62	
16.11.93	1 StR 193/93	StPO § 244 Abs 3 S 2 Offenkundigkeit 1			94, 140		
16.11.93	5 StR 377/93	StPO § 261 Verwertungsverbot 7 MRK Art 6 Abs 2 Verwertungsverbot 2			94, 230 (Kusch)		
18.11.93	1 StR 315/93				94, 228 (Kusch)	94, 172	wistra 94, 66
24.11.93	3 StR 517/93				94, 227 (Kusch)	94, 358	
30.11.93	1 StR 637/93	StPO § 60 Nr 2 Vereidigung 3			94, 195	94, 356	
01.12.93	2 StR 443/93	StGB § 64 Abs 1 Gefährlichkeit 5			94, 280	94, 313	
01.12.93	2 StR 488/93			94, 433			
07.12.93	1 StR 572/93	StPO § 244 Abs 2 Umfang 1 StPO § 244 Abs 6 Beweisantrag 28			94, 194		
07.12.93	5 StR 171/93	Nr 120 zu § 261 StPO	40, 3	94, 602	94, 247	94, 169	
08.12.93	3 StR 446/93	StPO § 244 Abs 6 Beweisantrag 29 StPO § 344 Abs 2 S 2 Beweisantragsrecht 3			94, 1294	94, 288	86, 449	NJ 94, 191

Rechtsprechungsverzeichnis

Datum	Aktenzeichen	Amtl. Sammlung	BGHR	NStE	GA	MDR	NJW	NStZ	StV	JR	VRS	sonstige Zeitschriften
17.12.93	2 StR 666/93		StPO § 261 Beweiskraft 3	Nr 121 zu § 261 StPO					94, 175			
29.12.93	3 StR 515/92		GVG § 189 Beeidigung 2					94, 230 (Kusch)				
04.01.94	1 StR 749/93		StPO § 110a Ermittler 1					94, 289	94, 169			wistra 94, 224
04.01.94	4 StR 718/93		StGB § 66 Abs 2 Ermessensentscheidung 5 StGB § 74 Abs 1 Ermessensentscheidung 1						94, 479			
11.01.94	5 StR 682/93	40, 44	StPO § 200 Abs 1 S 1 Tat 6			94, 399	94, 2556	94, 350 94, 591	94, 226			NJ 94, 191 JA 94, 363
12.01.94	5 StR 620/93							94, 250	94, 227			
18.01.94	1 StR 745/93	40, 60				94, 604	94, 1484	94, 351	94, 229		87, 133	JZ 95, 209 wistra 94, 234 NJ 94, 288
18.01.94	5 StR 735/93								94, 413			
26.01.94	3 StR 629/93								94, 359			
09.02.94	2 StR 21/94								94, 225			
09.02.94	5 StR 20/94								94, 356			
17.02.94	1 StR 723/93		StPO § 244 Abs 2 Aussageerstehung 1 BtMG § 31 Nr 1 Aufdeckung 25			94, 436			94, 227			
17.02.94	4 StR 24/94					94, 435	94, 1807	94, 297	94, 545			
22.02.94	1 StR 829/93		StGB § 66 Strafausspruch 1 StPO § 136a Täuschung StPO § 261 Identifizierung 9					94, 280	94, 358			
23.02.94	3 StR 679/93											
24.02.94	4 StR 317/93	40, 66				94, 497		94, 295	94, 577			JuS 94, 1078 Krim 94, 461 JA 94, 451
01.03.94	5 StR 62/94		StGB § 21 Blutalkoholkonzentration 29 StPO § 244 Abs 6 Entscheidung 3					94, 334	94, 634			
16.03.94	5 StR 84/94								94, 470			
17.03.94	4 StR 54/94											
22.03.94	5 StR 8/94								94, 635			

Rechtsprechungsverzeichnis

22.03.94	5 StR 95/94	StPO § 244 Abs 5 S 2 Auslandszeuge 2			94, 283		
23.03.94	2 StR 67/94	StPO § 74 Ablehnungsgrund 3		94, 388	94, 411		
25.03.94	2 StR 102/94	StPO § 245 b Abs 2 Zulässigkeit 1	94, 765	94, 358			
29.03.94	1 StR 12/94	StPO § 261 Gerichtskundigkeit 1			94, 527		
30.03.94	2 StR 643/93	StPO § 261 Verwertungsverbot 8	94, 764	94, 1970	94, 350	94, 413	wistra 94, 196
30.03.94	StB 2/94	GG Art 2 Persönlichkeitsrecht 2	94, 601			94, 281	CR 94, 51
06.04.94	2 StR 76/94	StPO § 250 S 2 schriftliche Erklärung 3			94, 449	94, 468	
12.04.94	4 StR 142/94	StPO § 261 Identifizierung 10			94, 597	94, 638	
12.04.94	4 StR 688/93	StGB § 315 c Abs 1 Nr 1 Fahruntüchtigkeit 1				94, 543	NZV 95, 80
12.04.94	5 StR 102/94	StPO § 261 Zeuge 15		94, 400	94, 400	94, 424	
18.04.94	5 StR 160/94	StPO § 110a Fernwirkung 1				94, 358	
22.04.94	5 StR 829/93					94, 413	
26.04.94	5 StR 172/94						
02.05.94	1 StR 115/94						
09.05.94	5 StR 171/94	StPO § 244 Abs 3 S 2 Ungeeignetheit 14	954, 1072		95, 97	94, 526	
31.05.94	1 StR 86/94	StPO § 60 Nr 2 Tatbeteiligung 7	94, 764		94, 483	94, 411	
31.05.94	5 StR 154/94	StPO § 244 Abs 5 Augenschein 3 StPO § 244 Abs 6 Beweisantrag 30					
31.05.94	5 StR 557/93	StPO § 244 Abs 6 Entscheidung 5			95, 27	95, 175	
01.06.94	1 BJs 182/83 SsB 10/94	StPO § 55 Abs 1 Auskunftsverweigerung 4	94, 929	94, 2839	94, 499	94, 524	NJ 94, 488 wistra 94, 306
06.06.94	5 StR 204/95					94, 634	JuS 95, 82

Datum	Aktenzeichen	Amtl. Sammlung	BGHR	NStE	GA	MDR	NJW	NStZ	StV	JR	VRS	sonstige Zeitschriften
08.06.94	3 StR 280/93		StPO § 261 Inbegriff der Verhandlung 31					95, 20 (Kusch)				
14.06.94	1 StR 190/94		StPO § 261 Zeuge 16					94, 503 94, 502	94, 637			
20.06.94	5 StR 283/94		StPO § 261 Zeuge 17						94, 638			
20.06.94	5 StR 289/94											
21.06.94	1 StR 180/94		StGB § 20 Rausch 1			94, 1132	94, 2426	94, 554 94, 480	94, 633 94, 650	95, 115		MedSach 95, 61
21.06.94	4 StR 150/94	40, 198	StPO § 245									
22.06.94	3 StR 646/93		Beweismittel 1 StPO § 246a S 2			94, 1072	94, 593	94, 525				
28.06.94	1 StR 140/94		Sachverständiger 1					94, 592				
06.07.94	2 StR 60/94		StPO § 344 Abs 2 S 2 letztes Wort 2						95, 75 95, 176			
12.07.94	4 StR 306/94											
13.07.94	5 StR 365/94							95, 170 (Detter) 94, 584 95, 170 (Detter)				JA 95, 270
14.07.94	4 StR 335/94											
21.07.94	1 StR 83/94	40, 211	StPO § 52 Abs 1 Verweigerung 3 StPO § 136 Belehrung 6 StPO § 136a Abs 1 Täuschung 8 StPO § 243 Abs 4 Äußerung 5 StPO § 344 Abs 2 S 2 Telefonüberwachung 1			94, 1230	94, 2904	94, 593	94, 521			Krim 95, 115 wistra 95, 31 JuS 95, 174
27.07.94	3 StR 225/94		StPO § 261 Identifizierung 11					94, 554	94, 580			
29.07.94	2 StR 304/94							95, 173 (Detter) 95, 218 (Detter)				
08.08.94	1 StR 278/94		StGB § 69 Abs 1 Entziehung 5						95, 301			

Datum	Aktenzeichen	Gegenstand						
10.08.94	3 StR 53/94	StPO § 136 Belehrung 4 StPO § 136a Abs 3 Beweisverwertungsverbot 4 StPO § 244 Abs 6 Entscheidung 4 StPO § 254 Abs 1 Vernehmung, richterliche 4	94, 1134	94, 3364	94, 595 95, 45	95, 231	95, 251	wistra 95, 70
10.08.94	4 StR 274/94							
25.08.94	4 StR 380/94					95, 6		
25.08.94	5 StR 425/94	StPO § 261 Überzeugungsbildung 24 StGB § 20 Affekt 3			95, 173 (Detter) 94, 592			
31.08.94	5 StR 232/94				94, 597	95, 341		
07.09.94	2 StR 285/94	StGB § 20 Sachverständiger 5			95, 175			
07.09.94	2 StR 466/94	StPO § 244 Abs 5 S 2 Auslandszeuge 3			95, 173 (Detter) 94, 593			
07.09.94	5 StR 478/94					95, 62 95, 5		
08.09.94	1 StR 519/94	StPO § 244 Abs 3 S 2 Wahrunterstellung 26 StPO § 244 Abs 3 S 2 Ungeeignetheit 15				95, 5		
14.09.94	4 StR 451/94				95, 45			
15.09.94	1 StR 424/94				95, 176	95, 405		
21.09.94	5 StR 414/94	StGB § 66 Abs 1 Hang 8				95, 453		
26.09.94	5 StR 453/94				95, 178			
27.09.94	4 StR 528/94							
28.09.94	3 StR 332/94	StPO § 59 S 1 Sachverständigenfrage 2 StPO § 78 Leitung 1 StPO § 244 Abs 6 Hilfsbeweisantrag 7			95, 44	95, 57		
29.09.94	4 StR 494/94				95, 282	95, 113		
04.10.94	1 StR 374/94				95, 98			
06.10.94	4 StR 480/94	StPO § 59 S 1 Entscheidung, fehlende 6			95, 244	95, 1		wistra 95, 109
07.10.94	2 StR 194/94	StGB § 64 Abs 1 Erfolgsaussicht 2			95, 229			wistra 95, 30
12.10.94	2 StR 477/94							

Rechtsprechungsverzeichnis

Datum	Aktenzeichen	Amtl. Sammlung	BGHR	NStE	GA	MDR	NJW	NStZ	StV	JR	VRS	sonstige Zeitschriften
12.10.94	3 StR 341/94		StPO § 261 Verwertungsverbot 9				95, 269	95, 79				
18.10.94	5 StR 590/94							95, 219 (Kusch) 95, 220 (Kusch)				
20.10.94	1 StR 592/94		StPO § 246a S 1 Untersuchung 1					95, 200				
21.10.94	2 StR 404/94	40, 287	StPO § 244 Abs 3 S 1 Unzulässigkeit 11			95, 622	95, 603	95, 144 95, 202	95, 1		88, 272	NVwZ 95, 415 DÖV 95, 200 wistra 95, 63
21.10.94	2 StR 328/94											
26.10.94	2 StR 392/94		StPO § 256 Abs 1 Gutachten 1					95, 143	95, 236			
26.10.94	2 StR 519/94		StPO § 244 Abs 6 Beweisantrag 31					95, 246	95, 59			
27.10.94	1 StR 597/94							95, 201				
01.11.94	5 StR 276/94							95, 96 95, 270 (Detter)	95, 58			
03.11.94	1 StR 436/94		StPO § 261 Gerichtskundigkeit 2					95, 246				
08.11.94	1 StR 590/94					95, 445 (Holtz)			95, 226 95, 227	95, 132		
10.11.94	1 StR 631/94					95, 401						
15.11.94	1 StR 461/94	40, 336	StPO § 81 c Abs 3 Untersuchungsverweigerungsrecht 4 StGB § 222				95, 1501	95, 198	95, 171	96, 75		wistra 95, 148 NJ 95, 167
17.11.94	4 StR 441/94	40, 341	Pflichtverletzung 4 StGB § 315c Abs 1 Nr 1b Mängel 1			95, 399	95, 795	95, 344			88, 427	NZV 95, 157 DAR 95, 114 VersR 95, 430
18.11.94	2 StR 458/94		StPO § 240 Abs 2 Gelegenheit 1					95, 143	95, 115 95, 172			
23.11.94	2 StR 593/94											
29.11.94	1 StR 689/94							95, 228 95, 245				
29.11.94	4 StR 648/94											
02.12.94	2 StR 207/94		StPO § 200 Abs 1 S 1 Tat 13					95, 220 (Kusch)	95, 113			

Rechtsprechungsverzeichnis

Datum	Az.		Norm						
06.12.94	5 StR 305/94	40, 374	StGB vor § 1 Serienstraftaten Steuerhinterziehung 2	95, 300	95, 1166	95, 203 95, 460	95, 60		wistra 95, 151
08.12.94	4 StR 536/94		StPO § 244 Abs 5 S 2 Auslandszeugen 2			94, 244	95, 173		
13.12.94	1 StR 641/94		StPO § 243 Abs 3 Anklagesatz 2			95, 200 95, 299			
16.12.94	2 StR 461/94		StGB § 46 Abs 2 Tatumstände 15	95, 510	95, 1038	95, 356	95, 411		
20.12.94	1 StR 688/94					95, 226			
28.12.94	3 StR 567/94			95, 121 (Holtz)			95, 339		
10.01.95	1 StR 343/94		StPO § 274 Beweiskraft 16			95, 356	95, 230		
12.01.95	4 StR 757/94		StPO § 267 Abs 3 S 1 Strafzumessung 14				95, 247		
17.01.95	4 StR 694/94		StGB § 21 Vorverschulden 5			95, 329	95, 406		
18.01.95	3 StR 546/94	40, 390					95, 407		NJ 95, 280
24.01.95	5 StR 577/94		StPO § 200 Abs 1 S 1 Tat 11	95, 513		95, 353	95, 337		wistra 95, 150
25.01.95	3 StR 448/94		StGB § 21			95, 297			NJ 95, 280
25.01.95	3 StR 535/94		Einsichtsfähigkeit 6	95, 509	95, 1229	95, 226			
26.01.95	1 StR 798/94		StPO § 357 Erstreckung 5	95, 624	95, 2424	95, 330	95, 236		wistra 95, 237
31.01.95	4 StR 15/95					95, 415 95, 489 (Detter)			
07.02.95	5 StR 728/94		StPO § 244 Abs 2 Sachverständiger 13				96, 4	95, 472	
08.02.95	3 StR 595/94		StGB § 146 Abs 2 Strafrahmenwahl 1			95, 246			
08.02.95	5 StR 434/94	41, 16		95, 514	95, 1973	95, 390	95, 421		NJ 95, 392
16.02.95	4 StR 729/94	41, 30		95, 837	95, 1974	95, 510	95, 226		NJ 95, 392
16.02.95	4 StR 733/94	41, 36		95, 837		95, 604	95, 225		NJ 95, 392
22.02.95	3 StR 552/94	41, 42		95, 734	95, 2236	95, 513	95, 228		
02.03.95	4 StR 764/94					95, 558	95, 398		
07.03.95	1 StR 685/94	41, 64		95, 838	95, 2237	95, 516	95, 281		JZ 96, 259
08.03.95	2 StR 21/95						95, 406		DtZ 95, 303
08.03.95	5 StR 434/94	41, 69		95, 735		95, 393			NJ 95, 504

Datum	Aktenzeichen	Amtl. Sammlung	BGHR	NStE	GA	MDR	NJW	NStZ	StV	JR	VRS	sonstige Zeitschriften
09.03.95	4 StR 77/95		StPO § 344 Abs 1 S 2 Verwertungsverbot 1			95, 839	95, 2047	95, 462	95, 450			wistra 95, 235
10.03.95	5 StR 434/94							95, 394				DtZ 95, 296; NJ 95, 494
15.03.95	3 StR 77/95		BtMG § 31 Nr 1 Tat 3						95, 367			
21.03.95	5 StR 657/94								95, 511			
22.03.95	5 StR 680/94											
30.03.95	4 StR 33/95		GVG § 193 Personen 1			95, 943	95, 2645	95, 410; 95, 462 (Detter); 95, 487 (Detter)	95, 399			NJ 95, 447; DRiZ 95, 314
06.04.95	5 StR 106/95							95, 489 (Detter)				
11.04.95	4 StR 15/95								95, 415			
28.04.95	2 StR 134/95							95, 489 (Detter)				
03.05.95	2 StR 139/95								95, 511; 95, 628			Krim 95, 811
05.05.95	2 StR 183/95		StPO § 110b Abs 1 Zustimmung 1; StPO § 110b Abs 2 Verwertungsverbot 1					96, 48	95, 398			
16.05.95	4 StR 237/95		StPO § 238 Abs 2 Vereidigung 2				96, 207	95, 558; 96, 22 (Kusch)	95, 451			
30.05.95	1 StR 23/95						96, 94	95, 601	96, 2			
07.06.95	2 BJs 127/93-5StB 16/95				95, 1090							
08.06.95	1 ARs 10/95							95, 557				
13.06.95	1 StR 268/95							95, 539	95, 633			wistra 95, 272; Krim 95, 789
14.06.95	2 StR 274/95							95, 609	96, 80			
14.06.95	3 StR 545/94								95, 566			
21.06.95	2 StR 67/95											
22.06.95	5 StR 173/95					95, 1092		95, 557; 95, 539				
28.06.95	3 StR 72/95											
02.07.95	4 StR 764/95	41, 153	StPO § 261 Aussageverhalten 13			96, 88	95, 2997	95, 559	95, 398; 95, 510			wistra 95, 272
05.07.95	2 StR 137/95					96, 120 (Holtz)						
14.07.95	3 StR 355/94								95, 565			
18.07.95	1 StR 96/95		StPO § 245 Beweismittel 2						95, 567			

19.07.95	2 StR 758/94							Krim 96, 88 WiB 95, 1016 wistra 96, 21
20.07.95	1 StR 338/95	StPO § 136a Abs 1 Zwang 3		95, 1153	95, 2933	95, 605	96, 73 96, 93 (LS)	DB 95, 1908
02.08.95	2 StR 221/94	StPO § 74 Ablehnungsgrund 4			95, 2930	96, 145 95, 590	95, 564	wistra 95, 303
03.08.95	StB 33/95	StPO § 261 Kausalität 1		95, 1158	95, 3397		95, 622	
04.08.95	3 StE 6/94						95, 628	
23.08.95	3 StR 163/95				96, 206	96, 95	95, 563	
05.09.95	1 StR 456/95						95, 623	
07.09.95	1 StR 136/95						95, 622	
05.10.95	4 StR 330/95					96, 98		
08.11.95	4 StR 531/95					96, 150 (LS)		
19.12.95	4 StR 170/95							
12.01.96	5 StR 756/94							EBE/BGH 96, 35

III. BayObLG

Datum	Aktenzeichen	Amtl. Sammlung	OLGSt	NStE	GA	MDR	NJW	NStZ	StV	JR	VRS	sonstige Zeitschriften
10.03.82	1 Ob OWi 503/81	82, 34				82, 605						BlAlk 20, 74
19.03.82	1 Ob OWi 503/81	82, 40									62, 461	JMBl BY 82, 69 DAR 82, 300
06.04.82	RReg 4 St 24/82					82, 690						
30.11.83	RReg 1 St 225/83									83, 124	66, 202	BlAlk 21, 367
11.09.84	1 ObOWi 218/84			Nr 1 zu § 6 BayPressG								DAR 85, 245 (Bär)
30.01.85	2 ObOWi 347/84											DAR 86, 248 (Rüth)
28.10.85	2 ObOWi 304/85			Nr 2 zu § 22 StPO								DAR 86, 246 (Rüth)
28.10.86	1 ObOWi 241/86	87, 89										DAR 87, 314 (Bär)
02.10.87	RReg 1 St 86/87								88, 145			JMBl BY 88, 24 BayVBl 89, 26
10.02.88	RReg 5 St 246/87	88, 13						88, 286	88, 241			JMBl BY 88, 70
26.07.88	2 St 87/88			Nr 9 zu § 5 StrEG							77, 444	DAR 89, 368 (Bär) DAR 89, 427
24.05.89	RReg 2 St 117/89			Nr 12 zu § 316 StGB						90, 436		BlAlk 26, 429 NZV 90, 37 ZfSch 90, 104
27.07.89	RReg 2 St 119/89		StPO § 261 Nr 9	Nr 83 zu § 244 StPO		90, 269	90, 197	90, 101	89, 522			wistra 90, 38

Datum	Aktenzeichen	Amtl. Sammlung	OLGSt	NStE	GA	MDR	NJW	NStZ	StV	JR	VRS	sonstige Zeitschriften
18.09. 89	RReg 2 St 196/89								89, 522			
23.03. 90	RReg 1 St 40/90							90, 493			79, 114	DAR 90, 186 NZV 90, 277
29.11. 90	RReg 3 St 160/90	90, 134	StPO § 60 Nr 3					91, 203			80, 455	BlAlk 27, 302 JZ 91, 315 wistra 91, 158
31.01. 91	3 St 15/90	91, 16	KronzeugenG Art 4 Nr 1			91, 889	91, 1126	91, 388	91, 299			JMBl BY 91, 49 JMBl BY 91, 137
14.08. 91	RReg 2 St 147/91						91, 2575					
26.09. 91	2 St 141/91											
21.11. 91	RReg 4 St 193/91										82, 182	BlAlk 92, 160
15.04. 92	4 St RR 10/92	92, 44	StPO § 261 Nr 10			92, 993	92, 2370	92, 556	92, 152 92, 459			JMBl BY 92, 201 wistra 92, 276
10.09. 92	3 ObOWi 78/92	92, 100		Nr 6 zu § 77 OWiG								Krim 92, 707 JMBl BY 92, 294
11.05. 93	3 ObOWi 16/93	93, 96							93, 8			JMBl BY 93, 109 wistra 93, 236
01.12. 93	4 St RR 190/93	93, 207				94, 501	94, 1296	94, 250	93, 528 95, 237		86, 350	JMBl BY 94, 33 wistra 94, 155 Krim 94, 558
20.01. 94	5 St RR 143/93	94, 61	StGB § 316 Nr 13			94, 714	94, 2427	94, 503	95, 65 94, 316		87, 126	JMBl BY 94, 64 JZ 94, 424 NZV 94, 236 DAR 94, 247
23.03. 94	4 St RR 35/94											
14.04. 94	1 St RR 49/94	94, 71	StGB § 316 Nr 14				94, 2427				87, 342	BlAlk 31, 271 JMBl BY 94, 222 NZV 94, 258 DAR 94, 330
25.08. 94	2 ObOWi 358/94	94, 164									88, 266	BlAlk 32, 127
30.11. 94	2 ObOWi 563/94	94, 248						95, 39	95, 65		88, 360	wistra 95, 120 JMBl BY 95, 32
20.12. 94	4 St RR 190/94	94, 261					95, 540	95, 190				NZV 95, 163
10.02. 95	1 St RR 203/94						95, 2120		95, 367			JMBl BY 95, 33 BlAlk 95, 299
31.03. 95	3 St RR 17/95											NZV 96, 75
03.11. 95	1 St RR 97/95											DAR 96, 101

IV. OLGe

Ort, Datum	Aktenzeichen	OLGSt	NStE	GA	MDR	NJW	NStZ	StV	JR	VRS	sonstige Zeitschriften
KG Berlin 03.11.82	2 VAs 20/82										RuP 85, 34
Köln 19.11.82	1 Ss 495/82									64, 279	
Stuttgart 26.01.83	3 Ws 14/83	StPO § 302 Nr 1									NdsRpfl 83, 161 BlAlk 20, 535
Celle 30.03.83	3 Ss 85/82										DAR 84, 121
Stuttgart 03.04.83	3 Ss (25) 189/84	StGB § 316 Nr 4									
Köln 24.06.83	3 Ss 332/83–190	StPO § 205 Nr 1			84, 512			84, 412	84, 435	65, 440	ZfSch 83, 350
Düsseldorf 18.07.83	3 Ws 83–84/83								84, 393		
KG Berlin 15.08.83	4 Ws 57/83	StGB § 316 Nr 3									
Zweibrücken 04.10.83	1 Ss 243/83	StPO § 172 Nr 7			84, 512					66, 204	BlAlk 21, 534
Düsseldorf 18.11.83	1 Ws 840/83										JurBüro 84, 721
Düsseldorf 27.01.84	2 Ws 568/83					84, 185	84, 330				
Karlsruhe 30.01.84	3 Ws 178/83				84, 512						Justiz 84, 308
Hamburg 06.02.84	2 Ws 571/83				84, 687					67, 35	JMBl NW 84, 131
Düsseldorf 14.02.84	5 Ss 1/84–17/84 I									67, 44	BlAlk 84, 375
Hamm 20.02.84	1 Ss OWi 46/84							85, 225			
Schleswig 07.03.84	1 Ss 40/84							85, 225			
Karlsruhe 26.03.84	1 Ws 65/84 4 Ws 42/84						84, 330			66, 450	Justiz 84, 291
Stuttgart 03.04.84	3 Ss (25) 189/84				84, 688						Justiz 84, 212 DAR 84, 249

Ort, Datum	Aktenzeichen	OLGSt	NStE	GA	MDR	NJW	NStZ	StV	JR	VRS	sonstige Zeitschriften
KG Berlin 09.04.84	4 Ss 15/84							85, 52			
Hamm 16.04.84	3 Ws 187/84										JMBl NW 84, 232
Frankfurt 04.05.84	2 Ss 412/84										JMBl NW 85, 66 BlAlk 2, 146
Koblenz 10.05.84	1 Ss 481/83									67, 267	
Düsseldorf 22.06.84	2 ss (OWi) 193/84–148/84 II	StVG § 24a Nr 1					85, 81				
Köln 27.06.84	3 Ss 270/84							85, 50		67, 459	BlAlk 1, 74
Köln 07.08.84	3 Ss 242/84							85, 50		67, 353	
Bremen 06.09.84	Ss 95/84							86, 12			
Frankfurt 14.09.84	5 Ws 2/84				85, 428	85, 755	85, 130				
Köln 03.10.84	Ss 220–221/85					85, 2961	85, 274				
Frankfurt 26.11.84	2 Ss 412/84							85, 224			ZfSch 85, 381
Frankfurt 25.01.85	2 Ws (B) 3/85									69, 40	JZ 85, 452
Düsseldorf 30.01.85	1 Ws 56/85				85, 694						
Karlsruhe 30.01.85	1 Ws 13/85							85, 225			Justiz 85, 147
Frankfurt 01.02.85	3 Ws 106/85				85, 694						
Celle 10.02.85	HEs 10/85	StPO § 126a Nr 1									
Frankfurt 18.02.85	3 VAs 78/84				85, 694		85, 284				
Karlsruhe 26.02.85	3 Ws 10/85										Justiz 85, 298
Celle 21.03.85	1 Ws 69/85							85, 224			
Düsseldorf 10.04.85	1 Ws 258/85						85, 575	85, 377			

Rechtsprechungsverzeichnis

Düsseldorf 16.04.85	5 Ss 94/85–89/85 I		85, 511				JurBüro 86, 73
Düsseldorf 23.04.85	1 Ws 278/85			85, 1050			
Düsseldorf 23.04.85	4 Ws 42/84			85, 956			
Karlsruhe 26.04.85	3 Ss 61/85			85, 868		86, 289	69, 217	Justiz 85, 320
Düsseldorf 29.04.85	2 Ws 146/85			85, 784		85, 316		ZfSch 86, 286
Düsseldorf 29.04.85	2 Ws 184/85			85, 782	85, 2207	85, 316		
Stuttgart 06.05.85	1 Ss 314/85						69, 295	
Düsseldorf 08.05.85	5 Ss (OWi) 83/85–101/85 I			85, 1050	85, 509			
Düsseldorf 29.05.85	2 Ss 95/85–103/85 II			85, 1050	86, 79	86, 8		NZWehr 85, 214
KG Berlin 03.06.85	4 Ws 170/85					85, 448		BRAK-Mitt 86, 52
Frankfurt 16.07.85	3 Ws 597/85					86, 51		
Celle 18.07.85	1 Ws 194/85							wistra 86, 83
Köln 02.08.85	Ss 465/85						70, 21	
Düsseldorf 23.08.85	2 Ws 172/85			86, 252		86, 24		
Frankfurt 30.08.85	1 Ss 318/85	StGB § 131 Nr 1						
Koblenz 26.09.85	1 Ss 188/85	StPO § 243				86, 290		
Zweibrücken 17.10.85	1 Ws 216/85			86, 605				Justiz 86, 143
Karlsruhe 23.10.85	2 Ss 198/85					86, 240		
Zweibrücken 06.11.85	1 Ss 756/85	StPO § 338 Nr 2		86, 427	87, 82		70, 370	
Köln 13.12.85	4 Ws 374/85	StPO § 314 Nr 3	Nr 1 zu § 314 StPO		86, 520			ZfSch 86, 191
Stuttgart 13.12.85								
Köln 17.12.85	1 Ss 318/85		Nr 1 zu § 81a StPO				70, 366	DAR 86, 155

Ort, Datum	Aktenzeichen	OLGSt	NStE	GA	MDR	NJW	NStZ	StV	JR	VRS	sonstige Zeitschriften
Stuttgart 15.01.86	1 Ss (25) 845/85		Nr 1 zu § 136 StPO		86, 604		86, 182	86, 191			Justiz 86, 328
Hamburg 23.01.86	1 Ss 137/86							87, 142			
Köln 31.01.86	Ss 749/85							86, 192			
Koblenz 06.02.86	1 Ss 67/86	StPO § 267								71, 42	
Düsseldorf 30.03.86	5 Ss 323/85–253/85 I	StPO § 98 Nr 1	Nr 1 zu § 81b StPO		86, 689		87, 137				Justiz 86, 334
Stuttgart 01.04.86	4 VAs 8/86										
Köln 01.04.86	Ss 168/86							86, 238			
Koblenz 23.05.86	1 Ss 143/86									71, 200	
Düsseldorf 30.05.86	5 Ss 323/85–253/85 I	StGB § 69 Nr 3					87, 137	86, 376			
Koblenz 12.06.86	1 Ss 223/86									71, 279	
Karlsruhe 13.06.86	4 VAs 23/85		Nr 2 zu § 81a StPO				86, 567				Justiz 86, 494
Nürnberg 30.06.86	VAs 854/85		Nr 4 zu § 23 EGGVG				86, 575				
Hamburg 05.09.86	1 Ss 131/86		Nr 1 zu § 230 StPO		87, 78	87, 269	86, 569				
Stuttgart 22.10.86	1 Ss 630/86	OWiG § 111 Nr 2			87, 521				87, 78		Justiz 87, 73
Düsseldorf 19.11.86	2 Ss (OWi) 157/86–97/86 III	StVG § 24a Nr 2						87, 241			DAR 87, 293
Düsseldorf 24.11.86	5 Ss 239/85–205/85 I										JMBl NW 87, 101
Frankfurt 19.12.86	1 Ss 355/86							87, 380			
Celle 22.01.87	3 Ss 217/86		Nr 4 zu § 20 StGB				87, 407				NdsRpfl 87, 107
Köln 06.02.87	Ss 646/86		Nr 1 zu § 226 StPO				87, 244	87, 379		72, 371	
Düsseldorf 10.02.87	2 Ss (OWi) 540/86-3/87 III									73, 470	DAR 88, 63 ZfSch 87, 287

Zweibrücken 04.03.87	1 Ss 51/87					87, 287	
Karlsruhe 09.03.87	1 Ws 60/87				87, 522		
Koblenz 10.03.87	1 Ss 76/87						73, 72
Zweibrücken 26.03.87	1 Ws 139–142/87			88, 229			73, 134 BRAK-Mitt 87, 216
Celle 14.07.87	3 Ss 256/86		88, 76		87, 477	88, 519	
Celle 04.08.87	3 Ws 309/87					87, 429	
Schleswig 13.08.87	2 Ws 473/87				87, 521	87, 518	SchlHA 88, 108
Frankfurt 11.09.87	1 Ss 292/87		88, 78		88, 41	88, 10	
Köln 09.10.87	Ss 236/87	StPO § 261 Nr 6				87, 328	
Celle 13.10.87	3 Ws 399/87			88, 2751		88, 373	NdsRpfl 88, 12 Krim 89, 435 SchlHA 88, 103
Schleswig 23.10.87	2 Ss 212/87						
KG Berlin 03.12.87	1 Ss 162/87					88, 518	
Düsseldorf 09.12.87	2 Ss 431/87					90, 13	
Koblenz 13.01.88	1 Ws 709/87		88, 1074		88, 192		
Karlsruhe 14.01.88	4 Ss 191/87				88, 226	88, 146	Justiz 88, 399
Düsseldorf 10.02.88	2 Ss (OWi) 262/87– 179/87 III						76, 377 JMBl NW 88, 151 VerkMitt 89, 35 NZV 89, 163 Krim 88, 675
Hamm 13.02.88	1 Ss 811/87	StPO § 100a Nr 1	88, 605		88, 515	88, 374	
Düsseldorf 28.01.88	1 Ws 70–71/88		88, 798				
Frankfurt 03.02.88	5 Ss 361/87					88, 290	Rpfl 88, 330 JurBüro 88, 1071
Zweibrücken 05.02.88	1 Ws 71/88		88, 1075			88, 379	

Ort, Datum	Aktenzeichen	OLGSt	NStE	GA	MDR	NJW	NStZ	StV	JR	VRS	sonstige Zeitschriften
Stuttgart 08.03.88	3 Ws 55/88		Nr 3 zu § 22 StPO	89, 37			88, 375				Justiz 88, 317
Koblenz 22.03.88	1 Ss 135/88				88, 796					75, 46	
Düsseldorf 08.04.88	2 Ss (OWi) 88/88–79/88 II		Nr 57 zu § 261 StPO					90, 12		75, 112	
KG Berlin 14.04.88	1 Ss 332/87							88, 380			
Frankfurt 15.04.88	1 Ws 36/88		Nr 2 zu § 136 StPO				88, 425				Krim 88, 643
Köln 19.04.88	Ss 166/88							88, 289			
Düsseldorf 26.05.88	1 Ws 459/88	StPO § 81 a Nr 2	Nr 3 zu § 81 a StPO					89, 193			JMBl NW 88, 179 JZ 88, 984
Düsseldorf 26.05.88	5 Ss 154/88–139/88 I		Nr 16 zu § 20 StGB			89, 1557				75, 338	BlAlk 25, 343 JMBl NW 88, 227
Hamm 07.07.88	1 Ws (L) 8/88	StGB § 57 a Nr 5	Nr 37 zu § 57 StGB	89, 36			89, 27	90, 539			
Stuttgart 11.07.88	4 Ws 57/88									76, 32	Justiz 89, 24
Karlsruhe 08.08.88	1 Ss 135/88		Nr 8 zu § 74 OWiG				89, 287	89, 7			Justiz 89, 23
Karlsruhe 06.09.88	1 Ss 68788		Nr 67 zu § 261 StPO					89, 520			
Köln 25.10.88	Ss 567/88							89, 145			
Bremen 24.01.89	Ws 232/88 (BL 366/88)	StPO § 81 a Nr 3	Nr 1 zu § 60 StGB				89, 385				JZ 89, 906 BlAlk 26, 420
Celle 14.03.89	1 Ss 41/89							89, 314			Krim 90, 346 ZfSch 89, 429
Zweibrücken 31.03.89	1 Ss 35/89		Nr 4 zu § 105 JGG								
Celle 19.04.89	3 Ss 97/89				89, 1014					77, 221	NdsRpfl 89, 163 NZV 89, 317
Hamm 25.04.89	15 W 353/87				89, 914						BlAlk 26, 363 JMBl NW 89, 173

Rechtsprechungsverzeichnis

Gericht/Datum	Aktenzeichen	Norm						Fundstellen
Düsseldorf 12.05.89	2 Ws 535/88			89, 1022				JMBl NW 89, 178
Düsseldorf 18.05.89	10 U 27/89	Nr 4 zu § 1 ZSEG		89, 914	89, 581		90, 28	JurBüro 89, 1459
Düsseldorf 18.05.89	8 U 163/88			89, 914				JZ 89, 702
Köln 01.06.89	Ss 227/89		89, 3233				77, 215	
Köln 02.06.89		Nr 12 zu § 142 StGB, Nr 8 zu § 315c StGB						NZV 89, 357; DAR 89, 352; BlAlk 26, 427
Hamm 12.06.89	2 Ss OWi 466/89							DAR 89, 429; ZfSch 89, 431
KG Berlin 22.06.89	4 Ws 110/89	Nr 6 zu § 96 StPO			89, 541			Justiz 89, 485
Stuttgart 04.10.89	3 Ws 190/89	Nr 1 zu § 15 RHG	90, 197	90, 361	90, 41			
Düsseldorf 08.01.90	2 Ws 608/89			90, 744	91, 353	90, 362		JurBüro 90, 768
KG Berlin 12.01.90	1 AR 771/89–4 Ws 122/89	Nr 22 zu Art 6 MRK			90, 402	90, 171		AnwBl BE 90, 134
Köln 06.02.90	Ss 48/90	MRK Art 6 Nr 11					79, 29	
Stuttgart 05.03.90	1 Ss 124/90					90, 257		
Düsseldorf 22.03.90	1 Ws 252/90	Nr 11 zu § 473 StPO		90, 1036		91, 309	91, 120	JurBüro 90, 1205
Celle 29.03.90	3 Ws 22/90 (I)							JurBüro 90, 1048
Stuttgart 03.04.90	8 W 60/90			90, 635				Justiz 90, 185
Köln 03.04.90	Ss 182/90					92, 321		JurBüro 90, 889
Köln 04.05.90	Ss 182/90						81, 200	
Düsseldorf 10.05.90	2 Ss 71/90–19/90 III				90, 506	90, 442		
Düsseldorf 14.05.90	2 Ss 67/90			90, 1035	90, 505			
Karlsruhe 21.06.90	3 Ss 90/90	Nr 1 zu § 232 StPO						Justiz 90, 408; ZfSch 90, 430
Celle 29.06.90	1 Ws 168/90					91, 248		

Ort, Datum	Aktenzeichen	OLGSt	NStE	GA	MDR	NJW	NStZ	StV	JR	VRS	sonstige Zeitschriften
Stuttgart 23.07.90	4 VAs 21/90		Nr 9 zu § 96 StPO			91, 1071	92, 96				Justiz 90, 406
Köln 07.08.90	Ss 389/90						91, 52			79, 438	ZfSch 91, 69
Koblenz 07.08.90	1 Ss 219/90										LRE 26, 92
Köln 24.08.90	Ss 400/90		Nr 17 zu § 316 StGB			90, 2945		92, 167		80, 26	NZV 90, 439 ZfSch 90, 430 BlAlk 27, 447
Hamburg 12.09.90	1 Ss 199/89							90, 535			Justiz 91, 25
Karlsruhe 14.09.90	1 Ws 153/90				91, 174		91, 37				
Düsseldorf 24.09.90	V 21/88										
Köln 25.09.90	Ss 347/90							91, 202		80, 32	
Schleswig 19.11.90	9 W 167/90										JurBüro 91, 545 SchlHA 91, 84
Düsseldorf 19.11.90	1 Ws 1032/90				91, 788			92, 58		80, 353	
Düsseldorf 22.11.90	2 Ss 288/90							91, 509			
Koblenz 23.11.90	1 Ws 486/90						91, 345				JurBüro 91, 593
Stuttgart 03.12.90	1 Ws 252/90	StPO § 68 Nr 1					91, 297				Justiz 91, 333
Hamm 05.12.90	19 U 184/89				91, 263						
Düsseldorf 07.12.90	5 Ss (OWi) 421/90 I									80, 458	ZfSch 91, 128 BRAK-Mitt 91, 112
Zweibrücken 11.12.90	1 Ss 219/90									81, 16	BlAlk 28, 188
Karlsruhe 13.12.90	1 Ws 283/90				91, 661		91, 207				Justiz 91, 94
Karlsruhe 14.12.90	1 Ws 268/89				91, 892						Justiz 91, 155
Köln 21.12.90	Ss 607/90									80, 451	ZfSch 91, 176
Düsseldorf 21.12.90	5 Ss 428/90-162/90 I							91, 554			wistra 91, 160

Saarbrücken 27.12. 90	Ss 40/90			91, 386	
Karlsruhe 08.01. 91	2 Ss 154/90				80, 440	Justiz 91, 155 BlAlk 28, 190 ZfSch 91, 251
Düsseldorf 09.01. 91	2 Ws 673–674/90		91, 986		81, 43	NZV 91, 283 VerkMitt 91, Nr 72
Düsseldorf 15.01. 91	2 Ss (OWi) 397/90– (OWi) 2/91 III V 21/88		91, 986	91, 395		
Düsseldorf 29.01. 91	2 Ws 30/91		91, 1082	91, 504	80, 453	BRAK-Mitt 91, 112
Köln 01.02. 91	5 Ss 36/91–12/91 I	Nr 2 zu § 228 StPO Nr 12 zu § 251 StPO	91, 1080			
Düsseldorf 13.02. 91	1 Ws 90/91		91, 1192	91, 2781		
Koblenz 27.02. 91	2 Ws 100/91			91, 551	81, 116	Justiz 91, 155 BRAK-Mitt 92, 64 JBlRhl-Pf 91, 187
Köln 01.03. 91	1 Ss 3/91			91, 295		
KG Berlin 05.03. 91	(4) 1 Ss 15/91			91, 506		
KG Berlin 05.03. 91	1 Ss 31/91			92, 567		BRAK-Mitt 92, 64
Zweibrücken 25.03. 91	1 Ss 2/91			91, 507	81, 282	BlAlk 28, 343
Celle 26.03. 91	2 Ws 412/91	StGB § 323 a Nr 3		91, 403		NdsRpfl 91, 151 Krim 92, 148
München 20.04. 91	2 Ws 219/91		92, 70			
Koblenz 16.05. 91	5 Ss 193/91			91, 249		JBlRhl-Pf 91, 214
Düsseldorf 29.05. 91	2 Ws 148/91		92, 178	91, 2223		
Düsseldorf 29.05. 91	5–2 StE 4/90			91, 456		
Stuttgart 03.06. 91	3 Ws 385/91					ZfSch 91, 332
Frankfurt 06.06. 91	3 Ws 131/90		92, 176	91, 457		JZ 92, 537
Celle 18.06. 91						

Ort, Datum	Aktenzeichen	OLGSt	NStE	GA	MDR	NJW	NStZ	StV	JR	VRS	sonstige Zeitschriften
Koblenz 18.06.91	1 Ws 279/91	StPO § 68 Nr 2									Krim 91, 655
Bremen 02.07.91	Ss 22/91						92, 95	92, 59			
Düsseldorf 09.08.91	5 Ss 264/91-91/91 I									82, 17	NZV 91, 477 BlAlk 29, 76 wistra 92, 38
Zweibrücken 15.08.91	1 Ss 218/90					92, 992	92, 147				
Hamburg 09.10.91	1 Ss 103/91 OWi										
Düsseldorf 31.10.91	VI 14/89		Nr 13 zu § 251 StPO					92, 102			
Düsseldorf 12.11.91	3 Ws 614/91	StPO § 111a Nr 7	Nr 7 zu § 111 a StPO					92, 558		82, 341	VerkMitt 92, Nr 41 NZV 92, 331
Düsseldorf 15.11.91	VI 14/89						92, 349	92, 219			
Köln 16.11.91	2 Ws 452/91		Nr 8 zu § 467 StPO			92, 586		92, 503			NZV 92, 198 DAR 93, 152
Hamm 19.11.91	3 Ss OWi 1030/91		Nr 26 zu § 316 StGB				92, 144	93, 135			NJ 92, 127
KG Berlin 05.12.91	4 Ws 246/91										DtZ 92, 127, 160
Köln 13.12.91	Ss 379/91							92, 412			
Zweibrücken 16.12.91	1 Ss 209/91							92, 565			
Koblenz 15.01.92	1 Ss 396/91									83, 58	NZV 92, 198
Celle 30.01.92	1 Ss 29/92										NZV 92, 198 ZfSch 92, 392
Stuttgart 13.02.92	2 StE 1/91	StPO § 273 Nr 3					92, 340	92, 262			
Koblenz 24.02.92	1 Ss 403/91		Nr 1 zu § 61 StPO					92, 263			
Frankfurt 04.03.92	2 Ss 4/92		Nr 24 zu § 316 StGB			92, 1570					NZV 92, 289 BlAlk 30, 207 ZfSch 92, 175
Celle 10.03.92	1 Ss 55/92		Nr 27 zu § 316 StGB			92, 2169					NdsRpfl 92, 143 JuS 92, 1066 BlAlk 30, 134

Court/Date	Case No.	Norm					
Bremen 25.03.92	Ss 69/91					92, 558	
KG Berlin 06.04.92	4 Ws 210/91					92, 580	92, 390
Düsseldorf 23.04.92	1 Ws 244/92	Nr 38 zu § 172 StPO		92, 2370		92, 292	83, 351
Frankfurt 24.04.92	3 VAs 11/92				92, 399 93, 145		JMBl HE 92, 447
Schl.-Holst. 06.05.92	2 Ws 128/92	StPO § 168a Nr 1			92, 510		Krim 92, 682
Celle 18.05.92	3 Ss 187/91		92, 796			92, 412	NdsRpfl 92, 200
Zweibrücken 17.06.92	1 Ss 35/92	StGB § 316 Nr 8	92, 1173				83, 348
Zweibrücken 23.06.92	1 Ss 60/92						83, 342
Düsseldorf 24.06.92	3 Ws 357/92	ZSEG § 1 Nr 1	92, 1089		92, 596		NZV 92, 372 ZfSch 92, 392 BlAlk 29, 399 DAR 93, 76 JurBüro 93, 494
Hamm 25.06.92	3 Ss 633/92					93, 7	
Köln 04.08.92	Ss 325/92		93, 71			94, 67	
Düsseldorf 27.08.92	V 21/88		93, 164		93, 53	93, 142	84, 36 wistra 93, 78
Hamburg 14.09.92	2 Ws 396/92 H					94, 65	
Karlsruhe 22.09.92	3 Ss 31/92				93, 147	93, 403	
Köln 29.09.92	Ss 423/92						84, 101
Düsseldorf 15.10.92	2 Ss 334/92–110/92 II						84, 287
KG Berlin 21.10.92	(5) 1 Ss 46/92 (14/92)					93, 120	NZV 93, 117 JMBl NW 93, 79 VerkMitt 93, Nr 40
Düsseldorf 09.11.92						93, 144	
Saarbrücken 19.11.92	Ss 44/92 (107/92)			93, 2452			wistra 93, 158
Düsseldorf 07.12.92	2 Ss 357/92–126/92 II	Nr 117 zu § 261 StPO					wistra 93, 239

Ort, Datum	Aktenzeichen	OLGSt	NStE	GA	MDR	NJW	NStZ	StV	JR	VRS	sonstige Zeitschriften
Düsseldorf 11.12.92	5 Ss 381/92–121/92 I	StPO § 244 Nr 14								84, 453	
Düsseldorf 14.12.92	1 Ws 1155/92							93, 346		84, 448	wistra 93, 120
Düsseldorf 18.12.92	5 Ss 384/92							94, 364			
Düsseldorf 08.02.93	5 Ss (OWi) 6/93– (OWi) 21/93 I		Nr 7 zu § 77 OWiG					93, 350		85, 124	NZV 93, 452
KG Berlin 03.03.93	(5) 1 Ss 191/92 (2/93)							93, 349			
Düsseldorf 04.03.93	5 Ss 18/93–8/93 I	StGB § 316 Nr 10	Nr 29 zu § 316 StGB			93, 2390		93, 312		85, 201	BlAlk 30, 365 JMBl NW 93, 130 DAR 93, 271 NZV 93, 276 VerkMitt 93, Nr 61
Frankfurt 22.03.93	3 VAs 7/93							93, 297			
Frankfurt 26.03.93	3 Ss 51/93				93, 1001						
Düsseldorf 18.04.93	2 Ws 99/93	StPO § 81 Nr 1					93, 554	93, 571		85, 347	BlAlk 30, 309 ZfSch 93, 319
Karlsruhe 19.04.93	2 Ss 27/93				93, 1105					85, 357	Rpfleger 93, 460
Düsseldorf 20.04.93	5 Ss 50/93–12/93 I		Nr 11 zu § 338 StPO								
KG Berlin 10.05.93	1 AR 453/93– 4 Ws 151/93							93, 370			
Zweibrücken 14.05.93	1 Ss 58/93	StPO § 81 a Nr 4	Nr 9 zu § 81 a StPO		94, 83		95, 98	93, 571		85, 345	BlAlk 31, 134 MedSach 94, 137
Düsseldorf 18.05.93	1 Ws 446/93							95, 120		85, 452	BlAlk 31, 52
Düsseldorf 04.06.93	5 Ss (OWi) 171/93– (OWi) 78/93 I							93, 405			
Karlsruhe 15.06.93	2 Ss 40/93										
Nürnberg 21.06.93	8 W 1632/93							94, 8			NZV 94, 443
Düsseldorf 09.08.93	2 Ss 187/93–86/93 II										ZfSch 94, 265

Court/Date	Case No.				Citation
Karlsruhe 18.08.93	3 Ss 89/93			95, 13	
Celle 31.08.93	2 Ss 193/93			94, 365	
Frankfurt 10.09.93	3 Ss 321/93			94, 9	
KG Berlin 16.09.93	(4) 1 Ss 86/93 (41/93)			93, 628	
Stuttgart 17.09.93	1 Ss 288/93	StPO § 236 Nr 1	Nr 1 zu § 236 StPO	94, 193	Justiz 94, 25
KG Berlin 27.09.93	4 Ws 249/93			93, 628	
Düsseldorf 05.10.93	2 Ss (OWi) 307/93–(OWi) 54/93 III		Nr 1 zu § 78 OWiG	94, 83	NZV 94, 82; DAR 94, 125; 86, 183
Hamm 05.10.93	1 Ws 435/93			94, 532	
Frankfurt 13.10.93	3 Ss 290/93			94, 117	Krim 94, 391
Celle 20.10.93	1 Ss 159/93			94, 474	
Hamburg 22.10.93	1 b Ws 271/93		94, 98		
Hamm 28.10.93	4 Ss 1002/93		94, 1232		NZV 94, 117
Karlsruhe 18.11.93	3 Ss 121/93			94, 500	NZV 94, 122
Koblenz 26.11.93	1 Ws 672/93		94, 355		
Düsseldorf 03.12.93	2 Ws 546/93			94, 283	
Düsseldorf 13.12.93	1 Ws 1076/93	Nr 1 zu § 220 StPO		94, 521	86, 447
Karlsruhe 03.01.94	2 Ss 173/92		94, 201; 94, 504	94, 492	Justiz 94, 244; Krim 94, 642
Hamm 04.01.94	3 Ws 660/93			94, 529	
Düsseldorf 17.01.94	2 Ws 396/93		94, 500	94, 475	wistra 94, 155
Düsseldorf 18.01.94	5 Ss 371/93–109/93 I			94, 379	Zfj 94, 290
Celle 20.01.94	3 Ss (OWi) 15/94			94, 642	NdsRpfl 94, 165; NZV 94, 332; VerkMitt 94, Nr 89	87, 44

Ort, Datum	Aktenzeichen	OLGSt	NStE	GA	MDR	NJW	NStZ	StV	JR	VRS	sonstige Zeitschriften
Karlsruhe 28.01.94	2 Ss 151/93									87, 153	NZV 94, 237 DAR 94, 248
Zweibrücken 11.02.94	1 Ss 196/93	StPO § 338 Nr 4					94, 356	95, 15			NZV 94, 237
Hamm 17.02.94	3 Ss 1103/93					95, 2425					88, 203
Köln 25.02.94	Ss 51/94										
Celle 25.03.94	2 Ws 8/94							95, 90			RuP 94, 134
Zweibrücken 20.04.94	1 Ss 43/94	StGB § 252 Nr 1	Nr 7 zu § 252 StGB					94, 545			Krim 95, 340
Düsseldorf 02.05.94	5 Ss 358/93-105/93 I	StGB § 344 Nr 6 StGB § 316 Nr 15				94, 2428		94, 376		87, 339	JMBl NW 94, 155 DAR 94, 331 NZV 94, 326 BlAlk 31, 333
Düsseldorf 11.05.94	5 Ss 39/94-34/94 I							95, 458			DBlR 4130a, Sonst VerfR/20 OWiG
KG Berlin 25.05.94	2 Ss 187/93- 5 Ws (B) 345/93									87, 443	NZV 94, 372
Zweibrücken 26.05.94	1 Ss 61/94										DAR 94, 370
Thüringen 21.06.94	1 Ws 27/94							95, 346			
Brandenburg 06.07.94	2 Ss 8/94						95, 52				
KG Berlin 07.07.94	(3) 1 Ss 175/93 (60/93)					94, 3115	95, 146			88, 280	Krim 94, 797 NZV 94, 403
Stuttgart 20.07.94	1 Ss 336/94	StPO § 248 Nr 1			94, 1234		94, 600	95, 457			Justiz 94, 452
Düsseldorf 22.07.94	5 Ss 274/94-85/94 I							94, 528		88, 37	
Hamburg 22.07.94	1 Ss 61/94							95, 588			
Hamburg 23.07.94	1 Ss 12/94							94, 643			
Celle 26.07.94	5 Ss (OWi) 130/94						95, 259				
Köln 26.07.94	Ss 289/94							95, 293			
Frankfurt 10.08.94	2 Ss 203/94							95, 346			

Zweibrücken 16.08.94	1 Ss 84/94						wistra 94, 357 JuS 95, 357
KG Berlin 19.09.94	(4) 1 Ss 131/94 (74/94)	Nr 6 zu § 55 StPO	95, 1301		95, 575		
Düsseldorf 27.09.94	5 Ss 321/94-109/94 I	Nr 15 zu § 251 StPO				88, 203	Rpfl 95, 225
Köln 30.09.94	2 Ws 447/94			95, 412	95, 259		
Oldenburg 10.10.94	Ss 371/94			95, 292	95, 178		
Celle 07.11.94	3 Ss 285/94						NdsRpfl 95, 50
Düsseldorf 14.11.94	5 Ss 330/94–127/ 94 I	Nr 3 zu § 323 c StGB	95, 799			88, 274	DAR 95, 79 NZV 95, 81
Zweibrücken 25.11.94	1 Ws 590/94			95, 195	95, 293		
Oldenburg 29.11.94	Ss 438/94						
Frankfurt 02.12.94	1 Ws 245/94				95, 237		
Koblenz 06.12.94	1 Ss 315/94		95, 3066		95, 119		
Hamm 07.12.94	1 VAs 57/94			95, 237			
Hamburg 20.12.94	1 Ss 149/94 OWi					88, 386	NZV 95, 163 DAR 95, 168 VerkMitt 95, Nr 38 NZV 95, 454
Köln 20.12.94	Ss 559/94					90, 119	
Düsseldorf 18.01.95	5 Ss 409/94–4/95 I					89, 43	
Köln 04.02.95	Ss 33/94 (Z)					88, 376	
Celle 16.02.95	2 StE 4/92	StPO § 126a Nr 2			95, 179		
Zweibrücken 22.03.95	1 Ss 242/94				95, 347		
Celle 23.03.95	2 Ws 54/95						NdsRpfl 95, 275
KG Berlin 23.03.95	2 U 3723/94				95, 348		GmBH-Rdsch 95, 524
Schl-Holst. 03.05.95	1 Ws 456/94				95, 455		SchlHA 95, 214

Ort, Datum	Aktenzeichen	OLGSt	NStE	GA	MDR	NJW	NStZ	StV	JR	VRS	sonstige Zeitschriften
Frankfurt 10.05.95	2 Ws (B) 210/95–OWiG					95, 2570					DAR 95, 335 NZV 95, 368
Köln 11.05.95	Ss 210/95							95, 574			
Karlsruhe 15.05.95	3 Ss 81/95									89, 371	DAR 95, 337 Justiz 96, 6
Düsseldorf 23.05.95	5 Ss 153/95–59/95 I										DAR 95, 372 VerkMitt 95, Nr 69 BlAlk 32, 301 NZV 95, 365
Hamburg 26.05.95	2 Ws 99/95	StGB § 63 Nr 7			95, 947						
Koblenz 06.07.95	2 Ws 390/95				95, 1057						
Koblenz 06.07.95	2 Ws 411/95				95, 1160						
Hamm 20.07.95	2 Ss OWi 830/95										ZfSch 95, 353 DAR 95, 415
Düsseldorf 24.08.95	1 Ws 605–606/95					96, 138					JMBl NW 95, 286 wistra 96, 37
Köln 25.08.95	Ss 350/95							95, 630			
Düsseldorf 28.08.95	3 Ws 486–487/95										JMBl NW 95, 286
Frankfurt 04.12.95	1 Ws 160/95							96, 138			

V. LGe

Ort, Datum	Aktenzeichen	NStE	GA	MDR	NJW	NStZ	StV	JR	VRS	sonstige Zeitschriften
Kiel 04.05.83	V Ns (29/83)–30 Js 717/80									SchlHA 83, 196
Frankfurt 20.06.84	90 Js 25235/81						84, 415			
Hamburg 27.09.84	33 Qs 1106/84			85, 72						
Düsseldorf 25.10.84	1 Ws (OWi) 1000/84								68, 122	JZ 85, 300
Köln 15.10.84	–112–2/84									BlAlk 15, 250
Mönchengladbach 12.12.84	12 Ns 128/84			85, 428						
Stuttgart 13.06.85	14 Qs 48/85					86, 42				
Verden 27.08.85	Ks 29 Js 1998/84 (7-4/85)					85, 230				
Frankfurt 15.10.85	90 Js 25235/81 KLs					85, 568	86, 97			
Bochum 17.02.86	KLs 35 Js 31/84					86, 377	86, 13			
Freiburg 06.05.86	II Qs 82/86						86, 472			
Braunschweig 13.06.86	32 Qs 48/86	Nr 2 zu § 94 StPO			86, 2586	86, 474				NdsRpfl 86, 200 NVwZ 86, 965
Hannover 18.09.86	KLs 82 Js 49848/85						86, 521			
Trier 03.11.86	1 Qs 265/86	Nr 1 zu § 77 StPO								
Koblenz 24.11.86	12 Qs 38/86			87, 431						
Dortmund 30.01.87	33 Js 95/86						87, 335			
Darmstadt 09.02.87	3 Qs 1144/87						88, 101			JMBl BY 89, 24 BayVBl 89, 26
Hannover 09.02.87	31 Qs 10/87						87, 526			

Rechtsprechungsverzeichnis

Ort, Datum	Aktenzeichen	NStE	GA	MDR	NJW	NStZ	StV	JR	VRS	sonstige Zeitschriften
Itzehoe 09.03.87	9 Qs 21/87 I–W									SchlHA 88, 36
Hamburg 28.12.87	33 Qs 1088/87								74, 442	
Mainz 20.01.88	1 Qs 518/87	Nr 1 zu § 53 StPO			88, 1744					Krim 89, 150
Oldenburg 29.02.88	Ns 224 Js 38769/87	Nr 1 zu § 7 JGG								BlAlk 25, 199
Frankfurt 09.08.88	5/3 KLs-51 Js 17099/87			88, 697						
Traunstein 07.10.88	6 Qs 193/88						88, 482			
Darmstadt 23.01.89	19 Js 23700/88–1 KLs	Nr 6 zu § 81 a StPO			89, 2338		89, 474			
Darmstadt 03.05.89	10 Js 21985/87						90, 258			Krim 89, 642
Hamburg 04.10.89	53 Qs 71/89						89, 424			
Darmstadt 20.11.89	19 Js 12675/89–3 KLs	Nr 7 zu § 81 a StPO					90, 16			
Heilbronn 19.01.90	6 KLs 42/89			90, 565	90, 784	90, 353	90, 104	91, 29		Justiz 90, 133 Krim 90, 186
Darmstadt 23.01.90	19 Js 23700/88–1 KLs						90, 258			
Göttingen 30.04.90	1 Qs 40/90									NdsRpfl 90, 233 JurBüro 90, 1326
Köln 22.05.90	112–4/89					91, 202				
Verden 08.08.90	I-42/90						92, 268			
Darmstadt 28.11.90	18 Js 5790/90 1 KLs						91, 342			
Berlin 03.01.91	508 Qs 2/91						91, 297			
Meiningen (BezGericht) 11.09.91	Ns Ds Js 943/91					92, 269 (Janiszewski)				
Göttingen 02.10.91	1 Qs 88/91									NdsRpfl 91, 276 ZfSch 92, 27
Bad Kreuznach 29.11.91	3 Js 11159/8 Ls Ns					92, 338				NZV 92, 420

Court / Date	Case number				Citation
Verden 21.02.92	33608				
Stuttgart 24.04.92	11 ARs 1/92		92, 454 93, 52		NZV 92, 292
Zweibrücken 22.05.92	405 Js 4204/88–2 Ns		93, 300		
Krefeld 02.06.92	22 StK 30/92			92, 521	NZV 93, 166
Bamberg 10.06.92	Ks 107 Js 11154/91		92, 500		
Köln 24.06.92	113–13/91			92, 460	BRAK-Mitt 94, 56
Lübeck 28.10.92	3 KLs 14/92	93, 565		93, 516	wistra 93, 157
Marburg 15.01.93	1a KLs 7 (8) Js 5923/89			93, 238	
Gießen 26.02.93	6 Js 24553.9/92 6 Ks	Nr 22 zu § 359 StPO			
Bielefeld 12.03.93	2 KLs–C 4/92 II				Krim 93, 511
Stendal 12.04.93	501 Qs 49/94		94, 556	93, 239	
Hamburg 12.08.93	603 Qs 500/93				
Bremen 17.09.93	KLs 92 Js 1285/93		94, 64		
Berlin 13.12.93	503–18/93			94, 180	BlAlk 30, 367 NZV 94, 45
Berlin 25.01.94	510 Qs 3/94		94, 400	94, 492	
Köln 09.02.94	104 Qs 161/93			94, 365	
Essen 18.02.94	27 (158/92)			94, 293	
Bad Kreuznach 17.03.94	8 Js 3329/89 (W) KLs			94, 474	
Frankfurt 10.05.94	5/14 KLs 88 Js 30966. 4/93			95, 125	
Frankfurt 26.05.94	5/22 Ks 77 Js 506170/91	95, 146			
Essen 30.05.94	31 Qs 17/94				NZV 94, 450 ZfSch 95, 32

Ort, Datum	Aktenzeichen	NStE	GA	MDR	NJW	NStZ	StV	JR	VRS	sonstige Zeitschriften
Zweibrücken 24.06.94	1 Qs 95/94				95, 541					NZV 94, 450
Oldenburg 06.07.94	SG 7/94						94, 646			
Berlin 28.09.94	522 Qs 70/94					95, 508				
Osnabrück 03.11.94	20 Qs I 193/94									DAR 95, 79 VersR 95, 1369
Koblenz 15.11.94	2113 Js 7606/93						95, 127			
Lübeck 17.11.94	5 StVK 81/93						95, 33			
Darmstadt 22.03.95	19 Js 5735/94						95, 239			
Osnabrück 12.05.95	26 Qs OWi 12/95									NdsRpfl 95, 271
Mainz 15.05.95	302 Js 21307/94 jug KLs				96, 208		95, 354			
Zweibrücken 31.05.95	1 Qs 49/95			96, 89						
Bremen 23.06.95	21 Ks 11 Js 19071/94						95, 505			
Gera 29.08.95	320 Js 8075/94–5 AR 37/95						95, 631			
Gera 31.08.95	330 JS 12393/95–5 KLs						96, 15			
Köln 22.12.95	107 Qs 396/95			96, 409						

VI. AGe

Ort, Datum	Aktenzeichen	NStE	GA	MDR	NJW	NSsZ	StV	JR	VRS	sonstige Zeitschriften
Verden 21.08.86	9 Ls 5 Js 10068/85						87, 527			
Freiburg 26.02.88	26 Ds 182/86						88, 383			BlAlk 89, 207
NZV 88, 233
Langen 29.02.88	4 OWi 21 Js 457/88					90, 293				
Hameln 01.03.88	11 Ls 39 Js 13682/87						90, 104			
München 10.07.89	561 Cs 496 Js 110772/88						90, 490			
Bremen 21.06.90	76 Ls 603 Js 34545/89						91, 254			ZfSch 91, 251
Delmenhorst 12.03.91	VI 9/91									DAR 91, 472
Homburg 06.06.91	5 Cs 357/91						92, 414			
Bremen 21.02.92	77 Ls 505 Js 31170/91						93, 123			
Offenbach 09.10.92	44 Js 768992/92-27 Gs									BlAlk 30, 251
München 18.12.92	103 Ls 462 Js 162755/92j 72						93, 182
93, 352	94, 171		
Mannheim 18.01.93	22 Ds 67/92						93, 406			
Bonn 10.02.93	50 Gs 83/93									
Offenbach 05.04.93	22 Ls 19 Js 32533/91 a–b						94, 123			ZfS 94, 29
Homburg 15.11.93	5 Gs 854/93									NZV 94, 450
Aachen 15.07.94	49 OWi 69 Js 401/94-186/94				95, 1503					
Alsfeld 06.02.95	15 Js OWi 88543/94 OWi					95, 457				DAR 95, 210
Koblenz 17.05.95	94-27 Ls 436/94 (nr)						95, 518			

VII. Sonstige

Gericht, Datum	Aktenzeichen	NStE	MDR	NJW	NStZ	StV	JR	VRS	sonstige Zeitschriften
EGMR 12.07.88	8/1987/131/182 (Schenk./.CH)	Nr 12 zu Art 6 MRK		89, 654					EuGRZ 88, 390
EGMR 30.03.89	16/1987/139/193					93, 283			wistra 93, 333
BSG 06.04.89	2 RU 69/87		91, 406						BlAlk 26, 356 NZV 90, 45
EGMR 20.11.89	10/1988/154/208 (Kostovki./.NL)					90, 481			
EGMR 27.09.90	25/1989/185/245 (Windisch./.Ö)					91, 193			
BayVerfGH 25.01.91	Vf 19-VI/90			91, 2953					
LAG Hamm 05.09.91	16 Sa 629/91		91, 986						NZA 92, 136
EGMR 25.04.92	63/1991/315/386		93, 163	92, 2945	93, 148	93, 88			EuGRZ 92, 347 NdsRpfl 92, 293 AnwBl 93, 136 ZfStrVO 93, 53 RuP 93, 30
EGMR 12.05.92	63/1991/315/386								
EGMR 25.06.92	17/1991/269/340	Nr 32 zu Art 6 MRK		92, 3088		92, 499			
BayVerwGH 14.11.94	11 B 94.653							88, 230	DAR 95, 79

Sachverzeichnis

Die Zahlen bezeichnen die Randnummern

Abartigkeit, seelische 1714, 1764, **1769–1796**
(s Neurosen, Persönlichkeitsstörungen, psychogene Reaktionen, psychopathologische Entwicklungen)
Abbildung 2304 ff
Abgeordnetenanklage 1120
Abgeordneter 1287, 1293
Abschlußverfügung der StA 501
Absprachen im Strafprozeß 42 ff
Abstammungsuntersuchung 1666 ff
Abstimmungsverhalten 341
Abwesende 768
Abwesenheit
– Angekl
  – eigenmächtiges Fernbleiben 771 ff
  – gesetzeswidrige 757
  – letztes Wort 809
  – Revisionsgrund 765 ff
– gesetzlicher Vertreter 527, 1676
– Gestellung 768
– Sachverständiger 1584, 1712
– Verteidiger 518
– Zeuge 1071 ff
Adhäsionsverfahren 33, 1555
Adoptivkinder
Zeugnisverweigerungsrecht 1249
ärztliche Atteste 2188 ff
Affekt 1760 f, 1791, 1800
(s auch Bewußtseinsstörungen; psychogene Reaktionen)
Akteneinsicht
bei Laienrichtern 74 f
Aktenkenntnis 73
Aktenwidrigkeit der Urteilsgründe 61
Alibi 125, 891, 893
Alkohol
– Mißbrauch 1747 ff
  – Rauschzustand 1752 ff
  – Schuldfähigkeit 1748 f
– Unterbringung in Entziehungsanstalt 1820
  (s auch Maßregeln, freiheitsentziehende)
– Vollrausch 1755
– Wirkung 1724
allgemeines Persönlichkeitsrecht 386, 390 f
allgemeinkundige Tatsachen/Erfahrungssätze 19 ff
Altersveränderungen 1723

Amnesie 1810
(s Bewußtseinsstörung)
Amtsermittlungsgrundsatz 1 ff, 553
Amtsgeheimnis 340
Amtshilfe 1566
Angehörige 1113 ff, 1123 ff, 1203, **1250 ff**
– Absehen von Vereidigung 1185 ff
– Befragung durch Sv 1589
– Eidesverweigerungsrecht 1212 ff
– Untersuchungsverweigerungsrecht 1670 ff
– Zeugnisverweigerungsrecht 1099 ff; **1241 ff**
Angeklagter 755 ff
– Angaben zur Person 820 ff
– Anwesenheit 755 ff, 861
  – Ausnahmen 768 ff
  – Lockerung 767, 833
  – mehrere Angekl 766
  – Pflicht 755 ff
  – Recht 758, 1583
– Auslagen, notwendige 1528
– Ausschluß 780 ff, 809, 1582
– Erklärungsrecht 792, 802 ff
  – des Erziehungsberechtigten/gesetzlichen Vertreters 803
  – Umfang und Grenzen 805 f
– **Fragerecht** 792 ff
  – Einschränkungen 797 ff
  – Unmittelbarkeitsgrundsatz 797, 799, 1032
– **letztes Wort** 805, **808 ff**
  – Ausnahmen 809
  – Beschränkungen 812
  – Hinweispflicht 813
  – Inhalt 811
  – Jugendliche 816
  – mehrere Angekl 816
  – Mißbrauch 812
  – Würdigung 887
– Recht, Sv unmittelbar zu laden 1566
– Sprachunkundige 790
  (s Dolmetscher; Sprachbarrieren)
– Verhandlungsunfähigkeit 757 ff;
  (s auch dort)
Angeschuldigter 745 ff
Angiographie 1640
Anklageerhebung 501, 739, 745
Anklagesatz
Verlesung 826 ff

903

Anknüpfungstatsachen 1500, 1542, 1546, 1565, 1581, 1589, 1603, 1608
Atemalkohol (1748) 1851a
Aufenthalt des Zeugen 227 ff
Aufklärung, überschießende 14
Aufklärungspflicht 1 ff, 6 ff, 1502 f, 1523 f
– Schätzungen 33
Aufklärungsrüge 59
Aufnahmefähigkeit des Richters 67 ff
Augenschein 756, 781, 834, 1224, 1226, 1501, 1507, **2220 ff**
Augenscheins-
– **beweis** 617, 632
– **einnahme** 1142, 1226, 1686, 2092 ff, 2220 ff
– **gehilfe** 629, 1006, 1510, **1516,** 1686, **2262 ff**
– **objekte** 834, 1228, **2282 ff**
– Filme 2304 ff
– Lichtbilder 2304 ff
– Modelle 2310
– Personen 2311 ff
– Pläne 2309
– Skizzen 2307 f
– Technische Aufzeichnungen 2331
– Tonträger 2383 ff
– Urkunden 2320 ff
– Zeichnungen 2307 ff
Ausbleiben
– des Angeklagten 759 f, 770 a
Auskunftspflicht
  (s Aussagepflicht)
Auskunftsverweigerungsrecht 218, 351, 378, 800, 2083
– Mitbeschuldigte 940
– Zeuge 378, 1113 ff
  – Abgrenzung zum Zeugnisverweigerungsrecht 1114
  – Glaubhaftmachung 1125
  – Umfang 1115
  – verfahrensrechtl Folgen 1126 ff
  – Voraussetzungen 1116 ff
  – Weigerungserklärung 1124
  – Zweck 1113
Aussage gegen Aussage 1480
Aussageehrlichkeit 593, 603, 673, 726, 1462, 1861
Aussagefähigkeit
– des Angekl 856
– **des Beschuldigten 601 ff,** 710, 726
  – Alkohol- oder Drogenabhängige 607, 643
– des Zeugen 726, **1362 ff,** 1473 ff
  – ältere Menschen 1422 ff
  – Alkohol- oder Drogenabhängige 1425
  – Einschränkungen 1363 ff

– Gedächtnis 1374 ff
– Geistig Behinderte 1425
– Kinder 1411 ff
– Personenidentifikation 1383 ff
– Wahrnehmungsfähigkeit 1365 ff
Aussagefreiheit
– des **Angekl 831 ff**
  – Belehrungspflicht 836 ff
  – Grenzen 820 ff
  – Revision 840
– des **Beschuldigten** 549, 564 f
  – Verstoß gg Belehrungspflicht 569 ff
  – Verwertungsverbot 373, **642 ff,** 655, **712 ff**
Aussagegenehmigung 1294 ff
Aussageinduktion 538, 732
Aussagemotivation 1453 ff, 1483 f
Aussagepflicht
– des Sv, s dort
– des Zeugen, s dort
Aussagepsychologie 644, **1426 ff,** 1887 ff
Aussageverhalten 642
– als Glaubwürdigkeitskriterium 1438, 1461, 1485
Aussageverwertbarkeit
  mittelbare 856 ff
Aussageverzicht 565
  (s auch Aussagefreiheit)
Aussagewürdigung
– Angekl 851 ff, **885 ff**
– Beschuldigten 601 ff, **725 ff**
– Zeugen 1362 ff
  (s auch Glaubwürdigkeit)
Außerstrafrechtliche Rechtsgebiete 113 f
Aussichtslosigkeit 237, 240
Austausch von Beweismitteln 200
Beamte
  Zeugnisverweigerungsrecht 1287 f
Bedeutungslosigkeit 209 ff
Bedingter Beweisantrag 161 ff
Beeidigungspflicht (s Eid)
Befangenheit 49, 1517, 1549 ff, 1586
Befundtatsachen 1304, 1501, 1524, 1561, 1600, 1611 ff
Behördengutachten 1503 ff, 1544
– Fachbehörde 1544
– öffentliche Behörde 1503
– Revision 1503
– Unmittelbarkeitsgrundsatz 1503 f
– Verlesung 2770 ff
„Beichtvater-Taktik" 596
„Belastungswahrscheinlichkeit" 1942
Belehrung
– des Angekl
  – bzgl Aussagen zu persönlichen Verhältnissen 823 f

- bzgl Aussagefreiheit 836 ff
- Umgehung 571
- des **Beschuldigten** 373 f, 562 ff
  - Folgen der Nichtbelehrung 567 ff
  - durch Sachverständigen 1580
  - Vorspiegeln 570
- des **Zeugen**
  - bzgl Aussageverweigerungsrecht 1121 ff, 1131 ff
  - bzgl Eidesverweigerungsrecht 1212 f
  - durch Sachverständigen 1580, 1867
  - vor Vernehmung 1323 ff
  - bzgl Zeugnisverweigerungsrecht 1259 ff, 1287, 1318 ff
- der zu begutachtenden Person 1580, 1867

Benachrichtigungspflicht 383

Beobachtungen
- des Gerichts 2312 ff
- des Zeugen 1365, 1367 ff

Beratungsgeheimnis 341, 2070

Berufungsverhandlung, Urkundenbeweis
- Aufklärungspflicht 2216
- Einverständnis 2211
- Revision 2219
- Vereidigung 2218
- Voraussetzungen 2208 ff
- Vorladung 2212
- Zeugnisverweigerungsrecht 2217

Beschlagnahmeverbot 380
Beschlagnahmevorschriften 350, 768
beschleunigtes Verfahren 745, 2076
Beschuldigtenvernehmung
(s auch Aussagefreiheit, Belehrung, Wahrheitspflicht)
- Abgrenzung zu informatorischer Befragung 509
- **Anwesenheit Dritter**
  - bei Jugendlichen 527
  - bei Sprachunkundigen 528 ff
  - Person des Vertrauens 526
  - Vert 514 ff
- Begriff 510, 636 ff
- Dauer 604 ff
- Dominanz 583, 601
- Formen
  - Befragung 587 ff
  - Bericht 583 ff
- Ladung 511
- Protokoll 610 ff
- **Taleröffnung** 541, 546 ff
  - durch JGH 548
  - durch Polizei 547
- Strafvorschriften 541, 546 f
  - mehrere Taten 545
- **Vorbereitung** 533 ff
  - Ort 534 f
  - Sachkunde des Vernehmenden 537

- Termin 533
- Zeit 536
- Vorurteil 538
- Wahrnehmungsverzerrung 538
- zur Person 539 f
- Zweck 510, 583

Beschuldigter 501 ff, 1005
(s auch Beschuldigtenvernehmung)
- Alkohol- oder Drogeneinfluß bzw -abhängigkeit 607, 643
- **Begriff** 505 ff, 928 ff
  - formell 928, 934
  - formell-materiell 930 f
  - materiell 929, 933
- Eigenschaft als
  - Ende 508
  - Entstehung 505 f
- fremdsprachige 528 ff
- Kinder 507
- Mehrheit 927 ff, 1251
- **Rechte** 514 ff
  (s auch Aussagefreiheit)
  - auf schriftl Äußerung 519
  - auf Vert 374, 514 ff, 566, 568
  - zur geschlossenen Sachdarstellung 583
  - zur Stellungnahme 1696
- Vernehmungsfähigkeit 642 ff, 743

Betäubungsmittel
(s Drogen)

Beugehaft 1105 f
Beweisanregung 157 f
Beweisantrag 5, **138 ff**, 553 ff, 744 a, 747
- **Ablehnung** 197 ff, 307 ff, 2075
  - Augenscheinbeweis 265 f
  - Auslandszeugen 267 f
  - Bedeutungslosigkeit 209 ff
  - **Beweisantizipation, Verbot** 198 ff, 263, 266
    - Ausnahme 215
  - Erwiesensein 214
  - Offenkundigkeit 207 f
  - präsente Beweismitel 292 ff
  - Sachverständigenbeweis 252 ff
  - Unerreichbarkeit 224 ff
  - Ungeeignetheit, völlige 215 ff
  - unzulässige Beweiserhebung 202 ff
  - Verschleppungsabsicht 235 ff
  - Wahrunterstellung 241 ff
- Antragsberechtigung 167 ff
- bedingter 161 ff
- **Bescheidung** 187 ff
  - Änderung 196
  - Auslegung 187 ff
  - Begründung 192 ff
  - durch Beschluß des Gerichts 191
  - durch Vorsitzenden 190
  - Zeitpunkt der Bekanntgabe 195

905

- bestimmtes Beweismittel 148 ff
- Beweisermittlungsantrag 156
- Beweistatsache 143 ff
- Einschränkungen bei besonderen Verfahrensarten 140 ff
- Eventual- 163
- Form 176 f
- Fürsorgepflicht 154, 180 f, 306
- gemeinschaftliche Antragstellung 170 ff
- Hilfsbeweisantrag 164 f, 326
- Mißbrauch 172 ff
- negative Tatsache 147
- präsente Beweismittel 269 ff, 286 ff
- Protokollierungd 184
- Revision 297 ff
  - Berechtigung 297 ff
  - Beruhen 322 ff
  - Protokoll 312 ff
  - Prüfung 311 ff
  - Prüfungsumfang 315 ff
  - Vortrag 301 ff
- Rücknahme 182
- Vermutung erfolgreicher Beweiserhebung 151 ff
- Verzicht 182 f
- Zeitpunkt 178 f

Beweisbehelf 1001
Beweiserbieten 155
Beweiserhebungsanspruch 3, 37
Beweiserhebungsverbote 338 ff
- Beweismethodenverbote 349
- Beweismittelverbote 350 ff
- Beweisthemaverbote 340 ff

Beweisermittlungsantrag 156
Beweismethodenverbote 349
Beweismittel
- Austausch von 200
- Beschuldigter 500 ff
- Mitbeschuldigter 927 ff
- präsente 269 ff, 286 ff (s dort)
- sachliche 2000 ff
- Sachverständiger 1500 ff
- Zeuge 1000 ff
  - ungeeignet 145, 225 ff, 1124
  - unzulässig 1124

Beweismittelverbote 350 ff
Beweissicherungsverfahren 768
Beweissicherungszweck 396
Beweissurrogat 13, 66
Beweisthemaverbote 338 ff
Beweisverlust 523, 561
Beweisvermutung 115
Beweisverbote 329 ff, 640, 718, 879, 1287, 1314
- Beweiserhebungsverbote 336 ff (s dort)
- Beweisverwertungsverbote 356 ff (s dort)
- Fernwirkung 389, **403 ff**
- Relative Beweisverbote 355

Beweisverwertungsverbote 40, 109, **358 ff**, 706 ff
- bei rechtmäßigem Auskunftsverweigerungsrecht 1126 ff
- Fernwirkung 389, 403 ff, 2296 f
- Fortwirkung 711, 723
- hypothetische Ermittlungsverläufe 407 ff
- Private, Erlangung von „Beweismitteln" 395 ff
- Rechtliche Regelungen 359 ff
- bei Schweigen 909
- „Straftaten" ohne rechtskräftige Aburteilung 411 ff
  - Doppelbestrafung 418
  - Freispruch 425
  - Unschuldsvermutung 420 f
  - Verjährte Straftaten 424
- Theorien 366 ff
- unselbständiges 365
- verbotene Vernehmungsmethoden 625 ff
  (s auch dort)
- Verfassungsrecht 384 ff
- wegen **Zeugnisverweigerungsrecht** 1301 ff
  - nach Tod 1306 f
  - wegen Verwandtschaft 1309
  - Rechtsfolgen 1314 ff
  - Revision 1317 ff
- Zufallserkenntnisse 394, 2296 f

Beweiswürdigung 502, 875 f, **885 ff**, 1033 f, 1470 ff
- bei Verfahrenstrennung 932 ff
- Beeinträchtigung 913 ff
- interpers Verhältnis Richter/Angekl 926
- Persönlichkeit 925
- Sozialisation 923
- Kausalität 107
- Kriterien 2, **88 ff, 97 ff,** 1000, 1033
- Schweigen 899 ff
- widersprüchliche 894 f
- Verbot der Vorwegnahme 1525

Bewußtseinsstörung 1724, 1726, **1727 f,** 1754, 1759 ff
- Affekt 1800
- amentielles Syndrom 1727
- Amnesie 1810
- Dämmerzustand 1727
- Delir 1727
- psychogene Reaktionen 1759
- tiefgreifende 1714, 1800

Blindheit
- Richter 68 f
- Zeuge 217

Sachverzeichnis

Blindversuch 1403 ff
– Doppel- 1403
– Dreifach- 1404
Blutalkohol 1533, 1857
(s auch Alkohol)
– Abbauwerte 1748
– Konzentration 1748 ff
Blutprobenentnahme 1632 ff, 1636 f, 1702
(s auch Alkohol, körperliche Untersuchung)
– an anderen Personen als dem Beschuldigten 1666 ff, 1676
– Genom-Analyse 1638
– Voraussetzungen 1633, 1646
Brandstiftung 1714
Briefgeheimnis, Beschränkung 354, 404, 1287
Bußgeldkataloge 78
Bußgeldverfahren 140, 193
Code
– elaborierter 846
– restringierter 846
Daktyloskopie 1936 ff (s Spuren)
„Deal" 42 ff, 661
Demenz 1615, 1729, 1733
(s auch Oligophrenie)
Denkgesetze 102
Dialekt 847, 1339, 1398
Dienstlich erlangtes Wissen 77
Diskursanalyse 850, 841
Disziplinargericht 1120
DNA-Analyse 1638, 1904 ff (s Spuren)
Dolmetscher 528 ff, 630, 790 f, 1517, 1798
– Ablehnung 1517
– sprachkundige Hilfsperson 531
– Vereidigung 1517
Doppelbestrafung 418
doppelrelevante Tatsachen 41
Drehnystagmus 1627, 1850 d
Dreistufentheorie 386 ff
Drogen
(s auch Alkohol, Medikamente)
– Abhängigkeit 1534
– Berater 1273
– Beschaffungsdelikte 1726
– Drogenpsychose 1725, 1756
– Entzugserscheinungen 1726, 1784 f
– Halluzinogene 1725, 1756
– Kokain 1756
– Mißbrauch 1756
– Opiate 1726
– „Sucht" 1725 f, **1783 ff**
– Unterbringung in Entziehungsanstalt 1820 (s auch freiheitsentziehende Maßregeln)
– Wirkung 1725
– akute 1756

Drohung mit unzulässigen Maßnahmen 661, 681 ff (s näher Vernehmungsmethoden, verbotene)
Durchgangssyndrom, posttraumatisches 1615
Durchsuchung 409, 691, 1629, 1644, 1685
Ehegatten
Zeugnisverweigerungsrecht 1246
Ehrengerichte 1120
Eid **1133** ff
– Angehörige 1184 f, 1212
– **Ausnahmen** 1153 ff
– Vereidigungsverbote 1153 ff
– Absehen 1172 ff
– Begründungszwang bei Nichtvereidigung 1214
– Berufung auf früheren 1150 ff
– Eidesmündigkeit 1154, 1176
– Eidesunfähigkeit 1155
– Entscheidung über Vereidigung 1144
– Form 1139 ff
– HV 1138 ff
– Nichtvereidigung 1144 f, 1147 f, 1168
– Privatklageverfahren 1205 ff
– **Revision** 1147 ff
– Fehler 1149
– Unterbleiben 1147 f
– **Sv** 1570, **1595 ff**
(s auch Sv, Vereidigung)
– Teilvereidigung 1143
– Umfang 1142
– Verweigerungsrecht 1212 ff, 1216
– Vorverfahren 1134 ff
Eigeninitiative 402
„Einigung" im Strafprozeß 42 ff
Einlassung 552
– Gesamteinlassung 906, 908
Einsichtsfähigkeit 644, 1716 ff
Elektroschock 1634
Entziehung der Fahrerlaubnis 1852 ff
Epilepsie 1731 ff
Episode 1727 ff, 1735
Erfahrungssätze 7, 28, 103 ff, 1501, 1620
– allgemeingültige 23
– allgemeinkundige 19 ff
Erinnerungslücke 1810
Erinnerungsvermögen 644, 1351
Erledigungsdruck 740 ff
Ermittlungs-
– fehler 7 ff
– pflicht 1518
– verfahren 358, 501 ff
Ermüdung 595, 604, 607, 622, 646 f, 759
(s auch Vernehmungsmethoden, verbotene)
Eröffnungsverfahren
– Beschluß 749, 753, 829

- Prüfungspflicht des Gerichts 745 ff
- „Eröffnungsrichter" 751
- Vernehmung 752 f

Erweiterter Verfall 946
Erziehungsberechtigte 527, 803, 810, 1026, 1097, 1196, 1676
Eventualbeweisantrag 163, 195
Exploration 1798, 1863 f, 1866, 1874
Fachsprache, juristische 848 f
Fahndung gemäß Gesichtszügen
- Beeinträchtigung des Erinnerungsvermögens 1353 d, 1353 h
- computergestützte Systeme 1353 d, 1353 f, 1353 g
- Polizeizeichner 1353 d, 1353 e, 1353 g
- Zusammensetzsysteme 1353 d, 1353 e

Fahruntüchtigkeit, s Nicht-Fahrsicherheit
faires Verfahren 49, 416 f
Falschaussage 1453 ff, 1483
falsche Tatsachenangabe 2
Fangfragen 603, 644, 798, 1883
Fasern, s Spuren
Fehlurteil 503, 729, 913 ff
Fernmeldegeheimnis, Beschränkung 354, 404, 1287
Fernwirkung 403–408, 714 ff
Filme 2304 ff
Finger(abdruck)spuren 1936 ff
Forensische-linguistischer Vergleich 1992 ff, 1996 ff
Fortwirkung 711, 723
Foto, s Lichtbild
Frageformen
- Fangfragen 603, 644
- Filterfragen 592
- geschlossene 588
  - Anknüpfungsfragen 591
  - Suggestivfragen **589**, 603, 644, 672 f
  - Voraussetzungsfragen 590
- offene 587
- Zick-Zack-Verhör 593

Freibeweis 36 ff, 138, 661, 685, 707, 724, 752, 763, 774, 786, 822, 1138, 1142, 1153, 1197, 1316, 1595
Freispruch 425
Fremdsprachiger Text 2011, 2091
Fruit of the poisonous tree 407
Führen von Kraftfahrzeugen (s auch Blutalkohol, Maßregeln) Untersuchung zur Geeignetheit **1852 ff**
Fürsorgepflicht 154, 180 f, 306, 565, 641, 771, 794, 838, 843, 845, 1015, 1047, 1105, 1139, 1259
Gebrechlichkeit 2112
Gedächtnis 1374 ff, 1422
- Unterstützung 2156 ff
- Verfälschungen 1375 ff

Gefährlichkeit 1814
Gegenstand der Verhandlung 98
Gegenüberstellung (s auch Lichtbildvorlage)
- **Identifizierungsgegenüberstellung** **1353 a, 1399 ff**
  - Beweiswert **1399 ff**, 1475 ff
    - nach Lichtbildvorlage 1402
    - bei Wiederholung 1479
  - Dokumentation 1353 c
  - Einzelgegenüberstellung 1353 a
  - Gestaltung 1353 a
  - **Revision 1475 ff**
  - Wahlgegenüberstellung 1353 a, 1353 c
- **Pflicht des Beschuldigten** 513, 834, **1224**
- **Vernehmungsgegenüberstellung 1223,** 1325
- **Zeugenpflicht 1223 f,** 1325
- **Geheimhaltungspflichten** 340

Geisteskranker
- Angeklagter 1714, 1731 ff
- Richter 67
- Zeuge 2111 (auch 1425)

Geistlicher
Zeugnisverweigerungsrecht 1268
Generalfragen 1217
Genom-Analyse, s Spuren
genügender Anlaß 739
Gerichtsarzt, gerichtsärztlich 2182
gerichtskundige Tatsachen 24 ff
Gerichtssprache 728
Gesamteinlassung 906
geschichtliche Ereignisse 21
geschlossene Fragen 588 ff
- Anknüpfungsfragen 591
- Filterfragen 592
- Voraussetzungsfragen 590

gesetzliche Vertreter 803, 810, 1024, 1255, 1319, 1671, 1675 ff, 1680, 1867
Gesicht, Gesichtszüge (Rekonstruktion) 1353 d–1353 h
Geständnis 15 f, 527, 547, 573, 578, 589, 594, 596, 598 ff, 605, 656 ff, 661, 674, 687, 690, **726 ff,** 861 ff, 896, 1444
- **falsches** 15 f, 527, 599, 605, 690, 727 ff, 857, 875, 1444
- Gründe 730 ff
- „Spontangeständnis" 509
- Teilgeständnis 661
- Widerruf 862, 897, 1860 a, **1893 f**

Gewissen 392
Gewißheit, subjektive 89
Glaubhaftigkeit 726, 1426 ff, 1661, 1869
(s auch Glaubwürdigkeit)
- aussagepsychologische Diagnostik 1463 ff, 1887 ff
- Beurteilung 1882 ff

Sachverzeichnis

– Entstehungsgeschichte der Aussage 1482, 1884
– Entwicklungsgeschichte der Aussage 1482, 1884
Glaubwürdigkeit 222, 248, 550 f, 583, 593, 597, 693, 792, 798, 888, 904, 914, 942, 1217, **1426 ff**, **1480 ff**, 1520, 1532, 1661, 1692, **1860 ff**
(s auch Aussagewürdigung, Glaubhaftigkeit)
– Abgrenzung zu Glaubhaftigkeit 1869, 1875
– Aussage gegen Aussage 1480
– **Kriterien** 1428 ff
  – juristische Erfahrungen 1446 ff
  – „Lügensignale" 1449 f, 1460
– **Untersuchung** 1860 ff
  – Durchführung 1870 ff
  – Erforderlichkeit 1860 ff
  – Methoden 1863
  – Exploration 1864, 1866
  – Test 1863
– verfahrensrechtliche Probleme 1866 ff
– Verweigerungsrecht 1867 f
Graphologie, s Schriftuntersuchung
Grundrechte 385, 401
Gültigkeit 92, 98
Gutachten
(s Sv, Behörden-)
G 10 352, 404
Haftprüfung 744
Handlungsfähigkeit 1716 ff
Handlungskompetenz 601 ff, 627, 660, 732, 841
Handlungsnormen, interne 95
Hangtäter 1816
Haupttatsache 8, 340
Hauptverhandlung 502, **755 ff**, 1348
Hilfsbeweisantrag 164 f, 326
Hilfstatsache 10, 340, 1426
Hintergrundtatsache 27
Hinweispflicht
– bzgl Fragerecht 794
– bzgl letztes Wort 813 f
– bzgl Aussagefreiheit 836
Hörfalle 638
Hypnose **678 ff**, 704, 1351, 1634
(s auch Vernehmungsmethoden, verbotene; körperliche Untersuchung)
hypothetische Ermittlungsverläufe 322, 370, 409 f, 576, 1319, 1673, 2300
ICD 1722
Identifizierung durch
– Zeugen **1383 ff**, 1475 ff
– Lichtbildvorlage, s dort
– Gegenüberstellung, s dort
– Radarfoto 96
– Stimmen 1395 ff

Identitätsfeststellung
– des Angekl 820 ff, 1992 ff
– des Beschuldigten 540
– des Zeugen 1085 ff
– insbes Wohnort 1090 ff
Indiz 9, 17, 101, 124, 211 f, 238 f, 243, 891
in dubio pro reo 116 ff, 891
– Alibi 125
– Auffangtatbestand 134
– exklusive Alternativität 132 ff
– Heranwachsende 122
– Indizien 124
– Maßregeln der Besserung und Sicherung 121
– Rechtsmittelverfahren 130
– Strafanspruch 129 f
– Stufenverhältnis 132
– Verfahrensfehler 131
– verfahrensrechtlich erhebliche Tatsachen 127 ff
– Wahlfeststellung 135
Informationserhebung, -verwertung 337
Intimsphäre 384, 387 f, 391, 1467
Informatorische Befragung 38, **509,** 1302, 1589, 1604
Informatorisches Rechtsgespräch 44
Jugendliche 527, 564, 603, 684, 781, 803, 810, 816, 1072, 1176, 1196, 1205, 1254, 1431, 1680, 1861
Jugendgerichtshilfe 548
Kausalität 107, 919 ff, 1942 ff
Kinder
– Glaubwürdigkeit 1441, 1861
– Beschuldigte 507, 603
– Vernehmung 1336
– Verstandesreife 1059, 1253 ff
– **Zeuge** 1002
  – Aussagefähigkeit 1411 ff
  – Ladung 1059
Klageerzwingungsverfahren 1555
Kognitives Interview 1349 ff
Kollegialgericht 29, 94, 1521
– Sachkunde 1518
kommissarische
– Beweisaufnahme 81 ff
– Vernehmung des Beschuldigten 770
– Vernehmung des Zeugen 229, 1137
Kommunikation
– Ebenen 583, 845 ff
– Förderung 534 f
– Probleme 584 f, 589, **844 ff, 1341 ff**
– pseudosymmetrische Kommunikation 1343
– Zwangskommunikation 580, 1343
Kontaktgespräch 509 ff, 580 ff, 658
Körperliche Eingriffe 648, 1227, 1552
(s auch Vernehmungsmethoden, verbotene)

Körperliche Untersuchung 381
- **anderer Personen** als des Beschuldigten 1658 ff
  - Anordnungszuständigkeit 1678
  - Augenschein 1678
  - Ausschlußcharakter 1661
  - Beschwerde 1682
  - Duldungspflicht 1658, 1662
  - Einwilligung 1658 ff
  - Revision 1683 f
  - Umfang 1664
  - **Untersuchungsverweigerungsrecht** 1670 ff
    - Belehrungspflicht 1671 ff, 1679
    - Widerruf des Verzichts 1674
  - Vollstreckung 1679
  - Voraussetzungen 1664 ff
  - Zumutbarkeit 1665, 1669
  - Zweck 1663
- **des Beschuldigten** 1621 ff
  - aktive Teilnahme 1627 ff
  - Augenschein 2311 ff
  - Drogentransport 1630
  - Duldungspflicht 1627
  - Einwilligung 1626
  - **Formen**
    - einfache 1629 ff
      - Durchsuchung 1629
      - Gegenüberstellung 1630
    - **körperlicher Eingriff** 1632 ff
      - Abgrenzung 1639
      - Anordnung 1641 ff
      - Blutprobenentnahme 1632 ff (s auch dort)
      - sonstige Eingriffe 1632
      - unmittelbarer Zwang 1647
      - unzulässige Methoden 1640
      - Vollstreckung 1645
      - Voraussetzungen 1633 ff
  - **Rechtsmittel**
    - Beschwerde 1648 ff
    - Revision 1653 ff
  - verfassungsrechtliche Probleme 1621 f
  - Verhältnismäßigkeitsgrundsatz 1622
  - vorübergehende Unterbringung 1623
  - Zweck 1625
- durch Personen **gleichen Geschlechts** 1685 ff
  - Revision 1687

Konventionen 1467
Kostenauferlegung
- Sachverständiger 1572
- Zeuge 1080, 1102

Kostenersatz 1569, 1572
Krankheit 2112
Kriminaltaktik 506, **1330 ff**
- Aussageperson 1334 f
- äußere Umstände 534 ff, 1338
- Probleme 1330
- Vernehmungsperson 1332 ff

Kriminaltechnischer Sachbeweis 1895 ff (s auch unter den Sachbegriffen)
- „Belastungswahrscheinlichkeit" 1942
- Beweiswert 1940
- Beweismanipulation 1944

Kronzeugenregelung 942 ff
- Begriff 942
- BtmG 943 f
- terroristische Taten 945
- Erweiterter Verfall 946

Ladung
- **Beschuldigter** 511 ff
  - polizeil Vernehmung 512
  - richterl oder staatsanwaltl Vernehmung 513
- Sprachunkundige 529
- **Zeuge** 1056 ff
  - durch Polizei 1082 ff
  - durch StA 1078 ff

Laienrichter 54, 74 f, 2054, 2060
lebenslange Freiheitsstrafe
- Aussetzung des Strafrests 1846 ff
- Haftverlauf 1849
- Persönlichkeitsveränderungen 1849

Legalitätsprinzip 50, **506**
Leichenausgrabung 1910
Leichenöffnung 1501, 1945 f, 1950
- bei Vergiftungsverdacht 1963
- Protokoll 1957
- Rechtsmittel 1951, 1962
- Voraussetzungen 1951 ff

Leichenschau 1501, 1945 ff
Leichenvorzeigen zur Anerkennung 1960
Leumundszeugnisse 2183 ff
Lichtbildaufnahme 96, 393
Lichtbildvorlage (s auch Gegenüberstellung) **1353 b**, 1353 c, 1399, **1402, 1476 f**
Liquorentnahme 1640
Lockspitzel 639 (s V-Person)
Lügendetektor 693 ff
Machtverteilung 54
Maßregeln der Besserung und Sicherung
- **Entziehung der Fahrerlaubnis** 1850 ff
  - Anwendungspraxis 1857
  - Dauer 1858
  - Regelbeispiele 1851 ff
- freiheitsentziehende **1814 ff**
- Aussetzung der Vollstreckung 1838 ff
- Prognose 1838 ff
- Gefährlichkeitsuntersuchung 1814 ff
- Hang 1816 f, 1825

- Legalprognose 1815 ff
- Verhältnismäßigkeit 1818
- Vollstreckungsaussetzung 1819
- in dubio pro reo 121
- Voraussetzungen
  - formell 1823 ff
  - Rechtsmittel 1826, 1830
  - Sv-Zuziehung 1823 ff
- **Vorwegnahme gem § 126 a** 1831
  - Anstaltsart 1835
  - Rechtsmittel 1837
  - Voraussetzung 1833 f

Medienberichte 20

Medienvertreter
Zeugnisverweigerungsrecht 1275 ff

Medikamente
- Mißbrauch 1757 f
- Schlafmittel 1725, 1731, 1757
- Wechselwirkung mit Alkohol 1758

Menschenwürde 390, 397, 2299

Mißhandlung 645
(s auch Vernehmungsmethoden, verbotene)

Mitangeklagter 864, **927 ff**
- als Zeuge 932 ff
  - Beweiswert der Aussage 937
  - Vernehmungsprotokollverlesung 938 ff

Mitbeschuldigter **927 ff**

Mitwirkungsrechte 748

Modelle 2310

Mündlichkeitsgrundsatz 63 f, 2034

Nacheid 1141
(s näher Eid)

Nachgespräch 658 (vgl auch Kontaktgespräch)

Narkoanalyse 649, 680, 704, 1634

Narkose 1664

Nebenkläger 1025, 1537, 1555

Neurosen **1771 ff**
- Zwangsneurose 1773

nichteheliche Lebensgemeinschaft
Zeugnisverweigerungsrecht 1244

Nichteröffnungsbeschluß 749, 754

Nicht-Fahrsicherheit, rauschbedingte 1850 ff
- absolute 1850–1850 c
  - Anflutungswirkung 1850 b
  - Drogen 1850 c
  - Kfz 1850
  - Medikamente 1850 c
  - Radfahrer 1850 a
  - Sturztrunk 1850 b
- BAK 1851 ff
  - Atemluft 1851 a
  - Blutprobe 1851 a
  - Mittelwert 1851 c

- Nachtrunk 1851 d
- Rückrechnung 1851 c, 1851 e
- Untersuchungsverfahren 1851 a
- **relative**
  - Beweisanzeichen 1850 a
  - Drehnachnystagmus 1850 d
  - Mitursächlichkeit 1850 e
  - Verkehrsunfall, alkoholtypischer 1850 d

objektives Einziehungsverfahren 745

offene Fragen 587

öffentliche Behörden 2172 ff

offenkundige Tatsachen 17 ff, 207 f

Öffentlichkeitsprinzip 52, 1866

Oligophrenie 1615, 1714, **1766 ff**, 1843
- Debilität 1767
- Idiotie 1767 f
- Sexualdelinquenz 1768

Ordnungsgeld 1073, 1079 f, 1103, 1106, 1569, 1573 ff, 1680

Ordnungshaft 1073, 1104, 1106, 1680

Ordnungsmittel 1072 ff, 1079 f, 1102 ff, 1680 (s Ordnungsgeld, Ordnungshaft)

Ortsbesichtigung 756

Parlamentarier 1287, 1293

pathologisch
- e Brandstiftung 1714
- er Rausch, s dort
- es Spielen 1714
- es Stehlen 1714

Persönlichkeitsrecht 2299

Persönlichkeitsstörungen **1786 ff**
- anankastische Persönlichkeit 1794
- asoziales Verhalten 1795
- asthenische Persönlichkeit 1794
- erregbare Persönlichkeit 1791
- hysterische Persönlichkeit 1793
- paranoide Persönlichkeit 1788
- schizoide Persönlichkeit 1790
- Schuldfähigkeit 1796
- soziopathisches Verhalten 1795
- zyklothyme Persönlichkeit 1789

Pflicht zur Namensangabe 89 f, 820 ff, 1044

Phallographie 702, 1610

„Phantomzeichnung" 1353 d

Phonetische Eigenschaften 1996 ff

Pläne 2309

Polizeizeichner 1353 d, 1353 e, 1353 g

Polygraph 693 ff

posthypnotische Hemmungen 679
(s auch Hypnose)

Präsentes Beweismittel 197, 269 ff, 286 ff
- **Beweisantrag** 286 ff
  - Ablehnung 292 ff
- erschienen 272 ff

Sachverzeichnis

- sachliche Beweismittel 275 f
- Unzulässigkeit der Beweiserhebung 283 ff
- Verzicht auf Beweiserhebung 277 ff
- vorgeladen 271

Präsidentenanklage 1120
Pressevertreter
Zeugnisverweigerungsrecht 1275 ff
primacy-Effekt 821
Privat erlangtes Wissen 24, 78, 393, 395–402
Privatklageverfahren 770, 1024, 1205 ff
Privatsphäre 393
Prognose 126, 221 f, 739, **1814 ff**, 1838 ff, 1847, 1856
Projektion 1333
projektive psychologische Testverfahren 680, 1803, 1863
Protokoll
(s auch Sitzungsprotokoll, Vernehmungsprotokoll)
- informatorische Befragung 509
- Kontaktgespräch 580 f
- **richterliches**
  - Augenscheinseinnahme 2092 f
  - Einvernahme 2101 ff
  - Verlesung mit Einverständnis 2120 ff
  - wertende Äußerungen 2109
- Verlesung 2126 ff

prozessuale Willenserklärung 641
Psychogene Reaktionen
- Affekte 1760 ff
- als tiefgreifende Bewußtseinsstörungen 1759 ff
- als schwere andere seelische Abartigkeit 1769 ff

Psychopathien (s Persönlichkeitsstörungen) 1715, 1786 ff
Psychopathologische Entwicklungen 1777 ff
- sexualpathologisch 1778
  - Exhibitionismus 1780
  - Fetischismus 1781
  - (– Homosexualität 1778)
  - Pädophilie 1779
  - Sadismus 1782
- „Sucht" 1783 ff (s auch Drogen)

Psychosen 1615, **1714 f,** 1772, 1819
(s auch Epilepsie, Neurosen, Schizophrenie)
- affektive 1739 ff
- Alkoholpsychose 1724
  - delirium tremens 1724
- Drogenpsychose 1725
  (s näher Drogen)
- endogene 1714
- exogene 1714, 1727
- manisch-depressive 1739 ff
- organische 1723
  - chronische 1730
  - vorübergehende 1727 ff
- Paranoia 1743 ff
  - querulatorische Verlaufsform 1744 ff
- präsenile 1723
- senile 1723
- traumatische 1723
- zyklothyme 1615

Quälerei 651
(s auch Vernehmungsmethoden, verbotene)

Radarfoto 96
Rausch (s Alkohol)
- pathologischer 1752
Reaktionstaktik 597
Recht auf faires Verfahren 514, 641, 705, 836, 1050 ff, 1602, 1631
Recht auf körperliche Unversehrtheit 1621, 1630
Recht auf Verlesung des Anklagesatzes 826 ff
Recht auf Verteidigung 521, 793
rechtliches Gehör 48, 52, 510, 512, 518 f, 521, 529, 541, 745, 754, 755, 804, 808 f, 814, 845, 1049, 1108, 1602, 2036
Rechtsfolgenentscheidung 6
Rechtskreistheorie 366 f, 1131, 1317
Rechtsstaatsprinzip 330, 385, 514, 631, 793
Recht zur Lüge 550 f
Rekonstruktion
- der Beweisaufnahme 79 f, 885, 1471, 1610
- des Tatgeschehens 63

restringierter Code 846 ff
Revision
- Aufklärungspflicht 58 ff
- Augenschein 2250 ff
- wegen mangelnder Aussagewürdigung 886 ff
- Behördengutachten 1505
- Beweisantrag 297 ff
- Beweiswürdigung 96 ff
- in dubio-Grundsatz 136
- letztes Wort 817 ff
- Mündlichkeit 79 f
- persönliche Verhältnisse 824 f
- wegen mangelnder Eignung des Sv 1548
- wegen unzulässiger Verwertung des Schweigens 911 f
- Unmittelbarkeit 79 f
- Urkunde 2064 ff, 2146 ff, 2166 ff
- Vereidigung 1147 ff, 1170 f, 1102 ff
- **Verstoßes gegen**
  - § 55 Abs 2 1131 f
  - § 74 Abs. 1 1563 ff
  - § 81 a 1654 ff

- § 81c 1683f
- § 136 578f
- § 136a 646, **773ff**
- § 168c 525
- § 231 774
- § 250 2146ff
- § 253 2166ff
- § 256 Abs 1 2203ff
- § 257 Abs 1 807
- § 258 Abs 2 Hs 2 817ff
- § 338 Nr 5 757, 765f, 787f, 790, 1023
- § 338 Nr 8 801
- Zeugenvernehmung 1354ff
- Zeugnisverweigerungsrecht 1317ff

Richter als Zeuge 1007ff
- Ausschluß 1008ff
- Zeugnisverweigerungsrecht 1289

Richteranklage 1120
richterliche Einvernahmen 2101ff
Rollentausch 932
Sachkunde 1501
- des Gerichts 252ff, 1518, 1521ff, 1543
- des Sv 257ff, 1501, 1524, 1530, 1539, 1543

Sachrüge 911f
Sachverhaltsaufklärungspflicht
 (s Aufklärungspflicht)
Sachverständiger 216, 219, 223, 226, 629, 634, 1006, 1500ff, 2099ff
 (s auch Glaubwürdigkeit, kriminaltechnischer Sachbeweis)
- **Abgrenzung** 1510ff
  - Augenscheinsgehilfe 1510, 1516, 1686
  - Austauschbarkeit 1511
  - Dolmetscher 1517
  - Kriterien 1510ff
  - sachkundiger Zeuge 1514f
  - Spezialvorschriften 1512
- **Ablehnung** wegen Befangenheit 1549ff
  - Berechtigte 1555
  - Beschwerde 1562
  - Entscheidungszuständigkeit 1559
  - Folgen der Ablehnung 1560f
  - Form 1556f
  - Frist 1556
  - Glaubhaftmachung 1558
  - Gründe
    - sonstige 1551ff
    - zwingende 1550
  - Inhalt 1558
  - Revision 1563ff
  - Zurücknahme 1558
- Anhörung 1695ff
 (s näher Unterbringung zur Beobachtung)
- Anwesenheit in der HV 1584
- Aufgaben 1501ff
  - Behördengutachten 1503–1505
  - Sachkunde 1501
- Aufgabendelegation 1502
- Ausdrucksform 1508f
- **Auswahl**
  - Beschwerde 1548
  - Kriterien 1529
    - Fachgebiet 1531
    - Objektivitätspflicht 1529
    - öffentliche Bestellung 1530
  - Person 1536ff
    - Einsatzbereitschaft 1537
    - Geeignetheit 1537
    - Sachkunde 1539
    - Schulrichtung 1540
  - Terminvereinbarung 1545
  - Zuständigkeit 1526ff
    - durch Polizei 1526
    - im gerichtlichen Verfahren 1527
    - im Vorverfahren 1526
- Begriff 1500
- Befangenheit 1549ff, 1586
- Entfernung des Angekl 1582
- Entschädigung 1528, 1994
- Fehldiagnose 1613ff, **1616f**
- Fehler **1613ff**
- Frist
  - Nachfrist 1571
  - Vereinbarung 1545, 1571
- **Gutachten**
  - Beweisantrag 1524f
    - Ablehnung 252ff
  - erneutes 1543
  - Fehler 1613ff, 1811ff
  - Form 1582ff
  - Notwendigkeit 1520
  - Voreingenommenheit 1616f
- **Würdigung** 1607ff
  - allgemeine Erfahrungssätze 1620
  - Befundtatsachen 1613ff
  - Fehldiagnose 1613ff
  - Gericht folgt 1608
  - Gericht folgt nicht 1609
  - gesicherte wissenschaftliche Erkenntnisse 1619
  - Schlußfolgerungen 1620
  - widersprechende Gutachten 1542, 1610
  - zur Schuldfähigkeit **1798ff**
   (s näher Schuldfähigkeit)
  - körperliche Untersuchung 1621ff
   (s näher dort)
- **Leitung** des Sv 1602ff
  - Auftragsformulierung 1602
  - Revision 1606
  - Überwachung 1604f
  - Vermittlung von Anknüpfungstatsachen 1603

- **mehrere**
  - Ablehnung 1525, 1541
  - Antrag auf Hinzuziehung 1525
  - erneute Begutachtung 1543
- Namhaftmachung 1547

Objektivität 1529

- **Pflichten** 1528, **1566 ff**
  - Aufklärungspflicht 1580
  - Aussagepflicht 1581 ff
  - „Belehrung" 1580, 1672, 1867
  - Einschränkungen 1581
  - Einhaltung der Verbote aus § 136 a 1580
  - **Gutachtenerstattung** 1569 ff
    - Arbeitsunterlagen 1582
    - Beschwerde gegen Entbindung 1587
  - **Entbindung** 1586
    - Befangenheit 1551 ff, 1585
    - mangelnde Eignung 1586
    - Überlastung 1586
    - Unzumutbarkeit 1586
    - zweifelhafte Eignung 1586
  - Hinweis auf Schweigerecht 1580, 1672, 1867
  - Inhalt 1566
  - **Sanktionen**
    - wegen Fristversäumnis 1571
    - Kostenersatz 1569, **1572**
    - wegen Nichterscheinens 1570, 1576
    - Ordnungsgeld 1569 ff, **1573 ff**
    - Rechtsbehelfe 1578
    - Revision 1579
    - wegen Verweigerung 1570, 1576 f
    - wegen Weigerung der Fristabsprache 1570
  - **Voraussetzungen** 1566 ff
    - öffentliche Ausübung zum Erwerb 1567
    - öffentliche Bestellung 1567
    - öffentliche Ermächtigung 1567
    - unwiderrufliche Bereiterklärung 1568
  - Wahrheitspflicht 1506 f
    - betr Sachbeweis 1507
    - betr Schuld 1506
- **Rechte** 1585 ff
  - Akteneinsichtsrecht 1591
  - auf Durchführung informatorischer Befragungen 1589, 1604
  - auf sonstige Beweiserhebungen 1592
  - auf weitere Vernehmungen oder Beweiserhebungen 1589, 1603
  - Fragerecht 1584, 1590
  - Gutachtenverweigerungsrecht 1585
  - Revision 1593
  - Zeugnisverweigerungsrecht 1585
- Revision
  - beim Behördengutachten 1505
  - wegen mangelnder Eignung des Sv 1548
  - Sachkunde (s dort)
  - Schuldfähigkeitsuntersuchung 1688 ff (s näher Schuldfähigkeit)
- **Vereidigung** 1570, **1595 ff**
  - Antrag 1597
  - Ermessensentscheidung 1595 f
  - Formel 1598
  - Nacheid 1598
  - Reichweite 1600
  - Revision 1601
  - Verweigerungsrecht 1599
- vom Hörensagen 1502
- Zeuge 1560 f, 1686
- Zuziehung bei freiheitsentziehenden Maßregeln 1823 ff (s auch freiheitsentziehende Maßregeln)

Schädigungsabsicht 738
Schätzklauseln 33 f
Schizophrenie 1615, 1735 ff, 1843
Schlüssigkeitsprüfung 742, 749
Schöffen 74 f, 2040, 2070 (s auch Laienrichter)
Schreibverhalten 1993 ff
Schriftliche Erklärung 2085 ff, 2134
Schriftuntersuchung 1965 ff
- psychodiagnostisch-graphologisches Gutachten 1966 f
- **Schriftvergleichung** 1965 ff, 1970 ff
  - computergestützt 1974
  - Handschrift 1971–1977
  - Maschinenschrift 1978–1983
- stoffbezogene Untersuchung 1984 ff

Schuldfähigkeit 1520, 1534, 1538
- Begriff 1714
- **Gutachten 1797 ff**
  - abschließender Teil 1804 ff
    - Fehler 1811 ff
    - motivischer Zusammenhang 1805
    - Persönlichkeit 1806 f
    - persönlichkeitsfremd 1809
    - Tatzeit 1808
  - Erhebungsmethoden 1803
  - Erstattung 1801 ff
  - Erstellung 1801 f
  - Vorbereitung 1797 ff
  - Zeitpunkt 1800
- §§ 20, 21 StGB: **1714–1797,** 1804, 1806, 1808, 1833

Schuldfrage 6
Schuldprinzip 47, 52

Schußwaffen, s Spuren
Schutzabsicht 737
Schwachsinn
  (s Oligophrenie)
Schweigen
– Angekl
  – auf Vorhalt 878
  – Recht 899
  – Würdigung 899 ff
– Zeuge
  (s dort Aussagepflicht; Zeugnisverweigerungsrecht)
Schweigepflicht 1264 ff
– Entbindung 1285
Selbstbelastungsfreiheit 390, 400, 408, 633, 822, **831 ff**
Selbstleseverfahren 2033 ff
– Kenntnisnehmen 2040 ff
– Kombination 2039
– rechtliches Gehör 2036
– Revision 2069 ff
– Widerspruch 2045 ff
self-fulfilling-prophecy 538
Sicheres Geleit 768
Sicherungsverfahren 1710 ff
– Mitwirkungspflicht des Sv 1713
Sitzungsprotokoll 111, 312 ff, 353, 818, 830, 832, 840, 838 ff, 2032, 2070, 2208
Skizzen 2307 f
Sprachbarriere
– wegen Fremdsprache 528 f, 790, 844, 1340
– wegen Sprachebenen 846 ff, 1342
Sprachunkundige 528 ff, 748, 790, 844, 1340
Sperrerklärung bzgl Zeugen 1041
Sphärentheorie 386 ff
Sprechproben 1996 ff
Sprechvergleich 1996 ff
Spuren 1663 f
– **Anorganische** 1916
  – Glas- 1916
  – Lack- 1916
  – **Schußwaffen** 1923 ff
  – **Textilien** 1919 ff
  – **Werkzeugtechnik** 1917 ff
  – Zigaretten 1930
– **Daktyloskopie** 1936–1939
  – Mikro- 1897
  – Material- 1897
– **organische** 1898 ff
  – Auswertung 1901 ff
  – BtM 1915
  – Blut- 1901
  – Boden- 1913
  – Darminhalt 1913
– **DNA-Analyse** 1638, 1904 ff
– Gifte 1914
– Haare 1903
– Kieselalgen 1912
– Mageninhalt 1913
– **Reifen-** 1931–1933
– Schrift-, s dort
– Schuh- 1934 f
– Sicherung 1900
– **Sperma-** 1902 f
– Suche 1899
Staatsanwaltschaft
– Abschlußverfahren 745, 753
– Ermittlungsverfahren 501 ff
– Eröffnungsverfahren 739 ff
– Entscheidungsfindung 512
– Hilfsbeamte 506
– Zeuge 1017 ff
Staatsgeheimnis 341
Stereotypisierung 743, 922, 1335, 1428, 1551
Steuerstrafverfahren 33
Stimm- und Sprechprofil 677, 1395 ff, 1996 ff
Strafbefehlsverfahren 502, 745, 828
Strafzumessungsrichtlinien 78
Strengbeweis 35, 138, 707, 858, 870, 1024, 1138, 2009, 2025, 2027
„**Sucht**"
  (s psychopathologische Entwicklung)
Suggestibilität 672, 733, 1378 ff
Suggestivfragen 587, **589 ff,** 603, 606, 613, 644, 672 f, 798
Suizid 1741 f
Syndrome 1727
– paranoide 1743 f
Tagebuch 390–392, 2299
Tonaufzeichnungen
– als Vernehmungsprotokoll 617 ff
– heimliche 675
Tateröffnung 541 ff
– mehrere Taten 545
Tatrichter 885, 890
Täterwissen 613, 727, **728**
Tatsachen
– allgemeinkundige 19 ff
– Begriff 656, 669
  – äußere 6, 656
  – innere 6, 657
– behauptung 888
– doppelrelevante 41
– erhebliche 6
– falsche 2
– gerichtskundige 24 ff
– Haupt- 8
– Hilfs- **10,** 1426
– Hintergrund- 27

Sachverzeichnis

- mittelbar beweiserhebliche **9,** 27, 891
- offenkundige 17 ff
- unmittelbar beweiserheblich 8, 18

Tatverdacht
- hinreichender 739, 745, 749 f
- zureichender 506

Tatzeitpersönlichkeit 1615

Taubheit
- Richter 67
- Zeuge 217

Taubstummer 1001

Teilrechtskraft, horizontale 342

Telefongespräch 636, 638
- Überwachung 675 f, 879, 2294, 2296
- Verbindungsdaten 2301
- Zufallserkenntnisse 2296

Testverfahren, psychologische 680, 1803, 1863

Textvergleich 1992 ff

Tilgung, Tilgungsreife 345

Tonbandaufnahme 393 f, 2089 f (s auch Vernehmungsprotokoll)

Tonträger 2283 ff
- Beweisverbote 2294 ff
- Gedankeninhalt 2285 ff
- Sprechvergleich, forensisch-linguistischer 1996 ff

Tod 2110

Transformation 1346

Triebstörungen, sexuelle 1715

Überraschungstaktik 594

Übersetzer 1517

Übertragung 1333

Überzeugung 89 ff

Überzeugungsbildung, eigene 52, 89 f, 97 ff

U-Haft 630, 659, 691, 731, **743 f,** 763, 773, 776, 1061, 1831, 1837

Unauffindbarkeit 2111

Unerreichbarkeit des Zeugen
- Aufenthalt 227 ff
- Geheimhaltung 231 ff
- Sperrerklärung 233 f

Unfallflucht 1761

Ungeeignetheit eines Beweismittels, völlige 215 ff

Ungeeignetheit zum Führen von Kraftfahrzeugen 1852 ff

Ungleichheit 53

Unmittelbarkeitsgrundsatz 25, 52, **63, 65 f,** 742, 859, 882, 1029 f, 1503, 1544, 2076, 2286

Unschuldsvermutung 52, 420 f, 726, 1506

Unterbringung
 (s auch Maßregeln, freiheitsentziehende)
- in einem psychiatrischen Krankenhaus 1820
- in einer Entziehungsanstalt 1821, 1844
- in Sicherungsverwahrung 1822, 1825, 1845
- zur Beobachtung **1688 ff,** 1797
 - Anhörung 1695 ff
 - Sv 1695 f
 - **Anordnung** 1689 f, 1697 ff
 - Antrag 1690
 - Bekanntgabe 1704
 - Beschluß 1689 f, 1698 ff
 - Tragweite 1702
 - Zuständigkeit 1704
 - Anrechnung 1709
 - Höchstdauer 1694, 1698
 - Kosten 1691
 - Krankenhaus 1688 f, 1699
 - materielle Voraussetzungen 1692 ff
 - dringender Tatverdacht 1693
 - psychischer Zustand 1692
 - Verhältnismäßigkeit 1694
 - psychiatrisches Krankenhaus 1688 f
 - Rechtsmittel 1705 ff
 - Beschwerde 1705 ff
 - Revision 1708
 - StA 1697
 - Überwachung des Schriftverkehrs 1703
 - Unerläßlichkeitserfordernis 1694, 1698
 - Verteidiger 1697
 - Vollstreckung 1701 f

Untersuchungsausschuß, parlamentarischer 1120, 1134

Untersuchungsgrundsatz 518

Untersuchungshaft 743 ff

Urkunde, Begriff 2003 ff
- Abschrift 2008
- Augenscheinsprotokolle, richterliche 2021 ff
- Fotokopie 2008
- Fremdsprachiger Text 2011
- Geheimschrift 2006
- Geschäftsbücher 2014
- Kurzschrift 2007
- Schriftliche Erklärung des Angeklagten 2012
- Straflisten 2019
- Strafurteile 2016 ff, 2092 ff
- Urteile 2014
- Vervielfältigung 2008

Urkundenbeweis 197, 216, 220, 858, **2003 ff,** 2320 ff
- Berufungsverhandlung (s dort)

Urkundenverlesung 352, 2028 ff
- Revision 2064 ff
- Selbstleseverfahren 2033 ff (s dort)
- Verlesungsersatz (Bericht des Vorsitzenden) 2051 ff

Urteil (s auch Aussagewürdigung, Beweiswürdigung)

Urteils-
- findung 886, 918 ff
- formel 814

Verantwortungsdelegation 1502, 1506
Verdeckter Ermittler 360, 571, 637, 1035 ff
Verdeckungsabsicht 736
vereinfachtes Jugendverfahren 745
Verfahrens-
- hindernisse 507, 821
- subjekt 541, 564
- **trennung** 932 ff
  - Protokollverlesung 938 ff

Verhandlungs(un)fähigkeit des Angekl 757 ff, 770 ff, 1692
- bedingte 759
- beschränkte 759, 776
- Definition 759
- Recht auf HV-Teilnahme 778
- schuldhafte 760, 776 ff
- unverschuldete 759

Verjährte „Straftaten" 424
Verlesung von Behördengutachten
- ärztliche Atteste 2188 ff
- nichtverlesbare Leumundszeugnisse 2183 ff
- öffentliche Behörden 2172 ff
- Revision 2203 ff
- Routinegutachten 2197 ff
- Voraussetzungen 2171 ff
- Wörtliche Verlesung 2202

Verlesung von Protokollen
- aus dem **Ausland** 2106
- **Gedächtnisunterstützung**
  - Gegenstand der Verlesung 2158
  - Protokollierung 2165
  - Revision 2166 ff
  - Umfang 2165
  - Voraussetzungen 2160 ff
- **nichtrichterliche** 2126 ff
  - Aufklärungspflicht 2140
  - Einverständnis 2131, 2135 ff
  - Geheimhaltung 2129 ff
  - Schriftliche Erklärungen 2134
  - Voraussetzungen 2127 ff
- Revision 2146 ff
- **richterliche**
  - Einverständnis 2120 ff
  - Erscheinenshindernisse 2110 ff
  - Tauglichkeit 2101 ff
  - Umfang 2107 ff
  - Verfahren 2141

Verlesungsverbot des § 250 87, **2087 ff**
- Auskunftsverweigerungsrecht 2083
- Ausnahmen 87, **2099 ff**
- Fremdsprachiger Text 2091
- Niederschriften über Tonbandaufnahme 2089 f

- Revision 2098
- Schriftliche Erklärung 2085 ff
- Vernehmungsprotokoll 2084

Verlobte
Zeugnisverweigerungsrecht 1243, 1245

Vernehmung
- Aussageperson 1334 ff
- **Angekl 820 ff**
  - Gestaltung **841 ff**
  - zu persönlichen Verhältnissen 820 ff
  - zur Sache 823 f
- Angeschuldigter 752 ff
- Ausschluß des Angekl 780 ff
- Begriff 510, 580 f, 636 ff, 1323
- bei U-Haft **743 f**
- Beschuldigter (s Beschuldigtenvernehmung)
- Dauer **604 ff**
- Formen
  - Bericht **583 ff**, 1346
  - Befragung 587 ff
- Minderjährige 1336
- nächtliche 607, 647, 652
- persönliche 66
- Plan 582
- polizeiliche 512, 531, 533, 547, 573 f, 600, 606, 608, 610, 1234, 1341
- richterliche 513, 533, 559, 563, 661, 754
- staatsanwaltschaftliche 513, 533, 546, 562, 753
- verantwortliche 511, 530
- verbotene Methoden (s dort)
- vernehmende Person 1333
- Vorgespräch 509, **580 ff**
- vormalige nichtrichterl Verhörsperson 880 ff
- **Zeuge 1323 ff**
  - Belehrung 1323 f
  - Entschädigung 1233 ff
  - Vorschriften 1325 ff
    - zur Person 1326
    - zur Sache 1327

Vernehmungsbeamter 527, **573 f**, 609, 656, 1028, 1315
Vernehmungsdruck 605, 732
Vernehmungsfähigkeit
- des Beschuldigten 642 ff, 744
- des Zeugen 1362, 1411–1425

Vernehmungsfehler 584, 598 f
(s auch Handlungskompetenz)
Vernehmungsgegenüberstellung 1223
Vernehmungshilfen 1230
Vernehmungsmethoden, verbotene 625–725, 1552
- Anwendungsbereich 628 ff
  - persönlicher 628 ff
  - sachlicher 635 ff

- Verstoß gegen § 136 a
  - Beachtlichkeit 706
  - Feststellung 706 ff
  - Kausalität 710 f
- Einwilligung des Vernommenen 704 f
- Ermittlungsgeräte
  - Polygraph 693 ff
  - Phallographie 702 f
- Fernwirkung 714 ff
- Fortwirkung 711, 723
- Indizwirkung 710
- **körperliche** Beeinträchtigung 645 ff
  - Ermüdung 646 f
  - körperl Eingriffe 648
  - Mißhandlung 645
  - Verabreichung von Mitteln 649
- praktische Bedeutung 626 f
- Revision 723 ff
- Schutzzweck 625
- **seelisch-geistige** Einwirkungen 651 ff
  - Drohung 681 ff
  - Hypnose 678 ff
  - Quälerei 651 ff
  - **Täuschung**
    - Begriff 655
    - Gegenstand 656 ff
    - Kausalität 674
    - Mittel 662 ff
  - Versprechungen 685 ff
  - Zwang 691 f
- Suggestivfragen 589
- Vorteilsversprechen 661, 685 ff

Vernehmungsperson 584, 1332 f

Vernehmungsprotokoll
- Fehler 538, 598, 614, 616, 742
- **polizeiliche Beschuldigtenvernehmung** 586, 593, 610 ff, 742
  - Aufzeichnung 616 ff
  - Fehler 614, 616
  - spätere Verwertung 880
  - Tonaufnahmen 617 ff
- **richterliches**
  - Verlesung 857 ff
  - Vorhalt 870
  (s auch Vorhalt)
- **Zeugenvernehmung** 1028, 1094, 1127, 1137, 1144, 1146, 1169, 1212, 1214 f, 1329, 1340

Vernehmungspsychologie 644
Vernehmungssituation 527
Vernehmungstaktik 594 ff
- „Beichtvater-Taktik" 596
- Festlegungstaktik 595
- Reaktionstaktik 597
- Überraschungstaktik 594
- Verstrickungstaktik 595
- Zermürbungstaktik 595

Vernehmungstechnik 534 ff, 542, **580 ff**, 585, 593 ff, **1341 ff**
(s auch Frageformen, Kognitives Interview, Kommunikation, Vernehmungstaktik)

Vernehmungsunfähigkeit 230, 642 ff, 744, 1000 ff
- Definition 643
- Einsichtsfähigkeit 644
- Erinnerungsvermögen 644
- Ermüden 646
- selbstverschuldete 643, 650
  - trunkenheitsbedingte 643

Verschleppungsabsicht 235 ff
„Verständigung" im Strafprozeß 42 ff
Verstellen
- der Schrift 1971
- der Stimme 1397 f

Versuchsleitereffekt **1403 ff**, 1478

Verteidiger 566, 568, 630, 776, 810 f, 820, 1697, 1840
- Abwesenheit 518
- Anwesenheit 1631
  - Beschränkungen 1043
  - Beschuldigtenvernehmung 515 ff, 521 ff
- Aussage 898
- Benachrichtigungspflicht 522
- Hauptverhandlung 1348
- Wahlverteidiger 743, 532
- als Zeuge 1014 ff
- Zeugnisverweigerungsrecht 1269

Verteidigungsschrift 519 f
Verteidigungsstrategie 520, 832
Verwandtschaft 865, 941
- Zeugnisverweigerungsrecht 1247 ff

Verwertungsverbot
- Aussage vormaliger nichtrichterl Vernehmungsperson 880 f
- Fernwirkung 403 ff, 714 ff, 2294
- wegen faktischer Verteidigungsverwehrung 566
- wegen Verletzung der Belehrungspflicht 568 ff, 1262
- **wegen Verstoßes gegen**
  - § 100 b 2296
  - § 110 b 360
  - § 136 a: 544, 547, 552, 570, 589, 595, 604, 625–725 (besonders **712–722**)
  - § 168 c: 525

Verzögerung, wesentliche 236 f
Videoaufnahme 393
Videoübertragung 1337
Videoüberwachung 675 f
Vollständigkeitspflicht des Zeugen bei Aussagen 1098, 1112
Voreingenommenheit 750 f

Sachverzeichnis

Vorführung
– Beschuldigter 513
– Zeuge 1074, 1079
Vorgespräch
(s Kontaktgespräch)
Vorhalt, formloser 868 ff, 1327, 2057 ff, 2285
– Bestreiten 878
– Beweiskraft 876 ff, 2058
– Erinnerungsfunktion 873, 2059
– freier 873, 2060
– nicht verlesbare Niederschrift 871 f, 2061
– psychologische Wirkung 874 f, 2059
– Schweigen auf Vorhalt 877
– Unzulässigkeit 2057
– verlesbare Urkunden 870, 2061
– Verwertungsverbote 879, 2062 f
– vormalige nichtrichterliche Verhörsperson 883 f
vorläufige Festnahme 505
Vorverfahren 501 ff
– eidl Vernehmung 1134 ff
– Ermittlungsfehler 503 f
– Tätigkeit der Polizei 504
– Verteidiger 514 ff
– Wirkung auf HV 502
V-Personen 360, 637, **1034–1054,** 1262, 2115 f, 2139
– Ladung 2115
– Sperrerklärung 1035 ff, 2115
– Verwertbarkeit von Informationen 360, 1039 ff
– Zeugnisverweigerungsrecht 1291
Waffenfokus 1391
Wahlgegenüberstellung
(s Gegenüberstellung)
Wahrheit
– materielle 2
Wahrheitsermittlungspflicht 1 ff, 15, 329 ff, 1503
– erschöpfende 11
– umfassende 11
Wahrheitsfindung 329, 625, 755
Wahrheitspflicht
– Beschuldigter 550 ff
– Zeuge 550, 1084, 1112
Wahrnehmungsfähigkeit
– Beschuldigter 726
– **Zeuge 1365 ff**
– akustische 1366
– visuelle 1365
– Geschwindigkeit 1368 f
– Intensität 1367
– Schematisierung 1370 ff
– Verzerrung 1370 ff

Wahrscheinlichkeit, an Sicherheit grenzende 89
Wahrscheinlichkeitstheorie 919 ff, 1942 ff
Wahrunterstellung 181, **241 ff,** 1485
– Glaubwürdigkeit 248
– Indiz 243
– Mitteilungspflicht des Gerichts 244 ff
– Urteil 249 ff
Werkzeugtechnik (s Spuren)
wesentliche Förmlichkeiten 818, 826, 832, 840, 1146, 1151, 1212, 1262, 1599 (s Protokoll)
Wiederaufnahmeverfahren 90, 102, 131, 502, 549, 736, 770, 936, 1033, 1154, 1195, 1426, 1517, 1525, 1860a, 1921, 2004, 2228
Wiedereintritt 815
Wiedererkennen (von Personen)
s Gegenüberstellung
Willensbetätigung
Beeinträchtigung 642 f, 649
Willensentschließung
Beeinträchtigung 642 f, 649
Willensfreiheit 642 ff, 655, 660, 662, 674, 679, 685, 695, 697, 705, 710
wissenschaftliche Erkenntnisse, gesicherte 106 f, 119
Wohnort
Aussagepflicht des Zeugen 1090 ff
Zeichnung 2307 ff
Zeitung, Zeitschrift 20
Zeugnis 2174
Zeuge 197, 216 f, 630, 634, 725, 863, 866, **1000 ff,** 1675, 1860 ff
– Abgrenzung 1004 ff, 1510 ff
– Alkohol- oder Drogenabhängige 1425
– Ausland 2117
– Aussagegegenstand 1003
– Begriff 1000
– Beistand 1124
– Eid **1133 ff** (näher s Eid)
– Entschädigung 1233 ff
– Höhe 1237
– Verzicht 1238
– vom Hörensagen 1027 ff
– Begriff 1027
– Vernehmungsbeamter 1028
– Zulässigkeitsprobleme 1029 ff
– Fragerecht des Angekl 1032
– Beweiswürdigung 1033 f
– Unmittelbarkeit 1029 f
– Kostenauferlegung 1102
– Mitangekl 932 ff
– Mitbeschuldigter 927
– **Nebenpflichten** 1217 ff
– Augenscheinseinnahme 1226

919

- Gegenüberstellung 1221 ff
- Generalfragen 1217 ff
- körperl Untersuchung 1227
- Verhalten vor Gericht 1232
- Vorbereitungspflicht 1228 f
- **Pflichten**
  - Aussagepflicht 1084 ff
    - Durchsetzung 1096 ff
    - Gegenstand
      - zur Person 1085 ff
      - zur Sache 1096 ff
      - zum Wohnort 1090 ff
  - Duldungspflicht körperlicher Untersuchung 1662
  - Erscheinenspflicht **1055 ff**
    - vor Polizei 1082 f
    - vor Gericht 1056 ff
    - vor StA 1078 ff
  - Vollständigkeitspflicht 1112
  - Wahrheitspflicht 1112
- sachkundiger 1006, 1514 f, 1559 ff, 1594
- Sv als Zeuge 1600
- unerreichbarer 224 ff, 1031, 1041
- Vereinbarkeit mit anderen Verfahrensrollen 1007 ff

Zeugenschutz 1039, 1044, 1090–1095, 1099, 1455

Zeugenvernehmung 1323 ff
- Gebrechlichkeit 2112
- Geisteskrankheit 2111
- Geistig Behinderte 1425
- Hauptverhandlung 1348
- Hindernis des Erscheinens 2113 ff
- Krankheit 2112
- Reihenfolge 1325
- Tod 2110
- Unauffindbarkeit
- unglaubwürdig 222 (s n Glaubwürdigkeit)
- Unzumutbarkeit 2119
- Vernehmungsfähigkeit 1362
- Vorhalt 1327, 2057 ff
- vormalige nichtrichterl Verhörsperson 880 ff
- V-Person (s dort)

Zeugnisfähigkeit 1000 ff

Zeugnisverweigerungsrecht 218, 351, 376 f, 780, 800, 1085, 1099 ff, 1114, 1670 ff, 2315 ff
- Entschädigungsanspruch 1239
- Mitbeschuldigter 938
- nachträgliche Zeugnisverweigerung in der HV 1301 ff
- aus **beamtenrechtl** Gründen 1287 ff
  - Beamte 1288
  - Richter 1289
  - V-Leute 1291
- aus **berufl** Gründen 1263 ff
  - Abgeordnete 1274
  - Ärzte 1270
  - Beratungsstellen 1273
  - Geistliche 1268
  - Medienmitarbeiter 1275 ff
  - Verteidiger 1269
    - Berufshelfer 1286
  - Entbindung 1285 f
- aus persönlichen Gründen 1241 ff
  - Ausübung 1252 ff
  - Belehrung 1259 ff
  - Berechtigte
    - Ehegatten 1246 f
    - Verlobte 1243 ff
    - Verwandte 1247 ff
  - Folgen 1258
  - nichteheliche Lebensgemeinschaft 1244
  - Verzicht 1256 f
- Verwertbarkeit früherer Aussagen 1301 ff

Zick-Zack-Verhör 593
Zivilurteil 344
Zufallserkenntnisse 394, 2296
Zurückverweisungspflicht 630
Zurückweisungsrecht 630
Zusatztatsachen 1304, 1524, 1561, 1585, 1600, 1611 f
Zuverlässigkeit 92, 98
Zwang 691 f, 1647, 1681
Zwangsmittel 692, **761 ff**
Zwischenverfahren 745 ff (s auch Eröffnungsverfahren)